Langenscheidts
Fachwörterbücher

Langenscheidts
Краткий словарь по технике и прикладным наукам

Русско-немецкий/немецко-русский

Составил
дипл. фил. Хорст Гёрнер

Langenscheidt
Берлин · Мюнхен · Вена · Цюрих · Нью-Йорк

Langenscheidts Fachwörterbuch Kompakt Technik und angewandte Wissenschaften

Russisch-Deutsch/Deutsch-Russisch

Von
Dipl. phil. Horst Görner

Langenscheidt
Berlin · München · Wien · Zürich · New York

Die Deutsche Bibliothek - CIP-Einheitsaufnahme

Görner, Horst:
Langenscheidts Fachwörterbuch Kompakt Technik und angewandte Wissenschaften : russisch-deutsch/deutsch-russisch / Horst Görner. – Berlin ; München ; Wien ; Zürich ; New York : Langenscheidt, 2001
ISBN 3-86117-112-0

Entspricht den neuen Regeln der deutschen Rechtschreibung

Eingetragene (registrierte) Warenzeichen sowie Gebrauchsmuster und Patente sind in diesem Wörterbuch nicht ausdrücklich gekennzeichnet. Daraus kann nicht geschlossen werden, dass die betreffenden Bezeichnungen frei sind oder frei verwendet werden können.

ISBN 3-86117-112-0

Nachdruck der 1. Auflage 2001

Printed in Germany
Gesamtherstellung: Druckhaus „Thomas Müntzer“ GmbH,
Bad Langensalza/Thüringen

Vorwort

Mit dem vorliegenden Wörterbuch sollte ein Nachschlagewerk geschaffen werden, in dem in komprimierter Form wichtiges Wortgut für die fachsprachlich ausgerichtete Arbeit enthalten ist. Dabei kam es nicht auf quantitative Merkmale an, sondern vielmehr darauf, solche Termini zu erfassen und in der jeweiligen Zielsprache übersichtlich darzustellen, die im Grenzbereich zwischen den gemeinsprachigen und den Spezialwörterbüchern angesiedelt sind und in der täglichen sprachmittlerischen Arbeit eine wichtige Rolle spielen. Angestrebt wurde die Aufnahme möglichst vieler Neologismen aus der Technik und den physikalischen Wissenschaften, soweit sie in beiden Sprachen zweifelsfrei ermittelbar waren, ohne allerdings auf die traditionellen Aspekte zu verzichten.
Wert gelegt wurde auf Hilfestellungen für den Nutzer durch die Aufnahme vielfältiger Begleitinformationen.
Bei der Auswahl der Wortguts wurde versucht, alle relevanten Gebiete zu berücksichtigen. So fanden Einträge sowohl aus den Grundlagendisziplinen Mathematik, Physik und Chemie ebenso Aufnahme wie solche aus den vielfältigen Sphären der Technik. Die folgende Auflistung der verwendeten Fachgebietsabkürzungen bietet einen annähernden Überblick über die Vielzahl der Gebiete. Entsprechend der unterschiedlichen terminologischen Produktivität einzelner Disziplinen wurden auch entsprechende Schwerpunkte bei der Wortauswahl gesetzt. So sind interdisziplinäre Gebiete wie Rechentechnik, Datenverarbeitung, angewandte Informatik oder Mikroelektronik stärker vertreten als Randdisziplinen. Natürlich sind besonders bei diesem Problem subjektive Faktoren nicht immer auszuschließen.
Zurückhaltung wurde bei der Aufnahme derjenigen Wortkombinationen geübt, die relativ einfach übersetzbar sind. Im Bedarfsfall bieten hier auch die jeweiligen Nestwortsysteme eine Möglichkeit der Analogiebildung.
Es konnte nicht Ziel dieser Arbeit sein, zwischen beiden Teilen eine absolute Identität zu erreichen. Versucht wurde vielmehr, die durch das „Kippen" des russisch-deutschen Teils entstandenen sprachlichen und fachlichen Deformationen auszugleichen. So wurden z. B. Termini, die in der Zielsprache kein eindeutiges Äquivalent nach sich ziehen, in der Umkehrung nicht berücksichtigt. Entsprechend differenziert wurden auch die Begleitinformationen behandelt.
Das grammatische Beiwerk wurde auf das Notwendigste beschränkt. Die Angaben der Genera im Russischen und Deutschen sowie der Betonung mehrsilbiger russischer Wörter deuten darauf hin, dass das Buch für Nutzerkreise konzipiert wurde, die den unterschiedlichsten Berufsgruppen angehören und nicht vorrangig mit naturwissenschaftlicher oder technischer Thematik befasst sind.

Ich danke allen, die an der Entwicklung und Herausgabe dieses handlichen Fachwörterbuchs mitgewirkt haben, dem Verlag und seiner Lektorin, Frau Dipl. phil. Gitta Koven, für die Förderung und Betreuung des Vorhabens und nicht zuletzt meiner Frau für die fachliche Beratung und Unterstützung und die aufgebrachte verständnisvolle Geduld.

Autor und Verlag sind an Hinweisen und Anregungen aus der praktischen Anwendung dieses Buches interessiert und bitten, diese an den Langenscheidt Fachverlag GmbH, Postfach 401120, D-80711 München, zu senden.

Horst Görner

Предисловие

Автор предлагаемого словаря ставил перед собой задачу создания сжатого по форме справочного пособия, содержащего важную лексику для работы со специальными текстами. Поэтому цель заключалась не столько в максимальном охвате существующей терминологии, сколько в отборе и четкой интерпретации на соответствующем целевом языке терминов, носящих, чаще всего, смежный характер, т. е. находящихся на стыке общеязыковых и специальных, отраслевых словарей и играющих весьма существенную роль в повседневной работе переводчика. Составитель стремился включить в словарь как можно больше неологизмов из области техники и физических наук в той мере, в какой они бесспорно представлены в обоих языках, не отказываясь при этом, разумеется, и от традицонных аспектов.

Важное значение придавалось облегчению работы пользователя за счет пополнения словаря различной сопроводительной информацией.

При определении словарного состава предпринята попытка отражения всех актуальных отраслей знаний. В частности, в нем представлена терминология как фундаментальных наук – математики, физики, химии, так и многих разделов техники. Список используемых сокращений отраслевых разделов дает примерное представление о диапазоне словаря. Упор в отборе терминов определялся особенностями терминологической насыщенности отдельных дисциплин. Скажем, такие комплексные разделы, как вычислительная техника, обработка данных, прикладная информатика или микроэлектроника представлены значительно полнее, чем некоторые более редкие разделы знаний. В этом плане, естественно, определенную роль сыграл и субъективный фактор.

Сведено к минимуму включение сложных слов, не представляющих особой трудности для перевода. При необходимости, однако, соответствующие системы гнезд дают возможность для проведения аналогий.

Автор не ставил перед собой задачу достижения абсолютной идентичности обеих частей словаря. Предпринята скорее попытка компенсации некоторых языковых и профессиональних перекосов, возникающих при «перевертывании» русско-немецкой части. Так, например, термины, лишенные в целевом языке четкого эквивалента, из перевода в обратном направлении исключались. Соответственно дифференцированный подход проявлен и к сопроводительной информации.

К необходимому минимуму сведены и грамматические указания в словаре. Пометы, касающиеся рода русских и немецких слов, а также ударения в многосложных русских словах свидетельствуют о том, что книга предназначена для пользователей, принадлежащих к различным профессиональным группам, а не только к кругу лиц, имеющих дело преимущественно с естественно-научной и технической тематикой.

Выражаю благодарность всем принявшим участие в подготовке и издании настоящего компактного специального словаря, прежде бсего, издастельству и его редактору, дипл. фил. Гитта Ковен за всемерное содействие и активное участие в работе, а также моей жене за профессиональный совет, поддержку и проявленное понимание и долготерпение.

Автор и издательство будут признательны пользователям за отзывы и критические замечания, связанные с пратктической работой с книгой, и просят направлять их по адресу: Langenscheidt Fachverlag GmbH, Postfach 401120, D-80711 München.

Хорст Гёрнер

Hinweise für die Benutzung • О пользании словарём

1. Die Einträge in diesem Wörterbuch sind nach dem Nestwortsystem alphabetisch geordnet. Nestwörter sind Substantive und Adjektive im Nominativ sowie Verben im Infinitiv. Im Nest werden die Nestwörter durch eine Tilde (~) ersetzt. Die natürliche Wortfolge wird durch einen Schrägstrich (/) angezeigt. Abkürzungen sind alphabetisch eingeordnet.

Beispiele:

насо́с *m*	Igelwalze *f*
~/бу́стерный	I-Glied *n*
~ ни́зкого давле́ния	Ignitron *n*
насо́с-дозáтор *m*	IK *f*
насо́с-ускори́тель *m*	Ikonoskop *n*
насте́нный	I^2L *f*
насыще́ние *n*	I-leitend
насы́щенный	I-Leitfähigkeit *f*
натека́ние *n*	ILS *n*
натр *m*/е́дкий	impfen
на́триевый	Impfen *n*

2. Bedeutung der Zeichen • Знаки

[ ] Diese Klammer ersetzt das unmittelbar vor diesem Klammerausdruck stehende Wort:
часы́ пик [пи́ковой нагру́зки] = часы́ пик *oder* часы́ пи́ковой нагру́зки
lösbare [ausrückbare, schaltbare] Kupplung = lösbare Kupplung, ausrückbare Kupplung, schaltbare Kupplung

( ) Die in dieser Klammer stehenden Wörter, Wortteile oder Buchstaben können entfallen, ohne dass sich der Begriffsinhalt ändert:
(бытовы́е) сто́чные во́ды = бытовы́е сто́чные во́ды *oder* сто́чные во́ды
Defekt(elektronen)halbleiter = Defektelektronenhalbleiter *oder* Defekthalbleiter

( ) Kursive runde Klammern enthalten Begleitinformationen.

/ кре́сло *n*/катапульти́руемое = катапульти́руемое кре́сло *n*

• Kennzeichnet Wendungen, eingeordnet beim jeweiligen Nestwort und umlaufend in der natürlichen Wortfolge gesetzt

Synonyme sind durch Komma, nicht sinnverwandte Termini durch Semikolon und Homonyme durch Ziffern getrennt.

3. Grammatische Angaben • Грамматические помёты

f	Femininum	*s.*	siehe
m	Maskulinum	*s. a.*	siehe auch
n	Neutrum	*z. B.*	zum Beispiel
pl	Plural		

Verwendete Fachgebietsabkürzungen • Отраслевые пометы

Aero	Aerodynamik / аэродинамика
Ak	Akustik / акустика
Astr	Astronomie / астрономия
Bgb	Bergbau / горное дело
Bw	Bauwesen, Baumaschinen, Architektur / строительство, строительное машиностроение, архитектура
Ch	Chemie und chemische Technik / химия и химическая технология
Eb	Eisenbahnwesen / железнодорожный транспорт
El	Elektrotechnik / электротехника
Eln	Elektronik / электроника
En	Energietechnik / энергетика
Erdöl	Petrolchemische Industrie / нефтяная промышленность
Fert	Fertigungstechnik / технология
Fest	Festigkeitslehre / сопротивление материалов
Flg	Flugwesen, Flugtechnik / авиация
Förd	Fördertechnik / подъёмно-транспортная техника
Forst	Forstwirtschaft / лесное дело, лесоводство
Geod	Geodäsie / геодезия
Geol	Geologie, Geowissenschaften / геология, науки о Земле
Geoph	Geophysik / геофизика
Gieß	Gießereiwesen / литейное дело
Glas	Glasindustrie / стекольная промышленность
Gum	Gummiindustrie / резиновая промышленность
Härt	Härtereitechnik, Wärmebehandlung / технология термообработки
Holz	Holzverarbeitung / деревообработка
Hydr	Hydraulik, Pneumatik / гудравлика, пневматика
Hydrod	Hydrodynamik / гидродинамика
Hydrol	Hydrologie / гидрология
Hydrom	Hydromechanik / гудромеханика
Hydt	Hydrotechnik / гидротехника
Inf	Informatik (Datenerfassung, Datenverarbeitung, Programmierung, Rechentechnik) / информатика (набор и обработка данных, программирование, вычислительная техника)
Kält	Kältetechnik / холодильная техника
Kart	Kartographie, Topographie / картография, топография
Ker	Keramik, keramische Industrie / керамика, керамическая промышленность
Kern	Kernphysik, Kerntechnik / ядерная физика, ядерная техника
Kfz	Kraftfahrzeugtechnik und Kraftfahrzeugverkehr / автомобилестроение и автотранспорт
Kine	Kinetechnik / кинотехника
Krist	Kristallographie / кристаллография
Kst	Kunststoffe / пластические массы

Kyb	Kybernetik / кибернетика
Lebm	Lebensmittelindustrie / пищевая промышленность
Led	Leder-, Schuh- und pelzverarbeitende Industrie / кожевенно-обувная и меховая промышленность
Licht	Lichttechnik / светотехника
Lw	Landwirtschaft, Gartenbau / сельское хозяйство, садоводство
Masch	Maschinenbau / машиностроение
Math	Mathematik / математика
Mech	Mechanik / механика
Med	Medizintechnik / медицинская техника
Mess	Messtechnik, Messinstrumente / измерительная техника, измерительные приборы
Met	Metallurgie, Metallkunde, Metallographie / металлургия, металловедение, металлография
Meteo	Meteorologie / метеорология
Mil	Militärtechnik / военная техника
Min	Mineralogie / минералогия
Nrt	Telekommunikation / связь
Ökol	Ökologie / экология
Opt	Optik, optischer Gerätebau / оптика, оптическое приборостроение
Pap	Papier- und Zellstoffindustrie / технология целлюлозы и бумаги
Ph	Physik / физика
Photo	Photographie, Phototechnik, Photochemie / фотография, фототехника, фотохимия
Rad	Radartechnik / радиолокационная техника
Rak	Raketentechnik / ракетная техника
Raumf	Raumfahrt / космонавтика
Reg	Regelungstechnik / автоматическое управление и регулирование
Rf	Rundfunktechnik / радиотехника
Schiff	Schiffbau, Schiffahrt, Fischereiwesen / судостроение, судоходство, рыболовство
Schm	Schmiedetechnik / кузнечно-штамповочное производство
Schw	Schweiß-, Löt- und Metallklebetechnik / сварка, пайка и технология склеивания металлов
Text	Textilindustrie / текстильная промышленность
Therm	Thermodynamik / термодинамика
Trib	Tribologie / трайбология
TV	Fernsehtechnik / телевидение
Typ	graphische Technik / полиграфическое производство
Umf	Umformtechnik / технология обработки давлением
Wkst	Werkstoffkunde, Werkstoffprüfung / материаловедение, испытание материалов
Wkz	Werkzeuge / инструменты
Wkzm	Werkzeugmaschinen / металлообрабатывающее оборудование
Wlz	Walzwerktechnik / прокатное производство
Wmt	Wärmetechnik / теплотехника

Russisch-Deutsch
Русско-немецкий

А

А *s.* ампер
а *s.* атто...
аберрáция *f* 1. *(Opt)* Aberration *f*, Abbildungsfehler *m*; 2. *(Astr)* Aberration *f*, Abweichung *f*
~/геометрúческая *(Opt)* monochromatische [geometrische] Aberration *f*
~/дифракциóнная *(Opt)* diffraktive Aberration *f*
~/сферúческая *(Opt)* sphärische Aberration *f*, Öffnungsfehler *m*
~/хроматúческая *(Opt)* chromatische Aberration *f*, Farbfehler *m*
аблЯ́ция *f (Geol)* Ablation *f*
абонéнт *m (Nrt)* Teilnehmer *m*
~/вызывáемый (an)gerufener Teilnehmer *m*
~/вызывáющий (an)rufender Teilnehmer *m*
абонéнтский *(Nrt)* Teilnehmer...
абразúв *m (Fert)* Abrasivmittel *n*, Abrasivwerkstoff *m*
абразúвность *f (Fert)* Schmirgelwirkung *f*, Schleifwirkung *f*
абразúвный Abrasiv..., abrasiv; abschleifend, Schleif...
абразивостóйкий *(Wkst)* abriebfest, verschleißfest
абрáзия *f (Geol)* Abrasion *f*
áбрис *m* 1. Umriss *m*, Kontur *f*; 2. *(Geod)* Skizze *f*
абсорбéнт *m (Ch)* Absorbens *n*, Absorptionsmittel *n*
абсóрбер *m (Ch)* Absorber *m*, Absorptionsapparat *m*
~/насáдочный Füllkörperabsorber *m*
~/плёночный Dünnschichtabsorber *m*
абсорбциомéтр *m (Ph)* Absorptiometer *n*
абсорбциóнный absorbierend, Absorptions...
абсóрбция *f* 1. *(Ph)* Absorption *f*; Aufnahme *f (z. B. von Strahlung)*; 2. *(Mech)* Auffangen *n (von Stößen)*; 3. *(Ch)* Aufnahme *f*, Aufsaugen *n (z. B. von Flüssigkeiten)*; 4. *(Ak)* Absorption *f*, Schallabsorption *f*
~/избирáтельная selektive Absorption *f*, Selektivabsorption *f*
абсцúсса *f (Math)* Abszisse *f*
аванкáмера *f (Hydt)* Vorbecken *n*, Vorkammer *f*, Einlaufbecken *n*, Einlaufkammer *f*
аванпóрт *m (Schiff)* Vorhafen *m*
аварúйный Havarie..., Schadens..., Stör(ungs)...
авáрия *f* 1. Schaden *m*, Beschädigung *f*, Bruch *m*; 2. Störung *f*, Betriebsstörung *f*; *(Kern)* Störfall *m*; 3. *(Kfz)* Panne *f*
~/максимáльно опáсная возмóжная *(Kern)* GAU *m*, größter anzunehmender Unfall *m*
авиагоризóнт *m (Flg)* künstlicher Horizont *m*
авиалúния *f* 1. Fluglinie *f*; 2. Lufttrasse *f*; 3. Luftverkehrsgesellschaft *f*
авиамоделúзм *m* Flugzeugmodellbau *m*
авианóсец *m (Mil)* Flugzeugträger *m*
авиаопры́скивание *n (Lw, Forst)* Besprühen *n* vom Flugzeug aus
авиаопры́скиватель *m s.* аэроопрыскиватель
авиациóнный Flug..., Flugzeug..., Luftfahrt...
авиáция *f* Flugwesen *n*, Luftfahrt *f*
~/граждáнская Zivilluftfahrt *f*
~/сельскохозЯ́йственная *(Lw, Forst)* aviochemischer Flugdienst *m*, Agrarflug *m*
авиóник *m (Flg)* Avionik *f*, Bordelektronik *f*
АВМ *f s.* машина/аналоговая вычислительная
авомéтр *m (El)* Avometer *n*, Strom-Spannungs-Widerstandsmesser *m*, Ampere-Volt-Ohmmeter *n*
авóст *m s.* останов/аварийный
авто... Selbst..., Eigen... *(s. a. unter* само...*)*
автобáза *f* Kraftfahrzeugpark *m*
автобалáнсный selbstabgleichend
автобензоцистéрна *f* Tankfahrzeug *n*
автобетоносмесúтель *m* Transportbetonmischer *m*
автоблокирóвка *f (Eb)* Selbstblock *m*, automatischer Block *m*
~/путевáя automatischer [selbsttätiger] Streckenblock *m*
автóбус *m* Autobus *m*, Omnibus *m*, Bus *m*

~/**двухэтáжный** Doppelstockbus *m*
~/**междугорóдный** Fernverkehrs(auto)bus *m*
~/**сочленённый** Gelenk(omni)bus *m*
~/**туристúческий** Reise(auto)bus *m*
автовокзáл *m* Busbahnhof *m*
автовыключéние *n (El)* automatische [selbsttätige] Ausschaltung *f*
автогенерáтор *m (El)* selbsterregter Generator [Oszillator] *m*
автогéнный *(Schw)* autogen, Autogen...; Brenn...
автогрéйдер *m (Bw)* Motorstraßenhobel *m*
автодúн *m* 1. *(Rf)* Autodynempfänger *m*; 2. *(El)* Autodyne *f (Umformer)*
автодрóм *m (Kfz)* Autodrom *n*; Kfz-Versuchsstrecke *f*; Kfz-Versuchsgelände *n*
автозавóд *m* Automobilwerk *n*
автозапрáвщик *m (Kfz)* Tankwagen *m*, Tankfahrzeug *n*
автокáр *m* Motorkarren *m*
автокатáлиз *f (Ch)* Autokatalyse *f*
автоклáв *m* 1. Autoklav *m*; 2. Druckbehälter *m*, Druckkessel *m*
~ **высóкого давлéния** Hochdruckautoklav *m*
автокоагулúция *f (Ch)* Autokoagulation *f*, Selbstausflockung *f*
автокóд *m (Inf)* Autocode *m*
автоколебáния *npl (Ph)* Eigenschwingungen *fpl*, Selbstschwingungen *fpl*
автоколебáтельный Eigenschwingungs..., Selbstschwingungs...
автоколимáтор *m (Opt)* Autokollimationsfernrohr *n*, Autokollimator *m*
автокормýшка *f (Lw)* Futterautomat *m*
автокрáн *m* Autokran *m*
автомагистрáль *f* Fernverkehrsstraße *f*; Autobahn *f*
автомáт *m* 1. Automat *m*; 2. *(El)* Selbstausschalter *m*; 3. *(Mil)* Maschinenpistole *f*, MP *f*, MPi *f*
~/**абстрáктный** *(Kyb)* abstrakter Automat *m*
~/**бесконéчный** *(Kyb)* unendlicher Automat *m*
~/**билéтный** Fahrscheinautomat *m*, Fahrkartenautomat *m*
~/**быстродéйствующий** *(El)* Schnellselbstschalter *m*
~/**верoятностный** *(Kyb)* stochastischer Automat *m*, Zufallsgenerator *m*
~/**вычислúтельный** Rechenautomat *m*
~/**гúбочный** *(Umf)* Biegeautomat *m*
~/**горячевы́садочный** *(Umf)* Warmstauchautomat *m*
~/**дискрéтный** *(Kyb)* diskreter Automat *m*
~/**жёсткопрограммúруемый** fest programmierter Automat *m*
~/**зубодолбёжный** *(Wkzm)* Zahnradstoßautomat *m*
~/**зубофрéзерный** *(Wkzm)* Zahnradfräsautomat *m*
~/**конéчный** *(Kyb)* endlicher Automat *m*
~/**копировáльно-фрéзерный** *(Wkzm)* Nachformfräsautomat *m*
~/**копировáльный** *(Wkzm)* Nachformautomat *m*
~/**кругловязáльный** *(Text)* Rundstrickautomat *m*
~/**круглочулóчный** *(Text)* Rundstrick-Strumpfautomat *m*
~/**лéстничный** *(El)* Treppenlichtautomat *m*
~/**листоштампóвочный** *(Wkzm)* Umformautomat *m*
~/**многошпúндельный** *(Wkzm)* Mehrspindelautomat *m*
~/**обучáющийся** *(Kyb)* Lernautomat *m*, lernender Automat *m*
~/**одношпúндельный** *(Wkzm)* Einspindelautomat *m*
~/**печáтающий** Druckautomat *m*
~/**пруткóвый** *(Wkzm)* Stangenautomat *m*
~/**разлúвочный** Flaschenabfüllautomat *m*
~/**размéнный** Münzwechselautomat *m*; Geldwechselautomat *m*
~/**распознаю́щий** *(Kyb)* erkennender Automat *m*
~/**расфасóвочно-упаковóчный** Abfüll- und Verpackungsautomat *m*
~/**револьвéрный** *(Wkzm)* Revolver(dreh)automat *m*
~/**резьбонакáтный** *(Wkzm)* Gewindewalzautomat *m*
~/**резьбонарезнóй** *(Wkzm)* Gewindeschneidautomat *m*

~/**сбо́рочный** Montageautomat *m*
~/**сва́рочный** Schweißautomat *m*
~/**сверли́льный** *(Wkzm)* Bohrautomat *m*
~/**стира́льный** Waschautomat *m*
~/**стохасти́ческий** *(Kyb)* stochastischer Automat *m*
~/**тка́цкий** Webautomat *m*
~/**тока́рный** *(Wkzm)* Drehautomat *m*
~/**торго́вый** Warenautomat *m*, Verkaufsautomat *m*
~/**укупо́рочный** vollautomatische Verschlussmaschine *f*
~/**упако́вочный** Verpackungsautomat *m*
~/**уто́чно-мота́льный** *(Text)* Schussspulautomat *m*
~/**фре́зерный** *(Wkzm)* Fräsautomat *m*
~/**холодновы́садочный** *(Umf)* Kaltstauchautomat *m*
~/**цифрово́й** *(Kyb)* digitaler Automat *m*
~/**чита́ющий** *(Inf)* Leseautomat *m*
автоматиза́ция *f* Automatisierung *f*, Automation *f*
~/**ги́бкая** flexible Automatisierung *f*
~/**по́лная** Vollautomatisierung *f*
~ **(произво́дственных) проце́ссов** Prozessautomatisierung *f*
~/**части́чная** Teilautomatisierung *f*
автоматизи́рованный automatisiert; rechnergestützt
~/**по́лностью** vollautomatisiert
автома́тика *f* 1. Automatik *f*, Automatisierungstechnik *f*, Steuerungs- und Regelungstechnik *f*; 2. Automatik(einrichtung) *f*
~ **настро́йки** *(Rf)* Abstimmautomatik *f*
~/**переключа́ющая** *(El)* Schaltautomatik *f*, Umschaltautomatik *f*
~ **регули́рования** Regel(ungs)automatik *f*
~ **управле́ния** Steuerungsautomatik *f*
автомати́ческий automatisch, selbsttätig
автомаши́на *f s.* автомобиль
автомоби́ль *m* Kraftfahrzeug *n*, Kfz *n*, Auto(mobil) *n*
~/**безра́мный** Kraftfahrzeug *n* mit selbsttragender Karosserie
~ **большо́й грузоподъёмности** Schwerlastkraftwagen *m*
~/**го́ночный** Rennwagen *m*
~/**грузово́й** Nutzkraftwagen *m*, NKW *m*; Lastkraftwagen *m*, LKW *m*
~/**ди́зельный** Kraftfahrzeug *n* mit Dieselmotorenantrieb
~/**легково́й** Personenkraftwagen *m*, PKW *m*
~ **ма́лой грузоподъёмности** Kleintransporter *m*, Kleinlastkraftwagen *m*
~/**малолитра́жный** Kleinwagen *m*, Kleinauto *n*
~/**микролитра́жный** Kleinstwagen *m*, Kleinstauto *n*
~/**многоо́сный** Mehrachskraftwagen *m*
~/**о́пытный** Testfahrzeug *n*, Testwagen *m*
~ **повы́шенной проходи́мости** geländegängiges Kraftfahrzeug *n*
~/**пожа́рный** Löschfahrzeug *n (der Feuerwehr)*
~/**полноприводно́й** Kraftfahrzeug *n* mit Allradantrieb, allradgetriebener Kraftwagen *m*, allradgetriebenes Kraftfahrzeug *n*
автомоби́ль-амфи́бия *m* Amphibienkraftfahrzeug *n*, Schwimmkraftfahrzeug *n*
автомоби́ль-мастерска́я *m* Werkstattwagen *m*
автомоби́ль-мусорово́з *m* Müllauto *n*
автомоби́льный Kraftfahrzeug..., Kraftwagen..., Auto..., Kfz-...
автомоби́ль-рефрижера́тор *m* Kühlfahrzeug *n*
автомоби́ль-самосва́л *m* Kipper *m*, Selbstkipper *m*, Kippfahrzeug *n*
автомоби́ль-топливозапра́вщик *m* Kraftstofftankwagen *m*
автомоби́ль-фурго́н *m* Lieferwagen *m*
автомоби́ль-универса́л *m* Kombiwagen *m*
автомоби́ль-цисте́рна *m* Tankwagen *m*, Zisternenfahrzeug *n*
автомотри́са *f s.* вагон/моторный
автоно́мность *f* Autonomie *f*, Selbstständigkeit *f*
~ **пла́вания** *(Schiff)* Aktionsradius *n*
автоно́мный 1. autonom, selbstständig; 2. *(Reg)* beeinflussungsfrei; 3. *(Inf)* off-line, off line, Off-line-...; 4. *(Masch)* mit Eigenantrieb, eigenständig (arbeitend)
автоокисле́ние *n (Ch)* Autooxidation *f*

автоопера́тор *m* Bedienungsautomat *m*
автоотве́тчик *m* **(/телефо́нный)** *(Nrt)* Anrufbeantworter *m*
автопило́т *m (Flg)* Autopilot *m*, Flugregler *m*
автопогру́зчик *m* Hubstapler *m*
~/ви́лочный Gabelstapler *m*
автоподстро́йка *f (Rf)* Nachstimmeinrichtung *f*, automatische Scharfabstimmung *f*
автопо́езд *m* Lastzug *m*
автопо́йлка *f (Lw)* Selbsttränke *f*
автопокры́шка *f (Kfz)* Reifen *m*, Decke *f (Bereifung)*
автополимериза́ция *f (Ch)* Autopolymerisation *f*
автоприце́п *m* LKW-Anhänger *m*
автопрограмми́рование *n (Inf)* Selbstprogrammierung *f*
автопрокла́дчик *m (Schiff)* Plotter *m*, Kursabsetzer *m*
автопу́ск *m* automatisches Anlassen *n*, automatischer Anlauf [Start] *m*, Selbstanlassen *n*
авторадиогра́мма *f (Ph)* Autoradiogramm *n*, autoradiographische Aufnahme *f*
авторадиогра́фия *f (Ph)* Autoradiographie *f*
авторегули́рование *n* automatische [selbsttätige] Regelung *f*, Selbstregelung *f*
авторегулиро́вка *f s.* авторегулирование
авторегуля́тор *m* automatischer [selbsttätiger] Regler *m*
авторота́ция *f* 1. *(Ph)* Autorotation *f*; 2. *(Aero)* Fahrtwindrotation *f*, Fahrtwindantrieb *m*, Antrieb *m* durch den Fahrtwind, Windmühlenantrieb *m*
авторулево́й *m (Schiff)* Selbststeueranlage *f*
автору́чка *f* Füllfederhalter *m*, Füller *m*
~/ша́риковая Kugelschreiber *m*
автосамосва́л *m* Dumper *m*, Kipper *m*
автоса́ни *pl* Motorschlitten *m*
автосва́рка *f* automatisches Schweißen *n*
автосе́рвис *m* Service-Station *f (für Kfz)*
автосма́зка *f (Trib)* Eigenschmierung *f*, Selbstschmierung *f*
автоспу́ск *m (Photo)* 1. Selbstauslöser *m*; 2. Selbstauslösung *f*
автоста́нция *f* Omnibusbahnhof *m*, Busbahnhof *m*
автосто́п *m* 1. automatische Abschaltung *f*; 2. *(Eb)* Zugbeeinflussung *f*
автостоя́нка *f* Parkplatz *m*
автостра́да *f* Autobahn *f*; Fernverkehrsstraße *f*
автосце́пка *f (Eb)* selbsttätige [automatische] Kupplung *f*
автотелеуправле́ние *n* automatische Fernsteuerung *f*
автотра́кторный Kraftfahrzeug..., Auto- und Traktoren...
автотра́нспорт *m* Kraftwagentransport *m*, Autotransport *m*; Kraftverkehr *m*
автотрансформа́тор *m (El)* Autotransformator *m*, Autotrafo *m*, Spartransformator *m*, Spartrafo *m*
автотренажёр *m* Fahrtrainer *m*, Fahrschulsimulator *m*
автофазиро́вка *f (Ph)* automatische Phasenstabilisierung *f*
автофре́за *f (Lw)* Motorfräse *f*
автохозя́йство *n* Kraftverkehrsbetrieb *m*
автохто́нный *(Geol)* autochton
автоцементово́з *m* Zementtransportfahrzeug *n*, Zementbehälterfahrzeug *n*
автоцисте́рна *f s.* автомобильцистерна
автоши́на *f* Kraftfahrzeugreifen *m*, Kfz-Reifen *m*
автошко́ла *f (Kfz)* Fahrschule *f*
ага́р(-ага́р) *m (Ch)* Agar-Agar *m(n) (Nährboden)*
ага́т *m (Min)* Achat *m*
агглютини́ровать *(Ch)* agglutinieren, zusammenballen; verkleben
аге́нт *m* Agens *n*, Mittel *n*
~/вулканизи́рующий Vulkanisiermittel *n*, Vulkanisationsmittel *n*
~/коагули́рующий Koagulierungsmittel *n*, Ausflockungsmittel *n*
~/осветля́ющий Klärmittel *n*
~/охлажда́ющий Kühlmittel *n*
~/суши́льный Trockenmittel *n*, Trocknungsmittel *n*

~/**флотациóнный** *s.* реагент/флотационный
~/**холоди́льный** Kältemittel *n*
агломерáт *m* 1. *(Geol)* Agglomerat *n*; 2. *(Met)* Agglomerat *n*, Sinter *m*; 3. *(Krist)* Cluster *m*
агломерациóнный 1. *(Geol)* Agglomerations...; 2. *(Met)* Sinter...
агломерáция *f* 1. *(Geol)* Agglomeration *f*, Agglomerierung *f*; 2. *(Met)* Agglomeration *f*, Agglomerierung *f*; Sintern *n*, Sinterung *f*
агломери́рование *n s.* агломерация
агрáрный landwirtschaftlich, Agrar...
агрегáт *m* 1. Aggregat *n*, Satz *m*; Maschinenaggregat *n*; 2. *(Min)* Aggregat *n*
~/**авари́йный** *(El)* Netzersatzanlage *f*
~/**буровóй** *(Bgb)* Bohraggregat *n*
~/**генерáторный** *(El)* Generatorsatz *m*
~/**добáвочный** *(El)* Zusatzaggregat *n*
~/**заря́дный** *(El)* Ladegerät *n*
~/**котéльный** *(Wmt)* Kessel *m*, Kesseleinheit *f*
~/**маши́нный** Maschinensatz *m*
~/**насóсный** Pumpenaggregat *n*, Pumpeneinheit *f*
~/**отопи́тельный** Heizungsaggregat *n*
~/**свáрочный** Schweißaggregat *n*
~/**турби́нный** Turbinensatz *n*
~/**холоди́льный** Kälteaggregat *n*, Kältemaschinensatz *m*
агрегати́рование *n* 1. Aggregatbildung *f*; 2. Baukastenausführung *f*; Baukastenprinzip *n*, Baukastenaufbau *m*, Blockbauweise *f*
агрегати́ровать als Block montieren, zu einem Aggregat zusammenstellen
агрегáтный 1. aggregatweise; 2. Baukasten...
агрегáция *f* Aggregation *f*, Zusammenballung *f*
агресси́вность *f* Aggressivität *f*
агресси́вный aggressiv, angreifend
агробиологи́ческий agrobiologisch
агробиолóгия *f* Agrobiologie *f*, Agrarbiologie *f*
агроклиматолóгия *f (Lw)* Agroklimatologie *f*, Agrarklimatologie *f*
агрометеоролóгия *f* Agrarmeteorologie *f*
агрономи́ческий agronomisch
агронóмия *f* Agronomie *f*
агротéхника *f* Agrotechnik *f*
агротехни́ческий agrotechnisch
агрофи́зика *f* Agrophysik *f*
агрофизи́ческий agrophysikalisch
агрохими́ческий agrochemisch, agrikulturchemisch
агрохи́мия *f* Agrochemie *f*, Agrikulturchemie *f*
адаптáция *f* 1. Anpassung *f*, Angleichung *f*; 2. *(Opt)* Adaptation *f (des Auges)*
~/**световáя** *(Opt)* Helladaptation *f*
~/**темновáя** *(Opt)* Dunkeladaptation *f*
~/**цветовáя** *(Opt)* Farbadaptation *f*
адáптер *m* 1. Adapter *m*; Anpassungsbaustein *m*; 2. Tonabnehmer *m (eines Plattenspielers)*; 3. *(Photo)* Planfilmkassette *f*
~ **интерфéйса** *(Inf, Eln)* Interfaceadapter *m*, Schnittstellenadapter *m*
~ **ли́нии** *(El)* Leitungsadapter *m*
~/**ши́нный** *(Inf)* Busadapter *m*
адаптóметр *m (Opt)* Adaptometer *n*
адаптомéтрия *f (Opt)* Adaptometrie *f (Messung der Lichtempfindlichkeit des Auges)*
адвéкция *f (Meteo)* Advektion *f*
адгéзия *f (Ph)* Adhäsion *f*, Haftung *f*
аддити́вность *f (Math)* Additivität *f*
аддити́вный additiv
аддициóнный Additions...
аддýкт *m (Ch)* Addukt *n*
адиабáта *f (Ph)* Adiabate *f*
адиабати́ческий adiabatisch
адиабáтный *s.* адиабатический
администрáтор *m (Inf)* Administrator *m*, Verwaltungsprogramm *n*
~ **бáзы дáнных** Datenbankverwalter *m (Programm)*
áдрес *m (Inf)* Adresse *f*
~/**абсолю́тный** absolute Adresse *f*
~/**бáзовый** Basisadresse *f*, Bezugsadresse *f*
~/**виртуáльный** virtuelle Adresse *f*
~ **возврáта** Rücksprungadresse *f*
~/**действи́тельный** reale [echte, wirkliche, wahre] Adresse *f*
~/**и́стинный** *s.* ~/действительный
~/**исхóдный** Ausgangsadresse *f*, Quelladresse *f*
~ **комáнды** Befehlsadresse *f*

~/**кóсвенный** indirekte Adresse *f*
~/**млáдший** niederwertige Adresse *f*
~/**начáльный** Anfangsadresse *f*, Startadresse *f*
~/**неявный** implizite Adresse *f*
~/**нулевóй** Nulladresse *f*
~/**относи́тельный** relative Adresse *f*, Relativadresse *f*
~/**переме́нный** veränderliche [variable] Adresse *f*
~/**перемещáемый** verschiebbare Adresse *f*
~/**плáвающий** gleitende Adresse *f*
~/**постоя́нный** feste [permanente] Adresse *f*
~/**символи́ческий** symbolische Adresse *f*
~/**стáрший** höherwertige Adresse *f*
~/**сформирóванный** generierte Adresse *f*
~/**текýщий** aktuelle Adresse *f*
~/**фикти́вный** Scheinadresse *f*
~/**числовóй** numerische Adresse *f*
~/**я́вный** explizite Adresse *f*
адресáция *f (Inf)* Adressierung *f*
~/**абсолю́тная** absolute Adressierung *f*
~/**бáзовая** Basisadressierung *f*
~/**и́ндексная** indizierte Adressierung *f*
~/**кóсвенная** indirekte Adressierung *f*
~/**непосрéдственная** Direktwertadressierung *f*
~/**относи́тельная** relative Adressierung *f*
~/**прямáя** direkte Adressierung *f*, Direktadressierung *f*
~/**реги́стровая** Registeradressierung *f*
~ **фáйла** Dateiadressierung *f*
~/**я́вная** explizite Adressierung *f*
áдресность *f (Inf)* Adressenkapazität *f*, Adresskapazität *f*
áдресный Adress...
адсорбáт *m (Ch)* Adsorbat *n*
адсорбéнт *m (Ch)* Adsorbens *n*, Adsorptionsmittel *n*
адсóрбер *m* Adsorber *m*, Adsorptionsapparat *m*
адсорби́рование *n (Ch)* Adsorbierung *f*
адсорби́ровать *(Ch)* adsorbieren
адсорбциóнный Adsorptions...
адсóрбция *f (Ch)* Adsorption *f*
~/**избирáтельная** selektive Adsorption *f*
~/**ионообмéнная** Ionenaustauschadsorption *f*
а.е.м. *s.* единица массы/атомная
азеотрóпия *f (Ch)* Azeotropie *f*
азеотрóпный *(Ch)* azeotrop(isch)
áзимут *m* 1. *(Astr)* Azimut *n(m)*; 2. *(Rad)* Funkazimut *n(m)*; 3. Richtungswinkel *m*, Azimutwinkel *m*
~/**и́стинный** (wahres) Azimut *n*
~/**магни́тный** magnetisches [missweisendes] Azimut *n*
азимутáльный azimutal
азокраси́тель *m (Ch)* Azofarbstoff *m*
азосоединéние *n (Ch)* Azoverbindung *f*
азóт *m (Ch)* Stickstoff *m*, N
~/**атмосфéрный** Luftstickstoff *m*
~/**остáточный** Reststickstoff *m*
азоти́рование *n (Met)* Nitrierung *f*, Nitrierhärtung *f*, Nitrieren *n*
азоти́рованный *(Met)* nitriert
азоти́ровать *(Met)* nitrieren
азотистоки́слый *(Ch)* ...nitrit *n*; salpetrigsauer
азóтистый *(Ch)* ...nitrid *n*; stickstoffhaltig, Stickstoff...
азотноки́слый *(Ch)* ...nitrat *n*; salpetersauer
азóтный *(Ch)* Stickstoff...
азотноватистоки́слый *(Ch)* ...hyponitrit *n*; untersalpetrigsauer
азотновáтистый *(Ch)* untersalpetrig, hyposalpetrig
азотомéтр *m (Ch)* Azotometer *n*, Nitrometer *n*
азотсодержáщий stickstoffhaltig
азотфиксáция *f (Lw)* Stickstofffixierung *f*, Stickstoffbindung *f*
АЗУ *n s.* устройство/ассоциативное запоминающее
азури́т *m (Min)* Azurit *m*, Kupferlasur *f*
АИС *f s.* система/автоматизированная информационная
акадéмия *f* 1. Akademie *f*; 2. Hochschule *f*
~ **наýк** Akademie *f* der Wissenschaften
аквамари́н *m (Min)* Aquamarin *m*
акваметри́я *f (Ch)* Aquametrie *f*
акваплани́рование *n (Kfz)* Aquaplaning *n*

акватóрия *f* 1. Wasserbecken *(künstlich angelegt)*; *(Flg)* Start- und Landewasserfläche *f*
аккомодáция *f (Opt)* Akkommodation *f*, Anpassung *f*
аккумули́рование *n* Speicherung *f*, Akkumulation *f*
аккумули́ровать speichern
аккумуля́тор *m* 1. *(El)* Akkumulator *m*, Akku *m*; 2. *(Inf)* Akkumulator *m*; 3. *(Wmt)* Speicher *m*
~/**гидравли́ческий** *(Wmt)* Druckwasserspeicher *m*
~ **горя́чей воды́** *(Wmt)* Heißwasserspeicher *m*
~ **давлéния** *(Wmt)* Druckspeicher *m*
~/**кислóтный** *(El)* Säureakkumulator *m*
~/**паровóй** *(Wmt)* Dampfspeicher *m*
~/**свинцóвый** *(El)* Bleiakkumulator *m*
~/**тепловóй** *(Wmt)* Wärmespeicher *m*
~/**щелочнóй** *(El)* Alkaliakkumulator *m*
аккумуля́торный *(El)* Akku(mulatoren)...
аккумуля́ция *f* 1. *(Geol)* Akkumulation *f*, Anhäufung *f*; 2. *s.* аккумулирование
акрилáт *m (Ch)* Akrylat *n*
акри́ловый *(Ch)* Akryl...
акселерáтор *m (Kfz)* Gaspedal *n*
акселерáция *f* Beschleunigung *f*
акселерóграф *m (Mess)* Beschleunigungsschreiber *m*
акселерóметр *m* Beschleunigungsmesser *m*, Beschleunigungsmessinstrument *n*
аксиáльно-симметри́чный axialsymmetrisch, achsensymmetrisch
аксиáльный axial, Axial...
аксиóма *f (Math)* Axiom *n*, Grundsatz *m*
аксиомáтика *f (Math)* Axiomatik *f*
аксиомати́ческий axiomatisch
аксиóметр *m (Schiff)* Ruderlagenanzeiger *m*
аксономéтрия *f (Math)* Axonometrie *f*
акт *m* 1. Ereignis *n*; 2. Prozess *m*, Vorgang *m*; 3. Urkunde *f*, Protokoll *n*
~/**приёмо-сдáточный** Übergabeprotokoll *n*
~ **распáда** *(Kern)* Zerfall *m*, Zerfallsvorgang *m*
активáтор *m (Ch)* Aktivator *m*, Aktivierungsmittel *n (Katalyse)*; aktivierendes Schwimmmittel *n (bei der Flotation)*
активáция *f* Aktivierung *f*, Anregung *f*
активи́рованный aktiviert
активи́ровать aktivieren
акти́вность *f* Aktivität *f*; Wirksamkeit *f*
~/**коррозиóнная** Korrosivität *f*
~/**опти́ческая** optische Aktivität *f*
~/**остáточная** *(Kern)* Restaktivität *f*
~/**повéрхностная** *(Ph, Ch)* Oberflächenaktivität *f*, Kapillarflächenaktivität *f*, Grenzflächenaktivität *f*
~/**сóлнечная** *(Astr)* Sonnenaktivität *f*
~/**удéльная** *(Kern)* spezifische Aktivität *f*
~/**хими́ческая** chemische Aktivität *f*
акти́вный aktiv; wirksam
~/**опти́чески** optisch aktiv
~/**хими́чески** chemisch aktiv
акти́ний *m (Ch)* Actinium *n*, Ac
актини́чность *f (Ph)* Aktinität *f*
актини́чный aktinisch
актинóметр *m* Aktinometer *n (Strahlungsmessinstrument)*
актиномéтрия *f* Aktinometrie *f*, Strahlungsmessung *f*
актинóн *m (Kern)* Actinon *n*, Ac
актиноурáн *m* Aktinouran(ium) *n*, AcU
акýстика *f* Akustik *f*
~/**архитектýрная** Raumakustik *f*
~/**линéйная** lineare Akustik *f*
~/**молекуля́рная** Molekularakustik *f*
~/**нелинéйная** nicht lineare Akustik *f*
~ **помещéний** Raumakustik *f*
~/**строи́тельная** Bauakustik *f*
акустимéтр *m (Ak)* (objektiver) Geräuschmesser *m*
акусти́ческий akustisch
акустоóптика *f* Akustooptik *f (Teilgebiet der Akustoelektronik)*
акустоэлектрóника *f* Akustoelektronik *f*
акустрóн *m (Nrt)* Akustikkoppler *m*
акцеле ... *s.* акселе...
акцéптор *m (Ph, Ch)* Akzeptor *m*; *(Eln)* Akzeptor *m*, Akzeptorstörstelle *f*
áлгебра *f* Algebra *f*
~/**бýлева** boolesche Algebra *f*, Schaltalgebra *f*
~/**линéйная** lineare Algebra *f*
~ **лóгики** *s.* ~/булева

~ **схем** *(El)* Schaltalgebra *f*
алгебраи́ческий algebraisch
алгори́тм *m* Algorithmus *m*
~ **по́иска** *(Inf)* Suchalgorithmus *m*
~ **управле́ния** *(Reg)* Steuer(ungs)algorithmus *m*
алгоритмиза́ция *f (Inf, Kyb)* Algorithmisierung *f*
алгоритми́ческий algorithmisch
алеба́стр *m* 1. *(Min)* Alabaster *m*; 2. *(Bw)* Baugips *m*, Stuckgips *m*, Alabaster *m*
алида́да *f (Opt)* Alhidade *f*
аликво́тный *(Math)* aliquot
алити́рование *n (Met)* Alitieren *n*
алити́ровать *(Met)* alitieren
алифати́ческий *(Ch)* aliphatisch
алици́кл *m (Ch)* alicyclische Verbindung *f*
алицикли́ческий *(Ch)* alicyclisch *(Verbindungen)*
алкалиме́тр *m (Ch)* Alkalimeter *n*
алкалиметри́ческий *(Ch)* alkalimetrisch
алкалиме́трия *f (Ch)* Alkalimetrie *f*
алкало́ид *m (Ch)* Alkaloid *n*
алки́дный *(Ch)* Alkyd...
алки́л *m (Ch)* Alkyl *n*
алкили́рование *n (Ch)* Alkylierung *f*, Alkylieren *n*
алкили́ровать *(Ch)* alkylieren
алки́льный *(Ch)* Alkyl...
алкого́ль *m* Alkohol *m*
алкого́льный alkoholisch, Alkohol...
аллани́т *m (Min)* Allanit *m*, Orthit *m*
алли́ловый *(Ch)* Allyl...
аллотриоморфи́зм *m (Krist)* Allotriomorphie *f*, Xenomorphie *f*
аллотриомо́рфный *(Krist)* allotriomorph, xenomorph, fremdgestaltig
аллотро́пия *f (Ch)* Allotropie *f*
аллотро́пный *(Ch)* allotrop
аллохромати́ческий allochromatisch, andersfarbig
аллювиа́льный *(Geol)* alluvial
аллю́вий *m (Geol)* Alluvium *n*
алма́з *m* Diamant *m*
~ **для пра́вки** *(Wkz)* Abrichtdiamant *m*
~/**промы́шленный** Industriediamant *m*, technischer [industrieller] Diamant *m*
~/**синтети́ческий** synthetischer Diamant *m*
~/**техни́ческий** *s.* ~/промышленный
алма́зный Diamant..., diamanten
алмазодержа́тель *m (Wkz)* Diamanthalter *m*
алмазосодержа́щий diamanthaltig
алуни́т *m (Min)* Alunit *m (Alaunstein)*
алфави́т *m (Inf)* Alphabet *n*
~/**входно́й** Eingangsalphabet *n*, Eingabealphabet *n*
~/**выходно́й** Ausgangsalphabet *n*, Ausgabealphabet *n*
алфави́тно-цифрово́й *(Inf)* alphanumerisch
алфави́тный alphabetisch
альбе́до *n (Astr, Opt)* Albedo *f*, Rückstrahlvermögen *n*, Reflexionsvermögen *n*
~/**види́мое** visuelle Albedo *f*
альбедоме́тр *m (Astr, Opt)* Albedometer *n*
альдеги́д *m (Ch)* Aldehyd *m*
альдеги́дный *(Ch)* Aldehyd...
альтигра́ф *m* Altigraph *m*, Höhenschreiber *m*
альтиме́тр *m* Altimeter *n*, Höhenmesser *m*
альтиме́трия *f* Höhenmessung *f*, Hypsometrie *f*
альтиту́да *f (Astr)* Altitude *f*, Gestirnshöhe *f*
а́льфа-акти́вность *f (Kern)* Alphaaktivität *f*
а́льфа-акти́вный *(Kern)* alphaaktiv
а́льфа-желе́зо *n* Alphaeisen *n*, α-Eisen *n*
а́льфа-излуча́тель *m (Kern)* Alphastrahler *m*
а́льфа-излуче́ние *n (Kern)* (radioaktive) Alphastrahlung *f*, Alphastrahlen *mpl*
а́льфа-лучи́ *mpl s.* альфа-излучение
а́льфа-радиоакти́вность *f (Kern)* Alpha(radio)aktivität *f*
а́льфа-радиоакти́вный *(Kern)* alpha(radio)aktiv
а́льфа-распа́д *m (Kern)* Alphazerfall *m*
а́льфа-спектр *m (Kern)* Alpha(teilchen)spektrum *n*
а́льфа-спектро́метр *m (Kern)* Alpha(strahl)spektrometer *n*
а́льфа-спектрометри́я *f (Kern)* Alpha(strahl)spektrometrie *f*

а́льфа-спектроскопи́я *f (Kern)* Alphaspektroskopie *f*, Alphaspektrometrie *f*
а́льфа-толщиноме́р *m* Alphadickenmesser *m*
альфатро́н *m (Kern)* Alphatron *n*
а́льфа-части́ца *f (Kern)* Alphateilchen *n*
алюмина́т *m (Ch)* Aluminat *n*
алюминиевоки́слый *(Ch)* ...aluminat *n*; aluminiumsauer
алюми́ниевый Aluminium...
алюми́ний *m* 1. *(Ch)* Aluminium *n*, Al; 2. *(Met)* Aluminium *n*, Alu *n*
~/зернёный *(Met)* Aluminiumgrieß *m*
~/перви́чный *(Met)* Hüttenaluminium *n*
~/сверхчи́стый *(Met)* Reinstaluminium *n*
~/чи́стый *(Met)* Reinaluminium *n*
алюминийоргани́ческий *(Ch)* aluminiumorganisch
алюминотерми́ческий *(Schw)* aluminothermisch
алюминотерми́я *f (Schw)* Aluminothermie *f*
амальга́ма *f (Met)* Amalgam *n*
амальгама́тор *m (Met)* Amalgamiertisch *m*
амальгама́ция *f (Met)* Amalgamierung *f*, Amalgamation *f*
амбушю́р *m* Mundstück *n (eines Mikrophons)*
амери́ций *m (Ch)* Americium *n*, Am
амети́ст *m (Min)* Amethyst *m*
ами́д *m (Ch)* Amid *n*
ами́ловый *(Ch)* Amyl...
ами́н *m (Ch)* Amin *n*
аминобензе́н *m (Ch)* Aminobenzen *n*, Aminobenzol *n*, Anilin *n*
аминобензо́л *s.* аминобензен
аминогру́ппа *f (Ch)* Aminogruppe *f*
аминокислота́ *f (Ch)* Aminosäure *f*
аминопла́ст *m* Aminoplast *m*
аминосоедине́ние *n (Ch)* Aminoverbindung *f*
аминоспи́рт *m (Ch)* Aminoalkohol *m*
аммиа́к *m (Ch)* Ammoniak *n*
аммиа́чный *(Ch)* ammoniakalisch, Ammoniak...
аммона́л *m* Ammonal *n (Sprengstoff)*
аммо́ниевый *(Ch)* Ammon(ium)...
аммониза́ция *f (Ch)* Ammonisierung *f (von Düngemitteln)*
аммо́ний *m (Ch)* Ammonium *n*
аммони́т *m* Ammonit *n (Sprengstoff)*
амортиза́тор *m* 1. Dämpfer *m*, Dämpfervorrichtung *f*, Puffer *m*, Puffervorrichtung *f*; 2. *(Kfz)* Schwingungsdämpfer *m*, Stoßdämpfer *m*
~/телескопи́ческий *(Kfz)* Teleskopstoßdämpfer *m*
амортиза́ция *f* Dämpfung *f*, Abschwächung *f*
амортизи́ровать dämpfen, abschwächen
амо́рфность *f* Amorphie *f*, Gestaltlosigkeit *f*
амо́рфный amorph, gestaltlos
ампе́р *m (El)* Ampere *n*, A *(Einheit der elektrischen Stromstärke)*
ампе́р-весы́ *pl (El)* Stromwaage *f*
ампе́р-витки́ *mpl (El)* magnetische Durchflutung *f*
~ на сантиме́тр *(El)* Strombelag *m*
амперме́тр *m (El)* Amperemeter *n*, Strommesser *m*
амперме́тровый Amperemeter..., Strommesser...
амперса́нд *m (Inf)* kommerzielles UND-Zeichen *n*, Ampersandzeichen *n*
ампе́р-секу́нда *f (El)* Amperesekunde *f*, As
ампе́р-час *m (El)* Amperestunde *f*, Ah
амплиту́да *f* Amplitude *f*
~ колеба́ния Schwingungsamplitude *f*
амплиту́дно-модули́рованный amplitudenmoduliert, AM-...
амплиту́дный Amplituden...
а́мпула *f (Ch, Med)* Ampulle *f*
амфи́бия *f* Amphibienfahrzeug *n*; Amphibienflugzeug *n*
амфоте́рность *f (Ch, Ph)* amphoteres Verhalten *n*, Amphoterie *f*
амфоте́рный *(Ch, Ph)* amphoter
анабати́ческий *(Meteo)* anabatisch, Aufgleit..., Auf... *(z. B. Aufwind)*
анагалакти́ческий *(Astr)* anagalaktisch, extragalaktisch
ана́лиз *m* 1. *(Ch, Ph)* Analyse *f*, Untersuchung *f*; 2. *(Math)* Analyse *f*, Analysis *f*
~/ве́кторный *(Math)* Vektoranalysis *f*
~/весово́й *(Ch)* Masseanalyse *f*
~/га́зовый *(Ch)* Gasanalyse *f*

~/**гармони́ческий** *(Ph)* harmonische Analyse *f*; *(Ak)* Klanganalyse *f*
~/**гравиметри́ческий** *(Ch)* gravimetrische Analyse *f*
~/**кáпельный** *(Ch)* Tüpfelanalyse *f*
~/**кáчественный** *(Ch)* qualitative Analyse *f*
~/**коли́чественный** *(Ch)* quantitative Analyse *f*
~/**колориметри́ческий** *(Ch)* kolorimetrische Analyse *f*
~/**комбинатóрный** *(Math)* Kombinatorik *f*, kombinatorische Analyse *f*
~/**корреляциóнный** *(Math)* Korrelationsanalyse *f*
~/**люминесцéнтный** *(Ch)* Lumineszenzanalyse *f*
~/**микрострукту́рный** *(Wkst)* Feinstrukturanalyse *f*
~/**объёмный** *(Ch)* volumetrische [titrimetrische] Analyse *f*, Maßanalyse *f*
~/**радиоактивациóнный** *(Ph)* Aktivierungsanalyse *f*
~/**радиометри́ческий** *(Ph)* radiometrische Analyse *f*
~/**радиохими́ческий** *(Ch)* radiochemische Analyse *f*
~/**рентгéновский** *(Ph)* Röntgenanalyse *f*
~/**рентгеноспектрáльный** *(Ph)* Röntgenspektralanalyse *f*
~/**рентгенострукту́рный** *(Wkst)* Röntgen(fein)strukturanalyse *f*
~/**седиментациóнный** *(Ch)* Sedimentationsanalyse *f*
~/**систéмный** *(Kyb)* Systemanalyse *f*
~/**спектрáльный** *(Ph)* Spektralanalyse *f*
~/**схéмный [схемотехни́ческий]** *(El)* Schaltkreisanalyse *f*, Schaltungsanalyse *f*
~/**терми́ческий** *(Ch)* thermische Analyse *f*
~/**титриметри́ческий** *s.* ~/объёмный
~/**фáзовый** *(Ph)* Phasen(verschiebungs)analyse *f*
~/**фáкторный** *(Math)* Faktor(en)analyse *f*
~/**физико-хими́ческий** physikalisch-chemische Analyse *f*
~/**фотометри́ческий** *(Opt)* photometrische Analyse *f*
~/**функционáльный** *(Math)* Funktionalanalysis *f*
~/**хими́ческий** chemische Analyse *f*
~/**хроматографи́ческий** chromatographische Analyse *f*
анализáтор *m* Analysator *m*
~/**амплиту́дный** *(El)* Amplitudenanalysator *m*
~ **зву́ка** *(Ak)* Klanganalysator *m*
анализи́ровать analysieren, untersuchen
аналити́ческий analytisch, Analysen...
анáлог *m* Analogon *n*
аналóгия *f* Analogie *f*, Ähnlichkeit *f*
анáлоговый analog, Analog(ie)...
анáлого-цифровóй analog-digital, Analog-Digital...
анаморфóза *f (Opt)* Anamorphose *f*, Verstreckung *f*, Verzerrung *f*
анаморфóт *m (Opt)* Anamorphot *m (Linsensystem)*
анастигмáт *m (Opt)* Anastigmat *m*
ангáр *m* Hangar *m*, Flugzeughalle *f*
ангармони́ческий anharmonisch, unharmonisch
ангидри́д *m (Ch)* Anhydrid *n*
ангидри́дный *(Ch)* Anhydrid...
ангидри́т *m* 1. *(Ch)* Anhydrit *n*; 2. *(Min, Bw)* Anhydrit *m*
áнгстрем Ångström *n*, Å *(SI-fremde Einheit der Länge in der Spektroskopie)*
андези́т *m (Geol)* Andesit *m*
анемогрáмма *f (Meteo)* Anemogramm *n*
анемóграф *m (Meteo)* Anemograph *m*
анемóметр *m (Meteo)* Anemometer *n*, Windmesser *m*, Windmessinstrument *n*
~/**крыльчáтый** Windradanemometer *n*, Flügelradanemometer *n*
~/**тепловóй** Hitzdrahtanemometer *n*
анемометри́ческий anemometrisch, Anemometer...
анемометри́я *f (Meteo)* Anemometrie *f*, Windgeschwindigkeitsmessung *f*
анерóид *m (Meteo)* Aneroidbarometer *n*, Federbarometer *n*, Aneroid *n*, Dosenbarometer *n*
анизотропи́я *f (Ph)* Anisotropie *f*
~/**магни́тная** magnetische Anisotropie *f*

анизотро́пный anisotrop
анили́н *m (Ch)* Anilin *n*, Aminobenzen *n*, Aminobenzol *n*
анили́новый *(Ch)* Anilin...
анима́ция *f* **(/компью́терная)** Computeranimation *f*, Bildanimation *f*
анио́н *m (Ch, Ph)* Anion *n*
аниони́т *m* Anionenaustauscher *m*
анио́нный anionisch, Anionen...
а́нкер *m* 1. *(Bw)* Anker *m*, Zuganker *m*; 2. *(Bgb)* Anker *m (Ausbau)*; 3. Anker *m (einer mechanischen Uhr)*
а́нкерный Anker..., Verankerungs...
анкеро́вка *f* Verankerung *f*, Abspannung *f*
аннигиля́ция *f (Kern)* Annihilation *f*, Zerstrahlung *f*
ано́д *m (El)* Anode *f*
~**/ди́сковый** Scheibenanode *f*
~**/кольцево́й** Ringanode *f*, ringförmige Anode *f*
~**/поджига́ющий** Zündanode *f*
~**/разрезно́й** Schlitzanode *f*
~**/ускоря́ющий** Beschleunigungsanode *f*
аноди́рование *n (Ch, Met)* Anodieren *n*, anodische [elektrochemische] Oxidation *f*; Eloxieren *n*
аноди́ровать *(Ch, Met)* anodisieren *n*, anodisch [elektrochemisch, elektrolytisch] oxidieren; eloxieren
ано́дный Anoden..., anodisch
анододержа́тель *m (Met)* Anodenhalter *m*, Anodenträger *m*
аноли́т *m* Anolyt *m*, anodischer Elektrolyt *m (Elektrolyse)*
анома́лия *f* Anomalie *f*, Regelwidrigkeit *f*
~**/и́стинная** *(Astr)* wahre Anomalie *f*
~**/магни́тная** *(Geoph)* magnetische Anomalie *f*
~**/сре́дняя** *(Astr)* mittlere Anomalie *f*
анте́нна *f* Antenne *f*, Strahler *m*
~**/антифе́динговая** Antifading-Antenne *f*, schwundmindernde Antenne *f*
~ **бегу́щей волны́** Wanderwellenantenne *f*
~**/всенапра́вленная** *s.* ~/ненаправленная
~**/встро́енная** Einbauantenne *f*
~**/дире́кторная** Yagi-Antenne *f*
~**/зерка́льная** Spiegelantenne *f*
~**/коаксиа́льная** Koaxialantenne *f*
~**/коллекти́вная** Gemeinschaftsantenne *f*
~**/ле́нточная** Bandantenne *f*
~**/напра́вленная** Richt(strahl)antenne *f*, Richtstrahler *m*
~**/ненапра́вленная** ungerichtete Antenne *f*, Rundstrahlantenne *f*
~**/однонапра́вленная** einseitig gerichtete Antenne *f*
~**/остронапра́вленная** scharf bündelnde Antenne *f*
~**/параболи́ческая** Parabolantenne *f*
~**/передаю́щая** Sendeantenne *f*, Strahler *m*
~**/полуво́лновая** Halbwellenantenne *f*, λ/2-Antenne *f*
~**/приёмная** Empfangsantenne *f*
~**/ра́мочная** Rahmenantenne *f*
~**/ромби́ческая** Rhombusantenne *f*
~**/ру́порная** Horn(strahler)antenne *f*, Trichterantenne *f*
~**/спира́льная** Wendelantenne *f*
~**/стержнева́я** Stabantenne *f*
~**/телевизио́нная** Fernsehantenne *f*
~**/телескопи́ческая** Teleskopantenne *f*
~**/турнике́тная** Drehkreuzantenne *f*
~ **У́да-Яги** Yagi-(Uda-)Antenne *f*
~ **УКВ [ультракоро́тких волн]** *s.* ~/ультракоротковолновая
~**/ультракоротково́лновая** Ultrakurzwellenantenne *f*, UKW-Antenne *f*
~**/ферри́товая** Ferritantenne *f*
~**/четвертьво́лновая** Viertelwellenantenne *f*, λ/4-Antenne *f*
~**/широкополо́сная** Breitbandantenne *f*
~**/штырева́я** Stabantenne *f*
~**/щелева́я** Schlitzantenne *f*, Schlitzstrahler *m*
~**/этало́нная** Normalantenne *f*
~ **Яги** *s.* ~ Уда-Яги
анте́нна-ба́шня *f* Antennenturm *m*
анте́нна-кольцо́ *f* Ringdipol *m*, Ringantenne *f*
анте́нна-ли́нза *f* Linsenantenne *f*
анте́нна-ма́чта *f* Mastantenne *f*, Antennenmast *m*
анте́нный Antennen...
антиа́пекс *m (Astr)* Antapex *m*
антивещество́ *n (Ph)* Antimaterie *f*

антивале́нтность *f (Inf)* Antivalenz *f*, exklusives [ausschließendes] ODER *n*
антивуали́рующий *(Photo)* schleierverhütend, schleierverhindernd
антигравита́ция *f (Ph)* Antigravitation *f*
антидетона́тор *m* Antiklopfmittel *n* *(Kraftstoffzusatz)*
антидетонацио́нный klopffest *(Kraftstoffe)*
антикатализа́тор *m (Ch)* Antikatalysator *m*, Inhibitor *m*
антикато́д *m (Ch)* Antikathode *f*
антиква́рк *m (Kern)* Antiquark *n*
антиклина́ль *f (Geol)* Antiklin(al)e *f*, Sattel *m*
антикоагуля́нт *m (Ch)* Antikoagulans *n*, gerinnungshemmendes Mittel *n*
антикоррози́йный *s.* антикоррозионный
антикоррозио́нный antikorrosiv, Antikorrosions..., korrosionshemmend; rostschützend, Rostschutz...
антилогари́фм *m (Math)* Antilogarithmus *m*
антимагни́тный nichtmagnetisch, unmagnetisch
антимона́т *m (Ch)* Antimonat *n*
антимони́д *m (Ch)* Antimonid *n*
антимони́т *m* 1. *(Ch)* Antimonit *n*; 2. *(Min)* Antimonit *m*, Antimonglanz *m*
антинейтри́но *n (Kern)* Antineutrino *n*
антинейтро́н *m (Kern)* Antineutron *n*
антинукло́н *m (Kern)* Antinukleon *n*
антиобледени́тель *m* Enteisungsanlage *f*, Enteiser *m*
антиобледени́тельный Enteisungs...
антиокисли́тель *m (Ch)* Antioxidationsmittel *n*, Antioxidans *n*
антиоксида́нт *m s.* антиокислитель
антипараллакти́ческий *(Opt)* parallaxefrei
антипо́д *m* Antipode *m*
антипрото́н *m (Kern)* Antiproton *n*
антираке́та *f* Antirakete *f*, Raketenabwehrrakete *f*
антисейсми́ческий *(Bw)* erdbebensicher
антисимметри́ческий antisymmetrisch
антисимме́трия *f* Antisymmetrie *f*
антисовпаде́ние *n (Ph)* Antikoinzidenz *f*
антифе́динговый *(Rf)* schwundmindernd, Antifading...
антиферромагнети́зм *m* Antiferromagnetismus *m*
антиферромагне́тик *m (Ph)* Antiferromagnetikum *n*, antiferromagnetischer Stoff *m*
антиферромагни́тный *(Ph)* antiferromagnetisch
антифри́з *m* Frostschutzmittel *n*, Gefrierschutzmittel *n*; Enteisungsmittel *n*
антифрикцио́нный Antifriktions..., Gleit...
антицикло́н *m (Meteo)* Antizyklone *f*, Hochdruckgebiet *n*
античасти́ца *f (Kern)* Antiteilchen *n*
антраци́т *m (Geol)* Anthrazit *m*
антраци́тный Anthrazit...
апати́т *m (Min)* Apatit *m*
а́пекс *m (Astr)* Apex *m*
апериоди́ческий aperiodisch, nichtperiodisch
апериоди́чность *f* Aperiodizität *f*
аперто́метр *m (Opt)* Apertometer *n*
аперту́ра *f (Photo, Opt)* Apertur *f*, Öffnung *f*
~/**углова́я** *(Ph)* Aperturwinkel *m*, Öffnungswinkel *m*
аперту́рный Apertur...
аплана́т *m (Photo)* Aplanat *m(n)*
апланати́зм *m (Opt)* Aplanasie *f*
апланати́ческий *(Opt)* aplanatisch
апоа́стр *m (Astr)* Apoastron *n*, Sternferne *f*
апоге́й *m (Astr)* Apogäum *n*, Erdferne *f*
аполя́рный *(Math)* apolar
апоселе́ний *m (Astr)* Aposelen *n*, Mondferne *f*
апостильб *m* Apostilb *n*, asb *(SI-fremde Einheit der Leuchtdichte)*
апохрома́т *m (Photo)* Apochromat *m*
апохромати́ческий *(Opt)* apochromatisch
апоце́нтр *m* 1. *(Astr)* Apogalaktikum *n*; 2. *(Mech)* Apozentrum *n*
аппара́т *m* Apparat *m*, Gerät *n*, Vorrichtung *f (s. a. unter* аппаратура, прибор, приспособление*)*
~/**винтокры́лый (лета́тельный)** *(Flg)* Drehflügler *m*
~/**выпарно́й** Verdampfer *m*

~/**глубоководный** *s.* батискаф
~/**дождевáльный** *(Lw)* Regner *m*
~/**дои́льный** *(Lw)* Melkzeug *n*
~/**дыхáтельный** 1. *(Med)* Beatmungsgerät *n*; 2. *(Bgb)* Atmungsgerät *n*
~/**звукозапи́сывающий** *(Ak, El)* Tonaufnahmegerät *n*, Schallaufzeichnungsgerät *n*
~ **искýсственного кровообращéния** *(Med)* Herz-Lungen-Maschine *f*
~/**кинокопировáльный** Filmkopiermaschine *f*
~/**кинопроекциóнный** Filmprojektor *m*
~/**киносъёмочный** Film(aufnahme)kamera *f*
~/**коммутациóнный** *(El)* Schaltgerät *n*; *(Nrt)* Vermittlungsgerät *n*
~/**копировáльный** Kopierapparat *m*, Kopiergerät *n*
~/**косми́ческий летáтельный** Raumflugkörper *m*, Raumfahrzeug *n*, Raumschiff *n*
~/**краси́льный** *(Text)* Färbeapparat *m*
~/**крáсочный** *(Typ)* Farbwerk *n*
~/**летáтельный** Flugkörper *m*, Luftfahrzeug *n*
~/**лýнный самохóдный** *s.* луноход
~/**межпланéтный косми́ческий** interplanetarer Flugkörper *m*
~ **многорáзового испóльзования/грузовóй косми́ческий** Raumfähre *f*
~/**множи́тельный** Vervielfältigungsgerät *n*
~ **на воздýшной подýшке** Luftkissenfahrzeug *n*
~/**направля́ющий** Leitvorrichtung *f*, Leitapparat *m (an Strömungsmaschinen)*
~/**нумеровáльный** *(Typ)* Paginiermaschine *f*
~/**орбитáльный (летáтельный)** Satellitenflugkörper *m*, Orbiter *m*, orbitaler Raumflugkörper *m*
~/**перегóнный** *(Ch)* Destillierapparat *m*
~/**перемéшивающий** Rührapparat *m*
~/**переноснóй** *(Eln)* Portable *m(n)*
~/**пескострýйный** *(Gieß, Bw)* Sandstrahlgebläse *n*, Sandstrahler *m*
~/**посáдочный** *(Raumf)* Landekapsel *f*, Landefähre *f*
~/**приёмный** *(Rf)* Empfangsgerät *n*, Empfänger *m*
~/**проекциóнный** *(Opt)* Projektionsapparat *m*, Projektor *m*, Bildwerfer *m*
~/**рéжущий** *(Lw)* Schneidapparat *m (bei Mähmaschinen)*; Schneidwerk *n (beim Mähdrescher)*
~/**рентгéновский** Röntgenapparat *m*, Röntgengerät *n*
~/**свáрочный** Schweißgerät *n*
~/**светокопировáльный** Lichtpausapparat *m*
~/**слуховóй** Hörhilfe *f*
~/**спасáтельный** Rettungsgerät *n*
~/**телегрáфный** Telegraph(enapparat) *m*
~/**теретáйпный** Fernschreiber *m*
~/**телефóнный** Fernsprechapparat *m*, Fernsprecher *m*
~/**теплообмéнный** *(Wmt)* Wärmetauscher *m*
~/**фальцевáльный** *(Typ)* Falzapparat *m*, Falzer *m*
~/**фотографи́ческий** *s.* фотоаппарат
~/**фототелегрáфный** Bildtelegraph *m*, Bildtelegraphieapparat *m*
~/**холоди́льный** Kühlapparat *m*
~/**экстракциóнный** *(Ch)* Extraktionsapparat *m*
аппарáтная *f* Geräteraum *m*, Senderaum *m (einer Funkanlage)*; *(Rf)* Regieraum *m*
аппарáтно-незави́симый *(Inf)* geräteunabhängig
аппарáтно-ориенти́рованный *(Inf)* hardwareorientiert
аппарáтно-совмести́мый *(Inf)* hardwarekompatibel
аппарáтно-управля́емый *(Inf)* hardwaregesteuert
аппарáтный *(Text)* Streich... *(Wolle)*
аппаратýра *f* Apparatur *f*, Anlage *f*, Gerät *n (s. a. unter* аппарат, прибор*)*
~/**бортовáя** *(Flg, Schiff)* Bordausrüstung *f*
~/**гидролокациóнная** Unterwasser-Schallortungsgerät *n*
~/**звукозапи́сывающая** Tonaufnahmegerät *n*

~/**измери́тельная** Messapparatur *f*, Messgeräte *npl*
~/**контро́льно-измери́тельная** Kontroll- und Überwachungsgerät *n*, Anlagenmesstechnik *f*
~/**ла́зерная** Laserapparatur *f*
~/**радиолокацио́нная** Radargerät *n*; Radaranlage *f*
~/**радиореле́йная** Richtfunkgerät *n*; Richtfunkanlage *f*
~/**радиотелефо́нная** Sprechfunkanlage *f*
~/**рыбопоиско́вая** Fischortungsgerät *n*
~/**светосигна́льная** Lichtsignalanlage *f*
аппарату́рный Apparat(e)..., gerätetechnisch
аппаре́ль *f* 1. Rampe *f*, Auffahrrampe *f*; 2. *(Schiff)* Brückenrampe *f*, Be- und Entladerampe *f*
аппре́т *m (Text)* Appret *m(n)*, Appreturmittel *n*
аппрети́рование *n (Text)* Appretur *f*, Appretieren *n*, Ausrüsten *n (von Gewebe)*
аппрети́ровать *(Text)* appretieren, ausrüsten *(Gewebe)*
аппрету́ра *f s.* 1. аппретирование; 2. аппрет
аппроксима́ция *f (Math)* Approximation *f*, Näherung *f*
~/**после́довательная** sukzessive Approximation *f*
а́рбитр *m (Inf)* Arbiter *m*
~ **шины** Busarbiter *m*
аргенти́т *m (Min)* Argentit *m*, Silberglanz *m*
аргилли́т *m* Argillit *m*
арго́н *m (Ch)* Argon *n*, Ar
арго́нный *(Ch)* Argon...
аргуме́нт *m (Math)* Argument *n*
аре́н *m (Ch)* Aren *n*
ареографи́ческий *(Astr)* areographisch *(auf den Mars bezogen)*
арео́метр *m* Aräometer *n*, Senkspindel *f*
ари́дность *f (Meteo)* Trockenheit *f*, Aridität *f*
арифме́тика *f* Arithmetik *f*
арифмети́ческий arithmetisch, Rechen...

а́рка *f (Bw)* Bogen *m*
~/**бесшарни́рная** eingespannter Bogen *m*
~/**кругова́я** Kreisbogen *m*
~/**мостова́я** Brückenbogen *m*
~/**шарни́рная** Gelenkbogen *m*
арка́да *f (Bw)* Arkade *f*, Bogengang *m*
арккосе́канс *m (Math)* Arkuskosekans *m*, arc cosec
аркко́синус *m (Math)* Arkuskosinus *m*, arc cos
арккота́нгенс *m (Math)* Arkuskotangens *m*, arc cot
арксе́канс *m (Math)* Arkussekans *m*, arc sec
аркси́нус *m (Math)* Arkussinus *m*, arc sin
аркта́нгенс *m (Math)* Arkustangens *m*, arc tan
аркус ... *(Math) s.* арк...
аркфу́нкция *f (Math)* Arkusfunktion *f*
АРМ *n s.* место/автоматизированное рабочее
армату́ра *f* 1. Armatur *f*; Ausrüstung *f*, Ausstattung *f*; 2. *(Bw)* Bewehrung *f (Beton)*; 3. *(Met)* Bewehrungsstahl *m*
~/**водопрово́дная** Wasserleitungsarmatur *f*
~/**ги́бкая** *(Bw)* biegungsschlaffe Bewehrung *f*
~/**жёсткая** *(Bw)* steife Bewehrung *f*
~/**запо́рная** Absperrarmatur *f*
~/**коте́льная** Kesselarmatur *f*
~/**натя́гиваемая** *(Bw)* Spannbewehrung *f*
~/**ненапряга́емая** *(Bw)* schlaffe Bewehrung *f*
~/**несу́щая** *(Bw)* tragende Bewehrung *f*
~/**освети́тельная** Beleuchtungskörper *m*
~/**попере́чная** *(Bw)* Querbewehrung *f*
~/**предвари́тельно напряжённая** *(Bw)* vorgespannte Bewehrung *f*
~/**продо́льная** *(Bw)* Längsbewehrung *f*
~/**рабо́чая** *(Bw)* Hauptbewehrung *f*
~/**стержнева́я** *(Bw)* Stabbewehrung *f*
~/**трубопрово́дная** Rohrleitungsarmatur *f*
армату́рный 1. Armatur...; 2. *(Bw)* Bewehrungs...

арми́рование *n* 1. Bewehren *n*, Bewehrung *f (Beton)*; 2. *(Met)* Verankern *n*, Verankerung *f (der Schmelzöfen)*; 3. *(Bgb)* Ausrüsten *n*, Ausrüstung *f (der Schächte)*; 4. *(Wkz)* Bestücken *n*, Bestückung *f (Werkzeuge z. B. mit Hartmetallschneiden)*

арми́рованный 1. *(Bw)* bewehrt; 2. *(Met)* verankert *(Schmelzöfen)*; 3. *(Bgb)* ausgerüstet, armiert *(Schächte)*; 4. bestückt *(Werkzeuge)*

~/ги́бко schlaffbewehrt

~/жёстко steifbewehrt

арми́ровать 1. *(Bw)* bewehren; 2. *(Met)* verankern *(Schmelzöfen)*; 3. *(Bgb)* ausrüsten, armieren *(Schächte)*; 4. bestücken *(Werkzeuge z. B. mit Hartmetallschneiden)*

а́рмко-желе́зо *n (Met)* Armco-Eisen *n (technisch reines hochpermeables Eisen)*

армопенобето́н *m (Bw)* bewehrter Schaumbeton *m*

армопластбето́н *m* bewehrter Plastbeton *m*

ароматиза́ция *f (Ch, Lebm)* Aromatisierung *f*

аромати́ческий aromatisch

а́рочный *(Bw)* Bogen...

аррети́р *m (Mess)* Arretiervorrichtung *f*, Sperre *f*

аррети́рный arretiert

аррети́рование *n* Arretierung *f*, Arretieren *n*

аррети́ровать arretieren

арсенoли́т *m (Min)* Arsenolith *m*, Arsenikblüte *f*

арсенопири́т *m (Min)* Arsenopyrit *m*, Arsenkies *m*

арсеносоедине́ние *n (Ch)* Arsenverbindung *f*

артезиа́нский artesisch

артикуля́ция *f (Nrt)* Verständlichkeit *f*, Sprachverständlichkeit *f*

~ **слов** Wortverständlichkeit *f*

~/слогова́я Silbenverständlichkeit *f*

археоло́гия *f* Archäologie *f*, Altertumskunde *f*

архи́в *m (Inf)* Archiv *n*

архитекту́ра *f* Architektur *f*

~/32-разря́дная *(Inf)* 32-Bit-Architektur *f*

~ **ЭВМ** Rechnerarchitektur *f*

асб *s.* апостильб

асбе́ст *m (Min)* Asbest *m*, Bergflachs *m*

асбести́рованный mit Asbestbelag versehen, asbestbelegt

асбе́стовый Asbest...

асбестосилика́т *m* Asbestsilikat *n*

асбестоцеме́нт *m* Asbestzement *m*

асбоцеме́нт *m s.* асбестоцемент

асимметри́ческий asymmetrisch, unsymmetrisch

асимметри́я *f* Asymmetrie *f*

асимпто́та *f (Math)* Asymptote *f*

асимптоти́ческий *(Math)* asymptotisch

асинхро́нный asynchron, Asynchron...

аспира́тор *m* 1. *(Ch)* Aspirator *m*; 2. *(Lw)* Saugwindreiniger *m*, Aspirator *m*

аспира́ция *f* Aspiration *f*

ассе́мблер *m (Inf)* Assembler *m*, Assemblerprogramm *n*; Assemblersprache *f*

~/обра́тный Rückassembler *m*

~/перекрёстный Crossassembler *m*

ассембли́рование *n (Inf)* Assemblierung *f*, Assemblieren *n*

ассимиля́ция *f* Assimilation *f*

ассортиме́нт *m* Sortiment *n*; Auswahl *f*

ассоциати́вность *f (Math)* Assoziativität *f*

ассоциати́вный 1. *(Math)* assoziativ, Assoziativ...; 2. *(Inf)* inhaltsadressierbar, Assoziativ... *(Speicher)*

ассоциа́ция *f* 1. *(Ch)* Assoziation *f*, Vereinigung *f*; 2. *(Min)* Vergesellschaftung *f*

~/звёздная *(Astr)* Sternassoziation *f*

~/ио́нная *(Ch)* Ionenassoziation *f*

аста́т *m (Ch)* Astat *n*, At

астати́зм *m* Astatik *f*, astatisches Verhalten *n (eines elektrischen Messinstruments)*

астати́ческий astatisch; integral (wirkend), Integral...

астати́чность *f s.* астатизм

астеносфе́ра *f (Geol)* Astenosphäre *f*, Fließgrenze *f*

астери́зм *m (Min)* Asterismus *m*

астеро́ид *m (Astr)* Asteroid *m*, Planetoid *m*

астигма́т *m (Opt)* Astigmat *m*, astigmatisches Objektiv *n*
астигмати́зм *m (Opt)* Astigmatismus *m*
астро́ника *f* Astronik *f*, Raumfahrtelektronik *f*
астробалли́стика *f* Astroballistik *f*
астробиоло́гия *f* Astrobiologie *f*
астробота́ника *f* Astrobotanik *f*
астрогеоло́гия *f* Astrogeologie *f*
астро́граф *m* Astrograph *m*
астрогра́фия *f* Astrographie *f*
астродина́мика *f* Astrodynamik *f*
астро́ида *f (Math)* Astroide *f*, Sternkurve *f*
астрокорре́кция *f (Flg)* Astrokorrektion *f*
астроля́бия *f (Astr, Geod)* Astrolabium *n*
астроме́трия *f* Astrometrie *f*
астро́н *m (Astr)* Astron *n*, Siriometer *n*, Stern(en)weite *f (SI-fremde Einheit der Länge)*
астронавигацио́нный Astronavigations..., Sternnavigations...
астронавига́ция *f* Astronavigation *f*, Sternnavigation *f*
астрона́вт *m* Astronaut *m*, Raumfahrer *m*
астрона́втика *f* Astronautik *f*, Raumfahrt *f*
астрономи́ческий astronomisch
астроно́мия *f* Astronomie *f*
~/**звёздная** Stellarastronomie *f*
~/**нейтри́нная** Neutrinoastronomie *f*
~/**радиолокацио́нная** Radarastronomie *f*
~/**рентге́новская** Röntgenastronomie *f*
~/**сфери́ческая** sphärische Astronomie *f*
астропеленга́тор *m* Astropeilgerät *n*, Astropeiler *m*
астропеленга́ция *f* Astropeilung *f*, Sternpeilung *f*
астроспектро́граф *m* Astrospektrograph *m*, Sternspektrograph *m*
астроспектроскопи́я *f* astronomische Spektroskopie *f*
астроспектрофотоме́трия *f* Astrospektrophotometrie *f*
астрофи́зика *f* Astrophysik *f*
астрофизи́ческий astrophysikalisch
астрофотогра́фия *f* Astrophotographie *f*, Sternphotographie *f*
астрофото́метр *m* Astrophotometer *n*
астрофотоме́трия *f* Astrophotometrie *f*, astronomische Photometrie *f*
АСУК *f s.* система управления качеством/автоматизированная
асфа́льт *m* Asphalt *m*
~/**лито́й** Gussasphalt *m*
асфальти́ровать asphaltieren
асфальтобето́н *m (Bw)* Asphaltbeton *m*
асфальтобетоносмеси́тель *m (Bw)* Asphaltbetonmischer *m*
асфальтобетоноукла́дчик *m* Asphaltiermaschine *f*, Schwarzdeckenfertiger *m*
асфа́льтовый asphaltisch, Asphalt...
асфальтосмеси́тель *m (Bw)* Asphaltmischer *m*
асфальтоукла́дчик *m s.* асфальтобетоноукладчик
асфери́ческий nicht sphärisch
атерми́ческий athermisch
а́тлас *m* Atlas *m*, Kartenwerk *n*
~ **автомоби́льных доро́г** Autoatlas *m*
~/**звёздный** Himmelsatlas *m*
~ **ми́ра** Weltatlas *m*
~ **небольшо́го форма́та** Handatlas *m*
~/**шко́льный** Schulatlas *m*
атла́с *m (Text)* Atlas *m (Seidengewebe)*
атмосфе́ра *f* 1. Atmosphäre *f*, Gashülle *f (eines Himmelskörpers)*; 2. Atmosphäre *f*, Milieu *n*
~/**ве́рхняя** *(Geoph)* obere Atmosphäre *f*
~/**вне́шняя** *(Geoph)* äußere Atmosphäre *f*
~/**водоро́дная** *(Geoph)* Wasserstoffatmosphäre *f*
~/**восстанови́тельная** *(Met)* reduzierendes Medium *n*, reduzierende Atmosphäre *f*
~/**га́зовая** Gashülle *f*, Gasmedium *n*
~/**защи́тная** 1. *(Schw)* Schutzgas *n*, Schutzhülle *f*; 2. *(Met)* Schutzgasatmosphäre *f*
~ **звёзд** *(Geoph)* Sternatmosphäre *f*
~ **Земли́** *(Geoph)* Erdatmosphäre *f*
~/**незапылённая** *(Geoph)* staubfreie Atmosphäre *f*
~/**нейтра́льная** *(Met)* neutrales Mittel [Milieu] *n*

~/**окисли́тельная** *(Met)* oxidierende Atmosphäre *f*, oxidierendes Mittel [Medium] *n*
~/**печна́я** *(Met)* Ofenatmosphäre *f*
~/**пло́тная** dichte Atmosphäre *f*
~/**рудни́чная** *(Bgb)* Grubenwetter *pl*
~/**станда́ртная** *(Mech)* Normalatmosphäre *f*, Standardatmosphäre *f*
~/**техни́ческая** *(Mech)* technische Atmosphäre *f*, at *(SI-fremde Einheit des Druckes = 98066,5 Pa)*
~/**физи́ческая** *(Mech)* physikalische Atmosphäre *f*, atm *(SI-fremde Einheit des Druckes = 101 325 Pa)*
атмосфе́рики *mpl (Rf)* atmosphärische Störungen *fpl*
атмосфе́рный atmosphärisch
атмосферосто́йкий wetterbeständig, wetterfest
атмосферосто́йкость *f* Wetterbeständigkeit *f*, Wetterfestigkeit *f*, Beständigkeit *f* gegen atmosphärische Einflüsse
а́том *m* Atom *n*
~/**акце́пторный** *(Halbl)* Akzeptoratom *n*, Akzeptor *m*
~ **внедре́ния** *(Krist)* Zwischengitteratom *n*
~/**горя́чий** *(Kern)* heißes [hoch angeregtes] Atom *n*
~/**до́норный** *(Halbl)* Donatoratom *n*, Donator *m*
~/**ме́ченый** *(Kern)* markiertes Atom *n*, Tracer *m*
~ **отда́чи** *(Halbl)* Rückstoßatom *n*
~/**при́месный** *(Halbl)* Fremdatom *n*, Störstellenatom *n*
а́том-акце́птор *m (Halbl)* Akzeptoratom *n*, Akzeptor *m*
атома́рный atomar, Atom...
а́том-до́нор *m (Halbl)* Donatoratom *n*, Donator *m*
атомиза́тор *m* Feinzerstäuber *m (für Flüssigkeiten)*
атоми́зм *m* Atomistik *f*
атоми́стика *f s.* атомизм
атомисти́ческий atomistisch
а́томность *f (Ch)* Atomigkeit *f*, Wertigkeit *f*
а́томный atomar, Atom...
атомохо́д *m* kernenergiegetriebenes Schiff *n*, Schiff *n* mit Kernenergieantrieb

АТС *f s.* станция/автоматическая телефонная
аттенюа́тор *m* 1. *(Mech)* Schwingungsdämpfer *m*, Vibrationsdämpfer *m*; 2. *(Rf)* Dämpfungsglied *n*, Attenuator *m*
а́тто ... *(Mess)* Atto..., a *(10^{-18} Einheiten)*
АТЭЦ *f s.* теплоэлектроцентраль/атомная
аудиовизуа́льный audiovisuell
аудиогра́мма *f (Ak, Med)* Audiogramm *n*, Hörverlustkurve *f*
аудио́метр *f (Ak, Med)* Audiometer *n*
аудиоме́трия *f (Ak, Med)* Audiometrie *f*
аустени́т *m (Met)* Austenit *m*
~/**оста́точный** Restaustenit *m*
~/**перви́чный** primärer Austenit *m*, Primäraustenit *m*
аустени́тный *(Met)* austenitisch
афе́лий *m (Astr)* Aphel(ium) *n*, Sonnenferne *f*
аффина́ция *f (Lebm)* Affination *f*, Affinieren *n (Zucker)*
аффи́нность *f (Math)* Affinität *f*
аффи́нный *(Math)* affin
аффи́нор *m (Math)* Affinor *m*
ахрома́т *m (Opt)* Achromat *m*, achromatische Linse *f*, achromatisches Objektiv *n*
ахромати́зм *m (Opt)* Achromasie *f*, Farbfehlerfreiheit *f (optischer Systeme)*
ахромати́ческий *(Opt)* achromatisch, farblos
ахтерпи́к *m (Schiff)* Achterpiek *f*, Hinterpiek *f*
ахтерште́вень *m (Schiff)* Achtersteven *m*, Hintersteven *m*
ацета́т *m (Ch)* Acetat *n*
ацета́тный *(Ch)* Acetat...
ацетиле́н *m (Ch)* Acetylen *n*, Ethin *n*
ацетили́рование *n (Ch)* Acetylierung *f*, Acetylieren *n*
ацетили́рованный *(Ch)* acetyliert
ацетилцеллюло́за *f (Ch)* Acetylcellulose *f*, Celluloseacetat *n*
ацети́льный *(Ch)* Acetyl...
ацето́н *m (Ch)* Aceton *n*
ацето́новый *(Ch)* Aceton...
ацидиме́трия *f (Ch)* Azidimetrie *f*
ацикли́ческий *(Ch)* acyclisch
ацили́рование *n (Ch)* Acylieren *n*

ацили́ровать *(Ch)* acylieren
АЦП *m s.* преобразователь/аналого-цифровой
АЦПУ *n s.* устройство/алфавитно-цифровое печатающее
аэра́тор *m* 1. Aerator *m*; Belüfter *m*; 2. *(Gieß)* Sandauflockerungsmaschine *f*
аэра́ция *f* 1. Belüftung *f*, Durchlüftung *f*; 2. *(Gieß)* Auflockerung *f*, Durchlüftung *f (von Formsand)*
аэро́бус *m (Flg)* Airbus *m*
аэровокза́л *m (Flg)* Abfertigungsgebäude *n*
аэрогидродина́мика *f* Aerohydrodynamik *f*, Strömungsdynamik *f*
аэрогидромеха́ника *f* Strömungsmechanik *f*, Strömungslehre *f*
аэрогра́ф *m* Aerograph *m*
аэродина́мика *f* Aerodynamik *f*
аэродинами́ческий aerodynamisch
аэродро́м *m* Flugplatz *m*
аэрозо́ль *m (Ph, Ch)* Aerosol *n*
аэрологи́ческий aerologisch
аэроло́гия *f* Aerologie *f*
аэромагнито́метр *m (Ph)* Aeromagnetometer *n*
аэро́метр *m* Aerometer *n*, Luftdichtemesser *m*
аэромеха́ника *f* Aeromechanik *f*
аэронавига́ция *f* Flugnavigation *f*
аэрона́втика *f* Aeronautik *f*, Luftfahrt *f*
аэроопры́скиватель *m* Flugzeugsprühgerät *n (zur Schädlingsbekämpfung)*
аэроопы́ливатель *m* Flugzeugstäubegerät *n (zur Schädlingsbekämpfung)*
аэропла́н *m s.* самолёт
аэропо́рт *m* Flughafen *m*
~/междунаро́дный internationaler Flughafen *m*
аэрорадионавига́ция *f* Flugfunknavigation *f*
аэроса́ни *pl* Motorschlitten *m*
аэросни́мок *m* Luftbild *n*, Luftbildaufnahme *f*
аэроста́т *m* Ballon *m*; Aerostat *m*, Luftfahrzeug *n* leichter als Luft
~/привязно́й Fesselballon *m*
~/свобо́дный Freiballon *m*
аэроста́тика *f* Aerostatik *f*
аэросъёмка *f s.* аэрофотосъёмка
аэроте́нк *m* Belebungsbecken *n (biologische Abwasserreinigung)*
аэрофи́льтр *m* Biofilter *n*, biologisches Belüftungsfilter *n (biologische Abwasserreinigung)*
аэрофотоаппара́т *m* Luftbildmesskammer *f*
аэрофотогра́мма *f (Geod)* Luftmessbild *n*
аэрофотограмме́трия *f* Luftbild(ver)-messung *f*, Aerophotogrammetrie *f*
аэрофотосни́мок *m* Luft(bild)aufnahme *f*, Luft(mess)bild *n*
аэрофотосъёмка *f* Luftbildaufnahme *f*
аэрофототопогра́фия *f* Luftbildtopographie *f*
АЭС *f s.* электростанция/атомная

Б

ба́ба *f (Bw)* Bär *m*, Fallbär *m*
баббит *m* Babbitmetall *n*, Lagerweißmetall *n*
ба́бка *f* 1. Schlitten *m*, Wagen *m*; 2. *(Wkzm)* Spindelstock *m*; 3. *(Bw)* Bock *m*
~/за́дняя *(Wkzm)* Reitstock *m*
~/пере́дняя *(Wkzm)* Spindelstock *m (einer Drehmaschine)*; Werkstückspindelstock *m (einer Schleifmaschine)*; Teilstock *m (einer Nutenfräsmaschine)*
~/шлифова́льная *(Wkzm)* Schleifspindelstock *m*
~/шпи́ндельная *(Wkzm)* Spindelstock *m*
бага́жник *m* Gepäckhalter *m*; Gepäckträger *m (eines Fahrrades)*; *(Kfz)* Kofferraum *m*; Dachgepäckträger *m*
баге́т *m (Bw)* Zierleiste *f*
баго́р *m* Bootshaken *m*
бадья́ *f* Kübel *m*, Eimer *m*; *(Bgb, Met auch:)* Gefäß *n*
~/загру́зочная *(Met)* Gichtkübel *m*, Begichtungskübel *m*
ба́за *f* 1. Basis *f*, Grundlage *f*; 2. *(Masch)* Basis *f*, Bezugsgröße *f*, Bezugsfläche *f*; 3. *(Bw)* Fuß *m*, Basis *f*; 4. *(Math, Geod)* Basis *f*, Standlinie *f*; 5. Zentrallager *n*, Depot *n*, Station *f*; 6. *(Mil)* Basis *f*, Stützpunkt *m*; 7. *(Kfz)* Radstand *m*; 8. *(Eb)* Achsstand *m*; 9. *(Eln)*

Basis *f*, Basisschicht *f*; 10. *(Inf)* Basisadresse *f*
~ **да́нных** Datenbasis *f*; Datenbank *f*
~ **зна́ний** *(Inf)* Wissensbasis *f*, Wissensbank *f*
~/**китобо́йная** Walfangmutterschiff *n*
~/**кормова́я** *(Lw)* Futtergrundlage *f*
~/**лу́нная** *(Raumf)* Mondbasis *f*
~/**перева́лочная** *(Förd)* Umschlagplatz *m*
~/**плаву́чая** Fabrikmutterschiff *n*, Fischverarbeitungsmutterschiff *n*
~/**плаву́чая рефрижера́торная** Kühlmutterschiff *n*
~/**плаву́чая рыбоперераба́тывающая** Fabrikmutterschiff *n*, Fischverarbeitungsmutterschiff *n*
~/**рыбопромысло́вая** Fabrikmutterschiff *n*
база́льт *m (Geod)* Basalt *m*
база́льтовый basaltisch, Basalt...
бази́рование *n* Bestimmung *f*, Basierung *f*
ба́зис *m* 1. *(Geod)* Basis *f*, Grundlinie *f*, Standlinie *f*; 2. *(Math)* Basis *f*; 3. *(Krist)* Elementarzelle *f*, Basis *f*
ба́зисный Basis...; Grund...
базоцентри́рованный *(Krist)* basisflächenzentriert, einseitig flächenzentriert
байда́рка *f* Paddelboot *n*
Байка́ло-Аму́рская магистра́ль *f (Eb)* Baikal-Amur-Magistrale *f*, BAM *f*
байпа́с *m* Umgehungsleitung *f*, Umleitung *f*, Bypass *m*
байпаси́рование *n* Bypassführung *f*, Nebenschlussführung *f*
байт *m (Inf)* Byte *n*
~/**контро́льный** Prüfbyte *n*, Kontrollbyte *n*
~/**мла́дший** niederwertiges Byte *n*
~ **состоя́ния** Statusbyte *n*, Zustandsbyte *n*
~/**ста́рший** höherwertiges Byte *n*
~/**управля́ющий** Steuerbyte *n*
байт-ориенти́рованный Byte-..., byteorientiert
бак *m* 1. Behälter *m*, Tank *m*; Bottich *m*; 2. *(Schiff)* Back *f*
~/**бензи́новый** Benzintank *m*
~/**водонапо́рный** *(Hydt)* Hochreservoir *n*
~ **горю́чего** Treibstoffbehälter *m*, Kraftstoffbehälter *m*
~/**запасно́й** Reservetank *m*, Vorratstank *m*
~/**ма́сляный** Ölbehälter *m*, Öltank *m*
~/**напо́рный** Druckbehälter *m*; Hochbehälter *m*
~/**отсто́йный** Klärbehälter *m*, Absetzbecken *n*
~/**расшири́тельный** Ausgleichbehälter *m*
~/**сбо́рный** Sammelbehälter *m*, Sammelgefäß *n*
~/**то́пливный** Kraftstofftank *m*, Kraftstoffbehälter *m*
~/**уравни́тельный** Ausgleichbehälter *m*
бакбо́рт *m (Schiff)* Backbord *n*
ба́кен *m (Schiff)* Tonne *f*, Boje *f*
бала́нс *m* 1. Bilanz *f*, Haushalt *m*; 2. Bilanz *f*, Ausgleich *m*; 3. *(Pap)* Papierholz *n*, Holz *n*; 4. Unruh *f (einer mechanischen Uhr)*
~/**во́дный** Wasserhaushalt *m*
~/**кислоро́дный** *(Ökol)* Sauerstoffhaushalt *m*, Sauerstoffbilanz *f*
~/**материа́льный** Materialbilanz *f*, Stoffbilanz *f*; *(Ch)* Stoffausgleich *m*
~ **подзе́мных вод** *(Hydrol)* Grundwasserhaushalt *m*
~/**теплово́й** Wärmehaushalt *m*, Wärmebilanz *f*
~/**экологи́ческий** Ökologiehaushalt *m*, Ökohaushalt *m*
~/**энергети́ческий** Energiebilanz *f*, Energiehaushalt *m*
баланси́р *m* 1. *(Masch)* Balancier *m*, Ausgleichhebel *m*, Schwinghebel *m*; 2. *s.* баланс 4.
баланси́рный Balancier..., Balance...
баланси́ровать 1. ausgleichen, ausbalancieren, das Gleichgewicht halten; 2. auswuchten *(Räder)*; 3. *(Flg)* (aus-)trimmen; 4. *(El)* abgleichen, kompensieren; *(Rf)* abgleichen; 5. *(Photo)* abgleichen, abstimmen
балда́ *f (Bgb)* Fäustel *m*, Schlägel *m*
ба́лка *f (Bw)* Träger *m*, Balken *m*
~/**а́нкерная** Verankerungsträger *m*
~/**гла́вная** Hauptträger *m*
~/**двутавро́вая** Doppel-T-Träger *m*, I-Träger *m*; *(Wlz)* I-Stahl *m*, I-Profil *n*

~/**двухопо́рная** Zweistützträger *m*
~/**двухпролётная** Träger *m* über zwei Felder, Träger *m* auf drei Stützen
~/**деревя́нная** Holzbalken *m*
~/**железобето́нная** Stahlbetonträger *m*
~ **жёсткости** Versteifungsträger *m*
~/**заде́ланная** eingespannter Träger *m*
~/**консо́льная** Kragträger *m*
~/**коро́бчатая** Kastenträger *m*
~/**неразрезна́я** Durchlaufträger *m*, durchlaufender [durchgehender, kontinuierlicher] Träger *m*
~/**многоопо́рная** Träger *m* auf mehreren Stützen
~/**многопролётная** Mehrfeldträger *m*
~/**однопролётная** Einfeldträger *m*
~/**опо́рная** Auflagerbalken *m*, Tragbalken *m*
~/**подкра́новая** Kranbahnträger *m*
~/**попере́чная** Querträger *m*
~/**продо́льная** Längsträger *m*
~/**решётчатая** Fachwerkträger *m*, Gitterträger *m*
~/**сварна́я** geschweißter Träger *m*
~/**свободноопёртная** frei aufliegender Träger *m*
~/**составна́я** zusammengesetzter [gebauter] Träger *m*
~/**сплошна́я** Vollwandträger *m*
~/**стальна́я** Stahlträger *m*
~/**стати́чески неопредели́мая** statisch unbestimmter Träger *m*
~/**стати́чески определи́мая** statisch bestimmter Träger *m*
~/**тавро́вая** T-Träger *m*; *(Wlz)* T-Stahl *m*, T-Profil *n*
~/**фасо́нная** Profilträger *m*
~/**шве́ллерная** U-Träger *m*; *(Wlz)* U-Stahl *m*, U-Profil *n*
~/**шпре́нгельная** unterspannter Träger *m*, Sprengwerkträger *m*
ба́лкер *m* Massengutfrachtschiff *n*, Schüttgutfrachtschiff *n*, Bulkcarrier *m*, Bulker *m*
балкќэриер *m s.* балкер
балко́н *m* Balkon *m*
балкта́нкер *m* OBO-Schiff *n*, OBO-Carrier *m*
балл *m* 1. Gütezahl *f*, Gütekennziffer *f*; 2. Grad *m*, Stufe *f*; 3. *(Meteo)* Windstärke *f*
балла́ст *m* 1. Ballast *m*; 2. *(Eb)* Bettung *f*, Oberbau *m*
~/**щебёночный** *(Eb)* Schotterbettung *f*
балла́стер *m (Eb)* Beschotterungsmaschine *f*
балластиро́вка *f* 1. *(Eb)* Schotterung *f*, Beschotterung *f*; 2. *(Schiff)* Beballastung *f*, Ballastübernahme *f*
балли́стика *f* Ballistik *f*
~/**вне́шняя** äußere Ballistik *f*
~/**вну́тренняя** innere Ballistik *f*
баллисти́ческий ballistisch
балло́н *m* 1. Flasche *f*, Ballon *m*; 2. *(El, Eln, Licht)* Kolben *m*
~/**кислоро́дный** Sauerstoffflasche *f*
~/**стально́й** Stahlflasche *f*
~/**стекля́нный** Glasflasche *f*
балло́нчик *m*/**аэрозо́льный** Spraydose *f*
ба́лочный Träger..., Balken...
баля́сина *f (Bw)* Geländerpfosten *m*
БАМ *f s.* Байкало-Амурская магистраль
ба́мпер *m s.* буфер 2.
бананово́з *m* Bananenschiff *n*
банда́ж *m* 1. Reifen *m*; 2. *(Eb)* Radreifen *m*; 3. *(Met)* Bandage *f*
~/**цельнока́таный** *(Wlz)* ganzgewalzte Bandage *f*
банк *m* **да́нных** *(Inf)* Datenbank *f*
~ **мо́дулей** *(Inf)* Modulbank *f*
~ **програ́мм** *(Inf)* Programmbank *f*
ба́нка *f* 1. Büchse *f*, Dose *f*; 2. Sandbank *f*; 3. *(Schiff)* Ducht *f (eines Bootes)*
банкома́т *m* Geldautomat *m*
ба́ночка *f (Glas)* Külbel *m*, Posten *m*
ба́ня *f (Ch)* Bad *n*
~/**водяна́я** Wasserbad *n*
бар *m* 1. Bar *n*, bar, b *(SI-fremde Einheit des Druckes)*; 2. *s.* ~/врубовый
~/**вру́бовый** *(Bgb)* Schrämarm *m*, Schrämausleger *m*
бараба́н *m* 1. Trommel *f*, Walze *f*, Zylinder *m*; Radtrommel *f*; 2. *(Bw)* Kuppelunterbau *m*; 3. *(Led)* Fass *n*, Walkfass *n*
~/**волочи́льный** *(Umf)* Ziehtrommel *f*
~/**грузово́й [грузоподъёмный]** Lasttrommel *f*, Hub(winden)trommel *f (eines Krans)*
~/**ка́бельный** *(El)* Kabeltrommel *f*
~/**кана́тный** Seiltrommel *f*

~/магни́тный *(Inf)* Magnettrommel *f*
~/ножево́й *(Pap)* Messertrommel *f*, Messerwalze *f*
~/очистно́й *(Gieß)* Putztrommel *f*
~/промы́вочный Waschtrommel *f*
~/смеси́тельный Mischtrommel *f*, Trommelmischer *m*
~/суши́льный Trockentrommel *f*
~/тормозно́й *(Kfz)* Bremstrommel *f*
~/холоди́льный Kühltrommel *f*
бараба́нный Trommel...
бара́шек *m* Flügelmutter *f*
барботёр *m* 1. Druckmischer *m*; 2. *(Ch)* Gaswaschflasche *f*
барботи́рование *n* Druckluftmischung *f*, pneumatisches Mischen *n*; Durchperlen *n*
барда́ *f* Schlempe *f*
баре́ттер *m (El)* Bar(r)etter *m*, Kaltleiter *m*
баре́ттерный *(El)* Bar(r)etter...
ба́ржа *f (Schiff)* Schute *f*, Prahm *m*
~/грузова́я Ladungsschute *f*, Frachtleichter *m*
~/мореxо́дная Seeschute *f*, Seeleichter *m*
~/му́сорная Ascheleichter *m*, Aschenprahm *m*
~/наливна́я Tankschute *f*, Tankprahm *m*, Tankleichter *m*
~/нефтеналивна́я Ölschute *f*, Ölprahm *m*
~/речна́я Flusskahn *m*, Frachtkahn *m*
~/самохо́дная Lastkahn [Frachtkahn] *m* mit Eigenantrieb, Motorkahn *m*
~/у́гольная Kohlenschute *f*, Kohlenleichter *m*
баржево́з *m* Schutenträgerschiff *n*, Leichterträgerschiff *n*, Huckepackschiff *n*, LASH-Schiff *n*, Lash-Schiff *n*
ба́рий *m (Ch)* Barium *n*, Ba
барио́н *m (Kern)* Baryon *n*
бари́т *m (Min)* Baryt *m*, Schwerspat *m*
бари́товый Baryt...
барицентри́ческий *(Mech)* baryzentrisch, Schwerpunkt...
ба́рка *f (Text)* Barke *f*, Kufe *f (Färberei)*
~/краси́льная Färbebarke *f*, Färbekufe *f*
барка́с *m* 1. *(Schiff)* Barkasse *f*; 2. *(Led)* Haspel *f*, Haspelgeschirr *n*
барн *m (Kern)* Barn *n*, barn, b *(Maßeinheit für den Wirkungsquerschnitt des Atomkerns)*
барогра́мма *f (Meteo)* Barogramm *n*
баро́граф *m (Meteo, Flg)* Barograph *m*, Luftdruckschreiber *m*
бaрока́мера *f (Flg)* Höhenkammer *f*; Unterdruckkammer *f*; Barokammer *f*, Druckkammer *f*
барокли́на *f (Meteo)* Barokline *f*
баро́метр *m (Meteo)* Barometer *n*, Luftdruckmesser *m*
~/рту́тный Quecksilberbarometer *n*
барье́р *m* 1. Barriere *f*; 2. *(Eb)* Schranke *f*; 3. *(Ph)* Barriere *f*, Schwelle *f*, Wall *m*
~/звуково́й *(Flg)* Schallmauer *f*
~/потенциа́льный *(Ph)* Potenzialwall *m*, Potenzialschwelle *f*, Potenzialberg *m*
~/теплово́й 1. *(Ph)* thermische Barriere *f*; 2. *(Flg)* Hitzemauer *f*
~/фотоэлектри́ческий Lichtschranke *f*
~/энергети́ческий *(Halbl)* Energiebarriere *f*, Energieschwelle *f*
бассе́йн *m* 1. Bassin *n*, Becken *n*; 2. *(Geol)* Becken *n*; 3. *(Hydrol)* Einzugsgebiet *n*; 4. *(Pap)* Bütte *f*
~/аккумули́рующий *(Hydt)* Auffangbecken *n*; Druckwassersammler *m*
~/водосбо́рный *(Hydt)* Einzugsgebiet *n*, Zuflussgebiet *n*
~/водосли́вный *(Hydt)* Überlaufbecken *n*
~/железору́дный *(Geol)* Eisenerzbecken *n*
~/ма́ссный *(Pap)* Stoffbütte *f*
~/маши́нный *(Pap)* Maschinenbütte *f*
~/меша́льный *(Pap)* Mischbütte *f*
~/напо́рный *(Hydt)* Staubecken *n*
~/о́пытовый *(Schiff)* Versuchsbecken *n*, Modellversuchskanal *m*, Schleppkanal *m*, Schleppbecken *n (für Schiffsmodellversuche)*
~/осветли́тельный [отсто́йный] Klärbecken *n*, Absetzbecken *n*
~/пла́вательный Swimmingpool *m*, Schwimmbecken *n*
~/порто́вый Hafenbecken *n*
~/ру́дный *(Geol)* Erzbecken *n*

~/**у́гольный** *(Geol)* Kohlenbecken *n*, Kohlenrevier *n*

бата́н *m (Text)* Lade *f*

батаре́йка *f (El)* kleine Batterie *f*; Taschenleuchtenbatterie *f*

батаре́йный Batterie...

батаре́я *f* 1. Batterie *f*, Gruppe *f*; 2. *(El)* Batterie *f*; 3. *(Wmt)* Heizelement *n*, Radiator *m*

~/**аккумуля́торная** *(El)* Akkumulator(en)batterie *f*

~/**а́томная** *s.* ~/ядерная

~/**ко́ксовая** *(Met)* Koks(ofen)batterie *f*

~/**охлажда́ющая** *(Kält)* Kühlbatterie *f*, Kühlregister *n*

~/**со́лнечная** Sonnenbatterie *f*, Solarbatterie *f*, Solarzelle *f*

~/**ста́ртерная (аккумуля́торная)** *(Kfz)* Starterbatterie *f*

~/**суха́я** *(El)* Trockenbatterie *f*

~/**я́дерная** Kernbatterie *f*, Radionuklidbatterie *f*, Isotopenbatterie *f*

батиме́тр *m* Bathymeter *n (Wassertiefenmesser)*

батиме́трия *f* Bathymetrie *f (Wassertiefenmessung)*

батипла́н Bathyplan *m(n)*

батиска́ф *m* Bathyscaphe *m(n)*, Bathyskaph *m*, Tiefsee-Hydrokopter *m (Tiefseetauchgerät)*

батисфе́ра *f* Bathysphäre *f*

батитермо́граф *m* Bathythermograph *m*

бато́метр *m* Bathometer *n (Gerät zur Entnahme von Wasserproben)*

батопо́рт *m (Schiff)* Verschlussponton *m*

батохро́мный bathochrom, farbvertiefend

ба́фтинг *m (Aero, Flg)* Schütteln *n*, Stoßen *n*, Buffeting *n*

~/**срывно́й** Ablösungsschütteln *n*

бахрома́ *f* 1. *(TV)* Saum *m*, Rand *m*; 2. *(Text)* Franse *f*

~/**цветна́я** *(TV)* Farbsaum *m*

бахро́мчатый *(Text)* fransig

бачо́к *m* kleiner Behälter *m*; Schale *f*

~/**проя́вочный** *(Photo)* Entwicklungsdose *f*, Entwicklungstank *m*

~/**смывно́й** Spülkasten *m*

~/**уравни́тельный** Druckausgleichgefäß *n*

ба́шенный Turm...

башма́к *m* 1. Schuh *m*; 2. Backe *f*, Backen *m*; 3. *(El)* Kabelschuh *m*; 4. *(Bgb)* Schachtschuh *m*; 5. *(Eb)* Gleitstück *n*; Hemmschuh *m*

~/**ка́бельный** *(El)* Kabelschuh *m*

~/**конта́ктный** *(El)* Kontaktschuh *m*, Schleifbürste *f (der E-Lok)*

~/**по́люсный** *(El)* Polschuh *m*

~/**сва́йный** *(Bw)* Pfahlschuh *m*

~ **токоприёмника** *(El)* Stromabnehmergleitschuh *m*

~/**тормозно́й** *(Eb)* Bremsschuh *m*, Bremsbacke *f*

ба́шня *f* Turm *m*

~/**водонапо́рная** Wasserturm *m*

~/**кисло́тная** *(Ch)* Säureturm *m*

~ **обслу́живания** Wartungsturm *m (für Raketen)*

~/**пускова́я** *(Raumf)* Startturm *m*

~/**си́лосная** *(Lw)* Hochsilo *m(n)*, Turmsilo *m(n)*

~/**телевизио́нная** Fernsehturm *m*

~/**холоди́льная** Kühlturm *m*

БГИС *f s.* схема/большая гибридная интегральная

БД *f s.* база данных

беватро́н *m (Kern)* Bevatron *n (zyklischer Beschleuniger)*

бегу́н *m* 1. Läufer *m*; 2. Mahlstein *m*

бегуно́к *m* 1. *(Masch)* Läufer *m*; 2. *(Text)* Läufer *m*; 3. *(Mech)* Reiter *m*

бегуны́ *mpl* Kollergang *m*

бе́дный arm *(Erze)*; heizschwach *(Erdgas)*

~ **углеро́дом** kohlenstoffarm *(Stahl)*

бе́дствие *n* **на мо́ре** *(Schiff)* Seenot *f*

~/**стихи́йное** 1. Naturkatastrophe *f*; 2. Elementarschaden *m*

безаберрацио́нный *(Opt)* aberrationsfrei

безавари́йный störungsfrei; unfallfrei

беза́дресный *(Inf)* adressenlos

безалкого́льный alkoholfrei

безве́трие *n* Windstille *f*, Flaute *f*

безвихрево́й *(Aero)* wirbelfrei, wirbellos; laminar *(Strömung)*

безво́дный 1. *(Ch)* wasserfrei; 2. *(Meteo)* arid, trocken

безвре́дный unschädlich

безгистере́зисный hysteresefrei, hystereselos

бездетонацио́нный klopffrei *(Kraftstoff)*
бездефе́ктный fehlerfrei, fehlerlos
бездоро́жье *n* wegloses [unwegsames] Gelände *n*
бездре́безговый prellfrei *(Kontakte)*
безды́мный rauchlos, rauchfrei
беззна́ковый vorzeichenlos
беззо́льный aschefrei
безлю́дный 1. *(Flg, Rak)* unbemannt; 2. *(Fert)* mannlos *(z. B. technologische Prozesse)*
безопа́лубочный *(Bw)* schalungslos, ohne Schalung
безопа́сность *f* 1. Sicherheit *f*; 2. Gefahrlosigkeit *f*, Ungefährlichkeit *f*
~/**акти́вная** *(Kfz)* aktive Sicherheit *f*
~ **движе́ния** Verkehrssicherheit *f*
~/**пасси́вная** *(Kfz)* passive Sicherheit *f*
~/**пожа́рная** Brandsicherheit *f*
~/**радиацио́нная** *(Kern)* Strahlungssicherheit *f*, Strahlensicherheit *f*
безопа́сный 1. sicher, unfallsicher; 2. gefahrlos, ungefährlich
безоско́лочный splitterfrei *(Glas)*
безоста́точный rückstandslos, rückstandsfrei
безотка́зность *f* Störungsfreiheit *f*, Ausfallfreiheit *f*; Robustheit *f*; störungsfreier Betrieb *m*
безотка́зный störungsfrei, betriebssicher, zuverlässig
безотка́тный rückstoßfrei
безотхо́дный *(Ökol)* abproduktfrei, abfallfrei
безразли́чный indifferent
безразме́рный *(Math)* dimensionslos
безра́мный rahmenlos *(Fahrwerk)*
безре́льсовый gleislos
безру́дный *(Bgb)* taub, erzlos
безрыча́жный gestängelos
безуда́рный stoßfrei, schlagfrei; anschlaglos *(Schreibmaschine)*
безуса́дочный 1. *(Bw)* schwindfrei, schwundfrei; 2. *(Text)* krumpfecht, krumpffrei; schrumpffrei *(Gewebe)*
безъёмкостный *(El)* kapazitätsfrei, kapazitätslos
безъя́корный *(El)* ankerlos
безызлуча́тельный strahlungsfrei, strahlungslos
безызно́сность *f* Nullverschleiß *m*
безындукцио́нный *(El)* induktionsfrei, induktionslos
безынерцио́нный 1. *(Mech)* trägheitslos; masselos; 2. *(El)* unverzögert, flink *(Sicherungen)*
безыскажённый verzerrungsfrei, unverzerrt
безыскрово́й *(El)* funkenfrei, funkenlos
бейни́т *m (Met)* Bainit *m (Zwischenstufengefüge)*
беккере́ль *m (Kern)* Becquerel *n*, Bq *(Einheit für die Aktivität ionisierender Strahlung)*
бел *m (Ak)* Bel *n*, B
беле́ние *n* 1. *(Text)* Bleiche *f*, Bleichen *n*; 2. *(Bw)* Weißen *n*
белизна́ *f (Pap)* Weiße *f*, Weißgehalt *m*
бели́ла *pl* weiße Farbe *f*, Weißfarbe *f*
бели́льный Bleich...
бели́льня *f* Bleicherei *f*
бели́ть 1. *(Text)* bleichen; 2. *(Bw)* weißen, tünchen
белко́вый Eiweiß...
бело́к *m* Eiweiß *n*
бензе́н *m (Ch)* Benzen *n*, Benzol *n*
бензи́ловый *(Ch)* Benzyl...
бензи́н *m* Benzin *n*
~/**авиацио́нный** Flugbenzin *n*
~/**автомоби́льный** Vergaserkraftstoff *m*, VK *m*
~/**антидетонацио́нный** klopffestes Benzin *n*
~/**высокоокта́новый** hochklopffestes [hochoktaniges, hochoktanzahliges] Benzin *n*
~ **вы́сшего кла́сса** Superbenzin *n*, Super *m*
~ **кла́сса «су́пер»** *s.* ~ высшего класса
~/**лёгкий** Leichtbenzin *n*
~/**неэтили́рованный** bleifreies [unverbleites] Benzin *n*
~ **прямо́й (пере)го́нки** Destillat(ions)benzin *n*, Straightrun-Benzin *n*
~/**тяжёлый** Schwerbenzin *n*
~/**этили́рованный** verbleites Benzin *n*, Bleibenzin *n*
бензино ... *s. a. unter* бензо...
бензи́новый Benzin...
бензиноуловитель *m* Benzinfänger *m*, Benzinabscheider *m*
бензи́н-раствори́тель *m* Lösungsbenzin *n*

бензо... *s. a. unter* бензино...
бензобáк *m* Kraftstoffbehälter *m*, Benzintank *m*
бензозапрáвщик *m (Kfz)* Tankwagen *m*, Tankfahrzeug *n*
бензоколóнка *f* Zapfsäule *f*
бензóл *m (Ch)* Benzen *n*, Benzol *n*
бензонасóс *m* Benzinpumpe *f*, Kraftstoffpumpe *f*
бензопи́ла *f* Säge *f* mit Antrieb durch Verbrennungsmotor
бензопровóд *m* Benzinleitung *f*, Kraftstoffleitung *f*
бензорéз *m* Benzinschneidbrenner *m*
бензостóйкий benzinbeständig, benzinfest
бензоуказáтель *m* Kraftstoffanzeiger *m*
бензофи́льтр *m* Benzinfilter *n*, Kraftstofffilter *n*
бензохрани́лище *n* Kraftstofflager *n*
бензоэлектри́ческий benzinelektrisch
бентони́т *m (Geol)* Bentonit *m*
бер *s.* эквивалент рентгена/биологический
бёрдо *n (Text)* Webblatt *n*, Ried *n*
бéрег *m* Ufer *n (Fluss, See)*; Küste *f*, Strand *m (Meer)*
~/крутóй Steilufer *n*
береговóй Ufer..., Küsten...
бери́лл *m (Min)* Beryll *m*
бери́ллий *m (Ch)* Beryllium *n*, Be
беркéлий *m (Ch)* Berkelium *n*, Bk
бéрма *f* 1. *(Bw)* Absatz *m*, Berme *f*; 2. *(Hydt)* Bankett *n (z. B. eines Dammes)*
бескáмерный *(Kfz)* schlauchlos *(Reifen)*
бескислорóдный sauerstofffrei
бескислóтный säurefrei
бесклáпанный ventillos
бескомпрéссорный verdichterlos
бесконéчно unendlich
бесконéчный 1. *(Math)* unendlich; 2. endlos *(Kette, Fließband)*
бесконтáктный kontaktlos, berührungslos
бескорпуснóй gehäuselos; *(Eln)* ungekapselt
бескры́лый *(Rak)* flügellos
бесперебóйность *f* Stör(ungs)freiheit *f*; Kontinuität *f*
бесперебóйный stör(ungs)frei
беспилóтный unbemannt
беспóлюсный *(El)* pollos
беспоршневóй *(Masch)* kolbenlos
беспоря́дочный ungeordnet, regellos
беспроводнóй *(El)* leitungslos
беспрóволочный *(El)* drahtlos
бессемеровáние *n (Met)* Bessemern *n*, Konvertern *n*, Bessemerverfahren *n*, Bessemerprozess *m*
бессемеровáть *(Met)* bessemern, konvertern
бессемéровский *(Met)* Bessemer...
бессéрный *(Ch)* schwefelfrei
бесcли́тковый *(Wlz)* blocklos, aus dem Schmelzfluss
бесстержневóй *(Gieß)* kernlos
бесстру́жковый *(Fert)* spanlos
бесструкту́рный gefügelos *(Kristalle)*
бесступéнчато-регули́руемый stufenlos regelbar
бесступéнчатый stufenlos *(Getriebe)*
бесстыковóй stoßfrei *(Schiene)*
бестáрный unverpackt, lose *(Güter, Material)*
бестóковый *(El)* stromlos
бесфéдинговый *(El)* Antifading..., schwundfrei
бесфóновый *(Rf)* brummfrei
бесхлóрный chlorfrei
бесцвéтность *f* Farblosigkeit *f*
бесцвéтный farblos
бесцéнтровый spitzenlos *(Drehen, Schleifen)*
бесшарни́рный gelenklos, ohne Scharnier
бесшлáковый schlackenfrei
бесшнуровóй *(Nrt)* schnurlos
бесшóвный 1. *(Schw)* nahtlos; 2. *(Masch)* fugenlos *(Futter)*
бесшу́мность *f* Geräuschlosigkeit *f*, Geräuschfreiheit *f*; *(El)* Rauschfreiheit *f*
бесшу́мный geräuschlos, geräuschfrei; *(El)* rauschfrei
бéта-акти́вность *f (Kern)* Betaaktivität *f*
бéта-акти́вный *(Kern)* betaaktiv
бéта-детéктор *m (Kern)* Betadetektor *m*
бéта-дефектоскопи́я *f (Wkst)* Betadefektoskopie *f*
бéта-дозимéтр *m (Kern)* Betadosimeter *n*

бéта-желéзо *n* Betaeisen *n*, β-Eisen *n*
бéта-излучáтель *m (Kern)* Betastrahler *m*
бéта-излучéние *n (Kern)* (radioaktive) Betastrahlung *f*, Betastrahlen *mpl*
бéта-лучи́ *mpl s.* бета-излучение
бéта-перехóд *m (Kern)* Betaübergang *m*
бéта-превращéние *n (Kern)* Betaumwandlung *f*, Betazerfall *m*
бéта-радиоакти́вность *f (Kern)* Betaaktivität *f*
бéта-радиоакти́вный *(Kern)* betaaktiv
бéта-распáд *m (Kern)* Betazerfall *m*, Betaumwandlung *f*
бéта-спектр *m (Kern)* Betaspektrum *n*
бéта-спектрóметр *m (Kern)* Betaspektrometer *n*
бéта-спектроскопи́я *f (Kern)* Betaspektroskopie *f*
бéта-терапи́я *f (Med)* Beta(strahlen)-therapie *f*
бетатрóн *m (Kern)* Betatron *n*
бéта-части́ца *f (Kern)* Betateilchen *n*
бетóн *m* Beton *m (s. a. unter* железобетон*)*
~/автоклáвный Autoklavbeton *m*
~/арми́рованый bewehrter Beton *m*
~/беспесчáный sandloser Beton *m*
~/быстросхвáтывающийся schnell abbindender Beton *m*
~/быстротвердéющий schnell härtender Beton *m*
~/вакууми́рованный Vakuumbeton *m*
~/вибри́рованный Rüttelbeton *m*
~/высокопрóчный hochfester Beton *m*
~/гидротехни́ческий Wasserbaubeton *m*
~/грави́йный Kiesbeton *m*
~/декорати́вный Sichtbeton *m*
~/дорóжный Straßenbaubeton *m*
~/жаростóйкий [жароупóрный] hitzebeständiger Beton *m*
~/жи́рный fetter Beton *m*
~/заводскóй Transportbeton *m*, Lieferbeton *m*
~/известкóвый Kalkbeton *m*
~/крупнопóристый Grobbeton *m*, grobporiger Beton *m*
~/лёгкий Leichtbeton *m*
~/литóй Gussbeton *m*, flüssiger Beton *m*
~/мáссовый Massenbeton *m*
~/моноли́тный Ortbeton *m*, monolithischer Beton *m*
~/насóсный Pumpbeton *m*
~/неарми́рованный (unbewehrter) Beton *m*
~/огнеупóрный Feuerfestbeton *m*, feuerbeständiger Beton *m*
~/песчáный Sandbeton *m*
~/подвóдный Unterwasserbeton *m*
~/пóристый Porenbeton *m*
~/предвари́тельно напряжённый vorgespannter Beton *m*, Spannbeton *m*
~/рáковистый blasiger Beton *m*
~/теплоизоляциóнный wärmeisolierender Beton *m*
~/товáрный Lieferbeton *m*, Transportbeton *m*
~/тóщий Magerbeton *m*
~/трамбóванный Stampfbeton *m*
~/тяжёлый Schwerbeton *m*
~/цветнóй Farbbeton *m*
~/шлáковый Schlackenbeton *m*
~/ячéистый Zellenbeton *m*, Porenbeton *m*
бетони́рование *n (Bw)* Betonierung *f*, Betonieren *n*
~/непрепы́вное kontinuierliches Betonieren *n*
бетони́ровать *(Bw)* betonieren
бетóнный Beton...
бетоновóд *m (Bw)* Betonleitung *f*
бетоновóз *m* Betonlieferwagen *m*, Betontransportfahrzeug *n*
бетонолóм *m (Bw)* Betonbruch *m*
бетономешáлка *f s.* бетоносмеситель
бетононасóс *m* Betonpumpe *f*
бетонораздáтчик *m (Bw)* Betonverteiler *m*
бетоносмеси́тель *m* Betonmischer *m*, Betonmischmaschine *f*
бетоноуклáдчик *m* Betoneinbringer *m*
~/дорóжный Betonstraßenfertiger *m*
~/скользя́щий Gleitfertiger *m*
бечёвка *f* Bindfaden *m*, Schnur *f*
БЗУ *n s.* устройство/буферное запоминающее
библиотéка *f (Inf)* Bibliothek *f*
~ **задáний** Job-Bibliothek *f*
~ **комáнд** Befehlsbibliothek *f*
~ **подпрогрáмм** Unterprogrammbibliothek *f*

~ **прогрáмм** Programmbibliothek *f*
бивалéнтный zweiwertig, bivalent
бивибрáтор *m (El)* Faltdipol *m*, Schleifendipol *m*, gefalteter Dipol *m*
бидóн *m* Blechkanne *f*, Kanne *f*
биéние *n* 1. *(Masch)* Schlag *m*, Schlagen *n*, Laufunruhe *f (einer Welle)*; 2. *(Ph)* Schwebung *f*
~/**радиáльное** *(Masch)* Rundlaufabweichung *f*
биквадрáт *m (Math)* Biquadrat *n*
биквадрáтный *(Math)* biquadratisch
бикомпонéнтный Zweikomponenten..., Bikomponenten...
бикристáлл *m* Bikristall *m*, Doppelkristall *m*
билатерáльный bilateral, zweiseitig
билинéйный *(Math)* bilinear
билúнза *f (Opt)* Bilinse *f*, Zwillingslinse *f*
биллиóн *m* Milliarde *f*
биметаллúческий bimetallisch, Bimetall...
бимолекулярный *(Ch)* bimolekular, dimolekular
бимс *m* 1. *(Bw)* Holm *m*; 2. *(Schiff)* Decksbalken *m*
бинáрный 1. *(Math)* binär, zweigliedrig; 2. *(Met)* binär, Zweistoff...
бинúстор *m (Eln)* Binistor *m*, Transistortetrode *f*
бинодáльный *(Math)* binodal
бинóкль *m (Opt)* Fernglas *n*
~/**ночнóй** Nachtglas *n*
~/**полевóй** Feldstecher *m*
~/**прúзменный** Prismenfeldstecher *m*, Prismen(fern)glas *n*
~/**театрáльный** Theaterglas *n*
бинокулярный *(Opt)* binokular, beidäugig
бинóм *m (Math)* Binom *n*
биномиáльный *(Math)* Binomial..., binominal, binomisch
бинормáль *f (Math)* Binormale *f*
биоакýстика *f* Bioakustik *f*
биобатарéя *f* Biobatterie *f*
биогáз *m* Biogas *n*, Faulgas *n*
биогеохúмия *f* Biogeochemie *f*
биогидроакýстика *f* Biohydroakustik *f*
биодáтчик *m* Biosensor *m*
биозóна *f (Geol)* Biozone *f*
биоиндикáтор *m (Ökol)* Bioindikator *m*
биокатáлиз *m* Biokatalyse *f*, enzymatische Katalyse *f*
биокатализáтор *m* Biokatalysator *m*
биоклимáт *m* Bioklima *n*
биоклиматолóгия *f (Meteo)* Bioklimatologie *f*
биокомпьютер *m* Biocomputer *m*
биокоррóзия *f* Biokorrosion *f*
биокристáлл *m* Biokristall *m*
биолúт *m (Geol)* Biolith *m*
биологúческий biologisch
биолóгия *f*/**космúческая** kosmische Biologie *f*
биолюминесцéнция *f* Biolumineszenz *f*
биомáсса *f* Biomasse *f*
биометеоролóгия *f* Biometeorologie *f*
биомéтрия *f* Biometrie *f*
биомехáника *f* Biomechanik *f*
биóника *f* Bionik *f*
биоочúстка *f* **(стóчных вод)** biologische Abwasserreinigung *f*
биопотенциáл *m* bioelektrisches Potenzial [Potential] *n*
биортогонáльный *(Math)* biorthogonal
биосúнтез *m* Biosynthese *f*
биоспýтник *m* Biosatellit *m*
биостатúстика *f* Biostatistik *f*
биосфéра *f* Biosphäre *f*
биотéнк *m* Bioreaktor *m*, Biotank *m*
биотéхника *f* Biotechnik *f*, Bioengineering *n*
биотехнолóгия *f* Biotechnologie *f*
биотúт *m (Min)* Biotit *m (Magnesiaglimmer)*
биотóк *m* bioelektrischer Strom *m*, Biostrom *m*
биотóпливо *n* alternativer Kraftstoff *m (Biogas, Rapsöl)*
биотрóн *m* Biotron *n (Klimakammer)*
биоуправлéние *n* Biosteuerung *f*
биофúзика *f* Biophysik *f*
биофúльтр *m* Biofilter *n*, biologisches Filter *n (zur Abwasserreinigung)*
биохимúческий biochemisch
биохúмия *f* Biochemie *f*
биоценóз *m (Ökol)* Biozönose *f*
биоэлектрúческий bioelektrisch
биоэлектрúчество *n* Bioelektrizität *f*
биоэлектрóника *f* Bioelektronik *f*
биоэнергéтика *f* Bioenergetik *f*
биплáн *m (Flg)* Doppeldecker *m*, Zweidecker *m*

биполя́рный bipolar, zweipolig
бипри́зма *f (Opt)* Biprisma *n*, Doppelprisma *n*
бирадиа́льный *(Math)* biradial
бирациона́льный *(Math)* birational
бирюза́ *f (Min)* Türkis *m*, Kallait *m*
БИС *f s.* схема с высокой степенью интеграции/интегральная
бисерообразова́ние *n* Perlenbildung *f* *(an der Zündkerze)*
биссектри́са *f* 1. *(Math)* Bisektrix *f*, Halbierende *f*, Winkelhalbierende *f*; 2. *(Krist)* Bisektrix *f*, Mittellinie *f*
бит *m (Inf)* Bit *n*, Binärziffer *f*, binäre Informationseinheit *f*
~ **защи́ты** Schutzbit *n*
~/**зна́ковый** Vorzeichenbit *n*
~/**информацио́нный** Informationsbit *n*
~/**контро́льный** Prüfbit *n*, Kontrollbit *n*
~/**мла́дший** niedrigststelliges [letztstelliges] Bit *n*, LSB *n*
~ **перено́са** Carry-Bit *n*
~/**прове́рочный** *s.* ~/контрольный
~ **состоя́ния** Statusbit *n*, Zustandsbit *n*
~/**ста́рший** höchstwertiges Bit *n*, MSB *n*
~/**управля́ющий** Steuerbit *n*
~ **чётности** Paritätsbit *n*
би́тенг *m (Schiff)* Beting *f*, Poller *m*
би́тер *m (Lw)* Beater *m*, Haspel *f*, Trommel *f*; Auswerfer *m*
биту́м *m* Bitumen *n*
~/**нефтяно́й** Erdölbitumen *n*
битуми(ни)за́ция *f* Bitumini(si)eren *n*
битумино́зный *s.* битумный
биту́мный bituminös, bitumenhaltig, Bitumen...
бифиля́рный bifilar, Faden..., Doppelfaden...
бифока́льный *(Opt)* bifokal
бифурка́ция *f (Hydrol)* Bifurkation *f (eines Flusses)*, Flussgabelung *f*
бицикли́ческий *(Ch)* bicyclisch
Бк *s.* беккерель
благоро́дный edel, Edel...
бланк *m* Vordruck *m*, Formular *n*
бланки́рование *n* 1. *(TV)* Austastung *f*, Unterdrückung *f*; 2. *(Inf)* Nullstellenunterdrückung *f*
бланши́рование *n* 1. *(Lebm)* Blanchieren *n*, Brühen *n*, Dämpfung *f*; 2. *(Led)* Blanchieren *n*, Glätten *n*

бле́дно... hell... *(Farben, z. B.* бледноголубой hellblau*)*
бле́клый, блёклый fahl, verblasst; verschossen *(Farben)*
бле́нда *f (Opt, Photo)* Blende *f*
~/**светозащи́тная [со́лнечная]** Sonnenblende *f*, Gegenlichtblende *f*
блеск *m* 1. *(Opt)* Glanz *m*; 2. *(Opt)* Glanz *m (Größe)*; 3. *(Astr)* Helligkeit *f*, Sternhelligkeit *f*; 4. *(Min)* Glanz *m (Sulfidmineral)*; 5. *(Licht)* Punkthelle *f (einer Lichtquelle)*
~ **звезды́** *(Astr) s.* блеск 3.
~/**зерка́льный** Hochglanz *m*, Spiegelglanz *m*
~/**ко́бальтовый** *(Min)* Kobaltglanz *m*, Kobaltin *m*
~/**ме́дный** *(Min)* Kupferglanz *m*
~/**свинцо́вый** *(Min)* Bleiglanz *m*
~/**серé6ряный** *(Min)* Silberglanz *m*, Argentit *m*
бле́скость *f* Blendung *f*, Blendwirkung *f*
блесну́ть aufblitzen
блесте́ть glänzen, funkeln, leuchten
блестя́щий glänzend, Glanz...
близкоде́йствие *n* Nahwirkung *f*
блик *m (Opt)* Reflex *m*
бли́ки *mpl (Photo)* Spitzlichter *npl*, Glanzlichter *npl*
блинк-компара́тор *m (Astr)* Blinkkomparator *m*
блок *m* 1. Baugruppe *f*, Einheit *f*, Baueinheit *f*, Block *m*; 2. *(Förd)* Rolle *f*, Seilrolle *f (von Hebezeugen)*; 3. *(Bw)* Block *m*, Vollstein *m*; 4. *(Bw)* Häuserblock *m*; 5. *(Inf)* Block *m*, Einheit *f*; 6. *(En)* Block *m*, Kraftwerksblock *m*; 7. *(Eb)* Block *m*, Blockfeld *n*
~ **вво́да** *(Inf)* Eingabeeinheit *f*
~/**ве́рхний** obere [feste] Rolle *f (eines Rollenzuges)*
~/**вставно́й** *(Eln)* Steckeinheit *f*, Einschub *m*, Einschubeinheit *f*
~/**выдвижно́й** *s.* ~/сменный
~/**высоково́льтный** *(El)* Hochspannungseinheit *f*
~/**высокочасто́тный** *(El)* Hochfrequenzblock *m*, HF-Block *m*
~/**грузоподъёмный** Lastrolle *f (eines Hebezeuges)*
~ **да́нных** *(Inf)* Datenblock *m*
~ **дви́гателя** Motorblock *m*

~ **запомина́ющего устро́йства** *(Inf)* Speichereinheit *f*, Speicherblock *m*
~/**кана́тный** Seilrolle *f*, Seilscheibe *f* *(eines Hebezeuges)*
~/**кни́жный** Buchblock *m*
~/**коте́льный** *(Wmt)* Kesselblock *m*
~/**кру́пный** *(Bw)* Großblock *m*
~/**ку́хонно-санита́рный** *(Bw)* Raumzelle *f* mit Küche und Sanitärteil, Küche-Bad-Zelle *f*
~/**легкобето́нный** Leichtbetonblock *m*
~ **микропрогра́ммного управле́ния** *(Inf)* Mikroprogrammsteuereinheit *f*
~/**микропроце́ссорный** *(El)* Mikroprozessoreinheit *f*
~/**направля́ющий** Führungsrolle *f (eines Hebezeuges)*
~/**неподви́жный** fester Block *m (eines Rollenzuges)*
~/**низкочасто́тный** *(El)* Niederfrequenzblock *m*, NF-Block *m*
~/**объёмный** *(Bw)* Raumzelle *f*
~/**орбита́льный** *(Raumf)* Orbitalsektion *f*
~/**отво́дный** Umlenkrolle *f (eines Rollenzuges)*
~ **па́мяти** *(Inf)* Speichereinheit *f*, Speicherblock *m*
~ **пита́ния** Energieversorgungsteil *m*, Energieversorgungseinheit *f*
~/**поворо́тный** Umlenkrolle *f*, Umführungsrolle *f (eines Rollenzuges)*
~/**подви́жный** lose Rolle *f*, Übersetzungsrolle *f (eines Rollenzuges)*
~/**подчинённый** *(Inf)* Slave *m*, Slavegerät *n*, Slaveeinheit *f*
~/**пустоте́лый** *(Bw)* Hohlblock *m*, Hohlblockstein *m*
~ **развёртки** *(Eln)* Abtasteinheit *f*
~/**реша́ющий** Recheneinheit *f*
~/**санита́рно-ку́хонный** *s.* ~/кухонно-санитарный
~/**санита́рно-техни́ческий** *(Bw)* Sanitärzelle *f*; Nassstrecke *f*
~/**силика́тный** *(Bw)* Silikatblock *m*
~/**сме́нный** *(Eln)* Einsteckbaustein *m*, Einschub(block) *m*
~ **управле́ния** 1. *(Inf)* Steuereinheit *f*, Steuerblock *m*; 2. *(Reg)* Steuerschaltkreis *m*
~ **управле́ния да́нными** *(Inf)* Datensteuerblock *m*
~ **управле́ния устро́йствами** *(Inf)* Gerätesteuereinheit *f*, GSE *f*
~/**уравни́тельный** Ausgleichsrolle *f* *(eines Rollenzuges)*
~/**усили́тельный** *(El)* Verstärkerteil *m*
~ **фокусиро́вки** *(Eln)* Fokussiereinheit *f*
~/**функциона́льный** *(Eln)* Funktionseinheit *f*
~/**холосто́й** lose Rolle *f (eines Rollenzuges)*
~ **цили́ндров** *(Kfz)* Zylinderblock *m*
~ **ши́нного контро́ллера** *(Inf)* Bussteuereinheit *f*
блок-аппара́т *m (Eb)* Blockwerk *n*
бло́кинг-генера́тор *(TV)* Sperrschwinger *m*, Blocking-Generator *m*
блоки́рование *n s.* блокировка
блоки́рованный blockiert; verblockt, verriegelt
блоки́ровать 1. blockieren; verblocken, verriegeln; 2. *(Eb)* (vor)blocken
блокиро́вка *f* 1. Blockieren *n*, Blockierung *f*; Verblockung *f*, Verriegelung *f*; 2. *(Eb)* Block *m*, Blocken *n*, Blockverschluss *m*; 3. *(Inf)* Sperrung *f*
~/**автомати́ческая** *(Eb)* selbsttätiger Block *m*, Selbstblockanlage *f*
~/**железнодоро́жная** *(Eb)* Zugdeckung *f*
~ **за́писи** *(Inf)* Schreibsperre *f*, Speicherschreibsperre *f*
~ **па́мяти** *(Inf)* Speichersperre *f*
~/**путева́я** *(Eb)* Streckenblock *m*, Streckenblockung *f*
блокиро́вочный 1. Blockierungs...; Verriegelungs...; 2. *(Eb)* Block...
блок-ко́мната *f (Bw)* Einzimmer-Raumzelle *f*
блок-конта́кт *m (El)* 1. Sperrkontakt *m*, Verriegelungskontakt *m*; 2. Hilfskontakt *m*
блок-коро́бка *f (Bw)* Raumzelle *f*
блок-ку́хня *f (Bw)* Küchen-Raumzelle *f*
блок-ле́стница *f (Bw)* Treppenhaus-Raumzelle *f*
блок-механи́зм *m (Eb)* Blockfeld *n*, Blocksatz *m*
блок-подоко́нник *m (Bw)* Brüstungsblock *m*
блок-полиме́р *m (Ch)* Blockcopolymer(isat) *n*

блок-полимеризáция *f s.* блок-сополимеризация
блокпóст *m (Eb)* Blockstelle *f*, Blockwerk *n*
блок-релé *n (Eb)* Blockrelais *n*
блок-сигнáл *m (Eb)* Blocksignal *n*
блок-сополимéр *m (Ch)* Blockmischpolymer(isat) *n*, Blockpolymer *n*
блок-сополимеризáция *f (Ch)* Blockcopolymerisation *f*, Blockmischpolymerisation *f*
блок-стáнция *f (Eb)* Blockstation *f*, Blockwerk *n*
блок-схéма *f (El)* Blockschaltbild *n*, Blockschaltplan *m*
~ **прогрáммы** Programmablaufplan *m*, PAP *m*
блок-учáсток *m (Eb)* Blockabschnitt *m*, Blockstrecke *f*
блóчно-ориентúрованный *(Inf)* blockorientiert
блóчный 1. Block...; 2. Baukasten...
блуждáющий 1. vagabundierend *(elektrischer Strom)*; 2. Wander... *(Wellen)*
блум ... *s. unter* блюм...
блюм *m (Wlz)* Walzblock *m*, Vorblock *m*
блю́минг *m (Wlz)* Blockwalzwerk *n*, Blockstraße *f*
~/**двухвалкóвый реверсúвный** Reversierduo *n*, Umkehrduo *n*
~/**заготóвочный** Knüppelwalzstraße *f*, Knüppelstraße *f*
~/**мáлый** leichte Blockstraße *f*
~/**реверсúвный** Reversierblockwalzwerk *n*, Umkehrblockwalzwerk *n*
блю́минг-дýо *m ((Wlz)* Duoblockwalzwerk *n*, Duoblock(walz)straße *f*
блю́минг-сля́бинг *m (Wlz)* Block- und Brammenwalzwerk *n*
бобúна *f* 1. Seiltrommel *f*; 2. *(Text)* Spule *f (Garn)*; 3. *(Photo, Kine)* Filmspule *f*; 4. *(El)* Spulenkern *m*, Wickelkern *m*
бобинодержáтель *m (Text)* Spulenhalter *m*
бобы́шка *f* 1. Knagge *f*; Warze *f*; 2. *(Kfz)* Kolbenauge *n*; 3. *(Photo)* Filmspulenkern *m*, Spulenkern *m*, Bobby *m*; 4. *s.* бобина 5.
богáтый reich, reichhaltig *(Erze)*; heizkräftig *(Erdgas)*
~ **углерóдом** kohlenstoffreich
~ **энéргией** energiereich
бод *n (Nrt)* Baud *n*, Bd, B *(SI-fremde Einheit der Übertragungsgeschwindigkeit von Signalen)*
боёк *m* 1. Schlagbolzen *m*, Schlagstift *m*, Schlagstück *n*; 2. *(Schm)* Finne *f*; Schlagstempel *m*; 3. *(Wkz)* Sattel *m*, Finne *f (Hammer)*
Бóзе-газ *m (Ph)* Bose-Gas *n*
Бóзе-частúца *f s.* бозон
бозóн *m (Kern)* Boson *n*, Bose-Teilchen *n*
бой *m* 1. *(Glas, Ker)* Bruch *m*, Scherben *fpl*; 2. *(Wkz)* Schlag *m*, Hammerbahn *f*
бóйлер *m (Wmt)* Boiler *m*, Warmwasserbereiter *m*, Heißwasserbereiter *m*
бóйня *f* Schlachthaus *n*; Schlachthof *m*
бок *m* 1. Seite *f*, Flanke *f*; 2. *(Bgb)* Stoß *m*
~/**вися́чий** *(Bgb)* Hangendes *n*
~ **вы́работки** *(Bgb)* Stoß *m*
~/**лежáчий** *(Bgb)* Liegendes *n*
боковúна *f* Seitenteil *n*; Seitenfläche *f*
боковóй seitlich, lateral, Seiten...
боксúт *m (Min)* Bauxit *m*
боксúтовый Bauxit...
боксовáть *(Eb)* schleudern *(Räder)*
болвáнка *f (Gieß)* 1. Rohling *m*; 2. Barren *m*; Block *m*; Massel *f*
болéзнь *f* Krankheit *f*, Erkrankung *f*
~/**водорóдная** *(Wkst)* Wasserstoffkrankheit *(Kupfer)*
~/**высóтная** Höhenkrankheit *f*
~/**кессóнная** Caissonkrankheit *f*
~/**лучевáя** Strahlenkrankheit *f*
~/**профессионáльная** Berufskrankheit *f*
болúд *m (Astr)* Bolid *m*, Feuerkugel *f*
болограмма *f (Ph)* Bologramm *n*, Bolometeraufzeichnung *f*
болóграф *m s.* болограмма
болóметр *m (Ph)* Bolometer *n*
болометрúческий bolometrisch, Bolometer...
болт *m* 1. Bolzen *m*; 2. Schraubenbolzen *m*, Schraube *f (s. a. unter* винт *1.)*
~/**áнкерный** Ankerbolzen *m*; Ankerschraube *f*
~/**зажúмный** Spannbolzen *m*
~/**закрепля́ющий** Befestigungsschraube *f*

~/**затяжно́й** Spannbolzen *m*
~/**крепёжный** Schlossschraube *f*
~/**нажимно́й** Druckbolzen *m*; Druckschraube *f*
~/**натяжно́й** Zugbolzen *m*
~/**распо́рный** Abstandsbolzen *m*; Distanzschraube *f*
~/**резьбово́й** Schraubenbolzen *m*
~/**стыково́й** Laschenbolzen *m*
~/**упо́рный** Anschlagbolzen *m*; Begrenzungsbolzen *m*
~/**фунда́ментный** Fundamentbolzen *m*, Ankerbolzen *m*, Ankerschraube *f*
большегру́зный Schwerlast..., mit [von] hoher Tragfähigkeit
большепролётный *(Bw)* weitgespannt, mit großer Spannweite
большо́й/бесконе́чно unendlich groß
~/**доста́точно** hinreichend groß
бомба́ж *m* Bombage *f (von Konservendosen)*
бомбардирова́ть *(Kern)* beschießen
бомбардиро́вка *f (Kern)* Beschuss *m*, Beschießung *f*, Bestrahlung *f (mit hoch angeregten Teilchen)*
~/**ио́нная** Ionenbeschuss *m*
~ **нейтро́нами** Neutronenbeschuss *m*
~ **прото́нами** Protonenbeschuss *m*
~/**электро́нная** Elektronenbeschuss *m*
бомбиро́вка *f* Bombieren *n*, Bombierung *f (von Walzen)*
бон *m (Schiff)* 1. Schwimmsperre *f*; 2. Schwimmpier *m(f)*
бондериза́ция *f (Met)* Bondern *n*, Bonderverfahren *n*
бор *m* 1. *(Ch)* Bor *n*, B; 2. *(Hydt)* Sprungwelle *f*; 3. *(Med)* Bohrer *m*
бораци́т *m (Min)* Boracit *m*
бордю́р *m* 1. *(Text)* Bordüre *f*, Borte *f*; 2. *(Bw)* Bordkante *f*
бори́рование *n (Met)* Borieren *n*
бо́ристый *(Ch)* ...borid *n*; borhaltig
бормаши́на *f (Med) (stomatologische)* Bohrmaschine *f*
бorни́т *m (Min)* Bornit *m*, Buntkupferkies *m*
борноки́слый *(Ch)* ...borat *n*; borsauer
бо́ров *m* Rauchgasfuchs *m*; Fuchs *m (Feuerungstechnik)*
боро́дка *f* 1. *(Text)* Bart *m*; 2. Bart *m*, Schlüsselbart *m*
бородо́к *s.* пробойник
борозда́ *f* 1. *(Lw)* Furche *f*; 2. Rille *f*, Rinne *f*
борозди́льник *m (Lw)* Furchenzieher *m*
боро́здка *f* Riefe *f*, Rille *f*
бороздоде́латель *m (Lw)* Furchenpflug *m*
бороздоме́р *m (Lw)* Furchentiefenmesser *m*
бороздоре́з *m s.* бороздильник
борона́ *f (Lw)* Egge *f*
~/**ди́сковая** Scheibenegge *f*
~/**зубова́я** Zinkenegge *f*
~/**полева́я** Ackeregge *f*
борони́ть *(Lw)* eggen
борт *m* 1. Bord *m*, Bördelung *f*, Rand *m*, Rändelung *f*, Bund *m (Flansch)*; 2. *(Schiff)* Bord *m*, Bordwand *f*; *(Kfz)* Bordwand *f*, Seitenwand *f*; 3. Wulst *m (Bereifung)*; 4. *(Min)* Bort *m*; 5. *(Bgb)* Böschung *f (Tagebau)*
~/**ле́вый** *(Schiff)* Backbord *m*
~/**пра́вый** *(Schiff)* Steuerbord *m*
бортово́й *(Schiff)* Bordwand...; *(Kfz)* Bordwand..., Seitenwand...
борьба́ *f* Kampf *m*, Bekämpfung *f*
~ **с вреди́телями** Schädlingsbekämpfung *f*
~ **с запыле́нием [пы́лью]** Staubbekämpfung *f*
~ **с шу́мом** Lärmbekämpfung *f*
бот *m* Boot *n*, Kahn *m*
~/**водола́зный** Taucherboot *n*
~/**ло́цманский** Lotsenboot *n*
~/**пожа́рный** Feuerlöschboot *n*
ботволову́шка *f (Lw)* Blattfänger *m*
ботвосреза́тель *m (Lw)* Köpfer *m*, Köpfgerät *n (zur Rübenernte)*
ботвосреза́тель-погру́зчик *m (Lw)* Köpflader *m (zur Rübenernte)*
боте́ль *m* Botel *n (Hotel auf dem Wasser)*
бо́чка *f* 1. Fass *n*, Tonne *f*; 2. *(Schiff)* Boje *f (s. a. unter* буй*)*; 3. Ballen *m (einer Walze)*
~/**прича́льная** *(Schiff)* Anlegeboje *f*, Anlegetonne *f*
бочкообра́зность *f* Balligkeit *f*, Tonnenform *f*
бочкообра́зный ballig *(Zahnform)*; tonnenförmig, Tonnen...
бра-ве́ктор *m (Math)* Bra-Vektor *m*
бра́жка *f* Maische *f*
брак *m* Ausschuss *m*

бракéта *f (Schiff)* Stützblech *n*
бракóванный Ausschuss..., Fehl...; aussortiert
браковáть beanstanden; verwerfen, ausscheiden, ausmustern
брáшпиль *m (Schiff)* Ankerwinde *f*
бревéнчатый Balken...
бревнó *n* Holzstamm *m*, Rundholz *n*; Langholz *n*, Stammholz *n*
бревнотáска *f* Rundholzförderer *m*
бревноуклáдчик *m* Rundholzstapler *m*
брезéнт *m* 1. Zeltstoff *m*, Zelttuch *n*; 2. Plane *f*; 3. *(Schiff)* Persenning *f*
брéкчия *f (Geol)* Breccie *f*, Brekzie *f*
брéмсберг *m (Bgb)* Bremsberg *m*
бригáда *f* Brigade *f*, Mannschaft *f*
брúдер *m (Kern)* Brutreaktor *m*, Brüter *m*
бриз *m (Meteo)* Brise *f*
бризáнтность *f* Brisanz *f (eines Sprengstoffes)*
бризáнтный brisant, hochexplosiv *(Sprengstoff)*
брикéт *m* 1. Brikett *n*, Pressling *m*; 2. *(Lw)* Pressling *m*, Pellet *n*
~/буроýгольный Braunkohlenbrikett *n*
~/каменноýгольный Steinkohlenbrikett *n*
~/рýдный Erzbrikett *n*
брикетúровать 1. brikettieren; 2. *(Lw)* pelletieren
бриллиáнт *m (Min)* Brillant *m*
брúтва *f* **/электрúческая** elektrischer Rasierapparat *m*, Trockenrasierer *m*
бродúльный *(Ch)* Gärungs...; fermentativ
бродúть *(Ch)* gären; fermentieren
брожéние *n (Ch)* Gärung *f*; Fermentation *f* • **вéрхового брожéния** obergärig *(Bier)* • **нúзового брожéния** untergärig *(Bier)*
бром *m (Ch)* Brom *n*, Br
бромúрование *n (Ch)* Bromieren *n*, Bromierung *f*
бромúрованный bromiert
бромúровать bromieren
брóмистый *(Ch)* ...bromid *n*; Brom..., bromhaltig
бромноватокúслый *(Ch)* ...bromat *n*; bromsauer
бромновáтый *(Ch)* Brom...
бронелéнта *f* **(кáбеля)** Bewehrungsband *n (eines Kabels)*
бронепрóволока *f* **(кáбеля)** Bewehrungsdraht *m (eines Kabels)*
бронестеклó *n* Panzerglas *n*
брóнза *f (Met)* Bronze *f*
~/алюмúниевая Aluminiumbronze *f*
~/высококáчественная Edelbronze *f*
~/литéйная Gussbronze *f*
~/оловя́нная Zinnbronze *f*
бронзúрование *n* Bronzieren *n*, Bronzierung *f*
брóнзовый 1. bronzen, Bronze...; 2. bronzefarben
бронúрование *n* Panzerung *f*
броня́ *f* Panzer *m*, Panzerung *f*
брошюрóвка *f (Typ)* Broschieren *n*
брус *m* 1. Stange *f*, Stab *m*; 2. *(Bw)* Balken *m*; Bohle *f*; 3. *(Bgb)* Joch *n*; 4. *(Met)* Barren *m*
~ батáна *(Text)* Ladenbaum *m*, Ladenbalken *m*
брусóвка *f (Wkz)* Armfeile *f*
брусóк *m* 1. Latte *f*, Leiste *f*; 2. *(Wkz)* Abziehstein *m*; 3. *(Met)* Stabprobe *f*
~/алмáзный *(Wkz)* Stein *m* mit Diamantabrasivmittel, Diamantabrichtblock *m*
~/прáвящий *(Wkz)* Abrichtstein *m*
~/точúльный Abziehstein *m*
~/шлифовáльный *(Wkz)* Schleifstein *m*
брусчáтка *f (Bw)* Pflasterstein *m*
бры́згалка *f* Spritze *f*
бры́зги *pl* Spritzer *mpl*; Spritzwasser *n*
брызговúк *m (Kfz)* Schürze *f*, Schmutzfänger *m*, Schutzblech *n*
брызгозащищённый spritzwassergeschützt
брызгонепроницáемый spritzwassersicher, spritzwasserfest
бýгель *m* 1. Bügel *m*; 2. Gleitbügel *m*, Bügelstromabnehmer *m (Elektrofahrzeuge)*
бýдка Häuschen *n*, Haus *n*; Zelle *f*
~/телефóнная Fernsprechzelle *f*
~/трансформáторная Transformatorhäuschen *n*
буёк *m s.* буй
бýер *m* Eissegler *m*
буй *m (Schiff)* Tonne *f*, Boje *f (s. a. unter* бочка 2.*)*
~/радиолокациóнный Radarboje *f*, Radarbake *f*
~/светя́щийся Leuchtboje *f*

~/**спаса́тельный** Rettungsboje *f*
~/**тума́нный** Nebelboje *f*, Positionsboje *f*
~/**я́корный** Ankerboje *f*
буй-реву́н *m (Schiff)* Heulboje *f*, Heultonne *f*
бу́ква *f* Buchstabe *m*
бу́квенно-цифрово́й alphanumerisch
бу́квенный Buchstaben...
буквопеча́тающий Druck...
бу́кса *f* 1. *(Masch)* Buchse *f (s. a. unter* втулка 1.*)*; 2. *(Eb)* Achslager *n*
~/**осева́я** *(Eb)* Achslager *n*
букси́р *m* 1. *(Schiff)* Schlepper *m*, Schleppschiff *n*, Schleppboot *n*; 2. Schleppseil *n*, Schlepptau *n*
~/**морско́й** *(Schiff)* Seeschlepper *m*, Hochseeschlepper *m*
~/**порто́вый** Hafenschlepper *m*, Verholschlepper *m*
~/**речно́й** Flussschlepper *m*
~/**спаса́тельный** Bergungsschlepper *m*
букси́рный Schlepp...
букси́рование *n s.* буксировка
буксиро́вка *f* Schleppen *n*, Abschleppen *n*; Bugsieren *n*
букси́ровать *(Schiff)* (ab)schleppen; bugsieren
букси́р-толка́ч *m (Schiff)* Schubboot *n*
буксова́ние *n* Rutschen *n*, Gleiten *n*; Schlupf *m*
буксова́ть rutschen, gleiten; Schlupf haben
бульб *m (Schiff)* Wulst *m(f)*
бульдо́зер *m* 1. *(Bw)* Planiergerät *n*, Bulldozer *m*; 2. *(Umf)* Biegepresse *f*, Horizontalbiegepresse *f*
~/**землеро́йный** *(Bw)* Planierraupe *f*
бума́га *f* Papier *n*
~/**газе́тная** Zeitungs(druck)papier *n*
~/**коми́йная** Durchschlagpapier *n*
~/**ла́кмусовая** *(Ch)* Lackmuspapier *n*
~/**мело́ванная** gestrichenes Papier *n*
~/**нажда́чная** *(Wkz)* Schmirgelpapier *n*, Sandpapier *n*, Schleifpapier *n*
~/**обёрточная** Einwickelpapier *n*, Hüllpapier *n*
~/**офсе́тная** Offsetpapier *n*
~/**реакти́вная** *(Ch)* Reagenzpapier *n*
~/**руло́нная** Rollenpapier *n*
~ **ручно́го черпа́ния** Büttenpapier *n*, handgeschöpftes Papier *n*
~/**светочувстви́тельная** lichtempfindliches Papier *n*
~/**слова́рная** Dünndruckpapier *n*
~/**упако́вочная** Packpapier *n*
~/**фильтрова́льная** Filterpapier *n*
~/**фотографи́ческая** Photopapier *n*
~/**чертёжная** Zeichenpapier *n*
~/**шлифова́льная** *s.* ~/наждачная
бума́жный Papier...
бу́на *f (Hydt)* Buhne *f*
бу́нкер *m* Bunker *m*
~/**загру́зочный** Aufgabebunker *m*, Beschickungsbunker *m*
~/**запасно́й** Vorratsbunker *m*
~/**приёмный** Aufnahmebunker *m*, Entladebunker *m*
~/**ру́дный** Erzbunker *m*
~/**у́гольный** Kohlenbunker *m*
бункеро́вка *f* Bunkern *n*, Einbunkern *n*, Bebunkern *n*
бу́нкер-пита́тель *m* Aufgabebunker *m*
бу́нкер-по́езд *m (Bgb)* Bunkerzug *m*
бу́нкер-храни́лище *m* Vorratsbunker *m*
бунт *m* Bund *n*, Drahtbund *n*
бур *m (Bgb)* Bohrer *m*
~/**коло́нковый** Kernbohrer *m*
~/**ло́жечный** Löffelbohrer *m*
~/**поро́дный** Gesteinsbohrer *m*
~/**спира́льный** Spiralbohrer *m*
~/**сплошно́й** Vollbohrer *m*
~/**уда́рный** Schlagbohrer *m*
бура́ *f (Ch, Min)* Borax *m*
бура́в *m* Bohrer *m*, Handbohrer *m (für Holz)*
бура́т *m* Siebtrommel *f*; Sichter *m*
бурело́м *m (Forst)* Windbruch *m*
буре́ние *n (Bgb)* Bohren *n*
~/**алма́зное** Diamantbohren *n*
~/**быстроуда́рное** Schnellschlagbohren *n*
~/**взрывно́е** Sprengbohren *n*
~/**вибрацио́нное** Vibrationsbohren *n*, Vibrobohren *n*
~/**враща́тельное** Drehbohren *n*, Rotarybohren *n*
~/**гидроуда́рное** hydraulisches Schlagbohren *n*
~/**глубо́кое** Tiefbohren *n*
~/**дробово́е** Schrotbohren *n*
~/**кана́тное** Seilbohren *n*
~/**коло́нковое** Kernbohren *n*

~/**кустово́е** Fächerbohren *n*, Büschelbohren *n*
~/**многозабо́йное** Mehrsohlenbohren *n*
~/**мо́крое** Nassbohren *n*
~/**накло́нное** Schrägbohren *n*
~/**напра́вленное** Richtbohren *n*, gerichtetes Bohren *n*
~/**пла́зменное** Plasmastrahlbohren *n*
~/**разве́дочное** Erkundungsbohren *n*, Schürfbohren *n*
~/**ро́торное** Rotarybohren *n*
~/**сверхглубо́кое** übertiefes Bohren *n*
~/**сухо́е** Trockenbohren *n*
~/**терми́ческое** thermisches Bohren *n*
~/**турби́нное** Turbinenbohren *n*
~/**уда́рное** Schlagbohren *n*
~/**уда́рно-кана́тное** Seilschlagbohren *n*
~/**уда́рно-поворо́тное** Drehschlagbohren *n*
~/**шне́ковое** Schneckenbohren *n*
~/**шта́нговое** Gestängebohren *n*, Stangenbohren *n*
бури́льный *(Bgb)* Bohr...
бури́ть *(Bgb)* bohren
бурле́ние *n* 1. Brodeln *n*, Aufwallen *n*; 2. *(Met)* Kochen *n (Schmelze)*; 3. *(Glas)* Bülwern *n*, Blasen(lassen) *n*
бурово́й *(Bgb)* Bohr...
буропогру́зочный *(Bgb)* Bohr- und Lade...
буроу́гольный Braunkohlen...
бурт *m* 1. *(Masch)* Bund *m*, Ansatz *m*, Ringansatz *m*; 2. *(Lw)* Miete *f*
бу́ртик *m* Bund *m*, Ansatz *m*; Bord *m*, Bördel *m*, Rand *m*, Bördelrand *m*
буртоукла́дчик *m (Lw)* Mietenlader *m*
буртоукры́вщик *m (Lw)* Mietenabdeckgerät *n*
бу́рый braun *(Kohle)*
бу́ря *m* Sturm *m*
~/**ионосфе́рная** *(Ph, Astr)* Ionosphärensturm *m*
~/**песча́ная** *(Meteo)* Sandsturm *m*
буссо́ль *(Opt)* Bussole *f*
бу́стер *m* 1. *(El)* Booster *m*, Booster-Generator *m*, Zusatzmaschine *f*; 2. *(Flg)* Booster *m*, (hydraulischer) Kraftverstärker *m*; 3. Boostertriebwerk *n*; Startrakete *f*
бу́стер-насо́с *m* Boosterpumpe *f*, Vorschaltpumpe *f*

бут *m (Bw)* Bruchstein *m*
бутиро́метр *m (Lw, Lebm)* Butyrometer *n*, Fettmesser *m*
бутобето́н *m (Bw)* Bruchsteinbeton *m*
бу́товый Bruchstein...
буты́лка *f* Flasche *f*
~/**возвра́тная** Mehrwegflasche *f*
~/**однора́зовая** Einwegflasche *f*
буты́лочный Flaschen...
буты́ль *f* große Flasche *f*, Ballon *m*
~/**оплетённая** Korbflasche *f*
бу́фер *m* 1. *s.* амортизатор 1.; 2. *(Kfz)* Stoßfänger *m*, Stoßstange *f*; 3. *(Ch)* Puffer *m*, Puffergemisch *n*; 4. *(Inf)* Puffer *m*, Pufferspeicher *m*
~ **ввода́** *(Inf)* Eingabepuffer *m*
~ **вы́вода** *(Inf)* Ausgabepuffer *m*
~ **да́нных** *(Inf)* Datenpuffer *m*, Datenzwischenspeicher *m*
~/**динами́ческий** *(Inf)* dynamisch zugeordneter Puffer *m*
~/**за́дний** *(Kfz)* hinterer Stoßfänger *m*
~/**пере́дний** *(Kfz)* vorderer Stoßfänger *m*
~/**рези́новый** Gummipuffer *m*
буфериза́ция *f (Inf)* Pufferung *f*, Zwischenspeicherung *f*
~ **да́нных** Datenpufferung *f*
~/**обме́нная** Austauschpufferung *f*
бу́хта *f* 1. Bund *n*, Rolle *f*; 2. *(Geol)* Bucht *f*; 3. *(Schiff)* Bucht *f (einer Leine)*, Taubucht *f*
буче́ние *n* 1. *(Text)* Beuchen *n*; 2. *(Pap)* Kochen *n*
бучи́ть 1. *(Text)* beuchen *n*; 2. *(Pap)* kochen *n*
бык *m (Bw)* Pfeiler *m*, Brückenpfeiler *m*
быстровраща́ющийся schnell laufend *(Maschine)*
быстровысыха́ющий schnell trocknend
быстроде́йствие *n* Schnellwirkung *f*; Arbeitsgeschwindigkeit *f*; *(El)* Schaltgeschwindigkeit *f*
быстроде́йствующий 1. schnell wirkend, schnell arbeitend, Schnell...; 2. *(El)* unverzögert, flink *(Sicherungen)*
быстропротека́ющий schnell verlaufend, schnell ablaufend *(Prozess)*
быстроре́жущий schnell schneidend, Schnellschnitt...
быстросо́хнущий schnell trockend

быстросхва́тывающийся schnell abbindend *(Beton)*
быстрота́ *f* Geschwindigkeit *f*, Schnelligkeit *f*
быстротверде́ющий *(Bw)* schnell erhärtend *(Zement)*
быстротеку́щий schnell ablaufend *(Prozess)*
быстрото́к *m (Hydt)* Schussrinne *f*
быстрохо́дность *f (Masch)* Schnellläufigkeit *f*, Hochtourigkeit *f*
быстрохо́дный schnell laufend, hochtourig, Schnelllauf..., Schnellläufer... *(Maschine)*
бьеф *m (Hydt)* Kanalstufe *f*, Haltung *f*
~/**ве́рхний** Oberwasser *n*, obere Haltung *f*
~/**водоразде́льный** Scheitelhaltung *f*
~/**ни́жний** Unterwasser *n*, untere Haltung *f*
~/**подпёртый** Stauwasser *n*, Stauhaltung *f*
бэр *s.* эквивалент рентгена/биологический
бюре́тка *f (Ch)* Bürette *f*
~/**ме́рная** Messbürette *f*
бюро́ *n*/**констру́кторское** Konstruktionsbüro *n*
~/**спра́вочное** *(Nrt)* Auskunftsstelle *f*, Auskunftsplatz *m*

В

В *s.* вольт
В·А *s.* вольт-ампер
ваго́н *m (Eb)* Wagen *m*, Waggon *m*
~/**большегру́зный** Großraumgüterwagen *m*, Schwerlastwagen *m*
~/**грузово́й** Güterwagen *m*
~/**железнодоро́жный** Eisenbahnwagen *m*
~/**жило́й** Wohnwagen *m*
~/**изотерми́ческий** Kühlwagen *m*
~/**кры́тый** gedeckter Güterwagen *m*
~/**мото́рный** Triebwagen *m (mit Verbrennungsmotor)*
~/**откры́тый** offener Güterwagen *m*
~/**пассажи́рский** Reisezugwagen *m*
~/**почто́вый** Postwagen *m*
~ **прямо́го сообще́ния** Kurswagen *m*
~/**спа́льный** Schlafwagen *m*
вагоне́тка *f* Wagen *m*, Kleinwagen *m*; Lore *f*; *(Bgb)* Hunt *m*
~/**загру́зочная** 1. *(Gieß)* Gattierungswagen *m*; 2. *(Met)* Beschickungswagen *m*, Gichtwagen *m*, Begichtungswagen *m*, Möllerwagen *m*
~/**опроки́дывающаяся** Kipplore *f*; *(Bgb)* Kippwagen *m*, kippbarer Hunt *m*
~/**разли́вочная** *(Gieß)* Gießwagen *m*
~/**рудни́чная** *(Bgb)* Grubenhunt *m*, Grubenwagen *m*
~/**ша́хтная** *s.* ~/рудничная
ваго́н-кран *m* Kranwagen *m*
ваго́н-мастерска́я *m* Werkstattwagen *m*
вагонооборо́т *m (Eb)* Wagenumlauf *m*
вагоноопроки́дыватель *m (Eb)* Wagenkipper *m*, Waggonkipper *m*, Waggonkippvorrichtung *f*
ваго́н-о́се-киломе́тр *m (Eb)* Wagenachskilometer *m*
вагоностро́ение *n* Waggonbau *m*
ваго́н-платфо́рма *m (Eb)* Flachwagen *m*, Plattenwagen *m*, Plattformwagen *m*, flacher Güterwagen *m*
ваго́н-рестора́н *m (Eb)* Speisewagen *m*
ваго́н-рефрижера́тор *m (Eb)* Kühlwagen *m*
ваго́н-цисте́рна *m (Eb)* Kesselwagen *m*, Behälterwagen *m*
ва́ер *m* Kurrleine *f (Schleppnetzfischerei)*
вака́нсия *f (Krist)* Gitterlücke *f*, Leerstelle *f*, Vakanz *f*
~ **по Шо́ттки** Schottky-Leerstelle *f*, Schottky-Defekt *m*
~ **решётки** Gitterfehlstelle *f*, Gitterlücke *f*
ва́куум *m* Vakuum *n*
~/**высо́кий** Hochvakuum *m*
~/**глубо́кий** Hochvakuum *n*
~/**гру́бый** Grobvakuum *n*
~/**ни́зкий** Grobvakuum *n*
~/**предвари́тельный** Vorvakuum *n*, Anfangsvakuum *n*
~/**преде́льный** Endvakuum *n*
~/**сверхвысо́кий** Ultrahochvakuum *n*, Höchstvakuum *n*
~/**сре́дний** Feinvakuum *n*
~/**то́нкий** Hochvakuum *n*
вакууми́рование *n* 1. *(Fert, Met)* Vakumbehandlung *f*; 2. *(Bw)* Vakuumieren *n (Beton)*

вакууми́ровать 1. *(Fert, Met)* (im) Vakuum behandeln; 2. *(Bw)* vakuumieren *(Beton)*
ва́куум-ка́мера *f* Vakuumkammer *f*
ва́куум-кристаллиза́ция *f* Vakuumkristallisation *f*
вакуумме́тр *m* Vakuummeter *n*
~/вя́зкостный Reibungsvakuummeter *n*
~/жи́дкостный Flüssigkeitsvakuummeter *n*
~/ионизацио́нный Ionisationsvakuummeter *n*
~/компрессио́нный Kompressionsvakuummeter *n*, McLeod-Vakuummeter *n*, Mcleodsches Vakuummeter *n*
~/теплово́й Wärmeleitungsvakuummeter *n*
ва́куум-меша́лка *f (Text)* Vakuummischer *m*
ва́куум-насо́с *m* Vakuumpumpe *f*
ва́куумный luftleer, Vakuum...
ва́куум-пло́тный, вакуумпло́тный vakuumdicht
ва́куум-суши́лка *f* Vakuumtrockner *m*
ва́куум-то́рмоз *m (Eb)* Vakuumbremse *f*, Saugluftbremse *f*
ва́куум-упако́вка *f* Vakuumverpackung *f*
ва́куум-фи́льтр *m* Vakuumfilter *n*
ва́куум-формова́ние *n (Umf, Kst)* Vakuum(ver)formung *f*, Warmformung *f* durch Unterdruck
вал *m* 1. *(Masch)* Welle *f*; 2. *(Hydt)* Deich *m*; Wall *m*
~/ведо́мый *(Masch)* getriebene Welle *f*, Abtriebswelle *f*
~/веду́щий *(Masch)* treibende Welle *f*, Antriebswelle *f*
~/входно́й *(Masch)* Eingangswelle *f*, Antriebswelle *f*
~/выходно́й *(Masch)* Ausgangswelle *f*, Abtriebswelle *f*
~/ги́бкий biegsame [elastische] Welle *f*
~/гребно́й *(Schiff)* Propellerwelle *f*
~/двухопо́рный *(Masch)* zweifach gelagerte Welle *f*
~/кала́ндровый Kalanderwalze *f*
~/карда́нный *(Masch, Kfz)* Kardanwelle *f*, Gelenkwelle *f*
~/коле́нчатый *(Masch)* Kurbelwelle *f*
~/коренно́й *(Masch)* Hauptwelle *f*; Kurbelwelle *f (bei Kolbenmaschinen)*
~/кулачко́вый *(Masch, Kfz)* Nockenwelle *f*
~/многоопо́рный *(Masch)* mehrfach gelagerte Welle *f*
~ отбо́ра мо́щности Zapfwelle *f (am Schlepper)*
~/переда́точный *(Masch, Kfz)* Getriebewelle *f*, Übertragungswelle *f*
~/по́лый *(Masch)* Hohlwelle *f*
~/приводно́й *(Masch)* Antriebswelle *f*
~/распредели́тельный 1. *(Masch)* Kurvenwelle *f*, Steuerwelle *f*; 2. *(Kfz)* Steuerwelle *f*, Nockenwelle *f (eines Verbrennungsmotors)*
~/составно́й коле́нчатый gebaute Kurbelwelle *f (eines Verbrennungsmotors)*
~/телескопи́ческий Teleskopwelle *f*
~/трансмиссио́нный *(Masch)* Transmissionswelle *f*
~/упо́рный *(Masch)* Druck(lager)welle *f*
~/червя́чный *(Masch)* Schneckenwelle *f*
~/шарни́рный Gelenkwelle *f*, Kardanwelle *f*
~/шли́цевый *(Masch)* Keilwelle *f*
вале́нтность *f (Ch)* Valenz *f*, Wertigkeit *f*
~/гла́вная Hauptvalenz *f*
~/ио́нная Ionenwertigkeit *f*, Ionenvalenz *f*
~/отрица́тельная negative Elektrovalenz *f*
~/положи́тельная positive Elektrovalenz *f*
~/свобо́дная freie Valenz *f*
вале́нтный *(Ch)* Valenz..., Wertigkeits...
ва́лец *m* Walze *f*
ва́лик *m* 1. Walze *f*, Zylinder *m*; Rolle *f*; 2. (kleine) Welle *f (s. a. unter* вал 1.*)*; 3. *(Schw)* Raupe *f*, Schweißraupe *f*
~/ворсова́льный *(Text)* Rauwalze *f*
~/иго́льчатый *(Text)* Igelwalze *f*, Nadelwalze *f*
~/окра́сочный Farbroller *m*
~/опо́рный Stützwalze *f*
ва́лка *f* 1. *(Forst)* Einschlagen *n*, Aushieb *m*, Fällen *n (Bäume)*; 2. *(Text)* Walken *n*
валки́ *mpl* 1. Walzen *fpl*; 2. Walzenbrecher *m*
~/гла́дкие Glattwalzenbrecher *m*

~/**дроби́льные** Walzenbrecher *m*
ва́лкий rank *(Schiff)*
ва́лкость *f* Rankheit *f (eines Schiffes)*
валово́й Brutto..., Roh..., Gesamt...
вало́к *m* 1. Walze *f*; 2. *(Lw)* Schwad *m*
~/**гла́дкий** *(Wlz)* Glattwalze *f*
~/**ди́сковый** *(Wlz)* Scheibenwalze *f*
~/**консо́льный** *(Wlz)* fliegende Walze *f*
~/**косо́й** *(Wlz)* Schrägwalze *f*
~/**листопрока́тный** *(Wlz)* Blechwalze *f*
~/**опо́рный** *(Wlz)* Stützwalze *f*, Blindwalze *f*
~/**отде́лочный** *(Wlz)* Fertigwalze *f*
~/**прави́льный** *(Wlz)* Richtwalze *f*
~/**прока́тный** *(Wlz)* Walze *f*, Walzwerkswalze *f*
~/**фасо́нный** *(Wlz)* Formwalze *f*, Profilwalze *f*
~/**холосто́й** *(Wlz)* Blindwalze *f*, Schleppwalze *f*
~/**чистово́й** *(Wlz)* Fertigwalze *f*
валопрово́д *m (Schiff)* Wellenleitung *f*
валуны́ *mpl (Geol)* Geröll *n*, Geschiebe *n*
вал-шестерня́ *m (Masch)* Ritzelwelle *f*
вальцева́ние *n* Walzen *n*, Ausrollen *n*
вальцева́ть walzen, abwalzen
вальцо́вка *f* 1. Walzen *n*, Abwalzen *n*; 2. Rohrwalze *f*; 3. *(Gieß)* Walzenbrecher *m (Formstoffaufbereitung)*
вальцо́вый Walz(en)...
валья́н *m (Text)* 1. Brustbaum *m (Webstuhl)*; 2. Abnehmer *m (Krempel)*
валя́ние *n (Text, Led)* Walken *n*
валя́ть *n (Text, Led)* walken *n*
ванадиевоки́слый *(Ch)* ...vanadat *n*; vanadiumsauer
вана́диевый Vanadium...
вана́дий *m (Ch)* Vanadium *n*, V
ва́нна *f* 1. Wanne *f*; Bottich *m*; 2. *(Bw)* Bad *n*; 3. Badewanne *f*; 4. *(Met)* Schmelze *f*, Schmelzbad *n*; 5. *(Text)* Flotte *f*
~/**гальвани́ческая** Galvanisierbad *n*, galvanisches Bad *n*
~/**краси́льная** *(Text)* Färbebad *n*
~/**осади́тельная** 1. *(Ch)* Fällbad *n*; 2. *(Met)* Scheidebad *n*; 3. *(Text)* Spinnbad *n*
~/**трави́льная** 1. Ätzbad *n*, Beizbad *n*; 2. Beizbehälter *m*
~/**электролити́ческая** elektrolytisches Bad *n*, Elektrolysebad *n*

ва́нта *f* 1. *(Schiff)* Want *f*; 2. Abspannseil *n*
вантýз *m* Entlüftungsventil *n (Sanitärtechnik)*
вар *m* 1. Pech *n*; 2. *(El)* *s.* вольт-ампер/реактивный
вариа́нта *f (Math)* Variante *f*
вариа́тор *m* 1. *(Masch)* Variator *m*, stufenlos regelbares Getriebe *n*; 2. *(El)* Variator *m*
вариа́ция *f* 1. Variation *f*, Änderung *f*, Abweichung *f*; 2. *(Math)* Variation *f*, Schwankung *f (der Funktion)*; 3. *(Astr)* Variation *f (der Mondbahn)*; 4. *(Mess)* Abweichung *f*, Streuung *f*
варика́п *m (El)* Varikap *f*, Kapazitätsdiode *f*
варико́нд *m (El)* Varikond *m*
варио́метр *m (El)* Variometer *n*
вариообъекти́в *m (Photo)* Varioobjektiv *n*, Zoomobjektiv *n*
вари́стор *m (El)* Varistor *m*
вари́ть 1. kochen, sieden; 2. schmelzen *(Glas)*; 3. brauen *(Bier)*; 4. aufschließen *(Papier)*
ва́рка *f* 1. Kochen *n*, Sieden *n*; 2. Schmelzen *n*, Schmelze *f (Glas)*; 3. *(Pap)* Aufschluss *m*; 4. Sud *m*
варме́тр *m (El)* Varmeter *n*, Blindleistungsmessinstrument *n*, Blindleistungsmesser *m*
ва́рочный Koch..., Siede...; Schmelz...; Sud...
ва́та *f* Watte *f*
~/**минера́льная** *(Bw)* Mineralwatte *f*
~/**шла́ковая** *(Bw)* Schlackenwolle *f*
ватержаке́т *m* Wassermantel *m (eines Schmelzofens)*
ватерли́ния *f* Wasserlinie *f (eines Schiffes)*
ватерпа́с *m* Wasserwaage *f*
ватт *m (El)* Watt *n*, W *(Einheit der Leistung)*
ватт-варме́тр *m (El)* Wirk- und Blindleistungsmesser *m*
ваттме́тр *m (El)* Wattmeter *n*, Leistungsmessinstrument *n*
ватт-секýнда *f* *s.* джоул
ватт-час *m (El)* Wattstunde *f*, Wh
Вб *s.* вебер
вбива́ние *n (Bw)* Einschlagen *n*, Einrammen *n*

вбива́ть *(Bw)* einschlagen, einrammen
введе́ние *n* 1. Einführung *f*, Einführen *n*; 2. *(TV)* Einblenden *n*, Einblendung *f*
~ **в эксплуата́цию** *s.* ввод в действие
ввёртывать einschrauben
вви́нчивать einschrauben
ввод *m* 1. Einführung *f*, Einführen *n*; 2. Einführung *f*; Einlassleitung *f*; 3. *(El)* Durchführung *f*; 4. *(Inf)* Eingabe *f*, Input *m (von Daten)*
~/**абоне́нтский** *(Nrt)* Teilnehmeranschluss *m*
~/**алфави́тно-цифрово́й** *(Inf)* alphanumerische Eingabe *f*
~/**ана́логовый** *(Inf)* Analogeingabe *f*
~ **в де́йствие [эксплуата́цию]** Inbetriebsetzung *f*, Inbetriebnahme *f*, Anfahren *n (z. B. einer Anlage)*
~/**графи́ческий** *(Inf)* graphische Eingabe *f*
~ **да́нных** Dateneingabe *f*
~/**дистанцио́нный** *(Inf)* Ferneingabe *f*
~ **зада́ний** *(Inf)* Jobeingabe *f*
~ **информа́ции** *(Inf)* Informationseingabe *f*
~ **програ́ммы** *(Inf)* Programmeingabe *f*
~/**ручно́й** *(Inf)* manuelle Eingabe *f*
~/**то́ковый** *(El)* Stromzuführung *f*
ввод-вы́вод *m (Inf)* Ein- und Ausgabe *f*, Ein-/Ausgabe *f*, Eingabe-Ausgabe *f*, E/A *f*, IO *f*
~/**после́довательный** serielle Ein-/Ausgabe *f*, SIO *f*
вводи́ть 1. einführen; 2. eingeben *(Daten)*
~ **в зацепле́ние** *(Masch)* in Eingriff bringen *(Zahnradpaar)*
ввоз *m* Einfuhr *f*, Import *m*
ввози́ть einführen, importieren
вгоня́ть eintreiben, einschlagen
вда́вливание *n* Eindrücken *n*, Einpressen *n*
вда́вливать eindrücken, einpressen
вдвига́ть einschieben
вдува́ние *n* Einblasen *n*
вдува́ть einblasen
ве́бер *m (El)* Weber *n*, Wb *(Einheit des magnetischen Flusses)*
веде́ние *n* Führen *n*, Führung *f (von Prozessen)*; Warten *n*, Wartung *f (z. B. von Datenbanken)*
~ **фа́йла** *(Inf)* Dateipflege *f*, Dateiwartung *f*
ведо́мый 1. *(Masch)* getrieben, angetrieben; 2. *(Inf)* Slave..., Tochter...
веду́щий *(Masch)* treibend, antreibend
ве́ер *m* Fächer *m*
ве́ерный Fächer...
веерообра́зный fächerförmig
вездехо́д *m* Geländefahrzeug *n*, geländegängiges Fahrzeug *n*
вездехо́дный geländegängig
век *m* Zeitalter *n*, Zeit *f*
векто́граф *m* Vektograph *m*
ве́ктор *m (Math, Ph)* Vektor *m*
~/**волново́й** Wellenvektor *m*
~/**едини́чный** Einheitsvektor *m*
~/**простра́нственный** räumlicher Vektor *m*
~/**скользя́щий** gleitender Vektor *m*
~/**со́бственный** Eigenvektor *m*
~ **состоя́ния** Zustandsvektor *m*
величина́ *f (Math)* Größe *f*, Wert *m*, Betrag *m*
~/**абсолю́тная** (absoluter) Betrag *m*
~/**ана́логовая** Analoggröße *f*
~/**безразме́рная** dimensionslose Größe *f*
~/**бесконе́чно больша́я** unendlich große Größe *f*
~/**бесконе́чно ма́лая** unendlich kleine Größe *f*
~/**ве́кторная** vektorielle Größe *f*, Vektor *m*
~/**возмуща́ющая** *(Reg)* Störgröße *f*
~/**входна́я** *(Reg)* Eingangsgröße *f*
~/**выходна́я** *(Reg)* Ausgangsgröße *f*
~/**действи́тельная** Istgröße *f*, Istwert *m*
~/**дискре́тная** diskrete Größe *f*
~/**за́данная** Vorgabegröße *f*, Sollgröße *f*
~/**задаю́щая** *(Kyb)* Führungsgröße *f*
~/**звёздная** *(Astr)* Größe *f*, Größenklasse *f (Maßeinheit für die Helligkeit eines Gestirns)*; Sterngröße *f*
~/**изменя́ющаяся** veränderliche Größe *f*
~/**изме́ренная** Messwert *m*
~/**измеря́емая** Messgröße *f*, zu messende Größe *f*
~/**ко́мплексная** komplexe Größe *f*
~/**крити́ческая** kritische Größe *f*

~/**мни́мая** imaginäre Größe *f*
~/**неизве́стная** unbekannte Größe *f*
~/**обра́тная** reziproke Größe *f*, Kehrwert *m*
~/**опо́рная** Bezugsgröße *f*, Referenzgröße *f*
~/**оптима́льная** Bestwert *m*, Optimum *n*
~/**относи́тельная** Relativgröße *f*; Relativwert *m*, bezogener Wert *m*
~/**переме́нная** Variable *f*, veränderliche [variable] Größe *f*
~/**постоя́нная** Konstante *f*, konstante Größe *f*
~/**преде́льная** Grenzwert *m*
~/**приближённая** Näherungswert *m*
~/**произво́дная** abgeleitete Größe *f*
~/**расчётная** rechnerische Größe *f*, Rechengröße *f*
~/**регули́руемая** *(Reg)* zu regelnde Größe *f*, Regelgröße *f*
~/**регули́рующая** *(Reg)* regelnde Größe *f*, Stellgröße *f*
~/**светова́я** lichttechnische [photometrische] Größe *f*
~/**случа́йная** Zufallsgröße *f (Wahrscheinlichkeitstheorie)*
~ **сопротивле́ния** Widerstandswert *m*
~/**сре́дняя** Mittelwert *m*, Durchschnitt(swert) *m*
~/**управля́емая** *(Reg)* zu steuernde Größe *f*, Steuergröße *f*
~/**управля́ющая** *(Reg)* steuernde Größe *f*
~/**физи́ческая** (physikalische) Größe *f*
~/**эталóнная** Normalwert *m*
велосипе́д *m* Fahrrad *n*
~/**доро́жный** Tourenrad *n*
~/**складно́й** Klappfahrrad *n*
~/**спорти́вный** Sportrad *n*
велоэрго́метр *m (Med)* Fahrradergometer *n*
вене́ц *m* 1. *(Masch)* Kranz *m (eines Zahnrades)*; 2. *(Astr)* Kranz *m*; 3. *(Bgb)* Geviert *n*
~/**зубча́тый** *(Masch)* Zahnkranz *m*
вентили́ровать 1. ventilieren, lüften; belüften; 2. *(Bgb)* bewettern
ве́нтиль *m* 1. Ventil *n (s. a. unter* клапан*)*; 2. *(El)* Gleichrichter *m (s. a. unter* выпрямитель*)*; 3. *(Inf)* Tor *n*, Gate *n*; Gatter *n*
~/**запо́рный** Absperrventil *n*
~ **И** *(Inf)* UND-Gatter *n*
~ **ИЛИ** *(Inf)* ODER-Gatter *n*
~ **И-НЕ** *(Inf)* NAND-Gatter *n*
~/**ио́нный** *(El)* Ionengleichrichter *m*, Ionenventil *n*
~ **НЕ** *(Inf)* NICHT-Gatter *n*
~ **НЕ-ИЛИ** *(Inf)* NOR-Gatter *n*
~/**полупроводнико́вый** Halbleitergleichrichter *m*
~/**трубопрово́дный** Rohrleitungsventil *n*
ве́нтильный 1. Ventil...; 2. *(El)* Ventil...; 3. *(Inf)* Gatter...
вентиля́тор *m* Ventilator *m*, Lüfter *m*; Gebläse *n*
~/**вса́сывающий** Saugzugventilator *m*
~/**вытяжно́й** Sauglüfter *m*
~/**осево́й** Axiallüfter *m*
~/**центробе́жный** Radialventilator *m*, Zentrifugallüfter *m*
вентиляцио́нный 1. Ventilations..., Belüftungs...; 2. *(Bgb)* Bewetterungs...
вентиля́ция *f* 1. Ventilation *f*, Belüftung *f*, Lüftung *f*; 2. *(Bgb)* Bewetterung *f*
~/**принуди́тельная** Lüftung *f* mit Zwangsführung, Zwangslüftung *f*
~/**прито́чно-вытяжна́я** Be- und Entlüftung *f*
~/**рудни́чная** Grubenbewetterung *f*
верёвка *f* Leine *f*
веретено́ *n (Text)* Spindel *f*
веретенообра́зный spindelförmig
ве́рность *f* **воспроизведе́ния** Wiedergabetreue *f*
верньéр *m* Nonius *m*
вероя́тностный Wahrscheinlichkeits...
вероя́тность *f (Math)* Wahrscheinlichkeit *f*
~ **отка́за** Ausfallwahrscheinlichkeit *f*
~ **оши́бки** Fehlerwahrscheinlichkeit *f*
вероя́тный wahrscheinlich
верста́к *m* Werkbank *f*
~/**слеса́рный** Schlosserbank *f*
~/**столя́рный** Hobelbank *f*
верста́ть *(Typ)* umbrechen
вёрстка *f (Typ)* Umbruch *m*
ве́ртекс *m (Astr)* Vertex *m*, Fluchtpunkt *m*
вертика́л *m* 1. *(Math)* Lot *n*, Senkrechte *f*; 2. *(Astr)* Vertikalkreis *m*, Höhenkreis *m*
вертика́ль *f* Vertikale *f*, Senkrechte *f*

вертикальновзлета́ющий *(Flg)* senkrecht startend, VTO-..., senkrecht startfähig
вертикальносадя́щийся *(Flg)* senkrecht landend; senkrecht landefähig
вертика́льный 1. senkrecht, vertikal, lotrecht; 2. *(Bgb)* seiger
вертлю́г *m (Masch)* Wirbel *m*, Drehbolzen *m*
вертодро́м *m* Hubschrauberlandeplatz *m*
вертолёт *m* Hubschrauber *m*, Helikopter *m*
~ **авари́йно-спаса́тельной слу́жбы** Rettungshubschrauber *m*
вертолёт-кран *m* Kranhubschrauber *m*, fliegender Kran *m*
вертолётоно́сец *m (Mil)* Hubschrauberträger *m*
верту́шка *f* 1. Flügelrad *n*, Flügel *m*; 2. *(Eb)* Pendelzug *m*
верфь *f* Werft *f*, Schiffswerft *f*
верх *m* 1. Oberteil *n*; 2. Gipfel *m*, Spitze *f*; 3. Verdeck *n (eines Kfz)*
верхнекла́панный *(Kfz)* hängend, obengesteuert *(Ventil)*
ве́рхний oberer, Ober...
верхня́к *m* 1. Oberteil *n*, Kappe *f*; 2. *(Bgb)* Kappe *f*
верши́на *f* 1. Spitze *f*; Gipfel *m*; 2. *(Math)* Scheitel *m*, Scheitelpunkt *m (einer Kurve)*; 3. *(El)* Dach *n*, Plateau *n (eines Impulses)*, Impulsdach *n*
~ **сте́ка** *(Inf)* Kellerspitze *f*, Stackspitze *f*
вес *m* 1. Gewichtskraft *f (Newton) für veraltet* Gewicht *n*; 2. *s.* масса
~/**объёмный** Raumgewicht *n*, Rohdichte *f*
~/**относи́тельный** relative Wichte *f*, Wichtezahl *f*
~/**уде́льный** Wichte *f*
весло́ *n (Schiff)* Ruder *n*, Riemen *m*
весо́мость *f* Wägbarkeit *f*
весо́мый wägbar
весы́ *pl* Waage *f*
~/**аналити́ческие** *(Ch)* Analysenwaage *f*, Feinwaage *f*
~/**бытовы́е** Haushaltwaage *f*
~/**ваго́нные** *(Eb)* Gleis(fahrzeug)waage *f*
~/**квадра́тные** Neigungswaage *f*
~/**крути́льные** Drehwaage *f*, Torsionswaage *f*
~/**медици́нские** Personenwaage *f*
~/**платфо́рменные** Brückenwaage *f*
~/**пружи́нные** Federwaage *f*
~/**рыча́жные** Hebelwaage *f*
~/**то́ковые** *(El)* Stromwaage *f*
~/**циферблáтные** Zeigerwaage *f*, Neigungswaage *f*
весы́-доза́тор *pl* Dosierwaage *f*
ветвле́ние *n* Verzweigung *f*, Verästelung *f*
~ **програ́ммы** *(Inf)* Programmverzweigung *f*
ветвь *f* 1. Zweig *m*, Ast *m*; 2. Abzweigung *f*; Strang *m (einer Rohrleitung)*; 3. *(Math)* Ast *m (einer Kurve)*; 4. *(Astr)* Zweig *m (eines Meteorstroms)*; 5. *s.* ~ распада
~/**восходя́щая** aufsteigender Ast *m (einer Kurve)*
~/**нисходя́щая** absteigender Ast *m (einer Kurve)*
~ **програ́ммы** *(Inf)* Programmzweig *m*
~ **распа́да** *(Kern)* Zerfallszweig *m*
~/**спира́льная** *(Astr)* Spiralarm *m (einer Galaxie)*
~/**токоведу́щая** *(El)* Strompfad *m*
~/**шунтова́я** *(El)* Nebenschlusszweig *m*
ве́тер *m* Wind *m*
~/**анабати́ческий** *(Meteo)* Aufwind *m*, anabatischer [aufsteigender] Wind *m*
~/**вихрево́й** *(Meteo)* Wirbelwind *m*
~/**звёздный** *(Astr)* Stern(en)wind *m*
~/**ионосфе́рный** *(El, Rf)* Ionosphärenwind *m*
~/**катабати́ческая** *(Meteo)* Abwind *m*, katabatischer [absteigender] Wind *m*
~/**кре́пкий** steifer Wind *m (Stärke 7)*
~/**лёгкий** (leichte) Brise *f (Stärke 2)*
~/**о́чень кре́пкий** stürmischer Wind *m (Stärke 8)*
~/**о́чень лёгкий [сла́бый]** leiser Zug *m (Stärke 1)*
~/**попу́тный** Rückenwind *m*
~/**све́жий** frische Brise *f (Stärke 5)*
~/**си́льный** steife Brise *f (Stärke 6)*
~/**сла́бый** schwache Brise *f (Stärke 3)*
~/**со́лнечный** *(Astr)* Sonnenwind *m*
~/**уме́ренный** mäßige Brise *f (Stärke 4)*
~/**штормово́й** stürmischer Wind *m (Stärke 8)*
ве́тка *f (Eb)* Anschlussgleis *n*; Anschlussstrecke *f*

ветроагрегáт *m* **/турби́нный** Windturbine *f*
ветровáл *m (Forst)* Windbruch *m*
ветродви́гатель *m* Windkraftanlage *f*, Windmotor *m*, Windturbine *f*
ветродви́житель *m (Schiff)* Turbosegel *n*
ветрозадержáние *n (Bw)* Windschutz *m*
ветрозащи́тный windgeschützt, Windschutz...
ветроколесó *n* Windrad *n*
ветромéр *m s.* анемометр
ветропрóчность *f (Bw)* Windfestigkeit *f*
ветросиловóй Windkraft...
ветроэлектростáнция *f* Windkraftwerk *n*
ветроэнергéтика *f* Windenergietechnik *f*
вéтхий baufällig, abbruchreif
вещáние *n* 1. *(Rf, TV)* Sendung *f (s. a. unter* радиовещание*)*; 2. *(Nrt)* Rundsendung *f*
~/телевизиóнное Fernsehsendung *f*
вещáть *(Rf, TV)* senden
веществó *n* Stoff *m*, Substanz *f*, Materie *f*
~/адсорби́рующее *(Ch)* Adsorbens *n*, Adsorptionsmittel *n*
~/активи́рующее *(Ch)* Aktivierungsmittel *n*
~/взры́вчатое Sprengstoff *m*
~/вя́жущее Bindemittel *n*, Binder *m*
~/деля́щееся *(Kern)* spaltbares Material *n*, Spaltstoff *m*
~/дуби́льное [дубя́щее] *(Led)* Gerbstoff *m*
~/звёздное *(Astr)* stellare Materie *f*
~/межзвёздное *(Astr)* interstellare Materie *f*
~/неоргани́ческое anorganischer Stoff *m*
~/опти́чески акти́вное optisch aktive Substanz *f*
~/органи́ческое organischer Stoff *m*
~/повéрхностно-акти́вное *(Ch)* grenzflächenaktiver Stoff *m*, Tensid *n*; oberflächenaktiver Stoff *m*
~/посторóннее Fremdstoff *m*
~/радиоакти́вное radioaktive Substanz *f*, radioaktiver Stoff *m*
~/сверхчи́стое Reinststoff *m*
~/твёрдое Feststoff *m*
вéялка *f (Lw)* Windfege *f*, Reiniger *m (Getreide)*
вéяние *n (Lw)* Windsichtung *f*
вжимáть einpressen
взаи́мно-многознáчный mehrmehrdeutig, vielvieldeutig
взаи́мно-однознáчный eineindeutig, umkehrbar eindeutig
взаи́мный gegenseitig, wechselseitig, reziprok
взаимоблокирóвка *f (Inf)* wechselseitige Blockierung *f*, Verriegelung *f*
взаимовлия́ние *n* gegenseitige Beeinflussung *f*
взаимовлия́ющий gegenseitig [einander] beeinflussend
взаимодéйствие *n* 1. Wechselwirkung *f*, Zusammenwirken *n*; 2. *(Masch)* Eingriff *m (Verzahnung)*
~/коллекти́вное *(Kern)* kollektive Wechselwirkung *f*
~/обмéнное *(Ph)* Austauschwechselwirkung *f*
~/слáбое *(Kern)* schwache Wechselwirkung *f*
~/спи́новое *(Kern)* Spinwechselwirkung *f*
взаимодéйствовать in Wechselwirkung stehen, sich (gegenseitig) beeinflussen
взаимозави́симость *f* gegenseitige [wechselseitige] Abhängigkeit *f*
взаимозаменя́емость *f* Austauschbarkeit *f*, Auswechselbarkeit *f*
взаимозаменя́емый (gegeneinander) austauschbar
взаимоиндукти́вность *f (El)* Gegeninduktivität *f*
взаимоинду́кция *f (El)* Gegeninduktion *f*
взаимообмéн *m* (wechselseitiger) Austausch *m*
взаимообрати́мый umwandelbar
взаимосвя́занный untereinander verbunden, miteinander gekoppelt
взаимосвя́зь *f* gegenseitige Kopplung *f*; Zusammenhang *m*
взбáлтывать (durch)schütteln; umrühren
взброс *m (Geol)* Aufschiebung *f*
взвесь *f* Suspension *f*, Aufschwemmung *f*
взвéшенный *(Ch)* suspendiert, Suspensions...

взве́шивание *n* Wägen *n*, Wägung *f*
~/**гидростати́ческое** hydrostatische Wägung *f*
~/**прямо́е** einfache Wägung *f*, Proportionalitätswägung *f*
взве́шивать (ab)wägen, wiegen
взду́тие *n* Aufblähen *n*, Auftreiben *n*
взду́тый aufgeblasen, aufgebläht
взлёт *m (Flg)* Abflug *m*, Start *m*
~/**вертика́льный** Senkrechtstart *m*
~ **с коро́тким разбе́гом** Kurzstart *m*
~/**укоро́ченный** Kurzstart *m*
взлета́ть *(Flg)* starten
взму́чивание *n* Aufschlämmen *n*
взрыв *m* Explosion *f*; Sprengung *f*
~/**Большо́й** *(Astr)* Urknall *m*
~/**звёздный** *(Astr)* Sternexplosion *f*
~/**напра́вленный** gerichtete Explosion *f*
~ **пы́ли** Staubexplosion *f*
взрыва́емость *f* Sprengbarkeit *f*
взрыва́ние *f* 1. *(Bgb)* Sprengen *n*; 2. *s.* взрыв
~/**беспла́менное** *(Bgb)* flammenloses Sprengen *n*
~/**заме́дленное** *(Bgb)* Verzögerungssprengen *n*
~/**ко́нтурное** *(Bgb)* Kontursprengen *f*
~/**короткозаме́дленное** *(Bgb)* Kurzverzögerungssprengen *n*
взрыва́тель *m* Zünder *m (für Sprengladungen)*
~/**дистанцио́нный** Zeitzünder *m*
взрыва́ть sprengen
взрывно́й explosiv, Explosions..., Spreng...
взрывобезопа́сность *f* Explosionssicherheit *f*; *(Eln)* Implosionssicherheit *f (Bildröhren)*; *(Bgb)* Schlagwettersicherheit *f (für Grubenausrüstungen)*
взрывобезопа́сный explosionssicher; *(Eln)* implosionssicher *(Bildröhren)*; *(Bgb)* schlagwettersicher *(Grubenausrüstungen)*
взрывозащищённый explosionsgeschützt; *(Eln)* implosionsgeschützt *(Bildröhren)*; *(Bgb)* schlagwettergeschützt *(Grubenausrüstungen)*
взрывоопа́сность *f* Explosionsgefahr *f*
взрывоопа́сный explosionsgefährdet
взрывча́тка *f* Sprengstoff *m*
взры́вчатый explosiv, Spreng...
ВЗУ *n s.* устройство/внешнее запоминающее
взя́тие *n* **про́бы** Probeziehen *n*
виаду́к *m (Bw)* Viadukt *m*, Talbrücke *f*
вибра́тор *m* 1. *(Ph, El)* Vibrator *m*, Pulsator *m*, Oszillator *m*; 2. *(Eln)* Dipol *m*; 3. *(El)* Unterbrecher *m*; 4. *(Bw)* Vibrator *m*, Rüttler *m (zur Verdichtung)*
~/**вну́тренний [глуби́нный]** *(Bw)* Innenrüttler *m*
~/**напра́вленный** *(Eln)* gerichteter Dipol *m*
~/**нару́жный** *(Bw)* Außenrüttler *m*
~/**петлево́й (симметри́чный)** *(Eln)* Schleifendipol *m*, Faltdipol *m*, gefalteter Dipol *m*
~/**станко́вый** *(Bw)* Rütteltisch *m*
~/**стержнево́й** 1. *(Bw)* Stabrüttler *m*; 2. *(Eln)* Stabdipol *m*
вибрацио́нный Vibrations..., Schwing..., Schwingungs...
вибра́ция *f* 1. Vibration *f*, Schwingung *f*; 2. *(El)* Prellen *n (von Kontakten)*
вибри́рование *n* 1. Vibrieren *n*, Schwingen *n*; 2. *(Bw)* Rütteln *n*
вибри́ровать 1. vibrieren *n*, schwingen *n*; 2. *(Bw)* rütteln *n*
вибро ... Vibro..., Schwing...; Rüttel...
вибробето́н *m* Rüttelbeton *m*
вибробуре́ние *n (Bgb)* Vibrationsbohren *n*, Vibrobohren *n*
виброгаси́тель *m* Schwingungsdämpfer *m*
виброгра́мма *f* Vibrogramm *n*, Schwingungsdiagramm *n*
вибро́граф *m* Vibrograph *m*, Schwingungsschreiber *m*
виброгро́хот *m* Vibrationssieb *n*, Schwingsieb *n*
виброгрохоче́ние *n* Schwingsiebklassierung *f (Aufbereitung)*; *(Bw)* Vibrationssieben *n*
вибродатчик *m* 1. Vibrationsaufgeber *m*; 2. *(Ph, El)* Schwingungsgeber *m*
виброжёлоб *m* Schüttelrinne *f*
виброкато́к *m (Bw)* Rüttelwalze *f*
виброконве́йер *m* Schwingförderer *m*
вибро́метр *m* Vibrationsmesser *m*, Schwingungsmesser *m*
вибропита́тель *m* Vibrationsaufgeber *m*

виброплита́ *f* Rüttelplatte *f*, Vibrationsplatte *f*
виброплоща́дка *f* Rüttelbühne *f*, Rütteltisch *m*, Plattenrüttler *m*
вибропреобразова́тель *m (El)* Pendelumformer *m*, Zerhacker(umformer) *m*
вибропрока́т *m (Bw)* Rüttelwalzen *n*
вибропро́чность *f* 1. Dauer(schwing)-festigkeit *f (von Werkstoffen)*; 2. *s.* виброустойчивость
вибропро́чный *s.* виброустройчивый
вибросито *n* Schwingsieb *n*, Vibrationssieb *n*
виброcто́йкий *s.* виброустойчивый
виброcто́йкость *f s.* виброустойчивость
виброусто́йчивость *f* Vibrationsfestigkeit *f*, Schwingungsfestigkeit *f*; Erschütterungsfestigkeit *f (optischer oder elektronischer Geräte)*
виброусто́йчивый vibrationsfest, schwingungsfest; erschütterungsfest *(optische oder elektronische Geräte)*
виброчувстви́тельный schwingungsempfindlich
виброштампова́ние *n (Bw)* Rüttelstampfen *n*
вид *m* 1. Ansicht *f*; Aussehen *n*; 2. Art *f*, Spezies *f*; 3. Form *f*, Gestalt *f*; Gestaltung *f*; 4. *(Krist)* Klasse *f*; 5. Ansicht *f*, Riss *m (einer Zeichnung)*
~ **сбо́ку** Seitenansicht *f*, Seitenriss *m (einer Zeichnung)*
~ **све́рху** Draufsicht *f*, Aufsicht *f (einer Zeichnung)*
~ **симметри́и** *(Krist)* Symmetrieklasse *f*, Kristallklasse *f*
виде́ние *n* **/ночно́е** Nachtsehen *n*
~**/ультразвуково́е** Ultrasonoskopie *f*
видео ... Video..., Fernseh...
видеогенера́тор *m (Eln)* Bildgenerator *m*
видеоголо́вка *f* **(/магни́тная)** *(Eln)* Videomagnetkopf *m*
видеографи́я *f (Nrt)* Videographie *f*
~**/веща́тельная** *s.* видеотекст
видеоди́ск *m* Videoplatte *f*
видеодоро́жка *f (TV)* Videospur *f*, Bildsignalspur *f*
видеоза́пись *f* Videoaufzeichnung *f*
видеоигра́ *f (TV)* Videospiel *n*, Telespiel *n*
видеои́мпульс *m (TV)* Videoimpuls *m*, Bildimpuls *m*
видеока́мера *f* Videokamera *f*, Camcorder *m*
видеокана́л *m (TV)* Videokanal *m*, Bildkanal *m*
видеокассе́та *f (TV)* Videokassette *f*, VCR-Kassette *f*
видеокопи́р *m* Videokopierer *m*
видеоле́нта *f* Video(magnet)band *n*
видеомагнитофо́н *m (TV)* Videorecorder *m*
~**/кассе́тный** Videokassettenrecorder *m*, VCR *m*
видеоми́кшер *m (TV)* Bildmischer *m*; Bildmischpult *n*
видеомони́тор *m (TV)* Monitor *m*, Bildmonitor *m*
видеопа́мять *f (Inf)* Videospeicher *m*, Video-RAM *m*, Graphikspeicher *m*
видеопереда́тчик *m (TV)* Bildsender *m*
видеопереда́ча *f (TV)* Videoübertragung *f*
видеопла́та *f (TV)* Videokarte *f*, Graphikkarte *f*
видеопле́йер *m s.* видеопроигрыватель
видеопро́игрыватель *m* **(/кассе́тный)** Videoplayer *m*
видеосигна́л *m (TV)* Videosignal *n*, Bildsignal *n*
~**/цветово́й** Farbbildsignal *n*
видеоте́кст *m* Videotext *m*, Teletext *m*
видеотелефо́н *m* Videotelephon *n*, Fernsehtelephon *n*, Bildfernsprecher *m*
видеотелефони́я *f* Videotelephonie *f*, Fernsehtelephonie *f*, Bildfernsprechen *n*
видеотермина́л *m* Videoterminal *n*, Bildschirmgerät *n*; *(Inf)* Datensichtstation *f*
видеоте́хника *f* Videotechnik *f*
видеоусиле́ние *n (TV)* Videoverstärkung *f*, Bildverstärkung *f*
видеоусили́тель *m (TV)* Videoverstärker *m*, Bild(signal)verstärker *m*
видеоустро́йство *n (TV)* Videogerät *n*
видеочастота́ *f (TV)* Videofrequenz *f*
видико́н *m (TV)* Vidikon *n (Bildaufnahmeröhre)*

ви́димость *f* Sicht *f*, Sichtweite *f*; Sichtbarkeit *f*
~/ночна́я Nachtsichtweite *f*
ви́димый sichtbar
видоизмене́ние *n* 1. Modifizierung *f*, Abänderung *f*; 2. Abart *f*, Variante *f*
видоиска́тель *m (Photo, Kine)* Bildsucher *m*, Sucher *m*
~/зерка́льный Spiegelsucher *m*
~/опти́ческий optischer Sucher *m*
визи́р *m* Visier *n (Zieleinrichtung)*
визуализа́ция *f* Sichtbarmachung *f*; *(Inf)* Anzeige *f*
визуа́льный visuell, Sicht...
ви́лка *f* 1. Gabel *f*; Gabelung *f*; 2. *(El)* Stecker *m*
~/ответви́тельная *(El)* Abzweigstecker *m*
~/прибо́рная *(El)* Gerätestecker *m*
~/ште́псельная *(El)* Stecker *m*
ви́лы *pl (Lw)* Gabel *f*, Forke *f*
ви́льчатый Gabel..., gabelförmig
виля́ние *n (Kfz)* Flattern *n (der Räder)*; *(Eb)* Schlingern *n (Fahrzeuge)*
вини́ловый *(Ch)* Vinyl...
виннoки́слый *(Ch)* ...tartrat *n*; weinsauer
винокуре́ние *n* Branntweinbrennerei *f*
винт *m* 1. Schraube *f (s. a. unter* болт*)*; 2. Spindel *f*, Schraubenspindel *f*; 3. *(Flg)* Luftschraube *f*, Tragschraube *f*; 4. *(Schiff)* Propeller *m*, Schraube *f*; 5. Spirale *f*, Schnecke *f (in Fördermitteln oder Mischern)*
~/возду́шный *(Flg)* Luftschraube *f*
~/гребно́й Schiffsschraube *f*, Propeller *m*
~/микрометри́ческий 1. Mikrometerschraube *f*, Feineinstellschraube *f*; 2. Messschraube *f*
~/натяжно́й Anzugsschraube *f*, Spannschraube *f*
~/несу́щий *(Flg)* Tragschraube *f*, Rotor *m*
~/регулиро́вочный Einstellschraube *f*, Nachstellschraube *f*, Regelschraube *f*
~/регули́рующий Stellschraube *f*
~ с потайно́й голо́вкой Senk(kopf)-schraube *f*
~/самонареза́ющий gewindeformende Schraube *f*
~/устано́вочный Stellschraube *f*, Justierschraube *f*
~/ходово́й Leitspindel *f (einer Drehmaschine)*
винт-бара́шек *m* Flügelschraube *f*
винтовёрт *m* Schraubendreher *m*
винто́вка *f* Gewehr *n (mit gezogenem Lauf)*
~/малокали́берная Kleinkalibergewehr *n*, KK-Gewehr *n*
~/охо́тничья Jagdgewehr *n*
~/скоростре́льная Schnellfeuergewehr *n*
винтово́й Schrauben..., schraubenförmig
винтокры́л *m* Verbundhubschrauber *m*
винтонареза́ние *n* Schraubengewindeschneiden *n*
винтообра́зный schraubenförmig
вира́ж *m* 1. *(Flg)* Vollkurve *f*; 2. *(Photo)* (photographische) Tonung *f*
вири́рование *n s.* вираж 2.
виртуа́льный virtuell, scheinbar
ви́рус *m* **/компью́терный** *(Inf)* Virus *n*, Computervirus *n*
висе́ние *n* Schwebe *f*, Standschwebe *f (des Hubschraubers)*
виско́за *f (Text)* Viskose *f*
вискозиме́тр *m* Viskosimeter *n*
вискозиметри́ческий viskosimetrisch, Viskosimeter...
вискозиме́трия *f* Viskosimetrie *f*, Viskositätsmessung *f*
виско́зный Viskose...
ви́смут *m (Ch)* Bismut *n*, Bi
висмути́н *m (Min)* Bismuthin *m*, Wismutglanz *m*
висмути́т *m (Min)* Bismutit *m*, Wismutspat *m*
ви́смутовый Bismut..., Wismut...
craft ви́сячий herabhängend, hängend, Hänge...
вито́й verdrillt, gewunden
вито́к *m* 1. *(El)* Windung *f (einer Spule)*; 2. *(Masch)* Windung *f (z. B. am Gewinde)*; 3. *(Astr)* Umlauf *m*, Umlaufbahn *f (eines Planeten)*
вихрево́й turbulent, wirbelartig, Wirbel...
вихреобразова́ние *n* Wirbelbildung *f*
вихрь *m* 1. Wirbel *m (in Flüssigkeiten und Gasen)*; 2. *(Meteo)* Wirbelwind *m*
вкла́дка *f* 1. Einlegen *n*; 2. Einlage *f*

вкла́дыш *m* 1. Einsatz *m*, Einsatzstück *n*; 2. *(Masch)* Buchse *f*; 3. *(Masch)* Lagerschale *f*; 4. *(Bw)* Formkern *m*, Kern *m*
включа́тель *m s. unter* выключатель *und* переключатель
включа́ть 1. *(El)* (ein)schalten; anschließen; 2. *(Masch)* einrücken *(Kupplung)*
~ **встре́чно** *(El)* gegensinnig schalten, entgegenschalten
~ **паралле́льно** *(El)* parallel [nebeneinander] schalten
~ **после́довательно** *(El)* hintereinander [in Reihe] schalten
~ **согла́сно** *(El)* gleichsinnig schalten
включа́ющий 1. *(El)* Schalt...; 2. *(Inf)* inklusiv, einschließend
включе́ние *n* 1. *(El)* Schalten *n*, Einschalten *n*; Anschließen *n*; 2. *(Masch)* Einrücken *n (Kupplungen)*; 3. *(Geol, Min)* Einschluss *m*, Einlagerung *f*, Einsprengung *f*
~/**безуда́рное** *(Masch)* stoßfreies Einrücken *n*
~/**га́зовое** *(Gieß)* Gaseinschluss *m*
~/**двухта́ктное** *(El)* Gegentaktschaltung *f*
~/**дистанцио́нное** *(El)* Fernschaltung *f*
~/**многокра́ткое** *(El)* Vielfachschaltung *f*
~/**мостово́е** *(El)* Brückenschaltung *f*
~/**неметалли́ческое** *(Gieß)* nicht metallischer Einschluss *m*
~/**паралле́льное** *(El)* Parallelschaltung *f*, Nebenschlussschaltung *f*
~/**после́довательное** *(El)* Reihenschaltung *f*, Hintereinanderschaltung *f*; Serienschaltung *f*
~/**посторо́ннее** *(Gieß)* Fremdeinschluss *m*
~/**согла́сное** *(El)* gleichsinnige Schaltung *f*
~/**ступе́нчатое** *(El)* Kaskadenschaltung *f*
включённый 1. *(El)* (ein)geschaltet; angeschlossen; 2. *(Masch)* eingerückt *(Kupplung)*
~/**паралле́льно** *(El)* parallel [nebeneinander] geschaltet
~/**после́довательно** in Reihe [Serie] geschaltet, hintereinander geschaltet
«включено́» „Ein", „Eingeschaltet" *(Schalterstellung)*
вкра́пленник *m (Geol, Min)* Einsprengling *m*
вкра́пленность *f (Geol, Min)* Einsprengung *f*, Verwachsung *f*
вла́га *f* Feuchte *f*
влагоёмкость *f* Wasseraufnahmevermögen *n*, Wasserhaltigkeit *f*; Feuchtigkeitsgehalt *m*
влагозащищённый wasserabstoßend, wasserabweisend, feuchtegeschützt
влагоме́р *m* Feuchtigkeitsmessinstrument *n*, Feuchtemesser *m*
влагонепроница́емость *f* Wasserundurchlässigkeit *f*; Feuchtigkeitsundurchlässigkeit *f*
влагонепроница́емый wasserundurchlässig; feuchtigkeitsundurchlässig
влагообме́н *m* Feuchtigkeitsaustausch *m*
влагооборо́т *m (Meteo)* Wasserkreislauf *m*
влагоотда́ча *f* Feuchtigkeitsabgabe *f*
влагоотдели́тель *m* Feuchtigkeitsabscheider *m*
влагопоглоща́емость *f* Feuchtigkeitsaufnahmevermögen *n*, Hygroskopizität *f*
влагопоглоще́ние *n* Feuchtigkeitsaufnahme *f*
влагопроница́емость *f* Wasserdurchlässigkeit *f*; Feuchtigkeitsdurchlässigkeit *f*
влагопроница́емый wasserdurchlässig; feuchtigkeitsdurchlässig
влагосодержа́ние *n* Feuchtigkeitsgehalt *m*, Feuchtegehalt *m*
влагосто́йкий feuchtigkeitsbeständig
влагосто́йкость *f* Feuchtigkeitsbeständigkeit *f*
влагоусто́йчивость *f s.* влагостойкость
влагоусто́йчивый *s.* влагостойкий
вла́жно-адиабати́ческий *(Meteo)* feuchtadiabatisch
вла́жность *f* 1. Feuchtigkeit *f*, Feuchte *f*; 2. Feuchtigkeitsgehalt *m*
~/**абсолю́тная** absolute Feuchte *f*
~/**атмосфе́рная** *s.* ~ воздуха
~ **во́здуха** Luftfeuchtigkeit *f*

~/**относительная** relative Feuchtigkeit *f*
~/**удельная** spezifische Feuchtigkeit *f*
влажный feucht, nass
вливание *n* Infusion *f*
влияние *n* 1. Einfluss *m*, Beeinflussung *f*; 2. Einwirkung *f*, Wirkung *f*
~/**ёмкостное** *(El)* kapazitive Beeinflussung *f*
~/**индуктивное** *(El)* induktive Beeinflussung *f*
~/**постороннее** Fremdeinfluss *m*, Fremdbeeinflussung *f*
~/**температурное** Temperatureinfluss *m*, Temperatureinwirkung *f*
влиять beeinflussen; einwirken
вложение *n* 1. *(Math)* Einbettung *f*; 2. Schachtelung *f*, Verschachtelung *f*
вложения *npl*/**капитальные** Investitionen *fpl*
ВМ *f s.* машина/вычислительная
вместимость *f* 1. Fassungsvermögen *n*, Aufnahmefähigkeit *f*; 2. Rauminhalt *m*, Füllvolumen *n*; 3. Umfang *m*
~/**брутто-регистровая [валовая регистровая]** *(Schiff)* Bruttoregistertonnage *f*
~/**нетто-регистровая [чистая регистробая]** *(Schiff)* Nettoregistertonnage *f*
вмонтированный eingebaut, Einbau...
вмонтировать einbauen, einmontieren
вмятина *f* Einbeulung *f*, Beule *f*
внахлёстку überlappt
внеатмосферный extraterrestrisch, außerterrestrisch
внегалактический extragalaktisch, außergalaktisch
внедрение *n* 1. Einführung *f*, Einführen *n*; 2. Eindringen *n*; 3. *(Geol)* Intrusion *f*, Einlagerung *f*; 4. *(Krist)* Einlagerung *f (Atome)*; 5. *(Ph)* Umlagerung *f (Atome)*
внеземной extraterrestrisch, außerterrestrisch
внемолекулярный extramolekular
внесение *n* 1. Eintragen *n*, Einlegen *n*; 2. *(Lw)* Ausbringen *n (von Dünger)*
внецентренный außermittig, exzentrisch
внешний 1. Außen..., äußerlich; 2. Umgebungs..., Umwelt...; 3. *(Inf)* extern
внеядерный *(Kern)* extranuklear
внутренний 1. Innen..., Binnen...; 2. *(Inf)* intern
внутренность *f* Inneres *n*
внутриатомный inneratomar
внутризаводской innerbetrieblich, Betriebs...
внутризадачный *(Inf)* jobintern
внутрикристаллический interkristallin
внутрикристальный *(Inf)* chipintern
внутриметаллический intermetallisch
внутримолекулярный intramolekular
внутрисхемный *(Inf)* chipintern
вобулятор *m (El)* Wobbler *m*
вобуляция *f (El)* Wobbeln *n*, Wobbelung *f*
вогнуто-выпуклый konkav-konvex *(Linsen)*
вогнутость *f* Konkavität *f (z. B. von Linsen)*
вогнутый konkav *(z. B. Linsen)*
вода *f* Wasser *n (s. a. unter* воды*)*
~/**водопроводная** Leitungswasser *n*
~/**дистиллированная** destilliertes Wasser *n*
~/**жёсткая** hartes Wasser *n*
~/**загрязнённая** Schmutzwasser *n*
~/**капиллярная** Kapillarwasser *n*
~/**конденсационная** Kondenswasser *n*
~/**морская** Meerwasser *n*, Seewasser *n*
~/**мягкая** weiches Wasser *n*
~/**оборотная** Umlaufwasser *n*, Umwälzwasser *n*
~/**озёрная** Seewasser *n*
~/**охлаждающая** Kühlwasser *n*
~/**питательная** Kesselspeisewasser *n*
~/**питьевая** Trinkwasser *n*
~/**подземная** unterirdisches Wasser *n (Boden- und Grundwasser)*
~/**пресная** Süßwasser *n*; *(Schiff)* Frischwasser *n*
~/**родниковая** Quellwasser *n*
~/**тяжёлая** schweres Wasser *n*
~/**умягчённая** enthärtetes Wasser *n*
водитель *m* Fahrer *m*, Führer *m (eines Fahrzeuges)*
водка *f*/**царская** *(Ch)* Königswasser *n*
водный wäßrig, Wasser...
водобой *m* 1. *(Hydt)* Schussboden *m*; Sturzboden *m*, Sturzbett *n (einer Staumauer)*; 2. *s.* гидромонитор
водовод *m* 1. Wasserleitung *f*; 2. Umlauf *m (einer Schleuse)*

водоворо́т *m (Hydrol)* Wasserstrudel *m*, Strudel *m*; Wasserwirbel *m*
водоём *m (Hydt)* 1. Wasserbecken *n*, Becken *n*; Wasserreservoir *n*; 2. Staubecken *n*
водоёмкость *f (Hydt)* Wasserkapazität *f*
водозабо́р *m (Hydt)* Wasserfassung *f*, Wasserentnahme *f*
водозабо́рный Wassergewinnungs..., Wasserentnahme...
водозащищённый wassergeschützt
водоизмеще́ние *n* Deplacement *n*, Wasserverdrängung *f (eines Schiffes)*
водола́з *m* Taucher *m*
водоме́р *m* 1. Wassermesser *m*, Wasser(mengen)zähler *m*; 2. *(Hydrol)* Wasserstandsmesser *m*, Wasserpegel *m*
водомёт *m s.* движитель/водомётный
водонагрева́тель *m* Warmwasserbereiter *m*
~/**прямото́чный** Durchlauferhitzer *m*
водонепроница́емый wasserdicht, wasserundurchlässig
водоно́сность *f (Hydrol)* Wasserführung *f*; Ergiebigkeit *f (einer Quelle)*
водоно́сный wasserführend; wasserhaltig
водоотво́д *m (Hydt)* 1. Graben *m*; 2. Wasserentziehung *f (Talsperren)*; 3. Entwässerung *f*, Wasserableitung *f*
водоотдели́тель *m* Wasserabscheider *m*
водоотли́в *m* 1. *(Bgb, Bw)* Wasserhaltung *f*; 2. *(Bw)* Wasserschenkel *m (am Fenster)*; 3. *(Bw)* Wasserschräge *f*
водооотта́лкивающий wasserabweisend, wasserabstoßend, hydrophob
водоохлажда́емый wassergekühlt
водоочисти́тель *m* Wasserreiniger *m*, Wasserfilter *n*
водоочи́стка *f* Wasserreinigung *f*
водопа́д *m* Wasserfall *m*
водопоглоще́ние *n* Wasseraufnahme *f*
водоподгото́вка *f* Wasseraufbereitung *f*
водоподогрева́тель *m* 1. Wasservorwärmer *m (z. B. für Dampfkessel)*; 2. Warmwasserbereiter *m*
водоподъём *m* Wasserhebung *f*, Wasserförderung *f*
водоподъёмник *m (Hydt)* Wasserheber *m*, Wasserschöpfwerk *n*
водопотребле́ние *n* Wasserverbrauch *m*
водоприёмник *m (Hydt)* Vorfluter *m*; Einlass *m (eines Wasserkraftwerkes)*; Wasserentnahmestelle *f*
водопрово́д *m* Wasserleitung *f*
~/**(хозя́йственно-)питьево́й** Trinkwasserleitung *f*
водопрово́дный Wasserleitungs...
водопроница́емость *f* Wasserdurchlässigkeit *f*
водопроница́емый wasserdurchlässig
водоразде́л *m (Hydrol)* Wasserscheide *f*, Scheide *f*
водораствори́мость *f* Wasserlöslichkeit *f*
водораствори́мый wasserlöslich
водоро́д *(Ch)* Wasserstoff *m*, H
~/**лёгкий** *s.* протий
~/**сверхтяжёлый** *s.* тритий
~/**тяжёлый** *s.* дейтерий
водоро́дистый *(Ch)* ...hydrid *n*; wasserstoffhaltig
водоро́дный Wasserstoff...
водородосодержа́щий wasserstoffhaltig
водосбо́р *m (Hydrol)* Einzugsgebiet *n*, Quellgebiet *n*
водосбо́рник *m* 1. *(Bgb)* Wassersammler *m*; 2. *(Bw)* Wassersammelbehälter *m*
водосбо́рный wassersammelnd, Wassersammel...
водосбро́с *m (Hydt)* Entlastungsüberfall *m*, Überlauf *m (einer Talsperre)*
водосли́в *m (Hydt)* 1. Wasserüberlauf *m*, Überlauf *m*; 2. Überfall *m*, Entlastungsüberfall *m*, Absturzbauwerk *n*
водоснабже́ние *n* Wasserversorgung *f*
~/**горя́чее** Warmwasserversorgung *f*
~/**промы́шленное** Industriewasserversorgung *f*, Betriebswasserversorgung *f*
водосодержа́ние *n* Wassergehalt *m*, Wasseranteil *m*; Wasserinhalt *m*
водосодержа́щий wasserhaltig
водоспу́ск *m (Hydt)* Wasserablass *m*
водосто́йкий *s.* водоупорный
водосчётчик *m s.* водомер 1.
водото́к *m (Hydrol)* Wasserstrom *m*; Wasserlauf *m*

водоуказа́тель *m* Wasserstandsanzeiger *m*
водоуловитель *m* Wasserfang *m*
водоумягче́ние *n* Wasserenthärtung *f*
водоупо́рный wasserbeständig, wasserfest
водохрани́лище *n* 1. Wasserbehälter *m*, Wasserreservoir *n*; Wasserbassin *n*; 2. *(Hydt)* Stausee *m*, Staubecken *n*, Talsperre *f*; 3. *(Hydt)* Wasserspeicher *m*, Speicher *m*
во́ды *fpl* **/загрязнённые** Schmutzwasser *n*
~**/промы́шленные сто́чные** Industrieabwasser *n*
~**/сто́чные** Abwasser *n*, Schmutzwasser *n*
водяно́й Wasser...
возбуди́тель *m* 1. Erreger *m*; 2. *(El)* Erregermaschine *f*; 3. *(Ch)* Stimulans *n*, Anregungsmittel *n*
возбужде́ние *n* 1. Anregung *f*; 2. *(El)* Erregen *n*, Erregung *f* • **с незави́симым возбужде́нием** *(El)* fremderregt
~**/незави́симое** *(El)* Fremderregung *f*
~**/опти́ческое** optische Anregung *f (Laser)*
~**/со́бственное** *(El)* Eigenerregung *f*
~**/уда́рное** 1. *(El)* Stoßerregung *f*; 2. *(Ph)* Stoßanregung *f*
возбуждённый 1. angeregt; 2. *(El)* erregt
возведе́ние *n* Bau *m*, Errichtung *f (von Gebäuden)*
~ **в куб** *(Math)* Kubieren *n*, Kubierung *f*
~ **в сте́пень** *(Math)* Potenzieren *n*, Potenzierung *f*
возводи́ть в куб *(Math)* kubieren
~ **в сте́пень** *(Math)* potenzieren
возвра́т *m* 1. Rückführung *f*; Rücklauf *m*; Rückstellung *f*; 2. Rückkehr *f*, Zurückfahren *n (in die Ausgangsstellung)*; 3. Kristallerholung *f*
возвра́тно-поступа́тельный hin- und hergehend, vor- und rücklaufend
возвраща́емый *(Raumf)* Rückkehr..., wiederverwendbar
возвраща́ющий 1. Rückführ...; 2. Rückstell...
возвраще́ние *n* 1. Rückkehr *f*; 2. Rücksetzen *n (in die Ausgangsstellung)*; 3. Wiedergewinnung *f*; Wiederherstellung *f*
~ **в атмосфе́ру** *(Raumf)* Wiedereintritt *m* in die Atmosphäre
~ **на Зе́млю** *(Raumf)* Rückkehr *f* zur Erde
возвыше́ние *n* 1. Erhebung *f*; 2. Erhöhung *f*; 3. Höhe *f*; 4. *(Eb)* Überhöhung *f (der Gleise)*
возвы́шенность *f (Geol)* Anhöhe *f*, Höhe *f*
возго́н *m (Ch)* Sublimat *n*
возго́нка *f (Ch)* Sublimation *f*
возгоня́емый *(Ch)* sublimierbar
возгоня́ть *(Ch)* sublimieren
возгора́емость *f* Entzündbarkeit *f*, Entflammbarkeit *f*
возгора́емый entzündbar, entflammbar
возгора́ние *n* Entzündung *f*, Entflammung *f*
возде́йствие *n* 1. Einwirkung *f*, Wirkung *f*, Einfluss *m*; 2. Angriff *m*; 3. *(Reg)* Eingriff *m*
~**/возмуща́ющее** *(Reg)* Störeinwirkung *f*, Störgröße *f*
~**/задаю́щее** *(Reg)* Führungsgröße *f*
~**/регули́рующее** *(Reg)* Regel(ungs)einwirkung *f*, Stellgröße *f*
~**/случа́йное** *(Reg)* Zufallseinwirkung *f*
~**/управля́ющее** *(Reg)* 1. Steuerungs(ein)wirkung *f*; 2. Führungsgröße *f*; Stellgröße *f*
возде́йствовать einwirken
во́здух *m* Luft *f*; *(Bgb)* Wetter *pl*
~**/втори́чный** 1. Zweitluft *f*; 2. Falschluft *f (Feuerung)*
~**/жи́дкий** flüssige Luft *f*, Flüssigluft *f*
~**/отрабо́танный** 1. Abluft *f*; 2. *(Bgb)* verbrauchte Wetter *pl*, Abwetter *pl*
~**/охлажда́ющий** Kühlluft *f*
~**/перви́чный** *(Wmt)* Frischluft *f*, Primärluft *f*
~**/рудни́чный** *(Bgb)* Grubenwetter *pl*
~**/све́жий** *(Bgb)* frische Wetter *pl*
~**/сжа́тый** Druckluft *f*
воздухово́д *m* Luft(führungs)kanal *m*, Luftleitung *f*
воздуходу́вка *f* Gebläse *n*
~**/осева́я** Axialgebläse *n*, Turbogebläse *n*
~**/ротацио́нная** Umlaufkolbengebläse *n*, Drehkolbengebläse *n*

~/**центробе́жная** Kreiselgebläse *n*, Radialgebläse *n*
воздухозабо́рник *m* Lufteintritt *m*, Luftaufnahmestutzen *m*
воздухоме́р *m* Luftmengenmesser *m*
воздухонагрева́тель *m* Luftvorwärmer *m*, Luvo *m*
~/**до́менный** *(Met)* Winderhitzer *m*
воздухонепроница́емость *f* Luftundurchlässigkeit *f*, Luftdichtigkeit *f*
воздухонепроница́емый luftundurchlässig, luftdicht
воздухонесо́мый Tragluft..., luftgetragen
воздухоопо́рный Tragluft..., luftgetragen
воздухообме́н *m* Luftwechsel *m*
воздухоохлади́тель *m* Luftkühler *m*; *(Bgb)* Wetterkühler *m*
воздухоочисти́тель *m* Luftreiniger *m*; Luftfilter *n*
воздухопла́вание *n* Luftfahrt *f*
воздухоподгото́вка *f* Luftaufbereitung *f*
воздухоподогрева́тель *m* Luftvorwärmer *m*, Luvo *m*
воздухоподъёмник *m* Mammutpumpe *f*
воздухопрово́д *m* Luftleitung *f*, Windleitung *f*
воздухопроница́емость *f* Luftdurchlässigkeit *f*
воздухопроница́емый luftdurchlässig
возду́шно-сухо́й lufttrocken, luftgetrocknet
возду́шный Luft...
возмуще́ние *n* 1. *(Reg)* Störung *f*, Störgröße *f*; 2. *(Meteo, Astr)* Störung *f*
~/**атмосфе́рное** *(Meteo)* atmosphärische Störung *f*
возмущённый gestört
возника́ть entstehen, auftreten
возникнове́ние *n* Entstehung *f*, Entstehen *n*, Auftreten *n*
возобновле́ние *n* Erneuerung *f*, Regeneration *f*
во́зраст *m* Alter *n*
~ **нейтро́нов** *(Kern)* Fermi-Alter *n*, Neutronenalter *n*
возраста́ние *n* Ansteigen *n*, Anstieg *m*, Anwachsen *n*, Zunahme *f*
возраста́ть ansteigen, anwachsen, zunehmen
возраста́ющий ansteigend, wachsend, zunehmend
во́йлок *m* Filz *m*, Wollfilz *m*
~/**стекля́нный** Glaswolle *f*
вокза́л *m* Bahnhof *m*
~/**гла́вный** Hauptbahnhof *m*
~/**морско́й** Seebahnhof *m*
~/**речно́й** Flussbahnhof *m*
волк-маши́на *f* Reißwolf *m*
волна́ *f* Welle *f (s. a. unter* волны*)*
~/**бегу́щая** *(Eln)* Wanderwelle *f*
~/**блужда́ющая** Wanderwelle *f*
~/**взрывна́я** Explosionswelle *f*; *(Mil)* Detonationswelle *f*
~/**звукова́я** *(Ak)* Schallwelle *f*
~/**и́мпульсная** *(Mech)* Stoßwelle *f*
~/**незатуха́ющая** ungedämpfte Welle *f*
~/**несу́щая** *(Rf, Nrt)* Trägerwelle *f*
~/**основна́я** *(Rf)* Grundwelle *f*
~/**отражённая** *(Rf)* reflektierte Welle *f*
~/**па́дающая** *(Rf)* einfallende Welle *f*
~/**пове́рхностная** *(Rf)* Oberflächenwelle *f*, Bodenwelle *f*
~/**попере́чная** *(Ph)* Transversalwelle *f*, Querwelle *f*
~/**преде́льная** *(Rf)* Grenzwelle *f*
~/**продо́льная** *(Ph)* Longitudinalwelle *f*, Längswelle *f*
~/**сверхдли́нная** *(Ph)* Myriameterwelle *f*, Längstwelle *f*
~/**светова́я** *(Opt)* Lichtwelle *f*
~/**сейсми́ческая** *(Geoph)* seismische Welle *f*, Erdbebenwelle *f*
~/**стоя́чая** *(Ph)* stehende Welle *f*, Stehwelle *f*
~/**уда́рная** 1. Stoßwelle *f (Pulvermetallurgie)*; 2. *(Aero, Kern)* Druckwelle *f*
~/**ультразвукова́я** *(Ak)* Ultraschallwelle *f*
~/**упру́гая** *(Ph)* elastische Welle *f*
«волна́/зелённая» grüne Welle *f (Straßenverkehr)*
волне́ние *n* **(мо́ря)** *(Schiff)* Seegang *m*, See *f*
волни́стость *f* Welligkeit *f*
волни́стый gewellt, wellig, wellenförmig; *(Text)* gekräuselt, wellig *(Stoffe)*
волново́д *m (Eln)* Wellenleiter *m*; Hohlleiter *m*
волново́й Wellen...
волногра́ф *m* Wellen(linien)schreiber *m*, Ondograph *m*; *(Schiff)* Seegangschreiber *m*

волноло́м *m (Hydt)* Wellenbrecher *m (Küste)*; Strombrecher *m (Brückenbau)*
волноме́р *m* Wellenmesser *m*
волнообра́зный wellenförmig
волноотво́д *m (Schiff)* Wellenbrecher *m*
волноре́з *m s.* волнолом
во́лны *fpl* Wellen *fpl (s. a. unter* волна*)*
~/**дециметро́вые** *(Rf)* Dezimeterwellen *fpl*
~/**дли́нные** *(Rf)* Langwellen *fpl*
~/**коро́ткие** *(Rf)* Kurzwellen *fpl*
~/**метро́вые** *(Rf)* Meterwellen *fpl*
~/**миллиметро́вые** *(Rf)* Millimeterwellen *fpl*
~/**сантиметро́вые** *(Rf)* Zentimeterwellen *fpl*
~/**сре́дние** *(Rf)* Mittelwellen *fpl*
~/**ультракоро́ткие** *(Rf)* Ultrakurzwellen *fpl*
воло́ка *f (Wkz)* Ziehstein *m*, Ziehring *m*, Ziehdüse *f*
волокни́стый faserig, faserartig, Faser...
волокно́ *n* 1. Faser *f*, Naturfaser *f*; 2. Faserstoff *m*
~/**асбе́стовое** Asbestfaser *f*
~/**бикомпоне́нтное** Bikomponentenfaser *f*
~/**виско́зное** Viskosefaser *f*
~/**древе́сное** Holzfaser *f*
~/**иску́сственное** Chemiefaser *f* aus natürlichen Polymeren
~/**льняно́е** Flachsfaser *f*
~/**минера́льное** Mineralfaser *f*
~/**натура́льное** natürliche Faser *f*, Naturfaser *f*
~/**опти́ческое** *(Opt)* optische Faser *f*, Lichtwellenleiterfaser *f*, LWL-Faser *f*
~/**пенько́вое** Hanffaser *f*
~/**полиами́дное** Polyamidfaser *f*
~/**приро́дное** natürliche Faser *f*, Naturfaser *f*
~/**расти́тельное** pflanzliche Faser *f*, Pflanzenfaser *f*
~/**синтети́ческое** synthetische Faser *f*, Synthesefaser *f*
~/**стекля́нное** Glasfaser *f*
~/**тексти́льное** Textilfaser *f*
~/**хими́ческое** Chemiefaser *f*
~/**целлюло́зное** Cellulosefaser *f*
~/**шта́пельное** Stapelfaser *f*
волокноотдели́тель *m* Entkernungsmaschine *f*, Egreniermaschine *f (Baumwollentkörnung)*
волокноочисти́тель *m (Text)* Faserreinigungsmaschine *f*
воло́конно-опти́ческий faseroptisch, Licht(wellen)leiter...
воло́конный Faser...
волоку́ша *f (Lw)* Schleppe *f*
во́лос *m* Haar *n*
волосно́й haarfein, kapillar, Haar...
волосови́на *f (Wkst)* Haarriss *m*
волосо́к *m* 1. feines Band *n*, Bändchen *n*; 2. feine Spiralfeder *f (Unruh)*
волоче́ние *n (Umf)* Ziehen *n (Draht)*
~/**горя́чее** Warmziehen *n*
~/**то́нкое** Feindrahtziehen *n*
~/**холо́дное** Kaltziehen *n*
волочи́ть *(Umf)* ziehen *(Draht)*
волчо́к *m* 1. *(Text)* Wolf *m*, Reißwolf *m*
вольт *m (El)* Volt *n*, V *(Einheit der elektrischen Spannung)*
вольта́метр *m (El)* Voltameter *n*
вольт-ампе́р *m (El)* Voltampere *n*, VA *(Einheit der Scheinleistung)*
~/**реакти́вный** *(El)* Watt *n* Blindleistung, Var *n*, var *(Einheit der Blindleistung)*
вольтме́тр *m (El)* Voltmeter *n*, Spannungsmesser *m*
~/**цифрово́й** Digitalvoltmeter *n*, Digitalspannungsmesser *m*
вольтомме́тр *m (El)* Volt-Ohm-Meter *n*, Widerstands- und Spannungsmesser *m*
вольт-секу́нда *f s.* вебер
вольфра́м *m (Ch)* Wolfram *n*, W
вольфрамовоки́слый *(Ch)* ...wolframat *n*; wolframsauer
вольфра́мовый Wolfram...
волюметри́ческий volumetrisch
волюмо́метр *m* Volumometer *n*
вооруже́ние *n* 1. Ausrüstung *f*; 2. *(Schiff)* Takelung *f*
вороне́ние *n (Met)* Brünieren *n*, Brünierung *f (von Stahl)*
воронёный brüniert *(Stahl)*
ворони́ть brünieren *(Stahl)*
воро́нка *f* 1. Trichter *m*; 2. *(Geol)* Krater *m*
~/**загру́зочная** Fülltrichter *m*, Beschickungstrichter *m*, Aufgabetrichter *m*

~/**литнико́вая** *(Gieß)* Gießtrichter *m*
~/**пита́ющая** Aufgabetrichter *m*
~/**прова́льная** *(Geol)* Einsturztrichter *m*, Einsturzschlot *m*
~/**разгру́зочная** Auslasstrichter *m*
воронкообра́зный trichterförmig, Trichter...
во́рот *m* 1. *(Förd)* Winde *f*, Hebewinde *f*, Haspel *f(m)*; 2. *(Meteo)* Kragen *m*
воро́та *pl (Bw, Hydt)* Tor *n*; *(Schiff)* Klappe *f*
~/**кормовы́е** *(Schiff)* Heckklappe *f*
~/**носовы́е** *(Schiff)* Bugklappe *f*
~/**шлюзовы́е** Schleusentor *n*
вороток *m (Wkz)* Windeisen *n*
вороши́тель *m (Lw)* Wender *m (für die Heuwerbung)*, Heuwender *m*
вороши́ть *(Lw)* wenden *(Heu)*
ворсова́ние *n (Text)* Rauen *n*
ворсова́ть *(Text)* rauen *n*
во́рсовый *(Text)* Flor...
воск *m* Wachs *n*
~/**го́рный** *s.* озокерит
~/**пчели́ный** Bienenwachs *n*
воспламене́ние *n* Entzünden *n*, Entflammen *n*
воспламени́тель *m s.* взрыватель
воспламеня́емость *f* Entzündbarkeit *f*, Entflammbarkeit *f*
воспламеня́емый entzündbar, entflammbar
воспламеня́ть (ent)zünden, entflammen
восприи́мчивость *f* 1. Aufnahmefähigkeit *f*; 2. *(El)* Suszeptibilität *f*
~/**диэлектри́ческая** dielektrische Suszeptibilität *f*
~/**магни́тная** magnetische Suszeptibilität *f*
воспринима́ть wahrnehmen
восприя́тие *n* 1. Aufnahme *f (von Kräften, Lasten)*; 2. Wahrnehmung *f*, Empfindung *f*
воспроизведе́ние *n* Reproduktion *f*, Nachbildung *f*, Wiedergabe *f*
воспроизводи́мость *f* Reproduzierbarkeit *f*
воспроизводи́мый reproduzierbar
воспроизводи́ть 1. wiedergeben; 2. wiederholen; 3. reproduzieren, nachbilden
восстана́вливать 1. regenerieren; wieder herstellen; 2. *(Ch)* reduzieren
восста́ние *n (Bgb, Geol)* Ansteigen *n*
восстанови́тель *m (Ch)* Desoxidationsmittel *n*, Reduktionsmittel *n*
восстанови́тельный *(Ch)* reduzierend, Reduktions...
восстановле́ние *n* 1. Wiederherstellung *f*; 2. *(Ch)* Reduktion *f*; 3. *(Met)* Frischen *n (Blei)*; 4. *(Inf)* Regeneration *f*, Rückspeichern *n*; 5. *(Bgb)* Aufgewältigen *n*; 6. *(Bw)* Wiederaufbau *m*; 7. *(Eln)* Erholung *f*
восстаю́щий *(Bgb)* schwebend
восстаю́щий *m (Bgb)* Überhauen *n*, Aufhauen *n*
восто́к *m* Ost; Osten *m*
восто́чный Ost..., östlich
восхо́д *m* Aufgang *m*, Aufgehen *n (eines Himmelskörpers)*
восходя́щий 1. (auf)steigend, hochsteigend; 2. *(Bgb)* ausziehend *(Wetterstrom)*; 3. *(Bgb)* schwebend *(Abbauführung)*; 4. *(Astr)* aufgehend *(Himmelskörper)*
восьмери́чный oktal
восьмиа́томный *(Ch)* achtatomig *(s. a.* восьмивалентный*)*
восьмивале́нтный *(Ch)* achtwertig, oktavalent
восьмигра́нник *m* 1. *(Krist)* Achtflächner *m*, Oktaeder *n*; 2. *(Wlz)* Achtkant *m*
восьмигра́нный *(Krist)* achtflächig, oktaedrisch
восьмипо́люсник *m (El)* Achtpol *m*
восьмипо́люсный *(El)* achtpolig
восьмиразря́дный *(Inf)* 8-Bit-..., achtstellig
восьмиуго́льник *m (Math)* Achteck *n*, Oktogon *n*
восьмиуго́льный achteckig, oktogonal
впа́дина *f* 1. *(Geol)* Senke *f*, Senkung *f*, Bodensenkung *f*, Einsenkung *f*; Graben *m*, Tiefseegraben *m*; 2. Höhlung *f*, Aushöhlung *f*; Vertiefung *f*; 3. *(Masch)* Lücke *f (eines Zahnrades)*
впа́ивание *n* Einlöten *n*, Einlötung *f*; Einschmelzen *n (der Glühlampendrähte)*
впа́ивать einlöten; einschmelzen *(Glühlampendrähte)*
впай *m* Einlötstelle *f*; Einschmelzstelle *f*
впа́янный eingelötet; eingeschmolzen

впи́санный *(Math)* einbeschrieben *(Kreis)*
впи́тывание *n* 1. Aufsaugen *n*, Einsaugen *n*; 2. *(Typ)* Wegschlagen *n (Farbe)*
вприты́к 1. *(Schw)* stumpf; 2. *(Bw)* auf Stoß, Stoß...
впрыск *m* 1. *(Kfz)* Einspritzung *f (von Brennstoff in einen Verbrennungsraum)*; 2. *(Kst)* Schuss *m (beim Spritzgießen)*
~/**непосре́дственный** Direkteinspritzung *f*
впры́скивание *n* Einspritzung *f*
впуск *m* Einlass *m*, Einlassen *n*, Einströmen *n (von Gasen)*; Einlass *m*, Einlauf *m (von Flüssigkeiten)*
впуска́ть einlassen, einleiten
вразбе́жку *(Bw)* verschränkt, versetzt, auf Lücke
вразря́дку mit Zwischenräumen
враща́тельный Dreh..., Umlauf..., Rotations...
враща́ть drehen, in Drehung versetzen
враща́ться sich drehen, umlaufen, rotieren; schwenken
враща́ющийся sich drehend, umlaufend, rotierend; schwenkbar, drehbar
враще́ние *n* 1. Drehen *n*, Drehung *f*; 2. Umdrehung *f*, Rotation *f*
~/**встре́чное** Gegendrehung *f*, Gegenlauf *m*
~ **Земли́** Erdrotation *f*
~/**ле́вое** Linksdrehung *f*, Linkslauf *m*
~/**молекуля́рное** 1. *(Kern)* Molekülrotation *f*; 2. *(Opt)* molekulares Drehvermögen *n*
~ **по часово́й стре́лке** Drehung *f* im Uhrzeigersinn
~/**пра́вое** Rechtsdrehung *f*, Rechtslauf *m*
~ **про́тив часово́й стре́лки** Drehung *f* entgegen dem Uhrzeigersinn
~/**со́бственное** Eigenrotation *f*
ВРД *m s.* двигатель/воздушно-реактивный
вреди́тель *m (Lw)* Schädling *m*
вре́дность *f* Schädlichkeit *f*
вре́дный schädlich
вреза́ние *n (Fert)* Anschnitt *m*, Einschneiden *n*; *(Fert)* Einstechen *n*
вреза́ть einschneiden
вреза́ться *(Fert)* anschneiden, einschneiden; *(Fert)* einstechen
временно́й zeitlich, Zeit...
вре́менный zeitweilig, vorübergehend, vorläufig, provisorisch
вре́мя *n* Zeit *f*
~ **вво́да** *(Inf)* Eingabezeit *f*
~ **восстановле́ния** 1. Wiederherstellungszeit *f*; 2. *(Eln)* Erhol(ungs)zeit *f*
~/**восточноевропе́йское** osteuropäische Zeit *f*
~/**всеми́рное** Weltzeit *f*, UT *f*, WZ *f*
~/**вспомога́тельное** Hilfszeit *f*
~ **вы́борки** *(Inf)* Zugriffszeit *f*
~ **вы́держки** *(Met)* Verweilzeit *f*; Haltezeit *f (der Schmelze)*
~ **выполне́ния** *(Inf)* Ausführungszeit *f*
~ **вычисле́ния** Rechenzeit *f*
~/**гри́нвичское** Greenwicher Zeit *f*
~/**декре́тное** Normalzeit *f*
~ **до́ступа** *(Inf)* Zugriffszeit *f*
~ **заде́ржки** Verzögerungszeit *f*, Verzugszeit *f*; Laufzeit *f*
~ **запа́здывания** Verzögerungszeit *f*, Verzugszeit *f*; Laufzeit *f*; *(Reg)* Totzeit *f*
~/**звёздное** *(Astr)* Sternzeit *f*, siderische Zeit *f*
~/**ле́тнее** Sommerzeit *f*
~/**маши́нное** Maschinenzeit *f*; Rechnerzeit *f*
~/**ме́стное** Ortszeit *f*
~ **нала́дки** *(Wkzm)* Rüstzeit *f*
~/**нерабо́чее** Stillstandszeit *f*
~ **оборо́та** *(Eb)* Umlaufzeit *f (der Wagen)*
~ **обраще́ния** *(Inf)* Zugriffszeit *f*
~ **обслу́живания** Wartungszeit *f*
~ **ожида́ния** Wartezeit *f*
~/**основно́е** *(Fert)* Grundzeit *f*
~/**подготови́тельное** Vorbereitungszeit *f*
~ **по́иска** *(Inf)* Suchzeit *f*
~ **пролёта** *(Eln)* Laufzeit *f*
~ **просто́я** Stillstandszeit *f*; Ausfallzeit *f*; Leerlaufzeit *f*
~ **прохожде́ния** Laufzeit *f (eines Signals)*
~/**рабо́чее** Arbeitszeit *f*, Betriebszeit *f*
~ **разго́на** Hochlaufzeit *f*, Anlaufzeit *f*, Anfahrdauer *f (s. a. ~* ускорения*)*
~/**реа́льное** *(Inf)* Realzeit *f*, Echtzeit *f*
~ **сраба́тывания** *(Reg)* Ansprechzeit *f*
~/**среднеевропе́йское** mitteleuropäische Zeit *f*, MEZ *f*

~ **ускоре́ния** Beschleunigungszeit *f*, Beschleunigungsdauer *f*
~ **экспони́рования** *(Photo)* Belichtungszeit *f*, Belichtungsdauer *f*
вруб *m (Bgb)* 1. Schram *m (Schrämarbeit)*; 2. Einbruch *m (Sprengarbeit)*
~/**воронкообра́зный** Trichtereinbruch *m*, Kegeleinbruch *m*
~/**щелево́й** Schlitzeinbruch *m*
вруба́ть einkerben
вру́бка *f* Kerbe *f*
вру́бовый *(Bgb)* 1. Schräm...; 2. Einbruchs...
вручну́ю von Hand, manuell
вса́сывание *n* Einsaugen *n*, Ansaugen *n*, Saugen *n*
вса́сывать (ein)saugen *n*, ansaugen
всево́лновый *(Rf)* Allwellen...
вседиапазо́нный *(Rf)* Allbereich(s)...
вселе́нная *f* Weltall *n*, Kosmos *m*, Universum *n*, All *n*
всенапра́вленный rundstrahlend, Rundstrahl...
всепого́дный Allwetter...
вскрыва́ть 1. öffnen; 2. aufdecken; 3. *(Bgb)* aufschließen, erschließen *(Lagerstätten)*
вскры́тие *n* 1. Öffnen *n*; 2. *(Bgb)* Aufschluss *m*, Erschließung *f (einer Lagerstätte)*
вскры́ша *f (Bgb)* Abraum *m*
вскрышно́й *(Bgb)* Abraum...
вспе́ненный verschäumt, aufgeschäumt
вспе́нивание *n* Aufschäumen *n*, Schäumen *n*
вспе́ниватель *m* Schaumbildner *m*, Schaumerzeuger *m*
вспе́ниваться schäumen; aufschäumen
всплеск *m* Eruption *f*, Ausbruch *m*
~ **радиоизлуче́ния** *(Astr)* Radiostrahlungsausbruch *m*, Burst *m (der Sonne)*
всплы́тие *n* Auftauchen *n (eines U-Bootes)*
вспомога́тельный Hilfs..., Behelfs..., Neben...
вспу́чивание *n* 1. Blähen *n*, Aufblähen *n*; 2. Aufquellen *n*; 3. Schwellen *n*, Schwellung *f*, Anschwellen *n*, Anschwellung *f*
вспы́хивать aufflammen; aufblitzen
вспы́шка *f* 1. Aufflammen *n*, Auflodern *n*; Aufblitzen *n (eines Lichtbogens)*; Aufleuchten *n*; 2. Verpuffung *f (von Staubgemischen)*; 3. Zündung *f*; 4. *(Photo)* Blitz *m*
~/**дугова́я** *(El)* Lichtbogenzündung *f*
~/**ла́зерная** Laserblitz *m*
~/**обра́тная** *(Kfz)* Rückzündung *f*
~/**преждевре́менная** *(Kfz)* Frühzündung *f*
~/**со́лнечная** Sonneneruption *f*, Flare *m(n)*
~/**электро́нная** *(Photo)* Elektronenblitz *m*
вста́вка *f* 1. Einsetzen *n*; Einstellen *n*; Einstecken *n*; Einfügen *n*; 2. Einsatz *m*, Einsatzstück *n*
~/**пла́вкая** *(El)* Schmelzeinsatz *m (Sicherung)*
вста́вленный eingesetzt
вставля́ть einsetzen; einfügen; einstellen; einstecken
вставно́й 1. eingesetzt; eingefügt; 2. einsetzbar, einsteckbar, Einsatz..., Steck...
встра́ивание *n* Einbau *m*, Einbauen *n*
встре́ча *f* 1. Begegnung *f*, Treffen *n*, Zusammentreffen *n*; 2. *(Raumf)* Rendezvous *n*
встре́чно-паралле́льный antiparallel
встре́чный gegenläufig; Gegen...
встро́енный eingebaut, Einbau...
встря́хиватель *m* Rüttelvorrichtung *f*, Rüttler *m*
встря́хивать rütteln
вступа́ть в эксплуата́цию den Betrieb aufnehmen
встык *(Schw)* stumpf, auf Stoß
ВТ *f s.* техника/вычислительная
Вт *s.* ватт
Вт • с *s.* джоул
втори́чный sekundär, Sekundär...
вторсырьё *n* Altmaterial *n*
вту́лка *f (Masch)* 1. Büchse *f*, Hülse *f*; 2. Nabe *f*; 3. Muffe *f*; 4. Futter *n*; Einsatz *m*
~/**изоляцио́нная** Isolierhülse *f*, Isolierbuchse *f*
~ **колеса́** Radnabe *f*
~/**направля́ющая** Führungsbuchse *f*; Führungshülse *f*
~/**опо́рная** Lagerbuchse *f*

~/**перехо́дная** Reduzierbuchse *f*, Reduzierhülse *f*
~/**разрезна́я** Schlitzbuchse *f*, Schlitzhülse *f*; *(Wkzm)* Spannbuchse *f*
~/**распо́рная** Abstandsbuchse *f*, Distanzbuchse *f*
~/**у́шная** Ohrpassstück *n (von Hörgeräten)*
втя́гивать 1. einziehen, hereinziehen; 2. anziehen *(z. B. Relais)*
втя́жка *(Typ)* Einzug *m*
ВУ *n s.* 1. устройство/внешнее; 2. устройство/вычислительное
вуали́рование *n (Photo)* Schleierbildung *f*
вуа́ль *f (Photo)* Schleier *m*
вулка́н *m (Geol)* Vulkan *m*
~/**де́йствующий** tätiger Vulkan *m*
~/**поту́хший** erloschener Vulkan *m*
вулканиза́т *m (Gum)* Vulkanisat *n*
вулканиза́тор *m (Gum)* 1. Vulkanisator *m*, Vulkanisationsapparat *m*; 2. Vulkanisationsagens *n*, Vulkanisationsmittel *n*
вулканиза́ция *f (Gum)* Vulkanisieren *n*, Vulkanisation *f*
вулканизи́ровать *(Gum)* vulkanisieren
вулкани́зм *m* Vulkanismus *m*
вулкани́ческий vulkanisch, Vulkan...
вулканоло́гия *f* Vulkanologie *f*
вход *m* 1. Eingang *m*; Eingangsseite *f*; 2. Eintritt *m*, Einlauf *m*; 3. *(Inf)* Eingabe *f*; 4. *(Wlz)* Stich *m*, Einstich *m (Walzgerüst)*
входи́ть hineingehen; eintreten
~ **в зацепле́ние** *(Masch)* in Eingriff kommen [treten]
входно́й Eingangs..., eingangsseitig
вхожде́ние *n* Eintreten *n*, Eintritt *m*
~ **в синхрони́зм** *(El)* Intrittfallen *n*
вхолосту́ю im Leerlauf, ohne Last
ВЦ *m s.* центр/вычислительный
ВЧ *f* частота/высокая
ВЧ-... *s.* 1. высокочастотный; 2. высокочувствительный
въезд *m* 1. Auffahrt *f*; 2. Einfahrt *f*
~ **на автостра́ду** Autobahnauffahrt *f*
~/**накло́нный** *(Eb)* Rampe *f*
вы́бег *m* 1. Auslauf *m (einer Maschine nach Abstellen des Antriebs)*; 2. Auslaufstrecke *f*
выбива́ние *n* 1. Herausschlagen *n*, Ausschlagen *n*; 2. *(Kern)* Auslösen *n*, Auslösung *f (von Teilchen)*; 3. *(Bgb)* Rauben *n (des Ausbaus)*
выбива́ть 1. (her)ausschlagen; 2. *(Kern)* auslösen *(Teilchen)*; 3. *(Bgb)* rauben *(Ausbau)*
выбира́ть 1. (aus)wählen; 2. auslesen, aussondern; 3. *(Bgb)* (aus)klauben; 4. *(Schiff)* (ein)holen, dichtholen, hieven *(Trosse, Ankerkette)*; einholen *(Netze)*
вы́боина *f* 1. *(Bw)* Aushöhlung *f*, Vertiefung *f*; 2. Schlagloch *n (einer Straße)*
вы́бор *m* 1. Wahl *f*; Auswahl *f*; 2. *(Nrt)* Anwahl *f*
~ **маршру́та** *(Flg, Schiff)* Routenwahl *f*, Routing *n*
вы́борка *f* 1. Auswählen *n*, Auswahl *f*; 2. Stichprobe *f*; 3. *(Bgb)* Ausklauben *n*, Klauben *n*; 4. *(Inf)* Zugriff *m*, Abruf *m*; 5. *(Schiff)* Einholen *n*, Aufholen *n*, Holen *n*, Hieven *n (Ankerketten, Netze)*
~ **да́нных** *(Inf)* Datenanwahl *f*, Datenzugriff *m*
~ **информа́ции** *(Inf)* Informationsauswahl *f*
~ **кома́нды** *(Inf)* Befehlsaufruf *m*
~/**многокра́тная** *(Inf)* Mehrfachzugriff *m*, Vielfachzugriff *m*
~/**после́довательная** *(Inf)* sequentieller Zugriff *m*
~/**произво́льная** *(Inf)* wahlfreier Zugriff *m*
~/**страни́чная** *(Inf)* Seitenzugriff *m*
выбра́живание *n (Ch)* Vergären *n*, Vergärung *f*
выбра́живать *(Ch)* vergären
выбра́сывание *n* Auswerfen *n*, Ausstoßen *n*; Spucken *n (Dampfkessel)*
выбра́сыватель *m* Auswerfer *m*
выбра́сывать auswerfen, herausschleudern, ausstoßen
вы́брос *m* 1. Auswurf *m (z. B. von Metall aus dem Konverter)*; Ausbruch *m (von Gas)*; 2. *(El)* Stoß *m*, Impuls *m*; 3. *(Rad)* Zacken *m*; 4. *(Mess)* Ausreißer *m*; 5. *(Ökol)* Emission *f (von Gasen; s. a. unter* выбросы*)*
~ **вре́дных веще́ств** *(Ökol)* Schadstoffemission *f*
~/**преде́льно допусти́мый** *(Ökol)* zulässige Emission *f*
~ **пы́ли** *(Ökol)* Staubemission *f*

выбросы *mpl*/**промышленные** *(Ökol)* Industrieabgase *npl*
~ **системы выпуска** *(Kfz, Ökol)* Auspuffemission *f*
выведение *n* 1. Herausführen *n*, Hinausführen *n*; 2. Entfernen *n (Flecken)*
выверка *f* Ausrichten *n*, Ausrichtung *f*; Justieren *n*, Justierung *f*; Einstellung *f*
~/**точная** Feineinstellung *f*
выверять ausrichten; justieren; einstellen
выветренный 1. gelüftet; 2. *(Geol)* verwittert
выветривание *n (Geol)* Verwitterung *f*
выветриваться *(Geol)* verwittern
вывинчивание *n* Herausschrauben *n*
вывинчивать herausschrauben
вывод *m* 1. Herausführen *n*; Ableiten *n*, Ableitung *f (von Gasen ins Freie)*; 2. *(El)* Herausführung *f*, Ausführungsdraht *m*; Anschluss *m*; Klemme *f*; Anschlussdraht *m*; 3. Auslassleitung *f*; 4. *(Math)* Folgesatz *m*; Herleitung *f (einer Formel)*; 5. *(Inf)* Ausgabe *f*, Output *m (von Daten)*
~ **данных** Datenausgabe *f*
~/**дистанционный** *(Inf)* Fernausgabe *f*
~ **коллектора** *(Halb)* Kollektoranschluss *m*
~/**проволочный** *(El)* Drahtanschluss *m*
~/**столбиковый** *(Eln)* Bondhügel *m*
выводить 1. herausführen; ableiten *(z. B. Gase ins Freie)*; 2. *(El)* abschalten, ausschalten; 3. *(Math)* ableiten *(eine Formel)*; 4. ausgeben *(Daten)*; 5. *(Flg)* abfangen; 6. *(Kern)* auslenken *(Teilchen)*
~ **из зацепления** *(Masch)* ausrücken *(Zahnradpaar)*
~ **из строя** außer Betrieb setzen, ausschalten
вывоз *m* Ausfuhr *f*, Export *m*
выгиб *m* 1. Krümmung *f*; Biegung *f*; 2. *(Fert)* Abkröpfung *f*
выгибание *n* Ausbiegen *n*, Ausbiegung *f*
выгибать ausbiegen
выглаживание *n* 1. Glätten *n*; 2. *(Text)* Mangeln *n*; 3. *(Text)* Ausbügeln *n*; 4. *(Eln)* Feinschleifen *n*, Polieren *n (Scheibenherstellung)*
выгодность *f* Vorteilhaftigkeit *f*
выгонка *f (Typ)* Ausbringen *n (Zeilen)*
выгорание *n* 1. *(Met)* Ausbrennen *n*, Abbrennen *n*; 2. *(Met)* Abbrand *m*, Abbrandverlust *m*; 3. *(Kern)* Abbrand *m*
выгорать 1. *(Met)* ausbrennen, abbrennen; 2. *(Met)* (aus)seigern
выгреб *m* Fäkaliengrube *f*; Abfallgrube *f*
выгребать 1. ausleeren; 2. ziehen *(Asche, Schlacke)*; 3. *(Met)* ausbrechen *(Schlacke)*
выгружатель *m* Entlader *m*, Entladevorrichtung *f*
~/**траншейный** Grabenräumer *m*
выгружать entladen, ausladen, abladen *(Fahrzeuge)*; löschen *(Schiffe)*; entnehmen, entleeren; abführen *(Teile)*
выдавать (aus)liefern; ausgeben *(z. B. Daten)*
выдавливание *n* 1. Verdrückung *f*; 2. Ausdrücken *n*, Auspressen *n*; 3. *(Umf)* Pressen *n*; 4. *(Umf)* Fließpressen *n*
выдавливать ausdrücken, auspressen, extrudieren
выдалбливать 1. aushöhlen; 2. auskehlen
выдача *f* 1. Auslieferung *f*; Ausgabe *f*; 2. *(Bgb)* Austrag *m*; Förderung *f*; 3. Abgabe *f (z. B. von Energie)*
выдвигать 1. *(Fert)* vorschieben; 2. *(Masch)* ausfahren *(z. B. den Arm eines Roboters)*; 3. ausfahren *(eine Antenne)*
выдвижной ausfahrbar *(Antennen)*; ausschiebbar, Teleskop...
выделение *n* 1. Abscheiden *n*, Absondern *n*; 2. *(Ch)* Freiwerden *n (von Gasen)*; Freisetzen *n*; 3. *(El)* Trennen *n*, Abtrennen *n (Signale)*; 4. *(Met)* Abtreiben *(NE-Metalle)*
~ **сигнала** *(El)* Signaltrennung *f*
~ **тепла** Wärmeentwicklung *f*, Wärmeabgabe *f*
~ **цвета** *(Typ)* Farbauszug *m*
~ **энергии** Energiefreisetzung *f*, Energieabgabe *f*
выделять 1. abscheiden, absondern, ausscheiden; 2. *(Ch)* freiwerden *(Gase)*; freisetzen; entbinden *(Gase)*; 3. *(El)* (ab)trennen *(Signale)*; 4. *(Met)* (ab)treiben *(NE-Metalle)*
выдерживать 1. aushalten, standhalten; 2. lagern lassen, ablagern *(Bier)*; 3. *(Met)* halten, abstehen lassen *(eine*

Schmelze); 4. *(Met)* durchweichen *(Stahl im Tiegelofen)*; 5. *(Gieß)* reifen lassen *(Formstoff)*
вы́держка *f* 1. *(Met)* Halten *n*, Haltezeit *f*, Abstehenlassen *(der Schmelze)*; 2. *(Wlz, Härt)* Durchweichen *n (Blöcke im Ofen)*; 3. *(Gieß)* Lagern *n*, Ablagern *n (Formstoffe)*; 4. *(Lebm)* Ablagerung *f*; Schulung *f (von Wein)*; 5. *(Brau)* Lagerzeit *f (von Bier)*; 6. *(Kern)* Brennzeit *f*; 7. *(Photo)* Belichtungszeit *f*
~ **вре́мени** Zeitverzögerung *f*
выдува́ть 1. herausblasen; ausblasen; 2. *(Met)* niederblasen, ausblasen *(z. B. einen Hochofen)*; 3. blasen *(Glas)*
вы́езд *m* Ausfahrt *f*
~ **с автостра́ды** Autobahnausfahrt *f*
вы́емка *f* 1. Aushöhlung *f*, Aussparung *f*, Lücke *f*; Einschnitt *m*; Auskehlung *f*; 2. *(Bgb)* Abbau *m*; Verhieb *m*, Verhau *m (s. a. unter* выработка 3. *und* разработка*)*; 3. *(Bw)* Ausheben *n*, Aushub *m*, Abtrag *n (von Erdreich)*; 4. *(Gieß)* Ziehen *n (Modelle)*
выжива́емость *f* Überlebensfähigkeit *f*; *(Kern)* Überlebensrate *f*
выжига́ние *n* 1. *(Met)* Ausbrennen *n*, Herausbrennen *n*, Ausschmelzung *n*; 2. *(Gieß)* Brennputzen *n*
выжига́ть 1. *(Met)* (heraus)brennen, (her)ausschmelzen; 2. *(Gieß)* brennputzen
выжима́ние *n* Ausquetschen *n*, Ausdrücken *n*, Auspressen *n*
выжима́ть ausquetschen, ausdrücken, auspressen
вы́зов *m* 1. *(Nrt)* Ruf *m*, Anruf *m*; 2. *(Inf)* Abruf *m*, Aufruf *m*, Ruf *m*
~ **абоне́нта** *(Nrt)* Teilnehmerruf *m*
~/**избира́тельный** *(Nrt)* Selektivruf *m*
~ **програ́ммы** *(Inf)* Programmaufruf *m*
~ **систе́мы** *(Inf)* Systemaufruf *m*
~ **фу́нкции** *(Inf)* Funktionsaufruf *m*
вызыва́ть 1. herbeirufen; hervorrufen; 2. *(Nrt)* (an)rufen; 3. *(Inf)* abrufen; aufrufen
вы́катка *f (Wlz)* Auswalzen *n*
вы́катывать *(Wlz)* auswalzen
выка́чивание *n* Auspumpen *n*
выка́чивать auspumpen *n*
выкла́дывать 1. auslegen; ausbreiten; 2. *(Bw)* auslegen
~ **кирпичо́м** *(Bw)* ausmauern
выключа́тель *m (El)* Ausschalter *m*, Schalter *m*, Leistungsschalter *m (s. a. unter* переключатель*)*
~/**авари́йный** Not(aus)schalter *m*
~/**автомати́ческий** Selbstausschalter *m*
~/**ва́куумный** Vakuumschalter *m*
~/**возду́шный** Luftschalter *m*
~/**вытяжно́й** Zugschalter *m*
~/**гла́вный** Hauptschalter *m*
~/**дистанцио́нный** Fernschalter *m*
~/**заземля́ющий** Erdungsschalter *m*
~/**защи́тный** Schutzschalter *m*
~/**кла́вишный** Drucktastenschalter *m*, Tastenschalter *m*
~/**кно́почный** Druck(knopf)schalter *m*
~/**кома́ндный** Befehlsschalter *m*
~/**концево́й** End(aus)schalter *m*
~/**ма́сляный** Ölschalter *m*
~ **нагру́зки** Lastschalter *m*
~/**ограничи́тельный** Grenzschalter *m*
~/**педа́льный** Fußschalter *m*
~/**перекидно́й** Kippschalter *m*
~/**поворо́тный** Drehschalter *m*
~/**подвесно́й** Zugschalter *m*
~/**поро́говый** Schwellwertschalter *m*
~/**предохрани́тельный** Sicherheitsschalter *m*
~/**пусково́й** Anlassschalter *m*
~/**сенсо́рный** Berührungsschalter *m*
~/**сетево́й** Netzschalter *m*
~/**силово́й** Energieschalter *m*, Leistungsschalter *m*
~/**стенно́й** Wandschalter *m*
~/**тормозно́й** Bremsschalter *m*
~/**центробе́жный** Fliehkraftschalter *m*
выключа́ть 1. *(El)* ausschalten, abschalten; 2. *(Masch)* ausrücken, auskuppeln, abstellen; absperren *(Ventil)*; 3. *(Typ)* ausschließen *(eine Zeile)*
выключе́ние *n* 1. *(El)* Ausschaltung *f*, Abschaltung *f*, Abschalten *n*; 2. *(Masch)* Ausrücken *n*, Auskuppeln *n*, Abstellen *n*; Absperren *n (eines Ventils)*; 3. *(Typ)* Ausschließen *n (einer Zeile)*
~/**авари́йное** *(El)* Notausschaltung *f*
~/**дистанцио́нное** *(El)* Fernausschaltung *f*
вы́ключенный 1. ausgeschaltet, abgeschaltet; 2. abgestellt

«вы́ключено» „Aus“, „Ausgeschaltet“ *(Schalterstellung)*
выкра́шивание *n* 1. Ausbröckeln *n*, Abbröckeln *n*; 2. *(Wkz)* Auskolken *n* *(der Drehmeißelschneide)*
выкра́шиваться 1. (aus)bröckeln, abbröckeln; 2. *(Wkz)* auskolken *(Drehmeißelschneide)*
вы́кружка *f* 1. *(Bw)* Auskehlung *f*, Kehle *f*; 2. Rundung *f*, Ausrundung *f*
выкрыва́ние *n (Bw)* Auslegen *n*, Belegen *n*
вылёживать ablagern, altern lassen; *(Gieß)* ausreifen *(Formstoff)*; *(Ker)* mauken
вы́лет *m* 1. Ausladung *f*, Auskragung *f*, Überhang *m*; 2. Ausschlag *m*; 3. Austritt *m (von Elektronen)*; 4. *(Flg)* Start *m*, Abflug *m*
вылета́ть 1. *(Flg)* starten; 2. *(Kern)* austreten *(Teilchen)*
вылива́ть ausgießen, ausschütten
вымеря́ть ausmessen, abmessen
вымола́чивать (aus)dreschen *(Getreide)*
вы́молот *m (Lw)* Ausdrusch *m*
вымора́живание *n* Ausfrieren *n*
вымора́живать ausfrieren
вымыва́ние *n* 1. *(Geol)* Auswaschung *f*, Auswaschen *n*; Ausschwemmen *n*; 2. *(Ch)* Eluieren *n*, Elution *f*
вымыва́ть 1. *(Geol)* auswaschen; ausschwemmen; 2. *(Ch)* eluieren
вынима́ть 1. herausnehmen; 2. *(Bgb)* gewinnen, abbauen; 3. ausheben *(Erdreich)*
вы́нос *m s.* вылет 1.
выноси́ть 1. mitreißen; 2. *(Bgb)* austragen *(Bohrklein)*
выно́сливость *f (Wkst)* Dauer(schwing)festigkeit *f*, Schwingfestigkeit *f*
выно́сливый widerstandsfähig
вы́нужденный erzwungen, zwangsläufig
выпаде́ние *n* 1. Herausfallen *n*; Ausfall *m*; 2. *(Ch)* Ausfallen *n*, Niederschlagen *n*
~ **зна́ков** *(Inf)* Dropout *m*
~ **из синхрони́зма** Außertrittfallen *n* *(Maschinen)*
вы́пар *m* Brüden *m*, Wrasen *m*
выпа́ривание *n* 1. Eindampfen *n*, Verdampfen *n*; 2. Abdampfen *n*, Eindicken *n*
выпа́ривать 1. eindampfen, verdampfen; 2. abdampfen, eindicken
вы́плавка *f (Met)* 1. Schmelzen *n*, Verhütten *n*, Verhüttung *f*; 2. Gewinnung *f (durch Schmelzen)*; 3. Schmelzertrag *m*
~ **ста́ли** Stahlschmelzen *n*
~ **чугуна́** Roheisenverhüttung *f*
выплавле́ние *n (Met)* Ausschmelzen *n*, Niederschmelzen *n*
выплавля́ть *(Met)* 1. (er)schmelzen, verhütten; 2. gewinnen *(durch Schmelzen)*; 3. ausschmelzen
выполне́ние *n* Ausführung *f*, Abarbeitung *f (z. B. von Programmen)*
~ **кома́нд** *(Inf)* Befehlsausführung *f*
~ **опера́ций** *(Inf)* Operationsablauf *m*
~ **програ́ммы** *(Inf)* Programmausführung *f*
выполня́ть ausführen
вы́пор *m (Gieß)* 1. Luftloch *n*, Pfeife *f*; 2. Steiger *m*, Steigetrichter *m*
выпотева́ние *n (Met)* 1. Ausschwitzen *n*; 2. Ausseigern *n (Zinn)*
выпотева́ть *(Met)* 1. ausschwitzen; 2. ausseigern *(Zinn)*
вы́правка *f* Ausrichten *n (Gleise)*
выпрями́тель *m (El)* Gleichrichter *m*
~/**высоково́льтный** Hochspannungsgleichrichter *m*
~/**высокочасто́тный** Hochfrequenzgleichrichter *m*, HF-Gleichrichter *m*
~/**герма́ниевый** Germaniumgleichrichter *m*
~/**ио́нный** Ionengleichrichter *m*
~/**кре́мниевый** Siliciumgleichrichter *m*
~/**низково́льтный** Niederspannungsgleichrichter *m*
~/**низкочасто́тный** Niederfrequenzgleichrichter *m*, NF-Gleichrichter *m*
~/**полупроводнико́вый** Halbleitergleichrichter *m*
~/**рту́тный** Quecksilber(dampf)gleichrichter *m*
~/**силово́й** Leistungsgleichrichter *m*
выпрями́тельный *(El)* Gleichrichter...
выпрямле́ние *n* 1. Geraderichten *n*; Geradebiegen *n*; Aufrichten *n*; 2. *(El)* Gleichrichtung *f*

вы́прямленный 1. gerade gerichtet; gerade gebogen; aufgerichtet; 2. *(El)* gleichgerichtet
выпрямля́ть 1. gerade richten; gerade biegen; 2. *(El)* gleichrichten
вы́пукло-во́гнутый konvex-konkav *(Linsen)*
вы́пуклость *f* Konvexität *f (z. B. von Linsen)*, Ausbauchung *f*; Erhabenheit *f*; *(Bw)* Wölbung *f (der Straße)*
вы́пуклый konvex *(z. B. Linsen)*, bauchig; erhaben; gewölbt *(Straße)*
вы́пуск *m* 1. Auslassen *n*, Ablassen *n*; 2. Auslauf *m*; Austritt *m (von Gasen)*; 3. Produktion *f*, Erzeugung *f*, Herstellung *f (von Waren)*; Ausstoß *m*; 4. *(Typ)* Herausgabe *f*; 5. *(Met)* Abstich *m (von Metall)*; Abziehen *n (der Schlacke)*
выпуска́ть 1. auslassen, ablassen; 2. auslaufen; austreten *(Gase)*; 3. produzieren, erzeugen, herstellen *(Waren)*; ausstoßen; 4. *(Typ)* herausgeben; 5. *(Met)* abstechen *(Metall)*; abziehen *(Schlacke)*
выпу́чивание *n* 1. Aufbauchen *n*, Ausbeulen *n*; Anschwellen *n*; 2. *(Mech)* Krümmen *n*, Ausknicken *n*
выпу́чивать. aufbauchen, anschwellen; 2. *(Mech)* ausknicken, krümmen
вы́пучина *f* Ausbeulung *f*, Beule *f*
выраба́тывать 1. herstellen, produzieren; 2. *(Bgb)* abbauen; auskohlen
вы́работка *f* 1. Erzeugung *f*, Herstellung *f*, Produktion *f*; 2. Produktionsmenge *f*, Ausstoß *m*; Ausbeute *f*; 3. *(Bgb)* Grubenbau *m*; Abbau *m (s. a. unter* добыча 2. *und* разработка 3.*)*
~/**вертика́льная** *(Bgb)* seigerer Grubenbau *m*
~/**горизонта́льная** *(Bgb)* söhliger Grubenbau *m*
~/**го́рная** *(Bgb)* Grubenbau *m*
~/**накло́нная** *(Bgb)* tonnlägiger Grubenbau *m*
~/**очистна́я** *(Bgb)* Gewinnungsbau *m*
~/**подзе́мная** *(Bgb)* untertägiger Grubenbau *m*
вы́равненный abgeglichen
вырáвнивание *n* 1. Ausrichten *n*; Ausgleich *m*, Ausgleichen *n*; Abgleich *m*; 2. Abgleichung *f*, Glättung *f*; 3. *(Bw)* Einebnen *n*, Ebnen *n*, Planieren *n*; 4. *(Flg)* Anschweben *n*, Aufrichten *n*
~/**автомати́ческое** Selbstausgleich *m*
~ **напряже́ний** *(Mech)* Spannungsausgleich *m*
вырáвниватель *m* 1. *(El)* Entzerrer *m*; 2. *(Lw)* Planiergerät *n*; 3. *(Text)* Egalisiermittel *n*, Egalisierer *m*
вырáвнивать 1. ausgleichen; abgleichen; 2. *(Bw)* (ein)ebnen; 3. *(Flg)* abfangen
выраже́ние *n (Math)* Ausdruck *m*, Formel *f*
~/**логи́ческое** logischer Ausdruck *m*
~/**подкоренно́е** Radikand *m*
~/**подынтегрáльное** Integrand *m*
~/**присвáивающее** *(Inf)* Ergibtanweisung *f*
вырáщивание *n* 1. *(Krist)* Züchten *n*, Züchtung *f*; Ziehen *n (von Kristallen)*; 2. *(Lw, Forst)* Züchten *n*, Zucht *f*, Züchtung *f*
~ **кристáллов** Kristallzüchten *n*, Kristallzüchtung *f*; Kristallziehen *n*
вырáщивать 1. *(Krist)* züchten; ziehen *n (Kristalle)*; 2. *(Lw, Forst)* züchten, ziehen *(Pflanzen)*
вы́рез *m* Ausschnitt *m*, Auskehlung *f*; Kerbung *f*, Einkerbung *f*
вырезáть *(Fert)* herausschneiden; ausschneiden
вы́резка *f (Fert)* Abtrennen *n*
вырожде́ние *n* Entartung *f*, Degeneration *f*
вы́рожденный entartet
вырубáть 1. aushacken; heraushacken; 2. auskerben; 3. *(Schm)* lochen; 4. *(Bgb)* ausschlagen; 5. *(Forst)* auslichten, ausholzen
вы́рубка *f* 1. Auskerben *n*, Auskerbung *f*; 2. Kerbe *f*, Auskerbung *f*; 3. *(Fert)* Ausstemmen *n*, Ausstanzen *n*; 4. *(Schm)* Ausschroten *n*; 5. *(Schm)* Lochen *n*
~/**чистовáя** *(Fert)* Feinschneiden *n (von Blechen)*
вырывáние *n* 1. Herausreißen *n*; 2. *(Kern)* Abspaltung *f (von Elektronen)*
вырывáть 1. (her)ausreißen; 2. *(Kern)* abspalten *(Elektronen)*
вы́садка *f* 1. *(Schm)* Anstauchen *n*, Stauchen *n*; 2. *(Lw)* Auspflanzen *n*,

Verpflanzen *n*; 3. *(Flg)* Absetzen *n*, Abwerfen *n*; 4. *(Schiff)* Anlanden *n*, Ausschiffen *n*
~/**горя́чая** *(Schm)* Warmstauchen *n*
~/**холо́дная** *(Schm)* Kaltstauchen *n*
~/**чёрная** *(Schm)* Vorstauchen *n*
выса́живание *n s.* высадка
выса́живать *(Schm)* (an)stauchen, stauchschmieden
выса́ливание *n* Aussalzen *n*, Aussalzung *f*
выса́сывание *n* Absaugen *n*
выса́сывать absaugen
высве́рливание *n* Ausbohren *n*
высве́рливать ausbohren
высвобожде́ние *n* 1. *(Kern)* Auslösen *n*, Auslösung *f (von Elektronen)*; 2. Freisetzen *n*, Entwickeln *n (von Gasen)*
вы́сев *m (Lw)* Aussaat *f*
вы́севки *pl* 1. Siebdurchfall *m*, Siebrückstand *m*; 2. *(Lw)* Spreu *f*
~/**ка́менные** *(Bw)* Splitt *m*
высека́ть *(Fert)* ausstanzen; aushauen
вы́сечка *f* 1. *(Fert)* Ausstanzen *n*; Aushauen *n*; 2. Stanzabfall *m*; 3. *(Wkz)* Ausstanzwerkzeug *n*; Lochstanze *f*
выска́зывание *n (Kyb)* Aussage *f*
высокоакти́вный hoch aktiv
высокобо́ртный hochbordig *(Schiffe)*
высокова́куумный Hochvakuum..., hoch evakuiert
высоково́льтный *(El)* Hochspannungs..., Hochvolt...
высоковя́зкий *(Ph)* hoch viskos
высокого́рье *n* Hochgebirge *n*
высокодиспе́рсный *(Ch)* hochdispers; feindispers
высокожаропро́чный hochwarmfest *(Werkstoffe)*
высокозо́льный aschenreich, stark aschenhaltig
высококалори́йный heizkräftig, mit hohem Heizwert
высокока́чественный hochwertig
высококипя́щий hoch siedend
высококонтра́стный kontrastreich
высококонцентри́рованный hoch konzentriert
высоколеги́рованный hoch legiert
высокоме́дистый kupferreich
высокомолекуля́рный *(Ch)* hochmolekular, makromolekular
высоконадёжный sehr zuverlässig, von hoher Zuverlässigkeit
высоконапо́рный Hochdruck...
высоконапряжённый hoch beansprucht
высокооборо́тный schnell laufend, hochtourig
высокоогнеупо́рный hoch feuerfest, hoch feuerbeständig
высокоокта́новый hoch klopffest, hoch oktanig
высокоо́мный *(El)* hochohmig, Hochohm...
высокопла́вкий hoch schmelzend, schwer schmelzend
высокопла́н *m (Flg)* Hochdecker *m*, Schulterdecker *m*
высокопло́тный hochdicht
высокополиме́р *m (Ch)* Hochpolymer *n*
высокополиме́рный *(Ch)* hochpolymer
высокопроизводи́тельный hochproduktiv, hochleistungsfähig, Hochleistungs...
высокопро́чный hochfest
высокорадиоакти́вный hoch radioaktiv
высокоскоростно́й Hochgeschwindigkeits..., Schnellverkehrs...
высокосо́ртный Qualitäts...
высокотемперату́рный von hoher Temperatur, Hochtemperatur...
высокотеплопрово́дный stark wärmeleitend
высокоуглеро́дистый hoch gekohlt, hoch kohlenstoffhaltig *(Stahl)*
высокочасто́тный *(El)* hochfrequent, Hochfrequenz..., HF-...
высокочувстви́тельный hoch empfindlich
высокощелочно́й *(Ch)* hoch alkalihaltig, alkalireich
высокоэласти́чный *(Mech)* hoch elastisch
вы́сол *m (Bw)* Ausblühung *f (Putz)*
высота́ *f* 1. Höhe *f*; 2. Gipfel *m (eines Berges)*
~/**абсолю́тная** *(Geod)* Höhe *f* über Normalnull [NN]
~ **вса́сывания** Saughöhe *f*; Sauggefälle *n*
~ **загру́зки** *(Met)* Füllhöhe *f (eines Schachtofens)*

~ **засы́пки** *(Met)* Schütthöhe *f*, Gichthöhe *f (eines Schachtofens)*
~ **и́мпульса** *(El)* Impulshöhe *f*
~/**кре́йсерская** *(Flg)* Reiseflughöhe *f*
~ **нагнета́ния** Druckhöhe *f*, Förderhöhe *f (einer Pumpe)*
~ **над у́ровнем мо́ря** Höhe *f* über Meeresspiegel, Meereshöhe *f*
~ **подъёма** 1. Förderhöhe *f*; 2. *(Masch)* Hub *m*, Hubhöhe *f*, 3. *(Flg)* Steighöhe *f*
~ **полёта** Flughöhe *f*
~/**полу́денная** *(Astr)* Mittagshöhe *f*
~ **свобо́дного паде́ния** *(Ph)* Freifallhöhe *f*
~ **у́ровня** Niveauhöhe *f*
~ **у́ровня воды́** *(Hydt)* Stand *m*, Spiegelhöhe *f*, Wasserhöhe *f*
~ **це́нтров** Spitzenhöhe *f (einer Drehmaschine)*
высо́тность *f* Höhenleistungsfähigkeit *f*, Höhenbetriebsverhalten *n (Flugmotoren)*
высо́тный Höhen..., Hoch...
высотоме́р *m* Höhenmesser *m*, Altimeter *n*
~/**самопи́шущий** Höhenschreiber *m*
вы́сохший eingetrocknet, ausgetrocknet
выставля́ть ausstellen
выстра́ивание *n (Ph, Ch)* Ausrichtung *f (z. B. von Kernen)*
вы́стрел *m* 1. Schuss *m*; 2. *(Schiff)* Spiere *f*
~/**ла́зерный** Laserschuss *m*
вы́стрелы *mpl* **в карбюра́торе** *(Kfz)* Vergaserpatschen *n*
вы́ступ *m* 1. Ansatz *m*, Nase *f*; 2. Wulst *m(f)*, Beule *f*; 3. Schulter *f*, Bund *m (einer Welle)*; 4. Ausladung *f*, Auskragung *f*; 5. Grat *m (einer Rippe)*
~/**захва́тывающий** Mitnehmernase *f*
~ **по́ршня** Kolbenansatz *m*, Kolbennase *f (eines Verbrennungsmotors)*
~ **стены́** Mauervorsprung *m*
выступа́ть ausladen, vorspringen
вы́сушенный getrocknet, Trocken...
высу́шивание *n* Trocknen *n*, Austrocknen *n*, Eintrocknen *n*; Entfeuchten *n*
высу́шивать (aus)trocknen, eintrocknen; entfeuchten
высыха́ние *n s.* высушивание
высыха́ть *s.* высушивать
выта́лкивание *n* Ausstoßen *n*, Ausstoß *m*; Ausdrücken *n*
~ **из сте́ка** *(Inf)* Auskellerung *f*
выта́лкиватель *m* Auswerfer *m*, Ausstoßvorrichtung *f*; Ausstoßer *m*; *(Wlz)* Blockdrücker *m*
выта́лкивать ausstoßen, auswerfen; ausdrücken
выта́пливать auslassen, ausschmelzen *(Fett)*
вытека́ние *n* Ausfluss *m*, Auslaufen *n (von Flüssigkeiten)*; Ausströmen *n (von Gasen)*
вытека́ть ausfließen, auslaufen *(Flüssigkeiten)*; ausströmen *(Gase)*
вытесне́ние *n* Verdrängung *f*, Verdrängen *n*, Austreiben *n*
вытесни́тель *m* Verdränger *m*
вытесня́ть verdrängen, austreiben
вы́топка *f* Auslassen *n*, Ausschmelzen *n (Fett)*
вы́точка *f (Fert)* Nut *f*, Rille *f*; Ausdrehung *f*; Einstich *m*
вы́травка Ätzung *f*, Beizung *f*
вытравля́ть 1. (ab)ätzen; beizen; 2. *(Lw)* vertilgen *(Schädlinge)*
вытя́гивание *n* 1. Abziehen *n*, Absaugen *n (Luft, Gase)*; 2. *(Text) s.* вытяжка 3.; 3. *(Fert)* Aushämmern *n (Kupfer)*; 4. *(Umf) s.* вытяжка 5.; 5. *(Ch)* Ausziehen *n*, Extrahieren *n*; 6. Ziehen *n (von Glas)*
вы́тяжка *f* 1. *(Bw)* Entlüfter *m*, Abzug *m*; 2. *(Ch)* Extrakt *m*, Auszug *m*; 3. *(Text)* Strecken *n*, Streckung *f*, Verziehen *n*, Ausziehen *n*, Verzug *m*; 4. *(Text)* Verstreckungsgrad *m*; 5. *(Umf)* Recken *n*, Strecken *n*, Dehnen *n*, Breiten *n*, Stauchen *n*; 6. *(Mech)* Formänderungsgrad *m*; 7. *(Umf)* Tiefziehen *n*, Tiefung *f*
~/**во́дная** *(Ch)* wässriger Auszug *m*
~/**глубо́кая** *(Umf)* Tiefziehen *n*
~/**горя́чая** 1. *(Umf)* Warmrecken *n*, Warmstrecken *n*; 2. *(Text)* Heißverstreckung *f*
~/**обра́тная** *(Umf)* Stülpziehen *n*
~/**осева́я** *(Wlz)* Längsstreckung *f*
~/**пряма́я** *(Umf)* Tiefziehen *n*
~/**реверси́вная** *(Umf)* Stülpziehen *n*
~/**спиртова́я** *(Ch)* alkoholischer Auszug [Extrakt] *m*

~/**холо́дная** 1. *(Umf)* Kaltrecken *n*, Kaltstrecken *n*; 2. *(Text)* Kaltverstreckung *f*
вытяжно́й 1. *(Bw)* Abzugs...; 2. *(Umf)* Streck..., Reck..., reckbar, streckbar; 3. *(Umf)* Tiefungs..., Tiefzieh...
вы́хлоп *m* 1. Auslass *m*; Auslassöffnung *f*; 2. *(Kfz)* Auspuff *m*
вы́ход *m* 1. Austritt *m*; 2. Ausgang *m*; Ausfahrt *f*; 3. Ausbeute *f*, Ertrag *m*; 4. Erscheinen *n (eines Buches)*; 5. Abfluss *m*; 6. *(El)* Ausgang *m*, Ausgangsseite *f*; 7. *(Inf)* Ausgabe *f (von Daten)*
~/**двои́чный** *(El)* binärer Ausgang *m*
~/**запасно́й** Notausgang *m*, Fluchtweg *m*
~ **из стро́я** Ausfall *m (eines Gerätes oder einer Maschine)*
~ **по то́ку** *(El)* Stromausbeute *f*
~ **по эне́ргии** Energieausbeute *f*
~/**после́довательный** *(Inf)* serieller Ausgang *m*
~/**радиацио́нно-хими́ческий** *(Kern)* strahlenchemische Ausbeute *f*
выходи́ть austreten; heraustreten; verlassen
~ **из зацепле́ния** *(Masch)* außer Eingriff bringen *(Zahnradpaar)*
~ **из стро́я** ausfallen *(Geräte oder Maschinen)*
выходно́й Ausgangs..., ausgangsseitig; Austritts...
выцвета́ние *n* 1. Ausbleichen *n*, Verschießen *n (Farben)*; 2. *(Min)* Ausblühung *f*
выцвета́ть 1. ausbleichen, verschießen *(Farben)*; 2. *(Min)* ausblühen
выче́рпывание *n (Pap)* Schöpfen *n*
выче́рпывать (aus)schöpfen
выче́рчивать aufreißen, zeichnen *(z. B. Diagramme)*
вычёсывать *(Text)* auskämmen
вы́чет *m (Math)* Rest *m*, Residuum *n*
~/**степенно́й** Potenzrest *m (Zahlentheorie)*
вычисле́ние *n* 1. Rechnen *n*; 2. Berechnen *n*, Berechnung *f*; 3. Überschlag *m*
~ **орби́т** *(Raumf, Astr)* Bahnberechnung *f*
~/**приближённое** *(Math)* Näherungsrechnung *f*
~/**прове́рочное** *(Inf)* Gegenrechnung *f*
~ **с пла́вающей запято́й** *(Inf)* Gleitkommarechnung *f*
~ **с фикси́рованной запято́й** *(Inf)* Festkommarechnung *f*
вычисли́тель *m* Rechner *m*
~ **ку́рса** Kursrechner *m*
вычисли́тельный Rechen...
вычисля́ть 1. rechnen; 2. berechnen, errechnen
вычита́емое *n (Math)* Subtrahend *m*
вычита́ние *n (Math)* Subtraktion *f*, Subtrahieren *n*
вычита́ть *(Math)* subtrahieren, abziehen
вычита́ющий *(Math)* Subtraktions...
вышива́ние *n (Text)* Sticken *n*
выши́вка *f* Stickerei *f (Erzeugnis)*
вы́шка *f* Turm *m*; Gerüst *n*
~/**бурова́я** *(Bgb)* Bohrturm *m*
выщела́чивать 1. *(Ch)* (aus)laugen, extrahieren; 2. beizen *(Fässer)*; 3. aussolen *(Salz)*; 4. *(Brau)* anschwänzen
вью́шка *f (Schiff)* Haspel *f(m)*, Trossenwinde *f*
ВЭУ *m s.* умножитель/вторично-электронный
вя́жущее *n (Bw)* Bindemittel *n*
~/**быстросхва́тывающееся** Schnellbinder *m*
~/**гидравли́ческое** hydraulisches Bindemittel *m*
вя́жущий *(Bw)* bindend, Binde...
вяза́льно-прошивно́й *(Text)* Nähwirk...
вяза́льный *(Text)* Wirk...; Strick...
вяза́ние *n (Text)* Wirken *n*; Stricken *n*
вяза́ть 1. *(Text)* stricken; wirken; 2. *(Lw)* binden *(Garben)*
вя́зка *f* 1. *(Text)* Stricken *n*; Häkeln *n*; 2. Binden *(von Garben)*
вя́зкий 1. zäh; 2. zähflüssig, dickflüssig, viskos *f*; 3. *(Mech)* duktil, dehnbar, verformbar *(Metalle)*
вязкопласти́чный zähplastisch
вя́зкость *f* 1. Zähigkeit *f*; 2. Viskosität *f*, Zähflüssigkeit *f*; 3. *(Mech)* Duktilität *f*, Dehnbarkeit *f*, Verformbarkeit *f (von Metallen)*
~/**динами́ческая** *(Mech)* dynamische Viskosität *f*, Koeffizient *m* der inneren Reibung
~/**кинемати́ческая** *(Mech)* kinematische Viskosität *f*

~/**объёмная** *(Mech)* zweite Viskosität *f*, Volumenviskosität *f*
~/**относи́тельная** *(Mech)* relative Viskosität *f*
~ **разруше́ния** *(Wkst)* Bruchzähigkeit *f*
~/**уда́рная** *(Wkst)* Schlag(biege)zähigkeit *f*
~/**уде́льная** *(Mech)* spezifische Viskosität [Zähigkeit] *f*
вязкотеку́честь *f* Viskosität *f*, Zähflüssigkeit *f*
вязкотеку́чий viskos, zähflüssig
вязкоупру́гий *(Ph)* viskoelastisch, zähelastisch
вязкоупру́гость *f (Ph)* Viskoelastizität *f*
вя́лить dörren *(Fische)*

Г

Г *s.* гига...
га *s.* гектар
габари́т *m* Umgrenzungsprofil *n*, Außenabmessung *f*, Umgrenzungslinie *f*, lichter Raum *m*
~/**подмостово́й** Brückendurchfahrtsprofil *m*
габари́тный Umgrenzungs..., Außenmaß..., Abmessungs...
га́битус *m (Krist)* Habitus *m*
га́вань *f* Hafen *m (Zusammensetzungen s. unter* порт 1.*)*
гадоли́ний *m (Ch)* Gadolinium *n*, Gd
газ *m* 1. Gas *n*; 2. *(Text)* Gaze *f*
~/**бе́дный** geringwertiges Gas *n*, Schwachgas *n*
~/**биохими́ческий** Biogas *n*, Faulgas *n*
~/**благоро́дный** Edelgas *n*
~/**бога́тый** Starkgas *n*; Reichgas *n*
~/**боло́тный** Sumpfgas *n*
~/**высококалори́йный** Starkgas *n*
~/**выхлопно́й** *(Kfz)* Abgas *n*, Auspuffgas *n*
~/**генера́торный** Generatorgas *n*
~/**городско́й** Stadtgas *n*
~/**горю́чий** 1. Heizgas *n*; 2. Brenngas *n*
~/**грему́чий** Knallgas *n*
~/**до́менный** Hochofengas *n*, Gichtgas *n*
~/**дымово́й** Rauchgas *n*
~/**защи́тный** Schutzgas *n*
~/**ине́ртный** inertes Gas *n*, Inertgas *n*
~/**ко́ксовый** Kokereigas *n*, Koks(ofen)gas *n*
~/**межзвёздный** interstellares Gas *n*
~/**нефтяно́й** Erdölgas *n*
~/**низкокалори́йный** Schwachgas *n*, geringwertiges Gas *n*
~/**отрабо́тавший** Abgas *n*
~/**попу́тный** benzinhaltiges Erdölgas *n*
~/**приро́дный** Erdgas *n*, Naturgas *n*
~/**рудни́чный** *(Bgb)* Grubengas *n*
~/**сжа́тый** Druckgas *n*
~/**уга́рный** Kohlenmonoxid(gas) *n*
~/**углеки́слый** Kohlendioxid(gas) *n*
газа́ция *f s.* газирование
газго́льдер *m* Gasbehälter *m*, Gasspeicher *m*
га́зер *m (Ph)* Gaser *m*, Gammastrahlenmaser *m*
гази́рование *n* 1. Karbonisieren *n (von Getränken)*; 2. Gasaustritt *m (Erdölförderung)*
гази́ровать 1. mit Kohlensäure versetzen [anreichern, sättigen], karbonisieren *(Getränke)*; 2. *(Lw)* begasen *(Schädlingsbekämpfung)*
газифика́ция *f* Vergasung *f (Brennstoffe)*
~/**подзе́мная** *(Bgb)* Untertagevergasung *f*
газифици́ровать 1. mit Gasanschluss versehen, mit Gas versorgen; 2. vergasen *(Brennstoffe)*
газ-носи́тель *m* 1. *(Halbl)* Trägergas *n*; 2. *(Ch)* Schleppgas *n*
газоанализа́тор *m* Gasanalysator *m*, Gasprüfer *m*
газобезопа́сный 1. gassicher; 2. *(Bgb)* schlagwettersicher
газобето́н *m* Gasbeton *m*, Luftporenbeton *m*
газово́з *m (Schiff)* Gastanker *m*, Flüssiggastanker *m*
газовыделе́ние *n* 1. *(Ch)* Gasentwicklung *f*, Gasausscheidung *f*; 2. *(Bgb)* Gasaustritt *m*, Gasfreisetzung *f*
га́зовый 1. gasförmig, Gas...; 2. *(Text)* Gaze...
газогенера́тор *m* Gasentwickler *m*, Gaserzeuger *m*, Gasgenerator *m*
газогенера́торный Gasgenerator...
газоги́пс *m (Bw)* Porengips *m*, Gasgips *m*

газодинáмика *f* Gasdynamik *f*
газодинамúческий gasdynamisch
газодýвка *f* Gasgebläse *n*
газóйль *m* Gasöl *n*
газомéр *m* Gasmesser *m*, Gaszähler *m*
газомéтр *m* Gasbehälter *m*
газонапóлненный gasgefüllt
газонасы́щенный gasgesättigt
газонепроницáемость *f* Gasundurchlässigkeit *f*, Gasdichtigkeit *f*
газонепроницáемый gasdicht, gasundurchlässig
газонокосúлка *f* Rasenmäher *m*
газонóсность *f (Bgb)* Gasführung *f*, Gashaltigkeit *f*
газонóсный *(Bgb)* gasführend, gashaltig
газообúльность *f (Bgb)* Gasanreicherung *f*, Gasführung *f*
газообмéн *m* 1. Gasaustausch *m*; 2. *(Kfz)* Ladungswechsel *m*
газообрáзный gasförmig
газообразовáние *n* Gasentwicklung *f*, Gaserzeugung *f*
газоотвóд *m* Gasabzug *m*, Gasableitung *f*
газоохладúтель *m* Gaskühler *m*
газоохраждáемый gasgekühlt
газоочистúтель *m* Gasreiniger *m*, Gaswäscher *m*
газоочистúтельный Gasreinigungs...
газоочúстка *f* Gasreinigung *f*
газоплóтный gasdicht
газопоглотúтель *m s.* геттер
газоподогревáтель *m* Gasvorwärmer *m*, Gaserhitzer *m*
газопровóд *m* Gasleitung *f*
~/магистрáльный Ferngasleitung *f*, Erdgasfernleitung *f*
газопровóдный Gasleitungs...
газопромывáтель *m* Gaswascher *m*, Gaswäscher *m*, Skrubber *m*; Gaswaschflasche *f (Laborgerät)*
газопроницáемость *f* Gasdurchlässigkeit *f*
газопроницáемый gasdurchlässig
газоразря́дный Gasentladungs...
газораспределéние *n (Kfz)* 1. Ladungswechselsteuerung *f*, Motorsteuerung *f (Verbrennungsmotor)*; 2. Spülung *f (Zweitaktmotor)*
~/золотникóвое Schiebersteuerung *f*
~/клáпанное Ventilsteuerung *f*
~/щелевóе Schlitzsteuerung *f (Zweitaktmotor)*
газосбóрник *m* Gassammelleitung *f*
газоснабжéние *n* Gasversorgung *f*
газотвóрный gasbildend, Gasbildungs...
газотрóн *m (El)* Gasdiode *f*
газотурбúнный Gasturbinen...
газотурбовóз *m* Turbinenlokomotive *f*, Gasturbinenlokomotive *f*
газотурбонагнетáтель *m* Abgasturbolader *m*, Abgasturbogebläse *n*, Turbolader *m*
газотурбопóезд *m* Triebwagenzug *m* mit Gasturbinenantrieb
газотурбохóд *m* Gasturbinenschiff *n*
газоулáвливание *n* Gasabscheidung *f*
газоуловúтель *m* Gasabscheider *m*
газоустóйчивость *f* Gasfestigkeit *f*, Widerstandsfähigkeit *f* gegenüber Gas
газоустóйчивый gasfest
газохóд *m* 1. Gaszug *m*, Feuerzug *m*; 2. Abgaskanal *m*, Fuchs *m*
газохранéние *n (Bgb, Geol)* Gasspeicherung *f*
~/подзéмное unterirdische Gasspeicherung *f*, Untergrundgasspeicherung *f*
газохранúлище *n (Bgb, Geol)* Gasspeicher *m*
~/подзéмное Untergrundgasspeicher *m*
газошлакобетóн *m (Bw)* Schlackengasbeton *m*
гáйка *f* Mutter *f*
~/барáшковая Flügelmutter *f*
~/глухáя Verschlusskappenmutter *f*, Hutmutter *f*
~/запóрная Verschlussmutter *f*
~/квадрáтная Vierkantmutter *f*
~/колпачкóвая *s.* ~/глухая
~/корóнчатая Kronenmutter *f*
~/кры́льчатая Flügelmutter *f*
~/мáточная Schlossmutter *f*
~/накиднáя Überwurfmutter *f*
~/опóрная Stützmutter *f*
~/отжúмная Abdrückmutter *f*
~/потáйная Senkmutter *f*
~/распóрная Distanzmutter *f*
~ растяжéния Zugmutter *f*
~/регулирóвочная Stellmutter *f*, Einstellmutter *f*

~/сто́порная Kontermutter *f*, Gegenmutter *f*, Sicherungsmutter *f*
~/стяжна́я Spann(schloss)mutter *f*
~/устано́вочная Stellmutter *f*, Einstellmutter *f*
~/ходова́я Schlossmutter *f*
~/шлицева́я Schlitzmutter *f*, Nutmutter *f*
га́йка-бара́шек *f* Flügelmutter *f*
га́йка-колмачок *f* Hutmutter *f*, Verschlusskappenmutter *f*
гайковёрт *m (Wkz)* Schrauber *m*
гак *m* Haken *m*
~/букси́рный Schlepphaken *m*
~/караби́нный Karabinerhaken *m*
Гала́ктика *f (Astr)* Galaxis *f*, *(unser)* Milchstraßensystem *m*, Milchstraße *f*
гала́ктика *f (Astr)* Galaxie *f*, außergalaktischer Nebel *m*
~/гига́нтская Riesengalaxie *f*
~/ка́рликовая Zwerggalaxie *f*
~/спира́льная Spiralgalaxie *f*, Spiralnebel *m*, Spiralsystem *n*
галакти́ческий galaktisch
галакто́метр *m (Lebm)* Galaktometer *n*, Laktometer *n*
га́лево *n (Text)* Litze *f*
галени́т *m (Min)* Galenit *m*, Bleiglanz *m*
галере́я *f* 1. *(Bw)* Galerie *f*, Säulenhalle *f*; 2. *(Hydt)* Stollen *m*, Kanal *m*
га́лечник *m (Geol)* Kiesablagerung *f*
га́ллий *m (Ch)* Gallium *n*, Ga
гало́ *n (Astr, Meteo)* Halo *m*, Hof *m*, Ring *m*
галоге́н *m (Ch)* Halogen *n*
галогени́рование *n (Ch)* Halogenierung *f*, Halogenieren *n*
галоге́нный Halogen...
галогенсодержа́щий halogenhaltig
гальваниза́ция *f* Galvanisieren *f*, Galvanisation *f*
гальванизи́ровать galvanisieren
гальвани́ческий galvanisch
гальвано́метр *m (El)* Galvanometer *n*
~/баллисти́ческий ballistisches Galvanometer *n*, Stoßgalvanometer *n*
~/зерка́льный Spiegelgalvanometer *n*
~/петлево́й Schleifengalvanometer *n*
гальванометри́ческий galvanometrisch, Galvanometer...
гальванопла́стика *f* Galvanoplastik *f*
гальванопокры́тие *n* 1. galvanischer Überzug [Niederschlag] *m*; 2. galvanisches Überziehen *n*, Galvanisieren *n*
гальваносте́гия *f* Galvanostegie *f*, Elektroplattierung *f*
гальваноте́хника *f* Galvanotechnik *f*
га́лька *f (Geol)* Geröll *n*
га́мма-акти́вность *f (Kern)* Gammaaktivität *f*
га́мма *f* 1. *(Ph)* Gamma *n (SI-fremde Einheit der magnetischen Flussdichte)*; 2. *(Kern)* Gammaphoton *n*, Gammaquant *n*, Gamma *n*; 3. *(Photo)* Gammawert *m (Schwärzungskurve)*; 4. *(Masch)* Typenreihe *f (z. B. von Werkzeugmaschinen)*
га́мма-астроно́мия *f* Gammaastronomie *f*
гаммагра́фия *f (Kern)* Gamma(radio)graphie *f*
га́мма-дефектоско́п *m (Wkst)* Gammadefektoskop *n*
га́мма-дефектоскопи́я *f (Wkst)* Gammadefektoskopie *f*
га́мма-желе́зо *n* Gammaeisen *n*, γ-Eisen *n*
га́мма-излуча́тель *m (Kern)* Gammastrahler *m*
га́мма-излуче́ние *n (Kern)* Gammastrahlung *f*
га́мма-карота́ж *m (Bgb, Geol)* Gamma(bohrloch)messung *f*
га́мма-квант *m (Kern)* Gammaquant *n*
га́мма-лучи́ *mpl (Kern)* Gammastrahlen *mpl*, (radioaktive) Gammastrahlung *f*
га́мма-облуче́ние *n (Kern)* Gammabestrahlung *f*
га́мма-радиоакти́вность *f (Kern)* Gammaaktivität *f*
га́мма-распа́д *m (Kern)* Gammazerfall *m*
га́мма-спектр *m (Kern)* Gammaspektrum *n*
га́мма-спектро́метр *m (Kern)* Gammaspektrometer *n*
га́мма-спектроскопи́я *f (Kern)* Gammaspektroskopie *f*
га́мма-фу́нкция *f (Math)* (eulersche) Gammafunktion *f*
ГАП *n s.* производство/гибкое автоматизированное
гара́ж *m* Garage *f*

~/**многоя́русный** Park(hoch)haus *n*, Hochgarage *f*
~/**подзе́мный** Tiefgarage *f*
гармо́ника *f* 1. *(Ph)* Harmonische *f*, Teilschwingung *f*; 2. *(Math)* harmonische Funktion *f*; 3. *(Ak)* Harmonische *f*, Teilton *m*; 4. Faltenbalg *m*
гармони́ческий harmonisch
гарниту́ра *f* Garnitur *f*, Satz *m*
~/**иго́льчатая** *(Text)* Kratzenbeschlag *m*
гаси́тель *m* Dämpfer *m*, Tilger *m (von Schwingungen)*
гаси́тельный Lösch...
гаси́ть 1. dämpfen *(Schwingungen)*; 2. löschen *(z. B. Funken)*; 3. ablöschen *(Kalk)*; 4. *(Nrt, TV)* austasten, unterdrücken
га́снуть erlöschen
гася́щий 1. Lösch...; 2. *(Nrt, TV)* Austast...
гаусс *m* Gauß *n*, G, Gs *(SI-fremde Einheit der magnetischen Induktion)*
га́уч-вал *m (Pap)* Gautschwalze *f*
га́фний *m (Ch)* Hafnium *n*, Hf
гаше́ние *n* 1. Dämpfung *f (von Schwingungen)*; 2. Löschen *n (von Funken, Signalen)*; 3. *(TV, Nrt)* Austastung *f*, Unterdrückung *f*
~ **и́звести** *(Bw)* Ablöschen *n (Kalk)*, Kalklöschen *n*
~/**мо́крое** *(Bw)* Nasslöschen *n (Kalk)*
~/**сухо́е** *(Bw)* Trockenlöschen *n (Kalk)*
ГАЭС *f s.* электростанция/гидроаккумулирующая
Гб *s.* гильберт
Гбайт *s.* гигабайт
гвозди́мый nagelbar
гвоздодёр *m* Nagelzange *f*
гвоздь *m* Nagel *m*, Stift *m*
~/**кро́вельный** Dachnagel *m*
~/**то́левый** Pappnagel *m*
гезе́нк *m (Bgb)* Blindschacht *m*, Gesenk *n*
гексаго́н *m* Hexagon *n*, Sechseck *n*
гексагона́льный hexagonal, sechseckig
гекса́эдр *m (Math)* Hexaeder *n*, Kubus *m*, Würfel *m*
гексо́д *m (Eln)* Hexode *f*, Sechselektrodenröhre *f*
гексо́д-смеси́тель *m (Eln)* Mischhexode *f*
гекта́р *m* Hektar *n(m)*, ha *(SI-fremde Einheit der Fläche)*
гекто... *(Mess)* Hekto..., h *(10^2 Einheiten)*
гелеобразова́ние *n* Gelbildung *f*, Gelieren *n*, Gelatinieren *n*
ге́лиевый *(Ch)* Helium...
ге́лий *m (Ch)* Helium *n*, He
гелико́ид *m (Math)* Helikoid *n*, Schraubenfläche *f*
геликоида́льный *(Math)* helikoidal, schraubenförmig
геликопте́р *m s.* вертолёт
гелио́граф *m (Astr)* Heliograph *m*
гелиоколле́ктор *m* Solarkollektor *m*, Sonnenkollektor *m*
гелио́метр *m (Astr)* Heliometer *n*
гелио́н *m (Kern)* Helion *n*, Heliumkern *m*
гелиоско́п *m (Astr)* Helioskop *n*
гелиоста́т *m (Astr)* Heliostat *m*
гелиоте́хника *f* Solartechnik *f*
гелиотро́п *m* 1. *(Min)* Heliotrop *m (Abart des Chalzedons)*; 2. *(Geod)* Heliotrop *n (Triangulation)*
гелиоустано́вка *f* Sonnenenergieanlage *f*
гелиофи́зика *f* Sonnenphysik *f*
гелиоцентри́ческий heliozentrisch
гелиоэлектроста́нция *f* Sonnenkraftwerk *n*, Solarkraftwerk *n*
гель *m* Gel *n*
гель-хроматогра́фия *f (Ch)* Gelchromatographie *f*
гемати́т *m (Min)* Hämatit *m*, Eisenglanz *m*, Roteisenstein *m*
гемимо́рфный hemimorph
гемиэ́др *m (Krist)* Hemieder *m*, Halbflächner *m*
гемиэдри́ческий *(Krist)* hemiedrisch, halbflächig
гемиэ́дрия *f (Krist)* Hemiedrie *f*
гемидиализа́тор *m (Med)* Blutdialysegerät *n*, künstliche Niere *f*
генера́тор *m* 1. Generator *m*, Erzeuger *m (von Gas oder Dampf)*; 2. *(El)* Generator *m*; 3. *(Rf, TV)* Generator *m*, Oszillator *m*; 4. *(Schw)* Entwickler *m*; 5. *(Kfz)* Lichtmaschine *f*, Generator *m*
~/**асинхро́нный** *(El)* Asynchrongenerator *m*

~/аэрозо́льный *(Med)* Aerosolgenerator *m*, *(Lw auch:)* Nebelgerät *n*
~/вольтодоба́вочный *(El)* Zusatzgenerator *m*, Booster-Generator *m*
~/задаю́щий *(Rf)* Steuergenerator *m*
~/измери́тельный Messgenerator *m*
~/и́мпульсный *(El)* Impulsgenerator *m*, Pulsgenerator *m*
~/ква́нтовый *(Ph)* Quantengenerator *m*, Quantenoszillator *m*
~/магнетро́нный *(Rf)* Magnetrongenerator *m*
~/магнитогидродинами́ческий *(Rf)* magnetohydrodynamischer Generator *m*, MHD-Generator *m*
~/молекуля́рный *(Ph)* Maser *m*, Molekulargenerator *m*
~/опти́ческий ква́нтовый optischer Maser *m*, Laser *m*
~/пла́зменный *(Ph)* Plasmatron *n*
~ псевдослуча́йных чи́сел *(Kyb)* Zufalls(zahlen)generator *m*
~ развёртки *(TV)* Ablenkgenerator *m*
~/релаксацио́нный *(El)* Relaxationsgenerator *m*, Kipp(schwingungs)generator *m*
~/сва́рочный Schweißgenerator *m*
~ си́мволов *(Inf)* Zeichengenerator *m*
~/синхро́нный *(El)* Synchrongenerator *m*
~ случа́йных чи́сел *(Kyb)* Zufalls(zahlen)generator *m*
~ стро́чной развёртки *(TV)* Zeilenablenkgenerator *m*
~/та́ктовый *(El)* Taktgenerator *m*
~/уда́рный *(El)* Stoßgenerator *m*
~/ультразвуково́й *(El)* Ultraschallgenerator *m*
~/униполя́рный *(El)* Unipolargenerator *m*, Einpolgenerator *f*
~ шу́ма *(Rf)* Rauschgenerator *m*
~/электри́ческий (elektrischer) Generator *m*, Stromerzeuger *m*
~/этало́нный *(El)* Eichgenerator *m*, Normalgenerator *m*
генера́торный Generator...
генера́ция *f* Erzeugung *f*, Generierung *f*
~ да́нных *(Inf)* Datengenerierung *f*, Datenerzeugung *f*
~ зна́ка *(Inf)* Zeichengenerierung *f*, Zeichenerzeugung *f*
~ колеба́ний *(El)* Schwingungserzeugung *f*
~ програ́ммы *(Inf)* Programmgenerierung *f*, Programmerzeugung *f*
генери́ровать erzeugen; hervorrufen
гене́тика *f* Genetik *f*
ге́нри *m (El)* Henry *n*, H *(Einheit der Induktivität)*
генриме́тр *m (El)* Henrymeter *n*, Induktivitätsmesser *m*
геоаку́стика *f* Geoakustik *f*
геоантиклина́ль *f (Geol)* Geoantiklinale *f*
геодези́ческий geodätisch
геоде́зия *f* Geodäsie *f*, Vermessungskunde *f*
~/спу́тниковая Satellitengeodäsie *f*
геоди́метр *m (Mess)* Geodimeter *n* *(optoelektronisches Entfernungsmessinstrument)*
гео́ид *m (Geod)* Geoid *n*
геологи́ческий geologisch
геоло́гия *f* Geologie
~/инжене́рная Ingenieurgeologie *f*
геомагнети́зм *m* Geomagnetismus *m*, Erdmagnetismus *m*
геомагни́тный geomagnetisch
геометриза́ция *f (Bgb)* Geometrisierung *f (von Lagerstätten)*
геометри́ческий geometrisch
геоме́трия *f* Geometrie *f*
~/дифференциа́льная Differenzialgeometrie *f*, Differentialgeometrie *f*
~/евкли́дова euklidische Geometrie *f*
~ инструме́нта *(Wkz)* Werkzeuggeometrie *f*
~/начерта́тельная darstellende Geometrie *f*
~/неевкли́дова nichteuklidische [nicht euklidische] Geometrie *f*
~/проекти́вная projektive Geometrie *f*
~/ри́манова riemannsche [hypereuklidische] Geometrie *f*
~/сфери́ческая sphärische Geometrie *f*, Sphärik *f*
геомеха́ника *f* Geomechanik *f*
геоморфоло́гия *f* Geomorphologie *f*
геопотенциа́л *m (Geoph)* Geopotential *n*
геосинклина́ль *f (Geol)* Geosynklinale *f*
геостациона́рный geostationär
геосфе́ра *f (Geol)* Geosphäre *f*
геотекто́ника *f* Geotektonik *f*
геоте́рмика *f* Geothermik *f*, Geothermie *f*

геотерми́ческий geothermisch
геотерми́я *f s.* геотермика
геотехноло́гия *f* Geotechnologie *f*
геофи́зика *f* Geophysik *f*
~/**разве́дочная** Erkundungsgeophysik *f*
геофизи́ческий geophysikalisch
геофо́н *m (Geoph)* Geophon *n*, seismischer Sensor *m*
геохими́ческий geochemisch
геохи́мия *f* Geochemie *f*
геохроноло́гия *f* geologische Zeitrechnung *f*
геоцентри́ческий geozentrisch
геоэлектри́ческий geoelektrisch
геоэлектри́чество *n* Geoelektrik *f*
гепта́эдр *m (Krist)* Heptaeder *n*
гепто́д *m (Eln)* Heptode *f*
гепто́д-смеси́тель *m (Eln)* Mischheptode *f*
герба́рий *m* Herbarium *n*
гербици́д *m* Herbizid *n*, Unkrautbekämpfungsmittel *n*
герма́ниевый Germanium...
герма́ний *m (Ch)* Germanium *n*, Ge
герметиза́ция *f* 1. hermetisches Verschließen [Abschließen] *n*, Hermetisierung *f*; 2. *(Eln)* Verkappen *n*, Verkappung *f*; 3. *(El, Kst)* Vergießen *n*, Einbetten *n*
герметизи́ровать 1. hermetisieren, hermetisch abschließen, kapseln; 2. *(Eln)* verkappen; 3. *(El, Kst)* vergießen, einbetten
герме́тик *m* Dichtungsmittel *n*
герметический 1. hermetisch (dicht), hermetisch abgeschlossen [verschlossen]; 2. *(Eln)* verkappt; 3. *(El, Kst)* vergossen, eingebettet
гермети́чность *f* Dichtheit *f*; hermetischer Abschluss *m*
гермети́чный *s.* герметический
гермокаби́на *f (Flg, Raumf)* Überdruckkabine *f*, Druck(ausgleich)kabine *f*
гермошле́м *m* Druckhelm *m*, Hermetikhelm *m*
герц *m* Hertz *n*, Hz *(Einheit der Frequenz)*
гетероге́нность *f* Heterogenität *f*, Verschiedenartigkeit *f*
гетероге́нный heterogen, verschiedenartig
гетероди́н *m (Rf)* Überlagerer *m*, Überlagerungsoszillator *m*
гетеродини́рование *n (Rf)* Überlagerung *f*
гетероди́нный *(Rf)* Überlagerer..., Überlagerungs...
гетерола́зер *m* Heterolaser *m*, Laser *m* mit Heteroübergang
гетероли́з *m (Ch)* Heterolyse *f*
гетероморфи́зм *m (Geol, Min)* Heteromorphismus *m*
гетеромо́рфный *(Geol, Min)* heteromorph
гетероперехо́д *m (Halbl)* Heteroübergang *m*
гетерополя́рный heteropolar
гетерострукту́ра *f (Halbl)* Heterostruktur *f*
гетерохро́мный heterochrom, verschiedenfarbig
гетероци́кл *m (Ch)* Heterocyclus *m*, heterocyclische Verbindung *f*
гетероцикли́ческий *(Ch)* heterocyclisch
ге́ттер *m (Eln)* Getter *m(n)*, Getterstoff *m*
геттери́рование *n (Eln)* Getterung *f*, Gettern *n*
ги́бка *f* Biegen *n*; Umbiegen *n*
ги́бкий biegsam, flexibel
ги́бкость *f* Biegsamkeit *f*, Flexibilität *f*
~ **сте́ржня** *(Mech)* Schlankheitsgrad *m*
гибридиза́ция *f* Hybridisierung *f*
гибри́дный hybrid, Hybrid...
гига ... *(Mess)* Giga..., G *(10^9 Einheiten)*
гигаба́йт *m (Inf)* Gigabyte *n*, GB *n (= 10^9 Bytes)*
гига́нт *m (Astr)* Riesenstern *m*, Riese *m*
гигро́граф *m (Meteo)* Hygrograph *m*, Luftfeuchteschreiber *m*
гигро́метр *m (Meteo)* Hygrometer *n*, Luftfeuchtemesser *m*
гигроскопи́ческий hygroskopisch, wasseranziehend
гигроскопи́чность *f* Hygroskopizität *f*
гигрофи́льный hygrophil, feuchtigkeitsliebend
гид *m (Astr)* Leitrohr *n (Teleskop)*
гиди́рование *n (Astr)* Nachführung *f (Teleskop)*
гидра́влика *f* 1. *(Ph)* Hydraulik *f (Strömung inkompressibler Medien)*; 2.

(*Masch*) Hydraulik *f*, Hydraulikausrüstung *f*, Hydraulikanlage *f*
~/**русловая** (*Hydt*) Gerinnehydraulik *f*
~/**тормозная** (*Kfz*) Bremshydraulik *f*
гидравлический hydraulisch
гидрант *m* Hydrant *m*
~/**надземный** Oberflurhydrant *m*
~/**погружной** Versenkhydrant *m*
~/**пожарный** Feuerlöschhydrant *m*
гидратация *f* (*Ch*) Hydratation *f*, Hydratisierung *f*
гидратирование *n s.* гидратация
гидратированный (*Ch*) hydratisiert
гидратировать (*Ch*) hydratisieren
гидратный (*Ch*) Hydrat...
гидридный (*Ch*) Hydrid...
гидрирование *n s.* гидрогенизация
гидрированный (*Ch*) hydriert; gehärtet (*Fette*)
гидрировать (*Ch*) hydrieren; härten (*Fette*)
гидроагрегат *m* Hydraulikaggregat *n*
гидроаккумулирование *n* Pumpspeicherung *f*
гидроаккумулятор *m* 1. (*Hydt*) Pumpspeicher *m*, Pumpspeicherwerk *n*; 2. (*Masch*) Hydraulikspeicher *m*, Druckflüssigkeitsspeicher *m*
гидроакустика *f* Hydroakustik *f*, Unterwasserakustik *f*
гидроакустический hydroakustisch
гидроаэродром *m* Wasserflughafen *m*, Seeflughafen *m*
гидроаэромеханика *f* Strömungsmechanik *f*
гидробур *m* (*Bgb*) hydraulischer Bohrer *m*
гидробурение *n* (*Bgb*) hydraulisches Bohren *n*
гидрогенератор *m* Wasserkraftgenerator *m*, Hydrogenerator *m*
гидрогенераторный Wasserkraftgenerator...
гидрогенизатор *m* (*Ch*) Hydrierer *m*, Hydrierautoklav *m*, (*bei Fetten auch:*) Härtungsautoklav *m*
гидрогенизация *f* (*Ch*) Hydrieren *n*, Hydrierung *f*, (*bei Fetten auch:*) Härten *n*
гидрогеологический hydrogeologisch
гидрогеология *f* Hydrogeologie *f*
гидрогеохимия *f* Hydrogeochemie *f*
гидрограф *m* Hydrograph *m*, Abflussganglinie *f*, Abflussmengenlinie *f*
гидрографический hydrographisch
гидрография *f* Hydrographie *f*, Gewässerkunde *f*
гидродвигатель *m* Hydraulikmotor *m*, Hydromotor *m*
гидродинамика *f* Hydrodynamik *f*
~/**магнитная** Magnetohydrodynamik *f*, Hydromagnetik *f*
гидродинамический hydrodynamisch
гидродобыча *f* (*Bgb*) Hydrogewinnung *f*, hydraulische Gewinnung *f*
гидрозабойка *f* (*Bgb*) Wasserbesatz *m*
гидрозакладка *f* (*Bgb*) Spülversatz *m*
гидрозолоудаление *n* Nassentaschung *f*, Spülentaschung *f*
гидроизоляция *f* (*Bw*) Wasserabdichtung *f*, Abdichtung *f*, Hydroisolation *f*
гидроканал *m* Modellschleppkanal *m*
гидроклапан *m* Hydraulikventil *n*, (hydraulisches) Ventil *n*
гидроксильный (*Ch*) Hydroxyl...
гидролиз *m* (*Ch*) Hydrolyse *f*
гидролизовать (*Ch*) hydrolysieren
гидрологический hydrologisch
гидрология *f* Hydrologie *f*, Gewässerkunde *f*
гидролокатор *m* Unterwasserortungsgerät *n*, hydroakustisches Ortungsgerät *n*
гидролокационный Unterwasserortungs..., hydroakustisch
гидролокация *f* Unterwasser(schall)-ortung *f*
гидромагнитный hydromagnetisch
гидрометаллургический hydrometallurgisch, nassmetallurgisch
гидрометаллургия *f* Hydrometallurgie *f*
гидрометеорология *f* Hydrometeorologie *f*
гидрометр *m* Hydrometer *n*, Flüssigkeitstachometer *n*
гидрометрический hydrometrisch
гидрометрия *f* Hydrometrie *f*
гидромеханизация *f* 1. (*Bw*) Nassbaggerung *f*, Spülbaggerung *f*; 2. (*Bgb*) Hydroabbauverfahren *n*
гидромеханика *f* Hydromechanik *f*
гидромеханический hydromechanisch

гидромо́дуль *m (Bw)* hydraulischer Modul *m*, Hydromodul *m (des Zements)*
гидромонито́р *m (Hydt, Bgb)* Hydromonitor *m*, Spülstrahlrohr *n*
гидромото́р *m* Hydromotor *m*, Hydraulikmotor *m*
гидрому́фта *f (Masch)* Strömungskupplung *f*, Turbokupplung *f*; Flüssigkeitskupplung *f*
гидронасо́с *m* Hydraulikpumpe *f*, hydraulische Pumpe *f*, Druckwasserpumpe *f*
гидрообогаще́ние *n* Hydroaufbereitung *f (Erze)*
гидроо́кись *f (Ch)* Hydroxid *n*
гидроотва́л *m (Bgb)* Spülhalde *f*, Spülkippe *f*
гидроочи́стка *f (Ch)* Hydrofining *n*, Hydroraffination *f*
гидропереда́ча *f (Masch)* Strömungsgetriebe *n*, hydraulisches Getriebe *n*, Flüssigkeitsgetriebe *n*
гидропо́ника *f* Hydroponik *f*, Hydrokultur *f*
гидропри́вод *m* Hydraulikantrieb *m*, hydraulischer Antrieb *m*
гидроресу́рсы *mpl* Wasserkraftreserven *fpl*
гидросамолёт *m* Wasserflugzeug *n*
гидросисте́ма *f* hydraulisches System *n*, Hydraulik *f (einer Anlage)*
гидросме́сь *f* hydraulisches Gemisch *n*, Pulpe *f*
гидроста́т *m* Hydrostat *m*
гидроста́тика *f* Hydrostatik *f*
гидростати́ческий hydrostatisch
гидроста́нция *f s.* гидроэлектростанция
гидросфе́ра *f* Hydrosphäre *f (der Erde)*
гидротерма́льный hydrothermal
гидроте́хника *f* Hydrotechnik *f*, Wasserbautechnik *f*
гидротехни́ческий hydrotechnisch, Wasserbau...
гидроти́пия *f (Photo)* Hydrotypie *f*, Einsaugverfahren *n*
гидротра́нспорт *m (Bgb)* hydraulische Förderung *f*, Spülförderung *f*
гидротрансформа́тор *m* Strömungswandler *m*, Drehmomentwandler *m*
гидротурби́на *f* Wasserturbine *f (Zusammensetzungen s. unter* турбина*)*
гидротурби́нный Wasserturbinen...
гидроу́зел *m* Wasserbaukomplex *m*
гидроуправле́ние *n* hydraulische Steuerung *f*
гидроусили́тель *m* hydraulischer Verstärker *m*
гидрофи́зика *f* Hydrophysik *f*
гидрофи́льность *f* Hydrophilie *f*, Wasseraufnahmefähigkeit *f*
гидрофи́льный hydrophil, wasseraufnahmefähig, wasseranziehend
гидрофо́бность *f* Hydrophobie *f*, Wasserabstoßungsfähigkeit *f*
гидрофо́бный hydrophob, wasserabstoßend, wasserabweisend
гидрофо́н *m* Hydrophon *n*, Unterwasserschallempfänger *m*
гидрофо́рминг *m* Hydroform(ier)en *n*, Hydroforming *n (Erdöl)*
гидроцикло́н *m* Hydrozyklon *m*, Nasszyklon *m (Aufbereitung)*
гидроцили́ндр *m (Hydr)* Arbeitszylinder *m*
гидроэкстру́зия *f (Met)* hydrostatisches Strangpressen *n*
гидроэлева́тор *m* Wasserstrahlpumpe *f*, Wasserstrahlheber *m*
гидроэлектри́ческий hydroelektrisch
гидроэлектропри́вод *m* elektrohydraulischer Antrieb *m*
гидроэлектроста́нция *f* Wasserkraftwerk *n*
~/деривацио́нная Umleitungs(wasser)kraftwerk *n*
~/насо́сно-аккумули́рующая Pumpspeicher(kraft)werk *n*
~/прили́вная Gezeitenkraftwerk *n*
гидроэлектроэне́ргия *f* hydroelektrische Energie *f*, Wasserkraftelektroenergie *f*
гидроэнерге́тика *f* Hydroenergetik *f*
гидроэнергети́ческий Wasserkraft...
гидроэне́ргия *f* Hydroenergie *f*, Wasserenergie *f*, Wasserkraft *f*
ги́льберт *m* Gilbert *n*, Gb *(IS-fremde Einheit der magnetischen Spannung)*
ги́льза *f* 1. Hülse *f*; Buchse *f*; 2. *(Wlz)* Hohlblock *m (Rohrwalzen)*
гипе́рбола *f (Math)* Hyperbel *f*
гиперболи́ческий hyperbolisch, Hyperbel...
гиперболо́ид *m (Math)* Hyperboloid *n*

гиперболо́идный *(Math)* hyperboloidisch, Hyperboloid...
гипергеометри́ческий hypergeometrisch
гиперзву́к *m (Ak)* Hyperschall *m*, Mikro(wellen)schall *m*
гиперзвуково́й Hyperschall..., hypersonisch, Hypersonik...
гиперко́мплексный hyperkomplex
гипер́он *m (Kern)* Hyperon *n*
гиперпло́скость *f (Math)* Hyperebene *f*
гиперпове́рхность *f (Math)* Hyperfläche *f*
гиперпростра́нство *n (Math)* Hyperraum *m*
гиперсенсибилиза́ция *f (Photo)* Übersensibilisierung *f*, Supersensibilisierung *f*
гиперсинхро́нный übersynchron
гиперхлори́рование *n (Ch)* Hochchlorung *f*, Überchlorung *f*
гиперядро́ *n (Kern)* Hyperfragment *n*
гипо́теза *f* Hypothese *f*
~/**контракцио́нная** *(Geol)* Kontraktionstheorie *f*, Schrumpfungstheorie *f*
гипотену́за *f (Math)* Hypotenuse *f*
гипотети́ческий hypothetisch
гипоце́нтр *m (Geoph)* Hypozentrum *n (Erdbeben)*
гипоциклои́да *f (Math)* Hypozykloide *f*
гипс *m* Gips *m*
гипсобето́н *m* Gips(schlacken)beton *m*
ги́псовый Gips...
гипсогра́мма *f (Geod)* Pegellinie *f*
гипсо́граф *m (Geod)* Pegelschreiber *m*
гипсо́метр *m (Geod)* Hypsometer *n*, Höhenmesser *m*
гипсометри́я *f (Geod)* Hypsometrie *f*, Höhenmessung *f*
гипсотермо́метр *m (Geol)* Hypsothermometer *n*, Höhenthermometer *n*
гира́тор *m (El)* Gyrator *m*
гирля́нда *f* **изоля́торов** *(El)* Isolator(en)kette *f*
гироа́зимут *m* Kreiselazimut *m*, Kurskreisel *m (Navigation)*
гиробу́с *m* Gyrobus *m*
гировертика́ль *f (Flg)* Kreiselvertikale *f*, Kreisellot *n*
гирово́з *m* Gyrolok(omotive) *f*, Schwungkreisellok(omotive) *f*
гироди́намика *f (Mech)* Kreiseltheorie *f*, Theorie *f* des Kreisels
гиро́ида *f (Krist)* Gyroide *f*, Drehspiegelachse *f*
гироко́мпас *m* Kreiselkompass *m*
гиромагни́тный gyromagnetisch
гирома́ятник *m (Mech)* gyroskopisches Pendel *n*, Kreiselpendel *n*
гирополуко́мпас *m* Kreiselhalbkompass *m*
гирорулево́й *m (Schiff)* Selbststeueranlage *f*
гиросекста́нт *m* Kreiselsextant *m*
гироско́п *m* Kreisel *m*
гироскопи́ческий gyroskopisch, Kreisel...
гиростабилиза́тор *m* Kreiselstabilisator *m*
гиростабилиза́ция *f* Kreiselstabilisierung *f*
ги́ря *f* Wägestück *n*
ГИС *f s.* схема/гибридная интегральная
гистере́зис *m* 1. *(Ph, El)* Hysterese *f*, Hysteresis *f*; 2. *(Gum)* Hysterese *f*, Dämpfung *f*
гистогра́мма *f (Math)* Histogramm *n*, Säulendiagramm *n*
гита́ра *f* 1. *(Wkzm)* Schere *f*, Räderschere *f (einer Drehmaschine)*; 2. Zwischengetriebe *n (eines Panzers)*
гла́дилка *f* 1. *(Wkz)* Glätteisen *n*, Poliereisen *n*, Abrichteisen *n*; 2. *(Schm)* Schlichthammer *m*, Setzhammer *m*, Stauchhammer *m*; 3. *(Gieß)* Putzeisen *n*; 4. *(Typ)* Falzbein *n*
глади́ть 1. glätten, schlichten; 2. *(Text)* bügeln
гла́дкий glatt, eben
гла́дкость *f* 1. Glätte *f*; 2. *(Pap)* Satinage *f*, Glätte *f*
гладкотя́нутый blank gezogen *(Draht)*
глаже́нье *n (Text)* Bügeln *n*
глазирова́ние *n* 1. *(Lebm)* Glasieren *n*, Glasierung *f*; 2. *(Pap)* Satinieren *n*, Glätten *n*
глазирова́ть 1. *(Lebm)* glasieren; 2. *(Pap)* satinieren, glätten
глазиро́вка *f* 1. *(Lebm)* Glasieren *n*; 2. Glasur *f*
глазо́к *m* 1. Schauloch *n*, Schauöffnung *f*; 2. *(Met)* Abstichloch *n*, Abstichöffnung *f*; 3. *s.* волока

глазурова́ние *n s.* глазировка 1.
глазурова́ть *(Lebm)* glasieren
глазу́рь *f* Glasur *f*, Schmelz *m*
глёт *m* **/ свинцо́вый** *(Met)* Bleiglätte *f*
гли́на *f* Ton *m*; Lehm *m*
~**/ огнеупо́рная** feuerfester Ton *m*
глиниза́ция *f (Bw)* Toninjektion *f*
гли́нистый tonig, tonartig, Ton...; lehmig, Lehm...
глинобето́н *m* Tonbeton *m*
глинозём *m* Tonerde *f (Aluminiumoxid)*
глинозёмистый tonerdehaltig, Tonerde...
глиномеша́лка *f* Tonmischer *m*; Lehmmischer *m*
глиномя́лка *f* Tonkneter *m*, Tonknetmaschine *f*; Lehmkneter *m*, Lehmknetmaschine *f*
гли́няный Ton...; Lehm...
глисса́да *f (Flg)* Gleitweg *m (beim Landeanflug)*
гли́ссер *m* Gleitboot *n*
глисси́рование *n* Gleiten *n (Gleitboot)*
~ **колёс** *(Kfz, Flg)* Aquaplaning *n*
глицери́н *m (Ch)* Glycerin *n*
глицери́новый *(Ch)* Glycerin...
глобуля́рный *(Wkst)* kugelig, kugelförmig, Globular... *(Gefüge)*
гло́бус *m* Globus *m*
~**/ лу́нный** Mondglobus *m*
глубина́ *f* 1. Tiefe *f*; 2. *(Bgb)* Teufe *f (des Schachtes)*
~ **ре́зкости** *(Photo)* Schärfentiefe *f*, Tiefenschärfe *f*
~ **сте́ка** *(Inf)* Keller(speicher)tiefe *f*
глуби́нный Tief(en)...
глубиноме́р *m* Tiefenmesser *m*, Tiefenmaß *n*
глубокоизлуча́тель *m* Tiefstrahler *m*
глубокорыхли́тель *m (Lw)* Tieflockerer *m*
глухо́й 1. taub; 2. blind, Blind... *(z. B. Blindflansch)*; 3. Grund... *(z. B. Grundbohrung)*
глуши́тель *m* 1. Dämpfer *m*; *(Kfz)* Schalldämpfer *m*; 2. Schalldämpfer *m (einer Waffe)*; 3. Trübungsmittel *n (für Glas)*
~**/ дополни́тельный** *(Kfz)* Nachschalldämpfer *m*
~**/ основно́й** *(Kfz)* Hauptschalldämpfer *m*
глуши́ть 1. dämpfen; drosseln; 2. trüben *(Glas)*; 3. abwürgen *(Verbrennungsmotor)*
глюко́за *f (Ch)* Glukose *f*, Traubenzucker *m*
гля́нец *m* Glanz *m*
глянцева́тель *m (Photo)* Hochglanzpresse *f*
гляциоло́гия *f* Glaziologie *f*, Gletscherkunde *f*
ГМД *m s.* диск/гибкий магнитный
Гн *s.* генри
гнездо́ *n* 1. Nest *n*; Loch *n*; 2. Sitz *m (eines Ventils)*; 3. *(Bw)* Gerüstloch *n*; 4. *(El)* Buchse *f*, Steckbuchse *f*, Fassung *f*, Steckfassung *f*; 5. *(Nrt)* Klinke *f*, Vermittlungsklinke *f*; 6. *(Masch)* Lagerauge *n*
гнейс *m (Geol)* Gneis *m*
гние́ние *n* Faulen *n*, Fäule *f*
гниль *f* Fäulnis *f*, Fäule *f*
гнить (ver)faulen
гнуть biegen
гнутьё *f* Biegen *n*
год *m* Jahr *n*
~**/ галакти́ческий** galaktisches Jahr *n (Umlaufzeit der Sonne um den Mittelpunkt der Galaxis, entspricht etwa 230 Millionen Jahren)*
~**/ лу́нный** Mondjahr *n*
~**/ светово́й** Lichtjahr *n*
годи́чный jährlich
го́дность *f* Tauglichkeit *f*, Eignung *f*
~**/ лётная** Flugtauglichkeit *f*
годо́граф *m* Hodograph *m*, Ortskurve *f*
голова́ *f* Kopf *m*, Haupt *n*
~ **шлю́за** *(Hydt)* Schleusenhaupt *n*
голо́вка *f* Kopf *m*, Kopfstück *n*; Kappe *f*
~**/ винторе́зная** *(Wkz)* Gewindeschneidkopf *m*
~ **воспроизведе́ния** *(El)* Wiedergabekopf *m*, Abspielkopf *m*
~**/ дели́тельная** *(Wkz)* Teilkopf *m*
~**/ зажи́мная** *(Wkzm)* Spannkopf *m*
~ **за́писи** Schreibkopf *m*, Aufnahmekopf *m*
~ **за́писи-воспроизведе́ния** *(Inf)* Schreib-Lese-Kopf *m*, Kombikopf *m*
~**/ измери́тельная** Messkopf *m*
~**/ ла́зерная** Laserkopf *m*
~**/ магни́тная** Magnet(ton)kopf *m*

~/**механи́ческая дели́тельная** *(Wkz)* mechanischer Teilkopf *m*
~/**опти́ческая дели́тельная** *(Wkz)* optischer Teilkopf *m*
~/**расто́чная** *(Wkz)* Ausdrehkopf *m*
~/**револьве́рная** Revolverkopf *m (an Werkzeugmaschinen oder optischen Geräten)*
~/**резьбонарезна́я** *(Wkz)* Gewindeschneidkopf *m*
~/**сва́рочная** Schweißkopf *m*
~/**сверли́льная** *(Wkz)* Bohrkopf *m*
~/**стира́ющая** Löschkopf *m (Magnettonbandgerät)*
~ **счи́тывания** *(Inf)* Lesekopf *m*
~/**фре́зерная** *(Wkz)* Fräskopf *m*
~ **чте́ния-за́писи** *(Inf)* Schreib-Lese-Kopf *m*, Kombikopf *m*
гологра́мма *f* Hologramm *n*
голографи́ческий holographisch, Hologramm...
гологра́фия *f* Holographie *f*
голоэ́др *m (Krist)* Holoeder *n*, Vollflächner *m*
голоэдри́ческий *(Krist)* holoedrisch, vollflächig
голоэ́дрия *f (Krist)* Holoedrie *f*, Vollflächigkeit *f*
голубо́й *m* /**метиле́новый** Methylenblau *n*
го́льмий *m (Ch)* Holmium *n*, Ho
гомеополя́рный *(Krist)* homöopolar
гомогениза́ция *f* 1. *(Ch)* Homogenisierung *f*, Homogenisieren *n*; 2. *(Härt)* Homogenisierungsglühen *n*, Diffusionsglühen *n*
гомогенизи́рование *n s.* гомогенизация
гомогенизи́ровать 1. *(Ch)* homogenisieren; 2. *(Härt)* homogenisierend glühen, diffusionsglühen
гомоге́нность *f* Homogenität *f*, Gleichartigkeit *f*
гомоге́нный homogen, gleichartig
гомо́лог *m (Ch)* Homolog(e) *n*
гомоло́гия *f* Homologie *f*
гомомо́рфный *(Math)* homomorph
гомоцентри́ческий *(Opt)* homozentrisch
гон *m (Mess)* Gon *n*, Neugrad *m (Einheit des ebenen Winkels)*
гондо́ла *f* 1. *(Flg)* Gondel *f*; Korb *m (eines Ballons)*; 2. *(Eb)* Sattelwagen *m*; 3. *(Schiff)* Gondel *f (Stützkörper eines Tragflügelbootes)*
гонио́метр *m* Goniometer *n*, Winkelmesser *m*
~/**рентге́новский** Röntgengoniometer *n*
гониометри́ческий goniometrisch, Goniometer...
гониоме́трия *f* Goniometrie *f*, Winkelmessung *f*
гонча́рный Töpfer...
гора́ *f (Geol)* Berg *m (s. a. unter* горы*)*
горб *m* Höcker *m (einer Kurve)*
горбы́ль *m (Holz)* Schwarte *f*
горе́лка *f* Brenner *m*
~ **Бу́нзена** *(Ch)* Bunsenbrenner *m*
~/**га́зовая** Gasbrenner *m*
~/**дежу́рная** Sparbrenner *m*, Zündbrenner *m*
~/**кольцева́я** Ringbrenner *m (Feuerung)*
~/**многопла́менная** Mehrflammenbrenner *m*, mehrflammiger Brenner *m*
~/**пла́зменная** *(Schw)* Plasmabrenner *m*
~/**сва́рочная** Schweißbrenner *m*
горе́ние *n* Brennen *n*, Verbrennung *f*
горе́ть (ver)brennen
горизо́нт *m* 1. *(Astr, Flg)* Horizont *m*; 2. *(Hydt)* Niveau *m*, Spiegel *m*; 3. *(Bgb)* Sohle *f*; 4. *(Geol)* Horizont *m*
~/**вентиляцио́нный** *(Bgb)* Wettersohle *f*
~/**водоно́сный** *(Hydrol)* Grundwasserleiter *m*
~/**отка́точный** *(Bgb)* Fördersohle *f*
горизонта́ль *f* 1. Horizontale *f*, Waagerechte *f*; 2. *(Hydt)* Niveaulinie *f*; 3. *(Geol)* Höhenlinie *f*, Schichtlinie *f*
горизонта́льный 1. horizontal, waagerecht; 2. *(Bgb)* söhlig; 3. *(Wkzm)* Horizontal...
гори́стый gebirgig, Gebirgs...
го́рка *f* 1. Berg *m*; 2. *(Text)* Anlauf *m*; 3. *(Bgb)* Gefällestrecke *f*; 4. *(Eb)* Ablaufberg *m (Rangierbetrieb)*; 5. *(Flg)* Hochziehen *n*
~/**сортиро́вочная** *(Eb)* Ablaufberg *m*
го́рло *n s.* горловина
горлови́на *f* 1. Hals *m*, Schnauze *f*, Halsung *f*; 2. Stutzen *m*

горн *m (Met)* 1. Herd *m (eines Schmelzofens)*; 2. Gestell *n (eines Hochofens)*
горнодобыва́ющий Bergbau…
горнопромы́шленный Bergbau…
горнору́дный Erzbergbau…
горноспаса́тельный Grubenrettungs…
горнотехни́ческий bergbautechnisch
горнохими́ческий bergbauchemisch
го́рный 1. Gebirgs…, gebirgig; 2. bergbaulich, Bergbau…
го́род-па́мятник *m* historische Stadt *f (unter Denkmalschutz stehend)*
го́род-спу́тник *m (Bw)* Satellitenstadt *f*
горообразова́ние *n (Geol)* Gebirgsbildung *f*
горст *m (Geol)* Horst *m*
горшо́к *m* 1. Topf *m*; 2. *(Glas)* Hafen *m*
~/**конденсацио́нный** *(Wmt)* Kondenstopf *m*
го́ры *pl (Geol)* Gebirge *n*
~/**высо́кие** Hochgebirge *n*
~/**средневысо́тные** Mittelgebirge *n*
горю́чее *n* 1. Brennstoff *m*, Brennmaterial *n*; 2. *s.* топливо
горю́честь *f* Brennbarkeit *f*
горю́чий brennbar, Brenn…
горячека́таный warm gewalzt
горячело́мкий *(Wkst)* warmbrüchig, rotbrüchig
горячело́мкость *f (Wkst)* Warmbrüchigkeit *f*, Warmsprödigkeit *f*, Rotbrüchigkeit *f*
горячетя́нутый *(Umf)* warm gezogen
горячеусто́йчивый *(Wkst)* warmfest
горя́чий heiß, Heiß…, warm, Warm…
ГОСТ *m s.* стандарт/государственный
готова́льня *f* Reißzeug *n*
гото́вность *f* 1. Bereitschaft *f*; 2. Verfügbarkeit *f*
гофр *m (Schiff)* Sicke *f*
гофрирова́ние *n* 1. *(Text)* Stauchen *n*, Kräuseln *n*; 2. Wellen *n (Bleche)*; 3. *(Typ)* Gaufrage *f*, Gaufrieren *n*
гофриро́ванный 1. *(Schiff)* gesickt; 2. gaufriert, geprägt; geriffelt, gewellt
гофрирова́ть 1. *(Schiff)* sicken; 2. gaufrieren, prägen
ГПС *f s.* система/гибкая производственная
гр *s.* грэй
гра́бен *m (Geol)* Graben(bruch) *m*
гра́бли *pl (Lw)* Harke *f*, Rechen *m*
гравиемо́йка *f (Bw)* Kieswaschmaschine *f*
гра́вий *m (Bw)* Kies *m*
~/**кру́пный** Grobkies *m*
~/**ме́лкий** Feinkies *m*
грави́йный Kies…
гравиме́тр *m* Gravimeter *n*, Schweremesser *m*
гравиметри́ческий gravimetrisch
гравиме́трия *f* Gravimetrie *f*
гравирова́льный Gravier…
гравирова́ние *f* Gravieren *n*, Gravierung *f*
гравитацио́нный Gravitations…, Schwerkraft…
гравита́ция *f* 1. *s.* тяготение; 2. Schwerkraftaufbereitung *f*
гравито́н *m (Ph)* Graviton *n*, Gravitationsquant *n*
гравю́ра *f (Typ)* 1. Gravur *f*; 2. Stich *m*; 3. Schnitt *m*
град *m* 1. *(Meteo)* Hagel *m*; 2. *s.* гон
града́ция *f* 1. Stufung *f*, Abstufung *f*; 2. *(Typ, Photo, TV)* Abstufung *f*, Gradation *f*
градие́нт *m* 1. *(Ph, Math)* Gradient *m*, Gefälle *n*; 2. *(Photo)* Gradient *m*, Steilheit *f (Schwärzungskurve)*
~/**геотерми́ческий** *(Geoph)* geothermischer Gradient *m*
~ **ско́рости** *(Mech)* Geschwindigkeitsgradient *m*, Geschwindigkeitsgefälle *n*
~/**температу́рный** Temperaturgradient *m*, Temperaturgefälle *n*
градиентоме́тр *m (Ph)* Gradiometer *n*, Schweremesser *m*
гради́рня *f* 1. Kühlturm *m*; 2. Gradierwerk *n*
гради́рование *n* Gradieren *n*, Konzentrieren *n (von Lösungen durch Abdunsten)*
градострои́тельный städtebaulich
градострои́тельство *n* Städtebau *m*
градуи́рование *n s.* градуировка
градуи́ровать graduieren, in Grade (ein)teilen, skalieren
градуиро́вка *f* Graduieren *n*, Graduierung *f*, Gradeinteilung *f*, Skalieren *n*, Skalierung *f*

гра́дус *m* Grad *m*, Winkelgrad *m*, Bogengrad *m*, Altgrad *m*
~ **Бомé** Baumégrad *m*, °Bé *(Maß für die Dichte von Flüssigkeiten)*
~ **жёсткости** Härtegrad *m (Maß für die Wasserhärte)*
~ **Ке́львина** Kelvin *n*, Kelvingrad *m*, °K
~ **Фаренге́йта** Grad *m* Fahrenheit, Fahrenheitgrad *m*, °F
~ **Це́льзия** Grad *m* Celsius, Celsiusgrad *m*, °C
грамза́пись *f* Schallplattenaufnahme *f*
грамм *m* Gramm *n*, g
грамм-ио́н *m (Ph)* Mol *n* Ionen
грамм-моле́кула *f (Ph)* Mol *n* Moleküle
грамм-си́ла *f* Pond *n*, p *(SI-fremde Einheit der Kraft)*
грампласти́нка *f* Schallplatte *f*
~/**долгоигра́ющая** Langspielplatte *f*, LP *f*
грана́т *m (Min)* Granat *m*
гране́ние *n* Schleifen *n*, Facettieren *n*
гранецентри́рованный *(Krist)* flächenzentriert
~/**всесторо́нне** allseitig flächenzentriert
грани́т *m (Geol)* Granit *m*
гранитиза́ция *f (Geol)* Granitisation *f*
грани́тный Granit..., graniten
грани́ть facettieren *(Edelsteine)*
грани́ца *f* 1. Grenze *f*; 2. Grenzschicht *f*
гра́нка *f (Typ)* Fahne *f*, Fahnenabzug *m*, Korrekturfahne *f*
гра́нула *f* 1. Granulum *n*, Korn *n*; 2. *(Met)* Granalie *f*
гранули́рование *n s.* грануляция 1.; 2.
гранули́рованный granuliert, gekörnt
гранулогра́мма *f* Korngrößenverteilungskurve *f*
грануло́метр *m (Photo)* Granulometer *n*, Körnigkeitsmesser *m*
гранулометри́ческий Korngrößen..., Kornverteilungs...
грануломе́трия *f* Korn(größen)zusammensetzung *f*, Korn(größen)verteilung *f*
грануля́рность *f (Photo)* Körnung *f*
грануля́тор *m* 1. Granulator *m*; 2. *(Lw)* Pelletieranlage *f*
грануля́ция *f* 1. Granulation *f*, Körnigmachen *n*; 2. *(Lw)* Pelletieren *n*; 3. *(Astr)* Granulation *f (Sonnenoberfläche)*
грань *f* 1. *(Math)* Fläche *f*; Seitenfläche *f*; Grenze *f*; Rand *m*; 2. *(Krist)* Fläche *f*, Begrenzungsfläche *f*; 3. Kante *f (eines Schraubenkopfes)*; 4. *(Wkz)* Fläche *f (an Werkzeugschneiden)*
~/**за́дняя** *(Wkz)* Freifläche *f (Drehmeißel, Hobelmeißel)*
~/**пере́дняя** *(Wkz)* Spanfläche *f (Drehmeißel, Hobelmeißel)*
~/**ре́жущая** *(Wkz)* Schneidfläche *f (Drehmeißel, Hobelmeißel)*
грат *m* Grat *m*; Bart *m*
граува́кка *f (Geol)* Grauwacke *f*
граф *m* Graph
~/**напра́вленный [ориенти́рованный]** gerichteter [orientierter] Graph *m*
гра́фик *m* 1. graphische Darstellung *f*; Kennlinie *f*, Kurve *f (s. a. unter* диаграмма *und* кривая*)*; 2. Zeitplan *m*
~ **движе́ния** 1. *(Mech)* Zeit-Weg-Diagramm *n*; 2. *(Eb)* Fahrplan *m*
~ **нагру́зки** Lastcharakteristik *f*; Belastungsdiagramm *n*, Belastungskennlinie *f*
~/**сетево́й** Netzwerkdiagramm *n*
гра́фика *f (Inf)* Graphik *f*
~/**компью́терная [маши́нная]** Computergraphik *f*
графи́т *m* Graphit *m*
~/**втори́чный** *(Wkst)* Sekundärgraphit *m*, sekundärer Graphit *m*
~/**до́менный** Hochofengraphit *m*
~/**перви́чный** *(Wkst)* Primärgraphit *m*, primärer Graphit *m*
~/**чешу́йчатый** Schuppengraphit *m*
графитиза́ция *f* 1. *(Met)* Graphitisierung *f*, Graphitausscheidung *f*; 2. Graphitisierungsglühen *n*
графи́ческий graphisch
графопострои́тель *m* Plotter *m*, Kurvenschreiber *m*, Koordinatenschreiber *m*
~/**двухкоордина́тный** X-Y-Plotter *m*
~/**многоцве́тный** Farbplotter *m*
~/**планше́тный** Flachbettplotter *m*
~/**ра́стровый** Rasterplotter *m*
~/**стру́йный** Ink-Jet-Plotter *m*
гребёнка *f* 1. *(Wkz)* Strehler *m*, Strähler *m*; 2. *(Text)* Legeschiene *f*, Barre *f*; 3. *(Lw)* Horden *fpl (des Mähdreschers)*

~/**зубо(на)ре́зная** *(Wkz)* Kammhobelmeißel *m*
~/**резьбова́я [резьбонарезна́я]** *(Wkz)* Gewindestrehler *m*
гребе́нчатый kammartig, Kamm...
гре́бень *m* 1. Kamm *m*; 2. *(Geol)* Grat *m*, Kamm *m (der Berge)*; 3. *(Hydt)* Krone *f (eines Dammes)*; 4. *(Meteo)* Hochdruckrücken *m*, Hochdruckkeil *m*
~ **волны́** *(Hydrom)* Wellenkamm *m*, Wellenberg *m*
~ **плоти́ны** *(Hydt)* Dammkrone *f*, Wehrkrone *f*, Sperrmauerkrone *f*
гребнечеса́ние *n (Text)* Kämmen *n*
гре́йдер *m (Bw)* Straßenhobel *m*
~/**самохо́дный** Motorstraßenhobel *m*
гре́йдер-элева́тор *m* Schürflader *m*
гре́йзен *m (Geol)* Greisen *m*
гре́йфер *m* Greifer *m (s. a. unter* захват 2.)
гре́йферный Greifer...
гре́лка *f*/**электри́ческая** Heizkissen *n*
гремя́чий *(Ch)* Knall..., Spreng...
грибови́дный pilzförmig, Pilz...
грибо́к *m (El)* Pilz(knopf)schalter *m*
гриф *m (Text, Pap)* Griffigkeit *f*, Griff *m*
гроза́ *f (Meteo)* Gewitter *n*
грозозащи́та *f* Blitzschutz *m*
грозоразря́д *m* Blitzentladung *f*
громкоговори́тель *m* Lautsprecher *m*
~/**высокочасто́тный** Hochtonlautsprecher *m*, Tweeter *m*
~/**низкочасто́тный** Tieftonlautsprecher *m*, Boomer *m*, Woofer *m*
гро́мкость *f (Ak)* Lautstärke *f*
гро́хот *m* 1. Sieb *n (s. a. unter* сито); 2. Klassierrost *m*, Klassierer *m (Aufbereitung)*; 3. Siebrost *m*, Siebkette *f (landwirtschaftlicher Maschinen)*; 4. *(Bgb)* Rätter *m*
~/**бараба́нный** Trommelsieb *n*
~/**кача́ющийся** Schwingsieb *n*
~/**колоснико́вый** Siebrost *m*, Klassierrost *m*
грохоти́ть sieben; sichten, sortieren, klassieren; *(Bgb)* rättern
грохоче́ние *n* Sieben *n*; Sichten *n*, Sortieren *n*, Klassieren *n*; *(Bgb)* Rättern *n*
грохочёный gesiebt, Sieb...
грубоволокни́стый grobfaserig
грубоизмельчённый grob zerkleinert
грубомоло́тый grob gemahlen
грубоочи́щенный vorgereinigt
груз *m* Last *f*; Ladung *f*; Gut *n*, Ladegut *n*, Fracht *f*
~/**генера́льный** Stückgut *n*
~/**поле́зный** Nutzlast *f*
~/**сыпу́чий** Schüttgut *n*, Massengut *n*
~/**шту́чный** Stückgut *n*
грузи́ть 1. (be)laden; 2. *(Bgb)* wegfüllen
грузови́к *m* Lastkraftwagen *m*, Lkw *m*, Güterkraftwagen *m*, GKW *m*
грузовмести́мость *f* Ladeinhalt *m*, Laderaum *m*
грузово́й Lade...; Fracht...
грузозахва́т *m (Förd)* Anschlagmittel *n*
грузонапряжённость *f* Verkehrsdichte *f*; *(Eb)* Verkehrsmenge *f*, Betriebsbelastung *f*, Verkehrsbelastung *f*
грузооборо́т *m* Gütertransportmenge *f*; Güter(transport)umschlag *m*; Beförderungsleistung *f*
грузообрабо́тка *f (Schiff)* Umschlag *m*, Lade- und Löschbetrieb *m*
грузоподъёмность *f (Förd)* 1. Tragfähigkeit *f*, Tragkraft *f*; Ladefähigkeit *f*; 2. Hubkraft *f*, Hebekraft *f*
грузопото́к *m* Güterstrom *m*, Warenbewegung *f*
гру́зчик *m (Förd)* Ladegerät *n*, Lademaschine *f*, Lader *m*
грунт *m* 1. Boden *m*, Grund *m*; Untergrund *m*; 2. Grundieranstrich *m*; 3. Grundieranstrichfarbe *f*; 4. *(Bw)* Baugrund *m*; 5. *(Bw)* Unterputz *m*; 6. *(Halbl)* Substratschicht *f*
~/**гли́нистый** toniger Boden *m*; lehmiger Boden *m*
~/**песча́ный** sandiger Boden *m*, Sandboden *m*
~/**ска́льный** felsiger Boden *m*, Felsboden *m*
грунтобето́н *m* Erdbeton *m*
грунтова́ние *n s.* грунтовка 1.
грунтова́ть grundieren
грунтове́дение *n* Pedologie *f*, Bodenkunde *f*
грунто́вка *f* 1. Grundieren *n*, Grundierung *f*; 2. Grund(ier)anstrich *m*; 3. Grund(anstrich)farbe *f*; Grundierungsmittel *n*

грунтово́й Boden..., Grund...
грунтозаце́п *m* Stollen *m*, Greiferstollen *m (des Reifens)*; Profilstollen *m*, Bodengreifer *m (des Radschleppers)*
грунтопрово́д *m (Förd)* Rohrleitung *f (zur Baggergutförderung)*, Spülrohrleitung *f*
гру́ппа *f* 1. Gruppe *f*; 2. *(Ch)* Rest *m*, Radikal *n*, Gruppe *f*; 3. *(Geol)* Ärathem *n*; 4. *(Math)* Gruppe *f*, Klasse *f*
группирова́ть gruppieren
группиро́вка *f* Gruppierung *f*
группово́й Gruppen...
грушеви́дный birnenförmig
грэй *m (Kern)* Gray *n*, Gy *(Einheit der Energiedosis)*
грязеви́к *m* Schlammfänger *m*, Schlammfang *m*, Schlammsammler *m*
грязеотдели́тель *m* Schlammabscheider *m*
грязеотта́лкивающий *(Text)* Schmutz abweisend, Flecken abweisend
грязесніма́тель *m* Schmutzabstreifer *m*
грязеулови́тель *m s.* грязевик
грязь *f* Schmutz *m*, Schlamm *m*
~/**ано́дная** *(El)* Anodenschlamm *m*
~/**бурова́я** *(Bgb)* Bohrschlamm *m*, Bohrschmant *m*
Гс *s.* гаусс
ГСМОС *f s.* система мониторинга окружающей среды/глобальная
ГТД *m s.* двигатель/газотурбинный
ГТП *m s.* привод/газотурбинный
ГТУ *f s.* установка/газотурбинная
гу́бка *f* 1. *(Wkz)* Backen *m*, Spannbacken *m (am Schraubstock)*; 2. *(Mess)* Schenkel *m (am Messschieber)*; 3. Schwammgummi *m*
гу́бки *fpl* /**зажи́мные** *(Wkz)* Spannbacken *mpl*, Klemmbacken *mpl*
гу́бчатость *f* Schwammigkeit *f*, Porosität *f*
гу́бчатый schwammig, Schwamm..., porös
гуде́ние *n (Eln)* Brummen *n*, Brumm *m*
гудро́н *m (Bw)* Asphaltteer *m*, Goudron *m*
гудрона́тор *m (Bw)* Bitumenhochdrucksprengmaschine *f*
гуми́дность *f* Humidität *f (Klima)*
гумми́рование *n* Gummieren *n*, Gummierung *f*
гуса́рик *m (Mess)* Reiter *m*, Wägestück *n*, Reiterwägestück *n (der Analysenwaage)*
гу́сеница *f (Kfz)* Gleiskette *f*, Raupenkette *f*
гу́сеничный Gleisketten..., Raupen(ketten)...
густе́ть 1. eindicken; 2. dick werden; 3. *(Met)* absteifen *(Schlacke)*
густота́ *f* 1. Dichte *f*; 2. Dickflüssigkeit *f*, Zähflüssigkeit *f*
густотеку́чий dickflüssig, zähflüssig
Гц *s.* герц
ГЭС *f s.* гидроэлектростанция

Д

д *s.* деци...
да *s.* дека...
дави́льник *m* Druckwerkzeug *n*
давле́ние *n* Druck *m*
~/**абсолю́тное** absoluter Druck *m*
~/**атмосфе́рное** atmosphärischer Druck *m*, Luftdruck *m*
~ **впры́ска (то́плива)** *(Kfz)* Einspritzdruck *m*
~/**высо́кое** hoher Druck *m*, Hochdruck *m*
~/**гидростати́ческое** *(Mech)* hydrostatischer Druck *m*
~/**го́рное** *(Bgb)* Gebirgsdruck *m*
~ **звуково́го излуче́ния** *(Ak)* Schallstrahlungsdruck *m*
~/**звуково́е** *(Ak)* Schalldruck *m*
~/**избы́точное** *(Ph)* Überdruck *m*
~ **излуче́ния** *(Ph)* Strahlungsdruck *m*
~/**капилля́рное** *(Hydr)* Kapillardruck *m*, Krümmungsdruck *m*
~/**крити́ческое** kritischer Druck *m*
~/**ни́зкое** tiefer Druck *m*, Tiefdruck *m*
~/**номина́льное** Nenndruck *m*
~/**осмоти́ческое** osmotischer Druck *m*
~ **па́ра** *(Wmt)* Dampfdruck *m*, Dampfspannung *f*
~/**парциа́льное** Partialdruck *m*
~/**пове́рхностное** Oberflächendruck *m*

~ **свéта** *(Opt)* Lichtdruck *m (ein spezieller Strahlungsdruck)*
~/**удéльное** spezifischer Druck *m*, (spezifische) Flächenpressung *f*, Flächendruck *m*
~/**уплотня́ющее** Verdichtungsdruck *m*
да́йка *f (Geol)* Gesteinsgang *m*, Eruptivgang *m*
дальнодéйствие *n* Fernwirkung *f*
дальномéр *m* Entfernungsmesser *m*, Entfernungsmessinstrument *n*
~/**акусти́ческий** akustischer Entfernungsmesser *m*, akustisches Entfernungsmessinstrument *n*
~/**бинокуля́рный** *s.* ~/стереоскопический
~/**ла́зерный** Laserentfernungsmesser *m*, Laserentfernungsmessinstrument *n*
~/**опти́ческий** (optischer) Entfernungsmesser *m*, (optisches) Entfernungsmessinstrument *n*
~/**стереоскопи́ческий** Stereoentfernungsmesser *m*, stereoskopisches Entfernungsmessinstrument *n*
~/**электроопти́ческий** *s.* геодиметр
дальнометри́я *f* Entfernungsmessung *f*
~/**инфракра́сная** Infrarotentfernungsmessung *f*
~/**радиолокацио́нная** Radarentfernungsmessung *f*
да́льность *f* 1. Weite *f*, Entfernung *f*; 2. Reichweite *f*
~ **ви́димости** Sichtweite *f*
~ **дéйствия** 1. Reichweite *f*, Aktionsradius *m*; 2. *(Nrt, Rf, TV)* Reichweite *f*; 3. Regelbereich *m*
~ **передáчи** 1. *(Rf)* Sendereichweite *f*; 2. Übertragungsweite *f (von Daten)*; 3. *(El)* Übertragungsentfernung *f*
~ **пла́вания** *(Schiff)* Aktionsradius *m*, Fahrbereich *m*
~ **приёма** *(Rf)* Empfangsreichweite *f*
да́мба *f (Hydt)* Damm *m*, Deich *m*, Abdämmung *f*
~/**защи́тная** Schutzdamm *m*, Schutzdeich *m*
дамп *m (Inf)* Speicherauszug *m*, Speicherabzug *m*, Dump *m*
да́нные *pl* Daten *pl*; Werte *mpl*; Maße *npl*
~/**ана́логовые** *(Inf)* Analogdaten *pl*
~/**входны́е** *(Inf)* Eingabedaten *pl*
~/**выходны́е** 1. *(Inf)* Ausgabedaten *pl*; 2. *(Typ)* Impressum *n*
~/**графи́ческие** *(Inf)* Graphikdaten *pl*
~/**десяти́чные** *(Inf)* Dezimaldaten *pl*
~/**дискрéтные** *(Inf)* diskrete Daten *pl*
~/**зна́чимые** *(Inf)* signifikante Daten *pl*
~/**исхо́дные** Ausgangswerte *mpl*, Anfangswerte *mpl*
~/**перви́чные** *(Inf)* primäre Daten *pl*, Primärdaten *pl*
~/**расчётные** Entwurfswerte *mpl*, Berechnungsdaten *pl*
да́та *f* Datum *n*
~ **истечéния сро́ка хранéния** Verfallsdatum *n*
да́тчик *m (El, Mess, Reg)* Geber *m*, Wandler *m*; Sensor *m*
~/**бесконта́ктный** kontaktloser Geber *m*; kontaktloser Sensor *m*
~ **врéмени** Zeitgeber *m*
~ **давлéния** Drucksensor *m*, Druckwächter *m*
~/**дистанцио́нный** Ferngeber *m*
~/**измери́тельный** Messwertgeber *m*, Messwertaufnehmer *m*, Messfühler *m*
~/**и́мпульсный** Impulsgeber *m*, Pulsgeber *m*
~/**индукти́вный** induktiver Geber *m*
~/**инфракра́сный** Infrarotsensor *m*
~/**магниторезисти́вный** magnetoresistiver Sensor *m*
~/**опти́ческий** optischer Geber *m*; optischer Sensor *m*
~/**оптоэлектро́нный** optoelektronischer Geber *m*; optoelektronischer Sensor *m*
~/**пневмати́ческий** pneumatischer Sensor *m*
~/**пьезоэлектри́ческий** piezoelektrischer Geber *m*, Piezogeber *m*; piezoelektrischer Sensor *m*, Piezosensor *m*
~/**сенсо́рный** Sensor *m*
~ **ско́рости** Geschwindigkeitsgeber *m*; Geschwindigkeitssensor *m*
~/**такти́льный** taktiler Sensor *m*, Berührungssensor *m*
~ **та́ктовых и́мпульсов** Zeit(impuls)geber *m*, Takt(impuls)geber *m*
~ **с интеллéктом** intelligenter Sensor *m*

~/телеметри́ческий Fernmessgeber *m*
~/температу́рный Temperaturgeber *m*; Temperatur(meß)fühler *m*
~/ультразвуково́й Ultraschallgeber *m*; Ultraschallsensor *m*
дБ *s.* децибел
двадцатигра́нник *m (Math, Krist)* Ikosaeder *n*, Zwanzigflach *n*
двенадцатери́чный *(Inf)* duodezimal, Duodezimal...
двенадцатигра́нник *m (Math, Krist)* Dodekaeder *n*, Zwölfflach *n*
двенадцатикана́льный *(Eln)* Zwölfkanal...
двенадцатиуго́льник *m (Math)* Dodekagon *n*, Zwölfeck *n*
две́рца *f* kleine Tür *f*; Klappe *f*
~ **то́пки** Feuer(ungs)tür *f*
дверь *f* Tür *f*
~/**глуха́я** Scheintür *f*, blinde Tür *f*
~/**за́дняя** *(Kfz)* Heckklappe *f*, Hecktür *f*
~/**раздвижна́я** Schiebetür *f*
дви́гатель *m* 1. *(Masch, Kfz)* Motor *m*; 2. *(Flg)* Motor *m*, Triebwerk *n*; 3. *(El)* Motor *m*, Elektromotor *m*
~/**авиацио́нный** Flug(zeug)triebwerk *n*, Flug(zeug)motor *m*
~/**автомоби́льный** Kraftfahrzeugmotor *m*, Kfz-Motor *m*
~/**асинхро́нный** *(El)* Asynchronmotor *m*
~/**а́томный** *s.* ~/ядерный
~/**бензи́новый** Benzinmotor *m*, Ottomotor *m*
~/**бескла́панный** ventilloser [schlitzgesteuerter] Motor *m*
~/**бескомпре́ссорный** kompressorloser Motor *m*
~/**быстрохо́дный** *(El)* Schnellläufer(motor) *m*, schnell laufender Motor *m*, hochtouriger Motor *m*
~ **Ва́нкеля** Wankelmotor *m*
~/**верхнекла́панный** obengesteuerter Motor *m*, Motor *m* mit stehenden Ventilen
~/**ветряно́й** Windkraftmaschine *f*, Windturbine *f*
~/**ве́чный** Perpetuum mobile *n*
~/**взрывозащищённый** *(El)* explosionsgeschützter Motor [Elektromotor] *m*; *(Bgb)* schlagwettergeschützter Motor *m*
~/**винтово́й** 1. *(Flg)* Propellertriebwerk *n*; 2. *(Schiff)* Schraubenmotor *m*, Hauptmaschine *f*
~/**вихрека́мерный** Wirbelkammermotor *m (Diesel)*
~ **вну́треннего сгора́ния** Verbrennungsmotor *m*
~ **водяно́го охлажде́ния** wassergekühlter Motor *m*
~ **возду́шного охлажде́ния** luftgekühlter Motor *m*
~/**возду́шно-реакти́вный** Luftstrahltriebwerk *n*
~/**га́зовый** Gasmotor *m*
~/**газотурби́нный** Gasturbinentriebwerk *n*, Turbotriebwerk *n*
~/**гибри́дный раке́тный** Hybrid-Raketentriebwerk *n*, Flüssigkeits-Feststoff-Triebwerk *n*
~/**гидравли́ческий** *s.* гидродвигатель
~/**го́ночный** *(Kfz)* Rennmotor *m*
~/**двухко́нтурный** Zweistromtriebwerk *n*, ZTL-Triebwerk *n*
~/**двухта́ктный** Zweitaktmotor *m*
~/**ди́зельный** *s.* дизель
~ **жи́дкостного охлажде́ния** flüssigkeitsgekühlter Motor *m*
~/**жи́дкостный раке́тный** Flüssigkeitsraketentriebwerk *n*
~/**звездообра́зный** Sternmotor *m*
~/**индукцио́нный** *(El)* Induktionsmotor *m*
~/**ио́нный** Ionen(strahl)triebwerk *n*
~/**исполни́тельный** *(Reg)* Stellmotor *m*
~/**карбюра́торный** Vergasermotor *m*, Ottomotor *m*
~/**ка́ртерный** Bootsmotor *m*
~/**керами́ческий** Keramikmotor *m*
~/**колле́кторный** *(El)* Kommutatormotor *m*, Stromwendermotor *m*
~/**короткоза́мкнутый** *(El)* Kurzschlussläufermotor *m*, Kurzschlussankermotor *m*
~/**короткохо́дный** Kurzhubmotor *m*, Kurzhuber *m*
~/**крейцко́пфный** Kreuzkopfmotor *m*
~/**лине́йный** *(El)* Linearmotor *m*
~/**ло́дочный** Bootsmotor *m*
~/**малолитра́жный** Kleinmotor *m (Motor mit geringem Hubraum)*

~/**маломо́щный** Kleinmotor *m (Motor mit geringer Leistung)*
~/**ма́ршевый** *(Flg)* Marschtriebwerk *n*
~/**миниатю́рный** Kleinstmotor *m*
~/**мо́щный** Hochleistungsmotor *m*
~/**нефтяно́й** Rohölmotor *m*, Schwerölmotor *m*
~/**нижнекла́панный** untengesteuerter Motor *m*, Motor *m* mit hängenden Ventilen
~/**V-обра́зный** V-Motor *m*
~/**W-обра́зный** W-Motor *m*, Fächermotor *m*
~/**X-обра́зный** X-Motor *m*, Doppel-V-Motor *m*
~/**оппози́тный** Boxermotor *m*
~ **паралле́льного возбужде́ния** *(El)* Nebenschlussmotor *m*
~/**перви́чный** Antriebsmaschine *f*
~ **переме́нного то́ка** *(El)* Wechselstrommotor *m*
~/**пневмати́ческий** Druckluftmotor *m*
~/**подъёмный** 1. Hubmotor *m*, Hebezeugemotor *m*; 2. *(Flg)* Hubtriebwerk *n*
~ **после́довательного возбужде́ния** *(El)* Reihenschlussmotor *m*, Hauptschlussmotor *m*
~ **постоя́нного то́ка** *(El)* Gleichstrommotor *m*
~/**приводно́й** Antriebsmaschine *f*, Antriebsmotor *m*
~ **прямо́й реа́кции** Strahltriebwerk *n*
~/**прямото́чный возду́шно-реакти́вный** Staustrahltriebwerk *n*
~/**пульси́рующий возду́шно-реакти́вный** Pulsstrahltriebwerk *n*
~/**пусково́й** Anlassmotor *m*, Startermotor *m*
~/**разго́нный** Beschleunigungstriebwerk *n (Raketentriebwerk)*
~/**раке́тный** Raketentriebwerk *n*
~/**реакти́вный** Strahltriebwerk *n*
~/**реверси́вный** *(El)* Umkehrmotor *m*, Reversiermotor *m*
~/**реду́кторный** *(El)* Motor *m* mit Reduktionsgetriebe
~/**ро́торно-поршнево́й** Wankelmotor *m*
~/**ря́дный** Reihenmotor *m*
~ **с надду́вом** Kompressormotor *m*, Ladermotor *m*
~ **с непосре́дственным впры́ском** Direkteinspritzmotor *m*
~/**се́риесный** *(El) s.* ~ последовательного восбуждения
~/**синхро́нный** *(El)* Synchronmotor *m*
~/**следя́щий** *(El, Reg)* Folgemotor *m*
~ **сме́шанного возбужде́ния** *(El)* Verbundmotor *m*, Compoundmotor *m*, Doppelschlussmotor *m*
~/**ста́ртовый** Starttriebwerk *n*
~/**твердото́пливный раке́тный** Feststoffraketentriebwerk *n*
~/**теплово́й** Wärmekraftmaschine *f*
~/**термоя́дерный раке́тный** Fusionstriebwerk *n*
~/**тихохо́дный** *(El)* Langsamläufer(motor) *m*
~/**трёхфа́зный** *(El)* Drehstrommotor *m*
~/**тро́нковый** Tauchkolbenmotor *m*
~/**турбовинтово́й** Propellerturbinen(luftstrahl)triebwerk *n*, PTL-Triebwerk *n*
~/**турбокомпре́ссорный** Turbokompressortriebwerk *n*
~/**турбореакти́вный** Turbinenluftstrahltriebwerk *n*, TL-Triebwerk *n*
~/**тя́говый** *(El, Eb)* (elektrischer) Bahnmotor *m*, Fahrmotor *m*, Traktionsmotor *m*
~ **тяжёлого то́плива** Schwerölmotor *m*
~/**универса́льный** *(El)* Allstrommotor *m*
~/**форси́рованный** 1. Hochleistungsmotor *m*; 2. frisierter Motor *m*
~/**фото́нный (раке́тный)** *(Rak)* Photonen(strahl)triebwerk *n*
~/**четырёхта́ктный** Viertaktmotor *m*
~/**ша́говый** *(El)* Schrittmotor *m*
~/**шлю́почный** Bootsmotor *m*
~/**шунтово́й** *s.* ~ параллельного возбуждения
~/**электри́ческий** Elektromotor *m*
~/**я́дерный** Kernenergietriebwerk *n*, Kernenergieantrieb *m*
~/**я́дерный раке́тный** Nuklearraketentriebwerk *n*, nukleares Raketentriebwerk *n*, NRT *n*
дви́гатель-генера́тор *m (El)* Motorgenerator *m*
движе́ние *n* 1. Bewegung *f*; 2. Verkehr *m*, *(Eb auch:)* Betrieb *m*; 3. Lauf *m*, Gang *m*

~/**беспоря́дочное** ungeordnete [regellose] Bewegung *f*
~/**бро́уновское (молекуля́рное)** *(Ph)* brownsche Bewegung [Molekularbewegung] *f*
~/**винтово́е** 1. *(Mech)* Schraubenbewegung *f*, schraubenförmige Bewegung *f*; 2. *(Math, Krist)* Schraubung *f*
~/**вихрево́е** Turbulenzbewegung *f*, turbulente Bewegung *f*
~ **вниз** Abwärtsbewegung *f*
~/**возвра́тно-поступа́тельное** hin- und hergehende Bewegung *f*, Hin- und Herbewegung *f*
~/**возду́шное** Flugverkehr *m*
~/**враща́тельное** umlaufende [rotierende] Bewegung *f*, Drehbewegung *f*, Rotation *f*
~/**заме́дленное** verzögerte Bewegung *f*
~/**колеба́тельное** schwingende [oszillierende] Bewegung *f*, Schwing(ungs)bewegung *f*, Schwingung *f*, Oszillationsbewegung *f*
~/**криволине́йное** krummlinige Bewegung *f*
~/**кругово́е** 1. Kreisbewegung *f*; 2. Rundlaufen *n*; 3. *(Kfz)* Kreisverkehr *m*
~/**левопу́тное** *(Eb)* Links(fahr)betrieb *m*, Linksfahrt *f*
~/**левосторо́ннее** *(Kfz)* Linksverkehr *m*
~/**ма́ятниковое** Pendelbewegung *f*, Pendelschwingung *f*
~/**обра́тное** 1. rückläufige Bewegung *f*; 2. *(Fert)* Zurückfahren *n*; 3. *s.* ~/попятное
~/**относи́тельное** relative Bewegung *f*
~/**попя́тное** *(Astr)* rückläufige Bewegung *f*, Rückläufigkeit *f*
~/**правопу́тное** *(Eb)* Rechts(fahr)betrieb *m*, Rechtsfahrt *f*
~/**правосторо́ннее** *(Kfz)* Rechtsverkehr *m*
~/**прямолине́йное** geradlinige Bewegung *f*
~/**равноме́рное** gleichförmige Bewegung *f*
~/**со́бственное** Eigenbewegung *f*
~/**теплово́е** Wärmebewegung *f*, Wärmefluss *m*
~/**турбуле́нтное** *s.* ~/вихревое
~/**у́личное** Straßenverkehr *m*
~/**ускóренное** beschleunigte Bewegung *f*; *(Wkzm)* Eilgang *m*
дви́житель *m* 1. Antrieb *m*, Antriebsvorrichtung *f*, Triebwerk *n*; 2. Vortriebsorgan *n*; 3. *(Schiff)* Propulsionsorgan *n*
~/**водомётный** *(Schiff)* Wasserstrahltriebwerk *n*, Wasserstrahlantrieb *m*, Hydrojet *m*
~/**гу́сеничный** Gleiskettenfahrwerk *n*, Kettentriebwerk *n*
движо́к *m* 1. Schieber *m*; 2. tragbarer Benzinmotor *m*; 3. *(El)* Abgreifer *m*, Abgriff *m (des Potentiometers)*
двои́чно-десяти́чный *(Inf)* binärdezimal, Binärdezimal...
двои́чно-коди́рованный *(Inf)* binär verschlüsselt
двои́чный *(Inf)* binär, Binär...; dual, Dual...
двойни́к *m (Krist)* Zwilling(skristall) *m*
~ **враще́ния** Rotationszwilling *m*
двойникова́ние *n (Krist)* Zwillingsbildung *f*
двойно́й doppelt, Doppel...; zweifach, Zweifach...; *(Text)* zweifonturig
дво́йственность *f* Dualität *f*
дво́йственный dual
двор *m* Hof *m*; Platz *m*
~/**лите́йный** *(Met)* 1. Gießbett *n*; 2. Abstichbühne *f (eines Hochofens)*
дво́рик *m* /**вну́тренний** *(Bw)* Lichthof *m*
двояково́гнутый *(Opt)* bikonkav *(Linse)*
двояковы́пуклый *(Opt)* bikonvex *(Linse)*
двоякофо́кусный *(Opt)* bifokal *(Linse)*
ДВС *m s.* двигатель внутреннего сгорания
дву ... *s. a. unter* двух...
двугра́нный zweikantig, Zweikant...
двузамещённый *(Ch)* disubstituiert, zweifach substituiert
двузна́чность *f* Zweideutigkeit *f*; *(Math)* Zweiwertigkeit *f*, Zweistelligkeit *f*
двузна́чный zweideutig; *(Math)* zweiwertig, zweistellig
двукра́тный zweifach, doppelt
двуме́рный zweidimensional
двунапра́вленный bidirektional

двуно́га *f* 1. A-Mast *m*; 2. Bockgerüst *n*
двуо́кись *f (Ch)* Dioxid *n*
двупле́чий zweiarmig, doppelarmig
двусерни́стый *(Ch)* ...disulfid *n*
двуство́лка *f* Doppelflinte *f*, Zwilling *m* *(Jagdwaffe)*
двусторо́нний zweiseitig, bilateral
двута́вр *m* 1. Doppel-T-Träger *m*, I-Träger *m*; 2. *(Wlz)* Doppel-T-Profil *n*, I-Profil *n*
двууглеки́слый *(Ch)* ...hydrogencarbonat *n*; doppelkohlensauer
двух ... *s. a. unter* дву...
двуха́дресный *(Inf)* Zweiadress...; Zweiadressen...
двуха́томный *(Ch)* zweiatomig *(s. a. unter* двухвалентный*)*
двухба́йтовый *(Inf)* Zweibyte...
двухвале́нтный *(Ch)* zweiwertig, bivalent
двухжи́льный *(El)* zweiadrig, Zweileiter...
двухзахо́дный zweigängig *(Gewinde)*
двухи́мпульсный *(El)* Doppelimpuls...
двухкана́льный Zweikanal...
двухкаска́дный zweistufig, Zweistufen...
двухколе́йный *(Eb)* zweigleisig
двухлезви́йный *(Wkz)* zweischneidig
двухло́пастный zweischaufelig, zweiflügelig *(Turbinen)*
двухло́ристый *(Ch)* ...dichlorid *n*; Dichlor...
двухме́рный zweidimensional
двухме́стный zweisitzig, Zweisitzer...
двухопо́рный *(Masch)* zweifach gelagert
двухосно́вный *(Ch)* zweibasig *(Säuren)*
двухо́сный zweiachsig
двухпо́люсник *m (El)* Zweipol *m*
двухпо́люсный *(El)* zweipolig, Zweipol...
двухпу́тный *(Eb)* zweigleisig
двухромовоки́слый *(Ch)* ...dichromat *n*; dichromsauer
двухря́дный zweireihig, Zweireihen..., doppelreihig
двухсло́йный doppellagig, doppelschichtig; Zweischicht...
двухступе́нчатый zweistufig, Zweistufen...
двухта́ктный *(El)* Zweitakt...*(Verbrennungsmotor)*; Gegentakt...
двухфа́зный *(El)* zweiphasig, Zweiphasen...
двухфонту́рный *(Text)* zweifonturig
двухчле́н *m (Math)* Binom *n*, binomischer Ausdruck *m*
деаэра́тор *m* Entlüfter *m*; Entgaser *m*
деаэра́ция *f* Entlüften *n*, Entlüftung *f*; Entgasen *n*, Entgasung *f*
дебаеграмма *f (Krist)* Debye-Scherrer-Aufnahme *f*, Debye-Scherrer-Diagramm *n*
дебала́нс *m (Masch)* 1. Unwucht *f*; 2. Unwuchtmasse *f*
дебарка́дер *m (Schiff)* Landungsbrücke *f*
деби́т *m* 1. *(Hydt)* Ergiebigkeit *f (einer Quelle)*; 2. *(Erdöl)* Fördermenge *f*, Förderung *f*
дебитогра́мма *f (Erdöl)* Ergiebigkeitskurve *f*
дебитоме́р *m (Erdöl)* Ergiebigkeitsmesser *m*
деблокиро́вка *f (Eb)* Entblocken *n*, Entblockung *f*, Entriegelung *f*, Freigabe *f* *(der Strecke)*
девиа́ция *f* Deviation *f*, Ablenkung *f* *(der Magnetnadel)*
~/**кре́новая** Krängungsdeviation *f*
~ **частоты́** Frequenzabweichung *f*
девитрифика́ция *f (Geol)* Entglasung *f*
девятиразря́дный neunstellig
дегаза́тор *m* 1. Entgaser *m*; 2. *(Mil)* Entgiftungsgerät *n*; 3. *(Mil)* Entgiftungsmittel *n*
дегаза́ция *f* 1. Entgasung *f*, Entgasen *n*; *(Bgb)* Gasabsaugung *f*; 2. *(Mil)* Entgiftung *f*
дегази́ровать 1. entgasen; 2. *(Mil)* entgiften
дегидрата́ция *f (Ch)* Dehydration *f*, Dehydratisierung *f*
дегидри́рование *n s.* дегидрогенизация
дегидрогениза́ция *f (Ch)* Dehydrierung *f*, Dehydrieren *n*
дёготь *m* Teer *m*
~/**буроу́гольный** Braunkohlenteer *m*
~/**высокотемперату́рный** Hochtemperaturteer *m*

~/**каменноу́гольный** Steinkohlenteer *m*
дёгтебето́н *m* Teerbeton *m*
дегтево́й Teer...
дёгтевый Teer...
дёгтевыделе́ние *n* Teerabscheidung *f*
дёгтеотдели́тель *m* Teerabscheider *m*
дегтя́рный teerig, Teer...
де́двейт *m (Schiff)* Tragfähigkeit *f*, Deadweight *n*
дезактива́ция *f (Kern)* Entaktivierung *f*; Dekontamination *f*
дезинтегра́тор *m* Desintegrator *m*
дезинтегра́ция *f* Desintegration *f*, Zerkleinern *n*, Vermahlen *n (Aufbereitung)*
дезоксида́ция *f* Desoxidation *f*, Sauerstoffentzug *m*
деиониза́ция *f (Kern)* Deionisation *f*, Deionisierung *f*, Entionisierung *f*
деионизи́ровать *(Kern)* entionisieren
де́йствие *n* 1. Handlung *f*; 2. Wirkung *f*, Wirksamkeit *f*; 3. Gültigkeit *f*, Geltung *f (Gesetze)*; 4. *(Masch)* Lauf *m*, Betrieb *m (einer Maschine)*; 5. *(Inf, Math)* Operation *f*
~/**защи́тное** *(Kern)* Schutzwirkung *f*, Abschirmung *f*
~/**избира́тельное** selektive Wirkung *f*, Selektivität *f*
~ **излуче́ний** Strahlenwirkung *f*, Strahlungswirkung *f*
~/**капилля́рное** Kapillarwirkung *f*
~/**обра́тное** Rückwirkung *f*, Reaktionswirkung *f*
~/**окисли́тельное** Oxidationswirkung *f*
~/**экрани́рующее** *(El)* Abschirmwirkung *f*
дейте́рий *m (Kern)* Deuterium *n*, schwerer Wasserstoff *m*, D, d
де́йтрон *m (Kern)* Deuteron *n*, Deuteriumkern *m*, d
дека ... *(Mess)* Deka..., da *(10^1 Einheiten)*
декаго́н *m (Math)* Dekagon *n*, Zehneck *n*
дека́да *f* 1. *(Nrt)* Dekade *f*, Höhenschritt *m (eines Wählers)*; 2. *(Inf)* Dekade *f*
~/**счётная** Zähldekade *f*
дека́дный dekadisch, Dekaden...
декаме́тр *m (Mess)* Dekameter *n*, DK-Messer *m*
деканта́тор *m (Ch)* Dekantierapparat *m*
деканта́ция *f (Ch)* Dekantation *f*, Dekantierung *f*
деканти́рова́ние *n s.* декантация
деканти́ровать *(Ch)* dekantieren, (vorsichtig) abgießen
декапи́рование *n* Dekapieren *n*, Beizen *n*
декапи́рованный dekapiert, gebeizt
декапи́ровать dekapieren, beizen
декарбониза́ция *f* Kohlenstoffentzug *m*, Entkohlung *f*
декарбонизи́ровать entkohlen
дека́ртовский *(Math)* kartesisch
декатирова́ние *n s.* декатировка
декатирова́ть *(Text)* dekatieren
декатиро́вка *f (Text)* Dekatieren *n*, Dekatur *f*
декатро́н *m (Eln)* Dekatron *n*, Dekadenzählröhre *f*
дека́эдр *m (Math)* Dekaeder *n*, Zehnflach *n*
де́кель *m (Typ)* Aufzug *m*, Überzug *m (eines Druckzylinders)*
деклино́метр *m (Geoph)* Deklinationsmesser *m*, Deklinationsmessinstrument *n*
деко́дер *m* Decoder *m*, Dechiffriereinrichtung *f*
декоди́рование *n* Decodieren *n*, Entschlüsseln *n*, Dechiffrieren *n*
декоди́ровать decodieren, entschlüsseln, dechiffrieren
декоди́рующий Decodier(ungs)..., Entschlüsselungs...
декомпре́ссия *f* Dekompression *f*
декреме́нт *m* **затуха́ния** *(Ph)* Dämpfungsdekrement *n*
декреме́тр *m (Mess)* Dekremeter *n*, Dämpfungsmesser *m*
деле́ние *n* 1. Teilen *n*, Teilung *f*; 2. Einteilung *f*, Klassifikation *f*; 3. *(Math)* Division *f*, Teilung *f*; 4. Teilung *f*, Teilstrich *m (auf Skalen)*; 5. *(Kern)* Spaltung *f*
~ **попола́м** Halbierung *f*
дели́мое *n (Math)* Dividend *m*
дели́мость *f (Math)* Teilbarkeit *f*
дели́мый *(Math)* teilbar
дели́тель *m* 1. Teiler *m*; 2. *(Math)* Divisor *m*
~ **напряже́ния** *(El)* Spannungsteiler *m*

~ **частоты** *(El)* Frequenzteiler *m*
делить 1. teilen; 2. *(Kern)* spalten
дело *n* 1. Angelegenheit *f*, Sache *f*; 2. Wesen *n*, Kunde *f (in Zusammensetzungen)*
~/**горное** Bergbau *m*
~/**горноспасательное** *(Bgb)* Grubenrettungswesen *n*
~/**литейное** Gießereiwesen *n*
~/**прокатное** Walzwerkwesen *n*
~/**строительное** Bauwesen *n*
дельта-железо *n* Deltaeisen *n*, δ-Eisen *n*
дельта-металл *m* Deltametall *n*
дельта-модуляция *f (Nrt)* Deltamodulation *f*, DM *f*
дельтаплан *m* Deltaflugzeug *n*
дельта-функция *f (Math)* Deltafunktion *f*
дельта-электрон *m (Kern)* Deltastrahl *m*, δ-Strahl *m*, Deltaelektron *n*, δ-Elektron *n*
дельтоид *m (Krist)* Deltoid *n*, Rhomboid *n*
делящийся *(Kern)* spaltbar, Spalt...
демодулированный *(Rf)* demoduliert, gleichgerichtet
демодулировать *(Rf)* demodulieren, gleichrichten
демодулятор *m (Rf)* Demodulator *m*
демодуляция *f (Rf)* Demodulation *f*
демонтаж *m* Demontage *f*, Demontierung *f*, Abbau *m*
демонтировать demontieren, abbauen
демпфер *m* Dämpfer *m*, Schwingungsdämpfer *m*
~/**воздушный** Luftdämpfer *m*
~/**гидравлический** Hydraulikdämpfer *m*
~/**жидкостный** Flüssigkeitsdämpfer *m*
демпферный Dämpfer...
демпфирование *n* Dämpfung *f*
демпфировать dämpfen
денатурат *m (Ch)* vergällter [denaturierter] Spiritus *m*
денатурация *f (Ch)* Denaturierung *f*, Vergällung *f*
денатурированный *(Ch)* denaturiert, vergällt
денатурировать *(Ch)* denaturieren, vergällen
дендрит *m* 1. *(Geol, Min)* Dendrit *m*; 2. *(Met)* Dendrit *m*, Tannenbaumkristall *m (Gefüge)*
дендритный dendritisch, Dendrit..., Tannenbaum...
дендрометр *m (Forst)* Baumdickenmesser *m*
дендрометрия *f (Forst)* Holzmesskunde *f*
дендрохронология *f (Forst)* Dendrochronologie *f*, Baumringdatierung *f*
денитрировать *(Ch)* denitrieren
денсиметр *m* Densimeter *n*, Aräometer *n*, Dichtemessinstrument *n*
денсиметрия *f* Densimetrie *f*, Dichtemessung *f*
денситометр *m (Photo)* Densitometer *n*, Schwärzungsmesser *m*
денситометрия *f (Photo)* Densitometrie *f*, Schwärzungsmessung *f*
денудация *f (Geol)* Denudation *f*, Abtragung *f*, Flächenabtragung *f*
денье *n (Text)* Denier *n (Einheit für die Fadenstärke)*
депарафинизация *f (Erdöl)* Entparaffinierung *f*
депо *n* 1. Lager *n*, Speicher *m*; Depot *n*; 2. *(Eb)* Bahnbetriebswerk *n*, Bw *n*
~/**вагонное** Bahnbetriebswagenwerk *n*, Bww *n*
~/**локомотивное** Bahnbetriebswerk *n* (für Lokomotiven), Bw *n*
деполимеризация *f (Ch)* Depolymerisation *f*
деполяризатор *m* Depolarisator *m*
деполяризовать *(Ch)* depolarisieren
депрессия *f* 1. *(Geol)* Depression *f*; 2. *(Bgb)* Depression *f (Bewetterung)*; 3. *(Meteo)* Tief *n*, Tiefdruckgebiet *n*
депрессор *m* regelndes Schwimmmittel *n (Aufbereitung)*
дерево *n* 1. Baum; 2. Holz *n (s. a. unter* древесина 1.*)*
деревобетон *m (Bw)* Holzbeton *m*
деревообрабатывающий Holzbearbeitungs...
деревообработка *f* Holzbearbeitung *f*
державка *f* 1. Halter *m*; 2. *(Wkz)* Schaft *m*, Halter *m*; Einspannteil *n*
держатель *m* Halter *m*; Haltevorrichtung *f*
дериват *m (Ch)* Derivat *n*, Abkömmling *m*
дериватор *m (Math)* Derivator *m*, Differenziator *m*, Differentiator *m*

дерива́ция *f* 1. Ablenkung *f*, Abweichung *f*; 2. *(Hydt)* Umleitung *f*
дерноре́з *m* Rasenmesser *n*, Rasenstecher *m*
де́ррик(-кран) *m (Förd)* Derrick *m*, Derrickkran *m*
десенсибилиза́ция *f (Photo)* Desensibilisierung *f*
дескре́мблер *m (Nrt)* Descrambler *m*
дескри́птор *m (Inf)* Deskriptor *m*
десо́рбция *f (Ch)* Desorption *f*
дестру́кция *f (Ch)* Abbau *m*, Zersetzung *f*, (chemischer) Zerfall *m*; *(Krist)* Zerstörung *f*, Strukturauflösung *f*
десульфура́ция *f (Ch)* Desulfurierung *f*, Entschwefelung *f*
десятигра́нник *m (Math)* Dekaeder *n*, Zehnflach *n*
десятиразря́дный zehnstellig
десятиуго́льник *m (Math)* Dekagon *n*, Zehneck *n*
десяти́чный Dezimal..., dezimal, dekadisch
дета́ль *f* 1. Detail *n*, Einzelheit *f*; 2. Teil *n*, Einzelteil *n*, Element *n*; Bauteil *n*, Bauelement *n*; 3. *(Fert)* Werkstück *n*
~/**взаимозаменя́емая** Austauschteil *n*
~/**враща́ющаяся** Laufteil *n*
~/**закладна́я** *(Bw)* Montagelasche *f*
~/**изна́шивающаяся** Verschleißteil *n*
~/**конструкти́вная** Bauteil *n*
~/**крепёжная** Befestigungsteil *n*, Befestigungselement *n*
~ **маши́ны** Maschinenteil *n*
~/**обраба́тываемая** Werkstück *n*
~/**сверхминиатю́рная** Mikrobauteil *n*, Mikrobauelement *n*
~/**станда́ртная** Normteil *n*
~/**фасо́нная** Formstück *n*
~/**штампо́ванная** Gesenkschmiedestück *n*, Gesenkschmiedeteil *n*
дета́ндер *m (Masch, Kält)* Expansionsmaschine *f*
детекти́рование *n (Rf)* Gleichrichtung *f*, Demodulation *f*
~/**амплиту́дное** Amplitudengleichrichtung *f*, Amplitudendemodulation *f*
~/**фа́зовое** Phasendemodulation *f*
~/**часто́тное** Frequenzdemodulation *f*
детекти́ровать *(Rf)* gleichrichten, demodulieren
дете́ктор *m* 1. Nachweisgerät *n*, Detektor *m*; 2. *(Rf)* Detektor *m*, Demodulator *m*, HF-Gleichrichter *m*
~ **а́льфа-излуче́ния** *(Kern)* Alpha-(strahlen)detektor *m*
~/**ано́дный** *(Rf)* Anodendemodulator *m*, Anodengleichrichter *m*
~ **бе́та-излуче́ния** *(Kern)* Beta(strahlen)detektor *m*
~ **га́мма-излуче́ния** *(Kern)* Gamma-(strahlen)detektor *m*
~/**герма́ниевый** *(Rf)* Germaniumdetektor *m*, Germaniumgleichrichter *m*
~/**дио́дный** *(Rf)* Diodendemodulator *m*
~ **излуче́ния** *(Kern)* Strahlungsdetektor *m*, Strahlendetektor *m*
~/**кре́мниевый** *(Rf)* Siliciumdetektor *m*, Siliciumgleichrichter *m*
~/**ла́мповый** *(Rf)* Röhrendemodulator *m*
~/**полупроводнико́вый** *(Rf)* Halbleiterdetektor *m*
~/**се́точный** *(Rf)* Gittergleichrichter *m*
~/**температу́рный** Temperaturfühler *m*
~/**тре́ковый** *(Kern)* Spurdetektor *m*, Kernspurdetektor *m*
~/**часто́тный** *(Rf)* Frequenzgleichrichter *m*
~ **я́дерных излуче́ний** Kernstrahlungsdetektor *m*
дете́кторный *(Rf)* Detektor..., Demodulator...
деterге́нт *m (Ch)* Detergens *n*, Detergent *n*
детермина́нт *m (Math)* Determinante *f*
детермини́рованный determiniert, bestimmt
детона́тор *m* Zünder *m*, Sprengkapsel *f*
~ **заме́дленного де́йствия** Verzögerungszünder *m*, Zeitzünder *m*
детонацио́нный 1. Detonations...; 2. *(Kfz)* Klopf...
детона́ция *f* 1. Detonation *f*; 2. Klopfen *n (Verbrennungsmotor)*
детономе́тр *m* Klopfmesser *m (für Verbrennungsmotoren)*
дефека́тор *m* Scheidepfanne *f (Zuckergewinnung)*
дефека́ция *f* Scheiden *n*, Scheidung *f (Zuckergewinnung)*
дефе́кт *m* 1. Defekt *m*, Fehler *m*; Schaden *m*, Beschädigung *f*; 2. Störung *f*; 3. *s.* ~ решётки

~ **кристалли́ческой решётки** *s.* ~ решётки
~ **по Шо́ттки** *(Krist)* Schottky-Fehlordnung *f*, Schottky-Defekt *m*
~/**радиацио́нный** *(Krist)* Strahlenschaden *m*, Strahlungsdefekt *m*
~ **решётки** *(Krist)* Fehlstelle *f*, Gitterfehlstelle *f*, Fehlordnung *f*, Gitterfehlordnung *f*, Gitterdefekt *m*, Störstelle *f*
~/**скры́тый** verdeckter Fehler *m*
~/**со́бственный** *(Krist)* Eigenfehlstelle *f*, Eigenfehlordnung *f*
~ **строе́ния** *(Krist)* Baufehler *m*
~ **упако́вки** *(Krist)* Stapelfehler *m*, SF *m*
дефе́ктный defekt, schadhaft, fehlerhaft
дефектоско́п *m (Wkst)* Defektoskop *n*
~/**магни́тный** Magnetpulverdefektoskop *n*
~/**ультразвуково́й** Ultraschalldefektoskop *n*, Ultraschallmaterialprüfgerät *n*
дефектоскопи́я *f (Wkst)* Defektoskopie *f (zerstörungsfreie Materialprüfung)*
~/**магни́тная** magnetische Defektoskopie *f*, Magnetdefektoskopie *f*
~/**ультразвукова́я** Ultraschalldefektoskopie *f*
дефибре́р *m (Pap)* Holzschleifer *m*, Defibrator *m*
дефибри́рование *n (Pap)* Schleifen *n*, Holzschliffherstellung *f*
~/**горя́чее** Heißschleifen *n*
~/**холо́дное** Kaltschleifen *n*
дефибри́ровать *(Pap)* schleifen *n*, Holzschliff herstellen
дефици́т *m* Defizit *n*, Fehlbetrag *m*
дефици́тный Mangel..., Defizit...
дефлагра́ция *f* Deflagration *f*, Verpuffung *f*
дефлегма́тор *m (Ch)* Dephlegmator *m*
дефлегма́ция *f (Ch)* Dephlegmation *f*
дефле́ктор *m* 1. Ablenker *m*, Deflektor *m*; 2. Leitblech *n (Gasturbine)*; Strahlabweiser *m*, Strahlablenker *m (Wasserturbine)*; 3. *(Kern)* Deflektor *m*, Ablenkvorrichtung *f (beim Beschleuniger)*; 4. *(Lw)* Auswurfkrümmer *m*; 5. *(Schiff)* Drucklüfter *m*, Lüfterkopf *m*
дефолиа́нт *m* Entlaubungsmittel *n*, Defoliationsmittel *n*
дефокусиро́вка *f (Opt)* Defokussierung *f*, Entbündelung *f*
дефо́метр *m* Defometer *n*, Defomessinstrument *n*
дефо́-пласти́чность *f s.* дефотвёрдость
деформа́ция *f* Deformation *f*, Umformung *f*, Verformung *f*, Formänderung *f*; Gestaltänderung *f*
~/**горя́чая** Warmumformung *f*, Warmverformung *f*
~/**обрати́мая** *s.* ~/упругая
~/**необрати́мая** *s.* ~/остаточная
~/**оста́точная [пласти́ческая]** bleibende [plastische] Verformung [Deformation, Formänderung] *f*
~/**упру́гая** elastische Verformung [Deformation, Formänderung] *f*
~/**холо́дная** Kaltumformung *f*, Kaltverformung *f*
деформи́ровать verformen, deformieren
деформи́руемость *f* Verformbarkeit, Umformbarkeit *f*, Deformierbarkeit *f*
дефосфора́ция *f (Met)* Entphosphorung *f (z. B. von Stahl)*
дефо́-твёрдость *f (Gum)* Defo(meter)-härte *f*
дефо́-эласти́чность *f* Defoelastizität *f*
дехлори́рование *n (Ch)* Entchloren *n*, Entchlorung *f*
децелеро́метр *m* Verzögerungsmesser *m*, Dezelerometer *n*
деци ... *(Mess)* Dezi..., d *(10^{-1} Einheiten)*
децибе́л *m (Ak)* Dezibel *n*, dB
децигра́мм *m* Dezigramm *n*
децiméтр *m* Dezimeter *n*
дешифра́тор *m* 1. *(El)* Dechiffrator *m*, Dechiffrierungsgerät *n*; 2. *(Nrt)* Übersetzer *m*, Umsetzer *m*
дешифри́рование *n s.* декодирование
дешифри́ровать *s.* декодировать
дешифро́вка *f s.* декодирование
деэмульга́тор *m (Ch)* Demulgator *m*, Emulsionsentmischer *m*
деэмульги́рование *n (Ch)* Demulgieren *n*, Dismulgieren *n*, Entemulsionieren *n*
деэмфа́зис *m (Nrt)* Deemphasis *f*, Nachentzerrung *f*
де́ятельность *f* Tätigkeit *f*; Wirkung *f*
~ **Со́лнца/пятнообразова́тельная** *(Astr)* Sonnenfleckenaktivität *f*
Дж *s.* джоуль

джи́ггер *m (Text)* Jigger *m (Färbemaschine)*
джин *m s.* волокноотделитель
джини́ровать *(Text)* egrenieren, entkörnen
джо́йстик *m (Inf)* Joystick *m*
джо́уль *m* Joule *n*, J *(Einheit für Arbeit, Energie und Wärmemenge)*
джут *m* Jute *f*
джу́товый Jute...
диаба́з *m (Geol)* Diabas *m*
диагно́стика *f* Diagnostik *f*
~ **оши́бок** Fehlerdiagnostik *f*
~/**ультразвукова́я** Ultraschalldiagnostik *f*
диагона́ль *f (Math)* Diagonale *f*
диагона́льный *(Math)* diagonal
диагра́мма *f* Diagramm *n*, Charakteristik *f*
~/**ве́кторная** Vektordiagramm *n*
~/**временна́я** Zeitdiagramm *n*, Impulsdiagramm *n*
~ **излуче́ния** Strahlungsdiagramm *n*
~/**индика́торная** Indikatordiagramm *n*
~/**кругова́я** Kreisdiagramm *n*
~ **Ма́ксвелла-Кремо́ны** *(Mech)* Cremona-Plan *m*, cremonascher [reziproker] Kräfteplan *m*
~ **нагру́зки** Belastungsdiagramm *n*; Lastcharakteristik *f*
~ **напра́вленности** Richtdiagramm *n*, Richtcharakteristik *f*
~ **раствори́мости** Löslichkeitsdiagramm *n*, Löslichkeitskurve *f*
~/**силова́я** Kräfteplan *m*, Krafteck *n*
~ **состоя́ния** Zustandsdiagramm *n*
~/**теплова́я** *s.* ~/энтропийная
~ **уси́лий** *s.* ~ Максвелла-Кремоны
~/**фа́зовая** Phasendiagramm *n*
~/**энтропи́йная** (Temperatur-)Entropie-Diagramm *n*, Wärmebild *n*, *T,S*-Diagramm *n*, *TS*-Diagramm *n*
***TS*-диагра́мма** *s.* диаграмма/энтропийная
диазокраси́тель *m (Ch)* Diazofarbstoff *m*
диазосоедине́ние *n (Ch)* Diazoverbindung *f*
диазоти́пия *f (Photo)* Diazoverfahren *n*
диазоти́рование *n (Ch)* Diazotieren *n*
диа́к *m (Eln)* Diac *m*, (bidirektionale) Triggerdiode *f*
диа́лиз *m (Ch)* Dialyse *f*
диализа́т *m (Ch)* Dialysat *n*
диализа́тор *m (Ch)* Dialysator *m*
диало́г *m* /**человекомаши́нный** *(Kyb)* Mensch-Maschine-Dialog *m*, Mensch-Maschine-Kommunikation *f*
диамагнети́зм *m* Dimagnetismus *m*
диамагне́тик *m* diamagnetischer Stoff *m*, Diamagnetikum *n*
диамагни́тный diamagnetisch
диа́метр *m* Durchmesser *m*
~ **в свету́** lichter Durchmesser *m*
~/**вну́тренний** Innendurchmesser *m*
~/**нару́жный** Außendurchmesser *m*
диаметра́льный diametral
диапазо́н *m* 1. Bereich *m*; Gebiet *n*; 2. *(Mess)* Bereich *m*, Skale *f*; 3. *(Rf)* Band *n*; 4. *(Rf)* Bereich *m*; 5. Arbeitsbereich *m (von Antennen)*
~ **волн** *(Rf)* 1. Wellenbereich *m*; 2. Wellenband *n*
~ **гро́мкости** Lautstärkebereich *m*
~/**дециметро́вый** *(Rf)* Dezimeterwellenbereich *m*
~/**длинново́лновый** *(Rf)* 1. Langwellenbereich *m*, LW-Bereich *m*; 2. Langwellenband *n*, LW-Band *n*
~ **измере́ний** Messbereich *m*
~/**инфракра́сный** *(Opt)* Infrarotbereich *m*, IR-Bereich *m*
~/**коротково́лновый** *(Rf)* 1. Kurzwellenbereich *m*, KW-Bereich *m*; 2. Kurzwellenband *n*, KW-Band *n*
~/**радиовеща́тельный** Rundfunkband *n*
~/**радиолюби́тельский** 1. Amateurfunkbereich *m*; 2. Amateur(funk)band *n*
~/**растя́нутый** *(Rf)* 1. gespreizter Wellenbereich *m*; 2. gespreiztes Band *n*
~ **регули́рования** Regelungsbereich *m*, Regelbereich *m*
~ **сверхвысо́ких часто́т** Höchstfrequenzbereich *m*
~/**среднево́лновый** *(Rf)* 1. Mittelwellenbereich *m*, MW-Bereich *m*; 2. Mittelwellenband *n*, MW-Band *n*
~/**ультракоротково́лновый** *(Rf)* 1. Ultrakurzwellenbereich *m*, UKW-Bereich *m*; 2. Ultrakurzwellenband *n*, UKW-Band *n*
~ **часто́т** Frequenzbereich *m*

диапозити́в *m* Diapositiv *n*, Dia *n*
диапрое́ктор *m* Lichtbildwerfer *m*, Diaprojektor *m*
диаско́п *m* Diaskop *n*
диатерми́чный diatherm, wärmedurchlässig
диатоми́т *m (Geol)* Diatomit *m*
диафано́метр *m* Diaphanometer *n*, Lichtdurchlässigkeitsprüfer *m*
диафра́гма *f* 1. *(Opt)* Blende *f*; Diaphragma *n*; 2. Membrane *f (des Lautsprechers)*; 3. *(Ch)* Scheidewand *f*; 4. Schott *n*, Scheidewand *f*; 5. *(Bw)* Versteifungswand *f*, Versteifungsblech *n*; 6. Zwischenboden *m (einer Dampfturbine)*
~/**аперту́рная** *(Opt)* Aperturblende *f*, Öffnungsblende *f*
~/**и́рисовая** *(Opt)* Irisblende *f*, Iris *f*
~/**пры́гающая** *(Opt)* Springblende *f*
~/**сме́нная** *(Opt)* Wechselblende *f*
~/**щелева́я** *(Opt)* Schlitzblende *f*, Spaltblende *f*
диафрагми́рование *n* 1. *(Photo)* Abblenden *n*, Abblendung *f*; 2. *(Photo)* Blendeneinstellung *f*; 3. *(Kern)* Ausblenden *n*
диверге́нция *f (Geol, Meteo)* Divergenz *f*
диви́зор *m (Math)* Divisor *m*
диза́йн *m* Design *n*
ди́зель *m* Diesel(motor) *m*
~/**быстрохо́дный** schnell laufender Diesel(motor) *m*
~/**вихрека́мерный** Wirbelkammerdiesel(motor) *m*
~/**ка́терный** Bootsdiesel(motor) *m*
~/**корабе́льный** Schiffsdiesel(motor) *m*
~/**малооборо́тный** langsam laufender Diesel(motor) *m*
~/**предка́мерный** Vorkammerdiesel(-motor) *m*
~/**судово́й** Schiffsdiesel(motor) *m*
ди́зель-генера́тор *m (El)* Dieselgenerator *m*
ди́зель-компре́ссор *m* Dieselkompressor *m*, Dieselverdichter *m*
ди́зель-механи́ческий dieselmechanisch
ди́зельный Diesel(motor)...
ди́зель-по́езд *m (Eb)* Dieseltriebzug *m*
ди́зель-электри́ческий dieselelektrisch
ди́зель-электроста́нция *f* Dieselkraftwerk *n*
ди́зель-электрохо́д *m* Dieselelektroschiff *n*
дизъюнкти́вный disjunktiv
дизъю́нкция *f (Math)* Disjunktion *f*
диктофо́н *m* Diktiergerät *n*
дилата́ция *f* 1. *(Mech)* Dilatation *f*, Volumenausdehnung *f*, (kubische) Dehnung *f*; 2. *(Therm)* Wärmeausdehnung *f*, Dilatation *f*
дилато́метр *m* Dilatometer *n*, Dehnungsmesser *m*, Dehnungsmessinstrument *n*
дилатометри́ческий dilatometrisch
дилатоме́трия *f* Dilatometrie *f*, Dehnungsmessung *f*
диме́р *m (Ch)* Dimer(e) *n*
диморфи́зм *m (Krist)* Dimorphie *f*
ди́на *f* Dyn *n*, dyn *(SI-fremde Einheit der Kraft)*
дина́ма *f (Math)* Schraube *f*, Vektorschraube *f*, Dyname *f*
дина́мика *f* Dynamik *f*
~ **волн** Wellendynamik *f*
~/**га́зовая** Gasdynamik *f*
~ **движе́ния** Fahrdynamik *f*
~/**звёздная** Stellardynamik *f*, Dynamik *f* der Sternsysteme
~ **полёта** Flugdynamik *f*
~ **сооруже́ний** Bauwerksdynamik *f*
динами́т *m* Dynamit *n*
динами́тный Dynamit...
динами́ческий dynamisch
динамо́граф *m* Dynamograph *m*, Registrierdynamometer *n*
динамо́метр *m* Dynamometer *n*, Kraftmessinstrument *n*
~/**враща́тельный** Drehmomentmessinstrument *n*
~/**инструмента́льный** Schnittkraftmessinstrument *n*
~/**образцо́вый** Normalkraftmessinstrument *n*
~/**тормозно́й** Bremsdynamometer *n*
~/**тя́говый** Zugkraftmessinstrument *n*
дина́с *m* Silikastein *m*
дина́совый Silika...
динатро́н *m (Eln)* Dynatron *n*, Dynatronröhre *f*
динисто́р *m (Eln)* Dynistor *m*, Dynistordiode *f*

дино́д *m (Eln)* Dynode *f*
дио́д *m (Eln)* Diode *f*
~/**выпрями́тельный** Gleichrichterdiode *f*
~/**высокочасто́тный** Hochfrequenzdiode *f*, HF-Diode *f*
~ **Га́нна** Gunn-Diode *f*
~/**герма́ниевый** Germaniumdiode *f*
~/**кре́мниевый** Siliciumdiode *f*
~/**кристалли́ческий** Kristalldiode *f*, Halbleiterdiode *f*
~/**ла́зерный** Laserdiode *f*
~/**переключа́ющий** Schaltdiode *f*
~/**плана́рный** Planardiode *f*
~/**плоскостно́й** Flächendiode *f*
~/**полупроводнико́вый** Halbleiterdiode *f*
~/**регулиро́вочный** Regeldiode *f*; Steuerdiode *f*
~/**светоизлуча́ющий** Lumineszenzdiode *f*, Lichtemissionsdiode *f*, LED *f*
~/**селе́новый** Selendiode *f*
~/**смеси́тельный** Mischdiode *f*
~/**то́чечный** Spitzendiode *f*, Punktdiode *f*
~/**тунне́льный** Tunneldiode *f*, Esaki-Diode *f*
~ **Шо́тки** Schottky-Diode *f*
~/**шумово́й** Rauschdiode *f*
дио́дный Dioden...
дио́птр *m* Diopter *n (Visiergerät)*
диоптри́метр *m (Opt)* Dioptrienmesser *m*
диоптри́я *f (Opt)* Dioptrie *f*, dpt, dptr., Dptr.
диори́т *m (Min)* Diorit *m*
дипирами́да *f (Krist)* Dipyramide *f*, Doppelpyramide *f*
дипо́ль *m (El)* Dipol *m*
~/**двойно́й** Doppeldipol *m*
~/**крестообра́зный** Kreuzdipol *m*
~/**магни́тный** magnetischer Dipol *m*
~/**приёмный** Empfangsdipol *m*
~/**электри́ческий** elektrischer Dipol *m*
дипо́льный Dipol...
дипта́нк *m (Schiff)* Hochtank *m*
директи́ва *f (Inf)* Anweisung *f (s. a. unter* инструкция 4.*)*
директри́са *f (Math)* Direktrix *f*
дирижа́бль *m* Luftschiff *n*
дисбала́нс *m* 1. *(Masch)* Unwucht *f*; 2. *(El)* Abgleichfehler *m*
диск *m* 1. Scheibe *f*; Teller *m*; Rad *n*; 2. Sägeblatt *n (der Kreissäge)*; 3. Schallplatte *f*; 4. Plattenteller *m*; 5. *(Inf)* Disc *f*, Disk *f*
~/**абрази́вный** Schleifscheibe *f*
~/**видеозвуково́й** *(Eln)* Videoplatte *f*
~/**ги́бкий (магни́тный)** *(Inf)* Floppy-Disc *f*, Floppydisk *f*, Diskette *f*
~/**дели́тельный** *(Wkz)* Teil(ungs)-scheibe *f*, Rasterscheibe *f*
~/**жёсткий (магни́тный)** *(Inf)* Festplatte *f*, Harddisk *f*, Harddisc *f*
~/**исхо́дный** *(Inf)* Quelldiskette *f*
~/**кулачко́вый** *(Masch)* Nockenscheibe *f*, Kurvenscheibe *f*
~/**магни́тный** *(Inf)* Magnetplatte *f*, MP *f*
~/**неперезапи́сываемый** *(Inf)* WORM-Platte *f*
~ **однокра́тной за́писи** *(Inf)* WORM-Platte *f*
~/**пи́льный** *(Wkz)* Kreissägeblatt *n*
~/**ре́жущий** *(Wkz)* Trennscheibe *f*
~/**сме́нный** *(Inf)* Wechselplatte *f*
~/**сплошно́й** *(Masch)* Vollscheibe *f*
~ **сцепле́ния** *(Masch)* Kupplungsscheibe *f*, Kupplungslamelle *f*
~/**тормозно́й** *(Masch)* Bremsscheibe *f*
диске́та *f (Inf)* Diskette *f*
дискова́ние *n (Lw)* Bodenbearbeitung *f* mit der Scheibenegge
дисково́д *m (Inf)* Laufwerk *n*, Diskettenlaufwerk *n*
ди́сковый 1. Scheiben...; 2. *(Inf)* plattenorientiert
дискретиза́тор *m* Digitalisierer *m*, Digitizer *m*
дискретиза́ция *f (Reg)* Zeitquantelung *f*, (zeitliche) Quantelung ; *(Inf)* Abtastung *f*, Diskretisierung *f*
дискре́тно-непреры́вный diskret-kontinuierlich; *(Inf)* digital-analog
дискре́тность *f (Math)* Diskretheit *f*
дискре́тный diskret; *(Inf)* digital, Digital...
дискримина́нт *m (Math)* Diskriminante *f*
дискримина́тор *m (El)* Diskriminator *m*
дискримина́ция *f (Ph)* Diskriminierung *f*; *(El)* Unterscheidungsgrad *m*
дислока́ция *f* 1. Versetzung *f*, Verschiebung *f*; 2. *(Krist)* Versetzung *f*, Dislokation *f*, (eindimensionale) Fehlordnung *f*; 3. *(Geol)* Dislokation *f*, Störung *f*

~/**краева́я** *(Krist)* Stufenversetzung *f*
дисперга́тор *m s.* среда/дисперсионная
дисперги́ровать 1. *(Ch, Ph)* dispergieren; 2. zerlegen *(Licht)*; 3. *(Math)* streuen *(Werte)*
дисперсио́нный Dispersions...
диспе́рсия *f* 1. *(Ch, Ph)* Dispersion *f*; 2. Zerlegen *n (Licht)*; 3. *(Math)* Varianz *f*, Streuung *f (von Werten)*; 4. *(Aero)* Streuung *f*, Abweichung *f (von der vorgegebenen Flugbahn)*
диспе́рсность *f (Ch, Ph)* 1. Dispersitätsgrad *m*, Dispersionsgrad *m*; 2. Dispersität *f (Zustand)*
диспе́рсный dispers
диспе́тчер *m* 1. *(Inf)* Dispatcher *m (Programm)*; 2. *(El)* Lastverteiler *m*
диспетчериза́ция *f* 1. Produktionsüberwachung(skontrolle) *f*; 2. Verkehrskontrolle *f*, Verkehrsüberwachung *f*; 3. *(Inf)* Dispatching *n*, Auswahlüberwachung *f*
диспе́тчерская *f* Dispatcherzentrale *f*
диспе́тчерский 1. *(Inf)* Dispatcher...; 2. *(El)* Lastverteiler...
диспле́й *m (Inf)* Display *n*, Bildschirm(anzeige)gerät *n*, Bildschirmeinheit *f*
диспро́зий *m (Ch)* Dysprosium *n*, Dy
диссе́ктор *m (TV)* Dissektorröhre *f*
диссимиля́ция *f (Ch)* Dissimilation *f*
диссипа́ция *f* Dissipation *f*, Zerstreuung *f* von Energie, Energievernichtung *f*
диссоциа́ция *f* 1. *(Ch, Krist)* Dissoziation *f*, Aufspaltung *f (von Molekülen, Versetzungen)*; 2. *(Astr)* Auflösung *f (eines Sternhaufens)*
~/**фотохими́ческая** photochemische Dissoziation *f*, Photodissoziation *f*, Photolyse *f*
~/**электролити́ческая** elektrolytische Dissoziation *f*
диссоции́ровать *(Ch)* dissoziieren, (auf)spalten
дистанцио́нный Fern...
диста́нция *f* 1. Distanz *f*, Entfernung *f*; 2. *(Eb)* Distanz *f*, Strecke *f*
дистиллиро́ванный 1. *(Ch)* destilliert; 2. gebrannt *(Alkohol)*
дистилли́ровать *(Ch)* 1. destillieren; 2. brennen *(Alkohol)*
дистилля́т *m (Ch)* 1. Destillat *n*; 2. destilliertes Wasser *n*
дистилля́тор *m (Ch)* 1. Destillationsapparat *m*; 2. Brennapparat *m (Alkoholdestillation)*
дистилляцио́нный 1. *(Ch)* Destillations...; 2. Brenn... *(Alkoholdestillation)*
дистилля́ция *f (Ch)* 1. Destillation *f*, Destillieren *n*; 2. Brennen *n (Alkoholdestillation)*
~/**прямото́чная** Gleichstromdestillation *f*
~/**фракциони́рованная** fraktionierte Destillation *f*
дисто́рсия *f* 1. *(Opt)* Distorsion *f*, Verzeichnung *f*; 2. *(Mech)* Verzug *m*, Verwölbung *f*; 3. *(El, Ak, Krist)* Verzerrung *f*
~/**бочкообра́зная** *(Opt)* tonnenförmige Distorsion [Verzeichnung] *f*
~/**подушкообра́зная** *(Opt)* kissenförmige Distorsion [Verzeichnung] *f*
дистрибути́вность *f (Math)* Distributivität *f*
дистрибути́вный *(Math)* distributiv, Distributiv...
дитетрагона́льный *(Krist)* ditetragonal
дитригона́льный *(Krist)* ditrigonal
дифмано́метр *m* Differenzdruckmesser *m*, Differenzdruckmessinstrument *n*
дифрактогра́мма *f (Krist)* Beugungsaufnahme *f*, Beugungsdiagramm *n*
дифракто́метр *m (Opt)* Beugungsgerät *n*, Diffraktometer *n*
дифра́кция *f (Opt)* Diffraktion *f*, Beugung *f*
диффере́нт *m (Schiff)* Trimm *m*, Trimmlage *f*
дифферентова́ть *(Schiff)* trimmen
дифференто́метр *m (Schiff)* Trimm(lage)messer *m*
дифференциа́л *m* 1. *(Math)* Differenzial *n*, Differential *n*; 2. *(Kfz)* Ausgleichgetriebe *n*, Differenzial *n*, Differential *n*
дифференциа́льный differenzial, Differenzial..., differential, Differential...
дифференциа́тор *m* 1. *(Math)* Differenziator *m*, Differentiator *m*, Derivator *m*; 2. *(Reg)* Differenzierglied *n*
дифференциа́ция *f (Math, Geol)* Differenziation *f*, Differentiation *f*

дифференци́рованный *(Math)* differenziert
дифференци́руемость *f (Math)* Differenzierbarkeit *f*
диффузио́нный Diffusions…
диффу́зия *f* 1. *(Ph)* Diffusion *f*; 2. *(Lebm)* Auslaugen *n (Zuckergewinnung)*
~/**амбиполя́рная** ambipolare Diffusion *f (Laser)*
~/**пове́рхностная** *(Krist)* Oberflächendiffusion *f*
~ **при́месей** *(Halbl)* Störstellendiffusion *f*
диффу́зный *(Ph, Opt)* diffus; zerstreut
диффу́зор *m* 1. *(Aero)* Diffusor *m*, Einlaufkanal *m*; 2. Diffuseur *m (Zuckergewinnung)*; 3. *(Opt)* Diffusor *m*; 4. *(Photo)* Weichzeichnervorsatz *m*; 5. *(El)* Konus *m*, Konusmembran *f (eines Lautsprechers)*
диффунди́рование *n* Diffundieren *n*
диффунди́ровать diffundieren
дихрои́зм *m (Opt, Min)* Dichroismus *m*
дихрои́чный dichroitisch
диэ́др *m (Krist)* Dieder *n*
диэле́ктрик *m* Dielektrikum *n*
диэлектри́ческий dielektrisch, Dielektrizitäts…
длина́ *f* Länge *f*
~/**габари́тная** Länge *f* über Alles
~ **пробе́га** *(Eb)* Laufweg *m*
длинново́лновый *(Rf)* langwellig, Langwellen…
длинноволокни́стый langfaserig; *(Text)* langstapelig
длинноме́рный *(Förd)* Langgut…
длиннопла́менный langflammig *(Kohle)*
длиноме́р *m* Längenmessinstrument *n*, Längenmesser *m*
дли́тельность *f* Dauer *f*, Zeit *f*
дли́тельный Dauer…
дни́ще *n* Boden *m*
~/**выпуклое** gewölbter Boden *m*
~/**откидно́е** Klappboden *m*
ДНК *f s.* кислота/дезоксирибонуклеиновая
дно *n* Boden *m*; Grund *m*; *(Bgb)* Sohle *f*
дноуглуби́тельный Nassbagger…, Schwimmbagger…
дноуглубле́ние *n* Baggern *n (mit Schwimmbagger)*

доба́вка *f* 1. Zuschlag *m*, Zugabe *f*, Zuschlagmittel *n*; 2. *s.* добавление
добавле́ние *n* 1. Zugeben *n*, Zusetzen *n*; Ergänzung *f*; 2. *(Ph, Ch)* Addition *f*; 3. *(Met)* Zuschlagen *n (Schrott)*
добавля́ть 1. hinzufügen, zusetzen *n*, beimengen; 2. *(Met)* zuschlagen *(Schrott)*
доба́вочный hinzufügend, ergänzend, zusätzlich, Zusatz…; *(Ph, Ch)* additiv
доброка́чественность *f* Güte *f*, Qualität *f*
доброка́чественный hochwertig, Qualitäts…
добро́тность *f* Güte *f*, Gütefaktor *m*, Q-Faktor *m*
добыва́ть 1. erwerben; 2. *(Bgb)* gewinnen, abbauen; fördern; 3. *(Bgb)* hineinbrechen, niederbrechen
добы́ча *f* 1. Erzeugung *f*, Produktion *f*; 2. *(Bgb)* Gewinnung *f*, Abbau *m*; Förderung *f (s. a. unter* выработка 3. *und* разработка 3.*)*
~/**гидравли́ческая** *(Bgb)* hydraulische Gewinnung *f*
~/**подзе́мная** *(Bgb)* Untertagegewinnung *f*
~/**су́точная** *(Bgb)* Tagesförderung *f*
доводи́ть 1. *(Fert)* feinbearbeiten; 2. *(Fert)* maßläppen; 3. *(Wkz)* abziehen *(Schneide)*; wetzen; 4. *(Met)* garschmelzen, ausgaren
householdsдово́дка *f* 1. *(Fert)* Fertigbearbeitung *f*, (abrasive) Feinbearbeitung *f*; 2. *(Fert)* Maßläppen *n*; 3. *(Wkz)* Abziehen *n (der Werkzeugschneide)*; Wetzen *n*; 4. *(Met)* Garschmelzen *n*, Ausgaren *n*
додека́эдр *m (Krist)* Dodekaeder *n*, Zwölfflächner *m*
дождева́ние *n (Lw)* Beregnen *n*, Beregnung *f*
дождеме́р *m s.* плювиометр
дождеприёмник *m (Bw)* Straßeneinlauf *m*
дождь *m* Regen *m*
дожига́ние *n* Nachbrennen *n (Feuerungstechnik)*
до́за *f (Kern)* Dosis *f*
~/**допусти́мая** zulässige Dosis [Strahlendosis] *f*
~ **излуче́ния** Strahlendosis *f*, Strahlungsdosis *f*

~/**лета́льная** Letaldosis *f*, tödliche [letale] Dosis *f*, LD *f*
~/**преде́льно допусти́мая** höchstzulässige [maximal zulässige] Strahlungsdosis *f*, MZD *f*
дозапра́вка *f* Nachtanken *n*
~ **в во́здухе** *(Flg)* Luftbetankung *f*
доза́тор *m* Dosiergerät *n*, Dosiereinrichtung *f*
~/**весово́й** Dosierwaage *f*
дозвуково́й *(Aero)* Unterschall..., Subsonik...
дози́метр *m (Kern)* Dosimeter *n*, Dosis(leistungs)messer *m*
~/**индивидуа́льный** Personendosimeter *n*
~/**плёночный** Filmdosimeter *n*
дозиме́трия *f (Kern)* Dosimetrie *f*, Strahlungsmessung *f*
~/**плёночная** Filmdosimetrie *f*
дози́рование *n* Dosieren *n*, Dosierung *f*, Zuteilung *f*
дози́ровать dosieren, zuteilen
дозиро́вка *f s.* дозирование
дозиро́вочный Dosier...
док *m (Schiff)* Dock *n*
~/**плаву́чий** Schwimmdock *n*
~/**ремо́нтный** Reparaturdock *n*
~/**сухо́й** Trockendock *n*
доказа́тельство *n* Beweis *m*, Nachweis *m*
доке́мбрий *m (Geol)* Präkambrium *n*
докова́ние *n (Schiff)* Docken *n*, Eindocken *n*
докова́ть *(Schiff)* docken
докрити́ческий unterkritisch
докуме́нт *m* Beleg *m*
документа́ция *f* Dokumentation *f*, Unterlagen *fpl*
~/**прое́ктная** Projektierungsunterlagen *fpl*
~/**техни́ческая** technische Dokumentation *f*, technische Unterlagen *fpl*
долби́ть 1. meißeln; 2. *(Fert)* stoßen
долбле́ние *n* 1. Meißeln *n*; 2. *(Fert)* Stoßen *n*
долбя́к *m (Fert)* 1. Stößel; 2. Stoßrad *n*, Schneidrad *n (einer Verzahnungsstoßmaschine)*
долгове́чность *f* 1. Lebensdauer *f*; 2. Dauerhaftigkeit *f*; 3. Grenznutzungsdauer *f*
долгове́чный 1. von hoher Lebensdauer; 2. dauerhaft; robust
долгоигра́ющий Langspiel...
долгосро́чный langfristig
долгота́ *f* Länge *f*
~/**восто́чная** östliche Länge *f*
~/**географи́ческая** geographische Länge *f*
~/**за́падная** westliche Länge *f*
долива́ние *n s.* доливка
доли́вка *f* Nachgießen *n*, Zugießen *n*; Nachfüllen *n*, Auffüllen *n*
до́лина *f (Geol)* Doline *f*
доли́на *f (Geol)* Tal *n*
доломи́т *m (Min)* Dolomit *m*
доломитиза́ция *f (Geol)* Dolomitisierung *f*
доломи́товый *(Min)* Dolomit...
долото́ *n* 1. *(Wkz)* Stechbeitel *m (Holzbearbeitung)*; 2. *(Bgb)* Bohrmeißel *m*; 3. *(Med)* Meißel *m*
~/**алма́зное** *(Bgb)* Diamantmeißel *m*
~/**бурово́е** *(Bgb)* Bohrmeißel *m*
до́ля *f* Anteil *m*, Rate *f*
дом *m (Bw)* Haus *n (s. a. unter* здание*)*
~/**деревя́нный** Holzhaus *n*
~/**жило́й** Wohnhaus *n*, Wohngebäude *n*
~/**крупнобло́чный** Großblockbau *m*, Großblockgebäude *n*
~/**крупнопане́льный** Großplattenbau *m*, Großplattengebäude *n*
~/**многокварти́рный** Mehrfamilienhaus *n*
~/**односеме́йный** Einfamilienhaus *n*
~/**сбо́рный** Fertigteilhaus *n*
~ **то́чечного ти́па** Punkthaus *n*
доме́н *m (Krist)* Domäne *f*, Bezirk *m*, Bereich *m*
до́менный Hochofen...
домкра́т *m (Förd)* Hebebock *m*, Winde *f*, Hebewinde *f*; *(Kfz)* Wagenheber *m*
~/**винтово́й** Schraubenwinde *f*
~/**натяжно́й** Spannwinde *f*
~/**ре́ечный** Zahnstangenwinde *f*
до́мна *f s.* печь/доменная
домострое́ние *n* Hochbau *m*; Bauweise *f (von Gebäuden)*
до́нор *m (Halbl)* Don(at)or *m*
до́норный Don(at)or...
дополне́ние *n* 1. Ergänzung *f*, Addition *f*; 2. *(Inf)* Komplement *n*, Ergänzung *f*

дополни́тельный 1. zusätzlich, Zusatz...; 2. *(Inf)* komplementär, Komplement...; 3. *(Math)* Komplement... *(Winkel)*
до́пуск *m (Fert)* Toleranz *f*
~ **на изготовле́ние** Fertigungstoleranz *f*
~ **на уса́дку** *(Gieß)* Schwindmaßzugabe *f*
допуска́емый *s.* допустимый
допускоме́р *m* Toleranzmessinstrument *n*
допусти́мый zulässig
дорн *m* 1. *(Wlz)* Dorn *m*, Walzdorn *m (Rohrwalzen)*; 2. *(Schm)* Lochdorn *m*
доро́га *f* Straße *f*; Weg *m*
~/**грунтова́я** unbefestigte Straße *f*
~/**желе́зная** Eisenbahn *f*
~/**кана́тная** Seilbahn *f*
~/**магистра́льная** Fernverkehrsstraße *f*
~/**моноре́льсовая** Einschienenbahn *f*
~ **на магни́тной подве́ске** Magnetschwebebahn *f*
~/**подвесна́я** Schwebebahn *f*, Hängebahn *f*
~/**подвесна́я кана́тная** Seilschwebebahn *f*
~/**подъездна́я** Zufahrtsstraße *f*, Zubringerstraße *f*
~/**скоростна́я** Schnellstraße *f*
~/**узкоколе́йная желе́зная** *(Eb)* Schmalspurbahn *f*, Kleinbahn *f*
~/**ширококоле́йная желе́зная** *(Eb)* Breitspurbahn *f*
~/**эстака́дная** Hochstraße *f*
доро́жка *f* 1. Weg *m*, Bahn *f*; 2. Falz *m*, Nut *f*; 3. *(Wlz)* Spur *f*; 4. *(Inf)* Spur *f*, Magnetspur *f*
~/**а́дресная** *(Inf)* Adressenspur *f*, Adressspur *f*
~/**бегова́я** *(Masch)* Laufbahn *f*, Lauffläche *f*
~ **да́нных** *s.* ~/информационная
~ **за́писи** Aufzeichnungsspur *f*
~/**звукова́я** Tonspur *f*
~/**информацио́нная** Datenspur *f (eines Aufzeichnungsträgers)*
~/**резе́рвная** Ersatzspur *f*
~/**рулёжная** *(Flg)* Rollbahn *f*
~/**токоведу́щая [токопроводя́щая]** (elektrische) Leitbahn *f*, Stromleitbahn *f*
доро́жный Straßen...
доска́ *f* 1. Brett *n*; Bohle *f*; 2. Tafel *f*, Platte *f*
~/**коммутацио́нная** *(El)* Schalttafel *f*
~/**прибо́рная** Instrumentenbrett *n*, Instrumententafel *f*
~/**чертёжная** Zeichenbrett *n*
доста́вка *f* 1. Zustellung *f*, Lieferung *f*; Beförderung *f*; 2. *(Bgb)* Förderung *f*
доставля́ть 1. zustellen, liefern; befördern; 2. *(Bgb)* fördern
достове́рность *f* Zuverlässigkeit *f*
до́ступ *m* 1. Zutritt *m*, Zugang *m*; 2. *(Inf)* Zugriff *m*
~/**бы́стрый** *(Inf)* schneller Zugriff *m*
~ **во́здуха** Luftzutritt *m*
~/**дистанцио́нный** *(Inf)* Fernzugriff *m*
~ **к да́нным** *(Inf)* Datenzugriff *m*
~ **к па́мяти** *(Inf)* Speicherzugriff *m*
~ **к па́мяти/прямо́й** direkter Speicherzugriff *m*, DMA *m*, Speicherdirektzugriff *m*
~ **к ши́не** *(Inf)* Buszugriff *m*
~/**коллекти́вный** *(Inf)* Mehrfachzugriff *m*, Vielfachzugriff *m*
~/**после́довательный** *(Inf)* sequentieller Zugriff *m*
~/**произво́льный** *(Inf)* wahlfreier Zugriff *m*
~/**прямо́й** *(Inf)* direkter Zugriff *m*, Direktzugriff *m*
досту́пность *f* Zugänglichkeit *f*
досту́пный zugänglich
досяга́емость *f* Erreichbarkeit *f*
доща́тый Bretter..., Bohlen...
доэвтекти́ческий *(Wkst)* untereutektisch *(Gefüge)*
доэвтекто́идный *(Wkst)* untereutektoid *(Gefüge)*
дптр *s.* диоптрия
дра́га *f* Schwimmbagger *m*, Nassbagger *m*
дра́глайн *m* Schleppschaufelbagger *m*, Zugseilbagger *m*, Dragline *m*
дразне́ние *n (Met)* Polen *n (Kupfer)*
дра́йвер *m (Inf)* Treiber *m*, Treiberstufe *f*, Driver *m*
~/**ши́нный** Bustreiber *m*
дрань *f (Bw)* Rohrgewebe *n (als Putzträger)*
дре́безг *m* Prellen *n (z. B. von Kontakten)*

древеси́на *f* Holz *n*
~/**бала́нсовая** Schleifholz *n (Celluloseherstellung)*
~/**делова́я** Nutzholz *n*
~/**длинноволокни́стая** langfaseriges Holz *n*
~/**коротковолокни́стая** kurzfaseriges Holz *n*
~ **ли́ственных поро́д** Laubholz *n*
~ **хво́йных поро́д** Nadelholz *n*
древесноволокни́стый Holzfaser...
древесностру́жечный Holzspan...
древе́сный Holz...
дрези́на *f (Eb)* Draisine *f*
~/**мото́рная** Motordraisine *f*
дрейф *m* 1. Drift *f*, Wanderung *f*; 2. *(Schiff)* Abdrift *f*; 3. *(Eln)* Drift *f*
~/**континента́льный** *(Geoph)* Kontinentaldrift *f*
~ **нуля́** *(Inf)* Nullpunktwanderung *f*, Nullpunktdrift *f*
дре́йфовать 1. treiben, driften; 2. *(Schiff, Flg)* (ab)driften; 3. *(Eln)* driften, wandern
дрель *f* Handbohrmaschine *f*
дре́на *f* Drän *m*, Sickergraben *m*
дрена́ж *m* Dränage *f*, Dränung *f*, Entwässerung *f*
~/**закры́тый** Dränung *f*
~/**откры́тый** Grabenentwässerung *f*
дреноукла́дчик *m* Dränmaschine *f*
дрессирова́ть *(Wlz)* dressieren, dressierwalzen
дрессиро́вка *f (Wlz)* Dressieren *n*, Dressierwalzen *n*
дри́фтер *m* 1. *(Bgb)* schwerer Bohrhammer *m*; 2. *(Schiff)* Treibnetzfänger *m*, Drifter *m*
дробестру́йный Schrotschleuderstrahl..., Stahlsandstrahl...
дроби́лка *f* Brechwerk *n*, Brecher *m*, Zerkleinerungsmaschine *f*; *(Lebm)* Schroter *m*, Schrotmühle *f*
~/**валко́вая** Walzenbrecher *m*, Walzenbrechwerk *n*
~/**ди́сковая** Tellerbrecher *m*, Scheibenbrecher *m*
~/**ко́нусная** Kegelbrecher *m*
~/**молотко́вая** Hammerbrecher *m*; Hammermühle *f*
~/**ро́торная** Kreiselbrecher *m*
~/**уда́рная** Schlagbrecher *m*
~/**щекова́я** Backenbrecher *m*
дроби́мость *f* Brechbarkeit *f (z. B. von Erz)*
дроби́на *f (Brau)* Treber *m*
дроби́ть zerkleinern, brechen; *(Brau, Lw)* schroten
дробле́ние *n* Zerkleinern *n*, Zerkleinerung *f*, Brechen *n*; *(Brau, Lw)* Schroten *n*, Schrotung *f*
~/**кру́пное** Grobzerkleinerung *f*, Vorzerkleinerung *f*
~/**ме́лкое** Feinzerkleinerung *f*, Feinbrechen *n*
~/**мо́крое** Nasszerkleinerung *f*; *(Brau)* Nassschroten *n*, Nassschrotung *f*
~/**сухо́е** Trockenzerkleinerung *f*; *(Brau)* Trockenschroten *n*, Trockenschrotung *f*
дро́бный *(Math)* gebrochen, Bruch...
дробь *f* 1. *(Math)* Bruch *m*; 2. Schrot *m (Jagdmunition)*; 3. *(Met)* Granalien *fpl*
~/**десяти́чная** *(Math)* Dezimalbruch *m*
~/**непра́вильная** *(Math)* unechter Bruch *m*
~/**непреры́вная** *(Math)* kontinuierlicher Bruch *m*
~/**периоди́ческая** *(Math)* periodischer Bruch *m*
~/**пра́вильная** *(Math)* echter Bruch *m*
~/**проста́я** *(Math)* gemeiner Bruch *m*
~/**сме́шанная** *(Math)* gemischter Bruch *m*
~/**цепна́я** *(Math)* Kettenbruch *m*
дрожа́ние *n* 1. Vibration *f*, Schwingung *f*; 2. Tanzen *n (des Reglers)*; Tanzen *n*, Zittern *n (des Bildes)*
дрожжева́ние *n* **кормо́в** *(Lw)* Gärfutterbereitung *f*
дрожжева́ть *(Lw)* silieren, einsäuern
дро́жжи *pl* Hefe *f*
~/**кормовы́е** Futterhefe *f*
дропа́ут *m* Drop-out *m*, Signalausfall *m*
дропи́н *m* Drop-in *m*, Störsignal *n*
дросселúрование *n* Drosseln *n*, Drosselung *f*, Abdrosseln *n*
дроссели́ровать (ab)drosseln
дро́ссель *m* 1. *(El)* Drossel(spule) *f*; 2. *(Hydr)* Drosselventil *n*
~/**высокочасто́тный** *(El)* Hochfrequenzdrossel *f*, HF-Drossel *f*
дро́ссельный Drossel...
дро́ссы *pl (Met)* Schaum *m*, Krätze *f*
дру́за *f (Min)* Druse *f*

ДТЛ *f s.* логика/диодно-транзисторная
ДТП *n s.* происшествие/дорожно-транспортное
дуби́льный Gerb...
дуби́тель *m* 1. Gerbstoff *m*; 2. *(Photo)* Härtemittel *n*
дуби́ть 1. gerben; 2. *(Photo)* härten
дубле́ние *n* 1. Gerben *n*; 2. *(Photo)* Härten *n*, Härtung *n*
~/хро́мовое Chromgerbung *f*
дублёный 1. gegerbt; 2. *(Photo)* gehärtet
дубле́т *m (Kern)* Dublett *n*
дубли́рование *n* 1. *(Wlz)* Dublierung *f*, Dublieren *n*, Falten *(Bleche)*; 2. Synchronisieren *n (Film)*; 3. *(Inf)* Duplizieren *n*, Doppeln *n*
дубли́ровать 1. *(Wlz)* doppeln, falten *(Bleche)*; 2. synchronisieren *(Filme)*; 3. *(Inf)* duplizieren, doppeln
дуга́ *f* 1. Bogen *m*, Kreisbogen *m*; 2. Bügel *m*; 3. *(El)* Lichtbogen *m*
~ безопа́сности *(Kfz)* Überrollbügel *m*
~ окру́жности Kreisbogen *m*
дугово́й 1. Kreisbogen...; 2. *(El)* Lichtbogen...
дугогаси́тель *m (El)* Lichtbogenlöscher *m*
дугообразова́ние *n (El)* Lichtbogenbildung *f*
дугосто́йкий lichtbogenfest
дуктило́метр *m (Mech)* Duktilometer *n (Gerät zur Messung der Dehnbarkeit)*
дукти́льность *f* Duktilität *f*, Dehnbarkeit *f*, Ziehbarkeit *f*, Streckbarkeit *f*
ду́ктор *m (Typ)* Duktor *m*
думпер *m (Kfz)* Dumper *m*
ду́плекс *m (Nrt)* Gegensprecheinrichtung *f*, Duplexbetrieb *m*
~/по́лный Duplex *m*, Vollduplex *m*
ду́плексный Duplex...
ду́плекс-проце́сс *m (Met)* Duplexverfahren *n*, Verbundverfahren *n (Stahlerzeugung)*
дуралюми́н *m s.* дюралюмин
дуть 1. blasen; 2. ziehen *(Luft)*; 3. *(Met)* windfrischen, erblasen
дутьё *n* 1. Blasen *n*; 2. Luftstrom; 3. *(Met)* Wind *m*; 4. Gebläse *n*; 5. Gebläseluft *m*; 6. *(El)* Beblasen *n*, Blaswirkung *f*
~/ве́рхнее 1. *(Met)* Oberwind *m*; 2. Oberluft *f (Feuerung)*
~/кислоро́дное *(Met)* Sauerstoffblasen *n*
~/ни́жнее 1. *(Met)* Unterwind *m*; 2. Unterluft *f (Feuerung)*
душ *m* Dusche *f*, Brause *f*
~/возду́шный Luftdusche *f*
душни́к *m (Gieß)* 1. Luftspieß *m*; 2. Luftkanal *m (in einer Form)*
дым *m* Rauch *m*
~/густо́й Qualm *m*
дыми́ть rauchen
дымле́ние *n* Rauchbildung *f*, Rauchentwicklung *f*
дымоме́р *m* Rauchgasdichtemesser *m*
дымоотво́д *m* Rauchabzug(skanal) *m*
дымосо́с *m* Saugzuglüfter *m*
дымохо́д *m* 1. Zug *m*, Rauchzug *m*, Abgaszug *m*; 2. Ofenzug *m*, Heizzug *m*, Kesselzug *m*; 3. Kanal *m*, Rauchkanal *m*
дымя́щий rauchend
дыра́ *f* Loch *n*; Öffnung *f*
~ в озо́новом сло́е *(Geoph, Ökol)* Ozonloch *n*
~/озо́новая *(Geoph, Ökol)* Ozonloch *n*
~/чёрная *(Astr)* schwarzes Loch *n*
ды́рка *f* 1. *(Krist)* Leerstelle *f*, Gitterleerstelle *f*; 2. *(Ph, Eln)* Loch *n*, Defektelektron *n*
ды́рчатый gelocht, Loch...
ды́шло *n* **/сцепно́е** *(Eb)* Kuppelstange *f*
дю́бель *m* Dübel *m*
дю́кер *m (Hydt)* Düker *m*
дю́на *f (Geol)* Düne *f*
~/материко́вая Kontinentaldüne *f*, Festlanddüne *f*, Binnendüne *f*
дюра́ль *m s.* дюралюмин
дюралюми́н(ий) *m* Duralumin(ium) *n*, Dural *n*
дюроме́тр *m (Wkst)* Durometer *n*, Härtemesser *m*

Е

евро́пий *m (Ch)* Europium *n*, Eu
европла́та *f (Inf)* Eurokarte *f*
едини́ца *f* 1. *(Mess)* Einheit *f*, Maßeinheit *f*; 2. *(Math)* Eins *f*

~/**астрономи́ческая** astronomische Einheit *f*, AE *f*
~/**внесисте́мная** systemfremde Einheit *f*
~/**двои́чная** *(Inf)* Bit *n*, binäre Einheit [Informationseinheit] *f*
~ **длины́** Längeneinheit *f*
~/**до́льная** Teil *m* einer Einheit
~ **измере́ния** Maßeinheit *f*
~ **информа́ции** Informationseinheit *f*, Nachrichteneinheit *f*
~ **ма́ссы** Masseneinheit *f*
~ **ма́ссы/а́томная** *(Kern)* atomare [atomphysikalische, kernphysikalische] Masseneinheit *f*
~/**мни́мая** imaginäre Einheit *f*
~ **объёма** Volum(en)einheit *f*
~/**основна́я** Basiseinheit *f*
~/**произво́дная** abgeleitete Einheit *f*
~/**светова́я** lichttechnische [photometrische] Einheit *f*
~ **СИ** SI-Einheit *f*
~ **систе́мы СГС** CGS-Einheit *f*, absolute Einheit *f*
~/**узако́ненная** gesetzliche Einheit *f*
еди́нственность *f (Math)* Eindeutigkeit *f*
едини́чный 1. einzeln; singulär; 2. Einheits...; 3. Original *(z. B. Originalkonstruktion)*
еди́ный einheitlich
е́дкий *(Ch)* ätzend, kaustisch, Ätz...
езда́ *f* Fahrt *f*
ёмкостно-индукти́вный *(El)* kapazitiv-induktiv
ёмкостный *(El)* kapazitiv, Kapazitäts...
ёмкость *f* 1. Rauminhalt *m*, Inhalt *m*; 2. Fassungsvermögen *n*, Kapazität *f*; 3. *(El)* Kapazität *f*; 4. Behälter *m*, Tank *m*, Gefäß *n*; 5. *(Inf)* Speicherkapazität *f*; 6. *(Nrt)* Kanalkapazität *f*; 7. Kapazität *f (eines Produktionsbetriebes)*
~/**барье́рная** *(Halbl)* Sperrschichtkapazität *f*
~/**входна́я** *(El)* Eingangskapazität *f*
~/**выходна́я** *(El)* Ausgangskapazität *f*
~ **запомина́ющего устро́йства** *(Inf)* Speicherkapazität *f*
~/**заря́дная** *(El)* Ladekapazität *f*
~/**напо́рная** Druckgefäß *n*; Hochbehälter *m*
~/**оста́точная** *(El)* Restkapazität *f*
~ **па́мяти** *(Inf)* Speicherkapazität *f*
~/**поле́зная** Nutzkapazität *f*, Nutzinhalt *m*
~/**со́бственная** Eigenkapazität *f (einer Antenne)*
~/**уде́льная** *(El)* spezifische Kapazität *f*
ёрш *m (Bw)* Rundbürste *f*
есте́ственный natürlich, Natur...
естествозна́ние *n* Naturwissenschaften *fpl*

Ж

жад *m (Min)* Jade *m*
жакка́рдовый *(Text)* Jacquard...
жалюзи́ *n* Jalousie *f*, Rollladen *m*
~ **радиа́тора** *(Kfz)* Kühlerjalousie *f*
жар *m* Glut *f*, Hitze *f*
~/**кали́льный** Glühhitze *f*
~/**плави́льный** Schmelzhitze *f*
жаропро́чность *f* Warmfestigkeit *f*, Hitzebeständigkeit *f*
жаропро́чный warmfest, hitzebeständig
жаросто́йкий 1. hitzefest, zunderfest *(metallische Werkstoffe)*; 2. feuerfest, feuerbeständig *(keramische Werkstoffe)*
жаросто́йкость *f* 1. Hitzefestigkeit *f*, Zunderfestigkeit *f (metallischer Werkstoffe)*; 2. Feuerfestigkeit *f*, Feuerbeständigkeit *f (keramischer Werkstoffe)*
жароупо́рность *f s.* жаростойкость 1.
жароупо́рный *s.* жаростойкий 1.
жа́тка *f (Lw)* 1. Mäher *m*, Mähmaschine *f*; 2. Mähwerk *n*
жгут *m* Strang *m*; Litze *f*
желати́на *f* Gelatine *f*
желатини́рование *n* Gel(atin)ierung *f*
желе́зистый eisenhaltig, Eisen...
железнодоро́жный Eisenbahn..., Bahn...
желе́зный Eisen..., eisern
железня́к *m (Min)* Eisenstein *m*, Eisenerz *n*
~/**кра́сный** Roteisenstein *m*, Hämatit *m*
желе́зо *n* 1. *(Ch)* Eisen *n*, Fe; 2. *(Met)* Eisen *n (s. a. unter* сталь*)*
~/**гу́бчатое** Eisenschwamm *m*
~/**кри́чное** *(Met)* Frischeisen *n*
~/**самоpо́дное** *(Met)* gediegenes Eisen *n*

~/**электролити́ческое** Elektrolyteisen *n*
железобето́н *m* Stahlbeton *m (s. a. unter* бетон*)*
~/**моноли́тный** monolithischer Stahlbeton *m*
~/**предвари́тельно напряжённый** Spannbeton *m*, vorgespannter Stahlbeton *m*
~/**сбо́рный** Stahlbetonfertigteile *npl*
железобето́нный Stahlbeton...
железору́дный Eisenerz..., eisenerzhaltig
железосодержа́щий eisenhaltig, eisenführend
железоуглеро́дистый Eisen-Kohlenstoff...
жёлоб *m* 1. Rinne *f*; Graben *m*; 2. Rutsche *f*; Schurre *f*; 3. *(Masch)* Nut *f*; Rille *f*
~/**вибрацио́нный** Schwingrinne *f*
~/**водосто́чный** Dachrinne *f*
~/**выпускно́й** *(Met)* Abstichrinne *f*, Stichrinne *f*
~/**загру́зочный** Aufgabeschurre *f*, Verladerinne *f*
~/**кача́ющийся** Pendelrinne *f*, Schwingrinne *f*
~/**накло́нный** Rutsche *f*
~/**приёмный** Auffangrinne *f*
~/**разгру́зочный** Entladerinne *f*, Entladeschurre *f*
~/**тра́нспортный** Förderrinne *f*
желобо́к *m (Masch)* Riefe *f*, Rille *f*
жело́бчатый 1. gerillt, Rillen...; 2. trogförmig, muldenförmig
желте́ние *n (Pap)* Gilben *n*
желтозём *m (Geol)* Gelberde *f*
желтоло́мкость *f (Wkst)* Gelbbrüchigkeit *f (von Stahl)*
жеребе́йка *f (Gieß)* Kernstütze *f*, Kernböckchen *n*
жёрнов *m* Mahlstein *m*
жёсткий 1. starr, steif; 2. hart *(Wasser, Strahlung)*; 3. *(Masch)* formschlüssig; 4. *(Inf)* fest, nicht veränderbar *(z. B. die Programmierung)*
жёсткость *f* 1. *(Mech)* Starrheit *f*; 2. *(Fest)* Steifheit *f*, Steifigkeit *f*; 3. Härte *f*, Härtegrad *m (des Wassers)*; 4. Härte *f (einer Strahlung)*
~ **воды́** Wasserhärte *f*
~/**вре́менная** vorübergehende [temporäre] Härte *f*, Karbonathärte *f*
~ **излуче́ния** *(Kern)* Strahlenhärte *f*
~/**карбона́тная** *s.* ~/временная
~/**постоя́нная** bleibende Steifigkeit *f*
~ **при изги́бе** Biegesteifigkeit *f*
~ **при круче́нии** Torsionssteifigkeit *f*, Verdreh(ungs)steifigkeit *f*
жесть *f* Blech *n (niedrig gekohltes Feinblech)*
~/**бе́лая** Weißblech *n*
жестя́нка *f* Blechbüchse *f*
жестяно́й Blech...
живи́ца *f* Terpentin *n*
живу́честь *f* **(судна́)** Havariesicherheit *f* (des Schiffes)
жи́дкий flüssig; dünnflüssig; schmelzflüssig
жидкокристалли́ческий kristallin-flüssig, flüssig-fest
жидкомагни́тный liquidmagnetisch
жидкопла́вкий dünnflüssig *(z. B. Schlacke)*
жи́дкостный Flüssigkeits...
жи́дкость *f* 1. Flüssigkeit *f*; 2. *(Text)* Flotte *f*
~/**вя́зкая** *(Hydrom)* zähe [viskose] Flüssigkeit *f*
~/**гидравли́ческая** Hydraulikflüssigkeit *f*
~/**зака́лочная** Härteflüssigkeit *f*, Abschreckflüssigkeit *f*
~/**запо́рная** Sperrflüssigkeit *f*
~/**идеа́льная** *(Hydrom)* ideale [reibungslose] Flüssigkeit *f*
~/**охлажда́ющая** Kühlflüssigkeit *f*
~/**рабо́чая** 1. Hydraulikflüssigkeit *f*, Drucköl *n (für Hydraulikanlagen)*; 2. Betriebsflüssigkeit *f*; 3. *(Text)* Spinnbad *n*
~/**сма́зочная** Schmierflüssigkeit *f*
~/**сма́зочно-охлажда́ющая** Schmier- und Kühlflüssigkeit *f*
~/**тормозна́я** Bremsflüssigkeit *f*
жидкотеку́честь *f* 1. Dünnflüssigkeit *f*; 2. *(Gieß)* Formfüllungsvermögen *n*
жидкотеку́чий dünnflüssig
жизнеобеспе́чение *n (Raumf)* Lebenserhaltung *f*
жиклёр *m (Kfz)* Düse *f*, Vergaserdüse *f*
~/**возду́шный** Luft(korrektur)düse *f*
~/**гла́вный (то́пливный)** Haupt(kraftstoff)düse *f*

~/**пусковóй** Startdüse *f*
~/**тóпливный** Kraftstoffdüse *f*
~ **холостóго хóда** Leerlaufdüse *f*
жи́ла *f* 1. *(Geol)* Ader *f*, Gang *m*; 2. *(El)* Leiter *m*, Draht *m*; Ader *f*
~/**безрýдная** *(Bgb)* tauber Gang *m*
~/**боковáя** *(Bgb)* Seitengang *m*
~/**ги́бкая многопрóволочная** *(El)* Litze *f*
~/**глáвная** *(Bgb)* Hauptgang *m*
~/**двойнáя** 1. *(El)* Doppelleiter *m*; 2. *(Geol)* Doppelgang *m*, Zwillingsgang *m*
~ **кáбеля** *(El)* Kabelader *f*
~/**рýдная** *(Bgb)* Erzgang *m*
жилéт *m*/**спасáтельный** Schwimmweste *f*, Rettungsweste *f*
жи́лка *f (Geol)* Ader *f*, Äderchen *n (s. a. unter* жила*)*
жир *m* Fett *n*; Talg *m*; Speck *m*; Schmalz *n*; Tran *m*
~/**живóтный** tierisches Fett *n*
~/**пищевóй** Speisefett *n*
~/**ры́бий** Tran *m*
жи́рность *f* 1. Fettigkeit *f*; 2. *(Pap)* Schmierigkeit *f*
жи́рный 1. fett(ig), Fett...; 2. *(Pap)* schmierig *(Papier)*
жировáние *n* Fetten *n*, Einfetten *n*, Einschmieren *n*
жиролóвка *f* (Öl- und) Fettabscheider *m*, Fettfang *m*
жиронепроницáемый fettundurchlässig
жирообрабáтывающий fettverarbeitend
жироотдели́тель *m s.* жироловка
жиропóт *m (Text)* Fettschweiß *m*, Wollschweiß *m*
жирорастворúмость *f* Fettlöslichkeit *f*
жирорастворúмый fettlöslich
жирорасщепля́ющий fettspaltend
жиросодержáщий fetthaltig
жиротоплéние *n* Ausschmelzen [Auslassen] *n* von Fett
жироуловúтель *m s.* жироловка
ЖМД *m s.* диск/жёсткий магнитный
жмых *m* Ölkuchen *m*, Presskuchen *m*
ЖРД *m s.* двигатель/жидкостный ракетный
журнáл *m* **задáний** *(Inf)* Jobnachweis *m*
~/**систéмный** *(Inf)* Systemprotokoll *n*
~/**судовóй** Schiffstagebuch *n*, Logbuch *n*

З

забивáние *n* 1. Einschlagen *n (Nägel)*; Einrammen *n (Pfähle)*; 2. Verstopfen *n*, Zustopfen *n*
забивáть 1. einschlagen *(Nägel)*; einrammen *(Pfähle)*; 2. verstopfen, zustopfen
заблоки́ровать 1. absperren, blockieren; 2. *(Eb)* (vor)blocken
забóй *m (Bgb)* Ort *n*; Stoß *m*, Abbaustoß *m*, Abbauort *n*; Sohle *f* • **в забóе** vor Ort
~/**глухóй** Blindort *n*, blindes Ort *n*
~/**очистнóй** Abbaustoß *m*, Ort *n*
~/**прохóдческий** Vortriebsort *n*
забóйка *f (Bgb)* Besatz *m*, Verdämmung *f*
забóйный *(Bgb)* Stoß..., Ort...; Sohlen...
зáболонь *f* Splint *m*
забóр *m* 1. Entnahme *f (von Wasser)*; Aufnahme *f*, Aufnehmen *n (von Erdreich)*; 2. Zaun *m*, Umzäunung *f*
забóрник *m* Eintrittsöffnung *f*
забóртный Außenbord..., See...
забракóванный verworfen, zu Ausschuss erklärt; ausgesondert *(Ausschuss)*
забраковáть verwerfen, zu Ausschuss erklären; aussondern *(Ausschuss)*
забронирóванный gepanzert; armiert
забýривать *(Bgb)* anbohren *(Bohrlöcher)*
забýрник *m (Bgb)* Anfangsbohrer *m*
забутóвка *f* 1. *(Bw)* Hintermauerung *f*; 2. *(Bgb)* Hinterfüllung *f*, Verfüllung *f*
забýчивать 1. *(Bw)* hintermauern; 2. *(Bgb)* hinterfüllen
завáл *m* 1. Verschüttung *f*, Verstopfung *f*; 2. *(Bgb)* Bruch *m*, Verbruch *m*; 3. *(El)* Abfall *m*, Absinken *n (der Frequenzen)*
завáливать zuschütten, verschütten; *(Bgb)* zubruchgehen
завáлка *f (Met)* 1. Beschickung *f*, Chargierung *f (eines Schmelzofens)*; Begichtung *f (eines Hochofens)*; 2. Charge *f*; Einsatz *m*, Gicht *f*
завáлочный *(Met)* Beschickungs..., Chargier...
завáривание *n s.* заварка

зава́ривать 1. *(Schw)* verschweißen, zuschweißen; 2. (auf)kochen, (auf-)brühen
зава́рка *f* 1. *(Schw)* Verschweißen *n*, Zuschweißen *n*; 2. Aufkochen *n*, Aufbrühen *n*
завёртка *f* 1. Festschrauben *n*, Anziehen *n (von Schrauben)*; 2. Schraubenschlüssel *m*
завёртывать festschrauben, anziehen *(Schrauben)*
заве́са *f* Vorhang *m*, Schleier *m*
~/водяна́я *(Bgb)* Wasserschleier *m*
~/возду́шная Luftschleier *m*
зави́нчивание *n* Einschrauben *n*; Festschrauben *n*
зави́нчивать einschrauben; festschrauben
зависа́ние *n* 1. Hängen *n*, Hängenbleiben *n (der Gicht an der Hochofenwand)*; Brückenbildung *f (von Schüttgut in Bunkern)*; 2. *(Flg)* Schwebeflug *m*
зави́симость *f* Abhängigkeit *f*
~/лине́йная lineare Abhängigkeit *f*
~ от направле́ния *(Rad)* Richtungsabgängigkeit *f*
~/температу́рная Temperaturabhängigkeit *f*
~/часто́тная Frequenzabhängigkeit *f*
зави́симый abhängig
завися́щий abhängig
завито́й *(Fert)* gewunden *(Späne)*
завихре́ние *n* Wirbelung *f*, Verwirbelung *f*, Turbulenz *f*
завихрённость *f* Wirbeligkeit *f*
заво́д *m* 1. Werk *n*, Fabrik *f*, Betrieb *m*; 2. Aufziehen *n (eines Uhrwerks)*; 3. Werk *n (Mechanismus)*; 4. Anlassen *n*, Anwerfen *n*, Starten *n (Motor)*
заво́д-изготови́тель *m* Herstellerwerk *n*, Herstellerbetrieb *m*
заводи́ть aufziehen *(Uhrwerk)*
заводне́ние *n (Erdöl)* Fluten *n*
заводня́ть *(Erdöl)* fluten
заво́д-поставщи́к *m* Lieferwerk *n*
заводско́й Werks..., Fabriks..., Betriebs...; werkmäßig, fabrikmäßig
заги́б *m* 1. Biegung *f*, Krümmung *f*; Knickung *f*, Abknickung *f*; 2. Falz *m*
загиба́ть (ab)biegen, umbiegen; falzen
заглуша́ть 1. dämpfen *(Schall)*; 2. absperren *(Ventile)*; 3. abstellen *(Motor)*; 4. blind flanschen, abflanschen *(Rohrleitungen)*; 5. *(El)* unterdrücken
заглу́шка *f* Blindflansch *m*, Deckelflansch *m*, Verschlussflansch *m*; Verschlussstopfen *m*
за́гнутый gekrümmt, gebogen
заголо́вок *m* 1. Überschrift *f*; 2. Kopf *m (z. B. einer Tabelle)*
~ фа́йла *(Inf)* Dateivorsatz *m*
загора́ние *n* Zünden *n*, Entzündung *f*
загора́ться anbrennen
загото́вка *f* 1. Beschaffung *f*, Bereitstellung *f*; 2. Werkstück *n*; Rohling *m*; 3. *(Wlz)* Rohling *m*; Knüppel *m*; 4. Schmiederohling *m*; Schmiedehalbzeug *n*; 5. *(Gieß)* Gießstrang *m (Stranggießen)*; 6. *(Umf)* Vorprofil *n*; 7. *(Led)* Oberleder *n*, Schaft *m*
~/лита́я Gussrohling *m*
~/пло́ская 1. *(Wlz)* Bramme *f*, Flachknüppel *m*, Platine *f*; 2. *(Schm, Umf)* flaches Rohteil *n*
~/прока́тная *(Wlz)* Knüppel *m*, Walzknüppel *m*
~/тру́бная *(Wlz)* Rohrknüppel *m*, Rohrblock *m*
~/штампо́ванная *(Umf)* Pressrohteil *n*
загради́тель *m (El, Nrt)* Sperre *f*, Sperrkreis *m*
~/бо́новый *(Ökol)* Ölsperrenleger *m (Schiff)*
загражде́ние *n* Sperre *f*, Absperrung *f*
~/бо́новое *(Ökol)* mechanische Ölsperre *f*
загружа́ть 1. beladen, laden; 2. belasten; auslasten; 3. *(Inf)* laden; 4. *(Met)* beschicken, chargieren *(Schmelzöfen)*; begichten *(Hochofen)*; aufgeben, eintragen, einsetzen *(Beschickungsmaterial)*
загру́женность *f* Auslastung *f*
загру́зка *f* 1. Beladung *f*, Laden *n*; 2. Belastung *f*; Auslastung *f*; 3. *(Inf)* Laden *n*, Programmladen *n*; 4. *(Met)* Beschicken *n*, Chargieren *n (eines Schmelzofens)*; Begichten *n (eines Hochofens)*; Aufgabe *f*, Eintrag *m*, Einsatz *n (von Beschickungsmaterial)*; 5. *(Met)* Charge *f*, Gicht *f*
~/нача́льная *(Inf)* Bootstrapping *n*, Anfangs(programm)laden *n*
~ па́мяти *(Inf)* Speicherbelegung *f*

~ **програ́ммы** *(Inf)* Programmladen *n*
~ **реа́ктора** *(Kern)* Reaktorbeschickung *f*
~ **реа́ктора/крити́ческая** kritische Masse *f* des Reaktors
загру́зочный Belade...; Beschickungs...; Chargier...
загру́зчик *m* 1. Beschickungseinrichtung *f*, Lader *m*; 2. *(Met)* Aufgabevorrichtung *f*, Chargiervorrichtung *f*; 3. *(Inf)* Ladeprogramm *n*, Lader *m*
~/**нача́льный** *(Inf)* Urlader *m*, Bootstraplader *m*
~ **програ́ммы раскру́тки** *(Inf)* Urlader *m*, Bootstraplader *m*
загрязне́ние *n* 1. Verunreinigung *f*, Verschmutzung *f*; 2. *(Kern)* Kontamination *f*, (radioaktive) Verseuchung *f*
~/**атмосфе́рное** Luftverschmutzung *f*, Luftverunreinigung *f*
~/**глоба́льное** *(Ökol)* Globalverschmutzung *f*, globale Verschmutzung [Umweltverschmutzung] *f*
~ **окружа́ющей среды́** Umweltverschmutzung *f*, Umweltbelastung *f*
~/**радиоакти́вное** Kontamination *f*, radioaktive Verseuchung *f*
~/**свинцо́вое** *(Ökol)* Bleikontamination *f*
~ **тяжёлыми мета́ллами** *(Ökol)* Schwermetallkontamination *f*
~/**шумово́е** *(Ökol)* Lärmbelastung *f*
загрязнённость *f* Verschmutzungsgrad *m*, Verunreinigungsgrad *m*
~ **окружа́ющей среды́** Umweltverschmutzung *f*, Umweltbelastung *f*
загрязнённый verschmutzt, verunreinigt
загрязни́тель *m (Ökol)* Verschmutzer *m*, Verunreiniger *m*
загустева́ние *n* Eindicken *n*, Verdicken *n (Flüssigkeiten)*
загустева́ть eindicken
загусти́тель *m* Eindickungsmittel *n*
задава́емый vorgegeben, Vorgabe...; Soll...
~ **вы́водами** *(Inf)* pinprogrammierbar
задава́ть 1. beschicken *(Öfen)*; begichten *(Hochofen)*; 2. aufgeben *(Material)*; 3. *(Wlz)* einstechen; 4. *(Inf)* eingeben
зада́ние *n* 1. Aufgabe *f*, Auftrag *m*; 2. Soll *n*; 3. *(Inf)* Job *m*
~/**паке́тное** *(Inf)* Stapeljob *m*
за́данный vorgegeben, Vorgabe...; Soll...
зада́тчик *m (Reg)* Geber *m*; Sollwertgeber *m*
зада́ча *f* Aufgabe *f*; Problem *n*; *(Inf)* Task *m*, Aufgabe *f*
~ **двух тел** *(Mech)* Zweikörperproblem *n*
~/**краева́я** *(Math)* Randwertproblem *n*
~ **трёх тел** *(Mech)* Dreikörperproblem *n*
задви́жка *f* 1. Schieber *m*, Absperrschieber *m (von Rohrleitungen)*; 2. Riegel *m (einer Tür)*
заде́л *m* 1. Vorrat *m (z. B. an Werkstücken)*; 2. Vorlauf *m*; Fertigungsvorlauf *m*
заде́лка *f* 1. Abdichten *n*, Verstopfen *n*, Verschließen *n*; Verkitten *n*; 2. Ausbessern *n*; 3. *(Met)* Ausflicken *n (von Öfen)*; 4. *(Gieß)* Abdämmen *n (Formen)*; 5. *(Bw)* Einbetonieren *n*, Einbettung *f*
заде́лывать 1. abdichten, verstopfen, verschließen; verkitten; 2. ausbessern; 3. *(Met)* flicken *(Öfen)*; 4. *(Bw)* einbetonieren, einbetten
заде́ржанный verzögert
заде́рживать verzögern, hemmen
заде́ржка *f* Halten *n*; Verzögerung *f*, Verzug *m*
~/**временна́я** *(Reg)* Zeitverzögerung *f*, Zeitverzug *m*
зади́р *m* 1. Kratzer *m*; Fressstelle *f*; 2. Walzgrat *m*
задра́ивать *(Schiff)* verschließen, verriegeln *(z. B. Türen, Klappen)*
задра́йка *f (Schiff)* Verschluss *m*
заду́бливание *n (Photo)* Härten *n*, Härtung *f*
заду́бливать *(Photo)* härten
задува́ть *(Met)* anblasen *(Schachtofen)*; einblasen *(Hochofen, Kupolofen)*
заду́вка *f (Met)* Anblasen *n (Schachtofen)*; Einblasen *n (Hochofen, Kupolofen)*
заеда́ние *n* 1. *(Masch)* Festfressen *n*, Fressen *n (Kolben, Lager)*; 2. Anfressen *n*, Anfressung *f (Korrosion)*; 3. *(Wkzm)* Einhaken *n (Drehmeißel)*
заеда́ть 1. *(Masch)* (fest)fressen *(Kolben, Lager)*; 2. anfressen *(Korrosion)*; 3. *(Wkzm)* einhaken *(Drehmeißel)*

зажáтие *n* Einspannen *n*, Festspannen *n*, Spannen *n*
зажигáлка *f* Zündvorrichtung *f*, Anzünder *m*
зажигáние *n* 1. Anzünden *n*, Entzünden *n*; 2. *(Kfz)* Zündung *f*
~/батарéйное *(Kfz)* Batteriezündung *f*
~ от магнéто *(Kfz)* Magnetzündung *f*
~/пóзднее *(Kfz)* Spätzündung *f*
~/рáннее *(Kfz)* Frühzündung *f*
зажигáть zünden, anzünden
зажи́м *m* 1. Klemme *f*, Halter *m*; Zwinge *f*; 2. *(Fert)* Aufspannung *f*, Einspannung *f* *(Werkstücke)*; 3. *(Wkz)* Spannschlüssel *m*; 4. *(Wkzm)* Spanneinrichtung *f*; Spannzeug *n*, Spannkopf *m*; 5. *(El)* Klemme *f*, Anschlussklemme *f*
~/винтовóй *(Ch)* Schraubklemme *f* *(an Laborgeräten)*
~/входнóй *(El)* Eingangsklemme *f*
~/выходнóй *(El)* Ausgangsklemme *f*
~ заземлéния *(El)* Erdungsklemme *f*
~/заземля́ющий *(El)* Erd(ungs)klemme *f*
~/испытáтельный *(Nrt)* Prüfklemme *f*
~/клиновóй *(Masch)* 1. Keilspannung *f*; 2. Keilspanner *m*
~/контáктны *s.* ~/соединительный
~/контрóльный [повéрочный] *(El)* Prüfklemme *f*
~/соедини́тельный *(El)* Anschlussklemme *f*
~/эксцéнтриковый *(Wkzm)* 1. Exzenterspannung *f*; 2. Exzenterspanner *m*
зажимáть 1. (ein)klemmen; 2. *(Fert)* (ein)spannen
зажи́мный Klemm...; Spann...
заземлéние *n* *(El)* 1. Erdung *f*, Erden *n*; 2. Erdleitung *f*, Erder *m*
~/защи́тное Schutzerdung *f*
~/рабóчее Betriebserdung *f*
заземлённый *(El)* geerdet
заземли́тель *m* *(El)* Erder *m*, Erdelektrode *f*
заземля́ть *(El)* erden
заземля́ющий *(El)* Erd(ungs)...
зазóр *m* 1. Spalt *m*, Schlitz *m*; 2. *(Masch)* Luft *f*, Spiel *n*; 3. Zwischenraum *m*, Abstand *m* • **без зазóра** *(Masch)* spielfrei
~ в подши́пнике *(Masch)* Lagerluft *f*, Lagerspiel *n*
~/возду́шный Luftspalt *m*
~/кольцевóй *(El)* Ringspalt *m*, ringförmiger Luftspalt *m*
~/контáктный Kontaktabstand *m*
~/осевóй Längsspiel *n*, Axialspiel *n*
~/радиáльный Radialspiel *n*
зазу́бренный gezackt, gezahnt, schartig
зазу́брина *f* Zacke *f*, Scharte *f*; Kerbe *f*
заилéние *n* *(Hydrol)* Verschlammung *f*, Verlandung *f*
заи́ленный verschlammt *(z. B. Seen, Kanäle)*
зáйчик *m*/**световóй** Lichtzeiger *m*, Lichtmarke *f*
закáз *m* Auftrag *m*, Bestellung *f*
закáзник *m* *(Ökol)* Schutzgebiet *n* *(s. a. unter* заповедник*)*
~/ландшáфтный Landschaftsschutzgebiet *n*, LSG *n*
~/озёрный Seenschutzgebiet *n*
заказнóй *(Inf)* kundenspezifisch
закáзчик *m* Auftraggeber *m*
закáл *m* *s.* закалка
закалённый gehärtet; abgeschreckt
закáливаемость *f* Härtbarkeit *f*
закáливаемый härtbar
закáливание *n* *s.* закалка
закáливать härten; abschrecken
закáлка *f* *(Härt)* Härten *n*, Härtung *f*, Abschrecken *n*, Abschreckung *f*, Abschreckhärtung *f*
~ в водé Wasserhärten *n*; Abschrecken *n* im Wasser
~ в мáсле Ölhärten *n*; Abschrecken *n* im Öl
~/возду́шная Lufthärten *n*
~/высокочастóтная Hochfrequenzhärten *n*, HF-Härten *n*
~/изотерми́ческая isothermisches Härten, Warmbadhärten *f*
~/индукциóнная induktives Härten *n*
~/мéстная örtliches Härten *n*
~/плáменная Flamm(en)härten *n*
~/повéрхностная Oberflächenhärten *n*
~/преры́вистая gebrochenes Härten *n*
~/ступéнчатая gestuftes Härten *n*
закáлочный Härte..., Härtungs..., Abschreck...
закáт *m* 1. *(Astr)* Untergang *m* *(Sonne, Mond)*; 2. *(Wlz)* Walzgrat *m*, Walznaht *f*, Einwalzung *f*

закáтка *f* 1. Rollen *n*, Einrollen *n*; Bördeln *n*; 2. *(Glas)* Wälzen *n*; *(Glas)* Wulchern *n*; *(Glas)* Marbeln *n*
закáтывать 1. rollen; bördeln; 2. *(Wlz)* einwalzen, überwalzen
закáчивать (hin)einpumpen
закáчка *f* Einpumpen *n*, Hineinpumpen *n*
заквáшивать einsäuern
закипáние *n* Siedebeginn *m*
зáкись *f (Ch)* Oxid *n (der niedrigeren Wertigkeitsstufe)*, niedrigeres [niederwertiges] Oxid *n*
зáкись-óкись *f (Ch)* gemischtes Oxid *n*
заклáдка *f* 1. Einlegen *n*, Einbringen *n*; 2. *(Bw)* Einlage *f*, Einlegeteil *n*; 3. *(Bw)* Gründung *f*; 4. *(Bgb)* Versatz *m*, Versetzung *f*; 5. *(Bgb)* Ansetzen *n (einer Bohrung)*
закладнóй *(Bgb)* Versatz…
заклáдывать 1. einlegen, einbringen *n*; 2. *(Bw)* den Grundstein legen; 3. *(Bgb)* versetzen; 4. *(Bgb)* ansetzen *(Bohrungen)*
заклéивать *(Typ)* hinterkleben
заклёпка *f* Niet *m*
~/**взрывнáя** Sprengniet *m*
~/**сплошнáя** Vollniet *m*
заклёпочный Niet…
заклинённый verkeilt
заклíнивание *n* 1. Verkeilen *n*, Verriegeln *n*, Verriegelung *f*; Festklemmen *n*
заклíнивать verkeilen; festklemmen
заклю́чка *f (Typ)* 1. Schließen *n (der Form)*; 2. Schließzeug *n*
закóн *m* Gesetz *n*; Satz *m*; Prinzip *n*
~ **Авогáдро** *(Ph)* avogadrosches Gesetz *n*
~ **Биó** *(Opt)* biotsches Gesetz *n*
~ **бóльших чíсел** Gesetz *n* der großen Zahlen *(Wahrscheinlichkeitsrechnung)*
~ **всемíрного тяготéния** *(Mech)* 1. (allgemeines) Gravitationsgesetz *n*; 2. (newtonsches) Gravitationsgesetz *n*
~ **Гей-Люссáка** *(Therm)* gay-lussacsches Gesetz *n*, Gay-Lussac-Gesetz *n*
~ **Гýка** *(Mech)* hookesches Gesetz *n*
~ **двойникования** *(Krist)* Zwillingsgesetz *n*
~ **дéйствующих масс** Massenwirkungsgesetz *n*, MWG *n*
~ **Джóуля** *(Therm)* joulesches Gesetz *n*
~ **Джóуля-Лéнца** *(El)* joulesches Gesetz *n*
~ **излучéния** *(Ph)* Strahlungsgesetz *n*, Strahlungsformel *f*
~ **Кирхгóфа** *(El)* kirchhoffsches Gesetz *n*
~ **Лáмберта** 1. *(Math)* lambertsches Kosinusgesetz *n*; 2. *(Opt)* lambertsches Gesetz *n*
~ **Мариóтта** *(Therm)* boyle-mariottesches Gesetz *n*, boylesches Gesetz *n*
~ **Óма** *(El)* ohmsches Gesetz *n*
~ **Паскáля** *(Mech)* pascalsches Gesetz *n*, Druckfortpflanzungsgesetz *n*
~ **подóбия** Ähnlichkeitsgesetz *n*
~ **преломлéния** *(Opt)* Brechungsgesetz *n*
~ **распределéния** Verteilungsgesetz *n*
~ **Рэлéя** rayleighsches Gesetz *n*, rayleighsche Streuformel *f*
~ **сохранéния** *(Ph)* Erhaltungssatz *m*, Erhaltungsgesetz *n*
~ **сохранéния зарядa** *(El)* Erhaltungssatz *m* der Ladung, Ladungserhaltungssatz *m*
~ **сохранéния мáссы** *(Ph)* Massenerhaltungssatz *m*, Satz *m* [Prinzip *n*] von der Erhaltung der Masse
~ **сохранéния энéргии** *(Ph)* Energie(erhaltungs)satz *m*
~ **Фарадéя** *(El)* faradaysches Gesetz *n*
закономéрность *f* Gesetzmäßigkeit *f*
закорáчивание *n (El)* Kurzschließen *n*
закорáчивать *(El)* kurzschließen
закорóченный *(El)* kurzgeschlossen
закрáина *f* Rand *m*
закрáсить 1. färben; 2. *(Bw)* überstreichen, übertünchen
закрáска *f* 1. Färben *n*; 2. *(Bw)* Überstreichen *n*, Übertünchen *n*
закрепíтель *m (Photo)* Fixiermittel *n*, Fixiersalz *n*; Fixierbad *n*
закреплéние *n* 1. Befestigen *n*, Befestigung *f*; 2. *(Fert)* Einspannen *n (eines Werkstücks)*; 3. *(Photo)* Fixieren *n*; 4. *(Bgb)* Ausbau *m*, Ausbauen *n*; 5. *(Text)* Fixieren *n*, Verriegeln *n (Veredlung)*
закреплять 1. befestigen; 2. *(Fert)* einspannen *(Werkstück)*; 3. *(Photo)* fixieren; 4. *(Bgb)* ausbauen; 5. *(Text)* fixieren, verriegeln

закрити́ческий überkritisch
закругле́ние *n* 1. Abrunden *n*, Abrundung *f*; 2. Rundung *f*, Krümmung *f*, Biegung *f*; 3. *(Eb)* krummer Strang *m*; 4. *(Eln)* Verrundung *f (Scheibenherstellung)*
~ **пути́** *(Eb)* Gleisbogen *m*
закругля́ть (ab)runden
закру́тка *f* Verdrehung *f*, Drall *m*, Torsion *f*; Verwindung *f (z. B. der Turbinenschaufel)*
закру́ченный 1. *(Fert)* gelockt *(Span)*; 2. *(Flg)* verwunden *(Tragflügel)*
закру́чивание *n* Drehen *n*, Verdrehen *n*, Drall *m*; Zusammendrehen *n*
закру́чивать 1. verdrehen, verdrillen; zusammendrehen; 2. anziehen *(Schrauben)*; 3. zudrehen *(Hähne)*
закрыва́ть abschließen, verschließen, sperren
закры́лок *m (Flg)* Klappe *f*, Flügelklappe; Landeklappe *f*
~/**поса́дочный** Landeklappe *f*
~/**тормозно́й** Bremsklappe *f*
закры́тие *n* 1. Schließen *n*; 2. Verschluss *m*, Abdeckung *f*
~ **фа́йла** *(Inf)* Dateiabschluss *m*
закры́тый 1. verschlossen, geschlossen; 2. gekapselt *(Elektromotor)*; 3. *(Masch)* geschlossen *(Getriebe)*
заку́поренный verstopft
заку́поривание *n s.* закупорка
заку́поривать verstopfen, zustopfen; verschließen; verkorken
заку́порка *f* Verstopfung *f (Rohre)*; Verschließen *n*; Verkorken *n*
зал *m* Saal *m*; Halle *f*
~/**автома́тный** *(Nrt)* Wählersaal *m*
~/**маши́нный** Maschinenhalle *f*
~/**турби́нный** Turbinensaal *m*
залега́ние *n (Geol)* Lagerung *f*
~/**несогла́сное** diskordante [ungleichsinnige] Lagerung *f*, Diskordanz *f*
~/**согла́сное** konkordante [gleichsinnige] Lagerung *f*, Konkordanz *f*
залега́ть 1. *(Geol)* lagern; 2. *(Bgb)* anstehen *(Gestein)*
залега́ющий 1. *(Geol)* eingelagert; 2. *(Bgb)* anstehend *(Gestein)*
за́лежь *f* 1. *(Bgb, Geol)* Lagerstätte *f*, Lager *n*, Vorkommen *n*; 2. *(Lw)* Brachland *n*, Brache *f*
зали́в *m* 1. *(Hydrol)* Bucht *f*; Meerbusen *m*; Golf *m*; 2. *(Gieß)* Gussgrat *m*
залива́ть 1. überschwemmen, überfluten; 2. übergießen; 3. vergießen; 4. ausgießen *(Lagerschalen)*
зали́вка *f* 1. Einguss *m*, Eingießen *n*; 2. Ausgießen *n (Lagerschalen)*; 3. *(Met)* Gießen *n*, Guss *m*; 4. Vergussmasse *f*, Ausgussmasse *f*
зама́зка *f* 1. Kitt *m*; 2. Verkitten *n*, Verkittung *f*, Verschmieren *n*, Verkleben *n*, Verleimen *n*
~/**око́нная** Glaserkitt *m*
зама́зывать (ver)kitten, verschmieren, verkleben, verleimen
зама́сливание *n* 1. Fetten *n*, Einfetten *n*, Ölen *n*; 2. *(Text)* Schmälzen *n*, Einschmälzen *n*
зама́сливатель *m (Text)* Schmälzmittel *n*, Schmälze *f*
зама́сливать 1. einfetten, ölen; 2. *(Text)* schmälzen
зама́чивание *n* 1. Anfeuchten *n*, Wässern *n*; 2. Einweichen *n*
зама́чивать 1. anfeuchten, wässern; 2. (ein)weichen
замедле́ние *n* 1. Verzögerung *f*, Verzug *m*; Verlangsamung *f*; 2. Abbremsung *f*, Bremsung *f*; 3. *(Kern)* Moderation *f (Neutronen)*
~ **вре́мени** *(Ph)* Zeitdilatation *f*, (einsteinsche) Zeitdehnung *f*, Einstein-Dilatation *f*
заме́дленный 1. verzögert; verlangsamt; 2. (ab)gebremst
~/**равноме́рно** gleichförmig [gleichmäßig] verzögert
замедли́тель *m* 1. *(Ch)* Verzögerer *m*, Verzögerungsmittel *n*, Inhibitor *m*; 2. *(Kern)* Moderator *m*, Bremsstoff *m*
~/**ваго́нный** *(Eb)* Gleisbremse *f (Ablaufberg)*
~ **нейтро́нов** *(Kern)* Neutronenmoderator *m*
замедля́ть 1. verzögern; verlangsamen; 2. *(Kern)* (ab)bremsen, moderieren *(Neutronen)*
заме́на *f* 1. Substitution *f*, Austausch *m*, Auswechselung *f*, Wechsel *m*, Ersatz *m*; 2. *(Math, Inf)* Substitution *f*; Vertauschung *f*

замени́мость *f* Austauschbarkeit *f*, Auswechselbarkeit *f*
замени́мый austauschbar, auswechselbar, ersetzbar
замени́тель *m* Austauschstoff *m*, Ersatz *m*, Ersatzstoff *m*; Substituent *m*
замени́ть (aus)tauschen, (aus)wechseln; ersetzen
заме́р *m* Messen *n*, Messung *f*
замерза́ние *n* Einfrieren *n*, Gefrieren *n*; Erstarren *n*
замерза́ть einfrieren, gefrieren; erstarren
замеря́ть vermessen
заме́с *m (Bw)* Mischgut *n*, Mischerfüllung *f*
замести́тель *m (Ch)* Substituent *m*
заме́шивание *n* 1. Anrühren *n*, Einrühren *n*; 2. Kneten *n*
заме́шивать 1. (durch)kneten; 2. anrühren
замеща́емость *f (Ch)* Substituierbarkeit *f*
замеща́емый ersetzbar; *(Ch)* substituierbar
замеща́ть ersetzen; *(Ch)* substituieren
замеще́ние *n* Ersetzen *n*; *(Ch)* Substitution *f*, Substituieren *n*
замещённый ersetzt; *(Ch)* substituiert
замира́ние *n* 1. *(Rf, Nrt)* Schwund *m*, Fading *n*, Schwunderscheinung *f*; 2. Abschwächen *n*, Schwund *m*
за́мкнутый geschlossen
~ **на́коротко** *(El)* kurzgeschlossen
замо́к *m* 1. Schloss *n*; 2. *(Mil)* Verschluss *m*; 3. *(Bw)* Schlussstein *m*
~ **ва́ла рулево́го колеса́** *(Kfz)* Lenkradsperre *f*
~/**врезно́й** *(Bw)* Einsteckschloss *n*, Blindschloss *n*
~/**га́ечный** *(Masch)* Schraubensicherung *f*
~ **зажига́ния** *(Kfz)* Zündschloss *n*
~/**накладно́й** Kastenschloss *n*
замоноли́чивание *n (Bw)* Vermörteln *n*; Ausbetonieren *n*
замора́живание *n* 1. Gefrieren *n*; Einfrieren *n*; Erstarren *n*; 2. *(Bgb)* Gefrierverfahren *n*; 3. *(Lebm)* Frosten *n*, Gefrierkonservieren *n*
замора́живать 1. gefrieren; 2. *(Lebm)* frosten, einfrieren
замо́чка *f s.* замачивание
замуро́вывать *(Bw)* vermauern, einmauern
за́мша *f* Sämischleder *n*
замшева́ние *n* Sämischgerbung *f*
за́мшевый sämischledern
замыка́ние *n* 1. Schluss *m*, Abschluss *m* • **с геометри́ческим замыка́нием** *(Masch)* formschlüssig • **с си́ловым замыка́нием** *(Masch)* kraftschlüssig; 2. *(El)* Schluss *m*, Schließen *n*; 3. *(Eb) s.* замычка
~/**коро́ткое** *(El)* Kurzschluss *m*
~/**маршру́тное** *(Eb)* Fahrstraßenverschluss *m*
~ **на зе́млю** *(El)* Erdschluss *m*
~ **на ко́рпус** *(El)* Masseschluss *m*
замыка́тель *m* 1. *(El)* Kontaktgeber *m*, Schließer *m*; Kurzschlussschieber *m*; 2. *(Eb)* Verschlussstück *n*, Verschluss *m*, Schloss *n*
замыка́ть schließen
~ **на́коротко** *(El)* kurzschließen
замы́чка *f (Eb)* Verschluss *m*, Verriegelung *f*, Sperre *f (Sicherungstechnik)*
за́навес *m* Vorhang *m*
занесе́ние *n* 1. Eintragung *f*; 2. Verwehen *n*, Zuwehen *n*
~ **в стек** *(Inf)* Kellerung *f*
~ **нано́сами** Verlandung *f*, Verlanden *n*
занима́ть 1. einnehmen, beanspruchen *(Raum, Platz)*; 2. belegen, besetzen *(Leitungen, Gleise)*
зано́с *m* 1. Verwehung *f (s. a. unter* занесение 2.*)*; 2. Schleudern *n (eines Kfz)*
~/**сне́жный** Schneeverwehung *f*
зануле́ние *n (El)* Nullen *n*, Nullung *f*
заня́тие *n* Belegen *n*, Belegung *f (Leitungen, Gleise)*
заня́тность *f (Nrt)* Belegung *f*, Besetztzustand *m*; 2. *(Eb)* Belegung *f*, Besetzung *f*, Sperre *f*
заня́тый belegt, besetzt
заострённый 1. angespitzt, zugespitzt; 2. verjüngt
заостря́ть 1. anspitzen, zuspitzen; 2. verjüngen
за́пад *m* West; Westen *m*
запада́ть einfallen
за́падный West..., westlich
запа́здывание *n* 1. Verspätung *f*; 2. Verzögerung *f*, Verzug *m*; 3. *(El)*

Nacheilen *n*, Nacheilung *f*; 4. *(Reg)* Totzeit *f* • **без запáздывания** 1. unverzögert, verzögerungsfrei; 2. *(Reg)* totzeitfrei
~ **зажигáния** *(El)* Zündverzögerung *f*, Zündverzug *m*
запáздывать 1. sich verspäten; 2. *(El)* nacheilen *(Phase)*
запáздывающий 1. Verzögerungs..., verzögert; 2. *(Reg)* Totzeit...
запáивать verlöten, zulöten; zuschmelzen *(Glaskolben)*
запáйка *f* 1. Verlöten *n*, Zulöten *n*; Zuschmelzen *n (eines Glaskolbens)*
запáл *m* 1. Zünder *m*; 2. Zündung *f*
запáльник *m* Zünder *m*
запáльный Zünd..., Spreng...
зáпань *f* Fangrechen *m (Holzflößerei)*
запáривание *n* Dämpfen *n*
запáривать dämpfen
запáрка *f* 1. Dämpfen *n*; 2. *(Text)* Dämpfer *m*
запáрник *m* Dämpfer *m*, Dämpfvorrichtung *f*
запáс *m* 1. Vorrat *m (s. a. unter* запасы*)*; Bestand *m*; 2. Reserve *f*; 3. Sicherheit *f*
~ **мóщности** Leistungsreserve *f*
~ **плавýчести** *(Schiff)* Reserveauftrieb *m*
~ **прóчности** Sicherheit *f*; Sicherheitsgrad *m*; Sicherheitsfaktor *m*
~/**товáрный** Warenbestand *m*
~ **устóйчивости** 1. Stabilitätsreserve *f*; 2. *(Nrt)* Pfeifsicherheit *f*
~ **хóда** *(Kfz)* Fahrbereich *m*
~ **энéргии** Energievorrat *m*, Energiereserve *f*
запасéние *n* Speicherung *f*, Bevorratung *f*
запасáть (auf)speichern, bevorraten
запасённый (auf)gespeichert, bevorratet
запаснóй Ersatz...; Reserve...
запáсы *mpl (Geol, Bgb)* Vorräte *mpl*
~/**балáнсовые** bauwürdige Vorräte *mpl*
~/**вскры́тые** aufgeschlossene [erschlossene, freigelegte] Vorräte *mpl*
~/**промы́шленные** bauwürdige Vorräte *mpl*
~/**развéданные** erkundete Vorräte *mpl*
запатентóванный patentiert, patentrechtlich geschützt
запатентóвывать patentieren, patentrechtlich schützen lassen
зáпах *m* Geruch *m* • **без зáпаха** geruchlos, ohne Geruch
запáхивать *(Lw)* unterpflügen
запáшник *m (Lw)* Saatpflug *m*
запáянный 1. verlötet, zugelötet; 2. *(Glas)* zugeschmolzen
запи́л *m* Kerbe *f*, Kerb *m*
запи́ливать (ein)kerben
запирáние *n* Sperren *n*, Absperren *n*; Verriegelung *f*, Verriegeln *n*
запирáть (ab)schließen; (ab)sperren, abriegeln, verriegeln
запи́сывать aufzeichnen, registrieren
зáпись *f* 1. Aufzeichnung *f*, Registrierung *f*; 2. *(Ak)* Aufzeichnung *f*, Aufnahme *f*; 3. *(Math)* Schreibweise *f*; 4. *(Inf)* Satz *m*, Datensatz *m*
~/**бесскóбочная** *(Inf)* polnische Notation *f*
~ **в двои́чном кóде** *(Inf)* binäre Schreibweise *f*
~ **в пáмять** Abspeichern *n*, Einspeichern *n*, Einspeicherung *f (von Daten)*
~ **видеосигнáла** Bildsignalaufzeichnung *f*
~/**граммофóнная** Schallplattenaufnahme *f*
~ **дáнных** 1. Datensatz; 2. Datenaufzeichnung *f*
~ **звýка** Schallaufzeichnung *f*, Schallaufnahme *f*; *(Kine)* Tonaufnahme *f*
~ **звýка/опти́ческая** Lichttonverfahren *n*, photooptisches Schallaufzeichnungsverfahren *n*
~ **информáции** Informationsaufzeichnung *f*
~/**магни́тная** magnetische Aufzeichnung *f*, Magnetaufzeichnung *f*
~/**многодорóжечная** Mehrspuraufzeichnung *f*
~/**однодорóжечная [одноканáльная]** Einspuraufzeichnung *f*
~/**стереофони́ческая** Stereoaufzeichnung *f*, Stereoaufnahme *f*
~ **телевизиóнных програ́мм** Fernsehaufzeichnung *f*
~ **фикси́рованной длины́** *(Inf)* Satz *m* fester Länge
~/**фотографи́ческая** photographische Aufzeichnung *f*

запле́чик *m* 1. Ansatz *m*, Nase *f*; 2. Absatz *m*, Schulter *f*, Bund *m (einer Welle)*
запле́чики *pl (Met)* Rast *f*, Hochofenrast *f*
запове́дник *m (Ökol)* Schutzgebiet *n*, Naturschutzgebiet *n (s. a. unter* заказник*)*
заподлицо́ bündig
запозда́вший verzögert
заполне́ние *n* 1. Füllen *n*, Füllung *f*, Ausfüllen *n*; 2. *(Inf)* Besetzung *f*
запо́лненный 1. gefüllt, voll; 2. *(Krist)* besetzt, belegt
заполни́тель *m (Bw)* Zuschlagstoff *m*, Zuschlag *m*, Füllstoff *m*
заполня́ть (aus)füllen, auffüllen
запомина́ние *n* **(да́нных)** *(Inf)* Speicherung *m*, Datenspeicherung *f*
запомина́ть *(Inf)* speichern *(Daten, Programme)*
запо́р *m* 1. Verschluss *m*; 2. *(Eb)* Verriegelung *f*, Verschluss *m (Sicherungstechnik)*
запо́рный Verschluss..., Absperr..., Sperr..., in Sperrichtung
запотева́ние *n* 1. Beschlagen *n*, Anlaufen *n (Scheiben)*; 2. Schwitzwasserbildung *f*
запотева́ть beschlagen, anlaufen *(Scheiben)*
запра́вка *f* 1. Vorrichten *n*, Zurichten *n*; 2. Tanken *n*, Betanken *n*, Auftanken *n*; 3. *(Met)* Ausflicken *n (Öfen)*; 4. *(Text)* Einziehen *n (Fäden)*; 5. *(Photo)* Einlegen *n*, Laden *n (Film)*
~ **горю́чим** Tanken *n*, Kraftstoffübernahme *f*
~/**повто́рная** Nachtanken *n*
~ **то́пливом в полёте** Luftbetankung *f*, Auftanken [Betanken] *n* im Flug
заправля́ть 1. zurichten, vorrichten; 2. tanken, betanken, auftanken; 3. *(Met)* ausflicken *(Öfen)*; 4. *(Text)* aufziehen *(Fäden)*
запра́шивать 1. abfragen; 2. auffordern; anfragen
запрессо́вка *f* 1. Einpressen *n*; Anpressen *n*; 2. Einbettung *f*
запре́т *m* 1. Verbot *n*; 2. *(Inf)* Unterdrückung *f*
запреща́ть 1. verbieten; 2. sperren, verhindern
запрограмми́ровать *(Inf)* (ein)programmieren
запро́с *m* 1. *(Rad)* Abfrage *f*; Kennungsabfrage *f*; 2. *(Inf)* Anfrage *f*; Anforderung *f*
~ **на прерыва́ние** *(Inf)* Interruptanforderung *f*, Interruptrequest *m*
запро́счик *m (Rad)* Abfragegerät *n*, Kennungsabfragegerät *n*
запру́да *f (Hydt)* 1. Damm *m*, Deich *m*; Eindämmung *f*, Abdämmung *f*, Eindeichung *f*; Sperre *f*, Sperranlage *f*
запру́живать eindämmen, zudämmen, eindeichen; stauen
за́пуск *m* 1. Anlauf *m*, Anfahren *n*, Anlassen *n*, Ingangsetzen *n*, Starten *n*; 2. *(Rak)* Start *m*; 3. *(Rak)* Aussetzen *n (eines Satelliten)*; 4. *(Reg)* Auslösen *n*, Triggerung *f*
~ **програ́ммы** *(Inf)* Programmstart *m*
~/**холо́дный** Kaltstart *m*
запуска́ть 1. anlassen, anwerfen, starten *(Motor)*; 2. *(Reg)* auslösen, triggern
запча́сти *fpl* Ersatzteile *npl*
запылённость *f* Verstaubung *f*, Staubgehalt *m*
запя́стье *n (Masch)* Handgelenk *n*, Greiferhandgelenk *n (eines Industrieroboters)*
запята́я *f (Inf)* Komma *n*
~/**двои́чная** Binärkomma *n*
~/**пла́вающая** Gleitkomma *n*
~/**фикси́рованная** Festkomma *n*
зараже́ние *n* Impfung *f (des Bodens)*
заро́дыш *m (Krist)* Keim *m*, Keimling *m*, Kristallisationskeim *m*
зародышеобразова́ние *n (Krist)* Keimbildung *f*
зародышеобразова́тель *m (Krist)* Keimbildner *m*
заруба́ть 1. (ein)kerben; 2. *(Bgb)* schrämen
зару́бка *f* 1. Kerbe *f*, Einkerbung *f*; 2. Kerben *n*, Einkerben *n*; 3. *(Bgb)* Schrämen *n*, Schrämarbeit *f*
заря́д *m* 1. *(El, Ph)* Ladung *f*; 2. *(El)* Laden *n*, Aufladen *n*; 3. Füllen *n*; 4. *(Rak)* Treibsatz *m*; 5. *(Bgb)* Schuss *m*

~ **áтомного ядрá** Kernladungszahl *f*
~/**избы́точный** *(Halbl)* Überschussladung *f*
~/**объёмный** *(El)* Raumladung *f*
~/**остáточный** *(El)* Restladung *f*
~/**отрицáтельный** *(El)* negative Ladung *f*
~/**положи́тельный** *(El)* positive Ladung *f*
~/**прострáнственный** *(El)* Raumladung *f*
~/**разноимённый** *(El)* ungleichnamige Ladung *f*
~/**термоя́дерный** *(Kern)* Fusionsladung *f*
~/**электри́ческий** elektrische Ladung *f*
~/**элементáрный** Elementarladung *f*
заря́дка *f* 1. *(El)* Laden *n*, Aufladen *n* *(s. a. unter* заряд 1.; 2.*)*; 2. *(El)* Ladung *f*, Ladezustand *m*; 3. *(Text)* Füllen *n*, Laden *n*
заря́дный *(El)* Lade..., Ladungs...
заряжáние *n* 1. *(El)* Laden *n*, Aufladen *n*; 2. Einlegen *n (von Filmen)*
заряжáть 1. *(El)* (auf)laden; 2. einlegen *(Filme)*; 3. *(Bgb)* besetzen *(Sprenglöcher)*
заряжáться sich aufladen
заряжённость *(El)* Ladezustand *m*
заря́женный *(El)* (auf)geladen
~/**отрицáтельно** negativ geladen
~/**положи́тельно** positiv geladen
засáсывать (an)saugen, einsaugen
засáхаривать *(Lebm)* zuckern, kandieren
засвети́ться aufleuchten
засвéтка *f* 1. *(Photo)* Belichtung *f*; 2. *(TV)* Aufhellung *f (eines Bildschirms)*
засвéчивать 1. *(Photo)* belichten; 2. *(TV)* aufhellen *(Bildschirme)*
засекáть 1. kerben; 2. *(Geod)* anschneiden
заселённость *f* 1. Population *f (Statistik)*; 2. Besetzung *f*, Besetzungszahl *f (eines Energieniveaus)*
засéчка *f* 1. Kerbe *f*; 2. *(Geod)* Einschnitt *m*; Anschneiden *n*; 3. *(Schm)* Kerbeisen *n*
заскáкивать einklinken, einrasten
заслóнка *f* Klappe *f*; Schieber *m*
~/**возду́шная** *(Kfz)* Starterklappe *f*, Drosselklappe *f (des Vergasers)*
~/**дрóссельная** Drosselklappe *f*; Luftklappe *f*
~/**дымовáя** Rauchschieber *m*, Rauchklappe *f*
~/**отражáтельная** Prellklappe *f*
засóв *m* Sperrriegel *m*, Riegel *m*
засóл *m (Lebm)* Salzen *n*, Einsalzen *n*
засолéние *n* Versalzen *n (des Bodens)*
засолённость *f* Salzgehalt *m (des Bodens)*
засóлка *f s.* засол
засоля́ться versalzen *(Böden)*
засорéние *n* Verunreinigen *n*, Verschmutzen *n*; Verstopfen *n*
засорённый verunreinigt, verschmutzt; verstopft
засоря́ть verunreinigen, verschmutzen; verstopfen
застёжка-мóлния *f* Reißverschluss *m*
застеклéние *n* Verglasen *n*
застеклённый verglast
застекля́ть verglasen
застóйный stagnierend, stillstehend
застрáивать bebauen
застревáние *n (El)* Hängenbleiben *n*, Kleben *n*, Schleichen *n (des Motors beim Hochlaufen)*
застрóйка *f (Bw)* Bebauung *f*
застудневáние *n* Gelatinierung *f*, Gelbildung *f*
застудневáть gelatinieren, gelieren
застывáние *n* Erstarren *n*
застывáть erstarren
засты́вший erstarrt
зáсуха *f (Meteo)* Trockenheit *f*, Trockenperiode *f*
засу́шливый trocken, arid *(Klima)*
засы́лка *f* Übertrag *m*
засыпáть 1. (ein)schütten, einsetzen; 2. *(Met)* beschicken, chargieren *(Schmelzöfen)*; begichten *(Hochofen)*
засы́пка *f* 1. Einschütten *n*, Einsatz *m*; 2. *(Met)* Beschickung *f*, Chargierung *f (eines Schmelzofens)*; Begichtung *f eines Hochofens)*
затáлкиватель *m (Wlz)* Einstoßer *m*, Einstoßvorrichtung *f*
затáлкивать *(Wlz)* einstoßen
затáпливать anheizen, einheizen
затáривание *n* Abfüllen *n*; Abpacken
~ **в мешки́** Absacken *n*
затáривать abfüllen; abpacken

~ **в мешкú** absacken
затáчивание *n (Fert)* Scharfschleifen *n*, Anschleifen *n*, Anschliff *m*
затвердевáние *n* 1. Erhärten *n*, Erstarren *n*; Verfestigen *n*, Verfestigung *f*, Festwerden *n*; 2. *(Met)* Einfrieren *n*, Erstarrung *f (der Schmelze)*; 3. *(Bw)* Abbinden *n (Zement)*; 4. *(Gieß)* Aushärten *n (Formstoff)*
затвердевáть 1. erhärten, erstarren; verfestigen; 2. *(Met)* erstarren, einfrieren *(Schmelze)*; 3. *(Bw)* abbinden *(Zement)*; 4. *(Gieß)* aushärten *(Formstoff)*
затвóр *m* 1. Verschluss *m*; Verschlussstück *n*; 2. *(Photo)* Verschluss *m*; 3. *(Eln)* Tor *n*, Gatter *n*, Gate *n*; 4. *(Hydt)* Schütz *n*, Verschluss *m (eines Wehrs)*; 5. *(Mil)* Verschluss *m (eines Geschützes)*; Schloss *n (einer Handfeuerwaffe)*
~/**бýнкерный** Bunkerverschluss *m*
~/**быстродéйствующий** Schnellverschluss *m*
~/**вальцóвый** *(Hydt)* Walzenverschluss *m (eines Walzenwehrs)*
~/**водянóй** 1. Wasserverschluss *m*, Wasservorlage *f*; 2. *(Bw)* Geruchverschluss *m*, Traps *m*
~/**клáпанный** *(Hydt)* Klappenverschluss *m*
~/**колошникóвый** Gicht(gas)verschluss *m (eines Hochofens)*
~/**лепесткóвый** *(Photo)* Lamellenverschluss *m*
~/**междулúнзовый** *(Photo)* Zentralverschluss *m*
~/**моментáльный** *(Photo)* Momentverschluss *m*
~/**плáвающий** *(Eln)* Floatinggate *n*
~/**плавýчий** Schwimmtor *n*, Schwimmschütze *f (einer Schleuse)*
~/**плóский** *(Hydt)* Flachschütze *f*
~/**сегмéнтный** *(Hydt)* Segmentschütze *f*, Segmentverschluss *m*
~/**сéкторный** 1. Rundschieberverschluss *m*, Drehschieberverschluss *m*; 2. *(Hydt)* Sektorverschluss *m (eines Sektorwehrs)*
~/**центрáльный** *(Photo)* Zentralverschluss *m*
~/**штóрный** *(Photo)* Schlitzverschluss *m*, Rolloverschluss *m*
~/**штыковóй** Bajonettverschluss *m*
затворéние *n (Bw)* Anmachen *n (Mörtel)*
затворя́ть 1. (ver)schließen; 2. *(Bw)* anmachen *(Mörtel)*
затемнéние *n* Verdunkeln *n*, Verdunkelung *f*; Abblenden *n*
затемня́ть abdunkeln, verdunkeln; abblenden
затенéние *n* 1. Beschattung *f*; 2. Abschattung *f*
затирáть 1. maischen *(Malz)*; 2. anreiben *(Farben)*; 3. *(Bw)* abreiben *(Putz)*
затúрка *f (Bw)* Glattputz *m*, Glattstrich *m*
затúшье *n (Meteo)* Stille *f*, Windstille *f*
затмéние *n (Astr)* Finsternis *f*, Verfinsterung *f*
~/**лýнное** Mondfinsternis *f*
~/**пóлное** totale Finsternis *f (der Sonne, des Mondes)*
~/**сóлнечное** Sonnenfinsternis *f*
~/**чáстное** partielle Finsternis *f (der Sonne, des Mondes)*
затоплéние *n* 1. Anheizen *n*; Einheizen *n*; 2. Überfluten *n*, Überschwemmen *n*; 3. *(Schiff)* Fluten *n*; 4. *(Bgb)* Absaufen *n*, Ersaufen *n (Grubenbaue)*
затóр *m* 1. *(Hydrol)* Eisversetzung *f*, Eisstau *m*; 2. Stockung *f (Verkehr)*; 3. *(Brau)* Maische *f*
затормáживать (ab)bremsen
затóчка *f (Fert)* 1. Scharfschleifen *n*, Anschleifen *n*; 2. Anschliff *m (Ergebnis)*
~/**вóгнутая** Hohlschliff *m*, hohler Anschliff *m*
~/**вы́пуклая** Balligschliff *m*, balliger Anschliff *m*
затрáвка *f* 1. *(Krist)* Impfkristall *m*, Keimbildner *m*, Keim *m*; 2. *(Gieß)* Anfahrstrang *m (beim Stranggießen)*
затрáвливание *n (Krist)* Impfen *n*, Einimpfen *n*
затрáвливать *(Krist)* impfen
затрáта *f* Aufwand *m*, Bedarf *m*
~ **врéмени** Zeitaufwand *m*
~ **тóплива** Treibstoffverbrauch *m*
~ **энéргии** Energieaufwand *m*
затухáние *n (Mech)* Abklingen *n*; Dämpfung *f*
~ **колебáний** Schwingungsdämpfung *f*

~/**со́бственное** Eigendämpfung *f*
затухать abklingen
затыка́ть absperren; verstopfen, zustopfen
затылова́ние *n (Fert)* Hinterdrehen *n*
затылова́ть *(Fert)* hinterdrehen
заты́чка *f* Stöpsel *m*, Pfropfen *m*
затя́гивание *n* 1. Anziehen *n*, Festziehen *n (Schrauben)*; 2. Spannen *n (Riemen)*; 3. *(Rf)* Ziehen *n (Frequenz)*, Frequenzmitziehen *n*; 4. *(Bgb)* Verschalen *n*
затя́жка *f* 1. Verzögerung *f*, Verzug *m*; 2. Anziehen *n*, Festziehen *n (Schrauben)*; 3. Spannen *n (Riemen)*; 4. *(Bw)* Zuganker *m*, Zugbalken *m*; *(Bw, Wlz)* Zugband *n*, Spannband *n*; 5. *(Bgb)* Verzug *m (Ausbau)*; 6. Klammer *f*
заусе́нец *m* Grat *m*, Bart *m*; Walzgrat *m*; Gussgrat *m*; Pressgrat *m*
захва́т *m* 1. Greifen *n*, Fassen *n*; 2. *(Masch)* Greifer *m*, Greiferarm *m*, Greiforgan *n*, Greiferhand *f (eines Industrieroboters)*; 3. *(Wlz)* Greifer *m*, Mitnehmer *m*; 4. *(Kern)* Einfang *m*; 5. *(Bgb)* Schrämtiefe *f*
~/**клещево́й** Zangengreifer *m*
~/**рабо́чий** Arbeitsbreite *f (von Landmaschinen)*
~/**радиацио́нный** *(Kern)* Strahlungseinfang *m*
~ **це́ли** *(Rad)* Zielerfassung *f*
К-захва́т *m (Kern)* K-Einfang *m*, K-Elektroneneinfang *m*
L-захва́т *m (Kern)* L-Einfang *m*, L-Elektroneneinfang *m*
захва́тка *f (Wlz)* Fangarm *m*, Kralle *f*, Pratze *f*
захва́тывать 1. (er)greifen, erfassen; 2. *(Wkzm)* aufnehmen *(Werkstücke)*; 3. *(Kern)* einfangen *(Neutronen)*
захо́д *m* 1. *(Flg)* Anflug *m*; 2. *(Schiff)* Anlaufen *n (eines Hafens)*; Einlaufen *n (in einen Hafen)*; 3. *(Masch)* Gang *m (des Gewindes)*; 4. Untergang *m (der Sonne, des Mondes)*
~ **на поса́дку** *(Flg)* Landeanflug *m*
захо́дка *f (Bgb)* Feld *n*, Gasse *f (Tiefbau)*; Schnitt *m*, Block *m (Tagebau)*
захора́нивать *(Ökol)* endlagern *(radioaktive Abfälle)*
захороне́ние *n* Lagerung *f*, Beseitigung *f (Abfälle)*, *(Ökol auch:)* Endlagerung *f*
~ **отхо́дов** Abfalllagerung *f*, Abfallbeseitigung *f*
~/**подзе́мное** unterirdische Endlagerung *f*
~ **радиоакти́вных отхо́дов (/оконча́тельное)** Endlagerung *f* radioaktiver Abfälle
зацепле́ние *n (Masch)* 1. Verzahnung *f*; 2. Eingriff *m (Zahnräder)*; 3. Greifen *n (der Walzen)*
~/**вне́шнее** Außenverzahnung *f*
~/**вну́треннее** Innenverzahnung *f*
~/**зубча́тое** Verzahnung *f*; Zahneingriff *m*; Kämmen *n (der Zahnräder)*
~ **зу́бьев** *s.* ~/зубчатое
~/**ре́ечное** 1. Zahnstangenverzahnung *f*; 2. Zahnstangeneingriff *m*
~/**эвольве́нтное** Evolventenverzahnung *f*
зацепля́ться *(Masch)* im Eingriff stehen, im Eingriff sein, eingreifen, kämmen *(Zahnräder)*
зача́ливание *n s.* зачалка
зача́лка *f (Förd)* Anhängen *n*, Anschlagen *n (von Lasten)*
зачи́стка *f* 1. Reinigen *n*, Reinigung *f*, Säubern *n*; 2. Nachbearbeitung *f*; 3. *(Gieß)* Putzen *n (von Gussteilen)*; 4. *(Wlz)* Entsintern *n*; 5. *(Fert)* Entgraten *n*
зачища́ть 1. reinigen, säubern; 2. nachbearbeiten; 3. *(Gieß)* putzen *(Gussteile)*; 4. *(Wlz)* entsintern; 5. *(Fert)* entgraten
зашлако́вывание *n* Verschlacken *n*
зашлако́вывать verschlacken
зашплинто́вка *f* Versplintung *f*
зашплинто́вывать versplinten
заштрихо́ванный schraffiert
заштрихо́вывать schraffieren
защёлка *f* 1. Sperrklinke *f*, Sperre *f*, Klinke *f*, Sperrhaken *m*; 2. Sperradgetriebe *n*; 3. Schnappverschluss *m*, Schnapper *m*; 4. *(Inf)* Latch *m*
защёлкиваться einklinken, einschnappen
защемле́ние *n* Einspannung *f*; Verklemmen *n*, Festklemmen *n*
защи́та *f* Schutz *m*; Sicherung *f*; Abschirmung *f*

~ **да́нных** Datenschutz *m*, Datensicherung *f*
~ **населе́ния** *(Ökol)* Bevölkerungsschutz *m*
~ **окружа́ющей среды́** Umweltschutz *m*
~ **от за́писи** *(Inf)* Schreibschutz *m (einer Diskette)*
~ **от излуче́ния** *(Kern)* Strahlenschutz *m*
~ **от корро́зии** Korrosionsschutz *m*; Rostschutz *m*
~ **от перегру́зки** *(El)* Überlastungsschutz *m*
~ **от перенапряже́ния** *(El)* Überspannungsschutz *m*
~ **от поме́х** Störschutz *m*
~ **от прикоснове́ния** *(El)* Berührungsschutz *m*
~ **от шу́ма** *(Ökol)* Lärmschutz *m*
~ **па́мяти** *(Inf)* Speicherschutz *m*
~/**противопожа́рная** Brandschutz *m*
~/**радиацио́нная** *(Kern)* Strahlenschutz *m*
~/**реле́йная** *(El)* Relaisschutz *m*
~/**теплова́я** Wärmeschutz *m*
~/**то́ковая** *(El)* Stromschutz *m*
~ **фа́йла** *(Inf)* Dateischutz *m*
защи́тный Schutz..., Sicherheits...
защища́ть schützen, sichern; abschirmen
защищённый geschützt, gesichert; abgeschirmt
заэвтекти́ческий *(Wkst)* übereutektisch *(Gefüge)*
заэвтекто́идный *(Wkst)* übereutektoid *(Gefüge)*
зая́вка *f* Anmeldung *f*; *(Nrt)* Gesprächsanmeldung *f*; *(Inf)* Anforderung *f*, Anfrage *f*
Зв *s.* зиверт
звезда́ *f (Astr)* Stern *m*
~/**двойна́я** Doppelstern *m*
~/**масси́вная** massereicher Stern *m*
~/**молода́я** junger Stern *m*
~/**нейтро́нная** Neutronenstern *m*
~/**неподви́жная** Fixstern *m*
~/**но́вая** Nova *f*
~/**переме́нная** Veränderlicher *m*
~/**поля́рная** Polarstern *m*
~/**сверхно́вая** Supernova *f*
~/**эрупти́вная** Eruptivstern *m*
звезда́-гига́нт *f (Astr)* Riese(nstern) *m*
звезда́-ка́рлик *f (Astr)* Zwerg(stern) *m*
звёздный Stern(en)..., stellar, Stellar...
звездообра́зный sternförmig
звездообразова́ние *n (Astr)* Sternbildung *f*
звездотрясе́ние *n (Astr)* Sternbeben *n*
звёздочка *f* 1. *(Masch)* Kettenrad *n*, Kettenstern *m*; Nuss *f*, Kettennuss *f*; 2. *(Masch)* Daumenrad *n*; 3. *(Math)* Stern *m*, Sternchen *n (Symbol)*; 4. *(Inf)* Sternzeichen *n*, Schutzstern *m*
звено́ *n* 1. Glied *n (einer Kette)*; 2. Strang *m (einer Rohrleitung)*; 3. *(Reg)* Übertragungsglied *n*, Glied *n*
~/**астати́ческое** *(Reg)* astatisches Glied *n*
~/**дифференци́рующее** *(Reg)* differenzierendes Glied *n*, Differenzierglied *n*, D-Glied *n*
~/**интегри́рующее** *(Reg)* integrierendes Glied *n*, Integrierglied *n*, I-Glied *n*
~/**неусто́йчивое** *(Reg)* instabiles Glied *m*
~/**передаю́щее** *s.* звено 3.
~/**пропорциона́льное** *(Reg)* proportionales Glied *n*, Proportionalglied *n*, P-Glied *n*
~/**путево́е [ре́льсовое]** *(Eb)* Gleisjoch *n*
~/**стати́ческое** *(Reg)* statisches Glied *n*
~/**усто́йчивое** *(Reg)* stabiles Glied *m*
~ **це́пи** Kettenglied *n*
звоно́к *m* 1. Glocke *f*; Klingel *f*; 2. *(Nrt)* Wecker *m*
звук *m* Schall *m*, Ton *m*; Klang *m*
~/**сло́жный** Tongemisch *n*
~/**слы́шимый** hörbarer Schall *m*
~/**стереофони́ческий** 3-D-Klang *m*, Raum(ton)klang *m*
звукови́дение *n* Ultrasonoskopie *f*
звуково́й Schall..., Ton...
звуковоспроизведе́ние *n* Schallwiedergabe *f*; Tonwiedergabe *f*
звукозапи́сывающий Tonaufzeichnungs...; Schallaufzeichnungs...
звукоза́пись *f* Tonaufzeichnung *f*; Schallaufzeichnung *f*
звукозащи́та *f* Schallschutz *m*
звукоизлуча́тель *m* Schallstrahler *m*
звукоизлуче́ние *n* Schall(aus)strahlung *f*, Schallabstrahlung *f*

звукоизоляцио́нный schalldämmend, Schallschutz...
звукоизоля́ция *f* Schalldämmung *f*, Schallisolation *f*; Schallschutz *m*
звуколока́тор *m* Schallradar *n*
звуколока́ция *f* Schallortung *f*
звукометри́ческий Schallmess...
звукоме́трия *f* Schallmessung *f*, Phonometrie *f*
звуконепроница́емость *f* Schalldichtheit *f*, Schallundurchlässigkeit *f*
звуконепроница́емый schalldicht, schalltot, schallundurchlässig
звуконоси́тель *m* Tonträger *m*
звукоотража́тель *m* Schallreflektor *m*
звукопеленга́ция *f* akustische Peilung *f*
звукопереда́тчик *m* Schallsender *m*
звукопереда́ча *f* Schallübertragung *f*
звукопоглоти́тель *m* schallschluckender [schallabsorbierender] Stoff *m*, Schallschluckstoff *m*
звукопоглоща́ющий schallschluckend, schallabsorbierend
звукопоглоще́ние *n* Schallabsorption *f*
звукоприёмник *m* Schallempfänger *m*
звукопрово́дность *f* Schallleitfähigkeit *f*; Schallleitung *f*
звукопроводя́щий schallleitend
звукопроница́емость *f* Schalldurchlässigkeit *f*
звукопроница́емый schalldurchlässig
звукоснима́тель *m* Tonabnehmer *m*
~/**ла́зерный** Laserabtaster *m*, Lasertonabnehmer *m*
~/**пьезоэлектри́ческий** Kristalltonabnehmer *m*
звукоусиле́ние *n* Tonverstärkung *f*
звукоусили́тель *m* Tonverstärker *m*
звукочасто́тный hörfrequent, tonfrequent, Tonfrequenz..., Audiofrequenz...
звуча́ние *n* Klang *m*; Schallen *n*
~/**стереофони́ческое** Raum(ton)klang *m*, 3-D-Klang *m*
зда́ние *n* Gebäude *n*, Haus *n (s. a. unter* дом*)*
~/**высо́тное** Hochhaus *n*
~/**маши́нное** Maschinenhaus *n*
~/**промы́шленное** Industriegebäude *n*
здоро́вый *(Wkst)* fehlerfrei, gesund
зев *m* 1. Öffnung *f*; 2. *(Wkz)* Maul *n (eines Schraubenschlüssels)*; Rachen *m (einer Lehre)*; 3. *(Text)* Fach *n*, Webfach *n (Weberei)*
зевообразова́ние *n (Text)* Fachbildung *f (Weberei)*
зейгерова́ть *(Met)* entmischen, (aus-) seigern
земледе́лие *n* Ackerbau *m*, Acker- und Pflanzenbau *m*
землеро́йный Bagger..., Schürf...
землесо́с *m* 1. Schlammpumpe *f*, Dickstoffpumpe *f*; 2. Saug(schwimm)bagger *m (s. a.* земснаряд]
землетрясе́ние *n* Erdbeben *n*
землечерпа́лка *f* Nassbagger *m*, Eimerschwimmbagger *m*
землечерпа́ние *n* Nassbaggerung *f*
земли́ *fpl* /**ре́дкие** *(Ch)* seltene Erden *fpl*, Seltenerden *fpl*
Земля́ *f (Astr)* Erde *f*
земля́ *f* 1. Erde *f*, Boden *m*, Erdboden *m*; Land *n*; 2. *(Gieß)* Sand *m*, Formsand *m*; 3. *(El)* Erde *f*, Masse • **под землёй** *(Bgb)* unter Tage
~/**засолённая** *(Ökol)* versalzter Boden *m*
~/**зата́пливаемая** *(Ökol)* Überschwemmungsboden *m*
~/**нару́шенная** *(Ökol)* zerstörter Boden *m*
зе́мник *m (Bgb)* Sohlenkohle *f*
земно́й Erd..., Boden...
земснаря́д *m* Nassbagger *m*, Schwimmbagger *m*
земчерпа́лка *f s.* земснаряд
зени́т *m (Astr)* Zenit *m*
зени́т-телеско́п *m (Astr)* Zenitteleskop *n*
зе́нкер *m (Wkz)* Senker *m*, Aufsenker *m*
зенкерова́ние *n (Fert)* Aufsenken *n*, Innenrundsenken *n*
зенкова́ние *n (Fert)* Einsenken *n*, Innenformsenken *n*
зенко́вка *f* 1. *(Wkz)* Senker *m*, Einsenker *m*; 2. *(Fert)* Einsenkung *f*, Einsenken *n*
зе́ркало *n* 1. Spiegel *m*; 2. Spiegelstand *m*
~/**во́гнутое** *(Opt)* Konkavspiegel *m*, Hohlspiegel *m*
~/**вы́пуклое** *(Opt)* Konvexspiegel *m*, erhabener Spiegel *m*
~ **за́днего ви́да** *(Kfz)* Rückspiegel *m*

~ **зáднего вúда/внýтреннее** *(Kfz)* Innenrückspiegel *m*
~ **зáднего вúда/нарýжное** *(Kfz)* Außenrückspiegel *m*
~ **зáднего вúда/панорáмное** Panorama(rück)spiegel *m*
~/**параболúческое** *(Opt)* Parabolspiegel *m*
~/**плóское** *(Opt)* Planspiegel *m*
зеркáльно-перевёрнутый seitenverkehrt
зеркáльный 1. spiegelbildlich; 2. spiegelglatt, spiegelblank, Spiegel...
зернúстость *f* Körnung *f*, Korngröße *f*; *(Photo)* Körnigkeit *f*
~/**крýпная** *(Photo)* Grobkörnigkeit *f*
~/**тóнкая** *(Photo)* Feinkörnigkeit *f*
зернúстый körnig, gekörnt
зернúть körnigmachen, granulieren
зернó *n* 1. Korn *n*, Granalie *f*, Kern *m*; 2. *(Lebm)* Getreide *n*; *(Lw)* Samenkorn *n*
зерноаспирáтор *m* *(Lw)* Aspirateur *m*, Grobreiniger *m*, Vorreiniger *m*
зерновóз *m* *(Schiff)* Getreideschiff *m*, Getreidetransporter *m*
зерновóй Getreide...
зернодробúлка *f* *(Lebm, Lw)* Schrotmühle *f*
зерноочистúтельный Getreidereinigungs...
зернопогрýзчик *m* *(Lw)* Getreidelader *m*
зерносушúлка *f* Getreidetrockner *m*
зернохранúлище *n* Getreidespeicher *m*
зúверт *m* Sievert *n*, Sv *(Einheit der Äquivalentdosis)*
зиг-машúна *f* *(Fert)* Sickenmaschine *f*; Rollmaschine *f*
зигóвка *f* *(Fert)* Sicken *n* *(ein Fügeverfahren)*
зимостóйкий winterfest, winterhart
зимостóйкость *f* Winterfestigkeit *f*
змеевúк *m* 1. Rohrschlange *f*, Schlange *f*; 2. *(Bgb)* Spiralbohrer *m*
змéйка *f* Schneckentrieur *m* *(zur Getreidereinigung)*
знак *m* 1. Zeichen *n*, Kennzeichen *n*; Anzeichen *n*; Merkmal *n*; 2. *(Math)* Vorzeichen *n*; 3. *(Ch)* Symbol *n*; 4. Index *m*
~/**алфавúтно-цифровóй** *(Inf)* alphanumerisches Zeichen *n*
~/**водянóй** *(Pap)* Wasserzeichen *n*
~ **вычитáния** *(Math)* Subtraktionszeichen *n*
~/**двоúчно-кодúрованный** binär codiertes Zeichen *n*
~ **делéния** *(Math)* Divisionszeichen *n*
~/**десятúчный** *(Math)* Dezimalzeichen *n*
~/**дорóжный** Verkehrszeichen *n*
~/**запрещáющий** Vorschriftzeichen *n* *(Straßenverkehr)*
~ **интегрáла** *(Math)* Integralzeichen *n*
~ **кáчества** Gütezeichen *n*
~/**километрóвый** *s.* ~/путевой километровый
~/**кóдовый** Codezeichen *n*
~ **кóрня** *(Math)* Wurzelzeichen *n*
~ **мúнус** *(Math)* Minuszeichen *n*
~/**навигациóнный** Seezeichen *n*
~ **нерáвенства** *(Math)* Ungleichheitszeichen *n*
~/**номернóй** *(Kfz)* Nummernschild *n*
~ **отношéния** Vergleichszeichen *n*
~ **плюс** *(Math)* Pluszeichen *n*
~/**предпúсывающий** Richtzeichen *n* *(Straßenverkehr)*
~/**предупредúтелный** *(Eb)* Warnzeichen *n*
~/**прдупреждáющий** Gefahrzeichen *n* *(Straßenverkehr)*
~ **присвоéния** *(Math)* Ergibtzeichen *n*
~/**путевóй километрóвый** *(Eb)* Kilometermarke *f*, Kilometerstein *m*
~ **рáвенства** *(Math)* Gleichheitszeichen *n*
~/**специáльный** Sonderzeichen *n*
~/**товáрный** Warenzeichen *n*
~/**указáтельный** Richtzeichen *n* *(Straßenverkehr)*
~ **умножéния** *(Math)* Multiplikationszeichen *n*
~/**управля́ющий** *(Inf)* Steuerzeichen *n*
знакогенерáтор *m* Zeichengenerator *m*, ZG *m*
знакоориентúрованный *(Inf)* zeichenorientiert
знакоперемéнный alternierend
знаменáтель *m* *(Math)* Nenner *m*
~/**óбщий** Hauptnenner *m*, gemeinsamer Nenner *m*
значéние *n* 1. Bedeutung *f*; 2. *(Math)* Wert *m*; Betrag *m*

~/**абсолю́тное** absoluter Wert [Betrag] *m*
~/**амплиту́дное** *(El)* Amplitudenwert *m*, Amplitude *f*
~/**действи́тельное** richtiger Wert *m*, Istwert *m*
~/**де́йствующее** Effektivwert *m*
~/**допусти́мое** zulässiger Wert *m*
~/**за́данное** Sollwert *m*, Vorgabewert *m*
~/**максима́льное** Maximalwert *m*, Höchstwert *m*, Spitzenwert *m*, Maximum *n*
~/**мгнове́нное** Augenblickswert *m*, Momentanwert *m*
~/**минима́льное** Minimalwert *m*, Mindestwert *m*, Minimum *n*
~/**наибо́льшее** *s.* ~/максимальное
~/**наиме́ньшее** *s.* ~/минимальное
~/**обра́тное** reziproker Wert *m*, Kehrwert *m*
~/**пи́ковое** Höchstwert *m*, Spitzenwert *m*
~/**преде́льное** Grenzwert *m*
~/**приближённое** Näherungswert *m*
~/**со́бственное** Eigenwert *m*
~/**сре́днее** Mittelwert *m*, Durchschnittswert *m*, Mittel *n*
~/**среднеквадрати́чное** quadratischer Mittelwert *m*, Effektivwert *m*
~/**чи́сленное** Zahlenwert *m*, numerischer Wert *m*
~/**экстрема́льное** Extremwert *m*
~/**эмпири́ческое** empirischer Wert *m*, Erfahrungswert *m*
зна́чимость *f* Gültigkeit *f*; *(Math)* Signifikanz *f*
зо́ла *f* Asche *f*
~/**лету́чая** Flugasche *f*
золе́ние *n (Led)* Äschern *n*
золи́стый asche(n)haltig
золи́ть *(Led)* äschern
золоотва́л *m* Aschehalde *f*
золоти́ть vergolden
золотни́к *m* Schieber *m*; *(Hydt)* Wegeventil *n* mit Längsschieber, Längsschieberwegeventil *n*
золотнико́вый Schieber…
золотни́к-по́ршень *m (Masch)* Steuerkolben *m*
зо́лото *n* 1. *(Ch)* Gold *n*, Au; 2. *(Met)* Gold *n*
~/**жи́льное** *(Min)* Berggold *n*, Ganggold *n*
~/**листово́е** Blattgold *n*
~/**ро́ссыпное** *(Min)* Seifengold *n*, Waschgold *n*
~/**самоpо́дное** *(Min)* gediegenes Gold *n*
золото́й golden, Gold…
золотоно́сный *(Bgb)* gold(erz)führend, goldhaltig
золоудале́ние *n* Entaschung *f*, Entaschen *n*
золоула́вливание *n* Ascheabscheidung *f*
золоулови́тель *m* Ascheabscheider *m*
золоче́ние *n* Vergolden *n*, Vergoldung *f*
золочёный vergoldet, goldplattiert
золь *m (Ch)* Sol *n*
зо́льник *m* 1. Aschenfall *m*, Aschenkasten *m*; 2. *(Led)* Äschergrube *f*; 3. *(Led)* Äscherbrühe *f*, Äscher *m*
зо́льность *f* Aschegehalt *m*
зо́льный 1. asche(n)haltig, Asche(n)…; 2. *(Led)* Äscher…
зо́на *f* 1. Zone *f*, Bereich *m*; 2. Abschnitt *m (des Magnetbandes)*; Bereich *m (des Speichers)*
~/**акти́вная** *(Kern)* aktive Zone *f*, Spaltzone *f (des Reaktors)*
~/**берегова́я** *(Hydrol)* Küstenzone *f*, Uferzone *f*
~/**бу́ферная** *(Inf)* Pufferbereich *m*
~/**вале́нтная** *(Krist)* Valenzband *n*
~/**водоохра́нная** *(Ökol)* Wasserschutzzone *f*, Gewässerschutzgebiet *n*
~ **воспроизво́дства** *(Kern)* Brutzone *f*, Brutmantel *m (eines Brutreaktors)*
~/**запо́лненная** *(Halbl)* vollbesetztes Band *n*
~/**городска́я** *(Nrt)* Ortsverkehrsbereich *m*
~/**конта́ктная** *(Geol)* Kontaktzone *f*, Kontaktbereich *m*
~/**ландша́фто-охра́нная** *(Ökol)* Landschaftsschutzgebiet *n*
~/**междунаро́дная** *(Nrt)* Fernverkehrsbereich *m*
~/**мёртвая** *(Rf)* (empfangs)tote Zone *f*
~ **молча́ния** *(Rf)* (empfangs)tote Zone *f*
~/**пешехо́дная** Fußgängerzone *f*
~/**прибре́жная** *(Hydrol)* Küstenzone *f*, Uferzone *f*

~/при́городная 1. Stadtrandzone *f*, Stadtrandregion *f*; 2. *(Nrt)* Vorortverkehrsbereich *m*
~ проводи́мости *(Halbl)* Leitfähigkeitsband *n*, Leitungsband *n*, L-Band *n*
~/сейсми́ческая *(Geoph)* Erdbebenzone *f*
~ слыши́мости Hörbarkeitszone *f*
~/тари́фная *(Nrt)* Gebührenzone *f*, Tarifzone *f*
зонд *m* Sonde *f*, Messkopf *m*; Fühler *m*
~/измери́тельный Messsonde *f*
~/испыта́тельный Prüfsonde *f*, Prüftaster *m*
~/косми́ческий Raumsonde *f*
зонди́рование *n* Sondierung *f*, Sondieren *n*; Abtasten *n*
зонди́ровать sondieren
зонт *m* 1. Schirm *m*; 2. *(Bw)* Vordach *n*, Schutzdach *n*
зрачо́к *m (Opt)* Pupille *f*
зре́ние *n* Sehen *n*
ЗУ *n s. unter* устройство/запоминающее *und unter* память*)*
зуб *m* 1. *(Masch)* Zahn *m (bei Zahnrädern)*; 2. *(Wkz)* Zahn *m*, Schneidenzahn *m*; Messer *n (an Fräsern)*; 3. *(Lw)* Zinken *m (der Egge)*; 4. *(Hydt)* Dichtungsschürze *f (des Staudamms)*
~/косо́й *(Masch)* Schrägzahn *m*
~/кругово́й *(Masch)* Kreisbogenzahn *m*
~/прямо́й *(Masch)* Geradzahn *m*
~/шевро́нный *(Masch)* Pfeilzahn *n*
зубе́ц *m* 1. Zahn *m*; 2. Zinken *m*
зуби́ло *n (Wkz)* Meißel *m*
~/кана́вочное Nutenmeißel *m*
~/кузне́чное Schrotmeißel *m*
~/слеса́рное Schlossermeißel *m*
зубодолбле́ние *n (Fert)* 1. Verzahnungsstoßen *n*; 2. Zahnradstoßen *n*
зубозачи́стка *f (Fert)* Zahnentgraten *n*
зубоме́р *m* 1. Zahnmessinstrument *n*; 2. Zahnradmessinstrument *n*
зуботоче́ние *n* **(долбя́ком [ча́шечным резцо́м])** *(Fert)* Wälzschälen *n*
зубча́тка *f* 1. *(Masch)* Ritzel *n*, Zahnrad *n*; 2. *(Bw)* Kröneleisen *n*
зубча́тый gezahnt, verzahnt, Zahn...
зу́ммер *m (Nrt)* Summer *m*
зумми́рование *n (Nrt)* 1. Summton *m*, Summen *n*; 2. Pfeifen *n (des Verstärkers)*
зумпф *m* 1. Sumpf *m (eines Schmelzofens)*; 2. *(Gieß)* Gießtümpel *m*, Eingusstümpel *m*; 3. *(Bgb)* Sumpf *m*, Schachtsumpf *m*
ЗУПВ *n s.* устройство с произвольной выборкой/запоминающее

И

И *n* UND *n (logische Funktion oder Operation)*
И *n*/**монта́жное [проводно́е]** verdrahtetes UND *n*, Wired-AND *n*
игла́ *f* Nadel *f*
~/разме́точная *(Wkz)* Anreißnadel *f*
~/шве́йная Nähnadel *f*
иглофи́льтр *m* Nadelfilter *n*
игнитро́н *m (Eln)* Ignitron *n*, Ignitronröhre *f*
иго́льница *f (Text)* Nadelbett *n*, Nadelbarre *f*
иго́льчатый Nadel..., nadelförmig, nadelartig
игра́ *f* 1. *(Masch)* Spiel *n*, Luft *f*; 2. *(Kyb)* Spiel *n*
~/бесконе́чная *(Kyb)* unendliches Spiel *n*
~/коалицио́нная *(Kyb)* kooperatives Spiel *n*
~/коне́чная *(Kyb)* endliches Spiel *n*
~/кооперати́вная *(Kyb)* kooperatives Spiel *n*
~/стратеги́ческая *(Kyb)* strategisches Spiel *n*
идеа́льный ideal, Ideal...
идентифика́тор *m* 1. Identifizierungsgerät *n*; 2. *(Inf)* Satzadresse *f*, Kennzeichen *n*, Identifier *m*
идентифика́ция *f (Inf)* Identifizierung *f*, Kennzeichnung *f*
иденти́чность *f* Identität *f*
иденти́чный identisch
идиоморфи́зм *m (Min)* Idiomorphismus *m*, Eigengestaltigkeit *f*
идиомо́рфный *(Min)* idiomorph, automorph, eigengestaltig
идиохромати́ческий *(Krist)* idiochromatisch, eigenfarbig
иерархи́ческий *(Inf)* hierarchisch

иера́рхия *f (Inf)* Hierarchie *f*
~ **да́нных** Datenhierarchie *f*
~ **па́мяти** Speicherhierarchie *f*
изаллоба́ра *f (Meteo)* Isallobare *f*
изаллоте́рма *f (Meteo)* Isallotherme *f*
изаметра́ла *f (Meteo)* Isametrale *f*
изанемо́на *f (Meteo)* Isanemone *f*
изанома́ла *f (Meteo)* Isanomale *f*
избира́ние *n* Auswählen *n*, Auswahl *f*; *(Kyb)* Auslese *f*, Selektion *f*
избира́тельность *f (Rf)* Selektivität *f*, Trennschärfe *f*
избира́тельный selektiv, Selektiv...
избы́ток *m* 1. Überschuss *m*; 2. *(Math)* Exzess *m*
избы́точность *f* 1. Überfluss *m*; 2. *(Inf)* Redundanz *f*, Weitschweifigkeit *f*
избы́точный 1. überschüssig, überzählig; 2. *(Inf)* redundant
изверже́ние *n (Geol)* Eruption *f*, Ausbruch *m*, Erguss *m*
изве́рженный *(Geol)* Eruptiv...
известегаси́лка *f (Bw)* Kalklöschanlage *f*, Kalklöscher *m*
известемеша́лка *f (Bw)* Kalkmischanlage *f*, Kalkmischer *m*
известкова́ние *n* 1. *(Bw)* Kalken *n*; 2. *(Lw)* Kalkdüngung *f*, Kalken *n*
известко́вый *(Geol)* Kalk..., kalkhaltig
известня́к *m (Geol)* Kalkstein *m*
и́звесть *f (Min)* Kalk *m*
~/**бели́льная** *s.* ~/хлорная
~/**гашёная** gelöschter Kalk *m*, Löschkalk *m*
~/**жжёная** gebrannter [ungelöschter] Kalk *m*, Branntkalk *m*
~/**негашёная** *s.* ~/жжёная
~/**строи́тельная** Baukalk *m*
~/**хло́рная** Chlorkalk *m*, Bleichkalk *m*
и́звесть-кипе́лка *f s.* известь/жжёная
и́звесть-пушо́нка *f* Kalkstaub *m*, Staubkalk *m*
извеща́тель *m (El)* Melder *m*
~/**пожа́рный** Feuermelder *m*
извива́ние *n (Text)* Kräuseln *n (Wolle)*; Winden *n (Baumwolle)*
изви́тость *f (Text)* Kräuselung *f (Wolle)*; Windung *f (Baumwolle)*
изви́тый gekräuselt *(Wolle)*; gewunden *(Baumwolle)*
извлека́ть 1. extrahieren; 2. *(Bgb)* (wieder)gewinnen *(Gestänge, Rohre)*; rauben *(Ausbau)*; 3. *(Met)* ausbringen; 4. *(Gieß)* (her)ausheben *(Modelle aus der Form)*; 5. *(Bw)* ziehen *(Pfähle)*
извлече́ние *n* 1. Extrahieren *n*; 2. *(Bgb)* Gewinnen *n*, Wiedergewinnen *n (Gestänge, Rohre)*; Rauben *n (des Ausbaus)*; 3. *(Met)* Ausbringen *n*; 4. *(Gieß)* Ziehen *n*, Ausheben *n (des Modells aus der Form)*; 5. *(Bw)* Ziehen *n (Pfähle)*
~ **из сте́ка** *(Inf)* Auskellern *n*, Entkellern *n*
~ **ко́рня** *(Math)* Radizieren *n*, Wurzelziehen *n*
и́згарь *f (Met)* Gekrätz *n*
изги́б *m* 1. *(Fest)* Biegung *f (Beanspruchungsart)*; 2. Knick *m (einer Kurve)*; 3. Biegung *f*, Kröpfung *f*, Krümmung *f*; Knie *n*
~/**попере́чный** *(Fest)* Quer(kraft)biegung *f*
~/**продо́льный** *(Fest)* Längsbiegung *f*, Knickung *f*
~/**упру́гий** *(Fest)* elastische Biegung *f*
~/**чи́стый** *(Fest)* reine Biegung *f*
изгиба́ние *n* 1. Biegen *n*, Biegung *f*; 2. Kröpfen *n*, Kröpfung *f*
изгиба́ть 1. biegen, verbiegen; 2. krümmen, kröpfen
и́згородь *f*/**электри́ческая** elektrischer Weidezaun *m*, Elektro(weide)zaun *m*
изготови́тель *m* Hersteller *m*, Herstellerwerk *m*
изготовле́ние *n* Herstellung *f*, Fertigung *f*
изготовля́ть herstellen, fertigen
изда́ние *n (Typ)* Ausgabe *f*, Auflage *f*
изде́лие *n* Erzeugnis *n*, Fabrikat *n*; Werkstück *n*
~/**гото́вое** Fertigerzeugnis *n*
издё́ржки *pl* Kosten *pl*, Ausgaben *fpl*
изло́жница *f (Met)* Stahlwerkskokille *f*, Kokille *f*, Blockform *f*, Blockkokille *f*, Dauerform *f*
~/**глухodо́нная** Sackkokille *f*
изло́м *m (Wkst)* Bruch *m*; Bruchfläche *f*
~/**волокни́стый** faseriger Bruch *m*
~/**вя́зкий** *s.* ~/пластический
~/**зерни́стый** körniger Bruch *m (mineralischer Werkstoffe)*

~/**пласти́ческий** zäher Bruch *m*; Verformungsbruch *m*
~/**уста́лостный** Dauer(schwingungs)bruch *m*, Ermüdungsbruch *m*
~/**хру́пкий** Sprödbruch *m*
излуча́тель *m* Strahler *m*
~/**всенапра́вленный** *s.* ~/ненаправленный
~/**звуково́й** Schallstrahler *m*
~/**изотро́пный** Isotropstrahler *m*, isotroper Strahler *m*, Kugelstrahler *m*
~/**инфракра́сный** Infrarotstrahler *m*, IR-Strahler *m*
~/**напра́вленный** gerichteter Strahler *m*, Richtstrahler *m*
~/**ненапра́вленный** ungerichteter Strahler *m*, Rundstrahler *m*
~/**сфери́ческий** *s.* ~/изотропный
~/**тёмный** Dunkelstrahler *m*
~/**температу́рный** Temperaturstrahler *m*, Wärmestrahler *m*
~/**ультразвуково́й** Ultraschallstrahler *m*
излуча́тельность *f (Ph)* (spezifische) Ausstrahlung *f*
излуча́ть (aus)strahlen, abstrahlen, emittieren
излуче́ние *n* Strahlung *f*, Ausstrahlung *f*, Emission *f (s. a. unter* лучи*)*
~/**ви́димое** sichtbare Strahlung *f*, Licht *n*
~/**всенапра́вленное** *s.* ~/ненаправленное
~/**втори́чное** Sekundärstrahlung *f*
~/**вы́нужденное** induzierte [erzwungene] Emission [Strahlung] *f*
~/**дипо́льное** Dipolstrahlung *f*
~/**жёсткое** harte Strahlung *f*
~/**захва́тное** Einfangstrahlung *f*
~/**земно́е** terrestrische Strahlung *f*, Erdstrahlung *f*
~/**избира́тельное** selektive Strahlung *f*, Selektivstrahlung *f*
~/**индуци́рованное** *s.* ~/вынужденное
~/**инфракра́сное** Infrarotstrahlung *f*, IR-Strahlung *f*
~/**ионизи́рующее** ionisierende Strahlung *f*
~/**когере́нтное** kohärente Strahlung *f* *(Laser)*
~/**коротково́лновое** kurzwellige Strahlung *f*
~/**корпускуля́рное** Korpuskularstrahlung *f*, Teilchenstrahlung *f*
~/**косми́ческое** Höhenstrahlung *f*, kosmische Strahlung *f*
~/**ла́зерное** Laserstrahlung *f*
~/**мя́гкое** weiche Strahlung *f*
~/**напра́вленное** gerichtete Strahlung *f*, Richtstrahlung *f*
~/**ненапра́вленное** ungerichtete Strahlung *f*, Rundstrahlung *f*
~/**низкотемперату́рный инфракра́сный** Dunkelstrahler *m*
~/**оста́точное** Reststrahlung *f*
~/**отражённое** reflektierte Strahlung *f*, Reflexionsstrahlung *f*
~/**парази́тное** Störstrahlung *f*
~/**перви́чное** Primärstrahlung *f*
~/**проника́ющее** hochenergetische [energiereiche, durchdringende] Strahlung *f*
~/**радиоакти́вное** radioaktive Strahlung *f*
~/**рассе́янное** Streustrahlung *f*
~/**резона́нсное** Resonanzstrahlung *f*
~/**рентге́новское** Röntgenstrahlung *f*
~/**светово́е** Lichtstrahlung *f*, Lichtemission *f*; Licht *n*
~/**со́бственное** Eigenstrahlung *f*
~/**sponта́нное** spontane Strahlung *f*, spontane Emission *f*
~/**теплово́е** Wärmestrahlung *f*, thermische Strahlung *f*, Wärmeausstrahlung *f*
~/**тормозно́е** Bremsstrahlung *f*
~/**ультрафиоле́товое** ultraviolette Strahlung *f*, Ultraviolettstrahlung *f*, UV-Strahlung *f*
~/**фо́новое** Untergrundstrahlung *f*, Umgebungsstrahlung *f*
~/**я́дерное** Kernstrahlung *f*
измельча́ть 1. zerkleinern, brechen; zermahlen; 2. *(Lw)* häckseln; 3. *(Bgb)* schroten *(z. B. Erze)*
измельче́ние *n* 1. Zerkleinern *n*, Zerkleinerung *f*, Brechen *n*; Zermahlen *n*; 2. *(Lw)* Häckseln *n*; 3. *(Bgb)* Schroten *n (z. B. Erze)*
измельчи́тель *m* 1. Mahlwerk *n*, Zerkleinerungsmaschine *f*; Schroter *m*; Brecher *m*; 2. *(Lw)* Häckselmaschine *f*
измене́ние *n* Änderung *f*, Veränderung *f*
~ **во вре́мени** zeitliche Änderung *f*

~ **зна́ка** Vorzeichenwechsel *m*, Vorzeichenumkehr *f*
~/**скачкообра́зное** sprunghafte Veränderung [Änderung] *f*
~ **состоя́ния** Zustandsänderung *f*; Statusänderung *f*
изме́нчивость *f* Veränderlichkeit *f*, Variabilität *f*
изменя́емый veränderlich, variabel
изменя́ть verändern, variieren
изменя́ющийся variabel, veränderlich
измере́ние *n* Messen *n*, Messung *f*, Vermessen *n*, Ausmessen *n*
~ **вре́мени** Zeitmessung *f*, Zeitnahme *f*
~/**гру́бое** Grobmessung *f*
~/**дистанцио́нное** Fernmessung *f*
~ **длин(ы́)** Längenmessung *f*; *(Geod)* Streckenmessung *f*
~/**ко́свенное** indirekte [mittelbare] Messung *f*
~/**лине́йное** Längenmessung *f*; *(Geod)* Streckenmessung *f*
~ **ме́тодом сравне́ния** Vergleichsmessung *f*
~/**прецизио́нное** Präzisionsmessung *f*, Feinmessung *f*
~/**прямо́е** direkte [unmittelbare] Messung *f*, Direktmessung *f*
~ **расхо́да** Durchflussmengenmessung *f*
~ **твёрдости** Härtemessung *f*
~/**теплово́е** Wärmemessung *f*, Kalorimetrie *f*
~/**то́чное** Feinmessung *f*
~ **угло́в** Winkelmessung *f*
~ **частоты́** Frequenzmessung *f*
измери́мость *f* Messbarkeit *f*
измери́мый messbar
измери́тель *m* Messinstrument *n*
~ **вибра́ций** Schwingungsmesser *m*, Vibrometer *n*
~ **давле́ния** Druckmesser *m*
~ **добро́тности** Güte(faktor)messer *m*, Q-Meter *n*
~ **мо́щности** Leistungsmesser *m*
~ **ско́рости враще́ния** Drehzahlmesser *m*
~ **ускоре́ний** Beschleunigungsmesser *m*, Beschleunigungsmessinstrument *n*
~ **частоты́** Frequenzmesser *m*
измери́тельный Mess...
измеря́емый Mess...
измеря́ть messen, abmessen, vermessen
и́зморозь *f (Meteo)* Nebelfrostablagerung *f*
изна́нка *f* Rückseite *f*; Kehrseite *f*; *(Text)* linke Seite *f (des Gewebes)*
изна́шиваемость *f (Fest, Trib)* 1. Abnutzbarkeit *f*, Verschleiß *m*; 2. Abnutzungsgrad *m*
изна́шивание *n (Fest, Trib)* 1. Abnutzung *f*, Verschleiß *m*
изна́шиваться *(Fest, Trib)* sich abnutzen, verschleißen
изна́шивающийся verschleißbeansprucht
изно́с *m (Fest, Trib)* Verschleiß *m*, Abnutzung *f*
~/**весово́й** Masseverschleiß *m*
~ **истира́нием** reibender Verschleiß *m*
износосто́йкий verschleißfest
износосто́йкость *f* Verschleißfestigkeit *f*, Verschleißwiderstand *m*
износоусто́йчивость *f s.* износостойкость
износоусто́йчивый *s.* износостойкий
изоба́р *m* **(/я́дерный)** *(Kern)* Isobar *n*, Kernisobar *n*
изоба́ра *f* Isobare *f*
изобари́ческий isobarisch
изоба́рный isobar
изоба́та *f* Isobathe *f (Linie gleicher Wassertiefen)*
изображе́ние *n* 1. Abbildung *f*, Bild *n*; 2. Darstellung *f*; 3. *(Math)* Transformierte *f*
~/**безаберрацио́нное** *(Opt)* aberrationsfreies Bild *n*
~/**бочкообра́зное** *(Opt)* tonnenförmige Abbildung *f (Aberrationsart)*
~ **в пла́не** Planansicht *f*, Grundriss *m*
~/**высококонтра́стное** *(Photo)* kontrastreiches Bild *n*
~/**графи́ческое** graphische Darstellung *f*
~/**двойно́е** *s.* ~/побочное
~/**действи́тельное** *(Opt)* reelles Bild *n*, reelle Abbildung *f*
~/**зерка́льное** *(Opt)* Spiegelbild *n*
~/**контра́стное** *(Photo)* kontrastreiches Bild *n*
~/**малоконтра́стное** *(Photo)* kontrastarmes [kontrastloses, flaues] Bild *n*

~/**мни́мое** *(Opt)* virtuelles Bild *n*, virtuelle Abbildung *f*
~/**негати́вное** *(Photo)* Negativbild *n*
~/**неконтра́стное [низкоконтра́стное]** *s.* ~/малоконтрастное
~/**объёмное** Raumbild *n*, Stereobild *n*
~/**опти́ческое** optische Abbildung *f*
~/**оста́точное** *(Photo)* Nachbild *n*
~/**перевёрнутое** umgekehrte Abbildung *f*, kopfstehendes Bild *n*
~/**побо́чное [повто́рное]** *(TV)* Echobild *n*, Geisterbild *n*, Phantombild *n*
~/**позити́вное** *(Photo)* Positivbild *n*
~/**полуто́новое** *(Photo)* Halbtonbild *n*
~/**радиолокацио́нное** Radar(schirm)-bild *n*
~/**рентге́новское** Röntgenbild *n*
~/**скры́тое** *(Photo)* latentes Bild *n*
~/**сма́занное** *(Photo)* verwackeltes Bild *n*
~/**стереоскопи́ческое** stereoskopische Abbildung *f*, stereoskopisches Bild *n*, Stereobild *n*
~/**цветно́е** Farbbild *n*
~/**цветоделённое** *(Typ)* Farbauszug *m*
~/**чёрно-бе́лое** Schwarzweißbild *n*
изобрази́тельный darstellend, beschreibend, deskriptiv
изобрета́тельство *n* Erfindungswesen *n*
изобрета́ть erfinden
изобрете́ние *n* Erfindung *f*
изобути́ловый *(Ch)* Isobutyl...
изогали́на *f* Isohaline *f (Linie gleichen Salzgehalts)*
изогие́та *f* Isohyete *f (Linie gleicher Niederschlagshöhe)*
изоги́пса *f (Geod)* Isohypse *f*, Höhenlinie *f*
изо́гнутый gekrümmt; gekröpft
изогона́льный isogonal, gleichwinklig
изоградие́нт *m* Isogradient *m*
изодо́за *f (Kern)* Isodose *f*
изодро́м *m (Reg)* Isodromglied *n*, Proportional-Integral-Glied *n*, PI-Glied *n*
изодро́мный *(Reg)* isodrom, Isodrom..., proportional-integral, Proportional-Integral..., PI-...
изоле́нта *f* Isolierband *n*
изоли́ния *f* Isolinie *f*, Isorithme *f*
изоли́рование *n* Isolieren *n*, Isolierung *f*, Isolation *f*
изоли́рованный isoliert
изоли́ровать isolieren
изолиро́вочный Isolier..., Isolations...
изоля́тор *m (El)* Isolator *m*, Nichtleiter *m*
~/**высоково́льтный** Hochspannungsisolator *m*
~/**гирля́ндный** Kettenisolator *m*
~/**керами́ческий** Keramikisolator *m*
~/**колпачко́вый** Kappenisolator *m*
~/**опо́рный** Stützisolator *m*
~/**оре́шковый** Eierisolator *m*
~/**подвесно́й** Hängeisolator *m*
~/**проходно́й** Durchführungsisolator *m*
~/**стержнево́й** Stabisolator *m*
~/**фарфо́ровый** Porzellanisolator *m*
~/**штырево́й** Stützenisolator *m*
~/**ю́бочный** Mantelisolator *m*
изоляцио́нный Isolations..., Isolier...
изоля́ция *f* 1. Isolieren *n*, Isolierung *f*, Isolation *f (Prozess)*; 2. Isolation *f*, Isolierung *f (Ergebnis)*; 3. Dämmung *f (Schall, Wärme)*
~/**теплова́я** Wärmeisolation *f*, Wärmeschutz *m*
изоме́р *m (Ch)* Isomer(e) *n*
~/**простра́нственный** *(Ch)* Stereoisomer *n*, Raumisomer *n*
~/**я́дерный** *(Kern)* Kernisomer(e) *n*
изомериза́ция *f (Ch)* Isomerisation *f*, Isomerisierung *f*
изомери́я *f (Ch)* Isomerie *f*
~/**опти́ческая** optische Isomerie *f*, Enantiomorphie *f*
~/**поворо́тная** Rotationsisomerie *f*
~ **положе́ния** Stellungsisomerie *f*
~/**простра́нственная** *(Ch)* Stereoisomerie *f*, Raumisomerie *f*
~/**структу́рная** Strukturisomerie *f*
~/**я́дерная** Kernisomerie *f*, Isomerie *f* des Atomkerns
изоме́рный isomer
изометри́ческий isometrisch
изометри́я *f (Math)* Isometrie *f*
изоморфи́зм *m* 1. *(Krist)* Isomorphie *f*, Isomorphismus *m*, Diadochie *f*; 2. *(Math)* Isomorphie *f*
изомо́рфный *(Krist, Math)* isomorph
изопи́кна *f* Isopykne *f (Linie konstanten Volumens)*
изoплана́рный isoplanar
изопле́та *f* Isoplethe *f (Linie gleicher Werte)*

изопове́рхность *f* Isofläche *f*
изоспи́н *s.* спин/изобарический
изота́ха *f (Meteo, Hydt)* Isotache *f*
изоте́рма *f* Isotherme *f (Linie gleicher Temperaturwerte)*
изотерми́ческий isotherm
изото́п *m (Kern)* Isotop *n*
~/нестаби́льный instabiles Isotop *n*
~/радиоакти́вный radioaktives Isotop *n*, Radioisotop *n*
~/стаби́льный stabiles Isotop *n*
изотопи́я *f (Kern, Math)* Isotopie *f*
изото́пный isotop, Isotopen…
изотропи́я *f (Ph)* Isotropie *f*
изотро́пный isotrop
изофо́та *f* Isophote *f (Linie gleicher Helligkeit)*
изохо́ра *f (Therm)* Isochore *f (Linie konstanten Volumens)*
изохромати́ческий isochrom(atisch)
изохро́на *f (Astr, Geoph)* Isochrone *f (Linie gleicher Zeiten)*
изохрони́зм *m* Isochronismus *m*
изохро́нный isochron
изоэдри́ческий isoedrisch
изоэлектри́ческий isoelektrisch
изоэне́рга *f (Therm)* Isenerge *f (Linie gleicher innerer Energie)*
изоэнта́льпа *f (Therm)* Isenthalpe *f*, Drossellinie *f*, Drosselkurve *f*
изразе́ц *m* Kachel *f*
изумру́д *m (Min)* Smaragd *m*
изъя́н *m* Fehler *m*, Materialfehler *m*
изыска́ние *n* Erforschung *f*, Ermittlung *f*, Erkundung *f*, Untersuchung *f*
ИК-… *s.* инфракрасный
ИК-излуче́ние *n s.* излучение/инфракрасное
ИКМ *f s.* модуляция/импульсно-кодовая
ИК-прибо́р *m* **ночно́го виде́ния** Infrarot(nacht)sichtgerät *n*
иконоско́п *m (TV)* Ikonoskop *n*
икоса́эдр *m (Math, Krist)* Ikosaeder *n*, (regelmäßiger) Zwanzigflächner *m*
икоситетра́эдр *m (Krist)* Ikositetraeder *n*
ИК-термогра́фия *f* Infrarotthermographie *f*, IR-Thermographie *f*
ил *m* 1. Schlamm *m*; 2. Trübe *f (Aufbereitung)*
~/акти́вный Belebtschlamm *m*, aktivierter Schlamm *m (Abwasserreinigung)*
ИЛИ *n* ODER *n (logische Funktion oder Operation)*
~/включа́ющее inklusives ODER *n*
~/исключа́ющее exklusives ODER *n*
~/монта́жное [проводно́е] verdrahtetes ODER *n*, Wired-OR *n*
иллюмина́тор *m* Fenster *n*; *(Schiff)* Fenster *n*, Schiffsfenster *n*
~/кру́глый *(Schiff)* Bullauge *n*
~/ство́рчатый *(Schiff)* Klappfenster *n*
илоулови́тель *m* Schlammfänger *m*, Schlammfang *m*, Schlammsammler *m*
ильмени́т *m (Min)* Ilmenit *m*, Titaneisenerz *n*
ИМ *f s.* модуляция/импульсная
иммерсио́нный *(Opt)* Immersions…
имме́рсия *f (Opt)* Immersion *f*
~/ма́сляная Ölimmersion *f*
импи́танс *m (El)* Immittanz *f (Scheinwiderstand + Scheinleitwert)*
импеда́нс *m (El)* Impedanz *f*, Scheinwiderstand *m*
~/акусти́ческий akustische Impedanz *f*, Schallimpedanz *f*
импеда́нсный *(El)* Impedanz…
импланта́ция *f (Halbl)* Implantation *f*
~/ио́нная Ionenimplantation *f*
~ при́месей Störstellenimplantation *f*
импликА́тор *m* Implikator *m*
импо́ст *m (Bw)* Kämpfer *m*
импрегни́рование *n* Imprägnierung *f*
и́мпульс *m* 1. Stoß *m*; 2. *(Mech)* Impuls *m*
~/бланки́рующий *(TV)* Austastimpuls *m*
~/враща́тельный *(Mech)* Drehimpuls *m*, Drall *m*
~/входно́й *(El)* Eingangsimpuls *m*
~/выходно́й *(El)* Ausgangsimpuls *m*
~/гася́щий *(El)* Löschimpuls *m*; *(TV)* Austastimpuls *m*
~/запуска́ющий *(El)* Triggerimpuls *m*
~/звуково́й *(Ak)* Schallimpuls *m*
~/кома́ндный *(Inf)* Befehlsimpuls *m*
~/меша́ющий *(El)* Störimpuls *m*
~/отражённый *(Rad)* Echoimpuls *m*, Rückstrahlimpuls *m*
~/пилообра́зный *(El)* Sägezahnimpuls *m*
~/поиско́вый *(Rad)* Suchimpuls *m*
~/прямоуго́льный *(El)* Rechteckimpuls *m*

~/**синхронизи́рующий** Synchron(isier)impuls *m*
~/**стира́ющий** *(El)* Löschimpuls *m*
~/**строби́рующий** Strobimpuls *m*, Auftastimpuls *m*
~/**та́ктовый** *(El)* Taktimpuls *m*
~/**то́ковый** *(El)* Stromimpuls *m*
~/**треуго́льный** *(El)* Dreieckimpuls *m*
~/**уда́рный** *(Mech)* Stoßimpuls *m*
~/**управля́ющий** *(Reg)* Steuerimpuls *m*
~/**этало́нный** Eichimpuls *m*
и́мпульсно-ко́довый Pulscode...
и́мпульсно-модули́рованный impulsmoduliert
и́мпульсный Impuls..., Stoß...; impulsförmig
ИМС *f s.* микросхема
и́мя *n (Inf)* Name *m*; Symbol *n*
~ **библиоте́ки** Bibliotheksname *m*
~ **набо́ра да́нных** Dateiname *m*
~ **по́льзователя** Benutzername *m*
~/**просто́е** einfacher Name *m*
~ **фа́йла** Dateiname *m*
инактива́ция *f* Inaktivierung *f*
инва́р *m* Invar *n (Nickel-Eisen-Legierung)*
инвариа́нт *m (Math)* Invariante *f*
инвариа́нтность *f* Invarianz *f*
инвариа́нтный invariant
инве́рсия *f* 1. Inversion *f*, Umkehrung *f*; 2. *(Inf)* Negation *f*; 3. *(Math)* Inversion *f*; 4. *(Krist)* Inversion *f*, Spiegelung *f*
~ **зна́ка** *(Inf)* Vorzeichenumkehr *f*
~ **температу́ры** *(Meteo)* Inversion *f*, Temperaturinversion *f*
~ **фа́зы** Phasenumkehr *f*
инве́рсный invers, Inversions..., Umkehr...
инверти́рование *n* 1. Invertierung *f*, Inversion *f*, Umkehr *f*; 2. *(El)* Wechselrichtung *f*
инверти́рованный invertiert
инверти́ровать 1. invertieren, umkehren; 2. *(El)* wechselrichten
инве́ртор *m* 1. *(El)* Wechselrichter *m*; 2. *(Inf)* Inverter *m*, Negator *m*
инволю́та *f (Math)* Involute *f*
инволю́ция *f (Math)* Involution *f*
ингиби́тор *m (Ch)* Inhibitor *m*, Hemmstoff *m*
~ **корро́зии** Korrosionsinhibitor *m*, Korrosionsverzögerer *m*
~ **окисле́ния** Oxidationsinhibitor *m*, Oxidationsverzögerer *m*
ингредие́нт *m* Ingredienz *f*, Bestandteil *m*
ингре́ссия *f (Geol)* Ingression *f*
и́ндекс *m* 1. Index *m*; 2. Ablesemarke *f (an Messinstrumenten)*
~/**ве́рхний [надстро́чный]** oberer Index *m*, Exponent *m*
~/**ни́жний [подстро́чный]** unterer [tiefgestellter] Index *m*
и́ндексно-после́довательный *(Inf)* indexsequentiell
инди́го *n* Indigo *m(n)*
и́ндий *m (Ch)* Indium *n*, In
индика́тор *m* 1. Indikator *m*, Anzeigeinstrument *n*, Anzeiger *m*; Anzeigeeinheit *f*; 2. *(Rad)* Sichtanzeiger *m*, Sichtgerät *n*; 3. *(Ch)* Indikator *m*; 4. *(Kern)* Indikator *m*, Tracer *m*
~/**визуа́льный** *s.* индикатор 2.
~/**выносно́й** *(Rad)* Tochtersichtgerät *n*
~/**жидкокристалли́ческий** Flüssigkristallanzeigegerät *n*, Flüssigkristallanzeiger *m*, LC-Display *n*, LCD *n*
~/**изото́пный** *(Kern)* Indikatorisotop *n*, Tracerisotop *n*
~ **настро́йки** *(Rf)* Abstimmanzeige *f*
~/**радиоакти́вный** *(Kern)* radioaktiver Indikator [Tracer] *m*, radioaktives Leitisotop *n*
~/**радиолокацио́нный** *(Rad)* Bildschirmeinheit *f*
~/**светодио́дный** Leuchtdiodenanzeige *f*
~/**цифрово́й** Digitalanzeiger *m*
~/**электролюминесце́нтный** Elektrolumineszenzdisplay *n*
индика́торный Indikator..., Anzeige...
индикатри́са *f (Math, Krist, Opt)* Indikatrix *f*
индика́ция *f* Anzeige *f*
~/**визуа́льная** Sichtanzeige *f*
~/**светодио́дная** LED-Anzeige *f*, Lumineszenzdiodenanzeige *f*
~/**цифрова́я** Digitalanzeige *f*
индиффере́нтный indifferent
индукти́вно-ёмкостный induktivkapazitiv
индукти́вность *f (El)* 1. Induktivität *f*; 2. Induktivität *f*, Induktionsspule *f*
~/**взаи́мная** Gegeninduktivität *f*
~ **ли́нии** Leitungsinduktivität *f*

индукти́вный induktiv, Induktiv...
инду́ктор *m (El)* 1. Induktor *m*; 2. Heizspule *f*
инду́кторный Induktor...
индукцио́нный Induktions...
инду́кция *f (El, Math)* Induktion *f*
~/**взаи́мная** *(El)* Gegeninduktion *f*
~/**магни́тная** *(El)* magnetische Induktion *f*
~/**электромагни́тная** *(El)* elektromagnetische Induktion *f*
индуци́ровать induzieren
и́ней *m (Meteo)* Reif *m*
ине́ртность *f* Trägheit *f*
ине́ртный inert, träge, inaktiv
~/**хими́чески** chemisch inert
инерциа́льный Trägheits..., Inertial...
инерцио́нность *f (Mech)* Trägheit *f*, Trägheitsverhalten *n*, Beharrungszustand *m*
инерцио́нный s. инертный
ине́рция *f (Mech)* Trägheit *f*, Beharrungsvermögen *n*
~ **масс** *(Mech)* Trägheit *f* der Masse, Massenträgheit *f*
~/**теплова́я** *(Kern)* Wärmebeharrungsvermögen *f*
инжекти́ровать *(Halbl)* injizieren
инже́ктор *m* Injektor *m*; Strahlpumpe *f*, Dampfstrahlpumpe *f*
инже́кция *f* 1. Injektion *f*; 2. *(Kern)* Einschießen *n*, Einschuss *m*, Einschleusen *n (Teilchen in den Beschleuniger)*; 3. *(Halbl)* Injektion *f*
инжене́рный Ingenieur..., ingenieurmäßig, ingenieurtechnisch
инициализа́ция *f (Inf)* Initialisierung *f*
иниции́рование *n* 1. *(Ch)* Einleitung *f*, Initiierung *f (einer Reaktion)*; 2. *(Inf)* Initialisierung *f*
инклино́метр *m (Bgb)* Inklinometer *n*, Neigungsmesser *m (für Bohrungen)*
инклю́зия *f (Geol)* Inklusion *f*
инкреме́нтный *(Inf)* Inkrement(al)...
инкруста́ция *f* Verkrustung *f*, Krustenbildung *f*
инкуба́тор *m* Inkubator *m*
инкуба́ция *f* Inkubation *f*
инсектици́д *m* Insektizid *n*, Insektenvertilgungsmittel *n*
инсоля́ция *f (Meteo)* Insolation *f*, Sonneneinstrahlung *f*

инсталля́ция *f (Inf)* Installation *f*
институ́т *m* Institut *n*; Hochschule *f*
~/**нау́чно-иссле́довательский** Forschungsinstitut *n*
инстру́кция *f* 1. Unterweisung *f*, Instruktion *f*; 2. Gebrauchsanweisung *f*; 3. Vorschrift *f*, Dienstvorschrift *f*; 4. *(Inf)* Befehl *m (s. a. unter* команда*)*
~ **остано́ва** *(Inf)* Stoppbefehl *m*, Stoppanweisung *f*
~ **по монтажу́** Montageanweisung *f*
~ **по обслу́живанию** Bedienungsvorschrift *f*, Bedienungsanweisung *f*
~ **по примене́нию** Gebrauchsanweisung *f*
~ **по ухо́ду** Bedienungsvorschrift *f*, Gebrauchsanweisung *f*
~ **по эксплуата́ции** Betriebsanweisung *f*, Gebrauchsanweisung *f*
инструме́нт *m* 1. Werkzeug *n*; 2. Instrument *n (s. a. unter* прибор*)*
~/**абрази́вный** *(Wkz)* Abrasivwerkzeug *n*, abrasives Werkzeug *n*
~/**алма́зный** *(Wkz)* Diamantwerkzeug *n*
~/**буровóй** *(Bgb)* Bohrwerkzeug *n*
~/**быстроре́жущий** *(Wkz)* Schnellarbeitsstahlwerkzeug *n*, Werkzeug *n* aus Schnellarbeitsstahl
~/**быстросме́нный** *(Wkz)* Schnellwechselwerkzeug *n*
~/**дово́дочный** *(Wkz)* 1. Feinbearbeitungswerkzeug *n*, Werkzeug *n* zur abrasiven Feinbearbeitung; 2. Maßläppwerkzeug *n*; 3. Abziehwerkzeug *n*
~/**измери́тельный** Messinstrument *n*, Messzeug *n*
~/**ко́вочно-штампо́вочный** *(Umf)* Gesenkschmiedewerkzeug *n*
~/**кузне́чный** Schmiedewerkzeug *n*
~/**металлоре́жущий** spanendes Metallbearbeitungswerkzeug *n*
~/**пасса́жный** *(Astr)* Passageinstrument *n*
~/**пневмати́ческий** Druckluftwerkzeug *n*
~/**разме́точный** *(Wkz)* Anreißwerkzeug *n*
~/**ре́жущий** *(Wkz)* spanendes Werkzeug *n*, Spanungswerkzeug *n*
~/**резьбонака́тный** *(Wkz)* Gewindewalzwerkzeug *n*
~/**резьбонарезно́й** *(Wkz)* Gewindeschneidwerkzeug *n*

~/**ручно́й** Handwerkzeug *n*
~/**сверли́льный** *(Wkz)* Bohrwerkzeug *n*
~/**стано́чный** *(Wkz)* Maschinenwerkzeug *n*
~/**тока́рный** *(Wkz)* Drehwerkzeug *n*
~/**то́чный** 1. Präzisionsinstrument *n*; 2. *(Wkz)* Präzisionswerkzeug *n*
~/**черново́й** *(Wkz)* Schruppwerkzeug *n*
~/**чистово́й** *(Wkz)* Schlichtwerkzeug *n*
~/**шлифова́льный** *(Wkz)* Schleifwerkzeug *n*
интегра́л *m (Math)* Integral *n*
~/**двойно́й** Doppelintegral *n*
~/**неопределённый** unbestimmtes Integral *n*
~/**несо́бственный** uneigentliches Integral *n*
~/**определённый** bestimmtes Integral *n*
~/**тройно́й** dreifaches Integral *n*
интегра́льный 1. integriert; 2. integral, Integral...
интегра́тор *m (Inf)* Integrator *m*, Integrierer *m*, Integriergerät *n*; *(Eln)* Integrierglied *n*
интегра́ция *f* **служб** *(Nrt)* Diensteintegration *f*
интегри́рование *n (Math)* Integration *n*, Integrieren *n*
~ **по частя́м** partielle Integration *f*
~/**приближённое** Näherungsintegration *f*
~/**чи́сленное** numerische Integration *f*
интегри́рованный integriert
интегри́ровать *(Math)* integrieren
интегри́руемость *f (Math)* Integrierbarkeit *f*
интегри́руемый *(Math)* integrierbar
интегри́рующий *(Reg)* integrierend, Integrier..., Integrations..., I-...
интелле́кт *m (Kyb)* Intelligenz *f*
~/**иску́сственный** künstliche Intelligenz *f*
интенси́вность *f* 1. Intensität *f*; Stärke *f*; 2. Ergiebigkeit *f*
~ **движе́ния** Verkehrsdichte *f*
~ **отка́зов** Ausfallrate *f*
~ **перево́зок** *(Eb)* Verkehrsbelastung *f*
интеракти́вный interaktiv
интерва́л *m* Intervall *n*, Abstand *m*
~/**временно́й** Zeitintervall *n*, Zeitspanne *f*
~/**крити́ческий** *(Wkst)* Umwandlungsgebiet *n (Gefüge)*
~/**температу́рный** Temperaturintervall *n*, Temperaturbereich *m*
~/**часто́тный** Frequenzintervall *n*, Frequenzlücke *f*
интерви́дение *f* Intervision *f*
интергляциа́л *m s.* межледниковье
интеркристалли́ческий interkristallin, Zwischenkristallin...
интерполи́ровать *(Math)* interpolieren
интерполя́тор *m* Interpolator *m*
интерполя́ция *f (Math)* Interpolation *f*, Interpolieren *n*
интерпрета́тор *m (Inf)* Interpreter *m*, interpretierendes Programm *n*
интерфе́йс *m (Inf)* Interface *n*, Schnittstelle *f*
~ **вво́да** Eingabeinterface *n*, Eingabeschnittstelle *f*
~ **вво́да-вы́вода** Eingabe-Ausgabe-Interface *n*, Eingabe-Ausgabe-Schnittstelle *f*, E/A-Schnittstelle *f*, E/A-Interface *n*
~ **вы́вода** Ausgabeinterface *n*, Ausgabeschnittstelle *f*
~/**графи́ческий** Graphikinterface *n*, Graphikschnittstelle *f*
~/**дру́жественный** benutzerfreundliches Interface *n*, benutzerfreundliche Schnittstelle *f*
~/**магистра́льный** *s.* ~/шинный
~/**паралле́льный** Parallelinterface *n*, parallele Schnittstelle *f*
~/**по́льзовательский** Nutzerinterface *n*, Nutzerschnittstelle *f*, Benutzerinterface *n*, Benutzerschnittstelle *f*
~ **по́льзователя** *s.* ~/пользовательский
~/**после́довательный** serielle Schnittstelle *f*
~/**станда́ртный** Standardinterface *n*, SI *n*
~/**ши́нный** Businterface *n*, Busschnittstelle *f*
интерференцио́нный *(Ph)* Interferenz...
интерфере́нция *f (Opt)* Interferenz *f*
интерферогра́мма *f (Opt)* Interferogramm *n*
интерферо́метр *m (Opt, Astr, Rad)* Interferometer *n*

~/звёздный *(Astr)* Sterninterferometer *n*
интерферометри́я *f (Opt)* Interferometrie *f*
интерье́р *m (Bw)* Innenraum *m*
интрамолекуля́рный intramulekular
интроско́п *m* Introskop *n*
интроскопи́я *f* Introskopie *f*
интрузи́в *m (Geol)* Intrusivkörper *m*
интрузи́вный *(Geol)* intrusiv, Intrusiv...
интру́зия *f (Geol)* Intrusion *f*
инфильтра́ция *f* Infiltration *f*, Versickern *n*, Versickerung *f*
информа́тика *f* Informatik *f*
информацио́нно-перераба́тывающий informationsverarbeitend, Informationsverarbeitungs...
информа́ция *f (Inf)* Information *f*
~/априо́рная A-priori-Information *f*
~/бу́квенно-цифрова́я alphanumerische Information *f*
~/входна́я Eingabeinformation *f*
~/выходна́я Ausgabeinformation *f*
~/двои́чная binäre Information *f*, Binärinformation *f*
~/пе́рвичная Primärinformation *f*
~/цифрова́я digitale Information *f*, Digitalinformation *f*
инфразву́к *m (Ak)* Infraschall *m*
инфразвуково́й Infraschall...
инфракра́сный infrarot, Infrarot..., IR-...
инциде́нтность *f (Math)* Inzidenz *f*
инциде́нтный *(Math)* inzident
инъекти́ровать injizieren
инъе́кция *f* Injektion *f*
ио́д *m (Ch)* Iod *n*, I
иоди́рование *n (Ch)* Iodieren *n*, Iodierung *f*
ио́дистый *(Ch)* ...iodid *n*; iodhaltig
иодноватистоки́слый *(Ch)* ...hypoiodit *n*; unteriodigsauer
иоднова́тистый *(Ch)* unteriodig
иодноватоки́слый *(Ch)* ...iodat *n*; iodsauer
иодноки́слый *(Ch)* ...periodat *n*; überiodsauer
ио́дный Iod...
иодоме́трия *f (Ch)* Iodometrie *f*
ио́н *m (Ph, Ch)* Ion *n*
~/амфоте́рный Zwitterion *n*
~/молекуля́рный Molekülion *n*
~/отрица́тельный negatives Ion *n*, Anion *n*
~/положи́тельный positives Ion *n*, Kation *n*
ионизацио́нный Ionisations..., Ionisierungs...
ионизáция *f (Ph)* Ionisation *f*, Ionisierung *f*
~/многокра́тная Mehrfachionisierung *f*
~/терми́ческая thermische Ionisation [Ionisierung] *f*, Temperaturionisation *f*
~/уда́рная Stoßionisation *f*
ионизи́рованный ionisiert
ионизи́ровать ionisieren
ио́ний *m (Ch)* Ionium *n*, Io
иони́т *m* Ionenaustauscher *m*
ио́нно-имплантацио́нный *(Halbl)* ionenimplantiert
ио́нно-лучево́й Ionenstrahl...
ио́нно-опти́ческий ionenoptisch
ио́нный Ionen...
ионоге́нный ionogen
ионогра́мма *f (Ph)* Ionogramm *n*
ионообме́н *m* Ionenaustausch *m*
ионообме́нник *m s.* ионит
ионосфе́ра *f* Ionosphäre *f*, Thermosphäre *f*
ионофо́н *m* Ionophon *n*
ИП *m s.* источник питания
ИПС *f s.* система/информационно-поисковая
ира́зер *m* Iraser *m*, Infrarotmaser *m*
ири́дий *m (Ch)* Iridium *n*, Ir
ириза́ция *f* Irisieren *n*
ирази́ровать irisieren
иррадиа́ция *f (Opt)* Irradiation *f*, Überstrahlung *f*
иррациона́льность *f (Math)* Irrationalität *f*
иррациона́льный *(Math)* irrational
ирригацио́нный Bewässerungs...
ирригáция *f (Lw)* Bewässerung *f*, Berieselung *f*
ИС *f s.* схема/интегральная
ИС *f* **с высо́кой сте́пенью интегра́ции** *(Eln)* LSI-Schaltkreis *m*
ИС *f*/**сверхбольша́я** *(Eln)* VLSI-Schaltkreis *m*
ИСЗ *m s.* спутник Земли/искусственный

искажа́ть verzerren, entstellen; *(Mess)* verfälschen *(Messergebnisse)*
искаже́ние *n* Verzerrung *f*, Entstellung *f*; *(TV)* Verzeichnung *f*
~/**амплиту́дное** Amplitudenverzerrung *f*
~/**бочкообра́зное** *(TV)* Tonnenverzeichnung *f*, tonnenförmige Verzeichnung *f*
~ **изображе́ния** *(TV)* Bildverzerrung *f*, Verzeichnung *f*, Bildverzeichnung *f*
~/**лине́йное** *(Nrt)* lineare Verzerrung *f*
~/**нелине́йное** *(Nrt)* nicht lineare Verzerrung *f*; Klirrverzerrung *f*
~/**подушкообра́зное** *(TV)* Kissenverzeichnung *f*, kissenförmige Verzeichnung *f*
~/**фа́зовое** *(El)* Phasenverzerrung *f*
~/**часто́тное** *(El)* Frequenzverzerrung *f*
искажённый verzerrt
иска́ние *n* 1. Suchen *n*, Suche *f*; 2. *(Nrt)* Wahl *f*
~/**группово́е** *(Nrt)* Gruppenwahl *f*
~/**да́льнее** *(Nrt)* Fernwahl *f*
~/**прямо́е** *(Nrt)* Direktwahl *f*
~/**ша́говое** *(Nrt)* Schrittwahl *f*
иска́тель *m* 1. Sucher *m*; 2. *(Nrt)* Wähler *m*; 3. *(Astr)* Sucher *m*, Suchfernrohr *n*; 4. *(Photo)* Sucher *m*
~/**группово́й** *(Nrt)* Gruppenwähler *m*, GW *m*
~/**лине́йный** Leitungswähler *m*, LW *m*
~/**подъёмно-враща́тельный** *(Nrt)* Hebdrehwähler *m*
~/**реле́йный** *(Nrt)* Relaiswähler *m*
~/**ша́говый** *(Nrt)* Schrittwähler *m*
исключа́ть ausscheiden, ausschließen; eliminieren
исключе́ние *n* Ausschluss *m*, Ausscheiden *n*; Eliminieren *n*
ископа́емое *n (Geol)* Fossil *n*
ископа́емые *npl*/**поле́зные** *(Geol)* Bodenschätze *mpl*, nutzbare Mineralien [Minerale] *npl*
ископа́емый *(Geol)* fossil
и́скра *f (El)* Funke(n) *m*
~ **зажига́ния** Zündfunke *m*
~/**ла́зерная** Laserfunke *m*
~ **размыка́ния** Unterbrechungsfunke *m*, Öffnungsfunke *m*
искре́ние *n*1. *(El)* Funkenbildung *f*; 2. *(Fert)* Funkensprühen *n*, Feuern *n*; Funkenflug *m*
искривле́ние *n* 1. Krümmung *f*, Biegung *f*; Knickung *f*; 2. Verwerfung *f*, Verzug *m*
искривлённость *f* Verwindung *f*
искривлённый gekrümmt, verkrümmt, gebogen; verwunden; verworfen
искри́ть funken, feuern
искробезопа́сный funkensicher
искрово́й Funken...
искрогаси́тель *m (El)* Funkenlöscher *m*
искрогаси́тельный Funkenlösch...
искрогася́щий Funkenlösch...
искрогаше́ние *n* Funkenlöschung *f*
иску́сственный künstlich, Kunst...; synthetisch, Synthese...
испаре́ние *n* Verdampfung *f*; Verdunstung *f*
испари́тель *m* 1. *(Kält)* Verdampfer *m*; 2. Verdampferteil *m (eines Dampferzeugers)*; 3. *(Meteo)* Evaporimeter *n*, Verdunstungsmesser *m*
~/**тру́бчатый** *(Kält)* Röhrenverdampfer *m*, Rohrverdampfer *m*
~/**электро́нно-лучево́й** Elektronenstrahlverdampfer *m*
испаро́метр *m (Meteo)* Evaporimeter *n*, Verdunstungsmesser *m*
испаря́емость *f* 1. Verdampfbarkeit *f*; 2. Verdunstbarkeit *f*
испаря́емый 1. verdampfbar; 2. verdunstbar
испаря́ть 1. verdampfen; 2. verdunsten lassen
испаря́ться 1. verdampfen; 2. verdunsten
исполне́ние *n* Ausführung *f*; Bauart *f*, Bauform *f*
~/**компа́ктное** Kompaktbauweise, kompakte Ausführung *f*
~/**тропи́ческое** Tropenausführung *f*
исполни́тель *m (Inf)* Slave *m*, Slavegerät *m*
испо́льзование *n* 1. Ausnutzung *f*; 2. Benutzung *f*, Nutzung *f*, Gebrauch *m*; Anwendung *f*, Verwendung *f*
• **многокра́тного [повто́рного] испо́льзования** *(Raumf)* wiederverwendbar
~/**многокра́тное** *(Nrt)* Mehrfachausnutzung *f*
~ **отхо́дов** *(Ökol)* Abproduktnutzung *f*, Abproduktverwertung *f*

исправлéние *n* 1. Verbesserung *f*, Korrektur *f*; 2. Reparatur *f*, Instandsetzung *f*
~ **ошúбок** Fehlerkorrektur *f*
исправля́ть 1. korrigieren; 2. reparieren, ausbessern
испрáвность *f* einwandfreier Zustand [Betriebszustand] *m*
испрáвный einwandfrei, intakt; unbeschädigt
испускáние *n* Emission *f*, Abstrahlung *f*, Aussendung *f* *(von Strahlen)*
испускáть emittieren, aussenden *(Strahlen)*
испытáние *n* Prüfung *f*, Erprobung *f*; Versuch *m*; Test *m*
~/**вы́борочное** Stichprobenprüfung *f*
~/**гранúчное** Grenzwertprüfung *f*
~ **давлéнием** Druckversuch *m*, Abdrücken *n*, Abdrückversuch *m* *(Prüfung unter Druck von Rohrleitungen, Kesseln)*
~/**длúтельное** Dauerversuch *m*; Dauererprobung *f*
~/**дорóжное** Straßenerprobung *f*
~/**заводскóе** Betriebsprüfung *f*
~/**контрóльное** 1. Gegenprobe *f*, Gegenversuch *m*; 2. Abnahmeprüfung *f*
~/**коррозиóнное** Korrosionsversuch *m*, Korrosionsprüfung *f*
~/**кратковрéменное** Kurzzeitprüfung *f*
~/**лабораторное** Laborversuch *m*
~/**лётное** Flugprüfung *f*
~ **материáлов** Werkstoffprüfung *f*, Materialprüfung *f*
~ **материáлов/неразрушáющее** zerstörungsfreie Werkstoffprüfung *f*, Defektoskopie *f*
~/**модéльное** Modellversuch *m*
~ **на вибрациóнную выно́сливость** Dauerschwing(ungs)festigkeitsprüfung *f*, Dauer(wechsel)festigkeitsprüfung *f*, Dauerversuch *m*, Dauerprüfung *f*
~ **на вибропрóчность** Vibrationsfestigkeitsprüfung *f*
~ **на выно́сливость** *s.* ~ на вибрационную выносливость
~ **на вытяжку** Tiefungsversuch *m*
~ **на герметúчность** Leckprüfung *f*
~ **на глубóкую вытяжку** Tiefziehversuch *m*
~ **на горя́чий изгúб** Warmbiegeversuch *m*
~ **на горя́чую осáдку** Warmstauchversuch *m*
~ **на длúтельную прóчность** *s.* ~ на вибрационную выносливость
~ **на изгúб** Biegeversuch *m*
~ **на излóм** Bruchversuch *m*
~ **на изнóс** Verschleißprüfung *f*
~ **на кручéние** Torsionsversuch *m*, Verdrehversuch *m*
~ **на надёжность** Zuverlässigkeitsprüfung *f*
~ **на осáдку** Stauchversuch *m*
~ **на ползу́честь** Dauerstandversuch *m*, Zeitstandversuch *m*
~ **на продóльный изгúб** Knickversuch *m*
~ **на прóчность** Festigkeitsprüfung *f*, Festigkeitsuntersuchung *f*
~ **на разры́в** *s.* ~ на растяжение 1.
~ **на растяжéние** 1. Zugversuch *m*, Zugprüfung *f*, Zerreißversuch *m*, Zerreißprüfung *f*; 2. Dehnungsversuch *m*, Reckversuch *m*
~ **на сдвиг** Schubfestigkeitsprüfung *f*, Schubversuch *m*
~ **на сжáтие** Druckfestigkeitsprüfung *f*, Druckversuch *m*
~ **на срез** Scherversuch *m*
~ **на старéние** Alterungsprüfung *f*
~ **на твёрдость** Härteprüfung *f*
~ **на удáр** Schlagversuch *m*
~ **на удáрную выно́сливость** Dauerschlagversuch *m*
~ **на удáрную вя́зкость** Kerbschlagbiegeversuch *m*
~ **на удáрный изгúб** Schlagbiegeversuch *m*
~ **на устáлость (при удáре)** *s.* ~ на вибрационную выносливость
~ **на утéчку** Leckprüfung *f*
~ **на холостóм ходу́** Leerlaufprüfung *f*
~ **под нагру́зкой** Belastungsprüfung *f*
~/**приёмно-сдáточное** Abnahmeprüfung *f*
~/**приёмочное** Abnahmeprüfung *f*
~/**произвóдственное** Betriebsprüfung *f*, Prüfung *f* unter Betriebsbedingungen
~/**промы́шленное** Industrieerprobung *f*
~/**склерометрúческое** Ritzhärteprüfung *f*

~/**сте́ндовое** Prüfstand(s)erprobung *f*
~ **травле́нием** Ätzversuch *m*
~/**уда́рное** Schlagversuch *m*
~/**ускóренное** Kurz(zeit)prüfung *f*
~/**ходовóе** *(Schiff)* Probefahrt *f*
~/**холостóе** Leerlaufprüfung *f*
~/**эксплуатациóнное** Betriebsprüfung *f*
~ **я́дерного ору́жия** Kernwaffentest *m*
испы́танный geprüft, erprobt; getestet
испыта́тель *m* Prüfgerät *n*, Prüfer *m*
испыта́тельный Prüf(ungs)..., Versuchs..., Test...
испы́тывать prüfen, testen; erproben
иссле́дование *n* 1. Untersuchung *f*; 2. Erforschung *f*, Forschung *f*
~ **косми́ческого простра́нства** Weltraumforschung *f*, Raumforschung *f*
~ **опера́ций** Unternehmensforschung *f*, Operationsforschung *f*
~/**прикладнóе** angewandte Forschung *f*
~/**фундамента́льное** Grundlagenforschung *f*
иссле́довательский Forschungs...; Untersuchungs...
истека́ть ausfließen, ausströmen
истече́ние *n* Ausfließen *n*, Ausströmen *n*
истира́ние *n* 1. Verschleiß *m*, Abnutzung *f*; Abrieb *m*; 2. Zermahlen *n*, Zerkleinern *n*
истира́ться verschleißen; sich abnutzen
истóк *m (Halbl)* Source *f*, Quelle *f*, S-Pol *m*
истóчник *m* Quelle *f*
~ **бе́та-излуче́ния** *(Kern)* Beta(strahlungs)quelle *f*
~ **га́мма-излуче́ния** *(Kern)* Gamma(strahlungs)quelle *f*
~ **да́нных** Datenquelle *f*
~ **излуче́ния** Strahlungsquelle *f*, Strahlenquelle *f*, Strahler *m*
~ **ИК-излуче́ния** Infrarotquelle *f*
~/**иóнный** *(Kern)* Ionenquelle *f*
~ **напряже́ния** *(El)* Spannungsquelle *f*
~/**нейтрóнный** *(Kern)* Neutronenquelle *f*
~ **пита́ния** *(El)* Speisungsquelle *f*, Speisequelle *f*, Stromquelle *f*
~ **помéх** Störquelle *f*; *(Rf)* Rauschquelle *f*
~ **радиоизлуче́ния** Radio(strahlungs)quelle *f*
~ **све́та** Lichtquelle *f*
~ **тóка** *(El)* Stromquelle *f*
~ **эне́ргии** Energiequelle *f*
истоща́ть erschöpfen, aufzehren
истоще́ние *n* Erschöpfung *f*, Aufzehrung *f*
истощённый erschöpft, aufgezehrt
истреби́тель *m* Jagdflugzeug *n*
истреби́тель-бомбардирóвчик *m* Jagdbombenflugzeug *n*
истреби́тель-перехва́тчик *m* Abfangjagdflugzeug *n*
исхóдный Ausgangs...
исходя́щий abgehend, Abgangs...
исчисле́ние *n (Math)* Rechnen *n*
~ **бесконе́чно ма́лых** Infinitesimalrechnung *f*
~/**вариациóнное** Variationsrechnung *f*
~/**ве́кторное** Vektorrechnung *f*
~ **вероя́тностей** Wahrscheinlichkeitsrechnung *f*
~ **выска́зываний** Aussagenkalkül *m*
~/**дифференциа́льное** Differenzialrechnung *f*, Differentialrechnung *f*
~/**интегра́льное** Integralrechnung *f*
~/**ма́тричное** Matrizenrechnung *f*
~/**опера́торное** Operatorenrechnung *f*
~ **проце́нтов** Zinsrechnung *f*
~ **слóжных проце́нтов** Zinseszinsrechnung *f*
~/**те́нзорное** Tensorrechnung *f*
исчисля́ть ausrechnen, berechnen
итерати́вный iterativ, Iterativ...
итерациóнный Iterations...
итера́ция *f (Math, Inf)* Iteration *f*, Wiederholung *f*
иттéрбий *m (Ch)* Ytterbium *n*, Yb
и́ттрий *m (Ch)* Yttrium *n*, Y

К

К *s.* кельвин
к *s.* кило...
кабелеиска́тель *m* Kabelsuchgerät *n*
кабелепровóд *m* Kabelführung *f*
кабелеукла́дчик *m* Kabellegemaschine *f*
ка́бель *m* 1. *(El, Nrt)* Kabel *n*; 2. *(Bw)* Tragseil *n (von Hängebrücken)*

~/**абоне́нтский** Teilnehmerkabel *n*, Anschlusskabel *n*
~/**армату́рный** *(Bw)* Bewehrungsseil *n*
~/**брониро́ванный** bewehrtes [armiertes] Kabel *n*
~/**возду́шный** Luftkabel *n*
~/**воло́конно-опти́ческий** Lichtleitfaserkabel *n*, faseroptisches Kabel *n*
~/**высоково́льтный** Hochspannungskabel *n*
~/**высокочасто́тный** Hochfrequenzkabel *n*, HF-Kabel *n*; Trägerfrequenzkabel *n*, TF-Kabel *n*
~/**газонапо́лненный** Gasdruckkabel *n*, Druckgaskabel *n*
~/**ги́бкий** biegsames [flexibles] Kabel *n*
~/**го́лый** blankes Kabel *n*
~/**городско́й** Ortskabel *n*, Ok *n*
~ **да́льней свя́зи** Weitverkehrskabel *n*, Fernkabel *n*, Fk *n*
~/**двухжи́льный** Zweileiterkabel *n*
~/**коаксиа́льный** Koaxialkabel *n*, koaxiales Kabel *n*
~/**криоге́нный** Kryokabel *n*
~/**ле́нточный** Bandkabel *n*
~/**многожи́льный** Mehrleiterkabel *n*, mehradriges Kabel *n*
~/**морско́й** Seekabel *n*
~/**низково́льтный** Niederspannungskabel *n*
~/**низкочасто́тный** Niederfrequenzkabel *n*, NF-Kabel *n*
~/**одножи́льный** Einleiterkabel *n*, einadriges Kabel *n*
~/**опти́ческий** Lichtleitkabel *n*, optisches Kabel *n*, Lichtwellenleiterkabel *n*, LWL-Kabel *n*
~/**освинцо́ванный** Bleimantelkabel *n*
~/**подво́дный** Unterwasserkabel *n*
~/**подзе́мный** Erdkabel *n*
~ **потреби́теля** Anschlusskabel *n*
~/**пупинизи́рованный** Pupinkabel *n*, pupinisiertes [bespultes] Kabel *n*
~/**радиочасто́тный** Funkfrequenzkabel *n*
~ **свя́зи** Nachrichten(übertragungs)kabel *n*
~/**силово́й** (elektrisches) Leistungskabel *n*
~/**соедини́тельный** Anschlusskabel *n*
~/**телефо́нный** Fernsprechkabel *n*
~/**экрани́рованный** abgeschirmtes Kabel *n*
ка́бель-кран *m* Kabelkran *m*
ка́бельный Kabel...
ка́бельтов *m (Schiff)* Kabellänge *f* *(= 0,1 Seemeile oder 185,2 m)*
каби́на *f* Kabine *f*; Zelle *f*
~ **води́теля** Fahrerkabine *f*, Fahrerhaus *n*
~/**герметическая** *(Flg)* Druckkabine *f*
~/**лу́нная** *(Raumf)* Mondfähre *f*
~/**телефо́нная** Fernsprechzelle *f*
каблирова́ние *n (El)* Verkabelung *f*, Verkabeln *n*
кабота́ж *m (Schiff)* Küstenfahrt *f*
кабри́рование *n (Flg)* Hochziehen *n*, Hochreißen *n*
каверно́зный *(Geol)* kavernös *(Gesteine)*
каверноме́р *m (Bgb)* Kalibermesser *m*
кавернометрия *f (Bgb)* Kavernometrie *f*, Kalibermessung *f*
кавита́ция *f* Kavitation *f*
кага́т *m (Lw)* Miete *f (für Rüben)*
кагати́рование *n (Lw)* Einmieten *n (von Rüben)*
ка́дмиевый Cadmium...
ка́дмий *m (Ch)* Cadmium *n*, Cd
кадмийоргани́ческий cadmiumorganisch
кадми́рование *n (Met)* Verkadmen *n*, Kadmieren *n*
кадми́рованный verkadmet, kadmiert
кадми́ровать *(Met)* verkadmen, kadmieren
кадр *m* 1. *(TV)* Bild *n*, Vollbild *n*, Raster *n*; 2. *(Inf)* Frame *n*
ка́дровый Bild..., Raster...
казеи́н *m (Ch)* Casein *n*
каини́т *m (Min)* Kainit *m (Kalisalz)*
кайла́ *f (Bgb)* Keilhaue *f*
кал *s.* калория
кала́ндр *m* Kalander *m*
~/**дублиро́вочный [дубли́рующий]** Dublierkalander *m*
~/**листова́льный** Plattenkalander *m*, Glättkalander *m*
~/**маши́нный** *(Pap)* Glättwerk *n*
~/**прома́зочный** *(Pap)* Streichkalander *m*
каландри́рование *n* Kalandrieren *n*; *(Pap)* Satinieren *n*

калёвка *f* 1. Kehlung *f*; 2. *(Wkz)* Stabhobel *m*, Kehlhobel *m*, Profilhobel *m*
кале́ние *n (Härt, Schm)* Glut *f*
ка́ли *n* **/е́дкое** *(Ch)* Ätzkali *n*
кали́бр *m* 1. *(Wlz)* Kaliber *n*, Walzenkaliber *n*; 2. *(Mess)* Lehre *f*, Maßlehre *f*; 3. *(Mil)* Kaliber *n (von Schusswaffen)*
~/вытяжно́й 1. *(Fert)* Ziehkaliber *n*; 2. *s.* ~/черновой
~/квадра́тный *(Wlz)* Quadratkaliber *n*
~/кольцево́й *(Mess)* Ringlehre *f*
~/контро́льный *(Mess)* Prüflehre *f*
~/ко́нусный *(Mess)* Kegellehre *f*
~/кру́глый *(Wlz)* Rundkaliber *n*
~/обжимо́й *s.* ~/черновой
~/оса́живающий *(Wlz)* Stauchkaliber *n*, Kantkaliber *n*
~/пло́ский 1. *(Mess)* Flachlehre *f*; 2. *(Wlz)* Flachkaliber *n*
~/преде́льный *(Mess)* Grenzlehre *f*, Toleranzlehre *f*
~/прока́тный *(Wlz)* Walzenkaliber *n*
~/проходно́й *(Mess)* Gutlehre *f*
~/прямоуго́льный *(Wlz)* Rechteckkaliber *n*, Vierkantkaliber *n*
~/резьбово́й *(Mess)* Gewindelehre *f*
~/ромби́ческий *(Wlz)* Rautenkaliber *n*
~/холосто́й *(Wlz)* Blindkaliber *n*
~/черново́й *(Wlz)* Streckkaliber *n*, Vor(streck)kaliber *n*, Blockkaliber *n*
~/чистово́й *(Wlz)* Fertigkaliber *n*, Schlichtkaliber *n*, Schlusskaliber *n*
калибра́тор *m (Mess)* Kalibrator *m*, Kalibrierinstrument *n*, Eichmessinstrument *n*; *(El)* Kalibriergenerator *m*
кали́бр-кольцо́ *m (Mess)* Lehrring *m*
калиброва́ние *n s.* калибровка
калибро́ванный 1. *(Mess)* kalibriert; 2. *(Mess)* justiert; 3. *(Wlz)* kalibriert, formgewalzt; 4. geprägt, maßgeprägt
калибро́вка *f* 1. *(Mess)* Kalibrieren *n*, Kalibrierung *f*; 2. *(Mess)* Justieren *n*; 3. *(Wlz)* Kalibrieren *n*, Formwalzen *n*; 4. *(Wlz)* Prägewalzen *n*; 5. *(Wlz)* Kaliberfolge *f*, Kaliberanordnung *f*, 6. *(Umf)* Prägen *n*, Maßprägen *n*
кали́бр-про́бка *f* **/преде́льная** *(Wkz)* Grenzlehrdorn *m*
кали́бр-скоба́ *f* **/преде́льная** *(Wkz)* Grenzrachenlehre *f*
ка́лиевый Kali(um)...
ка́лий *m (Ch)* Kalium *n*, K
кали́йный Kali(um)...
калифо́рний *m (Ch)* Californium *n*, Cf
калориза́тор *m (Kfz)* Glühkopf *m*
калори́йность *f* 1. Heizwert *m (eines Brennstoffes)*; 2. Energieinhalt *m*, Energiegehalt *m (eines Nahrungsmittels)*
калори́йный 1. heizwertreich; 2. energiereich *(Nahrungsmittel)*
калори́метр *m (Mess)* Kalorimeter *n*
~/адиабати́ческий adiabatisches Kalorimeter *n*
~/жи́дкостный Flüssigkeitskalorimeter *n*, Mischkalorimeter *n*
~/изотерми́ческий isothermes Kalorimeter *n*
~/ионизацио́нный Ionisationskalorimeter *n*
~/масси́вный Metallkalorimeter *n*
~/прото́чный Strömungskalorimeter *n*
калориметри́ческий kalorimetrisch
калориме́трия *f (Mess)* Kalorimetrie *f*, Wärme(mengen)messung *f*
калори́фер *m* 1. Lufterhitzer *m*; 2. *(Eb)* Heizkörper *m*
кало́рия *f* Kalorie *f*, cal *(SI-fremde Einheit der Wärmemenge und Energie)*
кальде́ра *f* **(обруше́ния)** *(Geol)* Caldera *f*, Krater *m*, Einsturzkrater *m*
ка́лька *f* 1. Pause *f (einer Zeichnung)*; 2. Pauspapier *n*, Transparentpapier *n*
кальки́ровать durchpausen
ка́льциевый Calcium...
ка́льций *m (Ch)* Calcium *n*, Ca
кальцина́ция *f (Ch)* Kalzinieren *n*, Kalzination *f*
кальцини́рование *n s.* кальцинация
кальцини́рованный kalziniert
ка́мбуз *m (Schiff)* Kombüse *f*
камво́льный *(Text)* Kammgarn...
каме́дь *f* Gummi *n*
каменноу́гольный Steinkohlen...
каменоло́мня *f* Steinbruch *m*
ка́мень *m* Stein *m*; Felsen *m*
~/бу́товый *(Bw)* Bruchstein *m*
~/драгоце́нный *(Min)* Edelstein *m*
~/карье́рный *(Bw)* Bruchstein *m*
~/кули́сный *(Masch)* Gleitstein *m*; Kulissenstein *m*
~/облицо́вочный *(Bw)* Vermauerungsstein *m*, Verblendstein *m*
~/полудрагоце́нный *(Min)* Halbedelstein *m*

~/**тёсаный** *(Bw)* behauener Stein *m*, Werkstein *m*
~/**точи́льный** *(Wkz)* Schleifstein *m*, Wetzstein *m*
~/**фасо́нный** *(Bw)* Profilstein *m*
ка́мера *f* 1. Kammer *f*; Gehäuse *n*; Zelle *f*; 2. *(Kine, Photo)* Kamera *f (s. a. unter* фотоаппарат*)*; 3. *(Kfz)* Schlauch *m (Bereifung)*
~/**ва́куумная** *(Kern)* Vakuumkammer *f*
~/**велосипе́дная** Fahrradschlauch *m*
~ **Ви́льсона** *(Kern)* Wilson-Kammer *f*, Nebelkammer *f*
~/**вихрева́я** Wirbelkammer *f (des Dieselmotors)*
~/**возду́шная** 1. Luftkammer *f (eines Ofens)*; 2. *(Schiff)* Windkammer *f*, Luftkammer *f (eines Luftkissenfahrzeugs)*
~/**дугогаси́тельная** *(El)* Lichtbogenlöschkammer *f*
~/**заглушённая** *(Ph)* schalltoter Raum *m*
~/**ионизацио́нная** *(Kern)* Ionisations(mess)kammer *f*
~/**киносъёмочная** Film(aufnahme)kamera *f*
~/**многозона́льная** *(Geod)* Multispektralkamera *f*
~/**морози́льная** Gefrierraum *m*
~/**передаю́щая** *s.* ~/телевизионная
~/**плави́льная** Schmelzraum *m (eines Herdofens)*
~/**поплавко́вая** *(Kfz)* Schwimmergehäuse *n (des Vergasers)*
~/**пузырько́вая** *(Kern)* Blasenkammer *f*
~/**пылеотдели́тельная [пылеулови́тельная]** *(Met)* Staubkammer *f*, Staubtasche *f*
~/**разря́дная** *(El)* Entladungskammer *f*
~/**реверберацио́нная** *(Ak)* Hallraum *m*, Nachhallraum *m*
~ **сгора́ния** Brennkammer *f*, Verbrennungskammer *f*
~ **сжа́тия** Kompressionsraum *m*, Verdichtungsraum *m (eines Verbrennungsmotors)*
~/**смеси́тельная** 1. Mischkammer *f*; 2. Mischgehäuse *n (des Vergasermotors)*
~/**суши́льная** Trockenkammer *f*
~/**телевизио́нная** Fernseh(aufnahme)kamera *f*
~/**то́почная** Feuerkammer *f*, Feuerraum *m (einer Ofenanlage)*
~/**форса́жная** *(Masch)* Nachbrennkammer *f*, Nachbrenner *m (z. B. von Gasturbinen)*
~/**холоди́льная** Kühlkammer *f*, Kühlraum *m*
~/**цветна́я телевизио́нная** Farbfernseh(aufnahme)kamera *f*
ка́мера-убе́жище *f (Bgb)* Fluchtkammer *f*
камерто́н *m (Ak)* 1. Kammerton *m*; 2. Stimmgabel *f*
ками́н *m* Kamin *m*, Schwadenrohr *n*
камнедроби́лка *f* Steinbrecher *m*
камнеотдели́тель *m (Lw)* Steintrenneinrichtung *f*, Steintrenner *m*
камнеулови́тель *m (Lw)* Steinfänger *m*
кампа́ния *f (Met)* Reise *f (eines Schmelzofens)*
камфара́ *f (Ch)* Campher *m*, Kampfer *m*
ка́мфора *f s.* камфара
кана́ва *f* 1. Graben *m*; Rinne *f*; 2. *(Bgb)* Rösche *f*
~/**водоотво́дная** 1. Abzugsgraben *m*; Entwässerungsgraben *m*; 2. *(Bgb)* Wasserrösche *f*
~/**ороси́тельная** Bewässerungsgraben *m*
~/**осуши́тельная** Entwässerungsgraben *m*
~/**отво́дная** *s.* ~/водоотводная
~/**смотрова́я** *(Eb)* Gleisgrube *f*
~/**сто́чная** Abflussgraben *m*
кана́вка *f* 1. *(Fert)* Nut *f*, Rille *f*; 2. *(Masch)* Lauffläche *f (eines Kugellagers)*
~/**звукова́я** Tonrille *f (der Schallplatte)*
~/**кольцева́я** Ringnut *f*
~/**сма́зочная** Schmiernut *f*
канавокопа́тель *m* Grabenbagger *m*, Grabenpflug *m*
~/**фре́зерный** Grabenfräse *f*
кана́л *m* 1. Kanal *m*; Rinne *f*; 2. Zug *m (einer Ofenanlage)*; 3. *(Nrt)* Kabelkanal *m*; Kabelrohrstrang *m*; 4. *(TV, Inf)* Kanal *m*, Übertragungskanal *m*
~/**вентиляцио́нный** 1. *(Bw)* Belüftungskanal *m*, Lüftungskanal *m*; 2. *(Bgb)* Wetterkanal *m*
~/**верхово́й** *(Hydt)* Oberkanal *m*, Obergraben *m*

~/**водозабо́рный** *(Hydt)* Entnahmekanal *m*
~/**водоотво́дный** *(Hydt)* Flutgraben *m*; Wasserabzugsgraben *m*
~/**водопрово́дный** *(Hydt)* Wasserversorgungskanal *m*, Wasserleitungskanal *m*
~/**волново́дный** *(Eln)* Wellenleiterkanal *m*
~/**информацио́нный** Informationskanal *m*, Datenweg *m*
~/**ка́бельный** Kabelkanal *m*
~/**ороси́тельный** *(Hydt)* Bewässerungskanal *m*
~/**осуши́тельный** *(Hydt)* Entwässerungskanal *m*
~ **переда́чи** *(Nrt, Inf)* Übertragungskanal *m*, Übertragungsweg *m*
~/**подводя́щий** *(Hydt)* Zuführungskanal *m*, Zuflusskanal *m*
~ **приёма** *(Nrt)* Empfangskanal *m*, Aufnahmekanal *m*
~/**сбо́рный** *(Hydt)* Sammelkanal *m*
~ **свя́зи** 1. *(Nrt)* Nachrichten(übertragungs)kanal *m*; 2. *(Inf)* Bus *m*, Bussystem *n*
~ **свя́зи/коммути́руемый** *(Nrt)* Wählleitung *f*
~ **свя́зи/некоммути́руемый** *(Nrt)* Standleitung *f*
~ **свя́зи/проводно́й** leitungsgebundener Nachrichtenkanal *m*
~/**сто́чный** *(Hydt)* Abflusskanal *m*
~/**судохо́дный** Schifffahrtskanal *m*
~/**телевизио́нный** Fernsehkanal *m*
~/**телегра́фный** Telegraphie(übertragungs)kanal *m*
~/**телефо́нный** Fernsprechkanal *m*
канализа́ция *f* 1. *(Hydt)* Kanalisation *f*, Entwässerung *f*; 2. *(Nrt)* Kabelkanal *m*, Kabelanlage *f*
~/**вну́тренняя** Gebäudeentwässerung *f*
~/**городска́я** Stadtentwässerung *f*, Ortsentwässerung *f*
каналокопа́тель *s.* канавокопатель
каналоочисти́тель *m (Hydt)* Grabenräumer *m*, Grabenräummaschine *f*
кана́т *m* Seil *n*, Tau *n*, Trosse *f*
~/**букси́рный** Schleppseil *n*, Schlepptau *n*
~/**грузоподъёмный** Hubseil *n*, Lastseil *n*; *(Bgb)* Förderseil *n*
~ **ле́вой сви́вки** linksgängiges Seil *n*
~/**натяжно́й** Spannseil *n*
~/**подъёмный** *s.* ~/грузоподъёмный
~ **пра́вой сви́вки** rechtsgängiges Seil *n*
~/**тя́говый** Zugseil *n*
кана́тик *m (El)* Litze *f*, Litzendraht *m*
~/**анте́нный** Antennenlitze *f*
канатоёмкость *f* Seilfassungsvermögen *n (einer Windentrommel)*
канде́ла *f* Internationale Kerze *f*, IK *f (SI-fremde Einheit der Lichtstärke)*
канифо́ль *m* Kolophonium *n*
кант *m* Kante *f*, Einfassung *f*
кантова́тель *m (Wlz)* Kantvorrichtung *f*, Kanter *m*; *(Schm)* Wendevorrichtung *f*, Wender *m*
канто́вка *f* 1. Kippen *n*, Kanten *n*; 2. *(Schm)* Wenden *n (Werkstücke)*; 3. *(Wlz)* Kanten *n*
каньо́н *m (Geol)* Cañon *m*
каоли́н *m (Min)* Kaolin *m*
као́н *m (Kern)* Kaon *n*, *K*-Meson *n*
капёж *m* Tropfwasser *n*
ка́пельница *f* 1. Tropfflasche *f*; 2. Tropföler *m*
капилля́р *m* Kapillare *f*, Kapillarröhrchen *n*
капилля́рность *f* Kapillarität *f*
капилля́рный kapillar, Kapillar…
капилляроско́п *m* Kapillarmikroskop *n*
капиталовложе́ния *npl* Investitionen *fpl*
капиталоёмкий investitionsintensiv, anlageintensiv
капите́ль *f* 1. *(Bw)* Kapitell *n*; 2. *(Typ)* Kapitälchen *n*
каплезащищённый tropfwassergeschützt
капленепроница́емый tropfwasserfest, tropfwassersicher
каплеотдели́тель *m* Tropfenabscheider *m*
ка́пля *f* 1. Tropfen *m*; 2. Perle *f*, Kügelchen *n*
капо́т *m* Haube *f*, Schutzhaube *f*
~ **дви́гателя** *(Kfz)* Motorhaube *f*; *(Flg)* Triebwerkshaube *f*
капремо́нт *m* Generalüberholung *f*
ка́псула *f*/**поса́дочная** *(Raumf)* Landekapsel *f*
капсуля́ция *f* Kapselung *f*, Verkapselung *f*

ка́псюль *m* 1. Kapsel *f*; 2. Zündhütchen *n*
ка́псюль-детона́тор *m* Sprengkapsel *f*, Zünder *m*
капта́ж *m (Hydt)* Wasserfassung *f*
~ **грунтовы́х вод** Grundwasserfassung *f*
капта́л *m (Typ)* Kaptal(band) *n*
караби́н *m* 1. Karabinerhaken *m*; 2. Karabiner *m (Schusswaffe)*
каранда́ш *m* Bleistift *m*
~/**хими́ческий** Kopierstift *m*
~/**цветно́й** Buntstift *m*, Farbstift *m*
кара́т *m (Mess)* (metrisches) Karat *n*, Kt, k, kt, ct *(Einheit für die Masse von Edelsteinen)*
карбаминовоки́слый *(Ch)* ...carbamat *n*; carbamidsauer
карби́д *m (Ch)* Carbid *n*
~ **желе́за** Eisencarbid *n*; *(Met)* Zementit *m*
~ **ка́льция** Carbid *n*, Calciumcarbid *n*
карбидиза́ция *f (Wkst)* Carbidbildung *f*
карбидообразу́ющий carbidbildend
карбокси́льный Carboxyl...
карбона́т *m (Ch)* Carbonat *n*
карбона́тный Carbonat...
карбониза́ция *f* 1. *(Ch)* Karbonisation *f*, Karbonisierung *f*; 2. *(Härt)* Aufkohlung *f*; 3. Verkokung *f*, Entgasung *f (von Kohle)*
карбони́льный Carbonyl...
карбору́нд *m (Wkz)* Carborundum *n (technisches Siliciumcarbid)*
карбюра́тор *m (Kfz)* Vergaser *m (eines Vergasermotors)*
~/**автомоби́льный** Kfz-Vergaser *m*
~/**беспоплавко́вый** schwimmerloser Vergaser *m*
~/**поплавко́вый** Schwimmervergaser *m*
~ **постоя́нного разреже́ния** Gleichdruckvergaser *m*
~/**пусково́й** Startvergaser *m*
~ **с восходя́щим пото́ком** Steigstromvergaser *m*, Vertikalvergaser *m*
~ **с горизонта́льным пото́ком** Flachstromvergaser *m*, Horizontalvergaser *m*
~ **с па́дающим пото́ком** Fallstromvergaser *m*
~/**сдво́енный** Doppelvergaser *m*
карбюра́ция *f* 1. *(Kfz)* Vergasung *f*, Kraftstoffzerstäubung *f*; 2. *(Härt)* Zementierung *f*, Einsatzhärtung *f*; *(Härt)* Aufkohlung *f*
карбюриза́тор *m (Härt)* Aufkohlungsmittel *n*, Zementationsmittel *n*, Einsatzhärter *m*
карбюри́ровать 1. karburieren *(Gase)*; 2. vergasen *(Kraftstoff im Vergaser)*
карда́н *m* Kardangelenk *n*
карда́нный Kardan...
кардина́л *m (Math)* Kardinalzahl *f*
кардио́ида *f (Math)* Kardioide *f*, Herzkurve *f*
кардиостимуля́тор *m (Med)* Herzschrittmacher *m*, HSM *m*
кардоле́нта *f (Text)* Kratzenband *n*
кардочеса́ние *n (Text)* Kardieren *n*, Krempeln *n*
каре́тка *f* 1. *(Masch)* Schlitten *m*; Wagen *m*; Bettschlitten *m (einer Drehmaschine)*; *(Fert)* Verfahreinheit *f (eines Roboters)*; 2. Wagen *m (einer Schreibmaschine)*; 3. *(Förd)* Laufkatze *f*, Katze *f*
карка́с *m* 1. Gerippe *n*, Skelett *n*; Gerüst *n*, Gestell *n (eines Ofens)*; 2. *(Bw)* Fachwerk *n*; 3. Karkasse *f (eines Reifens)*; 4. *(Text)* Trägerschicht *f*
~/**армату́рный** *(Bw)* Bewehrungskorb *m*
~ **кату́шки** *(El)* Spulenkörper *m*, Spulenträger *m*, Spulenrahmen *m*
~/**несу́щий** *(Bw)* Traggerüst *n*
ка́рлик *m (Astr)* Zwerg *m*, Zwergstern *n*
~/**бе́лый** weißer Zwerg *m*
~/**кра́сный** roter Zwerg *m*
карма́н *m* 1. Tasche *f*; 2. *(Inf)* Ablegefach *n*
карналли́т *m (Min)* Karnallit *m (Kalisalz)*
карнео́л *m (Min)* Karneol *m (Chalzedon)*
карни́з *m (Bw)* Karnies *n*, Gesims *n*
карота́ж *m (Bgb, Geol)* Karot(t)age *f*, Bohrlochmessung *f*
~/**боково́й** seitliche Karotage [Bohrlochmessung] *f*
~/**нейтро́н-нейтро́нный** Neutron-Neutron-Bohrlochmessung *f*
~/**радиоакти́вный** radioaktive Bohrlochmessung *f*
карст *m (Geol)* Karst *m*
карт *m* K-Wagen *m (kleiner Rennwagen)*

ка́рта *f* 1. Karte *f*; 2. Lochkarte *f*
~ **автомоби́льных доро́г** Autokarte *f*
~/**батиметри́ческая** *(Geod)* Tiefenkarte *f*, Isobathenkarte *f*
~/**генера́льная** Übersichtskarte *f*
~/**географи́ческая** Landkarte *f*, Karte *f*
~/**гипсометри́ческая** Höhen(linien)-karte *f*, Höhenschicht(en)karte *f*
~/**гравиметри́ческая** Schwerekarte *f*
~/**доро́жная** Verkehrskarte *f*, Wegekarte *f*
~/**звёздная** Sternkarte *f*, Himmelskarte *f*
~/**креди́тная** Kreditkarte *f*
~/**магни́тная** Magnetkarte *f*
~/**маршру́тная** *(Flg)* Streckenkarte *f*
~/**обзо́рная** Übersichtskarte *f*
~ **пого́ды** Wetterkarte *f*
~/**топографи́ческая** topographische Karte *f*, Geländekarte *f*
ка́ртер *m (Masch, Kfz)* Gehäuse *n*, Käfig *m*; Kurbelgehäuse *n*
~ **дви́гателя** *(Kfz)* Kurbelgehäuse *n*
~ **дифференциа́ла** *(Kfz)* Differenzialgehäuse *n*, Differentialgehäuse *n*
карти́на *f* Bild *n*
~/**интерференцио́нная** Interferenzbild *n*
~/**муа́ровая** Moirébild *n*
карти́рование *n* Kartierung *f*
картогра́мма *f (Krist)* Kartogramm *n*
картографи́рование *n* Kartierung *f*
картографи́ческий kartographisch
картогра́фия *f* Kartographie *f*
карто́н *m* Karton *m (150...500 g/m²)*; Pappe *f (500...2 000 g/m²)*
~/**гофриро́ванный** Wellpappe *f*
~/**кро́вельный** Dachpappe *f*
~/**рисова́льный** Zeichenkarton *m*
картопеча́тание *n (Typ)* Landkartendruck *m*, Kartendruck *m*
картоте́ка *f* Kartei *f*
картофелезапа́рник *m (Lw)* Kartoffeldämpfer *m*
картофелекопа́тель *m (Lw)* Kartoffelroder *m*
картофелемо́йка *f (Lw)* Kartoffelwaschmaschine *f*
картофелемя́лка *f (Lw)* Kartoffelquetsche *f*
картофелесажа́лка *f (Lw)* Kartoffellegemaschine *f*
картофелесортиро́вка *f (Lw)* Kartoffelsortiermaschine *f*, Kartoffelsortierer *m*, Fraktionierer *m*
картофелехрани́лище *n (Lw)* Kartoffellager *n*
ка́рточка *f*/**магни́тная** *(Inf)* Magnetkarte *f*
~ **со встро́енной микросхе́мой** Chipkarte *f (z. B. Telephonkarte, Geldkarte)*
карту́шка *f* Kompassrose *f*
карцинотро́н *m* Karzinotron *n*
карье́р *m (Bgb)* Tagebau *m*
~/**буроу́гольный** Braunkohlentagebau *m*
~/**гли́няный** Tongrube *f*
~/**грави́йный** Kiesgrube *f*
~/**песча́ный** Sandgrube *f*
~/**у́гольный** Steinkohlentagebau *m*
каса́ние *n* Berühren *n*, Berührung *f*; Anliegen *n*
каса́тельная *f (Math)* Tangente *f*
ка́ска *f* (/**предохрани́тельная**) Schutzhelm *m*, Helm *m*
каска́д *m* Kaskade *f*; Stufe *f*; Kette *f*
~/**видеоусили́тельный** *(TV)* Videoverstärkerstufe *f*
~/**входно́й** *(Rf)* Eingangsstufe *f*
~/**выходно́й** *(Rf)* Ausgangsstufe *f*, Endstufe *f*
~/**задаю́щий** *(Rf)* Treiberstufe *f*, Treiber *m*
~/**запомина́ющий** *(Eln)* Speicherstufe *f*, Speicherkaskade *f*
~/**измери́тельный** Messstufe *f*
~/**оконе́чный** *s.* ~/выходной
~ **усиле́ния** *(Rf)* Verstärkerstufe *f*
~/**электромаши́нный** *(El)* Maschinenkaskade *f*
каско́д *m (Eln)* Kaskode *f*
кассе́та *f* Kassette *f*
~ **ди́сков** *(Inf)* Magnetplattenkassette *f*
~/**магнитофо́нная** Tonbandkassette *f*
катабати́ческий *(Meteo)* katabatisch, absteigend *(Wind)*
катадио́птрика *f (Opt)* Katadioptrik *f*
катака́устика *f (Opt)* 1. katakaustische Linie *f*, (katoptrische) Kaustik *f*; 2. katakaustische Fläche *f*, Katakaustik *f*
катаку́стика *f (Ak)* Lehre *f* vom Echo, Echolehre *f*, Katakustik *f*
ката́лиз *m (Ch)* Katalyse *f*

~/**отрица́тельный** negative Katalyse *f*, Inhibition *f*
~/**положи́тельный** positive Katalyse *f*
катализа́тор *m (Ch)* Katalysator *m*
~/**отрица́тельный** negativer Katalysator *m*, Inhibitor *m*
~/**положи́тельный** positiver Katalysator *m*
каталити́ческий katalytisch
катало́г *m (Astr)* Katalog *m*
~ **запа́сных часте́й** Ersatzteilkatalog *m*
~/**звёздный** Sternkatalog *m*
каталогизи́рованный katalogisiert
катамара́н *m (Schiff)* Katamaran *m*
ката́ние *n (Text)* Rollen *n*
ка́танка *f* Walzdraht *m*
ка́таный Walz...; gewalzt
катапу́льта *f (Flg)* Katapult *m(n)*
катапульти́рование *n (Flg)* Katapultieren *n*
катаро́метр *m* Kat(h)arometer *n*, Wärmeleitfähigkeitsmesser *m*
катароме́трия *f* Kat(h)arometrie *f*, Wärmeleitfähigkeitsmessung *f*
ката́ть 1. walzen; 2. *(Text)* rollen
катафоре́з *m (Ch)* Kataphorese *f*
катафо́т *m s.* светоотражатель
катено́ид *m (Math)* Katenoid *n*, Kettenfläche *f*
ка́тер *m* Boot *n*, Kutter *m*
~/**глисси́рующий** Gleitboot *n*
~/**го́ночный** Rennboot *n*
~/**гребно́й** Ruderboot *n*
~/**мото́рный** Motorboot *n*
~/**пожа́рный** Feuerlöschboot *n*
ка́тет *m* 1. *(Math)* Kathete *f*; 2. *(Schw)* Schenkel *m (der Schweißnaht)*, Nahtschenkel *m*, Nahtkathete *f*
~/**прилежа́щий** Ankathete *f*
~/**противолежа́щий** Gegenkathete *f*
~ **шва** *s.* катет 2.
катето́метр *m (Mess)* Kathetometer *n*
катио́н *m (Ch, Ph)* Kation *n*
катиони́ровать Wasser durch Kationenaustausch enthärten
катиони́т *m* Kationenaustauscher *m*
катио́нный Kationen...
като́д *m (El)* Kathode *f*
~/**вспомога́тельный** Hilfskathode *f*
~/**втори́чно-эмиссио́нный [втори́чно-электро́нный]** Sekundäremissionskathode *f*, Dynode *f*
~/**ле́нточный** Bandkathode *f*
~/**нака́ливаемый [подогре́вный]** Glühkathode *f*
~/**стержнево́й** Stabkathode *f*
~/**фотоэлектро́нный** Photokathode *f*
~/**холо́дный** Kaltkathode *f*
като́дный kathodisch, Kathoden...
катодолюминесце́нция *f* Kathodenlumineszenz *f*, Kathodolumineszenz *f*
катодофосфоресце́нция *f* Kathodophosphoreszenz *f*
като́к *m* 1. Rolle *f*; Laufrolle *f*; 2. Walze *f*
~/**ведо́мый** *(Masch)* Abtriebsscheibe *f (Reibradgetriebe)*
~/**веду́щий** *(Masch)* Antriebsscheibe *f (Reibradgetriebe)*
~/**глади́льный** *(Text)* Wäschemangel *f*
~/**доро́жный** *(Bw)* Straßenwalze *f*
~/**полево́й** *(Lw)* Ackerwalze *f*
католи́т *m* Katolyt *m*, kathodischer Elektrolyt *m*
катоптри́ческий *(Opt)* katoptrisch
кату́шечный Spulen...; Rollen...
кату́шка *f* 1. *(El)* Spule *f*; 2. *(Text)* Spule *f*, Rolle *f*, Garnrolle *f*; 3. Filmspule *f*
~/**дро́ссельная** *(El)* Drossel(spule) *f*
~/**дугогаси́тельная** *(El)* 1. Lichtbogenlöschspule *f*; 2. Erdschluss(drossel)spule *f*, Petersen-Spule *f*
~ **зажига́ния** Zündspule *f (eines Verbrennungsmotors)*
~ **индукти́вности** *(El)* Induktivitätsspule *f*, Induktivität *f*
~ **индукцио́нного нагре́ва** *(El)* Heizspule *f*; Induktor *m*
ка́упер *m (Met)* Cowper(-Winderhitzer) *m (eines Hochofens)*
ка́устик *m (Ch)* Ätznatron *n*, kaustische Soda *f*
ка́устика *f (Opt)* Kaustik *f*
каустифика́ция *f (Pap)* Kausti(fi)zierung *f*
каусти́ческий kaustisch, ätzend
каучу́к *m* Kautschuk *m(n)*
~/**бутадие́новый** Butadienkautschuk *m*
~/**дивини́ловый** Butadienkautschuk *m*
~/**изопре́новый** Isoprenkautschuk *m*
~/**кремнийоргани́ческий** Silikonkautschuk *m*
~/**натура́льный** Naturkautschuk *m*

~/**синтети́ческий** Synthesekautschuk *m*
каучу́ковый Kautschuk...
каучуконо́сный kautschukhaltig
каучукоподо́бный kautschukartig
ка́фель *m* Kachel *f*
кача́лка *f* 1. *(Masch)* Schaukel *f*; Wippe *f*; 2. *(Erdöl)* Pumpenbock *m*, Pumpenantrieb *m*
кача́ние *n* 1. Pendelung *f*, Pendeln *n*; Schwankung *f*, Schwanken *n*; 2. *(El)* Wobbeln *n*, Wobbelung *f*
~ **часто́ты** *(El)* Frequenzwobbelung *f*
каче́ние *n* Rollen *n*, Wälzen *n*
ка́чества *npl* Eigenschaften *fpl (s. a. unter* качество*)*
~/**антидетонацио́нные** *(Kfz)* Klopfeigenschaften *fpl (eines Verbrennungsmotors)*
~/**взлётные** *(Flg)* Starteigenschaften *fpl*
~/**динами́ческие** *(Kfz)* (dynamische) Fahreigenschaften *fpl*
~/**ездовы́е** *(Kfz)* Fahreigenschaften *fpl*
~/**морехо́дные** *(Schiff)* Seeeigenschaften *fpl*, Seeverhalten *n*
~/**ходовы́е** *(Kfz)* Fahr(t)eigenschaften *fpl*, Fahrverhalten *n*; *(Eb)* Laufeigenschaften *fpl (von Fahrzeugen)*
~/**эксплуатацио́нные** Betriebseigenschaften *fpl*, Betriebsverhalten *n*
ка́чественный 1. qualitativ; 2. Güte..., Qualitäts...
ка́чество *n* Qualität *f*, Güte *f*; Eigenschaft *f (s. a. unter* качества*)*
~/**аэродинами́ческое** aerodynamische Eigenschaft *f*
~ **звуча́ния** *(Ak)* Tonqualität *f*, Klangqualität *f*
~ **изготовле́ния** Herstellungsgüte *f*, Herstellungsqualität *f*, Fertigungsgüte *f*, Fertigungsqualität *f*
~ **пове́рхности** *(Fert)* Oberflächengüte *f*
~/**торго́вое** handelsübliche Qualität *f*
ка́чка *f* Schaukeln *n*, schwingende Bewegung *f*
~/**бокова́я** 1. *(Schiff)* Schlingern *n*; 2. *(Eb)* Wanken *n*, Wankbewegung *f (Lok)*
~/**килева́я** *(Schiff)* Stampfen *n*, Stampfbewegung *f*
~/**попере́чная** 1. *(Schiff)* Schwingen *n* in Querrichtung; 2. s. ~/боковая 2.
~/**продо́льная** 1. *(Schiff)* Schwingen *n* in Fahrtrichtung; 2. *(Eb)* Nicken *n (Lok)*
каю́та *f (Schiff)* Kabine *f*; Kajüte *f*
кбайт s. килобайт
кбит s. килобит
кВ s. киловольт
квадра́нт *m (Math)* Quadrant *m*, Viertelkreis *m*
квадра́т *m* 1. *(Math)* Quadrat *n (Fläche und 2. Potenz)*; 2. *(Wlz)* Viertelkaliber *n*
квадра́тный quadratisch, Quadrat...
квадрату́ра *f* 1. *(Math)* Quadratur *f*; 2. *(Astr)* Quadratur *f (Konstellation)*
~ **кру́га** Quadratur *f* des Kreises
квадрупо́ль *m (Ph)* Quadrupol *m*
квадрупо́льный Quadrupol...
кваза́г *m (Astr)* Quasage *f*, Quasag *m*, quasistellare Galaxie *f*, QSG *f*, blaues stellares Objekt *n*, BSO *n*
кваза́р *m (Astr)* Quasar *m*, quasistellares Objekt *n*, QSO *n*
квазилине́йный quasilinear
квазио́птика *f* Quasioptik *f*
квазиопти́ческий quasioptisch
квазипостоя́нный quasikonstant
квазистати́ческий quasistatisch
квазистациона́рный quasistationär
квазичасти́ца *f (Kern)* Quasiteilchen *n*
квалиме́тр *m (Mess)* Qualimeter *n*, Qualitätsmesser *m (für Röntgenstrahlung)*
квалиме́трия *f (Mess)* Qualimetrie *f*
квант *m (Ph)* Quant *n*
~ **де́йствия** plancksche Konstante *f*, (plancksches) Wirkungsquantum *n*
~ **излуче́ния** Strahlungsquant *n*
~ **по́ля** Feldquant *n*
~ **све́та** *s.* фотон
~ **эне́ргии** Energiequant *n*
кванти́ль *m (Math)* Quantil *n (Statistik)*
квантова́ние *n (Ph)* Quantelung *f*, Quantisierung *f*
~/**втори́чное** zweite Quantelung *f*, Hyperquantelung *f*
~ **по вре́мени** Zeitquantelung *f*
кванто́ванный gequantelt
квантова́ть *(Ph)* quanteln, quantisieren
квантовомехани́ческий *(Ph)* quantenmechanisch
ква́нтовый *(Ph)* Quanten...

кванто́метр *m (Ph)* Quantometer *n*
ква́нтор *m (Math)* Quantor *m (logischer Operator)*
кварк *m (Kern)* Quark *n (Grundbestandteil der Elementarteilchen)*
кварц *m (Min)* Quarz *m*
~/ле́вый Linksquarz *m*
~/пра́вый Rechtsquarz *m*
ква́рцевый Quarz...
кварци́т *m (Geol)* Quarzit *m*
квасцы́ *pl (Ch)* Alaun *m*
ква́шение *n* Säuern *n*, Einsäuern *n*; Silieren *n*
кве́ршлаг *m (Bgb)* Querschlag *m*
квинти́ль *m (Math)* Quintil *n (Statistik)*
квити́рование *n (Inf)* Handshake *n*, Handshaking *n*; Bestätigung *f*
кВт *s.* киловатт
кВт • ч *s.* киловатт-час
кг *s.* килограмм
кгс *s.* килограмм-сила
кгс • м *s.* килограмм-сила-метр
кГц *s.* килогерц
кд *s.* кандела
кек *m* Filterkuchen *m*
ке́львин *m* Kelvin *n*, K *(Basiseinheit der Temperatur)*
ке́льма *f* Maurerkelle *f*
ке́мбрий *m (Geol)* Kambrium *n*
кенотро́н *m (Eln)* Kenotron *n*
керамзи́т *m* Keramsit *m*, Porensinter *m*
керамзитобето́н *m (Bw)* Keramsitbeton *m*
кера́мика *f* Keramik *f*
~/сантехни́ческая Sanitärkeramik *f*
~/строи́тельная Baukeramik *f*
~/устано́вочная Installationskeramik *f*
~/электротехни́ческая Elektrokeramik *f*
керами́ческий keramisch, Keramik...
керма́ *f (Ph)* Kerma *f*, k *(in Gy oder J/kg; Einheit der Energiedosis)*
керме́т *m* Cermet *m (metallkeramischer Werkstoff)*
керн *m* 1. *(Bgb)* Kern *m*, Bohrkern *m*; 2. *(Fert)* Körner *m*, Körnungspunkt *m*; 3. Kerndraht *m*
ке́рнер *m (Wkz)* Körner *m (Anreißwerkzeug)*
керноотбо́рник *m (Bgb)* Bohrlochkernentnahmegerät *n*
кернорва́тель *m (Bgb)* Kernfangeinrichtung *f*, Kernzieheinrichtung *f*
кероси́н *m* Kerosin *n (Flüssigtreibstoff)*; Petroleum *n*
кероси́новый Kerosin...; Petroleum...
кессо́н *m (Bw, Hydt)* Senkkasten *m*, Caisson *m*
~/спаса́тельный Rettungscaisson *m*
кеттлёвка *f (Text)* Ketteln *n*, Anketteln *n*
киберне́тика *f* Kybernetik *f*
~/техни́ческая technische Kybernetik *f*
кибернети́ческий kybernetisch
кизельгу́р *m (Geol)* Kieselgur *f*, Infusorienerde *f*
кикста́ртер *m (Kfz)* Kickstarter *m (Motorrad)*
килево́й *(Schiff)* Kiel...
кило... *(Mess)* Kilo..., k *(10^3 Einheiten)*
килоампе́р *m (El)* Kiloampere *n*, kA
килоамперме́тр *m (El)* Kiloamperemeter *n*
килоба́йт *m (Inf)* Kilobyte *n*, kbyte
килоби́т *m (Inf)* Kilobit *n*, kbit
килова́р *m (El)* Kilovar *n*, kvar
килова́тт *m (El)* Kilowatt *n*, kW
килова́тт-час *m (El)* Kilowattstunde *f*, kWh
килово́льт *m (El)* Kilovolt *n*, kV
килоге́рц *m (El)* Kilohertz *n*, kHz
килогра́мм *m* Kilogramm *n*
килогра́мм-си́ла *f* Kilopond *n*, kp *(SI-fremde Einheit der Kraft)*
килогра́мм-си́ла-метр *m* Kilopondmeter *n*, kpm *(SI-fremde Einheit des Drehmoments)*
килокало́рия *f* Kilokalorie *f*, kcal, Kilogrammkalorie *f (SI-fremde Einheit der Wärmemenge)*
киломе́тр *m* Kilometer *m*, km
километра́ж *m (Eb, Geod)* Kilometrierung *f*
килопо́нд *m s.* килограмм-сила
килоэлектронво́льт *m* Kiloelektronenvolt *n*, keV
киль *m* 1. *(Schiff)* Kiel *n*; 2. *(Flg, Rak)* Stabilisierungsflosse *f*
кильбло́к *m (Schiff)* 1. Kielpallung *f*, Kielstapel *m*; 2. Bootsklampe *f*
кильва́тер *m (Schiff)* Kielwasser *n*
ки́льсон *m (Schiff)* Kielschwein *n*
кингсто́н *m (Schiff)* Flutventil *n*, Bodenventil *n*
кинема́тика *f* Kinematik *f*
кинемати́ческий kinematisch

кинематогра́фия *f* Kinematographie *f*
кинеско́п *m (TV)* Bildröhre *f*, Fernsehbild(wiedergabe)röhre *f*
~/масо́чный Lochmaskenröhre *f*, Schattenmaskenröhre *f*
~/цветно́й Farb(fernseh)bildröhre *f*
кине́тика *f* Kinetik *f*
~ реа́кции Reaktionskinetik *f*, chemische Kinetik *f*
кинети́ческий kinetisch
ки́новарь *f (Min)* Zinnober *m*
кинока́мера *f* Filmkamera *f*
киноплёнка *f* Kinefilm *m*
~/звукова́я Tonfilm *m*
~/у́зкая Schmalfilm *m*
кинопрое́ктор *m* Filmprojektor *m*
~/узкоплёночный Schmalfilmprojektor *m*
кинопрое́кция *f* Filmprojektion *f*
киносту́дия *f* Filmstudio *n*
~/звукова́я Tonfilmstudio *n*
киносъёмка *f (Kine)* Filmaufnahme *f*, Aufnahme *f*
~/заме́дленная Zeitrafferaufnahme *f*
~/скоростна́я [уско́ренная] Zeitlupenaufnahme *f*, Zeitdehneraufnahme *f*
кинотéхника *f* Kinetechnik *f*, Filmtechnik *f*
кинофи́льм *m (Kine)* Film *m*
~/документа́льный Dokumentarfilm *m*
~/звуково́й Tonfilm *m*
~/короткометра́жный Kurzfilm *m*
~/мультипликацио́нный Trickfilm *m*
~/немо́й Stummfilm *m*
~/телевизио́нный Fernsehfilm *m*
~/уче́бный Lehrfilm *m*
~/худо́жественный Spielfilm *m*
~/цветно́й Farbfilm *m*
~/чёрно-бе́лый Schwarzweißfilm *m*
~/широкоэкра́нный Breitwandfilm *m*
киноэкра́н *m* Filmbildwand *f*
кип *m* 1. Aufwallen *n*, Wallen *n (Metallbad)*; 2. *(Met)* Kochperiode *f (der Schmelze)*; 3. *(Schiff)* Keep *n*, Rille *f*; 4. *(Schiff)* Klampe *f*, Klüse *f*
ки́па *f* Ballen *m*
кипе́ние *n* 1. Kochen *n*, Sieden *n*; 2. *(Kält)* Verdampfung *f*; 3. Gasen *n (eines Akkumulators)*; 4. *(Met)* Frischreaktion *f*
~/плёночное *(Kält)* Filmverdampfung *f*, Filmsieden *n*
кипе́ть 1. kochen, sieden; 2. gasen *(Akkumulator)*
кипоразбива́тель *m s.* кипоразрыхлитель
кипоразбо́рщик *m (Text)* Ballenfräse *f*
кипоразрыхли́тель *m (Text)* Ballenöffner *m*, Ballenbrecher *m*
кипп-реле́ *n (Reg)* Kipprelais *n*
кипяти́льник *m* Sieder *m*, Siedekessel *m*
кирза́ *f (Typ)* Druckfilz *m*
кирка́ *f (Bw)* Hacke *f*
кирпи́ч *m* Ziegel(stein) *m*, Stein *m*
~/доломи́товый Dolomitstein *m*
~/дырчатый Lochstein *m*
~/кли́нкерный Klinker(ziegel) *m*
~/лёгкий Leichtstein *m*, Leichtziegel *m*
~/облицо́вочный Blendstein *m*, Verblender *m*
~/огнеупо́рный feuerfester Ziegel [Stein] *m*, Feuerfeststein *m*
~/полноте́лый Vollstein *m*, Vollziegel *m*
~/пустоте́лый Lochstein *m*, Hohlziegel *m*
~/силика́тный Kalksandstein *m*, Kalksandziegel *m*
~/строи́тельный Mauerziegel *m*, Mauerstein *m*
~/тычко́вый Binder *m*, Binderstein *m*
~/фасо́нный Formstein *m*, Formziegel *m*
~/шамо́тный Schamottestein *m*, Schamotteziegel *m*
~/шла́ковый Schlackenstein *m*, Schlackeziegel *m*
кирпи́чный Ziegel...
кирпи́ч-сыре́ц *m* Rohziegel *m*, Formling *m*
киселева́ние *n (Led)* Beizen *n*
кислова́тый säuerlich
кислоро́д *m (Ch)* Sauerstoff *m*, O
~/акти́вный aktiver Sauerstoff *m*
~/атмосфе́рный Luftsauerstoff *m*
~/атома́рный atomarer Sauerstoff *m*
~/жи́дкий flüssiger Sauerstoff *m*
~/свобо́дный freier Sauerstoff *m*
~/свя́занный gebundener Sauerstoff *m*
кислоро́дный Sauerstoff...
кислородосодержа́щий sauerstoffhaltig
кислота́ *f (Ch)* Säure *f*
~/азо́тистая salpetrige Säure *f*

~/**азо́тная** Salpetersäure *f*
~/**ви́нная** Weinsäure *f*
~/**двухосно́вная** zweibasige Säure *f*
~/**дезоксирибонуклеи́новая** Desoxyribonucleinsäure *f*, DNS *f*
~/**дуби́льная** Gerbsäure *f*, Tannin *n*
~/**жи́рная** Fettsäure *f*
~/**карбо́ловая** Carbolsäure *f*
~/**карбо́новая** Carbonsäure *f*
~/**кремнёвая** Kieselsäure *f*
~/**многоосно́вная** mehrbasige Säure *f*
~/**моло́чная** Milchsäure *f*
~/**мочева́я** Harnsäure *f*
~/**муравьи́ная** Ameisensäure *f*
~/**одноосно́вная** einbasige Säure *f*
~/**олеи́новая** Ölsäure *f*, Oleinsäure *f*
~/**органи́ческая** organische Säure *f*
~/**отрабо́танная** Abfallsäure *f*, verbrauchte Säure *f*
~/**пла́виковая** Flusssäure *f*, Fluorwasserstoffsäure *f*
~/**преде́льная** gesättigte Säure *f*
~/**рибонуклеи́новая** Ribonucleinsäure *f*, RNS *f*
~/**се́рная** Schwefelsäure *f*
~/**серни́стая** schweflige Säure *f*
~/**сини́льная** Blausäure *f*, Cyanwasserstoffsäure *f*
~/**соля́ная** Salzsäure *f*, Chlorwasserstoffsäure *f*
~/**трёхосно́вная** dreibasige Säure *f*
~/**у́гольная** Kohlensäure *f*
~/**у́ксусная** Essigsäure *f*
~/**фо́сфористая** phosphorige Säure *f*
~/**фо́сфорная** Phosphorsäure *f*
~/**хло́ристая** chlorige Säure *f*
~/**хлористоводоро́дная** Chlorwasserstoffsäure *f*, Salzsäure *f*
~/**хло́рная** Perchlorsäure *f*
~/**хлорнова́тая** Chlorsäure *f*
кисло́тность *f (Ch)* Säuregehalt *m*, Azidität *f*
кисло́тный Säure...
кислотообразу́ющий säurebildend
кислотораствори́мый säurelöslich
кислотосто́йкий säurefest, säurebeständig
кислотосто́йкость *f* Säurefestigkeit *f*, Säurebeständigkeit *f*
кислотоупо́рность *f s.* кислотостойкость
кислотоупо́рный *s.* кислотостойкий
ки́слый sauer, Sauer...
кисть *f* 1. *(Wkz)* Pinsel *m*; 2. Hand *f*, Greiferhand *f (des Manipulators)*; 3. *(Wkzm)* Werkzeughalterung *f*
китоба́за *f* Walfangmutterschiff *n*
КК *m s.* корабль/космический
ккал *s.* килокалория
Кл *s.* кулон
КЛА *m s.* аппарат/космический летательный
клавиату́ра *f* 1. Klaviatur *f*, Tastatur *f*, Tastenfeld *n (Klavier, Schreibmaschine, Computer)*; 2. *(Typ)* Tastenbrett *n*
кла́виша *f* Taste *f*, Drucktaste *f*
~ **возвра́та каре́тки** Carriage-Return-Taste *f*, Wagenrücklauftaste *f*
~ **гаше́ния [стира́ния]** *(Inf)* DEL-Taste *f*, Löschtaste *f*
кла́вишный Tasten..., Tastatur..., Drucktasten...
кла́дка *f* 1. Legen *n (von Rohren)*; 2. *(Bw)* Mauern *n*; 3. *(Bw)* Mauerwerk *n*; 4. *(Met)* Zustellung *f*, Ausmauerung *f (eines Schmelzofens)*; 5. *(Text)* Legung *f (Fäden)*
кладова́я *f (Schiff)* Storeraum *m*, Store *m*
~/**маля́рная** Farbenlast *f*
~/**сетева́я** Netzstore *m*
кла́пан *m* 1. Ventil *n*; Klappe *f*; 2. *(Eln)* Gatter *n*, Tor *n (s. a. unter* вентиль 3.*)*
~/**авари́йный** Schnellschlussventil *n*
~/**байпа́сный** Nebenschlussventil *n*, Überströmventil *n*
~/**быстроде́йствующий запо́рный** Schnellschlussventil *n*
~/**впускно́й** Einlassventil *n*
~/**выпускно́й** Auslassventil *n*
~/**газораспредели́тельный** Steuerventil *n (eines Verbrennungsmotors)*
~/**двухседе́льный** Doppelsitzventil *n*
~/**двухходово́й** Zweiwegeventil *n*
~/**дро́ссельный** Drosselventil *n*
~/**забо́ртный** *(Schiff)* Seeventil *n*, Flutventil *n*
~/**запо́рный** Absperrventil *n*; Rückhalteventil *n*; Verschlussklappe *f*
~/**иго́льчатый** Nadelventil *n*
~/**напо́рный** Druckventil *n*
~/**обводно́й** Umgehungsventil *n*
~/**обра́тный** Rückschlagventil *n*
~/**односе́дельный** Einsitzventil *n*

~/**перепускно́й** Überströmventil *n*, Nebenschlussventil *n*
~/**поплавко́вый** Schwimmerventil *n*
~/**предохрани́тельный** Sicherheitsventil *n*
~/**проходно́й** Durchgangsventil *f*
~/**распредели́тельный** Steuerventil *n*
~/**регули́рующий** Regelventil *n*
~/**редукцио́нный** Reduzierventil *n*, Druckminderventil *n*
~/**таре́льчатый** Tellerventil *n*
~/**тормозно́й** Bremsventil *n*
~/**трёхходово́й** Dreiwegeventil *n*
~/**углово́й** Eckventil *n*
~/**уравни́тельный** Druckausgleichventil *n*
кла́пан-отсека́тель *m*/**быстроде́йствующий** Schnellschlussventil *n*
кла́пан-регуля́тор *m* Regelventil *n*
кла́рки *mpl (Ch, Geol)* Clarkes *npl*, Clarke-Zahlen *fpl*
класс *m* 1. Klasse *f*; Sorte *f*; 2. Kristallklasse *f*, Symmetrieklasse *f*
~/**гранулометри́ческий** *s.* ~ крупности
~ **зерни́стости** *(Wkst)* Kornklasse *f*
~ **кру́пности** Korn(größen)klasse *f*
~ **симметри́и** *(Krist)* Symmetrieklasse *f*, Kristallklasse *f*
~/**спектра́льный** *(Astr)* Spektralklasse *f*
~ **то́чности** Genauigkeitsklasse *f*
классифика́тор *m* Klassierer *m*, Klassierapparat *m*, Sichter *m*
~/**возду́шный** Windsichter *m*
~/**гидравли́ческий** Nassklassierer *m*, Stromklassierer *m*
~/**гравитацио́нный** Schwerkraftsichter *m*
классифика́ция *f* 1. Klassifizieren *n*, Klassifikation *f*, Einteilung *f*; 2. Klassieren *n*, Klassierung *f (Aufbereitung)*
~/**гидравли́ческая** Nassklassieren *n*
~/**гравитацио́нная** Schwerkraftklassierung *f*
~/**си́товая** Siebklassierung *f*
~/**суха́я** Trockenklassierung *f*
классифици́ровать klassifizieren, einteilen; 2. klassieren *(nach Korngrößen)*
кла́стер *m* 1. *(Ph, Kern)* Cluster *m*, Schwarm *m*, Haufen *m*; Molekülcluster *m*, Molekülschwarm *m*; 2. *(Krist)* Leerstellencluster *m*; 3. *(Photo)* Cluster *m*, Kornzusammenballung *f*
класти́ческий *(Geol)* klastisch
клеёный geleimt, Leim...
клееобра́зный leimartig
кле́ить leimen, kleben; kitten *(Porzellan)*
клей *m* Leim *m*, Klebstoff *m*
~/**живо́тный** tierischer Leim *m*
~/**расти́тельный** Pflanzenleim *m*
~/**рези́новый** Gummilösung *f*
~/**столя́рный** Tischlerleim *m*
~/**универса́льный** Alleskleber *m*
~ **холо́дного отвержде́ния** kalthärtender Leim *m*, Kaltleim *m*
кле́йка *f* Leimen *n*, Kleben *n*; Kitten *n (Porzellan)*
кле́йкий klebrig
клейкови́нность *f* Klebergehalt *m*
кле́йкость *f* Klebrigkeit *f*
клейме́ние *n* Markierung *f*, Signierung *f*, Stempelung *f*
клейми́ть markieren, signieren, stempeln
клеймо́ *n* 1. Marke *f*, Stempel *m (Gütekontrolle)*; 2. *(Wkz)* Schlagstempel *m*
кле́мма *f (El, Nrt)* Klemme *f*, Anschlussklemme *f (Zusammensetzungen s. unter* зажим 5.*)*
клепа́льный Niet...
клёпаный genietet, Niet...
клепа́ть nieten
клёпка *f* 1. Nieten *n*, Nietung *f*; 2. Nietverbindung *f*
~ **внахлёстку** Überlappnieten *n*
~/**горя́чая** Warmnieten *n*
~/**маши́нная** Maschinennieten *n*
~/**холо́дная** Kaltnieten *n*
~/**ша́хматная** Zickzacknieten *n*
кле́тка *f* Käfig *m*
~/**бе́личья [короткоза́мкнутая]** *(El)* Käfig *m*, Kurzschlusskäfig *m*
~ **Фараде́я** *(El)* faradayscher Käfig *m*, Faraday-Käfig *m*
кле́точный Zellen..., zellular
клетча́тка *f* Cellulose *f*
кле́тчатый *(Text)* kariert
клеть *f* 1. *(Wlz)* Walzgerüst *n*, Gerüst *n*; 2. *(Bgb)* Gestell *n*, Fördergestell *n*, Förderkorb *m*, Korb *m*
~/**гла́вная** *(Wlz)* Hauptgerüst *n*
~ **ду́о** *(Wlz)* Duo(walz)gerüst *n*, Doppel(walzen)gerüst *n*, Duo *n*

~ **ква́рто** *(Wlz)* Quarto(walz)gerüst *n*, Vierwalzengerüst *n*, Quarto *n*
~ **людско́го подъёма** *(Bgb)* Seilfahrtgestell *n*
~/**опрокидна́я** *(Bgb)* Kippgestell *n*
~/**отде́лочная** *s.* ~/чистовая
~/**подъёмная** *(Bgb)* Förderkorb *m*, Fördergestell *n*
~ **прока́тного ста́на** Walzgerüst *n*; Walzwerk *n*
~ **три́о** *(Wlz)* Trio(walz)gerüst *n*, Dreiwalzengerüst *n*, Trio *n*
~/**чернова́я** *(Wlz)* Vor(walz)gerüst *n*
~/**чистова́я** *(Wlz)* Fertiggerüst *n*, Poliergerüst *n*, Schlichtgerüst *n*, Endgerüst *n*
кле́щи *pl (Wkz)* Zange *f*, Kneifzange *f*
~/**волочи́льные** *(Wlz, Umf)* Ziehzange *f*, Schleppzange *f*
~/**дыропроби́вные** Lochzange *f*
~/**кузне́чные** Schmiedezange *f*
~/**сва́рочные** Schweißzange *f*
клива́ж *m* 1. *(Geol)* Spaltbarkeit *f*, Schieferung *f*, Spaltung *f*, Clivage *f*; 2. *(Bgb)* Schlechten *fpl*
клидоно́граф *m (El)* Klydonograph *m*, Wellenschreiber *m*
кли́мат *m (Meteo)* Klima *n*
~/**ари́дный** arides Klima *n*
~/**городско́й** Stadtklima *n*
~/**гуми́дный** humides Klima *n*
~/**континента́льный** Landklima *n*
~/**морско́й** Seeklima *n*
~/**сухо́й** Trockenklima *n*
~/**уме́ренный** gemäßigtes Klima *n*
климатиза́ция *f* Klimatisierung *f*
климатоло́гия *f* Klimatologie *f*, Klimakunde *f*
клин *m* Keil *m*
~ **высо́кого давле́ния** *(Meteo)* Hochdruckkeil *m*
~/**ма́сляный** *(Trib)* Schmierkeil *m*
~/**опти́ческий** (optischer) Keil *m*
~/**распо́рный** 1. Distanzkeil *m*, Spreizkeil *m*; 2. *(Bgb)* Setzkeil *m*
~/**се́рый** *(Opt)* Graukeil *m*
~/**сма́зочный** *(Trib)* Schmierkeil *m*
кли́нкер *m* Klinker(stein) *m*, Klinkerziegel *m*
клинке́т *m (Hydt)* Schieber *m*, Absperrschieber *m*
клиново́й Keil...
клино́метр *m* Neigungsmesser *m*; *(Schiff)* Krängungsmesser *m*
клистро́н *m (Eln)* Klystron *n*, Triftröhre *f*
клистро́н-усили́тель *m (Eln)* Verstärkerklystron *n*
клифф *m (Geol)* Kliff *n*
клочо́к *m (Text)* Flocke *f*
клупп *m (Wkz)* Kluppe *f*, Gewindekluppe *f*
клюз *m (Schiff)* Klüse *f*
ключ *m* 1. Schlüssel *m (des Türschlosses)*; 2. Schlüssel *m (Werkzeug)*; 3. *(Nrt)* Taste *f*; Schalter *m*; 4. *(Bw)* Scheitel *m (eines Bogens)*
~/**вызывно́й** *(Nrt)* Rufschalter *m*, Ruftaste *f*
~/**га́ечный** *(Wkz)* Maulschlüssel *m*; Schraubenschlüssel *m*
~/**динамометри́ческий (га́ечный)** *(Wkz)* Drehmomentschlüssel *m*
~ **зажига́ния** *(Kfz)* Zündschlüssel *m*
~/**контро́льный** *(Nrt)* Überwachungsschalter *m*
~/**опро́сный** *(Nrt)* Abfrageschalter *m*, Abfragetaste *f*
~ **по́иска** *(Inf)* Suchschlüssel *m*
~/**разгово́рный** *(Nrt)* Sprechschalter *m*, Sprechtaste *f*
~/**торцо́вый (га́ечный)** *(Wkz)* Steckschlüssel *m*
~ **управле́ния** *(Reg)* Steuerschalter *m*
ключ-ограничи́тель *m* Drehmomentschlüssel *m*
км *s.* километр
КМДП-схе́ма *f (Eln)* CMIS-Schaltung *f*; CMIS-Schaltkreis *m*
КМОП-схе́ма *f (Eln)* CMOS-Schaltung *f*; CMOS-Schaltkreis *m*
кнехт *m (Schiff)* Poller *m*
КНИ-техноло́гия *f s.* технология «кремний на изоляторе»
кни́га-спра́вочник *f* Nachschlagewerk *n*
книгопеча́тание *n* Buchdruck *m*
кни́ца *f (Schiff)* Knieblech *n*
КНК-техноло́гия *f s.* технология «кремний на кварце»
кно́пка *f* 1. *(El)* Knopfschalter *m*; 2. *(Nrt, Inf)* Drucktaste *f*, Taste *f*, Druckknopf *m*; 3. *(Text)* Druckknopf *m*
~ **сбро́са** *(Inf)* Reset-Taste *f*, Rücksetztaste *f*

~ **управлéния** *(Inf)* Steuerknopf *m*, Bedienknopf *m*
КНС-технолóгия *f s.* технология «кремний на сапфире»
коагулúрование *n s.* коагуляция
коагулúровать *(Ch)* koagulieren, zur Ausflockung bringen, gerinnen lassen
коагуля́т *m (Ch)* Koagulat *n*
коагуля́тор *m (Ch)* 1. Koagulant *m*, Ausflockungsmittel *n*; 2. Koagulator *m*
коагуля́ция *f (Ch)* Koagulation *f*, Koagulieren *n*, Ausflockung *f*
коаксиáльный koaxial, Koaxial...
коалесцéнция *f (Ch)* Koaleszenz *f*
коацервáция *f (Ch)* Koazervation *f*
кóбальт *m (Ch)* Cobalt *n*, Co
кобальтúн *m (Min)* Cobaltin *m*, Kobaltglanz *m*
кóбальтовый Cobalt...; cobalthaltig
ковалéнтность *f (Ch)* Kovalenz *f*
ковалéнтный *(Ch)* kovalent
кóваный geschmiedet, Schmiede...
ковариáнт *m (Math)* Kovariante *f*
ковариáнтный *(Math)* kovariant
ковáть schmieden
кóвка *f* Schmieden *n*; Freiformschmieden *n*
~ **в штáмпах** Gesenkschmieden *n*
~/**горя́чая** Warmschmieden *n*
~/**прецизиóнная [тóчная]** Genauschmieden *n*, Präzisionsschmieden *n*, Feinschmieden *n*
~/**холóдная** Kaltschmieden *n*
~/**черновáя** Vorschmieden *n*
~/**чистовáя** Fertigschmieden *n*
кóвкий schmiedbar
кóвкость *f* Schmiedbarkeit *f*
кóвочный Schmiede...
ковш *m* 1. Kübel *m*, Trog *m*; 2. Eimer *m* *(eines Eimerkettenbaggers)*; Löffel *m* *(eines Löffelbaggers)*; Becher *m* *(eines Becherwerks)*; 3. *(Gieß)* Pfanne *f*, Gießpfanne *f*
~/**литéйный** *s.* ковш 3.
~/**опрокúдывающийся** 1. Kippkübel *m*; 2. *(Gieß)* Kipppfanne *f*
~/**разлúвочный** *s.* ковш 3.
ковшóвый 1. *(Gieß)* Pfannen...; 2. *(Förd)* Kübel...
когéзия *f (Ph)* Kohäsion *f*
когерéнтность *f (Ph, Opt)* Kohärenz *f*
когерéнтный kohärent, Kohärenz...

кóгти *pl* /**монтёрские** Klettereisen *n*, Steigeisen *n*
код *m (Inf)* Code *m*, Kode *m*
~ **áдреса** Adressencode *m*
~/**алфавúтно-цифровóй** alphanumerischer Code *m*
~/**алфавúтный** alphabetischer Code *m*
~ **возврáта** Rückkehrcode *m*
~/**двóично-десятúчный** binär-dezimaler Code *m*, BCD-Code *m*
~/**двóичный** Binärcode; Dualcode *m*
~/**десятúчный** Dezimalcode *m*, Zehnercode *m*
~ **запрóса** Abfragecode *m*
~/**избы́точный** redundanter Code *m*
~ **инстрýкции [комáнды]** Befehlscode *m*
~/**корректúрующий** Korrekturcode *m*
~/**машúнный** Rechnercode *m*
~ **операции** Operationscode *m*
~ **пóльзователя** Benutzercode *m*, Anwendercode *m*
~/**цифровóй** numerischer [digitaler] Code *m*, Zahlencode *m*
~/**штриховóй** Strichcode *m*
кодúрование *n (Inf)* Codieren *n*, Kodieren *n*, Codierung *f*, Kodierung *f*, Verschlüsseln *n*, Verschlüsselung *f*
~/**двóичное** binäre Codierung *f*, Binärcodierung *f*; duale Codierung *f*, Dualcodierung *f*
~/**сжáтое** komprimierte Codierung *f*
~/**цифровóе** digitale Codierung *f*, Digitalcodierung *f*
кодúрованный *(Inf)* codiert, kodiert; verschlüsselt
кодúровать *(Inf)* codieren, kodieren, verschlüsseln
кóдовый Code..., Kode..., codiert, kodiert
кóжа *f* Haut *f*; Leder *n*
~/**искýсственная** Kunstleder *n*
~/**лицевáя** genarbtes Leder *n*
~/**одёжная** Bekleidungsleder *n*
~/**плóтная** kerniges Leder *n*
~/**свинáя** Schweinsleder *n*
~/**сыромя́тная** Weißleder *n*
~/**теля́чья** Kalbsleder *n*
кóжаный Leder...
кожýх *m* Gehäuse *n*, Käfig *m*; Mantel *m*; Haube *f*; Hemd *n*

~/**защи́тный** Schutzgehäuse *n*; Schutzmantel *m*
козёл *m* 1. Bock *m*; 2. *(Met)* Ofensau *f*
ко́злы *pl* Gerüst *n*, Gestell *n*
козырёк *m* 1. *(Bw)* Vordach *n*, Schutzdach *n*; 2. Schirm *m*; Schutzblech *n*, Spritzblech *n*
~/**солнцезащи́тный** *(Kfz)* Sonnenblende *f*
ко́йка *f (Schiff)* Koje *f*
кокаи́н *m (Ch)* Kokain *n*
коки́ль *m (Gieß)* Kokille *f*
~/**неразъёмный** ungeteilte [einteilige] Kokille *f*
~/**разъёмный** geteilte [zweiteilige, mehrteilige] Kokille *f*
ко́кон *m (Text)* Kokon *m*, Galette *f*
кокономота́ние *n (Text)* Seidenhaspelei *f*, Haspeln *n (des Kokons)*
ко́кпит *m (Flg, Kfz)* Cockpit *n*, *(Schiff auch:)* Plicht *f*
кокс *m* Koks *m*
~/**грохочёный** Siebkoks *m*
~/**до́менный** Hüttenkoks *m*, Hochofenkoks *m*
~/**каменноу́гольный** Steinkohlenkoks *m*
ко́ксик *m* Kleinkoks *m*, Koksklein *n*
коксова́ние *n* Verkoken *n*, Verkokung *f*
коксова́ть verkoken
ко́ксовый Koks...
коксовыта́лкиватель *m* Koksausstoßvorrichtung *f*, Koksdrückmaschine *f*
коксохи́мия *f* Kokschemie *f*
коксу́емость *f* Verkokungsfähigkeit *f*
коксу́ющийся verkokungsfähig, verkokbar
кол *m* Pflock *m*, Pfahl *m*
ко́лба *f (Ch, El, Eln, Glas)* Kolben *m*
~/**кони́ческая** *(Ch)* Erlenmeyer-Kolben *m*
~/**ме́рная** Messkolben *m*
~/**перего́нная** *(Ch)* Destillierkolben *m*
колеба́ние *n* 1. Schwingung *f*, Oszillation *f*; 2. Schwankung *f*
~/**боково́е** Seitenschwingung *f*
~/**возбуждённое** angefachte Schwingung *f*
~/**вы́нужденное** erzwungene Schwingung *f*, Zwangsschwingung *f*
~/**гармони́ческое** harmonische Schwingung *f*
~/**затуха́ющее** gedämpfte [abklingende] Schwingung *f*
~/**звуково́е** Schallschwingung *f* im Tonfrequenzbereich, Tonfrequenzschwingung *f*
~/**крути́льное** Torsionsschwingung *f*
~/**ма́ятниковое** Pendelschwingung *f*
~/**нараста́ющее** ansteigende Schwingung *f*
~/**незатуха́ющее** ungedämpfte Schwingung *f*
~/**основно́е** Grundschwingung *f*
~/**попере́чное** Transversalschwingung *f*, Querschwingung *f*
~/**продо́льное** Longitudinalschwingung *f*, Längsschwingung *f*
~/**резона́нсное** Resonanzschwingung *f*
~/**синусоида́льное** Sinusschwingung *f*
~/**со́бственное** Eigenschwingung *f*
колеба́тельность *f* Schwingfähigkeit *f*, Schwingneigung *f*
колеба́тельный Schwingungs..., oszillierend, Oszillations...
колеба́ться 1. schwingen, oszillieren; 2. schwanken
коле́но *n* 1. Knie *n*; Krümmer *m (eines Rohres)*; *(Masch, Kfz)* Kröpfung *f (einer Kurbelwelle)*; 2. Krümmung *f*, Biegung *f (eines Flusses)*
~ **ва́ла** *(Kfz)* Wellenkröpfung *f*
~/**впускно́е** *(Kfz)* Ansaugkrümmer *m*
~/**входно́е** *(Kfz)* Eintrittskrümmer *m*
~/**выпускно́е** *(Kfz)* Auslasskrümmer *m*, Auspuffkrümmer *m*
~/**перехо́дное** Übergangsbogen *m (einer Rohrleitung)*
коле́нчатый gekröpft *(Kurbelwelle)*
колесо́ *n* Rad *n (s. a. unter* шестерня*)*
~/**ведо́мое** Abtriebsrad *n*, getriebenes Rad *n*
~/**веду́щее** Antriebsrad *n*; Treibrad *n (der Lok)*
~/**ветрово́е** Windrad *n*
~/**винтово́е (зубча́тое)** Schraubenrad *n*
~/**водяно́е** Wasserrad *n*
~/**ди́сковое** *(Kfz)* Scheibenrad *n*
~/**за́днее** *(Kfz)* Hinterrad *n*
~/**запасно́е** Reserverad *n*
~/**зубча́тое** Zahnrad *n*
~/**кони́ческое (зубча́тое)** Kegel(zahn)rad *n*, Kegelritzel *n*

~/**косозу́бое (зубча́тое)** schrägverzahntes Rad *n*, Schrägzahnrad *n*
~/**ло́пастное** Schaufelrad *n*, Flügelrad *n*
~/**махово́е** Schwungrad *n*
~/**осево́е** Axialrad *n*
~/**пере́днее** *(Kfz)* Vorderrad *n*
~/**планета́рное** Planeten(zahn)rad *n*, Umlaufrad *n*
~/**пло́ское (зубча́тое)** Plan(zahn)rad *n*
~/**приводно́е (зубча́тое)** Antriebs(zahn)rad *n*
~/**прямозу́бое (зубча́тое)** Gerad(zahn)rad *n*, geradverzahntes Rad *n*
~/**рабо́чее** Laufrad *n (einer Turbine, Pumpe u.a.)*
~/**радиа́льное** Radialrad *n*
~/**разъёмное** geteiltes Rad *n*
~/**рулево́е** *(Kfz)* Lenkrad *n*
~ **со спи́цами** *(Kfz)* Speichenrad *n*
~/**турби́нное** Turbinenlaufrad *n*
~/**фрикцио́нное** Reibrad *n*
~/**ходово́е** Laufrad *n*
~/**храпово́е** Sperrrad *n*, Klinkenrad *n*
~/**це́вочное** Triebstock(zahn)rad *n*
~/**центра́льное (зубча́тое)** Sonnenrad *n*, Zentral(zahn)rad *n*
~/**цилиндри́ческое (зубча́тое)** Stirnrad *n*
~/**червя́чное** Schneckenrad *n*
~/**шевро́нное (зубча́тое)** Pfeilzahnrad *n*, pfeilverzahntes Rad *n*
~/**эвольве́нтное (зубча́тое)** Evolventen(zahn)rad *n*
коле́я *f* 1. *(Kfz)* Spurweite *f*, Spur *f*; 2. *(Eb)* Fahrspur *f*, Spur *f*
~/**норма́льная** *(Eb)* Normalspur *f*
~/**у́зкая** *(Eb)* Schmalspur *f*
~/**широ́кая** *(Eb)* Breitspur *f*
коли́чественный quantitativ, mengenmäßig, Mengen...
коли́чество *n* Menge *f*, Anzahl *f*, Quantität *f*
~ **информа́ции** Informationsmenge *f*, Informationsgehalt *m*, Nachrichtenmenge *f*
колла́пс *m* /**гравитацио́нный** *(Astr)* Gravitationskollaps *m (eines Sterns)*
колле́ктор *m* 1. Kollektor *m*, Sammler *m*; 2. Sammelbehälter *m*, Sammelgefäß *n*; 3. Sammelleitung *f*; *(El)* Sammelkanal *m*, (begehbarer) Leitungstunnel *m*; 4. *(El)* Kommutator *m*, Stromwender *m*; 5. *(El)* Kollektor *m*, Kollektorelektrode *f*, Auffangelektrode *f*; 6. *(Halbl)* Kollektorzone *f*; 7. *(Halbl)* Kollektoranschluss *m*; 8. *(Bw)* Kollektor *m*, Sammelkanal *m (Kanalisation)*; 9. *(Geol)* Speichergestein *n (für Erdöl oder Erdgas)*
~/**канализацио́нный** Abwasserkollektor *m*; Abwasserkanal *m*
~/**скры́тый** *(Eln)* vergrabener Kollektor *m*
коллима́тор *m* 1. *(Opt, Astr)* Sucherfernrohr *n*, Sucher *m*; 2. *(Kern)* Kollimator *m*
коллима́ция *f (Opt, Kern)* Kollimation *f (von Strahlen)*
коллинеа́рный *(Math)* kollinear
коллоида́льный, колло́идный *(Ch)* kolloid(al), Kolloid...
коловоро́т *m (Wkz)* Bohrwinde *f*
коло́дец *m* 1. Brunnen *m*; 2. Schacht *m*; *(Nrt)* Kabelschacht *m*
~/**ка́бельный** Kabelschacht *m*
~/**нагрева́тельный** *(Met)* Tiefofen *m*
~/**тру́бчатый** Rohrbrunnen *n*
~/**ша́хтный** Schachtbrunnen *m*
коло́дка *f* 1. *(Masch)* Backe *f*, Backen *m*; 2. Klotz *m*
~/**тормозна́я** 1. *(Kfz)* Bremsbacken *m*; 2. *(Eb)* Bremsklotz *m*
ко́локол *m* Glocke *f*
~/**водола́зный** Tauch(er)glocke *f*
~/**лови́льный** *(Bgb)* Fangglocke *f*
колоколообра́зный glockenförmig
коло́нка *f* 1. Säule *f (s. a. unter* колонна 1.*)*; Ständer *m*; 2. *(Typ)* Spalte *f*, Kolumne *f*; 3. *(Bgb)* Kern *m*, Bohrkern *m*
~/**бензоразда́точная** Tanksäule *f*
~/**водоразбо́рная** Hydrant *m*
~/**звукова́я** Tonsäule *f*
~/**рулева́я** 1. *(Kfz)* Lenksäule *f*; 2. *(Schiff)* Steuersäule *f*, Steuerstand *m*
~/**топливоразда́точная** Tanksäule *f*
коло́нна *f* 1. Säule *f*; 2. *(Wkzm)* Säule *f*, Ständer *m*; Kastenständer *m*; 3. *(Ch)* Kolonne *f*, Turm *m*; 4. *(Bgb)* Rohrtour *f*, Rohrstrang *m*
~/**абсорбцио́нная** *(Ch)* Absorptionskolonne *f*, Absorptionsturm *m*
~/**бури́льная** *(Bgb)* Bohrgestänge *n*

~/**дистилляцио́нная** *(Ch)* Destillierkolonne *f*, Destillationskolonne *f*
~/**ионообме́нная** *(Ch)* Ionenaustauschsäule *f*
~/**обса́дная** *(Bgb)* Rohrtour *f*
~/**раздели́тельная** *(Ch)* Trennsäule *f*, Trennkolonne *f*
~/**ректификацио́нная** *(Ch)* Rektifiziersäule *f*, Rektifizierkolonne *f*
колори́метр *m* 1. *(Ch)* Kolorimeter *n*, Tintometer *n*; 2. *(Opt)* Chromometer *n*, Farbmessinstrument *n*, Farbmesser *m*
колориметри́ческий kolorimetrisch
колориме́трия *f* 1. *(Ch)* Kolorimetrie *f*; 2. *(Opt)* Farbmetrik *f*, Farbmesstechnik *f*
колосни́к *m* Rost *m*; Roststab *m (von Feuerungen)*
колоснико́вый Rost... *(in Verbindung mit Feuerung)*
коло́ша *f (Met)* Gicht *f*, Ofengicht *f*, Satz *m*, Charge *f*
колошни́к *m (Met)* 1. Gichtbühne *f*, Gichtboden *m*; 2. Gichtöffnung *f*, Gicht *f (Schachtofen)*; oberer Kegel *m (Hochofen)*
колпа́к *m* 1. Haube *f*, Deckel *m*, Kappe *f*; 2. *(Kfz)* Rad(naben)kappe *f*
~/**защи́тный** Schutzkappe *f*; Schutzhaube *f*
колпачо́к *m* Kappe *f*; Glocke *f*
колумби́т *m (Min)* Columbit *m*
колу́н *m* Schrotaxt *f*
колчеда́н *m (Min)* Kies *m*
~/**желе́зный** *s.* пирит
~/**лучи́стый** *s.* марказит
~/**магни́тный** *s.* пирротин
~/**ме́дный** *s.* халькопирит
~/**се́рный** *s.* пирит
колчедани́стый *(Min)* kiesig, kieshaltig
ко́лышек *m* Pflock *m*, Absteckpflock *m (Vermessungswesen)*
ко́льца *npl* **Нью́тона** *(Opt)* newtonsche Ringe *mpl*
кольцево́й Ring..., ringförmig
кольцеобра́зный ringförmig
кольцо́ *n* Ring *m*
~/**бензо́льное** *(Ch)* Benzenring *m*
~/**бортово́е** 1. Bordring *m*; 2. Drahtkern *m (der Kfz-Bereifung)*
~/**запо́рное** *(Masch)* Abschlussring *m*
~/**конта́ктное** *(El)* Kontaktring *m*, Schleifring *m*
~/**опо́рное** Tragring *m*, Auflagerring *m*; *(Förd)* Drehkranz *m*, Stützring *m (des Drehkrans)*
~/**поршнево́е** *(Kfz)* Kolbenring *m*
~/**распо́рное** Abstandsring *m*, Distanzring *m*
~/**уплотни́тельное** Dichtungsring *m (des Kolbens)*; Packungsring *m (der Stopfbuchse)*
~/**устано́вочное** Stellring *m*, Einstellring *m*
коля́ска *f* **(мотоци́кла)** Seitenwagen *m*, Beiwagen *m (eines Motorrades)*
ко́ма *f (Opt)* Koma *f*
кома́нда *f (Inf)* Befehl *m*
~ **адреса́ции** Adressenbefehl *m*
~/**аппара́тно-реализу́емая** fest verdrahteter Befehl *m*
~/**арифмети́ческая** arithmetischer Befehl *m*, Arithmetikbefehl *m*
~/**беза́дресная** adressenloser Befehl *m*, Nulladressbefehl *m*
~ **вво́да** Eingabebefehl *m*
~ **вво́да-вы́вода** Eingabe-Ausgabe-Befehl *m*, E/A-Befehl *m*
~ **возвра́та** Rückkehrbefehl *m*, Rücksprungbefehl *m*
~ **вы́вода** Ausgabebefehl *m*
~ **вы́хода из ци́кла** Abbruchbefehl *m*
~ **загру́зки** Ladebefehl *m*
~ **исполне́ния** Stellbefehl *m*
~/**логи́ческая** boolescher [logischer] Befehl *m*, Logikbefehl *m*
~/**маши́нная** Maschinenbefehl *m*
~/**многоа́дресная** Mehradressbefehl *m*
~/**одноа́дресная** Einadressbefehl *m*
~ **опро́са** Abfragebefehl *m*
~/**основна́я** Basisbefehl *m*
~ **остано́ва** Stoppbefehl *m*, Haltbefehl *m*
~ **перехо́да** Sprungbefehl *m*
~ **прерыва́ния** Interruptbefehl *m*
~ **сдви́га** Schiebebefehl *m*
~ **управле́ния** Steuerbefehl *m*
~ **управле́ния програ́ммой** Programmsteuerbefehl *m*
~/**усло́вная** bedingter Befehl *m*
кома́ндный Kommando..., Befehls...
командоконтро́ллер *m (Reg)* Steuerschalter *m*, Befehlsschalter *m*

~/**кулачко́вый** *(Eb)* Nockensteuerschalter *m*
комба́йн *m* 1. *(Lw)* Kombine *f*, Combine *f*, Vollerntemaschine *f*; 2. *(Bgb)* Kombine *f*, Abbaumaschine *f*
~/**го́рный** Bergbaukombine *f*, Schrämlader *m*
~/**зерноубо́рочный** Getreidevollerntemaschine *f*, Mähdrescher *m*
~/**картофелеубо́рочный** Kartoffelsammelroder *m*
~/**коноплеубо́рочный** Hanfvollerntemaschine *f*, Hanfkombine *f*
~/**кукурузоубо́рочный** Maisvollerntemaschine *f*, Maiskombine *f*
~/**прохо́дческий** *(Bgb)* Vortriebskombine *f*
~/**самохо́дный** selbstfahrende Vollerntemaschine *f*
~/**свеклоубо́рочный** Rübenvollerntemaschine *f*, Rübenkombine *f*
~/**силосоубо́рочный** Feldhäcksler *m*
~/**у́гольный** Kohlenkombine *f*, Kohlenschrämlader *m*
комбико́рм *m (Lw)* Mischfutter *n*
комбинато́рика *f (Math)* Kombinatorik *f*, Kombinationslehre *f*
комбина́торный *(Math)* kombinatorisch
комбина́ция *f* Kombination *f*
~/**ко́довая** *(Inf, Nrt)* Codekombination *f*, Zeichenkombination *f*
коме́та *f (Astr)* Komet *m*
~ **Галле́я** Halleysche Komet *m*, Halley-Komet *m*
~/**долгопериоди́ческая** langperiodischer Komet *m*
кометоиска́тель *m (Astr, Opt)* Kometensucher *m (Fernrohr)*
ко́мингс *m (Schiff)* Süll *n*
комкова́ние *n* Klumpen *n*, Verklumpen *n*, Klumpenbildung *f*
коммуника́ции *fpl* /**инжене́рные** *(Bw)* Versorgungsleitungen *fpl*
коммуника́ция *f* 1. Verbindung *f*; 2. Verbindungsweg *m*; 3. Nachrichtenmittel *n*; 4. Verkehr *m*
коммутати́вный *(Math)* kommutativ
коммута́тор *m* 1. *(Nrt)* Vermittlung *f*, Vermittlungsstelle *f*; 2. *(Nrt)* Vermittlungsschrank *m*; *(Nrt)* Vermittlungseinrichtung *f*; 3. *(El)* Kommutator *m*, Stromwender *m*, Kollektor *m*; 4. *(Math)* Kommutator *m*
~/**телефо́нный** Fernsprechvermittlungsschrank *m*
коммутацио́нный 1. *(El)* Umschalt..., Schalt...; Kommutierungs...; 2. *(Nrt)* Vermittlungs...
коммута́ция *f* 1. *(El)* Kommutierung *f*, Kommutation *f*, Stromwendung *f*; 2. *(El)* Umschalten *n*, Schalten *n*; 3. *(Nrt)* Vermittlung *f*
коммути́рование *n s.* коммутация
коммути́рующий *(El)* 1. Umschalt..., Schalt...; 2. kommutierend, stromwendend, Kommutierungs..., Stromwende...
ко́мната *f* Zimmer *n*, Raum *m*
~/**измери́тельная** Messraum *m*
~/**чиста́я** *(Eln)* Cleanroom *m*, Reinstraum *m*
комо́к *m* Klumpen *m*
компа́кт-диск *m (Inf)* Compact Disc *f*, Compactdisc *f*, CD *f*, Kompaktdiskette *f*
~/**видеозвуково́й** Videodisc *f*, Videoplatte *f*
компа́кт-кассе́та *f (Inf)* Kompaktkassette *f*
компа́ктность *f* 1. *(Math)* Kompaktheit *f*; 2. Packungsdichte *f*
компа́ктный kompakt, gedrängt
компара́тор *m (Opt)* Komparator *m*
ко́мпас *m* Kompass *m*
~/**гиромагни́тный** Magnetkreiselkompass *f*
~/**гироскопи́ческий** Kreiselkompass *m*
~/**судово́й** Schiffskompass *m*
ко́мпас-репи́тер *m* Tochterkompass *m*
компа́унд *m* Gemisch *n*, Mischung *f*
~/**зали́вочный** Vergussmasse *f*, Füllmasse *f*
компаунди́рование *n (El)* Compoundierung *f*, Doppelschlusserregung *f*
компа́унд-маши́на *f s.* машина смешанного возбуждения
компенса́тор *m* 1. Kompensator *m*, Kompensationsapparat *m*; 2. *(El)* Phasenschieber *m*; 3. Spannwerk *n* *(für Fahrdrähte)*; 4. *(Wmt)* Ausdehnungsgefäß *n*; 5. Kompensator *m*, Ausdehnungsbogen *m (in Rohrleitungen)*; 6. *(Rf)* Ausgleicher *m*

компенсацио́нный Kompensations..., Ausgleichs...
компенса́ция *f* Kompensation *f*, Ausgleich *m*; Abgleich *m (einer Phase)*; *(Reg)* Stabilisierung *f*, Kompensation *f*
компенси́рованный kompensiert; abgeglichen *(Phasen)*
компенси́ровать kompensieren, ausgleichen; abgleichen *(Phasen)*
компили́рование *n s.* компиляция
компиля́тор *m s.* программа/компилирующая
компиля́ция *f (Inf)* Kompilieren *n*, Kompilation *f*
компланáрный *(Math)* ko(m)planar
ко́мплекс *m* 1. Komplex *m*, Gesamtheit *f*; 2. Gruppe *f*, Gerätegruppe *f*
~/**вскрышно́й** *(Bgb)* Abbaukomplex *m*
~/**ги́бкий произво́дственный** *(Fert)* flexibler Fertigungskomplex *m*
~/**многомаши́нный вычисли́тельный** Rechnerverbund *m*, Rechnerkopplung *f*
ко́мплексно-сопряжённый konjugiert komplex
ко́мплексный komplex, Komplex...
комплексонометри́я *f (Ch)* Komplexometrie *f*, Chelatometrie *f*
комплексообразова́ние *n (Ch)* Komplexbildung *f*
комплексообразова́тель *m (Ch)* Komplexbildner *m*
компле́кт *m* Satz *m*, Garnitur *f*
комплекта́ция *f* 1. Komplettierung *f*, Vervollständigung *f*; 2. *(Eln)* Bestückung *f (Leiterplatten)*
компле́ктный komplett, vollständig, vollzählig
комплектова́ние *n s.* комплектация 1.
комплектова́ть 1. komplettieren, vervollständigen; 2. zusammenstellen; 3. *(Eln)* bestücken *(Leiterplatten)*
компози́ция *f* 1. Komposition *f*, Zusammensetzung *f*; 2. Masse *f*, Mischung *f*
компоне́нт *m* 1. *(Ch)* Komponente *f*, Bestandteil *m*; 2. *(Mech)* Bauelement *n*, Bauteil *n*, Konstruktionselement *n*, Konstruktionsteil *n*; 3. *(Eln)* (aktives) Bauelement *n*
~/**интегра́льный** *(Eln)* integriertes Bauelement *n*
~/**печа́тный** *(Eln)* gedrucktes Bauelement *n*
~/**подчинённый** *(Inf)* Slave *m*, Slavegerät *n*
~/**полупроводнико́вый** *(Eln)* Halbleiterbauelement *n*
компоне́нта *f* 1. *(Math)* Komponente *f*; 2. *(Photo)* Kuppler *m*
компоно́вка *f* 1. Bauart *f*, Anordnung *f*, Ausführung *f*; 2. Ausstattung *f*
компоно́вщик *m s.* редактор связей
компо́ст *m (Lw)* Kompost *m*
компо́стер *m (Eb)* Fahrscheinlocher *m*, Fahrkartenlocher *m*, Locher *m (für Fahrscheine)*
компре́ссия *f* Kompression *f*, Verdichtung *f*
компре́ссор *m (Masch)* 1. Verdichter *m*; 2. Lader *m*, Ladeverdichter *m*
~/**возду́шный** Luftverdichter *m*
~ **высо́кого давле́ния** Hochdruckverdichter *m*
~/**многоступе́нчатый** mehrstufiger Verdichter *m*; Verbundverdichter *m*
~ **ни́зкого давле́ния** Niederdruckverdichter *m*
~/**осево́й** Axialverdichter *m*
~/**поршнево́й** Kolbenverdichter *m*
~/**ротацио́нный** Umlaufkolbenverdichter *m*
~/**турби́нный** Turboverdichter *m*; Strömungsverdichter *m*
~/**холоди́льный** Kältemittelverdichter *m*
~/**центробе́жный** Kreisel(rad)verdichter *m*, Drehkolbenverdichter *m*
компью́тер *m* Rechner *m*, Computer *m*
~/**персона́льный** Personalcomputer *m*, PC *m*
комфо́ртный *(Inf)* anwenderfreundlich, bedienerfreundlich
конве́йер *m* 1. Fließband *n*; 2. Fördermaschine *f*; Stetigförderer *m*; 3. *(Bgb)* Rutsche *f*
~/**вибрацио́нный** Schwingförderer *m*, Rüttelförderer *m*, Wuchtförderer *m*
~/**винтово́й** Schneckenförderer *m*, Förderschnecke *f*
~/**гравитацио́нный** Schwerkraftförderer *m*
~/**инерцио́нный** *s.* ~/вибрационный

~/**кача́ющийся инерцио́нный** Schwingförderer *m*, Schwing(förder)-rinne *f*
~/**ковшо́вый** Becherförderer *m*
~/**ле́нточно-цепно́й** Gliederkettenförderer *m*, Becherwerk *n*
~/**ле́нточный** Bandförderer *m*, Gurt-(band)förderer *m*, Förderband *n*
~/**лю́лечный** Schaukelförderer *m*
~/**накло́нный** Schrägbandförderer *m*
~/**напо́льный** Flurförderer *m*
~/**пласти́нчатый** Plattenbandförderer *m*, Gliederbandförderer *m*
~/**подвесно́й** Hängeförderer *m*, Umlaufförderer *m*
~/**промежу́точный** Zwischenförderer *m*, Übergabeförderer *m*
~/**ро́ликовый** Rollenförderer *m*, Rollenbahn *f*
~/**скребко́вый** Kratzbandförderer *m*, Kratz(erketten)förderer *m*, Schleppkettenförderer *m*
~/**теле́жечный** Kastenbandförderer *m*
~/**цепно́й** Kettenförderer *m*, Kettenschlepper *m*

конвекти́вный konvektiv, Konvektions...
конве́ктор *m* Konvektorheizkörper *m*
конве́кция *f* Konvektion *f*, Mitführung *f* *(Strömungslehre)*
~/**вы́нужденная** Druckkonvektion *f*, erzwungene Konvektion *f*
~/**есте́ственная [свобо́дная]** natürliche [freie] Konvektion *f*

конверге́нтный konvergent, Konvergenz...
конверге́нция *f* Konvergenz *f*
конве́рсия *f (Kern)* Konversion *f*; *(Ch)* Konversion *f*, Umwandlung *f*
~/**вну́тренняя** *(Kern)* innere Konversion [Umwandlung] *f*

конве́ртер *m* Konverter *m*
~/**бессеме́ровский** *(Met)* Bessemerkonverter *m*, saurer Konverter *m*
~/**тома́совский** *(Met)* Thomaskonverter *m*, basischer Konverter *m*

конверти́рование *n* 1. Konvertieren *n*, Umwandeln *n*; 2. *(Met)* Windfrischen *n*
конвертопла́н *m (Flg)* Wandelflugzeug *n*, Convertiplan *m*
конгломера́т *m* Konglomerat *n*
конгруэ́нтность *f (Math)* Kongruenz *f*
конгруэ́нтный *(Math)* kongruent
конденса́т *m* Kondensat *n*
конденсатоотво́дчик *m* Kondenswasserableiter *m*
конденса́тор *m* 1. *(El, Wmt)* Kondensator *m*; 2. *(Kält)* Verflüssiger *m*
~/**блокиро́вочный** *(El)* Blockierkondensator *m*, Sperrkondensator *m*
~/**бума́жный** *(El)* Papierkondensator *m*, Pko *m*
~/**возду́шный** 1. *(El)* Luftkondensator *m*; 2. *(Wmt)* luftgekühlter Kondensator *m*
~/**высоково́льтный** *(El)* Hochspannungskondensator *m*
~/**ди́сковый** *(El)* Scheibenkondensator *m*
~/**защи́тный** *(El)* Schutzkondensator *m*
~/**металлобума́жный** *(El)* Metallpapierkondensator *m*, MPko *m*
~/**настро́ечный** *(El)* Abstimmkondensator *m*
~/**ороси́тельный** *(Wmt)* Rieselkondensator *m*
~ **переме́нной ёмкости** *(El)* Drehkondensator *m*, Dreko *m*
~/**плёночный** *(El)* Folienkondensator *m*
~/**подстро́ечный** *(El)* Abgleichkondensator *m*, Trimm(er)kondensator *m*, Trimmer *m*
~/**помехоподавля́ющий** *(Kfz)* Entstörkondensator *m*, Störschutzkondensator *m*
~ **постоя́нной ёмкости** *(El)* Festkondensator *m*
~/**слюдяно́й** *(El)* Glimmerkondensator *m*
~/**электролити́ческий** *(El)* Elektrolytkondensator *m*

конденсацио́нный Kondensations...
конденса́ция *f* 1. *(Ch)* Kondensation *f*, Kondensierung *f*, Verdichtung *f*; 2. *(Mech)* Kondensation *f*, Verdichtung *f* *(Dichteerhöhung)*
~ **Бо́зе-Эйнште́йна** *(Ph)* (Bose-)Einstein-Kondensation *f*
~/**ва́куумная** *(Ch)* Vakuumkondensation *f*
~/**ка́пельная** *(Ch)* Tropfenkondensation *f*
~/**капилля́рная** *(Ch)* Kapillarkondensation *f*

~/**фракциóнная** *(Ch)* fraktionierte Kondensation *f*
конденсúровать kondensieren, verdichten
кондéнсор *m (Opt)* Kondensor *m*, Kondensorlinse *f*
~/**зеркáльный** Spiegelkondensor *m*
кондиционéр *m* Klimaanlage *f*; Klimagerät *n*
кондиционúрование *n* 1. Klimatisierung *f*; 2. *(Ch, Text)* Konditionieren *n*
кондуктáнц *m (El)* Konduktanz *f*, Wirkleitwert *m*
кондуктометрúческий *(Ch)* konduktometrisch
кондуктомéтрия *f (Ch)* Konduktometrie *f*
кондýктор *m* 1. Konduktor *m*, Leiter *m*; 2. *(Eln)* Leiterbahn *f*; 3. *(Fert)* Führungsschablone *f*; 4. *(Bw)* Montagelehre *f*; 5. *(Bgb)* Konduktor *m*, Leitrohrtour *f*; 6. *(Schiff)* Lehrgerüst *n*
конёк *m* **(крыши)** *(Bw)* First *m*, Dachfirst *m*
конéц *m* 1. Ende *n*, Schluss *m*; 2. Auslauf *m (einer Bewegung)*; 3. *(Schiff)* Seil *n*, Leine *f*, Tau *n*
~ **блóка** *(Inf)* Blockende *n*
~ **зáписи** *(Inf)* Satzende *n*
~/**зарядный** *(Photo)* Filmzunge *f*, Allonge *f*
~ **сообщéния** *(Inf)* Nachrichtenende *n*
~ **фáйла** *(Inf)* Dateiende *n*
~/**швартóвный** *(Schiff)* Festmachertrosse *f*, Festmacher *m*, Verholtrosse *f*
конéчный begrenzt, endlich
кониметр *m* Konimeter *n*
конúческий kegelförmig, Kegel..., konisch
конкрéция *f (Geol, Min)* Konkretion *f*
конопáтить kalfatern, (ab)dichten
конопáчение *n* Kalfaterung *f*, Abdichten *n*
коноскóп *m (Opt)* Konoskop *n*
консервáнт *m (Lebm)* Konservierungsmittel *n*
консервúрование *n (Lebm)* Konservieren *n*, Konservierung *f*
консервúровать *(Lebm)* konservieren
~ **заморáживанием** frosten, gefrierkonservieren
консистéнтный konsistent, dickflüssig, zäh
консистéнция *f* Konsistenz *f*
консистóметр *m* Konsistometer *n*
консóль *f* 1. *(Masch, Bw)* Konsole *f*, Tragarm *m*; Auskragung *f*; 2. *(Bw)* Kragarm *m*; Ausleger *m (Stahlbau)*; 3. *(Inf)* Bedieneinheit *f*
консóльный 1. Krag...; Ausleger...; 2. freitragend
констáнта *f* Konstante *f (Zusammensetzungen s. unter* постоянная*)*
конструúрование *n* Konstruieren *n*, Entwerfen *n*
конструúровать konstruieren, entwerfen
констрýкция *f* Konstruktion *f*, Bauweise *f*, Bauart *f*, Ausführung *f*
~/**блóчная** Blockbauweise *f*
~/**висячая** Hänge(trag)werk *n*
~/**железобетóнная** Stahlbetonkonstruktion *f*
~/**каркáсная** Skelettbau *m*
~/**крупноблóчная** *(Bw)* Großblockbauweise *f*
~/**крупнопанéльная** *(Bw)* Großplattenbauweise *f*
~/**мóдульная** Modulbauweise *f*
~/**несýщая** 1. *(Bw)* tragende Konstruktion *f*, Tragwerk *n*; 2. *(Flg)* Tragwerk *n*, Tragsystem *n*
~/**оболóчечная** *(Bw)* Schalenkonstruktion *f*, Schalenbauweise *f*
~/**ограждáющая** *(Bw)* Umfassungskonstruktion *f*, Umhüllungskonstruktion *f*
~/**пластинчáтая** *(Bw)* Scheibenkonstruktion *f*
~/**плóскостная** *(Bw)* Flächentragwerk *n*
~/**сбóрно-монолúтная** Verbundkonstruktion *f*
~/**составнáя** *(Bw)* Verbundkonstruktion *f*
~/**стержневáя** *(Bw)* Stabkonstruktion *f*, Stabtragwerk *f*
~/**тонкостéнная** *(Bw)* Leichtbauweise *f*
контáкт *m* 1. Kontakt *m*, Berührung *f*; 2. *(El)* Kontaktstück *n*, Kontaktglied *n*, Schaltstück *n*; 3. Kontaktschicht *f*, Berührungsschicht *f*
~/**блокирóвочный** *(El)* Haltekontakt *m*, Sperrkontakt *m*, Verriegelungskontakt *m*
~/**выпрямляющий** *(El)* Gleichrichterkontakt *m*

~/**замыка́ющий** *s.* ~/нормально-разомкнутый
~/**защи́тный** *(El)* Schutzkontakt *m*
~/**непло́тный** *(El)* Wackelkontakt *m*
~/**норма́льно-за́мкнутый** *(El)* Öffnungskontakt *m*, Ruhe(strom)kontakt *m*
~/**норма́льно-разо́мкнутый** *(El)* Schließkontakt *m*, Arbeits(strom)kontakt *m*
~/**плохо́й** *(El)* Wackelkontakt *m*
~/**прерыва́ющийся** *(El)* Wackelkontakt *m*
~/**рабо́чий** *s.* ~/нормально-разомкнутый
~/**размыка́ющий** *s.* ~/нормально-замкнутый
~/**скользя́щий** *(El)* Gleitkontakt *m*, Schleifkontakt *m*
~/**то́чечный** 1. Punktkontakt *m*; 2. *(Halbl)* Spitzenkontakt *m*
~/**щёточный** *(El)* Bürstenkontakt *m*
конта́ктный Kontakt...
конта́ктор *m (El)* 1. Kontaktgeber *m*; 2. Schaltschütz *n*, Schütz *n*
~/**пусково́й** Anlassschütz *n*
конте́йнер *m (Förd)* Container *m*, Behälter *m*, Transportbehälter *m*
~/**изотерми́ческий** Thermocontainer *m*, Isoliercontainer *m*
~/**невозвра́тный** Einwegcontainer *m*
~/**поро́жний** Leercontainer *m*
~/**рефрижера́торный** Kühlcontainer *m*
~/**универса́льный** Mehrzweckcontainer *m*
контейнеровмести́мость *f (Schiff)* Containerkapazität *f*, Containerladefähigkeit *f*
контейнерово́з *m* 1. Containerschiff *n*; 2. *(Kfz)* Containerfahrzeug *n*
конте́кст *m (Inf)* Kontext *m*
~ **аппара́тного обеспече́ния** Hardwarekontext *m*
~ **програ́ммного обеспече́ния** Softwarekontext *m*
конти́нуум *m (Math)* Kontinuum *n*
контра́ст *m* 1. Kontrast *m*; 2. *(Opt, Photo, TV)* Kontrast(umfang) *m*
~/**фа́зовый** *(TV)* Phasenkontrast *m*
~/**цветово́й** *(TV)* Farbkontrast *m*
~/**я́ркостный** 1. *(Photo)* Helligkeitskontrast *m*; 2. *(Licht)* Leuchtdichtekontrast *m*
контра́стность *f* Kontrast *m*, Kontrastwirkung *f*; *(Photo)* Kontrastgrad *m*, Härte *f*
контра́стный kontrastreich
контрви́нт *m (Schiff)* Gegenlaufpropeller *m*
контрга́йка *f* Gegenmutter *f*, Sicherungsmutter *f*
контре́йлер *m* Contrailer *m*, fahrbarer Container *m*
контркли́н *m* Gegenkeil *m*
контро́ллер *m* 1. *(El, Eb)* Fahrschalter *m*, Steuerschalter *m*; 2. *(Inf, Reg)* Steuergerät *n*, Steuereinheit *f*
~/**бараба́нный** *(El, Eb)* Walzensteuerschalter *m*, Steuerwalze *f*
~/**кулачко́вый** *(El, Eb)* Nocken(steuer)schalter *m*
~ **лока́льной се́ти** *(El)* Lokalnetzkontroller *m*
~/**программи́руемый** *(Reg)* speicherprogrammierbare [frei programmierbare] Steuereinheit *f*
контро́ль *m* 1. Kontrolle *f*, Prüfung *f* *(s. a. unter* испытание*)*; 2. Überwachung *f*, Aufsicht *f*
~/**аппара́тный** *(Inf)* Hardwarekontrolle *f*, Hardwareprüfung *f*
~/**визуа́льный** Sichtkontrolle *f*
~/**внутрисхе́мный** *(Eln)* In-Circuit-Test *m*
~/**вы́борочный** Stichprobenprüfung *f*, Stichprobenkontrolle *f*
~/**выходно́й** Ausgangskontrolle *f*
~/**дистанцио́нный** Fernkontrolle *f*, Fernüberwachung *f*
~/**дозиметри́ческий** *(Kern)* Strahlenschutzüberwachung *f*, Kernstrahlungskontrolle *f*
~ **ка́чества** Qualitätskontrolle *f*, Gütekontrolle *f*
~ **ка́чества/статисти́ческий** statistische Qualitätskontrolle *f*
~ **(материа́лов)/неразруша́ющий** *(Wkst)* zerstörungsfreie Prüfung [Werkstoffprüfung] *f*
~ **по избы́точности** *(Inf)* Redundanzprüfung *f*
~ **по чётности** *(Inf)* Paritätsprüfung *f*, Paritätskontrolle *f*
~/**профилакти́ческий** vorbeugende Kontrolle *f*

~/**техни́ческий** betriebstechnische Kontrolle *f*

контро́льно-измери́тельный Kontrollmess...

контрпо́ршень *m (Masch)* Gegenkolben *m*

контрприво́д *m (Masch)* Vorgelege *n*

контрпружи́на *f* Gegenfeder *f*

контрре́льс *m (Eb)* Leitschiene *f*, Führungsschiene *f*

контрру́ль *m (Schiff)* Gegenruder *n*

контрсло́й *m (Photo)* Rückschicht *f*

контрфла́нец *m* Gegenflansch *m*

контрфо́рс *m* 1. *(Bw)* Gegenpfeiler *m*, Widerlager *n*; Strebe *f*; 2. *(Schiff)* Kettensteg *m*

ко́нтур *m* 1. Umriss *m*, Umrisslinie *f*, Kontur *f*; 2. *(El)* Kreis *m*, Stromkreis *m*; 3. *(Reg)* Kreis *m*, Netzwerk *n*; 4. *(Masch)* Kette *f*

~/**втори́чный** 1. *(El)* Sekundär(strom)kreis *m*; 2. *(Kern)* Sekundär(kühl)kreislauf *m (eines Reaktors)*

~/**за́мкнутый** *(El)* geschlossener Kreis *m*; geschlossene Masche [Strommasche] *f*

~/**колеба́тельный** *(El)* Schwingkreis *m*, Resonanzkreis *m*

~/**охлажда́ющий** Kühlkreislauf *m*

~/**перви́чный** 1. *(El)* Primär(strom)kreis *m*; 2. *(Kern)* Primär(kühl)kreislauf *m (eines Reaktors)*

~ **регули́рования** Regelkreis *m*

~/**чёткий** scharfe Kontur *f*

~/**электри́ческий** 1. *(El)* unverzweigter Stromkreis *m*, Strommasche *f*; 2. *(Reg)* elektrischer Kreis *m*, elektrisches Netzwerk *n*

ко́нтурный 1. Kontur..., Umriss...; 2. *(El)* Kreis..., Maschen...; *(Reg)* Kreis...; 3. *(Fert)* Bahn..., bahngesteuert

ко́нус *m* 1. Kegel *m*, Konus *m*; 2. *(Met)* Glocke *f*, Gichtglocke *f (eines Hochofens)*

~ **Зе́гера** *(Ker)* Segerkegel *m*, Brennkegel *m*

~ **Ма́ха** *(Aero)* machscher Kegel *m*

~/**пирометри́ческий** *s.* ~ Зегера

~/**усечённый** *(Math)* Kegelstumpf *m*

ко́нусность *f* 1. Konizität *f*; 2. Kegelform *f*; 3. (kegelige) Verjüngung *f*; 4. *(Fert)* Kegelverhältnis *n (beim Drehen)*

ко́нусный konisch, kegelförmig, Kegel...

конфигурацио́нный Konfigurations...

конфигура́ция *f* Konfiguration *f*; Gestaltung *f*

~ **обору́дования** *(Inf)* Hardware-Konfiguration *f*, Gerätekonfiguration *f*

~ **плане́т** *(Astr)* Konstellation *f*

конфока́льный *(Opt)* konfokal

конфо́рмность *f (Math)* Konformität *f*

конфо́рмный *(Math)* konform; *(Geod)* winkeltreu

конхо́ида *f (Math)* Konchoide *f (Kurve 4. Grades)*

конхоида́льный *(Math)* konchoidal

концево́й End...

концентра́т *m* 1. Konzentrat *n*; 2. Konzentrat *n*, Anreicherungsprodukt *n (Aufbereitung)*; 3. *(Lw)* Kraftfutter *n*

~/**ру́дный** Erzkonzentrat *n*

~/**флотацио́нный** Flotationskonzentrat *n*

концентра́тор *m* 1. Konzentrator *m*, Anreicherungsapparat *m (Aufbereitung)*; 2. *(Opt)* Fokussier(ungs)einrichtung *f*

концентра́ция *f* Konzentration *f*, Anreicherung *f*

~ **водоро́дных ио́нов** *(Ch)* Wasserstoffionenkonzentration *f*

~/**допусти́мая** *(Ökol)* zulässige [verträgliche] Konzentration *f*, Toleranzkonzentration *f*

~ **загрязня́ющих веще́ств** *(Ökol)* Schmutzstoffkonzentration *f*

~/**ио́нная** *(Ph, Ch)* Ionenkonzentration *f*

~/**моля́рная** *(Ch)* Molarität *f*, Stoffmengenkonzentration *f*

~/**преде́льно допусти́мая** *(Ökol)* höchstzulässige [maximal zulässige] Konzentration *f*, MZK *f*, zulässige Grenzwertkonzentration *f*

концентри́ровать konzentrieren, anreichern; einengen *(Lösungen)*

концентри́ческий konzentrisch

концентри́чность *f* Konzentrizität *f*

концентри́чный konzentrisch

конце́пция *f* **виртуа́льной па́мяти** *(Inf)* virtuelles Speicherkonzept *n*

концы́ *mpl* 1. Putzwolle *f*; 2. *(Wlz)* Knüppelenden *npl*

конш *m (Lebm)* Konche *f*

конширова́ние *n (Lebm)* Konchieren *n*

коншмаши́на *f (Lebm)* Konche *f*
конъю́нкция *f (Math)* Konjunktion *f*, logisches Produkt *n*
координа́та *f* Koordinate *f (Zusammensetzungen s. unter* координаты*)*
координато́граф *m* Koordinatograph *m*, Koordinatenschreiber *m*; X-Y-Schreiber *m*
координа́ты *fpl* Koordinaten *fpl*
~/безразме́рные *(Math)* dimensionslose Koordinaten *fpl*
~/дека́ртовы *(Math)* kartesische Koordinaten *fpl*
~/косоуго́льные *(Math)* schiefwinklige Koordinaten *fpl*
~/пло́ские *(Math)* ebene Koordinaten *fpl*
~/поля́рные *(Math)* Polarkoordinaten *fpl*
~/простра́нственные *(Math)* räumliche Koordinaten *fpl*, Koordinaten *fpl* im Raum; *(Geod)* Raumkoordinaten *fpl*
~/прямоуго́льные *(Math)* rechtwinklige Koordinaten *fpl*
~ симметри́и *(Math)* Symmetriekoordinaten *fpl*
~/сфери́ческие *(Math)* Kugelkoordinaten *fpl*
копа́ние *n (Bw)* Baggern *n*, Graben *n*
копа́тель *m (Bw)* Schachtgerät *n*
копа́тель-погру́зчик *m (Lw)* Rodelader *m (für Rüben)*
копа́ть *(Bw)* graben; (aus)schachten; *(Lw)* roden
копёр *m* 1. *(Bw)* Ramme *f*, Fallwerk *n*; *(Bw)* Rammgerät *n*; 2. *(Bgb)* Fördergerüst *n*, Förderturm *m*; *(Bgb)* Bohrturm *m*, Bohrgerüst *n*; 3. *(Wkst)* Schlagwerk *n*
~/ма́ятниковый *(Wkst)* Pendelschlagwerk *n*
~/надша́хтный *(Bgb)* Fördergerüst *n*
копи́льник *m (Met)* Vorherd *m (eines Kupolofens)*; *(Met)* Roheisenmischer *m*
копи́р *m* 1. Schablone *f*; 2. *(Fert)* Nachformstück *n*; *(Fert)* Nachformschablone *f*; *(Fert)* Kurvenschablone *f*
копирова́льный *(Wkzm)* Nachform..., Kopier...
копи́рование *n* 1. Kopieren *n*; 2. *(Fert)* Nachformen *n*
копирэффе́кт *m (Ak)* Kopiereffekt *m*
ко́пия *f (Inf)* Kopie *f*
~/документа́льная *s.* ~/твёрдая
~/недокумента́льная Softkopie *f*
~/резе́рвная Sicherheitskopie *f*
~/твёрдая Hartkopie *f*, Hardcopy *f*
компла́нарный *s.* компланарный
копни́тель *m* Sammler *m*; Strohsammler *m (am Mähdrescher)*
ко́поть *f* Ruß *m*
копти́ть 1. *(Lebm)* räuchern; 2. schwärzen *(mit Ruß)*; 3. rußen, Ruß absondern
копче́ние *n* Räuchern *n*
кора́ *f* Rinde *f*; Kruste *f*; Baumrinde *f*, Borke *f*
~ вы́ве́тривания *(Geol)* Verwitterungskruste *f*
~/земна́я *(Geol)* Erdkruste *f*
кораблестрое́ние *n* Schiffbau *m*
кораблестрои́тельный Schiffbau...
кора́бль *m* 1. Schiff *n (überwiegend Kriegsschiff; s. a. unter* судно*)*; 2. *(Raumf)* Raumschiff *n*
~/вое́нный Kriegsschiff *n*
~/деса́нтный Landungsschiff *n*
~/косми́ческий Raumschiff *n*
~/лине́йный Schlachtschiff *n*
~/многора́зовый *s.* ~ многоразового действия/космический
~ многора́зового де́йствия [испо́льзования]/косми́ческий Raumfähre *f*, wieder verwendbares Raumfahrzeug *n*
~/непилоти́руемый косми́ческий unbemanntes Raumschiff *n*
~/орбита́льный *(Raumf)* Orbiter *m*
~/пилоти́руемый косми́ческий bemanntes Raumschiff *n*
~/тра́нспортный (косми́ческий) Transportraumschiff *n*, Raumtransporter *m*
корд *m* Kord *m*
ко́рень *m* Wurzel *f*
~ зу́ба *(Masch)* Zahngrund *m*
~/квадра́тный *(Math)* Quadratwurzel *f*
~/ко́мплексный *(Math)* komplexe Wurzel *f*
~/куби́ческий *(Math)* Kubikwurzel *f*
~ лопа́тки *(Masch)* Schaufelfuß *m*, Schaufelwurzel *f (einer Turbine)*
~ шва *(Schw)* Nahtwurzel *f*

корешо́к *m* **(кни́ги)** Buchrücken *m*
коридо́р *m* Korridor *m*, Gang *m*; *(Flg)* Korridor *m*, Schneise *f*
~/возду́шный *(Flg)* Luftkorridor *m*
ко́рка *f* 1. Rinde *f*, Schale *f*; 2. Kruste *f*; 3. *(Met)* Randschicht *f*
корм *m (Lw)* Futter *n*, Futtermittel *n*
~/гру́бый Grobfutter *n*, Raufutter *n*, Hartfutter *n*
~/зелёный Grünfutter *n*
~/концентри́рованный Kraftfutter *n*
~/силосо́ванный Silofutter *n*, Silage *f*
корма́ *f (Schiff)* Heck *n*
кормово́й *(Schiff)* achter, Achter...
кормозагру́зчик *m (Lw)* Futterlader *m*
кормозапа́рник *m (Lw)* Futter(mittel)-dämpfer *m*
кормоприготови́тельный Futteraufbereitungs...
корморазда́тчик *m (Lw)* Futterverteiler *m*
кормосмеси́тель *m (Lw)* Futtermischer *m*
корму́шка *f (Lw)* Futtertrog *m*, Futterkiste *f*, Raufe *f*
~/автомати́ческая Futterautomat *m*
корнере́зка *f* Schnitzelmaschine *f (für Hackfrüchte)*; Rübenschneider *m*
ко́роб *m* Korb *m*, Kiepe *f*
коро́биться sich verziehen, sich werfen *(Bleche)*
коро́бка *f* 1. Schachtel *f*, Dose *f*; 2. Gehäuse *n*, Mantel *m*
~/бу́ксовая *(Eb)* Achslager *n*
~/око́нная *(Bw)* Fensterzarge *f*
~/ответви́тельная *(El)* Abzweigkasten *m*, Abzweigdose *f*
~ **переда́ч** *(Kfz)* Schaltgetriebe *n*, Wechselgetriebe *n*, Getriebe *n*
~ **переда́ч/пятиступе́нчатая** *(Kfz)* Fünfgang(schalt)getriebe *n*
~ **пода́ч** *(Masch)* Vorschubgetriebe *n*
~/распредели́тельная *(El)* Verteilerkasten *m*, Verteilerdose *f*, Abzweigdose *f*
~ **скоросте́й** *(Masch)* Hauptgetriebe *n*, Getriebe *n* zur Geschwindigkeitsstufung
коробле́ние *n* Verwerfen *n*, Verziehen *n* *(z. B. Bleche)*
коро́вник *m* Rinderstall *m*
королёк *m* Regulus *m*
коро́ль *m (Hydt)* Drempel *m*
коромы́сло *n* 1. Schwengel *m (einer Pumpe)*; 2. Ausgleichhebel *m*; 3. Schwinghebel *m*, Wippe *f*; 4. Lenker *m*, Kreuzlenker *m*; 5. *(Eb)* Schwinge *f* *(einer Lok)*
коро́на *f* 1. *(El)* Korona *f*, Koronaentladung *f*; 2. *(Astr)* Korona *f*, Sonnenkorona *f*; 3. *(Astr)* Korona *f*, Halo *m* *(der Galaxis)*
~/галакти́ческая *(Astr)* galaktische Korona *f*
~/со́лнечная *s.* корона 2.
~ **Со́лнца** *s.* корона 2.
корони́рование *n (El)* Koronaerscheinung *f*
корони́ровать *(El)* sprühen
коро́нка *f (Bgb)* Krone *f*, Bohrkrone *f*
~/алма́зная Diamant(bohr)krone *f*
~/бурова́я Bohrkrone *f*
коро́нный Korona...
короно́граф *m (Astr)* Koronograph *m*
корообди́рка *f (Pap)* Entrindungsmaschine *f*, Schälmaschine *f*
коротково́лновый *(Rf)* Kurzwellen..., kurzwellig
коротковолокни́стый kurzfaserig; *(Text)* kurzstapelig
короткого́рлый Kurzhals..., kurzhalsig
короткоде́йствующий von geringer Reichweite, Nahwirkungs..., nahwirkend
короткоза́мкнутый *(El)* Kurzschluss..., kurzgeschlossen
короткозамыка́тель *m (El)* Kurzschlussbügel *m*
короткопла́менный kurzflammig *(Kohle)*
короткофо́кусный *(Opt)* kurzbrennweitig *(Objektive)*
ко́рпус *m* 1. Gehäuse *n*; Körper *m*; Mantel *m*; 2. *(Bw)* Gebäudeblock *m*
корпуси́рование *n* Verkapseln *n*, Verkapselung *f*, Kapseln *n*, Kapselung *f*
корпу́скула *f (Kern)* Korpuskel *n*, materielles [korpuskulares] Teilchen *n*, Masseteilchen *n*
корпускуля́рный *(Kern)* korpuskular
корра́зия *f (Geol)* Korrasion *f*
корректи́рование *n s.* коррекция
корректи́ровать 1. korrigieren, ausgleichen; 2. *(El)* entzerren, kompensieren

корре́ктор *m (Nrt)* Korrektureinrichtung *f*, Korrekturglied *n*; *(El)* Entzerrer *m*
корре́кция *f* 1. Korrektur *f*; 2. *(El)* Entzerrung *f*
коррели́ровать korrelieren
корреломе́тр *m* Korrelationsmesser *m*
корреляти́вный korrelativ
корреля́тор *m (El)* Korrelator *m*
корреляцио́нный Korrelations...
корреля́ция *f* 1. Korrelation *f*, Wechselbeziehung *f*; 2. *(Math)* Korrelation *f*
корроди́ровать korrodieren, angreifen *(Metall)*
коррозиеусто́йчивость *f* Korrosionsbeständigkeit *f*, Korrosionsfestigkeit *f*; Rostbeständigkeit *f*
коррозиеусто́йчивый korrosionsbeständig, korrosionsfest; rostbeständig
коррози́йность *f* Korrosivität *f*, korrodierende Wirkung *f*
коррози́йный korrosiv, Korrosions...
коррозионносто́йкий, коррозионноусто́йчивый korrosionsbeständig, korrosionsfest; rostbeständig
коррозио́нный korrosiv, Korrosions...
корро́зия *f* Korrosion *f*; Rosten *n*
~/**атмосфе́рная** atmosphärische Korrosion *f*
~/**избира́тельная** selektive Korrosion *f*
~/**межкристалли́тная** interkristalline Korrosion *f*, Korngrenzenkorrosion *f*, Kornzerfall *m*
~/**ме́стная** örtliche [lokale] Korrosion *f*, Lokalkorrosion *f*
~/**пове́рхностная** Oberflächenkorrosion *f*
~/**то́чечная** Punktkorrosion *f*, punktförmige Korrosion *f*, Lochfraßkorrosion *f*, Grübchenkorrosion *f*
~/**хими́ческая** chemische Korrosion *f*
~/**электрохими́ческая** elektrochemische [elektrolytische] Korrosion *f*
~/**я́звенная** Grübchenkorrosion *f*
кору́нд *m (Min, Fert)* Korund *m*
корчева́ние *n* Roden *n*, Rodung *f*
корчева́тель *m* Rodegerät *n*
корчева́ть roden
коры́то *n* Trog *m*, Mulde *f*
корьё *n* Rinde *f (geschält)*
~/**дуби́льное** Gerbrinde *f*, Lohe *f*
~/**дубо́вое** Eichenlohe *f*
коря́вина *f (Schm)* Narbigkeit *f (Schmiedefehler)*
ко́са *f* 1. *(Lw)* Sense *f*; 2. *(Geol)* Landzunge *f*; 3. *(Led)* Streicheisen *n*
ко́свенный indirekt, mittelbar
косе́канс *m (Math)* Kosekans *m*, cosec
коси́лка *f (Lw)* Mäher *m*, Mähmaschine *f*
~/**самохо́дная** Motormäher *m*
коси́лка-погру́зчик *f (Lw)* Mähläder *m*
ко́синус *m (Math)* Kosinus *m*, cos
~ **фи** *(El)* Leistungsfaktor *m*, cos φ
косинусо́ида *f (Math)* Kosinuslinie *f*
косинусоида́льный *(Math)* kosinusförmig
косми́ческий 1. kosmisch, Kosmos...; 2. Raum..., Weltraum...; 3. weltraumgestützt
космого́ния *f (Astr)* Kosmogonie *f*
космодро́м *m* Kosmodrom *n*, Raketenstartplatz *m*
космоло́гия *f* Kosmologie *f*
~/**релятиви́стская** relativistische [einsteinsche] Kosmologie *f*
космона́вт *m* Raumfahrer *m*, Kosmonaut *m*
космона́втика *f* Raumfahrt *f*, Weltraumfahrt *f*, Kosmonautik *f*
ко́смос *m* Kosmos *m*, All *n*, Weltall *n*, Weltraum *m*
космохи́мия *f* Kosmochemie *f*
косозу́бый *(Masch)* schrägverzahnt
кососве́т *m (Licht)* Schrägstrahler *m*
косоуго́льный schiefwinklig
косоу́р *m (Bw)* Treppenwange *f*
косты́ль *m* 1. Hakennagel *m*, Hakenstift *m*; 2. *(Eb)* Schienennagel *m*
~/**пружи́нный** *(Eb)* Federnagel *m*
костю́м *m* Anzug *m*
~/**защи́тный** Schutzanzug *m*
~/**противоперегру́зочный** *(Flg, Raumf)* Druckanzug *m*, Anti-g-Anzug *m*
кося́к *m* 1. *(Bw)* Pfosten *m*, Gewände *n*; 2. *(Bgb)* Türstock *m*
~/**дверно́й** *(Bw)* Türpfosten *m*
~/**око́нный** *(Bw)* Fensterpfosten *m*
кота́нгенс *m (Math)* Kotangens *m*, cotg, ctg
котёл *m* Kessel *m*
~/**бараба́нный** Trommelkessel *m*
~/**ва́рочный** 1. Siedekessel *m*; 2. *(Pap)* Zellstoffkocher *m*

~/**водогре́йный** Warmwasserkessel *m*
~/**водотру́бный** Wasserrohrkessel *m*, Siederohrkessel *m*
~/**газотру́бный** Gasrohrkessel *m*
~/**жаротру́бный** Flammrohrkessel *m*
~/**парово́й** Dampfkessel *m*, Dampferzeuger *m*
котёл-утилиза́тор *m* Abhitzekessel *m*
коте́льная *f* Kesselhaus *n*
котлоагрега́т *m* Kesseleinheit *f*, Kesselaggregat *n*
котлова́н *m* 1. Baugrube *f*; 2. *(Bgb)* Vorschacht *m*
котлови́на *f (Geol)* Talkessel *m*, Kessel *m*, Becken *n*
котлонадзо́р *m* Kesselüberwachung *f*
котлострое́ние *n* Kesselbau *m*
ко́уш *m (Schiff)* Kausch(e) *f*
кофферда́м *m (Schiff)* Kofferdamm *m*
ко́шка *f* Laufkatze *f (eines Krans)*
коэрцити́вный koerzitiv
коэффицие́нт *m* Koeffizient *m*, Faktor *m*; Kennzahl *f*, Kennziffer *f (s. a. unter* постоянная*)*; Grad *m*
~ **аэродинами́ческого сопротивле́ния** *(Aerod, Kfz)* c_w-Wert *m*
~ **безопа́сности** Sicherheitsfaktor *m*, Sicherheitsgrad *m*
~ **гармо́ник** *(El, Ak)* Klirrfaktor *m*, Oberschwingungsgehalt *m*
~ **добро́тности** Gütefaktor *m*, Gütezahl *f*
~ **жёсткости** *(Mech)* Steifigkeitskoeffizient *m*
~ **запа́са про́чности** Sicherheitsfaktor *m*, Sicherheitsgrad *m*
~ **затуха́ния** *(El)* Dämpfungsfaktor *m*, Dämpfungskonstante *f*; *(Kern, Licht)* Schwächungskoeffizient *m*
~ **звукопоглоще́ния** *(Ak)* Schallabsorptionskoeffizient *m*, Schallschluckgrad *m*; Dämmfaktor *m*, Dämmzahl *f*
~ **излуче́ния** *(Wmt)* Strahlungsfaktor *m*, Strahlungszahl *f*
~ **испо́льзования** Nutz(ungs)faktor *m*; Ausnutzunggrad *m*
~ **контра́стности** *(Photo)* Gamma *n*, Gammawert *m*, Kontrastfaktor *m*
~ **мо́щности** 1. *(El)* Leistungsfaktor *m*, Wirkfaktor *m*; 2. Leistungsbeiwert *m* *(einer Strömungsmaschine)*
~ **нагру́зки** Belastungsfaktor *m*; Belastungsverhältnis *n*
~ **надёжности** 1. Zuverlässigkeitsfaktor *m*, Zuverlässigkeitskennzahl *f*; 2. *s.* ~ запаса прочности
~ **обра́тной свя́зи** *(El)* Rückkopplungsfaktor *m*; *(Reg)* Rückführ(ungs)-koeffizient *m*
~ **ослабле́ния** 1. Dämpfungskonstante *f*; 2. *(Kern)* Schwächungsgrad *m* *(Strahlung)*; 3. *(Licht)* Extinktionskoeffizient *m*; 4. *(Opt)* Dämpfungskoeffizient *m*, Dämpfungsbelag *m*
~ **отраже́ния** *(El)* Reflexionskoeffizient *m*; *(Opt)* Reflexionsgrad *m*
~ **поглоще́ния** Absorptionskoeffizient *m*
~ **поле́зного де́йствия** Wirkungsgrad *m*, Nutzeffekt *m*
~ **попере́чного суже́ния** *s.* ~ Пуассона
~ **поте́рь** Verlustfaktor *m*
~ **преломле́ния** *(Opt)* Brechungskoeffizient *m*, Brech(ungs)zahl *f*
~ **преобразова́ния** *(El)* Transformationskoeffizient *m*
~ **пропуска́ния** *(Krist)* Durchlässigkeitsfaktor *m*; *(Opt)* Transmissionskoeffizient *m*, Durchlassgrad *m*
~ **Пуассо́на** *(Mech)* poissonsche Zahl [Konstante] *f*, Quer(kontraktions)zahl *f*
~ **слы́шимости** *(Nrt)* Hörbarkeitsfaktor *m*
~/**температу́рный** Temperaturkoeffizient *m*
~ **температуропрово́дности** *(Wmt)* Temperaturleitzahl *f*, Temperaturleitfähigkeitskoeffizient *m*
~ **теплопереда́чи** *(Wmt)* Wärmedurchgangskoeffizient *m*
~ **теплопрово́дности** *(Wmt)* Wärmeleitfähigkeit *f*
~ **трансформа́ции** *(El)* Übersetzungsfaktor *m*, Übersetzungsverhältnis *n*; *(El)* Transformationsfaktor *m*, Transformationskoeffizient *m*
~ **тре́ния** *(Trib)* Reibungskoeffizient *m*, Reibungszahl *f*
~ **удлине́ния** *(Mech)* Dehn(ungs)zahl *f*, Dehnungskonstante *f*
~ **упру́гости** *(Mech)* Elastizitätskoeffizient *m*

~ **уса́дки** *(Mech)* Schwindungszahl *f*, Schwindungskoeffizient *m*
~ **усиле́ния** Verstärkungsfaktor *m*; *(Eln)* Gewinn *m*
~ **шу́ма** *(El)* Rauschfaktor *m*
кпд *s.* коэффициент полезного действия
край *m* Rand *m*, Kante *f*; Grenze *f*, Saum *m*
~/**отборто́ванный** Bördelrand *m*
кран *m* 1. Hahn *m*; Ventil *n*; 2. Kran *m*
~/**автомоби́льный** Autokran *m*
~/**ба́шенный (поворо́тный)** Turmdrehkran *m*
~/**большегру́зный** Schwerlastkran *m*
~/**водопрово́дный** Wasserleitungshahn *m*
~/**возду́шный** Entlüftungshahn *m*
~/**гу́сеничный** Raupenkran *m*
~/**гу́сеничный поворо́тный** Raupendrehkran *m*
~/**двухходово́й** Einweghahn *m*, Durchgangshahn *m*
~/**загру́зочный** *(Met)* Begichtungskran *m (Hochofen)*; Chargierkran *m*, Beschickungskran *m (SM-Ofen)*
~/**запо́рный** Absperrhahn *m*
~/**ка́бельный** Kabelkran *m*
~/**козлово́й** Bockkran *m*
~/**консо́льный** Konsolkran *m*
~/**ма́чтовый** Mastenkran *m*, Derrick(-kran) *m*
~/**многоходово́й** Mehrwegehahn *m*
~/**мостово́й** Brückenkran *m*, Laufkran *m*
~/**плаву́чий** Schwimmkran *m*
~/**поворо́тный** Drehkran *m*
~/**подъёмный** Kran *m*
~/**полноповоро́тный** Drehkran *m*
~/**порта́льный** Portalkran *m*
~/**проходно́й** Durchgangshahn *m*, Einweghahn *m*
~/**сливно́й** Ablasshahn *m*, Entleerungshahn *m*
~/**смеси́тельный** Mischhahn *m*
~/**спускно́й** Ablasshahn *m*
~/**ста́пельный** Hellingkran *m*
~/**стрелово́й** Auslegerkran *m*
~/**тормозно́й** Bremsventil *n*
~/**трёхходово́й** Dreiwegehahn *m*
~/**углово́й** Eckhahn *m*; Eckventil *n*
~/**ши́хтовый** *s.* ~/загрузочный
~ **э́кстренного торможе́ния** *(Eb)* Notbremsventil *n*
кран-ба́лка *m (Schiff)* Davit *m*, Ankerdavit *m*
кран-де́ррик *m* Derrick(kran) *m*, Mastenkran *m*
кра́нец *m (Schiff)* Fender *m*
кран-смеси́тель *m* Mischhahn *m*
кран-теле́жка *m*/**опера́торский** *(TV, Kine)* Dolly *m*, Kamerawagen *m*
кран-штабелёр *m* Stapelkran *m*
краси́льный Farb..., Färbe...
краси́тель *m* Farbstoff *m*
~/**кисло́тный** Säurefarbstoff *m*
~/**ку́бовый** Küpenfarbstoff *m*
~/**осно́вный** basischer Farbstoff *m*
~/**пигме́нтный** Pigmentfarbstoff *m*
~/**про́чный** Echtfarbstoff *m*
~/**прямо́й** Direktfarbstoff *m*
~/**расти́тельный** Pflanzenfarbstoff *m*
~/**субстанти́вный** *s.* ~/прямой
кра́сить 1. färben; 2. *(Bw)* anstreichen, streichen
кра́ска *f* 1. Farbe *f*; 2. *(Gieß)* Schlichte *f*, Schwärze *f*, Lack *m*
~/**антикоррозио́нная** Rostschutzfarbe *f*
~/**водоотта́лкивающая** Wasser abweisende Farbe *f*
~/**водопро́чная** wasserfeste Farbe *f*
~/**грунтова́я** 1. Grundfarbe *f*; 2. *(Typ)* Unterdruckfarbe *f*, Untergrundfarbe *f*
~/**густотёртая** Farbpaste *f*
~/**клеева́я** Leimfarbe *f*
~/**кро́ющая** Deckfarbe *f*
~/**ма́сляная** Ölfarbe *f*
~/**печа́тная** Druckfarbe *f*, Druckerschwärze *f*
~/**противообраста́ющая** Antifoulingfarbe *f (Unterwasseranstrich)*
~/**противорадиолокацио́нная** Radartarnfarbe *f*
~/**светопро́чная** lichtechte Farbe *f*
~/**силика́тная** Wasserglasfarbe *f*
~/**термочувстви́тельная** hitzeanzeigende Farbe *f*, Temperaturmessfarbe *f*
~/**формо́вочная** *(Gieß)* Formschlichte *f*, Formschwärze *f*
краскораспыли́тель *m* Farbspritzgerät *n*, Farbspritzpistole *f*
краскотёрка *f* Farbreibwerk *n*

красноло́мкий *(Wkst)* warmbrüchig, rotbrüchig *(Stahl)*
красноло́мкость *f (Wkst)* Rotbrüchigkeit *f*, Warmbrüchigkeit *f*, Warmsprödigkeit *f (von Stahl)*
кра́тер *m* 1. *(El)* Krater *m*, Bogenkrater *m*; 2. *(Geol)* Krater *m*
~/**лу́нный** Mondkrater *m*
кратковре́менный Kurzzeit..., kurzzeitig
кра́тное *n (Math)* Vielfache *n*
~/**наиме́ньшее о́бщее** kleinste gemeinsame [gemeinschaftliche] Vielfache *n*
кра́тность *f* 1. *(Math)* Multiplizität *f*; 2. *(Krist)* Zähligkeit *f*
кра́тный mehrfach
крахма́л *m* Stärke *f*
крахма́ление *n (Text)* Stärken *n*
крахма́листый stärkehaltig, stärkereich
крахма́лить *(Text)* stärken
кра́шение *n* 1. *(Text)* Färben *n*; 2. *(Pap)* Streichen *n*
~/**ку́бовое** Küpenfärberei *f*
крейцко́пф *m (Masch)* Kreuzkopf *m*
крейцме́йсель *m (Wkz)* Kreuzmeißel *m*
кре́кинг *m (Erdöl)* Kracken *n*
~/**каталити́ческий** katalytisches Kracken *n*, Kaltkracken *n*
~/**терми́ческий** thermisches Kracken *n*
кре́кинг-бензи́н *m* Krackbenzin *n*, Spaltbenzin *n*
кре́кинг-газ *m* Krackgas *n*, Spaltgas *n*
кре́кинговый Krack...
кре́кинг-оста́ток *m (Erdöl)* Krackrückstand *m*, Spaltrückstand *m*
кре́кинг-проце́сс *m (Erdöl)* Krackverfahren *n*
кре́кинг-устано́вка *f (Erdöl)* Krackanlage *f*
креки́рование *n (Erdöl)* Kracken *n*
креки́ровать *(Erdöl)* kracken
креки́руемость *f (Erdöl)* Krackbarkeit *f*
кремалье́ра *f* Zahnstangentrieb *m*, Zahnstange *f (Feinmechanik)*
кремнёвый Kiesel...; Kieselsäure...
кремнезём *m (Geol)* Kieselerde *f*
кремнезёмистый kieselerdehaltig
кремнеки́слый *(Ch)* ...silikat *n*; kieselsauer
кре́мниевый Silicium...
кремний *m (Ch)* Silicium *n*, Si
кремнийоргани́ческий siliciumorganisch, Organosilicium...
кремнийсодержа́щий siliciumhaltig
кремни́стый *(Ch)* 1. ...silicid *n*; 2. siliciumhaltig
крен *m* 1. *(Schiff)* Krängung *f*, Schräglage *f*; 2. *(Flg)* Rollen *n (Drehbewegung um die Längsachse)*
~/**большо́й** 1. *(Schiff)* starke Schlagseite *f*; 2. *(Flg)* starke Querlage *f*
крени́ть *(Schiff)* zum Krängen bringen
крени́ться *(Schiff)* krängen, sich auf die Seite legen
кре́новый *(Schiff)* Krängungs...
креноме́р *m s.* кренометр
крено́метр *m* 1. Neigungsmesser *m*; 2. *(Schiff)* Krängungsmesser *m*
крепёжный *(Bgb)* Ausbau...
крепи́тель *m* Binder *m*, Bindemittel *n*
крепи́ть 1. befestigen, stärken, versteifen; 2. *(Bw)* abstützen, absteifen; 3. *(Bgb)* ausbauen
крепле́ние *n* 1. Befestigung *f*, Stärkung *f*, Versteifung *f*; 2. *(Bw)* Abstützung *f*, Absteifung *f*; 3. *(Bgb) s.* крепь
кре́пость *f* 1. Festung *f*; 2. Stärke *f*; 3. Alkoholgehalt *m*
крепь *f (Bgb)* Ausbau *m*
~/**а́нкерная** Ankerausbau *m*
~/**венцо́вая** Geviertzimmerung *f*
~/**вре́менная** provisorischer Ausbau *m*
~/**жёсткая** starrer Ausbau *m*
~/**кольцева́я** Ringausbau *m*
~ **очистно́го забо́я** Strebausbau *m*
~/**передвижна́я** rückbarer [wandernder] Ausbau *m*
~/**постоя́нная** endgültiger Ausbau *m*
~/**призабо́йная** Ortsausbau *m*, Strebausbau *m*
~/**станко́вая** Rahmengeviertzimmerung *f*, Geviertausbau *m*
~/**шарни́рная** Gelenkausbau *m*
~/**щитова́я** Schildausbau *m*
кре́сло *n* /**катапульти́руемое** *(Raum f, Flg)* Schleudersitz *m*
крест *m* Kreuz *n*
~/**мальти́йский** *(Masch)* Malteserkreuz *n*
~ **ни́тей** *(Opt)* Fadenkreuz *n*
крестови́на *f* 1. *(Masch)* Kreuzstück *n*, Querhaupt *n*; 2. Vierwegestück *n (einer Rohrverbindung)*; 3. *(Eb)* Herzstück *n (der Weiche)*

крестообра́зный kreuzförmig
кри́вая *f* 1. Kurve *f*, Bogen *m*; *(Math)* Kurve *f*; 2. *(Eb)* Gleisbogen *m*
~/**баллисти́ческая** *(Mech)* ballistische Kurve *f*
~/**двойна́я** *(Math)* Knotenlinie *f*
~ **намагни́чивания** *(El)* Magnetisierungskurve *f*
~/**перехо́дная** Übergangskurve *f*
~/**пло́ская** *(Math)* ebene [flache] Kurve *f*
~/**простра́нственная** *(Math)* Raumkurve *f*
~/**характеристи́ческая** 1. charakteristische Kurve *f*, Charakteristik *f*; 2. *(Photo)* Schwärzungskurve *f*, Gradationskurve *f*
кривизна́ *f* Krümmung *f*
криволине́йный ungeradlinig
кривоши́п *m (Masch)* Kurbel *f*
криоге́ния *f* 1. Kryogenik *f*, Tieftemperaturforschung *f*; 2. Kryotechnik *f*, Tieftemperaturtechnik *f*
криоге́нный kryogen(isch), Kryogen..., Tieftemperatur...
криока́бель *m* Kryokabel *n*
криометри́я *f* Kryometrie *f*, Tieftemperaturmessung *f*
крионасо́с *m* Kryopumpe *f*
криоса́р *m* Kryosar *n (Tieftemperaturbauteil)*
криоско́п *m* Kryoskop *n*, Gefrierpunktmesser *m*
криоскопи́ческий kryoskopisch
криоскопи́я *f* Kryoskopie *f*
криоста́т *m* Kryostat *m*
криосфе́ра *f (Geol)* Kryosphäre *f*
криотро́н *m* Kryotron *n (Tieftemperaturbauteil)*
криофи́зика *f* Kryophysik *f*
криохи́мия *f* Kryochemie *f*
криоэлектро́ника *f* Kryo(elek)tronik *f*
крип *m s.* ползучесть
крипоусто́йчивость *f* Kriechbeständigkeit *f (Werkstoffe)*
крипоусто́йчивый kriechbeständig *(Werkstoffe)*
крипто́н *m (Ch)* Krypton *n*, Kr
криста́лл *m* 1. Kristall *m*; 2. *(Eln)* Chip *m*
~/**ба́зовый ма́тричный** *(Eln)* Master-Slice *n*, Master *m*
~/**двойнико́вый** Zwilling *m*, Zwillingskristall *m*
~/**двоякопреломля́ющий** doppelbrechender Kristall *m*
~/**двуо́сный** zweiachsiger Kristall *m*
~/**дендри́тный** *(Wkst)* Tannenbaumkristall *m*
~/**жи́дкий** flüssiger Kristall *m*
~/**затра́вочный** Impfkristall *m*
~/**иго́льчатый** Nadelkristall *m*, nadelförmiger Kristall *m*
~/**идеа́льный** Idealkristall *m*
~/**нитеви́дный** Nadelkristall *m*, Haarkristall *m*, Whisker *m*
~/**одноо́сный** einachsiger Kristall *m*
~/**основно́й** Grundkristall *m*, Wirt(s)kristall *m*
~/**переве́рнутый** *(Eln)* Flipchip *m*
~/**полупроводнико́вый** Halbleiterkristall *m*
кристаллиза́тор *m* 1. *(Ch)* Kristallisator *m*, Kristallisierapparat *m*; *(Ch)* Kristallisierschale *f*; 2. *(Met)* Stranggusskokille *f*, Kristallisator *m*
кристаллиза́ция *f* Kristallisation *f*
кристаллизова́ться (aus)kristallisieren, Kristalle bilden
кристаллизу́емость *f* Kristallisationsfähigkeit *f*
кристалли́т *m* Kristallit *m*, Kristallkorn *n*
кристалли́ческий kristallin, Kristall...
кристаллографи́ческий kristallographisch
кристаллогра́фия *f* Kristallographie *f*
кристаллодержа́тель *m* 1. Kristallhalterung *f*, Kristallhalter *m*; 2. *(Eln)* Chip-Carrier-Gehäuse *n*; Chipträger *m*
кристалло́ид *m* Kristalloid *n*
кристаллообра́зный kristallähnlich, kristallförmig
кристаллоо́птика *f* Kristalloptik *f*
кристаллоспектро́граф *m* Kristallgitterspektrograph *m*
кристаллофи́зика *f* Kristallphysik *f*
кристаллохи́мия *f* Kristallchemie *f*
крите́рий *m* Kriterium *n*
~ **подо́бия** Ähnlichkeitskennzahl *f*, Ähnlichkeitsprinzip *n*
~ **случа́йности** Zufälligkeitstest *m (Statistik)*
~ **усто́йчивости** *(Mech)* Stabilitätskriterium *n*

критúческий kritisch
~/**почтú** *(Kern)* fastkritisch *(Reaktor)*
крúца *f (Met)* Luppe *f*
крúчный *(Met)* Frisch..., Fein..., Gar...
крóвельный Dach...
крóвля *f* 1. *(Bw)* Dachhaut *f*, Dach *n* *(s. a. unter* крыша*)*; 2. *(Bgb)* Hangende(s) *n*, Firste *f*
~/**крéпкая** *(Bgb)* gesundes Hangendes *n*
~/**плóская** *(Bw)* Flachdach *n*
~/**слáбая** *(Bgb)* gebräches Hangendes *n*
крокú *n* 1. Skizze *f*; 2. *(Geod)* Geländeskizze *f*, Kroki *n*
крóмка *f* 1. Kante *f*, Rand *m*, Saum *m*; 2. Bördel *m*, Wulst *m(f)*; 3. *(Text)* Webkante *f*, Leiste *f*; 4. *(Wkz)* Schneide *f*, Schneidkante *f*
~/**глáвная (рéжущая)** *(Wkz)* Hauptschneide *f*
~/**отбортóванная** Bördelrand *m*
~/**рéжущая** 1. *s.* кромка 4.; 2. Schürfschneide *f (Bagger)*
~/**срéзанная** abgefaste Kante *f*
крон *m* 1. Chrom(at)farbe *f*; 2. *(Opt)* Kronglas *n*
кронглáс *m (Opt)* Kronglas *n*
кронцúркуль *m* 1. Messzirkel *m*, Abtaster *m*; 2. Nullenzirkel *m*
кронштéйн *m* 1. *(Bw)* Konsole *f*, Kragstein *m*; 2. *(Masch)* Lagerkonsole *f*; Bock *m*, Stütze *f*
кросс *m (Nrt)* 1. Verteiler *m*; 2. Verteilerraum *m*
~/**промежýточный** Zwischenverteiler *m*
крóссинг *m (Bgb)* Wetterkreuz *n*
кротовáтель *m* Maulwurfpflug *m*; Maulwurfdränpflug *m*
крóшка *f* Abrieb *m*; Krümel *m(n)*; *(Kst)* Schnitzel *pl*, Chips *pl*
~/**брикéтная** Brikettabrieb *m*
~/**размельчённая** *(Kst)* Schnitzel *pl*
круг *m* 1. *(Math)* Kreis *m*; 2. Scheibe *f* *(s. a. unter* диск 1.*)*
~/**абразúвный** *(Wkz)* Schleifkörper *m*, Schleifscheibe *f*
~/**алмáзный** *(Wkz)* Diamantschleifkörper *m*, Diamantschleifscheibe *f*
~/**гончáрный** Töpferscheibe *f*
~/**затóчный** *(Wkz)* Scharfschleifscheibe *f*
~ **катáния** *(Eb)* Laufkreis *m (eines Rades)*
~ **Мóра** *(Fest)* mohrscher Kreis [Spannungskreis] *m*
~/**наждáчный** *(Wkz)* Schmirgelscheibe *f*
~ **напряжéний (Мóра)** *s.* ~ Мора
~/**отрезнóй** *(Wkz)* Trennscheibe *f*
~/**поля́рный** Polarkreis *m*
~/**прáвящий** *(Wkz)* Abrichtscheibe *m*
~ **сходúмости** *(Math)* Konvergenzkreis *m*
~/**шлифовáльный** *(Wkz)* Schleifkörper *m*, Schleifscheibe *f*
круглогýбцы *pl* Rundzange *f*
кругломéр *m* Kreisformmessinstrument *n*
крýглость *f* Kreisform *f*, Rundheit *f*
круговóй Kreis..., kreisförmig; *(Masch)* Rund(teil)...
круговорóт *m* Kreislauf *m*, Zirkulation *f*
~ **вóды** *(Meteo)* Wasserkeislauf *m*
круг-тарéлка *m (Wkz)* Tellerscheibe *f*
кружáла *npl (Bw)* Lehrgerüst *n*, Bogengerüst *n*
крýжево *n (Text)* Spitze *f*
кружóк *m* 1. kleiner Kreis *m*; Scheibchen *n*; 2. *(Met)* Ronde *f*
крýпка *f* Grieß *m*, Schrot *m*; *(Lebm)* Grieß *m*
крупноблóчный Großblock...
крупногабарúтный groß, Groß...
крупнозернúстость *f (Wkst)* Grobkörnigkeit *f*
крупнозернúстый grobkörnig, Grobkorn...
крупнокалúберный großkalibrig
крупнокристаллúческий grobkristallin
крупнокусковóй grobstückig, großstückig
крупнопанéльный Großplatten...
крупнопóристый grobporig
крупносóртный *(Wlz)* Grobstahl...
крýпность *f* 1. Größe *f*; 2. Korngröße *f*, Körnung *f*
крутизнá *f* 1. *(El)* Steilheit *f (z. B. einer Kennlinie)*; 2. *(Geol)* Absturz *m*
крутúльный 1. *(Mech)* Torsions..., Dreh..., Drill...; 2. *(Text)* Zwirn...
крýтка *f* 1. *(Text)* Draht *m*; Drehung *f*; 2. Schlag *m (eines Seils)*
~/**лéвая** 1. *(Text)* S-Draht *m*; 2. Linksschlag *m (eines Seils)*

~/**ло́жная** *(Text)* falscher Draht *m*, Falschdraht *m*
~/**пра́вая** 1. *(Text)* Z-Draht *m*; 2. Rechtsschlag *m (eines Seils)*
крутоме́р *m* 1.*s.* торсиометр; 2. *(Text)* Fadendrehungsmesser *m*
круто́й steil
круче́ние *n* 1. Torsion *f*, Verdrehung *f*; 2. *(Text)* Zwirnen *n*, Drehen *n*, Torsion *f*; 3. *(Math)* Torsion *f*, Schmiegung *f (einer Raumkurve)*
кручёный *(Text)* gedreht, gezwirnt
крыло́ *n* 1. Flügel *m*; 2. *(Flg)* Flügel *m*, Tragflügel *m*, Tragfläche *f*; 3. *(Kfz)* Kotflügel *m*; 4. *(Bw)* Flügel *m*, Gebäudeflügel *m*; 5. *(Geol)* Flanke *f*, Flügel *m*, Schenkel *m*
~/**лета́ющее** Nurflügelflugzeug *n*
~/**повора́чивающееся** Schwenkflügel *m*
~ **покры́шки** Wulst *m (f) (einer Reifendecke)*
~/**прямо́е** gerader Tragflügel *m*
~/**прямоуго́льное** Rechtecktragflügel *m*
~ **сбро́са** *(Geol)* Verwerfungsflügel *m*
~/**стрелови́дное** Pfeilflügel *m*, gepfeilter Tragflügel *m*
крыльча́тка *f* Flügelrad *n*
кры́ша *f (Bw)* Dach *n*
~/**ва́льмовая** Walmdach *n*
~/**двуска́тная** Satteldach *n*
~/**односка́тная** Pultdach *n*
~/**пло́ская** Flachdach *n*
~/**сдвижна́я** *(Kfz)* Schiebedach *n*
~/**четырёхска́тная** Walmdach *n*
~/**шатро́вая** Zeltdach *n*
кры́шка *f* Abdeckung *f*; Deckel *m*, Kappe *f*
крюк *m* Haken *m*
~/**букси́рный** Schlepphaken *m*
~/**грузово́й [грузоподъёмный]** Lasthaken *m*
~/**лови́льный** *(Bgb)* Glückshaken *m*, Fanghaken *m*
~/**тя́говый [упряжно́й]** *(Eb)* Zughaken *m*
~/**шлю́почный** Bootshaken *m*
крюкообра́зный hakenförmig
крючо́к *m* Haken *m*
кряж *m* 1. Blockholz *n*, Klotz *m*, Block *m*; 2. *(Geol)* Gebirgszug *m*, Gebirgskette *f*
ксантогени́рование *n* Xanthogenierung *f*, Sulfidierung *f (Chemiefaserherstellung)*
ксеномо́рфный *(Min)* xenomorph, allotriomorph, fremdgestaltig
ксено́н *m (Ch)* Xenon *n*, Xe
ксерогра́фия *f* Xerographie *f*
КТ(В) *n s.* телевидение/кабельное
куб *m* 1. Würfel *m*; 2. *(Krist)* Kubus *m*, Würfel *m*, Hexaeder *n*; 3. *(Math)* Kubikzahl *f*; 4. *(Ch)* Küpe *f (Lösung oder Bottich)*
~/**перего́нный** *(Ch)* Destillationsblase *f*
кубату́ра *f* 1. *(Math)* Kubatur *f*; 2. Kubikinhalt *m*, Rauminhalt *m*
~ **зда́ния** *(Bw)* umbauter Raum *m*
ку́бик *m* Würfel *m*
куби́ческий *(Krist)* kubisch
кубоме́тр *m* Kubikmeter *m (n)*
~/**пло́тный** *(Forst)* Festmeter *n*
ку́брик *m (Schiff)* Logis *n*, Mannschaftsraum *m*
кува́лда *f* Vorschlaghammer *m*
куде́ль *f (Text)* Werg *n*
кузне́чный Schmiede...
ку́зница *f* Schmiede *f*
ку́зов *m* 1. *(Kfz)* Karosserie *f*, Aufbau *m*; 2. *(Eb)* Kasten *m*, Wagenkasten *m*, Aufbau *m*
~/**гру́зо-пассажи́рский** Kombi(kraftwagen)karosserie *f*
~/**несу́щий** *(Kfz)* selbsttragende Karosserie *f*
кулачко́вый *(Masch)* nockenbetätigt, Nocken...; *(Masch)* kurvenbetätigt
кулачо́к *m* 1. *(Wkzm)* Backe *f*, Futterbacke *f*, Spannbacke *f*; 2. *(Masch)* Nocken *m*; Kurvenkörper *m*; Kurventräger *m*; 3. *(Masch)* Klaue *f*, Daumen *m (der Kupplung)*
~/**ди́сковый** *(Masch)* Kurvenscheibe *f*, Kurvenstück *n*
~/**зажи́мный** *(Wkzm)* Spannbacke *f*
~/**распредели́тельный** *(Masch)* Steuernocken *m*, Steuerkurve *f*
кули́са *f (Masch)* Kulisse *f*, Schleife *f*, Kurbelschleife *f*
кули́ч *m (Text)* Kuchen *m*
~/**пряди́льный** Spinnkuchen *m*
куло́н *m (El)* Coulomb *n*, C *(Einheit der Elektrizitätsmenge oder der elektrischen Ladung)*

кулон(о)ме́тр *m (El)* Coulombmeter *n*
кулонометри́я *f (El)* Coulometrie *f*, coulometrische Analyse *f*
кульмини́ровать *(Astr)* kulminieren
культива́тор *m (Lw)* Kultivator *m*, Grubber *m*
~/ди́сковый Scheibenegge *f*
~/парово́й Brachlandgrubber *m*
~/пропашно́й Hackgrubber *m*
~/свеклови́чный Rübenhackmaschine *f*
культиви́ровать *(Lw)* grubbern *(Boden)*
культу́ра *f* 1. Kultur *f*; Pflanze *f*, Gewächs *n*; 2. Anbau *m*
куме́тр *m* Q-Meter *n*, Güte(faktor)messer *m*
кумуляти́вный kumulativ
кумуля́ция *f* **загрязня́ющих веще́ств** *(Ökol)* Schmutzstoffanhäufung *f*
купели́рование *n s.* купеляция
купеля́ция *f (Met)* Kupellation *f*, Treibarbeit *f*, Treiben *n*
ку́пол *m* 1. Kuppel *f*, Kuppe *f*; 2. Gewölbe *n*; 3. *(Geol)* Kuppel *f*, Dom *m*
~/соляно́й *(Geol)* Salzdom *m*
купоро́с *m (Ch)* Vitriol *m*
купоро́сный *(Ch)* Vitriol...
курвиме́тр *m* Kurvimeter *n*, Kurvenmesser *m*
курс *m* Kurs *m (Navigation)*
~/и́стинный rechtweisender Kurs *m*
~/ко́мпасный Kompasskurs *m*
~/магни́тный missweisender Kurs *m*
~/поса́дочный Landekurs *m*
курсо́граф *m* Kursschreiber *m (Navigation)*
курсозада́тчик *m* Kursgeber *m (Navigation)*
курсопрокла́дчик *m* Kursgeber *m*
ку́рсор *m (Inf)* Cursor *m (auf dem Display)*
~/стира́ющий löschender Cursor *m*
курсоуказа́тель *m* Kursanzeiger *m*, Kursweiser *m*
курчато́вий *m (Ch)* Kurtschatovium *n*, Ku, Rutherfordium *n*
куса́чки *pl (Wkz)* Zange *f*, Kneifzange *f*
кускова́тость *f* Stückigkeit *f*
кускова́тый stückig
кусково́й Stück..., stückig
кусо́чный *(Math)* stückweise
куст *m* 1. Zweig *m (eines Netzwerks)*; 2. *(Bw)* Pfahlbündel *n*; 3. *(Bgb)* Stempelbündel *n*
ку́фта *f (Text)* Docke *f*
ку́хня-столо́вая *f (Bw)* Wohnküche *f*
ку́ча *f* Haufen *m*; Stapel *m*
кэш *m s.* кэш-память
кэш-па́мять *f (Inf)* Cache *m*, Datencache *m*, Cachespeicher *m*
кюве́т *m* Graben *m*, Straßengraben *m*; *(Eb)* Böschungsmulde *f*
кюве́та *f* Küvette *f*; *(Photo)* Entwicklerschale *f*
кюри́ *n (Ph)* Curie *n*, Ci *(SI-fremde Einheit der Aktivität)*
кю́рий *m (Ch)* Curium *n*, Cm

Л

л *s.* литр
ЛА *m s.* аппарат/летательный
лаби́льный labil
лабири́нт *m* 1. *(Ak)* Labyrinth *n*; 2. *(Masch)* Labyrinth *n*, Labyrinthdichtung *f*
лаборато́рия *f* Laboratorium *n*, Labor *n*
~/заводска́я Betriebslaboratorium *n*, Betriebslabor *n*
~/косми́ческая Weltraumlabor *n*
~/(нау́чно-)иссле́довательская Forschungslabor(atorium) *n*
лаборато́рный Labor(atoriums)...
ла́ва *f* 1. *(Geol)* Lava *f*; 2. *(Bgb)* Streb *m*
лави́на *f* Lawine *f*
~/ио́нная *(Ph)* Ionenlawine *f*
~ носи́телей (заря́да) *(Eln)* Trägerlawine *f*, Ladungsträgerlawine *f*
лави́нный Lawinen...
лавинообра́зный Lawinen..., lawinenartig
лаг *m (Schiff)* Log *n*, Fahrtmessanlage *f*
~/гидродинами́ческий hydrodynamisches Log *n*, Staudrucklog *n*
~/до́нный Grundlog *n*, Bodenlog *n*
~/механи́ческий Schlepplog *n*
лаз *m* Mannloch *n*, Einsteigeöffnung *f*, Einstieg *m*; Luke *f*
ла́зер *m* Laser *m*
~/га́зовый Gaslaser *m*

~/**газоразря́дный** Gas(entladungs)laser *m*
~/**жи́дкостный** Flüssigkeitslaser *m*
~/**и́мпульсный** Impulslaser *m*
~ **инфракра́сного диапазо́на** Iraser *m*, Infrarotlaser *m*
~/**инжекцио́нный** Injektionslaser *m*
~/**полупроводнико́вый** Halbleiterlaser *m*
~/**руби́новый** Rubinlaser *m*
~ **с опти́ческой нака́чкой** optisch gepumpter Laser *m*
~/**твердоте́льный** Festkörperlaser *m*
ла́зерный Laser...
лазури́т *m (Min)* Lasurit *m*, Lasurstein *m*
лазу́рь *f* Lasur *f*, Lasurfarbe *f*
ла́йка *f* Glacé(leder) *n*
ла́йнер *m* Linienschiff *n*, Liner *m*
~/**пассажи́рский** Linienfahrgastschiff *n*, Fahrgastliner *m*
лак *m* Lack *m*
~/**алки́дный** Alkydharzlack *m*
~/**антикоррозио́нный** Rostschutzlack *m*
~/**биту́мный** Bitumenlack *m*
~ **возду́шной су́шки** lufttrocknender [kalthärtender] Lack *m*
~/**кремнийоргани́ческий** Siliconlack *m*
~/**нитроцеллюло́зный** Nitro(cellulose)lack *m*
~/**покрывно́й** Decklack *m*
~/**поливинилхлори́дный** Polyvinylchloridlack *m*, PVC-Lack *m*
~ **холо́дной су́шки** *s.* ~ воздушной сушки
лакирова́ние *n* Lackieren *n*, Lackierung *f*
~ **окуна́нием** Tauchlackierung *f*, Tauchlackieren *n*
ла́кмус *m (Ch)* Lackmuspapier *n*
ла́ковый Lack...
лакокра́сочный Lack- und Farben..., Anstrich...
лакотка́нь *f* Lackgewebe *n*
лактоденсиме́тр *m (Lebm)* Laktodensimeter *n*, Milchspindel *f (Milchprüfung)*
лакто́метр *m (Lebm)* Laktometer *n*, Galaktometer *n*
лактоско́п *m (Lebm)* Laktoskop *n (Milchprüfung)*
ла́мберт *m (Opt)* Lambert *n*, L, La, la *(SI-fremde Einheit der Leuchtdichte)*
ламе́ль *f* Lamelle *f*
ламина́рный *(Hydr)* laminar, Laminar...
ла́мпа *f* 1. *(El)* Lampe *f*; 2. *(Eln)* Röhre *f*, Elektronenröhre *f (s. a. unter* трубка 2.*)*
~ **бегу́щей волны́** Wanderfeldröhre *f*
~/**выпрями́тельная** Gleichrichterröhre *f*
~/**высокова́куумная** Hochvakuumröhre *f*
~ **высо́кого давле́ния** Hochdrucklampe *f*
~/**газонапо́лненная [газопо́лная]** gasgefüllte Lampe [Glühlampe] *f*, Gasfüllungslampe *f*
~/**газоразря́дная** 1. Gasentladungslampe *f*, Entladungslampe *f*; 2. Gasentladungsröhre *f*, Entladungsröhre *f*
~/**галоге́нная** Halogenlampe *f*
~/**генера́торная** Generatorröhre *f*, Oszillatorröhre *f*
~ **дневно́го све́та** Tageslichtlampe *f*
~/**дугова́я** Bogenlampe *f*, Lichtbogenlampe *f*
~/**дугова́я у́гольная** Kohlebogenlampe *f*
~/**ксено́новая** Xenonlampe *f*, Xe-Lampe *f*
~/**люминесце́нтная** Leuchtstofflampe *f*, L-Lampe *f*
~/**миниатю́рная** 1. Miniaturlampe *f*; 2. Miniaturröhre *f*
~ **нака́ливания** Glühlampe *f*
~/**на́триевая** Natrium(dampf)lampe *f*
~/**нео́новая** Neonröhre *f*
~ **ни́зкого давле́ния** Niederdrucklampe *f*
~ **обра́тной волны** Karzinotron *n*, Rückwärtswellenröhre *f*
~/**пая́льная** Lötlampe *f*
~/**разря́дная** Entladungslampe *f*
~/**рту́тная** Quecksilberdampflampe *f*
~ **сверхвысо́кого давле́ния** Höchstdrucklampe *f*
~/**сверхмо́щная** 1. Höchstleistungslampe *f*; 2. Hochleistungsröhre *f*
~/**сигна́льная** Signallampe *f*
~/**смеси́тельная** Mischröhre *f*
~ **тле́ющего разря́да** Glimm(entladungs)lampe *f*

~/**усили́тельная** Verstärkerröhre *f*
~/**цифрова́я (индика́торная)** Ziffernanzeigeröhre *f*
~/**электро́нная** Elektronenröhre *f*
ла́мпа-вспы́шка *f* Blitz(licht)lampe *f*
ла́мповая *f (Bgb)* Lampenstation *f*
ла́мповый 1. *(El)* Lampen...; 2. *(Eln)* Röhren..., röhrenbestückt
ла́мпочка *f* (kleine) Lampe *f*, Lämpchen *n*
~/**сигна́льная** Signallämpchen *n*
ланта́н *m (Ch)* Lanthan *n*, La
ла́па *f* 1. *(Masch)* Fuß *m*, Tragfuß *m*; Klaue *f*; 2. *(Lw)* Zinken *m*
ла́пка *f (Wkz)* Mitnehmer *m*; Lappen *m* *(am Schaft eines Spiralbohrers)*
лапласиа́н *m (Math)* Laplace-Operator *m*, laplacescher Operator *m*
ларингофо́н *m (Nrt)* Kehlkopfmikrophon *n*
ла́текс *m* Latex *m*
лате́нтный latent
латуни́рование *n* Überziehen *n* mit Messing
лату́нный Messing...
лату́нь *f* Messing *n*
~/**ко́вкая** Schmiedemessing *n*
~/**листова́я** Messingblech *n*
~/**морска́я** seewasserbeständiges Messing *n*, Marinemessing *n*
лауэгра́мма *f (Krist)* Laue-Diagramm *n*, Laue-Aufnahme *f*
ЛБВ *f s.* лампа бегущей волны
ЛВС *f s.* сеть/локальная вычислительная
лебёдка *f* 1. Winde *f*; 2. *(Schiff)* Winde *f*, Winch *f*, Winsch *f*; 3. *(Bgb)* Haspel *f(m)*
~/**бараба́нная** Trommelwinde *f*
~/**грузова́я** Ladewinde *f*
~/**подъёмная** 1. Hubwinde *f*, Hebewinde *f*; 2. *(Bgb)* Förderhaspel *f*
левовраща́ющийся linksdrehend
левозахо́дный linksgängig, linkssteigend *(Gewinde)*
леворе́жущий *(Wkz)* linksschneidend
леги́рование *n* 1. *(Met)* Legieren *n*; 2. *(Met)* Zulegieren *n*, Auflegieren *n*; 3. *(Halbl)* Legierung *f*, Dotierung *f*, Dopen *n*
~/**диффузио́нное** *(Halbl)* Diffusionslegierung *f*, Diffusionsdotierung *f*
~ **наплавле́нием** *(Met)* Aufschmelzlegieren *n*
~/**пове́рхностное** *(Halbl)* Oberflächendotierung *f*
леги́рованный 1. legiert; 2. *(Halbl)* legiert, dotiert, gedopt • ~ **акце́пторной при́месью** *(Halbl)* P-dotiert • ~ **до́норной при́месью** *(Halbl)* N-dotiert
леги́ровать 1. *(Met)* legieren; 2. *(Met)* zulegieren; 3. *(Halbl)* legieren, dotieren, dopen
легковоспламеня́ющийся leicht entzündlich, zündfreudig
легколету́чий leichtflüchtig
легкопла́вкий niedrig schmelzend, leicht schmelzend
легкопла́вкость *f* Leichtschmelzbarkeit *f*
легкораствори́мый leicht löslich
лёд *m* Eis *n*
~/**дрейфу́ющий** Treibeis *n*
~/**сухо́й** Trockeneis *n*
ледебури́т *m (Wkst)* Ledeburit *m (Gefüge)*
ледни́к *m (Geol)* Gletscher *m*
леднико́вый *(Geol)* Gletscher...
ледоко́л *m* Eisbrecher *m*
~/**а́томный** Atomeisbrecher *m*
ледопроводи́мость *f (Schiff)* Eisfahrteigenschaften *fpl*
ледоре́з *m (Hydt)* Eisbrecherpfeiler *m*, Pfeilerschutz *m (an Brücken)*
ледохо́д *m (Hydrol)* Eisgang *m*
ледяно́й Eis...
ле́ер *m (Schiff)* 1. Reeling *f*; 2. Strecktau *n*; 3. Handleiste *f*, Handlauf *m*
ле́жень *m* 1. *(Bw)* Schwelle *f*, Grundbalken *m*; 2. *(Bgb)* Schwelle *f (Ausbau)*
ле́звие *n (Wkz)* (geometrisch bestimmte) Schneide *f*
~/**вспомога́тельное** Nebenschneide *f*
~/**гла́вное** Hauptschneide *f*
лека́ло *n* 1. Kurvenlineal *n*; 2. *(Text)* Schablone *f*, Schnittmusterbogen *m*
лека́льный *(Schiff)* strakend
ле́мех *m* Pflugschar *n*, Schar *n*
ле́мма *f (Math)* Lemma *n*, Hilfssatz *m*
лемниска́та *f (Math, Krist)* Lemniskate *f*
лён *m* 1. Lein *m (Frucht)*; 2. Flachs *m* *(Pflanze)*
~/**го́рный** *(Min)* Bergflachs *m*

ле́нта *f* Band *n*; Streifen *m*; Bahn *f*
~/**иго́льчатая** *(Text)* Kratzenband *n*
~/**изоляцио́нная** *(El)* Isolierband *n*
~/**ка́рдная** *s.* ~/игольчатая
~/**конве́йерная** Fördergurt *m*
~/**кра́сящая** Farbband *n (z. B. von Schreibmaschinen)*
~/**ли́пкая** Klebeband *n*, Klebestreifen *m*
~/**магни́тная** Magnetband *n*
~/**малошу́мная** rauscharmes Band *n*, LN-Band *n*, Low-noise-Band *n*
~/**ме́рная** *(Geod)* Messband *n*
~/**натяжна́я** Spannband *n*
~/**пло́ская конве́йерная** *(Förd)* Flachband *n*, Flachgurt *n*
ле́нточный Band...
лепесто́к *m* 1. Keule *f*, Antennenkeule *f*, Zipfel *m (eines Richtdiagramms)*; 2. *(Opt)* Lamelle *f*, Verschlusssegment *n*
~/**боково́й** Nebenkeule *f*, Nebenzipfel *m*
~/**гла́вный** Hauptkeule *f*
~/**конта́ктный** Kontaktstreifen *m*, Lötfahne *f*
лепто́н *m (Ph)* Lepton *n*
ле́рка *f (Wkz)* Gewindeschneideisen *n*
лес *m* 1. Holz *n (s. a. unter* лесоматериал*)*; 2. Wald *m*, Forst *m*
~/**сме́шанный** Mischwald *m*
ле́са *f* Angelschnur *f*
леса́ *pl (Bw)* Gerüst *n*, Baugerüst *n*
~/**megusя́чие** Hängegerüst *n*
~/**строи́тельные** Baugerüst *n*
лесове́дение *n* Waldkunde *f*
лесово́дство *n* 1. Forstwissenschaft *f*; 2. Forstwirtschaft *f*, Forstwesen *n*
лесово́з *m (Schiff)* Holzfrachter *m*
лесозагото́вки *fpl* Holzgewinnung *f*
лесоматериа́л *m* Holz *n*
~/**кру́глый** Rundholz *n*
~/**пилёный** Schnittholz *n*
лесоохра́на *f (Ökol)* Waldschutz *m*, Schutz *m* des Waldes
лесопи́лка *f* 1. Sägewerk *n*, Schneidemühle *f*; 2. Sägemaschine *f*, Gatter *n*, Sägegatter *n*
лесоразведе́ние *n* Aufforstung *f*
лесospла́в *m* Flößerei *f*
лесоспу́ск *m (Forst)* Riese *f*, Riesbahn *f*
лесохи́мия *f* 1. Forstchemie *f*; 2. Holzchemie *f*
лёсс *m (Geol)* Löß *m*
ле́стница *f* 1. Treppe *f*; 2. Leiter *f*; 3. *(Bgb)* Fahrt *f*
~/**винтова́я** Wendeltreppe *f*
~/**пожа́рная** Feuer(wehr)leiter *f*
~/**приставна́я** Anstellleiter *f*
лете́ть fliegen
~ **визуа́льно** nach Sicht fliegen
лётка *f (Met)* Stichloch *n*, Abstich *m*, Stich *m*
~/**чугу́нная** Eisen(ab)stich *m*; Roheisenstichloch *n (am Hochofen)*
~/**шла́ковая** Schackenstichloch *n (am Hochofen)*
лётно-техни́ческий flugtechnisch
летоисчисле́ние *n* Zeitrechnung *f*, Chronologie *f*
лету́честь *f* Flüchtigkeit *f*
лету́чие *pl* flüchtige Bestandteile *mpl*
лету́чий flüchtig, volatil
лётчик-инстру́ктор *m* Fluglehrer *m*
лётчик-испыта́тель *m* Testflieger *m*, Testpilot *m*
лётчик-космона́вт *m* Fliegerkosmonaut *m*
ле́щадь *f (Met)* Gestellboden *m (eines Hochofens)*; Herdsohle *f*, Herdboden *m (eines Schachtofens)*
либра́ция *f* Libration *f (des Mondes)*
ли́вень *m* 1. *(Meteo)* Schauer *m*, Starkregen *m*; 2. *(Kern)* Schauer *m (kosmische Strahlung)*
ливнеспу́ск *m (Hydt)* Regenflutrinne *f*
лигату́ра *f (Met)* Vorlegierung *f*, Zwischenlegierung *f*
лигни́т *m (Geol)* Lignit *m (Weichbraunkohle)*
ли́дер *m* 1. *(El)* Leaderentladung *f*, Leitentladung *(Blitzentladung)*; 2. Vorspann *m (z. B. von Filmen)*; 3. *(Mil)* Großzerstörer *m*
ликва́т *m (Met)* Liquat *n*, ausseigernder Bestandteil *m*
ликва́ция *f (Met)* Ausseigerung *f*, Ausseigern *n*, Entmischen *n*, Seigern *n*, Seigerung *f*
~/**дендри́тная** Dendritenseigerung *f*, interdendritische Seigerung *f*, Korn(grenzen)seigerung *f*
~/**зона́льная** Blockseigerung *f*, Zonenseigerung *f*, Makroseigerung *f*
ли́квидус *m (Met)* Liquiduslinie *f (Zustandsdiagramm)*

лимб *m* 1. Limbus *m*; Teilkreis *m*; 2. Skale *f*, Skalenscheibe *f*
лимноло́гия *f (Hydrol)* Limnologie *f*, Seenkunde *f*
лимони́т *m (Min)* Limonit *m*, Brauneisenstein *m*
лимоннoки́слый *(Ch)* ...citrat *n*; zitronensauer
лингви́стика *f* **/математи́ческая** mathematische Linguistik *f*
линеариза́ция *f* Linearisierung *f*
лине́йка *f* 1. Lineal *n*; 2. Leiste *f*
~/масшта́бная Maßstab *m*
лине́йность *f* Linearität *f*
лине́йный 1. linear, Linear...; 2. *(Math)* linear; 3. *(El)* Leitungs..., Freileitungs...; 4. *(Schiff)* Linien...
ли́нза *f (Opt)* Linse *f*
~/акусти́ческая akustische Linse *f*
~/ахромати́ческая achromatische Linse *f*, Achromat *m*
~/во́гнутая Konkavlinse *f*
~/во́гнуто-вы́пуклая konkavkonvexe Linse *f*, Konkavkonvexlinse *f*
~/вы́пуклая Konvexlinse *f*
~/вы́пукло-во́гнутая konvexkonkave Linse *f*, Konvexkonkavlinse *f*
~/двояково́гнутая bikonkave Linse *f*, Bikonkavlinse *f*
~/двояковы́пуклая bikonvexe Linse *f*, Bikonvexlinse *f*
~/длиннофо́кусная langbrennweitige Linse *f*
~/конде́нсорная Kondensorlinse *f*
~/конта́ктная Haftschale *f*
~/короткофо́кусная kurzbrennweitige Linse *f*
~/магни́тная Magnetlinse *f*, magnetische Linse *f*
~/наса́дочная Zusatzlinse *f*, Vorsatzlinse *f*
~/пло́ско-во́гнутая plankonkave Linse *f*, Plankonkavlinse *f*
~/пло́ско-вы́пуклая plankonvexe Linse *f*, Plankonvexlinse *f*
~/рассе́ивающая Zerstreuungslinse *f*
~/собира́ющая Sammellinse *f*, Fokussierungslinse *f*
~/фокуси́рующая *s.* ~/собирающая
~ Френе́ля Fresnel-Linse *f*
~/электро́нная Elektronenlinse *f*
линзообра́зный linsenförmig

ли́ния *f* 1. Linie *f*; Strich *m*; 2. Strecke *f*, Strang *m*; 3. *(El, Nrt)* Leitung *f (s. a. unter* провод 2.*)*; 4. *(Masch)* Straße *f*, Maschinenstraße *f*; 5. *(Wlz)* Straße *f*, Walzstraße *f*, Strecke *f*
~/абоне́нтская *(Nrt)* Anschlussleitung *f*, Teilnehmeranschlussleitung *f*
~/автомати́ческая *(Fert)* Taktstraße *f*, automatisch arbeitende Straße *f*
~/байпа́сная Bypass *m*, Bypassleitung *f*, Umgehungsleitung *f*
~ визи́рования *(Geod)* Visierlinie *f*, Sehlinie *f*
~/винтова́я *(Math)* Schraubenlinie *f*
~/вихрева́я *(Hydrod)* Wirbellinie *f*
~ влия́ния 1. *(Mech, Fest)* Einflusslinie *f*; 2. *(El, Nrt)* beeinflussende [störende] Leitung *f*
~/возду́шная 1. *(El)* Freileitung *f*; 2. *(Flg)* Fluglinie *f*; 3. Luftlinie *f*
~/волново́дная *(El)* Hohl(rohr)leitung *f*
~ высо́кого напряже́ния *(El)* Hochspannungsleitung *f*
~/высокочасто́тная *(El)* Hochfrequenzleitung *f*, HF-Leitung *f*; Trägerfrequenzleitung *f*, TF-Leitung *f*
~/ги́бкая *(Fert)* flexible Straße *f*
~/группова́я пото́чная *(Fert)* Gruppenfließstraße *f*
~/ду́плексная *(Nrt)* Duplexleitung *f*, Gegensprechleitung *f*
~/железнодоро́жная Eisenbahnlinie *f*
~ заде́ржки *(El)* Verzögerungsleitung *f*
~ зацепле́ния *(Masch)* Eingriffslinie *f* *(Zahnrad)*
~/измери́тельная *(El)* Messleitung *f*
~/иску́сственная *(Nrt)* künstliche Leitung *f*, Leitungsnachbildung *f*
~/коаксиа́льная *(Nrt)* Koaxialleitung *f*
~/ло́маная *(Math)* gebrochene Linie *f*
~/магистра́льная 1. *(El)* Hauptleitung *f*, Stammleitung *f*; 2. *(Hydr)* Arbeitsleitung *f*
~/междугоро́дная *(Nrt)* Fernleitung *f*, Weitverkehrsleitung *f*
~/ме́стная *(Nrt)* Orts(verbindungs)leitung *f*, OVL *f*
~/меша́ющая *(El, Nrt)* beeinflussende [störende] Leitung *f*
~/назе́мная *(El, Nrt)* oberirdische Leitung *f*
~/нивели́рная *(Geod)* Nivellierlinie *f*

~/**низково́льтная** *(El)* Niederspannungsleitung *f*
~/**обво́дная** Umgehungsleitung *f*
~/**осева́я** Mittellinie *f*
~ **переда́чи** Übertragungsleitung *f*
~ **переда́чи да́нных** Datenübertragungsleitung *f*
~ **переме́ны да́ты** Datumsgrenze *f*
~/**пита́ющая** *(El)* Speiseleitung *f*, Feeder *m*
~/**подзе́мная** *(El, Nrt)* unterirdische Leitung *f*, Erdleitung *f*
~/**пото́чная** *(Fert)* Fließstraße *f*, Fließreihe *f*
~/**пряма́я** *(Math)* Gerade *f*
~/**пункти́рная** punktierte Linie *f*
~ **радиосвя́зи** Funk(verkehrs)linie *f*
~/**разме́рная** Maßlinie *f (einer technischen Zeichnung)*
~ **свя́зи** 1. *(El)* Übertragungskanal *m*; Übertragungsleitung *f*; 2. Fernmeldeleitung *f*, Nachrichtenverbindung(sleitung) *f*
~/**силова́я** *(El)* Feld(stärke)linie *f*, Kraftlinie *f*
~/**служе́бная** *(Nrt)* Dienstleitung *f*
~/**соедини́тельная** Verbindungsleitung *f*, Anschlussleitung *f*
~/**спектра́льная** Spektrallinie *f*
~/**спира́льная** *(Nrt)* Wendelleitung *f*
~/**сплошна́я** ausgezogene Linie *f*, Volllinie *f (einer technischen Zeichnung)*
~/**сре́дняя** Mittelline *f*, Mediane *f (Geometrie)*
~/**телевизио́нная** Fernsehleitung *f*
~/**телевизио́нная радиореле́йная** Fernsehrelaisstrecke *f*, Fernsehübertragungsstrecke *f*
~/**телефо́нная** Fernsprechleitung *f*
~ **то́ка** *(Hydrod)* Stromlinie *f*, Strömungslinie *f*
~ **узло́в** *(Astr)* Knotenlinie *f*
~/**упру́гая** *(Fest)* elastische Linie *f*, Biegelinie *f*
~/**фока́льная** *(Opt)* Brennlinie *f*, Fokallinie *f*
~/**цепна́я** *(Math)* Kettenlinie *f*
~/**штрихпункти́рная** Strichpunktlinie *f*
~ **электропереда́чи** *(El)* Elektroenergie-Übertragungsleitung *f*, Fernleitung *f*
линь *m (Schiff)* Leine *f*
лиофилиза́ция *f (Lebm)* Lyophilisierung *f*, Gefriertrocknung *f*, Sublimationstrocknung *f*
лиофи́льный lyophil
лиофо́бный lyophob
ли́пкий klebrig, Klebe...
ли́пкость *f* Klebrigkeit *f*
липу́чка *f* Klettverschluss *m*
лист *m* 1. *(Typ, Pap)* Bogen *m*, Blatt *n*; 2. *(Wlz)* Blech *n*; 3. Platte *f*, Tafel *f*
~/**волни́стый** Wellblech *n*
~/**гофриро́ванный** Wellblech *n*
~/**печа́тный** *(Typ)* Druckbogen *m*
~/**рессо́рный** Federblatt *n*
~/**стально́й** *(Wlz)* Stahlblech *n*
~/**то́лстый** *(Wlz)* Grobblech *n*
~/**то́нкий** *(Wlz)* Feinblech *n*
листа́ние *n (Inf)* Blättern *n (am Bildschirm)*
ли́стинг *m (Inf)* Listing *n*, Protokoll *n*
~ **ассе́мблера** Assemblerlisting *n*, Assemblerprotokoll *n*
~ **програ́ммы** Programmlisting *n*, Programmprotokoll *n*
листово́й 1. *(Typ, Pap)* Bogen..., Blatt...; 2. *(Wlz)* Blech...
листопрока́тка *f (Wlz)* Blechwalzen *n*
листоукла́дчик *m (Förd)* Blechstapelvorrichtung *f*
лите́йная *f* Gießerei *f*
лите́йный Gieß(erei)...
ли́тера *f* Type *f*, Schrifttype *f*
литера́л *m (Inf)* Literal *n*
ли́тиевый *(Ch)* Lithium...
ли́тий *m (Ch)* Lithium *n*, Li
ли́тник *m* 1. *(Met)* Trichter *m*, Einguss *m*, Gießtrichter *m*; 2. *(Kst)* Anguss *m*
литогра́фия *f* Lithographie *f*
~/**ио́нно-лучева́я** Ionenstrahllithographie *f*
~/**электро́нно-лучева́я** Elektronenstrahllithographie *f*
лито́й gegossen, Guss...
литокла́за *f (Geol)* Lithoklase *f*, Gesteinskluft *f*
литоло́гия *f (Geol)* Lithologie *f*
litора́ль *f (Geol)* Litoral *n*, litorale Zone *f (Küstenzone des Meeres)*
литосфе́ра *f (Geol)* Lithosphäre *f*, Erdkruste *f*
литр *m* Liter *n*, l *(SI-fremde Einheit des Volumens)*

литра́ж *m* Hubraum *m*, Hubvolumen *n* *(eines Verbrennungsmotors)*
лить (ab)gießen
литьё *n* 1. Gießen *n*, Guss *m*; 2. Gießverfahren *n*; 3. Guss *m*, Gussstücke *npl*
~/**алюми́ниевое** Aluminiumguss *m*
~ **в коки́ль** Kokillenguss *m*
~ **в оболо́чковые фо́рмы** Maskenformverfahren *n*, Croningverfahren *n*
~ **в опо́ках** Kastenguss *m*
~ **в постоя́нные фо́рмы** Dauerformguss *m*; Kokillenguss *m*
~/**ва́куумное** Vakuumguss *m*
~/**коки́льное** Kokillenguss *m*
~/**маши́нное** Maschinenformguss *m*
~/**непреры́вное** Stranggießen *n*, Strangguss *m*
~ **по выплавля́емым моде́лям** Modellausschmelzverfahren *n*, Wachsausschmelzverfahren *n*
~ **под давле́нием** Druckgießverfahren *n*, Druckguss *m*; *(Krist)* Spritzgießen *n*, Spritzen *n*
~/**стально́е** Stahlformguss *m*
~/**то́чное** Präzisionsguss *m*, Feinguss *m*
~/**фасо́нное** Formguss *m*
~/**центробе́жное** Schleuderformguss *m*
лифт *m (Förd)* Aufzug *m*, Lift *m*
~/**грузово́й** Lastenaufzug *m*
~/**пассажи́рский** Personenaufzug *m*
~/**скоростно́й** Schnellaufzug *m*
ли́хтер *m (Schiff)* Leichter *m*
~/**спаса́тельный** Bergungsleichter *m*
лихтерово́з *m s.* баржевоз
лицо́ *n* 1. Stirn(seite) *f*; 2. *(Led)* Narben *m*
лк *s.* люкс
лм *s.* люмен
лоб *m* Stirn *f*
ло́бзик *m* 1. Laubsäge *f*; 2. Sägeblatt *n* *(z. B. für Laubsägen)*
ЛОВ *f s.* лампа обратной волны
лов *m* Fischen *n*, Fang *m*
~/**близнецо́вый** Tucken *n*, Tuckfischerei *f*, Gespannfischerei *f*
~/**дри́фтерный** Treibnetzfischerei *f*
~/**прибре́жный** Küstenfischerei *f*
~/**тра́ловый** Schleppnetzfischerei *f*
лови́тель *m* Fangvorrichtung *f (von Aufzügen)*
~/**магни́тный** *(Bgb)* Magnetfänger *m*
лову́шка *f* 1. Falle *f*; 2. Fänger *m*; Auffänger *m*; Abscheider *m*; 3. *(Halbl)* Trap *m*, Falle *f*, Haftstelle *f*
~/**ва́куумная** *(Ph)* Vakuumfalle *f*
~/**ио́нная** *(Ph)* Ionenfalle *f*
~/**магни́тная** *(Ph)* Magnetfalle *f*
логари́фм *m (Math)* Logarithmus *m*
~/**натура́льный** natürlicher Logarithmus *m*, ln
логарифми́рование *n (Math)* Logarithmieren *n*
логарифми́ческий *(Math)* logarithmisch
ло́ггер *m* 1. *(Inf)* Logger *m*, Datenlogger *m*; 2. *(Schiff)* Logger *m*, Heringslogger *m*
ло́гика *f (Math, Inf)* Logik *f*
~/**вероя́тностная** Wahrscheinlichkeitslogik *f*
~ **выска́зываний** Aussagenlogik *f*, Aussagenkalkül *n*
~/**дио́дная** Diodenlogik *f*
~/**дио́дно-транзи́сторная** Dioden-Transistor-Logik *f*, DTL *f*
~/**интегра́льная инжекцио́нная** integrierte Injektionslogik *f*, I^2L *f*
~/**интерфе́йсная** Interfacelogik *f*
~/**магни́тная** Magnetkernlogik *f*
~/**многозна́чная** mehrwertige Logik *f*
~/**мода́льная** modale Logik *f*, Modalitätenlogik *f*
~ **переключе́ния** Schaltlogik *f*
~ **предика́тов** Prädikatenlogik *f*, Prädikatenkalkül *n*
~/**рези́сторно-транзи́сторная** Widerstands-Transistor-Logik *f*, RTL *f*
~/**транзи́сторно-транзи́сторная** Transistor-Transistor-Logik *f*, TTL *f*
~/**форма́льная** formale Logik *f*
~/**эми́ттерно-свя́занная** emitter(strom)gekoppelte Logik *f*, ECL *f*
логи́стика *f* Logistik *f*
логи́ческий logisch, Logik...
лого́метр *m (El)* Quotientenmessinstrument *n*
ло́дка *f* Boot *n (s. a. unter* катер*)*
~/**надувна́я** Schlauchboot *n*
~/**подво́дная** Unterseeboot *n*, U-Boot *n*
ло́жа *f* Schaft *m (einer Handfeuerwaffe)*
ложби́на *f (Geol)* Senke *f*, Trog *m*
ло́же *n (Hydrol)* Bett *n*, Flussbett *n*, Strombett *n*

ло́жка *f (Met)* Löffel *m*, Probenlöffel *n*; *(Gieß)* Gießlöffel *m*, Handlöffel *m*
ло́жный falsch, Falsch..., Fehl...
локализа́ция *f* Lokalisierung *f*, Eingrenzung *f*, Ortung *f (einer Störung)*
локализу́емость *f* Lokalisierbarkeit *f*
лока́льный lokal, Lokal..., örtlich
лока́тор *m* Ortungsgerät *n*
~/инфракра́сный Infrarotortungsgerät *n*
~/ла́зерный Laserradar *n(m)*
лока́ция *f* Ortung *f*; Positionsbestimmung *f*
~/инфракра́сная Infrarotortung *f*
~/ла́зерная Laserortung *f*
локомоти́в *m* Lokomotive *f*, Lok *f*
~/грузово́й Güterzuglokomotive *f*
~/магистра́льный Streckenlokomotive *f*
~/маневро́вый Rangierlokomotive *f*, Verschiebelokomotive *f*
~/пассажи́рский Reisezuglokomotive *f*
локсодро́мия *f (Math)* Loxodrome *f*
лом *m* 1. Bruch *m*; 2. *(Met)* Schrott *m*; 3. *(Wkz)* Brecheisen *n*, Brechstange *f*
лома́тель *m (Met)* Masselbrecher *m*
лома́ть brechen *(z. B. Erz)*
ло́мка *f* Brechen *n (z. B. Erz)*
ло́мкий brüchig, spröde
лонжеро́н *m (Flg)* Holm *m*
ло́пастный 1. Schaufel...; 2. Flügel...
ло́пасть *f* Schaufel *f*, Schaufelblatt *n*, Blatt *n (z. B. eines Mischers)*; Flügel *m (eines Lüfters)*; Knetarm *m*
лопа́та *f* Schaufel *f*
лопа́тка *f* 1. *(Wkz)* Schaufel *f*; Spaten *m*; 2. *(Masch)* Schaufel *f*, Radschaufel *f*; Flügel *m*
~/рабо́чая Laufschaufel *f (einer Turbine)*
лопа́точный Schaufel...
лот *m* Lot *n*, Senklot *n*
лоткообра́зный muldenförmig
лото́к *m* Schurre *f*, Rutsche *f*, Förderrinne *f*; 2. Trog *m*, Mulde *f*; 3. *(Bw)* Straßenrinne *f*, Gosse *f*
~/спускно́й Schurre *f*
лоуре́нсий *m (Ch)* Lawrencium *n*, Lr
ло́ция *f* Seehandbuch *n*
лоще́ние *n* 1. Glätten *n*, Polieren *n*; 2. *(Pap)* Satinieren *n*; 3. *(Led)* Glanzstoßen *n*; 4. *(Text)* Glätten *n*, Kalandern *n*
лощи́на *f (Geol)* Bodensenkung *f*
лубрика́тор *m* Schmiervorrichtung *f*; Schmierpresse *f*
луди́ть verzinnen
луже́ние *n* Verzinnen *n*
~/горя́чее Feuerverzinnen *n*
лужёный verzinnt
Луна́ *f* Mond *m (Erdmond)*
луна́ *f (Astr)* Mond *m*
лу́нка *f* 1. *(Wkst)* Eindruck *m*, Eindruckfläche *f*, Kalotte *f*, Kugelkalotte *f (Brinellhärteprüfung)*; 2. *(Wkst)* Rondell *n (Ziehprobe)*; 3. *(Wkz)* Kolkmulde *f*, Kolk *m*, Auskolkung *f (Verschleißerscheinung)*; 4. *(Wkz)* Hohlkehle *f*, Spanleitrille *f*; 5. *(Astr)* Krater *m (Mond)*; 6. *(Lw)* Loch *n*, Pflanzloch *n*
~/поса́дочная *s.* лунка 6.
лункокопа́тель *m (Lw)* Pflanzlochstern *m*, Pflanzlochmaschine *f*
лу́нник *m (Raumf)* Mondsonde *f*
лунотрясе́ние *n (Astr)* Mondbeben *n*
луноxо́д *m* Mondfahrzeug *n*, Mondmobil *n*
лу́па *f (Opt)* Lupe *f*
~/бинокуля́рная binokulare Lupe *f*
луч *m* Strahl *m (s. a. unter* лучи*)*
~/веду́щий *(Rad)* Leitstrahl *m*
~/визи́рный Zielstrahl *m*
~/запи́сывающий Schreibstrahl *m*
~/ла́зерный Laserstrahl *m*
~/напра́вленный Richtstrahl *m*
~/направля́ющий *(Rad)* Leitstrahl *m*
~/па́дающий einfallender Strahl *m*
~/развёртывающий Abtaststrahl *m*
~/светово́й Lichtstrahl *m*
~/счи́тывающий Lesestrahl *m*
~/электро́нный Elektronenstrahl *m*
лучево́й Strahlen...
лучеиспуска́ние *n* Strahlenemission *f*, Ausstrahlung *f*
лучеиспуска́тельный Strahlungs...
лученепроница́емый strahlenundurchlässig
лучепоглоще́ние *n* Strahlenabsorption *f*
лучепреломле́ние *n* Strahlenbrechung *f*, Refraktion *f*
~/двойно́е *(Opt)* Doppelbrechung *f*, doppelte Strahlenbrechung *f*
лучепреломля́емость *f (Opt)* Strahlenbrechungsvermögen *n*, Refraktionsvermögen *n*

лучепреломля́ющий strahlenbrechend
лучи́ *mpl* Strahlen *mpl*, Strahlung *f (s. a. unter* луч, излучение *und* радиация*)*
~/**ано́дные** Anodenstrahlen *mpl*
~/**втори́чные косми́ческие** (kosmische) Sekundärstrahlung *f*
~/**жёсткие рентге́новские** harte [kurzwellige] Röntgenstrahlung *f*
~/**инфракра́сные** Infrarotstrahlung *f*, IR-Strahlung *f*
~/**кана́ловые** Kanalstrahlen *mpl*
~/**като́дные** Kathodenstrahlen *mpl*
~/**косми́ческие** kosmische Strahlung *f*, Höhenstrahlung *f*
~/**мя́гкие рентге́новские** weiche [langwellige] Röntgenstrahlung *f*
~/**рентге́новские** Röntgenstrahlen *mpl*, Röntgenstrahlung *f*
~/**ультрафиоле́товые** Ultraviolettstrahlung *f*, UV-Strahlung *f*
лучи́стость *f* Strahl(en)dichte *f*, Strahlungsdichte *f*
лучи́стый 1. Strahlungs...; 2. strahlig *(Gefüge)*
луще́ние *n* 1. Enthülsen *n*, Schälen *n*; 2. *(Lw)* Schälen *n (Stoppelfelder)*
лущи́льник *m (Lw)* Schälpflug *m*
лущи́ть 1. enthülsen, schälen; 2. *(Lw)* schälen *(Stoppelfelder)*
лы́жа *f (Flg)* Kufe *f*
лы́ска *f* Abflachung *f (einer Kante oder Rundung)*
льдогенера́тор *m* Eiserzeuger *m*
льново́дство *n (Lw)* Flachsbau *m*
льнокомба́йн *m (Lw)* Flachsvollerntemaschine *f*
льномя́лка *f (Text)* Flachsknickmaschine *f*
льнопряде́ние *n (Text)* Flachsgarnspinnerei *f*
льносуши́лка *f* Flachsdarre *f*
ЛЭП *f s.* линия электропередачи
люк *m* Luke *f*; Öffnung *f*; Mannloch *n*; *(Bgb)* Rolle *f*, Rollloch *n*
~/**грузово́й** *(Schiff)* Ladeluke *f*
~/**загру́зочный** *(Met)* Füllöffnung *f*; Beschickungsöffnung *f*
~/**светово́й** *(Schiff)* Oberlicht *n*
~/**смотрово́й** Schauluke *f*, Beobachtungstür *f*
люкс *m* Lux *n*, lx *(Einheit der Beleuchtungsstärke)*
люксме́тр *m* Luxmeter *n*, Beleuchtungs(stärke)messer *m*
лю́лька *f* 1. Hängegerüst *n*, hängende Arbeitsbühne *f*; 2. Förderschale *f*; 3. *(Eb)* Wiege *f (Drehgestell eines Fahrzeugs)*
~/**подвесна́я** *s.* люлька 1.
лю́мен *m* Lumen *n*, lm *(SI-fremde Einheit des Lichtstroms)*
люмено́метр *m* Lichtstrommessinstrument *n*
люминесце́нтный Lumineszenz..., Leuchtstoff...
люминесце́нция *f* Lumineszenz *f*
люминофо́р *m* Luminophor *m*, Leuchtstoff *m*
люне́т *m (Wkzm)* Setzstock *m*, Lünette *f*
люте́ций *m (Ch)* Lutetium *n*, Lu
люфт *m s.* зазор 2.
ля́пис *m (Ch)* Höllenstein *m*
ля́пис-лазу́рь *f s.* лазурит

M

M *s.* мега...
м *s.* милли...
магази́н *m* Magazin *n*
~/**бараба́нный** Trommelmagazin *n*
~/**быстросме́нный** *(Wkzm)* Schnellwechselmagazin *n*
~/**сме́нный** *(Wkzm)* Wechselmagazin *n*
магистра́ль *f* 1. *(Eb)* Hauptstrecke *f*; 2. *(Kfz)* Hauptstraße *f*, Hauptverkehrsader *f*; 3. *(Wmt)* Hauptleitung *f*, Hauptstrang *m*; 4. *(El)* Hauptleitung *f*; Hauptkabel *n*; 5. *(Inf)* Bus *m*
~ **а́дреса** *(Inf)* Adressbus *m*
~/**кома́ндная** *(Inf)* Befehlsleitung *f*
~/**тормозна́я** *(Kfz)* Bremsleitung *f*
ма́гма *f (Geol)* Magma *n*
магмати́зм *m (Geol)* Magmatismus *m*
магмати́ческий *(Geol)* magmatisch, Magma..., Eruptiv...
магнези́т *m (Min)* Magnesit *m*, Bitterspat *m*
магне́зия *f (Ch)* Magnesia *f*
~/**жжёная** gebrannte Magnesia *f*
магнеси́н *m (Reg)* Magnesyn *n*
магнеси́н-да́тчик *m (Reg)* Magnesyngeber *m*, Gebermagnesyn *n*
магнетизи́рующийся magnetisierbar

магнети́зм *m* Magnetismus *m*
~/**земно́й** Erdmagnetismus *m*
~/**оста́точный** remanenter Magnetismus *m*, Remanenz *f*, Restmagnetismus *m*
магне́тик *m* 1. *(Ph)* Magnetikum *n*; 2. *(Wkst)* magnetischer Werkstoff *m*
магнети́т *m (Min)* Magnetit *m*, Magneteisenstein *m*
магне́то *n (Kfz, El)* Magnetzünder *m*, Zündmagnet *m*
магнето́н *m (Kern)* Magneton *n (Maßeinheit für atomare magnetische Momente)*
~ **Бо́ра** bohrsches Magneton *n*
~/**я́дерный** Kernmagneton *n*
магнетохими́ческий magnetochemisch
магнетохи́мия *f* Magnetochemie *f*
магнетро́н *m (Eln)* Magnetron *n*
ма́гниевый Magnesium...
ма́гний *m (Ch)* Magnesium *n*, Mg
магни́т *m* Magnet *m*
~/**враща́ющийся** Drehmagnet *m*
~/**грузово́й [грузоподъёмный]** Hebemagnet *m*, Hubmagnet *m*, Lasthebemagnet *m*
~/**кольцево́й** Ringmagnet *m*
~/**металлокерами́ческий** Sintermagnet *m*
~/**пло́ский** Flachmagnet *m*
~/**подковообра́зный** Hufeisenmagnet *m*
~/**подъёмный** *s.* ~/грузовой
~/**постоя́нный** Dauermagnet *m*, permanenter Magnet *m*, Permanentmagnet *m*
~/**сверхпроводя́щий** supraleitender Magnet *m*
~/**стержнево́й** Stabmagnet *m*
~/**тормозно́й** Bremsmagnet *m*
магни́тность *f* magnetisches Verhalten *n*
магни́тный magnetisch, Magnet...
магнитогазодина́мика *f* Magnetgasdynamik *f*, MGD *f*
магнитогидродина́мика *f* Magnetohydrodynamik *f*, MHD *f*, Hydromagnetik *f*
магнитогидродинами́ческий magnetohydrodynamisch, MHD-...
магнито́граф *m* Magnetograph *m*
магнитодиэле́ктрик *m* Magnetodielektrikum *n*
магнитожёсткий magnetisch hart, hartmagnetisch
магнито́метр *m (El)* Magnetometer *n*
магнитомя́гкий magnetisch weich, weichmagnetisch
магнитоо́птика *f* Magnetooptik *f*
магнитопрово́д *m (El)* Magnetkern *m*, Eisenkern *m (Transformatoren)*
магнитопроница́емый magnetisch durchlässig
магниторазве́дка *f (Bgb, Geol)* Geomagnetik *f*, geomagnetisches Prospektieren *n*, Magnetik *f*
магнитоско́п *m* Magnetoskop *n*
магнитосопротивле́ние *n* magnetischer Widerstand *m*, Reluktanz *f*
магнитостати́ческий magnetostatisch
магнитострикцио́нный Magnetostriktions..., magnetostriktiv
магнитостри́кция *f* Magnetostriktion *f*
магнитотвёрдый magnetisch hart, hartmagnetisch
магнитоупоря́доченный magnetorientiert
магнитоуправля́емый magnetgesteuert; magnetisch betätigbar
магнитоупру́гий magnetoelastisch
магнитофо́н *m* Magnet(ton)bandgerät *n*, Tonbandgerät *n*
~/**кассе́тный** Kassettenrecorder *m*
~/**ле́нточный** *s.* магнитофон
~/**переносно́й** Koffertonbandgerät *n*, Portable *m(n)*
магнитофо́нный Tonband...
магниточувстви́тельный magnetfeldempfindlich
магнитоэлектри́ческий magnet(o)elektrisch
ма́зер *m* Maser *m*, Molekularverstärker *m*
~/**га́зовый** Gasmaser *m*
~ **опти́ческого диапазо́на** optischer Maser *m*, Laser *m*
~/**руби́новый** Rubinmaser *m*
ма́зер-усили́тель *m* Maserverstärker *m*
мазу́т *m* Masut *n*, Schweröl *n*
мазь *f* Schmiere *f*, Schmierfett *n*
маке́т *m* Modell *n*, Muster *n*; *(Typ)* Makette *f*; Musterband *n*
макроассе́мблер *m (Inf)* Makroassembler *m*

макровы́зов *m (Inf)* Makroaufruf *m*
макрогенера́ция *f (Inf)* Makrogenerierung *f*
макрозерни́стость *f (Photo)* Grobkörnigkeit *f*
макроинстру́кция *f s.* макрокоманда
макроиссле́дование *n s.* макроскопия
макрокли́мат *m* Makroklima *n*, großräumiges Klima *n*
макрокома́нда *f (Inf)* Makrobefehl *m*, Makroanweisung *f*
макрокорро́зия *f (Wkst)* Makrokorrosion *f*
макрокристалли́ческий makrokristallin, grobkristallin *(Gefüge)*
макромоле́кула *f (Ch)* Makromolekül *n*
макромолекуля́рный *(Ch)* makromolekular
макропо́ристый grobporig, großporig
макрорелье́ф *m (Geol)* Makrorelief *n*, Großrelief *n*
макроскопи́ческий *(Wkst)* makroskopisch
макроскопи́я *f (Wkst)* Grobstrukturuntersuchung *f*, Grobgefügeuntersuchung *f*
макрострукту́ра *f (Wkst)* Makrogefüge *n*, Grobgefüge *n*
макрошли́ф *m (Wkst)* Grobschliff *m (für Grobstrukturuntersuchungen)*
ма́ксвелл *m* Maxwell *n*, M, Mx *(SI-fremde Einheit des magnetischen Flusses)*
ма́ксимум *m* Maximum *n*, Höchstwert *m*, Spitzenwert *m*
макулату́ра *f* Makulatur *f*, Papierabfälle *mpl*
малахи́т *m (Min)* Malachit *m*
малогабари́тный klein, Klein..., in Kleinbauweise
малозо́льный aschearm
малоинерцио́нный trägheitsarm
малоконтра́стный kontrastarm
малолеги́рованный *(Met)* niedrig legiert
маломо́щный 1. leistungsschwach, (von) kleiner Leistung; 2. *(Bgb)* geringmächtig, von geringer Mächtigkeit
малообогащённый schwach angereichert, leicht angereichert *(z. B. Kernbrennstoff)*
малоотхо́дный abproduktarm *(Produktionsmethode)*
малопроизводи́тельный wenig produktiv, von geringer Leistung
малосери́йный Kleinserien...
малосмина́емый *(Text)* bügelarm, knitterarm *(Gewebe)*
малоуглеро́дистый kohlenstoffarm, niedrig gekohlt *(Stahl)*
малоуса́дочный *(Text)* schrumpfarm, krumpfarm *(Gewebe)*
малоформа́тный kleinformatig, Kleinbild...
малошумя́щий 1. geräuscharm; 2. *(El)* rauscharm
ма́лый/бесконе́чно unendlich klein
~/**доста́точный** hinreichend klein
~/**ничто́жно** verschwindend klein
манёвр *m* Manöver *n*
~ **встре́чи** *(Raumf)* Rendezvousmanöver *n*
~ **на сближе́ние** *(Raumf)* Annäherungsmanöver *n*
~/**пертурбацио́нный** *(Raumf)* Swing-by(manöver) *n*
манёвренность *f* Manövrierfähigkeit *f*, Wendigkeit *f (eines Fahrzeuges)*; Manövriereigenschaften *fpl (eines Schiffes)*
манже́та *f* Manschette *f*
манипули́ровать 1. manipulieren, handhaben; 2. *(Nrt)* tasten
манипуля́тор *m* 1. Manipulator *m*, Handhabungsgerät *n (handgesteuert)*, Industrieroboter *m*, IR *m (automatisch gesteuert)*; 2. *(Wlz)* Kant- und Verschiebevorrichtung *f*, Blockwender *m (an der Walzstraße)*; 3. *(Nrt)* Tastgerät *n*, Taste *f*, Taster *m*
~/**двуру́кий** zweiarmiger Manipulator *m*
~/**многору́кий** mehrarmiger Manipulator *m*
~/**одноору́кий** einarmiger Manipulator *m*
манипуля́ция *f* 1. Manipulation *f*, Handhabung *f*; 2. *(Nrt)* Tastung *f*
мано́метр *m* Manometer *n*, Druckmesser *m*
~/**водяно́й** Wassermanometer *n*
~/**возду́шный** Druckluftmesser *n*
~/**деформацио́нный** Federmanometer *n*

~/**дифференциа́льный** Differenzdruckmesser *m*
~/**жи́дкостный** Flüssigkeitsmanometer *n*
~/**ма́сляный** Ölmanometer *n*
~/**поршнево́й** Kolbenmanometer *n*
~/**пружи́нный** Federmanometer *n*
~/**рту́тный** Quecksilbermanometer *n*
~/**самопи́шущий** registrierendes [schreibendes] Manometer *n*
мано́метр-да́тчик *m* Druckgeber *m*
манометри́ческий manometrisch, Manometer...
ма́нтия *f* **(Земли́)** *(Geol)* Mantel *m*, Hülle *f (der Erde)*
ма́рганец *m (Ch)* Mangan *n*, Mn
ма́рганцевый Mangan...
марганцовистоки́слый *(Ch)* ...manganat *n*; mangansauer
марганцовоки́слый *(Ch)* ...permanganat *n*; permangansauer
марганцо́вый *(Ch)* manganhaltig, Mangan...
марео́граф *m* Mareograph *m*, selbstregistrierender Flutmesser *m*
ма́рка *f* 1. Marke *f*, Sorte *f*, Gattung *f*; 2. Marke *f (Begrenzungszeichen)*
~/**грузова́я** *(Schiff)* Lademarke *f*, Freibordmarke *f*
~ **оса́дки** *(Schiff)* Tiefgangmarke *f*, Ahming *f*
~ **углубле́ния** *s.* ~ осадки
маркази́т *m (Min)* Markasit *m*, Strahlkies *m*, Speerkies *m*, Kammkies *m*
маркёр *m* 1. Markierer *m*, Markierung *f*, Marke *f*, Markierungszeichen *n*; 2. *(Nrt)* Markierer *m*; 3. *(Flg)* Markierungssender *m*; 4. *(Lw)* Spurreißer *m*
~/**и́ндексный** *(Inf)* Indexloch *n (einer Diskette)*
маркёрный Markierungs..., Kennzeichnungs...
маркирова́ние *n* Markierung *f*, Kennzeichnung *f*
маркиро́вка *f* 1. *s.* маркирование; 2. Markierung *f*, Beschriftung *f (als Ergebnis)*
маркшейдери́я *f (Bgb)* Markscheidewesen *n*
марте́новский *(Met)* Siemens-Martin-..., SM-...
мартенси́т *m (Wkst)* Martensit *m*
мартенси́тный martensitisch, Martensit...
марш *m* /**ле́стничный** *(Bw)* Treppenlauf *m*
маршру́т *m* 1. *(Eb)* Fahrweg *m*, Fahrstraße *f*; 2. *(Flg)* Route *f*, Flugroute *f*, Flugstrecke *f*; 3. *(Schiff)* Route *f*, Reiseroute *f*, Reiseweg *m*; 4. *(Fert)* Bearbeitungsablauf *m*, Fertigungsablauf *m*, Fertigungsfolge *f*
~/**маневро́вый** *(Eb)* Rangierfahrstraße *f*
~/**обра́тный** *(Flg)* Gegenflugstrecke *f*, Rückflugroute *f*
маршрутиза́ция *f* 1. Routing *n*, Routenwahl *f*; 2. *(Eb)* Ganzzugbildung *f*
ма́ска *f* Maske *f*, Abdeckung *f*
~ **прерыва́ний** *(Inf)* Interruptmaske *f*
~/**фоторези́стная** *(Eln)* Lackmaske *f*, Resistmaske *f*, Photolackmaske *f*, Photoresistmaske *f*
маслёнка *f* Öler *m*, Ölkanne *f*, Schmiergefäß *n*
~/**иго́льчатая** Nadelöler *m*
~/**ка́пельная** Tropföler *m*
~/**фити́льная** Dochtöler *m*
ма́сло *n* 1. Öl *n*; 2. *(Lebm)* Butter *f*
~/**авиацио́нное** Flugmotorenöl *n*
~/**всесезо́нное** Mehrbereichs(motoren)öl *n*
~/**га́зовое** Gasöl *n*
~/**ди́зельное** Dieselmotorenöl *n*
~/**зи́мнее** Winter(motoren)öl *n*
~/**ка́бельное** Kabelöl *n*
~/**ле́тнее** Sommer(motoren)öl *n*
~/**маши́нное** Maschinenöl *n*
~/**минера́льное** Mineralöl *n*
~/**мото́рное** Motorenöl *n*
~/**отрабо́танное** Altöl *n*, Aböl *n*
~/**пищево́е** Speiseöl *n*
~/**полимеризо́ванное** polymerisiertes Öl *n*
~/**расти́тельное** pflanzliches Öl *n*, Pflanzenöl *n*
~/**сма́зочное** Schmieröl *n*
~/**трансмиссио́нное** Getriebeöl *n*
~/**трансформа́торное** Transformatorenöl *n*
~/**эфи́рное** etherisches Öl *n*
маслоба́к *m* Ölbehälter *m*
маслоде́лие *n (Lebm)* Buttererzeugung *f*
маслонепроница́емый öldicht
маслоотдели́тель *m* Ölabscheider *m*

маслоотража́тель *m* Ölabstreifring *m*, Ölabstreifer *m*
маслоотсто́йник *m* Ölabsetzbehälter *m*
маслоохлади́тель *m* Ölkühler *m*
маслоочисти́тель *m* Ölreiniger *m*, Ölfilter *n*
маслоочи́стка *f* Ölreinigung *f*, Ölaufbereitung *f*
маслоподогрева́тель *m* 1. Ölvorwärmer *m*; 2. Ölerhitzer *m*, Ölheizelement *n*
маслопрово́д *m* Schmierleitung *f*, Öl(rohr)leitung *f*
маслораствори́мый öllöslich
маслосбо́рник *m* Ölsammelbehälter *m*, Öl(auffang)behälter *m*
маслосодержа́щий ölhaltig
маслосто́йкий ölbeständig, ölfest
маслосто́йкость *f* Ölbeständigkeit *f*
маслоуказа́тель *m* Ölstand(s)anzeiger *m*
маслоулови́тель *m* Ölfang *m*, Ölfänger *m*
ма́сляный Öl..., ölig; Fett..., fettig
ма́сса *f* 1. Masse *f (kg)*; 2. *(El)* Masse *f*; 3. *(Wkst)* Masse *f*, Mittel *n*, Stoff *m*
~/а́томная Atommasse *f*, Nuklidmasse *f*
~/бума́жная *(Pap)* Ganzstoff *m*, Zeug *n*
~/взлётная *(Flg)* Abflugmasse *f*, Startmasse *f*
~/древе́сная *(Pap)* Holzschliff *m*, Holzstoff *m*
~/зали́вочная *(El)* Vergussmasse *f*, Ausgussmasse *f (z. B. für Kabel)*
~/изоляцио́нная *(El)* Isoliermasse *f*
~/ине́ртная *(Mech)* träge Masse *f*
~/крити́ческая *(Kern)* kritische Masse *f*
~/мол(екул)я́рная *(Ph)* Molmasse *f*
~/пласти́ческая *s.* 1. пластмасса; 2. пластик
~ **поко́я** *(Ph)* Ruh(e)masse *f*
~/приведённая reduzierte Masse *f*
~/со́бственная Eigenmasse *f*
~/ста́ртовая *(Rak)* Startmasse *f*, *(Flg)* *s.* ~/взлётная
~/уде́льная *(Ph)* spezifische Masse *f*, Massendichte *f*
~/формо́вочная *(Gieß)* Masse *f*, Formmasse *f*, Formsand *m*
масси́в *m* 1. *(Bgb, Geol)* Massiv *n*; 2. *(Inf)* Datei *f*, Datenfeld *n*
~/го́рный *(Geol)* Gebirgsmassiv *n*; Gebirge *n*
~ **да́нных** *(Inf)* Datenblock *m*, Datenbereich *m*, Datenbestand *m*; Datei *f*, File *n*
~/исхо́дный *(Inf)* Quelldatei *f*
~/основно́й *(Inf)* Stammdatei *f*
массообме́н *m (Ph, Ch)* Massenaustausch *m*, Stoffaustausch *m*, Stofftransport *m*
массопереда́ча *f s.* массообмен
масс-спектр *m (Kern)* Massenspektrum *n*
масс-спектра́льный *(Kern)* massenspektroskopisch
масс-спектрогра́мма *f (Kern)* Massenspektrogramm *n*
масс-спектрографи́ческий *(Kern)* massenspektrographisch
масс-спектрогра́фия *f (Kern)* Massenspektrographie *f*
масс-спектро́метр *m (Kern)* Massenspektrometer *n*
масс-спектрометри́ческий *(Kern)* massenspektrometrisch
масс-спектрометри́я *f (Kern)* Massenspektrometrie *f*
масс-спектроско́п *m (Kern)* Massenspektroskop *n*
масс-спектроскопи́ческий *(Kern)* massenspektroskopisch
масс-спектроскопи́я *f (Kern)* Massenspektroskopie *f*
мастеро́к *m* Maurerkelle *f*
мастерска́я *f* Werkstatt *f*
~/авторемо́нтная Autoreparaturwerkstatt *f*, Kfz-Reparaturwerkstatt *f*
~/ремо́нтная Reparaturwerkstatt *f*
ма́стер-штамп *m (Umf)* Meistergesenk *n*
масти́ка *f* 1. Mastix *m*; 2. Bohnerwachs *n*
масшта́б *m* Maßstab *m*
~ **вре́мени/реа́льный** *(Inf)* Echtzeit *f*, Realzeit *f*
~/лине́йный Längenmaßstab *m*; lineare Teilung *f*
~/попере́чный Quermaßstab *m*, Transversalmaßstab *m*
~/продо́льный Längsmaßstab *m*, Longitudinalmaßstab *m*
~/уса́дочный *s.* метр/усадочный
масштаби́рование *n (Photo)* Zoomen *n*
масшта́бный Maßstabs...
мат *m* Matte *f*

матема́тика *f* Mathematik *f*
~/**высшая** höhere Mathematik *f*
математи́ческий mathematisch
материа́л *m* 1. Material *n*, Stoff *m*; 2. Werkstoff *m*
~/**абрази́вный** Schleifmittel *n*, Abrasivwerkstoff *m*
~/**антифрикцио́нный** *(Masch)* Lagerwerkstoff *m*
~/**волокни́стый** *(Text)* Faserstoff *m*, Fasermaterial *n*
~/**вя́жущий** *(Bw)* Bindemittel *n*
~/**деля́щийся** *(Kern)* Spaltmaterial *n*, spaltbares Material *n*, Spaltstoff *m*
~/**звукоизоляцио́нный** *(Bw)* Schalldämmstoff *m*, schalldämmendes Material *n*
~/**звукопоглоща́ющий** *(Bw)* Schallschluckstoff *m*, Schalldämmstoff *m*
~/**изоляцио́нный** 1. *(El)* Isolierstoff *m*, Isoliermaterial *n*; 2. *(Ak)* Dämmstoff *m*; 3. *(Bw)* Sperrstoff *m*
~/**исхо́дный** Ausgangs(werk)stoff *m*, Ausgangsmaterial *n*
~/**композицио́нный** Verbund(werk)-stoff *m*
~/**конструкцио́нный** Baumaterial *n*, Baustoff *m*
~/**кро́вельный** *(Bw)* Dachdeckstoff *m*
~/**кусково́й** stückiges Material *n*
~/**лакокра́сочный** Anstrichstoff *m*
~/**магни́тный** magnetischer Werkstoff *m*, Magnetwerkstoff *m*
~/**магнитомя́гкий** weichmagnetischer Werkstoff *m*
~/**магнитотвёрдый** hartmagnetischer Werkstoff *m*
~/**наби́вочный** Packungswerkstoff *m*, Dichtungsstoff *m*
~/**облицо́вочный** Verblendmaterial *n*, Verkleidungsmaterial *n*
~/**огнеупо́рный** feuerfester Baustoff [Werkstoff] *m*, Feuerfeststoff *m*
~/**парамагни́тный** paramagnetischer Stoff *m*, Paramagnetikum *n*
~/**подши́пниковый** *(Masch)* Lagerwerkstoff *m*
~/**полупроводнико́вый** Halbleiterwerkstoff *m*
~/**проводнико́вый** Leiterwerkstoff *m*
~/**сверхпроводя́щий** supraleitender Werkstoff *m*
~/**сверхтвёрдый** Superhartstoff *m*, superharter Werkstoff *m*
~/**сверхчи́стый** Reinststoff *m*, Werkstoff *m* [Material *n*] von höchstem Reinheitsgrad
~/**шту́чный** 1. Stückgut *n*; 2. stückiges Gut *n*
материалове́дение *n* Werkstoffkunde *f*
материалоёмкий materialintensiv, materialaufwendig
матери́к *m* *(Geol)* Kontinent *m*, Festland *n*
мате́рия *f* Materie *f* *(Zusammensetzungen s. unter* вещество*)*
мати́рование *n* Mattieren *n*, Mattierung *f*, *(Glas auch:)* Mattätzen *n*
матобеспече́ние *n* *(Inf)* Systemunterlagen *fpl*, Software *f*
ма́товый matt, stumpf; blendfrei
ма́трица *f* 1. *(Math)* Matrix *f*; 2. *(El, Eln)* Array *n*, Netzwerk *n*; 3. *(Umf)* Matrize *f*, Stanzmatrize *f*, Stanzform *f*; 4. *(Umf)* Ziehform *f*, Ziehdüse *f*; 5. Prägeform *f*; 6. *(Wkz)* Schnittwerkzeug *n*; Matrize *f*, Unterstempel *m*; 7. *(Typ)* Matrize *f*, Mater *f*
~/**ве́нтильная** *(Eln)* Gate-Array *n*, Gatteranordnung *f*, Gattermatrix *f*
~/**ве́рхняя** *(Schm)* Obergesenk *n (einer Presse)*
~/**дио́дная** *(Eln)* Dioden-Array *n*, Diodenmatrix *f*
~/**логи́ческая** *(Eln)* Logik-Array *n*, Logikanordnung *f*
~ **логи́ческих элеме́нтов** *s.* ~/вентильная
~/**ни́жняя** *(Schm)* Untergesenk *n (einer Presse)*
~/**обра́тная** *(Inf)* inverse Matrix *f*
~ **па́мяти** *(Inf)* Speichermatrix *f*
~/**разъёмная** *(Schm)* Einsatzgesenk *n*
махме́тр *m* *(Flg)* Machmeter *n*
махови́к *m* 1. *(Masch)* Schwungrad *n*; 2. *(Wkzm)* Handrad *n*
махово́й Schwung...
мацера́ция *f* Mazerisieren *n*, Mazeration *f*
ма́чта *f* Mast *m*; Turm *m*; Säule *f*
~/**ка́бельная** *(Rak)* Kabelmast *m*, Kabelturm *m*
~/**решётчатая** Gittermast *m*
ма́чтовый Mast...

маши́на *f* Maschine *f* *(s. a. unter* станок *und* ЭВМ*)*
~/**абсорбцио́нная холоди́льная** Absorptionskältemaschine *f*
~/**ана́логовая вычисли́тельная** Analogrechner *m*
~/**ана́лого-цифрова́я вычисли́тельная** Hybridrechner *m*
~/**асинхро́нная** *(El)* Asynchronmaschine *f*
~/**асинхро́нная вычисли́тельная** Asynchronrechner *m*
~/**асинхро́нная электри́ческая** *(El)* Asynchronmaschine *f*
~/**бетоноотде́лочная** Betondeckenfertiger *m*, Betonstraßenfertiger *m*
~/**бетоноукла́дочная** Betoniermaschine *f*
~/**бортова́я вычисли́тельная** Bordrechner *m*
~/**бумагоде́лательная** Papiermaschine *f*
~/**бумагоре́зательная** Papierschneidemaschine *f*
~/**быстрохо́дная** hochtourige Maschine *f*, Schnellläufer *m*
~/**бытова́я стира́льная** Haushaltwaschmaschine *f*
~/**взрывозащищённая** explosionsgeschützt Maschine *f*; *(Bgb)* schlagwettergeschützte Maschine *f*
~/**вибрацио́нная** 1. Rüttelmaschine *f*; 2. *(Wkst)* Schwingungsprüfmaschine *f*
~/**вру́бовая** *(Bgb)* Schrämmaschine *f*
~/**вру́бо(во)-нава́лочная** *(Bgb)* Schrämlademaschine *f*, Schrämlader *m*
~/**вы́емочная** *(Bgb)* Abbaumaschine *f*
~ **высо́кой печа́ти** *(Typ)* Buchdruckmaschine *f*, Hochdruckmaschine *f*
~/**высокопроизводи́тельная** Hochleistungsmaschine *f*
~/**вычисли́тельная** Rechenmaschine *f*, Rechner *m*, Computer *m* *(s. a. unter* ЭВМ*)*
~/**вяза́льная** *(Text)* Strickmaschine *f*
~/**газе́тная ротацио́нная** Zeitungsrotationsmaschine *f*
~/**ги́бочная** Biegemaschine *f*
~/**гибри́дная вычисли́тельная** Hybridrechner *m*
~ **глубо́кой печа́ти** *(Typ)* Tiefdruckmaschine *f*
~/**гребнечеса́льная** Kämmmaschine *f* *(Spinnerei)*
~/**грузоподъёмная** *(Förd)* Hebemaschine *f*
~/**двуха́дресная вычисли́тельная** Zweiadress(rechen)maschine *f*
~/**дождева́льная** *(Lw)* Regner *m*
~/**до́йльная** *(Lw)* Melkmaschine *f*
~/**доро́жно-строи́тельная** Straßenbaumaschine *f*
~/**жакка́рдовая** *(Text)* Jacquardmaschine *f*
~/**зава́лочная** *(Met)* Beschickungsmaschine *f*, Chargiermaschine *f*
~/**закла́дочная** *(Bgb)* Versatzmaschine *f*
~/**испыта́тельная** Prüfmaschine *f*
~/**капелезащищённая** *(El)* tropfwassergeschützte Maschine *f*
~/**кардочеса́льная** *(Text)* Karde *f*, Krempel *f*
~/**картоподбо́рочная** *(Inf)* Kartenmischer *m*
~/**картофелепоса́дочная** Kartoffellegemaschine *f*
~/**картофелеубо́рочная** Kartoffelerntemaschine *f*
~/**клепа́льная** Nietmaschine *f*
~/**ко́вочная** Schmiedemaschine *f*
~/**колле́кторная** *(El)* Kommutatormaschine *f*
~/**компрессио́нная холоди́льная** Kompressionskältemaschine *f*
~/**конто́рская** Büromaschine *f*
~/**краси́льная** Färbemaschine *f*
~/**кромко(от)ги́бочная** Bördelmaschine *f*
~/**кругловяза́льная** *(Text)* Rundstrickmaschine *f*
~/**круглотрикота́жная** *(Text)* Rundwirkmaschine *f*
~/**крути́льная** 1. *(Text)* Zwirnmaschine *f*; 2. *(El)* Kabelverseilmaschine *f*
~/**кузне́чно-пре́ссовая** Werkzeugmaschine *f* zum Umformen und Zerteilen
~/**ла́зерная ре́зальная** Laserschneidemaschine *f*
~/**листоги́бочная** Blechbiegemaschine *f*, Blechprofiliermaschine *f*
~/**листоправи́льная** Blechrichtmaschine *f*, Plattenrichtmaschine *f*
~/**лите́йная** Gießmaschine *f*; Gießereimaschine *f*

~/**литьева́я** *(Kst)* Spritzgießmaschine *f*
~/**лопа́точная** Strömungsmaschine *f*, Turbomaschine *f*
~/**меси́льная** Knetmaschine *f*, Kneter *m*
~/**мота́льная** *(Text)* Spulmaschine *f*; Haspelmaschine *f*
~/**намо́точная** 1. *(Wlz)* Wickelmaschine *f*, Haspel *f (Drahtstraße)*; 2. *(Text)* Aufspulmaschine *f*
~/**обуча́ющая** Lehrmaschine *f*
~/**обуча́ющаяся** (selbst) lernende Maschine *f*, Lernmaschine *f*
~/**основовяза́льная** *(Text)* Kettenwirkmaschine *f*
~/**отде́лочная** *(Text)* Gewebeausrüstungsmaschine *f*
~/**отса́дочная** Setzmaschine *f (Aufbereitung)*
~/**офсе́тная (печа́тная)** Offset(druck)-maschine *f*
~ **паралле́льного возбужде́ния** *(El)* Nebenschlussmaschine *f*
~/**парова́я** Dampfmaschine *f*
~ **переме́нного то́ка** *(El)* Wechselstrommaschine *f*
~/**переплётная** *(Typ)* Buchbindemaschine *f*
~ **периоди́ческого де́йствия/пряди́льная** *(Text)* Selfaktor *m*, periodische Spinnmaschine *f*, Wagenspinnmaschine *f*, Wagenspinner *m*
~/**периферийная вычисли́тельная** Satellitenrechner *m*
~/**персона́льная электро́нная вычисли́тельная** *(Inf)* Personalcomputer *m*, PC *m*
~/**перфорацио́нная** Perforiermaschine *f*
~/**печа́тная** Druckmaschine *f*
~/**пи́шущая** Schreibmaschine *f*
~/**плосковяза́льная** *(Text)* Flachstrickmaschine *f*
~/**плоскопеча́тная** *(Typ)* Flachform-(buch)druckmaschine *f*, Zylinderdruckmaschine *f*
~/**погру́зочная** Lademaschine *f*, Lader *m*
~/**подъёмная** Hebezeug *n*; *(Bgb)* Fördermaschine *f*
~/**подъёмно-тра́нспортная** Hebe- und Fördermaschine *f*
~/**полиграфи́ческая** polygraphische Maschine *f*
~/**поршнева́я** Kolbenmaschine *f*
~ **постоя́нного то́ка** *(El)* Gleichstrommaschine *f*
~/**посудомо́ечная** Geschirrspülmaschine *f*
~/**почвообраба́тывающая** Bodenbearbeitungsgerät *n*
~/**прави́льная** *(Wlz)* Richtmaschine *f*
~/**пропашна́я** *(Lw)* Hackmaschine *f*
~/**проя́вочная** Entwicklungsmaschine *f (für Filme)*
~/**пряди́льная** *(Text)* Spinnmaschine *f*
~/**путева́я** *(Eb)* Gleisbaumaschine *f*
~/**рабо́чая** Arbeitsmaschine *f*
~/**разгру́зочная** *(Förd)* Entlademaschine *f*, Entlader *m*
~/**разли́вочная** 1. *(Gieß)* Gießmaschine *f*; 2. *(Met)* Masselgießmaschine *f*
~/**разли́вочно-уку́порочная** Abfüll- und Verschließmaschine *f*
~/**разрывна́я** *(Wkst)* Zerreißmaschine *f*
~/**ре́зальная** *(Typ)* Schneidemaschine *f*, Beschneidemaschine *f*
~/**ро́вничная** *(Text)* Vorspinnmaschine *f*, Flyer *m*
~/**ротацио́нная (печа́тная)** *(Typ)* Rotationsmaschine *f*
~/**рулева́я** *(Schiff)* Rudermaschine *f*
~/**самохо́дная** *(Lw)* Selbstfahrmaschine *f*, Selbstfahrer *m*
~/**сва́рочная** Schweißmaschine *f*
~/**сельскохозя́йственная** Landmaschine *f*
~/**синхро́нная (электри́ческая)** *(El)* Synchronmaschine *f*
~ **сме́шанного возбужде́ния** *(El)* Compoundmaschine *f*, Doppelschlussmaschine *f*
~/**сортирова́льная** Sortiermaschine *f*, Sortierer *m*
~/**стержнева́я** *(Gieß)* Kernformmaschine *f*
~/**стира́льная** Waschmaschine *f*
~/**строи́тельная** Baumaschine *f*
~/**судова́я** Schiffsmaschine *f*
~/**сукнова́льная** *(Text)* Walkmaschine *f*
~/**суши́льная** Trockenmaschine *f*, Trockner *m*
~/**тихохо́дная** langsam laufende Maschine *f*, Langsamläufer *m*

~/**трепáльная** *(Text)* 1. Schlagmaschine *f (Spinnerei)*; 2. Schwingmaschine *f (Flachsaufbereitung)*
~/**трёхфáзная** *(El)* Drehstrommaschine *f*
~/**трикотáжная** *(Text)* Wirkmaschine *f*
~/**убóрочная** *(Lw)* Erntemaschine *f*
~/**униполя́рная** *(El)* Unipolarmaschine *f*
~/**упакóвочная** Einschlagmaschine *f (für Verpackungszwecke)*
~/**фальцевáльная** *(Typ)* Falzmaschine *f*
~/**флотациóнная** Flotationsmaschine *f*, Flotationsgerät *n (Aufbereitung)*
~/**формóвочная** *(Gieß)* Formmaschine *f*
~/**хлопкоубóрочная** Baumwollpflückmaschine *f*
~/**холоди́льная** Kältemaschine *f*
~/**цифровáя вычисли́тельная** Digitalrechenmaschine *f*, Digitalrechner *m*
~/**чесáльная** *(Text)* 1. Karde *f*, Krempel *f*; 2. Hechelmaschine *f (für Flachs)*
~/**швéйная** 1. *(Text)* Nähmaschine *f*; 2. *(Typ)* Heftmaschine *f*
~/**шпалоподби́вочная** *(Eb)* Gleisstopfmaschine *f*
~/**электрóнная вычисли́тельная** Rechner *m*, Computer *m (s. a. unter* ЭВМ*)*
~/**энергети́ческая** Kraftmaschine *f*
маши́на-дви́гатель *f* Kraftmaschine *f*
маши́нка *f* /**взрывнáя** Zündmaschine *f*
~/**пи́шущая** Schreibmaschine *f*
маши́нный Maschinen..., maschinell
машиновéдение *n* Maschinenkunde *f*
машиностроéние *n* Maschinenbau *m*
~/**сельскохозя́йственное** Landmaschinenbau *m*
~/**тексти́льное** Textilmaschinenbau *m*
~/**тяжёлое** Schwermaschinenbau *m*
машинострои́тельный Maschinenbau...
мая́к *m* 1. *(Flg, Schiff)* Leuchtturm *m*, Leuchtfeuer *n*; 2. *(Geod)* Richtpunkt *m*
~/**аэродрóмный** *(Flg)* Platzfeuer *n*, Platzeinflugzeichen *n*
~/**маркёрный** Markierungsfeuer *n*
~/**радиолокациóнный** Radarbake *f*
мáятник *m (Mech)* Pendel *n*
~/**гироскопи́ческий** *s.* гиромаятник
~/**математи́ческий** mathematisches Pendel *n*, Punktkörperpendel *n*
~/**оборóтный** Reversionspendel *n*, Umkehrpendel *n*
~/**физи́ческий** physikalisches [physisches] Pendel *n*, Starrkörperpendel *n*
~ **Фукó** foucaultsches Pendel *n*, Kamerlingh-Onnes-Pendel *n*
мáятниковый Pendel...
Мбайт *s.* мегабайт
Мбит *s.* мегабит
МГД *s.* магнитогидродинамический
МГД-генерáтор *m* MHD-Generator *m*
мгновéнный augenblicklich, momentan, Momentan...; *(Kern)* prompt
~/**почти́** *(Kern)* fastprompt *(Neutronen)*
МДМ-... *(Halbl)* MIM..., Metall-Isolator-Metall-...
МДП-транзи́стор *m (Eln)* MIS-Transistor *m*, MIS-Feldeffekttransistor *m*, MISFET *m*
мега... *(Mess)* Mega..., M *(10⁶ Einheiten)*
мегабáйт *m (Inf)* Megabyte *n*, Mbyte *n*
мегаби́т *m (Inf)* Megabit *n*, Mbit *n*
меденóсный kupferführend
медеплави́льный Kupferschmelz...
медиáна *f (Math)* Mediane *f*, Seitenhalbierende *f*
меднéние *n* Verkupfern *n*
мéдный Kupfer..., kupfern
медь *f* 1. *(Ch)* Kupfer *n*, Cu; 2. *(Met)* Kupfer *n*
~/**листовáя** *(Wlz)* Kupferblech *n*, Walzkupfer *n*
~/**полосовáя** *(Wlz)* Bandkupfer *n*, Flachkupfer *n*
~/**руткóвая** *(Met)* Stangenkupfer *n*
~/**саморóдная** *(Min)* gediegenes Kupfer *n*
~/**чу́шковая** *(Met)* Barrenkupfer *n*
медьсодержáщий kupferhaltig
межáтомный interatomar
межгалакти́ческий intergalaktisch
междоли́нный *(Halbl)* Zwischental...
междоу́злие *n (Krist)* Zwischengitterplatz *m*
междугорóдный *(Nrt)* Fern..., Weit...
межзвёздный interstellar
межконтинентáльный interkontinental
межкристалли́ческий interkristallin
межледникóвье *n (Geol)* Warmzeit *f*
межмолекуля́рный intermolekular
межотраслевóй mehrere Industriezweige betreffend [umfassend]

межпланéтный interplanetar
межэлектрóнный interelektronisch
мезаструктýра *f (Halbl)* Mesastruktur *f*
мезатехнолóгия *f (Halbl)* Mesatechnologie *f*
мезатранзи́стор *m (Eln)* Mesatransistor *m*
мездрéние *n (Led)* Entfleischen *n*
мездри́ть *(Led)* entfleischen
мезоáтом *m (Kern)* Meso(nen)atom *n*
мезомери́я *f (Ch)* Mesomerie *f*
мезомолéкула *f* Meso(nen)molekül *n*
мезóн *m (Kern)* Meson *n*
K-мезóн *m s.* каон
π-мезóн *m s.* пи-мезон
мезопáуза *f (Meteo)* Mesopause *f*
мезосфéра *f (Meteo)* Mesosphäre *f*
мел *m* 1. Kreide *f*; 2. Kreidezeit *f (Erdzeitalter)*; 3. *(Ak)* Mel *n*, mel *(Einheit der Tonhöhe)*
мелáсса *f* Melasse *f*
мелини́т *m* 1. *(Ch)* Melinit *n*, Picrinsäure *f (Sprengstoff)*; 2. *(Min)* Melinit *m*
мелиорати́вный Meliorations..., meliorativ
мелиорáция *f (Lw)* Melioration *f*
~/гидротехни́ческая Melioration *f* durch Be- und Entwässerungsanlagen
мелковóдье *n (Hydrol)* Minimalwasser *n*, niedriger Wasserstand *m*, Flachwasser *m*
мелкодиспéрсный feindispers
мелкозерни́стость *f* Feinkörnigkeit *f*, Kornfeinheit *f*
мелкозерни́стый feinkörnig
мелкокали́берный Kleinkaliber..., KK-..., kleinkalibrig
мелкокристалли́ческий feinkristallin, feinkörnig
мелкомасштáбный in kleinem Maßstab
мелкопóристый engporig, feinporig
мелкораздрóбленный fein zerkleinert; fein gemahlen
мелкосери́йный Kleinserien...
мелкосóртный *(Wlz)* Feinprofil..., Feinstahl...
меловáние *n* Streichen *n (Papier)*
мéлочь *f* Grus *m*, Feingut *n*
~/буровáя *(Bgb)* Bohrklein *n*
мель *f (Hydrol)* Untiefe *f*
мелькáние *n* Flimmern *n*
мéльница *f* Mühle *f*; Mahlwerk *n*; *(Pap)* Stoffmühle *f*
~/быстрохóдная Schnellläufermühle *f*
~/валкóвая Walzenmühle *f*
~/вибрациóнная Schwingmühle *f*, Vibrationsmühle *f*
~/ди́сковая *(Pap)* Scheibenmühle *f*, Diskusmühle *f*
~/дроби́льная Brechmühle *f*
~/молоткóвая Hammermühle *f*
~/удáрная Schlagmühle *f*
~/удáрно-отражáтельная Prallmühle *f*
~/центробéжная Fliehkraftmühle *f*
~/шаровáя Kugelmühle *f*
мембрáна *f* Membran(e) *f*
мембрáнный Membran...
менделéвий *m (Ch)* Mendelevium *n*, Md
мéнзула *f (Geod)* Messtisch *m*
мензýрка *f* Messglas *n*
мени́ск *m (Ph)* Meniskus *m*; *(Opt)* Meniskus *m*, Meniskuslinse *f*
~/отрицáтельный *(Opt)* negativer Meniskus *m*
~/положи́тельный *(Opt)* positiver Meniskus *m*
меню́ *n (Inf)* Menü *n* • **с управлéнием меню́** menügesteuert
~/глáвное Hauptmenü *n*
~/ниспáдающее [развoрáчивающееся] Drop-Down-Menü *n*
~/управля́ющее Steuermenü *n*
~/экрáнное Bildschirmmenü *n*
мéра *f* 1. Maßnahme *f*; 2. Maß *n*; 3. *(Math)* Inhalt *m*
~/вероя́тностная Wahrscheinlichkeitsmaß *n*
~ **длины́** Längenmaß *n*
~ **длины́/концевáя** Endmaß *n*
~ **длины́/плоскопараллéльная концевáя** Parallelendmaß *n*
~/метри́ческая metrisches Maß *n*
~/образцóвая Normalmaßverkörperung *f*; Vergleichsmaß *n*
~ **плóщади** Flächenmaß *n*
~ **тóчности** Genauigkeitsmaß *n*
~/угловáя Winkelmaßverkörperung *f*; Winkelmaß *n*
мéргель *m (Geol)* Mergel *m*
мерзлотá *f* **/ вéчная** Dauerfrostboden *m*, Permafrost *m*

меридиа́н *m* Meridian *m*, Meridianlinie *f*
~/**географи́ческий** geographischer Meridian *m*
~/**гри́нвичский** Meridian *m* von Greenwich
~/**и́стинный** rechtweisender Meridian *m*
~/**магни́тный** magnetischer Meridian *m*
~/**нача́льный** Nullmeridian *m*
~/**небе́сный** Himmelsmeridian *m*
ме́рка *f* Maß *n*
ме́рник *m* Messgefäß *n*, Messkolben *m*
мероприя́тие *n* Maßnahme *f*
мерсериза́ция *f (Text)* Merzerisation *f*
мерца́ние *n* Flimmern *n*, Flackern *n*; *(Astr)* Szintillation *f*
меси́ть kneten
мессдо́за *f* Messdose *f*, Kraftmessdose *f*
ме́стность *f* Örtlichkeit *f*; Gelände *n*; Gegend *f*
ме́стный örtlich, lokal; Orts...; einheimisch, bodenständig
ме́сто *n* Ort *m*, Platz *m*, Stelle *f*; *(Flg, Schiff)* Position *f*; *(Schiff)* Besteck *n*
~/**автоматизи́рованное рабо́чее** automatisierter [rechnergestützter] Arbeitsplatz *m*; Workstation *f*
~/**рабо́чее** Arbeitsplatz *m*, Arbeitsstelle *f*; *(Nrt)* Platz *m*, Vermittlungsplatz *m*
местоположе́ние *n* Standort *m*, Lage *f*; *(Ch)* Stellung *f*, Position *f*
месторожде́ние *n (Geol, Bgb)* Vorkommen *n*, Lagerstätte *f*
~/**буроу́гольное** Braunkohlenlagerstätte *f*
~/**га́зовое** Erdgasvorkommen *n*, Gaslagerstätte *f*
~/**гидротерма́льное** hydrothermale Lagerstätte *f*
~/**истощённое** erschöpfte Lagerstätte *f*
~/**каменноу́гольное** Steinkohlenlagerstätte *f*
~/**нефтяно́е** Erdöllagerstätte *f*, Erdölvorkommen *n*
~/**оса́дочное** sedimentäre Lagerstätte *f*
~ **поле́зных ископа́емых** Lagerstätte *f* nutzbarer Minerale
~/**промы́шленное** abbauwürdige Lagerstätte *f*
~/**россыпно́е** Seifenlagerstätte *f*, Seife *f*
~/**ру́дное** Erzlagerstätte *f*
~/**соляно́е** Salzlagerstätte *f*
~/**у́гольное** Kohlenvorkommen *n*, Kohlenlagerstätte *f*
метагала́ктика *f (Astr)* Metagalaxis *f*
мета́лл *m* Metall *n*
~/**бе́лый** Weißmetall *n*
~/**благоро́дный** Edelmetall *n*
~/**леги́рующий** Legierungsmetall *n*
~/**лёгкий** Leichtmetall *n*
~/**листово́й** Blech *n*
~/**основно́й** Grundmetall *n*
~/**перви́чный** Primärmetall *n*, Hüttenmetall *n*
~/**приса́дочный** Zusatzmetall *n*
~/**тугопла́вкий** hoch schmelzendes Metall *n*
~/**тяжёлый** Schwermetall *n*
~/**цветно́й** Buntmetall *n*; Nichteisenmetall *n*, NE-Metall *n*
~/**чёрный** Eisenmetall *n*, Schwarzmetall *n*
~/**чи́стый** Reinmetall *n*
~/**щёлочноземе́льный** Erdalkalimetall *n*
~/**щелочно́й** Alkalimetall *n*
мета́лл-замени́тель *m* Substitutionsmetall *n*, Ersatzmetall *n*
металлиза́тор *m* Metallspritzgerät *n*, Metallspritzpistole *f*
металлиза́ция *f* Metallisieren *n*, Metallisierung *f*, Metallspritzen *n*
~/**диффузио́нная** Diffusionsmetallisierung *f*
~/**пла́зменная** Plasmaspritzen *n*
~ **распыле́нием** Metallspritzverfahren *n*, Spritzmetallisieren *n*
металлизи́ровать 1. Metall auftragen; 2. metallisieren
металли́ческий metallisch, Metall...
металлове́дение *n* Metallkunde *f*
металлове́дческий metallkundlich
металлови́дный metallartig
металлографи́ческий metallographisch
металлогра́фия *f* Metallographie *f*
металлоёмкость *f* Metallanteil *m*, Metalleinsatz *m*
металло́ид *m* Metalloid *n*, Nichtmetall *n*
металлокерами́ческий metallkeramisch
металлоло́м *m* Schrott *m*, Altmetall *n*

металлоно́сный metallhaltig
металлообраба́тывающий metallbearbeitend, Metallbearbeitungs...
металлообрабо́тка *f* Metallbearbeitung *f*
металлоо́птика *f* Metalloptik *f*
металлоргани́ческий metallorganisch, Organometall...
металлопокры́тие *n* 1. metallische Schutzschicht *f*, Metallüberzug *m*; 2. Aufbringen *n* einer metallischen Schutzschicht
металлоре́жущий spanend, Spanungs...
металлофи́зика *f* Metallphysik *f*
металлурги́ческий metallurgisch, Hütten...
металлу́ргия *f* 1. Metallurgie *f*, Hüttenwesen *n*; 2. Hüttenkunde *f*
~/**ва́куумная** Vakuummetallurgie *f*
~/**порошко́вая** Pulvermetallurgie *f*
~/**цветна́я** *s.* ~ цветных металлов
~ **цветны́х мета́ллов** 1. Nichteisenmetallurgie *f*, NE-Metallurgie *f*; Buntmetallurgie *f*; 2. Metallhüttenkunde *f*
~/**чёрная** *s.* ~ чёрных металлов
~ **чёрных мета́ллов** 1. Eisenmetallurgie *f*, Schwarzmetallurgie *f*; 2. Eisenhüttenkunde *f*
мета́н *m (Ch)* Methan *n*
мето́л *m (Ch)* Methanol *n*, Methylalkohol *m*
метаноёмкость *f (Bgb)* Methangehalt *m (der Wetter)*
метаноме́р *m (Bgb)* Methanmessinstrument *n*
метаноно́сный *(Bgb)* methanführend
метанте́нк *m* Abwasserfaulraum *m*, geschlossener Faulraum *m (Abwasserklärung)*
метастаби́льный *(Ph)* metastabil
метафа́йл *m (Inf)* Zwischendatei *f*
метаце́нтр *m (Schiff)* Metazentrum *n*
метаязы́к *m (Inf)* Metasprache *f*, Zwischensprache *f*
метео́р *m (Astr)* Meteor *m*
метеорадиолока́тор *m* Wetterradar(gerät) *n*
метеори́т *m (Astr)* Meteorit *m*
~/**желе́зный** Eisenmeteorit *m*
~/**ка́менный** Steinmeteorit *m*
метеоро́граф *m* Meteorograph *m*
метеороло́гия *f* Meteorologie *f*, Wetterkunde *f*
~/**радиолокацио́нная** Radarmeteorologie *f*
~/**спу́тниковая** Satellitenmeteorologie *f*
метеосво́дка *f* Wetterbericht *m*
метеослу́жба *f* Wetterdienst *m*, meteorologischer Dienst *m*
~/**морска́я** Seewetterdienst *m*
метеоста́нция *f* Wetterwarte *f*, Wetterstation *f*
~/**морска́я** Seewetterwarte *f*
мети́зы *pl* Metallwaren *fpl*; Kleineisenzeug *n*
метили́рование *n (Ch)* Methylieren *n*
метилцеллюло́за *f* Methylcellulose *f*
ме́тка *f* 1. Markierung *f*, Marke *f*, Zeichen *n*; 2. *(Fert)* Ankörnung *f*; 3. *(Inf)* Kennsatz *m*, Merkmal *n*
~/**вне́шняя** *(Inf)* externer Kennsatz *m*
~/**вну́тренняя** *(Inf)* interner Kennsatz *m*
~/**приво́дочная** *(Typ)* Passzeichen *n*, Passmarke *f*
~ **то́ма** *(Inf)* Datenträgerkennsatz *m*
~ **фа́йла** *(Inf)* Dateikennsatz *m*
ме́тод *m* Methode *f*, Verfahren *n (s. a. unter* способ*)*
~/**агрега́тный** *(Fert)* Baukastenmethode *f*
~ **анало́гий** *s.* ~ подобия
~ **аппроксима́ции** *(Math)* Näherungsverfahren *n*, Näherungsmethode *f*, Approximationsverfahren *n*
~ **бести́гельной зо́нной пла́вки** *(Krist)* Zonenschmelzverfahren *n*, Zonenfloating *n*, Zonenfloatingverfahren *n*
~ **выра́щивания** *(Krist)* Züchtungsverfahren *n*, Ziehverfahren *n*
~ **до́ступа** *(Inf)* Zugriffsmethode *f*
~ **за́писи** *(Eln)* Aufzeichnungsverfahren *n*
~ **звукоза́писи** *(Eln)* Schallaufzeichnungsverfahren *n*, Tonaufzeichnungsverfahren *n*
~ **измере́ния** Messverfahren *n*, Messmethode *f*
~ **измере́ния/бесконта́ктный** berührungsfreies Messverfahren *n*, berührungsfreie Messmethode *f*
~ **измере́ния/конта́ктный** Messmethode *f* [Messverfahren *n*] mit mechanischem Kontakt

~ **измере́ния/ко́свенный** indirekte Messmethode *f*, indirektes Messverfahren *n*
~ **измере́ния/прямо́й** direkte Messmethode *f*, direktes Messverfahren *n*
~ **испыта́ний** Prüfmethode *f*, Prüfverfahren *n*
~ **коне́чных элеме́нтов** *(Math)* Methode *f* der finiten Elemente, MFE *f*, Finite-Elemente-Methode *f*
~/**ко́свенный** indirekte Methode *f*, indirektes Verfahren *n*
~ **Мо́нте-Ка́рло** *(Math)* Monte-Carlo-Methode *f*, Monte-Carlo-Verfahren *n*
~ **наиме́ньших квадра́тов** *(Math)* Methode *f* der kleinsten Quadrate [Quadratsummen]
~/**непосре́дственный** direkte Methode *f*, direktes Verfahren *n*
~/**непреры́вный** kontinuerliches Verfahren *n*
~/**неразруша́ющий** *(Wkst)* zerstörungsfreie Methode *f*
~ **определе́ния абсолю́тного во́зраста** *(Geol)* absolute Altersbestimmung *f*, Methode *f* der absoluten Altersbestimmung
~ **подо́бия** *(Ph)* Ähnlichkeitsmethode *f*, Ähnlichkeitsverfahren *n*, Analogieverfahren *n*
~ **после́довательных приближе́ний** *(Math)* Methode *f* [Verfahren *n*] der sukzessiven Approximation(en)
~/**приближённый** *s.* ~ аппроксимации
~/**прямо́й** direkte Methode *f*, direktes Verfahren *n*
~/**ра́зностный** *(Math)* Differenzenmethode *f*, Differenzenverfahren *n*
~ **фотоупру́гости** spannungsoptisches Verfahren *n*, Spannungsoptik *f*
~/**чи́сленный** numerisches Verfahren *n*
~ **Чохра́льского** *(Krist)* Czochralski-Methode *f*, Czochralski-Verfahren *n* *(Kristallzüchtung aus der Schmelze)*

мето́дика *f* 1. Methodik *f*; 2. Technologie *f* *(als Herstellungsvorschrift)*

метр *m* 1. Meter *m(n)* *(Basiseinheit der Länge)*; 2. Maßstab *m*; 3. Messinstrument *n*, Messgerät *n*
~/**квадра́тный** Quadratmeter *m (n)*, m^2
~/**куби́ческий** Kubikmeter *m (n)*, m^3
~/**пого́нный** laufendes Meter *n*
~/**складно́й** Gliedermaßstab *m*
~/**уса́дочный** *(Gieß)* Schwindmaß *n*, Schwindmaßstab *m*

pH-метр *m* pH-Messinstrument *n*, pH-Meter *n*

Q-метр *m* Q-Meter *n*, Gütemesser *m*

ме́трика *f* Metrik *f*

метри́ческий metrisch

метро́ *n s.* метрополитен

метроло́гия *f* Metrologie *f*, Messwesen *n*

метроно́м *m (Ak)* Metronom *n*

метрополите́н *m* Untergrundbahn *f*, U-Bahn *f*, Metro *f*

метростро́ение *n* U-Bahnbau *m*

метчи́к *m (Wkz)* Gewinde(schneid)bohrer *m*
~/**га́ечный** Mutter(n)gewindebohrer *m*
~/**черново́й** Schruppgewindebohrer *m*, Vorschneider *m*
~/**чистово́й** Schlichtgewindebohrer *m*, Fertigschneider *m*

мех *m* 1. Pelz *m*; Fell *n*; 2. Balg *m*, Blasebalg *m*; *(Photo)* Balgen *m* *(einer Kamera)*

механиза́ция *f* Mechanisierung *f*

механизи́рованный mechanisiert

механизи́ровать mechanisieren

механи́зм *m* 1. Mechanismus *m*, Vorrichtung *f*; Getriebe *n*; Werk *n*; 2. Gerät *n*
~/**блокиро́вочный** Verriegelungsmechanismus *m*
~/**включа́ющий** 1. *(Masch)* Schaltmechanismus *m*, Einrückvorrichtung *f*; 2. *(El)* Einschaltmechanismus *m*
~/**вспомога́тельный** Hilfsmechanismus *m*; Hilfswerk *n*
~/**выключа́ющий** 1. *(Masch)* Ausrückvorrichtung *f*; 2. *(El)* Ausschaltmechanismus *m*
~/**дифференциа́льный** 1. Differenzialmechanismus *m*, Differentialmechanismus *m*; 2. *(Kfz)* Differenzial(getriebe) *n*, Differential(getriebe) *n*, Ausgleichgetriebe *n*
~ **зажи́ма** Spannmechanismus *m*
~/**зубча́тый** *(Masch)* Zahnradgetriebe *n*, Zahntrieb *m*
~/**измери́тельный** Messwerk *n*
~/**исполни́тельный** Stellmechanismus *m*, Stelleinrichtung *f*; *(Masch)* Füh-

rungsgetriebe *n (eines Industrieroboters)*
~/**кривоши́пно-кули́сный** *s.* ~/кулисный
~/**кривоши́пно-шату́нный** *(Masch)* Schubkurbel *f*; Kurbelgetriebe *f*, Kurbeltrieb *m*
~/**кривоши́пный** *(Masch)* Kurbeltrieb *m*, Schubkurbeltrieb *m*
~/**кулачко́вый** *(Masch)* Kurvenmechanismus *m*, Kurventrieb *m*
~/**кули́сный** *(Masch)* Kurbelschleife *f*, Koppelschleife *f*
~/**лентопротя́жный** 1. Filmtransportmechanismus *m*; 2. Bandantrieb *m*, Laufwerk *n*; Magnetbandtransporteinrichtung *f*; 3. Kassettenlaufwerk *n*
~ **остано́ва** Abstellvorrichtung *f*
~/**отключа́ющий** Abschaltmechanismus *m*, Abstelleinrichtung *f*
~/**переда́точный** *(Masch)* Übertragungsmechanismus *m*
~ **переключе́ния переда́ч** *(Kfz)* Gangschaltung *f*
~/**печа́тающий** Druckwerk *n*
~/**планета́рный (зубча́тый)** *(Masch)* Umlaufrädergetriebe *n*, Planetengetriebe *n*
~/**пло́ский** *(Masch)* ebenes Getriebe *n*, ebener Mechanismus *m*
~ **пода́чи** *(Wkzm)* Vorschubgetriebe *n*
~/**подъёмный** Hebevorrichtung *f*, Hebezeug *n*; Hubmechanismus *m*, Hubwerk *n*
~/**распредели́тельный** 1. Steuermechanismus *m*; 2. Verteilereinrichtung *f*
~/**расцепля́ющий** Ausrückvorrichtung *f*, Ausrückmechanismus *m*
~/**реверси́вный** 1. *(Masch)* Umsteuermechanismus *m*; Wendegetriebe *n*; 2. *(Wkzm)* Wendeherz *n*
~/**регулиро́вочный** Regelwerk *n*
~/**рулево́й** *(Kfz)* Lenkgetriebe *n*
~/**рыча́жный** Hebelgestänge *n*, Gestänge *n*
~ **свобо́дного хо́да** Freilauf *m*
~/**скачко́вый** *(Kine)* Schaltwerk *n*
~/**сто́порный** Abstellvorrichtung *f*
~/**счётный** Zählwerk *n*
~/**ходово́й** Laufwerk *n*, Fahrwerk *n*
~/**храпово́й** *(Masch)* Sperrwerk *n*; Klinkensperre *f*
~/**часово́й** Uhrwerk *n*
~/**четырёхзве́нный** *(Masch)* Viergelenkkette *f*
~/**ша́говый** *(Masch)* Schrittmechanismus *m*; Schrittgetriebe *n*
~/**шарни́рный** Gelenkgetriebe *n*
~/**эксце́нтриковый** Exzentermechanismus *m*

меха́ника *f* Mechanik *f*
~/**волнова́я** Wellenmechanik *f*
~ **го́рных поро́д** *(Geol, Geoph, Bgb)* Gebirgsmechanik *f*
~ **гру́нтов** Bodenmechanik *f*, Baugrundmechanik *f*
~ **жи́дкости** Strömungsmechanik *f*
~/**ква́нтовая** Quantenmechanik *f*
~/**небе́сная** Himmelsmechanik *f*
~ **полёта** Flugmechanik *f*
~/**прикладна́я** angewandte Mechanik *f*
~ **разруше́ния** *(Wkst)* Bruchmechanik *f*
~/**релятиви́стская** relativistische Mechanik *f*, Relativitätsmechanik *f*
~ **сплошны́х сред** Kontinuumsmechanik *f*
~/**строи́тельная** Baumechanik *f*
~/**то́чная** Feinmechanik *f*; Feingerätetechnik *f*

механи́ческий mechanisch
механостри́кция *f (Ph)* Mechanostriktion *f*
механотро́ника *f* „Mechanotronik" *f (Fachgebiet mit Elementen der Mechanik, Elektronik und Programmierung)*
механохи́мия *f* Mechanochemie *f*
механохими́ческий mechanochemisch
механоэлектро́нный mechanisch-elektronisch
мече́ние *n (Kern)* Markierung *f*
ме́ченый *(Kern)* markiert
меш *m* Masche *f*, Maschenweite *f*, Sieböffnungsweite *f (Maßeinheit für Drahtsiebe)*
меша́лка *f* 1. Mischer *m*, Mischwerk *n*; 2. Rührer *m*, Rührwerk *n*; 3. Kneter *m*, Knetwerk *n*
~/**винтова́я** Schraubenrührwerk *n*
~/**ло́пастная** Flügelmischer *m*, Schaufelmischer *m*
~/**ра́мная** Gitterrührer *m*, Rahmenrührwerk *n*

~/**турби́нная** 1. Turbomischer *m*; 2. Turborührer *m*
меша́ть 1. mischen; rühren; 2. stören
мешóк *m* Sack *m*; Beutel *m*
мига́ние *n* Flimmern *n*, Flackern *n*
мига́ть flimmern, flackern
мигра́ция *f (Eln, Geol)* Migration *f*, Wanderung *f*
ми́дель(-шпангóут) *m (Schiff)* Hauptspant *n*
микро... *(Mess)* Mikro..., μ *(10^{-6} Einheiten)*
микроавтóбус *m* Minibus *m*
микроампéр *m (El)* Mikroampere *n*, μA
микроамперметр *m (El)* Mikroamperemeter *n*
микроана́лиз *m* Mikroanalyse *f*
микроанализа́тор *m* Mikroanalysator *m*, Mikroanalysengerät *n*
микрова́тт *m (El)* Mikrowatt *n*, μW
микроваттмéтр *m (El)* Mikrowattmeter *n*
микровесы́ *pl* mikrochemische Waage *f*
микроволна́ *f* Mikrowelle *f*
микроволнóвый Mikrowellen...
микровóльт *m (El)* Mikrovolt *n*, μV
микровольтмéтр *m (El)* Mikrovoltmeter *n*
микродви́гатель *m* Mikromotor *m*, Kleinstmotor *m*
микродиóд *m (Eln)* Mikrodiode *f*, Subminiaturdiode *f*
микрозагрязни́тель *m (Ökol)* Mikroverschmutzer *m*
микрозерни́стость *f (Photo)* Fein(st)körnigkeit *f*
микрозерни́стый fein(st)körnig
микрозóнд *m* Mikro(elektronen)sonde *f*
микроинстрýкция *f (Inf)* Mikrobefehl *m*, Mikroanweisung *f*
микрокалкуля́тор *m* **(/программи́руемый)** Taschenrechner *m*
микрокли́мат *m* Mikroklima *n*
микрокóд *m (Inf)* Mikro(befehls)code *m*
микрокома́нда *f (Inf)* Mikrobefehl *m*, Mikroanweisung *f*
микрокомпью́тер *m* Mikrocomputer *m*, Mikrorechner *m*, MR *m*
микрокоррóзия *f* Mikrokorrosion *f*, interkristalline Korrosion *f*
микрокриста́лл *m* Mikrokristall *m*
микрокристалли́ческий mikrokristallin
микромéр *m* Feinmessinstrument *n*, Feinmesszeug *n*; Feinzeiger *m*
микрометеори́т *m (Astr)* Mikrometeorit *m*
микрóметр *m* Messschraube *f*
микромéтр *m* Mikrometer *n*, μm *(Teileinheit der Länge)*
микрометри́ческий Mikrometer...
микроминиатюриза́ция *f (Eln)* Mikrominiaturisierung *f*, Subminiaturisierung *f*
микроминиатю́рный *(Eln)* Mikro(miniatur)..., Subminiatur...
микромóдуль *m (Eln)* Mikromodul(baustein) *m*, Kompaktbaustein *m*
микрóн *m s.* микромéтр
микроóм *m (El)* Mikroohm *n*, μΩ
микроомметр *m (El)* Mikroohmmeter *n*
микропла́та *f (Eln)* Mikromodulplatte *f*
микропóристый mikroporös
микропри́вод *m* Mikroantrieb *m*
микропрогра́мма *f (Inf)* Mikroprogramm *n*
микропрограмми́рование *n* Mikroprogrammierung *f*
микропроцéссор *m (Eln)* Mikroprozessor *m*, MP *m*
~/**32-би́тный** *s.* ~/32-разрядный
~/**встрóенный** On-Chip-Prozessor *m*
~/**многокриста́льный** Multichip-Mikroprozessor *m*
~/**однокриста́льный** Einchip-Mikroprozessor *m*
~/**однопла́тный** Einplatinen-Mikroprozessor *m*
~/**32-разря́дный** 32-Bit-Mikroprozessor *m*, 32-Bit-MP *m*
микропроцéссорный Mikroprozessor...
микросва́рка *f* 1. Mikroschweißen *n*; 2. *(Eln)* Mikrokontaktierung *f*, Bonden *n*
~/**ла́зерная** *(Eln)* Laserbonden *n*
микроскóп *m* Mikroskop *n*
~/**измери́тельный** Messmikroskop *n*
~/**интерференциóнный** Interferenzmikroskop *n*
~/**инфракра́сный** Infrarotmikroskop *n*, IR-Mikroskop *n*
~/**иóнный** Ionenmikroskop *n*
~/**ла́зерный** Lasermikroskop *n*
~/**люминесцéнтный** Lumineszenzmikroskop *n*, Fluoreszenzmikroskop *n*

~/**металлографи́ческий** Metallmikroskop *n*
~/**поляризацио́нный** Polarisationsmikroskop *n*
~/**проекцио́нный** Projektionsmikroskop *n*
~/**ра́стровый (электро́нный)** Raster(elektronen)mikroskop *n*, REM *n*, Scanningmikroskop *n*
~/**рентге́новский** Röntgen(strahlen)-mikroskop *n*
~/**светово́й** Lichtmikroskop *n*
~/**телевизио́нный** Fernsehmikroskop *n*
~/**ультрафиоле́товый** Ultraviolettmikroskop *n*, UV-Mikroskop *n*
~/**фазоконтра́стный** Phasenkontrastmikroskop *n*
~/**флюоресце́нтный** Fluoreszenzmikroskop *n*, Lumineszenzmikroskop *n*
~/**электро́нный** Elektronenmikroskop *n*
микроскопи́ческий mikroskopisch
микроскопи́я *f* Mikroskopie *f*
~/**электро́нная** Elektronenmikroskopie *f*
микросплавно́й *(Halbl)* mikrolegiert, Mikrolegierungs...
микростру́ктура *f* Feingefüge *n*, Mikrogefüge *n*, Mikrostruktur *f*
микросхе́ма *f* Mikroschaltkreis *m*; integrierte Schaltung *f*, integrierter Schaltkreis *m*, IS *m*, IC *m (Zusammensetzungen s. unter* схема*)*
микросхемоте́хника *f (Eln)* Mikroschaltungstechnik *f*
микротвёрдость *f* Mikrohärte *f*
микротре́щина *f* Mikroriss *m*, Haarriss *m*
микротро́н *m (Kern)* Mikrotron *n*, Elektronenzyklotron *n (Beschleuniger)*
микроу́зел *m (Eln)* Mikrobaugruppe *f*
микрофи́льм *m* Mikrofilm *m*
микрофильми́рование *n* Mikrofilmtechnik *f*, Mikroverfilmung *f*
микрофи́ша *f* Mikrofiche *n*
микрофо́н *m* Mikrophon *n*
~/**ле́нточный** Bändchenmikrophon *n*
~/**пьезоэлектри́ческий** Kristallmikrophon *n*
~/**у́гольный** Kohlemikrophon *n*
микрофотогра́фия *f* Mikrophotographie *f*
~/**структу́рная** *(Wkst)* Gefügeaufnahme *f*
микрофото́метр *m* Mikrophotometer *n*
микрохи́мия *f* Mikrochemie *f*, Spurenchemie *f*
микрочасти́ца *f (Kern)* Mikroteilchen *n*
микрошли́ф *m (Wkst)* Mikroschliff *m*
ми́кро-ЭВМ *f* Mikrocomputer *m*, Mikrorechner *m*
~/**однокриста́льная** Einchip-Mikrorechner *m*, Single-Chip-Mikrocomputer *m*
~/**однопла́тная** Einplatinen-Mikrorechner *m*, Einkartenrechner *m*, Single-Board-Computer *m*
~/**специализи́рованная** anwendungsspezifischer Mikrorechner *m*
микроэлектро́ника *f* Mikroelektronik *f*
~/**интегра́льная** integrierte Mikroelektronik *f*
~/**тонкоплёночная** Dünnschichtmikroelektronik *f*
микроэлектро́нный mikroelektronisch
микроэлеме́нт *m (Eln)* Mikro(bau)element *n*, Mikromoduleinheit *f*
ми́ксер *m (Met)* Mischer *m*, Roheisenmischer *m*; Mischpfanne *f*
ми́кшер *m (Ak)* Mischer *m*
микши́рование *n* Mischen *n*, Mischung *f (z. B. Ton, Bild)*
~ **наплы́вом** *(TV)* Überblenden *n*
милли ... *(Mess)* Milli..., m *(10^{-3} Einheiten)*
миллиампе́р *m (El)* Milliampere *n*, mA
миллиамперме́тр *m (El)* Milliamperemeter *n*
миллиба́р *m (Meteo)* Millibar *n*, mbar
милливáт *m (El)* Milliwatt *n*, mW
милливаттме́тр *m (El)* Milliwattmeter *n*
милливо́льт *m (El)* Millivolt *n*, mV
милливольтме́тр *m (El)* Millivoltmeter *n*
миллигра́мм *m* Milligramm *n*, mg
миллиме́тр *m* Millimeter *n*, mm
миллиметро́вка *f* Millimeterpapier *n*
миллимикро́н *m s.* нанометр
ми́ля *f* Meile *f (SI-fremde Einheit der Länge)*
~/**англи́йская** (englische) Meile *f (= 1609,34 m)*
~/**морска́я** (internationale) Seemeile *f*, sm *(= 1852 m)*
минера́л *m* Mineral *n*
минерализа́ция *f* Mineralisation *f*, Mineralbildung *f*

минералоги́ческий mineralogisch
минерало́гия *f* Mineralogie *f*
минералокера́мика *f (Wkz)* Oxidkeramik *f*
минера́л-спу́тник *m* Begleitmineral *n*
минера́льный mineralisch, Mineral...
миниатюриза́ция *f (Eln)* Miniaturisierung *f*
миниатю́рный *(Eln)* Miniatur..., Kleinst...
ми́ни-диск *m* Minidiskette *f*
~/ги́бкий магни́тный Minifloppy *n*, Minifloppy-Disc *f*
миникомпью́тер *m* Minicomputer *m*, Kleincomputer *m*, Kleinrechner *m*
минима́льный minimal, Mindest...
миниме́тр *m (Mess)* Minimeter *n*
минимиза́ция *f* Minimierung *f*
минимизи́ровать minimieren
ми́нимум *m* Minimum *n*, Minimalwert *m*, Kleinstwert *m*
ми́ни-ЭВМ *f s.* миникомпьютер
мино́р *m (Math)* Subdeterminante *f*, Minor *m*
минора́нта *f (Math)* Minorante *f*, Unterreihe *f*
ми́нус *m* 1. *(Math)* Minus *n*, Minuszeichen *n*; 2. *(El)* Minuspol *m*
мину́та *f* Minute *f*
ми́ра *f* 1. Mire *f*; Testmarke *f*; 2. *(Opt)* Sehprobentafel *f*
мира́ж *m* Luftspiegelung *f*, Fata Morgana *f*
мише́нь *f* 1. *(Eln)* Target *n*, Zielscheibe *f*; 2. Speicherplatte *f*, Speicherelektrode *f*; 3. *(Kern)* Target *n*
МК *s.* 1. микрокоманда; 2. микрокомпьютер
МКЭ *m s.* метод конечных элементов
Мле́чный Путь *m (Astr)* Milchstraße *f*; Milchstraßensystem *n*
мнемоко́д *m (Inf)* mnemonischer Code *m*
мнемо́ника *f (Inf)* Mnemonik *f*
мнемони́ческий *(Inf)* mnemonisch
мни́мый scheinbar, imaginär; *(Photo)* virtuell
многоа́дресный *(Inf)* Mehradress..., Mehradressen...
многоа́томность *f (Ch)* Vielatomigkeit *f*, Mehratomigkeit *f*
многоа́томный *(Ch)* vielatomig, mehratomig
многовале́нтность *f (Ch)* Mehrwertigkeit *f*
многовале́нтный *(Ch)* mehrwertig, polyvalent
многогра́нник *m* 1. Polyeder *n*, Vielflächner *m*; 2. *(Wkz)* Mehrkant *m*, Vielkant *m*
~/вы́пуклый konvexes Polyeder *n*
многогра́нный polyedrisch, vielflächig
многодиапазо́нный *s.* многопредельный
многодоро́жечный Mehrspur..., mehrspurig, Vielspur..., vielspurig
многожи́льный *(El)* mehradrig, vieladrig, Mehrleiter..., Mehrdraht... *(Kabel)*
многозада́чный *(Inf)* Multitask(ing)..., multitaskingfähig
многозахо́дный mehrgängig *(Gewinde)*
многозна́чный 1. *(Math)* mehrdeutig; mehrwertig; 2. *(Eb)* mehrbegriffig *(Signal)*
многока́мерный Mehrkammer..., Vielkammer...
многокана́льный Mehrkanal..., Vielkanal...
многокаска́дный mehrstufig, Mehrstufen...
многоковшо́вый *(Förd)* Eimerketten...
многоколе́нный mehrfach gekröpft *(z. B. Kurbelwellen)*
многокра́тный vielfach, mehrfach, multipel, Mehrfach..., Vielfach...
многокриста́льный *(Eln)* Mehrchip..., Mehrkristall..., Multichip..., Multischaltkreis...
многолезви́йный *(Wkz)* mehrschneidig
многолучево́й Mehrstrahl..., mehrstrahlig
многоме́рный mehrdimensional, vieldimensional
многоме́стный 1. mehrsitzig *(Fahrzeuge)*; 2. *(Wkzm)* für mehrere Werkstücke
многообра́зие *n* Vielgestaltigkeit *f*, Vielfältigkeit *f*, *(Math)* Mannigfaltigkeit *f*
многообра́зный vielgestaltig
многоопо́рный *(Masch)* mehrfach gelagert *(z. B. Kurbelwellen)*
многоосно́вный *(Ch)* mehrbasig
многоо́сный mehrachsig
многопозицио́нный Mehrpunkt...; *(Wkzm)* Mehrfach...; *(Wkzm)* Mehrstationen...

многопо́льзовательский *(Inf)* multiuserfähig
многопо́люсник *m (El)* Mehrpol *m*, Vielpol *m*
многопо́люсный *(El)* mehrpolig, Mehrpol..., vielpolig, Vielpol...
многопреде́льный Mehrbereich..., Vielbereich..., mit mehreren Bereichen *(bei Messgeräten)*
многопроводно́й *s.* многожильный
многопролётный *(Bw)* mehrfeldrig *(Brücke)*; mehrschiffig *(Halle)*
многопу́тный *(Eb)* mehrgleisig
многоразря́дный *(Inf)* mehrstellig, vielstellig
многорезцо́вый *(Wkzm)* Mehrmeißel..., Vielmeißel...
многоря́дный mehrreihig, Mehrreihen...
многосекцио́нный mehrteilig
многосло́йный mehrschichtig, Mehrschicht..., mehrlagig, Mehrlagen...
многосторо́нний vielseitig
многоступе́нчатый mehrstufig, Mehrstufen...
многото́чечный Mehrpunkt...
многоуго́льник *m (Math)* Polygon *n*, Vieleck *n*
~ **ве́кторов** Vektorpolygon *n*
~/**пра́вильный** regelmäßiges Vieleck *n*, reguläres Polygon *n*
~ **сил** Kräftepolygon *n*, Krafteplan *m*
многоуго́льный polygonal, vieleckig
многофа́зный *(El)* mehrphasig, Mehrphasen...
многоходово́й mehrgängig *(Schraube)*
многочле́н *m (Math)* Polynom *n*
многочле́нный mehrgliedrig
многоши́нный *(Inf)* Multibus...
многошпи́ндельный *(Wkzm)* Mehrspindel...
мно́жество *n (Math)* Menge *f*
мно́жимое *n (Math)* Multiplikand *m*
мно́житель *m (Math)* Multiplikator *m*
~/**переводно́й** Umrechnungsfaktor *m*
моби́льность *f (Masch)* 1. Beweglichkeit *f*, Verfahrbarkeit *f*; 2. Geschwindigkeitsverhalten *n (des Getriebes)*
моби́льный *(Masch)* ortsveränderlich, beweglich, verfahrbar
моги́льник *m (Kern)* Deponie *f (für radioaktive Abfälle)*
мо́да *f* 1. *(Math)* wahrscheinlichster Wert *m*, Modus *m*; 2. *(Eln, Opt)* Mode *f*, Modus *m*, Wellentyp *m*
~ **колеба́ний** *(Opt)* Schwing(ungs)-mode *f*
~/**светово́дная** Lichtwellenleitermodus *m*, LWL-Modus *m*, LWL-Mode *f*
моделиро́вание *n (Ph, Kyb)* Modellieren *n*, Modellierung *f*, Simulation *f*
~/**ана́логовое** analoge Simulation *f*
~/**дискре́тное** digitale Simulation *f*
~/**цифрово́е** digitale Simulation *f*
моде́ль *f* Modell *n*; Schablone *f*; Baumuster *n*
~/**а́томная** *(Kern)* Atommodell *n*
~/**выплавля́емая** *(Gieß)* Ausschmelzmodell *n*, ausschmelzbares Modell *n*
~/**зо́нная** *(Halbl)* Bändermodell *n*, Zonenmodell *n*
~/**этало́нная** Vergleichsmodell *n*
~/**я́дерная** Kernmodell *n*
мо́дем *m (Inf)* Modem *m(n)*, Modulator-Demodulator *m*
~/**интеллектуа́льный** Smart-Modem *m(n)*
~ **переда́чи да́нных** Daten(übertragungs)modem *m(n)*
модифика́тор *m* 1. Modifikator *m*, Modifizierungsmittel *n*; 2. *(Gieß)* Modifikator *m*, Impfmittel *n*; 3. *(Inf)* Modifizierungssymbol *n*
модифика́ция *f* Abänderung *f*, Modifikation *f*, Modifizierung *f*
модифици́рование *n* 1. *s.* модификация; 2. *(Gieß)* Impfen *n*, Modifizieren *n (der Schmelze)*
модули́рование *n s.* модуляция
модули́рованный *(El)* moduliert, gemodelt; *(Ak)* ausgesteuert
модули́ровать *(El)* modulieren, modeln; *(Ak)* aussteuern
модуло́метр *m* Modulations(grad)messer *m*; *(Ak)* Aussteuerungs(grad)messer *m*
мо́дуль *m* 1. Modul *m*, Zahl *f*, Ziffer *f*; 2. *(Eln)* Modul *m*, Baustein *m*, Modulbaustein *m*; 3. *(Masch)* Modul *m* *(Zahnräder)*; 4. *(Masch)* Baueinheit *f*
~/**во́дный** *(Text)* Flottenverhältnis *n*
~/**ги́бкий произво́дственный** *(Fert)* Fertigungszelle *f*

~/**горизонта́льный** *(Bw)* Grundrissraster *m*
~/**загру́зочный** *(Inf)* Lademodul *m*
~/**задаю́щий** *(Inf)* Master *m*
~/**индивидуа́льный** *(Inf)* Personality-Board *n*, Personality-Karte *f*, Personality-Modul *m*
~/**интерфе́йсный** *(Inf)* Schnittstellenmodul *m*, Schnittstellenbaustein *m*
~/**исполни́тельный** *(Inf)* Slave *m*, Slavegerät *n*
~/**логи́ческий** *(Inf)* Logikmodul *m*, Logikbaustein *m*
~/**лу́нный** *(Raumf)* Mond(lande)fähre *f*
~/**многокриста́льный** *(Inf)* Multichipmodul *m*
~/**оверле́йный** *(Inf)* Überlagerungsmodul *m*
~/**основно́й** *(Bw)* Modul *m*, Grundmodul *m*
~ **па́мяти** *(Inf)* Speichermodul *m*, Speicherbaustein *m*
~/**перифери́йный** *(Inf)* Peripheriemodul *m*, Peripheriebaustein *m*
~/**поса́дочный** *(Raumf)* Abstiegsmodul *m*, Landemodul *m*
~/**програ́ммный** *(Inf)* Programmmodul *m*, Programmbaustein *m*
~ **расшире́ния** *(Inf)* Erweiterungsmodul *m*, Erweiterungsbaustein *m*
~ **сдви́га [скольже́ния]** *(Mech)* Schubmodul *m*, Gleitmodul *m*, Schubelastizitätsmodul *m*
~/**сме́нный** *(Eln)* Einschub *m*, Einschubblock *m*, Einschubeinheit *f*
~/**технологи́ческий** *(Fert)* Fertigungszelle *f*
~ **упру́гости** *s.* ~ Юнга
~ **упру́гости второ́го ро́да** *s.* ~ сдвига
~ **упру́гости пе́рвого ро́да** *s.* ~ Юнга
~ **упру́гости/приведённый** *(Mech)* Knickmodul *m* (nach Kármán)
~/**цифрово́й** Digitalbaustein *m*
~ **эласти́чности** *s.* ~ Юнга
~ **Юнга** *(Mech)* Elastizitätsmodul *m*, E-Modul *m*, youngscher Modul [Elastizitätsmodul] *m*, linearer E-Modul *m*
мо́дульность *f* 1. *(Masch)* Baukastenbauweise *f (von Maschinen)*; 2. *(Inf)* Bausteinausführung *f (z. B. von Programmen)*
мо́дульный Modul..., modular, in Modulbauweise, in Baukastenbauweise
модуля́тор *m (El)* Modulator *m*, Modler *m*
~/**фа́зовый** Phasenmodulator *m*
~/**часто́тный** Frequenzmodulator *m*
модуля́тор-демодуля́тор *m s.* модем
модуля́ция *f* Modulation *f*, Modulieren *n*, Modeln *n*; *(Ak)* Aussteuern *n*, Aussteuerung *f*
~/**амплиту́дная** Amplitudenmodulation *f*, AM *f*
~/**амплиту́дно-и́мпульсная** Pulsamplitudenmodulation *f*, PAM *f*
~/**ано́дная** Anoden(spannungs)modulation *f*
~/**и́мпульсная** Pulsmodulation *f*, PM *f*
~/**и́мпульсно-ко́довая** Pulscodemodulation *f*, PCM *f*
~/**парази́тная** Störmodulation *f*
~/**перекрёстная** Kreuzmodulation *f*
~/**сето́чная** Gitter(spannungs)modulation *f*
~/**фа́зовая** Phasenmodulation *f*, PM *f*
~/**фа́зово-и́мпульсная** Pulsphasenmodulation *f*, PPM *f*
~/**часто́тная** Frequenzmodulation *f*, FM *f*
~/**часто́тно-и́мпульсная** Pulsfrequenzmodulation *f*, PFM *f*
~/**широ́тно-и́мпульсная** Pulsbreitenmodulation *f*, Pulslängenmodulation *f*, PLM *f*, Pulsdauermodulation *f*, PDM *f*
~/**я́ркостная** Helligkeitsmodulation *f*
моза́ика *f* Mosaik *n*
моза́йчный Mosaik...
мозг *m* /**электро́нный** *(Kyb)* Elektronenhirn *n*
мо́йка *f* 1. Spülbecken *n*; 2. Wascheinrichtung *f*; Waschmaschine *f*; 3. Waschanlage *f*, Läuteranlage *f (Aufbereitung)*; 4. Waschen *n*; 5. Läutern *n (Aufbereitung)*
мо́кнуть 1. einweichen, durchfeuchten; 2. rösten, rotten *(Flachs)*
мо́крый nass, feucht
мол *m (Hydt)* Mole *f*
молектро́ника *f* Molekularelektronik *f*, Molektronik *f*
моле́кула *f* Molekül *n*
~/**цепна́я** Kettenmolekül *n*
молекуля́рный molekular, Molekular...

молибде́н *m (Ch)* Molybdän *n*, Mo
молибденовоки́слый *(Ch)* ...molybdat *n*; molybdänsauer
молибде́новый Molybdän...
молли́рование *n (Glas)* Senken *n*
молниезащи́та *f* Blitzschutz *m*
молниеотво́д *m* Blitzableiter *m*
мо́лния *f* Blitz *m*; Blitzentladung *f*
~/**лине́йная** Linienblitz *m*
~/**пло́ская** Flächenblitz *m*
~/**шарова́я** Kugelblitz *m*
молоко́ *n* Milch *f*
~/**известко́вое** *(Bw)* Kalkmilch *f*
~/**цеме́нтное** *(Bw)* Zementbrühe *f*
молокоохлади́тель *m* Milchkühler *m*
молокопрово́д *m* Milchrohrleitung *f*
мо́лот *m (Masch)* Hammer *m (als Maschinenhammer)*
~/**бесшабо́тный** Gegenschlaghammer *m*
~/**гидравли́ческий** hydraulischer Hammer *m*
~/**ко́вочный** Schmiedehammer *m*
~/**кузне́чный** Schmiedehammer *m*
~/**па́дающий** Fallhammer *m*
~/**плющи́льный** Breithammer *m*, Reck(schmiede)hammer *m*, Ausschmiedehammer *m*
~/**пневмати́ческий** Drucklufthammer *m*
~/**сва́йный** *(Bw)* Pfahlhammer *m*
~/**штампо́вочный** Gesenkschmiedehammer *m*
молоти́лка *f* Dreschmaschine *f*
молоти́ть dreschen
молото́к *m (Wkz)* Hammer *m (Handhammer)*
~/**бури́льный** *(Bgb)* Bohrhammer *m*
~/**глади́льный** Treibhammer *m*; Schlichthammer *m*
~/**отбо́йный** *(Bgb)* Abbauhammer *m*
~/**разго́нный** Treibhammer *m*
~/**чека́ночный** Stemmhammer *m*
молото́к-ки́рочка *m* Maurerhammer *m*
мо́лотый gemahlen
моло́ть mahlen, zerkleinern
молотьба́ *f (Lw)* Dreschen *n*, Drusch *m*
молочноки́слый *(Ch)* ...lactat *n*; milchsauer
моль *m (Ch)* 1. Mol *n (Einheit der Stoffmenge)*; 2. Mol *n*, Grammmol(ekül) *n (nicht mehr zulässig – zu ersetzen durch Mol Moleküle)*
моля́льность *f (Ch)* Molalität *f*, Kilogramm-Molalität *f*
моляриза́ция *f (Ch)* Molekülbildung *f*, Rekombination *f*
моля́рность *f (Ch)* Molarität *f*, Liter-Molarität *f*
моля́рный *(Ch)* molar, Mol...
моме́нт *m* 1. Moment *m*, Zeitpunkt *m*; 2. *(Mech)* Moment *n*
~/**ветрово́й** *(Bw)* Windmoment *n*
~/**восстана́вливающий** *(Aero)* aufrichtendes [rückdrehendes] Moment *n*, Aufrichtmoment *n*
~/**враща́ющий** *s.* ~/крутящий
~/**гироскопи́ческий** *(Mech)* Kreiselmoment *n*
~/**дипо́льный** *(Ph)* Dipolmoment *n*
~/**изгиба́ющий** *(Mech)* Biegemoment *n*
~ **ине́рции** *(Mech)* Trägheitsmoment *n*, Massenmoment *n* zweiten Grades, Massenträgheitsmoment *n*
~ **коли́чества движе́ния** *(Ph)* Drehimpuls *m*, Impulsmoment *n*, Drall *m*
~/**крити́ческий** *(Mech)* kritisches Moment *n*
~/**крутя́щий** *(Mech)* Verdrehmoment *n*, Torsionsmoment *n*, Drillmoment *n*, Drehmoment *n (Torsion)*
~/**магни́тный** *(El, Ph)* magnetisches Moment *n*
~/**опо́рный** *(Mech, Bw)* Auflagermoment *n*, Pfeilermoment *n*
~/**опроки́дывающий** *(Mech)* Kippmoment *n*, Reaktionsmoment *n*
~/**орбита́льный** *(Kern)* Bahn(dreh)impuls *m*, Bahnmoment *n (eines Teilchens)*
~/**осево́й** *(Mech)* axiales [axial wirkendes] Moment *n*
~/**продо́льный** *(Aero)* Längs(neigungs)moment *n*, Kippmoment *n*; *(Flg)* Nickmoment *n*
~/**пролётный** *(Bw)* Feldmoment *n*
~/**противоде́йствующий** 1. *(Mech)* Gegen(dreh)moment *n*; 2. *(Mech)* Drehsteife *f*, Direktionsmoment *n*; 3. Einstellmoment *n*; 4. *(Mess)* Richtmoment *n*
~/**пусково́й** 1. *(El)* Anfangs(dreh)moment *n (eines E-Motors)*; 2. Anlauf(dreh)moment *n (eines Hydraulikmotors)*

~/**разруша́ющий** *(Mech)* Bruchmoment *n*
~/**реакти́вный** *(Mech)* Reaktionsmoment *n*
~ **си́лы** *(Mech)* 1. Kraftmoment *n*; 2. Drehmoment *n*
~ **скольже́ния** *(Mech)* Schlupfmoment *n*
~ **сопротивле́ния** *(Mech)* Widerstandsmoment *n* (gegen Biegung), Biegungswiderstandsmoment *n*
~ **танга́жа** *s.* ~/продольный 1.
~/**тормозно́й** Bremsmoment *n*
~ **тре́ния** *(Mech)* Reib(ungs)moment *n*
~/**центробе́жный** *(Mech)* Zentrifugalmoment *n*, Deviationsmoment *n*, Trägheitsprodukt *n*
~/**электри́ческий** elektrisches Moment *n*
~/**электромагни́тный** elektromagnetisches Moment *n*
~/**я́дерный** *s.* ~ ядра
~ **ядра́** *(Kern)* Kernmoment *n*
~ **ядра́/магни́тный** *(Kern)* magnetisches Kernmoment *n*
моне́тница *f* Rückgabebecher *m (z. B. eines Münzfernsprechers)*
монито́р *m* 1. *(TV)* Monitor *m*, Bildkontrollgerät *n*; 2. *(Inf)* Monitor *m*, Monitorprogramm *n*; 3. *(Kern)* Monitor *m*, Kontroll- und Überwachungsgerät *n*, Strahlungskontrollgerät *n*; 4. *(Hydt)* Hydromonitor *m*, Strahlrohr *n*
~/**цветно́й** Farbmonitor *m*
монито́ринг *m (Ökol)* Monitoring *n*, Umweltkontrolle *f*, Umweltüberwachung *f*
~/**атмосфе́рный** Atmosphärenmonitoring *n*
~/**глоба́льный** globales Umweltmonitoring *n*
~ **окружа́ющей среды́** Umweltmonitoring *n*, Umweltkontrolle *f*
~/**региона́льный** Regionalmonitoring *n*
монобло́к *m* Blockaggregat *n*
моноклина́ль *f (Geol)* Monokline *f*, Flexur *f*
моноклі́нный *(Krist)* monoklin
монокриста́лл *m* Einkristall *m*
~/**полупроводнико́вый** Halbleitereinkristall *m*
монокристалли́ческий Einkristall...
монокуля́р *m (Opt)* Monokular *n*
монокуля́рный *(Opt)* monokular, einäugig
моноли́т *m* Monolith *m*
моноли́тный monolithisch
моно́м *m (Math)* Monom *n*
мономе́р *m (Ch)* Monomer *n*
мономе́рный *(Ch)* monomer
мономолекуля́рный *(Ch)* monomolekular
монони́ть *f* Monofilseide *f*, Monofilfaden *m*, Monofil *n*
моно́окись *f (Ch)* Monoxid *n*
монопла́н *m (Flg)* Eindecker *m*
~/**расча́лочный** verspannter Eindecker *m*
~/**свободнонесу́щий** freitragender Eindecker *m*
моноре́льс *m* Tragschiene *f*, Laufschiene *f (der Einschienenhängebahn)*
моноско́п *m (TV)* Monoskop *n*
моностаби́льный monostabil
моното́нность *f* Monotonie *f*
моното́нный monoton
монохромати́ческий *(Opt)* monochromatisch, einfarbig
монохрома́тор *m (Opt)* Monochromator *m*
монта́ж *m* 1. Montage *f*, Zusammenbau *m*; 2. *(El)* Verdrahtung *f*; 3. *(Eln)* Bestückung *f*; 4. *s.* монтировка; 5. *(Kine)* Schnitt *m*
~/**бло́чный** Blockmontage *f*
~/**ги́бкий** *(El)* flexible Verdrahtung *f*
~/**жёсткий** *(El)* starre Verdrahtung *f*
~ **криста́ллов** *(Eln)* Chip-Montage *f*, Chip-Kontaktierung *f*
~ **накру́ткой** *(Eln)* Wire-Wrap-Verdrahtung *f*
~/**печа́тный** *(Eln)* gedruckte Verdrahtung *f*
~/**пове́рхностный** *(Eln)* Oberflächenmontage *f*, SMD-Montage *f*
~/**предвари́тельный** Vormontage *f*
~/**про́водов** *(El)* Leitungsverlegung *f*, Verdrahtung *f*
~/**скры́тый** *(Eln)* vergrabene Verdrahtung *f*
монта́жный Montage...
монтежю́ *n (Ch)* Montejus *n*, Druckheber *m*
монти́ровать montieren, zusammenbauen; *(El)* verdrahten

монтиро́вка *f (Astr, Opt)* Montierung *f*, Aufstellung *f (eines Teleskops)*
МОП *m* Metall-Oxid-Halbleiter *m*, MOS *m*
мопе́д *m* Moped *n*
МОП-ло́гика *f (Inf)* MOS-Logik *f*
МОП-структу́ра *f (Eln)* MOS-Struktur *f*
МОП-техноло́гия *f (Eln)* MOS-Technologie *f*
МОП-транзи́стор *m (Eln)* MOS-Transistor *m*, Metalloxid-Feldeffekt-Transistor *m*, MOSFET *m*
мо́ре *n* Meer *n*, See *f*
~/**вну́треннее** Binnenmeer *n*
~/**лу́нное** *(Astr)* Mare *n*
~/**откры́тое** hohe See *f*, offenes Meer *n*
море́на *f (Geol)* Moräne *f*
~/**бокова́я** Seitenmoräne *f*
~/**до́нная** Grundmoräne *f (in Bewegung)*
~/**основна́я** Grundmoräne *f (abgelagert)*
~/**пове́рхностная** Ober(flächen)moräne *f*
морепла́вание *n* Seefahrt *f*
моретрясе́ние *n (Geol)* Seebeben *n*
морехо́дный seegehend, seetüchtig
мори́ть beizen *(Holz)*
морози́лка *f* Kühlkammer *f*, Kühlzelle *f*
морози́льник *m* Gefrierschrank *m*
морозобо́ина *f* 1. *(Forst)* Frostriss *m*; 2. *(Bw)* Frostaufbruch *m (Straßenschaden)*
морозосто́йкий frostbeständig, kältebeständig
морозосто́йкость *f* Frostbeständigkeit *f*, Kältebeständigkeit *f*
морско́й See...; Meer(es)...; maritim
мост *m* 1. *(Bw)* Brücke *f*; 2. *(El)* (elektrische) Brücke *f*; 3. *(Kfz)* Achse *f*, Achsbrücke *f*
~/**автодоро́жный** Straßenbrücke *f*
~/**а́рочный** Bogenbrücke *f*
~/**ба́лочный** Balkenbrücke *f*
~/**ва́нтовый** Tragseilbrücke *f*, Seilwerkbrücke *f*
~/**веду́щий** *(Kfz)* Antriebsachse *f*, Triebachse *f*
~ **Ви́на** *(El)* wiensche Brücke *f*
~/**вися́чий** Hängebrücke *f*
~/**вре́менный** Behelfsbrücke *f*
~/**двухпролётный** zweifeldrige Brücke *f*
~/**двухъя́русный** Doppelstockbrücke *f*
~/**железнодоро́жный** Eisenbahnbrücke *f*
~/**железобето́нный** Stahlbetonbrücke *f*
~/**жёсткий** *(Kfz)* Starrachse *f*
~/**за́дний** *(Kfz)* Hinterachse *f*
~/**за́дний веду́щий** *(Kfz)* Hinterachsbrücke *f*
~/**измери́тельный** *(El)* Messbrücke *f*
~/**комбини́рованный** *s.* ~/совмещённый
~/**консо́льный** Kragbrücke *f*, Auslegerbrücke *f*
~/**короткозамыка́ющий** *(El)* Kurzschlussbrücke *f*
~/**многопролётный** mehrfeldrige Brücke *f*, Mehrfeldbrücke *f*
~/**наплавно́й** Schwimmbrücke *f*
~/**однокры́лый** einflügelige Brücke *f*
~/**однопролётный** einfeldrige Brücke *f*, Einfeldbrücke *f*
~/**пере́дний** *(Kfz)* Vorderachse *f*
~/**пере́дний веду́щий** *(Kfz)* Vorderachsbrücke *f*
~/**пешехо́дный** Fußgängerbrücke *f*
~/**поворо́тный** Drehbrücke *f*
~/**подъёмный** Zugbrücke *f*
~/**понто́нный** Pontonbrücke *f*
~/**разводно́й** bewegliche Brücke *f*
~/**ра́мный** Rahmenbrücke *f*
~/**совмещённый** kombinierte Brücke *f (für verschiedene Verkehrsmittel)*
~/**стально́й** Stahlbrücke *f*
~/**тра́нспортно-отва́льный** *(Bgb)* Abraumförderbrücke *f*, Förderbrücke *f*
~/**уравнове́шенный (измери́тельный)** *(El)* abgeglichene Messbrücke *f*
мо́стик *m* 1. Brücke *f*; 2. *(Bw)* Steg *m*; Laufbohle *f*; 3. *(El) s.* мост 2.; 4. *(Ch)* Brücke *f*, Atombrücke *f*, Strukturbrücke *f*; 5. *(Schiff)* Brücke *f*, Kommandobrücke *f*
~/**кислоро́дный** *(Ch)* Sauerstoffbrücke *f*
~/**кормово́й** *(Schiff)* Achterbrücke *f*
~/**носово́й** *(Schiff)* vordere Brücke *f*
~/**пеленга́торный** *(Schiff)* Peildeck *n*
~/**сигна́льный** *(Eb, Schiff)* Signalbrücke *f*
мости́ть *(Bw)* pflastern
мостова́я *f (Bw)* Pflaster *n*

мостово́й Brücken...; *(El)* in Brückenschaltung
мостострое́ние *n* Brückenbau *m*
мота́лка *f* 1. *(Wlz)* Haspel *f*, Drahthaspel *f*, Bandhaspel *f*; 2. Rückspulgerät *n*, Aufroller *m*, Umroller *m (für Filme u. a.)*; 3. *(Text)* Spuler *m*, Spulvorrichtung *f*
мота́ние *n s.* мóтка
мота́ть haspeln, spulen
моте́ль *m* Motel *n*
мо́тка *f* Haspeln *n*, Wickeln *n*
мотови́ло *n* 1. Haspel *f*; Drahthaspel *f*; 2. *(Text)* Garnwinde *f*, Weife *f*
мотово́з *m* Kleinlok(omotive) *f*
мотодрези́на *f* Motordraisine *f*
мото́к *m* 1. Rolle *f*; 2. *(Text)* Strang *m*, Strähn *m*
мотопланёр *m (Flg)* Motorsegler *m*, Motorgleiter *m*, Motorgleitflugzeug *n*
мото́р *m s.* двигатель
~/**кормово́й подвесно́й** Heckaußenbordmotor *m (Bootsmotor)*
~/**подвесно́й (ло́дочный)** Außenbordmotor *m (Bootsmotor)*
моторесу́рс *m* Betriebszeit [Lebensdauer] *f* eines Motors *(bis zur Generalüberholung)*
моторизо́ванный motorisiert
мото́рный Motor(en)...
мотоpó̧ллер *m* Motorroller *m*
мото́р-реду́ктор *m* Getriebemotor *m*
мото́рчик *m* Kleinmotor *m*
мотоци́кл *m* Motorrad *n*
~ **с коля́ской** Motorrad *n* mit Beiwagen, Beiwagenmaschine *f*
моты́га *f (Lw)* Hacke *f*; Hackgerät *n*
мочеви́на *f (Ch)* Harnstoff *m*
мо́чка *f* 1. Wässerung *f*, Einweichen *n*; 2. Rösten *n*, Rotte *f (Flachs)*
моще́ние *n (Bw)* Pflastern *n*
мо́щность *f* 1. Leistung *f*; 2. Leistungsfähigkeit *f*; 3. *(Geol)* Mächtigkeit *f*, Dicke *f (einer Schicht)*; 4. *(El)* Leistung *f*, Energiefluss *m (in Watt)*; 5. *(Math)* Kardinalzahl *f*; Mächtigkeit *f (Mengenlehre)*
~/**акти́вная** *(El)* Wirkleistung *f*
~/**взлётная** *(Flg)* Startleistung *f*
~ **вскры́ши** *(Bgb)* Abraummächtigkeit *f*
~/**входна́я** *(El)* Eingangsleistung *f*
~/**высо́тная** *(Flg)* Höhenleistung *f (des Triebswerks)*
~/**выходна́я** *(El)* Ausgangsleistung *f*
~/**действи́тельная** Istleistung *f*, tatsächliche Leistung *f*
~/**дли́тельная** Dauerleistung *f*
~/**звукова́я** Schallleistung *f*, Leistung *f* der Schallquelle
~/**избы́точная** Leistungsüberschuss *m*
~/**индика́торная** *(Masch)* indizierte Leistung *f*
~/**ка́жущаяся** *(El)* Scheinleistung *f*, *(Wechselstrom)*
~/**кре́йсерская** Reiseleistung *f*, Marschleistung *f*
~/**литро́вая** *(Kfz)* Hubraumleistung *f*, Literleistung *f*
~/**максима́льная** Maximalleistung *f*, Höchstleistung *f*, Spitzenleistung *f*
~/**мгнове́нная** Momentanleistung *f*, Augenblicksleistung *f*
~/**минима́льная** Minimalleistung *f*, Mindestleistung *f*
~ **на валу́** 1. *(Masch)* Wellenleistung *f*; 2. *s.* ~/тормозная
~ **на зажи́мах** *(El)* Klemmenleistung *f*
~/**номина́льная** Nennleistung *f*
~/**о́бщая** Gesamtleistung *f*
~/**отдава́емая** *(El)* abgegebene Leistung *f*
~/**пи́ковая** *s.* ~/максимальная
~ **пласта́** *(Geol, Bgb)* Mächtigkeit *f* (des Flözes), Flözmächtigkeit *f*
~/**поле́зная** Nutzleistung *f*
~/**по́лная** 1. Gesamtleistung *f*; 2. *(El)* (elektrische) Scheinleistung *f*; 3. volle Leistung *f*, Volllastleistung *f (z. B. von Triebwerken)*
~ **поте́рь** Verlustleistung *f*
~/**потребля́емая** 1. erforderliche Leistung *f*, Leistungsbedarf *m*; 2. *(El)* aufgenommene Leistung *f*, Leistungsaufnahme *f*
~/**принима́емая** *(Rf)* Empfangsleistung *f*
~/**произво́дственная** Produktionsleistung *f*
~/**рабо́чая** *(Bgb)* bauwürdige Mächtigkeit *f*
~/**разрывна́я** *(El)* Abschaltleistung *f*
~/**располага́емая** verfügbare Leistung *f*
~/**рассе́иваемая** *(El)* Verlustleistung *f*

~/**реакти́вная** *(El)* Blindleistung *f*
~/**резе́рвная** Reserveleistung *f*
~/**сре́дняя** durchschnittliche Leistung *f*, Normalleistung *f*
~/**сумма́рная** 1. *(Geol, Bgb)* Gesamtmächtigkeit *f (Schichten)*; 2. Gesamtanschlusswert *m (einer Maschine)*
~/**тормозна́я** Bremsleistung *f*
~/**тя́говая** 1. *(Eb)* Zugförderleistung *f*, Traktionsleistung *f*; 2. *(Flg, Rak)* Schubleistung *f*
~/**устано́вленная** *(El)* installierte Leistung *f*
~/**эксплуатацио́нная** Betriebsleistung *f*; Dauerleistung *f*
мо́щный 1. stark, kräftig, leistungsfähig; Groß...; 2. *(Geol, Bgb)* mächtig *(Schichten)*
МП *m s.* микропроцессор
мра́мор *m* Marmor *m*
муа́р *m* Moiré *m(n)*
мука́ *f* Mehl *n*
мулине́тка *f* 1. Windflügel *m*, Windschraube *f*, 2. *(Flg)* Luftwirbelbremse *f*
му́льда *f* 1. *(Met)* Mulde *f*, Einsatzmulde *f*, Beschickungsmulde *f (für Schmelzöfen)*; 2. *(Geol)* Synklinale *f*, Synkline *f*, Mulde *f*
~/**загру́зочная** *s.* мульда 1.
мультивибра́тор *m (El)* Multivibrator *m*
~/**бистаби́льный** bistabiler Multivibrator *m*
~/**моностаби́льный** monostabiler Multivibrator *m*
~/**мультизада́чный** *s.* многозадачный
мультипле́кс *m (Inf, Nrt)* Multiplex *n*
~/**временно́й** Zeitmultiplex *n*
мультиплекси́рование *n (Inf, Nrt)* Multiplexen *n*
~/**временно́е** Zeitmultiplexen *n*
~/**часто́тное** Frequenzmultiplexen *n*
мультипле́ксор *m (Inf)* Multiplexer *m*, MUX *m*, MPX *m*, Multiplexsteuergerät *n*, Mehrfachkoppler *m*
мультипле́т *m (Kern)* Multiplett *n (eines Atoms oder Energieniveaus)*; Spinmultiplett *n*
мультипле́тность *f (Math)* Multiplizität *f*, Vielfachheit *f*; *(Krist)* Zähligkeit *f*
мультиплика́тор *m* 1. Multiplikator *m*, Multipliziergerät *n*; 2. *(Masch)* Druckumformer *m*, Drucküberseetzer *m*
мультипликацио́нный Trickfilm...
мультиплика́ция *f* 1. Vervielfachung *f*; 2. *(Krist)* Vervielfachung *f*, Versetzungsvervielfachung *f*, Multiplikation *f*, Versetzungsmultiplikation *f*; 3. *(Photo)* Trickaufnahme *f*
мультипо́ль *m (Kern)* Multipol *m*
мультипо́льность *f (Kern)* Multipolordnung *f*, Multipolarität *f*
мультипрограмми́рование *n (Inf)* Mehrfachprogrammierung *f*, Multiprogrammierung *f*
мультипроце́ссор *m (Eln)* Multiprozessor *m*
мультфи́льм *m* Trickfilm *m*
мульчи́рование *n (Lw)* Mulchen *n*
мундшту́к *m* Mundstück *n*; Düse *f*
мускуло лёт *m* „Muskelflugzeug" *n (durch Muskelkraft angetriebenes Flugzeug)*
мускулохо́д *m* „Muskelfahrzeug" *n (durch Muskelkraft angetriebenes zwei- oder mehrrädriges Fahrzeug)*
му́сор *m* Müll *m*, Abfall *m*; *(Bw)* Schutt *m*, Bauschutt *m*
~/**бытово́й** Hausmüll *m*
мусорово́з *m* Müllauto *n*, Müllwagen *m*, Entsorgungsfahrzeug *n*
мусоропрово́д *m* Müllschlucker *m*
мусоросбо́рник *m* Müllbunker *m*; Mülltonne *f*
мусоросжига́ние *n* Müllverbrennung *f*
мусоросжига́тель *m* Müllverbrennungsanlage *f*
муссо́н *m (Meteo)* Monsun *m*
мути́ть trüben
му́тность *f* Trübung *f*, Trübungsgrad *m*
му́тный trübe
муть *f* 1. Trübung *f*, Bodensatz *m*; 2. Trübe *f*, Aufschlämmung *f (Aufbereitung)*
му́фта *f* 1. Muffe *f*, Hülse *f*; 2. *(Masch)* Kupplung *f*
~/**автомати́ческая сцепна́я** *(Masch)* automatische Kupplung *f*
~/**вту́лочная** Muffenkupplung *f*
~/**ги́бкая** elastische Kupplung *f*
~/**гидравли́ческая** Strömungskupplung *f*, Hydrokupplung *f*, Flüssigkeitskupplung *f*
~/**глуха́я** starre Kupplung *f*
~/**ди́сковая (фрикцио́нная)** Reibscheibenkupplung *f*

~/**жёсткая** starre Kupplung *f*
~/**зубча́тая** Zahnkupplung *f*
~/**ка́бельная** Kabelmuffe *f*
~/**компенси́рующая** Ausgleichskupplung *f*
~/**ко́нусная** Kegelkupplung *f*
~/**концева́я** Endverschluss *m*, Abschlussmuffe *f (eines Kabels)*; Endmuffe *f (Seilbefestigung)*
~/**кулачко́вая** Klauenkupplung *f*
~/**ле́нточная** Bandkupplung *f*
~/**многоди́сковая** Lamellenkupplung *f*
~/**обго́нная** Überholkupplung *f*, Freilaufkupplung *f*
~/**ответви́тельная** Abzweigmuffe *f (eines Kabels)*
~ **переключе́ния переда́ч** *(Kfz)* Schaltkupplung *f*
~/**перехо́дная** Übergangsmuffe *f*, Reduziermuffe *f*
~/**подви́жная** bewegliche Kupplung *f*
~/**попере́чно-свёртная** Scheibenkupplung *f*, Flanschkupplung *f*
~/**постоя́нная** Dauerkupplung *f*
~/**предохрани́тельная** Sicherheitskupplung *f*, Überlastkupplung *f*
~/**продо́льно-свёртная** Schalenkupplung *f*
~/**реверси́вная** Reversierkupplung *f*, Umsteuerkupplung *f*
~/**резьбова́я** Gewindemuffe *f*
~ **свобо́дного хо́да** *s.* ~/обгонная
~/**соедини́тельная** Verbindungsmuffe *f (z. B. für Kabel)*
~/**стяжна́я** Spannmuffe *f*; Spannschloss *n*
~/**суха́я** Trockenkupplung *f*
~/**сцепна́я** lösbare [ausrückbare, schaltbare] Kupplung *f*, Schaltkupplung *f*
~/**тру́бная** Rohrmuffe *f*
~/**упру́гая** elastische Kupplung *f*
~/**фла́нцевая** Flanschkupplung *f*
~/**фрикцио́нная** Reib(ungs)kupplung *f*, reibschlüssige Kupplung *f*
~/**храпова́я** Klinkensperrkupplung *f*
~/**центробе́жная** Fliehkraftkupplung *f*
~/**шарни́рная** Gelenkkupplung *f*, Kreuzgelenkkupplung *f*
му́чка *f (Lw)* Futtermehl *n*
мучни́стый mehlig
му́шка *f* Korn *n (einer Visiereinrichtung)*
мы́ло *n* Seife *f*
мыловаре́ние *n* Seifensieden *n*, Seifensiederei *f*
мышь *f (Inf)* Maus *f*
мышья́к *m (Ch)* Arsen *n*, As
мышьяковистоки́слый *(Ch)* ...arsenit *n*; arsenigsauer
мышьяко́вистый *(Ch)* ...arsenid *n*; arsenhaltig
мышьяковоки́слый *(Ch)* ...arsenat *n*; arsensauer
мышьяко́вый *(Ch)* Arsen...
мю-мезо́н *m (Kern)* Mü-Meson *n*, µ-Meson *n*
мя́гкость *f* Weichheit *f*
мягче́ние *n* 1. Weichmachen *n*, Weichmachung *f*; Enthärten *n (Wasser)*; 2. Weichwerden *n (z. B. Röntgenröhren)*; 3. *(Led)* Beizen *n*; 4. *(Kst)* Plasti(fi)zieren *n*
мягчи́тель *m* 1. Weichmacher *m*, Weichmachungsmittel *n*; *(Kst)* Plastifikator *m*; 2. Beize *f*, Beizmittel *n (für Leder)*
мягчи́ть 1. weich machen; 2. beizen *(Leder)*
мя́лка *f* 1. *(Text)* Knickmaschine *f*, Brechmaschine *f (für Flachs)*; 2. *(Led)* Walke *f*
мясору́бка *f* Fleischwolf *m*
мять 1. hämmern; 2. kneten; 3. brechen, knicken *(Flachs)*; 4. zerknittern *(Gewebe)*; 5. walken *(Leder)*; 6. drosseln *(Dampf)*

Н

Н *s.* ньютон
н *s.* нано...
набега́ние *n* Auflauf *m*, Auflaufen *n*
на́бережная *f* 1. Kai *m*; 2. Uferstraße *f*
набива́ть 1. (voll)füllen, (voll)stopfen; 2. (aus)polstern, ausstopfen; 3. einschlagen *(Nägel)*; 4. *(Masch)* packen, abdichten *(Stopfbuchsen)*; 5. *(Met)* (aus)stampfen, ausfüttern *(einen Ofen)*; 6. *(Text)* bedrucken *(Gewebe)*
наби́вка *f* 1. Füllen *n*, Füllung *f*; 2. Füllmasse *f*, Füllkörper *m*; 3. Polstern *n*, Polsterung *f*; 4. Polstermaterial *n*; 5. *(Masch)* Packung *f*, Liderung *f*;

6. *(Masch)* Packmasse *f*, Dichtungsmasse *f*, Packung *f*; 7. *(Met)* Ausstampfung *f*, Ausfüttern *n (eines Ofens)*; 8. *(Met)* Stampfmasse *f*; 9. *(Text)* Bedrucken *n (von Gewebe)*
набивно́й 1. *(Masch)* Packungs..., Dichtungs...; 2. *(Met)* Stampf...; 3. *(Text)* Druck...
наби́вочный *(Masch)* Packungs..., Dichtungs...
набира́ть 1. sammeln; 2. *(Typ)* setzen; 3. *(Nrt)* wählen; 4. *(Glas)* anfangen *(Posten)*
~ **высоту́** *(Flg)* steigen, (an) Höhe gewinnen
на́бла-опера́тор *m (Math)* Nablaoperator *m*, Nabla *n*, Gradientenoperator *m*, Nablavektor *m*
наблюде́ние *n* Beobachtung *f*, Beobachten *n*; Überwachung *f*, Kontrolle *f*, Beaufsichtigung *f*
набо́р *m* 1. Satz *m*, Garnitur *f*, Sortiment *n*; 2. Aufnahme *f*, Übernahme *f*; 3. *(Typ)* Schriftsatz *m*; 4. *(El)* Matrix *f*, Array *n*, Netzwerk *n*; 5. *(Nrt)* Wählen *n*; 6. *(Glas)* Posten *m*; 7. *(Glas)* Anfangen *n*; 8. *(Schiff)* Verband *m*, Verbände *mpl*
~ **высоты́** *(Flg)* 1. Steigflug *m*; 2. Höhengewinn *m*
~/**да́льний** *(Nrt)* Fernwahl *f*
~ **да́нных** *(Inf)* Datensatz *m*, Datei *f*
~ **инстру́кций** *s.* ~ команд
~ **инструме́нтов** Werkzeugsatz *m*
~ **команд** *(Inf)* Befehlsvorrat *m*, Befehlssatz *m*
~ **мер** *(Mess)* Maßverkörperungssatz *m*
~ **номера́** *(Nrt)* Nummernwahl *f*, Rufnummernwahl *f*
~/**попере́чный** *(Schiff)* Querverband *m*, Querverbände *mpl*
~/**продо́льный** *(Schiff)* Längsverband *m*, Längsverbände *mpl*
~ **си́мволов** *(Inf)* Zeichenvorrat *m*, Zeichensatz *m*
набро́ска *f* 1. *(Bw)* Rauputz *m*; 2. *(Hydt)* Schüttung *f*
набро́сок *m* Skizze *f*, Entwurf *m*; Kroki *n*
набуха́емость *f* Quellvermögen *n*, Quellbarkeit *f*, Quellfähigkeit *f*
набуха́ние *n* Quellen *n*, Aufquellen *n*; Schwellen *n*, Anschwellen *n*
набуха́ть quellen; (an)schwellen
нава́л *m (Bgb)* Haufwerk *n (Erz)*
нава́ливать *(Bgb)* wegfüllen
нава́лка *f (Bgb)* Wegfüllen *n*
нава́лом lose, als Schüttgut
нава́лочник *m s.* балкер
нава́ривать aufschweißen
нава́рка *f s.* наплавка 2.
наведе́ние *n* 1. Auftragen *n (Farben)*; 2. *(Rak, Flg)* Lenkung *f*, Ansteuern *n*; Steuerung *f*; 3. *(El)* Induzieren *n*, Induktion *f*; 4. *(Reg)* Nachführen *n* • **с инерциа́льным наведе́нием** *(Rak)* trägheitsgelenkt, inertialgelenkt
~/**автоно́мное** *(Rak)* Selbstlenkung *f*
~/**инерциа́льное** *(Rak)* Trägheitslenkung *f*
~/**инфракра́сное** *(Rak)* Infrarotlenkung *f*
~ **по ла́зерному лучу́** *(Rak)* Laser(strahl)lenkung *f*
~ **по лучу́** *(Rak)* Leitstrahllenkung *f*
наве́с *m* 1. Überdachung *f*; Schutzdach *n*, Wetterdach *n*; 2. *(Bw)* Auslegerdach *n*, Kragdach *n*; 3. *(Bgb)* Grubenkaue *f*
наве́ска *f* 1. Einhängung *f*, Aufhängung *f*; 2. Einwaage *f*; 3. *(Bw)* Band *n (für Fenster und Türen)*, Türband *n*, Fensterband *n*
~/**трёхто́чечная** *(Lw)* Dreipunktaufhängung *f (Schlepper)*
навесно́й Anbau...
наве́тренный Luv..., luvseitig
наве́шивание *n* 1. Einhängen *n*, Aufhängen *n*; 2. Einwägen *n*
навива́ние *n* 1. Aufwickeln *n*, Aufwinden *n*, Aufrollen *n*, Haspeln *n*; 2. *(Text)* Bäumen *n*
навигацио́нный Navigations..., navigatorisch, nautisch
навига́ция *f* 1. Navigation *f*, Schiffsführung *f*; 2. Schifffahrtsperiode *f*, Navigationsperiode *f*; 3. *(Flg)* Navigation *f*
~/**астрономи́ческая** Astronavigation *f*
~/**бли́жняя** Kurzstreckennavigation *f*, Nahstreckennavigation *f*
~/**да́льняя** Langstreckennavigation *f*, Weitstreckennavigation *f*
~/**до́плеровская** Doppler-Navigation *f*
~ **по (веду́щему) лучу́** Leitstrahlnavigation *f*

нави́нчивание *n* Aufschrauben *n*, Anschrauben *n*
наво́дка *f* 1. Einstellen *n*; Justieren *n*; 2. Richten *n (z. B. Fernrohre)*
~ **на ре́зкость** *(Opt)* Scharfeinstellung *f*
наводне́ние *n* Überschwemmung *f*
наво́з *m (Lw)* Dung *m*, Stalldung *m*
навозопогру́зчик *m (Lw)* Dunglader *m*, Stalldunglader *m*
навозоразбра́сыватель *m (Lw)* Düngerstreuer *m*, Stalldungstreuer *m*
наво́й *m (Text)* Kettbaum *m (des Webstuhls)*
нага́р *m* Rußansatz *m*, Kruste *f*
~/**ма́сляный** Ölkohle *f (z. B. an Kolben von Verbrennungsmotoren)*
нагарообразова́ние *n* Ölkohlebildung *n (an Kolben von Verbrennungsmotoren)*
нагарто́ванный *(Met)* (kalt) verfestigt *(Stahl)*
нагарто́вка *f (Met)* Verfestigung *f*, Kaltverfestigung *f (von Stahl)*
нагнета́ние *n* Zusammendrücken *n*, Drücken *n*; Einpressen; Fördern *n (Flüssigkeiten)*
нагнета́тель *m* 1. Verdichter *m*, Gebläse *n*; 2. Lader *m*, Vorverdichter *m (in Verbrennungsmotoren)*
~/**газотурби́нный** Abgasturbolader *m*
~/**объёмный** *(Masch)* Verdrängerlader *m*, Verdrängergebläse *n*
нагнета́ть 1. (zusammen)drücken; (zusammen)pressen; einpressen; fördern *(Flüssigkeiten)*; 2. vorverdichten, aufladen
наго́н *m* Auflauf *m*, Aufstau *m*
нагре́в *m* 1. Erwärmen *n*, Erwärmung *f*; Anwärmen *n*; Erhitzen *n*; 2. Heizen *n*, Beheizen *n*; 3. Glut *f*, Hitze *f*
~/**аэродинами́ческий** *(Raumf)* aerodynamische Aufheizung *f (beim Eintritt in dichtere Schichten der Atmosphäre)*
~/**индукцио́нный** 1. Induktionserwärmung *f*; 2. Induktionsheizung *f*
~/**инфракра́сный** 1. Infraroterwärmung *f*; 2. Infrarotbeheizung *f*
~/**электри́ческий** Elektroheizung *f*
нагрева́ние *n s.* нагрев
нагрева́тель *m* 1. *(El)* Heizelement *n*, Heizleiter *m*; 2. Heizkörper *m*; Heizgerät *n*
нагрева́тельный Heiz..., Wärm...
нагрева́ть 1. erwärmen, erhitzen; 2. (be)heizen
нагревосто́йкий wärmebeständig, hitzebeständig, hitzefest
нагревосто́йкость *f* Wärmebeständigkeit *f*, Hitzebeständigkeit *f*
нагружа́ть 1. belasten, beanspruchen *(Geräte, Maschinen)*; 2. beladen; verladen; 3. beschicken, chargieren *(Schmelzöfen)*; begichten *(Hochöfen)*
нагруже́ние *n* Beanspruchung *f*, Belastung *f (s. a. unter* нагрузка*)*
нагру́женный 1. belastet, beansprucht *(Geräte, Maschinen)*; 2. beladen; verladen
нагру́зка *f* 1. Laden *n*, Beladen *n*; 2. *(Mech)* Belastung *f*, Last; Beanspruchung *f (Geräte, Maschinen)*; 3. *(Met)* Beschicken *n*, Chargieren *n (Schmelzöfen)*; 4. *(Nrt)* Verkehr *m*; 5. *(El)* Last *f*, (elektrische) Belastung *f*
~/**акти́вная** *(El)* Wirklast *f*
~/**ба́зисная [ба́зовая]** *(El)* Grundbelastung *f*, Grundlast *f*
~/**ветрова́я** *(Mech)* Windbelastung *f*, Windlast *f*
~/**вре́менная** vorübergehende Belastung *f*
~/**дли́тельная** *(Mech)* Dauerbeanspruchung *f*, Dauerbelastung *f*
~/**допуска́емая** zulässige Belastung [Last] *f*, Belastbarkeit *f*
~/**ёмкостная** *(El)* kapazitive Belastung [Last] *f*
~/**знакопереме́нная** *(Fest)* Wechselbelastung *f*, Wechsellast *f*
~/**изгиба́ющая** *(Fest)* Biegebeanspruchung *f*; Biegebelastung *f*
~/**индукти́вная** *(El)* induktive Belastung [Last] *f*
~/**крити́ческая** *(Fest)* 1. Grenzlast *f*, kritische Belastung *f*; 2. Knicklast *f*
~/**неподви́жная** *(Mech)* statische [ruhende] Belastung [Last] *f*
~/**номина́льная** Nennlast *f*
~/**осева́я** *(Fest)* axiale Belastung *f*
~/**пи́ковая** *(El)* Spitzenbelastung *f*, Spitzenlast *f*
~/**подви́жная** 1. *(Mech)* bewegliche Last *f*; 2. Verkehrslast *f*
~/**поле́зная** Nutzlast *f*; *(Flg)* Zuladung *f*

~/**по́лная** *(Fest)* Vollbelastung *f*, Volllast *f*
~/**постоя́нная** *(Fest)* Dauerbelastung *f*, Dauerlast *f*
~/**преде́льная** 1. Höchstbelastung *f*; 2. *(Fest)* Bruchlast *f*, Höchstlast *f*, Grenzlast *f*
~/**рабо́чая** Betriebslast *f*
~/**равноме́рная** gleichmäßige [gleichmäßig verteilte] Belastung *f*, Flächenlast *f*
~/**разруша́ющая** *(Fest)* Bruchbelastung *f*, Bruchlast *f*
~/**распределённая** *(Mech)* verteilte Last, Streckenlast *f*
~/**растя́гивающая** *(Fest)* Zugbelastung *f*
~/**расчётная** berechnete Belastung *f*
~/**реакти́вная** *(El)* Blindbelastung *f*, Blindlast *f*
~/**сжима́ющая** *(Fest)* Druckbelastung *f*
~/**сосредото́ченная** *(Fest)* Einzellast *f*, Punktlast *f*
~/**стати́ческая** *s.* ~/неподвижная
~/**теплова́я** *(Wmt)* Wärmebelastung *f*, thermische Belastung [Beanspruchung] *f*
~/**уда́рная** *(Mech)* Schlagbelastung *f*, Schlagbeanspruchung *f*; Stoßbelastung *f*, Stoßbeanspruchung *f*
~/**уде́льная** *(Mech)* spezifische Belastung *f*
надви́г *m (Geol)* Aufschiebung *f*, Überschiebung *f*
~ **покро́ва** Deckenüberschiebung *f*
надвига́ть 1. (hin)aufschieben; 2. *(Geol)* aufschieben, überschieben
надви́жка *f (Bw)* Einfahren *n*
~/**плаву́чая** Einschwimmen *n (einer Brücke)*
надду́в *m* Aufladung *f (eines Verbrennungsmotors)*
надёжность *f* Zuverlässigkeit *f*
~/**эксплуатацио́нная** Betriebszuverlässigkeit *f*
надёжный zuverlässig
~ **в эксплуата́ции** betriebssicher
надзе́мный 1. oberirdisch; 2. *(Bgb)* über Tage, übertätig, Übertage...
надзо́р *m* Inspektion *f*; Aufsicht *f*, Überwachung *f*
нади́р *m* 1. *(Geod)* Nadir *m*; 2. Schramme *f (Fehler an Werkstücken)*
надкрити́ческий *(Kern)* überkritisch
на́дпись *f* Aufschrift *f*
надрабо́тка *f (Bgb)* Überbauen *n*, Überfahren *n*
надре́з *m* 1. Einschnitt *m*; Kerbe *f*; 2. Einkerben *n*, Ritzen *n*; 3. *(Eb)* Anschnitt *m (Streckenbau)*
надреза́ть 1. einschneiden; (ein)kerben; 2. *(Eb)* anschneiden *(Strecke)*
надры́в *m* Riss *m*; Anriss *m*, Einriss *m*
надста́вка *f* 1. Aufsatz *m*, Haube *f*; 2. Verlängerungsstück *n*, Ansatzstück *n*
надстро́йка *f* 1. *(Bw)* Aufbau *m*; Überbau *m*; 2. Aufbau *m*, Aufbauten *mpl*
надтеплово́й *(Kern)* epithermisch
надува́ть aufblasen
на́дфиль *m* Nadelfeile *f*
нажа́тие *n* 1. Druck *m*; 2. Drücken *n*; Anpressen *n*; 3. Anschlagen *n (Tasten)*
нажда́к *m (Wkz)* Schmirgel *m*
нажда́чный Schmirgel...
нажи́м *m* 1. Druck *m*, Andruck *m*; 2. Druckstück *n*
нажима́ть drücken; anpressen; aufpressen
нажимно́й Druck...
назва́ние *n* Name *m*, Benennung *f*
~/**тривиа́льное** *(Ch)* Trivialname *m*
назе́мный terristrisch, erdgebunden
назначе́ние *n* 1. Bestimmung *f*, Festsetzung *f*; 2. Zweck *m*, Verwendungszweck *m*
наименова́ние *n* Benennung *f*, Bezeichnung *f*
нака́л *m* 1. Glühen *n*; 2. Glut *f*; 3. *(Eln)* Heizung *f (von Elektronenröhren)*
накалива́ние *n s.* накал 1.; 3.
нака́ливать 1. glühen; 2. *(Eln)* heizen *(Elektronenröhren)*
нака́пливать (auf)speichern, ansammeln, anhäufen
нака́т *m* 1. *(Kfz)* Auslauf *m*; 2. *(Bw)* Blendboden *m*; 3. *(Bw)* Füllkörper *m*; 4. *(Led)* Narben *m*
~ **кра́ски** *(Typ)* Einfärben *n*, Farbauftrag *m*
нака́тка *f* 1. *(Fert)* Kordieren *n*, Kordeln *n*, Rändeln *n*; 2. *(Fert)* Kordierung *f*, Riffelung *f*, Rändelung *f (Zustand)*; 3. *(Fert)* Rollen *n (Gewinde)*; 4. *(Wkz)* Rollwerkzeug *n (zum Gewinderollen)*;

5. Auftragen *n*, Auftrag *m (z. B. von Farbe)*; 6. *(Text)* Aufwickeln *n*, Aufrollen *n*

нака́тывание *n s.* накатка 1.; 3.; 5.; 6.

нака́тывать 1. *(Fert)* kordieren, kordeln, rändeln; 2. aufrollen; 3. aufwalzen; 4. *(Led)* krispeln; 5. *(Fert)* walzen *(Gewinde)*

нака́чивать 1. aufpumpen *(einen Reifen)*; 2. pumpen *(Laser)*

нака́чка *f* 1. Aufpumpen *n (eines Reifens)*; 2. Pumpen *n (Laser)*

~/**и́мпульсная** Impulspumpen *n*, gepulstes Pumpen *n (Laser)*

~/**ла́зерная** Laserpumpen *n*, Laseranregung *f*

~/**опти́ческая** optisches Pumpen *n (Laser)*

наке́рнивание *n (Fert)* Ankörnen *n*, Körnen *n*

наке́рнивать *(Fert)* (an)körnen

на́кипь *f* 1. Kesselstein *m*; 2. Ansatz *m*, Kruste *f*; 3. *(Met)* Gekrätz *n*, Krätze *f*, Schaum *m (NE-Metallurgie)*

накипеобразова́ние *n* Kesselsteinbildung *n*

накипеобразова́тель *m* Kesselsteinbildner *m*

накла́дка *f* 1. Auflage *f*, Bedeckung *f*, Belag *m*; 2. Lasche *f*; *(Eb auch:)* Stoßlasche *f*; 3. *(Bw)* Blatt *n (Holzverbindung)*

~/**стыкова́я** 1. *(Eb)* Stoßlasche *f*, Stoßeisen *n*; 2. *(Bw)* Decklasche *f*

~/**тормозна́я** *(Kfz)* Bremsbelag *m*

накладна́я *f* Frachtbrief *m*; Warenbegleitschein *m*, Lieferschein *m*

накладно́й Auflage..., aufgelegt; auflegbar

накле́ивать aufkleben, ankleben

накле́йка *f* 1. Etikett *n*, Aufkleber *m*; 2. Aufkleben *n*, Ankleben *n*

наклёп *m (Härt)* Kaltverfestigung *f*, Kalthärtung *f*, Verfestigung *f*, Erhärtung *f*

накло́н *m* 1. *s.* наклонение 1.; 2. Rampe *f (z. B. einer Kurve)*; 3. Steigung *f (der Straße)*; 4. *(Bgb)* Tonnlage *f*, Flaches *n*, Flachort *n*

~ **зу́ба** *(Masch)* Zahnschräge *f*, Zahnneigung *f*

~/**крити́ческий** kritisches Gefälle *n*

~/**круто́й** steile Schräglage *f*

~ **орби́ты** *(Astr, Rak)* Bahnneigung *f*

наклоне́ние *n* 1. Neigung *f*; Schrägstellung *f*; Schräglage *f*; Schräge *f*; 2. *(Astr)* Inklination *f*, Neigung *f* (der Bahnebene); 3. *(Schiff)* Krängung *f*

~/**магни́тное** *(Astr)* magnetische Inklination *f*

накло́нный 1. geneigt, schief, schräg; 2. rampenartig *(z. B. Impuls)*; 3. *(Bgb)* tonnlägig; *(Bgb)* schwebend

наклономе́р *m* Neigungsmesser *m*

накова́льня *f* Amboss *m*

наконе́чник *m* 1. Endstück *n*; 2. Mundstück *n*; Stutzen *m*

~/**ка́бельный** *(El)* Kabelschuh *m*

~/**по́люсный** *(El)* Polschuh *m*

накопи́тель *m* 1. *(Inf)* Speicher *m*, Speichereinheit *f (s. a. unter* память *und* устройство/запоминающее*)*; 2. *(Fert)* Speicher *m*, Zwischenspeicher *m (für Werkstücke)*

~ **на жёстком (магни́тном) ди́ске** *(Inf)* Plattenspeicher *m*

накопи́тельный Speicher...

накопле́ние *n* 1. Anhäufung *f*, Ansammlung *f*; 2. *(Inf)* Speichern *n*, Speicherung *f*

~ **тепла́** Wärmestau *m*, Wärmespeicherung *f*

накру́тка *f s.* монтаж накруткой

нала́дка *f* 1. Einrichten *n*, Einrichtung *f (von Maschinen)*; 2. Einstellen *n*, Justieren *n*; 3. *(El)* Abgleich *m*, Abgleichen *n*; 4. Störungsbeseitigung *f*, Fehlerbeseitigung *f*; 5. Inbetriebnahme *f*, Ingangsetzen *n*

налёт *m* 1. Belag *m*, Film *m*; 2. *(Opt)* Beschlag *m (auf Linsen)*; 3. Ansatz *m (Kesselstein)*; 4. *(Led)* Ausschlag *m*

налипа́ние *n* 1. Anhalten *n*; 2. *(Met)* Anfritten *n*

нали́чник *m* 1. *(Masch)* Gleitstück *n*, Gleitplatte *f*; 2. *(Bw)* Verkleidungsbrett *n*, Verkleidungsleiste *f*

наложе́ние *n* 1. Auflegen *n*, Aufbringen *n*; 2. *(El)* Überlagerung *f*; 3. *(Geol)* Überlagerung *f*, Superposition *f*

намагни́ченность *f* Magnetisierung *f (Zustand)*

~/**оста́точная** *(El)* Remanenz *f*, Restmagnetisierung *f*

намагни́ченный magnetisiert
намагни́чивание *n* Magnetisierung *f* *(Vorgang)*
намагни́чивать (auf)magnetisieren
нама́тывание *n s.* намотка 1.; 2.
нама́тывать 1. aufhaspeln, aufspulen, (auf)wickeln; 2. *(Text)* spulen *(Garn)*
нама́чивать anfeuchten; wässern
намёт *m (Bw)* Bewurf *m*
намо́тка *f* 1. Aufhaspeln *n*, Aufspulen *n*, Aufwickeln *n*; 2. *(Text)* Spulen *n*; 3. Wicklung *f*, Wickel *m*
намы́в *m* Anschwemmung *f (Boden)*
намыва́ть anschwemmen
нанесе́ние *n* Auftragen *n*, Aufbringen *n*
~ **покры́тий** Beschichten *n*
нано ... *(Mess)* Nano..., n *(10^{-9} Einheiten)*
нанолитогра́фия *f (Eln)* Nanometerlithographie *f*
наноме́тр *m* Nanometer *n*, nm
нано́с *m* Anschwemmung *f*, Schwemmland *n*
наносеку́нда *f* Nanosekunde *f*, ns
напа́ивать auflöten, anlöten
напа́йка *f* Auflöten *n*, Anlöten *n*
напи́льник *m (Wkz)* Feile *f*
~/**квадра́тный** Vierkantfeile *f*
~/**кру́глый** Rundfeile *f*
~/**пло́ский** Flachfeile *f*
~/**трёхгра́нный** Dreikantfeile *f*
напла́вка *f* 1. Aufschmelzen *n*; 2. Aufschweißen *n*; Auftragschweißen *n*
наплавля́ть 1. aufschmelzen; 2. auftragschweißen
напластова́ние *n (Geol)* Schichtung *f*, Schichtenbildung *f*; Überlagerung *f*
наплы́в *m* 1. Anschwemmung *f*; 2. *(TV)* Überblenden *n*; 3. *(Schw, Schm)* Grat *m*, Stich *m (Fehler)*
наполне́ние *n* 1. Anfüllen *n*, Füllen *n*, Füllung *f*; 2. Ladung *f (eines Verbrennungsmotors)*
наполни́тель *m* 1. Füllstoff *m*, Füllmasse *f*; 2. Füllmaschine *f*
наполня́ть (ein)füllen; beschicken; speisen *(Kessel)*
напо́р *m* 1. Druck *m*, Druckhöhe *f*; Förderhöhe *f (einer Pumpe)*; 2. *(Hydt)* Fallhöhe *f*, Gefälle *f*, Druckgefälle *n (in Rohrleitungen)*
~/**манометри́ческий** (manometrische) Förderhöhe *f (einer Pumpe)*
~/**скоростно́й** *(Aero)* Staudruck *m*
~/**температу́рный** Temperaturgefälle *n*
напо́рный Druck...; Stau...
направле́ние *n* 1. Richtung *f*; Sinn *m*; 2. *(Rad)* Führung *f*; 3. *(Bgb)* Stunde *f* *(Markscheidewesen)*
~ **враще́ния** Drehrichtung *f*, Rotationsrichtung *f*, Drehsinn *m*
~ **движе́ния** Bewegungsrichtung *f*; Laufrichtung *f*; Fahrtrichtung *f*
~/**обра́тное** umgekehrte Richtung *f*, Gegenrichtung *f*; *(Halbl)* Sperrrichtung *f*
напра́вленность *f* 1. Richtwirkung *f* *(von Antennen)*; 2. Richtungsgebundenheit *f*; 3. Richtvermögen *n*
напра́вленный gerichtet, Richt...
направля́ть leiten, lenken
направля́ющая *f* 1. *(Masch)* Führung *f*, Führungsschiene *f*; 2. *(Math)* Leitkurve *f*
напряга́ть 1. spannen; 2. beanspruchen
напряже́ние *n* 1. *(El, Fest)* Spannung *f*; 2. Beanspruchung *f (von Werkstoffen)*; 3. Intensität *f*; Spannkraft *f*
~/**акти́вное** *(El)* Wirkspannung *f*
~/**вну́трннее** *(Fest)* Eigenspannung *f*
~/**входно́е** *(El)* Eingangsspannung *f*
~/**высо́кое** *(El)* Hochspannung *f*
~/**выходно́е** *(El)* Ausgangsspannung *f*
~ **зажига́ния** *(El)* Zündspannung *f*
~/**зака́лочное** *(Fest)* Härtespannung *f* *(von Metallen)*
~ **затво́ра** *(Eln)* Gate-Spannung *f*, Torspannung *f*
~/**знакопереме́нное** *(Fest)* Wechselspannung *f*; Wechselbeanspruchung *f*
~/**каса́тельное** *(Fest)* Tangentialspannung *f*, Schubspannung *f*
~/**конта́ктное** 1. *(El)* Kontaktspannung *f*; 2. *(Wlz)* Walzenpressung *f*
~/**крити́ческое** 1. *(El)* kritische Spannung *f*; 2. *(Fest)* Bruchspannung *f*; Knickspannung *f*
~/**максима́льное** 1. *(El)* Höchstspannung *f*; 2. *(Fest)* Höchstbeanspruchung *f*, Maximalbeanspruchung *f*
~/**осево́е** *(Fest)* Axialspannung *f*
~/**оста́точное** 1. *(El)* Restspannung *f*; 2. *(Fest)* remanente [bleibende] Spannung *f*, Restspannung *f*
~/**постоя́нное** *(El)* Gleichspannung *f*

~/**преде́льное** 1. *(Fest)* Bruchspannung *f*; *(Fest)* Grenzbeanspruchung *f*; 2. *(El)* Grenzspannung *f*
~ **при изги́бе** *(Fest)* Biegespannung *f*; *(Fest)* Biegebeanspruchung *f*
~ **при круче́нии** *(Fest)* Verdrehspannung *f*, Torsionsspannung *f*; *(Fest)* Verdrehbeanspruchung *f*, Torsionsbeanspruchung *f*
~ **при растяже́нии** *(Fest)* Zugspannung *f*; *(Fest)* Zugbeanspruchung *f*
~ **при сжа́тии** *(Fest)* Druckspannung *f*; *(Fest)* Druckbeanspruchung *f*
~/**прило́женное** *(El)* angelegte Spannung *f*
~/**пробивно́е** *(El)* Durchschlagspannung *f*
~/**разруша́ющее** *(Fest)* Bruchspannung *f*; *(Fest)* Zerreißspannung *f*; *(Fest)* Bruchbeanspruchung *f*
~/**реакти́вное** *(El)* Blindspannung *f*
~/**сетево́е** *(El)* Netzspannung *f*
~ **се́ти** *(El)* Netzspannung *f*
~/**се́точное** *(Eln)* Gitterspannung *f*
~/**теплово́е [терми́ческое]** *(Wmt)* thermische Spannung *f*, Wärmespannung *f*
~/**уда́рное** *(Fest)* Schlagbeanspruchung *f*
~/**уса́дочное** *(Gieß)* Schrumpfspannung *f*, Schwindspannung *f*
напряжённость *f* 1. *(Ph)* Intensität *f*, Stärke *f*; 2. *(Fest)* Beanspruchung *f*
~ **магни́тного по́ля** 1. *(El)* magnetische Feldstärke *f*; 2. *(Ph)* Intensität *f* des Magnetfeldes
~ **по́ля** *(Ph, El)* Feldstärke *f*
напряжённый 1. gespannt; 2. beansprucht
~/**предвари́тельно** vorgespannt *(Beton)*
напыле́ние *n* Aufstäuben *n*; Bedampfen *n*, Aufdampfen *n*
~/**пла́зменное** Plasmaaufdampfen *n*, Plasmaaufstäuben *n*
нарабо́тка *f* Nutzungsdauer *f*
~ **ме́жду отка́зами** *(Masch)* Ausfallabstand *m*
~ **на отка́з** *(Masch)* Ausfallabstand *m*
~ **на отка́з/сре́дняя** *(Masch)* mittlerer Ausfallabstand *m*, mittlere Zeit *f* zwischen zwei Ausfällen, MTBF *f*

нараста́ние *n* 1. Anwachsen *n*, Zunehmen *n*, Steigern *n*, Steigerung *f*; Ansteigen *n*, Anstieg *m*; *(s. a.* раскачивание*)*; 2. *(Min)* Aufwachsen *n*, Anlagerung *f*
нара́щиваемый erweiterungsfähig
нара́щивание *n* 1. Ansetzen *n*, Anstücken *n*; 2. *(Krist)* Aufwachsen *n*, Züchten *n*; 3. *(Bgb)* Nachsetzen *n* *(Bohrgestänge)*
нареза́ние *n* **зу́бьев** *(Fert)* Verzahnen *n*, Verzahnung *f*
наре́зка *f* 1. Schneiden *n*; 2. *(Masch)* Gewinde *n* *(s. a. unter* резьба*)*; 3. Drall *m* *(Lauf von Waffen)*
наро́ст *m* 1. Ansatz *m*, Kruste *f*; 2. *(Krist)* Überwachsung *f*; 3. *(Wkz)* Schneidenansatz *m*
наруше́ние *n* Störung *f*, *(Geol auch:)* Dislokation *f*
наря́д *m* Auftrag *m*, Arbeitsauftrag *m*
наря́дная *f* *(Bgb)* Kaue *f*
наса́дка *f* 1. Aufsatz *m*, Einsatz *m*; 2. Mundstück *n*, Düse *f*; 3. *(Ch)* Füllkörper *m*; 4. *(Met)* Gitterwerk *n*; 5. *(Wlz)* Dorn *m* *(Rohrwalzen)*
насадно́й Aufsatz..., Aufsteck..., aufsetzbar, aufsteckbar
наса́док *m* Verlängerungsstück *n*, Ansatzstück *n*
насажде́ние *n* *(Forst, Lw)* 1. Anpflanzen *n*, Anpflanzung *f*; 2. Bestand *m*
~/**защи́тное** Schutzpflanzung *f*
наса́живание *n* Aufstecken *n*; Aufsetzen *n*; Ansetzen *n*
насека́ние *n* Hauen *n* *(einer Feile)*
насека́ть 1. einkerben; 2. hauen *(Feilen)*
населе́ние *n* Population *f*
населённость *f* *(Ph, Eln)* Besetzung *f*, Besetzungsdichte *f* *(von Energieniveaus)*
насе́чка *f* 1. Kerbe *f*, Einkerbung *f*, Einschnitt *m*; 2. *(Wkz)* Hieb *m* *(einer Feile)*; 3. Riffelung *f*, Aufrauung *f* *(von Walzen)*; 3. *(Schm)* Kerbeisen *n*
наслое́ние *n* 1. Schichtung *f*; 2. *(Geol)* Schichtung *f*, Lagerung *f*
насо́с *m* Pumpe *f*
~/**аксиа́льно-поршнево́й** Axialkolbenpumpe *f*
~/**акти́вный** Gleichdruckpumpe *f*
~/**ба́герный** Baggerpumpe *f*

~/**балла́стный** *(Schiff)* Ballastpumpe *f*
~/**бензи́новый** *(Kfz)* Benzinpumpe *f*, Kraftstoffpumpe *f*
~/**бу́стерный** Vakuumvorschaltpumpe *f*, Boosterpumpe *f*
~/**ва́куумный** Vakuumpumpe *f*
~/**винтово́й** Schraubenpumpe *f*, Spindelpumpe *f*
~/**вихрево́й** Sternradpumpe *f*, Seitenkanalpumpe *f*
~/**водоотливно́й** 1. *(Bgb)* Entwässerungspumpe *f*; *(Bgb)* Wasserhaltungspumpe *f*; 2. *(Schiff)* Notlenzpumpe *f*, Havarielenzpumpe *f*
~/**водостру́йный** Wasserstrahlpumpe *f*
~/**возду́шный** Luftpumpe *f*
~/**враща́тельный** Umlaufkolbenpumpe *f*
~/**вса́сывающий** Saugpumpe *f*
~ **высо́кого давле́ния** Hochdruckpumpe *f*
~/**ге́ттерно-ио́нный** *s.* ~/сорбционно-ионный
~/**глуби́нный** *(Erdöl)* Tief(brunnen)pumpe *f*, Bohrlochpumpe *f*
~/**грунтово́й** Baggerpumpe *f*
~/**грязево́й** Schmutzwasserpumpe *f*; Schlammpumpe *f*
~/**диафра́гменный** Membranpumpe *f*
~/**дифференциа́льный** Differenzial(kolben)pumpe *f*, Differential(kolben)pumpe *f*
~/**диффузио́нный** Diffusionspumpe *f*
~/**зубча́тый** Zahnradpumpe *f*
~/**и́ловый** Schlammpumpe *f*
~/**ио́нный** Ionenpumpe *f*
~/**коловра́тный** Kreiskolbenpumpe *f*
~/**конденса́тный** Kondensatpumpe *f*
~/**криоге́нный** Kryopumpe *f*
~/**кры́льчатый** Flügel(kolben)pumpe *f*
~/**ло́пастный** Kreiselradpumpe *f*
~/**ма́сляный** Ölpumpe *f*
~/**мембра́нный** Membranpumpe *f*
~/**многока́мерный** mehrstufige Pumpe *f*
~/**молекуля́рный** Molekularpumpe *f*
~ **ни́зкого давле́ния** Niederdruckpumpe *f*
~/**объёмный** Verdrängerpumpe *f*
~/**осево́й** Axialpumpe *f*
~/**парома́сляный** Öldiffusionspumpe *f* *(Hochvakuumpumpe)*
~/**пароструйный** Dampfstrahlpumpe *f*
~/**пита́тельный** Speise(wasser)pumpe *f* *(Kessel)*, Kesselspeisepumpe *f*
~/**пласти́нчатый** Zellenpumpe *f*, Flügel(zellen)pumpe *f*
~/**плу́нжерный** Tauchkolbenpumpe *f*, Plungerpumpe *f*
~/**погружно́й** Tauchpumpe *f*
~/**поршнево́й** Kolbenpumpe *f*
~/**радиа́льно-поршнево́й** Radialkolbenpumpe *f*
~/**ро́торный** Umlaufkolbenpumpe *f*
~/**сорбцио́нно-ио́нный** Ionengetterpumpe *f* *(Hochvakuumpumpe)*
~/**стру́йный** Strahlpumpe *f*
~/**теплово́й** Wärmepumpe *f*
~/**то́пливный** *s.* ~/бензиновый
~/**трю́мный** *(Schiff)* Bilgenlenzpumpe *f*
~/**форва́куумный** Vorvakuumpumpe *f*
~/**центробе́жный** Kreiselpumpe *f*, Zentrifugalpumpe *f*
~/**циркуляцио́нный** Umwälzpumpe *f*, Umlaufpumpe *f*, Zirkulationspumpe *f*
~/**шестерённый** Zahnradpumpe *f*
~/**ши́берный** *s.* ~/пластинчатый
~/**шла́мовый** Dickstoffpumpe *f*, Schlammpumpe *f*
~/**электромагни́тный** elektromagnetische Pumpe *f*
насо́с-доза́тор *m* Dosierpumpe *f*
насо́с-ускори́тель *m* Beschleunigerpumpe *f*
насо́с-форсу́нка *m* Pumpendüse *f* *(Dieselmotor)*
насте́нный Wand...; *(Masch)* in Wandanordnung
насти́л *m* Belag *m*, Auflage *f*; *(Schiff)* Beplattung *f*, Beplankung *f*
настила́ть *(Bw)* dielen; *(Schiff)* beplatten, beplanken
насто́льный Tisch...; *(Masch)* in Tischausführung
настра́ивать abstimmen, einstellen
настро́йка *f* Abstimmung *f*, Einstellung *f*
~/**гру́бая** *(Rf)* Grobabstimmung *f*
~/**дистанцио́нная** *(Rf)* Fernabstimmung *f*, Ferneinstellung *f*
~/**кно́почная** Druckknopfabstimmung *f*
~/**о́страя** *(Rf)* Scharfabstimmung *f*
~/**то́чная** *(Rf)* Feinabstimmung *f*, Feineinstellung *f*

на́стыль *f* 1. Ansatz *m*, Kruste *f*; 2. *(Met)* Bär *m*, Sau *f*, Wolf *m*; 3. *(Met)* Gekrätz *n*
на́сыпь *f* Aufschüttung *f*; Damm *m*
~/железнодоро́жная Bahndamm *m*
насыща́ть 1. *(Ch)* sättigen; 2. *(Ch)* absättigen *(Valenzen)*; 3. tränken, imprägnieren; 4. *(Schiff)* vorausrüsten *(z. B. Sektionen)*
насыще́ние *n* 1. *(Ch)* Sättigen *n*; 2. *(Ch)* Absättigen *n (Valenzen)*; 3. Imprägnieren *n*; 4. *(Schiff)* Vorausrüsten *n*, Vorausrüstung *f (z. B. von Sektionen)*
насы́щенность *f* 1. *(Ch)* Sättigung *f*, Sättigungsgrad *m*; 2. *(Schiff)* Vorausrüstungsgrad *m*
насы́щенный 1. (ab)gesättigt, angereichert; 2. *(Schiff)* vorausgerüstet *(z. B. Sektionen)*
натека́ние *n (Hydr)* Anströmung *f*
натр *m* **/е́дкий** *(Ch)* Ätznatron *n*
на́триевый Natrium...; Natron...
на́трий *m (Ch)* Natrium *n*, Na
натя́г *m* 1. Verspannung *f*; 2. Vorspannung *f (eines Seiles)*; 3. *(Fert)* Übermaß *n (Passungen)*; 4. *(Wkz)* Böttcherzange *f*, Fügezange *f*, Reifzange *f*
натя́гивать 1. (an)spannen, anziehen; 2. aufziehen, aufspannen
натяже́ние *n* 1. Spannen *n*, Spannung *f (Seile, Federn)*; Zug *m (eines Magnetbandes)*; 2. Zugkraft *f*; 3. Beanspruchung *f (des Materials)*
~/пове́рхностное Oberflächenspannung *f*
натяжно́й Spann..., Abspann...
науглеро́живание *n* 1. *(Met)* Aufkohlen *n*; 2. *(Härt)* Einsatzhärten *n*, Einsetzen *n*
науглеро́живать 1. *(Met)* aufkohlen; 2. *(Härt)* einsatzhärten, einsetzen
науго́льник *m* 1. Winkelmaß *n*, Winkelmesser *m*; 2. Winkellasche *f*
нау́ка *f* Wissenschaft *f*
~/прикладна́я angewandte Wissenschaft *f*
нау́чно-иссле́довательский Forschungs...
нау́чно-популя́рный populärwissenschaftlich
нау́чность *f* Wissenschaftlichkeit *f*
нау́чно-техни́ческий wissenschaftlich-technisch
нау́чный wissenschaftlich
нау́шники *mpl* Kopfhörer *mpl*
нахлёстка *f* Überlappung *f*
нахожде́ние *n* 1. Verweilen *n*, Aufenthalt *m*; 2. Vorkommen *n*
нахо́диться в зацепле́ние *(Masch)* im Eingriff stehen *(Zahnradpaar)*
нача́ло *n* 1. Beginn *m*, Anfang *m*; Ursprung *m*, Entstehung *f*; 2. Prinzip *n (s. a. unter* принцип*)*; 3. Anfangspunkt *m*, Ausgangspunkt *m*
~ координа́т *(Math)* Anfangspunkt *m*, Ursprung *m*, Leitpunkt *m*
~ отсчёта *s.* точка отсчёта
~ термодина́мики Hauptsatz *m* der Thermodynamik
начёс *m (Text)* Aufrauung *f*
начёсывать *(Text)* aufrauen
нашаты́рь *m (Ch)* Salmiak *m*
НЕ *n (Inf)* NICHT *n (logische Funktion oder Operation)*
неавтоматизи́рованный handbedient, handgesteuert, nicht automatisch
неавтоно́мный nicht autonom; *(Inf)* online
неакти́вный *(Ch)* inaktiv, reaktionsträge, inert
небала́нс *m* 1. *(Masch)* Unwucht *f*; 2. Ungleichgewicht *n*; Ungleiche *f*, Ungleichheit *f*; 3. Abgleichfehler *m*
~ мо́ста *(El)* Brückenungleiche *f*, Brückenverstimmung *f*
~/стати́ческий *(Masch)* statische Unwucht *f*
не́бо *n* 1. Himmel *m*; 2. Decke *f (eines Feuerraums)*
неброниро́ванный unbewehrt, ohne Bewehrung *(Kabel)*
небью́щийся unzerbrechlich, splitterfrei
невесо́мость *f* 1. Schwerelosigkeit *f*; 2. Unwägbarkeit *f*
невесо́мый 1. schwerelos; 2. unwägbar
невзры́вчатый nicht explosiv
не́вод *m* Wade *f*, Wadennetz *n (Fischfang)*
~/кошелько́вый Ringwade *f*
невозбуждённый nicht angeregt
невозмущённый nicht gestört
невоспламеня́ющийся unentzündbar, unentflammbar
невя́зка *f (Geod)* Abweichung *f*
негабари́т *m* Übergröße *f*

негабари́тный überdimensional
негати́в *m (Photo)* Negativ *n*
~/**недоде́ржанный** unterbelichtetes Negativ *n*
~/**передéржанный** überbelichtetes Negativ *n*
~/**цветно́й** Farbnegativ *n*
негатро́н *m (Kern)* Negatron *n*, (negativ geladenes) Elektron *n*
неги́бкий starr, unbiegsam
негорю́чий un(ver)brennbar, nicht verbrennbar
недели́мый unteilbar
недоброка́чественный minderwertig, von schlechter Qualität
недове́с *m* Untergewicht *n*, Mindergewicht *n*
недогру́зка *f* Unterlast *f*, unvollständige Auslastung *f*
недоде́ржанный *(Photo)* unterbelichtet
недоде́ржка *f (Photo)* Unterbelichtung *f*
недоме́р *m* Untermaß *n*
недопроявле́ние *n (Photo)* Unterentwicklung *f*
недосма́зка *f (Trib)* Mangelschmierung *f*
недоста́ток *m* 1. Fehler *m*, Fehlstelle *f*, Defekt *m*; 2. Nachteil *m*; 3. Defizit *n*, Mangel *m*, unzureichende Menge *f*
недосту́пность *f* Unzulänglichkeit *f*
не́дра *pl* **Земли́** Erdinneres *n*
нежёсткий 1. unstarr, schlaff; 2. weich *(Wasser)*
незави́симость *f* Unabhängigkeit *f*
незави́симый unabhängig
незаземлённый *(El)* ungeerdet, nicht geerdet
незаряжённый *(Ph)* ladungslos, (elektrisch) neutral
незащищённый ungeschützt
неизве́стная *f (Math)* Unbekannte *f*
неизме́нная *f (Math)* Unveränderliche *f*
неизме́нность *f* Unveränderlichkeit *f*, Beständigkeit *f*; Konstanz *f*, Permanenz *f*
неискажённый *(Opt)* verzerrungsfrei, unverzerrt
неиспра́вность *f* Defekt *m*, Störung *f*; Fehler *m*
~/**эксплуатацио́нная** Betriebsstörung *f*
неиспра́вный schadhaft, defekt, fehlerbehaftet, fehlerhaft
нейри́стор *m (Eln)* Neuristor *m*
нейроинформа́тика *f* neuronale Informatik *f*
нейрокомпью́тер *m* Neurocomputer *m*
нейрочи́п *m* Neurochip *m*
нейтрализа́тор *m* /**трёхкомпоне́нтный каталити́ческий** *(Kfz)* Dreiwegekat(alysator) *m*
нейтрализа́ция *f (Ch)* Neutralisation *f*, Neutralisieren *n*
нейтра́ль *f (El)* Nullleiter *m*, Neutralleiter *m*
нейтра́льный neutral
нейтри́но *m (Kern)* Neutrino *n*
нейтро́н *m (Kern)* Neutron *n*
~/**бы́стрый** schnelles [energiereiches] Neutron *n*
~/**ме́дленный** langsames Neutron *n*
~/**теплово́й** thermisches Neutron *n*
нейтро́нный *(Kern)* Neutronen...
некоди́рованный unverschlüsselt, nicht verschlüsselt
неконтра́стный kontrastarm, flau
некристалли́ческий nicht kristallin, amorph
некрутя́щийся drallfrei
нелету́чий *(Ch)* nicht flüchtig, nichtflüchtig
нелине́йность *f* Nichtlinearität *f*
нелине́йный nicht linear
немагни́тный unmagnetisch
немета́лли *mpl (Ch)* Nichtmetalle *npl*
ненагру́женный 1. *(Fest)* unbelastet; 2. unbeladen
ненадёжность *f* Störanfälligkeit *f*, Unzuverlässigkeit *f*
ненадёжный störanfällig, unzuverlässig
ненапра́вленный ungerichtet; Rundstrahl..., rundstrahlend
ненасы́щенный ungesättigt
необрати́мость *f* Nichtumkehrbarkeit *f*, Irreversibilität *f*
необрати́мый nicht umkehrbar, irreversibel
необслу́живаемый ohne Bedienungspersonal; unbesetzt; unbemannt
неоди́м *m (Ch)* Neodym *n*, Nd
неоднозна́чность *f* Mehrdeutigkeit *f*
неоднoро́дность *f* Ungleichartigkeit *f*, Inhomogenität *f*
неоднoро́дный ungleichartig, inhomogen, heterogen

неокисля́емость *f* Nichtoxidierbarkeit *f*, Oxidationsbeständigkeit *f*
неокисля́емый nicht oxidierbar, oxidationsbeständig
неоли́т *m (Geol)* Neolithikum *n*, Jungsteinzeit *f*
нео́н *m (Ch)* Neon *n*, Ne
нео́новый Neon...
неопределённость *f* 1. *(Math)* Unbestimmtheit *f*; *(Ph)* Indeterminiertheit *f*; 2. Ungenauigkeit *f*, Unsicherheit *f*; 3. *(Opt)* Unschärfe *f*
неопределённый unbestimmt
неопредели́мый undefinierbar, unbestimmbar
~/стати́чески statisch unbestimmt
неоргани́ческий *(Ch)* anorganisch
неосево́й außeraxial
неочи́щенный ungereinigt, roh, Roh...
не́пер *m (El)* Neper *n*, Np, N
непилоти́руемый *(Raumf)* unbemannt
непла́вкий *(Met)* unschmelzbar, unverhüttbar
непла́вный unstetig, unruhig
непласти́чный nicht bildsam [verformbar]
непло́тный 1. undicht; 2. *(Geol)* lose *(Gestein)*
неподви́жный unbeweglich, ortsfest; stationär; unverrückbar
неподрессо́ренный ungefedert
непола́дка *f* Betriebsstörung *f*
непо́лный unvollständig
непотопля́емость *f (Schiff)* Unsinkbarkeit *f*, Lecksicherheit *f*
непреры́вность *f* 1. Pausenlosigkeit *f*; 2. Stetigkeit *f*, 3. *(Math)* Kontinuität *f*
непреры́вный 1. ununterbrochen, fortlaufend; 2. stetig; 3. *(Math)* kontinuierlich
непроводя́щий nicht leitend
непрозра́чный *(Opt)* undurchsichtig, opak
непромока́емый wasserdicht; undurchlässig *(für Flüssigkeiten)*
непроница́емость *f* Undurchlässigkeit *f*, Impermeabilität *f*
непроница́емый undurchlässig, impermeabel
непрямо́й 1. ungerade, ungradlinig; 2. indirekt
непрямолине́йный ungerade, nicht geradlinig
нептýний *m (Ch)* Neptunium *n*, Np
нера́венство *n* 1. Ungleichheit *f*; 2. *(Math)* Ungleichung *f*
неравнобо́кий ungleichschenklig
неравнове́сие *n* Nichtgleichgewicht *n*
неравноме́рность *f* Ungleichmäßigkeit *f*, Ungleichförmigkeit *f*
неравноме́рный ungleichmäßig, ungleichförmig
неравнопле́чий ungleicharmig *(Hebel)*
неравносторо́нний ungleichseitig
неразличи́мый ununterscheidbar, nicht unterscheidbar
неразложи́мый *(Ch)* unzerlegbar, unzersetzbar
неразрезно́й durchgehend, durchlaufend *(Träger)*
неразреши́мый *(Math)* unlösbar
неразруша́ющий zerstörungsfrei *(Prüfungen)*
неразры́вный kontinuierlich, ununterbrochen
неразъёмный nicht zerlegbar, unlösbar, nicht trennbar; einteilig
нерастворúмость *f* Unlöslichkeit *f*, Nichtlöslichkeit *f*
нераствори́мый unlöslich, nicht löslich
нервю́ра *f (Flg)* Rippe *f*
нерегули́руемый nicht regelbar; nicht einstellbar
нере́зкий *(Photo)* unscharf
нере́зкость *f (Photo)* Unschärfe *f*
нерелева́нтный irrelevant
нержаве́ющий nicht rostend, rostfrei
неро́вность *f* 1. *(Fert)* Unebenheit *f*; 2. Welligkeit *f*
неро́вный uneben
несамохо́дный ohne Eigenantrieb
несгора́емый un(ver)brennbar
несжима́емый nicht zusammendrückbar, inkompressibel; raumbeständig, volumenbeständig
несимметри́чность *f* Asymmetrie *f*, Unsymmetrie *f*
несимметри́чный asymmetrisch, unsymmetrisch
неслепя́щий blendungsfrei
несма́чиваемый unbenetzbar; wasserabweisend, hydrophob
несма́чивание *n* Nichtbenetzung *f*

несма́чивающийся unbenetzbar
несмина́емый knitterfrei, knitterecht *(textile Gewebe)*
несовмести́мый unvereinbar, unverträglich, inkompatibel, nicht kompatibel
несогла́сие *n (Geol)* Diskordanz *f*
несоизмери́мость *f (Math)* Inkommensurabilität *f*
несоизмери́мый *(Math)* inkommensurabel
нестаби́льный instabil, labil
нестаре́ющий alterungsfrei *(Werkstoffe)*
несто́йкий unbeständig
~/хими́чески chemisch unbeständig
несто́йкость *f* Unbeständigkeit *f*
несу́щая *f (El)* Träger *m*, Trägerfrequenz *f*, TF *f*
несу́щий tragend, Trag...
нето́чность *f* Ungenauigkeit *f*
неупоря́доченный ungeordnet, chaotisch; zufällig
неуправля́емый ungesteuert, ungelenkt
неупру́гий unelastisch, inelastisch, nicht elastisch
неуравнове́шенность *f* Unausgeglichenheit *f*, Unbalance *f*; *(Masch)* Unwucht *f*
неуравнове́шенный unausgeglichen; *(Masch)* unausgewuchtet, nicht ausgewuchtet
неусто́йчивость *f* Instabilität *f*; Unbeständigkeit *f*
неусто́йчивый instabil, labil; unbeständig, schwankend
нефело́метр *m (Ch)* Nephelometer *n*, Trübungsmesser *m*
нефеломе́трия *f (Ch)* Nephelometrie *f*
нефогра́ф *m (Meteo)* Nephograph *m*
нефоло́гия *f (Meteo)* Wolkenkunde *f*
нефо́метр *m (Meteo)* Nephometer *n*, Bewölkungsmengenmesser *m*
нефоско́п *m (Meteo)* Nephoskop *n*
нефри́т *m (Min)* Nephrit *m*, Jade *m*
нефтеба́за *f* Öltanklager *n*
нефтево́з *m* Erdöltanker *m*, Rohöltanker *m*
нефтега́з *m* Erdgas *n (aus Erdölvorkommen)*
нефтегазоно́сный *(Geol)* erdöl- und erdgasführend *(Schichten)*
нефтегазопрово́д *m* Erdöl- und Erdgasleitung *f*
нефтедобы́ча *f* Erdölförderung *f*, Erdölgewinnung *f*
нефтезаво́д *m* Erdölraffinerie *f*, Erdölverarbeitungswerk *n*, Raffinerie *f*
нефтелову́шка *f* Ölabscheider *m*, Ölfänger *m*
нефтено́сный *(Geol)* (erdöl)führend
нефтеперего́нка *f* Erdöldestillation *f*
нефтепererабо́тка *f* Erdölverarbeitung *f*
нефтепрово́д *m* Erdölleitung *f*, Pipeline *f*
нефтепроду́кт *m* Erdölprodukt *n*
нефтепро́мысел *m* Ölfeld *n*, Erdölfeld *n*; Erdölförderbetrieb *m*
нефтеразве́дка *f* Erdölerkundung *f*
нефтерудово́з *m (Schiff)* Erz-Öl-Frachter *m*
нефтесто́йкий erdölbeständig
нефтехи́мия *f* Petrolchemie *f*
нефтехрани́лище *n* Erdölbehälter *m*, Erdöltank *m*
нефть *f* Erdöl *n*
~/лёгкая Leichtöl *n*
~/очи́щенная raffiniertes Erdöl *n*
~/сыра́я Rohöl *n*
нефтяно́й Erdöl...; erdölführend, erdölhaltig
нехва́тка *f* Mangel *m*; Fehlbetrag *m*
нечёткий *(Photo)* unscharf
нечёткость *f (Photo)* Unschärfe *f*
нечётность *f* Ungeradzahligkeit *f*
нечётный ungerade *(Zahl)*
нечувстви́тельный unempfindlich
нешумя́щий rauschfrei
неэкономи́чный unwirtschaftlich
неэкспони́рованный unbelichtet *(Film)*
неэлектроли́т *m (El)* Nichtelektrolyt *m*
нея́вный *(Math)* implizit
ниве́ли́р *m (Geod)* Nivellierinstrument *n*
нивели́рование *n (Geod)* Nivellierung *f*, Nivellement *n*; Höhenmessung *f*
нивели́ровать *(Geod)* nivellieren, einwägen
низ *m* Unterteil *n*; Boden *m*
низково́льтный *(El)* Niederspannungs..., Niedervolt...
низкокалори́йный heizschwach
низкокипя́щий niedrig siedend
низколеги́рованный 1. *(Met)* niedrig legiert; 2. *(Halbl)* schwach dotiert

низкоо́мный *(El)* niederohmig, Niederohm…
низкопла́вкий niedrig schmelzend, leicht schmelzend
низкопла́н *m (Flg)* Tiefdecker *m*
~/свободнонесу́щий freitragender Tiefdecker *m*
низкотемперату́рный Tieftemperatur…; tiefgekühlt
низкоуглеро́дистый kohlenstoffarm, niedrig gekohlt *(Stahl)*
низкочасто́тный *(El)* Niederfrequenz…, niederfrequent
ни́зменность *f (Geol)* Tiefland *n*, Tiefebene *f*
никелирова́ть *(Met)* vernickeln
ни́кель *m* 1. *(Ch)* Nickel *n*, Ni; 2. *(Met)* Nickel *n*
нио́бий *m (Ch)* Niobium *n*, Nb
ни́ппель *m* Nippel *m*, Stutzen *m*
нит *m (Inf)* Nit *n*, nit
нитеви́дный fadenförmig
нитеводи́тель *m (Text)* Fadenführer *m*
нитенаблюда́тель *m (Text)* Fadenwächter *m (Webstuhl)*
ни́тка *f* 1. *(Text)* Faden *m*, Garn *n (s. a. unter* нить*)*; 2. *(Eb)* Schienenstrang *m*; 3. *(Fert)* Gang *m*, Gewindegang *m*; 4. *(Glas)* Fadenschliere *f*
нитра́т *m (Ch)* Nitrat *n*
нитри́д *m (Ch)* Nitrid *n*
нитри́рование *n (Härt)* Nitrieren *n*, Nitrierhärten *n*, Aufsticken *n*
нитри́ровать *(Härt)* nitrier(härt)en, aufsticken
нитри́т *m (Ch)* Nitrit *n*
нитрова́ть *(Ch)* nitrieren
нитрола́к *m (Ch)* Nitro(cellulose)lack *m*
нитросоедине́ние *n (Ch)* Nitroverbindung *f*
нитроцеллюло́за *f (Ch)* Cellulosenitrat *n*
нить *f* 1. *(Text)* Faden *m*; 2. *(El)* Faden *m*, Wendel *f*; 3. *(Opt)* Haarlinie *f*
~/высокообъёмная *(Text)* Hochbauschfaden *m*
~/ква́рцевая Quarzfaden *m*
~/кручёная Zwirn *m*
~ **нака́ла** 1. *(El)* Glühfaden *m*; 2. *(Eln)* Heizfaden *m*
~/уто́чная *(Text)* Schussfaden *m*
НЛО *m s.* объект/неопознанный летающий
нм *s.* нанометр
нобе́лий *m (Ch)* Nobelium *n*, No
новолу́ние *n (Astr)* Neumond *m*
нож *m* 1. Messer *n*; Schneide *f*; 2. *(Lw)* Sech *m*, Messer *n*; 3. *(Typ)* Messer *n*, Farbmesser *n*
~/кра́сочный *(Typ)* Farbmesser *n*
ножедержа́тель *m* Messerhalter *m*, Messerträger *m*
но́жка *f* Fuß *m*, Sockel *m*
но́жницы *pl* Schere *f*
~/ди́сковые Kreismesserschere *f*, umlaufende [rotierende] Schere *f*
~/лету́чие fliegende Schere *f*
~/листовы́е Tafelschere *f*
~/садо́вые Baumschere *f*, Gartenschere *f*
ножо́вка *f* Bügelsäge *f*
~/садо́вая Baumsäge *f*
ноздрева́тый 1. schwammig, porös, porig; 2. *(Gieß)* porig, lunkrig, blasig *(Blöcke)*
но́мер *m* 1. Nummer *f*; 2. Nummer *f*, Größe *f*, Kaliber *n*
~/а́томный *(Ch)* Ordnungszahl *f*, Atomnummer *f (der chemischen Elemente)*
~/поря́дковый 1. Reihenfolgenummer *f*, Folgenummer *f*, laufende Nummer *f*; 2. *s.* ~/атомный
~ **си́та** Siebgröße *f*, Maschenweite *f*, Siebmaschenweite *f*
номеронабира́тель *m (Nrt)* Nummernwähler *m*, Nummernschalter *m*
номина́л *m* Nennwert *m*
номина́льный Nenn…, nominell
номогра́мма *f (Math)* Nomogramm *n*
номогра́фия *f (Math)* Nomographie *f*
но́ниус *m* Nonius *m*
но́рия *f (Förd)* Becherwerk *n*, Elevator *m*
но́рма *f* Norm *f*; Satz *m*, Menge *f*
~ **вре́мени** Zeitnorm *f*
~/су́точная Tagessatz *m*
нормализа́ция *f* 1. *(Härt)* Normalisieren *n*, Normalglühen *n*, Normalisierungsglühen *n*, Härten *n* im Luftstrom; 2. *(Gum)* Normalisieren *n*
нормализова́ть *(Härt)* normalglühen, normalisieren *(Stahl)*; 2. *(Gum)* normalisieren
норма́ль *f* 1. *(Math)* Normale *f*, Senkrechte *f*; 2. Normenblatt *n*
нормирова́ние *n* Normung *f*

нормировáть normen
нос *m* 1. Nase *f*; 2. *(Schiff)* Bug *m*
носи́тель *m* Träger *m*
~ **дáнных** *(Inf)* Datenträger *m*
~ **заря́да** *(Ph)* Ladungsträger *m*
~ **информáции** *(Inf)* Informationsträger *m*, Datenträger *m*
нс *s.* наносекунда
нýжды *fpl* / **сóбственные** Eigenbedarf *m*
нуклеóника *f (Kern)* Nukleonik *f*, (angewandte) Kernforschung *f* und Kerntechnik *f*
нукли́д *m (Kern)* Nuklid *n*, Kernart *f*
нуклóн *m (Kern)* Nukleon *n*
нулевóй Null...
нуль *m* 1. *(Math)* Null *f*; 2. Nullstelle *f*; Nullpunkt *m*
~ / **абсолю́тный** *(Ph)* absoluter Nullpunkt *m*
нуль-индикáтор *m (Mess)* Nullindikator *m*, Nullanzeiger *m*
нумеровáть abzählen; nummerieren
нутáция *f (Astr)* Nutation *f*
нутромéр *m* Innenmessinstrument *n*, Innentaster *m*
НЧ *s.* низкочастóтный
ныря́ло *n* Tauchkolben *m*, Plunger(kolben) *m*
ныря́ние *n* 1. Tauchen *n*, Untertauchen *n*; 2. *(Eb)* Tauchen *n*, Tauchbewegung *f*, Tauchschwingung *f*, Nicken *n* *(Fahrzeuge)*
ньютон *m* Newton *n*, N *(Einheit der Kraft)*

О

обвáл *m* 1. *(Bgb)* Einsturz *m*, Einbruch *m*; 2. *(Geol)* Bergsturz *m*, Felssturz *m*
обваловáние *n (Hydt)* Eindeichen *n*, Eindeichung *f*
обваловáть *(Hydt)* eindeichen, umdämmen
обветшáлость *f (Bw)* Baufälligkeit *f*
обвóд *m* 1. Umleitung *f*; 2. Bypass *m*, Bypassleitung *f*, Umgehungsleitung *f*
обводи́ть 1. umgehen; 2. umreißen *(Zeichnungen)*
обвóдка *f* Umreißen *n*, Umriss *m* *(Zeichnungen)*; 2. *(Met)* Umführung *f*, Schlingenführung *f (an Feinwalzstraßen)*
обводнéние *n* 1. *(Lw)* Berieselung *f*, Bewässerung *f*; 2. *(Bgb)* Verwässerung *f*
обвóды *mpl (Schiff)* Umrisslinien *fpl*, Konturen *fpl*, Umrisse *mpl*
обвя́зка *f* 1. Umwicklung *f*; 2. *(Bw)* Rahmenwerk *n*; Träger *m*
обгóн *m* Überholung *f*, Überholen *n*; Vorbeifahren *n*
обгоня́ть überholen; vorbeifahren
обгорáние *n* 1. Abbrennen *n*, Abbrand *m*; 2. *(El)* Verschmoren *n (von Kontakten)*
обгорáть 1. abbrennen; 2. *(El)* verschmoren *(Kontakte)*
обдéлка *f* Verschalung *f*, Verkleidung *f*, Ummantelung *f*
обдирáть 1. bestoßen; 2. *(Fert)* schälen
обди́рка *f* 1. *(Fert)* Schälen *n*; 2. *(Forst)* Entrinden *n*, Schälen *n*
обдýвка *f* 1. *(El)* Beblasen *n*, Beblasung *f*; 2. Abblasen *n*, Ausblasen *n (der Gießformen)*
~ **пескóм** *(Gieß)* Sandstrahlen *n (Gussputzen)*
обеднéние *n* 1. Verarmung *f*, Abmagerung *f (z. B. eines Gemisches)*; 2. *(Bgb)* Vertauben *n (der Erzgänge)*; Erschöpfung *f (von Lagerstätten)*; 3. *(Kern)* Abreicherung *f*
обеднённый 1. verarmt; 2. *(Bgb)* vertaubt; 3. *(Kern)* abgereichert
обедня́ть 1. verarmen; 2. *(Bgb)* verarmen, vertauben *(Erzgänge)*; 3. *(Kern)* abreichern
обез ... Ent..., ent... *(als Präfix)*
обезвóженный entwässert
обезвóживание *n* Entwässerung *f*, Wasserentzug *m*
обезвóживать entwässern, Wasser entziehen
обес ... Ent..., ent... *(als Präfix)*
обеспéчение *n* Gewährleistung *f*, Sicherung *f*; Versorgung *f*
~ / **аппарáтное** *(Inf)* Hardware *f*, gerätetechnische Mittel *npl* [Ausstattung *f*]
~ / **бáзовое прогрáммное** *(Inf)* Basissoftware *f*, Basisprogrammunterstützung *f*, BPU *f*

~/**геометри́ческое програ́ммное** *(Inf)* geometrische Software *f*
~/**графи́ческое програ́ммное** *(Inf)* graphische Software *f*
~ **ка́чества** Qualitätssicherung *f*
~/**микропрогра́ммное** *(Inf)* Firmware *f*
~/**прикла́дное програ́ммное** *(Inf)* Anwendersoftware *f*, Nutzersoftware *f*
~/**програ́ммное** Software *f*
~/**сетево́е програ́ммное** *(Inf)* Netzsoftware *f*
~/**техни́ческое** *s.* ~/аппара́тное
обеспе́чивать sichern, gewährleisten; versorgen *(mit etwas)*
обеспы́ливание *n* Entstauben *n*, Staubabscheidung *f*
обессе́ривание *n (Met)* Entschwefeln *n*, Entschwefelung *f*, Desulfurieren *n*
обессмо́ливание *n* Entharzen *n*
обессо́ливание *n* Entsalzen *n*, Entsalzung *f*
обесточе́ние *n (El)* Abschalten *n*, Stromlosmachen *n*
обесто́чивать *(El)* stromlos machen, (Strom) abschalten
обесфосфо́ривание *n (Met)* Entphosphoren *n*
обесцве́чивание *n* 1. Entfärben *n*; 2. *(Text)* Bleichen *n*; 3. *(Lebm)* Aufhellen *n*; 4. *(Pap)* Deinken *n*, Deinking *n (von bedrucktem Altpapier)*
обеча́йка *f* 1. *(Wkz)* Zarge *f*; 2. Schuss *m*, Mantelschuss *m*, Stoß *m (Behälterfertigung)*
обжа́тие *n* 1. Zusammendrücken *n*, Zusammenpressen *n*, Komprimieren *n*; 2. *(Wlz)* Vorwalzen *n*, Blocken *n*, Herunterwalzen *n*; 4. *(Schm)* Stauchen *n*, Herunterstauchen *n*, Stauchschmieden *n*
~/**горя́чее** *(Schm)* Warmstauchen *n*
о́бжиг *m* 1. *(Met)* Rösten *n (Erze)*; 2. *(Ker)* Brennen *n*, Brand *m*
~/**восстанови́тельный** 1. *(Met)* reduzierendes Rösten *n*, Reduktionsröstung *f*; 2. *(Ker)* reduzierendes Brennen *n*
~/**окисли́тельный** 1. *(Met)* oxidierendes Rösten *n*; 2. *(Ker)* oxidierendes Brennen *n*
обжига́ть 1. *(Met)* rösten *(Erz)*; 2. *(Ker)* brennen
обжи́м *m* 1. Zusammenpressen *n*; 2. *(Wlz, Schm)* Stauchen *n*
обжима́ть 1. zusammenpressen; 2. *(Wlz)* vorwalzen, vorblocken; 3. *(Schm)* stauchen; 4. *(Typ)* abpressen *(Buchblöcke)*
обжи́мка *f s.* обжим
обзо́р *m* 1. Beobachtung *f*; 2. *(Rad)* Abtastung *f*; 3. *(Astr)* Durchmusterung *f*
~/**радиолокацио́нный** Radarabtastung *f*, Radarüberwachung *f*
оби́вка *f* Belag *m*, Überzug *m*; Umflechtung *f*
обита́емый *(Kosm)* bemannt
обка́тка *f* 1. Rollen *n*, Wälzen *n*, Abwälzen *n*; 2. *(Schm)* Freiformschmieden *n* runder Querschnitte, Rundschmieden *n*; 3. *(Wlz)* Glattwalzen *n*, Friemeln; Abrollen *n*; 4. Einfahren *n*, Probefahrt *f*, Probelauf *m (von Maschinen oder Fahrzeugen)*
обка́тывание *n (Fert)* Wälzen *n*, Abwälzen *n (s. a.* обкатка*)*
обкла́дка *f* 1. Belegen *n*, Belegung *f*; 2. Auskleidung *f*; Futter *n*; 3. Belag *m*; 4. Besatz *m*; Einfassung *f*
обкла́дывание *n (Met)* Ausfüttern *n*, Auskleiden *n*, Zustellen *n (Schmelzöfen)*
облагора́живание *n* 1. Veredeln *n*, Veredlung *f*; 2. *(Härt)* Ausscheidungshärten *n*
облака́ *npl* Wolken *fpl*, Bewölkung *f*
о́блако *n* Wolke *f*
о́бласть *f* 1. Gebiet *n*, Bereich *m*; 2. Gegend *f*, Region *f*
~ **а́дреса** *(Inf)* Adressbereich *m*
~/**виртуа́льная а́дресная** *(Inf)* virtueller Adressbereich *m*
~ **высо́кого давле́ния** *s.* ~ повышенного давления
~ **да́нных** *(Inf)* Datenbereich *m*
~/**дозву́ковая** *(Aero)* Unterschallbereich *m*, Subsonikgebiet *n*
~/**колле́кторная** *(Halbl)* Kollektorzone *f*, Kollektorgebiet *n*
~/**наносеку́ндная** *(Mess)* Nanosekundenbereich *m*
~ **па́мяти** *(Inf)* Speicherbereich *m*
~ **повы́шенного давле́ния** *(Meteo)* Hochdruckgebiet *n*, Hoch *n*

~ **пони́женного давле́ния** *(Meteo)* Tiefdruckgebiet *n*, Tief *n*
~ **примене́ния** Anwendungsgebiet *n*
~ **температу́ры** Temperaturbereich *m*
о́блачность *f* Bewölkung *f*
облегче́ние *n* Erleichterung *f*, Masseverminderung *f*
обледене́ние *n* Vereisen *n*, Vereisung *f*, Eisansatz *m*
облесе́ние *n* Aufforstung *f*
облёт *m* Umfliegen *n*, Umkreisen *n*, Umrunden *n*
~ **Луны́** Mondumrundung *f*
облета́ть umfliegen, umrunden *(auf einer geschlossenen Umlaufbahn)*
облицо́вка *f* 1. Ummantelung *f*, Umhüllung *f*, Umkleidung *f*; 2. Auskleidung *f*, Ausfüttern *n*; *(Met)* Zustellen *n* *(Schmelzöfen)*
обло́жка *f (Typ)* Buchumschlag *m*
обло́й *m* Grat *m*; Walzgrat *m*; Schmiedegrat *m*; Gussgrat *m*
обло́мки *mpl* Bruchstücke *npl*, Trümmer *pl*
облопа́чивание *n* Beschaufelung *f (einer Turbine)*
облопа́чивать beschaufeln *(Turbinen)*
облу́живать verzinnen
облуча́тель *m* Strahler *m*, Strahlerquelle *f*; Bestrahlungsgerät *n*
облуча́ть bestrahlen
облуче́ние *n* Bestrahlen *n*, Bestrahlung *f*, Exponierung *f*
облучённость *f (El, Opt)* Bestrahlungsstärke *f*
обма́зка *f* 1. Bestreichen *n*; Einstreichen *n*; 2. *(Bw)* Bewurf *m*, Anwurf *m*; Rauputz *m*; 3. Umhüllung *f*, Ummantelung *f (einer Elektrode)*; 4. Mantel *m* *(einer Elektrode)*
обма́зывать 1. bestreichen; einstreichen; 2. einfetten; 3. tünchen
обма́нка *f (Min)* Blende *f*
обма́тывать umwickeln; umhüllen *(z. B. Elektroden)*; umspinnen *(Kabel)*; umschnüren *(Betonfertigteile)*
обме́н *m* 1. Austausch *m*; 2. *(Nrt)* Verkehr *m*
~ **да́нными** *(Inf)* Datenaustausch *m*
обме́р *m* Messen *n*, Vermessen *n*, Ausmessen *n*
обмола́чивать *(Lw)* (aus)dreschen
обмоло́т *m (Lw)* 1. Drusch *m*, Dreschen *n*, Ausdreschen *n*; 2. Dreschgut *n*
обмо́тка *f* 1. Umwickeln *n*; Umhüllen *n* *(z. B. von Elektroden)*; Umspinnen *n* *(Kabel)*; 2. *(El)* Wicklung *f (z. B. bei elektrischen Maschinen)*; 3. *(Text)* Spulen *n*; 4. *(Bw)* Umschnüren *n (von Betonfertigteilen)*
~/ **безындукцио́нная** *(El)* induktionsfreie Wicklung *f*
~ **возбужде́ния** *(El)* Erregerwicklung *f*
~/ **втори́чная** *(El)* Sekundärwicklung *f* *(eines Transformators)*
~/ **перви́чная** *(El)* Primärwicklung *f (eines Transformators)*
обмуро́вка *f (Bw)* Ummauerung *f*, Vermauerung *f*; *(Met)* Ausmauerung *f*
обнаже́ние *n* 1. Freilegen *n*, Freilegung *f*, Bloßlegen *n*, Bloßlegung *f*; 2. *(Bgb)* Aufschluss *m*
обнаруже́ние *n* 1. Auffinden *n*, Auffindung *f*, Entdecken *n*, Entdeckung *f*; 2. *(Rad)* Ortung *f*, Erfassung *f (von Zielen)*
~/ **инфракра́сное** Infrarotortung *f*, IR-Ortung *f*
~/ **радиолокацио́нное** Radarerfassung *f*
обновле́ние *n* Erneuerung *f*; Aktualisierung *f (z. B. von Daten)*
обнуле́ние *n (Inf)* Nullen *n*, Nulleinstellung *f*
обобще́ние *n* Verallgemeinerung *f*
обобщённый verallgemeinert
обогати́тель *m* Anreicherungsmittel *n*
обогати́тельный Aufbereitungs...; Anreicherungs...
обогаща́ть anreichern
обогаще́ние *n (Bgb, Met)* Aufbereiten *n*, Aufbereitung *f*, Konzentrieren *n (Erze)*; Veredlung *f*, Vergütung *f*; Anreichern *n*
~/ **гравитацио́нное** Schwerkraftaufbereitung *f*
~/ **мо́крое** Nassaufbereitung *f*
~/ **противото́чное** Gegenstromklassierung *f*
~/ **флотацио́нное** Flotation *f*, Schwimmaufbereitung *f*
обогре́в *m* 1. Erwärmen *n*, Erwärmung *f*; Beheizen *n*; 2. Erhitzung *f*, Erwärmung *f (als Zustand)*

обогрева́тель *m* Heizelement *n*
обогрева́ть anwärmen, beheizen
о́бод *m* 1. Felge *f*; 2. Kranz *m (von Zahnrädern)*
~/**глубо́кий** *(Kfz)* Tiefbettfelge *f*
~/**пло́ский** *(Kfz)* Flachbettfelge *f*
~/**широ́кий** *(Kfz)* Breitbettfelge *f*
обожжённый gebrannt
обозначе́ние *n* 1. Bezeichnung *f*, Bezeichnen *n*, Kennzeichnen *n*; 2. Zeichen *n*, Symbol *n*
~/**усло́вное** Symbol *n*, Kurzzeichen *n*
обо́и *pl* Tapete *f*
~/**звукопоглоща́ющие** schallschluckende Tapete *f*
~/**мо́ющиеся** abwaschbare Tapete *f*
~/**печа́тные** bedruckte Tapete *f*
обо́йма *f* 1. Bügel *m*, Spange *f*, Schelle *f*; 2. Fassung *f*, Gehäuse *n*
оболо́чка *f* 1. Hülle *f*, Haut *f*; 2. Mantel *m*, Hemd *n*; Schale *f*, Kapsel *f*; 3. *(Bw)* Schale *f*, Schalenkonstruktion *f*; 4. *(Kern)* Schale *f*; Hülle *f (des Atoms)*
~/**нару́жная** äußerer Mantel *m*, Außenmantel *m*, Außenhülle *f*, äußere Hülle *f*
~/**операцио́нная** *(Inf)* Benutzeroberfläche *f*
~/**электро́нная** *(Kern)* Elektronenschale *f*, Elektronenhülle *f (eines Atoms)*
оборо́т *m* 1. *(Masch)* Umdrehung *f*; 2. *(Eb)* Umlauf *m (Fahrzeuge)*; 3. Umsatz *m*, Umschlag *m (von Waren)*; Umlauf *m (von Geld)*
обору́дование *n* Ausrüstung *f*; Einrichtung *f*; Ausstattung *f*
~/**периферийное** *(Inf)* Peripherie *f*, periphere Ausrüstung *f*
~/**подъёмно-тра́нспортное** Fördertechnik *f*; Hebezeuge *npl* und Fördereinrichtungen *fpl*
обору́довать ausrüsten *(mit Geräten)*; einrichten *(Räume)*; installieren *(Geräte)*
обраба́тываемость *f* Bearbeitbarkeit *f (z. B. von Metallen)*; Verarbeitbarkeit *f (von Rohstoffen)*
обраба́тывать 1. bearbeiten *(Werkstücke)*; verarbeiten *(Metalle, Daten)*; 2. auswerten *(Versuchsergebnisse)*
~ **ре́занием** *(Fert)* spanend [spanabhebend] bearbeiten
обрабо́тка *f* 1. Bearbeitung *f (von Werkstücken)*; 2. Aufbereiten *n*; 3. *(Fert)* Umformung *f*, Formgebung *f*; 4. Auswertung *f (Versuchsergebnisse)*; 5. *(Inf)* Verarbeitung *f (von Informationen)*
~/**ано́дно-механи́ческая** *(Fert)* anodenmechanische Bearbeitung *f*
~/**ано́дно-хими́ческая** *(Fert)* elektrochemisches Abtragen *n*
~/**антикоррозио́нная** Rostschutzbehandlung *f*
~ **в реа́льном масшта́бе вре́мени** *(Inf)* Echtzeitverarbeitung *f*
~/**горя́чая** 1. Wärmebehandlung *f*; 2. *(Met)* Wärmebearbeitung *f*; 3. *(Fert)* Umformen *n*, Umformung *f*
~ **графи́ческих да́нных** *(Inf)* graphische Datenverarbeitung *f*, Graphikverarbeitung *f*
~/**группова́я** 1. *(Fert)* Gruppenbearbeitung *f*; 2. *(Inf)* Stapelverarbeitung *f*
~ **давле́нием** *(Fert)* 1. Umformen *n*, Umformung *f*; 2. Druckumformen *n*
~ **да́нных** Datenverarbeitung *f*
~ **да́нных/автоно́мная** Off-line-Datenverarbeitung *f*
~ **да́нных в режи́ме диало́га** Dialogdatenverarbeitung *f*
~ **да́нных в режи́ме «он-лайн»** On-line-Datenverarbeitung *f*
~ **да́нных/децентрализо́ванная** dezentralisierte Datenverarbeitung *f*
~ **да́нных/дистанцио́нная** Datenfernverarbeitung *f*
~/**дистанцио́нная паке́тная** *(Inf)* Stapelfernverarbeitung *f*
~ **докуме́нтов** *(Inf)* Belegbearbeitung *f*
~/**дробестру́йная** *(Fert)* Schrotstrahlen *n*, Kugelstrahlen *n*
~ **зада́ния** *(Inf)* Jobverarbeitung *f*
~ **запро́сов** *(Inf)* Anfrageverarbeitung *f*
~ **изображе́ний/цифрова́я** digitale Bildverarbeitung *f*
~ **информа́ции** Informationsverarbeitung *f*
~/**ла́зерная [ла́зерно-механи́ческая]** *(Fert)* Laser(strahl)bearbeitung *f*
~/**многозада́чная [мультизада́чная]** *(Inf)* Multitasking *n*
~/**многопозицио́нная** *(Fert)* Mehrstationenbearbeitung *f*

~/**однопозицио́нная** *(Fert)* Einstationenbearbeitung *f*
~/**оконча́тельная** *(Fert)* Fertigbearbeitung *f*
~/**паке́тная** *(Inf)* Stapelverarbeitung *f*
~/**паралле́льная** 1. *(Inf)* Simultanverarbeitung *f*, Parallelverarbeitung *f*; 2. *(Fert)* Parallelbearbeitung *f*, Mehrfachbearbeitung *f*
~/**пескостру́йная** Sandstrahlen *n*
~/**пла́зменная** *(Fert)* Plasmastrahlbearbeitung *f*
~/**пове́рхностная** *(Fert)* Oberflächenbehandlung *f*; Oberflächenbearbeitung *f*
~/**после́довательная** 1. *(Inf)* sequentielle Verarbeitung *f (von Daten)*; 2. *(Fert)* Reihenbearbeitung *f*
~/**после́дующая** Nachbearbeitung *f*, Nachbehandlung *f*
~/**пото́чная** *(Fert)* Fließbearbeitung *f*
~ **прерыва́ния** *(Inf)* Interruptbehandlung *f*, Unterbrechungsbehandlung *f*
~/**приорите́тная** *(Inf)* Vordergrundverarbeitung *f*, Vorrangverarbeitung *f*, Verarbeitung *f* nach Prioritäten
~/**радиацио́нная** Strahlenbehandlung *f*
~ **ре́занием** *(Fert)* Spanen *n*, spanende [spanabhebende] Bearbeitung *f*
~/**теплова́я** *s.* ~/термическая
~/**терми́ческая** *(Härt)* 1. Wärmebehandlung *f*, thermische Behandlung *f*; 2. Vergüten *n (von Stahl)*
~/**ультразвукова́я** *(Fert)* Ultraschallbearbeitung *f*
~/**фо́новая** *(Inf)* Hintergrundverarbeitung *f*
~/**чернова́я** *(Fert)* Schruppbearbeitung *f*, Schruppen *n*
~/**чистова́я** *(Fert)* Schlichtbearbeitung *f*, Schlichten *n*
~/**электроискрова́я** *(Fert)* Funkenabtragen *n*, Funkenerodieren *n*, funkenerosives Abtragen *n*
~/**электро́нно-лучева́я** *(Fert)* Elektronenstrahlbearbeitung *f*
~/**электротерми́ческая** *(Fert)* elektrothermische Bearbeitung *f*
~/**электрохими́ческая** *(Fert)* elektrochemische Bearbeitung *f*, Elysieren *n*
~/**электроэрозио́нная** *(Fert)* Elektroerosivbearbeitung *f*, elektroerosive Bearbeitung [Metallbearbeitung] *f*, Elektroerodieren *n*
о́браз *m* 1. Art *f*, Weise *f*; 2. Form *f*, Gestalt *f*
образе́ц *m* 1. Muster *n*, Probestück *n*; 2. *(Wkst)* Prüfkörper *m*, Probe *f*, Stab *m*; 3. *(Mess)* Vergleichsstück *n*; Referenznormal *n*
~/**о́пытный** Versuchsmuster *n*, Funktionsmuster *n*
образова́ние *n* Bildung *f*, Erzeugung *f* • **в моме́нт образова́ния** *(Ch)* in statu nascendi, im Moment des Entstehens
образу́ющая *f (Math)* Erzeugende *f*
обраста́ние *n* Bewuchs *m*, Bewachsen *n (der Schiffskörper)*
обраста́ть bewachsen *(Schiffskörper)*
обрати́мость *f* Umkehrbarkeit *f*, Reversibilität *f*; Wechselseitigkeit *f*
обра́тный umgekehrt, entgegengesetzt, reziprok, Umkehr..., invers
обраще́ние *n* 1. Handhabung *f*, Bedienung *f (eines Geräts)*; 2. Umkehr *f*, Umkehrung *f*, Invertierung *f*; 3. Umlauf *m*, Zirkulation *f*; 4. *(Photo) s.* проявление с обращением; 5. *(Inf)* Zugriff *m*; 6. *(Inf)* Konvertierung *f*, Umkehrung *f*
~ **вре́мени** Zeitumkehr *f*
~/**двойно́е** *(Inf)* Doppelzugriff *m*
~ **к па́мяти** *(Inf)* Speicherzugriff *m*
~ **к страни́це** *(Inf)* Seitenzugriff *m*
~/**многокра́тное** *(Inf)* Mehrfachzugriff *m*
~/**прямо́е** *(Inf)* Direktzugriff *m*, direkter Zugriff *m*
обре́з *m* 1. Schnitt *m*; 2. *(Bgb)* Bruchkante *f*; 3. Randstreifen *m (der Straße)*; 4. *(Typ)* Schnitt *m*
~/**позоло́ченный** *(Typ)* Goldschnitt *m*
обре́зка *f* 1. Abschneiden *n*, Beschneiden *n*, Ablängen *n*; 2. *(Holz)* Besäumen *n*; 3. *(Wlz)* Schopfen *n (Gussblöcke)*
~ **облоя́ [гра́та]** *(Fert)* Entgraten *n*
обре́зки *mpl* Endenabfall *m (Schrott)*
обреше́тина *f (Bw)* Dachlatte *f*
обрешётка *f (Bw)* Belattung *f (von Dächern)*
обруба́ть 1. behauen, abhauen; 2. *(Schm)* abschroten

о́бруч *m* Reifen *m*, Band *n*, Ring *m*
обруше́ние *n (Bgb)* 1. Einbruch *m*, Einsturz *m*; 2. Zubruchgehen *n*
обры́в *m* 1. Bruch *m*; 2. Abreißen *n*, Abriss *m*; 3. *(Geol)* Steilhang *m*
обсервато́рия *f* Observatorium *n*, Warte *f*
обсле́дование *n* Erhebung *f (Statistik)*
обслу́живаемость *f* Bedienbarkeit *f*
обслу́живаемый gewartet *(z. B. Anlagen)*; mit Bedienungspersonal, bedient
обслу́живание *n* 1. Bedienung *f*; Betrieb *m*; 2. Wartung *f*; Instandhaltung *f*
~/**бытово́е** Dienstleistungen *fpl*
~/**дистанцио́нное** Fernbedienung *f*
~/**многостано́чное** *(Fert)* Mehrmaschinenbedienung *f*
~ **прерыва́ния** *(Inf)* Interruptbehandlung *f*, Unterbrechungsbehandlung *f*
~/**теку́щее** laufende Wartung [Instandhaltung] *f*
~/**техни́ческое** Wartung *f*
обстано́вка *f* 1. Einrichtung *f*, Ausstattung *f*; 2. Lage *f*, Verhältnisse *npl*
обта́чивание *n (Fert)* 1. Außendrehen *n*; 2. Abdrehen *n*
обтека́емость *f* Windschlüpfrigkeit *f*
обтека́емый stromlinienförmig; windschnittig
обтека́ние *n* Umströmen *n*, Umfließen *n*; Anströmen *n*
обтека́тель *m (Aero)* (strömungsgünstige) Verkleidung *f*
обто́чка *f s.* обтачивание
обтюра́тор *m (Opt)* Blende *f*, Verschlussblende *f*
обтя́жка *f* 1. Beziehen *n*, Bespannen *n*; 2. Bezug *m*; Bespannung *f*; 3. *(Umf)* Streckziehen *n*, Reckziehen *n*, Reckbiegen *n*
обуча́емый belehrbar
обуча́ть (be)lehren
обуча́ться lernen
обуча́ющий lehrend, Lehr...
обуча́ющийся lernend, Lern...
обуче́ние *n* 1. Lehren *n*; 2. Lernen *n*
обхва́т *m* 1. Umschlingen *n*, Umfassen *n*; 2. Umschlingung *f*, Umfassung *f*
обшива́ть 1. verkleiden, bespannen; 2. *(Text)* säumen
обши́вка *f* 1. Auskleidung *f*, Verkleidung *f*, Bespannung *f*; Verschalung *f*; 2. *(Schiff)* Wegerung *f*; Beplattung *f (von Stahlschiffen)*; Beplankung *f (von Holzschiffen)*; 3. *(Flg)* Beplankung *f*, Außenhaut *f*
объедине́ние *n* 1. Vereinigung *f (Organisation)*; 2. Verbindung *f*, Kopplung *f*; 3. *(El)* Zusammenschaltung *f*; *(Inf)* Kopplung *f (von Rechnern)*
объе́кт *m* 1. Objekt *n*; Anlage *f*, Einrichtung *f*; 2. *(Reg)* Strecke *f*, Regelstrecke *f*
~/**неопо́знанный лета́ющий** unbekanntes fliegendes Objekt *n*, UFO *n*
~ **регули́рования** Regelstrecke *f*
объекти́в *m (Opt, Photo)* Objektiv *n*
~/**длиннофо́кусный** langbrennweitiges Objektiv *n*
~/**зерка́льный** Spiegelobjektiv *n*
~/**короткофо́кусный** kurzbrennweitiges Objektiv *n*
~/**панкрати́ческий** Varioobjektiv *n*, Zoomobjektiv *n*
~/**просветлённый** vergütetes Objektiv *n*
~ **с переме́нным фо́кусным расстоя́нием** Varioobjektiv *n*, Zoomobjektiv *n*
~/**широкоуго́льный** Weitwinkelobjektiv *n*
объекти́в-анастигма́т *m (Opt)* Anastigmat *m*
объекти́в-аплана́т *m (Opt)* Aplanat *m(n)*
объём *m* 1. Umfang *m*, Kapazität *f*; 2. Volumen *n*, Inhalt *m*, Rauminhalt *m*
~ **да́нных** *(Inf)* Datenmenge *f*, Datenumfang *m*
~ **па́мяти** *(Inf)* Speicherkapazität *f*, Speicherumfang *m*
~/**рабо́чий** Hubraum *m (eines Verbrennungsmotors oder Hubkolbenverdichters)*
объёмно-центри́рованный *(Krist)* raumzentriert
объёмный räumlich; Volumen...; Raum..., Hohlraum...; *(Ch)* titrimetrisch, volumetrisch, Maß... *(Analyse)*
ова́л *m* 1. Oval *n*; 2. *(Wlz)* Ovalkaliber *n*
ова́льность *f (Fert)* Ovalform *f*, Ovalität *f*

овоще... Gemüse...
ога́рок *m (Met)* Abbrand *m*
огиба́ющая *m (Math)* Einhüllende *f*, Enveloppe *f*
оглавле́ние *n* Verzeichnis *n*; Inhaltsverzeichnis *n*
огнезащи́тный Feuerschutz..., Flammschutz...
огнеопа́сный feuergefährlich
огнесто́йкий feuerfest, feuerbeständig, hitzebeständig
огнесто́йкость *f* Feuerfestigkeit *f*, Feuerbeständigkeit *f*, Hitzebeständigkeit *f*
огнетуши́тель *m* Feuerlöscher *m*
~/**жи́дкостный** Nassfeuerlöscher *m*
~/**пе́нный** Schaumlöscher *m*
огнеупо́р *m* feuerfestes Erzeugnis [Material] *n*, feuerfester Baustoff [Werkstoff] *m*, Feuerfeststoff *m*, Feuerfestmaterial *n*
огнеупо́рность *f s.* огнестойкость
огнеупо́рный *s.* огнестойкий
оголённый blank, abisoliert *(Leiter)*
оголо́вье *n* Kopfbügel *m (von Kopfhörern)*
ого́нь *m* 1. Feuer *n*; 2. *(Schiff, Eb)* Licht *n*, Laterne *f*
огра́да *f* Sperre *f*, Barriere *f*
огражде́ние *n* 1. Einzäunung *f*, Umfriedung *f*; 2. *(Bw)* Geländer *n*; 3. *(Schiff)* Betonnung *f*; 4. *(Bgb)* Verzug *m (Ausbau)*
ограниче́ние *n* Begrenzung *f*; Beschränkung *f*, Einschränkung *f*
ограничи́тель *m* Begrenzer *m*, Anschlag *m*; *(Inf)* Begrenzungszeichen *n*
~ **подъёма** Hubendschalter *m*, Hubbegrenzungsschalter *m*
~ **то́ка** *(El)* Strombegrenzer *m*
~ **хо́да** Grenzschalter *m*, Endschalter *m*
~ **числа́ оборо́тов** Drehzahlwächter *m*
ограничи́тельный Begrenzungs..., Begrenzer...; Anschlag...
огра́нка *f* 1. Schleifen *n*, Feinschleifen *n*, Facettieren *n (Edelsteinbearbeitung)*; 2. Schliff *m (von Edelsteinen)*
оде́жда *f* 1. *(Text)* Kleidung *f*, Bekleidung *f*; 2. *(Bw)* Decke *f*, Belag *m (Straßenbau)*
~/**защи́тная** Schutz(be)kleidung *f*
одноа́дресный *(Inf)* Einadress..., Einadressen...
одноа́томный *(Ch)* einatomig, monoatomar
однoба́йтовый *(Inf)* Einbyte...
одновале́нтный *(Ch)* einwertig, monovalent
одновибра́тор *m (El)* Univibrator *m*, Monovibrator *m*, monostabiler Multivibrator *m*
одновре́менный gleichzeitig
одножи́льный *(El)* einadrig, Einleiter...
однозамещённый *(Ch)* einfach substituiert
однозахо́дный eingängig *(Gewinde)*
однозна́чный *(Math)* eindeutig; einstellig
одноимённый 1. *(Math)* gleichnamig; 2. gleichgerichtet *(Bewegungen)*
одноколе́йный *(Eb)* eingleisig
однокриста́льный *(Eln)* Einchip..., Einkristall...
одноме́рный eindimensional
одноме́стный *(Flg)* einsitzig, Einsitzer...
однонапра́вленный einseitig gerichtet
однообъекти́вный einäugig *(Photoapparat)*
одноо́сный einachsig
однопле́чий einarmig
однопо́люсный *(Ph)* einpolig, Einpol...
однопрово́дный 1. Eindraht...; 2. *(El)* Einleiter...
однопу́тный *(Eb)* eingleisig
одноразме́рный eindimensional
одноро́дность *f* Homogenität *f*, Gleichförmigkeit *f*, Gleichartigkeit *f*
одноро́дный homogen, gleichförmig, gleichartig
одноря́дный einreihig, Einreihen...
однoсло́йный einlagig, einschichtig, Einschichten...
односторо́нний einseitig
одноступе́нчатый einstufig, Einstufen...
однофа́зный *(El)* einphasig, Einphasen...
однофонту́рный *(Text)* einfonturig
одноцве́тный einfarbig, monochromatisch
одночле́н *m (Math)* Monom *n*, eingliedriger Ausdruck *m*
ожида́ние *n*/**(математи́ческое)** mathematischer Erwartungswert *m*
ожижа́ть verflüssigen
ожиже́ние *n* Verflüssigung *f*

озву́чивание *n (Ak)* Beschallung *f*; *(Kine)* Vertonung *f (Tonfilm)*
оздоровле́ние *n (Bw)* Sanierung *f (von Gebäuden, der Umwelt)*
оздоровля́ть *(Bw)* sanieren *(Gebäude, die Umwelt)*
о́зеро *n* See *m*
озокери́т *m (Min)* Ozokerit *m*, Bergwachs *n*
озоле́ние *n* Veraschen *n*, Veraschung *f*
озоля́ть veraschen
озо́н *m (Ch)* Ozon *n*
озона́тор *m (Ch)* Ozongenerator *m*, Ozonapparat *m*
озоно́метр *m* Ozonmesser *m*
озоносто́йкий ozonbeständig, ozonfest
озоносфе́ра *f* Ozonosphäre *f*, Ozonschicht *f (der Atmosphäre)*
ока́лина *f (Met)* Zunder *m*, Sinter *m*, Abbrand *m*
окалиноломáтель *m (Met)* Zunderbrecher *m*, Entzunderungsmaschine *f*
окалинообразова́ние *n (Met)* Verzundern *n*, Zunderbildung *f*, Sintern *n*, Sinterbildung *f*
окалиносто́йкость *f (Met)* Zunderbeständigkeit *f*, Sinterbeständigkeit *f*
окантóвка *f (Typ)* Fälzeln *n*
ока́тыш *m (Met)* Pellet *n*
океаноло́гия *f* Meeresforschung *f*
о́кисел *m (Ch)* Oxid *n*
окисле́ние *n* 1. *(Ch)* Oxidation *f*, Oxidieren *n*; 2. *(Met)* Frischen *n*
окисли́тель *m* 1. *(Ch)* Oxidationsmittel *n*; 2. *(Rak)* Oxidator *m*
окисли́тельный *(Ch)* oxidierend, Oxidations...
окисля́емость *f (Ch)* Oxidierbarkeit *f*; Oxidationsvermögen *n*
окисля́ть 1. *(Ch)* oxidieren; 2. *(Met)* frischen
о́кисный *(Ch)* oxidisch, Oxid...
о́кись *f (Ch)* Oxid *n (der höheren Wertigkeitsstufe)*, höherwertiges Oxid *n*
окклю́зия *f (Meteo)* Okklusion *f*
окно́ *n* Fenster *n*, Öffnung *f*; *(Inf)* Fenster *n*, Window *n*
~/**ка́дровое** Bildfenster *n (Filmkamera, Bildwerfer)*
~/**экра́нное** *(Inf)* Bildschirmfenster *n*, Window *n*; *(Opt)* Fenster *n*, Blende *f*
око́вка *f (Schm)* Beschlag *m*
околозвёздный *(Astr)* zirkumstellar
околозвуково́й *(Flg)* schallnah, transsonisch
околозе́мный erdnah *(Umlaufbahn)*
околокрити́ческий fastkritisch *(Kernreaktor)*
окололу́нный *(Astr)* mondnah
околоплане́тный *(Astr)* zirkumplanetar
околополя́рный *(Astr)* zirkumpolar
околосолне́чный *(Astr)* sonnennah
окомкова́ние *n* Klumpenbildung *f*; Granulierung *f*
оконе́чность *f (Schiff)* Vorder- und Hinterteil *n* eines Schiffes, Schiffsende *n*
~/**подъёмная кормова́я** Heckklappe *f*
~/**подъёмная носова́я** Bugklappe *f*
око́рка *f* Einrinden *n*, Schälen *n (von Baumstämmen)*
окра́ска *f* 1. Anstreichen *n*, Anstrich *m*; 2. Farbe *f*, Färbung *f*, Anstrich *m (als Ergebnis)*
окра́шивать 1. färben; 2. anstreichen
округле́ние *n* 1. Abrunden *n*; 2. *(Math)* Runden *n*, Rundung *f*
~ **с избы́тком** Aufrundung *f*, Rundung *f* nach oben
~ **с недоста́тком** Abrundung *f*, Rundung *f* nach unten
окру́жность *f (Math)* Kreislinie *f*, Kreis *m*, Kreisumfang *m*
~/**дели́тельная** *(Masch)* Teilkreis *m (Zahnrad)*
~/**опи́санная** *(Math)* Umkreis *m*, um(be)schriebener Kreis *m*
~/**основна́я** *(Masch)* Grundkreis *m (Zahnrad)*
оксала́т *m (Ch)* Oxalat *n*
окси́д *m s.* окисел
оксиди́рование *n (Met)* Oxidieren *n*
оксиди́ровать *(Met)* oxidieren
окта́новый Oktan...
окта́эдр *m (Krist)* Oktaeder *n*, Achtflächner *m*
окто́д *m (Eln)* Oktode *f*, Achtpolröhre *f*
окуля́р *m (Opt)* Okular *n*
окускова́ние *n* Stückigmachen *n (Aufbereitung)*
оледене́ние *n (Geol)* 1. Vergletscherung *f*, Vereisung *f*; 2. Kaltzeit *f*
оли́фа *f* Firnis *m*

о́лово *n* 1. *(Ch)* Zinn *n*, Sn; 2. *(Met)* Zinn *n*
оловяннoки́слый *(Ch)* ...stannat *n*; zinnsauer
оловя́нный Zinn...
ом *m (El)* Ohm *n*, Ω
омброгра́мма *s.* плювиограмма
омбро́граф *m s.* плювиограф
омброме́тр *m s.* плювиометр
омброме́трия *f s.* плювиометрия
омедне́ние *n* Verkupfern *n*
омедня́ть verkupfern
омме́тр *m (El)* Ohmmeter *n*
омыле́ние *n (Ch)* Verseifung *f*
омыля́ть *(Ch)* verseifen
ондо́граф *m (El)* Ondograph *m*, Wellen(linien)schreiber *m*
ондуля́тор *m (Nrt)* Undulator *m*
о́никс *m (Min)* Onyx *m*
ооли́т *m (Geol)* Oolith *m*
ооли́товый *(Geol)* oolithisch
опа́л *m (Min)* Opal *m*
~/**благоро́дный** edler Opal *m*
опалесце́нция *f (Opt)* Opaleszenz *f*
опа́лубить *(Bw)* einschalen
опа́лубка *f (Bw)* Schalung *f*, Verschalung *f*, Einschalung *f*
~/**инвента́рная** wiederverwendbare Schalung *f*
~/**подви́жная** *s.* ~/скользящая
~/**скользя́щая** Gleitschalung *f*, Kletterschalung *f*
опа́сность *f* Gefahr *f*, Gefährlichkeit *f*
опера́нд *m (Math)* Operand *m*
опера́тор *m* 1. *(Math)* Operator *m*; 2. *(Inf)* Operator *m*, Anweisung *f*
~/**логи́ческий** *(Math)* boolescher Operator *m*
~ **Лапла́са** *(Math)* Laplace-Operator *m*, laplacescher Operator *m*, Deltaoperator *m*
~ **перехо́да** *(Inf)* Sprunganweisung *f*
~ **присва́ивания** *(Inf)* Ergibtanweisung *f*
~/**пусто́й** *(Inf)* Leeranweisung *f*
опера́ция *f* 1. Operation *f*; Arbeit *f*, Verrichtung *f*; 2. *(Fert)* Arbeitsgang *m*; 3. *(Inf)* Rechenoperation *f*
~/**вычисли́тельная** *(Inf)* Rechenoperation *f*
~ **И (/логи́ческая)** UND-Operation *f*
~ **ИЛИ (/логи́ческая)** ODER-Operation *f*, ODER-Verknüpfung *f*
~/**логи́ческая** *(Math)* logische Operation *f*, boolesche Operation *f*
~/**маши́нная** *(Inf)* Rechneroperation *f*
~ **над сте́ком** *(Inf)* Kelleroperation *f*
~/**основна́я** *(Fert)* Grundoperation *f*
опережа́ть *(El)* vorauseilen *(Phasen)*
опереже́ние *n (El)* Vor(aus)eilung *f (Phasen)*
~ **зажига́ния** Frühzündung *f (eines Verbrennungsmotors)*
~ **по фа́зе** *(El)* Phasenvoreilung *f*
опере́ние *n (Flg)* Leitwerk *n*, *(Rak auch:)* Stabilisierungsflächen *fpl*
~/**вертика́льное** Seitenleitwerk *n*
~/**горизонта́льное** Höhenleitwerk *n*
~/**хвостово́е** Heckleitwerk *n*
опёртый unterstützt, aufliegend
~/**свобо́дно** frei aufliegend
опеча́тка *f (Typ)* Druckfehler *m*
опи́ливание *n (Fert)* Feilen *n*
опи́лки *pl* 1. Sägespäne *mpl*; 2. Feilspäne *mpl*
опило́вка *f (Fert)* Feilen *n*
опира́ние *n* Aufliegen *n*, Lagerung *f (z. B. eines Trägers)*
опира́ть (auf)lagern, (ab)stützen
описа́ние *n (Inf)* Vereinbarung *f*; Beschreibung *f*
~/**вне́шнее** externe Vereinbarung *f*
~ **да́нных** Datenbeschreibung *f*
~ **зада́чи** Problembeschreibung *f*
~ **по́ля** Feldbeschreibung *f*
~ **фа́йла** Dateibeschreibung *f*, Dateidefinition *f*
~/**я́вное** explizite Vereinbarung *f*
описа́тель *m (Inf)* Attribut *n*, Vereinbarungssymbol *n*
оплавле́ние *n* 1. *(Met)* Schmelzen *n*; Abschmelzen *n*; 2. *(El)* Schmoren *n (von Kontakten)*
оплавля́ться *(El)* schmoren *(Kontakte)*
оплётка *f* 1. Umspinnen *n*, Umflechten *n*; 2. Umspinnung *f*, Umflechtung *f*, Geflecht *n* • **в оплётке** umhüllt, umflochten
оповеще́ние *n* Meldung *f*, Benachrichtigung *f*; Warnung *f*
опозда́ние *n* Verspätung *f*
опознава́ние *n (Rad, Inf)* Kennung *f*; Erkennung *f*, Identifizierung *f*, Identifikation *f*

опо́ка *f (Gieß)* Formkasten *m*, Kasten(guss)form *f*
о́ползень *m (Geol, Bgb)* Bergrutsch *m*, Erdrutsch *m*
опо́ра *f* 1. Stütze *f*; Abstützung *f*; Lager *n*, Lagerung *f*; 2. *(Bw)* Auflager *n*, Widerlager *n*; 3. *(El)* Mast *m (von Freileitungen)*; 4. *(Nrt)* Gestänge *n*, Tragwerk *n*
~/**неподви́жная** *(Bw)* Festlager *n*
~/**подви́жная** *(Bw)* Gleitlager *n*
опо́рный Stütz..., Auflager..., Trag...
опорожне́ние *n* Entleeren *n*, Entleerung *f*
опорожня́ть entleeren
опра́ва *f* 1. Halterung *f*, Aufnahme *f*; 2. *(Opt)* Fassung *f*, Einfassung *f (z. B. von Linsen)*
опра́вка *f* 1. *(Wlz)* Dorn *m*, Walzdorn *m*, Spanndorn *m*, Lochdorn *m*; 2. *(Umf)* Ziehdorn *m*, Stopfen *m*; 3. *s.* оправа 2.
опра́шивать *(Inf)* abfragen
определе́ние *n* 1. Bestimmung *f*; Ermittlung *f*; 2. Definition *f*; 3. Identifizierung *f*; 4. *(Ch)* Nachweis *m*
~ **твёрдости** *(Wkst)* Härtebestimmung *f*, Härteprüfung *f*
~ **твёрдости по Брине́ллю** *(Wkst)* Brinell-Härteprüfung *f*
~ **твёрдости по Ви́ккерсу** *(Wkst)* Vickers-Härteprüfung *f*
~ **твёрдости по Ро́квеллу** *(Wkst)* Rockwell-Härteprüfung *f*
~ **твёрдости по Шо́ру** *(Wkst)* Shore-Härteprüfung *f*, Kugeldruckhärteprüfung *f* nach Shore
определённый bestimmt
определи́мый bestimmbar
~ **по́льзователем** *(Inf)* benutzerbedienbar
~/**стати́чески** statisch bestimmt
определи́тель *m* 1. *(Math)* Determinante *f*; 2. *(Inf)* Identifizierer *m*
опресне́ние *n* Entsalzen *n*, Entsalzung *f (des Wassers)*
опресни́тель *m* Frischwassererzeuger *m*, Verdampferanlage *f*
опрессо́вка *f* Abdrücken *n (einer Rohrleitung)*
опро́бование *n* 1. Erproben *n*, Prüfen *n*; 2. *(Masch)* Probelauf *m*
опрокидно́й Kipp...
опроки́дывание *n* 1. Umkippen *n*, Kippen *n*; 2. Kentern *n (eines Schiffes)*
опроки́дыватель *m* Kipper *m*, Kippvorrichtung *f*
опроки́дываться 1. kippen, umkippen; 2. kentern *(Schiffe)*
опро́с *m (Nrt, Inf)* Abfrage *f*, Abfragen *n*
опры́скивание *n* Spritzen *n*, Sprühen *n*, Besprühen *n*; Besprengen *n*
опры́скиватель *m* Spritzgerät *n*; Sprühgerät *n*
о́птика *f* Optik *f*
~/**волнова́я** Wellenoptik *f*
~/**волоко́нная** Faseroptik *f*, Lichtwellenleiteroptik *f*, LWL-Optik *f*
~/**геометри́ческая** geometrische Optik *f*, Strahlenoptik *f*
~/**ква́нтовая** Quantenoptik *f*
~/**лине́йная** lineare Optik *f*
~/**молекуля́рная** Molekularoptik *f*
~/**нелине́йная** nicht lineare Optik *f*
~/**электро́нная** Elektronenoptik *f*
оптима́льный optimal, Optimal...
опти́метр *m (Mess)* Optimeter *n*
оптимиза́тор *m* Optimierungsgerät *n*
оптимиза́ция *f* Optimierung *f*
опти́ческий optisch
оптоаку́стика *f* Optoakustik *f*
оптотири́стор *m* Optothyristor *m*, Photothyristor *m*
оптоэлектро́ника *f* Opt(oelekt)ronik *f*
оптоэлеме́нт *m s.* элемент/оптоэлектронный
оптро́н *m (Eln)* Optron *n*, optischer Koppler *m*, Optokoppler *m*
ОПУ *m s.* пункт управления/оперативный
опуска́ние *n* 1. Niedergang *m*; 2. Absenkung *f (eines Caissons)*; 3. *(Met)* Niedergang *m*, Niedergehen *n (der Gicht)*; 4. *(Geol)* Senkung *f*, Depression *f*
опусты́нивание *n (Ökol)* Desertifikation *f*, Wüstenbildung *f*
опы́ливание *n* Bestäuben *n*, Einstäuben *n*
опы́ливатель *m (Lw)* Stäubegerät *n*
опы́ливать bestäuben
о́пыт *m* 1. Versuch *m*, Experiment *n*; 2. Erfahrung *f*
о́пытный Versuchs..., experimentell

орби́та *f (Astr, Kosm)* Bahn *f*, Umlaufbahn *f*, Orbit *m*
~/**возмущённая** gestörte Bahn [Umlaufbahn] *f*, gestörter Orbit *m*
~ **вокру́г Луны́** Mondumlaufbahn *f*
~ **встре́чи** Rendezvousbahn *f*
~/**межплане́тная** interplanetare Umlaufbahn *f*
~/**невозмущённая** ungestörte Bahn *f*
~ **ожида́ния** *(Flg)* Parkbahn *f*
~/**околозе́мная** erdnahe Bahn [Umlaufbahn] *f*, erdnaher Orbit *m*
~/**параболи́ческая** Parabelbahn *f*, parabolische Bahn *f*
~/**эллипти́ческая** elliptische Bahn *f*, Ellipsenbahn *f*
орбита́ль *f* Orbital *n (von Atomen, Molekülen)*
о́рган *m* Organ *n*, Glied *n*
~/**захва́тывающий** *(Reg)* Mitnehmerorgan *n*, Mitnehmer *m*
~/**исполни́тельный** *(Reg)* Stellorgan *n*, Stellglied *n*
~/**коммутацио́нный** *(El)* Schaltorgan *n*
~/**рабо́чий** *(Masch, Reg)* 1. Wirkorgan *n*; 2. Arbeitsorgan *n*
орга́н *m*/**электро́нный** Elektronenorgel *f*
организа́ция *f* Organisation *f*
~ **да́нных** *(Inf)* Datenorganisation *f*
~ **зада́ний** *(Inf)* Job-Organisation *f*
~ **па́мяти** *(Inf)* Speicherorganisation *f*
~ **фа́йла** *(Inf)* Dateiorganisation *f*
органи́ческий organisch
оргстекло́ *n* organisches Glas *n*
оргте́хника *f* Organisationstechnik *f*
ордина́та *f (Math)* Ordinate *f*
оребрённый verrippt
ореóл *m* 1. *(Photo)* Lichthof *m*; 2. *(Astr)* Kranz *m*; 3. *(Meteo)* Aureole *f*
ориента́ция *f* Orientierung *f*; Ausrichtung *f*
ориенти́р *m* Orientierungspunkt *m*, Orientierungszeichen *n*
ориенти́рование *n* Orientierung *f*
ориенти́рованный 1. *(Fert)* lagebestimmt; geordnet; 2. *(Krist)* gerichtet
~ **на ди́ски** *(Inf)* plattenorientiert
~ **на диспле́й** *(Inf)* bildschirmorientiert
~ **на зака́зчика** *(Inf)* kundenorientiert
~ **на масси́в да́нных** *(Inf)* dateiorientiert
~ **на по́льзователя** *(Inf)* anwenderorientiert, benutzerorientiert
~ **на спи́сок** *(Inf)* listenorientiert
~ **на стек** *(Inf)* stackorientiert
~ **на файл** *(Inf)* dateiorientiert, fileorientiert
орнитопте́р *m* Schlagflügelflugzeug *n*, Schwingenflugzeug *n*
орогра́фия *f (Meteo)* Orographie *f*
ороси́тель *m (Lw)* Sprenger *m*, Regner *m*
ороси́тельный Beregnungs..., Berieselungs..., Bewässerungs...
ороша́ть *(Lw)* berieseln; bewässern
ороше́ние *n (Lw)* Berieselung *f*; Bewässerung *f*
~/**подпо́чвенное** Untergrundbewässerung *f*, Unterflurbewässerung *f*
орт *m (Bgb)* Ort *n*
ортико́н *m (TV)* Orthikon *n*
ортогона́льный orthogonal, rechtwinklig
ортокла́з *m (Min)* Orthoklas *m (Kalifeldspat)*
ортоце́нтр *m (Math)* Orthozentrum *n*, Höhenschnittpunkt *m*
ору́дие *n* Gerät *n*, Werkzeug *n*
~/**навесно́е** *(Lw)* Anbaugerät *n*
~/**прицепно́е** *(Lw)* Anhängegerät *n*
ОС *f s.* система/операционная
осади́тель *m* Abscheidemittel *n*, Fällungsmittel *n*
оса́дка *f* 1. *(Schm)* Stauchen *n*; 2. *(Met)* Niedergehen *n*, Nachrutschen *n (der Gicht)*; 3. *(Bw)* Setzen *n*, Senkung *f (eines Gebäudes)*; 4. *(Geol)* Senkung *f*, Depression *f*; 5. *(Bgb)* Setzdruck *m*; 6. *(Schiff)* Tiefgang *m*
~/**горя́чая** *(Schm)* Warmstauchen *n*
оса́дки *mpl* 1. *(Meteo)* Niederschlag *m*; 2. *(Geol) s.* отложение
осадкоме́р *m* 1. *s.* плювиограф; 2. *(Schiff)* Tiefgangmesser *m*
оса́док *m* 1. Niederschlag *m*, Fällprodukt *n*; 2. Ausfällung *f*, Bodensatz *m*; Rückstand *m*; 3. *(Geol)* Schlammablagerung *f*, Sediment *n*; 4. *(Brau)* Trub *m*
оса́дочный Niederschlags..., Sediment..., sedimentär
осажда́ть (aus)fällen, (ab)scheiden
осажда́ться ausfällen, sich (ab)setzen, sedimentieren

осажде́ние *n* 1. Scheiden *n*, Ausscheiden *n*, Ausfällen *n*; Ausfällung *f*, Fällung *f*; 2. *s.* осадка 2.
~/**дро́бное** fraktionierte Fällung *f*
оса́живать *(Schm)* stauchen
осва́ивать auswerten; meistern, beherrschen *(neue Technik)*; erschließen *(z. B. Lagerstätten)*
освети́тель *m* Beleuchtungseinrichtung *f*, Leuchte *f*
освети́тельный Beleuchtungs...
осветле́ние *n* 1. Klären *n*, Klärung *f* *(von Abwasser)*; 2. *(Lebm)* Schönen *n*
осветли́тель *m* 1. Klärbehälter *m*, Klärbecken *n*; 2. Klärmittel *n*, Läuterungsmittel *n*; 3. *(Lebm)* Schönungsmittel *n*
осветля́ть 1. klären *(Abwasser)*; abklären, läutern; 2. *(Lebm)* schönen
освеща́ть beleuchten; ausleuchten
освеще́ние *n* Beleuchtung *f*; Ausleuchtung *f*
~/**авари́йное** Notbeleuchtung *f*
~/**ве́рхнее** Oberlichtbeleuchtung *f*
~/**дне́вное** Tageslichtbeleuchtung *f*
~/**иску́сственное** künstliche Beleuchtung *f*
~ **отражённым све́том** indirekte Beleuchtung *f*, Umfeldbeleuchtung *f*
~ **прямы́м све́том** direkte Beleuchtung *f*
~/**у́личное** Straßenbeleuchtung *f*
освещённость *f* Beleuchtungsstärke *f* *(Größe, gemessen in Lux)*
освиде́тельствование *n* Besichtigung *f*, Revision *f*; Abnahmeprüfung *f*
освинцева́ние *n* Verbleien *n*, Verbleiung *f*
освинцо́ванный verbleit
освобожда́ть 1. freisetzen; entwickeln *(Gase)*; 2. *(Ph)* auslösen *(Elektronen)*; 3. *(Fert)* ausspannen, abspannen *(Werkstücke)*
освобожде́ние *n* 1. Freisetzen *n*; Entwicklung *f (von Gasen)*; 2. *(Ph)* Auslösen *n (von Elektronen)*; 3. *(Fert)* Ausspannen *n*, Abspannen *n*, Abspannung *f (von Werkstücken)*
освое́ние *n* 1. Aneignung *f*; Erlernung *f*; 2. Erschließen *n*, Erschließung *f* *(z. B. von Lagerstätten)*; Nutzbarmachung *f*; 3. Meisterung *f*, Beherrschung *f (der neuen Technik)*
осево́й axial, Axial..., Achs(en)...
оседа́ние *n* 1. Senkung *f*, Setzung *f*; Sacken *n*, Absacken *n*; *(Met)* Niedergehen *n (der Gicht)*; 2. Niederschlag *m*, Bodensatz *m*
о́се-киломе́тр *m (Eb)* Achskilometer *m*
осесимметри́чный achssymmetrisch, rotationssymmetrisch
оско́лок *m* Splitter *m*, Bruchstück *n*, Scherbe *f*
ослаби́тель *m* 1. *(Photo)* Abschwächer *m*, Abschatter *m*; 2. *(Photo)* Graufilter *n*; 3. *(Opt)* Schwächer *m*; 4. *(El, Nrt)* Dämpfungsglied *n*
ослабле́ние *n* 1. Abschwächen *n*, Schwächung *f*; 2. Lockern *n*, Lockerwerden *n (von Schrauben)*; 3. *(Mech)* Entspannung *f*; 4. *(Kern)* Abklingen *n* *(Aktivität)*; Extinktion *f (Strahlung)*; 5. *(Photo, Opt)* Abschwächung *f*, Dämpfung *f*, Attenuation *f*
ослепле́ние *n* Blendung *f*
о́смий *m (Ch)* Osmium *n*, Os
осмоле́ние *n* Verharzen *n*
о́смос *m* Osmose *f*
осмоти́ческий osmotisch
осмо́тр *m* Besichtigung *f*; Untersuchung *f*; *(Kfz)* Inspektion *f*
осна́стка *f* 1. Ausrüstung *f*; Ausstattung *f*; 2. *(Schiff)* Takelung *f*, Takelage *f*
оснаща́ть 1. ausrüsten; ausstatten; 2. *(Eln)* bestücken
оснаще́ние *n* 1. Ausrüstung *f*, Ausstattung *f*; 2. *(Eln)* Bestückung *f*
оснащённость *f* Ausrüstung *f*, Ausstattung *f (Zustand)*
осно́ва *f* 1. Grundlage *f*, Basis *f*; 2. Schichtträger *m*; 3. *(Text)* Kettfaden *m*, Kette *f*
основа́ние *n* 1. Grundlage *f*, Basis *f*; 2. *(Bw)* Gründung *f*; Fundament *n*, Unterbau *m*; 3. *(Masch)* Grundplatte *f*; Gestell *n*; Tragkörper *m*; 4. *(Math)* Grundlinie *f (einer geradlinigen Figur)*; Grundfläche *f (eines Körpers)*; Grundzahl *f*, Basis *f*; 5. Wurzel *f*, Fuß *m (eines Mastes)*; 6. *(Ch)* Base *f*; 7. Basisschicht *f (eines Halbleiters)*; Trägerplatte *f (einer gedruckten Schaltung)*
основно́й Haupt..., hauptsächlich, Grund..., grundlegend, primär
осно́вность *f (Ch)* Basizität *f*

осно́вный 1. *(Ch)* basisch, Basen..., alkalisch; 2. *(Text)* Kett(en)...
осредне́ние *n* Mitteln *n*, Mittelung *f*, Mittelwertbildung *f*
остано́в *m* 1. Stillsetzen *n*, Anhalten *n*, Abstellen *n*, Stoppen *n*, Stopp *m*; 2. *(Masch)* Gesperre *n*, Rast *f*; 3. Abstellvorrichtung *f*
~/**авари́йный** 1. Notstillsetzung *f*, Schnellabschaltung *f*; 2. *(Kern)* Sicherheitsabschaltung *f*, Havariestopp *m*, Notabschaltung *f (eines Kernreaktors)*
~/**автомати́ческий** Selbstabschaltung *f*; automatischer Stopp *m*
остано́вка *f* 1. Stillegung *f*; Stillsetzung *f*; Außerbetriebsetzung *f*; Stillstand *m*; 2. *(Eb)* Haltestelle *f*, Haltepunkt *m*; 3. Halt *m*, Anhalten *n*
оста́ток *m* 1. Rest *m*; Rückstand *m*; 2. *(Ch)* Radikal *n*; 3. *(Math)* Rest *m*, Radikal *n*
~/**кисло́тый** *(Ch)* Säurerest *m*
~/**нераствори́мый** *(Ch)* unlöslicher Rückstand *m*
~/**сухо́й** *(Ch)* Trockensubstanz *f*
оста́точный Rest..., restlich
остекле́ние *n (Bw)* Verglasung *f*
остекля́ть *(Bw)* verglasen
остепне́ние *n (Ökol)* Steppenbildung *f*, Versteppung *n*
о́стов *m* Gerüst *n*; Fachwerk *n*; Tragwerk *n*; Gestell *n*; *(Ph)* Rumpf *m (des Atomkerns)*
усто́йчивость *f (Schiff)* Stabilität *f*
~/**попере́чная** Querstabilität *f*
~/**продо́льная** Längsstabilität *f*
усто́йчивый *(Schiff)* stabil
остриё *n* 1. Spitze *f*; 2. Schneide *f*
о́стров *m* Insel *f*
острово́к *m* **(безопа́сности)** Verkehrsinsel *f*
~/**направля́ющий** Verkehrsleitinsel *f*
~/**пешехо́дный** Fußgängerschutzinsel *f*
острогу́бцы *pl* Beißzange *f*
остроконе́чный spitz, Spitz...
острокро́мочный *(Wkz)* scharfkantig, mit scharfer Schneidkante
остронапра́вленный scharf gebündelt *(Strahl)*
остронастро́енный *(Rf)* scharf abgestimmt
острота́ *f* Schärfe *f*
~ **настро́йки** *(Rf)* Abstimmschärfe *f*
остроуго́льный spitzwinklig
о́стрый 1. scharf; 2. spitz
остря́к *m (Eb)* Weichenzunge *f*
остыва́ние *n* Abkühlen *n*, Erkalten *n*; Erstarren *n*
остыва́ть abkühlen, erkalten; erstarren
осуша́ть 1. trocknen; 2. *(Lw, Bgb)* trockenlegen, entwässern; 3. *(Schiff)* lenzen
осуше́ние *n* 1. Trocknen *n*, Trocknung *f*; 2. *(Lw)* Trockenlegung *f*; *(Bgb, Lw)* Entwässern *n*, Entwässerung *f*; 3. *(Schiff)* Lenzen *n*
осуши́тель *m* 1. Trockenmittel *n*; 2. Trockner *m*
осуши́тельный Trocknungs..., Trocken...
осциллогра́мма *f* Oszillogramm *n*
осцилло́граф *m* Oszillograph *m*
~/**шле́йфовый** Schleifenoszillograph *m*
осциллогра́фия *f* Oszillographie *f*, oszillographische Darstellung *f*
осциллоско́п *m (El)* Oszilloskop *n*
осцилля́тор *m (El, Ph)* Oszillator *m*, Schwingungserzeuger *m*
осцилля́ция *f (El, Ph)* Oszillation *f*, Schwingung *f*
ось *f* 1. Achse *f*, Mittellinie *f*; 2. *(Masch)* Achse *f*
~ **абсци́сс** *(Math)* Abszissenachse *f*, x-Achse *f*
~/**бо́льшая** *(Math)* Hauptachse *f (einer Ellipse)*
~/**вертика́льная** 1. *(Math)* Ordinatenachse *f*; 2. senkrechte [vertikale] Achse *f*
~/**веще́ственная** reelle Achse *f*
~ **враще́ния** 1. *(Mech)* Drehachse *f*, Rotationsachse *f*; 2. *(Math)* Rotationsachse *f*
~/**гла́вная** Hauptachse *f*
~/**действи́тельная** *(Math)* Hauptachse *f (einer Hyperbel)*
~/**за́дняя** *(Kfz)* Hinterachse *f*
~ **координа́т** *(Math)* Koordinatenachse *f*
~/**ма́лая** *(Math)* Nebenachse *f*, kleine [senkrechte] Achse *f (einer Ellipse)*
~/**мни́мая** *(Math)* Nebenachse *f*, imaginäre Achse *f (einer Hyperbel)*
~/**нейтра́льная** *(Wkst)* neutrale Faser [Linie] *f*, Nulllinie *f*, Nullachse *f*

~/**неразрезная** *(Kfz)* Starrachse *f*
~/**оптическая** optische Achse *f*
~ **ординат** *(Math)* Ordinatenachse *f*, y-Achse *f*
~/**передняя** *(Kfz)* Vorderachse *f*
~/**подвижная** *(Masch)* bewegliche Achse *f*, *(Eb)* (seiten)verschiebbare Achse *f*
~/**разрезная** *(Kfz)* Schwingachse *f*
~ **симметрии** 1. *(Krist)* Symmetrieachse *f*, Drehachse *f*, Gyre *f*; 2. *s.* ~ вращения 1.
~/**шарнирная** *(Masch)* Gelenkachse *f*
отбалансировать *(Masch)* auswuchten
отбеливание *n* 1. Ausbleichen *n*, Ausbleichung *f*; 2. *(Opt)* Aufhellen *n*, Aufhellung *f*; 3. *(Gieß)* Weißeinstrahlen *n*, Weißeinstrahlung *f*
отбеливать (aus)bleichen
отбелка *f (Text)* Bleiche *f*, Bleichen *n*
отбензинивание *n* Entbenzinierung *f* *(Naturgas)*; Toppen *n (Roherdöl)*
отбивать 1. abschlagen; 2. *(Bgb)* hereingewinnen; 3. *(Gieß)* ausschlagen *(Gussteile)*
отбирать 1. abnehmen, fortnehmen; 2. aussondern, auslesen; *(Bgb)* (aus-) klauben; 3. entnehmen *(Wasser, Dampf)*
отбой *m* Schlusszeichen *n*, Schlusssignal *n*; *(Nrt)* Auslösung *f*, Gesprächsschluss *m*
отбойка *f (Bgb)* Gewinnen *n*, Hereingewinnen *n*
отбор *m* 1. Auswahl *f*, Selektion *f*; 2. Entnahme *f (von Wasser, Dampf)*; 3. Entnahmestelle *f*
~ **мощности** *(El)* Leistungsentnahme *f*
~ **пара** Dampfentnahme *f*
~ **проб** Probenahme *f*
отбортовка *f (Fert)* 1. Bördeln *n*, Umbördeln *n*; 2. Aushalsen *n (von Rohren)*; 3. Kragen *m (von Werkstücken)*
отбортовывать *(Fert)* 1. (auf)bördeln; 2. abbiegen; 3. aushalsen *(Rohre)*
отбраковка *f* Aussortieren *n* fehlerhafter Stücke [Bauteile]
отбросы *mpl* Müll *m*; Abfälle *mpl*
~/**радиоактивные** radioaktive Abfälle *mpl*
отвал *m* 1. *(Bgb)* Halde *f*, Kippe *f*; 2. Schild *m (z. B. einer Planierraupe)*; 3. *(Lw)* Streichblech *n (am Pflug)*

отвалообразование *n (Bgb)* Kippbetrieb *m*; Verkippen *n*, Aufhaldung *f*
отвар *m (Ch)* Abkochung *f*; Absud *m*; Brühe *f*
отварка *f* 1. Abkochung *f*; Absud *m*; Entbasten *n (Seide)*
отведение *n* Ableitung *f*, Abführung *f*
отвердевание *n* Erhärten *n*; Erstarren *n*, Erstarrung *f*
отвердевать härten; aushärten
отвердение *s.* отвердевание
отвердитель *m (Kst)* Härter *m*, Härtemittel *n*, Härtebeschleuniger *m*
отверждение *n* Härten *n*, Härtung *f*
отверстие *n* 1. Loch *n*, Öffnung *f*; Fenster *n*; Spalt *m*; 2. *(Masch)* Bohrung *f*; 3. *(Opt)* Öffnung *f*, Apertur *f*
~/**впускное** Einlass *m*, Einlassöffnung *f*, Einströmöffnung *f*
~/**входное** 1. Einsteigeöffnung *f*; 2. *s.* ~/ впускное
~/**выпускное** 1. Abflussöffnung *f*, Auslauföffnung *f*; Ausflussöffnung *f*; 2. *(Met)* Abstichloch *n*, Abstich *m* *(Schachtofen)*; *(Gieß)* Stopfenöffnung *f (Stopfenpfanne)*
~/**глухое** *(Masch)* Grundbohrung *f*
~/**загрузочное** *(Met)* Aufgabeöffnung *f*, Beschickungsöffnung *f*, Chargiertür *f*, Beschickungstür *f (eines Schmelzofens)*
~/**индексное** *(Inf)* Indexloch *n (einer Diskette)*
~/**основное** *(Masch)* Einheitsbohrung *f* *(beim Passungssystem)*
~/**относительное** *(Opt)* Öffnungsverhältnis *n (des Objektivs, der Blende)*
~/**сквозное** *(Masch)* Durchgangsbohrung *f*
~/**смазочное** *(Masch)* Schmier(stoff)-bohrung *f*, Schmierloch *n*
отвёртка *f* 1. Abschrauben *n*; 2. *(Wkz)* Schraubendreher *m*
отвес *m* 1. *(Wkz)* Lot *n*; 2. Senkrechte *f*, Lotrechte *f*
отвесный senkrecht, lotrecht
ответвитель *m* 1. Verzweiger *m (von Rohrleitungen)*; 2. *(Eln)* Koppler *m*
~/**направленный** *(Eln)* Richt(ungs)koppler *m*
ответвительный Abzweig...

ответвле́ние *n* 1. *(El)* Abzweig *m*, Abzweigung *f*; 2. *(El)* Anzapfung *f (einer Antenne)*; 3. *(Eb)* Zweiggleis *n*, Zweigstrecke *f*
отве́тчик *m* Antwortgeber *m*, Beantworter *m*
отве́шивать abwägen
отви́нчивание *n* Abschrauben *n*, Lösen *n (von Schrauben)*
отви́нчивать abschrauben, lösen *(Schrauben)*
отво́д *m* 1. Ableitung *f*, Abführung *f*, Abfuhr *f (von Wärme)*; 2. Anzapfung *f (von Rohrleitungen)*; 3. *(El)* Abgriff *m*, Abzweigung *f*; 4. *(Bw)* Krümmer *m*, Rohrkrümmer *m*, Bogenrohr *n*
отводи́ть 1. ableiten, abführen; 2. anzapfen *(Rohrleitungen)*; 3. *(El)* abzweigen
отво́дка *f (Masch)* Ausrücker *m*; Schaltgabel *f*
отгиба́ть abbiegen; umbiegen; bördeln
отго́нка *f (Ch)* Abtreiben *n*, Abtreibung *f*
отгоня́ть *(Ch)* abtreiben
отгружа́ть versenden, verladen
отгру́зка *f* Versand *m*, Verladung *f*
отдава́ть я́корь *(Schiff)* ankern, Anker werfen, vor Anker gehen
отда́ча *f* 1. Abgabe *f*; Ausbeute *f*; 2. *(Ph)* Rückschlag *m*, Rückstoß *m*; 3. Losmachen *n*
~ **мо́щности** Leistungsabgabe *f*
отде́л *m* 1. Abteilung *f (eines Betriebes)*; Ressort *n*, Referat *n (einer Verwaltung)*; 2. *(Geol)* Abteilung *f (Stratigraphie)*
отделе́ние *n* 1. Abteilung *f (eines Betriebes)*; 2. Abtrennen *n*, Abscheiden *n*, Separieren *n*; Abspaltung *f*; 3. Absonderung *f*, Abscheidung *f*, Sekretion *f*; 4. *(Bgb)* Trum *n*, Abteilung *f*; 5. *(Schiff)* Abschnitt *m*; 6. Kammer *f*, Raum *m*, Zelle *f*
~/**маши́нное** *(Schiff)* Maschinenraum *m*
~/**морози́льное** 1. *(Schiff)* Gefrierraum *m (eines Fischereifahrzeugs)*; 2. Tiefkühlfach *n (des Kühlschranks)*
~/**отсто́йное** *(Ökol)* Klärabteilung *f*
отдели́мость *f (Ch)* Trennbarkeit *f*, Abtrennbarkeit *f*
отдели́тель *m* 1. Abscheider *m*, Sichter *m*; Separator *m*; 2. Abstandsstück *n*; 3. *(Wkzm)* Zuteiler *m*
отде́лка *f* 1. Fertigbearbeitung *f*, Nachbearbeitung *f*; 2. Veredlung *f*, Nachbehandlung *f*; 3. *(Wlz)* Fertigwalzen *n*, Glätten *n*, Schlichten *n*, Friemeln *n*, Dressieren *n*; 4. *(Text)* Ausrüsten *n*, Ausrüstung *f*, Appretieren *n (Gewebe)*; 5. *(Photo)* Aufarbeitung *f*, Konfektionieren *n*
~/**бесуса́дочная** *(Text)* Schrumpffreiausrüstung *f*, Krumpffreiausrüstung *f*
~/**гля́нцевая** *(Text)* Glanzappretur *f*
~/**грязеотта́лкивающая** *(Text)* schmutzabweisende Ausrüstung *f*
~/**мо́края** *(Text)* Nassveredlung *f*, Nassappretur *f*
~/**несмина́емая** *(Text)* Knitterfreiausrüstung *f*, Knitterechtausrüstung *f*, Knitterechtappretur *f*
отде́лочный 1. Fein..., Fertig... *(Bearbeitung)*; 2. Veredlungs...
отде́льность *f* 1. Abgeteiltheit *f*; 2. *(Geol)* Absonderung *f*
отде́льный einzeln, Einzel...
отделя́ть 1. abtrennen, abscheiden, separieren; absondern; abspalten
отду́шина *f* 1. Luftloch *n*, Luftkanal *m*, Abzug *m*; 2. *(Gieß)* Gusspfeife *f*, Windpfeife *f*, Luftloch *n (einer Form)*
о́тдых *m (Krist, Met)* Erholung *f*
о́тжиг *m* 1. *(Met, Härt)* Glühen *n*; Tempern *n*; 2. *(Glas)* Kühlen *n*, Entspannen *n*
~/**рекристаллизацио́нный** *(Härt)* Rekristallisationsglühen *n*
отжи́м *m* 1. Abdrücken *n*, Abpressen *n*; 2. *(Led)* Abwelken *n*; 3. *(Bgb)* Abdrücken *n*, Gang *m*, Gehen *n*, Ablösen *n (der Kohle)*
отжима́ть 1. abpressen; 2. wegdrücken, verdrängen; 3. abspannen *(Werkstücke)*; 4. *(Pap)* gautschen; 5. abwelken *(Leder)*
о́тзвук *m (Ak)* Nachhall *m*, Widerhall *m*
отка́з *m* 1. Absage *f*, Ablehnung *f*; 2. Verzicht *m*; 3. *(Masch)* Ausfall *m*, Versagen *n (z. B. von Maschinenteilen)*
~/**по́лный** Totalausfall *m*

отка́зывать 1. absagen, ablehnen; 2. ausfallen, versagen *(z. B. Maschinenteile)*
отка́тка *f (Bgb)* Förderung *f*, Streckenförderung *f*
~/**кана́тная** Seilförderung *f*
~/**людска́я** Mannschaftsfahrung *f*
отка́чивание *n s.* откачка
отка́чивать 1. abpumpen, auspumpen; 2. evakuieren
отка́чка *f* 1. Abpumpen *n*, Auspumpen *n*; 2. Evakuieren *n*, Evakuation *f*
откидно́й aufklappbar
отклоне́ние *n* 1. Abweichung *f*; Schwankung *f*; 2. Ablenkung *f*; 3. Ausschlag *m (des Zeigers)*; 4. *s.* ~ разме́ра; *5. (Wkzm)* Auswandern *n*, Verlaufen *n (des Werkzeugs)*
~/**допусти́мое** zulässige Abweichung *f*, Toleranz *f*
~ **разме́ра** *(Fert)* Abmaß *n*, Maßabweichung *f*
отключённый abgeschaltet, ausgeschaltet
отключа́ть 1. *(El)* abschalten, ausschalten; 2. abkuppeln
отключе́ние *n (El)* Abschalten *n*, Ausschalten *n*
отко́с *m* Böschung *f*; Abhang *m*
открыва́ть 1. öffnen, eröffnen; 2. entdecken; 3. *(Bgb)* erschließen *(Lagerstätten)*
откры́тие *n* 1. Öffnen *n*; Eröffnung *f*, Eröffnen *n*; 2. Entdecken *n*; 3. *(Bgb)* Erschließen *n (Lagerstätten)*
~ **фа́йла** *(Inf)* Eröffnen *n* der Datei
отла́дка *f* Fehlerbeseitigung *f*; Funktionskontrolle *f*, *(Inf auch:)* Debuggen *n*, Debugging *n*
~ **програ́ммы** *(Inf)* Austesten *n* eines Programms, Programmtestung *f*
отла́дчик *m s.* программа/отладочная
отла́живать Fehler [Störungen] beseitigen, austesten
отлёт *m* Abflug *m*
отли́в *m* 1. Abfluss *m*, Zurückfluten *n*; 2. Gießen *n*, Abgießen *n*; 3. *(Hydrol)* Ebbe *f*, fallende Tide *f*
отлива́ть 1. (ab)gießen; 2. *(Kst)* spritzgießen, spritzen; 3. schimmern, schillern *(Minerale)*
отли́вка *f* 1. Gießen *n*, Abgießen *n*, Vergießen *n*, Abguss *m*, Guss *m*; 2. *(Kst)* Spritzgießen *n*, Spritzen *n*; 3. Gussstück *n*; 4. *(Kst)* Spritzgussteil *n*
отлипа́ние *n* Ablösen *n*, Abspalten *n*
отложе́ние *n (Geol)* Ablagerung *f*, Sedimentation *f*
отма́рывать *(Typ)* abschmieren *(Farbe)*
о́тмель *f (Geol, Hydrol)* Untiefe *f*, Barre *f*
отме́тка *f* 1. Notiz *f*, Vermerk *m*; 2. Zeichen *n*, Kennzeichen *n*; 3. Zacke *f*, Zacken *m*
~ **высоты́** *(Geod)* Kote *f*, Höhenkote *f*, Höhenmarke *f*
отме́тчик *m (Rad)* Sichtgerät *n*; Anzeigegerät *n*
отмеча́ть 1. notieren, vermerken; 2. kennzeichnen, markieren; 3. *(Geod)* kotieren
отму́чивание *n* Schlämmen *n*, Abschlämmen *n*; Feinklassieren *n (Aufbereitung)*
отму́чивать (ab)schlämmen; feinklassieren *(Aufbereitung)*
относи́тельность *f* Relativität *f*
относи́тельный relativ, bezogen
отноше́ние *n* Verhältnis *n*, Beziehung *f*
~/**переда́точное** *(Masch)* Übersetzung *f*, Übersetzungsverhältnis *n (Getriebe)*; Eingriffsverhältnis *n (Zahnrad)*
~ **сигна́л-шум** Signal-Rausch-Verhältnis *n*, Rauschabstand *m*, S/N-Verhältnis *n*
отображе́ние *n* Abbildung *f*, Projektion *f*; Anzeige *f (auf Bildschirmen)*
~/**аффи́нное** *(Math)* affine Abbildung *f*
~/**поби́товое [поэлеме́нтное]** *(Inf)* Bitmapping *n*
~/**цифрово́е** digitale Anzeige *f*, Digitalanzeige *f*, Ziffernanzeige *f*
отопи́тельный Heiz(ungs)...
отопле́ние *n* Heizen *n*, Heizung *f*
~/**водяно́е** Warmwasserheizung *f*
~/**возду́шное** Luftheizung *f*
~/**га́зовое** Gasheizung *f*
~/**лучи́стое** Strahlungsheizung *f*
~/**мазу́тное** Ölheizung *f*
~ **отходя́щим тепло́м** Abwärmeheizung *f*
~/**пане́льно-лучи́стое** Flächen(strahlungs)heizung *f*

~/**парово́е** Dampfheizung *f*
~/**подпо́льное** Fußbodenheizung *f*
~/**пото́лочное** Deckenheizung *f*
~/**центра́льное** Zentralheizung *f*
~/**электри́ческое** Elektroheizung *f*
отощи́тель *m* Magerungsmittel *n*
отпада́ть abfallen
отпа́йка *f* Ablöten *n*
отпа́ривать abbrühen; dämpfen
отпеча́ток *m* 1. *(Photo)* Abzug *m*, Kopie *f*; 2. *(Typ)* Abdruck *m*; 3. *(Wkst)* Eindruck *m (Härtemessung)*
отпотева́ние *n* 1. Beschlagen *n*, Schwitzen *n*; 2. *(Met)* Seigern *n*, Ausseigern *n*; Ausschwitzen *n*
отправи́тель *m* Absender *m*
отпра́вка *f* Versand *m*
отправле́ние *n* Abfahrt *f*
отправля́ть *(Eb)* abfertigen *(Züge)*
о́тпуск *m* 1. Auslieferung *f*; 2. *(Härt)* Anlassen *n*; *(Härt)* Entspannungsglühen *n*; 3. *(El)* Freigabe *f*; 4. Lösen *n (der Bremse)*
отпуска́ть 1. ablassen; 2. freilassen; 3. *(Härt)* anlassen; *(Härt)* entspannungsglühen; 4. *(El)* abfallen *(Relais)*; 5. lockern *(Bremse)*
отрабо́тка *f* 1. Abarbeiten *n*, Abarbeitung *f (z. B. von Programmen)*; 2. *(Bgb)* Abbau *m*, Verhieb *m*
отравле́ние *n* Vergiftung *f*
отравля́ть vergiften
отража́тель *m* Reflektor *m*; Rückstrahler *m*
~/**ла́зерный** Laserreflektor *m*
отража́ть zurückstrahlen, zurückwerfen, reflektieren
отраже́ние *n* Rückstrahlung *f*, Reflexion *f*; Spiegelung *f* • **без отраже́ния** reflexionsfrei
~/**двойно́е** Doppelreflexion *f*
~ **зву́ка** Schallreflexion *f*
~/**зерка́льное** *(Opt)* regelmäßige [reguläre, gerichtete] Reflexion *f*, Spiegelreflexion *f*
~/**по́лное** Totalreflexion *f*
~ **све́та** Lichtreflexion *f*
отражённый reflektiert
о́трасль *f* Zweig *m*, Branche *f*
отрегули́ровать einstellen
отреза́ние *n (Fert)* spanendes Abtrennen *n*; Abstechen *n*, Ablängen *n*
~/**абрази́вное** Trennschleifen *n*; Abstechschleifen *n*
~ **шлифова́льным кру́гом** *s.* ~/абразивное
отреза́ть 1. abschneiden; abtrennen; 2. *(Fert)* spanend abtrennen; *(Fert)* abstechen, ablängen
отре́зка *f s.* отрезание
отре́зок *m* 1. Abschnitt *m*, Segment *n*; 2. *(Math)* Strecke *f*; 3. *(Opt)* Schnittweite *f*
отрица́ние *n* Negation *f*, Verneinung *f*
отрица́тельный negativ, Negativ...
отро́сток *m* 1. Ansatzstück *n*; 2. *(El)* Anzapfung *f*; 3. *(Schiff)* Abzweigleitung *f*, Zweigleitung *f*
отруба́ть 1. abhauen, abschlagen; 2. *(Schm)* abschroten
отры́в *m* 1. Abreißen *n*, Losreißen *n*; 2. *(Flg)* Abheben *n*
отса́дка *f* Setzen *n*; Sichten *n (Aufbereitung)*
отса́сывание *n* Absaugen *n*
отса́сывать absaugen
отсе́в *m* 1. Siebrückstand *m*; 2. *s.* отсеивание
отсе́ивание *n* Sieben *n*, Absieben *n*, Aussieben *n*
отсе́ивать (ab)sieben, aussieben
отсе́к *m* Abteilung *f*, Zelle *f*, Sektion *f (eines Schiffes)*
~/**кома́ндный** *(Raumf)* Kommandokapsel *f*
~/**лу́нный (поса́дочный)** *(Raumf)* Mond(lande)fähre *f*
~/**орбита́льный** *(Raumf)* Orbitalsektion *f*
~/**прибо́рный** *(Raumf)* Gerätesektion *f*, Gerätezelle *f*
отсека́ть 1. abtrennen; 2. absperren; abriegeln; 3. *(Schm)* abschroten
отсе́чка *f* 1. Abtrennen *n*; 2. Absperren *n*; Abriegeln *n*
отсла́ивание *n* Abblättern *n*, Abplatzen *n*
отсла́иваться abblättern, abplatzen
отсоедине́ние *n (El)* Abschalten *n*, Trennen *n*; *(El)* Abklemmen *n*
отсоединя́ть *(El)* abschalten, trennen
отсо́с *m* Absaugen *n*, Abpumpen *n*
отстава́ние *n* Nacheilen *n*, Nacheilung *f*, Zurückbleiben *n*

~ **по фáзе** *(El)* Phasennacheilung *f*
отстáивание *n* Abstehen *n*, Absetzen *n*, Abklären *n (Aufbereitung)*; Abstehenlassen *n*, Halten *n (z. B. flüssiges Metall)*
отстóй *m* Schlamm *m*, Bodensatz *m*
отстóйник *m* 1. *(Bw, Hydt)* Absetzbecken *n*, Klärbecken *n*; 2. Absetzbehälter *m*; 3. Absetzer *m*, Dekanteur *m (Zuckergewinnung)*
отстóйный Absetz..., Klär...
отсчёт *m* 1. Zählung *f*; 2. Anzeige *f*; 3. Ablesen *n*, Ablesung *f (von Messgeräten)*
отсы́пка *f* Schütten *n*, Schüttung *f*
оттáивание *n* 1. Abtauen *n (Kühlschränke)*; 2. Auftauen *n (des Bodens)*; Schmelzen *n*
оттáивать 1. abtauen *(Kühlschränke)*; 2. auftauen *(Böden)*
оттáлкивание *n* Abstoßung *f*; Repulsion *f*
оттáлкивать abstoßen; zurückstoßen
оттéнок *m* **(/цветовóй)** Schattierung *f*, Farbton *m*, Abtönung *f*, Farbstich *m*
óттиск *m (Typ)* Abzug *m*, Abdruck *m*
~/**прóбный** *(Typ)* Andruck *m*
оттóк *m* Abfluss *m*, Abfließen *n*
оття́жка *f* 1. Abspannen *n*, Verspannen *n*; 2. Abspannung *f*, Abspannseil *n*, Spannseil *n*; Verankerungsseil *n*; 2. *(El, Nrt)* Anker *m*, Mastanker *m*
отфильтрóвывать 1. (ab)filtern; 2. *(El)* (aus)filtern, (aus)sieben
отхóд *m* 1. Abfahrt *f*; Abgang *m*; 2. *s.* отходы
отхóды *mpl* Abfall *m*, Abfälle *mpl*, Abprodukt *n*
~/**возврáтные** verwertbare [wieder verwendungsfähige] Abfälle *mpl* und Rückstände *mpl*
~/**горю́чие** brennbare Abfälle *mpl*
~/**листовы́е** Blechschrott *m*
~ **произвóдства** Abfälle *mpl*, Abfallstoffe *mpl*
~/**промы́шленные** Industrieabfälle *mpl*
~/**радиоакти́вные** radioaktiver Abfall *m*, Atommüll *m*
~/**строи́тельные** Bauschutt *m*
отцепля́ть abhängen, abkuppeln
отчáливание *n (Schiff)* Ablegen *n*
отшибáть *(Glas)* absprengen
отщеплéние *n (Ch)* Abspatung *f*
отщепля́ть *(Ch)* abspalten
ОУ *s.* усилитель/операционный
оформлéние *n* Formgebung *f*, Gestaltung *f*; Ausstattung *f*, Aufmachung *f (eines Buches)*
офсéт *m (Typ)* Offset *m*, Offsetdruck *m*
охлади́тель *m* 1. Kühler *m*; 2. Kühlmittel *n*; 3. *(Härt)* Abschreckmittel *n*
~/**испари́тельный** Verdunstungskühler *m*
охлаждéние *n* Kühlen *n*; Abkühlen *n*, Abkühlung *f*
~/**водянóе** *(Kfz)* Wasserkühlung *f*
~/**возду́шное** *(Kfz)* Luftkühlung *f*
~/**естéственное** Selbstkühlung *f*
~/**жи́дкостное** Flüssigkeitskühlung *f*
~/**мáсляное** Ölkühlung *f*
~/**повéрхностное** Oberflächenkühlung *f*
~/**принуди́тельное** Zwangskühlung *f*; *(Kfz)* Druckumlaufkühlung *f*
~/**протóчное** Durchlaufkühlung *f*
~/**рассóльное** Solekühlung *f*
~/**рéзкое** *(Härt)* Abschrecken *n*, Abschreckhärten *n*
óхра *f (Min)* Ocker *m*
охрáна *f* Schutz *m*
~ **водоёмов** Gewässerschutz *m*
~ **окружáющей среды́** Umweltschutz *m*
~ **прирóдных ландшáфтов** Landschaftsschutz *m*
~ **прирóды** Naturschutz *m*
~ **трудá** Arbeitschutz *m*
охру́пчивание *n (Wkst)* Versprödung *f*
оцéнка *f* 1. Abschätzung *f*, Bewertung *f*, Schätzung *f*; 2. Auswertung *f (Versuche)*; 3. Veranschlagung *f (Kosten)*
оцинкóванный *(Met)* verzinkt
оцинкóвывание *n (Met)* Verzinken *n*
оцинкóвывать *(Met)* verzinken
оцифрóванный *(Eln)* digitalisiert
оцифрóвка *f (Eln)* Digitalisieren *n*
оцифрóвыватель *m (Eln)* Digitalisierer *m*, Digitalisiergerät *n*
очáг *m* 1. Herd *m (eines Erdbebens, Vulkans)*; 2. Herd *m*, Feuerstätte *f*
óчередь *f* 1. Folge *f*, Reihenfolge *f*; 2. *(Inf)* Warteschlange *f*; 3. Bauabschnitt *m*
~ **задáний** *(Inf)* Jobwarteschlange *f*

~ **строи́тельства** Bauabschnitt *m*
очерта́ние *n* Umriss *m*, Profil *n*, Außenlinie *f*
очёс *m (Text)* Hede *f*; Kämmling *m*
очисти́тель *m* 1. Reiniger *m*; Abscheider *m*; 2. Klärmittel *n*; 3. *(Pap)* Stoffreiniger *m*, Zeugreiniger *m*
очи́стка *f* 1. Reinigung *f*, Säuberung *f*; 2. Klärung *f (von Abwässern)*; 3. *(Met)* Feinen *n*, Raffinieren *n*, Raffination *f*; 4. Putzen *n (von Guss)*; 5. Läutern *n (Erz)*
~/**биологи́ческая** biologische Reinigung [Selbstreinigung] *f (der Abwässer)*
~/**гидравли́ческая** *(Gieß)* Nassputzen *n*, Druckwasserstrahlen *n*, Wasserstrahlputzen *n*
~/**гру́бая** 1. Grobreinigung *f*; 2. *(Gieß)* Vorputzen *n*
~/**дробемётная** *(Gieß)* Schleuderstrahlreinigung *f*
~/**дробестру́йная** *(Gieß)* Druckstrahlputzen *n*
~/**кисло́тная** *(Ch)* Säureraffination *f*
~/**мо́края** 1. Nassreinigung *f*; 2. *s.* ~/ гидравлическая
~/**пескостру́йная** Sandstrahlen *n*
~ **сто́чных вод** Abwasserreinigung *f*
~/**стру́йная** Strahlputzen *n*, Putzstrahlen *n*
~/**суха́я** Trockenreinigung *f*
~/**то́нкая** Feinreinigung *f*; *(Gieß)* Feinputzen *n*
~/**щелочна́я** *(Ch)* Laugenraffination *f*, Laugung *f*
очища́ть 1. reinigen; 2. klären *(Abwässer)*; 3. *(Met)* feinen, raffinieren; 4. putzen *(Guss)*; 5. läutern *(Erze)*
очи́щенный 1. gereinigt; 2. geklärt *(Abwässer)*; 3. *(Met)* raffiniert; 4. geputzt *(Guss)*; 5. geläutert *(Erze)*
очко́ *n* 1. Auge *n*, Öse *f*, Öhr *n*; 2. *(Met)* Stich *m*, Abstichloch *n (des Schmelzofens)*; 3. Düse *f (zum Drahtziehen)*
~/**волочи́льное** Ziehdüse *f*
очувствлённый 1. sensorisiert; 2. sensibilisiert
оши́бка *f* Fehler *m (s. a. unter* погрешность*)*
~/**абсолю́тная** absoluter Fehler *m*
~/**аппара́тная** *(Inf)* Hardwarefehler *m*
~/**вероя́тная** wahrscheinlicher Fehler *m*
~ **градуиро́вки** Skalenteilungsfehler *m*
~/**допусти́мая** zulässiger Fehler *m*; *(Reg)* zulässige Regelabweichung *f*
~/**многоби́тная** *(Inf)* Mehrbitfehler *m*
~/**однобитная** *(Inf)* Einbitfehler *m*
~/**относи́тельная** relativer Fehler *m*
~/**преде́льная** Grenzfehler *m*; zulässiger Fehler *m*
~/**системати́ческая** regelmäßiger [systembedingter] Fehler *m*
~/**случа́йная** zufälliger Fehler *m*, Zufallsfehler *m*
~/**сре́дняя** mittlerer Fehler *m*
~/**сре́дняя квадрати́ческая** mittlerer quadratischer Fehler *m*
~/**сумма́рная** Summenfehler *m*, Gesamtfehler *m*; akkumulierter Fehler *m*
~ **счи́тывания** Lesefehler *m*
~ **чёткости** *(Inf)* Paritätsfehler *m*
оши́бочный fehlerhaft, Fehl...
ошлакова́ние *n (Met)* Verschlacken *n*
оштукату́ривание *n (Bw)* Putzen *n*, Verputzen *n*

П

П *s.* 1. пуаз; 2. пета...
п *s.* пико...
Па *s.* паскаль
ПАВ *n s.* вещество/поверхностно-активное
па́водок *m* Hochwasser *n*
па́дать 1. fallen; 2. abfallen; (ab)sinken; abnehmen
паде́ние *n* 1. Fallen *n*, Fall *m*; 2. *(El, Mech)* Abfall *m (der Spannung)*; Sinken *n*, Absinken *n*; Abnahme *f*; 3. *(Ph)* Einfall *m (von Licht, Wellen)*; 4. Sturz *m (der Temperatur)*; 5. *(Flg)* Absturz *m*
~ **напряже́ния** *(El, Mech)* Spannungsabfall *m*
~/**свобо́дное** *(Mech)* freier Fall *m*
паз *m* 1. Nut *f*, Auskehlung *f*; 2. Schlitz *m*
пазова́ть nuten, auskehlen
па́зовый Nut(en)...
па́йка *f* Löten *n*
~/**высокотемперату́рная** Hartlöten *n*
~/**газопла́менная** Flamm(en)löten *n*

~/**и́мпульсная** Impulslöten *n*
~/**индукцио́нная** Induktionslöten *n*
~/**конта́ктная** elektrisches Widerstandslöten *n*
~/**ла́зерная** Laserstrahllöten *n*
~ **мя́гкими припо́ями** Weichlöten *n*
~/**низкотемперату́рная** Weichlöten *n*
~ **погруже́нием** Tauchlöten *n*
~ **твёрдыми припо́ями** Hartlöten *n*
~ **тре́нием** Reiblöten *n*
~/**фрикцио́нная** Reiblöten *n*
па́йлер *m (Wlz)* Stapelvorrichtung *f (für Bleche)*, Blechstapler *m*
пак *m* Packeis *n*
пакга́уз *m (Eb)* Güterschuppen *m*, Güterboden *m*
паке́т *m* 1. Paket *n*; 2. *(Inf)* Stapel *m*; Paket *n*, Programmpaket *n*; 3. *(Schiff)* Palette *f*
~/**волново́й** *(Ph)* Wellenpaket *n*, nicht harmonische Wellengruppe *f*
~ **ди́сков** *(Inf)* Plattenstapel *m*
~ **ди́сков/сме́нный** *(Inf)* Wechselplattenstapel *m*
~/**отла́дочный** *(Inf)* Fehlersuchpaket *n*
~ **прикладны́х програ́мм** *(Inf)* Anwenderprogrammpaket *n*
~ **програ́мм** *(Inf)* Programmpaket *n*, Softwarepaket *n*
~ **програ́мм/сетево́й** *(Inf)* Netzsoftwarepaket *n*
пакети́рование *n* Paketieren *n*, Paketierung *f*; Bündeln *n*
па́кля *f* Werg *n*, Hede *f*
пако́вка *f (Text)* Garnkörper *m*
~ **пря́жи** Garnkörper *m*
пал *m (Schiff)* Dalben *m*, Dalbe *f*, Poller *m*
палезо́й *m (Geol)* Paläozoikum *n*
палеоли́т *m (Geol)* Paläolithikum *n*, Altsteinzeit *f*
палеонтоло́гия *f (Geol)* Paläontologie *f*
па́лец *m (Masch)* Finger *m*; Bolzen *m*; Stift *m*; Zapfen *m (einer Kurbel)*
~/**поршнево́й** *(Kfz)* Kolbenbolzen *m*
~/**рессо́рный** *(Masch)* Federbolzen *m*
палла́дий *m (Ch)* Palladium *n*, Pd
па́луба *f (Schiff)* Deck *n*
~/**ваго́нная** Wagendeck *n (Eisenbahnfähre)*
~/**ве́рхняя** Oberdeck *n*
~/**ни́жняя** Unterdeck *n*
~/**откры́тая** Freideck *n*, Wetterdeck *n*
~/**прогу́лочная** Promenadendeck *n*
~/**со́лнечная** Sonnendeck *n*
~/**сре́дняя** Mitteldeck *n*
па́мять *f (Inf)* Speicher *m (s. a. unter* устройство/запоминающее*)*
~/**автоно́мная** autonomer Speicher *m*, Off-line-Speicher *m*
~/**а́дресная** Adressspeicher *m*, Adressenspeicher *m*
~/**ассоциати́вная** Assoziativspeicher *m*, assoziativer Speicher *m*
~/**блокно́тная** Notizblockspeicher *m*, Scratchpad-Speicher *m*
~ **большо́й ёмкости** Massenspeicher *m*
~/**бу́ферная** Pufferspeicher *m*, Zwischenspeicher *m*
~/**быстроде́йствующая** schneller Speicher *m*
~/**виртуа́льная** virtueller Speicher *m*, Pseudospeicher *m*
~/**вне́шняя** Externspeicher *m*, externer [peripherer] Speicher *m*, Fremdspeicher *m*
~/**вну́тренняя** Internspeicher *m*, interner Speicher *m*
~/**вспомога́тельная** Hilfsspeicher *m*, Zusatzspeicher *m*
~/**втори́чная** Sekundärspeicher *m*
~ **графи́ческих да́нных** Graphikspeicher *m*, graphischer Speicher *m*
~/**динами́ческая** dynamischer Speicher *m*
~/**долговре́менная** Langzeitspeicher *m*
~/**дополни́тельная** Zusatzspeicher *m*
~/**ёмкостная** kapazitiver Speicher *m*
~/**кратковре́менная** Kurzzeitspeicher *m*
~/**криоге́нная** Kryo(gen)speicher *m*, supraleitender [kryogenischer] Speicher *m*
~/**магази́нная** *s.* ~/стековая
~ **магази́нного ти́па** *s.* ~/стековая
~/**магни́тная** Magnetspeicher *m*
~/**ма́ссовая** Massenspeicher *m*
~/**моноли́тная** monolithischer Speicher *m*
~ **на БИС** LSI-Speicher *m*
~ **на ги́бких магни́тных ди́сках** Diskettenspeicher *m*

~ **на жёстких магни́тных ди́сках** Festplattenspeicher *m*, FPS *m*
~ **на магни́тной ле́нте** Magnetbandspeicher *m*
~ **на магни́тном бараба́не** Magnettrommelspeicher *m*
~ **на магни́тных доме́нах** Magnetdomänenspeicher *m*
~ **на магни́тных ка́ртах** Magnetkartenspeicher *m*
~ **на магни́тных плёнках** Magnetschichtspeicher *m*, Magnetfilmspeicher *m*
~ **на сме́нных магни́тных ди́сках** Wechselplattenspeicher *m*, WPS *m*
~ **на ферри́товых серде́чниках** Ferritkernspeicher *m*
~ **на цилиндри́ческих магни́тных доме́нах** Blasenspeicher *m*, Magnetblasenspeicher *m*, Bubble-Speicher *m*
~ **обра́тного магази́нного ти́па** FIFO-Speicher *m*
~/**операти́вная** Arbeitsspeicher *m*, Operativspeicher *m*, operativer Speicher *m*, OPS *m*
~/**основна́я (операти́вная)** Hauptspeicher *m*, HS *m*
~/**паралле́льная** Parallelspeicher *m*, Speicher *m* mit parallelem Zugriff
~/**перви́чная** Primärspeicher *m*
~/**плёночная** Schichtspeicher *m*, Dünnschichtspeicher *m*, Filmspeicher *m*
~/**полупроводнико́вая** Halbleiterspeicher *m*
~/**после́довательная** 1. sequentieller Speicher *m*, Sequenzspeicher *m*; 2. serieller Speicher *m*, Serienspeicher *m*
~/**постоя́нная** Fest(wert)speicher *m*, Nur-Lese-Speicher *m*, ROM *m*, Konstantspeicher *m*
~/**промежу́точная** Zwischenspeicher *m*
~/**проце́ссорная** Prozessorspeicher *m*, Hauptspeicher *m*, HS *m*
~/**рабо́чая** *s.* ~/оперативная
~ **с бы́стрым до́ступом** Schnellzugriffsspeicher *m*, Speicher *m* mit schnellem Zugriff
~ **с бы́строй вы́боркой** *s.* ~ с быстрым доступом
~ **с однокра́ткой за́писью** WORM-Speicher *m*
~ **с произво́льным [прямы́м] до́ступом** Speicher *m* mit wahlfreiem Zugriff, Direktzugriffsspeicher *m*, RAM-Speicher *m*, RAM *m*
~ **с расслое́нием** verschachtelter Speicher *m*
~/**сегментиро́ванная** Segmentspeicher *m*
~ **со страни́чной организа́цией** Seitenspeicher *m*, seitenorganisierter Speicher *m*
~/**сте́ковая** Kellerspeicher *m*, Stapelspeicher *m*, Stack *m*, LIFO-Speicher *m*
~/**управля́ющая** Steuerspeicher *m*
~/**энергозави́сивая** energieabhängiger [flüchtiger] Speicher *m*
~/**энергонезави́сивая** energieunabhängiger [nicht flüchtiger, nichtflüchtiger] Speicher *m*

па́ндус *m (Bw)* Rampe *f*

панелево́з *m* Plattentransportfahrzeug *n*

пане́ль *f* 1. *(Bw)* Platte *f*, Tafel *f*; 2. Feld *n (einer Schalttafel)*
~/**гнездова́я** *(Nrt)* Klinkenfeld *n*
~ **кры́ши/сдвижна́я** *(Kfz)* Schiebedach *n*
~/**несу́щая** *(Bw)* tragende Platte *f*
~/**сбо́рная** Fertigteilplatte *f*
~ **управле́ния** *(El)* Bedienungsfeld *n*, Bedienungsschalttafel *f*

панора́мный Panorama..., Rundsicht..., Rundblick...

панто́граф *m* 1. Pantograph *m (Zeichengerät)*; 2. Scherenstromabnehmer *m (einer Elektrolokomotive)*

панхромати́ческий *(Opt)* panchromatisch

панхромати́чность *f (Opt)* Panchromasie *f*

па́нцирный Panzer...

панч-сру *m (Eln)* Durchgriff *m*

пар *m* 1. Dampf *m*; 2. *(Lw)* Brachland *n*, Brache *f*
~/**вла́жный** Nassdampf *m*
~/**водяно́й** Wasserdampf *m*
~ **высо́кого давле́ния** Hochdruckdampf *m*, hochgespannter Dampf *m*
~/**мя́тый** Abdampf *m*
~/**насы́щенный** Sattdampf *m*
~/**неотрабо́тавший** Frischdampf *m*

~/**отрабо́тавший** Abdampf *m*
~/**перегре́тый** Heißdampf *m*, überhitzter Dampf *m*
~/**рабо́чий** Betriebsdampf *m*
~/**све́жий** Frischdampf *m*
~/**сухо́й** Trockendampf *m*
~/**чи́стый** *(Lw)* reine [unbestellte] Brache *f*
па́ра *f* 1. Paar *n*; Satz *m*; 2. *(Nrt)* Paar *n*, Leiterpaar *n*; 3. *(Masch)* Radsatz *m*; 4. *(Mech)* kinematisches Gelenk *n*
~ **зажи́мов** *(El)* Klemmenpaar *n*
~/**кинемати́ческая** *(Mech)* kinematisches Gelenk *n*
~/**колёсная** *(Eb)* Radsatz *m*
~ **сил** *(Mech)* Kräftepaar *n*
~/**электро́нная** *(Ph)* Elektronenpaar *n*
пара́бола *f (Math)* Parabel *f*
~/**куби́ческая** kubische Parabel *f*
~/**полукуби́ческая** semikubische Parabel *f*
параболи́ческий parabolisch, Parabol...
параболо́ид *m (Math)* Paraboloid *n*
~ **враще́ния** Rotationsparaboloid *n*
~/**гиперболи́ческий** hyperbolisches Paraboloid *n*
~/**эллипти́ческий** elliptisches Paraboloid *n*
парадо́кс *m (Math, Ph)* Paradoxon *n*
~ **вре́мени [часо́в]** Uhrenparadoxon *n*, Zwillingsparadoxon *n*
параксиа́льный paraxial, Paraxial..., achsennah
паралла́кс *m (Opt, Astr)* Parallaxe *f*
~/**векото́й** *(Astr)* Säkularparallaxe *f*
~/**годи́чный** *(Astr)* jährliche Parallaxe *f*
~/**су́точный** *(Astr)* tägliche Parallaxe *f*
параллакти́ческий parallaktisch
параллелепи́пед *m (Math)* Parallelepiped *n*
параллелогра́мм *m (Math)* Parallelogramm *n*
~ **сил** *(Mech)* Kräfteparallelogramm *n*
~ **скоросте́й** *(Mech)* Geschwindigkeitsparallelogramm *n*, Parallelogramm *n* der Geschwindigkeiten
паралле́ль *f* 1. *(Math)* Parallele *f*; 2. Breitenkreis *m*, Parallelkreis *m*
паралле́льность *f* Parallelität *f*
паралле́льный parallel, Parallel...
парамагнети́зм *m (Ph)* Paramagnetismus *m*
парамагне́тик *m (El)* Paramagnetikum *n*, paramagnetischer Stoff *m*
парамагни́тный paramagnetisch
пара́метр *m* 1. *(Math)* Parameter *m*; 2. Konstante *f*, Kenngröße *f*, Kennwert *m*
~/**задаю́щий** *(Reg)* Führungsgröße *f*
~/**обобщённый** verallgemeinerter Parameter *m*
~/**основно́й** Grundparameter *m*, Hauptparameter *m*
~/**распределённый** verteilter Parameter *m*
~/**регули́руемый** Regelgröße *f*
~/**сосредото́ченный** konzentrierter Parameter *m*
~ **состоя́ния** 1. *(Ph)* Zustandsgröße *f*; 2. *(Inf)* Statuswert *m*
параметри́ческий parametrisch, Parameter...
параметро́н *m (Eln)* Parametron *n*
парапе́т *m (Bw)* Brüstung *f*
парапланёр *m (Flg)* Paragleiter *m*
параселе́на *f (Meteo)* Nebenmond *m*
парафи́н *m (Ch)* Paraffin *n*
парафини́рование *n (Ch)* Paraffinierung *f*
парашю́т *m* 1. *(Flg)* Fallschirm *m*; 2. *(Bgb)* Fangvorrichtung *f (Seilförderung)*
~/**тормозно́й** *(Flg)* Bremsschirm *m*
~/**ша́хтный** *s.* парашют 2.
параэле́ктрик *m (Ph)* Paraelektrikum *n*, paraelektrischer Stoff *m*
па́рение *n* Dampfen *n*, Dampfaustritt *m*
паре́ние *n* 1. Schweben *n*; 2. *(Flg)* Segeln *n*, Segelflug *m*; Gleitflug *m*
парите́т *m (Inf)* Parität *f*
па́рить dampfen; dämpfen
пари́ть *(Flg)* schweben, segeln; gleiten
парк *m* 1. Park *m*, Parkanlage *f*; 2. Park *m*, Depot *n*
~/**маши́нный** Maschinenpark *m*
парке́т *m (Bw)* Parkett *n*
парни́к *m* Frühbeet *n*
парнико́вый Frühbeet...
па́рный 1. paarweise; 2. Tuck... *(Schleppnetzfischerei)*
парово́з *m* Dampflok(omotive) *f*
парово́й Dampf...
парогенера́тор Dampferzeuger *m*
паро́м *m* Fähre *f*, Fährschiff *n*

~/**автомоби́льно-пассажи́рский** Auto- und Passagierfähre *f*
~/**железнодоро́жный** Eisenbahnfähre *f*
~/**морско́й** Hochseefähre *f*
пароме́р *m* Dampfverbrauchsmesser *m*
паронепроница́емый dampfundurchlässig, dampfdicht
парообразова́ние *n* Dampferzeugung *f*
парообразова́тель *m* Dampferzeuger *m*
пароотдели́тель *m* Dampfabscheider *m*
парохлади́тель *m* Dampfkühler *m*
пароочисти́тель *m* Dampfreiniger *m*
пароперегрева́тель *m* Dampfüberhitzer *m*
паропреобразова́тель *m* Dampfumformer *m*
паропрово́д *m* Dampfleitung *f*
паропроизводи́тельность *f* Dampfleistung *f*
паропроница́емый dampfdurchlässig
парораспределе́ние *n* Dampfsteuerung *f*, Steuerung *f (einer Dampfturbine)*
паросбо́рник *m* Dampfsammler *m*, Dampfbehälter *m*
паросепара́тор *m* Dampfabscheider *m*
паромеси́тель *m* Dampfmischer *m*
паростру́йный Dampfstrahl...
паросуше́ние *n* Dampftrocknung *f*
паротурбово́з *m* Dampfturbinenlokomotive *f*
паротурбогенера́тор *m* Dampfturbogenerator *m*
парохо́д *m* Dampfschiff *n*, Dampfer *m*
парохо́дство *n (Schiff)* Reederei *f*
парсе́к *m* Parsec *n*, pc, Parallaxensekunde *f (Längeneinheit in der Astronomie)*
па́ртия *f* Los *n*, Fertigungslos *n*
па́рус *m* Segel *n*
паруси́на *f* Segeltuch *n*
па́русник *m* Segelschiff *n*, Segler *m*
парциа́льный partial, Partial..., partiell
паска́ль *m* Pascal *n*, Pa *(Einheit des Druckes)*
па́спорт *m* Maschinenkarte *f*, Kennkarte *f*
пассажировмести́мость *f (Schiff)* Fahrgastkapazität *f*
пассажироперево́зки *fpl* Personenbeförderung *f*
пассажиропото́к *m* Verkehrsstrom *m (Personenverkehr)*
пасса́т *m (Meteo)* Passat *m*
пассати́жи *pl (Wkz)* Kombizange *f*
пассива́тор *m* Passivierungsmittel *n*
пассиви́рование *n* Passivieren *n*, Passivierung *f*
пасси́вность *f* Passivität *f (von Metallen)*
па́ста *f (Wkz)* Paste *f*; *(Lebm)* Teig *m*, Masse *f*
~/**дово́дочная** *(Wkz)* Läpppaste *f*
~/**нажда́чная** *(Wkz)* Schmirgelpaste *f*
~/**пая́льная** Lötpaste *f*
~/**полирова́льная** *(Wkz)* Polierpaste *f*
па́стбище *n (Lw)* Weide *f*, Weidefläche *f*
пастериза́тор *m (Lebm)* Pasteurisierapparat *m*; Milcherhitzer *m*
пастериза́ция *f (Lebm)* Pasteurisierung *f*
пате́нт *m* Patent *n*
патенти́рование *n* Patentieren *n (Wärmebehandlung von Stahldraht)*
патентова́ние *n* Patentieren *n*
патентова́ть patentieren
пати́на *f (Met)* Patina *f*, Edelrost *m*
патини́рование *n (Met)* Patinieren *n*, Patinierung *f*
патро́н *m* 1. *(Wkzm)* Futter *n*, Spannfutter *n*; 2. *(El)* Fassung *f*, Einsatz *m*, Patrone *f*; 3. *(Text)* Hülse *f*; 4. *(Mil, Bgb, Photo)* Patrone *f*
~/**быстроде́йствующий** *(Wkzm)* Schnellfutter *m*
~/**зажимно́й [зажи́мный]** *(Wkzm)* Spannfutter *m*
~/**ла́мповый** 1. *(El)* Lampenfassung *f*; 2. *(Eln)* Röhrenfassung *f*
~/**сверли́льный** *(Wkzm)* Bohrfutter *n*
па́трубок *m* Stutzen *m*, Rohransatz *m*, Abzweigrohr *n*
~/**вса́сывающий** Ansaugstutzen *m*, Saugkrümmer *m*
~/**нагнета́тельный** Druckstutzen *m*
~/**перехо́дный** Rohrzwischenstück *n*, Übergangsstück *n*
па́хота *f (Lw)* Pflügen *n*
пая́льник *m* Lötkolben *m*
пая́льный Löt...
пая́ние *n s.* пайка
па́яный gelötet, Löt...
пая́ть löten; einlöten
~ **мя́гким припо́ем** weichlöten

~ **твёрдым припоем** hartlöten
ПВРД *m s.* двигатель/прямоточный воздушно-реактивный
ПВХ *m s.* поливинилхлорид
ПДД *f s.* доза/предельно допустимая
ПДК *f s.* концентрация/предельно допустимая
ПДП *m s.* доступ к памяти/прямой
ПД-регулятор *m* PD-Regler *m*
педаль *f* Pedal *n*, Fußhebel *m*
~ **акселератора** *(Kfz)* Gasfußhebel *m*, Fahrfußhebel *m*, Gaspedal *n*
~/**пусковая** *(Kfz)* Kickstarter(hebel) *m* *(Motorrad)*
~/**рельсовая** *(Eb)* Schienenkontakt *m*, Schienenkontakteinrichtung *f*, Schienenstromschließer *m*
~ **сцепления** *(Kfz)* Kupplungsfußhebel *m*, Kupplungspedal *n*
~ **тормоза** *(Kfz)* Bremsfußhebel *m*, Bremspedal *n*
пек *m* Pech *n*; Teerpech *n*
пеленг *m* Peilung *f*; Funkpeilung *f*
~/**истинный** rechtweisende Peilung *f*
~/**компасный** Kompasspeilung *f*
~/**магнитный** missweisende Peilung *f*, Magnetpeilung *f*
пеленгатор *m* Peiler *m*, Peilgerät *n*; Funkpeiler *m*
~/**инфракрасный** Infrarotpeiler *m*, IR-Peiler *m*
пеленгация *f s.* пеленгование
пеленгование *n* 1. Peilen *n*, Peilung *f*, Anpeilen *n*; 2. Peilbetrieb *m*, Peilverfahren *n*
пеленговать (an)peilen
пемза *f (Geol)* Bimsstein *m*
пемзобетон *m (Bw)* Bimsbeton *m*
пена *f* 1. Schaum *m*, Gischt *m*; 2. *(Met)* Abstrich *m*, Gekrätz *n*
пенетрация *f* Penetration *f*
пенетрометр *m* 1. *(Bw)* Penetrometer *n*, Eindringtiefenmessinstrument *n*; 2. Härtemesser *m* *(Röntgenstrahlen)*
пенистый schaumig, Schaum...; schäumend; schaumartig, schaumförmig
пениться schäumen; aufschäumen
пенобетон *m (Bw)* Schaumbeton *m*, Gasbeton *m*
пенобетономешалка *f (Bw)* Schaumbetonmischer *m*
пеногаситель *m* Schaumdämpfer *m*, Schaumdämpfungsmittel *n*, Antischaummittel *n*
пеногенератор *m* Schaumgenerator *m*
пеноматериал *m* Schaumstoff *m*, Leichtstoff *m*
пенообразный schaumartig, schaumförmig
пенообразование *n* Schaumbildung *f*
пенообразователь *n* Schaumbildner *m*, Schaummittel *n (Flotation)*
пенообразующий schaumbildend, schäumend *(Flüssigkeiten)*
пенопласт *m* (geschlossenporiger) Schaumkunststoff *m*
пенополистирол *m* Polystyrenschaum(-stoff) *m*, PS-Schaumstoff *m*
пеносиликат *m (Bw)* Schaumsilikat *n*, Gassilikatbeton *m*
пеностекло *n (Bw)* Schaumglas *n*
пенотушение *n* Schaumlöschverfahren *n (bei der Brandbekämpfung)*
пеношлакобетон *m (Bw)* Schlackenschaumbeton *m*
пентагрид *m (Rf)* Pentagridröhre *f*, Fünfgitterröhre *f*
пентаэдр *m (Math)* Pentaeder *n*, Fünfflach *n*, Fünfflächner *m*
пентод *m (Eln)* Pentode *f*, Fünfelektrodenröhre *f*
пенька *f (Text)* Hanf *m*, Hanffaser *f*
пеньковый *(Text)* Hanf...
пепел *m* Asche *f*
пептизация *f (Ch)* Peptisation *f*
первичный primär, Primär...
пергамент *m* Pergament *n*; Pergamentpapier *n*
переадресация *f (Inf)* Adressenänderung *f*, Umadressierung *f*
перебег *m (Wkzm)* Überlauf *m (eines Schneidwerkzeugs)*
перебирать auslesen, sortieren
перебой *m* Unterbrechung *f*; Störung *f*
перебор *m (Masch)* Vorgelege *n (im Getriebe)*
переборка *f* 1. Sortieren *n*, Sichten *n*; 2. Zwischenwand *f*, Trennwand *f*, Scheidewand *f*; 3. *(Schiff)* Schott *n*
~/**поперечная** *(Schiff)* Querschott *n*
~/**продольная** *(Schiff)* Längsschott *n*
~/**противопожарная** *(Schiff)* Brandschott *n*, Feuer(hemm)schott *n*

перебро́с *m* Überspringen *n*
перева́л *m* 1. *(Met)* Wallstein *m*; 2. *(Geol)* Gebirgspass *m*
перева́лка *f* 1. Umschlag *m*, Warenumschlag *m*; 2. *(Wlz)* Walzenwechsel *m*, Walzenumbau *m*
переве́с *m* Übergewicht *n*
перево́д *m* 1. Überführung *f*; 2. Übersetzung *f (Sprache)*; 3. Überweisung *f (von Geld)*; 4. Durchpausung *f (einer Zeichnung)*; 5. *(Eb)* Weiche *f (s. a. unter* стрелка 2.*)*
~/**маши́нный** Maschinenübersetzung *f*, maschinelle Übersetzung *f*
~/**перекрёстный стре́лочный** *(Eb)* Kreuzungsweiche *f*
~/**стре́лочный** *(Eb)* Weiche *f (s. a. unter* стрелка 2.*)*
переводи́ть 1. überführen; 2. übersetzen *(Sprache)*; 3. überweisen *(Geld)*
перевозбужде́ние *n (El)* 1. Übererregung *f (eines Generators)*; 2. Übersteuerung *f*
перевози́ть transportieren, befördern
перево́зки *fpl* Transport *m*, Beförderung *f*; Verkehr *m*
~ **гру́зов** Güterbeförderung *f*
~/**конте́йнерные** Containertransport *m*, Containerverkehr *m*
~ **на поддо́нах** Palettenverkehr *m*
~/**пассажи́рские** Personenbeförderung *f*
перевооруже́ние *n* Neuausrüstung *f*, Neuausstattung *f*
перевя́зка *f (Bw)* Verband *m*
переги́б *m* 1. Biegung *f*, Umbiegung *f*; 2. Knick *m*, Knickung *f (einer Kurve)*
перегно́й *m* Humus *m*
перего́нка *f (Ch)* Destillieren *n*, Destillation *f*; Brennen *n (Alkohol)*
~ **в ва́кууме** Vakuumdestillation *f*
~/**дро́бная** fraktionierte Destillation *f*
~/**суха́я** Trockendestillation *f*
~/**фракцио́нная [фракциони́рованная]** fraktionierte Destillation *f*
перегоня́ть *(Ch)* destillieren; brennen *(Alkohol)*
перегора́ние *n* 1. Verbrennen *n*; 2. *(El)* Durchbrennen *n (einer Sicherung)*
перегоро́дка *f* Trennwand *f*, Zwischenwand *f*, Scheidewand *f*; Steg *m*; Diaphragma *n*
перегре́в *m* 1. Erhitzen, Erhitzung *f*; 2. Überhitzung *f*; Übertemperatur *f*; 3. *(El)* Überheizung *f*
перегрева́тель *m* Überhitzer *m (von Dampf)*
перегрева́ть überhitzen
перегре́тый überhitzt
перегружа́тель *m* Überladevorrichtung *f*, Überladegerät *n*
~/**мостово́й** Verladebrücke *f*
перегружа́ть 1. umladen, umschlagen *(Güter)*; 2. überlasten; 3. *(Reg)* übersteuern
перегру́зка *f* 1. Umladung *f*, Umschlag *m (von Gütern)*; 2. Überlastung *f*, Überlast *f*; Überbeanspruchung *f*; 3. *(Reg)* Übersteuerung *f*
перегруппиро́вка *f* 1. Umgruppierung *f*; 2. *(Ch)* Umlagerung *f*
передава́ть 1. übertragen, übermitteln; (be)fördern; 2. *(Rf)* senden; 3. funken
переда́точный Übertragungs...
переда́тчик *m* 1. *(Rf)* Sender *m*, Sendeanlage *f*; 2. *(Reg)* Geber *m*, Sender *m*
~/**длинново́лновый** Langwellensender *m*, LW-Sender *m*
~/**коротково́лновый** Kurzwellensender *m*, KW-Sender *m*
~ **поме́х** Störsender *m*
~/**радиовеща́тельный** Rundfunksender *m*
~/**среднево́лновый** Mittelwellensender *m*, MW-Sender *m*
~/**судово́й** Schiffssender *m*
~/**ультракоротково́лновый** Ultrakurzwellensender *m*, UKW-Sender *m*
переда́ча *f* 1. Übertragung *f*, Übermittlung *f*; 2. *(El)* Fortleitung *f (Energie)*; 3. *(Rf, TV)* Sendung *f*, Übertragung *f*; 4. *(Inf)* Übermittlung *f*, Übertragung *f*, Transfer *m (von Daten)*; 5. *(Masch)* Antrieb *m*, Trieb *m*; Getriebe *n*; 6. *(Kfz)* Gang *m (des Wechselgetriebes)*
~/**бесступе́нчатая** *(Masch)* stufenloses [stufenlos regelbares] Getriebe *n*, Stufenlosgetriebe *n*
~ **бло́ками** *(Inf)* blockweises Übertragen *n*, Blockübertragung *f (von Daten)*
~/**винтова́я** *(Masch)* 1. Schraubenradgetriebe *n*; 2. Schraubtrieb *m*
~/**внестуди́йная** *(Rf)* Außenreportage *f*, Reportageübertragung *f*

~/**гидравли́ческая** *(Masch)* hydraulisches Getriebe *n*, Flüssigkeitsgetriebe *n*, Strömungsgetriebe *n*; *(Eb)* hydraulische Leistungsübertragung *f*
~/**гидродинами́ческая** *(Masch)* hydrodynamisches Getriebe *n*, Strömungsgetriebe *n*; *(Eb)* hydrodynamische Leistungsübertragung *f*
~/**гидростати́ческая** *(Masch)* hydrostatisches Getriebe *n*; *(Eb)* hydrostatische Leistungsübertragung *f*
~/**гипóидная** *(Masch)* Hypoidgetriebe *n*
~/**дáльняя** *(Nrt)* Fernübertragung *f*, Weitverkehr *m*
~ **дáнных** Datenübertragung *f*, Datentransfer *m*
~ **дáнных/дистанциóнная** Datenfernübertragung *f*, DFÜ *f*
~/**дифференциáльная** *(Kfz)* Differenzialgetriebe *n*, Differentialgetriebe *n*
~/**зубчáтая** *(Masch)* Zahnradgetriebe *n*, Zahnradtrieb *m*
~ **изображéний** *s.* ~/фототелеграфная
~ **информáции** Informationsübertragung *f*
~/**канáтная** *(Masch)* Seil(an)trieb *m*
~/**кардáнная** *(Masch, Kfz)* Kardanantrieb *m*, Gelenkwellenantrieb *m*
~/**клинореме́нная** *(Masch)* Keilriemengetriebe *n*, Keilriemenantrieb *m*
~/**кривоши́пная** *(Masch)* Kurbelgetriebe *n*
~/**кулачкóвая** *(Masch)* Kurvengetriebe *n*, Nockengetriebe *n*
~/**механи́ческая** *(Masch)* mechanisches Getriebe *n*
~ **на несýщей частотé** *(Nrt)* Trägerfrequenzübertragung *f*
~/**непосрéдственная** *(Rf, TV)* Direktübertragung *f*, Livesendung *f*
~/**планетáрная (зубчáтая)** *(Masch)* Planeten(räder)getriebe *n*, Umlauf(räder)getriebe *n*
~/**прямáя** *s.* ~/непосредственная
~/**реверси́вная** *(Masch)* Umsteuergetriebe *n*, Reversiergetriebe *n*
~/**рéечная** *(Masch)* Zahnstangengetriebe *n*, Zahnstangentrieb *m*
~/**ремённая** *(Masch)* Riemengetriebe *n*, Riementrieb *m*
~/**рулевáя** *(Kfz)* Lenkgetriebe *n*
~/**силовáя** *(Eb)* Kraftübertragung *f*, Leistungsübertragung *f (der Lok)*
~/**ступéнчатая** *(Masch)* Stufengetriebe *n*
~/**телевизиóнная** Fernsehübertragung *f*, Fernsehsendung *f*
~/**фототелегрáфная** *(Nrt)* Bildtelegraphieübertragung *f*
~/**фрикциóнная** *(Masch)* Reib(rad)getriebe *n*
~/**цепнáя** *(Masch)* Kettengetriebe *n*
~/**червя́чная** *(Masch)* Schneckengetriebe *n*, Schneckenantrieb *m*
передаю́щий Sende...; Übertragungs...
передвижéние *n* 1. Fortbewegen *n*, Verschieben *n*; 2. *(Eb)* Verschieben *n*, Umsetzen *n (Wagen)*
передви́жка *f* Verschieben *n*, Verschiebung *f*
~ **пути́** *(Eb)* Gleisrücken *n*, Gleisverschiebung *f*
передвижнóй fahrbar, Fahr...; verschiebbar, ortsveränderlich
передéл *m* 1. Aufteilung *f*; 2. Verarbeitung *f*; 3. *(Met)* Frischen *n*; Feinen *n*
~/**кри́чный** *(Met)* Herdfrischen *n*
~/**металлурги́ческий** Verhüttung *f*
~ **чугунá** *(Met)* Roheisenumschmelzverfahren *n*, Roheisen(frisch)verfahren *n*
передéлка *f* Umarbeitung *f*, Umgestaltung *f*
передéржанный 1. *(Met)* übergar *(Schmelze)*; 2. *(Photo)* überbelichtet
передéржка *f (Photo)* Überbelichtung *f*
переéзд *m* **/железнодорóжный** Bahnübergang *m*
пережи́м *m* 1. *(Schm)* Einkerben *n*; 2. *(Wkst)* Einschnürung *f*; 3. *(Geol, Bgb)* Verdrückung *f*
пережóг *m* 1. *(Met)* Verbrennen *n*; 2. Überbrennen *n (Keramik)*
перезáпись *f* 1. *(Ak)* Überspielen *n*; Umschneiden *n*; Umkopieren *n*; 2. *(Inf)* Überschreiben *n*
перезáпуск *m s.* рестарт
перезаря́дка *f* 1. Überladung *f*; Umladung *f*; 2. *(El)* Wiederaufladen *n*
переименовáние *n* Umbenennung *f*
перекáчка *f* 1. Umpumpen *n*, Durchpumpen *n*, Fortpumpen *n*; 2. *(Inf)* Swappen *n*, Swapping *n (Daten)*

пе́рекись *f (Ch)* Peroxid *n*
перекла́д *m (Bgb)* Kappe *f (Ausbau)*
перекла́дина *f (Bw)* Querbalken *m*, Riegel *m*
переключа́тель *m (El)* Schalter *m*, Umschalter *m (s. a. unter* выключатель*)*
~/грозово́й Blitzschutzschalter *m*
~ диапазо́нов Bereichsumschalter *m*
~/избира́тельный Wahlschalter *m*
~/кно́почный Druckknopfschalter *m*, Drucktastenumschalter *m*
~/кулачко́вый Nockenschalter *m*
~/паке́тный Paket(um)schalter *m*
~ переда́ч [ско́ростей] Gangschaltung *f (am Fahrrad)*
переключа́ть 1. *(El)* (um)schalten; 2. *(Nrt)* umlegen
переключа́ющий Schalt..., Umschalt...
переключе́ние *n* 1. *(El)* Umschalten *n*, Umschaltung *f*; 2. *(Nrt)* Umlegen *n*, Umlegung *f*
перекоди́ровать *(Nrt)* umcodieren
перекомпенса́ция *f* Überkompensierung *f*
переко́с *m* 1. Verkantung *f*, Schiefstellung *f*, Schrägstellung *f*; 2. *(Eb)* Verwindung *f (der Gleise)*
перекрёстный Kreuz..., Überkreuz..., gekreuzt
перекре́стие *n (Opt)* Fadenkreuz *n*
перекрёсток *m* Kreuzung *f (Verkehr)*
перекристаллиза́ция *f* Umkristallisation *f*
перекрыва́ть 1. überdecken; überlagern; 2. überlappen; 3. *(Rf)* überstreichen, überdecken *(einen Bereich)*; 4. *(El)* überbrücken
перекры́тие *n* 1. Überdeckung *f*; Überlagerung *f*; 2. Überlappung *f*; 3. *(Rf)* Überstreichen *n*, Überdecken *n (eines Bereichs)*; 4. *(Bw)* Decke *f*, Deckenkonstruktion *f*; 5. *(Bgb)* Kappe *f (Ausbau)*
перелёт *m (Flg)* Überflug *m*, Überfliegen *n*; Transferflug *m*; Weitflug *m (bei Landung)*
~/беспоса́дочный Nonstopflug *m*, Non-Stop-Flug *m*
~ че́рез по́люс Polflug *m*
перелета́ть *(Flg)* überfliegen
перелопа́чивание *n (Masch)* Umschaufeln *n*
перемагни́чивание *n (El)* Ummagnetisierung *f*
перемагни́чивать *(El)* ummagnetisieren
перема́тывать 1. umspulen, umhaspeln; 2. umspinnen, *(mit etwas)* umwickeln; 3. umspulen *(Filme)*
переме́на *f* Änderung *f*, Veränderung *f*; Vertauschung *f*; Wechsel *m*
~ зна́ка *(Inf)* Vorzeichenwechsel *m*, Vorzeichenumkehr *f*
переме́нная *f* 1. *(Math)* Variable *f*, Veränderliche *f*; 2. *(Astr)* Veränderlicher *m (Stern)*
~/си́мвольная Zeichenvariable *f*
~/случа́йная Zufallsvariable *f*
переме́нность *f* Variabilität *f*, Veränderlichkeit *f*
переме́нный variabel, veränderlich
переме́шивание *n* 1. Vermischen *n*, Vermengen *n*; 2. *(Met)* Durchmischen *n*, Krählen *n*, Durchkrählen *n (Erze beim Rösten)*; 3. *(Inf)* Hashing *n*, Hash-Verfahren *n*; 4. *(Lebm)* Durcharbeiten *n*, Kneten *n (von Teig)*; 5. Anrühren *n (von Anstrichstoffen)*
переме́шивать 1. vermischen, vermengen; 2. durchmischen; 3. durcharbeiten, kneten *(Teig)*; 4. *(Met)* (durch-)krählen *(Erze beim Rösten)*; 5. anrühren *(Anstrichstoffe)*
перемеща́ть verschieben; (fort)bewegen; befördern
перемеще́ние *n* 1. Verschiebung *f*, Verrückung *f*, Umstellung *f*; 2. Bewegung *f*, Beförderung *f*
перемножи́тель *m* Multipliziergerät *n*, Multiplizierer *m*
перемодуля́ция *f (Rf)* Übermodulation *f*; *(Reg)* Übersteuerung *f*
перемо́тка *f* 1. Umspulen *n*; 2. Umwickeln *n*; 3. *(Photo)* Umspulen *n*, Transport *m (Filme)*
перемыка́ние *n (El)* Überbrückung *f*
перемыка́ть *(El)* überbrücken
перемы́чка *f* 1. *(Hydt, Bw)* Damm *m*; Fangdamm *m*, Sperrdamm *m*; 2. *(Wkz)* Querschneide *f (eines Spiralbohrers)*; 3. *(El)* Überbrückung *f*, Überbrückungskabel *n*; 4. *(Bw)* Sturz *m (Fenster, Tür)*; 5. *(Bgb)* Damm *m*, Abdämmung *f*; 6. *(Astr)* Balken *m (der Balkenspirale)*

~/**дверна́я** *(Bw)* Türsturz *m*
~/**закора́чивающая** *(El)* Kurzschlussbügel *m*, Kurzschlussbrücke *f*
~/**око́нная** *(Bw)* Fenstersturz *m*
перенала́дка *f* 1. Umstellung *f*; 2. Nachregulierung *f*; 3. Umrichten *n*, erneutes Einrichten *n*
перенапряже́ние *n* 1. Überbeanspruchung *f*, Überlastung *f*; 2. *(El)* Überspannung *f*
перенаселе́ние *n* Überbevölkerung *f*
перенаселённость *f* Überbevölkerung *f*
перенастро́йка *f (Reg)* Verstellung *f*, Neueinstellung *f*
перенасыще́ние *n* Übersättigung *f*
перено́с *m* 1. Übertragung *f*, Transport *m*; 2. *(Inf)* Übertrag *m*; 3. Silbentrennung *f*
~ **носи́телей (заря́да)** *(Eln)* Ladungsträgertransport *m*, Trägertransport *m*
~/**паралле́льный** *(Math)* Parallelverschiebung *f*
~/**по́лный** *(Inf)* vollständiger Übertrag *m*
~/**части́чный** *(Inf)* Teilübertrag *m*
~ **эне́ргии** Energietransport *m*
перено́сный tragbar, transportabel
переобору́дование *n* Umrüsten *n*, Umrüstung *f*
переохлажде́ние *n* 1. Unterkühlung *f*; 2. Nachkühlung *f*
переоце́нка *f* 1. Überschätzung *f*; 2. Umbewertung *f*
перепа́д *m* Gefälle *n*, Gradient *m*; Abfall *m*
~ **давле́ния** Druckgefälle *n*; *(Mech)* Druckabfall *m*
~/**температу́рный** 1. Temperaturabfall *m*; 2. Temperaturgefälle *n*, Temperaturdifferenz *f*
перепа́шка *f (Lw)* Umpflügen *n*, Umbrechen *n*
перепла́в *m (Met)* 1. Umschmelzen *n (von Metallen)*; 2. Umschmelzgut *n*
перепла́вка *f (Met)* Umschmelzen *n*
~/**электрошла́ковая** Elektroschlackeumschmelzverfahren *n*, ESU-Verfahren *n*
переплёт *m* 1. *(Typ)* Einband *m*; 2. *(Bw)* Fensterrahmen *m*
~/**мя́гкий** *(Typ)* flexibler Einband *f*
переплете́ние *n (Text)* Bindung *f*
~/**атла́сное** Atlasbindung *f*
~/**са́ржевое** Köperbindung *f*
~/**сати́новое** Satinbindung *f*, Schussatlasbindung *f*
переполне́ние *n (Inf)* Überlauf *m*, Bereichsüberschreitung *f*
перепрограмми́рование *n (Inf)* Umprogrammieren *n*, Umprogrammierung *f*
перепрограмми́руемый *(Inf)* umprogrammierbar; *(Wkzm)* flexibel programmierbar
перепроявле́ние *n (Photo)* Überentwickeln *n*, Überentwicklung *f*
перепу́ск *m* 1. *(Hydt)* Überlauf *m*; 2. Bypass *m*, Überströmleitung *f*
перерабо́тка *f* 1. Verarbeitung *f*; 2. Umarbeitung *f*; Aufarbeitung *f*
~/**втори́чная** Recycling *n*
перераспределе́ние *n* 1. Umverteilung *f*, Neuverteilung *f*; 2. Vertauschung *f*; 3. Umordnung *f*, Umlagerung *f*, 4. *(Inf)* Neuzuordnung *f (Speicherplatz)*
перерасхо́д *m* Überverbrauch *m*, Mehrverbrauch *m*
переры́в *m* Unterbrechung *f* • **без переры́ва** unterbrechungslos
переса́дка *f* 1. *(Eb)* Umsteigen *n*; 2. *(Lw, Forst)* Verpflanzung *f*
пересека́ть 1. (durch)kreuzen; durchqueren; (durch)schneiden; 2. überqueren; 3. *(Bgb)* durchörtern
пересече́ние *n* 1. Durchkreuzen *n*; Durchquerung *f*; Durchschneiden *n*; 2. Überqueren *n*; 3. Kreuzung *f*; Überquerung *f*; 4. *(El, Nrt)* Überführung *f (von Leitungen über Verkehrswege)*; 5. *(Bgb)* Durchörterung *f*
~ **доро́г** Kreuzung *f*, Straßenkreuzung *f (Verkehr)*
~ **доро́г в одно́м у́ровне** niveaugleiche Kreuzung *f*, Kreuzung *f* auf einer Ebene
~ **у́лиц** *s.* ~ дорог
переско́к *m* 1. Durchschlag *m*; 2. Überspringen *n (z. B. von Funken)*; Sprung *m (von Frequenzen)*
перестано́вка *f* 1. Umstellen *n*, Versetzen *n*; 2. Verstellen *n*; 3. *(Inf)* Vertauschen *n*; 4. *(Math)* Vertauschen *n*, Permutation *f*
перестро́йка *f* 1. Umgestaltung *f*; 2. Umbau *m*, Rekonstruktion *f*; 3. *(Eln)*

Abstimmung *f*, Neuabstimmung *f*; 4. *(Krist)* Umordnung *f*
пересылка *f (Inf)* Übertragung *f*, Transfer *m (von Daten)*
~ **данных** Datenübertragung *f*
пересыпка *f* Umschütten *n*
пересыщение *n (Ch)* Übersättigung *f*
перетачивать *(Wkz)* nachschärfen, nachschleifen
перетекание *n* Überlaufen *n*, Überfließen *n*
перетискивать *(Typ)* abschmieren *(Farbe)*
переукладка *f* Umstapeln *n (Paletten)*
переупаковка *f* Umpacken *n (Waren)*
перехват *m* Abfangen *n*; Einfangen *n*
переход *m* 1. Übergang *m*, Überführung *f*; 2. Übergangsstück *n (einer Rohrleitung)*; 3. *(Inf)* Sprung *m*, Übergang *m*; 4. *(Fert)* Operationsstufe *f*, Arbeitsstufe *f*
~/**безусловный** *(Inf)* unbedingter Sprung *m*
~/**квантовый** *(Eln)* Quantenübergang *m*, Quantensprung *m*
~/**коллекторный** *(Halbl)* Kollektorübergang *m*
~/**обратный** *(Inf)* Rücksprung *m*
~/**подземный** Fußgängertunnel *m*
~/**технологический** *s.* переход 4.
~/**условный** *(Inf)* bedingter Sprung *m*
~/**фазовый** *(Krist)* Phasenübergang *m*
~/**эмиттерный** *(Eln)* Emitterübergang *m*
***n-p*-переход** *m (Eln)* NP-Übergang *m*
***p-n*-переход** *m (Eln)* PN-Übergang *m*
переходный Übergangs..., transient
перигей *m (Astr)* Perigäum *n*, Erdnähe *f*
перигелий *m (Astr)* Perihel(ium) *n*, Sonnennähe *f*
перила *pl (Bw)* Geländer *n*
периметр *m* 1. *(Math)* Umfang *m*; 2. *(Opt)* Perimeter *n*
период *m* 1. Periode *f*; Zeitabschnitt *m*, Zeitraum *m*, Zeit *f*; 2. Zyklus *m*; 3. *(Math)* Periode *f*; 4. *(Ph)* Periode *f*, Schwingungsdauer *f*; 5. *(Geol)* Formation *f*
~/**геологический** *(Geol)* Periode *f*
~ **колебаний** *(Ph, El)* Schwingungsperiode *f*, Schwingungsdauer *f*
~/**ледниковый** *(Geol)* Eiszeit *f*, Kaltzeit *f*, Glazialzeit *f*
~ **обращения** 1. Umdrehungszeit *f*, Umdrehungsperiode *f*; 2. *(Astr)* Umlaufzeit *f*
~ **полураспада** *(Kern)* Halbwertzeit *f*
~/**пусковой** 1. Einstellzeit *f*; 2. Anlasszeit *f (eines Kfz-Motors)*
периодический periodisch, regelmäßig
периодичность *f* 1. Periodizität *f*; 2. Periodenzahl *f (Größe)*
периселений *m (Astr)* Periselen *n*, Mondnähe *f*
перископ *m* Periskop *n*, Sehrohr *n*
периферия *f* 1. *(Math)* Peripherie *f*, Umfangslinie *f*; 2. *(Inf)* Peripherie *f*
перицентр *m (Astr)* Perizentrum *n (der Umlaufbahn)*
перкислота *f (Ch)* Per(oxo)säure *f*
перколятор *m (Ch)* Perkolator *m*
перколяция *f (Ch)* Perkolation *f*
перлит *m (Met)* Perlit *m (Stahlgefüge)*
~/**глобулярный** globularer [körniger] Perlit *m*
~/**пластинчатый** lamellarer Perlit *m*
перлитный *(Met)* perlitisch *(Stahlgefüge)*
перлитобетон *m* Perlitbeton *m*
пермеаметр *m (El)* Permeameter *n*, Permeabilitätsmesser *m*
перо *n* 1. Feder *f*; 2. Stift *m*; 3. *(Wkz)* Steg *m*, Stollen *m*
~/**световое** *(Inf)* Lichtstift *m*, Lichtgriffel *m*
перпендикуляр *m* Senkrechte *f*, Lotrechte *f*, Lot *n*
перпендикулярный perpendikular, senkrecht, lotrecht
перпетуум-мобиле *n(m)* Perpetuum mobile *n*
перрон *m (Eb)* Bahnsteig *m*
перспектива *f (Math)* Perspektive *f*
пертурбация *f (Astr)* Perturbation *f*, Störung *f*
перфокарта *f (Inf)* Lochkarte *f*
~/**управляющая** Steuerlochkarte *f*
перфолента *f (Inf)* Lochstreifen *m*, Lochband *n*
~/**управляющая** Steuerlochstreifen *m*
перфоратор *m* 1. *(Inf)* Locher *m*, Stanzer *m*; 2. *(Bgb)* Bohrhammer *m*; 3. Lochzange *f*
перфорационный Loch...; Lochkarten...
перфорация *f* Perforation *f*, Lochung *f*

перфори́рованный perforiert, gelocht, Loch...
перфори́ровать perforieren, lochen
пескoло́вка *f* Sandfang *m*
пескомёт *m (Gieß)* Sandslinger *m*, Schleuderformmaschine *f*
пескомо́йка *f* Kieswaschmaschine *f*, Sandwaschmaschine *f*
пескостру́йный Sandstrahl...
пескоулови́тель *m* Sandfang *m*
песо́к *m* Sand *m*
~/крупнозерни́стый grobkörniger Sand *m*, Grobsand *m*
~/мелкозерни́стый feinkörniger Sand *m*, Feinsand *m*
~/нано́сный 1. Flugsand *m*; 2. Schwemmsand *m*
~/стержнево́й *(Gieß)* Kernsand *m*
~/формо́вочный *(Gieß)* Formsand *m*
песо́чница *f* Sandeinschluss *m (in Metallen)*
пестици́д *m* Pestizid *n*, Schädlingsbekämpfungsmittel *n*; Pflanzenschutzmittel *n*
песча́ник *m (Geol)* Sandstein *m*
песча́ный sandig, Sand...
пета... *(Mess)* Peta..., P *(10^{15} Einheiten)*
пе́тельный *(Text)* Maschen...
петлева́ние *n (Wlz)* Schlingenbildung *f (an der Drahtstraße)*
петлево́й Schleifen..., Schlingen...
петлеобразова́ние *n* 1. Schleifenbildung *f*; 2. *(Text)* Maschenbildung *f*
пе́тля *f* 1. Schleife *f*, Schlinge *f*, Schlaufe *f*; 2. *(Text)* Masche *f*; 3. Öse *f*, Öhr *n*; 4. *(Bw)* Band *n (Tür, Fenster)*; 5. *(El)* Schleife *f*, Leiterschleife *f*; 6. *(Eb)* Kehre *f*, Gleisschleife *f*
~ гистере́зиса *(El)* Hystereseschleife *f*
петрографи́ческий *(Geol)* petrographisch
петрогра́фия *f (Geol)* Petrographie *f*, Gesteinskunde *f*
петроло́гия *f* Petrologie *f*
петрохи́мия *f* Petrochemie *f*, Gesteinschemie *f*
печа́тание *n* 1. *(Typ)* Druck *m*, Drucken *n (s. a. unter* печать 1.*)*; 2. *(Text)* Bedrucken *n (Stoffe)*
~/про́бное *(Typ)* Andruck *m*
печа́тать 1. *(Typ)* drucken; 2. *(Text)* bedrucken *(Stoffe)*
печа́тный Druck..., gedruckt
печа́ть *f (Typ)* 1. Druck *m*, Drucken *n*; 2. Druck *m*, Druckerzeugnisse *npl*
~/высо́кая Hochdruck *m*, Buchdruck *m*
~/глубо́кая Tiefdruck *m*
~/многокра́сочная Mehrfarbendruck *m*, farbiger Druck *m*, Farbdruck *m*
~/офсе́тная Offsetdruck *m*
~/пло́ская Flachdruck *m*
~/типогра́фская *s.* ~/высокая
~/трафаре́тная Siebdruck *m*
~/фототи́пная Lichtdruck *m*
~/цветна́я *s.* ~/многокрасочная
печно́й Ofen...
печь *f* 1. Ofen *m*; 2. *(Bgb)* Durchhieb *m*; Rollloch *n*, Fallort *n*
~/агломерацио́нная *(Met)* Sinterofen *m*
~/бараба́нная *(Met)* Trommelofen *m*
~/ва́куумная Vakuumofen *m*
~/ва́нная 1. Badofen *m (Härterei)*; 2. *(Glas)* Wannenofen *m*
~/ватержаке́тная *(Met)* Wassermantelofen *m*
~/восстанови́тельная *(Met)* Reduktionsofen *m*
~/враща́ющаяся *(Met)* Dreh(herd)ofen *m*
~/гонча́рная Töpferofen *m*
~/горшко́вая *(Glas)* Hafenofen *m*
~/до́менная *(Met)* Hochofen *m*
~/дугова́я *(Met)* Lichtbogenofen *m*
~/зака́лочная *(Härt)* Härteofen *m*
~/известеобжига́тельная Kalk(brenn)ofen *m*
~/индукцио́нная Induktionsofen *m*
~/ка́мерная Kammerofen *m*
~/кана́льная *(Gieß)* Rinnenofen *m*
~/карусе́льная *(Met)* Drehherdofen *m*
~/кача́ющаяся *(Met)* Kippofen *m*, kippbarer Ofen *m*
~/ко́ксовая Kokereiofen *m*
~/кольцева́я Ringofen *m*
~/конве́йерная Durchlaufofen *m*, Förderbandofen *m*, Bandofen *m*
~/кузне́чная Schmiedeofen *m*
~/купеляцио́нная Kapellenofen *m*, Treib(e)ofen *m (NE-Metallurgie)*
~/марте́новская *(Met)* Siemens-Martin-Ofen *m*, SM-Ofen *m*
~/методи́ческая *s.* ~ непрерывного действия

~/**микроволнóвая** Mikrowellenofen *m*
~/**многопóдовая** *(Met)* Etagenofen *m*, Staffelofen *m*
~/**мýфельная** *(Met)* Muffelofen *m*
~/**нагревáтельная** Wärmeofen *m*
~ **непреры́вного дéйствия** Durchlaufofen *m*, Durchstoßofen *m*, Durchsatzofen *m*, kontinuierlicher Wärmeofen *m*
~/**низкошáхтная** Niederschachtofen *m*
~/**обжигáтельная [óбжиговая]** 1. Röstofen *m (NE-Metallurgie)*; 2. *(Ker)* Brennofen *m*
~/**отжигáтельная** 1. *(Met)* Glühofen *m*; 2. *(Glas)* Kühlofen *m*
~/**плави́льная** Schmelzofen *m*
~/**плáзменная** Plasmaofen *m*
~/**плáзменно-дуговáя** Plasmaschmelzofen *m*
~/**плáменная** *(Met)* Flammofen *m*
~/**пóдовая** *(Met)* Herd(schmelz)ofen *m*
~/**проходнáя** *s.* ~ непрерывного действия
~/**регенерати́вная** Regenerativofen *m*
~/**рекуперати́вная** *(Met)* Rekuperativofen
~/**ретóртная** Retortenofen *m*
~/**рудообжигáтельная** Erzröstofen *m*
~/**свáрочная** Schweißofen *m*
~/**секциóнная** Mehrkammerofen *m*
~ **сопротивлéния** Widerstandsofen *m*
~/**сталеплави́льная** Stahlschmelzofen *m*
~/**стекловáренная** Glas(schmelz)ofen *m*
~/**суши́льная** Trockenofen *m*
~/**терми́ческая** *(Met)* Wärmebehandlungsofen *m*; Vergütungsofen *m*
~/**ти́гельная** *(Met)* Tiegelofen *m*
~/**трýбчатая** Dreh(rohr)ofen *m*
~/**хлебопекáрная** *(Lebm)* Backofen *m*
~/**цементациóнная** *(Härt)* Aufkohlungsofen *m*; *(Härt)* Einsatz(härte)-ofen *m*
~/**шáхтная** Schachtofen *m*
~/**электродóменная** Elektrohochofen *m*
~/**электродуговáя** Lichtbogenofen *m*
~/**электрóнно-лучевáя** Elektronenstrahlofen *m*
~/**электроплави́льная** Elektroschmelzofen *m*

пещéра *f (Geol)* Höhle *f*
~/**сталакти́товая** Tropfsteinhöhle *f*
ПЗС *m s.* прибор с зарядовой связью
ПЗУ *n s.* устройство/постоянное запоминающее
пивоварéние *n* Bierbrauen *n*, Brauen *n*, Brauerei *f*
пигмéнт *m* Pigment *n*
ПИД-... *s.* пропорционально-интегрально-дифференциальный
ПИД-регуля́тор *m (Reg)* PID-Regler *m*
пик *m* 1. Spitze *f*, Scheitel *m*; Scheitelwert *m*; 2. *(Geol)* Pik *m*, Bergspitze *f*
~ **движéния** Verkehrsspitze *f*
~ **нагрýзки** Belastungsspitze *f*; *(Nrt)* Verkehrsspitze *f*
пикáп *m* Kleinlastwagen *m*, Lieferwagen *m*
пикелевáние *n (Led)* Pickeln *n*
пики́рование *n* 1. *(Lw)* Pikieren *n*; 2. *(Flg)* Sturzflug *m*
пикнóметр *m (Mech)* Pyknometer *n*
пико... *(Mess)* Pico..., p *(10^{-12} Einheiten)*
пи́ксел *m (Eln)* Pixel *n*, Bildelement *n*
пик-трансформáтор *m (El)* Spitzentransformator *m*
пи́ла *f* 1. *(Wkz)* Säge *f*; 2. Sägeblatt *n (für Holzsägemaschinen)*; 3. *s. unter* станок
~/**бýгельная** Bügelsäge *f*
~/**двурýчная** Schrotsäge *f*
~/**ди́сковая** 1. Kreissäge *f*; 2. Kreissägeblatt *n*
~/**канáтная** *(Bgb)* Seilschrämgerät *n*
~/**крýглая** Kreissägeblatt *n*
~/**лучкóвая** Spannsäge *f*
~/**мáятниковая** *(Wlz)* Pendelsäge *f*
~/**рáмная** 1. Gattersäge *f*; 2. Gattersägeblatt *n*
~/**торцóвочная** *(Holz)* Ablängsäge *f*, Kappsäge *f*
~ **трéния** *(Wlz)* Reibsäge *f*
~/**цепнáя** 1. Kettensäge *f*; 2. Sägekette *f*
пилéние *n* Sägen *n*
пили́ть 1. sägen; 2. feilen
пи́ллерс *m (Schiff)* Deckstütze *f*
пиломатериáл *m* Schnittholz *n*
пилóн *m (Bw)* Pfeiler *m*, Stütze *f*
пилообрáзный sägezahnartig, sägezahnförmig, Sägezahn...
пилорáма *f s.* рама/лесопильная

пилота́ж *m* 1. Kunstflug *m*; 2. Flugtechnik *f*
пилоти́рование *n* Flugzeugführung *f*
пилоти́руемый *(Raumf)* bemannt
пи-мезо́н *m (Kern)* π-Meson *n*, Pi-Meson *n*, Pion *n*
пино́ль *f (Wkzm)* Pinole *f*
пинч-эффе́кт *m* Pinch-Effekt *m*, Kompressionseffekt *m*, eigenmagnetische Kompression *f (Plasmaphysik)*
пипе́тка *f* Pipette *f*
пио́н *m s.* пи-мезон
пирами́да *f* 1. *(Math, Krist)* Pyramide *f*; 2. *(Geod)* Pyramide *f*, Gerüst *n*
~/**треуго́льная** *(Math)* dreiseitige Pyramide *f*
~/**усечённая** *(Math)* Pyramidenstumpf *m*
~/**четырёхуго́льная** *(Math)* vierseitige Pyramide *f*
пирано́метр *m (Meteo)* Pyranometer *n*
пиргелио́метр *m (Meteo)* Pyrheliometer *n*
пиргео́метр *m (Meteo)* Pyrgeometer *n*
пири́т *m (Min)* Pyrit *m*, Schwefelkies *m*, Eisenkies *m*
пиро́лиз *m (Ch)* Pyrolyse *f*
пирометаллу́ргия *f* Pyrometallurgie *f*
пиро́метр *m* Pyrometer *n*, Hochtemperaturmesser *m*
~ **(излуче́ния)/опти́ческий** Strahlungspyrometer *n*, Strahlenpyrometer *n*
~ **по́лного излуче́ния** Gesamtstrahlungspyrometer *n*, Ardometer *n*
~/**термоэлектри́ческий** thermoelektrisches Pyrometer *n*
пирометри́ческий pyrometrisch
пироме́трия *f* Pyrometrie *f*, Hochtemperaturmessung *f*
пиропроводи́мость *f* Heißleitfähigkeit *f*
пироста́т *m* Pyrostat *m*, Hochtemperaturthermostat *m*
пироте́хника *f* Pyrotechnik *f*
пирофосфорноки́слый *(Ch)* ...diphosphat *n*; pyrophosphorsauer
пироэле́ктрик *m* Pyroelektrikum *n*
пироэлектри́ческий pyroelektrisch
пироэлектри́чество *n* Pyroelektrizität *f*
пирроти́н *m (Min)* Pyrrhotin *m*, Magnetkies *m*
пирс *m (Schiff)* Pier *m(f)*
пистоле́т *m* Pistole *f*
~/**металлизацио́нный** Spritzpistole *f*, Metallisator *m*
~/**сва́рочный** Schweißpistole *f*
пистоле́т-распыли́тель *m* Spritzpistole *f*, Zerstäuberpistole *f*, Farbspritzpistole *f*
пита́емый *(El)* (ein)gespeist
пита́ние *n* 1. Speisung *f*, Zufuhr *f*; 2. *(Met)* Beschickung *f (eines Ofens)*; 3. *(El)* Speisung *f*, Einspeisung *f*; Versorgung *f*; 4. *(Geol)* Nährung *f (eines Gletschers)*
~/**авари́йное** *(El)* Notstromspeisung *f*
~/**батаре́йное** *(El)* Batteriespeisung *f*
~/**сетево́е** *(El)* Netzspeisung *f*
пита́тель *m* 1. Speiser *m*, Aufgeber *m*, Beschicker *m*, Feeder *m*, Zuteileinrichtung *f*, Beschickungsvorrichtung *f*, Aufgabevorrichtung *f*; 2. *(Gieß)* Anschnitt *m*, Einlauf *m*
~/**бараба́нный** Trommelaufgeber *m*, Walzenspeiser *m*
~/**весово́й** Waagespeiser *m*
~/**вибрацио́нный** Vibrospeiser *m*, Schüttelaufgeber *m*
~/**ле́нточный** Abzugsband *n*, Aufgabeband *n*, Bandaufgeber *m*
~/**таре́льчатый** Telleraufgeber *m*, Tellerspeiser *m*, Aufgabeteller *m*
~/**шне́ковый** Abzugsschnecke *f*, Schneckenaufgeber *m*
пита́ть 1. beschicken, aufgeben; 2. *(El)* (ein)speisen
пи́ттинг *m (Met)* Pitting *n*, Pittingkorrosion *f*
питч *m (Masch)* Pitch *m*, Pitch-Teilung *f (Zahnräder)*
пищево́й Nahrungsmittel...
ПК *m s.* компьютер/персональный
пк *s.* парсек
плав *m (Ch)* Schmelze *f*, Schmelzfluss *m*
пла́вание *n* 1. Schwimmen *n*; 2. *(Schiff)* Fahren *n*, Fahrt *f*, Reise *f*
пла́вающий *(Masch)* schwimmend (gelagert)
плавба́за *f* Mutterschiff *n*
пла́вень *m* Flussmittel *n*; *(Met)* Zuschlag *m*, Schmelzzuschlag *m*
плави́льный Schmelz...
пла́вить 1. *(Ph)* schmelzen; 2. *(Met)* (er)schmelzen, einschmelzen, verhütten

пла́вка *f* 1. *(Ph)* Schmelzen *n*; 2. *(Met)* Schmelzen *n*, Erschmelzen *n*, Einschmelzen *n*, Verhüttung *f*; 3. *(Met)* Schmelze *f*, Charge *f*
~/бести́гельная зо́нная Zonenschmelzen *n*, Zonenschmelzverfahren *n*
~/восстанови́тельная reduzierendes Schmelzen *n*, Reduktionsschmelzen *n*
~/до́менная 1. Hochofenschmelzverfahren *n*; 2. Hochofenschmelze *f*
~/окисли́тельная Oxidationsschmelzen *n*, oxidierendes Schmelzen *n*
~/осади́тельная Niederschlagsschmelzen *n*
~/отража́тельная Flammofenschmelzen *n*
~/пла́зменная [пла́зменно-дугова́я] Plasmaschmelzen *n*, Plasmaschmelzverfahren *n*
~/ти́гельная Tiegel(ofen)schmelzen *n*
~/электри́ческая Elektro(ofen)schmelzen *n*
~/электродугова́я Lichtbogenschmelzen *n*
~/электро́нно-лучева́я Elektronenstrahlschmelzen *n*
пла́вкий schmelzbar, Schmelz...
пла́вкость *f* Schmelzbarkeit *f*
плавле́ние *n* Schmelzen *n* *(s. a. unter* плавка 1.; 2.*)*
пла́вность *f* 1. Sanftheit *f*, Weichheit *f*; Gleichmäßigkeit *f*; Flüssigkeit *f (z. B. einer Bewegung)*; 2. *(Reg)* Stufenlosigkeit *f*; 3. *(Masch)* Laufruhe *f*
пла́вный weich, sanft; gleichmäßig; flüssig *(z. B. Bewegungen)*; 2. stufenlos *(Regelungen)*; 3. *(Schiff)* strakend
плаву́честь *f (Schiff)* 1. Schwimmfähigkeit *f*; 2. Auftrieb *m*, Auftriebskraft *f*
пла́зма *f (Ph)* Plasma *n*
~/высокотемперату́рная Hochtemperaturplasma *n*
~/высокочасто́тная Hochfrequenzplasma *n*
~/газоразря́дная Gasentladungsplasma *n*
~/горя́чая heißes Plasma *n*
~/изотерми́ческая isothermisches Plasma *n*
~/ла́зерная Laserplasma *n*
~/неизотерми́ческая nicht isothermes Plasma *n*
~/низкотемперату́рная Niedertemperaturplasma *n*
~/терми́ческая thermisches Plasma *n*
~/холо́дная kaltes Plasma *n*
плазматро́н *m* Plasmatron *n*, Plasmastrahlerzeuger *m*
пла́зменный Plasma...
плазмотро́н *m s.* плазматрон
плазмохими́ческий plasmachemisch
плазмохи́мия *f* Plasmachemie *f*
плакирова́ние *n* Plattieren *n*, Plattierung *f (von Blechen)*
пла́менный Flamm...
пла́мя *n* Flamme *f*
~/восстанови́тельное reduzierende Flamme *f*, Reduktionsflamme *f*
~/окисли́тельное oxidierende Flamme *f*, Oxidationsflamme *f*
план *m* 1. Plan *m*; Entwurf *m*; 2. *(Bw)* Grundriss *m*
~/генера́льный Übersichtsplan *m*, Lageplan *m*
~/монта́жный *(Eln)* Verdrahtungsplan *m*
плана́рный planar, flächenhaft
планёр *m* Segelflugzeug *n*, Gleiter *m*, Gleitflugzeug *n*
~/тра́нспортный [грузово́й] Lastensegler *m*
планёр-пари́тель *m* Hanggleiter *m*
плане́та *f* Planet *m*
планета́рий *m* Planetarium *n*
плане́тный planetar, Planeten...
плането́ид *m (Astr)* Planetoid *m*, Asteroid *m*
планетоло́гия *f* Planetenkunde *f*
планиме́тр *m* Planimeter *n*, Flächenmesser *m*
планиме́трия *f (Math)* Planimetrie *f*, ebene Geometrie *f*
плани́рование *n* 1. Planung *f*; 2. *(Bw)* Planieren *n*, Einebnen *n*; 3. *(Flg)* Gleitflug *m*
плани́ровать 1. planen; 2. *(Flg)* gleiten
планирова́ть *(Bw)* planieren, (ein)ebnen
планиро́вка *f s.* планирование 1.; 2.
планиро́вщик *m* 1. *(Inf)* Scheduler *m* *(Steuerprogramm)*; 2. *(Bw)* Planierer *m*, Planiergerät *n*
~ зада́ч *(Inf)* Job-Scheduler *m*, Task-Scheduler *m*

~ **кана́лов** *(Inf)* Kanal-Scheduler *m*, Kanalverwalter *m*
пла́нка *f* 1. Leiste *f*, Latte *f*; 2. *(Masch)* Schiene *f*; Lasche *f*; 3. *(Schiff)* Planke *f*
планша́йба *f* Planscheibe *f (einer Drehmaschine)*
пласт *m* 1. *(Geol, Bgb)* Schicht *f*, Flöz *n*, Bank *f*; 2. *(Text)* Lage *f*, Schicht *f*
~/**вертика́льный** *(Bgb)* seiger einfallendes Flöz *n*
~/**вися́чий** *(Bgb)* Hangendflöz *n*
~/**горизонта́льный** *(Bgb)* horizontal lagerndes Flöz *n*
~/**круто́й [крутопа́дающий]** *(Bgb)* steil einfallendes Flöz *n*
~/**соляно́й** *(Bgb)* Salzflöz *n*, Salzschicht *f*
~/**у́гольный** *(Bgb)* Kohlenflöz *n*
пла́стик *m* Kunststoff *m (s. a. unter* пластмасса*)*
~/**древеснослои́стый** Schichtpressholz *n*
~/**кремнийоргани́ческий** siliciumorganischer Kunststoff *m*
~/**слои́стый** Schicht(press)stoff *m*
пластика́т *m (Gum)* Plastikat *n*
пластика́тор *m (Gum)* 1. Plastikator *m (Substanz)*; 2. Plastikator *m*, Mastikator *m*, Mastiziermaschine *f*
пластика́ция *f (Gum)* Plastizieren *n*, Plastikation *f*; *(Gum)* Mastikation *f*, Mastizieren *n*
пласти́на *f* 1. Platte *f*, Lamelle *f*; 2. *(Eln)* Scheibe *f*, Wafer *m*
~/**полупроводнико́вая** Halbleiterscheibe *f*, Wafer *m*
пласти́на-подло́жка *f (Eln)* Substratplatte *f*
пласти́нка *f* Platte *f*, Plättchen *n*, Lamelle *f*; *(Wkz)* Schneidplättchen *n*
~/**граммофо́нная** Schallplatte *f*
~/**долгоигра́ющая** Langspielplatte *f*, LP *f*
~/**ре́жущая** *(Wkz)* Schneidplättchen *n*
пласти́нчатый lamellar, plattenförmig, Lamellen..., Platten...
пластифика́тор *m* Plastifikator *m*, Weichmacher *m*
пластифици́ровать *(Gum)* plastifizieren, weichmachen
пластици́ровать *(Gum)* plastizieren; *(Gum)* mastizieren
пласти́чность *f* Plastizität *f*, Bildsamkeit *f*, Formbarkeit *f*; *(Mech)* Formänderungsvermögen *n*
пласти́чный plastisch, bildsam, formbar
пластма́сса *f* Kunststoff *m*, Plast *m (s. a. unter* пластик*)*
~/**термопласти́чная** thermoplastischer [nicht härtbarer] Kunststoff *m*, Thermoplast *m*
~/**термореакти́вная** duroplastischer [härtbarer, härtender] Kunststoff *m*, Duroplast *m*
пластма́ссовый Kunststoff..., Plast...
пластоме́тр *m (Gum)* Plastometer *n*
пла́та *f* 1. Gebühr *f*; 2. *(Eln)* Platte *f*, Leiterplatte *f*
~ **европе́йского форма́та** *(Inf)* Eurokarte *f*
~/**звукова́я** *(Inf)* Soundkarte *f*
~/**интерфе́йсная** *(Inf)* Interfacekarte *f*
~/**микропроце́ссорная** *(Eln)* Mikroprozessorkarte *f*, Mikroprozessorplatine *f*
~/**многосло́йная печа́тная** *(Eln)* Mehrlagenleiterplatte *f*
~/**монта́жная** *(Eln)* Montageplatte *f*, Verdrahtungsplatte *f*
~/**несу́щая** *(Eln)* Trägerschicht *f (einer gedruckten Schaltung)*
~ **па́мяти** *(Inf)* Speicherkarte *f*
~ **па́мяти/сме́нная** *(Inf)* Speichersteckkarte *f*
~/**печа́тная** *(Eln)* (gedruckte) Leiterplatte *f*
~/**расшири́тельная** *(Inf)* Erweiterungsplatine *f*, Erweiterungskarte *f*
~/**сме́нная** *(Inf)* Steckkarte *f*, Steckplatine *f*
пла́тина *f* 1. *(Ch)* Platin *n*, Pt; 2. *(Text)* Platine *f*
платини́рование *n* Platinieren *n*
платини́рованный platiniert
пла́тиновый Platin...
платинотро́н *m (Eln)* Platinotron *n*
платиро́вка *f (Text)* Plattieren *n*, Plattierung *f*
пла́тный gebührenpflichtig
плато́ *n (Geol)* Plateau *n*, Hochebene *f*
платфо́рма *f* 1. Plattform *f*; Rampe *f*; 2. *(Met)* Bühne *f*, Arbeitsbühne *f (am Ofen)*, Ofenbühne *f*; 3. *(Bw)* Bühne *f*, Arbeitsbühne *f*; 4. Podest *n*, Bedien-

stand *m*; 5. *(Eb)* *s.* вагон-платформа; 6. *(Schiff)* Plattformdeck *n*; 7. *(Geol)* Platte *f*, Tafel *f*; 8. *(Eb)* Bahnsteig *m*
~/бурова́я *(Erdöl)* Bohrinsel *f*
~/геологи́ческая *(Geol)* Platte *f*, Tafel *f*
~/морска́я бурова́я *(Erdöl)* Bohrinsel *f*
~/пассажи́рская *(Eb)* Bahnsteig *m*, Personenbahnsteig *m*
~/погру́зочная Laderampe *f*, Verladerampe *f*
пла́шка *f (Wkz)* 1. Schneideisen *n*, Gewindeschneideisen *n*; 2. Gewindewalzeisen *n*; Gewindewalzbacke *f*
плашкодержа́тель *m (Wkz)* Schneideisenhalter *m*
пле́йер/CD- *s.* проигрыватель компакт-дисков
пейстоце́н *m (Geol)* Pleistozän *n*
плёнка *f* 1. Film *m*, Haut *f*, Schicht *f*; 2. Walzhaut *f*; 3. *(Kst)* Folie *f*
~/грубозерни́стая *(Photo)* grobkörniger Film *m*
~/магни́тная Magnetfilm *m*
~/негати́вная *(Photo)* Negativfilm *m*
~/окси́дная Oxidschicht *f*, Oxidhaut *f*
~ **пластма́ссовая** *s.* ~/полимерная
~/позити́вная *(Photo)* Positivfilm *m*
~/полиме́рная Plastikfolie *f*
~/прока́тная *(Wlz)* Walzhaut *f*
~/реверси́вная *(Photo)* Umkehrfilm *m*
~/рентге́новская Röntgenfilm *m*
~/то́нкая Dünnschicht *f*, Dünnfilm *m*
~/у́зкая Schmalfilm *m*
~/фотографи́ческая Film *m*
~/цветна́я Farbfilm *m*
~/чёрно-бе́лая Schwarzweißfilm *m*
плёнкообразова́ние *n* Filmbildung *f*, Hautbildung *f*
плёночный dünnschichtig, Dünnschicht...; Folien...
плеохрои́зм *m (Krist, Opt)* Pleochroismus *m*
плести́ flechten
плечо́ *n* 1. Arm *m*, Schulter *f*; 2. *(Mech)* Hebelarm *m*; Kraftarm *m*; 3. Oberarm *m (des Roboters)*
~ **нагру́зки** *(Mech)* Lastarm *m*
~ **си́лы** *(Mech)* Kraftarm *m*
пли́нтус *m (Bw)* Fußleiste *f*, Scheuerleiste *f*
плита́ *f* 1. Platte *f*, Tafel *f*; 2. *(Geol)* Platte *f*; 3. Kochherd *m*
~/а́нкерная *(Bw)* Ankerplatte *f*, Ankervorlage *f*
~/ба́зовая *(Masch)* Grundplatte *f*
~/древесностру́жечная Holzspanplatte *f*, Holzfaserplatte *f*
~/защемлённая *(Bw)* eingespannte Platte *f*
~/консо́льная *(Bw)* freitragende Platte *f*
~/несу́щая *(Bw)* tragende Platte *f*
~/облицо́вочная *(Bw)* Verkleidungsplatte *f*
~/опо́рная Auflageplatte *f*
~/прави́льная *(Fert)* Richtplatte *f*
~/разме́точная *(Fert)* Anreißplatte *f*
~/стру́жечная *(Bw)* Spanplatte *f*
пли́тка *f* 1. Platte *f*, Plättchen *n*; 2. *(Bw)* Fliese *f*; 3. *(Text)* Fassung *f*; 4. elektrische Kochplatte *f*, Elektrokocher *m*
~/облицо́вочная Verkleidungsplatte *f*, Wandplatte *f*
плодоро́дие *n (Lw)* Fruchtbarkeit *f (des Bodens)*
плодосме́н *m (Lw)* Fruchtfolge *f*, Rotation *f*
пло́йчатость *f (Geol)* Fältelung *f*
пло́ский 1. flach, eben, plan; 2. *(Math)* zweidimensional
пло́ско-во́гнутый plankonkav *(Linsen)*
пло́ско-выпуклый plankonvex *(Linsen)*
плоскогу́бцы *pl (Wkz)* Flachzange *f*
плоскопаралле́льный planparallel
плоскополяризо́ванный *(Opt)* linear polarisiert *(Licht)*
плоскостно́й 1. Flächen...; 2. *(Math)* zweidimensional, zweiachsig, eben
пло́скость *f* Ebene *f*; (ebene) Fläche *f*
~/гла́вная *(Opt)* Hauptebene *f*
~ **изло́ма** *(Fest)* Bruchebene *f*
~/каса́тельная 1. *(Math)* Tangentialebene *f*; 2. *(Fert)* Wälzebene *f*
~ **колеба́ния** *(Ph)* Schwingungsebene *f*
~/накло́нная *(Mech)* schiefe Ebene *f*
~ **отраже́ния** *(Opt)* Reflexionsebene *f*
~ **поляриза́ции** *(Opt)* Polarisationsebene *f*
~ **прое́кции** *(Opt)* Projektionsebene *f*, Bildebene *f*
~ **ре́зания** *(Fert)* Schnittebene *f*
~ **сбро́са** *(Geol)* Verwerfungsfläche *f*
~ **сдви́га** 1. *(Krist)* Scherungsebene *f*; 2. *(Fert)* Scherebene *f*, Fließebene *f*

~/**секу́щая** *s.* ~ сечения
~ **сече́ния** *(Math)* Schnittebene *f*, Schnittfläche *f*
~ **симметри́и** *(Krist)* Symmetrieebene *f*
~ **скольже́ния** 1. *(Krist)* Gleitebene *f*, Translationsebene *f*; 2. *(Geol)* Gleitfläche *f*
~/**соприкаса́ющаяся** *(Math)* Schmiegeebene *f*, Schmiegungsebene *f*
~/**среди́нная** *(Math)* Mittelebene *f*
~/**фока́льная** *(Opt)* Brennebene *f*, Fokalebene *f*
плот *m* Floß *n*
~/**спаса́тельный** Rettungsfloß *n*
плоти́на *f (Hydt)* Staumauer *f*, Staudamm *m*; Wehr *n*; Talsperre *f*
~/**а́рочная** Bogenstaumauer *f*
~/**водосли́вная** Überfallwehr *n*, Schusswehr *n*
~/**водохрани́лищная** Talsperre *f*
~/**высоконапо́рная** Hochdruckstaudamm *m*
~/**глуха́я** dichtes [festes] Wehr *n*
~/**гравитацио́нная** Gewichtsstaumauer *f*
~/**железобето́нная** Stahlbetonstaumauer *f*
~/**ка́менная** Steindamm *m*
~/**контрфо́рсная** Pfeilerstaumauer *f*
~/**набро́сная** Steinschüttungsstaudamm *m*
~/**намывна́я** Spüldamm *m*
~/**низконапо́рная** Niederdruckstaudamm *m*
~/**средненапо́рная** Mitteldruckstaudamm *m*
плотноме́р *m* Dichtemesser *m*, Dichtemessinstrument *n*, Aräometer *n*
пло́тность *f* 1. *(Ph)* Dichte *f*; 2. *(Mech)* Dichte *f*, Massendichte *f*, volumenbezogene Masse *f*; 3. Dichtheit *f*, Undurchlässigkeit *f*; 4. Konsistenz *f*, Densität *f*; 5. Gedrungenheit *f*, Kompaktheit *f (einer Konstruktion)*; 6. Innigkeit *f (z. B. von Kontakten)*; 7. *(Opt)* (optische) Dichte *f*; 8. *(Photo)* (photographische) Schwärzung *f*
~ **вероя́тности** Wahrscheinlichkeitsdichte *f*, Verteilungsdichtefunktion *f*
~ **движе́ния** Fahrzeugdichte *f*, Verkehrsdichte *f*
~ **за́писи** Aufzeichnungsdichte *f*, Schreibdichte *f*; Speicherdichte *f*
~ **заря́да** *(El)* Ladungsdichte *f*
~ **застро́йки** Bebauungsdichte *f*
~ **излуче́ния** *(Ph)* Strahlungsdichte *f*
~ **информа́ции** *(Inf)* Informationsdichte *f*
~/**ка́жущаяся** *s.* ~/обьёмная
~ **монтажа́** *(Eln)* Bauelementendichte *f*, Packungsdichte *f*
~ **населённости** 1. *(Ph)* Besetzungsdichte *f*, Belegungsdichte *f*; 2. *(Bw)* Wohndichte *f*
~/**объёмная** Rohdichte *f*, Schüttmasse *f*, scheinbare Dichte *f*
~/**опти́ческая** *(Opt)* optische Dichte *f*, Schwärzung *f*
~/**спектра́льная** 1. *(Ph)* spektrale Energieverteilung [Strahlungsverteilung] *f*; 2. *(El)* spektrale Dichte *f*
~ **то́ка** *(Ph)* Stromdichte *f*
~/**уде́льная** *(Mech)* Dichte *f*, Massendichte *f*, volumenbezogene Masse *f*
~ **упако́вки** *(Krist)* Packungsdichte *f*
~ **упако́вки ИС** *(Eln)* Schaltkreispackungsdichte *f*
~ **упако́вки элеме́нтов** *(Eln)* Bauelementendichte *f*
пло́тный 1. *(Ph)* dicht; 2. dicht, undurchlässig; 3. konsistent; 4. kompakt *(Konstruktion)*
площа́дка *f* 1. Platz *m*; Stelle *f*; 2. Bühne *f*, Rampe *f*; 3. Bedienungsstand *m*, Podest *n(m)*
~/**взлётно-поса́дочная** *(Flg)* Start- und Landeplatz *m (für Hubschrauber und Kleinflugzeuge)*
~/**конта́ктная** 1. *(El)* Kontaktfläche *f*; 2. *(Eln)* Bondinsel *f*, Bondfläche *f*, Bondstelle *f*
~/**пускова́я** *s.* ~/стартовая
~/**ста́ртовая** *(Rak)* Startrampe *f*, Abschussrampe *f*
~/**строи́тельная** Baustelle *f*
пло́щадь *f* 1. Fläche *f*, Platz *m*; 2. Flächeninhalt *m*
~ **кру́га** *(Math)* Kreisfläche *n*
~/**поле́зная** Nutzfläche *f*
~ **сече́ния** Querschnittsfläche *f*
плуг *m (Lw)* Pflug *m*
~/**двухко́рпусный** Zweischarpflug *m*, Doppelscharpflug *m*
~/**ди́сковый** Scheibenpflug *m*
~/**леме́шный** Scharpflug *m*

~/**многоко́рпусный** mehrfurchiger [mehrschariger] Pflug *m*
~/**навесно́й** Anbaupflug *m*
~/**оборо́тный** Drehpflug *m*, Wendepflug *m*, Wechselpflug *m*
~/**однoко́рпусный** Einscharpflug *m*
~/**прицепно́й** Anhängepflug *m*
~/**я́русный** Schichtenpflug *m*
плуг-лущи́льник *m (Lw)* Schälpflug *m*
плуг-рыхли́тель *m (Lw)* Krümelpflug *m*, Wühlpflug *m*
плу́нжер *m* 1. Plunger *m*, Tauchkolben *m*; 2. *(Glas)* Treiber *m*
плуто́ний *m (Ch)* Plutonium *n*, Pu
плыву́н *m (Geol)* Treibsand *m*, Schwimmsand *m*
плювиогра́мма *f (Meteo)* Pluviogramm *n*, Ombrogramm *n*, Niederschlagsdiagramm *n*
плювио́граф *m (Meteo)* Pluviograph *m*, Niederschlagsschreiber *m*, Regenschreiber *m*, registrierender Niederschlagsmesser [Regenmesser] *m*, Ombrograph *m*, Hyetograph *m*
плювио́метр *m (Meteo)* Niederschlags(mengen)messer *m*, Regenmesser *m*, Hyetometer *n*, Pluviometer *n*
плювиоме́трия *f (Meteo)* Niederschlags(mengen)messung *f*, Regenmessung *f*, Hyetometrie *f*, Pluviometrie *f*
плюс *m* 1. *(El)* Pluspol *m*; 2. Pluszeichen *n*
плюсо́вка *f (Text)* Foulard *m*, Klotzmaschine *f*
плюще́ние *n* 1. *(Wlz)* Breiten *n*, Breitung *f*; 2. Stauchen *n (von Sägeblättern)*; 3. Abplatten *n*
плющи́лка *f (Fert)* Stauchapparat *m*
плю́щить 1. *(Wlz)* breiten; 2. (an)stauchen *(Sägeblätter)*; 3. abplatten
пневма́тика *f* Pneumatik *f*
пневмати́ческий pneumatisch, Druckluft...
пневмоавтома́тика *f* Pneumoautomatik *f*
~/**стру́йная** Pneumonik *f*
пневмогидравли́ческий pneumatisch-hydraulisch, pneumohydraulisch
пневмогидроприво́д pneumohydraulischer Antrieb *m*
пневмодви́гатель Druckluftmotor *m*, Pneumatikmotor *m*
пневмодро́ссель pneumatisches Drosselventil *n*
пневмозолоудале́ние *n* pneumatische Entaschung *f*, Luftentaschung *f*
пневмокато́к *m* Gummiradwalze *f*
пневмоли́ния *f* pneumatische Leitung *f*, Druckluftleitung *f*
пневмомехани́ческий pneumatisch-mechanisch
пневмо́ника *f* Pneumonik *f*
пневмопо́чта *f* Rohrpost *f*
пневмопри́вод *m* Pneumatikantrieb *m*, Druckluftantrieb *m*
пневмосисте́ма *f* Druckluftsystem *n*; Druckluftanlage *f*
пневмоста́ртер *m* Druckluftanlasser *m*
пневмотра́нспорт *m* 1. pneumatische Förderung *f*, Druckluftförderung *f*; 2. pneumatische Förderanlage *f*, Druckluftförderer *m*
пневмоуда́рник *m (Bgb)* pneumatischer Bohrlochsohlenhammer *m*
пневмоуправле́ние *n* Druckluftsteuerung *f*, pneumatische Steuerung *f* • **с пневмоуправле́нием** pneumatisch gesteuert
пневмоформова́ние *n (Kst)* Druckluftformung *f*, Blasverformung *f*
ПО *n s.* обеспечение/программное
побайтно-ориенти́рованный *(Inf)* byteorientiert
побáйтовый *(Inf)* byteweise
побежа́лость *f (Min, Met)* 1. Anlauf *m*, Anlaufen *n*; 2. Anlauffarbe *f*
побе́лка *f (Bw)* Weißen *n*
побитно-ориенти́рованный *(Inf)* bitorientiert
побо́чный Neben...
поведе́ние *n* Verhalten *n*
пове́рка *f* 1. Berichtigung *f*, Korrektur *f*; 2. Prüfung *f*, Eichung *f*
пове́рочный Prüf..., Eich...
пове́рхностно-акти́вный oberflächenaktiv; grenzflächenaktiv, kapillaraktiv
пове́рхностный 1. Oberflächen...; 2. *(Bgb)* übertägig
пове́рхность *f* Oberfläche *f*, Fläche *f*
~/**ба́зовая** Grundfläche *f*
~/**бокова́я** 1. Seitenfläche *f*; 2. Mantel *m*, Mantelfläche *f (Geometrie)*;

3. *(Masch)* Flanke *f*, Flankenfläche *f* *(Zahnrad, Gewinde)*
~/**винтовáя** Schraubenfläche *f*, Helikoid *n*
~/**вóгнутая** konkave Fläche *f*
~/**волновáя** *(Ph)* Wellenfläche *f*, Wellenfront *f*
~ **вращéния** Rotationsfläche *f*, rotationssymmetrische Oberfläche *f*
~/**вы́пуклая** konvexe Fläche *f*
~/**грани́чная** Grenzfläche *f*, Front *f*
~ **деформáции** Verzerrungsfläche *f*; *(Math)* Dilatationsfläche *f*
~/**дневнáя** *(Bgb)* Tagesoberfläche *f*
~/**зáдняя** 1. Rückfläche *f*; 2. *(Wkz)* Freifläche *f (am Werkzeug)*
~/**кони́ческая** *(Math)* Kegelfläche *f*
~/**криволинéйная** gekrümmte Fläche *f*
~/**лобовáя** Vorderfläche *f*, Planfläche *f*
~ **нагрéва** Heizfläche *f*
~/**нарýжная** Außenfläche *f*, äußere Fläche *f*
~/**несýщая** *(Flg)* Tragfläche *f (tragende Fläche des Tragflügels)*
~/**отражáющая** 1. Prallfläche *f*; 2. Reflexionsfläche *f*, spiegelnde Fläche *f*; 3. *(Rad)* Rückstrahlquerschnitt *m*, effektive Echofläche *f*
~/**плóская** ebene Fläche *f*, Ebene *f*
~/**плóско-вóгнутая** plankonkave Oberfläche *f*
~/**плóско-вы́пуклая** plankonvexe Oberfläche *f*
~ **подлóжки** *(Eln)* Substratoberfläche *f*
~/**рабóчая** Arbeitsfläche *f*, Lauffläche *f*
~ **разъёма** Teilfläche *f*
~ **сбрóса** *(Geol)* Abschiebungsfläche *f*
~/**сфери́ческая** *(Math)* Kugelfläche *f*, sphärische Fläche *f*
~/**торцевáя [торцóвая]** Stirnfläche *f*
~/**удéльная** spezifische Oberfläche *f*
~/**узловáя** *(Ph)* Knotenfläche *f*
~/**цилиндри́ческая** *(Math)* Zylinderfläche *f*
~/**шаровáя** *(Math)* Kugelfläche *f*
повóдка *f (Härt)* Verziehen *n*, Verzug *m*
поводóк *m (Masch)* Mitnehmer *m*
поворáчиваемость *f* Wendigkeit *f*, Lenkbarkeit *f*; *(Kfz)* Kurvenverhalten *n*
поворáчивать 1. drehen, wenden; 2. umwenden, umkehren; 3. (um-)schwenken
поворóт *m* 1. Drehung *f*, Drehen *n*; 2. Schwenkung *f*, Wendung *f*; 3. Biegung *f (einer Straße)*; 4. *(Schiff)* Wende *f*
~ **фáзы** *(El)* Phasendrehung *f*, Phasenumkehr *f*
поворóтливость *f* 1. *s.* поворачиваемость; 2. *(Schiff)* Wendefähigkeit *f*, Wendevermögen *n*, Drehfähigkeit *f*
поворóтный drehbar, Dreh...; schwenkbar, Schwenk...; Wende...
повреждáемость *f* Störanfälligkeit *f*, Störempfindlichkeit *f*
повреждáть beschädigen
повреждéние *n* 1. Beschädigung *f*, Beschädigen *n*; 2. Fehler *m*, Störung *f*, Schaden *m*
повреждённый beschädigt, schadhaft, defekt, fehlerhaft; *(Nrt)* gestört
повтóр *m (TV)* Echobild *n*, Geisterbild *n*
повторéние *n* Wiederholung *f*
повтори́тель *m (Rf)* Folgeschaltung *f*; *(Nrt)* Repeater *m*
~/**катóдный** Kathodenfolgeschaltung *f*
повторя́емость *f* Wiederholbarkeit *f*; Reproduzierbarkeit *f*
повыси́тель *m* **напряжéния** *(El)* Spannungserhöher *m*
повышéние *n* Erhöhung *f*, Steigerung *f*, Anstieg *m*, Zunahme *f*
~ **давлéния** Druckanstieg *m*, Druckzunahme *f*
~ **напряжéния** *(El)* Spannungserhöhung *f*
погасáние *n* Erlöschen *n*
погáснуть erlöschen
погашéние *n* 1. Löschung *f*, Auslöschung *f*, Extinktion *f*; 2. *(Bgb)* Abwerfen *n*, Aufgeben *n (Grubenbaue)*
пóгибь *f (Schiff)* Bucht *f*
~ **пáлубы** Decksbucht *f*
поглоти́тель *m* 1. *(Ch)* Sorptionsmittel *n*; 2. Absorber *m*
~ **нейтрóнов** *(Kern)* Neutronenabsorber *m*, Neutronenfänger *m*
~/**противотóчный** *(Kält)* Gegenstromabsorber *m*
поглощáемость *f* Absorptionsfähigkeit *f*, Aufnahmevermögen *n*
поглощáть 1. absorbieren, schlucken; 2. dämpfen *(Stöße, Schwingungen)*

поглоще́ние *n* 1. Absorption *f*, Schluckung *f*; 2. Dämpfung *f (von Stößen, Schwingungen)*
~ **вла́ги** Feuchtigkeitsaufnahme *f*
~ **зву́ка** Schallabsorption *f*, Schallschluckung *f*
~/**избира́тельное** selektive Absorption *f*
~ **све́та** Lichtabsorption *f*
погодосто́йкий wetterbeständig, wetterfest
пого́н *m (Ch)* Destillat *n*
~/**нефтяно́й** Erdöldestillat *n*
по́греб *m* Keller *m*; *(Schiff)* Bunker *m*, Last *f*
погре́шность *f* Fehler *m (s. a. unter* ошибка*)*
~/**абсолю́тная** absoluter Fehler *m*, Absolutfehler *m*
~/**вероя́тная** wahrscheinlicher Fehler *m*
~/**гру́бая** grober Fehler *m*
~/**допуска́емая** zulässiger Fehler *m*
~ **измере́ния** Messfehler *m*
~/**относи́тельная** relativer Fehler *m*
~/**среднеквадрати́ческая** mittlerer quadratischer Fehler *m*, Standardabweichung *f*
~/**сре́дняя** mittlerer Fehler *m*
погружа́ть 1. *(Förd)* verladen *(Güter)*; beladen *(Wagen)*; 2. eintauchen *(in Flüssigkeiten)*; 3. absenken, versenken
погруже́ние *n* 1. Tauchen *n*, Eintauchen *n (in Flüssigkeiten)*; 2. Absenken *n*, Versenken *n*
погру́зка *f* 1. *(Förd)* Verladen *n (Güter)*; Laden *n*, Beladen *n (Wagen)*; 2. *(Bgb)* Wegfüllen *n*
~ **нака́том** *(Schiff)* Roll-on/roll-off-Verkehr *m*
погру́зочно-разгру́зочный Be- und Entlade...; *(Schiff)* Lade- und Lösch...
погру́зочный Verlade...; Lade..., Belade...
погру́зчик *m* Lader *m*, Lademaschine *f*, Ladegerät *n*; Stapler *m*
~/**ви́лочный** Gabelstapler *m*
~/**ковшо́вый** Schaufellader *m*; Becherwerkslader *m*
~/**конве́йерный** Bandlader *m*
~/**многоковшо́вый** Becherwerkslader *m*
~/**одноковшо́вый** Schaufellader *m*
~ **с за́дней разгру́зкой** Überkopflader *m*
~ **с пере́дней разгру́зкой** Frontlader *m*
~ **с поворо́тным ковшо́м** Schwenklader *m*, Schwenkschaufler *m*
~/**самохо́дный** Fahrlader *m*
~/**скре́перный** Schrapp(er)lader *m*
~/**фронта́льный** Frontlader *m*
под *m* Herd *m*; Ofensohle *f*, Herdsohle *f*, Ofenboden *m*
~/**враща́ющийся** Drehherd *m*
~/**ки́слый** saurer Herd *m*
~/**осно́вный** basischer Herd *m*
~ **пе́чи** Ofenherd *m*, Ofensohle *f*
~/**плави́льный** Schmelzherd *m*
подава́ть 1. zuführen, aufgeben, eintragen *(Material)*; 2. *(Met)* beschicken *(Schmelzöfen)*; begichten *(Hochöfen)*; 3. *(Wkzm)* zustellen *(Drehmeißel)*; 4. *(Wlz)* einstechen, einstoßen; 5. fördern *(Flüssigkeiten)*
подави́тель *m* 1. *(Rf)* Unterdrücker *m*; 2. *(Rad)* Sperre *f*
подавле́ние *n (Rf)* Unterdrückung *f*
~ **нуле́й** Nullpunktunterdrückung *f*
подавля́ть *(Rf)* unterdrücken
пода́тливость *f* Nachgiebigkeit *f*, Elastizität *f*; *(Gieß)* Formbarkeit *f*, Bildsamkeit *f*
пода́тливый nachgiebig, gefügig; *(Gieß)* formbar, bildsam
пода́ча *f* 1. Aufgeben *n*, Zuführen *n*, Zufuhr *f*; Chargieren *n*, Beschicken *n (Schmelzöfen)*; Begichten *n (Hochöfen)*; 2. *(Wkzm)* Vorschub *m*, Zustellung *f (Drehmeißel)*; 3. Fördern *n*, Förderung *f (von Flüssigkeiten)*
~/**автомати́ческая** *(Wkzm)* automatischer Vorschub *m*
~ **под давле́нием** Druckförderung *f*
~/**попере́чная** *(Wkzm)* Quervorschub *m*
~/**продо́льная** *(Wkzm)* Längsvorschub *m*
~ **самотёком** *(Förd)* Zulauf *m*, Schwerkraftförderung *f*
~ **то́плива** *(Kfz)* Kraftstoffförderung *f*; Kraftstoffzufuhr *f*
~ **эне́ргии** Energiezufuhr *f*
подаю́щий 1. Zuführungs...; 2. Vorschub...

подбараба́нье *n (Lw)* Dreschkorb *m (der Dreschmaschine)*
подби́вка *f* **шпал** *(Eb)* Gleisstopfen *n*
подбо́р *m* Auswahl *f*, Auslese *f*
подбо́рка *f (Typ)* Zusammentragen *n (der Bögen in der Buchbinderei)*
подбо́рщик *m (Lw)* Aufnehmer *m*, Aufsammler *m*
~/**бараба́нный** Trommelaufnehmer *m*
подбо́рщик-копни́тель *m (Lw)* Strohbergungsmaschine *f*
подбра́сывание *n (Eb)* Wogen *n*, Wanken *n (Querschwingungen von Fahrzeugen)*
подва́л *m* Keller *m*
подва́рка *f* Nachschweißen *n*
подведе́ние *n* Zuführen *n*, Zuführung *f*
подверга́ть unterziehen, unterwerfen
подве́рженность *f* Anfälligkeit *f*
подве́рженный anfällig
подве́с *m* 1. Aufhängen *n*; 2. Aufhängung *f*, Aufhängevorrichtung *f*
подве́ска *f* 1. Aufhängung *f*, Gehänge *n*; 2. Hängebühne *f* • **пневмати́ческой подве́ской** luftgefedert
~/**жёсткая** starre Aufhängung *f*
~/**за́дняя** *(Kfz)* Hinterradaufhängung *f*
~ **колёс** *(Kfz)* Radaufhängung *f*
~ **колёс/зави́симая** *(Kfz)* Starrachsaufhängung *f*, Radaufhängung *f* an Starrachse [durchgehender Achse]
~ **колёс/независи́мая** *(Kfz)* Einzelradaufhängung *f*, Radaufhängung *f* an Schwingachse
~/**пере́дняя** *(Kfz)* Vorderradaufhängung *f*
~/**торсио́нная** *(Kfz)* Drehstabfederung *f*, Torsionsstabfederung *f*
подвесно́й aufhängbar, Hänge..., Gehänge...
подве́шивание *n* Aufhängung *f*, Abfederung *f (Fahrzeuge)*
подве́шивать aufhängen, abfedern *(Fahrzeuge)*
подвига́ние *n (Bgb)* Vorantreiben *n*, Fortschreiten *n*, Fortschritt *m*
~ **забо́я** Abbaufortschritt *m*
подвижно́й ortsveränderlich, beweglich; *(Förd)* verfahrbar
подви́жность *f* Beweglichkeit *f*; Verschiebbarkeit *f*; *(Förd)* Verfahrbarkeit *f*
подво́д *m* Zufuhr *f*, Zuführung *f*
~ **тепла́** Wärmezufuhr *f*
~ **эне́ргии** Energiezuführung *f*
подводи́ть 1. zuführen; zubringen; 2. *(Wkzm)* zustellen *(Drehmeißel)*
подво́дный Unterwasser..., Untersee...
подвулканиза́ция *f (Gum)* Anvulkanisation *f*, Anbrennen *n*, Anspringen *n*
подголо́вник *m (Kfz)* Kopfstütze *f*
~/**регули́руемый** verstellbare Kopfstütze *f*
подго́нка *f* 1. Abgleich *m*, Nachjustierung *f*; 2. Anpassung *f*
подгоня́ть anpassen, passend machen
подгора́ние *n* Anbrennen *n*; Verschmoren *n (Kontakte)*
подгора́ть anbrennen; verschmoren *(Kontakte)*
подгота́вливать vorrichten
подгото́вка *f* 1. Ausbildung *f*; 2. Vorbehandlung *f*, Vorbereitung *f*; 3. Aufbereitung *f (Wasser, Erze)*
подгру́ппа *f* Untergruppe *f*, Teilgruppe *f*
поддава́ться обрабо́тке sich bearbeiten lassen
поддаю́щийся обрабо́тке bearbeitbar
поддержа́ние *n* 1. Unterstützung *f*; 2. Aufrechterhaltung *f*; 3. *(Met)* Halten *n (einer Schmelze bei einer bestimmten Temperatur)*
подде́рживать 1. stützen, tragen; abstützen; 2. *(Met)* halten *(eine Schmelze bei einer bestimmten Temperatur)*
подде́ржка *f* 1. *s.* поддержание; 2. *(Masch)* Auflage *f*, Auflagerstütze *f*, Abstützung *f*; Stütze *f* • **с подде́ржкой по́льзователя** *(Inf)* bedienergeführt, benutzergeführt
~/**програ́ммная** *(Inf)* Software-Unterstützung *f*, Software-Support *m*
поддо́н *m* 1. *(Förd)* Palette *f*, Untersatz *m*; 2. *(Met)* Gespannplatte *f*, Grundplatte *f*, Gespann *n*, Gießgespann *n*
~/**грузово́й** Palette *f*
~/**пло́ский** Flachpalette *f*
~/**сто́ечный** Stapelpalette *f*, Gestellpalette *f*
поддува́ло *n* 1. Windkanal *m*, Zugloch *n (eines Ofens)*; 2. Aschenfall *m*
поджа́тие *n* 1. Vorverdichtung *f*; 2. Verjüngungsverhältnis *n*
поджига́тель *m (El)* Zündstift *m*

поджима́ть vorverdichten
подзаря́д *m* Nachladung *f (eines Akkumulators)*
подзаряжа́ть nachladen *(Akkumulatoren)*
подзе́мный 1. unterirdisch; 2. *(Bgb)* untertägig, Untertage..., Tiefbau...
поди́на *f (Met)* Herd *m*, Ofenherd *m*
подкаса́тельная *f (Math)* Subtangente *f*
подка́т *m (Wlz)* Halbzeug *n*
подка́тка *f* 1. *(Wlz)* Nachwalzen *n*, Dressieren *n*; 2. *(Schm)* Rollen *n*, Rundschmieden *n*
подкисле́ние *n (Ch)* Ansäuern *n*, Säuern *n*
подкислённый angesäuert
подкла́дка *f* 1. Unterlage *f*; 2. Unterlegscheibe *f*; 3. *(Text)* Futterstoff *m*
подключа́емый к ши́не *(Inf)* busfähig
подключа́ть *(El)* anschließen, anschalten; *(Nrt)* aufschalten
подключе́ние *n (El)* Anschließen *n*, Anschluss *m*; *(Nrt)* Aufschalten *n*
подключённый *(El)* angeschlossen; *(Nrt)* aufgeschaltet
подко́рмка *f (Lw)* 1. Kopfdüngung *f*; 2. Beifütterung *f*
подко́с *m (Bw)* Strebe *f*
подкрити́ческий *(Kern)* unterkritisch *(Reaktor)*
подлёт *m* Anflug *m*
подло́жка *f* 1. *(Halbl)* Substrat *n*, Unterlage *f*, Träger *m*; 2. *(Photo)* Unterlage *f*, Schichtträger *m*
~/**слоистая** *(Halbl)* beschichtetes Substrat *n*
подложкодержа́тель *m (Eln)* Substratträger *m*, Substrathalter *m*
подлоко́тник *m (Kfz)* Armstütze *f*
подмагни́чивание *n (El)* Vormagnetisierung *f*
подмагни́чивать *(El)* vormagnetisieren
подмно́жество *n (Math)* Untermenge *f*, Teilmenge *f*
подмодуля́тор *m (El)* Vormodulator *m*, Modulationsverstärker *m*
по́дмости *pl (Bw)* Gerüst *n*
~/**подвесны́е** Hängegerüst *n*; Hängerüstung *f*
~/**подъёмные** Hubgerüst *n*, Gleitgerüst *n*
по́дмыв *m* Unterspülung *f*, Unterwaschung *f*
поднала́живать nachstellen, nachregeln
поднесу́щая *f (El)* Hilfsträger *m*
поднима́ть 1. (hoch)heben; 2. *(Bgb)* fördern *(im senkrechten Schacht)*; 3. *(Schiff)* hieven; hissen, heißen; 4. aufrichten *(einen Mast)*
подо́бие *n* Ähnlichkeit *f*, Analogon *n*
подо́бный ähnlich
подогре́в *m* 1. Vorwärmen *n*, Vorwärmung *f*, Anwärmen *n*, Anwärmung *f*, Erhitzen *n*; 2. Heizen *n*, Heizung *f*
подогрева́ние *n s.* подогрев
подогрева́тель *m* 1. Vorwärmer *m*; 2. *(El)* Heizelement *n*, Heizer *m*
подогрева́ть 1. vorwärmen, anwärmen; 2. (auf)heizen
подоко́нник *m (Bw)* Fensterbrett *n*
подо́пытный Versuchs...
подо́шва *f* 1. Sohle *f*, Fuß *m*; 2. *(Bgb)* Sohle *f (Boden eines Grubenraumes)*; 3. *(Led)* Sohle *f*, Laufsohle *f*
~ **ре́льса** *(Eb)* Schienenfuß *m*, Schienenkante *f*
подпёртный *(Bw)* abgestützt, abgefangen
подпира́ние *n (Bw)* Abstützen *n*, Unterfahren *n*
подпира́ть *(Bw)* abstützen, unterfahren
подпи́тка *f (El)* Einspeisung *f*
подпо́р *m (Hydrol)* 1. Stau *m*, Wasserstau *m*; 2. Stauhöhe *f*; Staudruck *m*; 3. Oberwasser *n*, Oberstau *m*
подпо́рка *f* Auflager *n*, Stütze *f*, Abstützung *f*
подпосле́довательность *f (Math)* Teilfolge *f*
подпрогра́мма *f (Inf)* Subroutine *f*, Unterprogramm *n*, UP *n*
подпростра́нство *n (Math)* Unterraum *m*, Teilraum *m*
подпружи́ненный (ab)gefedert
подпры́гивание *n s.* подбрасывание
подпя́тник *m* 1. *(Masch)* Spurlager *n*; Drucklager *n*, Stützlager *n*; 2. Federteller *m*; 3. Druckplatte *f*; 4. *(Eb)* Drehpfanne *f (am Fahrzeug)*
подрабо́тка *f (Bgb)* Unterbauen *n*, Unterfahrung *f*
подразделе́ние *n* 1. Unterteilung *f*, Einteilung *f*; 2. *(Math)* Unterteilung *f*
подразделённый unterteilt

подрегулиро́вка *f* Nachregeln *n*, Nachstellen *n*
подреза́ние *n* 1. Abtrennen *n*; 2. *(Fert)* Unterschneiden *n*, Unterschneidung *f*, Unterschnitt *m*
подрессо́ренный (ab)gefedert
подрессо́ривание *n* Abfedern *n*, Abfederung *f*
подрессо́ривать (ab)federn
подрешётка *f (Krist)* Untergitter *n*, Subgitter *n*, Teilgitter *n*
подруба́ть 1. *(Text)* säumen; 2. *(Bgb)* (unter)schrämen, schlitzen; 3. *(Schw)* ankreuzen *(Nähte)*
подры́в *m* Sprengung *f*
подря́д *m (Math)* Teilreihe *f*
подса́дка *f* 1. *(Schm)* Stauchung *f*, Stauchen *n*; 2. *(Lw, Forst)* Nachpflanzen *n*
подса́живать 1. *(Schm)* stauchen; 2. *(Lw, Forst)* nachpflanzen, hinzupflanzen
подса́сывание *n* Saugen *n*, Ansaugen *n*, Nachsaugen *n*
подсве́тка *f* 1. Aufhellen *n*; 2. optische Anregung *f*, Pumpen *n (Laser)*; 3. *(Opt)* Beleuchtungseinrichtung *f*
подсека́ть *(Bgb)* anfahren, anschneiden
подсе́чка *f* 1. Ankerben *n*; 2. *(Bgb)* Unterschneiden *n*, Anschneiden *n*; 3. *(Wkz)* Kerbeisen *n*
подсинхро́нный *(Masch)* untersynchron
подсисте́ма *f* 1. *(Math)* Teilsystem *n*; 2. *(Geol)* Teilsystem *n*; 3. *(Fert)* Teilsystem *n*, Untersystem *n*; 4. *(Inf)* Teilsystem *n*, Untersystem *n*, Subsystem *n*
подска́зка *f* **опера́тору** *(Inf)* Bedienerhinweis *m*
подсло́й *m* 1. Unterschicht *f*; Zwischenschicht *f*; 2. Substratschicht *f (bei Filmen)*
подслу́шивание *n (Nrt)* Mithören *n*, Abhören *n*
подсоедине́ние *n (El)* Anschließen *n*, Anschluss *m*
подсо́с *m* 1. Saugen *n*, Ansaugen *n*, Nachsaugen *n*; 2. Sog *m*, Saugwirkung *f*
подста́вка *f* Bock *m*, Gestell *n*, Stütze *f*, Unterlage *f*, Stativ *n*
подстано́вка *f* 1. Umstellung *f*, Umordnung *f*; 2. *(Math)* Substitution *f*; Permutation *f*
подста́нция *f* 1. *(El)* Unterwerk *n*; Unterstation *f*; 2. *(Nrt)* Unteramt *n*, Teilamt *n*
~/повыша́ющая *(El)* Aufspannwerk *n*
~/понижа́ющая *(El)* Abspannwerk *n*
~/преобразова́тельная *(El)* Umformer(unter)werk *n*, Umformer(unter)station *f*
~/телефо́нная *(Nrt)* Unteramt *n*, Teilamt *n*
~/трансформа́торная Transformator(en)station *f*, Umspannstation *f*
~/тя́говая *(Eb)* Bahnunterwerk *n*, Traktionsunterwerk *n (zur Bahnstromversorgung)*
~/электри́ческая *(El)* Unterstation *f*, Unterzentrale *f*
подстра́ивать abgleichen, abstimmen; nachregeln, nachstimmen
подстро́ечный Abgleich...; Nachstimm...; Trimmer...
подстро́йка *f* Abgleichen *n*, Abstimmen *n*; Nachregeln *n*, Nachstimmen *n*
~/то́чная Feinabstimmung *f*
~ частоты Frequenzabstimmung *f*, Frequenznachstimmung *f*
подсу́шка *f* Vortrocknen *n*
подсчёт *m* Zählung *f*
подта́лкивание *n (Eb)* Schieben *n*, Anschieben *n (Lok)*
подта́чивание *n (Wkz)* Ausspitzen *n*, Anspitzen *n*
подта́чивать *(Wkz)* anspitzen, ausspitzen
подтвержде́ние *n (Inf)* Quittierung *f*, Bestätigung *f*, Handshake *n*, Handshaking *n*
подтёки *pl* **кра́ски** Farbtränen *fpl*, Farbnasen *fpl*
подтеплово́й unterthermisch
подто́чка *f (Wkz)* 1. *s.* подтачивание; 2. Ausspitzung *f*, Anspitzung *f (Ergebnis)*
подтра́вливание *n* Unterätzen *n*, Unterätzung *f (Leiterplatten)*
подтя́гивание *n* 1. Heranziehen *n*; 2. Nachspannen *n (Riemen)*; 3. Nachziehen *n (Schrauben)*

подтя́гивать 1. heranziehen, heranschleppen; 2. nachspannen *(Riemen)*; 3. nachziehen *(Schrauben)*
подусту́п *m (Bgb)* Vorböschung *f*
поду́шка *f* 1. Kissen *n*, Polster *n*; 2. *(Umf)* Kissen *n*, Ziehkissen *n*; 3. Bett *n*, Bettung *f*
~/**балла́стная** *(Eb)* Kofferbettung *f*
~ **безопа́сности/надувна́я** *(Kfz)* Airbag *m*
~/**возду́шная** Luftkissen *n*
подфа́рник *m (Kfz)* (seitliche) Begrenzungsleuchte *f*
подхо́д *m (Math)* Ansatz *m*
подчека́нивать *(Fert)* nachstemmen
подши́вка *f* 1. *(Bw)* Verkleidung *f*, Verschalung *f*; 2. *(Text)* Säumen *n*
подши́пник *m (Masch)* Lager *n*
~/**иго́льчатый** Nadel(rollen)lager *n*
~ **каче́ния** Wälzlager *n*
~/**коренно́й** Hauptlager *n*, Kurbel(wellen)lager *n*
~/**одноря́дный** einreihiges Lager *n*
~/**радиа́льный** Radiallager *n*
~/**ро́ликовый** Rollenlager *n (s. a. unter* роликоподшипник*)*
~ **скольже́ния** Gleitlager *n*
~/**упо́рный** Axiallager *n*, Stützlager *n*
~/**ша́риковый** Kugellager *n (s. a. unter* шарикоподшипник*)*
~ **шату́на** Pleuellager *n*
подши́пниковый *(Masch)* Lager...
подщела́чивание *n (Ch)* Alkalisieren *n*, Alkalisierung *f*
подщела́чивать *(Ch)* alkalisieren, alkalisch machen
подъём *m* 1. Anheben *n*, Aufheben *n*, Heben *n*; Hub *m*, Hubbewegung *f*; 2. Anstieg *m*, Ansteigen *n*; 3. *(Bgb)* Förderung *f*, Schachtförderung *f*; 4. *(Eb)* Steigung *f*; Rampe *f*; 5. *(Flg)* Aufstieg *m*
~/**людско́й** *(Bgb)* Seilfahrt *f*
~/**рудни́чный** *(Bgb)* Schachtförderung *f*
подъёмник *m* 1. Aufzug *m*, Fahrstuhl *m*; 2. Hebezeug *n*
~/**вертика́льный** Senkrechtaufzug *m*
~/**грузово́й** Lastenaufzug *m*
~/**кана́тно-кре́сельный** Sessellift *m*
~/**кана́тный** Seilaufzug *m*
~/**ковшо́вый** Kübelaufzug *m*
~/**кре́сельный** Sessellift *m*
~/**лы́жный** Skilift *m*
~/**многокаби́нный (пассажи́рский)** Paternosteraufzug *m*
~/**накло́нный** Schrägaufzug *m*
~/**скипово́й** Kippgefäßaufzug *m (beim Hochofen)*
~/**скоростно́й** Schnellaufzug *m*
~/**строи́тельный** Bauaufzug *m*
~/**судово́й** Schiffshebewerk *n*
~/**ша́хтный клетево́й** *(Bgb)* Fördergestellaufzug *m*
подъёмный Hebe..., Hub...
по́езд *m (Eb)* Zug *m*, Eisenbahnzug *m*
~/**автомоби́льный** *(Kfz)* Lastzug *m*
~/**газотурби́нный** Gasturbinentriebzug *m*
~/**грузово́й** *(Eb)* Güterzug *m*
~ **да́льнего сле́дования** *(Eb)* Fernzug *m*
~/**пассажи́рский** *(Eb)* Reisezug *m*, Personenzug *m*
~/**при́городный** *(Eb)* Vorortzug *m*
~ **прямо́го сообще́ния** *(Eb)* Durchgangszug *m*, direkter Zug *m*
~/**рабо́чий** *(Eb)* Arbeitszug *m*
~/**ремо́нтный** *(Eb)* Bauzug *m*
~/**ско́рый** *(Eb)* Schnellzug *m*, D-Zug *m*
~/**строи́тельно-монта́жный** *(Eb)* Bauzug *m*
~/**уско́ренный това́рный** *(Eb)* Eilgüterzug *m*
пое́здка Fahrt *f*
поездогра́ф *m (Eb)* Zuglaufschreiber *m*, Fahrtenschreiber *m*
по́ездо-киломе́тр *m (Eb)* Zugkilometer *m*
по́езд-экспре́сс *m* Expresszug *m*
пожа́р *m* Brand *m*
~/**рудни́чный** Grubenbrand *m*
пожа́рный Brand..., Feuer...
пожаробезопа́сный brandsicher
пожароопа́сность *f* Brandgefahr *f*
пожароопа́сный brandgefährlich, feuergefährlich; brandgefährdet
пожелте́ние *n (Pap)* Vergilben *n*
пожелте́ть *(Pap)* vergilben
позити́в *m (Kine, Photo)* Positiv *n*
~/**цветно́й** Farbpositiv *n*
позитро́н *m (Kern)* Positron *n*, positives Elektron *n*
позитро́ний *m (Kern)* Positronium *n*

позиционе́р *m (Reg)* Position(ier)er *m*, Stellungsregler *m*
позицио́нный Positions..., Stellungs...
пози́ция *f* 1. Position *f*, Stellung *f*; 2. *(Fert)* Station *f*
~/**дополни́тельная** *(Wkzm)* Zusatzstation *f*
~/**ходова́я** *(Eb)* Fahrstufe *f*
позоло́та *f* Goldauflage *f*, Vergoldung *f*
позоло́ченный vergoldet
позывны́е *pl* Rufzeichen *npl*
по́илка *f (Lw)* Tränke *f*
по́иск *m* Suche *f*; *(Inf auch:)* Abfrage *f*
~ **информа́ции** Informationssuche *f*
показа́ние *n* Anzeige *f*; Ablesung *f*
~/**ло́жное** Fehlanzeige *f*, Falschanzeige *f*
показа́тель *m* Index *m*, Kennziffer *f*, Kennzahl *f (s. a. unter* коэффициент*)*; *(Math)* Exponent *m*
~/**водоро́дный** Wasserstoffionenexponent *m*, pH-Wert *m*
~ **ко́рня** *(Math)* Wurzelexponent *m*, Wurzelindex *m*
~ **ослабле́ния** *(Ph)* Schwächungsfaktor *m*
~ **поглоще́ния** *(Ph, Eln)* Absorptionskonstante *f*; *(Opt)* Absorptionsindex *m*
~ **преломле́ния** *(Opt)* Brechungsindex *m*
~ **сте́пени** *(Math)* Exponent *m*
~ **цве́та** *(Astr)* Farb(en)index *m*
пока́зывать anzeigen
поко́вка *f* Schmiedestück *n*, Schmiederohling *m*
поколе́ние *n* Generation *f*
покра́ска *f (Gieß)* Schlichten *n*, Schwärzen *n (der Formen)*
покро́в *m* Decke *f*
~/**о́блачный** *(Meteo)* Wolkendecke *f*
~/**скла́дчатый** *(Geol)* Überfaltungsdecke *f*
~/**тектони́ческий** *(Geol)* tektonische Decke *f*, Überschiebungsdecke *f*
покры́тие *n* 1. Bedecken *n*, Abdecken *n*; 2. Überziehen *n*, Belegen *n*; Beschichten *n*; Beschichtung *f*; 3. Überzug *m*, Belag *m*; 4. Anstrich *m*; 5. Umhüllung *f*, Ummantelung *f (für Elektroden)*; 6. Ummantelungsmasse *f*; 7. *(Bw)* Dach *n*; Decke *f*; Bedeckung *f*, Überdachung *f*
~/**антикоррозио́нное** Korrosionsschutzschicht *f*; Rostschutzüberzug *m*
~/**гальвани́ческое** 1. galvanisches Überziehen [Beschichten] *n*; 2. galvanischer Überzug *m*, galvanischer Niederschlag *m*
~/**доро́жное** Straßendecke *f*, Fahrbahnbelag *m*
~/**защи́тное** Schutzanstrich *m*; Schutzüberzug *m*, Schutzschicht *f*
~/**кро́вельное** *(Bw)* Dachbelag *m*, Dachhaut *f*
~/**ме́дное** Kupferüberzug *m*, Kupferschicht *f*
~/**металлизацио́нное** Spritzmetall(schutz)schicht *f*
~/**нескользя́щее** *(Bw)* rutschfester [rutschsicherer] Belag *m*
~/**поливинилхлори́дное** PVC-Überzug *m*, PVC-Beschichtung *f*
~/**полиурета́нное** PUR-Überzug *m*, PUR-Beschichtung *f*
~/**полиэтиле́нное** PE-Überzug *m*, PE-Beschichtung *f*
~/**противорадиолокацио́нное** Antiradarbelag *m*
~/**трёхсло́йное** Triplexschicht *f*
покры́шка *f (Kfz)* Decke *f*, Reifendecke *f*
пол *m (Bw)* Fußboden *m*
~/**пли́точный** Fliesenfußboden *m*
по́лден *m (Astr)* 1. Süden *m*; 2. Mittag *m (Tageszeit)*
по́ле *n* 1. *(Math)* Feld *n*; 2. *(Ph)* Feld *n*; 3. *(Inf)* Feld *n*, Datenfeld *n*; 4. *(Lw)* Feld *n*, Acker *m*; 5. *(Bgb)* Feld *n*, Abbaufeld *n*
~/**бегу́щее** *(El)* Wanderfeld *n*, Lauffeld *n*
~/**безвихрево́е** *(Ph)* wirbelfreies Feld [Vektorfeld] *n*
~/**бли́жнее** *(El)* Nahfeld *n*
~/**ве́кторное** Vektorfeld *n*
~/**вихрево́е** *(Ph)* Wirbelfeld *n*
~/**вне́шнее** *(Ph)* 1. äußeres Feld *n*, Fremdfeld *n*; 2. Störfeld *n*
~ **возбужде́ния** *(El)* Erregerfeld *n*
~/**возмуща́ющее** *(El)* Störfeld *n*
~/**волново́е** *(Ph)* Wellenfeld *n*
~/**вращá́ющееся магни́тное** *(El)* magnetisches Drehfeld *n*
~/**вы́емочное** *(Bgb)* Abbaufeld *n*

~/**гравитацио́нное** *(Mech)* Gravitationsfeld *n*, Schwerefeld *n*
~ **давле́ния** *(Ph)* Druckfeld *n*
~ **да́нных** *(Inf)* Datenfeld *n*
~/**звуково́е** *(Ak)* Schallfeld *n*
~ **Земли́/магни́тное** *(Geoph)* Magnetfeld *n* der Erde, erdmagnetisches Feld *n*
~ **зре́ния** *(Opt)* Gesichtsfeld *n*, Sehfeld *n*
~ **ине́рции** *(Mech)* Trägheitsfeld *n*
~/**карье́рное** *(Bgb)* Tagebaufeld *n*
~/**лётное** *(Flg)* Flugfeld *n*
~/**магни́тное** Magnetfeld *n*
~/**магнитостати́ческое** *(Ph)* statisches Magnetfeld *n*, magnetostatisches Feld *n*
~/**посторо́ннее** *(El)* Fremdfeld *n*
~/**силово́е** *(Ph)* Kraftfeld *n*
~/**стациона́рное** *(Ph)* stationäres [zeitlich konstantes] Feld *n*, Stehfeld *n*
~/**тормозя́щее** *(Kern)* Bremsfeld *n*, Verzögerungsfeld *n*
~ **тяготе́ния** *s.* ~/гравитационное
~/**ускоря́ющее** *(El)* Beschleunigungsfeld *n*, beschleunigendes Feld *n*
~/**электри́ческое** elektrisches Feld *n*
~/**электромагни́тное** elektromagnetisches Feld *n*
~/**электростати́ческое** elektrostatisches Feld *n*
полево́й Feld...
полёт *m* Flug *m*
~/**акти́вный** aktiver Flug *m*, Antriebsflug *m*
~/**беспоса́дочный** Nonstopflug *m*, Non-Stop-Flug *m*
~/**бре́ющий** Tiefflug *m*
~/**высо́тный** Höhenflug *m*
~/**гиперзвуково́й** hypersonischer Flug *m*, Hyperschallflug *m*
~/**дли́тельный косми́ческий** *(Raumf)* Langzeit(raum)flug *m*
~/**косми́ческий** Raumflug *m*
~/**межплане́тный** interplanetarer Flug *m*
~/**околозвуково́й** schallnaher Flug *m*, Transsonikflug *m*
~/**орбита́льный** Orbitalflug *m*, Flug *m* auf einer Umlaufbahn
~/**паря́щий** Segelflug *m*
~/**пасси́вный** Trägheitsflug *m*, antriebsloser [passiver] Flug *m*
~ **по прибо́рам** Instrumentenflug *m*, Blindflug *m*
~/**поиско́вый** Suchflug *m*
~/**сверхзвуково́й** Überschallflug *m*
~/**свобо́дный** Freiflug *m*, FF *m*
~/**слепо́й** *s.* ~ по приборам
~ **со сниже́нием** Sinkflug *m*
ползу́н *m (Masch)* 1. Kreuzkopf *m*; 2. Gleitstück *n*, Gleitschuh *m (Maschinenelement)*; 3. *(Umf)* Stempel *m (einer Presse)*; 4. Stößel(schlitten) *m*
~/**вы́садочный** *(Umf)* Stauchstempel *m*
~/**вытяжно́й** *(Umf)* Ziehstempel *m*
ползу́честь *f (Wkst)* Kriechen *n*, Kriechdehnung *f*
ползу́чий kriechend, Kriech...
поли́ва *f (Ker)* Schmelz *m*, Glasur *f*
поливале́нтный *(Ch)* polyvalent, mehrwertig
поливинилацета́т *m (Ch)* Polyvinylacetat *n*, PVAC *n*
поливини́ловый *(Ch)* Polyvinyl...
поливинилхлори́д *m (Ch)* Polyvinylchlorid *n*, PVC *n*
полиго́н *m* 1. *(Math)* Polygon *n*, Vieleck *n*; 2. Prüffeld *n*; 3. Schießplatz *m*; 4. Übungsgelände *n*; 5. *(Bw)* Baugelände *n*; 6. offene Fertigungsstätte *f*
~/**испыта́тельный** Versuchsgelände *n*
~/**раке́тный** Raketenstartplatz *m*
полигона́льный *(Math)* polygonal
полигономе́трия *f* 1. *(Math)* Polygonometrie *f*; 2. *(Geod)* Polygonverfahren *n*
полиграфи́ческий polygraphisch, Polygraphie...
полиграфи́я *f* Polygraphie *f*
поликонденса́ция *f (Ch)* Polykondensation *f*
поликриста́лл *m* Polykristall *m*, Vielkristall *m*
поликристалли́ческий polykristallin
полиме́р *m (Ch)* Polymer(e) *n*, Polymerisat *n*
полимериза́т *m (Ch)* Polymerisat *n*
полимериза́тор *m (Ch)* Polymerisationsanlage *f*, Polymerisator *m*
полимериза́ция *f (Ch)* Polymerisation *f*
~/**совме́стная** Mischpolymerisation *f*
полиме́рный *(Ch)* polymer, Polymer(isations)...
полимолекуля́рный polymolekular

полиморфи́зм *m (Min, Krist)* Polymorphie *f*, Vielgestaltigkeit *f*
полимо́рфный polymorph
полино́м *m (Math)* Polynom *n*
полирова́льный Polier...
полирова́ние *n (Fert)* Polieren *n*
~/зерка́льное Hochglanzpolieren *n*
~/после́дующее Nachpolieren *n*
поли́рованный poliert, geschliffen
полирова́ть *(Fert)* polieren
полиро́вка *f* 1. *(Fert)* Polieren *n*; 2. Politur *f*
поли́ровочный Polier...
полиспа́ст *m* Flaschenzug *m*
полистиро́л *m (Ch)* Polystyren *n*
политу́ра *f* Politur *f*
полиэ́др *m (Math)* Polyeder *n*, Vielflächner *m*
полиэтиле́н *m (Ch)* Polyethylen *n*
полиэтиле́новый *(Ch)* Polyethylen...
полиэфи́р *m (Ch)* Polyester *m*
полиэфи́рный *(Ch)* Polyester...
по́лка *f* 1. Fach *n*, Regal *n*; 2. *(Wlz)* Flansch *m (T- und I-Stahl)*, Schenkel *m (L- und U-Stahl)*
поллуци́т *m (Min)* Pollucit *m*, Pollux *m*
полногра́нник *m (Krist)* Vollflächner *m*, Holoeder *n*
полнолу́ние *n (Astr)* Vollmond *m*
полнонабо́рный *(Schiff)* Volldeck...
полносбо́рный voll vorgefertigt
по́лностью vollständig
полнота́ *f* Vollständigkeit *f*, Gesamtheit *f*
по́лночь *f (Astr)* Mitternacht *f*
полови́на *f* Hälfte *f*
полови́нчатый *(Wkst)* meliert *(Roheisen)*
поло́дия *f (Mech)* Polhodie *f*, Polhodiekurve *f*, Polkurve *f*, Polbahn *f*
положе́ние *n* 1. Lage *f*, Anordnung *f*, Stellung *f*, Position *f*; 2. Satz *m*, Leitsatz *m*, These *f*; 3. Richtlinie *f*, Vorschrift *f*, Bestimmung *f*
~ **включе́ния** *(El)* Einschaltstellung *f*
~ **выключе́ния** *(El)* Ausschaltstellung *f*, Abschaltstellung *f*
~/за́данное Sollstellung *f*, vorgesehene Stellung [Lage] *f*
~/исхо́дное 1. Ausgangsstellung *f*, Ausgangslage *f*; 2. Ruhestellung *f*, Ruhelage *f*
~/коне́чное Endstellung *f*, Endlage *f*
~ **мёртвой то́чки** Totpunktstellung *f*, Totpunktlage *f*
~/накло́нное Schräglage *f*
~/нулево́е 1. Nulllage *f*, Nullstellung *f*; 2. Ausgangslage *f*, Ausgangsstellung *f*
~/рабо́чее 1. Gebrauchslage *f*, Betriebslage *f*; 2. Arbeitsstellung *f*, Betriebsstellung *f*
положи́тельный 1. positiv, Plus...; 2. bestimmt, entschieden
по́лоз *m* Kufe *f*
поло́к *m (Bgb)* Bühne *f*
поло́мка *f* 1. Bruch *m*; 2. *(Kfz)* Panne *f*
поло́ний *m (Ch)* Polonium *n*, Po
полоса́ *f* 1. Band *n*; Streifen *m*; 2. *(Wlz)* Streifen *m*; Flachstahl *m*; *(Wlz)* Walzband *n*; 3. *(El)* Band *n*, Frequenzband *n*; 4. *(Halbl)* Band *n*, Zone *f*, Energieband *n*; 5. *(Ph)* Bande *f*, Band *n*, Streifen *m*; 6. Spur *f*, Fahrspur *f*; 7. *(Typ)* Kolumne *f*
~/взлётно-поса́дочная Start- und Landebahn *f*
~ **движе́ния** Fahrstreifen *m (Straßenmarkierung)*
~/лесна́я Waldstreifen *m (Schutzstreifen)*
~ **обго́на** Überholspur *f (Straßenmarkierung)*
~/поса́дочная *(Flg)* Landebahn *f*
~ **пропуска́ния** *(El)* Durchlassbereich *m*, Durchlassbandbreite *f*
~/стальна́я Bandstahl *m*; Stahlband *n*, Stahlstreifen *m*
~ **часто́т** *(El)* Frequenzband *n*
полоса́тость *f* Bänderung *f*, Streifung *f*; Streifigkeit *f*
полоса́тый gebändert, gestreift, Streifen...
поло́ска *f* Bändchen *n*, Streifen *m*
~/конта́ктная *(El)* Kontaktstreifen *m*, Kontaktfahne *f*
~/проводя́щая *(El)* Leiterbahn *f*
полосово́й Band...
по́лость *f* Raum *m*, Hohlraum *m*; Aussparung *f*
поло́счатость *f* Bänderung *f*, Streifung *f*
поло́счатый streifig; lamellar; blätterig, blättchenförmig
полотёр *m* **/электри́ческий** elektrische Bohnermaschine *f*

поло́тнище *n* 1. Blatt *n*; 2. Bahn *f*, Stoffbahn *f*; Tuch *n*; 3. *(Schiff)* Plattenreihe *f*, Plattenfeld *n*
полотно́ *n* 1. Bahn *f* *(z. B. Papierbahn)*; 2. *(Text)* Flächengebilde *n*; 3. *(Wkz)* Blatt *n*, Sägeblatt *n*; 4. *(Bw)* Flügel *m* *(einer Tür, eines Fensters)*; 5. Bett *n*, Straßenbett *n*; 6. *(Eb)* Körper *m*, Bahnkörper *m*
~/бума́жное Papierbahn *f*
~/дверно́е *(Bw)* Türflügel *m*
~/доро́жное Straßenkörper *m*
~/ездово́е Fahrbahn *f*
~/железнодоро́жное Bahnkörper *m*, Bahndamm *m*, Eisenbahndamm *m*
~/земляно́е Erdplanum *n*, Planum *n*
полу... halb..., Halb..., semi..., Semi...
полуавтома́т *m* Halbautomat *m*
~/тока́рный Drehhalbautomat *m*
полуавтомати́ческий halbautomatisch
полуба́йт *m* *(Inf)* Halbbyte *n*, Nibble *n*
полуваго́н *m* *(Eb)* offener Wagen [Güterwagen] *m*, Hochbordwagen *m*
полуволна́ *f* Halbwelle *f*
полугу́сеничный Halbketten...
полу́денный meridional, Mittags...
полужёсткий halbstarr; halbsteif
полужи́дкий halbflüssig, dickflüssig, zähflüssig
полузакры́тый halbgeschlossen, halboffen
полузапру́да *f* *(Hydt)* Buhne *f*
полузвено́ *n* *(Math, El)* Halbglied *n*
полука́др *m* *(TV)* Halbbild *n*, Halbraster *m*
полуко́кс *m* Halbkoks *m*, Schwelkoks *m*, Tieftemperaturkoks *m*
полукоксова́ние *n* Halbverkokung *f*, Schwelung *f*, Tieftemperaturverkokung *f*
полукристалли́ческий halbkristallin
полукру́г *m* Halbkreis *m*
полукру́глый halbrund
полума́сса *f* *(Pap)* Halbstoff *m*
полумета́лл *m* Halbmetall *n*
полуму́фта *f* *(Masch)* Kupplungshälfte *f*
полунавесно́й *(Lw)* Aufsattel...
полунепреры́вный halbkontinuierlich
полуо́сь *f* 1. *(Math, Opt)* Halbachse *f*; 2. *(Kfz)* Halbachse *f*; Steckachse *f*, Treibradachse *f*
полупери́од *m* *(El, Kern)* Halbperiode *f*
полупло́скость *f* *(Math, Opt)* Halbebene *f*
полупотайно́й halbversenkt *(Schrauben, Niete)*
полуприце́п *m* *(Kfz)* Sattelauflieger *m*
полуприце́п-тяжелово́з *m* *(Kfz)* Schwerlastsattelauflieger *m*
полупроводи́мость *f* 1. Halbleitung *f* *(Vorgang)*; 2. Halbleitfähigkeit *f*
полупроводни́к *m* *(Eln)* Halbleiter *m*
~/беспри́месный *s.* ~/собственный
~/вырожденный entarteter Halbleiter *m*
~/ды́рочный Defekt(elektronen)halbleiter *m*, P-Halbleiter *m*, Löcherhalbleiter *m*
~/невы́рожденный nicht entarteter Halbleiter *m*
~/при́месный Störstellenhalbleiter *m*, Extrinsic-Halbleiter *m*
~/со́бственный Eigenhalbleiter *m*, Intrinsic-Halbleiter *m*
полупроводнико́вый *(Eln)* Halbleiter...
полупроводя́щий *(Eln)* halbleitend
полупроду́кт *m* Halbfabrikat *n*, Halbzeug *n*; Zwischenprodukt *n*
полупрозра́чный halbdurchsichtig
полупроница́емость *f* *(Ph)* Semipermeabilität *f*, Halbdurchlässigkeit *f*
полупроница́емый semipermeabel, halbdurchlässig
полупростра́нство *n* *(Math)* Halbraum *m*
полупряма́я *f* *(Math)* Halbgerade *f*
полусумма́тор *m* *(Inf)* Halbadd(ier)er *m*
полусфе́ра *f* Hemisphäre *f*, Halbkugel *f*
полуте́нь *f* *(Opt)* Halbschatten *m*
полуто́н *m* *(Opt, Ak)* Halbton *m*
полуфабрика́т *m* Halbfabrikat *n*, Halbzeug *n*; Zwischenprodukt *n*; *(Pap)* Halbstoff *m*
получе́ние *n* 1. Empfang *m*, Erhalt *m*; 2. Gewinnung *f*, Erzeugung *f*; Herstellung *f*
~ информа́ции Informationsgewinnung *f*
полуша́рие *n* Halbkugel *f*, Hemisphäre *f*
полуширина́ *f* *(Kern)* Halbwert(s)breite *f*
полушлагба́ум *m* *(Eb)* Halbschranke *f*, Halbschrankenanlage *f*
по́лый hohl, Hohl...

по́льзователь *m (Inf)* Nutzer *m*, Anwender *m* • **с подде́ржкой по́льзователя** bedienergeführt, benutzergeführt
по́люс *m* Pol *m*
~ **Гала́ктики** *(Astr)* galaktischer Pol *m*
~/**геомагни́тный** *(Geoph)* geomagnetischer Pol *m*
~/**доба́вочный** *(El)* Wendepol *m*
~/**магни́тный** *(Geoph)* magnetischer Pol *m (der Erde)*
~ **ми́ра** *(Astr)* Himmelspol *m*
~/**небе́сный** *s.* ~ мира
~/**отрица́тельный** *(El)* Minuspol *m*, negativer Pol *m*
~/**положи́тельный** *(El)* Pluspol *m*, positiver Pol *m*
~/**се́верный** Nordpol *m*
~ **хо́лода** *(Meteo)* Kältepol *m (der Erde)*
~ **экли́птики** *(Astr)* Pol *m* der Ekliptik
~/**ю́жный** Südpol *m*
по́люсный Pol...
поля́ра *f* 1. *(Math)* Polare *f*; 2. *s.* ~ крыла
~ **крыла́** *(Aero, Flg)* Polare *f*, Lilienthal-Polare *f*, Polardiagramm *n*
поляриза́тор *m (Opt)* Polarisator *m*
поляриза́ция *f (Ph, Opt, El)* Polarisation *f*
~/**кругова́я** *(Opt)* zirkulare Polarisation *f*
~/**лине́йная** *(Opt)* lineare Polarisation *f*
~ **све́та** *(Opt)* Polarisation *f* des Lichtes
~/**эллипти́ческая** *(Opt)* elliptische Polarisation *f*
поляризо́ванный polarisiert
поляризова́ть polarisieren
поляризу́емость *f* Polarisierbarkeit *f*
поляри́метр *m (Opt)* Polarimeter *n*
поляриметри́я *f (Opt)* Polarimetrie *f*
поля́рность *f (El)* Polarität *f*, Polung *f*
поля́рный polar
полярогра́мма *f* Polarogramm *n*
поляро́граф *m* Polarograph *m*
полярогра́фия *f* Polarographie *f*
поляро́ид *m (Opt)* Polaroid *n*, Polarisationsfilter *n*, Filterpolarisator *m*
поме́ха *f* Störung *f*
~/**атмосфе́рная** atmosphärische Störung *f*
~/**вне́шняя** äußere Störung *f*
~/**вну́тренняя [со́бственная]** Eigenstörung *f*, innere Störung *f*
помехозащищённость *f* Stör(ungs)sicherheit *f*, Störunempfindlichkeit *f*
помехозащищённый stör(ungs)sicher
помехоусто́йчивость *f* Störunempfindlichkeit *f*, Störfestigkeit *f*
помехоусто́йчивый störfest
помеще́ние *n* 1. Raum *m*; 2. Unterbringung *f*
~/**суши́льное** Trockenraum *m*
~/**чи́стое** *(Eln)* Cleanroom *m*, Rein(st)raum *m*
помо́л *m* 1. Mahlen *n*, Mahlung *f*; 2. Mahlgut *n*, Mahlprodukt *n*
по́мпа *f s.* насос
помутне́ние *n* Trübung *f*
понд *m s.* грамм-сила
понижа́ть herabsetzen, verringern; erniedrigen, absenken
понижа́ться sich verringern, sinken, fallen
пониже́ние *n* Herabsetzung *f*, Verminderung *f*; Sinken *n*
~ **температу́ры замерза́ния** Gefrierpunktserniedrigung *f*
понто́н *m* Ponton *m*
пону́р *m (Hydt)* 1. Vorboden *m*; 2. Dichtungsschürze *f*, Bodenteppich *m (an Erdstaudämmen)*
попада́ние *n* Treffen *n*, Auftreffen *n*, Aufprall *m*
попа́рно paarweise
попере́к quer, transversal
попере́чина *f* 1. Traverse *f*, Querträger *m*; Querstück *n*; 2. *(Wlz)* Querhaupt *n (des Walzgerüsts)*; 3. *(Wkzm)* Querbalken *m (einer Drehmaschine)*; 4. *(Umf)* Holm *m*, Haupt *n (einer Presse)*
попере́чный quer, Quer..., transversal, Transversal...
поплавко́вый Schwimmer...
поплаво́к *m* Schwimmer *m*
пополне́ние *n* Ergänzung *f*
попра́вка *f* 1. Korrektur *f*, Berichtigung *f*; 2. Reparatur *f*, Ausbesserung *f*
популя́ция *f* Population *f*
по́ра *f* Pore *f*, Hohlraum *m*
пораже́ние *n* Schädigung *f*, Verletzung *f*
~/**радиацио́нное** Strahlenschaden *m*, Strahlenschädigung *f*
поразря́дный *(Inf)* bitweise

по́ристость *f* Porigkeit *f*, Porosität *f*
по́ристый 1. porös, porig; 2. *(Met)* blasig, lunkerig
поро́г *m* 1. Schwelle *f*, Grenze *f*; Schwellenwert *m*, untere Grenze *f*; 2. *(Bw)* Schwelle *f*
~ **болево́го ощуще́ния** *(Ak)* Schmerzschwelle *f*, obere Hörschwelle *f*
~ **слы́шимости** (untere) Hörschwelle *f*, Reizschwelle *f*, Hör(barkeits)schwelle *f*
~ **срабатывания** *(Reg)* Ansprechgrenze *f*
~ **чувстви́тельности** Empfindlichkeitsschwelle *f*; Ansprechschwelle *f*
поро́ги *mpl* Stromschnellen *fpl*
поро́говый Schwellen...; Ansprech...
поро́да *f* 1. *(Geol)* Gestein *n*; 2. *(Bgb)* taubes Gestein *n*, Berge *pl*; 3. Gattung *f*, Art *f*; 4. *(Lw)* Rasse *f*, Varietät *f*, Stamm *m*
~/**вскрышна́я** *(Bgb)* Abraum *m*
~/**го́рная** *(Geol)* Fels(en) *m*
~/**пуста́я** taubes Gestein *n*, Berge *pl*
поро́дный *(Bgb)* Gesteins..., Berge..., Abraum...
породообразу́ющий *(Geol)* gesteinsbildend, petrogenetisch
порожда́ть erzeugen
порожде́ние *n* Erzeugung *f*
поро́жний unbeladen, leer
порозиме́тр *m* Porositätsmesser *m*
поро́к *m* Fehler *m*, Defekt *m*; *(Gieß)* Gussfehler *m*; *(Wlz)* Walzfehler *m*
~/**конструкти́вный** Konstruktionsfehler *m*
пороме́трия *f* Porenmessung *f*
порообразова́ние *n* Porenbildung *f*
порообразова́тель *m* Porenbildner *m*
поропла́ст *m* (offenporiger) Schaum(kunst)stoff *m*
по́рох *m* Pulver *n*
~/**безды́мный** rauchloses Pulver *n*
~/**ды́мный** Schwarzpulver *n*
порохово́й Pulver...
порошкова́тый pulverförmig
порошко́вый pulverförmig, Pulver...
порошо́к *m* Pulver *n*
~/**абрази́вный** *(Fert)* Schleifpulver *n*
~/**магни́тный** *(Wkst)* Magnetpulver *n*
порт *m* 1. Hafen *m*; 2. *(Schiff)* Pforte *f*; 3. *(Inf)* Port *m*, Tor *n*
~ **вво́да-вы́вода** *(Inf)* Eingabe-Ausgabe-Port *m*, E/A-Port *m*, Input-Output-Port *m*, I/O-Port *m*
~/**вну́тренний** Binnenhafen *m*
~/**морско́й** Seehafen *m*
~/**незамерза́ющий** eisfreier Hafen *m*
~/**нефтяно́й** Ölhafen *m*, Erdölhafen *m*
~/**озёрный** Binnenseehafen *m*
~/**океа́нский** Überseehafen *m*
~/**речно́й** Flusshafen *m*
~/**у́гольный** Kohlehafen *m*
порта́л *m (Masch, Bw)* Portal *n*
порта́льный *(Masch)* Portal..., Doppelständer...
портати́вный tragbar, Trag...
по́ртик *m* 1. *(Bw)* Säulengang *m*, Portikus *m*; 2. *(Bw)* Säulenhalle *f*, Vorhalle *f*; 3. *(Schiff)* Pforte *f*
портландцеме́нт *m* Portlandzement *m*
по́ручень *m (Bw)* Handlauf *m*, Holm *m*
порфи́р *m (Geol)* Porphyr *m*
порфи́ровый *(Geol)* porphyrisch, Porphyr...
по́рция *f (Met)* Charge *f*, Satz *m (Hochofenbegichtung)*
по́ршень *m (Masch)* Kolben *m*
поршнева́ние *n (Erdöl)* Kolben *n*, Pistonieren *m*, Swabben *n*
поршнево́й *(Masch)* Kolben...
по́рыв *m* **(ве́тра)** Bö *f*, Windbö *f*
поря́док *m* 1. Ordnung *f*; Reihenfolge *f*, Folge *f*; 2. *(Math)* Grad *m (von Gleichungen)*; 3. *(Inf)* Exponent *m*
~ **обрабо́тки** *(Fert)* Bearbeitungsfolge *f*
поса́дка *f* 1. *(Met)* Einsetzen *n*, Beschicken *n (Öfen)*; 2. *(Eb)* Einsteigen *n*; 3. *(Flg)* Landen *n*, Landung *f*; 4. *(Masch)* Passung *f*; 5. *(Fert)* Aufsetzen *n (beim Fügen)*; 6. *(Lw)* Pflanzen *n*, Anpflanzen *n*; 7. *(Forst)* Setzen *n*, Pflanzen *n*, Auspflanzen *n*; 8. *(Schiff)* Einschiffen *n*, Anbordgehen *n*; 9. *(Schiff)* Schwimmlage *f*
~/**авари́йная** 1. *(Flg)* Bruchlandung *f*; 2. *(Schiff)* Leckschwimmlage *f*
~/**вертика́льная** *(Flg)* Senkrechtlandung *f*
~/**вы́нужденная** *(Flg)* Notlandung *f*
~/**глуха́я** *(Masch)* Festpassung *f*
~/**горя́чая** *(Masch)* Schrumpfpassung *f*
~/**гру́бая [жёсткая]** harte Landung *f*

~/**защи́тная** *(Lw, Forst)* Schutzpflanzung *f*
~/**мя́гкая** weiche Landung *f*
~ **на Луну́** *(Raumf)* Mondlandung *f*
~/**неподви́жная** *(Masch)* Ruhepassung *f*
~/**перехо́дная** *(Masch)* Übergangspassung *f*
~/**пло́тная** *(Masch)* satte Passung *f*
~ **по прибо́рам** *(Flg)* Instrumentenlandung *f*, Blindlandung *f*
~/**подви́жная** *(Masch)* bewegliche Passung *f*, Spielpassung *f*
~/**пре́ссовая** *(Masch)* Presspassung *f*
~/**промежу́точная** *(Flg)* Zwischenlandung *f*
~ **с зазо́ром** *(Masch)* Spielpassung *f*
~ **с ко́мом** *(Lw, Forst)* Ballenpflanzung *f*
~/**свобо́дная** *(Masch)* lose Passung *f*
посе́в *m (Lw)* Aussaat *f*, Saat *f*
посёлок *m (Bw)* Siedlung *f*, Ansiedlung *f*
~/**при́городный** Stadtrandsiedlung *f*
последе́йствие *n* Nachwirkung *f*
~/**магни́тное** *(Ph)* magnetische Nachwirkung *f*
~/**упру́гое** elastische Nachwirkung *f*
после́довательность *f* 1. Folge *f*, Reihenfolge *f*; 2. *(Math)* Folge *f*, Sequenz *f*
~/**возраста́ющая** *(Math)* aufsteigende Folge [Reihenfolge] *f*
~ **кома́нд** *(Inf)* Befehlsfolge *f*, Befehlsreihe *f*
~/**убыва́ющая** *(Math)* absteigende Folge [Reihenfolge] *f*
после́довательный 1. aufeinander folgend; 2. *(Inf)* sequentiell, seriell; 3. *(El)* in Reihe, Reihen…
послесвече́ние *n (Ph)* Nachleuchten *n*
послеускоре́ние *n* Nachbeschleunigung *f*
посло́йный geschichtet, schichtweise
посо́л *m (Lebm)* Salzen *n*, Einsalzen *n* *(Fisch)*; Pökeln *n (Fleisch)*
посре́дственный mittelbar, indirekt
пост *m* Warte *f*; Stand *m*; Stelle *f*
~ **управле́ния** Steuerstand *m*, Steuerwarte *f*, Steuerzentrale *f*; Bedienungsstand *m*
поста́в *m* Gang *m (Müllerei)*
поставля́ть liefern
поставщи́к *m* Lieferant *m*; Lieferbetrieb *m*
постано́вка *f* Anordnung *f*, Aufstellung *f*
~ **зада́чи** Aufgabenstellung *f*, Problemstellung *f*
посте́ль *f* 1. Bett *n*; Bettung *f*; 2. *(Gieß)* Formbett *n*
посторо́нний fremd, Fremd…
постоя́нная *f (Math, Ph)* Konstante *f*
~ **Авога́дро** *(Ph)* Avogadro-Konstante *f*, avogadrosche Konstante *f*
~ **Бо́льцмана** *(Therm)* Bolzmann-Konstante *f*, bolzmannsche Konstante *f*
~ **вре́мени** Zeitkonstante *f*
~/**га́зовая** Gaskonstante *f*
~/**гравитацио́нная** *s.* ~ тяготения
~/**диэлектри́ческая** *(El)* Dielektrizitätskonstante *f*
~ **затуха́ния** *(El)* Dämpfungskonstante *f*, Abklingkonstante *f*
~ **излуче́ния** *(Therm)* (plancksche) Strahlungskonstante *f*
~ **ине́рции** *(Mech)* (relative) Trägheitskonstante *f*
~ **Ло́шмидта** *(Ph, Ch)* loschmidtsche Zahl *f*
~ **Пла́нка** *(Ph)* plancksche Konstante *f*, (plancksches) Wirkungsquantum *n*
~ **решётки** *(Krist)* Gitterkonstante *f*, Kristallgitterkonstante *f*
~/**со́лнечная** *(Astr)* Solarkonstante *f*
~ **тяготе́ния** *(Mech)* (newtonsche) Gravitationskonstante *f*
~/**фа́зовая** *(Nrt)* Winkelmaß *n*, Phasenmaß *n*
~ **я́дра** *(Ph)* Kernkonstante *f*
постоя́нный konstant, beständig, unveränderlich, gleichbleibend; Dauer… *(z. B. Dauermagnet)*; *(El)* Gleich… *(z. B. Gleichstrom)*
постоя́нство *n* Konstanz *f*, Beständigkeit *f*
постпрогра́мма *f (Inf)* Postmortem-Programm *n*
постпроце́ссор *m (Inf)* Postprozessor *m*
построе́ние *n* 1. *(Math)* Konstruktion *f*; 2. Aufbau *m*, Struktur *f*
постро́йка *f* 1. Bauen *n*, Aufbau *m*; 2. Bau *m*, Gebäude *n*, Bauwerk *n*
постро́чный zeilenweise

постула́т *m* Postulat *n*, Grundsatz *m*
поступа́тельный fortschreitend, Vorwärts..., translatorisch, Translations...
посу́да *f* Geschirr *n*; Gefäß *n*
~/**хими́ческая** Laborgeräte *npl*
посы́лка *f* 1. Senden *n*, Absenden *n*; 2. *(El)* Schritt *m*, Impuls *m*; 3. Paket *n*, Sendung *f*
~/**то́ковая** Stromschritt *m*
потайно́й versenkt, Senk... *(Schrauben, Niete)*
пота́ш *m* Pottasche *f*
потемне́ние *n* Nachdunkeln *n*, Schwärzung *f*
потенциа́л *m (Ph)* Potenzial *n*, Potential *n*
~/**биоэлектри́ческий** bioelektrisches Potenzial *n*, Biopotenzial *n*
~ **взаимоде́йствия** *(Ph)* Wechselwirkungspotenzial *n*
~ **Ги́ббса** *(Therm)* Gibbs-Funktion *f*, gibbssches (thermodynamisches) Potenzial *n*, freie Enthalpie *f*
~/**защи́тный** *(El)* Schutzpotenzial *n*
~ **земли́** Erdpotenzial *n*
~/**изоба́рно-изотерми́ческий** *s.* ~ Гиббса
~/**ионизацио́нный** *(Kern)* Ionisationspotenzial *n*
~/**пове́рхностный** 1. *(Ch)* Oberflächenpotenzial *n*; Grenzflächenpotenzial *n*; 2. *(Halbl)* Oberflächenpotenzial *n*
~/**термодинами́ческий** thermodynamisches Potenzial *n*
~/**хими́ческий** chemisches Potenzial *n*
~/**электри́ческий** elektrisches Potenzial *n*
~/**электро́дный** Elektrodenpotenzial *n*
потенциа́льный Potenzial..., Potential..., potenziell, potentiell
потенцио́метр *m (Rf)* Potentiometer *n*, Stellwiderstand *m*
потенциометри́ческий potentiometrisch, Potentiometer...
потенциоме́трия *f (Ch)* Potentiometrie *f*
потенци́рование *n (Math)* Potenzieren *n*, Potenzierung *f*
потенци́ровать *(Math)* potenzieren
поте́ри *fpl* Verluste *mpl*, Verlust *m* • **без поте́рь** verlustlos, verlustfrei • **с (больши́ми) поте́рями** verlustreich, mit (großen) Verlusten • **с ма́лыми поте́рями** verlustarm
~ **в желе́зе [ста́ли]** *(El)* Eisenverluste *mpl*
~/**диэлектри́ческие** *(El)* dielektrische Verluste *mpl*
~/**информацио́нные** Informationsverluste *mpl*
~ **на гистере́зис** *(El)* Hystereseverluste *mpl*
~ **на излуче́ние** Strahlungsverluste *mpl*
~ **на тре́ние** *(Trib)* Reibungsverluste *mpl*
~/**перехо́дные** 1. *(Halbl)* Übergangsverluste *mpl*; 2. *(Nrt)* Nebensprechverluste *mpl*
~/**радиацио́нные** Strahlungsverluste *mpl*
~/**теплов́ые** Wärmeverluste *mpl*
поте́ря *f s.* потери
пото́к *m* 1. Strom *m*, Fluss *m (z. B. Magnetfluss)*; 2. *(Aero, Hydrod)* Strömung *f*
~/**вихрево́й** *(Hydrod)* Wirbelfluss *m*, Wirbelströmung *f*
~ **во́здуха** Luftstrom *m*, Luftströmung *f*; *(Bgb)* Wetterstrom *m*
~/**восходя́щий** aufsteigender Luftstrom *m*, Aufwind *m*
~/**гиперзвуково́й** *(Aero)* Hyperschallströmung *f*
~ **да́нных** Datenfluss *m*
~/**дозвуково́й** *(Aero)* Unterschallströmung *f*
~ **информа́ции** *(Inf)* Informationsfluss *m*
~/**ламина́рный** Schichtströmung *f*, Laminarströmung *f*, laminare Strömung *f*
~/**метео́рный** *(Astr)* Meteorstrom *m*
~/**нейтро́нный** *(Kern)* 1. Neutronenflussdichte *f*, Flussdichte *f (Neutronen)*; 2. Neutronenstrom *m*
~/**сверхзвуково́й** *(Aero)* Überschallströmung *f*
~/**светово́й** Lichtstrom *m*
~/**теплово́й** Wärmestrom *m*, Wärmefluss *m*
~/**турбуле́нтный** turbulente Strömung *f*
~/**электро́нный** *(Ph)* Elektronenstrom *m*, Elektronenfluss *m*
потоко́мер *m* Strömungsmesser *m*

потокосцеплéние *n (El)* Flussverkettung *f*
потолóк *m* 1. *(Bw)* Decke *f*, Zimmerdecke *f*; 2. *(Flg)* Gipfelhöhe *f*, Scheitelhöhe *f*
потолóчина *f (Bgb)* Schwebe *f*; *(Bgb)* Firste *f*
потóчный Fließ...
потребúтель *m* Verbraucher *m*, Abnehmer *m*; *(El, Wmt)* Verbraucher *m*, Verbrauchsgerät *n*
потреблéние *n* Verbrauch *m*, Bedarf *m*
~/сóбственное Eigenverbrauch *m*; Eigenbedarf *m*
~ **теплá** Wärmeverbrauch *m*
потрéбность *f* Bedarf *m*
~ **в пáмяти** *(Inf)* Speicherbedarf *m*
~ **в энéргии** Energiebedarf *m*
потрéскивание *n* 1. *(Nrt)* Knacken *n*, Knackgeräusche *npl*, Prasseln *n*; 2. Kratzgeräusch *n (Tonbänder)*
потухáть erlöschen
початкоотделúтель *m (Lw)* Maiskolbenköpfmaschine *f*
почáток *m (Text)* Kops *m*, Garnkörper *m (Spinnerei)*
пóчва *f* 1. Boden *m*; Erdboden *m*; 2. *(Bgb)* Sohle *f*, Liegende *n*
~/влáжная feuchter [humider] Boden *m*
~/гýмусовая [перегнóйная] Humusboden *m*, humoser Boden *m*
~/песчáная Sandboden *m*
пóчвенный 1. Boden...; Erdboden...; 2. *(Bgb)* Sohle...
почвовéдение *n* Bodenkunde *f*
почвозацéп *m* Greifer *m*, Stollen *m (am Radschlepper)*
почвообрабáтывающий Bodenbearbeitungs...
почвообрабóтка *f* Bodenbearbeitung *f*
почворыхлúтель *m s.* рыхлитель
почвоуглубúтель *m (Lw)* Tieflockerer *m*, Tiefgrubber *m*, Wühler *m (Pflug)*
почвоутомлéние *n (Lw)* Bodenmüdigkeit *f*
почернéние *n (Photo)* Schwärzung *f*
пóчка *f* **/искýсственная** *(Med)* künstliche Niere *f*
пóчта *f* Post *f*
~/пневматúческая Rohrpost *f*
~/электрóнная E-Mail *f*, elektronische Post *f*
пошáговый schrittweise
появлéние *n* Auftreten *n*, Erscheinen *n*
пóяс *m* 1. Gürtel *m*; Zone *f*; 2. *(Bw)* Gurt *m*, Gurtung *f*; 3. *(Krist)* Zone *f*; 4. *(Schiff)* Gang *m*, Plattengang *m*
~/радиациóнный Strahlungsgürtel *m* (der Erde)
ПП *f s.* память/постоянная
прáвила *npl* Regeln *fpl*, Vorschriften *fpl* *(s. a. unter* правило*)*
~ **безопáсности** Sicherheitsvorschriften *fpl*
~ **движéния** Verkehrsregeln *fpl*
~ **дорóжного движéния** Straßenverkehrsordnung *f*
~ **Кúрхгофа** *(El)* kirchhoffsche Regeln *fpl*, kirchhoffsche Gesetze *npl*
~ **тéхники безопáсности** Sicherheitsvorschriften *fpl*
правúло *n (Bw)* Richtscheit *n*; *(Gieß)* Abstreicheisen *n (Formerei)*
прáвило *n* Regel *f*, Grundsatz *m (s. a. unter* правила*)*; Gesetz *n*
~ **бурáвчика** *(El)* Korkenzieherregel *f*, Rechtsschraubenregel *f*
~ **знáков** *(Math)* Vorzeichenregel *f*
~ **контýров** *(El)* Maschenregel *f*
~ **лéвой рукú** *(El)* Linkehandregel *f*
~ **прáвой рукú** *(El)* Rechtehandregel *f*
~ **рычагá** *(Mech)* Hebelgesetz *n*
~ **сумм** *(Opt, Reg)* Summenregel *f*
~/тройнóе *(Math)* Dreisatz *m*, Dreisatzrechnung *f*
~/цепнóе *(Math)* Kettenregel *f*
~/эмпирúческое Faustregel *f*
прáвить 1. richten *(Bleche, Gleise)*; 2. abziehen *(Messer)*
прáвка *f* 1. Richten *n (Bleche, Gleise)*; 2. *(Fert)* Abrichten *n (Schleifscheiben)*
прáво *n* Recht *n*
~ **дóступа** *(Inf)* Zugriffsrecht *n*
~ **на движéние/преимýщественное** Vorfahrtsrecht *n*, Vorfahrt *f (Verkehr)*
правовращáющийся rechtsdrehend
правозахóдный rechtsgängig, rechtssteigend *(Gewinde)*
празеодúм *m (Ch)* Praseodym *n*, Pr
пребывáние *n* Aufenthalt *m*, Verweilen *n*
превéнтер *m (Erdöl)* Preventer *m*, Absperrventil *n*
превращáемость *f* Umwandelbarkeit *f*

превраща́ть verwandeln, umwandeln
превраще́ние *n* Umwandlung *f*, Verwandlung *f*
~/аустени́тное *(Wkst)* Austenitumwandlung *f*
~/мартенси́тное *(Wkst)* Martensitumwandlung *f*
~/перли́тное *(Wkst)* Perlitumwandlung *f*
~/полимо́рфное polymorphe Umwandlung *f*
~/структу́рное *(Krist)* Gefügeumwandlung *f*
~/фа́зовое *(Krist)* Phasenumwandlung *f*
~/эвтекто́идное *(Wkst)* eutektoide Umwandlung *f*
превыша́ть übersteigen, übertreffen, überschreiten
превыше́ние *n* Übersteigen *n*, Übertreffen *n*, Überschreiten *n*
прегражда́ть absperren, versperren
прегражде́ние *n* Absperren *n*; Verriegelung *f*
предваре́ние *n* Voreilen *n*, Voreilung *f*; *(Reg)* Vorhalt *m*
предвари́тельный 1. vorläufig, vorherig; 2. Vor..., vor...
предвключённый *(El)* vorgeschaltet
предго́рье *n (Geol)* Vorgebirge *n*
преде́л *m* 1. Grenze *f*; Begrenzung *f*; 2. *(Math)* Grenzwert *m*, Limes *m*; 3. Bereich *m*
~ **выно́сливости** *(Wkst)* Dauerwechselfestigkeit *f*, Dauerschwingfestigkeit *f*
~ **дли́тельной про́чности** *(Wkst)* Dauerstandfestigkeit *f*, Zeitstandfestigkeit *f*
~ **измере́ния** Messbereichsgrenze *f*
~ **ползу́чести** *(Wkst)* Dauerstandfestigkeit *f*, Kriechgrenze *f*
~ **про́чности** *(Wkst)* Bruchfestigkeit *f*, Bruchgrenze *f*; Festigkeitsgrenze *f*
~ **про́чности при изги́бе** *(Wkst)* Biegefestigkeit *f*
~ **про́чности при круче́нии** *(Wkst)* Verdrehfestigkeit *f*, Torsionsfestigkeit *f*
~ **про́чности при разры́ве** *(Text)* Reißfestigkeit *f (Garne)*
~ **про́чности при растяже́нии** *(Wkst)* Zugfestigkeit *f*, Zerreißfestigkeit *f*, Festigkeit *f*
~ **про́чности при сре́зе** *(Wkst)* Scherfestigkeit *f*, Schubfestigkeit *f*
~ **про́чности при сжа́тии** *(Wkst)* Druckfestigkeit *f*
~ **теку́чести** *(Wkst)* Fließgrenze *f*, Fließgrenzspannung *f*, 0,2-Dehngrenze *f*, Nullzwei-Dehngrenze *f*
~ **то́чности** *(Mess)* Genauigkeitsgrenze *f*
~ **упру́гости** *(Mech, Fest)* Elastizitätsgrenze *f*
~ **уста́лости** *(Wkst)* Dauer(schwing)festigkeit *f*
~ **усто́йчивости** *(Mech, Fest)* Stabilitätsgrenze *f*
преде́льный 1. Grenz...; Höchst...; Spitzen..., Gipfel...; 2. *(Math)* Limes...
предка́мера *f* 1. Vorkammer *f (eines Dieselmotors)*; 2. Vorbrennkammer *f (eines Strahltriebwerks)*
предкры́лок *m (Flg)* Vorflügel *m*
предме́т *m* Objekt *n*, Gegenstand *m*
предохране́ние *n* Sicherung *f*, Schutz *m*
предохрани́тель *m* Schutzvorrichtung *f*, Schutz *m*; 2. *(El)* Sicherung *f*
~/безинерцио́нный [быстроде́йствующий] *(El)* flinke [unverzögerte] Sicherung *f*
~/инерцио́нный *(El)* träge [verzögerte] Sicherung *f*
~/пла́вкий *(El)* Schmelzsicherung *f*
~/про́бковый (пла́вкий) Patronen(schmelz)sicherung *f*
~/сетево́й *(El)* Gerätesicherung *f*
предохрани́тельный 1. Schutz..., Sicherheits...; 2. *(El)* Sicherungs...
предпле́чье *n* Unterarm *m (eines Roboters)*
предплу́жник *m (Lw)* Vorschäler *m*, Vorschneider *m (am Pflug)*
предприя́тие *n* Betrieb *m*; Unternehmen *n*
предпроце́ссор *m (Eln)* Vor(verarbeitungs)prozessor *m*
предсказа́ние *n* **пого́ды** Wettervorhersage *f*, Wetterprognose *f*
представле́ние *n (Inf)* Darstellung *f*; Schreibweise *f*
~/алфави́тно-цифрово́е alphanumerische Darstellung *f*
~/ана́логовое Analogdarstellung *f*, analoge Darstellung *f*

~/**внéшнее** externe Darstellung *f*
~/**внýтреннее** interne Darstellung *f*
~/**двои́чное** binäre Darstellung *f*
~/**десяти́чное** dezimale Darstellung *f*
~ **знáний** *(Kyb)* Wissenspräsentation *f*
~ **информáции** Informationsdarstellung *f*
~/**цифровóе** digitale Darstellung *f*
~ **чи́сел** Zahlendarstellung *f*, numerische Darstellung *f*
предупреди́тельный Warn...
предупреждéние *n* 1. Warnung *f*; 2. Vorbeugung *f*, Verhütung *f*; Vermeidung *f*
предусилéние *n (Rf)* Vorverstärkung *f*
предусили́тель *m (Rf)* Vorverstärker *m*
предыскажéние *n (Rf)* Preemphasis *f*, Vorverzerrung *f*
предыскáние *n (Nrt)* Vor(stufen)wahl *f*
предыскáтель *m (Nrt)* Vorwähler *m*, VW *m*
прекращáть beenden, abbrechen, einstellen
преломлéние *n (Opt)* Brechung *f*, Refraktion *f*
~ **волн** Wellenbrechung *f*
~/**двойнóе** doppelte Brechung *f*, Doppelbrechung *f*
~ **звýка** Schallbrechung *f*
~ **свéта** Lichtbrechung *f*
преломля́емость *f (Opt)* Brechungsvermögen *n*, Refraktionsvermögen *n*
преломля́ть *(Opt)* brechen
пренебрежи́мый vernachlässigbar *(z. B. Messfehler)*
преобразовáние *n* 1. Umwandlung *f*, Umformung *f*; 2. *(Math)* Transformation *f*; 3. *(Nrt)* Umsetzung *f*; 4. *(El)* Transformation *f*, Konvertierung *f*, Änderung *f*
~/**анáлого-цифровóе** *(El)* Analog-Digital-Umsetzung *f*, A/D-Umsetzung *f*
~/**аффи́нное** *(Math)* affine Abbildung [Transformation] *f*
~ **дáнных** *(Inf)* Datenumwandlung *f*, Datenkonvertierung *f*
~/**линéйное** *(Math)* lineare Transformation *f*
~ **Лóренца** *(Math)* Lorentz-Transformation *f*
~ **Фурьé** *(Math)* Fourier-Transformation *f*
~/**ци́фро-анáлоговое** *(El)* Digital-Analog-Umsetzung *f*, D/A-Umsetzung *f*
~ **энéргии** Energieumsetzung *f*
преобразовáтель *m* 1. *(El)* Wandler *m*, Umformer *m*, Konverter *m*; 2. *(Nrt)* Übersetzer *m*; 3. *(Nrt)* Umsetzer *m*, Wandler *m*; Kodierer *m*
~/**акусти́ческий** *(Ak)* Schallwandler *m*
~/**анáлого-цифровóй** *(El)* Analog-Digital-Wandler *m*, A/D-Wandler *m*, A/D-Umsetzer *m*, ADU *m*, Digitalisierer *m*, Digitizer *m*
~/**вибрациóнный** *(El)* Zerhackerumformer *m*
~/**измери́тельный** Messwandler *m*, Messumformer *m*
~ **крутя́щего момéнта** Drehmomentwandler *m*
~/**маши́нный** *s.* ~ тока/электромашинный
~/**пневмати́ческий** *(Mess)* pneumatischer Geber *m*
~ **тóка** *(El)* Stromumformer *m*, Stromrichter *m*
~ **тóка/электромаши́нный** *(El)* Maschinenumformer *m*, Elektromaschinenumformer *m*
~/**ци́фро-анáлоговый** *(El)* Digital-Analog-Wandler *m*, D/A-Wandler *m*, Digital-Analog-Umsetzer *m*, D/A-Umsetzer *m*, DAU *m*
~ **частоты́** *(El)* Frequenzwandler *m*, Frequenzumformer *m*; *(TV)* Frequenzumsetzer *m*
~/**электроакусти́ческий** elektroakustischer Wandler *m*
~/**электрóнно-опти́ческий** Bildwandler *m*, elektronenoptischer Wandler *m*
преобразóвывать 1. umgestalten; umwandeln; 2, *(Math)* transformieren; 3. *(El)* umformen; konvertieren; 4. *(Inf)* umsetzen
препарáт *m* Präparat *n*
препаратодержáтель Präparateträger *m*
прерывáние *n* Unterbrechen *n*, Unterbrechung *f*; *(Inf)* Interrupt *m*, Unterbrechung *f*
~/**внéшнее** *(Inf)* externe Unterbrechung *f*
~/**внýтреннее** *(Inf)* interne Unterbrechung *f*

~/**приорите́тное** *(Inf)* Prioritätsunterbrechung *f*, Prioritätsinterrupt *m*
~/**програ́ммное** *(Inf)* Software-Interrupt *m*, Programmunterbrechung *f*
~ **то́ка** *(El)* Stromunterbrechung *f*
прерыва́тель *m (El)* Unterbrecher *m*
прерыва́ть unterbrechen
преры́вистый unterbrochen, aussetzend, intermittierend; unstetig
преры́вность Diskontinuität *f*, Unstetigkeit *f*
пресс *m* Presse *f*
~/**брикетиро́вочный** Brikettierpresse *f*
~/**быстрохо́дный** Schnell(läufer)presse *f*
~/**вертика́льный** stehende Presse *f*
~/**винтово́й** Spindelpresse *f*; Schraubenpresse *f*
~/**выса́дочный** Stauchpresse *f*
~/**вытяжно́й** Ziehpresse *f*
~/**ги́бочный** Biegepresse *f*
~/**гидравли́ческий** hydraulische Presse *f*, Kolbenpresse *f*
~/**горизонта́льный** liegende Presse *f*
~/**горячештампо́вочный** Gesenkschmiedepresse *f*
~/**горя́чий** Warmpresse *f*
~/**двухсто́ечный** Doppelständerpresse *f*
~/**ко́вочно-штампо́вочный** Gesenkschmiedepresse *f*
~/**ко́вочный** Schmiedepresse *f*, Schmiedemaschine *f*; Freiformschmiedepresse *f*
~/**кривоши́пно-коле́нный** Kniehebelpresse *f*
~/**кривоши́пный** Kurbelpresse *f*, Exzenterpresse *f*
~/**кузне́чный** *s.* ~/ковочный
~/**листоги́бочный** Blechbiegepresse *f*; Gesenkbiegepresse *f*
~/**листоштампо́вочный** Stanzpresse *f* *(für dicke Bleche)*
~/**обжимно́й** Stauchpresse *f*
~/**обрезно́й** Abgratpresse *f*, Entgratepresse *f*; Abscherpresse *f*
~/**отборто́вочный** Bördelpresse *f*
~/**пакетиро́вочный** Paketierpresse *f* *(für Schrott)*, Schrottpresse *f*
~/**прави́льный** Richtpresse *f*
~/**протяжно́й** Ziehpresse *f*
~/**прошивно́й** 1. Lochpresse *f*, Perforierpresse *f*; 2. Druckräumpresse *f*, Stoßräumpresse *f*
~/**ручно́й** Handpresse *f*
~/**рыча́жный** Hebelpresse *f*, Kurbelpresse *f*, Kniehebelpresse *f*
~/**трубоволочи́льный** Rohrziehpresse *f*
~/**фрикцио́нный** Reibradpresse *f*, Reibrollenpresse *f*, Friktionspresse *f*
~/**чека́ночный** 1. Prägepresse *f*; 2. Kalibrierpresse *f*
~/**штампо́вочный** 1. Gesenkschmiedepresse *f*; 2. Stanzpresse *f*; 3. Prägepresse *f*
~/**эксце́нтриковый** Exzenterpresse *f*, Kurbelpresse *f*
пресс-автома́т *m* automatische Presse *f*, Pressautomat *m*
пресс-грануля́тор *m (Lw)* Pelletierpresse *f*
пресс-материа́л *m* Pressgut *n*
прессова́льный Press...
прессова́ние *n (Umf)* Pressen *n*
~ **выда́вливанием** *(Umf)* Fließpressen *n*
~/**гидростати́ческое** hydrostatisches Pressen *n*
~/**горя́чее** 1. Strangpressen *n*; 2. Warmfließpressen *n*; 3. *(Kst)* Formpressen *n*, Warmpressen *n*; 4. Sinterpressen *n* *(Pulvermetallurgie)*
~/**литьево́е** *(Kst)* Spritzpressen *n*, Transferpressen *n*
~/**обра́тное** 1. indirektes Strangpressen *n*; 2. Gegenfließpressen *n*
~/**оконча́тельное** Fertigpressen *n*
~/**прямо́е** direktes Strangpressen *n*
~/**трансфе́рное** 1. *(Eln)* Transferverkappung *f*; 2. *s.* ~/литьевое
прессова́ть pressen
пресс-оста́ток *m (Umf)* Pressrest *m*, Blockrest *m*
пресс-подбо́рщик *m (Lw)* Sammelpresse *f*, Aufsammelpresse *f*, Pick-up-Presse *f*
пресс-порошо́к *m* Presspulver *n*
пресс-фо́рма *f* Pressform *f*, Spritzform *f*; Presswerkzeug *n*
прессшпа́н *m* Pressspan *m*
преце́ссия *f (Mech, Astr)* Präzession *f*
~/**регуля́рная** *(Mech)* reguläre Präzession *f* *(des Kreisels)*
прецизио́нный Präzisions..., Fein...
преципита́т *m (Ch)* Niederschlag *m*, Bodenkörper *m*

приближе́ние *n (Math)* Annäherung *f*, Näherung *f*, Approximation *f*
~/**после́довательное** sukzessive Approximation *f*
приближённый angenähert, annähernd, Näherungs..., approximativ
прибо́й *m* 1. *(Hydrol)* Brandung *f (der Wellen)*; 2. *(Text)* Anschlag *m (Webstuhl)*
~ **бата́на** *(Text)* Ladenanschlag *m*
прибо́р *m* Gerät *n*; Instrument *n*; Vorrichtung *f*
~/**астати́ческий** *(Mess)* astatisches Gerät [Instrument] *n*
~/**газоразря́дный** Gasentladungsröhre *f*, Ionengerät *n*
~/**дозиметри́ческий** *(Kern)* Dosismessinstrument *n*, Dosimeter *n*, Kernstrahlungsmessinstrument *n*
~/**зада́ющий** Sollwertgeber *m*, Sollwertsteller *m*
~/**запи́сывающий** Registriergerät *n*, Aufzeichnungsgerät *n*
~/**измери́тельный** Messinstrument *n*, Messgerät *n*
~/**индика́торный** Anzeigegerät *n*, Sichtgerät *n*
~/**индукцио́нный** Induktionsgerät *n*
~/**интегри́рующий** integrierendes Gerät *n*, Integrator *m*
~/**ио́нный** *s.* ~/газоразрядный
~/**испыта́тельный** Prüfgerät *n*, Prüfvorrichtung *f*
~/**кислоро́дный (дыха́тельный)** *(Flg, Raumf)* Sauerstoff(atmungs)gerät *n*
~/**кома́ндный** Befehlsgerät *n*
~/**контро́льно-измери́тельный** Überwachungsmessinstrument *n*, Kontroll- und Überwachungsgerät *n*
~/**контро́льный** Kontrollgerät *n*, Prüfgerät *n*
~/**нагрева́тельный** Heizgerät *n*
~ **ночно́го ви́дения** Nachtsichtgerät *n*
~/**освети́тельный** Beleuchtungsgerät *n*
~/**отопи́тельный** Heizgerät *n*
~/**пока́зывающий** Anzeigeinstrument *n*, Anzeigegerät *n*
~/**полупроводнико́вый** Halbleitergerät *n*
~/**прецизио́нный измери́тельный** Präzisionsmessinstrument *n*, Feinmessinstrument *n*
~/**радиолокацио́нный** Radargerät *n*
~/**регули́рующий** Regelgerät *n*
~ **с заря́довой свя́зью** *(Inf)* ladungsgekoppeltes Bauelement *n*, CCD(Bauelement) *n*
~ **с объёмно-заря́довой свя́зью** *(Inf)* volumengekoppeltes Bauelement *n*, BCCD(-Bauelement) *n*
~/**самопи́шущий** *s.* прибор-самописец
~/**сигна́льный** 1. Signalgerät *n*; 2. Alarmgerät *n*
~/**спектра́льный** Spektralapparat *m*
~/**стре́лочный** Zeigerinstrument *n*
~/**теплопеленга́торный** Wärmepeilgerät *n*
~/**угломе́рный** Winkelmessinstrument *n*
~/**ультразвуково́й** Ultraschallgerät *n*
~/**цифрово́й** digitales Gerät *n*, Digitalgerät *n*
~/**электробытово́й** elektrisches Haushaltsgerät *n*, Elektrohaushaltsgerät *n*
~/**электроизмери́тельный** elektrisches Messinstrument *n*, Elektromessinstrument *n*, Elektromessgerät *n*
~/**электро́нно-лучево́й** Elektronenstrahlgerät *n*
~/**этало́нный** Normalgerät *n*
прибо́рный Geräte..., gerätetechnisch
приборострое́ние *n* Gerätebau *m*, Apparatebau *m*
~/**то́чное** Feingerätebau *m*
при́быль *f* 1. Gewinn *m*; 2. Nutzen *m*, Vorteil *m*; 3. *(Gieß)* Steiger *m*, Speiser *m*; 4. *(Gieß)* Blockkopf *m*, verlorener Kopf *m (Gussblock)*
прибы́тие *n* Ankunft *f*
прива́ривание *n s.* приварка
прива́ривать anschweißen
прива́рка *f* Anschweißen *n*; *(Eln)* Bonden *n*
~ **про́волочных вы́водов** *(Eln)* Drahtbonden *n*
приведе́ние *n* 1. Zurückführung *f*, Reduzierung *f*; 2. Überführung *f (in einen anderen Zustand)*; 3. *(Math)* Reduktion *f*
приведённый reduziert
приви́нчивать anschrauben
при́вод *m* Antrieb *m*
~/**автоно́мный** Eigenantrieb *m*; Einzelantrieb *m*

~/**бесступенчатый** stufenloser [stufenlos stellbarer] Antrieb *m*
~/**винтовой** Schraubantrieb *m*, Spindelantrieb *m*
~/**вспомогательный** Hilfsantrieb *m*
~/**газотурбинный** Gasturbinenantrieb *m*
~/**гидравлический** Hydraulikantrieb *m*, hydraulischer Antrieb *m*
~/**групповой** 1. *(Wkzm)* Gruppenantrieb *m*; 2. Mehrachsantrieb *m*
~/**дизель-электрический** dieselelektrischer Antrieb *m*
~ **заднего моста** *(Kfz)* Hinterachsantrieb *m*
~/**индивидуальный** Einzelantrieb *m*
~/**исполнительный** *(Reg)* Stellantrieb *m*
~/**карданный** *(Kfz)* Kardan(wellen)antrieb *m*
~/**коленно-рычажный** Kniehebelantrieb *m (einer Presse)*
~/**комбинированный** Hybridantrieb *m*
~/**кулачковый** Nocken(an)trieb *m*
~ **на все колёса** *(Kfz)* Allradantrieb *m*
~ **на задние колёса** *(Kfz)* Hinterradantrieb *m*
~ **на передние колёса** *(Kfz)* Frontantrieb *m*, Vorderradantrieb *m*
~/**пневматический** pneumatischer Antrieb *m*, Pneumatikantrieb *m*, Druckluftantrieb *m*
~ **позиционирования** Positionierantrieb *m*
~/**реечный** Zahnstangenantrieb *m*
~/**рулевой** 1. *(Kfz)* Lenkantrieb *m*; 2. *(Schiff)* Ruderantrieb *m*
~/**ручной** Handantrieb *m*, manueller Antrieb *m*
~/**следящий** Folgeantrieb *m*
~/**фрикционный** reibschlüssiger Antrieb *m*, Reibantrieb *m*
~/**эксцентриковый** Exzenterantrieb *m*
~/**электрический** elektrischer Antrieb *m*, Elektroantrieb *m*
приводить 1. antreiben; 2. versetzen *(in einen anderen Zustand)*; 3. *(Math)* reduzieren
приводка *f (Typ)* Passer *m*, Register *n*
приводнение *n (Flg)* Wasserung *f*
приводной Antriebs..., Getriebe...
приводняться *(Flg)* wassern
привязка *f* 1. Anpassung *f*; 2. *(Geod)* Anschluss *m*
привязывать anbinden, anknoten, anknüpfen
пригар *m* 1. *(Met)* Zubrand *m*; 2. *(Gieß)* Festbrennen *n*; Ansinterung *f*
пригодность *f* Eignung *f*, Tauglichkeit *f*
пригодный geeignet, tauglich
пригонка *f* 1. *(Fert)* Anpassen *n*, Einpassen *n*, Passen *n*; 2. *(Typ)* Ausrichten *n (der Form)*; 3. *(Wlz)* Nachstellen *n (der Walzen)*
пригорание *n* Anbrennen *n*
пригорать anbrennen
приготовление *n* 1. Zubereitung *f*, Aufbereitung *f*; 2. Vorbereitung *f*
приготовлять 1. zubereiten, aufbereiten; 2. vorbereiten
приём *m* 1. Aufnahme *f*; 2. *(El, Rf)* Empfang *m*; Funkempfang *m*; Rundfunkempfang *m*; 3. Verfahren *n*, Methode *f*
приёмистость *f (Masch)* Beschleunigungsverhalten *n*, Beschleunigungsvermögen *n*
приёмка *f* Abnahme *f*, Übernahme *f*
приёмник *m* 1. *(Nrt, TV, Rf)* Empfänger *m*, Empfangsgerät *n*; Funkempfänger *m*, Funkempfangsgerät *n*; Rundfunkempfänger *m*, Rundfunkempfangsgerät *n*, Radiogerät *n*, Radio *n (s. a. unter* радиоприёмник*)*; 2. Auffänger *m*, Aufnahmegefäß *n*, Rezipient *m*; 3. *(El)* Abnehmer *m (von Energie)*; 4. Abnehmeranlage *f*; 5. *(Met)* Vorherd *m*
~/**батарейный** *(Rf)* Batterieempfänger *m*
~/**всеволновый** *(Rf)* Allwellenempfänger *m*
~ **данных** Datenempfänger *m*
~/**детекторный** *(Rf)* Detektorempfänger *m*
~/**длинноволновый** *(Rf)* Langwellenempfänger *m*, LW-Empfänger *m*
~ **излучения** Strahlungsempfänger *m*
~/**коротковолновый** *(Rf)* Kurzwellenempfänger *m*, KW-Empfänger *m*
~ **на транзисторах** *(Rf)* Transistorempfänger *m*
~/**однополосный** *(Rf)* Einseitenbandempfänger *m*, ESB-Empfänger *m*
~/**поисковый** *(Rf)* Suchlaufempfänger *m*

~/**радиовеща́тельный** Rundfunkempfänger *m*, Rundfunkempfangsgerät *n*, Radiogerät *n*, Radio *n*
~/**радиолокацио́нный** Radarempfänger *m*
~ **свя́зи** Nachrichtenempfänger *m*
~/**среднево́лновый** *(Rf)* Mittelwellenempfänger *m*, MW-Empfänger *m*
~/**телевизио́нный** Fernsehempfänger *m*, Fernsehempfangsgerät *n*, Fernseher *m (s. a. unter* телевизор*)*
~/**транзи́сторный** *s.* ~ на транзисторах
~/**ультракоротково́лновый** *(Rf)* Ultrakurzwellenempfänger *m*, UKW-Empfänger *m*
~/**фототелегра́фный** Bildfunkempfänger *m*, Bildfunkempfangsgerät *n*, Bildfunkgerät *n*
приёмный Empfangs...
приёмопереда́тчик *m* Sende-Empfangs-Gerät *n*, SE-Gerät *n*, Sprechfunkgerät *n*, Transceiver *m*
~/**магистра́льный [ши́нный]** *(Inf)* Bustransceiver *m*
прижи́м *m* 1. Andrücken *n*, Andruck *m*, Anpressen *n*; Festspannen *n*; 2. Drücker *m*, Andrücker *m*, Andrückvorrichtung *f*; Niederhalter *m*
прижима́ть 1. andrücken, anpressen; festspannen; 2. niederdrücken, niederhalten
приземле́ние *n (Flg)* Landen *n*, Landung *f (s. a. unter* посадка 3.*)*
приземля́ться *(Flg)* landen
при́зма *f* 1. *(Math, Opt, Krist)* Prisma *n*; 2. Schneide *f (der Waage)*
~ **Нико́ля** *(Opt)* nicolsches Prisma *n*, Nicol *n*
~/**отража́тельная** *(Opt)* Reflexionsprisma *n*, Spiegelprisma *n*
~/**поляризацио́нная** *(Opt)* Polarisationsprisma *n*
~/**трёхгра́нная** *(Opt)* dreiflächiges Prisma *n*, Dreikantprisma *n*
~/**устано́вочная** *(Wkzm)* Aufnahmeprisma *n*, Spannprisma *n (zum Einspannen runder Werkstücke)*
призмати́ческий prismatisch
призмато́ид *m (Math)* Prismatoid *n*
при́зменный Prismen...
при́знак *m* 1. Kennzeichen *n*, Merkmal *n*; 2. *(Math)* Kriterium *n*; 3. *s.* флаг 2.
~ **зна́ка** *(Inf)* Vorzeichenbit *n*, Vorzeichenflag *n*
~ **переполне́ния** *(Inf)* Überlaufflag *n*
~/**поиско́вый** *(Inf)* Suchbegriff *m*
~ **сходи́мости** *(Math)* Konvergenzkriterium *n*
~ **цве́та** Farbmerkmal *n*
при́знаки *pl (Geol)* Anzeichen *npl (für Gas, Erdöl usw.)*
прика́з *m* Befehl *m*, Kommando *n*
прикладно́й angewandt
прикле́ивать anleimen, ankleben
прикрепля́ть anheften
прилага́ть 1. beilegen; 2. anlegen
прилега́ние *n* Anlage *f*, Anliegen *n*; Anschmiegung *f*, Anlage *f*
~/**пло́тное** *(Fert)* satte Anlage *f*
прили́в *m* Anguss *m*, Nase *f (an Maschinenteilen)*
прили́вы *mpl* Gezeiten *pl*
~/**атмосфе́рные** Gezeiten *pl* der Atmosphäre
~/**земны́е** Erdgezeiten *pl*
~/**лу́нные** Mondgezeiten *pl*
~/**морски́е** Gezeiten *pl* des Meeres, Ebbe *f* und Flut *f*, Tiden *fpl*
прилипа́емость *f* Haftfähigkeit *f*, Haftvermögen *n*
прилипа́ние *n* 1. Anhaften *n*, Haften *n*, Festkleben *n*; 2. Anbacken *n (z. B. von Formstoff)*
приложе́ние *n* 1. Beilage *f*, Anlage *f*; 2. *(El)* Anlegen *n*, Aufprägen *n (einer Spannung)*
~ **си́лы** Angreifen *n* einer Kraft; Anlegen [Ansetzen] *n* einer Kraft
примене́ние *n* Verwendung *f*, Anwendung *f* • **с примене́нием ЭВМ** computergestützt, rechnergestützt
применя́ть verwenden, anwenden
при́месь *f* 1. Beimengung *f*, Beimischung *f*, Zusatz *m*; 2. Fremdbestandteil *m*, Fremdstoff *m*; Verunreinigung *f*; 3. *(Halbl)* Störstelle *f*
~/**акце́пторная** *(Halbl)* Akzeptorstörstelle *f*, Akzeptordotierung *f*
~ **внедре́ния** *(Halbl)* Fremdstörstelle *f*, interstitielle Störstelle *f*
~/**вре́дная** *(Met)* schädliche Beimengung *f*

~/**до́норная** *(Halbl)* Donatorstörstelle *f*, Donatorverunreinigung *f*
~ **замеще́ния** *(Halbl)* Substitutionsstörstelle *f*, substitutionelle Störstelle *f*
~/**леги́рующая** 1. *(Met)* Legierungszusatz *m*; Legierungselement *n*; 2. *(Halbl)* Dotierungsbeimischung *f*
~/**побо́чная** Nebenbestandteil *m*
приме́шивание *n* Beimischen *n*, Beimengen *n*
приме́шивать beimischen, beimengen
примыка́ние *n* Anschluss *m*
~ **пути́** *(Eb)* Gleisanschluss *m*
примыка́ть anschließen
принадле́жность *f* 1. Zugehörigkeit *f*; 2. Zubehör *n*, Ausrüstung *f*
принима́ть 1. empfangen, in Empfang nehmen, entgegennehmen; 2. abnehmen; 3. *(Math)* annehmen, voraussetzen
при́нтер *m s.* устройство/печатающее
принуди́тельный zwangsläufig, Zwangs...
при́нцип *m* Prinzip *n*, Grundsatz *m*
~ **агрегати́рования** *(Masch)* Baukastenprinzip *n*
~ **«веду́щий-ведо́мый»** *(Inf)* Master-Slave-Prinzip *n*
~ **взаи́мности** *(Math)* Reziprozitätsprinzip *n*
~ **де́йствия** Wirkungsweise *f*, Funktionsprinzip *n*; *(Mech)* Wirkungsprinzip *n*, Aktionsprinzip *n*
~/**мо́дульный** *(Masch)* Baukastenprinzip *n*, Bausteinprinzip *n*
~ **неопределённости** *(Ph)* (heisenbergsches) Unbestimmtheitsprinzip *n*
~ **относи́тельности** *(Ph)* Relativitätsprinzip *n*
~ **Па́ули** *(Ph)* Pauli-Prinzip *n*, (paulisches) Ausschließungsprinzip *n*
~ **переключе́ния** *(El)* Schalt(ungs)-prinzip *n*
~ **подо́бия** *(Math)* Ähnlichkeitsprinzip *n*
~ **построе́ния/агрега́тный [бло́чный, мо́дульный]** Baukastensystem *n*, Baukastenprinzip *n*, Modulbauweise *f*
~ **противото́ка** *(Wmt)* Gegenstromprinzip *n*
~ **прямото́ка** *(Wmt)* Gleichstromprinzip *n*

приобрете́ние *n* **зна́ний** *(Kyb)* Wissenserwerb *m*
приорите́т *m* Priorität *f*, Vorrang *m* • **с (определённым) приорите́том** *(Inf)* priorisiert
~ **зада́ния** *(Inf)* Jobpriorität *f*
~ **о́череди** *(Inf)* Warteschlangenpriorität *f*
~ **прерыва́ния** *(Inf)* Interruptpriorität *f*, Unterbrechungspriorität *f*
приосево́й achsennah
припа́ивание *n* Anlöten *n*
припа́ивать anlöten
припа́й *m (Hydrol)* Festeis *n*, Küstenfesteis *n*
припасо́вка *f (Fert)* Passen *n*
припасо́вывать *(Fert)* anpassen
припека́ние *n* Anbacken *n*, Festbacken *n*; Anfritten *n*, Ansintern *n*
приповерхностный oberflächennah, Oberflächen...
припо́й *m (Schw)* Lot *n*
~/**высокопро́чный [высокотемпера́турный]** Hartlot *n*
~/**легкопла́вкий [низкотемперату́рный]** Weichlot *n*
~/**оловя́нный** Zinnlot *n*, Lötzinn *n*
припра́вка *f (Typ)* Zurichten *n*, Zurichtung *f*
приправля́ть *(Typ)* zurichten
при́пуск *m (Fert)* Zugabe *f*, Aufmaß *n*
~ **на обрабо́тку** Bearbeitungszugabe *f*, Bearbeitungsaufmaß *n*
припы́л *m (Gieß)* Puder *m*, Formpuder *m*
припы́ливание *n (Gieß)* Einstäuben *n*, Einpudern *n (von Formen)*
прираба́тываться *(Masch)* sich einlaufen *(z. B. Wellen, Zahnräder)*
прирабо́тка *f* Einlaufen *n*, Einlaufenlassen *n (einer Maschine)*
прираще́ние *n* 1. Anwachsen *n*, Zunehmen *n*, Zunahme *f*, Zuwachs *m*, Anstieg *m*; 2. *(Math, Inf)* Inkrement *n* • **по прираще́ниям** inkremental
прижаве́ть anrosten, festrosten
приро́дный natürlich, Natur...
приро́ст *m* Zunahme *f*, Zuwachs *m*; Anstieg *m (z. B. von Druck, Temperatur)*
приса́дка *f* 1. Zuschlag *m*, Zusatz *m*, Zusatzstoff *m*; 2. Zugeben *n*, Zusetzen *n*; *(Gieß)* Legieren *n*

~/**антидетонационная** Antiklopfmittel *n (für Kraftstoffe)*
~/**антикоррозийная** Korrosionsinhibitor *m*
~/**депрессорная** Stockpunkterniedriger *m (von Öl)*
присваивание *n (Inf)* Zuweisung *f*, Zuordnung *f*
присоединение *n* 1. Anschluss *m*, Zuordnung *f*; 2. *(Ch)* Anlagerung *f*, Addition *f*; 3. *(Math)* Adjunktion *f*; 4. *(El)* Anschließen *n*, Anschalten *n*; 5. *(Eln)* Bonden *n*; 6. *(Inf)* Verkettung *f*, Verknüpfung *f*
~ **кристаллов** *(Eln)* Chipbonden *n*
~ **проволочных выводов** *(Eln)* Drahtbonden *n*
присоединять 1. anschließen, zuordnen; 2. *(Ch)* anlagern, addieren; 3. *(El)* anschließen, anschalten; 4. *(Eln)* bonden *(Chips)*
присос *m* 1. Ansaugen *n*; 2. Sauger *m*, Saugdüse *f*
приспосабливать 1. anpassen; 2. herrichten, vorrichten; einrichten
приспособление *n* 1. Anpassung *f*; 2. Vorrichtung *f*, Einrichtung *f*, Gerät *n (s. a. unter* аппарат, механизм, прибор, устройство*)*; 3. *(Opt)* Anpassung *f*, Adaptation *f*; 4. *(Reg)* Adaption *f*
~/**грузозахватное** Lastaufnahmevorrichtung *f*, Lastaufnahmemittel *n*
~/**защитное** Schutzvorrichtung *f*
приспособляемость *f* Anpassungsfähigkeit *f*, Anpassbarkeit *f*
приставка *f* 1. Zusatz *m*, Zusatzeinrichtung *f*; 2. Zusatzgerät *n*, Hilfsgerät *n*, Vorsatzgerät *n*
пристань *f* Anlegestelle *f*, Anlegeplatz *m (Flussschifffahrt)*
пристройка *f (Bw)* Anbau *m*
присучивание *n (Text)* Anknüpfen *n*, Andrehen *n*
притир *m (Wkz)* Läppdorn *m*; Läppwerkzeug *n*
притирать *(Fert)* 1. passläppen; 2. einschleifen *(Ventile)*
притирка *f (Fert)* 1. Passläppen *n*; 2. Einschleifen *n (von Ventilen)*
приток *m* 1. Zufluss *m (von Wasser)*; Zufuhr *f (von Luft, Wärme)*; 2. *(Hydrol)* Nebenfluss *m*
притупляться stumpf werden, abstumpfen
притягивать anziehen
притяжение *n (Ph)* Anziehung *f*, Attraktion *f*
~/**земное** *(Geoph)* Erdanziehung *f*
прихват *m (Wkz)* Spanneisen *n*
~/**Г-образный** Hakenspanneisen *n*, Spannhaken *m*
~/**плоский** flaches Spanneisen *n*
~/**шарнирный** Gelenkspanneisen *n*
прихватка *f (Schw)* Heften *n*
приходить ankommen
приходящий ankommend
прицел *m* Visier *n*
прицеливание *n* Zielen *n*
прицеп *m (Kfz)* Anhänger *m*
~/**автомобильный** Lastwagenanhänger *m*, LKW-Anhänger *m*
~/**большегрузный низкорамный** *s.* ~/низкорамный
~/**жилой** Campingwagen *m*, Campinganhänger *m*
~/**многоосный** Mehrachsanhänger *m*
~/**низкорамный** Tiefladeanhänger *m*, Tieflader *m*
~/**одноосный** Einachsanhänger *m*
прицеплять anhängen; ankuppeln
прицепной Anhänge...; gezogen
прицеп-самосвал *m* Kippanhänger *m*
прицеп-тяжеловоз *m* Tiefladeanhänger *m*, Tieflader *m*, Schwerlastanhänger *m*
причал *m (Schiff)* Anlegestelle *f*, Anlegeplatz *m*, Liegeplatz *m*
~/**грузовой** Lade- und Löschliegeplatz *m*
~/**пассажирский** Anlegeplatz *m* für den Personenverkehr
~/**плавучий** schwimmende Anlegestelle *f*
причаливание *n* Anlegen *n (von Schiffen)*
причальный *(Schiff)* Anlege...
приямок *m (Bw)* 1. Grube *f*, Vertiefung *f*; 2. Lichtschacht *m (eines Kellerfensters)*
проба *f* 1. Probe *f*, Probestück *n*, Probekörper *m*, Prüfling *m*; 2. Prüfung *f*, Untersuchung *f*, Test *m*, Probe *f (s. a. unter* испытание*)*; 3. *(Mess)* Feingehalt *m (von Edelmetallen)*

~/**ка́пельная** *(Ch)* Tüpfelprobe *f*
~/**ковшо́вая** *(Gieß)* Pfannenprobe *f*, Löffelprobe *f*
~ **тормозо́в** *(Kfz, Eb)* Bremsprobe *f*
пробе́г *m* 1. Lauf *m*; 2. *(Eb)* Lauf *m*, Laufleistung *f*; 3. *(Kern)* Weglänge *f (eines Teilchens)*; 4. *(Flg)* Ausrollen *n (nach dem Aufsetzen)*
~/**свобо́дный** *(Kern)* freie Weglänge *f*
пробе́л *m* 1. Lücke *f*, Zwischenraum *m*; 2. Leerzeichen *n*, Leerstelle *f*; 3. *(Typ)* Durchschuss *m*
пробива́емость *f (Mech)* Durchschlagskraft *f*, Durchschlagsleistung *f (eines Geschosses)*
пробива́ние *n s.* пробивка 1.; 2.
проби́вка *f* 1. Durchschlagen *n*, Durchstoßen *n*; 2. Lochen *n*, Durchlochen *n*; 3. Perforation *f*, Perforationsloch *n (des Films)*
проби́рка *f (Ch)* Reagenzglas *n*
про́бка *f* 1. Kork *m*, Korkrinde *f*; 2. Korken *m*; Pfropfen *m*, Stopfen *m*, Stöpsel *m*; 3. *(El)* Stöpselsicherung *f*, Patronensicherung *f*; 4. *(Wlz)* Dorn *m*, Lochdorn *m*; 5. *(Wlz)* Stopfen *m*, Walzdorn *m (Rohrwalzen)*; 6. *(Wkz)* Räumwerkzeug *n*; 7. *(Met)* Stopfen *m (am Schmelzofen)*; 8. *(Gieß)* Stopfen *m*, Pfropfen *m (der Gießpfanne)*; 9. Küken *n*, Hahnküken *n (Armaturen)*
~/**глуха́я** Verschlussstopfen *m*
~/**запра́вочная** *(Kfz)* Tankverschluss *m*
~/**кали́берная** Rachenlehre *f*
~/**преде́льная (кали́берная)** Grenzlehrdorn *m*
~/**прохо́дная (кали́берная)** Gutlehrdorn *m*
~/**резьбова́я** Gewindestopfen *m*; Verschlussschraube *f*, Verschraubung *f*
~/**тра́нспортная** *(Kfz)* Stau *m*, Verkehrsstau *m*
пробкообразова́ние *n* Pfropfenbildung *f*
пробле́ма *f* Problem *n*; Aufgabe *f*
~/**краева́я** *(Math)* Randwertproblem *n*
~ **трёх тел** *(Mech)* Dreikörperproblem *n*
пробле́мно-ориенти́рованный *(Inf)* joborientiert, problemorientiert *(Programm)*
про́бник *m* 1. *s.* пробоотборник; 2. Tastkopf *m*, Tastorgan *n*
про́бный Probe...
пробо́ина *f* 1. Durchschuss *m*; 2. *(Schiff)* Leck *n*
пробо́й *m (El)* Durchschlag *m*, Durchbruch *m*; Überschlag *m*
~ **изоля́ции** *(El)* Isolationsdurchschlag *m*
~/**лави́нный** *(Halbl)* Lawinendurchbruch *m*, Avalanchedurchbruch *m*
~ **носи́телей (заря́да)** *(Halbl)* Ladungsträgerdurchbruch *m*
пробо́йник *m (Schm)* Lochdorn *m*, Locheisen *n*
пробоотбо́рник *m* Probenehmer *m*, Entnahmegerät *n (für Proben)*
пробо́рка *f (Text)* Einziehen *n*, Einzug *m (Weberei)*
пробуксо́вка *f* Rutschen *n (der Kupplung)*
прова́л *m* 1. Einsturz *m*; 2. Zusammenbruch *m*; 3. Einbruch *m*, Loch *n*; 4. *s.* воро́нка/прова́льная; 5. *(Geol)* Erdfall *m*; 6. *(Gieß)* Bruch *m (der Kerne)*, Kernbruch *m*
прова́р *m (Schw)* Einbrand *m*
проведе́ние *n* 1. Ausführung *f (einer Arbeit)*; 2. *(El)* Leiten *n (Strom)*; 3. *(Bgb)* Auffahren *n*, Vortreiben *n*, Vortrieb *m*
прове́ренный geprüft, kontrolliert
прове́рка *f* Prüfung *f*, Test *m*, Kontrolle *f*, Überprüfung *f*, Revision *f*
~ **на достове́рность [значи́мость]** *(Inf)* Gültigkeitsprüfung *f*
~ **на чётность** *(Inf)* Paritätskontrolle *f*, Paritätsprüfung *f*
~ **програ́ммы** *(Inf)* Programmtest *m*
прове́рочный Prüf...
проверя́ть prüfen, testen, kontrollieren, überprüfen
прове́с *m* 1. Durchhang *m (von Förderbändern, Freileitungen)*
прове́тривание *n* 1. Lüften *n*, Durchlüftung *f*, Belüftung *f*, Belüften *n*, Ventilation *f*; 2. *(Bgb)* Bewetterung *f*, Wetterführung *f*
прове́шивание *n (Geod)* Abstecken *n (z. B. eine Trasse)*
провиса́ние *n* Durchhängen *n*
провиса́ть durchhängen
про́вод *m* 1. *(El)* Leiter *m*, Draht *m (als Schaltelement)*; 2. *(El, Nrt)* Leitung *f*,

Draht *m (als Übertragungsweg)*; 3. *(Eln)* Leiter *m*, Leiterbahn *f*
~/**возду́шный** Freileitungsdraht *m*
~/**заземля́ющий** Erd(ungs)leiter *m*
~/**конта́ктный** Fahrdraht *m*; Fahrleitung *f*
~/**лине́йный** Leitungsdraht *m*
~/**нулево́й** Nullleiter *m*
~/**устано́вочный** Installationsleitung *f*
~/**экрани́рованный** abgeschirmte Leitung *f*
проводи́мость *f (El)* 1. Leitwert *m*; 2. Leitfähigkeit *f*, Leitvermögen *n* • **с ды́рочной проводи́мостью** *(Eln)* P-leitend • **с электро́нной проводи́мостью** *(Eln)* N-leitend
~/**акти́вная** Konduktanz *f*, Wirkleitwert *m*
~/**ды́рочная** *(Halbl)* P-Leitung *f*, P-Leitfähigkeit *f*, Defektelektronenleitfähigkeit *f*
~/**избы́точная** *s.* ~/электронная
~/**магни́тная** magnetischer Leitwert *m*
~/**по́лная** Scheinleitwert *m*, Admittanz *f*
~/**преде́льная** Grenzleitwert *m*
~/**при́месная** *(Halbl)* Störstellenleitung *f*, Extrinsic-Leitfähigkeit *f*
~/**реакти́вная** *(El)* Blindleitwert *m*
~/**со́бственная** *(Halbl)* Eigenleitung *f*, Eigenleitfähigkeit *f*, Intrinsic-Leitfähigkeit *f*, I-Leitfähigkeit *f*
~/**теплова́я** Wärmeleitfähigkeit *f*
~/**уде́льная** spezifische Leitfähigkeit *f*; spezifischer Leitwert *m*
~/**электри́ческая** elektrische Leitfähigkeit *f*; elektrischer Leitwert *m*
~/**электро́нная** *(Halbl)* N-Leitung *f*, N-Leitfähigkeit *f*, Elektronenleitfähigkeit *f*
проводи́ть 1. durchführen, ausführen; 2. bauen, anlegen *(Straßen)*; legen *(Wasserleitung, elektrische Leitung)*; 3. *(El)* leiten
прово́дка *f* 1. Bauen *n*, Anlegen *n (von Straßen)*; Verlegen *n (von Kabeln)*; 2. *(El)* Leitung *f*, Leitungsanlage *f*
~/**откры́тая** *s.* ~ по штукатуре
~ **по штукату́ре** *(El)* Aufputzinstallation *f*, Aufputzleitung *f*
~/**скры́тая** *(El)* Unterputzinstallation *f*, Unterputzleitung *f*
проводни́к *m (El)* Leiter *m*, *(Eln auch:)* Leiterbahn *f*, Leiterzug *m*
~/**отрица́тельный** *(El)* Minusleiter *m*
~/**печа́тный** *(Eln)* (gedruckte) Leiterbahn *f*, (gedruckter) Leiterzug *m*
~/**положи́тельный** *(El)* Plusleiter *m*
проводно́й *(El)* leitungsgebunden, Leitungs...
проводя́щий *(El)* leitend, leitfähig
про́волока *f* Draht *m*
~/**армату́рная** *(Bw)* Bewehrungsdraht *m*
~/**горячетя́нутая** warm gezogener Draht *m*
~/**холоднотя́нутая** kalt gezogener Draht *m*
про́волочный Draht...
прога́р *m* Durchschmelzen *n*
проги́б *m (Fest)* Durchbiegung *f*
~/**краево́й [передово́й]** *(Geol)* Saumtiefe *f*, Randsenke *f*
прогиба́ть durchbiegen, durchfedern
прогно́з *m* Prognose *f*, Vorhersage *f*
~/**долгосро́чный** Langzeitprognose *f*, langfristige Vorhersage *f*
~ **землетрясе́ний** *(Geol)* Bebenprognose *f*, Erdbebenprognose *f*
~ **пого́ды** Wettervorhersage *f*
~ **пого́ды/долгосро́чный** langfristige Wettervorhersage *f*
~ **пого́ды/краткосро́чный** kurzfristige Wettervorhersage *f*
прогнози́рование *n* Prognostizieren *n*, Vorhersagen *n*
~ **надёжности** Zuverlässigkeitsvorhersage *f*
~ **отка́зов** Ausfallvorhersage *f*
прого́н *m* 1. *(Bw)* Unterzug *m*, Träger *m*, Pfette *f*; 2. *(Inf)* Vorschub *m (Drucker)*; 3. *(Inf)* Durchlauf *m (Programme)*; 4. *(Bgb)* Läufer *m (Ausbau)*
~ **програ́ммы** *(Inf)* Programmdurchlauf *m*
програ́мма *f (Inf)* Programm *n*
~/**автоно́мная** unabhängiges [autonomes] Programm *n*
~/**автоно́мная се́рвисная** *s.* утилита
~/**библиоте́чная** Bibliotheksprogramm *n*
~ **в реа́льном масшта́бе вре́мени** Echtzeitprogramm *n*
~ **вво́да** Eingabeprogramm *n*
~ **вво́да-вы́вода** Eingabe-Ausgabe-Programm *n*, E/A-Programm *n*

~/**вспомога́тельная** Hilfsprogramm *n*, Tool *n*
~/**вызыва́ющая** aufrufendes Programm *n*
~/**генери́рующая** *s.* программа-генератор
~/**гла́вная** Hauptprogramm *n*, Grundprogramm *n*
~/**диагности́ческая** Diagnoseprogramm *n*
~/**загру́зочная** Ladeprogramm *n*, Lader *m*
~ **инсталля́ции** Installationsprogramm *n*
~/**интерпрети́рующая** interpretierendes Programm *n*, Interpretierprogramm *n*, Interpreter *m*
~/**исполни́тельная** ausführendes Programm *n*, Ausführungsprogramm *n*
~ **исправле́ния оши́бок** Fehlerkorrekturprogramm *n*
~/**испыта́тельная** *s.* ~ контроля
~/**исхо́дняя** Quellprogramm *n*, Ursprungsprogramm *n*
~/**компили́рующая** Compilerprogramm *n*, kompilierendes Programm *n*, Compiler *m*
~/**компону́ющая** *s.* программа-ассемблер
~/**контро́льная** *s.* ~ контроля
~ **контро́ля** Kontrollprogramm *n*
~/**косми́ческая** Raumfahrtprogramm *n*
~/**маши́нная** Maschinenprogramm *n*
~ **нача́льного пу́ска** Startprogramm *n*, Startroutine *f*
~ **обме́на фа́йлами** Dateiaustauschprogramm *n*
~ **обнаруже́ния оши́бок** Fehlererkennungsprogramm *n*
~ **обрабо́тки (да́нных)** Verarbeitungsprogramm *n*; Textverarbeitungsprogramm *n*, Textprozessor *m*
~ **обслу́живания** 1. Bedienungsprogramm *n*; 2. *s.* утилита
~/**основна́я** *s.* ~/главная
~/**отла́дочная** Austestprogramm *n*, Fehlersuchprogramm *n*; Fehlerbeseitigungsprogramm *n*, Debugger *m*
~ **по́иска** Suchprogramm *n*, Suchroutine *f*
~/**по́льзовательская** Nutzerprogramm *n*, Anwenderprogramm *n*
~/**прерыва́юшая** Interruptprogramm *n*
~/**прикладна́я** Anwendungsprogramm *n*
~/**рабо́чая** Arbeitsprogramm *n*
~/**редакти́рующая** Editor *m*, Edit(ier)-programm *n*, Aufbereitungsroutine *f*
~/**резиде́нтная** residentes Programm *n*, Residenzprogramm *n*
~ **саморазгру́зки** Bootstraplader *m*, Urlader *m*
~/**се́рвисная** *s.* утилита
~ **скани́рования** Durchmusterungsroutine *f*, Prüfprogramm *n*
~/**служе́бная** *s.* утилита
~ **сортиро́вки** Sortierprogramm *n*
~/**станда́ртная** Standardprogramm *n*
~/**те́стовая** Prüfprogramm *n*
~/**трансли́рующая** Übersetzungsprogramm *n*, Compiler *m*, Translatorprogramm *n*, Translator *m*
~/**управля́ющая** Steuerprogramm *n*
~/**цикли́ческая** zyklisches Programm *n*
~/**эвристи́ческая** heuristisches Programm *n*
програ́мма-ассе́мблер *f (Inf)* Assembler *m*, Assemblerprogramm *n*, Assemblierer *m*
програ́мма-генера́тор *f (Inf)* Generatorprogramm *m*, Generator *m*, generierendes [programmerzeugendes] Programm *n*
програ́мма-диспе́тчер *f (Inf)* Dispatcherprogramm *n*
програ́мма-загру́зчик *f (Inf)* Ladeprogramm *n*, Lader *m*
програ́мма-компиля́тор *f s.* программа/компилирующая
програ́мма-монито́р *f s.* программа контроля
програ́мма-отла́дчик *f s.* программа/отладочная
програ́мма-реда́ктор *f s.* программа/редактирующая
програ́мма-суперви́зор *f s.* супервизор
программа́тор *m* Programmer *m*, Programmiergerät *n*
програ́мма-трансля́тор *f s.* программа/транслирующая
программи́рование *n (Inf)* Programmieren *n*, Programmierung *f*
~/**автомати́ческое** automatische Programmierung *f*, Selbstprogrammierung *f*

~/**а́дресное** Adressenprogrammierung *f*
~/**ассоциати́вное** assoziative Programmierung *f*
~/**беза́дресное** adressenfreie Programmierung *f*
~ **в режи́ме обуче́ния** Lernprogrammierung *f*, Teach-in-Programmierung *f*
~/**вы́пуклое** konvexe Programmierung *f*
~/**динами́ческое** dynamische Programmierung *f*
~/**лине́йное** lineare Programmierung *f*, Linearprogrammierung *f*
~/**ма́сочное** Maskenprogrammierung *f*
~/**нелине́йное** nicht lineare Programmierung *f*
~/**ручно́е** manuelle Programmierung *f*
~/**структу́рное** strukturierte Programmierung *f*
программи́ровать *(Inf)* programmieren
программи́руемость *f (Inf)* Programmierbarkeit *f*
программи́руемый *(Inf)* programmierbar
~ **выводами** pinprogrammierbar
~/**ги́бко** flexibel programmierbar, frei programmierbar
~/**жёстко** fest programmierbar
~ **ма́сками** maskenprogrammierbar
~ **по́льзователем** anwenderprogrammierbar
~/**свобо́дно** frei programmierbar
программи́рующий *(Inf)* Programm(ier)...
програ́ммно-ориенти́рованный *(Inf)* software-orientiert
програ́ммно-совмести́мый *(Inf)* programmkompatibel
програ́ммно-управля́емый *(Inf)* programmgesteuert
програ́ммный *(Inf)* Programm...
прогре́в *m* Durchwärmen *n*, Durchwärmung *f*, Anwärmen *n*,Erwärmen *n*; *(Kfz)* Warmlaufen *n (des Motors)*
прогрева́ние *n s.* прогрев
прогрева́ть durchwärmen; anwärmen
прогресси́вный progressiv, fortschrittlich
прогре́ссия *f (Math)* Reihe *f*
~/**арифмети́ческая** arithmetische Reihe *f*
~/**геометри́ческая** geometrische Reihe *f*

прода́вливание *n* Durchpressen *n*, Durchdrücken *n*
продвиже́ние *n* Vorwärtsbewegung *f*, Vorschub *m*, Transport *m*
продолжи́тельность *f* Dauer *f*, Zeit *f*
продо́льный Längs..., Lang..., longitudinal
продува́ние *n s.* продувка
продува́ть 1. durchblasen; 2. spülen *(Verbrennungsmotor)*; 3. *(Met)* verblasen
проду́вка *f* 1. Durchblasen *n*, Durchlüften *n*; 2. Spülen *n (eines Verbrennungsmotors)*; 3. *(Met)* Blasen *n*, Windfrischen *n*, Verblasen *n (Konverter)*
проду́кт *m* Produkt *n*, Erzeugnis *n*
~ **горе́ния** Verbrennungsprodukt *n*
~/**гото́вый** Fertigerzeugnis *n*
~ **деле́ния** *(Kern)* Spaltprodukt *n*
~ **замеще́ния** *(Ch)* Substitutionsprodukt *n*
~/**надрешётный** Siebrückstand *m*, Siebüberlauf *m*, Siebgrobes *n*
~/**побо́чный** Nebenprodukt *n*; Abfallprodukt *n*
~/**подрешётный** Siebdurchfall *m*, Siebunterlauf *m*, Siebfeines *n*
~/**промежу́точный** Zwischenprodukt *n*, Zwischenerzeugnis *n*
~ **распа́да** *(Kern)* Zerfallsprodukt *n*
~ **сгора́ния** Verbrennungsprodukt *n*, Verbrennungsgas *n*
продуктро́ника *f* Produktronik *f*
проду́кция *f* Erzeugnisse *npl*, Güter *npl*
~/**валова́я** Bruttoproduktion *f*
прое́зд *m* 1. Durchfahren *n*, Durchfahrt *f*, Vorbeifahren *n*, Vorbeifahrt *f*; 2. *(Eb)* Durchfahrt *f*; 3. Durchfahrt *f*, Nebenstraße *f*
прое́кт *m* Projekt *n*, Entwurf *m*
~/**эски́зный** Vorprojekt *n*, Vorentwurf *m*
проекти́вный *(Math)* projektiv
проекти́рование *n* 1. Projektierung *f*, Planung *f*; 2. *(Math)* Projizieren *n (darstellende Geometrie)*; 3. *(Opt)* Projizieren *n (mit dem Bildwerfer)*
~/**автоматизи́рованное** rechnergestützter [computergestützter, computerunterstützter] Entwurf *m*, CAD *n*
~/**схемотехни́ческое** *(Eln)* Schaltkreisentwurf *m*, Schaltungsentwurf *m*

~/**типово́е** Typenprojektierung *f*
~/**топологи́ческое** *(Eln)* topologischer Entwurf *m*
~/**эски́зное** Vorprojektierung *f*
проекти́ровать 1. projektieren, entwerfen, planen; 2. *(Math)* projizieren *(darstellende Geometrie)*; 3. *(Opt)* projizieren *(mit dem Bildwerfer)*
прое́ктный Projekt..., Entwurfs...
прое́ктор *m (Opt)* Projektor *m*, Projektionsgerät *n*, Projektionsapparat *m*, Bildwerfer *m*
проекцио́нный Projektions...
прое́кция *f* Projektion *f*
~/**горизонта́льная** *(Math)* Grundriss *m*
~/**картографи́ческая** kartographische Projektion *f*
~/**кони́ческая** *(Kart)* Kegelentwurf *m*
~/**коса́я** 1. *(Kart)* schiefe [schräge, gebrochene] Projektion *f*; 2. *(Math)* schiefe Projektion *f*, Schrägbild *n*
~/**ортогона́льная** *(Math)* orthogonale Parallelprojektion *f*, senkrechte [orthogonale] Projektion *f*
~/**паралле́льная** *(Math)* Parallelprojektion *f*
~/**перспекти́вная** *(Kart)* perspektivischer [echter, wahrer] Entwurf *m*
~/**поликони́ческая** *(Kart)* polykonischer Entwurf *m*
~/**прямоуго́льная** *s.* ~/ортогональная
~/**равновели́кая** *(Kart)* flächentreuer Entwurf *m*
~/**равноуго́льная** winkeltreue [konforme] Projektion *f*, winkeltreuer [konformer] Entwurf *m*
~/**стереографи́ческая** *(Kart)* stereographische Projektion *f*
~/**центра́льная** *(Math)* Zentralprojektion *f*
~/**цилиндри́ческая** *(Kart)* Zylinderentwurf *m*, zylindrische Projektion *f*
проём *m (Bw)* Öffnung *f*, Durchbruch *m*
~/**око́нный** Fensteröffnung *f*
прожéктор *m* Scheinwerfer *m*
прожéктор-иска́тель *m (Kfz)* Suchscheinwerfer *m*, Sucher *m*
прожига́ние *n* Durchbrennen *n*
прожи́лок *m (Geol)* Ader *f (in Steinen)*
прожо́г *m* Durchbrennen *n*
прозра́чность *f* Durchsichtigkeit *f*, Transparenz *f*, Lichtdurchlässigkeit *f*
прозра́чный durchsichtig, durchscheinend, transparent
прои́грывание *n* Abspielen *n (von Schallplatten)*
прои́грыватель *m* Plattenspieler *m*
~ **компа́кт-ди́сков** CD-Player *m*, CD-Spieler *m*, CD-Abspielgerät *n*
~/**ла́зерный** *s.* ~ компакт-дисков
произведе́ние *n (Math)* Produkt *n*
~/**бесконе́чное** unendliches Produkt *f*
~/**ве́кторное** Vektorprodukt *n*, vektorielles [äußeres] Produkt *n*
~/**скаля́рное** Skalarprodukt *n*, skalares [inneres] Produkt *n*
производи́тельность *f* 1. Leistung *f*, Leistungsfähigkeit *f*, Produktivität *f*; 2. *(Met)* Durchsatz *m (eines Schmelzofens)*; 3. *(Förd)* Förderleistung *f*, Förderstrom *m*
~/**максима́льная** Höchstleistung *f*
~/**номина́льная** 1. Nennleistung *f*, Regelleistung *f*; 2. *(Förd)* Nennförderstrom *m*
~/**сре́дняя** Durchschnittsleistung *f*
~ **труда́** Arbeitsproduktivität *f*
~/**факти́ческая** Istleistung *f*
производи́тельный leistungsfähig, produktiv
производи́ть 1. erzeugen, herstellen, produzieren; 2. leisten; 3. ausführen, durchführen
произво́дная *f (Math)* Ableitung *f*, Differenzialquotient *m*, Differentialquotient *m*
~/**ча́стная** partielle Ableitung *f*
произво́дное *n (Ch)* Abkömmling *m*, Derivat *n*
произво́дный *(Math)* abgeleitet
произво́дственный Produktions..., Betriebs..., Arbeits...
произво́дство *n* 1. Produktion *f*, Herstellung *f*, Fertigung *f*, Erzeugung *f*; 2. Produktionsprozess *m*, Herstellungsprozess *m*
~/**автоматизи́рованное** automatisierte Fertigung *f*
~/**агрега́тно-пото́чное** Aggregatfließfertigung *f*
~/**безлю́дное** mannlose Fertigung *f*
~/**безотхо́дное** abproduktfreie Produktion *f*

~/**ги́бкое (автоматизи́рованное)** flexible Fertigung [Produktion] *f*
~/**индивидуа́льное** Einzelfertigung *f*
~/**крупносери́йное** Großserienfertigung *f*
~/**малолю́дное** bedienarme Fertigung *f*
~/**малоотхо́дное** abproduktarme Produktion *f*
~/**ма́ссовое** Massenfertigung *f*
~/**мелкосери́йное** Kleinserienfertigung *f*
~/**пото́чное** automatische Fertigung *f*, Fließfertigung *f*, Fließverfahren *n*
~/**сери́йное** Serienfertigung *f*
~/**шту́чное** Einzelfertigung *f*
произво́льный beliebig, willkürlich, Zufalls...
происше́ствие *n* /**доро́жно-тра́нспортное** Verkehrsunfall *m*
прока́ливание *n (Härt)* 1. Glühen *n*; Ausglühen *n*; 2. Durchhärten *n*
прока́ливать *(Härt)* 1. glühen; ausglühen; 2. durchhärten
прока́лывать durchstechen, perforieren
прока́т *m* 1. Walzgut *n*, Walzerzeugnisse *npl*, Walzmaterial *n*; 2. *s. unter* прокатка
~/**сортово́й (стально́й)** Formstahl *m*, Profilstahl *m*
~/**стально́й** Walzstahl *m*
прока́танный gewalzt
прока́тка *f (Wlz)* Walzen *n*
~/**бесcли́тковая** Strangwalzen *n*, Gießwalzen *n*
~/**винтова́я** *s.* ~/косая
~/**горя́чая** Warmwalzen *n*
~/**коса́я** Schrägwalzen *n*, Schrägwalzverfahren *n*
~/**попере́чная** Querwalzen *n*, Querwalzverfahren *n*
~/**продо́льная** Längswalzen *n*, Längswalzverfahren *n*
~ **труб** Rohrwalzen *n*, Rohrwalzverfahren *n*
~/**холо́дная** Kaltwalzen *n*
~/**чернова́я** Vorwalzen *n*
~/**чистова́я** Fertigwalzen *n*
прока́тный Walz...
прока́тывать walzen
прока́чивать durchpumpen *(Luft)*
прока́чка *f* Durchpumpen *n (von Luft)*
проки́дка *f (Text)* Eintragen *n (des Schusses)*
прокла́дка *f* 1. Verlegen *n*, Verlegung *f*, Installieren *n (von Kabeln, Rohrleitungen, Gleisen)*; 2. Zwischenlage *f*, Einlage *f*; 3. Abdichtung *f*, Dichtung *f*, Packung *f*; 4. Abstandsstück *n*, Abstandshalter *m*
~ **ку́рса** *(Schiff)* Absetzen *n* des Kurses
~ **про́водов** *(El)* Leitungsverlegung *f*
~/**рези́новая** Gummidichtung *f*
~/**уплотня́ющая** Abdichtung *f*, Dichtung *f*, Packung *f*
прокла́дывать 1. verlegen *(Kabel, Rohrleitungen, Gleise)*; 2. *(Schiff)* absetzen *(den Kurs)*
прокле́ивание *n s.* проклейка
прокле́йка *f* 1. Leimen *n*, Leimung *f*; 2. *(Pap)* Leimen *n*, Durchleimen *n*
проко́вка *f* Durchschmieden *n*; Ausschmieden *n*
проко́вывать durchschmieden; ausschmieden
проко́л *m* Durchstich *m*; Durchbruch *m*
прокру́тка *f (Inf)* Scrolling *n*, Rollen *n (nach oben oder unten)*
пролёт *m* 1. *(Bw)* Spannweite *f*, Stützweite *f (eines Trägers)*; Öffnung *f (einer Brücke)*; 2. Halle *f*; Schiff *n*; 3. *(En)* Mastabstand *m*; 4. *(Flg, Raumf)* Vorbeiflug *m*, Flyby *n*
~ **в свету́** *(Bw)* lichte [freie] Spannweite *f*
~ **возду́шной ли́нии** *(En)* Spannfeld *n* [Spannweite *f*] einer Freileitung
прома́зывать 1. einschmieren, einölen, einfetten *(als Schutz gegen Verrosten)*; 2. abdichten; verkitten *(Fenster)*; verschmieren *(Ritzen)*
прома́сленный geölt, ölgetränkt
прома́сливать mit Öl tränken [imprägnieren]
прома́чивать durchfeuchten, durchnässen, durchweichen
промежу́ток *m* 1. Zwischenraum *m*, Lücke *f*; Abstand *m*; Strecke *f*; 2. Zwischenstück *n*
~/**искрово́й** *(El)* Funkenstrecke *f*
~/**разря́дный** *(El)* Entladungsstrecke *f*
промежу́точный Zwischen...
промерза́ние *n* Einfrieren *n*; Vereisen *n*
промерза́ть durchfrieren; einfrieren, zufrieren; vereisen
проме́тий *m (Ch)* Promethium *n*, Pm

промока́емый feuchtigkeitsdurchlässig
промока́ть durchnässt werden, durchnässen
промыва́лка *f (Ch)* Spritzflasche *f*
промыва́ние *n s.* промывка 1. bis 3.
промыва́тель *m* Wäscher *m*, Waschanlage *f*
промыва́ть 1. waschen, auswaschen, spülen; 2. *(Photo)* wässern; 3. *(Bgb)* abläutern *(Erze)*; spülen *(Bohrloch)*
промы́вка *f* 1. Waschen *n*, Auswaschen *n*, Spülen *n*; 2. *(Photo)* Wässern *n*, Wässerung *f*; 3. *(Bgb)* Läutern *n (der Erze)*; Spülung *f*, Spülen *n (von Bohrlöchern)*
~ **сква́жины** *(Bgb)* Bohrlochspülung *f*
промывно́й Wasch..., Spül...
про́мысел *m* Gewerbe *n*; Erwerbszweig *m*
~/**нефтяно́й** Erdölfeld *n*; Erdölförderbetrieb *m*
промы́шленность *f* Industrie *f*
~/**авиацио́нная** Flugzeugindustrie *f*
~/**автомоби́льная** Kraftfahrzeugindustrie *f*
~/**бума́жная** Papierindustrie *f*
~/**го́рная** Bergbau *m*, Montanindustrie *f*
~/**горнору́дная** Erzbergbau *m*
~/**инструмента́льная** Werkzeugindustrie *f*
~/**конди́терская** Süßwarenindustrie *f*
~/**лакокра́сочная** Anstrichmittelindustrie *f*, Lack- und Farbenindustrie *f*
~/**лёгкая** Leichtindustrie *f*
~/**нефтега́зовая** Erdöl- und Gasindustrie *f*
~/**нефтеперераба́тывающая** erdölverarbeitende Industrie *f*
~/**нефтехими́ческая** petrolchemische Industrie *f*
~/**нефтяна́я** Erdölindustrie *f*
~ **основны́х материа́лов** Grundstoffindustrie *f*
~/**пищева́я** Nahrungsmittelindustrie *f*
~/**рези́новая** Gummiindustrie *f*
~/**са́харная** Zuckerindustrie *f*
~/**станкострои́тельная** Werkzeugmaschinenindustrie *f*
~/**стеко́льная** Glasindustrie *f*
~ **строи́тельных материа́лов** Baustoffindustrie *f*
~/**тексти́льная** Textilindustrie *f*
~/**тяжёлая** Schwerindustrie *f*
~/**хими́ческая** chemische Industrie *f*
~/**целлюло́зно-бума́жная** Zellstoff- und Papierindustrie *f*
~/**цеме́нтная** Zementindustrie *f*
~/**электро́нная** Elektronikindustrie *f*
~/**электротехни́ческая** Elektroindustrie *f*
промы́шленный industriell, Industrie...
проника́ние *n* Durchdringen *n*, Durchdringung *f*; Eindringen *n*
проника́ть durchdringen; eindringen
проникнове́ние *n s.* проникание
проница́емость *f* 1. Durchdringungsfähigkeit *f*; Durchlässigkeit *f*; 2. Durchdringungsvermögen *n (einer Strahlung)*; Strahlungshärte *f (Röntgenstrahlen)*; 3. *(Eln)* Durchgriff *m*, Permeabilität *f*
~/**диэлектри́ческая** *(El)* Permittivität *f*, Dielektrizitätskonstante *f*, DK *f*
~/**магни́тная** (magnetische) Permeabilität *f*, Permeabilitätskonstante *f*
проница́емый durchlässig, permeabel
пропада́ние *n* **сигна́ла** *(Reg)* Signalausfall *m*, Drop-out *m*
пропа́н *m (Ch)* Propan *n*
пропа́ренный bedampft *(Betonfertigteile)*
пропа́ривание *n* 1. Dämpfung *f*; 2. *(Bw)* Bedampfung *f*, Dampfbehandlung *f (von Betonfertigteilen)*
пропа́ривать 1. dämpfen; 2. *(Bw)* bedampfen *(Betonfertigteile)*
пропе́ллер *m* Propeller *m*, Luftschraube *f*
пропи́танный durchtränkt, imprägniert
пропи́тка *f* Tränken *n*, Durchtränken *n*, Imprägnieren *n*
пропи́тывать (durch)tränken, imprägnieren
пропо́лка *f* /**хими́ческая** chemische Unkrautbekämpfung *f*
пропорциона́льно-интегра́льно-дифференциа́льный *(Reg)* proportional-integral-differential, PID-...
пропорциона́льно-интегра́льный *(Reg)* proportional-integral, PI-...
пропорциона́льность *f (Math)* Proportionalität *f*
пропорциона́льный *(Math)* proportional, Proportional...

~/**обра́тно** indirekt [umgekehrt] proportional
~/**пря́мо** direkt proportional
пропо́рция *f (Math)* Proportion *f*, Verhältnis *n*
про́пуск *m* 1. Durchlassen *n*; 2. *(Wlz)* Stich *m*, Durchgang *m*; 3. leere Stelle *f*, Lücke *f*
~/**холосто́й** *(Wlz)* Blindkaliber *n*
пропуска́ние *n* Durchlassen *n*, Transmission *f*; Durchlässigkeit *f*, Transparenz *f*
пропуска́ть durchlassen
пропуска́ющий durchlässig
прорези́ненный gummiert
прорези́нивание *n* Gummieren *n*, Gummierung *f*
прорези́нивать gummieren
про́резь *f* Schlitz *m*, Einschnitt *m*, Kerbe *f*
проржа́веть durchrosten
проржавле́ние *n* Durchrosten *n*, Durchrostung *f*
проры́в *m* 1. Durchbruch *m*, Durchbrechung *f*; 2. *(Bgb)* Einbruch *m*, Ausbruch *m*
проса́дка *f (Flg)* Durchsacken *n*
проса́чивание *n* Durchsickern *n*; Versickern *n*
проса́чиваться durchsickern; versickern
просве́рливать *(Fert)* 1. durchbohren; 2. vorbohren
просве́т *m* 1.Lücke *f*, Zwischenraum *m*; Abstand *m*; Spalt *m*; 2. lichte Weite *f*, lichter Abstand *m*
~ **бума́ги** Durchsicht *f*
~/**доро́жный** *(Kfz)* Bodenfreiheit *f*
просветле́ние *n (Opt)* Aufhellung *f*; Vergütung *f*, Oberflächenvergütung *f* *(z. B. von Linsen)*; Entspiegelung *f*
просве́чивание *n* 1. Durchleuchtung *f*, Durchstrahlung *f*; 2. *(Typ)* Durchschlagen *n (der Farbe)*; 3. *(Pap)* Durchscheinen *n*
~ **рентге́новскими луча́ми** Röntgendurchleuchtung *f*, Röntgendurchstrahlung *f*, Röntgenoskopie *f*
просве́чивающий durchscheinend, transparent; lichtdurchlässig
просе́в *m* Siebdurchfall *m*, Siebfeines *n*
просе́ивание *n* Sieben *n*, Durchsieben *n*, Absieben *n*; Sichten *n*
просе́чка *f* Lochen *n*, Durchbrechen *n* *(beim Schmieden oder Lochstanzen)*
проска́льзывание *n (Masch)* Rutschen *n*, Schlupf *m*, Gleitschlupf *m*
проска́льзывать *(Masch)* rutschen *(Riemen, Bremse, Kupplung)*
проско́к *m* **пла́мени** Flammenrückschlag *m*
просла́ивание *n* Zwischenschichtung *f*
просло́йка *f* Zwischenschicht *f*, Trennschicht *f*
прослу́шивание *n (Nrt)* Abhören *n*, Mithören *n*
просте́нок *m* Zwischenmauer *f*, Zwischenwand *f*
простира́ние *n (Geol)* Streichen *n (einer Schicht)*
просто́й *m* 1. Stillstand *m*; 2. Standzeit *f*; 3. Wartezeit *f*, Ausfallzeit *f*
~ **ваго́нов** *(Eb)* Standzeit *f*
простра́нственный räumlich, dreidimensional; Stereo...
простра́нство *n* Raum *m*
~/**а́дресное** *(Inf)* Adressraum *m*
~/**ве́кторное** *(Math)* Vektorraum *m*
~/**виртуа́льное а́дресное** *(Inf)* virtueller Adressraum *m*
~/**возду́шное** Luftraum *m*
~/**вы́работанное** 1. *(Bgb)* Abbauhohlraum *m*, Alter Mann *m*; 2. *(Glas)* Arbeitsraum *m (des Schmelzofens)*
~/**ги́льбертово** *(Math)* Hilbert-Raum *m*
~/**евкли́дово** *(Math)* euklidischer Raum *m*
~ **изображе́ний** *(Opt)* Bildraum *m*
~/**косми́ческое** Kosmos *m*, Weltraum *m*
~/**лине́йное** *(Math)* linearer Raum *m*, Vektorraum *m*
~/**межзвёздное** *(Astr)* interstellarer Raum *m*
~/**межплане́тное** *(Astr)* interplanetarer Raum *m*
~/**многоме́рное** *(Math)* mehrdimensionaler Raum *m*
~/**неевкли́дово** *(Math)* nichteuklidischer [nicht euklidischer] Raum *m*
~/**околозе́мное возду́шное** *(Raumf)* erdnaher [interplanetarer] Raum *m*
~/**околоплане́тное** *(Astr)* planetennaher Raum *m*
~/**очи́стное** *(Bgb)* Abbauraum *m*

~/призабо́йное *(Bgb)* abbaustoßnaher Raum *m*
~/систе́мное *(Inf)* Systemraum *m (Teil des virtuellen Adressraums)*
~/тёмное *(El)* Dunkelraum *m*
~/трёхме́рное *(Math)* dreidimensionaler Raum *m*
~/фа́зовое *(Mech)* Phasenraum *m*
проступа́ть durchschlagen *(Farbe)*
престу́пь *f* Trittbrett *n*, Trittstufe *f*
просу́шивать (aus)trocknen
протакти́ний *m (Ch)* Protaktinium *n*, Pa
протека́ние *n* 1. Vorbeifließen *m*, Vorbeiströmen *n*; 2. Durchfließen *n*; Durchfluss *m*; 3. Lecken *n*; 4. Verlauf *m (einer Kurve)*
протека́ть 1. vorbeifließen, vorbeiströmen; 2. durchfließen, durchsickern; 3. undicht sein, lecken; 4. ablaufen *(ein Vorgang)*
проте́ктор *m* 1. Schutzeinrichtung *f*; 2. *(Kfz)* Lauffläche *f*, Protektor *m (Bereifung)*
про́тивень *m (Met)* Pfanne *f*
противове́с *m* Gegenmassestück *n*
противога́з *m* Schutzmaske *f*
противодавле́ние *n* Gegendruck *m*
противоде́йствие *n (Mech)* Gegenwirkung *f*, Rückwirkung *f*, Reaktion *f*
противоде́йствовать entgegenwirken, rückwirken
противокоррозио́нный korrosionsschützend, antikorrosiv, Korrosionsschutz...; rostschützend, Rostschutz...
противолежа́щий gegenüberliegend, Gegen..., in Gegenstellung
противообледени́тель *m* 1. Enteisungsgerät *n*, Enteiser *m (an Flugzeugen)*; 2. Enteisungsmittel *n*
противоокисли́тель *m* Antioxidationsmittel *n*
противопожа́рный Brandschutz..., Feuerlösch...
противополо́жный entgegengesetzt, gegenläufig, Gegen...
противорадиолокацио́нный Antiradar..., Radarabwehr...
противораке́та *f* Antirakete *f*, Raketenabwehrrakete *f*
противореа́кция *f (Ph, Ch)* Gegenreaktion *f*
противоречи́вый widersprüchlich
противосия́ние *n (Astr)* Gegenschein *m*
противостари́тель *m* Alterungsverzögerer *m*, Alterungsschutzmittel *n*
противостоя́ние *n* **(плане́т)** *(Astr)* Opposition *f*
противото́к *m* Gegenstrom *m*
противоуго́н *m (Eb)* Wanderschutz *m*, Wanderschutzklemme *f*, Gleisklemme *f*
противофа́за *f (El)* Gegenphase *f*
проти́воэдс *f (El)* Gegen-EMK *f*, gegenelektromotorische Kraft *f*
про́тий *m (Kern)* Protium *n*, leichter Wasserstoff *m*
протогала́ктика *f (Astr)* Protogalaxie *f*
протозвезда́ *f (Astr)* Protostern *m*
прото́к *m* 1. *(Hydrol)* Seitenarm *m (eines Flusses)*; 2. *(Hydrol)* Verbindungsflusslauf *m (zwischen zwei Seen)*; 3 *(Glas)* Durchlass *m (beim Wannenofen)*
протоко́л *m* Protokoll *n*
~ **измене́ний** *(Inf)* Änderungsprotokoll *n*
~ **оши́бок** *(Inf)* Fehlerprotokoll *n*
прото́н *m (Kern)* Proton *n*
протоплане́та *f (Astr)* Protoplanet *m*, Urplanet *m*
прототума́нность *f (Astr)* Urnebel *m*
протра́ва *f* 1. Beizen *n*; Ätzen *n*; 2. Beize *f*, Beizmittel *n*; Ätzmittel *n*
протрави́тель *m* 1. Beizmittel *n (für Saatgut)*; 2. *s.* протравливатель
протра́вливание *n* 1. Beizen *n*, Beizung *f*; 2. Ätzen *n*, Ätzung *f*
~ **семя́н** Saatgutbeizung *f*
протра́вливатель *m (Lw)* Beizapparat *m*, Beizmaschine *f*
протра́вливать 1. beizen; 2. ätzen
протубера́нец *m (Astr)* Protuberanz *f*
протя́гивание *n* 1. Durchziehen *n*; 2. *(Fert)* Zieräumen *n*; 3. *(Umf)* Ziehen *n*, Recken *n*
протя́гивать 1. durchziehen; 2. *(Fert)* zieräumen; 3. *(Umf)* ziehen
протяже́ние *n* 1. Ausdehnung *f*, Länge *f*, Entfernung *f*; 2. Zeitspanne *f*, Zeitraum *m*
протяжённость *f* Ausdehnung *f*, Länge *f*
протя́жка *f* 1. *(Wkz)* Zieräumwerkzeug *n*, Zieräumnadel *f*; 2. Transport *m*,

Vorschub *m (eines Bandes)*; 3. *s.* протягивание 1.; 2.
проу́шина *f* Auge *n*, Öse *f*
профила́ктика *f* vorbeugende Wartung *f*; Vorbeugung *f*, Prophylaxe *f*
профилакти́ческий Vorbeugungs...
профили́рование *n* Profilieren *n*
профили́рованный profiliert
профили́ровать profilieren
профилогра́мма *f* Profildiagramm *n*, Profilogramm *n*; Profilkurve *f*
профило́граф *m* 1. Profilograph *m*, Profilschreiber *m*; 2. *(Bgb)* Kalibermessinstrument *n (Tiefbohrtechnik)*
профило́метр *m* 1. Profilmessinstrument *n*, Profilschnittgerät *n*; Oberflächenschreiber *m*; 2. *(Eb)* Schienenkopfmesser *m*
про́филь *m* 1. Profil *n*, Schnitt *m*; Form *f*; Fasson *f*; 2. Aufriss *m*, Seitenansicht *f*; 3. *(Masch)* Flanke *f*
~/**во́гнутый** 1. konkaves Profil *n*; 2. *(Wlz)* Hohlprofil *n*
~/**горя́чий** *(Wlz)* Warmprofil *n*
~/**двутавро́вый** I-Profil *n*, Doppel-T-Profil *n*
~ **зу́ба** *(Masch)* 1. Zahnflanke *f*; 2. Zahnprofil *n*, Zahnform *f*
~/**квадра́тный** *(Wlz)* Vierkantprofil *n*
~/**криволине́йный** gekrümmtes Profil *n*, Kurvenprofil *n*
~/**кру́глый** *(Wlz)* Rundprofil *n*
~ **крыла́** *(Flg)* Tragflügelprofil *n*
~/**полукру́глый** *(Wlz)* Halbrundprofil *n*
~/**прока́тный** Walzprofil *n*
~/**прямоуго́льный** *(Wlz)* Rechteckprofil *n*
~/**углово́й** *(Wlz)* Winkelprofil *n*
~/**фасо́нный** *(Wlz)* Formprofil *n*, Spezialprofil *n*, Sonderprofil *n*
~/**шве́ллерный** *(Wlz)* U-Profil *n*
про́фильный Profil...
прохо́д *m* 1. Durchgang *m*, Durchgehen *n*, Passage *f*; 2. Durchfahrt *f*, Durchfahren *n*; 3. *(Wlz)* Stich *m*, Walzstich *m*
~/**пе́рвый** *(Wlz)* Anstich *m*
проходи́мость *f* 1. Gangbarkeit *f*, Passierbarkeit *f*; 2. *(Kfz)* Geländegängigkeit *f*
проходи́ть 1. durchgehen, passieren; 2. *(Bgb)* auffahren *(eine Strecke)*; niederbringen *(Bohrungen)*; abteufen *(einen Schacht)*; 3. zurücklegen *(einen Weg)*; durchlaufen *(eine Strecke)*
прохо́дка *f (Bgb)* Vortrieb *m*, Auffahren *n (von Strecken)*; Niederbringen *n (von Bohrungen)*; Abteufen *n (von Schächten)*
~ **вы́работок** Auffahren *n* von Grubenbauen
~ **ствола́ (ша́хты)** Schachtabteufen *n*
~ **тунне́ля** Tunnelvortrieb *m*
~/**щитова́я** Schildvortrieb *m*
прохо́дческий *(Bgb)* Abteuf...; Vortriebs...
прохожде́ние *n* 1. Durchgang *m*, Durchlaufen *n*, Passieren *n*; 2. Zurücklegen *n (einer Wegstrecke)*
процеду́ра *f (Inf)* Prozedur *f*, Verfahren *n*
проце́живать (durch)seihen
проце́нт *m* 1. Prozent *n*, Prozentsatz *m*; 2. Anteil *m*, Quote *f*; Grad *m*
~/**весово́й** Massenanteil *m* in Prozent
~/**ма́ссовый** Prozent *n* Massenanteil
~/**мо́льный [моля́рный]** *(Ch)* Molprozent *n (nicht mehr zulässig; zu ersetzen durch Stoffmengenanteil in %)*
~/**объёмный** Prozent *n* Volumenanteil
проце́нтный Prozent..., prozentual, anteilmäßig
проце́сс *m* 1. Prozess *m*, Vorgang *m*; 2. Verfahren *n (s. a. unter* способ *und* метод*)*
~/**адапти́вный** *(Kyb)* adaptiver [selbst anpassender] Prozess *m*
~/**адиаба́тный** *(Therm)* adiabatischer Prozess *m*
~/**бездо́менный** *(Met)* Erzfrischverfahren *n*
~/**бессеме́ровский** *(Met)* Bessemerverfahren *n*
~/**восстанови́тельный** *(Ch)* Reduktionsprozess *m*
~ **выве́тривания** *(Geol)* Verwitterungsprozess *m*
~/**до́менный** *(Met)* Hochofenprozess *m*
~/**изоба́рный** *(Therm)* isobare Zustandsänderung *f*
~/**изотерми́ческий** *(Therm)* isotherme Zustandsänderung *f*
~/**изохо́рный** *(Therm)* isochore Zustandsänderung *f*

~/**изоэнтальпи́йный** *(Therm)* isoenthalpische Zustandsänderung *f*
~/**изоэнтропийный** *(Therm)* isentropische Zustandsänderung *f*
~/**итерацио́нный** *(Inf)* Iterationsprozess *m*
~/**квазистати́ческий** *(Therm)* reversibler [umkehrbarer, quasistatischer] Prozess *m*
~/**ки́слый** *(Met)* saures Verfahren *n*
~/**конвéртерный** *(Met)* Konverter(frisch)verfahren *n*, Windfrischen *n*, Konverterprozess *m*
~/**кругово́й** *(Therm)* Kreisprozess *m*
~/**необрати́мый** *(Therm)* nicht umkehrbarer Vorgang *m*, irreversibler Vorgang *m*, nicht umkehrbare Zustandsänderung *f*, irreversible Zustandsänderung *f*
~/**непреры́вный** kontinuierliches Verfahren *n*, Fließverfahren *n*, kontinuierlicher [stetiger] Prozess *m*
~/**нестациона́рный** *(El)* nicht stationärer Prozess *m*
~/**обрати́мый** *(Therm)* umkehrbarer [reversibler] Vorgang *m*, umkehrbare [reversible] Zustandsänderung *f*
~/**окисли́тельный** 1. *(Ch)* Oxidationsvorgang *m*; 2. *(Met)* Frischprozess *m*
~/**осно́вный** *(Met)* basisches Verfahren *n*
~/**перехо́дный** 1. *(Ph)* Übergangsvorgang *m*; 2. *(Reg)* Übergangsprozess *m*; 3. *(El)* Einschwingvorgang *m*, Einschwingprozess *m*
~/**политро́пный** *(Therm)* polytrope Zustandsänderung *f*
~/**произво́дственный** Produktionsprozess *m*, Fertigungsprozess *m*
~/**ру́дный** *(Met)* Roheisen-Erz-Verfahren *n*
~/**случа́йный** *s.* ~/стохастический
~ **сопровождéния** *(Kyb)* Verfolgungsprozess *m*
~/**стациона́рный** *(Math)* stationärer Prozess *m*
~/**стохасти́ческий** *(Math, Kyb)* stochastischer [zufälliger] Prozess *m*
~/**технологи́ческий** Fertigungsablauf *m*, Produktionsablauf *m*, Fertigungsverfahren *n*
~/**тома́совский** *(Met)* Thomasverfahren *n*, basisches Windfrischen *n*
~ **управлéния** Steuerungsprozess *m*
~/**установи́вшийся** *(El)* eingeschwungener Prozess *m*
~/**я́дерный** Kern(umwandlungs)prozess *m*

процéссор *m (Inf)* Prozessor *m*, Verarbeitungseinheit *f*
~ **ба́зы да́нных** Datenbankprozessor *m*
~ **вво́да-вы́вода** Eingabe-Ausgabe-Prozessor *m*, E/A-Prozessor *m*, Input-Output-Prozessor *m*, I/O-Prozessor *m*
~/**ведо́мый** *s.* ~/подчинённый
~/**гла́вный** Hostprozessor *m*
~ **графи́ческой информа́ции** Graphikprozessor *m*
~/**кома́ндный** Kommandoprozessor *m*, Befehlsprozessor *m*
~/**ма́тричный** Matrixprozessor *m*, Array-Prozessor *m*, Feldprozessor *m*
~ **обрабо́тки тéкста** Textprozessor *m*, Textverarbeitungsprozessor *m*
~/**основно́й** Hostprozessor *m*
~ **о́череди** Queue-Prozessor *m*
~/**подчинённый** Slave-Prozessor *m*, Nebenprozessor *m*
~/**разря́дно-мо́дульный** (Bit-)Slice-Prozessor *m*
~ **рéчи** Sprachprozessor *m*
~/**сетево́й** Netzwerkprozessor *m*, NWP *m*
~/**табли́чный** Flat-File-Prozessor *m*, FFP *m*
~/**тéкстовый** Textprozessor *m*, Textverarbeitungsprozessor *m*
~/**управля́ющий** Steuerprozessor *m*
~/**центра́льный** Zentraleinheit *f*, ZE *f*, CPU *f*, Mainframe *n*
~/**языково́й** Sprachprozessor *m*

процéссорно-ориенти́рованный *(Inf)* prozessororientiert

процéссорный Prozessor...

прочёсывать *(Text)* 1. durchkämmen, kardieren, krempeln *(Wolle)*; 2. hecheln *(Flachs)*

прочи́стка *f (Forst)* Durchläuterung *f*

про́чность *f* 1. Festigkeit *f*; Widerstandsfähigkeit *f*; 2. Haltbarkeit *f*, Dauerhaftigkeit *f*; Beständigkeit *f*; 3. Echtheit *f (von Farbstoffen)*
~/**вибрацио́нная** *(Fest)* Schwingfestigkeit *f*, Vibrationsfestigkeit *f*

~/**диэлектри́ческая** *(El)* (di)elektrische Festigkeit *f*, Durchschlagsfestigkeit *f*
~/**дли́тельная** *(Fest)* Dauer(schwing)-festigkeit *f*, Zeitstandfestigkeit *f*, Standfestigkeit *f*
~/**коне́чная** *(Bw)* Endfestigkeit *f (Beton)*
~/**механи́ческая** mechanische Festigkeit *f*
~ **на ...** *s. a. unter* ~ при ...
~ **на изги́б** *(Fest)* Biegefestigkeit *f*
~ **на изло́м** *(Fest)* Bruchfestigkeit *f*
~ **на изно́с** *(Fest)* Verschleißfestigkeit *f*, Verschleißbeständigkeit *f*
~ **на истира́ние** *(Fest)* Abriebfestigkeit *f*
~ **на разры́в** *(Fest)* Bruchfestigkeit *f*, Zerreißfestigkeit *f*
~/**нача́льная** *(Bw)* Anfangsfestigkeit *f (Beton)*
~/**попере́чная** *(Schiff)* Querfestigkeit *f*
~ **при ...** *s. a. unter* ~ на ...
~ **при круче́нии** *(Fest)* Torsionsfestigkeit *f*, Verdrehfestigkeit *f*
~ **при растяже́нии** *(Fest)* Zugfestigkeit *f*
~ **при сдви́ге** *(Fest)* Scherfestigkeit *f*, Schubfestigkeit *f*, Abscherfestigkeit *f*
~ **при сжа́тии** *(Fest)* Druckfestigkeit *f*
~/**при́зменная** *(Bw)* Prismen(druck)-festigkeit *f (Beton)*
~/**продо́льная** *(Schiff)* Längsfestigkeit *f*
~/**уда́рная** *(Fest)* Schlagfestigkeit *f*
~/**уста́лостная** *s.* ~/длительная
про́чный 1. fest, widerstandsfähig; 2. haltbar, dauerhaft, beständig; 3. echt *(Farbstoffe)*
прошива́ть 1. *(Fert)* räumen; 2. *(Wlz)* dornen, schrägwalzen, lochen, lochwalzen; 3. *(Schm)* lochen, dornen
про́шивень *m (Schm)* Lochdorn *m*
прошиви́ка *f* 1. *(Wlz)* Hohlwalzen, Schrägwalzen *n*; 2. *(Schm)* Lochen *n*, Dornen *n*; 3. *(Wkz)* Räumdorn *m*; Lochwerkzeug *n*; Stoßräumwerkzeug *n*, Stoßräumnadel *f*, Druckräumnadel *f*
прошивно́й 1. Schrägwalz...; 2. *(Schm)* Loch...; 3. *(Wkzm)* Räum...
прояви́тель *m (Photo)* Entwickler *m*
~/**бы́стрый** Rapidentwickler *m*, Schnellentwickler *m*
~/**выра́внивающий** Ausgleichsentwickler *m*
~/**мелкозерни́стый** Feinkornentwickler *m*
~/**негати́вный** Negativentwickler *m*
~/**норма́льный** Normalentwickler *m*
~/**позити́вный** Positiventwickler *m*
~/**цветно́й** Farbentwickler *m*
проявле́ние *n* 1. Erscheinen *n*, Auftreten *n*, Vorkommen *n*; 2. *(Photo)* Entwickeln *n*, Entwicklung *f*
~/**бы́строе** *(Photo)* Schnellentwicklung *f*, Rapidentwicklung *f*
~ **с обраще́нием** *(Photo)* Umkehrentwicklung *f*
~/ **скоростно́е** *s.* ~/быстрое
проявля́ть *(Photo)* entwickeln
пруд *m* Teich *m*; kleiner Stausee *m*
пруд-отсто́йник *m* Klärteich *m*
пружи́на *f (Masch)* Feder *f*
~/**винтова́я** Schraubenfeder *f*
~/**витáя** gewundene Feder *f*
~/**возвра́тная** Rückholfeder *f*, Rückzugfeder *f*
~/**кони́ческая** Kegelfeder *f*
~/**пласти́нчатая** Lamellenfeder *f*
~/**предохрани́тельная** Sicherungsfeder *f*
~ **растяже́ния** Zugfeder *f*
~ **сжа́тия** Druckfeder *f*
~/**таре́льчатая** Tellerfeder *f*
пружи́нение *n* Federn *n*, Federung *f*
пружи́нистость *f* Federkraft *f*; Spannkraft *f*; Elastizität *f*
пружи́нистый federnd, nachgiebig; elastisch
пружи́нить federn
пружи́нный Feder...
пружи́нящий federnd
прутко́вый Stangen..., Stab...
пруто́к *m* Stange *f*, Stab *m*; *(Wlz)* Stabmaterial *n*, Stangenmaterial *n*
прыжо́к *m* Sprung *m*
~/**гидравли́ческий** *(Hydrod)* Wassersprung *m*
пряде́ние *n (Text)* Spinnerei *f*, Spinnen *n*
~/**аппара́тное** Streichgarnspinnerei *f*
~/**безверетённое** Offen-End-Spinnen *n*, Open-End-Spinnen *n*, OE-Spinnen *n*
~/**гребенно́е** Kammgarnspinnerei *f*
~/**мо́крое** Nassspinnen *n*
~/**сухо́е** Trockenspinnen *n*

прядильный *(Text)* Spinn...
прядомость *f (Text)* Verspinnbarkeit *f*, Spinnbarkeit *f*
прядомый *(Text)* (ver)spinnbar
прядь *f* Strang *m*, Litze *f*
~ **каната** Seillitze *f*
пряжа *f (Text)* Garn *n*; Gespinst *n*
~/**аппаратная** Streichgarn *n*
~/**гребенная** gekämmtes Garn *n*, Kammgarn *n*
~/**камвольная** *s.* ~/гребенная
~/**кардная** kardiertes Garn *n*
~/**кручёная** Zwirn *n*, gezwirntes Garn *n*
~/**объёмная** Bauschgarn *n*
~/**основная** Kettgarn *n*
~/**суровая** Rohgarn *n*
~/**тонкая** Feingarn *n*, feines Garn *n*
~/**уточная** Schussgarn *n*
~/**чёсаная** kardiertes Garn *n*
прямая *f (Math)* Gerade *f*, gerade Linie *f*
прямобочный *(Masch)* geradflankig, Geradflanken... *(Zahnrad)*
прямозубый *(Masch)* geradverzahnt, Geradzahn... *(Zahnrad)*
прямой 1. gerade, geradlinig; 2. direkt, unmittelbar; 3. Direkt..., substantiv *(Farbstoffe)*; 4. *(Typ)* seitenrichtig
прямолинейность *f* Geradlinigkeit *f*
прямолинейный geradlinig
прямоток *m (Wmt)* Gleichstrom *m*
прямоугольник *m (Math)* Rechteck *n*
прямоугольный *(Math)* rechtwinklig, Rechteck..., rechteckig
прясть *(Text)* spinnen
псевдо... quasi..., Quasi..., pseudo..., Pseudo...
псевдоадрес *m (Inf)* Pseudoadresse *f*
псевдодвойник *m (Krist)* Pseudozwilling *m*
псевдоизображение *n (Opt)* Pseudobild *n*
псевдокод *m (Inf)* Pseudocode *m*
псевдокоманда *f (Inf)* Pseudobefehl *m*
псевдоожижение *n (Ch)* Fließbettverfahren *n (Krackverfahren)*
псевдоожиженный scheinflüssig, quasiflüssig, pseudoflüssig, flüssigkeitsähnlich
псевдопрограмма *f (Inf)* Pseudoprogramm *n*
психрометр *m (Meteo)* Psychrometer *n*, Feuchtemesser *m*
псофометр *m (Nrt)* Geräuschspannungsmesser *m*, Psophometer *n*
пуаз *m* Poise *n*, P *(SI-fremde Einheit der dynamischen Viskosität)*
пуансон *m (Schm)* Pressenstempel *m*, Gesenkoberteil *n*; Stanzstempel *m*
~/**вытяжной** Ziehstempel *m*
~/**чеканочный** Prägestempel *m*
пузырчатый blasig
пузырь *m* Blase *f*
пулемёт *m* Maschinengewehr *n*, MG *n*
пулестойкий kugelsicher
пульверизатор *m* Zerstäuber *m*; Spritzpistole *f*
пульверизация *f* 1. Pulverisieren *n*; 2. Zerstäuben *n*, Zerstäubung *f*
пульпа *f* 1. Pulpe *f*, Trübe *f*; 2. *(Pap)* Faserbrei *m*
пульповод Spül(rohr)leitung *f*, Schlammleitung *f (eines Saugbaggers)*
пульсар *m (Astr)* Pulsar *m (pulsierende Radioquelle)*
пульсация *f* Pulsation *f*; Pulsieren *n*
пульсировать pulsieren, Impulse senden
пульсирующий pulsierend, Schwell...
пульсометр *m* Pulsometer *n (Gasdruckpumpe)*
пульт *m* Pult *n*, Schalttafel *f*
~/**испытательный** Prüfpult *n*
~/**коммутационный** *(El)* Schaltpult *n*
~/**микшерный [смесительный]** *(Rf, TV)* Mischpult *n*
~ **управления** *(Reg)* Steuerpult *n*
~ **управления системой** *(Inf)* Systembedienfeld *n*
пуля *f* Kugel *f*, Geschoss *n*
~/**трассирующая** Leuchtspurgeschoss *n*
пункт *m* Punkt *m*; Ort *m*, Stelle *f*
~/**абонентский** *(Inf)* Datenstation *f*, Datenendeinrichtung *f*, Terminal *n*; *(Nrt)* Telephonanschluss *m*
~/**геодезический** *(Geod)* geodätischer Punkt *m*
~/**донорский** Blutspendezentrale *f*
~/**коммутационный** 1. *(Nrt)* Vermittlung *f*, Vermittlungsstelle *f*; 2. *(El)* Schaltstelle *f*, Schaltstation *f*; 3. *(El)* Schaltpult *n*
~/**контрольно-измерительный** *(El)* Messwarte *f*

~/**полигонометри́ческий** *(Geod)* Polygonpunkt *m*
~/**тригонометри́ческий** *(Geod)* trigonometrischer Punkt *m*
~ **управле́ния/операти́вный** *(El)* Schaltwarte *f*
пункти́рный punktiert
пупиниза́ция *f (El, Nrt)* Pupinisierung *f*, Bespulung *f*
пупинизиро́ванный *(El, Nrt)* pupinisiert, bespult
пупинизи́ровать *(El, Nrt)* pupinisieren, bespulen
пуск *m* 1. *(Kfz)* Anlassen *n*, Anwerfen *n*; *(Kfz, Rak)* Starten *n*; 2. Inbetriebnahme *f*; 3. *(Met)* Anblasen *n*
~ **в ход [эксплуата́цию]** Inbetriebnahme *f*; Ingangsetzung *f*
~/**нача́льный** *(Inf)* Urstart *m*
~/**пла́вный** weicher [sanfter] Anlauf *m*
~/**повто́рный** *(Inf)* Neustart *m (z. B. des Programms)*
пуска́тель *m (El)* Anlasser *m*
~/**кно́почный** Druckknopfanlasser *m*
~/**магни́тный** Magnetanlasser *m*
пуска́ть anlassen, in Bewegung setzen, anlaufen lassen; starten
пусто́й 1. hohl, leer; 2. *(Bgb)* taub *(Gestein)*
пустота́ *f* 1. Leere *f*; 2. Hohlraum *m*, Kaverne *f*; 3. Luftleere *f*, Vakuum *n*
пустоте́лый hohl, Hohl...
пусто́тность *f* Hohlraumanteil *m*
пусты́ня *f* Wüste *f*
путепередви́гатель *m (Eb)* Gleisrückmaschine *f*, Gleisrücker *m*
путепередви́жка *f (Eb)* Gleisrücken *n*
путеподъёмник *m (Eb)* Gleishebewinde *f*, Gleisheber *m*
путепрово́д *m* 1. *(Bw)* Kreuzungsbauwerk *n*; 2. Fahrschiene *f (für den innerbetrieblichen Transport)*
~ **над желе́зной доро́гой** Bahnüberführung *f*
~ **под желе́зной доро́гой** Bahnunterführung *f*
путеукла́дчик *m (Eb)* Gleisverlegemaschine *f*, Gleisverlegekran *m*
путь *m* 1. Weg *m*; Straße *f*; 2. *(Eb)* Gleis *n*, Eisenbahngleis *n*
~/**бесстыково́й** *(Eb)* lückenloses [stoßfreies] Gleis *n*
~/**во́дный** Wasserstraße *f*, Wasserweg *m*
~/**гла́вный** *(Eb)* Hauptgleis *n*
~/**запа́сный** *(Eb)* Abstellgleis *n*
~/**морско́й** Schifffahrtsstraße *f*, Seeweg *m*
~/**обго́нный** *(Eb)* Überholgleis *n*
~/**подъездно́й** *(Eb)* Anschlussgleis *n*
~/**ре́льсовый** Schienenweg *m*, Schienenstrang *m*
~ **торможе́ния** Bremsweg *m*
~/**тормозно́й** Bremsweg *m*
Путь *m* /**Мле́чный** *(Astr)* Milchstraße *f*; Milchstraßensystem *n*
пу́хлость *f (Pap)* Voluminosität *f*
пуццола́н *m (Bw)* Puzzolan *n*
пу́чение *n* Aufquellen *n*
пу́чность *f* Anschwellung *f*
~ **колеба́ния** *(Ph)* Schwingungsbauch *m*
пучо́к *m* 1. Bündel *n*; 2. *(Kern)* Strahl *m*, Strahlenbündel *n*; 3. *(Math)* Büschel *n*, Strahlenbüschel *n*
~ **волн** *(Ph)* Wellenbündel *n*
~ **жил** *(El)* Adernbündel *n (Kabel)*
~/**ио́нный** *(Kern)* Ionenstrahl *m*
~/**ла́зерный** Laserbündel *n*, Laserstrahl *m*
~ **луче́й** 1. *(Opt)* Strahlenbündel *n*; 2. *(Math)* Strahlenbüschel *n*
~/**монохромати́ческий** *(Opt)* monochromatisches Bündel [Strahlenbündel] *n*
~ **про́водов** *(Ntr)* Leitungsbündel *n*
~ **путе́й** *(Eb)* Gleisbündel *n*
~/**светово́й** *(Opt)* Lichtbündel *n*
~/**сфокуси́рованный** *(Opt)* fokussiertes Bündel *n*
~ **труб** Rohrbündel *n*
~ **части́ц** *(Kern)* Teilchenstrahl *m*
~/**электро́нный** Elektronenstrahl *m*, Elektronenbündel *n*
пуши́стый *(Text)* bauschig, flauschig
пу́шка *f* Kanone *f*
~/**ко́бальтовая** Kobaltkanone *f*, Kobalteinheit *f*, Gammatron *n*
~/**электро́нная [электро́нно-лучева́я]** Elektronenstrahlkanone *f*
пылеви́дный staubförmig, staubfein
пылезащи́та *f* Staubschutz *m*
пылезащищённый staubgeschützt
пыленепроница́емый staubdicht, staubundurchlässig

пыле́ние *n* Stauben *n*
пылеобразова́ние *n* Staubbildung *f*, Staubentwicklung *f*
пылеосади́тель *m* Staubabscheider *m*, Staubfänger *m*
пылеосажде́ние *n* Staubabscheidung *f*
пылеотделе́ние *n* Staubabscheidung *f*
пылеотдели́тель *m* Staubabscheider *m*
пылесо́с *m* Staubsauger *m*
~/**напо́льный** Bodenstaubsauger *m*
~/**ручно́й** Handstaubsauger *m*
пылеула́вливание *n* Entstauben *n*, Entstaubung *f*
пылеулови́тель *m* 1. Staubabscheider *m*, Entstauber *m*; 2. Staubsack *m*
~/**мо́крый** Nassentstauber *m*, Nassabscheider *m*
~/**сухо́й** Trockenentstauber *m*, Trockenabscheider *m*
пыли́ть stauben
пыль *f* Staub *m*
~/**косми́ческий** *(Astr)* kosmischer Staub *m*
~/**межзвёздная** *(Astr)* interstellarer Staub *m*
~/**метео́рная** *(Astr)* Meteorstaub *m*
~/**радиоакти́вная** radioaktiver Staub *m*
~/**у́гольная** Kohlenstaub *m*
пьёза *f (Mech)* pièze *m (franz.)*, pz *(SI-fremde Einheit des Druckes)*
пьезода́тчик *m (Reg)* Piezogeber *m*, piezoelektrischer Geber *m*
пьезоква́рц *m* Schwingquarz *m*
пьезокриста́лл *m* piezoelektrischer Kristall *m*, Piezokristall *m*
пьезомагнети́зм *m* Piezomagnetismus *m*
пьезо́метр *m* Piezometer *n*
пьезометри́ческий piezometrisch
пьезоэлектри́ческий piezoelektrisch
пьезоэлектри́чество *n* Piezoelektrizität *f*
ПЭВМ *f (персона́льная электро́нная вычисли́тельная маши́на) (Inf)* Personalcomputer *m*, PC *m*
~ **блокно́тного ти́па** Notizbuchcomputer *m*, Notebook-Computer *m*
~/**карма́нная** Handheld-Computer *m*
~/**портати́вная** Laptop *m*
~/**32-разря́дная** 32-Bit-Personalcomputer *m*, 32-Bit-PC *m*
ПЭС *f s.* электростанция/приливная
пята́ *f* 1. *(Masch)* Drucklager *n*; 2. *(Masch)* Zapfen *m*, Spurzapfen *m*, Drucklagerzapfen *m*; 3. *(Bw)* Kämpfer *m*; Widerlager *n*
~ **а́рки** *(Bw)* Kämpfer *m*, Bogenkämpfer *m*
пятери́чно-двои́чный *(Inf)* quibinär
пятери́чный *(Inf)* quinär
пятиа́томный *(Ch)* fünfatomig *(s. a.* пятивалентный*)*
пятивале́нтный *(Ch)* fünfwertig, pentavalent
пятигра́нник *m (Math)* Pentaeder *n*, Fünfflach *n*, Fünfflächner *m*
пятизна́чный fünfstellig
пятикра́тный fünffach
пятиуго́льник *m (Math)* Pentagon *n*, Fünfeck *n*
пятифто́ристый *(Ch)* ...pentafluorid *n*
пятихло́ристый *(Ch)* ...pentachlorid *n*
пя́тна *npl* /**со́лнечные** *(Astr)* Sonnenflecken *mpl*
пятно́ *n* Fleck *m*, Punkt *m*; Brennfleck *m*
~/**ио́нное** *(Eln)* Ionen(brenn)fleck *m*
~/**като́дное** *(Eln)* Kathodenbrennfleck *m*
~/**светово́е** Lichtfleck *m*, Lichtpunkt *m*
~/**светя́щееся** Leuchtfleck *m*, Leuchtpunkt *m*
~/**фо́кусное** Brennfleck *m*
пятновыводи́тель Fleckenentferner *m*

Р

Р *s.* рентген
рабо́та *f* 1. Arbeit *f*, Arbeiten *n (Tätigkeit; s. a. unter* работы*)*; 2. Arbeit *f (Produkt)*; 3. *(Nrt)* Betrieb *m*, Verkehr *m*; 4. Betrieb *m (Dauerbetrieb)*; 5. *(Mech)* Arbeit *f (Joule)*
~/**безавари́йная** havariefreier Betrieb *m*
~/**безотка́зная** fehlerfreier [ausfallfreier] Betrieb *m*
~/**бесперебо́йная** störungsfreie Arbeit *f*, störungsfreier Betrieb *m*
~ **в режи́ме реа́льного вре́мени** *(Inf)* Echtzeitbetrieb *m*
~ **выхода** Austrittsarbeit *f*, Auslösearbeit *f (eines Elektrons)*

~ **деформа́ции** *(Mech)* Formänderungsarbeit *f*, Verformungsarbeit *f*
~/**ду́плексная** *(Nrt)* Duplexbetrieb *m*
~/**непреры́вная** kontinuierlicher Betrieb *m*, Dauerbetrieb *m*
~/**паралле́льная** Parallelbetrieb *m*; *(Inf)* Simultanbetrieb *m*, Parallelverarbeitung *f*
~/**поле́зная** Nutzarbeit *f*
~/**рути́нная** Routinearbeit *f*
~/**ручна́я** Handarbeit *f*; manuelle Arbeit [Tätigkeit] *f*
~ **сжа́тия** *(Masch)* Verdichtungsarbeit *f*
~/**сме́нная** Schichtarbeit *f*
~/**трудоёмкая** Arbeit *f* mit hohem Zeit- und Kraftaufwand, zeit- und kraftraubende Arbeit *f*
рабо́тать 1. arbeiten; 2. funktionieren, laufen; 3. betrieben werden
~ **на изги́б** *(Fest)* auf Biegung beansprucht werden
~ **на круче́ние** *(Fest)* auf Torsion beansprucht werden
~ **на растяже́ние** *(Fest)* auf Dehnung beansprucht werden
~ **на сжа́тие** *(Fest)* auf Druck beansprucht werden
работоспосо́бность *f* 1. Arbeitsfähigkeit *f*; Arbeitsvermögen *n*; 2. Betriebsfähigkeit *f*, Funktionsfähigkeit *f* *(von Geräten)*
работоспосо́бный 1. arbeitsfähig; 2. betriebsfähig, funktionsfähig *(Geräte)*
рабо́ты *fpl* Arbeiten *fpl (s. a. unter* работа 1.*)*
~/**армату́рные** *(Bw)* Bewehrungsarbeiten *fpl*
~/**буровы́е** *(Bgb, Erdöl, Bw)* Bohrarbeiten *fpl*
~/**взрывны́е** *(Bgb)* Sprengarbeiten *fpl*
~/**геологоразве́дочные** geologische Erkundungsarbeiten *fpl*
~/**го́рные** Bergbauarbeiten *fpl*, Bergbau *m*
~/**доро́жно-строи́тельные** Straßenbauarbeiten *fpl*
~/**жестяны́е** Klempnerarbeiten *fpl*
~/**земляны́е** Erdarbeiten *fpl*
~/**ка́менные** Maurerarbeiten *fpl*
~/**капита́льные** 1. Investitionsarbeiten *fpl*; Investitionsbau *m*; 2. Generalreparaturen *fpl*, Hauptinstandsetzungen *fpl*; 3. *(Bgb)* Ausrichtungsarbeiten *fpl*
~/**монта́жные** Montagearbeiten *fpl*
~/**нау́чно-иссле́довательские** Forschungsarbeiten *f*, Forschungstätigkeit *f*
~/**отде́лочные** 1. Abschlussarbeiten *fpl*; 2. *(Bw)* Ausbauarbeiten *fpl*, Ausbau *m*; 3. *(Bw)* Putzarbeiten *fpl*; 4. *(Text)* Ausrüstungsarbeiten *fpl*
~/**очистны́е** *(Bgb)* Gewinnungsarbeiten *fpl*, Abbau *m*
~/**пло́тничные** Zimmermannsarbeiten *fpl*
~/**погру́зочно-разгру́зочные** Be- und Entladearbeiten *fpl*; Umschlagbetrieb *m*, *(Schiff)* Lade- und Löscharbeiten *fpl*
~/**подзе́мные** 1. *(Bw)* Tiefbauarbeiten *fpl*; 2. *(Bgb)* Untertagearbeiten *fpl*, Tiefbau *m*
~/**полевы́е** Feldarbeit *f*
~/**разве́дочные** *(Bgb)* Aufschlussarbeiten *fpl*
~/**ремо́нтные** Reparaturarbeiten *fpl*, Instandsetzungsarbeiten *fpl*
~/**столя́рные** Tischlerarbeiten *fpl*
~/**строи́тельно-монта́жные** Bau- und Montagearbeiten *fpl*
~/**строи́тельные** Bauarbeiten *fpl*
рабо́чий Arbeits...; Betriebs...
рабо́чий *m* Arbeiter *m*
~/**квалифици́рованный** Facharbeiter *m*
~/**подсо́бный** Hilfsarbeiter *m*
рабси́ла *f* Arbeitskraft *f*
ра́венство *n* Gleichheit *f*; Parität *f*
равни́на *f (Geol)* Ebene *f*, Flachland *n*
равноа́томный *(Kern)* gleichatomig
равнобе́дренный *(Math)* gleichschenklig *(Dreieck)*
равнобо́чный *(Math)* gleichschenklig *(Trapez)*
равновели́кий 1. gleich groß; 2. *(Math)* flächengleich; inhaltsgleich; 3. *(Kart)* flächentreu
равнове́сие *n* Gleichgewicht *n*
~/**динами́ческое** *(Ph)* dynamisches Gleichgewicht *n*
~/**заря́дное** *(Ch)* Ladungsgleichgewicht *n*
~/**лучи́стое** *(Ph, Astr)* Strahlungsgleichgewicht *n*

~/**неустóйчивое** *(Mech)* instabiles [labiles] Gleichgewicht *n*
~ **сил** *(Mech)* Kräftegleichgewicht *n*
~ **систéмы** *(Mech)* Gleichgewichtslage *f*, Ruhelage *f*
~/**техловóе [терми́ческое]** Wärmegleichgewicht *n*, Temperaturgleichgewicht *n*
~/**термодинами́ческое** thermodynamisches Gleichgewicht *n*
~/**устóйчивое** *(Mech)* stabiles Gleichgewicht *n*
~/**фáзовое** *(Therm)* Phasengleichgewicht *n*
~/**хими́ческое** chemisches Gleichgewicht *n*
равновéсный Gleichgewichts...
равнодéйствующая *f (Math)* Resultierende *f*
~ **давлéния** *(Mech)* Druckresultierende *f*
~ **сил** *(Mech)* Kraftresultierende *f*
равнодéнственный *(Astr)* äquinoktial
равнодéнствие *n (Astr)* Äquinoktium *n*, Tagundnachtgleiche *f*
равнозначность *f (Math)* Gleichwertigkeit *f*, Äquivalenz *f*
равнозначный 1. gleichbedeutend; 2. *(Math)* gleichwertig, äquivalent
равномéрность *f* Gleichmäßigkeit *f*, Gleichförmigkeit *f*
равномéрный gleichmäßig, gleichförmig
равноотстоя́щий äquidistant, abstandsgleich
равнопеременный gleichförmig veränderlich
равноплéчий gleicharmig *(Hebel)*
равнопотенциáльный Äquipotential..., äquipotentiell
равносторóнний gleichseitig
равноугóльный 1. gleichwinklig; 2. winkeltreu, konform
рáвный gleich
~ **по частотé** *(El)* frequenzgleich, gleichfrequent
рад *m* 1. Rad *n*, rad *(SI-fremde Einheit der Energiedosis)*; 2. *s.* радиан
радáр *m s.* 1. радиолокатор; 2. радиолокация
радиáльный radial, Radial..., strahlig, strahlenförmig
радиáн *m (Math)* Radiant *m*, rad *(Einheit des ebenen Winkels)*
радиáтор *m* 1. *(Wmt)* Heizkörper *m*, Radiator *m*; 2. Kühler *m (von Verbrennungsmotoren)*
~/**мáсляный** *(Kfz)* Ölkühler *m*
~/**пласти́нчатый** *(Kfz)* Lamellenkühler *m*
~/**сóтовый** *(Kfz)* Wabenkühler *m*
радиациóнный Strahlungs...
радиáция *f* Strahlung *f (s. a. unter* лучи *und* излучение*)*
~/**косми́ческая** kosmische Strahlung *f*, Höhenstrahlung *f*
~/**волновáя** Wellenstrahlung *f*
~/**втори́чная** *(Kern)* Sekundärstrahlung *f*
~/**остáточная** Restkernstrahlung *f (bei der Kernexplosion)*
~ **Сóлнца** Sonnenstrahlung *f*
~/**тепловáя** *(Therm)* Wärmestrahlung *f*
рáдий *m (Ch)* Radium *n*, Ra
радикáл *m* 1. *(Math)* Radikal *n*, Wurzelzeichen *n*; 2. *(Ch)* Radikal *n*, Rest *m*
~/**кислóтный** *(Ch)* Säurerest *m*
~/**свобóдный** *(Ch)* freies Radikal *n*
рáдио *n* 1. Radio(gerät) *n*, Rundfunkgerät *n*; 2. Funkgerät *n*
радиоактивáция *f (Kern)* Aktivierung *f*
радиоакти́вность *f (Kern)* Radioaktivität *f*
~/**естéственная** natürliche Radioaktivität *f*
радиоакти́вный *(Kern)* radioaktiv
радиоакти́ний *m (Ch)* Radioaktinium *n*
радиоальтимéтр *m s.* радиовысотомер
радиоаппаратýра *f* Funkgeräte *npl*, funktechnische [radiotechnische] Geräte *npl*, Funkanlage *f*
радиоастронóмия *f* Radioastronomie *f*
радиобáшня *f* Funkturm *m*; Sendeturm *m*
радиобиолóгия *f* Strahlenbiologie *f*, Radiobiologie *f*
радиобýй *m (Schiff)* Funkboje *f*
радиовещáние *n* Rundfunk *m*
~/**звуковóе** Hör(rund)funk *m*
~/**проводнóе** Drahtfunk *m*
радиовещáтельный Rundfunk...
радиоволнá *f* Radiowelle *f*, Rundfunkwelle *f*

радиоволново́д *m (El)* Hochfrequenzwellenleiter *m*, HF-Wellenleiter *m*
радиовысотоме́р *m* Radarhöhenmesser *m*
радиогала́ктика *f (Astr)* Radiogalaxie *f*
радиогеохи́мия *f* Radiogeochemie *f*
радиогонио́метр *m* Radiogoniometer *n*
радиогониоме́трия *f* Radiogoniometrie *f*
радиогра́мма *f* Funkspruch *m*
~/**коди́рованная** verschlüsselter Funkspruch *m*
радиогра́фия *f* 1. Radiographie *f*; 2. Radiogramm *n*, radiographische Aufnahme *f*
радиодальноме́р *m* Radarentfernungsmessinstrument *n*
радиодальнометри́я *f* Radarentfernungsmessung *f*
радиодевиа́ция *f* Funkbeschickung *f*
радиодета́ль *f* funktechnisches Bauelement *n*; Rundfunkbauelement *n*
радиодефектоскопи́я *f* Gammadefektoskopie *f (zerstörungsfreie Werkstoffprüfung mittels radioaktiver Strahlung)*
радиозо́нд *m (Meteo)* Radiosonde *f*
радиоизлуче́ние *n (Astr)* Radio(frequenz)strahlung *f*
~/**косми́ческое** kosmische Radiostrahlung *f*
~ **Со́лнца** solare Radiostrahlung *f*
радиоизмере́ние *n* Radarmesswesen *n*, Radarmesstechnik *f*
радиоизото́п *m (Kern)* Radioisotop *n*, radioaktives Isotop *n*
радиои́мпульс *m* Hochfrequenzimpuls *m*, HF-Impuls *m*
радиоинтерферо́метр *m (Astr)* Interferometer *n*, Radiointerferometer *n*
радиоисто́чник *m (Astr)* (diskrete) Radioquelle *f*
радиокера́мика *f* funktechnische [radiotechnische] Keramik *f*
радиоко́мпас *m (Flg)* Radiokompass *m*, Funkkompass *m*
радиоконтро́ль *m* Radarüberwachung *f*
радио́лиз *m (Ch)* Radiolyse *f*
радиоли́ния *f* Funkstrecke *f*, Funkweg *m*
радиоло́гия *f* Radiologie *f*, Strahlenkunde *f*
радиолока́тор *m* 1. Radargerät *n*, Radar *n(m)*; 2. Radarstation *f*
~/**до́плеровский** Doppler-Radargerät *n*
~ **кругово́го обзо́ра** 1. Rundsichtradar(gerät) *n*; 2. Rundsichtradarstation *f*
радиолокацио́нный Radar...
радиолока́ция *f* Radartechnik *f*
~/**и́мпульсная** Impulsradar(verfahren) *n*
радиолу́ч *m* Leitstrahl *m*, Funkstrahl *m*
радиолюби́тель *m* Funkamateur *m*; Radioamateur *m*
радиолюби́тельский Funkamateur...; Radioamateur...
радиолюминесце́нция *f* Radiolumineszenz *f*
радиомаркёр *m (Flg)* Markierungs(funk)feuer *n*, Einflugzeichen *n*, Einflugbake *f*
радиома́чта *f* Funkmast *m*, Antennenmast *m*
радиома́як *m* 1. Funkfeuer *n*, Funkbake *f*, Radarbake *f*; 2. Peilsender *m*
~/**авари́йный** Notpeilsender *m*
~/**аэродро́мный** Platzfeuer *n*
~/**всенапра́вленный** Drehfunkfeuer *n*
~/**курсово́й** Kursfunkfeuer *n*, Kursfunkbake *f*
~/**маркёрный** Markierungsfunkfeuer *n*, Markierungsbake *f*
~/**напра́вленный** Richtfunkfeuer *n*, Richtfunkbake *f*
~/**ненапра́вленный** ungerichtetes [rundstrahlendes] Funkfeuer *n*
~/**поса́дочный** Landefunkfeuer *n*, Landefunkbake *f*
~/**спаса́тельный** Notpeilsender *m*
радиома́як-отве́тчик *m* Ansprechfunkfeuer *n*, Antwortbake *f*
радиома́ячный Funkfeuer...
радиометео́р *m (Astr)* Radiometeor *m*
радиометеороло́гия *f* Radiometeorologie *f*
радио́метр *m* 1. Radiometer *n*; 2. *(Astr)* Radiostrahlungsmesser *m*; 3. *(Geoph)* radiometrische Sonde *f*
радиометри́ческий radiometrisch, Radiometer...
радиоме́трия *f* Radiometrie *f*, Strahlungsmessung *f*
радиомолча́ние *n* Funkstille *f*

радионаблюде́ние *n* Funkbeobachtung *f*
радионавига́ция *f* Funknavigation *f*
~/**бли́жняя** Kurzstreckenfunknavigation *f*
~/**да́льняя** Weitstreckenfunknavigation *f*
радионаправле́ние *n* Funkrichtung *f*
радионукли́д *m (Ch)* Radionuklid *n*
радиообме́н *m* Funkverkehr *m*
радиообору́дование *n* Funkausrüstung *f*; Rundfunkausrüstung *f*
радиопе́ленг *m* Funkpeilung *f*
радиопеленга́тор *m* 1. Funkpeiler *m*, Funkpeilgerät *n*; 2. Funkpeilstelle *f*, Peilfunkstelle *f*
радиопеленга́ция *f* Funkpeilung *f*
радиопереда́тчик *m* Rundfunksender *m*, Sender *m*
радиопереда́ча *f* Funksendung *f*, Funkübertragung *f*
радиоперехва́т *m* Abhören *n (von Funkverbindungen)*
радиопослу́шивание *n* 1. Funküberwachung *f*; 2. *s.* радиоперехват
радиопозывны́е *pl* Funkrufzeichen *npl*
радиопоме́хи *fpl* 1. Funkstörungen *fpl*; 2. Rundfunkstörungen *fpl*
радиоприём *m* 1. Funkempfang *m*; 2. Rundfunkempfang *m*
~/**сверхда́льний** Überreichweitenempfang *m*
радиоприёмник *m* 1. Funkempfänger *m*, Funkempfangsgerät *n*; 2. Rundfunkempfänger *m*, Radio *n (s. a. unter* приёмник*)*
~/**автомоби́льный** Autoradio *n*
~/**батаре́йный** Batterieempfänger *m*
~/**супергетероди́нный** Überlagerungsempfänger *m*, Superheterodynempfänger *m*, Super(het) *m*
~/**транзи́сторный** Transistorempfänger *m*
радиоприёмник-часы́-буди́льник *m* Radiowecker *m*
радиору́бка *f* Funk(er)raum *m*
радиосвя́зь *f* 1. Funkverbindung *f*, leitungslose Verbindung *f*; 2. Funk *m*, Funkverkehr *m*; 3. leitungsloses Fernmeldewesen *n*
~/**люби́тельская** Amateurfunk(verkehr) *m*
~/**морска́я** 1. Seefunkverbindung *f*; 2. Seefunk(verkehr) *m*
радиосекста́н *m (Schiff)* Radiosextant *m*
радиосе́ть *f* Funknetz *n*
радиосигна́л *m* Funksignal *n*
радиослу́жба *f* Funkdienst *m*
~/**морска́я** Seefunkdienst *m*
радиоспектро́метр *m (Astr)* Radio(wellen)spektrometer *n*, Radio(wellen)spektroskop *n*
радиоспектроскопи́я *f* Hochfrequenzspektroskopie *f*, HF-Spektroskopie *f*, Radiofrequenzspektroskopie *f*
радиоста́нция *f* Funkstelle *f*; Funkstation *f*
~/**авиацио́нная** Flugfunkstelle *f*
~/**берегова́я** Küstenfunkstelle *f*
~/**бортова́я** *(Schiff)* Bordfunkanlage *f*
~/**метеорологи́ческая** Wetterfunkstelle *f*
~/**морска́я** Seefunkstelle *f*
~/**передаю́щая** Funksendestation *f*
~/**приёмная** Funkempfangsstation *f*
~/**приёмно-передаю́щая** Sende-Empfangs-Station *f*
радиосхе́ма *f* Rundfunkempfängerschaltung *f*, Empfängerschaltplan *m*
радиотелегра́ф *m* Funktelegraph *m*
радиотелеграфи́я *f* leitungslose Telegraphie *f*, Funktelegraphie *f*
радиотелегра́фный funktelegraphisch, Funktelegraphie...
радиотелеизмере́ние *n s.* радиотелеметрия
радиотелеметри́ческий Radarfernmess..., Hochfrequenzfernmess...
радиотелеметри́я *f* Radarfernmessung *f*, Funktelemetrie *f*
радиотелеско́п *m (Astr)* Radioteleskop *n*
радиотелеуправле́ние *n* leitungslose Fernsteuerung *f*, Funkfernsteuerung *f*, Funkfernlenkung *f*
радиотелефо́н *m* 1. Funktelephon *n*, Funkfernsprecher *m*; 2. Funksprechgerät *n*
радиотелефони́я *f* 1. Sprechfunk(verkehr) *m*; 2. leitungslose Telephonie *f*, Funktelephonie *f*
радиотелефо́нный 1. Sprechfunk...; 2. Funk(fern)sprech...
радиоте́нь *f* Funkschatten *m*
радиоте́хника *f* Funktechnik *f*; Rundfunktechnik *f*; Hochfrequenztechnik *f*, HF-Technik *f*

радиотехни́ческий funktechnisch; hochfrequenztechnisch
радиотрансля́ция *f* Rundfunkübertragung *f*
радиоу́зель *m* Funkleitstelle *f*
радиоуправле́ние *n* Funksteuerung *f*, Funklenkung *f*
радиоуправля́емый funkgesteuert, leitungslos gesteuert
радиоустанóвка *f* Funkanlage *f*
радиофарфóр *m* Hochfrequenzporzellan *n*, HF-Porzellan *n*
радиофи́зика *f* Hochfrequenzphysik *f*, HF-Physik *f*
радиохими́ческий radiochemisch
радиохи́мия *f* Radiochemie *f*
радиоце́нтр *m* Funkzentrale *f*; Funkhaus *n*
~/**передаю́щий** Funksendezentrale *f*
~/**приёмный** Funkempfangszentrale *f*
радиочастотá *f* Funkfrequenz *f*, Radiofrequenz *f*
радиоэлектрóника *f* Radioelektronik *f*, Funkelektronik *f*
радиоэлеме́нт *m (Kern)* radioaktives Element *n*, Radioelement *n*
радиоэ́хо *n* Funkecho *n*
ради́ровать funken, senden
рáдиус *m (Math)* Radius *m*, Halbmesser *m*
~ **де́йствия** Wirkungsradius *m*, Wirkungsbereich *m*; Aktionsradius *m*; Reichweite *f*
~ **закругле́ния** *(Fert)* Abrundungsradius *m*, Ausrundungsradius *m*
~ **ине́рции** *(Mech)* Trägheitsradius *m*
~ **кривизны́** 1. *(Math)* Krümmungsradius *m*; 2. *(Masch)* Krümmungshalbmesser *n (Zahnflanke)*
~ **поворóта** 1. Wenderadius *m (von Fahrzeugen)*; 2. Schwenkradius *m (des Kranauslegers)*
~/**поля́рный** *(Astr)* Polradius *m*, Polhalbmesser *m*
рáдиус-ве́ктор *m (Math)* Radiusvektor *m*, Leitstrahl *m*, Ortsvektor *m*
радóн *m* 1. *(Ch)* Radon *n*, Rn; 2. *(Kern)* Radon *n*, Radiumemanation *f (Nuklid)*
рáдуга *f* Regenbogen *m*
разбави́тель *m* Verdünnungsmittel *n*; Verschnittmittel *n*; Streckmittel *n*
разбавле́ние *n* Verdünnen *n*, Verdünnung *f*
разбáвленный verdünnt
разбавля́ть verdünnen
разбаланси́рованный 1. *(El)* nicht im Gleichgewicht befindlich, verstimmt *(Messbrücke)*; 2. *(Photo)* farbstichig; 3. *(Flg)* vertrimmt
разбе́г *m* 1. Anfahren *n*; Hochlaufen *n (Motoren)*; 2. Anlauf *m*, Anrollen *n (Flugzeuge beim Start)*
разби́вка *f* 1. Zerschlagen *n*, Zertrümmern *n*; 2. Zerkleinern *n*; Zerlegen *n*; 3. Aufteilung *f*, Aufteilen *n*, Untergliedern *n*
разбирать demontieren, auseinander nehmen
разбóрка *f* 1. Zerlegen *n*, Auseinandernehmen *n*; 2. Demontage *f*, Abbau *m*; 3. *(Met, Bgb)* Sortieren *n*, Klassieren *n*, Klauben *n*; 4. Abtragen *n*, Abreißen *n (eines Bauwerks)*
разбóрный 1. zerlegbar, auseinander nehmbar; 2. mehrteilig
разбóрчивость *f* Verständlichkeit *f (Sprache)*; Lesbarkeit *f (Zeichen)*
разбракóвка *f* Aussondern [Aussortieren] *n* von Ausschuss
разбрáсыватель *m (Lw)* Streuer *m*, Verteiler *m (von Dünger etc.)*
разбрóс *m* Streuung *f*; Streubreite *f (von Messwerten)*
разбры́згивание *n* Spritzen *n*; Sprühen *n*, Versprühen *n*; Zerstäuben *n (von Flüssigkeiten)*
~ **черни́л** Tintenstrahltechnik *f*, Ink-Jet-Technik *f (Drucker)*
разбры́згиватель *m* Sprüheinrichtung *f*; Spritzpistole *f (in der Anstrichtechnik)*; Zerstäuber *m (für Flüssigkeiten)*
разбры́згивать verspritzen, versprühen; zerstäuben *(Flüssigkeiten)*
разбухáние *n* Aufquellen *n*, Quellen *n*; Anschwellen *n*, Schwellen *n*
разбухáть (auf)quellen, anschwellen
развáл *m* 1. Einsturz *m*; Zusammenbruch *m*; 2. Schräge *f*, Sturz *m (von Rädern)*; 3. *(Bgb)* Nachfall *m*
развальцóвка *f* Auswalzen *n (von Blechen)*; Aufweiten *n*; Aufwalzen *n (von Rohren)*

развальцо́вывать auswalzen *(Bleche)*; aufweiten; aufwalzen *(Rohre)*
разва́ривать zerkochen
разве́данный *(Geol, Bgb)* erkundet
разведе́ние *n* 1. *(Ch)* Verdünnen *n*; 2. *(Lw)* Anbau *m (von Pflanzen)*; Zucht *f (von Tieren)*
разве́дка *f (Geol, Bgb)* Erkundung *f*, Prospektierung *f*
~/**геофизи́ческая** geophysikalische Erkundung *f*
~/**гравиметри́ческая [гравитацио́нная]** gravimetrische Prospektierung *f*, Gravitationsprospektierung *f*, Gravitationserkundung *f*
~/**нефтяна́я** Erdölerkundung *f*
~/**сейсми́ческая** seismische Erkundung *f*, seismisches Prospektieren *n*, Seismik *f*
разве́дочный *(Geol, Bgb)* Erkundungs..., Schürf...
развёртка *f* 1. *s.* развёртывание; 2. *(Wkz)* Reibahle *f*
~ **изображе́ния** *(TV)* Bildabtastung *f*
~/**ка́дровая** *(TV)* Bildabtastung *f*; Bildablenkung *f*
~/**маши́нная** *(Wkz)* Maschinenreibahle *f*
~/**обди́рочная** *(Wkz)* Schälreibahle *f*
~/**стро́чная** *(TV)* Zeilenablenkung *f*, zeilenweise Ablenkung *f*; *(TV)* Zeilenabtastung *f*
~/**чересстро́чная** *(TV)* Zeilensprungabtastung *f*, Zwischenzeilenabtastung *f*
~/**чернова́я** *(Wkz)* Schruppreibahle *f*
~/**чистова́я** *(Wkz)* Fertigreibahle *f*
развёртывание *n* 1. *(Math)* Abwickeln *n (Zylinder- bzw. Kegelmäntel)*; 2. *(TV)* Abtasten *n*, Abtastung *f*; 3. *(El, Eln)* Ablenkung *f*; 4. *(Fert)* Reiben *n*, Aufreiben *n (Bohrungsflächen)*; 5. *(Wlz)* Abrollen *n*, Entrollen *n (z. B. Haspeln an der Drahtstraße)*
развёртыватель *m (El)* Abtaster *m*, Abtastvorrichtung *f*, Scanner *m*; Bildfeldzerleger *m*
развёртывать 1. *(Math)* abwickeln; 2. *(Fert)* reiben, aufreiben *(Bohrungen)*; 3. *(Eln)* ablenken, auslenken; 4. *(TV)* abtasten
разветви́тель *m (El)* Verzweiger *m*; Abzweigdose *f*
разветвле́ние *n* 1. Verzweigung *f*, Abzweigung *f*, Gabelung *f*; 2. *(Eb)* Abzweigung *f (Strecke)*
разветвлённый verzweigt
разви́лка *f* Verzweiger *m*; *(Masch)* Gabelstück *n*; Gabelrohr *n*
разви́нчивание *n* Lockern *n (Schrauben)*, Losschrauben *n*
разви́нчивать lockern *(Schrauben)*, losschrauben
разви́тие *n* Entwicklung *f*
разводи́ть 1. trennen; 2. *(Ch)* (auf)lösen; verdünnen; 3. *(Wkz)* schränken *(Sägen)*; 4. *(Lw)* anbauen *(Pflanzen)*; züchten *(Tiere)*
разво́дка *f* 1. Schränken *n (von Sägen)*; 2. *(Wkz)* Schränkeisen *n (für Sägen)*; 3. Verteiler *m*, Abzweig *m*; 4. *(Eln)* Pinbelegung *f*, Anschlussbelegung *f*; 5. *(Eln)* Kontakt- und Leitbahnsystem *n*; 6. *(Led)* Ausrecken *n*, Ausstoßen *n*
~/**жёсткая** *(El)* feste Verdrahtung *f*
развозбужда́ть *(El)* entregen, aberregen
разворо́т *m* 1. Entwicklung *f*, Entfaltung *f*; 2. *(Flg)* Kehre *f*; 3. *(Kfz)* Wenden *n*
развя́зка *f* 1. *(El)* Entkopplung *f*; 2. Entflechtung *f (Verkehr)* • **с оптоэлектро́нной развя́зкой** optoentkoppelt
~/**гальвани́ческая** *(El)* galvanische Trennung [Entkopplung] *f*
разгерметиза́ция *f* 1. Leckwerden *n*, Undichtwerden *n*; 2. *(Mech)* Druckabbau *m*, Druckentlastung *f*
разгиба́ть auseinander biegen; gerade biegen
разгла́живать 1. glätten; 2. *(Text)* plätten; 3. *(Pap)* glatt streichen
разгово́р *m (Nrt)* Gespräch *n*
~/**беспла́тный** gebührenfreies Gespräch *n*
~/**междугоро́дный** Ferngespräch *n*
~/**ме́стный** Ortsgespräch *n*
~/**сро́чный** dringendes Gespräch *n*
разго́н *m* 1. Anlauf *m*, Hochlauf *m*, Anfahren *n (einer Maschine)*; 2. *(Kfz)* Durchgehen *n (des Motors)*; Beschleunigung *f*; 3. Abstand *m*, Zwischenraum *m (z. B. zwischen Leitungsmasten)*
~ **с ме́ста** *(Kfz)* Beschleunigen *n* aus dem Stand

разго́нка *f (Schm)* Breiten *n*; Strecken *n*; Treiben *n (Bleche)*; 2. *(Ch)* fraktionierte Destillation *f*
разгоня́ть 1. *(Schm)* breiten; strecken; treiben *(Bleche)*; 2. *(Ch)* destillieren; 3. hochfahren, beschleunigen *(eine Maschine)*
разгружа́ть 1. ausladen, entladen, *(Fahrzeuge)*; abladen *(Güter)*; entleeren *(Gefäße)*; löschen *(Schiffe)*; 2. entlasten; 3. *(Bgb)* verkippen; schütten
разгру́зка *f* 1. Entladen *n*, Entladung *f (von Fahrzeugen)*; Ausladen *n*; Abladen *n (von Gütern)*; Entleeren *n (von Gefäßen)*; 2. Entlastung *f*; 3. *(Schiff)* Löschen *n*; 4. *(Bgb)* Verkippen *n*, Verkippung *f*; Schüttung *f*
~/**бокова́я** Seitenentladung *f*, Seitenentleerung *f*
~/**до́нная** Bodenentleerung *f*
~ **па́мяти** *s.* дамп
разгру́зочный 1. Entlade...; Entleerungs...; 2. Entlastungs...; 3. *(Schiff)* Lösch...
разгру́зчик *m* Entlader *m*, Entladevorrichtung *f*, Entladegerät *n*
~/**боково́й** Seitenentlader *m*
~/**до́нный** Bodenentlader *m*
разда́ча *f* 1. Austeilung *f*, Ausgabe *f*; 2. *(Wlz)* Breiten *n*; Aufweiten *n*; 3. *(Schm)* Recken *n*, Reckschmieden *n*
раздвижно́й ausschiebbar, ausziehbar, Teleskop...
раздвое́ние *n* 1. Halbierung *f*, Zweiteilung *f*; 2. Gabelung *f*
раздева́лка *f* Umkleidekabine *f*
раздева́ть *(Met, Gieß)* strippen *(Gussblöcke)*
разде́л *m* 1. Teilung *f*, Aufteilung *f*; 2. *(Inf)* Programmbereich *m*
разделе́ние *n* 1. Einteilung *f*; Aufteilung *f*; 2. Trennen *n*, Trennung *f*; Abtrennen *n*, Abtrennung *f*; Scheiden *n*, Scheidung *f*; 3. *(Inf)* Splittung *f*, Aufteilung *f (der Speicher)*; 4. *(Fert)* Vereinzeln *n (von Werkstücken)*
~ **вре́мени** *(Inf)* Zeitteilung *f*, zeitliche Verschachtelung *f*, Time-Sharing *n*; *(Nrt)* Zeitvielfach *n*, Zeitmultiplex *n*
~/**гравитацио́нное** Schwerkrafttrennung *f (Aufbereitung)*
~ **изото́пов** *(Kern)* Isotopentrennung *f*
~ **кана́лов** *(Nrt)* Multiplexen *n*, Mehrfachausnutzung *f*
~/**ко́довое** *(Nrt)* Codemultiplex *n*
~/**простра́нственное** *(Nrt)* Raummultiplex *n*
~/**часто́тное** *(Nrt)* Frequenzmultiplex *n*
раздели́тель *m* Scheider *m*, Scheidemittel *n*, Separator *m*
разде́лка *f* Zurichten *n*, Zurichtung *f*, Herrichtung *f*
разделя́ть 1. (zer)teilen; abtrennen; 2. trennen, klassieren, scheiden *(Aufbereitung)*; 3. einteilen, verteilen; aufteilen; 4. *(Math)* dividieren; 5. *(Ch)* fraktionieren, entmischen, scheiden
раздробле́ние *n* 1. Zerkleinern *n*, Zerkleinerung *f*; Zerstückeln *n*, Zersplittern *n*; 2. Brechen *n (von Steinen, Erzen)*
ра́зер *m* Raser *m*
разжело́бок *m (Bw)* Dachkehle *f*
разжига́ть 1. anzünden , entzünden; 2. aufheizen, anheizen
разжижа́ть 1. verdünnen; 2. verflüssigen
разжиже́ние *n* 1. Verdünnen *n*; 2. Verflüssigen *n*
разжижи́тель *m* Verdünner *m*, Verdünnungsmittel *n*
разжима́ть 1. auseinander drücken, spreizen; 2. *(Fert)* abspannen, entspannen *(Werkstücke)*; 3. abklemmen *(Maschinenteile)*
раззенко́вка *f (Fert)* Aussenken *n*, Aussenkung *f*
раззенко́вывать *(Fert)* aussenken
разлага́ть 1. zerlegen; zersetzen; 2. *(TV)* zerlegen, abtasten; 3. *(Ch)* zersetzen
~ **в ряд** *(Math)* eine Reihe entwickeln
разлага́ться sich zersetzen, zerfallen
разлива́ть 1. ausgießen, vergießen, ausschütten; 2. *(Gieß)* (ab)gießen; 3. *(Lebm)* abfüllen *(auf Flaschen)*
разли́вка *f (Met)* Gießen *n*, Vergießen *n*, Guss *m*, Abgießen *n*
~/**вертика́льная** stehendes Gießen *n*
~/**группова́я** Gießen *n* im Gespann, Gespannguss *m*
~/**непреры́вная** Stranggießen *n*, Strangguss *m*

~ **сверху́** fallendes Gießen *n*, Kopfguss *m*
~/**сифо́нная** steigendes Gießen *n*, Bodenguss *m*
разли́вочный 1. Gieß...; 2. *(Lebm)* Füll..., Abfüll...
разли́чие *n* Unterscheidung *f*, Unterschied *m*; Diskriminierung *f*
разложе́ние *n* 1. Zerlegen *n*, Zerlegung *f*; 2. *(Ch)* Spaltung *f*, Zersetzung *f*; 3. *(Math)* Entwicklung *f*, Zerlegung *f*; 4. *(TV)* Zerlegung *f*, Abtastung *f*
~ **в ряд** *(Math)* Reihenentwicklung *f*
~ **кислото́й** *(Ch)* Säureaufschluss *m*
~ **на мно́жители** *(Math)* Faktorisierung *f*, Zerlegung *f* in Faktoren
~ **си́лы** *(Mech)* Kräftezerlegung *f*
разложи́мый zerlegbar
разло́м *m* Bruch *m*, Bruchstelle *f*
~/**глуби́нный** *(Geol)* Tiefenbruch *m*
размагни́чивание *n (El)* Entmagnetisierung *f*
размагни́чивать *(El)* entmagnetisieren
разма́лывание *n* Mahlen *n*, Vermahlen *n*, Zermahlen *n*, Feinzerkleinern *n*
разма́тывать 1. abwickeln; 2. abspulen, abhaspeln, weifen *(Garne)*; 3. auslegen *(Kabel)*
разма́х *m* 1. Wucht *f*, Schwung *m*; 2. Bereich *m*, Amplitude *f*; 3. Hub *m* *(z. B. der Frequenz)*; 4. Spannweite *f* *(eines Tragflügels)*; 5. Ausschlag *m* *(eines Zeigers)*
разма́чивать einweichen
размельча́ть (fein) zerkleinern
размельче́ние *n* Mahlen *n*; Feinzerkleinerung *f*
разме́р *m* 1. Maß *n*, Abmessung *f*; 2. Ausmaß *n*; Umfang *m*; Größe *f*; Format *n*
~/**действи́тельный** Istmaß *n*, tatsächliches Maß *n*
~/**за́данный** Sollmaß *n*, vorgegebenes Maß *n*
~/**наибо́льший** Größtmaß *n*
~/**наиме́ньший** Kleinstmaß *n*
~/**нару́жный** Außenmaß *n*, Außenabmessung *f*
~/**номина́льный** Nennmaß *n*
~/**оконча́тельный** Endmaß *n*, Fertigmaß *n*
~/**преде́льный** Grenzmaß *n*
~/**черново́й** *(Fert)* Rohmaß *n*
~/**чистово́й** *(Fert)* Fertigmaß *n*
разме́рность *f* Dimension *f*
разме́тка *f* 1. Markierung *f*; 2. *(Fert)* Anreißen *n (von Werkstücken)*; 3. *(Inf)* Formatieren *n*, Sektorieren *n*; Textgestaltung *f*
~ **прое́зжей ча́сти (доро́ги)** Fahrbahnmarkierung *f*
разме́тчик *m (Fert)* Anreißer *m*
размеча́ть 1. markieren; 2. *(Fert)* anreißen *(Werkstücke)*
~ **ке́рнером** *(Fert)* (an)körnen
разме́шивание *n* Durchmischen *n*, Rühren *n*; Durchkneten *n*
разме́шивать durchmischen, rühren; durchkneten
размеща́ть (räumlich) verteilen, unterbringen, anordnen
размеще́ние *n* Aufstellung *f*, Aufstellen *n*, Unterbringung *f*, Anordnung *f*; Standortverteilung *f*
размноже́ние *n* Vervielfachung *f*, Multiplikation *f*
~ **дислока́ции** *(Krist)* Versetzungsmultiplikation *f*, Versetzungvervielfachung *f*
размо́л *m* 1. Mahlen *n*, Vermahlen *n*; 2. Mahlgut *n*, Mahlprodukt *n*
размора́живание *n* Abtauen *n (z. B. Kühlschränke)*; Auftauen *n (Produkte)*
размы́в *m (Hydrol)* Ausspülung *f*, Unterspülung *f*, Auswaschung *f*
размыка́ние *n* 1. *(El)* Trennen *n*, Unterbrechen *n*, Unterbrechung *f (des Stromes)*; Öffnen *n (eines Stromkreises)*; Auslösen *n (eines Relais)*; 2. *(Eb)* Entblocken *n*, Freigeben *n (der Strecke)*
размы́тость *f* 1. Verschwommenheit *f*, Unschärfe *f (von Abbildungen)*; 2. *(TV)* Verwaschung *f*, Trübung *f*
размы́тый verwaschen, unscharf
размягча́ть weich machen, erweichen, aufweichen
размягче́ние *n* Erweichen *n*, Erweichung *f*; Weichmachen *n*
ра́зница *f* Unterschied *m*
разнове́с *m* Gewichtssatz *m*, Satz *m* der Wägestücke
разнови́дность *f* Abart *f*, Abwandlung *f*, Modifikation *f*

разновреме́нность *f* Ungleichzeitigkeit *f*
разноимённый ungleichnamig; *(Fert)* entgegengerichtet, gegensinnig
разнополя́рный heteropolar
разно́с *m* 1. Spreizung *f*; 2. Durchgehen *n (eines Motors)*
разносторо́нний *(Math)* ungleichseitig *(Dreieck)*
ра́зность *f* Unterschied *m*, Differenz *f*
~ **теплосодержа́ний** *(Wmt)* Wärmegefälle *n*
разноцве́тный verschiedenfarbig, bunt
разобра́нный zerlegt, demontiert
разобща́ть 1. trennen, absondern; 2. auskuppeln, ausrücken, lösen *(Kupplung)*
разобще́ние *n* 1. Trennen *n*, Absondern *n*, Absonderung *f*; 2. Auskuppeln *n*, Ausrücken *n*, Lösen *n (Kupplung)*
разо́мкнутый geöffnet, offen; *(El)* getrennt *(Stromkreis)*; abgeschaltet
разраба́тывать 1. ausarbeiten *(Projekte)*; ausgestalten, entwickeln *(Konstruktionen)*; 2. *(Bgb)* abbauen, ausbeuten
разрабо́тка *f* 1. Ausarbeiten *n*, Ausarbeitung *f (von Projekten)*; Ausgestalten *n*, Ausgestaltung *f*, Entwicklung *f (von Konstruktionen)*; 3. *(Bgb)* Abbau *m (s. a. unter* выработка 3.*)*
~/**гидравли́ческая** *(Bgb)* hydraulische Gewinnung *f*
~/**откры́тая** *(Bgb)* Tagebau *m*
~ **откры́тым спо́собом** *(Bgb)* Tagebau *m*
~/**подзе́мная** *(Bgb)* Tiefbau *m*
~ **програ́мм** Programmentwicklung *f*
~ **програ́ммного обеспече́ния** Softwareentwicklung *f*
~ **с обруше́нием** *(Bgb)* Bruchbau *m*
~ **схе́мы** *(El)* Schaltkreisentwicklung *f*
разра́внивание *n* Einebnen *n*, Planieren *n*
разрежа́ть 1. verdünnen; 2. *(Forst)* (aus)lichten *(Baumbestand)*
разреже́ние *n* 1. Verdünnen *n (von Luft, Gasen)*; 2. Unterdruck *m*; 3. Vakuum *n*
разрежённый 1. verdünnt *(Luft, Gase)*; 2. *(Forst)* licht, gelichtet *(Baumbestand)*
разре́з *m* 1. Schnitt *m*, Riss *m*; 2. Zerschneiden *n*, Durchschneiden *n*, Aufschneiden *n*
разреше́ние *n* 1. Erlaubnis *f*, *(Flg auch:)* Freigabe *f*; 2. *(Opt)* Auflösung *f*; 3. *(Math)* Lösung *f*
~/**высо́кое** *(Opt)* hohe Auflösung *f*, hohes Auflösungsvermögen *n*
~ **на взлёт [полёт]** *(Flg)* Startfreigabe *f*
~ **на поса́дку** *(Flg)* Landeerlaubnis *f*, Landefreigabe *f*
разрешённый erlaubt
разреши́мый *(Math)* lösbar
разруба́ть zerhacken, zerhauen; spalten
разруша́емость *f (Fest)* Bruchanfälligkeit *f*
разруша́ть zerstören; angreifen
разруше́ние *n* 1. Zerstörung *f*, Angriff *m*; Zerfallen, Zerfall *m*; 2. *(Fest)* Bruch *m*
~/**вя́зкое** *(Fest)* duktiler [zäher] Bruch *m*, Verformungsbruch *m*
~/**коррозио́нное** Zerstörung *f* durch Korrosion, Korrosionsangriff *m*
~/**уста́лостное** *(Fest)* Dauerbruch *m*, Ermüdungsbruch *m*
~/**хру́пкое** *(Fest)* Sprödbruch *m*
разры́в *m* 1. Zerreißen *n*, Reißen *n*, Bersten *n*; 2. Riss *m*; Bruch *m*, Bruchstelle *f*; 3. *(El)* Unterbrechung *f*, Bruch *m*; 4. *(Math)* Unstetigkeit *f (einer Funktion)*
разрыва́ть 1. zerreißen; 2. *(El)* abschalten; unterbrechen
разрыва́ться zerreißen; bersten
разрывно́й 1. Zerreiß...; 2. *(El)* Abschalt...
разры́вность *f* Unstetigkeit *f*, Diskontinuität *f*
разрыхле́ние *n* 1. Auflockern *n*, Lockern *n*; 2. *(Gieß)* Auflockerung *f*, Durchlüftung *f (Formstoff)*; 3. *(Text)* Öffnen *n (von Rohwolle)*
разрыхли́тель *m* 1. Lockerungsgerät *n*; 2. *(Gieß)* Formstoffschleuder *m*; 3. *(Text)* Öffner *m (für Rohwolle)*
разрыхля́ть 1. (auf)lockern *(Böden)*; 2. *(Gieß)* auflockern, durchlüften *(Formstoff)*; 3. *(Text)* öffnen *(Rohwolle)*

разря́д *m* 1. *(El)* Entladung *f*; 2. *(Math)* Ordnung *f*; 3. *(Inf)* Stelle *f*, Bit *n*
~/**атмосфе́рный** *(El)* atmosphärische Entladung *f*
~/**высокочасто́тный** *(El)* Hochfrequenzentladung *f*, HF-Entladung *f*
~/**га́зовый** *(El)* Gasentladung *f*
~/**грозово́й** Blitzentladung *f*
~/**двои́чный** *(Inf)* Binärstelle *f*, Bit *n*
~/**десяти́чный** *(Inf)* Dezimalstelle *f*
~/**дли́тельный** *(El)* Dauerentladung *f*
~/**дугово́й** *(El)* Bogenentladung *f*, Lichtbogenentladung *f*
~/**зна́ковый** *(Inf)* Vorzeichenbit *n*, Vorzeichenstelle *f*
~/**и́мпульсный** *(El)* Impulsentladung *f*
~/**искрово́й** *(El)* Funkenentladung *f*
~/**кистево́й** *(El)* Büschelentladung *f*
~/**ко́ронный** *(El)* Koronaentladung *f*
~/**мла́дший** *(Inf)* niederwertig(st)es Bit *n*, LSB *n*
~/**многокра́тный** *(El)* Mehrfachentladung *f*
~/**пове́рхностный** *(El)* Oberflächenentladung *f*
~/**ста́рший** *(Inf)* höchstwertiges Bit *n*, MSB *n*
~/**тёмный** *(El)* Dunkelentladung *f*
~/**ти́хий** *(El)* stille Entladung *f*
~/**тле́ющий** *(El)* Glimmentladung *f*
~/**то́чечный** *(El)* Spitzenentladung *f*
~/**цифрово́й** *(Inf)* Ziffernstelle *f*
~/**фла́говый** *(Inf)* Flagbit *n*
~ **числа́** *(Inf)* Zahlenstelle *f*
~/**электри́ческий** elektrische Entladung *f*
разря́дник *m (El)* 1. Überspannungsableiter *m*; 2. Entladungsraum *m*, Entladungsstrecke *f*
~/**грозово́й** Blitzableiter *m*
~/**измери́тельный** Messfunkenstrecke *f*
~/**искрово́й** Funkenstrecke *f*
разря́дно-ориенти́рованный *(Inf)* bitorientiert
разря́дность *f (Inf)* Verarbeitungsbreite *f (eines MP)*; Stellenzahl *f*, Bit-Anzahl *f*
~ **сло́ва** Wortlänge *f*
~ **ши́ны** Busbreite *f*
разря́дный 1. *(El)* Entlade..., Entladungs...; 2. *(Inf)* Bit..., Stellen...

разряжа́ть 1. *(El)* entladen *(Überspannungen ableiten)*; 2. entladen *(Waffen)*; 3. entschärfen *(Geschosse, Bomben)*
разубо́живание *n (Bgb)* Verarmung *f (Erze)*
разупоря́доченный *(Krist)* fehlgeordnet
разупрочне́ние *n* Erweichen *n*; *(Wkst)* Entfestigen *n (durch Glühen)*
разъеда́емый angreifbar; korrosionsanfällig
разъеда́ние *n* 1. Anfressen *n*, Angriff *m (durch Rost)*; 2. Ätzen *n*, Ätzung *f (durch Säuren)*; 3. Auswaschung *f*, Erodierung *f*
разъеда́ть 1. anfressen, angreifen *(durch Rost)*; 2. ätzen *(durch Säure)*; 3. auswaschen, erodieren
разъедине́ние *n* 1. *(El)* Trennen *n*, Trennung *f*, Unterbrechung *f (eines Stromkreises)*; 2. *(Masch)* Ausrückung *f*, Entkuppeln *n*
разъедини́тель *m* 1. *(El)* Trennschalter *m*, Trenner *m*; 2. *(Masch)* Ausrücker *m*
~/**лине́йный** *(El)* Netztrenn(schalt)er *m*
разъединя́ть 1. trennen; 2. *(El)* abschalten; 3. *(Nrt)* freigeben, trennen; 4. *(Masch)* ausrücken, entkuppeln, abkuppeln
разъе́зд *m (Eb)* 1. Überholungsstation *f*, Überholungsbahnhof *m*; 2. Abzweigstelle *f*
разъём *m* 1. Auseinandernehmen *n*, Trennen *n*; 2. *(El)* Stecker *m*, Steck(er)verbindung *f*; 3. *(Fert)* Trennfuge *f*; Stoßfuge *f*
~/**ка́бельный** *(El)* Kabelstrecker *m*
разъёмный lösbar, zerlegbar, auseinander nehmbar, trennbar; teilbar; mehrteilig
райо́н *m* Bezirk *m*; Gebiet *n*
~/**промы́шленный** Industriegebiet *n*, Industrieviertel *n*; Industriebezirk *m*
раке́та *f* Rakete *f*
~/**баллисти́ческая** ballistische Rakete *f*
~ **бли́жнего де́йствия** Kurzstreckenrakete *f*
~/**высо́тная** Höhenrakete *f*, meteorologische Rakete *f*

~/**гиперзвукова́я** Hyperschallrakete *f*
~/**глоба́льная** Globalrakete *f*, Rakete *f* mit globaler Reichweite
~ **да́льнего де́йствия** Langstreckenrakete *f*
~/**жи́дкостная** *s.* ~ на жидком топливе
~/**ио́нная** Ionenrakete *f*, Rakete *f* mit Ionenantrieb
~/**иссле́довательская** Forschungsrakete *f*
~/**косми́ческая** Weltraumrakete *f*, Raum(flug)rakete *f*
~/**крыла́тая** Flügelrakete *f*, Marschflugkörper *m*
~/**лу́нная** Mondrakete *f*
~ **ма́лой да́льности** Kurzstreckenrakete *f*
~/**межконтинента́льная** interkontinentale Rakete *f*, Interkontinentalrakete *f*
~/**метеорологи́ческая** meterologische Rakete *f*, Wetterrakete *f*
~/**многоступе́нчатая** mehrstufige Rakete *f*, Mehrstufenrakete *f*
~ **на жи́дком то́пливе** Flüssigkeitsrakete *f*
~ **на твёрдом то́пливе** Feststoffrakete *f*
~/**неуправля́емая** ungelenkte Rakete *f*
~/**одноступе́нчатая** einstufige Rakete *f*, Einstufenrakete *f*
~/**составна́я** *s.* ~/многоступенчатая
~ **сре́дней да́льности** Mittelstreckenrakete *f*
~/**твердото́пливная** *s.* ~ на твёрдом топливе
~/**трансокеа́нская** *s.* ~/межконтинентальная
~/**трёхступе́нчатая** dreistufige Rakete *f*, Dreistufenrakete *f*
~/**управля́емая** Lenkrakete *f*, LR *f*, gelenkte Rakete *f*
~/**фото́нная** Photonenrakete *f*, Rakete *f* mit Photonenantrieb
~/**я́дерная** Nuklearrakete *f*, Kernrakete *f*
раке́та-носи́тель *f* Trägerrakete *f*
~/**возвраща́емая** Rückkehr-Trägerrakete *f*
~ **многора́зового испо́льзования** wieder verwendbare Trägerrakete *f*
раке́тница *f* Leuchtpistole *f*
раке́тный Raketen...
ракетодина́мика *f* Raketendynamik *f*
ракетодро́м *m* Raketenstartplatz *m*
ракетоно́сец *m* Raketenträger *m*
ракетообра́зный raketenförmig
ракетопла́н *m* Raketengleiter *m*, Raumgleiter *m*
ра́кля *f* Rakel *f*
ра́ковина *f* 1. *(Gieß)* Lunker *m*, Blase *f* *(in Gussstücken)*; 2. *(Bw)* Ausguss *m*, Ausgussbecken *n* • **с ра́ковинами** blasig
~/**возду́шная** *(Gieß)* Luftblase *f*
~/**га́зовая** *(Gieß)* Gasblase *f*
~/**песча́ная** *(Gieß)* Sandeinschluss *m*
~/**уса́дочная** *(Gieß)* Lunker *m*, Schwind(ungs)lunker *m*
ра́ковистый lunkerig, blasig *(Gussstücke)*; narbig *(Blech)*
раку́шечник *m* *(Geol)* Muschelkalk *m*
ра́ма *f* 1. Rahmen *m*, Umrandung *f*, Einfassung *f*; 2. Rahmen *m*, Gestell *n*; Tragwerk *n*; Ständer *m*; 3. *s.* ~/лесопильная; 4. *s.* ~/крепёжная
~ **автомоби́ля** *(Kfz)* Kraftfahrzeugrahmen *m*
~/**дверна́я** *(Bw)* Türzarge *f*
~/**крепёжная** *(Bgb)* Türstock *m*
~/**лесопи́льная** Sägegatter *n*, Gattersäge *f*; Rahmensäge *f*
~/**око́нная** *(Bw)* Fensterzarge *f*
~/**откры́тая** *(Masch)* offenes Gestell *n*, C-Gestell *n*
~/**сплошна́я** Vollrahmen *m*
~/**стати́чески определи́мая** *(Bw)* statisch bestimmter Rahmen *m*
~/**трёхшарни́рная** *(Bw)* Dreigelenkrahmen *n* *(einer Brückenkonstruktion)*
~/**шарни́рная** *(Bw)* Gelenkrahmen *m*
ра́мка *f* 1. Rahmen *m*; 2. *(Text)* Aufsteckgatter *n* *(einer Spinnmaschine)*; 3. *s.* антенна/рамочная
ра́мпа *f* Rampe *f*
ранго́ут *m* *(Schiff)* Mastwerk *n*
раппо́рт *m* *(Text)* Rapport *m*
раскалённый glühend
раска́лывание *n* Spalten *n*, Aufspalten *n*
раскаля́ть erhitzen, glühend machen, zum Glühen bringen
раска́т *m* *(Wlz)* Vorblock *m*, Vorbramme *f*, Rohprofil *n*, Halbzeug *n*

раска́тка *f* 1. *s.* раскатывание 1.; 2. Auslegen *n (eines Kabels)*; 3. *(Schm)* Setzeisen *n*, Kehleisen *n*
раска́тывание *n* 1. *(Umf)* Aufwalzen *n*, Aufweiten *n (z. B. von Rohren)*; 2. Streckwalzen *n*; 3. *(Glas)* Marbeln *n*, Wälzen *n*; Wulchern *n*
раска́тывать 1. *(Umf)* auswalzen, aufweiten *(Rohre)*; 2. streckwalzen; 3. *(Schm)* absetzen, einkehlen; 4. *(Glas)* marbeln, wälzen; wulchern; 5. auslegen *(Kabel)*
раска́чивание *n* Aufschaukeln *n*, Aufschaukelung *f (einer Schwingung)*
раска́чка *f s.* раскачивание
раскисле́ние *n (Met)* 1. Desoxidation *f*; 2. Beruhigung *f (der Schmelze)*
раскисли́тель *m (Met)* 1. Desoxidationsmittel *n*; 2. Beruhigungsmittel *n (für Schmelzen)*
раскисля́ть *(Met)* 1. desoxidieren; 2. beruhigen *(Schmelze)*
расклёпка *f* Entnieten *n*
расклёпывать entnieten
раско́вка *f (Schm)* Recken *n*, Breiten *n*, Ausschmieden *n*
раско́вывать recken, breiten, ausschmieden
расконсерва́ция *f* Entkonservierung *f*
раско́с *m (Bw)* Strebe *f*, Spreize *f*; Schräge *f*
раскра́шивание *n* Kolorieren *n*, Anstreichen *n*
раскры́в *m* Apertur *f*, Öffnung *f (von Antennen, Spiegeln)*
раскрыва́ть öffnen
раскры́тие *n* Öffnen *n*
распа́д *m* Zerfall *m*
~/**радиоакти́вный** radioaktiver Zerfall *m*
~/**самопроизво́льный [394спонта́нный]** *(Kern)* spontaner Zerfall *m*, natürlicher radioaktiver Zerfall *m*
распада́ться zerfallen
распа́лубка *f (Bw)* Ausschalung *f*, Entschalung *f*
распа́р *m* Kohlensack *m (eines Hochofens)*
распеча́тка *f (Inf)* 1. Auflisten *n*; 2. Ausdruck *m*, Druckliste *f*, Rechnerausdruck *m*
~ **па́мяти** Speicherausdruck *m*
распеча́тывать *(Inf)* ausdrucken *(Listen, Protokolle)*
распи́ливание *n* Zersägen *n*
распи́ливать (zer)sägen, durchsägen
распило́вка *f (Holz)* Schneiden *n*, Schnitt *m*
~/**попере́чная** Querschneiden *n*, Querschnitt *m*
~/**продо́льная** Aufschneiden *n*, Längsschnitt *m*
расписа́ние *n* 1. Liste *f*, Verzeichnis *n*; 2. Plan *m*
распла́в *m* 1. Schmelze *f*, Schmelzbad *n*; 2. Schmelzfluss *m*
~ **стекла́** Glasschmelze *f*
расплавле́ние *n* 1. Verflüssigen *n*; 2. *(Met)* Schmelzen *n*, Erschmelzen *n*, Einschmelzen *n*, Niederschmelzen *n*; 3. *(Schw)* Aufschmelzen *n*
расплю́щивание *n* 1. Plattdrücken *n*; 2. *(Schm)* Stauchen *n*, Breiten *n*; 3. Aufweiten *n (von Rohren)*; 4. Zerquetschen *n*
расплю́щивать 1. platt drücken; 2. *(Schm)* stauchen, breiten, 3. aufweiten *(Rohre)*; 4. zerquetschen
распознава́ние *n* Erkennung *f*, Kennung *f*
~ **зна́ков** *(Inf)* Zeichenerkennung *f*
~ **о́бразов** *(Inf)* Mustererkennung *f*, Bilderkennung *f*
~ **оши́бок** *(Inf)* Fehlererkennung *f*
~ **ре́чи** *(Inf)* Spracherkennung *f*
~ **си́мволов** *(Inf)* Zeichenerkennung *f*
расположе́ние *n* Anordnung *f*, Lage *f*; Aufstellung *f*
~/**ве́ерное** fächerförmige Anordnung *f*
~/**вертика́льное** Senkrechtanordnung *f*, senkrechte Anordnung *f*
~ **вы́водов** *(Eln)* Pinanordnung *f*, Pinbelegung *f*
~/**горизонта́льное** Waagerechtanordnung *f*, waagerechte [horizontale] Anordnung *f*
~/**звездообра́зное** sternförmige Anordnung *f*, Sternanordnung *f*
~ **кле́тей** *(Wlz)* Gerüstanordnung *f*, Gerüstfolge *f*
~/**крестообра́зное** kreuzförmige Anordnung *f*
располо́женный angeordnet

распóр *m* 1. Spreizung *f*; 2. *(Mech)* Schub *m*, Schubkraft *f*, Vortrieb *m*
распóрка *f* 1. Spreize *f*; 2. Abstandhalter *m*, Distanzstück *n*; 3. *(Bgb)* Spreizstempel *m*; 4. Steg *m (Kettenglied)*
~/кольцевáя Abstandsring *m*
распóрный 1. Spreiz...; 2. Abstands..., Distanz...
распределéние *n* 1. Verteilung *f*, Einteilung *f*; 2. *(Math)* Verteilung *f (in der Wahrscheinlichkeitsrechnung)*; 3. *(Masch)* Steuerung *f*; 4. *(Inf)* Belegung *f*, Zuordnung *f*, Zuweisung *f*
~/клáпанное *(Kfz)* Ventilsteuerung *f*
~/кулачкóвое *(Kfz)* Nockensteuerung *f*
~ **мácc(ы)** *(Ph)* Massenverteilung *f*
~ **нагрýзки** *(Mech)* Lastverteilung *f*
~ **пáмяти** *(Inf)* Speicher(bereichs)zuweisung *f*, Speicher(platz)zuordnung *f*
~/поршневóе *(Kfz)* Kolbensteuerung *f*
~/равномéрное *(Math)* gleichmäßige Verteilung *f*
распределённый verteilt
распредели́тель *m* 1. Verteiler *m*; 2. *(Hydt)* Verteilungsgraben *m*
~ **зажигáния** Zündverteiler *m (für Verbrennungsmotoren)*
распредели́тельный 1. Verteiler..., Verteilungs...; 2. *(Masch)* Steuer...
распределя́ть verteilen, einteilen
распредустрóйство *n (El)* Schaltanlage *f*, Verteilungsanlage *f*
~/откры́тое Freiluftschaltanlage *f*
распространéние *n* Ausbreitung *f*, Fortpflanzung *f (Schall, Wellen usw.)*; Verbreitung *f*
распространённость *f* 1. Verbreitung *f*, Vorkommen *n*; 2. Häufigkeit *f*
распрямлéние *n* Strecken *n*; Geraderichten *n*
распрямля́ть strecken; gerade richten
распылéние *n* 1. Zerstäubung *f*, Zerstäuben *n*, Versprühen *n*, Verspritzen *n (von Flüssigkeiten)*; 2. Verstäubung *f (von Pulvern)*
~/катóдное Kathodenzerstäubung *f*
распылённый 1. zerstäubt *(Flüssigkeiten)*; 2. verstäubt *(Pulver)*
распы́ливание *n s.* распыление
распыли́тель *m* 1. Zerstäuber *m*, Sprühgerät *n*, Spritzgerät *n*; Spritzpistole *f*; 2. *(Kfz)* Mischrohr *n (des Vergasers)*
распыля́ть 1. zerstäuben, versprühen, zerspritzen *(Flüssigkeiten)*; 2. verstäuben *(Pulver)*
рассвéрливание *n (Fert)* Aufbohren *n*
рассéв *m* 1. Siebung *f*, Sieben *n*; 2. *(Lw)* Ausstreuen *n (Düngemittel)*; 3. Sichter *m*, Plansichter *m (einer Mühle)*
рассéивание *n s.* рассеяние
рассéиватель *m (Licht)* Streukörper *m*
~ **свéта** Lichtstreukörper *m*
рассéивать (zer)streuen *(Licht, Strahlen)*
расселéние *n* Bevölkerungsverteilung *f (Siedlungsplanung)*
рассéяние *n* Streuung *f*, Zerstreuung *f (von Licht, Strahlen)*; Dissipation *f*, Vernichtung *f (von Energie)*; Energievernichtung *f*
~/комбинациóнное *(Opt)* Raman-Streuung *f*
~/обрáтное *(Opt)* 1. Rückstreuung *f*, Reflexion *f*; 2. Rückwärtsstreuung *f*
~ **свéта** *(Opt)* Lichtstreuung *f*, Streuung *f* des Lichtes
~ **свéта/комбинациóнное** *(Opt)* Raman-Streuung *f*
рассéянный gestreut, zerstreut, dispers
расслáивание *n s.* расслоение
расслáивать 1. abschichten, abblättern; 2. *(Ph)* entmischen *(binäre Systeme)*
расслоéние *n* 1. Abschichtung *f*, schichtenweises Trennen [Ablösen] *n*; 2. Lamellierung *f*; 3. *(Ph)* Entmischung *f (binärer Systeme)*; 4. *(Photo)* Schichtablösung *f*; 5. *(Wlz)* Dopplung *f (Walzfehler bei Blechen)*; 6. *(Geol)* Schichtung *f*
рассогласовáние *n* 1. Abweichung *f*; 2. *(Reg)* Regelabweichung *f*; 3. *(Rf)* Fehlanpassung *f*; Verstimmung *f*
рассогласóванность *f (Rf)* Fehlanpassung *f*
рассогласóванный *(Rf)* fehlangepasst; verstimmt
рассóл *m* Sole *f*, Salzsole *f*

рассортиро́вка *f* Aussortieren *n* *(Daten)*
расстеклова́ние *n* Entglasung *f*
расстоя́ние *n* Entfernung *f*, Abstand *m*, Distanz *f*; Weite *f*, Strecke *f*
~/**относи́тельное фо́кусное** *(Opt, Photo)* Öffnungszahl *f*, Blendenzahl *f*
~/**пере́днее фо́кусное** *(Opt, Photo)* Dingbrennweite *f*, Objektbrennweite *f*, dingseitige [objektseitige] Brennweite *f*
~/**фо́кусное** *(Opt, Photo)* 1. Brennweite *f*, Fokalweite *f*; 2. Brennpunktabstand *m*, Fokaldistanz *f*
расстра́ивать *(Rf)* verstimmen
расстро́енный *(Rf)* verstimmt
расстро́йка *f* *(Rf)* Verstimmung *f*
расстыкова́ть entkoppeln *n*, abkoppeln, trennen
расстыко́вка *f* Entkoppeln *n*, Abkoppeln *n*, Trennen *n*
рассчи́тывать ausrechnen, berechnen
расста́чивание *n* *(Fert)* 1. Ausdrehen *n*; 2. Aufbohren *n*
~/**черново́е** Schruppausdrehen *n*
~/**чистово́е** Schlichtausdrehen *n*
раста́чивать *(Fert)* 1. ausdrehen; 2. aufbohren
раство́р *m* 1. *(Ch)* Lösung *f*; 2. Flüssigkeit *f*; Bad *n*; 3. *(Bw)* Mörtel *m*; 4. Öffnung *f*, Spannweite *f* *(z. B. eines Strahlers)*; 5. *(Text)* Flotte *f*
~/**бу́ферный** *(Ch)* Pufferlösung *f*
~/**быстросхва́тывающийся** *(Bw)* schnell bindender Mörtel *m*
~/**во́дный** *(Ch)* wässrige Lösung *f*
~/**жи́дкий** *(Bw)* dünnflüssiger Mörtel *m*
~/**идеа́льный** *(Ch)* ideale Lösung *f*
~/**и́стинный** *(Ch)* echte Lösung *f*
~/**колло́идный** *(Ch)* kolloid(al)e Lösung *f*
~/**моля́рный** *(Ch)* molare Lösung *f*, 1m-Lösung *f*
~/**насы́щенный** *(Ch)* gesättigte Lösung *f*
~/**ненасы́щенный** *(Ch)* ungesättigte Lösung *f*
~/**стро́ительный** *(Bw)* Mörtel *m*
~/**твёрдый** feste Lösung *f*, Mischkristall *m*
~/**трави́льный** *(Ch)* Beizlösung *f*, Beizbad *n*
~/**щелочно́й** *(Ch)* alkalische Lösung *f*, Alkalilösung *f*
растворе́ние *n* Lösen *n*, Auflösen *n*
раствори́мость *f* Löslichkeit *f*, Lösbarkeit *f*
раствори́мый löslich
раствори́тель *m* 1. Lösungsmittel *n*; 2. Verdünnungsmittel *n* *(für Farben und Lacke)*
растворово́з *m* *(Bw)* Mörteltransportfahrzeug *n*, Mörteltransporter *m*
раствороме́т *m* *(Bw)* Mörtelspritzgerät *n*, Mörtelspritzanlage *f*
растворонасо́с *m* *(Bw)* Mörtelpumpe *f*
растворосмеси́тель *m* *(Bw)* Mörtelmischer *m*
растворя́ть (auf)lösen
растека́ние *n* Auseinanderfließen *n*, Zerfließen *n*
расте́ние *n* Pflanze *f*, Gewächs *n*
~/**волокни́стое [пряди́льное]** Faserpflanze *f*
растира́ние *n* Zerreiben *n*, Zerstoßen *n*
растира́ть 1. zerreiben, zerstoßen; 2. anreiben, verreiben *(Anstrichstoffe)*
расти́тельный pflanzlich, Pflanzen...
расто́чка *f* *(Fert)* 1. Ausdrehung *f*; 2. *s.* расчачивание
растр *m* *(Opt, TV)* Raster *m*
~/**телевизио́нный** Fernsehraster *m*
~/**то́чечный** *(TV)* Punktraster *m*
~/**штрихово́й** *(Opt)* Strichraster *m*
растре́скивание *n* Bersten *n*, Zerspringen *n*; Rissigwerden *n*
растру́б *m* Rohrmuffe *f*, Muffe *f*
растя́гивание *n* *s.* растяжение
растя́гивать (aus)dehnen, strecken, auseinander ziehen
растя́гивающийся dehnbar, streckbar
растяже́ние *n* Dehnung *f*, Ausdehnung *f*, Streckung *f*, Reckung *f*, Zug *m*, Ziehen *n*, Auseinanderziehen *n*
~/**горя́чее** *(Umf)* Warmrecken *n*, Warmstrecken *n*
~ **и́мпульса** *(El)* Impulsdehnung *f*
~/**упру́гое** *(Fest)* elastische Dehnung *f*
растяжи́мость *f* Dehnbarkeit *f*, Streckbarkeit *f*, Duktilität *f*
растяжи́мый dehnbar, streckbar, duktil
растя́жка *f* 1. Strecken *n*, Auseinanderziehen *n*; 2. Spannseil *n*, Spanndraht *m*

расфасóвка *f* Abpacken *n*, Abfüllen *n* *(von Waren)*
расфасóвывать abpacken, abfüllen *(Waren)*
расформи́рование *n* **поездóв** *(Eb)* Zugauflösung *f*
расхóд *m* 1. Verbrauch *m*, Aufwand *m*; 2. Durchsatz *m*; 3. *(Hydrom)* Durchfluss *m*, Durchflussmenge *f*
~ **мáсла** *(Masch, Kfz)* Schmierölverbrauch *m*
~/**мáссовый** *(Hydrom)* Massenstrom *m*, Massendurchfluss *m*, Massenstromstärke *f*
~ **материáла** Materialaufwand *m*, Materialverbrauch *m*
~/**объёмный** *(Hydrom)* Volumenstrom *m*, Volumendurchfluss *m*
~ **рабóчего врéмени** Arbeitszeitaufwand *m*
~ **теплá [теплоты́]** Wärmeverbrauch *m*, Wärmebedarf *m*, Wärmeaufwand *m*
~ **тóплива** 1. Brennstoffverbrauch *m*; Kraftstoffverbrauch *m*; 2. *(Rak)* Durchsatz *m*, Treibstoffdurchsatz *m*
расходи́мость *f* Divergenz *f*
расходи́ться 1. auseinander gehen; abweichen; 2. *(Math)* divergieren
расхóдовать aufwenden, verbrauchen
расходомéр *m* Durchfluss(mengen)-messer *m (für Flüssigkeiten, Gase)*
~/**мáссовый** Massendurchflussmesser *m*
~/**объёмный** Volumendurchflussmesser *m*
~/**тóпливный** Kraftstoffverbrauchsmesser *m*
расхóды *pl* Kosten *pl*, Aufwendungen *fpl*, Ausgaben *fpl*
~/**администрати́вные** Verwaltungskosten *pl*
~/**добáвочные** Nebenkosten *pl*
~/**накладны́е** Betriebsunkosten *pl*
~/**произвóдственные** Fertigungskosten *pl*, Herstellungskosten *pl*, Produktionskosten *pl*
~/**эксплуатациóнные** Betriebskosten *pl*
расходя́щийся 1. auseinander gehend, divergierend; 2. *(Math)* divergent
расхождéние *n* 1. Auseinandergehen *n*; 2. *(Math)* Divergenz *f*, Divergieren *n*
расцвéтка *f* 1. Farbmusterung *f*; 2. Farbkennzeichnung *f*; 3. *(Text)* Farbkombination *f*, Farbmuster *n*
расцепи́тель *m (El)* Auslöser *m*, Auslösevorrichtung *f*
расцеплéние *n* 1. *(Masch)* Auskuppeln *n*, Entkuppeln *n*; 2. Abkuppeln *n*, Loskuppeln *n (von Waggons)*; 3. *(El)* Auslösung *f (von Schaltern)*; 4. Abtrennen *n (von Raketenstufen)*; 5. *(Masch)* Entriegeln *n (Gesperre)*
расчáливание *n* Abspannen *n*, Abspannung *f (z. B. von Masten)*
расчáлка *f s.* растяжка
расчёт *m* 1. Rechnung *f*, Berechnung *f*; Kalkulation *f*; 2. Abrechnung *f*, Verrechnung *f*
расчётный 1. errechnet, berechnet; 2. Abrechnungs..., Verrechnungs...
расчи́стка *f* 1. Reinigung *f*, Säuberung *f*; 2. *(Forst)* Lichten *n (der Bestände)*
расши́вка *f (Bw)* 1. Verfugen *n*, Ausfugen *n*; 2. Fugenkelle *f*
расширéние *n* 1. Erweiterung *f*; 2. Verbreiterung *f*; 3. Aufweiten *n*, Aufweitung *f (von Rohren)*; 4. Ausdehnung *f*, Dehnung *f*, Dilatation *f*; 5. Expansion *f*; 6. *(Bgb)* Nachbohren *n*; Erweitern *n (von Bohrlöchern)*
~/**линéйное** *(Ph)* Längenausdehnung *f*, lineare Ausdehnung *f*
~/**объёмное** Volumendehnung *f*, Volumendilatation *f*, räumliche Ausdehnung *f (von Gasen, Flüssigkeiten)*
~ **пáмяти** *(Inf)* Speichererweiterung *f*
~/**теплово́е** Wärmeausdehnung *f*, thermische Ausdehnung *f*, Dilatation *f*
расшири́тель *m* 1. Expander *m*; 2. Ausdehnungsgefäß *n*; 3. *(Bgb)* Nachnahmebohrer *m*
расшири́тельный Ausdehnungs..., Expansions...
расширя́емый erweiterungsfähig
расширя́ть 1. erweitern; 2. verbreitern; 3. aufweiten, auftreiben *(Rohre)*; 4. (aus)dehnen; 5. *(Bgb)* nachbohren
расшифрóвка *f* Dechiffrierung *f*, Entschlüsselung *f*
расшлихтóвка *f (Text)* Entschlichten *n*, Entschlichtung *f*

расштыбо́вка *f (Bgb)* Entfernen *n* des Schrämkleins
расштыбо́вщик *m (Bgb)* Schrämkleinräumer *m*, Schrämkleinlader *m*
расщебёнка *f (Bw)* Ausschotterung *f*
расщепле́ние *n* 1. Splitterung *f*, Zersplitterung *f*; 2. Spalten *n*, Spaltung *f*, Aufspaltung *f*; 3. *(Ch)* Abbau *m (von Verbindungen)*, stufenweise Zerlegung *f*, Spaltung *f*
~ **фа́зы** *(El)* Phasenteilung *f*
~ **я́дра** *(Kern)* Kernzertrümmerung *f*
рафина́т *m (Ch)* Raffinat *n*
рафина́ция *f s.* рафинирование
рафинёр *m (Pap)* Raffineur *m*, Stoffaufschläger *m*
рафини́рование *n* 1. Raffinieren *n*, Reinigung *f*; 2. *(Met)* Feinen *n*, Frischen *n (von Stahl)*; 3. Raffinieren *n*, Raffination *f (NE-Metallurgie)*; 4. Läutern *n*, Läuterung *f (Aufbereitung)*
рацеми́ческий *(Ch)* racemisch
рациона́льный 1. rationell, zweckmäßig; 2. *(Math)* rational
ра́ция *f s.* радиостанция
ра́шпиль *m (Wkz)* Raspel *f*
~/**пло́ский** Flachraspel *f*
рвани́на *f (Met)* Riss *m*, Anriss *m*, Einriss *m*
рвань *f (Text)* Fetzen *mpl*, Lumpen *pl*, Abfall *m*
реаге́нт *m (Ch)* 1. Reagens *n*, (chemisches) Nachweismittel *n*; 2. Reaktant *m*, reagierender Stoff *m*
~/**флотацио́нный** Flotationsmittel *n*, Flotationsreagens *n*, Flotationschemikalie *f (zur Aufbereitung)*
реаги́рование *n* Reagieren *n*, Reaktion *f*; *(El)* Ansprechen *n (Relais)*
реакта́нс *m (El)* Reaktanz *f*, Blindwiderstand *m*
реакти́в *m s.* реагент
реакти́вность *f* 1. Reaktivität *f*; 2. *(El)* Reaktanz *f*, Blindwiderstand *m*
реакти́вный 1. *(Ch)* reaktiv, reaktionsfähig; 2. *(Ph)* reaktiv, Rückstoß...; 3. *(El)* reaktiv, Blind...; 4. *(Masch)* Reaktions..., Überdruck...; 5. *(Flg)* Strahl..., strahlgetrieben, Düsen...
реакти́метр *m (Kern)* Reaktivitätsmesser *m*, Reaktimeter *n*
реактопла́ст *m* Duroplast *m*
реа́ктор *m* 1. *(Kern)* Reaktor *m*, Kernreaktor *m*; 2. *(Ch)* Reaktor *m*, Reaktionsgefäß *n*; 3. *(El)* Drosselspule *f*, Drossel *f*
~/**а́томный** *s.* ~/ядерный
~/**бассе́йновый** *(Kern)* Schwimmbadreaktor *m*, Schwimmbeckenreaktor *m*, Swimmingpool-Reaktor *m*, Pool-Reaktor *m*
~/**бы́стрый** *(Kern)* schneller Reaktor *m*
~/**во́дный** *(Kern)* Wasserreaktor *m*
~/**во́до-водяно́й** *(Kern)* wassergekühlter und wassermoderierter Reaktor *m*, Wasser-Wasser-Reaktor *m*; Reaktor *m* vom WWR-Typ
~/**высокотемперату́рный** *(Kern)* Hochtemperaturreaktor *m*
~/**гетероге́нный** *(Kern)* heterogener Reaktor *m*
~/**гомоге́нный** *(Kern)* homogener Reaktor *m*
~/**графи́то-во́дный** *(Kern)* leichtwassergekühlter graphitmoderierter Reaktor *m*, Leichtwasser-Graphit-Reaktor *m*, LWGR *m*
~/**графи́товый** *(Kern)* Graphitreaktor *m*, graphitmoderierter Reaktor *m*
~/**графи́то-га́зовый** *(Kern)* gasgekühlter graphitmoderierter Reaktor *m*, Gas-Graphit-Reaktor *m*, Graphit-Gas-Reaktor *m*
~/**иссле́довательский** *(Kern)* Forschungsreaktor *m*
~ **кана́льного ти́па** *(Kern)* Druckröhrenreaktor *m*
~/**кипя́щий** *(Kern)* Siedewasserreaktor *m*, SWR *m*
~/**корпусно́й** *(Kern)* Druckbehälterreaktor *m*
~/**легково́дный** *(Kern)* (leicht)wassermoderierter Reaktor *m*, Leichtwasserreaktor *m*, LWR *m*
~ **на бы́стрых нейтро́нах** *(Kern)* schneller Reaktor *m*
~ **на ме́дленных нейтро́нах** *(Kern)* langsamer Reaktor *m*
~ **на теплов́ых нейтро́нах** *(Kern)* thermischer Reaktor *m*
~/**остано́вленный** *(Kern)* abgeschalteter [stillgelegter] Reaktor *m*
~/**плуто́ниевый** *(Kern)* Plutoniumreaktor *m*

~/**погру́женный** *s.* ~/бассейновый
~/**теплово́й** *(Kern)* thermischer Reaktor *m*
~/**термоя́дерный** *(Kern)* Fusionsreaktor *m*, Kernfusionsreaktor *m*
~/**тяжелово́дный** *(Kern)* Schwerwasserreaktor *m*, schwerwassermoderierter Reaktor *m*
~/**ура́н-графи́товый** *(Kern)* Graphit-Uranium-Reaktor *m*, Uranium-Graphit-Reaktor *m*
~/**ура́новый** *(Kern)* Uraniumreaktor *m*
~ **энергети́ческий (я́дерный)** *(Kern)* Leistungsreaktor *m*
~/**я́дерный** *(Kern)* Reaktor *m*, Kernreaktor *m*
реа́ктор-конве́ртер *m (Kern)* Konverter(reaktor) *m*
реакторострое́ние *n* Reaktorbau *m*
реа́ктор-размножи́тель *m (Kern)* Brutreaktor *m*, Brüter *m*
~ **на бы́стрых нейтро́нах** schneller Brüter *m*, schneller Brutreaktor *m*, SBR *m*
реа́ктор-токама́к *m (Kern)* Tokamak-Reaktor *m (Fusionsreaktor)*
реакционноспосо́бный *(Ch)* reaktionsfähig
реакцио́нный Reaktions...
реа́кция *f* 1. *(Ch, Kern)* Reaktion *f*; 2. *(Mech)* Reaktion *f*, Rückwirkung *f*, Gegendruck *m*
~/**бимолекуля́рная** *(Ch)* bimolekulare Reaktion *f*
~ **замеще́ния** *(Ch)* Substitutionsreaktion *f*
~/**каталити́ческая** *(Ch)* katalytische Reaktion *f*
~/**необрати́мая** *(Ch)* irreversible Reaktion *f*
~/**обме́нная** *(Kern)* Austauschreaktion *f*
~/**обрати́мая** *(Ch)* reversible Reaktion *f*
~/**окисли́тельная** *(Ch)* Oxidationsreaktion *f*
~/**окисли́тельно-восстанови́тельная** *(Ch)* Redoxreaktion *f*
~ **опо́ры** *(Bw)* Auflagerdruck *m*, Auflagerreaktion *f*
~/**перви́чная** *(Ch)* Primärreaktion *f*
~/**побо́чная** *(Ch)* Nebenreaktion *f*
~ **присоедине́ния** *(Ch)* Anlagerungsreaktion *f*, Additionsreaktion *f*
~/**промежу́точная** *(Ch)* Zwischenreaktion *f*
~/**пряма́я (я́дерная)** *(Kern)* direkte Reaktion [Kernreaktion] *f*
~ **си́нтеза (я́дер)** *(Kern)* Fusionsreaktion *f*, Kernfusionsreaktion *f*, Kernverschmelzungsreaktion *f*
~/**сопряжённая** *(Ch)* gekoppelte Reaktion *f*
~/**термоя́дерная** *(Kern)* thermonukleare Reaktion *f*
~/**топохими́ческая** *(Ch)* topochemische Reaktion *f*
~/**управля́емая термоя́дерная** *(Kern)* gesteuerte thermonukleare Reaktion *f*
~/**фотоя́дерная** *(Kern)* Photokernreaktion *f*, photonukleare Reaktion *f*
~/**хими́ческая** chemische Reaktion *f*
~/**цепна́я** *(Kern)* Kettenreaktion *f*
~/**щелочна́я** *(Ch)* basische [alkalische] Reaktion *f*
~/**экзотерми́ческая я́дерная** exotherme [exoenergetische] Kernreaktion *f*
~/**эндотерми́ческая я́дерная** endotherme [endoenergetische] Kernreaktion *f*
~/**я́дерная** Kernreaktion *f*
~/**я́дерная цепна́я** *(Kern)* Kernkettenreaktion *f*, Ketten(kern)reaktion *f*
реализа́ция *f* 1. Realisierung *f*, Verwirklichung *f*, Durchführung *f*; 2. Verwertung *f (von Erfindungen)*; 3. *(Inf)* Implementierung *f*
ребо́рда *f* Rand *m*, Wulst *m*; Flansch *m*
ребри́стый gerippt; verrippt, Rippen...
ребро́ *n* 1. Rippe *f*; 2. Kante *f*
~ **жёсткости** Versteifungsrippe *f*
~/**охлажда́ющее** Kühlrippe *f*
ревербера́тор *m (Ak)* Nachhallgerät *n*
ревербера́ция *f (Ak)* Nachhall *m*; Reverberation *f*, Mehrfachreflexion *f*
ревербeróметр *m (Ak)* Nachhallmesser *m*
ре́верс *m (Masch)* 1. Umsteuervorrichtung *f*, Umsteuermechanismus *m*; 2. Wendegetriebe *n*; 3. *s.* реверсирование
реверси́вный 1. reversibel, umkehrbar; 2. Umsteuer..., umsteuerbar

реверси́рование *n (Masch)* Umsteuern *n*, Drehrichtungsumkehr *f*, Bewegungsumkehr *f*, Reversieren *n*
реве́рсор *m* Umkehrschalter *m*, Wendeschalter *m*
револьве́рный *(Masch)* Revolver...
регенера́т *m (Gum)* Regenerat *n*, Regenerativgummi *m*
регенерати́вный 1. regenerativ, Regenerativ...; 2. *(Rf)* Rückkopplungs...
регенера́тор *m* 1. *(Wmt)* Regenerator *m*, Wärmespeicher *m*; 2. *(El)* Entzerrer *m*
регенера́ция *f* 1. Regeneration *f*, Regenerierung *f*, Rückgewinnung *f*; *(Bgb)* Wiedernutzbarmachung *f*; 2. *(Inf)* Refresh *m(n)*
регенери́ровать regenerieren, wiedergewinnen, (zu)rückgewinnen
реги́стр *m* 1. Register *n*, Verzeichnis *n*; 2. *(Inf, Nrt)* Register *n*
~ **а́дреса** *(Inf)* Adressenregister *n*
~/**ба́зовый** *(Inf)* Basisadressenregister *n*
~/**блокно́тный** *(Inf)* Scratch-Register *n*
~/**бу́ферный** *(Inf)* Pufferregister *n*, Zwischenregister *n*
~ **да́нных** *(Inf)* Datenregister *n*
~/**двои́чный** *(Inf)* binäres Register *n*
~/**десяти́чный** *(Inf)* dezimales Register *n*, Dezimalregister *n*
~/**динами́ческий** *(Inf)* dynamisches Register *n*
~/**запомина́ющий** *(Inf)* Speicherregister *n*
~/**исхо́дный** *(Inf)* Quellregister *n*, Ursprungsregister *n*
~ **кома́нд** *(Inf)* Befehlsregister *n*
~/**операти́вный** *(Inf)* Scratch-Register *n*
~/**програ́ммный** *(Inf)* Programmregister *n*
~ **сдви́га** *(Inf)* Schieberegister *n*
~ **состоя́ния** *(Inf)* Statusregister *n*
~ **сте́ка** *(Inf)* Kellerregister *n*, Stackregister *n*
~/**управля́ющий** *(Inf)* Steuerregister *n*
реги́стр-исто́чник *m (Inf)* Quellregister *n*, Ursprungsregister *n*
регистра́тор *m* Registriergerät *n*; Drucker *m*, Schreiber *m*
~ **да́нных** *(Inf)* Datenlogger *m*
регистра́ция *f* Registrierung *f*, Aufzeichnung *f*
регистри́ровать registrieren, aufzeichnen
регистри́рующий registrierend, Registrier...
регре́ссия *f* Regression *f*
регули́рование *n* 1. Regeln *n*, Regelung *f*; 2. Einstellen *n*; Justieren *n*
~/**автомати́ческое** automatische [selbsttätige] Regelung *f*
~/**адапти́вное** Adaptivregelung *f*, adaptive Regelung *f*
~/**астати́ческое** astatische Regelung *f*
~/**гру́бое** 1. Grobregelung *f*; 2. Grobeinstellung *f*
~ **движе́ния** Verkehrsregelung *f*
~/**двухпозицио́нное** Zweipunktregelung *f*
~/**дистанцио́нное** Fernregelung *f*
~/**жёсткое** steife [harte] Regelung *f*
~/**изодро́мное** 1. isodrome Regelung *f*, Isodromregelung *f*; 2. *s.* ~/пропорционально-интегральное
~/**интегра́льное** I-Regelung *f*, Integralregelung *f*
~/**каска́дное** Kaskadenregelung *f*
~/**ко́свенное** indirekte Regelung *f*
~/**лине́йное** lineare Regelung *f*
~/**многоко́нтурное** mehrkreisige Regelung *f*
~/**многопозицио́нное** Mehrpunktregelung *f*
~/**многосвя́зное** Mehrfachregelung *f*, Mehrgrößenregelung *f*
~/**незави́симое** unabhängige Regelung *f*
~/**непрямо́е** indirekte Regelung *f*
~/**оптима́льное** Optimalregelung *f*
~/**пла́вное** sanfte [weiche] Regelung *f*
~/**повто́рное** Nachregelung *f*
~/**позицио́нное** Lageregelung *f*
~/**поплавко́вое** Schwimmerregelung *f*
~/**програ́ммное** Programmregelung *f*
~/**пропорциона́льное** P-Regelung *f*, Proportionalregelung *f*
~/**пропорциона́льно-интегра́льное** PI-Regelung *f*, proportional-integrale Regelung *f*
~/**прямо́е** direkte Regelung *f*
~/**ручно́е** manuelle Regelung *f*, Handregelung *f*

~/**свя́занное** gekoppelte Regelung *f*
~ **ско́рости враще́ния** Drehzahlregelung *f*
~/**следя́щее** Folgeregelung *f*, Nachlaufregelung *f*
~/**стати́ческое** statische Regelung *f*
~/**ступе́нчатое** Stufenregelung *f*, stufenweise Regelung *f*
~/**то́чное** Feinregelung *f*
~/**фа́зовое** Phasenregelung *f*
~/**цифрово́е** digitale Regelung *f*
~/**ша́говое** Schrittregelung *f*
~/**экстрема́льное** Extrem(wert)regelung *f*
регули́ровать 1. regeln; 2. regulieren, nachstellen
регулиро́вка *f s.* регулирование
регулиро́вочный Einstell..., Regulier..., Regel...; Nachstell...
регули́руемость *f* 1. Regelbarkeit *f*; 2. Nachstellbarkeit *f*
регули́руемый 1. Regel..., regelbar; 2. nachstellbar
регуля́тор *m* Regler *m*, Regulator *m*
~/**автомати́ческий** automatischer [selbsttätiger] Regler *m*
~/**адапти́вный** Adaptivregler *m*
~/**астати́ческий** astatischer Regler *m*
~ **гро́мкости** Lautstärkeregler *m*
~ **давле́ния** Druckregler *m*
~/**двухпозицио́нный** Zweipunktregler *m*
~/**дискре́тный** diskreter Regler *m*
~/**дифференциа́льный** D-Regler *m*, Differenzialregler *m*, Differentialregler *m*
~/**изодро́мный** 1. Isodromregler *m*, isodromer Regler *m*; 2. *s.* ~/пропорционально-интегральный
~/**индукцио́нный** Induktionsregler *m*
~/**интегра́льный** I-Regler *m*, Integralregler *m*
~/**многокана́льный** Mehrkanalregler *m*
~/**многопозицио́нный** Mehrpunktregler *m*
~ **напряже́ния** Spannungsregler *m*
~ **непрямо́го де́йствия** indirekter [indirekt wirkender] Regler *m*
~/**программи́руемый** programmierbarer Regler *m*
~/**програ́ммный** Programmregler *m*
~/**пропорциона́льно-интегра́льно-дифференциа́льный** proportional-integral-differenzierend wirkender Regler *m*, PID-Regler *m*
~/**пропорциона́льно-интегра́льный** proportional-integral wirkender Regler *m*, PI-Regler *m*
~/**пропорциона́льный** P-Regler *m*, Proportionalregler *m*, proportional wirkender Regler *m*
~ **прямо́го де́йствия** direkt wirkender Regler *m*
~/**самонастра́ивающийся** Regler *m* mit Selbsteinstellung
~/**следя́щий** Folgeregler *m*, Nachlaufregler *m*
~ **те́мбра** Klangfarberegler *m*
~/**тири́сторный** Thyristorregler *m*
~/**трёхпозицио́нный** Dreipunktregler *m*
~/**центробе́жный** Fliehkraftregler *m*
~/**ша́говый** Schrittregler *m*
~/**экстрема́льный** Extremwertregler *m*
~ **я́ркости** Helligkeitsregler *m*
редакти́рование *n (Inf)* Redigieren *n*; Editieren *n*
реда́ктор *m (Inf)* Editor *m*
~/**графи́ческий** Graphikeditor *m*, Graphikeditierer *m*
~ **свя́зей** Binderprogramm *n*, Binder *m*, Linker *m*
~/**экра́нный** Bildschirmeditor *m*, Fullscreen-Editor *m*
реда́н *m* Stufe *f (am Rumpf eines Gleitbootes)*
реду́ктор *m* 1. *(Masch)* Getriebe *n*; Untersetzungsgetriebe *n (s. a. unter* передача*)*; 2. Reduzierventil *n*, Druckminderventil *n*, Druckminderer *m*; 3. *(Ch)* Reduktionskessel *m*
редукцио́нный Reduzier...
реду́кция *f* Reduktion *f*
редуци́рование *n* Reduzieren *n*
режи́м *m* 1. Arbeitsweise *f*, Betriebsweise *f*, Betrieb *m*, Betriebszustand *m*; 2. Verfahren *n*, Verlauf *m*; Gang *m (eines Ofens)*
~/**авари́йный** Notbetrieb *m*
~/**автоно́мный** *(Inf)* autonomer [selbstständiger] Betrieb *m*, Off-line-Betrieb *m*, Off-line-Modus *m*
~/**асинхро́нный** *(El)* Asynchronbetrieb *m*
~ **вво́да** *(Inf)* Eingabemodus *m*

~/**во́дный** *(Hydrol)* Wasserregime *n*, Wasserverhältnisse *npl*
~ **вы́вода** *(Inf)* Ausgabemodus *m*
~/**гидрологи́ческий** hydrologisches Regime *n*, hydrologische Verhältnisse *npl*
~/**диало́говый** *(Inf)* Dialogbetrieb *m*
~/**ду́плексный** *(Nrt)* Duplexbetrieb *m*
~ **загру́зки** *(Inf)* Load-Modus *m*
~ **запро́са** *(Inf)* Abrufbetrieb *m*
~/**интеракти́вный** *(Inf)* Dialogbetrieb *m*
~/**конве́йерный** *(Inf)* Pipeline-Betrieb *m*
~/**кратковре́менный** Kurzzeitbetrieb *m*
~/**мультипрогра́ммный** *(Inf)* Multiprogrammbetrieb *m*
~/**неустанови́вшийся** nicht stationärer Betrieb *m*, instabiler Betrieb *m*
~/**однопроце́ссорный** *(Inf)* Einfachverarbeitung *f*
~ **«он-лайн»** *s.* ~/оперативный
~/**операти́вный** *(Inf)* On-line-Betrieb *m*, On-line-Modus *m*
~ **опро́са** *(Inf)* Abfragebetrieb *m*, Abrufbetrieb *m*
~ **«оф-лайн»** *s.* ~/автономный
~ **паке́тной обрабо́тки** *(Inf)* Stapelverarbeitungsbetrieb *m*, Stapelverarbeitungsmodus *m*
~/**паке́тный** *s.* ~ пакетной обработки
~/**повто́рно-кратковре́менный** *(El)* Aussetzbetrieb *m*, aussetzender Betrieb *m*
~/**поша́говый** *(Inf)* Schrittbetrieb *m*
~ **прерыва́ний** *(Inf)* Interruptbetrieb *m*, Interruptmodus *m*
~ **рабо́ты** Arbeitsweise *f*, Betriebsweise *f*, Betriebsart *f*
~ **рабо́ты/паралле́льный** *(Inf)* Parallelbetrieb *m*
~ **рабо́ты с квити́рованием** *(Inf)* Handshake-Betrieb *m*
~ **разделе́ния вре́мени** *(Inf)* Time-Sharing-Betrieb *m*, Time-Sharing *n*
~ **реа́ктора** *(Kern)* Reaktor(betriebs)-verhalten *n*
~ **реа́льного вре́мени** *(Inf)* Echtzeitbetrieb *m*
~ **редакти́рования** *(Inf)* Editiermodus *m*
~/**следя́щий** *(El)* Folgebetrieb *m*
~/**страни́чный** *(Inf)* Seitenmodus *m*, Page-Modus *m*
~ **счи́тывания** *(Inf)* Lesebetrieb *m*, Lesemodus *m*
~/**температу́рный** Temperaturregime *n*
~/**теплово́й** Wärmeregime *n*, Wärmezustand *m*
~/**установи́вшийся** stationärer Betrieb *m*
~ **хране́ния** 1. *(Inf)* Speicherbetrieb *m*, Speichermodus *m*; 2. *(Eln)* Schlafbetrieb *m*
~ **эксплуата́ции** Betriebsweise *f*

ре́жущий *(Fert)* 1. Schneid..., Schnitt...; 2. spanabhhebend, spanend

реза́к *m (Schw)* Schneidbrenner *m*
~/**га́зовый** Gasschneidbrenner *m*, Autogenschneidbrenner *m*
~/**кислоро́дный** Sauerstoff(schneid)-brenner *m*
~/**подво́дный** Unterwasserschneidbrenner *m*

ре́зание *n* 1. Schneiden *n*, Schnitt *m*; 2. *(Fert)* Spanen *n*

ре́зать 1. schneiden; 2. *(Fert)* spanen; 3. schnitzen *(Holz)*

резе́рв *m* Reserve *f*; Vorrat *m*
~ **вре́мени** Zeitreserve *f*
~ **мо́щности** Leistungsreserve *f*

резерва́т *m (Ökol)* Reservat *n*, Schutzgebiet *n*
~/**биосфе́рный** Biosphärenreservat *n*
~/**орнитологи́ческий** Vogelschutzgebiet *n*

резерви́рование *n* 1. Reservieren *n*, Reservierung *f*; 2. Reserve(n)bildung *f*; 3. *(Inf)* Redundanz *f*; 4. *(Text)* Reservieren *n (Färberei)*
~/**вре́менное** zeitliche Redundanz *f*
~/**постоя́нное** aktive Redundanz *f*

резерви́ровать 1. reservieren; aufbewahren; 2. bevorraten; 3. *(Text)* reservieren

резе́рвный Reserve...; Vorrats...

резервуа́р *m* Behälter *m*; Speicher *m*; Gefäß *n*; Becken *n*
~/**запасно́й** Vorratsbehälter *m*, Reservebehälter *m*
~/**напо́рный** Druckbehälter *m*
~/**отсто́йный** Absetzbecken *n (Abwasserklärung)*
~/**уравни́тельный** Ausgleichbehälter *m*; Ausgleichbecken *n*

резерфо́рд *m* Rutherford *n*, Rd, rd *(SI-fremde Einheit der Aktivität)*

резе́ц *m (Wkz)* 1. Meißel *m*; 2. Einsatzschneide *f*, Einsatzzahn *m*
~/**алма́зный** Diamantdrehmeißel *m*
~/**долбёжный** Stoßmeißel *m*
~/**изо́гнутый** gekröpfter Meißel *m*
~/**кана́вочный** Nutenmeißel *m*
~/**ле́вый** linker Meißel *m*
~/**обди́рочный** Schälmeißel *m*, Schruppmeißel *m*
~/**ото́гнутый** gebogener Meißel *m*
~/**отрезно́й** Abstechmeißel *m*
~/**па́зовый** Nutenmeißel *m*
~/**пра́вый** rechter Meißel *m*
~/**прорезно́й** Einstechmeißel *m*
~/**проходно́й** Außendrehmeißel *m*
~/**прямо́й** gerader Meißel *m*
~/**расто́чный** Ausdrehmeißel *m*, Innendrehmeißel *m*
~/**резьбово́й** Gewindedrehmeißel *m*
~/**составно́й** zusammengesetzter Meißel *m*
~/**стро́гальный** Hobelmeißel *m*
~/**тока́рный** Drehmeißel *m*
~/**фасо́нный** Formmeißel *m*, Profilmeißel *m*
~/**це́льный** Vollmeißel *m*
~/**чернова́й** Schruppmeißel *m*
~/**чистово́й** Schlichtmeißel *m*
резиде́нтный *(Inf)* resident
рези́на *f* Gummi *m*
~/**гу́бчатая [пе́нистая]** Schaumgummi *m*
~/**по́ристая** Porengummi *m*
резина́т *m (Ch)* Resinat *n*
рези́новый Gummi...
резиносмеси́тель *m* Gummimischer *m*, Gummikneter *m*
рези́ст *m (Eln)* Resist *n*, Photoresist *n*
резисти́вный resistent
рези́стор *m (El)* Widerstand *m (als Bauelement; s. a. unter* сопротивление 4.*)*
~/**пусково́й** Anlasswiderstand *m*
рези́т *m (Kst)* Resit *n*, Phenolharz *n* im C-Zustand
ре́зка *f* Schneiden *n*, Trennen *n*, *(Schw auch)* Brennschneiden *n*
~/**га́зовая** Gasschneiden *n*, Brennschneiden *n*, Autogenschneiden *n*, autogenes Schneiden *n*
~/**дугова́я** Lichtbogenschneiden *n*
~/**кислоро́дная** Brennschneiden *n*, Sauerstoff(brenn)schneiden *n*
~/**ла́зерная** Laserstrahl(schmelz)-schneiden *n*
~/**пла́зменная** Plasma(brenn)-schneiden *n*, Plasmalichtbogen-schneiden *n*
~/**подво́дная** Unterwasserschneiden *n*, Unterwassertrennen *n*
~/**электро́нно-лучева́я** Elektronenstrahlschneiden *n*
ре́зкий scharf *(Bilder)*; grell *(Licht, Farben)*; schrill *(Ton)*
ре́зкость *f (Opt, Photo)* Schärfe *f*
~ **изображе́ния** Bildschärfe *f*
резо́л *m (Kst)* Resol *n*, Phenolharz *n* im A-Zustand
резольво́метр *m (Photo)* Resolvometer *n*
резона́нс *m* Resonanz *f*
~/**парази́тный** *(El)* Störresonanz *f*, parasitäre Resonanz *f*
~/**со́бственный** *(El)* Eigenresonanz *f*
~/**ферромагни́тный** ferromagnetische Resonanz *f*
~/**я́дерный** *(Ph)* Kernresonanz *f*
резона́нсный Resonanz...
резона́тор *m (Ph, El)* Resonator *m*
~ **Гельмго́льца** Helmholz-Resonator *m*
~/**ква́рцевый** Quarzresonator *m*, Schwingquarz *m*
~/**ла́зерный** Laserresonator *m*
~/**объёмный** Hohlraumresonator *m*
~/**опти́ческий** optischer Resonator *m* *(Laser)*
~/**сфери́ческий** Kugelresonator *m*
~ **Фабри́-Перо́** Fabry-Perot-Resonator *m (Laser)*
~/**цилиндри́ческий** Zylinderresonator *m*
резо́рбция *f* Resorption *f*
результа́нт *m (Math)* Resultante *f*
результа́т *m* Resultat *n*, Ergebnis *n*
~/**коне́чный** Endergebnis *n*
~/**промежу́точный** Zwischenergebnis *n*
~/**части́чный** Teilergebnis *n*
результати́вность *f* Aussagegehalt *m*
результи́рующая *f* Resultierende *f*
резцедержа́тель *m (Wkzm)* Meißelhalter *m*
~/**быстросме́нный** Schnellwechselmeißelhalter *m*

резцóвый *(Wkzm)* Meißel...
резьбá *f (Masch)* Gewinde *n*
~/**винтовáя** Schraubengewinde *n*
~/**внéшняя** Außengewinde *n*
~/**внýтренняя** Innengewinde *n*
~/**двухзахóдная** zweigängiges Gewinde *n*
~/**конúческая** Kegelgewinde *n*, kegliges Gewinde *n*
~/**крепёжная** Befestigungsgewinde *n*
~/**крýглая** Rundgewinde *n*
~/**крýпная** Grobgewinde *n*
~/**крутáя** steiles Gewinde *n*
~/**лéвая** Linksgewinde *n*, linksgängiges Gewinde *n*
~/**мéлкая** Feingewinde *n*
~/**метрúческая** metrisches Gewinde *n*
~/**многозахóдная** mehrgängiges Gewinde *n*, Mehrganggewinde *n*
~/**нарýжная** Außengewinde *n*
~/**однозахóдная** eingängiges Gewinde *n*
~/**прáвая** Rechtsgewinde *n*, rechtsgängiges Gewinde *n*
~/**прямоугóльная** Flachgewinde *n*, Rechteckgewinde *n*
~/**трапецеидáльная** Trapezgewinde *n*
~/**треугóльная** Spitzgewinde *n*, Dreieckgewinde *n*
~/**трýбная** Rohrgewinde *n*
резьбовóй *(Masch)* Gewinde...
резьбомéр *m (Masch)* Gewinde(steigungs)lehre *f*, Gewindeschablone *f*
резьбонакáтывание *n (Fert)* Gewindewalzen *n*
резьбонарезáние *n (Fert)* spanende Gewindebearbeitung *f*, Gewindeschneiden *n*
~ **гребёнкой** Gewindestrehlen *n*
~ **мéтчиком** Gewindebohren *n*
~ **рéзцом** Gewindedrehen *n*
~ **фрéзой** Gewindefräsen *n*
резьботочéние *n (Fert)* Gewindedrehen *n*
резьбофрезеровáние *n (Fert)* Gewindefräsen *n*
резьбошлифовáние *n (Fert)* Gewindeschleifen *n*
рейд *m (Schiff)* Reede *f*
~/**внéшний** Außenreede *f*
~/**внýтренний** Innenreede *f*, Binnenreede *f*
~/**открытый** offene Reede *f*
рéйка *f* 1. Leiste *f*; Latte *f*; 2. *(Masch)* Stange *f*; 3. *(Text)* Transporteur *m (an der Nähmaschine)*
~/**зубчáтая** *(Masch)* Zahnstange *f*
~/**водомéрная** Wasserpegel *m*; Lattenpegel *m*
рейс *m* 1. *(Schiff)* Reise *f*; 2. Linienflug *m*; 3. *(Bgb)* Marsch *m (eines Bohrwerkzeugs)*
~/**дáльний** Fernflug *m*, Langstreckenflug *m*
~/**порóжний** *(Eb, Schiff)* Leerfahrt *f*
~/**чáртерный** Charterflug *m*
рейсфéдер *m* Reißfeder *f*
рейшúна *f* Reißschiene *f*
рекá *f* Fluss *m*
~/**гóрная** Gebirgsfluss *m*
~/**судохóдная** schiffbarer Fluss *m*
рекалесцéнция *f (Ph)* Rekaleszenz *f*
рекарбюризáция *f (Met)* Rückkohlung *f*
рекомбинациóнный Rekombinations...
рекомбинáция *f (Ph)* Rekombination *f*
~/**излучáтельная** Strahlungsrekombination *f*
~ **носúтелей заря́да** Ladungsträgerrekombination *f*
~/**объёмная** Volumenrekombination *f*
реконструúровать rekonstruieren
реконстрýкция *f* Rekonstruktion *f*
рекóрдер *m (Eln)* Recorder *m*
рекристаллизáция *f* 1. *(Krist)* Rekristallisation *f*; 2. *(Härt)* Rekristallisationsglühen *n*
~/**жидкофáзная** *(Krist)* Flüssigphasenrekristallisation *f*, Flüssigphasenepitaxie *f*
~/**твердофáзная** *(Krist)* Festphasenrekristallisation *f*, Festphasenepitaxie *f*
ректификáт *m (Ch)* Rektifikat *n*
ректификáтор *m (Ch)* Rektifikationsapparat *m*, Rektifikator *m*
ректификáция *f (Ch)* Rektifizierung *f*, Rektifikation *f*
ректифицúровать *(Ch)* rektifizieren
рекультивáция *f (Ökol)* Rekultivierung *f*, Wiederurbarmachung *f*
рекуперáтор *m* Rekuperator *m*, Winderhitzer *m*
рекуперáция *f* 1. Rekuperation *f*, Rückgewinnung *f*; 2. *(Met)* Luftvorwärmung *f*, Lufterwärmung *f*

~ **тепла́** Wärmerückgewinnung *f*
релакса́тор *m (El)* Kippschwinger *m*
релакса́ция *f* 1. *(Ph)* Relaxation *f*, Relaxationsprozess *m*; 2. *(El)* Relaxation *f*, Kippen *n*
реле́ *n (El)* Relais *n*
~**/абоне́нтское** Teilnehmerrelais *n*
~**/бесконта́ктное** kontaktloses Relais *n*
~**/возвра́тное** Rückstellrelais *n*
~ **вре́мени** Zeitrelais *n*
~ **давле́ния** Druckrelais *n*, Druckwächter *m*
~**/защи́тное** Schutzrelais *n*
~**/исполни́тельное** Stellrelais *n*
~**/коммутацио́нное** Schaltrelais *n*
~ **контро́ля** Wächter *m*
~**/магни́тное** Magnetrelais *n*, magnetisches Relais *n*
~ **обра́тного то́ка** 1. Rückstromrelais *n*; 2. *(Kfz)* Ladeschalter *m*
~**/опти́ческое** Photorelais *n*, Lichtrelais *n*, lichtgesteuertes [photoelektrisches, lichtelektrisches] Relais *n*
~**/отключа́ющее** Abschaltrelais *n*
~ **перегру́зки** Überlast(ungs)relais *n*, Überlastschalter *m*
~**/теплово́е** Thermorelais *n*
~ **то́ка** Stromrelais *n*; Stromauslöser *m*, Stromwächter *m*
~**/уде́рживающее** Halterelais *n*
~**/управля́ющее** Steuerrelais *n*
~**/фотоэлектри́ческое** *s.* ~/оптическое
реле́-иска́тель *m (Nrt)* Wählerrelais *m*
реле́йный Relais...
реле́-регуля́тор *m* Relaisregler *m*; *(Kfz)* Reglerschalter *m*; Spannungsregler *m*
релье́ф *m* Relief *n*
~**/высокого́рный** *(Geol)* Hochgebirgsrelief *n*
рельс *m (Eb)* Schiene *f*
~**/конта́ктный** Stromschiene *f*
~**/направля́ющий** Führungsschiene *f*, Leitschiene *f*
~**/подкра́новый** Kranbahnschiene *f*
~**/широкоподо́швенный** Breitfußschiene *f*
ре́льсовый gleisgebunden, Schienen..., schienengebunden
рельсоочисти́тель *m (Eb)* Schienenräumer *m*, Bahnräumer *m*
рельсоукла́дчик *m (Eb)* Schienenverleger *m*
ремённый Riemen...
реме́нь *m* Riemen *m*; Gurt *m*
~ **безопа́сности** Sicherheitsgurt *m*
~ **безопа́сности/автомати́ческий** *(Kfz)* Automatik-Sicherheitsgurt *m*; Gurtstraffer *m*
~**/бесконе́чный** endloser Riemen *m*
~**/зубча́тый** Zahnriemen *m*
~**/клиново́й** Keilriemen *m*
~**/приводно́й** Treibriemen *m*
реме́сленный handwerklich, Handwerks...
ремесло́ *n* Handwerk *n*; Gewerbe *n*
ремешо́к *m (Text)* Riemchen *n*
реми́з *m (Text)* Geschirr *n*
реми́зка *f (Text)* Schaft *m (des Webstuhls)*
ремо́нт *m* Reparatur *f*, Instandsetzung *f*, Ausbesserung *f*
~**/капита́льный** Generalreparatur *f*, Generalüberholung *f*
~**/пла́ново-предупреди́тельный** planmäßig vorbeugende Instandsetzung *f*
~**/теку́щий** laufende Reparatur *f*, Instandhaltungsreparatur *f*
ремонти́ровать reparieren, instandsetzen, ausbessern
ремо́нтный Reparatur..., Instandsetzungs...
ремонтопригодность *f* Reparatureignung *f*, instandsetzungsgerechte Konstruktion *f*, Reparierbarkeit *f*
ре́ний *m (Ch)* Rhenium *n*, Re
рента́бельность *f* Rentabilität *f*; Wirtschaftlichkeit *f*
рента́бельный rentabel; wirtschaftlich
рентге́н *m* Röntgen *n*, R *(SI-fremde Einheit der Exposition)*
рентгенме́тр *m (Kern)* Röntgenmeter *n*, R-Meter *n*
рентге́новский Röntgen...
рентгеногра́мма *f* 1. Röntgen(spektral)aufnahme *f*, Röntgenogramm *n*, Röntgenbild *n*; 2. Röntgenbeugungsbild *n*, Röntgendiagramm *n*
рентгенографи́ческий Röntgen..., röntgenographisch
рентгеногра́фия *f* Röntgenographie *f*, Röntgenaufnahme *f*

~ **металлов** Röntgenmetallographie *f*, Röntgenmetallkunde *f*
рентгенодефектоскопия *f* Röntgendefektoskopie *f*, Röntgenwerkstoffprüfung *f*
рентгенодиагностика *f* Röntgenuntersuchung *f*, Röntgendiagnostik *f*
рентгенология *f* Röntgenologie *f*, Röntgenstrahlenkunde *f*
рентгенолюминесценция *f* Röntgenlumineszenz *f*
рентгенометаллография *f* Röntgenmetallographie *f*
рентгенометрия *f* Röntgenometrie *f*
рентгеномикроскопия *f* Röntgenmikroskopie *f*
рентгеноскопия *f* Röntgenoskopie *f*; Röntgendurchleuchtung *f*, Radioskopie *f*
рентгеноспектрограф *m* Röntgenspektrograph *m*
рентгеноструктурный Röntgenstruktur...
рентгенотерапия *f* Röntgentherapie *f*, Röntgenbehandlung *f*
рентгенотехника *f* Röntgentechnik *f*
рентгенофотометр *m* Röntgenphotometer *n*
рентген-эквивалент *m s.* эквивалент рентгена
реология *f (Ph)* Rheologie *f*
реометр *m (Mess)* Rheometer *n*
реостат *m (El)* Rheostat *m*, veränderbarer Widerstand *m*
~/**пусковой** Anlasswiderstand *m*, Anlasser *m*
реохорд *m (El)* Schleifdraht *m*; *(El)* Messdraht *m*
репер *m* 1. *(Geod)* Nivellementszeichen *n*, Höhenpunkt *m*, Bezugspunkt *m*; Festpunkt *m*; 2. *(Bgb)* Markscheiderzeichen *n*
репитер *m (Schiff)* Tochtergerät *n (Kreiselkompass)*
репрограммирование *n (Inf)* Wiederprogrammierung *f*, Neuprogrammierung *f*
репрограммируемый *(Inf)* wiederprogrammierbar, wiederholt programmierbar *(Festwertspeicher)*
репродуктор *m* 1. *s.* громкоговоритель; 2. Doppler *m*, Dupliziergerät *n*
репродукционный Reproduktions...
репродукция *f* Reproduktion *f*, Wiedergabe *f*
ресивер *m* 1. Empfänger *m (Telegraphie, Fernwirktechnik)*; 2. *(Masch)* Zwischenbehälter *m*; 3. Stahlgefäß *n (für Speicherzwecke)*
ресорбция *f (Ph)* Resorption *f*, Aufnahme *f*
респиратор *m* Atemschutzmaske *f*; Atemgerät *n*
рессора *f* Feder *f*
~/**винтовая** Schraubenfeder *f*
~/**листовая** Blattfeder *f*
~/**торсионная** Drehstabfeder *f*
рессорный Feder...
рестарт *m (Inf)* Wiederanlauf *m*
~/**отсроченный** verzögerter Wiederanlauf *m*
ресторан *m* /**дорожный** Raststätte *f*
ресурс *m* 1. Ressource *f*; 2. *(Masch)* Sollbetriebszeit *f*
~ **двигателя** Motorlaufzeit *f*, Lebensdauer *f* des Motors
~ **машин** Lebensdauer *f (von Maschinen)*
~/**средний** mittlere Lebensdauer *f*
ресурсы *mpl* Ressourcen *fpl*, Vorräte *mpl*, Reserven *fpl*, Schätze *mpl*, Rohstoffquellen *fpl*
~/**возобновляемые [восполнимые]** regenerierbare [sich regenerierende, sich erneuernde] Ressourcen *fpl*
~/**природные** Naturschätze *mpl*, natürliche Ressourcen *fpl*
реторта *f* 1. *(Ch)* Retorte *f*; 2. *(Met)* Birne *f (des Konverters)*, Konverterbirne *f*
ретранслятор *m* Zwischensender *m*, Relaisstation *f*, Relaissender *m*
~/**телевизионный** Fernsehumsetzer *m*
ретрансляция *f* Weiterleitung *f*, Weiterübertragung *f*
ретушь *f* Retusche *f*
рефлектометр *m (Opt)* Reflektometer *n*, Reflexionsmesser *m*
рефлектометрия *f (Opt)* Reflexionsgradmessung *f*
рефлектор *m* 1. Reflektor *m*, Rückstrahler *m*; 2. *(Astr)* Reflektor *m*, Spiegelteleskop *n*
рефрактометр *m (Opt)* Refraktometer *n*

рефрактометри́ческий *(Opt)* refraktometrisch
рефрактоме́трия *f (Opt)* Refraktometrie *f*, Brechzahlbestimmung *f*
рефра́ктор *m (Opt)* Refraktor *m*, Linsenfernrohr *n*
рефра́кция *f (Ph)* Refraktion *f*, Brechung *f*
~ **зву́ка** Schallrefraktion *f*, Refraktion *f* des Schalls
~/**земна́я** *(Geod)* terrestrische Refraktion *f*
~ **све́та** *(Opt, Astr)* Refraktion [Brechung] *f* des Lichtes, Lichtbrechung *f*
рефрижера́тор *m* 1. Refrigerator *m*, Gefrieranlage *f*; 2. Verdampfer *m (der Kältemaschine)*; 3. Kühlschiff *n*
рефрижера́торный Gefrier...
рециркуля́ция *f* Rückumlauf *m (von Gasen, Flüssigkeiten)*
~ **отхо́дов** Recycling *n*, Wiederverwertung *f*, Wiederverwendung *f*
реше́ние *n* 1. Entscheidung *f*; 2. *(Math)* Lösung *f*
~/**о́бщее** *(Math)* allgemeine Lösung *f*
~/**приближённое** *(Math)* Näherungslösung *f*
~/**ча́стное** *(Math)* partikuläre [spezielle] Lösung *f*
решётка *f* 1. Gitter *n*, Gitterwerk *n*; Rost *m*; 2. *(Krist)* Gitter *n*; 3. *(Opt)* Gitter *n*, Beugungsgitter *n*; 4. *(Bw)* Fachwerk *n*; 5. *(Schiff)* Gräting *f*
~/**а́томная** *(Krist)* Atomgitter *n*
~/**базоцентри́рованная** *(Krist)* basisflächenzentriertes Gitter *n*, *C*-Gitter *n*
~ **Браве́** *(Ph)* Bravais-Gitter *n*, Translationsgitter *n*
~/**вака́нтная** *(Krist)* Lückengitter *n*
~/**гексагона́льная** *(Krist)* hexagonales Gitter *n*
~/**гранецентри́рованная** *(Krist)* flächenzentriertes Gitter *n*, *F*-Gitter *n*
~/**дифракцио́нная** *(Opt)* Beugungsgitter *n*
~/**колоснико́вая** Gitterrost *m*, Feuerungsrost *m*, Rost *m*
~/**кристалли́ческая** Kristallgitter *n*
~/**куби́ческая** *(Krist)* kubisches Gitter *n*
~/**монокли́нная** *(Krist)* monoklines Gitter *n*
~/**накло́нная (колоснико́вая)** Schrägrost *m (einer Feuerung)*
~/**обра́тная** *(Krist)* reziprokes Gitter *n*
~/**объёмноцентри́рованная** innenzentriertes [raumzentriertes] Gitter *n*, *I*-Gitter *n*
~/**пло́ская** 1. *(Opt)* ebenes Gitter *n*; 2. *(Bw)* ebenes Fachwerk *n*; 3. ebenes [gerades] Gitter *n (einer Strömungsmaschine)*
~/**предохрани́тельная** Schutzgitter *n*
~/**примити́вная** *(Krist)* einfaches [primitives] Gitter *n*, *P*-Gitter *n*
~/**простра́нственная** 1. *(Krist)* Raumgitter *n*; 2. *(Bw)* räumliches Fachwerk *n*
~/**ромби́ческая** *(Krist)* rhombisches Gitter *n*
~/**ромбоэдри́ческая** *(Krist)* rhomboedrisches Gitter *n*
~/**тетрагона́льная** *(Krist)* tetragonales Gitter *n*
~/**трикли́нная простра́нственная** *(Krist)* triklines Raumgitter *n*
решето́ *n* Sieb *n (Zusammensetzungen s. unter* грохот *und* сито*)*
решётчатый 1. Gitter..., gitterartig; Fachwerk...; 2. Rost...; Sieb...; 3. netzartig
решта́к *m* Förderrinne *f*, Rutsche *f*
ржаве́ть rosten
ржавле́ние *n* Rosten *n*, Verrosten *n*
ржа́вчина *f* 1. Rost *m*; 2. Roststelle *f*
ржа́вый rostig, verrostet
ри́гель *m* Riegel *m*
ри́дберг *m* Rydberg *n*, Ry *(SI-fremde Einheit der Energie in der Kernphysik)*
риск *m* Risiko *n*, Wagnis *n*
~ **лучево́го пораже́ния** Strahlungsrisiko *n*, Strahlungsgefährdung *f*
ри́ска *f* 1. *s.* ~/разметочная; 2. *(Fert)* Riefe *f*
~/**разме́точная** Anrisslinie *f*, Risslinie *f*, Anriss *m*, Riss *m*
~/**шлифо́вочная** *(Fert)* Schleifriefe *f*
рису́нок *m* 1. Zeichnung *f*; Figur *f*; 2. *(Text)* Muster *n*; 3. Profil *n (eines Reifens)*
~ **разво́дки** *(El)* Verdrahtungsbild *n*, Verdrahtungsmuster *n*
ритмоводи́тель *m (Med)* Herzschrittmacher *m*

риф *m (Geol)* Riff *n*
~/кора́лловый Korallenriff *n*
рифлева́ть riffeln, rändeln
рифле́ние *n* Riffeln *n*, Riffelung *f*
рифлёный geriffelt, Riffel...
рифо́рминг *m (Ch)* Reformieren *n*, Reforming *n*
рихтова́ть (aus)richten
рихто́вка *f* Richten *n*, Ausrichten *n*
РН *f s.* ракета-носитель
РНК *f s.* кислота/рибонуклеиновая
ро́бот *m* Roboter *m*; Industrieroboter *m*, IR *m*
~/двуру́кий zweiarmiger Roboter *m*
~/загру́зочный Beschickungsroboter *m*
~/интегри́рованный промы́шленный maschinenintegrierter Industrieroboter [IR] *m*
~/интеллектуа́льный intelligenter Roboter *m*
~/манипуляцио́нный Handhaberoboter *m*
~/многору́кий mehrarmiger [vielarmiger] Roboter *m*
~/многоцелево́й промы́шленный Mehrzweck-Industrieroboter *m*, Mehrzweck-IR *m*
~/одноруки́й einarmiger Roboter *m*
~/окра́сочный промы́шленный Lackierroboter *m*
~/промы́шленный Industrieroboter *m*, IR *m*
~/сбо́рочный Montageroboter *m*
~/сва́рочный Schweißroboter *m*
~/тра́нспортный Transportroboter *m*
~/шага́ющий Schreitroboter *m*
роботиза́ция *f* Roboteranwendung *f*, Robotereinsatz *m*
роботизи́рованный robotergestützt, von Robotern übernommen [erledigt] *(z. B. Montagearbeiten)*
ро́бот-манипуля́тор *m* Handhaberoboter *m*
роботострое́ние *n* Roboterbau *m*
робототе́хника *f* Robotertechnik *f*, Handhabungstechnik *f*
ро́бот-сбо́рщик *m* Montageroboter *m*
ров *m* 1. Graben *m*; 2. *(Bgb)* Rösche *f*
ро́вница *f (Text)* Vorgarn *n*
ро́вничный *(Text)* Flyer..., Vorgarn...
ро́вный eben, glatt
рог *m* Horn *n*; Nase *f*
рогу́лька *f (Text)* Flügel *m*
род *m* Art *f*, Gattung *f*
рода́нистый *(Ch)* ...rhodanid *n*
ро́диевый Rhodium...
ро́дий *m (Ch)* Rhodium *n*, Rh
ро́за *f* **ве́тров** *(Meteo)* Windrose *f*
розе́тка *f* **(/ште́псельная)** *(El)* Steckdose *f*
ро́зжиг *m (Met)* Anheizen *n*, Aufheizen *n (Öfen)*
ро́злив *m* 1. Abfüllen *n*, Abfüllung *f*; 2. Verlaufen *n (Anstrichstoffe)*
рой *m* Schwarm *m*, Cluster *m*, Haufen *m*
~/метео́рный *(Astr)* Meteorschwarm *m*
ро́лик *m* Rolle *f*
~/ведо́мый angetriebene Rolle *f*
~/веду́щий Antriebsrolle *f*, Treibrolle *f*
~/иго́лчатый Nadelrolle *f*; *(Text)* Nadelwalze *f*
~/натяжно́й Spannrolle *f*; Seilspanner *m*
ро́ликовый Rollen...
роликоопо́ра *f* Tragrolle *f (am Gurtförderer)*
роликоподши́пник *m (Masch)* Rollenlager *n*
~/иго́льчатый (Radial-)Nadellager *n*
~/радиа́льный (Radial-)Rollenlager *n*
~/упо́рный Axialrollenlager *n*
ро́лкер *m* Ro-Ro-Schiff *n*
ролл *m (Pap)* Holländer *m*
~/ма́ссный Ganzzeugholländer *m*
ро́льганг *m* 1. *(Wlz)* Rollgang *m*; 2. *(Förd)* Rollgang *m*, Rollbahn *f (für Transportzwecke)*
ромб *m* 1. *(Math)* Rhombus *m*; 2. *(Wlz)* Raute *f*, Rautenkaliber *n*
ромби́ческий *(Krist)* rhombisch
ромбо́эдр *m (Krist)* Rhomboeder *n*
ромбоэдри́ческий *(Krist)* rhomboedrisch
росоме́р *m (Meteo)* Taumesser *m*
ро́спуск *m* 1. *(Kfz)* Nachläufer *m*, Nachlaufachse *f (für den Langmaterialtransport)*; 2. Auftrennen *n*, Längsschnitt *m (von Baumstämmen)*; 3. *(Eb)* Ablauf *m (der Wagen am Ablaufberg)*
ро́ссыпь *f (Geol)* 1. Seife *f*; 2. Trümmerlagerstätte *f*

рост *m* 1. Vergrößern *n*, Zunahme *f*, Wachsen *n*, Anwachsen *n*; 2. Wachstum *n*; 3. Größe *f*, Wuchs *m*
ро́стверк *m (Bw)* Rostwerk *n*, Rost *m*
~/**сва́йный** Pfahlrost *m (Gründung)*
рота́метр *m (Mess)* Rotameter *n*, Schwebekörper(durchfluss)messinstrument *n*
ротацио́нный Rotations...
рота́ция *f* 1. *(Mech)* Rotation *f*, Drehbewegung *f*; 2. *(Typ)* Rotations(druck)maschine *f*
ро́тор *m* 1. *(El)* Rotor *m*, Läufer *m*; 2. Läufer *m*, Laufrad *n (von Strömungsmaschinen)*; 3. Umlaufkolben *m (der Kreiskolbenpumpe)*; 4. *(Ch)* Rotor *m*, Rührorgan *n*; 5. Trommel *f (der Zentrifuge)*
~/**короткоза́мкнутый** *(El)* Kurzschlussläufer *m*
~/**неявнопо́люсный** *(El)* Vollpolläufer *m*
~/**явнопо́люсный** *(El)* Schenkelpolläufer *m*, Polrad *n*
ро́торный Rotor..., Läufer...
РТЛ *f s.* логика/резисторно-транзисторная
рту́тный 1. Quecksilber...; 2. Quecksilberdampf...
ртуть *f (Ch)* Quecksilber *n*, Hg
~/**грему́чая** Knallquecksilber *n*
~/**саморо́дная** *(Min)* gediegenes Quecksilber *n*
руба́нок *m (Wkz)* Hobel *m*, Schlichthobel *m*
руба́шка *f* Mantel *m*, Ummantelung *f*
~/**водяна́я** Wasser(kühl)mantel *m*
руби́дий *m (Ch)* Rubidium *n*, Rb
руби́лка *f (Typ)* Pappschere *f*; 2. Schneidapparat *m*; 3. Abreißmesser *n (an der Rotationsmaschine)*
руби́льник *m (El)* Hebelschalter *m*, Messerschalter *m*
руби́н *m* 1. *(Min)* Rubin *m*; 2. Rubinglas *n*
~/**золото́й** Goldrubin *n (Glas)*
руби́ть 1. hacken, hauen; 2. *(Forst)* fällen *(Bäume)*
ру́бка *f* 1. Hacken *n*, 2. *(Forst)* Fällen *n (Bäume)*
руда́ *f (Min)* Erz *n*
~/**бе́дная** armes [geringhaltiges] Erz *n*
~/**бога́тая** reiches [hochwertiges] Erz *n*, Reicherz *n*
~/**до́менная** Hochofenerz *n*
~/**жи́льная** Gangerz *n*
~/**ко́мплексная** Mischerz *n*, Komplexerz *n*, komplexes [polymetallisches] Erz *n*
~/**кру́пная** Groberz *n*, Stückerz *n*
~/**ме́лкая** Kleinerz *n*, Feinerz *n*
~/**обогащённая** angereichertes Erz *n*
~/**окислённая** oxidisches Erz *n*
~/**полиметалли́ческая** *s.* ~/комплексная
~/**рядова́я** Roherz *n*, Fördererz *n*, Frischerz *n*
~/**саморо́дная** gediegenes Erz *n*
~/**сыра́я** *s.* ~/рядовая
ру́дерпост *m (Schiff)* Rudersteven *m*
рудни́к *m* Bergwerk *n*, Grube *f*, Mine *f*
рудни́чный Bergwerk..., Gruben..., Minen...
ру́дный Erz...
рудово́з *m (Schiff)* Erzfrachter *m*
рудодроби́лка *f* Erzbrecher *m*
рудомо́йка *f* 1. Erzwäsche *f*, Erzwaschanlage *f*; 2. Erzwäsche *f*, Erzwaschen *n*
рудоно́сность *f (Geol)* Erzhaltigkeit *f*, Erzführung *f*
рудоно́сный *(Geol)* erzhaltig, erzführend
рудоразбо́рка *f (Bgb)* Klaubarbeit *f (Erze)*
ружьё *n* Gewehr *n*; Büchse *f*, Flinte *f*
~/**гладкоство́льное** Flinte *f (mit glattem Lauf)*
~/**двуство́льное** Doppelflinte *f*
~/**дробово́е** Schrotflinte *f*
~/**нарезно́е** Büchse *f (mit gezogenem Lauf)*
~/**охо́тничье** Jagdgewehr *n*
~/**пневмати́ческое** Druckluftgewehr *n*, Luftgewehr *n*
~/**трёхство́льное** Drilling *m*
рука́ *f (Masch)* Arm *m (eines Roboters)*
~/**выдвижна́я** Lineararm *m*, Ausfahrarm *m (eines Roboters)*
~/**двухшарни́рная** Doppelgelenkarm *m (eines Roboters)*
~/**изгиба́ющая [многошарни́рная]** Tensorarm *m (eines Roboters)*

~/**углова́я** Winkelarm *m (eines Roboters)*
рука́в *m* 1. Schlauch *m*; 2. Arm *m*, Auslegerarm *m*
~/**ги́бкий** biegsamer Schlauch *m*
~/**пожа́рный** Feuerlöschschlauch *m*
~/**соедини́тельный** Verbindungsschlauch *m*
~/**тормозно́й** Bremsschlauch *m*
руко́ятка *f* 1. Griff *m*, Handgriff *m*; Hebel *m*, Handhebel *m*; 2. Kurbel *f*, Handkurbel *f*; 3. *(Wkz)* Stiel *m*, Heft *n*
рулево́й *(Schiff)* Ruder...
руле́ние *n (Flg)* 1. Rollen *n (auf den Rollbahnen)*; 2. Anrollen *n*, Anlauf *m (1. Startphase)*
руле́тка *f* Messband *n*
руло́н *m* 1. Rolle *f*; 2. Bahn *f*; Stoffbahn *f*; 3. Wickel *m (eines Bandes)*; Bandwickel *m*
руло́нный Rollen...
руль *m (Schiff, Flg, Rak)* Ruder *n*
~ **высоты́** *(Flg)* Höhenruder *n*
~/**га́зовый** *(Rak)* Strahlruder *n*
~ **направле́ния** *(Flg)* Seitenruder *n*
~/**подвесно́й** *(Schiff)* Schweberuder *n*
~/**полуподвесно́й** *(Schiff)* Halbschweberuder *n*
румб *m (Schiff)* Kompassstrich *m*, Strich *m (eines Kompasses)*
ру́мпель *m (Schiff)* Pinne *f*, Ruderpinne *f*
ру́пор *m* 1. *(Ak)* Schalltrichter *m*, Trichter *m*; 2. *(El)* Horn *n*, Hornstrahler *m*, Hornantenne *f*
ру́сло *n* Bett *n*, Flussbett *n*, Strombett *n*
руте́ний *m (Ch)* Ruthenium *n*, Ru
руче́й *m* 1. *(Schm)* Gravur *f*, Form *f (eines Gesenks)*; 2. *(Wlz)* Einschnitt *m*, Kalibereinschnitt *m (einer Walze)*; Kaliberbahn *f*; 3. *(Masch)* Nut *f*, Rille *f*
ру́чка *f* 1. Griff *m*; Kurbel *f*; 2. Federhalter *m*; 3. *(Nrt)* Knopf *m*, Drehknopf *m*
~/**враща́ющаяся** Drehgriff *m*
~/**координа́тная** *(Inf)* Joystick *m*
~ **настро́йки** *(Rf)* Abstimmknopf *m*
~/**ша́риковая** Kugelschreiber *m*
ручно́й handbedient, Hand..., manuell
рыбозаво́д *m* /**плаву́чий** Fischverarbeitungsschiff *n*
рыболо́вство *n* Fischerei *f*, Fischereiwesen *n*
~/**морско́е [океа́нское]** Hochseefischerei *f*
~/**прибре́жное** Küstenfischerei *f*
рыболока́тор *m* Fischlupe *f*, Fischortungsgerät *n*
рыбонасо́с *m* Fischpumpe *f*
рыбоподъёмник *m (Hydt)* Fischaufzug *m*
рыбопромысло́вый Fischfang..., Fischerei...
рыборазде́лочный Fischverarbeitungs...
рыбохо́д *m (Hydt)* Fischpass *m*, Fischgasse *f*
рым *m (Masch)* 1. Auge *n*; Öse *f*; Ring *m (s. a.* рым-болт*)*
рым-бо́лт *m (Masch)* Augenschraube *f*, Augenbolzen *m*, Augenschraubenbolzen *m*, Ring(loch)schraube *f*
рым-кольцо́ *m* klappbares Laschauge *n (Containerzurrung)*
рым-ча́ша *m* versenktes Laschauge *n (Containerzerrung)*
ры́скание *n* 1. Pendeln *n*, Pendelung *f*; 2. *(Schiff, Flg)* Gieren *n*, Gierschwingungen *fpl*
рытьё *n (Bw)* Graben *n*, Aushub *m*
рыхле́ние *n* Auflockerung *f*, Lockerung *f*
рыхли́тель *m* **(по́чвы [гру́нта])** Bodenlockerer *m*, Bodenlockerungsgerät *n*
рыхли́ть (auf)lockern
ры́хлость *f* Lockerheit *f*; Porosität *f*
ры́хлый locker, lose; porös; *(Bgb)* gebräch *(Gestein)*
рыча́г *m (Mech)* Hebel *m*
~ **второ́го ро́да** einarmiger [einseitiger] Hebel *m*
~/**двупле́чий** *s.* ~ первого рода
~/**неравнопле́чий** ungleicharmiger Hebel *m*
~/**однопле́чий** *s.* ~ второго рода
~ **пе́рвого ро́да** zweiarmiger [zweiseitiger] Hebel *m*
~ **переключе́ния переда́ч** *(Kfz)* Schalthebel *m*
~/**равнопле́чий** gleicharmiger Hebel *m*
рыча́жный Hebel...
ряд *m* 1. Reihe *f*, Reihenfolge *f*, Serie *f*; 2. *(Math)* Reihe *f*; 3. *(Ch)* Reihe *f*; 4. *(Bw)* Schicht *f (Mauerwerk)*

~/**алифати́ческий** *(Ch)* aliphatische Reihe *f*, Fettreihe *f*
~/**бесконéчный** *(Math)* unendliche Reihe *f*
~/**биномиа́льный** *(Math)* Binominalreihe *f*, binomische Reihe *f*
~/**гармони́ческий** *(Math)* harmonische Reihe *f*
~/**геометри́ческий** *(Math)* geometrische Reihe *f*
~/**гомологи́ческий** *(Ch)* homologe Reihe *f*
~/**жи́рный** *s.* ~/алифатический
~/**знакоперемéнный** *(Math)* alternierende Reihe *f*
~/**конéчный** *(Math)* endliche Reihe *f*
~ **напряжéний** *(Ch)* Spannungsreihe *f*
~/**радиоакти́вный** *(Kern)* (radioaktive) Zerfallsreihe *f*
~/**расходя́щийся** *(Math)* divergente Reihe *f*
~/**степеннóй** *(Math)* Potenzreihe *f*
~/**сходя́щийся** *(Math)* konvergente Reihe *f*
~/**тригонометри́ческий** *(Math)* trigonometrische Reihe *f*
~/**функциона́льный** *(Math)* Funktionenreihe *f*
~ **Фурьé** *(Math)* fouriersche Reihe *f*, Fourier-Reihe *f*
~/**числовóй** *(Math)* numerische Reihe *f*, Zahlenreihe *f*
рядовóй 1. Durchschnitts...; gewöhnlich; 2. Roh... *(Erz, Kohle)*
ряж *m (Hydt)* Steinkasten *m*

С

с *s.* санти...
сад *m* Garten *m*
сади́ться 1. Platz nehmen, sich setzen; 2. *(Flg)* landen; 3. *(Text)* einlaufen *(Gewebe)*
са́дка *f (Met)* 1. Setzen *n*, Beschicken *n*, Chargieren *n*; 2. Einsatz *m*, Beschickungsgut *n*, Einsatzgut *n*, Gicht *f*
са́дкий rösch *(Papier)*
садовóдство *n* Gartenbau *m*
са́жа *f* Ruß *m*
сажа́лка *f (Lw, Forst)* Pflanzmaschine *f*, Setzmaschine *f*, Legemaschine *f*
сажа́ть pflanzen; setzen; stecken; legen
са́жевый Ruß...
са́женец *m* Pflanzling *m*; Setzling *m*; Steckling *m*
сала́зки *pl* 1. Schlitten *m*; 2. *(Masch)* Schlitten *m (an Werkzeugmaschinen)*; 3. Gleitbahn *f*, Gleitschienen *fpl*
~ **су́ппорта** *(Wkzm)* Supportschlitten *m*
са́ло *n* Talg *m*; Fett *n*
са́льник *m (Masch)* Stopfbuchse *f*, Dichtung *f*
сама́рий *m (Ch)* Samarium *n*, Sm
само... Selbst..., Auto..., Eigen... *(s. a. unter* авто...*)*
самоблокирóвка *f* Selbstblockierung *f*, Selbstsperrung *f*
самовозбужда́ться *(El)* sich selbsterregen, eigenerregen
самовозбуждéние *n (El)* Selbsterregung *f*, Eigenerregung *f*
самовозбуждённый *(El)* selbsterregt, eigenerregt
самовозгора́ние *n* Selbstentzündung *f*
самовозгора́ться *s.* самовоспламеняться
самовоспламенéние *n* Selbstentflammung *f*
самовоспламеня́емость *f* Selbstentflammbarkeit *f*
самовоспламеня́ться sich selbstentzünden, sich selbstentflammen
самовосстановлéние *n (Halbl)* Selbstgenerierung *f*, Selbstheilung *f*, Ausheilen *n*, Ausheilung *f*
самовыключа́ться sich selbstabschalten
самовыключéние *n* Selbstabschaltung *f*
самовыра́внивание *n (El)* Selbstausgleich *m*
самогася́щийся *(El)* selbstlöschend
самодéйствующий selbsttätig, automatisch
самодéльный selbst gemacht, selbst gebaut, Eigenbau...
самодиффу́зия *f (Ph)* Selbstdiffusion *f*, Eigendiffusion *f*
самозагру́зка *f (Inf)* Bootstrapping *m*
самозагру́зчик *m (Inf)* Bootstrap-Lader *m*
самозагрязнéние *n (Ökol)* Selbstverschmutzung *f*

самозажи́мный 1. selbstklemmend, Selbstklemm...; 2. *(Wkzm)* selbstspannend, Selbstspann...
самозака́ливающийся *(Met)* selbsthärtend
самозапира́ющийся selbstsperrend
самозапи́сывающий schreibend, Registrier...
самозата́чивание *n (Fert)* Selbstschärfung *f*
самоинду́кция *f (El)* Selbstinduktion *f*
самоконтроли́руемый selbstregelnd, selbstüberwachend
самоконтро́ль *m* Selbstkontrolle *f*, Selbstüberwachung *f*
самоконтря́щийся selbstsichernd *(Muttern)*
самокорректи́рующийся selbstkorrigierend, selbstverbessernd
самокорре́кция *f* Selbstkorrektion *f*
самолёт *m* Flugzeug *n*
~/**беспило́тный** unbemanntes Flugzeug *n*
~/**вертика́льновзлета́ющий** senkrecht startendes Flugzeug *n*, Senkrechtstarter *m*, VTO-Flugzeug *n*
~/**винтово́й** Propellerflugzeug *n*
~/**вое́нный** Militärflugzeug *n*
~/**высо́тный** Höhenflugzeug *n*
~/**гиперзвуково́й** Hyperschallflugzeug *n*
~/**гражда́нский** Zivilflugzeug *n*
~/**грузово́й** Frachtflugzeug *n*
~/**дозвуково́й** Unterschallflugzeug *n*
~/**магистра́льный** Langstreckenflugzeug *n*
~/**околозвуково́й** Transsonikflugzeug *n*, Flugzeug *n* für schallnahe Geschwindigkeiten
~/**пассажи́рский** Passagierflugzeug *n*
~/**пилоти́руемый** bemanntes Flugzeug *n*
~/**реакти́вный** Strahlflugzeug *n*
~/**сверхзвуково́й** Überschallflugzeug *n*
~/**сверхлёгкий** Ultraleichtflugzeug *n*
~/**сельскохозя́йственный** Agrarflugzeug *n*
~/**скоростно́й** Hochgeschwindigkeitsflugzeug *n*
~/**спорти́вный** Sportflugzeug *n*
~/**среднемагистра́льный** Mittelstreckenflugzeug *n*
~/**тра́нспортный** Transportflugzeug *n*
~/**турбовинтово́й** Propellerturbinenflugzeug *n*, PTL-Flugzeug *n*
~/**турбореакти́вный** Turbinenluftstrahlflugzeug *n*, TL-Flugzeug *n*
~ **укоро́ченного взлёта** Kurzstartflugzeug *n*
~/**уче́бн(о-трениро́вочн)ый** Schulflugzeug *n*
самолёт-амфи́бия *m* Amphibienflugzeug *n*, Wasser-Land-Flugzeug *n*
самолёт-вертолёт *m* Kombinationsflugschrauber *m*
самолёт-запра́вщик *m* Betankungsflugzeug *n*, Tankflugzeug *n*
самолёт-носи́тель *m* Trägerflugzeug *n*
самолётный Flugzeug..., Bord...
самолётовожде́ние *n* Flugzeugführung *f*
самолётострое́ние *n* Flugzeugbau *m*
самонаведе́ние *n (Rak)* Zielsuchlenkung *f*
~/**инфракра́сное [теплово́е]** Infrarot-Zielsuchlenkung *f*
самонаводя́щийся *(Rak)* zielsuchend, Zielsuch...
самонакла́д *m (Typ)* Anlegeapparat *m*, Bogenanleger *m*
самонастра́ивающийся 1. *(Reg)* selbstanpassend, selbsteinstellend; 2. *(Rf)* selbstabstimmend
самонастро́йка *f* 1. *(Reg)* Selbstanpassung *f*, Selbsteinstellung *f*; 2. *(Rf)* Selbstabstimmung *f*
самонатя́гивающийся selbstspannend
самоокисле́ние *n (Ch)* Autooxidation *f*
самоорганизу́ющийся selbstorganisierend, sich selbstorganisierend
самоотжи́г *m* 1. *(Halbl)* Selbstausheilung *f*; 2. *(Härt)* Aushärtung *f*
самоохлажде́ние *n* Eigenkühlung *f*
самоочи́стка *f* Selbstreinigung *f*
самопи́сец *m* Schreibgerät *n*, Schreiber *m*, Registriergerät *n*
~/**бортобо́й** *(Flg)* Flug(daten)schreiber *m*, Blackbox *f*, Black Box *f*
~ **высоты́** *(Flg)* Höhenschreiber *m*
самопи́шущий schreibend, Registrier...
самопове́рка *f* Selbstprüfung *f*, Selbstkontrolle *f*
самопроизво́льный spontan, Spontan...

саморазгружáющийся selbstentladend, Selbstentlade...
саморазгрýзка *f* Selbstentladung *f*
саморазгрýзчик *m* Selbstentlader *m*, Selbstentladewagen *m*
саморазогрéв *m* Selbsterwärmung *f*, Selbsterhitzung *f*
саморазря́д *m (El)* Selbstentladung *f*, Eigenentladung *f*
саморазря́дный *(El)* Selbstentlade...
саморегули́рование *n* Selbstregelung *f*
саморегули́рующийся selbstregelnd, Selbstregelungs...
саморóдный *(Min)* gediegen
самосвáл *m (Kfz)* Kipper *m*, Kippfahrzeug *n*
~/трёхсторóнний Dreiseitenkipper *m*
самосветя́щийся selbstleuchtend
самосвечéние *n* Selbstleuchten *n*
самосинхронизи́рующийся *(El)* selbstsynchronisierend
самосмáзывание *n (Trib)* Selbstschmierung *f*
самосмáзывающийся *(Trib)* selbstschmierend, mit Selbstschmierung
самоторможéние *n (Mech)* Selbsthemmung *f*, Selbstsperrung *f*
самоустанáвливающийся (sich) selbsteinstellend; selbstanpassend
самоустановлéние *n* Selbsteinstellen *n*, Selbsteinstellung *f*; Selbstanpassung *f*
самофокусирóвка *f (Opt)* Selbstfokussierung *f*
самохóд *m* 1. Fahrzeug *n* mit Eigenantrieb; 2. *(Wkzm)* Selbstgang *m*, Selbstzug *m*; 3. Leerlauf *m (eines Zählwerks)*
самохóдный selbstfahrend, Selbstfahr..., mit eigenem Fahrantrieb
санитáрный Sanitär..., sanitär
сантéхника *f* Sanitärtechnik *f*
санти... *(Mess)* Zenti..., c *(10^{-2} Einheiten)*
сантимéтр *m* Zentimeter *m(n)*, cm
сантипуáз *m* Zentipoise *n*, cP *(SI-fremde Einheit der dynamischen Viskosität)*
сантистóкс *m* Zentistokes *n*, cSt *(SI-fremde Einheit der kinematischen Viskosität)*
санýзел *m (Bw)* Sanitärzelle *f*
САП *f s.* система автоматизированного проектирования
САПТП *f s.* система проектирования технологических процессов
сапýн *m (Kfz)* Entlüfter *m*, Entlüfterstutzen *m (am Kurbelgehäuse)*
сапфи́р *m (Min)* Saphir *m*
capáй *m* Schuppen *m*; *(Lw)* Scheune *f*
сардони́кс *m (Min)* Sardonyx *m*
сáржа *f (Text)* 1. Köper *m (Weberei)*; 2. Serge *f*, Sersche *f (Stoff)*
сателли́т *m* 1. *(Astr)* Satellit *m*; 2. *(Masch)* Planetenrad *n*, Umlaufrad *n*
сатини́рование *n (Pap)* Satinieren *n*, Glätten *n*
сатурáтор *m* Saturator *m*, Saturationsapparat *m*, Sättiger *m (Zuckergewinnung)*
сатурáция *f* Saturation *f*, Saturieren *n (Zuckergewinnung)*
сáхар *m* Zucker *m*
сахари́метр *m* Saccharimeter *n*, Zuckerpolarimeter *n*
сахаримéтрия *f* Saccharimetrie *f*
сахарóметр *m* Saccharometer *n*, Zuckerwaage *f*
сбаланси́рованный abgeglichen
сбег *m* 1. Ablauf *m*; 2. *(Masch)* Auslauf *m (Gewinde)*
сбивáть 1. abschlagen; 2. abkommen *(vom Kurs)*
СБИС *f s.* схема/сверхбольшая интегральная
СБИС-кристáлл *m (Eln)* VLSI-Chip *m*
сближéние *n* Annäherung *f*, Näherung *f*, Approximation *f*
сбой *m* Fehler *m*, Störung *f*, Versagen *n*, Ausfall *m*
сбóйка *f (Bgb)* Durchschlag *m*, Durchhieb *m*, Querort *n*
сбор *m* 1. Sammeln *n*, Einsammeln *n*; 2. *(Inf)* Erfassen *n*, Erfassung *f (von Daten)*; 3. Kassieren *n (von Gebühren)*
~ **дáнных** Datenerfassung *f*
~ **информáции** Informationserfassung *f*
сбóрка *f* 1. Montieren *n*, Montage *f (von Maschinen im Werk)*; Werksmontage *f*; 2. Aufstellung *f*, Montage *f (von Maschinen am Aufstellungsort)*; 3. *(Gum)*

Konfektionieren *n (Kfz-Reifen)*; 4. *(El)* Array *n*, Anordnung *f*, Gruppe *f*
~/**пото́чная** Fließmontage *f*
~/**предвари́тельная** Vormontage *f*
~/**секцио́нная** *(Schiff)* Sektionsmontage *f*
~/**ста́пельная** *(Schiff)* Hellingmontage *f*
~/**транзи́сторная** *(Eln)* Transistorarray *n*
сбо́рник *m* 1. *(Typ)* Sammlung *f*, Sammelwerk *n*; 2. Sammelbehälter *m*, Sammelgefäß *n*; 3. *(Ch)* Vorlage *f*
сбо́рно-разбо́рный zerlegbar, montagefähig
сбо́рный 1. Sammel...; 2. zusammengesetzt; 3. montierbar
сбо́рочный Montage...
сбра́живание *n (Ch)* Gärung *f*, Vergärung *f*
сбра́живать *(Ch)* vergären
сбра́сывание *n* Abwurf *m*, Abwerfen *n*
сбра́сыватель *m* 1. Abwurfvorrichtung *f*, Abwerfer *m*; 2. Abstreicher *m*, Abstreifer *m (am Förderband)*; 3. Auswerfer *m*, Ausstoßer *m*; 4. *(Geol)* Verwerfungsfläche *f*, Verwerfungsspalte *f*, Abschiebungsfläche *f*
сбра́сывать 1. abstoßen, abwerfen; 2. abstreichen, abstreifen *(vom Förderband)*; 3. *(Geol)* verwerfen
сброс *m* 1. Abwurf *m*, Abwerfen *n (von Lasten)*; 2. Auslass *m*, Auswurf *m*; 3. *(Geol)* Verwerfung *f*, Abschiebung *f*, Sprung *m*; 3. *(Hydt)* Überfall *m*, Sturzrinne *f*; 4. *(El)* Zurücksetzen *n*, Reset *n (z. B. Zähler)*
~/**нача́льный** *s.* сброс 4.
сваби́рование *n (Erdöl)* Swabben *n*, Kolben *n*, Pistonieren *n*
сва́йный *(Bw)* Pfahl...
сва́ливание *n* 1. *(Flg)* Überziehen *n*, Durchsacken *n*, Stalling *n*; 2. Abkippen *n (Müll auf Deponie)*
сва́лка *f* Kippe *f*, Halde *f*; Deponie *f*
сва́ренный geschweißt, verschweißt
сва́риваемость *f* Schweißbarkeit *f*
сва́риваемый schweißbar
сва́ривание *n s.* сварка
сва́ривать (ver)schweißen, zusammenschweißen
~ **внахлёстку** überlappt schweißen
~ **встык** stumpfschweißen

сва́рка *f* 1. Schweißen *n*, Verschweißen *n*; 2. *(Eln)* Bonden *n*
~/**аргонодугова́я** Argonarc-Schweißen *n*
~/**а́томно-водоро́дная** atomares Lichtbogenschweißen *n*, Arcatom-Schweißen *n*
~/**ацетиле́новая** Acetylen-Sauerstoff-Schweißen *n*
~ **в защи́тном га́зе** Schutzgasschweißen *n*
~ **в углеки́слом га́зе** Schutzgas[CO_2]-Schweißen *n*, SG [CO_2]-Schweißen *n*
~ **взры́вом** Explosionsschweißen *n*
~ **внахлёстку** Überlappschweißen *n*
~ **встык** Stumpfschweißen *n*
~/**высокочасто́тная** Hochfrequenzschweißen *n*, HF-Schweißen *n*
~/**га́зовая** Gas(schmelz)schweißen *n*
~ **давле́нием** Pressschweißen *n*
~/**двусторо́нняя** beidseitiges Schweißen *n*
~/**дугова́я** Lichtbogen(schmelz)schweißen *n*
~/**и́мпульсная** Impulsschweißen *n*
~/**индукцио́нная** Induktionsschweißen *n*
~/**конта́ктная** 1. Widerstandsschweißen *n*; 2. *(Eln)* Kontaktbonden *n*
~/**ла́зерная** Laser(strahl)schweißen *n*
~/**лине́йная** *s.* ~/шовная
~/**механизи́рованная** Maschinenschweißen *n*
~/**многоэлектро́дная** Mehrelektrodenschweißen *n*
~/**односторо́нняя** einseitiges Schweißen *n*
~/**одното́чечная** Einzelpunktschweißen *n*
~ **плавле́нием** Schmelzschweißen *n*
~/**пла́зменная** Plasmaschweißen *n*, Pl-Schweißen *n*
~ **под флю́сом** Unterpulverschweißen *n*, UP-Schweißen *n*
~/**подво́дная** Unterwasserschweißen *n*
~/**потоло́чная** Überkopfschweißen *n*
~/**релье́фная** Buckelschweißen *n*, Widerstandsbuckelschweißen *n*, WB-Schweißen *n*
~/**ро́ликовая** *s.* ~/шовная
~/**ручна́я** Handschweißen *n*
~ **сопротивле́нием** Widerstandsschweißen *n*

~/**стыковáя** Widerstandsstumpfschweißen *n*
~/**тóчечная** Punktschweißen *n*, Widerstandspunktschweißen *n*, WP-Schweißen *n*
~ **трéнием** Reibschweißen *n*, R-Schweißen *n*
~/**удáрная** Schlagschweißen *n*, Perkussionsschweißen *n*, Pe-Schweißen *n*
~/**ультразвуковáя** 1. Ultraschallschweißen *n*, US-Schweißen *n*; 2. *(Eln)* Ultraschallbonden *n*, US-Bonden *n*
~/**холóдная** Kaltpressschweißen *n*
~/**шóвная** Nahtschweißen *n*, Widerstandsrollennahtschweißen *n*, WR-Schweißen *n*
~/**электродуговáя** Lichtbogenschweißen *n*
~/**электрóнно-лучевáя** Elektronenstrahlschweißen *n*, Els-Schweißen *n*
~/**электрошлáковая** Elektroschlackeschweißen *n*, ES-Schweißen *n*
сварнóй 1. geschweißt, Schweiß...; 2. *(Eln)* gebondet
свáрочный geschweißt, Schweiß...
свáя *f (Bw)* Pfahl *m*
свеклокомбáйн *m* Rübenvollerntemaschine *f*, Rübenkombine *f*
свеклопогрýзчик *m* Rübenschwadlader *m*
свеклорéзка *f* Rübenschneidemaschine *f*, Rübenschneider *m*
сверлéние *n (Fert)* Bohren *n*
сверли́льный *(Fert)* Bohr...
сверли́ть *(Fert)* bohren
сверлó *n (Wkz)* Bohrer *m*
~/**алмáзное** Diamantbohrer *m*
~/**перовóе** Spitzbohrer *m*
~/**спирáльное** Spiralbohrer *m*, Wendelbohrer *m*
~/**ступéнчатое** Stufenbohrer *m*
~/**твердосплáвное** Hartmetallbohrer *m*, HM-Bohrer *m*
~/**центрóвочное** Zentrierbohrer *m*, Anbohrer *m*
~/**черновóе** Vorbohrer *m*
сверлодержáтель *m (Wkzm)* Bohrerhalter *m*
свёртываемость *f (Ch)* Gerinnbarkeit *f*, Koagulierbarkeit *f*
свёртывание *n* 1. Wickeln *n*; Zusammenrollen *n*; 2. *(Ch)* Gerinnen *n*, Koagulation *f*; 3. *(Math)* Faltung *f (Funktion)*; Verjüngung *f*, Kontraktion *f (Tensoren)*
сверх... über..., Über..., hyper..., Hyper..., super..., Super...
сверхбыстродéйствующий *s.* сверхскоростной
сверхвысокочастóтный *(El)* Höchstfrequenz..., höchstfrequent, Superhochfrequenz..., SHF-..., superhochfrequent
сверхгигáнт *m (Astr)* Überriese *m*
сверхдавлéние *n* Überdruck *m*, Mehrdruck *m*
сверхзвуковóй Ultraschall...
сверхкорóткий ultrakurz, Ultrakurz...
сверхкрити́ческий überkritisch
сверхминиатю́рный Subminiatur..., Mikrominiatur...
сверхмóщный Höchstleistungs...
сверхнóвая *f (Astr)* Supernova *f*
сверхпроводи́мость *f* Supraleitfähigkeit *f*, Supraleitung *f*
сверхпроводни́к *m* Supraleiter *m*
сверхпроводя́щий supraleitend
сверхскоростнóй extrem schnell, ultraschnell, überschnell, *(Inf auch:)* VHS...
сверхструктýра *f (Krist)* Überstruktur *f*
сверхтекýчесть *f (Ph)* Suprafluidität *f*, suprafluider Zustand *m*
сверхтекýчий suprafluid, superfluid, suprаflüssig
сверхтóк *m (El)* Überstrom *m*
сверхтóнкий ultrafein, hyperfein, Hyperfein..., Feinst...
сверхчи́стый ultrarein, hochrein, Reinst...
сверхчувстви́тельность *f* Überempfindlichkeit *f*
сверхчувстви́тельный überempfindlich
свес *m (Bw)* Überhang *m*
свет *m (Opt)* Licht *n*
~/**бли́жний** *(Kfz)* Abblendlicht *n*
~/**ви́димый** sichtbares Licht *n*
~/**дáльний** *(Kfz)* Fernlicht *n*
~/**дневнóй** Tageslicht *n*
~/**естéственный** natürliches Licht *n*
~/**зáдний** *(Kfz)* Rücklicht *n*
~/**заливáющий** Flutlicht *n*
~/**искýсственный** künstliches Licht *n*

~/**мига́ющий** *(Kfz)* Blinklicht *n*
~/**монохромати́ческий** monochromatisches [einfarbiges] Licht *n*
~/**напра́вленный** gerichtetes Licht *n*
~/**неполяризо́ванный** unpolarisiertes [natürliches] Licht *n*
~/**отражённый** reflektiertes [indirektes] Licht *n*
~/**па́дающий** einfallendes [auffallendes] Licht *n*
~/**поляризо́ванный** polarisiertes Licht *n*
~/**прямо́й** direktes Licht *n*
~/**рассе́янный** gestreutes Licht *n*, Streulicht *n*
~/**со́лнечный** Sonnenlicht *n*, Tageslicht *n*
~/**стоя́ночный** *(Kfz)* Parklicht *n*, Standlicht *n*
свети́ло *n* **(/небе́сное)** *(Astr)* Gestirn *n*
свети́льник *m (El)* Leuchte *f*, Beleuchtungskörper *m*
~/**операцио́нный** Operationsleuchte *f*
~/**подвесно́й** Hängeleuchte *f*
~/**потоло́чный** Deckenleuchte *f*
~/**рудни́чный** *(Bgb)* Grubenleuchte *f*, Geleucht *n*
свети́мость *f* 1. *(Opt)* spezifische Lichtausstrahlung *f*; 2. *(Astr)* Leuchtkraft *f* *(der Sterne)*
светово́д *m* Licht(wellen)leiter *m*, LWL *m*
~/**волоко́нный** Faserwellenleiter *m*; Lichtleitfaser *f*
~/**ги́бкий** flexibler Lichtwellenleiter [LWL] *m*
световозвраща́тель *m* Rückstrahler *m*, Reflexreflektor *m*
светово́й Licht..., Leucht...
светодальноме́р *m* lichtoptischer Entfernungsmesser *m*, Lichtentfernungsmesser *m*
светодио́д *m s.* диод/светоизлучающий
светоко́пия *f* Lichtpause *f*
светомая́к *m (Flg)* Leuchtfeuer *n*
светонепроница́емость *f* Lichtundurchlässigkeit *f*
светонепроница́емый lichtundurchlässig
светоопти́ческий lichtoptisch
светоотда́ча *f* Lichtausbeute *f*
светоотража́ющий lichtreflektierend
светопоглоще́ние *n* Lichtabsorption *f*
светопроница́емость *f* Transparenz *f*, Lichtdurchlässigkeit *f*
светопроница́емый transparent, lichtdurchlässig
светопропуска́емый *s.* светопроницаемый
светопро́чность *f* Lichtechtheit *f*, Lichtbeständigkeit *f*
светопро́чный lichtecht, lichtbeständig
светорассе́ивающий lichtstreuend
светоси́ла *f (Opt)* Lichtstärke *f*
светоси́льный *(Opt)* lichtstark
светостабилиза́тор *m* Lichtstabilisator *m*
светосто́йкий *s.* светопрочный
светосто́йкость *f s.* светопрочность
светосхе́ма *f (Eb)* Leuchtbild *n*, Streckenleuchtbild *n*
светоте́хника *f* Lichttechnik *f*
светотехни́ческий lichttechnisch
светофи́льтр *m (Opt, Photo)* Lichtfilter *n*, optisches Filter *n*
~/**абсорбцио́нный** Absorptionsfilter *n*
~/**голубо́й** Blaugrünfilter *n*
~/**дисперсио́нный** Dispersions(licht)filter *n*
~/**жёлто-зелёный** Gelbgrünfilter *n*
~/**жёлтый** Gelbfilter *n*
~/**запира́ющий** Sperrfilter *n*
~/**защи́тный** Schutzfilter *n*
~/**зелёный** Grünfilter *n*
~/**интерференцио́нный** Interferenz(licht)filter *n*
~/**инфракра́сный** Infrarotfilter *n*, IR-Filter *n*
~/**кра́сный** Rotfilter *n*
~/**нейтра́льный** Graufilter *n*
~/**ора́нжевый** Orangefilter *n*
~/**поляризацио́нный** Polarisationsfilter *n*
~/**си́ний** Blaufilter *n*
~/**ультрафиоле́товый** Ultraviolettfilter *n*, UV-Filter *n*
~/**цветно́й** Farbfilter *n*
светофо́р *m* 1. *(Kfz)* Lichtzeichenanlage *f*; 2. *(Eb)* Lichtsignal *n*
светочувстви́тельность *f* Lichtempfindlichkeit *f*
светочувстви́тельный lichtempfindlich

светя́щийся leuchtend, Leucht...
свеча́ *f* 1. Kerze *f*; 2. *s.* кандела
~ **зажига́ния** *(Kfz)* Zündkerze *f*
~/**запа́льная** *(Kfz)* Zündkerze *f*
~ **нака́ливания** Glühkerze *f (des Dieselmotors)*
свече́ние *n (Ph)* Leuchten *n*; Glimmen *n*, Glimmlicht *n*
~/**ано́дное** anodisches [positives] Glimmlicht *n*, Anodenglimmlicht *n*
~/**като́дное** Kathodenleuchten *n*, Kathoden(glimm)licht *n*
свива́ть verseilen, schlagen *(Seile)*
сви́вка *f* Verseilung *f*, Seilschlag *m*
свиль *f* 1. *(Holz)* Maser *f*; 2. *(Glas)* Schliere *f*, Winde *f (Fehler)*
свине́ц *m* 1. *(Ch)* Blei *n*, Pb; 2. *(Met)* Blei *n*
~/**гу́бчатый** *(Met)* Bleischwamm *m*
~/**мя́гкий** *(Met)* Weichblei *n*
~/**саморо́дный** *(Met)* gediegenes Blei *n*
~/**твёрдый** *(Met)* Hartblei *n*, Antimonblei *n*
~/**чернов́ой** *(Met)* Rohblei *n*, Werkblei *n*
свинцо́вый Blei...
свип-генера́тор *m (Rf)* Wobbel(frequenz)generator *m*
сви́та *f (Geol)* Schichtenfolge *f*
свободновися́щий freihängend
свободнолежа́щий freiliegend, frei aufliegend
свободнонесу́щий freitragend
свободнопа́дающий Freifall...
свободпопрограмми́руемый frei programmierbar
свод *m (Bw)* Gewölbe *n*, Wölbung *f*
~/**зерка́льный** Spiegelgewölbe *n*
~/**кресто́вый** Kreuzgewölbe *n*
~/**ку́польный** Kuppelgewölbe *n*
~/**ло́жный** Scheingewölbe *n*
~/**со́мкнутый** geschlossenes Gewölbe *n*
~/**цилиндри́ческий** Tonnengewölbe *n*
~/**шатро́вый** Spitzkuppelgewölbe *n*
свод-оболо́чка *m (Bw)* Schalengewölbe *n*, Schale *f*
сводообразова́ние *n* Brückenbildung *f (im Bunker, Schachtofen)*
сво́дчатый gewölbt, kuppelförmig
свойла́чивание *n (Pap)* Verfilzung *f*, Filzen *n*
сво́йства *npl* Eigenschaften *fpl*, Beschaffenheit *f*
~/**антифрикцио́нные** *(Trib)* Gleiteigenschaften *fpl (von Gleitlagerwerkstoffen)*
~/**прочностны́е** *(Mech)* Festigkeitswerte *mpl*
сво́пинг *m s.* перекачка 2.
СВП *n s.* судно на воздушной подушке
СВЧ...- *s.* сверхвысокочастотный
СВЧ-генера́тор *m (El)* Höchstfrequenzgenerator *m*, SHF-Generator *m*
СВЧ-транзи́стор *m (Eln)* Höchstfrequenztransistor *m*, SHF-Transistor *m*
СВЧ-усили́тель *m (El)* Höchstfrequenzverstärker *m*, SHF-Verstärker *m*
свя́занный 1. verbunden; gebündelt; 2. *(Ch)* gebunden; 3. *(Rf)* gekoppelt; 4. *(Inf)* gekoppelt, on-line, On-line-...
~/**ёмкостно** *(Rf)* kapazitiv gekoppelt
~/**жёстко** 1. starr verbunden; 2. *(Rf)* starr gekoppelt
~/**хими́чески** chemisch gebunden
свя́зка *f* 1. Bund *n*, Bündel *n*; 2. Bindemittel *n*, Binder *m*; 3. *(Wkz)* Bindung *f (Schleifkörper)*; 4. *(Math)* Bindung *f*
связу́ющее *n* Bindemittel *n*, Binder *m*
связу́ющий (ver)bindend, Binde..., Verbindungs...
свя́зывать 1. (zusammen)binden; verknüpfen; ankoppeln; 2. *(Rf)* koppeln
связь *f* 1. Zusammenhang *m*, Verbindung *f*; Kopplung *f*, Ankopplung *f*; 2. Fernmeldewesen *n*, Nachrichtenwesen *n*; Nachrichtenverkehr *m*; Post- und Fernmeldewesen *n*; 3. *(Nrt, Rf, TV)* Verkehr *m*, Verbindung *f*; 4. *(Rf)* Kopplung *f*; 5. *(Bw)* Verband *m*; 6. *(Math)* Bindung *f*; Kopplung *f*; 7. *(Ch, Mech)* Bindung *f*; 8. *(Kyb, Inf)* Verknüpfung *f*; 9. *(Inf)* Kommunikation • **с ёмкостной свя́зью** *(Rf)* kapazitiv gekoppelt • **с обра́тной свя́зью** *(Rf)* rückgekoppelt
~/**автомати́ческая** *(Nrt)* Wählbetrieb *m*, Wählverkehr *m*
~/**автомати́ческая междугоро́дная** Selbstwählfernverkehr *m*, SWF-Verkehr *m*
~/**беспроводна́я** *(Nrt)* 1. leitungslose [drahtlose] Verbindung *f*, Funkverbindung *f*; 2. leitungsloses [drahtloses]

Nachrichtenwesen *n*; Funkverkehr *m*, Funk *m*
~/**бли́жняя** *(Nrt)* Nahverkehr *m*
~/**вале́нтная** *(Ch)* Valenzbindung *f*
~/**видеотелефо́нная** Bildfernsprechverkehr *m*, Videotelephonie *f*
~/**водоро́дная** *(Ch)* Wasserstoff(brücken)bindung *f*
~/**высокочасто́тная телефо́нная** Trägerfrequenzfernsprechverbindung *f*
~/**городска́я** *(Nrt)* Ortsverbindung *f*, Ortsverkehr *m*
~/**да́льняя** *(Nrt)* Fern(meldeweit)verkehr *m*, Nachrichtenverbindung *f* *(über größere Entfernungen)*
~/**да́льняя автомати́ческая** Selbstwählfernverkehr *m*, SWF-Verkehr *m*
~/**двойна́я** 1. *(Math)* doppelte Bindung *f*; 2. *(Ch)* Doppelbindung *f*
~/**двусторо́нняя** 1. *(Mech)* zweiseitige Bindung *f*; 2. *(Nrt)* doppelt gerichteter Verkehr *m*, doppelseitiger Verkehr *m*
~/**ду́плексная** *(Nrt)* Duplexverbindung *f*, Duplexverkehr *m*
~/**ёмкостная** *(Rf)* kapazitive Kopplung *f*
~/**жёсткая** 1. *(Rf)* starre [feste] Kopplung *f*; 2. starre Verkettung *f*
~/**заря́довая** *(Eln)* Ladungskopplung *f*
~/**индукти́вная** *(Rf)* induktive Kopplung *f*
~/**ио́нная** *(Ch)* Ionenbindung *f*, ionogene [elektrovalente, heterpolare, polare] Bindung *f*
~/**кинемати́ческая** *(Mech)* kinematische Bindung *f*
~/**ковале́нтная** *(Ph)* kovalente Bindung *f*, Valenzbindung *f*
~/**координацио́нная** *(Ch)* koordinative Bindung *f*, Koordinationsbindung *f*
~/**кресто́вая** *(Bw)* Kreuzverband *m*
~/**ла́зерная** Lasernachrichtenübertragung *f*, Laserverbindung *f*
~/**логи́ческая** *(Kyb)* logische Verknüpfung *f*
~/**междугоро́дная** *(Nrt)* Fernverkehr *m*, Fernverbindung *f*
~/**ме́стная телефо́нная** Fernsprechortsverbindung *f*
~/**многокана́льная** Mehrkanalnachrichtenverkehr *m*
~/**молекуля́рная** *(Ch)* molekulare Bindung *f*, Molekülbindung *f*
~/**обра́тная** 1. *(Rf)* Rückkopplung *f*; 2. *(Reg)* Rückführung *f*
~/**односторо́нняя** 1. *(Mech)* einseitige Bindung *f*; 2. *(Nrt)* Richtungsverkehr *m*, Einfachverkehr *m*
~/**опти́ческая** optische Kopplung [Verbindung] *f*
~/**основна́я** 1. *(Nrt)* Hauptverbindung *f*; 2. *(Kyb, Inf)* Grundverknüpfung *f*
~/**отрица́тельная обра́тная** 1. *(Rf)* negative Rückkopplung *f*, Gegenkopplung *f*; 2. *(Reg)* negative Rückführung *f*
~ **по напряже́нию** *(El)* Spannungskopplung *f*
~ **по то́ку** *(El)* Stromkopplung *f*
~/**положи́тельная обра́тная** 1. *(Rf)* positive Rückkopplung *f*, Mitkopplung *f*; 2. *(Reg)* positive Rückführung *f*
~/**полуду́плексная** *(Nrt)* Halbduplexverkehr *m*, Halbduplexbetrieb *m*
~/**поля́рная** *s.* ~/ионная
~/**попере́чная** *(Bw)* Querverband *m*, Querträger *m*
~/**проводна́я** *(Nrt)* leitungsgebundene [drahtgebundene] Nachrichtentechnik *f*
~/**продо́льная** *(Bw)* Längsverband *m*, Längsträger *m*
~/**пряма́я** *(Nrt)* Direktverbindung *f*, Querverbindung *f*
~/**радиолюби́тельская** Amateurfunkverbindung *f*
~/**радиореле́йная** Funkrelaisverbindung *f*, Richtfunkverbindung *f*
~/**радиотелегра́фная** Funktelegraphieverkehr *m*; Funktelegraphieverbindung *f*
~/**радиотелефо́нная** Funksprechverbindung *f*; Funksprechverkehr *m*, Sprechfunk *m*
~/**си́льная** *(Rf)* starre [feste] Kopplung *f*
~/**си́мплексная** *(Nrt)* Simplexverkehr *m*
~/**сопряжённая** *(Ch)* konjugierte [gekoppelte] Bindung *f*
~/**спу́тниковая** *(Nrt)* Satellitenverbindung *f*, Satelliten(nachrichten)verkehr *m*
~/**стекловолоко́нная** Glasfasernachrichtenübertragung *f*, Lichtwellenleiternachrichtenübertragung *f*, LWL-Nachrichtenübertragung *f*

~/**телевизио́нная** Fernsehverbindung *f*
~/**те́лексная** Telexverkehr *m*, Telex *n*
~/**телефа́ксная** Fax *n*, Telefax *n*, Faxverbindung *f*, Telefaxverbindung *f*, Telefaxanschluss *m*; Telefaxverkehr *m*
~/**телефо́нная** Fernsprechverbindung *f*, Fernsprechverkehr *m*; Fernsprechwesen *n*
~/**телефо́нная высокочасто́тная** Trägerfrequenzfernsprechverbindung *f*, TF-Fernsprechverbindung *f*
~/**трансокеа́нская** interkontinentaler Nachrichtenverkehr *m*
~/**тройна́я** *(Ch)* Dreifachbindung *f*
~/**хими́ческая** chemische Bindung *f*
~ **ЭВМ/лока́льная** Rechnernahkopplung *f*
~ **ЭВМ/удалённая** Rechnerfernkopplung *f*
сгиб *m* 1. Knick *m*; 2. Kröpfung *f*
сгиба́ние *n* 1. Biegen *n*, Umbiegen *n*; 2. *s.* фальцовка; 3. Knicken *n*
сгла́живание *n* 1. Glätten *n*, Glättung *f*; 2. Abgleichen *n*; 3. *(Wlz)* Glätten *n*, Glattwalzen *n*, Friemeln *n*; 3. *(Pap)* Glätten *n*, Satinieren *n*
сгора́ние *n* Verbrennen *n*, Verbrennung *f*; *(Raumf)* Verglühen *n*
сгора́ть verbrennen; *(Raumf) verglühen*
сгусти́тель *m* 1. Eindicker *m (Behälter)*; 2. Eindickungsmittel *n*
сгуща́ть eindicken; konzentrieren *(Lösungen)*; kondensieren *(Gase)*
сгуще́ние *n* Eindicken *n*, Verdicken *n*; *(Met)* Absteifung *f (der Schmelze)*
сгущённый verdickt, eingedickt *(Lösungen)*; kondensiert *(Gase)*
сдава́емый «под ключ» *(Bw)* schlüsselfertig
сда́вленный zusammengedrückt, zusammengepresst
сда́вливание *n* Zusammenpressen *n*, Zusammendrücken *n*; Komprimieren *n*
сда́ча *f* Abgabe *f*, Übergabe *f*
сдвиг *m* 1. Verschiebung *f*, Versetzung *f*, Verlagerung *f (s. a. unter* смещение 1.*)*; 2. *(Mech)* Schub *m*; 3. *(Geol)* Verschiebung *f*; 4. *(Inf)* Verschiebung *f*, Verschieben *n*, Schieben *n*
~/**до́плеровский** *(Ph)* Doppler-Verschiebung *f*, Doppler-Frequenzverschiebung *f*
~ **пути́** *(Eb)* Gleisverwerfung *f*
~/**фа́зовый** *(El)* Phasenverschiebung *f*, Phasenhub *m*
~ **частоты́** *(El)* Frequenzverschiebung *f*, Frequenzhub *m*
сдвига́ть (ver)schieben
себесто́имость *f* Gestehungskosten *pl*
сев *m (Lw)* Saat *f*, Aussaat *f*
се́вер *m* Nord; Nord *m*
се́верный Nord..., nördlich
севооборо́т *m (Lw)* Rotation *f*, Fruchtfolge *f*
сегме́нт *m* Segment *n*, Abschnitt *m*
~ **кру́га** *(Math)* Kreissegment *n*, Kreisabschnitt *m*
~/**сфери́ческий** *s.* ~/шаровой
~/**шаров́ой** *(Math)* Kugelabschnitt *m*, Kugelsegment *n*
сегнетокера́мика *f* seignetteelektrische [ferroelektrische] Keramik *f*
сегнетоэле́ктрик *m* Seignettedielektrikum *n*, Ferro(di)elektrikum *n*
сегнетоэлектри́чество *n* Seignetteelektrizität *f*, Ferroelektrizität *f*
сегрега́ция *f (Met)* 1. Segregation *f*, Ausscheidung *f*; 2. Seigern *n*, Ausseigern *n*
седимента́ция *f* 1. *(Ph, Ch)* Sedimentation *f*, Sedimentieren *n*; 2. *(Geol)* Sedimentation *f*, Ablagerung *f*
седло́ *n* 1. *(Masch)* Sitz *m (des Ventils)*; 2. *(Math)* Sattelpunkt *m*
се́йнер *m (Schiff)* Seiner *m*
сейсми́ческий seismisch, Erdbeben...
сейсми́чность *f* Seismizität *f*, Erdbebenaktivität *f*
сейсмогра́мма *f* Seismogramm *n*
сейсмо́граф *m* Seismograph *m*
сейсмогра́фия *f* Seismographie *f*
сейсмоло́гия *f* Seismik *f*, Seismologie *f*, Erdbebenforschung *f*
сейсмо́метр *m* Seismometer *n*, Erdbebenmesser *m*
сейсмоме́трия *f* Seismometrie *f*
сейсмоприёмник *m* seismischer Empfänger [Sensor] *m*
сейсморазве́дка *f (Geoph)* Seismik *f*, seismische Erkundung *f*, seism(ometr)isches Prospektieren *n*
сейсмосто́йкий erdbebenfest, erdbebensicher

сейсмосто́йкость *f* Erdbebenfestigkeit *f*, Erdbebensicherheit *f*
се́канс *m (Math)* Sekans *m*, Sekante *f*
сека́тор *m* Gartenschere *f*, Baumschere *f*
секре́ция *f (Min)* Sekretion *f*, Abscheidung *f*
секста́н(т) *m (Flg, Schiff, Astr)* Sextant *m*
се́ктор *m* 1. *(Math)* Sektor *m*, Ausschnitt *m*; 2. *(Inf)* Sektor *m (der Diskette)*; 3. *(Masch)* Sektor *m*, Segment *n*
~/**зубча́тый** *(Masch)* Zahnsegment *n*
~/**кругово́й** *(Math)* Kreissektor *m*, Kreisausschnitt *m*
~/**шарово́й** Kugelsektor *m*, Kugelausschnitt *m*
се́кторный Sektor(en)..., sektoral
секу́нда *f* 1. Sekunde *f*, s *(Basiseinheit für die Zeit)*; 2. *(Math)* Sekunde *f*, Winkelsekunde *f*, Bogensekunde *f* *(Einheit des ebenen Winkels)*
секундоме́р *m* Stoppuhr *f*
секу́щая *f (Math)* Sekante *f*
секциони́рование *n* 1. Stufung *f*, Abstufung *f*; 2. *(El)* Unterteilung *f*, Aufteilung *f (einer Wicklung)*
секциони́рованный unterteilt, aufgeteilt
се́кция *f* 1. Sektion *f*, Einheit *f*, Element *n*; Abteilung *f*, Abschnitt *m*; 2. *(Inf)* Abschnitt *m*, Programmabschnitt *m*; 3. *(Eb)* Zugeinheit *f*; 4. *(Schiff)* Sektion *f*; 5. *(El)* Wickel *m*, Spule *f*
~/**входна́я** *(Inf)* Eingabeabschnitt *m*
~/**выходна́я** *(Inf)* Ausgabeabschnitt *m*
~/**микропроце́ссорная** *(Inf)* Slice *n*
~/**моторваго́нная** *(Eb)* Triebwagen(zug)einheit *f*, Triebwagen *m*
~/**програ́ммная** *(Inf)* Programmabschnitt *m*
селекти́вность *f (Rf)* Selektivität *f*, Trennschärfe *f*
селекти́вный *(Rf)* selektiv, trennscharf
селе́ктор *m (Nrt, TV)* Wähler *m*
~ **(телевизио́нных) кана́лов** *(TV)* Kanalwähler *m*, Tuner *m*
селе́кция *f* Auswahl *f*; *(Eln)* Ausblendung *f*, Austastung *f*, Selektion *f*
~/**предвари́тельная** *(El)* Vorselektion *f*
~/**фа́зовая** *(El)* Phasenselektion *f*
~/**часто́тная** *(El)* Frequenzselektion *f*
селе́н *m (Ch)* Selen *n*, Se
селе́новый Selen...
селеногра́фия *f (Astr)* Selenographie *f*
селеноло́гия *f (Astr)* Selenologie *f*
селеносодержа́щий selenhaltig
сели́тра *f (Ch)* Salpeter *m*
сель *m (Hydrol)* Mure *f*, Murgang *m*
сельси́н *m (El, Reg)* Selsyn *n*, Drehmelder *m*
~/**дифференциа́льный** Differenzialselsyn *n*, Differentialselsyn *n*, Differenzialdrehmelder *m*, Differentialdrehmelder *m*
сельси́н-да́тчик *m (Reg)* Geberselsyn *n*, Geberdrehmelder *m*
сельси́нный Selsyn...
сельси́н-приёмник *m (Reg)* Empfängerselsyn *n*, Empfängerdrehmelder *m*
сельскохозя́йственный landwirtschaftlich, Landwirtschafts...
семафо́р *m* 1. *(Eb)* Formsignal *n*, Flügelsignal *n*; 2. *(Schiff)* Semaphor *n(m)*, Signalzeichengeber *m*
семе́йство *n* 1. Familie *f*; 2. Serie *f*, Reihe *f*; 3. *(Math)* Schar *f*
~ **кривы́х** *(Math)* Kurvenschar *f*
~/**радиоакти́вное** *(Kern)* radioaktive Zerfallsreihe *f*, Zerfallsfamilie *f*
семена́ *pl (Lw)* Saatgut *n*, Sämereien *pl*
семеочисти́тель *m* Saatgutbereiter *m*
семиа́томный *(Ch)* siebenatomig *(s. a.* семивалентный*)*
семивале́нтный *(Ch)* siebenwertig, heptavalent
семигра́нник *m (Krist)* Heptaeder *n*, Siebenflächner *m*
семигра́нный *(Krist)* siebenflächig
семио́тика *f* Semiotik *f*
семиуго́льник *m (Math)* Siebeneck *n*, Heptagon *n*
семиуго́льный siebeneckig, heptagonal
се́мя *n (Lw)* Samen *m*
семяпрово́д *m (Lw)* Saatleitung *f*, Saatleitungsrohr *n (der Sämaschine)*
сена́ж *m (Lw)* Welksilage *f*
сеновороши́лка *f* Heuwendemaschine *f*, Heuwender *m*
сенокоси́лка *f* Grasmäher *m*
сенопре́сс *m* Heupresse *f*
сеносуши́лка *f* Heutrocknungsanlage *f*, Heudarre *f*

сенсибилиза́тор *m* Sensibilisator *m*, Sensibilisierungsmittel *n*
сенсибилиза́ция *f (Photo)* Sensibilisierung *f*
~/**опти́ческая** optische [spektrale] Sensibilisierung *f*, Farbensensibilisierung *f*
~/**хими́ческая** chemische Sensibilisierung *f*
сенситогра́мма *f (Photo)* Sensitogramm *n*, Sensitometerstreifen *m*
сенсито́метр *m (Photo)* Sensitometer *n*
сенситоме́трия *f (Photo)* Sensitometrie *f*
сенсо́р *m s.* датчик
сенсо́рный sensorisch, Sensor..., sensoriell
сепара́тор *m* 1. Separator *m*, Abscheider *m*; 2. *(Lebm)* Separator *m*, Milchzentrifuge *f*, Milchseparator *m*; 3. *(Bgb)* Scheider *m*, Abscheider *m*, Sichter *m*, Separator *m (Aufbereitung)*; 4. *(Masch)* Käfig *m (des Wälzlagers)*
~/**гравитацио́нный** Schwerkraftscheider *m (Aufbereitung)*
~/**магни́тный** Magnetscheider *m*
~/**моло́чный** *s.* сепаратор 2.
~/**осветли́тельный** Klärseparator *m*
~ **подши́пника** *(Masch)* Lagerkäfig *m*
~ **пы́ли** Staubabscheider *m*, Staubsichter *m*
~/**центробе́жный** Fliehkraftabscheider *m*, Schleudersichter *m*
сепара́ция *f* 1. *(Bgb)* Separation *f*, Scheidung *f*, Trennung *f*; Klassierung *f (Aufbereitung)*; 2. *(Lebm)* Entrahmung *f (von Milch)*
~/**возду́шная** Windsichtung *f*
~/**гравитацио́нная** Schwerkraftscheidung *f*, Schwerkraftklassierung *f*
~/**магни́тная** Magnetscheidung *f*
сепари́рование *n s.* сепарация
се́птик *m* Faulbecken *n*, Faulkammer *f (Abwasserreinigung)*
се́ра *f (Ch)* Schwefel *m*, S
~/**саморо́дная** gediegener Schwefel *m*
се́рвер *m (Inf)* Server *m*
серводви́гатель *m s.* сервомотор
сервомехани́зм *m (Reg)* Servomechanismus *m*, Stellantrieb *m*, Stelleinrichtung *f*
сервомото́р *m (Reg)* Servomotor *m*, Stellmotor *m*
~/**гидравли́ческий** Hydraulikstellmotor *m*
сервопри́вод *m (Reg)* Servoantrieb *m*, Stellantrieb *m*
серворегули́рование *n (Reg)* Servoregelung *f*, Nachlaufregelung *f*
серворегуля́тор *m (Reg)* Nachlaufregler *m*, Folgeregler *m*
сервосисте́ма *f (Reg)* Servosystem *n*, Stellsystem *n*
сервоуправле́ние *n (Reg)* Servosteuerung *f*
сервоусили́тель *m (Reg)* Servoverstärker *m*
сервоцили́ндр *m (Reg)* Stellzylinder *m*
серде́чник *m* 1. *(El)* Kern *m*, Eisenkern *m (einer Spule)*; 2. Spulenkern *m*, Wickelkern *m (Magnetband)*; 3. Seele *f (eines Stahlseils)*; 4. *(Wlz)* Dorn *m*, Walzdorn *m*
~/**ка́бельный** *(El)* Kabelseele *f*
~/**кольцево́й** *(El)* Ringkern *m*
~/**листово́й** *(El)* Blechkern *m*, Eisenblechkern *m*
~/**магни́тный** *(El)* Magnetkern *m*
~/**ферри́товый** *(El)* Ferritkern *m*
~/**ферромагни́тный** *(El)* Eisenkern *m*
сердцеви́на *f (Wkz)* Seele *f*, Kern *m (z. B. des Bohrers)*
серебре́ние *n* Versilbern *n*, Versilberung *f*
серебрёный versilbert
серебри́ть versilbern
серебро́ *n* 1. *(Ch)* Silber *n*, Ag; 2. *(Met)* Silber *m*
~/**саморо́дное** gediegenes Silber *n*
серебря́нка *f (Met)* Silberstahl *m*
сере́бряный Silber..., silbern
середи́на *f* Mitte *f*
сери́йность *f* Seriengröße *f*
сери́йный serienweise, Serien..., Reihen...
се́рия *f* Serie *f*, Reihe *f*, Baureihe *f*; Folge *f*
~ **измере́ний** Messreihe *f*
~ **ИС** *(El)* Schaltkreisfamilie *f*
~ **испыта́ний** Versuchsreihe *f*
~/**о́пытная** Nullserie *f*
сернистоки́слый *(Ch)* ...sulfit *n*; schwefligsauer
серни́стость *f* Schwefelgehalt *m*

серни́стый *(Ch)* ...sulfid *n*, schwefelhaltig
сернокисло́тный *(Ch)* Schwefelsäure...
сернoки́слый *(Ch)* ...sulfat *n*; schwefelsauer
се́рный *(Ch)* schwefelhaltig, Schwefel...
сероводоро́д *m (Ch)* Schwefelwasserstoff *m*
сероуглеро́д *m (Ch)* Schwefelkohlenstoff *m*
серпанти́н *m* Kehre *f*, Kehrschleife *f*, Serpentine *f (Straßenbau)*
серпови́дный sichelförmig, Sichel...
серьга́ *f* Schäkel *m*, Öhr *n*, Lasche *f*
сетево́й *(El)* Netz(anschluss)...
се́тка *f* 1. Netz *n*; Sieb *n*; 2. *(El)* Netz *n*; 3. *(Eln)* Gitter *n*
~/**бага́жная** Gepäcknetz *n*, Gepäckablage *f*
~/**защи́тная** Schutznetz *n*
~/**координа́тная** Koordinatennetz *n*
~/**разря́дная** *(Inf)* Stellenbereich *m*
~/**управля́ющая** *(Eln)* Steuergitter *n*
~/**экрани́рующая** *(Eln)* Schirmgitter *n*
се́точный 1. Netz...; Sieb...; 2. *(Eln)* Gitter...
се́тчатый netzförmig, Netz...
сеть *f* 1. Netz *n*; 2. *(El)* Netz *n*, Netzwerk *n*
~/**водопрово́дная** Wasserleitungsnetz *n*
~/**возду́шная** *(El)* Freileitungsnetz *n*
~/**высоково́льтная** *(El)* Hochspannungsnetz *n*
~/**вычисли́тельная** Rechnernetz *n*
~/**га́зовая** Gasverteilungsnetz *n*
~/**газопрово́дная** Gasleitungsnetz *n*
~/**доро́жная** Straßennetz *n*
~/**железнодоро́жная** Bahnnetz *n*, Eisenbahnnetz *n*
~ **интегра́льного обслу́живания/цифрова́я** *s.* ~ с интеграцией служб/цифровая
~/**ка́бельная** *(El)* Kabelnetz *n*
~/**канализацио́нная** Kanalisationsnetz *n*, Entwässerungsnetz *n*
~/**комплексиро́ванная вычисли́тельная** Rechnerverbundnetz *n*
~/**конта́ктная** Fahrleitungsnetz *n*
~/**лока́льная** lokales Netz(werk) *n*, LAN *n*
~/**лока́льная вычисли́тельная** lokales Rechnernetz *n*
~/**низково́льтная** *(El)* Niederspannungsnetz *n*
~/**ороси́тельная** *(Lw)* Bewässerungsnetz *n*, Berieselungsnetz *n*
~/**осуши́тельная** *(Lw)* Entwässerungsnetz *n*
~ **Пе́три** *(Inf)* Petri-Netz *n*
~/**распредели́тельная** Verteilernetz *n* *(für Versorgungsleitungen)*
~/**рыболо́вная** Fischnetz *n*
~ **с интегра́цией служб** *(Nrt)* diensteintegriertes Netz *n*
~ **с интегра́цией служб/цифрова́я** diensteintegrierendes Digitalnetz *n*, integrierendes Nachrichtennetz *n* für alle Dienstarten, ISDN-Netz *n*, ISDN *n*
~ **свя́зи** Nachrichtennetz *n*, Fernmeldenetz *n*
~ **свя́зи/цифрова́я** digitales Nachrichtennetz *n*
~/**телефо́нная** Fernsprechnetz *n*
~/**теплова́я** Wärmeträgernetz *n*, Wärmeversorgungsnetz *n*
~/**тра́ловая** Schleppnetz *n*, Trawl *n* *(Fischfang)*
~/**тра́нспортная** Verkehrsnetz *n*
~/**цифрова́я** digitales Netz *n*, Digitalnetz *n*
~ **ЭВМ** Rechner(verbund)netz *n*
~/**электри́ческая** Elektroenergie(versorgungs)netz *n*
~/**эстафе́тная** *(Inf)* Token-Netz *n*
сече́ние *n* Schnitt *m*, Querschnitt *m*
~/**акти́вное** aktiver [wirksamer] Querschnitt *m*
~/**вертика́льное** 1. vertikaler [senkrechter] Schnitt *m*, Vertikalschnitt *m*; 2. *(Bgb)* Seigerschnitt *m*
~/**горизонта́льное** horizontaler Schnitt *m*, Horizontalschnitt *m*
~/**живо́е** Durchgangsquerschnitt *m*, freier Querschnitt *m*
~ **захва́та** 1. *(Halbl)* Haft(wirk)ungsquerschnitt *m*; 2. *(Kern)* Einfangquerschnitt *m*
~/**золото́е** *(Math)* goldener Schnitt *m*
~/**кони́ческое** *(Math)* Kegelschnitt *m*
~/**косо́е** Schrägschnitt *m*
~/**ми́делевое** *(Schiff)* Hauptspantquerschnitt *m*
~/**поле́зное** Nutzquerschnitt *m*

~/**по́лное** *(Kern)* Gesamtwirkungsquerschnitt *m*
~/**попере́чное** Querschnitt *m*; Profil *n*
~/**продо́льное** Längsschnitt *m*
~/**проходно́е** Durchgangsquerschnitt *m*, Durchlassquerschnitt *m*
~ **рассе́яния** *(Kern)* Streuquerschnitt *m*, Wirkungsquerschnitt *m* für Streuung
~/**эффекти́вное** *(Kern)* effektiver Querschnitt *m*, Wirkungsquerschnitt *m*
се́ялка *f (Lw)* Sämaschine *f*
~/**гнездова́я** Dibbelmaschine *f*
~/**зернова́я** Getreidesämaschine *f*
~/**однозернова́я [пункти́рная]** Einzelkornsämaschine *f*
~/**разбросна́я** Breitsämaschine *f*
~/**рядова́я** Drillmaschine *f*, Reihensämaschine *f*
~/**ту́ковая** Düngerstreuer *m*
~/**узкоря́дная** Engdrillmaschine *f*
~/**широкоря́дная** breitspurige Sämaschine *f*
се́ять *(Lw)* säen
~ **гнёздами** dippeln
~ **ряда́ми** drillen
сжа́тие *n* 1. Komprimieren *n*, Zusammendrücken *n*; 2. Verdichtung *f*, Verdichten *n*, Kompression *f*; 3. Kontraktion *f*, Zusammenziehung *f*; 4. *(Fest)* Druck *m*; 5. *(Umf) s.* ~/поперечное; 6. *(Astr)* Kontraktion *f*
~/**гравитацио́нное** *(Astr)* Gravitationskontraktion *f*
~ **и́мпульсов** Impulsverdichtung *f*
~ **информа́ции** Informationsverdichtung *f*
~/**попере́чное** *(Umf)* Querkontraktion *f*, Querkürzung *f*
сжа́тый 1. zusammengedrückt; 2. verdichtet, komprimiert; Druck..., Press...
сжига́ние *n* 1. Verbrennen *n*, Verbrennung *f*; 2. Verfeuern *n*, Verheizen *n* *(zur Wärmegewinnung)*
сжига́ть 1. verbrennen; 2. verfeuern, verheizen
сжижа́емость *f* Verflüssigungsfähigkeit *f*
сжижа́ть verflüssigen
сжижа́ться flüssig werden, sich verflüssigen
сжиже́ние *n* Verflüssigen *n*, Verflüssigung
~ **га́за [га́зов]** Gasverflüssigung *f*
сжи́женный verflüssigt
сжима́емость *f* Verdichtbarkeit *f*, Kompressibilität *f*
сжима́емый zusammendrückbar, kompressibel, komprimierbar, verdichtbar
сжима́ть 1. verdichten, komprimieren; 2. zusammendrücken, zusammenpressen
сжима́ться schwinden, schrumpfen, sich zusammenziehen
сигна́л *m* Signal *n*, Zeichen *n*
~/**авари́йный** Notsignal *n*, Notruf *m*
~/**авари́йный светово́й** *(Kfz)* Warnblinklicht *n*
~ **бе́дствия** Notsignal *n*, Notruf *m*; *(Schiff)* Seenotsignal *n*, Seenotzeichen *n*
~/**входно́й** 1. *(Eb)* Einfahrsignal *n*; 2. *(Inf)* Eingangssignal *n*, Eingabesignal *n*
~/**вызывно́й** *(Nrt)* Anrufzeichen *n*, Rufzeichen *n*
~/**выходно́й** 1. *(Eb)* Ausfahrsignal *n*; 2. *(Inf)* Ausgangssignal *n*, Ausgabesignal *n*
~ **гото́вности** Bereitschaftszeichen *n*, Bereitschaftssignal *n*
~ **за́нятости** *(Nrt)* Besetztzeichen *n*
~/**запреща́ющий** Verbotssignal *n*
~ **запро́са прерыва́ния** *(Inf)* Interruptsignal *n*
~/**звуково́й** akustisches Signal *n*; *(Kfz)* Hupe *f*
~ **изображе́ния** *(TV)* Videosignal *n*
~/**исхо́дный** *s.* ~/выходной
~/**меша́ющий** Störsignal *n*
~/**мига́ющий** *(Eb)* Blinksignal *n*
~ **обра́тной свя́зи** *(Reg)* Rückkopplungssignal *n*, Rückführungssignal *n*
~/**опти́ческий** optisches Signal *n*, Sichtzeichen *n*; *(Nrt)* Schauzeichen *n*
~ **отбо́я** *(Nrt)* Schlusszeichen *n*
~ **отправле́ния** *(Eb)* Abfahrsignal *n*
~/**отражённый** *(Rad)* reflektiertes Signal *n*, Echo *n*
~/**позывно́й** *(Nrt)* Rufzeichen *n*, Anrufzeichen *n*
~ **посы́лки вы́зова** *(Nrt)* Freizeichen *n*
~ **прерыва́ния** *(Inf)* Interruptsignal *n*
~/**разреша́ющий** *(Inf)* Freigabesignal *n*

~/**светово́й** Lichtsignal *n*, Lichtzeichen *n*; Blinksignal *n*; *(Kfz)* Lichthupe *f*
~/**си́ний про́блесковый** *(Kfz)* Blaulicht *n*
~ **торможе́ния** *(Kfz)* Bremslicht *n*
~ **трево́ги** Alarmsignal *n*, Alarmzeichen *n*
~/**цветора́зностный** *(TV)* Farbdifferenzsignal *n*
~/**часто́тно-модули́рованный** *(El)* frequenzmoduliertes Signal *n*, FM-Signal *n*
~/**я́ркостный** *(TV)* Helligkeitssignal *n*, Luminanzsignal *n*
сигнализа́тор *m* Zeichengeber *m*, Melder *m*
~ **неиспра́вностей** Störungsmelder *m*
сигнализа́ция *f* 1. Signalisation *f*, Signalisierung *f*, Signalübermittlung *f*, Signalgebung *f*, Zeichengebung *f*; 2. Signalsystem *n*; 3. Signalwesen *n*
~/**авари́йная** 1. Störungsmeldung *f*; 2. Störungsmeldeanlage *f*; Alarmeinrichtung *f*
~/**железнодоро́жная** Eisenbahnsignalwesen *n*
~/**локомоти́вная** *(Eb)* Führerstandssignal *n*, Führerstandssignalisation *f*
~/**пожа́рная** 1. Feuermelder *m*, Feuermeldeanlage *f*; 2. Feuermeldung *f*
~/**трево́жная** Alarmeinrichtung *f*
сигнализи́ровать signalisieren, Signale [Zeichen] geben
сигна́льный Signal...
сигнату́ра *f* Signatur *f*
СИД *m s.* Диод/светоизлучающий
сиде́нье *n* Sitz *n (in Fahrzeugen)*
~ **води́теля** Fahrersitz *m*
~/**пере́днее** *(Kfz)* Frontsitz *m*
сидера́ция *f (Lw)* Gründüngung *f*
сидери́т *m* 1. *(Min)* Siderit *m*, Eisenspat *m*, Spateisenstein *m*; 2. *(Astr)* Eisenmeteorit *m*
сидери́ческий *(Astr)* siderisch
сидероста́т *m (Astr)* Siderostat *m*
сиени́т *m (Geol)* Syenit *m*
сиккати́в *m (Ch)* Sikkativ *n*
си́ла *f* 1. *(Mech)* Kraft *f (Newton)*; 2. Stärke *f*; Potenz *f*, Vermögen *n*
~ **ве́тра** 1. *(Mech)* Windkraft *f*, nutzbare Windenergie *f*; 2. *(Meteo)* Windstärke *f*
~/**вне́шняя** *(Mech)* äußere Kraft *f*
~/**вну́тренняя** *(Mech)* innere Kraft *f*
~/**гравитацио́нная** *s.* ~ тяготения
~ **давле́ния** *(Mech)* Druckkraft *f*
~/**дви́жущая** Antriebskraft *f*, treibende Kraft *f*, Triebkraft *f*
~ **зву́ка** *(Ak)* Schallstärke *f*, Schallintensität *f*
~ **излуче́ния** 1. *(El)* Strahlungsstärke *f*; 2. *(Opt)* Strahlungsintensität *f (LWL-Technik)*
~ **ине́рции** *(Mech)* Trägheitskraft *f*, Trägheitswiderstand *m*
~/**кориолисова** Coriolis-Kraft *f*, zusammengesetzte Kraft *f*
~/**коэрцити́вная** *(Ph)* Koerzitivkraft *f*, Koerzitivfeldstärke *f*
~/**лошади́ная** Pferdestärke *f*, PS *n (SI-fremde Einheit der Leistung; 1 PS = 735,498 Watt)*
~/**магнитодви́жущая** *(El)* magnetische Urspannung [Randspannung] *f*, Durchflutung *f*, magnetomotorische Kraft *f*, MMK *f*
~/**ма́ссовая** *(Mech)* Massenkraft *f*
~/**мгнове́нная** *(Mech)* momentan wirkende Kraft *f*, Stoßkraft *f*
~/**обра́тная электродви́жущая** gegenelektromotorische Kraft *f*, Gegen-EMK *f*
~/**объёмная** *s.* ~/массовая
~/**опти́ческая** *(Opt)* Brechkraft *f*, Brechwert *m*
~/**осева́я** 1. *(Mech)* Längskraft *f*; 2. *(Aero)* Axialkraft *f*, Längskraft *f*
~ **отта́лкивания** *(Mech)* Abstoßungskraft *f*, abstoßende Kraft *f*, Repulsivkraft *f*
~/**переме́нная** *(Mech)* veränderliche Kraft *f*
~/**пове́рхностная** *(Mech)* 1. Flächenkraft *f*; 2. Oberflächenkraft *f*, Berührungskraft *f*
~/**подъёмная** 1. *(Aero)* Auftrieb *m*; 2. *(Aero)* Tragkraft *f*; 3. *(Förd)* Hubkraft *f*, Hubvermögen *n*
~/**поле́зная** Nutzkraft *f*
~/**попере́чная** Querkraft *f*
~/**потенциа́льная** *(Mech)* Potenzialkraft *f*, Potentialkraft *f*, konservative Kraft *f*
~ **притяже́ния** *(Mech)* Anziehungskraft *f*
~/**продо́льная** *s.* ~/осевая

~/**противодействующая** *(Mech)* Gegenkraft *f*; Gegenwirkungskraft *f*
~/**равнодействующая** *(Mech)* resultierende Kraft *f*, Resultierende *f*
~/**разрешающая** *(Opt)* Auflösungsvermögen *n*, Trennschärfe *f*
~/**растягивающая** *(Mech)* Zugkraft *f*
~/**реактивная** *(Mech)* Rückwirkungskraft *f*
~ **резания** *(Wkzm)* Schnittkraft *f*, Span(ungs)kraft *f*
~ **света** 1. Lichtstärke *f (photometrische Größe)*; Strahlungsstärke *f (radiometrische Größe)*; 2. Lichtintensität *f*
~ **сцепления** Haftkraft *f*, Adhäsionskraft *f*
~/**термоэлектродвижущая** thermoelektr(omotor)ische Kraft *f*, Thermo-EMK *f*
~ **тока** *(El)* Stromstärke *f*
~/**тормозная** Bremskraft *f*
~ **трения** Reibungskraft *f*
~ **тяги** 1. Zugkraft *f*; 2. Schub *m*, Schubkraft *f*, Vortriebskraft *f (eines Triebwerks)*
~ **тяготения** *(Mech)* (newtonsche) Gravitationskraft *f*, Massenanziehungskraft *f*, Weltkraft *f*
~ **тяжести** *(Mech)* 1. Schwerkraft *f*, Schwere *f*; 2. *s.* ~ тяготения
~ **ускорения** *(Mech)* Beschleunigungskraft *f*
~/**фотоэлектродвижущая** *(El)* photoelektromotorische Kraft *f*, Photo-EMK *f*
~/**центробежная** *(Mech)* Fliehkraft *f*, Zentrifugalkraft *f*
~/**центростремительная** *(Mech)* Zentripetalkraft *f*
~/**электродвижущая** elektromotorische Kraft *f*, EMK *f*
~/**электромагнитная** elektromagnetische Kraft *f*
~/**электростатическая** elektrostatische Kraft *f*
~/**эффективная** effektive Kraft *f*, Nutzkraft *f*
силикагель *m (Ch)* Silikagel *n*, Kiesel(säure)gel *n*
силикат *m* Silikat *n*
силикатный *(Ch)* Silikat..., silikathaltig
силикон *m (Ch)* Silicon *n*
силиконовый Silicon...
силикотермия *f* Silicothermie *f*
силовой Kraft...
силомер *m s.* динамометр
силос *m* 1. Silo *n(m) (Speicher)*; 2. *(Lw)* Silofutter *n*, Silage *f*
силосный Silo...; Futter...
силосование *n* Silierung *f*, Gärfutterbereitung *f*
силосовать silieren, einsäuern
силосорезка *f* Silohäcksler *m*
силосохранилище *n* Gärfutterbehälter *m*, Gärfuttersilo *n(m)*, Silo *n(m)*
силур *m (Geol)* Silur *n*
сильноточный *(El)* Starkstrom...
сильфон *m* Faltenbalg *m*
символ *m* 1. Symbol *n*, Kurzzeichen *n*; 2. *(Inf)* Zeichen *n*, Symbol *n*
~/**алфавитный** *(Inf)* alphanumerisches Zeichen *n*
~ **единицы** *(Inf)* Einheitenzeichen *n*
~/**логический** *(Inf)* logisches Zeichen *n*
~ **операции** *(Inf)* Operationszeichen *n*
~ **присвоения** *(Inf)* Ergibtzeichen *n*
~ **пробела** *(Inf)* Leerzeichen *n*
~/**управляющий** *(Inf)* Steuerzeichen *n*
~/**фиктивный** *(Inf)* Dummy-Zeichen *n*
~/**химический** chemisches Zeichen *n*
символика *f* Symbolik *f*
символический symbolisch, Symbol...
символьно-ориентированный *(Inf)* zeichenorientiert
сименс *m* Siemens *n*, S *(Einheit des elektrischen Leitwerts)*
симистор *m (El) s.* триак
симметрирование *n (Nrt)* Symmetrierung *f*, Ausgleich *m*
симметричность *f* Symmetrie *f*
симметричный symmetrisch
симметрия *f* Symmetrie *f*
~/**осевая** *(Math)* axiale Symmetrie *f*
сингония *f* **(/кристаллическая)** *(Krist)* Kristallsystem *n*, Syngonie *f*
~/**гексагональная** hexagonales Kristallsystem *n*
~/**кубическая** kubisches [reguläres] Kristallsystem *n*
~/**моноклинная** monoklines Kristallsystem *n*
~/**ромбическая** (ortho)rhombisches Kristallsystem *n*, rhombisches [prismatisches] System *n*

~/**тетрагона́льная** tetragonales Kristallsystem *n*
~/**тригона́льная** trigonales Kristallsystem *n*
~/**трикли́нная** triklines Kristallsystem *n*
сингуля́рность *f (Kyb)* Singularität *f*
сингуля́рный *(Kyb)* singulär
синело́мкий *(Wkst)* blaubrüchig *(Stahl)*
синело́мкость *f* Blaubrüchigkeit *f (von Stahl)*
си́ний *m* /**метиле́новый** *(Ch)* Methylenblau *n*
синклина́ль *f (Geol)* Synklinale *f*, Mulde *f*
синоди́ческий *(Astr)* synodisch
синопти́ческий *(Meteo)* synoptisch
си́нтез *m* Synthese *f*
~ **ре́чи** *(Inf)* Sprachsynthese *f*
~/**управля́емый термоя́дерный** *(Kern)* gesteuerte thermonukleare Kernfusion [Reaktion, Kernverschmelzung] *f*
~/**хими́ческий** chemische Synthese *f*
~/**я́дерный** *(Kern)* Kernfusion *f*, Kernverschmelzung *f*, Kernsynthese *f*
синтеза́тор *m (Rf)* Synthe(ti)sator *m*, Synthesizer *m*
~ **ре́чи** Sprachsynthe(ti)sator *m*, Sprachsynthesizer *m*
~/**электро́нный (музыка́льный)** *s.* синтезатор
синтети́ческий synthetisch
си́нус *m (Math)* Sinus *m*
~/**гиперболи́ческий** Hyperbelsinus *m*, Sinus *m* hyperbolicus
синусо́ида *f* 1. *(Math)* Sinuskurve *f*; 2. sinusförmige Welle *f*, Sinuswelle *f*
синусоида́льный *(Math)* sinusförmig, Sinus...
синфази́ровать *(El)* in Phase bringen
синфа́зность *f (El)* Phasengleichheit *f*, Gleichphasigkeit *f*
синфа́зный *(El)* phasengleich, gleichphasig
синхрогенера́тор *m (TV)* Synchron(isier)generator *m*, Gleichlaufgenerator *m*
синхроимпульс *m (El)* Synchron(isier)impuls *m*, Gleichlaufimpuls *m*
синхрониза́тор *m* 1. *(Kfz)* Synchronisiereinrichtung *f*, Gleichlaufeinrichtung *f*, Synchronisator *m (in Synchrongetrieben)*; 2. *(El)* Synchronisator *m*, Synchronisiergerät *n*
синхрониза́ция *f (El)* Synchronisierung *f*, Synchronisation *f*; *(Inf)* Timing *n*
~/**стро́чная** *(TV)* Zeilensynchronisierung *f*, Horizontalsynchronisierung *f*
~/**фа́зовая** *(El)* Phasensynchronisierung *f*
синхронизи́ровать synchronisieren
синхрони́зм *m* Synchronismus *m*, Gleichlauf *m*
синхро́нный synchron, gleichzeitig
синхроноско́п *m (El)* Synchronoskop *n*
синхротро́н *m (Kern)* Synchrotron *n (zyklischer Beschleuniger)*
~/**прото́нный** *s.* синхрофазотрон
синхрофазотро́н *m (Kern)* Synchrotron *n* für schwere geladene Teilchen, Protonensynchrotron *n*, Synchrophasotron *n*
синхроциклотро́н *m (Kern)* Synchrozyklotron *n*, frequenzmoduliertes Zyklotron *n*
синь *f* Blau *n (Farbstoff)*
~/**ко́бальтовая** Kobaltblau *n*
сире́на *f* Sirene *f*
~ **с преры́вистым сигна́лом** *(Kfz)* Martinshorn *n*
СИС *f s.* схема/средняя интегральная
систе́ма *f* 1. System *n*; 2. Verfahren *n*, Methode *f*; 3. Anlage *f*, Einrichtung *f*; 4. *(Krist) s.* сингония
~ **авари́йной (светово́й) сигнализа́ции** *(Kfz)* Warnblinkanlage *f*
~/**автоматизи́рованная информацио́нная** automatisiertes Informationssystem *n*
~ **автоматизи́рованного проекти́рования** *(Fert)* System *n* der automatisierten Projektierung, CAD *n*, CAD-System *n*
~ **автоматизи́рованного управле́ния произво́дством** *(Fert)* System *n* der automatisierten Produktion, CAM *n*, CAM-System *n*
~/**агрега́тная** Baukastensystem *n*, modulares System *n*
~/**агрега́тная унифици́рованная** einheitliches Baukastensystem *n*
~/**адапти́вная** *(Reg)* adaptives System *n*, Adaptivsystem *n*

~ **адресо́в** *(Inf)* 1. Adresssystem *n*, Adressiersystem *n*; 2. Adressiereinheit *f*
~/**антиблоки́ровочная (тормозна́я)** *(Kfz)* Antiblockiersystem *n* (der Bremse), ABS *n*
~/**астати́ческая** 1. astatisches System *n*; 2. *(Reg)* integrales [integral wirkendes] System *n*, I-System *n*
~ **ба́зы да́нных** *(Inf)* Datenbanksystem *n*, DBS *n*
~/**бина́рная** *(Ph, Ch, Wkst)* binäres System *n*, Zweistoffsystem *n*, Bikomponentensystem *n*, Zweikomponentensystem *n*
~ **блокиро́вки двере́й/централизо́ванная** *(Kfz)* Zentralverriegelung *f*, Zentralverriegelungssystem *n*
~ **бы́строй заря́дки** *(Photo)* Schnellladesystem *n*, SL-System *n*
~ **ва́ла** *(Masch)* System *n* Einheitswelle *(Toleranzen und Passungen)*
~/**ги́бкая произво́дственная [технологи́ческая]** flexibles Fertigungssystem *n*, FMS *n*
~/**гидравли́ческая** *(Masch)* hydraulisches System *n*, Hydrauliksystem *n*, Hydraulik *f*
~/**гомоге́нная** *s.* ~/однофазная
~ **да́льнего обнаруже́ния** *s.* ~ раннего обнаружения
~/**двои́чная** *(Inf)* binäres System *n*, Binärsystem *n*; *(Inf)* duales System *n*, Dualsystem *n*
~/**двойна́я [двухкомпоне́нтная]** *s.* ~/бинарная
~/**двухфа́зная** *(El)* Zweiphasensystem *n*
~/**десяти́чная** dezimales [dekadisches] System *n*, Dezimalsystem *n*
~/**динами́ческая** dynamisches System *n*
~/**ди́сковая операцио́нная** *(Inf)* Plattenbetriebssystem *n*, PBS *n*, Diskettenbetriebssystem *n*, DOS *n*
~/**диспе́рсная** *(Ph, Ch)* disperses System *n*
~ **до́пусков** *(Fert)* Toleranzsystem *n*
~ **до́пусков и поса́док** *(Fert)* Toleranz- und Passungssystem *n*
~ **едини́ц** Einheitensystem *n*, Maßsystem *n*
~ **едини́ц/междунаро́дная** Internationales Einheitensystem *n*, SI *n*
~ **едини́ц МКГСС** Meter-Kilopond-Sekunde-System *n*, m-kp-s-System *n*
~ **едини́ц МКС** MKS-System *n*, Meter-Kilogramm-Sekunde-System *n*
~ **едини́ц МКСА** MKSA-System *n*, Meter-Kilogramm-Sekunde-Ampere-System *n*, Giorgisches Maßsystem [Einheitensystem] *n*
~ **едини́ц МКСГ** Meter-Kilogramm-Sekunde-Grad Kelvin-System *n*, m-kg-s-°K-System *n*
~ **едини́ц МТС** MTS-System *n*, Meter-Tonne-Sekunde-System *n*
~ **едини́ц СГС** CGS-System *n*, CGS-Maßsystem *n*, Zentimeter-Gramm-Sekunde-System *n*
~ **жизнеобеспе́чения** *(Raumf)* Lebenserhaltungssystem *n*, LES *n*
~ **зажига́ния** 1. Zündsystem *n*; 2. Zündanlage *f (von Verbrennungsmotoren)*
~/**замедля́ющая** Verzögerungssystem *n*
~/**за́мкнутая** *(Reg)* geschlossenes System *n*
~ **измере́ния** Messsystem *n*
~/**измери́тельная** Messsystem *n*
~/**изодро́мная** 1. isodromes System *n*; 2. *(Reg)* proportional-integrales System *n*, PI-System *n*
~/**и́мпульсная** *(El)* Impulssystem *n*, Pulssystem *n*
~/**информацио́нная** Informationssystem *n*
~/**информацио́нно-измери́тельная** Messwerterfassungssystem *n*, Informationsmesssystem *n*
~/**информацио́нно-поиско́вая** Informations- und Suchsystem *n*, Informationsrecherchesystem *n*
~/**ирригацио́нная** Bewässerungssystem *n*
~/**каменноу́гольная** *(Geol)* Karbon *n*
~/**колеба́тельная** Schwingungssystem *n*
~ **коллекти́вного по́льзования** *(Inf)* Teilnehmersystem *n*, Vielfachzugriffssystem *n*
~ **кома́нд** *(Inf)* Befehlssystem *n*
~ **координа́т** *(Math)* Koordinatensystem *n*

~/**кристалли́ческая [кристаллографи́ческая]** *s.* сингония
~/**лине́йная** *(Ph)* lineares System *m*
~ **математи́ческого обеспече́ния** *s.* ~ программного обеспечения
~ **Менделе́ева/периоди́ческая** *s.* ~ элементов/периодическая
~ **мер** Maßsystem *n*
~ **мер/метри́ческая** metrisches System [Maßsystem] *n*
~/**микропроце́ссорная** Mikroprozessorsystem *n*
~ **ми́ра** *(Ph, Astr)* Weltbild *n*, Weltsystem *n*
~/**многокомпоне́тная** *(Ph, Ch)* Mehrstoffsystem *n*, Mehrkomponentensystem *n*
~/**многомаши́нная (вычисли́тельная)** Mehrrechnersystem *n*
~/**многопо́льзовательская** *(Inf)* Mehrnutzersystem *n*
~/**многопроце́ссорная** Mehrprozessorsystem *n*
~/**мо́дульная** *s.* ~/агрегатная
~/**мо́дульная микропроце́ссорная** *(Inf)* Mikrocomputer-Baugruppensystem *n*
~ **монито́ринга окружа́ющей среды́/глоба́льная** *(Ökol)* globales Umweltüberwachungssystem *n*, GEMS *n*
~ **наведе́ния** 1. *(Rak)* Leitsystem *n*, Lenksystem *n*; 2. *(Reg)* Nachführsystem *n*
~/**нелине́йная** nicht lineares System *n*
~ **обрабо́тки да́нных** Datenverarbeitungssystem *n*
~ **обрабо́тки информа́ции** Informationsverarbeitungssystem *n*
~ **обрабо́тки те́кста** Textverarbeitungssystem *n*
~/**одноа́дресная** *(Inf)* Einadresssystem *n*
~/**однокомпоне́нтная** *(Ph, Ch)* Einstoffsystem *n*
~/**однофа́зная** *(Ph)* homogenes System *n*, einphasiges System *n*, Einphasensystem *n*
~/**операцио́нная** *(Inf)* Betriebssystem *n*
~ **опро́са** *(Inf)* Abfragesystem *n*
~/**опти́ческая** optisches System *n*
~/**ороси́тельная** Bewässerungssystem *n*, Bewässerungsanlage *f*
~ **отве́рстия** *(Fert)* System *n* Einheitsbohrung *(Toleranzen und Passungen)*
~/**откры́тая** *(Therm)* offenes (thermodynamisches) System *n*
~ **отсчёта** Bezugssystem *n*
~ **переда́чи** Übertragungssystem *n*
~/**периоди́ческая** *s.* ~ элементов/периодическая
~/**пло́ская** *(Mech)* ebenes System *n*
~ **по́иска** *(Inf)* Suchsystem *n*, Recherchesystem *n*
~ **по́иска мо́дулей** Modulrecherchesystem *n*
~ **поса́дки по прибо́рам** *(Flg)* Instrumentenlandesystem *n*, ILS *n*
~ **поса́док** *(Fert)* Passungssystem *n*, Passsystem *n*
~ **представле́ния чи́сел** *(Inf)* Zahlensystem *n*
~ **программи́рования** Programmiersystem *n*
~ **програ́ммного обеспече́ния** *(Inf)* System *n* der Programmunterstützung, SPU *n*, Systemunterlagen *pl*, Softwaresystem *n*
~ **проекти́рования технологи́ческих проце́ссов** *(Fert)* rechnergestützte Fertigungsvorbereitung *f*, CAP-System *n*, CAP *n*
~/**простра́нственная** *(Bw)* räumliches System *n*, Raumsystem *n (bei Tragwerkkonstruktionen)*
~/**радионавигацио́нная** Funknavigationssystem *n*
~/**радиореле́йная** Richtfunksystem *n*
~ **разрабо́тки** *(Bgb)* Abbaumethode *f*, Abbauverfahren *n*
~ **ра́ннего обнаруже́ния [оповеще́ния]** *(Rad)* Frühwarnsystem *n*
~ **ре́ального вре́мени/операцио́нная** *(Inf)* Echtzeitbetriebssystem *n*
~ **регули́рования** Regelsystem *n*
~/**реле́йная** *(Nrt)* Relaissystem *n*
~ **с разделе́нием вре́мени** *(Inf)* Time-Sharing-System *n*, Teilnehmersystem *n*
~/**самонастра́ивающаяся** *(Reg)* Selbsteinstellsystem *n*, selbsteinstellendes System *n*

~/**самообучáющаяся** *(Kyb)* (selbst-)lernendes System *n*
~/**самоорганизýющаяся** *(Reg)* selbstorganisierendes System *n*
~/**самоприспосáбливающаяся** *(Reg)* selbstanpassendes System *n*
~ **сбóра дáнных** Datenerfassungssystem *n*
~ **свя́зи** Nachrichtensystem *n*
~ **СИ** *s.* ~ единич/международная
~ **симмéтрии** *s.* сингония
~/**следя́щая** *(Reg)* Folgesystem *n*, Nachlaufsystem *n*; Nachführsystem *n*
~/**статúческая** 1. statisches System *n*; 2. *(Reg)* proportional-wirkendes System *n*, P-System *n*
~/**статúчески неопределúмая** *(Fest)* statisch unbestimmtes System *n*
~/**статúчески определúмая** *(Fest)* statisch bestimmtes System *n*
~ **счислéния** *(Inf)* Zahlensystem *n*
~ **счислéния/двоúчная** Dualsystem *n*, Binärsystem *n*, binäre Zahlendarstellung *f*
~ **счислéния/десятúчная** Dezimalsystem *n*, dezimale Zahlendarstellung *f*
~ **счислéния/позициóнная** Stellenwertsystem *n*, Positionssystem *n*
~ **телевидéния/спýтниковая** Satellitenfernsehsystem *n*, Satellitenfernsehen *n*
~/**телевизиóнная** Fernsehsystem *n*
~/**телемеханúческая** Fernwirksystem *n*
~ **телеуправлéния** Fernsteuer(ungs)-system *n*
~ **управлéния** 1. Steuer(ungs)system *n*, Regelsystem *n*; 2. Lenksystem *n*, Lenkeinrichtung *f*
~ **управлéния кáчеством/автоматизúрованная** rechnergestützte Qualitätskontrolle *f*, CAQ-System *n*, CAQ *n*
~ **управлéния фáйлами** *(Inf)* File-Manager *m*
~ **управлéния/цифровáя** digitales Steuerungssystem *n*
~ **управлéния/числовáя** numerisches Steuerungssystem *n*
~ **уравнéний** *(Math)* Gleichungssystem *n*
~/**уравновéшенная** *(Flg)* Trimmanlage *f*
~ **цветнóго телевúдения** Farbfernsehsystem *n*
~/**цифровáя** *(Reg)* digitales System *n*, Digitalsystem *n*
~ **«человéк-машúна»** *(Kyb)* System *n* „Mensch-Maschine", Mensch-Maschine-System *n*
~/**числовáя** *(Inf)* Zahlensystem *n*, numerisches System *n*
~/**шúнная** *(Inf)* Bussystem *n*
~/**экологúческая** Ökosystem *n*
~/**экспéртная** *(Inf, Kyb)* Expertensystem *n (KI)*
~/**электрóнная противоугóнная** *(Kfz)* Wegfahrsperre *f*
~ **электрóнной пóчты** E-Mail *f*, elektronische Post *f*
~ **элемéнтов (Менделéева)/периодúческая** *(Ch)* Periodensystem [periodisches System] *n* der Elemente (nach Mendeleev), mendeleevsches Periodensystem *n*, PSE *n*
систематизáция *f* Systematisierung *f*
системáтика *f* Systematik *f*
систематúческий systematisch
систéмно-независúмый *(Inf)* systemunabhängig
систéмно-ориентúрованный *(Inf)* systemorientiert
систéмно-свя́занный *(Inf)* systemabhängig
систéмно-совместúмый *(Inf)* systemkompatibel
системотéхника *f (Inf)* Systemtechnik *f*
ситáлл *m* Sitall *n*, Glaskeramik *f*
сúто *n* Sieb *n (s. a. unter* грохот*)*
~/**барабáнное** Trommelsieb *n*, Siebtrommel *f*
~/**вибрациóнное** Vibrationssieb *n*, Vibrosieb *n*, Rüttelsieb *n*, Schüttelsieb *n*
~/**молекуля́рное** *(Ch)* Molekularsieb *n*
~/**плóское** Plansieb *n*
сифóн *m* 1. Siphon *m*; 2. Saugheber *m*, Heber *m*; 3. *(Bw)* Geruchverschluss *m (von Abwasserleitungen)*
сифóнный 1. Siphon...; 2. Heber...; 3. *(Gieß)* steigend, Steig...
сия́ние *n* /**поля́рное** Polarlicht *n*
~/**сéверное** Nordlicht *n*, Aurora *f* borealis
~/**ю́жное** Südlicht *n*, Aurora *f* australis
скáла *f (Geol)* Fels(en) *m*

скаленóэдр *m (Krist)* Skalenoeder *n*
скáло *n (Text)* Streichbaum *m (eines Webstuhls)*
скáлывание *n* 1. Absplittern *n*; 2. Abtrennen *n*, Abspalten *n*; 3. *(Fert)* Abscherung *f*
скáлывать 1. absplittern; 2. abtrennen, abspalten; 3. *(Fert)* abscheren
скáльпель *m* **/ лáзерный** *(Med)* Laserskalpell *n*
скаля́р *m (Math)* Skalar *m*
скаля́рный *(Math)* skalar
скамья́ *f* Bank *f*
~/ фотометри́ческая Photometerbank *f*
скáндий *m (Ch)* Scandium *n*, Sc
скáнер *m* Scanner *m*
~/ лáзерный Laserscanner *m*
~ штри́хового кóда Strichcodeleser *m*, Barcodeleser *m*
скани́рование *n* Abtasten *n*, Abtastung *f*, Scannen *n*, Scanning *n*, *(Rad auch:)* Absuchen *n*
~/ рáстровое Rasterscanning *n*
скани́рованный gescannt, abgetastet
скани́ровать scannen, abtasten, *(Rad auch:)* absuchen
скат *m* 1. Abhang *m*, Hang *m*, Böschung *f*; Gefälle *n*; 2. *(Bgb)* Rollloch *n*, Sturzrolle *f*
скафáндр *m* Skaphander *m*, Schutzanzug *m*
~/ водолáзный Taucheranzug *m*
~/ высóтный Höhenflugdruckanzug *m*
~/ косми́ческий Raum(schutz)anzug *m*
скачкообрáзный sprunghaft, sprungartig, Sprung...
скачóк *m* Sprung *m*
~ уплотнéния Verdichtungsstoß *m*; Stoßwelle *f*, Schockwelle *f*
скáшивание *n* 1. Abschrägen *n*; 2. *(Fert)* Abkanten *n*, Abfasen *n*
скáшивать 1. abschrägen; 2. *(Fert)* abkanten, abfasen
сквáжина *f (Bgb)* Bohrung *f*, Bohrloch *n*; Sonde *f*
~/ буровáя Bohrung *f*, Bohrloch *n*; Sonde *f*
~/ вентиляциóнная Wetterloch *n*
~/ взрывнáя Sprengloch *n*
~/ водоотли́вная Wasserhaltungsbohrung *f*
~/ вспомогáтельная Hilfsbohrung *f*
~/ гáзовая Gasbohrung *f*; Gassonde *f*
~/ дренáжная Entwässerungsbohrloch *n*
~/ заморáживающая Gefrierbohrloch *n*
~/ компрессиóнная Gasliftsonde *f*
~/ морскáя Meeresbohrung *f*
~/ наклóнная Schrägbohrung *f*, geneigte Bohrung *f*
~/ нефтянáя Erdölbohrloch *n*; Erdölsonde *f*
~/ развéдочная Explorationsbohrloch *n*, Aufschlussbohrung *f*, Erkundungsbohrung *f*, Schürfbohrung *f*
~/ фонтани́рующая [фонтáнная] eruptierende Sonde [Bohrung] *f*, Eruptionsbohrung *f*, Springerbohrung *f*, Springer *m*
~/ эксплуатациóнная Gewinnungsbohrung *f*, Förderbohrung *f*, Produktionsbohrung *f*; Fördersonde *f*, Produktionssonde *f*
сквáжность *f* 1. Porosität *f*, Porigkeit *f*; Durchlässigkeit *f*; 2. *(Eln)* Tastverhältnis *n*
~ и́мпульсов *(El)* Impulsverhältnis *n*, Impuls-Pause-Verhältnis *n*
сквáшивание *n (Lebm)* Säuern *n*, Säuerung *f*
сквáшивать *(Lebm)* säuern
сквознóй 1. durchgehend, Durchgangs...; 2. *(Bw)* Gitter... *(bei Trägerkonstruktionen)*
скиатрóн *m (TV)* Skiatron *n*, Blauschriftröhre *f*
скин-эффéкт *m (Eln)* Skineffekt *m*, Hauteffekt *m*
скип *m* 1. *(Bgb)* Skip *m*, Fördergefäß *n (Schachtförderung)*; 2. *(Met)* Skip *m*, Gichtwagen *m*, Kippgefäß *n (Hochofen)*
скипидáр *m (Ch)* Terpentinöl *n*
скипидáрный *(Ch)* Terpentin...
склад *m* Lager *n*, Speicher *m*
~/ тóпливный Brennstofflager *n*
склад-бýнкер *m* Vorratsbunker *m*
склади́рование *n* Lagerung *f*, Lagern *n*; *(Schiff)* Stauen *n*
склади́ровать lagern; *(Schiff)* stauen
склáдка *f* 1. *(Geol)* Falte *f*; 2. *(Wlz)* Falte *f*, Verwalzung *f (Fehler)*; 3. *(Glas)* Runzel *f (Fehler)*; 4. *(Typ)* Falz *m*
~/ изоклинáльная *(Geol)* Isoklinalfalte *f*

складкообразовáние *n (Geol)* Faltenbildung *f*, Faltung *f*
складнóй zusammenklappbar, Klapp...
склáдчатость *f (Geol)* Faltung *f*
склáдывание *n* Zusammenlegen *n*, Falten *n*
склéивание *n* Verleimen *n*, Zusammenkleben *n*
склéивать verleimen, zusammenkleben
склéйка *f* 1. *s.* склеивание; 2. Klebestelle *f*
склёпывание *n* Vernieten *n*, Zusammennieten *n*
склёпывать vernieten, zusammennieten
склерóметр *m (Wkst)* Sklerometer *n*, Härtemesser *m*
склероскóп *m (Wkst)* Rücksprunghärteprüfer *m*, Rückprallhärteprüfer *m*, Skleroskop *n*
склон *m* Abhang *m*, Hang *m*; Böschung *f*; Halde *f*; Gefälle *n*
~/континентáльный [материкóвый] Kontinentalböschung *f*
склонéние *n* 1. Neigung *f*; 2. *(Astr, Geoph)* Deklination *f*
~/магни́тное magnetische Deklination [Missweisung] *f*
склóнность *f* Neigung *f*; Anfälligkeit *f*
~ к коррóзии Korrosionsneigung *f*, Korrosionsanfälligkeit *f*
склóнный anfällig
склянка *f* 1. *(Ch)* Flasche *f (Laborgerät)*; 2. *(Schiff)* Glas *n (pl:* Glasen; *halbstündliches Zeitmaß)*
~/промывнáя *(Ch)* Waschflasche *f*
~/узкогóрлая *(Ch)* Enghalsflasche *f*
~/широкогóрлая *(Ch)* Weithalsflasche *f*
скобá *f* 1. Bügel *m*; 2. Schelle *f*, Klammer *f*; 3. Spanneisen *n*
~/измери́тельная Messbügel *m*, Bügelmessinstrument *n*
~/индикáторная *(Mess)* Bügelfeinzeiger *m*
~/кали́берная *(Mess)* Rachenlehre *f*, Außenlehre *f*
~/предéльная *(Mess)* Grenzrachenlehre *f*
~/рычáжная *(Mess)* Bügelfeinzeiger *m*
скóбель *m* Zugmesser *n (Holzbearbeitung)*; Schabeisen *n (Lederverarbeitung)*; Schälmesser *n (zum Entrinden)*
скоби́ть (ver)klammern
скóбка *f (Math)* Klammer *f*
скольжéние *n* 1. Gleiten *n*, Rutschen *n*; 2. Schlupf *m (von Rotoren, Rädern)*; 3. *(Krist)* Gleitung *f*; 4. *(Flg)* Schieben *n*, Abrutschen *n*, Slippen *n*; 5. *(Mech)* Schub *m*
скользи́ть 1. gleiten, rutschen, schlüpfen; 2. *(Flg)* abschmieren
скользя́щий gleitend, Gleit...; Schiebe...
скóльский glatt; schlüpfrig
скóльскость *f* Glätte *f*, Schlüpfrigkeit *f*
скоплéние *n* 1. Ansammlung *f*, Anhäufung *f*; 2. Haufen *m*, Nest *n*, Cluster *m*
~ галáктик *(Astr)* Nebelhaufen *m*, Galaxienhaufen *m*
~/звёздное *(Astr)* Sternhaufen *m*
скороподъёмность *f (Flg)* Steigfähigkeit *f*, Steigleistung *f*; Steiggeschwindigkeit *f*
скоропóртящийся *(Lebm)* leicht verderblich
скороснижáемость *f (Flg)* Sinkflugleistung *f*, Sinkflugfähigkeit *f*
скоростемéр *m (Eb)* Geschwindigkeitsmesser *m*
скоростнóй 1. Geschwindigkeits...; 2. Schnell..., Eil...
скóрость *f* 1. *(Mech)* Geschwindigkeit *f*; 2. *(Masch)* Drehzahl *f*; 3. *(Masch)* Getriebestufe *f*, Drehzahlstufe *f*
~/абсолю́тная *(Mech)* Absolutgeschwindigkeit *f*
~ бурéния *(Bgb)* Bohrgeschwindigkeit *f*
~/взлётная *(Flg)* Startgeschwindigkeit *f*, Abfluggeschwindigkeit *f*, Abhebegeschwindigkeit *f*
~/волновáя *(Mech)* Ausbreitungsgeschwindigkeit *f*, Wellengeschwindigkeit *f*
~ вращéния *(Mech)* Rotationsgeschwindigkeit *f*, Umlaufgeschwindigkeit *f*, Drehzahl *f*
~/вторáя косми́ческая *(Raumf)* Entweichungsgeschwindigkeit *f*, parabolische Geschwindigkeit *f*, zweite kosmische Geschwindigkeit *f*
~/гиперболи́ческая *s.* ~/третья космическая
~/гиперзвуковáя *(Rak, Flg)* Hyperschallgeschwindigkeit *f*

~/**группова́я** *(Mech)* Gruppengeschwindigkeit *f (einer Wellengruppe)*
~ **движе́ния** Fahrgeschwindigkeit *f*
~/**дозвукова́я** *(Flg)* Unterschallgeschwindigkeit *f*
~/**допусти́мая** zulässige Geschwindigkeit *f*
~ **за́писи** *(Inf)* Aufzeichnungsgeschwindigkeit *f*, Schreibgeschwindigkeit *f*
~ **зву́ка** *(Ak)* Schallgeschwindigkeit *f*
~/**звукова́я** *(Ak)* Schallgeschwindigkeit *f*
~ **испаре́ния** Verdampfungsgeschwindigkeit *f*
~ **истече́ния** *(Hydrom)* Ausflussgeschwindigkeit *f*, Ausströmungsgeschwindigkeit *f*
~/**коне́чная** *(Mech)* Endgeschwindigkeit *f*; *(Wlz)* Auslaufgeschwindigkeit *f*
~/**кре́йсерская** *(Flg)* Reisegeschwindigkeit *f*
~/**кругова́я** *s.* ~/первая космическая
~/**лине́йная** *(Mech)* Lineargeschwindigkeit *f*, lineare Geschwindigkeit *f*
~/**лучева́я** 1. *(Opt)* Strahl(en)geschwindigkeit *f*, Ausbreitungsgeschwindigkeit *f* der Lichtenergie; 2. *(Astr)* Radialgeschwindigkeit *f*
~/**максима́льная** *(Mech)* Höchstgeschwindigkeit *f*, Maximalgeschwindigkeit *f*
~/**маршру́тная** *(Eb)* Reisegeschwindigkeit *f*
~/**мгнове́нная** *(Mech)* Momentangeschwindigkeit *f*
~/**минима́льная** Mindestgeschwindigkeit *f*
~/**нача́льная** *(Mech)* Anfangsgeschwindigkeit *f*
~/**неравноме́рная** ungleichförmige Geschwindigkeit *f*
~ **обраще́ния** *(Inf)* Zugriffsgeschwindigkeit *f*
~/**околозвукова́я** *(Flg, Rak)* schallnahe [transsonische] Geschwindigkeit *f*
~/**околосветова́я** lichtnahe Geschwindigkeit *f*
~/**оконе́чная** *(Mech)* Endgeschwindigkeit *f*
~/**окружна́я** *(Mech)* Umfangsgeschwindigkeit *f*
~/**орбита́льная** *(Astr)* Orbitalgeschwindigkeit *f*, Umlaufgeschwindigkeit *f*
~/**относи́тельная** relative Geschwindigkeit *f*, Relativgeschwindigkeit *f*
~ **отры́ва** *s.* ~/взлётная
~/**параболи́ческая** *s.* ~/вторая космическая
~/**пе́рвая косми́ческая** *(Raumf)* Kreisbahngeschwindigkeit *f*, Umlaufgeschwindigkeit *f*, elliptische Geschwindigkeit *f*, erste kosmische Geschwindigkeit *f*
~ **переда́чи** Übertragungsgeschwindigkeit *f (z. B. von Daten)*; Sendegeschwindigkeit *f*
~/**переме́нная** veränderliche Geschwindigkeit *f*
~ **по прибо́рам** *(Flg)* angezeigte Geschwindigkeit [Fluggeschwindigkeit] *f*, Instrumentengeschwindigkeit *f*
~ **пода́чи** *(Wkzm)* Vorschubgeschwindigkeit *f*
~/**поса́дочная** *(Flg)* Landegeschwindigkeit *f*
~/**постоя́нная** gleichbleibende Geschwindigkeit *f*
~/**прибо́рная** *s.* ~ по приборам
~ **прохо́дки** *(Bgb)* Vortriebsgeschwindigkeit *f*
~/**путева́я** *(Flg)* Weggeschwindigkeit *f*, Geschwindigkeit *f* über Grund [Boden]
~/**рабо́чая** Arbeitsgeschwindigkeit *f*; Operationsgeschwindigkeit *f*
~/**равноме́рная** gleichförmige Geschwindigkeit *f*
~ **развёртки** 1. *(El)* Ablenkgeschwindigkeit *f*; 2. *(TV)* Abtastgeschwindigkeit *f*; Scangeschwindigkeit *f*
~ **распростране́ния** *(Ph)* Fortpflanzungsgeschwindigkeit *f*, Ausbreitungsgeschwindigkeit *f (von Licht, Schall)*
~ **ре́зания** *(Fert)* Schnittgeschwindigkeit *f*
~/**сверхзвукова́я** *(Flg)* Überschallgeschwindigkeit *f*, supersonische Geschwindigkeit *f*
~/**сверхсветова́я** *(Ph)* Überlichtgeschwindigkeit *f*
~ **све́та** *(Ph)* Lichtgeschwindigkeit *f*
~/**синхро́нная** *(Mech)* Synchrongeschwindigkeit *f*, Gleichlaufgeschwindigkeit *f*

~ **сниже́ния** *(Flg)* Sinkgeschwindigkeit *f*, Abstiegsgeschwindigkeit *f*
~/**сре́дняя** Durchschnittsgeschwindigkeit *f*
~/**ста́ртовая** *s.* ~/взлётная
~ **счи́тывания** *(Inf)* Lesegeschwindigkeit *f*
~/**тре́тья косми́ческая** *(Raumf)* hyperbolische Geschwindigkeit *f*, dritte kosmische Geschwindigkeit *f (Entweichungsgeschwindigkeit aus dem Sonnensystem)*
~/**углова́я** *(Mech)* Winkelgeschwindigkeit *f*
~ **ускольза́ния** *s.* ~/вторая космическая
~/**уча́стковая** *(Eb)* Reisegeschwindigkeit *f (für Güterzüge)*
~ **хо́да** 1. Laufgeschwindigkeit *f*; 2. *(Masch)* Hubgeschwindigkeit *f*; 3. *(Schiff)* Fahrtgeschwindigkeit *f*
~/**холоста́я** *(Masch)* Leerlaufgeschwindigkeit *f*
~/**эксплуатацио́нная** 1. Arbeitsgeschwindigkeit *f*, Betriebsgeschwindigkeit *f*; 2. *(Schiff)* Dienstgeschwindigkeit *f*, Reisegeschwindigkeit *f*
ско́рчинг *m (Gum)* Scorch(ing) *n*, Anspringen *n*, Anbrennen *n*
скос *m* 1. Abschrägung *f*, Schräge *f*; 2. *(Bw)* Gehrung *f*; 3. *(Wkz)* Lippe *f*, Fase *f*
скотово́дство *n* Viehzucht *f*
ско́шенный abgeschrägt, schräg
скрап *m* Schrott *m*, Bruch *m*
~/**высокока́чественный** Kernschrott *m*
~/**желе́зный** Eisenschrott *m*, Alteisen *n*
~/**лите́йный** Gussbruch *m*
скрап-проце́сс *m (Met)* (reines) Schrottverfahren *n*
скребо́к *m* 1. Kratzer *m*, Kratzeisen *n*; Schaber *m*, Schabeisen *n*; 2. Abstreicher *m*, Abstreifer *m (eines Gurtförderers)*; 3. *(Gieß)* Streichbrett *n*, Streicheisen *n (Formerei)*
скре́мблер *m (Nrt)* Scrambler *m*, Sprachverschlüssler *m*, Sprachverzerrer *m*
скре́пер *m (Förd)* 1. Schrapper *m*; 2. Schürfkübelwagen *m*
~/**колёсный** *(Bw)* Radschrapper *m*
скре́перный Schrapper...
скреперова́ние *n (Bgb)* Schrapperförderung *f*
скрепле́ние *n* 1. Befestigung *f*, Verbindung *f*; 2. *(Typ)* Binden *n*
~ **термони́тками** *(Typ)* Fadensiegeln *n*
скрепля́ть befestigen, verbinden
~ **болта́ми** verschrauben, verbolzen
скреще́ние *n* Kreuzen *n*, Kreuzung *f (Züge, Leitungen)*
скру́ббер *m (Ch)* Skrubber *m*, Turmwäscher *m*, Rieselwäscher *m*
скру́тка *f* 1. Verdrehung *f*, Verdrillung *f*; 2. Verseilung *f (von Kabeln)*; 3. Würgestelle *f (im Kabel)*
скру́ченный 1. verdreht, verdrillt; 2. verseilt *(Kabel)*
скру́чивание *n s.* скрутка 1.; 2.
скру́чивать 1. verdrehen, verdrillen; 2. verseilen *(Kabel)*
скры́тый 1. versteckt, verborgen; *(Eln)* vergraben; 3. latent *(Wärme)*
скула́ *f (Schiff)* Kimm *f*
ску́тер *m* Motorroller *m*
слабоки́слый *(Ch)* schwach sauer
слаболеги́рованный 1. *(Halbl)* schwach dotiert, niedrig dotiert; 2. *(Met)* niedrig legiert, leicht legiert
слабообогащённый *(Kern)* leicht [schwach] angereichert
слабоосно́вный *(Ch)* schwach basisch
слабото́чный *(El)* Schwachstrom...
слабощелочно́й *(Ch)* schwach alkalisch
слага́емое *n (Math)* Summand *m*
~/**второ́е** Addend *m*
слайд *m* Diapositiv *n*, Dia *n*
~/**цветно́й** Farbdia *n*
сла́нец *m (Geol)* Schiefer *m*
~/**битумино́зный** Bitumenschiefer *m*
~/**гли́нистый** Tonschiefer *m*
~/**горю́чий** Brennschiefer *m*, Ölschiefer *m*
~/**слюдяно́й** Glimmerschiefer *m*
~/**у́глистый** Kohlenschiefer *m*
сла́нцевый Schiefer..., schieferhaltig
след *m* 1. *(Ph)* Spur *f*; 2. Fahrspur *f*; 3. Markierung *f*
~/**конденсацио́нный** *(Flg)* Kondensstreifen *m*
~/**метео́рный** *(Astr)* Meteorschweif *m*
~/**трасси́рующий** Leuchtspur *f*

сле́дование *n* 1. Folge *f*; 2. Fahrt *f*
~ **поездо́в** *(Eb)* Zugfolge *f*
следорыхли́тель *m (Lw)* Spurlockerer *m*
следя́щий Folge..., Nachlauf...
слеже́ние *n* 1. Folgen *n*, Verfolgen *n*, Verfolgung *f*; 2. Nachführen *n*, Nachführung *f*; 3. *(Reg)* Folgeregelung *f*, Nachlaufregelung *f*
слепи́мость *f (Licht)* Blendung *f*
слепи́ть *(Licht)* blenden
слепо́й blind
сле́пок *m* Abdruck *m*
~/**ги́псовый** Gipsabdruck *m*
слеса́рный Schlosser...
слив *m* 1. Abfluss *m*, Ablauf *m*; 2. Abguss *m*; 3. *(Gieß)* Abstich *m*, Abguss *m*
слива́ть abgießen, ausgießen
сливкоотдели́тель *m* Milchseparator *m*, Rahmabscheider *m*
сливно́й Abfluss..., Ablauf...
слип *m (Schiff)* Slipanlage *f*, Slip *m (Werft)*
слитколома́тель *m (Met)* Blockbrecher *m*
сли́ток *m* 1. *(Wlz)* Block *m*, Rohblock *m*; 2. Gussblock *m*, Block *m*; Barren *m*, Rohbarren *m (NE-Metallurgie)*
~/**квадра́тный** *(Wlz)* Vierkantblock *m*
~/**кру́глый** *(Wlz)* Rundblock *m*
~/**обжа́тый** *(Wlz)* Vorblock *m*, Walzblock *m*
слия́ние *n* 1. Zusammenfließen *n*; 2. Verschmelzen *n*, Verschmelzung *f*, Fusion *f*
слова́рь *m* 1. Wörterbuch *n*; 2. Verzeichnis *n*
~ **(ба́зы) да́нных** *(Inf)* Datenverzeichnis *n*, Datenbeschreibungsdatei *f*
~/**управля́ющий** *(Inf)* Steuerwörterbuch *n*
сло́во *n (Inf)* Wort *n*, Maschinenwort *n*
~ **да́нных** Datenwort *n*
~/**двойно́е** Doppelwort *n*
~/**ключево́е** Schlüsselwort *n*, Kennwort *n*
~/**ко́довое** Codewort *n*
~/**кома́ндное** Befehlswort *n*
~/**маши́нное** Maschinenwort *n*
~/**управля́ющее** Steuerwort *n*
~/**фла́говое** Flagwort *n*
слог *m* Silbe *f*, Logatom *n*
слоева́тость *f (Geol)* Schichtung *f*
сложе́ние *n* 1. *(Math)* Addition *f*; 2. *(Ph)* Zusammensetzung *f (z. B. von Kräften)*; 3. *(Geol)* Gefüge *n*, Struktur *f*; Textur *f*
сло́жный kompliziert, schwierig
слои́стость *f (Geol)* Schichtung *f*
слои́стый 1. geschichtet, lagenförmig; 2. geblättert, laminar
слой *m* 1. Schicht *f*, Überzug *m*; Lage *f*; 2. Belag *m*, Hülle *f*, Mantel *m*; 3. *(Kern)* Schale *f*; 4. *(Bgb)* Bank *f*, Schicht *f*; 5. Blättchen *n*; Scheibe *f*
~/**балла́стный** *(Eb)* Bettung(sschicht) *f*
~/**водоно́сный** *(Geol)* wasserführende Schicht *f*
~/**вы́емочный** *(Bgb)* Abbauscheibe *f*
~/**двойно́й** Doppelschicht *f*
~/**запира́ющий** *(Halbl)* Sperrschicht *f*
~/**защи́тный** Schutzschicht *f*
~/**изоляцио́нный** Isolationsschicht *f*, Isolierschicht *f*
~/**кипя́щий** *(Ch)* Wirbelschicht *f*, Wirbelbett *n*, Fließbett *n*
~/**конта́ктный** *(El)* Kontaktschicht *f*
~/**леги́рованный** *(Halbl)* Dotierungsschicht *f*
~/**магни́тный** Magnetschicht *f*
~/**напылённый** *(Halbl)* Aufdampfschicht *f*, Sputterschicht *f*
~/**нару́жный** *(Wkst)* Randbereich *m (von Proben)*
~/**обогащённый (припове́рхностный)** *(Halbl)* Anreicherungs(rand)schicht *f*, angereicherte Schicht *f*
~/**обеднённый** *(Halbl)* Verarmungs(rand)schicht *f*, verarmte Schicht *f*
~/**озо́новый** *(Meteo)* Ozonschicht *f*
~/**пове́рхностный** Oberflächenschicht *f*; *(Ph)* Skinschicht *f*, Haut *f*
~/**пограни́чный** 1. Randschicht *f*, periphere Schicht *f*; 2. *(Aero)* Grenzschicht *f*, Reibungsschicht *f*
~/**покро́вный** Deckschicht *f*
~/**полупроводнико́вый** Halbleiterschicht *f*
~/**проводя́щий** *(Eln)* Leit(er)schicht *f*, leitende Schicht *f*, Leiterzugebene *f*
~/**сверхпроводя́щий** *(Eln)* supraleitende Schicht *f*
~/**светочувстви́тельный** lichtempfindliche Schicht *f*

~/**скры́тый** *(Halbl)* vergrabene Schicht *f*, vergrabenes Gebiet *n*
~/**сфери́ческий** *(Math)* Kugelschicht *f*
~/**фоторезисти́вный** *(Halbl)* Photoresistschicht *f*, Photolackschicht *f*
~ **Хе́висайда(-Кенне́лли)** *(Geoph)* Heaviside-(Kennelly-)Schicht *f*, E-Schicht *f (der Ionosphäre)*
слу́жба *f* Dienst *m*
~/**горноспаса́тельная** *(Bgb)* Grubenrettungsdienst *m*
~ **движе́ния** *(Eb)* Fahrdienst *m*, Betriebsdienst *m*
~/**диспе́тчерская** *(Eb)* Dispatcherdienst *m*, Zugüberwachungsdienst *m*
~/**дозиметри́ческая** Strahlen(schutz)-überwachungsdienst *m*
~/**метеорологи́ческая** meteorologischer Dienst *m*, Wetterdienst *m*
~/**морска́я метеорологи́ческая** Seewetterdienst *m*
~ **пого́ды** *s.* ~/метеорологическая
~/**ремо́нтно-авари́йная** *(Kfz)* Abschleppdienst *m*
~ **свя́зи** Nachrichtenverkehrsdienst *m*; Fernmeldedienst *m*
~ **техни́ческой по́мощи** *(Kfz)* Abschleppdienst *m*
служе́бный dienstlich, Dienst...
слу́чай *m* 1. Zufall *m*; 2. *(Kern)* Ereignis *n*, Akt *m*
~/**несча́стный** Unfall *m*, Betriebsunfall *m*
случа́йность *f* Zufälligkeit *f*, Stochastizität *f*
случа́йный stochastisch, zufällig, Zufalls...
слы́шимость *f* Hörbarkeit *f*
слы́шимый hörbar
слюда́ *f (Min)* Glimmer *m*
сляб *m (Wlz)* Bramme *f*, Platine *f*
сля́бинг *m (Wlz)* Brammenwalzwerk *n*, Brammenstraße, Slabbing *m*
См *s.* сименс
сма́зка *f* 1. Schmieren *n*, Schmierung *f*; 2. Schmiermittel *n*, Schmierstoff *m*
~/**графи́товая** *(Trib)* 1. Graphitschmierung *f*; 2. Graphitschmiermittel *n*
~/**густа́я** *(Trib)* Schmierfett *n* hoher Konsistenz, steifes Schmierfett *n*
~/**ка́пельная** Tropfölschmierung *f*
~/**кольцева́я** Ringschmierung *f (Gleitlager)*
~/**консисте́нтная [пласти́чная]** Schmierfett *n*, konsistentes Fett *n*, Konsistenzfett *n*, konsistenter Schmierstoff *m*
~ **под давле́нием** Druckschmierung *f*
~/**принуди́тельная** Druckschmierung *f*
~/**фити́льная** Dochtschmierung *f*
~/**централизо́ванная** Zentralschmierung *f (z. B. des Fahrwerks)*
сма́зочный Schmier...
сма́зывание *n s.* смазка 1.
сма́зывать einfetten, einschmieren *(Metallteile)*; schmieren *(Maschinen)*; abschmieren *(Fahrzeuge)*
~ **ма́слом** einölen
~ **пласти́чной сма́зкой** einfetten
сма́тывание *n* 1. Abwickeln *n*, Abspulen *n*; 2. Aufwickeln *n*, Aufhaspeln *n*
сма́тывать 1. abwickeln, abspulen; 2. aufwickeln, aufspulen
сма́чиваемый benetzbar
сма́чивание *n* Benetzen *n*, Anfeuchten *n*; Einweichen *n*
сма́чиватель *m* Benetzungsmittel *n*, Netzmittel *n*
сма́чивать benetzen, anfeuchten
сме́жный anstoßend, angrenzend, benachbart
сме́на *f* 1. Wechsel *m*, Austausch *m*, Erneuerung *f*; 2. Schicht *f*, Arbeitsschicht *f*
~ **страни́ц** *(Inf)* Blättern *n*
~ **ши́ны** *(Kfz)* Reifenwechsel *m*
сме́нный 1. auswechselbar, austauschbar; 2. Schicht...
сменя́ть (aus)wechseln, austauschen; ersetzen
сме́ртельность *f (Kern)* Letalität *f*
смерть *f* /**теплова́я** *(Therm, Astr)* Wärmetod *m (des Weltalls)*
смерч *m (Meteo)* Windhose *f*, Trombe *f*
смесеобразова́ние *n* Gemischbildung *f (in Verbrennungsmotoren)*
~/**вне́шнее** äußere Gemischbildung *f (Ottomotor)*
~/**вну́треннее** innere Gemischbildung *f (Dieselmotor)*
смеси́тель *m* 1. Mischer *m*, Mischmaschine *f*; 2. Kneter *m*; 3. Mischgefäß *n*; 4. Mischer *m*, Mischstufe *f*; 5. *(Bw)* Mischbatterie *f (Sanitärtechnik)*
~/**бараба́нный** Trommelmischer *m*

~/**ло́пастный** Flügelmischer *m*
~ **мод** *(Nrt)* Modenmischer *m*, Modenscrambler *m*
смесь *f* 1. Gemisch *n*; Mischung *f*; 2. *s.* ~/формовочная
~/**азеотро́пная** *(Ch)* azeotropes Gemisch *n*
~/**бе́дная** 1. *(Kfz)* Magergemisch *n*, Gemisch *n* mit Luftüberschuss; 2. *(Bw)* magere Mischung *f*
~/**бето́нная** Betonmischung *f*, Frischbeton *m*
~/**бина́рная** *(Ch)* binäres Gemisch *n*, Zweistoffgemisch *n*
~/**бога́тая** *(Kfz)* fettes [reiches, luftarmes] Gemisch *n*
~/**взры́вчатая** explosives Gemisch *n*
~/**га́зовая** Gasgemisch *n*
~/**газовозду́шная** Gas-Luft-Gemisch *n*
~/**гетероге́нная** heterogenes Gemisch *n*
~/**гомоге́нная** homogenes Gemisch *n*
~/**горю́чая** *(Kfz)* Kraftstoffgemisch *n*; *(Ch)* brennbares Gemisch *n*, Brenngemisch *n*
~/**жи́рная** fettes Gemisch *n*, fette Mischung *f*
~/**одноро́дная** homogenes Gemisch *n*
~/**охлажда́ющая** Kühlmischung *f*, Kältemischung *f*
~/**пароводяна́я** Dampf-Wasser-Gemisch *n*
~/**песча́но-гли́нистая** *(Bw)* Sand-Ton-Gemisch *n*
~/**рабо́чая** *(Kfz)* Betriebsgemisch *n*, Arbeitsgemisch *n*
~/**то́пливная** Kraftstoffgemisch *n*
~/**топливовозду́шная** Kraftstoff-Luft-Gemisch *n*
~/**то́щая** mageres Gemisch *n*
~/**тройна́я** *(Ch)* ternäres Gemisch *n*, Dreistoffgemisch *n*
~/**формо́вочная** *(Gieß)* Formmasse *f*, Formstoff *m*, Formsand *m*
~/**холоди́льная** *s.* ~/охлаждающая
~/**эвтекти́ческая** *(Wkst)* eutektisches Gemisch *n*, Eutektikum *n*
сме́та *f* Kostenanschlag *m*
~/**предвари́тельная** Kostenvoranschlag *m*, Kostenüberschlag *m*
сме́шанный vermischt, gemischt, Misch...
смеше́ние *n* Mischen *n*, Mischung *f*, Vermischen *n*
~ **кра́сок** Farbmischung *f*
сме́шиваемость *f* Mischbarkeit *f*
сме́шиваемый (ver)mischbar
сме́шивание *n s.* смешение
сме́шивать (ver)mischen
смеща́ть verschieben, versetzen, verlagern
смеще́ние *n* 1. Verschieben *n*, Verschiebung *f*, Versetzen *n*, Versetzung *f*, Verlagerung *f*; 2. *(Eln, Rf)* Vorspannung *f*; *(Eln, Inf)* Offset *m*; 3. Grundmagnetisierung *f (Magnettonband)*
~/**до́плеровское** *(Ph)* Doppler-Verschiebung *f*
~/**кра́сное** *(Astr)* (kosmologische) Rotverschiebung *f*
~ **нуля́** Null(punkt)verschiebung *f*, Null(punkt)wanderung *f*
~/**параллакти́ческое** *(Astr)* parallaktische Verschiebung [Bewegung] *f*, Parallaxenverschiebung *f*, Parallaxenbewegung *f*
~/**се́точное** *(Rf)* Gittervorspannung *f*
~/**углово́е** *(Mech)* Winkelverschiebung *f*
~/**фа́зовое** *(El)* Phasenverschiebung *f*
~/**электри́ческое** elektrische Verschiebung *f*
смещённый 1. verschoben; 2. *(Eln, Rf)* vorgespannt
смина́емость *f (Text)* Knitterneigung *f*
смина́ние *n* 1. Quetschen *n*, Abquetschen *n*, Zerquetschen *n*; 2. *(Text)* Zerknittern *n*
смина́ть 1. quetschen, abquetschen, zerquetschen; 2. *(Text)* zerknittern
смог *m (Ökol)* Smog *m*
смола́ *f* 1. Harz *n*; 2. Teer *m (s. a. unter* дёготь*)*; 3. Pech *n*
~/**алки́дная** Alkydharz *n*
~/**альдеги́дная** Aldehydharz *n*
~/**древе́сная** 1. Baumharz *n*; 2. Holzteer *m*
~/**жи́дкая** flüssiges Harz *n*
~/**ионообме́нная** Ionenaustausch(er)harz *n*
~/**карбами́дная** Carbamidharz *n*, Harnstoffharz *n*
~/**катионообме́нная** Kationenaustausch(er)harz *n*
~/**ко́ксовая** Kokereiteer *m*

~/**мягкая** Weichharz *n*
~/**приро́дная** Naturharz *n*
~/**синтети́ческая** Kunstharz *n*
~/**твёрдая** Hartharz *n*
~/**термопласти́ческая** thermisches Kunstharz *n*
~/**термореакти́вная** duroplastisches [härtbares] Kunstharz *n*
~/**фено́льная** Phenolharz *n*
~/**эпокси́дная** Epoxidharz *n*
~/**этоксили́новая** *s.* ~/эпоксидная
смоле́ние *n* Teeren *n*
смолёный geteert
смоли́стость *f* Harzgehalt *m*
смоли́ть teeren
смо́лка *f* /**ура́новая** *(Min)* Pechblende *f*
смолокуре́ние *n* Teerschwelen *n*
смолообразова́ние *n* Harzbildung *f*
смоляно́й harzhaltig, Harz...; Teer...
смыв *m* 1. Spülen *n*, Wegspülen *n*; Wegschwemmen *n*; 2. *(Geol)* Abtragung *f*, Erosion *f*
смыва́ть 1. abspülen, abwaschen; 2. fortschwemmen, wegschwemmen
смягча́ть 1. erweichen, weich machen; 2. enthärten *(Wasser)*; 3. dämpfen, abschwächen *(Stöße)*
смягче́ние *n* 1. Erweichen *n*, Weichmachen *n*; 2. Enthärten *n (von Wasser)*; 3. Dämpfen *n*, Dämpfung *f*, Abschwächen *n*, Abschwächung *f (von Stößen)*
смягчи́тель *m* Weichmachungsmittel *n*, Weichmacher *m*
смя́тие *n* Quetschen *n*, Quetschung *f*, Zerquetschung *f*
смя́тый gequetscht, zerquetscht
снабжа́ть 1. versorgen *(mit Wasser)*; 2. ausrüsten, ausstatten *(Maschinen)*
снабже́ние *n* 1. Versorgung *f*, Belieferung *f*; 2. Ausrüstung *f*, Ausstattung *f (z. B. von Maschinen)*
~ **питьево́й водо́й** Trinkwasserversorgung *f*
~ **электроэне́ргией** Elektroenergieversorgung *f*
снаря́д *m* 1. Gerät *n*; Maschine *f*; 2. *(Mil)* Geschoss *n*; Granate *f*
~/**бурово́й** *(Bgb)* Bohrgarnitur *f*
~/**землесо́сный** Saugbagger *m*
~/**землечерпа́тельный** Nassbagger *m*, Eimerschwimmbagger *m*, Schwimmbagger *m*
снаряжа́ть ausrüsten, ausstatten
снаряже́ние *n* Ausrüstung *f*, Ausstattung *f*
снасть *f (Schiff)* Tauwerk *n*
~/**рыболо́вная** Fischfanggerät *n*, Fischereigerät *n*
снег *m* Schnee *m*
~/**мо́крый** nasser Schnee *m*
снегозадержа́ние *n (Lw)* Aufhalten *n* des Schnees *(auf Feldern)*
снеголо́м *m (Forst)* Schneebruch *m*
снегоочисти́тель *m* Schneeräummaschine *f*, Schneeräumgerät *n*, Schneepflug *m*, Schneeräumer *m*
~/**навесно́й** Anbauschneepflug *m*
~/**плу́жный** Schneepflug *m*
~/**(шне́ко-)ро́торный** Schneefräse *f*, Schneeschleuder *f*
снегоочи́стка *f* Schneeräumung *f*
снегопогру́зчик *m* Schneelader *m*
снегоубо́рщик *m* Schneeräumgerät *n*, Schneeräum- und -Lademaschine *f*
снижа́ть senken, herabsetzen, vermindern, verringern
сниже́ние *n* 1. Herabsetzung *f*, Senkung *f*, Absenkung *f (z. B. der Spannung)*; Verminderung *f*, Verringerung *f*; Ermäßigung *f (z. B. von Gebühren)*; 2. *(Fig)* Sinken *n*
~ **сто́имости** Kostensenkung *f*
снима́ние *n s.* снятие
снима́ть 1. abnehmen, entfernen, beseitigen; 2. *(Photo)* aufnehmen; 3. *(Met)* abziehen *(Schlacke)*; 4. *(Fert)* ausspannen *(Werkstücke)*; 5. *(Fert)* abnehmen, abheben *(Späne)*; 6. abgreifen *(Signale)*; 7. abbauen, beseitigen *(Spannungen)*
сни́мок *m* Aufnahme *f*, Photo *n*, (photographisches) Bild *n*
~/**панора́мный** *(Photo)* Panoramaaufnahme *f*
~/**рентге́новский** Röntgenogramm *n*, Röntgenbild *n*, Röntgenaufnahme *f*
~/**фотографи́ческий** (photographische) Aufnahme *f*, (photographisches) Bild *n*
снова́ние *n (Text)* Schären *n*, Zetteln *n*, Bäumen *n*
снова́ть *(Text)* schären, zetteln, bäumen
сноп *m (Lw)* Bündel *n*; Garbe *f*

сноповяза́лка *f (Lw)* Garbenbindemaschine *f*, Selbstbinder *m*, Mähbinder *m*, Bindemäher *m*

снос *m* 1. *(Bw)* Abbruch *m*, Abtragen *n*, Abriss *m*; 2. *(Flg, Schiff)* Abdrift *f*, Drift *f*, Abtrieb *m*, Abtreiben *n*

сноси́ть 1. *(Bw)* abtragen, abbrechen, abreißen *(Gebäude)*; 2. *(Flg, Schiff)* abdriften, abtreiben

сня́тие *n* 1. Abnahme *f*, Abnehmen *n*, Entfernen *n*, Beseitigung *f*; 2. Aufnahme *f (von Diagrammen)*; 3. *(Fert)* Abnahme *f*, Abheben *n (von Spänen)*

~ **заусе́нцев** *(Fert)* Entgraten *n*, Abgraten *n*

~ **напряже́ния** 1. *(El)* Spannungsfreimachen *n*, Spannungsfreischaltung *f*; 2. *(Mech)* Entspannen *n*

~ **стру́жки** *(Fert)* Spanabnahme *f*

~ **фа́ски** *(Fert)* Abfasen *n*

соба́чка *f (Masch)* Schaltklinke *f*, Sperrklinke *f*

собира́тель *m* 1. Sammler *m*, Abnehmer *m*; 2. Sammler *m*, Sammelkanal *m*

собира́ть 1. sammeln; 2. zusammenbauen, montieren *(Maschinen)*

соблюда́ть beobachten, verfolgen *(Objekte)*

соблюде́ние *n* 1. Beobachtung *f*, Verfolgung *f (von Objekten)*; 2. Einhaltung *f (z. B. von Terminen)*

со́бственно-проводя́щий *(Halbl)* eigenleitend, I-leitend

со́бственный 1. eigen, Eigen...; 2. eigentlich

собы́тие *n* Ereignis *n*

~/**случа́йное** *(Math)* zufälliges [stochastisches] Ereignis *n*

совмести́мость *f (Inf)* Kompatibilität *f*; *(El)* Verträglichkeit *f*

~/**аппара́тная** *(Inf)* Hardwarekompatibilität *f*

~ **да́нных** *(Inf)* Datenkompatibilität *f*

~ **по вы́водам [разъёмам]** *(Inf)* Anschlusskompatibilität *f*, Pinkompatibilität *f*

~/**по́лная** *(Inf)* durchgängige Kompatibilität *f*

~/**програ́ммная** *(Inf)* Softwarekompatibilität *f*, Programmkompatibilität *f*

~/**систе́мная** *(Inf)* Systemkompatibilität *f*

~ **снизу́ вверх** *(Inf)* Aufwärtskompatibilität *f*

~/**электромагни́тная** elektromagnetische Verträglichkeit *f*, EMV *f*

совмести́мый *(Inf)* kompatibel

~ **по вы́водам [разъёмам]** anschlusskompatibel, pinkompatibel

~ **с европла́тами** europakartenkompatibel

~ **снизу́ вверх** aufwärtskompatibel

совмеще́ние *n* Deckung *f*, Überdeckung *f*, Überlappung *f*, Übereinstimmung *f*, Kongruenz *f*

совоку́пность *f (Math)* Gesamtheit *f*

совпаде́ние *n* Zusammenfallen *n*, Koinzidenz *f*; Übereinstimmung *f*

~ **фаз** *(El)* Phasengleichheit *f*, Phasenübereinstimmung *f*

совреме́нный gegenwärtig; modern

согласова́ние *n* Abstimmung *f*, Koordinierung *f*; Anpassung *f*

~ **ско́рости переда́чи** *(Nrt)* Stuffing *n (digitale Übertragungstechnik)*

согла́сный 1. übereinstimmend; 2. *(Geol)* konkordant *(Schichten)*; 3. *(El)* gleichsinnig *(Schaltungen)*

соглаше́ние *n* Vereinbarung *f*

согрева́ние *n* Erwärmen *n*, Erwärmung *f*

согрева́ть erwärmen, aufwärmen

СОД *f s.* система обработки данных

со́да *f (Ch)* Soda *f*, Natriumcarbonat *n*

~/**кальцини́рованная** kalzinierte Soda *f*

~/**каусти́ческая** kaustische Soda *f*

~/**кристалли́ческая** Kristallsoda *f*

содержа́ние *n* 1. Inhalt *m*; Gehalt *m*; 2. Inhaltsverzeichnis *n*; 3. Unterhaltung *f*, Erhaltung *f*, Instandhaltung *f*

~/**о́бщее** Gesamtgehalt *m*

~/**сре́днее** Durchschnittsgehalt *m*

~/**теку́щее** laufende Unterhaltung *f (z. B. von Anlagen)*

~/**техни́ческое** Unterhaltung *f*, Instandhaltung *f*, Wartung *f (z. B. von Maschinen, Anlagen, Fahrzeugen)*

~ **углеро́да** *(Met)* Kohlenstoffgehalt *m (des Stahls)*

содержа́ть 1. enthalten; 2. unterhalten, erhalten

содержа́щий enthaltend, ...haltig

содержи́мое *n* Volumen *n*, Inhalt *m*

~ **па́мяти** *(Inf)* Speicherinhalt *m*

сóдовый Soda...
соединéние *n* 1. Verbindung *f*; Verbinden *n*; Vereinigen *n*; Zusammenfügen *n*; 2. Anschluss *m (von Leitungen)*; 3. *(Ch)* Verbindung *f*; 4. *(El)* Schaltung *f*, Verbindung *f*; *(Nrt)* Anschluss *m*; 5. *(Fert)* Fügen *n*; Verbinden *n*
~/**аддитúвное** *(Ch)* Additionsverbindung *f*
~/**алифатúческое** aliphatische [acyclische] Verbindung *f*
~/**алициклúческое** *(Ch)* alicyclische Verbindung *f*
~/**ароматúческое** aromatische Verbindung *f*, Aren *n*
~/**бинáрное** *(Ch)* binäre Verbindung *f*
~/**болтовóе** Schraubenverbindung *f*
~/**винтовóе** Schraubenverbindung *f*, Verschraubung *f*
~ **внахлёстку** *(Fert, Schw)* Überlappung *f*, überlappter Stoß *m*, Überlapp(t)stoß *m*
~ **встык** *(Schw)* Stumpfstoßverbindung *f*, Stumpfstoß *m*
~/**высокомолекулярное** *(Ch)* hochmolekulare Verbindung *f*, Polymer *n*
~/**гетероциклúческое** heterocyclische Verbindung *f*
~/**гúбкое** *(Masch)* nachgiebige [flexible] Verbindung [Verkettung] *f*
~/**жёсткое** starre [feste] Verbindung [Kopplung] *f*
~/**заклёпочное** Nietverbindung *f*
~/**замкóвое** *(Bw)* Klauenverbindung *f*
~ **звездóй** *(El)* Sternschaltung *f*
~/**зубчáтое** *(Masch)* Kerbzahnverbindung *f*
~/**изоциклúческое** *(Ch)* isocyclische Verbindung *f*
~/**кáбельное** *(El)* Kabelverbindung *f*
~/**кислорóдное** *(Ch)* Sauerstoffverbindung *f*
~/**клеевóе** Klebverbindung *f*
~/**клиновóе** Keilverbindung *f*
~/**кóмплексное** *(Ch)* Komplexverbindung *f*
~/**координациóнное** *(Ch)* Koordinationsverbindung *f*
~/**кремнийорганúческое** *(Ch)* siliciumorganische Verbindung *f*, Organosiliciumverbindung *f*
~/**металлоорганúческое** *(Ch)* metallorganische Verbindung *f*, Organometallverbindung *f*
~/**мéченое** *(Kern)* (radioaktiv) markierte Verbindung *f*
~/**молекулярное** *(Ch)* Molekularverbindung *f*
~/**мýфтовое** *(Masch)* Muffenverbindung *f*
~ **наклáдками** *(Masch)* Laschenverbindung *f*, Laschenstoß *m*, Verlaschung *f*
~ **накрýткой** *(El)* Drahtwickeln *n*
~/**насы́щенное** *(Ch)* gesättigte Verbindung *f*
~/**ненасы́щенное** *(Ch)* ungesättigte Verbindung *f*
~/**неразъёмное** unlösbare Verbindung *f (von Maschinenelementen)*
~/**параллéльное** *(El)* Parallelschaltung *f*, Nebenschlussschaltung *f*
~/**пáяное** Lötverbindung *f*
~/**плáтное** *(Nrt)* gebührenpflichtige Verbindung *f*
~/**плóтное** *(Masch)* spielfreie [dichte] Verbindung *f*
~/**подвúжное** *(Masch)* bewegliche Verbindung [Kupplung] *f*
~/**поперéчное** Querverbindung *f*
~/**послéдовательное** *(El)* Reihenschaltung *f*, Hintereinanderschaltung *f*; Serienschaltung *f*
~/**послéдовательно-параллéльное** *(El)* Reihen-Parallel-Schaltung *f*, Serien-Parallel-Schaltung *f*
~/**разъёмное** lösbare Verbindung *f (von Maschinenelementen)*
~/**растрýбное** *(Masch)* Muffenrohrverbindung *f*
~/**резьбовóе** *(Masch)* Gewindeverbindung *f*, Schraubverbindung *f*; Verschraubung *f*
~/**сварнóе** Schweißverbindung *f*, Schweißstoß *m*
~/**стыковóе** *(Schw)* Stumpfstoß *m*
~/**таврóвое** *(Schw)* T-Stoß *m*
~/**торцóвое** *(Schw)* Stirnstoß *m*, Parallelstoß *m*
~/**тóчечное** *(Schw)* Punktverbindung *f*
~ **треугóльником** *(El)* Dreieckschaltung *f*
~ **труб** Rohrverbindung *f*
~/**углерóдистое** *(Ch)* Kohlenstoffverbindung *f*

~/**угловóе** *(Schw)* Winkelstoß *m*, Eckstoß *m*
~/**упрýгое** elastische Verbindung *f*
~/**флáнцевое** *(Masch)* Flanschverbindung *f*, Flanschkupplung *f*
~/**хими́ческое** chemische Verbindung *f*
~/**цикли́ческое** *(Ch)* cyclische [ringförmige] Verbindung *f*
~/**шлицевóе** *(Masch)* Keilwellenverbindung *f*, Nutwellenverbindung *f*
~/**шпóночное** *(Masch)* Federverbindung *f*; *(Bw)* Verdübelung *f*, Dübelverbindung *f*
~/**штéпсельное** *(El)* Steck(er)verbindung *f*; *(Nrt)* Stöpselverbindung *f*
соединённый 1. verbunden; 2. *(El)* geschaltet
~ **параллéльно** *(El)* parallel geschaltet, in Parallelschaltung
~/**послéдовательно** *(El)* hintereinander geschaltet, in Reihenschaltung, in Serienschaltung
соедини́тель *m* 1. Verbinder *m*, Verbindungsstück *n*; 2. *(El)* Verbinder *m*
~/**линéйный** *(Nrt)* Leitungswähler *m*
соедини́тельный 1. Verbindungs..., Binde...; 2. *(El)* Anschluss...
соединя́ть 1. verbinden, vereinigen, zusammenfügen; 2. *(El)* anschalten; verbinden; anschließen; 3. *(Eln)* bonden
~ **параллéльно** *(El)* parallel schalten
~ **послéдовательно** *(El)* hintereinander schalten, in Reihe [Serie] schalten
созвéздие *n* *(Astr)* Sternbild *n*
созревáние *n* Reifen *n*, Ausreifen *n*
созревáть (aus)reifen
СОЗУ *n s.* устройство/сверхоперативное запоминающее
соизмери́мость *f* *(Astr)* Kommensurabilität *f*
соизмери́мый vergleichbar, kommensurabel
сок *m* 1. Saft *m*; 2. *(Led)* Brühe *f*; *(Led)* Farbe *f*, Farbbrühe, Gerbbrühe *f*
~/**млéчный** *(Gum)* Milchsaft *m*, Latex *m*
соковыжимáлка *f* Saftpresse *f*, Entsafter *m*
сокращáть 1. verkürzen; abkürzen; 2. verringern, vermindern, reduzieren; 3. *(Math)* kürzen *(Brüche)*
сокращéние *n* 1. Verkürzung *f*; Abkürzung *f*; 2. Verringerung *f*, Verminderung *f*, Reduzierung *f*; 3. *(Math)* Kürzen *n (von Brüchen)*
~ **врéмени** *(Ph)* Zeitkontraktion *f*, Zeitverkürzung *f*
сокращённый (ab)gekürzt, Kurz...
солевáрня *f* Saline *f*, Salzsiederei *f*
солевóй Salz...
солемéр *m* Salzgehaltmesser *m*
солéние *n* *(Lebm)* Salzen *n*, Einsalzen *n*
соленóид *m* *(El)* Solenoid *n*, Solenoidspule *f*
солёность *f* Salzgehalt *m*
солеотложéние *n* Salzablagerung *f*, Salzausscheidung *f*
солерастворитель *m* Salzlöser *m*
солесодетжáние *n* Salzgehalt *m*
солестóйкий salzbeständig, beständig gegen Salze *(Beton)*
солестóйкость *f* *(Bw)* Salzbeständigkeit *f (des Betons)*
солидóл *m s.* смазка/консистентная
солидолонагнетáтель *m* Fettpresse *f*, Fettspritze *f*
сóлидус *m* *(Ph)* Soliduslinie *f*, Soliduskurve *f*
солифлю́кция *f* *(Geol)* Bodenfließen *n*, Solifluktion *f*
сóлнечный *(Astr)* Sonnen..., solar
Сóлнце *n* *(Astr)* Sonne *f*
солнцезащи́тный Sonnenschutz...
солнцестоя́ние *n* *(Astr)* Sonnenwende *f*, Solstitium *n*
сóлод *m* Malz *n*
солодовáть mälzen
солодóвня *f* Mälzerei *f*
солодоращéние *n* Mälzen *n*, Mälzung *f*, Mälzerei *f*
соложéние *n s.* солодовращение
соломовя́з *m* *(Lw)* Strohbinder *m*
соломокопни́тель *m* *(Lw)* Strohbergungsgerät *n*, Strohsammler *m*
соломорéзка *f* *(Lw)* Häckselmaschine *f*, Strohhäcksler *m*
соломотря́с *m* *(Lw)* Strohschüttler *m*
соломоулови́тель *m* *(Lw)* Strohfänger *m*
соль *f* *(Ch)* Salz *n*
~/**глáуберова** *(Ch)* Glaubersalz *n*
~/**двойнáя** *(Ch)* Doppelsalz *n*
~/**кáменная** *(Min)* Steinsalz *n*

~/**минера́льная** Mineralsalz *n*
~/**морска́я** Meersalz *n*, Seesalz *n*
~/**неочи́щенная** Rohsalz *n*
~/**пова́ренная** Kochsalz *n*
~/**приро́дная** natürliches Salz *n*, Natursalz *n*
~/**сыра́я** Rohsalz *n*
~/**фикса́жная** *(Photo)* Fixiersalz *n*
сольвата́ция *f (Ch)* Solvatation *f*
сольво́лиз *m (Ch)* Solvolyse *f*
соляриза́ция *f (Photo)* Solarisation *f*
соля́рий *m* Solarium *n*
сомно́житель *m (Math)* Faktor *m*
сон *m (Ak)* Sone *n*, sone *(Pseudoeinheit für die Lautheit)*
сообще́ние *n* 1. Mitteilung *f*, Nachricht *f*, Meldung *f*; 2. *(Nrt)* Verkehr *m*, Verbindung *f*; 3. *(Eb, Kfz)* Verkehr *m*
~/**сквозно́е [транзи́тное]** *(Eb)* Durchgangsverkehr *m*
сооружа́ть errichten, erbauen
сооруже́ние *n* 1. Errichten *n*, Erbauen *n*, Bau *m*; 2. Bau *m*, Bauwerk *n*; Gebäude *n*; 3. Anlage *f*
~/**водозабо́рное** Entnahmebauwerk *n*, Einlaufbauwerk *n*
~/**водонапо́рное** *(Hydt)* Stauanlage *f*
~/**водоподъёмное** *(Hydt)* Wasserpumpwerk *n*
~/**водоприёмное** *s.* ~/водозаборное
~/**гидротехни́ческое** Wasserbauwerk *n*
~/**дноукрепи́тельное** *(Hydt)* Sohlendeckwerk *n*
~/**ороси́тельное** *(Hydt)* Bewässerungsanlage *f*
~/**очистно́е** Reinigungsanlage *f*, Kläranlage *f*
~/**подпо́рное** *(Hydt)* Stauwerk *n*, Stauanlage *f*, Staustufe *f*
~/**противопа́водковое** *(Hydt)* Hochwasserschutzbauwerk *n*
~/**сбро́сное** *(Hydt)* Auslaßwerk *n*
соо́сность *f* Koaxialität *f*, Gleichachsigkeit *f*
соо́сный koaxial, gleichachsig
соотве́тствие *n* 1. Übereinstimmung *f*, Entsprechen *n*; 2. *(Math)* Zuordnung *f*
соотноси́тельный korrelativ
соотноше́ние *n* Verhältnis *n*, Beziehung *f*
~ **неопределённостей (Ге́йзенберга)** *(Ph)* (heisenbergsche) Unbestimmtheitsrelation [Umschärferelation] *f*
сопло́ *n* Düse *f*
~ **Венту́ри** Venturi-Rohr *n*, Venturi-Düse *f*
~ **Лава́ля** Laval-Düse *f*
~/**реакти́вное** Schubdüse *f (eines Strahltriebwerks)*
~/**сверхзвуково́е** *(Flg)* Überschalldüse *f*
сополиконденса́ция *f (Ch)* Copolykondensation *f*, Mischpolykondensation *f*
сополиме́р *m (Ch)* Copolymer *n*, Mischpolymer *n*
сополимериза́ция *f (Ch)* Copolymerisation *f*, Mischpolymerisation *f*
соприкоснове́ние *n* Berührung *f*
сопровожде́ние *n* 1. Begleitung *f*; 2. Nachführung *f*, Verfolgung *f (eines Ziels)*; 3. *(Inf)* Wartung *f*
~ **програ́мм [програ́ммного обеспече́ния]** *(Inf)* Software-Wartung *f*
~ **фа́йла** *(Inf)* Dateipflege *f*, Dateiwartung *f*
сопрома́т *m s.* сопротивление материалов 1.
сопротивле́ние *n* 1. Widerstand *m*, Resistenz *f*; 2. Beständigkeit *f (von Werkstoffen)*; Festigkeit *f*; 3. *(El)* Widerstand *m (als physikalische Größe)*; 4. *(El)* Widerstand *m (als Bauelement)*
~/**акти́вное** *(El)* Wirkwiderstand *m*
~/**акусти́ческое** Schallwiderstand *m*, akustischer Widerstand *m*, akustische Resistenz *f*
~/**аэродинами́ческое** aerodynamischer Widerstand *m*, Luftwiderstand *m*
~ **ба́зы** *(Halbl)* Basiswiderstand *m*
~/**вихрево́е** *(Hydrod)* Wirbelwiderstand *m*
~ **во́здуха** *(Aerod)* Luftwiderstand *m*
~/**волново́е** *(Hydrod)* Wellenwiderstand *m*
~/**входно́е** *(El)* Eingangswiderstand *m*
~/**выходно́е** *(El)* Ausgangswiderstand *m*
~/**гидродинами́ческое** hydrodynamischer Widerstand *m*
~/**динами́ческое** *(Fest)* dynamischer Widerstand *m*; dynamische Festigkeit *f*

~/**доба́вочное** *(El)* vorgeschalteter [zusätzlicher] Widerstand *m*, Zusatzwiderstand *m*
~/**ёмкостное** *(El)* kapazitiver Widerstand *m*
~/**защи́тное** *(El)* Schutzwiderstand *m*
~ **изги́бу (/вре́менное)** *(Fest)* Biegefestigkeit *f*; Biegewiderstand *m*
~/**индукти́вное** *(El)* induktiver Widerstand *m*
~/**инерцио́нное** *(Mech)* Trägheitswiderstand *m*
~ **истира́нию** *(Fest)* Abriebfestigkeit *f*, Verschleißfestigkeit *f*, Abnutzungsfestigkeit *f*
~/**ка́жущееся** *s.* ~/полное 2.
~/**конта́ктное** *(El)* Kontaktwiderstand *m*
~/**крити́ческое** kritischer Widerstand *m*, Grenzwiderstand *m*
~/**лобово́е** *(Mech, Aero)* Stirnwiderstand *m*
~/**магни́тное** *(El)* magnetischer Widerstand *m*, Reluktanz *f*
~ **материа́лов** 1. Festigkeitslehre *f*; 2. Werkstofffestigkeit *f*
~/**нагрева́тельное** *(El)* Heizwiderstand *m*
~/**о́бщее** *(El)* Gesamtwiderstand *m*
~/**оми́ческое** *(El)* ohmscher Widerstand *m*
~/**оста́точное** *(Fest)* Restwiderstand *m*
~/**паралле́льное** *(El)* Parallelwiderstand *m*, Nebenwiderstand *m*, Shunt *m*
~/**переме́нное** *(El)* veränderlicher Widerstand *m*
~/**поле́зное** *(El)* Nutzwiderstand *m*
~/**по́лное** *(El)* 1. Gesamtwiderstand *m*; 2. Scheinwiderstand *m*, Impedanz *f*
~/**после́довательное** *(El)* Reihenwiderstand *m*, Serienwiderstand *m*
~/**пусково́е** *(El)* Anlasswiderstand *m*, Anlaufwiderstand *m*
~/**рабо́чее** *(El)* Arbeitswiderstand *m*
~ **разруше́нию** *(Fest)* Bruchfestigkeit *f*, Bruchwiderstand *m*
~ **разры́ву (/вре́менное)** *(Fest)* Zugfestigkeit *f*, Zerreißfestigkeit *f*
~ **растяже́нию (/вре́менное)** *(Fest)* (statische) Zugfestigkeit *f*, (statische) Zerreißfestigkeit *f*
~/**реакти́вное** *(El)* Blindwiderstand *m*, Reaktanz *f*
~ **сдви́гу (/вре́менное)** *(Fest)* Schubfestigkeit *f*, Scherfestigkeit *f*
~ **ска́лыванию (/вре́менное)** *(Fest)* Abscherfestigkeit *f*
~ **скольже́нию** *(Fest)* Gleitwiderstand *m*
~ **скру́чиванию (/вре́менное)** *(Fest)* Verdrehfestigkeit *f*, Torsionsfestigkeit *f*
~/**со́бственное** *(El)* Eigenwiderstand *m*
~ **сре́зу (/вре́менное)** *(Fest)* Scherfestigkeit *f*, Abscherfestigkeit *f*
~ **старе́нию** *(Wkst)* Alterungsbeständigkeit *f*
~ **сто́ка** *(Halbl)* Drain-Widerstand *m*, Drainwiderstand *m*
~/**теплово́е** 1. *(Halbl)* Wärmewiderstand *m*, thermischer Widerstand *m*; 2. *(Therm)* Wärmewiderstand *m*
~/**тормозно́е** Bremswiderstand *m*
~ **тре́ния** *(Aero, Hydrod)* Reibungswiderstand *m*, Oberflächenwiderstand *m*, Schubwiderstand *m*
~/**уде́льное** *(El)* spezifischer Widerstand *m*, Resistivität *f*
~/**шунти́рующее** *s.* ~/параллельное
~/**эквивале́нтное** *(El)* Ersatzwiderstand *m*

сопротивля́емость *f* *(Fest)* Widerstandsfähigkeit *f*, Beständigkeit *f*

сопроце́ссор *m* *(Inf)* Coprozessor *m*, Koprozessor *m*

сопряже́ние *n* 1. Kopplung *f*, Kupplung *f*, Verbindung *f*; 2. Zuordnung *f*; 3. *(Math)* Konjugation *f*; 4. *(El, Reg, Kyb)* Kopplung *f*, Verkettung *f*; Verknüpfung *f*; 5. *(Inf)* Interface *n*, Schnittstelle *f*, Anschluss *m*; 6. *(Masch)* Paarung *f* *(Zahnräder)*
~/**заря́довое** *(Ph, Eln)* Ladungskonjugation *f*
~/**фрикцио́нное** *(Masch)* Reibpaarung *f*

сопряжённый 1. gekoppelt, verbunden; 2. zugeordnet; 3. *(Math)* konjugiert; 4. *(El, Reg, Kyb)* gekoppelt, verkettet, verknüpft; 5. *(Masch)* gepaart *(Zahnräder)*

сор *m* *(Text)* Staub *m*, Schmutz *m*

сорбе́нт *m* *(Ch)* Sorbens *n*, Sorptionsmittel *n*

сорби́т *m* 1. *(Wkst)* Sorbit *m* *(Gefüge)*; 2. *(Ch)* Sorbit *m*

сорбитиза́ция *f (Härt)* Sorbitisieren *n*
со́рбция *f (Ch)* Sorption *f*, Sorbieren *n*
сорт *m* Sorte *f*, Klasse *f*
~/**ме́лкий** *(Wlz)* Feinstahl *m*, Feineisen *n*
~/**кру́пный** *(Wlz)* Grobstahl *m*
сорта́мент *m* Sortiment *n*, Auswahl *f*
сортирова́ние *n s.* сортировка 1.; 2.
сортирова́ть 1. sortieren; 2. *(Bgb)* klassieren *(Kohle)*; klauben *(Erze)*; 3. *(Eb)* rangieren
сортиро́вка *f* 1. Sortieren *n*, Sortierung *f*; 2. *(Bgb)* Klassierung *f (Kohle)*; Klauben *n (Erze)*; 3. Sortiermaschine *f*, Sortieranlage *f*, Sortierer *m*, Klassierer *m*; *(Lw)* Auslesemaschine *f (Saatgutaufbereitung)*
сортиро́вочная *f s.* станция/сортировочная
сортиро́вочный 1. Sortier...; 2. *(Bgb)* Klassier...
со́ртность *f* (ausgesuchte) Sorte *f*, Qualität *f*
сортово́й Sorten...
сосе́дний Nachbar..., benachbart
соска́бливание *n* Abschaben *n*, Abkratzen *n*
соска́льзывание *n (Geol)* Abgleiten *n*
сосредото́чение *n* Konzentrierung *f*, Zusammenfassung *f*; Ansammlung *f*
сосредото́ченный konzentriert, zusammengefasst
соста́в *m* 1. Zusammensetzung *f*; 2. Bestand *m*; 3. Masse *f*, Gemenge *n*, Mischung *f*; 4. *(Eb)* Zug *m*
~ **аппара́тных средств** *(Inf)* Hardwarekonfiguration *f*
~/**гранулометри́ческий** Korn(größen)-zusammensetzung *f*, Korngrößenverteilung *f*, Körnung *f*
~/**подвижно́й** *(Eb)* rollendes Material *n*, Schienenfahrzeuge *npl*
~ **програ́ммного обеспече́ния** *(Inf)* Softwarekonfiguration *f*
~/**толка́емый** *(Schiff)* Schubverband *m*, Schubeinheit *f*
~/**тяжелове́сный** *(Eb)* Schwerlastzug *m*
~/**фракцио́нный** *(Erdöl)* Fraktionsbestand *m*
~/**хими́ческий** chemische Zusammensetzung *f*
~ **ши́хты** 1. *(Met)* Möllerzusammensetzung *f*, Gemenge *n (Hochofen)*; Gichtzusammensetzung *f*, Gattierungszusammensetzung *f (Kupolofen)*; 2. *(Glas)* Gemengezusammensetzung *f*; 3. *(Ker)* Versatz *m*
составле́ние *n* 1. Zusammenstellung *f*, Bildung *f*, Zusammensetzen *n*; 2. Ansetzen *n (z. B. eines Gemisches)*
составля́ть 1. zusammenstellen, zusammensetzen; bilden; 2. *(Inf)* kompilieren *(Programme)*
составля́ющая *f* Komponente *f*; Bestandteil *m*
~/**акти́вная** *(El)* Wirkkomponente *f*
~ **напряже́ния** *(El)* Spannungskomponente *f*
~/**реакти́вная** *(El)* Blindkomponente *f*
составно́й 1. zusammengesetzt, mehrteilig; kombiniert; 2. gebaut *(z. B. Träger)*
состоя́ние *n* Zustand *m*, Beschaffenheit *f*; Vermögen *n*
~/**агрега́тное** *(Ph)* Aggregatzustand *m*
~/**амо́рфное** *(Ph)* amorpher Zustand *m*
~/**вале́нтное** *(Ch)* Valenzzustand *m*
~/**взве́шенное** Schwebezustand *m*, suspendierter Zustand *m*
~/**возбуждённое** *(Kern)* angeregter Zustand *m*, Anregungszustand *m*
~/**газообра́зное** gasförmiger Zustand *m*
~/**жи́дкое** flüssiger Zustand *m*
~/**исхо́дное** Anfangszustand *m*
~/**коне́чное** Endzustand *m*
~/**кристалли́ческое** kristalliner Zustand *m*
~/**крити́ческое** *(Kern)* kritischer Zustand *m (des Reaktors)*
~/**мезомо́рфное** *(Krist)* mesomorpher [liquokristalliner] Zustand *m*
~/**метастаби́льное** *(Kern)* metastabiler Zustand *m*
~/**надкрити́ческое** *(Kern)* überkritischer Zustand *m (des Reaktors)*
~ **насыще́ния** *(Ch)* Sättigungsgrad *m*
~/**нача́льное** Anfangszustand *m*
~ **невесо́мости** *(Ph)* Zustand *m* der Schwerelosigkeit
~/**нерабо́чее** Ruhezustand *m*
~/**неравнове́сное** Nichtgleichgewichtszustand *m*

~/**перехóдное** Übergangszustand *m*
~/**пластúческое** plastischer [bildsamer] Zustand *m*
~/**подкритúческое** *(Kern)* unterkritischer Zustand *m (des Reaktors)*
~ **покóя** Ruhezustand *m*
~/**предéльное** Grenzzustand *m*
~/**равновéсное** *(Therm)* Gleichgewichtszustand *m*
~/**скры́тое** latenter Zustand *m*
~/**стабúльное** stabiler Zustand *m*
~/**стационáрное** *(Ph)* stationärer Zustand *m (eines Systems)*; Beharrungszustand *m*
~/**твёрдое** *(Ph)* fester Zustand *m*
~/**установúвшееся** eingeschwungener [stationärer] Zustand *m*, Beharrungszustand *m*
сосу́д *m* Gefäß *n*, Behälter *m*
~/**мéрный** Messgefäß *n*; Messzylinder *m*
сосу́н *m (Hydt)* Saugrüssel *m*, Saugrohr *n (eines Saugbaggers)*
СОТ *f s.* система обработки текста
сóтовый Waben..., Scheiben...
сотрясáть rütteln, schütteln; erschüttern
сотрясéние *n* Rütteln *n*, Schütteln *n*; Erschütterung *f*
соударéние *n* Zusammenstoß *m*, Aufprall *m*, Kollision *f*
софóкусный konfokal
сохранéние *n* 1. Erhaltung *f*, Beibehaltung *f*, Aufrechterhaltung *f*; 2. Aufbewahrung *f*; 3. *(Lebm)* Haltbarmachung *f*, Konservierung *f*
~ **мáссы** *(Ph)* Erhaltung *f* der Masse, Massenerhaltung *f*
~ **чётности** *(Ph)* Paritätserhaltung *f*
~ **энéргии** *(Ph)* Erhaltung *f* der Energie
сохраня́емость *f* Haltbarkeit *f*, Lagerfähigkeit *f*
сохраня́ть 1. erhalten, beibehalten, aufrechterhalten; 2. *(Lebm)* haltbar machen, konservieren
сочетáние *n* 1. Verbindung *f*; 2. *(Math)* Kombination *f*
сочетáтельность *f (Math)* Assoziativität *f*
сочетáтельный *(Math)* assoziativ
сочленéние *n* 1. Verbindung *f*, Kupplung *f*; 2. *(Masch)* Gelenk *n*, Gelenkstück *n*
сочленённый 1. verbunden, gekoppelt; 2. Gelenk...
сошни́к *m (Lw)* Säschar *n (der Sämaschine)*
спад *m* 1. Abfall *m*, Fallen *n*, Fall *m*; Rückgang *m*, Senkung *f*; 2. *(Kern)* Abklingen *n (der Aktivität)*
спадáть (ab)fallen, sinken, zurückgehen; nachlassen
спáивать zusammenlöten
спай *m* Lötstelle *f*
~/**горя́чий** heiße Lötstelle *f*
~/**холóдный** kalte Lötstelle *f*
спáйка *f* 1. Löten *n*, Lötung *f*; 2. Lötstelle *f (s. a. unter* спай*)*; 3. Spleißen *n (Kabel)*; 4. Spleißstelle *f (eines Kabels)*
спáйность *f* Spaltbrüchigkeit *f*; *(Krist, Min)* Spaltbarkeit *f*
спáренный gepaart, Paar...
спáривание *n* Paaren *n*, Paarbildung *f*
спасáние *n* Rettung *f*, Bergung *f*
спасáтель *m s.* судно/спасательное
~/**морскóй** Hochseebergungsschiff *n*
спасáтельный Rettungs..., Bergungs...
спейс шаттл *m (Raumf)* Spaceshuttle *n*, (wieder verwendbare) Raumfähre *f*
спéйслэб *m (Raumf)* Spacelab *n (von ESA und NASA entwickeltes Raumlabor)*
спекáемость *f* Sinterfähigkeit *f (von Erz)*; Backfähigkeit *f (von Kohle)*
спекáние *n* 1. *(Met)* Sintern *n (von Erz)*; 2. Backen *n*, Zusammenbacken *n (von Kohle)*; Verschlackung *f*
спекáться 1. sintern, agglomerieren *(Erz)*; 2. (zusammen)backen *(Kohle)*; verschlacken
спектр *n* Spektrum *n*
~/**акустúческий** *(Ak)* Schallspektrum *n*
~/**áтомный** *(Kern)* Atomspektrum *n*
~/**вúдимый** *s.* ~/оптический
~ **водорóда** *(Kern)* Wasserstoffspektrum *n*
~/**вторúчный** *(Photo)* sekundäres Spektrum *n*
~/**дискрéтный** 1. *(Ph)* diskretes [diskontinuierliches] Spektrum *n*; 2. s. ~/точечный
~/**дифракциóнный** *(Opt)* Beugungsspektrum *n*
~/**дуговóй** *(Kern)* Bogenspektrum *n*

~/**звёздный** *(Astr)* Sternspektrum *n*
~ **звýка** *(Ak)* Schallspektrum *n*
~/**инфракрáсный** *(Kern)* Infrarotspektrum *n*, Ultrarotspektrum *n*
~/**искровóй** *(Kern)* Funkenspektrum *n*
~ **испускáния** *(Ph)* Emissionsspektrum *n*
~/**линéйный** *(Ph)* Linienspektrum *n*
~/**линéйчатый** *(Ph)* Linienspektrum *n*
~ **масс** *(Ph)* Massenspektrum *n*
~/**молекулярный** *(Kern)* Molekülspektrum *n*
~/**непреры́вный** *(Ph, Math)* kontinuierliches Spektrum *n*
~/**оптúческий** *(Opt)* Lichtspektrum *n*, sichtbares [optisches] Spektrum *n*
~ **поглощéния** *(Ph)* Absorptionsspektrum *n*
~/**полосáтый** *(Ph)* Bandenspektrum *n*
~/**прúзменный** *(Ph)* Prismenspektrum *n*
~/**рентгéновский** *(Ph)* Röntgenspektrum *n*
~/**сóлнечный** *(Astr)* Sonnenspektrum *n*
~/**сплошнóй** *(Ph)* kontinuierliches Spektrum *n*, Kontinuum *n*
~/**тóчечный** *(Math)* Punktspektrum *n*, diskretes Spektrum *n*
~ **частóт** *(El)* Frequenzspektrum *n*
~/**электромагнúтный** elektromagnetisches Spektrum *n*
~/**электрóнный** *(Ph)* Elektronenspektrum *n*
~/**эмиссиóнный** *(Ph)* Emissionsspektrum *n*
~/**энергетúческий** Energiespektrum *n*
~/**ядерный** Kernspektrum *n*
спектрáльный spektral, Spektral...
спектрогелиóграф *m (Astr)* Spektroheliograph *m*
спектрогрáмма *f (Opt)* Spektrogramm *n*, Spektralaufnahme *f*
спектрóграф *m (Opt)* Spektrograph *m*
спектрогрáфия *f* Spektrographie *f*
спектрокомпарáтор *m (Opt)* Spektrokomparator *m*
спектрóметр *m (El, Ph)* Spektrometer *n*
~/**инфракрáсный** Infrarotspektrometer *n*, IR-Spektrometer *n*
~/**кристаллúческий (дифракциóнный)** Kristallspektrometer *n*, braggsches Spektrometer *n*
~/**магнúтный** Magnetspektrometer *n*
~/**нейтрóнный** Neutronenspektrometer *n*
~/**сцинтилляциóнный** Szintillationsspektrometer *n*
спектромéтрия *f* Spektrometrie *f*
спектрополярúметр *m (Opt)* Spektropolarimeter *n*, Spektralpolarimeter *n*
спектросенситóметр *m (Opt)* Spektrosensitometer *n*, Spektralsensitometer *n*
спектроскóп *m* Spektroskop *n*
спектроскопúческий spektroskopisch
спектроскопúя *f* Spektroskopie *f*
~/**инфракрáсная** Infrarotspektroskopie *f*, IR-Spektroskopie *f*, Ultrarotspektroskopie *f*
~/**лáзерная** Laserspektroskopie *f*
~/**магнúтная** magnetische Spektroskopie *f*
~/**молекулярная** Molekülspektroskopie *f*
~/**нейтрóнная** Neutronenspektroskopie *f*
~/**рентгéновская** Röntgenspektroskopie *f*
~/**ультрафиолéтовая** Ultraviolettspektroskopie *f*, UV-Spektroskopie *f*
~ **фотоэлектрóнов** Photoelektronenspektroskopie *f*, PES *f*
~/**ядерная** Kernspektroskospie *f*
спектрофотóметр *m (Opt)* Spektralphotometer *n*
спектрофотомéтрия *f (Opt)* Spektralphotometrie *f*
спёкшийся gesintert, agglomeriert
спéлость *f (Lw)* Reife *f*
спéлый reif
спецификáция *f* 1. Spezifizierung *f*; 2. Aufstellung *f*, Liste *f*; Stückliste *f*; 3. *(Inf)* Spezifikationssymbol *n*
спецодéжда *f* Arbeitskleidung *f*, Arbeitsanzug *m*
спечённый gesintert
спидóграф *m (Kfz)* Fahrtenschreiber *m*
спидóметр *m* Geschwindigkeitsmesser *m*, Tachometer *n*
спúлок *m* 1. *(Led)* Spalt *m*; 2. Spaltleder *n*
спин *m (Kern)* Spin *m*, Eigendrehimpuls *m*, Spinmoment *n*
~/**изобарúческий [изотопúческий]** Iso(baren)spin *m*, isotoper [isobarer] Spin *m*

~/**электрóна** Elektronenspin *m*
~ **ядрá** Kernspin *m*
спинóр *m (Math)* Spinor *m*
спинтарискóп *m (Ph)* Spinthariskop *n*
спирáль *f* 1. *(Math)* Spirale *f*; 2. Spirale *f*, Wendel *f (Leuchtfaden, Bohrer)*; 3. *(Astr)* Spirale *f*, Spiralnebel *m*
~/**архимéдова** *(Math)* archimedische Spirale *f*
~/**гиперболи́ческая** *(Math)* hyperbolische Spirale *f*
~/**логарифми́ческая** *(Math)* logarithmische Spirale *f*
~/**(электро)нагревáтельная** *(El)* Heizspirale *f*, Heizwendel *f*
спирáльный 1. spiralförmig, Spiral...; 2. wendelförmig, Wendel...
спирóметр *m (Med)* Spirometer *n*, Atmungsmesser *m*
спирт *m (Ch)* Alkohol *m*; Spiritus *m*
~/**абсолю́тный** absoluter [reiner] Alkohol *m*
~/**денатури́рованный** denaturierter [vergällter] Spiritus *m*
~/**древéсный** Holzspiritus *m*, Holzgeist *m*
~/**мети́ловый** Methylalkohol *m*, Methanol *n*
~/**нашаты́рный** Salmiakgeist *m*
~/**твёрдый** Hartspiritus *m*
~/**чи́стый** reiner Alkohol *m*
~/**эти́ловый** Ethylalkohol *m*, Ethanol *n*
спиртовóй alkoholisch, Alkohol...; Spiritus..., Sprit...
спиртóвка *f* Spiritusbrenner *m (Laborgerät)*
спиртомéр *m* Alkoholometer *n*
спиртóметр *m* Alkoholometer *n*
спирт-ректификáт *m (Ch)* rektifizierter Spiritus [Sprit] *m*, Primasprit *m*
спирт-сырéц *m* Rohspiritus *m*, Rohsprit *m*
спи́сок *m* Liste *f*, Verzeichnis *n*
~ **адресóв** *(Inf)* Adressenliste *f*
~ **оши́бок** *(Inf)* Fehlerprotokoll *n*
спи́ца *f* Speiche *f*
~/**вязáльная** Stricknadel *f*
СПК *n s.* судно на подводных крыльях
сплав *m (Met)* Legierung *f*
~/**алюми́ниевый** Aluminiumlegierung *f*
~/**антифрикциóнный** Lagermetall *n*, Gleitlagermetall *n*
~/**двойнóй [двухкомпонéнтный]** Zweistofflegierung *f*, binäre Legierung *f*
~/**деформи́руемый** Knetlegierung *f*
~/**жаростóйкий [жароупóрный]** hitzebeständige Legierung *f*
~/**железоуглерóдистый** Eisen-Kohlenstoff-Legierung *f*
~/**кислотоупóрный** säurebeständige [säurefeste] Legierung *f*
~/**лёгкий** Leichtmetalllegierung *f*
~/**легкоплáвкий** niedrig [leicht] schmelzende Legierung *f*
~/**лите́йный** Gusslegierung *f*
~/**металлокерами́ческий** Sinterlegierung *f*
~/**низкоплáвкий** niedrig [leicht] schmelzende Legierung *f*
~/**подши́пниковый** Lagermetall *n*, Lagerlegierung *f*
~ **с пáмятью [эффéктом пáмяти]** Memory-Legierung *f*
~/**твёрдый** Hartmetall *n*
~/**цветнóй** Nichteisenlegierung *f*, NE-Legierung *f*; Buntmetallegierung *f*
~/**эвтекти́ческий** eutektische Legierung *f*, Eutektikum *n*
сплавлéние *n* 1. Legieren *n*; Zusammenschmelzen *n*, Verschmelzen *n*; 2. *(Forst)* Flößen *n*
сплавля́ть 1. legieren; zusammenschmelzen, verschmelzen; 2. *(Forst)* flößen
сплавнóй Legierungs...
сплáчивание *n (Bw)* Breitenverband *m*, Breitenverbindung *f*
сплéсень *m* Spleiß *m (eines Seils)*
сплетáть flechten
сплетéние *n* 1. Zusammenflechten *n*; 2. Spleißen *n (Seile)*
сплошнóй 1. dicht, kompakt, massiv, voll, Voll...; 2. kontinuierlich *(Spektren)*; ununterbrochen; ungeteilt, ganz; 3. *(Bw)* durchgehend, durchlaufend *(Träger)*; 4. ausgezogen, Voll... *(Linien)*
сплю́щивание *n* 1. Abplatten *n*, Abplattung *f*; 2. *(Schm)* Flachschlagen *n*
спóйлер *m (Kfz)* Spoiler *m*
~/**зáдний** Heckspoiler *m*
~/**перéдний** Frontspoiler *m*, Bugspoiler *m*

споко́йный 1. ruhig; 2. *(Met)* beruhigt *(Stahl)*; 3. glatt *(Wasseroberfläche)*; 4. ruhend *(Lasten)*
спонта́нный spontan
спо́соб *m* Verfahren *n*, Methode *f*, Art *f*, Weise *f (s. a. unter* метод *und* процесс 2.*)*
~ **буре́ния** *(Bgb)* Bohrverfahren *n*
~ **ва́рки** Kochverfahren *n*; *(Pap)* Aufschlussverfahren *n*
~/**газли́фтный** Gasliftföderung *f*, Druckgasförderverfahren *n (Erdölförderung)*
~ **за́писи** Aufzeichnungsverfahren *n*, Aufzeichnungsweise *f*
~ **испыта́ния** Prüfverfahren *n*
~ **литья́** Gießverfahren *n*
~ **пла́вки** *(Met)* Schmelzverfahren *n*
~ **пряде́ния** *(Text)* Spinnverfahren *n*
~ **формова́ния** *(Text)* Spinnverfahren *n (Chemiefasern)*
спосо́бность *f* Fähigkeit *f*, Vermögen *n*
~/**абсорбцио́нная** *s.* ~/поглотительная
~/**адгезио́нная** *(Ph)* Adhäsionsvermögen *n*, Haftvermögen *n*
~/**адсорбцио́нная** *(Ph)* Adsorptionsvermögen *n*
~/**водопоглоща́ющая** Wasseraufnahmevermögen *n*
~/**восстанови́тельная** *(Ch)* Reduktionsfähigkeit *f*, Reduktionsvermögen *n*
~/**вса́сывающая** 1. Saugfähigkeit *f*; 2. Saugvermögen *n (z. B. von Pumpen)*
~/**избира́тельная** Selektivität *f*
~/**излуча́тельная** Strahlungsfähigkeit *f*, Strahlungsvermögen *n*
~/**ионизацио́нная** *(Ph)* Ionisationsvermögen *n*, Ionisierungsfähigkeit *f*
~/**коммутацио́нная** *(El)* Schaltvermögen *n*
~/**кристаллизацио́нная** Kristallisierbarkeit *f*, Kristallisationsvermögen *n*
~/**кро́ющая** Deckvermögen *n*, Deckfähigkeit *f (z. B. von Anstrichstoffen)*
~/**несу́щая** 1. *(Bw)* Tragfähigkeit *f*, Tragkraft *f*; 2. *(Aero)* Auftriebsvermögen *n*
~/**обме́нная** Austauschfähigkeit *f*
~/**окисли́тельная** Oxidationsfähigkeit *f*
~/**отража́тельная** Reflexionsvermögen *n*
~/**поглоти́тельная [поглоща́тельная, поглоща́ющая]** *(Ph)* Absorptionsvermögen *n*, Absorptionsfähigkeit *f*, Aufnahmevermögen *n*, Aufnahmefähigkeit *f*
~/**преломля́ющая** *(Opt)* Brechungsvermögen *n*, Refraktionsvermögen *n*
~/**проника́ющая** *(Kern)* Durchdringungsvermögen *n (einer Strahlung)*
~/**пропускна́я** 1. Durchlassfähigkeit *f*; 2. Durchsatz *m*
~/**разреша́ющая** 1. *(Opt)* Auflösungsvermögen *n (eines optischen Systems)*; 2. spektrales Auflösungsvermögen *n (in der Spektroskopie)*; 3. *(Ch)* Trennschärfe *f*, Auflösung *f*, Trenngüte *f*, Resolution *f (in der Chromatographie)*
~/**разрывна́я** *(El)* Ausschaltvermögen *n*
~/**рассе́ивающая** *(Ph)* Streuvermögen *n*
~/**реакцио́нная** *(Ch)* Reaktionsfähigkeit *f*
~/**теплотво́рная** (spezifischer) Heizwert *m*
спра́вочник *m* Nachschlagewerk *n*, Handbuch *n*
спрессо́вывать zusammenpressen
спри́нклер *m* Sprinkler *m*
спрос *m* Bedarf *m*
спрямле́ние *n* 1. *(Math)* Rektifikation *f*; 2. *(Hydt)* Begradigung *f (von Flussläufen)*
спрямля́ть 1. *(Math)* rektifizieren; 2. *(Hydt)* begradigen *(Flussläufe)*
спуск *m* 1. Hinunterlassen *n*, Abwärtsbewegung *f*; 2. *(Bgb)* Abwärtsförderung *f*; 3. *(Eb)* Gefälle *n (einer Strecke)*; 4. *(Förd)* Rutsche *f*, Schurre *f*; 5. Ablassen *n*, Ablass *m (von Flüssigkeiten)*; 6. *(Photo)* Auslöser *m*; 7. *(Met)* Stich *m (an Öfen)*; 8. *(Met)* Abstechen *n*, Abstich *m (der Öfen)*; 9. Hemmung *f (einer mechanischen Uhr)*
~/**авари́йный** *(Hydt)* Notablass *m*
~/**автомати́ческий** *(Photo)* Selbstauslöser *m*
~ **на во́ду** *(Schiff)* Stapellauf *m*
~ **со ста́пеля** *(Schiff)* Stapellauf *m*
спуска́ть 1. herunterlassen, abwärts bewegen; 2. ablassen *(Flüssigkeiten)*; 3. loslassen

спу́тник *m* 1. *(Astr)* Satellit *m*, Trabant *m*; 2. Sputnik *m*, (künstlicher) Erdsatellit *m*; 3. *(Ch)* Begleiter *m*, Begleitstoff *m*
~/**биологи́ческий** Biosputnik *m*
~/**геостациона́рный** geostationärer Satellit *m*
~ **Земли́/иску́сственный** künstlicher Erdsatellit *m*
~/**метеорологи́ческий** Wettersatellit *m*
~/**нау́чно-иссле́довательский** Forschungssatellit *m*
~/**необита́емый** unbemannter Satellit *m*
~/**обита́емый** bemannter Satellit *m*
~ **свя́зи** Nachrichtensatellit *m*
~/**составно́й** Huckepacksatellit *m*
спу́тник-ретрансля́тор *m* Relaissatellit *m*
~/**телевизио́нный** Fernsehsatellit *m*, TV-Satellit *m*
ср *s.* стерадиан
сраба́тываемость *f* 1. Ansprechvermögen *n (von Relais)*; 2. *(Wkst)* Abnutzbarkeit *f*, Verschleißbarkeit *f*
сраба́тывание *n* 1. Ansprechen *n*, Auslösen *n (eines Relais)*; 2. *(Wkst)* Abnutzung *f*, Verschleißen *n*
сраба́тывать 1. ansprechen, auslösen *(Relais)*; 2. abnutzen; verschleißen
сравне́ние *n* 1. Vergleich *m*, Vergleichen *n*; 2. *(Math)* Kongruenz *f*
сра́внивать 1. vergleichen, gegenüberstellen; 2. gleichsetzen, gleichstellen; 3. (ein)ebnen
сравни́тельный Vergleichs...
сраста́ние *n* Verwachsung *f (von Kristallen)*
~/**дво́йниковое** Zwillingsverwachsung *f*
сра́щивание *n* 1. Verbinden *n*, Verbindung *f*; 2. Verspleißen *n*, Spleißen *n (von Kabeln, Seilen)*; 3. Anstückung *f (von Rohren)*
среда́ *f* Mittel *n*, Medium *n*
~/**агресси́вная** aggressives Mittel [Medium] *n*
~/**акти́вная** aktives Medium *n*
~/**восстанови́тельная** 1. *(Ch)* reduzierendes Mittel [Medium] *n*, Reduktionsmittel *n*; 2. *(Met)* reduzierende Atmosphäre *f*
~/**га́зовая** *(Met)* Gasatmosphäre *f*
~/**дисперсио́нная** *(Ch)* Dispergiermittel *n*, Dispersions(hilfs)mittel *n*, Dispergens *n*
~/**зака́лочная** Härtemittel *n*
~/**запомина́ющая** *(Inf)* Speichermedium *n*
~/**защи́тная га́зовая** Schutzgasatmosphäre *f*
~/**коррозио́нная** Korrosionsmedium *n*, korrodierendes [korrosives] Mittel [Medium] *n*; Rostbildner *m*
~/**нейтра́льная** neutrales [neutral reagierendes] Mittel *n*
~/**неоднoро́дная** inhomogenes Medium *n*
~/**однoро́дная** homogenes Medium *n*
~/**окисли́тельная** 1. *(Ch)* oxidierendes Mittel [Medium] *n*, Oxidationsmittel *n*; 2. *(Met)* oxidierende Atmosphäre *f*
~/**окружа́ющая** 1. Umwelt *f*, Umgebung *f*; 2. umgebendes Medium *n*
~/**операцио́нная** *(Inf)* Benutzeroberfläche *f*
~/**охлажда́ющая** Kühlmittel *n*, Kühlmedium *n*
~/**поглоща́ющая** Absorbens *n*
~/**приро́дная** natürliche Umwelt *f*
~/**проводя́щая** *(El)* leitendes Medium *n*
~/**рабо́чая** Arbeitsmedium *n*
среднево́лновый *(Rf)* Mittelwellen...
среднегодово́й Jahresdurchschnitts..., im Jahresdurchschnitt
среднего́рье *n (Geol)* Mittelgebirge *n*
сре́днее *n* Mittel *n*, Mittelwert *m*, Durchschnitt *m*
~(/)**арифмети́ческое** *(Math)* arithmetisches Mittel *n*, arithmetischer Mittelwert *n*
~(/)**гармони́ческое** *(Math)* harmonisches Mittel *n*, harmonischer Mittelwert *m*
~(/)**геомети́ческое** *(Math)* geometrisches Mittel *n*, geometrischer Mittelwert *m*
~/**квадрати́чное** *(Math)* quadratisches Mittel *n*
среднелеги́рованный *(Met)* mittellegiert
среднелитра́жный *(Kfz)* mit mittelgroßem Hubraum
среднепла́н *m (Flg)* Mitteldecker *m*

среднесýточный Tagesdurchschnitts..., im Tagesdurchschnitt
среднечастóтный *(El)* mittelfrequent, Mittelfrequenz...
срéдний mittlerer, Mittel..., Durchschnitts...
срéдства *npl* Mittel *npl (s. a. unter* средство*)*
~/**аппарáтные** *(Inf)* Gerätetechnik *f*, Hardware *f*
~ **ввóда (дáнных)** *(Inf)* Eingabemittel *npl*, Eingabetechnik *f*
~/**диалóговые** *(Inf)* Dialogbetriebsmittel *npl*
~/**инструментáльные** *(Inf)* Software-Werkzeuge *npl*; Software-Tools *pl*
~ **мáссовой информáции** Massenmedien *pl*
~ **общéственного пóльзования/трáнспортные** öffentliche Verkehrsmittel *npl*
~ **программúрования** *(Inf)* Programmierungsunterlagen *fpl*, programmtechnische Mittel *npl*
~/**прогрáммные** *s.* ~/инструментальные
~/**систéмные** *(Inf)* Systemunterlagen *fpl*
~/**трáнспортные** 1. Verkehrsmittel *npl*, Transportmittel *npl*; 2. Fördermittel *npl*, Fördergeräte *npl*
срéдство *n* Mittel *n (s. a. unter* средства*)*
~/**адсорбúрующее** *(Ch)* Adsorbens *n*, Adsorptionsmittel *n*
~/**антистатúческое** Antistatikum *n*
~/**возбуждáющее** anregendes Mittel *n*, Stimulans *n*
~/**закáлочное** *(Härt)* Härtemittel *n*
~ **защúты растéний** Pflanzenschutzmittel *n*
~ **измерéний** Messmittel *n*
~/**мóющее** Waschmittel *n*
~/**осветлЯющее** 1. Klärmittel *n*; 2. *(Lebm)* Schönungsmittel *n*
~/**пеногасЯщее** Antischaummittel *n*, Entschäumer *m*
~/**пенообразýющее** Schaumbildner *m*, Schaummittel *n*
~/**радионавигациóнное** Funknavigationshilfe *f*
~/**трáнспортное** Transportmittel *n*
срез *m* 1. Abschneiden *n*; 2. *(Fest)* Scheren *n*, Abscheren *n*, Abscherung *f*; 3. Schnittfläche *f*; 4. Schnitt *m (Mikroskopie)*; 5. Kante *f*; 6. *(Met)* Blockkopf *m*, verlorener Kopf *m*
~/**тóнкий** Dünnschnitt *m (Mikroskopie)*
~/**ультратóнкий** Ultradünnschnitt *m (Mikroskopie)*
срéзывать 1. abschneiden; 2. *(Fest)* abscheren; 3. *(Schw)* abbrennen, freischneiden
сродствó *n* 1. Verwandtschaft *f*, Ähnlichkeit *f*; 2. *(Ch)* Affinität *f*
~ **к кислорóду** *(Ch)* Sauerstoffaffinität *f*
~ **к электрóну** *(Ch)* Elektronenaffinität *f*
~/**химúческое** chemische Affinität *f*
срок *m* 1. Termin *m*; 2. Frist *f*, Zeitraum *m*; Dauer *f*
~ **гарáнтии** 1. Garantiezeit *f*; 2. vertraglich vereinbarter Termin *m*
~ **гóдности** *(Lebm)* Haltbarkeitsdauer *f*
~ **достáвки** 1. Liefertermin *m*; 2. Lieferfrist *f*
~ **сдáчи** Ablieferungstermin *m*; *(Bw)* Übergabetermin *m*
~ **слýжбы** Lebensdauer *f*, Nutzungsdauer *f (von Maschinen)*; Standzeit *f (von Bauwerken, Öfen)*; Laufzeit *f (Bereifung)*
~ **хранéния** Lagerungsfrist *f*
срыв *m (Aerod)* Abreißen *n*, Ablösen *n (der Strömung)*
ссы́лка *f* 1. Verweis *m*; 2. *(Inf)* Bezugnahme *f*, Referenz *f*
~/**перекрёстная** 1. Querverweis *m*; 2. *(Inf)* Querreferenz *f*, Crossreference *n*
ссыпáние *n* Herunterrieseln *n (Schüttgut)*
ссы́пка *f* Aufschüttung *f*, Schüttung *f*
Ст *s.* стокс
стабилизáтор *m* 1. Stabilisator *m*; 2. *(El)* Stabilisator *m*, Konstanthalter *m*; 3. *(Ch)* Stabilisator *m*, Stabilisierungsmittel *n*; 4. *(Flg, Rak)* Stabilisierungsfläche *f*, Höhenflosse *f*, Flosse *f*; 5. *(El)* Stabilisator *m*, Konstanthalter *m*; 6. *(Kfz)* Stabilisator *m*
~/**вертикáльный** *(Flg)* Seiten(leit)flosse *f*
~/**горизонтáльный** *(Flg)* Höhenflosse *f*
~ **напряжéния** *(El)* Spannungsstabilisator *m*, Spannungskonstanthalter *m*

~ **то́ка** *(El)* Stromstabilisator *m*
~/**хвостово́й** *(Flg)* Heckflosse *f*, Schwanzflosse *f*
~ **частоты́** *(El)* Frequenzstabilisator *m*
стабилиза́ция *f* 1. Stabilisierung *f*, Konstanthaltung *f*; 2. *(Text)* Fixierung *f*; 3. *(Bw)* Verfestigung *f (Boden)*
~ **гру́нтов** *(Bw)* Bodenverfestigung *f*
~ **напряже́ния** *(El)* Spannungsstabilisierung *f*, Spannungskonstanthaltung *f*
~ **то́ка** *(El)* Stromstabilisierung *f*
~ **частоты́** *(El)* Frequenzstabilisierung *f*
стабилизи́рованный 1. *(El)* stabilisiert; 2. *(Text)* fixiert; 3. *(Bw)* verfestigt *(Boden)*
стабилизи́ровать 1. stabilisieren; 2. *(Text)* fixieren; 3. *(Bw)* verfestigen *(Boden)*
стабилитро́н *m (Eln)* Stabilitron *n*, Stabilisatorröhre *f*
стаби́льность *f* Stabilität *f*, Beständigkeit *f*; Standfestigkeit *f*; Konstanz *f (der Temperatur)*
стаби́льный stabil, beständig; standfest
ста́вень *m (Bw)* Fensterladen *m*
ста́дия *f* Stadium *n*
стака́н *m* 1. Glas *n*, Becher *m*; 2. *(Masch)* Buchse *f*, Laufbuchse *f*; 3. *(Gieß)* Stopfenausguss *m (der Stopfenpfanne)*; 4. *(Gieß)* Kanalstein *m (beim Gespannguss)*; 5. *(Bw)* Hülse *f (eines Stützenfundaments)*
~/**бу́ферный** *(Eb)* Pufferhülse *f*
~/**хими́ческий** Becherglas *n*
ста́кер *m* Stapelförderer *m*
сталагми́т *m (Geol)* Stalagmit *m*
сталагмо́метр *m (Mess)* Stalagmometer *n*
сталакти́т *m (Geol)* Stalaktit *m*
сталебето́н *m s.* железобетон
сталеваре́ние *n* Stahlschmelzen *n*
сталелите́йный Stahlguss...
сталеплави́льный Stahlschmelz...
ста́лкиватель *m (Wlz)* Abschiebevorrichtung *f*, Abstoßvorrichtung *f*
сталь *f (Met, Wlz)* Stahl *m*
~/**автома́тная** Automatenstahl *m*
~/**азоти́руемая** Nitrierstahl *m*
~/**армату́рная** Betonstahl *m*, Bewehrungsstahl *m*
~/**аустени́тная** austenitischer Stahl *m*
~/**бессеме́ровская** Bessemerstahl *m*
~/**быстроре́жущая** *(Wkz)* Schnell(arbeits)stahl *m*
~/**высокока́чественная** Qualitätsstahl *m*, Edelstahl *m*
~/**высоколеги́рованная** hoch legierter Stahl *m*, Edelstahl *m*
~/**высокопро́чная** hochfester Stahl *m*
~/**высокоуглеро́дистая** hoch gekohlter Stahl *m*, kohlenstoffreicher Stahl *m*
~/**вя́зкая** zäher Stahl *m*
~/**горячека́таная** warm gewalzter Stahl *m*
~/**двутавро́вая** Doppel-T-Stahl *m*, I-Stahl *m*
~/**дина́мная** *s.* ~/листовая электротехническая
~/**доэвтекто́идная** untereutektoider [unterperlitischer] Stahl *m*
~/**жаросто́йкая [жароупо́рная]** hitzebeständiger [warmfester] Stahl *m*
~/**закалённая** gehärteter Stahl *m*
~/**заэвтекто́идная** übereutektoider Stahl *m*
~/**износосто́йкая** verschleißfester Stahl *m*
~/**инструмента́льная** Werkzeugstahl *m*
~/**калибро́ванная** 1. gezogener Stahl *m*; 2. kalibriert gewalzter Stahl *m*
~/**ка́таная** gewalzter Stahl *m*, Walzstahl *m*
~/**ка́чественная** Qualitätsstahl *m*
~/**кипя́щая** unberuhigter [unberuhigt vergossener] Stahl *m*
~/**ко́бальтовая** Kobaltstahl *m*
~/**ко́ваная** geschmiedeter Stahl *m*, Schmiedestahl *m*
~/**ко́вкая** schmiedbarer Stahl *m*, Schmiedestahl *m*
~/**конве́ртерная** Konverterstahl *m*
~/**конструкцио́нная** Baustahl *m*, Konstruktionsstahl *m*
~/**леги́рованная** legierter Stahl *m*
~/**листова́я** Stahlblech *n*
~/**листова́я электротехни́ческая** Dynamo(stahl)blech *n*; Transformatorenblech *n*, Trafoblech *n*
~/**лита́я** Gussstahl *m*, Blockstahl *m*
~/**магни́тная** Magnetstahl *m*
~/**малоуглеро́дистая** niedrig gekohlter Stahl *m*
~/**марте́новская** Siemens-Martin-Stahl *m*, SM-Stahl *m*

~/**мартенси́тная** martensitischer Stahl *m*
~/**нелеги́рованная** unlegierter Stahl *m*, Kohlenstoffstahl *m*
~/**немагни́тная** unmagnetischer Stahl *m*
~/**нержаве́ющая** nicht rostender Stahl *m*, rostfreier Stahl *m*
~/**неуспоко́енная** unberuhigter [unberuhigt vergossener] Stahl *m*
~/**низколеги́рованная** niedrig legierter Stahl *m*
~/**низкоуглеро́дистая** niedrig gekohlter Stahl *m*, kohlenstoffarmer Stahl *m*
~/**однотавро́вая** T-Stahl *m*
~/**окалиносто́йкая** zunderbeständiger [zunderfester] Stahl *m*
~/**отпу́щенная** angelassener Stahl *m*
~/**перли́тная** perlitischer Stahl *m*
~/**полосова́я** Flachstahl *m*, Bandstahl *m*
~/**полуспоко́йная** halbberuhigter [halbberuhigt vergossener] Stahl *m*
~/**про́фильная** Profilstahl *m*, Formstahl *m*
~/**пружи́нная** Federstahl *m*
~/**прутко́вая** Stabstahl *m*, Stangenstahl *m*
~/**ре́льсовая** Schienenstahl *m*
~/**рессо́рная** Federstahl *m*
~/**сорби́тная** sorbitischer Stahl *m*
~/**сортова́я** Formstahl *m*, Profilstahl *m*
~/**специа́льная** Sonderstahl *m*
~/**споко́йная** beruhigter [beruhigt vergossener] Stahl *m*
~/**строи́тельная** Baustahl *m*
~/**тавро́вая** T-Stahl *m*
~/**твёрдая** Hartstahl *m*
~/**тома́совская** Thomasstahl *m*
~/**тонколистова́я** Feinblech *n*, dünnes Stahlblech *n*
~/**трансформа́торная листова́я** *s.* ~/листовая электротехническая
~/**тя́нутая** gezogener Stahl *m*
~/**углеро́дистая** Kohlenstoffstahl *m*, unlegierter Stahl *m*
~/**углова́я** Winkelstahl *m*
~/**улучша́емая** Vergütungsstahl *m*
~/**улу́чшенная** vergüteter Stahl *m*
~/**успоко́енная** beruhigter [beruhigt vergossener] Stahl *m*
~/**фасо́нная** Formstahl *m*, Profilstahl *m*
~/**холоднока́таная** kaltgewalzter Stahl *m*
~/**холоднотя́нутая** kaltgezogener Stahl *m*
~/**хру́пкая** brüchiger [spröder] Stahl *m*
~/**цементо́ванная** einsatzgehärteter Stahl *m*
~/**цементу́емая** Einsatzstahl *m*
~/**шве́ллерная** U-Stahl *m*
~/**эвтекто́идная** eutektoider Stahl *m*
стально́й Stahl..., stählern
сталь-серебря́нка *f* Silberstahl *m*
стаме́ска *f* Beitel *m*, Stechbeitel *m*
стан *m* Walzwerk *n (als Walzgerüst oder Betrieb oder Teil eines Betriebes)*; Walzstraße *f*, Straße *f*
~/**бандаж(епрока́т)ный** Bandagenwalzwerk *n*, Radreifenwalzwerk *n*
~/**бессли́тковый** Gießwalzwerk *n*, Strangwalzwerk *n (zum Walzen aus dem Schmelzfluss)*
~/**волочи́льный** Ziehmaschine *f*, Ziehwerk *n*
~ **горя́чей прока́тки** Warmwalzwerk *n*; Warmwalzstraße *f*
~/**двухвалко́вый (прока́тный)** *s.* ~ дуо
~/**дрессиро́вочный** Dressierwalzwerk *n*
~ **ду́о** Duowalzwerk *n*; Duo *n*, Duowalzstraße *f*
~/**загото́вочный** Knüppelwalzwerk *n*; Knüppel(walz)straße *f*
~/**калибро́вочный (прока́тный)** Kalibrierwalzwerk *n*
~ **ква́рто** Quartowalzwerk *n*; Quarto *n*, Vierwalzenwalzwerk *n*
~/**колёсопрока́тный** Rad(scheiben)-walzwerk *n*
~/**ко́льце- и бандажепрока́тный** Ring- und Radreifenwalzwerk *n*
~/**крупносо́ртный** Grobstahlwalzwerk *n*; Grobstahl(walz)straße *f*
~/**лентопрока́тный** Band(stahl)walzwerk *n*; Bandstahl(walz)straße *f*
~/**лине́йный (прока́тный)** offene [einachsige] Straße [Walzstraße] *f*
~/**листово́й (прока́тный)** Blechwalzwerk *n*; Blech(walz)straße *f*
~/**мелкосо́ртный (прока́тный)** Feinstahlwalzwerk *n*; Feinstahl(walz)straße *f*

~/**многовалко́вый** Vielwalzenwalzwerk *n*
~/**многоклетево́й (прока́тный)** mehrgerüstige Walzstraße *f*
~/**непреры́вный (прока́тный)** kontinuierliche Walzstraße *f*
~/**обжимно́й (прока́тный)** Blockwalzwerk *n*; Blockstraße *f*
~/**одноклетьево́й (прока́тный)** eingerüstige Walzstraße *n*
~/**пилигри́мовый** Pilger(schritt)walzwerk *n*
~/**планета́рный (прока́тный)** Planetenwalzwerk *n*, Walzwerk *n* mit Umlaufwalzen
~/**плющи́льный** Blattfederstahlwalzwerk *n*
~/**полосово́й (прока́тный)** Flachstahlwalzwerk *n*, Bandstahlwalzwerk *n*; Flachstahl(walz)straße *f*, Bandstahl(walz)straße *f*, Bandstraße *f*
~/**полунепреры́вный (прока́тный)** halbkontinuierliche Walzstraße *f*
~/**про́волочный (прока́тный)** Drahtwalzwerk *n*; Drahtstraße *f*
~/**прока́тный** Walzwerk *n*; Walzstraße *f*
~/**реверси́вный (прока́тный)** Umkehrwalzwerk *n*, Reversierwalzwerk *n*; Reversier(walz)straße *f*
~/**редукцио́нный** Reduzierwalzwerk *n*
~/**рельсоба́лочный (прока́тный)** Schienen- und Trägerwalzwerk *n*; Schienen- und Trägerwalzstraße *f*
~/**ре́льсовый (прока́тный)** Schienenwalzwerk *n*; Schienen(walz)straße *f*
~/**сдво́енный (прока́тный)** Tandemwalzwerk *n*; zweigerüstige Walzstraße *f*
~/**сортово́й (прока́тный)** Formstahlwalzwerk *n (für Halbzeug)*
~/**среднесо́ртный (прока́тный)** Mittelstahlwalzwerk *n*; Mittelstahl(walz)straße *f*
~/**ступе́нчатый (прока́тный)** Staffel(walz)straße *f*
~ **та́ндем (/прока́тный)** Tandemwalzwerk *n*; Tandemstraße *f*
~/**толстолистово́й (прока́тный)** Grobblechwalzwerk *n*; Grobblech(walz)straße *f*
~/**тонколистово́й (прока́тный)** Feinblechwalzwerk *n*; Feinblech(walz)straße *f*
~/**трёхвалко́вый (прока́тный)** *s.* ~ трио
~ **три́о** Triowalzwerk *n*; Trio *n*, Triowalzstraße *f*
~/**трубозаготовочный (прока́тный)** Rundknüppelwalzwerk *n*; Rundknüppelstraße *f*
~/**трубопрока́тный** Rohrwalzwerk *n*; Rohr(walz)straße *f*
~/**трубосва́рочный** Rohrschweißwalzwerk *n*; Rohrschweißmaschine *f*
~/**фо́льговый (прока́тный)** Metallfolienwalzwerk *n*
~ **холо́дной прока́тки** Kaltwalzwerk *n*; Kaltwalzstraße *f*
~/**черново́й (прока́тный)** Vorwalzwerk *n*; Vorstraße *f*
~/**четырёхвалко́вый (прока́тный)** *s.* ~ кварто
~/**шаропрока́тный** Kugelwalzwerk *n*
~/**широкополосово́й (прока́тный)** Breitbandwalzwerk *n*; Breitband(walz)straße *f*
станда́рт *m* Standard *m*, Norm *f*; Normal *n*
~/**госуда́рственный** staatlicher Standard *m*, GOST *m (Normenwerk in Russland)*
~/**телевизио́нный** Fernsehnorm *f*
стандартиза́ция *f* Normung *f*
стандартизи́рованный genormt
стандартизи́ровать normen
станда́ртный Norm..., genormt
стани́на *f* 1. *(Masch)* Bett *n*, Gestell *n*, Ständer *m*, Rahmen *n*; 2. *(Wlz)* Walzenständer *m*, Ständer *m*
станкострое́ние *n* Werkzeugmaschinenbau *m*
стано́к *m* 1. Maschine *f*; 2. Werkzeugmaschine *f*; 3. Gestell *n*, Bock *m*, Ständer *n*; 4. Werkbank *f*
~/**автомати́ческий** Automat *m*, automatische Werkzeugmaschine *f*
~/**агрега́тный** Aufbauwerkzeugmaschine *f*
~/**агрега́тный сверли́льный** Aufbaubohrmaschine *f*
~/**алма́зно-расто́чный** Diamantausdrehmaschine *f*
~/**балансиро́вочный** Auswuchtmaschine *f*

~/**бесце́нтрово-шлифова́льный** spitzenlose Schleifmaschine *f*
~/**бесчелно́чный тка́цкий** *(Text)* schützenlose Webmaschine *f*
~/**болторе́зный** Schraubengewindeschneidemaschine *f*
~/**буровó́й** *(Bgb)* Bohrmaschine *f*, Bohrgerät *n (für Tiefbohrungen)*
~/**быстрохо́дный** hochtourige [schnell laufende] Werkzeugmaschine *f*, Schnellläufer *m*
~/**вертика́льно-сверли́льный** Senkrechtbohrmaschine *f*
~/**вертика́льно-строга́льный** Senkrechthobelmaschine *f*
~/**вертика́льно-фре́зерный** Senkrechtfräsmaschine *f*
~/**вертика́льный** Senkrecht(werkzeug)maschine *f (Werkzeugmaschine mit senkrechter Arbeitsweise)*
~/**винтонарезно́й** spanende Schraubengewindebearbeitungsmaschine *f*
~/**внутришлифова́льный** Innenrundschleifmaschine *f*
~/**гайконарезно́й** Muttergewindeschneidmaschine *f*
~/**ги́бочный** Biegemaschine *f*
~/**гнута́рный** Holzbiegemaschine *f*
~/**горизонта́льно-сверли́льный** Waagerechtbohrmaschine *f*
~/**горизонта́льно-фре́зерный** Waagerechtfräsmaschine *f*
~/**горизонта́льный** Waagerecht(werkzeug)maschine *f (Werkzeugmaschine mit waagerechter Arbeitsweise)*
~/**гравирова́льный** Graviermaschine *f*
~/**дави́льный** Drückmaschine *f*
~/**деревообраба́тывающий** Holzbearbeitungsmaschine *f*
~/**дово́дочный** 1. Maschine *f* zur abrasiven Feinbearbeitung *f*, Feinbearbeitungsmaschine *f*; 2. Maßläppmaschine *f*; 3. Abziehmaschine *f*; Wetzmaschine *f*
~/**долбёжный** 1. Stoßmaschine *f (für Metall)*; 2. Stemmmaschine *f (für Holz)*
~/**зато́чный** Schleifmaschine *f*, Scharfschleifmaschine *f*, Werkzeugschleifmaschine *f*
~/**затыло́вочный** Hinterarbeitungsmaschine *f*
~/**зубодолбёжный** Zahnradstoßmaschine *f*
~/**зубострога́льный** 1. Zahnradhobelmaschine *f*; 2. Zahnhobelmaschine *f*
~/**зубофре́зерный** 1. Zahnradfräsmaschine *f*; 2. Zahnfräsmaschine *f*
~/**зубошлифова́льный** 1. Zahnradschleifmaschine *f*; 2. Zahnschleifmaschine *f*
~/**карусе́льно-тока́рный** Karusselldrehmaschine *f*
~/**карусе́льно-фре́зерный** Karussellfräsmaschine *f*
~/**карусе́льный** Karussel(werkzeug)maschine *f*
~/**колёсотока́рный** Radsatz(dreh)maschine *f*
~ **коло́нкового буре́ния** *(Bgb)* Kernbohrgerät *n*
~/**консо́льный фре́зерный** Konsolfräsmaschine *f*
~/**координа́тно-расто́чный** Koordinatenausdrehmaschine *f*
~/**координа́тно-сверли́льный** Koordinatenbohrmaschine *f*
~/**копирова́льно-строга́льный** Nachformhobelmaschine *f*
~/**копирова́льно-фре́зерный** Nachformfräsmaschine *f*
~/**копирова́льно-шлифова́льный** Nachformschleifmaschine *f*
~/**копирова́льный** 1. Nachform(werkzeug)maschine *f*; 2. *(Kine)* Kopiermaschine *f*
~/**корообди́рочный** *(Holz)* Rindenschälmaschine *f*
~/**кромко(от)ги́бочный** Bördelmaschine *f*; Abkantmaschine *f*
~/**круглопи́льный (отрезно́й)** Kreissägemaschine *f*
~/**круглошлифова́льный** Außenrundschleifmaschine *f*
~/**ленточнопи́льный** Bandsägemaschine *f*
~/**листоги́бочный** Blechbiegemaschine *f*
~/**лущи́льный** *(Holz)* Furnierschälmaschine *f*
~/**металлообраба́тывающий** Metallbearbeitungsmaschine *f*
~/**металлоре́жущий** spanende Werkzeugmaschine *f*, Werkzeugmaschine *f* zur spanenden Metallbearbeitung

~/**многооперациóнный** Bearbeitungszentrum *n*
~/**многопозициóнный** Mehrstationenmaschine *f*, Werkzeugmaschine *f* mit mehreren Stationen
~/**многорезцóвый** Mehrmeißelmaschine *f*
~/**многоцелевóй** Mehrzweckwerkzeugmaschine *f*
~/**многошпи́ндельный** Mehrspindel(werkzeug)maschine *f*, mehrspindelige Werkzeugmaschine *f*
~/**многошпи́ндельный сверли́льный** Mehrspindelausdrehmaschine *f*
~/**настóльно-тока́рный** Tischdrehmaschine *f*
~/**настóльный** Tischwerkzeugmaschine *f*
~/**обди́рочно-шлифова́льный** Schälschleifmaschine *f*
~/**обрезнóй** *(Holz)* Besäumkreissäge *f*
~/**овальнотока́рный** Ovaldrehmaschine *f*
~/**одношпи́ндельный** Einspindel(werkzeug)maschine *f*
~/**опилóвочный** Feilmaschine *f*
~/**отрезнóй** 1. spanende Trennmaschine *f*; 2. Trennschleifmaschine *f*; 3. Abstechmaschine *f*; 4. Metallkreissäge *f*
~/**пазова́льный** *(Holz)* Langlochbohrmaschine *f*
~/**пи́льный** Sägemaschine *f*
~/**плоскошлифова́льный** Flachschleifmaschine *f*
~/**полирова́льный** Poliermaschine *f*
~/**полуавтомати́ческий** Halbautomat *m*, halbautomatische Werkzeugmaschine *f*
~/**прави́льный** Richtmaschine *f*
~/**прецизиóнный** Präzisionswerkzeugmaschine *f*
~/**прити́рочный** 1. Passläppmaschine *f*; 2. Paarungsläppmaschine *f*
~/**продóльно-фрéзерный** Langfräsmaschine *f*, Längsfräsmaschine *f*
~/**протяжнóй** Ziehräummaschine *f*
~/**профилешлифова́льный** Profilschleifmaschine *f*
~/**пружинонави́вочный** Federwickelmaschine *f*
~/**радиа́льно-сверли́льный** Radialbohrmaschine *f*
~/**растóчный** Ausdrehmaschine *f*, Bohrwerk *n*
~/**револьвéрный** Revolverdrehmaschine *f*
~/**резьбонака́тный** Gewindewalzmaschine *f*
~/**резьбонарезнóй** spanende Gewindebearbeitungsmaschine *f*, Gewindeschneidmaschine *f*
~/**резьбообраба́тывающий** Gewindebearbeitungsmaschine *f*
~/**резьбофрéзерный** Gewindefräsmaschine *f*
~/**резьбошлифова́льный** Gewindeschleifmaschine *f*
~/**рейконарезнóй** Zahnstangenschneidmaschine *f*
~/**рéйсмусовый** *(Holz)* Dickenhobelmaschine *f*
~ **с числовы́м прогрáммным управлéнием** numerisch gesteuerte Werkzeugmaschine *f*, NC-Werkzeugmaschine *f*
~ **с ЧПУ** *s.* ~ с числовым программным управлением
~/**сверли́льный** Bohrmaschine *f*
~/**строга́льный** Hobelmaschine *f*
~/**тка́цкий** Webmaschine *f*
~/**тока́рно-винторéзный** Leit- und Zugspindeldrehmaschine *f*
~/**тока́рно-затылóвочный** Leit- und Zugspindel-Hinterdrehmaschine *f*
~/**тока́рно-копирова́льный** Nachformdrehmaschine *f*
~/**тока́рно-револьвéрный** Revolverdrehmaschine *f*
~/**тока́рный** 1. Drehmaschine *f*; 2. *(Holz)* Drechslerbank *f*
~/**торцóвочный** *(Holz)* Ablängsäge *f*
~/**трубонарезнóй** Rohrgewindeschneidmaschine *f*
~/**универса́льный** Universalmaschine *f*
~/**фасóнно-тока́рный** Form(teil)drehmaschine *f*
~/**фрéзерный** Fräsmaschine *f*
~/**фугова́льный** *(Holz)* Abrichthobelmaschine *f*
~/**хонингова́льный** Langhubhonmaschine *f*, Langhub-Ziehschleifmaschine *f*
~/**центрова́льный** Zentriermaschine *f*

~/**шевинговáльный** Zahnradschabmaschine *f*
~/**шлифовáльный** Schleifmaschine *f*
~/**шлицефрéзерный** Keilwellenfräsmaschine *f*
~/**электроэрозиóнный** Elektroerodiermaschine *f*, Elektroerosionsmaschine *f*
станóк-автомáт *m* automatische Werkzeugmaschine *f*, Automat *m*
станóк-полуавтомáт *m* halbautomatische Werkzeugmaschine *f*, Halbautomat *m*
стáнция *f* 1. Station *f*; Stelle *f*; 2. *(El)* Werk *n*, Kraftwerk *n*; 3. *(Nrt)* Amt *n*, Vermittlung *f*; 4. *(Eb)* Bahnhof *m*, Station *f*
~/**автозапрáвочная** Tankstelle *f*
~/**автоматúческая межпланéтная** *(Raumf)* interplanetare Raumstation [Station, Sonde] *f*
~/**автоматúческая телефóнная** Wählervermittlungsstelle *f*
~/**ветроэлектрúческая** Windkraftwerk *n*
~/**водопровóдная** Wasserwerk *n*
~/**гелиоэлектрúческая** Solarkraftwerk *n*, Sonnenkraftwerk *n*
~/**гидроэлектрúческая** Wasserkraftwerk *n*
~/**городскáя телефóнная** *(Nrt)* Orts(fernsprech)amt *n*
~/**грузовáя** *(Eb)* Güterbahnhof *m*
~ **дáнных** *(Inf)* Datenstation *f*
~/**железнодорóжная** Eisenbahnstation *f*, Bahnhof *m*
~/**заправочная** Tankstelle *f*
~/**зарядная** *(El)* Ladestation *f*
~/**измерúтельная** Messstation *f*
~/**испытáтельная** Versuchsstation *f*
~/**кислóтная** *(Text)* Säurestation *f*, Spinnbadstation *f*
~/**компрéссорная** Verdichterstation *f*
~/**космúческая** *(Astr)* Raumsonde *f*
~/**космúческая наýчная** Weltraumlabor *n*
~/**междугорóдная телефóнная** *(Nrt)* Fernamt *n*
~/**межпланéтная** *(Astr)* interplanetare Sonde *f*, Raumsonde *f*
~/**мéстная телефóнная** *(Nrt)* Orts(fernsprech)amt *n*
~/**метеорологúческая** meteorologische Station *f*, Wetterwarte *f*
~/**назéмная** Bodenstation *f*
~ **назначéния** Bestimmungsbahnhof *m*, Zielbahnhof *m*
~/**насóсная** Pumpstation *f*, Pumpwerk *n*
~ **обслýживания** 1. Wartungsbetrieb *m*, Wartungsstation *f*; 2. *(Inf)* Server *m (im LAN)*
~/**óпытная** Versuchsstation *f*
~/**орбитáльная** *(Astr)* Orbitalstation *f*, Raumstation *f*, extraterrestrische Station [Raumstation] *f*
~ **отправлéния** Versandbahnhof *m*
~ **очúстки (стóчных) вод** Abwasserreinigungsanlage *f*, Abwasserkläranlage *f*, Klärwerk *n*, Kläranlage *f*
~/**очúстная** *s.* ~ очистки сточных вод
~/**пассажúрская** Personenbahnhof *m*
~/**передаю́щая** Sende(funk)stelle *f*, Funksendestation *f*
~/**пересáдочная** Umsteigebahnhof *m*
~/**приёмная** Empfangsstation *f*
~ **припúски** Heimatbahnhof *m*
~/**промежýточная** 1. Zwischenbahnhof *m*; 2. *(Nrt)* Durchgangsamt *n*
~ **наведéния** *(Rad)* Leitstation *f*
~/**рабóчая** *(Inf)* Workstation *f*
~/**радиовещáтельная** Rundfunk(sende)station *f*
~/**радиолокациóнная** Radaranlage *f*, Radarstation *f*
~/**радиолюбúтельская** Amateurfunkstation *f*
~/**радиорелéйная** Relaisstation *f*, Relaissender *m*
~/**радиотелефóнная** Funksprechstelle *f*
~/**сейсмúческая** seismische Station *f*, Erdbebenwarte *f*
~/**сортирóвочная** Verschiebebahnhof *m*, Rangierbahnhof *m*
~/**спасáтельная** Rettungsstation *f*; Seenotrettungsstation *f*
~ **телевидéния/радиовещáтельная** Fernsehsender *m*
~/**телефóнная** Fernsprechamt *n*, Fernsprechvermittlungsstelle *f*
~/**транзúтная** 1. Durchgangsbahnhof *m*; 2. *(Nrt)* Durchgangsamt *n*, Transitamt *n*

~/**тупико́вая** 1. Kopfbahnhof *m*; 2. *s.* ~/узловая телефонная
~/**узлова́я** Knotenpunktbahnhof *m*
~/**узлова́я телефо́нная** Fernsprechknotenamt *n*, Knotenamt *n*
~/**усили́тельная** 1. *(El)* Verstärkerstation *f*; 2. *(Nrt)* Verstärkeramt *n*
~/**центра́льная** *(Nrt)* Hauptamt *n*, Zentralamt *n*, Zentrale *f*
~/**электри́ческая** *s.* электростанция
ста́пель *m (Schiff)* Helling *f*
~/**попере́чный** Querablaufhelling *f*
~/**продо́льный** Längsablaufhelling *f*
ста́пельный *(Schiff)* Helling...
старе́ние *n* Altern *n*, Alterung *f*, *(Härt auch:)* Ausscheidungshärtung *f*
~/**есте́ственное** natürliche Alterung *f*; *(Härt)* Kaltaushärtung *f*
~/**иску́сственное** künstliche Alterung *f*; *(Härt)* Warmaushärtung *f*
~/**светово́е** Lichtalterung *f*
старе́ть altern *(Werkstoffe)*
старт *m* Start *m*
ста́ртер *m* 1. *(Kfz)* Anlasser *m*, Starter *m*; 2. *(El)* Starter *m (für Leuchtstoffröhren)*
стат *m (Kern)* Stat *n*, St *(SI-fremde Einheit der Aktivität z. B. von Quellwässern)*
ста́тика *f* Statik *f*
~ **сооруже́ний** Baustatik *f*
стати́стика *f* Statistik *f*
~ **Бо́зе(-Эйнште́йна)** *(Ph)* Bose-Einstein-Statistik *f*, BE-Statistik *f*
~/**звёздная** Stellarstatistik *f*
~/**ква́нтовая** *(Ph)* Quantenstatistik *f*
~/**математи́ческая** mathematische Statistik *f*
~ **Фе́рми(-Дира́ка)** *(Ph)* Fermi-(Dirac-)Statistik *f*
статисти́ческий statistisch
стати́ческий statisch
ста́тор *m (El)* Stator *m*, Ständer *m*
ста́ффинг *m s.* согласование скорости передачи
стациона́рный stationär, ortsfest, ortsgebunden
ста́чивать 1. *(Fert)* abschleifen; 2. *(Text)* zusammennähen, zusammenheften
ствол *m* 1. Stamm *m*, Baumstamm *m*; 2. *(Bgb)* Schacht *m*; 3. Strahlrohr *n (der Feuerlöschspritze)*; 4. *(Nrt)* Leitungsbündel *n*; 5. *(Mil)* Lauf *m (von Handfeuerwaffen)*; Rohr *n (von Geschützen)*
~/**вентиляцио́нный** *(Bgb)* Wetterschacht *m*
~/**вертика́льный** *(Bgb)* Seigerschacht *m*
~/**водоотливно́й** *(Bgb)* Wasserhaltungsschacht *m*
~/**гла́вный (ша́хтный)** *(Bgb)* Hauptförderschacht *m*
~/**накло́нный (ша́хтный)** *(Bgb)* tonnlägiger Schacht *m*
~/**нарезно́й** gezogener Lauf *m (eines Gewehrs)*; gezogenes Rohr *n (eines Geschützes)*
~/**подъёмный** *(Bgb)* Förderschacht *m*
~/**слепо́й (ша́хтный)** *(Bgb)* Blindschacht *m*
~/**ша́хтный** *(Bgb)* Schacht *m*
~/**эксплуатацио́нный (ша́хтный)** *(Bgb)* Betriebsschacht *m*
створ *m* **плоти́ны** *(Hydt)* Staustelle *f*, Wehrstelle *f*
ство́рка *f* 1. Klappe *f*; Abdeckklappe *f*; 2. *(Bw)* Flügel *m*; 3. *(Photo, Opt)* Lamelle *f*
ство́рчатый 1. klappbar, Klappen...; 2. *(Bw)* Flügel...
стеари́н *m (Ch)* Stearin *n*
стеати́т *m (Min)* Steatit *m*
стега́ть *(Text)* steppen
стежо́к *m (Text)* Stich *m*
стек *m (Inf)* Stack *m*, Keller *m*, Kellerspeicher *m*, Stapelspeicher *m*
~/**а́дресный** Adresskeller *m*
стека́ть abfließen, ablaufen
стекли́ть *(Bw)* verglasen
стекло́ *n* 1. Glas *n*; 2. Scheibe *f*, Glasscheibe *f*
~/**арми́рованное** Drahtglas *n*
~/**безопа́сное** *s.* ~/безосколочное
~/**безоско́лочное** splittersicheres Glas *n*, Sicherheitsglas *n*
~/**буты́лочное** Flaschenglas *n*
~/**ветрово́е** *(Kfz)* Windschutzscheibe *f*, Frontscheibe *f*
~/**водоме́рное** Wasserstandsglas *n*
~/**двухсло́йное** Verbundglas *n*, Zweischichtenglas *n*
~/**дымча́тое** Rauchglas *n*
~/**жаросто́йкое** hitzebeständiges Glas *n*

~/**закалённое** vorgespanntes Glas *n*
~/**защи́тное** Schutzglas *n*
~/**зерка́льное** Spiegelglas *n*
~/**ква́рцевое** Quarzglas *n*
~/**листово́е** Flachglas *n*, Tafelglas *n*
~/**ма́товое** Mattglas *n*
~/**многосло́йное** Mehrschichtenglas *n*
~/**моло́чное** 1. Milchglas *n*; 2. Milchglasscheibe *f*
~/**небью́щееся** *s.* ~/безосколочное
~/**око́нное** Fensterglas *n*
~/**опти́ческое** optisches Glas *n*
~/**органи́ческое** organisches Glas *n*
~/**покро́вное** Deckglas *n*
~/**по́лое** Hohlglas *n*
~/**предме́тное** Objektglas *n*, Objektträger *m (eines Mikroskops)*
~/**прессо́ванное** Pressglas *n*
~/**пустоте́лое** Hohlglas *n*
~/**раствори́мое** *(Ch)* Wasserglas *n*
~/**светотехни́ческое** Beleuchtungsglas *n*
~/**свинцо́вое** Bleiglas *n*
~/**силика́тное** Silikatglas *n*
~/**строи́тельное** Bauglas *n*
~/**увеличи́тельное** Vergrößerungsglas *n*, Lupe *f*
~/**цветно́е** Farbglas *n*
стеклобето́н *m* Glasbeton *m*
стеклобло́к *m* Glasbaustein *m*, Glasziegel *m*
стеклобо́й *m* Bruchglas *n*, Glasbruch *m*, Glasscherben *fpl*
стеклова́ние *n* Vitrifizierung *f*, Verglasung *f*
стекло္варе́ние *n* Glasschmelzen *n*
стеклова́та *f* Glaswatte *f*
стеклови́дный glasartig, glasförmig
стеклово́йлок *m* Glaswolle *f*
стекловолокни́стый Glasfaser...
стекловолокно́ *n* Glasfaser *f*
стеклокера́мика *f* Glaskeramik *f*
стеклома́сса *f* Glasfluss *m*, Glasschmelze *f*
стеклоочисти́тель *m (Kfz)* Scheibenwischer *m*
стеклопаке́т *m* Verbundglasscheibe *f*
стеклопане́ль *f* Glasplatte *f*, Glastafel *f*
стеклопла́стик *m* glasfaserverstärkter [glasfaserbewehrter] Kunststoff *m*, Glasfaserkunststoff *m*
стеклопла́стиковый glasfaserverstärkt, glasfaserbewehrt
стеклоре́з *m (Wkz)* Glasschneider *m*
стеклотка́нь *f* Glas(faser)gewebe *n*
стеклоэма́ль *f* Email *n*, Emaille *f*
стекля́нный Glas..., gläsern
стеко́вый *(Inf)* Stack..., Keller..., stackorientiert
стелла́ж *m* Gestell *n*, Regal *n*; Gerüst *n*
стеллара́тор *m (Kern)* Stellarator *m (Fusionsreaktor)*
стена́ *f* 1. Mauer *f*, Wand *f (s. a. unter* стенка 1.*)*; 2. *(Bgb)* Stoß *m*, Seitenstoß *m*
~/**капита́льная** *(Bw)* massive [tragende] Wand *f*
~/**нару́жная** *(Bw)* Außenwand *f*
~/**несу́щая** *s.* ~/капитальная
~/**самонесу́щая** *(Bw)* selbsttragende Wand *f*
~/**свободнонесу́щая** *(Bw)* freitragende Wand *f*
~/**фунда́ментная** *(Bw)* Grundmauer *f*
~/**шумозащи́тная** *(Kfz, Eb)* Lärmschutzwand *f (Verkehr)*
стенд *m* 1. Stand *m*, Ausstellungsstand *m*; 2. Stand *m*; Prüfstand *m*
~/**измери́тельный** Messstand *m*
~/**испыта́тельный** *s.* стенд 2.
~/**сбо́рочный** Montagebock *m*
сте́ндер *m* Standrohr *n (Hydrant)*
сте́нка *f* 1. Wand *f*, Wandung *f (s. a. unter* стена 1.*)*; 2. Steg *m (eines Stahlträgers)*
~/**достро́ечная** *(Schiff)* Ausrüstungskai *m*
~/**подпо́рная** *(Bw)* Stützmauer *f*, Stützwand *f*
~ **сква́жины** *(Bgb)* Bohrlochwandung *f*
сте́пень *f* 1. Grad *m*, Stufe *f*; Maß *n*; 2. *(Math)* Potenz *f*
~ **вы́тяжки** *(Text)* Verstreckungsgrad *m*
~ **диссоциа́ции** *(Ch)* Dissoziationsgrad *m*
~ **защи́ты** *(El)* Schutzgrad *m*
~ **изно́са** Verschleißgrad *m*
~ **интегра́ции** *(Eln)* Integrationsgrad *m*, Integrationsstufe *f*
~ **интегра́ции/высо́кая** *(Eln)* Großintegration *f*, hoher Integrationsgrad *m*, Large-Scale-Integration *f*, LSI *f*

~ **интегра́ции/ма́лая** *(Eln)* Kleinintegration *f*, kleiner Integrationsgrad *m*, Small-Scale-Integration *f*, SSI *f*
~ **интегра́ции/сверхвысо́кая** *(Eln)* Höchstintegrationsgrad *m*, höchster Integrationsgrad *m*, Very-Large-Scale-Integration *f*, VLSI *f*
~ **интегра́ции/сре́дняя** *(Eln)* mittlerer Integrationsgrad *m*, Medium-Scale-Integration *f*, MSI *f*
~ **леги́рования** *(Halbl)* Verunreinigungsgrad *m*
~ **надёжности** Sicherheitsgrad *m*, Zuverlässigkeitsgrad *m*
~ **окисле́ния** Oxidationsstufe *f*
~ **свобо́ды** Freiheitsgrad *m*
~ **сжа́тия** Verdichtungsgrad *m*, Kompressionsgrad *m*
~ **чувстви́тельности** Empfindlichkeitsgrad *m*
степь *f* Steppe *f*
стéрадиа́н *m* Steradiant *m*, sr *(Maßeinheit für den Raumwinkel)*
стереоакусти́ческий stereoakustisch
стереоголо́вка *f* Stereotonabnehmer *m*
стереографи́ческий stereographisch
стереозву́к *m* 3-D-Klang *m*, Raum(ton)klang *m*
стереозре́ние *n* stereoskopisches [räumliches] Sehen *n*
стереоизображе́ние *n* Stereobild *n*
стереоизомери́я *f* *(Ch)* Stereoisomerie *f*, Raumisomerie *f*
стереока́др *m* *(Kine)* Stereobild *n*
стереока́мера *f* **(/фотограмметри́ческая)** *(Photo)* Raumbild(mess)kammer *f*, Stereo(mess)kammer *f*
стереоко́мплекс *m* Stereoanlage *f*
стерео́метр *m* *(Opt)* Stereometer *n*
стереометри́ческий *(Math)* stereometrisch
стереоме́трия *f* *(Math)* Stereometrie *f*, Geometrie *f* des Raumes
стереопа́ра *f* *(Photo)* Stereobild *n*, Raumbild *n*
стереопрое́ктор *m* Stereoprojektor *m*
стереорентгеногра́фия *f* Stereoröntgenographie *f*
стереосисте́ма *f* Stereoanlage *f*
стереоско́п *m* *(Opt)* Stereoskop *n*
стереоскопи́ческий stereoskopisch
стереоскопи́я *f* Stereoskopie *f*
стереосъёмка *f* Stereoaufnahme *f*, Raumbildaufnahme *f*, Stereophotographie *f*, Raumbildphotographie *f*
стереотелеви́дение *n* Stereofernsehen *n*, Raumbildfernsehen *n*
стереотруба́ *f* Scherenfernrohr *n*
стереофони́ческий stereophon(isch)
стереофони́я *f* Stereophonie *f*
~**/четырёхкана́льная** 4-Kanal-Stereophonie *f*, Quadrophonie *f*
стереофо́рмула *f* *(Ch)* Stereoformel *f*, Raumformel *f*
стереофотограмме́трия *f* Stereophotogrammetrie *f*, Raumbildmessung *f*
стереофотогра́фия *f s.* стереосъёмка
стереохими́ческий stereochemisch
стереохи́мия *f* Stereochemie *f*, Raumchemie *f*
стереоэффе́кт *m* Stereoeffekt *m*
стéржень *m* 1. Stab *m*, Stange *f*, Schaft *m*; 2. *(Gieß)* Kern *m*, Formkern *m*; 3. *(Wkz)* Dorn *m* *(Rohrwalzen)*
~ **авари́йной защи́ты** *(Kern)* Schnellabschaltstab *m*, SAS-Stab *m*, Schnellschlussstab *m* *(Reaktorsicherheit)*
~**/армату́рный** *(Bw)* Bewehrungsstab *m*
~ **кату́шки** Spulenkern *m*
~**/компенси́рующий** *(Kern)* Kompensationsstab *m*, Trimmstab *m* *(Reaktorsicherheit)*
~**/лите́йный** *(Gieß)* Kern *m*, Formkern *m*
~**/поглоща́ющий** *(Kern)* Absorberstab *m*, Neutronenabsorberstab *m*
~**/регули́рующий** Regelstab *m* *(zur Leistungsregelung eines Kernreaktors)*
~**/сыро́й** *(Gieß)* grüner Kern *m*, Grünsandkern *m*
~**/то́пливный** *(Kern)* Brennstoffstab *m*, Brennelementkern *m*
~**/управля́ющий** *(Kern)* Steuerstab *m*, Stellstab *m* *(zur Leistungsregelung eines Kernreaktors)*
стéржень-поглоти́тель *m s.* стержень/поглощающий
стержнево́й 1. Stab...; 2. *(Gieß)* Kern...
стерилиза́тор *m* Sterilisator *m*
стерилиза́ция *f* Sterilisierung *f*, Sterilisation *f*, Entkeimung *f*
стерилизо́ванный sterilisiert, entkeimt

стери́льность *f* Sterilität *f*, Keimfreiheit *f*
стери́льный steril, keimfrei
стетоско́п *m (Med)* Stethoskop *n*
стехиометри́ческий *(Ch)* stöchiometrisch
стехиоме́трия *f (Ch)* Stöchiometrie *f*
стило́метр *m (Met)* Steelometer *n (Schnellanalysegerät)*
стильб *m* Stilb *n*, sb *(SI-fremde Einheit der Leuchtdichte)*
стимуля́тор *m* Stimulans *n*, stimulierendes Mittel *n*
стира́ние *n* Löschen *n*, Löschung *f (magnetischer Aufzeichnungen)*
стира́ть 1. löschen *(Magnetbänder)*; 2. *(Text)* waschen
стира́ющий Lösch..., löschend *(z. B. Magnetbänder)*
сти́рка *f (Text)* Waschen *n*, Wäsche *f*
стог *m (Lw)* Schober *m*, Feime *f*, Feim *m*
сто́имость *f* 1. Wert *m*; 2. Kosten *pl*
сто́йка *f* 1. Stütze *f*, Säule *f*; 2. Ständer *m*, Gestell *n*, Rahmen *m*; 3. *(Bgb, Bw)* Stempel *m*; 4. *(Bw)* Pfosten *m (eines Geländers)*; 5. *(Flg)* Strebe *f*; 6. *(Eb)* Runge *f (eines Wagens)*
~/**забо́йная** *(Bgb)* Strebstempel *m*
~/**рудни́чная [ша́хтная]** *(Bgb)* Grubenstempel *m*
стойкий 1. beständig; widerstandsfähig, resistent; 2. schnitthaltig *(Schneidwerkzeuge)*
~ **к облуче́нию** strahlenfest
сто́йкость *f* 1. Beständigkeit *f*; Widerstandsfähigkeit *f*, Resistenz *f*; 2. Haltbarkeit *f*; 3. Standzeit *f (von Schneidwerkzeugen)*
~/**кавитацио́нная** Kavitationsbeständigkeit *f*
~/**коррозио́нная** Korrosionsbeständigkeit *f*, Korrosionsfestigkeit *f*; Rostbeständigkeit *f*
~/**радиацио́нная** *(Kern)* Strahlungsfestigkeit *f*, Strahlungsbeständigkeit *f*, Strahlungsresistenz *f*
~/**хими́ческая** chemische Beständigkeit [Stabilität] *f*
сток *m* 1. *(Hydrol)* Abfluss *m*, Ablauf *m*; 2. *(Hydrol)* Abflussmenge *f*; 3. *(Eln)* Drain *m*, Senke *f*
~/**подзе́мный** *(Hydrol)* unterirdischer Abfluss *m*
стокра́тный hundertfach
стокс *m* Stokes *n*, St *(SI-fremde Einheit der Viskosität)*
стол *m* Tisch *m*
~/**вибрацио́нный** Rütteltisch *m*, Schwingtisch *m*
~/**враща́ющийся** *(Bgb)* Drehtisch *m (beim Rotary-Bohrgerät)*
~/**загру́зочный** Aufgabetisch *m*
~/**концентрацио́нный** Anreicherungsherd *m*, Herd *m (Aufbereitung)*
~/**координа́тный** *(Opt)* Koordinatentisch *m*
~/**монта́жный** Montagetisch *m*
~/**мультипликацио́нный** *(Kine)* Tricktisch *m*
~/**поворо́тный** *(Masch)* Drehtisch *m*; Schwenktisch *m*
~/**подъёмный** *(Masch)* Hubtisch *m*
~/**пусково́й** *s.* ~/стартовый
~/**рабо́чий** Arbeitstisch *m*
~/**разме́точный** *(Fert)* Anreißtisch *m*
~ **спра́вок** *(Nrt)* Auskunftstisch *m*, Auskunftsstelle *f*
~/**ста́ртовый** *(Rak)* Starttisch *m*, Startplattform *f*
~/**чертёжный** Zeichentisch *m*
столб *m* 1. Säule *f*, Pfeiler *m*; 2. Pfosten *m*; Mast *m*; 3. *(Bgb)* Pfeiler *m*; 4. *(Nrt, El)* Stange *f*, Gestänge *n*, Tragwerk *n*
~/**а́нкерный** *(El)* Abspanngestänge *n*
~/**водяно́й** Wassersäule *f*, WS *f*
~/**закла́дочный** *(Bgb)* Versatzpfeiler *m*
~/**рту́тный** Quecksilbersäule *f*
столбе́ц *m (Typ)* Spalte *f (einer Druckseite)*; Kolonne *f (einer Tabelle)*
сто́лбик *m* Pfahl *m*, Pflock *m*
сто́лик *m* Tisch *m*, Tischchen *n*
столкнове́ние *n* Zusammenstoß *m*, Kollision *f*, Aufprall *m*; Stoß *m*
~/**лобово́е** *(Kfz)* Frontalzusammenstoß *m*
~/**неупру́гое** *(Mech)* unelastischer Stoß *m*
~/**упру́гое** *(Mech)* elastischer Stoß *n*
стопа́ *f* Stapel *m*, Stoß *m*
стоп-кадр *m* Standbild *n*
стоп-кран *m (Eb)* Notbremse *f*, Notbremshahn *m*

сто́пор *m* 1. *(Masch)* Rast *f*, Anschlag *m*, Sperre *f*, Riegel *m*; 2. Stopper *m*, Stoppvorrichtung *f*; 3. *(Gieß)* Stopfen *m*, Stopfenstange *f (der Gießpfanne)*
сто́порить 1. (ab)stoppen; 2. verriegeln, sperren; feststellen
стоп-сигна́л *m (Kfz)* Bremsleuchte *f*
сторона́ *f* Seite *f*
~ **впу́ска** Einlassseite *f*
~ **вса́сывания** Saugseite *f (einer Pumpe)*
~/**входна́я** Eintrittsseite *f (eines Walzgerüstes)*
~ **вы́пуска** 1. Auslassseite *f*; 2. Auslaufseite *f (eines Walzgerüstes)*; 3. *(Met)* Stichseite *f (des Ofens)*
~/**выходна́я** Auslaufseite *f*, Austrittsseite *f (eines Walzgerüstes)*
~/**лицева́я** 1. Stirnseite *f*; 2. *(Bw)* Vorderseite *f*, Fassade *f*; 3. *(Text)* rechte Seite *(des Gewebes)*; 4. *(Pap)* Schönseite *f*
~/**лобова́я** Stirnseite *f*
~/**наве́тренная** *(Schiff)* Luv(seite) *f*
~/**подве́тренная** *(Schiff)* Lee(seite) *f*
стохасти́ческий stochastisch
стоя́к *m* 1. *(Bgb)* Steigleitung *f*, Standrohr *n*; 2. *(Bw)* Steigrohr *n*, Fallrohr *n*; 3. *(El)* Steigleitung *f*; 4. *(Gieß)* Einguss *m*, Einlauf(kanal) *m*
стоя́нка *f* 1. *(Kfz)* Parkplatz *m*; 2. *(Schiff)* Liegeplatz *m*; 3. *(Kfz)* Parken *n*; 4. *(Schiff)* Liegen *n*
~/**автомоби́льная** *(Kfz)* Parkplatz *m*
~/**дли́тельная** *(Kfz)* 1. Dauerparkplatz *m*; 2. Dauerparken *n*
~/**кратковре́менная** *(Kfz)* 1. Kurzzeitparkplatz *m*; 2. Kurzzeitparken *n*
~/**я́корная** *(Schiff)* Anker(liege)platz *m*
страна́ *f* Land *n*
~/**го́рная** Bergland *n*, Gebirgsland *n*
~/**развива́ющаяся** Entwicklungsland *n*
страни́чно-ориенти́рованный *(Inf)* paging-orientiert *(Speicher)*
страте́гия *f (Kyb, Reg)* Strategie *f*
~ **по́иска** Suchstrategie *f*
стратигра́фия *f (Geol)* Stratigraphie *f*
стратифика́ция *f (Geol)* Stratifizierung *f*; *(Meteo, Hydrol)* Schichtung *f*
стратопа́уза *f (Meteo)* Stratopause *f*
стратопла́н *m* Stratosphärenflugzeug *n*, Höhenflugzeug *n*
стратоста́т *m (Flg)* Stratostat *m*, Stratosphärenballon *m*
стратосфе́ра *f (Geoph)* Stratosphäre *f*
стрела́ *f* 1. Ausleger *m (eines Krans)*; 2. Pfeil *m*
~/**грузова́я** *(Schiff)* Ladebaum *m*
~ **кра́на** Kranausleger *m*
~ **подъёма** *(Bw)* Pfeilhöhe *f*
~ **прове́са** Durchhang *m (z. B. des Fahrdrahts)*
~ **проги́ба** *(Fest)* Biegepfeil *m*
стре́лка *f* 1. Zeiger *m (eines Messinstruments)*; Nadel *f (eines Kompasses)*; 2. *(Eb)* Weiche *f*; 3. *(Inf)* Kursor *m* • **по часово́й стре́лке** im Uhrzeigersinn, rechtsdrehend • **про́тив часово́й стре́лки** entgegen dem Uhrzeigersinn, linksdrehend
~/**автомати́ческая** *(Eb)* selbststellende Weiche *f*
~/**возду́шная** *(Eb)* Fahrleitungsweiche *f*, Fahrdrahtweiche *f*
~/**магни́тная** Magnetnadel *f*
~/**отжимна́я** *(Eb)* Federzungenweiche *f*
~/**охра́нная** *(Eb)* Schutzweiche *f*, Sicherheitsweiche *f*
~/**следя́щая** Folgezeiger *m*
~/**часова́я** Uhrzeiger *m*
стрелови́дность *f (Flg)* Pfeilung *f (von Tragflügeln)*
стрелови́дный 1. pfeilförmig; 2. *(Flg)* gepfeilt, Pfeil... *(Tragflügel)*
стре́лочный 1. Zeiger...; 2. *(Eb)* Weichen...
стре́льчатый Spitzbogen..., spitzbogig
стри́жка *f* Schur *f*, Scheren *n*
стри́мер *m* 1. *(Ph)* Streamer *m*, Plasmaschlauch *m*, Kanal *m (einer Gasentladung)*; 2. *(Inf)* Streamer *m*; 3. *(Astr)* Faden *m*, Protuberanzfaden *m*
стри́ппер(-кран) *m (Met)* Abstreifer *m*, Stripperkran *m*
строб-и́мпульс *m (El)* Strobimpuls *m*, Strob *m*, strobierender Impuls *m*
стробоско́п *m (Opt)* Stroboskop *n*
строга́льный Hobel...
строга́ние *n* 1. *(Fert)* Hobeln *n*; 2. *(Led)* Falzen *n*
~ **по копи́ру** *(Fert)* Nachformhobeln *n*
~/**предвари́тельное** *(Fert)* Vorhobeln *n*
~/**продо́льное** *(Fert)* Langhobeln *n*

строга́ть 1. *(Fert)* hobeln; 2. *(Led)* falzen
строе́ние *n* 1. *(Bw)* Bau *m*, Bauwerk *n*; 2. *(Bw)* Bauen *n*; 3. *s.* структура
~/**ве́рхнее** *(Eb)* Oberbau *m (Strecke)*
~/**ни́жнее** *(Eb)* Unterbau *m (Strecke)*
~/**пролётное** *(Bw)* Überbau *m (Brücke)*
~/**хими́ческое** *(Ch)* Konstitution *f*
стро́жка *f* 1. *(Fert)* Hobeln *n*; 2. *(Led)* Dollieren *n*
~ **кана́вок** Fugenhobeln *n*
~/**кислоро́дная** Sauerstoff(fugen)hobeln *n*
~/**пла́зменная** Plasma(fugen)hobeln *n*
строи́тельный Bau...
строи́тельство *n* 1. Bauen *n*, Bau *m*; Bautätigkeit *f*; 2. Bauwesen *n*; 3. Bauweise *f*, Bauform *f*
~/**гидротехни́ческое** Wasserbau *m*
~/**доро́жное** Straßenbau *m*
~/**жили́щное** Wohnungsbau *m*
~/**индивидуа́льное** Eigenheimbau *m*
~/**капита́льное** Investitionsbau *m*
~/**крупнобло́чное** Großblockbauweise *f*
~/**крупнопане́льное** Großplattenbauweise *f*
~ **подзе́мных сооруже́ний** Tiefbau *m*
~/**полносбо́рное** Vollmontagebauweise *f*
~/**промы́шленное** Industriebau *m*
~/**сбо́рное** Montagebauweise *f*
~/**сейсмосто́йкое** erdbebensichere Bauweise *f*
~/**се́льское** ländliches Bauwesen *n*
стро́йка *f* 1. Bauen *n*, Bau *m*; 2. Baustelle *f*, Bauplatz *m*
стройматериа́лы *mpl* Baustoffe *mpl*
стройплоща́дка *f* Bauplatz *m*, Baustelle *f*
строка́ *f* 1. *(Typ)* Zeile *f*; 2. *(TV)* Zeile *f*, Bildzeile *f*; 3. *(Inf)* String *m*, Kette *f*, Folge *f*
~/**двои́чная** *(Inf)* Bitkette *f*, Bitfolge *f*
~ **зна́ков** *(Inf)* Zeichenkette *f*
~ **изображе́ния** *s.* строка 2.
~ **си́мволов** *(Inf)* Zeichenkette *f*
стро́нциевый *(Ch)* Strontium...
стро́нций *m (Ch)* Strontium *n*, Sr
строп *m* 1. *(Schiff)* Stropp *m*, Leine *f*; Anschlagseil *n*; 2. *(Bw)* Seilgehänge *n*
стропи́ла *npl (Bw)* Dachstuhl *m*, Dachverband *m*
стропо́вка *f* Anhängen *n*, Anschlagen *n (von Lasten)*
струбци́на *f* Schraubzwinge *f*, Spannzwinge *f*
струг *m* 1. *(Holz)* Ziehmesser *n*, Schnitzmesser *n*; 2. *(Bw)* Planiermaschine *f*, Bodenhobel *m*, Planierschrapper *m*; 3. *(Bgb)* Hobel *m*
~/**зарубно́й** *(Bgb)* Schrämhobel *m*
стру́жка *f* 1. *(Fert)* Span *m*; 2. *(Lw)* Schnitzel *pl*
стружколома́ние *n (Fert)* Spanbrechen *n*
стружколома́тель *m (Wkz)* Spanbrecher *m*
стружкообразова́ние *n (Fert)* Spanbildung *f*
стружкоприёмник *m (Fert)* Spanfänger *m*
структу́ра *f* Struktur *f*, Gefüge *n*
~/**аустени́тная** *(Wkst)* austenitisches Gefüge *n*, Austenit *m*
~/**ба́йтовая** *(Inf)* Bytestruktur *f*
~/**волокни́стая** 1. *(Wkst)* Fasergefüge *n*, faseriges Gefüge *n*; 2. *(Geol)* faserige Struktur *f*
~/**втори́чная** *(Wkst)* Sekundärgefüge *n*
~/**глобуля́рная** *(Wkst)* globulares Gefüge *n*, Globulargefüge *n*
~/**гру́бая** *(Wkst)* Grobgefüge *n*, Grobstruktur *f*
~ **да́нных** *(Inf)* Datenstruktur *f*
~/**дендри́тная** *(Wkst)* dendritisches Gefüge *n*, Dendritengefüge *n*
~/**зерни́стая** *(Geol)* körnige Struktur *f*
~/**иерархи́ческая** *(Inf)* hierarchische Struktur *f*
~ **изло́ма** *(Wkst)* Bruchgefüge *n*
~ **кома́нды** *(Inf)* Befehlsstruktur *f*
~/**кристалли́ческая** kristallines Gefüge *n*, Kristallgefüge *n*, Kristallstruktur *f*
~/**крупносерни́стая** *(Wkst)* grobkörniges Gefüge *n*
~/**лита́я** Gussgefüge *n*
~/**мелкосерни́стая** *(Wkst)* feinkörniges Gefüge *n*
~/**неупоря́доченная** *(Wkst)* ungeordnete Struktur *f*
~ **па́мяти** *(Inf)* Speicherstruktur *f*
~/**перви́чная** *(Wkst)* Primärgefüge *n*
~/**перли́тная** *(Wkst)* perlitisches Gefüge *n*, Perlit *m*

~/**пластинча́тая** *(Wkst)* Lamellargefüge *n*, lamellares Gefüge *n*
~/**решётчатая** *(Wkst)* Gitterstruktur *f*, Gitteraufbau *m*
~/**сверхто́нкая** *(Wkst)* Hyperfeinstruktur *f*
~/**се́тчатая** *(Wkst)* Netzstruktur *f*, Netzgefüge *n*
~/**со́товая** *(Geol)* Wabenstruktur *f*
~/**то́нкая** *(Wkst)* Feinstruktur *f*
~/**упоря́доченная** *(Wkst)* geordnete Struktur *f*
~ **фа́йла** *(Inf)* Dateiorganisation *f*
~/**ферри́тная** *(Wkst)* ferritisches Gefüge *n*, Ferritgefüge *n*, Ferrit *m*
~/**фракта́льная** *(Inf)* Fraktale *pl*
структури́рование *n* 1. Strukturierung *f*; 2. *(Gum, Kst)* Vernetzen *n*, Vernetzung *f*
структу́рный strukturell, Struktur...; Gefüge...
структу́рно-си́мвольный *(Inf)* blockorientiert
структурообразова́ние *n* Strukturbildung *f*; Gefügeausbildung *f*
струна́ *f* 1. Saite *f*; 2. *(Nrt)* Kontaktdraht *m*; 3. Hängedraht *m (einer Fahrleitung)*
струнобето́н *m* Stahlsaitenbeton *m*
струя́ *f* Strahl *m*
~/**вентиляцио́нная** *(Bgb)* Wetterstrom *m*
~/**реакти́вная** *(Flg, Rak)* Reaktionsstrahl *m*, Antriebsstrahl *m*
струдени́стый gallert(art)ig; gelartig
сту́день *m* Gallert *n*
студи́йный Studio...
сту́дия *f (Rf)* Studio *n*, Aufnahmeraum *m*
~/**телевизио́нная** Fernsehstudio *n*, TV-Studio *n*
стук *m* Klopfen *n*, Schlagen *n*
сту́па *f s.* ступка
ступе́нчатость *f* Abstufung *f*, Staffelung *f*
ступе́нчатый (ab)gestuft, Stufen..., abgesetzt *(Welle)*
ступе́нь *f* Stufe *f*, Absatz *m*; Grad *m*
~/**бу́ферная** *(Rf)* Pufferstufe *f*
~ **давле́ния** Druckstufe *f (einer Turbine)*
~ **переключе́ния** *(El)* Schaltstufe *f*
~/**поса́дочная** *(Rak)* Landestufe *f*
~/**после́дняя** *(Rak)* Endstufe *f*
~/**промежу́точная** *(Masch)* Zwischenstufe *f (einer Turbine)*
~/**регули́рующая** Regelstufe *f (einer Turbine)*
~/**ста́ртовая** *(Rak)* Startstufe *f*
ступе́нька *f* 1. Sprosse *f (einer Leiter)*; 2. Trittbrett *n*; 3. Einsteigeisen *n (von Kabelschächten)*; 4. *(Krist)* Sprung *m*
ступи́ца *f (Masch)* Nabe *f*
~ **колеса́** Radnabe *f*
сту́пка *f (Ch)* Mörser *m*
стык *m* 1. Stoß *m*, Stoßstelle *f*; 2. Stoßfuge *f*; 3. *(Inf)* Schnittstelle *f*, Interface *n*; 4. *(Eb)* Stoß *m*, Stoßlücke *f (der Schiene)*; Schienenstoß *m*
~/**косо́й** schräger Stoß *m*
~/**монта́жный** Montagestoß *m*
~/**ре́льсовый** *s.* стык 4.
~/**сварно́й** Schweißfuge *f*, Schweißstoß *m*
стыкова́ть zusammenstoßen, aneinander fügen, auf Stoß verbinden
стыко́вка *f* 1. Fügen *n*, Zusammenfügen *n*, Verbinden *n (auf Stoß)*; 2. *(Raumf)* Koppeln *n*, Ankoppeln *n*
стыково́й 1. Stoß...; 2. *(Schw)* Stumpf...
стэк *m s.* стек
стя́гивание *n* Zusammenziehen *n*, Kontraktion *f*
стя́гивать zusammenziehen, schrumpfen
стя́жка *f* 1. Spannschloss *n*; 2. *(Eb)* Kupplung *f*; 3. Zusammenziehen *n*; Verklammerung *f*
стяжно́й 1. Spann...; 2. Schrumpf...
суббло́к *m (Inf)* Teilblock *m*, Unterblock *m*
субгармо́ника *f* Subharmonische *f*, subharmonische Schwingung *f*
субгармони́ческий subharmonisch
субка́рлик *m (Astr)* Unterzwerg *m*
сублима́т *m* Sublimat *n*
сублима́тор *m* Sublimieranlage *f*
сублима́ция *f* Sublimation *f*
сублине́йный sublinear
сублитора́ль *f (Geol)* Sublitoral *n*, Sublitoralzone *f*
субменю́ *n (Inf)* Untermenü *n*, Submenü *n*
субстра́т *m* 1. *(Halbl)* Substrat *n*; 2. *(Photo)* Substratschicht *f*, Schichtträger *m*

субструкту́ра *f* Substruktur *f*, Unterstruktur *f*
субтропи́ческий subtropisch
сугли́нистый *(Geol)* lehmig, tonig
сугли́нок *m (Geol)* Lehmboden *m*, Lehm *m*
су́дно *n* Schiff *n*
~/**авари́йно-спаса́тельное** Rettungs- und Bergungsschiff *n*
~/**а́томное** Schiff *n* mit Kernenergieantrieb
~/**букси́рное** Schleppschiff *n*, Schlepper *m*
~/**бункеро́вочное** Treibstoffversorgungsschiff *n*, Treibstoffbunkerschiff *n*
~ **вну́треннего пла́вания/пассажи́рское** Binnenfahrgastschiff *n*
~/**водомётное** Hydrojetschiff *n*
~/**водоизмеща́ющее** Verdrängungsschiff *n*
~/**газотурби́нное** Gasturbinenschiff *n*
~/**гидрографи́ческое** Seevermessungsschiff *n*
~/**глисси́рующее** Gleitschiff *n*
~/**грузово́е** Frachtschiff *n*, Frachter *m*
~/**гру́зо-пассажи́рское** Fracht- und Fahrgastschiff *n*
~/**двухпа́лубное** Zweideckschiff *n*
~/**дноуглуби́тельное** Baggerschiff *n*, Schwimmbagger *m*
~/**ка́бельное** Kabelleger *m*, Kabel(leger)schiff *n*
~/**кабота́жное** Küstenfahrer *m*, Küstenschiff *n*
~/**контре́йлерное** Container- und Trailerschiff *n*
~/**круи́зное** Kreuzfahrgastschiff *n*
~/**морско́е** Seeschiff *n*, Hochseeschiff *n*
~ **на возду́шной поду́шке** Luftkissenschiff *n*, Hovercraft *n*
~ **на подво́дных кры́льях** Tragflügelschiff *n*, Tragflächenschiff *n*
~/**надво́дное** Überwasserschiff *n*
~/**нака́тное** Ro-Ro-Schiff *n*
~/**наливно́е** Tankschiff *n*, Tanker *m*
~/**нефтеналивно́е** Öltanker *m*
~/**па́русное** Segelschiff *n*
~/**пассажи́рское** Passagierschiff *n*, Fahrgastschiff *n*
~/**подво́дное** Unterwasserschiff *n*, Unterseeschiff *n*
~/**пожа́рное** Feuerlöschschiff *n*
~/**полнона́бо́рное** Volldeckschiff *n*
~/**промысло́вое** *s.* ~/рыболовное
~/**речно́е** Flussschiff *n*
~/**рыболо́вное** Fischereischiff *n*, Fischfangschiff *n*, Fangschiff *n*
~/**рыбопромысло́вое** *s.* ~/рыболовное
~ **с горизонта́льной грузообрабо́ткой** Ro-Ro-Schiff *n*
~/**спаса́тельное** Bergungsschiff *n*, Seenotrettungsschiff *n*
~/**сухогру́зное** Trockenfrachtschiff *n*, Trockenfrachter *m (vergl. auch* балкер*)*
~/**торго́вое** Handelsschiff *n*
~/**шельтерде́чное** Schutzdecker *m*, Schutzdeckschiff *n*, Shelterdecker *m*
су́дно-нава́лочник *n s.* балкер
су́дно-толка́ч *n s.* толкач 1.
судове́рфь *f* Schiffswerft *f*
судовожде́ние *n* Schiffsführung *f*
судово́й Schiff(s)...
судоподъём *m* Schiffshebung *f*; Bergung *f (gesunkener Schiffe)*
судоподъёмник *m* Schiffshebewerk *n*
судоремо́нт *m* Schiffsreparatur *f*
судоремо́нтный Schiffsreparatur...
судострое́ние *n* Schiffbau *m*
судострои́тельный Schiffbau...
судохо́дность *f* Schiffbarkeit *f (von Wasserwegen)*
судохо́дный schiffbar
судохо́дство *n* Seefahrt *f*, Schifffahrt *f*
суже́ние *n* Verengung *f*, Verjüngung *f*; Einschnürung *f*
сук *m (Forst)* Ast *m*, Knorren *m*
сукно́ *n* 1. *(Text)* Tuch *n*; 2. *(Pap)* Filz *m*
суко́нный Tuch...
сульфати́рование *n (Ch)* Sulfatierung *f*
сульфиди́рование *n (Ch)* Sulfidierung *f*
сульфи́дный sulfidisch, Sulfid...
сульфита́ция *f (Lebm)* Schwefeln *n*
сульфи́тный Sulfit...
су́мерки *pl* Dämmerung *f*
су́мма *f* Summe *f*, Betrag *m*
сумма́рный summarisch, Summen...; Gesamt...
сумма́тор *m* Adder *m*, Addierwerk *n*, Addierer *m*; Summator *m*
~/**многоразря́дный** mehrstelliges Addierwerk *n*

~/**нака́пливающий** speicherndes Addierwerk *n*, Speicheraddierwerk *n*
~/**одноразря́дный** einstelliges Addierwerk *n*
~/**паралле́льный** paralleler Addierer *m*, Paralleladdierer *m*
~/**по́лный** Volladdierer *m*
~/**цифрово́й** Digitaladdierer *m*
сумми́рование *n* Summierung *f*, Summation *f*
суперви́зор *m (Inf)* Supervisor *m*, SV *m*, Überwachungsprogramm *n*, Kontrollprogramm *n*
супергетероди́н *m (Rf)* Superhet(erodyn)empfänger *m*, Super(het) *m*
супергетероди́нный *(Rf)* Superhet(erodyn)...
супериконоско́п *m (TV)* Superikonoskop *n*, Image-Ikonoskop *n*
суперкала́ндр *m (Pap)* Superkalander *m*
суперкриста́лл *m (Eln)* Superchip *m*
суперла́йнер *m* Superliner *m*, Superlinienschiff *n*
суперми́ни-ЭВМ *f* Superminicomputer *m*
суперобло́жка *f (Typ)* Schutzumschlag *m*
суперортико́н *m (TV)* Superorthikon *n*, Image-Orthikon *n*
суперпози́ция *f (Ph)* Superposition *f*, Überlagerung *f*
суперрегенера́ция *f (Rf)* Pendelrückkopplung *f*
суперта́нкер *m* Supertanker *m*, Großtanker *m*
супертра́улер *m* Supertrawler *m*, Großtrawler *m*
суперфиниши́рование *n (Fert)* Kurzhubhonen *n*, Kurzhubziehschleifen *n*
су́пер-ЭВМ *f* Großrechner *m*
су́песь *f (Geol)* lehmiger Feinsand *m*
су́ппорт *m (Wkzm)* Support *m*, Werkzeugschlitten *m*
~/**многорезцо́вый** Mehrmeißelsupport *m*
~/**сверли́льный** Bohrsupport *m*
сурдобарока́мера *f (Raumf)* schallisolierte Unterdruckkammer *f*
сурдока́мера *f (Raumf)* schallisolierte Kammer *f*, schallisolierter Raum *m*
су́рик *m (Min)* Mennige *f*
~/**желе́зный** Eisenmennige *f*
~/**свинцо́вый** Bleimennige *f*
суровьё *n (Text)* Rohware *f (Gewebe)*
суррога́т *m* Surrogat *n*, Ersatzstoff *m*
сурьма́ *f (Ch)* Antimon *n*, Sb
сурьмя́нистый *(Ch)* ...antimonid *n*; antimonhaltig
сурьмянокѝслый *(Ch)* ...antimonat *n*; antimonsauer
сурьмя́ный Antimon...
су́сло *n* 1. Würze *f*; 2. Most *m*; 3. Maische *f*
суспенди́рование *n* Aufschwemmen *n*, Aufschlämmen *n*
суспенди́ровать aufschwemmen, aufschlämmen
суспензио́нный Suspensions...
суспе́нзия *f* Suspension *f*, Aufschwemmung *f*, Aufschlämmung *f*
сусцепта́нц *m* 1. *(El)* Blindleitwert *m*, Suszeptanz *f*; 2. *(Ak)* akustischer Blindleitwert *m*
су́тки *pl* Tag *m (24 Stunden)*
~/**звёздные** Sterntag *m*
~/**со́лнечные** Sonnentag *m*
суту́нка *f (Wlz)* Flachknüppel *m*, Platine *f*
суть *f* **реше́ния** *(Kyb)* Entscheidungsgehalt *m*, Entscheidungsinhalt *m*
суха́рь *m* 1. *(Masch)* Gleitstein *m*, Druckstein *m*; 2. *(Fert)* Passstück *n*, Passteil *n*
сухогру́з *m s.* судно/сухогрузное
сухо́й trocken, Trocken...; arid, regenarm
сухопа́рник *m* Dampftrockner *m*, Dampfdom *m*
сухопу́тный Land...
суче́ние *n* Verdrehen *n*, Verwinden *n (Drähte)*; *(Text)* Nitscheln *n*
сучи́ть verdrehen, verwinden; *(Text)* nitscheln
сучкоре́зка *f (Forst)* Entästungsmaschine *f*
сучо́к *m (Forst)* Ast *m*
су́ша *f (Geol)* Festland *n*
сушёный getrocknet, Trocken..., gedörrt, Dörr...
суши́лка *f* Trocknungsanlage *f*, Trockner *m*; Trockenraum *m*, Darrkammer *f*, Darre *f*
~/**бараба́нная** Trommeltrockner *m*

~/**вáкуумная** Vakuumtrockner *m*
~/**воздýшная** Lufttrockner *m*
~/**высокочастóтная** Hochfrequenztrockner *m*
~/**кáмерная** Kammertrockner *m*, Trockenkammer *f*
~/**конвéйерная** Fließbandtrockner *m*
~/**конвектúвная** Konvektionstrockner *m*
~/**контáктная** Kontakttrockner *m*
~/**лéнточная** Bandtrockner *m*
~/**противотóчная** Gegenstromtrockner *m*
~/**распылúтельная** Zerstäubungstrockner *m*
~/**сублимациóнная** Gefriertrocknungsanlage *f*, Gefriertrockner *m*
~/**трýбчатая** Röhrentrockner *m*
~/**туннéльная** Tunneltrockner *m*, Kanaltrockner *m*
~/**шáхтная** Schacht(durchlauf)trockner *m*
сушúло *n* Trockenraum *m*, Trockenkammer *f*
сушúльный 1. Trocken...; Darr...
сушúть 1. trocknen; 2. darren *(Malz)*; 3. dörren *(Obst)*
сýшка *f* 1. Trocknen *n*, Trocknung *f*; 2. Darren *n (von Malz)*; 3. Dörren *n (Obst)*
~/**вáкуумная** Vakuumtrocknung *f*
~/**воздýшная** Lufttrocknung *f*
~ **выморáживанием** Gefriertrocknung *f*
~/**высокочастóтная** Hochfrequenztrocknung *f*
~/**инфракрáсная** Infrarottrockung *f*, IR-Trocknung *f*
~/**печнáя** Ofentrocknung *f*
~/**сублимациóнная** Gefriertrocknung *f*
сфалерúт *m (Min)* Sphalerit *m*, Zinkblende *f*
сфенóид *m (Krist)* Sphenoid *n*
сфéра *f* Sphäre *f*, Bereich *m*, Zone *f*; *(Math)* Kugel *f*, Kugelfläche *f*
~/**небéсная** *(Astr)* Himmelskugel *f*, Himmelssphäre *f*
сферúческий sphärisch, kugelförmig, Kugel...
сферúчность *f* Kugelform *f*, Kugelgestalt *f*
сферóид *m* **(вращéния)** *(Ph)* Drehellipsoid *n*, Rotationsellipsoid *n*, Sphäroid *n*, Rotationssphäroid *n*
сфероидáльный sphäroidisch, sphäroidal, kugelähnlich
сферóидный sphäroidisch, kugelähnlich
сферолúт *m (Min)* Sphärolith *m*
сферолúтовый sphärolithisch
сферóметр *m* Sphärometer *n*
сферометрúя *f* Sphärometrie *f*
схват *m* (mechanischer) Greifer *m*
схвáтка *f (Förd)* Zange *f*, Greifer *m*, Anschlagmittel *n*
схвáтывание *n* Abbinden *n*, Erstarren *n (von Beton, Mörtel)*
схвáтываться abbinden, erstarren *(Beton, Mörtel)*
схéма *f* 1. Schema *n*, Skizze *f*; 2. *(El)* Schaltung *f*, Schaltbild *n*; 3. *(El)* Netzwerk *n*; 4. *(Eln)* Schaltkreis *m*
~/**анáлоговая интегрáльная** Analogschaltkreis *m*, analoger Schaltkreis [IC, IS] *m*
~ **антисовпадéний** *(Kern)* Antikoinzidenzschaltung *f*
~/**балáнсная** *(El)* Balanceschaltung *f*
~/**биполя́рная (интегрáльная)** 1. Bipolarschaltung *f*, bipolare Schaltung *f*; 2. Bipolarschaltkreis *m*, bipolarer Schaltkreis *m*
~/**бистабúльная** bistabile Schaltung *f*, Flip-Flop-Schaltung *f*
~/**большáя гибрúдная интегрáльная** 1. Hybridgroßintegrationsschaltung *f*; 2. Hybrid-LSI-Schaltkreis *m*
~/**большáя интегрáльная** 1. hochintegrierte Schaltung *f*; 2. hochintegrierter Schaltkreis *m*, LSI-Schaltkreis *m*, hochintegrierter IC [IS] *m*
~/**вéнтильная** Torschaltung *f*, Gatter *n*
~ **включéния** Schaltschema *n*
~ **вы́борки и хранéния** *(Eln)* 1. Sample-and-Hold-Schaltung *f*; 2. Sample-and-Hold-Schaltkreis *m*
~/**высокочастóтная** Hochfrequenzschaltung *f*, HF-Schaltung *f*
~/**гибрúдная (интегрáльная)** 1. Hybridschaltung *f*; 2. Hybridschaltkreis *m*, Hybrid-IC *m*, Hybrid-IS *m*
~/**двухтáктная** Gegentaktschaltung *f*, Push-Pull-Schaltung *f*
~/**диóдная** Diodenschaltung *f*
~/**дифференциáльная** Differenzialschaltung *f*, Differentialschaltung *f*, Vergleichsschaltung *f*

~/**заказнáя (интегрáльная)** kundenspezifischer Schaltkreis *m*, Kunden(wunsch)schaltkreis *m*, Kunden-IC *m*, Kunden-IS *m*
~ **замещéния** *s.* ~/эквивалентная
~/**запоминáющая** Speicherschaltung *f*
~ **защи́ты** Schutzschaltung *f*
~ **И** UND-Schaltung *f*, Konjunktionsschaltung *f*
~/**измери́тельная** Messschaltung *f*
~ **И-ИЛИ** UND-ODER-Schaltung *f*
~ **ЙЛИ** ODER-Schaltung *f*, Disjunktionsschaltung *f*
~ **ЙЛИ-НЕ** ODER-NICHT-Schaltung *f*, NOR-Schaltung *f*
~ **И-НЕ** UND-NICHT-Schaltung *f*
~/**интегрáльная** 1. integrierte Schaltung *f*, 2. integrierter Schaltkreis *m*, IC *m*, IS *m*
~/**интегри́рующая** Integrierschaltung *f*
~/**испытáтельная** Prüfschaltung *f*
~/**каскáдная** Kaskadenschaltung *f*
~/**каскóдная** Kaskodenschaltung *f*
~/**логи́ческая** 1. Logikschaltung *f*; 2. Logikschaltkreis *m*, Logik-IC *m*, Logik-IS *m*
~ **мáлой стéпени интегрáции/интегрáльная** 1. Kleinintegrationsschaltung *f*; 2. Kleinintegrationsschaltkreis *m*, SSI-Schaltkreis *m*
~/**мáтричная** 1. Matrixschaltung *f*; 2. Matrixschaltkreis *m*
~/**микромóдульная** Mikromodulschaltung *f*
~/**микроэлектрóнная** 1. Mikroelektronikschaltung *f*; 2. Mikro(elektronik)-schaltkreis *m*
~/**мнемони́ческая** mnemonisches Schema *n*, Übersichtsschaltbild *n*
~/**монтáжная** 1. Montageplan *m*, Montageschema *n*, Bauplan *m*; 2. Verdrahtungsplan *m*, Verdrahtung *f*
~/**мостовáя** Brückenschaltung *f*
~ **НЕ** NICHT-Schaltung *f*, Negationsschaltung *f*, Negator *m*
~/**низкочастóтная** Niederfrequenzschaltung *f*, NF-Schaltung *f*
~ **пáмяти/интегрáльная** Speicherschaltkreis *m*
~/**араллéльная** Parallelschaltung *f*, Nebenschlussschaltung *f*
~/**печáтная** gedruckte Schaltung *f*
~/**пóлностью заказнáя интегрáльная** vollkundenspezifischer Schaltkreis *m*, Vollkunden-IC *m*, Vollkunden-IS *m*
~/**полузаказнáя интегрáльная** halbkundenspezifischer Schaltkreis *m*, Halbkunden-IC *m*, Halbkunden-IS *m*
~/**полупроводникóвая интегрáльная** integrierter Halbleiterschaltkreis *m*
~/**послéдовательная** Reihenschaltung *f*, Serienschaltung *f*
~/**приёмная** Empfangsschaltung *f*
~/**принципиáльная (электри́ческая)** Stromlaufplan *m*
~/**программи́руемая интегрáльная** programmierbarer Schaltkreis [IC, IS] *m*
~ **развёртки** *(TV)* Ablenkschaltung *f*, Kippschaltung *f*
~/**регенерати́вная** Rückkopplungsschaltung *f*
~/**релéйная** Relaisschaltung *f*
~ **с высокóй стéпенью интегрáции/интегрáльная** hochintegrierter Schaltkreis *m*, LSI-Schaltkreis *m*, hochintegrierter IC [IS] *m*
~/**сверхбольшáя интегрáльная** VLSI-Schaltkreis *m*
~/**сверхскóростная интегрáльная** Hochgeschwindigkeitsschaltkreis *m*, HSIC *m*
~/**си́мплексная** Simplexschaltung *f*
~/**следя́щая** Folgeschaltung *f*
~ **совпадéний** *(Kern)* Koinzidenzschaltung *f*
~/**согласóванная** angepasste Schaltung *f*
~ **соединéний** Schalt(ungs)schema *n*; Bauschaltplan *m*
~/**специализи́рованная интегрáльная** anwendungsspezifischer Schaltkreis *m*
~/**спусковáя** Triggerschaltung *f*, Auslöseschaltung *f*
~ **сравнéния** Vergleichsschaltung *f*
~/**срéдняя интегрáльная** mittelintegrierter Schaltkreis *m*, MSI-Schaltkreis *m*
~/**структу́рная** Übersichtsschaltplan *m*
~/**субмикрóнная интегрáльная** Submikronschaltkreis *m*, Submikron-IC *m*, Submikron-IS *m*

~/**твердоте́льная интегра́льная** Festkörperschaltkreis *m*
~/**три́ггерная** Triggerschaltung *f*, Auslöseschaltung *f*
~ **управле́ния** 1. Steuerschaltung *f*, Regelschaltung *f*; 2. Steuerschaltkreis *m*, Steuer-IS *m*, Kontroller *m*
~/**усили́тельная** Verstärkerschaltung *f*
~/**фикси́рующая** Klemmschaltung *f*, Clamping-Schaltung *f*
~/**функциона́льная** Funktionsschaltbild *n*
~ **це́пи** Kettenschaltung *f*
~/**цифрова́я интегра́льная** Digitalschaltkreis *m*, digitaler Schaltkreis [IC, IS] *m*
~/**эквивале́нтная** 1. Ersatzschaltung *f*, äquivalente Schaltung *f*; 2. Ersatzschaltbild *n*
~/**электромонта́жная** Verdrahtungsplan *m*, Schalt- und Belegungsplan *m*
~/**электро́нная** 1. elektronische Schaltung *f*; 2. elektronischer Schaltkreis *m*
схе́мный Schaltungs..., schaltungstechnisch
схемоте́хника *f (El)* 1. Schaltungstechnik *f*; 2. Schaltkreistechnik *f*; 3. Netzwerktechnik *f*
схемотехни́ческий *(El)* schaltungstechnisch, Schaltungs...
сход *m* 1. Ablauf *m*, Ablaufen *n*; 2. Siebüberlauf *m*, Siebgrobes *n*
сходи́мость *f (Math)* Konvergenz *f*
схо́дни *fpl (Schiff)* Landungssteg *m*, Laufsteg *m*, Gangway *f*
сходя́щийся 1. zusammenlaufend; 2. *(Math)* konvergent
схожде́ние *n* **(колёс)** *(Kfz)* Vorspur *f*
сце́живать *(Ch)* abgießen, abzapfen
сце́пка *f* Kupplung *f*, Koppelgerät *n*
~/**жёсткая** starre Kupplung *f*
сцепле́ние *n* 1. Haftung *f*, Haften *n*, Anhaften *n*; 2. *(Kfz)* Kupplung *f*; 3. Kuppeln *n*, Kupplung *f*; 4. *(Inf)* Verkettung *f*; 5. *(Ph)* Kohäsion *f*; 6. *(Eb)* Haftreibung *f (Rad/Schiene)*
~/**автомати́ческое** *(Kfz)* automatische Kupplung *f*, Kupplungsautomat *m*
~ **да́нных** *(Inf)* Datenverkettung *f*
~/**ди́сковое** *(Kfz)* Scheibenkupplung *f*
~ **кома́нд** *(Inf)* Befehlsverkettung *f*
~ **масси́вов** *(Inf)* Verkettung *f* von Dateien, Dateienverkettung *f*
~/**сухо́е** *(Kfz)* Trockenkupplung *f*
~/**фрикцио́нное** *(Kfz)* Reibungskupplung *f*
~/**центробе́жное** *(Kfz)* Fliehkraftkupplung *f*
сцепля́емость *f* Haftkraft *f*, Haftvermögen *n*, Haftfähigkeit *f*
сцепля́ть kuppeln, einhaken
сцепля́ться 1. zusammenhaften, aneinander haften; 2. ineinander greifen, eingreifen; 3. *(Masch)* kämmen *(Zahnräder)*
сцепно́й Kupplungs..., Kuppel...; ausrückbar, Schalt...
сцинтилля́тор *m* Szintillator *m*
сцинтилляцио́нный Szintillations...
сцинтилля́ция *f* Szintillation *f*, Szintillieren *n*
счал *m (Schiff)* Kupplung *f (eines Schubschleppers)*, Schubkupplung *f*
счёт *m* 1. Rechnen *n*; Zählen *n*; 2. Rechnung *f*; 3. Konto *n*
счётно-реша́ющий Rechen...
счётный Zähl...; Rechen...
счётчик *m* 1. Zähler *m*, Zählwerk *n*; 2. *(Kern)* Zählrohr *n*
~ **ампе́р-часо́в** *(El)* Amperestundenzähler *m*
~ **ватт-часо́в** *(El)* Wattstundenzähler *m*
~ **вре́мени** 1. *(Nrt)* Zeitzähler *m*; 2. *(Kfz)* Parkuhr *f*
~/**га́зовый** Gaszähler *m*, Gasmesser *m*
~ **га́мма-ква́нтов** *(Kern)* Gammazählrohr *n*
~ **Ге́йгера-Мю́ллера** *(Kern)* Geiger-Müller-Zählrohr *n*, GM-Zählrohr *n*
~/**двои́чный** Binärzähler *m*, binärer Zähler *m*
~ **и́мпульсов** *(Kern)* Impulszähler *m*
~ **килова́тт-часо́в** *(El)* Kilowattstundenzähler *m*
~ **кома́нд** *(Inf)* Befehlszähler *m*
~/**ма́ятниковый** *(El)* Pendelzähler *m*
~ **оборо́тов** Drehzahlmesser *m*, Umdrehungszähler *m*
~ **переме́нного то́ка** *(El)* Wechselstromzähler *m*
~ **постоя́нного то́ка** *(El)* Gleichstromzähler *m*

~/**програ́ммный** *(Inf)* Programmzähler *m*
~/**пропорциона́льный** *(Kern)* Proportionalzähler *m*
~/**сцинтилляцио́нный** *(Kern)* Szintillationszähler *m*
~ **части́ц** *(Kern)* Teilchenzähler *m*
~ **электроэне́ргии** *s.* электросчётчик
счита́ть zählen
счи́тывание *n* Lesen *n*; Ablesen *n*, Ablesung *f*; Abfühlen *n*; Abtasten *n*, Abtastung *f*
~/**магни́тное** magnetische Abtastung *f*
~/**неразруша́ющее** *(Inf)* zerstörungsfreies [nicht löschendes] Lesen *n*
~/**обра́тное** *(Inf)* Rückwärtslesen *n*
~/**после́довательное** *(Inf)* serielle [sukzessive] Abtastung *f*
~ **со стира́нием** *(Inf)* zerstörendes [löschendes] Lesen *n*
сшива́ние *n* 1. *(Gum)* Vernetzen *n*, Vernetzung *f*, 2. *(Text)* Zusammennähen *n*
сши́тый ни́тками *(Typ)* fadengeheftet *(Buchbinderei)*
~ **термони́тками** *(Typ)* fadengesiegelt *(Buchbinderei)*
съезд *m* 1. Abfahrt *f*, Ausfahrt *f*; 2. *(Eb)* Verbindungsgleis *n*
съём *m* 1. Abnehmen *n*, Abnahme *f*; 2. Abgriff *m*; 3. Entnahme *f*
съёмка *f* 1. *(Photo)* Aufnahme *f*; 2. *(Geod)* Aufnahme *f*, Vermessung *f*
~/**возду́шная** *(Geod)* Luftaufnahme *f*
~/**высо́тная** *(Geod)* Höhenaufnahme *f*
~/**геодези́ческая** geodätische Aufnahme *f*, Vermessung *f*
~/**горизонта́льная** Lageplanaufnahme *f*
~/**гравиметри́ческая** *(Geoph)* gravimetrische Aufnahme *f*
~/**заме́дленная** *(Kine)* Zeitlupenaufnahme *f*
~/**инструмента́льная** *(Geod)* Instrumentenaufnahme *f*
~/**маркше́йдерская** *(Bgb)* markscheiderische Aufnahme *f*
~/**ме́нзульная** *(Geod)* Messtischaufnahme *f*
~/**мультипликацио́нная** *(Kine)* Animationsaufnahme *f*
~/**назе́мная** *(Geod)* terrestrische Aufnahme *f*
~/**радиолокацио́нная** *(Geod)* Radaraufnahme *f*
~/**тахеометри́ческая** *(Geod)* tachymetrische Aufnahme *f*, Tachymeteraufnahme *f*
~/**топографи́ческая** *(Geod)* topographische Aufnahme *f*
съёмник *m* Abzieher *m*, Abziehvorrichtung *f*
съёмный abnehmbar; lösbar
сыпу́честь *f* Schüttbarkeit *f*, Schüttfähigkeit *f*
сыпу́чий schüttbar, Schütt...
сыре́ть feucht werden; anlaufen
сыро́й 1. feucht; 2. roh, Roh..., unbearbeitet
сырьё *n* Rohstoff *m*, Rohmaterial *n*, Rohware *f*, Ausgangsmaterial *n*
~/**втори́чное** Altmaterial *n*
~/**минера́льное** mineralischer Rohstoff *m*
сырьево́й Rohstoff...
сэ́бин *m (Ak)* Sabin *n (SI-fremde Einheit der Schallabsorption)*
СЭС *f s.* электростанция/солнечная

Т

Т *s.* тера...
таблети́рование *n* Tablettieren *n*
табли́ца *f* Tabelle *f*, Tafel *f*
~/**перево́дная** Umrechnungstafel *f*
~/**телевизио́нная испыта́тельная** Fernsehtestbild *n*
табли́чка *f* Schild *n*
~/**па́спортная** Leistungsschild *n*
табло́ *n* 1. Tableau *n*, Schautafel *f*; 2. *(Eb)* Gleisbild *n*
~/**светово́е** Leuchttableau *n*, Leuchtbild *n*
табули́рование *n* Tabellieren *n*
табули́рующий Tabellier...
табуля́тор *m* Tabelliermaschine *f*
~/**алфави́тно-цифрово́й** alphanumerische Tabelliermaschine *f*
таво́т *m s.* смазка/консистентная
тавро́вый T-förmig, T-... *(T-Stahl)*
тайм-а́ут *m (Inf)* Timeout *n*, Zeitsperre *f*
та́ймер *m* 1. Timer *m*, Schaltuhr *f*; Zeitgeber *m*; 2. Zeitmessinstrument *n*

такелаж *m (Schiff)* Takelage *f*, Takelung *f*
таксáция *f* Abschätzung *f*, Taxierung *f*
таксú *n (Kfz)* Taxi *n*, Taxe *f*
~/**грузовóе** Gütertaxi *n*
~ **с радиотелефóном** Funktaxi *n*
таксофóн *m* Münzfernsprecher *m*
такт *m* 1. *(Mech)* Takt *m*; 2. *(Ak)* Takt *m*, Zeitmaß *n*; 3. *(Kfz)* Takt *m*, Hub *m (des Verbrennungsmotors)*
~ **впýска** *(Kfz)* Einlasstakt *m*
~ **всáсывания** *(Kfz)* Ansaugtakt *m*, Ansaughub *m*
~ **вы́пуска** *(Kfz)* Ausstoßtakt *m*, Ausstoßhub *m*
~/**рабóчий** *(Kfz)* Arbeitstakt *m*, Arbeitshub *m*
~ **расширéния** *s.* ~/рабочий
~ **сжáтия** *(Kfz)* Verdichtungstakt *m*, Verdichtungshub *m*
~/**холостóй** *(Kfz)* Leertakt *m*
тáктность *f (Kfz)* Taktzahl *f (Verbrennungsmotor)*
тáлевый Flaschenzug...
тáлер *m (Typ)* Drucktisch *m*, Platte *f*, Formbett *n*
тáли *pl (Schiff)* Talje *f*, Hubzeug *n*
тáллиевый Thallium...
тáллий *m (Ch)* Thallium *n*, Tl
таль *f* Flaschenzug *m*
тáльковый Talk...
тáмбур *m* 1. *(Bw)* Windfang *m*; 2. *(Schiff)* Vorraum *m*
тампонáж *m (Bgb)* Abdichten *n*, Abdichtung *f*, Tamponieren *n*, Zementieren *n (Bohrlöcher)*
тангáж *m* 1. *(Flg)* Nicken *n*; 2. *(Hydrom)* Stampfen *n*, Stampfbewegung *f*
тáнгенс *m (Math)* Tangens *m*, tan
~/**гиперболúческий** Hyperbeltangens *m*, Tangens *m* hyperbolicus, tan h
тангенсóида *f (Math)* Tangentenkurve *f*
тангенциáльный tangential, Tangential...
тáндем *m* Tandem *n*
танк *m* 1. Tank *m*, Zisterne *f*; Behälter *m*; 2. *(Mil)* Panzer *m*
тáнкер *m* Tanker *m*, Tankschiff *n*
~/**крупнотоннáжный** Großtanker *m*, Supertanker *m*
~/**нефтянóй** Öltanker *m*, Öltankschiff *n*
тáнкер-газовóз *m* Flüssiggastanker *m*
тáнкер-продуктовóз *m* Produktentanker *m*
тантáл *m (Ch)* Tantal *n*, Ta
тантáловый Tantal...
тáра *f* 1. Verpackung *f*, Verpackungsmittel *n*; 2. Leergewicht *n*, Tara *f*; Eigenmasse *f (eines Fahrzeugs)*
~/**возврáтная** wieder verwendbare Verpackung *f*
~/**многооборóтная** Mehrwegeverpackung *f*
~/**порóжняя** Leergut *n*, Leerverpackung *f*
~/**рáзовая** Einwegverpackung *f*
тарéлка *f* 1. Teller *m*; 2. *(Ch)* Boden *m*, Kolonnenboden *m (Destillation)*; 3. *(El)* Teller *m*, Schirm *m (des Isolators)*
~/**бýферная** *(Eb)* Federteller *m*
~ **клáпана** Ventilteller *m (von Verbrennungsmotoren)*
тарéльчатый Teller...
тарúрование *n* Tarieren *n (von Waagen)*
тарúф *m* Tarif *m*
~/**грузовóй** Gütertarif *m*
~/**льгóтный** ermäßigter Tarif *m*
~/**мéстный** Nahverkehrstarif *m*
~/**ночнóй** Nachttarif *m*; Nachtgebühr *f*
тарификáция *f* Gebührenerfassung *f*
таутомéр *m (Ch)* Tautomer *n*, tautomere Form *f*
таутомерúя *f (Ch)* Tautomerie *f*
таутомéрный *(Ch)* tautomer
тахеóметр *m (Geod)* Tachymeter *n*, Tacheometer *n*
тахеомéтрия *f (Geod)* Tachymetrie *f*
тахогенерáтор *m (El)* Tacho(meter)generator *m*, Tacho(meter)maschine *f*
тахóграф *m* Tachograph *m*, Drehzahlschreiber *m*
тахóметр *m* Tachometer *n*, Drehzahlmesser *m*, Geschwindigkeitsmesser *m*
~/**центробéжный** Fliehkrafttachometer *n*
тахоспидóграф *m (Kfz)* Fahrtenschreiber *m*
тáчка *f* Karren *m*, Karre *f*
ТВ *n s.* телевидение
твердéние *n* Härten *n*, Härtung *f*; *(Bw)* Erhärten *n*, Erhärtung *f*, Erstarren *n*, Erstarrung *f (Beton)*; *(Met)* Verfestigen *n*; Aushärten *n (Legierungen)*

~/**дисперсио́нное** *(Met)* Ausscheidungshärten *n*, Ausscheidungshärtung *f*
тверде́ть erhärten, hart werden; *(Bw)* erstarren, erhärten *(Beton)*; *(Met)* aushärten *(Legierungen)*
твердоме́р *m* Härtemesser *m*, Härtemessinstrument *n*
твердопласти́ческий fest-plastisch
твердоспла́вный Hartmetall...
твёрдость *f (Wkst)* Härte *f*; Festigkeit *f*
~ **по Брине́ллю** *(Wkst)* Brinellhärte *f*, Kugeldruckhärte *f*, HB *f*
~ **по Ви́ккерсу** Vickershärte *f*, HV *f*
~ **по Ро́квеллу** Rockwellhärte *f*, HR *f*
~ **по Шо́ру** Shorehärte *f*, HS *f*, Rücksprunghärte *f*, Skleroskophärte *f*
~/**склероскопи́ческая** *s.* ~ по Шору
твердоте́льный Festkörper...
твёрдый hart, Hart...; fest, Fest...
твинде́к *m (Schiff)* Zwischendeck *n*
ТВЧ *n s.* телевидение высокой чёткости
текст *m* Text *m*
~/**откры́тый** Klartext *m*
тексти́льный Textil...; Gewebe...
тексту́ра *f* 1. *(Krist, Geol, Min)* Textur *f*; 2. *(Holz)* Maserung *f*
текстуро́ванный texturbehaftet, orientiert, texturiert
текто́ника *f (Geol)* Tektonik *f*; Geotektonik *f*
тектони́ческий *(Geol)* tektonisch
теку́честь *f* 1. (plastisches) Fließen *n (von Werkstoffen)*; 2. Fließverhalten *n*; 3. *(Hydrom)* Fluidität *f*, Fließvermögen *n*
теку́чий leichtflüssig, dünnflüssig
теку́щий laufend
теле... Fern...
телеви́дение *n* Fernsehen *n*, Television *f*
~ **высо́кой чёткости** Hochzeilenfernsehen *n*, hochzeiliges Fernsehen *n*, HDTV *n*
~/**высокока́чественное** *s.* ~ высокой чёткости
~/**ка́бельное** Kabelfernsehen *n*
~/**многостро́чное** *s.* ~ высокой чёткости
~/**объёмное** Stereofernsehen *n*, dreidimensionales Fernsehen, 3-D-Fernsehen *n*
~ **по прово́дам** *s.* ~/кабельное
~/**подво́дное** Unterwasserfernsehen *n*
~/**промы́шленное** industrielles Fernsehen *n*, Industriefernsehen *n*
~/**спу́тниковое** Satellitenfernsehen *n*
~/**стереоцветно́е** Stereofarbfernsehen *n*
~/**цветно́е** Farbfernsehen *n*
~/**чёрно-бе́лое** Schwarzweißfernsehen *n*
телевизио́нный Fernseh...
телеви́зор *m* Fernseh(empfangs)gerät *n*, Fernsehempfänger *m*, Fernseher *m*
~/**переносно́й** Kofferfernsehgerät *n*, transportables [tragbares] Fernsehgerät *n*, Portable *m(n)*
~/**цветно́й** Farbfernsehempfänger *m*
~/**чёрно-бе́лый** Schwarzweißfernsehempfänger *m*
телевыключа́тель *m (El)* Fernausschalter *m*
телегра́мма *f* Telegramm *n*
телегра́ф *m (Nrt)* 1. Telegraph *m*; 2. Telegraphendienst *m*; 3. Telegraphenamt *n*
~/**беспро́волочный** Funktelegraph *m*
~/**маши́нный** Maschinentelegraph *m*
телеграфи́рование *n* 1. Telegraphieren *n*; 2. Telegraphie *f*, Fernschreibdienst *m*
~/**абоне́нтское** Teilnehmerfernschreibverkehr *m*
~/**высокочасто́тное** Trägerfrequenztelegraphie *f*; Hochfrequenztelegraphie *f*
~/**многокра́тное** Mehrfachtelegraphie *f*
~/**надтона́льное** Überlagerungstelegraphie *f*
~ **пере́менным то́ком** Wechselstromtelegraphie *f*
~/**подтона́льное** Unterlagerungstelegraphie *f*
~/**си́мплексное** Simplextelegraphie *f*, Simplexbetrieb *m*
~/**тона́льное** Tonfrequenztelegraphie *f*
~/**часто́тное** Trägerfrequenztelegraphie *f*
телеграфи́я *f* 1. Fernschreibtechnik *f*; 2. Telegraphie *f*, Telegraphenbetrieb *m (s. a. unter* телеграфирование*)*
телегра́фный telegraphisch, Telegraphen...

теле́жка *f* 1. Wagen *m*, Karren *m*; 2. *(Eb)* Fahrgestell *n*; Drehgestell *n*; 3. *(Förd)* Laufkatze *f*, Katze *f (eines Krans)*
~/аккумуля́торная Elektrokarren *m*, E-Karren *m*
~/бага́жная Gepäckwagen *m*
~/гре́йферная *(Förd)* Greiferkatze *f*
~/грузова́я 1. Lastkarren *m*; 2. Laufkatze *f*, Krankatze *f*
~/загру́зочная *(Met)* Beschickungswagen *m*; Chargierwagen *m*
~/кра́новая *(Förd)* Laufkatze *f*, Krankatze *f*
~/самохо́дная 1. selbstfahrendes Fahrgestell *n*, Fahrgestell *n* mit Eigenantrieb; 2. Wagen [Karren] *m* mit Eigenantrieb; 3. Transportroboter *m*
~/ходова́я Fahrgestell *n*
телеизмере́ние *n* Fernmessung *f*, Telemetrie *f*
телеизмери́тель *m* Fernmessinstrument *n*
телеизмери́тельный Fernmess...
телеиндика́тор *m* Fernanzeigegerät *n*
телека́мера *f* Fernseh(aufnahme)kamera *f*; Videokamera *f*
~/бытова́я Videokamera *f*
телекоммуника́ция *f* Telekommunikation *f*, Nachrichtentechnik *f*, Nachrichtenwesen *n*
телеконтро́ль *m* Fernkontrolle *f*, Fernüberwachung *f*
телекопи́р *m* Fernkopierer *m*
телекопи́рование *n* Fernkopieren *n*
те́лекс *m (Nrt)* 1. Telex *n*, Telexgerät *n*; 2. Telexnetz *n*; 3. Telex *n (als Nachricht)*; 4. Telex *n*, Telexverkehr *m*
телеметри́ческий Fernmess...
телеметри́я *f* Fernmessung *f*, Telemetrie *f*
телемеха́ника *f* Fernwirktechnik *f*
телемехани́ческий Fernwirk...
телеобрабо́тка *f* **да́нных** Datenfernverarbeitung *f*
телеобъекти́в *m (Photo)* Teleobjektiv *n*
телепереда́ча *f* Fernsehübertragung *f*
телерегули́рование *n* Fernregelung *f*
телесе́йсмика *f (Geoph)* Teleseismik *f*, Fernbebenuntersuchung *f*
телесигнализа́ция *f (Nrt)* Fernsignalisierung *f*; Fernanzeige *f*

телеско́п *m* Teleskop *n*, Fernrohr *n*
~/вертика́льный Vertikalteleskop *n*
~/горизонтальный Horizontalteleskop *n*
~/двойно́й Zwillingsteleskop *n*
~/зени́тный Zenitteleskop *n*
~/зерка́льно-ли́нзовый Spiegellinsenteleskop *n*, katadioptrisches Teleskop *n*
~/зерка́льный Spiegelteleskop *n*
~/инфракра́сный Infrarotteleskop *n*
~/ли́нзовый Linsenteleskop *n*, Linsenfernrohr *n*
~/рентге́новский Röntgenteleskop *n*
~/со́лнечный Sonnenteleskop *n*
телескопи́ческий Teleskop..., teleskopisch
телеско́п-рефле́ктор *m* Reflektor *m*, Spiegelteleskop *n*, Spiegelfernrohr *n*
телеско́п-рефра́ктор *m* Refraktor *m*, Linsenfernrohr *n*
телесту́дия *f* Fernsehstudio *n*
телесчётчик *m* Fernzähler *m*, Fernzählgerät *n*
телета́йп *m* Fernschreiber *m*, Fernschreibmaschine *f*
телетайпный Fernschreib...
телетекс *m (Nrt)* Teletex *m*
телете́кст *m (Nrt)* Videotext *m*, Teletext *m*, Bildschirmtext *m*, Fernsehtext *m*, Btx *m*
телеуказа́ние *n* Fernanzeige *f*
телеуказа́тель *m* Fernanzeiger *m*, Fernmelder *m*
телеуправле́ние *n* 1. *(Flg, Rak)* Fernsteuerung *f*, Fernlenkung *f*; 2. *(Reg)* Fernbetätigung *f*; Fernbedienung *f*; 3. *(Nrt)* Ferntastung *f*
телеуправля́емый ferngelenkt, ferngesteuert
телефа́кс *m (Nrt)* Faxgerät *n*
телефо́н *m* Telephon *n*, Fernsprecher *m*
~/головно́й Kopfhörer *m*
телефо́н-автома́т *m* Münzfernsprecher *m*
телефони́рование *n* Fernsprechen *n*, Telephonieren *n (s. a. unter* телефония 1.*)*
~/многокра́тное Mehrfachtelephonie *f*
~/тона́льное Tonfrequenztelephonie *f*
телефони́я *f* 1. Telephonie *f*, Fernsprechen *n (s. a. unter* телефонирование*)*; 2. Fernsprechtechnik *f*

~/**автомати́ческая** Selbstwähltelephonie *f*
~/**высокочасто́тная [радиочасто́тная]** Trägerfrequenztelephonie *f*
~/**двухполо́сная** Zweiseitenbandtelephonie *f*
~/**однополо́сная** Einseitenbandtelephonie *f*, ESB-Telephonie *f*
телефо́нный telephonisch, Telephon..., Fernsprech...
телефото́метр *m* Telephotometer *n*
телефотоме́трия *f* Telephotometrie *f*
телеце́нтр *m* Fernsehzentrum *n*, Fernsehsender *m*
теллу́р *m (Ch)* Tellur *n*, Te
теллу́ристый *(Ch)* ...tellurid *n*; tellurhaltig
те́ло *n* 1. Körper *m*; 2. *(Masch)* Schaft *m (z. B. einer Welle)*
~/**абсолю́тно твёрдое** *(Mech)* absolut [ideal, vollkommen] starrer Körper *m*
~/**абсолю́тно чёрное** *(Therm)* absolut [ideal] schwarzer Körper *m*, idealer Temperaturstrahler *m*
~ **враще́ния** *(Mech)* Drehkörper *m*, Rotationskörper *m*, rotationssymmetrischer Körper *m*
~/**жёсткое** *(Mech)* euklidischer [starrer] Körper *m*
~/**идеа́льно-упру́гое** *(Mech)* hookescher Körper [Festkörper] *m*, vollkommen [ideal elastischer] Körper *m*
~/**интрузи́вное** *(Geol)* Intrusivkörper *m*
~/**небе́сное** *(Astr)* Himmelskörper *m*
~/**неоднoро́дное** *(Ph)* heterogener Körper *m*
~/**одноро́дное** *(Ph)* homogener Körper *m*
~/**по́лое** *(Math)* Hohlkörper *m*
~/**светя́щееся** Leuchtkörper *m*
~/**се́рое** *(Opt)* grauer Körper [Strahler] *m*, Graustrahler *m*
~/**твёрдое** *(Mech)* Festkörper *m*, fester Körper *m*
~/**упру́гое** *s.* ~/идеально-упругое
~/**чёрное** *s.* ~/абсолютно чёрное
тембр *m* **(зву́ка)** *(Ak)* Klangfarbe *f*
те́мбровый Klangfarben...
тёмный dunkel, Dunkel...
темп *m* Tempo *n*, Geschwindigkeit *f*
температу́ра *f* Temperatur *f*
~/**абсолю́тная** absolute Temperatur *f*, Kelvin-Temperatur *f*
~ **воспламене́ния** Flammpunkt *m*, Entflammungstemperatur *f*; Zündtemperatur *f*, Entzündungstemperatur *f*
~ **вспы́шки** *s.* ~ воспламенения
~ **зака́лки** *(Härt)* Härtetemperatur *f*, Abschrecktemperatur *f*
~ **замерза́ния** Gefrierpunkt *m*, Gefriertemperatur *f*
~ **застыва́ния** *(Ch)* Stockpunkt *m (von Ölen)*
~ **затвердева́ния** Erstarrungstemperatur *f*
~ **излуче́ния** *(Opt, Astr)* Strahlungstemperatur *f*
~ **испаре́ния** *(Ph)* Verdampfungstemperatur *f*, Verdampfungspunkt *m*
~ **каплепаде́ния** *(Ch)* Tropfpunkt *m (von Ölen)*
~/**кинети́ческая** *(Ph)* kinetische Temperatur *f*
~ **кипе́ния** *(Ph)* Siedepunkt *m*, Siedetemperatur *f*
~/**ко́мнатная** Raumtemperatur *f*, Zimmertemperatur *f*
~/**криоге́нная** Kryotemperatur *f*, kryogene Temperatur *f*
~/**крити́ческая** 1. kritische Temperatur *f*, Sprungtemperatur *f (eines Supraleiters)*; 2. Curie-Punkt *m*, Curie-Temperatur *f (Magnetismus)*; 3. kritische Temperatur *f*, Zündtemperatur *f (Plasmaphysik)*
~ **нака́ла** *(Met)* Glühfarbentemperatur *f (von Stahl)*
~ **насыще́ния** Sättigungstemperatur *f*
~ **окружа́ющей среды́** Umgebungstemperatur *f*
~ **о́тжига** *(Härt)* Glühtemperatur *f*; *(Glas)* Entspannungstemperatur *f*, Kühltemperatur *f*
~ **о́тпуска** *(Härt)* Anlasstemperatur *f*
~ **перехо́да** 1. *(Therm)* Umwandlungstemperatur *f*; 2. *(Eln)* Sperrschichttemperatur *f*
~ **плавле́ния** *(Ph)* Schmelztemperatur *f*, Schmelzpunkt *m*
~ **по шкáле Це́льсия** Celsius-Temperatur *f*
~/**пове́рхностная** Oberflächentemperatur *f*
~/**рабо́чая** Betriebstemperatur *f*

~/**размягче́ния** *(Ph)* Erweichungstemperatur *f*, Erweichungspunkt *m*
~ **растворе́ния** *(Ph, Ch)* Lösungstemperatur *f*
~ **самовоспламене́ния** Selbstentzündungstemperatur *f*
~/**сва́рочная** Schweißtemperatur *f*
~/**сверхни́зкая** Ultratieftemperatur *f*, ultratiefe Temperatur *f*
~/**сре́дняя** mittlere Temperatur *f*, Temperaturmittel *n*
~ **стеклова́ния** *(Kst)* Einfriertemperatur *f*, Einfrierpunkt *m*
~/**термодинами́ческая** (thermodynamische) Temperatur *f (Kelvin)*
~ **хру́пкости** *(Fest)* Sprödigkeitstemperatur *f*
~/**цветова́я** *(Opt, Astr)* Farbtemperatur *f*
~/**шумова́я** *(Astr)* Rauschtemperatur *f*
~/**этало́нная** Bezugstemperatur *f*, Normaltemperatur *f*
температу́рный Temperatur...
температуропрово́дность *f* Temperaturleitfähigkeit *f*
температуросто́йкий temperaturbeständig, temperaturfest; wärmebeständig, hitzebeständig
температуросто́йкость *f* Temperaturbeständigkeit *f*, Temperaturfestigkeit *f*; Wärmebeständigkeit *f*, Hitzebeständigkeit *f*
температуроусто́йчивость *f s.* температуростойкость
температуроусто́йчивый *s.* температуростойкий
температурочувстви́тельность *f* Temperaturempfindlichkeit *f*
температурочувстви́тельный temperaturempfindlich
те́мплет *m* 1. Schablone *f*; 2. *(Wkst)* Schliffbild *n*
те́ндер *m* 1. *(Eb)* Tender *m*; 2. *(Schiff)* Versorgungsfahrzeug *n*, Versorgungsschiff *n*, Tender *m*
тенево́й Schatten...
тензиме́тр *m* Sättigungsdruckmesser *m*, Dampfdruckmesser *m*
тензода́тчик *m* Tensogeber *m*, Dehnungsgeber *m*
тензо́метр *m* Tensometer *n*, Dehnungsmesser *m*, Querdehnungsmesser *m*
тензометри́ческий Dehnungsmess...
тензометри́я *f* Dehnungsmessung *f*; Tensometrie *f*
те́нзор *m (Math, Ph)* Tensor *m*
тензорези́стор *m* Dehnungsmessstreifen *m*
те́нзорный *(Math, Ph)* tensoriell, Tensor...
тент *m (Schiff)* 1. Sonnensegel *n*; 2. Verdeck *n (des Rettungsfloßes)*; 3. *(Kfz)* Wagenverdeck *n*
тень *f* 1. Schatten *m*; 2. *(Math)* Schatten *m*, Schlagschatten *m*; 3. *(Astr)* Umbra *f*
~ **Земли́** Erdschatten *m*
теодоли́т *m* Theodolit *m*
~/**гироскопи́ческий** Kreiseltheodolit *m*
теоре́ма *f (Math, Ph)* Theorem *n*, Lehrsatz *m*, Satz *m*
~ **взаи́мности** Reziprozitätstheorem *n*
~ **моме́нтов** Momentensatz *m*
~ **Не́рнста (/теплова́я)** nernstsches Wärmetheorem *n*, dritter Hauptsatz *m* der Thermodynamik
~ **о сре́днем (значе́нии)** Mittelwertsatz *m*
~ **Пифаго́ра** Satz *m* von Pythagoras, pythagoreischer Lehrsatz *m*, Pythagoras *m*
~ **подо́бия** Ähnlichkeitssatz *m*
теоре́тико-вероя́тностный wahrscheinlichkeitstheoretisch
теорети́ческий theoretisch
тео́рия *f* Theorie *f*, Lehre *f*
~ **автома́тов** *(Kyb)* Automatentheorie *f*
~ **вероя́тностей** *(Math)* Wahrscheinlichkeitstheorie *f*
~ **возмуще́ний** *(Kern)* Störungstheorie *f*
~/**волнова́я** Wellentheorie *f (des Lichtes)*
~ **га́зов/кинети́ческая** kinetische Gastheorie *f*
~ **гра́фов** *(Math)* Graphentheorie *f*
~ **двойственности** *(Math)* Dualitätstheorie *f*
~/**зо́нная** Bändertheorie *f* (der Metalle)
~ **игр** *(Kyb)* Spieltheorie *f*
~ **информа́ции** Informationstheorie *f*
~/**ква́нтовая** *(Ph)* Quantentheorie *f*
~/**корпускуля́рная** Korpuskulartheorie *f (des Lichtes)*
~ **ма́ссового обслу́живания** *(Inf)* Warteschlangentheorie *f*

~ **механизмов** Getriebelehre *f*
~ **множеств** Mengentheorie *f*
~ **надёжности** Zuverlässigkeitstheorie *f*
~ **оболочек** *(Ph)* Schalentheorie *f*
~ **оптимизации** *(Kyb)* Optimierungstheorie *f*
~ **относительности** *(Ph)* Relativitätstheorie *f*
~ **очередей** *(Inf)* Warteschlangentheorie *f*
~ **ошибок** Fehlertheorie *f*
~ **пластичности** *(Mech)* Plastizitätstheorie *f*
~ **поверхностей** *(Math)* Flächentheorie *f*
~ **подобия** *(Ph)* Ähnlichkeitstheorie *f*
~ **поля** *(Ph, El)* Feldtheorie *f*
~ **приближения** *(Math)* Approximationstheorie *f*
~ **прочности** Festigkeitslehre *f*
~ **света/волновая** Wellentheorie *f* des Lichtes
~ **связи** Nachrichtentheorie *f*
~ **сетей** *(El)* Netzwerktheorie *f*
~ **систем** *(Kyb)* Systemtheorie *f*
~ **упругости** Elastizitätslehre *f*
~ **цветов** Farbenlehre *f*
~ **чисел** *(Math)* Zahlentheorie *f*
теплица *f* Gewächshaus *n*, Treibhaus *n*
тепло *n* Wärme *f (s. a. unter* теплота*)*
~/джоулево *(El)* joulesche Wärme *f*, Stromwärme *f*
~/отбросное [отходящее] Abwärme *f*
тепловоз *m* Diesellok(omotive) *f*
~ **с электрической передачей** Dieselelektrolok(omotive) *f*
тепловой Wärme..., thermisch
тепловыделение *n (Therm)* 1. Wärmeentwicklung *f*, Wärmefreisetzung *f*; 2. Wärmeausstrahlung *f*
теплоёмкость *f (Therm)* Wärmekapazität *f*
~/молярная *(Ph)* Molwärme *f*, stoffmengenbezogene [molare] Wärmekapazität *f*
~/удельная *(Therm)* spezifische Wärmekapazität *f*
теплозащита *f* Wärmeschutz *m*
теплоизлучение *n (Therm)* Wärmestrahlung *f*, thermische Strahlung *f*
теплоизолирующий wärmeisolierend, wärmedämmend, Wärmedämm...
теплоизолятор *m* Wärmedämmstoff *m*
теплоизоляционный *s.* теплоизолирующий
теплоизоляция *f* Wärmeisolierung *f*, Wärmedämmung *f*
тепломер *m* Wärmeverbrauchszähler *m*
теплонапряжённость *f* Wärmebelastung *f*, Wärmebeanspruchung *f*
теплонасос *m* Wärmepumpe *f*
теплонепроницаемый wärmeundurchlässig; wärmedämmend
теплоноситель *m* 1. *(Wmt)* Wärmeträger *m*, Wärmeübertragungsmittel *n*; 2. *(Kern)* Kühlstoff *m (Reaktortechnik)*
теплообмен *m (Therm)* Wärmeaustausch *m*; Wärmeübertragung *f*, Wärmetransport *m*
~/конвективный Wärmeaustausch *m* durch Konvektion, konvektive Wärmeabgabe *f*; Konvektion *f*
~/лучистый *s.* ~/радиационный
~/радиационный Wärmeaustausch *m* durch Strahlung
теплообменник *m* Wärmeübertrager *m*; Wärmetauscher *m*
~/многоходовой Mehrstromwärmeübertrager *m*
~/противоточный Gegenstromwärmeübertrager *m*
~/прямоточный Gleichstromwärmeübertrager *m*
теплообразующий wärmeerzeugend
теплоотвод *m* Wärmeableitung *f*, Wärmeabfuhr *f*
теплоотдача *f* Wärmeabgabe *f*, Wärmeabfluss *m (s. a. unter* теплообмен*)*
теплопеленгатор *m* Infrarotpeiler *m*
теплопеленгация *f* Infrarotpeilung *f*
теплопередача *f* 1. *s.* теплообмен; 2. Wärmedurchgang *m*
теплопередающий wärmeübertragend, Wärmeübertragungs...
теплоперепад *m (Wmt)* Wärmegefälle *n*
теплопереход *m (Wmt)* Wärmeübergang *m*
теплопоглощающий wärmeabsorbierend, wärmeaufnehmend
теплопоглощение *n* Wärmeabsorption *f*, Wärmeaufnahme *f*
теплопотери *fpl* Wärmeverluste *mpl*
теплопотребление *n* Wärmebedarf *m*

теплопровóд *m* Heizleitung *f*
теплопроводни́к *m* Wärmeleiter *m*
теплопровóдность *f* 1. *(Wmt)* Wärmeleitung *f*; 2. *(Therm)* Wärmeleitvermögen *n*; 3. *(Therm)* Wärmeleitzahl *f*
теплопровóдный wärmeleitend
теплопроводя́щий wärmeleitend
теплопрозра́чность *f* *(Therm)* Wärmedurchlässigkeit *f*, Diathermansie *f*
теплопрозра́чный wärmedurchlässig
теплопроизводи́тельность *f* *(Therm)* 1. Wärmeleistung *f*; 2. Heizwert *m*
теплопроница́емость *f* Wärmedurchlässigkeit *f*
теплопроница́емый wärmedurchlässig
теплоснабже́ние *n* Wärmeversorgung *f*
теплосодержа́ние *n s.* энтальпия
теплостóйкий wärmebeständig, hitzebeständig; *(Met)* warmfest *(Stahl)*
теплостóйкость *f* Wärmebeständigkeit *f*, Hitzebeständigkeit *f*; *(Met)* Warmfestigkeit *f* *(Stahl)*
теплотá *f* Wärme *f* *(s. a. unter* тепло*)*
~ **диссоциа́ции** *(Ch)* Dissoziationswärme *f*
~ **парообразовáния** Verdampfungswärme *f*
~ **плавле́ния** Schmelzwärme *f*
~ **сгорáния** Verbrennungswärme *f*
~ **тре́ния** Reibungswärme *f*
~/**уде́льная** spezifische Wärme *f*
~ **фáзового превраще́ния** Umwandlungswärme *f*
теплотвóрный wärmeerzeugend, exotherm
теплоте́хника *f* Wärmetechnik *f*
теплотехни́ческий wärmetechnisch
теплотрáсса *f* *(Bw)* Heizleitungsstrang *m*
теплоустóйчивость *f s.* теплостойкость
теплоустóйчивый *s.* теплостойкий
теплофикáция *f* Wärmeversorgung *f*, Fernwärmeversorgung *f*
теплофи́льтр *m* *(Opt)* Wärmefilter *n*
теплохóд *m* Motorschiff *n*
~/**каботáжный** Küstenmotorschiff *n*
~/**морскóй** Hochseemotorschiff *n*
теплоцентрáль *f* Wärmeversorgungsbetrieb *m*
теплочувстви́тельность *f* Wärmeempfindlichkeit *f*
теплочувстви́тельный wärmeempfindlich
теплоэлектри́ческий thermoelektrisch, wärmeelektrisch
теплоэлектроцентрáль *f* Heizkraftwerk *n*, HKW *n*
~/**áтомная** Kernheizkraftwerk *n*, KHKW *n*
теплоэнерге́тика *f* Wärmeenergetik *f*
тера... Tera..., T *(10^{12} Einheiten)*
те́рбий *m* *(Ch)* Terbium *n*, Tb
терм *m* *(Kern, Opt, Inf)* Term *m*
те́рмик *m* *(Meteo)* Thermik *f*
терминáл *m* *(Inf)* Terminal *n*, Datenendgerät *n*; Datenendplatz *m*, DEP *m*
~ **ввóда** Eingabeterminal *n*, Eingabeendgerät *n*
~ **вы́вода** Ausgabeterminal *n*, Ausgabeendgerät *n*
~/**графи́ческий** Graphikterminal *n*, graphisches Terminal *n*, Datensichtgerät *n*
~/**интеллектуáльный** intelligentes Terminal *n*, intelligente Datenstation *f*
~ **обрабóтки дáнных** Datenstation *f*
~/**экрáнный** CRT-Terminal *n*
термиóн *m* *(El)* 1. Thermion *n*; 2. Glühelektron *n*, Thermoelektron *n*
терми́стор *m s.* терморезистор
терми́тный *(Schw)* aluminothermisch, Thermit...
терми́ческий thermisch, Wärme...
терми́я *f* Thermie *f*, th *(SI-fremde Einheit der Wärmemenge)*
термоанáлиз *m* *(Ch)* Thermoanalyse *f*
термоанемóметр *m* *(El)* Hitzdrahtanemometer *n*
термобарóграф *m* Thermobarograph *m*
термобарокáмера *f* Unterdruckkältekammer *f*
термобатаре́я *f* Thermobatterie *f*
термобатигрáф *m* Bathythermograph *m*
термоваттме́тр *m* *(El)* Thermowattmeter *n*, Thermoleistungsmesser *m*
термовольтме́тр *m* *(El)* Thermovoltmeter *n*, Thermospannungsmesser *m*
термогальванóметр *m* *(El)* Thermogalvanometer *n*
термóграф *m* Temperaturschreiber *m*, Thermograph *m*

термогра́фия *f* Thermographie *f (s. a.* ИК-термография*)*
термода́тчик *m* Wärmefühler *m*; Wärmesensor *m*; Temperaturgeber *m*
термодете́ктор *m* Thermodetektor *m*, thermoelektrischer Detektor *m*
термодина́мика *f* Thermodynamik *f*, Wärmelehre *f*
~/**статисти́ческая** statistische Thermodynamik *f*
термодинами́ческий thermodynamisch
термодиффу́зия *f (Ph)* Thermodiffusion *f*
термодиэлектри́ческий thermodielektrisch
термози́т *m (Bw)* Thermosit *m*, Hüttembims *m*
термоизоляцио́нный *s.* теплоизоляционный
термоизоля́ция *f s.* теплоизоляция
термоиониза́ция *f* thermische Ionisation [Ionisierung] *f*, Temperaturionisation *f*
термокато́д *m (El)* Glühkathode *f*
термомагни́тный thermomagnetisch
термо́метр *m* Thermometer *n*
~/**биметалли́ческий** Bimetallthermometer *n*
~/**возду́шный** Luftthermometer *n*
~/**га́зовый** Gasthermometer *n*
~/**дистанцио́нный** Fernthermometer *n*
~/**жи́дкостный** Flüssigkeitsthermometer *n*
~/**максима́льно-минима́льный** Maximum-Minimum-Thermometer *n*
~/**максима́льный** Maximumthermometer *n*
~/**манометри́ческий** Druckthermometer *n*
~/**медици́нский** Fieberthermometer *n*
~/**минима́льный** Minimumthermometer *n*
~/**рту́тный** Quecksilberthermometer *n*
~/**самопи́шущий** *s.* термограф
~ **сопротивле́ния** Widerstandsthermometer *n*
~/**спиртово́й** Alkoholthermometer *n*
термометри́я *f* Thermometrie *f*
термонапряже́ние *n* Thermospannung *f*, Wärmespannung *f*
термообрабо́тка *f* 1. *(Härt)* Wärmebehandlung *f*, Warmbehandlung *f*; 2. *(Fert)* Wärmebearbeitung *f*, Warmbearbeitung *f*; 3. *(Eln)* Thermobehandlung *f*, thermische Behandlung *f*
термопа́ра *f* Thermoelement *n*
термопереxо́д *m (Halbl)* Thermoübergang *m*
термопла́ст *m* Thermoplast *m*, thermoplastischer Kunststoff *m*
термопластика́ция *f (Gum)* thermische Plastizierung *f*
термопласти́чный thermoplastisch, warmbildsam, wärmebildsam
термополиме́р *m (Ch)* Thermopolymerisat *n*
термопреобразова́тель *m (El)* 1. Temperatur(mess)wandler *m*; 2. Thermoumformer *m*, thermoelektrischer Umformer *m*
термореакти́вный *(Kst)* thermoreaktiv, wärmereaktiv, duroplastisch, (hitze-)härtbar
терморегули́рование *n* Temperaturregelung *f*, Thermoregelung *f*
терморегуля́тор *m* Temperaturregler *m*, Thermoregler *m*
терморези́стор *m (Eln)* Heißleiter(widerstand) *m*, Thermistor *m*
термореле́ *n (El)* Thermorelais *n*
термоскле́ивающийся *(Typ)* heißsiegelnd
термоста́т *m* Thermostat *m*
термосто́йкий temperaturbeständig, wärmebeständig, wärmefest
термосто́йкость *f* Temperaturbeständigkeit *f*, Wärmebeständigkeit *f*, Wärmefestigkeit *f*
термосфе́ра *f (Ph)* Thermosphäre *f*, Ionosphäre *f*
термоупру́гость *f (Mech)* Thermoelastizität *f*
термохими́ческий thermochemisch
термохи́мия *f* Thermochemie *f*
термочувстви́тельность *f* Wärmeempfindlichkeit *f*
термочувстви́тельный wärmeempfindlich
термошка́ф *m* Wärmeschrank *m*
термощу́п *m* Temperaturfühler *m*
те́рмоэдс *f* thermoelektr(omotor)ische Kraft *f*, Thermo-EMK *f*

термоэлектри́ческий thermoelektrisch, Thermo...
термоэлектри́чество *n* Thermoelektrizität *f*, Wärmeelektrizität *f*
термоэлектрогенера́тор *m* thermoelektrischer Generator *m*, Thermoelektrogenerator *m*
термоэлектро́н *m s.* термион
термоэлеме́нт *m* Thermoelement *n*
термоя́дерный thermonuklear
терна́рный ternär, dreifach
террако́та *f (Ker)* Terrakotta *f*
терра́са *f (Geol, Bw)* Terrasse *f*
террико́н *m (Bgb)* Halde *f*
теса́ть behauen, zuhauen
те́сла *f (El)* Tesla *n*, T *(Einheit der magnetischen Induktion)*
тест *m* Test *m*, Prüfung *f*
~/**внутрисхе́мный** *(Eln)* In-Circuit-Prüfung *f*, In-Circuit-Test *m*
~/**систе́мный** *(Inf)* Systemtest *m*
те́стер *m* Tester *m*, Prüfer *m*, Prüfgerät *n*; *(Bgb)* Schichtentest *m (Tiefbohrtechnik)*
~/**внутрисхе́мный** *(Eln)* In-Circuit-Tester *m*
те́сто *n* 1. *(Lebm)* Teig *m*; 2. *(Bw)* Brei *m*, Schlempe *f*
~/**известко́вое** *(Bw)* Kalkbrei *m*
тестообра́зный breiig, breiartig; teigig, teigartig
тест-програ́мма *f (Inf)* Testprogramm *n*, Prüfprogramm *n*
тест-сигна́л *m (TV)* Testsignal *n*, Prüfsignal *n*
тетарто́эдр *m (Krist)* Tetartoeder *n*, Vielflächner *m*
тетраго́н *m (Math)* Tetragon *n*, Viereck *n*
тетрагона́льный *(Krist)* tetragonal
тетра́да *f (Inf)* Tetrade *f*
тетра́эдр *m (Krist)* Tetraeder *n*, Vierflächner *m*
тетраэдри́ческий *(Krist)* tetraedrisch
тетро́д *m (Eln)* Tetrode *f*
технеций *m (Ch)* Technetium *n*, Tc
те́хника *f* Technik *f*
~/**ана́логовая** *(Reg)* Analog-Technik *f*
~/**ана́лого-цифрова́я** *(Reg)* Analog-Digital-Technik *f*
~/**ва́куумная** Vakuumtechnik *f*
~/**видеокассе́тная** *(TV)* VCR-Technik *f*
~ **высо́ких напряже́ний** *(El)* Hochspannungstechnik *f*
~/**высоково́льтная** *(El)* Hochspannungstechnik *f*
~/**высоковаку́умная** Hochvakuumtechnik *f*
~/**высокочасто́тная** Hochfrequenztechnik *f*, HF-Technik *f*
~ **высокочасто́тной свя́зи** Trägerfrequenztechnik *f*
~/**вычисли́тельная** Rechentechnik *f*
~/**го́рная** Bergbautechnik *f*
~/**дозиметри́ческая** Strahlungsmesstechnik *f*
~/**измери́тельная** Messtechnik *f*
~/**и́мпульсная** Impulstechnik *f*
~/**инфракра́сная** Infrarottechnik *f*, IR-Technik *f*
~/**криоге́нная** Kryotechnik *f*, Tieftemperaturtechnik *f*
~/**ла́зерная** Laser(strahl)technik *f*
~/**микроволно́вая** Mikrowellentechnik *f*
~/**микромо́дульная** Mikromodultechnik *f*
~/**микропроце́ссорная** Mikroprozessortechnik *f*
~/**низково́льтная** *(El)* Niederspannungstechnik *f*
~/**низкочасто́тная** Niederfrequenztechnik *f*, NF-Technik *f*
~ **обрабо́тки да́нных** Datenverarbeitungstechnik *f*
~/**освети́тельная** Beleuchtungstechnik *f*
~ **освое́ния ше́льфа** *(Erdöl)* Offshore-Technik *f*
~ **переда́чи да́нных** Datenübertragungstechnik *f*
~ **переме́нных то́ков** Wechselstromtechnik *f*
~/**полупроводнико́вая** Halbleitertechnik *f*
~ **радиовеща́ния** Rundfunktechnik *f*
~/**радиолокацио́нная** Radartechnik *f*
~/**раке́тная** Raketentechnik *f*
~ **регули́рования** Regel(ungs)technik *f*
~/**санита́рная** Sanitärtechnik *f*
~/**сва́ровная** Schweisstechnik *f*
~ **свя́зи** Nachrichtentechnik *f*; Übertragungstechnik *f*
~/**сельскохозя́йственная** Landtechnik *f*

~/**сенсо́рная** Sensortechnik *f*
~/**сильното́чная** Starkstromtechnik *f*
~/**слабото́чная** Schwachstromtechnik *f*
~/**строи́тельная** Bautechnik *f*
~/**стру́йная** Fluidik *f*, Fluidtechnik *f*
~/**телевизио́нная** Fernsehtechnik *f*
~/**телефо́нная** Fernsprechtechnik *f*
~/**убо́рочная** Erntetechnik *f*
~/**холоди́льная** Kältetechnik *f*
~/**цифрова́я** Digitaltechnik *f*
~ **цифрово́й переда́чи** digitale Übertragungstechnik *f*
~/**электроизмери́тельная** elektrische Messtechnik *f*
~/**я́дерная** Kerntechnik *f*
техни́ческий technisch
технологи́ческий technologisch
технологи́чность *f* fertigungsgerechte Gestaltung *f*
технологи́чный fertigungsgerecht, technologiegerecht
техноло́гия *f* Technologie *f*; Fertigungstechnik *f*
~/**бесотхо́дная** *(Ökol)* abproduktfreie Technologie *f*; abproduktarme Technologie *f*
~/**бессто́чная** *(Ökol)* abwasserfreie Technologie *f*
~/**биполя́рная** *(Eln)* Bipolartechnologie *f*
~/**ключева́я** Schlüsseltechnologie *f*
~ **«кре́мний на изоля́торе»** *(Eln)* Silicium-auf-Isolator-Technologie *f*, SOI-Technologie *f*
~ **«кре́мний на ква́рце»** *(Eln)* Silicium-auf-Quarz-Technologie *f*
~ **«кре́мний на сапфи́ре»** *(Eln)* Silicium-auf-Saphir-Technologie *f*, SOS-Technologie *f*
~/**ла́зерная** Laser(strahl)technologie *f*
~/**малоотходная** *(Ökol)* abproduktarme Technologie *f*
~/**передова́я** Hochtechnologie *f*
~ **печа́тных плат** *(Eln)* Leiterplattentechnologie *f*
~/**плана́рная** *(Eln)* Planartechnologie *f*
~ **пове́рхностного монта́жа** *(Eln)* SMD-Technik *f*, Aufsetztechnik *f*
~ **програ́ммного обеспече́ния** *(Inf)* Softwaretechnologie *f*
~/**субмикро́нная** *(Eln)* Submikrontechnik *f*, Submikrometertechnik *f*
~/**толстоплёночная** *(Eln)* Dickfilmtechnik *f*, Dickschichttechnik *f*
~/**тонкоплёночная** *(Eln)* Dünnfilmtechnik *f*, Dünnschichttechnik *f*
~/**хими́ческая** chemische Technologie *f*
~/**электро́нно-лучева́я** Elektronenstrahltechnologie *f*
течеиска́ние *n* Lecksuche *f*
течеиска́тель *m* Lecksucher *m*, Lecksuchgerät *n*
тече́ние *m* 1. Fließen *n*, Fluss *m*, Strom *m*, Strömen *n*; 2. Strömung *f*
~/**безвихрево́е** *s.* ~/потенциальное
~/**бу́рное** *(Hydrol)* reißende Strömung *f*
~/**ве́рхнее** Oberlauf *m (eines Flusses)*
~/**вихрево́е** *(Hydrod)* Wirbelströmung *f*, drehungsbehaftete Strömung *f*
~/**возду́шное** *(Meteo)* Luftströmung *f*
~/**дозвуково́е** *(Aero)* Unterschallströmung *f*, subsonische Strömung *f*
~/**ламина́рное** laminare Strömung *f*, Laminarströmung *f*, Laminarbewegung *f*
~/**молекукя́рное** Molekularströmung *f*, molekulare Strömung *f*
~/**ни́жнее** Unterlauf *m (eines Flusses)*
~/**отрывно́е** *(Aero)* abgerissene [abgelöste] Strömung *f*
~/**потенциа́льное** *(Hydrod)* Potenzialströmung *f*, Potentialströmung *f*, wirbelfreie [drehungsfreie] Strömung [Bewegung] *f*, Potenzialbewegung *f*, Potentialbewegung *f*
~/**сверхзвуково́е** *(Aero)* Überschallströmung *f*, supersonische Strömung *f*
~/**сре́днее** Mittellauf *m (eines Flusses)*
~/**стру́йное** *(Aero)* Strahlströmung *f*
~/**турбуле́нтное** *(Hydrod)* turbulente Strömung *f*, Turbulenz *f*
~/**установи́вшееся** *(Hydrod)* stationäre Strömung *f*
течь 1. fließen, strömen; 2. laufen, lecken *(Gefäße)*
течь *f* Leck *n*, Leckstelle *f*
ти́гель *m* Tiegel *m*, Schmelztiegel *m*
~/**плави́льный** Schmelztiegel *m*
типиза́ция *f* Typisierung *f*, Typung *f*
типово́й typisiert, Typen...; Einheits..., Muster...
типогра́фия *f* Druckerei *f*
типогра́фский typographisch, Druck...

тира́ж *m (Typ)* Auflage *f*, Auflagenhöhe *f*
тиратро́н *m (Eln)* Thyratron *n*, Thyratronröhre *f*
тире́ *n* Strich *m*; Gedankenstrich *m*
тири́стор *m (Eln)* Thyristor *m*
~/**дио́дный** Dynistor *m*, Dynistordiode *f*
~/**лави́нный** Avalanchethyristor *m*
~/**мо́щный** Leistungsthyristor *m*
~/**симметри́чный трио́дный** bidirektionaler Thyristor *m*, Symistor *m*
ти́сканье *n (Typ)* Abziehen *n*
ти́скать *(Typ)* abziehen
тиски́ *pl* 1. Schraubstock *m*; 2. Zwinge *f*
~/**маши́нные** Maschinenschraubstock *m*
~/**ручны́е** Feilkloben *m*
тисне́ние *n (Typ)* 1. Prägen *n*; 2. Prägedruck *m*
тита́н *m (Ch)* Titan *n*, Ti
титановоки́слый *(Ch)* ...titanat *n*; titansauer
тита́новый *(Ch)* Titan...
титр *m* Titer *m*
титрова́ние *n (Ch)* Titration *f*, Titrieren *n*
~/**амперометри́ческое** amperometrische Titration *f*, Amperometrie *f*
~/**высокочасто́тное** Hochfrequenztitration *f*
~/**потенциометри́ческое** potentiometrische Titration *f*
титрова́ть *(Ch)* titrieren
титрометри́ческий titrimetrisch
тихохо́дный langsam laufend, langsam umlaufend
тишина́ *f (Ak)* Ruhe *f*, Stille *f*
тка́невый Gewebe...
ткань *f (Text)* Gewebe *n*
~/**асбе́стовая** Asbestgewebe *n*
~/**набивна́я** bedrucktes Gewebe *n*
~/**про́волочная** Drahtgewebe *n*
~/**прорези́ненная** gummiertes Gewebe *n*
~/**стекля́нная** Glasfasergewebe *n*
~/**фильтрова́льная** Filtergewebe *n*, Filtertuch *n*
ткать weben
тка́цкий Web(er)...
тка́чество *n* Weberei *f*
ткм *s.* тонно-километр
тле́ние *n* Schwelen *n*, Glimmen *n*
тлеть schwelen, glimmen
тле́ющий Glimm...
товарове́дение *n* Warenkunde *f*
товарооборо́т *m* Warenumsatz *m*, Güterumschlag *m*
това́ры *pl* /**промы́шленные** Industriewaren *fpl*
то́ждественный identisch, gleichbedeutend
то́ждество *n* Identität *f*
ток *m* 1. *(El)* Strom *m* • **без то́ка** *(El)* stromlos; 2. *s.* течение 1.; 3. *(Lw)* Tenne *f*
~/**акти́вный** Wirkstrom *m*
~/**ано́дный** Anodenstrom *m*
~/**анте́нный** Antennenstrom *m*
~/**блужда́ющий** vagabundierender Strom *m*, Streustrom *m*
~ **включе́ния** Einschaltstrom *m*
~ **возбужде́ния** Erregerstrom *m*
~/**встре́чный** Gegenstrom *m*
~/**втори́вный** Sekundärstrom *m*
~/**входно́й** Eingangsstrom *m*
~/**вызывно́й** Rufstrom *m*
~/**вы́прямленный** gleichgerichteter Strom *m*, Richtstrom *m*
~/**высоково́льтный** Hochspannungsstrom *m*
~/**высокочасто́тный** Hochfrequenzstrom *m*, HF-Strom *m*
~/**выходно́й** Ausgangsstrom *m*
~/**двухфа́зный** Zweiphasenstrom *m*
~/**диффузио́нный** Diffusionsstrom *m*
~/**дли́тельный** Dauerstrom *m*, stationärer Strom *m*
~/**доба́вочный** Zusatzstrom *m*
~/**ды́рочный** Defektelektronenstrom *m*, Löcherstrom *m*
~/**ёмкостный** kapazitiver Strom *m*
~ **зажига́ния** Zündstrom *m*
~ **заземле́ния** Erdschlussstrom *m*
~/**заря́дный** Ladestrom *m*
~/**измери́тельный** Messstrom *m*
~/**и́мпульсный** Impulsstrom *m*, getasteter Strom *m*
~/**индукцио́нный** Induktionsstrom *m*
~/**ио́нный** Ionenstrom *m*
~/**испыта́тельный** Prüfstrom *m*
~/**като́дный** Kathodenstrom *m*
~/**колле́ктора** Kollektorstrom *m*
~/**кольцево́й** *s.* ~/круговой
~/**конвекцио́нный** Konvektionsstrom *m*

~ **коро́ткого замыка́ния** Kurzschlussstrom *m*
~/**кругово́й** Ringstrom *m*, Kreisstrom *m*
~/**меша́ющий** Störstrom *m*
~/**многофа́зный** Mehrphasenstrom *m*
~/**модули́рующий** Modulationsstrom *m*
~/**нагру́зочный** Laststrom *m*
~ **нака́ла** Heizstrom *m*
~/**намагни́чивающий** Magnetisierungsstrom *m*
~ **насыще́ния** Sättigungsstrom *m*
~/**нача́льный** Anfangsstrom *m*
~ **несу́щей частоты́** Trägerstrom *m*
~ **ни́зкого напряже́ния** Niederspannungsstrom *m*
~ **ни́зкой частоты́** niederfrequenter Strom *m*, Niederfrequenzstrom *m*
~/**номина́льный** Nennstrom *m*
~ **обра́тной свя́зи** Rückkopplungsstrom *m*
~/**обра́тный** 1. Rückstrom *m*; 2. Sperrstrom *m*
~/**однофа́зный** Einphasen(wechsel)strom *m*
~/**оста́точный** Reststrom *m*
~/**отклоня́ющий** Ablenkstrom *m*
~/**парази́тный** Fremdstrom *m*
~/**перви́чный** Primärstrom *m*
~/**переме́нный** Wechselstrom *m*
~/**пи́ковый** 1. Spitzenstrom *m*, Maximalstrom *m*; 2. Höckerstrom *m (der Elektronenröhre)*
~/**пилообра́зный** Sägezahnstrom *m*
~ **пита́ния** Speisestrom *m*
~ **поко́я** Ruhestrom *m*
~/**по́лный** Gesamtstrom *m*, resultierender Strom *m*
~/**постоя́нный** Gleichstrom *m*
~/**преде́льный** Grenzstrom *m*
~/**преры́вистый** intermittierender Strom *m*
~/**прямо́й** Vorwärtsstrom *m*, Durchlassstrom *m*, Flussstrom *m*
~/**пульси́рующий** pulsierender Strom *m*
~/**пусково́й** Anlassstrom *m*, Anlaufstrom *m*
~/**рабо́чий** Betriebsstrom *m*, Arbeitsstrom *m*
~/**разря́дный** Entladestrom *m*
~/**реакти́вный** Blindstrom *m*, reaktiver Strom *m*
~/**си́льный** Starkstrom *m*
~/**сла́бый** Schwachstrom *m*
~ **срабáтывания** Ansprechstrom *m*
~ **стира́ния** Löschstrom *m*
~ **сто́ка** Drainstrom *m*
~/**трёхфа́зный (переме́нный)** Dreiphasen(wechsel)strom *m*, dreiphasiger Wechselstrom *m*, Drehstrom *m*
~/**тя́говый** Fahrstrom *m*
~/**управля́ющий** Steuerstrom *m*
~/**уравни́тельный** Ausgleichstrom *m*
~/**установи́вшийся** stationärer Strom *m*, Dauerstrom *m*
~ **уте́чки** 1. Leckstrom *m*, Verluststrom *m*; 2. Kriechstrom *m*
~/**фа́зный [фа́зовый]** Phasenstrom *m*
~/**фотоэлектро́нный** Photo(elektronen)strom *m*, photoelektrischer [lichtelektrischer] Strom *m*
~ **холосто́го хо́да** Leerlaufstrom *m*
~/**электро́нный** Elektronenstrom *m*
~/**эмиссио́нный** Emissionsstrom *m*
~ **эми́ттера** Emitterstrom *m*

тока́рный 1. *(Fert)* Dreh...; 2. *(Holz)* Drechsel...
то́ки *mpl*/**вихревы́е** Wirbelströme *mpl*
токоведу́щий stromführend, stromdurchflossen
токовраща́тель *m (Nrt)* Polwechsler *m*
то́ковый *(El)* Strom...
токонесу́щий *(El)* stromführend, stromdurchflossen
токоограничи́тель *m (El)* Strombegrenzer *m*
токоотво́д *m (El)* Stromabführung *f*, Stromableitung *f*
токоподво́д *m (El)* Stromzuführung *f*, Stromzuleitung *f*
токопотребля́ющий *(El)* stromverbrauchend, Stromverbrauchs...
токопрерыва́тель *m (El)* Stromunterbrecher *m*
токоприёмник *m* 1. *(El, Eb)* Stromabnehmer *m*; 2. *(El)* Stromverbraucher *m*
~/**бу́гельный [дугово́й]** *(Eb)* Bügelstromabnehmer *m*
~/**пантогра́фный** *(Eb)* Scherenstromabnehmer *m*
токопро́вод *m (El)* Stromleiter *m*
токопроводя́щий *(El)* stromführend, stromleitend

токораспределе́ние *n (El)* Stromverteilung *f*
токоснима́тель *m s.* токоприёмник 1.
токосъём *m (El)* Stromabnahme *f*
токсиколо́гия *f* Toxikologie *f*
токси́ческий toxisch, giftig
токси́чность *f* Toxizität *f*, Giftigkeit *f*
толка́ние *n* Schubbetrieb *m*, Schubverkehr *m (Schubschifffahrt)*
толка́тель *m* 1. Stößel *m*; Stoßvorrichtung *f*; 2. *(Wlz)* Blockdrücker *m*; 3. *(Bgb)* Aufschiebevorrichtung *f*, Wagendrücker *m*
толка́ть stoßen; schieben
толка́ч *m* 1. Schubboot *n*, Schubschiff *n*; 2. Schiebelokomotive *f*
толо́чь pochen, zerstoßen
толстоплёночный Dickschicht..., Dickfilm...
толстосте́нный dickwandig
то́лстый dick
толче́ние *n* Pochen *n*, Zerstoßen *n*
толчо́к *m* Stoß *m*; Ruck *m*
то́лща *f* 1. Dicke *f*, Mächtigkeit *f*; 2. *(Geol)* Schichtengruppe *f*, Schichtenfolge *f*
~ **поро́ды** *(Geol)* Schichtfolge *f*, Gesteinsfolge *f*
толщина́ *f* Dicke *f*; *(Text)* Feinheit *f*
толщиноме́р *m* Dickenmessinstrument *n*, Dickenmesser *m*
толь *m (Bw)* Teerpappe *f*
~/**кро́вельный** Dach(teer)pappe *f*
том *m (Inf)* Datenträger *m*
томасшла́к *m (Met)* Thomasschlacke *f*, Phosphatschlacke *f*
томбу́й *m (Schiff)* Ankerboje *f*
томле́ние *n (Met)* 1. Glühen *n*; 2. Tempern *n*, Glühfrischen *n (von Stahl)*
томогра́мма *f* Tomogramm *n*, Schichtaufnahme *f*
томо́граф *m* Tomograph *m*, Schichtaufnahmegerät *n*
томогра́фия *f* Tomographie *f*, Schichtaufnahmeverfahren *n*
тон *m* 1. *(Ak)* Ton *m*; 2. Ton *m*, Farbton *m*; 3. Ton *m*, Tönung *f*
~/**зу́ммерный** *(Nrt)* Summerton *m*
~/**непреры́вный** *(Ak)* Dauerton *m*
~/**основно́й** *(Ak)* Grundton *m*
~/**се́рый** *(Typ)* Grauton *m*
тона́льный 1. *(Ak)* Ton...; 2. *(El)* tonfrequent, Tonfrequenz...
тонина́ *f* Feinheit *f*
тони́рование *n* Tonen *n*, Tonung *f*, Tonungsverfahren *n*
то́нкий 1. dünn; fein; 2. schmal; 3. schlank; 4. scharf *(Gehör)*
тонковолокни́стый *(Text)* feinfaserig; langstapelig
тонкодиспе́рсный feindispers
тонкозерни́стый feinkörnig
тонкоизмельчённый fein zerkleinert
тонколистово́й Feinblech...
тонкомо́лотый fein gemahlen
тонкоплёночный Dünnschicht..., Dünnfilm...
тонкосте́нный dünnwandig *(z. B. Rohre)*; dünnstegig *(z. B. T-Träger)*
то́нкость *f* Feinheit *f*
то́нна *f* Tonne *f*, t *(SI-fremde Einheit der Masse)*
~/**бру́тто-реги́стровая** *(Schiff)* Bruttoregistertonne *f*, BRT *f*
~/**не́тто-реги́стровая** Nettoregistertonne *f*
~/**реги́стровая** *(Schiff)* Registertonne *f*, reg ton
тонна́ж *m (Schiff)* Tonnage *f*; Frachtraum *m*, Schiffsraum *m*
~/**бру́тто-реги́стровый** *s.* вместимость/валовая регистровая
~/**грузово́й** Frachttonnage *f*, Ladetonnage *f*
~/**миро́вой** Welttonnage *f*
~/**не́тто-реги́стровый** *s.* вместимость/нетто-регистровая
~/**торго́вый** Handels(schiffs)tonnage *f*
тонне́ль *m s.* туннель
то́нно-киломе́тр *m* Tonnenkilometer *m*, tkm
~ **бру́тто** Brutto-Tonnenkilometer *m*, Brutto-tkm *m*
~ **не́тто** Netto-Tonnenkilometer *m*, Netto-tkm *m*
топ *m (Schiff)* Topp *m*
топа́з *m (Min)* Topas *m*
~/**ды́мчатый** Rauchtopas *m*
топи́ть 1. heizen, feuern *(Ofen)*; 2. auslassen *(Fett)*; 3. *(Schiff)* (auf)toppen
то́пка *f* 1. Feuern *n*, Heizen *n*; 2. Feuerung *f*, Feuerraum *m*
~/**вихрева́я** Wirbelfeuerung *f*

~/**га́зовая** Gasfeuerung *f*
~/**ка́мерная** Kammerfeuerung *f*
~/**колоснико́вая** Rostfeuerung *f*
~/**коте́льная** Kesselfeuerung *f*
~/**пылеу́гольная** Kohlenstaubfeuerung *f*
~/**регенерати́вная** Regenerativfeuerung *f*
~/**рекуперати́вная** Rekuperativfeuerung *f*
~/**у́гольная** Kohlenfeuerung *f*
~/**фа́кельная** Schwebefeuerung *f*
~/**цикло́нная** Zyklonfeuerung *f*
~/**ша́хтная** Schachtfeuerung *f*
то́пливный 1. Brennstoff...; 2. Kraftstoff...; Treibstoff...
то́пливо *n* 1. Brennstoff *m*; 2. Heizstoff *m*, Heizmaterial *n*; 3. Kraftstoff *m* *(zum Antrieb von Verbrennungsmotoren)*; Treibstoff *m*
~/**авиацио́нное** Flug(motoren)kraftstoff *m*
~/**высококалори́йное** heizwertreicher Brennstoff *m*
~/**высокоокта́новое** Hochoktankraftstoff *m*, hochoktaniger [hochklopffester] Kraftstoff *m*
~/**высокосо́ртное** 1. hochwertiger Brennstoff *m*; 2. Superkraftstoff *m*
~/**ди́зельное** Dieselkraftstoff *m*, DK *m*
~/**жи́дкое** 1. flüssiger Brennstoff *m*; 2. flüssiger Treibstoff *m*, Flüssigtreibstoff *m*
~/**жи́дкое раке́тное** flüssiger Raketentreibstoff *m*, Raketenflüssigtreibstoff *m*
~/**иску́сственное** künstlicher Brennstoff *m*
~/**карбюра́торное** Vergaserkraftstoff *m*, VK *m*
~/**неэтили́рованное** unverbleiter Kraftstoff *m*
~/**низкокалори́йное** Brennstoff *m* von geringem Heizwert
~/**низкосо́ртное** minderwertiger Brennstoff *m*
~/**раке́тное** Raketentreibstoff *m*
~/**твёрдое** 1. fester Brennstoff *m*; 2. fester Treibstoff *m*, Festtreibstoff *m*
~/**твёрдое раке́тное** fester Raketentreibstoff *m*, Raketenfesttreibstoff *m*
~/**тяжёлое** schwerer Kraftstoff *m*, Schweröl *n*
~/**усло́вное** Einheitsbrennstoff *m*
~/**энергети́ческое** energetisch genutzter Brennstoff *m*
~/**этало́нное** Eichkraftstoff *m*
~/**этили́рованное** verbleiter Kraftstoff *m*
~/**я́дерное** Kernbrennstoff *m*
топливозапра́вщик *m* *(Kfz)* Tankwagen *m*
топливопрово́д *m* *(Kfz)* Kraftstoffleitung *f*
тогра́мма *f* *(Krist)* Topogramm *n*
топографи́ческий topographisch
топогра́фия *f* Topographie *f*
тополо́гия *f* Topologie *f*
топохи́мия *f* Topochemie *f*
тор *m* *(Math)* Torus *m*, Ringkern *m*
торго́вля *f* Handel *m*
~/**вне́шняя** Außenhandel *m*
~/**вну́тренняя** Binnenhandel *m*
~/**мирова́я** Welthandel *m*
~/**опто́вая** Großhandel *m*
~/**посре́дническая** Zwischenhandel *m*
~/**посы́лочная** Versandhandel *m*
~/**ро́зничная** Einzelhandel *m*, Kleinhandel *m*
торе́ц *m* Stirnseite *f*; Stirnfläche *f*, Stirnwand *f*
то́риевый Thorium...
то́рий *m* *(Ch)* Thorium *n*, Th
тори́рованный thoriert
тори́ровать thorieren
торкретбето́н *m* Torkretbeton *m*, Spritzbeton *m*
торкрети́рование *n* *(Bw)* Torkretieren *n*, Torkretierverfahren *n* *(Beton)*
торможе́ние *n* 1. *(Mech)* Bremsen *n*, Bremsung *f*, Abbremsen *n*; 2. *(Mech)* Verzögerung *f*, Verlangsamung *f*; 3. *(Ch)* Inhibition *f*
~/**пла́вное** stoßfreies Bremsen *n*
~/**пневмати́ческое** *(Eb)* Druckluftbremsung *f*
~/**по́лное** *(Kfz, Eb)* Vollbremsung *f*
~/**принуди́тельное** *(Eb)* Zwangsbremsung *f*
~/**ре́зкое** scharfes Bremsen *n*
~/**рекуперати́вное** Rekuperationsbremsung *f*, Nutzbremsung *f*
~/**реоста́тное** *(Eb)* (elektrische) Widerstandsbremsung *f*
~/**служе́бное** *(Eb)* Betriebsbremsung *f*

~/**э́кстренное** *(Eb)* Notbremsung *f*, Schnellbremsung *f*
~/**электри́ческое** *(Eb)* elektrische Bremsung *f*
то́рмоз *m* Bremse *f*
~/**авари́йный** *(Eb)* Notbremse *f*
~/**автомати́ческий** *(Eb)* selbsttätige Bremse *f*
~/**бараба́нный** *(Eb)* Trommelbremse *f*
~/**быстроде́йствующий** *(Eb)* Schnell(schluss)bremse *f*
~/**ваку́умный** *(Eb)* Vakuumbremse *f*
~/**возду́шный** 1. pneumatische Bremse *f*; 2. *(Flg)* Bremsklappe *f*
~/**гидравли́ческий** *(Kfz)* hydraulische Bremse *f*, Öldruckbremse *f*
~/**ди́сковый** *(Kfz, Eb)* Scheibenbremse *f*
~/**дифференциа́льный** *(Masch)* Differenzialbremse *f*, Differentialbremse *f*
~/**колёсный** Radbremse *f*
~/**коло́дочный** 1. *(Kfz)* Backenbremse *f*; 2. *(Eb)* Klotzbremse *f*
~/**кулачко́вый** *(Eb)* Nockenbremse *f*
~/**ле́нточный** Bandbremse *f*
~/**магни́тный** *(Eb)* Magnetbremse *f*
~/**механи́ческий** mechanische Bremse *f*
~ **нака́та** *(Kfz)* Auflaufbremse *f* *(Anhänger)*
~/**ножно́й** *(Kfz)* Fußbremse *f*
~/**пневмати́ческий** *(Eb)* Druckluftbremse *f*
~ **Про́ни** pronyscher Zaum *m*, Bremszaum *m*
~/**пружи́нный** *(Masch)* Federbremse *f*
~/**рекуперати́вный** *(Eb)* Rekuperationsbremse *f*, Nutzbremse *f*
~/**ре́льсовый** *(Eb)* Schienenbremse *f*
~/**ре́льсовый электромагни́тный** Magnetschienenbremse *f*
~/**ручно́й** *(Kfz)* Feststellbremse *f*, Handbremse *f*
~/**трансмиссио́нный** *(Kfz)* Getriebebremse *f*
~/**фрикцио́нный** *(Masch)* Reibungsbremse *f*
~/**центробе́жный** Fliehkraftbremse *f*
~/**э́кстренный** *(Eb)* Notbremse *f*
~/**электромагни́тный** *(Eb)* Elektromagnetbremse *f*
тормози́ть bremsen; abbremsen
тормозно́й Brems...
торо́ид *m* 1. *(Math)* Toroid *n*; 2. *(El)* Toroidspule *f*, Ringspule *f*
тороида́льный toroidal, Toroid...
торпе́да *f* Torpedo *m*
торпеди́рование *n* **сква́жин** *(Erdöl)* Bohrlochtorpedierung *f*
торпе́дный Torpedo...
торр *m* *(Mech)* Torr *n*, torr *(SI-fremde Einheit des Druckes)*
торсио́метр *m* Torsiometer *n*, Torsionsmesser *m*, Drehmomentenmesser *m*
торсио́н *m* Drehstabfeder *f*
торсио́нный Torsions..., Dreh(stab)...
торф *m* *(Geol)* Torf *m*
~/**верхово́й** Hochmoortorf *m*
~/**низи́нный** Niedermoortorf *m*
торфодобыва́ние *n* Torfgewinnung *f*
торфодобы́ча *f* Torfgewinnung *f*
торфоре́з *m* Torfstechmaschine *f*
торфосо́с *m* Torfschlammpumpe *f*
торфя́ник *m* *(Geol)* Moor *n*, Luch *n*; Torfbruch *m*, Torflager *n*
торфяно́й Torf...
торцева́ние *n* *s.* торцовка 1.
торцева́ть 1. *(Fert)* plandrehen, planen; 2. (ab)kappen, ablängen *(Bretter, Rundholz)*
торцо́вка *f* 1. *(Fert)* Stirndrehen *n*, Plandrehen *n*, Planen *n*; 2. *(Holz)* Ablängen *n* *(Bretter)*; 3. Ablängsäge *f*, Kappsäge *f*
торцо́вый stirnseitig, Stirn...
торше́р *m* Stehleuchte *f*
то́стер *m* Toster *m*, Brotröster *m*
точе́ние *n* *(Fert)* Drehen *n*, Fertigdrehen *n*
~/**алма́зное** Diamantdrehen *n*, Feindrehen *n*
~/**заты́лочное** Hinterdrehen *n*
~/**копирова́льное** Nachformdrehen *n*
~ **по копи́ру** Nachformdrehen *n*
~/**продо́льное** Langdrehen *n*
~/**чернов́ое** Schruppdrehen *n*
~/**чистово́е** Fertigdrehen *n*, Schlichtdrehen *n*
то́чечный punktförmig, Punkt...; Spitzen...
точи́ло *n* Schleifbock *m*
точи́льный Schleif...
точи́ть *(Fert)* 1. schleifen, schärfen *(Werkzeuge)*; 2. drehen *(Metall)*; 3. *(Holz)* drechseln

то́чка *f* 1. Punkt *m (s. a. unter* температура*)*; Stelle *f*; 2. *(Inf)* Komma *n (s. a. unter* запятая*)*; 3. *s.* затачивание *und* заточка
~/**ба́зовая** Bezugspunkt *m*, Basispunkt *m*
~ **возвра́та** 1. Umkehrpunkt *m*; 2. *(Math)* Rückkehrpunkt *m*, Spitze *f*; 3. *(Inf)* Rücksprungstelle *f*
~/**воспламене́ния** *s.* температура воспламенения
~ **восто́ка** *(Astr)* Ostpunkt *m*
~ **враще́ния** *(Mech)* Drehpunkt *m*
~ **вспы́шки** *s.* температура воспламенения
~/**грани́чная** 1. Grenzpunkt *m*; 2. *(Math)* Randpunkt *m*
~/**двойна́я** *(Math)* Doppelpunkt *m*
~/**десяти́чная** *(Math)* Dezimalpunkt *m*
~ **заземле́ния** *(El)* Erd(ungs)punkt *m*
~ **заме́ра** 1. Messpunkt *m*; 2. Messstation *f*, Messstelle *f*
~ **замерза́ния** Gefrierpunkt *m*
~ **за́пада** *(Astr)* Westpunkt *m*
~ **затвердева́ния** Erstarrungspunkt *m*, Erstarrungstemperatur *f*
~ **измере́ния** *s.* ~ замера
~ **изображе́ния** Bildpunkt *m*
~/**изоли́рованная** *(Math)* isolierter Punkt *m*
~ **каса́ния** *(Math)* Berührungspunkt *m*
~ **кипе́ния** Siedepunkt *m*
~ **конденса́ции** Kondensationspunkt *m*
~/**контро́льная** Kontrollpunkt *m*, Prüfpunkt *m*
~/**кра́тная** *(Math)* mehrfacher Punkt *m*
~ **Кюри́** (ferromagnetischer) Curie-Punkt *m*; (ferromagnetische) Curie-Temperatur *f*
~ **либра́ции** *(Astr)* Librationspunkt *m*
~/**материа́льная** *(Mech)* Massepunkt *m*, materieller Punkt *m*
~/**мёртвая** *(Masch)* Totpunkt *m*
~/**мирова́я** *(Ph)* Weltpunkt *m*, Welt-Zeit-Punkt *m*, Ereignis *n (Relativitätstheorie)*
~/**мни́мая** *(Math)* imaginärer Punkt *m*
~ **насыще́ния** *(Ch)* Sättigungspunkt *m*
~/**неподви́жная** 1. *(Math)* Fixpunkt *m*; 2. *(Geod)* Markzeichen *n*
~/**нулева́я** *(Mess)* Nullpunkt *m*, Skalennullpunkt *m*
~ **ожиже́ния** *(Ph)* Verflüssigungspunkt *m*, Verflüssigungstemperatur *f*
~/**опо́рная** 1. Festpunkt *m*, Fixpunkt *m*; 2. *(Mech)* Auflagepunkt *m*, Stützpunkt *m*
~/**осо́бая** *(Math)* singulärer Punkt *m*
~ **отво́да** *(El)* Abgriffsstelle *f*, Abgriffspunkt *m*
~ **отсчёта** Bezugspunkt *m*, Bewertungspunkt *m*; *(Inf)* Benchmark *f*
~ **переги́ба** *(Math)* Wendepunkt *m (einer Kurve)*
~ **пересече́ния** Kreuzungspunkt *m*; Schnittpunkt *m*
~ **перехо́да** Umwandlungspunkt *m*
~/**пла́вающая** *(Inf)* Gleitkomma *f*
~ **плавле́ния** Schmelzpunkt *m*, Schmelztemperatur *f*
~ **подключе́ния** *(El)* Anschlusspunkt *m*, Anschlussstelle *f*
~ **помутне́ния** *(Ch)* Trübungspunkt *m*
~/**пра́вильная** *(Math)* regulärer Punkt *m*
~ **превраще́ния** 1. *(Therm)* Umwandlungspunkt *m*; 2. *(Met)* Haltepunkt *m*; 3. *(Kst)* Einfrierpunkt *m*, Einfriertemperatur *f*; 4. *(Glas)* Transformationspunkt *m*
~ **приложе́ния си́лы** Angriffspunkt *m (einer Kraft)*
~ **разветвле́ния** *(Math, El)* Verzweigungspunkt *m*
~ **размягче́ния** *s.* температура размягчения
~ **разры́ва** *(Ph)* Unstetigkeitspunkt *m*, Unstetigkeitsstelle *f*
~ **росы́** *(Ph, Ch)* Taupunkt *m*, Taupunkt(s)temperatur *f*
~/**светя́щаяся** Leuchtpunkt *m*, Leuchtfleck *m*
~ **се́вера** *(Astr)* Nordpunkt *m*
~ **соприкоснове́ния** *s.* ~ касания
~ **схо́да** 1. *(Geod)* Fluchtpunkt *m*; 2. *(Hydt)* Abflusspunkt *m*
~ **сходи́мости** *(Mech, Meteo)* Konvergenzpunkt *m*
~ **теку́чести** *(Mech)* Fließpunkt *m*, Fließtemperatur *f*
~/**тройна́я** *(Therm)* Tripelpunkt *m (im Zustandsdiagramm)*
~/**узлова́я** 1. *(Math, Opt, El)* Knotenpunkt *m*; 2. *(Mech)* Schwingungsknoten *m*, Knoten *m*

~/**фикси́рованная** *(Inf)* Festkomma *n*
~/**фокáльная** *(Opt)* Brennpunkt *m*
~/**эвтекти́ческая** *(Ph, Ch)* eutektischer Punkt *m*
~ **ю́га** *(Astr)* Südpunkt *m*
тóчность *f* Genauigkeit *f*, Präzision *f*
~ **измерéния** Messgenauigkeit *f*
тóчный genau; Präzisions...; Fein...
тóщий mager; *(Pap)* rösch
трáверз *m (Schiff)* Dwarslinie *f*, Dwarsrichtung *f*
трáверса *f* Traverse *f*, Querträger *m*, Oberhaupt *n*, Querstrebe *f*
траверти́н *m (Min)* Travertin *m*, Kalktuff *m*
трави́льный Ätz...; Beiz...
трави́ть 1. ätzen; beizen; 2. *(Met)* dekapieren *(Bleche)*; 3. *(Ch)* abbrennen
травлéние *n* 1. Ätzen *n*, Ätzung *f*; Beizen *n*; 2. *(Met)* Dekapieren *n (von Blechen)*; 3. *(Ch)* Abbrennen *n*
~/**глубóкое** Tiefätzen *n*
~/**иóнно-лучевóе** *(Eln)* Ionenstrahlätzen *n*
~/**мáтовое** Mattätzen *n*; Mattbeizen *n*
~/**плáзменное** Plasmaätzen *n*
траектóрия *f* 1. *(Ph)* Trajektorie *f*, Zustandskurve *f*; 2. *(Mech)* Bahn *f*, Bahnkurve *f*, Trajektorie *f*; 3. *(Mech)* Bahn *f*, Flugbahn *f (Ballistik)*; 4. *(Astr, Raumf)* Raumflugbahn *f*, Flugbahn *f*, Bahn *f*
~/**баллисти́ческая** ballistische Flugbahn *f*
~/**восходя́щая** aufsteigende [ansteigende] Flugbahn *f (Ballistik)*
~/**криволинéйная** gekrümmte Bahn [Flugbahn] *f*, Bahnkurve *f*
~/**круговáя** Kreisbahn *f*, kreisförmige Flugbahn [Bahn] *f*
~/**нисходя́щая** absteigende Flugbahn *f (Ballistik)*
~ **падéния** Fallkurve *f (Ballistik)*
~ **полёта** Flugbahn *f*
~/**прямолинéйная** geradlinige Bahn [Flugbahn] *f*
~ **части́цы** *(Kern)* Teilchenbahn *f*
трайболóгия *f* Tribologie *f*
~/**приклáдная** angewandte Tribologie *f*
трак *m (Kfz)* Kettenglied *n (der Gleiskette)*
тракт *m (El, Rf, Nrt)* Weg *m*, Übertragungsweg *m*, Kanal *m*, Leitung *f*, Leitungsweg *m*
~/**линéйный** *(El)* Übertragungsweg *m*
~ **передáчи** *(El)* Übertragungsweg *m*
трáктор *m* Schlepper *m*, Traktor *m*, Zugmaschine *f*
~/**болотохóдный** Moorschlepper *m*
~/**гу́сеничный** Raupenschlepper *m*, Gleisbandschlepper *m*, Kettenschlepper *m*
~/**колёсный** Radschlepper *m*
~/**маломóщный** Kleinschlepper *m*
~/**полугу́сеничный** Halbkettenschlepper *m*, Halbraupe *f*
~/**пропашнóй** Pflegeschlepper *m*
~/**садóвый** Gartentraktor *m*
~/**свáрочный** Schweißtraktor *m*
~/**сельскохозя́йственный** landwirtschaftlicher Schlepper *m*
~/**универсáльный** Allzweckschlepper *m*, Universalschlepper *m*
трáкторный Schlepper..., Traktor(en)...
тракторостроéние *n* Schlepperbau *m*, Traktorenbau *m*
трáктор-погру́зчик *m* Ladeschlepper *m*, Lader *m*
трáктор-тягáч *m s.* Traktor
тракткри́са *f (Math)* Traktrix *f*, Schleppkurve *f*
трал *m* Schleppnetz *n*, Trawl *n (Fischerei)*
~/**дóнный** Grund(schlepp)netz *n*
~/**рыболóвный** Schleppnetz *n*
тралбóт *m* Fischkutter *m*
трáление *n* Schleppnetzfischerei *f*
трáлить fischen *(mit Schleppnetzen)*
трáльщик *m* Minenabwehrschiff *n*; Minenräumfahrzeug *n*
трáльщик-искáтель *m* Minensuchschiff *n*
трамбовáние *n s.* трамбовка 1.
трамбовáть rammen; (fest)stampfen
трамбóвка *f* 1. Rammen *n*; Stampfen *n*, Feststampfen *n*; 2. Ramme *f*, Rammklotz *m*
~/**взрывнáя** *(Bw)* Explosionsramme *f*
~/**пневмати́ческая** 1. *(Bw)* Druckluftramme *f*, 2. *(Gieß)* Druckluftstampfer *m*
трамвáй *m* Straßenbahn *f*
~/**скоростнóй** Schnellstraßenbahn *f*

~/**сочленённый** Gelenkzug *m*
трамп *m* Trampschiff *n*
транзи́стор *m (Eln)* Transistor *m* • **на транзи́сторах** transistorbestückt, transistorisiert, Transistor...
~/**биполя́рный** Bipolartransistor *m*, bipolarer Transistor *m*
~/**высокочасто́тный** Hochfrequenztransistor *m*, HF-Transistor *m*
~/**герма́ниевый** Germaniumtransistor *m*, Ge-Transistor *m*
~/**диффузио́нный** Diffusionstransistor *m*
~/**дре́йфовый** Drifttransistor *m*
~/**кре́мниевый** Siliciumtransistor *m*, Si-Transistor *m*
~/**лави́нный** Avalanchetransistor *m*
~/**мо́щный** Leistungstransistor *m*
~/**низкочасто́тный** Niederfrequenztransistor *m*, NF-Transistor *m*
~/**переключа́ющий** Schalttransistor *m*
~/**плана́рный** Planartransistor *m*
~/**плёночный** *s.* ~/тонкоплёночный
~/**плоскостно́й** Flächentransistor *m*
~/**пове́рхностный** Flächentransistor *m*
~/**полево́й** Feld(effekt)transistor *m*, FET *m*, Unipolartransistor *m*
~/**силово́й** Leistungstransistor *m*
~/**сплавно́й** Legierungstransistor *m*
~/**тонкоплёночный** Dünnschichttransistor *m*, Dünnfilmtransistor *m*, TFT *m*
~/**то́чечный** Punkt(kontakt)transistor *m*, Spitzentransistor *m*
~/**униполя́рный** *s.* ~/полевой
транзисториза́ция *f (Eln)* Transistorisierung *f*, Transistorbestückung *f*
транзисторизо́ванный *(Eln)* transistorisiert, transistorbestückt
транзи́сторный Transistor...
транзи́т *m* 1. Transitverkehr *m*, Durchgangsverkehr *m*; 2. *(Nrt)* Durchschaltung *f*
транзити́вный *(Math)* transitiv
транзитро́н *m (Eln)* Transitron *n*
трансверса́ль *f (Math)* Transversale *f*
трансверса́льный *s.* поперечный
трансзвуково́й *(Flg)* schallnah, transsonisch
транскристаллиза́ция *f (Krist)* Transkristallisation *f*, Einstrahlung *f*
трансли́рование *n (Nrt, Rf)* Übertragung *f*, Umsetzung *f*
трансли́ровать 1. *(Nrt, Rf)* übertragen, umsetzen; 2. *(Inf)* kompilieren, übersetzen *(mit Hilfe eines Compilers)*
трансля́тор *m* 1. *(Nrt)* Übertrager *m*; 2. *(Inf)* Übersetzungsprogramm *n*, Compiler *m*
трансля́ция *f* 1. *(Nrt, Rf)* Übertragung *f*; 2. *(Inf)* Übersetzen *n*, Kompilieren *n*; 3. *(Krist)* Translation *f*, Verschiebung *f*; 4. *(Ph)* Translation *f*
трансмиссио́нный Transmissions...
трансми́ссия *f* 1. *(Masch)* Transmission *f*; 2. *(Kfz)* Antrieb *m*
трансми́ттер *m* 1. Transmitter *m*, Messumformer *m*; 2. Transmitter *m*, Sender *m*
транспози́ция *f (El)* 1. Verdrillung *f (von Leitungen)*; 2. Kreuzung *f (von Leitungen)*; 3. *s.* транспонирование
транспони́рование *n* Transponieren *n*, Umsetzen *n (von Frequenzen)*
тра́нспорт *m* 1. Transport *m*, Transportieren *n*, Beförderung *f*; 2. Verkehr *m*; Verkehrswesen *n*; 3. Transportmittel *npl*; Verkehrsmittel *npl*; 4. *(Schiff)* Frachter *m*, Transporter *m*, Transportschiff *n*; 5. *(Bgb)* Fördereinrichtungen *fpl*, Förderbetrieb *m*
~/**автомоби́льный** Kraftverkehr *m*
~/**безре́льсовый** schienenlose Förderung *f*
~/**внутризаводско́й** 1. innerbetrieblicher Transport *m*; 2. innerbetriebliche Fördermittel *npl*, innerbetriebliche Transportmittel *npl*
~/**возду́шный** 1. Lufttransport *m*, Luftverkehr *m*; 2. Lufttransportmittel *n*
~/**гидравли́ческий** *(Bgb)* hydraulische Förderung *f*; Spülförderung *f*
~/**гравитацио́нный** Schwerkraftförderung *f*
~/**грузово́й** 1. Gütertransport *m*; 2. Güterverkehr *m*
~/**железнодоро́жный** 1. Eisenbahntransport *m*; 2. Eisenbahnverkehr *m*
~/**конве́йерный** Bandförderung *f*
~/**напо́льный** 1. Flurförderung *f*; 2. Flurförderzeuge *npl*
~/**обще́ственный** Massenverkehrsmittel *n*
~/**пассажи́рский** *(Eb)* Personenverkehr *m*; Reiseverkehr *m*

~/**пневмати́ческий** Druckluftförderung *f*, pneumatische Förderung *f*
~/**пото́чный** Fließförderung *f*, Stetigförderung *f*
~/**ре́льсовый** 1. Schienentransport *m*, schienengebundener Transport *m*; 2. *(Bgb)* Gleisförderung *f*
~/**рудни́чный** *(Bgb)* Grubenförderung *f*, Förderung *f*
~/**трубопрово́дный** Rohrleitungstransport *m*
~/**ша́хтный** *(Bgb)* Schachtförderung *f*
транспорта́бельный transportabel, transportfähig
транспортёр *m* 1. Förderer *m*, Transporteinrichtung *f*, Fördereinrichtung *f* *(s. a. unter* конвейер*)*; 2. *(Eb)* Tiefladewagen *m*
~/**вертика́льный** Senkrechtförderer *m*
~/**гидравли́ческий** hydraulischer Förderer *m*, Spülförderer *m*
~/**горизонта́льный** Horizontalförderer *m*, Längsförderer *m*
~/**забо́йный** *(Bgb)* Abbauförderer *m*
~/**кана́тный** Seilförderer *m*
~/**ло́пастный** Kratzerbandförderer *m*
~/**пневмати́ческий** Druckluftförderer *m*; pneumatischer Förderer *m*
~/**ро́ликовый** Rollenförderer *m*, Roll(en)bahn *f*, Roll(en)gang *m*
~/**шне́ковый** Schneckenförderer *m*
транспорти́р *m* 1. Transporteur *m*; 2. Winkelmesser *m*
транспорти́рование *n s.* транспорт 1.
транспорти́ровать 1. transportieren, befördern; 2. *(Bgb)* fördern
транспортиро́вка *f s.* транспорт 1.
тра́нспортный Transport...; Verkehrs...
трансура́новый transuranisch, Transuran...
трансура́ны *mpl (Ch)* Transurane *npl*
трансферка́р *m (Met)* Zubringerwagen *m*
трансфлю́ксор *m (Inf)* Transfluxor *m*
трансформа́нта *f (Math)* Transformierte *f*
трансформа́тор *m* 1. *(El)* Transformator *m*, Trafo *m*, Umspanner *m (Starkstrom)*; Transformator *m*, Übertrager *m (Schwachstrom)*; 2. *(Mess)* Transformator *m*, Messumformer *m*, Wandler *m*; 3. *(Photo)* Entzerrungsgerät *n*
~/**бронево́й** Manteltransformator *m*
~/**вольтодоба́вочный** (spannungserhöhender) Zusatztransformator *m*
~/**входно́й** *(El)* Eingangstransformator *m*; *(Nrt)* Eingangsübertrager *m*
~/**высоково́льтный** Hochspannungstransformator *m*
~/**высокочасто́тный** Hochfrequenztransformator *m*, Hochfrequenzübertrager *m*
~/**выходно́й** *(El)* Ausgangstransformator *m*; *(Nrt)* Ausgangsübertrager *m*
~/**группово́й** Transformatorenbank *f*
~/**звонко́вый** Klingeltransformator *m*
~/**измери́тельный** Messtransformator *m*, Messwandler *m*
~/**и́мпульсный** Impulstransformator *m*
~/**испыта́тельный** Prüftransformator *m*
~/**каска́дный** Kaskaden(mess)wandler *m*
~/**лине́йный** *(El)* Leitungstransformator *m*; *(Nrt)* Leitungsübertrager *m*
~/**ма́сляный** Öltransformator *m*, ölgefüllter [ölgekühlter] Transformator [Umspanner] *m*
~/**многофа́зный** Mehrphasentransformator *m*
~ **напряже́ния** *(El)* Spannungstransformator *m*; *(Mess)* Spannungswandler *m*
~/**низково́льтный** Niederspannungstransformator *m*
~/**низкочато́тный** Niederfrequenztransformator *m*, Niederfrequenzübertrager *m*
~/**однофа́зный** Einphasentransformator *m*
~/**отклоня́ющий** Ablenktransformator *m*
~/**пита́ющий** Speisetransformator *m*
~/**поворо́тный** Drehtransformator *m*
~/**повыша́ющий** Aufwärtstransformator *m*, Aufspanntransformator *m*
~/**понижа́ющий** Abwärtstransformator *m*, Abspanntransformator *m*
~/**после́довательный** Reihentransformator *m*
~/**пусково́й** Anlasstransformator *m*
~/**сва́рочный** Schweißtransformator *m*
~/**сетево́й** Netztransformator *m*
~/**силово́й** Leistungstransformator *m*
~/**согласу́ющий** Anpassungstransformator *m*

~ **стро́чной развёртки** *(TV)* Zeilen(ablenk)transformator *m*
~/**телефо́нный** Fernsprechübertrager *m*
~ **то́ка** *(El)* Stromtransformator *m*; *(Mess)* Stromwandler *m*
~/**трёхфа́зный** Drehstromtransformator *m*
трансформа́торный Transformator..., Transformatoren...
трансформа́ция *f* 1. *(Math)* Transformation *f*; 2. *(El)* Transformation *f*, Umspannung *f*; 3. *(Photo)* Entzerrung *f*
~/**повыша́ющая** *(El)* Aufwärtstransformation *f*, Herauftransformierung *f*
~/**понижа́юшая** *(El)* Abwärtstransformation *f*, Heruntertransformierung *f*
трансформи́рование *n s.* трансформация
трансформи́ровать 1. transformieren, umwandeln, umformen; 2. *(El)* transformieren, umspannen; 3. *(Photo)* entzerren
траншеекопа́тель *m* Grabenbagger *m*
транше́йный Graben...
транше́я *f* 1. Graben *m*; 2. *(Bgb)* Einschnitt *m (Tagebau)*
~/**ка́бельная** *(El)* Kabelgraben *m*
трап *m* 1. *(Bw)* Ablauf *m*, Wasserauslauf *m*; Traps *m*, Geruchsverschluss *m*; 2. *(Schiff)* Leiter *f*, Treppe *f*; *(Flg)* Gangway *f*; 3. *(Halbl)* Falle *f*, Trap *m*; 4. *(Erdöl)* Gas-Öl-Separator *m*, Gas-Öl-Abscheider *m*
~/**забо́ртный** *(Schiff)* Fallreep *n*
~/**накло́нный** *(Schiff)* Treppe *f*
трапецеви́дный *s.* трапецеидальный
трапецеида́льный trapezförmig, Trapez...
трапе́ция *f (Math)* Trapez *n*
~/**рулева́я** *(Kfz)* Lenktrapez *n*
трапецо́ид *m (Math)* Trapezoid *n*
трапецо́едр *m (Krist)* Trapezoeder *n*
трасс *m (Geol)* Trass *m*
тра́сса *f* 1. Trasse *f*, Linienführung *f (z. B. beim Straßenbau)*; 2. *(El)* Leitungsstrecke *f*, Leitungsführung *f*
трасси́рование *n s.* трассировка
трассиро́вка *f* 1. *(Bw)* Trassierung *f*, Linienführung *f*; 2. *(Eb, Geod)* Trassierung *f*, Absteckung *f*, Streckenabsteckung *f*; 3. *(Inf)* Routing *n*

тра́улер *m (Schiff)* Trawler *m*
~ **бли́жнего ло́ва** Kurzstreckentrawler *m*
~/**близнецо́вый** Tucktrawler *m*
~/**бортово́й** Seitentrawler *m*
~/**кормово́й** Hecktrawler *m*
~/**морози́льный** (Fang- und) Gefriertrawler *m*, Frosttrawler *m*
~/**рефрижера́торный** Kühltrawler *m*
~/**рыболо́вный** Fischtrawler *m*
трафаре́т *m* Schablone *f*, Schriftschablone *f*
тра́фик *m (Nrt)* Verkehr *m*
трахи́т *m (Min)* Trachyt *m*
тре́бование *n* Forderung *f*, Anforderung *f*
трево́га *f* Alarm *m*
~/**ло́жная** blinder Alarm *m*
~/**пожа́рная** Feueralarm *m*
тре́йлер *m* Tieflader *m*, Trailer *m*
трек *m* 1. Spur *f*; Weg *m*; 2. *(Kern)* Spur *f*, Teilchenspur *f*
~ **части́цы** *s.* трек 2.
тренажёр *m* Trainer *m*, Simulator *m*
~/**лётный** Flugtrainer *m*, Flugsimulator *m*
тре́нзель *m (Masch)* Zahnradwendegetriebe *n*, Räderwendegetriebe *n*
тре́ние *n (Trib)* Reibung *f*, Friktion *f*
~/**вне́шнее** äußere Reibung *f*
~/**вну́треннее** innere Reibung *f*, Eigenreibung *f*
~/**жи́дкостное** Flüssigkeitsreibung *f*
~ **каче́ния** Rollreibung *f*, Wälzreibung *f*
~ **поко́я** Ruhereibung *f*, Haftreibung *f*
~/**полужи́дкостное** halbflüssige [gemischte] Reibung *f*, Mischreibung *f*
~/**полусухо́е** halbtrockene Reibung *f*, Mischreibung *f*
~ **сдви́га** Scherreibung *f*
~ **скольже́ния** Gleitreibung *f*, gleitende Reibung *f*
~/**сухо́е** Festkörperreibung *f*, Trockenreibung *f*
~ **сцепле́ния** Haftreibung *f*
трениро́вка *f* 1. Training *n*; 2. Trainieren *n (von Werkstoffen)*
трено́га *f* Dreibein *n*, Dreibock *m*
трепа́ло *n (Text)* Schwinge *f (für Hanf oder Flachs)*
треск *m* 1. Knall *m*; 2. *(Nrt)* Knacken *n*, Knackgeräusch *n*

тре́скаться platzen; reißen
трети́чный 1. tertiär; 2. *(Geol)* tertiär, Tertiär...; 3. *(Ch, Met)* ternär, Dreistoff...
третни́к *m* Lötzinn *n*, Weichlot *n*
треуго́льник *m* Dreieck *n*
~/геодези́ческий geodätisches Dreieck *n*
~/навигацио́нный *s.*~/полярный
~/остроуго́льный *(Math)* spitzwinkliges Dreieck *n*
~/подо́бный *(Math)* ähnliches Dreieck *n*
~/поля́рный *(Astr)* Pol(ar)dreieck *n*, nautisches Dreieck *n*
~/прямоуго́льный *(Math)* rechtwinkliges Dreieck *n*
~/равнобе́дренный *(Math)* gleichschenkliges Dreieck *n*
~/равносторо́нний *(Math)* gleichseitiges Dreieck *n*
~/силово́й *(Mech)* Kräftedreieck *n*
~/сфери́ческий *(Math)* sphärisches Dreieck *n*
~/тупоуго́льный *(Math)* stumpfwinkliges Dreieck *n*
треуго́льный dreieckig, triangular
треф *m (Wlz)* Kreuzzapfen *m*, Kleeblatt *n*, Kleeblattzapfen *m*
трёха́дресный *(Inf)* Dreiadress..., Dreiadressen...
трёха́томный *(Ch)* dreiatomig *(s. a.* трёхвалентный*)*
трёхвале́нтный *(Ch)* dreiwertig, trivalent
трёхгра́нник *m* 1. Dreikant *m*; 2. *(Krist)* Trieder *n*
трёхгра́нный dreikantig, Dreikant...
трёхжи́льный *(El)* dreiadrig, Dreileiter...
трёхзахо́дный dreigängig *(Gewinde)*
трёхзна́чный 1. dreideutig; 2. dreistellig; 3. *(Eb)* dreibegriffig *(Signale)*
трёхкаска́дный dreistufig, Dreistufen...
трёхкра́тный dreifach
трёхлезви́йный *(Wkz)* dreischneidig
трёхме́рный *(Math)* dreidimensional
трёхосно́вный *(Ch)* dreibasig
трёхо́сный *(Kfz, Eb)* dreiachsig, Dreiachs...
трёхпо́люсник *m (El)* Dreipol *m*
трёхпо́люсный dreipolig, Dreipol...
трёхпрово́дный *(El)* Dreidraht..., Dreileiter...
трёхря́дный dreireihig
трёхсерни́стый *(Ch)* ...trisulfid *n*
трёхсло́йный dreischichtig, dreilagig
трёхство́лка *f* Drilling *m (Jagdwaffe)*
трёхство́рчатый *(Bw)* dreiflügelig *(Fenster)*
трёхсторо́нний dreiseitig
трёхступе́нчатый 1. dreistufig; 2. *(Masch, Kfz)* Dreigang... *(Getriebe)*
трёхфа́зный *(El)* dreiphasig, Dreiphasen...; Drehstrom...
трёхходово́й 1. Dreiwege... *(Ventile)*; 2. dreigängig *(Schrauben)*
трёхцве́тный dreifarbig, Dreifarben...
трёхчле́н *m (Math)* Trinom *n*
трёхчле́нный *(Math)* trinomisch, dreigliedrig
тре́щина *f* 1. Riss *m*; 2. Sprung *m*; 3. *(Geol)* Spalte *f*, Kluft *f*, Gesteinskluft *f*
~/внутрикристалли́ческая *(Wkst)* intrakristalliner Bruch *m*; Mikroriss *m*
~/волосна́я *(Wkst)* Haarriss *m*
~/горя́чая *(Wkst)* Warmriss *m*
~/зака́лочная *(Wkst)* Härteriss *m*
~/леднико́вая *(Geol)* Gletscherspalte *f*
~/морозобо́йная *(Geol)* Frostriss *m*, Frostspalte *f*
~ сбро́са *(Geol)* Verwerfungskluft *f*
~ ска́лывания *(Geol)* Scherkluft *f*, Abscherungskluft *f*
~ старе́ния *(Wkst)* Alterungsriss *m*
~/уса́дочная *(Wkst)* Schwindungsriss *m*
~/уста́лостная *(Wkst)* Ermüdungsriss *m*, Dauerriss *m*
~/холо́дная *(Wkst)* Kaltriss *m*
трещинова́тость *f* 1. Rissigkeit *f*; 2. *(Geol)* Klüftung *f*
трещинова́тый 1. rissig; 2. *(Geol)* zerklüftet
трещиносто́йкость *f* Rissbeständigkeit *f*, Rissfestigkeit *f*
триа́к *m (El)* Triac *m*, bidirektionaler [symmetrischer] Thyristor *m*, Symistor *m*
триангуля́ция *f (Geod)* Triangulation *f*, Dreiecksvermessung *f*
триа́с *m (Geol)* Trias *f*
триболо́гия *f s.* трайбология
триболюминесце́нция *f* Tribolumineszenz *f*, Reibungslumineszenz *f*

трибоме́тр *m* Tribometer *n*, Reibungsmesser *m*
трибоме́трия *f* Tribometrie *f*
трибомеха́ника *f* Tribomechanik *f*
триботе́хника *f* Tribotechnik *f*
трибофи́зика *f* Tribophysik *f*, Reibungsphysik *f*
трибоэлектри́чество *n* Triboelektrizität *f*, Reibungselektrizität *f*
тригатро́н *m (Eln)* Trigatron *n*
три́ггер *m (El)* Trigger *m*, Triggerschaltung *f*; Flipflop *n*
~/**динами́ческий** dynamischer Trigger *m*; dynamisches Flipflop *n*
~/**стати́ческий** statischer Trigger *m*; statischen Flipflop *n*
три́ггерный *(Eln)* Trigger...; Flipflop...
тригона́льный *(Krist)* trigonal
тригонометри́ческий *(Math)* trigonometrisch
тригономе́трия *f (Math)* Trigonometrie *f*
~/**сфери́ческая** sphärische Trigonometrie *f*
три́ер *m (Lw)* Trieur *m*
трикли́нный *(Krist)* triklin
тримара́н *m* Dreirumpfschiff *n*, Trimaran *m*
триме́рный *(Ch)* trimer
триме́трия *f (Math)* Trimetrie *f*
три́ммер *m* 1. *(Rf)* Trimmer *m*, Trimmkondensator *m*, Abgleichkondensator *m*; 2. *(Flg)* Trimmklappe *f*, Trimmruder *n*; 3. *(Holz)* Besäum- und Lattenkreissäge *f*
триморфи́зм *m (Krist)* Trimorphie *f*
тримо́рфный *(Krist)* trimorph
трини́стор *m (Eln)* Trinistor *m*, steuerbarer Thyristor *m*
трино́м *m (Math)* Trinom *n*
трио́д *m (Eln)* Triode *f*
~/**генера́торный** Oszillatortriode *f*; Sendetriode *f*
~/**двойно́й** Doppeltriode *f*
~/**кристалли́ческий** *s.* ~/полупроводниковый
~/**мо́щный** Leistungstriode *f*
~/**полупроводнико́вый** Halbleitertriode *f*, Transistor *m*
трио́д-смеси́тель *m (Eln)* Mischtriode *f*
трипле́т *m* 1. *(Opt)* Triplett *n*; 2. *(Photo)* dreilinsiges Objektiv *n*
трисе́кция *f (Math)* Dreiteilung *f (eines Winkels)*
тристаби́льный *(Eln)* Tristate...
три́тий *m (Kern)* Tritium *n*, überschwerer Wasserstoff *m*, T, t
трито́н *m (Kern)* Triton *n*, t, Tritiumkern *m*
триэ́др *m (Krist)* Trieder *n*
трог *m* 1. *(Geol)* Trog *m*, Trogtal *n*; 2. *(Meteo)* Trog *m*, Tiefdrucktrog *m*
тро́гание *n* **(с ме́ста)** Anlaufen *n*, Anfahren *n*
тройни́к *m* 1. *(Masch)* Dreiwegestück *n*, T-Muffe *f*, T-Stück *n*; 2. *(Krist)* Drilling *m*, Drillingskristall *m*
тройно́й dreifach; *(Wkst)* ternär
тролле́й *m (El)* 1. Rollenstromabnehmer *m*; 2. Fahrdraht *m*, Oberleitung *f*
тролле́йбус *m* Trolleybus *m*, Oberleitungsbus *m*, Obus *m*
тромб *m (Meteo)* Windhose *f*, Trombe *f*
~/**песча́ный** Sandtrombe *f*
троости́т *m (Wkst, Min)* Troostit *m*
тро́пик *m (Astr)* Wendekreis *m*
тропикосто́йкий tropenbeständig, tropenfest
тропикосто́йкость *f* Tropenbeständigkeit *f*, Tropenfestigkeit *f*
тропи́ческий tropisch, Tropik...
тропопа́уза *f (Geoph, Meteo)* Tropopause *f*
тропосфе́ра *f (Geoph, Meteo)* Troposphäre *f*
трос *m* Seil *n (s. a. unter* канат*)*; Tau *n*; Trosse *f*
~/**букси́рный** *(Kfz)* Abschleppseil *n*
~/**натяжно́й** Abspannseil *n*
~/**несу́щий** Tragseil *n*
~/**стально́й** Stahlseil *n*; Stahltrosse *f*
тротуа́р *m (Bw)* Gehweg *m*
трохо́ида *f* Trochoide *f*, Trochoidale *f*
труще́ние *n (Text)* Fachen *n*
труба́ *f* 1. Rohr *n*, Röhre *f (s. a. unter* трубка 1.*)*; 2. *(Opt)* Fernrohr *n*; 3. *(Aero)* Windkanal *m*
~/**аэродинами́ческая** *(Aero)* Windkanal *m*
~/**бесшо́вная** nahtloses Rohr *n*
~/**бето́нная** Betonrohr *n*
~/**бинокуля́рная** binokulares Fernrohr *n*, Doppelfernrohr *n*
~/**бури́льная** Bohrstange *f*, Bohrgestänge *n (Erdölbohrung)*

~/**вентиляциóнная** 1. Entlüftungsrohr *n*; 2. *(Bgb)* Lutte *f (Bewetterung)*
~ **Вентýри** *(Aero, Hydr)* Venturi-Rohr *n*, Venturi-Düse *f*
~/**визúрная** 1. Zielfernrohr *n*; 2. *(Astr)* Suchfernrohr *n*
~/**вилкообрáзная** Gabelrohr *n*, Hosenrohr *n*
~/**вихревáя** Wirbelrohr *n*
~/**водопровóдная** Leitungsrohr *n*, Wasser(leitungs)rohr *n*
~/**водостóчная** *(Bw)* Regenfallrohr *n*
~/**впускнáя** Einlassrohr *n*, Einlaufrohr *n*
~/**всáсывающая** Saugrohr *n (eines Saugbaggers)*
~/**выпускнáя** Ablaufrohr *n*, Ausflussrohr *n*
~/**вытяжнáя** Abzugsrohr *n*, Abluftrohr *n*, Dunstrohr *n*
~/**выхлопнáя** 1. *(Kfz)* Auspuffrohr *n*; 2. Austrittsrohr *n (bei Turbinen)*; 3. *(El)* Entlüftungsrohr *n*, Druckausgleichrohr *n (von Transformatoren)*
~/**гáзовая** Gas(leitungs)rohr *n*
~/**горячетя́нутая** warm gezogenes Rohr *n*
~/**дренáжная** Dränrohr *n*, Entwässerungsrohr *n*, Ablaufrohr *n*
~/**дымовáя** Schornstein *m*, Esse *f*, Schlot *m*
~/**забóрная** Entnahmerohr *n*
~/**зрúтельная** Fernrohr *n*
~/**канализациóнная** Entwässerungsrohr *n*
~/**кáтаная** gewalztes Rohr *n*
~/**керамúческая** Tonrohr *n*, Steingutrohr *n*
~/**котéльная** Kesselrohr *n*
~/**литáя** Gussrohr *n*
~/**нагнетáтельная** Druckrohr *n*; Steigrohr *n*
~/**напóрная** Staurohr *n*; Druckrohr *n*
~/**отводнáя** Abflussrohr *n*, Ableitungsrohr *n*, Ablaufrohr *n*
~/**отсáсывающая** Saugrohr *n*
~/**перепускнáя** Überströmrohr *n*
~/**подъёмная** Steigrohr *n*
~/**распóрная** Distanzrohr *n*
~/**ребрúстая** Rippenrohr *n*
~/**сбóрная** Sammelrohr *n*
~/**сварнáя** geschweißtes Rohr *n*
~/**сливнáя** Überlaufrohr *n*, Überfallrohr *n*
~/**спускнáя** Ablaufrohr *n*, Abflussrohr *n*
~/**стóчная** Abflussrohr *n*
~/**теплообмéнная** Austauschrohr *n*
~/**толстостéнная** dickwandiges Rohr *n*
~/**тонкостéнная** dünnwandiges Rohr *n*
~/**флáнцевая** Flanschrohr *n*
~/**холоднотя́нутая** kalt gezogenes Rohr *n*
~/**цельнокáтаная** nahtlos gewalztes Rohr *n*
~/**цельнотя́нутая** nahtlos gezogenes Rohr *n*

трýбка *f* 1. Rohr *n (s. a. unter* труба 1.*)*; 2. *(Eln)* Röhre *f*, Elektronenröhre *f (s. a. unter* лампа 2.*)*; 3. *(Nrt)* Hörer *m (eines Telephons)*; 4. *(El)* Röhrchenkondensator *m*; 5. Zünder *m (z. B. einer Granate)*
~ **Вентýри** *(Aero, Hydr)* Venturi-Rohr *n*, Venturi-Düse *f*
~ **взрыва** *(Geol)* Schlot *m*, Schlotgang *m*, Eruptionsschlot *m*, Diatrema *n*
~/**водомéрная** Wasserstandsrohr *n*
~/**газоразря́дная** Gasentladungsröhre *f*
~/**запоминáющая (электрóнно-лучевáя)** *(Eln, Inf)* Speicherröhre *f*
~/**капилля́рная** Kapillarrohr *n*, Haarröhrchen *n*
~/**люминесцéнтная** *(Licht)* Leucht(stoff)röhre *f*
~/**мáсочная** *(TV)* Masken(farbbild)röhre *f*
~/**неóновая** *(Licht)* Neon(leucht)röhre *f*
~/**передающая** *(TV)* Aufnahmeröhre *f*, Fernsehaufnahmeröhre *f*
~/**приёмная** Einfüllrohr *n*
~/**приёмная телевизиóнная** Fernseh(bild)röhre *f*, Bild(wiedergabe)röhre *f*
~/**рентгéновская** Röntgenröhre *f*
~ **с темновóй зáписью** Dunkelschriftröhre *f*
~/**телевизиóнная** *s.* ~/приёмная телевизионная
~/**телефóнная** *(Nrt)* Hörer *m (eines Telephons)*
~/**электрóнная** Elektronenröhre *f*
~/**электрóнно-лучевáя** Elektronenstrahlröhre *f*, Kathodenstrahlröhre *f*

трубоотвóд *m* Abzweigrohr *n*
трубопровóд *m* Rohrleitung *f*, Rohrstrang *m*

~/**магистра́льный** 1. Haupt(rohr)leitung *f*; Fern(rohr)leitung *f*
~/**нагнета́тельный** Druckleitung *f*
~/**сбо́рный** Sammelleitung *f*
трубопрово́дный Leitungs..., Rohrleitungs...
трубопрока́тный Rohrwalz...
трубоpе́з *m (Wkz)* Rohr(ab)schneider *m*
трубоукла́дчик *m* Rohrleger *m*, Rohrlegekran *m*; *(Schiff)* Rohrleger *m*
тру́бчатый Röhren...
труд *m* Arbeit *f*
~/**нау́чный** wissenschaftliche Arbeit *f*
~/**у́мственный** geistige Arbeit *f*
~/**физи́ческий** körperliche Arbeit *f*
труднообраба́тываемый schwer bearbeitbar
труднораствори́мый schwer löslich
трудоёмкий arbeitsaufwendig, arbeitsintensiv
трудоёмкость *f* Arbeitsaufwand *m*
тру́щийся Reib..., reibend; Gleit..., gleitend
трюк-маши́на *f (Kine)* Trickmaschine *f*
трюм *m* **(/грузово́й)** *(Schiff)* Laderaum *m*, Raum *m*
~/**ры́бный** Fischbunker *m*
тря́ска *f* Schütteln *n*, Rütteln *n*
трясксто́йкий schüttelfest, rüttelfest, erschütterungsfest, erschütterungsbeständig
трясксто́йкость *f* Schüttelfestigkeit *f*, Rüttelfestigkeit *f*, Erschütterungsfestigkeit *f*, Erschütterungsbeständigkeit *f*
трясти́ schütteln, rütteln
ТТЛ *f s.* логика/транзисторно-транзисторная
ТТЛ ИС *f (Eln)* integrierter TTL-Schaltkreis *m*
ТТЛ-микросхе́ма *f (Eln)* 1. TTL-Mikroschaltkreis *m*; 2. TTL-Mikroschaltung *f*
ТТЛ-схе́ма *f (Eln)* 1. TTL-Schaltkreis *m*; 2. TTL-Schaltung *f*
ту́бус *m* Tubus *m*
~/**вытяжно́й** *(Opt)* Ausziehtubus *m*
~/**окуля́рный** *(Opt)* Okulartubus *m*
туго́й straff; fest
тугопла́вкий 1. schwer schmelzend, hoch schmelzend; 2. hitzebeständig
тугопла́вкость *f* 1. Schwerschmelzbarkeit *f*; 2. Hitzebeständigkeit *f*
тузлу́к *m (Led)* Salzlake *f*
тузлу́кование *n (Led)* Salzlakenbehandlung *f*
тук *m (Ch, Lw)* Mineraldünger *m*
~/**азо́тный** Stickstoffdünger *m*
~/**кали́йный** Kalidünger *m*
тукодроби́лка *f* Mineraldüngermühle *f*
тукоразбра́сыватель *m (Lw)* Düngerstreuer *m*, Mineraldüngerstreuer *m*
тукосмеси́тель *m (Lw)* Mineraldüngermischer *m*
ту́лий *m (Ch)* Thulium *n*, Tm
тума́н *m* 1. Nebel *m*; Dunst *m*; 2. *(Meteo)* Nebel *m*; 3. *(Photo)* Schleier *m*
тума́нность *f (Astr)* Nebel *m*
~/**внегалакти́ческая** extragalaktischer Nebel *m*
~/**волокни́стая** Fasernebel *m*
~/**галакти́ческая** galaktischer Nebel *m*, Nebel *m* im Milchstraßensystem
~/**планета́рная** planetarischer Nebel *m*
~/**пылева́я** Staubnebel *m*, Staubwolke *f*
~/**спира́льная** Spiralnebel *m*
ту́мба *f (Bw)* Prellstein *m*, Poller *m*
туннели́рование *n (Eln)* Tunnelung *f*, Durchtunnelung *f*
тунне́ль *m* 1. Tunnel *m*; 2. *(Bgb, Hydt)* Stollen *m*
~/**безнапо́рный** *(Hydt)* druckloser Stollen *m*
~/**гидротехни́ческий** *(Hydt)* Wasserstollen *m*, Wasserleitungstunnel *m*
~/**го́рный** Gebirgstunnel *m*
~/**железнодоро́жный** Eisenbahntunnel *m*
~/**ка́бельный** *(El)* Kabelkanal *m*, Leitungskanal *m*
~/**напо́рный** *(Hydt)* Druckstollen *m*
~/**пешехо́дный** Fußgängertunnel *m*
~/**подво́дный** *(Bw)* Unterwassertunnel *m*
тупи́к *m* 1. Sackgasse *f*; 2. *(Eb)* Stumpfgleis *n*, Kopfgleis *n*, Gleisstumpf *m*
тупо́й stumpf; abgestumpft
тупоуго́льный stumpfwinklig
турбидиме́тр *m* Turbidimeter *n*, Trübungsmesser *m*
турбидиме́трия *f* Turbidimetrie *f*, Trübungsmessung *f*

турби́на *f* Turbine *f*
~/**аксиа́льная** Axialturbine *f*
~/**акти́вная** Gleichdruckturbine *f*, Aktionsturbine *f*
~/**быстрохо́дная** Schnellläuferturbine *f*
~/**вертика́льная** stehende Turbine *f*, Turbine *f* mit stehender Welle
~/**винтова́я** Propellerturbine *f*
~/**вихрева́я** Wirbelflussturbine *f*
~/**водяна́я** Wasserturbine *f*
~ **высо́кого давле́ния** Hochdruckturbine *f*
~/**га́зовая** Gasturbine *f*
~/**гидравли́ческая** Wasserturbine *f*
~/**гла́вная** Grundlastturbine *f*, Nutzleistungsturbine *f*
~/**горизонта́льная** liegende Turbine *f*, Turbine *f* mit liegender Welle
~/**двухря́дная** Verbundturbine *f*
~/**ди́сковая** Scheibenturbine *f*, Räderturbine *f*
~/**избы́точная** Überdruckturbine *f*, Reaktionsturbine *f*
~ **Капла́на** Kaplan-Turbine *f*
~/**ковшо́вая** Pelton-Turbine *f*, Freistrahlturbine *f*
~/**конденсацио́нная (парова́я)** Kondensationsturbine *f*
~/**ло́пастно-регули́руемая** Thomann-Turbine *f*
~/**многоко́рпусная** mehrgehäusige Turbine *f*
~/**многоступе́нчатая** mehrstufige Turbine *f*, Mehrstufenturbine *f*
~ **мя́того па́ра** Abdampfturbine *f*
~/**напорностру́йная** Wasserüberdruckturbine *f*
~ **ни́зкого давле́ния** Niederdruckturbine *f*
~/**однова́льная (парова́я)** Einwellen(dampf)turbine *f*
~/**одноко́рпусная** eingehäusige Turbine *f*, Eingehäuseturbine *f*
~/**осева́я** Axialturbine *f*
~/**парова́я** Dampfturbine *f*
~ **Пе́льтона** Pelton-Turbine *f*
~/**по́лная** voll beaufschlagte Turbine *f*
~ **постоя́нного давле́ния** Gleichdruckturbine *f*, Stauturbine *f*
~/**приводна́я** Antriebsturbine *f*
~/**пропе́ллерная** Propellerturbine *f*
~/**радиа́льная** Radialturbine *f*
~/**радиа́льно-осева́я** Radial-Axial-Turbine *f*, Francis-Turbine *f*
~/**реакти́вная** Überdruckturbine *f*, Reaktionsturbine *f*
~ **с отбо́ром па́ра** Entnahmeturbine *f*, Anzapfturbine *f*
~ **с противодавле́нием** Gegendruckturbine *f*
~/**свободностру́йная** Freistrahlturbine *f*, Pelton-Turbine *f*
~/**сдво́енная** Doppelturbine *f*, Zwillingsturbine *f*
~/**спа́ренная** Zwillingsturbine *f*
~/**судова́я** Schiffsturbine *f*
~/**теплофикацио́нная (парова́я)** Heizdampfentnahmeturbine *f*
~ **То́мана** Thomann-Turbine *f*
~/**тра́нспортная** Fahrzeugturbine *f*
~ **Фре́нсиса** *s.* ~/радиально-осевая
~/**энергети́ческая** Kraftwerksturbine *f*
турби́нный Turbinen...
турбинострое́ние *n* Turbinenbau *m*
турбоагрега́т *m* Turbinensatz *m*, Turbosatz *m*
~/**энергети́ческий** Kraftwerksturbosatz *m*
турбобу́р *m* Turbobohrer *m*, Turbinenbohrer *m*
турбобуре́ние *n (Bgb)* Turbobohren *n*, Turbinenbohren *n*
турбовинтово́й *(Flg)* Propellerturbinen..., PTL-...
турбово́з *m* Turbinenlokomotive *f*
турбовоздуходу́вка *f* Turbogebläse *n*
турбогенера́тор *m (El)* Turbogenerator *m*
турбодета́ндер *m* Expansionsturbine *f*
турбокомпре́ссор *m* 1. Turbokompressor *m*; 2. *(Flg, Kfz)* Turbolader *m*
турболёт *m (Flg)* Hubschrauber *m*
турбомаши́на *f* Strömungsmaschine *f*, Turbomaschine *f*
турбомеша́лка *f* Turbomischer *m*; Turborührer *m*, Turbinenrührer *m*
турбопереда́ча *f (Masch)* Strömungsgetriebe *n*, dynamisches Flüssigkeitsgetriebe *n*
турбопо́езд *m (Eb)* Gasturbinentriebzug *m*
турбопри́вод *m* Turbinenantrieb *m*
турбореакти́вный *(Flg)* Turbinen-Luftstrahl..., TL-...

турбохо́д *m* Turbinenschiff *n*
турбоэлектри́ческий turboelektrisch
турбоэлектрохо́д *m* Turboelektroschiff *n*
турбуле́нтность *f* Turbulenz *f*, turbulente Strömung *f*
турбуле́нтный turbulent, Wirbel...
турмали́н *m (Min)* Turmalin *m*
турнике́т *m (Eb)* Drehschemel *m (eines Wagens)*
ту́склый trübe; matt, glanzlos
туске́ть trübe werden; matt werden, anlaufen
туф *m (Geol)* Tuff *m*
~/**известко́вый** Kalktuff *m*, Tuffkalk *m*, Travertin *m*
туше́ние *n* 1. Löschen *n (Feuer)*; 2. Löschen *n*, Ablöschen *n (von Koks, Schlacke)*
тушь *f* Tusche *f*
тычо́к *m (Bw)* Binder *m*
ТЭЦ *f s.* теплоэлектроцентраль
тю́бинг *m (Bgb, Bw)* Tübbing *m*
тюк *m* Ballen *m*; Bündel *n*
тю́нер *m (Rf)* Tuner *m*
тя́га *f* 1. *(Mech)* Zug *m*, Zugkraft *f*; 2. *(Flg, Rak)* Schub *m*; Schubkraft *f*; Impuls *m*; 3. *(Eb)* Traktion *f*, Fahrbetrieb *m*, Zugförderung *f*; 4. Zug *m*, Zugstange *f*; 5. Zug *m*, Abzug *m (Feuerungstechnik)*
~/**взлётная** *(Flg, Rak)* Startschub *m*
~ **винта́** *(Flg)* Luftschraubenzug *m*
~/**возду́шная** Luftzug *m*
~ **дви́гателя** *(Flg)* Triebwerksschub *m*
~/**ди́зельная** *(Eb)* Dieselzugförderung *f*, Dieseltraktion *f*
~/**поездна́я** *(Eb)* Zugförderung *f*
~ **поездо́в** *(Eb)* Zugförderung *f*
~ **раке́ты** Schub *m*; Impuls *m*
~/**реакти́вная** Schub *m*; Impuls *m*
~ **ре́верса** *(Masch)* Steuerstange *f*
~/**рулева́я** 1. *(Kfz)* Lenkgestänge *n*; 2. *(Schiff)* Rudergestänge *n*
~/**соедини́тельная** *(Kfz)* Kuppelstange *f*
~/**ста́ртовая** *(Flg, Rak)* Startschub *m*
~/**тепловóзная** *s.* ~/дизельная
~/**уде́льная** *(Rak)* spezifischer Schub *m*; spezifischer Impuls *m*
~/**эксце́нтриковая** *(Masch)* Exzenterstange *f*
~/**электри́ческая** *(Eb)* elektrische Zugförderung *f*, Elektrotraktion *f*
тяга́ч *m* Schlepper *m*, Traktor *m*, Zugmaschine *f*
~/**аэродро́мный** Flugzeugschlepper *m*, Push-back-Fahrzeug *n*
~/**седе́льный** Sattelschlepper *m*
тяговооружённость *f (Flg, Rak)* Schub-Masse-Verhältnis *n*
тя́говый Zug...
тягоме́р *m* 1. *(Mech)* Zugkraftmesser *m*; 2. Zugmesser *m (Feuerungstechnik)*
тяготе́ние *n (Mech, Geoph)* Gravitation *f*, Massenanziehung *f*
~/**всеми́рное [всео́бщее]** allgemeine [universelle] Gravitation [Massenanziehung] *f*, Massenanziehungskraft *f*
тягу́честь *f* Dehnbarkeit *f*, Duktilität *f*
тягу́чий dehnbar, duktil; zäh, zähflüssig
тяжелове́сный Schwergut...
тяну́ть ziehen; schleppen

У

убира́ть 1. (weg)räumen, aufräumen; 2. *(Kfz)* wegnehmen *(Gas)*; 3. *(Flg)* einziehen *(Fahrgestell)*; 4. *(Lw)* bergen *(Getreide)*, Ernte einbringen, ernten; 5. *(Bgb)* wegfüllen, wegräumen
убо́рка *f* 1. Wegräumen *n*, Räumen *n*, Aufräumen *n*; 2. Bergen *n (von Getreide)*, Ernte *f*, Ernten *n*; 3. *(Flg)* Einziehen *n (des Fahrgestells)*; 4. *(Bgb)* Wegfüllen *n*
убо́рщик *m (Lw)* Erntemaschine *f*
убыва́ние *n* 1. Abnahme *f*; Nachlassen *n*, Rückgang *m*; 2. Fallen *n*, Sinken *n (von Wasser)*
убыва́ть 1. abnehmen; nachlassen; 2. fallen, sinken *(Wasser)*
у́быль *f* 1. Abnahme *f*, Verringerung *f*; 2. Verlust *m*, Schwund *m*
убы́ток *m* Schaden *m*, Verlust *m*; Nachteil *m*
убы́точный verlustbringend, nachteilig
ува́ривание *n* Einkochen *n*, Verkochen *n*
УВВ *n s.* устройство ввода-вывода
увеличе́ние *n* Vergrößerung *f*, Steigerung *f*, Zunahme *f*; Anstieg *m*

~/углово́е *(Opt)* Winkelvergrößerung *f*
увели́ченный vergrößert
увели́чивать vergrößern, steigern, zunehmen
увеличи́тель *m (Photo)* Vergrößerungsapparat *m*, Vergrößerungsgerät *n*
увлажне́ние *n* Befeuchten *n*, Anfeuchten *n*; Benetzen *n*
увлажнённый befeuchtet, angefeuchtet; benetzt
увлажни́тель *m* Befeuchtungsvorrichtung *f*
увлажня́ть befeuchten, anfeuchten
увлече́ние *n* Mitreißen *n*, Mitnehmen *n*
уво́д *m* 1. *(Fert)* Verlaufen *n (des Bohrers)*; 2. *(Mess)* Ablenkung *f (des Zeigers)*
УВЧ-... *s.* ультравысокочастотный
уга́р *m* 1. Abgang *m*, Abfall *m*; 2. *(Met, Schw)* Abbrand *m*; *(Met, Wlz)* Zunder *m*
уга́ры *mpl (Text)* Abgänge *mpl*, Abfälle *mpl*
углево́д *m (Ch)* Kohlenhydrat *n*
углево́дный *(Ch)* Kohlenhydrat...
углеводоро́д *m (Ch)* Kohlenwasserstoff *m*
~/**аромати́ческий** aromatischer Kohlenwasserstoff *m*, Benzenkohlenwasserstoff *m*, Benzolkohlenwasserstoff *m*
~/**бензо́льный** *s.* ~/ароматический
~/**насы́щенный** gesättigter Kohlenwasserstoff *m*, Grenzkohlenwasserstoff *m*, Paraffinkohlenwasserstoff *m*, Alkan *n*
~/**ненасы́щенный** ungesättigter Kohlenwasserstoff *m*
~/**непреде́льный** *s.* ~/ненасыщенный
~/**преде́льный** *s.* ~/насыщенный
углеводоро́дный *(Ch)* Kohlenwasserstoff...
углево́з *m (Schiff)* Kohlenfrachter *m*, Kohlenschiff *n*
угледобы́ча *f (Bgb)* Kohlegewinnung *f*, Kohleförderung *f*
угледроби́лка *f (Bgb)* Kohlenbrecher *m*
угледробле́ние *n (Bgb)* Kohlenzerkleinerung *f*
углеки́слый *(Ch)* ...carbonat *n*; kohlensauer
углемо́йка *f* Kohlenwäsche *f (Aufbereitung)*
углено́сность *f (Bgb)* Kohleführung *f*, Kohlegehalt *m*
углено́сный *(Bgb)* kohleführend
углеобогати́тельный Kohleaufbereitungs...
углеобогаще́ние *n* Kohleaufbereitung *f*
углеро́д *m (Ch)* Kohlenstoff *m*, C
углеро́дистый *(Ch)* ...carbid *n*; kohlenstoffhaltig
углеро́дный *(Ch)* Kohlenstoff...
углерудово́з *m (Schiff)* Kohle-Erz-Frachter *m*, Kohle-Erz-Frachtschiff *n*
углефика́ция *f (Geol)* Inkohlung *f*
углово́й 1. Winkel...; 2. Eck...
угломе́р *m* Winkelmesser *m*, Winkelmessinstrument *n*
углубле́ние *n* 1. Vertiefung *f*; 2. *(Schiff)* Tauchen *n*
углы́ *mpl* 1. *(Math)* Winkel *mpl (s. a. unter* угол 1.); 2. Ecken *fpl (s. a. unter* угол 2.)
~/**вертика́льные** Scheitelwinkel *mpl*
~/**на́крест лежа́щие** Wechselwinkel *mpl*
~/**сме́жные** Nebenwinkel *mpl*, Supplementwinkel *mpl*
~/**соотве́тственные** Stufenwinkel *mpl*, Gegenwinkel *mpl*
ýгол *m* 1. Winkel *m (s. a. unter* углы 1.); 2. Ecke *f*
~/**азимута́льный** *(Astr)* Azimutwinkel *m*
~/**аперту́рный** *(Opt)* Aperturwinkel *m*
~ **ата́ки** *(Aero)* Anstellwinkel *m*, Anströmwinkel *m*
~ **ата́ки/крити́ческий** *(Aero)* kritischer Anstellwinkel *m*, Abreißwinkel *m*
~ **в пла́не** *(Wkz)* Einstellwinkel *m (des Werkzeugs)*
~/**вне́шний** *(Math)* Außenwinkel *m*
~/**вну́тренний** *(Math)* Innenwinkel *m*
~/**впи́санный** *(Math)* Umfangswinkel *m*
~ **враще́ния** Dreh(ungs)winkel *m*
~ **вхо́да** Eintrittswinkel *m*
~ **вы́хода** Austrittswinkel *m*
~/**грани́чный** Grenzwinkel *m*
~/**двугра́нный** *(Math)* zweiflächiger Winkel *m*, Flächenwinkel *m*
~/**дополни́тельный** *(Math)* Komplementwinkel *m*
~ **дре́йфа** *(Schiff)* Abdriftwinkel *m*

~/**за́дний** *(Wkz)* Freiwinkel *m*
~ **зре́ния** *(Opt)* Sehwinkel *m*
~ **ко́нуса [ко́нусности]** *(Masch)* Kegelwinkel *m*
~/**краево́й** *(Ph, Ch)* Randwinkel *m*
~ **кре́на** *(Schiff)* Krängungswinkel *m*; *(Flg)* Rollwinkel *m*, Querneigungswinkel *m*
~/**крити́ческий** kritischer Winkel *m*, Grenzwinkel *m*
~ **круче́ния** 1. *(Math)* Windungswinkel *m*, Schmiegungswinkel *m*, Torsionswinkel *m*; 2. *(Mech)* Verdreh(ungs)-winkel *m*, Torsionswinkel *m*, Drehwinkel *m*
~ **накло́на** 1. Neigungswinkel *m*, Neigung *f*; 2. *(Wkz)* Schrägungswinkel *m*
~/**нару́жный** *(Math)* Außenwinkel *m*
~ **опереже́ния** *(El, Reg)* Voreil(ungs)-winkel *m*
~/**о́стрый** *(Math)* spitzer Winkel *m*
~ **отклоне́ния** Abweichungswinkel *m*, Ablenk(ungs)winkel *m*; *(Mess)* Ausschlag *m* *(eines Zeigers)*
~ **отко́са** Böschungswinkel *m*, Hangneigung *f*
~ **отраже́ния** *(Ph)* Reflexionswinkel *m*
~ **паде́ния** *(Ph)* 1. Einfallswinkel *m*; 2. Fallwinkel *m* *(Ballistik)*
~/**пере́дний** *(Wkz)* Spanwinkel *m*
~/**пло́ский** *(Math)* ebener Winkel *m*
~ **поворо́та** 1. Drehwinkel *m*, Schwenk(ungs)winkel *m* *(z. B. eines Krans)*; 2. *(Mech)* Kippwinkel *m*
~ **поворо́та управля́емых колёс** *(Kfz)* Lenkeinschlagwinkel *m*
~ **додъёма/преде́льный** *(Kfz)* Steigfähigkeit *f*
~/**по́лный** *(Math)* Vollwinkel *m*
~/**поля́рный** *(Math)* Argument *n*
~/**попере́чный** *(Wkz)* Seitenwinkel *m*
~ **поте́рь** *(El)* Verlustwinkel *m*
~/**преде́льный** Grenzwinkel *m*
~ **преломле́ния** *(Opt)* Brechungswinkel *m*
~/**прилежа́щий** *(Math)* anliegender Winkel *m*
~/**прямо́й** *(Math)* rechter Winkel *m*
~/**развёрнутый** *(Math)* gestreckter Winkel *m*
~ **рассе́яния** Streu(ungs)winkel *m*
~ **ре́зания** *(Wkz)* Schnittwinkel *m*
~ **скольже́ния** 1. *(Mech)* Schiebewinkel *m*; 2. *(Aero)* Gleitwinkel *m*
~ **сно́са** 1. Vorhaltewinkel *m*; 2. *(Flg, Schiff)* Abdriftwinkel *m*
~/**сфери́ческий** *(Math)* sphärischer Winkel *m*
~/**теле́сный** *(Math)* Raumwinkel *m*, körperlicher [räumlicher] Winkel *m*
~ **тре́ния** *(Mech)* Reibungswinkel *m*, Gleitwinkel *m*
~/**тупо́й** *(Math)* stumpfer Winkel *m*
~/**фа́зовый** *(El)* Phasenwinkel *m*
~/**центра́льный** *(Math)* Zentriwinkel *m*
~/**часово́й** *(Astr)* Stundenwinkel *m*
уголо́к *m* 1. Winkelstahl *m*; 2. Winkel *m*, Winkeleisen *n* *(Konstruktionselement)*
у́голь *m* Kohle *f*
~/**активи́рованный** Aktivkohle *f*
~/**акти́вный** Aktivkohle *f*
~/**блестя́щий** Glanzkohle *f*
~/**бу́рый** Braunkohle *f*
~/**волокни́стый** Faserkohle *f*
~/**га́зовый** Gaskohle *f*
~/**грохочёный** Siebkohle *f*
~/**длиннопла́менный** langflammige Kohle *f*
~/**древе́сный** Holzkohle *f*
~/**жи́рный** Fettkohle *f*
~/**зо́льный** aschereiche Kohle *f*
~/**ископа́емый** Mineralkohle *f*
~/**ка́менный** Steinkohle *f*
~/**короткопла́менный** kurzflammige Kohle *f*
~/**кру́пный** Grobkohle *f*
~/**кузне́чный** Schmiedekohle *f*
~/**кусково́й** Stückkohle *f*
~/**ма́товый** Mattkohle *f*
~/**ме́лкий** Kleinkohle *f*, Gruskohle *f*
~/**неспека́ющийся** nicht backende Kohle *f*
~/**обогащённый** aufbereitete Kohle *f*, Aufbereitungskohle *f*
~/**пири́товый** Pyritkohle *f*, Schwefelkohle *f*
~/**рядово́й** Förderkohle *f*
~/**сильноспека́ющийся** stark backende Kohle *f*
~/**слабоспека́ющийся** schwach backende Kohle *f*
~/**спека́ющийся** Backkohle *f*, backende Kohle *f*
~/**то́щий** Magerkohle *f*

~/**чи́стый** Reinkohle *f*
~/**электро́дный** Elektrodenkohle *f*
уго́льник *m* Winkel *m (als Konstruktionselement und Werkzeug)*
~/**пове́рочный** *(Wkz)* Prüfwinkel *m*
ýгольный Kohle(n)...
уго́льный eckig, kantig
уго́н *m* 1. Wandern *n (der Gleise)*; 2. Abtreiben *n*; 3. Durchgehen *n (einer Turbine)*
~ **ре́льсов** *(Eb)* Schienenwandern *n*
удале́ние *n* Entfernen *n*, Beseitigen *n*, Entzug *m*
~ **отхо́дов** Abfallbeseitigung *f*, Entsorgung *f*
удалённый fern, Fern..., entfernt
~/**бесконе́чно** unendlich fern
удаля́ть entfernen, beseitigen, entziehen
уда́р *m (Mech)* Schlag *m*, Stoß *m*
~/**гидравли́ческий** *(Hydr)* Wasserschlag *m*, hydraulischer Stoß *m*
~/**го́рный** *(Bgb)* Gebirgsschlag *m*, Bergschlag *m*
~/**косо́й** schiefer Stoß *m*
~/**прямо́й** gerader Stoß *m (s. a.* ~/центральный*)*
~/**теплово́й [терми́ческий]** Wärmeschock *m*, Thermoschock *m*
~/**упру́гий** elastischer Stoß *m*
~/**центра́льный** zentraler [gerader] Stoß *m*, Zentralstoß *m*
уда́рник *m* 1. *(Bgb)* Schlagkolben *m (am Abbauhammer)*; 2. Schlagbolzen *m (an Feuerwaffen)*
уда́рный Schlag..., Stoß...
ударопро́чный stoßfest, schlagfest
ударосто́йкий *s.* ударопрочный
ударя́ть schlagen, stoßen
удва́ивать 1. (ver)doppeln; 2. *(Wkz)* doppeln *(Bleche)*
удвое́ние *n* Verdopp(e)lung *f*
~ **частоты́** *(El)* Frequenzverdopplung *f*
удво́енный doppelt, zweifach
удвои́тель *m (El)* Verdopplerstufe *f*, Verdoppler *m*
уде́льный spezifisch, bezogen
удержа́ние *n* Zurückhalten *n*, Zurückhaltung *f*, Retention *f*
удлине́ние *n* Verlängerung *f*, Längenzunahme *f*, Dehnung *f*, Streckung *f*
удлинённый verlängert, gedehnt, gestreckt
удлини́тель *m* 1. Verlängerungsstück *n*; 2. *(El)* Verlängerungsleitung *f*
удо́бный для обслу́живания wartungsfreundlich
~ **для по́льзователя** (be)nutzerfreundlich, anwenderfreundlich
удобообтека́емый stromlinienförmig
удобочита́емость *f* Leserlichkeit *f*, Lesbarkeit *f*
удобре́ние *n* 1. Düngen *n*, Düngung *f*; 2. Düngemittel *n*, Dünger *m*
~/**азо́тное** Stickstoffdünger *m*
~/**аммиа́чное** Ammoniakdünger *m*
~/**есте́ственное** Stalldünger *m*
~/**зелёное** Gründüngung *f*
~/**известко́вое** Kalkdünger *m*
~/**иску́сственное** *s.* ~/минеральное
~/**кали́йное** Kalidünger *m*
~/**минера́льное** Mineraldünger *m*, anorganische Düngemittel *npl*, Handelsdünger *m*
~/**органи́ческое** organischer Dünger *m*, Wirtschaftsdünger *m*
~/**по́лное (минера́льное)** Volldünger *m*, Mehrnährstoffdünger *m*
~/**сме́шанное** Mischdünger *m*
~/**тройно́е** dreigliedriger Dünger *m*, NPK-Dünger *m*
~/**фо́сфорное** Phosphordünger *m*
~/**хими́ческое** Handelsdünger *m*
удобри́тельный Dünge(r)...
удобри́ть *(Lw)* düngen
удо́бство *n* **в программи́ровании** *(Inf)* Programmierkomfort *m*
~ **обслу́живания** Bedienungskomfort *m*
ýзел *m* 1. Knoten *m*; 2. Baugruppe *f*, Baueinheit *f*; Konstruktionsgruppe *f*; Bauelement *n*; 3. *(Krist)* Gitterplatz *m*, Gitterpunkt *m*, Massenpunkt *m*, Baustein *m*; 4. *(Nrt)* Knotenamt *n*, Zentrale *f*; 5. *(Schif)* Knoten *m*, kn *(SI-fremde Einheit der Geschwindigkeit in der Seefahrt)*; 6. *(Schiff) s.* ~/морской; 7. *(Schiff)* Stek *m*, Stich *m*; 8. *(El)* Verzweigungspunkt *m*, Knotenpunkt *m (Leitungstechnik)*
~/**агрега́тный** Baukasteneinheit *f*
~ **волны́** *(Ph)* Wellenknoten *m*

~/**железнодоро́жный** Eisenbahnknoten(punkt) *m*
~/**запасно́й** *(Eln)* Reservebaugruppe *f*
~ **колеба́ний** *(Ph)* Schwingungsknoten *m*
~/**микромо́дульный** *(Eln)* Mikromodulbaustein *m*
~/**морско́й** seemännischer Knoten *m*, Seemannsknoten *m*, Schifferknoten *m*
~ **напряже́ния** *(El)* Spannungsknoten *m*
~/**печа́тный** *(Eln)* gedruckte Baugruppe *f*
~/**промы́шленный** Industriekomplex *m*
~/**радиотрансляцио́нный** Funkleitstelle *f*
~/**санита́рный** *(Bw)* Sanitärzelle *f*
~ **свя́зи** Nachrichtenzentrale *f*
~/**силово́й** *(Masch)* kraftführende Gruppe *f*, Leistungsgruppe *f*
~ **схе́мы** *(El)* Schaltungs(bau)gruppe *f*
~/**телегра́фный** Fernschreibzentrale *f*
~/**телефо́нный** Fernsprechzentrale *f*
~/**тра́нспортный** Verkehrsknotenpunkt *m*
~/**унифици́рованный** Baukasteneinheit *f*
~/**шарни́рный** Gelenkbaugruppe *f*
у́зкий schmal, eng
узкого́рлый enghalsig *(Flaschen)*
узкодиапазо́нный *(Eln)* Schmalband...
узкоколе́йный *(Eb)* schmalspurig, Schmalspur...
узкоплёночный Schmalfilm...
у́зкость *f* Meerenge *f*
узлово́й Knoten...
узловяза́тель *m* 1. *(Lw)* Knoter *m*, Knüpfer *m*; 2. *(Text)* Knoter *m*
узлолови́тель *m* *(Text)* Knotenfänger *m*
узо́р *m* Verzierung *f*, Ornament *n*; *(Text)* Muster *n*
указа́тель *m* 1. Zeiger *m*, Anzeiger *m*; 2. *(Inf)* Zeiger *m*, Pointer *m*; 3. Anzeigevorrichtung *f*; Nachweisgerät *n*; Indikator *m*
~ **вре́мени стоя́нки** *(Kfz)* Parkscheibe *f*
~ **глубины́** 1. *(Schiff)* Tiefenanzeigegerät *n*; 2. *(Bgb)* Teufenanzeiger *m*
~ **давле́ния** Druckanzeigegerät *n*, Druckanzeiger *m*
~/**дистанцио́нный** Fernanzeiger *m*
~ **длины́** Längenanzeiger *m*
~/**доро́жный** Wegweiser *m*
~ **ку́рса** *(Flg)* Kursanzeiger *m*
~ **мгнове́нного расхо́да то́плива** *(Kfz)* Kraftstoff-Momentanverbrauchsanzeige *f*
~ **направле́ния** Richtungsanzeiger *m*
~ **перегру́зки** *(El)* Überlastungsanzeiger *m*
~ **поворо́та** *(Kfz)* Fahrtrichtungsanzeiger *m*, Blinker *m*, Blinkleuchte *f*
~/**светово́й** 1. Lichtanzeiger *m*; 2. *(Inf)* Lichtmarke *f*
~ **ско́рости** Geschwindigkeitsanzeiger *m*; *(Schiff)* Fahrtanzeiger *m*
~ **сте́ка** *(Inf)* Kellerzeiger *m*, Stapelzeiger *m*, Stackpointer *m*
~ **у́ровня то́плива** *(Kfz)* Kraftstoffanzeige *f*
~ **ускоре́ния** Beschleunigungsanzeiger *m*
~/**цифрово́й** digitale Anzeige *f*
~ **числа́ Ма́ха [М]** *(Flg)* Machzahlmesser *m*, Machmeter *n*
~ **числа́ оборо́тов** *(Masch)* Drehzahlmesser *m*
указа́тельный Anzeige..., Indikator...
ука́тывать 1. glattwalzen, ebnen; 2. wegrollen, fortrollen
УКВ *f* Ultrakurzwelle *f*, UKW *f*
УКВ-диапазо́н *m* Ultrakurzwellenbereich *m*, UKW-Bereich *m*; Ultrakurzwellenband *n*, UKW-Band *n*
УКВ-переда́тчик *m* Ultrakurzwellensender *m*, UKW-Sender *m*
УКВ-приёмник *m* Ultrakurzwellenempfänger *m*, UKW-Empfänger *m*
укла́дка *f* 1. Verlegen *n*, Verlegung *f* *(Schienen, Kabel)*; 2. Lagerung *f*, Einlagern *n*; 3. Einpacken *n*
укла́дывать 1. verlegen *(Schienen, Kabel)*; 2. (ein)lagern; 3. (ein)packen
укло́н *m* 1. Neigung *f*; Schräge *f*; Steigung *f* *(einer Straße)*; Gefälle *n* *(eines Flusses)*; 2. *(Bgb)* Haspelberg *m*
уклоне́ние *n* Abweichung *f*
уклономе́р *m* Neigungsmesser *m*
укомплектова́ние *n* 1. Vervollständigung *f*, Komplettierung *f*; 2. *(Eln)* Bestückung *f*
укомплекто́ванный 1. vervollständigt, komplettiert; 2. *(Eln)* bestückt

укора́чивать (ab)kürzen, verkürzen
укоро́чение *n* Verkürzen *n*, Verkürzung *f*, Abkürzen *n*
уко́сина *f* 1. Strebe *f*, Spreize *f*; 2. *(Förd)* Ausleger *m (von Hebezeugen)*
укрепле́ние *n* 1. Verstärkung *f*, Versteifung *f*; 2. Befestigung *f*
~/**а́нкерное** Verankerung *f*
~ **гру́нта** *(Bw)* Bodenverfestigung *f*
укреплённый 1. befestigt; 2. verstärkt; 3. *(Bgb)* ausgebaut
укрепля́ть 1. befestigen; 2. verstärken, versteifen; 3. *(Bgb)* ausbauen
укры́вистость *f* Deckfähigkeit *f*, Deckkraft *f (von Anstrichstoffen)*
укры́вистый deckfähig, deckstark *(Anstrichstoffe)*
у́ксус *m (Ch)* Essig *m*
~/**древе́сный** Holzessig *m*
~/**пищево́й** Speiseessig *m*
~/**спиртово́й** Spritessig *m*
уксуснoки́слый *(Ch)* ...acetat *n*; essigsauer
у́ксусный *(Ch)* Essig(säure)...
ула́вливание *n* 1. Auffangen *n*, Abfangen *n*; 2. Abscheiden *n*
ула́вливать 1. (auf)fangen; 2. abscheiden
улету́чивание *n* Verflüchtigen *n*, Verflüchtigung *f*, Entweichen *n*, Verdunsten *n*
улету́чиваться sich verflüchtigen, entweichen, verdunsten
ули́тка *f* 1. Schnecke *f*, Spirale *f*; 2. Spiralgehäuse *n*
уло́в *m* Fang *m (von Fischen)*
улови́тель *m* 1. Fänger *m*, Fangvorrichtung *f*; 2. Abscheider *m*
улучша́ть 1. verbessern; 2. veredeln; 3. vergüten *(Stahl)*
улучше́ние *n* 1. Verbesserung *f*; 2. Veredlung *f*; 3. Vergüten *n*, Vergütung *f (von Stahl)*
ультраaку́стика *f* Ultraschallehre *f*
ультрава́куум *m* Ultravakuum *n*
ультравысо́кий ultrahoch, Ultrahoch...
ультравысокочасто́тный *(El)* ultrahochfrequent, Ultrahochfrequenz..., UHF-...
ультразву́к *m* Ultraschall *m*
ультразвуково́й Ultraschall...
ультразвукогра́фия *f* Ultraschallaufzeichnung *f*
ультракоро́ткий ultrakurz, Ultrakurz...
ультракоротково́лновый Ultrakurzwellen..., UKW-...
ультрамикроана́лиз *m* Ultramikroanalyse *f*
ультрамикровесы́ *pl* Ultramikrowaage *f*
ультрамикроско́п *m* Ultramikroskop *n*
ультрамикроскопи́я *f* Ultramikroskopie *f*
ультрамя́гкий ultraweich
ультрато́нкий ultrafein
ультрафи́льтр *m* Ultrafilter *n*
ультрафильтра́ция *f* Ultrafiltration *f*
ультрафиоле́т *m (Ph)* Ultraviolett *n*, UV *n*
~/**бли́жний** nahes [langwelliges] Ultraviolett *n*
~/**да́льний** fernes [kurzwelliges] Ultraviolett *n*, EUV *n*
ультрафиоле́товый ultraviolett, Ultraviolett..., UV-...
ультрацентрифу́га *f (Ch)* Ultrazentrifuge *f*
ультрачи́стый ultrarein, hochrein, Reinst...
у́мбра *f* Umbra *f (Farbe)*
уменьша́емое *n (Math)* Minuend *m*
уменьша́ть verringern, vermindern; herabsetzen
уменьше́ние *n* Verringerung *f*, Verminderung *f (z. B. der Geschwindigkeit)*; Verkleinerung *f*; Minderung *f*; Herabsetzen *n*; Abfall *m*, Abnahme *f (z. B. des Druckes)*
уменьши́тель *m (Photo)* Verkleinerungsgerät *n*, Verkleinerungsapparat *m*
умножа́ть 1. *(El)* vervielfachen; 2. *(Math)* multiplizieren
умножа́ющий 1. Vervielfacher...; 2. *(Math)* Multiplizier..., Multiplikations...
умноже́ние *n* 1. Vervielfachung *f*; 2. *(Math)* Multiplikation *f*
~/**двои́чное** *(Inf)* binäre Multiplikation *f*
умножи́тель *m* 1. *(El, Kern)* Vervielfacher *m*; 2. *(Math)* Multiplikator *m*
~/**втори́чно-электро́нный** *(Kern)* Sekundärelektronenvervielfacher *m*, SE-Vervielfacher *m*, SEV *m*

~/**фотоэлектро́нный** *(Kern)* Photo(elektronen)vervielfacher *m*, Photomulitiplier *m*
~ **частоты́** *(Kern)* Frequenzvervielfacher *m*
~/**электро́нный** *s.* ~/фотоэлектронный
умягче́ние *n* Erweichen *n*, Weichmachen *n*; Enthärten *n*, Enthärtung *f* *(von Wasser)*
умягчи́тель *m* Enthärter *m*, Enthärtungsmittel *n*
универса́льный universal, Universal..., Mehrzweck...
унипол́ярный *(El)* unipolar, Einpol...
унита́з *m* *(Bw)* Klosettbecken *n*
унита́рный unitär, einheitlich, Einheits...
унифика́ция *f* Vereinheitlichung *f*
унифици́рованный vereinheitlicht, Einheits...; Baukasten...
унифици́ровать vereinheitlichen
уно́с *m* 1. Mitreißen *n*; 2. Flugstaub *m*
упако́ванный gepackt
упако́вка *f* 1. Verpacken *n*, Einpacken *n*; 2. Verpackung *f*; 3. *(Krist)* Packung *f*
~/**пло́тная** *(Krist)* dichte Packung *f*, Dichtpackung *f*
~/**плотне́йшая** *(Krist)* dichteste Packung *f*, Dichtestpackung *f*
упа́ривание *n* Eindampfen *n*
уплотне́ние *n* 1. Verdichten *n*, Verdichtung *f*; 2. Abdichten *n*, Dichten *n*, Abdichtung *f*; 3. Dichtung *f* *(als Bauteil)*; 4. *(Nrt)* Mehrfachausnutzung *f*, Verschachtelung *f*, Multiplex *n*
~/**во́йлочное** Filzdichtung *f*
~/**временно́е** *(Nrt)* Zeitmultiplex *n*
~ **гру́нта** *(Bw)* Bodenverdichtung *f*
~ **да́нных** *(Inf)* Datenverdichtung *f*, Datenreduktion *f*
~/**ко́жаное** Lederdichtung *f*
~/**лабири́нтное** *(Masch)* Labyrinthdichtung *f*
~/**рези́новое** Gummidichtung *f*
~/**фе́тровое** Filzdichtung *f*
уплотнённый 1. verdichtet *(z. B. Informationen, Daten)*; 2. (ab)gedichtet
уплотни́тель *m* Dichtungsmittel *n*
уплотни́тельный Dichtungs..., Abdichtungs...
уплотня́ть 1. verdichten; 2. (ab)dichten; 3. verfestigen; 4. *(Nrt)* mehrfach ausnutzen, verschachteln, multiplexen
уплотня́ющий *s.* уплотнительный
упо́р *m* 1. *(Masch)* Anschlag *m*, Begrenzung *f*, Begrenzungsanschlag *m*; 2. *(Bw)* Widerlager *n*; 3. *(Schiff)* Schub *m*, Schubkraft *f* *(des Propellers)*
упоря́дочение *n* 1. Ordnen *n*; 2. Ordnung *f*; Zuordnung *f*
упоря́доченность *f* Geordnetheit *f*; Zugeordnetheit *f*
упоря́доченный geordnet, ausgerichtet; zugeordnet
управле́ние *n* 1. Steuerung *f*, Steuern *n*; Lenkung *f*, Lenken *n*; 2. Bedienung *f*; Betätigung *f*; 3. Verwaltung *f* • **с дистанцио́нным управле́нием** ferngesteuert; fernbedient; ferngelenkt • **с програ́ммным управле́нием** programmgesteuert • **с управле́нием от меню́** menügesteuert • **с цифровы́м управле́нием** digital gesteuert • **с чи́словым управле́нием** numerisch gesteuert, NC-...
~/**автомати́ческое** automatische Steuerung *f*
~/**автоно́мное** autonome Steuerung *f*; *(Rak)* Selbstlenkung *f*
~/**адапти́вное** adaptive [selbst anpassende] Steuerung *f*, Adaptivsteuerung *f*, AS *f*, AC *f*
~ **архи́вом** *(Inf)* Archivverwaltung *f*
~/**астронавигацио́нное** *(Rak)* Astronavigationslenkung *f*
~ **ба́зой да́нных** *(Inf)* Datenbankverwaltung *f*
~ **библиоте́кой** *(Inf)* Bibliotheksverwaltung *f*
~ **в реа́льном (масшта́бе) вре́мени** Echtzeitsteuerung *f*
~ **вы́боркой** *(Inf)* Zugriffssteuerung *f*
~ **выполне́нием програ́мм** 1. *(Inf)* Programmverwaltung *f*; 2. Programmablaufsteuerung *f*
~/**гидравли́ческое** hydraulische Steuerung *f*
~/**гироскопи́ческое** Kreiselsteuerung *f*
~ **да́нными** *(Inf)* 1. Datenverwaltung *f*; 2. Datensteuerung *f*
~/**дискре́тное** diskrete Steuerung *f*

~/**дистанцио́нное** 1. Fernsteuerung *f*; Fernbedienung *f*; 2. *(Rak)* Fernlenkung *f*
~ **до́ступом** *(Inf)* Zugriffssteuerung *f*
~/**дуа́льное** duale Steuerung *f*
~ **зада́ниями** *(Inf)* 1. Jobsteuerung *f*; 2. Jobverwaltung *f*
~ **зада́чами** *(Inf)* Aufgabenverwaltung *f*
~ **золотника́ми** *(Kfz)* Schiebersteuerung *f*
~/**и́мпульсное** Impulssteuerung *f*
~/**инерцио́нное** *(Rak)* Inertialsteuerung *f*, Trägheitssteuerung *f*
~/**интегра́льное** Integralsteuerung *f*
~ **катало́гом** *(Inf)* Katalogverwaltung *f*
~ **ка́чеством** Qualitätssteuerung *f*
~/**кно́почное** Druckknopfsteuerung *f*, Drucktastensteuerung *f*
~/**конта́кторное** *(El)* Schützensteuerung *f*
~/**кулачко́вое** *(Masch)* Nockensteuerung *f*, Kurvensteuerung *f*
~/**макропрогра́ммное** *(Inf)* Makroprogrammsteuerung *f*
~ **масси́вами** *(Inf)* Dateiverwaltung *f*
~/**микропрогра́ммное** *(Inf)* Mikroprogrammsteuerung *f*
~/**монопо́льное** exklusive Steuerung *f*
~/**непреры́вное** stetige [kontinuierliche] Steuerung *f*
~ **окна́ми** *(Inf)* Windowing *n*
~/**оптима́льное** optimale Steuerung *f*, Optimalwertsteuerung *f*
~ **па́мятью** *(Inf)* 1. Speicher(platz)verwaltung *f*; 2. Speichersteuerung *f*
~ **по приорите́ту** *(Inf)* Prioritätssteuerung *f*
~/**после́довательное** Folgesteuerung *f*, Reihensteuerung *f*
~ **прерыва́нием** *(Inf)* Interruptsteuerung *f*
~/**приорите́тное** *(Inf)* Prioritätensteuerung *f*
~/**програ́ммное** Programmsteuerung *f*
~ **произво́дством** Produktionssteuerung *f*, Fertigungssteuerung *f*
~/**пропорциона́льное** Proportionalsteuerung *f*
~ **проце́ссом** Prozesssteuerung *f*
~/**прямо́е** direkte [direkt wirkende] Steuerung *f*
~/**прямо́е цифрово́е** direkte Digitalsteuerung *f*, DDC *f*
~/**прямо́е числово́е** direkte numerische Steuerung *f*, direkte Numeriksteuerung *f*, DNS *f*
~/**реле́йное** Relaissteuerung *f*
~ **ро́ботом** Robotersteuerung *f*
~/**рулево́е** *(Kfz)* Lenkung *f*
~/**ручно́е** manuelle Steuerung *f*, Handsteuerung *f*
~/**рыча́жное** *(Masch)* Hebelsteuerung *f*
~ **самолётом** Flugzeugsteuerung *f*
~ **ско́ростью** 1. Geschwindigkeitssteuerung *f*; 2. *s.* ~ скоростью вращения
~ **ско́ростью враще́ния** Drehzahlsteuerung *f*
~/**следя́щее** Folgesteuerung *f*, Nachlaufsteuerung *f*
~/**ступе́нчатое** Stufensteuerung *f*
~ **фа́йлами** *(Inf)* 1. Dateisteuerung *f*; 2. Dateiverwaltung *f*
~ **форма́том** *(Inf)* Formatsteuerung *f*
~/**цифрово́е** digitale Steuerung *f*, Digitalsteuerung *f*
~/**числово́е програ́ммное** numerische Steuerung *f*, NC-Steuerung *f*
~/**ша́говое** Schrittsteuerung *f*
~ **ши́ной** *(Inf)* Bussteuerung *f*
~/**экстрема́льное** Extremwertsteuerung *f*
управля́емость *f* Steuerbarkeit *f*, Regelbarkeit *f*; *(Flg, Schiff)* Steuerfähigkeit *f*, Steuereigenschaften *fpl*
управля́емый gesteuert, steuerbar; gelenkt, lenkbar
~ **вручну́ю** manuell gesteuert
~ **магни́тной ле́нтой** magnetbandgesteuert
~ **напряже́нием** *(El)* spannungsgesteuert
~ **по ра́дио** funk(fern)gesteuert, drahtlos gesteuert
~ **све́том** lichtgesteuert
управля́ть 1. steuern, lenken; 2. verwalten
упрежде́ние *n (Reg)* Vorhalt *m*
упрочне́ние *n (Härt)* Verfestigung *f*
~ **гру́нта** *(Bw)* Baugrundverfestigung *f*
~/**пове́рхностное** Oberflächenverfestigung *f*
упрочня́ть *(Härt)* verfestigen

упрощáть vereinfachen; abmagern
упрощéние *n* Vereinfachung *f*
упрощённый vereinfacht; abgemagert
упрýгий elastisch; nachgiebig
~/**вполнé** vollkommen elastisch
упрýгость *f* 1. Elastizität *f*; Biegsamkeit *f*; 2. Nachgiebigkeit *f*; Spannung *f* *(von Gasen)*; Druck *m*
~ **водянóго пáра** Wasserdampfdruck *m*, Wasserdampfspannung *f*
~ **насыщéния** Sättigungsdruck *m* *(Dampf)*
~ **пáра** Dampfdruck *m*, Dampfspannung *f*
~ **при изгѝбе** *(Mech)* Biegungselastizität *f*
~ **при растяжéнии** *(Mech)* Zugelastizität *f*
уравнéние *n* Gleichung *f*
~/**алгебраѝческое** *(Math)* algebraische Gleichung *f*
~ **Бернýлли** 1. *(Hydrod)* bernoullische Gleichung *f*, bernoullisches Theorem *n*; 2. *(Math)* bernoullische Differenzialgleichung [Differentialgleichung] *f*
~ **Бéсселя** besselsche Gleichung [Differenzialgleichung, Differentialgleichung] *f*
~/**биквадрáтное** *s.* ~/четвёртой степени
~ **Ван-дер-Ваáльса** *(Ph)* van-der-waalssche Zustandsgleichung *f*
~/**вариациóнное** *(Math)* Variationsgleichung *f*
~/**вéкторное** Vektorgleichung *f*
~/**волновóе** *(Ph)* Wellengleichung *f*
~ **врéмени** *(Astr)* Zeitgleichung *f*
~ **вторóй стéпени** *s.* ~/квадратное
~ **движéния** *(Mech)* Bewegungsgleichung *f*
~/**двучлéнное** *(Math)* binomische Gleichung *f*
~/**дифференциáльное** *(Math)* Differenzialgleichung *f*, Differentialgleichung *f*
~/**интегрáльное** *(Math)* Integralgleichung *f*
~/**иррационáльное** *(Math)* irrationale Gleichung *f*
~/**квадрáтное** *(Math)* quadratische Gleichung *f*, Gleichung *f* zweiten Grades
~/**кинетѝческое** *(Ph)* kinetische Gleichung *f*
~/**кубѝческое** *(Math)* kubische Gleichung *f*, Gleichung *f* dritten Grades
~/**линéйное** *(Math)* lineare Gleichung *f*, Gleichung *f* ersten Grades
~ **Мáксвелла** *(Mech)* maxwellsche Gleichung *f*
~ **момéнтов** *(Mech)* Momentengleichung *f*
~/**неопределённое** *(Math)* unbestimmte Gleichung *f*
~ **непрерывности** *(Mech)* Kontinuitätsgleichung *f*
~/**неприводѝмое** *(Math)* irreduzible Gleichung *f*
~ **неразрывности** *(Mech)* Kontinuitätsgleichung *f*
~/**однорóдное** *(Math)* homogene Gleichung *f*
~/**основнóе** *(Math)* Grundgleichung *f*
~ **пéрвой стéпени** *s.* ~/линейное
~ **перенóса** *(Kern)* Transportgleichung *f*
~/**показáтельное** *(Math)* Exponentialgleichung *f*
~ **пóля** *(El)* Feldgleichung *f*
~/**приближённое** *(Math)* angenäherte Gleichung *f*
~ **равновéсия** *(Mech)* Gleichgewichtsgleichung *f*
~/**равносѝльное** *(Math)* gleichwertige [äquivalente] Gleichung *f*
~ **состоя́ния** Zustandsgleichung *f*
~ **теплопровóдности** *(Therm)* Wärmeleitungsgleichung *f*
~/**тождéственное** *(Math)* identische [gleiche] Gleichung *f*
~/**трансцендéнтное** *(Math)* transzendente Gleichung *f*
~ **трéтьей стéпени** *s.* ~/кубическое
~/**тригонометрѝческое** *(Math)* trigonometrische Gleichung *f*
~/**услóвное** *(Math)* Bedingungsgleichung *f*
~/**функционáльное** Funktionalgleichung *f*
~/**характеристѝческое** *(Math)* charakteristische [säkulare] Gleichung *f*
~/**химѝческое** chemische Gleichung [Reaktionsgleichung] *f*
~ **четвёртой стéпени** *(Math)* Gleichung *f* vierten Grades

ура́внивание *n* Abgleichen *n*, Abgleich *m*, Ausgleich *m*, Ausgleichen *n*, Kompensation *f*
ура́внивать ausgleichen, kompensieren
уравни́тель *m* Ausgleicher *m*, Kompensator *m*
уравни́тельный Ausgleich..., Kompensations...
уравнове́шивание *n* 1. Ausgleich *m*, Ausgleichen *n*, Abgleich *m*; 2. *(Masch)* Auswuchten *n*
уравнове́шивать 1. ausgleichen; 2. *(Masch)* auswuchten
урага́н *m (Meteo)* Orkan *m*
ура́н *m (Ch)* Uranium *n*, Uran *n*, U
уранини́т *m (Min)* Uraninit *m*, Uranpecherz *n*, Pechblende *f*
урани́т *m (Min)* Uranit *m*, Uranglimmer *m*
ураноvoки́слый *(Ch)* ...uranat *n*; uraniumsauer
ура́новый Uran...
ураносодержа́щий uraniumhaltig
у́ровень *m* 1. Niveau *n*; 2. *(Ph)* Niveau *n*, Term *m*; 3. *(Hydt)* Niveau *n*, Niveaustand *m*, Pegelstand *m*; 4. Spiegel *m (von Flüssigkeiten)*; 5. *(Wkz)* Wasserwaage *f*, Libelle *f*; 6. *(El, Nrt)* Pegel *m*, Stufe *f* • **над у́ровнем земли́** über Grund, über dem Erdboden, ü. (d.) G. • **над у́ровнем мо́ря** über dem Meeresspiegel, ü. (d.) M.
~ **бе́лого** *(TV)* Weißpegel *m*, Weißwert *m*
~ **воды́** *(Hydt)* Wasserspiegel *m*, Wasserstand *m*
~ **гро́мкости** *(Ak)* Lautstärkepegel *m*
~ **грунтовы́х вод** Grundwasserspiegel *m*, Grundwasserstand *m*
~ **интегра́ции** *s.* степень интеграции
~/**нулево́й** 1. Nullebene *f*, Bezugsebene *f*; 2. *(El)* Nullpegel *m*, Nullniveau *n*
~ **поме́х** *(Nrt)* Störpegel *m*
~/**при́месный** *(Halbl)* Stör(stellen)niveau *n*, Stör(stellen)term *m*
~/**свобо́дный** *(Halbl)* leeres [unbesetztes] Niveau *n*
~ **управле́ния** 1. Bedienungsebene *f*; 2. Steuerungsebene *f*
~ **фо́на** *(Rf)* Brummpegel *m*
~ **чёрного** *(TV)* Schwarzpegel *m*, Schwarzwert *m*
~ **шу́ма** *(Ak)* Lärmpegel *m*
~/**энергети́ческий** Energieniveau *n (Laser)*
уровнегра́ф *m* Pegelstandsschreiber *m*; Füllstandsschreiber *m*
уровнеме́р *m* Füllstandsmesser *m*, Füllstandsanzeiger *m*
урожа́й *m (Lw)* Ernte *f*
урожа́йность *f* Ertrag *m*, Ernteertrag *m*, Ertragsfähigkeit *f*, Ertragsvermögen *n*
уса́дка *f* 1. *(Gieß, Ker)* Schwinden *n*, Schrumpfen *n*; 2. *(Text)* Schrumpfen *n*, Krumpfen *n*, Einlaufen *n*
~/**возду́шная** Luftschwindung *f*, Trockenschwindung *f*
~/**лине́йная** lineare Schwindung *f*, Längsschwindung *f*
~/**объёмная** räumliche Schwindung *f*, Volumenschwindung *f*, Volumenkontraktion *f*
уса́дочность *f (Text)* Krumpfneigung *f*, Schrumpfneigung *f*
уса́живаться 1. *(Gieß, Ker)* schwinden, schrumpfen; 2. *(Text)* schrumpfen, krumpfen, einlaufen, eingehen *(Gewebe)*
усвое́ние *n* Aneignung *f*, Erlernung *f*
усиле́ние *n* Verstärkung *f*; Steigerung *f*; *(Eln)* Gewinn *m*
~ **анте́нны** Antennen(richtungs)gewinn *m*
~/**о́бщее** *(El)* Gesamtverstärkung *f*
~/**предвари́тельное** *(Rf)* Vorverstärkung *f*
~/**резона́нсное** *(Ph)* Resonanzverstärkung *f*
уси́ленный verstärkt
уси́ливать verstärken
уси́лие *n (Ph)* Kraft *f*
~/**каса́тельное** Tangentialkraft *f*; Tangentialbeanspruchung *f*
~/**осево́е** Axialkraft *f*, Längskraft *f*
~/**противоде́йствующее** Gegenkraft *f*
~/**радиа́льное** Radialkraft *f*
~/**разрывно́е** *(Fest)* Bruchlast *f*, Zerreißlast *f*
~/**среза́ющее** *(Fest)* 1. Scher(ungs)-kraft *f*, Schubkraft *f*; 2. Scherbeanspruchung *f*, Schubbeanspruchung *f*
~/**тя́говое** Zugkraft *f*
усили́тель *m (El)* Verstärker *m*
~ **высо́кой частоты́** Hochfrequenzverstärker *m*, HF-Verstärker *m*

~/**гидравли́ческий** hydraulischer Verstärker *m*, Hydraulikverstärker *m*
~/**дифференциа́льный** Differenzialverstärker *m*, Differentialverstärker *m*, Differenzverstärker *m*
~/**избира́тельный** Selektivverstärker *m*
~/**измери́тельный** Mess(wert)verstärker *m*
~/**ква́нтовый** Quantenverstärker *m*, quantenmechanischer Verstärker *m*, Maser *m*
~/**кристалли́ческий** *s.* ~/полупроводниковый
~/**лине́йный** 1. linearer Verstärker *m*; 2. Leitungsverstärker *m*
~/**магни́тный** Magnetverstärker *m*
~/**многокаска́дный** Mehrstufenverstärker *m*
~ **мо́щности** Leistungsverstärker *m*
~ **напряже́ния** Spannungsverstärker *m*
~ **ни́зкой частоты́** Niederfrequenzverstärker *m*, NF-Verstärker *m*
~/**однокаска́дный [одноступе́нчатый]** Einstufenverstärker *m*
~/**оконе́чный** Endverstärker *m*
~/**операцио́нный** Operationsverstärker *m*, OV *m*
~/**параметри́ческий** parametrischer Verstärker *m*, Parameterverstärker *m*
~ **переме́нного то́ка** Wechselstromverstärker *m*
~/**полупроводнико́вый** Halbleiterverstärker *m*
~ **постоя́нного то́ка** Gleichstromverstärker *m*
~/**предвари́тельный** Vorverstärker *m*
~/**промежу́точный** Zwischenverstärker *m*
~/**резисти́вный** Widerstandsverstärker *m*, widerstandsgekoppelter Verstärker *m*
~/**резона́нсный** Resonanzverstärker *m*
~/**силово́й** Kraftverstärker *m*
~/**следя́щий** Nachlaufverstärker *m*
~ **тормозно́го при́вода** *(Kfz)* Bremskraftverstärker *m*
~/**транзи́сторный** Transistorverstärker *m*
~/**электромагни́тный** elektromagnetischer Verstärker *m*
~/**электромаши́нный** Elektromaschinenverstärker *m*

усили́тель-регуля́тор *m* Regelverstärker *m*
усили́тель-формирова́тель *m (Inf)* Verstärker-Treiber *m*
усили́тельный Verstärker...
ускоре́ние *n* Beschleunigung *f*; *(Astr)* Akzeleration *f*
~/**каса́тельное** *(Mech)* Tangentialbeschleunigung *f*, Bahnbeschleunigung *f*
~/**кориóлисово** *(Mech)* Coriolis-Beschleunigung *f*, Zusatzbeschleunigung *f*
~/**нача́льное** Anfangsbeschleunigung *f*
~/**норма́льное** Normalbeschleunigung *f*, Zentripetalbeschleunigung *f*
~/**отрица́тельное** negative Beschleunigung *f*, Verzögerung *f*
~/**попере́чное** *s.* ~/трансверсальное
~/**радиа́льное** *(Mech)* Radialbeschleunigung *f*
~ **свобо́дного паде́ния** *(Mech)* Fallbeschleunigung *f*, Erdbeschleunigung *f*, Schwerebeschleunigung *f*
~/**тангенциа́льное** *(Mech)* Tangentialbeschleunigung *f*
~/**трансверса́льное** Querbeschleunigung *f*, Transversalbeschleunigung *f*
~/**углово́е** *(Mech)* Winkelbeschleunigung *f*
~/**центростреми́тельное** Zentripetalbeschleunigung *f*, Normalbeschleunigung *f*
ускóренный beschleunigt; Schnell...
~/**равноме́рно** gleichmäßig [gleichförmig] beschleunigt
ускори́тель *m* Beschleuniger *m*
~/**высоково́льтный** *(Kern)* Hochspannungsbeschleuniger *m*
~ **заря́женных части́ц** *(Kern)* Teilchenbeschleuniger *m*
~/**и́мпульсный** *(Kern)* Impulsbeschleuniger *m*
~/**индукцио́нный** *(Kern)* Induktionsbeschleuniger *m*
~/**каска́дный** *(Kern)* Kaskadenbeschleuniger *m*
~/**лине́йный** *(Kern)* Linearbeschleuniger *m*
~ **отвержде́ния** *(Ch)* Härtungsbeschleuniger *m*
~/**перезаря́дный** *(Kern)* Tandemgenerator *m*

~/**плазменный** *(Kern)* Plasmabeschleuniger *m*
~/**стартовый** *(Rak)* Start(hilfs)triebwerk *n*, Startbeschleuniger *m*, Starthilfe *f*
~/**циклический** *(Kern)* zyklischer Beschleuniger [Teilchenbeschleuniger] *m*, Mehrfachbeschleuniger *m*
ускорительный Beschleunigungs...
ускорять beschleunigen
условие *n* 1. Bedingung *f (s. a. unter* условия*)*; Voraussetzung *f*; 2. Vereinbarung *f*, Abmachung *f*
~/**граничное** Grenzbedingung *f*
~/**краевое** *(Math)* Rand(wert)bedingung *f*
условия *npl* Bedingungen *fpl (s. a. unter* условие*)*; Verhältnisse *npl*
~/**метеорологические** Witterungsverhältnisse *npl*
~ **окружающей среды** Umweltbedingungen *fpl*
~ **поставки** Lieferbedingungen *fpl*
~/**рабочие** Arbeitsbedingungen *fpl*
~/**технические** technische Bedingungen *fpl*; Zulassungsbedingungen *fpl*
~ **эксплуатации** Betriebsbedingungen *fpl*; Gebrauchsbedingungen *fpl*
условный 1. bedingt; 2. vereinbart
усложнение *n* Erschwerung *f*, Komplikation *f*
усложнять erschweren, komplizieren
усовершенствование *n* Vervollkommnung *f*, Verbesserung *f*
усовершенствовать vervollkommnen, verbessern
успокаивать 1. beruhigen *(Stahl)*; 2. dämpfen *(Schwingungen)*
успокоение *n* 1. Beruhigen *n (von Stahl)*; 2. Dämpfen *n (von Schwingungen)*
~ **качки** *(Schiff)* Schlingerdämpfung *f*
~ **транспорта** Verkehrsberuhigung *f*
успокоитель *m* Dämpfer *m (von Schwingungen)*, Dämpfungsvorrichtung *f*; Puffer *m*
~/**жидкостный** Flüssigkeitsdämpfer *m*
~ **качки** *(Schiff)* Schlingerdämpfungsanlage *f*
~ **колебаний** Schwingungsdämpfer *m*
усреднение *n* 1. Mitteln *n*; 2. *(Inf)* Averaging *n*, Mittelwertbildung *f*
усреднённый gemittelt
уставка *f (Reg)* 1. Einstellung *f*; 2. Einstellwert *m*; Sollwert *m*
усталостный Ermüdungs...
усталость *f (Wkst)* Ermüdung *f (von Werkstoffen)*
~/**коррозионная** Korrosionsermüdung *f*
~ **материала** Werkstoffermüdung *f*
устанавливаемость *f* Einstellbarkeit *f*
устанавливаемый einstellbar
устанавливать 1. montieren, aufstellen *(z. B. Maschinen)*; 2. (ein)stellen, justieren *(Messgerät)*; 3. installieren *(Anlagen)*; 4. *(Fert)* einspannen *(Werkstücke)*; 5. *(Nrt)* herstellen *(Verbindungen)*; 6. festlegen, festsetzen *(Termine, Preise)*
установ *m (Wkzm)* Einstellelelment *n*, Einstellstück *n*
установившийся stationär, eingeschwungen
установка *f* 1. Anlage *f*; 2. Einrichtung *f*, Vorrichtung *f*; 3. Aufstellung *f*, Montage *f (von Maschinen)*; Installation *f*; Einbau *m*; 4. Einstellen *n*, Justieren *n (z. B. von Messinstrumenten)*; 5. *(Fert)* Einspannen *n (Werkstücke)*; 6. *(Fert)* Zustellung *f (z. B. der Schnitttiefe)*
~/**автоматическая** automatische [selbsttätige] Einstellung *f*
~/**агломерационная** *(Met)* Sinteranlage *f (für Erze)*
~/**буровая** Bohranlage *f (Tiefbohrtechnik)*
~/**вакуумная** Vakuumanlage *f*
~/**вентиляционная** Belüftungsanlage *f*
~/**ветросиловая** Windkraftanlage *f*
~/**водоотливная** *(Hydt, Bgb)* Wasserhaltungsanlage *f*
~/**водоочистительная [водоочистная]** Abwasserkläranlage *f*, Kläranlage *f*
~/**водоподготовительная** Wasseraufbereitungsanlage *f*
~/**выпрямительня** *(El)* Gleichrichteranlage *f*
~/**высоковольтная** *(El)* Hochspannungsanlage *f*
~/**газогенераторная** Gasgeneratoranlage *f*
~/**газотурбинная** Gasturbinenanlage *f*

~/**генера́торная** *(El)* Generatoranlage *f*
~/**гидроси́ловая** Wasserkraftanlage *f*
~/**дождева́льная** *(Lw)* Beregnungsanlage *f*
~/**до́йльная** *(Lw)* Melkanlage *f*
~/**дробемётная** *(Gieß)* Schleuderstrahl(guss)putzanlage *f*
~/**дроби́льная** Brechwerk *n*, Brechanlage *f*, Brecher *m (Aufbereitung)*
~/**испыта́тельная** Prüfanlage *f*, Prüfeinrichtung *f*
~/**коммутацио́нная** *(Nrt)* Vermittlungsstelle *f*
~/**компре́ссорная** Kompressoranlage *f*
~ **кондициони́рования во́здуха** Klima(tisierungs)anlage *f*
~/**коте́льная** Kesselanlage *f*
~ **микросва́рки** *(Eln)* Bondanlage *f*, Bonder *m*
~/**мусоросжига́тельная** Müllverbrennungsanlage *f*
~ **на нуль** Null(ein)stellung *f*
~/**насо́сная** Pumpenanlage *f*
~/**низково́льтная** *(El)* Niederspannungsanlage *f*
~/**обогати́тельная** Aufbereitungsanlage *f*
~/**о́пытная** Versuchsanlage *f*
~/**ороси́тельная** *(Lw)* Bewässerungsanlage *f*, Berieselungsanlage *f*
~/**освети́тельная** Beleuchtungsanlage *f*
~/**осуши́тельная** 1. Entwässerungsanlage *f*; 2. *(Schiff)* Lenzanlage *f*
~/**отопи́тельная** Heizanlage *f*
~/**паросилова́я** Dampfkraftanlage *f*
~/**передаю́щая** *(Nrt, Rf)* Sendeanlage *f*, Übertragungsanlage *f*
~/**передвижна́я** transportable [fahrbare] Anlage *f*
~/**пескостру́йная** *(Gieß)* Sandstrahlanlage *f*, Sandstrahlgebläse *n*
~/**промы́шленная** Industrieanlage *f*
~/**пускова́я** *(Rak)* Startrampe *f*, Abschussrampe *f*, Startvorrichtung *f*, Startanlage *f*
~/**радиолокацио́нная** Radaranlage *f*
~/**сва́рочная** Schweißanlage *f*
~/**силова́я** 1. Kraftanlage *f*; 2. Kraftmaschine *f*; 3. *(Flg)* Triebwerk *n*; 4. *(Schiff)* Antriebsanlage *f*
~/**сильното́чная** *(El)* Starkstromanlage *f*
~/**со́лнечная энергети́ческая** Sonnenenergieanlage *f*
~/**стациона́рная** stationäre [ortsfeste] Anlage *f*
~/**суши́льная** Trockenanlage *f*
~/**телевизио́нная** Fernsehanlage *f*
~/**телемехани́ческая** Fernwirkanlage *f*
~/**то́чная** Feineinstellung *f*
~/**флотацио́нная** Flotationsanlage *f*, Schwimmaufbereitungsanlage *f*
~/**холоди́льная** Kälteanlage *f*
~/**энергети́ческая** Energieanlage *f*; Antriebsanlage *f*
~/**я́дерная энергети́ческая** 1. Kernenergieanlage *f*; 2. Kerntriebwerk *n*, Kernantrieb *m*

установле́ние *n* Bestimmung *f*, Festlegung *f*, Festsetzung *f*
устано́вленный bestimmt, festgesetzt
усто́й *m (Bw)* Uferpfeiler *m*, Widerlager *n (einer Brücke)*
~/**берегово́й** Anlegepfeiler *m*, Landpfeiler *m*
усто́йчивость *f* 1. Stabilität *f*; Standfestigkeit *f*; 2. Beständigkeit *f*, Festigkeit *f*; Widerstandsfähigkeit *f*, Resistenz *f*; 3. *(Nrt)* Stabilität *f*, Pfeifsicherheit *f*
~/**бокова́я** 1. *(Kfz)* Spurtreue *f*; 2. *(Flg)* Seitenstabilität *f*
~/**вибрацио́нная** *(Mech)* Vibrationsfestigkeit *f*, Schwingungsfestigkeit *f*
~/**динами́ческая** *(Mech)* dynamische Stabilität *f*
~/**коррозио́нная** Korrosionsbeständigkeit *f*; Rostbeständigkeit *f*
~ **на поворо́тах** *(Kfz)* Kurvenverhalten *n*
~ **окра́сок** *(Text)* Farbechtheit *f*, Farbbeständigkeit *f*
~/**попере́чная** Querstabilität *f*
~/**преде́льная** Grenzstabilität *f*
~/**продо́льная** Längsstabilität *f*
~/**со́бственная** Eigenstabilität *f*
~/**стати́ческая** statische Stabilität *f*
~/**терми́ческая** thermische Stabilität *f*
усто́йчивый 1. stabil, standfest; 2. beständig; widerstandsfähig, resistent
~/**хими́чески** chemisch beständig
устране́ние *n* 1. Entfernung *f*, Beseitigung *f*; Behebung *f*; 2. Vermeidung *f*, Verhütung *f*

~ **отходов** *(Ökol)* Entsorgung *f*
~ **повреждений** Störungsbeseitigung *f*; Schadenbehebung *f*
~ **помех** *(Rf, Nrt)* Entstörung *f*
устройство *n* Anlage *f*; Vorrichtung *f*, Einrichtung *f*; Gerät *n*
~/**адресное запоминающее** *(Inf)* Adressspeicher *m*, Adressenspeicher *m*
~/**алфавитно-цифровое** *(Inf)* alphanumerische Einrichtung *f*
~/**алфавитно-цифровое печатающее** *(Inf)* alphanumerischer Drucker *m*
~/**аналоговое** Analogeinrichtung *f*, analoge Einrichtung *f*, analog arbeitendes Gerät *n*
~/**аналоговое запоминающее** *(Inf)* Analogspeicher *m*, analoger Speicher *m*
~/**арифметическое** Rechenwerk *n*, RW *n*, Arithmetikeinheit *f*
~/**ассоциативное запоминающее** *(Inf)* Assoziativspeicher *m*, assoziativer [inhaltsadressierter] Speicher *m*
~/**блокировочное** *(Eb)* Blockeinrichtung *f*
~/**блокирующее** Verriegelungseinrichtung *f*, Sperreinrichtung *f*, Sperre *f*
~/**буквопечатающее** Drucker *m*, Typendrucker *m*
~/**буферное запоминающее** *(Inf)* Pufferspeicher *m*, Zwischenspeicher *m*
~/**быстродействующее печатающее** Schnelldrucker *m*
~/**быстропечатающее** Schnelldrucker *m*
~ **ввода (данных)** *(Inf)* Eingabeeinrichtung *f*, Eingabegerät *n*, Eingabeeinheit *f*, Input-Station *f*
~ **ввода-вывода (данных)** *(Inf)* Eingabe-Ausgabe-Gerät *n*, Ein-/Ausgabe-Einheit *f*, E-/A-Einheit *f*, EAE *f*
~/**ведомое** *(Inf)* Slave *m*, Slavegerät *n*
~/**верньерное** Feineinstellvorrichtung *f*
~/**видеоконтрольное** Überwachungsgerät *n*, Videokontrollgerät *n*
~/**внешнее** peripheres [externes] Gerät *n*, Peripherieeinrichtung *f*, Anschlussgerät *n*
~/**внешнее запоминающее** Externspeicher *m*, externer [peripherer] Speicher *m*, Fremdspeicher *m*
~/**воспроизводящее** Wiedergabegerät *n*
~/**вспомогательное** Hilfseinrichtung *f*, Hilfsvorrichtung *f*, Hilfsgerät *n*
~/**встроенное запоминающее** *(Inf)* On-Chip-Speicher *m*
~/**входное** Eingangsgerät *n*
~ **вывода** *(Inf)* Ausgabeeinrichtung *f*, Ausgabegerät *n*
~/**вызывное** *(Nrt)* Rufeinrichtung *f*
~/**выходное** Ausgangseinrichtung *f*
~/**вычислительное** Rechenanlage *f*, Rechner *m*
~/**гидравлическое** Hydraulikanlage *f*
~/**графическое печатающее** *(Inf)* graphikfähiger Drucker *m*
~/**грузоподъёмное** *(Förd)* Hebezeug *n*
~/**декодирующее** Decodiereinrichtung *f*, Decodierer *m*, Decoder *m*, Entschlüssler *m*
~/**дешифрирующее** Codeleser *m*
~/**динамическое запоминающее** *(Inf)* dynamischer Speicher *m*, Umlaufspeicher *m*
~/**динамическое оперативное запоминающее** *(Inf)* dynamischer Schreib-Lese-Speicher *m*, DRAM *m*
~/**дисковое запоминающее** *(Inf)* Plattenspeicher *m*
~/**дискретное** diskrete Einrichtung [Anlage] *f*; digitale Einrichtung [Anlage] *f*, Digitalanlage *f*
~ **дистанционного управления** Fernsteuereinrichtung *f*
~/**долговременное запоминающее** *(Inf)* Langzeitspeicher *m*
~/**дополнительное** Zusatzeinrichtung *f*
~/**железнодорожное** *(Eb)* Bahnanlage *f*
~/**загрузочное** 1. Beschickungsvorrichtung *f*, Aufgabevorrichtung *f*; 2. *(Met)* Beschickungsvorrichtung *f*, Chargiervorrichtung *f (eines SM-Ofens)*; Begichtungsvorrichtung *f (eines Hochofens)*
~/**задающее** *(Reg)* Sollwertgeber *m*
~/**зажимное** *(Wkzm)* Spanneinrichtung *f*
~ **записи** Aufzeichnungseinrichtung *f*; Schreibvorrichtung *f*, Schreibwerk *n*
~/**запоминающее** *(Inf)* Speicher *m* *(s. a. unter* память*)*

~/**заря́дное** Ladeeinrichtung *f*, Ladegerät *n (für Akkumulatoren)*
~/**защи́тное** Schutzeinrichtung *f*
~/**иго́льчатое печа́тающее** *(Inf)* Nadeldrucker *m*
~/**измери́тельное** Messvorrichtung *f*
~/**индика́торное** Anzeigegerät *n*, anzeigendes Gerät *n*, Anzeigeeinrichtung *f*
~/**интегри́рующее** Integrieranlage *f*, integrierendes Gerät *n*, Integrator *m*
~/**информацио́нно-поиско́вое** *(Inf)* Informationssucheinrichtung *f*
~/**исполни́тельное** *(Reg)* Stelleinrichtung *f*, Stellglied *n*; Regeleinrichtung *f*; Regelanlage *f*
~/**испыта́тельное** Prüfeinrichtung *f*
~/**коди́рующее** Codiereinrichtung *f*, Codierer *m*
~/**коммутацио́нное** 1. *(El)* Schalteinrichtung *f*, Schaltanlage *f*; 2. *(Nrt)* Vermittlungseinrichtung *f*
~/**контро́льное** Überwachungseinrichtung *f*, Kontrolleinrichtung *f*
~/**кратковре́менное запомина́ющее** *(Inf)* Kurzzeitspeicher *m*
~/**ла́зерное** Lasereinrichtung *f*, Laserapparatur *f*
~/**ла́зерное запомина́ющее** *(Inf)* Laserspeicher *m*
~/**ла́зерное печа́тающее** *(Inf)* Laserdrucker *m*
~/**ла́зерное скани́рующее** *s.* сканер/лазерный
~/**лепестко́вое печа́тающее** *(Inf)* Typenraddrucker *m*
~/**логи́ческое** *(Kyb)* Logikeinrichtung *f*, logische Einrichtung *f*
~/**ма́тричное печа́тающее** *(Inf)* Matrixdrucker *m*
~/**микропроце́ссорное** *(Inf)* Mikroprozessoreinheit *f*
~/**многоцве́тное копи́ровальное** Farb(graphik)kopierer *m*
~/**мно́жительное** Multipliziereinrichtung *f*, Multiplikator *m*
~/**натяжно́е** *(Wkzm)* Spanneinrichtung *f*, Spannvorrichtung *f*
~ **обрабо́тки да́нных** Datenverarbeitungsanlage *f*, DVA *f*
~/**оконе́чное** Endeinrichtung *f*, Endgerät *n*
~/**опти́ческое счи́тывающее** *(Inf)* Klarschriftleser *m*, optischer Zeichenleser *m*
~/**основно́е** Grundgerät *n*, Basisgerät *n*
~/**основное запомина́ющее** *(Inf)* Hauptspeicher *m*
~/**откры́тое распредели́тельное** *(El)* Freiluftschaltanlage *f*
~/**охлажда́ющее** Kühlvorrichtung *f*
~/**паралле́льное печа́тающее** Paralleldrucker *m*, PD *m*
~/**пасси́вное** *s.* ~/ведомое
~/**перегово́рное** *(Nrt)* Wechselsprechanlage
~/**перифери́йное** *(Inf)* Peripheriegerät *n*
~/**печа́тающее** Drucker *m*
~/**поси́мвольное печа́тающее** Zeichendrucker *m*
~/**после́довательное запомина́ющее** *(Inf)* 1. Sequenzspeicher *m*, sequentieller Speicher *m*; 2. Serienspeicher *m*, serieller Speicher *m*
~/**постоя́нное запомина́ющее** *(Inf)* Festwertspeicher *m*, Nur-Lese-Speicher *m*, ROM *m*
~/**постра́ничное печа́тающее** *(Inf)* Blattschreiber *m*, Blattdrucker *m*
~/**постро́чно-печа́тающее** *(Inf)* Zeilendrucker *m*
~/**предохрани́тельное** Sicherheitseinrichtung *f*, Schutzeinrichtung *f*
~/**приводно́е** Antriebsvorrichtung *f*, Antriebseinrichtung *f*, Antrieb *m*
~/**программи́рующее** *(Inf)* Programmiereinrichtung *f*, Programmer *m*
~/**програ́ммное запомина́ющее** *(Inf)* Programmspeicher *m*
~/**проекцио́нное** Projektionseinrichtung *f*
~/**промежу́точное запомина́ющее** Zwischenspeicher *m*
~/**противоблоки́ровочное** *(Kfz)* Antiblockiersystem *n (der Bremsen)*, ABS *n*
~/**противопожа́рное** Brandschutzeinrichtung *f*, Feuerlöscheinrichtung *f*
~ **прямо́го до́ступа** *(Inf)* Direktzugriffsgerät *n*
~/**радиоперегово́рное** *(Nrt)* Sprechfunk *m*, Sprechfunkanlage *f*
~/**разгру́зочное** *(Förd)* Entladevorrichtung *f*

~/**распредели́тельное** *(El)* Schaltanlage *f*

~/**реверси́вное** *(Masch)* Umsteuerungsvorrichtung *f*, Reversiervorrichtung *f*

~/**регули́рующее** 1. Regeleinrichtung *f*; 2. Regelglied *n*

~/**рулево́е** *(Schiff)* Ruderanlage *f*

~/**сверхоперати́вное запомина́ющее** *(Inf)* Notizblockspeicher *m*, Scratchpad-Speicher *m*

~/**скани́рующее** *s.* сканер

~/**следя́щее** *(Reg)* Folgeeinrichtung *f*, Nachlaufeinrichtung *f*

~/**сма́зочное** Schmiervorrichtung *f*

~ **сопряже́ния** *(Inf)* Interfaceeinheit *f*, Interface *n*, Schnittstelle *f (s. a. unter* интерфейс*)*

~/**стру́йное печа́тающее** *(Inf)* Tintenstrahldrucker *m*

~/**сумми́рующее** Adder *m*, Addierer *m*

~/**счётное** Zähleinrichtung *f*, Zählwerk *n*

~ **счи́тывания** *(Inf)* Leseeinrichtung *f*, Lesegerät *n*; Abtasteinrichtung *f*

~ **счи́тывания штрихово́го ко́да** Strichcodeleser *m*, Barcodeleser *m*

~/**телевизио́нное** Fernsehanlage *f*

~/**телеизмери́тельное [телеметри́ческое]** Fernmesseinrichtung *f*

~/**телемехани́ческое** Fernwirkeinrichtung *f*, Fernwirkgerät *n*

~ **телеуправле́ния** Fernsteuereinrichtung *f*

~/**тормозно́е** Bremsvorrichtung *f*

~/**транспорти́рующее** *(Fert)* Transfereinrichtung *f (z. B. an Pressen)*

~ **управле́ния** *(Reg)* Steuereinrichtung *f*, Steuerbaustein *m*, Steuerwerk *n*, Gerätesteuereinheit *f*, GSE *f*

~/**фокуси́рующее** *(Opt)* Fokussiereinrichtung *f*

~/**цеп(оч)но́е печа́тающее** *(Inf)* Kettendrucker *m*

~/**цифрово́е** Digitaleinheit *f*

~/**чита́ющее** *(Inf)* Leser *m*, Klarschriftleser *m*, Leseeinrichtung *f*

~/**электри́чески программи́руемое постоя́нное запомина́ющее** *(Inf)* elektrisch programmierbarer Festwertspeicher *m*, EPROM *m*

~/**энергозави́симое запомина́ющее** *(Inf)* flüchtiger [energieabhängiger] Speicher *m*

~/**энергонезави́симое запомина́ющее** *(Inf)* nicht flüchtiger Speicher *m*, energieunabhängiger Speicher *m*

усту́п *m* 1. Abstufung *f*, Stufe *f*; Absatz *m* • **с усту́пами** abgesetzt; 2. *(Bgb)* Strosse *f*, Abbaustufe *f (Tagebau)*; 3. *(Typ)* Einzug *m (einer Zeile)*; 4. *(Bw)* Rücksprung *m*

усту́пами 1. absatzweise; terrassenförmig; 2. *(Bgb)* strossenförmig, strossenweise

у́стье *n* 1. Mündung *f (eines Flusses)*; 2. Ausmündung *f*; Mundloch *n*

усу́шка *f* Schwinden *n*, Schwund *m*; Masseverlust *m (durch Trocknung)*; *(Ker)* Trockenschwindung *f*, Luftschwindung *f*

усыха́ние *n* 1. Eintrocknen *n*; 2. Schwinden *n*, Schwund *m (von Holz)*

усыха́ть 1. eintrocknen; 2. schwinden *(Holz)*

утвержде́ние *n (Math)* Behauptung *f*; Aussage *f (Logik)*

утепли́тель *m* Wärmedämmstoff *m*

уте́чка *f* 1. Ausfließen *n*, Auslaufen *n*, Ausströmen *n*; 2. Leckage *f*, Verlust *m*; 3. *(El)* Ableitung *f*

~/**пове́рхностная** *(El)* Kriechstromableitung *f*

~ **то́ка** *(El)* Stromverlust *m (durch Ableitung)*

утилиза́ция *f* Verwertung *f*, Nutzbarmachung *f*

~ **отхо́дов** Abfallverwertung *f*

~ **отходя́щего тепла́** Abwärmeverwertung *f*, Abwärmenutzung *f*

утилизи́ровать (aus)nutzen, verwerten *(Abfälle, Altstoffe)*

ути́лита *f (Inf)* Dienstprogramm *n*, Dienstroutine *f*, Serviceprogramm *n*, Serviceroutine *f*

ути́ль *m s.* утильсырьё

утильрези́на *f* Altgummi *m*

утильсырьё *n* Abfallstoffe *mpl*, Abfälle *mpl*, Altstoffe *mpl*

уто́к *m (Text)* Schuss *m*, Einschuss *m (Weberei)*

утолща́ть verdicken, dicker machen

утолще́ние *n* 1. Verdickung *f*, Verstärkung *f*; 2. Dickenwachstum *n*
утолщённый verdickt
утомле́ние *n* Ermüdung *f*
~ **по́чвы** Bodenmüdigkeit *f*
утоне́ние *n* Verdünnung *f*, Querschnittsabnahme *f*
уто́чина *f (Text)* Schuss(faden) *m*
утрое́ние *n* Verdreifachung *f*
утро́енный Dreifach...
утю́г *m* 1. Bügeleisen *n*; 2. *(Bw)* Glätteisen *n*
утяжеле́ние *n* Beschweren *n*, Beschwerung *f*
Уф-... *s.* ультрафиолетовый
УФ-ла́зер *m* UV-Laser *m*
ухо́д *m* 1. Pflege *f*, Wartung *f*; 2. Weglaufen *n*, Wanderung *f*, Drift *f*; 3. Abweichung *f*; 4. Weggang *m*; 5. Abfahrt *f*
~ **нуля́** *(El)* Null(punkt)wanderung *f*, Nullpunktdrift *f*
~/**профилакти́ческий** vorbeugende Wartung *f*
~ **частоты́** *(El)* Frequenzabwanderung *f*, Frequenzdrift *f*, Weglaufen *n* der Frequenz
уходи́ть weglaufen, wandern, driften
ухудше́ние *n* Verschlechterung *f*; Nachlassen *n*, Minderung *f*
уча́сток *m* 1. Abschnitt *m*; Gebiet *n*; 2. *(Eb)* Strecke *f*, Streckenabschnitt *m*; 3. Fertigungsabschnitt *m*; 4. *(Bgb)* Abteilung *f*, Feld *n*; 5. *(Lw)* Schlag *m*; 6. *(Bw)* Grundstück *n*
~/**автоно́мный произво́дственный** *(Fert)* Fertigungsinsel *f*
~/**ги́бкий автоматизи́рованный** flexibler Fertigungsabschnitt *m*
~/**доро́жный** Straßenabschnitt *m*
~/**железнодоро́жный** Eisenbahnstrecke *f*, Strecke *f*
~/**измери́тельный** Messstrecke *f*, Messabschnitt *m*
~/**произво́дственный** *(Fert)* Fertigungsabschnitt *m*, Produktionsabschnitt *m*
~/**строи́тельный** Bauabschnitt *m*
~ **траекто́рии** *(Rak, Flg)* Bahnabschnitt *m*, Flugbahnabschnitt *m*
уче́ние *n* 1. Lernen *n*, Studium *n*; 2. Lehre *f*; 3. Unterricht *m*
учёт *m* 1. Berechnung *f*; 2. Erfassung *f*
~/**бухга́лтерский** Buchhaltung *f*
учетвере́ние *n* Vervierfachung *f*
ушире́ние *n* 1. Verbreiten *n*, Verbreiterung *f*; 2. *(Wlz)* Breiten *n*, Breitung *f*; 3. *(Schm)* Recken *n*
ушире́ть verbreitern, erweitern
ушко́ *n* Öhr *n*, Öse *f*, Auge *n*; Schäkel *m*
~ **рессо́ры** Federauge *n*
уще́рб *m* Schaden *m*, Verlust *m*

Ф

Ф *s.* фарад
ф *s.* фемто...
фа́брика *f* Fabrik *f*, Werk *n*
фабрика́т *m* Produkt *n*, Erzeugnis *n*, Ware *f*
фа́за *f* 1. Phase *f*, Entwicklungsphase *f*, Entwicklungsstufe *f*; 2. *(Mech)* Phase *f (eines Schwingungssystems)*; 3. *(El)* Phase *f*, Strang *m* • **в фа́зе** *(El)* in Phase, gleichphasig, phasengleich
~/**во́дная** *(Ch)* wässrige Phase *f*
~/**газообра́зная** gasförmige Phase *f*, Gasphase *f*
~/**гла́вная** *(El)* Hauptphase *f*, Hauptstrang *m*
~/**жи́дкая** flüssige Phase *f*
~/**кристалли́ческая** *(Ph)* kristalline Phase *f*, Kristallphase *f*
~ **Луны́** *(Astr)* Mondphase *f*
~/**неусто́йчивая** *(Ph)* labile Phase *f*
~/**отстаю́щая** *(El)* nacheilende Phase *f*
~/**паро́вая** Dampfphase *f*, dampfförmige Phase *f*
~ **разви́тия** Entwicklungsstufe *f*, Entwicklungsphase *f*
~ **скла́дчатости** *(Geol)* Faltungsphase *f*
~/**твёрдая** *(Ph)* feste Phase *f*
~/**усто́йчивая** *(Ph)* stabile Phase *f*
фази́ровать *(El)* die Phase einstellen
фазиро́вка *f (El)* Phaseneinstellung *f*, Phasenabstimmung *f*, Phasensynchronisation *f*
фа́зово-модули́рованный *(El)* phasenmoduliert
фазовраща́тель *m (El)* Phasenschieber *m*
фа́зовый Phasen...

фазовыра́вниватель *m (El)* Allpass *m*, Allpassfilter *n*
фазоинве́рсия *f (El)* Phasenumkehr *f*
фазоинве́ртор *m (El)* Phasenumkehrstufe *f*
фазокомпенса́тор *m (El)* Phasenentzerrer *m*, Phasenausgleichsglied *n*
фазо́метр *m (El)* 1. Phasenmesser *m*; 2. Leistungsmesser *m*, cos-φ-Messinstrument *n*, cos-φ-Messer *m*
фазопреобразова́тель *m (El)* Phasenumformer *m*
фазорасщепи́тель *m (El)* Phasenteiler *m*
фазорасщепле́ние *n (El)* Phasenteilung *f*
фазорегуля́тор *m (El)* Phasenregler *m*
фазотро́н *m (Kern)* Phasotron *n*, frequenzmoduliertes Zyklotron *n (zyklischer Beschleuniger)*
фазоуказа́тель *m (El)* Phasen(an)zeiger *m*
фазочувстви́тельность *f (El)* Phasenempfindlichkeit *f*
фазочувстви́тельный *(El)* phasenempfindlich
файл *m (Inf)* Datei *f*, File *m*
~/а́дресный Adressendatei *f*
~/библиоте́чный Bestandsdatei *f*, untergliederte Datei *f*
~/бу́ферный Zwischendatei *f*
~/вспомога́тельный Hilfsdatei *f*
~/входно́й Eingabedatei *f*
~/ди́сковый *s.* ~ на диске
~ запро́сов Bedarfsdatei *f*, Aufrufdatei *f*, Abrufdatei *f*
~ измене́ний Änderungsdatei *f*
~/исхо́дный Stammdatei *f*, Quelldatei *f*
~ на ди́ске Plattendatei *f*, Magnetplattendatei *f*
~/основно́й zentrale Datei *f*, Basisdatei *f*
~ печа́ти Druckdatei *f*
~ подка́чки Swap-Datei *f*
~ по́иска Suchdatei *f*
~ по́льзователя Nutzerdatei *f*
~/после́довательный sequentielle Datei *f*, File *m* mit sequentiellem Zugriff
~ с произво́льной вы́боркой Direktzugriffsdatei *f*
~/свя́занный *s.* ~/цепной
~/составно́й *s.* ~/цепной
~/спра́вочный Verzeichnisdatei *f*
~/цепно́й [цепо́чечный] verkettete Datei *f*, gekettete Datei *f*, Kettendatei *f*
файл-исто́чник *m s.* файл/исходный
фа́кел *m* 1. Fackel *f*; 2. Flamme *f*; 3. Einspritzstrahl *m (von Kraftstoff in Verbrennungsmotore)*; 4. *(Astr)* Sonnenfackel *f*, Fackel *f*
факс *m s.* телефакс
факс-связь *m s.* связь/телефаксная
фа́ктор *m* Faktor *m (s. a. unter* коэффициент *und* постоянная*)*
~ ка́чества Gütefaktor *m*
факториа́л *m (Math)* Fakultät *f*
фал *m (Schiff)* Fall *n*
фальц *m* 1. Falz *m*; 2. *(Led)* Falzmesser *n*
~/двойно́й *(Fert)* Doppelfalz *m*
~/корешко́вый *(Typ)* tiefer Falz *m*
~/лежа́чий *(Fert)* liegender Falz *m*
~/паралле́льный *(Typ)* Parallelfalz *m*, Parallelbruch *m*
~/перпендикуля́рный *(Typ)* Kreuzbruchfalz *m*
~/стоя́чий *(Fert)* Stehfalz *m*
фальцаппара́т *m (Typ)* Falzapparat *m*, Falzer *m*
фальцева́льный Falz...
фальцева́ние *n s.* фальцовка
фальцева́ть *(Typ)* falzen
фальцо́вка *f (Fert, Typ)* Falzen *n*, Falzung *f*
~/взаи́мно перпендикуля́рная *(Typ)* Kreuzbruchfalzung *f*
~/паралле́льная *(Typ)* Parallelfalzung *f*
~/трёхсги́бная *(Typ)* Dreibruchfalzung *f*
фа́льчик *m (Typ)* Fälzel *n*
фальшбо́рт *m (Schiff)* Schanzkleid *n*
фане́ра *f* 1. Furnier *n*; 2. Sperrholz *n*
~/ножева́я Messer(schnitt)furnier *n*
~/пилёная Sägefurnier *n*
фане́рный 1. Furnier...; 2. Sperrholz...
фантастро́н *m (Eln)* Phantastron *n*
фа́ра *f* Scheinwerfer *m*
~/авиацио́нная Flugzeugscheinwerfer *m*
~ бли́жнего све́та *(Kfz)* Abblendscheinwerfer *m*
~ да́льнего све́та *(Kfz)* Fernlichtscheinwerfer *m*

~/**дополнúтельная** *(Kfz)* Zusatzscheinwerfer *m*
~ **зáднего хóда** Rückfahrscheinwerfer *m*
~/**зáдняя противотумáнная** *(Kfz)* Nebelschlussleuchte *f*
~/**поворóтная** *(Kfz)* Suchscheinwerfer *m*
~/**поисковáя** *(Kfz)* Suchscheinwerfer *m*
~/**посáдочная** *(Flg)* Landescheinwerfer *m*
~/**противотумáнная** *(Kfz)* Nebelscheinwerfer *m*
~/**убирáющаяся** *(Kfz)* versenkbarer Scheinwerfer *m*
фарáд *m (El)* Farad *n*, F *(Einheit der elektrischen Kapazität)*
фарадмéтр *m (El)* Kapazitätsmesser *m*
фарвáтер *m (Schiff)* Fahrwasser *n*
фáртук *m* 1. Schürze *f*; 2. Schlossplatte *f (einer Drehmaschine)*
фарфóр *m* Porzellan *n*
фарфóровый Porzellan...
фасáд *m (Bw)* Fassade *f*, Front *f*, Vorderansicht *f*
~/**боковóй** Seitenfront *f*, Seitenansicht *f*
~/**глáвный** Vorderfront *f*
~/**зáдний** Hinterfront *f*, Hinteransicht *f*
~/**торцóвый** Giebelfront *f*, Stirnseite *f*
фáска *f (Fert)* Fase *f*
фасовáть abpacken, abfüllen *(Waren)*
фасóвка *f* Abpacken *n*, Abfüllen *n (von Waren)*
фасонúровать *(Wlz)* profilieren
фасóнный Form..., Profil...
фáхверк *m (Bw)* Fachwerk *n*
фáция *f (Geol)* Fazies *f*
фашúна *f (Hydt)* Faschine *f*
фаянс *m (Ker)* Fayence *f*; Steingut *n*
фаянсовый Fayence...; Steingut...
фéдинг *m* 1. *(Rf)* Fading *n*, Schwund *m*; 2. *(Kfz)* Fading *n (der Bremsen)*
фéдинговый *(Rf)* Fading..., Schwund...
фéмто... Femto..., f *(= 10^{-15} Einheiten)*
фен *m* Föhn *m*, Heißluftdusche *f*
фён *m (Meteo)* Föhn *m*
фениленовый *(Ch)* Phenylen...
фенóл *m (Ch)* Phenol *n*
фенóловый *(Ch)* Phenol...
фенопласт *m* Phenoplast *m*, Phenolharz *n*
фéрма *f* 1. *(Bw)* Träger *m*, Fachwerkträger *m*; Binder *m (für Dachkonstruktionen)*; 2. *(Lw)* Farm *f*
~/**áрочная** *(Bw)* Bogenträger *m*, Bogenbinder *m*
~/**бáлочная** *(Bw)* Balkenträger *m*, Balkenbinder *m*
~/**вáнтовая** *(Bw)* verankerter Hängeträger *m*
~/**глáвная** *(Bw)* Hauptträger *m*
~/**животновóдческая** Tierzuchtfarm *f*
~/**зверовóдческая** Pelztierfarm *f*
~/**молóчная** Milchfarm *f*
~/**мостовáя** *(Bw)* Brückenträger *m*, Brückentragwerk *n*
~/**плóская** *(Bw)* ebenes Tragwerk *n*
~/**прострáнственная** *(Bw)* räumliches Fachwerk *n*
~/**птицевóдческая** Geflügelfarm *f*
~/**решётчатая** *(Bw)* Fachwerkträger *m*, Fachwerkbinder *m*
~/**стропúльная** *(Bw)* Dachbinder *m*, Binder *m*
~/**шпрéнгельная** *(Bw)* unterspannter Träger *m*
фермéнт *m (Ch)* Ferment *n*, Enzym *n*
ферментáция *f (Ch)* Fermentierung *f*, Fermentation *f*
фéрми-газ *m (Ph)* Fermi-(Dirac-)Gas *n*
фéрми-гранúца *f s.* ферми-уровень
фéрми-жúдкость *f (Ph)* Fermi-(Dirac-)Flüssigkeit *f*
фéрмий *m (Ch)* Fermium *n*, Fm
фермиóн *m (Kern)* Fermion *n*, Fermi-Teilchen *n*
фéрми-ýровень *m (Fest)* Fermi-Niveau *n*, Fermi-Kante *f*, fermische Grenzenergie *f*
фéрми-частúца *f s.* фермион
фéрми-энéргия *f (Fest)* 1. Fermi-Energie *f*; 2. *s.* ферми-уровень
ферримагнетúзм *m (Ph)* Ferrimagnetismus *m*
ферримагнéтик *m (Ph)* Ferrimagnetikum *n*
феррúт *m (Min, Wkst)* Ferrit *m*
феррúтный ferritisch, Ferrit...
феррúтовый ferritisch, Ferrit...
ферродинамúческий ferrodynamisch
ферромагнетúзм *m (Ph)* Ferromagnetismus *m*
ферромагнéтик *m (Wkst)* Ferromagnetikum *n*, ferromagnetischer Stoff *m*
ферромагнúтный ferromagnetisch
феррóметр *m (El)* Ferrometer *n*

ферроникелевый Eisen-Nickel-...
ферросплав *m (Met)* Ferrolegierung *f*
ферроэлектрик *m* Ferroelektrikum *n*
фетр *m* Filz *m*
фигура *f* Figur *f (s. a. unter* фигуры*)*
~/**геометрическая** geometrische Figur *f*
~ **давления** *(Krist)* Druckfigur *f*
~ **удара** *(Krist)* Schlagfigur *f*
фигуры *fpl* Figuren *fpl*
~/**интерференционные** *(Krist, Opt)* Interferenzfiguren *fpl*
~ **Лиссажу** *(Krist)* Lissajous-Figuren *fpl*, lissajoussche Figuren *fpl*
~ **течения** *(Mech)* Fließfiguren *fpl*
~ **травления** *(Krist)* Ätzfiguren *fpl*
фидер *m* 1. *(El)* Speiseleitung *f*, Energieversorgungsleitung *f*; 2. *(Glas)* Speiser *m*
~/**антенный** *(Rf)* Antennenspeiseleitung *f*
~/**волноводный** *(Rf)* Hohlleiterspeiseleitung *f*
~/**обратный** *(El)* Rückspeiseleitung *f*
~/**экранированный** *(Rf)* abgeschirmte Speiseleitung *f*
физика *f* Physik *f*
~/**атомная** Atomphysik *f*
~ **атомов** Atomphysik *f*
~ **высоких энергий** Hochenergiephysik *f*, hochenergetische Kernphysik *f*
~/**молекулярная** Molekularphysik *f*
~ **плазмы** Plasmaphysik *f*
~ **полупроводников** Halbleiterphysik *f*
~/**прикладная** angewandte Physik *f*
~/**статистическая** statistische Physik *f*, Statistik *f*
~ **твёрдого тела** Festkörperphysik *f*
~ **элементарных частиц** Elementarteilchenphysik *f*, Physik *f* der Elementarteilchen
~/**ядерная** Kernphysik *f*
физико-математический physikalisch-mathematisch
физико-химический physikochemisch, physikalisch-chemisch
физикохимия *f* physikalische Chemie *f*
физический physikalisch
фиксаж *m (Photo)* Fixierbad *n*, Fixierlösung *f*
~/**дубящий** härtendes Fixierbad *n*
~/**кислый** saures Fixierbad *n*

фиксатор *m* 1. Feststeller *m*, Klemmvorrichtung *f*; Halter *m*; Halterung *f*; 2. Arretiervorrichtung *f*; 3. *(Ch)* Fixierungsmittel *n*; 4. Containerhalterung *f*
фиксация *f* Feststellen *n*, Fixieren *n*, Fixierung *f*; Arretierung *f*
филдистор *m s.* транзистор/полевой
филёнка *f (Bw)* Füllung *f (z. B. in Holztüren)*
фильера *f* 1. *(Wkz)* Düse *f*, Ziehdüse *f*, Ziehring *m*; 2. *(Text)* Spinndüse *f*; 3. *(Kst)* Gießtrichter *m*
фильм *m (Kine)* Film *m (Zusammensetzungen s. unter* кинофильм*)*
фильтр *m* 1. Filter *n*; 2. *(Nrt, Rf)* Filter *n*, Sieb *n*; 3. *s.* светофильтр
~/**абсорбционный** *(Opt)* Absorptionsfilter *n*
~/**акустический** akustisches Filter *n*
~/**амплитудный** *(Rf)* Amplitudenfilter *n*, Amplitudensieb *n*
~/**биологический** biologisches Filter *n*, Biofilter *n (Abwasserreinigung)*
~ **верхних частот** *(Rf)* Hochpass *m*, Hochpassfilter *n*, HP *m*
~/**воздушный** Luftfilter *n*
~/**волновой** *(Rf)* Wellenfilter *n*, Wellensieb *n*
~/**всечастотный** *(Rf)* Allpassfilter *n*, Allpass *m*
~/**гравийный** Kiesfilter *n*
~ **грубой очистки** Grobfilter *n (für technisch reines Wasser)*
~/**забивной** *(Hydt)* Steckfilter *n*
~/**заграждающий** *(Nrt)* Sperr(kreis)filter *n*, Sperrsieb *n*, Bandsperre *f*
~/**избирательный** *(El)* selektives Filter *n*, Selektivfilter *n*
~/**коаксиальный** *(El)* Koaxialfilter *n*
~/**коксовый** *(Ch)* Koksfilter *n*
~/**ленточный** *(Ch)* Bandfilter *n*
~/**масляный** *(Kfz)* Ölfilter *n*
~/**мембранный** *(Ch)* Membranfilter *n*
~/**мешочный** *(Ch)* Beutelfilter *n*
~/**многослойный** *(Ch)* Vielschichtfilter *n*
~/**намывной** Anschwemmfilter *n*
~/**напорный** Druckfilter *n*
~ **нижних частот** *(Rf)* Tiefpass *m*, Tiefpassfilter *n*, TP *m*
~/**обратный** *(Hydt)* Rückhaltefilter *n*, Schutzschichtfilter *n*

~/**осветля́ющий** *(Ch)* Klärfilter *n*
~/**песо́чный** *(Ch)* Sandfilter *n*
~/**пласти́нчатый** *(Ch)* Schichtenfilter *n*, Plattenfilter *n*
~/**поглоща́ющий** *(Opt)* Absorptionsfilter *n*
~/**полосово́й** 1. *(Rf)* Bandpass *m*, Band(pass)filter *n*; 2. *(Opt)* Bandfilter *n*
~/**пропуска́ющий** *(Rf)* Durchgangsfilter *n*, Durchlassfilter *n*
~/**раздели́тельный** *(Rf)* Trennfilter *n*, Frequenzweiche *f*
~/**рука́вный** *(Ch)* Schlauchfilter *n*
~/**светово́й** *s.* светофильтр
~/**сгла́живающий** *(Rf)* Glättungsfilter *n*
~/**се́тчатый** *(Ch)* Filtersieb *n*, Siebfilter *n*
~/**то́нкий** Feinfilter *n*
~ **то́нкой очи́стки** Feinfilter *n*
~/**то́пливный** *(Kfz)* Kraftstofffilter *n*
~/**узкополо́сный** *(Rf)* Schmalbandfilter *n*
~/**фа́зовый** *s.* ~/всечастотный
~/**цветно́й** *(Opt)* Farbfilter *n*
~/**цветодели́тельный** *(Opt)* Farbauszugsfilter *n*
~/**часто́тный** *(Rf)* Frequenzfilter *n*, Frequenzsieb *n*
~/**часто́тный раздели́тельный** Frequenzweiche *f*
~/**широкополо́сный** *(Rf)* Breitbandfilter *n*
~/**щелево́й** *(Ch)* Spaltfilter *n*
фильтра́т *m (Ch)* Filtrat *n*
фильтрацио́нный Filtrations..., Filter...
фильтра́ция *f* 1. Filtration *f*, Filtern *n*, Filterung *f*; 2. *(El, Nrt)* Filterung *f*, Siebung *f*
фильтрова́льный Filtrier..., Filter...
фильтрова́ние *n s.* фильтрация
фильтрова́ть 1. filtrieren, filtern; 2. *(Hydt)* (ver)sickern; 3. *(Rf, Nrt)* sieben
фильтр-пре́сс *m (Ch)* Filterpresse *f*
фильтру́емость *f (Ch)* Filtrierbarkeit *f*
фи́тинг *m* Fitting *n*, Rohrverbindungsstück *n*
фи́шка *f (El)* Stecker *m*
флаг *m* 1. Flagge *f*, Fahne *f*; 2. *(Inf)* Flag *n*, Kennzeichen *n*
~ **выполне́ния усло́вия** *s.* ~ условия
~ **зна́ка** *(Inf)* Vorzeichenbit *n*, Vorzeichenflag *n*
~ **переполне́ния** *(Inf)* Überlaufflag *n*
~ **разреше́ния прерыва́ния** *(Inf)* Interruptflag *n*
~ **состоя́ния** *(Inf)* Statusflag *n*, Zustandsflag *n*
~ **усло́вия** *(Inf)* Bedingungsflag *n*, Bedingungskennzeichen *n*
флажо́к *m s.* флаг 2.
фла́нец *m (Masch)* Flansch *m*; Bund *m*
~/**глухо́й** Blindflansch *m*, Deckelflansch *m*
~/**перехо́дный** Reduzierflansch *m*, Übergangsflansch *m*
~/**соедини́тельный** Verbindungsflansch *m*, Anschlussflansch *m*
фла́нцевый Flansch...
фла́ттер *m (Aero, Flg)* Flattern *n*, Flattererscheinung *f*
~/**крути́льный** Torsionsflattern *n*
~/**рулево́й** Ruderflattern *n*
~/**сверхзвуково́й** Überschallflattern *n*
фле́гма *f (Ch)* Rücklauf *m*, Phlegma *n* *(Destillation)*
флексу́ра *f (Geol)* Flexur *f*
флинт *m* Flint *m*, Flintglas *n*
фло́кены *mpl (Wkst)* Flocken *fpl*, innerer Riss *m (Fehler im Stahl)*
флокули́ровать (aus)flocken
флокуля́ция *f* Ausflockung *f*, Flockung *f*
флор *m (Schiff)* Bodenwrange *f*
флот *m* Flotte *f*
~/**возду́шный** Luftflotte *f*, Flugzeugpark *m*
~/**гражда́нский возду́шный** Zivilluftflotte *f*
~/**морско́й торго́вый** Seehandelsflotte *f*
~/**речно́й** Flussschifffahrtsflotte *f*
~/**рыболо́вный** *s.* ~/рыбопромысловый
~/**рыбопромысло́вый** Fischereiflotte *f*, Fischfangflotte *f*
~/**торго́вый** Handelsflotte *f*
флотацио́нный Flotations..., Schwimmaufbereitungs...
флота́ция *f* Flotation *f*, Flotationsaufbereitung *f*, Schwimmaufbereitung *f*
~/**ма́сляная** Ölflotation *f*
~/**пе́нная** Schaumflotation *f*, Schaumschwimmverfahren *n*
~/**плёночная** Filmflotation *f*
~/**селекти́вная** Selektivflotation *f*, selektive Flotation *f*

флотоконцентра́т *m* Flotationskonzentrat *n*, Schwimmkonzentrat *n (Aufbereitung)*
флотомаши́на *f s.* машина/флотационная
флотореаге́нт *m s.* реагент/флотационный
флу... *s. a. unter* флю...
флуктуацио́нный Fluktuations...
флуктуа́ция *f* Fluktuation *f*, Schwankung *f*
флуоресце́нтный Fluoreszenz..., Leucht...
флуоресце́нция *f* Fluoreszenz *f*
флуоресци́ровать fluoreszieren
флуоресци́рующий fluoreszierend, Fluoreszenz...
флуори́метр *m s.* флуорометр
флуориме́трия *f s.* флуорометрия
флуорогра́фия *f* Schirmbildverfahren *n*, Schirmbildphotographie *f*
флуоро́метр *m* Fluorometer *n*, Fluorimeter *n*, Fluoreszenzmesser *m*
флуорометри́ческий fluorometrisch
флуороме́трия *f* Fluorometrie *f*, Fluorimetrie *f*, Fluoreszenzmessung *f*
флуороско́пия *f* Durchleuchtung *f*, Durchstrahlung *f*, Röntgendurchleuchtung *f*, Röntgenoskopie *f*
флэш-па́мять *f (Inf)* Flash-Speicher *m*
флю... *s.* флу...
флю́гер *m (Meteo)* Windfahne *f*
флюксме́тр *m (El)* Fluxmeter *n*, Flussmesser *m*
флюори́т *m (Min)* Fluorit *m*, Flussspat *m*
флюс *m* Fluss *m*, Flussmittel *n*, Zuschlag *m* • **под флю́сом** *(Schw)* Unterpulver..., UP-...
~/**ки́слый** saures Flussmittel *n*
~/**окисли́тельный** oxidierendes Flussmittel *n*
~/**осно́вный** basisches Flussmittel *n*
~/**сва́рочный** Schweißpulver *n*
флютбет *m (Hydt)* Wehrsohle *f*, Wehrboden *m*
фока́льный *(Opt)* fokal, Fokal..., Brenn...
фо́кус *m* 1. *(Math)* Brennpunkt *m (z. B. der Ellipse)*; 2. *(Opt)* Brennpunkt *m*, Fokus *m*
фокуси́рование *n s.* фокусировка
фокуси́ровать *(Opt)* fokussieren, bündeln; scharf einstellen
фокусиро́вка *f (Opt)* Fokussierung *f*, Bündelung *f*; Schärfeeinstellung *f*
~/**двойна́я** Doppelfokussierung *f*
~/**магни́тная** *(Kern)* magnetische Fokussierung *f*
~ **по направле́нию** Richtungsfokussierung *f*
фольга́ *f* Folie *f*, Blättchen *n*
~/**алюми́ниевая** Aluminiumfolie *f*, Alu-Folie *f*
~/**золота́я** Goldfolie *f*, Blattgold *n*
~/**сере́бряная** Silberfolie *f*, Blattsilber *n*
фольгиро́ванный kaschiert, mit Folie überzogen; *(Eln)* metallkaschiert *(Leiterplatten)*
~ **ме́дью** *(Eln)* kupferkaschiert *(Leiterplatten)*
фо́льговый Folien...
фон *m* 1. Hintergrund *m*; Grundfarbe *f*; 2. *(El)* Brummstörung *f*, Brumm *m*, Brummen *n*; 3. Phon *n*, phon, Fon *n (Einheit der Lautstärke)*; 4. *(Kern)* Untergrundstrahlung *f*
~ **се́ти (переме́нного то́ка)** *(El)* Netzbrummen *n*
фона́рь *m* 1. Leuchte *f*; 2. *(Kfz)* Scheinwerfer *m*; 3. *(Bw)* Oberlicht *n*
~/**габари́тный** *(Kfz)* (seitliche) Begrenzungsleuchte *f*
~ **за́днего хо́да** *(Kfz)* Rückfahrscheinwerfer *m*
~/**за́дний** 1. *(Kfz)* Schlussleuchte *f*, Rücklicht *n*; 2. *(Eb)* Zugschluss *m*, Zugschlusslicht *n*
~/**карма́нный** Taschenleuchte *f*
~/**лаборато́рный** *(Photo)* Dunkelkammerleuchte *f*
~ **сигна́ла торможе́ния** *(Kfz)* Bremsleuchte *f*
~/**стоя́ночный** *(Kfz)* Parkleuchte *f*
~/**фотолаборато́рный** *(Photo)* Dunkelkammerleuchte *f*
фо́новый Hintergrund..., Untergrund...
фоногра́мма *f (Kine)* Phonogramm *n*, Tonspur *f (eines Films)*
фоно́метр *m (Ak)* Phonometer *n*, Hörschärfemesser *m*
фономе́трия *f (Ak)* Phonometrie *f*
фоно́н *m (Ph)* Phonon *n*, Schallquant *n*

фоноте́ка *f* Phonothek *f*
фонта́н *m* 1. Fontäne *f*; 2. Eruption *f*, Ausbruch *m*
~/**га́зовый** Gasausbruch *m (bei der Erdölförderung)*
~/**нефтяно́й** Erdölausbruch *m*
~/**откры́тый** *(Erdöl)* offener Ausbruch *m*
фонтани́рование *n* Eruption *f*, Ausbruch *m (Erdgas, Erdöl)*
фонтани́ровать eruptieren, ausbrechen *(Erdöl, Erdgas)*; hervorquellen *(Wasser)*
форва́куум *m* Vorvakuum *n*
форва́куумный Vorvakuum...
фо́рзац *m (Typ)* Vorsatz *n*
форка́мера *f* 1. *(Rak)* Vorbrennkammer *f*; 2. *(Kfz)* Vorkammer *f (eines Dieselmotors)*
фо́рма *f* 1. Form *f*, Gestalt *f*; 2. *(Math)* Form *f*; 3. *(Wkz)* Form *f*, Werkzeug *n*; 4. *(Gieß)* Form *f*, Gießform *f*; 5. *(Typ)* Form *f*, Druckform *f*; 6. Formular *n*, Vordruck *m*
~/**бина́рная** *(Math)* binäre Form *f*, Binärform *f*
~ **высо́кой печа́ти** *(Typ)* Hochdruckform *f*, Buchdruckform *f*
~ **для литья́ под давле́нием** Druckgießform
~/**металли́ческая** *(Gieß)* Metallform *f*; Kokille *f*
~/**лите́йная** *s.* форма 4.
~/**оболо́чковая** *(Gieß)* Maskenform *f*, Schalenform *f*, Formmaske *f*
~/**обтека́емая** *(Aerod)* Stromlinienform *f*
~/**офсе́тная печа́тная** *(Typ)* Offsetdruckform *f*, Offsetdruckplatte *f*
~/**песча́ная** *(Gieß)* Sandform *f*, Masseform *f*, verlorene Form *f*
~/**печа́тная** *(Typ)* Druckform *f*
~ **пло́ской печа́ти** *(Typ)* Flachdruckform *f*
~/**постоя́нная** *(Gieß)* Dauerform *f*; Kokille *f*
~/**пре́ссовая** 1. Pressform *f*; 2. *(Glas)* Vorform *f*
~/**ра́зовая** *(Gieß)* verlorene Form *f*
~/**сме́нная** Wechselform *f*
~/**типогра́фская** *s.* ~ высокой печати
формальдеги́д *m (Ch)* Formaldehyd *m*, Methanal *n*
форма́т *m* Format *n*, Form *f*
~ **да́нных** *(Inf)* Datenformat *n*
~ **за́писи** *(Inf)* Satzformat *n*
~ **изображе́ния** *(TV)* Bildformat *n*, Bildgröße *f*
~ **кома́нды** *(Inf)* Befehlsformat *n*
формати́рование *n (Inf)* Formatieren *n*, Sektorieren *n*, Formatgestaltung *f*
форма́ция *f (Geol)* Formation *f*
формирова́ние *n* 1. Formierung *f*, Bildung *f*; 2. *(Text)* Formfestmachen *n*, Fixieren *n*
~ **и́мпульсов** *(El)* Impulsformierung *f*, Impulsformgebung *f*
~ **поездо́в** *(Eb)* Zugbildung *f*
формирова́тель *m (Eln, Inf)* Treiber *m*, Treiberschaltung *f*, Treiberstufe *f*, Driver *m*
~ **и́мпульсов** Impulsformer *m*, Impulstreiber *m*
~/**ши́нный** Bustreiber *m*
формирова́ть 1. formieren, erzeugen, sich herausbilden; 2. *(Text)* formfestmachen, fixieren; 3. *(El)* formieren *(Akkus)*
формова́ние *n* 1. *s.* формовка; 2. *(Text)* Spinnen *n*, Erspinnen *n (Chemiefaserstoffe)*; 3. *(Kst)* Formung *f*
~/**ва́куумное** *(Kst)* Vakuumformung *f*
~ **из распла́ва** *(Text)* Schmelzspinnen *n*
~ **из раство́ра** *(Text)* Lösungsspinnen *n*
~/**пневмати́ческое** *(Kst)* Druckluftformung *f*
формова́ть 1. formen; 2. *(Text)* (er)spinnen *(Chemiefaserstoffe)*; 3. *(Gieß)* formen
формо́вка *f* 1. Formen *n*, Formgebung *f*; 2. *(Gieß)* Formen *n*, Einformen *n*; 3. *(Gieß)* Formerei *f*, Formarbeit *f*; 4. *(Met)* Formen *n*, Verdichten *n (Pulvermetallurgie)*; 5. *(El)* Formieren *n*, Formierung *f (Akkus)*
~/**безопо́чная** *(Gieß)* kastenloses Formen *n*
~ **в по́чве** *(Gieß)* Herdformen *n*, Herdformerei *f*
~/**маши́нная** *(Gieß)* Maschinenformen *n*, Maschinenformerei *f*
~/**опо́чная** *(Gieß)* Kastenformen *n*
~ **по шабло́ну** *(Gieß)* Schablonenformen *n*, Schablonenformerei *f*

~/**ручна́я** *(Gieß)* Handformen *n*, Handformerei *f*
формо́вочный 1. *(Gieß)* Form(erei)...; 2. *(El)* Formier(ungs)...
формоизмене́ние *n* Formänderung *f*, Gestaltsänderung *f*
формообразова́ние *n* Formgebung *f*, Formung *f*
формоусто́йчивость *f (Text)* Formbeständigkeit *f*
формоусто́йчивый *(Text)* formbeständig
форму́емость *f* 1. Formbarkeit *f*, Bildsamkeit *f*; Verformbarkeit *f*; 2. *(Text)* Erspinnbarkeit *f (von Chemiefasern)*
фо́рмула *f* Formel *f*
~ **обраще́ния** *(Math)* Umkehrformel *f*
~ **пересчёта** *(Math)* Umrechnungsformel *f*
~/**приближённая** *(Math)* Näherungsformel *f*
~/**реакцио́нная** *(Ch)* Reaktionsformel *f*
~/**структу́рная** *(Ch)* Strukturformel *f*
~/**сумма́рная** *(Ch)* Summenformel *f*
~/**хими́ческая** chemische Formel *f*
~/**эмпири́ческая** empirische Formel *f*, Faustformel *f*
формфа́ктор *m (El)* Formfaktor *m*
форса́ж *m (Rak)* 1. Nachverbrennen *n*, Nachverbrennung *f*; 2. Nachbrennerstufe *f*
форси́рование *n s.* форсировка
форсиро́вка *f* 1. Forcierung *f*, Verstärkung *f*; 2. *(Kfz)* Leistungserhöhung *f (der Motoren)*; 3. *(Flg)* Schubverstärkung *f (der Triebwerke)*
форсу́нка *f* 1. Düse *f*, Zerstäuberdüse *f*; 2. Einspritzdüse *f (eines Dieselmotors)*; 3. Brenner *m (der Kesselfeuerung)*
~/**мазу́тная** Ölbrenner *m (der Ölfeuerung)*
~/**разрезна́я** Schlitzdüse *f*
~/**то́пливная** Kraftstoffeinspritzdüse *f*
форсу́ночный 1. Düsen...; 2. Brenner...
форште́вень *m (Schiff)* Vorsteven *m*
фосфати́рование *n (Met)* Phosphatieren *n*
фо́сфор *m (Ch)* Phosphor *m*, P
фосфоресце́нция *f* Phosphoreszenz *f*
фосфористоки́слый *(Ch)* ...phosphit *n*; phosphorigsauer
фо́сфористый *(Ch)* ...phosphid *n*; phosphorhaltig
фосфорноватистоки́слый *(Ch)* ...hypophosphit *n*; unterphosphorigsauer
фосфорноватоки́слый *(Ch)* ...hypophosphat *n*; unterphosphorsauer
фосфорноки́слый *(Ch)* ...phosphat *n*; phosphorsauer
фо́сфорный Phosphor...
фосфорсодержа́щий phosphorhaltig
фотоаппара́т *m* Photoapparat *m*, Kamera *f*, Photokamera *f*
~/**быстроразряжа́емый** SL-Kamera *f*
~/**двухобъекти́вный** zweiäugige Kamera *f*
~/**зерка́льный** Spiegelreflexkamera *f*
~/**крупноформа́тный** Großbildkamera *f*
~/**люби́тельский** Amateurkamera *f*
~/**малоформа́тный** Kleinbildkamera *f*
~/**миниатю́рный** Miniaturkamera *f*
~/**многозона́льный (косми́ческий)** Multispektralkamera *f*
~/**однообъекти́вный** einäugige Kamera *f*
~/**павильо́нный** Atelierkamera *f*
~/**панора́мный** Panoramakamera *f*
~/**плёночный** Rollfilmkamera *f*, Filmkamera *f*
~/**подво́дный** Unterwasserkamera *f*
~/**репродукцио́нный** Reprokamera *f*
~/**среднеформа́тный** Mittelformatkamera *f*
~/**стереоскопи́ческий** Stereokamera *f*, Raumbildkamera *f*
~/**трёхобъекти́вный** dreiäugige Kamera *f*
фотоаппарату́ра *f* Photoausrüstung *f*
фотобума́га *f (Photo)* Photopapier *n*
~/**гля́нцевая** Glanzpapier *n*
~/**крупнозерни́стая** Grobkornpapier *n*
~/**ма́товая** Mattpapier *n*
~/**мелкозерни́стая** Feinkornpapier *n*
~/**негати́вная** Negativpapier *n*
~/**позити́вная** Positivpapier *n*
~/**полуто́новая** Halbtonpapier *n*
~/**реверси́вная** Umkehrpapier *n*
фотовспы́шка *f (Photo)* Blitzlicht *n*, Blitzlichtgerät *n*, Blitzlichtlampe *f*
фотогра́мма *f (Geod)* Photogramm *n*, Messbild *n*

фотограмме́трия *f (Geod)* Photogrammetrie *f*, Luftbildmessung *f*
~/**назе́мная** terrestische Photogrammetrie *f*
фотографи́рование *n* Photographieren *n*
фотографи́ровать photographieren
фотографи́ческий photographisch, Photo...
фотогра́фия *f* 1. Photographie *f*; 2. Photographieren *n*
~/**астрономи́ческая** Astrophotographie *f*
~/**инфракра́сная** Infrarotphotographie *f*; IR-Photographie *f*
~/**подво́дная** Unterwasserphotographie *f*
~/**цветна́я** Farbphotographie *f*
~/**чёрно-бе́лая** Schwarzweißphotographie *f*
фотографопострои́тель *m* Photoplotter *m*
фотода́тчик *m* Photosensor *m*, photoelektrischer Geber *m*
фотодио́д *m (Eln)* Photodiode *f*
фотодиссоциа́ция *f* Photodissoziation *f*, photochemische Zersetzung *f*
фотоза́пись *f* photographische Aufzeichnung *f*
фотоизображе́ние *n* Photographie *f*, Lichtbild *n*, photographisches Bild *n*
фотока́мера *f s.* фотоаппарат
фотокато́д *m* Photokathode *f*
фотоколори́метр *m* lichtelektrisches Kolorimeter *n*
фотокопи́р *m* Photokopiereinrichtung *f*, Photokopiergerät *n*
фотокопи́рование *n* Photokopieren *n*
фотоко́пия *f* Photokopie *f*
фотола́к *m s.* фоторезист
фото́лиз *m (Ch)* Photolyse *f*
фотолитогра́фия *f* Photolithographie *f*
фотолюминесце́нция *f* Photolumineszenz *f*
фотома́ска *f s.* фотошаблон
фотоматериа́л *m* Photomaterial *n*, photographisches Material *n*
фото́метр *m (Opt)* Photometer *n*
~/**визуа́льный** visuelles [subjektives] Photometer *n*
~/**интегри́рующий** Integralphotometer *n*, integrierendes Photometer *n*
~/**распредели́тельный** Lichtverteilungsphotometer *n*
фотометри́ческий photometrisch, Photometer...
фотоме́трия *f (Opt)* Photometrie *f*
фотомехани́ческий photomechanisch
фотонта́ж *m* Photomontage *f*
фото́н *m (Ph)* Photon *n*, Lichtquant *n*
фотонабо́р *m (Typ)* Lichtsatz *m*, Photosatz *m*
фото́нный *(Ph)* Photonen...
фотообъекти́в *m* Photoobjektiv *n*, Objektiv *n*
фотоокисле́ние *n (Ch)* Photooxidation *f*, photochemische Oxidation *f*
фотопласти́нка *f* (photographische) Platte *f*, Photoplatte *f*
фотоплёнка *f* (photographischer) Film *m*, Photofilm *m*
~/**безопа́сная** Sicherheitsfilm *m*
~/**реверси́вная** Umkehrfilm *m*
~/**рентге́новская** Röntgenfilm *m*
~/**цветна́я** Farbfilm *m*, Colorfilm *m*
~/**чёрно-бе́лая** Schwarzweißfilm *m*
фотоповтори́тель *m* Photorepeater *m*, Schrittkamera *f*
фотоподло́жка *f (Photo)* Filmunterlage *f*, Filmschichtträger *m*
фотополимериза́ция *f (Ch)* Photopolymerisation *f*, Lichtpolymerisation *f*
фотопострои́тель *m* Photoplotter *m*
фотоприёмник *m* Photoempfänger *m* *(Bauelement)*
фотопроводи́мость *f (Ph)* 1. Photoleitung *f*, Photoleitungseffekt *m*; 2. Photoleitfähigkeit *f*, lichtelektrische [photoelektrische] Leitfähigkeit *f*
фотопроводни́к Photoleiter *m*, Lichtleiter *m*
фотопроводя́щий photoleitend, photopositiv
фоторадиогра́мма *f* Funkbild *n*
фоторези́ст *m (Eln)* Photolack *m*, Photoresist *m*
~/**негати́вный** Negativphotolack *m*, negativer Photolack *m*
~/**позити́вный** Positivphotolack *m*, positiver Photolack *m*
фоторези́стор *m* Photoresistor *m*, Photowiderstand *m*
фотореле́ *n* Photorelais *n*, photoelektrisches [lichtelektrisches] Relais *n*

фотосенсибилиза́ция *f* Photosensibilisierung *f*, photochemische Sensibilisierung *f*
фотоси́нтез *m* Photosynthese *f*
фотосло́й *m (Eln)* Photoschicht *f*, photographische Schicht *f*
фотосни́мок *m* Photo *n*, Photographie *f*, Lichtbild *n*, Aufnahme *f*
фотосопротивле́ние *n (El)* 1. Photowiderstand *m (Bauelement)*; 2. Photowiderstand *m*, Lichtwiderstand *m (Erscheinung)*
фотостимули́рованный lichtinduziert, laserinduziert
фотосфе́ра *f (Astr)* Photosphäre *f (der Sonne)*
фотосъёмка *f* (photographische) Aufnahme *f*
~/**стереоскопи́ческая** Stereoaufnahme *f*, Raumbildaufnahme *f*
~/**фи́нишная** Zielphotographie *f*
фототелегра́ф *m* Bildtelegraph *m*
фототелеграфи́я *f* Bildtelegraphie *f*, Bildfunk *m*
фототелегра́фный bildtelegraphisch, Bildtelegraphie...
фототеодоли́т *m* Phototheodolit *m*
фототе́хника *f* Phototechnik *f*
фототи́пия *f (Typ)* Lichtdruck *m*
фототири́стор *m* Photothyristor *m*
фотото́к *m (Ph)* Photo(elektronen)strom *m*, photoelektrischer [lichtelektrischer] Strom *m*
фототранзи́стор *m* Phototransistor *m*
фототрансформа́тор *m (Geod, Flg)* Lichtbildentzerrungsgerät *n*
фототриангуля́ция *f (Geod)* Bildtriangulation *f*, photogrammetrische Triangulation *f*
фотоувеличи́тель *m (Photo)* Vergrößerungsgerät *n*
фотоумножи́тель *m s.* умножитель/фотоэлектронный
фотоупру́гий *(Opt)* 1. spannungsoptisch; 2. spannungselastisch
фотоупру́гость *f (Opt)* 1. spannungsoptische Erscheinung *f*; 2. Photoelastizität *f*; 3. Spannungsoptik *f*, spannungsoptisches Verfahren *n*
фотохими́ческий photochemisch
фотохи́мия *f* Photochemie *f*
фоточувстви́тельность *f* Photoempfindlichkeit *f*, lichtelektrische [photoelektrische] Empfindlichkeit *f*
фоточувстви́тельный lichtempfindlich
фотошабло́н *m (Halbl)* Photomaske *f*, Photoschablone *f*
фотоэдс *m* Photo-EMK *f*, photoelektromotorische Kraft *f*
фотоэлектри́ческий photoelektrisch, lichtelektrisch
фотоэлектри́чество *n* Photoelektrizität *f*, Lichtelektrizität *f*
фотоэлектро́н *m (Ph)* Photoelektron *n*
фотоэлектро́нный *(Ph)* photoelektronisch, lichtelektronisch
фотоэлеме́нт *m* Photoelement *n*, photoelektrisches Bauelement *n*; Photozelle *f*
~/**га́зовый [газонапо́лненный]** gasgefüllte Photozelle *f*
~/**полупроводнико́вый** Halbleiterphotoelement *n*; Halbleiterphotowiderstand *m*
фотоэми́ссия *f* 1. *(El)* äußerer Photoeffekt *m*, Photo(elektronen)emission *f*; 2. *(Kern)* Photoemission *f*, photoneninduzierte Emission *f*
фотоэму́льсия *f* Photoemulsion *f*, lichtempfindliche [photographische] Emulsion *f*
фотоэффе́кт *m* Photoeffekt *m*, photoelektrischer Effekt *m*
~/**ве́нтильный** Sperrschichtphotoeffekt *m*
~/**вне́шний** äußerer Photoeffekt [photoelektrischer Effekt] *m*
~/**вну́тренний** innerer Photoeffekt [photoelektrischer Effekt] *m*
~/**избира́тельный [селекти́вный]** selektiver Photoeffekt [photoelektrischer Effekt] *m*
~/**я́дерный** Kernphotoeffekt *m*
фракта́лы *pl (Inf)* Fraktale *pl*
фрактогра́фия *f (Wkst)* Bruchuntersuchung *f*, Fraktographie *f*
фракциони́рование *n (Ch)* Fraktionieren *n*, Fraktionierung *f*
фракциони́руюший *(Ch)* fraktionierend, Fraktionier...
фра́кция *f* 1. *(Ch)* Fraktion *f*; 2. Fraktion *f*, Kornfraktion *f (Aufbereitung)*
~/**бензи́новая** *(Ch)* Benzinfraktion *f*

~/**га́зовая** *(Ch)* Gasfraktion *f*
~ **зерново́го соста́ва** Kornstufe *f* *(Aufbereitung)*
~/**кру́пная** Grobfraktion *f*, Grobkorn *n* *(Aufbereitung)*
~/**лёгкая** *(Ch)* leichte Fraktion *f*
~/**ме́лкая** Feinkorn *n (Aufbereitung)*
~/**нефтяна́я** *(Ch)* Erdölfraktion *f*
~/**тяжёлая** 1. *(Ch)* schwere [hoch siedende] Fraktion *f*; 2. Schweregut *n* *(Aufbereitung)*
фра́нций *m (Ch)* Francium *n*, Fr
фреза́ *f* 1. *(Wkz)* Fräser *m*; 2. *(Lw)* Fräse *f*, Bodenfräse *f*; 3. *(Bw)* Fräse *f*, Straßenfräse *f*
~/**быстроре́жущая** Schnellarbeitsstahlfräser *m*
~/**двухуглова́я** zweiseitiger Winkelfräser *m*
~/**ди́сковая** Scheibenfräser *m*
~/**доро́жная** Straßenfräse *f*
~/**зуборе́зная** Verzahnungsfräser *m*; Zahnradfräser *m*
~/**концева́я** Schaftfräser *m*
~/**лобова́я** Stirnfräser *m*
~/**наса́дная** Aufsteckfräser *m*
~/**отрезна́я** Trennfräser *m*, Abstechfräser *m*
~/**па́зовая** Nutenfräser *m*
~/**по́чвенная** Bodenfräse *f*
~/**резьбова́я [резьбонарезна́я]** Gewindefräser *m*
~ **с винтовы́ми зу́бьями** spiralgenuteter [drallgenuteter] Fräser *m*
~ **с прямы́ми зу́бьями** geradverzahnter [gerade verzahnter] Fräser *m*
~ **с разнонапра́вленными зу́бьями** kreuzverzahnter Fräser *m*
~/**сбо́рная** *s.* ~/составная
~/**составна́я** zusammengesetzter [zusammengebauter] Fräser *m*
~/**торцо́вая** Stirnfräser *m*
~/**углова́я** Winkelfräser *m*
~/**фасо́нная** Formfräser *m*, Profilfräser *m*
~/**це́льная** aus einem Werkstoff gefertigter Fräser *m*, Fräser *m* mit festen Schneiden
~/**цилиндри́ческая** Walzenfräser *m*
~/**червя́чная** (schneckenförmiger) Walzenfräser *m*, Abwälzfräser *m*, Schneckenfräser *m*
~/**чернова́я** Schruppfräser *m*, Vorfräser *m*
~/**чистова́я** Schlichtfräser *m*, Fertigfräser *m*
фре́зерный Fräs(er)...
фрезерова́ние *n* 1. *(Fert)* Fräsen *n*; 2. *(Bw, Lw)* Fräsen *n*, Fräsung *f*
~/**встре́чное** Gegenlauffräsen *n*
~ **пазо́в** Nutenfräsen *n*
~ **по копи́ру** Nachformfräsen *n*
~ **по пода́че** Gleichlauffräsen *n*
~/**попу́тное** Gegenlauffräsen *n*
~ **про́тив пода́чи** Gegenlauffräsen *n*
фрезеро́ванный gefräst
фрезерова́ть fräsen
фрео́н *m* Freon *n (Kältemittel)*
фре́ттинг-корро́зия *f* Reibkorrosion *f*, Tribokorrosion *f*
фри́зер *m (Kält, Lebm)* Gefrierapparat *m*
фрикцио́н *m* Reibkupplung *f*
фрикцио́нный Friktions..., Reib(ungs)...
фри́тта *f* Fritte *f*
фриттова́ть *(Met)* fritten, sintern
фришева́ние *n (Met)* Frischen *n*, Windfrischen *n*; Feinen *n*
фришева́ть *(Met)* frischen; feinen
фронт *m* 1. Front *f*, Flanke *f (z. B. eines Impulses)*; 2. *(Meteo)* Front *f*, Wetterfront *f*; 3. *(Bgb)* Front *f*, Strosse *f*
~/**атмосфе́рный** Wetterfront
~ **волны́** *(Meteo)* Wellenfront *f*
~/**грозово́й** Gewitterfront *f*
~ **и́мпульса** *(El)* Impulsflanke *f*, Impulsfront *f*
~/**круто́й** *(El)* Steilflanke *f (eines Impulses)*
~/**тёплый** *(Meteo)* Warmfront *f*
~/**холо́дный** *(Meteo)* Kaltfront *f*
фронта́льный frontal, Frontal...; Front...
фтор *m* Fluor *n*, F
фтори́рование *n (Ch)* Fluorieren *n*, Fluorierung *f*
фтори́рованный *(Ch)* fluoriert
фтори́ровать *(Ch)* fluorieren
фтористоводоро́дный ...hydrofluorid *n*; Fluorwasserstoff...
фто́ристый ...fluorid *n*; Fluor...
фторопла́ст *m* fluorhaltiger Kunststoff *m (z. B. Polytetrafluoridethylen)*
фторосилика́т *m (Ch)* Fluorosilikat *n*
фторосодержа́щий fluorhaltig

фторхлоруглеводоро́д *m (Ch)* Fluorchlorkohlenwasserstoff *m*, FCKW *m*
фуга́нок *m* 1. *(Wkz)* Langhobel *m*; 2. *s.* станок/фуговальный
фуга́с *m* Sprengladung *f*
фуга́сный Spreng…
фугати́вность *f (Ch)* Fugazität *f*, Flüchtigkeit *f*
фугова́ние *n (Holz)* 1. Fügen *n*; 2. Abrichten *n*
фугова́ть *(Holz)* 1. fügen; 2. abrichten
фунда́мент *m (Bw)* Fundament *n*, Gründung *f*; Unterbau *m*
~/**ги́бкий** elastisches Fundament *n*, elastische Gründung *f*
~/**жёсткий** starres Fundament *n*, starre Gründung *f*
~/**кессо́нный** Druckluftgründung *f*, Caissongründung *f*
~/**ле́нточный** Streifenfundament *n*
~/**масси́вный** 1. Ortbetonfundament *n*; 2. massives Fundament *n*
~/**пли́тный** Plattenfundament *n*, Plattengründung *f*
~/**ра́мный** Rahmenfundament *n*
~/**сва́йный** Pfahlrostfundament *n*
~/**сто́лбчатый** Säulenfundament *n*
фуникулёр *m* Seilaufzug *m*
функциона́л *m (Math)* Funktional *n*
функциона́лный funktionell, funktional, Funktions…
фу́нкция *f* Funktion *f*
~/**автокорреляцио́нная** *(Reg)* Autokorrelationsfunktion *f*
~/**а́дресная** *(Inf)* Adressenfunktion *f*
~/**алгебраи́ческая** *(Math)* algebraische Funktion *f*
~/**аналити́ческая** *(Math)* analytische Funktion *f*
~ **Бе́сселя** *s.* ~/цилиндрическая
~/**бу́лева** *(Inf)* logische [boolesche] Funktion *f*
~/**веще́ственная** *(Math)* reelle Funktion *f*
~/**волнова́я** *(Ph)* Wellenfunktion *f*
~/**гармони́ческая** *(Math)* harmonische Funktion *f*
~/**гиперболи́ческая** *(Math)* Hyperbelfunktion *f*, hyperbolische Funktion *f*
~/**двоичная** *(Inf)* binäre Funktion *f*
~/**дро́бная** *(Math)* gebrochene Funktion *f*
~ **И (/логи́ческая)** *(Inf)* UND-Funktion *f*, logische Funktion *f* UND, Konjunktion *f*
~ **ИЛИ (/логи́ческая)** *(Inf)* ODER-Funktion *f*, logische Funktion *f* ODER, Disjunktion *f*
~/**иррациона́льная** *(Math)* irrationale Funktion *f*
~/**кругова́я** *(Inf)* Kreis(bogen)funktion *f*
~/**лине́йная** *(Math)* lineare Funktion *f*
~/**логарифми́ческая** *(Math)* logarithmische Funktion *f*
~/**логи́ческая** *(Math, Inf)* logische Funktion *f*
~/**многозна́чная** *(Math)* mehrdeutige Funktion *f*
~/**многочле́нная** *(Math)* Polynomfunktion *f*
~/**модуля́рная** *(Math)* Modulfunktion *f*
~/**моното́нная** *(Math)* monotone Funktion *f*
~/**необрати́мая** *(Math)* nicht umkehrbare Funktion *f*
~/**непреры́вная** *(Math)* stetige Funktion *f*
~/**нечётная** *(Math)* ungerade Funktion *f*
~/**нея́вная** *(Math)* implizite Funktion *f*
~/**обобщённая** *(Math)* verallgemeinerte Funktion *f*
~/**обрати́мая** *(Math)* umkehrbare Funktion *f*
~/**обра́тная** *(Math)* inverse Funktion *f*, Umkehrfunktion *f*
~/**ограни́ченная** *(Math)* beschränkte Funktion *f*
~/**однозна́чная** *(Math)* eindeutige Funktion *f*
~/**одноро́дная** *(Math)* homogene Funktion *f*
~/**первообра́зная** *(Math)* Stammfunktion *f*
~/**переда́точная** *(Reg)* Übertragungsfunktion *f*
~/**перехо́дная** *(Reg)* Übergangsfunktion *f*
~/**периоди́ческая** *(Math)* periodische Funktion *f*
~/**подынтегра́льная** *(Math)* Integrand *m*
~/**показа́тельная** *(Math)* Exponentialfunktion *f*
~/**потенциа́льная** *(Math)* Potenzialfunktion *f*, Potentialfunktion *f*

~/**почти́-периоди́ческая** *(Math)* fast periodische Funktion *f*
~/**произво́дная** *(Math)* abgeleitete Funktion *f*
~/**разрывна́я** *(Math)* unstetige Funktion *f*
~ **распределе́ния** *(Math)* Verteilungsfunktion *f*
~/**рациона́льная** *(Math)* rationale Funktion *f*
~/**рекурси́вная** *(Math)* rekursive Funktion *f*
~ **свети́мости** *(Astr)* Leuchtkraftfunktion *f*
~/**сло́жная** *(Math)* mittelbare Funktion *f*
~/**случа́йная** *(Math)* stochastische Funktion *f*, Zufallsfunktion *f*
~/**со́бственная** *(Math)* Eigenfunktion *f*
~/**спектра́льная** *(Math)* Spektralfunktion *f*
~/**степенна́я** *(Math)* Potenzfunktion *f*
~/**сфери́ческая** *(Math)* Kugelfunktion *f*
~/**теплова́я** *s.* энтальпия
~/**трансценде́нтная** *(Math)* transzendente Funktion *f*
~/**тригонометри́ческая** *(Math)* trigonometrische Funktion *f*
~/**це́лая** *(Math)* ganze Funktion *f*
~/**целева́я** *(Kyb)* Zielfunktion *f*
~/**цилиндри́ческая** *(Math)* Zylinderfunktion *f*, Bessel-Funktion *f*
~/**чётная** *(Math)* gerade Funktion *f*
~/**шарова́я** *(Math)* Kugelfunktion *f*
~/**экспоненциа́льная** *(Math)* Exponentialfunktion *f*
~/**элемента́рная** *(Math)* Elementarfunktion *f*
~/**я́вная** *(Math)* explizite Funktion *f*
~/**я́дерно-спи́новая** *(Kern)* Kernspinfunktion *f*
фурго́н *m (Kfz)* Liefer(kraft)wagen *m*
фу́рма *f* (/**возду́шная**) *(Met)* Windform *f*, Blasform *f (Hochofen)*; Form *f*, Winddüse *f (am Konverter)*
футерова́ть *(Met)* ausfüttern, auskleiden, zustellen
футеро́вка *f (Met)* Futter *n*, Auskleidung *f*, Zustellung *f (von Schmelzöfen)*
~/**ки́слая** saures Futter *n*, saure Auskleidung [Zustellung] *f*
~/**огнеупо́рная** feuerfeste Auskleidung [Zustellung] *f*
~/**осно́вная** basisches Futter *n*, basische Auskleidung [Zustellung] *f*
футшто́к *m* Gezeitenpegel *m*; Peilstab *m*, Peilstange *f*
фэр *s.* эквивалент рентгена/физический
ФЭУ *m s.* умножитель/фотоэлектронный
фюзеля́ж *m (Flg)* Rumpf *m*
~/**ба́лочный** Vollwandrumpf *m*
~/**фе́рменный** Fachwerkrumpf *m*
фюзе́н *m (Geol)* Fusit *m*, Faserkohle *f*

Х

халькопири́т *m (Min)* Chalkopyrit *m*, Kupferkies *m*
халцедо́н *m (Min)* Chalzedon *m*
хаоти́ческий zufällig, ungeordnet
хаоти́чность *f (Ph)* Zufälligkeit *f*, zufälliger Charakter *m*, Zufallscharakter *f*
характери́стика *f* Charakteristik *f*, Kennziffer *f*, Kennzeichen *n*
~/**амплиту́дная** *(El)* Amplitudenkennlinie *f*, Amplitudengang *m*
~/**вольт-ампе́рная** *(El)* Strom-Spannungs-Kennlinie *f*, U-I-Kennlinie *f*
~/**временна́я** *(Reg)* 1. Zeitkennlinie *f*; 2. Zeitverhalten *n*
~/**высо́тная** Höhenverhalten *n (eines Flugmotors)*
~ **коро́ткого замыка́ния** *(El)* Kurzschlusskennlinie *f*
~/**лине́йная** lineare Kennlinie *f*
~/**нагру́зочная** Belastungskennlinie *f*
~/**нелине́йная** nicht lineare Kennlinie *f*
~/**па́дающая** fallende Kennlinie *f*
~/**перехо́дная** Übergangscharakteristik *f*, Übergangskennlinie *f*
~/**рабо́чая** *(El)* Arbeitskennlinie *f*, Betriebskennlinie *f*
~/**регулиро́вочная** Regelcharakteristik *f*, Regelkennlinie *f*
~/**техни́ческая** (technische) Daten *pl*
~/**то́ковая** *(El)* Stromkennlinie *f*
~/**тя́говая** *(Eb)* Zugkraftcharakteristik *f*
~/**фа́зовая** *(El)* Phasenkennlinie *f*, Phasengang *m*
~ **холосто́го хо́да** *(Masch)* Leerlaufkennlinie *f*

~/**частóтная** *(El)* Frequenzgang *m*, Frequenzkennlinie *f*
~/**шунтовáя** *(El)* Nebenschlusscharakteristik *f*
характеристи́ческий charakteristisch
хáртли *m (Inf)* Hartley *n*, Hart *(Maßeinheit für den Informationsgehalt)*
хвóйный Nadel(holz)...
хвост *m* 1. Schwanz *m*; 2. Schweif *m* *(eines Kometen)*; 3. Schaft *m (eines Bohrers)*; 4. *(Masch)* Fuß *m*, Schaufelfuß *m (einer Turbine)*; 5. Steuerfahne *f (eines Windmotors)*; 6. *(Astr)* Schweifansatz *m*, Schweif *m (eines Meteors)*
~/**лáсточкин** Schwalbenschwanz *m*
~ **лопáтки** *s.* хвост 4.
хвостовóй 1. Schwanz...; 2. *(Flg)* Heck...; 3. *(Eb)* Schluss...; 4. *(Ch)* Nachlauf... *(Destillation)*
хвостови́к *m* 1. *(Wkz)* Schaft *m (eines Bohrers)*; 2. *(Masch)* Zapfen *m (einer Welle)*
хвосты́ *mpl* Abgänge *mpl*, Rückstände *mpl (Aufbereitung)*
хемилюминесцéнция *f* Chemilumineszenz *f*
хемоли́з *m* Chemolyse *f*
хемосорбéнт *m (Ch)* Chemosorptionsmittel *n*
хемосóрбция *f (Ch)* Chemosorption *f*
хемосфéра *f* Chemosphäre *f*
хемотрóн *m (El)* Chemotron *n*, elektrochemischer Wandler *m*
хемотрóника *f (Eln)* Chemotronik *f*
хеши́рование *n (Inf)* Hashing *n*
химизáция *f* Chemisierung *f*
химикáлия *f* Chemikalie *f*
хи́мико-технологи́ческий chemisch-technologisch
хими́ческий chemisch, Chemie...
хи́мия *f* Chemie *f*
~/**аналити́ческая** analytische Chemie *f*
~/**биологи́ческая** Biochemie *f*
~ **жирóв** Fettchemie *f*
~/**квáнтовая** Quantenchemie *f*
~/**коллóидная** Kolloidchemie *f*
~/**неоргани́ческая** anorganische Chemie *f*
~/**нефтянáя** Erdölchemie *f*, Petrolchemie *f*
~/**óбщая** allgemeine Chemie *f*
~/**органи́ческая** organische Chemie *f*
~/**прикладнáя** angewandte Chemie *f*
~/**радиациóнная** Strahlenchemie *f*
~/**физи́ческая** physikalische Chemie *f*
~/**я́дерная** Kernchemie *f*, Nuklearchemie *f*
химостóйкость *f* chemische Beständigkeit *f*, Chemikalienbeständigkeit *f*
хирáльность *f (Ph, Ch)* Chiralität *f*
хладагéнт *m* Kältemittel *n*, Kältemedium *n*
хладноломкий *(Wkst)* kaltbrüchig, kaltspröde
хладнолóмкость *f (Wkst)* Kaltbrüchigkeit *f*, Kaltsprödigkeit *f (von Stahl)*
хладоноси́тель *m* Kälteträger *m*
хладостóйкий kältebeständig, kältefest, kälteresistent
хладостóйкость *f* Kältebeständigkeit *f*, Kältefestigkeit *f*, Kälteresistenz *f*
хлеборéзка *f* Brotschneidemaschine *f*
хлопководство *n* Baumwollanbau *m*
хлóпковый Baumwoll...
хлопкоочисти́тель *m* Baumwollentkörnmaschine *f*
хлопкопрядéние *n* Baumwollspinnerei *f*
хлóпок *m (Text)* Baumwolle *f (Faser)*
~/**длинноволокни́стый** langstapelige Baumwolle *f*
~/**коротковолокни́стый** kurzstapelige Baumwolle *f*
~/**средневолокни́стый** Baumwolle *f* mittlerer Stapellänge
хлóпок-волокнó *m* egrenierte [entkörnte] Baumwolle *f*
хлóпок-сырéц *m* nicht entkernte Baumwolle *f*, Rohbaumwolle *f*
хлопчатобумáжный Baumwoll..., baumwollen
хлопьеви́дный flockig, flockenartig
хлопьеобразовáние *n* Flockenbildung *f*
хлóпья *pl* Flocken *fpl*
хлор *m (Ch)* Chlor *n*, Cl
хлорáт *m* Chlorat *n*
хлорáтный Chlorat...
хлорáтор *m (Ch)* Chlorierapparat *m*, Chlorierungskessel *m*
хлорзамещённый *(Ch)* chlorsubstituiert
хлори́д *m (Ch)* Chlorid *n*
хлори́рование *n (Ch)* Chloren *n*, Chlorieren *n*

хлори́ровать *(Ch)* chloren, chlorieren
хлористоводоро́дный *(Ch)* ...hydrochlorid *n*; chlorwasserstoffsauer
хлористоки́слый *(Ch)* ...chlorit *n*; chlorigsauer
хло́ристый ...chlorid *n*; chlorhaltig, Chlor...
хлори́т *m (Ch)* Chlorit *n*; *(Min)* Chlorit *m*
хлоркаучу́к *m* Chlorkautschuk *m*
хлорноватистоки́слый *(Ch)* ...hypochlorit *n*; unterchlorigsauer
хлорноватоки́слый *(Ch)* ...chlorat *n*; chlorsauer
хлорноки́слый *(Ch)* ...perchlorat *n*; überschlorsauer
хло́рный *(Ch)* Chlor...; ...chlorid *n*
хлороводоро́д *m (Ch)* Chlorwasserstoff *m*
хлоросто́йкий chlorbeständig, chlorfest
хлорофо́рм *m (Ch)* Chloroform *n*
хлорсодержа́щий chlorhaltig
хлыст *m (Forst)* Langholz *n*
хо́бот *m* Rüssel *m*
ход *m* 1. Verlauf *m*, Ablauf *m*; 2. Gang *m*, Lauf *m*; 3. Fahrwerk *n*, Laufwerk *n*; 4. *(Masch)* Hub *m (eines Kolbens)*; 5. *(Masch)* Ganghöhe *f (des Gewindes)*; 6. *(Gieß, Met)* Gang *m (eines Schmelzofens)*; 7. Gang *m*; Hemmung *f (einer mechanischen Uhr)*; 8. *(Schiff)* Fahrt *f*; 9. *(Eb)* Fahrt *f*, Betrieb *m*
~/**бесшу́мный** *(Masch)* geräuschloser Lauf *m*
~/**бы́стрый** *(Masch)* 1. Eilgang *m*, Schnellgang *m*; 2. Eilhub *m*, Schnellhub *m (z. B. bei Pumpen)*
~/**вертика́льный** *(Masch)* Senkrechthub *m*
~ **вниз** Abwärtsbewegung *f*
~/**за́дний** 1. *(Kfz)* Rückwärtsgang *m*; 2. *(Schiff)* Rückwärtsfahrt *f*, Fahrt *f* achteraus
~ **криво́й** Kurvenverlauf *m*
~/**ма́лый** *(Schiff)* langsame [kleine] Fahrt *f*
~/**мёртвый** *(Masch)* 1. toter Gang *m*, Leerhub *m*; 2. totes Spiel *n (Gewinde)*
~ **наза́д** 1. *(Masch)* Rückgang *m (des Kolbens)*; 2. *(Schiff)* Fahrt *f* achteraus
~/**обра́тный** Rücklauf *m*; Rückgang *m*
~/**пере́дний** 1. *(Kfz)* Vorwärtsgang *m*; 2. *(Schiff)* Vorwärtsfahrt *f*, Fahrt *f* voraus
~/**пла́вный** *(Masch)* leichter [stoßfreier] Gang *m*
~/**полиго́нный** *(Geod)* Polygonzug *m*, Vieleckzug *m*
~/**по́лный** *(Schiff)* volle Fahrt *f*
~/**рабо́чий** *(Kfz)* Arbeitshub *m*, Arbeitstakt *m*
~/**равноме́рный** *(Masch)* gleichmäßiger Gang *m*
~ **расшире́ния** *s.* ~/рабочий
~/**са́мый ма́лый** *(Schiff)* ganz langsame Fahrt *f*
~/**са́мый по́лный** *(Schiff)* volle Fahrt *f*
~/**свобо́дный** 1. *(Masch)* Freilauf *m*; 2. *(Schiff)* Freifahrt *f*
~ **сжа́тия** *(Masch)* Verdichtungshub *m*
~/**синхро́нный** *(Masch)* Gleichlauf *m*
~/**сре́дний** *(Schiff)* halbe Fahrt *f*
~/**уско́ренный** *s.*~/быстрый
~/**холосто́й** 1. Leergang *m*, Leerlauf *m*; 2. Rücklauf *m*; 3. *(Bgb)* Leerfahrt *f*
ходи́мость *f (Kfz)* Laufzeit *f*, Laufleistung *f (Bereifung)*
хо́дкость *f (Schiff)* Fahrverhalten *n*, Fahrteigenschaften *fpl*
ходово́й 1. Gang..., Lauf...; 2. *(Schiff)* Fahr(t)...
хозя́йственный wirtschaftlich, Wirtschafts..., ökonomisch
хозя́йство *n* Wirtschaft *f*
~/**во́дное** Wasserwirtschaft *f*
~/**се́льское** Landwirtschaft *f*
~/**энергети́ческое** Energiewirtschaft *f*
холм *m* Hügel *m*
холоди́льник *m* 1. Kühlschrank *m*; 2. Kühler *m*; Kühlanlage *f*
~/**абсорбцио́нный** Absorptionskühlschrank *m*
~/**бытово́й [дома́шний]** Haushaltskühlschrank *m*, Absorberkühlschrank *m*
~/**змеевико́вый** Schlangen(rohr)kühler *m*
~/**компрессио́нный** Kompressionskühlschrank *m*
~/**противото́чный** Gegenstromkühler *m*
~/**прото́чный** Durchlaufkühler *m*
~/**прямото́чный** Gleichstromkühler *m*, Parallelstromkühler *m*

холоди́льный Kälte..., Kühl...
холоднока́таный kaltgewalzt
холоднотверде́ющий kalthärtend
холоднотя́нутый kaltgezogen
холо́дный kalt, Kalt...
холодоноси́тель *m* Kühlmittel *n*, Kälteträger *m*
холодопроизводи́тельность *f* Kälteleistung *f*
холодосто́йкий kältebeständig
холодосто́йкость *f*, **холодоусто́йчивость** *f* Kältebeständigkeit *f*
холодоусто́йчивый *s.* холодостойкий
холосто́й *(Masch)* Leer..., unbelastet
холст *m (Text)* 1. Leinen *n*, Leinwand *f*; 2. Wickel *m (Spinnerei)*
хому́т *m* Bügel *m*; Schelle *f*, *(El auch:)* Kabelschelle *f*
хому́тик *m s.* хомут
хон *m (Wkz)* Langhubhohnwerkzeug *n*, Langhubziehschleifwerkzeug *n*
хонингова́ние *n (Fert)* Langhubhonen *n*, Langhubziehschleifen *n*
хонингова́ть *(Fert)* langhubhonen
хо́ппер *m (Förd)* Trichterwagen *m*
хо́рда *f* 1. *(Math)* Sehne *f*; 2. *(Flg)* Tiefe *f (des Flügels)*, Sehne *f*
~ **крыла́** *(Flg)* Flügeltiefe *f*, Flügelsehne *f*
хо́рдовый *(Math)* Sehnen...
хране́ние *n* Lagerung *f*, Aufbewahrung *f*; *(Inf)* Speicherung *f*
~ **да́нных** *(Inf)* Datenspeicherung *f*
~ **докуме́нтов** *(Inf)* Belegsicherung *f*
~/**долгосро́чное** langfristige Lagerung *f*
~ **информа́ция** *(Inf)* Informationsspeicherung *f*
~/**краткосро́чное** kurzfristige Lagerung *f*
~/**подзе́мное** Untertagespeicherung *f* *(Erdöl, Gas)*
~/**среднесро́чное** mittelfristige Lagerung *f*
~ **те́кстов** *(Inf)* Textspeicherung *f*
храни́лище *n* Behälter *m*; Vorratsbehälter *m*
храни́ть speichern, lagern
храпови́к *m (Masch)* Gesperre *n*; Sperrrad *n*, Klinkenrad *n*
храпово́й Sperr..., Klinken...
хребе́т *m (Geol)* Kamm *m*, Grat *m*, Rücken *m*
хром *m (Ch)* Chrom *n*, Cr
хрома́т *m (Ch)* Chromat *n*
хромати́зм *m (Opt)* chromatische Aberration [Abweichung] *f*, Farbfehler *m*
хромати́ческий *(Opt)* chromatisch
хроматогра́мма *f (Ch)* Chromatogramm *n*
хромато́граф *m (Ch)* Chromatograph *m*
~/**га́зовый** Gaschromatograph *m*
~/**жи́дкостный** Flüssigkeitschromatograph *m*
хроматографи́ческий chromatographisch
хроматогра́фия *f (Ch)* Chromatographie *f*
~/**адсорбцио́нная** Adsorptionschromatographie *f*
~/**бума́жная** Papierchromatographie *f*
~/**газоадсорбцио́нная** Gas-Feststoff-Chromatographie *f*, Gas-Solidus-Chromatographie *f*, GSC *f*
~/**га́зовая** Gaschromatographie *f*
~/**газожи́дкостная** Gas-Flüssig-Chromatographie *f*, Gas-Liquidus-Chromatographie *f*, GLC *f*
~/**жи́дкостная** Flüssig(keits)chromatographie *f*
~/**жи́дкостно-жи́дкостная** Flüssig-flüssig-Chromatographie *f*, Liquidus-Liquidus-Chromatographie *f*, LLC *f*
~/**ионообме́нная** Austauschchromatographie *f*, Ionenaustauschchromatographie *f*
~/**распредели́тельная** Verteilungschromatographie *f*
~/**тонкосло́йная** Dünnschichtchromatographie *f*, TLC *f*
хроматометри́я *f (Ch)* Chromatometrie *f*
хроми́рование *n* Verchromung *f*, Verchromen *n (von Stahl)*
~/**диффузио́нное** Diffusionsverchromen *n*, Inchromieren *n*
~/**твёрдое** Hartverchromung *f*
хроми́рованный verchromt
хроми́ровать verchromen
хро́мистый 1. *(Ch)* Chrom...; chromhaltig; 2. *(Met)* Chrom..., chromlegiert
хроми́т *m* 1. *(Ch)* Chromit *n*; 2. *(Min)* Chromit *m*, Chromeisenerz *n*
хромовоки́слый *(Ch)* ...chromat *n*; chromsauer

хро́мовый Chrom...
хромосфе́ра *f (Astr)* Chromosphäre *f*
хромофо́р *m (Ch)* Chromophor *m*, Farbträger *m*
хромсодержа́щий chromhaltig
хроно́граф *m* Chronograph *m*, Zeitschreiber *m*
хроно́метр *m* Chronometer *n*; Zeitmesser *m*, Zeitmessinstrument *n*
хроноско́п *m* Chronoskop *n*
хру́пкий spröde, brüchig *(Werkstoff)*; *(Bgb)* gebräch
хру́пкость *f (Wkst)* Sprödigkeit *f*, Brüchigkeit *f (von Werkstoffen)*
~/**водоро́дная** Wasserstoffbrüchigkeit *f*, Wasserstoffsprödigkeit *f*
~/**отпускна́я** Anlasssprödigkeit *f*
~/**теплова́я** Warmsprödigkeit *f*, Warmbrüchigkeit *f*
~/**трави́льная** Beizsprödigkeit *f*, Beizbrüchigkeit *f*
хруста́ль *m* 1. *(Min)* Kristall *m*, Bergkristall *m*; 2. Kristallglas *n*
~/**го́рный** *(Min)* Bergkristall *m*
~/**свинцо́вый** *(Glas)* Bleikristall(glas) *n*
хруста́льный Kristall..., kristallen
хэши́рование *n (Inf)* Hashing *n*

Ц

Ц *s.* цетта...
ц *s.* цепто...
ца́нга *f (Wkz)* Zange *f*
~/**зажи́мная** Spannzange *f*
ца́пфа *f (Masch)* Zapfen *m*, Tragzapfen *m (z. B. von Wellen)*; Lagerzapfen *m*
~/**гребе́нчатая** Kammzapfen *m*
~/**поворо́тная** 1. Drehzapfen *m*, Schwenkzapfen *m*; 2. *(Kfz)* Achsschenkelzapfen *m (der Lenkung)*; 3. Königszapfen *m (eines Drehkrans)*
цара́пать ritzen; kratzen, zerschrammen
цара́пина *f* Kratzer *m*, Schramme *f*
цвет *m* Farbe *f* • **без цве́та** farblos
~/**дополни́тельный** Komplementärfarbe *f*
~ **кале́ния** *(Härt)* Glühfarbe *f*
~/**основно́й** Grundfarbe *f*
~ **побежа́лости** *(Härt)* Anlassfarbe *f*
цветно́й 1. farbig, Farb...; 2. *(Met)* Nichteisen..., NE-...; Bunt...
цве́тность *f* Farbigkeit *f*, Farbe *f*, Färbung *f*
цветове́дение *n* Farbenlehre *f*
цветово́й Farb(en)...
цветовоспроизведе́ние *n* Farb(en)-wiedergabe *f*
цветоделе́ние *n* 1. Farbentrennung *f*; 2. *(Typ)* Farbauszug *m*
цветодели́тель *m (Typ)* Farbauszugsgerät *n*, Farbabtaster *m*
цветоизбира́тельный farbselektiv
цветоме́р *m* Farbenmessinstrument *n*, Kolorimeter *n*
цветометри́я *f* Farbmessung *f*, Kolorimetrie *f*
цветопереда́ча *f* 1. Farb(en)wiedergabe *f*; 2. *(TV)* Farbübertragung *f*; 3. *(Photo)* Tonwertwiedergabe *f*
цветосто́йкость *f* Farbechtheit *f*, Farbbeständigkeit *f*
цветочувстви́тельность *f* Farbempfindlichkeit *f*
цветочувстви́тельный farbempfindlich
цветы́ *mpl (Min)* Blüte *f*
ЦВМ *f s.* машина/цифровая вычислительная
це́вка *f* Spule *f*; *(Masch)* Triebstock *m*
цеди́ть seihen
цеже́ние *n* Seihen *n*
це́зий *m (Ch)* Caesium *n*, Cs
цекова́ние *n (Fert)* Ansenken *n*
цеко́вка *f (Fert)* 1. Ansenken *n*; 2. Ansenker *m*
целеуказа́ние *n (Rad)* Zielzuweisung *f*
це́лик *m* 1. *(Bgb)* Pfeiler *m*, Feste *f*; 2. Kimme *f (an Handfeuerwaffen)*
целина́ *f (Lw)* Neuland *n*
целлюло́за *f* 1. Cellulose *f*; 2. Zellstoff *m*
~/**древе́сная** 1. Holzcellulose *f*; 2. Holzzellstoff *m*
~/**сульфа́тная** 1. Sulfatcellulose *f*; 2. Sulfatzellstoff *m*
~/**хло́пковая** Baumwollcellulose *f*
~/**щелочна́я** Alkalicellulose *f*
целлюло́зный 1. Cellulose...; 2. Zellstoff...
целочи́сленный *(Math)* ganzzahlig
це́лый ganz
цель *f* 1. Ziel *n*; 2. Zweck *m*
цельнока́таный ganzgewalzt, nahtlos (gewalzt) *(Rohre)*

цельноко́ваный ganzgeschmiedet, aus einem Stück geschmiedet
цельнометалли́ческий Ganzmetall...
цельнопрессо́ванный ganzgepresst, aus einem Stück gepresst
цельносварно́й ganzgeschweißt, vollgeschweißt
цельностально́й Ganzstahl...
цельнотя́нутый ganzgezogen, nahtlos (gezogen) *(Rohre)*
це́льный ungeteilt, ganz, Ganz..., Voll..., massiv
цеме́нт *m (Bw)* Zement *m*
~/**безуса́дочный** schwindfreier Zement *m*
~/**быстросхва́тывающийся** Schnellbinder *m*, schnell abbindender Zement *m*
~/**водонепроница́емый** Wasser undurchlässiger Zement *m*
~/**высокопро́чный** hochfester Zement *m*
~/**гидрофо́бный** Wasser abweisender Zement *m*, lagerfähiger Zement *n*
~/**глинозё́мистый** Tonerde(schmelz)-zement *m*
~/**пуццола́новый** Puzzolanzement *m*
~/**расширя́ющийся** Quellzement *m*
~/**строи́тельный** Bauzement *m*
~/**тампона́жный** Bohrlochzement *m*
~/**шла́ковый** Hüttenzement *m*, Schlackenzement *m*
цемента́ция *f* 1. *(Härt)* Einsatzhärten *n*, Aufkohlen *n*, Zementieren *n*; 2. *(Bw)* Zementinjektion *f*, Zementeinspritzung *f*; 3. *(Bw)* Zementieren *n*; 4. *(Geol)* Zementation *f*; 5. *(Glas)* Beizfärben *n*, Farbbeizen *n*
~/**га́зовая** *(Härt)* Gasaufkohlen *n*, Gaszementieren *n*
~/**жи́дкостная** *(Härt)* Badaufkohlen *n*, Salzbadaufkohlen *n*
цементи́ровать 1. *(Härt)* (auf)kohlen, zementieren; 2. *(Härt)* einsatzhärten; 3. *(Met)* auszementieren; 4. *(Bw, Geol)* zementieren; 5. *(Glas)* beizfärben, farbbeizen
цементи́т *m (Wkst)* Zementit *m*, Eisencarbid *n*
~/**глобуля́рный [зерни́стый]** körniger [kugeliger, sphärolithischer] Zementit *m*
~/**эвтекти́ческий** eutektischer [ledeburitischer] Zementit *m*
цеме́нтный Zement...
цементобето́н *m (Bw)* Zementbeton *m*
цементово́з *m* 1. Zementtransporter *m*, Zementbehälterfahrzeug *n*, Zementsilofahrzeug *n*; 2. *(Schiff)* Zementfrachter *m*; 3. *(Eb)* Zementbehälterwagen *m*
цеме́нт-пу́шка *f (Bw)* Torkretkanone *f*
цена́ *f* 1. Preis *m*; 2. Wert *m (z. B. Skalenwert)*
це́нность *f* Wert *m*
це́нтнер *m* Dezitonne *f (100 kg)*
центр *m* 1. Zentrale *f*; 2. Zentrum *n*, Mittelpunkt *m*; 3. *(Wkzm)* Spitze *f*, Körnerspitze *f*; 4. *(Ph)* Keim *m*, Kern *m*, Zentrum *n*
~/**акце́пторный (при́месный)** *(Krist)* Akzeptor *m*, Akzeptorzentrum *n*, Akzeptorstörstelle *f*
~ **враще́ния** *(Mech)* Drehpunkt *m*, Drehpol *m*, Rotationspol *m*
~/**вычисли́тельный** Rechenzentrum *n*
~/**до́норный (при́месный)** *(Krist)* Don(at)or *m*, Donatorstörstelle *f*, Donatorzentrum *n*
~ **ине́рции** *s.* ~ масс
~ **кривизны́** *(Math)* Krümmungsmittelpunkt *m*
~ **кристаллиза́ции** Kristallisationszentrum *n*, Kristallisationskern *m*; Kristallkeim *m*, Kristallisationskeim *m*
~ **масс** *(Mech)* Schwerpunkt *m*, Massenmittelpunkt *m*
~/**нау́чно-иссле́довательский** Forschungszentrum *n*
~/**обраба́тываюший** *(Fert)* Bearbeitungszentrum *n*
~/**при́месный** *(Krist)* Störstellenzentrum *n*, Störstelle *f*
~/**промы́шленный** Industriezentrum *n*
~ **симметри́и** *(Krist)* Symmetriezentrum *n*
~ **тяготе́ния** *(Mech)* Gravitationszentrum *n*, Schwerezentrum *n*, Schwerkraftzentrum *n*
~ **тя́жести** *s.* ~ масс
~ **управле́ния полё́том** Flugleitzentrum *n*
централиза́ция *f* 1. Zentralisierung *f*; 2. *(Eb)* zentrale Zugleitung *f*, Fern-

steuerung *f*; 3. *(Eb)* Stellwerk *n*, Stellwerksanlage *f*
~/**го́рочная** Ablaufstellwerk *n*
~/**диспе́тчерская** *(Eb)* 1. Fernsteuerstrecke *f*, 2. Streckenzentralstellwerk *n*
~/**маршру́тная** *(Eb)* Fahrstraßenstellwerk *n*
центра́льно-симметри́чный *(Krist)* zentralsymmetrisch, punktsymmetrisch
центри́рование *n* Zentrieren *n*, Zentrierung *f (z. B. Werkstücke, Werkzeuge)*; Einmitten *n*; Ausrichten *n (Strahlen)*
центри́рованный zentriert
центрифу́га *f* Zentrifuge *f*
~/**быстрохо́дная** schnell laufende Zentrifuge *f*
~/**моло́чная** Milchzentrifuge *f*, Milchseparator *m*
~/**суши́льная** Trockenzentrifuge *f*
центрифуги́рование *n* Zentrifugieren *n*
центрифуги́ровать zentrifugieren
центробе́жный zentrifugal, Zentrifugal..., Fliehkraft...
центрова́ние *n s.* центровка 1.
центро́вка *f* 1. Zentrieren *n*, Zentrierung *f*, Ausrichten *n*, Ausrichtung *f*; 2. *(Flg)* Schwerpunktlage *f*
центро́ида *f (Mech)* Momentanzentrenkurve *f*, Wälzbahn *f*, Zentrode *f*
центростреми́тельный *(Mech)* zentripetal
цепно́й Ketten...
цепо́чка *f* 1. Kette *f*; 2. Aufeinanderfolge *f*
~ **да́нных** *s.* строка 3.
~ **изоля́торов** *(El)* Isolatorenkette *f*
~ **распа́дов** *(Kern)* Zerfallskette *f*, Zerfallsreihe *f*
цепто... *(Mess)* Zepto..., z *(10^{-21} Einheiten)*
цепь *f* 1. Kette *f*; 2. *(El)* Stromkreis *m*; Netzwerk *n*; 3. *(Masch)* Kette *f*, Strang *m*, Zug *m (Getriebe)*
~/**безындукти́вная** *(El)* induktionsfreier Stromkreis *m*
~/**блокиро́вочная** *(El)* Halte(strom)kreis *m*
~/**букси́рная** *(Schiff)* Schleppkette *f*
~/**возбужда́ющая** *(El)* Erregungs(strom)kreis *m*
~/**вспомога́тельная** 1. *(El)* Hilfs(strom)kreis *m*; 2. *(Masch)* Hilfsgetriebezug *m*
~/**втори́чная** *(El)* Sekundärstromkreis *m*
~/**вту́лочная** *(Masch)* Büchsenkette *f*
~/**вызывна́я** *(Nrt)* Rufstromkreis *m*
~/**гла́вная** 1. *(El)* Haupt(strom)kreis *m*; 2. *(Masch)* Hauptgetriebezug *m*; 3. *(Ch)* Hauptkette *f*
~/**грузова́я** *(Förd)* Ladekette *f*, Hebezeugkette *f*
~ **зажига́ния** *(Kfz)* Zündstromkreis *m*
~/**заземлённая** *(El)* geerdeter Stromkreis *m*
~/**за́мкнутая** 1. geschlossener Stromkreis *m*; 2. *(Ch)* geschlossene [cyclische] Kette *f*
~/**заря́дная** *(El)* Lade(strom)kreis *m*
~/**зве́нная [звеньева́я]** *(Masch)* Gliederkette *f*
~/**измери́тельная** Messkreis *m*, Messkette *f*
~/**индукти́вная** *(El)* induktiver Stromkreis *m*
~/**испыта́тельная** Prüfkreis *m*
~/**кинемати́ческая** *(Mech)* kinematische Kette *f*
~/**ковшо́вая** *(Förd)* 1. Eimerkette *f*; 2. Becherkette *f*
~/**круглозве́нная** *(Masch)* Rundgliederkette *f*
~/**неразветвлённая** *(El)* unverzweigter Stromkreis *m*
~/**перви́чная** *(El)* Primärstromkreis *m*
~/**пласти́нчатая** *(Masch)* Laschenkette *f*
~/**приводна́я** *(Masch)* Antriebskette *f*
~ **противоскольже́ния** *(Kfz)* Gleitschutzkette *f*; Schneekette *f*
~/**разветвлённая** 1. *(El)* verzweigter Stromkreis *m*; 2. *(Ch)* verzweigte Kette *f*
~/**разме́рная** Maßkette *f*
~/**разо́мкнутая** *(El)* offener Stromkreis *m*
~ **регули́рования** Regelkreis *m*
~/**ре́льсовая** *(Eb)* Gleisstromkreis *m*
~/**ро́ликовая** *(Masch)* Rollenkette *f*
~/**скребко́вая** *(Bgb)* Kratzerkette *f*, Förderkette *f*
~/**трёхфа́зная** *(El)* Dreiphasenstromkreis *m*

~/**тя́говая** Zugkette *f*; Förderkette *f*; *(Schiff)* Verholkette *f*
~ **управле́ния** *(Reg)* Steuerkette *f*; Steuer(strom)kreis *m*; Regelkreis *m*
~/**фанто́мная** *(Nrt)* Phantomstromkreis *m*
~/**шарни́рная** Gelenkkette *f*
це́рий *m (Ch)* Cerium *n*, Ce
цетта... *(Mess)* Zetta..., Z *(10^{21} Einheiten)*
цех *m* 1. Werkstatt *f*; Betrieb *m*, Betriebsabteilung *f*, Produktionsabteilung *f*; Halle *f*, Werkhalle *f*; 2. Zeche *f*
~/**лите́йный** Gießerei *f*
~/**о́пытный** Versuchsfeld *n*, Versuchsabteilung *f*
~/**ремо́нтный** Reparaturabteilung *f*
~/**сбо́рочный** Montagebereich *m*
циани́рование *n* 1. *(Met)* Cyanidlaugung *f (zur Gold- und Silbergewinnung)*; 2. *(Härt)* Cyanieren *n*, Cyanhärtung *f*, Carbonitrieren *n (von Stahl)*
циа́нистый *(Ch)* ...cyanid *n*; Cyan..., cyanhaltig
цианокисл́ый *(Ch)* ...cyanat *n*; cyansauer
циа́новый Cyan...
циано́метр *m* Zyanometer *n*
цикл *m* 1. Zyklus *m*, Kreislauf *m*, Kreisprozess *m*; 2. Periode *f*, Schwingung *f*; 3. *(Wkst)* Arbeitsspiel *n*, Lastspiel *n*; 4. *(Ch)* Ring *m*
~ **дви́гателя** Arbeitsspiel *n* des Motors
~/**за́мкнутый** geschlossener Zyklus [Kreislauf] *m*; geschlossener Kreisprozess *m*
~ **за́писи** *(Inf)* Schreibzyklus *m*
~ **Карно́** *(Therm)* carnotscher Kreisprozess *m*, Carnot-Prozess *m*
~/**кома́ндный** *(Inf)* Befehlszyklus *m*
~ **нагруже́ния [нагру́зки]** *(Wkst)* Lastspiel *n*
~ **напряже́ния** 1. *(Mech)* Schwingungsbeanspruchung *f*; 2. *(Wkst)* Schwingungsperiode *f*, Spannungsspiel *n*, Lastspiel *n*
~/**обрати́мый** reversibler Zyklus [Kreislauf, Kreisprozess] *m*
~ **обраще́ния** *(Inf)* Zugriffszyklus *m*
~ **ожида́ния** *(Inf)* Warteschleife *f*, Wartezyklus *m*
~/**рабо́чий** 1. Arbeitszyklus *m*, Betriebszyklus *m*; 2. Arbeitsspiel *n*; 3. *(Inf)* Operationszyklus *m (des Rechners)*
~/**разо́мкнутый** offener Zyklus *m*; offener Kreisprozess *m*
~ **счи́тывания** *(Inf)* Lesezyklus *m*
~/**теплово́й [термодинами́ческий]** thermodynamischer Kreisprozess *m*
~/**топли́вный** *(Kern)* Kernbrennstoffzyklus *m*, KBZ *m*
~/**я́дерный топли́вный** *s.* ~/топливный
цикли́ческий *(Ch)* cyclisch, Ring..., ringförmig
цикли́чность *f* 1. Zyklizität *f*; Kreisläufigkeit *f*; 2. zyklische Arbeitsweise *f*, Periodizität *f*
циклогра́мма *f* Zyklogramm *n*
цикло́ида *f (Math)* Zykloide *f*
циклоида́льный *(Math)* Zykloiden..., zykloid
цикломе́р *m* Periodenzähler *m*
цикло́н *m* 1. *(Meteo)* Zyklone *f*, Tief *n*, Tiefdruckgebiet *n*; 2. *(Meteo)* Wirbelsturm *m*; 3. *(Ch)* Zyklon *m*, Zyklon(ab)scheider *m*, Wirbelabscheider *m*
~/**батаре́йный** *(Ch)* Multi(aero)zyklon *m*
~/**раздели́тельный** Teilstromabscheider *m (zur Entstaubung der Luft)*
~/**ча́стный** *(Meteo)* Randtief *n*
циклотро́н *m (Kern)* Zyklotron *n (zyklischer Beschleuniger)*
~/**электро́нный** Elektronenzyklotron *n*, Mikrotron *n*
ци́кля *f (Wkz)* Ziehklinge *f*
цили́ндр *m* Zylinder *m*; Trommel *f*, Walze *f*
~ **высо́кого давле́ния** Hochdruckzylinder *m (z. B. einer Dampfmaschine)*
~/**ме́рный** *(Ch)* Messzylinder *m*
~ **ни́зкого давле́ния** Niederdruckzylinder *m (eines Hubkolbenverdichters)*
~/**печа́тный** *(Typ)* Druckzylinder *m*
~/**рабо́чий** 1. *(Masch)* Arbeitszylinder *m*; 2. *(Hydr)* Kraftzylinder *m*; 3. *(Reg)* Stellzylinder *m*
~/**силово́й** Kraftzylinder *m*
~/**тормозно́й** *(Kfz)* Bremszylinder *m*
цилиндри́ческий zylindrisch
цинк *m* 1. *(Ch)* Zink *n*, Zn; 2. *(Met)* Zink *n*
~/**листово́й** *(Met)* Zinkblech *n*

~/рафини́рованный *(Met)* Raffinatzink *n*
~/чи́стый *(Met)* Feinzink *n*
~/чу́шковый *(Met)* Barrenzink *n*
цинки́т *m (Min)* Zinkit *m*, Rotzinkerz *n*
цинкова́ние *n* Verzinken *n*
~/горя́чее Feuerverzinken *n*
~/металлизацио́нное Spritzverzinken *n*
ци́нковый Zink...
цинкогра́фия *f (Typ)* Chemigraphie *f*
цинкосодержа́щий zinkhaltig
цирко́н *m (Min)* Zirkon *m*
цирко́ний *m (Ch)* Zirconium *n*, Zr
циркули́рование *n* Zirkulieren *n*, Umlauf *m*
ци́ркуль *m* Zirkel *m (Reißzeug, Werkzeug)*
~/дели́тельный Teilzirkel *m*
~/измери́тельный Stechzirkel *m*
~/паралле́льный Parallelzirkel *m*
~/разме́точный Anreißzirkel *m*
циркуляцио́нный Zirkulations..., Umlauf...
циркуля́ция *f* Zirkulation *f*, Kreislauf *m*, Umlauf *m*
~/есте́ственная natürliche Zirkulation *f*
~/принуди́тельная Zwangsumlauf *m*
циссо́ида *f (Math)* Zissoide *f*
цисте́рна *f* 1. Zisterne *f*, Behälter *m*; 2. *(Schiff)* Tank *m*, Zelle *f*, Bunker *m*; 3. *(Kfz)* Tankwagen *m*; 4. *(Eb)* Kesselwagen *m*
~/дифференте́нтная *(Schiff)* Trimmtank *m*
~/запасна́я Reservetank *m*
~/нефтяна́я *(Schiff)* Ölbunker *m*
цисте́рна-отсто́йник *f* Absetztank *m*
цис-транс-изомери́я *f (Ch)* cis-trans-Isomerie *f*
цифербла́т *m* Skalenscheibe *f*
ци́фра *f* Ziffer *f*, Zahl *f*
~/восьмери́чная Oktalziffer *f*
~/двои́чная Binärziffer *f*
~/десяти́чная Dezimalziffer *f*
~/зна́чащая gültige Ziffer *f*
~/контро́льная Prüfziffer *f*
ци́фро-анало́говый digital-analog, Digital-Analog...
цифрово́й digital, Digital..., numerisch, ziffernmäßig, Ziffern...
цоколёвка *f (El)* Aufsockeln *n*, Sockeln *n (Lampen)*
цо́коль *m* 1. *(El)* Sockel *m (einer Lampe)*; 2. *(Bw)* Sockel *m*; Unterbau *m*
~/винтово́й [резьбово́й] *(El)* Gewindesockel *m*, Schraubsockel *m*
ЦП *m s.* процессор/центральный
ЦСИС *f s.* сеть с интеграцией служб/цифровая
цуг *m* **волн** Wellenzug *m*

Ч

чаево́дство *n* Teeanbau *m*
чан *m* Kübel *m*, Bottich *m*
~/броди́льный Gärbottich *m*
~/дуби́льный *(Led)* Gerbgrube *f*
~/осветли́тельный Klärbottich *m*
~/отсто́йный Absetzbehälter *m*, Klärbehälter *m*
~/смеси́тельный Mischbottich *m*, Mischbehälter *m*
час *m* Stunde *f*, h
~ наибо́льшей нагру́зки *(Nrt)* Hauptverkehrsstunde *f*, Verkehrsspitzenzeit *f*
часозаня́тие *n* **(/телефо́нное)** *(Nrt)* Belegungsstunde *f*
ча́сти *fpl* Teile *npl (s. a. unter* часть*)*
~/быстроизна́шиваемые Verschleißteile *npl*
~/запасны́е Ersatzteile *npl*
части́ца *f (Kern)* Teilchen *n*, Partikel *f*
~ Бо́зе Boseteilchen *n*, Boson *n*
~ большо́й эне́ргии energiereiches Teilchen *n*, Teilchen *n* hoher Energie
~/бы́страя schnelles Teilchen *n*
~/виртуа́льная virtuelles Teilchen *n*
~/втори́чная Sekundärteilchen *n*
~/заря́женная (elektrisch) geladenes Teilchen *n*
~/незаря́женная ungeladenes Teilchen *n*
~/нейтра́льная neutrales Teilchen *n*
~/перви́чная Primärteilchen *n*
~/проника́ющая *s.* ~ большой энергии
~/радиоакти́вная radioaktives Teilchen *n*
~ распа́да Zerfallsteilchen *n*
~/тяжёлая schweres Teilchen *n*
~/элемента́рная Elementarteilchen *n*
части́чно teilweise; partiell, Partial...

ча́стное *n (Math)* Quotient *m*
ча́стность *f* Detail *n*, Einzelheit *f*
ча́стный speziell, Spezial...; partiell
ча́стость *f* Häufigkeit *f*
частота́ *f* 1. Häufigkeit *f*, Frequenz *f* *(Statistik)*; 2. *(Ph, El)* Frequenz *f*, Schwingungszahl *f*
~ **враще́ния** Drehzahl *f*, Rotationsfrequenz *f*, Umlauffrequenz *f*, Umlaufgeschwindigkeit *f*
~/**высо́кая** *(El)* Hochfrequenz *f*
~/**гиромагни́тная** *(Kern)* gyromagnetische Frequenz *f*, Larmor-Kreisfrequenz *f*, Larmor-Frequenz *f*
~/**звукова́я** *(El, Ak)* Tonfrequenz *f*, Hörfrequenz *f*, Audiofrequenz *f*
~/**измери́тельная** Messfrequenz *f*
~ **ка́дров** Bildfolgefrequenz *f*, Bildwechselfrequenz *f*
~/**ка́дровая** *s.* ~ кадров
~ **колеба́ний** *(Mech)* Schwingungsfrequenz *f*, Schwingungszahl *f*
~/**крити́ческая** *(El)* kritische Frequenz *f*
~/**кругова́я** *s.* ~/угловая
~/**меша́ющая** *(El)* Störfrequenz *f*
~/**модули́рующая** *(Rf)* Modulationsfrequenz *f*
~/**несу́щая** *(Nrt)* Trägerfrequenz *f*
~/**ни́зкая** *(El)* Niederfrequenz *f*
~/**нулева́я** *(El)* Nullfrequenz *f*
~/**опо́рная** *(El)* Bezugsfrequenz *f*
~/**основна́я** *(El)* Grundfrequenz *f*
~ **отка́зов** Ausfallrate *f*, Ausfallhäufigkeit *f*
~/**относи́тельная** 1. relative Häufigkeit *f*; 2. *(El)* relative Frequenz *f*
~/**преде́льная** *(El)* Grenzfrequenz *f*
~/**промежу́точная** *(El)* Zwischenfrequenz *f*
~/**рабо́чая** *(El)* Betriebsfrequenz *f*
~/**сверхвысо́кая** *(El)* Höchstfrequenz *f*; Ultrahochfrequenz *f*, UHF *f*; Mikrowellenfrequenz *f*; Superhochfrequenz *f*, SHF *f*
~/**сетева́я** *(El)* Netzfrequenz *f*
~/**со́бственная** *(El)* Eigenfrequenz *f*
~/**сре́дняя** *(El)* mittlere Frequenz *f*
~/**та́ктовая** Zeitgeberfrequenz *f*
~/**углова́я** *(El)* Winkelfrequenz *f (einer Schwingung)*
~/**ультравысо́кая** *(El)* Ultrahochfrequenz *f*, UHF *f*
~/**эталóнная** *(El)* Normalfrequenz *f*
часто́тно-зави́симый *(El)* frequenzabhängig
часто́тно-избира́тельный *(El)* frequenzselektiv
часто́тно-измери́тельный *(El)* Frequenzmess...
часто́тно-и́мпульсный *(El)* Pulsfrequenz...
часто́тно-модули́рованный *(El)* frequenzmoduliert, FM-...
часто́тно-незави́симый *(El)* frequenzunabhängig
часто́тный Frequenz...
частотоме́р *m (El)* Frequenzmesser *m*
~/**вибрацио́нный** Vibrationsfrequenzmesser *m*
~/**гетероди́нный** Überlagerungsfrequenzmesser *m*
~/**резона́нсный** Resonanzfrequenzmesser *m*
~/**цифрово́й** Digitalfrequenzmesser *m*
часть *f* Teil *m(n) (s. a. unter* части*)*
~/**заменя́емая** *(Masch)* austauschbares Teil *n*
~/**мни́мая** *(Math)* Imaginärteil *m*
~/**прое́зжая** Fahrbahn *f (einer Straße)*
~/**слага́ющая** *(Math)* Bestandteil *m*
~/**составна́я** Bestandteil *m*
~/**ходова́я** Fahrgestell *n*, Fahrwerk *n*; *(Eb)* Laufwerk *n*
часы́ *pl* Uhr *f*
~/**а́томные** Atomuhr *f*
~/**втори́чные** Nebenuhr *f*
~/**карма́нные** Taschenuhr *f*
~/**ква́рцевые** Quarzuhr *f*
~/**ма́ятниковые** Pendeluhr *f*
~/**механи́ческие** mechanische Uhr *f*
~/**нару́чные** Armbanduhr *f*
~ **пик(ово́й нагру́зки)** 1. Spitzen(belastungs)zeit *f*; 2. *(Nrt)* verkehrsstarke Zeit *f*
~/**со́лнечные** Sonnenuhr *f*
~/**ша́хматные** Schachuhr *f*
~/**электро́нные** elektronische Uhr *f*
ча́ша *f* Schale *f*, Becher *m*, Schüssel *f*, Teller *m*, Pfanne *f*
чашеобра́зный schalenartig
ча́шечный Schalen...
ча́шка *f* 1. (kleine) Schale *f*, Näpfchen *n*; 2. *(Masch)* Topfscheibe *f*
~ **весо́в** Waagschale *f*

~/**пла́тиновая** *(Ch)* Platinschale *f*
~/**фарфо́ровая** *(Ch)* Porzellanschale *f*
чека́ *f* Vorstecker *m*; Keil *m*
чека́нить 1. treiben *(Treibarbeit)*; 2. stemmen; 3. ziselieren; 4. prägen *(Münzen)*; 5. *(Schm)* kalibrieren
чека́нка *f* 1. Treiben *n*, Treibarbeit *f*; 2. Verstemmen *n*; 3. Ziselieren *n*; 4. Prägen *n (Münzen)*; 5. *(Schm)* Kalibrieren *n*, Genauschmieden *n*
челно́к *m* 1. Kahn *m*; 2. *(Text)* Schützen *m*, Webschützen *m*; 3. *(Text)* Schiffchen *n (der Nähmaschine)*
челове́ко-день *m* Arbeitertag *m*, Produktionsarbeitertag *m*
челове́ко-час *m* Arbeiterstunde *f*, Produktionsarbeiterstunde *f*
червя́к *m (Masch)* Schnecke *f*
~/**глобо́идный** Globoidschnecke *f*
~/**двухзахо́дный** zweigängige Schnecke *f*
~/**дози́рующий** Dosierschnecke *f*
~/**многозахо́дный** mehrgängige Schnecke *f*
~/**однозахо́дный** eingängige Schnecke *f*
~/**самотормозя́щий** selbsthemmende Schnecke *f*
червя́чный *(Masch)* Schnecken...
черда́к *m (Bw)* Boden *m*, Dachboden *m*
чередова́ние *n* Reihenfolge *f*, Folge *f*, Reihenordnung *f*
чередова́ться abwechseln, aufeinander folgen
черепи́ца *f (Bw)* Dachziegel *m*, Dachstein *m*
~/**конько́вая** Firstziegel *m*, Firstreiter *m*
~/**пло́ская** Biberschwanz *m*, Flachziegel *m*
черне́ние *n* 1. *(Photo)* Schwärzung *f*; 2. *(Met)* Brünieren *n*
черни́ла *pl* Tinte *f*
~/**графи́товая** *(Gieß)* Graphitschwärze *f*
~/**магни́тные** magnetische Tinte [Druckfarbe] *f*
~/**симпати́ческие** Geheimtinte *f*
~/**формо́вочные** *(Gieß)* Formschwärze *f*, Schlichte *f*
черни́ть 1. *(Photo)* schwärzen; 2. *(Met)* brünieren
черново́й 1. roh, unbearbeitet; 2. *(Fert)* Vor...
чернозём *m* Schwarzerde *f*
чернь *f* Schwärze *f*, Schwarz *n*
черпа́к *m* 1. *(Förd)* Eimer *m (des Eimerkettenschwimmbaggers)*; 2. *(Förd)* Löffel *m (des Löffelschwimmbaggers)*; 3. *(Gieß)* Schöpflöffel *m*, Schöpfkelle *f*
че́рпание *n* 1. *(Pap)* Schöpfen *n*; 2. Baggern *n*, Baggerung *f*; Schnitt *m*
~/**ве́рхнее** *(Bgb)* Hochschnitt *m*
~/**ни́жнее** *(Bgb)* Tiefschnitt *m*
~/**ручно́е** *(Pap)* Handschöpfen *n*
че́рпать schöpfen; baggern *(z. B. Sand)*
черта́ *f* Strich *m*
~ **дро́би** Bruchstrich *m*
~/**кося́я** Schrägstrich *m*
чертёж *m* Zeichnung *f*, Skizze *f*
~/**дета́льный** Teilzeichnung *f*, Einzelteilzeichnung *f*
~/**монта́жный** Montagezeichnung *f*
~/**рабо́чий** Werkstattzeichnung *f*, Fertigungszeichnung *f*
~/**сбо́рочный** Montagezeichnung *f*
черти́лка *f (Wkz)* Reißnadel *f*, Anreißnadel *f*
черти́ть zeichnen; aufreißen
черче́ние *n* Zeichnen *n*
чеса́ние *n (Text)* 1. Kardieren *n (Baumwolle)*; 2. Krempeln *n (Streichgarn)*; 3. Hecheln *n (Flachs)*
чёсаный *(Text)* 1. kardiert *(Baumwolle)*; 2. gekrempelt *(Streichgarn)*; 3. gehechelt *(Flachs)*
чеса́ть *(Text)* 1. kardieren *(Baumwolle)*; krempeln *(Streichgarn)*; 3. hecheln *(Flachs)*
четвери́чный quaternär
четвёрка *f* 1. Vierer *m (Kabel)*, Viererseil *n*; 2. *(Wlz)* Viererlage *f*, Vierpack *m (Bleche)*
четверти́чный *(Geol)* quartär, Quartär...
че́тверть *f* Viertel *n*
чёткость *f* Deutlichkeit *f*; Leserlichkeit *f*
~ **изображе́ния** *(TV)* Bildschärfe *f*, Bildauflösung *f*
чётно-нечётный *(Math)* gerade-ungerade
чётность *f (Ph)* Parität *f*
~/**заря́довая** Ladungsparität *f*
~/**комбини́рованная** kombinierte Parität *f*
~/**отрица́тельная** negative [ungerade] Parität *f*

~/**положи́тельная** positive [gerade] Parität *f*
~/**простра́нственная** räumliche Parität *f*, Raumparität *f*
чётно-чётный *(Math)* gerade-gerade
чётный *(Math)* gerade, geradzahlig
четырёха́томный *(Ch)* vieratomig *(s. a.* четырёхвалентный*)*
четырёхвале́нтный *(Ch)* vierwertig, tetravalent
четырёхгра́нник *m* 1. *(Math, Krist)* Tetraeder *n*, regelmäßiger Vierflächner *m*; 2. Vierkant *m*
четырёхгра́нный 1. vierflächig; vierseitig; 2. vierkantig, Vierkant...
четырёхжи́льный *(El)* vieradrig, Vierleiter... *(Kabel)*
четырёхзве́нный viergliedrig
четырёхзна́чный *(Inf)* vierstellig
четырёхкра́тный vierfach
четырёхме́рный *(Math)* vierdimensional
четырёхме́стный viersitzig
четырёхо́сный vierachsig, Vierachs...
четырёхпо́люсник *m (El)* Vierpol *m*
четырёхпо́люсный *(El)* vierpolig, Vierpol...
четырёхсерни́стый *(Ch)* ...tetrasulfid *n*
четырёхсло́йный vierschichtig, Vierschicht...
четырёхсторо́нний vierseitig
четырёхступе́нчатый *(Kfz)* Viergang... *(Getriebe)*
четырёхта́ктный Viertakt... *(Verbrennungsmotor)*
четырёхуго́льник *m (Math)* Tetragon *n*, Viereck *n*
четырёхуго́льный *(Math)* tetragonal, viereckig
четырёхфто́ристый *(Ch)* ...tetrafluorid *n*
четырёххло́ристый *(Ch)* ...tetrachlorid *n*
чехо́л *m* 1. Bezug *m*, Überzug *m*; 2. Kappe *f*, Haube *f*
чешу́йки *fpl* Schuppen *pl*
чешу́йчатый schuppig
чини́ть 1. ausbessern, reparieren; 2. spitzen
чип *m (Eln)* Chip *m*
~/**бескóрпусный** ungekapselter Chip *m*
~/**кре́мниевый** Siliciumchip *m*
~/**перевёрнутый** Flipchip *m*
~/**полупроводникóвый** Halbleiterchip *m*
чип-ка́рта *f (Eln)* Chipkarte *f (z. B. Geldkarte, Telephonkarte)*
чип-радиоэлеме́нт *m (Eln)* Chip-Bauelement *n*
чи́сленность *f* Zahl *f*, Anzahl *f*; *(zahlenmäßige)* Stärke *f*
чи́сленный numerisch; zahlenmäßig
числи́тель *m (Math)* Zähler *m*
число́ *n* Zahl *f*; Anzahl *f*
~ **Авога́дро** *s.* постоянная Авогадро
~/**барио́нное** *(Kern)* Baryonenzahl *f*, Baryonenladung *f*
~/**веще́ственное** *(Math)* reelle Zahl *f*
~ **витко́в** *(El)* Windungszahl *f*
~/**волново́е** *(Ph)* Wellenzahl *f*
~/**двоично-десяти́чное** *(Inf)* binär dezimale Zahl
~/**двои́чное** *(Inf)* Binärzahl *f*, Dualzahl *f*
~/**двоично-коди́рованное** *(Inf)* binär codierte Zahl *f*
~/**действи́тельное** *(Math)* reelle Zahl *f*
~/**десяти́чное** *(Math)* Dezimalzahl *f*
~/**дро́бное** *(Math)* gebrochene Zahl *f*, Bruch *m*
~/**имено́ванное** *(Inf)* benannte Zahl *f*
~/**ио́дное** *(Ch)* Iodzahl *f*
~/**иррациона́льное** *(Math)* irrationale Zahl *f*
~/**кардина́льное** *(Math)* Kardinalzahl *f*
~/**кисло́тное** *(Ch)* Säurezahl *f*
~/**коди́рованное** *(Inf)* verschlüsselte Zahl *f*
~/**ко́мплексное** *(Math)* komplexe Zahl *f*
~/**координацио́нное** *(Krist)* Koordinationszahl *f*
~ **Ло́шмидта** *(Ph, Ch)* loschmidtsche Zahl *f*
~/**ма́ссовое** *(Kern)* Massenzahl *f*, Nukleonenzahl *f*
~ **Ма́ха** *(Aero)* Machzahl *f*, Mach-Zahl *f*, Mach *n*, M, Ma
~ **Ма́ха/крити́ческое** kritische Machzahl [Mach-Zahl] *f*, Grenz-Machzahl *f*
~/**мни́мое** *(Math)* imaginäre Zahl *f*
~/**многоразря́дное** mehrstellige Zahl *f*
~/**натура́льное** *(Math)* natürliche Zahl *f*
~/**неимено́ванное** *(Math)* unbenannte Zahl *f*

~/**нечётное** *(Math)* ungerade Zahl *f*
~ **Ну́ссельта** *(Aero)* Nußelt-Zahl *f*, nußeltsche Zahl *f*, *Nu*
~ **Нью́тона** *(Mech)* Newton-Zahl *f*, newtonsche Zahl *f*, *Ne*
~ **оборо́тов** *(Masch)* Drehzahl *f*, Umdrehungszahl *f*
~/**окисли́тельное** Oxidationszahl *f*
~/**окта́новое** Octanzahl *f*, Oz *(von Kraftstoff)*
~/**относи́тельное** *(Math)* relative Zahl *f*
~/**отрица́тельное** *(Math)* negative Zahl *f*
~/**переда́точное** *(Masch)* Übersetzungsverhältnis *n*, Zähnezahlverhältnis *n*, Übersetzungszahl *f*
~ **перено́са** *(Ph, Ch)* Überführungszahl *f*
~/**положи́тельное** *(Math)* positive Zahl *f*
~/**поря́дковое** *(Math)* Ordnungszahl *f*
~ **Пра́ндтля** *(Therm)* Prandtl-Zahl *f*, *Pr*, prandtlsche Kennzahl *f*
~/**приближённое** *(Math)* angenäherte Zahl *f*
~/**просто́е** *(Math)* Primzahl *f*
~/**рациона́льное** *(Math)* rationale Zahl *f*
~ **Ре́йнольдса** *(Aero)* Reynolds-Zahl *f*, reynoldssche Kennzahl *f*, *Re*
~ **Рэле́я** *(Aero)* Rayleigh-Zahl *f*, *Ra*
~/**случа́йное** *(Inf)* Zufallszahl *f*
~/**сме́шанное** *(Inf)* gemischte Zahl *f*
~/**сопряжённое** *(Math)* konjugierte Zahl *f*
~/**составно́е** *(Math)* teilbare Zahl *f*
~ **Стэ́нтона** *(Aero)* Stanton-Zahl *f*, *St*, Margoulis-Zahl *f*, *Mg*
~ **твёрдости** *(Wkst)* Härtezahl *f*
~/**трансценде́нтное** *(Math)* transzendente Zahl *f*
~ **Фараде́я** Faraday-Konstante *f*, Faraday-Zahl *f*, *F*
~ **Фру́да** *(Aero)* Froude-Zahl *f*, froudesche Zahl *f*, *Fr*
~/**це́лое** *(Math)* ganze Zahl *f*
~/**це́лое рациона́льное** *(Math)* ganze rationale Zahl *f*
~/**цета́новое** Cetanzahl *f (von Dieselkraftstoff)*
~/**чётное** *(Math)* gerade Zahl *f*
числово́й Zahl(en)..., numerisch
чи́стить reinigen, säubern
чи́стка *f* Reinigung *f*, Säuberung *f*
чистово́й *(Fest)* Schlicht...
чистота́ *f* Reinheit *f*, Feinheit *f*, Sauberkeit *f* • **вы́сшей чистоты́** Reinst... • **высо́кой чистоты́** Rein...
чистотя́нутый blank gezogen *(Draht)*
чи́стый rein, sauber
~/**физи́чески** physikalisch rein
~/**хими́чески** chemisch rein
~/**экологи́ческий** umweltfreundlich, umweltschonend
член *m (Math)* Glied *n*, Term *m*
~/**оста́точный** Restglied *n*, Rest *m*
члене́ние *n* Gliederung *f*
ЧПУ *n s.* управление/числовое программное
чувстви́тельность *f* Empfindlichkeit *f*, Sensibilität *f*
~ **к поме́хам** Störempfindlichkeit *f*, Störanfälligkeit *f*
~/**относи́тельная** relative Empfindlichkeit *f*
~/**поро́говая** Grenzempfindlichkeit *f*
чувстви́тельный empfindlich
~ **к поме́хам** störempfindlich, störanfällig
чугу́н *m (Met)* 1. Roheisen *n*; 2. Gusseisen *n*
~/**бе́лый** 1. weißes Roheisen *n*; 2. weißes Gusseisen *n*
~/**бессеме́ровский** Bessemerroheisen *n*
~/**до́менный** Hochofen(roh)eisen *n*
~/**ко́вкий** Temperguss *m*, Tempergusseisen *n*
~/**лите́йный** 1. Gießerei(roh)eisen *n*; 2. Gusseisen *n*
~/**перви́чный** Roheisen *n*
~/**се́рый** 1. graues Roheisen *n*; 2. Grauguss *m*
~/**тома́совский** Thomasroheisen *n*
~/**чу́шковый** Massel(roh)eisen *n*
чугу́нный 1. Gusseisen..., gusseisern; 2. Grauguss...
чугунолите́йный Eisengießerei...
чужеро́дный Fremd...; fremdartig
чуло́к *m*/**ка́бельный** *(El)* Kabelziehstrumpf *m*
чу́шка *f (Met)* Massel *f*; Barren *m*
чушколома́тель *m (Met)* Masselbrecher *m*

Ш

ша́бер *m* 1. *(Wkz)* Schaber *m*, Schabeisen *n*; 2. Abstreicher *m*
~/**желобча́тый** *(Wkz)* Hohlschaber *m*
~/**пло́ский** *(Wkz)* Flachschaber *m*
шабло́н *m (Fert)* Schablone *f*; Lehre *f*
~/**путево́й** *(Eb)* Spurmessgerät *n*
~/**ра́диусный** *(Fert)* Radienschablone *f*
~/**резьбово́й** *(Fert)* Gewindeschablone *f*
шаблонодержа́тель *m (Gieß)* Schablonenarm *m*
шабо́т *m (Schm)* Schabotte *f*
шабре́ние *n (Fert)* Schaben *n*
шабри́ть *(Fert)* schaben
шаг *m* 1. Schritt *m* • **шаг за ша́гом** schrittweise; 2. Gang *m (einer Schraube)*; Ganghöhe *f (eines Gewindes)*; Steigung *f (eines Gewindes, Schiffspropellers, einer Luftschraube)*; Teilung *f (eines Zahnrads)*
~ **возду́шного винта́** *(Flg)* Schraubensteigung *f*, Luftschraubensteigung *f*
~ **гребно́го винта́** *(Schiff)* Propellersteigung *f*
~/**диаметра́льный** *(Masch)* Pitch *m*, Pitchteilung *f (Zahnteilung)*
~ **зада́ния** *(Inf)* Jobschritt *m*
~ **зацепле́ния** *(Masch)* Eingriffsteilung *f (Zahnradmessung)*
~ **зу́бьев** *(Masch)* Zahnteilung *f (eines Zahnrads)*
~ **итера́ции** *(Inf)* Iterationsschritt *m*
~ **координа́тной се́ти** *(Eln)* Rastermaß *n (Scheibenherstellung)*
~ **обмо́тки** *(El)* Wicklungsschritt *m*
~ **резьбы́** *(Masch)* Gewindesteigung *f*, Ganghöhe *f*; Gewindeteilung *f*
шага́ющий Schreit...
ша́говый Schritt...
шагоме́р *m* 1. Schrittzähler *m*; 2. *(Masch)* Steigungsprüfer *m*, Steigungsprüfgerät *n (für Gewinde)*; Teilungsmessinstrument *n (für Zahnräder)*
ша́йба *f (Masch)* Scheibe *f*, Unterlegscheibe *f*
~/**прижи́нная** *s.* ~/упругая
~/**упо́рная** Begrenzungsscheibe *f*, Anschlagscheibe *f*
~/**упру́гая** Federscheibe *f*, federnde Unterlegscheibe *f*
шала́нда *f (Schiff)* Prahm *m*, Schute *f*
~/**бурова́я** Bohrprahm *m*
~/**грузова́я** Lastprahm *m*
~/**грунтоотво́зная** Baggerschute *f*, Baggerprahm *m*
шамо́т *m* Schamotte *f*
шамо́тный Schamotte...
шар *m* Kugel *f*
~/**возду́шный** Luftballon *m*
~/**земно́й** Erdkugel *f*
шар-зо́нд *m (Meteo)* Ballonsonde *f*
ша́рик *m* Kugel *f*, Kügelchen *n*
ша́риковый Kugel...
шарикоподши́пник *m (Masch)* Kugellager *n*
~/**радиа́льно-упо́рный** (Radial-) Schrägkugellager *n*
~/**радиа́льный** (Radial-)Rillenkugellager *n*
~/**упо́рный** Axialkugellager *n*, Spurkugellager *n*
шарни́р *m (Masch)* Gelenk *n*, Scharnier *n*
~/**карда́нный** Kardangelenk *n*, Wellengelenk *n*, Kreuzgelenk *n*
~/**опо́рный** 1. *(Bw)* Auflagergelenk *n*; 2. *(Masch)* Stützgelenk *n*
~/**углово́й** Winkelgelenk *n*
~/**шарово́й** Kugelgelenk *n*
шарни́рный *(Masch)* Gelenk...
шарово́й, шарови́дный *s.* шарообразный
шарообра́зный kugelförmig, Kugel...
шар-пило́т *m (Meteo)* Pilotballon *m*
шарья́ж *m (Geol)* (flache) Überschiebung *f*
шасси́ *n* 1. *(Kfz)* Fahrgestell *n*; 2. *(Flg)* Fahrwerk *n*; 3. Gestell *n*, Untergestell *n*; 4. *(Rf)* Chassis *n*, Grundplatte *f*
~/**вездехо́дное** *(Kfz)* geländegängiges Fahrgestell *n*
~ **высо́кой проходи́мости** *s.* ~/вездеходное
~/**длиннoба́зное** *(Kfz)* Langrahmenfahrgestell *n*
~/**лы́жное** *(Flg)* Landekufen *fpl*, Kufenfahrwerk *n*
~/**низкора́мное** *(Kfz)* Tiefladerfahrgestell *n*
~ **повы́шенной проходи́мости** *s.* ~/вездеходное
~/**поплавко́вое** *(Flg)* Schwimm(kufen)-fahrwerk *n*

~/**самохо́дное** Geräteträger *m*, Maschinenträger *m*
~/**убира́ющееся** *(Flg)* Einziehfahrwerk *n*, einziehbares Fahrwerk [Fahrgestell] *n*
шатиро́вка *f* Schattierung *f*
шатро́вый dachförmig
шату́н *m (Masch)* Pleuel *m*; Pleuelstange *f*, Schubstange *f*
шату́нный *(Masch)* Pleuel...
ша́хматный schachbrettartig; versetzt
ша́хта *f* 1. Schacht *m*; 2. *(Bgb)* Schacht *m*, Grube *f*, Schachtanlage *f*; Bergwerk *n*
~/**вентиляцио́нная** 1. *(Bw)* Entlüftungsschacht *m*; 2. *(Bgb)* Wetterschacht *m*
~/**возду́шная** Luftschacht *m*
~/**пускова́я [ста́ртовая]** *(Rak)* Startsilo *n*, Startschacht *m*
~/**у́гольная** *(Bgb)* Kohlengrube *f*
ша́хтный *(Bgb)* Gruben...; *(Bgb, Bw)* Schacht...
шварто́в *m (Schiff)* Festmacher *m*, Festmacherleine *f*
швартова́ть *(Schiff)* anlegen, festmachen, vertäuen; *(Flg)* verankern
шварто́вка *f (Schiff)* Anlegen *n*, Festmachen *n*, Vertäuen *n*; *(Flg)* Verankern *n*
шве́йный Konfektions...; Näh...
швелева́ние *n* Schwelen *n*, Tieftemperaturverkokung *f*, Halbverkokung *f*
швелева́ть schwelen, verschwelen
шве́ллер *m (Wlz)* U-Stahl *m*; *(Bw)* U-Träger *m*
швыря́лка *f (Lw)* Wurfförderer *m*; Schleuderförderer *m*, Schleuder *f*
ше́вер *m (Wkz)* Schabwerkzeug *n*, Schaber *m*
шевингова́ние *n (Fert)* Schaben *n* *(Zahnräder)*, Zahnschaben *n*
шевингова́ть *(Fert)* schaben *(Zahnräder)*
шевро́нный *(Masch)* Pfeil..., pfeilverzahnt *(Zahnräder)*
ше́йка *f* 1. Hals *m*, Einschnürung *f*; 2. *(Masch)* Zapfen *m*; 3. *(Eb)* Steg *m* *(eines Gleises)*
~ **ва́ла** *(Masch)* Wellen(lauf)zapfen *m*; Lagerzapfen *m*, Zapfen *m (einer Welle)*
~/**коренна́я** 1. *(Masch)* Grund(lager)-zapfen *m*; 2. *(Kfz)* Wellenzapfen *m*, Lagerzapfen *m (der Kurbelwelle)*
~ **ре́льса** *(Eb)* Schienensteg *m*, Steg *m*
~ **ствола́** *(Bgb)* Schachtkragen *m*
шёлк *m (Text)* Seide *f*
шелково́дство *n* Seidenbau *m*
шёлковый Seide...
шёлкокруче́ние *n* Seidenzwirnerei *f*
шёлкопряде́ние *n* Seidenspinnerei *f*
шёлк-сыре́ц *m* Rohseide *f*
шелла́к *m* Schellack *m*
шелуше́ние *n* 1. Abblättern *n*, Desquamation *f*; 2. Enthülsen *n*, Schälen *n*
шелуши́ться abblättern
шельф *m* **(/континента́льный)** *(Geol)* Schelf *m(n)*, Festlandsockel *m*
шеннон *m (Inf)* Shannon *n (SI-fremde Einheit der Informationsmenge)*
шерардиза́ция *f (Fert)* Sherardisieren *n*, Diffusionsverzinken *n*
шерохова́ние *n (Gum)* Rauen *n*, Aufrauen *n*
шерохова́тость *f* Rauigkeit *f*, Rauheit *f*
шерохова́тый rau; griffig; zottig
шерстомо́йка *f (Text)* 1. Wollwäscherei *f (Vorgang)*; 2. Wollwäsche *f (Maschine)*, Wollwaschmaschine *f*
шерстопряде́ние *n* Wollspinnerei *f*
шерсть *f (Text)* 1. Wolle *f*; Haar *n*; 2. Wollgarn *n*; 3. Wollstoff *m*
шерстяно́й Woll..., wollen
шест *m* Stab *m*, Stange *f*; Latte *f*
шестерённый *(Masch)* Zahn(rad)...; Ritzel...
шестерёночный *s.* шестерённый
шестерня́ *f (Masch)* Zahnrad *n*; Ritzel *n*
~/**ведо́мая** getriebenes Rad [Zahnrad] *n*; *(Kfz)* Tellerrad *n (im Getriebe)*
~/**веду́щая** Treibrad *n*; Antriebsritzel *n*
~/**кони́ческая** Kegel(zahn)rad *n*
~/**косозу́бая** Schrägzahnrad *n*
~ **перебо́ра** Vorgelegerad *n*
~/**планета́рная** Umlaufrad *n*, Planetenrad *n*
~/**промежу́точная** Zwischen(zahn)rad *n*
~/**сме́нная** Wechselrad *n*
~/**цепна́я** Kettenrad *n*
~/**цилиндри́ческая** Stirnrad *n*
шестиа́томный *(Ch)* sechsatomig *(s. a.* шестивалентный*)*

шестивале́нтный *(Ch)* sechswertig, hexavalent
шестигра́нник *m (Math)* Hexaeder *n*, Würfel *m*
шестигра́нный 1. *(Math)* hexaedrisch; 2. sechskantig, Sechskant...
шестипо́люсник *m (El)* Sechspol *m*
шестиуго́льник *m (Math)* Hexagon *n*, Sechseck *n*
шестиуго́льный hexagonal, sechseckig
шестнадцатери́чный *(Inf)* hexadezimal
ши́бер *m* Schieber *m*
~/**запо́рный** Absperrschieber *m*
ши́ло *n (Wkz)* Ahle *f*
ши́на *f* 1. Reifen *m (eines Fahrzeugs)*; 2. *(El)* Schiene *f*, Sammelschiene *f*; 3. *(Inf)* Bus *m*
~/**автомоби́льная** Kraftfahrzeugreifen *m*, Kfz-Reifen *m*
~ **а́дреса** *(Inf)* Adressbus *m*
~/**беска́мерная** *(Kfz)* schlauchloser Reifen *m*
~/**бесшу́мная** *(Kfz)* geräuscharmer Reifen *m*
~/**велосипе́дная** Fahrradreifen *m*
~/**виртуа́льная а́дресная** *(Inf)* virtueller Adressbus *m*
~/**вне́шняя** *(Inf)* externer Bus *m*, Externbus *m*
~/**вну́тренняя** *(Inf)* interner Bus *m*, Internbus *m*
~ **высо́кого давле́ния** Hochdruckreifen *m*
~/**го́ночная** *(Kfz)* Rennreifen *m*
~ **да́нных** *(Inf)* Datenbus *m*
~/**диагности́ческая** *(Inf)* Diagnosebus *m*
~/**заземля́ющая** *(El)* Erdungsschiene *f*
~/**кольцева́я** *(Inf)* Ringbus *m*
~/**ко́рдная** *(Kfz)* Kordreifen *m*
~/**металлоко́рдная** *(Kfz)* Stahlgürtelreifen *m*
~ **ни́зкого давле́ния** *(Kfz)* Niederdruckreifen *m*
~/**о́бщая** 1. *(El)* Sammelschiene *f*, Sammelleitung *f*; 2. *(Inf)* Hauptbus *m*, Sammelbus *m*
~/**однонапра́вленная** *(Inf)* unidirektionaler Bus *m*, Einwegbus *m*
~/**пневмати́ческая** *(Kfz)* Luftreifen *m*
~/**радиа́льная** *(Kfz)* Radialreifen *m*
~/**распредели́тельная** *(El)* Verteilerschiene *f*
~/**сбо́рная** *(El)* Sammelschiene *f*
~ **управле́ния** Steuerbus *m*
~/**физи́ческая а́дресная** *(Inf)* physischer Adressbus *m*
ши́нка *f*/**ме́дная** *(El)* Kupferband *n*
ши́нно-ориенти́рованный *(Inf)* busorientiert
ши́нно-совмести́мый *(Inf)* buskompatibel
шинопрово́д *m (El)* Stromschienen *fpl*; Sammelschienen *fpl*
ши́ны *fpl (Kfz)* Bereifung *f*
шип *m* 1. Dorn *m*; 2. Zapfen *m (einer Holzverbindung)*
шире́ние *n* Strecken *n*
шири́лка *f (Text)* Breitspannrahmen *m*
ширина́ *f* Breite *f*; Weite *f*
~ **в свету́** lichte Weite *f*
~/**вру́бовая** *(Bgb)* Schrämbreite *f*
~ **захва́та** 1. *(Lw)* Arbeitsbreite *f (von Maschinen)*; 2. *(Bgb)* Schrämbreite *f*
~ **колеи́** *(Eb)* Spurweite *f*
~ **полосы́ (часто́т)** *(Rf)* Bandbreite *f*, Frequenzbandbreite *f*
шири́тель *m (Text)* Breithalter *m*, Breitstrecker *m*
ши́рить 1. (aus)breiten; 2. *(Text)* spannen
широкодиапазо́нный *(Rf)* Breitband...
широкозахва́тный 1. *(Lw)* mit großer Arbeitsbreite; 2. *(Bgb)* Breitauffahrungs..., Breitschräm...
широкоизлуча́тель *(Licht)* Breitstrahler *m*
ширококоле́йный *(Eb)* breitspurig, Breitspur...
широкополо́сный 1. *(Rf)* breitbandig, Breitband...; 2. *(Wlz)* Breitband... *(Stahl)*
широкоуго́льный *(Opt, Photo)* Weitwinkel...
широта́ *f* Breite *f*, Weite *f*
~/**галакти́ческая** *(Astr)* galaktische Breite *f*
~/**географи́ческая** geographische Breite *f*
~/**магни́тная** *(Geoph)* magnetische Breite *f*
~/**небе́сная** *(Astr)* ekliptikale Breite *f*
~/**селенографи́ческая** selenographische Breite *f (des Mondes)*

широ́тно-и́мпульсный *(El)* Impulsbreiten..., Pulsbreiten...
шить 1. *(Text)* nähen; 2. *(Typ)* heften
шитьё *n* 1. *(Text)* Nähen *n*; 2. *(Typ)* Heften *n*
~ **внаки́дку** *(Typ)* Rückstichheftung *f*
~ **ни́тками** *(Typ)* Fadenheftung *f*
~ **термони́тками** *(Typ)* Fadensiegeln *n*
ши́фер *m (Bw)* Schiefer *m*
~/**кро́вельный** Dachschiefer *m*
шифр *m* Chiffre *f*
шифра́тор *m* Chiffrator *m*, Encoder *m*
шифрова́льный Chiffrier...
шифрова́ние *n* Chiffrierung *f*, Verschlüsselung *f*
ши́хта *f (Met)* 1. Beschickungsgut *n*, Beschickung *f*; Gicht *f*, Möller *m (für Schachtöfen)*; 2. Charge *f (für Herdschmelzöfen)*
шихтова́ние *n (Met)* Möllern *n*, Möllerung *f*, Gattieren *n*, Gattierung *f*
шихтова́ть *(Met)* möllern, gattieren
шкала́ *f* 1. Skala *f (Stufenfolge)*; 2. Skale *f (Gradeinteilung an Messinstrumenten)*
~ **Бомé** Baumé-Skale *f*
~ **Бофо́рта** Beaufort-Skala *f* (der Windstärke)
~/**градуи́рованная** graduierte Skale *f*
~/**зерка́льная** spiegelunterlegte Skale *f*
~ **интенси́вности землетрясе́ний** seismische Skala *f*, Intensitätsskala *f*
~ **Ке́львина** *s.* ~ температур/абсолютная
~/**логарифми́ческая** logarithmische Skale *f*, Skale *f* mit logarithmischer Teilung
~ **настро́йки** *(Rf)* Abstimmskale *f*
~ **Реомю́ра** Réaumur-Skale *f*
~/**светя́щаяся** Leuchtskale *f*
~ **твёрдости** Härteskala *f*
~ **температу́р** Temperaturskale *f*
~ **температу́р/абсолю́тная** absolute Temperaturskale *f*, Kelvin-Skale *f*
~/**температу́рная** Temperaturskale *f*
~/**угломе́рная** Winkelmessteilung *f*
~ **Фаренге́йта** Fahrenheit-Skale *f*
~ **Це́льсия** Celsius-Skale *f*
шкаф *m* Schrank *m*
~/**вытяжно́й** *(Ch)* Abzugsschrank *m*, Abzug *m*
~/**суши́льный** Trockenschrank *m*
~/**холоди́льный** Kühlschrank *m (s. a. unter* холодильник 1.*)*
шкаф-морози́льник *m* Gefrierschrank *m*
шквал *m (Meteo)* Bö *f*, Windbö *f*
шкво́рень *m (Masch)* Bolzen *m*, Kupplungsbolzen *m*
шкив *m (Masch)* 1. Scheibe *f*, Antriebsscheibe *f*; 2. Rolle *f*
~/**ведо́мый** getriebene Scheibe *f*, Abtriebsscheibe *f*
~/**веду́щий** Treibscheibe *f*, Antriebsscheibe *f*
~/**кана́тный** Seilscheibe *f*
~/**натяжно́й** Spannscheibe *f*
~/**приводно́й** Antriebs(riemen)scheibe *f (für Gurtförderer)*
~/**рабо́чий** Arbeitsscheibe *f*, Lastscheibe *f*
~/**ремённый** Riemenscheibe *f*
~/**тормозно́й** Bremsscheibe *f*
~/**трансмиссио́нный** Transmissionsscheibe *f*
~/**фрикцио́нный** Reibscheibe *f*
~/**холосто́й** Losscheibe *f*
шкив-махови́к *m (Masch)* Schwungscheibe *f*
шку́ра *f (Led)* Fell *n*, Rohhaut *f*
шку́рка *f (Wkz)* Gewebe *n*, Leinen *n*
~/**абрази́вная** Schleifleinen *n*
~/**нажда́чная** Schmirgelleinen *n*
шлагба́ум *m (Eb)* Schranke *f*
шлак *m (Met)* 1. Schlacke *f*; 2. Abstich *m*
~/**вспу́ченный** geblähte Schlacke *f*, Blähschlacke *f*
~/**вя́зкий** zähflüssige Schlacke *f*
~/**гранули́рованный** granulierte Schlacke *f*, Schlackengranulat *n*
~/**до́менный** Hochofenschlacke *f*
~/**тома́совский** Thomasschlacke *f*
шлакобето́н *m (Bw)* Schlackenbeton *m*
шлакова́ние *n* Verschlacken *n*
шлакова́ть verschlacken
шлакови́дный schlackenartig
шлако́вина *f (Gieß)* Schlackeneinschluss *m (im Metall)*
шлаково́з *m* Schlacken(transport)wagen *m*
шла́ковый Schlacken...
шлакодроби́лка *f* Schlackenbrecher *m*
шлаколома́тель *m* Schlackenbrecher *m*

шлакообразова́ние *n* Schlackenbildung *f*, Verschlackung *f*
шлакообразу́ющий schlackebildend
шлакопортландцеме́нт *m (Bw)* Hochofen(schlacken)zement *m*, Hüttenzement *m*
шлакоудале́ние *n (Gieß)* Entschlackung *f*, Abschlacken *n*
шлакоулови́тель *m (Gieß)* Schlackenfänger *m*, Schlackenfang *m*
шлакousто́йчивость *f* Verschlackungsbeständigkeit *f*
шлакousто́йчивый verschlackungsbeständig, schlackenbeständig
шлакоцеме́нт *m (Bw)* Schlackenzement *m*
шлам *m* Schlamm *m*
~/**ано́дный** *(El)* Anodenschlamm *m*
~/**буров́ой** *(Bgb)* Bohrschmant *m*
шламоотдели́тель *m* Schlamm(ab)-scheider *m*
шламопрово́д *m* Schlammleitung *f*
шланг *m* Schlauch *m*, Schlauchleitung *f*
~/**водяно́й** Wasserschlauch *m*
~/**возду́шный** Luftschlauch *m*
~/**вса́сывающий** Saugschlauch *m*, Unterdruckschlauch *m*
~/**ги́бкий** biegsamer Schlauch *m*
~/**напо́рный** Druckschlauch *m*
~/**пожа́рный** Feuerwehrschlauch *m*, Feuerlöschschlauch *m*
~/**рези́новый** Gummischlauch *m*
шла́нговый Schlauch...
шлейф *m* 1. Schleife *f*; 2. *(El)* Schleife *f*, Leiterschleife *f*; Messschleife *f*; 3. *(Bw, El)* Stichleitung *f*; 4. *(Lw)* Ackerschleppe *f*
~/**измери́тельный** Messschleife *f*
~/**ка́бельный** Kabelschleife *f*
шлейф-борона́ *f (Lw)* Ackerschleppe *f*
шлем *m* Helm *m*
~/**водола́зный** Taucherhelm *m*
~/**гермети́ческий** *(Raumf)* Druckhelm *m*
~/**защи́тный** Schutzhelm *m*; Sturzhelm *m*
шлемофо́н *m (Flg)* Kopfhaube *f (mit Kopfhörer und Kehlkopfmikrophon)*
шле́ппер *m (Wlz)* Schleppvorrichtung *f*, Schlepper *m*
шли́кер *m (Ker)* Schlicker *m*; *(Met)* Schlicker *m*, Schaum *m (NE-Metallurgie)*
~/**гли́няный** Tonschlicker *m*
шлир *m* Schliere *f*
шли́рен-диафра́гма *f (Opt, Photo)* Schlierenblende *f*
шли́рен-ме́тод *m (Opt)* Schlierenmethode *f*, Schlierenverfahren *n*
шли́рен-микроско́п *m (Opt)* Schlierenmikroskop *n*
шлиф *m (Wkst)* Schliff *m*, Schliffbild *n*; Schliffprobe *f*
шлифова́льный *(Fert)* Schleif...
шлифова́ние *n (Fert)* Schleifen *n*
~/**бесце́нтровое** spitzenloses Schleifen *n*, Spitzenlos-Außenrundschleifen *n*
~/**вну́треннее (кру́глое)** Innenrundschleifen *n*
~/**заты́лочное** Hinterschleifen *n*, Hinterschliff *m*
~/**кру́глое** Rundschleifen *n*
~/**ле́нточное** Bandschleifen *n*
~/**мо́крое** Nassschleifen *n*
~/**нару́жное** Außenrundschleifen *n*
~/**пло́ское** Flachschleifen *n*, Planschleifen *n*
~/**про́фильное** Profilschleifen *n*
~ **резьбы́** Gewindeschleifen *n*
~/**скоростно́е** Hochgeschwindigkeitsschleifen *n*
~/**сухо́е** Trockenschleifen *n*
~/**то́нкое** Fein(st)schleifen *n*
~/**фасо́нное** Formschleifen *n*, Profilschleifen *n*
~/**чернов́ое** Vorschleifen *n*, Schruppschleifen *n*
~/**чистов́ое** Fertigschleifen *n*, Schlichtschleifen *n*
шлифо́ванный geschliffen
шлифова́ть *(Fert)* schleifen
шлифо́вка *s.* шлифование
шлих *m* Schlich *m (Aufbereitung)*
шли́хта *f (Text)* Schlichte *f*
шлихтова́ние *n* 1. *(Text)* Schlichten *n*; 2. Putzen *n (Holzbearbeitung)*
шлихтова́ть 1. *(Text)* schlichten; 2. putzen *(Holz)*
шлиц *m* Schlitz *m*
шлицева́ние *n (Fert)* Schlitzen *n*
шлюз *m* 1. *(Hydt)* Schleuse *f*; 2. Gerinne *n (Aufbereitung)*
~/**ва́куумный** Vakuumschleuse *f*
~/**двухка́мерный** Zweikammerschleuse *f*, Doppelschleuse *f*
~/**ка́мерный** Kammerschleuse *f*

~/**многока́мерный [многоступе́нчатый]** Koppelschleuse *f*, Kuppelschleuse *f*
~/**однока́мерный** Einkammerschleuse *f*
~/**прили́вный** Gezeitenschleuse *f*
~/**судохо́дный** Schifffahrtsschleuse *f*
шлюзова́ние *n (Hydt)* Schleusung *f*, Durchschleusung *f*
шлюзова́ть *(Hydt)* (durch)schleusen
шлюпба́лка *f (Schiff)* Davit *m*, Bootsdavit *m*
шлю́пка *f* Boot *n*; Kutter *m*
~/**гребна́я** Ruderboot *n*
~/**надубна́я** Schlauchboot *n*
~/**па́русная** Segelboot *n*
~/**спаса́тельная** Rettungsboot *n*
шнек *m (Förd)* Schnecke *f*, Förderschnecke *f*
~/**пита́ющий** Schneckenspeiser *m*, Schneckenaufgeber *m*
~/**распредели́тельный** Verteilerschnecke *f*
~/**тра́нспортный** Förderschnecke *f*
шне́ковый *(Masch)* Schnecken...
шнур *m* Schnur *f*; Litze *f*
~/**детони́рующий** Sprengschnur *f*
~/**наби́вочный** *(Masch)* Dichtungsschnur *f*, Packungsschnur *f*
~/**огнепрово́дный** Zündschnur *f*
~/**розе́точный** *(Nrt)* Anschlussschnur *f*
~/**сетево́й** *(El)* Netzschnur *f*
~/**удлини́тельный** *(El)* Verlängerungsschnur *f*
шов *m* 1. Naht *f* • **без шва** nahtlos; 2. Fuge *f (Mauerwerk)*
~/**вы́пуклый** *(Schw)* Wölbnaht *f*, überwölbte [konvexe, volle] Naht [Schweißnaht] *f*
~/**компенсацио́нный** *(Bw)* Dehnfuge *f*
~/**косо́й** *(Schw)* schräge Naht [Schweißnaht] *f*
~/**лобово́й** *(Schw)* Stirnnaht *f*
~/**непреры́вный** *(Schw)* durchgehende [durchlaufende] Naht [Schweißnaht] *f*
~/**па́яный** Lötnaht *f*
~/**подва́рочный** *(Schw)* Kappnaht *f*, Kapplage *f*
~/**попере́чный** *(Schw)* Quernaht *f*
~/**продо́льный** *(Schw)* Längsnaht *f*
~/**рабо́чий** *(Schw)* tragende [beanspruchte] Naht [Schweißnaht] *f*
~/**раство́рный** *(Bw)* Mörtelfuge *f*
~/**ро́ликовый** *(Schw)* Rollennaht *f*
~/**сварно́й** Schweißnaht *f*
~/**стыково́й** 1. *(Schw)* Stumpfnaht *f*; 2. *(Bw)* Stoßfuge *f*
~/**температу́рный** 1. *(Schw)* Dehnungsnaht *f*; 2. *(Bw)* Dehnfuge *f*
~/**углово́й** *(Schw)* Kehlnaht *f*
~/**уса́дочный** *(Bw)* Schwindfuge *f*
~/**уси́ленный** *s.* ~/выпуклый
~/**ша́хматный** *(Schw)* Zickzacknaht *f*
шоопи́рование *n* Schoopieren *n*, Metallspritzen *n*
шоссе́ *n* Chaussee *f*, Landstraße *f*
шпага́т *m* Bindfaden *m*, Bindegarn *n*
шпаклева́ние *n s.* шпаклёвка 1.
шпаклева́ть spachteln
шпаклёвка *f* 1. Spachteln *n*, Spachtelung *f*; 2. Spachtelmasse *f*
шпа́ла *f (Eb)* Schwelle *f*, Eisenbahnschwelle *f*
шпалоподбо́йка *f (Eb)* Schwellenstopfer *m*; Gleisstopfmaschine *f*
шпанго́ут *m* 1. *(Schiff)* Spant *n*; 2. *(Flg)* Spant *n (m)*, Querschott *n*
~/**кольцево́й** *(Flg)* Ringspant *n*
~/**кормово́й** *(Schiff)* Heckspant *n*
~/**носово́й** *(Schiff)* Bugspant *n*
шпару́тка *f (Text)* Breithalter *m*, Breitstrecker *m (eines Webstuhls)*
шпат *m (Min)* Spat *m*
~/**известко́вый** Kalkspat *m*
~/**пла́виковый** Flussspat *m*
~/**полево́й** Feldspat *m*
~/**тяжёлый** Schwerspat *m*, Baryt *m*
шпа́тель *m (Wkz)* Spachtel *m*
шпатлева́ние *n s.* шпаклёвка 1.
шпатлева́ть spachteln
шпатлёвка *f s.* шпаклёвка
шпе́йза *f (Met)* Speise *f*
шпи́лька *f* 1. Stift *m*; 2. *(Masch)* Stiftschraube *f*, Bolzenschraube *f*, Gewindestift *m*; 3. *(Gieß)* Stift *m*, Formerstift *m*
шпингале́т *m (Bw)* Basküle *f*, Baskülenverschluss *m*
шпи́ндель *m (Masch)* Spindel *f*
шпи́ндельный Spindel...
шпине́ль *f (Min)* Spinell *m*
шплинт *m* Splint *m*
шплинтова́ть versplinten
шпон *m (Holz)* Schälfurnier *n*, Messerfurnier *m*

шпо́нка *f* 1. *(Masch)* Keil *m*; Feder *f*; 2. *(Holz)* Dübel *m*
~/клинова́я *(Masch)* Keil *m*, Keilfeder *f*
~ на лыске *(Masch)* Flachkeil *m*
~/призмати́ческая 1. *(Masch)* Flachfeder *f*; Passfeder *f*; 2. *(Holz)* Rechteckdübel *m*
~/сегме́нтная *(Masch)* Scheibenfeder *f*
шпре́нгель *m (Bw)* Sprengwerkstütze *f*, Sprengel *m*
шприцева́ние *n* Spritzen *n*
шприц-маши́на *f* Spritzmaschine *f*
шпу́ля *f (Text)* Spule *f*
шпуля́рник *m (Text)* Spulengestell *n*; Spulenhalter *m*
шпунт *m (Bw)* Spund *m*, Spundung *f*, Spundbohle *f*, Spundpfahl *m*
шпунти́на *f (Bw)* Spundbohle *f*
шпунтова́ть (ver)spunden
шпунто́вка *f (Bw)* Spundung *f*
шпур *m (Bgb)* Bohrloch *n*
~/заряжа́емый besetztes Bohrloch *n*
шрифт *m (Typ)* Schrift *f*
~ Бра́йля Blindenschrift *f*, Brailleschrift *f*
~/жи́рный fette Schrift *f*
~/курси́вный Kursivschrift *f*
~/полужи́рный halbfette Schrift *f*
~/прямо́й geradstehende Schrift *f*
~/све́тлый magere Schrift *f*
штабелёр *m (Förd)* Stapler *m*, Stapelgerät *n*, Stapelmaschine *f*
штабелеразбо́рщик *m (Förd)* Palettenentlader *m*, Entpalettierer *n*
штабелеукла́дчик *m (Förd)* Stapelförderer *m*, Höhenförderer *m*, Plattenbelader *m*, Palettierer *m*
~/стелла́жный Regalförderzeug *n*
штабели́рование *n (Förd)* Stapelung *f*, Stapellagerung *f*
штабели́ровать *(Förd)* stapeln
шта́бель *m* Stapel *m*, Stoß *m*
штамп *m (Schm, Umf)* 1. Gesenk *n*, Schmiede(press)gesenk *n*; 2. Stanzwerkzeug *n*, Stanze *f*; 3. Ziehwerkzeug *n*
~/ве́рхний Obergesenk *n*, Patrize *f*
~/вырубно́й Schnittwerkzeug *n*; Stanzwerkzeug *n*
~/ги́бочный 1. Biegegesenk *n*; 2. Biegestanze *f*
~/заготови́тельный Vorgesenk *n*
~/зачистно́й Abgratgesenk *n*
~/ко́вочный [кузне́чный] Gesenk *n*, Schmiedegesenk *n*
~/молотово́й Hammergesenk *n*, Schlaggesenk *n*
~/ни́жний Untergesenk *n*
~/обжимно́й Pressgesenk *n*, Stauchgesenk *n*
~/обрезно́й Schnittwerkzeug *n*, Schnitt *m*, Schnittgesenk *n*; Abgratgesenk *n*
~/отде́лочный Fertiggesenk *n*, Poliergesenk *n*, Schlichtgesenk *n*
~/подкладно́й Unterleggesenk *n*
~/пробивно́й Lochstanze *f*, Lochgesenk *n*
~/прошивно́й Lochgesenk *n*
~/фасо́нный Formgesenk *n*
штампова́ние *n s.* штамповка 1.; 2.
штампова́ть *(Schm, Umf)* 1. im Gesenk schmieden; 2. stanzen
штампо́вка *f (Schm, Umf)* 1. Gesenkschmieden *n*; 2. Stanzen *n*; 3. Gesenkschmiedestück *n*; Pressteil *n*; Stanzteil *n*
~/взрывна́я Explosiv(um)formung *f*, Explosiv(um)formen *n*
~ выда́вливанием Fließpressen *n*
~/глубо́кая Tiefziehen *n*
~/листова́я Stanzen *n*; Blechumformung *f*, Blechumformen *n*
~/объёмная Gesenkschmieden *n*
штамподержа́тель *m (Schm, Umf)* Gesenkhalter *m*
шта́нга *f* 1. Stange *f*; 2. *(Bgb)* Anker *m*, Ankerstange *f*, Stange *f*
~/були́льная *(Bgb)* Bohrstange *f (Tiefbohrtechnik)*
~/насо́сная *(Masch)* Kolbenstange *f (der Kolbenpumpe)*
штангенглубиноме́р *m* Tiefenmesser *m*, Tiefenmessschieber *m*
штангензубоме́р *m* Zahndickenmessschieber *m*
штангенинструме́нты *mpl* Schiebermess- und Anreißzeuge *npl*
штангенци́ркуль *m* Messschieber *m*
шта́пель *m (Text)* Stapel *m*
шта́пельный *(Text)* Stapel...
штати́в *m* Stativ *n*, Ständer *m*
штéвень *m (Schiff)* Steven *m*
штейн *m (Met)* Stein *m*
~/ме́дный Kupferstein *m*

штéкер *m (El)* Stecker *m*
штéкерный *(El)* Stecker...
штéпсель *m (El)* Stecker *m*
штифт *m* Stift *m*; Bolzen *m*
~/**вытáлкивающий** Auswerferstift *m*
~/**направля́ющий** Führungsstift *m*, Abhebestift *m*
~/**стóпорный** Sicherungsstift *m*, Anschlagfinger *m*
шти́хель *m (Wkz)* Stichel *m*
шти́хмас *m (Mess)* Stichmaß *n*
шток *m* 1. *(Masch)* Stock *m*; Schaft *m*; Stange *f*; 2. *(Geol)* Stock *m*
~/**ру́дный** *(Geol)* Erzstock *m*
~/**солянóй** *(Geol)* Salzstock *m*
штóльня *f (Bgb)* Stollen *m*
~/**вентиляциóнная** Wetterstollen *m*
~/**водоотливнáя** Wasserlösungsstollen *m*, Entwässerungsstollen *m*
~/**наклóнная** tonnlägiger Stollen *m*
~/**откáточная** Förderstollen *m*
~/**развéдочная** Erkundungsstollen *m*, Schürfstollen *m*
~/**эксплуатациóнная** Betriebsstollen *m*
штóпор *m* 1. Korkenzieher *m*; 2. *(Flg)* Trudeln *n*
штóпорить *(Flg)* (ab)trudeln
шторм *m (Meteo)* Sturm *m*
штрек *m (Bgb)* Strecke *f*
~/**вентиляциóнный** Wetterstrecke *f*
~/**водоотливнóй** Wasserlösungsstrecke *f*, Entwässerungsstrecke *f*
~/**горизонтáльный** söhlige Strecke *f*
~/**наклóнный** fallende Strecke *f*
~/**откáточный** Förderstrecke *f*
~/**полевóй** Gesteinsstrecke *f*, Feldstrecke *f*
~/**поперéчный** Querstrecke *f*, Querort *n*
~/**развéдочный** Schürfstrecke *f*, Erkundungsstrecke *f*
штрипс *m (Wlz)* Streifen *m (zur Herstellung geschweißter Rohre)*
штрих *m* 1. Strich *m*; 2. *(Math)* Strich *m*; *(Inf)* Strich *m*, Strichsymbol *n*; 3. *(Opt)* Strich *m*, Gitterstrich *m (des Beugungsgitters)*; 4. *(TV)* Balken *m (Testbild)*; 5. *(Kart)* Schraffe *f*, Bergstrich *m*
штриховáть schraffieren
штрихóвка *f* 1. Schraffur *f*; 2. Schraffierung *f*
штриховóй Strich..., schraffiert
штукату́рить *(Bw)* (ver)putzen
штукату́рка *f (Bw)* 1. Putz *m*, Verputz *m*; 2. Putzen *n*
~/**ги́псовая** Gipsstuck *m*, Stuck *m*
~/**звукопоглощáюшая** schallschluckender Putz *m*, Akustikputz *m*
~/**известкóвая** Kalkputz *m*
~ **набры́згом** Spritzputz *m*
~/**фасáдная** Außenputz *m*, Sichtputz *m*
штурвáл *m* 1. *(Schiff)* Steuerrad *n*; 2. *(Masch)* Handrad *n*, Handkreuz *n*, Handstern *m*
штуртрóс *m (Schiff)* Ruderreep *n*, Steuerreep *n*
штуф *m (Min)* Stufe *f*
~/**ру́дный** Erzstufe *f*
шту́цер *m* Stutzen *m*, Anschlussstück *n (von Rohrleitungen)*
шту́чный stückweise, Stück...
штыб *m (Bgb)* Bohrklein *n*, Schrämklein *n*
штык *m* 1. *(Met)* Barren *m*; Massel *f*; 2. Bajonett *n (Konstruktionselement)*; 3. *(Schiff)* Knoten *m*, Seemannsknoten *m*, Steck *m*
штыковóй Bajonett...
штырь *m* Stab *m*; Stütze *f*; Stift *m*; Bolzen *m*
шум *m* 1. Lärm *m*; 2. Geräusch *n*; Rauschen *n* • **без шу́мов** rauschfrei • **с шу́мами** rauschbehaftet
~/**авиациóнный** *(Ökol)* Fluglärm *m*
~/**бéлый** weißes Rauschen *n*
~ **дорóжного движéния** *(Ökol)* Straßenlärm *m*, Verkehrslärm *m*
~/**дробовóй** *(Eln)* Schrotrauschen *n*
~/**космúческий** kosmisches Rauschen *n*
~/**окружáющий** Umweltlärm *m*
~/**полётный** *(Ökol)* Fluglärm *m*
~/**промы́шленный** *(Ökol)* Industrielärm *m*
~/**у́личный** *s.* ~ дорожного движения
~/**фóновый** *(Nrt)* Grundrauschen *n*, Grundgeräusch *n*
шумéть rauschen
шумовóй Rausch...; Geräusch...
шумоглуши́тель *m (El)* Geräuschunterdrücker *m*, Krachtöter *m*
шумомéр *m* Geräuschmesser *m*
шумопеленгáтор *m* Geräuschpeiler *m*

шумопеленга́ция *f* Schallortung *f*, Geräuschpeilung *f*
шум-фа́ктор *m (Eln)* Rauschfaktor *m*
шунт *m (El)* Nebenschluss *m*; Shunt *m*, Parallelwiderstand *m*
шунти́рование *n (El)* Shunten *n*, Parallelschalten *n*
шунти́рованный *(El)* geshuntet, parallel geschaltet, mit Nebenschluss versehen
шунти́ровать *(El)* shunten, in Nebenschluss schalten, parallel schalten
шунтово́й *(El)* Shunt..., Parallel..., Nebenschluss...
шурова́ть schüren
шуро́вка *f* Schüren *n*
шуру́п *m* Holzschraube *f*
шурф *m (Bgb)* Schürfschacht *m*, Schurf *m*
шурфова́ние *n (Bgb)* Schürfen *n*
шху́на *f (Schiff)* Schoner *m*

Щ

щавелевоки́слый *(Ch)* ...oxalat *n*; oxalsauer
щебёночный Schotter...
щёбень *m* 1. *(Bw, Eb)* Schotter *m*, *(Bw auch:)* Splitt *m*; 2. *(Geol)* Steinschlag *m*, Gesteinsschutt *m*
~/**кирпи́чный** Ziegelsplitt *m*
щека́ *f* 1. *(Masch)* Wange *f*; 2. Backe *f*, Backen *m (eines Backenbrechers)*
~ **колéнчатого ва́ла** *(Masch)* Kurbelwange *f*
щелево́й Schlitz..., geschlitzt
щёлок *m (Ch)* Lauge *f*
~/**е́дкий** Alkalilauge *f*, Ätzlauge *f*
~/**на́тровый** Natronlauge *f*
~/**сла́бый** *(Pap)* Schwachlauge *f*
щёлокоотдели́тель *m (Ch)* Laugenabscheider *m*
щёлочерастворимость *f (Ch)* Laugenlöslichkeit *f*
щёлочераствори́мый alkalilöslich, laugenlöslich
щёлочесто́йкий alkalibeständig, laugenbeständig, laugenfest
щёлочеупо́рный, щёлочеусто́йчивый *s.* щёлочестойкий
щёлочноземе́льный *(Ch)* Erdalkali..., erdalkalisch
щелочно́й alkalisch, Alkali...
щёлочность *f (Ch)* Alkalität *f*
щёлочь *f (Ch)* Alkali *n*
~/**е́дкая** Ätzalkali *n*, kaustisches Alkali *n*
щель *f* 1. Schlitz *m*, Spalt *m*, Spalte *f*; 2. *(Opt)* Blende *f*, Spaltblende *f*
щепа́ *f* Span *m*, Späne *mpl*, Holzspan *m*, Holzspäne *mpl*; *(Pap)* Hackspäne *mpl*
щётка *f* Bürste *f*
~/**колле́кторная** *(El)* Kommutatorbürste *f*
~/**конта́ктная** *(El)* Kontaktbürste *f*
~/**у́гольная** *(El)* Kohlebürste *f*
щёткодержа́тель *m (El)* Bürstenhalter *m*
щёточный Bürsten...
щипéц *m (Bw)* Giebel *m*
щипцы́ *pl* Zange *f*, Kneifzange *f*, Beißzange *f*
~/**пробивны́е** Lochzange *f*
щит *m* 1. Schild *m*, Tafel *f*, Platte *f*; 2. *(El)* Schalttafel *f*, Schaltwarte *f*; 3. *(Hydt)* Schütz *n*, Schütze *f*
~/**диспе́тчерский** *(El)* Dispatcherschalttafel *f*
~/**коммутацио́нный** *(El)* Schalttafel *f*
~/**контро́льный** *(Reg)* Kontrolltafel *f*, Überwachungstafel *f*
~/**прибо́рный** Armaturenbrett *n*, Instrumententafel *f*
~/**прохо́дческий** *(Bgb)* Vortriebsschild *m*
~/**распредели́тельный** *(El)* Schalttafel *f*
щито́к *m* 1. Schild *n*, Tafel *f (s. a. unter* щит 1.*)*; 2. *(El)* Schalttafel *f (s. a. unter* щит 2.*)*; 3. *(Flg)* Klappe *f*
~ **набо́ров** Instrumentenbrett *n*; *(Kfz)* Armaturenbrett *n*
~/**поса́дочный** *(Flg)* Landeklappe *f*
~/**предохрани́тельный** Schutzblech *n*
~/**тормозно́й** *(Flg)* Bremsklappe *f*
щуп *m* Fühllehre *f*; Fühler *m*, Taster *m*; Tastspitze *f*
~/**измери́тельный** Messfühler *m*, Messtaster *m*
~/**копирова́льный** *(Fert)* Kopiertaster *m*
~/**температу́рный** Temperaturfühler *m*
щупло́ *n (Text)* Fühler *m*, Taster *m*

Э

Э *s.* 1. экса...; 2. эрстед
эбони́т *m* Hartgummi *m*, Hartkautschuk *m*
эбони́товый Hartgummi..., Hartkautschuk...
эбуллиоскопи́я *f (Ch)* Ebullioskopie *f*
эВ *s.* электронвольт
эвапоро́метр *m (Meteo)* Evaporimeter *n*, Verdunstungsmesser *m*
эвдио́метр *m (Ch)* Eudiometer *n*
эвдиоме́трия *f (Ch)* Eudiometrie *f*, eudiometrische Messung *f*
ЭВМ *f (Inf)* Rechner *m (s. a. unter* машина/электронная вычислительная *und* компьютер*)*
ЭВМ/ана́логовая Analogrechner *m*, analoger Rechner *m*
ЭВМ/больша́я Mainframe *m*, Großrechner *m*
ЭВМ/бортова́я Bordrechner *m*
ЭВМ/бытова́я Heimcomputer *m*
ЭВМ/веду́щая Wirtsrechner *m*, Hostrechner *m*, Hostcomputer *m*
ЭВМ/гла́вная *s.* ЭВМ/ведущая
ЭВМ/дома́шняя Heimcomputer *m*
ЭВМ/конто́рская Bürocomputer *m*
ЭВМ/криоге́нная Kryo(gen)rechner *m*
ЭВМ/ма́лая Kleinrechner *m*
ЭВМ/насто́льная Tischrechner *m*
ЭВМ/однокриста́льная Einchiprechner *m*
ЭВМ/персона́льная Personalcomputer *m*, PC *m*
ЭВМ/подчинённая Slave-Rechner *m*
ЭВМ/32-разря́дная персона́льная 32-Bit-Personalcomputer *m*, 32-Bit-PC *m*
ЭВМ/сверхбыстроде́йствующая Subnanosekundenrechner *m*
ЭВМ/управля́ющая Prozessrechner *m*
ЭВМ/центра́льная *s.* ЭВМ/ведущая
ЭВМ/цифрова́я Digitalrechner *m*, digitaler Rechner *m*
эвольве́нта *f (Math)* Evolvente *f*
эвольвенто́метр *m (Mess)* Evolventenmessinstrument *n*, Zahnflankenprüfgerät *n*
эволю́та *f (Math)* Evolute *f*
эволю́ция *f (Astr)* Evolution *f*
~/звёздная Sternentwicklung *f*
эври́стика *f (Kyb)* Heuristik *f*
эвристи́ческий heuristisch
эвте́ктика *f (Ph, Wkst)* Eutektikum *n*
эвтекти́ческий eutektisch
эвтекто́ид *m (Ph, Wkst)* Eutektoid *n*
эвтекто́идный eutektoid
эвтрофирова́ние *n (Ökol)* Eutrophierung *f*, Nährstoffanreicherung *f (der Gewässer)*
эгутёр *m (Pap)* Vordruckwalze *f*, Egoutteur *m*, Wasserzeichenwalze *f*
э́джер *m (Wlz)* 1. Stauchwalze *f*; 2. Stauchwalzengerüst *n*
эдс *s.* сила/электродвижущая
эже́ктор *m* 1. Ejektor *m*, Strahlsaugpumpe *f*; 2. Auswerfer *m*, Ausstoßer *m*
эже́кция *f (Kern)* Ejektion *f*, Strahlauslenkung *f*; Teilchenausschleusung *f*
эйнште́йн *m* Einstein *n*, E *(Einheit der Strahlungsenergie in der Photochemie)*
эйнште́йний *m (Ch)* Einsteinium *n*, Es
эквала́йзер *m (Eln)* Equalizer *m*
эква́тор *m* Äquator *m*
~/галакти́ческий *(Astr)* galaktischer Äquator *m*
~/геомагни́тный *(Astr)* geomagnetischer Äquator *m*
~/небе́сный *(Astr)* Himmelsäquator *m*
~/терми́ческий *(Meteo)* thermischer Äquator *m*, Wärmeäquator *m*
экваториа́льный äquatorial, Äquator...
эквивале́нт *m* Äquivalent *n*
~ **рентге́на** *(Kern)* Röntgenäquivalent *n*
~ **рентге́на/биологи́ческий** biologisches Röntgenäquivalent *n*, Rem *n*, rem *(SI-fremde Einheit der Äquivalentdosis)*
~ **рентге́на/физи́ческий** physikalisches Röntgenäquivalent *n*, Rep *n*, rep *(SI-fremde Einheit der Energiedosis)*
~ **тепла́** *(Therm)* Wärmeäquivalent *n*
~/хими́ческий *(Ch)* chemisches Äquivalent *n*, Äquivalentmasse *f*
~ **эне́ргии** Energieäquivalent *n*
эквивале́нтность *f* Äquivalenz *f*, Gleichwertigkeit *f*
эквивале́нтный äquivalent, gleichwertig
эквидиста́нтный äquidistant, abstandsgleich

эквипотенциа́ль *f (El)* Äquipotenziallinie *f*, Äquipotentiallinie *f*
эквипотенциа́льный Äquipotenzial..., Äquipotential...
экзоге́нный *(Geol)* exogen
экзосфе́ра *f (Geoph)* Exosphäre *f*, äußere Atmosphäre *f*
экзотерми́ческий exotherm, wärmeabgebend
экипа́ж *m* 1. *(Eb)* Fahrzeug *n*, Schienenfahrzeug *m*; 2. Besatzung *f* • **без экипа́жа** unbemannt • **с экипа́жем** bemannt
~ **корабля́** Schiffsbesatzung *f*
~ **самолёта** Flugzeugbesatzung *f*
экипиро́вка *f (Eb)* Behandlung *f*, Ausrüstung *f*, Ausstattung *f*
экли́метр *m (Geod)* Gefällemesser *m*
экли́птика *f (Astr)* Ekliptik *f*
экологи́ческий ökologisch, umweltfreundlich, umweltschonend
эколо́гия *f* Ökologie *f*
~/**глоба́льная** Globalökologie *f*
~/**ландша́фтная** Landschaftsökologie *f*
~/**о́бщая** allgemeine Ökologie *f*
экономáйзер *m* 1. *(Wmt)* Ekonomiser *m*; 2. *(Kfz)* Spardüse *f*
~/**водяно́й** Rauchgas(speisewasser)-vorwärmer *m*
эконо́мика *f* Ökonomik *f*
~/**ры́ночная** Marktwirtschaft *f*
экономи́ческий ökonomisch, wirtschaftlich, Wirtschafts...
экономи́чность *f* Wirtschaftlichkeit *f*; Sparsamkeit *f*
экономи́чный wirtschaftlich; sparsam
эконо́мия *f* Ökonomie *f*; 2. Einsparung *f*
~ **вре́мени** Ökonomie *f* der Zeit
~ **материа́ла** Materialökonomie *f*
экосисте́ма *f* Ökosystem *n*
экра́н *m* 1. Schirm *m*, Abschirmung *f*; 2. *(Kine)* Bildwand *f*; 3. Bildschirm *m*; 4. Projektionsschirm *m*
~/**биологи́ческий** *(Kern)* biologischer Schirm *m*
~/**графи́ческий** *(Inf)* Graphikbildschirm *m*
~/**защи́тный** Schutzschirm *m*
~/**люминесце́нтный** Lumineszenzschirm *m*, Leucht(stoff)schirm *m*
~/**металлизи́рованный** metallhinterlegter Schirm *m*
~/**моза́ичный** *(TV)* Mosaikschirm *m*
~ **плоти́ны** *(Hydt)* Staudammabdichtung *f*
~/**проекцио́нный** Projektionsschirm *m*, Bildwand *f*, Großbildschirm *m*
~/**солнцезащи́тный** Sonnenschutzblende *f*
~/**телевизио́нный** Bildschirm *m*, Fernseh(bild)schirm *m*
~/**теплово́й [теплозащи́тный]** thermischer Schild *m*, Thermoschild *m*, Hitzeschild *m*, Wärme(schutz)schild *m*
~/**флуоресци́рующий** Fluoreszenzschirm *m*
~/**шумозащи́тный** Lärmschutzwand *f*
экрани́рование *n* 1. Abschirmen *n*, Abschirmung *f*; 2. Abblenden *n*, Abblendung *f*
экрани́рованный 1. abgeschirmt; 2. abgeblendet
экрани́ровать 1. abschirmen; 2. abblenden
экраниро́вка *f* s. экранирование
экрани́рующий Abschirm...
экра́нно-ориенти́рованный bildschirmorientiert
экса... *(Mess)* Exa..., E *(10^{18} Einheiten)*
эксга́устер *m* Exhaustor *m*
эксика́тор *m (Ch)* Exsikkator *m*
эксиме́р *m (Ph)* Eximer *n*
~/**ла́зерный** laseraktives Eximer *n*
эксито́н *m (Krist, Eln)* Exziton *n*, Exciton *n*
экситро́н *m (Eln)* Excitron *n*, Excitronröhre *f*
экскава́тор *m* Bagger *m*
~/**вскрышно́й** Abraumbagger *m*
~/**гу́сеничный** Raupenbagger *m*
~/**колёсный** Radbagger *m*, Schaufelradbagger *m*
~/**многоковшо́вый (цепно́й)** Eimerkettenbagger *m*
~/**одноковшо́вый** Eingefäßbagger *m*, Löffelbagger *m*
~/**поворо́тный** Schwenkbagger *m*
~/**полноповоро́тный** voll schwenkbarer Bagger *m*
~/**ро́торный** Radbagger *m*, Drehschaufelbagger *m*, Rotorbagger *m*
~/**транше́йный** 1. Grabenbagger *m*; 2. Grabenräumer *m*
~/**цепно́й** Eimerkettenbagger *m*

~/**шага́ющий** Schreitbagger *m*
экскава́тор-дра́глайн *m* Schürfkübelbagger *m*, Schleppschaufelbagger *m*
экскаваторострое́ние *n* Baggerbau *m*
экскава́ция *f* Baggern *n*, Ausbaggern *n*
экспа́ндер *m* 1. *(El)* Dehner *m*, Dynamikdehner *m*; 2. *(Rf)* Amplitudendehner *m*; 3. *(Gum)* Ausdehner *m (Reifenherstellung)*; 4. *(Masch)* Expander *m*
экспериме́нт *m* Experiment *n*, Versuch *m*
эксперимента́льный experimentell, Experiment...
эксперти́за *f* Gutachten *n*
эксплуата́ция *f* 1. Betrieb *m*, Einsatz *m*; Nutzung *f*; 2. *(Bgb)* Ausbeutung *f*, Gewinnung *f*, Förderung *f*
~/**газли́фтная** *(Erdöl)* Gasliften *n*, Gasliftförderung *f*
~/**компре́ссорная** *(Erdöl)* Liftförderung *f*, Liften *n*
~/**непреры́вная** Dauerbetrieb *m*
~/**о́пытная** Versuchsbetrieb *m*
~/**продолжи́тельная** Dauerbetrieb *m*
~ **сква́жин** *(Erdöl)* Sondenförderung *f*
~/**фонта́нная** *(Erdöl)* Eruptionsförderung *f*
~/**эрли́фтная** *(Erdöl)* Airliftförderung *f*, Druckluftförderung *f*
эксплуати́ровать 1. ausbeuten, nutzen; 2. *(Bgb)* abbauen, fördern
экспози́метр *m s.* экспонометр
экспози́ция *f (Photo)* 1. Belichtung *f*, Exposition *f*; 2. Belichtungszeit *f*
экспоне́нта *f (Math)* Exponent *m*
экспоненциа́льный *(Math)* Exponential..., exponentiell
экспони́рование *n (Photo)* Belichten *n*, Exponieren *n*
~/**двойно́е** Doppelbelichtung *f*
~/**многокра́тное** Mehrfachbelichtung *f*
экспони́ровать belichten *(Filme)*
экспоно́метр *m (Photo)* Belichtungsmesser *m*
~/**визуа́льный [опти́ческий]** visueller [optischer] Belichtungsmesser *m*
~/**фотоэлектри́ческий** photoelektrischer [lichtelektrischer] Belichtungsmesser *m*
экспре́сс-ана́лиз *m (Ch)* Schnellanalyse *f*
экстенси́вный extensiv
экстенсо́граф *m (Lebm)* Extensograph *m (zur Teigprüfung)*
эксти́нкция *f (Opt)* Extinktion *f (Strahlungsschwächung)*
экстрагалакти́ческий *(Astr)* extragalaktisch
экстраге́нт *m (Ch)* Extraktionsmittel *n*
экстраги́рование *n s.* экстракция
экстраги́ровать *(Ch)* extrahieren
экстра́кт *m (Ch)* Extrakt *m(n)*, Auszug *m*
~/**дуби́льный** *(Led)* Gerb(stoff)extrakt *m*
экстракти́вный extraktiv, Extraktiv...
экстра́ктор *m (Ch)* Extraktor *m*, Extraktionsapparat *m*
~/**центробе́жный** Extraktionszentrifuge *f*
экстракцио́нный Extraktions..., Extrahier...
экстра́кция *f (Ch)* Extraktion *f*, Extrahieren *n*
экстраполи́рование *n (Math)* Extrapolation *f*
экстраполи́ровать *(Math)* extrapolieren
экстраполя́тор *m* Extrapolator *m*
экстраполя́ция *f (Math)* Extrapolation *f*
экстрема́ль *f (Math)* Extremale *f*
экстрема́льный *(Math)* Extremal..., Extremwert...
экстре́мум *m (Reg)* Extremwert *m*, Extremum *n*
экструда́т *m (Ch)* Extrudat *n*, extrudiertes Produkt *n*
экстру́дер *m (Ch)* Extruder *m*
~/**плу́нжерный [поршнево́й]** Strangpresse *f*
~/**червя́чный** *(Kst)* Extruder *m*, Schneckenextruder *m*
экструди́рование *n s.* экструзия 2.
экструди́ровать extrudieren, spritzen; *(Met)* strangpressen
экструзи́вный *(Geol)* extrusiv, Extrusiv...
экстру́зия *f* 1. *(Geol)* Extrusion *f*; 2. Extrudieren *n*, Spritzen *n*; *(Met)* Strangpressen *n*
эксце́нтрик *m (Masch)* Exzenter *m*, Exzenterscheibe *f*
эксце́нтриковый Exzenter...

эксцентриситéт *m* Exzentrizität *f*, Außermittigkeit *f*
эксцентри́ческий exzentrisch, außermittig
эласти́чность *f (Mech)* Elastizität *f*; Flexibilität *f*
эласти́чный elastisch; dehnbar, biegsam
эластомéр *m (Ch, Kst)* Elastomer *n*, Elast *m*
элевáтор *m (Förd)* Elevator *m*, Aufzug *m*
~/**ковшóвый** Becherwerk *n*, Becheraufzug *m*
~/**наклóнный** Schrägförderer *m*
элегáз *m (El)* SF_6-Gas *n*; elektronegatives Gas *n*
электрéт *m* Elektret *n*
электризáция *f* Elektrisierung *f*, Elektrisieren *n*
электризовáть elektrisieren
электрификáция *f* Elektrifizierung *f*
электрифици́ровать elektrifizieren
электри́ческий elektrisch, Elektro...
электри́чество *n* Elektrizität *f*
~/**атмосфéрное** Luftelektrizität *f*
~/**контáктное** Kontaktelektrizität *f*, Berührungselektrizität *f*
~ **трéния** Reibungselektrizität *f*, Triboelektrizität *f*
электроакýстика *f* Elektroakustik *f*
электроакусти́ческий elektroakustisch
электроанáлиз *m* Elektroanalyse *f*, elektrochemische Analyse *f*
электроаппарáт *m* Elektrogerät *n*
электробезопáсность *f* Elektrosicherheit *f*
электробóйлер *m* Elektroboiler *m*, elektrischer Heißwasserbereiter *m*
электробри́тва *f* Elektrorasierer *m*, Trockenrasierer *m*
электробýр *m* Elektrotiefbohrgerät *n*, Elektrobohrer *m (Tiefbohrtechnik)*
электрóбус *m* Elektrobus *m*
электровáкуумный Elektrovakuum...
электровалéнтность *f (Ph)* Elektrovalenz *f*, elektrochemische Wertigkeit [Valenz] *f*; 2. Ionenwertigkeit *f*, heteropolare Valenz *f*
электровзрывáние *n* elektrische Zündung *f*
электровзрывáтель *m* Elektrozünder *m*
электровибрáтор *m* Elektrovibrator *m*, Elektrorüttler *m*
электровóз *m* Elektrolok(omotive) *f*, E-Lok *f*
~/**контáктный** Oberleitungs-Elektrolokomotive *f*, Oberleitungs-E-Lok *f*
~/**магистрáльный** Vollbahnelektrolokomotive *f*
~/**маневрóвый** elektrische Rangierlokomotive *f*
электровозостроéние *n* Elektrolokomotivbau *m*
электровооружённость *f* Elektrifizierungsgrad *m*
электрогайковёрт *m (Wkz)* Elektroschrauber *m*
электрогидравли́ческий elektrohydraulisch
электрогидродинами́ческий elektrohydrodynamisch
электрогидроприво́д elektrohydraulischer Antrieb *m*
электрогрáфия *f (Typ)* Elektrographie *f*, Effluviographie *f*
электрогри́ль *m* Elektrogrill *m*, elektrisches Grillgerät *n*
~/**лучевóй** Infrarotgrill *m*
электрóд *m* Elektrode *f*
~/**водорóдный** Wasserstoffelektrode *f*
~/**гóлый** nackte [blanke] Elektrode *f*
~/**графи́товый** Graphitelektrode *f*
~/**защи́тный** Schutzelektrode *f*
~/**измери́тельный** Messelektrode *f*
~/**мéдный** Kupferelektrode *f*
~/**металли́ческий** Metallelektrode *f*
~/**обмáзанный** *s.* ~/покрытый
~/**отклоня́ющий** Ablenkelektrode *f*
~/**отрицáтельный** negative [negativ geladene] Elektrode *f*
~/**плáвящийся** abschmelzende Elektrode *f*, Abschmelzelektrode *f*
~/**пласти́нчатый** Plattenelektrode *f*
~/**плáтиновый** Platinelektrode *f*
~/**плóский** Flächenelektrode *f*
~/**погружáемый** Tauchelektrode *f*
~/**поджигáющий** Zündelektrode *f*
~/**покры́тый** umhüllte [ummantelte] Elektrode *f*, Mantelelektrode *n*
~/**положи́тельный** positive [positiv geladene] Elektrode *f*

~/**расхóдуемый** Abschmelzelektrode *f*, selbstverzehrende Elektrode *f*
~/**свáрочный** Schweißelektrode *f*
~/**собирáющий** Sammelelektrode *f*, Auffangelektrode *f*, Kollektorelektrode *f*
~/**тóчечный** Punktelektrode *f*
~/**ýгольный** Kohleelektrode *f*
~/**управля́ющий** Steuerelektrode *f*
~/**ускоря́ющий** Beschleunigungselektrode *f*
~/**фокуси́руюший** Fokussier(ungs)-elektrode *f*
~/**эми́ттерный** *(Eln)* Emitter *m*, Emitterelektrode *f*, Emissionselektrode *f*
электродви́гатель *m* Elektromotor *m* *(Zusammensetzungen s. unter* двигатель 2.*)*
электродви́жущий elektromotorisch
электродетонáтор *m* elektrischer Zünder *m*, (elektrischer) Sprengzünder *m*
электродиáлиз *m* Elektrodialyse *f*
электродиализáтор *m* Elektrodialysator *m*
электродинáмика *f* Elektrodynamik *f*
~/**квáнтовая** Quantenelektrodynamik *f*
электродинами́ческий elektrodynamisch
электродинамóметр *m* Elektrodynamometer *n*
электродиффýзия *f* Elektrodiffusion *f*
электрóдный Elektroden...
электрододержáтель *m* Elektrodenhalter *m*, Elektrodenfassung *f*
электродрéль *f* Handbohrmaschine *f*
электродренáж *m* elektrische Drainage *f*, Streustromableitung *f*
электродуговóй Lichtbogen...
электроёмкий elektroenergieintensiv
электроизмери́тельный Elektromess...
электроизоля́ция *f* elektrische Isolation *f*
электроинкубáтор *m* *(Lw)* Brutapparat *m*, Elektrobrutapparat *m*, Brüter *m*
электроинструмéнт *m* Elektrowerkzeug *n*
электроискровóй elektroerosiv, Funken...
электрокáр *m* Elektrokarren *m*, E-Karren *m*
электрокардиогрáмма *f* *(Med)* Elektrokardiogramm *n*, EKG *n*
электрокардиóграф *m* *(Med)* Elektrokardiograph *m*, Ek *m*
электрокардиогрáфия *f* *(Med)* Elektrokardiographie *f*, EKG *n*
электрокардиостимуля́тор *m* *(Med)* Herzschrittmacher *m*, Kardiostimulator *m*, Pacemaker *m*
электрокаротáж *m* elektrische Bohrlochmessung *f*
электрокáустика *f* *(Med)* Elektrokaustik *f*, Thermokaustik *f*
электрокáутер *m* *(Med)* Glühkauter *m*, Thermokauter *m*
электрокерáмика *f* Elektrokeramik *f*
электрокинети́ческий elektrokinetisch
электрокипяти́льник *m* Tauchsieder *m*
электрокоагуля́ция *f* *(Med)* Elektrokoagulation *f*, Kaltkaustik *f*
электрокоррóзия *f* elektrochemische Korrosion *f*
электрокорýнд *m* Elektrokorund *m* *(Schleifmittel)*
электрокотёл *m* Elektrokessel *m*
электрóлиз *m* *(Ch)* Elektrolyse *f*
~ **расплáвов** Schmelzflusselektrolyse *f*
электролизёр *m* *(Ch)* Elektrolyseur *m*
электроли́зный Elektrolyse...
электроли́т *m* *(Ch)* Elektrolyt *m*
~/**си́льный** starker Elektrolyt *m*
~/**слáбый** schwacher Elektrolyt *m*
~/**твёрдый** fester Elektrolyt *m*
электролити́ческий elektrolytisch, Elektrolyt...
электролюминесцéнция *f* Elektrolumineszenz *f*
электромагнети́зм *m* Elektromagnetismus *m*
электромагни́т *m* Elektromagnet *m*
~/**грузовóй** *s.* ~/грузоподъёмный
~/**грузоподъёмный** Hebemagnet *m*, Hubmagnet *m*, Lasthebemagnet *m*
~/**подъёмный** *s.* ~/грузоподъёмный
электромагни́тный elektromagnetisch
электромаши́на *f* Elektromaschine *f*
электромашиностроéние *n* Elektromaschinenbau *m*
электрометаллýргия *f* Elektrometallurgie *f*
электрóметр *m* Elektrometer *n*
~/**квадрáнтный** Quadrant(en)elektrometer *n*

~/стру́нный Saitenelektrometer *n*, Fadenelektrometer *n*
электрометри́ческий elektrometrisch, Elektrometer...
электроме́трия *f* Elektromesstechnik *f*
электромеха́ника *f* Elektromechanik *f*
электромехани́ческий elektromechanisch
электромоби́ль *m* Elektrofahrzeug *n*, Elektroauto *n*
электромонта́ж *m* Elektroinstallation *f*
электро́н *m* Elektron *n*
~/**вале́нтный** Valenz(band)elektron *n*
~/**вне́шний** äußeres Elektron *n*, Außenelektron *n*
~/**вну́тренний** inneres Elektron *n*, Innenelektron *n*
~ **втори́чной эми́ссии** Sekundärelektron *n*, SE *n*
~/**втори́чный** Sekundärelektron *n*, SE *n*
~/**избы́точный** Überschusselektron *n*
~/**свобо́дный** freies Elektron *n*; Leitungselektron *n*
~/**свя́занный** gebundenes Elektron *n*
электронагре́в *m* Elektroerwärmung *f*, elektrische Erwärmung *f*
электронагрева́тель *m* 1. Heizelement *n*; 2. Elektroheizgerät *n*, elektrisches Heizgerät *n*
электронасо́с *m* Elektropumpe *f*, elektrische Pumpe *f*
электронво́льт *m* Elektronenvolt *n*, eV *(SI-fremde Einheit der Energie oder Arbeit)*
электро́ника *f* Elektronik *f*
~/**автомоби́льная** *(Kfz)* Kfz-Elektronik *f*
~/**биологи́ческая** Bioelektronik *f*
~/**бытова́я** Heimelektronik *f*
~/**информацио́нная** Informationselektronik *f*
~/**ква́нтовая** Quantenelektronik *f*
~/**косми́ческая** Raumfahrtelektronik *f*
~/**криоге́нная** Kryo(elek)tronik *f*
~/**молекуля́рная** Molekularelektronik *f*
~/**плёночная** Schichtelektronik *f*, Filmelektronik *f*
~/**полупроводнико́вая** Halbleiterelektronik *f*
~/**силова́я** Leistungselektronik *f*
~/**твердоте́льная** Festkörperelektronik *f*
~/**тонкоплёночная** Dünnfilmelektronik *f*, Dünnschichtelektronik *f*
электро́нно-ды́рочный *(Halbl)* Elektron(en)-Löcher..., PN-...
электро́нно-лучево́й Elektronenstrahl...
электро́нно-механи́ческий elektronisch-mechanisch
электро́нно-микроскопи́ческий elektronenmikroskopisch
электро́нно-опти́ческий elektronenoptisch
электро́нно-проводя́щий *(Halbl)* elektronenleitend, N-leitend
электро́нный elektronisch, Elektronik...; Elektronen...
электроногра́мма *f* Elektronenbeugungsaufnahme *f*
электроно́граф *m* Elektronenbeugungskamera *f*
электроногра́фия *f* Elektronographie *f*
электроно́ж *m (Med)* Hochfrequenzkauter *m*, Glühkauter *m*
электронолитогра́фия *f* Elektronenlithographie *f*
электрообеспы́ливание *n* Elektroentstaubung *f*
электрообору́дование *n* Elektroausrüstung *f*, elektrische Ausrüstung *f*
электрообрабо́тка *f* elektroerosive Metallbearbeitung *f*
электроо́птика *f* Elektrooptik *f*
электроопти́ческий elektrooptisch
электроосажде́ние *n* 1. *(Ch)* elektrolytische Fällung *f*; 2. *(Fert)* Elektroplattieren *n*, elektrolytische [galvanische] Abscheidung *f*
электроо́смос *m* Elektroosmose *f*
электроосмоти́ческий elektroosmotisch
электроотопле́ние *n* Elektroheizung *f*
электроотрица́тельный elektronegativ
электроочи́стка *f* elektrische Reinigung *f*
электропа́йка *f* elektrisches Löten *n*, Elektrolöten *n*
электропереда́ча *f* Elektroenergieübertragung *f*, elektrische Energieübertragung *f*
электроперфора́тор *m (Bgb)* elektrischer Abbauhammer *m*
электропе́чь *f* Elektroofen *m*
~/**ва́куумная** Vakuumelektroofen *m*
~/**дугова́я** Elektrolichtbogenofen *m*, Lichtbogenofen *m*

~/**индукцио́нная** Induktionsofen *m*
~/**конвекцио́нная** Wärmespeicherofen *m*
~/**низкочасто́тная** Niederfrequenzofen *m*, NF-Ofen *m*
~/**плави́льная** Elektroschmelzofen *m*
~ **сопротивле́ния** Widerstandsofen *m*, widerstandsbeheizter Ofen *m*
электропила́ *f* Elektrosäge *f*
электропита́ние *n* Elektroenergieversorgung *f*
электроплита́ *f* Elektro(koch)herd *m*
электропли́тка *f* Elektrokochplatte *m*
~/**излуча́ющая** elektrische Strahlungskochplatte *f*
электропогру́зчик *m* Elektro(hub)stapler *m*
электропо́езд *m* elektrischer Triebzug *m*, Elektrotriebzug *m*
электроположи́тельный elektropositiv
электрополотёр *m* elektrische Bohnermaschine *f*
электроприбо́р *m* Elektrogerät *n*
~/**бытово́й [дома́шний]** Elektrohaushaltsgerät *n*
электропри́вод *m* elektrischer Antrieb *m*, Elektroantrieb *m*
~/**лине́йный** *(El)* Linearantrieb *m*
~ **постоя́нного то́ка** *(El)* Gleichstromantrieb *m*
электроприку́риватель *m* *(Kfz)* Zigarrenanzünder *m*
электропрово́дка *f* elektrische Leitungsanlage *f*, Elektroinstallation *f*
~/**дома́шняя [кварти́рная]** Hausinstallation *f*
~/**откры́тая** offen [über Putz] verlegte elektrische Leitung *f*
~/**скры́тая** verdeckt [unter Putz] verlegte elektrische Leitung *f*
электропрово́дность *f* *(Eln)* (elektrische) Leitfähigkeit *f*, (elektrisches) Leitvermögen *n*
~/**ды́рочная** Defektelektronenleitung *f*; P-Leitung *f*, Löcherleitung *f*
~/**ио́нная** Ionenleitfähigkeit *f*; elektrolytische Leitfähigkeit *f*
~/**при́месная** Störstellenleitung *f*, Extrinsic-Leitung *f*
~/**со́бственная** Eigenleitung *f*, Eigenleitfähigkeit *f*, Intrinsic-Leitung *f*
~/**электро́нная** Elektronenleitfähigkeit *f*, Elektronenleitung *f*, Überschusselektronenleitung *f*, N-Leitung *f*
электропрово́дный elektrisch leitend
электропроводя́щий elektrisch leitend
электропрогре́в *m* Elektroerwärmung *f*
электропрои́грыватель *m* Plattenspieler *m*
электропромы́шленность *f* Elektroindustrie *f*
электропылесо́с *m* Staubsauger *m*
электрорадиодета́ль *f* Rundfunkbauelement *n*
электроразве́дка *f* Geoelektrik *f*, geoelektrische Erkundungsmethode *f*
электросва́рка *f* Elektroschweißen *n*, elektrisches Schweißen *n* *(Zusammensetzungen s. unter* сварка*)*
электросе́ть *f* Elektroenergieversorgungsnetz *n*
электроско́п *m* Elektroskop *n*
электросмо́г *m* Elektrosmog *m*
электроснабже́ние *n* Elektroenergieversorgung *f*, elektrische Energieversorgung *f*
электросопротивле́ние *n* elektrischer Widerstand *m*
электроста́ль *f* Elektrostahl *m*, E-Stahl *m*
электроста́нция *f* Kraftwerk *n* *(s. a. unter* станция 2.*)*
~/**а́томная** Kernkraftwerk *n*, KKW *n*
~/**газотурби́нная** Gasturbinenkraftwerk *n*
~/**геотерма́льная** Erdwärmekraftwerk *n*, geothermisches Kraftwerk *n*
~/**гидроаккумули́рующая** Pumpspeicher(kraft)werk *n*
~/**конденсацио́нная** Kondensationskraftwerk *n*
~/**насо́сно-аккумули́рующая** Pumpspeicher(kraft)werk *n*
~/**передвижна́я** fahrbares [mobiles, ortsveränderliches] Kraftwerk *n*
~/**пикова́я** Spitzenkraftwerk *n*
~/**прили́вная** Gezeitenkraftwerk *n*, Meereskraftwerk *n*
~/**райо́нная** Überlandkraftwerk *n*, regionales Kraftwerk *n*
~/**со́лнечная** Solarkraftwerk *n*, Sonnenkraftwerk *n*
~/**теплова́я** Wärmekraftwerk *n*

~/**теплофикацио́нная** Heizkraftwerk *n*, HKW *n*
~/**термоя́дерная** Fusionskraftwerk *n*, Kernfusionskraftwerk *n*, thermonukleares Kraftwerk *n*
~/**тя́говая** Bahnkraftwerk *n*
~/**у́гольная** Kohlekraftwerk *n*
~/**я́дерная** Kernkraftwerk *n*, KKW *n*
электроста́ртер *m (Kfz)* elektrischer Anlasser *m*
электроста́тика *f* Elektrostatik *f*
электростати́ческий elektrostatisch
электрострикцио́нный elektrostriktiv, Elektrostriktions...
электростри́кция *f* Elektrostriktion *f*
электросчётчик *m* 1. Elektrozähler *m*, elektrischer Zähler *m*; 2. Elektroenergie(verbrauchs)zähler *m*, Elektrizitätszähler *m*
электротеле́жка *f s.* электрокар
электротерми́ческий elektrothermisch, Elektrowärme...
электротерми́я *f* Elektrothermie *f*
электроте́хника *f* Elektrotechnik *f*
~/**высоково́льтная** Hochspannungstechnik *f*
~ **высо́кой частоты́** Hochfrequenztechnik *f*, HF-Technik *f*
~/**низково́льтная** Niederspannungstechnik *f*
~ **ни́зкой частоты́** Niederfrequenztechnik *f*, NF-Technik *f*
~/**сильното́чная** Starkstromtechnik *f*
~/**слабото́чная** Schwachstromtechnik *f*
электротехни́ческий elektrotechnisch
электроти́пия *f* Galvanoplastik *f*
электротя́га *f (Eb)* Elektrotraktion *f*, elektrische Zugförderung *f*, elektrischer Zugbetrieb *m*
электроустано́вка *f* Elektroanlage *f*, elektrische Anlage *f*
~/**откры́тая** (elektrische) Freiluftanlage *f*
электроутю́г *m* elektrisches Bügeleisen *n*
электрофарфо́р *m* Elektroporzellan *n*, elektrotechnisches Porzellan *n*
электрофе́н *m* Heißluftdusche *f*, Föhn *m*
электрофи́зика *f* Elektrophysik *f*
электрофизи́ческий elektrophysikalisch
электрофи́льтр *m* Elektrofilter *n*
электрофо́р *m* Elektrophor *m*
электрофоре́з *m* Elektrophorese *f*
электрофотографи́ческий elektrophotographisch
электрофотогра́фия *f* Elektrophotographie *f*
электрохими́ческий elektrochemisch
электрохи́мия *f* Elektrochemie *f*
электрохо́д *m* Elektroschiff *n*
электрочасы́ *pl* elektrische Uhr *f*
~/**втори́чные** Nebenuhr *f*
~/**гла́вные** Hauptuhr *f*
электроэнерге́тика *f* Elektroenergetik *f*, elektrische Energietechnik *f*
электроэнергети́ческий elektroenergetisch, Elektroenergie...
электроэне́ргия *f* Elektroenergie *f*
электроэнцефалогра́мма *f (Med)* Elektroenzephalogramm *n*, EEG *n*
электроэнцефало́граф *m (Med)* Elektroenzephalograph *m*
электроэнцефалогра́фия *f (Med)* Elektroenzephalographie *f*
электроэрозио́нный elektroerosiv
электроэро́зия *f* Elektroerosion *f*
элеме́нт *m* 1. Element *n*; 2. *(Ch)* (chemisches) Element *n*, (chemischer) Grundstoff *m*; 3. *(El)* Element *n*, Zelle *f*; Schaltteil *n*; 4. *(Reg)* Element *n*, Glied *n*; 5. *(Eln)* Bauelement *n*, Bauteil *n*, Baustein *m*
~/**аккумуля́торный** *(El)* Akku(mulatoren)zelle *f*
~ **акусти́ческой свя́зи** Akustikkoppler *m*
~/**ана́логовый** *(Reg)* analoges Element *n*, Analogelement *n*
~/**ана́лого-цифрово́й** *(Reg)* analog-digitales Element *n*
~/**астати́ческий** *(Reg)* astatisches Element [Glied] *n*; integral wirkendes Glied *n*, I-Glied *n*
~/**биметалли́ческий** *(El)* Bimetallelement *n*
~ **Во́льта** *(El)* Volta-Element *n*
~/**втори́чный** *(El)* Sekundärelement *n*
~/**гальвани́ческий** *(El)* galvanisches Element *n*, galvanische Zelle *f*
~/**гидравли́ческий** Hydraulikelement *n*
~ **да́нных** *(Inf)* Datenelement *n*
~/**двои́чный** *(El)* Binärelement *n*

~/**дискре́тный** *(Eln)* diskretes Element [Bauelement] *n*
~/**дистанцио́нный** Abstandsstück *n*, Abstandshalter *m*
~/**дифференци́рующий** *(Reg)* Differenzialglied *n*, Differentialglied *n*, D-Glied *n*
~/**задаю́щий** *(Reg)* Geber *m*; Sollwertgeber *m*; Sollwerteinsteller *m*
~ **заме́ны/типобо́й** *(Eln)* Steckeinheit *f*
~/**запомина́ющий** *(Inf)* Speicherelement *n*, Speicherglied *n*
~ **И** *(Reg)* UND-Glied *n*, AND-Glied *n*, UND-Gatter *n*, AND-Gatter *n*
~/**измери́тельный** *(Reg)* Messelement *n*, Messglied *n*
~ **изображе́ния** *(Eln)* Bildelement *n*, Bildpunkt *m*, Pixel *n*
~/**изодро́мный** *(Reg)* Isodromglied *n*; proportional-integral wirkendes Glied *n*, PI-Glied *n*
~ **И́ЛИ** *(Reg)* ODER-Element *n*, ODER-Glied *n*, ODER-Gatter *n*
~/**индукти́вный** *(Eln)* induktives Element [Bauelement] *n*
~ **И-НЕ** *(Reg)* UND-NICHT-Element *n*, NAND-Glied *n*
~/**интегри́рующий** *(Reg)* Integrationsglied *n*, I-Glied *n*
~/**иску́сственный радиоакти́вный** künstliches radioaktives Element *n*
~/**исполни́тельный** *(Reg)* 1. Stellglied *n*; 2. Regelelement *n*, Regelglied *n*
~/**ка́дмиевый** *(El)* Cadmiumelement *n*
~/**коммути́рующий** *(El)* Schaltelement *n*, Schaltglied *n*, Kommutator *m*
~/**криоге́нный** *(Inf)* Kryoelement *n*, kryogenisches Element *n* *(Tieftemperatur-Speicherelement)*
~/**логи́ческий** *(Reg)* logisches Element *n*, Logikelement *n*, Logikglied *n*
~/**мо́крый** *(El)* Nasselement *n*
~/**нагрева́тельный** *(El)* Heizelement *n*, Heizleiter *m*
~ **НЕ** *(Reg)* NICHT-Gatter *n*, NICHT-Glied *n*, Negator *m*
~ **НЕ-И** *(Reg)* NICHT-UND-Gatter *n*, NAND-Gatter *n*, NICHT-UND-Glied *n*, NAND-Glied *n*
~ **НЕ-И́ЛИ** *(Reg)* NICHT-ODER-Gatter *n*, NOR-Gatter *n*, NICHT-ODER-Glied *n*, NOR-Glied *n*
~/**нестаби́льный** *(Kern)* instabiles Element *n*
~/**несу́щий** *(Bw)* tragendes Element *n*, Tragelement *n*
~/**норма́льный** *(El)* Normalelement *n*
~/**оптоэлектро́нный** optoelektronisches Element [Bauelement] *n*
~/**первИ́чный** *(El)* Primärelement *n*
~/**полупроводнико́вый** Halbleiterbauelement *n*
~/**поро́говый** *(Reg)* Schwellwertglied *n*, Schwellwertelement *n*
~/**преобразова́тельный** *(Reg)* Umformelement *n*; Wandlerelement *n*
~/**присоедини́тельный** *(El)* Anschlusselement *n*
~/**пьезоэлектри́ческий** *(El)* Piezoelement *n*, piezoelektrisches Bauelement *n*
~/**радиоакти́вный** radioaktives Element *n*
~/**сбо́рный** *(Bw)* Fertig(bau)teil *n*
~/**сверхминиатю́рный** *(Eln)* Subminiatur(bau)element *n*
~ **свя́зи** *(El, Eln)* Koppler *m*, Kopplungselement *n*, Kopplungsglied *n*
~ **свя́зи/оптоэлектро́нный** Optokoppler *m*, Optron *n*
~/**силово́й** *(Reg)* Kraftschalter *m*
~/**со́лнечный** Solarzelle *f*
~/**стати́ческий** *(Reg)* statisches Element *n*; proportional wirkendes Glied *n*, P-Glied *n*
~/**сухо́й** *(El)* Trockenelement *n*
~/**тепловыделя́ющий** *(Kern)* Kernbrennelement *n*, BE *n*, Kernbrennstoffelement *n*; Brenn(stoff)stab *m*
~/**то́пливый** *(Kern)* Brennstoffelement *n*, BS-Element *n*, BSE *n*, Brennstoffzelle *f*
~/**трансура́новый** *(Kern)* Transuran *n*
~/**функциона́льный** *(Math)* Funktionselement *n*, *(Reg auch:)* Funktionsglied *n*; *(Kyb)* Verknüpfungselement *n*
~/**хими́ческий** (chemisches) Element *n*, (chemischer) Grundstoff *m*
~/**цифрово́й** *(Eln)* digitales Element *n*, digitale Baugruppe *f*, Digitalelement *n*
~/**чувстви́тельный** *(Reg)* Fühlglied *n*; *(Mess)* Messfühler *m*
элемента́рный elementar, Elementar...
элеро́н *m* *(Flg)* Querruder *n*

э́ллинг *m (Schiff)* Helling *f*
э́ллипс *m* Ellipse *f*
~ **ине́рции** *(Mech)* Trägheitsellipse *f*
эллипсо́граф *m* Ellipsenzirkel *m*
эллипсо́ид *m (Math)* Ellipsoid *n*
~ **враще́ния** *(Mech)* Rotationsellipsoid *n*
~ **деформа́ции** *(Mech)* Deformationsellipsoid *n*, Verformungsellipsoid *n*
~ **ине́рции** *(Mech)* (poinsotsches) Trägheitsellipsoid *n*, poinsotsches Ellipsoid *n*
~ **напряже́ний** *(Mech)* Spannungsellipsoid *n*, Elastizitätsellipsoid *n*
эллипсоида́льный ellipsoid, ellipsenähnlich
эллипти́ческий elliptisch, ellipsenförmig
эллипти́чность *f (Math)* Elliptizität *f*
элонга́ция *f (Astr)* Elongation *f*
элю́вий *m (Geol)* Eluvium *n*
элюи́рование *n (Ch)* Eluieren *n*, Elution *f*
эма́левый Email...
эмалирова́ние *n* Emaillieren *n*, Emaillierung *f*
эмалиро́ванный emailliert
эмалирова́ть emaillieren
эма́ль *f* 1. Email *n*, Emaille *f*; 2. Emaille(ack)farbe *f*
эма́н *m (Kern)* Eman *n*, eman, E *(SI-fremde Einheit der radiologischen Konzentration, z. B. von Quellen)*
émaна́ция *f (Kern)* 1. Emanation *f*, Ausströmung *f (radioaktiver Gase)*; 2. Emanation *f*, radioaktives Edelgas *n*
эмани́рование *n s.* эманация 1.
эмиссио́нный Emissions...
эми́ссия *f* Emission *f*
~/**автоэлектро́нная** Feld(elektronen)-emission *f*, kalte Emission *f*
~/**акусти́ческая** Schallemission *f*
~/**втори́чная электро́нная** Sekundärelektronenemission *f*
~ **двуоки́си се́ры** *(Ökol)* Schwefeldioxidemission *f*, SO_2-Emission *f*
~/**ио́нная** Ionenemission *f*
~/**термоэлектро́нная** thermische Elektronenemission *f*, Glüh(elektronen)emission *f*, thermoelektrischer Effekt *m*
~/**фотоэлектро́нная** Photoemission *f*
~/**холо́дная** *s.* ~/автоэлектронная
~/**электро́нная** Elektronenemission *f*
эми́ттер *m (Eln)* Emissionselektrode *f*, Emitterelektrode *f*, Emitter *m*
эмпири́ческий empirisch, erfahrungsmäßig
эмульга́тор *m (Ch)* Emulgator *m*, Emulgiermittel *n*
эмульга́ция *f s.* эмульгирование
эмульги́рование *n (Ch)* Emulgieren *n*, Emulsionieren *n*
эмульги́рованный emulgiert
эмульги́руемость *f (Ch)* Emulgierbarkeit *f*
эмульсио́нный Emulsions...
эмульсифика́ция *f (Photo)* Emulsionierung *f*, Emulgation *f*
эму́льсия *f* Emulsion *f*
~/**во́дная** wässrige Emulsion *f*
~/**нефтяна́я** Erdölemulsion *f*
~/**фотографи́ческая** photographische [lichtempfindliche] Emulsion *f*, Photoemulsion *f*
~/**я́дерная** Kern(spur)emulsion *f*
эмуля́тор *m (Inf)* Emulator *m*
эмуля́ция *f (Inf)* Emulation *f*
энантиоморфи́зм *m (Krist)* Enantiomorphismus *m*
энантиомо́рфный *(Krist)* enantiomorph
энантиотропи́я *f (Krist)* Enantiotropie *f*
энантиотро́пный *(Krist)* enantiotrop
эндико́н *m (TV)* Endikon *n*
эндовибра́тор *m (Rf)* Hohlraumresonator *m*
эндоге́нный endogen
эндосмо́с *m (Ph)* Endosmose *f*
эндотерми́ческий endotherm, wärmeaufnehmend
энерге́тика *f* Energetik *f*, Energiewirtschaft *f*; Energiewesen *n*
~/**а́томная** *s.* ~/ядерная
~/**ветрова́я** Windenergetik *f*, Windenergiewirtschaft *f*
~/**я́дерная** Kernenergetik *f*, Kernenergiewirtschaft *f*; Kernenergietechnik *f*
энергети́ческий energetisch, Energie...
эне́ргия *f* Energie *f*
~ **актива́ции** *(Kern)* Aktivierungsenergie *f*
~/**а́томная** *s.* ~/ядерная
~/**ветрова́я** Windenergie *f*
~/**вну́тренняя** *(Therm)* innere Energie *f*

~/**вóдная** Wasserenergie *f*, Hydroenergie *f*
~ **возбуждéния** *(Ph)* Anregungsenergie *f*
~ **Гúббса** *s.* потенциал Гиббса
~/**гидроэлектрúческая** hydroelektrische Energie *f*, Wasserkraftelektroenergie *f*
~ **делéния** *(Kern)* Spaltungsenergie *f*
~ **деформáции** *(Mech)* (äußere) Formänderungsarbeit *f*
~/**звуковáя** *(Ak)* Schallenergie *f*
~/**избы́точная** *(Ph)* Überschussenergie *f*
~ **излучéния** *(El)* Strahlungsenergie *f*, Strahlungsmenge *f*
~/**кинетúческая** *(Mech)* kinetische Energie *f*, Bewegungsenergie *f*
~/**лучúстая** *s.* ~ излучения
~/**механúческая** mechanische Energie *f*
~/**обмéнная** Austauschenergie *f*
~ **образовáния** *(Ph)* Bildungsenergie *f*, Bildungsarbeit *f*
~/**óбщая** Gesamtenergie *f*
~/**остáточная** *(Ph)* Restenergie *f*
~ **отдáчи** *(Mech)* Rückstoßenergie *f*
~/**повéрхностная** Oberflächenenergie *f*
~/**подводúмая** zugeführte Energie *f*
~ **покóя** *(Ph)* Ruheenergie *f*
~/**полéзная** Nutzenergie *f*
~ **пóля** *(Ph)* Feldenergie *f*
~/**порóговая** *(Kern)* Schwellenenergie *f*, Grenzenergie *f*, Energieschwellenwert *m*
~/**потенциáльная** *(Mech)* potentielle Energie *f*, Energie *f* der Lage, Lageenergie *f*
~ **распáда** *(Kern)* Zerfallsenergie *f*
~/**световáя** *(Opt)* Lichtenergie *f*; Lichtmenge *f*, Lichtarbeit *f*
~/**свобóдная** *(Therm)* freie Energie *f*
~ **связи** Bindungsenergie *f*
~ **сúнтеза (я́дер)** *s.* ~/термоядерная
~/**тепловáя** Wärmeenergie *f*
~/**термоя́дерная** *(Kern)* Fusionsenergie *f*, Kernfusionsenergie *f*, thermonukleare Energie *f*
~/**удéльная** spezifische Energie *f*
~/**химúческая** chemische Energie *f*
~/**электрúческая** elektrische Energie *f*, Elektroenergie *f*
~/**я́дерная** Kernenergie *f*
энергобалáнс *m* Energiebilanz *f*
энергоблóк *m* Kraftwerksblock *m*
энерговооружённость *f* 1. Elektroenergieeinsatzgrad *m*; 2. *(Flg, Rak)* Schubvermögen *n*; Schub-Masse-Verhältnis *n*
энерговыделéние *n* Energiefreisetzung *f*
энергоёмкий energieintensiv
энергоёмкость *f* Energiegehalt *m*, Energieintensität *f*; Energiebedarf *m* *(eines Geräts)*
энергозавúсимый energieabhängig; *(Inf)* flüchtig *(Speicher)*
энергомашиностроéние *n* Energiemaschinenbau *m*
энергонезавúсимый energieunabhängig; *(Inf)* nicht flüchtig, nichtflüchtig *(Speicher)*
энергоносúтель *m* Energieträger *m*
энергообеспечéние *n* Energieversorgung *f*
энергообмéн *m* Energieaustausch *m*, Energieumsatz *m*
энергоотдáча *f* Energieabgabe *f*
энергопередáча *f* Energieübertragung *f*
энергопотреблéние *n* Energieverbrauch *m*
энергоресýрсы *mpl* Energieressourcen *pl*, Energiereserven *fpl*
энергосéть *f* Energie(versorgungs)netz *n*
энергосистéма *f* Energie(verbund)system *n*, Energieversorgungssystem *n*
~/**крýпная** Großverbundsystem *n*
~/**объединённая** Energieverbundsystem *n*
~/**райóнная** regionales Energie(verbund)system *n*
энергоснабжéние *n* Energieversorgung *f*
энергохозя́йство *n* Energiewirtschaft *f*
энтальпúя *f* *(Therm)* Enthalpie *f*, gibbssche Wärmefunktion *f*, Wärmeinhalt *m*
энтропúйный Entropie...
энтропúя *f* *(Therm)* Entropie *f*
энцефалогрáмма *f* *(Med)* Elektroenzephalogramm *n*, EEG *n*
энцефалóграф *m* *(Med)* Elektroenzephalograph *m*

энцефалогра́фия *f (Med)* Elektroenzephalographie *f*
ЭОП *m s.* преобразователь/электронно-оптический
эпидиаско́п *m (Opt)* Epidiaskop *n*
эписко́п *m (Opt)* Episkop *n*
эпитаксиа́льный *(Krist)* epitaxial, epitaktisch
эпитакси́я *f (Krist)* Epitaxie *f*
~/газофа́зная Gasphasenepitaxie *f*, Epitaxie *f* aus der Gasphase
~/жидкофа́зная Schmelzlösungsepitaxie *f*; Flüssigphasenepitaxie *f*
~/парофа́зная Dampfphasenepitaxie *f*, Epitaxie *f* aus der Dampfphase
~/твердофа́зная Festphasenepitaxie *f*
эпитрохо́ида *f (Math)* Epitrochoide *f*
эпице́нтр *m (Geoph)* Epizentrum *n*
эпициклóида *f (Math)* Epizykloide *f*
эпо́ха *f* 1. Epoche *f*, Zeitalter *n*, Zeitabschnitt *m*; 2. *(Geol)* Epoche *f*
~/леднико́вая *(Geol)* Eiszeit *f*, Glazialzeit *f*, Kaltzeit *f*
эпю́ра *f* 1. Bildebene *f*, Zeichenebene *f*; 2. Linie *f*, Figur *f*, Fläche *f*
~ давле́ния *(Fest)* Druckdiagramm *n*, Druckkurve *f*, Drucklinie *f*
~ изгиба́ющего моме́нта *(Fest)* Biegemomentenlinie *f*, Momentenlinie *f*, Biegemomentendiagramm *n*, Momentendiagramm *n*, Momentenkurve *f*
~ моме́нтов *s.* ~/изгибающего момента
э́ра *f (Geol)* Ära *f*
~/мезозо́йская Mesozoikum *n*, Erdmittelalter *n*
~/палеозо́йская Paläozoikum *n*, Erdaltertum *n*
э́рбий *m (Ch)* Erbium *n*, Er
эрг *m (Ph)* Erg *n*, erg *(SI-fremde Einheit für Arbeit, Energie, Wärmemenge; = 10^{-7} Joule)*
эрго́граф *m (Med)* Ergograph *m*
эргоди́ческий ergodisch
эрго́метр *m (Med)* Ergometer *n*
эргометри́я *f (Med)* Ergometrie *f*
эргоно́мика *f* Ergonomik *f*
эрла́нг *m (Nrt)* Erlang *n*, Erl, E *(SI-fremde Einheit des Verkehrswertes)*
эрли́фт *m* Airlift *m*, Druckförderer *m*, Mammutpumpe *f*
эрми́тов *(Math)* hermitesch, hermitisch
эроди́рование *n s.* эрозия
эроди́ровать *(Geol)* erodieren, auswaschen, abtragen
эрозиесто́йкость *f* Erosionsbeständigkeit *f*
эрозио́нный Erosions...
эро́зия *f (Geol)* Erosion *f*
~/ветрова́я Winderosion *f*, Windabtrag *m*
~/во́дная aquatische Erosion *f*, Wassererosion *f*
~ по́чвы Bodenerosion *f*
эрсте́д *m* Oersted *n*, Oe *(SI-fremde Einheit der Feldstärke)*
эскала́тор *m* Rolltreppe *f*
эски́з *m* Skizze *f*, Entwurf, Riss *m*, Aufriss *m*
эссе́нция *f* Essenz *f*
~/у́ксусная Essigessenz *f*
эстака́да *f* 1. *(Eb)* Ladebrücke *f*, Verladebrücke *f*, Verladeplattform *f*; 2. *(Eb)* Hochbahn *f*, Hochgleis *n*; 3. Förderbrücke *f*; 4. *(Hydt)* Estakade *f*, Pfahlwerk *n*; 5. *(Bw)* Gerüstbrücke *f*
эта́ж *m* 1. *(Bw)* Etage *f*, Stockwerk *n*, Geschoss *n*; 2. *(Bgb)* Sohle *f*, Etage *f*
~/второ́й erstes Obergeschoss *n*, erste Etage *f*
~/манса́рдный Dachgeschoss *n*
~/пе́рвый Erdgeschoss *n*
~/цо́кольный Sockelgeschoss *n*, Souterrain *n*
~/черда́чный Dachgeschoss *n*
эта́жность *f* Geschosszahl *f*
этало́н *n* Normal *n* (höchster Genauigkeit)
~/абсолю́тный absolutes Normal *n*
~ вре́мени Zeitnormal *n*
~/втори́чный Sekundärnormal *n*
~/группово́й Gruppennormal *n*
~/одино́чный Einzelnormal *n*
~/перви́чный Primärnormal *n*
~ сравне́ния Vergleichsnormal *n*
эталони́рование *n* Eichen *n*, Eichung *f*
эталони́ровать eichen
этало́нный geeicht, Eich..., Vergleichs...
эта́н *m (Ch)* Ethan *n*
этано́л *m (Ch)* Ethanol *n*, Ethylalkohol *m*
этерифика́ция *f (Ch)* Veresterung *f*
этиле́н *m (Ch)* Ethylen *n*
этили́рование *n (Ch)* Ethylieren *n*
этили́рованный *(Ch)* ethyliert

этили́ровать *(Ch)* ethylieren
эти́ловый *(Ch)* Ethyl...
эти́н *m (Ch)* Ethin *n*, Acetylen *n*
эфи́р *m (Ch)* Ether *m*; Ester *m*
~/**ки́слый** saurer Ester *m*
~/**просто́й** Ether *m*
~/**сло́жный** Ester *m*
эфи́рный *(Ch)* etherisch, Ether...; Ester...
эффе́кт *m* Effekt *m*, Wirkung *f*
~ **До́плера** *(Ph)* Doppler-Effekt *m*
~/**дробово́й** *(Eln)* Schroteffekt *m*
~ **Ке́рра** *(Opt)* (elektrooptischer) Kerr-Effekt *m*, elektrische Doppelbrechung *f*
~ **Ко́мптона** *(Kern)* Compton-Effekt *m*
~/**микрофо́нный** *(Eln)* Mikrophonieeffekt *m*
~/**парнико́вый** *(Ph, Ökol)* Treibhauseffekt *m*
~/**пове́рхностный** *(El)* 1. Hauteffekt *m*, Skineffekt *m*, Stromverdrängungseffekt *m*; 2. Oberflächeneffekt *m*
~/**пьезоэлектри́ческий** Piezoeffekt *m*, piezoelektrischer Effekt *m*
~/**светово́й** *(Opt)* Lichteffekt *m*, Lichtwirkung *f*
~/**стереоскопи́ческий** *(Opt)* stereoskopischer Effekt *m*, Drei-D-Effekt *m*, Raumwirkung *f*
~/**теплово́й** Heizeffekt *m*, Heizwirkung *f*
~/**тунне́льный** *(Eln)* Tunneleffekt *m*
~ **Фараде́я** 1. *(Opt)* Faraday-Effekt *m*, magnetische Drehung *f (der Polarisationsebene)*, Magnetorotation *f*; 2. *(El)* Wirbelstromeffekt *m*
~/**фотоэлектри́ческий** Photoeffekt *m*, photoelektrischer Effekt *m*
~ **Хо́лла** *(Ph)* Hall-Effekt *m*
эффекти́вность *f* Effektivität *f*, Wirksamkeit *f*; Wirkungsgrad *m*
эффекти́вный effektiv, wirksam
эффузи́вный *(Geol)* effusiv
эффу́зия *f (Geol)* Effusion *f*
э́хо *n* Echo *n*
~/**бли́жнее** Nahecho *n*
~/**многокра́тное** Mehrfachecho *n*
эхогра́мма *f (Rad)* Echogramm *n*
эхо́граф *m (Rad)* Echograph *m*
э́хо-загради́тель *m (Nrt)* Echosperre *f*
эхоло́т *m* Echolot *n*
э́хо-сигна́л *m (Rad)* Echosignal *n*
эшеле́тт *m (Opt)* Echelettegitter *n*
эше́лле *n (Opt)* Echellegitter *n*
эшело́н *m* **(Ма́йкельсона)** *(Opt)* Echelon *n*, (michelsonsches) Stufengitter *n*, Michelson-Gitter *n*
эшелони́рование *n (Flg)* Staffelung *f*, Stufung *f*

Ю

ю́бка *f* 1. Mantel *m (eines Kolbens)*; 2. *(El)* Schirm *m (eines Isolators)*
юг *m* Süd; Süden *m*
ю́жный Süd..., südlich
ю́ра *f (Geol)* Jura *n*
юсти́ровать justieren; einstellen
юстиро́вка *f* Justieren *n*, Justierung *f*; Einstellen *n*
ют *m (Schiff)* Poop *f*, Achterdeck *n*

Я

явле́ние *n* 1. Erscheinung *f*; 2. Effekt *m*, Ereignis *n (s. a. unter* эффект*)*
~ **резона́нса** *(El)* Resonanzerscheinung *f*
~/**фотоэлектри́ческое** *s.* фотоэффект
~/**электрокинети́ческое** elektrokinetische Erscheinung *f*
я́вный explizit
яд *m* Gift *n*
~/**конта́ктный** *(Lw)* Kontaktgift *n*
я́дерно-акти́вный *(Kern)* kernaktiv
я́дерно-леги́рованный *(Halbl)* strahlendotiert
я́дерно-неакти́вный *(Kern)* kerninaktiv
я́дерно-резона́нсный *(Ph)* Kernresonanz...
я́дерно-спи́новый *(Ph)* Kernspin...
я́дерно-физи́ческий kernphysikalisch
я́дерно-чи́стый *(Kern)* 1. nuklearrein; 2. reaktorrein
я́дерно-энергети́ческий Kernenergie..., kernenergetisch
я́дерный 1. Kern..., nuklear; 2. mit Kernenergieantrieb, kernenergiegetrieben
ядови́тость *f* Giftigkeit *f*, Toxizität *f*
ядови́тый giftig, toxisch
ядохимика́т *m* Schädlingsbekämpfungsmittel *n*
ядро́ *n* Kern *m*, Keim *m*, Zentrum *n*

~ **а́тома ге́лия** *(Kern)* Heliumkern *m*; Helion *n*
~/**а́томное** Atomkern *m*
~ **ви́хря** *(Aero)* Wirbelkern *m*, Wirbelzentrum *n*
~ **Земли́** Erdkern *m*, Zentrosphäre *f*
~/**лёгкое** *(Kern)* leichter Kern *m*
~/**нестаби́льное** *s.* ~/радиоактивное
~/**нечётно-нечётное** *(Kern)* uu-Kern *m*, Ungerade-ungerade-Kern *m*
~/**нечётно-чётное** *(Kern)* ug-Kern *m*, Ungerade-gerade-Kern *m*
~/**радиоакти́вное** radioaktiver [instabiler, zerfallender] Kern *m*
~/**сверхтяжёлое** *(Kern)* überschwerer Kern *m*
~/**стаби́льное** *(Kern)* stabiler Kern *m*
~/**тяжёлое** *(Kern)* schwerer Kern *m*
~/**усто́йчивое** *(Kern)* stabiler Kern *m*
~/**чётно-нечётное** *(Kern)* gu-Kern *m*, Gerade-ungerade-Kern *m*
~/**чётно-чётное** *(Kern)* gg-Kern *m*, Gerade-gerade-Kern *m*
ядро́-мише́нь *n (Kern)* Targetkern *m*
язы́к *m (Inf)* Sprache *f*
~/**а́дресный** Adresssprache *f*
~/**алгоритми́ческий** algorithmische Sprache *f*
~ **ассе́мблера** Assemblersprache *f*
~ **высо́кого у́ровня** höhere Sprache *f*
~/**есте́ственный** natürliche Sprache *f*
~/**информацио́нный** Informationssprache *f*
~/**иску́сственный** künstliche Sprache *f*
~/**исхо́дный** Quellsprache *f*, Ursprungssprache *f*
~/**маши́нно-незави́симый** maschinenunabhängige Sprache *f*
~/**маши́нно-ориенти́рованный** maschinenorientierte Sprache *f*
~/**маши́нный** Maschinensprache *f*
~/**пробле́мно-ориенти́рованный** problemorientierte Programmiersprache *f*
~ **программи́рования** Programmiersprache *f*
~ **программи́рования высо́кого у́ровня** höhere Programmiersprache *f*
язычо́к *m (El)* Zunge *f*, Schenkel *m (eines Transformators)*
яйцеви́дный eiförmig
я́корный Anker...
я́корь *m (El, Schiff)* Anker *m*
~/**адмиралте́йский** *(Schiff)* Admiralitätsanker *m*; Normalanker *m*
~/**враща́ющийся** *(El)* Drehanker *m*
~/**грибови́дный** *(Schiff)* Pilzanker *m*, Schirmanker *m*
~/**кормово́й** ~ *(Schiff)* Heckanker *m*, Stromanker *m*
~/**короткоза́мкнутый** *(El)* Kurzschlussanker *m*
~/**носово́й** *(Schiff)* Buganker *m*
~/**плаву́чий** *(Schiff)* Treibanker *m*
~/**станово́й** *(Schiff)* Buganker *m*
~/**штоково́й** *(Schiff)* Stockanker *m*
я́ма *f* Grube *f*; Senke *f*
~/**лите́йная** Gießgrube *f*
~/**отсто́йная** Absetzgrube *f*, Klärgrube *f*
ямокопа́тель *m (Lw)* Pflanzlochmaschine *f*
я́нский *m (Astr)* Flusseinheit *f*, Jansky, Jy *(SI-fremde, jedoch gültige Einheit der spektralen Energieflussdichte)*
янта́рный Bernstein...
янта́рь *m (Min)* Bernstein *m*
я́ркий hell
яркоме́р *m (Licht)* Leuchtdichtemesser *m*
я́ркость *f* 1. Helligkeit *f*; 2. *(Licht)* Leuchtdichte *f (Einheit)*
~ **изображе́ния** *(TV)* Bildhelligkeit *f*
~/**ка́жущаяся** scheinbare Helligkeit *f*
~ **фо́на** *(TV)* Grundhelligkeit *f*, Hintergrundhelligkeit *f*
ярлы́к *m* Etikett *n*
ярмо́ *n (El)* Joch *n*
~/**магни́тное** Magnetjoch *n*
я́рус *m* 1. *(Bw)* Rang *m (im Theater)*; 2. *(Geol)* Stufe *f*; 3. *(Bgb)* Etage *f*, Abbauscheibe *f*
ярь-медя́нка *f* Grünspan *m*
я́хта *f* Segeljacht *f*
яче́йка *f* 1. Zelle *f*; 2. Masche *f*; 3. *(Krist)* Zelle *f*, Elementarzelle *f*
~ **па́мяти** *(Inf)* Speicherplatz *m*, Speicherzelle *f*
~/**элемента́рная** *(Krist)* Elementarzelle *f*
я́шма *f (Geol)* Jaspis *m*
я́щик *m* Kasten *m*; Kiste *f*; Gehäuse *n*
~/**пластма́ссовый** Kunststoffgehäuse *n*
~/**распредели́тельный** *(El)* Verteilerkasten *m*
«я́щик *m* **/чёрный»** *(Flg)* Flug(daten)schreiber *m*, Blackbox *f*, Black Box *f*

Deutsch-Russisch
Немецко-русский

A

A *s.* Ampere
a *s.* Auto...
Å *s.* Ångström
Abänderung *f* модифика́ция *f*, видоизмене́ние *n*
Abarbeiten *n s.* Abarbeitung
Abarbeitung *f* отрабо́тка *f*, выполне́ние *n (z. B. von Programmen)*
Abart *f* разнови́дность *f*, модифика́ция *f*, видоизмене́ние *n*
abätzen вытравля́ть
Abbau *m* 1. разбо́рка *f*, демонта́ж *m*; 2. *(Bgb)* вы́емка *f*; добы́ча *f*; очистна́я вы́емка *f*; отрабо́тка *f*; очистны́е рабо́ты *fpl*; 3. *(Ch)* расщепле́ние *n*, дестру́кция *f (von Verbindungen)*; разложе́ние *n*
abbauen 1. разбира́ть, демонти́ровать; 2. *(Bgb)* разраба́тывать, выраба́тывать, вынима́ть; 3. *(Ch)* расщепля́ть, разлага́ть *(Verbindungen)*
Abbaufeld *n (Bgb)* (вы́емочное) по́ле *n*
Abbauförderer *m (Bgb)* забо́йный транспортёр *m*
Abbaufortschritt *m (Bgb)* подвига́ние *n* забо́я
Abbauhammer *m (Bgb)* отбо́йный молото́к *m*
~/elektrischer *(Bgb)* электроперфора́тор *m*
Abbauhohlraum *m (Bgb)* вы́работанное простра́нство *n*
Abbaukomplex *m (Bgb)* вскрышно́й ко́мплекс *m*
Abbaumaschine *f (Bgb)* вы́емочная маши́на *f*, комба́йн *m*
Abbaumethode *f (Bgb)* систе́ма *f* разрабо́тки
Abbauort *n (Bgb)* (очистно́й) забо́й *m*
Abbauraum *m (Bgb)* очистно́е простра́нство *n*
Abbauscheibe *f (Bgb)* вы́емочный слой *m*, я́рус *m*
Abbaustoß *m* (очистно́й) забо́й *m*
Abbaustufe *f (Bgb)* усту́п *m (Tagebau)*
Abbauverfahren *n (Bgb)* систе́ма *f* разрабо́тки
abbiegen *(Fert)* отборто́вывать; загиба́ть; отгиба́ть
Abbildung *f* 1. изображе́ние *n*; 2. *(Math)* отображе́ние *n*; 3. *(Typ)* рису́нок *m*, иллюстра́ция *f*
~/affine *(Math)* аффи́нное отображе́ние [преобразова́ние] *n*
~/optische опти́ческое изображе́ние *n*
~/reelle *(Opt)* действи́тельное изображе́ние *n*
~/stereoskopische *(Opt)* стереоскопи́ческое изображе́ние *n*
~/tonnenförmige *(Opt)* бочкообра́зное изображе́ние *n (Aberrationsart)*
~/umgekehrte *(Opt)* перевёрнутое изображе́ние *n*
~/virtuelle *(Opt)* мни́мое изображе́ние *n*
Abbildungsfehler *m s.* Aberration
abbinden *(Bw)* затвердева́ть *(Zement)*; схва́тываться *(Beton, Mörtel)*
Abbinden *n (Bw)* затвердева́ние *n (Zement)*; схва́тывание *n (Beton, Mörtel)*
abbindend/schnell быстросхва́тывающийся *(Beton, Mörtel)*
Abblasen *n* 1. *(Gieß)* обду́вка *f (der Gießformen)*; 2. спуск *m*, вы́пуск *m (z. B. von Gasen oder Dampf)*
abblättern отсла́иваться; шелуши́ться
Abblättern *n* отсла́ивание *n*; шелуше́ние *n*
abblenden 1. затемня́ть; 2. экрани́ровать; *(Photo)* диафрагми́ровать
Abblenden *n* 1. затемне́ние *n*; 2. экрани́рование *n*; *(Photo)* диафрагми́рование *n*
Abblendlicht *n (Kfz)* бли́жний свет *m*
Abblendscheinwerfer *m (Kfz)* фа́ра *f* бли́жнего све́та
Abblendung *f s.* Abblenden
Abbrand *m* 1. обгора́ние *n*; 2. *(Met, Schw)* уга́р *m*; 3. *(Met, Kern)* выгора́ние *n*; 4. *(Met)* ога́рок *m*; 5. *(Met)* ока́лина *f*
abbrechen 1. прекраща́ть; 2. *(Bw)* сноси́ть *(Gebäude)*
abbremsen 1. *(Mech)* тормози́ть, затормо́живать; 2. *(Kern)* замедля́ть *(z. B. Neutronen)*
Abbremsen *n* 1. *(Mech)* торможе́ние *n*; 2. *(Kern)* замедле́ние *n (z. B. Neutronen)*

abbrennen 1. обгора́ть; 2. *(Met)* выгора́ть; 3. *(Schw)* сре́зывать; 4. *(Ch)* трави́ть
Abbrennen *n* 1. обгора́ние *n*; 2. *(Met)* выгора́ние *n*; 3. *(Ch)* травле́ние *n*
abbröckeln выкра́шиваться
Abbröckeln *n* выкра́шивание *n*
Abbruch *m* 1. *(Bw)* снос *m*; слом *m*; разбо́рка *f*; 2. *(Inf)* прерыва́ние *n* выполне́ния програ́ммы
Abbruchbefehl *m (Inf)* кома́нда *f* вы́хода из ци́кла
abbruchreif ве́тхий
abbrühen отпа́ривать
Abdämmen *n* 1. запру́живание *n*, огражде́ние *n (z. B. Dämme)*; 2. *(Gieß)* заде́лка *f (Formen)*
Abdämmung *f* 1. *s.* Abdämmen 1.; 2.; 2. *(Bgb)* перемы́чка *f*; 3. *(Hydt)* да́мба *f*
Abdampf *m* отрабо́тавший [мя́тый] пар *m*
abdampfen выпа́ривать
Abdampfen *n* выпа́ривание *n*
Abdampfturbine *f* турби́на *f* мя́того па́ра
Abdecken *n* покры́тие *n*
Abdeckklappe *f* створ́ка *f*
Abdeckung *f* 1. покры́тие *n*; 2. кры́шка *f*; 3. ма́ска *f*
abdichten 1. уплотня́ть; 2. заде́лывать; 3. *(Masch)* набива́ть *(Stopfbuchsen)*; 4. прома́зывать; 5. конопа́тить
Abdichten *n s.* 1. Abdichtung 1.; 2.; 5.; 2. конопа́чение *n*
Abdichtung *f* 1. уплотне́ние *n*; 2. *(Bgb)* тампона́ж *m (Bohrlöcher)*; 3.; (уплотня́ющая) прокла́дка *f*; 4. *(Bw)* гидроизоля́ция *f*; 5. заде́лка *f*
Abdichtungs... уплотня́ющий, уплотни́тельный
Abdrehen *n (Fert)* обта́чивание *n*
Abdrift *f (Flg, Schiff)* снос *m*; *(Schiff)* дрейф *m*
abdriften *(Flg, Schiff)* сноси́ть
Abdriftwinkel *m (Flg, Schiff)* у́гол *m* сно́са; *(Schiff)* у́гол *m* дре́йфа
abdrosseln дроссели́ровать
Abdrosseln *n* дроссели́рование *n*
Abdruck *m* 1. *(Typ)* отпеча́ток *m*; 2. *(Typ)* о́ттиск *m*; 3. сле́пок *m*
Abdrücken *n* 1. отжи́м *m*; 2. опрессо́вка *f (einer Rohrleitung)*; 3. *(Bgb)* отжи́м *m (der Kohle)*; 4. *s.* Abdrückversuch
Abdrückmutter *f* отжи́мная га́йка *f*
Abdrückversuch *m* испыта́ние *n* давле́нием *(Prüfung unter Druck von Rohrleitungen, Kesseln)*
abdunkeln затемня́ть
Aberration *f (Opt, Astr)* аберра́ция *f*
~/chromatische хромати́ческая аберра́ция *f*, хромати́зм *m*
~/diffraktive дифракцио́нная аберра́ция *f*
~/geometrische [monochromatische] геометри́ческая аберра́ция *f*
~/sphärische сфери́ческая аберра́ция *f*
aberrationsfrei *(Opt)* безаберрацио́нный
aberregen *(El)* развозбужда́ть
Abfahrsignal *n (Eb)* сигна́л *m* отправле́ния
Abfahrt *f* отправле́ние *n*; отхо́д *m*
Abfall *m* 1. *s.* Abfälle; 2. *(Text)* рвань *f*; 3. му́сор *m*; 4. спад *m*, спада́ние *n*; 5. уменьше́ние *n (z. B. des Druckes)*; *(El, Mech)* паде́ние *n (der Spannung)*; *(El)* зава́л *m (der Frequenzen)*
Abfallbeseitigung *f* удале́ние *n* отхо́дов; захороне́ние *n* отхо́дов
Abfälle *mpl* 1. отбро́сы *mpl*; отхо́ды *mpl* (произво́дства); *(Text)* уга́ры *mpl*; 2. утильсырьё *n*
~/brennbare горю́чие отхо́ды *mpl*
~/radioaktive радиоакти́вные отбро́сы [отхо́ды] *mpl*
~/verwertbare [wieder verwendungsfähige] возвра́тные отхо́ды *mpl*
abfallen 1. спада́ть, снижа́ться; отпада́ть; 2. *(El)* отпуска́ть *(Relais)*
abfallfrei *(Ökol)* безотхо́дный
Abfallgrube *f* вы́греб *m*
Abfalllagerung *f* захороне́ние *n* отхо́дов
Abfallprodukt *n* побо́чный проду́кт *m*; отхо́ды *mpl*; отбро́сы *mpl*
Abfallsäure *f* отрабо́танная кислота́ *f*
Abfallstoffe *mpl* 1. отхо́ды *mpl* (произво́дства); 2. утильсырьё *n*
Abfallverwertung *f* утилиза́ция *f* отхо́дов
abfangen 1. ула́вливать, захва́тывать; 2. перехва́тывать *(Nachrichten, Luftziele)*; 3. *(Flg)* выводи́ть

Abfangen *n* 1. улáвливание *n*; 2. перехвáт *m* *(von Nachrichten, Luftzielen)*
abfasen *(Fert)* скáшивать
Abfasen *n (Fert)* скáшивание *n*, снятие *n* фáски
abfedern подрессóривать; подвéшивать *(Fahrzeuge)*
Abfederung *f* подрессóривание *n*; подвéшивание *n (Fahrzeuge)*
abfertigen *(Eb)* отправлять *(Züge)*
Abfertigungsgebäude *n (Flg)* аэровокзáл *m*; здáние *n* аэровокзáла
abfiltern отфильтрóвывать
Abflachung *f* лыска *f (einer Kante oder Rundung)*
abflanschen заглушáть *(Rohrleitungen)*
abfließen стекáть
Abfließen *n* оттóк *m*
Abflug *m (Flg)* 1. взлёт *m*; старт *m*; 2. вылет *m*, отлёт *m*
Abfluggeschwindigkeit *f (Flg)* взлётная [стáртовая] скóрость *f*, скóрость *f* отрыва
Abflugmasse *f (Flg)* стáртовая [взлётная] мáсса *f*
Abfluss *m* 1. сток *m*, слив *m*, отлив *m*; 2. *(Met, Gieß)* выход *m*; 3. сливнóй жёлоб [лотóк] *m*
~/unterirdischer *(Hydrol)* подзéмный сток *m*
Abfluss... сливнóй
Abflussganglinie *f (Hydrol)* гидрóграф *m*
Abflussgraben *m* стóчная канáва *f*; водоотвóдная канáва *f*
Abflusskanal *m (Hydt)* стóчный канáл *m*
Abflussmenge *f (Hydrol)* сток *m*
Abflussmengenlinie *f (Hydrol)* гидрóграф *m*
Abflussöffnung *f* выпускнóе отвéрстие *n*
Abflusspunkt *m (Hydt)* тóчка *f* схóда
Abflussrohr *n* отводнáя [стóчная] трубá *f*
Abfrage *f (Nrt, Inf)* опрóс *m*; *(Inf)* пóиск *m*; *(Rad)* запрóс *m*
Abfragebefehl *m (Inf)* комáнда *f* опрóса
Abfragebetrieb *m (Inf)* режим *m* опрóса
Abfragecode *m* код *m* запрóса
Abfragegerät *n (Rad)* запрóсчик *m*
abfragen *(Nrt, Inf)* опрáшивать
Abfragen *n (Nrt, Inf)* опрóс *m*
Abfrageschalter *m (Nrt)* опрóсный ключ *m*
Abfragesystem *n (Inf)* систéма *f* опрóса
Abfragetaste *f (Nrt)* опрóсный ключ *m*
Abfühlen *n* считывание *n*
Abfuhr *f* 1. вывоз *m*, вывозка *f*; 2. *s.* Abführung
abführen отводить
Abführung *f* отведéние *n*, отвóд *m (von Wärme)*
Abfüll... *(Lebm)* разливочный
abfüllen 1. *(Lebm)* разливáть *(auf Flaschen)*; 2. затáривать; 3. фасовáть, расфасóвывать *(Waren)*
Abfüllen *n* 1. *(Lebm)* рóзлив *m (auf Flaschen)*; 2. затáривание *n*; 3. (рас-) фасóвка *f (von Waren)*
Abfüll- und Verpackungsautomat *m* расфасóвочно-упаковóчный автомáт *m*
Abfüll- und Verschließmaschine *f* разливочно-укупорочная машина *f*
Abgabe *f* отдáча *f*; сдáча *f*; выдáча *f* *(z. B. von Energie)*
Abgänge *mpl* отхóды *mpl* (обогащéния); хвосты *mpl (Aufbereitung)*; *(Text)* угáры *mpl*
Abgangs... исходящий
Abgas *n* отрабóтавший газ *m*; *(Kfz)* выхлопнóй газ *m*
Abgaskanal *m* газохóд *m*
Abgasturbogebläse *n s.* Abgasturbolader
Abgasturbolader *m* газотурбонагнетáтель *m*, газотурбинный нагнетáтель *m*
Abgaszug *m* дымохóд *m*
abgeblendet экранированный
abgebremst замéдленный
abgedichtet уплотнённый
abgefangen *(Bw)* подпёртный
abgefedert подрессóренный, подпружиненный
abgeflacht *s.* abgeplattet
abgeglichen *(El)* выравненный, сбалансированный; компенсированный *(Phasen)*

abgehend исходя́щий
abgekürzt сокращённый
abgeleitet *(Math)* произво́дный
abgemagert упрощённый
abgeplattet сплю́щенный
abgereichert *(Kern)* обеднённый
abgesättigt насы́щенный
abgeschaltet *(El)* разо́мкнутый, вы́ключенный, отключённый
abgeschirmt экрани́рованный; защищённый
abgeschrägt ско́шенный
abgeschreckt закалённый *(Stahl)*
abgesetzt с усту́пами; ступе́нчатый *(Welle)*
abgestellt вы́ключенный
abgestimmt/scharf *(Rf)* остронастро́енный
abgestuft ступе́нчатый
abgestumpft тупо́й
abgestützt *(Bw)* подпёртный
abgetastet скани́рованный
Abgeteiltheit *f* отде́льность *f*
abgießen 1. *(Gieß)* лить, отлива́ть, разлива́ть; 2. *(Ch)* сце́живать, слива́ть, деканти́ровать
~/vorsichtig *(Ch)* деканти́ровать
Abgießen *n* 1. *(Gieß)* отли́в *m*, отли́вка *f*, разли́вка *f*; 2. *(Ch)* слива́ние *n*, деканта́ция *f*
Abgleich *m* 1. ура́внивание *n*, выра́внивание *n*; компенса́ция *f (einer Phase)*; уравнове́шивание *n*; 2. *(El)* настро́йка *f*, нала́дка *f (Schaltungen)*; 3. *(Mess)* подго́нка *f*
Abgleich... подстро́ечный
abgleichen 1. выра́внивать; ура́внивать; 2. баланси́ровать; 3. компенси́ровать *(Phasen)*
Abgleichen *n s.* Abgleich
Abgleichfehler *m* 1. *(El)* дисбала́нс *m*; 2. *(Masch)* небала́нс *m*
Abgleichkondensator *m (Rf)* три́ммер *m*, подстро́ечный конденса́тор *m*
Abgleichung *f s.* Abgleich
Abgleiten *n (Geol)* соска́льзывание *n*
abgraten *s.* entgraten
Abgraten *n s.* Entgraten
Abgratgesenk *n (Masch)* обрезно́й [зачистно́й] штамп *m*
Abgratpresse *f (Masch)* обрезно́й пресс *m*
abgreifen снима́ть *(Signale)*
Abgreifer *m (El)* 1. токосъёмник *m*; 2. движо́к *m (des Potentiometers)*
Abgriff *m* 1. *(El)* отво́д *m*; *(El)* ответвле́ние *n*; 2. *(El)* съём *m (z. B. des Potentials)*; 3. *s.* Abgreifer 2.
Abgriffspunkt *m (El)* то́чка *f* отво́да
Abgriffsstelle *f (El)* то́чка *f* отво́да
Abguss *m s.* Abgießen
Abhang *m* отко́с *m*; скат *m*; склон *m*
abhängen отцепля́ть
abhängig зави́симый, зави́сящий
Abhängigkeit *f* зави́симость *f*
~/gegenseitige взаимозави́симость *f*
~/lineare лине́йная зави́симость *f*
~/wechselseitige взаимозави́симость *f*
abhaspeln разма́тывать *(Garne)*
abhauen обруба́ть, отруба́ть
Abhebegeschwindigkeit *f s.* Abfluggeschwindigkeit
abheben 1. (при)поднима́ть; 2. *(Fert)* снима́ть *(Späne)*; 3. *(Flg)* взлета́ть
Abheben *n* 1. подъём *m*, съём *m*; 2. *(Fert)* сня́тие *n*, съём *m (von Spänen)*; 3. *(Flg)* отры́в *m*
Abhebestift *m* направля́ющий штифт *m*
Abhitzekessel *m* котёл-утилиза́тор *m*
Abhören *n (Nrt)* 1. подслу́шивание *n*; 2. прослу́шивание *n*; 3. радиопехва́т *m (von Funkverbindungen)*
abisoliert оголённый *(Leiter)*
Abkanten *n (Fert)* отгиба́ние *n* (кро́мок)
Abkantmaschine *f (Masch)* кромкоза́гибочный стано́к *m*
abkappen *(Fert)* торцева́ть *(Bretter, Rundholz)*
Abkippen *n* 1. сва́ливание *n (Müll auf Deponie)*; 2. *(Flg)* сва́ливание *n*
abklären осветля́ть
Abklären *n* осветле́ние *n*, отста́ивание *n (Aufbereitung)*
abklemmen 1. *(El)* отсоединя́ть; 2. разжима́ть *(Maschinenteile)*
Abklemmen *n* 1. *(El)* отсоедине́ние *n*; 2. разжи́м *m (Maschinenteile)*
abklingen затухать
Abklingen *n* 1. *(Mech)* затуха́ние *n*; 2. *(Kern)* ослабле́ние *n*, спад *m (der Aktivität)*

Abklingkonstante *f (El)* постоя́нная *f* затуха́ния
Abknickung *f* заги́б *m*
Abkochung *f (Ch)* отва́р *m*, отва́рка *f*
abkommen сбива́ть *(vom Kurs)*
Abkömmling *m (Ch)* произво́дное *n*, дерива́т *m*
abkoppeln *(Raumf)* расстыкова́ть
Abkoppeln *n (Raumf)* расстыко́вка *f*
Abkratzen *n* соска́бливание *n*, выска́бливание *n*
Abkröpfung *f (Masch)* выемка *f*, выгиб *m*
abkühlen 1. охлажда́ть; 2. остыва́ть
Abkühlung *f* 1. охлажде́ние *n*; 2. остыва́ние *f*
abkuppeln отцепля́ть; расцепля́ть; разъединя́ть; отключа́ть
abkürzen сокраща́ть, укора́чивать
Abkürzung *f* сокраще́ние *n*, укоро́чение *n*
abladen выгружа́ть, разгружа́ть *(Güter)*
Abladen *n* вы́грузка *f*, разгру́зка *f (von Gütern)*
ablagern вылёживать; выде́рживать *(z. B. Bier)*
Ablagerung *f* 1. отложе́ние *n*; седимента́ция *f*; *(Lebm)* вы́держка *f*
ablängen *(Fert)* торцева́ть *(Bretter, Rundholz)*
Ablängen *n* отреза́ние *n*, отре́зка *f*; *(Holz)* торцо́вка *f (Bretter)*
Ablängsäge *f* обрезна́я пила *f*; *(Holz)* торцо́вочный стано́к *m*, торцо́вка *f*
Ablass *m s.* Ablassen
ablassen выпуска́ть; отпуска́ть; спуска́ть *(Flüssigkeiten)*
Ablassen *n* выпуск *m*; спуск *m (von Flüssigkeiten)*
Ablasshahn *m* сливно́й [спускно́й] кран *m*
Ablation *f (Geol)* абля́ция *f*
Ablauf *m* 1. сток *m*, стека́ние *n*, слив *m*; 2. *(Bw)* трап *m*, сто́чный жёлоб *m*; 3. ход *m*, протека́ние *n (eines Prozesses)*; ход *m*, тече́ние *n (einer Reaktion)*; 4. сбег *m*; 5. *(Eb)* ро́спуск *m (der Wagen am Ablaufberg)*
Ablauf... сливно́й
Ablaufberg *m (Eb)* (сортиро́вочная) го́рка *f (Rangierbetrieb)*
ablaufen 1. стека́ть; 2. протека́ть *(ein Vorgang)*
ablaufend/schnell быстропротекающий, быстротеку́щий *(Prozess)*
Ablaufrohr *n* выпускна́я [отводна́я, спускна́я, дрена́жная] труба́ *f*
Ablaufstellwerk *n (Eb)* го́рочная централиза́ция *f*
abläutern *(Bgb)* промыва́ть *(Erze)*
Ablegefach *n (Inf)* карма́н *m*
Ablegen *n (Schiff)* отча́ливание *n*
ablehnen отка́зывать
Ablehnung *f* отка́з *m*
ableiten 1. *(Math)* выводи́ть *(eine Formel)*; 2. отводи́ть; 3. выводи́ть *(z. B. Gase ins Freie)*
Ableiten *n s.* Ableitung 2. *bis* 5.
Ableitung *f* 1. *(Math)* произво́дная *f*; 2. отведе́ние *n*, отво́д *m (von Wärme)*; 3. вы́вод *m (von Gasen ins Freie)*; 4. *(El)* уте́чка *f*
~/partielle *(Math)* ча́стная произво́дная *f*
Ableitungsrohr *n s.* Ablaufrohr
Ablenkelektrode *f (Eln)* отклоня́ющий электро́д *m*
ablenken 1. отклоня́ть; 2. *(Eln)* развёртывать
Ablenkgenerator *m (TV)* генера́тор *m* развёртки
Ablenkgeschwindigkeit *f (TV)* ско́рость *f* развёртки
Ablenkschaltung *f (TV)* схе́ма *f* развёртки
Ablenkstrom *m (El)* отклоня́ющий ток *m*
Ablenktransformator *m* отклоня́ющий трансформа́тор *m*
Ablenkung *f* 1. отклоне́ние *n*; 2. *(TV)* развёртывание *n*, развёртка *f*; 3. девиа́ция *f (z. B. der Magnetnadel)*; 4. *(Mess)* уво́д *m (des Zeigers)*
~/zeilenweise *(TV)* стро́чная развёртка *f*
Ablenkungswinkel *m* у́гол *m* отклоне́ния
Ablenkvorrichtung *f (Kern)* дефле́ктор *m (beim Beschleuniger)*
Ablenkwinkel *m* у́гол *m* отклоне́ния
Ablesemarke *f* и́ндекс *m (an Messinstrumenten)*
Ablesen *n s.* Ablesung

Ablesung *f* 1. счи́тывание *n*; 2. отсчёт *m (von Messinstrumenten)*
Ablieferungstermin *m* срок *m* сда́чи
ablöschen 1. гаси́ть *(Kalk)*; 2. туши́ть *(Koks, Schlacke)*
Ablöschen *n* 1. *(Bw)* гаше́ние *n (Kalk)*; 2. туше́ние *n (von Koks, Schlacke)*
Ablösen *n* 1. отлипа́ние *n*; 2. *(Aero)* срыв *m (der Strömung)*; 3. *(Bgb)* отжи́м *m (der Kohle)*
~/**schichtenweises** расслое́ние *n*
Ablösungsschütteln *n (Aero)* срывно́й ба́фтинг *m*
Ablöten *n* отпа́йка *f*
Abluft *f* отрабо́танный во́здух *m*
Abluftrohr *n* вытяжна́я труба́ *f*
Abmachung *f* усло́вие *n*
Abmagerung *f* обедне́ние *n (z. B. eines Gemisches)*
Abmaß *n (Fert)* отклоне́ние *n* (разме́ра)
abmessen 1. мери́ть; отме́ривать; измеря́ть; вымеря́ть; 2. дози́ровать
Abmessung *f* разме́р *m*
Abnahme *f* 1. сня́тие *n*, демонта́ж *m*; 2. приёмка *f (z. B. von Erzeugnissen)*; 3. у́быль *f*, убыва́ние *n*; уменьше́ние *n (z. B. des Druckes)*; съём *m*; 4. *(El, Mech)* паде́ние *n*; 5. *(Fert)* сня́тие *n (von Spänen)*
Abnahmeprüfung *f* контро́льное [приёмочное, приёмно-сда́точное] испыта́ние *n*, освиде́тельствование *n*
abnehmbar съёмный
abnehmen 1. снима́ть, демонти́ровать; 2. принима́ть; 3. убыва́ть, уменьша́ться; 4. отбира́ть
Abnehmen *n s.* Abnahme
Abnehmer *m* 1. потреби́тель *m*; 2. *(El)* приёмник *m (von Energie)*; 3. *(Text)* валья́н *m (Krempel)*; 4. собира́тель *m*
Abnutzbarkeit *f (Fest, Trib)* изна́шиваемость *f*, сраба́тываемость *f*, истира́емость *f*
abnutzen/sich *(Fest, Trib)* изна́шиваться, сраба́тываться, истира́ться
Abnutzung *f (Fest, Trib)* изна́шивание *n*, изно́с *m*, сраба́тывание *n*, истира́ние *n*
Abnutzungsfestigkeit *f (Fest, Trib)* сопротивле́ние *n* истира́нию
Abnutzungsgrad *m (Fest, Trib)* изна́шиваемость *f*, сраба́тываемость *f*, истира́емость *f*
Aböl *n* отрабо́танное ма́сло *n*
abpacken зата́ривать, (рас)фасо́вывать *(Waren)*
Abpacken *n* зата́ривание *n*, (рас)фасо́вка *f (von Waren)*
abplatten сплю́щивать, плю́щить
Abplatten *n (Wlz)* плюще́ние *n*, сплю́щивание *n*
Abplattung *f* 1. сплю́снутость *f*, сплю́щенность *f (Ergebnis)*; 2. *s.* Abplatten
abplatzen отсла́иваться
Abplatzen *n* отсла́ивание *n*
abpressen отжима́ть
Abpressen *n* отжи́м *m*
Abprodukt *n (Ökol)* отхо́ды *mpl*
abproduktarm *(Ökol)* малоотхо́дный
abproduktfrei *(Ökol)* безотхо́дный
Abproduktnutzung *f (Ökol)* испо́льзование *n* отхо́дов
Abproduktverwertung *f (Ökol)* испо́льзование *n* отхо́дов
abpumpen отка́чивать
Abpumpen *n* отка́чивание *n*, отка́чка *f*; отсо́с *m*
abquetschen отжима́ть; smина́ть
Abquetschen *n* смина́ние *n*
Abrasion *f (Geol)* абра́зия *f*
abrasiv абрази́вный
Abrasiv... абрази́вный
Abrasivmittel *n (Wkst)* абрази́в *m*
Abrasivwerkstoff *m (Wkst)* абрази́вный материа́л *m*
Abrasivwerkzeug *n (Wkz)* абрази́вный инструме́нт *m*
Abraum *m (Bgb)* вскрышна́я поро́да *f*, поро́ды *fpl*, вскры́ша *f*, вскры́ши *fpl*
Abraum... *(Bgb)* поро́дный, вскрышно́й
Abraumbagger *m (Bgb)* вскрышно́й экскава́тор *m*
Abraumförderbrücke *f (Bgb)* тра́нспортно-отва́льный мост *m*
Abraummächtigkeit *f (Bgb)* мо́щность *f* вскры́ши
Abrechnung *f* расчёт *m*
Abrechnungs... расчётный
abreiben *(Bw)* затира́ть *(Putz)*
abreichern *(Kern)* обедня́ть
Abreicherung *f (Kern)* обедне́ние *n*

Abreißen *n* 1. обры́в *m*; 2. *(Aero)* отры́в *m*, срыв *m (der Strömung)*; 3. разбо́рка *f (eines Gebäudes)*
Abreißmesser *n (Typ)* руби́лка *f (an der Rotationsmaschine)*
Abreißwinkel *m (Aero)* крити́ческий у́гол *m* ата́ки
Abrichtdiamant *m (Wkz)* алма́з *m* для пра́вки
Abrichteisen *n (Wkz)* глади́лка *f*
abrichten 1. пра́вить *(Schleifkörper)*; 2. *(Holz)* фугова́ть
Abrichten *n* 1. *(Fert)* пра́вка *f (Schleifkörper)*; 2. *(Holz)* фугова́ние *n*
Abrichthobelmaschine *f (Holz)* фугова́льный стано́к *m*
Abrichtscheibe *m (Wkz)* пра́вящий круг *m*
Abrichtstein *m (Wkz)* пра́вящий бруco̍к *m*
Abrieb *m* 1. истира́ние *n*, изно́с *m*; 2. кро́шка *f*; ме́лочь *f*, штыб *m*, пыль *f*
abriebfest *(Wkst)* абразивосто́йкий
Abriebfestigkeit *f (Wkst)* про́чность *f* на истира́ние, сопротивле́ние *n* истира́нию
abriegeln отсека́ть, запира́ть
Abriegeln *n* отсе́чка *f*, запира́ние *n*
Abriss *m s.* Abreißen
Abrollen *n* 1. *(Wlz)* развёртывание *n (z. B. Haspeln an der Drahtstraße)*; 2. *(Schm)* обка́тка *f*
Abruf *m (Inf)* запро́с *m*; опро́с *m*; вы́борка *f*; вы́зов *m*
Abrufbetrieb *m (Inf)* режи́м *m* запро́са [опро́са]
Abrufdatei *f* файл *m* запро́сов
abrufen *(Inf)* вызыва́ть
abrunden закругля́ть
Abrunden *n* 1. *(Fert)* закругле́ние *n*; округле́ние *n*; 2. *(Math)* округле́ние *n*
~ **nach oben** *(Math)* округле́ние *n* с избы́тком
~ **nach unten** *(Math)* округле́ние *n* с недоста́тком
Abrundung *f s.* Abrunden
Abrundungsradius *m (Fert)* ра́диус *m* закругле́ния
Abrutschen *n (Flg)* скольже́ние *n*
ABS *n s.* Antiblockiersystem
absacken 1. оседа́ть, дава́ть оса́дку *(z. B. ein Gebäude)*; 2. зата́ривать в мешки́
Absacken *n* 1. оседа́ние *n (z. B. ein Gebäude)*; 2. зата́ривание *n* в мешки́
Absage *f* отка́з *m*
absagen отка́зывать
absättigen *(Ch)* насыща́ть *(Valenzen)*
Absättigen *n (Ch)* насыще́ние *n (Valenzen)*
Absatz *m* 1. ступе́нь *f*; усту́п *m*; 2. *(Bw)* бе́рма *f*; 3. запле́чик *m (einer Welle)*
absatzweise усту́пами
Absaufen *n (Bgb)* затопле́ние *n (Grubenbaue)*
absaugen отса́сывать; выса́сывать; вытя́гивать *(Luft, Gase)*
Absaugen *n* отса́сывание *n*, отсо́с *m*; выса́сывание *n*; вытя́гивание *n (Luft, Gase)*
Abschaben *n* соска́бливание *n*
abschalten *(El)* отключа́ть, выключа́ть, отсоединя́ть, разъединя́ть, разрыва́ть, обесто́чивать
~/**Strom** *(El)* обесто́чивать
Abschalten *n (El)* отключе́ние *n*, выключе́ние *n*, отсоедине́ние *n*, расъедине́ние *n*, обесточе́ние *n*
Abschaltleistung *f (El)* разрывна́я мо́щность *f*
Abschaltmechanismus *m* отключа́ющий механи́зм *m*
Abschaltrelais *n* отключа́ющее реле́ *n*
Abschaltstellung *f (El)* положе́ние *n* выключе́ния
Abschaltung *f s.* Abschalten
~/**automatische** автосто́п *m*
Abschatter *m (Photo)* ослаби́тель *m*
Abschattung *f* затене́ние *n*
Abschätzung *f* оце́нка *f*; такса́ция *f*
Abscheidemittel *n* осади́тель *m*
abscheiden 1. отделя́ть; 2. выделя́ть; 3. осажда́ть; 4. ула́вливать
Abscheiden *n s.* Abscheidung 1. *bis* 4.
Abscheider *m* 1. отдели́тель *m*, сепара́тор *m*; 2. очисти́тель *m*; 3. лову́шка *f*; 4. улови́тель *m*
Abscheidung *f* 1. отделе́ние *n*, сепара́ция *f*; 2. выделе́ние *n*; 3. осажде́ние *n*; 4. ула́вливание *n*; 5. *(Min)* секре́ция *f*; 6. оса́док *m*

~/**elektrolytische [galvanische]** электроосаждéние *n*
abscheren *(Fest)* срéзывать; скáлывать
Abscheren *n (Fest)* срез *m*; скáлывание *n*
Abscherfestigkeit *f s.* Scherfestigkeit
Abscherpresse *f (Masch)* обрезнóй пресс *m*
Abscherung *f (Fest)* срез *m*; скáлывание *n*
Abscherungskluft *f (Geol)* трéщина *f* скáлывания
abschichten расслáивать
Abschichtung *f* расслоéние *n*
Abschiebevorrichtung *f (Wlz)* стáлкиватель *m*
Abschiebung *f (Geol)* сброс *m*
Abschiebungsfläche *f (Geol)* сбрáсыватель *m*, повéрхность *f* сбрóса
Abschirm... экранúрующий
abschirmen защищáть
Abschirmen *n s.* Abschirmung 1.
abschirmen экранúровать
Abschirmung *f* 1. экранúрование *n*, защúта *f* экрáном; 2. защúта *f*; экрáн *m*
Abschirmwirkung *f (El)* экранúрующее дéйствие *n*
Abschlacken *n (Gieß)* шлакоудалéние *n*
abschlagen отбивáть; отрубáть; сбивáть
abschlämmen отмýчивать
Abschlämmen *n* отмýчивание *n*
abschleifen стáчивать
Abschleppdienst *m (Kfz)* ремóнтно-аварúйная слýжба *f*, слýжба *f* технúческой пóмощи
abschleppen буксúровать
Abschleppen *n* буксирóвка *f*, буксúрование *n*
Abschleppseil *n (Kfz)* буксúрный трос *m*
abschließen закрывáть; замыкáть; запирáть
~/**hermetisch** герметизúровать
Abschließen *n*/**hermetisches** герметизáция *f*
Abschluss *m* замыкáние *n*; запирáние *n*
~/**hermetischer** герметúчность *f*
Abschlussarbeiten *fpl* отдéлочные рабóты *fpl*
Abschlussmuffe *f* концевáя мýфта *f* *(eines Kabels)*
Abschlussring *m (Masch)* запóрное кольцó *n*
Abschmelzelektrode *f* расхóдуемый [плáвящийся] электрóд *m*
Abschmelzen *n (Met)* оплавлéние *n*
abschmieren 1. смáзывать *(Fahrzeuge)*; 2. *(Typ)* отмáрывать, перетúскивать *(Farbe)*; 3. *(Flg)* скользúть
abschneiden отрезáть; срéзывать
Abschneiden *n* обрéзка *f*; срез *m*
Abschnitt *m* 1. учáсток *m*; отсéк *m*; 2. *(Bgb)* захóдка *f*; отделéние *n*; 3. *(Math)* сегмéнт *m*; 4. *(Inf)* сéкция *f*; 5. отрéзок *m (z. B. der Zeit)*; 6. зóна *f (des Magnetbandes)*
abschrägen скáшивать
Abschrägung *f* 1. скáшивание *n*; 2. скос *m*
abschrauben отвёртывать, отвúнчивать *(Schrauben)*
Abschrauben *n* отвёртка *f*, отвúнчивание *n (von Schrauben)*
Abschreck... закáлочный
abschrecken закáливать *(Stahl)*
Abschrecken *n (Härt)* закáливание *n*, закáлка *f*, рéзкое охлаждéние *n*
Abschreckflüssigkeit *f (Härt)* закáлочная жúдкость *f*
Abschreckhärten *n s.* Abschrecken
Abschreckmittel *n (Härt)* охладúтель *m*
Abschrecktemperatur *f (Härt)* температýра *f* закáлки
Abschreckung *f s.* Abschrecken
abschroten *(Wlz)* обрубáть; *(Schm)* отрубáть, отсекáть
Abschussrampe *f (Rak)* стáртовая [пусковáя] площáдка *f*, пусковáя установка *f*
abschwächen 1. амортизúровать; 2. смягчáть *(Stöße)*
Abschwächen *n* 1. ослаблéние *n*; 2. *(Rf, Nrt)* замирáние *n*; 3. смягчéние *n (von Stößen)*
Abschwächer *m (Photo)* ослабúтель *m*
Abschwächung *f s.* Abschwächen
Absenden *n* посылка *f*
Absender *m* отправúтель *m*

absenken понижáть
Absenken *n s.* Absenkung
Absenkung *f* 1. снижéние *n (z. B. der Spannung)*; 2. спад *m (des Wasserstandes)*; 3. опускáние *n (eines Caissons)*
Absetz... отстóйный
Absetzbecken *n (Bw, Hydt)* осветли́тельный [отстóйный] бассéйн *m*, отстóйный бак *m*, отстóйный резервуáр *m (Abwasserklärung)*
Absetzbehälter *m (Bw, Hydt)* отстóйник *m*, отстóйный чан *m*
absetzen 1. осаждáть; 2. *(Schm)* раскáтывать; 3. *(Schiff)* проклáдывать *(der Kurs)*
~/sich осаждáться
Absetzen *n* 1. осаждéние *n*; седиментáция *f*; оседáние *n*; отстáивание *n (Aufbereitung)*; 2. *(Schm)* вы́садка *f*
~ des Kurses *(Schiff)* проклáдка *f* кýрса
Absetzer *m (Bw, Hydt)* отстóйник *m (Zuckergewinnung)*
Absetzgrube *f* отстóйная я́ма *f*
Absetztank *m* цистéрна-отстóйник *f*
absieben отсéивать
Absieben *n* отсéивание *n*, просéивание *n*
Absinken *n* 1. *(El, Mech)* снижéние *n*, падéние *n*; 2. *(El)* завáл *m (der Frequenzen)*
Absolutfehler *m* абсолю́тная погрéшность *f*
Absolutgeschwindigkeit *f (Mech)* абсолю́тная скóрость *f*
absondern отделя́ть; разобщáть
Absondern *n s.* Absonderung 1. *bis* 3.
Absonderung *f* 1. выделéние *n*; 2. отделéние *n*; 3. разобщéние *n*; 4. *(Geol)* отдéльность *f*
Absorbens *n (Ch)* абсорбéнт *m*, поглощáющая средá *f*
Absorber *m* 1. абсóрбер *m*; 2. *(Ch)* поглоти́тель *m*, абсорби́рующее веществó *n*
Absorberstab *m (Kern)* поглощáющий стéржень *m*
absorbieren абсорби́ровать, поглощáть
absorbierend абсорбциóнный
Absorptiometer *n (Ph)* абсорбциомéтр *m*
Absorption *f* абсóрбция *f*, поглощéние *n*
~/selektive избирáтельная абсóрбция *f*, избирáтельное поглощéние *n*
Absorptions... абсорбциóнный
Absorptionsapparat *m* абсóрбер *m*
Absorptionsfähigkeit *f (Ph)* поглоти́тельная [поглощáтельная, поглощáющая, абсорбциóнная] спосóбность *f*, поглощáемость *f*
Absorptionsfilter *n (Opt)* абсорбциóнный [поглощáющий] (свето)фильтр *m*
Absorptionsindex *m (Opt)* показáтель *m* поглощéния
Absorptionskältemaschine *f* абсорбциóнная холоди́льная маши́на *f*
Absorptionskoeffizient *m* коэффициéнт *m* поглощéния
Absorptionskolonne *f (Ch)* абсорбциóнная колóнна *f*
Absorptionskonstante *f (Ph, Eln)* показáтель *m* поглощéния
Absorptionskühlschrank *m* абсорбциóнный холоди́льник *m*
Absorptionsmittel *n (Ch)* абсорбéнт *m*
Absorptionsspektrum *n (Ph)* спектр *m* поглощéния
Absorptionsturm *m (Ch)* абсорбциóнная колóнна *f*
Absorptionsvermögen *n s.* Absorptionsfähigkeit
abspalten 1. отщепля́ть; 2. *(Kern)* вырывáть *(Elektronen)*; 3. скáлывать
Abspaltung *f* 1. отщеплéние *n*; отделéние *n*; 2. *(Kern)* вырывáние *n (von Elektronen)*; 3. скáлывание *n*
Abspann... натяжнóй
abspannen 1. расчáливать; 2. *(Fert)* разжимáть, отжимáть, освобождáть *(Werkstücke)*
Abspannen *n s.* Abspannung
Abspanngestänge *n (El)* áнкерный столб *m*
Abspannseil *n* оття́жка *f*; натяжнóй трос *m*; *(Schiff)* вáнта *f*
Abspanntransformator *m (El)* понижáющий трансформáтор *m*
Abspannung *f* 1. расчáливание *n*; 2. натяжéние *n*, анкерóвка *f*; 3. *(Fert)* разжимáние *n*, освобождéние *n (Werkzeuge, Werkstücke)*

Abspannwerk *n (El)* понижáющая подстáнция *f*
Abspeichern *n* зáпись *f* в пáмять *(von Daten)*
Absperr... запóрный
Absperrarmatur *f* запóрная арматýра *f*
absperren 1. запирáть, закрывáть; стóпорить; (за)блокúровать; 2. *(El)* выключáть; 3. заглушáть *(Ventile)*; отсекáть; преграждáть; затыкáть
Absperrhahn *m* запóрный кран *m*
Absperrschieber *m* запóрный шúбер *m*; задвúжка *f (von Rohrleitungen)*; *(Hydt)* клинкéт *m*
Absperrventil *n* запóрный вéнтиль [клáпан] *m*; *(Erdöl)* превéнтер *m*
Abspielen *n* проúгрывание *n (von Schallplatten)*
Abspielkopf *m (El)* голóвка *f* воспроизведéния
absplittern отщеплять, отскáлывать
Absplittern *n* отщеплéние *n*, отскáлывание *n*
absprengen *(Glas)* отшибáть
abspulen смáтывать; размáтывать *(Garne)*
abspülen смывáть
Abspulen *n* смáтывание *n*
Abstand *m* 1. расстояние *n*; 2. *(Masch)* зазóр *m*; 3. промежýток *m*; интервáл *m*; просвéт *m*; 4. разгóн *m (z. B. zwischen Leitungsmasten)*
~/lichter просвéт *m*
Abstandhalter *m* распóрка *f*
Abstands... распóрный
Abstandsbolzen *m* распóрный болт *m*
Abstandsbuchse *f* распóрная втýлка *f*
abstandsgleich равноотстоящий, эквидистáнтный
Abstandshalter *m* проклáдка *f*, дистанциóнный элемéнт *m*
Abstandsring *m* распóрное [дистанциóнное] кольцó *f*, кольцевáя распóрка *f*
Abstandsstück *n s.* Abstandshalter
abstechen 1. *(Fert)* отрезáть; 2. *(Met)* выпускáть, спускáть *(Schmelzöfen)*
Abstechen *n* 1. *(Fert)* отрезáние *n*, отрéзка *f*; 2. *(Met)* спуск *m*, вы́пуск *m (der Öfen)*
Abstechfräser *m (Wkz)* отрезнáя фрезá *f*
Abstechmaschine *f* отрезнóй станóк *m*
Abstechmeißel *m (Wkz)* отрезнóй резéц *m*
Abstecken *n (Geod)* провéшивание *n*, трассúрование *n*
Absteckpflock *m (Geod)* кóлышек *m*
Abstehen *n s.* Abstehenlassen
Abstehenlassen *(Met)* отстáивание *n*, вы́держка *f (der Schmelze)*; стýдка *f (der Glasschmelze)*
absteigend нисходящий; *(Meteo)* катабатúческий *(Wind)*
absteifen 1. *(Bw)* крепúть; 2. *(Met)* густéть *(Schlacke)*
Absteifung *f* 1. *(Bw)* креплéние *n*; 2. *(Met)* сгущéние *n*
Abstelleinrichtung *f* отключáющий механúзм *m*
abstellen 1. стáвить *(z. B. Fahrzeuge auf Parkplatz)*; 2. *(Masch)* выключáть; 3. *(Kfz)* заглушáть *(Motor)*
Abstellen *n* 1. останóв *m*, останóвка *f*; 2. *(Masch)* выключéние *n*
Abstellgleis *n (Eb)* запáсный путь *m*
Abstellvorrichtung *f (Masch)* механúзм *m* останóва, стóпорный механúзм *m*, остaнóв *m*
Abstich *m* 1. *(Met)* вы́пуск *m*, спуск *m (der Öfen)*; 2. лётка *f*, глазóк *m*, выпускнóе отвéрстие *n (Schachtofen)*
Abstichbühne *f (Met)* литéйный двор *m (eines Hochofens)*
Abstichloch *n s.* Abstich 2.
Abstichöffnung *f s.* Abstich 2.
Abstichrinne *f (Met)* выпускнóй жёлоб *m*
Abstiegsgeschwindigkeit *f (Flg)* скóрость *f* снижéния
Abstimmanzeige *f (Rf)* индикáтор *m* настрóйки
Abstimmautomatik *f (Rf)* автомáтика *f* настрóйки
abstimmen настрáивать; соглacóвывать; *(Photo)* баланcúровать
Abstimmen *n s.* Abstimmung
Abstimmknopf *m (Rf)* рýчка *f* настрóйки
Abstimmkondensator *m (El)* настрóечный конденсáтор *m*
Abstimmschärfe *f (Rf)* острота́ *f* настрóйки
Abstimmskale *f (Rf)* шкала *f* настрóйки

Abstimmung *f (Eln)* перестро́йка *f*
Abstimmung *f* настро́йка *f*; согласова́ние *n*
abstoppen сто́порить
abstoßen отта́лкивать
Abstoßung *f* отта́лкивание *n*
Abstoßungskraft *f (Mech)* си́ла *f* отта́лкивания
Abstoßvorrichtung *f (Wlz)* ста́лкиватель *m*
abstrahlen 1. излуча́ть, испуска́ть; 2. очища́ть пескостру́йным аппара́том
Abstrahlung *f* 1. излуче́ние *n*, испуска́ние *n (von Strahlen)*; 2. очи́стка *f* пескостру́йным аппара́том
Abstreicheisen *n (Gieß)* пра́вило *n (Formerei)*
abstreichen сбра́сывать *(vom Förderband)*
Abstreicher *m* скребо́к *m*, сбра́сыватель *m (am Förderband)*; *(Wkz)* ша́бер *m*; *(Text)* ра́кля *f*
abstreifen сбра́сывать *(vom Förderband)*
Abstreifer *m (Met)* стри́ппер(-кран) *m*; 2. *s.* Abstreicher
Abstrich *m (Met)* пе́на *f*; съём *m (Bleiraffination)*
Abstufung *f* 1. *(Typ, Photo, TV)* града́ция *f*; 2. ступе́нчатость *f*; 3. усту́п *m*
abstumpfen притупля́ться
Absturz *m* 1. *(Flg)* паде́ние *n*; 2. *(Inf)* авари́йный [катастрофи́ческий] отка́з *m*; 3. *(Geol)* крутизна́ *f*
Absturzbauwerk *n (Hydt)* водосли́в *m*
abstützen *(Bw)* крепи́ть, подпира́ть, опира́ть; подде́рживать
Abstützung *f* 1. *(Bw)* крепле́ние *n*, подпира́ние *n*; подде́ржка *f*; 2. опо́ра *f*, подпо́рка *f*
absuchen *(Rad)* скани́ровать
Absuchen *n (Rad)* скани́рование *n*
Absud *m (Ch)* 1. отва́р *m*; 2. отва́рка *f*
Abszisse *f (Math)* абсци́сса *f*
Abszissenachse *f (Math)* ось *f* абсци́сс
Abtasteinheit *f (Eln)* блок *m* развёртки
Abtasteinrichtung *f (Eln)* устро́йство *n* счи́тывания
abtasten 1. *(TV)* развёртывать, разлага́ть; 2. скани́ровать; 3. ощу́пывать зо́ндом, зонди́ровать
Abtasten *n s.* Abtastung
Abtaster *m* 1. *(Eln)* развёртывающее устро́йство *n*, развёртыватель *m*; 2. скани́рующее устро́йство *n*, ска́нер *m*
Abtastgeschwindigkeit *f (TV)* ско́рость *f* развёртки
Abtaststrahl *m* развёртывающий луч *m*
Abtastung *f* 1. *(TV)* развёртывание *n*, разложе́ние *n*; 2. скани́рование *n*; 3. *(Inf)* дискретиза́ция *f*; 4. *(Rad)* обзо́р *m*; 5. зонди́рование *n*
~/magnetische магни́тное счи́тывание *n*
~/serielle [sukzessive] *(Inf)* после́довательное счи́тывание *n*
Abtastvorrichtung *f s.* Abtaster
abtauen отта́ивать *(Kühlschränke)*
Abtauen *n* размора́живание *n*; отта́ивание *n (Kühlschränke)*
Abteilung *f* 1. отделе́ние *n*; отде́л *m (eines Betriebes)*; 2. *(Geol)* отде́л *m (Stratigraphie)*; 3. *(Bgb)* отделе́ние *n*; уча́сток *m*; 4. отсе́к *m (eines Schiffes)*
Abteuf... *(Bgb)* прохо́дческий
abteufen *(Bgb)* проходи́ть *(einen Schacht)*
Abteufen *n (Bgb)* прохо́дка *f (von Schächten)*
Abtönung *f* (цветово́й) отте́нок *m*
Abtrag *n* 1. *(Bw)* вы́емка *f (von Erdreich)*; 2. *s.* Abtragen
abtragen 1. *(Bw)* сноси́ть *(Gebäude)*; 2. *(Geol)* эроди́ровать
Abtragen *n (Bw)* снос *m*, разбо́рка *f (eines Gebäudes)*; удале́ние *n*, съём *m*
~/elektrochemisches *(Fert)* ано́дно-хими́ческая обрабо́тка *f*
~/funkenerosives *(Fert)* электроискрова́я обрабо́тка *f*
Abtragung *f (Geol)* смыв *m*; денуда́ция *f*
abtreiben 1. *(Ch)* отгоня́ть; 2. *(Flg, Schiff)* сноси́ть; 3. *(Met)* выделя́ть *(NE-Metalle)*
Abtreiben *n* 1. *(Ch)* отго́нка *f*; 2. *(Flg, Schiff)* снос *m*; 3. *(Met)* выделе́ние *n (NE-Metalle)*
Abtreibung *f c.* Abtreiben
Abtrennbarkeit *f (Ch)* отдели́мость *f*

abtrennen 1. отделя́ть, разделя́ть; 2. отреза́ть; отсека́ть; 3. расцепля́ть *(z. B. Raketenstufen)*; 4. ска́лывать; 5. *(El)* выделя́ть *(Signale)*
~/spanend *(Fert)* отреза́ние *n*, отреза́ть
Abtrennen *n* 1. отделе́ние *n*, разделе́ние *n*; 2. подреза́ние *n*; 3. отсе́чка *f*; 4. расцепле́ние *n (z. B. von Raketenstufen)*; 5. ска́лывание *n*; 6. *(El)* выделе́ние *n (Signale)*; 7. *(Fert)* вырезка *f*
~/spanendes *(Fert)* отрезание *n*, отре́зка *f*
Abtrennung *f s.* Abtrennen
Abtrieb *m (Flg, Schiff)* снос *m*
Abtriebsrad *n (Masch)* ведо́мое колесо́ *n*
Abtriebsscheibe *f (Masch)* ведо́мый като́к *m (Reibradgetriebe)*; ведо́мый шкив *m*
Abtriebswelle *f (Masch)* выходно́й вал *m*; ведо́мый вал *m*
abtrudeln *(Flg)* што́порить
abwägen взве́шивать, отве́шивать
abwalzen вальцева́ть
Abwalzen *n* вальцо́вка *f*
Abwälzen *n (Fert)* обка́тка *f*, обка́тывание *n*
Abwälzfräser *m (Wkz)* червя́чная фреза́ *f*
Abwandlung *f* разнови́дность *f*
Abwärme *f* отходя́щее тепло́ *n*
Abwärmeheizung *f* отопле́ние *n* отходя́щим тепло́м
Abwärmenutzung *f* утилиза́ция *f* отходя́щего тепла́
Abwärmeverwertung *f* утилиза́ция *f* отходя́щего тепла́
Abwärtsbewegung *f* спуск *m*, спуска́ние *n*; ход *m* вниз, движе́ние *n* вниз
Abwärtsförderung *f (Bgb)* спуск *m*
Abwärtstransformation *f (El)* понижа́ющая трансформа́ция *f*
Abwärtstransformator *m (El)* понижа́ющий трансформа́тор *m*
abwaschen смыва́ть
Abwasser *n* сто́чные во́ды *fpl*
Abwasserbehandlung *f* обрабо́тка *f* сто́чных вод *(s. a.* Abwasserreinigung*)*
Abwasserfaulraum *m* метанте́нк *m (Abwasserklärung)*
Abwasserkanal *m* канализацио́нный колле́ктор *m*
Abwasserkläranlage *f s.* Kläranlage
Abwasserkollektor *m s.* Abwasserkanal
Abwasserreinigung *f* очи́стка *f* сто́чных вод
~/biologische биоочи́стка *f* (сто́чных вод)
Abwasserreinigungsanlage *f* ста́нция *f* очи́стки (сто́чных) вод *(s. a.* Kläranlage*)*
abwechseln чередова́ться
abweichen 1. отклоня́ться; уходи́ть; 2. расходи́ться
Abweichung *f* 1. отклоне́ние *n*; дерива́ция *f*; расхожде́ние *n*; ухо́д *m*; рассогласова́ние *n*; *(Mess)* вариа́ция *f*; 2. уклоне́ние *n*; 3. *(Opt)* аберра́ция *f*; 4. *(Geod)* невя́зка *f*; 5. *(Aero)* диспе́рсия *f (von der vorgegebenen Flugbahn)*
~/chromatische *(Opt)* хромати́зм *m*
~/zulässige допусти́мое отклоне́ние *n*
Abweichungswinkel *m* у́гол *m* отклоне́ния
abweisend/Flecken [Schmutz] *(Text)* грязеотта́лкивающий
abwelken отжима́ть *(Leder)*
Abwelken *n (Led)* отжи́м *m*
abwerfen сбра́сывать
Abwerfen *n* 1. сбра́сывание *n*, сброс *m (von Lasten)*; 2. *(Bgb)* погаше́ние *n (Grubenbaue)*
Abwerfer *m* сбра́сыватель *m*
Abwetter *pl (Bgb)* отрабо́танный во́здух *m*
abwickeln 1. разма́тывать, сма́тывать; 2. *(Math)* развёртывать
Abwickeln *n* 1. сма́тывание *n*; 2. *(Math)* развёртывание *n (Zylinder- bzw. Kegelmäntel)*
Abwind *m* 1. *(Meteo)* катабати́ческий ве́тер *m*; 2. нисходя́щии пото́к *m*
Abwurf *m s.* Abwerfen 1.
Abwurfvorrichtung *f* сбра́сыватель *m*
abwürgen глуши́ть *(Verbrennungsmotor)*
abzählen нумерова́ть
abziehen 1. *(Wkz)* доводи́ть *(Werkzeugschneide)*; пра́вить *(Messer)*; 2. *(Math)* вычита́ть; 3. *(Ch)* сце́живать; 4. *(Met)* выпуска́ть, снима́ть *(Schlacke)*; 5. *(Typ)* ти́скать; печа́тать

Abziehen *n* 1. *(Wkz)* дово́дка *f*; пра́вка *f (der Werkzeugschneide)*; 2. *(Math)* вычита́ние *n*; 3. вытя́гивание *n (Luft, Gase)*; 4. *(Met)* вы́пуск *m (der Schlacke)*; 5. *(Typ)* ти́сканье *n*; печа́ть *f*; копи́рование *n*
Abzieher *m* съёмник *m*
Abziehmaschine *f (Wkzm)* дово́дочный стано́к *m*
Abziehstein *m (Wkz)* (точи́льный) брусо́к *m*
Abziehvorrichtung *f* съёмник *m*
Abziehwerkzeug *n (Wkz)* дово́дочный инструме́нт *m*
Abzug *m* 1. вы́тяжка *f*; отду́шина *f*; 2. *(Ch)* вытяжно́й шкаф *m*; 3. тя́га *f (Feuerungstechnik)*; 4. отпеча́ток *m*; 5. *(Typ)* о́ттиск *m*
Abzugs... *(Bw)* вытяжно́й
Abzugsband *n* ле́нточный пита́тель *m*
Abzugsgraben *m* (водо)отво́дная кана́ва *f*
Abzugskanal *m* вытяжно́й кана́л *m*; (водо)отво́дный кана́л *m*
Abzugsrohr *n* вытяжна́я труба́ *f*
Abzugsschnecke *f* шне́ковый пита́тель *m*
Abzugsschrank *m (Ch)* вытяжно́й шкаф *m*
Abzweig *m (El)* ответвле́ние *n*, отво́д *m*
Abzweig... ответви́тельный
Abzweigdose *f (El)* ответви́тельная коро́бка *f*, разветви́тель *m*
abzweigen *(El)* отводи́ть
Abzweigkasten *m s.* Abzweigdose
Abzweigleitung *f s.* Abzweigrohr
Abzweigmuffe *f* ответви́тельная му́фта *f (eines Kabels)*
Abzweigrohr *n* трубоотво́д *m*, отво́дная труба́ *f*, па́трубок *m*; *(Schiff)* отро́сток *m*
Abzweigstecker *m (El)* ответви́тельная ви́лка *f*
Abzweigstelle *f (Eb)* пункт *m* ответвле́ния [примыка́ния]
Abzweigung *f* 1. *(El)* ответвле́ние *n*, отво́д *m*; 2. *(Eb)* разветвле́ние *n (Strecke)*
AC *f s.* Adaptivsteuerung
Ac *s.* 1. Actinium; 2. Actinon
Acetat *n (Ch)* ацета́т *m*
Acetat... *(Ch)* ацета́тный
Aceton *n (Ch)* ацето́н *m*
Aceton... *(Ch)* ацето́новый
Acetyl... *(Ch)* ацети́льный
Acetylcellulose *f (Ch)* ацетилцеллюло́за *f*
Acetylen *n (Ch)* ацетиле́н *m*, эти́н *m*
Acetylen-Sauerstoff-Schweißen *n* ацетиле́новая сва́рка *f*
Acetylieren *n (Ch)* ацетили́рование *n*
acetyliert *(Ch)* ацетили́рованный
Acetylierung *f (Ch)* ацетили́рование *n*
Achat *m (Min)* ага́т *m*
Achromasie *f (Opt)* ахромати́зм *m (optischer Systeme)*
Achromat *m (Opt)* ахрома́т *m*, ахромати́ческая ли́нза *f*
achromatisch *(Opt)* ахромати́ческий
Achs... осево́й
Achsbrücke *f (Kfz)* мост *m*
Achse *f (Masch)* ось *f*; *(Kfz)* мост *m*
~/bewegliche *(Masch)* подвижна́я ось *f*
~/imaginäre *(Math)* мни́мая ось *f (einer Hyperbel)*
~/kleine *(Math)* ма́лая ось *f (einer Ellipse)*
~/optische *(Opt)* опти́ческая ось *f*
~/reelle *(Math)* веще́ственная ось *f*
~/seitenverschiebbare *(Eb)* подвижна́я ось *f*
~/senkrechte *(Math)* вертика́льная ось *f*; ма́лая ось *f (einer Ellipse)*
~/verschiebbare *(Eb)* подвижна́я ось *f*
~/vertikale *(Math)* вертика́льная ось *f*
Achsen... осево́й
achsennah приосево́й, параксиа́льный
achsensymmetrisch аксиа́льно-симметри́чный
Achskilometer *m (Eb)* о́се-киломе́тр *m*
Achslager *n (Eb)* (осева́я) бу́кса *f*, бу́ксовая коро́бка *f*
Achsschenkelzapfen *m (Kfz)* поворо́тная ца́пфа *f (der Lenkung)*
Achsstand *m (Eb)* ба́за *f*, расстоя́ние *n* ме́жду ося́ми
achssymmetrisch осесимметри́чный
achtatomig *(Ch)* восьмиа́томный
Achteck *n (Math)* восьмиуго́льник *m*
achteckig восьмиуго́льный
achter *(Schiff)* кормово́й
Achter... *(Schiff)* кормово́й
Achterbrücke *f (Schiff)* кормово́й мо́стик *m*

Achterdeck *n (Schiff)* ют *m*
Achterpiek *f (Schiff)* ахтерпи́к *m*
Achtersteven *m (Schiff)* ахтерште́вень *m*
achtflächig *(Krist)* восьмигра́нный
Achtflächner *m (Krist)* восьмигра́нник *m*, окта́эдр *m*
Achtkant *m (Wlz)* восьмигра́нник *m*
Achtpol *m (El)* восьмипо́люсник *m*
achtpolig *(El)* восьмипо́люсный
Achtpolröhre *f (Eln)* окто́д *m*
achtstellig *(Inf)* восьмиразря́дный
achtwertig *(Ch)* восьмивале́нтный
Acker *m (Lw)* по́ле *n*
Ackerbau *m* земледе́лие *n*
Ackeregge *f (Lw)* полева́я борона́ *f*
Ackerschleppe *f (Lw)* шлейф-борона́ *f*, шлейф *m*
Ackerwalze *f (Lw)* полево́й като́к *m*
Acryl... *(Ch)* акри́ловый
Actinium *n (Ch)* акти́ний *m*, Ac
Actinon *n (Kern)* актино́н *m*
Actinouran *n s.* Actinouranium
Actinouranium *n* актиноура́н *m*
AcU *s.* Actinouranium
acyclisch *(Ch)* ацикли́ческий
acylieren *(Ch)* ацили́ровать
Acylieren *n (Ch)* ацили́рование *n*
A/D-... *s.* Analog-Digital-...
Adaptation *f s.* Anpassung 1.
Adapter *m* ада́птер *m*
Adaption *f s.* Anpassung 1.
Adaptivregelung *f* адапти́вное регули́рование *n*
Adaptivregler *m* адапти́вный регуля́тор *m*
Adaptivsteuerung *f* адапти́вное управле́ние *n*
Adaptivsystem *n (Reg)* адапти́вная систе́ма *f*
Adaptometer *n (Opt)* адапто́метр *m*
Adaptometrie *f (Opt)* адаптоме́трия *f* *(Messung der Lichtempfindlichkeit des Auges)*
Addend *m (Math)* второ́е слага́емое *n*
Adder *m s.* Addierwerk
addieren *(Ch)* присоединя́ть
Addierer *m s.* Addierwerk
Addierwerk *n* сумма́тор *m*, сумми́рующее устро́йство *n*
~/**einstelliges** одноразря́дный сумма́тор *m*
~/**mehrstelliges** многоразря́дный сумма́тор *m*
~/**paralleles** паралле́льный сумма́тор *m*
~/**speicherndes** нака́пливающий сумма́тор *m*
Addition *f* 1. дополне́ние *n*; 2. *(Math)* сложе́ние *n*; 3. *(Ch)* присоедине́ние *n*; 4. *(Ph, Ch)* добавле́ние *n*
Additions... аддицио́нный
Additionsreaktion *f (Ch)* реа́кция *f* присоедине́ния
Additionsverbindung *f (Ch)* аддити́вное соедине́ние *n*
additiv *(Ph, Ch)* доба́вочный, аддити́вный
Additivität *f (Math)* аддити́вность *f*
Addukt *n (Ch)* адду́кт *m*
Ader *f (El)* жи́ла *f*; *(Geol)* жи́ла *f*; жи́лка *f*; прожи́лок *m (in Steinen)*
Adernbündel *n (El)* пучо́к *m* жил *(Kabel)*
Adhäsion *f (Ph)* адге́зия *f*; сцепле́ние *n*
Adhäsionskraft *f* си́ла *f* адге́зии [сцепле́ния]
Adhäsionsvermögen *n (Ph)* адгезио́нная спосо́бность *f*
Adiabate *f (Ph)* адиаба́та *f*
adiabatisch адиабати́ческий, адиаба́тный
Adjunktion *f (Math)* присоедине́ние *n*
Administrator *m (Inf)* администра́тор *m (Programm)*
Admiralitätsanker *m (Schiff)* адмира́лте́йский я́корь *m*
Admittanz *f (El)* по́лная проводи́мость *f*
Adress... а́дресный
Adressbereich *m (Inf)* о́бласть *f* а́дреса
~/**virtueller** виртуа́льная а́дресная о́бласть *f*
Adressbus *m (Inf)* ши́на *f* а́дреса, а́дресная ши́на *f*
~/**physischer** физи́ческая а́дресная ши́на *f*
~/**virtueller** виртуа́льная а́дресная ши́на *f*
Adresse *f (Inf)* а́дрес *m*
~/**absolute** абсолю́тный а́дрес *m*
~/**aktuelle** теку́щий а́дрес *m*

~/echte действи́тельный [и́стинный] а́дрес *m*
~/explizite я́вный а́дрес *m*
~/feste постоя́нный а́дрес *m*
~/generierte сформиро́ванный а́дрес *m*
~/gleitende пла́вающий а́дрес *m*
~/höherwertige ста́рший а́дрес *m*
~/implizite нея́вный а́дрес *m*
~/indirekte ко́свенный а́дрес *m*
~/niederwertige мла́дший а́дрес *m*
~/numerische числово́й а́дрес *m*
~/permanente постоя́нный а́дрес *m*
~/reale действи́тельный [и́стинный] а́дрес *m*
~/relative относи́тельный а́дрес *m*
~/symbolische символи́ческий а́дрес *m*
~/variable переме́нный а́дрес *m*
~/veränderliche переме́нный а́дрес *m*
~/verschiebbare [verschiebliche] перемеща́емый а́дрес *m*
~/virtuelle виртуа́льный а́дрес *m*
~/wahre *s.* ~/wirkliche
~/wirkliche действи́тельный [и́стинный] а́дрес *m*
Adressenänderung *f (Inf)* переадреса́ция *f*
Adressenbefehl *m (Inf)* кома́нда *f* адреса́ции
Adressencode *m (Inf)* код *m* а́дреса
Adressendatei *f (Inf)* а́дресный файл *m*
Adressenfunktion *f (Inf)* а́дресная фу́нкция *f*
Adressenkapazität *f (Inf)* а́дресность *f*
Adressenliste *f (Inf)* спи́сок *m* адресо́в
adressenlos *(Inf)* беза́дресный
Adressenprogrammierung *f* а́дресное программи́рование *n*
Adressenregister *n (Inf)* реги́стр *m* а́дреса
Adressenspeicher *m (Inf)* а́дресное запомина́ющее устро́йство *n*, а́дресная па́мять *f*
Adressiereinheit *f (Inf)* систе́ма *f* адресо́в
Adressiersystem *n (Inf)* систе́ма *f* адресо́в
Adressierung *f (Inf)* адреса́ция *f*
~/absolute абсолю́тная адреса́ция *f*
~/direkte пряма́я адреса́ция *f*
~/explizite я́вная адреса́ция *f*
~/indirekte ко́свенная адреса́ция *f*
~/indizierte и́ндексная адреса́ция *f*
~/relative относи́тельная адреса́ция *f*
Adresskapazität *f (Inf)* а́дресность *f*
Adresskeller *m (Inf)* а́дресный стек *m*
Adressraum *m (Inf)* а́дресное простра́нство *n*
~/virtueller *(Inf)* виртуа́льное а́дресное простра́нство *n*
Adressspeicher *m (Inf)* а́дресное запомина́ющее устро́йство *n*, а́дресная па́мять *f*
Adresssprache *f* а́дресный язы́к *m*
Adressspur *f (Inf)* а́дресная доро́жка *f*
Adresssystem *n (Inf)* систе́ма адресо́в
Adsorbat *n (Ch)* адсорба́т *m*
Adsorbens *n (Ch)* адсорбе́нт *m*, адсорби́рующее вещество́ [сре́дство] *n*
Adsorber *m* адсо́рбер *m*
adsorbieren *(Ch)* адсорби́ровать
Adsorption *f (Ch)* адсо́рбция *f*, адсорби́рование *n*
~/selektive избира́тельная адсо́рбция *f*
Adsorptions... адсорбцио́нный
Adsorptionsapparat *m* адсо́рбер *m*
Adsorptionschromatographie *f* адсорбцио́нная хроматогра́фия *f*
Adsorptionsmittel *n s.* Adsorbens
Adsorptionsvermögen *n (Ph)* адсорбцио́нная спосо́бность *f*
Advektion *f (Meteo)* адве́кция *f*
AE *f s.* Einheit/astronomische
Aerator *m* аэра́тор *m*
Aerodynamik *f* аэродина́мика *f*
aerodynamisch аэродинами́ческий
Aerograph *m* аэрогра́ф *m*
Aerohydrodynamik *f* аэрогидродина́мика *f*
Aerologie *f* аэроло́гия *f*
aerologisch аэрологи́ческий
Aeromagnetometer *n (Ph)* аэромагнито́метр *m*
Aeromechanik *f* аэромеха́ника *f*
Aerometer *n* аэро́метр *m*
Aeronautik *f* аэрона́втика *f*
Aerophotogrammetrie *f* аэрофотограмме́трия *f*
Aerosol *n (Ph, Ch)* аэрозо́ль *m*
Aerosolgenerator *m (Med)* аэрозо́льный генера́тор *m*

Aerostat *m* аэростáт *m*
Aerostatik *f* аэростáтика *f*
affin *(Math)* аффи́нный
Affination *f (Lebm)* аффинáция *f (Zucker)*
Affinieren *n (Lebm)* аффинáция *f (Zucker)*
Affinität *f* 1. *(Math)* аффи́нность *f*; 2. *(Ch)* сродствó *n*
~/chemische хими́ческое сродствó *n*
Affinor *m (Math)* аффи́нор *m*
Ag *s.* Silber 1.
Agar-Agar *m(n) (Ch)* агáр(-агáр) *m (Nährboden)*
Agens *n* агéнт
Agglomerat *n (Met, Geol)* агломерáт *m*
Agglomeration *f (Met, Geol)* агломерáция *f*
Agglomerations... *(Met, Geol)* агломерациóнный
agglomerieren агломери́ровать, спекáть; спекáться
Agglomerierung *f (Met, Geol)* агломери́рование *n*, агломерáция *f*
agglutinieren *(Ch)* агглютини́ровать
Aggregat *n* агрегáт *m*
Aggregatbildung *f* агрегати́рование *n*, агрегáция *f*
Aggregatfließfertigung *f* агрегáтно-потóчное произвóдство *n*
Aggregation *f s.* Aggregatbildung
aggregatweise агрегáтный
Aggregatzustand *m (Ph)* агрегáтное состояние *n*
aggressiv агресси́вный
Aggressivität *f* агресси́вность *f*
Agrar... агрáрный
Agrarbiologie *f* агробиолóгия *f*
Agrarflug *m* сельскохозя́йственная авиáция *f*
Agrarflugzeug *n* сельскохозя́йственный самолёт *m*
Agrarklimatologie *f* агроклиматолóгия *f*
Agrarmeteorologie *f* агрометеоролóгия *f*
Agrikulturchemie *f* агрохи́мия *f*
agrikulturchemisch агрохими́ческий
Agrobiologie *f* агробиолóгия *f*
agrobiologisch агробиологи́ческий
Agrochemie *f* агрохи́мия *f*
agrochemisch агрохими́ческий
Agroklimatologie *f* агроклиматолóгия *f*
Agronomie *f* агронóмия *f*
agronomisch агрономи́ческий
Agrophysik *f* агрофи́зика *f*
agrophysikalisch агрофизи́ческий
Agrotechnik *f* агротéхника *f*
agrotechnisch агротехни́ческий
Ah *s.* Amperestunde
Ahle *f (Wkz)* ши́ло *n*
Ahming *f (Schiff)* мáрка *f* углублéния [осáдки]
ähnlich аналоги́ческий, подóбный
Ähnlichkeit *f* аналóгия *f*, подóбие *n*
Ähnlichkeitsgesetz *n* закóн [принци́п] *m* подóбия
Ähnlichkeitskennzahl *f* критéрий *m* подóбия
Ähnlichkeitsmethode *f* мéтод *m* подóбия
Ähnlichkeitsprinzip *n s.* Ähnlichkeitsgesetz
Ähnlichkeitstheorie *f* теóрия *f* подóбия
Ähnlichkeitsverfahren *n* мéтод *m* подóбия
Airbag *m (Kfz)* надувнáя подýшка *f* безопáсности
Airbus *m (Flg)* аэрóбус *m*
Airlift *m* эрли́фт *m*
Airliftförderung *f (Erdöl)* эрли́фтная эксплуатáция *f*
Akademie *f* акадéмия *f*
Akademie *f* **der Wissenschaften** акадéмия *f* наýк
Akkommodation *f (Opt)* аккомодáция *f*
Akku *m (El)* аккумуля́тор *m*
Akku... *(El)* аккумуля́торный
Akkumulation *f* аккумули́рование *n*, аккумуля́ция *f*
Akkumulator *m (El, Inf)* аккумуля́тор *m*
Akkumulatoren... *(El)* аккумуля́торный
Akku(mulatoren)zelle *f (El)* аккумуля́торный элемéнт *m*
Akt *m (Kern)* слýчай *m*
aktinisch актини́чный
Aktinität *f (Ph)* актини́чность *f*
Aktinometer *n* актинóметр *m (Strahlungmessinstrument)*
Aktinometrie *f* актинóметрия *f*
Aktionsprinzip *n (Mech)* при́нцип *m* дéйствия
Aktionsradius *m* 1. *(Flg, Kfz)* рáдиус *m* дéйствия; 2. *(Schiff)* дáльность [автонóмность] *f* плáвания

Aktionsturbine *f* акти́вная турби́на *f*
aktiv акти́вный
~/**chemisch** хими́чески акти́вный
~/**hoch** высокоакти́вный
~/**optisch** опти́чески акти́вный
Aktivator *m (Ch)* актива́тор *m (Katalyse)*
aktivieren активи́ровать
aktiviert активи́рованный
Aktivierung *f* актива́ция *f, (Kern auch:)* радиоактива́ция *f*
Aktivierungsanalyse *f (Ph)* радиоактивацио́нный ана́лиз *m*
Aktivierungsenergie *f (Kern)* эне́ргия *f* актива́ции
Aktivierungsmittel *n (Ch)* активи́рующее вещество́ *n*, актива́тор *m (Katalyse)*
Aktivität *f* акти́вность *f*
~/**chemische** хими́ческая акти́вность *f*
~/**optische** опти́ческая акти́вность *f*
~/**spezifische** *(Kern)* уде́льная акти́вность *f*
Aktivkohle *f* акти́вный [активи́рованный] у́голь *m*
Aktualisierung *f* обновле́ние *n (z. B. von Daten)*
Akustik *f* аку́стика *f*
~/**lineare** лине́йная аку́стика *f*
~/**nicht lineare** нелине́йная аку́стика *f*
Akustikkoppler *m* элеме́нт *m* акусти́ческой свя́зи, акустро́н *m*
Akustikputz *m* звукопоглоща́ющая штукату́рка *f*
akustisch акусти́ческий
Akustoelektronik *f* акустоэлектро́ника *f*
Akustooptik *f* акустоо́птика *f (Teilgebiet der Akustoelektronik)*
Akzeleration *f (Astr)* ускоре́ние *n*
Akzeptor *m (Ph, Ch, Krist)* акце́птор *m (s. a.* Akzeptoratom *und* Akzeptorstörstelle*)*
Akzeptoratom *n (Halbl)* акце́пторный а́том *m*, а́том-акце́птор *m*
Akzeptordotierung *f (Halbl)* акце́пторная при́месь *f*
Akzeptorstörstelle *f (Krist, Halbl)* акце́пторный (при́месный) центр *m*; акце́птор *m*; акце́пторная при́месь *m*
Akzeptorzentrum *n s.* Akzeptorstörstelle

Al *s.* Aluminium 1.
Alabaster *m (Min)* алеба́стр *m*
Alarm *m* трево́га *f*
~/**blinder** ло́жная трево́га *f*
Alarmeinrichtung *f* трево́жная [авари́йная] сигнализа́ция *f*
Alarmgerät *n* сигна́льный прибо́р *m*
Alarmsignal *n* сигна́л *m* трево́ги
Alarmzeichen *n* сигна́л *m* трево́ги
Alaun *m (Ch)* квасцы́ *pl*
Albedo *f (Astr)* альбе́до *n*
~/**visuelle** види́мое альбе́до *n*
Albedometer *n (Astr)* альбедоме́тр *m*
Aldehyd *m (Ch)* альдеги́д *m*
Aldehyd... *(Ch)* альдеги́дный
Aldehydharz *n* альдеги́дная смола́ *f*
Algebra *f* а́лгебра *f*
~/**boolesche** бу́лева а́лгебра *f*, а́лгебра *f* ло́гики
~/**lineare** лине́йная а́лгебра *f*
algebraisch алгебраи́ческий
algorithmisch алгоритми́ческий
Algorithmisierung *f (Inf, Kyb)* алгоритмиза́ция *f*
Algorithmus *m* алгори́тм *m*
Alhidade *f (Opt)* алида́да *f*
alicyclisch *(Ch)* алицикли́ческий *(Verbindungen)*
aliphatisch *(Ch)* алифати́ческий
aliquot *(Math)* аликво́тный
alitieren *(Met)* алити́ровать
Alitieren *n (Met)* алити́рование *n*
Alkali *n (Ch)* щёлочь *f*
~/**kaustisches** е́дкая щёлочь *f*
Alkali... щелочно́й
Alkaliakkumulator *m (El)* щелочно́й аккумуля́тор *m*
alkalibeständig *s.* laugenbeständig
Alkalicellulose *f* щелочна́я целлюло́за *f*
alkalihaltig/hoch *(Ch)* высокощелочно́й
Alkalilauge *f (Ch)* е́дкий щёлок *m*
alkalilöslich щёлочераствори́мый
Alkalilösung *f (Ch)* щелочно́й раство́р *m*
Alkalimetall *n* щелочно́й мета́лл *m*
Alkalimeter *n (Ch)* алкалиме́тр *m*
Alkalimetrie *f (Ch)* алкалиме́трия *f*
alkalimetrisch *(Ch)* алкалиметри́ческий
alkalireich *(Ch)* высокощелочно́й

alkalisch *(Ch)* щелочно́й, осно́вный
~/schwach *(Ch)* слабощелочно́й
alkalisieren *(Ch)* подщела́чивать
Alkalisieren *n (Ch)* подщела́чивание *n*
Alkalisierung *f (Ch)* подщела́чивание *n*
Alkalität *f (Ch)* щёлочность *f*
Alkaloid *n (Ch)* алкало́ид *m*
Alkohol *m (Ch)* спирт *m*; алкого́ль *m*
~/absoluter абсолю́тный спирт *m*
~/reiner чи́стый спирт *m*
Alkohol... алкого́льный, спиртно́й, спиртово́й
alkoholfrei безалкого́льный
alkoholisch алкого́льный, спиртно́й, спиртово́й
Alkoholometer *n* спирто́метр *m*, спиртоме́р *m*
Alkoholthermometer *n* спиртово́й термо́метр *m*
Alkyd... *(Ch)* алки́дный
Alkydharz *n* алки́дная смола́ *f*
Alkydharzlack *m* алки́дный лак *m*
Alkyl *n (Ch)* алки́л *m*
Alkyl... *(Ch)* алки́льный
alkylieren *(Ch)* алкили́ровать
Alkylieren *n (Ch)* алкили́рование *n*
Alkylierung *f (Ch)* алкили́рование *n*
All *n s.* Weltall
Allbereich(s)... *(Rf)* вседиапазо́нный
Alleskleber *m* универса́льный клей *m*
allochromatisch аллохромати́ческий
Allonge *f (Photo)* заря́дный коне́ц *m*
allotriomorph *(Krist)* аллотриомо́рфный, ксеномо́рфный
Allotriomorphie *f (Krist)* аллотриомо́рфизм *m*
allotrop *(Ch)* аллотро́пный
Allotropie *f (Ch)* аллотро́пия *f*
Allpass *m (Rf)* всечасто́тный [фа́зовый] фильтр *m*, фазовыра́вниватель *m*
Allpassfilter *n s.* Allpass
Allradantrieb *m (Kfz)* привод *m* на все колёса
Allstrommotor *m (El)* универса́льный (электро)дви́гатель *m*
alluvial *(Geol)* аллювиа́льный
Alluvium *n (Geol)* аллю́вий *m*
Allwellen... *(Rf)* всево́лновый
Allwellenempfänger *m (Rf)* всево́лновый приёмник *m*
Allwetter... всепого́дный
Allyl... *(Ch)* алли́ловый
Allzweckschlepper *m* универса́льный тра́ктор *m*
alphaaktiv *(Kern)* а́льфа-(радио)акти́вный
Alphaaktivität *f (Kern)* а́льфа-(радио-)акти́вность *f*
Alphabet *n (Inf)* алфави́т *m*
alphabetisch алфави́тный
Alphadetektor *m (Kern)* дете́ктор *m* а́льфа-излуче́ния
Alphadickenmesser *m* а́льфа-толщиноме́р *m*
Alphaeisen *n* а́льфа-желе́зо *n*
alphanumerisch *(Inf)* алфави́тно-цифрово́й, бу́квенно-цифрово́й
alpharadioaktiv *(Kern)* а́льфа-(радио-)акти́вный
Alpharadioaktivität *f (Kern)* а́льфа-(радио)акти́вность *f*
Alphaspektrometer *n (Kern)* а́льфа-спектро́метр *m*
Alphaspektrometrie *f (Kern)* а́льфа-спектрометри́я *f*
Alphaspektroskopie *f (Kern)* а́льфа-спектроскопи́я *f*
Alphaspektrum *n (Kern)* а́льфа-спектр *m*
Alphastrahlen *mpl* 1. *(Kern)* а́льфа-лучи́ *mpl*; 2. *s.* Alphastrahlung
Alphastrahlendetektor *m (Kern)* дете́ктор *m* а́льфа-излуче́ния
Alphastrahler *m (Kern)* а́льфа-излуча́тель *m*
Alphastrahlspektrometer *n (Kern)* а́льфа-спектро́метр *m*
Alphastrahlspektrometrie *f (Kern)* а́льфа-спектрометри́я *f*
Alphastrahlung *f* **(/radioaktive)** *(Kern)* а́льфа-излуче́ние *n*
Alphateilchen *n (Kern)* а́льфа-части́ца *f*
Alphateilchenspektrum *n (Kern)* а́льфа-спектр *m*
Alphatron *n (Kern)* альфатро́н *m*
Alphazerfall *m (Kern)* а́льфа-распа́д *m*
Alter *n* во́зраст *m*
Alter Mann *m (Bgb)* вы́работанное простра́нство *n*
altern старе́ть *(Werkstoffe)*
Altern *n s.* Alterung
alternierend знакопереме́нный

Altersbestimmung *f*/**absolute** *(Geol)* ме́тод *m* определе́ния абсолю́тного во́зраста
Altertumskunde *f* археоло́гия *f*
Alterung *f* старе́ние *n (Werkstoffe)*
~/**künstliche** иску́сственное старе́ние *n*
~/**natürliche** есте́ственное старе́ние *n*
Alterungsbeständigkeit *f (Wkst)* сопротивле́ние *n* старе́нию
alterungsfrei нестаре́ющий *(Werkstoffe)*
Alterungsprüfung *f (Wkst)* испыта́ние *n* на старе́ние
Alterungsriss *m (Wkst)* тре́щина *f* старе́ния
Alterungsschutzmittel *n* противостари́тель *m*
Alterungsverzögerer *m* противостари́тель *m*
Altgrad *m* гра́дус *m*
Altgummi *m* утильрези́на *f*
Altigraph *m* альтигра́ф *m*, высотопи́сец *m*
Altimeter *n* альтиме́тр *m*, высотоме́р *m*
Altitude *f (Astr)* альтиту́да *f*
Altmaterial *n* втори́чное сырьё *n*, вторсырьё *n*
Altmetall *n* металлоло́м *m*
Altöl *n* отрабо́танное ма́сло *n*
Altstoffe *mpl* утильсырьё *n*
Alu *n s.* Aluminium 2.
Aluminat *n (Ch)* алюмина́т *m*
Aluminium *n* 1. *(Ch)* алюми́ний *m*, Al; 2. *(Met)* алюми́ний *m*
Aluminium... алюми́ниевый
Aluminiumbronze *f (Gieß)* алюми́ниевая бро́нза *f*
Aluminiumfolie *f* алюми́ниевая фольга́ *f*
Aluminiumgrieß *m (Met)* зернёный алюми́ний *m*
Aluminiumguss *m* алюми́ниевое литьё *n*
Aluminiumlegierung *f* алюми́ниевый сплав *m*
aluminiumorganisch *(Ch)* алюминийоргани́ческий
aluminiumsauer *(Ch)* алюминиевоки́слый
Aluminothermie *f (Schw)* алюминотерми́я *f*
aluminothermisch *(Schw)* терми́тный, алюминотерми́ческий
Alunit *m (Min)* алуни́т *m (Alaunstein)*
Am *s.* Americium
AM *f s.* Amplitudenmodulation
AM-... амплиту́дно-модули́рованный
Amalgam *n (Met)* амальга́ма *f*
Amalgamation *f (Met)* амальгама́ция *f*
Amalgamierung *f (Met)* амальгама́ция *f*
A-Mast *m* двуно́га *f*
Amateurband *n (Rf)* радиолюби́тельский диапазо́н *m*
Amateurfunk *m* люби́тельская радиосвя́зь *f*
Amateurfunkband *n s.* Amateurband
Amateurfunkbereich *m s.* Amateurband
Amateurfunkstation *f* радиолюби́тельская ста́нция *f*
Amateurfunkverbindung *f* радиолюби́тельская связь *f*
Amateurfunkverkehr *m* радиолюби́тельская свя́зь *f*
Amateurkamera *f* люби́тельский фотоаппара́т *m*
Amboss *m* накова́льня *f*
Ameisensäure *f (Ch)* муравьи́ная кислота́
Americium *n (Ch)* амери́ций *m*, Am
Amethyst *m (Min)* амети́ст *m*
Amid *n (Ch)* ами́д *m*
Amin *n (Ch)* ами́н *m*
Aminobenzen *n (Ch)* аминобензе́н *m*, анили́н *m*
Aminobenzol *n s.* Aminobenzen
Aminogruppe *f (Ch)* аминогру́ппа *f*
Aminoplast *m (Kst)* аминопла́ст *m*
Aminosäure *f (Ch)* аминокислота́ *f*
Aminoverbindung *f (Ch)* аминосоедине́ние *n*
Ammon... *(Ch)* аммо́ниевый
Ammonal *n* аммона́л *m (Sprengstoff)*
Ammoniak... *(Ch)* аммиа́чный
ammoniakalisch *(Ch)* аммиа́чный
Ammoniakdünger *m* аммиа́чное удобре́ние *m*
Ammonisierung *f (Ch)* аммониза́ция *f (von Düngemitteln)*
Ammonit *n* аммони́т *m (Sprengstoff)*
Ammonium *n (Ch)* аммо́ний *m*
Ammonium... *(Ch)* аммо́ниевый

amorph амóрфный, некристаллúческий
Amorphie *f* амóрфность *f*
Ampere *n (El)* ампéр *m*, А *(Einheit der elektrischen Stromstärke)*
Amperemeter *n (El)* амперметр *m*
Amperemeter... амперметровый
Amperesekunde *f (El)* ампéр-секýнда *f*, А·с
Amperestunde *f (El)* ампéр-час *m*, А·ч
Amperestundenzähler *m (El)* счётчик *m* ампéр-часóв
Ampere-Volt-Ohmmeter *n (El)* авомéтр *m*
Amperometrie *f* амперометрúческое титровáние *n*
Ampersandzeichen *n (Inf)* амперсáнд *m*
Amphibienfahrzeug *n* амфúбия *f*
Amphibienflugzeug *n* самолёт-амфúбия *m*
Amphibienkraftfahrzeug *n* автомобúль-амфúбия *m*
amphoter *(Ch, Ph)* амфотéрный
Amphoterie *f (Ch, Ph)* амфотéрность *f*
Amplitude *f* амплитýда *f*, амплитýдное значéние *n*
Amplituden... амплитýдный
Amplitudenanalysator *m (El)* амплитýдный анализáтор *m*
Amplitudendemodulation *f (Rf)* амплитýдное детектúрование *n*
Amplitudenfilter *n (Rf)* амплитýдный фильтр *m*
Amplitudengang *m (El)* амплитýдная характерúстика *f*
Amplitudengleichrichtung *f (Rf)* амплитýдное детектúрование *n*
Amplitudenkennlinie *f (El)* амплитýдная характерúстика *f*
Amplitudenmodulation *f (Rf)* амплитýдная модуляция *f*
amplitudenmoduliert амплитýдно-модулúрованный
Amplitudensieb *n (Rf)* амплитýдный фильтр *m*
Amplitudenverzerrung *f* амплитýдное искажéние *n*
Amplitudenwert *m (El)* амплитýдное значéние *n*
Ampulle *f (Ch, Med)* áмпула *f*
Amt *n (Nrt)* стáнция *f*
Amyl... *(Ch)* амúловый
anabatisch *(Meteo)* анабатúческий *(Wind)*
anagalaktisch *(Astr)* анагалактúческий
analog анáлоговый
Analog... анáлоговый
Analogdarstellung *f* анáлоговое представлéние *n*
Analogdaten *pl (Inf)* анáлоговые дáнные *pl*
analog-digital анáлого-цифровóй
Analog-Digital... анáлого-цифровóй
Analog-Digital-Technik *f (El)* анáлого-цифровáя тéхника *f*
Analog-Digital-Umsetzer *m (El)* анáлого-цифровóй преобразовáтель *m*
Analog-Digital-Umsetzung *f (El)* анáлого-цифровóе преобразовáние *n*
Analog-Digital-Wandler *m (El)* анáлого-цифровóй преобразовáтель *m*, АЦП *m*
Analogeingabe *f (Inf)* анáлоговый ввод *m*
Analogeinrichtung *f* анáлоговое устрóйство *n*
Analogelement *n (Reg)* анáлоговый элемéнт *m*
Analoggröße *f* анáлоговая величинá *f*
Analogie *f* аналóгия *f*
Analogie... анáлоговый
Analogieverfahren *n (Ph)* мéтод *m* подóбия
Analogon *n* анáлог *m*
Analogrechner *m* анáлоговая ЭВМ *f*, анáлоговая вычислúтельная машúна *f*, АВМ *f*
Analogschaltkreis *m* анáлоговая интегрáльная схéма *f*
Analogspeicher *m (Inf)* анáлоговое запоминáющее устрóйство *n*
Analog-Technik *f (Reg)* анáлоговая тéхника *f*
Analysator *m* анализáтор *m*
Analyse *f* анáлиз *m*
~/**chemische** химúческий анáлиз *m*
~/**chromatographische** хроматографúческий анáлиз *m*
~/**coulometrische** *(El)* кулонометрúя *f*
~/**elektrochemische** электроанáлиз *m*
~/**gravimetrische** *(Ch)* гравиметрúческий анáлиз *m*
~/**harmonische** *(Ph)* гармонúческий анáлиз *m*

~/**kolorimetrische** *(Ch)* колориметри́ческий ана́лиз *m*
~/**kombinatorische** *(Math)* комбинато́рный *m* ана́лиз *m*
~/**photometrische** *(Opt)* фотометри́ческий ана́лиз *m*
~/**physikalisch-chemische** физико-хими́ческий ана́лиз *m*
~/**qualitative** *(Ch)* ка́чественный ана́лиз *m*
~/**quantitative** *(Ch)* коли́чественный ана́лиз *m*
~/**radiochemische** *(Ch)* радиохими́ческий ана́лиз *m*
~/**radiometrische** *(Ph)* радиометри́ческий ана́лиз *m*
~/**thermische** *(Ch)* терми́ческий ана́лиз *m*
~/**titrimetrische** *(Ch)* объёмный ана́лиз *m*
~/**volumetrische** *(Ch)* объёмный ана́лиз *m*
Analysen... аналити́ческий
Analysenwaage *f (Ch)* аналити́ческие весы́ *pl*
analysieren анализи́ровать
Analysis *f (Math)* ана́лиз *m*
analytisch аналити́ческий
Anamorphose *f (Opt)* анаморфо́за *f*
Anamorphot *m (Opt)* анаморфо́т *m* *(Linsensystem)*
Anastigmat *m (Opt)* (объекти́в-)анастигма́т *m*
Anbacken *n* пригора́ние *n*, припека́ние *n*, прилипа́ние *n (z. B. von Formstoff)*
Anbau *m* 1. *(Bw)* пристро́йка *f*; 2. Наве́шивание *n*; 3. *(Lw)* разведе́ние *n (von Pflanzen)*
Anbau... навесно́й
anbauen 1. *(Bw)* пристро́ить; 2. наве́шивать; 3. *(Lw)* разводи́ть *(Pflanzen)*
Anbaugerät *n (Lw)* навесно́е ору́дие *n*
Anbaupflug *m* навесно́й плуг *m*
Anbauschneepflug *m* навесно́й снегоочисти́тель *m*
anbinden привя́зывать
anblasen *(Met)* задува́ть *(Schachtofen)*
Anblasen *n (Met)* пуск *m*; задо́вка *f* *(Schachtofen)*
anbohren *(Bgb)* забу́ривать *(Bohrlöcher)*
Anbohrer *m* центро́вочное сверло́ *n*
Anbordgehen *n (Schiff)* поса́дка *f*
anbrennen 1. загора́ться; 2. *(Gum)* пригора́ть, подвулканизо́ваться; 3. подгора́ть
Anbrennen *n* 1. загора́ние *n*; 2. *(Gum)* пригора́ние *n*, подвулканиза́ция *f*, ско́рчинг *m*; 3. подгора́ние *n*
Änderung *f* измене́ние *n*; переме́на *f*; вариа́ция *f*; преобразова́ние *n*
~/**sprunghafte** скачкообра́зное измене́ние *n*
~/**zeitliche** измене́ние *n* во вре́мени
Änderungsdatei *f (Inf)* файл *m* измене́ний
Änderungsprotokoll *n (Inf)* протоко́л *m* измене́ний
Andesit *m (Geol)* андези́т *m*
AND-Gatter *n (Reg)* элеме́нт *m* И
AND-Glied *n (Reg)* элеме́нт *m* И
Andrehen *n (Text)* прису́чивание *n*
Andruck *m* 1. нажи́м *m*, прижи́м *m*; 2. *(Typ)* про́бный о́ттиск *m*; 3. *(Typ)* про́бное печа́тание *n*
andrücken нажима́ть, прижима́ть
Andrücken *n s.* Andruck 1.
Andrücker *m* прижи́м *m*
Andrückvorrichtung *f* прижи́м *m*
Aneignung *f* освое́ние *n*; усвое́ние *n*
Anemogramm *n (Meteo)* анемогра́мма *f*
Anemograph *m (Meteo)* анемо́граф *m*
Anemometer *n (Meteo)* анемо́метр *m*
Anemometer... анемометри́ческий
Anemometrie *f (Meteo)* анемометри́я *f*
anemometrisch анемометри́ческий
Aneroid *n (Meteo)* анеро́ид *m*
Aneroidbarometer *n (Meteo)* анеро́ид *m*
Anfahrdauer *f* вре́мя *n* разго́на
Anfahren *n* разго́н *m (einer Maschine)*; разбе́г *m*; за́пуск *m*; пуск *m*, ввод *m* в де́йствие [эксплуата́цию] *(z. B. eines Kernreaktors)*; *(Eb)* тро́гание *n* (с ме́ста)
Anfahrstrang *m (Gieß)* затра́вка *f* *(beim Stranggießen)*
anfällig подве́рженный; скло́нный
Anfälligkeit *f* подве́рженность *f*; скло́нность *f*
Anfang *m* нача́ло *n (Posten)*
anfangen 1. начина́ть; 2. *(Glas)* набира́ть *(Posten)*

Anfangen *n (Glas)* набо́р *m (Posten)*
Anfangsadresse *f (Inf)* нача́льный а́дрес *m*
Anfangsbeschleunigung *f* нача́льное ускоре́ние *n*
Anfangsbohrer *m (Bgb)* забу́рник *m*
Anfangsdrehmoment *n (El)* пусково́й моме́нт *m (eines E-Motors)*
Anfangsfestigkeit *f (Bw)* нача́льная про́чность *f (Beton)*
Anfangsgeschwindigkeit *f (Mech)* нача́льная ско́рость *f*
Anfangsladen *n (Inf)* нача́льная загру́зка *f*
Anfangsmoment *n (El)* пусково́й моме́нт *m (eines E-Motors)*
Anfangsprogrammladen *n (Inf)* нача́льная загру́зка *f*
Anfangspunkt *m* нача́ло *n* (координа́т)
Anfangsstrom *m* нача́льный ток *m*
Anfangsvakuum *n* предвари́тельный ва́куум *m*
Anfangswerte *mpl* исхо́дные да́нные *pl*
Anfangszustand *m* исхо́дное [нача́льное] состоя́ние *n*
anfeuchten увлажня́ть, зама́чивать, сма́чивать
Anfeuchten *n* увлажне́ние *n*, зама́чивание *n*, сма́чивание *n*
Anflug *m (Flg)* 1. подхо́д *m*, захо́д *m* на поса́дку, подлёт *m*; 2. налёт *m*
Anforderung *f* 1. запро́с *m*; 2. *(Inf)* зая́вка *f*; 3. тре́бование *n*
Anfrage *f* 1. запро́с *m*; 2. *(Inf)* зая́вка *f*
anfragen запра́шивать
Anfrageverarbeitung *f (Inf)* обрабо́тка *f* запро́сов
anfressen *(Masch)* заеда́ть *(Korrosion)*; разъеда́ть *(durch Rost)*
Anfressen *n (Masch)* заеда́ние *n (Korrosion)*; разъеда́ние *n (durch Rost)*
Anfressung *f s.* Anfressen
Anfritten *n* припека́ние *n*, налипа́ние *n*
Anfüllen *n* наполне́ние *n*
angefeuchtet увлажнённый
angenähert приближённый
angeordnet располо́женный
angeregt возбуждённый
~/nicht невозбуждённый
angereichert насы́щенный
~/leicht [schwach] *(Kern)* слабообогащённый, малообогащённый *(z. B. Kernbrennstoff)*
angesäuert подкислённый
angeschlossen *(El)* включённый, подключённый
angespitzt заострённый
angetrieben *(Masch)* ведо́мый
angewandt прикладно́й
angreifbar корродиру́емый, разъеда́емый *(Metall)*
angreifen разруша́ть; корроди́ровать *(Metall)*; разъеда́ть *(durch Rost)*
Angreifen *n* **einer Kraft** *(Mech)* приложе́ние *n* си́лы
angreifend агресси́вный; коррозио́нноактивный
angrenzend сме́жный
Angriff *m* 1. возде́йствие *n*; 2. разруше́ние *n*; разъеда́ние *n (durch Rost)*
Angriffspunkt *m (Mech)* то́чка *f* приложе́ния си́лы *(einer Kraft)*
Ångström *n* а́нгстрем *m (SI-fremde Einheit der Länge)*
Anguss *m* 1. *(Kst)* ли́тник *m*; 2. прили́в *m (an Maschinenteilen)*
Anhaften *n* прилипа́ние *n*; сцепле́ние *n*
Anhalten *n* остано́вка *f*
Anhänge... прицепно́й
Anhängegerät *n (Lw)* прицепно́е ору́дие *n*
anhängen прицепля́ть, сцепля́ть; стропова́ть; зача́ливать *(Lasten)*
Anhängen *n* прице́пка *f*; зача́лка *f*; стропо́вка *f (von Lasten)*
Anhängepflug *m* прицепно́й плуг *m*
Anhänger *m (Kfz)* прице́п *m*
anharmonisch ангармони́ческий
anhäufen нака́пливать
Anhäufung *f* накопле́ние *n*; аккумуля́ция *f*; скопле́ние *n*
Anheben *n* подъём *m*
anheften прикрепля́ть
anheizen раста́пливать, зата́пливать, разжига́ть
Anheizen *n* расто́пка *f*, раста́пливание *n*, затопле́ние *n*; *(Met)* ро́зжиг *m (Öfen)*
Anhöhe *f (Geol)* возвы́шенность *f*
Anhydrid *n (Ch)* ангидри́д *m*
Anhydrid... *(Ch)* ангидри́дный

Anhydrit *m (Ch, Min)* ангидри́т *m*
Anilin *n (Ch)* анили́н *m*, аминобензе́н *m*
Anilin... *(Ch)* анили́новый
Animationsaufnahme *f (Kine)* мультипликацио́нная съёмка *f*
Anion *n (Ch, Ph)* анио́н *m*, отрица́тельный ио́н *m*
Anionen... анио́нный
Anionenaustauscher *m* анионит *m*
anionisch анио́нный
anisotrop анизотро́пный
Anisotropie *f (Ph)* анизотропи́я *f*
~/magnetische магни́тная анизотропи́я *f*
Ankathete *f* прилежа́щий ка́тет *m*
Anker *m* 1. *(El, Schiff)* я́корь *m*; • **vor ~ gehen** *(Schiff)* отдава́ть я́корь • **~ werfen** *(Schiff)* отдава́ть я́корь; 2. *(Bgb)* а́нкер *m (Ausbau)*; 3. *(Bgb)* шта́нга *f*; 4. а́нкер *m (einer mechanischen Uhr)*
Anker... я́корный, а́нкерный
Ankerausbau *m* а́нкерная крепь *f*
Ankerben *n (Bgb)* подсе́чка *f*
Ankerboje *f (Schiff)* томбу́й *m*, я́корный буй *m*
Ankerbolzen *m* а́нкерный [фунда́ментный] болт *m*
Ankerdavit *m (Schiff)* кран-ба́лка *m*
Ankerliegeplatz *m (Schiff)* я́корная стоя́нка *f*
ankerlos *(El)* безъя́корный
ankern *(Schiff)* отдава́ть я́корь
Ankerplatte *f (Bw)* а́нкерная плита́ *f*
Ankerplatz *m (Schiff)* я́корная стоя́нка *f*
Ankerschraube *f s.* Ankerbolzen
Ankervorlage *f (Bw)* а́нкерная плита́ *f*
Ankerwinde *f (Schiff)* бра́шпиль *m*
Anketteln *n (Text)* кеттлёвка *f*
ankleben 1. накле́ивать, прикле́ивать; 2. прилипа́ть
Ankleben *n* 1. накле́ивание *n*, прикле́ивание *n*; 2. прилипа́ние *n*
anknoten привя́зывать
anknüpfen привя́зывать
Anknüpfen *n (Text)* прису́чивание *n*
ankommen проходи́ть
ankommend приходя́щий
ankoppeln свя́зывать; *(Raumf)* производи́ть стыко́вку
Ankoppeln *n s.* Ankopplung
Ankopplung *f* 1. соедине́ние *n*, сцепле́ние *n*; 2. *(Raumf)* стыко́вка *f*
ankörnen *(Fert)* наке́рнивать, размеча́ть ке́рнером
Ankörnen *n (Fert)* наке́рнивание *n*, намётка *f* ке́рнов
Ankörnung *f (Fert)* ме́тка *f*
ankreuzen *(Schw)* подруба́ть *(Nähte)*
Ankunft *f* прибы́тие *n*
ankuppeln прицепля́ть; сцепля́ть
Anlage *f* 1. устано́вка *f*; устро́йство *n*, аппарату́ра *f*; 2. сооруже́ние *n*; объе́кт *m*; 3. прилега́ние *n*, приложе́ние *n*
~/digitale [diskrete] дискре́тное устро́йство *n*
~/elektrische электроустано́вка *f*, электри́ческая устано́вка *f*
~/fahrbare передвижна́я устано́вка *f*
~/ortsfeste стациона́рная устано́вка *f*
~/satte *(Fert)* пло́тное прилега́ние *n*
~/stationäre стациона́рная устано́вка *f*
~/transportable передвижна́я устано́вка *f*
anlageintensiv капиталоёмкий
Anlagenmesstechnik *f* контро́льно-измери́тельная аппарату́ра *f*
anlagern 1. *(Ch)* присоединя́ть; 2. *(Min)* нараста́ть
Anlagerung *f* 1. *(Ch)* присоедине́ние *n*; 2. *(Min)* нараста́ние *n*
Anlagerungsreaktion *f (Ch)* реа́кция *f* присоедине́ния
Anlanden *n (Schiff)* вы́садка *f*
anlassen 1. запуска́ть *(Motor)*; 2. *(Härt)* отпуска́ть
Anlassen *n* 1. *(Kfz)* (за́)пуск *m*, заво́д *m (Motor)*; впуск *m (von Maschinen)*; 2. *(Härt)* о́тпуск *m*
Anlasser *m* 1. *(El)* пуска́тель *m*; 2. *(Kfz)* ста́ртер *m*, стартёр *m*; 3. *s.* Anlasswiderstand
Anlassfarbe *f (Härt)* цвет *m* побежа́лости
Anlassmotor *m* пусково́й дви́гатель *m*
Anlassschalter *m* пусково́й выключа́тель *m*
Anlassschütz *n (El)* пусково́й конта́ктор *m*

Anlasssprödigkeit *f (Wkst)* отпускна́я хру́пкость *f*
Anlassstrom *m* пусково́й ток *m*
Anlasstemperatur *f (Härt)* температу́ра *f* о́тпуска *f*
Anlasstransformator *m* пусково́й трансформа́тор *m*
Anlasswiderstand *m (El)* пусково́е сопротивле́ние *n*, пусково́й рези́стор *m*; пусково́й реоста́т *m*
Anlasszeit *f* пусково́й пери́од *m (eines Kfz-Motors)*
Anlauf *m* 1. разго́н *m (z. B. einer Maschine)*; 2. *(Text)* го́рка *f*; 3. налёт *m*; побежа́лость *f*; 4. *(Flg) s.* Anrollen
~/sanfter [weicher] пла́вный пуск *m*
Anlaufdrehmoment *n* пусково́й моме́нт *m (eines Hydraulikmotors)*
anlaufen 1. *(Eb)* тро́гаться (с ме́ста); 2. тускне́ть; 3. запотева́ть *(Scheiben)*
Anlaufen *n* 1. *(Eb)* тро́гание *n* (с ме́ста); 2. *(Schiff)* захо́д *m (eines Hafens)*; 3. запотева́ние *n (Scheiben)*
Anlaufmoment *n* пусково́й моме́нт *m (eines Hydraulikmotors)*
Anlaufstrom *m (El)* пусково́й ток *m*
Anlaufwiderstand *m s.* Anlasswiderstand
Anlaufzeit *f* вре́мя *n* разго́на
Anlege... *(Schiff)* прича́льный
Anlegeapparat *m (Typ)* самонакла́д *m*
Anlegeboje *f (Schiff)* прича́льная бо́чка *f*
anlegen 1. закла́дывать; 2. *(Schiff)* швартова́ть, прича́ливать; 3. *(El)* прилага́ть *(eine Spannung)*; 4. проводи́ть *(Straßen)*
Anlegen *n* 1. закла́дка *f*; 2. *(Schiff)* швartóвка *f*, прича́ливание *n*; 3. *(El)* приложе́ние *n (einer Spannung)*; 4. прово́дка *f (von Straßen)*
~ einer Kraft *(Mech)* приложе́ние *n* си́лы
Anlegepfeiler *m (Bw)* берегово́й усто́й *m (einer Brücke)*
Anlegeplatz *m s.* Anlegestelle
Anlegestelle *f (Schiff)* прича́л *m*; при́стань *f (Flussschiffahrt)*
~/schwimmende пла́вучий прича́л *m*
Anlegetonne *f (Schiff)* прича́льная бо́чка *f*
anleimen прикле́ивать
Anliegen *n* прилега́ние *n*; каса́ние *n*
anlöten припа́ивать, напа́ивать
Anlöten *n* припа́ивание *n*, напа́йка *f*
anmachen *(Bw)* затворя́ть *(Mörtel)*
Anmachen *n (Bw)* затворе́ние *n (Mörtel)*
Anmeldung *f* зая́вка *f*
annähernd приближённый
Annäherung *f* 1. приближе́ние *n*; сближе́ние *n*; 2. *(Math) s.* Approximation
Annäherungsmanöver *n (Raumf)* манёвр *m* на сближе́ние
annehmen принима́ть
Annihilation *f (Kern)* аннигиля́ция *f*
Anode *f (El)* ано́д *m*
~/ringförmige кольцево́й ано́д *m*
Anoden... ано́дный
Anodendemodulator *m (Rf)* ано́дный дете́ктор *m*
Anodengleichrichter *m (Rf)* ано́дный дете́ктор *m*
Anodenglimmlicht *n* ано́дное свече́ние *n*
Anodenhalter *m* анододержа́тель *m*
Anodenmodulation *f* ано́дная модуля́ция *f*
Anodenschlamm *m (El)* ано́дный шлам *m*
Anodenspannungsmodulation *f* ано́дная модуля́ция *f*
Anodenstrahlen *mpl* ано́дные лучи́ *mpl*
Anodenstrom *m* ано́дный ток *m*
Anodenträger *m* анододержа́тель *m*
anodisch ано́дный
anodisieren *n (Ch)* аноди́ровать
Anodisieren *n (Ch)* аноди́рование *n*
Anolyt *m* аноли́т *m (Elektrolyse)*
Anomalie *f* анома́лия *f*
~/magnetische *(Geoph)* магни́тная анома́лия *f*
~/mittlere *(Astr)* сре́дняя анома́лия *f*
~/wahre *(Astr)* и́стинная анома́лия *f*
Anordnung *f* 1. упорядоче́ние *n*; расположе́ние *n*; положе́ние *n*; компоно́вка *f*; 2. размеще́ние *n*; 3. *(El)* сбо́рка *f*
~/fächerförmige ве́ерное расположе́ние *n*
~/horizontale горизонта́льное расположе́ние *n*

~/**kreuzförmige** крестообра́зное расположе́ние *n*
~/**senkrechte** вертика́льное расположе́ние *n*
~/**sternförmige** звездообра́зное расположе́ние *n*
~/**waagerechte** горизонта́льное расположе́ние *n*
anorganisch *(Ch)* неоргани́ческий
Anpassbarkeit *f* приспособля́емость *f*
anpassen 1. приспоса́бливать; 2. *(Fert)* пригоня́ть, подгоня́ть, припасо́вывать; 3. согласо́вывать
Anpassen *n s.* Anpassung
Anpassung *f* 1. приспособле́ние *n*; адапта́ция *f*; 2. *(Fert)* приго́нка *f*, подго́нка *f*, припасо́вка *f*; 3. *(Opt)* аккомода́ция *f*; приспособле́ние *n*; 4. *(El)* согласова́ние *n*
Anpassungsbaustein *m* ада́птер *m*
Anpassungsfähigkeit *f* приспособля́емость *f*
Anpassungstransformator *m* согласу́ющий трансформа́тор *m*
anpeilen пеленгова́ть
Anpeilen *n* пеленгова́ние *n*
Anpflanzen *n s.* Anpflanzung
Anpflanzung *f (Forst, Lw)* насажде́ние *n*; поса́дка *f*
anpressen нажима́ть; прижима́ть
Anpressen *n* нажи́м *m*, нажа́тие *n*; прижи́м *m*; запрессо́вка *f*
Anregung *f* возбужде́ние *n*; актива́ция *f*
~/**optische** опти́ческое возбужде́ние *n*, подсве́тка *f (Laser)*
Anregungsenergie *f (Ph)* эне́ргия *f* возбужде́ния
Anregungsmittel *n (Ch)* возбуди́тель *m*
Anregungszustand *m (Kern)* возбуждённое состоя́ние *n*
anreiben затира́ть, растира́ть *(Anstrichstoffe)*
anreichern обогаща́ть; концентри́ровать
Anreicherung *f* обогаще́ние *n*; концентра́ция *f*
Anreicherungs... обогати́тельный; концентрацио́нный
Anreicherungsapparat *m* концентра́тор *m (Aufbereitung)*
Anreicherungsherd *m* концентрацио́нный стол *m (Aufbereitung)*
Anreicherungsmittel *n* обогати́тель *m*
Anreicherungsprodukt *n* концентра́т *m (Aufbereitung)*
Anreicherungs(rand)schicht *f (Halbl)* обогащённый (приповерхностный) слой *m*
anreißen *(Fert)* размеча́ть *(Werkstücke)*
Anreißen *n (Fert)* разме́тка *f (von Werkstücken)*
Anreißer *m (Wkz)* разме́тчик *m*
Anreißnadel *f (Wkz)* разме́точная игла́ *f*, черти́лка *f*
Anreißplatte *f (Fert)* разме́точная плита́ *f*
Anreißtisch *m (Fert)* разме́точный стол *m*
Anreißwerkzeug *n (Wkz)* разме́точный инструме́нт *m*
Anreißzirkel *m* разме́точный ци́ркуль *m*
Anriss *m* 1. надры́в *m*; 2. *(Met)* равни́на *f*; 3. *s.* Anrisslinie
Anrisslinie *f* (разме́точная) ри́ска *f*, разме́точная ли́ния *f*
Anrollen *n (Flg)* руле́ние *n (1. Startphase)*; разбе́г *m (Flugzeuge beim Start)*
anrosten приржаве́ть
Anruf *m (Nrt)* вы́зов *m*
Anrufbeantworter *m (Nrt)* (телефо́нный) автоотве́тчик *m*
anrufen *(Nrt)* вызыва́ть
Anrufzeichen *n (Nrt)* вызывно́й [позывно́й] сигна́л *m*
anrühren переме́шивать *(Anstrichstoffe)*
Anrühren *n* заме́шивание *n*, переме́шивание *n (von Anstrichstoffen)*
ansammeln нака́пливать; собира́ть
Ansammlung *f* накопле́ние *n*; собира́ние *n*, скопле́ние *n*; сосредото́чение *n*
Ansatz *m* 1. наса́дка *f*; наса́док *m*; 2. *(Masch)* бурт *m*, бу́ртик *m*, запле́чик *m*; 3. подголо́вок *m (Ansatz unter dem Schraubenkopf)*; зато́чка *f*; 4. наро́ст *m*; на́стыль *f*; на́кипь *f*; налёт *m (Kesselstein)*; 5. *(Math)* подхо́д *m*
Ansatzstück *n* надста́вка *f*; наса́док *m*; отро́сток *m*

Ansäuern *n (Ch)* подкисле́ние *n*
ansaugen вса́сывать; заса́сывать; подса́сывать
Ansaugen *n* вса́сывание *n*; присо́с *m*; подса́сывание *n*, подсо́с *m*
Ansaughub *m (Kfz)* такт *m* вса́сывания
Ansaugkrümmer *m (Kfz)* впускно́е коле́но *n*
Ansaugstutzen *m* вса́сывающий па́трубок *m*
Ansaugtakt *m (Kfz)* такт *m* вса́сывания
anschalten *(El)* соединя́ть, включа́ть, подключа́ть, присоединя́ть
Anschieben *n (Eb)* подта́лкивание *n (Lok)*
Anschlag *m* 1. *(Masch)* упо́р *m*; сто́пор *m*; ограничи́тель *m*; 2. *(Text)* прибо́й *m (Webstuhl)*
Anschlag... упо́рный, ограничи́тельный
Anschlagbolzen *m* упо́рный болт *m*
Anschlagen *n* 1. *(Förd)* зача́лка *f*, стро́повка *f (von Lasten)*; 2. нажа́тие *n (Tasten)*
Anschlagfinger *m* сто́порный штифт *m*
anschlaglos безуда́рный *(Schreibmaschine)*
Anschlagmittel *n (Förd)* грузозахва́т *m*, схва́тка *f*
Anschlagscheibe *f* упо́рная ша́йба *f*
Anschlagseil *n (Schiff)* строп *m*
anschleifen зата́чивать
Anschleifen *n (Fert)* зата́чивание *n*, зато́чка *f*
anschließen 1. *(El)* включа́ть, присоединя́ть; (под)соединя́ть; 2. подключа́ть; примыка́ть
Anschliff *m (Fert)* 1. зата́чивание *n*, зато́чка *f*; 2. зато́чка *f (Ergebnis)*
~/**balliger** выпуклая зато́чка *f*
~/**hohler** во́гнутая зато́чка *f*
Anschluss *m* 1. *(El, Nrt)* соедине́ние *n*, присоедине́ние *n*, подключе́ние *n*, подсоедине́ние *n*; 2. *(Inf)* сопряже́ние *n*; 3. *(Geod)* привя́зка *f*; 4. примыка́ние *n*
Anschlussbelegung *f s.* Pinbelegung
Anschlussdraht *m (El)* (про́волочный) вы́вод *m*
Anschlusselement *n (El)* присоедини́тельный элеме́нт *m*
Anschlussflansch *m (Masch)* соедини́тельный фла́нец *m*
Anschlussgerät *n* периферийное [вне́шнее] устро́йство *n*, ВУ *n*
Anschlussgleis *n (Eb)* подъездно́й путь *m*, ве́тка *f*
Anschlusskabel *n (El)* соедини́тельный ка́бель *m*; ка́бель *m* потреби́теля; *(Nrt)* абоне́нтский ка́бель *m*
Anschlussklemme *f (El)* зажи́м *m*, кле́мма *f*
anschlusskompatibel совмести́мый по вы́водам [разъёмам]
Anschlusskompatibilität *f (Inf)* совмести́мость *f* по вы́водам [разъёмам]
Anschlussleitung *f* 1. соедини́тельная ли́ния *f*; 2. *(Nrt)* абоне́нтская ли́ния *f*
Anschlusspunkt *m (El)* то́чка *f* подключе́ния
Anschlussschnur *f (Nrt)* розе́точный шнур *m*
Anschlussstelle *f (El)* то́чка *f* подключе́ния
Anschlussstrecke *f s.* Anschlussgleis
Anschlussstück *n* 1. соедини́тельная дета́ль *f*; 2. шту́цер *m (von Rohrleitungen)*
Anschmiegung *f* прилега́ние *n*
anschneiden 1. надреза́ть; 2. *(Fert)* вреза́ться; 3. *(Geod)* засека́ть; 4. *(Bgb)* подсека́ть
Anschneiden *n* 1. надреза́ние; 2. *(Fert)* вреза́ние *n*; 3. *(Geod)* засе́чка *f*; 4. *(Bgb)* подсе́чка *f*
anschrauben приви́нчивать, нави́нчивать
Anschrauben *n* приви́нчивание *n*, нави́нчивание *n*
anschwänzen *(Brau)* выщела́чивать
anschweißen прива́ривать
Anschweißen *n* прива́ривание *n*, прива́рка *f*
anschwellen набуха́ть; разбуха́ть; выпу́чивать
Anschwellen *n* набуха́ние *n*; разбуха́ние *n*; вспу́чивание *n*; выпу́чивание *n*
Anschwellung *f* 1. *s.* Anschwellen; 2. пу́чность *f*
anschwemmen намыва́ть
Anschwemmfilter *n* намывно́й фильтр *m*
Anschwemmung *f* 1. намыва́ние *n*, наплы́в *m*, нано́с *m*, намы́в *m*

(Vorgang); 2. нанóс *m*, нанóсный материáл *m*
Ansenken *n (Fert)* цекóвка *f*, цековáние *n*
Ansenker *m (Fert)* цекóвка *f*
ansetzen *(Bgb)* заклáдывать *(Bohrungen)*
Ansetzen *n* 1. насáживание *n*; нарáщивание *n*; 2. *(Bgb)* заклáдка *f (einer Bohrung)*; 4. составлéние *n (z. B. eines Gemisches)*
Ansicht *f* вид *m*
Ansiedlung *f (Bw)* посёлок *m*
Ansintern *n (Met)* припекáние *n*
Ansinterung *f* 1. *s.* Ansintern; 2. *(Met, Wlz)* пригáр *m*
anspannen натя́гивать
anspitzen *(Wkz)* подтáчивать; заостря́ть
Anspitzen *n (Wkz)* подтáчивание *n*
Anspitzung *f* 1. *s.* Anspitzen; 2. *(Wkz)* подтóчка *f (Ergebnis)*
Ansprech... порóговый
ansprechen срабáтывать *(Relais)*
Ansprechen *n (El)* срабáтывание *n (eines Relais)*
Ansprechfunkfeuer *n* радиомая́к-отвéтчик *m*
Ansprechgrenze *f (Reg)* порóг *m* срабáтывания
Ansprechschwelle *f* порóг *m* чувстви́тельности
Ansprechstrom *m* ток *m* срабáтывания
Ansprechvermögen *n* срабáтываемость *f (von Relais)*
Ansprechzeit *f (Reg)* врéмя *n* срабáтывания
Anspringen *n (Gum)* подвулканизáция *f*, скорчинг *m*
anstauchen 1. *(Schm)* высáживать; 2. плю́щить *(Sägeblätter)*
Anstauchen *n (Schm)* высáдка *f*
anstehen *(Bgb)* залегáть *(Gestein)*
anstehend *(Bgb)* залегáющий *(Gestein)*
ansteigen возрастáть; нарастáть
Ansteigen *n* возрастáние *n*; нарастáние *n*; *(Bgb, Geol)* восстáние *n*
ansteigend возрастáющий; нарастáющий; *(Bgb)* по восстáнию
Anstellleiter *f* приставнáя лéстница *f*
Anstellwinkel *m* 1. *(Aero)* ýгол *m* атáки [притекáния]; 2. *(Wlz)* ýгол *m* установки *(der Walzen)*; 3. *(Schiff)* ýгол *m* атáки [разворóта]
~/kritischer *(Aero)* крити́ческий ýгол *m* атáки
Ansteuern *n (Rak, Flg)* наведéние *n*
Anstich *m (Wlz)* пéрвый прохóд *m*
Anstieg *m* 1. нарастáние *n*, возрастáние *n*, повышéние *n*; увеличéние *n*; приращéние *n*, прирóст *m (z. B. von Druck, Temperatur)*; 2. подъём *m*
anstoßend смéжный
anstreichen *(Bw)* крáсить, окрáшивать
Anstreichen *n (Bw)* окрáшивание *n*, окрáска *f*; нанесéние *n* покры́тия
Anstrich *m* 1. *s.* Anstreichen; 2. лакокрáсочное покры́тие *n*, окрáска *f (als Ergebnis)*
Anstrich... лакокрáсочный
Anstrichmittel *n s.* Anstrichstoff
Anstrichmittelindustrie *f* лакокрáсочная промы́шленность *f*
Anstrichstoff *m* лакокрáсочный материáл *m*
Anströmung *f (Hydr)* натекáние *n*; обтекáние *n*
Anströmwinkel *m s.* Anstellwinkel
Anstücken *n* нарáщивание *n*; удлинéние *n*; срáщивание *n (z. B. von Rohren)*
Antapex *m (Astr)* антиáпекс *m*
Anteil *m* дóля *f*; составля́ющая *f*
Antenne *f (Rf, TV)* антéнна *f*
λ/2-Antenne *f* полувóлновая антéнна *f*
λ/4-Antenne *f* четвертьвóлновая антéнна *f*
~/einseitig gerichtete однонапрáвленная антéнна *f*
~/scharf bündelnde остронапрáвленная антéнна *f*
~/schwundmindernde антифéдинговая антéнна *f*
~/ungerichtete ненапрáвленная антéнна *f*
Antennen... антéнный
Antennengewinn *m* усилéние *n* антéнны
Antennenkeule *f* лепестóк *m (eines Richtdiagramms)*
Antennenlitze *f* антéнный канáтик *m*
Antennenmast *m* радиомáчта *f*, антéнна-мáчта *f*

Antennenrichtungsgewinn *m* усилéние *n* антéнны
Antennenspeiseleitung *f* антéнный фи́дер *m*
Antennenstrom *m* антéнный ток *m*
Antennenturm *m* антéнна-бáшня *f*
Anthrazit *m (Geol)* антраци́т *m*
Anthrazit... антраци́тный
Antiblockiersystem *n (Kfz)* антиблоки́ровочная (тормознáя) систéма *f*, противоблоки́ровочное устрóйство *n (der Bremsen)*
Antifading... *(Rf)* антифéдинговый, бесфéдинговый
Antifading-Antenne *f* антифéдинговая антенна *f*
Antiferromagnetikum *n (Ph)* антиферромагнéтик *m*
antiferromagnetisch *(Ph)* антиферромагни́тный
Antiferromagnetismus *m* антиферромагнети́зм *m*
Antifoulingfarbe *f* противообрастáющая крáска *f (Unterwasseranstrichstoff)*
Antifriktions... антифрикциóнный
Anti-g-Anzug *m (Flg, Raumf)* противоперегру́зочный костю́м *m*
Antigravitation *f (Ph)* антигравитáция *f*
Antikatalysator *m (Ch)* антикатализáтор *m*
Antikathode *f (El)* антикатóд *m*
Antiklinale *f (Geol)* антиклинáль *f*, антиклинáльная склáдка *f*
Antikline *f s.* Antiklinale
Antiklopfmittel *n* антидетонáтор *m*, антидетонациóнная присáдка *f (für Kraftstoffe)*
Antikoagulans *n (Ch)* антикоагуля́нт *m*
Antikoinzidenz *f (Ph)* антисовпадéние *n*
Antikoinzidenzschaltung *f (Kern)* схéма *f* антисовпадéний
Antikorrosions... антикоррозиóнный
antikorrosiv антикоррозиóнный
Antilogarithmus *m (Math)* антилогари́фм *m*
Antimaterie *f (Ph)* антивеществó *n*
Antimon *n (Ch)* сурьмá *f*, Sb
Antimon... сурьмя́ный
Antimonblei *n s.* Hartblei
Antimonglanz *m (Min)* антимони́т *m*
antimonhaltig *(Ch)* сурьмя́нистый
Antimonit *m s.* Antimonglanz
antimonsauer *(Ch)* сурьмянокúслый
Antineutrino *n (Kern)* антинейтри́но *n*
Antineutron *n (Kern)* антинейтрóн *m*
Antinukleon *n (Kern)* антинуклóн *m*
Antioxidans *n s.* Antioxidationsmittel
Antioxidationsmittel *n (Ch)* антиокисли́тель *m*, противоокисли́тель *m*
antiparallel встрéчно-параллéльный
Antipode *m* антипóд *m*
Antiproton *n (Kern)* антипротóн *m*
Antiquark *n (Kern)* антиквáрк *m*
Antiradar... противорадиолокациóнный
Antiradarbelag *m* противорадиолокациóнное покры́тие *n*
Antirakete *f* антиракéта *f*, противоракéта *f*
Antischaummittel *n* пеногася́щее срéдство *n*, пеногаси́тель *m*
Antistatikum *n* антистати́ческое срéдство *n*
Antisymmetrie *f* антисиммéтрия *f*
antisymmetrisch антисимметри́ческий
Antiteilchen *n (Kern)* античасти́ца *f*
Antivalenz *f (Inf)* антивалéнтность *f*
Antizyklone *f (Meteo)* антициклóн *m*
antreibend *(Masch)* веду́щий
Antrieb *m* 1. при́вод *m*; приводнóй механи́зм *m*; 2. дви́житель *m*; приводнóе устрóйство *n*; 3. электри́ческая [силовáя] установка *f*
~/dieselelektrischer ди́зель-электри́ческий при́вод *m*
~/elektrischer электри́ческий при́вод *m*, электропри́вод *m*
~/elektrohydraulischer гидроэлектропри́вод *m*
~/hydraulischer гидравли́ческий при́вод *m*, гидропри́вод *m*
~/manueller ручнóй при́вод *m*
~/pneumatischer пневмати́ческий при́вод *m*
~/pneumohydraulischer пневмогидропри́вод *m*
~/reibschlüssiger фрикциóнный при́вод *m*
~/stufenlos stellbarer бесступéнчатый при́вод *m*
~/stufenloser бесступéнчатый при́вод *m*

Antriebs... приводнóй
Antriebsachse *f (Kfz)* ведýщий мост *m*
Antriebsanlage *f (Schiff)* силовáя [энергетúческая] установка *f*
Antriebseinrichtung *f* приводнóе устрóйство *n*
Antriebsflug *m (Flg, Rak)* актúвный полёт *m*
Antriebskette *f (Masch)* приводнáя цепь *f*
Antriebskraft *f (Mech)* двúжущая сúла *f*
Antriebsmaschine *f* приводнóй двúгатель *m*
Antriebsmotor *m* приводнóй двúгатель *m*
Antriebsrad *n (Masch)* приводнóе (зубчáтое) колесó *n*, ведýщее колесó *n*
Antriebsriemenscheibe *f* приводнóй шкив *m (für Gurtförderer)*
Antriebsritzel *n* ведýщая шестерня́ *f*
Antriebsrolle *f (Masch)* ведýщий рóлик *m*
Antriebsscheibe *f (Masch)* ведýщий шкив *m*; ведýщий катóк *m (Reibradgetriebe)*; приводнóй шкив *(für Gurtförderer)*
Antriebsstrahl *m (Flg, Rak)* реактúвная струя́ *f*
Antriebsturbine *f* приводнáя турбúна *f*
Antriebsvorrichtung *f* двúжитель *m*, приводнóе устрóйство *n*
Antriebswelle *f (Masch)* приводнóй вал *m*; ведýщий вал *m*
Antriebszahnrad *n (Masch)* приводнóе (зубчáтое) колесó *n*
Antwortbake *f* радиомаяк-ответчик *m*
Antwortgeber *m* ответчик *m*
Anvulkanisation *f (Gum)* подвулканизáция *f*
anwachsen возрастáть; натастáть
Anwachsen *n* возрастáние *n*; нарастáние *n*; приращéние *n*
Anwahl *f (Nrt)* вы́бор *m*
anwärmen подогревáть, нагревáть; прогревáть
Anwärmen *n* подогрéв *m*, подогревáние *n*, нагрев *m*, нагревáние *n*; прогрéв *m*, прогревáние *n*
Anweisung *f* 1. директúва *f*; инструкция *f*; 2. *(Inf)* оперáтор *m*
anwenden применя́ть
Anwender *m (Inf)* пóльзователь *m*
Anwendercode *m* код *m* пóльзователя
anwenderfreundlich *(Inf)* дрýжественный, удóбный для пóльзователя, комфóртный
anwenderorientiert *(Inf)* ориентúрованный на пóльзователя
Anwenderprogramm *n (Inf)* пóльзовательская прогрáмма *f*
anwenderprogrammierbar *(Inf)* программúруемый пóльзователем
Anwenderprogrammpaket *n (Inf)* пакéт *m* прикладны́х прогрáмм
Anwendersoftware *f (Inf)* приклáдное прогрáммное обеспéчение *n*
Anwendung *f* применéние *n*, испóльзование *n*, употреблéние *n*
Anwendungsgebiet *n* óбласть *f* применéния
Anwendungsprogramm *n (Inf)* прикладнáя прогрáмма *f*
anwerfen запускáть *(Motor)*
Anwerfen *n (Kfz)* пуск *m (Motor)*
Anwurf *m (Bw)* обмáзка *f*
Anzahl *f* колúчество *n*, числó *n*
anzapfen отводúть *(Rohrleitungen)*
Anzapfturbine *f* турбúна *f* с отбóром пáра
Anzapfung *f (El)* 1. ответвлéние *n* *(einer Antenne)*; отпáйка *f*; отрóсток *m*; 2. отвóд *m (von Rohrleitungen)*
Anzeichen *n* знак *m*
Anzeichen *npl (Geol)* прúзнаки *pl (für Gas, Erdöl usw.)*
Anzeige *f* 1. показáние *n*; индикáция *f*; отображéние *n (auf Bildschirmen)*; 2. *(Inf)* визуализáция *f*; 3. индикáтор *m*
~/alpha-numerische 1. алфавúтно-цифровáя индикáция *f*; 2. алфавúтно-цифровóй индикáтор *m*
~/digitale 1. цифровáя индикáция *f*; 2. цифровóй индикáтор *m*
Anzeige... указáтельный; индикáторный
Anzeigeeinheit *f s.* Anzeigegerät
Anzeigeeinrichtung *f s.* Anzeigegerät
Anzeigegerät *n (Rad)* отмéтчик *m*, индикáторное устрóйство *n*, индикáторный [покáзывающий] прибóр *m*
Anzeigeinstrument *n s.* Anzeigegerät

anzeigen показывать
Anzeiger *m s.* Anzeigegerät
Anzeigevorrichtung *f s.* Anzeigegerät
anziehen 1. притягивать, втягивать; натягивать; 2. затягивать; завёртывать, закручивать; завинчивать, подтягивать *(Schrauben, Muttern)*
Anziehen *n* 1. притягивание *n*, втягивание *n*; 2. затягивание *n*, затяжка *f*, завёртка *f (von Schrauben und Muttern)*
Anziehung *f (Ph)* притяжение *n*
Anziehungskraft *f (Mech)* сила *f* притяжения
Anzug *m* 1. костюм *m*; 2. *s.* Anziehen
Anzugsschraube *f* натяжной винт *m*
anzünden зажигать; разжигать
Anzünden *n* зажигание *n*
Anzünder *m* зажигалка *f*
Apastron *n (Astr)* апоастр *m*, апоастрий *m*
Apatit *m (Min)* апатит *m*
aperiodisch апериодический
Aperiodizität *f* апериодичность *f*
Apertometer *n (Opt)* апертометр *m*
Apertur *f* 1. *(Opt)* апертура *f*; 2. раскрыв *m (von Antennen, Spiegeln)*
Apertur... апертурный
Aperturblende *f (Opt)* апертурная диафрагма *f*
Aperturwinkel *m (Opt)* апертурный угол *m*; угловая апертура *f*
Apex *m (Astr)* апекс *m*
Aphel *n (Astr)* афелий *m*
Aphelium *n (Astr)* афелий *m*
Aplanasie *f (Opt)* апланатизм *m*
Aplanat *m(n) (Opt)* (объектив-)апланат *m*
aplanatisch *(Opt)* апланатический
Apoastron *n (Astr)* апоастр *m*
Apochromat *m (Opt)* апохромат *m*
apochromatisch *(Opt)* апохроматический
Apogalaktikum *n (Astr)* апогалактий *m*, апоцентр *m*
Apogäum *n (Astr)* апогей *m*
apolar *(Math)* аполярный
Aposelen *n (Astr)* апоселений *m*
Apostilb *n* апостильб *m*, асб *(SI-fremde Einheit der Leuchtdichte)*
Apparat *m* аппарат *m*
Apparat(e)... аппаратурный
Apparatebau *m* приборостроение *n*
Apparatur *f* аппаратура *f*
Appret *m(n) (Text)* аппрет *m*
appretieren *(Text)* аппретировать *(Gewebe)*
Appretieren *n s.* Appretur
Appretur *f (Text)* аппретирование *n*, отделка *f (Gewebe)*
Appreturmittel *n (Text)* аппрет *m*
Approximation *f (Math)* аппроксимация *f*, приближение *n*
~/sukzessive *(Math)* последовательная аппроксимация *f*
Approximationstheorie *f (Math)* теория *f* аппроксимации
Approximationsverfahren *n (Math)* метод *m* аппроксимации
approximativ аппроксимирующий, приближённый
A-priori-Information *f* априорная информация *f*
Aquamarin *m (Min)* аквамарин *m*
Aquametrie *f (Ch)* акваметрия *f*
Aquaplaning *n (Kfz)* аквапланирование *n*, глиссирование *n* колёс
Äquator *m* экватор *m*
~/galaktischer *m (Astr)* галактический экватор *m*
~/geomagnetischer *m (Astr)* геомагнитный экватор *m*
~/thermischer *(Meteo)* термический экватор *m*
Äquator... экваториальный
äquatorial экваториальный
äquidistant равноотстоящий, эквидистантный
äquinoktial *(Astr)* равноденственный
Äquinoktium *n (Astr)* равноденствие *n*
Äquipotential... *s.* Äquipotenzial...
Äquipotenzial... эквипотенциальный, равнопотенциальный
Äquipotenziallinie *f (El)* эквипотенциаль *f*
äquipotenziell равнопотенциальный
äquivalent эквивалентный, равнозначный
Äquivalent *n* эквивалент *m*
~/chemisches *(Ch)* химический эквивалент *m*

Äquivalentmasse *f (Ch)* хими́ческий эквивале́нт *m*
Äquivalenz *f* эквивале́нтность *f*; равнозна́чность *f*
Ar *s.* Argon
Ära *f (Geol)* э́ра *f*
Aräometer *n* арео́метр *m*, денсиме́тр *m*, плотноме́р *m*
Ärathem *n (Geol)* гру́ппа *f*
Arbeit *f* 1. рабо́та *f*; труд *m*; 2. *(Mech)* рабо́та *f (Joule)*
~/geistige у́мственный труд *m*
~/körperliche физи́ческий труд *m*
~/manuelle ручна́я рабо́та *f*
~/störungsfreie бесперебо́йная рабо́та *f*
~/wissenschaftliche нау́чный труд *m*
arbeiten рабо́тать
Arbeiten *n* рабо́та *f (Tätigkeit)*
arbeitend/eigenständig *(Masch)* автоно́мный
~/schnell быстроде́йствующий
Arbeits... рабо́чий; произво́дственный
Arbeitsanzug *m* спецоде́жда *f*
Arbeitsauftrag *m* наря́д *m*
Arbeitsaufwand *m* трудоёмкость *f*
arbeitsaufwändig трудоёмкий
arbeitsaufwendig трудоёмкий
Arbeitsbedingungen *fpl* рабо́чие усло́вия *fpl*
Arbeitsbereich *m* диапазо́н *m (von Antennen)*
Arbeitsbreite *f (Lw)* ширина *f* захва́та, рабо́чий захва́т *m (von Landmaschinen)* ▪ **mit großer** ~ *(Lw)* широкозахва́тный
Arbeitsbühne *f (Met)* (рабо́чая) платфо́рма *f (am Ofen)*
Arbeitsschutz *m* охра́на *f* труда́
arbeitsfähig работоспосо́бный
Arbeitsfähigkeit *f* работоспосо́бность *f*
Arbeitsfläche *f* рабо́чая пове́рхность *f*
Arbeitsgang *m (Fert)* (технологи́ческая) опера́ция *f*
Arbeitsgemisch *n (Kfz)* рабо́чая смесь *f*
Arbeitsgeschwindigkeit *f* 1. рабо́чая [эксплуатацио́нная] ско́рость *f*; 2. быстроде́йствие *n*
Arbeitshub *m (Kfz)* рабо́чий такт [ход] *m*, ход [такт] *m* расшире́ния
arbeitsintensiv трудоёмкий
Arbeitskennlinie *f (El)* рабо́чая характери́стика *f*
Arbeitskleidung *f* спецоде́жда *f*
Arbeitskontakt *m (El)* норма́льно-разо́мкнутый конта́кт *m*, рабо́чий [размыка́ющий] конта́кт *m*
Arbeitskraft *f* рабси́ла *f*
Arbeitsleitung *f (Hydr)* магистра́льная ли́ния *f*
Arbeitsmaschine *f* рабо́чая маши́на *f*
Arbeitsmedium *n* рабо́чая среда́ *f*
Arbeitsorgan *n (Masch, Reg)* рабо́чий о́рган *m*
Arbeitsplatz *m* рабо́чее ме́сто *n*
~/automatisierter [rechnergestützter] автоматизи́рованное рабо́чее ме́сто *n*, АРМ *n*
Arbeitsproduktivität *f* производи́тельность *f* труда́
Arbeitsprogramm *n* рабо́чая програ́мма *f*
Arbeitsraum *m (Glas)* вы́работанное простра́нство *n (des Schmelzofens)*
Arbeitsscheibe *f (Masch)* рабо́чий шкив *m*
Arbeitsschicht *f* сме́на *f*
Arbeitsspeicher *m (Inf)* операти́вная па́мять *f*, операти́вное запомина́ющее устро́йство *n*, операти́вное ЗУ *n*
Arbeitsspiel *n* (рабо́чий) цикл *m*
~ **des Motors** цикл *m* дви́гателя
Arbeitsstelle *f* рабо́чее ме́сто *n*
Arbeitsstellung *f* рабо́чее положе́ние *n*
Arbeitsstrom *m (El)* рабо́чий ток *m*
Arbeitsstromkontakt *m s.* Arbeitskontakt
Arbeitsstufe *f (Fert)* (технологи́ческий) перехо́д *m*
Arbeitstakt *m s.* Arbeitshub
Arbeitstisch *m* рабо́чий стол *m*
Arbeitsvermögen *n* работоспосо́бность *f*
Arbeitsweise *f* режи́м *m* (рабо́ты)
Arbeitswiderstand *m (El)* рабо́чее сопротивле́ние *n*
Arbeitszeit *f* рабо́чее вре́мя *n*
Arbeitszeitaufwand *m* расхо́д *m* рабо́чего вре́мени
Arbeitszug *m (Eb)* рабо́чий по́езд *m*

Arbeitszyklus *m* рабо́чий цикл *m*
Arbeitszylinder *m (Masch)* рабо́чий цили́ндр *m*; *(Hydr)* гидроцили́ндр *m*
Arbiter *m (Inf)* а́рбитр *m*
Arcatom-Schweißen *n* а́томно-водоро́дная сва́рка *f*
Archäologie *f* археоло́гия *f*
Architektur *f* архитекту́ра *f*
~/32-Bit- *(Inf)* 32-разря́дная архитекту́ра *f*
Archiv *n (Inf)* архи́в *m*
Archivverwaltung *f (Inf)* управле́ние *n* архи́вом
Ardometer *n* пиро́метр *m* по́лного излуче́ния
areographisch *(Astr)* ареографи́ческий *(auf den Mars bezogen)*
Argentit *m (Min)* аргенти́т *m*, серебряный блеск *m*
Argillit *m* аргилли́т *m*
Argon *n (Ch)* арго́н *m*, Ar
Argon... *(Ch)* арго́нный
Argonarc-Schweißen *n* аргонодугова́я сва́рка *f*
Argument *n (Math)* 1. поля́рный у́гол *m*; 2. аргуме́нт *m*
arid ари́дный *(Klima)*
Aridität *f (Meteo)* ари́дность *f*
Arithmetik *f* арифме́тика *f*
Arithmetikbefehl *m (Inf)* арифмети́ческая кома́нда *f*
Arithmetikeinheit *f* арифмети́ческое устро́йство *n*
arithmetisch арифмети́ческий
Arkade *f (Bw)* арка́да *f*
Arkusfunktion *f (Math)* аркфу́нкция *f*
Arkuskosekans *m (Math)* арккосе́канс *m*
Arkuskosinus *m (Math)* аркко́синус *m*
Arkuskotangens *m (Math)* арккота́нгенс *m*
Arkussekans *m (Math)* арксе́канс *m*
Arkussinus *m (Math)* аркси́нус *m*
Arkustangens *m (Math)* аркта́нгенс *m*
arm бе́дный *(Erze)*
Arm *m* плечо́ *n*; рыча́г *m*; *(Masch)* рука́ *f (eines Roboters)*
Armatur *f* армату́ра *f*; прибо́р *m*
Armatur... армату́рный
Armaturenbrett *n* прибо́рная доска́ *f*; *(Kfz)* щито́к *m* набо́ров, прибо́рный щито́к *m*
Armbanduhr *f* нару́чные часы́ *pl*
Armco-Eisen *n (Met)* а́рмко-желе́зо *n (technisch reines hochpermeables Eisen)*
Armfeile *f (Wkz)* бруco̍вка *f*
armieren 1. *(Bgb)* арми́ровать *(Schächte)*; 2. *(El)* бронирова́ть *(Kabel)*
armiert 1. *(Bgb)* арми́рованный *(Schächte)*; 2. *(El)* заброниро́ванный *(Kabel)*
Armstütze *f (Kfz)* подлоко́тник *m*
aromatisch аромати́ческий
Aromatisierung *f (Ch, Lebm)* ароматиза́ция *f*
Array *n (El, Eln)* ма́трица *f*; *(El)* (анте́нная) решётка *f*
Array-Prozessor *m (Inf)* ма́тричный проце́ссор *m*
arretieren аррети́ровать; сто́порить; фикси́ровать
Arretieren *n s.* Arretierung
arretiert аррети́рный; сто́порный; фикси́рованный
Arretierung *f* аррети́рование *n*; фикса́ция *f*
Arretiervorrichtung *f* аррети́р *m*; сто́порное устро́йство *n*; фикса́тор *m*
Arsen *n (Ch)* мышья́к *m*, As
Arsen... *(Ch)* мышьяко́вый
arsenhaltig *(Ch)* мышьяко́вистый
arsenigsauer *(Ch)* мышьяковистоки́слый
Arsenikblüte *f (Min)* арсеноли́т *m*
Arsenkies *m (Min)* арсенопири́т *m*
Arsenolith *m (Min)* арсеноли́т *m*
Arsenopyrit *m (Min)* арсенопири́т *m*
arsensauer *(Ch)* мышьяковоки́слый
Arsenverbindung *f (Ch)* арсеносоедине́ние *n*
Art *f* род *m*; вид *m*; спо́соб *m*
artesisch артезиа́нский
AS *f s.* Adaptivsteuerung
As *s.* 1. Arsen; 2. Amperesekunde
asb *s.* Apostilb
Asbest *m (Min)* асбе́ст *m*
Asbest... асбе́стовый
asbestbelegt асбести́рованный
Asbestfaser *f* асбе́стовое волокно́ *n*
Asbestgewebe *n* асбе́стовая ткань *f*
Asbestsilikat *n* асбестосилика́т *m*

Asbestzement *m* асбестоцеме́нт *m*, асбоцемент *m*
Asche *f* пе́пел *m*; зола́ *f*
Asche... зо́льный
Ascheabscheider *m* золоуловитель *m*
Ascheabscheidung *f* золоула́вливание *n*
aschearm малозо́льный
aschefrei беззо́льный
Aschegehalt *m* зо́льность *f*
Aschehalde *f* золоотва́л *m*
aschehaltig зо́льный, золи́стый
~/stark высокозо́льный
Ascheleichter *m* му́сорная ба́ржа *f*
Asche(n)... зо́льный
Aschenfall *m* зо́льник *m*, поддува́ло *n*
aschenhaltig *s.* aschehaltig
Aschenkasten *m s.* Aschenfall
Aschenprahm *m* му́сорная ба́ржа *f*
aschenreich высокозо́льный
Äscher *m (Led)* зо́льник *m*
Äscher... *(Led)* зо́льный
Äscherbrühe *f (Led)* зо́льник *m*
Äschergrube *f (Led)* зо́льник *m*
äschern *(Led)* золи́ть
Äschern *n (Led)* золе́ние *n*
Asphalt *m* асфа́льт *m*
Asphalt... асфа́льтовый
Asphaltbeton *m (Bw)* асфальтобето́н *m*
Asphaltbetonmischer *m (Bw)* асфальтобетоносмеси́тель *m*
asphaltieren асфальти́ровать
Asphaltiermaschine *f* асфальтобетоноукла́дчик *m*
asphaltisch асфа́льтовый
Asphaltmischer *m (Bw)* асфальтосмеси́тель *m*
Asphaltteer *m (Bw)* гудро́н *m*
Aspirateur *m (Lw)* зерноаспира́тор *m*
Aspiration *f* аспира́ция *f*
Aspirator *m (Ch)* аспира́тор *m*
Assembler *m (Inf)* ассе́млер *m*, програ́мма-ассе́мблер *f*
Assemblerlisting *n (Inf)* ли́стинг *m* ассе́мблера
Assemblerprogramm *n (Inf)* ассе́мблер *m*, програ́мма-ассе́мблер *f*
Assemblerprotokoll *n (Inf)* ли́стинг *m* ассе́мблера
Assemblersprache *f (Inf)* ассе́мблер *m*, язы́к *m* ассе́мблера
Assemblieren *n (Inf)* ассембли́рование *n*
Assemblierer *m s.* Assembler
Assemblierung *f (Inf)* ассембли́рование *n*
Assimilation *f* ассимиля́ция *f*
Assoziation *f (Math)* ассоциа́ция *f*
assoziativ *(Math)* ассоциати́вный, сочета́тельный
Assoziativ... 1. *(Math)* ассоциати́вный, сочета́тельный; 2. *(Inf)* ассоциати́вный *(Speicher)*
Assoziativität *f (Math)* ассоциати́вность *f*, сочета́тельность *f*
Assoziativspeicher *m (Inf)* ассоциати́вная па́мять *f*, ассоциати́вное запомина́ющее устро́йство *n*, ассоциати́вное ЗУ *n*, АЗУ *n*
Ast *m* 1. *(Math)* ветвь *f (einer Kurve)*; 2. *(Forst)* сук *m*, сучо́к *m*
~/absteigender нисходя́щая ветвь *f (einer Kurve)*
~/aufsteigender восходя́щая ветвь *f (einer Kurve)*
Astat *n (Ch)* аста́т *m*, At
Astatik *f* астати́зм *m (eines elektrischen Messinstruments)*
astatisch астати́ческий
Astenosphäre *f (Geol)* астеносфе́ра *f*
Asterismus *m (Min)* астери́зм *m*
Asteroid *m (Astr)* астеро́ид *m*, плането́ид *m*
Astigmat *m (Opt)* астигма́т *m*
Astigmatismus *m (Opt)* астигмати́зм *m*
Astroballistik *f* астробалли́стика *f*
Astrobiologie *f* астробиоло́гия *f*
Astrobotanik *f* астробота́ника *f*
Astrodynamik *f* астродина́мика *f*
Astrogeologie *f* астрогеоло́гия *f*
Astrograph *m* астро́граф *m*
Astrographie *f* астрогра́фия *f*
Astroide *f (Math)* астро́ида *f*
Astrokorrektion *f (Flg)* астрокорре́кция *f*
Astrolabium *n (Astr, Geod)* астроля́бия *f*
Astrometrie *f* астроме́трия *f*
Astron *n (Astr)* астро́н *m (SI-fremde Einheit der Länge, = 1 Parsec)*
Astronaut *m* астрона́вт *m*
Astronautik *f* астрона́втика *f*
Astronavigation *f* астронавига́ция *f*, астрономи́ческая навига́ция *f*

Astronavigations... астронавигацио́нный
Astronavigationslenkung *f* астронавигацио́нное управле́ние *n*
Astronik *f* астро́ника *f*
Astronomie *f* астроно́мия *f*
~/sphärische сфери́ческая астроно́мия *f*
astronomisch астрономи́ческий
Astropeiler *m* астропеленга́тор *m*
Astropeilgerät *n* астропеленга́тор *m*
Astropeilung *f* астропеленга́ция *f*
Astrophotographie *f* астрономи́ческая фотогра́фия *f*, астрофотогра́фия *f*
Astrophotometer *n* астрофото́метр *m*
Astrophotometrie *f* астрофотоме́трия *f*
Astrophysik *f* астрофи́зика *f*
astrophysikalisch астрофизи́ческий
Astrospektrograph *m* астроспектро́граф *m*
Astrospektrophotometrie *f* астроспектрофотоме́трия *f*
Asymmetrie *f* асимметри́я *f*, несимметри́чность *f*
asymmetrisch асимметри́ческий, несимметри́чный
Asymptote *f (Math)* асимпто́та *f*
asymptotisch *(Math)* асимптоти́ческий
asynchron асинхро́нный
Asynchron... асинхро́нный
Asynchronbetrieb *m (El)* асинхро́нный режи́м *m*
Asynchrongenerator *m (El)* асинхро́нный генера́тор *m*
Asynchronmaschine *f (El)* асинхро́нная (электри́ческая) маши́на *f*
Asynchronmotor *m (El)* асинхро́нный (электро)дви́гатель *m*
Asynchronrechner *m* асинхро́нная вычисли́тельная маши́на *f*
At *s.* Astat
at *s.* Atmosphäre/technische
Atelierkamera *f* павильо́нный фотоаппара́т *m*
Atemgerät *n* респира́тор *m*, дыха́тельный аппара́т *m*
Atemschutzmaske *f s.* Atemgerät
athermisch атерми́ческий
Äthoxylinharz *n s.* Epoxidharz
Atlas *m* 1. а́тлас *m*; 2. *(Text)* атла́с *m* *(Seidengewebe)*
Atlasbindung *f (Text)* атла́сное переплете́ние *n*
atm *s.* Atmosphäre/physikalische
Atmosphäre *f* атмосфе́ра *f*
~/äußere *(Geoph)* вне́шняя атмосфе́ра *f*, экзосфе́ра *f*
~/dichte пло́тная атмосфе́ра *f*
~/obere *(Geoph)* ве́рхняя атмосфе́ра *f*
~/oxidierende *(Met)* окисли́тельная атмосфе́ра *f*; окисли́тельная среда́ *f*
~/physikalische *(Mech)* физи́ческая атмосфе́ра *f (SI-fremde Einheit des Druckes= 101325 Pa)*
~/reduzierende *(Met)* восстанови́тельная атмосфе́ра *f*; восстанови́тельная среда́ *f*
~/staubfreie *(Geoph)* незапылённая атмосфе́ра *f*
~/technische *(Mech)* техни́ческая атмосфе́ра *f (SI-fremde Einheit des Druckes = 98066,5 Pa)*
Atmosphärenmonitoring *n* атмосфе́рный монито́ринг *m*
atmosphärisch атмосфе́рный
Atmungsgerät *n s.* Atemgerät
Atmungsmesser *m (Med)* спиро́метр *m*
Atom *n* а́том *m*
~/heißes *(Kern)* горя́чий а́том *m*
~/hoch angeregtes *(Kern)* горя́чий а́том *m*
~/markiertes *(Kern)* ме́ченый а́том *m*
Atom... а́томный, атома́рный
atomar а́томный, атома́рный
Atombrücke *f (Ch)* мо́стик *m*
Atomeisbrecher *m* а́томный ледоко́л *m*
Atomgitter *n (Krist)* а́томная решётка *f*
Atomigkeit *f (Ch)* а́томность *f*
Atomistik *f* атоми́зм *m*
atomistisch атомисти́ческий
Atomkern *m* а́томное ядро́ *n*
Atommasse *f* а́томная ма́сса *f*
Atommodell *n (Kern)* а́томная моде́ль *f*
Atommüll *m* радиоакти́вные отхо́ды *mpl*
Atomnummer *f (Ch)* а́томный но́мер *m* *(der chemischen Elemente)*
Atomphysik *f* а́томная фи́зика *f*, фи́зика *f* а́томов
Atomspektrum *n (Kern)* а́томный спектр *m*

Atomuhr *f* áтомные часы́ *pl*
Attenuation *f s.* Abschwächen 1.
Attenuator *m s.* Dämpfungsglied 1.
Atto... *(Mess)* áтто..., а *(*10^{-18} *Einheiten)*
Attraktion *f (Ph)* притяжéние *n*
Attribut *n (Inf)* атрибу́т *m*, описáтель *m*
Ätz... *(Ch)* éдкий; трави́льный
Ätzalkali *n* éдкая щёлочь *f*
Ätzbad *n* трави́льная вáнна *f*
ätzen 1. трави́ть, вытравля́ть; протрáвливать; 2. разъедáть *(durch Säure)*
Ätzen *n* 1. травлéние *n*, вы́травка *f*; протрáвливание *n*, протрáва *f*; 2. разъедáние *n (durch Säuren)*
ätzend *(Ch)* éдкий, каусти́ческий
Ätzfiguren *fpl (Krist)* фигу́ры *fpl* травлéния
Ätzkali *n (Ch)* éдкое кáли *n*
Ätzlauge *f* éдкий щёлок *m*
Ätzmittel *n* протрáва *f*
Ätznatron *n (Ch)* éдкий натр *m*, кáустик *m*
Ätzung *f s.* Ätzen
Ätzversuch *m* испытáние *n* травлéнием *f*
Au *s.* Gold 1.
Audiofrequenz *f (Ak)* звуковáя частотá *f*
Audiofrequenz... звукочастóтный
Audiogramm *n (Med)* аудиогрáмма *f*
Audiometer *n (Med)* аудиóметр *f*
Audiometrie *f (Med)* аудиомéтрия *f*
audiovisuell аудиовизуáльный
Aufarbeitung *f* 1. переработка *f*; 2. *(Photo)* отдéлка *f*
Aufbau *m* 1. строéние *n*; структу́ра *f*; 2. *(Bw)* надстрóйка *f*; 3. *(Kfz)* ку́зов *m*; 4. *(Mech)* рост *m (z. B. des Druckes)*
Aufbaubohrmaschine *f* агрегáтный сверли́льный станóк *m*
aufbauchen выпу́чивать
Aufbauchen *n* выпу́чивание *n*
Aufbauten *mpl (Bw, Schiff)* надстрóйка *f*
Aufbauwerkzeugmaschine *f* агрегáтный станóк *m*
Aufbereiten *n s.* Aufbereitung
Aufbereitung *f* подготóвка *f (Wasser, Erze)*; *(Bgb, Met)* обогащéние *n*; приготовлéние *n*
Aufbereitungs... обогати́тельный
Aufbereitungsanlage *f (Bgb, Met)* обогати́тельная установка *f*
Aufbereitungskohle *f* обогащённый у́голь *m*
Aufbereitungsroutine *f* редакти́рующая прогрáмма *f*, прогрáмма-редáктор *f*
aufbewahren храни́ть
Aufbewahrung *f* хранéние *n*
Aufblähen *n* вспу́чивание *n*
aufblasen надувáть
aufblitzen вспы́хивать; блесну́ть
Aufblitzen *n* вспы́шка *f (z. B. eines Lichtbogens)*
aufbohren *(Fert)* растáчивать; рассвéрливать
Aufbohren *n (Fert)* расстáчивание *n*; рассвéрливание *n*
aufbördeln *(Fert)* отбортóвывать
Aufbringen *n* нанесéние *n*
aufbrühen завáривать
Aufbrühen *n* завáрка *f*; завáривание *n*
Aufdampfen *n* напылéние *n*
Aufdampfschicht *f (Halbl)* напылённый слой *m*
aufdecken вскывáть
Aufenthalt *m* пребывáние *n*
auffahren *(Bgb)* проходи́ть *(eine Strecke)*
Auffahren *n (Bgb)* прохóдка *f (von Strecken)*
Auffahrrampe *f* аппарéль *f*
Auffahrt *f* въезд *m*
Auffahrung *f s.* Auffahren
Auffangbecken *n (Hydt)* аккумули́рующий бассéйн *m*
Auffangelektrode *f (El)* коллéктор *m*, собирáющий электрóд *m*
auffangen улáвливать
Auffangen *n* улáвливание *n*; *(Mech)* абсóрбция *f (von Stößen)*
Auffangrinne *f* приёмный жёлоб *m*
Auffinden *n* обнаружéние *n*
Auffindung *f* обнаружéние *n*
aufflammen вспы́хивать
Aufflammen *n* вспы́шка *f*
auffordern запрáшивать
Aufforstung *f* облесéние *n*
Auffrischen *n s.* Refresh
auffüllen заполня́ть
Auffüllen *n* доли́вка *f*

Aufgabe *f* 1. зада́ча *f*, зада́ние *n*; пробле́ма *f*; 2. загру́зка *f (von Beschickungsmaterial)*; пита́ние *n*
Aufgabeband *n* ле́нточный пита́тель *m*
Aufgabebunker *m* загру́зочный бу́нкер *m*, бу́нкер-пита́тель *m*
Aufgabenstellung *f* постано́вка *f* зада́чи
Aufgabenverwaltung *f (Inf)* управле́ние *n* зада́чами
Aufgabeöffnung *f (Met)* загру́зочное отве́рстие *n (eines Schmelzofens)*
Aufgabeschurre *f* загру́зочный жёлоб *m*
Aufgabeteller *m* таре́льчатый пита́тель *m*
Aufgabetisch *m* загру́зочный стол *m*
Aufgabetrichter *m* загру́зочная [пита́ющая] воро́нка *f*
Aufgabevorrichtung *f (Met)* загру́зочное устро́йство *n*, загру́зчик *m*; пита́тель *m*
Aufgang *m* восхо́д *m (eines Himmelskörpers)*
aufgeben задава́ть, подава́ть *(Material)*; загружа́ть *(Beschickungsmaterial)*; пита́ть
Aufgeber *m* загру́зчик *m*; пита́тель *m*
aufgebläht взду́тый
aufgeblasen взду́тый
aufgehend *(Astr)* восходя́щий *(Himmelskörper)*
aufgeladen *(El)* заря́женный
aufgelegt накладно́й
aufgerichtet вы́прямленный
aufgeschaltet *(Nrt)* подключённый
aufgeschäumt вспе́ненный
aufgeteilt секциони́рованный
Aufgewältigen *n (Bgb)* восстановле́ние *n*
aufgezehrt истощённый
Aufgleit... *(Meteo)* анабати́ческий
Aufhaldung *f (Bgb)* отвалообразова́ние *n*
aufhängbar подвесно́й
aufhängen подве́шивать
Aufhängen *n s.* Aufhängung 1.
Aufhängevorrichtung *f* подве́с *m*
Aufhängung *f* 1. подве́шивание *n*, подве́ска *f*, наве́шивание *n*, наве́ска *f*; 2. подве́с *m*, подве́ска *f*
~/starre жёсткая подве́ска *f*
aufhaspeln нама́тывать
Aufhaspeln *n* сма́тывание *n*, намо́тка *f*
Aufhauen *n (Bgb)* восстаю́щий *m*
Aufheben *n* подъём *m*
aufheizen нагрева́ть, подогрева́ть; раста́пливать; разжига́ть
Aufheizung *f* **/aerodynamische** *(Raumf)* аэродинами́ческий нагре́в *(beim Eintritt in dichtere Schichten der Atmosphäre)*
aufhellen *(TV)* засве́чивать *(Bildschirme)*
Aufhellen *n* 1. *(Photo, TV)* подсве́тка *f*; 2. *(Opt)* просветле́ние *n*, отбе́ливание *n*; 3. *(Lebm)* обесцве́чивание *n*
Aufhellung *f s.* Aufhellen
Aufholen *n (Schiff)* вы́борка *f (Ankerketten, Netze)*
aufklappbar откидно́й
aufkleben накле́ивать
Aufkleben *n* накле́йка *f*, прикле́ивание *n*
Aufkleber *m* накле́йка *f*
aufkochen зава́ривать
Aufkochen *n* зава́рка *f*, зава́ривание *n*
aufkohlen *(Met)* науглеро́живать, цементи́ровать
Aufkohlen *n (Met)* науглеро́живание *n*, цемента́ция *f*
Aufkohlungsmittel *n (Met)* карбюриза́тор *m*
Aufkohlungsofen *m (Met)* цемента-цио́нная печь *f*
aufladen 1. *(El)* заряжа́ть; 2. *(Förd)* загружа́ть, погружа́ть; 3. *(Kfz)* наддува́ть *(Verbrennungsmotor)*
~/sich *(El)* заряжа́ться
Aufladen *n* 1. *(El)* заря́дка *f*, заря́д *m*; 2. *(Förd)* загру́зка *f*, погру́зка *f*; 3. *s.* Aufladung 2.
Aufladung *f* 1. *s.* Aufladen 1.; 2.; 2. надду́в *m (eines Verbrennungsmotors)*
Auflage *f* 1. накла́дка *f*; насти́л *m*; 2. *(Masch)* подде́ржка *f*; 3. *(Typ)* тира́ж *m*; 4. *(Typ)* изда́ние *n*
Auflage... накладно́й
Auflagenhöhe *f (Typ)* тира́ж *m*
Auflagepunkt *m (Mech)* опо́рная то́чка *f*
Auflager *n (Bw)* опо́ра *f*
Auflager... опо́рный

Auflagerbalken *m* опо́рная ба́лка *f*
Auflagerdruck *m (Bw)* реа́кция *f* опо́ры
Auflagergelenk *n (Bw)* опо́рный шарни́р *m*
Auflagermoment *n (Mech, Bw)* опо́рный моме́нт *m*
auflagern опира́ть
Auflagerplatte *f* опо́рная плита́ *f*
Auflagerreaktion *f (Bw)* реа́кция *f* опо́ры
Auflagerring *m* опо́рное кольцо́ *n*
Auflagerstütze *f (Masch)* подде́ржка *f*
Auflauf *m* набега́ние *n*
Auflaufbremse *f (Kfz)* то́рмоз *m* нака́та *(Anhänger)*
Auflaufen *n* набега́ние *n*
auflegbar накладно́й
Auflegen *n* наложе́ние *n*
Auflegieren *n (Met)* леги́рование *n*
aufleuchten вспы́хивать; засвети́ться
Aufleuchten *n* вспы́шка *f*
Aufliegen *n* опира́ние *n (z. B. eines Trägers)*
aufliegend опёртый
~/frei свобо́дно опёртый; свобо́днолежа́щий
Auflisten *n (Inf)* распеча́тка *f*
auflockern разрыхля́ть *(Böden, Formsand; Gieß auch:)* аэри́ровать
Auflockern *n s.* Auflockerung
Auflockerung *f* разрыхле́ние *n (Böden, Formsand; Gieß auch:)* аэра́ция *f*
auflösen 1. растворя́ть, разводи́ть; 2. *(Math)* раскрыва́ть *(Klammern)*
Auflösen *n* 1. растворе́ние *n*; 2. *(Math)* раскры́тие *n (von Klammern)*
Auflösung *f s.* 1. Auflösen; 2. Auflösungsvermögen; 3. *(Astr)* диссоциа́ция *f (eines Sternenhaufens)*; 4. *(Opt)* разреше́ние *n*
~/hohe *(Opt)* высо́кое разреше́ние *n*
Auflösungsvermögen *n (Opt)* разреша́ющая си́ла *f*, разреша́ющая спосо́бность *f (eines optischen Systems)*
~/hohes *(Opt)* высо́кое разреше́ние *n*
~/spektrales *(Opt)* разреша́ющая спосо́бность *f (in der Spektroskopie)*
auflöten напа́ивать
Auflöten *n* напа́йка *f*
Aufmachung *f* оформле́ние *n (eines Buches)*
aufmagnetisieren намагни́чивать
Aufmaß *n (Fert)* при́пуск *m*
Aufnahme *f* 1. приём *m*, прия́тие *n*; 2. восприя́тие *n (von Kräften, Lasten)*; 3. поглоще́ние *n*, впи́тывание *n*; *(Ph)* абсо́рбция *f (z.B. von Strahlung)*; *(Ch)* абсо́рбция *f (z.B. von Flüssigkeiten)*; 4. *(Photo)* съёмка *f*; *(Kine)* киносъёмка *f*; 5. *(Ak)* за́пись *f*; 6. *(Photo)* (фотографи́ческий) сни́мок *m*; 7. сня́тие *n (von Diagrammen)*
~/autoradiographische *(Ph)* авторадиогра́мма *f*
~/geodätische геодези́ческая съёмка *f*
~/gravimetrische *(Geoph)* гравиметри́ческая съёмка *f*
~/markscheiderische *(Bgb)* маркше́йдерская съёмка *f*
~/photographische фотографи́ческий сни́мок *m*
~/radiographische радиогра́фия *f*
~/tachymetrische *(Geod)* тахеометри́ческая съёмка *f*
~/terrestrische *(Geod)* назе́мная съёмка *f*
~/topographische *(Geod)* топографи́ческая съёмка *f*
Aufnahmebunker *m* приёмный бу́нкер *m*
Aufnahmefähigkeit *f* 1. вмести́мость *f*; 2. восприи́мчивость *f*; 3. *s.* Absorptionsfähigkeit
Aufnahmegefäß *n* приёмник *m*
Aufnahmekanal *m (Nrt)* кана́л *m* приёма
Aufnahmekopf *m* 1. голо́вка *f* за́писи; 2. *(Wkzm)* зажи́мная голо́вка *f*
Aufnahmeprisma *n (Wkzm)* устано́вочная при́зма *f (zum Einspannen runder Werkstücke)*
Aufnahmeraum *m (Rf)* сту́дия *f*
Aufnahmeröhre *f (TV)* передаю́щая тру́бка *f*
Aufnahmevermögen *n s.* Absorptionsfähigkeit
aufnehmen 1. *(Photo)* снима́ть; 2. *(Wkzm)* захва́тывать *(Werkstücke)*
~/den Betrieb вступа́ть в эксплуата́цию
Aufprägen *n (El)* приложе́ние *n (einer Spannung)*

Aufprall *m* столкнове́ние *n*; соударе́ние *n*
aufpressen нажима́ть
aufpumpen нака́чивать *(einen Reifen)*
Aufpumpen *n* нака́чка *f (eines Reifens)*
Aufputzinstallation *f (El)* прово́дка *f* по штукату́ре, откры́тая (электро)прово́дка *f*
aufquellen разбуха́ть, вспу́чивать
Aufquellen *n* разбуха́ние *n*, набуха́ние *n*, вспу́чивание *n*
aufrauen *(Text)* начёсывать, ворсова́ть
Aufrauen *n s.* Aufrauung
aufräumen убира́ть
Aufräumen *n* убо́рка *f*
Aufrauung *f* 1. *(Text)* начёс *m*; 2. насе́чка *f (von Walzen)*; 3. *(Gum)* шерохова́ние *n*
aufrechterhalten подде́рживать; сохраня́ть
Aufrechterhaltung *f* поддержа́ние *n*; сохране́ние *n*
aufreiben *(Fert)* развёртывать *(Bohrungen)*
Aufreiben *n (Fert)* развёртывание *n (Bohrungsflächen)*
aufreißen 1. разрыва́ть; 2. черти́ть *(Zeichnungen)*
Aufrichtmoment *n (Aero)* восстана́вливающий моме́нт *m*
Aufrollen *n* 1. нака́тывание *n*, нака́тка *f*; 2. нама́тывание *n*, намо́тка *f*
Aufruf *m (Inf)* вы́зов *m*
Aufrufdatei *f (Inf)* файл *m* запро́сов
aufrufen вызыва́ть
Aufrundung *f (Math)* округле́ние *n* с избы́тком
Aufsammelpresse *f (Lw)* пресс-подбо́рщик *m*
Aufsammler *m (Lw)* подбо́рщик *m*
Aufsattel... *(Lw)* полунавесно́й
Aufsatz *m* 1. надста́вка *f*; 2. наса́дка *f*
Aufsatz... насадно́й
Aufsaugen *n* 1. впи́тывание *n*; 2. *(Ch)* абсо́рбция *f (z.B. von Flüssigkeiten)*
aufschalten *(Nrt)* подключа́ть
Aufschalten *n (Nrt)* подключе́ние *n*
Aufschaukeln *n* нараста́ние *n*, раска́чивание *n*, раска́чка *f (einer Schwingung)*
Aufschaukelung *f s.* Aufschaukeln
aufschäumen пе́ниться, вспе́ниваться
Aufschäumen *n* вспе́нивание *n*
Aufschichtung *f* наслое́ние *n*
aufschieben надвига́ть
Aufschiebevorrichtung *f* толка́тель *m*
Aufschiebung *f (Geol)* 1. надвига́ние *n*; 2. надви́г *m*; взброс *m*
aufschlämmen взму́чивать, суспенди́ровать
Aufschlämmen *n* взму́чивание *n*, суспенди́рование *n*
Aufschlämmung *f* 1. *s.* Aufschlämmen; 2. суспе́нзия *f*, муть *f (Aufbereitung)*
aufschließen 1. *(Bgb)* вскрыва́ть *(Lagerstätten)*; 2. вари́ть *(Papier)*
Aufschluss *m* 1. *(Bgb)* вскры́тие *n (einer Lagerstätte)*; *(Bgb)* обнаже́ние *n*; 2. *(Pap)* ва́рка *f*
Aufschlussarbeiten *fpl (Bgb)* разве́дочные рабо́ты *fpl*
Aufschlussbohrung *f (Geol, Bgb)* 1. разве́дочное буре́ние *n*; 2. разве́дочная сква́жина *f*
Aufschlussverfahren *n (Pap)* спо́соб *m* ва́рки
aufschmelzen наплавля́ть; *(Schw)* расплавя́ть
Aufschmelzen *n* наплавле́ние *n*, напла́вка *f*; *(Schw)* расплавле́ние *n*
Aufschmelzlegieren *n (Met)* леги́рование *n* наплавле́нием
Aufschrauben *n* нави́нчивание *n*
Aufschrift *f* на́дпись *f*
Aufschüttung *f* на́сыпь *f*
aufschweißen нава́ривать
Aufschweißen *n* нава́ривание *n*, нава́рка *f*
aufschwemmen 1. суспенди́ровать; 2. насоси́ть
Aufschwemmen *n* 1. суспенди́рование *n*; 2. насо́с *m*
Aufschwemmung *f* 1. *s.* Aufschwemmen; 2. суспе́нзия *f*; взвесь *f*
Aufsenken *n (Fert)* зенкерова́ние *n*
Aufsenker *m (Wkz)* зе́нкер *m*
aufsetzbar насадно́й
Aufsetzen *n* 1. наса́живание *n*; 2. *(Fert)* поса́дка *f (beim Fügen)*; 3. *(Flg)* поса́дка *f*; приземле́ние *n*
Aufsetztechnik *f (Eln)* техноло́гия *f* пове́рхностного монта́жа
Aufsicht *f* надзо́р *m*; контро́ль *m*
Aufsockeln *n (El)* цоколёвка *f (Lampen)*

aufspalten 1. раскáлывать; расщеплять; 2. *(Ch, Krist)* диссоцийровать
Aufspalten *n* 1. раскáлывание *n*; расщеплéние *n*; 2. *(Ch, Krist)* диссоциáция *f (von Molekülen, Versetzungen)*
aufspannen 1. закреплять; 2. натягивать
Aufspanntransformator *m (El)* повышáющий трансформáтор *m*
Aufspannung *f* 1. (за)креплéние *n*; 2. *(Fert)* зажи́м *m (Werkstücke)*
Aufspannwerk *n (El)* повышáющая подстáнция *f*
aufspeichern накáпливать
aufspulen намáтывать
Aufspulen *n* намáтывание *n*, намóтка *f*
Aufspulmaschine *f (Text)* намóточная маши́на *f*
Aufstäuben *n* напылéние *n*
Aufsteck... насаднóй
aufsteckbar насаднóй
Aufstecken *n* насáживание *n*
Aufsteckfräser *m* насáдная фрезá *f*
Aufsteckgatter *n (Text)* рáмка *f (einer Spinnmaschine)*
aufsteigend восходя́щий; *(Meteo)* анабати́ческий *(Wind)*
aufstellen устанáвливать *(z. B. Maschinen)*
Aufstellung *f* 1. устанóвка *f (von Maschinen)*; сбóрка *f (von Maschinen am Aufstellungsort)*; 2. *(Astr, Opt)* монтирóвка *f (eines Teleskops)*; 3. спецификáция *f*; 4. размещéние *n*; расположéние *n*
aufsticken 1. *(Härt)* нитри́ровать; 2. *(Text)* вышивáть
Aufsticken *n* 1. *(Härt)* нитри́рование *n*; 2. *(Text)* вышивáние *n*
Aufstieg *m* подъём *m*; *(Flg)* набóр *m* высоты́
auftanken заправля́ть
Auftanken *n* заправка *f*
~ **im Flug** заправка *f* тóпливом в полёте
Auftastimpuls *m (El)* строби́рующий и́мпульс *m*
Auftauchen *n* всплы́тие *n (eines U-Bootes)*
auftauen оттáивать *(Böden)*
Auftauen *n* оттáивание *n (des Bodens)*; разморáживание *n*, дефростáция *f (Produkte)*
aufteilen разделя́ть
Aufteilen *n s.* Aufteilung
Aufteilung *f* 1. разделéние *n*; 2. *(El)* секциони́рование *n (einer Wicklung)*; 3. разби́вка *f*; 4. раздéл *m*
auftoppen *(Schiff)* топи́ть
Auftrag *m* 1. закáз *m*; наря́д *m*; задáние *n*; 2. *s.* Auftragen
Auftragen *n* нанесéние *n*; наведéние *n (Anstrichstoffe)*; накáтка *f (z. B. von Anstrichstoffen)*
Auftraggeber *m* закáзчик *m*
auftragschweißen наплавля́ть
Auftragschweißen *n* навáрка *f*, навáривание *n*
Auftreffen *n* попадáние *n*
auftreiben расширя́ть *(Rohre)*
auftreten возникáть
Auftrieb *m s.* Auftriebskraft
Auftriebskraft *f (Schiff)* плаву́честь *f*; *(Aero)* подъёмная си́ла *f*
Auftriebsvermögen *n (Aero)* несу́щая спосóбность *f*
Auftrommeln *n* смóтка *f*
Aufwachsen *n (Min)* нарастáние *n*; *(Krist)* наращи́вание *n*
Aufwallen *n* бурлéние *n*; кип *m (Metallbad)*
aufwalzen *(Schm)* накáтывать; развальцóвывать *(Rohre)*
Aufwalzen *n (Schm)* раскáтывание *n*; развальцóвка *f (von Rohren)*
Aufwand *m* затрáта *f*; расхóд *m*
aufwärmen согревáть
aufwärtskompatibel совмести́мый снизу́ вверх
Aufwärtskompatibilität *f (Inf)* совмести́мость *f* снизу́ вверх
Aufwärtstransformation *f (El)* повышáющая трансформáция *f*
Aufwärtstransformator *m (El)* повышáющий трансформáтор *m*
aufweichen размягчáть
aufweiten *(Schm)* расплю́щивать; *(Umf)* раскáтывать *(Rohre)*; развальцóвывать; расширя́ть *(Rohre)*
Aufweiten *n (Schm)* расплю́щивание *n*; раскáтывание *n*; развальцóвка *f*; раздáча *f*, расширéние *n (von Rohren)*

Aufweitung *f s.* Aufweiten
aufwenden расхóдовать
Aufwendungen *fpl* расхóды *pl*
aufwickeln намáтывать, навивáть, смáтывать
Aufwickeln *n* намáтывание *n*, намóтка *f*, навивáние *n*, смáтывание *n*, смóтка *f*
Aufwind *m* 1. *(Meteo)* анабатúческий вéтер *m*; 2. восходя́щий потóк *m*
Aufwinden *n s.* Aufwickeln
aufzehren истощáть
Aufzehrung *f* истощéние *n*
aufzeichnen запúсывать; регистрúровать
Aufzeichnung *f* 1. *(Ak)* зáпись *f*; 2. регистрáция *f*
~/magnetische магнúтная зáпись *f*
~/photographische фотографúческая зáпись *f*, фотозáпись *f*
Aufzeichnungsdichte *f* плóтность *f* зáписи
Aufzeichnungseinrichtung *f* устрóйство *n* зáписи
Aufzeichnungsgerät *n* запúсывающий прибóр *m*
Aufzeichnungsgeschwindigkeit *f (Inf)* скóрость *f* зáписи
Aufzeichnungsspur *f* дорóжка *f* зáписи
Aufzeichnungsverfahren *n (Eln)* мéтод [спóсоб] *m* зáписи
Aufzeichnungsweise *f s.* Aufzeichnungsverfahren
aufziehen 1. *(Text)* заправля́ть *(Fäden)*; 2. заводúть *(Uhrwerk)*; 3. *s.* aufspannen
Aufziehen *n* завóд *m (eines Uhrwerks)*
Aufzug *m* 1. подъёмник *m*; элевáтор *m*; лифт *m*; 2. *(Typ)* дéкель *m (eines Druckzylinders)*
Auge *n* очкó *n*; проу́шина *f*; ушкó *n*; рым *m*
augenblicklich мгновéнный
Augenblicksleistung *f* мгновéнная мóщность *f*
Augenblickswert *m* мгновéнное значéние *n*
Augenbolzen *m (Masch)* рым-бóлт *m*
Augenschraube *f (Masch)* рым-бóлт *m*
Augenschraubenbolzen *m (Masch)* рым-бóлт *m*
Aureole *f (Meteo)* ореóл *m*
Aurora *f* **australis** ю́жное сия́ние *n*
Aurora *f* **borealis** сéверное сия́ние *n*
„Aus“ «вы́ключено» *(Schalterstellung)*
ausarbeiten разрабáтывать *(Projekte)*
Ausarbeiten *n* разрабóтка *f (von Projekten)*
Ausarbeitung *f* разрабóтка *f (von Projekten)*
Ausbaggern *n* экскавáция *f*
ausbalancieren балансúровать
Ausbau *m* 1. *(Bw)* отдéлочные рабóты *fpl*; 2. *(Bgb)* крепь *f*; (за)креплéние *n*
~/endgültiger *(Bgb)* постоя́нная крепь *f*
~/provisorischer *(Bgb)* врéменная крепь *f*
~/rückbarer *(Bgb)* передвижнáя крепь *f*
~/starrer *(Bgb)* жёсткая крепь *f*
~/wandernder *(Bgb)* передвижнáя крепь *f*
Ausbau... *(Bgb)* крепёжный
Ausbauarbeiten *fpl s.* Ausbau 1.
Ausbauchung *f* 1. выпу́чивание *n*; 2. вы́пучина *f*; 3. вы́пуклость *f*
ausbauen *(Bgb)* (за)крепля́ть
Ausbauen *n s.* Ausbau 1., 2.
ausbessern исправля́ть; чинúть; ремонтúровать
Ausbesserung *f* ремóнт *m*; попрáвка *f*
Ausbetonieren *n (Bw)* замонолúчивание *n*
Ausbeulen *n* 1. выпу́чивание *n*; 2. устранéние *n* вы́пуклости
Ausbeulung *f* 1. *s.* Ausbeulen; 2. вы́пучина *f*
Ausbeute *f* вы́ход *m*
~/strahlenchemische *(Kern)* радиациóнно-химúческий вы́ход *m*
ausbeuten эксплуатúровать; *(Bgb)* разрабáтывать
ausbiegen выгибáть
Ausbiegen *n* выгибáние *n*
Ausbildung *f* подготóвка *f*
ausblasen *(Met)* выдувáть *(z. B. einen Hochofen)*
ausbleichen 1. выцветáть *(Farben)*; 2. отбéливать
Ausbleichen *n* 1. выцветáние *n (Farben)*; 2. отбéливание *n*

Ausblenden *n (Kern)* диафрагми́рование *n*
ausblühen *(Min)* выцвета́ть
Ausblühung *f* 1. *(Min)* выцвета́ние *n*; 2. *(Bw)* высол *m (Putz)*
ausbohren высве́рливать
Ausbohren *n* высве́рливание *n*
ausbrechen 1. фонтани́ровать *(Erdöl, Erdgas)*; 2. *(Met)* выгреба́ть *(Schlacke)*
ausbreiten 1. выкла́дывать; 2. ши́рить
Ausbreitung *f* 1. расшире́ние *n*; распростране́ние *n (Schall, Wellen usw.)*; 2. шире́ние *n*
Ausbreitungsgeschwindigkeit *f (Mech)* волнова́я ско́рость *f*; *(Ph)* ско́рость *f* распростране́ния *(von Licht, Schall)*
ausbrennen *n (Met)* выгора́ть; выжига́ть
Ausbrennen *n (Met)* выгора́ние *n*; выжига́ние *n*
Ausbringen *n* 1. *(Met)* извлече́ние *n*; 2. *(Lw)* внесе́ние *n (von Dünger)*
ausbröckeln выкра́шиваться
Ausbröckeln *n* выкра́шивание *n*
Ausbruch *m* 1. *(Geol)* изверже́ние *n*, фонтани́рование *n (Erdgas, Erdöl)*; 2. вы́брос *m (von Gas)*; всплеск *m*; 3. *(Bgb)* проры́в *m*
Ausbügeln *n (Text)* выгла́живание *n*
ausdehnen расширя́ть; растя́гивать
Ausdehner *m (Gum)* экспа́ндер *m (Reifenherstellung)*
Ausdehnung *f* 1. расшире́ние *n*; растяже́ние *n*; протяже́ние *n*; 2. протяжённость *f*
~/lineare *(Ph)* лине́йное расшире́ние *n*
~/räumliche объёмное расшире́ние *n (von Gasen, Flüssigkeiten)*
~/thermische теплово́е расшире́ние *n*
Ausdehnungs... расшири́тельный
Ausdehnungsbogen *m* компенса́тор *m (in Rohrleitungen)*
Ausdehnungsgefäß *n (Wmt)* компенса́тор *m*, расшири́тель *m*
ausdrehen *(Fert)* раста́чивать
Ausdrehen *n (Fert)* расста́чивание *n*
Ausdrehkopf *m (Wkz)* расто́чная голо́вка *f*
Ausdrehmaschine *f (Wkzm)* расто́чный стано́к *m*
Ausdrehmeißel *m (Wkz)* расто́чный резе́ц *m*
Ausdrehung *f (Fert)* расто́чка *f*; вы́точка *f*
ausdreschen *(Lw)* обмола́чивать; вымола́чивать, молоти́ть *(Getreide)*
Ausdruck *m* 1. *(Math)* выраже́ние *n*; 2. *(Inf)* распеча́тка *f*
~/binomischer *(Math)* двучле́н *m*
~/eingliedriger *(Math)* одночле́н *m*
~/logischer логи́ческое выраже́ние *n*
ausdrucken *(Inf)* распеча́тывать *(Listen, Protokolle)*
ausdrücken 1. выжима́ть; выда́вливать; 2. выта́лкивать
Ausdrücken *n* 1. выжима́ние *n*; выда́вливание *n*; 2. выта́лкивание *n*
Ausdrusch *m (Lw)* вы́молот *m*
Auseinanderfließen *n* растека́ние *n*
Auseinandergehen *n* расхожде́ние *n*
Auseinandernehmen *n* разбо́рка *f*, разъём *m*
Auseinanderziehen *n* растяже́ние *n*, растя́жка *f*
Ausfahrarm *m* выдвижна́я рука́ *f (eines Roboters)*
ausfahrbar выдвижно́й *(z. B. Antennen)*
ausfahren 1. вывози́ть; 2. *(Flg)* выпуска́ть *(z. B. das Fahrgestell)*; 3. выдвига́ть *(z. B. eine Antenne)*
Ausfahrsignal *n (Eb)* выходно́й сигна́л
Ausfahrt *f* 1. вы́езд *m*; 2. вы́ход *m*
Ausfall *m* 1. *(Masch)* отка́з *m (z. B. von Maschinenteilen)*; вы́ход *m* из стро́я *(eines Gerätes oder einer Maschine)*; 2. *(Masch)* выпаде́ние *n (aus dem Synchronismus)*; 3. сбой *m*
Ausfallabstand *m (Masch)* нарабо́тка *f* на отка́з, нарабо́тка *f* ме́жду отка́зами
~/mittlerer сре́днее вре́мя *n* нарабо́тки на отка́з
ausfallen отка́зывать *(z. B. Maschinenteile)*; выходи́ть из стро́я *(Geräte oder Maschinen)*
ausfällen *n (Ch)* выса́живать; осажда́ть
Ausfällen *n (Ch)* выса́живание *n*; осажде́ние *n*
ausfallfrei безотка́зный
Ausfallfreiheit *f* безотка́зность *f*
Ausfallhäufigkeit *f s.* Ausfallrate
Ausfallrate *f* частота́ [интенси́вность] *f* отка́зов

Ausfällung *f s.* Ausfällen
Ausfallvorhersage *f* прогнози́рование *n* отка́зов
Ausfallwahrscheinlichkeit *f* вероя́тность *f* отка́за
Ausfallzeit *f* просто́й *m*; вре́мя *n* просто́я
ausfiltern *(El)* отфильтро́вывать
ausflicken *(Met)* заде́ливать, заправля́ть *(Öfen)*
Ausflicken *n (Met)* заде́лка *f*, запра́вка *f (Öfen)*
ausfließen истека́ть; вытека́ть
Ausfließen *n* истече́ние *n*; вытека́ние *n*
ausflocken флокули́ровать, дефлокули́ровать *(Aufbereitung)*; *(Ch)* коагули́ровать
Ausflocken *n s.* Ausflockung 1.
Ausflockung *f (Ch)* 1. коагуля́ция *f*, флокуля́ция *f*; 2. коагуля́т *m*, хлопьеви́дный оса́док *m*
Ausflockungsmittel *n* коагули́рующий аге́нт *m*, коагуля́тор *m*
Ausfluss *m* вытека́ние *n (von Flüssigkeiten)*; истече́ние *n*
Ausflussgeschwindigkeit *f (Hydrom)* ско́рость *f* истече́ния
Ausflussöffnung *f* выпускно́е отве́рстие *n*
Ausflussrohr *n* выпускна́я труба́ *f*
ausfrieren вымора́живать
Ausfrieren *n* вымора́живание *n*
Ausfugen *n (Bw)* расши́вка *f*
Ausfuhr *f* вы́воз *m*
ausführen 1. выполня́ть, исполня́ть; 2. производи́ть; 3. вывози́ть, экспорти́ровать
Ausführung *f* 1. выполне́ние *n*, изготовле́ние *n*; 2. констру́кция *f*, исполне́ние *n*; компоно́вка *f*; 3. проведе́ние *n (einer Arbeit)*; 4. вы́вод *m (einer Leitung)*
~/kompakte компа́ктное исполне́ние *n*
Ausführungsdraht *m (El)* вы́вод *m*
Ausführungsprogramm *n (Inf)* исполни́тельная програ́мма *f*
Ausführungszeit *f (Inf)* вре́мя *n* выполне́ния
ausfüllen заполня́ть
Ausfüllung *f* заполне́ние *n*
ausfüttern *(Met)* футерова́ть, облицо́вывать, обкла́дывать; 2. *(Met)* набива́ть *(einen Ofen)*; *(Met)* выкла́дывать *(Öfen, Pfannen)*
Ausfüttern *n* 1. футеро́вка *f*, облицо́вка *f*, обкла́дка *f*, обкла́дывание *n*, наби́вка *f (eines Ofens)*
Ausgabe *f* 1. вы́дача *f*; 2. *(Inf)* вы́вод *m*, вы́ход *m (von Daten)*; 3. *(Typ)* изда́ние *n*
Ausgabeabschnitt *m (Inf)* выходна́я се́кция *f*
Ausgabealphabet *n* выходно́й алфави́т *m*
Ausgabebefehl *m (Inf)* кома́нда *f* вы́вода
Ausgabedaten *pl (Inf)* выходны́е да́нные *pl*
Ausgabeeinrichtung *f (Inf)* устро́йство *n* вы́вода
Ausgabeendgerät *n (Inf)* термина́л *m* вы́вода
Ausgabegerät *n (Inf)* устро́йство *n* вы́вода
Ausgabeinformation *f (Inf)* выходна́я информа́ция *f*
Ausgabeinterface *n (Inf)* интерфе́йс *m* вы́вода
Ausgabemodus *m (Inf)* режи́м *m* вы́вода
Ausgaben *fpl* изде́ржки *pl*; расхо́ды *pl*
Ausgabepuffer *m (Inf)* бу́фер *m* вы́вода
Ausgabeschnittstelle *f (Inf)* интерфе́йс *m* вы́вода
Ausgabesignal *n (Inf)* выходно́й сигна́л *m*
Ausgabeterminal *n (Inf)* термина́л *m* вы́вода
Ausgang *m* вы́ход *m*
~/binärer *(El)* двои́чный вы́ход *m*
~/serieller *(Inf)* после́довательный вы́ход *m*
Ausgangs... выходно́й, исхо́дный
Ausgangsadresse *f (Inf)* исхо́дный а́дрес *m*
Ausgangsalphabet *n (Inf)* выходно́й алфави́т *m*
Ausgangseinrichtung *f* выходно́е устро́йство *n*
Ausgangsgröße *f (Reg)* выходна́я величина́ *f*

Ausgangsimpuls *m (El)* выходно́й и́мпульс *m*
Ausgangskapazität *f (El)* выходна́я ёмкость *f*
Ausgangsklemme *f (El)* выходно́й зажи́м *m*
Ausgangskontrolle *f* выходно́й контро́ль *m*
Ausgangslage *f* исхо́дное [нулево́е] положе́ние *n*
Ausgangsleistung *f (El)* выходна́я мо́щность *f*
Ausgangsmaterial *n* исхо́дный материа́л *m*
Ausgangspunkt *m s.* Anfangspunkt
ausgangsseitig выходно́й
Ausgangssignal *n (Inf)* выходно́й сигна́л *m*
Ausgangsspannung *f (El)* выходно́е напряже́ние *n*
Ausgangsstellung *f* исхо́дное [нулево́е] положе́ние *n*
Ausgangsstoff *m* исхо́дный материа́л *m*
Ausgangsstrom *m (El)* выходно́й ток *m*
Ausgangsstufe *f (Rf)* выходно́й [оконе́чный] каска́д *m*
Ausgangstransformator *m (El)* выходно́й трансформа́тор *m*
Ausgangswelle *f (Masch)* выходно́й вал *m*
Ausgangswerkstoff *m* исхо́дный материа́л *m*
Ausgangswerte *mpl* исхо́дные да́нные *pl*
Ausgangswiderstand *m (El)* выходно́е сопротивле́ние *n*
ausgaren *(Met)* доводи́ть
Ausgaren *n (Met)* householdдово́дка *f*
ausgebaut *(Bgb)* укреплённый
ausgeben *(El)* выводи́ть, выдава́ть *(z. B. Daten)*
ausgerichtet упоря́доченный
ausgerüstet *(Bgb)* арми́рованный *(Schächte)*
ausgeschaltet вы́ключенный, отключённый
„Ausgeschaltet" «вы́ключено» *(Schalterstellung)*
ausgesondert забрако́ванный *(Ausschuss)*
ausgestalten разраба́тывать *(Konstruktionen)*
Ausgestalten *n* разрабо́тка *f (von Konstruktionen)*
Ausgestaltung *f* разрабо́тка *f (von Konstruktionen)*
ausgesteuert *(Ak)* модули́рованный
ausgetrocknet вы́сохший
ausgewuchtet *(Masch)* уравнове́шенный
~/nicht неуравнове́шенный
ausgezogen *(Bw)* сплошно́й *(Linien)*
ausgießen 1. слива́ть; разлива́ть; вылива́ть; 2. залива́ть *(Lagerschalen)*
Ausgleich *m* ура́внивание *n*; выра́внивание *n*; уравнове́шивание *n*; *(Nrt)* симметри́рование *n*; компенса́ция *f*; бала́нс *m*
Ausgleichbecken *n* уравни́тельный резервуа́р *m*
Ausgleichbehälter *m* расшири́тельный [уравни́тельный] бак *m*, уравни́тельный резервуа́р *m*
ausgleichen ура́внивать; уравнове́шивать; выра́внивать; корректи́ровать; компенси́ровать; баланси́ровать
Ausgleichen *n* ура́внивание *n*; уравнове́шивание *n*; выра́внивание *n*
Ausgleicher *m* уравни́тель *m*; *(Rf)* компенса́тор *m*
Ausgleichgetriebe *n (Kfz)* дифференциа́л *m*, дифференциа́льный механи́зм *m*
Ausgleichhebel *m (Masch)* баланси́р *m*, коромы́сло *n*
Ausgleichsentwickler *m (Photo)* выра́внивающий проя́витель *m*
Ausgleichskupplung *f (Masch)* компенси́рующая му́фта *f*
Ausgleichsrolle *f* уравни́тельный блок *m (eines Rollenzuges)*
Ausgleichstrom *m (El)* уравни́тельный ток *m*
ausglühen *(Härt)* прока́ливать
Ausglühen *n (Härt)* прока́ливание *n*
Ausguss *m (Bw)* ра́ковина *f*
Ausgussbecken *n (Bw)* ра́ковина *f*
Ausgussmasse *f* зали́вка *f*; зали́вочная ма́сса *f (z. B. für Kabel)*
aushacken выруба́ть
aushalsen *(Fert)* отборто́вывать *(Rohre)*

Aushalsen *n (Fert)* отбортóвка *f (von Rohren)*
Aushämmern *n (Fert)* вытя́гивание *n (Kupfer)*
aushärten *(Met)* твердéть *(Legierungen)*; *(Gieß)* затвердевáть *(Formstoff)*; *(Kst)* отвердевáть
Aushärten *n (Met)* дисперсиóнное твердéние *n (Legierungen)*; *(Gieß)* затвердевáние *n (Formstoff)*; *(Kst)* отвердевáние *n*
Aushärtung *f s.* Aushärten
aushauen *(Fert)* высекáть
Aushauen *n (Fert)* вы́сечка *f*
ausheben 1. *(Bw)* вынимáть *(Erdreich)*; 2. *(Gieß)* извлекáть *(Modelle aus der Form)*
Ausheben *n* 1. *(Bw)* вы́емка *f (von Erdreich)*; 2. *(Gieß)* извлечéние *n (des Modells aus der Form)*
Ausheilen *n s.* Ausheilung
Ausheilung *f (Halbl)* самовосстановлéние *n*, самозалéчивание *n*
Aushieb *m s.* Einschlag 3.
aushöhlen выдáлбливать
Aushöhlung *f* 1. выдáлбливание *n*; 2. *(Bw)* вы́боина *f*; 3. *(Geol)* впáдина *f*
ausholzen *(Forst)* вырубáть
Aushub *m (Bw)* 1. вы́емка *f (von Erdreich)*; 2. рытьё *n*
auskämmen *(Text)* вычёсывать
auskehlen выдáлбливать; пазовáть
Auskehlung *f* вы́кружка *f*; вы́емка *f*; вы́рез *m*; паз *m*
Auskellern *n (Inf)* извлечéние [вытáлкивание] *n* из стéка
Auskellerung *f s.* Auskellern
auskerben вырубáть
Auskerben *n* вы́рубка *f*
Auskerbung *f* вы́рубка *f*
ausklauben *(Bgb)* выбирáть; отбирáть
Ausklauben *n (Bgb)* вы́борка *f*, отбóрка *f*
auskleiden *(Met)* футеровáть
Auskleiden *n (Met)* оклáдывание *n*, облицóвка *f*, футерóвка *f (Schmelzöfen)*
Auskleidung *f (Met)* футерóвка *f*; облицóвка *f*; оклáдка *f*; обши́вка *f (von Schmelzöfen)*
~/**basische** оснóвная футерóвка *f*
~/**feuerfeste** огнеупóрная футерóвка *f*
~/**saure** ки́слая футерóвка *f*
ausknicken *(Mech)* выпу́чивать
Ausknicken *n (Mech)* выпу́чивание *n*
auskohlen *(Bgb)* вырабáтывать
auskolken *(Wkz)* выкрáшиваться *(Drehmeißelschneide)*
Auskolken *n (Wkz)* выкрáшивание *n (der Drehmeißelschneide)*
Auskolkung *f* 1. *s.* Auskolken; 2. *(Wkz)* лу́нка *f (Verschleißerscheinung)*
Auskragung *f (Masch, Bw)* консóль *f*; вы́ступ *m*; вы́лет *m*
auskristallisieren кристаллизовáться
Auskunftsplatz *m (Nrt)* спрáвочное бюрó *n*
Auskunftsstelle *f (Nrt)* спрáвочное бюрó *n*
Auskunftstisch *m (Nrt)* стол *m* спрáвок
auskuppeln *(Masch)* выключáть; разобщáть *(Kupplung)*
Auskuppeln *n (Masch)* выключéние *n*; расцеплéние *n*; разобщéние *n (Kupplung)*
ausladen 1. выгружáть, разгружáть *(Fahrzeuge)*; 2. выступáть
Ausladen *n* вы́грузка *f*, разгру́зка *f (Fahrzeuge)*
Ausladung *f* 1. *s.* Ausladen; 2. вы́лет *m*; 3. вы́ступ *m*
Auslass *m* 1. вы́хлоп *m*; сброс *m*; 2. выпускнóе [выхлопнóе] отвéрстие *n*
auslassen 1. выпускáть; 2. топи́ть, вытáпливать *(Fett)*
Auslassen *n* 1. вы́пуск *m*; 2. вы́топка *f (Fett)*
~ **von Fett** жиротоплéние *n*
Auslasskrümmer *m (Kfz)* выпускнóе колéно *n*
Auslassöffnung *f s.* Auslass 2.
Auslassseite *f* сторонá *f* вы́пуска
Auslasstrichter *m* разгру́зочнаяворóнка *f*
Auslassventil *n* выпускнóй клáпан *m*
Auslasswerk *n (Hydt)* сбрóсное сооружéние *n*
auslasten загружáть
Auslastung *f* 1. загру́зка *f*; 2. загру́женность *f*; 3. стéпень *m* испóльзования
~/**unvollständige** недогру́зка *f*
Auslauf *m* 1. вы́бег *m (einer Maschine nach Abstellen des Antriebs)*; 2. *(Flg)*

пробе́г *m (nach dem Landen)*; 3. *(Kfz)* нака́т *m*; 4. *(Masch)* сбег *m (Gewinde)*; 5. вы́пуск *m*; 6. коне́ц *m (einer Bewegung)*

Auslaufen *n* 1. *s.* Auslauf 1. *bis* 3.; 2. вытека́ние *n (von Flüssigkeiten)*

Auslaufgeschwindigkeit *f* 1. ско́рость *f* истече́ния; 2. *(Flg)* ско́рость *f* пробе́га *(nach dem Landen)*; 3. *(Wlz)* коне́чная ско́рость *f*

Auslauföffnung *f* выходно́е [выпускно́е] отве́рстие *n*

Auslaufseite *f* выходна́я сторона́ *f*, сторона́ *f* вы́пуска *(eines Walzgerüstes)*

Auslaufstrecke *f* вы́бег *m*, инерцио́нный путь *m*

auslaugen 1. *(Ch)* выщела́чивать; 2. высла́живать, обессаха́ривать *(Zuckergewinnung)*

ausleeren опорожня́ть

auslegen 1. выкла́дывать; 2. раска́тывать; разма́тывать *(Kabel)*

Ausleger *m (Masch, Bw)* консо́ль *f (Stahlbau)*; *(Förd)* уко́сина *f (von Hebezeugen)*; стрела́ *f (eines Krans)*

Ausleger... консо́льный

Auslegerarm *m* рука́в *m*

Auslegerbrücke *f* консо́льный мост *m*

Auslegerdach *n (Bw)* наве́с *m*

Auslegerkran *m* стрелово́й кран *m*

auslenken 1. *(Eln)* развёртывать; 2. *(Kern)* выводи́ть *(Teilchen)*

Auslese *f* 1. отбо́р *m*; 2. подбо́р *m*; 3. *(Kyb)* избира́ние *n*

Auslesemaschine *f (Lw)* сортиро́вка *f (Saatgutaufbereitung)*

auslesen отбира́ть; выбира́ть; перебира́ть; сорти́ровать

ausleuchten освеща́ть

Ausleuchtung *f* освеще́ние *n*

auslichten *(Forst)* вырубáть; разрежа́ть *(Baumbestand)*

ausliefern выдава́ть

Auslieferung *f* вы́дача *f*, о́тпуск *m*

Auslöschung *f* погаше́ние *n*

Auslösearbeit *f (Kern)* рабо́та *f* выхода *(eines Elektrons)*

auslösen 1. *(Ph)* освобожда́ть *(Elektronen)*; 2. *(Kern)* выбива́ть *(Teilchen)*; 3. *(Reg)* запуска́ть; сраба́тывать *(Relais)*

Auslösen *n* 1. *(Kern)* высвобожде́ние *n*; 2. *(Kern)* выбива́ние *n (von Teilchen)*; 3. освобожде́ние *n (von Elektronen)*; 4. *(Reg)* за́пуск *m*; сраба́тывание *n*; размыка́ние *n (eines Relais)*

Auslöser *m* 1. *(El)* расцепи́тель *m*; 2. *(Photo)* спуск *m*

Auslöseschaltung *f (El)* спусково́я [три́ггерная] схе́ма *f*

Auslösevorrichtung *f (El)* расцепи́тель *m*

Auslösung *f s.* Auslösen

Ausmaß *n* разме́р *m*

ausmauern *(Bw)* выкла́дывать кирпичо́м

Ausmauerung *f (Met)* обмуро́вка *f*, кла́дка *f (eines Schmelzofens)*

ausmessen вымеря́ть, отме́ривать; обмеря́ть

Ausmessen *n* измере́ние *n*, обме́р *m*

Ausmündung *f* у́стье *n*

ausmustern бракова́ть

ausnutzen 1. испо́льзовать; 2. утилизи́ровать *(Abfälle, Altstoffe)*

Ausnutzung *f* 1. испо́льзование *n*; 2. утилиза́ция *f (Abfälle, Altstoffe)*

Ausnutzunggrad *m* коэффицие́нт *m* испо́льзования

Auspflanzen *n (Lw)* вы́садка *f*; *(Forst)* поса́дка *f*

auspolstern набива́ть

auspressen выжима́ть; выда́вливать

Auspressen *n* выжима́ние *n*; выда́вливание *n*

Auspuff *m (Kfz)* вы́хлоп *m*

Auspuffemission *f (Kfz, Ökol)* вы́бросы *mpl* систе́мы вы́пуска

Auspuffkrümmer *m (Kfz)* выпускно́е коле́но *n*

Auspuffrohr *n (Kfz)* выхлопна́я труба́ *f*

auspumpen отка́чивать, выка́чивать

Auspumpen *n* отка́чка *f*, отка́чивание *n*; выка́чивание *n*

ausquetschen выжима́ть

Ausquetschen *n* выжима́ние *n*

ausrechnen рассчи́тывать; исчисля́ть

Ausrecken *n* 1. вытя́гивание *n*; 2. *(Led)* разво́дка *f*

ausreifen 1. созрева́ть; 2. *(Gieß)* вылёживать *(Formstoff)*

Ausreifen *n* 1. созрева́ние *n*; 2. *(Gieß)* вылёживание *n (Formstoffe)*

ausreißen вырыва́ть
Ausreißer *m (Mess)* вы́брос *m*
ausrichten рихтова́ть; выверя́ть
Ausrichten *n* 1. вы́верка *f*; центро́вка *f*, центри́рование *n (z. B. von Strahlen)*; 2. выра́внивание *n*; ориента́ция *f*; 3. вы́правка *f (Gleise)*; 4. *(Ph, Ch)* выстра́ивание *n (z. B. von Kernen)*; 5. *(Typ)* приго́нка *f (der Form)*
Ausrichtung *f s.* Ausrichten
Ausrichtungsarbeiten *fpl (Bgb)* капита́льные рабо́ты *fpl*
Ausrollen *n* 1. вальцева́ние *n*; 2. *(Flg)* пробе́г *m (nach dem Aufsetzen)*
ausrückbar сцепно́й
ausrücken *(Masch)* выключа́ть; *(Masch)* выводи́ть из зацепле́ния *(Zahnradpaar)*; *(Masch)* разъединя́ть; разобща́ть *(Kupplung)*
Ausrücken *n (Masch)* выключе́ние *n*; *(Masch)* разъедине́ние *n*; разобще́ние *n (Kupplung)*
Ausrücker *m (Masch)* разъедини́тель *m*; *(Masch)* отво́дка *f*
Ausrückmechanismus *m s.* Ausrückvorrichtung
Ausrückung *f s.* Ausrücken
Ausrückvorrichtung *f (Masch)* выключа́ющий [расцепля́ющий] механи́зм *m*
Ausrundung *f* закругле́ние *n*; вы́кружка *f*
Ausrundungsradius *m (Fert)* ра́диус *m* закругле́ния
ausrüsten 1. обору́довать *(mit Geräten)*; оснаща́ть; снаряжа́ть; снабжа́ть *(Maschinen)*; 2. *(Bgb)* арми́ровать *(Schächte)*; 3. *(Text)* аппрети́ровать *(Gewebe)*
Ausrüsten *n s.* Ausrüstung 1. *bis* 4.
Ausrüstung *f* 1. обору́дование *n*; оснастка *f*, оснаще́ние *n*; снабже́ние *n (z. B. von Maschinen)*; снаряже́ние *n*; вооруже́ние *n*; 2. *(Eb)* экипиро́вка *f*; 3. *(Bgb)* арми́рование *n (der Schächte)*; 4. *(Text)* отде́лка *f*; аппрети́рование *n (von Gewebe)*; 5. оснащённость *f (Zustand)*
~/**elektrische** электрообору́дование *n*
~/**periphere** *(Inf)* перифери́йное обору́дование *n*
~/**schmutzabweisende** *(Text)* грязеотта́лкивающая отде́лка *f*
Ausrüstungsarbeiten *fpl (Text)* отде́лочные рабо́ты *fpl*
Ausrüstungskai *m (Schiff)* достро́ечная сте́нка *f*
Aussaat *f (Lw)* вы́сев *m*, посе́в *m*, сев *m*
Aussage *f (Kyb)* выска́зывание *n*, утвержде́ние *n (Logik)*
Aussagegehalt *m* результати́вность *f*
Aussagenkalkül *m (Math)* исчисле́ние *n* выска́зываний
Aussagenlogik *f (Math)* ло́гика *f* выска́зываний
Aussalzen *n* выса́ливание *n*
Aussalzung *f* выса́ливание *n*
ausschachten *(Bw)* копа́ть
ausschalten *(El)* выключа́ть, отключа́ть
Ausschalten *n (El)* выключе́ние *n*, отключе́ние *n*
Ausschalter *m (El)* выключа́тель *m*
Ausschaltmechanismus *m (El)* выключа́ющий механи́зм *m*
Ausschaltstellung *f (El)* положе́ние *n* выключе́ния
Ausschaltung *f (El)* выключе́ние *n*, отключе́ние *n*
~/**automatische [selbsttätige]** *(El)* автовыключе́ние *n*
Ausschaltvermögen *n (El)* разрывна́я спосо́бность *f*
Ausschalung *f (Bw)* распа́лубка *f*
ausscheiden 1. выделя́ть; 2. бракова́ть; 3. исключа́ть
Ausscheiden *n* исключе́ние *n*; осажде́ние *n*
Ausscheidung *f* 1. *s.* Ausscheiden; 2. *(Met)* сегрега́ция *f*
Ausscheidungshärten *n s.* Ausscheidungshärtung
Ausscheidungshärtung *f (Met)* дисперсио́нное тверде́ние [упрочне́ние] *n*, *(Härt auch:)* старе́ние *n*
ausschiebbar выдвижно́й, раздвижно́й
Ausschiffen *n (Schiff)* вы́садка *f*
Ausschlag *m* отклоне́ние *n (des Zeigers)*; разма́х *m*; у́гол *m* отклоне́ния *(eines Zeigers)*; 2. *(Led)* налёт *m*
ausschlagen выбива́ть; *(Gieß)* отбива́ть *(Gussteile)*; *(Bgb)* вырuба́ть
ausschließen 1. исключа́ть; 2. *(Typ)* выключа́ть *(eine Zeile)*
Ausschließen *n* 1. исключе́ние *n*; 2. *(Typ)* выключе́ние *n (einer Zeile)*

Ausschließungsprinzip *n* **(/paulisches)** *(Ph)* принцип *m* Паули
Ausschluss *m* исключéние *n*
ausschmelzen 1. *(Met)* выплавля́ть; выжига́ть; 2. вытáпливать *(Fett)*
Ausschmelzen *n* 1. *(Met)* выплавлéние *n*; выжигáние *n*; 2. вы́топка *f (Fett)*
Ausschmelzmodell *n (Gieß)* выплавля́емая модéль *f*
Ausschmelzung *n s.* Ausschmelzen
ausschmieden раскóвывать, прокóвывать
Ausschmieden *n (Schm)* раскóвка *f*, прокóвка *f*
ausschneiden *(Fert)* вырезáть
Ausschnitt *m* 1. вы́рез *m*; 2. *(Math)* сéктор *m*
ausschöpfen вычéрпывать
Ausschotterung *f (Bw)* расщебёнка *f*
Ausschroten *n (Schm)* вы́рубка *f*
Ausschuss *m* брак *m*
Ausschuss... бракóванный
ausschütten выливáть, разливáть; высыпáть; ссыпáть
ausschwemmen *(Geol)* вымывáть
Ausschwemmen *n (Geol)* вымывáние *n*
ausschwitzen *(Met)* выпотевáть
Ausschwitzen *n (Met)* выпотевáние *n*, отпотевáние *n*
Aussehen *n* вид *m*
ausseigern *(Met)* сегреги́ровать, ликви́ровать, зейгеровáть, выгорáть; выпотевáть *(Zinn)*
Ausseigern *n (Met)* сегрегáция *f*, ликвáция *f*; выпотевáние *n (Zinn)*
Ausseigerung *f s.* Ausseigern
Außen... внéшний
Außenabmessung *f* нарýжный размéр *m*, габари́т *m*
Außenbord... забóртный
Außenbordmotor *m* подвеснóй (лóдочный) мотóр *m (Bootsmotor)*
aussenden испускáть *(Strahlen)*
Außendrehen *n (Fert)* обтáчивание *n*
Außendrehmeißel *m (Wkz)* проходнóй резéц *m*
Aussendung *f* испускáние *n (von Strahlen)*
Außendurchmesser *m* нарýжный диáметр *m*
Außenelektron *n (Kern)* внéшний электрóн *m*
Außenfläche *f* нарýжная повéрхность *f*
Außengewinde *n* внéшняя [нарýжная] резьбá *f*
Außenhandel *m* внéшняя торгóвля *f*
Außenhaut *f* (нарýжная) обши́вка *f*
aussenken *(Fert)* раззенкóвывать
Aussenken *n (Fert)* раззенкóвка *f*
Aussenkung *f (Fert)* раззенкóвка *f*
Außenlehre *f (Mess)* калибéрная скобá *f*
Außenlinie *f* очертáние *n*
Außenmantel *m* нарýжная оболóчка *f*
Außenmaß *n* нарýжный размéр *m*
Außenmaß... габари́тный
Außenputz *m* фасáдная штукатýрка *f*
Außenreede *f* внéшний рейд *m*
Außenreportage *f (Rf)* внестуди́йная передáча *f*
Außenrückspiegel *m (Kfz)* нарýжное зéркало *n* зáднего ви́да
Außenrundschleifen *n (Fert)* нарýжное шлифовáние *n*
Außenrundschleifmaschine *f (Wkzm)* круглошлифовáльный станóк *m*
Außenrüttler *m (Bw)* нарýжный вибрáтор *m*
Außenverzahnung *f (Masch)* внéшнее зацеплéние *n*
Außenwand *f (Bw)* нарýжная стенá *f*
Außenwinkel *m (Math)* внéшний [нарýжный] ýгол *m*
außeraxial неосевóй
Außerbetriebsetzung *f* остановка *f*
außergalaktisch *(Astr)* внегалакти́ческий
äußerlich внéшний
außermittig эксцентри́ческий, эксцентри́чный, внецéнтренный
Außermittigkeit *f* эксцентриситéт *m*, несоóсность *f*
außerterrestrisch *(Astr)* внеземнóй, внеатмосфéрный
Außertrittfallen *n* выпадéние *n* из синхрони́зма *(Maschinen)*
Aussetzbetrieb *m (El)* повтóрно-кратковрéменный режи́м *m*
Aussetzen *n* 1. перебóи *pl*; 2. *(Rak)* зáпуск *m (eines Satelliten)*
aussetzend прерыви́стый
aussieben отсéивать
Aussieben *n* отсéивание *n*
aussolen выщелáчивать *(Salz)*

aussondern отбира́ть; выбира́ть; забракова́ть *(Ausschuss)*
Aussortieren *n* 1. рассортиро́вка *f* *(Daten)*; 2. отбрако́вка *f* *(fehlerhafter Bauteile)*
aussortiert брако́ванный
ausspannen *(Fert)* снима́ть, освобожда́ть *(Werkstücke)*
Ausspannen *n* *(Fert)* сня́тие *n*, освобожде́ние *n* *(von Werkstücken)*
Aussparung *f* вы́емка *f*
ausspitzen *(Wkz)* подта́чивать
Ausspitzen *n* *(Fert)* подта́чивание *n*
Ausspitzung *f* *(Fert)* 1. *s.* Ausspitzen; 2. подто́чка *f* *(Ergebnis)*
Ausspülung *f* *(Hydrol)* размы́в *m*
ausstampfen *(Met)* набива́ть *(einen Ofen)*
Ausstampfung *f* *(Met)* наби́вка *f* *(eines Ofens)*
ausstanzen *(Fert)* вы́рубать, высека́ть
Ausstanzen *n* *(Fert)* вы́рубка *f*, вы́сечка *f*
ausstatten *s.* ausrüsten
Ausstattung *f* 1. оформле́ние *n* *(eines Buches)*; 2. *s.* Ausrüstung
ausstellen выставля́ть
Ausstemmen *n* *(Fert)* вы́рубка *f*
aussteuern *(Ak)* модули́ровать
Aussteuern *n* *(Ak)* модуля́ция *f*
Aussteuerung *f* *(Ak)* модуля́ция *f*
Aussteuerungs(grad)messer *m* *(Ak)* модуло́метр *m*
ausstopfen набива́ть
Ausstoß *m* 1. вы́работка *f*, вы́пуск *m*; 2. *s.* Ausstoßen
ausstoßen 1. выта́лкивать; 2. выбра́сывать; 3. выпуска́ть
Ausstoßen *n* 1. выта́лкивание *n*; 2. выбра́сывание *n*; *(Led)* разво́дка *f*
Ausstoßer *m* 1. выта́лкиватель *m*; 2. сбра́сыватель *m*; 3. эжéктор *m*
Ausstoßtakt *m* *(Kfz)* такт *m* вы́пуска
Ausstoßvorrichtung *f* выта́лкиватель *m*
ausstrahlen излуча́ть
Ausstrahlung *f* излуче́ние *n*; лучеиспуска́ние *n*; *(Ph)* излуча́тельность *f*
~/spezifische *(Ph)* излуча́тельность *f*
Ausstreuen *n* *(Lw)* рассе́в *m* *(Düngemittel)*
ausströmen истека́ть, вытека́ть *(Gase)*
Ausströmen *n* истече́ние *n*, уте́чка *f*, вытека́ние *n* *(von Gasen)*
Ausströmungsgeschwindigkeit *f* *(Hydrom)* ско́рость *f* истече́ния
Austast... *(Nrt, TV)* гася́щий
austasten *(Nrt, TV)* гаси́ть
Austastimpuls *m* *(TV)* гася́щий [бланки́рующий] и́мпульс *m*
Austastung *f* *(TV, Nrt)* гаше́ние *n*, бланки́рование *n*; *(Eln)* селе́кция *f*
Austausch *m* 1. обме́н *m*; 2. заме́на *f*; сме́на *f*; взаимообме́н *m*
~/wechselseitiger взаимообме́н *m*
austauschbar замени́мый, сме́нный; взаимозаменя́емый
~/gegeneinander взаимозаменя́емый
Austauschbarkeit *f* взаимозаменя́емость *f*, замени́мость *f*
Austauschchromatographie *f* ионообме́нная хроматогра́фия *f*
austauschen заменя́ть, сменя́ть
Austauschenergie *f* обме́нная эне́ргия *f*
Austauschfähigkeit *f* обме́нная спосо́бность *f*
Austauschpufferung *f* *(Inf)* обме́нная буфериза́ция *f*
Austauschreaktion *f* *(Kern)* обме́нная реа́кция *f*
Austauschrohr *n* теплообме́нная труба́ *f*
Austauschstoff *m* замени́тель *m*
Austauschteil *n* взаимозаменя́емая дета́ль *f*
Austauschwechselwirkung *f* *(Ph)* обме́нное взаимоде́йствие *n*
Austeilung *f* разда́ча *f*
Austenit *m* *(Wkst)* аустени́т *m*
~/primärer перви́чный аустени́т *m*
austenitisch *(Wkst)* аустени́тный
Austenitumwandlung *f* *(Wkst)* аустени́тное превраще́ние *n*
austesten отла́живать
Austesten *n* **eines Programms** *(Inf)* отла́дка *f* програ́ммы
Austestprogramm *n* отла́дочная програ́мма *f*, отла́дчик *m*
Austoßhub *m* *(Kfz)* такт *m* вы́пуска
Austrag *m* *(Bgb)* вы́дача *f*
austragen *(Bgb)* выноси́ть *(Bohrklein)*
austreiben вытесня́ть
Austreiben *n* вытесне́ние *n*

austreten 1. выходи́ть; 2. выпуска́ть *(Gase)*; 3. *(Kern)* вылета́ть *(Teilchen)*
austrimmen *(Flg)* баланси́ровать
Austritt *m* 1. вы́ход *m*; 2. вы́пуск *m* *(von Gasen)*; 3. *(Kern)* вы́лет *m* *(von Elektronen)*
Austritts... выходно́й
Austrittsarbeit *f* *(Kern)* рабо́та *f* вы́хода *f* *(eines Elektrons)*
Austrittsrohr *n* выхлопна́я труба́ *f* *(bei Turbinen)*
Austrittsseite *f* выходна́я сторона́ *f* *(z. B. eines Walzgerüsts)*
Austrittswinkel *m* у́гол *m* вы́хода
austrocknen высу́шивать
Austrocknen *n* высу́шивание *n*
Auswahl *f* 1. вы́бор *m*; отбо́р *m*; селе́кция *f*; 2. подбо́р *m*; 3. вы́борка *f*; 4. сорта́мент *m*; ассортиме́нт *m*
Auswählen *n s.* Auswahl 1.
auswalzen *(Wlz)* 1. раска́тывать *(Rohre)*; прока́тывать; 2. развальцо́вывать *(Bleche)*; 3. выка́тывать
Auswalzen *n* *(Wlz)* 1. раска́тка *f*; 2. развальцо́вка *f* *(von Blechen)*; 3. вы́катка *f*
Auswandern *n* *(Wkzm)* отклоне́ние *n* *(des Werkzeugs)*
auswaschen 1. промыва́ть; 2. разъеда́ть; *(Geol)* вымыва́ть; *(Geol)* эроди́ровать
Auswaschen *n s.* Auswaschung
Auswaschung *f* *(Geol)* вымыва́ние *n*; промы́вка *f*; *(Hydrol)* размы́в *m*; разъеда́ние *n*; *(Geol)* эро́зия *f*
auswechselbar замени́мый, сме́нный
Auswechselbarkeit *f* взаимозаменя́емость *f*, замени́мость *f*
auswechseln заменя́ть, сменя́ть
Auswechselung *f* заме́на *f*
auswerfen выбра́сывать; выта́лкивать
Auswerfen *n* выбра́сывание *n*
Auswerfer *m* 1. выбра́сыватель *m*; выта́лкиватель *m*; сбра́сыватель *m*; 2. эже́ктор *m*; 3. *(Lw)* би́тер *m*
Auswerferstift *m* выта́лкивающий штифт *m*
auswerten обраба́тывать *(Versuchsergebnisse)*
Auswertung *f* обрабо́тка *f* *(Versuchsergebnisse)*; оце́нка *f* *(Versuche)*
auswuchten *(Masch)* уравнове́шивать; (от)баланси́ровать
Auswuchten *n* *(Masch)* уравнове́шивание *n*, балансиро́вка *f*
Auswuchtmaschine *f* балансиро́вочный стано́к *m*
Auswurf *m* вы́брос *m* *(z. B. von Metall aus den Konverter)*; изверже́ние *n*; выбра́сывание *n*; сброс *m*
Auswurfkrümmer *m* *(Lw)* дефле́ктор *m*
ausziehbar раздвижно́й
Ausziehen *n* извлече́ние *n*; *(Ch)* вытя́гивание *n*, вы́тяжка *f*
ausziehend *(Bgb)* восходя́щий *(Wetterstrom)*
Ausziehtubus *m* *(Opt)* вытяжно́й ту́бус *m*
Auszug *(Ch)* экстра́кт *m*; *(Ch)* вы́тяжка *f*
~/alkoholischer *(Ch)* спиртова́я вы́тяжка *f*
~/wässriger *(Ch)* во́дная вы́тяжка *f*
Auto *n* автомоби́ль *m*
Auto... 1. само...; 2. автомоби́льный
Autoatlas *m* а́тлас *m* автомоби́льных доро́г
Autobahn *f* автомагистра́ль *f*, автостра́да *f*
Autobahnauffahrt *f* въезд *m* на автостра́ду
Autobahnausfahrt *f* вы́езд *m* с автостра́ды
Autobus *m* авто́бус *m*
autochton *(Geol)* автохто́нный
Autocode *m* *(Inf)* автоко́д *m*
Autodrom *n* *(Kfz)* автодро́м *m*
Autodyne *f* *(El)* автоди́н *m* *(Umformer)*
Autodynempfänger *m* *(Rf)* автоди́н *m*
autogen *(Schw)* автоге́нный
Autogen... *(Schw)* автоге́нный
Autogenschneidbrenner *m* *(Schw)* га́зовый реза́к *m*
Autokarte *f* ка́рта *f* автомоби́льных доро́г
Autokatalyse *f* *(Ch)* автоката́лиз *f*
Autoklav *m* автокла́в *m*
Autoklavbeton *m* автокла́вный бето́н *m*
Autokoagulation *f* *(Ch)* автокоагуля́ция *f*
Autokollimationsfernrohr *n* *(Opt)* автоколима́тор *m*
Autokollimator *m* *(Opt)* автоколима́тор *m*

Autokorrelationsfunktion *f (Reg)* автокорреляцио́нная фу́нкция *f*
Autokran *m* автокра́н *m*, автомоби́льный кран *m*
Automat *m* 1. *(Kyb)* автома́т *m*; 2. автомати́ческий стано́к *m*, стано́к-автома́т *m*
~/abstrakter абстра́ктный автома́т *m*
~/digitaler цифрово́й автома́т *m*
~/diskreter дискре́тный автома́т *m*
~/endlicher коне́чный автома́т *m*
~/erkennender распознаю́щий автома́т *m*
~/fest programmierter жёсткопрограмми́руемый автома́т *m*
~/lernender обуча́ющийся автома́т *m*
~/stochastischer стохасти́ческий [вероя́тностный] автома́т *m*
~/unendlicher бесконе́чный автома́т *m*
Automatenstahl *m* автома́тная сталь *f*
Automatentheorie *f (Kyb)* тео́рия *f* автома́тов
Automatik *f* 1. автома́тика *f*; 2. *s.* Automatikeinrichtung
Automatikeinrichtung *f* автома́тика *f*
Automatik-Sicherheitsgurt *m (Kfz)* автомати́ческий реме́нь *m* безопа́сности
Automation *f* автоматиза́ция *f*
automatisch автомати́ческий, самоде́йствующий
automatisiert автоматизи́рованный
~/nicht неавтоматизи́рованный
Automatisierung *f* автоматиза́ция *f*
~/flexible ги́бкая автоматиза́ция *f*
Automatisierungstechnik *f* автома́тика *f*
Automobil *n* автомоби́ль *m*
Automobilwerk *n* автозаво́д *m*, автомоби́льный заво́д *m*
automorph *(Min)* идиомо́рфный
autonom автоно́мный
~/nicht неавтоно́мный
Autonomie *f* автоно́мность *f*
Autooxidation *f (Ch)* автоокисле́ние *n*, самоокисле́ние *n*
Autopilot *m (Flg)* автопило́т *m*
Autopolymerisation *f (Ch)* автополимериза́ция *f*
Autoradio *n* автомоби́льный радиоприёмник *m*
Autoradiogramm *n (Ph)* авторадиогра́мма *f*
Autoradiographie *f (Ph)* авторадиогра́фия *f*
Autoreparaturwerkstatt *f* авторемо́нтная мастерска́я *f*
Autorotation *f (Ph)* авторота́ция *f*
Autotrafo *m (El)* автотрансформа́тор *m*
Autotransformator *m (El)* автотрансформа́тор *m*
Autotransport *m* автотра́нспорт *m*
Auto- und Passagierfähre *f* автомоби́льно-пассажи́рский паро́м *m*
Auto- und Traktoren... автотра́кторный
Avalanchedurchbruch *m (Halbl)* лави́нный пробо́й *m*
Avalanchethyristor *m* лави́нный тири́стор *m*
Avalanchetransistor *m* лави́нный транзи́стор *m*
Averaging *n (Inf)* усредне́ние *n*
Avionik *f (Flg)* авио́ник *m*
Avogadro-Konstante *f (Ph)* посто́янная *f* Авога́дро
Avometer *n (El)* авоме́тр *m*
axial аксиа́льный, осево́й
Axial... аксиа́льный, осево́й
Axialgebläse *n* осева́я воздуходу́вка *f*
Axialkolbenpumpe *f* аксиа́льно-поршнево́й насо́с *m*
Axialkraft *f (Aero)* осева́я си́ла *f*, осево́е уси́лие *n*
Axialkugellager *n* упо́рный шарикоподши́пник *m*
Axiallager *n* упо́рный подши́пник *m*
Axiallüfter *m* осево́й вентиля́тор *m*
Axialpumpe *f* осево́й насо́с *m*
Axialrad *n* осево́е колесо́ *n*
Axialrollenlager *n* упо́рный роликоподши́пник *m*
Axialspannung *f (Fest)* осево́е напряже́ние *n*
Axialspiel *n (Masch)* осево́й зазо́р *m*
axialsymmetrisch аксиа́льно-симметри́чный
Axialturbine *f* аксиа́льная [осева́я] турби́на *f*
Axialverdichter *m* осево́й компре́ссор *m*
Axiom *n (Math)* аксио́ма *f*
Axiomatik *f (Math)* аксиома́тика *f*

axiomatisch аксиоматический
Axonometrie *f (Math)* аксонометрия *f*
azeotrop *(Ch)* азеотропный
Azeotropie *f (Ch)* азеотропия *f*
azeotropisch *(Ch)* азеотропный
Azidimetrie *f (Ch)* ацидиметрия *f*
Azidität *f (Ch)* кислотность *f*
Azimut *n(m) (Astr)* азимут *m*
~/magnetisches магнитный азимут *m*
~/mißweisendes магнитный азимут *m*
~/wahres истинный азимут *m*
azimutal азимутальный
Azimutwinkel *m (Astr)* азимут *m*, азимутальный угол *m*
Azofarbstoff *m (Ch)* азокраситель *m*
Azotometer *n (Ch)* азотометр *m*
Azoverbindung *f (Ch)* азосоединение *n*
Azurit *m (Min)* азурит *m*

B

B *s.* 1. Bel; 2. Bor; 3. Baud
b *s.* 1. Bar; 2. Barn
Ba *s.* Barium
Babbitmetall *n* баббит *m*
Back *f (Schiff)* бак *m*
Backbord *m (Schiff)* левый борт *m*, бакборт *m*
backen спекаться *(Kohle)*
Backen *m* 1. щека *f (eines Backenbrechers)*; *(Masch)* колодка *f*; 2. *(Wkz)* губка *f (am Schraubstock)*; 3. колодка *f (z. B. einer Bremse)*; башмак *m*; кулачок *m*
Backen *n* спекание *n (von Kohle)*; обжиг *m*, обжигание *n (z. B. Ziegel)*
Backenbrecher *m* щековая дробилка *f*
Backenbremse *f (Kfz)* колодочный тормоз *m*
Backfähigkeit *f* спекаемость *f (von Kohle)*
Backkohle *f* спекающийся уголь *m*
Backofen *m (Lebm)* хлебопекарная печь *f*
Bad *n* 1. *(Ch)* раствор *m*; ванна *f*; электролит *m*; 2. баня *f*
~/elektrolytisches электролитическая ванна *f*
~/galvanisches гальваническая ванна *f*
Badaufkohlen *n (Härt)* жидкостная цементация *f*
Badewanne *f* ванна *f*
Badofen *m (Härt)* ванная печь *f*
Bagger *m* экскаватор *m*
~/voll schwenkbarer полноповоротный экскаватор *m*
Bagger... землеройный
Baggerbau *m* экскаваторостроение *n*
baggern черпать *(z. B. Sand)*
Baggern *n* черпание *n*; копание *n*; экскавация *f*; дноуглубление *n (mit Schwimmbagger)*
Baggerprahm *m* грунтоотвозная шаланда *f*
Baggerpumpe *f* багерный [грунтовой] насос *m*
Baggerschiff *n* дноуглубительное судно *n*
Baggerschute *f* грунтоотвозная шаланда *f*
Baggerung *f s.* Baggern
Bahn *f* 1. *(Astr, Raumf, Mech)* траектория *f*; орбита *f*; 2. железная дорога *f*; 3. полотно *n (z. B. Papierbahn, Fahrbahn)*; полотнище *n (z. B. Papierbahn)*; 4. *(Masch)* дорожка *f*; рулон *m*; 5. боёк *m (eines Hammers)*
~/elliptische эллиптическая орбита *f*
~/erdnahe околоземная орбита *f*
~/gekrümmte криволинейная траектория *f*
~/geradlinige прямолинейная траектория *f*
~/gestörte возмущённая орбита *f*
~/kreisförmige круговая траектория *f*
~/parabolische параболическая орбита *f*
~/ungestörte невозмущённая орбита *f*
Bahn... 1. *(Fert)* контурный; 2. железнодорожный
Bahnabschnitt *m (Rak, Flg)* участок *m* траектории
Bahnanlagen *fpl (Eb)* железнодорожные устройства *npl*
Bahnberechnung *f (Raumf, Astr)* вычисление *n* орбит
Bahnbeschleunigung *f (Mech)* касательное ускорение *n*; *(Rak)* ускорение *n* на траектории
Bahnbetriebswagenwerk *n (Eb)* вагонное депо *n*

Bahnbetriebswerk *n (Eb)* (локомоти́вное) депо́ *n*
Bahndamm *m* железнодоро́жное полотно́ *n*, железнодоро́жная на́сыпь *f*
Bahndrehimpuls *m (Kern)* орбита́льный моме́нт *m (eines Teilchens)*
bahngesteuert *(Fert)* ко́нтурный
Bahnhof *m* (железнодоро́жная) ста́нция *f*, (железнодоро́жный) вокза́л *m*
Bahnimpuls *m (Kern)* орбита́льный моме́нт *m (eines Teilchens)*
Bahnkörper *m (Eb)* (железнодоро́жное) полотно́ *n*
Bahnkraftwerk *n (Eb)* тя́говая электроста́нция *f*
Bahnkurve *f (Mech)* (криволине́йная) траекто́рия *f*
Bahnmoment *n (Kern)* орбита́льный моме́нт *m (eines Teilchens)*
Bahnmotor *m* **(/elektrischer)** *(El, Eb)* тя́говый (электро)дви́гатель *m*
Bahnneigung *f (Astr, Rak)* накло́н *m* [наклоне́ние *n*] орби́ты
Bahnnetz *n* железнодоро́жная сеть *f*
Bahnräumer *m (Eb)* рельсоочисти́тель *m*, намете́льник *m (der Lok)*
Bahnsteig *m (Eb)* (пассажи́рская) платфо́рма *f*, перро́н *m*
Bahnüberführung *f* путепрово́д *m* над желе́зной доро́гой
Bahnübergang *m* железнодоро́жный перее́зд *m*
Bahnunterführung *f* путепрово́д *m* под желе́зной доро́гой
Bahnunterwerk *n (Eb)* тя́говая подста́нция *f (zur Bahnstromversorgung)*
Baikal-Amur-Magistrale *f (Eb)* Байка́ло-Аму́рская магистра́ль *f*, БАМ *f*
Bainit *m (Wkst)* бейни́т *m (Zwischenstufengefüge)*
Bajonett *n* штык *m (Konstruktionselement)*
Bajonett... штыково́й
Bajonettverschluss *m* штыково́й затво́р *m*
Balance... баланси́рный
Balanceschaltung *f (El)* бала́нсная схе́ма *f*
Balancier *m (Masch)* баланси́р *m*
Balancier... баланси́рный
Balg *m* мех *m*
Balgen *m (Photo)* мех *m (einer Kamera)*
Balken *m* 1. *(Bw)* ба́лка *f*; брус *m (s. a. unter* Träger 1.*)*; 2. *(Astr)* перемы́чка *f (der Balkenspirale)*; 3. *(TV)* штрих *m (Testbild)*
Balken... ба́лочный; бреве́нчатый
Balkenbinder *m (Bw)* ба́лочная фе́рма *f*
Balkenbrücke *f* ба́лочный мост *m*
Balkenträger *m (Bw)* ба́лочная фе́рма *f*
Balkon *m* балко́н *m*
Ballast *m* балла́ст *m*
Ballastpumpe *f (Schiff)* балла́стный насо́с *m*
Ballastübernahme *f (Schiff)* балластиро́вка *f*
Ballen *m* 1. бо́чка *f (einer Walze)*; 2. тюк *m*, ки́па *f*
Ballenbrecher *m (Text)* кипоразрыхли́тель *m*
Ballenfräse *f (Text)* кипоразбо́рщик *m*
Ballenöffner *m (Text)* кипоразрыхли́тель *m*
Ballenpflanzung *f (Lw, Forst)* поса́дка *f* с ко́мом
ballig бочкообра́зный *(Zahnform)*
Balligkeit *f* бочкообра́зность *f*
Balligschliff *m* вы́пуклая зато́чка *f*
Ballistik *f (Mech)* балли́стика *f*
~/äußere вне́шняя балли́стика *f*
~/innere вну́тренняя балли́стика *f*
ballistisch баллисти́ческий
Ballon *m* 1. аэроста́т *m*; 2. балло́н *m*; буты́ль *f*
Ballonsonde *f (Meteo)* шар-зо́нд *m*
BAM *f s.* Baikal-Amur-Magistrale
Bananenschiff *n* бананово́з *m*
Band *n* 1. ле́нта *f*; 2. *(El, Ph)* полоса́ *f*; 3. *(Rf)* диапазо́н *m*; 4. о́бруч *m*; 5. *(Bw)* пе́тля *f*, наве́ска *f (für Fenster und Türen)*; 6. *(Förd)* конве́йерная ле́нта *f*
~/gespreiztes *(Rf)* растя́нутый диапазо́н *m*
~/rauscharmes малошу́мная ле́нта *f*
~/vollbesetztes *(Halbl)* запо́лненная зо́на *f*
Band... ле́нточный; полосово́й
Bandage *f (Wlz)* банда́ж *m*
~/ganzgewalzte цельнока́таный банда́ж *m*
Bandagenwalzwerk *n* бандаж(епрока́т)ный стан *m*

Bandantenne *f* ле́нточная анте́нна *f*
Bandantrieb *m* лентопротя́жный механи́зм *m*
Bandaufgeber *m* ле́нточный пита́тель *m*
Bandbreite *f (Rf)* ширина́ *f* полосы́ (часто́т)
Bandbremse *f* ле́нточный то́рмоз *m*
Bändchen *n* волосо́к *m*; поло́ска *f*
Bändchenmikrophon *n* ле́нточный микрофо́н *m*
Bande *f (Ph)* полоса́ *f*
Bandenspektrum *n (Ph)* полоса́тый спектр *m*
Bändermodell *n (Halbl)* зо́нная моде́ль *f*
Bändertheorie *f (Ph)* зо́нная тео́рия *f*
Bänderung *f* поло́счатость *f*, полоса́тость *f*
Bandfilter *n (Ch)* ле́нточный фильтр *m*; *(Opt, Rf)* полосово́й фильтр *m*
Bandförderer *m* ле́нточный конве́йер *m*
Bandförderung *f* конве́йерный тра́нспорт *m*
Bandhaspel *f (Wlz)* мота́лка *f*
Bandkabel *n* ле́нточный ка́бель *m*
Bandkathode *f* ле́нточный като́д *m*
Bandkupfer *n* полосова́я медь *f*
Bandkupplung *f (Masch)* ле́нточная му́фта *f*
Bandlader *m (Förd)* конве́йерный погру́зчик *m*
Bandofen *m* конве́йерная печь *f*
Bandpass *m (Rf)* полосово́й фильтр *m*
Bandpassfilter *n (Rf)* полосово́й фильтр *m*
Bandsägemaschine *f* ленточнопи́льный стано́к *m*
Bandschleifen *n* ле́нточное шлифова́ние *n*
Bandsperre *f (Nrt)* загражда́ющий фильтр *m*
Bandstahl *m* полосова́я сталь *f*; стальна́я полоса́ *f*
Bandstahl(walz)straße *f* лентопрока́тный стан *m*, полосово́й (прока́тный) стан *m*
Bandstahlwalzwerk *n s.* Bandstahlwalzstraße
Bandstraße *f s.* Bandstahlwalzstraße
Bandtrockner *m* ле́нточная суши́лка *f*
Bandwalzwerk *n s.* Bandstahlwalzstraße
Bandwickel *m* руло́н *m*
Bank *f* 1. скамья́ *f*; 2. *(Geol, Bgb)* пласт *m*; слой *m*
Bankett *n (Hydt)* бе́рма *f (z. B. eines Dammes)*
bar *s.* Bar
Bar *n* бар *m (SI-fremde Einheit des Druckes)*
Bär *m* 1. *(Bw)* ба́ба *f*; 2. *(Met)* на́стыль *f*
Barcode *m* штрихово́й ко́д *m*
Barcodeleser *m* устро́йство *n* счи́тывания штрихово́го ко́да, ска́нер *m* штрихово́го ко́да
Barcodescanner *m s.* Barcodeleser
Baretter *m (El)* баре́ттер *m*
Baretter... *(El)* баре́ттерный
Barium *n (Ch)* ба́рий *m*, Ba
Barkasse *f (Schiff)* барка́с *m*
Barke *f (Text)* ба́рка *f (Färberei)*
barn *s.* Barn
Barn *n (Kern)* барн *m (Maßeinheit für den Wirkungsquerschnitt des Atomkerns)*
Barogramm *n (Meteo)* барогра́мма *f*
Barograph *m (Meteo)* баро́граф *m*
Barokammer *f (Flg)* барока́мера *f*
Barokline *f (Meteo)* бароклйна *f*
Barometer *n (Meteo)* баро́метр *m*
Barre *f* 1. *(Geol, Hydrol)* о́тмель *f*; 2. *(Text)* гребёнка *f*
Barren *m* сли́ток *m (NE-Metallurgie)*; *(Gieß)* болва́нка *f*, чу́шка *f*
Barrenkupfer *n* чу́шковая медь *f*
Barrenzink *n (Met)* чу́шковый цинк *m*
Barretter *m (El)* баре́ттер *m*
Barretter... *(El)* баре́ттерный
Barriere *f* огра́да *f*; барье́р *m*
~/thermische *(Ph)* теплово́й барье́р *m*
Bart *m* 1. заусе́нец *m*, грат *m*; 2. *(Text)* боро́дка *f*
Baryon *n (Kern)* барио́н *m*
Baryonenladung *f (Kern)* барио́нное число́ *n*
Baryonenzahl *f (Kern)* барио́нное число́ *n*
Baryt *m (Min)* бари́т *m*, тяжёлый шпат *m*
Baryt... бари́товый
baryzentrisch *(Mech)* барицентри́ческий

Basalt *m (Geol)* база́льт *m*
Basalt... база́льтовый
basaltisch база́льтовый
Base *f (Ch)* основа́ние *n*
Basen... *(Ch)* осно́вный
Basierung *f* бази́рование *n*
Basis *f* 1. *(Bw)* основа́ние *n*, ба́за *f*; 2. осно́ва *f*; 3. *(Math, Geod, Masch, Mil, Eln)* ба́за *f*; 4. *(Geol, Krist, Math)* ба́зис *m*
Basis... ба́зисный
Basisadresse *f (Inf)* ба́зовый а́дрес *m*, ба́за *f*
Basisadressenregister *n (Inf)* ба́зовый реги́стр *m*
Basisadressierung *f (Inf)* ба́зовая адреса́ция *f*
Basisbefehl *m (Inf)* основна́я кома́нда *f*
basisch *(Ch)* осно́вный
~/**schwach** *(Ch)* слабоосно́вный
Basisdatei *f (Inf)* основно́й файл *m*
Basiseinheit *f (Mess)* основна́я едини́ца *f*
basisflächenzentriert *(Krist)* базоцентри́рованный
Basisgerät *n* основно́е устро́йство *n*
Basisprogrammunterstützung *f (Inf)* ба́зовое програ́ммное обеспе́чение *n*
Basispunkt *m s.* Bezugspunkt
Basisschicht *f (Eln)* ба́за *f*, основа́ние *n (eines Halbleiters)*
Basissoftware *f (Inf)* ба́зовое програ́ммное обеспе́чение *n*
Basiswiderstand *m (Halbl)* сопротивле́ние *n* ба́зы
Basizität *f (Ch)* осно́вность *f*
Basküle *f (Bw)* шпингале́т *m*
Baskülenverschluss *m (Bw)* шпингале́т *m*
Bassin *n* бассе́йн *m*
bathochrom батохро́мный
Bathometer *n* бато́метр *m (Gerät zur Entnahme von Wasserproben)*
Bathymeter *n* батиме́тр *m (Wassertiefenmesser)*
Bathymetrie *f* батиме́трия *f (Wassertiefenmessung)*
Bathyplan *m(n)* батипла́н *m*
Bathyscaphe *m(n)* батиска́ф *m (Tiefseetauchgerät)*
Bathyskaph *m s.* Bathyscaphe
Bathysphäre *f* батисфе́ра *f*
Bathythermograph *m* батитермо́граф *m*, термобатигра́ф *m*
Batterie *f (El)* батаре́я *f*
Batterie... батаре́йный
Batterieempfänger *m (Rf)* батаре́йный (радио)приёмник *m*
Batteriespeisung *f (El)* батаре́йное пита́ние *n*
Batteriezündung *f (Kfz)* батаре́йное зажига́ние *n*
Bau *m* 1. строе́ние *n*; зда́ние *n*; сооруже́ние *n*; постро́йка *f*; 2. строи́тельство *n*, стро́йка *f*; 3. строе́ние *n*; структу́ра *f*
Bau... строи́тельный
Bauabschnitt *m* строи́тельный уча́сток *m*, о́чередь *f* (строи́тельства)
Bauakustik *f* строи́тельная аку́стика *f*
Bauarbeiten *fpl* строи́тельные рабо́ты *fpl*
Bauart *f* компоно́вка *f*; констру́кция *f*; исполне́ние *n*
Bauaufzug *m* строи́тельный подъёмник *m*
bauchig вы́пуклый
Baud *n (Nrt)* бод *n (SI-fremde Einheit der Übertragungsgeschwindigkeit von Signalen)*
Baueinheit *f (Masch)* мо́дуль *m*; блок *m*; (унифици́рованный) у́зел *m*
Bauelement *n* 1. *(Eln, Masch)* компоне́нт *m*, элеме́нт *m*; 2. строи́тельная дета́ль *f*; 3. *s.* Baugruppe
~/**aktives** *(Eln)* компоне́нт *m*
~/**diskretes** *(Eln)* дискре́тный элеме́нт *m*
~/**funktechnisches** радиодета́ль *f*
~/**gedrucktes** *(Eln)* печа́тный компоне́нт [элеме́нт] *m*
~/**induktives** *(El)* индукти́вный элеме́нт *m*
~/**integriertes** *(Eln)* интегра́льный компоне́нт *m*
~/**ladungsgekoppeltes** *(Inf)* прибо́р *m* с заря́довой свя́зью, ПЗС *m*
~/**optoelektronisches** оптоэлектро́нный элеме́нт *m*, оптоэлеме́нт *m*
~/**photoelektrisches** фотоэлеме́нт *m*
~/**piezoelektrisches** *(El)* пьезоэлектри́ческий элеме́нт *m*

~/**volumengekoppeltes** *(Inf)* прибóр *m* с объёмно-зарядовой связью
Bauelementendichte *f (Eln)* плóтность *f* монтажá [упакóвки элемéнтов]
Bauen *n* строительство *n*
baufällig вéтхий
Baufälligkeit *f (Bw)* обветшáлость *f*
Baufehler *m (Krist)* дефéкт строéния [структýры]
Bauform *f* (конструктивное) исполнéние *n*
Baugelände *n (Bw)* полигóн *m*
Baugerüst *n* строительные лесá *pl*
Baugips *m (Bw)* алебáстр *m*
Bauglas *n* строительное стеклó *n*
Baugrube *f* котловáн *m*
Baugrund *m (Bw)* грунт *m*
Baugrundmechanik *f* механика *f* грýнтов
Baugrundverfestigung *f (Bw)* упрочнéние *n* грýнта
Baugruppe *f* ýзел *m*; мóдуль *f (s. a.* Bauelement*)*
~/**digitale** *(Eln)* цифровóй элемéнт *m*
~/**gedruckte** *(Eln)* печáтный ýзел *m*
Baukalk *m* строительная известь *f*
Baukasten... агрегáтный, блóчный
Baukastenaufbau *m* агрегатирование *n*
Baukastenausführung *f* агрегатирование *n*
Baukastenbauweise *f (Masch)* мóдульность *f (von Maschinen)* • **in** ~ мóдульный
Baukasteneinheit *f* агрегáтный [унифицированный] ýзел *m*
Baukastenmethode *f (Masch)* агрегáтный мéтод *m*
Baukastenprinzip *n s.* Baukastensystem
Baukastensystem *n (Masch)* агрегáтная систéма *f*, агрегáтный [блóчный, мóдульный] принцип *m* построéния, агрегатирование *n*
~/**einheitliches** агрегáтная унифицированная систéма *f*
Baukeramik *f* строительная керáмика *f*
Baum дéрево *n*
Baumaschine *f* строительная машина *f*
Baumaterial *n* конструкциóнный материáл *m*
Baumdickenmesser *m (Forst)* дендрóметр *m*
Baumechanik *f* строительная механика *f*
Baumégrad *m* грáдус *m* Бомé *(Maß für die Dichte von Flüssigkeiten)*
bäumen *(Text)* сновáть
Bäumen *n (Text)* навивáние *n* оснóвы на навóй
Baumé-Skale *f* шкалá *f* Бомé
Baumharz *n* древéсная смолá *f*
Baumrinde *f* корá *f*
Baumringdatierung *f (Forst)* дендрохронолóгия *f*
Baumsäge *f* садóвая ножóвка *f*
Baumschere *f* садóвые нóжницы *pl*, секáтор *m*
Baumstamm *m* ствол *m*
Baumuster *n* модéль *f*
Baumwoll... хлопчатобумáжный, хлóпковый
Baumwollanbau *m* хлопковóдство *n*
Baumwollcellulose *f* хлóпковая целлюлóза *f*
Baumwolle *f (Text)* хлóпок *m (Faser)*
~/**egrenierte [entkörnte]** хлóпок-волокнó *m*
~/**kurzstapelige** коротковолокнистый хлóпок *m*
~/**langstapelige** длинноволокнистый хлóпок *m*
~ **mittlerer Stapellänge** средневолокнистый хлóпок *m*
~/**nicht entkernte** хлóпок-сырéц *m*
baumwollen хлопчатобумáжный
Baumwollentkörnmaschine *f* хлопкоочиститель *m*
Baumwollpflückmaschine *f* хлопкоубóрочная машина *f*
Baumwollspinnerei *f* хлопкопрядéние *n*
Bauplan *m* монтáжная схéма *f*
Bauplatz *m s.* Baustelle
Baureihe *f* сéрия *f*
Bauschaltplan *m (El)* схéма *f* соединéний
Bauschgarn *n* объёмная пряжа *f*
bauschig *(Text)* пушистый
Bauschutt *m (Bw)* мýсор *m*, строительные отхóды *pl*
Baustahl *m* конструкциóнная [строительная] сталь *f*

Baustatik *f* стáтика *f* сооружéний
Baustein *m s.* 1. Bauelement; 2. Baugruppe
Bausteinausführung *f (Inf)* мóдульность *f (z. B. von Programmen)*
Bausteinprinzip *n s.* Baukastensystem
Baustelle *f* строúтельная площáдка *f*, стройплощáдка *f*, стрóйка *f*
Baustoff *m* конструкциóнный [строительный] материáл *m*, стройматериáлы *mpl*
~/**feuerfester** огнеупóрный материáл *m*, огнеупóр *m*
Baustoffe *mpl* стройматериáлы *mpl*
Baustoffindustrie *f* промы́шленность *f* строúтельных материáлов
Bautätigkeit *f* строúтельство *n*
Bautechnik *f* строúтельная тéхника *f*
Bauteil *n* 1. детáль *f*; 2. *(Eln)* элемéнт *m*, компонéнт *m*; 3. (конструктúвная) детáль *f*; конструктúвный элемéнт *m*
Bau- und Montagearbeiten *fpl* строúтельно-монтáжные рабóты *fpl*
Bauweise *f* констрýкция *f*; спóсоб *m* строúтельства
~/**erdbebensichere** сейсмостóйкое строúтельство *n*
Bauwerk *n* сооружéние *n*, здáние *n*, построúка *f*
Bauwerksdynamik *f* динáмика *f* сооружéний
Bauwesen *n* строúтельство *n*, строúтельное дéло *n*
~/**ländliches** сéльское строúтельство *n*
Bauxit *m (Min)* боксúт *m*
Bauxit... боксúтовый
Bauzement *m* строúтельный цемéнт *m*
Bauzug *m (Eb)* строúтельно-монтáжный пóезд *m*; ремóнтный пóезд *m*
BCCD(-Bauelement) *n (Inf)* прибóр *m* с объёмно-зарядóвой свя́зью, ПЗС *m*
BCD-Code *m* двоúчно-десятúчный код *m*
Bd *s.* Baud
BE *n s.* Kernbrennelement
Be *s.* Beryllium
beanspruchen 1. напрягáть, нагружáть *(Geräte, Maschinen)*; 2. занимáть *(Raum, Platz)*
beansprucht напряжённый, нагрýженный *(Geräte, Maschinen)*
~/**hoch** высоконапряжённый
~ **werden/auf Biegung** *(Wkst)* рабóтать на изгúб
~ **werden/auf Dehnung** *(Wkst)* рабóтать на растяжéние
~ **werden/auf Druck** *(Wkst)* рабóтать на сжáтие
~ **werden/auf Torsion** *(Wkst)* рабóтать на кручéние
Beanspruchung *f* натяжéние *n*, напряжéние *n (des Materials)*; нагружéние *n*, нагрýзка *f (Geräte, Maschinen)*
~/**thermische** *(Wkst)* теплová нагрýзка *f*
Beantworter *m* ответчик *m*
bearbeitbar поддаю́щийся обрабóтке
~/**schwer** труднообрабáтываемый
Bearbeitbarkeit *f* обрабáтываемость *f (z. B. von Metallen)*
bearbeiten обрабáтывать *(Werkstücke)*
~ **lassen/sich** поддавáться обрабóтке
~/**spanabhebend [spanend]** *(Fert)* обрабáтывать рéзанием
Bearbeitung *f* обрабóтка *f (von Werkstücken)*
~/**anodenmechanische** *(Fert)* анóдно-механúческая обрабóтка *f*
~/**elektrochemische** *(Fert)* электрохимúческая обрабóтка *f*
~/**elektroerosive** *(Fert)* электроэрозиóнная обрабóтка *f*
~/**elektrothermische** *(Fert)* электротермúческая обрабóтка *f*
~/**spanabhebende [spanende]** *(Fert)* обрабóтка *f* рéзанием
Bearbeitungsablauf *m (Fert)* маршрýт *m*
Bearbeitungsaufmaß *n (Fert)* прúпуск *m* на обрабóтку
Bearbeitungsfolge *f (Fert)* поря́док *m* обрабóтки
Bearbeitungszentrum *n (Fert)* обрабáтываюший центр *m*, многооперациóнный [многоцелевóй] станóк *m*
Bearbeitungszugabe *f (Fert)* прúпуск *m* на обрабóтку
Beater *m (Lw)* бúтер *m*
Beatmungsgerät *n (Med)* дыхáтельный аппарáт *m*
Beaufort-Skala *f* шкалá *f* Бофóрта *(Windstärke)*

Beaufsichtigung *f* наблюдéние *n*
Beballastung *f (Schiff)* балластирóвка *f*
bebauen застрáивать
Bebauung *f (Bw)* застрóйка *f*
Bebauungsdichte *f* плóтность *f* застрóйки
Bebenprognose *f (Geoph)* прогнóз *m* землетрясéний
Beblasen *n* обдýвка *f*
Beblasung *f* обдýвка *f*
Bebunkern *n* бункерóвка *f*
Becher *m* 1. стакáн *m*; 2. ковш *m (eines Becherwerks)*
Becheraufzug *m* ковшóвый элевáтор *m*
Becherförderer *m* ковшóвый конвéйер *m*
Becherglas *n* хими́ческий стакáн *m*
Becherkette *f (Förd)* ковшóвая цепь *f*
Becherwerk *n (Förd)* лéнточно-цепнóй конвéйер *m*, ковшóвый элевáтор *m*, нóрия *f*
Becherwerkslader *m (Förd)* (много-) ковшóвый погрýзчик *m*
Becken *n* 1. резервуáр *m*; 2. *(Hydt)* водоём *m*; 3. *(Geol)* бассéйн *m*; котлови́на *f*
Becquerel *n (Kern)* беккерéль *m*, Бк *(Einheit für die Aktivität ionisierender Strahlung)*
bedampfen 1. напыля́ть; 2. *(Bw)* пропáривать *(Betonfertigteile)*
Bedampfen *n* 1. напылéние *n*; 2. *(Bw)* пропáривание *n (Betonfertigteile)*
bedampft 1. напылённый; 2. *(Bw)* пропáренный *(Betonfertigteile)*
Bedampfung *f s.* Bedampfen
Bedarf *m* потрéбность *f*; спрос *m*
Bedarfsdatei *f (Inf)* файл *m* запрóсов
Bedeutung *f* значéние *n*
Bedienbarkeit *f* обслýживаемость *f*
Bedieneinheit *f (Inf)* консóль *f*
bedienerfreundlich *(Inf)* комфóртный
bedienergeführt *s.* benutzergeführt
Bedienerhinweis *m (Inf)* подскáзка *f* оперáтору
Bedienknopf *m (Inf)* кнóпка *f* управлéния
bedient обслýживаемый
Bedienung *f* управлéние *n*; обслýживание *n*; обращéние *n (eines Geräts)*
Bedienungsanweisung *f* инстрýкция *f* по обслýживанию [эксплуатáции, ухóду]
Bedienungsautomat *m* автооперáтор *m*
Bedienungsebene *f* ýровень *m* управлéния
Bedienungsfeld *n (El)* панéль *f* управлéния
bedienungsfreundlich удóбный в обращéнии
Bedienungskomfort *m* удóбство *n* обслýживания
Bedienungspersonal/mit обслýживаемый
~/ohne необслýживаемый
Bedienungsprogramm *n* прогрáмма *f* обслýживания
Bedienungsschalttafel *f (El)* панéль *f* управлéния
Bedienungsstand *m* пост *m* управлéния
Bedienungsvorschrift *f s.* Bedienungsanweisung
bedingt услóвный
Bedingung *f* услóвие *n*
Bedingungen *fpl* услóвия *npl*
~/technische техни́ческие услóвия *npl*
Bedingungsflag *n (Inf)* флаг *m* (выполнéния) услóвия
Bedingungsgleichung *f (Math)* услóвное уравнéние *n*
Bedingungskennzeichen *n (Inf)* флаг *m* услóвия
bedrucken *(Text)* печáтать, набивáть *(Gewebe)*
Bedrucken *n (Text)* печáтание *n*, наби́вка *f (von Gewebe)*
beeinflussen влия́ть
~/sich (gegenseitig) взаимодéйствовать
beeinflussend/einander [gegenseitig] взаимовлия́ющий
Beeinflussung *f* влия́ние *n*
~/gegenseitige взаимовлия́ние *n*
~/induktive *(El)* индукти́вное влия́ние *n*
~/kapazitive *(El)* ёмкостное влия́ние *n*
beeinflussungsfrei *(Reg)* автонóмный
beenden прекращáть
Befehl *m (Inf)* комáнда *f*, инстрýкция *f*
~/adressenloser безáдресная комáнда *f*

~/arithmetischer арифметическая команда *f*
~/bedingter условная команда *f*
~/fest verdrahteter аппаратно-реализуемая команда *f*
~/logischer логическая команда *f*
Befehls... командный
Befehlsadresse *f (Inf)* адрес *m* команды
Befehlsaufruf *m (Inf)* выборка *f* команды
Befehlsausführung *f (Inf)* выполнение *n* команд
Befehlsbibliothek *f (Inf)* библиотека *f* команд
Befehlscode *m (Inf)* код *m* инструкции [команды]
Befehlsfolge *f (Inf)* последовательность *f* команд
Befehlsformat *n (Inf)* формат *m* команды
Befehlsgerät *n* командный прибор *m*
Befehlsimpuls *m (Inf)* командный импульс *m*
Befehlsleitung *f (Inf)* командная магистраль *f*
Befehlsprozessor *m (Inf)* командный процессор *m*
Befehlsregister *n (Inf)* регистр *m* команд
Befehlsreihe *f (Inf)* последовательность *f* команд
Befehlssatz *m (Inf)* набор *m* команд
Befehlsschalter *m (Reg)* командоконтроллер *m*, командный выключатель *m*
Befehlsstruktur *f (Inf)* структура *f* команды
Befehlssystem *n (Inf)* система *f* команд
Befehlsverkettung *f (Inf)* сцепление *n* команд
Befehlsvorrat *m (Inf)* набор *m* команд
Befehlswort *n (Inf)* командное слово *n*
Befehlszähler *m (Inf)* счётчик *m* команд
Befehlszyklus *m (Inf)* командный *m* цикл
befestigen крепить, закреплять; укреплять
Befestigen *n s.* Befestigung
befestigt укреплённый
Befestigung *f* закрепление *n*; скрепление *n*; укрепление *n*
Befestigungselement *n* крепёжная деталь *f*
Befestigungsgewinde *n* крепёжная резьба *f*
Befestigungsschraube *f* закрепляющий болт *m*
Befestigungsteil *n* крепёжная деталь *f*
befeuchten увлажнять
Befeuchten *n* увлажнение *n*
befeuchtet увлажнённый
Befeuchtungsvorrichtung *f* увлажнитель *m*
befördern транспортировать, перевозить; доставлять; перемещать
Beförderung *f* транспортировка *f*, перевозки *fpl*; доставка *f*; перемещение *n*
begasen *(Lw)* газировать *(Schädlingsbekämpfung)*
Begegnung *f* встреча *f*
begichten *(Met)* загружать, засыпать *(Hochofen)*
Begichten *n (Met)* загрузка *f*, засыпка *f (eines Hochofens)*
Begichtungskran *m (Met)* загрузочный [шихтовый] кран *m (Hochofen)*
Begichtungskübel *m (Met)* загрузочная бадья *f*
Begichtungsvorrichtung *f (Met)* загрузочное устройство *n (eines Hochofens)*
Begichtungswagen *m (Met)* загрузочная вагонетка *f*
Beginn *m* начало *n*
Begleiter *m (Ch)* спутник *m*
Begleitmineral *n* минерал-спутник *m*
Begleitstoff *m (Ch)* спутник *m*
Begleitung *f* сопровождение *n*
begradigen *(Hydt)* спрямлять *(Flussläufe)*
Begradigung *f (Hydt)* спрямление *n (von Flussläufen)*
Begrenzer *m* ограничитель *m*
Begrenzer... ограничительный
begrenzt конечный
Begrenzung *f* 1. ограничение *n*; 2. *(Masch)* упор *m*
Begrenzungs... ограничительный
Begrenzungsanschlag *m (Masch)* упор *m*

Begrenzungsbolzen *m* упо́рный болт *m*
Begrenzungsfläche *f (Krist)* грань *f*
Begrenzungsleuchte *f* **(/seitliche)** *(Kfz)* габари́тный фона́рь *m*
Begrenzungsscheibe *f (Masch)* упо́рная ша́йба *f*
Begrenzungszeichen *n (Inf)* ограничи́тель *m*
Behälter *m* 1. ёмкость *f*; сосу́д *m*; резервуа́р *m*; бак *m*; 2. *(Förd)* конте́йнер *m*; 3. цисте́рна *f*; танк *m*; храни́лище *n*
Behälterwagen *m (Eb)* ваго́н-цисте́рна *m*
behandeln/im Vakuum *(Met)* вакууми́ровать
Behandlung *f* 1. обрабо́тка *f*; 2. ухо́д *m*; 3. *(Eb)* экипиро́вка *f*
~/thermische *(Härt)* терми́ческая обрабо́тка *f*, термообрабо́тка *f*
Beharrung *f (Mech)* ине́рция *f*; инерцио́нность *f*
Beharrungsvermögen *n (Mech)* ине́рция *f*
Beharrungszustand *m (Mech)* инерцио́нность *f*, установи́вшееся [стациона́рное] состоя́ние *n*
behauen обруба́ть; теса́ть
Behauptung *f (Math)* утвержде́ние *n*
Behebung *f s.* Beseitigung
beheizen 1. обогрева́ть; 2. нагрева́ть
Beheizen *n* 1. обогре́в *m*; 2. нагре́в *m*
Behelfs... вспомога́тельный
Behelfsbrücke *f (Bw)* вре́менный мост *m*
beherrschen осва́ивать *(neue Technik)*
Beherrschung *f* освое́ние *n (der neuen Technik)*
beibehalten сохраня́ть
Beibehaltung *f* сохране́ние *n*
beidäugig *(Opt)* бинокуля́рный
Beifütterung *f (Lw)* подко́рмка *f*
Beilage *f* приложе́ние *n*
beilegen прилага́ть
beimengen добавля́ть, приме́шивать
Beimengen *n s.* Beimengung 1.
Beimengung *f* 1. приме́шивание *n*; 2. при́месь *f*
~/schädliche *(Met)* вре́дная при́месь *f*
beimischen приме́шивать
Beimischen *n s.* Beimengung 1.
Beimischung *f s.* Beimengung 1.; 2.
Beipass(...) *s.* Bypass(...)
Beißzange *f* острогу́бцы *pl*; щипцы́ *pl*
Beitel *m* стаме́ска *f*
Beiwagen *m* коля́ска *f* (мотоци́кла)
Beiwagenmaschine *f* мотоци́кл *m* с коля́ской
Beiz... трави́льный
Beizapparat *m (Lw)* протра́вливатель *m*
Beizbad *n (Ch)* трави́льный раство́р *m*, трави́льная ва́нна *f*
Beizbehälter *m* трави́льная ва́нна *f*
Beizbrüchigkeit *f (Wkst)* трави́льная хру́пкость *f*
Beize *f s.* Beizmittel
beizen 1. трави́ть *(Metall)*; 2. *(Lw)* протра́вливать *(Saatgut)*; 3. мори́ть *(Holz)*; 4. мягчи́ть *(Leder)*; 5. *(Met)* декапи́ровать; 6. *(Ch)* выщела́чивать *(Fässer)*
Beizen *n* 1. травле́ние *n (von Metall)*; 2. *(Lw)* протра́вливание *n (Saatgut)*; 3. море́ние *n (Holz)*; 4. *(Led)* мягче́ние *n*; 5. *(Met)* декапи́рование *n*; 6. *(Ch)* выщела́чивание *n (Fässer)*
beizfärben *(Glas)* цементи́ровать
Beizfärben *n (Glas)* цемента́ция *f*
Beizlösung *f (Ch)* трави́льный раство́р *m*
Beizmaschine *f (Lw)* протра́вливатель *m*
Beizmittel *n* 1. *(Lw)* протрави́тель *m* *(für Saatgut)*; 2. *(Led)* мягчи́тель *m*
Beizsprödigkeit *f (Wkst)* трави́льная хру́пкость *f*
Beizung *f s.* Beizen
Bekämpfung *f* борьба́ *f*
Bekleidung *f (Text)* оде́жда *f*
Bekleidungsleder *n* оде́жная ко́жа *f*
Bel *n (Ak)* бел *m*
Belade... загру́зочный, погру́зочный
beladen грузи́ть, нагружа́ть; загружа́ть; погружа́ть *(Wagen)*
Beladen *n* нагру́зка *f*, загру́зка *f*; погру́зка *f (Wagen)*
Belag *m* 1. покры́тие *n*, (пове́рхностный) слой *m*; 2. покры́тие *n*, насти́л *m*; 3. обкла́дка *f*; 4. накла́дка *f (für Bremsklötze)*; 5. налёт *m*; 6. *(Bw)* оде́жда *f (Straßenbau)*
~/rutschfester [rutschsicherer] *(Bw)* нескользя́щее покры́тие *n*

Belastbarkeit *f* допуска́емая нагру́зка *f*
belasten загружа́ть; нагружа́ть *(Geräte, Maschinen)*
belastet нагру́женный *(Geräte, Maschinen)*
Belastung *f* 1. *(El, Mech)* нагру́зка *f*; 2. загру́зка *f*
~/axiale *(Fest)* осева́я нагру́зка *f*
~/berechnete *(Mech)* расчётная нагру́зка *f*
~/elektrische *(El)* электри́ческая нагру́зка *f*
~/induktive *(El)* индукти́вная нагру́зка *f*
~/kapazitive *(El)* ёмкостная нагру́зка *f*
~/kritische *(Fest)* крити́ческая нагру́зка *f*
~/ruhende *(Mech)* неподви́жная нагру́зка *f*
~/spezifische *(Mech)* уде́льная нагру́зка *f*
~/statische *s.* ~/ruhende
~/thermische *(Wmt)* теплова́я нагру́зка *f*
~/vorübergehende вре́менная нагру́зка *f*
~/zulässige допуска́емая нагру́зка *f*
Belastungsdiagramm *n* диагра́мма *f* нагру́зки, нагру́зочная диагра́мма *f*; гра́фик *m* нагру́зки
Belastungsfaktor *m (Mech)* коэффицие́нт *m* нагру́зки
Belastungskennlinie *f (Mech)* нагру́зочная характери́стика *f*; гра́фик *m* нагру́зки
Belastungsprüfung *f* испыта́ние *n* под нагру́зкой
Belastungsspitze *f* пик *m* нагру́зки
Belastungsverhältnis *n (Mech)* коэффицие́нт *m* нагру́зки
Belattung *f (Bw)* обрешётка *f (von Dächern)*
Belebtschlamm *m* акти́вный ил *m (Abwasserreinigung)*
Belebungsbecken *n* аэроте́нк *m (biologische Abwasserreinigung)*
Beleg *m* докуме́нт *m*
Belegbearbeitung *f (Inf)* обрабо́тка *f* докуме́нтов
belegen 1. настила́ть; покрыва́ть; обкла́дывать; 2. занима́ть *(Leitungen, Gleise)*
Belegsicherung *f (Inf)* хране́ние *n* докуме́нтов
belegt 1. заня́тый; 2. *(Krist)* запо́лненный
Belegungsdichte *f (Ph)* пло́тность *f* населённости
Belegungsstunde *f (Nrt)* (телефо́нное) часозаня́тие *n*
belehrbar обуча́емый
belehren обуча́ть
beleuchten освеща́ть
Beleuchtung *f* освеще́ние *n*
~/direkte освеще́ние *n* прямы́м све́том
~/indirekte освеще́ние *n* отражённым све́том
~/künstliche иску́сственное освеще́ние *n*
Beleuchtungs... освети́тельный
Beleuchtungsanlage *f* освети́тельная устано́вка *f*
Beleuchtungseinrichtung *f* освети́тель *m*; *(Opt)* подсве́тка *f*
Beleuchtungsgerät *n* освети́тельный прибо́р *m*
Beleuchtungsglas *n* светотехни́ческое стекло́ *n*
Beleuchtungskörper *m* освети́тельная армату́ра *f*; свети́льник *m*
Beleuchtungsmesser *m* люксме́тр *m*
Beleuchtungsstärke *f* освещённость *f (Größe, gemessen in Lux)*
Beleuchtungsstärkemesser *m* люксме́тр *m*
Beleuchtungstechnik *f* освети́тельная те́хника *f*
belichten 1. экспони́ровать *(Filme)*; 2. *(Photo)* засве́чивать
Belichtung *f* 1. *(Photo)* экспози́ция *f*; 2. *(Photo)* засве́тка *f*; 3. экспони́рование *n (Filme)*
Belichtungsdauer *f s.* Belichtungszeit
Belichtungsmesser *m (Photo)* экспоно́метр *m*
~/optischer визуа́льный [опти́ческий] экспоно́метр *m*
~/photoelektrischer фотоэлектри́ческий экспоно́метр *m*
Belichtungszeit *f (Photo)* вы́держка *f*; вре́мя *n* экспони́рования
beliebig произво́льный
Belieferung *f* снабже́ние *n*

belüften прове́тривать, вентили́ровать
Belüften *n s.* Belüftung
Belüfter *m* аэра́тор *m*
Belüftung *f* вентиля́ция *f*; прове́тривание *n*; аэра́ция *f*
Belüftungs... вентиляцио́нный
Belüftungsanlage *f* вентиляцио́нная устано́вка *f*
Belüftungsfilter *n*/**biologisches** аэрофи́льтр *m (biologische Abwasserreinigung)*
Belüftungskanal *m (Bw)* вентиляцио́нный кана́л *m*
bemannt *(Raumf, Flg)* пилоти́руемый; обита́емый, с экипа́жем
benachbart сосе́дний; сме́жный
Benachrichtigung *f* оповеще́ние *n*
Benchmark *f (Inf)* то́чка *f* отсчёта
Benennung *f* назва́ние *n*; наименова́ние *n*, обозначе́ние *n*
benetzbar сма́чиваемый
benetzen сма́чивать
Benetzen *n* сма́чивание *n*; увлажне́ние *n*
benetzt увлажнённый
Benetzungsmittel *n* сма́чиватель *m*
Bentonit *m (Geol)* бентони́т *m*
Benutzer *m* по́льзователь *m*
benutzerbedienbar *(Inf)* определи́мый по́льзователем
Benutzercode *m (Inf)* код *m* по́льзователя
benutzerfreundlich *(Inf)* удо́бный для по́льзователя; дру́жественный
benutzergeführt *(Inf)* с подде́ржкой по́льзователя
Benutzerinterface *n (Inf)* по́льзовательский интерфе́йс *m*
Benutzername *m (Inf)* и́мя *n* по́льзователя
Benutzeroberfläche *f (Inf)* операцио́нная оболо́чка *f*; операцио́нная среда́ *f*
benutzerorientiert *(Inf)* ориенти́рованный на по́льзователя
Benutzerschnittstelle *f (Inf)* по́льзовательский интерфе́йс *m*
Benutzung *f* испо́льзование *n*
Benzen *n (Ch)* бензе́н *m*, бензо́л *m*
Benzenkohlenwasserstoff *m (Ch)* аромати́ческий [бензо́льный] углеводоро́д *m*
Benzenring *m (Ch)* бензо́льное кольцо́ *n*
Benzin *n* бензи́н *m*
~/**bleifreies** неэтили́рованный бензи́н *m*
~/**hochoktan(zahl)iges** высокоокта́новый бензи́н *m*
~/**klopffestes** антидетонацио́нный бензи́н *m*
~/**unverbleites** неэтили́рованный бензи́н *m*
~/**verbleites** этили́рованный бензи́н *m*
Benzin... бензи́новый
Benzinabscheider *m* бензиноулови́тель *m*
benzinbeständig бензосто́йкий
benzinelektrisch бензоэлектри́ческий
Benzinfänger *m* бензиноулови́тель *m*
benzinfest бензосто́йкий
Benzinfilter *n* бензофи́льтр *m*
Benzinfraktion *f (Ch)* бензи́новая фра́кция *f*
Benzinleitung *f* бензопрово́д *m*
Benzinmotor *m* бензи́новый дви́гатель *m*
Benzinpumpe *f (Kfz)* бензи́новый [то́пливный] насо́с *m*, бензонасо́с *m*
Benzinschneidbrenner *m* бензоре́з *m*
Benzintank *m* бензи́новый бак *m*, бензоба́к *m*
Benzol *n s.* Benzen
Benzolkohlenwasserstoff *m s.* Benzenkohlenwasserstoff
Benzyl... *(Ch)* бензи́ловый
Beobachten *n s.* Beobachtung
Beobachtung *f* наблюде́ние *n*; соблюде́ние *n (von Objekten)*
Beobachtungstür *f* смотрово́й люк *m*
beplanken *(Schiff)* настила́ть *(Holzschiffe)*
Beplankung *f (Schiff)* насти́л *m*; (деревя́нная) обши́вка *f (von Holzschiffen)*
beplatten *(Schiff)* настила́ть *(Stahlschiffe)*
Beplattung *f (Schiff)* насти́л *m*; (металли́ческая) обши́вка *f (von Stahlschiffen)*
berechnen вычисля́ть, исчисля́ть; рассчи́тывать
berechnet расчётный
Berechnung *f* вычисле́ние *n*; расчёт *m*; учёт *m*

Berechnungsdaten *pl* расчётные да́нные *pl*
Beregnen *n (Lw)* дождева́ние *n*
Beregnung *f (Lw)* дождева́ние *n*
Beregnungs... ороси́тельный
Beregnungsanlage *f (Lw)* дождева́льная устано́вка *f*
Bereich *m* 1. о́бласть *f*; сфе́ра *f*; зо́на *f*; 2. *(Mess, Rf)* диапазо́н *m*; 3. да́льность *f*; ра́диус *m* де́йствия; 4. разма́х *m*; 5. зо́на *f (des Speichers)*; 6. *(Krist)* доме́н *m*; 7. *(Math)* преде́л *m*
Bereichsüberschreitung *f (Inf)* переполне́ние *n*
Bereichsumschalter *m (El)* переключа́тель *m* диапазо́нов
Bereifung *f (Kfz)* ши́ны *fpl*
Bereitschaft *f* гото́вность *f*
Bereitschaftssignal *n* сигна́л *m* гото́вности
Bereitschaftszeichen *n* сигна́л *m* гото́вности
Bereitstellung *f* загото́вка *f*
Berg *m (Geol)* 1. гора́ *f*; 2. *(Eb)* (сортиро́вочная) го́рка *f*
Bergbau *m* 1. го́рное де́ло *n*; го́рная промы́шленность *f*; 2. го́рные рабо́ты *fpl*
Bergbau... го́рный; горнодобыва́ющий; горнопромы́шленный
Bergbauarbeiten *fpl* го́рные рабо́ты *fpl*
bergbauchemisch горнохими́ческий
Bergbaukombine *f* го́рный комба́йн *m*
bergbaulich го́рный
Bergbautechnik *f* го́рная те́хника *f*
bergbautechnisch горнотехни́ческий
Berge *pl (Bgb)* (пуста́я) поро́да *f*
Berge... *(Bgb)* поро́дный
bergen *(Lw)* убира́ть *(Getreide)*
Bergen *n* убо́рка *f (von Getreide)*
Bergflachs *m (Min)* го́рный лён *m*; асбе́ст *m*
Berggold *n (Min)* жи́льное зо́лото *n*
Bergkristall *m (Min)* (го́рный) хруста́ль *m*
Bergland *n* го́рная страна́ *f*
Bergrutsch *m (Geol, Bgb)* о́пслзень *m*
Bergschlag *m (Bgb)* го́рный уда́р *m*
Bergspitze *f (Geol)* пик *m*
Bergstrich *m (Kart)* штрих *m*
Bergsturz *m (Geol)* обва́л *m*
Bergung *f* 1. спаса́ние *n*; 2. судоподъём *m (gesunkener Schiffe)*
Bergungs... 1. спаса́тельный; 2. судоподъёмный
Bergungsleichter *m* спаса́тельный ли́хтер *m*
Bergungsschiff *n* спаса́тельное су́дно *n*
Bergungsschlepper *m* спаса́тельный букси́р *m*
Bergwachs *n (Min)* озокери́т *m*, го́рный воск *m*
Bergwerk *n (Bgb)* ша́хта *f*; рудни́к *m*; горнодобыва́ющее предприя́тие *n*
Bergwerk... рудни́чный
Berichtigung *f* исправле́ние *n*; попра́вка *f*
berieseln *(Lw)* ороша́ть
Berieselung *f (Lw)* ороше́ние *n*; обводне́ние *n*; иррига́ция *f*
Berieselungs... ороси́тельный
Berieselungsanlage *f (Lw)* ороси́тельная устано́вка *f*
Berieselungsnetz *n (Lw)* ороси́тельная сеть *f*
Berkelium *n (Ch)* берке́лий *m*, Bk
Berme *f (Bw)* бе́рма *f*
Bernstein *m (Min)* янта́рь *m*
Bernstein... янта́рный
bersten 1. тре́скаться, растре́скивать; 2. разрыва́ться
Bersten *n* 1. растре́скивание *n*; 2. разры́в *m*
Berufskrankheit *f* профессиона́льная боле́знь *f*
beruhigen *(Met)* успока́ивать *(Stahl)*
beruhigt *(Met)* споко́йный *(Stahl)*
Beruhigung *f (Met)* успокое́ние *n (von Stahl)*; раскисле́ние *n (der Schmelze)*
Beruhigungsmittel *n* 1. *(Ch)* успокои́тель *m*; 2. *(Met)* раскисли́тель *m (für Schmelzen)*
Berühren *n s.* Berührung 1.
Berührung *f* 1. каса́ние *n*; соприкоснове́ние *n*; 2. конта́кт *m*
Berührungselektrizität *f* конта́ктное электри́чество *n*
berührungslos бесконта́ктный
Berührungspunkt *m (Math)* то́чка *f* каса́ния [соприкоснове́ния]
Berührungsschalter *m* сенсо́рный выключа́тель *m*

Berührungsschutz *m (El)* защи́та *f* от прикоснове́ния
Berührungssensor *m* такти́льный да́тчик *m*
Beryll *m (Min)* бери́лл *m*
Beryllium *n (Ch)* бери́ллий *m*, Be
Besatz *m* 1. *(Bgb)* забо́йка *f*; 2. *(Text)* отде́лка *f*; кайма́ *f*; обши́вка *f*
Besatzung *f (Eb)* экипа́ж *m*
besäumen 1. *(Holz)* обреза́ть; 2. *(Text)* подруба́ть
Besäumen *n* 1. *(Holz)* обре́зка *f*; 2. *(Text)* подруба́ние *n*
Besäumkreissäge *f (Holz)* обрезно́й стано́к *m*
beschädigen поврежда́ть
Beschädigen *n* поврежде́ние *n*
beschädigt повреждённый
Beschädigung *f* поврежде́ние *n*; ава́рия *f*
Beschaffenheit *f* состоя́ние *n*; сво́йства *npl*
Beschaffung *f* загото́вка *f*
Beschallung *f (Ak)* озву́чивание *n*
Beschattung *f* затене́ние *n*
beschaufeln облопа́чивать *(Turbinen)*
Beschaufelung *f* облопа́чивание *n* *(einer Turbine)*
Beschichten *n* нанесе́ние *n* покры́тий
~/galvanisches гальвани́ческое покры́тие *n*
Beschichtung *f* 1. *s.* Beschichten; 2. покры́тие *n*
beschicken *(Met)* загружа́ть, засыпа́ть *(Hochöfen)*; подава́ть (ши́хту) *(Hochöfen)* задава́ть *(Öfen)*; нагружа́ть; наполня́ть; пита́ть
Beschicken *n* 1. *(Met)* загру́зка *f*, засы́пка *f*; нагру́зка *f (Hochöfen)*; поса́дка *f*; пода́ча *f (Schmelzöfen)*; 2. наполне́ние *n*; пита́ние *n*
Beschicker *m* пита́тель *m*
Beschickung *f s.* Beschicken
Beschickungs... *(Met)* загру́зочный; зава́лочный
Beschickungsbunker *m* загру́зочный бу́нкер *m*
Beschickungsgut *n (Met)* ши́хта *f*, са́дка *f*
Beschickungskran *m (Met)* загру́зочный кран *m (SM-Ofen)*
Beschickungsmaschine *f (Met)* зава́лочная маши́на *f*
Beschickungsmulde *f (Met)* му́льда *f* *(für Schmelzöfen)*
Beschickungsöffnung *f (Met)* загру́зочное отве́рстие *n*, загру́зочный люк *m (eines Schmelzofens)*
Beschickungsroboter *m* загру́зочный ро́бот *m*
Beschickungstrichter *m* загру́зочная воро́нка *f*
Beschickungstür *f (Met)* загру́зочное отве́рстие *n (eines Schmelzofens)*
Beschickungsvorrichtung *f* загру́зочное устро́йство *n (z. B. eines Schmelzofens)*; пита́тель *m*
Beschickungswagen *m (Met)* загру́зочная вагоне́тка [теле́жка] *f*
beschießen *(Kern)* бомбардирова́ть
Beschießung *f (Kern)* бомбардиро́вка *f* *(mit hoch angeregten Teilchen)*
Beschlag *m* 1. оби́вка *f*; обши́вка *f*; *(Schm)* око́вка *f*; 2. *(Min)* вы́цветы *pl*; 3. *(Opt)* налёт *m (auf Linsen)*
beschlagen 1. обива́ть; обшива́ть; 2. запотева́ть; отпотева́ть *(Scheiben)*
beschleunigen 1. ускоря́ть; 2. разгоня́ть *(eine Maschine)*
Beschleunigen *n s.* Beschleunigung
Beschleuniger *m* ускори́тель *m*
~/zyklischer *(Kern)* цикли́ческий ускори́тель *m*
Beschleunigerpumpe *f* насо́с-ускори́тель *m*
beschleunigt уско́ренный
~/gleichförmig [gleichmäßig] равноме́рно уско́ренный
Beschleunigung *f* 1. ускоре́ние *n*; акселера́ция *f*; 2.; *(Kfz)* разго́н *m*
~ aus dem Stand *(Kfz)* разго́н *m* с ме́ста
~/negative отрица́тельное ускоре́ние *n*
Beschleunigungs... ускори́тельный
Beschleunigungsanode *f* ускоря́ющий ано́д *m*
Beschleunigungsanzeiger *m* указа́тель *m* ускоре́ния
Beschleunigungsdauer *f* вре́мя *n* ускоре́ния
Beschleunigungselektrode *f* ускоря́ющий электро́д *m*

Beschleunigungsfeld *n (El)* ускоря́ющее по́ле *n*
Beschleunigungskraft *f (Mech)* си́ла *f* ускоре́ния
Beschleunigungsmesser *m s.* Beschleunigungsmessinstrument
Beschleunigungsmessinstrument *n* акселеро́метр *m*, измери́тель *m* ускоре́ний
Beschleunigungsschreiber *m (Mess)* акселеро́граф *m*
Beschleunigungstriebwerk *n* разго́нный дви́гатель *m (Raketentriebwerk)*
Beschleunigungsverhalten *n (Masch)* приёмистость *f*
Beschleunigungsvermögen *n (Masch)* приёмистость *f*
Beschleunigungszeit *f* вре́мя *n* ускоре́ния
Beschneidemaschine *f (Typ)* ре́зальная маши́на *f*
Beschneiden *n* обре́зка *f*
Beschotterung *f (Eb)* балластиро́вка *f*
Beschotterungsmaschine *f (Eb)* балла́стер *m*, балласти́рочная маши́на *f*
Beschränkung *f* ограниче́ние *n*
beschreibend изобрази́тельный
Beschreibung *f (Inf)* описа́ние *n*
Beschriftung *f* маркиро́вка *f (als Ergebnis)*
Beschuss *m (Kern)* бомбардиро́вка *f (mit hoch angeregten Teilchen)*
Beschweren *n* утяжеле́ние *n*
Beschwerung *f* утяжеле́ние *n*
beseitigen снима́ть; устраня́ть; ликвиди́ровать
~/Fehler [Störungen] отла́живать
Beseitigen *n s.* Beseitigung
Beseitigung *f* 1. устране́ние *n*; ликвида́ция *f*; сня́тие *n*; 2. захороне́ние *n (Abfälle)*
besetzen 1. *(Bgb)* заряжа́ть *(Sprenglöcher)*; 2. занима́ть *(Leitungen, Gleise)*; 3. *(Ph)* заполня́ть, населя́ть, заселя́ть *(Energieniveaus)*
Besetztzeichen *n (Nrt)* сигна́л *m* заня́тости
Besetztzustand *m (Nrt)* заня́тость *f*
Besetzung *f* 1. *(Eb)* заня́тость *f*; 2. *(Inf)* заполне́ние *n*; 3. *(Ph)* населённость *f*, заселённость *f (von Energieniveaus)*
Besetzungsdichte *f (Ph)* пло́тность *f* населённости; населённость *f (von Energieniveaus)*
Besetzungszahl *f (Ph)* заселённость *f (von Energieniveaus)*
Besichtigung *f* осмо́тр *m*; наблюде́ние *n*; освиде́тельствование *n*
bespannen обшива́ть
Bespannen *n s.* Bespannung
Bespannung *f* обши́вка *f*, обтя́жка *f*
Besprengen *n* опры́скивание *n*
Besprühen *n* опры́скивание *n*; обры́згивание *n*
bespulen *(El, Nrt)* пупинизи́ровать
bespult *(El, Nrt)* пупинизиро́ванный
Bespulung *f (El, Nrt)* пупиниза́ция *f*
Bessel-Funktion *f (Math)* фу́нкция *f* Бе́сселя, цилиндри́ческая фу́нкция *f*
Bessemer... *(Met)* бессеме́ровский
Bessemerkonverter *m (Met)* бессеме́ровский конве́ртер *m*
bessemern *(Met)* бессемерова́ть
Bessemern *n s.* Bessermerverfahren
Bessemerprozess *m s.* Bessemerverfahren
Bessemerroheisen *n (Met)* бессеме́ровский чугу́н *m*
Bessemerstahl *m (Met)* бессеме́ровская сталь *f*
Bessemerverfahren *n (Met)* бессеме́ровский проце́сс *m*, бессемерова́ние *n*
Bestand *m* 1. запа́с *m*; соста́в *m*; 2. *(Forst, Lw)* насажде́ние *n*
beständig усто́йчивый; сто́йкий; стаби́льный; про́чный; постоя́нный
~/chemisch хими́чески усто́йчивый
~ gegen Salze солесто́йкий *(Beton)*
Beständigkeit *f* усто́йчивость *f*; сто́йкость *f*; стаби́льность *f*; про́чность *f*; неизме́нность *f*; постоя́нство *n*; сопротивле́ние *n (von Werkstoffen)*; *(Fest)* сопротивля́емость *f*
~/chemische хими́ческая сто́йкость *f*, химосто́йкость *f*
Bestandsdatei *f (Inf)* библиоте́чный файл *m*
Bestandteil *m* составля́ющая *f*, составна́я часть *f*; компоне́нт *m*; ингредие́нт *m*; *(Math)* слага́ющая часть *f*
Bestandteile *mpl* **/flüchtige** лету́чие *p*

Bestätigung *f (Inf)* подтверждéние *n*, квитúрование *n*
BE-Statistik *f s.* Bose-Einstein-Statistik
bestäuben опыливать
Bestäuben *n* опыливание *n*
Besteck *n (Schiff)* мéсто *n*
Bestellung *f* закáз *m*
bestimmbar определúмый
bestimmt определённый; детерминúрованный; устанóвленный
~/statisch статúчески определúмый
Bestimmung *f* определéние *n*; назначéние *n*; *(Masch)* базúрование *n*
Bestimmungsbahnhof *m* стáнция *f* назначéния
bestoßen обдирáть
bestrahlen облучáть
Bestrahlen *n s.* Bestrahlung
Bestrahlung *f* облучéние *n*; *(Kern)* бомбардирóвка *f (mit hoch angeregten Teilchen)*
Bestrahlungsgerät *n* облучáтель *m*, прибор *m* для облучéния
Bestrahlungsstärke *f (El, Opt)* облучённость *f*
bestreichen обмáзывать
Bestreichen *n* обмáзка *f*, обмáзывание *n*
bestücken 1. *(Eln)* оснащáть; 2. *(Eln)* комплектовáть *(Leiterplatten)*; 3. *(Wkz)* армúровать *(Werkzeuge z. B. mit Hartmetallschneiden)*
bestückt 1. *(Eln)* укомплектóванный; 2. армúрованный *(Werkzeuge)*
Bestückung *f* 1. *(Eln)* оснащéние *n*; 2. *(Eln)* укомплектовáние *n*, комплектáция *f (Leiterplatten)*; *(Eln)* монтáж *m*; 3. *(Wkz)* армúрование *n (Werkzeuge z. B. mit Hartmetallschneiden)*
Bestwert *m* оптимáльная величинá *f*
betaaktiv *(Kern)* бéта-(радио)актúвный
Betaaktivität *f (Kern)* бéта-(радио)актúвность *f*
Betadefektoskopie *f (Wkst)* бéта-дефектоскопúя *f*
Betadetektor *m (Kern)* детéктор *m* бéта-излучéния, бéта-детéктор *m*
Betadosimeter *n (Kern)* бéта-дозимéтр *m*
Betaeisen *n* бéта-желéзо *n*
betanken заправлять
Betanken *n* заправка *f*
~ **im Flug** заправка *f* тóпливом в полёте
Betankungsflugzeug *n* самолёт-заправщик *m*
Betaquelle *f (Kern)* истóчник *m* бéта-излучéния
Betaspektrometer *n (Kern)* бéта-спектрóметр *m*
Betaspektroskopie *f (Kern)* бéта-спектроскопúя *f*
Betaspektrum *n (Kern)* бéта-спектр *m*
Betastrahlen *mpl (Kern)* бéта-излучéние *n*
Betastrahlendetektor *m (Kern)* детéктор *m* бéта-излучéния
Betastrahlentherapie *f (Med)* бéта-терапúя *f*
Betastrahler *m (Kern)* бéта-излучáтель *m*
Betastrahlung *f* **(/radioaktive)** *(Kern)* бéта-излучéние *n*
Betastrahlungsquelle *f (Kern)* истóчник *m* бéта-излучéния
Betateilchen *n (Kern)* бéта-частúца *f*
Betatherapie *f (Med)* бéта-терапúя *f*
Betätigung *f* управлéние *n*
Betatron *n (Kern)* бетатрóн *m*
Betaübergang *m (Kern)* бéта-перехóд *m*
Betaumwandlung *f s.* Betazerfall
Betazerfall *m (Kern)* бéта-распáд *m*, бéта-превращéние *n*
Beting *f (Schiff)* бúтенг *m*
Beton *m (Bw)* бетóн *m (s. a. unter* Stahlbeton*)*
~/bewehrter армúрованый бетóн *m*
~/blasiger рáковистый бетóн *m*
~/fetter жúрный бетóн *m*
~/feuerbeständiger огнеупóрный бетóн *m*
~/flüssiger литóй бетóн *m*
~/grobporiger крупнопóристый бетóн *m*
~/hitzebeständiger жаростóйкий [жароупóрный] бетóн *m*
~/hochfester высокопрóчный бетóн *m*
~/monolithischer монолúтный бетóн *m*
~/sandloser беспесчáный бетóн *m*
~/schnell abbindender быстросхвáтывающийся бетóн *m*
~/schnell härtender быстротвердéющий бетóн *m*

~/**unbewehrter** неармированный бетон *m*
~/**vorgespannter** предварительно напряжённый бетон *m*
~/**wärmeisolierender** теплоизоляционный бетон *m*
Beton... бетонный
Betonbruch *m (Bw)* бетонолом *m*
Betondeckenfertiger *m* бетоноотделочная машина *f*
Betoneinbringer *m* бетоноукладчик *m*
betonieren *(Bw)* бетонировать
Betonieren *n (Bw)* бетонирование *n*
~/**kontinuierliches** непрепывное бетонирование *n*
Betoniermaschine *f* бетоноукладочная машина *f*
Betonierung *f (Bw)* бетонирование *n*
Betonleitung *f (Bw)* бетоновод *m*
Betonlieferwagen *m* бетоновоз *m*
Betonmischer *m* бетоносмеситель *m*
Betonmischmaschine *f* бетоносмеситель *m*
Betonmischung *f* бетонная смесь *f*
Betonnung *f (Schiff)* ограждение *n*
Betonpumpe *f* бетононасос *m*
Betonrohr *n* бетонная труба *f*
Betonstahl *m* арматурная сталь *f*
Betonstraßenfertiger *m* дорожный бетоноукладчик *m*
Betontransportfahrzeug *n* бетоновоз *m*
Betonverteiler *m (Bw)* бетонораздатчик *m*
Betrag *m (Math)* величина *f*; значение *n*; 2. абсолютная величина *f*, сумма *f*
~/**absoluter** абсолютное значение *n*; абсолютная величина *f*
Betrieb *m* 1. предприятие *n*; завод *m*; цех *m*; 2. работа *f*; эксплуатация *f*; 3. *(Masch)* действие *n (einer Maschine)*; ход *m (z. B. einer Anlage)*; 4. режим *m*; 5. *(Eb)* движение *n* • **außer ~ setzen** выходить из строя
~/**ausfallfreier** безотказная работа *f*
~/**aussetzender** *(El)* повторно-кратковременный режим *m*
~/**autonomer** автономный режим *m*, режим *m* «оф-лайн»
~/**fehlerfreier** безотказная работа *f*
~/**havariefreier** безаварийная работа *f*
~/**instabiler** неустановившийся режим *m*
~/**kontinuierlicher** непрерывная работа *f*
~/**nicht stationärer** неустановившийся режим *m*
~/**selbständiger** *(Inf)* автономный режим *m*, режим *m* «оф-лайн»
~/**stationärer** установившийся режим *m*
~/**störungsfreier** безотказная работа *f*
Betriebs... заводской; внутризаводской; рабочий; производственный
Betriebsabteilung *f* цех *m*
Betriebsanweisung *f* инструкция *f* по эксплуатации
Betriebsart *f* режим *m* работы
Betriebsbedingungen *fpl* условия *npl* эксплуатации
Betriebsbelastung *f (Eb)* грузонапряжённость *f*
Betriebsbremsung *f (Eb)* служебное торможение *n*
Betriebsdampf *m* рабочий пар *m*
Betriebsdienst *m (Eb)* служба *f* движения
Betriebseigenschaften *fpl* эксплуатационные качества *npl*
Betriebserdung *f* рабочее заземление *n*
betriebsfähig работоспособный *(Geräte)*
Betriebsfähigkeit *f* работоспособность *f (von Geräten)*
Betriebsflüssigkeit *f* рабочая жидкость *f*
Betriebsfrequenz *f (El)* рабочая частота *f*
Betriebsgemisch *n (Kfz)* рабочая смесь *f*
Betriebsgeschwindigkeit *f* эксплуатационная скорость *f*
Betriebskennlinie *f (El)* рабочая характеристика *f*
Betriebskosten *pl* эксплуатационные расходы *mpl*
Betriebslabor(atorium) *n* заводская лаборатория *f*
Betriebslage *f s.* Betriebsstellung
Betriebslast *f* рабочая нагрузка *f*
Betriebsleistung *f* эксплуатационная мощность *f*

Betriebsprüfung *f* заводско́е [произво́дственное] испыта́ние *n*; эксплуатацио́нное испыта́ние *n*
Betriebsschacht *m (Bgb)* эксплуатацио́нный (ша́хтный) ствол *m*
betriebssicher безотка́зный; надёжный в эксплуата́ции
Betriebsstellung *f* рабо́чее положе́ние *n*
Betriebsstollen *m (Bgb)* эксплуатацио́нная што́льня *f*
Betriebsstörung *f* ава́рия *f*; непола́дка *f*; эксплуатацио́нная неиспра́вность *f*
Betriebsstrom *m* рабо́чий ток *m*
Betriebssystem *n (Inf)* операцио́нная систе́ма *f*, ОС *f*
Betriebstemperatur *f* рабо́чая температу́ра *f*
Betriebsunkosten *pl* накладны́е расхо́ды *mpl*
Betriebsverhalten *n* эксплуатацио́нные ка́чества *npl*
Betriebswasserversorgung *f* промы́шленное водоснабже́ние *n*
Betriebsweise *f* режи́м *m* рабо́ты; режи́м *m* эксплуата́ции
Betriebszeit *f* рабо́чее вре́мя *n*; нарабо́тка *f*
~ **eines Motors** моторесу́рс *m (bis zur Generalüberholung)*
~ **zwischen zwei Ausfällen** *s.* Ausfallzeit/mittlere
Betriebszustand *m* режи́м *m* (рабо́ты)
~/**einwandfreier** испра́вность *f*
Betriebszuverlässigkeit *f* эксплуатацио́нная надёжность *f*
Betriebszyklus *m* рабо́чий цикл *m*
Bett *n* 1. посте́ль *f*; 2. *(Masch)* стани́на *f*; поду́шка *f*; 3. *(Hydrol)* ло́же *n*, ру́сло *n*
Bettschlitten *m (Masch)* каре́тка *f (einer Drehmaschine)*
Bettung *f* 1. посте́ль *f*; 2. *(Masch)* поду́шка *f*; 3. *(Eb)* балла́ст *m*, балла́стный слой *m*
Bettungsschicht *f s.* Bettung 3.
beuchen *n (Text)* бучи́ть
Beuchen *n (Text)* буче́ние *n*
Beugung *f (Opt)* дифра́кция *f*
Beugungsaufnahme *f (Krist)* дифрактогра́мма *f*
Beugungsdiagramm *n (Krist)* дифрактогра́мма *f*
Beugungsgerät *n (Krist)* дифракто́метр *m*
Beugungsgitter *n (Opt)* (дифракцио́нная) решётка *f*
Beugungsspektrum *n (Opt)* дифракцио́нный спектр *m*
Beule *f* вы́пучина *f*; вмя́тина *f*
Be- und Entlade... погру́зочно-разгру́зочный
Be- und Entladearbeiten *fpl* погру́зочно-разгру́зочные рабо́ты *fpl*
Be- und Entladerampe *f* аппаре́ль *f*
Be- und Entlüftung *f* прито́чно-вытяжна́я вентиля́ция *f*
Beutel *m* мешо́к *m*
Beutelfilter *n (Ch)* мешо́чный фильтр *m*
Bevatron *n (Kern)* беватро́н *m (zyklischer Beschleuniger)*
Bevölkerungsschutz *m (Ökol)* защи́та *f* населе́ния
Bevölkerungsverteilung *f* расселе́ние *n (Siedlungsplanung)*
bevorraten запаса́ть, резерви́ровать
bevorratet запасённый
Bevorratung *f* запасе́ние *n*
bewachsen обраста́ть *(Schiffskörper)*
Bewachsen *n* обраста́ние *n (der Schiffskörper)*
bewässern *(Lw)* ороша́ть
Bewässerung *f (Lw)* ороше́ние *n*, обводне́ние *n*, ирригáция *f*
Bewässerungs... ороси́тельный, ирригацио́нный
Bewässerungsanlage *f (Hydt)* ороси́тельное сооруже́ние *n*; ороси́тельная устано́вка *f*; ороси́тельная систе́ма *f*
Bewässerungsgraben *m (Hydt)* ороси́тельная кана́ва *f*
Bewässerungskanal *m (Hydt)* ороси́тельный кана́л *m*
Bewässerungsnetz *n (Lw)* ороси́тельная сеть *f*
Bewässerungssystem *n* ороси́тельная [ирригацио́нная] систе́ма *f*
bewegen 1. двига́ть; 2. перемеща́ть
~/**abwärts** спуска́ть
beweglich подвижно́й, моби́льный
Beweglichkeit *f* подви́жность *f*, моби́льность *f*

Bewegung *f* 1. движе́ние *n*; 2. перемеще́ние *n*
~/beschleunigte ускóренное движе́ние *n*
~/brownsche *(Ph)* брóуновское (молекуля́рное) движе́ние *n*
~/drehungsfreie *(Hydrod)* потенциа́льное тече́ние *n*
~/geradlinige прямолине́йное движе́ние *n*
~/gleichförmige равномéрное движе́ние *n*
~/hin- und hergehende возвра́тно-поступа́тельное движе́ние *n*
~/krummlinige криволине́йное движе́ние *n*
~/oszillierende колеба́тельное движе́ние *n*
~/parallaktische *(Astr)* параллакти́ческое смеще́ние *n*
~/regellose беспоря́дочное движе́ние *n*
~/relative относи́тельное движе́ние *n*
~/rotierende враща́тельное движе́ние *n*
~/rückläufige обра́тное движе́ние *n*; *(Astr)* попя́тное движе́ние *n*
~/schraubenförmige *(Mech)* винтовóе движе́ние *n*
~/schwingende колеба́тельное движе́ние *n*, ка́чка *f*
~/turbulente вихревóе движе́ние *n*
~/umlaufende враща́тельное движе́ние *n*
~/ungeordnete беспоря́дочное движе́ние *n*
~/verzögerte заме́дленное движе́ние *n*
~/wirbelfreie *(Hydrod)* потенциа́льное тече́ние *n*
Bewegungsenergie *f (Mech)* кинети́ческая эне́ргия *f*
Bewegungsgleichung *f (Mech)* уравне́ние *n* движе́ния
Bewegungsrichtung *f* направле́ние *n* движе́ния
Bewegungsumkehr *f (Masch)* реверси́рование *n*
bewehren *(Bw)* арми́ровать
Bewehren *n (Bw)* арми́рование *n (Beton)*
bewehrt *(Bw)* арми́рованный
Bewehrung *f (Bw)* 1. армату́ра *f (Beton)*; 2. арми́рование *n (Beton)* • **ohne** ~ неброниро́ванный *(Kabel)*
~/biegungsschlaffe *(Bw)* ги́бкая армату́ра *f*
~/schlaffe *(Bw)* ненапряга́емая армату́ра *f*
~/steife *(Bw)* жёсткая армату́ра *f*
~/tragende *(Bw)* несу́щая армату́ра *f*
~/vorgespannte *(Bw)* предвари́тельно напря́жённая армату́ра *f*
Bewehrungs... *(Bw)* армату́рный
Bewehrungsarbeiten *fpl (Bw)* армату́рные рабо́ты *fpl*
Bewehrungsband *n* бронеле́нта *f* (ка́беля)
Bewehrungsdraht *m (Bw)* армату́рная про́волока *f*, бронепро́волока *f* (ка́беля)
Bewehrungskorb *m (Bw)* армату́рный карка́с *m*
Bewehrungsseil *n (Bw)* армату́рный ка́бель *m*
Bewehrungsstab *m (Bw)* армату́рный сте́ржень *m*
Bewehrungsstahl *m* армату́рная сталь *f*, армату́ра *f*
Beweis *m* доказа́тельство *n*
Bewertung *f* оце́нка *f*
Bewertungspunkt *m s.* Bezugspunkt
bewettern *(Bgb)* вентили́ровать
Bewetterung *f (Bgb)* вентиля́ция *f*, прове́тривание *n*
Bewetterungs... *(Bgb)* вентиляцио́нный
Bewölkung *f* о́блачность *f*
Bewölkungsmengenmesser *m (Meteo)* нефо́метр *m*
Bewuchs *m* обраста́ние *n (der Schiffskörper)*
Bewurf *m (Bw)* обма́зка *f*, (штукату́рный) намёт *m*
Bezeichnen *n* обозначе́ние *n*
Bezeichnung *f* обозначе́ние *n*
Beziehen *n* обтя́жка *f*
Beziehung *f* соотноше́ние *n*; отноше́ние *n*; связь *f*
Bezirk *m* 1. райо́н *m*; 2. *(Krist)* доме́н *m*
bezogen относи́тельный; уде́льный
Bezug *m* 1. обтя́жка *f*; чехо́л *m*; кожу́х *m*

Bezugnahme *f (Inf)* ссылка *f*
Bezugsadresse *f (Inf)* базовый адрес *m*
Bezugsebene *f* нулевой уровень *m*
Bezugsfläche *f (Masch)* база *f*, базовая поверхность *f*
Bezugsfrequenz *f (El)* опорная частота *f*
Bezugsgröße *f* 1. опорная величина *f*; 2. *s.* Bezugsfläche
Bezugspunkt *m* точка *f* отсчёта, базовая точка *f*; *(Geod)* репер *m*
Bezugssystem *n* система *f* отсчёта
Bezugstemperatur *f* эталонная температура *f*
Bi *s.* Bismut
Biberschwanz *m (Bw)* плоская черепица *f*
Bibliothek *f (Inf)* библиотека *f*
Bibliotheksname *m (Inf)* имя *n* библиотеки
Bibliotheksprogramm *n (Inf)* библиотечная программа *f*
Bibliotheksverwaltung *f (Inf)* управление *n* библиотекой
bicyclisch *(Ch)* бициклический
bidirektional двунаправленный
Biegeautomat *m (Umf)* гибочный автомат *m*
Biegebeanspruchung *f (Fest)* напряжение *n* при изгибе
Biegebelastung *f (Fest)* изгибающая нагрузка *f*
Biegefestigkeit *f (Fest)* прочность *f* на изгиб, (временное) сопротивление *n* изгибу; предел *m* прочности при изгибе
Biegegesenk *n (Umf)* гибочный штамп *m*
Biegelinie *f (Fest)* упругая линия *f*
Biegemaschine *f (Umf)* гибочный станок *m*, гибочная машина *f*
Biegemoment *n (Mech)* изгибающий момент *m*
Biegemomentendiagramm *n (Fest)* эпюра *f* изгибающего момента
Biegemomentenlinie *f (Fest)* эпюра *f* изгибающего момента
biegen гнуть; изгибать; загибать
~/**auseinander** разгибать
~/**gerade** разгибать; выпрямлять
Biegen *n* гибка *f*; гнутьё *f*; изгибание *n*; сгибание *n*
Biegepfeil *m (Fest)* стрела *f* прогиба
Biegepresse *f (Umf)* бульдозер *m*, гибочный пресс *m*
Biegespannung *f (Fest)* напряжение *n* при изгибе
Biegestanze *f* гибочный штамп *m*
Biegesteifigkeit *f (Fest)* жёсткость *f* при изгибе
Biegeversuch *m (Wkst)* испытание *n* на изгиб
Biegewiderstand *m (Wkst)* (временное) сопротивление *n* изгибу
biegsam гибкий; эластичный
Biegsamkeit *f* гибкость *f*; эластичность *f*
Biegung *f* 1. *(Fest)* изгиб *m*; прогиб *m*; изгибание *n*; искривление *n*; изгиб *m*; 2. поворот *(einer Straße)*
~/**elastische** *(Fest)* упругий изгиб *m*
~/**reine** *(Fest)* чистый изгиб *m*
Biegungselastizität *f (Mech)* упругость *f* при изгибе
Bienenwachs *n* пчелиный воск *m*
Bierbrauen *n* пивоварение *n*
bifilar бифилярный
bifokal *(Opt)* бифокальный, двоякофокусный *(Linse)*
Bifurkation *f (Hydrol)* бифуркация *f* *(eines Flusses)*
Bikomponenten... бикомпонентный
Bikomponentenfaser *f* бикомпонентное волокно *n*
Bikomponentensystem *n (Ph, Ch, Wkst)* бинарная [двойная, двухкомпонентная] система *f*
bikonkav *(Opt)* двояковогнутый *(Linse)*
Bikonkavlinse *f (Opt)* двояковогнутая линза *f*
bikonvex *(Opt)* двояковыпуклый *(Linse)*
Bikonvexlinse *f (Opt)* двояковыпуклая линза *f*
Bikristall *m* бикристалл *m*
Bilanz *f* баланс *m*
bilateral двусторонний, билатеральный
Bild *n* 1. изображение *n*; (фотографический) снимок *m*, фотография *f*, фотоснимок *m*; картина *f*; 2. кадр *m*; 3. *(Math)* образ *m*, отображение *n*
~/**aberrationsfreies** *(Opt)* безаберрационное изображение *n*

~/**flaues [kontrastarmes, kontrastloses]** *(Photo)* малоконтра́стное [низкоконтра́стное] изображе́ние *n*
~/**kontrastreiches** *(Photo)* (высоко-)контра́стное изображе́ние *n*
~/**kopfstehendes** перевёрнутое изображе́ние *n*
~/**latentes** *(Photo)* скры́тое изображе́ние *n*
~/**reelles** *(Opt)* действи́тельное изображе́ние *n*
~/**stereoskopisches** стереоскопи́ческое изображе́ние *n*
~/**verwackeltes** *(Photo)* сма́занное изображе́ние *n*
~/**virtuelles** *(Opt)* мни́мое изображе́ние *n*
Bild... ка́дровый
Bildablenkung *f (TV)* ка́дровая развёртка *f*
Bildabtastung *f (TV)* развёртка *f* изображе́ния; ка́дровая развёртка *f*
Bildanimation *f* (компью́терная) анима́ция *f*
Bildauflösung *f (TV)* чёткость *f* изображе́ния
Bildebene *f (Opt)* пло́скость *f* прое́кции [изображе́ния]
Bildelement *n s.* Bildpunkt
bilden составля́ть
Bilderkennung *f (Inf)* распознава́ние *n* о́бразов
Bildfeldzerleger *m (El)* развёртыватель *m*
Bildfenster *n* ка́дровое окно́ *n (Filmkamera, Bildwerfer)*
Bildfernsprechen *n s.* Videotelephonie
Bildfernsprecher *m s.* Videotelephon
Bildfernsprechverkehr *m* видеотелефо́нная связь *f*
Bildfolgefrequenz *f* частота́ *f* ка́дров
Bildformat *n (TV)* форма́т *m* изображе́ния; форма́т *m* ка́дра
Bildfunk *m* фототелеграфи́я *f*
Bildfunkempfänger *m* фототелегра́фный приёмник *m*
Bildfunk(empfangs)gerät *n* фототелегра́фный приёмник *m*
Bildgenerator *m (Eln)* видеогенера́тор *m*
Bildgröße *f s.* Bildformat
Bildhelligkeit *f (TV)* я́ркость *f* изображе́ния
Bildimpuls *m (TV)* видеои́мпульс *m*
Bildkanal *m (TV)* видеокана́л *m*
Bildkontrollgerät *n (TV)* (видео)мони-то́р *m*
Bildmischer *m (TV)* видеоми́кшер *m*
Bildmischpult *n (TV)* видеоми́кшер *m*
Bildmonitor *m (TV)* (видео)мони́тор *m*
Bildpunkt *m (Eln)* элеме́нт *m* изображе́ния; то́чка *f* изображе́ния
Bildraum *m (Opt)* простра́нство изображе́ний
Bildröhre *f (TV)* кинеско́п *m*, приёмная телевизио́нная тру́бка *f*
bildsam пласти́чный
~/**nicht** непласти́чный
Bildsamkeit *f* пласти́чность *f*; форму́емость *f*
Bildschärfe *f (TV)* чёткость [ре́зкость] *f* изображе́ния
Bildschirm *m (Kine)* экра́н *m*; телевизио́нный экра́н *m*
Bildschirmanzeigegerät *n s.* Bildschirmgerät
Bildschirmeditor *m* экра́нный реда́ктор *m*
Bildschirmeinheit *f (Inf)* диспле́й *m*; *(Rad)* радиолокацио́нный индика́тор *m*
Bildschirmfenster *n (Inf)* экра́нное окно́ *n*
Bildschirmgerät *n (Inf)* диспле́й *m*; *(TV)* видеотермина́л *m*; экра́нное устро́йство *n* изображе́ния
Bildschirmmenü *n (Inf)* экра́нное меню́ *n*
bildschirmorientiert *(Inf)* ориенти́рованный на диспле́й, экра́нно-ориенти́рованный
Bildschirmtext *m (Nrt)* телете́кст *m*
Bildsender *m (TV)* видеопереда́тчик *m*
Bildsignal *n (TV)* видеосигна́л *m*; телевизио́нный сигна́л *m*
Bildsignalaufzeichnung *f* за́пись *f* видеосигна́ла
Bildsignalspur *f (TV)* видеодоро́жка *f*
Bildsignalverstärker *m (TV)* видеоуси-ли́тель *m*
Bildsucher *m (Photo, Kine)* видоиска́тель *m*
Bildtelegraph *m* фототелегра́ф *m*, фототелегра́фный аппара́т *m*
Bildtelegraphie *f* фототелеграфи́я *f*

Bildtelegraphie... фототелегра́фный
Bildtelegraphieapparat *m* фототелегра́фный аппара́т *m*
Bildtelegraphieübertragung *f (Nrt)* фототелегра́фная переда́ча *f*
bildtelegraphisch фототелегра́фный
Bildtriangulation *f (Geod)* фототриангуля́ция *f*
Bildung *f* образова́ние *n*; формирова́ние *n*
Bildungsarbeit *f (Ph)* эне́ргия *f* образова́ния
Bildungsenergie *f (Ph)* эне́ргия *f* образова́ния
Bildverarbeitung *f* обрабо́тка *f* изображе́ний
~/**digitale** цифрова́я обрабо́тка *f* изображе́ний
Bildverstärker *m (TV)* видеоусили́тель *m*
Bildverstärkung *f (TV)* видеоусиле́ние *n*
Bildverzeichnung *f (TV)* искаже́ние *n* изображе́ния
Bildverzerrung *f (TV)* искаже́ние *n* изображе́ния
Bildwand *f (Kine)* (кино)экра́н *m*; проекцио́нный экра́н *m*
Bildwandler *m* электро́нно-опти́ческий преобразова́тель *m*, ЭОП *m*
Bildwechselfrequenz *f (TV)* частота́ *f* ка́дров
Bildwerfer *m (Opt)* прое́ктор *m*, проекцио́нный аппара́т *m*
Bildwiedergaberöhre *f* приёмная телевизио́нная тру́бка *f*
Bildzeile *f (TV)* строка́ *f* изображе́ния
Bilgen(lenz)pumpe *f (Schiff)* трю́мный [водоотливно́й] насо́с *m*
bilinear *(Math)* билине́йный
Bilinse *f (Opt)* били́нза *f*
Bimetall... биметалли́ческий
Bimetallelement *n (El)* биметалли́ческий элеме́нт *m*
bimetallisch биметалли́ческий
Bimetallthermometer *n* биметалли́ческий термо́метр *m*
bimolekular *(Ch)* бимолекуля́рный
Bimsbeton *m (Bw)* пемзобето́н *m*
Bimsstein *m (Geol)* пе́мза *f*
binär бина́рный; *(Inf)* двои́чный
Binär... бина́рный; *(Inf)* двои́чный
Binärcode двои́чный код *m*
Binärcodierung *f* двои́чное коди́рование *n*
binärdezimal *(Inf)* двои́чно-десяти́чный
Binärdezimal... *(Inf)* двои́чно-десяти́чный
Binärelement *n (El)* двои́чный элеме́нт *m*
Binärform *f (Math)* бина́рная фо́рма *f*
Binärinformation *f (Inf)* двои́чная информа́ция *f*
Binärkomma *n (Inf)* двои́чная запята́я *f*
Binärstelle *f (Inf)* двои́чный разря́д *m*
Binärsystem *n (Inf)* двои́чная систе́ма *f* (счисле́ния)
Binärzahl *f (Inf)* двои́чное число́ *n*
Binärzähler *m* двои́чный счётчик *m*
Binärziffer *f* двои́чная ци́фра *f*; *(Inf)* бит *m*
Binde... соедини́тельный; связу́ющий, вя́жущий
Bindegarn *n* шпага́т *m*
Bindemäher *m (Lw)* сноповяза́лка *f*
Bindemittel *n* 1. *(Bw)* вя́жущее *n*, вя́жущий материа́л *m*, вя́жущее вещество́ *n*; свя́зка *f*; 2. крепи́тель *m*
~/**hydraulisches** гидравли́ческое вя́жущее *n*
binden 1. *(Lw)* вяза́ть *(Garben)*; свя́зывать; 2. схва́тываться *(Bindemittel)*
bindend *(Bw)* вя́жущий; связу́ющий
Binder *m* 1. *(Bw)* стропи́льная фе́рма *f* *(für Dachkonstruktionen)*; 2. *(Bw)* тычо́к *m*, тычко́вый кирпи́ч *m*; 3. вя́жущее вещество́ *n*; 4. крепи́тель *m*; 5. *(Inf)* реда́ктор *m* связей, компоно́вщик *m*
Binderprogramm *n s.* Binder 5.
Binderstein *m s.* Binder 2.
Bindfaden *m* бечёвка *f*; шпага́т *m*
Bindung *f* 1. *(Ch, Mech, Math)* связь *f*; 2. *(Wkz)* свя́зка *f (Schleifkörper)*; 3. *(Text)* переплете́ние *n*
~/**chemische** хими́ческая связь *f*
~/**doppelte** *(Math)* двойна́я связь *f*
~/**einseitige** *(Mech)* односторо́нняя связь *f*
~/**elektrovalente** *s.* ~/ionogene
~/**gekoppelte** *(Ch)* сопряжённая связь *f*

~/heterpolare *s.* ~/ionogene
~/ionogene *(Ch)* ио́нная [поля́рная] связь *f*
~/kinematische *(Mech)* кинемати́ческая связь *f*
~/konjugierte *(Ch)* сопряжённая связь *f*
~/koordinative *(Ch)* координацио́нная связь *f*
~/kovalente *(Ph)* ковале́нтная связь *f*
~/molekulare *(Ch)* молекуля́рная связь *f*
~/polare *s.* ~/ionogene
~/zweiseitige *(Mech)* двусторо́нняя связь *f*
Bindungsenergie *f* эне́ргия *f* свя́зи
Binistor *m (Eln)* бини́стор *m*
Binnen... вну́тренний
Binnendüne *f* материко́вая дю́на *f*
Binnenfahrgastschiff *n* пассажи́рское су́дно *n* вну́треннего пла́вания
Binnenhafen *m* вну́тренний порт *m*
Binnenhandel *m* вну́тренняя торго́вля *f*
Binnenmeer *n* вну́треннее мо́ре *n*
Binnenreede *f* вну́тренний рейд *m*
Binnenseehafen *m* озёрный порт *m*
binodal *(Math)* бинода́льный
binokular *(Opt)* бинокуля́рный
Binom *n (Math)* бино́м *m*, двучле́н *m*
Binomial... *(Math)* биномиа́льный, двучле́нный
binominal *(Math)* биномиа́льный, двучле́нный
Binominalreihe *f (Math)* биномина́льный ряд *m*
binomisch *(Math)* биномиа́льный, двучле́нный
Binormale *f (Math)* бинорма́ль *f*
Bioakustik *f* биоаку́стика *f*
Biobatterie *f* биобатаре́я *f*
Biochemie *f* биохи́мия *f*, биологи́ческая хи́мия *f*
biochemisch биохими́ческий
Biocomputer *m* биокомпью́тер *m*
bioelektrisch биоэлектри́ческий
Bioelektrizität *f* биоэлектри́чество *n*
Bioelektronik *f* биоэлектро́ника *f*, биологи́ческая электро́ника *f*
Bioenergetik *f* биоэнерге́тика *f*
Bioengineering *n* биоте́хника *f*
Biofilter *n* биологи́ческий фильтр *m*, биофи́льтр *m*; аэрофи́льтр *m (biologische Abwasserreinigung)*
Biogas *n* биога́з *m*, биохими́ческий газ *m*
Biogeochemie *f* биогеохи́мия *f*
Biohydroakustik *f* биогидроаку́стика *f*
Bioindikator *m (Ökol)* биоиндика́тор *m*
Biokatalysator *m* биокатализа́тор *m*
Biokatalyse *f* биоката́лиз *m*
Bioklima *n* биокли́мат *m*
Bioklimatologie *f (Meteo)* биоклимато-ло́гия *f*
Biokorrosion *f* биокорро́зия *f*
Biokristall *m* биокриста́лл *m*
Biolith *m (Geol)* биоли́т *m*
Biologie *f*/**kosmische** косми́ческая биоло́гия *f*
biologisch биологи́ческий
Biolumineszenz *f* биолюминесце́нция *f*
Biomasse *f* биома́сса *f*
Biomechanik *f* биомеха́ника *f*
Biometeorologie *f* биометеороло́гия *f*
Biometrie *f* биоме́трия *f*
Bionik *f* био́ника *f*
Biophysik *f* биофи́зика *f*
Biopotential *n s.* Biopotenzial
Biopotenzial *n* биоэлектри́ческий потенциа́л *m*
Bioreaktor *m* биоте́нк *m*
biorthogonal *(Math)* биортогона́льный
Biosatellit *m* биоспу́тник *m*
Biosensor *m* биода́тчик *m*
Biosphäre *f* биосфе́ра *f*
Biosphärenreservat *n (Ökol)* биосфе́рный резерва́т *m*
Biosputnik *m* биологи́ческий спу́тник *m*
Biostatistik *f* биостати́стика *f*
Biosteuerung *f* биоуправле́ние *n*
Biostrom *m* биото́к *m*
Biosynthese *f* биоси́нтез *m*
Biotank *m* биоте́нк *m*
Biotechnik *f* биоте́хника *f*
Biotechnologie *f* биотехноло́гия *f*
Biotit *m (Min)* биоти́т *m (Magnesiaglimmer)*
Biotron *n* биотро́н *m (Klimakammer)*
Biot-Zahl *f s.* Nußelt-Zahl *f*
Biozone *f (Geol)* биозо́на *f*
Biozönose *f (Ökol)* биоцено́з *m*
bipolar биполя́рный
Bipolarschaltkreis *m (Eln)* биполя́рная (интегра́льная) схе́ма *f*
Bipolarschaltung *f (Eln)* биполя́рная (интегра́льная) схе́ма *f*

Bipolartechnologie *f (Eln)* биполя́рная технoло́гия *f*
Bipolartransistor *m* биполя́рный транзи́стор *m*
Biprisma *n (Opt)* бипри́зма *f*
Biquadrat *n (Math)* биквадра́т *m*
biquadratisch *(Math)* биквадра́тный
biradial *(Math)* бирадиа́льный
birational *(Math)* бирациона́льный
Birne *f (Met)* рето́рта *f (des Konverters)*
birnenförmig грушеви́дный
Bisektrix *f (Krist, Math)* биссектри́са *f*
Bismut *n (Ch)* ви́смут *m*, Bi
Bismut... ви́смутовый
Bismuthin *m (Min)* висмути́н *m*
Bismutit *m (Min)* висмути́т *m*
Bit *n (Inf)* бит *m*, двои́чная едини́ца *f*; (двои́чный) разря́д *m*
~/höchstwertiges *(Inf)* ста́рший разря́д *m*
~/niederwertig(st)es *(Inf)* мла́дший разря́д *m*
Bit... *(Inf)* разря́дный
32-Bit-...*(Inf)* 32-разря́дный
Bit-Anzahl *f (Inf)* разря́дность *f*
Bitfolge *f (Inf)* двои́чная строка́ *f*
Bitkette *f (Inf)* двои́чная строка́ *f*
Bitmapping *n (Inf)* поби́товое [поэлеме́нтное] отображе́ние *n*
bitorientiert *(Inf)* разря́дно-ориенти́рованный, поби́тно-ориенти́рованный
Bit-Slice-Prozessor *m (Eln)* разря́дно-мо́дульный (микро)проце́ссор *m*
Bitterspat *m (Min)* магнези́т *m*
Bitumen *n* биту́м *m*
Bitumen... биту́мный
bitumenhaltig биту́мный
Bitumenlack *m (Bw)* биту́мный лак *m*
Bitumenschiefer *m* битумино́зный сла́нец *m*
Bitumi(ni)sieren *n* битуми(ни)за́ция *f*
bituminös биту́мный
bitweise *(Inf)* поразря́дный
bivalent *(Ch)* двухвале́нтный, бивале́нтный
Bk *s.* Berkelium
Blähen *n* вспу́чивание *n*; вспуче́ние *n*
Blähschlacke *f* вспу́ченный шлак *m*
Blanchieren *n (Lebm, Led)* бланши́рование *n*
blank 1. све́тлый; 2. оголённый *(Leiter)*
Blase *f* пузы́рь *m*; *(Gieß)* ра́ковина *f (in Gussstücken)*
Blasebalg *m* (кузне́чный) мех *m*
Blasen *n* 1. вдува́ние *n*; 2. *(Met)* проду́вка *f (Konverter)*; 3. *(Glas)* выдува́ние *n*; 4. *(Glas)* бурле́ние *n (der Schmelze)*; 5. *(Kst)* выдува́ние *n*; разду́в *m*
Blasenkammer *f (Kern)* пузырько́вая ка́мера *f*
Blasenlassen *n (Glas)* бурле́ние *n (der Schmelze)*
Blasenspeicher *m (Inf)* па́мять *f* [запомина́ющее устро́йство *n*] на цилиндри́ческих магни́тных доме́нах
Blasform *f (Met)* (возду́шная) фу́рма *f (Hochofen)*
blasig пузы́рчатый, пузы́ристый; губча́тый; *(Gieß)* ноздрева́тый *(Blöcke)*, по́ристый, ра́ковистый, с ра́ковинами *(Gussstücke)*
Blasverformung *f (Kst)* пневмоформова́ние *n*
Blaswirkung *f (El)* дутьё *n*
Blatt *n* 1. *(Typ, Pap)* лист *m*; 2. *(Wkz)* полотно́ *n*; 3. *(Bw)* накла́дка *f (Holzverbindung)*; 4. ло́пасть *f (z. B. eines Mischers)*
blättchenförmig поло́счатый
Blattdrucker *m (Inf)* пострани́чное печа́тающее устро́йство *n*
blätterig поло́счатый
Blättern *n (Inf)* сме́на *f* страни́ц, листа́ние *n (am Bildschirm)*
Blattfänger *m (Lw)* ботволову́шка *f*
Blattfeder *f* листова́я рессо́ра *f*
Blattgold *n* золота́я фольга́ *f*
Blattschreiber *m s.* Blattdrucker
Blattsilber *n* сере́бряная фольга́ *f*
Blau *n* синь *f (Farbstoff)*
blaubrüchig *(Wkst)* синело́мкий *(Stahl)*
Blaubrüchigkeit *f (Wkst)* синело́мкость *f (von Stahl)*
Blaufilter *n (Photo)* си́ний светофи́льтр *m*
Blaugrünfilter *n (Photo)* голубо́й светофи́льтр *m*
Blaulicht *n (Kfz)* си́ний про́блесковый сигна́л *m*
Blausäure *f (Ch)* сини́льная кислота́ *f*
Blauschriftröhre *f (TV)* скиатро́н *m*

Blech *n (Wlz)* (стально́й) лист *m*; жесть *f (niedrig gekohltes Feinblech)*; листово́й мета́лл *m*
Blech... *(Wlz)* листово́й; жестяно́й
Blechbiegemaschine *f (Umf)* листоги́бочная маши́на *f*, листоги́бочный стано́к *m*
Blechbiegepresse *f (Umf)* листоги́бочный пресс *m*
Blechbüchse *f* жестя́нка *f*
Blechkanne *f* бидо́н *m*
Blechkern *m (El)* листово́й серде́чник *m*
Blechrichtmaschine *f* листоправи́льная маши́на *f*
Blechschrott *m* листовы́е отхо́ды *mpl*
Blechstapelvorrichtung *f (Förd)* листоукла́дчик *m*, па́йлер *m*
Blechstapler *m s.* Blechstapelvorrichtung
Blechstraße *f* листово́й (прока́тный) стан *m*
Blechumformen *n* листова́я штампо́вка *f*
Blechumformung *f* листова́я штампо́вка *f*
Blechwalze *f (Wlz)* листопрока́тный вало́к *m*
Blechwalzen *n (Wlz)* листопрока́тка *f*
Blechwalzstraße *f* листово́й (прока́тный) стан *m*
Blechwalzwerk *n* листово́й (прока́тный) стан *m*
Blei *n* 1. *(Ch)* свине́ц *m*, Pb; 2. *(Met)* свине́ц *m*
~/gediegenes *(Min)* саморо́дный свине́ц *m*
Blei... свинцо́вый
Bleiakkumulator *m (El)* свинцо́вый аккумуля́тор *m*
Bleibenzin *n* этили́рованный бензи́н *m*
Bleich... бели́льный
Bleiche *f* 1. *(Text)* отбе́лка *f*, беле́ние *n*; 2. обелива́тель *m*, отбелива́ющее сре́дство *n*
bleichen *(Text)* отбе́ливать, бели́ть
Bleichen *n s.* Bleiche 1.
Bleicherei *f* бели́льня *f*
Bleichkalk *m* хло́рная [бели́льная] и́звесть *f*
Bleiglanz *m (Min)* свинцо́вый блеск *m*, галени́т *m*
Bleiglas *n* свинцо́вое стекло́ *n*
Bleiglätte *f (Met)* свинцо́вый глёт *m*
Bleikontamination *f (Ökol)* свинцо́вое загрязне́ние *n*
Bleikristall *n (Glas)* свинцо́вый хруста́ль *m*
Bleikristallglas *n (Glas)* свинцо́вый хруста́ль *m*
Bleimantelkabel *n (El)* освинцо́ванный ка́бель *m*
Bleimennige *f (Min)* свинцо́вый су́рик *m*
Bleischwamm *m* гу́бчатый свине́ц *m*
Blendboden *m (Bw)* нака́т *m*
Blende *f* 1. *(Opt, Photo)* диафра́гма *f*; 2. *(Opt, Kine)* обтюра́тор *m*; 3. *(Photo)* (светозащи́тная) бле́нда *f*; 4. *(Min)* обма́нка *f*
blenden *(Licht)* слепи́ть
Blendeneinstellung *f (Photo)* диафрагми́рование *n*
Blendenzahl *f (Opt, Photo)* относи́тельное фо́кусное расстоя́ние *n*, диафра́гменное число́ *n*
blendfrei ма́товый
Blendstein *m (Bw)* облицо́вочный кирпи́ч *m*
Blendung *f (Licht)* слепи́мость *f*; бле́скость *f*; ослепле́ние *n*
blendungsfrei неслепя́щий
Blendwirkung *f* бле́скость *f*
blind 1. слепо́й; 2. глухо́й *(z. B. Blindflansch)*
Blind... 1. *(El)* реакти́вный; 2. глухо́й *(z. B. Blindflansch)*
Blindbelastung *f (El)* реакти́вная нагру́зка *f*
Blindenschrift *f* шрифт *m* Бра́йля
Blindflansch *m* глухо́й фла́нец *m*, загл́ушка *f*
Blindflug *m* полёт *m* по прибо́рам, слепо́й полёт *m*
Blindkaliber *n (Wlz)* холосто́й кали́бр [про́пуск] *m*
Blindkomponente *f (El)* реакти́вная составля́ющая *f*
Blindlandung *f (Flg)* поса́дка *f* по прибо́рам
Blindlast *f (El)* реакти́вная нагру́зка *f*
Blindleistung *f (El)* реакти́вная мо́щность *f*
Blindleistungsmesser *m (El)* варме́тр *m*

Blindleistungsmessinstrument *n (El)* варме́тр *m*
Blindleitwert *m (El)* реакти́вная проводи́мость *f*, сусцепта́нц *m*
~/**akustischer** *(Ak)* сусцепта́нц *m*
Blindort *n (Bgb)* глухо́й забо́й *m*
Blindschacht *m (Bgb)* гезе́нк *m*, слепо́й (ша́хтный) ствол *m*
Blindschloss *n (Bw)* врезно́й замо́к *m*
Blindspannung *f (El)* реакти́вное напряже́ние *n*
Blindstrom *m (El)* реакти́вный ток *m*
Blindwalze *f (Wlz)* опо́рный вало́к *m*; холосто́й вало́к *m*
Blindwiderstand *m (El)* реакти́вное сопротивле́ние *n*, реакта́нс *m*, реакти́вность *f*
Blinker *m (Kfz)* указа́тель *m* поворо́та
Blinkkomparator *m (Astr)* блинк-компара́тор *m*
Blinkleuchte *f (Kfz)* указа́тель *m* поворо́та
Blinklicht *n (Kfz)* мига́ющий свет *m*
Blinksignal *n (Eb)* мига́ющий [светово́й] сигна́л *m*
Blitz *m* 1. мо́лния *f*; *(Photo)* вспы́шка *f*
Blitzableiter *m* грозово́й разря́дник *m*, молниеотво́д *m*
Blitzentladung *f* 1. грозово́й разря́д *m*, грозоразря́д *m*; 2. мо́лния *f*
Blitzlampe *f s.* Blitzlichtlampe
Blitzlicht *n (Photo)* фотовспы́шка *f*
Blitzlichtgerät *n (Photo)* фотовспы́шка *f*
Blitzlichtlampe *f (Photo)* фотовспы́шка *f*, ла́мпа-вспы́шка *f*
Blitzschutz *m* грозозащи́та *f*; молниезащи́та *f*
Blitzschutzschalter *m (El)* грозово́й переключа́тель *m*
Block *m* 1. блок *m*; 2. *(Eb)* блок *m*, блокиро́вка *f*; 3. *(Wlz)* сли́ток *m*; *(Gieß)* болва́нка *f*; 4. *(Bw)* кварта́л *m*; блок *m*
~/**automatischer** *(Eb)* автоблокиро́вка *f*, автомати́ческая блокиро́вка *f*
~/**fester** неподви́жный блок *m (eines Rollenzuges)*
~/**selbsttätiger** *s.* ~/automatischer
Block... бло́чный; *(Eb)* блокиро́вочный
Blockabschnitt *m (Eb)* блок-уча́сток *m*
Blockaggregat *n* монобло́к *m*, бло́чный агрега́т *m*
Blockbauweise *f* 1. агрегати́рование *n*; 2. *(Bw)* бло́чный ме́тод *m*; 3. бло́чная констру́кция *f*
Blockbrecher *m (Met)* слитколома́тель *m*
Blockcopolymer(isat) *n (Ch)* блок-полиме́р *m*
Blockcopolymerisation *f (Ch)* блок-сополимериза́ция *f*
Blockdrücker *m (Wlz)* выта́лкиватель *m*, толка́тель *m*
Blockeinrichtung *f (Eb)* блокиро́вочное устро́йство *n*
Blocken *n* 1. *(Wlz)* обжа́тие *n*; 2. *(Eb)* блокиро́вка *f*, блокирова́ние *n*
Blockende *n (Inf)* коне́ц *m* бло́ка
Blockfeld *n (Eb)* блок-механи́зм *m*, блок *m*
Blockform *f (Met)* изло́жница *f*
Blockholz *n* кряж *m*
blockieren блоки́ровать, заблоки́ровать
Blockieren *n* блокиро́вка *f*, блоки́рование *n*; запира́ние *n*
Blockierkondensator *m (El)* блокиро́вочный конденса́тор *m*
blockiert блоки́рованный
Blockierung *f s.* Blockieren
~/**wechselseitige** *(Inf)* взаимоблокиро́вка *f*
Blockierungs... блокиро́вочный
Blocking-Generator *m (TV)* бло́кинг-генера́тор *m*
Blockkaliber *n (Wlz)* черново́й кали́бр *m*
Blockkokille *f (Met)* изло́жница *f*
Blockkopf *m (Gieß)* при́быль *f (Gussblock)*
blocklos *(Wlz)* бессли́тковый
Blockmischpolymer(isat) *n (Ch)* блок-сополиме́р *m*
Blockmischpolymerisation *f (Ch)* блок-сополимериза́ция *f*
Blockmontage *f* бло́чный монта́ж *m*
blockorientiert *(Inf)* бло́чно-ориенти́рованный, структу́рно-си́мвольный
Blockpolymer(isat) *n s.* Blockmischpolymer
Blockrelais *n (Eb)* блок-реле́ *n*
Blockrest *m s.* Pressrest
Blocksatz *m (Eb)* блок-механи́зм *m*
Blockschaltbild *n (El)* блок-схе́ма *f*

Blockschaltplan *m (El)* блок-схéма *f*
Blockseigerung *f (Wkst)* зонáльная ликвáция *f*
Blocksignal *n (Eb)* блок-сигнáл *m*
Blockstahl *m* литáя сталь *f*
Blockstation *f (Eb)* блок-стáнция *f*
Blockstelle *f (Eb)* блокпóст *m*
Blockstraße *f (Wlz)* обжимнóй (прокáтный) стан *m*, блю́минг *m*
~/**leichte** мáлый блю́минг *m*
Blockstrecke *f (Eb)* блок-у́часток *m*
Blockübertragung *f (Inf)* передáча *f* блóками *(von Daten)*
Block- und Brammenwalzwerk *n (Wlz)* блю́минг-сля́бинг *m*
Blockverschluss *m (Eb)* блокирóвка *f*
Blockwalzwerk *n s.* Blockstraße
Blockwender *m (Wlz)* манипуля́тор *m* *(an der Walzstraße)*
Blockwerk *n (Eb)* блок-аппарáт *m*, блокпóст *m*, блок-стáнция *f*
Bloßlegen *n* обнажéние *n*
Bloßlegung *f* обнажéние *n*
Blutdialysegerät *n (Med)* гемидиализáтор *m*
Blüte *f (Min)* цветы́ *mpl*
Blutspendezentrale *f (Med)* дóнорский пункт *m*
Bö *f (Meteo)* шквал *m*, пóрыв *m* (вéтра)
Bobby *m (Photo)* бобы́шка *f*
Bock *m* 1. кóзлы *mpl*; подстáвка *f*; 2. *(Bw)* кронштéйн *m*; *(Bw)* бáбка *f*
Bockgerüst *n* двунóга *f*
Bockkran *m* козловóй кран *m*
Boden *m* 1. дно *n*, дни́ще *n*; 2. пóчва *f*, грунт *m*; земля́ *f*; 3. *(Led)* низ *m*; 4. *(Ch)* тарéлка *f (Destillation)*; 5. *(Bw)* чердáк *m*
~/**felsiger** скáльный грунт *m*
~/**feuchter** влáжная пóчва *f*
~/**gewölbter** вы́пуклое дни́ще *n*
~/**humider** влáжная пóчва *f*
~/**humoser** гу́мусовая [перегнóйная] пóчва *f*
~/**lehmiger** гли́нистый грунт *m*
~/**sandiger** песчáный грунт *m*
~/**toniger** гли́нистый грунт *m*
~/**versalzter** *(Ökol)* засолённая земля́ *f*
~/**zerstörter** *(Ökol)* нару́шенная земля́ *f*
Boden... пóчвенный; грунтовóй; земнóй
Bodenbearbeitung *f* почвообрабóтка *f*
Bodenbearbeitungs... почвообрабáтывающий
Bodenbearbeitungsgerät *n* почвообрабáтывающая маши́на *f*
Bodenentlader *m (Förd)* дóнный разгру́зчик *m*
Bodenentleerung *f (Förd)* дóнная разгру́зка *f*
Bodenerosion *f* эрóзия *f* пóчвы
Bodenfräse *f (Lw)* (пóчвенная) фрезá *f*
Bodenfreiheit *f (Kfz)* дорóжный просвéт *m*
Bodengreifer *m* грунтозацéп *m (des Radschleppers)*
Bodenguss *m (Gieß)* сифóнная разли́вка *f*
Bodenhobel *m (Bw)* струг *m*
Bodenkörper *m (Ch)* преципитáт *m*
Bodenkunde *f* почвовéдение *n*, грунтовéдение *n*
Bodenlockerer *m* почворыхли́тель *m*, рыхли́тель *m* пóчвы [гру́нта]
Bodenlockerungsgerät *n s.* Bodenlockerer
Bodenlog *n (Schiff)* дóнный лаг *m*
Bodenmechanik *f* механика *f* гру́нтов
Bodenmüdigkeit *f (Lw)* почвоутомлéние *n*, утомлéние *n* пóчвы
Bodensatz *m* отстóй *m*, (дóнный) осáдок *m*; муть *f*
Bodenschätze *mpl (Geol)* полéзные ископáемые *npl*
Bodensenkung *f* оседáние *n* пóчвы; *(Geol)* впáдина *f*, ни́зина *f*, лощи́на *f*
bodenständig мéстный
Bodenstation *f* назéмная стáнция *f*
Bodenstaubsauger *m* напóльный пылесóс *m*
Bodenventil *n* дóнный клáпан *m*; *(Schiff)* кингстóн *m*
Bodenverdichtung *f (Bw)* уплотнéние *n* гру́нта
Bodenverfestigung *f (Bw)* стабилизáция *f* гру́нтов, укреплéние *n* гру́нта
Bodenwelle *f (Rf)* повéрхностная волнá *f*
Bodenwrange *f (Schiff)* флор *m*
Bogen *m* 1. *(Bw)* áрка *f*; свóд *m*; 2. *(Typ, Pap)* лист *m*; 3. *(El)* дугá *f*; 4. кри́вая *f* (пути́)
~/**eingespannter** *(Bw)* бесшарни́рная áрка *f*

Bogenanleger *m (Typ)* самонакла́д *m*
Bogenbinder *m (Bw)* а́рочная фе́рма *f*
Bogenbrücke *f* а́рочный мост *m*
Bogenentladung *f (El)* дугово́й разря́д *m*
Bogengang *m (Bw)* арка́да *f*
Bogengerüst *n (Bw)* кружа́ла *npl*
Bogengrad *m* гра́дус *m*
Bogenkämpfer *m (Bw)* пята́ *f* а́рки
Bogenkrater *m (El)* кра́тер *m*
Bogenlampe *f* дугова́я ла́мпа *f*
Bogensekunde *f (Math)* (углова́я) секу́нда *f (Einheit des ebenen Winkels)*
Bogenspektrum *n (Kern)* дугово́й спектр *m*
Bogenstaumauer *f (Hydt)* а́рочная плоти́на *f*
Bogenträger *m (Bw)* а́рочная фе́рма *f*
Bohle *f (Bw)* брус *m*; доска́ *f*
Bohlen... доща́тый
Bohnermaschine *f* **/elektrische** электри́ческий полотёр *m*, электрополотёр *m*
Bohnerwachs *n* мастика *f*
Bohr... *(Fert)* сверли́льный; *(Bgb)* бурово́й, бури́льный
Bohraggregat *n (Bgb)* бурово́й агрега́т *m*
Bohranlage *f (Bgb)* бурова́я устано́вка *f (Tiefbohrtechnik)*
Bohrarbeiten *fpl (Bgb, Erdöl, Bw)* буровы́е рабо́ты *fpl*
Bohrautomat *m (Wkzm)* сверли́льный автома́т *m*
bohren *(Fert)* сверли́ть; *(Bgb)* бури́ть
Bohren *n (Fert)* сверле́ние *n*; *(Bgb)* буре́ние *n*
~**/gerichtetes** *(Bgb)* напра́вленное буре́ние *n*
~**/hydraulisches** *(Bgb)* гидробуре́ние *n*
~**/thermisches** *(Bgb)* терми́ческое буре́ние *n*
~**/übertiefes** *(Bgb)* сверхглубо́кое буре́ние *n*
Bohrer *m* 1. *(Wkz)* сверло́ *n*; 2. *(Bgb)* бур *m*; 3. бура́в *m (für Holz)*; 4. *(Med)* бор *m*
~**/hydraulischer** *(Bgb)* гидробу́р *m*
Bohrerhalter *m (Wkzm)* сверлодержа́тель *m*
Bohrfutter *n (Wkzm)* сверли́льный патро́н *m*
Bohrgarnitur *f (Bgb)* бурово́й снаря́д *m*
Bohrgerät *n (Bgb)* бурово́й стано́к *m (für Tiefbohrungen)*
Bohrgerüst *n (Bgb)* копёр *m*
Bohrgeschwindigkeit *f (Bgb)* ско́рость *f* буре́ния
Bohrgestänge *n (Bgb)* 1. бури́льная труба́ *f*; 2. бури́льная коло́нна *f*
Bohrhammer *m (Bgb)* бури́льный молото́к *m*, перфора́тор *m*
Bohrinsel *f (Erdöl)* (морска́я) бурова́я платфо́рма *f*
Bohrkern *m (Bgb)* (бурово́й) керн *m*, коло́нка *f*
Bohrklein *n (Bgb)* бурова́я ме́лочь *f*, штыб *m*
Bohrkopf *m (Wkz)* сверли́льная голо́вка
Bohrkrone *f (Bgb)* (бурова́я) коро́нка *f*
Bohrloch *n (Bgb)* (бурова́я) сква́жина *f*, шпур *m*
~**/besetztes** заряжа́емый шпур *m*
Bohrlochkernentnahmegerät *n (Bgb)* кернооотбо́рник *m*
Bohrlochmessung *f (Bgb, Geol)* карота́ж *m*
~**/elektrische** электрокарота́ж *m*
~**/radioaktive** радиоакти́вный карота́ж *m*
~**/seitliche** боково́й карота́ж *m*
Bohrlochpumpe *f (Erdöl)* глуби́нный насо́с *m*
Bohrlochspülung *f (Bgb)* промы́вка *f* сква́жины
Bohrlochtorpedierung *f (Erdöl)* торпеди́рование *n* сква́жин
Bohrlochwandung *f (Bgb)* сте́нка *f* сква́жины
Bohrlochzement *m (Bgb)* тампона́жный цеме́нт *m*
Bohrmaschine *f* 1. *(Wkzm)* сверли́льный стано́к *m*; 2. *(Bgb)* бурово́й стано́к *m (für Tiefbohrungen)*; 3. *(stomatologische)* бормаши́на *f*
Bohrmeißel *m (Bgb)* (бурово́е) долото́
Bohrprahm *m* бурова́я шала́нда *f*
Bohrschlamm *m (Bgb)* бурова́я грязь *f*, бурово́й шлам *m*
Bohrschmant *m s.* Bohrschlamm
Bohrstange *f (Bgb)* бури́льная шта́нга *f*, бури́льная труба́ *f (Erdölbohrung)*

Bohrsupport *m* сверли́льный су́ппорт *m*
Bohrturm *m (Bgb)* бурова́я вы́шка *f*; копёр *m*
Bohr- und Lade... *(Bgb)* буропогру́зочный
Bohrung *f* 1. *(Masch)* отве́рстие *n*; 2. *(Bgb)* (бурова́я) сква́жина *f*
~/**eruptierende** фонтани́рующая [фонта́нная] сква́жина *f*
~/**geneigte** накло́нная сква́жина *f*
Bohrverfahren *n (Bgb)* спо́соб *m* буре́ния
Bohrwerk *n* расто́чный стано́к *m*
Bohrwerkzeug *n* 1. *(Wkz)* сверли́льный инструме́нт *m*; 2. *(Bgb)* буровóй инструме́нт *m*
Bohrwinde *f (Wkz)* коловоро́т *m*
Boiler *m (Wmt)* бо́йлер *m*
Boje *f (Schiff)* буй *m*; ба́кен *m*; бо́чка *f*
Bolid *m (Astr)* боли́д *m*
Bologramm *n (Ph)* болигра́мма *f*
Bolometer *n (Ph)* боло́метр *m*
Bolometer... болометри́ческий
Bolometeraufzeichnung *f (Ph)* болигра́мма *f*
bolometrisch болометри́ческий
Bolzen *m* 1. болт *m*; па́лец *m*; шкво́рень *m*; 2. штырь *m*
Bolzenschraube *f (Masch)* шпи́лька *f*
Bolzmann-Konstante *f (Therm)* постоя́нная *f* Бо́льцмана
Bombage *f* бомба́ж *m (von Konservendosen)*
Bombieren *n* бомбиро́вка *f (von Walzen)*
Bombierung *f* бомбиро́вка *f (von Walzen)*
Bondanlage *f (Eln)* устано́вка *f* микросва́рки, устано́вка *f* для монта́жа [присоедине́ния]
bonden *(Eln)* соединя́ть, присоединя́ть *(Chips)*
Bonden *n (Eln)* прива́рка *f*, прива́ривание *n*, присоедине́ние *n* (криста́ллов), микросва́рка *f*
Bonder *m s.* Bondanlage
Bondern *n (Met)* бондериза́ция *f*
Bonderverfahren *n (Met)* бондериза́ция *f*
Bondfläche *f (Eln)* конта́ктная площа́дка *f*
Bondhügel *m (Eln)* сто́лбиковый вы́вод *m*
Bondinsel *f (Eln)* конта́ктная площа́дка *f*
Bondstelle *f (Eln)* конта́ктная площа́дка *f*
Boomer *m (Rf)* низкочасто́тный громкоговори́тель *m*
Booster *m (Rak)* бу́стер *m*; ста́ртовый двига́тель *m* (раке́ты)
Booster-Generator *m (El)* вольтодоба́вочный генера́тор *m*
Boosterpumpe *f* бу́стер-насо́с *m*, бу́стерный насо́с *m*
Boostertriebwerk *n s.* Booster
Boot *n* ло́дка *f*; шлю́пка *f*; ка́тер *m*; бот *m*
Bootsdavit *m (Schiff)* шлюпба́лка *f*
Bootsdiesel(motor) *m* ка́терный ди́зель *m*
Bootshaken *m* шлю́почный крюк *m*, баго́р *m*
Bootsklampe *f (Schiff)* кильбло́к *m*
Bootsmotor *m* ка́ртерный [ло́дочный, шлю́почный] дви́гатель *m*
Bootstraplader *m (Inf)* загру́зчик *m* програ́ммы раскру́тки, нача́льный загру́зчик *m*, самозагру́зчик *m*, програ́мма *f* саморазгру́зки
Bootstrapping *m (Inf)* самозагру́зка *f*, нача́льная загру́зка *f*
Bor *n (Ch)* бор *m*, B
Boracit *m (Min)* бораци́т *m*
Borax *m (Ch, Min)* бура́ *f*
Bord *m* 1. *(Schiff)* борт *m*; 2. борт *m (Flansch)*, бу́ртик *m*
Bordausrüstung *f (Flg, Schiff)* бортова́я аппарату́ра *f*
Bördel *m* (отборто́ванная) кро́мка *f*; бу́ртик *m*
Bordelektronik *f (Flg)* авио́ник *m*
Bördelmaschine *f* кромко(от)ги́бочный стано́к *m*, кромко(от)ги́бочная маши́на *f*
bördeln *(Fert)* отборто́вывать, отгиба́ть (край [кро́мку]); зака́тывать
Bördeln *n (Fert)* отборто́вка *f*, отгиба́ние кра́я [кро́мки]; зака́тка *f*
Bördelpresse *f* отборто́вочный пресс *m*
Bördelrand *m* отборто́ванная кро́мка *f*; отборто́ванный край *m*

Bördelung *f s.* Bördeln
Bordfunkanlage *f (Schiff)* бортовáя радиостáнция *f*
Bordkante *f (Bw)* бордю́р *m*
Bordrechner *m* бортовáя вычисли́тельная маши́на *f*, бортовáя ЭВМ *f*
Bordring *m* бортовóе кольцó *n*
Bordschreiber *m s.* Flugdatenschreiber
Bordüre *f (Text)* бордю́р *m*
Bordwand *f (Kfz, Schiff)* борт *m*
Bordwand... *(Kfz, Schiff)* бортовóй
borhaltig *(Ch)* бóристый
Borieren *n (Met)* бори́рование *n*
Borke *f* корá *f*
Bornit *m (Min)* борни́т *m*
borsauer *(Ch)* борноки́слый
Bort *m (Min)* борт *m*
Borte *f (Text)* бордю́р *m*
Böschung *f* 1. откóс *m*; 2. *(Bgb)* борт *m (Tagebau)*
Böschungsmulde *f (Eb)* кювéт *m*
Böschungswinkel *m* ýгол *m* откóса
Bose-Einstein-Kondensation *f (Ph)* конденсáция *f* Бóзе-Эйнштéйна
Bose-Einstein-Statistik *f (Ph)* стати́стика *f* Бóзе-Эйнштéйна
Bose-Gas *n (Ph)* Бóзе-газ *m*
Bose-Teilchen *n s.* Boson
Boson *n (Kern)* бозóн *m*, части́ца *f* Бóзе
Botel *n* ботéль *m (Hotel auf dem Wasser)*
Böttcherzange *f (Wkz)* натя́г *m*
Bottich *m* чан *m*; бак *m*
Boxermotor *m* оппози́тный двигатель *m*
BPU *f s.* Basissoftware
Bq *s.* Becquerel
Br *s.* Brom
Brache *f* 1. *(Lw)* зáлежь *f*; 2. паровóе пóле *n*, пар *m*
~/reine чи́стый пар *m*
~/unbestellte чи́стый пар *m*
Brachland *n s.* Brache
Brachlandgrubber *m (Lw)* паровóй культивáтор *m*
Brailleschrift *f* шрифт *m* Брáйля
Bramme *f (Wlz)* сляб *m*; плóская заготóвка *f*
Brammenstraße *(Wlz)* сля́бинг *m*
Brammenwalzwerk *n (Wlz)* сля́бинг *m*
Branche *f* óтрасль *f*
Brand *m* 1. пожáр *m*; 2. *(Ker)* óбжиг *m*
Brand... пожáрный
Brandgefahr *f* пожароопáсность *f*
brandgefährdet пожароопáсный
brandgefährlich пожароопáсный
Brandschott *n (Schiff)* противопожáрная перебóрка *f*
Brandschutz *m* противопожáрная защи́та *f*
Brandschutz... противопожáрный
Brandschutzeinrichtung *f* противопожáрное устрóйство *n*
brandsicher пожаробезопáсный
Brandsicherheit *f* пожáрная безопáсность *f*
Brandung *f (Hydrol)* прибóй *m (der Wellen)*
Branntkalk *m (Bw)* жжёная и́звесть *f*
Branntweinbrennerei *f* винокурéние *n*
brauen вари́ть *(Bier)*
Brauen *n* пивоварéние *n*
Brauerei *f* 1. пивоварéние *n*; 2. пивовáренный завод *m*
Brauneisenstein *m (Min)* лимони́т *m*
Braunkohle *f* бýрый ýголь *m*
Braunkohlen... буроýгольный
Braunkohlenbrikett *n* буроýгольный брикéт *m*
Braunkohlenlagerstätte *f* буроýгольное месторождéние *n*
Braunkohlentagebau *m* буроýгольный карьéр *m*
Braunkohlenteer *m* буроýгольный дёготь *m*
Brause *f* душ *m*
Bravais-Gitter *n (Krist)* решётка *f* Бравé
Bra-Vektor *m (Math)* бра-вéктор *m*
Breccie *f (Geol)* брéкчия *f*
Brechanlage *f* дроби́льная установка *f (Aufbereitung)*
Brechbarkeit *f* дроби́мость *f (z. B. von Erz)*
Brecheisen *n (Wkz)* лом *m*
brechen 1. дроби́ть, измельчáть; ломáть *(z. B. Erz)*; 2. мять *(Flachs)*; 3. *(Opt)* преломля́ть
Brechen *n* дроблéние *n*; измельчéние *n*; лóмка *f (z. B. Erz)*; раздроблéние *n (von Steinen, Erzen)*
Brecher *m* дроби́лка *f*, дроби́льная установка *f (Aufbereitung)*; измельчи́тель *m*

Brechkraft *f (Opt)* опти́ческая си́ла *f*
Brechmaschine *f (Text)* мя́лка *f (für Flachs)*
Brechmühle *f* дроби́льная ме́льница *f*
Brechstange *f (Wkz)* лом *m*
Brechung *f (Opt)* преломле́ние *n*, рефра́кция *f*
~ **des Lichtes** рефра́кция *f* све́та
~/**doppelte** двойно́е преломле́ние *n*
Brechungsgesetz *n (Opt)* зако́н *m* преломле́ния
Brechungsindex *m (Opt)* показа́тель *m* преломле́ния
Brechungskoeffizient *m (Opt)* коэффицие́нт *m* преломле́ния
Brechungsvermögen *n (Opt)* преломля́ющая спосо́бность *f*, преломля́емость *f*
Brechungswinkel *m (Opt)* у́гол *m* преломле́ния
Brechungszahl *f (Opt)* коэффицие́нт *m* преломле́ния
Brechwerk *n* дроби́льная устано́вка *f*, дроби́лка *f (Aufbereitung)*
Brechwert *m (Opt)* опти́ческая си́ла *f*
Brechzahl *f (Opt)* коэффицие́нт *m* преломле́ния
Brechzahlbestimmung *f (Opt)* рефрактоме́трия *f*
Brei *m (Bw)* те́сто *n*
breiartig тестообра́зный
breiig тестообра́зный
Breitauffahrungs... *(Bgb)* широкозахва́тный
Breitband... 1. *(Rf)* широкодиапазо́нный, широкополо́сный; 2. *(Wlz)* широкополо́сный, широкополосово́й *(Stahl)*
Breitbandantenne *f* широкополо́сная анте́нна *f*
Breitbandfilter *n (Rf)* широкополо́сный фильтр *m*
breitbandig *s.* Breitband... 1.
Breitband(walz)straße *f* широкополосово́й (прока́тный) стан *m*
Breitbandwalzwerk *n* широкополосово́й (прока́тный) стан *m*
Breitbettfelge *f (Kfz)* широ́кий о́бод *m*
Breite *f* 1. ширина́ *f*; 2. широта́ *f*
~/**ekliptikale** *(Astr)* небе́сная широта́ *f*
~/**galaktische** *(Astr)* галакти́ческая широта́ *f*
~/**geographische** географи́ческая широта́ *f*
~/**magnetische** *(Geoph)* магни́тная широта́ *f*
~/**selenographische** селенографи́ческая широта́ *f (des Mondes)*
breiten 1. уширя́ть; 2. *(Schm)* расплю́щивать; разгоня́ть; раско́вывать; 3. *(Wlz)* плю́щить
Breiten *n* 1. ушире́ние *n*; 2. *(Schm)* расплю́щивание *n*; разго́нка *f*; раско́вка *f*; 3. *(Umf)* вы́тяжка *f*; 4. *(Wlz)* плюще́ние *n*; разда́ча *f*
Breitenkreis *m (Math)* паралле́ль *f*
Breitenverband *m (Bw)* спла́чивание *n*
Breitenverbindung *f (Bw)* спла́чивание *n*
Breitfußschiene *f* широкоподо́швенный рельс *m*
Breithalter *m (Text)* шири́тель *m*; шпару́тка *f (eines Webstuhls)*
Breithammer *m (Wkz)* плющи́льный мо́лот *m*
Breitsämaschine *f (Lw)* разбросна́я се́ялка *f*
Breitschräm... *(Bgb)* широкозахва́тный
Breitspannrahmen *m (Text)* шири́лка *f*
Breitspur *f (Eb)* широ́кая колея́ *f*
Breitspur... *(Eb)* ширококоле́йный
Breitspurbahn *f (Eb)* ширококоле́йная желе́зная доро́га *f*
breitspurig *(Eb)* ширококоле́йный
Breitstrahler *m (Licht)* широкоизлуча́тель *m*
Breitstrecker *m (Text)* шири́тель *m*; шпару́тка *f (eines Webstuhls)*
Breitung *f s.* Breiten
Breitwandfilm *m* широкоэкра́нный кинофи́льм *m*
Brekzie *f s.* Breccie
Brems... тормозно́й
Bremsbacke *f (Eb)* тормозно́й башма́к *m*
Bremsbacken *m (Kfz)* тормозна́я коло́дка *f*
Bremsbelag *m (Kfz)* тормозна́я накла́дка *f*
Bremsberg *m (Bgb)* бре́мсберг *m*
Bremsdynamometer *n* тормозно́й динамо́метр *m*
Bremse *f* то́рмоз *m*
~/**hydraulische** *(Kfz)* гидравли́ческий то́рмоз *m*

~/**mechanische** механи́ческий то́рмоз *m*
~/**pneumatische** возду́шный то́рмоз *m*
~/**selbsttätige** *(Eb)* автомати́ческий то́рмоз *m*
bremsen тормози́ть, затормáживать; *(Kern)* замедля́ть *(Neutronen)*
Bremsen *n* торможе́ние *n*; *(Kern)* замедле́ние *n (Neutronen)*
~/**scharfes** ре́зкое торможе́ние *n*
~/**stoßfreies** пла́вное торможе́ние *n*
Bremsfeld *n (Kern)* тормозя́щее по́ле *n*
Bremsflüssigkeit *f* тормозна́я жи́дкость *f*
Bremsfußhebel *m (Kfz)* педа́ль *f* то́рмоза
Bremshydraulik *f (Kfz)* тормозна́я гидра́влика *f*
Bremsklappe *f (Flg)* тормозно́й щито́к [закры́лок] *m*
Bremsklotz *m (Eb)* тормозна́я коло́дка *f*
Bremskraft *f* тормозна́я си́ла *f*
Bremskraftverstärker *m (Kfz)* усили́тель *m* тормозно́го при́вода
Bremsleistung *f* тормозна́я мо́щность *f*
Bremsleitung *f (Kfz)* тормозна́я магистра́ль *f*
Bremsleuchte *f (Kfz)* фона́рь *m* сигна́ла торможе́ния
Bremslicht *n (Kfz)* сигна́л *m* торможе́ния
Bremsmagnet *m* тормозно́й магни́т *m*
Bremsmoment *n (Mech)* тормозно́й моме́нт *m*
Bremspedal *n (Kfz)* педа́ль *f* то́рмоза
Bremsprobe *f (Kfz, Eb)* про́ба *f* тормозо́в
Bremsschalter *m* тормозно́й выключа́тель *m*
Bremsscheibe *f (Masch)* тормозно́й диск [шкив] *m*
Bremsschirm *m (Flg)* тормозно́й парашю́т *m*
Bremsschlauch *m* тормозно́й рука́в *m*
Bremsschuh *m (Eb)* тормозно́й башма́к *m*
Bremsstoff *m (Kern)* замедли́тель *m*
Bremsstrahlung *f (Kern)* тормозно́е излуче́ние *n*
Bremstrommel *f (Kfz)* тормозно́й бараба́н *m*
Bremsung *f s.* Bremsen
~/**elektrische** *(Eb)* электри́ческое торможе́ние *n*
Bremsventil *n* тормозно́й кла́пан *m*; тормозно́й кран *m*
Bremsvorrichtung *f* тормозно́е устро́йство *n*
Bremsweg *m* путь *m* торможе́ния, тормозно́й путь *m*
Bremswiderstand *m* тормозно́е сопротивле́ние *n*
Bremszaum *m* то́рмоз *m* Про́ни
Bremszylinder *m (Kfz)* тормозно́й цили́ндр *m*
Brenn... 1. горю́чий; 2. *(Opt)* фока́льный; 3. *(Schw)* автоге́нный; 4. *(Ch)* дистилляцио́нный *(Alkoholdestillation)*
Brennapparat *m (Ch)* дистилля́тор *m (Alkoholdestillation)*
brennbar горю́чий
Brennbarkeit *f* горю́честь *f*
Brennebene *f (Opt)* фока́льная пло́скость *f*
Brennelementkern *m (Kern)* то́пливный сте́ржень *m*
brennen 1. горе́ть; 2. *(Ker)* обжига́ть; 3. *(Ch)* дистилли́ровать; перегоня́ть *(Alkohol)*
Brennen *n* 1. горе́ние *n*; 2. *(Ker)* о́бжиг *m*; 3. *(Ch)* дистилля́ция *f*; перего́нка *f (Alkohol)*
~/**oxidierendes** *(Ker)* окисли́тельный о́бжиг *m*
~/**reduzierendes** *(Ker)* восстанови́тельный о́бжиг *m*
Brenner *m* 1. горе́лка *f*; 2. форсу́нка *f (der Kesselfeuerung)*
~/**mehrflammiger** многопла́менная горе́лка *f*
Brenner... форсу́ночный *f*
Brennfleck *m* фо́кусное пятно́ *n*
Brenngas *n* горю́чий газ *m*
Brenngemisch *n (Ch)* горю́чая смесь *f*
Brennkammer *f* ка́мера *f* сгора́ния
Brennkegel *m (Ker)* ко́нус *m* Зе́гера
Brennlinie *f (Opt)* фока́льная ли́ния *f*
Brennmaterial *n s.* Brennstoff
Brennofen *m (Ker)* обжига́тельная [обжиго́вая] печь *f*

Brennpunkt *m* 1. *(Opt)* фо́кус *m*; фока́льная то́чка *f*; 2. *(Math)* фо́кус *m* *(z. B. der Ellipse)*
Brennpunktabstand *m s.* Brennweite
brennputzen *(Gieß)* выжига́ть
Brennputzen *n (Gieß)* выжига́ние *n*
Brennschiefer *m* горю́чий сла́нец *m*
Brennschneiden *n (Schw)* кислоро́дная ре́зка *f*
Brennstab *m (Kern)* тепловыделя́ющий элеме́нт *m*, то́пливный сте́ржень *m*
Brennstoff *m* то́пливо *n*; горю́чее *n*
~/fester твёрдое то́пливо *n*
~/flüssiger жи́дкое то́пливо *n*
~/heizwertreicher высококалори́йное то́пливо *n*
~/hochwertiger высокосо́ртное то́пливо *n*
~/künstlicher иску́сственное то́пливо *n*
~/minderwertiger низкосо́ртное то́пливо *n*
Brennstoff... то́пливный
Brennstoffelement *n (Kern)* то́пливый элеме́нт *m*
Brennstofflager *n* то́пливный склад *m*
Brennstoffstab *m s.* Brennstab
Brennstoffverbrauch *m* расхо́д *m* то́плива
Brennstoffzelle *f (Kern)* то́пливый элеме́нт *m*
Brennweite *f (Opt, Photo)* фо́кусное расстоя́ние *n*
~/dingseitige [objektseitige] пере́днее фо́кусное расстоя́ние *n*
Brennzeit *f (Kern)* выдержка *f*
Brett *n* доска́ *f*
Brigade *f* брига́да *f*
Brikett *n* брике́т *m*
Brikettabrieb *m* брике́тная кро́шка *f*
brikettieren брикети́ровать
Brikettierpresse *f* брикетиро́вочный пресс *m*
Brillant *m (Min)* бриллиа́нт *m*
Brinellhärte *f (Wkst)* тдёрдость *f* по Брине́ллю
Brinell-Härteprüfung *f (Wkst)* определе́ние *n* твёрдости по Брине́ллю
bringen/außer Eingriff *(Masch)* выходи́ть из зацепле́ния *(Zahnradpaar)*
~/in Eingriff *(Masch)* вводи́ть в зацепле́ние *(Zahnradpaar)*

brisant бриза́нтный *(Sprengstoff)*
Brisanz *f* бриза́нтность *f (eines Sprengstoffes)*
Brise *f (Meteo)* бриз *m*, лёгкий ве́тер *(Stärke 2)*
~/frische све́жий ве́тер *m (Stärke 5)*
~/leichte лёгкий ве́тер *m (Stärke 2)*
~/mäßige уме́ренный ве́тер *m (Stärke 4)*
~/schwache сла́бый ве́тер *m (Stärke 3)*
~/steife си́льный ве́тер *m (Stärke 6)*
bröckeln выкра́шиваться
Brodeln *n* бурле́ние *n*
Brom *n (Ch)* бром *m*, Br
Brom... *(Ch)* бро́мистый; бромнова́тый
bromhaltig *(Ch)* бро́мистый
bromieren броми́ровать
Bromieren *n (Ch)* броми́рование *n*
bromiert броми́рованный
Bromierung *f (Ch)* броми́рование *n*
bromsauer *(Ch)* бромноватоки́слый
Bronze *f (Met)* бро́нза *f*
Bronze... бро́нзовый
bronzefarben бро́нзовый
bronzen бро́нзовый
Bronzieren *n* бронзи́рование *n*
Bronzierung *f* бронзи́рование *n*
Broschieren *n (Typ)* брошюро́вка *f*
Brotröster *m* то́стер *m*
Brotschneidemaschine *f* хлеборе́зка *f*
BRT *f s.* Bruttoregistertonne
Bruch *m* 1. *(Fest)* разруше́ние *n*, разры́в *m*; 2. поло́мка *f*; 3. обры́в *m* *(z. B. eines Fadens)*; 4. *(Wkst)* изло́м *m*; 5. *(Glas, Ker)* бой *m*; лом *m*; скрап *m*; 6. *(Math)* дро́бное число́ *n*, дробь *f*; 7. *(Geol)* разруше́ние *n*, разло́м *m*; 8. *(Gieß)* прова́л *m (der Kerne)*; 9. *(Bgb)* зава́л *m*
~/duktiler *(Fest)* вя́зкое разруше́ние *n*
~/echter *(Math)* пра́вильная дробь *f*
~/faseriger *(Wkst)* волокни́стый изло́м *m*
~/gemeiner *(Math)* проста́я дробь *f*
~/gemischter *(Math)* сме́шанная дробь *f*
~/intrakristalliner *(Wkst)* внутрикристалли́ческая тре́щина *f*
~/kontinuierlicher *(Math)* непреры́вная дробь *f*
~/körniger зерни́стый изло́м *m (mineralischer Werkstoffe)*

~/**periodischer** *(Math)* периоди́ческая дробь *f*
~/**unechter** *(Math)* непра́вильная дробь *f*
~/**zäher** *(Fest)* вя́зкое разруше́ние *n*
Bruch... *(Math)* дро́бный
Bruchanfälligkeit *f (Fest)* разруша́емость *f*
Bruchbau *m (Bgb)* разрабо́тка *f* с обруше́нием
Bruchbeanspruchung *f (Fest)* разруша́ющее напряже́ние *n*
Bruchbelastung *f (Fest)* разруша́ющая нагру́зка *f*
Bruchebene *f (Fest)* пло́скость *f* изло́ма
Bruchfestigkeit *f (Wkst)* преде́л *m* про́чности (на разры́в), сопротивле́ние *n* разруше́нию [разры́ву]
Bruchfläche *f (Wkst)* изло́м *m*; пове́рхность *f* изло́ма
Bruchgefüge *n (Wkst)* структу́ра *f* изло́ма
Bruchgrenze *f s.* Bruchfestigkeit
brüchig ло́мкий; хру́пкий *(Werkstoff)*
Brüchigkeit *f (Met)* хру́пкость *f (von Werkstoffen)*
Bruchkante *f (Bgb)* обре́з *m*, грани́ца *f* обруше́ния
Bruchlandung *f (Flg)* авари́йная поса́дка *f*
Bruchlast *f (Fest)* разруша́ющая нагру́зка *f*; разрывно́е уси́лие *n*; преде́льная нагру́зка *f*
Bruchmechanik *f* меха́ника *f* разруше́ния
Bruchmoment *n (Mech)* разруша́ющий моме́нт *m*
Bruchspannung *f (Fest)* разруша́ющее [преде́льное] напряже́ние *n*; крити́ческое напряже́ние *n*
Bruchstein *m (Bw)* бу́товый ка́мень *m*; бут *m*; карье́рный ка́мень *m*
Bruchstein... бу́товый
Bruchsteinbeton *m (Bw)* бутобето́н *m*
Bruchstrich *m* черта́ *f* дро́би
Bruchstücke *npl* обло́мки *mpl*
Bruchuntersuchung *f (Wkst)* фрактогра́фия *f*
Bruchversuch *m (Wkst)* испыта́ние *n* на изло́м
Bruchwiderstand *m (Wkst)* сопротивле́ние *n* разруше́нию
Bruchzähigkeit *f (Wkst)* вя́зкость *f* разруше́ния
Brücke *f* 1. *(Bw, El)* мост *m*; 2. *(Ch)* мо́стик *m*; 3. *(Schiff)* (ходово́й) мо́стик *m*
~/**bewegliche** *(Bw)* разводно́й мост *m*
~/**einfeldrige** *(Bw)* однопролётный мост *m*
~/**einflügelige** *(Bw)* однокры́лый мост *m*
~/**elektrische** *(El)* (электри́ческий) мост *m*
~/**kombinierte** *(Bw)* совмещённый [комбини́рованный] мост *m (für verschiedene Verkehrsmittel)*
~/**mehrfeldrige** *(Bw)* многопролётный мост *m*
~/**vordere** *(Schiff)* носово́й мо́стик *m*
~/**wiensche** *(El)* мост *m* Ви́на
~/**zweifeldrige** *(Bw)* двухпролётный мост *m*
Brücken... мостово́й
Brückenbau *m* мостострое́ние *n*
Brückenbildung *f* зависа́ние *n*; сводообразова́ние *n (im Bunker, Schachtofen)*
Brückenbogen *m (Bw)* мостова́я а́рка *f*
Brückendurchfahrtsprofil *m* подмостово́й габари́т *m*
Brückenkran *m* мостово́й кран *m*
Brückenpfeiler *m (Bw)* бык *m*
Brückenrampe *f (Schiff)* аппаре́ль *f*
Brückenschaltung *f (El)* мостово́е включе́ние *n*, мостова́я схе́ма *f*
• **in** ~ *(El)* мостово́й
Brückenträger *m (Bw)* мостова́я фе́рма *f*
Brückentragwerk *n (Bw)* мостова́я фе́рма *f*
Brückenungleiche *f (El)* небала́нс *m* мо́ста
Brückenverstimmung *f (El)* небала́нс *m* мо́ста
Brückenwaage *f* платфо́рменные весы́ *pl*
Brüden *m* вы́пар *m*
Brühe *f* 1. *(Ch)* отва́р *m*; 2. *(Led)* сок *m*
Brumm *m (El)* фон *m*; *(Eln)* гуде́ние *n*
Brummen *n s.* Brumm
brummfrei *(Rf)* бесфо́новый

Brummpegel *m (Rf)* у́ровень *m* фо́на
Brummstörung *f s.* Brumm
brünieren *(Met)* черни́ть; ворони́ть *(Stahl)*
Brünieren *n (Met)* черне́ние *n*; вороне́ние *n (von Stahl)*
brüniert воронёный *(Stahl)*
Brünierung *f s.* Brünieren
Brunnen *m* 1. коло́дец *m*; 2. сква́жина *f*
Brustbaum *m (Text)* валья́н *m (Webstuhl)*
Brüstung *f (Bw)* парапе́т *m*
Brüstungsblock *m (Bw)* блок-подоко́нник *m*
Brutapparat *m (Lw)* электроинкуба́тор *m*
Brüter *m s.* 1. Brutreaktor; 2. Brutapparat
Brutmantel *m (Kern)* зо́на *f* воспроизво́дства *(eines Brutreaktors)*
Brutreaktor *m (Kern)* реа́ктор-размножи́тель *m*, бри́дер *m*
~/schneller реа́ктор-размножи́тель *m* на бы́стрых нейтро́нах
Brutto... валово́й
Bruttoproduktion *f* валова́я проду́кция *f*
Bruttoregistertonnage *f (Schiff)* валова́я регистро́вая вмести́мость *f*, бру́тто-реги́стровая вмести́мость *f*
Bruttoregistertonne *f (Schiff)* бру́тто-реги́стровая то́нна *f*
Brutto-tkm *m (Eb)* то́нно-километ́р *m* бру́тто
Bruttotonnage *f s.* Bruttoregistertonnage
Brutto-Tonnenkilometer *m (Eb)* то́нно-киломе́тр *m* бру́тто
Brutzone *f (Kern)* зо́на *f* воспроизво́дства *(eines Brutreaktors)*
BSE *n s.* Brennstoffelement
BS-Element *n s.* Brennstoffelement
BSO *n s.* Objekt/blaues stellares
Btx *m s.* Bildschirmtext
Bubble-Speicher *m* па́мять *f* [запомина́ющее устро́йство *n*] на цилинд́рических магни́тных доме́нах
Buchbindemaschine *f (Typ)* переплёт-ная маши́на *f*
Buchblock *m* кни́жный блок *m*
Buchdruck *m* высо́кая печа́ть *f*; книгопеча́тание *n*
Buchdruckform *f (Typ)* фо́рма *f* высо́кой печа́ти, типогра́фская фо́рма *f*
Buchdruckmaschine *f (Typ)* маши́на *f* высо́кой печа́ти
Buchhaltung *f* бухга́лтерский учёт *m*
Buchrücken *m (Typ)* корешо́к *m* (кни́ги)
Buchse *f* 1. *(Masch)* бу́кса *f*; 2. *(Masch)* вту́лка *f*; ги́льза *f*; 3. *(El)* гнездо́ *n*, гнездова́я часть *f (eines Geräts)*
Büchse *f* 1. *s.* Buchse; 2. (жестяна́я) ба́нка *f*; 3. ружьё *n (mit gezogenem Lauf)*
Büchsenkette *f (Masch)* вту́лочная цепь *f*
Buchstabe *m* бу́ква *f*
Buchstaben... бу́квенный
Bucht *f* 1. *(Hydrol)* зали́в *m*; *(Geol)* бу́хта *f*; 2. *(Schiff)* бу́хта *f (einer Leine)*; 3. *(Schiff)* по́гибь *f*
Buchumschlag *m (Typ)* обло́жка *f*
Buckelschweißen *n* релье́фная сва́рка *f*
Buffeting *n (Aero, Flg)* ба́фтинг *m*
Bug *m (Schiff)* нос *m*
Buganker *m (Schiff)* носово́й [станово́й] я́корь *m*
Bügel *m* 1. *(El, Eb)* бу́гель *m*, дугово́й токоприёмник *m*; 2. хому́т *m*; скоба́ *f*; обо́йма *f*
bügelarm *(Text)* малосмина́емый *(Gewebe)*
Bügeleisen *n* утю́г *m*
~/elektrisches электроутю́г *m*
Bügelfeinzeiger *m (Mess)* рыча́жная [индика́торная] скоба́ *f*
Bügelmessinstrument *n* измери́тельная скоба́ *f*
bügeln *(Text)* глади́ть
Bügeln *n (Text)* глаже́нье *n*
Bügelsäge *f* бу́гельная пи́ла *f*; ножо́вка *f*
Bügelstromabnehmer *m (El, Eb)* бу́гельный [дугово́й] токоприёмник *m*
Bugklappe *f (Schiff)* носовы́е воро́та *pl*, подъёмная носова́я оконе́чность *f*
bugsieren *(Schiff)* букси́ровать
Bugsieren *n (Schiff)* буксиро́вка *f*, букси́рование *n*

Bugspant *n (Schiff)* носово́й шпанго́ут *m*
Bugspoiler *m* пере́дний спо́йлер *m*
Buhne *f (Hydt)* бу́на *f*, полузапру́да *f*
Bühne *f* платфо́рма *f*; площа́дка *f*; *(Bgb)* поло́к *m*
Bulkcarrier *m s.* Bulker
Bulker *m* ба́лкер *m*, балккэ́рриер *m*, нава́лочник *m*, су́дно-нава́лочник *n*
Bullauge *n (Schiff)* кру́глый иллюмина́тор *m*
Bulldozer *m (Bw)* бульдо́зер *m*
Bülwern *n (Glas)* бурле́ние *n*
Bund *n* 1. бунт *m*; мото́к *m*; руло́н *m*; бу́хта *f*; 2. *(Masch)* бурт *m*, бу́ртик *m*; 3. вы́ступ *m*; запле́чик *m (einer Welle)*; 4. *(Masch)* фла́нец *m*; борт *m (Flansch)*
Bündel *n* 1. пучо́к *m*; 2. *(Math)* свя́зка *f*; 3. *(Lw)* сноп *m*
~/fokussiertes *(Opt)* сфокуси́рованный пучо́к *m*
~/monochromatisches *(Opt)* монохромати́ческий пучо́к *m*
bündeln *(Opt)* фокуси́ровать
Bündeln *n* пакети́рование *n*
Bündelung *f (Opt)* фокусиро́вка *f*, фокуси́рование *n*
bündig заподлицо́
Bunker *m* 1. бу́нкер *m*; 2. *(Schiff)* цисте́рна *f*; *(Schiff)* по́греб *m*
Bunkern *n* бункеро́вка *f*
Bunkerverschluss *m* бу́нкерный затво́р *m*
Bunkerzug *m (Bgb)* бу́нкер-по́езд *m*
Bunsenbrenner *m (Ch)* горе́лка *f* Бу́нзена
bunt разноцве́тный
Bunt... *(Met)* цветно́й
Buntkupferkies *m (Min)* борни́т *m*
Buntmetall *n* цветно́й мета́лл *m*
Buntmetallegierung *f* цветно́й сплав *m*
Buntmetallurgie *f* металлу́ргия *f* цветны́х мета́ллов, цветна́я металлу́ргия *f*
Buntstift *m* цветно́й каранда́ш *m*
Bürette *f (Ch)* бюре́тка *f*
Bürocomputer *m* конто́рская ЭВМ *f*
Büromaschine *f* конто́рская маши́на *f*
Burst *m (Astr)* всплеск *m* радиоизлуче́ния *(der Sonne)*
Bürste *f* щётка *f*
Bürsten... щёточный
Bürstenhalter *m (El)* щёткодержа́тель *m*
Bürstenkontakt *m (El)* щёточный конта́кт *m*
Bus *m* 1. авто́бус *m*; 2. *(Inf)* ши́на *f*; *(Inf)* магистра́ль *f*
~/externer *(Inf)* вне́шняя ши́на *f*
~/interner *(Inf)* вну́тренняя ши́на *f*
~/unidirektionaler *(Inf)* однонапра́вленная ши́на *f*
Busadapter *m (Inf)* ши́нный ада́птер *m*
Busarbiter *m (Inf)* а́рбитр *m* ши́ны
Busbahnhof *m* автовокза́л *m*; автоста́нция *f*
Busbreite *f (Eln)* разря́дность *f* ши́ны
Büschel *n (Math)* пучо́к *m*
Büschelbohren *n (Bgb)* кустово́е буре́ние *n*
Büschelentladung *f (El)* кистево́й разря́д *m*
busfähig *(Inf)* подключа́емый к ши́не
Businterface *n (Inf)* ши́нный интерфе́йс *m*
buskompatibel *(Inf)* ши́нно-совмести́мый
busorientiert *(Inf)* ши́нно-ориенти́рованный
Busschnittstelle *f (Inf)* ши́нный интерфе́йс *m*
Bussole *f (Opt)* буссо́ль *f*
Bussteuereinheit *f (Inf)* блок *m* ши́нного контро́ллера
Bussteuerung *f (Inf)* управле́ние *n* ши́ной
Bussystem *n (Inf)* ши́нная систе́ма *f*; кана́л *m* свя́зи
Bustransceiver *m (Inf)* магистра́льный [ши́нный] приёмопереда́тчик *m*
Bustreiber *m (Inf)* ши́нный дра́йвер [формирова́тель] *m*
Buszugriff *m (Inf)* до́ступ *m* к ши́не
Butadienkautschuk *m* бутадие́новый [дивини́ловый] каучу́к *m*
Bütte *f (Pap)* бассе́йн *m*
Büttenpapier *n* бума́га *f* ручно́го черпа́ния
Buttererzeugung *f (Lebm)* маслоде́лие *n*
Butyrometer *n (Lw, Lebm)* бутиро́метр *m*

Bw *n s.* Bahnbetriebswerk
Bww *n s.* Bahnbetriebswagenwerk
Bypass *m* 1. байпáс *m*, байпáсная лúния *f*, обвóд *m*; 2. *(Hydt)* перепýск *m*
Bypassführung *f* байпасúрование *n*
Bypassleitung *f s.* Bypass 1.
Byte *n (Inf)* байт *m*
~/höherwertiges стáрший байт *m*
~/niederwertiges *(Inf)* млáдший байт *m*
byteorientiert *(Inf)* побáйтно-ориентúрованный, байт-ориентúрованный
Bytestruktur *f (Inf)* бáйтовая структýра *f*
byteweise *(Inf)* побáйтовый

C

C *s.* 1. Kohlenstoff; 2. Coulomb
c *s.* Zenti...
°C *s.* Celsiusgrad
Ca *s.* Calcium
Cache *m (Inf)* кэш-пáмять *f*, кэш *m*
Cachespeicher *m s.* Cache
CAD *n s.* System der automatisierten Projektierung
Cadmium *n (Ch)* кáдмий *m*, Cd
Cadmium... кáдмиевый
CAD-System *n s.* System der automatisierten Projektierung
Caesium *n (Ch)* цéзий *m*, Cs
Caisson *m (Bw, Hydt)* кессóн *m*
Caissongründung *f (Bw)* кессóнный фундáмент *m*
Caissonkrankheit *f* кессóнная болéзнь *f*
cal *s.* Kalorie
Calcium *n (Ch)* кáльций *m*, Ca
Calcium... кáльциевый
Calciumcarbid *n (Ch)* карбúд *m* кáльция
Caldera *f (Geol)* кальдéра *f*
Californium *n (Ch)* калифóрний *m*, Cf
CAM *n s.* System der automatisierten Produktion
Camcorder *m* видеокáмера *f*
Campher *m (Ch)* камфарá *f*
Campinganhänger *m* жилóй (авто)прицéп *m*
Campingwagen *m* жилóй (авто)прицéп *m*
CAM-System *n s.* System der automatisierten Produktion
Cañon *m (Geol)* каньóн *m*
CAP *n s.* Fertigungsvorbereitung/rechnergestützte
CAQ(-System) *n s.* Qualitätskontrolle/rechnergestützte
Carbamidharz *n* карбамúдная смолá *f*
carbamidsauer *(Ch)* карбаминовокúслый
Carbid *n (Ch)* карбúд *m*
carbidbildend карбидообразýющий
Carbidbildung *f (Wkst)* карбидизáция *f*
Carbolsäure *f (Ch)* карбóловая кислотá *f*
Carbonat *n (Ch)* карбонáт *m*
Carbonitrieren *n (Härt)* цианúрование *n (von Stahl)*
Carbonsäure *f (Ch)* карбóновая кислотá *f*
Carbonyl... карбонúльный
Carborundum *n (Wkz)* карборýнд *m (technisches Siliciumcarbid)*
Carboxyl... карбоксúльный
Carnot-Prozess *m (Therm)* цикл *m* Карнó
Carriage-Return-Taste *f (Inf)* клáвиша *f* возврáта карéтки
Carry-Bit *n (Inf)* бит *m* перенóса
Casein *n (Ch)* казеúн *m*
CCD(-Bauelement *n* **)** *s.* Bauelement/ladungsgekoppeltes
Cd *s.* Kadmium
CD *f s.* Compact Disc
CD-Abspielgerät *n s.* CD-Player
CD-Player *m* проúгрыватель *m* компáкт-дúсков, CD-плéйер *m*, лáзерный (электро)проúгрыватель *m*
CD-Spieler *m s.* CD-Player
Ce *s.* Cerium
Cellulose *f* целлюлóза *f*, клетчáтка *f*
Cellulose... целлюлóзный
Celluloseacetat *n (Ch)* ацетилцеллюлóза *f*
Cellulosefaser *f* целлюлóзное волокнó *n*
Cellulosenitrat *n (Ch)* нитроцеллюлóза *f*
Celsiusgrad *m* грáдус *m* Цéльсия
Celsius-Skale *f* шкалá *f* Цéльсия
Celsius-Temperatur *f* температýра *f* по шкáле Цéльсия

Cerium *n (Ch)* це́рий *m*, Ce
Cermet *m* кермéт *m (metallkeramischer Werkstoff)*
Cetanzahl *f* цетáновое числó *n (von Dieselkraftstoff)*
Cf *s.* Californium
C-Gestell *n (Masch)* откры́тая рáма *f*
CGS-Einheit *f* едини́ца *f* систéмы СГС
CGS-Maßsystem *n* систéма *f* едини́ц СГС
CGS-System *n* систéма *f* едини́ц СГС
Chalkopyrit *m (Min)* халькопири́т *m*, мéдный колчедáн *m*
Chalzedon *m (Min)* халцедóн *m*
chaotisch неупоря́доченный, хаоти́ческий
Charakter *m* **/zufälliger** *(Ph)* хаоти́чность *f*
Charakteristik *f* характери́стика *f*, характеристи́ческая кри́вая *f*, диагрáмма *f*
charakteristisch характеристи́ческий
Charge *f (Met)* 1. ши́хта *f (für Herdschmelzöfen)*; пóрция *f (Hochofenbegichtung)*; 2. плáвка *f*; 3. колóша *f*; 4. загру́зка *f*; завáлка *f (der Öfen)*
Chargier... *(Met)* завáлочный; загру́зочный
chargieren *(Met)* загружáть, засыпáть *(Schmelzöfen)*
Chargierkran *m (Met)* загру́зочный [завáлочный, ши́хтовый] кран *m*
Chargiermaschine *f (Met)* загру́зочная [завáлочная] маши́на *f*
Chargiertür *f (Met)* загру́зочное отвéрстие *n (eines Schmelzofens)*
Chargiervorrichtung *f (Met)* загру́зочное устрóйство *n (eines Schmelzofens)*
Chargierwagen *m (Met)* загру́зочная телéжка *f*
Charterflug *m* чáртерный рейс *m*
Chassis *n (Rf)* шасси́ *n*
Chaussee *f* шоссé *n*
Chelatometrie *f (Ch)* комплексонометри́я *f*
Chemie *f* хи́мия *f*
~**/allgemeine** óбщая хи́мия *f*
~**/analytische** аналити́ческая хи́мия *f*
~**/angewandte** прикладнáя хи́мия *f*
~**/anorganische** неоргани́ческая хи́мия *f*
~**/organische** органи́ческая хи́мия *f*
~**/physikalische** физи́ческая хи́мия *f*, физикохи́мия *f*
Chemie... хими́ческий
Chemiefaser *f* хими́ческое волокнó *n*
Chemigraphie *f (Typ)* цинкогрáфия *f*
Chemikalie *f* химикáлия *f*
Chemikalienbeständigkeit *f* химостóйкость *f*
Chemilumineszenz *f* хемилюминесцéнция *f*
chemisch хими́ческий
chemisch-technologisch хи́мико-технологи́ческий
Chemisierung *f* химизáция *f*
Chemolyse *f* хемоли́з *m*
Chemosorption *f (Ch)* хемосóрбция *f*
Chemosorptionsmittel *n (Ch)* хемосорбéнт *m*
Chemosphäre *f* хемосфéра *f*
Chemotron *n (El)* хемотрóн *m*
Chemotronik *f (Eln)* хемотрóника *f*
Chiffrator *m* шифрáтор *m*
Chiffre *f* шифр *m*
Chiffrier... шифровáльный
Chiffrierung *f* шифровáние *n*
Chip *m (Eln)* кристáлл *m*, чип *m*
~**/ungekapselter** бескóрпусный чип *m*
Chip-Bauelement *n (Eln)* чип-радиоэлемéнт *m*
Chipbonden *n (Eln)* присоединéние *n* кристáллов
Chip-Carrier-Gehäuse *n (Eln)* кристаллодержáтель *m*
chipintern *(Inf)* внутрикристáльный; внутрисхéмный
Chipkarte *f (Eln)* чип-кáрта *f*, кáрточка *f* со встрóенной микросхéмой *(z. B. Telephonkarte, Geldkarte)*
Chip-Kontaktierung *f (Eln)* монтáж *m* кристáллов
Chiplöten *n s.* Chipbonden
Chip-Montage *f (Eln)* монтáж *m* кристáллов
Chips *pl (Kst)* крóшка *f*
Chipträger *m (Eln)* кристаллодержáтель *m*
Chiralität *f (Ph, Ch)* хирáльность *f*
Chlor *n (Ch)* хлор *m*, Cl
Chlor... *(Ch)* хлóрный; хлóристый
Chlorat *n* хлорáт *m*
Chlorat... хлорáтный

chlorbeständig хлоросто́йкий
chloren *(Ch)* хлори́ровать
Chloren *n (Ch)* хлори́рование *n*
chlorfest хлоросто́йкий
chlorfrei бесхло́рный
chlorhaltig хло́ристый, хлорсодержа́щий
Chlorid *n (Ch)* хлори́д *m*
Chlorierapparat *m (Ch)* хлора́тор *m*
chlorieren *(Ch)* хлори́ровать
Chlorieren *n (Ch)* хлори́рование *n*
Chlorierungskessel *m (Ch)* хлора́тор *m*
chlorigsauer *(Ch)* хлористоки́слый
Chlorit *m (Min)* хлори́т *m*
Chlorit *n (Ch)* хлори́т *m*
Chlorkalk *m* хло́рная [бели́льная] и́звесть *f*
Chlorkautschuk *m* хлоркаучу́к *m*
chlorsauer *(Ch)* хлорноватоки́слый
Chlorsäure *f* хлорнова́тая кислота́ *f*
chlorsubstituiert *(Ch)* хлорзамещённый
Chlorwasserstoff *m (Ch)* хлороводоро́д *m*
chlorwasserstoffsauer *(Ch)* хлористоводоро́дный
Chlorwasserstoffsäure *f* соля́ная [хлористоводоро́дная] кислота́ *f*
Chrom *n (Ch)* хром *m*, Cr
Chrom... *(Ch)* хро́мистый, хро́мовый
Chromat *n (Ch)* хрома́т *m*
Chromatfarbe *f* крон *m*
chromatisch *(Opt)* хромати́ческий
Chromatogramm *n (Ch)* хроматогра́мма *f*
Chromatograph *m (Ch)* хромато́граф *m*
Chromatographie *f (Ch)* хроматогра́фия *f*
chromatographisch хроматографи́ческий
Chromatometrie *f (Ch)* хроматометри́я *f*
Chromeisenerz *n (Min)* хроми́т *m*
Chromfarbe *f* крон *m*
Chromgerbung *f (Led)* хро́мовое дубле́ние *n*
chromhaltig *(Ch)* хро́мистый, хромсодержа́щий
Chromit *m (Min)* хроми́т *m*
Chromit *n (Ch)* хроми́т *m*
chromlegiert *(Met)* хро́мистый
Chromometer *n (Opt)* колори́метр *m*
Chromophor *m (Ch)* хромофо́р *m*
Chromosphäre *f (Astr)* хромосфе́ра *f*
chromsauer *(Ch)* хромоваки́слый
Chronograph *m* хроно́граф *m*
Chronologie *f* летоисчисле́ние *n*
Chronometer *n* хроно́метр *m*
Chronoskop *n* хроноско́п *m*
Ci *s.* Curie
cis-trans-Isomerie *f (Ch)* цис-транс-изомери́я *f*
Cl *s.* Chlor
Clamping-Schaltung *f (El)* фикси́рующая схе́ма *f*
Clarkes *npl (Ch, Geol)* кла́рки *mpl*
Clarke-Zahlen *fpl (Ch, Geol)* кла́рки *mpl*
Cleanroom *m (Eln)* чи́стое помеще́ние *n*, чистая ко́мната *f*
Clivage *f (Geol)* клива́ж *m*
Cluster *m (Ph, Kern)* кла́стер *m*; рой *m*; скопле́ние *n*
Cm *s.* Curium
cm *s.* Zentimeter
CMIS-Schaltkreis *m (Eln)* КМДП-схе́ма *f*
CMIS-Schaltung *f (Eln)* КМДП-схе́ма *f*
CMOS-Schaltkreis *m (Eln)* КМОП-схе́ма *f*
CMOS-Schaltung *f (Eln)* КМОП-схе́ма *f*
Co *s.* Cobalt
Cobalt *n (Ch)* ко́бальт *m*, Co
Cobalt... ко́бальтовый
cobalthaltig ко́бальтовый
Cobaltin *m (Min)* кобальти́н *m*
Cockpit *n* ко́кпит *m*
Code *m (Inf)* код *m*
~/alphabetischer алфави́тный код *m*
~/alphanumerischer алфави́тно-цифрово́й код *m*
~/binär-dezimaler двои́чно-десяти́чный код *m*
~/digitaler цифрово́й код *m*
~/mnemonischer мнемоко́д *m*
~/numerischer цифрово́й код *m*
~/redundanter избы́точный код *m*
Codekombination *f (Inf, Nrt)* ко́довая комбина́ция *f*
Codeleser *m* дешифри́рующее устро́йство *n*, дешифра́тор *m*
Codemultiplex *n (Nrt)* ко́довое разделе́ние *n*

Codewort *n* кóдовое слóво *n*
Codezeichen *n* кóдовый знак *m*
Codiereinrichtung *f* кодúрующее устрóйство *n*
Codierung *f (Inf)* кодúрование *n*
~/binäre двоúчное кодúрование *n*
~/digitale цифровóе кодúрование *n*
~/duale двоúчное кодúрование *n*
~/komprimierte сжáтое кодúрование *n*
Code... кóдовый
codieren *(Inf)* кодúровать
Codieren *n (Inf)* кодúрование *n*
Codierer *m s.* Codiereinrichtung
codiert *(Inf)* кодúрованный, кóдовый
~/binär двоúчно-кодúрованный
Codierung *f (Inf)* кодúрование *n*
Colorfilm *m s.* Farbfilm
Colourierung *f* раскрáшивание *n*
Columbit *m (Min)* колумбúт *m*
Combine *f (Lw)* комбáйн *m*
Compact Disc *f*, **Compactdisc** *f (Inf)* компáкт-диск *m*
Compiler *m (Inf)* трансля́тор *m*, компилúрующая [транслúрующая] прогрáмма *f*, компиля́тор *m*, прогрáмма-компиля́тор *f*, прогрáмма-трансля́тор *f*
Compilerprogramm *n s.* Compiler
Compoundierung *f (El)* компаундúрование *n*
Compoundmaschine *f (El)* машúна *f* (постоя́нного тóка) смéшанного возбуждéния
Compoundmotor *m (El)* (электро)двúгатель *m* смéшанного возбуждéния
Compton-Effekt *m (Kern)* эффéкт *m* Кóмптона
Computer *m* (электрóнная) вычислúтельная машúна *f*, ЭВМ *f*, компью́тер *m*
Computeranimation *f* (компью́терная) анимáция *f*
computergestützt с применéнием ЭВМ
Computergraphik *f* компью́терная [машúнная] грáфика *f*
Computervirus *n (Inf)* компью́терный вúрус *m*
Container *m (Förd)* контéйнер *m*
~/fahrbarer контрéйлер *m*
Container- und Trailerschiff *n* контрéйлерное сýдно *n*
Containerfahrzeug *n (Kfz)* контейнеровóз *m*
Containerkapazität *f (Schiff)* контейнеровместúмость *f*
Containerladefähigkeit *f (Schiff)* контейнеровместúмость *f*
Containerschiff *n* контейнеровóз *m*
Containertransport *m* контéйнерные перевóзки *pl*
Containerverkehr *m* контéйнерные перевóзки *pl*
Contrailer *m* контрéйлер *m*
Convertiplan *m (Flg)* конвертоплáн *m*
Copolykondensation *f (Ch)* сополиконденсáция *f*
Copolymer(e) *n (Ch)* сополимéр *m*
Copolymerisation *f (Ch)* сополимеризáция *f*
Coprozessor *m (Inf)* сопроцéссор *m*
Coriolis-Beschleunigung *f (Mech)* кориóлисово ускорéние *n*
Coriolis-Kraft *f (Mech)* кориóлисова сúла *f*
cos *s.* Kosinus
cos φ *(El)* кóсинус фи
cos-φ-Messer *m (El)* фазóметр *m*
cos-φ-Messinstrument *n (El)* фазóметр *m*
CO_2-Schweißen *n* свáрка *f* в углекúслом гáзе
cosec *s.* Kosekans
cot *s.* Kotangens
Coulomb *n (El)* кулóн *m*, C *(Einheit der Elektrizitätsmenge oder der elektrischen Ladung)*
Coulombmeter *n (El)* кулон(о)мéтр *m*
Coulometrie *f (El)* кулонометрúя *f*
Cowper(-Winderhitzer) *m (Met)* кáупер *m (eines Hochofens)*
cP *s.* Zentipoise
CPU *f s.* Zentraleinheit
Cr *s.* Chrom
Cremona-Plan *m (Mech)* диагрáмма *f* Мáксвелла-Кремóны
Croningverfahren *n* литьё *n* в оболóчковые фóрмы
Crossassembler *m (Inf)* перекрёстный ассéмблер *m*
Crossreference *n (Inf)* перекрёстная ссы́лка *f*
CRT-Terminal *n* экрáнный терминáл *m*
Cs *s.* Caesium

cSt *s.* Zentistokes
ct *s.* Karat
ctg *s.* Kotangens
Cu *s.* Kupfer
Curie *n (Ph)* кюри́ *n*, Ci *(SI-fremde Einheit der Aktivität)*
Curie-Punkt *m* **(/ferromagnetischer)** то́чка *f* Кюри́, крити́ческая температу́ра *f (Magnetismus)*
Curie-Temperatur *f* **(/ferromagnetische)** *s.* Curie-Punkt
Curium *n (Ch)* кю́рий *m*, Cm
Cursor *m (Inf)* ку́рсор *m (auf dem Display)*
~/löschender стира́ющий ку́рсор *m*
c_w-Wert *m (Aerod, Kfz)* коэффицие́нт *m* аэродинами́ческого сопротивле́ния
Cyan *n (Ch)* циа́н *m*
Cyan... *(Ch)* циа́нистый, циа́новый
cyanhaltig *(Ch)* циа́нистый
Cyanhärtung *f (Härt)* циани́рование *n (von Stahl)*
Cyanidlaugung *f (Met)* циани́рование *n (zur Gold- und Silbergewinnung)*
Cyanieren *n (Härt)* циани́рование *n (von Stahl)*
cyansauer *(Ch)* циановоки́слый
Cyanwasserstoffsäure *f (Ch)* сини́льная кислота́ *f*
cyclisch *(Ch)* цикли́ческий
Czochralski-Methode *f s.* Czochralski-Verfahren
Czochralski-Verfahren *n (Krist)* ме́тод *m* Чохра́льского *(Kristallzüchtung aus der Schmelze)*

D

D *s.* Deuterium
d *s.* 1. Deuteron; 2. Dezi...
da *s.* Deka...
D/A-... *s.* Digital-Analog-...
Dach *n* 1. *(Bw)* кры́ша *f*; кро́вля *f*; покры́тие *n*; 2. *(Geol, Bgb)* кро́вля *f*; 3. *(El)* верши́на *f (eines Impulses)*
Dach... кро́вельный
Dachbelag *m (Bw)* кро́вельное покры́тие *n*
Dachbinder *m (Bw)* стропи́льная фе́рма *f*
Dachboden *m (Bw)* черда́к *m*
Dachdeckstoff *m (Bw)* кро́вельный материа́л *m*
Dachfirst *m (Bw)* конёк *m* (кры́ши)
dachförmig шатро́вый
Dachgepäckträger *m (Kfz)* бага́жник *m*
Dachgeschoss *n* черда́чный [манса́рдный] эта́ж *m*
Dachhaut *f (Bw)* кро́вельное покры́тие *n*, кро́вля *f*
Dachkehle *f (Bw)* разжело́бок *m*
Dachlatte *f (Bw)* обреше́тина *f*
Dachnagel *m* кро́вельный гвоздь *m*
Dachpappe *f* кро́вельный карто́н *m*, (кро́вельный) толь *m*
Dachrinne *f* водосто́чный жёлоб *m*
Dachschiefer *m* кро́вельный ши́фер *m*
Dachstein *m (Bw)* черепи́ца *f*
Dachstuhl *m (Bw)* стропи́ла *npl*
Dachteerpappe *f s.* Dachpappe
Dachverband *m (Bw)* стропи́ла *npl*
Dachziegel *m (Bw)* (кро́вельная) черепи́ца *f*
Dalbe *f (Schiff)* пал *m*
Dalben *m (Schiff)* пал *m*
Damm *m* 1. *(Hydt)* да́мба *f*; плоти́на *f*; запру́да *f*; на́сыпь *f*; 2. *(Bgb)* переы́чка *f*
Dämmerung *f* су́мерки *pl*
Dämmfaktor *m (Ak)* коэффицие́нт *m* звукопоглоще́ния
Dammkrone *f (Hydt)* гре́бень *m* плоти́ны
Dämmstoff *m (Ak)* изоляцио́нный материа́л *m*
Dämmung *f* изоля́ция *f (Schall, Wärme)*
Dämmzahl *f (Ak)* коэффицие́нт *m* звукопоглоще́ния
Dampf *m* пар *m*
~/hochgespannter пар *m* высо́кого давле́ния
~/überhitzter перегре́тый пар *m*
Dampf... паро́вой
Dampfabscheider *m* пароотдели́тель *m*, паросепара́тор *m*
Dampfbehälter *m* паросбо́рник *m*
Dampfbehandlung *f (Bw)* пропа́ривание *n (von Betonfertigteilen)*
dampfdicht паронепроница́емый
Dampfdom *m* сухопа́рник *m*
Dampfdruck *m (Wmt)* давле́ние *n* па́ра; упру́гость *f* па́ра

Dampfdruckmesser *m* тензиме́тр *m*
dampfdurchlässig паропроница́емый
dampfen па́рить
dämpfen 1. заглуша́ть *(Schall)*; гаси́ть *(Schwingungen)*; поглоща́ть *(Stöße, Schwingungen)*; успока́ивать *(Schwingungen)*; смягча́ть *(Stöße)*; амортизи́ровать; демпфи́ровать; глуши́ть; 2. пропа́ривать; запа́ривать; отпа́ривать
Dampfen *n* па́рение *n*
Dampfentnahme *f* отбо́р *m* па́ра
Dampfer *m* парохо́д *m*
Dämpfer *m* 1. де́мпфер *m*; гаси́тель *m* *(von Schwingungen)*; успокои́тель *m*; амортиза́тор *m*; глуши́тель *m*; 2. запа́рник *m*; *(Text)* запа́рка *f*
Dampferzeuger *m* парогенера́тор *m*, парово́й котёл *m*; парообразова́тель *m*
Dampferzeugung *f* парообразова́ние *n*
Dampfheizung *f* парово́е отопле́ние *n*
Dampfkessel *m* парово́й котёл *m*
Dampfkraftanlage *f* паросилова́я устано́вка *f*
Dampfkühler *m* пароохлади́тель *m*
Dampfleistung *f* паропроизводи́тельность *f*
Dampfleitung *f* паропрово́д *m*
Dampflok(omotive) *f* парово́з *m*
Dampfmaschine *f* парова́я маши́на *f*
Dampfmischer *m* паромеси́тель *m*
Dampfphase *f* парова́я фа́за *f*
Dampfphasenepitaxie *f (Krist)* парофа́зная эпитакси́я *f*
Dampfreiniger *m* пароочисти́тель *m*
Dampfschiff *n* парохо́д *m*
Dampfspannung *f (Wmt)* давле́ние *n* па́ра; упру́гость *f* па́ра
Dampfspeicher *m (Wmt)* парово́й аккумуля́тор *m*
Dampfsteuerung *f* парораспределе́ние *n (einer Dampfturbine)*
Dampfstrahl... паростру́йный
Dampfstrahlpumpe *f* паростру́йный насо́с *m*, инже́ктор *m*
Dampftrockner *m* сухопа́рник *m*
Dampftrocknung *f* паросуше́ние *n*
Dampfturbine *f* парова́я турби́на *f*
Dampfturbinenlokomotive *f* паротурбово́з *m*
Dampfturbogenerator *m* паротурбогенера́тор *m*
Dampfüberhitzer *m* пароперегрева́тель *m*
Dampfumformer *m* паропреобразова́тель *m*
dampfundurchlässig паронепроница́емый
Dämpfung *f* 1. демпфи́рование *n*, гаше́ние *n*; затуха́ние *n (von Schwingungen)*; амортиза́ция *f*; смягче́ние *n (von Stößen)*; поглоще́ние *n (von Stößen, Schwingungen)*; 2. *(Photo, Opt)* ослабле́ние *n*; 3. пропа́ривание *n*; 4. *(Gum)* гистере́зис *m*
Dämpfungsbelag *m (Opt)* коэффицие́нт *m* ослабле́ния
Dämpfungsdekrement *n (Ph)* декреме́нт *m* затуха́ния
Dämpfungselement *n s.* Dämpfungsglied
Dämpfungsfaktor *m (El)* коэффицие́нт *m* затуха́ния
Dämpfungsglied *n (Rf)* аттенюа́тор *m*; *(El, Nrt)* ослаби́тель *m*
Dämpfungskoeffizient *m (Opt)* коэффицие́нт *m* ослабле́ния
Dämpfungskonstante *f (El)* коэффицие́нт *m* затуха́ния [ослабле́ния], постоя́нная *f* затуха́ния
Dämpfungsmesser *m (Mess)* декреме́тр *m*
Dampfverbrauchsmesser *m* паромéр *m*
Dämpfvorrichtung *f* запа́рник *m*
Dampf-Wasser-Gemisch *n* пароводяна́я смесь *f*
Darr... суши́льный
Darre *f* суши́лка *f*
darren суши́ть *(Malz)*
Darren *n* су́шка *f (von Malz)*
Darrkammer *f* суши́лка *f*
darstellend изобрази́тельный
Darstellung *f* 1. представле́ние *n*; 2. изображе́ние *n*
~/alphanumerische *(Inf)* алфави́тно-цифрово́е представле́ние *n*
~/analoge *(Inf)* ана́логовое представле́ние *n*
~/binäre *(Inf)* двои́чное представле́ние *n*
~/dezimale *(Inf)* десяти́чное представле́ние *n*

~/**digitale** *(Inf)* цифровóе представлéние *n*
~/**externe** *(Inf)* внéшнее представлéние *n*
~/**graphische** графи́ческое изображéние *n*, грáфик *m*
~/**interne** *(Inf)* внýтреннее представлéние *n*
~/**numerische** *(Inf)* представлéние *n* чи́сел
Datei *f (Inf)* файл *m*, масси́в *m* (дáнных)
~/**gekettete** *s.* ~/verkettete
~/**sequentielle** послéдовательный файл *m*
~/**untergliederte** библиотéчный файл *m*
~/**verkettete** цепнóй [цепóчечный, свя́занный] файл *m*
~/**zentrale** основнóй файл *m*
Dateiabschluss *m (Inf)* закры́тие *n* фáйла
Dateiadressierung *f* адресáция *f* фáйла
Dateiaustauschprogramm *n* прогрáмма *f* обмéна фáйлами
Dateibeschreibung *f* описáние *n* фáйла
Dateidefinition *f* описáние *n* фáйла
Dateiende *n (Inf)* конéц *m* фáйла
Dateienverkettung *f (Inf)* сцеплéние *n* масси́вов
Dateikennsatz *m (Inf)* мéтка *f* фáйла
Dateiname *m* и́мя *n* фáйла, и́мя *n* набóра дáнных
Dateiorganisation *f (Inf)* организáция [структýра] *f* фáйла
dateiorientiert *(Inf)* ориенти́рованный на файл [масси́в дáнных]
Dateipflege *f (Inf)* сопровождéние *n* фáйла
Dateipflege *f (Inf)* ведéние *n* фáйла
Dateischutz *m (Inf)* защи́та *f* фáйла
Dateisteuerung *f (Inf)* управлéние *n* фáйлами
Dateiverwaltung *f (Inf)* управлéние *n* фáйлами [масси́вами]
Dateivorsatz *m (Inf)* заголóвок *m* фáйла
Dateiwartung *f s.* Dateipflege
Daten *pl* дáнные *pl*
~/**diskrete** *(Inf)* дискрéтные дáнные *pl*
~/**primäre** *(Inf)* перви́чные дáнные *pl*
~/**signifikante** *(Inf)* знáчимые дáнные *pl*
~/**technische** техни́ческая характери́стика *f*
Datenanwahl *f (Inf)* вы́борка *f* дáнных
Datenaufzeichnung *f (Inf)* зáпись *f* дáнных
Datenausgabe *f (Inf)* вы́вод *m* дáнных
Datenaustausch *m (Inf)* обмéн *m* дáнными
Datenbank *f (Inf)* банк *m* дáнных, бáза *f* дáнных, БД *f*
Datenbankprozessor *m (Inf)* процéссор *m* бáзы дáнных
Datenbanksystem *n (Inf)* систéма *f* бáзы дáнных
Datenbankverwalter *m (Inf)* администрáтор *m* бáзы дáнных *(Programm)*
Datenbankverwaltung *f (Inf)* управлéние *n* бáзой дáнных
Datenbasis *f s.* Datenbank
Datenbereich *m (Inf)* óбласть *f* дáнных
Datenbeschreibung *f (Inf)* описáние *n* дáнных
Datenbeschreibungsdatei *f (Inf)* словáрь *m* (бáзы) дáнных
Datenbestand *m (Inf)* масси́в *m* дáнных
Datenblock *m (Inf)* блок [масси́в] *m* дáнных
Datenbus *m (Inf)* ши́на *f* дáнных
Datencache *m (Inf)* кэш-пáмять *f*, кэш *m*
Dateneingabe *f (Inf)* ввод *m* дáнных
Datenelement *n (Inf)* элемéнт *m* дáнных
Datenempfänger *m* приёмник *m* дáнных
Datenendeinrichtung *f (Inf)* абонéнтский пункт *m*
Datenendgerät *n (Inf)* терминáл *m*
Datenendplatz *m (Inf)* терминáл *m*
Datenerfassung *f (Inf)* сбор *m* дáнных
Datenerfassungssystem *n (Inf)* систéма *f* сбóра дáнных
Datenerzeugung *f (Inf)* генерáция *f* дáнных
Datenfeld *n (Inf)* пóле *n* дáнных; масси́в *m* дáнных
Datenfernübertragung *f (Inf)* дистанциóнная передáча *f* дáнных

Datenfernverarbeitung *f (Inf)* дистанцио́нная обрабо́тка *f* да́нных, телеобрабо́тка *f* да́нных
Datenfluss *m (Inf)* пото́к *m* да́нных
Datenformat *n (Inf)* форма́т *m* да́нных
Datengenerierung *f (Inf)* генера́ция *f* да́нных
Datenhierarchie *f (Inf)* иера́рхия *f* да́нных
Datenkompatibilität *f (Inf)* совмести́мость *f* да́нных
Datenkonvertierung *f (Inf)* преобразова́ние *n* да́нных
Datenlogger *m (Inf)* регистра́тор *m* да́нных, ло́ггер *m*
Datenmenge *f (Inf)* объём *m* да́нных
Datenmodem *m(n) (Inf)* мо́дем *m* переда́чи да́нных
Datenorganisation *f (Inf)* организа́ция *f* да́нных
Datenpuffer *m (Inf)* бу́фер *m* да́нных
Datenpufferung *f (Inf)* буфериза́ция *f* да́нных
Datenquelle *f (Inf)* исто́чник *m* да́нных
Datenreduktion *f (Inf)* уплотне́ние *n* да́нных
Datenregister *n (Inf)* реги́стр *m* да́нных
Datensatz *m (Inf)* за́пись *f* (да́нных), набо́р *m* да́нных
Datenschutz *m (Inf)* защи́та *f* да́нных
Datensicherung *f (Inf)* защи́та *f* да́нных
Datensichtgerät *n (Inf)* графи́ческий термина́л *m*
Datensichtstation *f (Inf)* видеотермина́л *m*
Datenspeicherung *f (Inf)* запомина́ние *n* да́нных, хране́ние *n* да́нных
Datenspur *f* информацио́нная доро́жка *f*, доро́жка *f* да́нных *(eines Aufzeichnungsträgers)*
Datenstation *f (Inf)* ста́нция *f* да́нных, термина́л *m* обрабо́тки да́нных
~/**intelligente** интеллектуа́льный термина́л *m*
Datensteuerblock *m (Inf)* блок *m* управле́ния да́нными
Datensteuerung *f (Inf)* управле́ние *n* да́нными
Datenstruktur *f (Inf)* структу́ра *f* да́нных
Datenträger *m (Inf)* носи́тель *m* да́нных [информа́ции], том *m*
Datenträgerkennsatz *m (Inf)* ме́тка *f* то́ма
Datentransfer *m (Inf)* переда́ча *f* да́нных
Datenübertragung *f (Inf)* переда́ча [пересы́лка] *f* да́нных
Datenübertragungsleitung *f (Inf)* ли́ния *f* переда́чи да́нных
Datenübertragungsmodem *m(n) (Inf)* мо́дем *m* переда́чи да́нных
Datenübertragungstechnik *f (Inf)* те́хника *f* переда́чи да́нных
Datenumfang *m (Inf)* объём *m* да́нных
Datenumwandlung *f (Inf)* преобразова́ние *n* да́нных
Datenverarbeitung *f (Inf)* обрабо́тка *f* да́нных
~/**dezentralisierte** децентрализо́ванная обрабо́тка *f* да́нных
~/**graphische** обрабо́тка *f* графи́ческих да́нных
Datenverarbeitungsanlage *f (Inf)* устро́йство *n* обрабо́тки да́нных
Datenverarbeitungssystem *n (Inf)* систе́ма *f* обрабо́тки да́нных, СОД *f*
Datenverarbeitungstechnik *f (Inf)* те́хника *f* обрабо́тки да́нных
Datenverdichtung *f (Inf)* уплотне́ние *n* да́нных
Datenverkettung *f (Inf)* сцепле́ние *n* да́нных
Datenverwaltung *f (Inf)* управле́ние *n* да́нными
Datenverzeichnis *n (Inf)* слова́рь *m* (ба́зы) да́нных
Datenweg *m (Inf)* информацио́нный кана́л *m*
Datenwort *n (Inf)* сло́во *n* да́нных
Datenzugriff *m (Inf)* до́ступ *m* к да́нным, вы́борка *f* да́нных
Datenzwischenspeicher *m (Inf)* бу́фер *m* да́нных
Datum *n* да́та *f*
Datumsgrenze *f* ли́ния *f* переме́ны да́ты
DAU *m s.* Digital-Analog-Umsetzer
Dauer *f* продолжи́тельность *f*; дли́тельность *f*; срок *m*
Dauer... дли́тельный; постоя́нный *(z. B. Dauermagnet)*

Dauerbeanspruchung *f (Mech)* дли́тельная [постоя́нная] нагру́зка *f*
Dauerbelastung *f s.* Dauerbeanspruchung
Dauerbetrieb *m* непреры́вная рабо́та *f*; непреры́вная [продолжи́тельная] эксплуата́ция *f*
Dauerbruch *m (Fest)* уста́лостное разруше́ние *n*, уста́лостный изло́м *m*
Dauerentladung *f (El)* дли́тельный разря́д *m*
Dauererprobung *f* дли́тельное испыта́ние *n*
Dauerfestigkeit *f (Fest)* дли́тельная про́чность *f*, выно́сливость *f*, преде́л *m* выно́сливости; вибропро́чность *f (von Werkstoffen)*
Dauerfestigkeitsprüfung *f (Wkst)* испыта́ние *n* на уста́лость, испыта́ние *n* на вибрацио́нную выно́сливость
Dauerform *f (Gieß)* постоя́нная фо́рма *f*, изло́жница *f*
Dauerformguss *m* литьё *n* в постоя́нные фо́рмы
Dauerfrostboden *m* ве́чная мерзлота́ *f*
dauerhaft долгове́чный; выно́сливый; про́чный
Dauerhaftigkeit *f* долгове́чность *f*; выно́сливость *f*; про́чность *f*
Dauerkupplung *f (Masch)* постоя́нная му́фта *f*
Dauerlast *f (Fest)* постоя́нная нагру́зка *f*
Dauerleistung *f* дли́тельная мо́щность *f*; эксплуатацио́нная мо́щность *f*
Dauermagnet *m* постоя́нный магни́т *m*
Dauerparken *n (Kfz)* дли́тельная стоя́нка *f*
Dauerparkplatz *m (Kfz)* дли́тельная стоя́нка *f*
Dauerriss *m (Wkst)* уста́лостная тре́щина *f*
Dauerschlagversuch *m (Wkst)* испыта́ние *n* на уда́рную выно́сливость [уста́лость]
Dauerschwingfestigkeit *f s.* Dauerfestigkeit
Dauerschwingfestigkeitsprüfung *f s.* Dauerfestigkeitsprüfung
Dauerschwingungsbruch *m s.* Dauerbruch
Dauerschwingungsfestigkeitsprüfung *f s.* Dauerfestigkeitsprüfung
Dauerstandfestigkeit *f (Wkst)* преде́л *m* дли́тельной про́чности
Dauerstandversuch *m (Wkst)* испыта́ние *n* на ползу́честь
Dauerstrom *m (El)* дли́тельный ток *m*; установи́вшийся ток *m*
Dauerton *m (Ak)* непреры́вный тон *m*
Dauerversuch *m* дли́тельное испыта́ние *n*
Dauerwechselfestigkeit *f s.* Dauerfestigkeit
Dauerwechselfestigkeitsprüfung *f s.* Dauerfestigkeitsprüfung
Daumen *m (Masch)* кулачо́к *m (der Kupplung)*
Daumenrad *n (Masch)* звёздочка *f*
D/A-... *s.* Digital-Analog-...
Davit *m (Schiff)* кран-ба́лка *m*, шлюпба́лка *f*
dB *s.* Dezibel
DBS *n s.* Datenbanksystem
DDC *f s.* Digitalsteuerung
Deadweight *n (Schiff)* де́двейт *m*
Debuggen *n (Inf)* отла́дка *f*
Debugger *m (Inf)* отла́дочная програ́мма *f*, отла́дчик *m*
Debugging *n (Inf)* отла́дка *f*
Debye-Scherrer-Aufnahme *f (Krist)* дебаегра́мма *f*
Debye-Scherrer-Diagramm *n (Krist)* дебаегра́мма *f*
Dechiffrator *m (El)* дешифра́тор *m*, деко́дер *m*
Dechiffriereinrichtung *f s.* Dechiffrator
Dechiffrierung *f*, дешифри́рование *n*, дешифра́ция *f*, расшифро́вка *f*
Dechiffrierungsgerät *n (El)* дешифра́тор *m*
Deck *n (Schiff)* па́луба *f*
Decke *f* 1. *(Bw)* перекры́тие *n*, покры́тие *n*; *(Bw)* доро́жное покры́тие *n*, потоло́к *m*; оде́жда *f (Straßenbau)*; 2. *(Kfz)* (авто)покры́шка *f (Bereifung)*; 3. *(Geol)* покро́в *m*; 4. не́бо *n (eines Feuerraums)*
~/tektonische *(Geol)* тектони́ческий покро́в *m*
Deckel *m* 1. кры́шка *f*; колпа́к *m*; 2. *(Typ)* де́кель *m*
Deckelflansch *m* глухо́й фла́нец *m*; заглу́шка *f*

Deckenheizung *f* пото́лочное отопле́ние *n*
Deckenleuchte *f* потоло́чный свети́льник *m*
Deckenüberschiebung *f (Geol)* надви́г *m* покро́ва
deckfähig укры́вистый *(Anstrichstoffe)*
Deckfähigkeit *f* кро́ющая спосо́бность *f*, укры́вистость *f (von Anstrichstoffen)*
Deckfarbe *f* кро́ющая кра́ска *f*
Deckglas *n* покро́вное стекло́ *n*
Deckkraft *f* укры́вистость *f (von Anstrichstoffen)*
Decklack *m* покрывно́й лак *m*
Decklasche *f (Bw)* стыкова́я накла́дка *f*
Decksbalken *m (Schiff)* бимс *m*
Decksbucht *f (Schiff)* по́гибь *f* па́лубы
Deckschicht *f* 1. покро́вный слой *m*; покры́тие *n (der Straße)*; 2. *s.* Schutzschicht
Decksstütze *f (Schiff)* пи́ллерс *m*
deckstark укры́вистый *(Anstrichstoffe)*
Deckung *f (Math)* совмеще́ние *n*
Deckvermögen *n s.* Deckfähigkeit
Decoder *m* декоди́рующее устро́йство *n*, деко́дер *m*
Decodier... декоди́рующий
Decodiereinrichtung *f* декоди́рующее устро́йство *n*, деко́дер *m*
decodieren декоди́ровать
Decodieren *n* декоди́рование *n*
Decodierer *m* декоди́рующее устро́йство *n*, деко́дер *m*
Decodierungs... декоди́рующий
Deemphasis *f (Nrt)* деэмфа́зис *m*
defekt дефе́ктный; неиспра́вный; повреждённый
Defekt *m* дефе́кт *m*; недоста́ток *m*; неиспра́вность *f*; поро́к *m*
Defektelektron *n (Ph, Halbl)* ды́рка *f*
Defektelektronenhalbleiter *m* ды́рочный полупроводни́к *m*
Defektelektronenleitfähigkeit *f (Halbl)* ды́рочная проводи́мость *f*
Defektelektronenleitung *f (Halbl)* ды́рочная электропрово́дность *f*
Defektelektronenstrom *m (Halbl)* ды́рочный ток *m*
Defekthalbleiter *m* ды́рочный полупроводни́к *m*
Defektoskop *n (Wkst)* дефектоско́п *m*
Defektoskopie *f (Wkst)* дефектоскопи́я *f*, неразруша́ющее испыта́ние *n* материа́лов, неразруша́ющий контро́ль *m* материа́лов
~/magnetische магни́тная дефектоскопи́я *f*
Defibrator *m (Pap)* дефибре́р *m*
Definition *f* определе́ние *n*
Defizit *n* дефици́т *m*; недоста́ток *m*
Defizit... дефици́тный
Deflagration *f* дефлагра́ция *f*
Deflektor *m* дефле́ктор *m*
Defoelastizität *f (Gum)* дефо́-эласти́чность *f*
Defohärte *f (Gum)* дефо́-тве́рдость *f*
Defokussierung *f (Opt)* дефокусиро́вка *f*
Defoliationsmittel *n* дефолиа́нт *m*
Defomessinstrument *n* дефо́метр *m*
Defometer *n* дефо́метр *m*
Defometerhärte *f (Gum)* дефо-твёрдость *f*
Deformation *f* деформа́ция *f*
~/bleibende оста́точная [пласти́ческая] деформа́ция *f*
~/elastische упру́гая деформа́ция *f*
~/plastische *s.* ~/bleibende
Deformationsellipsoid *n (Mech)* эллипсо́ид *m* деформа́ции
Deformierbarkeit *f* деформи́руемость *f*
deformieren деформи́ровать
Degeneration *f* вырожде́ние *n*
dehnbar *s.* duktil
Dehnbarkeit *f s.* Duktilität
dehnen растя́гивать; расширя́ть
Dehnen *n* 1. *s.* Dehnung; 2. *(Umf)* вы́тяжка *f*
Dehner *m (El)* экспа́ндер *m*
Dehnfuge *f (Bw)* компенсацио́нный [температу́рный] шов *m*
Dehngrenze *f (Wkst)* усло́вный преде́л *m* теку́чести
0,2-Dehngrenze *f (Wkst)* усло́вный преде́л *m* теку́чести 0,2
Dehnung *f* 1. растяже́ние *n*; расшире́ние *n*; удлине́ние *n*; 2. *s.* Dehnen; 3. *s.* Dilatation 1.
~/elastische *(Mech)* упру́гое растяже́ние *n*
Dehnungsgeber *m* тензода́тчик *m*
Dehnungskonstante *f (Mech)* коэффицие́нт *m* удлине́ния

Dehnungsmess... тензометри́ческий
Dehnungsmesser *m s.* Dehnungsmessinstrument
Dehnungsmessinstrument *n* тензо́метр *m*, дилато́метр *m*
Dehnungsmessstreifen *m* тензорези́стор *m*
Dehnungsmessung *f* тензометри́я *f*, дилатоме́трия *f*
Dehnungsnaht *f (Schw)* температу́рный шов *m*
Dehnungsversuch *m* испыта́ние *n* на растяже́ние
Dehn(ungs)zahl *f (Mech)* коэффицие́нт *m* удлине́ния
Dehydration *f (Ch)* дегидрата́ция *f*
Dehydratisierung *f (Ch)* дегидрата́ция *f*
Dehydrieren *n (Ch)* дегидрогениза́ция *f*, дегидри́рование *n*
Dehydrierung *f s.* Dehydrieren
Deich *m (Hydt)* вал *m*; да́мба *f*; запру́да *f*
Deinken *n (Pap)* обесцве́чивание *n* *(von bedrucktem Altpapier)*
Deinking *n s.* Deinken
Deionisation *f (Kern)* деиониза́ция *f*
Deionisierung *f (Kern)* деиониза́ция *f*
Deka... *(Mess)* дека... *(10^1 Einheiten)*
Dekade *f* дека́да *f*
Dekaden... дека́дный
Dekadenzählröhre *f (Eln)* декатро́н *m*
dekadisch десяти́чный, дека́дный
Dekaeder *n (Math)* декаэ́др *m*, десятигра́нник *m*
Dekagon *n (Math)* декаго́н *m*
Dekameter *n (Mess)* декаме́тр *m*
Dekantation *f (Ch)* деканта́ция *f*
Dekanteur *m (Lebm)* отсто́йник *m* *(Zuckergewinnung)*
Dekantierapparat *m (Ch)* деканта́тор *m*
dekantieren *(Ch)* деканти́ровать
Dekantierung *f (Ch)* деканта́ция *f*
dekapieren *(Met)* декапи́ровать *(z. B. Bleche)*
Dekapieren *n (Met)* декапи́рование *n* *(z. B. von Blechen)*
dekatieren *(Text)* декатирова́ть
Dekatieren *n (Text)* декатиро́вка *f*
Dekatron *n (Eln)* декатро́н *m*
Dekatur *f (Text)* декатиро́вка *f*
Deklination *f (Astr, Geoph)* склоне́ние *n*
~/magnetische магни́тное склоне́ние *n*
Deklinationsmesser *m (Geoph)* деклино́метр *m*
Deklinationsmessinstrument *n (Geoph)* деклино́метр *m*
Dekompression *f* декомпре́ссия *f*
Dekontamination *f (Kern)* дезактива́ция *f*
Dekremeter *n (Mess)* декреме́тр *m*
Deltaeisen *n* де́льта-желе́зо *n*
Deltaelektron *n (Kern)* де́льта-электро́н *m*
Deltaflugzeug *n* дельтапла́н *m*
Deltafunktion *f (Math)* де́льта-фу́нкция *f*
Deltametall *n* де́льта-мета́лл *m*
Deltamodulation *f (Nrt)* де́льта-модуля́ция *f*
Deltaoperator *m (Math)* опера́тор *m* Лапла́са
DEL-Taste *f (Inf)* кла́виша *f* гаше́ния [стира́ния]
Deltastrahl *m (Kern)* де́льта-электро́н *m*
Deltateilchen *n s.* Deltastrahl
Deltoid *n* дельто́ид *m*
Demodulation *f (Rf)* демодуля́ция *f*, детекти́рование *n*
Demodulator *m (Rf)* демодуля́тор *m*
Demodulator... *(Rf)* дете́кторный
demodulieren *(Rf)* демодули́ровать, детекти́ровать
demoduliert *(Rf)* демодули́рованный
Demontage *f* демонта́ж *m*, разбо́рка *f*
demontieren демонти́ровать, разбира́ть
demontiert демонти́рованный, разобра́нный
Demontierung *f s.* Demontage
Demulgator *m (Ch)* деэмульга́тор *m*
Demulgieren *n (Ch)* деэмульги́рование *n*
denaturieren *(Ch)* денатури́ровать
denaturiert *(Ch)* денатури́рованный
Denaturierung *f (Ch)* денатура́ция *f*
Dendrit *m (Geol, Min)* дендри́т *m*; *(Wkst)* дендри́т *m* *(Gefüge)*
Dendrit... дендри́тный
Dendritengefüge *n (Wkst)* дендри́тная структу́ра *f*

Dendritenseigerung *f (Wkst)* дендри́тная ликва́ция *f*
dendritisch дендри́тный
Dendrochronologie *f (Forst)* дендрохроноло́гия *f*
Denier *n (Text)* денье́ *n (Einheit für die Fadenstärke)*
denitrieren *(Ch)* денитри́ровать
Densimeter *n* денсиме́тр *m*
Densimetrie *f* денсиме́трия *f*
Densität *f (Ph)* пло́тность *f*
Densitometer *n (Photo)* денсито́метр *m*
Densitometrie *f (Photo)* денситоме́трия *f*
Denudation *f (Geol)* денуда́ция *f*
DEP *m s.* Datenendplatz
Dephlegmation *f (Ch)* дефлегма́ция *f*
Dephlegmator *m (Ch)* дефлегма́тор *m*
Deplacement *n* водоизмеще́ние *n (eines Schiffes)*
Depolarisator *m (Ch)* деполяриза́тор *m*
depolarisieren *(Ch)* деполяризова́ть
Depolymerisation *f (Ch)* деполимериза́ция *f*
Deponie *f* сва́лка *f*; *(Kern)* моги́льник *m (für radioaktive Abfälle)*
Depot *n* депо́ *n*; парк *m*; *(Masch)* ба́за *f*
Depression *f (Geol)* депре́ссия *f*; оса́дка *f*; *(Bgb)* депре́ссия *f (Bewetterung)*
Derivat *n (Ch)* произво́дное *n*, дерива́т *m*
Derivator *m (Math)* дерива́тор *m*, дифференциа́тор *m*
Derrick(kran) *m (Förd)* де́ррик(-кран) *m*, кран-де́ррик *m*, ма́чтовый кран *m*
Descrambler *m (Nrt)* дескре́мблер *m*
Desensibilisierung *f (Photo)* десенсибилиза́ция *f*
Desertifikation *f (Ökol)* опусты́нивание *n*
Design *n* диза́йн *m*
Desintegration *f* дезинтегра́ция *f (Aufbereitung)*
Desintegrator *m* дезинтегра́тор *m*
deskriptiv изобрази́тельный
Deskriptor *m (Inf)* дескри́птор *m*
Desorption *f (Ch)* десо́рбция *f*
Desoxidation *f (Ch)* дезоксида́ция *f*; *(Met)* раскисле́ние *n*
Desoxidationsmittel *n (Ch)* восстанови́тель *m*; *(Met)* раскисли́тель *m*
desoxidieren *(Ch)* восстана́вливать; *(Met)* раскисля́ть
Desoxyribonucleinsäure *f (Ch)* дезоксирибонуклеи́новая кислота́ *f*, ДНК *f*
Desquamation *f (Geol)* шелуше́ние *n* (го́рных поро́д)
Destillat *n (Ch)* дистилля́т *m*, пого́н *m*
Destillatbenzin *n* бензи́н *m* прямо́й (пере)го́нки
Destillation *f (Ch)* дистилля́ция *f*, перего́нка *f*; разго́нка *f*
~/fraktionierte фракцио́нная [фракциони́рованная] перего́нка [дистилля́ция] *f*, дро́бная перего́нка *f*; разго́нка *f*
Destillations... *(Ch)* дистилляцио́нный
Destillationsapparat *m (Ch)* дистилля́тор *m*
Destillationsbenzin *n* бензи́н *m* прямо́й (пере)го́нки
Destillationsblase *f (Ch)* перего́нный куб *m*
Destillationskolonne *f (Ch)* дистилляцио́нная коло́нна *f*
Destillierapparat *m (Ch)* перего́нный аппара́т *m*
destillieren *(Ch)* дистилли́ровать, перегоня́ть, разгоня́ть
Destillieren *n s.* Destillation
Destillierkolben *m (Ch)* перего́нная ко́лба *f*
Destillierkolonne *f (Ch)* дистилляцио́нная коло́нна *f*
destilliert *(Ch)* дистиллиро́ванный
Desulfurierung *f (Ch)* десульфура́ция *f*; *(Met)* обессе́ривание *n*
Detail *n* дета́ль *f*; ча́стность *f*
Detektor *m* дете́ктор *m*
~/thermoelektrischer термодете́ктор *m*
Detektor... дете́кторный
Detektorempfänger *m (Rf)* дете́кторный приёмник *m*
Detergens *n (Ch)* детерге́нт *m*
Detergent *n (Ch)* детерге́нт *m*
Determinante *f (Math)* детермина́нт *m*, определи́тель *m*
determiniert детермини́рованный

Detonation *f* детонáция *f*; взрыв *m*
Detonations... детонациóнный
Detonationswelle *f (Mil)* взрывнáя волнá *f*
Deuterium *n (Kern)* дейтéрий *m*, D, d
Deuteriumkern *m (Kern)* дéйтрон *m*, d
Deuteron *n (Kern)* дéйтрон *m*, d
Deutlichkeit *f* чёткость *f*
Deviation *f* девиáция *f (der Magnetnadel)*
Deviationsmoment *n (Mech)* центробéжный момéнт *m*
Dezelerometer *n* децелерóметр *m*
Dezi... *(Mess)* деци... *(10^{-1} Einheiten)*
Dezibel *n (Ak)* децибéл *m*, дБ
Dezigramm *n* децигрáмм *m*
dezimal десяти́чный
Dezimal... десяти́чный
Dezimalbruch *m (Math)* десяти́чная дробь *f*
Dezimalcode *m* десяти́чный код *m*
Dezimaldaten *pl (Inf)* десяти́чные дáнные *pl*
Dezimalpunkt *m (Math)* десяти́чная тóчка *f*
Dezimalregister *n (Inf)* десяти́чный реги́стр *m*
Dezimalstelle *f (Inf)* десяти́чный разря́д *m*
Dezimalsystem *n* десяти́чная систéма *f* (исчислéния)
Dezimalzahl *f (Math)* десяти́чное числó *n*
Dezimalzeichen *n (Math)* десяти́чный знак *m*
Dezimalziffer *f* десяти́чная ци́фра *f*
Dezimeter *n* дециметр *m*
Dezimeterwellen *fpl (Rf)* дециметрóвые вóлны *fpl*
Dezimeterwellenbereich *m* дециметрóвый диапазóн *m*
Dezitonne *f* цéнтнер *m (100 kg)*
DFÜ *f s.* Datenfernübertragung
D-Glied *n (Reg)* дифференци́рующее звенó *n*, дифференци́рующий элемéнт *m*
Dia *n* диапозити́в *m*, слайд *m*
Diabas *m (Geol)* диабáз *m*
Diac *m (Eln)* диáк *m*
Diadochie *f s.* Isomorphie
Diagnosebus *m (Inf)* диагности́ческая ши́на *f*
Diagnoseprogramm *n (Inf)* диагности́ческая прогрáмма *f*
Diagnostik *f* диагнóстика *f*
diagonal *(Math)* диагонáльный
Diagonale *f (Math)* диагонáль *f*
Diagramm *n* диагрáмма *f*
Dialogbetrieb *m (Inf)* диалóговый [интеракти́вный] режи́м *m*
Dialogbetriebsmittel *npl (Inf)* диалóговые срéдства *npl*
Dialogdatenverarbeitung *f* обрабóтка *f* дáнных в режи́ме диалóга
Dialysat *n (Ch)* диализáт *m*
Dialysator *m (Ch)* диализáтор *m*
Dialyse *f (Ch)* диáлиз *m*
Diamagnetikum *n* диамагнéтик *m*
diamagnetisch диамагни́тный
Diamant *m* алмáз *m*
~/industrieller промы́шленный алмáз *m*
~/synthetischer синтети́ческий алмáз *m*
~/technischer промы́шленный алмáз *m*
Diamant... алмáзный
Diamantabrichtblock *m (Wkz)* алмáзный брусóк *m*
Diamantausdrehmaschine *f (Wkzm)* алмáзно-расточный станóк *m*
Diamantbohren *n (Fert)* алмáзное бурéние *n*
Diamantbohrer *m (Wkz)* алмáзное сверлó *n*
Diamantbohrkrone *f (Wkz)* алмáзная корóнка *f*
Diamantdrehen *n (Fert)* алмáзное точéние *n*
Diamantdrehmeißel *m (Wkz)* алмáзный резéц *m*
diamanten алмáзный
Diamanthalter *m (Wkz)* алмазодержáтель *m*
diamanthaltig алмазосодержáщий
Diamantkrone *f (Wkz)* алмáзная корóнка *f*
Diamantmeißel *m (Bgb)* алмáзное долотó *n*
Diamantschleifkörper *m (Wkz)* алмáзный круг *m*
Diamantschleifscheibe *f (Wkz)* алмáзный круг *m*
Diamantwerkzeug *n (Wkz)* алмáзный инструмéнт *m*

diametral диаметра́льный
Diaphanometer *n* диафано́метр *m*
Diaphragma *n (Opt)* диафра́гма *f*; перегоро́дка *f*
Diapositiv *n* диапозити́в *m*, слайд *m*
Diaprojektor *m* диапрое́ктор *m*
Diaskop *n* диаско́п *m*
diatherm диатерми́чный
Diathermansie *f (Therm)* теплопрозра́чность *f*
Diatomit *m (Geol)* диатоми́т *m*
Diatrema *n (Geol)* тру́бка *f* взры́ва
Diazofarbstoff *m (Ch)* диазокраси́тель *m*
Diazotieren *n (Ch)* диазоти́рование *n*
Diazoverbindung *f (Ch)* диазосоедине́ние *n*
Diazoverfahren *n (Photo)* диазоти́пия *f*
Dibbelmaschine *f (Lw)* гнездова́я се́ялка *f*
Dichlor... *(Ch)* двухло́ристый
Dichroismus *m (Opt, Min)* дихрои́зм *m*
dichroitisch дихрои́чный
dichromsauer *(Ch)* двухромовоки́слый
dicht *(Ph)* пло́тный; непроница́емый
~/**hermetisch** гермети́ческий
Dichte *f* 1. *(Ph, Mech, Opt)* пло́тность *f*; 2. непроница́емость *f*; гермети́чность *f*; 3. густота́ *f*
~/**optische** *(Opt)* (опти́ческая) пло́тность *f*
~/**scheinbare** *s.* Rohdichte 1.
~/**spektrale** *(El)* спектра́льная пло́тность *f*
Dichtemesser *m s.* Dichtemessinstrument
Dichtemessinstrument *n* денсиме́тр *m*; плотноме́р *m*
Dichtemessung *f* денсиме́трия *f*
dichten уплотня́ть; конопа́тить
Dichten *n* уплотне́ние *n*
Dichtestpackung *f (Krist)* плотне́йшая упако́вка *f*
Dichtheit *f (Ph)* 1. пло́тность *f*; 2. гермети́чность *f*
dichtholen *(Schiff)* выбира́ть *(Trosse, Ankerkette)*
Dichtpackung *f (Krist)* пло́тная упако́вка *f*
Dichtung *f (Masch)* уплотне́ние *n (als Bauteil)*; уплотни́тельная прокла́дка *f*; са́льник *m*
Dichtungs... *(Masch)* наби́вочный, набивно́й; уплотни́тельный
Dichtungsmasse *f (Masch)* наби́вка *f*
Dichtungsmittel *n* уплотни́тель *m*; герме́тик *m*
Dichtungsring *m* уплотни́тельное кольцо́ *n (des Kolbens)*
Dichtungsschnur *f (Masch)* наби́вочный шнур *m*
Dichtungsschürze *f (Hydt)* пону́р *m (an Erdstaudämmen)*
Dichtungsstoff *m* наби́вочный материа́л *m*
dick то́лстый
Dicke *f* толщина́ *f*, то́лща *f*; *(Geol)* мо́щность *f (einer Schicht)*
Dickenhobelmaschine *f (Holz)* ре́йсмусовый стано́к *m*
Dickenmesser *m* толщиноме́р *m*
Dickenmessinstrument *n* толщиноме́р *m*
Dickenwachstum *n* утолще́ние *n*
Dickfilm... толстоплёночный
Dickfilmtechnik *f (Eln)* толстоплёночная техноло́гия *f*
dickflüssig густотеку́чий, густо́й; вя́зкий; консисте́нтный
Dickschicht... толстоплёночный
Dickschichttechnik *f (Eln)* толстоплёночная техноло́гия *f*
Dickstoffpumpe *f* шла́мовый насо́с *m*, землесо́с *m*
dickwandig толстосте́нный
Dieder *n (Krist)* диэ́др *m*
Dielektrikum *n (El)* диэле́ктрик *m*
dielektrisch диэлектри́ческий
Dielektrizitäts... диэлектри́ческий
Dielektrizitätskonstante *f (El)* диэлектри́ческая проница́емость *f*; диэлектри́ческая постоя́нная *f*
dielen *(Bw)* настила́ть
Dienst *m* слу́жба *f*
~/**meteorologischer** метеорологи́ческая слу́жба *f*, метеослу́жба *f*, слу́жба *f* пого́ды
Dienst... служе́бный
Diensteintegration *f (Nrt)* интегра́ция *f* служб
Dienstgeschwindigkeit *f (Schiff)* эксплуатацио́нная ско́рость *f*
Dienstleistungen *fpl* бытово́е обслу́живание *n*

Dienstleitung *f (Nrt)* служе́бная ли́ния *f*
dienstlich служе́бный
Dienstprogramm *n s.* Dienstroutine
Dienstroutine *f (Inf)* ути́лита *f*, (автоно́мная) се́рвисная програ́мма *f*
Dienstvorschrift *f* инстру́кция *f*
Diesel *m s.* Dieselmotor
Diesel... ди́зельный
dieselelektrisch ди́зель-электри́ческий
Dieselelektrolok(omotive) *f* теплово́з *m* с электри́ческой переда́чей
Dieselelektroschiff *n* ди́зель-электрохо́д *m*
Dieselgenerator *m (El)* ди́зель-генера́тор *m*
Dieselkompressor *m (Masch)* ди́зель-компре́ссор *m*
Dieselkraftstoff *m* ди́зельное то́пливо *n*
Dieselkraftwerk *n* ди́зель-электроста́нция *f*
Diesellok(omotive) *f* теплово́з *m*
dieselmechanisch ди́зель-механи́ческий
Dieselmotor *m* ди́зель *m*
~/**langsam laufender** малооборо́тный ди́зель *m*
~/**schnell laufender** быстрохо́дный ди́зель *m*
Dieselmotor... ди́зельный
Dieselmotorenöl *n* ди́зельное ма́сло *n*
Dieseltraktion *f (Eb)* ди́зельная [теплово́зная] тя́га *f*
Dieseltriebzug *m (Eb)* ди́зель-по́езд *m*
Dieselverdichter *m (Masch)* ди́зель-компре́ссор *m*
Dieselzugförderung *f (Eb)* ди́зельная [теплово́зная] тя́га *f*
Differential *n s.* Differenzial
Differential... *s.* Differenzial...
Differenz *f* ра́зность *f*
Differenzdruckmesser *m s.* Differenzdruckmessinstrument
Differenzdruckmessinstrument *n* дифференциа́льный мано́метр *m*, дифмано́метр *m*
Differenzenmethode *f (Math)* ра́зностный ме́тод *m*
Differenzenverfahren *n (Math)* ра́зностный ме́тод *m*
Differenzial *n* 1. *(Kfz)* дифференциа́л *m*, дифференциа́льный механи́зм *m*; 2. *(Math)* дифференциа́л *m*
Differenzial... дифференциа́льный
Differenzialbremse *f (Masch)* дифференциа́льный то́рмоз *m*
Differenzialdrehmelder *m* дифференциа́льный сельси́н *m*
Differenzialgehäuse *n (Kfz)* ка́ртер *m* дифференциа́ла
Differenzialgeometrie *f* дифференциа́льная геоме́трия *f*
Differenzialgetriebe *n (Kfz)* дифференциа́льная переда́ча *f*, дифференциа́льный механи́зм *m*
Differenzialgleichung *f (Math)* дифференциа́льное уравне́ние *n*
~/**bernoullische** *(Math)* уравне́ние *n* Берну́лли
~/**besselsche** уравне́ние *n* Бе́сселя
Differenzialglied *n (Reg)* дифференци́рующий элеме́нт *m*
Differenzialkolbenpumpe *f (Masch)* дифференциа́льный насо́с *m*
Differenzialmechanismus *m (Masch)* дифференциа́льный механи́зм *m*
Differenzialpumpe *f (Masch)* дифференциа́льный насо́с *m*
Differenzialquotient *m (Math)* произво́дная *f*
Differenzialrechnung *f* дифференциа́льное исчисле́ние *n*
Differenzialregler *m* дифференциа́льный регуля́тор *m*
Differenzialschaltung *f (El)* дифференциа́льная схе́ма *f*
Differenzialselsyn *n* дифференциа́льный сельси́н *m*
Differenzialverstärker *m* дифференциа́льный усили́тель *m*
Differenziation *f (Geol)* дифференциа́ция *f*
Differenziator *m (Math)* дифференциа́тор *m*, дерива́тор *m*
Differenzierbarkeit *f (Math)* дифференци́руемость *f*
Differenzierglied *n (Reg)* дифференци́рующее звено́ *n*, дифференциа́тор *m*
differenziert *(Math)* дифференци́рованный

Differenzverstärker *m* дифференциа́льный усили́тель *m*
Diffraktion *f (Opt)* дифра́кция *f*
Diffraktometer *n (Opt)* дифракто́метр *m*
diffundieren диффунди́ровать
Diffundieren *n* диффунди́рование *n*
diffus *(Ph, Opt)* диффу́зный
Diffuseur *m (Lebm)* диффу́зор *m (Zuckergewinnung)*
Diffusion *f (Ph)* диффу́зия *f*
~/ambipolare амбиполя́рная диффу́зия *f (Laser)*
Diffusions... диффузио́нный
Diffusionsdotierung *f (Halbl)* диффузио́нное леги́рование *n*
diffusionsglühen *(Härt)* гомогенизи́ровать
Diffusionsglühen *n (Härt)* гомогениза́ция *f*
Diffusionslegierung *f (Halbl)* диффузио́нное леги́рование *n*
Diffusionsmetallisierung *f* диффузио́нная металлиза́ция *f*
Diffusionspumpe *f (El)* диффузио́нный насо́с *m*
Diffusionsstrom *m (El)* диффузио́нный ток *m*
Diffusionstransistor *m* диффузио́нный транзи́стор *m*
Diffusionsverchromen *n* диффузио́нное хроми́рование *n*
Diffusor *m (Aero, Opt)* диффу́зор *m*
digital цифрово́й; *(Inf)* дискре́тный
Digital... цифрово́й; *(Inf)* дискре́тный
Digitaladdierer *m* цифрово́й суммато́р *m*
digital-analog цифро-ана́логовый
Digital-Analog... цифро-ана́логовый
Digital-Analog-Umsetzer *m (El)* ци́фро-ана́логовый преобразова́тель *m*
Digital-Analog-Umsetzung *f (El)* ци́фро-ана́логовое преобразова́ние *n*
Digital-Analog-Wandler *m (El)* ци́фроана́логовый преобразова́тель *m*
Digitalanlage *f* дискре́тное устро́йство *n*
Digitalanzeige *f* цифрова́я индика́ция *f*, цифрово́е отображе́ние *n*
Digitalanzeiger *m* цифрово́й индика́тор *m*
Digitalbaustein *m* цифрово́й мо́дуль *m*
Digitalcodierung *f* цифрово́е коди́рование *n*
Digitaleinheit *f* цифрово́е устро́йство *n*
Digitalelement *n (Eln)* цифрово́й элеме́нт *m*
Digitalfrequenzmesser *m (El)* цифрово́й частотоме́р *m*
Digitalgerät *n* цифрово́й прибо́р *m*
Digitalinformation *f* цифрова́я информа́ция *f*
Digitalisieren *n (Eln)* оцифро́вка *f*
Digitalisierer *m (Eln)* ана́лого-цифрово́й преобразова́тель *m*, оцифро́выватель *m*, дискретиза́тор *m*
Digitalisiergerät *n s.* Digitalisierer
digitalisiert *(Eln)* оцифро́ванный
Digitalnetz *n* цифрова́я сеть *f*
~/diensteintegriertes *(Nrt)* цифрова́я сеть *f* с интегра́цией служб, ЦСИС *f*
Digitalrechenmaschine *f* цифрова́я вычисли́тельная маши́на *f*, цифрова́я ЭВМ *f*, ЦВМ *f*
Digitalrechner *m s.* Digitalrechenmaschine
Digitalschaltkreis *m (Eln)* цифрова́я интегра́льная схе́ма *f*
Digitalspannungsmesser *m (El)* цифрово́й вольтме́тр *m*
Digitalsteuerung *f* цифрово́е управле́ние *n*
~/direkte прямо́е цифрово́е управле́ние *n*
Digitalsystem *n (Reg)* цифрова́я систе́ма *f*
Digitaltechnik *f* цифрова́я те́хника *f*
Digitalvoltmeter *n (El)* цифрово́й вольтме́тр *m*
Digitizer *m s.* Digitalisierer
Diktiergerät *n* диктофо́н *m*
Dilatation *f* 1. удлине́ние *n*, (теплово́е) расшире́ние *n*, дилата́ция *f*; 2. *s.* Zeitdilatation
Dilatationsfläche *f (Math)* пове́рхность *f* деформа́ции
Dilatometer *n* дилато́метр *m*
Dilatometrie *f* дилатоме́трия *f*
dilatometrisch дилатометри́ческий
Dimagnetismus *m* диамагнети́зм *m*
Dimension *f (Math)* разме́рность *f*
dimensionslos *(Math)* безразме́рный
Dimer *n (Ch)* диме́р *m*

dimolekular *(Ch)* бимолекуля́рный
Dimorphie *f (Krist)* диморфи́зм *m*
Dingbrennweite *f (Opt)* пере́днее фо́кусное расстоя́ние *n*
Diode *f (Eln)* дио́д *m*
Dioden... дио́дный
Dioden-Array *n (Eln)* дио́дная ма́трица *f*
Diodendemodulator *m (Rf)* дио́дный дете́ктор *m*
Diodenlogik *f (Inf)* дио́дная ло́гика *f*
Diodenmatrix *f (Eln)* дио́дная ма́трица *f*
Diodenschaltung *f (Eln)* дио́дная схе́ма *f*
Dioden-Transistor-Logik *f (Inf)* дио́дно-транзи́сторная ло́гика *f*, ДТЛ *f*
Diopter *n* дио́птр *m (Visiergerät)*
Dioptrie *f (Opt)* диоптри́я *f*, дптр
Dioptrienmesser *m (Opt)* диоптри́метр *m*
Diorit *m (Min)* диори́т *m*
Dioxid *n (Ch)* двуо́кись *f*
Dipol *m* 1. *(Eln)* вибра́тор *m*; 2. *(Ph)* дипо́ль *m*
~/**elektrischer** электри́ческий дипо́ль *m*
~/**gefalteter** *(Eln)* петлево́й (симметри́чный) вибра́тор *m*, бивибра́тор *m*
~/**gerichteter** *(Eln)* напра́вленный вибра́тор *m*
~/**magnetischer** магни́тный дипо́ль *m*
Dipol... дипо́льный
Dipolmoment *n (Ph)* дипо́льный моме́нт *m*
Dipolstrahlung *f* дипо́льное излуче́ние *n*
dippeln *(Lw)* се́five гнёздами
Dipyramide *f (Krist)* дипирами́да *f*
direkt прямо́й
Direkt... прямо́й
Direktadressierung *f* пряма́я адреса́ция *f*
Direkteinspritzmotor *m* дви́гатель *m* с непосре́дственным впры́ском
Direkteinspritzung *f (Kfz)* непосре́дственный впрыск *m*
Direktfarbstoff *m (Text)* прямо́й краси́тель *m*
Direktmessung *f* прямо́е измере́ние *n*
Direktrix *f (Math)* директри́са *f*
Direktübertragung *f (Rf, TV)* непосре́дственная [пряма́я] переда́ча *f*
Direktverbindung *f (Nrt)* пряма́я связь *f*
Direktwahl *f (Nrt)* прямо́е иска́ние *n*, прямо́й набо́р *m*
Direktwertadressierung *f (Inf)* непосре́дственная адреса́ция *f*
Direktzugriff *m (Inf)* прямо́й до́ступ *m*, прямо́е обраще́ние *n*
Direktzugriffsdatei *f (Inf)* файл *m* с произво́льной вы́боркой
Direktzugriffsgerät *n (Inf)* устро́йство *n* прямо́го до́ступа
Direktzugriffsspeicher *m (Inf)* па́мять *f* [запомина́ющее устро́йство *n*] с произво́льным [прямы́м] до́ступом
Disc *f s.* Disk
Disjunktion *f (Math, Inf)* дизъю́нкция *f*, (логи́ческая) фу́нкция *f* ИЛИ
Disjunktionsschaltung *f* схе́ма *f* ИЛИ
disjunktiv дизъюнкти́вный
Disk *f (Inf)* диск *m*
Diskette *f (Inf)* диске́та *f*, ги́бкий (магни́тный) диск *m*
Diskettenbetriebssystem *n (Inf)* ди́сковая операцио́нная систе́ма *f*
Diskettenlaufwerk *n (Inf)* дисково́д *m*
Diskettenspeicher *m* па́мять *f* [запомина́ющее устро́йство *n*] на ги́бких магни́тных ди́сках
Diskontinuität *f* разры́вность *f*, преры́вность
Diskordanz *f (Geol)* несогла́сие *n*, несогла́сное залега́ние *n*
diskret дискре́тный
Diskretheit *f (Math)* дискре́тность *f*
Diskretisierung *f (Inf)* дискретиза́ция *f*
diskret-kontinuierlich дискре́тно-непреры́вный
Diskriminante *f (Math)* дискримина́нт *m*
Diskriminator *m (El)* дискримина́тор *m*
Diskriminierung *f (Ph)* дискримина́ция *f*
Diskusmühle *f (Pap)* ди́сковая ме́льница *f*
Dislokation *f* 1. *(Krist)* дислока́ция *f*; 2. *(Geol)* дислока́ция *f*, наруше́ние *n*
Dismulgieren *n (Ch)* деэмульги́рование *n*
Dispatcher *m (Inf)* диспе́тчер *m (Programm)*

Dispatcher... *(Inf)* диспéтчерский
Dispatcherdienst *m (Eb)* диспéтчерская слýжба *f*
Dispatcherprogramm *n (Inf)* прогрáмма-диспéтчер *f*
Dispatcherschalttafel *f (El)* диспéтчерский щит *m*
Dispatcherzentrale *f* диспéтчерская *f*
Dispatching *n (Inf)* диспетчеризáция *f*
Dispergens *n s.* Dispergiermittel
dispergieren *(Ch, Ph)* диспергúровать
Dispergier(hilfs)mittel *n (Ch)* диспергáтор *m*; дисперсиóнная средá *f*
dispers диспéрсный; рассéянный
Dispersion *f (Ch, Ph)* диспéрсия *f*
Dispersions... дисперсиóнный
Dispersionsfilter *n (Licht)* дисперсиóнный светофúльтр *m*
Dispersionsgrad *m (Ch, Ph)* диспéрсность *f*
Dispersionslichtfilter *n (Licht)* дисперсиóнный светофúльтр *m*
Dispersionsmittel *n s.* Dispergiermittel
Dispersität *f (Ch, Ph)* диспéрсность *f*
Dispersitätsgrad *m (Ch, Ph)* диспéрсность *f*
Display *n (Inf)* дисплéй *m*
Dissektorröhre *f (TV)* диссéктор *m*
Dissimilation *f (Ch)* диссимиля́ция *f*
Dissipation *f* диссипáция *f*, рассéяние *n (von Energie)*
Dissoziation *f (Ch, Krist)* диссоциáция *f (von Molekülen, Versetzungen)*
~/elektrolytische электролитúческая диссоциáция *f*
~/photochemische фотохимúческая диссоциáция *f*
Dissoziationsgrad *m (Ch)* стéпень *f* диссоциáции
Dissoziationswärme *f (Ch)* теплотá *f* диссоциáции
dissoziieren *(Ch)* диссоциúровать
Distanz *f* дистáнция *f*, расстоя́ние *n*
Distanzbuchse *f* распóрная втýлка *f*
Distanzkeil *m* распóрный клин *m*
Distanzmutter *f* распóрная гáйка *f*
Distanzring *m* распóрное кольцó *n*
Distanzrohr *n* распóрная трубá *f*
Distanzschraube *f* распóрный болт *m*
Distanzstück *n* распóрка *f*
Distorsion *f (Opt)* дистóрсия *f*
~/kissenförmige подушкообрáзная дистóрсия *f*
~/tonnenförmige бочкообрáзная дистóрсия *f*
distributiv *(Math)* дистрибутúвный
Distributiv... *(Math)* дистрибутúвный
Distributivität *f (Math)* дистрибутúвность *f*
disubstituiert *(Ch)* двузамещённый
ditetragonal *(Krist)* дитетрагонáльный
ditrigonal *(Krist)* дитригонáльный
divergent *(Math)* расходя́щийся
Divergenz *f* 1. *(Math)* расходúмость *f*; 2. *(Math, Geol, Meteo)* дивергéнция *f*
divergieren *(Math)* расходúться
divergierend расходя́щийся
Dividend *m (Math)* делúмое *n*
dividieren *(Math)* разделя́ть
Division *f (Math)* делéние *n*
Divisionszeichen *n (Math)* знак *m* делéния
Divisor *m (Math)* дивúзор *m*, делúтель *m*
DK *f s.* 1. Dielektrizitätskonstante; 2. Dieselkraftstoff
DK-Messer *m (Mess)* декамéтр *m*
DM *f s.* Deltamodulation
DMA *m s.* Speicherzugriff/direkter
DNS *f s.* 1. Numeriksteuerung/direkte; 2. Desoxyribonucleinsäure
Dochtöler *m* фитúльная маслёнка *f*
Dochtschmierung *f* фитúльная смáзка *f*
Dock *n (Schiff)* док *m*
Docke *f (Text)* кýфта *f*
docken *(Schiff)* доковáть
Docken *n (Schiff)* доковáние *n*
Dodekaeder *n (Krist)* додекáэдр *m*, двенадцатигрáнник *m*
Dodekagon *n (Math)* двенадцатиугóльник *m*
Dokumentarfilm *m* документáльный кинофúльм *m*
Dokumentation *f* документáция *f*
~/technische техническая документáция *f*
Doline *f (Geol)* дóлина *f*
Dollieren *n (Led)* стрóжка *f*
Dolly *m (TV, Kine)* оперáторский кран-телéжка *m*
Dolomit *m (Min)* доломúт *m*
Dolomit... *(Min)* доломúтовый

Dolomitisierung *f (Geol)* доломитиза́ция *f*
Dolomitstein *m* доломи́товый кирпи́ч *m*
Dom *m (Geol)* ку́пол *m*
Domäne *f (Krist)* доме́н *m*
Donator *m (Halbl)* (а́том-)до́нор *m*; до́норный а́том *m*
Donator... до́норный
Donatoratom *n s.* Donator
Donatorstörstelle *f (Halbl)* до́норная при́месь *f*; до́норный (при́месный) центр *m*
Donatorverunreinigung *f s.* Donatorstörstelle
Donatorzentrum *n s.* Donatorstörstelle
Donor *m s.* Donator
Donor... до́норный
dopen *(Halbl)* леги́ровать
Dopen *n (Halbl)* леги́рование *n*
Doppel... двойно́й
doppelarmig двупле́чий
Doppelbelichtung *f (Photo)* двойно́е экспони́рование *n*
Doppelbindung *f (Ch)* двойна́я связь *f*
Doppelbrechung *f (Opt)* двойно́е (луче)преломле́ние *n*
~/elektrische *(Opt)* эффе́кт *m* Ке́рра
Doppeldecker *m (Flg)* бипла́н *m*
Doppeldipol *m (El)* двойно́й дипо́ль *m*
Doppelfalz *m (Fert)* двойно́й фальц *m*
Doppelflinte *f* двуство́льное ружьё *n*, двуство́лка *f (Jagdwaffe)*
Doppelfokussierung *f (Ch)* двойна́я фокусиро́вка *f*
Doppelgang *m (Geol)* двойна́я жи́ла *f*
Doppelgelenkarm *m* двухшарни́рная рука́ *f (eines Roboters)*
Doppelimpuls... *(El)* двухи́мпульсный
Doppelintegral *n* двойно́й интегра́л *m*
doppelkohlensauer *(Ch)* двууглеки́слый
Doppelkristall *m* бикриста́лл *m*
doppellagig двухсло́йный
Doppelleiter *m (El)* двойна́я жи́ла *f*
doppeln 1. удва́ивать; 2. *(Inf)* дубли́ровать; 3. *(Wkz)* удва́ивать, дубли́ровать *(Bleche)*
Doppelprisma *n (Opt)* двойна́я при́зма *f*, бипри́зма *f*
Doppelpunkt *m (Math)* двойна́я то́чка *f*
Doppelpyramide *f (Krist)* дипирами́да *f*
Doppelreflexion *f (Opt)* двойно́е отраже́ние *n*
doppelreihig двухря́дный
Doppelsalz *n (Ch)* двойна́я соль *f*
Doppelscharpflug *m* двухко́рпусный плуг *m*
Doppelschicht *f* двойно́й слой *m*
doppelschichtig двухсло́йный
Doppelschleuse *f* двухка́мерный шлюз *m*
Doppelschlusserregung *f (El)* компаунди́рование *n*
Doppelschlussmaschine *f s.* Compoundmaschine
Doppelschlussmotor *m s.* Compoundmotor
Doppelsitzventil *n (Masch)* двухсе́дельный кла́пан *m*
Doppelständer... *(Masch)* порта́льный
Doppelständerpresse *f* двухсто́ечный пресс *m*
Doppelstern *m (Astr)* двойна́я звезда́ *f*
Doppelstockbrücke *f* двухъя́русный мост *m*
Doppelstockbus *m* двухэта́жный авто́бус *m*
doppelt 1. двойно́й; двукра́тный; 2. удво́енный
Doppel-T-Profil *n (Wlz)* двута́вр *m*, двутавро́вый про́филь *m*
Doppeltriode *f (Eln)* двойно́й трио́д *m*
Doppel-T-Stahl *m (Wlz)* двутавро́вая сталь *f*
Doppel-T-Träger *m (Wlz)* двутавро́вая ба́лка *f*, двута́вр *m*
Doppelturbine *f* сдво́енная турби́на *f*
Doppelvergaser *m* сдво́енный карбюра́тор *m*
Doppel-V-Motor *m* Х-обра́зный дви́гатель *m*
Doppelwort *n (Inf)* двойно́е сло́во *n*
Doppelzugriff *m (Inf)* двойно́е обраще́ние *n*
Doppler *m (Inf)* репроду́ктор *m*
Doppler-Effekt *m (Ph)* эффе́кт *m* До́плера
Doppler-Frequenzverschiebung *f s.* Doppler-Verschiebung
Doppler-Navigation *f* до́плеровская навига́ция *f*
Doppler-Radargerät *n* до́плеровский радиолока́тор *m*

Doppler-Verschiebung *f (Ph)* до́плеровский сдвиг *m*, до́плеровское смеще́ние *n*
Dopplung *f (Wlz)* расслое́ние *n (Walzfehler bei Blechen)*
Dorn *m* 1. *(Wlz)* дорн *m*, наса́дка *f*, про́бка *f*, сте́ржень *m (Rohrwalzen)*; 2. *(Masch)* опра́вка *f*; шип *m*
dornen *(Schm)* прошива́ть
Dornen *n (Schm)* проши́вка *f*
Dörr... сушёный
dörren вя́лить *(Fische)*; суши́ть *(Obst)*
Dörren *n* су́шка *f*, высу́шивание *n*
DOS *n* s. Plattenbetriebssystem
Dose *f* 1. ба́нка *f*; 2. коро́бка *f*
Dosenbarometer *n (Meteo)* анеро́ид *m*
Dosier... дозиро́вочный
Dosiereinrichtung *f* доза́тор *m*
dosieren дози́ровать
Dosieren *n* дози́рование *n*, дозиро́вка *f*
Dosiergerät *n* доза́тор *m*
Dosierpumpe *f* насо́с-доза́тор *m*
Dosierschnecke *f* дози́рующий червя́к *m*
Dosierung *f* дози́рование *n*, дозиро́вка *f*
Dosierwaage *f* весово́й доза́тор *m*, весы́-доза́тор *pl*
Dosimeter *n (Kern)* дозиме́тр *m*, дозиметри́ческий прибо́р *m*
Dosimetrie *f (Kern)* дозиме́трия *f*
Dosis *f (Kern)* до́за *f*
~/letale [tödliche] лета́льная до́за *f*
~/zulässige допусти́мая до́за *f*
Dosis(leistungs)messer *m s.* Dosismessinstrument
Dosismessinstrument *n (Kern)* дозиметри́ческий прибо́р *m*, дозиме́тр *m*
dotieren *(Halbl)* леги́ровать
dotiert *(Halbl)* леги́рованный
~/niedrig [schwach] слаболеги́рованный, низколеги́рованный
Dotierung *f (Halbl)* леги́рование *n*
Dotierungsbeimischung *f (Halbl)* леги́рующая при́месь *f*
Dotierungsschicht *f (Halbl)* леги́рованный слой *m*
dpt, dptr., Dptr. *s.* Dioptrie
Dragline *m (Förd)* дра́глайн *m*
Draht *m* 1. про́волока *f*; 2. *(El, Nrt)* про́вод *m (als Übertragungsweg)*; *(El)* жи́ла *f*; 3. *(Text)* кру́тка *f*
~/falscher *(Text)* ло́жная кру́тка *f*
~/kalt gezogener холоднотя́нутая про́волока *f*
~/warm gezogener горячетя́нутая про́волока *f*
Draht... про́волочный
Drahtanschluss *m (El)* про́волочный вы́вод *m*
Drahtbonden *n (Eln)* прива́рка *f* [присоедине́ние *n*] про́волочных выводов
Drahtbund *n* бунт *m* про́волоки
Drahtfunk *m* проводно́е радиовеща́ние *n*
Drahtgewebe *n* про́волочная ткань *f*
Drahtglas *n* арми́рованное стекло́ *n*
Drahthaspel *f (Wlz)* мота́лка *f*
Drahtkern *m* бортово́е кольцо́ *n (der Kfz-Bereifung)*
drahtlos *(El)* беспро́волочный
Drahtstraße *f* про́волочный (прока́тный) стан *m*
Drahtwalzwerk *n* про́волочный (прока́тный) стан *m*
Drahtwickeln *n (El)* соедине́ние *n* накру́ткой
Drain *m (Eln)* сток *m*
Drainage *f*/**elektrische** электродрена́ж *m*
Drainstrom *m* ток *m* сто́ка
Drainwiderstand *m (Halbl)* сопротивле́ние *n* сто́ка
Draisine *f (Eb)* дрези́на *f*
Drall *m* 1. закру́тка *f*, закру́чивание *n*; завихре́ние *n*; 2. *(Kern)* спин *m*; *(Mech)* враща́тельный и́мпульс *m*; 3. наре́зка *f (Lauf von Waffen)*
drallfrei некрутя́щийся
DRAM *m s.* Schreib-Lese-Speicher/dynamischer
Drän *m* дре́на *f*
Dränage *f* дрена́ж *m*
Dränmaschine *f* дреноукла́дчик *m*
Dränrohr *n* дрена́жная труба́ *f*
Dränung *f* дрена́ж *m*
Draufsicht *f* вид *m* све́рху *(einer Zeichnung)*
drechseln *(Holz)*точи́ть
Drechslerbank *f (Holz)* тока́рный стано́к *m*
D-Regler *m* дифференциа́льный регуля́тор *m*

Dreh... вращáтельный; поворóтный; *(Fert)* токáрный; *(Mech)* крути́льный
Drehachse *f* 1. *(Krist)* ось *f* симметри́и; 2. *(Mech)* ось *f* вращéния
Drehanker *m (El)* вращáющийся я́корь *m*
Drehautomat *m (Wkzm)* токáрный автомáт *m*
drehbar вращáющийся; поворóтный
Drehbewegung *f (Mech)* ротáция *f*, вращéние *n*, вращáтельное движéние *n*
Drehbohren *n (Fert)* вращáтельное бурéние *n*
Drehbolzen *m (Masch)* вертлю́г *m*
Drehbrücke *f (Bw)* поворóтный мост *m*
Drehellipsoid *n s.* Rotationsellipsoid
drehen 1. вращáть; поворáчивать; 2. *(Text)* скру́чивать; 3. *(Fert)* точи́ть *(Metall)*
~/sich вращáться
Drehen *n* 1. вращéние *n*; поворóт *m*; 2. *(Text)* кручéние *n*, кру́тка *f*; 3. *(Fert)* точéние *n*
drehend/sich вращáющийся
Drehfähigkeit *f (Schiff)* поворóтливость *f*
Drehfeld *n* **(/magnetisches)** *(El)* вращáющееся (магни́тное) пóле *n*
Drehflügler *m (Flg)* винтокры́лый (летáтельный) аппарáт *m*
Drehfunkfeuer *n* всенапрáвленный радиомая́к *m*
Drehgestell *n (Eb)* телéжка *f*
Drehgriff *m* вращáющаяся ру́чка *f*
Drehhalbautomat *m* токáрный полуавтомáт *m*
Drehherd *m* вращáющийся под *m*
Drehherdofen *m (Met)* вращáющаяся [карусéльная] печь *f*
Drehimpuls *m (Ph)* момéнт *m* коли́чества движéния, вращáтельный и́мпульс *m*
Drehknopf *m (Nrt)* ру́чка *f*
Drehkolbengebläse *n (Masch)* ротациóнная воздуходу́вка *f*
Drehkolbenverdichter *m (Masch)* центробéжный компрéссор *m*
Drehkondensator *m (El)* конденсáтор *m* перемéнной ёмкости
Drehkörper *m (Mech)* тéло *n* вращéния
Drehkran *m* (полно)поворóтный кран *m*
Drehkranz *m* опóрное кольцó *n (des Drehkrans)*
Drehkreuzantenne *f* турникéтная антéнна *f*
Drehmagnet *m* вращáющийся магни́т *m*
Drehmaschine *f* токáрный станóк *m*
Drehmeißel *m* токáрный резéц *m*
Drehmelder *m (El, Reg)* сельси́н *m*
Drehmoment *n (Mech)* вращáющий момéнт *m*; крутя́щий момéнт *m (Torsion)*
Drehmomentmesser *m (Masch)* торсиóметр *m*
Drehmomentmessinstrument *n (Masch)* торсиóметр *m*
Drehmomentschlüssel *m (Wkz)* динамометри́ческий гáечный ключ *m*
Drehmomentwandler *m* 1. преобразовáтель *m* крутя́щего момéнта; 2. гидротрансформáтор *m*
Drehofen *m (Met)* 1. вращáющаяся печь *f*; 2. *s.* Drehrohrofen
Drehpfanne *f (Eb)* подпя́тник *m (am Fahrzeug)*
Drehpflug *m* оборóтный плуг *m*
Drehpol *m (Mech)* центр *m* вращéния
Drehpunkt *m (Mech)* центр *m* вращéния
Drehrichtung *f* направлéние *n* вращéния
Drehrichtungsumkehr *f (Masch)* реверси́рование *n*
Drehrohrofen *m* тру́бчатая печь *f*
Drehschalter *m* поворóтный выключáтель *m*
Drehschaufelbagger *m* рóторный экскавáтор *m*
Drehschemel *m (Eb)* турникéт *m (eines Wagens)*
Drehschieberverschluss *m* сéкторный затвóр *m*
Drehschlagbohren *n (Bgb)* ударно-поворóтное бурéние *n*
Drehsinn *m* направлéние *n* вращéния
Drehstab... торсиóнный
Drehstabfeder *f (Kfz)* торсиóнная рессóра *f*, торсиóн *m*
Drehstabfederung *f (Kfz)* торсиóнная подвéска *f*
Drehsteife *f (Mech)* противодéйствующий момéнт *m*

Drehstrom *m (El)* трёхфа́зный (переме́нный) ток *m*
Drehstrom... *(El)* трёхфа́зный
Drehstrommaschine *f (El)* трёхфа́зная маши́на *f*
Drehstrommotor *m (El)* трёхфа́зный дви́гатель *m*
Drehstromtransformator *m (El)* трёхфа́зный трансформа́тор *m*
Drehtisch *m*1. *(Masch)* поворо́тный стол *m*; *(Bgb)* враща́ющийся стол *m* *(beim Rotary-Bohrgerät)*
Drehtransformator *m (El)* поворо́тный трансформа́тор *m*
Drehung *f* враще́ние *n*, поворо́т *m*; 2. *(Text)* кру́тка *f*
~ **entgegen dem Uhrzeigersinn** враще́ние *n* про́тив часово́й стре́лки
~ **im Uhrzeigersinn** враще́ние *n* по часово́й стре́лке
~**/magnetische** *(Opt)* эффе́кт *m* Фараде́я *(der Polarisationsebene)*
Drehungswinkel *m (Mech)* у́гол *m* враще́ния
Drehvermögen *n***/molekulares** *(Opt)* молекуля́рное враще́ние *n*
Drehwaage *f* крути́льные весы́ *pl*
Drehwerkzeug *n (Wkz)* тока́рный инструме́нт *m*
Drehwinkel *m* 1. *(Mech)* у́гол *m* круче́ния; у́гол *m* враще́ния; 2. у́гол *m* поворо́та *f (z. B. eines Krans)*
Drehzahl *f (Masch)* число́ *n* оборо́тов; частота́ *f* враще́ния
Drehzahlmesser *m* тахо́метр *m*
Drehzahlregelung *f* регули́рование *n* ско́рости враще́ния
Drehzahlschreiber *m* тахо́граф *m*
Drehzahlsteuerung *f s.* Drehzahlregelung
Drehzahlstufe *f (Masch)* ско́рость *f*
Drehzahlwächter *m* ограничи́тель *m* (максима́льного) числа́ оборо́тов, преде́льный регуля́тор *m* оборо́тов
Drehzapfen *m* поворо́тная ца́пфа *f*
Dreiachs... *(Kfz, Eb)* трёхо́сный
dreiachsig *(Kfz, Eb)* трёхо́сный
Dreiadress(en)... *(Inf)* трёха́дресный
dreiadrig *(El)* трёхжи́льный
dreiatomig *(Ch)* трёха́томный
dreibasig *(Ch)* трёхосно́вный
dreibegriffig *(Eb)* трёхзна́чный *(Signale)*
Dreibein *n* трено́га *f*
Dreibock *m* трено́га *f*
Dreibruchfalzung *f (Typ)* трёхсги́бная фальцо́вка *f*
Drei-D-Effekt *m (Opt)* стереоскопи́ческий эффе́кт *m*
dreideutig трёхзна́чный
dreidimensional *(Math)* трёхме́рный, простра́нственный
Dreidraht... *(El)* трёхпрово́дный
Dreieck *n* треуго́льник *m*
~**/ähnliches** *(Math)* подо́бный треуго́льник *m*
~**/geodätisches** геодези́ческий треуго́льник *m*
~**/gleichschenkliges** *(Math)* равнобе́дренный треуго́льник *m*
~**/gleichseitiges** *(Math)* равносторо́нний треуго́льник *m*
~**/nautisches** *(Astr)* поля́рный треуго́льник *m*
~**/rechtwinkliges** *(Math)* прямоуго́льный треуго́льник *m*
~**/sphärisches** *(Math)* сфери́ческий треуго́льник *m*
~**/spitzwinkliges** *(Math)* остроуго́льный треуго́льник *m*
~**/stumpfwinkliges** *(Math)* тупоуго́льный треуго́льник *m*
Dreieckgewinde *n* треуго́льная резьба́ *f*
dreieckig треуго́льный
Dreieckimpuls *m (El)* треуго́льный и́мпульс *m*
Dreieckschaltung *f (El)* соедине́ние *n* треуго́льником
Dreiecksvermessung *f (Geod)* триангуля́ция *f*
dreifach тройно́й, трёхкра́тный; терна́рный
Dreifachbindung *f (Ch)* тройна́я связь *f*
Dreifarben... трёхцве́тный
dreifarbig трёхцве́тный
dreiflügelig *(Bw)* трёхство́рчатый *(Fenster)*
Dreigang... *(Masch, Kfz)* трёхступе́нчатый *(Getriebe)*
dreigängig трёхзахо́дный *(Gewinde)*, трёхходово́й *(Schrauben)*

Dreigelenkrahmen *n (Bw)* трёхшарни́рная ра́ма *f (einer Brückenkonstruktion)*
dreigliedrig *(Math)* трёхчле́нный
Dreikant *m* трёхгра́нник *m*
Dreikant... трёхгра́нный
Dreikantfeile *f* трёхгра́нный напи́льник *m*
dreikantig трёхгра́нный
Dreikantprisma *n (Opt)* трёхгра́нная при́зма *f*
Dreikörperproblem *n (Mech)* зада́ча [пробле́ма] *f* трёх тел
dreilagig трёхсло́йный
Dreileiter... *(El)* трёхпрово́дный, трёхжи́льный
Dreiphasen... *(El)* трёхфа́зный
Dreiphasenstrom *m (El)* трёхфа́зный (переме́нный) ток *m*
Dreiphasenstromkreis *m (El)* трёхфа́зная цепь *f*
Dreiphasenwechselstrom *m (El)* трёхфа́зный (переме́нный) ток *m*
dreiphasig *(El)* трёхфа́зный
Dreipol *m (El)* трёхпо́люсник *m*
Dreipol... трёхпо́люсный
dreipolig трёхпо́люсный
Dreipunktaufhängung *f (Lw)* трёхто́чечная наве́ска *f (Schlepper)*
Dreipunktregler *m* трёхпозицио́нный регуля́тор *m*
dreireihig трёхря́дный
Dreirumpfschiff *n* тримара́н *m*
Dreisatz *m (Math)* тройно́е пра́вило *n*
Dreisatzrechnung *f (Math)* тройно́е пра́вило *n*
dreischichtig трёхсло́йный
dreischneidig *(Wkz)* трёхлезви́йный
Dreiseitenkipper *m* трёхсторо́нний самосва́л *m*
dreiseitig трёхсторо́нний
dreistellig трёхзна́чный
Dreistoffgemisch *n (Ch)* тройна́я смесь *f*
Dreistufenrakete *f* трёхступе́нчатая раке́та *f*
dreistufig трёхступе́нчатый; трёхкаска́дный
Dreiteilung *f (Math)* трисе́кция *f (eines Winkels)*
Dreiwalzengerüst *n (Wlz)* клеть *f* три́о
Dreiwege... трёхходово́й *(Ventile)*
Dreiwegehahn *m* трёхходово́й кран *m*
Dreiwegekat(alysator) *m (Kfz)* трёхкомпоне́нтный каталити́ческий нейтрализа́тор *m*
Dreiwegestück *n (Masch)* трои́ник *m*
Dreiwegeventil *n* трёхходово́й кла́пан *m*
dreiwertig *(Ch)* трёхвале́нтный
Dreko *m (El)* конденса́тор *m* переме́нной ёмкости
Drempel *m (Hydt)* коро́ль *m*; поро́г *m*
dreschen *(Lw)* молоти́ть, обмола́чивать, вымола́чивать *(Getreide)*
Dreschen *n (Lw)* молотьба́ *f*, обмоло́т *m*
Dreschgut *n (Lw)* обмоло́т *m*
Dreschkorb *m (Lw)* подбараба́нье *n (der Dreschmaschine)*
Dreschmaschine *f* молоти́лка *f*
dressieren 1. *(Wlz)* дрессирова́ть, подка́тывать; 2. отде́лывать
Dressieren *n* 1. *(Wlz)* дрессиро́вка *f*, подка́тка *f*; 2. отде́лка *f*
dressierwalzen *s.* dressieren 1.
Dressierwalzen *n s.* Dressieren 1.
Dressierwalzwerk *n* дрессиро́вочный стан *m*
Drift *f* 1. *(Schiff, Flg)* дрейф *m*, снос *m*; 2. *(Eln)* дре́йф *m*; 3. ухо́д *m*; отклоне́ние *n*
driften 1. *(Schiff, Flg)* дре́йфовать, сноси́ть; 2. *(Eln)* дре́йфовать; 3. уходи́ть
Drifter *m (Schiff)* дри́фтер *m*
Drifttransistor *m (Eln)* дре́йфовый транзи́стор *m*
Drill... *(Mech)* крути́льный
drillen се́ять ряда́ми
Drilling *m* 1. *(Krist)* трои́ник *m*; 2. трёхство́льное ружьё *n*, трёхство́лка *f (Jagdwaffe)*
Drillingskristall *m (Krist)* трои́ник *m*
Drillmaschine *f (Lw)* рядова́я се́ялка *f*
Drillmoment *n (Mech)* крутя́щий моме́нт *m (Torsion)*
Driver *m (Inf)* дра́йвер *m*, формирова́тель *m*
Drop-Down-Menü *n (Inf)* ниспа́дающее [развора́чивающееся] меню́ *n*
Drop-in *m (Inf)* дропи́н *m*
Drop-out *m* дропа́ут *m*; выпаде́ние *n* зна́ков; *(Reg)* пропада́ние *n* сигна́ла

Drossel *f (El)* дроссель *m*, дроссельная катушка *f*; (электрический) реактор *m*
Drossel... дроссельный
Drosselklappe *f (Kfz)* воздушная [дроссельная] заслонка *f (des Vergasers)*
Drosselkurve *f (Therm)* изоэнтальпа *f*
Drossellinie *f (Therm)* изоэнтальпа *f*
drosseln дросселировать; заглушать, глушить; мять *(Dampf)*
Drosselspule *f (El)* дроссель *m*, дроссельная катушка *f*; (электрический) реактор *m*
Drosselventil *n (Hydr)* дроссель *m*, дроссельный клапан *m*
~/**pneumatisches** пневмодроссель *m*
Druck *m* 1. давление *n*; 2. напор *m*; 3. сжатие *n*; 4. нажим *m*; нажатие *n*; 5. *(Typ)* печатание *n*, печать *f (Vorgang)*; 6. *(Typ)* печать *f (Druckerzeugnis)*; 7. *(Text)* печать *f*, набивка *f (Vorgang)*
~/**absoluter** абсолютное давление *n*
~/**atmosphärischer** атмосферное давление *n*
~/**farbiger** *(Typ)* многокрасочная печать *f*
~/**hoher** высокое давление *n*
~/**hydrostatischer** *(Mech)* гидростатическое давление *n*
~/**kritischer** *(Mech)* критическое давление *n*
~/**osmotischer** *(Ph)* осмотическое давление *n*
~/**spezifischer** *(Ph)* удельное давление *n*
~/**tiefer** низкое давление *n*
Druckabbau *m (Mech)* разгерметизация *f*
Druckabfall *m (Mech)* перепад *m* давления
Druckanstieg *m* повышение *n* давления
Druckanzeigegerät *n* указатель *m* давления
Druckanzeiger *m* указатель *m* давления
Druckanzug *m (Flg, Raumf)* противоперегрузочный костюм *m*
Druckausgleichgefäß *n* уравнительный бачок *m*
Druckausgleichkabine *f (Flg, Raumf)* гермокабина *f*
Druckausgleichrohr *n (El)* выхлопная труба *f (von Transformatoren)*
Druckausgleichventil *n* уравнительный клапан *m*
Druckautomat *m* печатающий автомат *m*
Druckbeanspruchung *f (Fest)* напряжение *n* при сжатии
Druckbehälter *m* напорный бак *m*, напорный резервуар *m*; автоклав *m*
Druckbehälterreaktor *m (Kern)* корпусной реактор *m*
Druckbelastung *f (Fest)* сжимающая нагрузка *f*
Druckbogen *m (Typ)* печатный лист *m*
Druckbolzen *m* нажимной болт *m*
Druckdatei *f (Inf)* файл *m* печати
Druckdiagramm *n (Fest)* эпюра *f* давления
drucken *(Typ)* печатать
drücken *n* нагнетать; нажимать
~/**auseinander** разжимать
~/**platt** расплющивать
Drucken *n (Typ)* печатание *n*, печать *f*
Drücken *n* нажатие *n*, нагнетание *n*
Druckentlastung *f (Mech)* разгерметизация *f*
Drucker *m* (букво)печатающее устройство *n*, принтер *m*; регистратор *m*
~/**alphanumerischer** *(Inf)* алфавитно-цифровое печатающее устройство *n*, АЦПУ *n*
~/**graphikfähiger** *(Inf)* графическое печатающее устройство *n*
Drücker *m* прижим *m*
Druckerei *f* типография *f*
Druckerschwärze *f* печатная краска *f*
Druckerzeugnisse *npl (Typ)* печать *f*
Druckfarbe *f* печатная краска *f*
~/**magnetische** магнитные чернила *pl*
Druckfeder *f* пружина *f* сжатия
Druckfehler *m (Typ)* опечатка *f*
Druckfeld *n (Ph)* поле *n* давления
Druckfestigkeit *f (Fest)* прочность *f* при сжатии; *(Wkst)* предел *m* прочности при сжатии
Druckfestigkeitsprüfung *f (Wkst)* испытание *n* на сжатие
Druckfigur *f (Krist)* фигура *f* давления
Druckfilter *n* напорный фильтр *m*

Druckfilz *m (Typ)* кирза́ *f*
Druckflüssigkeitsspeicher *m (Masch)* гидроаккумуля́тор *m*
Druckförderer *m* эрли́фт *m*
Druckförderung *f* пода́ча *f* под давле́нием
Druckform *f (Typ)* (печа́тная) фо́рма *f*
Druckfortpflanzungsgesetz *n s.* Gesetz/pascalsches
Druckgas *n* сжа́тый газ *m*
Druckgasförderverfahren *n* газли́фтный спо́соб *m (Erdölförderung)*
Druckgaskabel *n (El)* газонапо́лненный ка́бель *m*
Druckgeber *m* да́тчик *m* давле́ния; мано́метр-да́тчик *m*
Druckgefälle *n* перепа́д *m* давле́ния; *(Hydt)* напо́р *m (in Rohrleitungen)*
Druckgefäß *n* напо́рная ёмкость *f*
Druckgießform *f (Gieß)* фо́рма *f* для литья́ под давле́нием
Druckgießverfahren *n* литьё *n* под давле́нием
Druckguss *m* литьё *n* под давле́нием
Druckheber *m (Ch)* монтежю́ *n*
Druckhelm *m (Raumf)* гермети́ческий шлем *m*, гермошле́м *m*
Druckhöhe *f* напо́р *m*; высота́ *f* нагнета́ния *(einer Pumpe)*
Druckkabine *f (Flg, Raumf)* гермети́ческая каби́на *f*, гермокаби́на *f*
Druckkammer *f (Flg)* барока́мера *f*
Druckkessel *m* автокла́в *m*
Druckknopf *m* 1. (нажи́мная) кно́пка *f*; 2. *(Text)* кно́пка *f*
Druckknopfabstimmung *f* кно́почная настро́йка *f*
Druckknopfanlasser *m* кно́почный пуска́тель *m*
Druckknopfschalter *m (El)* кно́почный выключа́тель [переключа́тель] *m*
Druckknopfsteuerung *f* кно́почное управле́ние *n*
Druckkonvektion *f* вы́нужденная конве́кция *f*
Druckkraft *f (Mech)* си́ла *f* давле́ния
Druckkurve *f (Fest)* эпю́ра *f* давле́ния
Drucklager *n (Masch)* подпя́тник *m*
Drucklagerwelle *f (Masch)* упо́рный вал *m*
Drucklagerzapfen *m (Masch)* пята́ *f*
Druckleitung *f* нагнета́тельный трубопрово́д *m*
Drucklinie *f (Fest)* эпю́ра *f* давле́ния
Druckliste *f (Inf)* распеча́тка *f*
Druckluft *f* сжа́тый во́здух *m*
Druckluft... пневмати́ческий
Druckluftanlage *f* пневмосисте́ма *f*
Druckluftanlasser *m* пневмоста́ртер *m*
Druckluftantrieb *m* пневмати́ческий при́вод *m*, пневмопри́вод *m*
Druckluftbremse *f (Eb)* пневмати́ческий то́рмоз *m*
Druckluftbremsung *f (Eb)* пневмати́ческое торможе́ние *n*
Drucklüfter *m (Schiff)* дефле́ктор *m*
Druckluftförderer *m* пневмати́ческий транспортёр *m*, пневмотра́нспорт *m*
Druckluftförderung *f* 1. пневмати́ческий тра́нспорт *m*, пневмотра́нспорт *m*; 2. *(Erdöl)* эрли́фтная эксплуата́ция *f*
Druckluftformung *f (Kst)* пневмати́ческое формова́ние *n*, пневмоформова́ние *n*
Druckluftgewehr *n* пневмати́ческое ружьё *n*
Druckluftgründung *f (Hydt)* кессо́нный фунда́мент *m*
Drucklufthammer *m* пневмати́ческий мо́лот *m*
Druckluftleitung *f* пневмоли́ния *f*
Druckluftmesser *n* возду́шный мано́метр *m*
Druckluftmotor *m* пневмати́ческий дви́гатель *m*, пневмодви́гатель *m*
Drucklufttramme *f (Bw)* пневмати́ческая трамбо́вка *f*
Druckluftstampfer *m (Gieß)* пневмати́ческая трамбо́вка *f*
Druckluftsteuerung *f* пневмати́ческое управле́ние *n*, пневмоуправле́ние *n*
Druckluftsystem *n* пневмосисте́ма *f*
Druckluftwerkzeug *n* пневмати́ческий инструме́нт *m*
Drückmaschine *f* дави́льный стано́к *m*
Druckmaschine *f (Typ)* печа́тная маши́на *f*
Druckmesser *m* мано́метр *m*, измери́тель *m* давле́ния
Druckminderer *m s.* Druckminderventil
Druckminderventil *n (Masch)* реду́ктор *m*, редукцио́нный кла́пан *m*

Druckmischer *m* барботёр *m*
Drucköl *n* рабочая жидкость *f (für Hydraulikanlagen)*
Druckplatte *f* 1. *(Typ)* печáтная фóрма *f*; 2. *(Masch)* подпя́тник *m*
Druckräumnadel *f (Wkz)* проши́вка *f*
Druckräumpresse *f* прошивнóй пресс *m*
Druckregler *m* регуля́тор *m* давлéния
Druckrelais *n* релé *n* давлéния
Druckresultierende *f (Mech)* равнодéйствующая *f* давлéния
Druckrohr *n* нагнетáтельная [напóрная] трубá *f*
Druckröhrenreaktor *m (Kern)* реáктор *m* канáльного ти́па
Druckschalter *m (El)* нажи́мная кнóпка *f*, кнóпочный выключáтель *m*
Druckschlauch *m* напóрный шланг *m*
Druckschmierung *f* принуди́тельная смáзка *f*, смáзка *f* под давлéнием
Druckschraube *f* нажимнóй болт *m*
Drucksensor *m (El, Mess, Reg)* дáтчик *m* давлéния
Druckspannung *f (Fest)* напряжéние *n* при сжáтии
Druckspeicher *m (Wmt)* аккумуля́тор *m* давлéния
Druckstein *m (Masch)* сухáрь *m*
Druckstollen *m (Hydt)* напóрный туннéль *m*
Druckstrahlputzen *n (Gieß)* дробестру́йная очи́стка *f*
Druckstufe *f* ступéнь *f* давлéния *(einer Turbine)*
Druckstutzen *m (Masch)* нагнетáтельный пáтрубок *m*
Drucktaste *f* кнóпка *f*, клáвиша *f*
Drucktasten... клáвишный
Drucktastenschalter *m (El)* клáвишный выключáтель *m*
Drucktastensteuerung *f (El)* кнóпочное управлéние *n*
Drucktastenumschalter *m* кнóпочный переключáтель *m*
Druckthermometer *n* манометри́ческий термóметр *m*
Drucktisch *m (Typ)* тáлер *m*
Druckübersetzer *m (Masch)* мультипликáтор *m*
Druckumformen *n (Fert)* обрабóтка *f* давлéнием
Druckumformer *m (Masch)* мультипликáтор *m*
Druckumlaufkühlung *f (Kfz)* принуди́тельное охлаждéние *n*
Druckventil *n* напóрный клáпан *m*
Druckversuch *m* 1. *(Wkst)* испытáние *n* на сжáтие; 2. испытáние *n* давлéнием *(Prüfung unter Druck von Rohrleitungen, Kesseln)*
Druckwächter *m (Mess, Reg)* дáтчик *m* давлéния; релé *n* давлéния
Druckwasserpumpe *f* гидронасóс *m*
Druckwassersammler *m (Hydt)* аккумули́рующий бассéйн *m*
Druckwasserspeicher *m (Wmt)* гидравли́ческий аккумуля́тор *m*
Druckwasserstrahlen *n (Gieß)* гидравли́ческая очи́стка *f*
Druckwelle *f* 1. *(Masch)* упóрный вал *m*; 2. *(Aero, Kern)* удáрная волнá *f*
Druckwerk *n* печáтающий механи́зм *m*
Druckwerkzeug *n* дави́льник *m*
Druckzunahme *f* повышéние *n* давлéния
Druckzylinder *m (Typ)* печáтный цили́ндр *m*
Drusch *s.* Dreschen
Druse *f (Min)* дру́за *f*
DTL *f s.* Dioden-Transistor-Logik
dual двóйственный; *(Inf)* двои́чный
Dual... двóйственный; *(Inf)* двои́чный
Dualcode *m* двои́чный код *m*
Dualcodierung *f* двои́чное коди́рование *n*
Dualität *f (Math)* двóйственность *f*
Dualitätstheorie *f (Math)* теóрия *f* двóйственности
Dualsystem *n (Inf)* двои́чная систéма *f* (счислéния)
Dualzahl *f (Inf)* двои́чное числó *n*
Dübel *m* дю́бель *m*; шпóнка *f*
Dübelverbindung *f (Bw)* шпóночное соединéние *n*
Dublett *n (Kern)* дублéт *m*
Dublieren *n (Wlz)* дубли́рование *n* *(Bleche)*
Dublierkalander *m* дублирóвочный [дубли́рующий] калáндр *m*
Dublierung *f (Wlz)* дубли́рование *n* *(Bleche)*
Ducht *f (Schiff)* бáнка *f (eines Bootes)*
Düker *m (Hydt)* дю́кер *m*

duktil растяжи́мый; тягу́чий; дукти́льный; вя́зкий, пласти́чный *(Werkstoffe)*
Duktilität *f* растяжи́мость *f*, тягу́честь *f*, дукти́льность *f*; *(Mech)* вя́зкость *f*, пласти́чность *(von Werkstoffen)*
Duktilometer *n (Mech)* дуктило́метр *m* *(Gerät zur Messung der Dehnbarkeit)*
Duktor *m (Typ)* ду́ктор *m*
Dummy-Zeichen *n (Inf)* фикти́вный си́мвол *m*
Dump *m (Inf)* дамп *m*, разгру́зка *f* па́мяти
Dumper *m (Kfz)* думпер *m*, автосамосва́л *m*
Düne *f (Geol)* дю́на *f*
Dung *m (Lw)* наво́з *m*
Dünge... удобри́тельный
Düngemittel *n* удобре́ние *n*
düngen *(Lw)* удобри́ть
Düngen *n (Lw)* удобре́ние *n*
Dünger *m (Lw)* удобре́ние *n*
~/anorganischer минера́льное удобре́ние *n*
~/dreigliedriger тройно́е удобре́ние *n*
~/organischer органи́ческое удобре́ние *n*
Dünger... удобри́тельный
Düngerstreuer *m (Lw)* навозоразбра́сыватель *m*, тукоразбра́сыватель *m*; ту́ковая се́ялка *f*
Dunglader *m (Lw)* навозопогру́зчик *m*
Düngung *f (Lw)* удобре́ние *n*
dunkel тёмный
Dunkel... тёмный
Dunkeladaptation *f (Opt)* темнова́я адапта́ция *f*
Dunkelentladung *f (El)* тёмный разря́д *m*
Dunkelkammerleuchte *f (Photo)* (фото)лаборато́рный фона́рь *m*
Dunkelraum *m (El)* тёмное простра́нство *n*
Dunkelschriftröhre *f* тру́бка *f* с темново́й за́писью
Dunkelstrahler *m* низкотемперату́рный инфракра́сный излуча́тель *m*, тёмный излуча́тель *m*
dünn то́нкий
Dünndruckpapier *n* слова́рная бума́га *f*
Dünnfilm *m* то́нкая плёнка *f*
Dünnfilm... тонкоплёночный
Dünnfilmelektronik *f* тонкоплёночная электро́ника *f*
Dünnfilmtechnik *f (Eln)* тонкоплёночная техноло́гия *f*
Dünnfilmtransistor *m* тонкоплёночный транзи́стор *m*
dünnflüssig жи́дкий; теку́чий; жидкотеку́чий; жидкопла́вкий *(z. B. Schlacke)*
Dünnschicht *f* то́нкая плёнка *f*
Dünnschicht... (тонко)плёночный, тонкосло́йный
Dünnschichtabsorber *m* плёночный абсо́рбер *m*
Dünnschichtchromatographie *f* тонкосло́йная хроматогра́фия *f*
Dünnschichtelektronik *f* тонкоплёночная электро́ника *f*
dünnschichtig (тонко)плёночный
Dünnschichtmikroelektronik *f* тонкоплёночная микроэлектро́ника *f*
Dünnschichtspeicher *m* плёночная па́мять *f*, тонкоплёночное запомина́ющее устро́йство *n*
Dünnschichttechnik *f (Eln)* тонкоплёночная техноло́гия *f*
Dünnschichttransistor *m* тонкоплёночный транзи́стор *m*
Dünnschnitt *m* то́нкий срез *m* *(Mikroskopie)*
dünnstegig тонкосте́нный *(z. B. T-Träger)*
dünnwandig тонкосте́нный *(z. B. Rohre)*
Dunstrohr *n* вытяжна́я труба́ *f*
Duo *n (Wlz)* 1. клеть *f* ду́о; 2. *s.* Duowalzstraße
Duoblock(walz)straße *f (Wlz)* блю́минг-ду́о *m*
Duoblockwalzwerk *n (Wlz)* блю́минг-ду́о *m*
duodezimal *(Inf)* двенадцатери́чный
Duodezimal... *(Inf)* двенадцатери́чный
Duo(walz)gerüst *n (Wlz)* клеть *f* ду́о
Duowalzstraße *f* стан *m* ду́о, двухвалко́вый (прока́тный) стан *m*
Duowalzwerk *n s.* Duowalzstraße
Duplex *m s.* Vollduplex
Duplex... ду́плексный
Duplexbetrieb *m (Nrt)* ду́плексный режи́м *m*, ду́плексная рабо́та *f*, ду́плекс *m*

Duplexleitung *f (Nrt)* ду́плексная ли́ния *f*
Duplexverbindung *f (Nrt)* ду́плексная связь *f*
Duplexverfahren *n (Met)* ду́плекс-проце́сс *m (Stahlerzeugung)*
Duplexverkehr *m (Nrt)* ду́плексная связь *f*
duplizieren *(Inf)* дубли́ровать
Duplizieren *n (Inf)* дубли́рование *n*
Dupliziergerät *n* репроду́ктор *m*
Dural(umin) *n s.* Duraluminium
Duraluminium *n* дюралюми́н(ий) *m*, дюра́ль *m*
durcharbeiten переме́шивать *(Teig)*
Durcharbeiten *n (Lebm)* переме́шивание *n (von Teig)*
durchbiegen прогиба́ть
Durchbiegung *f (Fest)* проги́б *m*
durchblasen продува́ть
Durchblasen *n* проду́вка *f*
durchbohren *(Fert)* просве́рливать
Durchbrechen *n* просе́чка *f (beim Schmieden oder Lochstanzen)*
Durchbrechung *f* проры́в *m*
Durchbrennen *n* 1. прожо́г *m*, прожига́ние *n*; 2. *(El)* перегора́ние *n (z. B. einer Sicherung)*
Durchbruch *m* 1. проры́в *m*; 2. проко́л *m*; 3. *(El)* пробо́й *m*; 4. *(Bw)* проём *m*
durchdringen проника́ть
Durchdringen *n* проника́ние *n*
Durchdringung *f* проника́ние *n*
Durchdringungsfähigkeit *f* проница́емость *f*
Durchdringungsvermögen *n (Kern)* проника́ющая спосо́бность *f*, проница́емость *f (einer Strahlung)*
durchdrücken прода́вливать
Durchdrücken *n* прода́вливание *n*
Durchfahrt *f* прое́зд *m*; прохо́д *m*
durchfedern прогиба́ть
durchfeuchten прома́чивать
durchfließen протека́ть
Durchfließen *n* протека́ние *n*
Durchfluss *m* 1. протека́ние *n*; 2. *s.* Durchflussmenge
Durchflussmenge *f (Hydrom)* расхо́д *m*
Durchflussmengenmesser *m* расходоме́р *m (für Flüssigkeiten, Gase)*
Durchflussmengenmessung *f* измере́ние *n* расхо́да
Durchflussmesser *m* расходоме́р *m (für Flüssigkeiten, Gase)*
Durchflutung *f (El)* магнитодви́жущая си́ла *f*
~/magnetische *(El)* ампе́р-витки́ *mpl*
durchfrieren промерза́ть
durchführen 1. производи́ть; 2. проводи́ть
Durchführung *f* 1. реализа́ция *f*; 2. *(El)* ввод *m*
Durchführungsisolator *m* проходно́й изоля́тор *m*
Durchgang *m* 1. прохожде́ние *n*; прохо́д *m*; 2. прохо́д *m*; коридо́р *m*; 3. *(Wlz)* про́пуск *m*
Durchgangsamt *n (Nrt)* транзи́тная [промежу́точная] ста́нция *f*
Durchgangsbahnhof *m* транзи́тная ста́нция *f*
Durchgangsbohrung *f (Masch)* сквозно́е отве́рстие *n*
Durchgangsfilter *n (Rf)* пропуска́ющий фильтр *m*
Durchgangshahn *m* проходно́й кран *m*; двухходово́й кран *m*
Durchgangsquerschnitt *m* проходно́е сече́ние *n*
Durchgangsventil *f* проходно́й кла́пан *m*
Durchgangsverkehr *m* 1. *(Eb)* сквозно́е [транзи́тное] сообще́ние *n*; 2. *s.* Durchschaltung
Durchgangszug *m (Eb)* по́езд *m* прямо́го сообще́ния
Durchgehen *n* 1. прохо́д *m*; 2. уго́н *m (einer Turbine)*; 3. *(Kfz)* разго́н *m*, разно́с *m (eines Motors)*
durchgehend сквозно́й; *(Bw)* неразрезно́й, сплошно́й *(Träger)*
Durchgriff *m (Eln)* проница́емость *f*, панч-сру *m*
Durchhang *m* прове́с *m*; стрела́ *f* прове́са *(z. B. des Fahrdrahts)*
durchhängen провиса́ть
Durchhängen *n* провиса́ние *n*
durchhärten *(Härt)* прока́ливать
Durchhärten *n (Härt)* прока́ливание *n*
Durchhieb *m (Bgb)* сбо́йка *f*; печь *f*
durchkämmen *(Text)* прочёсывать *(Wolle)*
durchkneten разме́шивать
Durchkneten *n* разме́шивание *n*

durchkrählen *(Met)* переме́шивать *(Erze beim Rösten)*
Durchkrählen *n (Met)* переме́шивание *n (Erze beim Rösten)*
durchkreuzen пересека́ть
Durchkreuzen *n* пересече́ние *n*
Durchlass *m* 1. *s.* Durchlassen; 2. пускно́е отве́рстие *n*; 3. *(Glas)* прото́к *m (beim Wannenofen)*
Durchlassbandbreite *f (El)* полоса́ *f* пропуска́ния
Durchlassbereich *m (El)* полоса́ *f* пропуска́ния
durchlassen пропуска́ть
Durchlassen *n* про́пуск *m*, пропуска́ние *n*
Durchlassfähigkeit *f* пропускна́я спосо́бность *f*
Durchlassfilter *n (Rf)* пропуска́ющий фильтр *m*
Durchlassgrad *m (Opt)* коэффицие́нт *m* пропуска́ния
durchlässig проница́емый; пропуска́ющий
~/magnetisch магнитопроница́емый
Durchlässigkeit *f* проница́емость *f*; пропуска́ние *n*
Durchlässigkeitsfaktor *m* коэффицие́нт *m* пропуска́ния
Durchlassquerschnitt *m* проходно́е сече́ние *n*
Durchlassstrom *m* прямо́й ток *m*
Durchlauf *m (Inf)* прого́н *m (Programme)*
durchlaufen проходи́ть
Durchlaufen *n* прохожде́ние *n*
durchlaufend *(Bw)* сплошно́й, неразрезно́й *(Träger)*
Durchlauferhitzer *m* прямото́чный водонагрева́тель *m*
Durchlaufkühler *m* прото́чный холоди́льник *m*
Durchlaufkühlung *f* прото́чное охлажде́ние *n*
Durchlaufofen *m* печь *f* непреры́вного де́йствия, прохо́дная печь *f*; конве́йерная печь *f*
Durchlaufträger *m (Bw)* неразрезна́я ба́лка *f*
Durchläuterung *f (Forst)* прочи́стка *f*
Durchleimen *n (Pap)* прокле́йка *f*
Durchleuchtung *f* просве́чивание *n*
Durchlochen *n* проби́вка *f*
durchlüften *(Gieß)* разрыхля́ть *(Formstoff)*
Durchlüftung *f (Gieß)* разрыхле́ние *n*, аэра́ция *f (Formstoff)*
Durchmesser *m* диа́метр *m*
~/lichter диа́метр *m* в свету́
durchmischen разме́шивать; переме́шивать
Durchmischen *n* разме́шивание *n*; *(Met)* переме́шивание *n (Erze beim Rösten)*
Durchmusterung *f (Astr)* обзо́р *m*
Durchmusterungsroutine *f (Inf)* програ́мма *f* скани́рования
durchnässen промока́ть; проматывать
durchörtern *(Bgb)* пересека́ть
Durchörterung *f (Bgb)* пересече́ние *n*
durchpausen кальки́ровать
Durchpausung *f* перево́д *m (einer Zeichnung)*
Durchperlen *n* барботи́рование *n*, барбота́ж *m*
Durchpressen *n* прода́вливание *n*
durchpumpen прока́чивать *(Luft)*
Durchpumpen *n* прока́чка *f (von Luft)*
durchqueren пересека́ть
Durchquerung *f* пересече́ние *n*
durchrosten проржа́веть
Durchrosten *n* проржавле́ние *n*
Durchrostung *f* проржавле́ние *n*
Durchsacken *n* 1. *(Flg)* проса́дка *f*; 2. сва́ливание *n*
durchsägen распи́ливать
Durchsatz *m* 1. пропускна́я спосо́бность *f*; 2. расхо́д *m*, *(Rak)* расхо́д *m* то́плива; 3. производи́тельность *f (eines Schmelzofens)*
Durchsatzofen *m s.* Durchlaufofen
Durchschaltung *f (Nrt)* транзи́т *m*, транзи́тное соедине́ние *n*
Durchscheinen *n (Pap)* просве́чивание *n*
durchscheinend прозра́чный; просве́чивающий
Durchschlag *m* 1. *(El)* пробо́й *m*; 2. *(Bgb)* сбо́йка *f*; 3. машинопи́сная ко́пия *f*
durchschlagen 1. пробива́ть; 2. проступа́ть *(Farbe)*
Durchschlagen *n* 1. проби́вка *f*; 2. *(Typ)* просве́чивание *n (der Farbe)*

Durchschlagpapier *n* копи́йная бума́га *f*
Durchschlagsfestigkeit *f (El)* диэлектри́ческая про́чность *f*
Durchschlagskraft *f (Mech)* пробива́емость *f (eines Geschosses)*
Durchschlagsleistung *f (Mech)* пробива́емость *f (eines Geschosses)*
Durchschlagspannung *f (El)* пробивно́е напряже́ние *n*
durchschleusen *(Hydt)* шлюзова́ть
Durchschleusung *f (Hydt)* шлюзова́ние *n*
Durchschmelzen *n* прога́р *m*
durchschmieden проко́вывать
Durchschmieden *n* проко́вка *f*
durchschneiden пересека́ть
Durchschneiden *n* пересече́ние *n*
Durchschnitt *m* сре́дняя величина́ *f*, сре́днее *n*
Durchschnitts... сре́дний
Durchschnittsgehalt *m* сре́днее содержа́ние *n*
Durchschnittsgeschwindigkeit *f* сре́дняя ско́рость *f*
Durchschnittsleistung *f* сре́дняя производи́тельность *f*
Durchschnittswert *m* сре́днее значе́ние *n*, сре́дняя величина́ *f*
durchschütteln взба́лтывать
durchseihen проце́живать
durchsichtig прозра́чный
Durchsichtigkeit *f* прозра́чность *f*
durchsickern проса́чиваться
Durchsickern *n* проса́чивание *n*
durchsieben просе́ивать
Durchsieben *n* просе́ивание *n*
durchstechen прока́лывать
Durchstich *m* проко́л *m*
Durchstoßen *n* прота́лкивание *n*; проби́вка *f*
Durchstoßofen *m s.* Durchlaufofen
Durchstrahlung *f* просве́чивание *n*
durchtränken пропи́тывать
Durchtränken *n* пропи́тка *f*
durchtränkt пропи́танный
Durchtunnelung *f (Eln)* туннели́рование *n*
durchwärmen прогрева́ть
Durchwärmen *n* прогре́в *m*
Durchwärmung *f* прогре́в *m*
durchweichen 1. зама́чивать; прома́чивать; 2. томи́ть *(Stahl)*
durchziehen протя́гивать
Durchziehen *n* протя́гивание *n*
Durometer *n (Wkst)* дюроме́тр *m*
Duroplast *m* термореакти́вная пластма́сса *f*, реактопла́ст *m*
duroplastisch *(Kst)* термореакти́вный
Dusche *f* душ *m*
Düse *f* 1. сопло́ *n*; форсу́нка *f*; наса́дка *f*; 2. мундшту́к *m (eines Brenners)*; 3. *(Kfz)* жикле́р *m*; 4. *(Umf)* очко́ *n (zum Drahtziehen)*; филье́ра *f*; 5. *(Text)* филье́ра *f*
Düsen... 1. форсу́ночный; 2. *(Flg)* реакти́вный
DVA *f s.* Datenverarbeitungsanlage
Dwarslinie *f (Schiff)* тра́верз *m*
Dwarsrichtung *f (Schiff)* тра́верз *m*
Dy *s.* Dysprosium
dyn *s.* Dyn
Dyn *n* ди́на *f (SI-fremde Einheit der Kraft)*
Dyname *f (Math)* дина́ма *f*
Dynamik *f* дина́мика *f*
Dynamikdehner *m (El)* экспа́ндер *m*
dynamisch динами́ческий
Dynamit *n* динами́т *m*
Dynamit... динами́тный
Dynamoblech *n* дина́мная (листова́я) сталь *f*
Dynamograph *m* динамо́граф *m*
Dynamometer *n* динамо́метр *m*
Dynamostahlblech *n* дина́мная (листова́я) сталь *f*
Dynatron *n (Eln)* динатро́н *m*
Dynatronröhre *f (Eln)* динатро́н *m*
Dynistor *m (Eln)* динисто́р *m*, дио́дный тири́стор *m*
Dynistordiode *f s.* Dynistor
Dynode *f (Eln)* дино́д *m*, втори́чноэмиссио́нный [втори́чно-электро́нный] като́д *m*
Dysprosium *n (Ch)* диспро́зий *m*, Dy
D-Zug *m (Eb)* ско́рый по́езд *m*

E

E *s.* 1. Eman; 2. Erlang; 3. Einstein; 4. Exa...
E/A... *s.* Eingabe/Ausgabe-...
EAE *n s.* Eingabe/Ausgabe-Gerät
Ebbe *f (Hydrol)* отли́в *m*
~ **und Flut** *f* морски́е прили́вы *pl*

eben пло́ский; ро́вный; гла́дкий; *(Math)* плоскостно́й
Ebene *f* 1. пло́скость *f*; пло́ская пове́рхность *f*; 2. *(Geol)* равни́на *f*
~/schiefe *(Mech)* накло́нная пло́скость *f*
ebnen *(Bw)* выра́внивать; *(Bw)* планирова́ть
Ebnen *n (Bw)* выра́внивание *n*; *(Bw)* планиро́вка *f*
Ebullioskopie *f (Ch)* эбуллиоскопи́я *f*
Echelettegitter *n (Opt)* эшеле́тт *m*
Echellegitter *n (Opt)* эше́лле *n*
Echelon *n (Opt)* эшело́н *m*
Echo *n* э́хо *n*; *(Rad)* отражённый сигна́л *m*
Echobild *n (TV)* побо́чное [двойно́е, повто́рное] изображе́ние *n*, повто́р *m*
Echofläche *f***/effektive** *(Rad)* отража́ющая пове́рхность *f*
Echogramm *n (Rad)* эхогра́мма *f*
Echograph *m (Rad)* эхо́граф *m*
Echoimpuls *m (Rad)* отражённый и́мпульс *m*
Echolehre *f (Ak)* катаку́стика *f*
Echolot *n* эхоло́т *m*
Echosignal *n (Rad)* э́хо-сигна́л *m*
Echosperre *f (Nrt)* э́хо-загради́тель *m*
echt про́чный *(Farbstoffe)*
Echtfarbstoff *m* про́чный краси́тель *m*
Echtheit *f* про́чность *f (von Farbstoffen)*
Echtzeit *f (Inf)* реа́льное вре́мя *n*, реа́льный масшта́б *m* вре́мени
Echtzeitbetrieb *m (Inf)* режи́м *m* реа́льного вре́мени, рабо́та *f* в режи́ме реа́льного вре́мени
Echtzeitbetriebssystem *n (Inf)* операцио́нная систе́ма *f* реа́льного вре́мени
Echtzeitprogramm *n* програ́мма *f* в реа́льном масшта́бе вре́мени
Echtzeitsteuerung *f* управле́ние *n* в реа́льном (масшта́бе) вре́мени
Echtzeitverarbeitung *f (Inf)* обрабо́тка в реа́льном масшта́бе вре́мени
Eck... углово́й
Ecke *f* у́гол *m*
Ecken *fpl (Math)* углы́ *mpl*
Eckhahn *m* углово́й кран *m*
eckig уго́льный
Eckstoß *m (Schw)* углово́е соедине́ние *n*
Eckventil *n* углово́й кран *m*, углово́й кла́пан *m*
ECL *f s.* Logik/emitter(strom)gekoppelte
edel благоро́дный
Edel... благоро́дный
Edelbronze *f* высокока́чественная бро́нза *f*
Edelgas *n* благоро́дный газ *m*
~/radioaktives *(Kern)* эмана́ция *f*
Edelmetall *n* благоро́дный мета́лл *m*
Edelrost *m (Met)* пати́на *f*
Edelstahl *m* высокока́чественная [высоколеги́рованная] сталь *f*
Edelstein *m (Min)* драгоце́нный ка́мень *m*
Editieren *n (Inf)* редакти́рование *n*
Editiermodus *m (Inf)* режи́м *m* редакти́рования
Editierprogramm *n s.* Editor
Editor *m (Inf)* реда́ктор *m*, редакти́рующая програ́мма *f*, програ́мма-реда́ктор *f*
Editprogramm *n s.* Editor
EEG *n s.* Elektroenzephalogramm
Effekt *m* эффе́кт *m*; явле́ние *n*
~/äußerer photoelektrischer вне́шний фотоэффе́кт *m*
~/innerer photoelektrischer вну́тренний фотоэффе́кт *m*
~/photoelektrischer фотоэлектри́ческий эффе́кт *m*, фотоэффе́кт *m*
~/piezoelektrischer пьезоэлектри́ческий эффе́кт *m*
~/selektiver photoelektrischer избира́тельный [селекти́вный] фотоэффе́кт *m*
~/stereoskopischer *(Opt)* стереоскопи́ческий эффе́кт *m*
~/thermoelektrischer термоэлектри́ческий эффе́кт *m*; термоэлектро́нная эми́ссия *f*
Effektivität *f* эффекти́вность *f*
Effektivwert *m* де́йствующее значе́ние *n*; среднеквадрати́чное значе́ние *n*
Effluviographie *f (Typ)* электрогра́фия *f*
Effusion *f (Geol)* эффу́зия *f*
effusiv *(Geol)* эффузи́вный
Egalisierer *m (Text)* выра́вниватель *m*
Egalisiermittel *n (Text)* выра́вниватель *m*
Egge *f (Lw)* борона́ *f*

eggen *(Lw)* боронить
Egoutteur *m (Pap)* эгутёр *m*
egrenieren *(Text)* джинировать
Egreniermaschine *f* волокноотделитель *m*, джин *m (Baumwollentkörnung)*
Eich... эталонный; поверочный
eichen эталонировать
Eichen *n* эталонирование *n*
Eichenlohe *f (Led)* дубовое корьё *n*
Eichgenerator *m (El)* эталонный генератор *m*
Eichimpuls *m* эталонный импульс *m*
Eichkraftstoff *m* эталонное топливо *n*
Eichmessinstrument *n (Mess)* калибратор *m*
Eichung *f* эталонирование *n*; поверка *f*
Eierisolator *m (El)* орешковый изолятор *m*
eiförmig яйцевидный
eigen собственный
Eigen... авто..., само...; собственный
Eigenantrieb *m (Masch)* автономный привод *m* • **mit** ~ автономный • **ohne** ~ несамоходный
Eigenbau... самодельный
Eigenbedarf *m* собственное потребление *n*; собственные нужды *fpl*
Eigenbewegung *f* собственное движение *n*
Eigendämpfung *f* собственное затухание *n*
Eigendiffusion *f (Ph)* самодиффузия *f*
Eigendrehimpuls *m (Kern)* спин *m*
Eigenentladung *f (El)* саморазряд *m*
eigenerregen *(El)* самовозбуждаться
eigenerregt *(El)* самовозбуждённый
Eigenerregung *f (El)* собственное возбуждение *n*, самовозбуждение *n*
eigenfarbig *(Krist)* идиохроматический
Eigenfehlordnung *f (Krist)* собственный дефект *m*
Eigenfehlstelle *f (Krist)* собственный дефект *m*
Eigenfrequenz *f (El)* собственная частота *f*
Eigenfunktion *f (Math)* собственная функция *f*
eigengestaltig *(Min)* идиоморфный
Eigengestaltigkeit *f (Min)* идиоморфизм *m*
Eigengewicht *n s.* Eigenmasse
Eigenhalbleiter *m* собственный [беспримесный] полупроводник *m*
Eigenheimbau *m* индивидуальное строительство *n*
Eigenkapazität *f* собственная ёмкость *f (einer Antenne)*
Eigenkühlung *f* самоохлаждение *n*
eigenleitend *(Halbl)* собственно-проводящий
Eigenleitfähigkeit *f (Halbl)* собственная проводимость *f*
Eigenleitung *f (Halbl)* собственная проводимость *f*
Eigenmasse *f* 1. собственный вес *m*; 2. тара *f (eines Fahrzeugs)*
Eigenreibung *f* внутреннее трение *n*
Eigenresonanz *f (El)* собственный резонанс *m*
Eigenrotation *f* собственное вращение *n*
Eigenschaften *fpl* качества *npl*; свойства *npl*
~/aerodynamische аэродинамические качества *npl*
Eigenschmierung *f (Trib)* автосмазка *f*
Eigenschwingung *f* собственное колебание *n*
Eigenschwingungen *fpl (Ph)* автоколебания *npl*
Eigenschwingungs... автоколебательный
Eigenspannung *f (Fest)* внутрннее напряжение *n*
Eigenstabilität *f* собственная устойчивость *f*
eigenständig *(Masch)* автономный
Eigenstörung *f* внутренняя [собственная] помеха *f*
Eigenstrahlung *f* собственное излучение *n*
eigentlich собственный
Eigenvektor *m (Math)* собственный вектор *m*
Eigenverbrauch *m* собственное потребление *n*
Eigenwert *m* собственное значение *n*
Eigenwiderstand *m (El)* собственное сопротивление *n*
Eignung *f* пригодность *f*; годность *f*
Eil... скоростной

Eilgang *m (Masch)* бы́стрый [ускóренный] ход *m*; *(Wkzm)* ускóренное движéние *n*
Eilgüterzug *m (Eb)* ускóренный товáрный пóезд *m*
Eilhub *m (Masch)* бы́стрый ход *m (z. B. bei Pumpen)*
Eimer *m* бадья́ *f*; ковш *m (eines Eimerkettenbaggers)*; *(Förd)* черпáк *m (eines Eimerkettenschwimmbaggers)*
Eimerkette *f (Förd)* ковшóвая цепь *f*
Eimerketten... *(Förd)* многоковшóвый
Eimerkettenbagger *m* цепнóй экскавáтор *m*, многоковшóвый (цепнóй) экскавáтор *m*
Eimerschwimmbagger *m* землечерпáлка *f*, землечерпáтельный снаря́д *m*
„Ein" «включенó» *(Schalterstellung)*
Einachsanhänger *m* однóосный прицéп *m*
einachsig однóосный
Einadress... *(Inf)* одноáдресный
Einadressbefehl *m (Inf)* одноáдресная комáнда *f*
Einadressen... *(Inf)* одноáдресный
Einadresssystem *n (Inf)* одноáдресная систéма *f*
einadrig *(El)* одножи́льный
einarmig одноплéчий *(Roboter)*
einatomig *(Ch)* одноáтомный
einäugig *(Opt)* монокуля́рный; однообъекти́вный *(Photoapparat)*
Ein-/Ausgabe *f (Inf)* ввод-вы́вод *m (Zusammensetzungen s. unter* Eingabe-Ausgabe-...*)*
Einband *m (Typ)* переплёт *m*
~/flexibler мя́гкий переплёт *m*
Einbau *m* 1. встрáивание *n*; 2. устанóвка *f*, монтáж *m*
Einbau... встрóенный; вмонти́рованный
Einbauantenne *f* встрóенная антéнна *f*
einbauen вмонти́ровать
einbeschrieben *(Math)* впи́санный *(Kreis)*
einbetonieren *(Bw)* задéлывать
Einbetonieren *n (Bw)* задéлка *f*
einbetten 1. *(Bw)* задéлывать; 2. *(El, Kst)* герметизи́ровать
Einbettung *f* 1. *(Bw)* задéлка *f*, 2. *(Math)* вложéние *n*; 3. герметизáция *f*
Einbeulung *f* вмя́тина *f*
Einbitfehler *m (Inf)* однобитная оши́бка *f*
einblasen вдувáть; *(Met)* задувáть *(Hochofen, Kupolofen)*
Einblasen *n* вдувáние *n*; *(Met)* задýвка *f (Hochofen, Kupolofen)*
Einblenden *n (TV)* введéние *n*
Einblendung *f (TV)* введéние *n*
Einbrand *m (Schw)* провáр *m*
einbringen *n* заклáдывать
Einbringen *n* заклáдка *f*
Einbruch *m* 1. *(Bgb)* вруб *m (Sprengarbeit)*; 2. *(Bgb)* обвáл *m*, обрушéние *n* (крóвли); 3. *(Bgb)* проры́в *m*; 4. провáл *m*
Einbunkern *n* бункерóвка *f*
Einbyte... *(Inf)* однобáйтовый
Einchip... *(Eln)* однокристáльный
Einchip-Mikroprozessor *m* однокристáльный микропроцéссор *m*
Einchip-Mikrorechner *m* однокристáльная ми́кро-ЭВМ *f*
Einchiprechner *m* однокристáльная ЭВМ *f*
eindämmen запрýживать
Eindämmung *f (Hydt)* 1. обваловáние *n*; 2. запрýда *f*
eindampfen выпáривать
Eindampfen *n* 1. упáривание *n*; 2. *(Ch)* выпáривание *n*
Eindecker *m (Flg)* монoплáн *m*
~/ freitragender свободнонесýщий моноплáн *m*
~/verspannter расчáлочный моноплáн *m*
eindeichen *(Hydt)* обваловáть; запрýживать
Eindeichen *n (Hydt)* обваловáние *n*
Eindeichung *f (Hydt)* 1. обваловáние *n*; 2. запрýда *f*
eindeutig *(Math)* однозначный
~/umkehrbar взаи́мно-однознáчный
Eindeutigkeit *f* однознáчность *f*; еди́нственность *f*
eindicken 1. сгущáть; 2. густéть; загустевáть; 3. выпáривать
Eindicken *n* 1. загустевáние *n*; 2. выпáривание *n (Flüssigkeiten)*
Eindickungsmittel *n* загусти́тель *m*; сгусти́тель *m*
eindimensional одно(раз)мéрный

Eindocken *n (Schiff)* доковáние *n*
Eindraht... однопровóдный
eindringen внедря́ться; проникáть
Eindringen *n* внедрéние *n*; проникáние *n*
Eindringtiefe *f* 1. глубинá *f* вдáвливания; 2. глубинá *f* проникновéния *(Strahlung)*
Eindringtiefenmessinstrument *n (Bw)* пенетрóметр *m*
Eindruck *m (Wkst)* отпечáток *m (Härtemessung)*; лýнка *f (Brinellhärteprüfung)*
eindrücken вдáвливать
Eindrücken *n* вдáвливание *n*
Eindruckfläche *f (Wkst)* лýнка *f (Brinellhärteprüfung)*
einebnen *(Bw)* планировáть; вырáвнивать
Einebnen *n (Bw)* планúрование *n*; вырáвнивание *n*
eineindeutig взаúмно-однознáчный
einengen концентрúровать *(Lösungen)*
Einfachverarbeitung *f (Inf)* однопроцéссорный режúм *m*
Einfachverkehr *m (Nrt)* односторóнняя связь *f*
Einfahren *n* 1. вкáтывание *n*; 2. *(Bw)* надвúжка *f (Brückenkonstruktionen)*; 3. обкáтка *f (von Maschinen oder Fahrzeugen)*
Einfahrsignal *n (Eb)* входнóй сигнáл *m*
Einfahrt *f* въезд *m*
Einfall *m (Ph)* padéние *n (von Licht, Wellen)*
einfallen западáть
Einfallswinkel *m (Ph)* ýгол *m* padéния
Einfamilienhaus *n* односемéйный дом *m*
Einfang *m (Kern)* захвáт *m*
einfangen *(Kern)* захвáтывать *(Neutronen)*
Einfangquerschnitt *m (Kern)* сечéние *n* захвáта
Einfangstrahlung *f* захвáтное излучéние *n*
Einfärben *n (Typ)* накáт *m* крáски
einfarbig одноцвéтный; *(Opt)* монохроматúческий
Einfassung *f* 1. *(Opt)* опрáва *f (z. B. von Linsen)*; рáма *f*; обрамлéние *n*; 2. обклáдка *f*
Einfeldbrücke *f* однопролётный мост *m*
Einfeldträger *m* однопролётная бáлка *f*
einfetten смáзывать (пластúчной смáзкой), обмáзывать; замáсливать; промáзывать *(als Schutz gegen Verrosten)*
Einflugbake *f (Flg)* радиомаркéр *m*
Einflugzeichen *n (Flg)* радиомаркéр *m*
Einfluss *m* влия́ние *n*; воздéйствие *n*
Einflusslinie *f (Mech, Fest)* лúния *f* влия́ния
einfonturig *(Text)* однофонтýрный
Einformen *n (Gieß)* формóвка *f*
einfrieren 1. *(Lebm)* заморáживать; 2. замерзáть; промерзáть; 3. *(Met)* затвердевáть *(Schmelze)*; 4. *(Kst)* стекловáть
Einfrieren *n* 1. заморáживание *n*; 2. замерзáние *n*; промерзáние *n*; 3. *(Met)* затвердевáние *n (der Schmelze)*; 4. *(Kst)* стекловáние *n*
Einfrierpunkt *m s.* Einfriertemperatur
Einfriertemperatur *f (Kst)* темперáтура *f* стекловáния, тóчка *f* превращéния
einfügen вставля́ть
Einfügen *n* встáвка *f*
Einfuhr *f* ввоз *m*
einführen вводúть, ввозúть
Einführen *n s.* Einführung
Einführung *f* 1. введéние *n*, ввод *m*; 2. внедрéние *n*
einfüllen наполня́ть
Einfüllrohr *n* приёмная трýбка *f*
Eingabe *f (Inf)* ввод *m (von Daten)*
~/**alphanumerische** алфавúтно-цифровóй ввод *m*
~/**graphische** графúческий ввод *m*
~/**manuelle** ручнóй ввод *m*
Eingabeabschnitt *m (Inf)* входнáя сéкция *f*
Eingabealphabet *n (Inf)* входнóй алфавúт *m*
Eingabe-Ausgabe *f (Inf)* ввод-вы́вод *m* (дáнных)
~/**serielle** послéдовательный ввод-вы́вод *m*
Eingabe-Ausgabe-Befehl *m (Inf)* комáнда *f* ввóда-вы́вода
Eingabe-Ausgabe-Einheit *f (Inf)* устрóйство *n* ввóда-вы́вода, УВВ *n*

Eingabe-Ausgabe-Gerät *n s.* Eingabe-Ausgabe-Einheit
Eingabe-Ausgabe-Interface *n (Inf)* интерфе́йс *m* вво́да-вы́вода
Eingabe-Ausgabe-Port *m (Inf)* порт *m* вво́да-вы́вода
Eingabe-Ausgabe-Programm *n* програ́мма *f* вво́да-вы́вода
Eingabe-Ausgabe-Prozessor *m* проце́ссор *m* вво́да-вы́вода
Eingabe-Ausgabe-Schnittstelle *f* интерфе́йс *m* вво́да-вы́вода
Eingabebefehl *m (Inf)* кома́нда *f* вво́да
Eingabedatei *f (Inf)* входно́й файл *m*
Eingabedaten *pl (Inf)* входны́е да́нные *pl*
Eingabeeinheit *m (Inf)* устро́йство *n* [блок *m*] вво́да (да́нных)
Eingabeeinrichtung *f s.* Eingabeeinheit
Eingabeendgerät *n (Inf)* термина́л *m* вво́да
Eingabegerät *n s.* Eingabeeinheit
Eingabeinformation *f (Inf)* входна́я информа́ция *f*
Eingabeinterface *n (Inf)* интерфе́йс *m* вво́да
Eingabemittel *npl (Inf)* сре́дства *npl* вво́да (да́нных)
Eingabemodus *m (Inf)* режи́м *m* вво́да
Eingabeprogramm *n (Inf)* програ́мма *f* вво́да
Eingabepuffer *m (Inf)* бу́фер *m* вво́да
Eingabeschnittstelle *f (Inf)* интерфе́йс *m* вво́да
Eingabesignal *n (Inf)* входно́й сигна́л *m*
Eingabetechnik *f (Inf)* сре́дства *npl* вво́да (да́нных)
Eingabeterminal *n (Inf)* термина́л *m* вво́да
Eingabezeit *f (Inf)* вре́мя *n* вво́да
Eingang *m* вход *m*
eingängig однозахо́дный *(Gewinde)*
Eingangs... входно́й
Eingangsalphabet *n (Inf)* входно́й алфави́т *m*
Eingangsgerät *n* входно́е устро́йство *n*
Eingangsgröße *f (Reg)* входна́я величина́ *f*
Eingangsimpuls *m (El)* входно́й и́мпульс *m*
Eingangskapazität *f (El)* входна́я ёмкость *f*
Eingangsklemme *f (El)* входно́й зажи́м *m*
Eingangsleistung *f (El)* входна́я мо́щность *f*
Eingangsseite *f* вход *m*
eingangsseitig входно́й
Eingangssignal *n (Inf)* входно́й сигна́л *m*
Eingangsspannung *f (El)* входно́е напряже́ние *n*
Eingangsstrom *m (El)* входно́й ток *m*
Eingangsstufe *f (Rf)* входно́й каска́д *m*
Eingangstransformator *m (El)* входно́й трансформа́тор *m*
Eingangsübertrager *m (Nrt)* входно́й трансформа́тор *m*
Eingangswelle *f (Masch)* входно́й вал *m*
Eingangswiderstand *m (El)* входно́е сопротивле́ние *n*
eingebaut вмонти́рованный; встро́енный
eingeben *(Inf)* вводи́ть *(Daten)*
eingedickt сгущённый *(Lösungen)*
Eingefäßbagger *m* одноковшо́вый экскава́тор *m*
eingefügt вставно́й
Eingehäuseturbine *f* однoко́рпусная турби́на *f*
eingehen *s.* einlaufen 2.
eingelagert *(Geol)* залега́ющий
eingelötet впа́янный
eingerückt *(Masch)* включённый *(Kupplung)*
eingeschaltet *(El)* включённый
„Eingeschaltet" «включено́» *(Schalterstellung)*
eingeschmolzen впла́вленный
eingeschwungen установи́вшийся
eingesetzt вста́вленный, вставно́й
eingespeist *(El)* пита́емый
eingetrocknet высохший
Eingießen *n* зали́вка *f*
eingleisig *(Eb)* одноколе́йный, одноп́утный
eingreifen *(Masch)* зацепля́ться *(Zahnradpaar)*
Eingrenzung *f* локализа́ция *f (einer Störung)*
Eingriff *m* 1. *(Reg)* возде́йствие *n*; 2. *(Masch)* взаимоде́йствие *n (Ver-*

zahnung); 2. *(Masch)* зацепле́ние *n (Zahnradpaar)* • **außer ~ bringen** *(Masch)* выходи́ть из зацепле́ния *(Zahnradpaar)* • **in ~ bringen** *(Masch)* вводи́ть в зацепле́ние *(Zahnradpaar)* • **in ~ kommen** *(Masch)* входи́ть в зацепле́ние • **im ~ sein [stehen]** *(Masch)* зацепля́ться *(Zahnradpaar)* • **in ~ treten** *(Masch)* входи́ть в зацепле́ние *(Zahnradpaar)*
Eingriffslinie *f (Masch)* ли́ния *f* зацепле́ния *(Zahnradmessung)*
Eingriffsteilung *f (Masch)* шаг *m* зацепле́ния *(Zahnradmessung)*
Eingriffsverhältnis *n (Masch)* переда́точное отноше́ние *n (Zahnrad)*
Einguss *m* 1. *(Gieß)* стоя́к *m*; ли́тник *m*; 2. *s.* Eingießen
Eingusstümpel *m (Gieß)* зумпф *m*
einhaken *(Wkzm)* заеда́ть *(Drehmeißel)*
Einhaken *n (Wkzm)* заеда́ние *n (Drehmeißel)*
Einhaltung *f* соблюде́ние *n (z. B. von Terminen)*
Einhängen *n* наве́шивание *n*
Einhängung *f* наве́ска *f*
einheimisch ме́стный
Einheit *f* 1. блок *m*; мо́дуль *m*; се́кция *f*; 2. *(Mess)* едини́ца *f*
~/abgeleitete произво́дная едини́ца *f*
~/absolute едини́ца *f* систе́мы СГС
~/astronomische астрономи́ческая едини́ца *f*
~/binäre *(Inf)* двои́чная едини́ца *f*
~/gesetzliche узако́ненная едини́ца *f*
~/imaginäre мни́мая едини́ца *f*
~/lichttechnische светова́я едини́ца *f*
~/photometrische светова́я едини́ца *f*
~/systemfremde внесисте́мная едини́ца *f*
Einheitensystem *n (Mess)* систе́ма *f* едини́ц
~/Giorgisches *n* систе́ма *f* едини́ц МКСА
~/Internationales междунаро́дная систе́ма *f* едини́ц, систе́ма *f* СИ
Einheitenzeichen *n* си́мвол *m* [обозначе́ние *n*] едини́цы
einheitlich еди́ный; унита́рный
Einheitsbohrung *f (Masch)* основно́е отве́рстие *n (beim Passungssystem)*
Einheitsbrennstoff *m* усло́вное то́пливо *n*
Einheitsvektor *m* едини́чный ве́ктор *m*
einheizen зата́пливать
Einheizen *n* затопле́ние *n*
einholen *(Schiff)* выбира́ть *(Trosse, Ankerketten, Netze)*
Einholen *n (Schiff)* вы́борка *f (Trosse, Ankerketten, Netze)*
Einhüllende *f (Math)* огиба́ющая *f*
Einimpfen *n (Krist)* затра́вливание *n*
Einkammerschleuse *f (Hydt)* однока́мерный шлюз *m*
Einkartenrechner *m (Inf)* однопла́тная ми́кро-ЭВМ *f*
einkehlen *(Schm)* раска́тывать
einkerben насека́ть, надреза́ть; запи́ливать; вруба́ть; заруба́ть
Einkerbung *f* насе́чка *f*, надре́з *m*; вы́рез *m*; зару́бка *f*
einklemmen зажима́ть
einklinken заска́кивать; защёлкиваться
Einkochen *n* ува́ривание *n*; выпа́ривание *n*
Einkristall *m* монокриста́лл *m*
Einkristall... однокриста́льный, монокристалли́ческий
Einlage *f* прокла́дка *f*; вкла́дка *f*; закла́дка *f*
Einlagern *n* укла́дка *f*; закла́дка *f*; склади́рование *n*
Einlagerung *f* 1. *(Geol, Min)* включе́ние *n*; 2. *(Krist)* внедре́ние *n (Atome)*
einlagig однoсло́йный
Einlass *m* 1. впуск *m (von Flüssigkeiten, Gasen)*; 2. впускно́е отве́рстие *n*; 3. *(Hydt)* водоприёмник *m (eines Wasserkraftwerks)*
einlassen впуска́ть
Einlassen *n s.* Einlass 1.
Einlassleitung *f* ввод *m*
Einlassöffnung *f* вход *m*, впуск *m*, впускно́е [входно́е] отве́рстие *n*
Einlassrohr *n* впускна́я труба́ *f*
Einlassseite *f* сторона́ *f* вп́уска
Einlasstakt *m (Kfz)* такт *m* впу́ска
Einlassventil *n* впускно́й кла́пан *m*
Einlauf *m* 1. вход *m*, вхожде́ние *n*; 2. вход *m*, впуск *m*, входно́е [впускно́е] отве́рстие *n*; 3. *(Gieß)* стоя́к *m*; пита́тель *m*

Einlaufbauwerk *n (Hydt)* водозабо́рное [водоприёмное] сооруже́ние *n*
Einlaufbecken *n (Hydt)* аванка́мера *f*
einlaufen 1. прибыва́ть; входи́ть *(Schiffe in den Hafen)*; 2. *(Text)* сади́ться, уса́живаться *(Gewebe)*
~/sich *(Masch)* прираба́тываться *(z. B. Wellen, Zahnräder)*
Einlaufen *n* 1. *(Schiff)* захо́д *m (in einen Hafen)*; 2. *(Text)* уса́дка *f (Gewebe)*; 3. прирабо́тка *f (einer Maschine)*
Einlaufenlassen *n* прирабо́тка *f (einer Maschine)*
Einlaufkammer *f (Hydt)* аванка́мера *f*
Einlaufkanal *m* 1. *(Aero)* диффу́зор *m*; 2. *s.* Einlauf 3.
Einlaufrohr *n* впускна́я труба́ *f*
einlegen 1. закла́дывать; вкла́дывать; 2. заряжа́ть *(Filme)*; 3. *(Lebm)* консерви́ровать; мариньова́ть
Einleiter... *(El)* одножи́льный, однопрово́дный
Einleiterkabel *n* одножи́льный ка́бель *m*
Einleitung *f* 1. нача́ло *n*; 2. введе́ние *n*, ввод *m*; вход *m*; 3. *(Ch)* иници́ирование *n (einer Reaktion)*
einlöten впа́ивать
Einlöten *n* впа́ивание *n*
Einlötstelle *f* впай *m*
Einlötung *f* впа́ивание *n*
einmauern *(Bw)* замуро́вывать
Einmieten *n (Lw)* кагати́рование *n (von Rüben)*
Einmitten *n* центри́рование *n*
einmontieren вмонти́ровать
einnehmen занима́ть *(Raum, Platz)*
einölen сма́зывать ма́слом; прома́зывать *(als Schutz gegen Verrosten)*
einpacken укла́дывать
Einpacken *n* укла́дка *f*; упако́вка *f*
Einpassen *n (Fert)* приго́нка *f*
Einphasen... *(El)* однофа́зный
Einphasenstrom *m (El)* однофа́зный (переме́нный) ток *m*
Einphasensystem *n (Ph)* однофа́зная [гомоге́нная] систе́ма *f*
Einphasentransformator *m (El)* однофа́зный трансформа́тор *m*
Einphasenwechselstrom *m (El)* однофа́зный (переме́нный) ток *m*
einphasig *(El)* однофа́зный
Einplatinen-Mikroprozessor *m (Inf)* одноплáтный микропроце́ссор *m*
Einplatinen-Mikrorechner *m (Inf)* одноплáтная микро-ЭВМ *f*
Einpol... однопо́люсный; унипол́ярный
Einpolgenerator *f (El)* унипол́ярный генера́тор *m*
einpolig *(Ph)* однопо́люсный
einpressen 1. запрессо́вывать; 2. вда́вливать; нагнета́ть
Einpressen *n* 1. запрессо́вывание *n*, запрессо́вка *f*; 2. вда́вливание *n*; нагнета́ние *n*
einprogrammieren *(Inf)* запрограмми́ровать
Einpudern *n (Gieß)* припы́ливание *n (von Formen)*
einpumpen зака́чивать
Einpumpen *n* зака́чка *f*
einrammen *(Bw)* вбива́ть, забива́ть *(Pfähle)*
Einrammen *n (Bw)* вбива́ние *n*, забива́ние *n (Pfähle)*
einrasten заска́кивать
Einreihen... одноря́дный
einreihig одноря́дный
Einrichten *n* нала́дка *f (von Maschinen)*
~/erneutes перенала́дка *f*
Einrichtung *f* 1. устро́йство *n*, устано́вка *f*, приспособле́ние *n*; 2. обору́дование *n*; 3. обстано́вка *f*
~/alphanumerische *(Inf)* алфави́тно-цифрово́е устро́йство *n*
~/analoge ана́логовое устро́йство *n*
~/digitale [diskrete] дискре́тное устро́йство *n*
~/logische логи́ческое устро́йство *n*
Einriss *m* надры́в *m*; *(Met)* рвани́на *f*
Einrollen *n* зака́тка *f*
einrücken *(Masch)* включа́ть *(Kupplung)*
Einrücken *n (Masch)* включе́ние *n (Kupplungen)*
~/stoßfreies *(Masch)* безуда́рное включе́ние *n*
Einrückvorrichtung *f (Masch)* включа́ющий механи́зм *m*
Einrühren *n* заме́шивание *n*
Eins *f (Math)* едини́ца *f*
Einsalzen *n (Lebm)* соле́ние *n*, засо́л *m*, посо́л *m*

Einsammeln *n* сбор *m*
Einsatz *m* 1. *(Met)* зава́лка *f*, загру́зка *f* *(eines Ofens)*; 2. *(El)* патро́н *m*; 3. *(Masch)* вту́лка *f*, са́дка *f*, вкла́дыш *m*; вста́вка *f*; засы́пка *f*; наса́дка *f*
Einsatz... вставно́й
Einsatzgesenk *n (Schm)* разъёмная ма́трица *f*
Einsatzgut *n (Met)* загружа́емый материа́л *m*
einsatzhärten *(Härt)* науглеро́живать; цементи́ровать
Einsatzhärten *n (Härt)* науглеро́живание *n*; цемента́ция *f*
Einsatzhärteofen *m (Härt)* цементацио́нная печь *f*
Einsatzhärter *m (Härt)* карбюриза́тор *m*
Einsatzmulde *f (Met)* му́льда *f (für Schmelzöfen)*
Einsatzofen *m (Härt)* цементацио́нная печь *f*
Einsatzschneide *f (Wkz)* резе́ц *m*
Einsatzstahl *m* цементу́емая сталь *f*
Einsatzstück *n* вкла́дыш *m*; вста́вка *f*
Einsatzzahn *m (Wkz)* резе́ц *m*
einsäuern *(Lw)* дрожжева́ть, силосова́ть; заква́шивать
einsaugen *n* вса́сывать; заса́сывать; подса́сывать
Einsaugen *n* вса́сывание *n*; заса́сывание *n*; подса́сывание *n*; впи́тывание *n*
einschalen *(Bw)* опа́лубить
einschalten *(El)* включа́ть
Einschalten *n (El)* включе́ние *n* впи́тывание *n*
Einschaltmechanismus *m (El)* включа́ющий механи́зм *m*
Einschaltstellung *f (El)* положе́ние *n* включе́ния
Einschaltstrom *m (El)* ток *m* включе́ния
Einschalung *f (Bw)* опа́лубка *f*
Einscharpflug *m* однoко́рпусный плуг *m*
Einschichten... однoсло́йный
einschichtig однoсло́йный
einschieben вдвига́ть
Einschienenbahn *f* моноре́льсовая доро́га *f*
Einschießen *n (Kern)* инже́кция *f (Teilchen in den Beschleuniger)*
Einschlag *m* 1. уда́р *m*; попада́ние *n*; 2. *(Kfz)* поворо́т *m* (управля́емых колёс; 3. *(Forst)* ру́бка *f*, ва́лка *f (Bäume)*
einschlagen 1. ударя́ть; попада́ть; 2. *(Bw)* вбива́ть, забива́ть *(Nägel)*; 3. *(Forst)* руби́ть *(Bäume)*
Einschlagen *n* 1. *s.* Einschlag 1.; 2. *(Bw)* вбива́ние *n*, забива́ние *n (Nägel)*
Einschlagmaschine *f* упако́вочная маши́на *f (für Verpackungszwecke)*
einschleifen *(Fert)* притира́ть *(Ventile)*
Einschleifen *n (Fert)* прити́рка *f (von Ventilen)*
Einschleusen *n (Kern)* инже́кция *f (Teilchen in den Beschleuniger)*
einschließend *(Inf)* включа́ющий
Einschluss *m (Geol, Min)* включе́ние *n*
~/nicht metallischer *(Gieß)* неметалли́ческое включе́ние *n*
einschmälzen *(Text)* зама́сливать
Einschmälzen *n (Text)* зама́сливание *n*
einschmelzen 1. *(Met)* пла́вить; выплавля́ть; расплавля́ть; 2. впа́ивать *(Glühlampendrähte)*
Einschmelzen *n* 1. *(Met)* плавле́ние *n*; вы́плавление *n*; расплавле́ние *n*; 2. впа́ивание *n (der Glühlampendrähte)*
Einschmelzstelle *f* впай *m*
einschmieren сма́зывать *(Metallteile)*; прома́зывать *(als Schutz gegen Verrosten)*
einschnappen защёлкивать
einschneiden 1. вреза́ть; надреза́ть; 2. *(Fert)* вреза́ться
Einschneiden *n (Fert)* вреза́ние *n*
Einschnitt *m* 1. надре́з *m*; насе́чка *f*; 2. про́резь *f*; 3. *(Eb)* вы́емка *f*; 4. *(Wlz)* руче́й *m (einer Walze)*; 5. *(Bgb)* транше́я *f (Tagebau)*; 6. *(Geod)* засе́чка *f*
Einschnürung *f* 1. ше́йка *f*; суже́ние *n*; 2. *(Wkst)* пережи́м *m*
Einschränkung *f* ограниче́ние *n*
einschrauben зави́нчивать, ввинчивать, ввёртывать
Einschub *m (Eln)* сме́нный блок [мо́дуль] *m*; вставно́й [вдвижно́й] блок *m*
Einschubblock *m s.* Einschub
Einschubeinheit *f s.* Einschub

Einschuss *m* 1. *(Kern)* инже́кция *f (Teilchen in den Beschleuniger)*; 2. *(Text)* уто́к *m (Weberei)*
einschütten засыпа́ть
Einschütten *n* засы́пка *f*
Einschwimmen *n* плаву́чая надви́жка *f (einer Brücke)*
Einschwingprozess *m (El)* перехо́дный проце́сс *m*
Einschwingvorgang *m (El)* перехо́дный проце́сс *m*
Einseitenbandempfänger *m (Rf)* однополо́сный приёмник *m*
Einseitenbandtelephonie *f* однополо́сная телефони́я *f*
einseitig односторо́нний
Einsenken *n (Fert)* зенкова́ние *n*, зенко́вка *f*
Einsenker *m (Wkz)* зенко́вка *f*
Einsenkung *f* 1. *(Geol)* впа́дина *f*; 2. *s.* Einsenken
einsetzbar вставно́й
einsetzen 1. вставля́ть; 2. засыпа́ть; загружа́ть *(Beschickungsmaterial)*; 3. *(Härt)* науглеро́живать
Einsetzen *n* 1. вста́вка *f*; 2. *(Met)* загру́зка *f*, засы́пка *f (Beschickungsmaterial)*; 3. *(Härt)* науглеро́живание *n*
Einsitzer... *(Flg)* одноме́стный
einsitzig *(Flg)* одноме́стный
Einsitzventil *n* односеде́льный кла́пан *m*
einspannen *(Fert)* зажима́ть, закрепля́ть, устана́вливать *(Werkstücke)*
Einspannen *n (Fert)* зажи́м *m*, закрепле́ние *n*, устано́вка *f (Werkstücke)*
Einspannteil *n (Wkz)* держа́вка *f*
Einspannung *f s.* Einspannen
Einsparung *f* эконо́мия *f*
Einspeichern *n* за́пись *f* в па́мять *(von Daten)*
Einspeicherung *f* за́пись *f* в па́мять *(von Daten)*
einspeisen *(El)* пита́ть
Einspeisung *f (El)* пита́ние *n*; подпи́тка *f*
Einspindelautomat *m (Wkzm)* одношпи́ндельный автома́т *m*
Einspindel(werkzeug)maschine *f (Wkzm)* одношпи́ндельный стано́к *m*
Einsprengling *m (Geol, Min)* вкра́пленник *m*
Einsprengung *f (Geol, Min)* вкра́пленность *f*; включе́ние *n*
Einspritzdruck *m (Kfz)* давле́ние *n* впры́ска (то́плива)
Einspritzdüse *f* форсу́нка *f (eines Dieselmotors)*
Einspritzstrahl *m* фа́кел *m (von Kraftstoff in Verbrennungsmotore)*
Einspritzung *f (Kfz)* впрыск *m*, впры́скивание *n*
Einspuraufzeichnung *f* однодоро́жечная [одноканáльная] за́пись *f*
Einstationenbearbeitung *f (Fert)* однопозицио́нная обрабо́тка *f*
Einstäuben *n (Gieß)* припы́ливание *n (von Formen)*
einstechen 1. *(Wlz)* задава́ть, подава́ть; 2. *(Fert)* вреза́ться
Einstechen *n (Fert)* вреза́ние *n*
Einstechmeißel *m (Wkz)* прорезно́й резе́ц *m*
einsteckbar вставно́й
Einsteckbaustein *m s.* Einschub
einstecken вставля́ть
Einstecken *n* вста́вка *f*
Einsteckschloss *n (Bw)* врезно́й замо́к *m*
Einsteigeisen *n* ступе́нька *f (von Kabelschächten)*
Einsteigen *n (Eb)* поса́дка *f*
Einsteigeöffnung *f* входно́е отве́рстие *n*, лаз *m*
Einstein *n* эйнште́йн *m*, E *(Einheit der Strahlungsenergie in der Photochemie)*
Einstein-Dilatation *f (Ph)* замедле́ние *n* вре́мени
Einsteinium *n (Ch)* эйнште́йний *m*, Es
Einstein-Kondensation *f (Ph)* конденса́ция *f* Бо́зе-Эйнште́йна
Einstell... регулиро́вочный
einstellbar устана́вливаемый
~/nicht нерегули́руемый
Einstellbarkeit *f* устана́вливаемость *f*
Einstellelement *n (Wkzm)* устано́в *m*
einstellen 1. устана́вливать; юсти́ровать; (от)регули́ровать; настра́ивать; выверя́ть; 2. прекраща́ть
~/scharf *(Opt)* фокуси́ровать
Einstellen *n* 1. устано́вка *f*; юстиро́вка *f*; регули́рование *n*, регулиро́вка *f*;

наво́дка *f*; нала́дка *f*; 2. прекраще́ние *n*
einstellig *(Math)* однозна́чный
Einstellmoment *n* противоде́йствующий моме́нт *m*
Einstellmutter *f* регулиро́вочная [устано́вочная] га́йка *f*
Einstellring *m* устано́вочное кольцо́ *n*
Einstellschraube *f* регулиро́вочный [устано́вочный] винт *m*
Einstellstück *n (Wkzm)* устано́в *m*
Einstellung *f s.* 1. Einstellen; 2. Einstellwert
~/automatische [selbsttätige] автомати́ческая устано́вка *f*
Einstellwert *m (Reg)* уста́вка *f*
Einstellwinkel *m (Wkz)* у́гол *m* в пла́не *(des Werkzeugs)*
Einstellzeit *f* пусково́й пери́од *m*
Einstich *m* 1. *(Fert)* вы́точка *f*; 2. *(Wlz)* вход *m (am Walzgerüst)*
Einstieg *m s.* Einsteigeöffnung
Einstoffsystem *n (Ph, Ch)* однокомпоне́нтная систе́ма *f*
einstoßen *(Wlz)* зата́лкивать; подава́ть
Einstoßer *m (Wlz)* зата́лкиватель *m*
Einstoßvorrichtung *f (Wlz)* зата́лкиватель *m*
Einstrahlung *f* 1. *s.* Transkristallisation; 2. облуче́ние *n*
einstreichen обма́зывать
Einstreichen *n* обма́зка *f*
Einströmen *n* впуск *m (von Gasen)*
Einströmöffnung *f* впускно́е отве́рстие *n*; забо́рник *m*
Einstufen... одноступе́нчатый
Einstufenrakete *f* одноступе́нчатая раке́та *f*
Einstufenverstärker *m (El)* однокаска́дный [одноступе́нчатый] усили́тель *m*
einstufig одноступе́нчатый
Einsturz *m* прова́л *m*; разва́л *m*; *(Bgb)* обруше́ние *n*; обва́л *m*
Einsturzkrater *m (Geol)* кальде́ра *f* (обруше́ния)
Einsturztrichter *m (Geol)* прова́льная воро́нка *f*
eintauchen погружа́ть *(in Flüssigkeiten)*
Eintauchen *n* погруже́ние *n (in Flüssigkeiten)*
einteilen 1. (под)разделя́ть; распределя́ть; 2. классифици́ровать
einteilig неразъёмный
Einteilung *f* 1. (под)разделе́ние *n*; распределе́ние *n*; 2. классифика́ция *f*
Eintrag *m (Inf)* загру́зка *f (von Beschickungsmaterial)*
eintragen *(Inf)* загружа́ть *(Beschickungsmaterial)*
Eintragen *n* 1. внесе́ние *n*; 2. *(Text)* проки́дка *f (des Schusses)*
eintreiben вгоня́ть
eintreten входи́ть
Eintreten *n* вхожде́ние *n*
Eintritt *m* вход *m*
Eintrittskrümmer *m (Kfz)* входно́е коле́но *n*
Eintrittsöffnung *f* входно́е отве́рстие *n*
Eintrittsseite *f* входна́я сторона́ *f (eines Walzgerüstes)*
Eintrittswinkel *m* у́гол *m* вхо́да
eintrocknen высу́шивать; усыха́ть
Eintrocknen *n* высу́шивание *n*, высыха́ние *n*; усыха́ние *n*
Ein- und Ausgabe *f (Inf)* ввод-вы́вод *m (Zusammensetzungen s. unter* Eingabe-Ausgabe...*)*
Einwaage *f* наве́ска *f*
einwägen 1. взве́шивать; 2. *(Geod)* нивели́ровать
Einwägen *n* 1. наве́шивание *n*; 2. *(Geod)* нивели́рование *n*
einwalzen *(Wlz)* зака́тывать
Einwalzung *f (Wlz)* зака́т *m*
einwandfrei испра́вный
Einwegbus *m (Inf)* однонапра́вленная ши́на *f*
Einwegcontainer *m* невозвра́тный конте́йнер *m*
Einwegflasche *f* однора́зовая буты́лка *f*
Einweghahn *m* двухходово́й [проходно́й] кран *m*
Einwegverpackung *f* ра́зовая та́ра *f*
einweichen мо́кнуть; зама́чивать; разма́чивать
Einweichen *n* мо́чка *f*; зама́чивание *n*
Einwellen(dampf)turbine *f* одновальная (парова́я) турби́на *f*
einwertig *(Ch)* одновале́нтный
Einwickelpapier *n* обёрточная бума́га *f*

einwirken влия́ть; возде́йствовать
Einwirkung *f* влия́ние *n*; возде́йствие *n*
Einzäunung *f* огражде́ние *n*
Einzel... отде́льный
Einzelantrieb *m* автоно́мный [индивидуа́льный] при́вод *m*
Einzelfertigung *f* индивидуа́льное [шту́чное] произво́дство *n*
Einzelhandel *m* ро́зничная торго́вля *f*
Einzelkornsämaschine *f (Lw)* однозерново́я [пункти́рная] се́ялка *f*
Einzellast *f (Mech)* сосредото́ченная нагру́зка *f*
einzeln едини́чный; отде́льный
Einzelnormal *n (Mess)* одино́чный этало́н *m*
Einzelpunktschweißen *n* однното́чечная сва́рка *f*
Einzelradaufhängung *f (Kfz)* независимая подве́ска *f* колёс
Einzelteilzeichnung *f* дета́льный чертёж *m*
einziehen 1. втя́гивать; 2. *(Flg)* убира́ть *(Fahrgestell)*
Einziehen *n* 1. втя́гивание *n*; 2. *(Flg)* убо́рка *f (des Fahrgestells)*; 3. *(Text)* запра́вка *f (Fäden)*; *(Text)* пробо́рка *f (Weberei)*
Einziehfahrwerk *n (Flg)* убира́ющееся шасси́ *n*
Einzimmer-Raumzelle *f (Bw)* блок-ко́мната *f*
Einzug *m* 1. *(Text)* пробо́рка *f (Weberei)*; 2. *(Typ)* усту́п *m (einer Zeile)*
Einzugsgebiet *n* 1. *(Hydrol)* водосбо́р *m*; 2. *(Hydt)* водосбо́рный бассе́йн *m*
Eis *n* лёд *m*
Eis... ледяно́й
Eisansatz *m* обледене́ние *n*
Eisbrecher *m* ледоко́л *m*
Eisbrecherpfeiler *m (Hydt)* ледоре́з *m (an Brücken)*
Eisen *n* 1. *(Ch)* желе́зо *n*, Fe; 2. *(Met)* желе́зо *n (s. a. unter* сталь)
α-Eisen *n (Met)* а́льфа-желе́зо *n*
β-Eisen *n (Met)* бе́та-желе́зо *n*
γ-Eisen *n (Met)* га́мма-желе́зо *n*
δ-Eisen *n (Met)* де́льта-желе́зо *n*
~/gediegenes саморо́дное желе́зо *n*
Eisen... желе́зный; желе́зистый
Eisenabstich *m* чугу́нная лётка *f*
Eisenbahn *f* желе́зная доро́га *f*
Eisenbahn... железнодоро́жный
Eisenbahnbetrieb *m* техни́ческая эксплуата́ция *f* желе́зной доро́ги; железнодоро́жный тра́нспорт *m*
Eisenbahnbrücke *f* железнодоро́жный мост *m*
Eisenbahndamm *m* железнодоро́жное полотно́ *n*, железнодоро́жная на́сыпь *f*
Eisenbahnfähre *f* железнодоро́жный паро́м *m*
Eisenbahngleis *n (Eb)* путь *m*
Eisenbahnknoten(punkt) *m* железнодоро́жный у́зел *m*
Eisenbahnlinie *f* железнодоро́жная ли́ния *f*
Eisenbahnnetz *n* железнодоро́жная сеть *f*
Eisenbahnschwelle *f (Eb)* (железнодоро́жная) шпа́ла *f*
Eisenbahnsignalwesen *n* железнодоро́жная сигнализа́ция *f*
Eisenbahnstation *f* железнодоро́жная ста́нция *f*
Eisenbahnstrecke *f* железнодоро́жный уча́сток *m*
Eisenbahntransport *m* железнодоро́жный тра́нспорт *m*
Eisenbahntunnel *m* железнодоро́жный тунне́ль *m*
Eisenbahnverkehr *m* железнодоро́жный тра́нспорт *m*
Eisenbahnwagen *m* железнодоро́жный ваго́н *m*
Eisenbahnzug *m* по́езд *m*, железнодоро́жный соста́в *m*
Eisenblechkern *m (El)* листово́й серде́чник *m*
Eisencarbid *n (Ch)* карби́д *m* желе́за; *(Wkst)* цементи́т *m*
Eisenerz *n (Min)* железня́к *m*
Eisenerz... железору́дный
Eisenerzbecken *n (Geol)* железору́дный бассе́йн *m*
eisenerzhaltig железору́дный
eisenführend железосодержа́щий
Eisengießerei *f* чугунолите́йный цех *m*
Eisenglanz *m (Min)* гемати́т *m*
eisenhaltig желе́зистый; железосодержа́щий

Eisenhüttenkunde *f* металлу́ргия *f* чёрных мета́ллов, чёрная металлу́ргия *f*
Eisenkern *m (El)* 1. ферромагни́тный серде́чник *m*; 2. магнитопрово́д *m (Transformatoren)*
Eisenkies *m (Min)* пири́т *m*
Eisen-Kohlenstoff... железоуглеро́дистый
Eisen-Kohlenstoff-Legierung *f* железоуглеро́дистый сплав *m*
Eisenmennige *f* желе́зный су́рик *m*
Eisenmetalle *npl* чёрные мета́ллы *mpl*
Eisenmetallurgie *f* металлу́ргия *f* чёрных мета́ллов, чёрная металлу́ргия *f*
Eisenmeteorit *m (Astr)* желе́зный метеори́т *m*
Eisen-Nickel-... феррони́келевый
Eisenschrott *m* желе́зный скрап *m*
Eisenschwamm *m* гу́бчатое желе́зо *n*
Eisenspat *m (Min)* сидери́т *m*
Eisenstein *m (Min)* железня́к *m*
Eisenverluste *mpl (El)* потéри *fpl* в желе́зе [ста́ли]
eisern желе́зный
Eiserzeuger *m* льдогенера́тор *m*
Eisfahrteigenschaften *fpl (Schiff)* ледопроводи́мость *f*
Eisgang *m (Hydrol)* ледохо́д *m*
Eissegler *m* бу́ер *m*
Eisstau *m (Hydrol)* зато́р *m*
Eisversetzung *f (Hydrol)* зато́р *m*
Eiszeit *f (Geol)* леднико́вый пери́од *m*; леднико́вая эпо́ха *f*
Eiweiß *n* бело́к *m*
Eiweiß... белко́вый
Ejektion *f (Kern)* эже́кция *f*
Ejektor *m* эже́ктор *m*
E-Karren *m* аккумуля́торная теле́жка *f*, электрока́р *m*
Ekliptik *f (Astr)* экли́птика *f*
Ekonomiser *m (Wmt)* экономáйзер *m*
Elast *m s.* Elastomer
elastisch упру́гий, эласти́чный
~/**hoch** *(Mech)* высокоэласти́чный
~/**nicht** *(Mech)* неупру́гий
Elastizität *f (Mech)* эласти́чность *f*, упру́гость *f*
Elastizitätsellipsoid *n (Mech)* эллипсо́ид *m* напряже́ний
Elastizitätsgrenze *f (Mech)* преде́л *m* упру́гости
Elastizitätskoeffizient *m (Mech)* коэффицие́нт *m* упру́гости
Elastizitätslehre *f* тео́рия *f* упру́гости
Elastizitätsmodul *m* **(/youngscher)** *(Mech)* мо́дуль *m* Ю́нга, мо́дуль *m* упру́гости (пе́рвого ро́да), мо́дуль *m* эласти́чности
Elastomer *n (Ch, Kst)* эластоме́р *m*
Elektret *n* электре́т *m*
elektrifizieren электрифици́ровать
Elektrifizierung *f* электрифика́ция *f*
Elektrifizierungsgrad *m* электровооружённость *f*
elektrisch электри́ческий
elektrisieren электризова́ть
Elektrisieren *n* электриза́ция *f*
Elektrisierung *f* электриза́ция *f*
Elektrizität *f* электри́чество *n*
Elektrizitätszähler *m* электросчётчик *m*, счётчик *m* электроэне́ргии
Elektro... электри́ческий
Elektroakustik *f* электроаку́стика *f*
elektroakustisch электроакусти́ческий
Elektroanalyse *f* электроана́лиз *m*
Elektroanlage *f* электроустано́вка *f*
Elektroantrieb *m* электри́ческий при́вод *m*, электропри́вод *m*
Elektroausrüstung *f* электрооборýдование *n*
Elektroauto *n* электромоби́ль *m*
Elektrobohrer *m* электробу́р *m (Tiefbohrtechnik)*
Elektroboiler *m* электробо́йлер *m*
Elektrobrutapparat *m (Lw)* электроинкуба́тор *m*
Elektrobus *m* электро́бус *m*
Elektrochemie *f* электрохи́мия *f*
elektrochemisch электрохими́ческий
Elektrode *f* электро́д *m*
~/**abschmelzende** пла́вящийся электро́д *m*
~/**blanke [nackte]** го́лый электро́д *m*
~/**negativ geladene** отрица́тельный электро́д *m*
~/**negative** отрица́тельный электро́д *m*
~/**positiv geladene** положи́тельный электро́д *m*
~/**positive** положи́тельный электро́д *m*
~/**selbstverzehrende** расхо́дуемый электро́д *m*
~/**umhüllte [ummantelte]** покры́тый [обма́занный] электро́д *m*

Elektroden... электро́дный
Elektrodenfassung *f* электрододержа́тель *m*
Elektrodenhalter *m* электрододержа́тель *m*
Elektrodenkohle *f* электро́дный у́голь *m*
Elektrodenpotential *n* электро́дный потенциа́л *m*
Elektrodialysator *m* электродиализа́тор *m*
Elektrodialyse *f* электродиа́лиз *m*
Elektrodiffusion *f* электродиффу́зия *f*
Elektrodynamik *f* электродина́мика *f*
elektrodynamisch электродинами́ческий
Elektrodynamometer *n* электродинамо́метр *m*
Elektroenergetik *f* электроэнерге́тика *f*
elektroenergetisch электроэнергети́ческий *f*
Elektroenergie *f* электроэне́ргия *f*, электри́ческая эне́ргия *f*
Elektroenergie... электроэнергети́ческий
Elektroenergieeinsatzgrad *m* энерговооружённость *f*
elektroenergieintensiv электроёмкий
Elektroenergienetz *n* электри́ческая сеть *f*
Elektroenergieübertragung *f* электропереда́ча *f*
Elektroenergie-Übertragungsleitung *f (El)* ли́ния *f* электропереда́чи, ЛЭП *f*
Elektroenergieverbrauchszähler *m* электросчётчик *m*, счётчик *m* электроэне́ргии
Elektroenergieversorgung *f* электроснабже́ние *n*, снабже́ние *n* электроэне́ргией; электропита́ние *n*
Elektroenergieversorgungsnetz *n* электри́ческая сеть *f*, электросе́ть *f*
Elektroenergiezähler *m* электросчётчик *m*, счётчик *m* электроэне́ргии
Elektroentstaubung *f* электрообеспы́ливание *n*
Elektroenzephalogramm *n (Med)* (электро)энцефалогра́мма *f*
Elektroenzephalograph *m (Med)* (электро)энцефало́граф *m*
Elektroenzephalographie *f (Med)* (электро)энцефалогра́фия *f*
Elektroerodieren *n (Fert)* электроэрозио́нная обрабо́тка *f*
Elektroerodiermaschine *f* электроэрозио́нный стано́к *m*
Elektroerosion *f* электроэро́зия *f*
Elektroerosionsmaschine *f* электроэрозио́нный стано́к *m*
elektroerosiv электроэрозио́нный; электроискрово́й
Elektroerosivbearbeitung *f (Fert)* электроэрозио́нная обрабо́тка *f*
Elektroerwärmung *f* электропрогре́в *m*
Elektrofahrzeug *n* электромоби́ль *m*
Elektrofilter *n* электрофи́льтр *m*
Elektrogerät *n* электроаппара́т *m*, электроприбо́р *m*
Elektrographie *f (Typ)* электрогра́фия *f*
Elektrogrill *m* электрогри́ль *m*
Elektrohaushaltsgerät *n* бытово́й [дома́шний] электроприбо́р *m*, электробытово́й прибо́р *m*
Elektroheizgerät *n* электронагрева́тель *m*
Elektroheizung *f* электри́ческий нагре́в *m*; электри́ческое отопле́ние *n*, электроотопле́ние *n*
Elektroherd *m* электроплита́ *f*
Elektrohochofen *m* электродо́менная печь *f*
Elektrohubstapler *m* электропогру́зчик *m*
elektrohydraulisch электрогидравли́ческий
elektrohydrodynamisch электрогидродинами́ческий
Elektroindustrie *f* электропромы́шленность *f*, электротехни́ческая промы́шленность *f*
Elektroinstallation *f* 1. электромонта́ж *m*, электромонта́жные рабо́ты *fpl*; 2. электропрово́дка *f*
Elektrokardiogramm *n (Med)* электрокардиогра́мма *f*
Elektrokardiograph *m (Med)* электрокардио́граф *m*
Elektrokardiographie *f (Med)* электрокардиогра́фия *f*
Elektrokarren *m* аккумуля́торная теле́жка *f*, электрока́р *m*
Elektrokaustik *f (Med)* электрока́устика *f*

Elektrokeramik *f* электротехни́ческая кера́мика *f*, электрокера́мика *f*
Elektrokessel *m* электрокотёл *m*
elektrokinetisch электрокинети́ческий
Elektrokoagulation *f (Med)* электрокоагуля́ция *f*
Elektrokocher *m s.* Elektrokochplatte
Elektrokochherd *m* электроплита́ *f*
Elektrokochplatte *m* электропли́тка *f*
Elektrokorund *m* электрокору́нд *m (Schleifmittel)*
Elektrolichtbogenofen *m* дугова́я электропе́чь *f*
Elektrolok *f* электрово́з *m*
Elektrolokomotivbau *m* электровозострое́ние *n*
Elektrolokomotive *f* электрово́з *m*
Elektrolöten *n* электропа́йка *f*
Elektrolumineszenz *f* электролюминесце́нция *f*
Elektrolumineszenzdisplay *n* электролюминесце́нтный индика́тор *m*
Elektrolyse *f (Ch)* электро́лиз *m*
Elektrolyse... электроли́зный
Elektrolysebad *n* электролити́ческая ва́нна *f*
Elektrolyseur *m (Ch)* электролизёр *m*
Elektrolyt *m (Ch)* электроли́т *m*
~/**anodischer** аноли́т *m (Elektrolyse)*
~/**fester** твёрдый электроли́т *m*
~/**kathodischer** католи́т *m*
~/**schwacher** сла́бый электроли́т *m*
~/**starker** си́льный электроли́т *m*
Elektrolyt... электролити́ческий
Elektrolyteisen *n* электролити́ческое желе́зо *n*
elektrolytisch электролити́ческий
Elektrolytkondensator *m (El)* электролити́ческий конденса́тор *m*
Elektromagnet *m* электромагни́т *m*
Elektromagnetbremse *f (Eb)* электромагни́тный то́рмоз *m*
elektromagnetisch электромагни́тный
Elektromagnetismus *m* электромагнети́зм *m*
Elektromaschine *f* электромаши́на *f*
Elektromaschinenbau *m* электромашинострое́ние *n*
Elektromaschinenumformer *m* электромаши́нный преобразова́тель *m* то́ка
Elektromaschinenverstärker *m* электромаши́нный усили́тель *m*
Elektromechanik *f* электромеха́ника *f*
elektromechanisch электромехани́ческий
Elektromess... электроизмери́тельный
Elektromessgerät *n* электроизмери́тельный прибо́р *m*
Elektromessinstrument *n* электроизмери́тельный прибо́р *m*
Elektromesstechnik *f* электроизмери́тельная те́хника *f*; электроме́трия *f*
Elektrometallurgie *f* электрометаллу́ргия *f*
Elektrometer *n* электро́метр *m*
Elektrometer... электрометри́ческий
elektrometrisch электрометри́ческий
Elektromotor *m* электродви́гатель *m*, (электри́ческий) дви́гатель *m*
~/**explosionsgeschützter** *m* взрывозащищённый (электро)дви́гатель *m*
elektromotorisch электродви́жущий
Elektron *n* электро́н *m*; *(Kern)* негатро́н *m*
~/**äußeres** вне́шний электро́н *m*
~/**freies** свобо́дный электро́н *m*
~/**gebundenes** свя́занный электро́н *m*
~/**inneres** вну́тренний электро́н *m*
~/**negativ geladenes** *(Kern)* негатро́н *m*
~/**positives** *(Kern)* позитро́н *m*
δ-Elektron *n (Kern)* де́льта-электро́н *m*
elektronegativ электроотрица́тельный
Elektronen... электро́нный
Elektronenaffinität *f (Ch)* сродство́ *n* к электро́ну
Elektronenbeschuss *m* электро́нная бомбардиро́вка *f*
Elektronenbeugungsaufnahme *f* электроногра́мма *f*
Elektronenbeugungskamera *f* электроно́граф *m*
Elektronenblitz *m (Photo)* электро́нная вспы́шка *f*
Elektronenbündel *n* электро́нный пучо́к *m*
Elektronenemission *f* электро́нная эми́ссия *f*
~/**thermische** термоэлектро́нная эми́ссия *f*
Elektronenfluss *m (Ph)* электро́нный пото́к *m*

Elektronenhirn *n (Kyb)* электро́нный мозг *m*
Elektronenhülle *f (Kern)* электро́нная оболо́чка *f (eines Atoms)*
Elektronenleerstelle *f (Ph, Eln)* электро́нная ды́рка *f*
elektronenleitend *(Halbl)* электро́нно-проводя́щий
Elektronenleitfähigkeit *f (Halbl)* уде́льная электро́нная проводи́мость *f*
Elektronenleitung *f* электро́нная электропрово́дность *f*
Elektronenlinse *f* электро́нная ли́нза *f*
Elektronenlithographie *f* электронолитогра́фия *f*
Elektronenmikroskop *n* электро́нный микроско́п *m*
Elektronenmikroskopie *f* электро́нная микроскопи́я *f*
elektronenmikroskopisch электро́нно-микроскопи́ческий
Elektronenoptik *f* электро́нная о́птика *f*
elektronenoptisch электро́нно-опти́ческий
Elektronenorgel *f* электро́нный орга́н *m*
Elektronenpaar *n (Kern)* электро́нная па́ра *f*
Elektronenröhre *f* электро́нная ла́мпа [тру́бка] *f*
Elektronenschale *f (Kern)* электро́нная оболо́чка *f (eines Atoms)*
Elektronenspektrum *n (Ph)* электро́нный спектр *m*
Elektronenspin *m (Kern)* спин *m* электро́на
Elektronenstrahl *m* электро́нный луч *m*; электро́нный пучо́к *m*
Elektronenstrahl... электро́нно-лучево́й
Elektronenstrahlbearbeitung *f (Fert)* электронно-лучева́я обрабо́тка *f*
Elektronenstrahlgerät *n* электро́нно-лучево́й прибо́р *m*
Elektronenstrahlkanone *f* электро́нная [электро́нно-лучева́я] пу́шка *f*
Elektronenstrahllithographie *f* электро́нно-лучева́я литогра́фия *f*
Elektronenstrahlofen *m* электро́нно-лучева́я печь *f*
Elektronenstrahlröhre *f* электро́нно-лучева́я тру́бка *f*
Elektronenstrahlschmelzen *n* электро́нно-лучева́я пла́вка *f*
Elektronenstrahlschneiden *n* электро́нно-лучева́я ре́зка *f*
Elektronenstrahlschweißen *n* электро́нно-лучева́я сва́рка *f*
Elektronenstrahltechnologie *f* электро́нно-лучева́я техноло́гия *f*
Elektronenstrahlverdampfer *m (Kält)* электро́нно-лучево́й испари́тель *m*
Elektronenstrom *m (Ph)* электро́нный ток *m*
Elektronenvolt *n* электронво́льт *m*, эВ *(SI-fremde Einheit der Energie oder Arbeit)*
Elektronenzyklotron *n (Kern)* электро́нный циклотро́н *m*, микротро́н *m* *(Beschleuniger)*
Elektronik *f* электро́ника *f*
Elektronik... электро́нный
Elektronikindustrie *f* электро́нная промы́шленность *f*
elektronisch электро́нный
elektronisch-mechanisch электро́нно-механи́ческий
Elektronographie *f* электроногра́фия *f*
Elektroofen *m* электропе́чь *f*
Elektroofenschmelzen *n* электри́ческая пла́вка *f*
Elektrooptik *f* электроо́птика *f*
elektrooptisch электроопти́ческий
Elektroosmose *f* электрооо́смос *m*
elektroosmotisch электроосмоти́ческий
Elektrophor *m* электрофо́р *m*
Elektrophorese *f* электрофоре́з *m*
Elektrophotographie *f* электрофотогра́фия *f*
elektrophotographisch электрофотографи́ческий
Elektrophysik *f* электрофи́зика *f*
elektrophysikalisch электрофизи́ческий
Elektroplattieren *n (Fert)* электроосажде́ние *n*; гальваносте́гия *f*, нанесе́ние *n* гальвани́ческих покры́тий
Elektroporzellan *n* электрофарфо́р *m*
elektropositiv электроположи́тельный
Elektropumpe *f* электронасо́с *m*
Elektrorasierer *m* электробри́тва *f*

Elektrorüttler *m* электровибра́тор *m*
Elektrosäge *f* электропила́ *f*
Elektroschiff *n* электрохо́д *m*
Elektroschlackeschweißen *n* электрошла́ковая сва́рка *f*
Elektroschlackeumschmelzverfahren *n* электрошла́ковая перепла́вка *f*
Elektroschmelzen *n* электри́ческая пла́вка *f*
Elektroschmelzofen *m* электропла-ви́льная печь *f*
Elektroschrauber *m (Wkz)* электрогайковёрт *m*
Elektroschweißen *n* электросва́рка *f*
Elektrosicherheit *f* электробезопа́сность *f*
Elektroskop *n* электроско́п *m*
Elektrosmog *m* электросмо́г *m*
Elektrostahl *m* электроста́ль *f*
Elektrostapler *m* электропогру́зчик *m*
Elektrostatik *f* электроста́тика *f*
elektrostatisch электростати́ческий
Elektrostriktion *f* электростри́кция *f*
Elektrostriktions... электрострикцио́нный
elektrostriktiv электрострикцио́нный
Elektrotechnik *f* электроте́хника *f*
elektrotechnisch электротехни́ческий
Elektrothermie *f* электротерми́я *f*
elektrothermisch электротерми́ческий
Elektrotiefbohrgerät *n* электробу́р *m (Tiefbohrtechnik)*
Elektrotraktion *f (Eb)* электри́ческая тя́га *f*, электротя́га *f*
Elektrotriebzug *m* электропо́езд *m*
Elektrovakuum... электрова́куумный
Elektrovalenz *f (Ph)* электровале́нтность *f*
~/**negative** отрица́тельная вале́нтность *f*
~/**positive** положи́тельная вале́нтность *f*
Elektrovibrator *m* электровибра́тор *m*
Elektrowärme... электротерми́ческий
Elektroweidezaun *m (Lw)* (па́стбищная) электрои́згородь *f*
Elektrowerkzeug *n* электроинструме́нт *m*
Elektrozähler *m s.* Elektrizitätszähler
Elektrozaun *m s.* Elektroweidezaun
Elektrozünder *m* электровзрыва́тель *m*

Element *n* дета́ль *f*; *(Ch, El, Reg)* элеме́нт *m*
~/**analog-digitales** *(Reg)* ана́логоцифрово́й элеме́нт *m*
~/**analoges** *(Reg)* ана́логовый элеме́нт *m*
~/**astatisches** *(Reg)* астати́ческий элеме́нт *m*
~/**chemisches** *(Ch)* (хими́ческий) элеме́нт *m*
~/**digitales** *(Eln)* цифрово́й элеме́нт *m*
~/**diskretes** *(Eln)* дискре́тный элеме́нт *m*
~/**galvanisches** *(El)* гальвани́ческий элеме́нт *m*
~/**induktives** *(El)* индукти́вный элеме́нт *m*
~/**instabiles** *(Kern)* нестаби́льный элеме́нт *m*
~/**kryogenisches** *(Inf)* криоге́нный элеме́нт *m (Tieftemperatur-Speicherelement)*
~/**künstliches radioaktives** иску́сственный радиоакти́вный элеме́нт *m*
~/**logisches** *(Reg)* логи́ческий элеме́нт *m*
~/**optoelektronisches** оптоэлектро́нный элеме́нт *m*
~/**radioaktives** *(Kern)* радиоакти́вный элеме́нт *m*
~/**statisches** *(Reg)* стати́ческий элеме́нт *m*
~/**tragendes** *(Bw)* несу́щий элеме́нт *m*
elementar элемента́рный
Elementar... элемента́рный
Elementarfunktion *f (Math)* элемента́рная фу́нкция *f*
Elementarladung *f (Ph)* элемента́рный заря́д *m*
Elementarschaden *m* стихи́йное бе́дствие *n*
Elementarteilchen *n (Kern)* элемента́рная части́ца *f*
Elementarteilchenphysik *f* фи́зика *f* элемента́рных части́ц
Elementarzelle *f (Krist)* ба́зис *m*, (элемента́рная) яче́йка *f*
Elevator *m (Förd)* элева́тор *m*; но́рия *f*
eliminieren исключа́ть
Eliminieren *n* исключе́ние *n*
Ellipse *f* э́ллипс *m*
ellipsenähnlich эллипсоида́льный

Ellipsenbahn *f* эллипти́ческая орби́та *f*
ellipsenförmig эллипти́ческий
Ellipsenzirkel *m* эллипсо́граф *m*
Ellipsoid *n (Math)* эллипсо́ид *m*
~/**poinsotsches** *(Mech)* эллипсо́ид *m* ине́рции
ellipsoid эллипсоида́льный
elliptisch эллипти́ческий
Elliptizität *f (Math)* эллипти́чность *f*
E-Lok *f s.* Elektrolok
Elongation *f (Astr)* элонга́ция *f*
eloxieren *(Ch, Met)* аноди́ровать
Eloxieren *n (Ch, Met)* аноди́рование *n*
Els-Schweißen *n s.* Elektronenstrahlschweißen
eluieren *(Ch)* вымыва́ть
Eluieren *n s.* Elution
Elution *f (Ch)* вымыва́ние *n*, элюи́рование *n*
Eluvium *n (Geol)* элю́вий *m*
Elysieren *n (Fert)* электрохими́ческая обрабо́тка *f*
E-Mail *f* электро́нная по́чта *f*; систе́ма *f* электро́нной по́чти
Email *n s.* Emaille
Email... эма́левый
Emaille *f* эма́ль *f*; стеклоэма́ль *f*
Emaillefarbe *f* эма́ль *f*
Emaillelackfarbe *f* эма́ль *f*
emaillieren эмалирова́ть
Emaillieren *n* эмалирова́ние *n*
emailliert эмали́рованный
Emaillierung *f* эмалирова́ние *n*
eman *s.* Eman
Eman *n (Kern)* эма́н *m (SI-fremde Einheit der radiologischen Konzentration, z. B. von Quellen)*
Emanation *f (Kern)* эмана́ция *f (radioaktiver Gase)*
Emission *f* излуче́ние *n*, эми́ссия *f*, испуска́ние *n (von Strahlen)*; *(Ökol)* вы́брос *m (von Gasen)*
~/**erzwungene [induzierte]** вы́нужденное излуче́ние *n*
~/**kalte** автоэлектро́нная эми́ссия *f*
~/**photoneninduzierte** *(Kern)* фотоэми́ссия *f*
~/**spontane** спонта́нное излуче́ние *n*
~/**zulässige** *(Ökol)* преде́льно допусти́мый вы́брос *m*
Emissions... эмиссио́нный
Emissionselektrode *f s.* Emitterelektrode
Emissionsspektrum *n (Ph)* спектр *m* испуска́ния, эмиссио́нный спектр *m*
Emissionsstrom *m (Ph)* эмиссио́нный ток *m*
Emitter *m s.* Emitterelektrode
Emitterelektrode *f (Eln)* эми́ттер *m*, эми́ттерный электро́д *m*, электро́д *m* эми́ттера
Emitterstrom *m (Eln)* ток *m* эми́ттера
Emitterübergang *m (Eln)* эми́ттерный перехо́д *m*
emittieren излуча́ть
emittieren испуска́ть *(Strahlen)*
EMK *f s.* Kraft/elektromotorische
E-Modul *m* **(/linearer)** *s.* Elastizitätsmodul
Empfang *m* 1. получе́ние *n*; 2. *(Rf)* приём *m*, радиоприём *m* • **in ~ nehmen** принима́ть
empfangen принима́ть
Empfänger *m* 1. получа́тель *m*; 2. Приёмник *m*; 3. *(Rf)* приёмник *m*, радиоприёмник *m*; 4. реси́вер *m* *(Telegraphie, Fernwirktechnik)*
~/**seismischer** сейсмоприёмник *m*
Empfängerdrehmelder *m (Reg)* сельси́н-приёмник *m*
Empfängerschaltplan *m* радиосхе́ма *f*
Empfängerselsyn *n (Reg)* сельси́н-приёмник *m*
Empfangs... приёмный
Empfangsantenne *f* приёмная анте́нна *f*
Empfangsdipol *m* приёмный дипо́ль *m*
Empfangsgerät *n s.* Empfänger
Empfangskanal *m (Nrt)* кана́л *m* приёма
Empfangsleistung *f (Rf)* принима́емая мо́щность *f*
Empfangsreichweite *f (Rf)* да́льность *f* приёма
Empfangsschaltung *f* приёмная схе́ма *f*
Empfangsstation *f* приёмная ста́нция *f*
empfindlich чувстви́тельный
~/**hoch** высокочувстви́тельный
Empfindlichkeit *f* чувстви́тельность *f*
~/**lichtelektrische [photoelektrische]** фоточувстви́тельность *f*
~/**relative** относи́тельная чувстви́тельность *f*

Empfindlichkeitsgrad *m* сте́пень *m* чувстви́тельности
Empfindlichkeitsschwelle *f* поро́г *m* чувстви́тельности
empirisch эмпири́ческий
Emulation *f (Inf)* эмуля́ция *f*
Emulator *m (Inf)* эмуля́тор *m*
Emulgation *f (Photo)* эмульсифика́ция *f*
Emulgator *m (Ch)* эмульга́тор *m*
Emulgierbarkeit *f (Ch)* эмульги́руемость *f*
Emulgieren *n (Ch)* эмульги́рование *n*
Emulgiermittel *n (Ch)* эмульга́тор *m*
emulgiert эмульги́рованный
Emulsion *f* эму́льсия *f*
~/lichtempfindliche [photographische] фотографи́ческая эму́льсия *f*, фотоэму́льсия *f*
~/wässrige во́дная эму́льсия *f*
Emulsionieren *n (Ch)* эмульги́рование *n*
Emulsionierung *f (Photo)* эмульсифика́ция *f*
Emulsions... эмульсио́нный
Emulsionsentmischer *m (Ch)* деэмульга́тор *m*
enantiomorph *(Krist)* энантиомо́рфный
Enantiomorphie *f (Krist)* опти́ческая изомери́я *f*
Enantiomorphismus *m (Krist)* энантиоморфи́зм *m*
enantiotrop *(Krist)* энантиотро́пный
Enantiotropie *f (Krist)* энантиотропи́я *f*
Encoder *m s.* Decoder
End... концево́й
Endausschalter *m* концево́й выключа́тель *m*
Ende *n* коне́ц *m*
Endeinrichtung *f* оконе́чное устро́йство *n*
Endenabfall *m* обре́зки *mpl (Schrott)*
Endergebnis *n* коне́чный результа́т *m*
Endfestigkeit *f (Bw)* коне́чная про́чность *f (Beton)*
Endgerät *n* оконе́чное устро́йство *n*
Endgerüst *n (Wlz)* чистова́я клеть *f*
Endgeschwindigkeit *f (Mech)* коне́чная ско́рость *f*
Endikon *n (TV)* эндико́н *m*
Endlage *f* коне́чное положе́ние *n*
endlagern *(Ökol)* захора́нивать *(radioaktive Abfälle)*
Endlagerung *f (Ökol)* захороне́ние *n*
~ radioaktiver Abfälle (оконча́тельное) захороне́ние *n* радиоакти́вных отхо́дов
~/unterirdische подзе́мное захороне́ние *n*
endlich коне́чный
endlos *(Math)* бесконе́чный *(Kette, Fließband)*
Endmaß *n* оконча́тельный разме́р *m*, концева́я ме́ра *f* длины́
Endmuffe *f* концева́я му́фта *f (Seilbefestigung)*
endogen эндоге́нный
Endosmose *f (Ph)* эндосмо́с *m*
endotherm эндотерми́ческий
Endschalter *m* 1. концево́й выключа́тель *m*; 2. ограничи́тель *m* хо́да
Endstellung *f* коне́чное положе́ние *n*
Endstück *n* наконе́чник *m*
Endstufe *f* 1. *(Rak)* после́дняя ступе́нь *f*; 2. *(Rf)* выходно́й [оконе́чный] каска́д *m*
Endvakuum *n* преде́льный ва́куум *m*
Endverschluss *m* концева́я му́фта *f (eines Kabels)*
Endverstärker *m (El)* оконе́чный усили́тель *m*
Endzustand *m* коне́чное состоя́ние *n*
Energetik *f* энерге́тика *f*
energetisch энергети́ческий
Energie *f* эне́ргия *f*
~/chemische хими́ческая эне́ргия *f*
~ der Lage *(Mech)* потенциа́льная эне́ргия *f*
~/elektrische электри́ческая эне́ргия *f*
~/freie *(Therm)* свобо́дная эне́ргия *f*
~/hydroelektrische гидроэлектри́ческая эне́ргия *f*, гидроэлектроэне́ргия *f*
~/innere *(Therm)* вну́тренняя эне́ргия *f*
~/kinetische *(Mech)* кинети́ческая эне́ргия *f*
~/mechanische механи́ческая эне́ргия *f*
~/potentielle *(Mech)* потенциа́льная эне́ргия *f*
~/spezifische уде́льная эне́ргия *f*
~/thermonukleare термоя́дерная эне́ргия *f*
~/zugeführte подводи́мая эне́ргия *f*
Energie... энергети́ческий

Energieabgabe *f* выделе́ние *n* эне́ргии, энергоотда́ча *f*
energieabhängig энергозави́симый
Energieanlage *f* энергети́ческая устано́вка *f*
Energieäquivalent *n* эквивале́нт *m* эне́ргии
Energieaufwand *m* затра́та *f* эне́ргии
Energieausbeute *f* вы́ход *m* по эне́ргии
Energieaustausch *m* энергообме́н *m*
Energieband *n (Halbl)* полоса́ *f*
Energiebarriere *f (Halbl)* энергети́ческий барье́р *m*
Energiebedarf *m* 1. потре́бность *f* в эне́ргии; 2. энергоёмкость *f (eines Geräts)*
Energiebilanz *f* энергети́ческий бала́нс *m*, энергобала́нс *m*
Energieerhaltungssatz *m (Ph)* зако́н *m* сохране́ния эне́ргии
Energiefluss *m (El)* мо́щность *f (in Watt)*
Energiefreisetzung *f* выделе́ние *n* эне́ргии, энерговыделе́ние *n*
Energiegehalt *m* 1. энергоёмкость *f*; 2. калори́йность *f (eines Nahrungsmittels)*
Energiehaushalt *m* энергети́ческий бала́нс *m*
Energieinhalt *m* калори́йность *f (eines Nahrungsmittels)*
Energieintensität *f* энергоёмкость *f*
energieintensiv энергоёмкий
Energiemaschinenbau *m* энергомашинострое́ние *n*
Energienetz *n* энергосе́ть *f*
Energieniveau *n* энергети́ческий у́ровень *m (Laser)*
Energiequant *n (Ph)* квант *m* эне́ргии
Energiequelle *f* исто́чник *m* эне́ргии
energiereich 1. бога́тый эне́ргией; 2. калори́йный *(Nahrungsmittel)*
Energiereserve *f* запа́с *m* эне́ргии
Energiereserven *fpl* энергоресу́рсы *mpl*
Energieressourcen *pl* энергоресу́рсы *mpl*
Energiesatz *m (Ph)* зако́н *m* сохране́ния эне́ргии
Energieschalter *m* силово́й выключа́тель *m*
Energieschwelle *f (Halbl)* энергети́ческий барье́р *m*
Energieschwellenwert *m s.* Grenzenergie
Energiespektrum *n (Ph)* энергети́ческий спектр *m*
Energiesystem *n* энергети́ческая систе́ма *f*, энергосисте́ма *f*
~/**regionales** райо́нная энергосисте́ма *f*
Energietechnik *f* энерге́тика *f*
~/**elektrische** электроэнерге́тика *f*
Energieträger *m* энергоноси́тель *m*
Energietransport *m* перено́с *m* эне́ргии
Energieübertragung *f* энергопереда́ча *f*
~/**elektrische** электропереда́ча *f*
Energieumsatz *m* энергообме́н *m*
Energieumsetzung *f* преобразова́ние *n* эне́ргии
energieunabhängig энергонезави́симый
Energieverbrauch *m* энергопотребле́ние *n*
Energieverbundsystem *n* (объединённая) энергосисте́ма *f*
~/**regionales** райо́нная энергосисте́ма *f*
Energievernichtung *f s.* Dissipation
Energieversorgung *f* энергоснабже́ние *n*
~/**elektrische** электроснабже́ние *n*
Energieversorgungseinheit *f (En)* блок *m* пита́ния
Energieversorgungsleitung *f (El)* фи́дер *m*
Energieversorgungsnetz *n* энергосе́ть *f*
Energieversorgungssystem *n* энергосисте́ма *f*
Energieversorgungsteil *m (En)* блок *m* пита́ния
Energieverteilung *f*/**spektrale** *(Ph)* спектра́льная пло́тность *f*
Energievorrat *m* запа́с *m* эне́ргии
Energiewesen *n* энерге́тика *f*
Energiewirtschaft *f* энергети́ческое хозя́йство *n*, энергохозя́йство *n*
Energiezufuhr *f* пода́ча *f* [подво́д *m*] эне́ргии
Energiezuführung *f s.* Energiezufuhr

eng у́зкий
Engdrillmaschine *f (Lw)* узкоря́дная се́ялка *f*
Enghalsflasche *f (Ch)* узкого́рлая скля́нка *f*
enghalsig узкого́рлый *(Flaschen)*
engporig мелкопо́ристый
Entaktivierung *f (Kern)* дезактива́ция *f*
entartet вырожденный
Entartung *f* вырожде́ние *n*
Entaschen *n* золоудале́ние *n*
Entaschung *f* золоудале́ние *n*
~/pneumatische пневмозолоудале́ние *n*
Entästungsmaschine *f (Forst)* сучкоре́зка *f*
Entbasten *n* отва́рка *f (Seide)*
Entbenzinierung *f* отбензи́нивание *n* *(Naturgas)*
entbinden *(Ch)* выделя́ть *(Gase)*
Entblocken *n s.* Entblockung
Entblockung *f (Eb)* деблокиро́вка *f*, размыка́ние *n (der Strecke)*
Entbündelung *f (Opt)* дефокусиро́вка *f*
Entchloren *n (Ch)* дехлори́рование *n*
Entchlorung *f (Ch)* дехлори́рование *n*
Entdecken *n* обнаруже́ние *n*; откры́тие *n*
Enteiser *m* антиобледени́тель *m*, противообледени́тель *m (an Flugzeugen)*
Enteisungs... антиобледени́тельный
Enteisungsanlage *f s.* Enteiser
Enteisungsgerät *n s.* Enteiser
Enteisungsmittel *n* противообледени́тель *m*, антифри́з *m*
Entemulsionieren *n (Ch)* деэмульги́рование *n*
Entfaltung *f* разворо́т *m*
Entfärben *n* обесцве́чивание *n*
entfernen удаля́ть; извлека́ть; снима́ть
Entfernen *n* удале́ние *n*; извлече́ние *n*; сня́тие *n*; устране́ние *n*; выведе́ние *n (Flecken)*
entfernt удалённый
Entfernung *f* 1. расстоя́ние *n*, дistáнция *f*, да́льность *f*; 2. *s.* Entfernen
Entfernungsmesser *m* (опти́ческий) дальноме́р *m*
~/akustischer акусти́ческий дальноме́р *m*
~/lichtoptischer светодальноме́р *m*
~/optischer опти́ческий дальноме́р *m*
~/stereoskopischer стереоскопи́ческий дальноме́р *m*
Entfernungsmessinstrument *n s.* Entfernungsmesser
Entfernungsmessung *f* дальнометри́я *f*
Entfestigen *n (Wkst)* разупрочне́ние *n* *(durch Glühen)*
entfeuchten высу́шивать
Entfeuchten *n* высу́шивание *n*
entflammbar воспламеня́емый, возгора́емый
Entflammbarkeit *f* воспламеня́емость *f*, возгора́емость *f*
entflammen воспламеня́ть
Entflammen *n* воспламене́ние *n*
Entflammung *f s.* Entflammen
Entflammungstemperatur *f* температу́ра *f* воспламене́ния
Entflechtung *f (El)* развя́зка *f (Verkehr)*
entfleischen *(Led)* мездри́ть
Entfleischen *n (Led)* мездре́ние *n*
entgasen дегази́ровать
Entgasen *n* дегаза́ция *f*; деаэра́ция *f*
Entgaser *m* дегаза́тор *m*; деаэра́тор *m*
Entgasung *f* дегаза́ция *f*; деаэра́ция *f*; *(Ch)* карбониза́ция *f (von Kohle)*
entgegengerichtet разноимённый
entgegengesetzt противополо́жный; обра́тный
entgegennehmen принима́ть
entgegenschalten *(El)* включа́ть встре́чно
entgegenwirken противоде́йствовать
entgiften *(Mil)* дегази́ровать
Entgiftung *f (Mil)* дегаза́ция *f*; обезвра́живание *n*
Entgiftungsgerät *n (Mil)* дегаза́тор *m*
Entgiftungsmittel *n* 1. *s.* Entgiftungsgerät; 2. *(Mil)* дегази́рующее вещество́ *n*
Entglasung *f* 1. расстеклова́ние *n*; 2. *(Geol)* девитрифика́ция *f*
entgraten *(Fert)* снима́ть зау́сенец, защища́ть; обреза́ть облó́й [грат]
Entgraten *n (Fert)* сня́тие *n* заусе́нцев, зачи́стка *f*, обре́зка *f* обло́я [гра́та]
Entgratepresse *f* обрезно́й пресс *m*
Enthalpie *f (Therm)* энтальпи́я *f*, теплова́я фу́нкция *f*, теплосодержа́ние *n*
~/freie *s.* Gibbs-Funktion

enthalten содержа́ть
enthaltend содержа́щий
enthärten смягча́ть *(Wasser)*
Enthärten *n* умягче́ние *n*, смягче́ние *n* *(von Wasser)*
Enthärter *m* умягчи́тель *m*
Enthärtung *f s.* Enthärten
Enthärtungsmittel *n* умягчи́тель *m*
Entharzen *n* обессмо́ливание *n*
enthülsen лущи́ть
Enthülsen *n* шелуше́ние *n*; луще́ние *n*
entionisieren *(Kern)* деионизи́ровать
Entionisierung *f (Kern)* деиониза́ция *f*
entkeimt стерилизо́ванный
Entkeimung *f* стерилиза́ция *f*
Entkellern *n (Inf)* извлече́ние *n* из сте́ка
Entkernungsmaschine *f* волокноотдели́тель *m*, джин *m (Baumwollentkörnung)*
entkohlen декарбонизи́ровать
Entkohlung *f* декарбониза́ция *f*
Entkonservierung *f* расконсерва́ция *f*
entkoppeln расстыкова́ть
Entkoppeln *n* расстыко́вка *f*
Entkopplung *f* 1. *(El)* развя́зка *f*; 2. *s.* Entkoppeln
~/galvanische *(El)* гальвани́ческая развя́зка *f*
entkörnen *(Text)* джини́ровать
entkuppeln *(Masch)* расцепля́ть, разъединя́ть
Entkuppeln *n (Masch)* расцепле́ние *n*, разъедине́ние *n*
Entlade... 1. разгру́зочный; 2. *(El)* разря́дный
Entladebunker *m* приёмный бу́нкер *m*
Entladegerät *n (Förd)* разгру́зчик *m*
Entlademaschine *f (Förd)* разгру́зочная маши́на *f*
entladen 1. выгружа́ть, разгружа́ть *(Fahrzeuge)*; 2. *(El)* разряжа́ть *(Überspannungen ableiten)*; 3. разряжа́ть *(Waffen)*
Entladen *n s.* Entladung
entladend/selbst саморазгружа́ющийся *(Fahrzeuge)*
Entlader *m* выгружа́тель *m*, разгру́зчик *m*; разгру́зочная маши́на *f*; разгру́зочное устро́йство *n*
Entladerinne *f* разгру́зочный жёлоб *m*
Entladeschurre *f* разгру́зочный жёлоб *m*
Entladestrom *m (El)* разря́дный ток *m*
Entladevorrichtung *f s.* Entlader
Entladung *f* 1. вы́грузка *f*, разгру́зка *f* *(von Fahrzeugen)*; 2. *(El)* разря́д *m*
~/atmosphärische атмосфе́рный разря́д *f*
~/elektrische электри́ческий разря́д *f*
~/stille *(El)* ти́хий разря́д *f*
Entladungs... *(El)* разря́дный
Entladungskammer *f (El)* разря́дная ка́мера *f*
Entladungslampe *f* газоразря́дная ла́мпа *f*
Entladungsraum *m (El)* разря́дник *m*
Entladungsröhre *f* газоразря́дная тру́бка *f*
Entladungsstrecke *f (El)* разря́дный промежу́ток *m*
entlasten разгружа́ть
Entlastung *f* разгру́зка *f*
Entlastungs... разгру́зочный
Entlastungsüberfall *m (Hydt)* водосли́в *m*, водосбро́с *m (einer Talsperre)*
Entlaubungsmittel *n* дефолиа́нт *m*
entleeren опорожня́ть; выгружа́ть, разгружа́ть *(z. B. Gefäße)*
Entleeren *n* опорожне́ние *n*; вы́грузка *f*, разгру́зка *f (z. B. von Gefäßen)*
Entleerung *f s.* Entleeren
Entleerungs... разгру́зочный
Entleerungshahn *m* сливно́й кран *m*
Entlüften *n* деаэра́ция *f*
Entlüfter *m* 1. деаэра́тор *m*; 2. вытяжно́й вентиля́тор *m*; 3. *(Bw)* вы́тяжка *f*; 4. *(Kfz)* сапу́н *m (am Kurbelgehäuse)*
Entlüfterstutzen *m (Kfz)* сапу́н *m (am Kurbelgehäuse)*
Entlüftung *f* деаэра́ция *f*
Entlüftungshahn *m* возду́шный кран *m*
Entlüftungsrohr *n* 1. вентиляцио́нная труба́ *f*; 2. выхлопна́я труба́ *f (von Transformatoren)*
Entlüftungsschacht *m (Bw)* вентиляцио́нная ша́хта *f*
Entlüftungsventil *n* ванту́з *m (Sanitärtechnik)*
entmagnetisieren *(El)* размагни́чивать
Entmagnetisierung *f (El)* размагни́чивание *n*
entmischen *(Ch)* разделя́ть; *(Ph)* рассла́ивать *(binäre Systeme)*; *(Met)* зейгерова́ть

Entnahme *f* 1. отбóр *m (von Dampf)*; 2. взя́тие *n*, отбóр *m*, забóр *m (von Proben)*; забóр *m (von Wasser)*
Entnahmebauwerk *n* водозабóрное сооружéние *n*
Entnahmegerät *n* пробоотбóрник *m (für Proben)*
Entnahmekanal *m (Hydt)* водозабóрный канáл *m*
Entnahmerohr *n* забóрная трубá *f*
Entnahmestelle *f* отбóр *m*
Entnahmeturbine *f* турби́на *f* с отбóром пáра
entnehmen 1. отбирáть *(Wasser, Dampf)*; брать *(Proben)*
entnieten расклёпывать
Entnieten *n* расклёпка *f*
Entpalettierer *n (Förd)* штабелеразбóрщик *m*
Entparaffinierung *f (Erdöl)* депарафинизáция *f*
Entphosphoren *n (Met)* обесфосфóривание *n*
Entphosphorung *f (Met)* дефосфорáция *f (z. B. von Stahl)*
Entrahmung *f (Lebm)* сепарáция *f (von Milch)*
entregen *(El)* развозбуждáть
Entriegeln *n (Masch)* расцеплéние *n (Gesperre)*
Entriegelung *f (Eb)* деблокирóвка *f (der Strecke)*
Entrinden *n (Forst)* обди́рка *f*
Entrindungsmaschine *f (Pap)* корообди́рка *f*
Entrollen *n (Wlz)* развёртывание *n (z. B. Haspeln an der Drahtstraße)*
Entropie *f (Therm)* энтропи́я *f*
Entropie... энтропи́йный
Entropie-Diagramm *n s.* Temperatur-Entropie-Diagramm
Entsafter *m* соковыжимáлка *f*
Entsalzen *n* обессóливание *n*; опреснéние *n (des Wassers)*
Entsalzung *f s.* Entsalzen
Entschalung *f (Bw)* распáлубка *f*
entschärfen *(El)* разряжáть *(Geschosse, Bomben)*
Entschäumer *m* пеногася́щее срéдство *n*
Entscheidung *f* решéние *n*
Entscheidungsgehalt *m (Kyb)* суть *f* [содержáние *n*] решéния
Entscheidungsinhalt *m s.* Entscheidungsgehalt
Entschlackung *f (Met)* шлакоудалéние *n*
Entschlichten *n (Text)* расшлихтóвка *f*
Entschlichtung *f (Text)* расшлихтóвка *f*
entschlüsseln декоди́ровать
Entschlüsseln *n* декоди́рование *n*, дешифри́рование *n*, дешифрóвка *f*
Entschlüsselung *f s.* Entschlüsseln
Entschlüssler *m s.* Decodierer
Entschwefeln *n s.* Entschwefelung
Entschwefelung *f (Ch)* десульфурáция *f*; *(Met)* обессéривание *n*
entsintern *(Wlz)* зачищáть
Entsintern *n (Wlz)* зачи́стка *f*
Entsorgung *f (Ökol)* устранéние [удалéние] *n* отхóдов
Entsorgungsfahrzeug *n* мусоровóз *m*
entspannen 1. *(Fert)* разжимáть, расцепля́ть *(Werkstücke)*; 2. снимáть [уменьшáть] давлéние *(Dampf)*; 3. отжигáть *(Glas)*
Entspannen *n* 1. *(Fert)* разжи́м *m*, раскреплéние *n (Werkstücke)*; 2. *(Mech)* сня́тие *n* напряжéния; 3. *(Glas)* óтжиг *m*
Entspannung *f s.* Entspannen
entspannungsglühen *(Härt)* отпускáть
Entspannungsglühen *n (Härt)* óтпуск *m*
Entspannungstemperatur *f (Glas)* температýра *f* óтжига
Entspiegelung *f (Opt)* просветлéние *n*
Entsprechen *n* соответ́ствие *n*
Entstauben *n* обеспы́ливание *n*, пылеулáвливание *n*
Entstauber *m* пылеулови́тель *m*
entstehen возникáть
Entstehen *n* возникновéние *n*
Entstehung *f* возникновéние *n*
Entstörkondensator *m (Kfz)* помехоподавля́ющий конденсáтор *m*
Entstörung *f (Rf, Nrt)* подавлéние [устранéние] *n* помéх
entwässern обезвóживать; осушáть; дрени́ровать
entwässert обезвóженный
Entwässerung *f* 1. *s.* Entwässern; 2. *(Hydt)* водоотвóд *m*; канализáция *f*; дренáж *m*

Entwässerungsanlage *f* осуши́тельная устано́вка *f*
Entwässerungsbohrloch *n (Bgb)* дрена́жная сква́жина *f*
Entwässerungsgraben *m* (водо)отво́дная кана́ва *f*, осуши́тельная кана́ва *f*
Entwässerungskanal *m (Hydt)* осуши́тельный кана́л *m*
Entwässerungsnetz *n* осуши́тельная сеть *f*; канализацио́нная сеть *f*
Entwässerungspumpe *f (Bgb)* водоотливно́й насо́с *m*
Entwässerungsrohr *n* дрена́жная [канализацио́нная] труба́ *f*
Entwässerungsstollen *m (Bgb)* водоотливна́я што́льня *f*
Entwässerungsstrecke *f (Bgb)* водоотливно́й штрек *m*
entweichen улету́чиваться
Entweichen *n* улету́чивание *n*
Entweichungsgeschwindigkeit *f (Raumf)* втора́я косми́ческая ско́рость *f*
entwerfen конструи́ровать
Entwerfen *n* конструи́рование *n*
entwickeln 1. *(Photo)* проявля́ть; 2. разраба́тывать *(Konstruktionen)*; 3. выделя́ть *(Gase)*
Entwickeln *n* 1. *(Photo)* проявле́ние *n*; 2. разрабо́тка *f*; 3. выделе́ние *n (Gase)*
Entwickler *m (Photo)* прояви́тель *m*
Entwicklerschale *f (Photo)* кюве́та *f*
Entwicklung *f* 1. разви́тие *n*; 2. *(Math)* разложе́ние *n*; 3. *s.* Entwickeln
Entwicklungsdose *f (Photo)* проя́вочный бачо́к *m*
Entwicklungsland *n* развива́ющаяся страна́ *f*
Entwicklungsmaschine *f (Photo)* проя́вочная маши́на *f (für Filme)*
Entwicklungsphase *f* фа́за *f* разви́тия
Entwicklungsstufe *f* фа́за *f* разви́тия
Entwicklungstank *m (Photo)* проя́вочный бачо́к *m*
Entwurf *m* 1. прое́кт *m*; 2. проекти́рование *n*; 3. эски́з *m*
~/computergestützter [computerunterstützter] автоматизи́рованное проекти́рование *n*
~/echter *(Kart)* перспекти́вная прое́кция *f*
~/flächentreuer *(Kart)* равновели́кая прое́кция *f*
~/konformer *(Kart)* равноуго́льная прое́кция *f*
~/perspektivischer *(Kart)* перспекти́вная прое́кция *f*
~/polykonischer *(Kart)* поликони́ческая прое́кция *f*
~/rechnergestützter [rechnerunterstützter] автоматизи́рованное проекти́рование *n*
~/topologischer *(Eln)* топологи́ческое проекти́рование *n (elektronischer Schaltungen)*
~/wahrer *s.* ~/echter
~/winkeltreuer *(Kart)* равноуго́льная прое́кция *f*
Entwurfs... прое́ктный
Entwurfswerte *mpl* расчётные да́нные *pl*
entzerren 1. *(El)* корректи́ровать; компенси́ровать; 2. *(Photo)* трансформи́ровать
Entzerrer *m (El)* корре́ктор *m*; компенса́тор *m* искаже́ний; регенера́тор *m*; вырáвниватель *m*
Entzerrung *f* 1. *(El)* корре́кция *f*; компенса́ция *f*; 2. *(Photo)* трансформа́ция *f*
Entzerrungsgerät *n (Photo)* трансформа́тор *m*
entziehen удаля́ть
~/Wasser обезво́живать
Entzug *m* удале́ние *n*
entzündbar воспламеня́емый; возгора́емый
Entzündbarkeit *f* воспламеня́емость *f*; возгора́емость *f*
entzünden воспламеня́ть; разжига́ть
Entzünden *n s.* Entzündung
entzundern *(Met, Wlz)* удаля́ть ока́лину
Entzundern *n (Met, Wlz)* удале́ние *n* ока́лину
Entzunderung *f s.* Entzundern
Entzunderungsmaschine *f (Met)* окалинолома́тель *m*
entzündlich/leicht легковоспламеня́ющийся
Entzündung *f* 1. воспламене́ние *n*; возгора́ние *n*; загора́ние *n*
Entzündungstemperatur *f* температу́ра *f* воспламене́ния

Enveloppe *f (Math)* огибáющая *f*
Enzym *n (Ch)* фермéнт *m*
Epidiaskop *n (Opt)* эпидиаскóп *m*
Episkop *n (Opt)* эпискóп *m*
epitaktisch *(Krist)* эпитаксиáльный
epitaxial *(Krist)* эпитаксиáльный
Epitaxie *f (Krist)* эпитаксúя *f*
~ **aus der Dampfphase** парофáзная эпитаксúя *f*
~ **aus der Gasphase** газофáзная эпитаксúя *f*
epithermisch *(Kern)* надтепловóй
Epitrochoide *f (Math)* эпитрохóида *f*
Epizentrum *n (Geoph)* эпицéнтр *m*
Epizykloide *f (Math)* эпициклóида *f*
Epoche *f (Geol)* эпóха *f*
Epoxidharz *n* эпоксúдная [этоксилúновая] смолá *f*
EPROM *m s.* Festwertspeicher/elektrisch programmierbarer
Equalizer *m (Eln)* эквалáйзер *m*
Er *s.* Erbium
Erbium *n (Ch)* э́рбий *m*, Er
erblasen *(Met)* дуть
Erd... 1. земнóй; 2. *(El)* заземля́ющий
Erdalkali... *(Ch)* щёлочноземéльный
Erdalkalimetall *n* щёлочноземéльный metáлл *m*
erdalkalisch *(Ch)* щёлочноземéльный
Erdaltertum *n (Geol)* палеозóйская э́ра *f*
Erdanziehung *f (Geoph)* земнóе притяжéние *n*
Erdarbeiten *fpl* землянúе рабóты *fpl*
Erdatmosphäre *f (Geoph)* атмосфéра *f* Землú
Erdbeben *n* землетрясéние *n*
Erdbeben... сейсмúческий
Erdbebenaktivität *f* сейсмúчность *f*
erdbebenfest сейсмостóйкий
Erdbebenfestigkeit *f* сейсмостóйкость *f*
Erdbebenforschung *f* сейсмолóгия *f*
Erdbebenmesser *m* сейсмóметр *m*
Erdbebenprognose *f* прогнóз *m* землетрясéний
erdbebensicher сейсмостóйкий; антисейсмúческий
Erdbebensicherheit *f* сейсмостóйкость *f*
Erdbebenwarte *f* сейсмúческая стáнция *f*
Erdbebenwelle *f (Geoph)* сейсмúческая волнá *f*
Erdbebenzone *f (Geoph)* сейсмúческая зóна *f*
Erdbeschleunigung *f (Mech)* ускорéние *n* свобóдного падéния
Erdbeton *m* грунтобетóн *m*
Erdboden *m* пóчва *f*; грунт *m*; землá *f* • **über dem** ~ над у́ровнем землú
Erdboden... пóчвенный
Erde *f* 1. *(Astr)* Землá *f*; 2. *(El)* землá *f*
Erdelektrode *f (El)* заземлúтель *m*
erden *(El)* заземлáть
Erden *n (El)* заземлéние *n*
Erden *fpl*/**seltene** *(Ch)* рéдкие зéмлú *fpl*
Erder *m (El)* заземлúтель *m*
Erdfall *m (Geol)* провáл *m*
Erdferne *f (Astr)* апогéй *m*
Erdgas *n* прирóдный газ *m*; нефтегáз *m (aus Erdölvorkommen)*
Erdgasfernleitung *f* магистрáльный газопровóд *m*
Erdgasvorkommen *n (Geol)* гáзовое месторождéние *n*
erdgebunden назéмный
Erdgeschoss *n* пéрвый этáж *m*
Erdgezeiten *pl* земнúе прилúвы *pl*
Erdinneres *n* нéдра *pl* Землú
Erdkabel *n* подзéмный кáбель *m*
Erdkern *m* ядрó *n* Землú
Erdklemme *f s.* Erdungsklemme
Erdkruste *f (Geol)* литосфéра *f*, земнáя корá *f*
Erdkugel *f* земнóй шар *m*
Erdleiter *m (El)* заземля́ющий прóвод *m*
Erdleitung *f (El, Nrt)* подзéмная лúния *f*
Erdmagnetismus *m* геомагнетúзм *m*, земнóй магнетúзм *m*
Erdmittelalter *n* мезозóйская э́ра *f*
erdnah околозéмный *(Umlaufbahn)*
Erdnähe *f (Astr)* перигéй *m*
Erdöl *n* нефть *f*
~/**raffiniertes** очúщенная нефть *f*
erdöl- und erdgasführend *(Geol)* нефтегазонóсный *(Schichten)*
Erdöl- und Erdgasleitung *f* нефтегазопровóд *m*
Erdöl- und Gasindustrie *f* нефтегáзовая промы́шленность *f*

Erdöl... нефтяно́й
Erdölausbruch *m* нефтяно́й фонта́н *m*
Erdölbehälter *m* нефтехрани́лище *n*
erdölbeständig нефтесто́йкий
Erdölbitumen *n* нефтяно́й биту́м *m*
Erdölbohrloch *n* нефтяна́я сква́жина *f*
Erdölchemie *f* нефтяна́я хи́мия *f*
Erdöldestillat *n* нефтяно́й пого́н *m*
Erdöldestillation *f* нефтеперего́нка *f*
Erdölemulsion *f* нефтяна́я эму́льсия *f*
Erdölerkundung *f* нефтеразве́дка *f*, нефтяна́я разве́дка *f*
Erdölfeld *n* нефтепро́мысел *m*, нефтяно́й про́мысел *m*
Erdölförderbetrieb *m s.* Erdölfeld
Erdölförderung *f* нефтедобы́ча *f*
Erdölfraktion *f (Ch)* нефтяна́я фра́кция *f*
erdölführend *(Geol)* нефтено́сный; нефтяно́й
Erdölgas *n* нефтяно́й газ *m*
~/benzinhaltiges попу́тный газ *m*
Erdölgewinnung *f* нефтедобы́ча *f*
Erdölhafen *m* нефтяно́й порт *m*
erdölhaltig нефтяно́й
Erdölindustrie *f* нефтяна́я промы́шленность *f*
Erdöllagerstätte *f* нефтяно́е месторожде́ние *n*
Erdölleitung *f* нефтепрово́д *m*
Erdölprodukt *n* нефтепроду́кт *m*
Erdölraffinerie *f* нефтезаво́д *m*, нефтеперераба́тывающий заво́д *m*
Erdölsonde *f* нефтяна́я сква́жина *f*
Erdöltank *m* нефтехрани́лище *n*
Erdöltanker *m* нефтево́з *m*
Erdölverarbeitung *f* нефтеперерабо́тка *f*
Erdölverarbeitungswerk *n s.* Erdölraffinerie
Erdölvorkommen *n (Geol)* нефтяно́е месторожде́ние *n*
Erdplanum *n (Eb)* земляно́е полотно́ *n*
Erdpotential *n (El)* потенциа́л *m* Земли́
Erdpunkt *m (El)* то́чка *f* заземле́ния
Erdrotation *f (Geoph)* враще́ние *n* Земли́
Erdrutsch *m (Geol, Bgb)* о́ползень *m*
Erdsatellit *m (Astr)* спу́тник *m* Земли́
~/künstlicher иску́сственный спу́тник *m* Земли́
Erdschatten *m (Astr)* тень Земли́
Erdschluss *m (El)* замыка́ние *n* на зе́млю
Erdschluss(drossel)spule *f (El)* дугогася́щая [дугогаси́тельная] кату́шка *f*
Erdschlussstrom *m (El)* ток *m* заземле́ния
Erdstrahlung *f (Geoph)* земно́е излуче́ние *n*
Erdung *f (El)* заземле́ние *n*
Erdungs... *(El)* заземля́ющий
Erdungsklemme *f (El)* зажи́м *m* заземле́ния, заземля́ющий зажи́м *m*
Erdungsleiter *m* заземля́ющий про́вод *m*
Erdungspunkt *m (El)* то́чка *f* заземле́ния
Erdungsschalter *m (El)* заземля́ющий выключа́тель *m*
Erdungsschiene *f (El)* заземля́ющая ши́на *f*
Erdwärmekraftwerk *n* геотерма́льная электроста́нция *f*
Ereignis *n* 1. собы́тие *n*; явле́ние *n*; акт *m*; 2. *(Kern)* слу́чай *m*; 3. *(Ph)* мирова́я то́чка *f (Relativitätstheorie)*
~/stochastisches [zufälliges] *(Math)* случа́йное собы́тие *n*
Erfahrung *f* о́пыт *m*
erfahrungsmäßig эмпири́ческий
Erfahrungswert *m* эмпири́ческое значе́ние *n*
Erfassen *n s.* Erfassung
Erfassung *f* 1. *(Inf)* сбор *m (von Daten)*; 2. *(Rad)* обнаруже́ние *n (von Zielen)*
erfinden изобрета́ть
Erfindung *f* изобрете́ние *n*
Erfindungswesen *n* изобрета́тельство *n*
Erforschung *f* иссле́дование *n*; изыска́ние *n*
erg *s.* Erg
Erg *n (Ph)* эрг *m (SI-fremde Einheit für Arbeit, Energie, Wärmeenergie; = 10^{-7} Joule)*
ergänzend доба́вочный
Ergänzung *f* дополне́ние *n*, добавле́ние *n*, пополне́ние *n*
Ergebnis *n* результа́т *m*
Ergibtanweisung *f (Inf)* присва́ивающее выраже́ние *n*; опера́тор *m* присва́ивания

Ergibtzeichen *n (Math)* си́мвол [знак] *m* присвое́ния
Ergiebigkeit *f (Hydt)* деби́т *m*, водоно́сность *f (einer Quelle)*; интенси́вность *f*
Ergiebigkeitskurve *f (Erdöl)* дебитогра́мма *f*
Ergiebigkeitsmesser *m (Erdöl)* дебитоме́р *m*
ergodisch эргоди́ческий
Ergograph *m (Med)* эрго́граф *m*
Ergometer *n (Med)* эрго́метр *m*
Ergometrie *f (Med)* эргометри́я *f*
Ergonomik *f* эргоно́мика *f*
ergreifen захва́тывать
Erguss *m (Geol)* изверже́ние *n*
erhaben вы́пуклый
Erhabenheit *f* вы́пуклость *f*
Erhaltung *f* сохране́ние *n*
~ **der Energie** *(Ph)* сохране́ние *n* эне́ргии
~ **der Masse** *(Ph)* сохране́ние *n* ма́ссы
Erhaltungsgesetz *n s.* Erhaltungssatz
Erhaltungssatz *m (Ph)* зако́н *m* сохране́ния
~ **der Ladung** *(El)* зако́н *m* сохране́ния заря́да
erhärten тверде́ть, затвердева́ть
Erhärten *n* тверде́ние *n*, затвердева́ние *n*, отвердева́ние *n*
erhärtend/schnell *(Bw)* быстротверде́ющий *(Zement)*
Erhärtung *f s.* Erhärten
Erhebung *f* 1. возвыше́ние *n*; обсле́дование *n (Statistik)*
erhitzen раскаля́ть, нагрева́ть
Erhitzen *n* нагре́в *m*, нагрева́ние *n*, разогрева́ние *n*; подогре́в *m*
Erhöhung *f* повыше́ние *n*; возвыше́ние *n*
Erholung *f (Krist, Met)* о́тдых *m*; *(Eln)* восстановле́ние *n*
Erhol(ungs)zeit *f (Eln)* вре́мя *n* восстановле́ния
erkalten остыва́ть
Erkalten *n* остыва́ние *f*
Erkennen *n s.* Erkennung
Erkennung *f (Rad, Inf)* 1. опознава́ние *n*; распознава́ние *n*
Erkrankung *f* боле́знь *f*
erkundet *(Geol, Bgb)* разве́данный
Erkundung *f (Geol, Bgb)* разве́дка *f*; изыска́ние *n*
~/geophysikalische геофизи́ческая разве́дка *f*
~/seismische *(Geoph)* сейсми́ческая разве́дка *f*, сейсморазве́дка *f*
Erkundungs... *(Geol, Bgb)* разве́дочный
Erkundungsarbeiten *fpl* **/geologische** геологоразве́дочные рабо́ты *fpl*
Erkundungsbohren *n (Bgb)* разве́дочное буре́ние *n*
Erkundungsbohrung *f(Bgb)* 1. *s.* Erkundungsbohren; 2. разве́дочная сква́жина *f*
Erkundungsgeophysik *f* разве́дочная геофи́зика *f*
Erkundungsmethode *f* **/geoelektrische** электроразве́дка *f*
Erkundungsstollen *m (Bgb)* разве́дочная што́льня *f*
Erkundungsstrecke *f (Bgb)* разве́дочный штрек *m*
Erl *s.* Erlang
Erlang *n (Nrt)* эрла́нг *m (SI-fremde Einheit des Verkehrswertes)*
Erlaubnis *f* разреше́ние *n*
erlaubt разрешённый
Erleichterung *f* облегче́ние *n*
Erlenmeyer-Kolben *m (Ch)* кони́ческая ко́лба *f*
erlöschen потуха́ть, (по)га́снуть
Erlöschen *n* погаса́ние *n*; потуха́ние *n*
Ermäßigung *f* сниже́ние *n (z. B. von Gebühren)*
Ermittlung *f* определе́ние *n*
Ermüdung *f* 1. утомле́ние *n*; 2. уста́лость *f (von Werkstoffen)*
Ermüdungs... уста́лостный
Ermüdungsbruch *m (Wkst)* уста́лостное разруше́ние *n*
Ermüdungsriss *m (Wkst)* уста́лостная тре́щина *f*
Erneuerung *f* обновле́ние *n*; возобновле́ние *n*
erniedrigen понижа́ть
Ernte *f (Lw)* 1. урожа́й *m*; 2. убо́рка *f*
Erntemaschine *f (Lw)* убо́рочная маши́на *f*
ernten *(Lw)* убира́ть
Ernten *n* убо́рка *f*
Erntetechnik *f* убо́рочная те́хника *f*

erodieren *(Geol)* эроди́ровать; разъеда́ть
Erodieren *n s.* 1. Erosion; 2. Erodierung 2.
Erodierung *f* 1. *s.* Erosion; 2. *(Fert)* эрозио́нная обрабо́тка *f*
eröffnen открыва́ть
Eröffnen *n* откры́тие *n*
Eröffnung *f* откры́тие *n*
Erosion *f (Geol)* эро́зия *f*
~/aquatische во́дная эро́зия *f*
Erosions... эрозио́нный
Erosionsbeständigkeit *f* эрозиесто́йкость *f*
erproben испы́тывать
Erproben *n* опро́бование *n*, испыта́ние *n*
erprobt испы́танный
Erprobung *f s.* Erproben
errechnen вычисля́ть
errechnet расчётный
Erregen *n (El)* возбужде́ние *n*
Erreger *m (El)* возбуди́тель *m*
Erregerfeld *n (El)* по́ле *n* возбужде́ния
Erregermaschine *f (El)* возбуди́тель *m*
Erregerstrom *m (El)* ток *m* возбужде́ния
Erregerwicklung *f (El)* обмо́тка *f* возбужде́ния
erregt *(El)* возбуждённый
Erregung *f (El)* возбужде́ние *n*
Erregungs(strom)kreis *m (El)* возбужда́ющая цепь *f*
Erreichbarkeit *f* досяга́емость *f*
errichten сооружа́ть
Errichten *n* сооруже́ние *n*
Errichtung *f* возведе́ние *n (von Gebäuden)*
Ersatz *m* 1. заме́на *f*; 2. замени́тель *m*
Ersatz... запасно́й
Ersatzmetall *n* мета́лл-замени́тель *m*
Ersatzschaltbild *n (El)* эквивале́нтная схе́ма *f*, схе́ма *f* замеще́ния
Ersatzschaltung *f s.* Ersatzschaltbild
Ersatzspur *f* резе́рвная доро́жка *f*
Ersatzstoff *m* замени́тель *m*, суррога́т *m*
Ersatzteile *npl* запасны́е ча́сти *fpl*, запча́сти *fpl*
Ersatzteilkatalog *m* катало́г *m* запа́сных часте́й
Ersatzwiderstand *m (El)* эквивале́нтное сопротивле́ние *n*
Ersaufen *n (Bgb)* затопле́ние *n (Grubenbaue)*
Erscheinen *n* появле́ние *n*
Erscheinung *f* явле́ние *n*
~/elektrokinetische электрокинети́ческое явле́ние *n*
~/spannungsoptische *(Opt)* фотоупру́гость *f*
erschließen *(Bgb)* вскрыва́ть; открыва́ть; осва́ивать *(z. B. Lagerstätten)*
Erschließen *n (Bgb)* откры́тие *n*, освое́ние *n (z. B. von Lagerstätten)*
Erschließung *f s.* Erschließen
erschmelzen *(Met)* пла́вить; выплавля́ть; расплавля́ть
Erschmelzen *n (Met)* пла́вка *f*; выплавка *f*; расплавле́ние *n*
erschöpfen 1. истоща́ть; 2. *s.* verarmen
erschöpft 1. истощённый; 2. *s.* verarmt
Erschöpfung *f* 1. истоще́ние *n*; *(Bgb)* обедне́ние *n (von Lagerstätten)*; 2. *s.* Verarmung
erschüttern сотряса́ть
Erschütterung *f* сотрясе́ние *n*
erschütterungsbeständig *s.* erschütterungsfest
Erschütterungsbeständigkeit *f s.* Erschütterungsfestigkeit
erschütterungsfest тряскосто́йкий; виброусто́йчивый, вибросто́йкий
Erschütterungsfestigkeit *f* тряскосто́йкость *f*; виброусто́йчивость *f*, вибросто́йкость *f*
erschweren усложня́ть
Erschwerung *f* усложне́ние *n*
ersetzbar замени́мый, замеща́емый
ersetzen заменя́ть, замеща́ть
Ersetzen *n* замеще́ние *n*
ersetzt замещённый
Erspinnbarkeit *f (Text)* форму́емость *f (von Chemiefasern)*
erspinnen *(Text)* формова́ть *(Chemiefaserstoffe)*
Erspinnen *n (Text)* формова́ние *n (Chemiefaserstoffe)*
erstarren 1. *(Bw)* тверде́ть; схва́тываться *(Beton, Mörtel)*; 2. застыва́ть, затвердева́ть; остыва́ть; замерза́ть; 3. *(Met)* затвердева́ть *(Schmelze)*
Erstarren *n* 1. *(Bw)* тверде́ние *n*; схва́тывание *n (von Beton, Mörtel)*;

2. застыва́ние *n*, затвердева́ние *n*; остыва́ние *n*; замерза́ние *n*; 3. *(Met)* затвердева́ние *n (der Schmelze)*
Erstarrung *f s.* Erstarren
Erstarrungspunkt *m s.* Erstarrungstemperatur
Erstarrungstemperatur *f (Ph)* темпера́тура [то́чка] *f* затвердева́ния
Ertrag *m* 1. вы́ход *m*; 2. *(Lw)* урожа́йность *f*
Ertragsfähigkeit *f (Lw)* урожа́йность *f*
Ertragsvermögen *n (Lw)* урожа́йность *f*
eruptieren фонтани́ровать *(Erdöl, Erdgas)*
Eruption *f* 1. *(Astr)* вспле́ск *m*; вспы́шка *f*; 2. *(Geol)* изверже́ние *n*; 3. фонтани́рование *n (Erdgas, Erdöl)*
Eruptionsbohrung *f (Erdöl)* фонтани́рующая [фонта́нная] сква́жина *f*
Eruptionsförderung *f (Erdöl)* фонта́нная эксплуата́ция *f*
Eruptionsschlot *m (Geol)* тру́бка *f* взры́ва
Eruptivgang *m (Geol)* да́йка *f*
Eruptivstern *m (Astr)* эрупти́вная звезда́ *f*
erwärmen нагрева́ть, согрева́ть, подогрева́ть, обогрева́ть
Erwärmen *n s.* Erwärmung
Erwärmung *f* нагре́в *m*, нагрева́ние *n*, согрева́ние *n*, подогрева́ние *n*, обогре́в *m*, обогре́вание *n*
~/elektrische электри́ческий нагре́в *m*, электронагре́в *m*
Erwartungswert *m* **/mathematischer** (математи́ческое) ожида́ние *n*
erweichen размягча́ть; смягча́ть
Erweichen *n* размягче́ние *n*; смягче́ние *n*; умягче́ние *n*
Erweichung *f s.* Erweichen
Erweichungspunkt *m s.* Erweichungstemperatur
Erweichungstemperatur *f (Ph)* темпера́тура [то́чка] *f* размягче́ния
erweitern расширя́ть, уширя́ть
Erweiterung *f* расшире́ние *n*
Erweiterungsbaustein *m (Inf)* мо́дуль *m* расшире́ния
erweiterungsfähig расширя́емый
Erweiterungskarte *f (Inf)* расшири́тельная пла́та *f*
Erweiterungsmodul *m (Inf)* мо́дуль *m* расшире́ния
Erweiterungsplatine *f (Inf)* расшири́тельная пла́та *f*
erwerben добыва́ть
Erwerbszweig *m* про́мысел *m*
Erz *n (Min)* руда́ *f*
~/angereichertes обогащённая руда́ *f*
~/armes *n* бе́дная руда́ *f*
~/gediegenes саморо́дная руда́ *f*
~/geringhaltiges бе́дная руда́ *f*
~/komplexes ко́мплексная руда́ *f*
~/oxidisches окислённая руда́ *f*
~/polymetallisches ко́мплексная руда́ *f*
~/reiches бога́тая руда́ *f*
Erz... ру́дный
Erzbecken *n (Geol)* ру́дный бассе́йн *m*
Erzbergbau *m* горнору́дная промы́шленность *f*
Erzbergbau... горнору́дный
Erzbrecher *m* рудодроби́лка *f*
Erzbrikett *n* ру́дный брике́т *m*
Erzbunker *m* ру́дный бу́нкер *m*
erzeugen 1. производи́ть, изготовля́ть, выпуска́ть *(Waren)*; 2. *(El)* генери́ровать; 3. порожда́ть *(z. B. Ionen)*
Erzeugende *f (Math)* образу́ющая *f*
Erzeuger *m* генера́тор *m (von Gas oder Dampf)*
Erzeugnis *n* изде́лие *n*, проду́кт *m*, фабрика́т *m*
~/feuerfestes огнеупо́р *m*
Erzeugnisse *npl* проду́кция *f*
Erzeugung *f* 1. произво́дство *n*, изготовле́ние *n*, вы́работка *f*, вы́пуск *m (von Waren)*; 2. *(El)* генера́ция *f*; 3. порожде́ние *n (z. B. von Ionen)*; 4. образова́ние *n*, формирова́ние *n*
Erzfrachter *m (Schiff)* рудово́з *m*
Erzfrischverfahren *n (Met)* бездо́менный проце́сс *m*
erzführend *(Geol)* рудоно́сный
Erzführung *f (Geol)* рудоно́сность *f*
Erzgang *m (Bgb)* ру́дная жи́ла *f*
erzhaltig *(Geol)* рудоно́сный
Erzhaltigkeit *f (Geol)* рудоно́сность *f*
Erzkonzentrat *n* ру́дный концентра́т *m*
Erzlagerstätte *f* ру́дное месторожде́ние *n*
erzlos *(Bgb)* безру́дный
Erz-Öl-Frachter *m (Schiff)* нефтерудово́з *m*

Erzröstofen *m* рудообжига́тельная печь *f*
Erzstock *m (Geol)* ру́дный шток *m*
Erzstufe *f (Min)* ру́дный штуф *m*
Erzwaschanlage *f* рудомо́йка *f*
Erzwäsche *f* рудомо́йка *f (Anlage und Prozess)*
Erzwaschen *n* рудомо́йка *f*
erzwungen вы́нужденный
Es *s.* Einsteinium
Esaki-Diode *f (Eln)* тунне́льный дио́д *m*
ESB-Empfänger *m (Rf)* однополо́сный приёмник *m*
ESB-Telephonie *f* однополо́сная телефони́я *f*
E-Schicht *f s.* Heaviside-Schicht
ES-Schweißen *n* электрошла́ковая сва́рка *f*
Esse *f* дымова́я труба́ *f*
Essenz *f* эссе́нция *f*
Essig *m (Ch)* у́ксус *m*
Essig... *(Ch)* у́ксусный
Essigessenz *f* у́ксусная эссе́нция *f*
essigsauer *(Ch)* уксуснoки́слый
Essigsäure *f* у́ксусная кислота́ *f*
Essigsäure... *(Ch)* у́ксусный
E-Stahl *m* электроста́ль *f*
Estakade *f (Hydt)* эстака́да *f*
Ester *m (Ch)* эфи́р *m*; сло́жный эфи́р *m*
~/saurer ки́слый эфи́р *m*
Ester... *(Ch)* эфи́рный
ESU-Verfahren *n* электрошла́ковая перепла́вка *f*
Etage *f (Bw)* эта́ж *m*; *(Bgb)* я́рус *m*
~/erste второ́й эта́ж *m*
Etagenofen *m (Met)* многопо́довая печь *f*
Ethan *n (Ch)* эта́н *m*
Ethanol *n (Ch)* этано́л *m*; эти́ловый спирт *m*
Ether *m (Ch)* эфи́р *m*; просто́й эфи́р *m*
Ether... *(Ch)* эфи́рный
etherisch *(Ch)* эфи́рный
Ethin *n (Ch)* эти́н *m*, ацетиле́н *m*
Ethyl... *(Ch)* эти́ловый
Ethylalkohol *m* эти́ловый спирт *m*, этано́л *m*
Ethylen *n (Ch)* этиле́н *m*
ethylieren *(Ch)* этили́ровать
Ethylieren *n (Ch)* этили́рование *n*
ethyliert *(Ch)* этили́рованный
Etikett *n* этике́тка *f*; накле́йка *f*; ярлы́к *m*; *(Inf)* ме́тка *f*
Eu *s.* Europium
Eudiometer *n (Ch)* эвдио́метр *m*
Eudiometrie *f (Ch)* эвдиоме́трия *f*
Eurokarte *f (Inf)* европла́та *f*, пла́та *f* европе́йского форма́та
europakartenkompatibel совмести́мый с европла́тами
Europium *n (Ch)* евро́пий *m*, Eu
Eutektikum *n (Ph, Wkst)* эвте́ктика *f*, эвтекти́ческая смесь *f*, эвтекти́ческий сплав *m*
eutektisch эвтекти́ческий
Eutektoid *n (Ph, Ch)* эвтекто́ид *m*
eutektoid эвтекто́идный
Eutrophierung *f (Ökol)* эвтрофирова́ние *n (der Gewässer)*
EUV *n s.* Ultraviolett/fernes
eV *s.* Elektronenvolt
Evakuation *f s.* Evakuieren
evakuieren *(Eln)* вакууми́ровать, otка́чивать
Evakuieren *n* отка́чка *f*, отка́чивание *n*, созда́ние *n* ва́куума
evakuiert/hoch высокова́куумный
Evakuierung *f s.* Evakuieren
Evaporimeter *n (Meteo)* эвапоро́метр *m*, испари́тель *m*, испаро́метр *m*
Evolute *f (Math)* эволю́та *f*
Evolution *f* эволю́ция *f*
Evolvente *f (Math)* эвольве́нта *f*
Evolventenmessinstrument *n (Mess)* эвольвенто́метр *m*
Evolventenrad *n (Masch)* эвольве́нтное (зубча́тое) колесо́ *n*
Evolventenverzahnung *f (Masch)* эвольве́нтное зацепле́ние *n*
Evolventenzahnrad *n (Masch)* эвольве́нтное (зубча́тое) колесо́ *n*
Exa... *(Mess)* экса..., Э *(10^{18} Einheiten)*
Exciton *n (Krist, Eln)* эксито́н *m*
Excitron *n (Eln)* экситро́н *m*
Excitronröhre *f (Eln)* экситро́н *m*
Exhaustor *m* эксга́устер *m*
Eximer *n (Ph)* эксиме́р *m*
~/laseraktives ла́зерный эксиме́р *m*
exogen *(Geol)* экзоге́нный
Exosphäre *f (Geoph)* экзосфе́ра *f*
exotherm экзотерми́ческий, теплотво́рный

Expander *m (Masch)* экспáндер *m*, расширúтель *m*
Expansion *f* расширéние *n*
Expansions... расширúтельный
Expansionsmaschine *f (Masch, Kält)* детáндер *m*
Expansionsturbine *f* турбодетáндер *m*
Experiment *n* эксперимéнт *m*
Experiment... экспериментáльный
experimentell экспериментáльный
Expertensystem *n (Inf, Kyb)* экспéртная систéма *f*
explizit я́вный
Explorationsbohrloch *n* развéдочная сквáжина *f*
Explosion *f* взрыв *m*
~/**gerichtete** напрáвленный взрыв *m*
Explosions... взрывнóй
Explosionsgefahr *f* взрывоопáсность *f*
explosionsgefährdet взрывоопáсный
explosionsgeschützt взрывозащищённый
Explosionsramme *f (Bw)* взрывнáя трамбóвка *f*
Explosionsschweißen *n* свáрка *f* взры́вом
explosionssicher взрывобезопáсный
Explosionssicherheit *f* взрывобезопáсность *f*
Explosionswelle *f* взрывнáя волнá *f*
explosiv взрывнóй; взры́вчатый
~/**nicht** невзры́вчатый
Explosivformen *n (Umf)* взрывнáя штампóвка *f*
Explosivformung *f (Umf)* взрывнáя штампóвка *f*
Explosivumformen *n (Umf)* взрывнáя штампóвка *f*
Explosivumformung *f (Umf)* взрывнáя штампóвка *f*
Exponent *m* 1. *(Math)* показáтель *m* стéпени; вéрхний [надстрóчный] и́ндекс *m*; 2. *(Inf)* порядок *m*
Exponential... *(Math)* экспоненциáльный
Exponentialfunktion *f (Math)* показáтельная [экспоненциáльная] фýнкция *f*
Exponentialgleichung *f (Math)* показáтельное уравнéние *n*
exponentiell *(Math)* экспоненциáльный
Exponieren *n (Photo)* экспонúрование *n*, облучéние *n*
Export *m* вы́воз *m*
Exposition *f (Photo)* экспозúция *f*
Expresszug *m* пóезд-экспрéсс *m*
Exsikkator *m (Ch)* эксикáтор *m*
extensiv экстенсúвный
Extensograph *m (Lebm)* экстенсóграф *m (zur Teigprüfung)*
extern *(Inf)* внéшний
Externbus *m (Inf)* внéшняя шúна *f*
Externspeicher *m* внéшняя пáмять *f*, внéшнее запоминáющее устрóйство *n*, внéшнее ЗУ *n*, ВЗУ *n*
Extinktion *f (Opt)* экстúнкция *f*, ослаблéние *n (Strahlungsschwächung)*
Extinktionskoeffizient *m (Licht)* коэффициéнт *m* ослаблéния
extragalaktisch *(Astr)* экстрагалактúческий, внегалактúческий, анагалактúческий
Extrahier... экстракциóнный
extrahieren *(Ch)* экстрагúровать, извлекáть
Extrahieren *n s.* Extraktion
Extrakt *m(n) (Ch)* экстрáкт *m*; вы́тяжка *f*
~/**alkoholischer** *(Ch)* спиртовáя вы́тяжка *f*
Extraktion *f (Ch)* экстрáкция *f*, экстрагúрование *n*
Extraktions... экстракциóнный
Extraktionsapparat *m (Ch)* экстракциóнный аппарáт *m*, экстрáктор *m*
Extraktionsmittel *n (Ch)* экстрагéнт *m*
Extraktionszentrifuge *f* центробéжный экстрáктор *m*
extraktiv экстрактúвный
Extraktiv... экстрактúвный
Extraktor *m (Ch)* экстрáктор *m*
extramolekular внемолекуля́рный
extranuklear *(Kern)* внея́дерный
Extrapolation *f (Math)* экстраполúрование *n*, экстраполя́ция *f*
Extrapolator *m* экстраполя́тор *m*
extrapolieren *(Math)* экстраполúровать
extraterrestrisch внеатмосфéрный, внеземнóй
Extremal... *(Math)* экстремáльный
Extremale *f (Math)* экстремáль *f*
Extremregelung *f* экстремáльное регулúрование *n*
Extremum *n s.* Extremwert
Extremwert *m (Reg)* экстрéмум *m*, экстремáльное значéние *n*

Extremwert... *(Math)* экстрема́льный
Extremwertregelung *f* экстрема́льное регули́рование *n*
Extremwertregler *m* экстрема́льный регуля́тор *m*
Extremwertsteuerung *f* экстрема́льное управле́ние *n*
Extrinsic-Halbleiter *m* при́месный полупроводни́к *m*
Extrinsic-Leitfähigkeit *f (Halbl)* при́месная проводи́мость [электропрово́дность] *f*
Extrinsic-Leitung *f s.* Extrinsic-Leitfähigkeit
Extrudat *n (Ch)* экструда́т *m*
Extruder *m (Ch)* экстру́дер *m*; *(Kst)* червя́чный экстру́дер *m*
extrudieren экструди́ровать, выда́вливать
Extrudieren *n (Geol)* экстру́зия *f*
Extrusion *f (Geol)* экстру́зия *f*
extrusiv *(Geol)* экструзи́вный
Extrusiv... *(Geol)* экструзи́вный
Exzenter *m (Masch)* эксце́нтрик *m*
Exzenter... эксце́нтриковый
Exzenterantrieb *m* эксце́нтриковый при́вод *m*
Exzentermechanismus *m* эксце́нтриковый механи́зм *m*
Exzenterpresse *f* кривоши́пный [эксце́нтриковый] пресс *m*
Exzenterscheibe *f (Masch)* эксце́нтрик *m*
Exzenterspanner *m (Wkzm)* эксце́нтриковый зажи́м *m*
Exzenterspannung *f (Wkzm)* эксце́нтриковый зажи́м *m*
Exzenterstange *f (Masch)* эксце́нтриковая тя́га *f*
exzentrisch внеце́нтренный, эксцентри́ческий
Exzentrizität *f* эксцентрисите́т *m*
Exzess *m (Math)* избы́ток *m*
Exziton *n (Krist, Eln)* эксито́н *m*

F

F *s.* 1. Fluor; 2. Farad
f *s.* Femto...
°F *s.* Fahrenheitgrad
Fabrik *f* заво́д *m*, фа́брика *f*
Fabrikat *n s.* Erzeugnis
fabrikmäßig заводско́й
Fabrikmutterschiff *n* рыбопромысло́вая ба́за *f*, плаву́чая (рыбоперераба́тывающая) ба́за *f*
Fabry-Perot-Resonator *m* резона́тор *m* Фабри́-Перо́ *(Laser)*
facettieren грани́ть *(Edelsteine)*
Facettieren *n* гране́ние *n*, огра́нка *f*, *(Edelsteinbearbeitung)*
Fach *n* 1. по́лка *f*; 2. *(Text)* зев *m (Weberei)*
Facharbeiter *m* квалифици́рованный рабо́чий *m*
Fachbildung *f (Text)* зевообразова́ние *n (Weberei)*
Fachen *n (Text)* троще́ние *n*
Fächer *m* ве́ер *m*
Fächer... ве́ерный
Fächerbohren *n (Bgb)* кустово́е буре́ние *n*
fächerförmig веерообра́зный
Fächermotor *m* W-обра́зный дви́гатель *m*
Fachwerk *n (Bw)* фа́хверк *m*, карка́с *m*; решётка *f*
~/ebenes пло́ская фе́рма [решётка] *f*
~/räumliches простра́нственная фе́рма [решётка] *f*
Fachwerk... решётчатый
Fachwerkbinder *m (Bw)* решётчатая фе́рма *f*
Fachwerkrumpf *m (Flg)* фе́рменный фюзеля́ж *m*
Fachwerkträger *m (Bw)* фе́рма *f*, решётчатая ба́лка [фе́рма] *f*
Fackel *f* фа́кел *m*
Faden *m* 1. *(El, Text)* нить *f*; *(Text)* ни́тка *f*; 2. *(Astr)* стри́мер *m*
Faden... бифиля́рный
Fadendrehungsmesser *m (Text)* круткоме́р *m*
Fadenelektrometer *n* стру́нный электро́метр *m*
fadenförmig нитеви́дный
Fadenführer *m (Text)* нитеводи́тель *m*
fadengeheftet *(Typ)* сши́тый ни́тками *(Buchbinderei)*
fadengesiegelt *(Typ)* сши́тый термони́тками *(Buchbinderei)*
Fadenheftung *f (Typ)* шитьё *n* ни́тками *(Buchbinderei)*

Fadenkreuz *n (Opt)* крест *m* ни́тей, перекре́стие *n*
Fadenschliere *f (Glas)* ни́тка *f*
Fadensiegeln *n (Typ)* скрепле́ние [шитьё] *n* термони́тками *(Buchbinderei)*
Fadenwächter *m (Text)* нитенаблю-да́тель *m (Webstuhl)*
Fading *n* 1. *(Kfz)* фе́динг *m (der Bremsen)*; 2. *(Rf)* фе́динг *m*, замира́ние *n*
Fading... *(Rf)* фе́динговый
Fähigkeit *f* спосо́бность *f*
fahl бле́клый, блёклый
Fahne *f* 1. флаг *m*; 2. *(Typ)* гра́нка *f*
Fahnenabzug *m (Typ)* гра́нка *f*
Fahr... передвижно́й; *(Schiff)* ходово́й
Fahrantrieb/mit eigenem самохо́дный
Fahrbahn *f (Bw)* ездово́е [доро́жное] полотно́ *n*; прое́зжая часть *f (einer Straße)*
Fahrbahnbelag *m* доро́жное покры́тие *n*
Fahrbahnmarkierung *f* разме́тка *f* прое́зжей ча́сти (доро́ги)
fahrbar передвижно́й
Fahrbereich *m* 1. *(Kfz)* запа́с *m* хо́да; 2. *(Schiff)* да́льность *f* пла́вания
Fahrbetrieb *m (Eb)* тя́га *f*
Fahrdienst *m (Eb)* слу́жба *f* движе́ния
Fahrdraht *m (El, Eb)* конта́ктный про́вод *m*, тролле́й *m*
Fahrdrahtweiche *f (Eb)* возду́шная стре́лка *f*
Fahrdynamik *f* дина́мика *f* движе́ния
Fähre *f* паро́м *m*
Fahreigenschaften *fpl* 1. *(Kfz)* ходовы́е ка́чества *npl*; 2. *(Kfz)* ездовы́е ка́чества *npl (der Reifen)*
~/dynamische *(Kfz)* динами́ческие ка́чества *npl*
Fahrenheitgrad *m* гра́дус *m* Фаренге́йта
Fahrenheit-Skale *f* шкала́ *f* Фаренге́йта
Fahrer *m* води́тель *m (eines Fahrzeuges)*
Fahrerhaus *n* каби́на *f* води́теля
Fahrerkabine *f* каби́на *f* води́теля
Fahrersitz *m* сиде́нье *n* води́теля
Fahrfußhebel *m (Kfz)* педа́ль *f* акселера́тора
Fahrgastkapazität *f (Schiff)* пассажировмести́мость *f*
Fahrgastliner *m* пассажи́рский ла́йнер *m*
Fahrgastschiff *n* пассажи́рское су́дно *n*
Fahrgeschwindigkeit *f* ско́рость *f* движе́ния; *(Schiff)* ско́рость *f* хо́да
Fahrgestell *n* 1. *(Kfz, Flg)* шасси́ *n*; 2. теле́жка *f*
~ mit Eigenantrieb самохо́дная теле́жка *f*
~/einziehbares *(Flg)* убира́ющееся шасси́ *n*
~/geländegängiges *(Kfz)* вездехо́дное шасси́ *n*, шасси́ *n* высо́кой [повы́шенной] проходи́мости
~/selbstfahrendes самохо́дная теле́жка *f*
Fahrkartenautomat *m s.* Fahrscheinautomat
Fahrkartenlocher *m s.* Fahrscheinlocher
Fahrlader *m* самохо́дный погру́зчик *m*
Fahrleitung *f (El, Eb)* конта́ктный про́вод *m*
Fahrleitungsnetz *n (El, Eb)* конта́ктная сеть *f*
Fahrleitungsweiche *f (Eb)* возду́шная стре́лка *f*
Fahrmotor *m (El, Eb)* тя́говый дви́гатель *m*
Fahrplan *m (Eb)* гра́фик *m* движе́ния
Fahrrad *n* велосипе́д *m*
Fahrradergometer *n (Med)* велоэрго́метр *m*
Fahrradreifen *m* велосипе́дная ши́на *f*
Fahrradschlauch *m* велосипе́дная ка́мера *f*
Fahrschalter *m (El, Eb)* контро́ллер *m*
Fahrscheinautomat *m* биле́тный автома́т *m*
Fahrscheinlocher *m* компо́стер *m*
Fahrschiene *f (Bw)* путепрово́д *m (für den innerbetrieblichen Transport)*
Fährschiff *n* паро́м *m*
Fahrschule *f (Kfz)* автошко́ла *f*
Fahrschulsimulator *m* автотренажёр *m*
Fahrspur *f (Kfz)* колея́ *f*
Fahrstraße *f (Eb)* маршру́т *m*
Fahrstraßenstellwerk *n (Eb)* маршру́тная централиза́ция *f*
Fahrstraßenverschluss *m (Eb)* маршру́тное замыка́ние *n*

Fahrstreifen *m* полоса́ *f* движе́ния *(Straßenmarkierung)*
Fahrstrom *m (El, Eb)* тя́говый ток *m*
Fahrstufe *f (Eb)* ходова́я пози́ция *f*
Fahrstuhl *m* подъёмник *m*
Fahrt *f* 1. езда́ *f*; движе́ние *n*; пое́здка *f*; *(Schiff)* ход *m*; пла́вание *n*; 3. *(Bgb)* ле́стница *f*
~ **achteraus** *(Schiff)* за́дний ход *m*, ход *m* наза́д
~/**ganz langsame** *(Schiff)* са́мый ма́лый ход *m*
~/**halbe** *(Schiff)* сре́дний ход *m*
~/**kleine** *(Schiff)* ма́лый ход *m*
~/**langsame** *(Schiff)* ма́лый ход *m*
~/**volle** *(Schiff)* (са́мый) по́лный ход *m*
~ **voraus** *(Schiff)* пере́дний ход *m*
Fahrtanzeiger *m (Schiff)* указа́тель *m* ско́рости
Fahrteigenschaften *fpl s.* Fahreigenschaften
Fahrtenschreiber *m (Kfz)* спидо́граф *m*; тахоспидо́граф *m*; *(Eb)* поездо́гра́ф *m*
Fahrtgeschwindigkeit *f (Schiff)* ско́рость *f* хо́да
Fahrtmessanlage *f (Schiff)* лаг *m*
Fahrtrainer *m* автотренажёр *m*
Fahrtrichtung *f* направле́ние *n* движе́ния
Fahrtrichtungsanzeiger *m (Kfz)* указа́тель *m* поворо́та
Fahrtwindantrieb *m (Aero)* авторота́ция *f*
Fahrtwindrotation *f (Aero)* авторота́ция *f*
Fahrverhalten *n s.* Fahreigenschaften
Fahrwasser *n (Schiff)* фарва́тер *m*
Fahrweg *m (Eb)* маршру́т *m*
Fahrwegauswahl *f* вы́бор *m* маршру́та, маршрутиза́ция *f*
Fahrwerk *n* ходово́й механи́зм *m*, ходова́я часть *f*; *(Flg)* шасси́ *n*
~/**einziehbares** *(Flg)* убира́ющееся шасси́ *n*
Fahrzeug *n* 1. тра́нспортное сре́дство *n*; 2. *(Eb)* едини́ца *f* подви́жного соста́ва; экипа́ж *m*
~/**geländegängiges** вездехо́д *m*
~ **mit Eigenantrieb** самохо́д *m*
Fahrzeugdichte *f* пло́тность *f* движе́ния
Fahrzeugturbine *f* тра́нспортная турби́на *f*
Faktor *m* фа́ктор *m*; коэффицие́нт *m*; *(Math)* сомно́житель *m*, мно́житель *m*
Faktor(en)analyse *f (Math)* фа́кторный ана́лиз *m*
Faktorisierung *f (Math)* разложе́ние *n* на мно́жители
Fakultät *f (Math)* факториа́л *m*
Fall *n (Schiff)* фал *m*
Fall *m* 1. паде́ние *n*; 2. накло́н *m*; 3. *(Math)* слу́чай *m*
~/**freier** *(Mech)* свобо́дное паде́ние *n*
Fällbad *n (Ch)* осади́тельная ва́нна *f*
Fallbär *m (Bw)* ба́ба *f*
Fallbeschleunigung *f (Mech)* ускоре́ние *n* свобо́дного паде́ния
Falle *f* лову́шка *f*; *(Halbl)* лову́шка *f*, трап *m*
fallen 1. па́дать; 2. спада́ть, убыва́ть *(Wasserstand)*; понижа́ться
Fallen *n* 1. паде́ние *n*; 2. спад *m*, убыва́ние *n (Wasserstand)*
fällen 1. *(Ch)* осажда́ть; 2. *(Forst)* вали́ть, руби́ть *(Bäume)*
Fällen *n* 1. *(Forst)* ва́лка *f*, ру́бка *f* *(Bäume)*; 2. *s.* Fällung 1.
Fallhammer *m* па́дающий мо́лот *m*
Fallhöhe *f (Hydt)* напо́р *m (in Rohrleitungen)*
Fallkurve *f* траекто́рия *f* паде́ния *(Ballistik)*
Fallort *n (Bgb)* печь *f*
Fällprodukt *n* оса́док *m*
Fallreep *n (Schiff)* забо́ртный трап *m*
Fallrohr *n (Bw)* стоя́к *m*
Fallschirm *m (Flg)* парашю́т *m*
Fallstromvergaser *m* карбюра́тор *m* с па́дающим пото́ком
Fällung *f* 1. осажде́ние *n*, выделе́ние *n*; 2. *s.* Fällen 1.
~/**elektrolytische** электроосажде́ние *n*
~/**fraktionierte** дро́бное осажде́ние *n*
Fällungsmittel *n* осади́тель *m*
Fallwinkel *m (Ph)* у́гол *m* паде́ния *(Ballistik)*
falsch ло́жный
Falsch... ло́жный
Falschanzeige *f* ло́жное показа́ние *n*
Falschdraht *m (Text)* ло́жная кру́тка *f*

Falschluft *f* вторичный воздух *m (Feuerung)*
Faltdipol *m (El)* петлевой (симметричный) вибратор *m*, бивибратор *m*
Falte *f* складка *f*
Fältelung *f (Geol)* плойчатость *f*
falten 1. складывать; 2. *(Wlz)* дублировать *(Bleche)*
Falten *n* 1. складывание *n*; 2. *(Wlz)* дублирование *n (Bleche)*
Faltenbalg *m* сильфон *m*
Faltenbildung *f (Geol)* складкообразование *n*
Faltung *f* 1. *(Geol)* складчатость *f*; 2. *(Geol)* складкообразование *n*; 3. *(Math)* свёртывание *n (Funktion)*
Faltungsphase *f (Geol)* фаза *f* складчатости
Falz *m* 1. фальц *m*; сгиб *m*; 2. дорожка *f*
~/liegender *(Fert)* лежачий фальц *m*
~/tiefer *(Typ)* корешковый фальц *m*
Falz... фальцевальный
Falzapparat *m (Typ)* фальцевальный аппарат *m*, фальцаппарат *m*
Falzbein *n (Typ)* гладилка *f*
Fälzel *n (Typ)* фальчик *m*
Fälzeln *n (Typ)* окантовка *f*
falzen 1. *(Fert, Typ)* фальцевать; 2. *(Led)* строгать
Falzen *n* 1. *(Fert, Typ)* фальцовка *f*, фальцевание *n*; 2. *(Led)* строгание *n*
Falzer *m (Typ)* фальцевальный аппарат *m*, фальцаппарат *m*
Falzmaschine *f (Typ)* фальцевальная машина *f*
Falzmesser *n (Led)* фальц *m*
Falzung *f s.* Falzen
Familie *f* семейство *n*
Fang *m* лов *m*
Fangarm *m (Wlz)* захватка *f*
Fangdamm *m (Hydt, Bw)* перемычка *f*
fangen улавливать
Fänger *m s.* Fangvorrichtung
Fangglocke *f (Bgb)* ловильный колокол *m*
Fanghaken *m (Bgb)* ловильный крюк *m*
Fangschiff *n* рыболовное судно *n*
Fang- und Gefriertrawler *m* морозильный траулер *m*
Fangvorrichtung *f* 1. уловитель *m*; 2. ловитель *m (von Aufzügen)*; 3. *(Bgb)* (шахтный) парашют *m (Seilförderung)*
Farad *n (El)* фарад *m*, Ф *(Einheit der elektrischen Kapazität)*
Faraday-Effekt *m (Opt)* эффект *m* Фарадея
Faraday-Käfig *m (El)* клетка *f* Фарадея
Faraday-Konstante *f* число *n* Фарадея, *F*
Faraday-Zahl *f s.* Faraday-Konstante
Farb... 1. цветовой, цветной; 2. *s.* Färbe...
Farbabtaster *m (Typ)* цветоделитель *m*
Farbadaptation *f (Opt)* цветовая адаптация *f*
Farbauftrag *m (Typ)* накат *m* краски
Farbauszug *m* 1. цветоделение *n*, выделение *n* цвета; 2. цветоделённое изображение *n*
Farbauszugsfilter *n (Opt)* цветоделительный фильтр *m*
Farbauszugsgerät *n (Typ)* цветоделитель *m*
Farbband *n* красящая лента *f (z. B. von Schreibmaschinen)*
farbbeizen *(Glas)* цементировать
Farbbeizen *n (Glas)* цементация *f*
Farbbeständigkeit *f s.* Farbechtheit
Farbbeton *m* цветной бетон *m*
Farbbild *n* цветное изображение *n*
Farbbildröhre *f* цветной кинескоп *m*
Farbbildsignal *n* цветовой видеосигнал *m*
Farbbrühe *(Led)* сок *m*
Farbdia *n* (цветной) слайд *m*, цветной диапозитив *m*
Farbdifferenzsignal *n (TV)* цветоразностный сигнал *m*
Farbdruck *m* многокрасочная печать *f*
Farbe *f* 1. краска *f*; окраска *f (als Ergebnis)*; 2. цвет *m*; 3. цветность *f*; 4. *(Led)* сок *m*
~/hitzeanzeigende термочувствительная краска *f*
~/lichtechte светопрочная краска *f*
~/Wasser abweisende водоотталкивающая краска *f*
~/wasserfeste водопрочная краска *f*
~/weiße белила *pl*
Färbe... красильный
Färbeapparat *m (Text)* красильный аппарат *m*

Färbebad *n (Text)* краси́льная ва́нна *f*
Färbebarke *f (Text)* краси́льная ба́рка *f*
Farbbildröhre *f* цветно́й кинеско́п *m*
Farbechtheit *f* цветосто́йкость *f*; *(Text)* усто́йчивость *f* окра́сок
Färbekufe *f (Text)* краси́льная ба́рка *f*
Färbemaschine *f* краси́льная маши́на *f*
farbempfindlich цветочувстви́тельный
Farbempfindlichkeit *f* цветочувстви́тельность *f*
färben кра́сить, окра́шивать; закра́сить
Färben *n* кра́шение *n*, окра́шивание *n*; закра́ска *f*
Farben... цветово́й, цветно́й
Farbenindex *m (Astr)* показа́тель *m* цве́та
Farbenlast *f (Schiff)* маля́рная кладова́я *f*
Farbenlehre *f* цветове́дение *n*, тео́рия *f* цвето́в
Farbenmessinstrument *n* цветоме́р *m*
Farbensensibilisierung *f* опти́ческая сенсибилиза́ция *f*
Farbentrennung *f* цветоделе́ние *n*
Farbentwickler *m* цветно́й прояви́тель *m*
Farbenwiedergabe *f* цветовоспроизведе́ние *n*; цветопереда́ча *f*
Farbfehler *m (Opt)* хромати́ческая аберра́ция *f*, хромати́зм *m*
Farbfehlerfreiheit *f (Opt)* ахромати́зм *m (optischer Systeme)*
Farbfernsehaufnahmekamera *f* цветна́я телевизио́нная [передаю́щая] ка́мера *f*
Farbfernsehbildröhre *f* цветно́й кинеско́п *m*
Farbfernsehempfänger *m* цветно́й телеви́зор *m*
Farbfernsehen *n* цветно́е телеви́дение *n*
Farbfernsehkamera *f* цветна́я телевизио́нная ка́мера *f*
Farbfernsehsystem *n* систе́ма *f* цветно́го телеви́дения
Farbfilm *m* 1. цветна́я (фото)плёнка *f*; 2. цветно́й кинофи́льм *m*
Farbfilter *n (Opt)* цветно́й (свето-) фи́льтр *m*
Farbglas *n* цветно́е стекло́ *n*
Farbgraphikkopierer *m* многоцве́тное копи́ровальное устро́йство *n*
farbig цветно́й
Farbigkeit *f* цве́тность *f*
Farbindex *m (Astr)* показа́тель *m* цве́та
Farbkombination *f (Text)* расцве́тка *f*
Farbkontrast *m (TV)* цветово́й контра́ст *m*
Farbkopierer *m* многоцве́тное копи́ровальное устро́йство *n*
farblos 1. бесцве́тный; 2. *(Opt)* ахромати́ческий
Farblosigkeit *f* бесцве́тность *f*
Farbmerkmal *n* при́знак *m* цве́та
Farbmesser *m (Opt)* колори́метр *m*
Farbmesser *n (Typ)* кра́сочный нож *m*
Farbmessinstrument *n (Opt)* колори́метр *m*
Farbmesstechnik *f (Opt)* колориме́трия *f*
Farbmessung *f (Opt)* цветометри́я *f*
Farbmetrik *f (Opt)* колориме́трия *f*
Farbmischung *f* смеше́ние *n* кра́сок
Farbmonitor *m* цветно́й монито́р *m*
Farbmuster *n (Text)* расцве́тка *f*
Farbmusterung *f (Text)* расцве́тка *f*
Farbnasen *fpl* подтёки *pl* кра́ски
Farbnegativ *n (Photo)* цветно́й негати́в *m*
Farbpaste *f* густотёртая кра́ска *f*
Farbphotographie *f* цветна́я фотогра́фия *f*
Farbplotter *m* многоцве́тный графопострои́тель *m*
Farbpositiv *n (Photo)* цветно́й позити́в *m*
Farbreibwerk *n* краскотёрка *f*
Farbroller *m* окра́сочный ва́лик *m*
Farbsaum *m (TV)* цветна́я бахрома́ *f*
farbselektiv цветоизбира́тельный
Farbspritzgerät *n* краскораспыли́тель *m*
Farbspritzpistole *f* пистоле́т-распыли́тель *m*, краскораспыли́тель *m*
Farbstich *m* (цветово́й) отте́нок *m*, отте́нок *m* цве́та
farbstichig *(Photo)* разбаланси́рованный
Farbstift *m* цветно́й каранда́ш *m*
Farbstoff *m* краси́тель *m*
~/basischer осно́вный краси́тель *m*
Farbtemperatur *f (Opt, Astr)* цветова́я температу́ра *f*
Farbton *m* отте́нок *m*

Farbträger *m (Ch)* хромофо́р *m*
Farbtränen *fpl* подтёки *pl* кра́ски
Farbübertragung *f (TV)* цветопереда́ча *f*
Färbung *f* 1. *s.* Färben; 2. окра́ска *f (als Ergebnis)*; 3. цве́тность *f (des Wassers)*
farbvertiefend батохро́мный
Farbwerk *n (Typ)* кра́сочный аппара́т *m*
Farbwiedergabe *f* 1. цветовоспроизведе́ние *n*; 2. цветопереда́ча *f*
Farm *f (Lw)* фе́рма *f*
Faschine *f (Hydt)* фаши́на *f*
Fase *f (Fert)* фа́ска *f*; *(Wkz)* скос *m*
Faser *f* волокно́ *n*
~/**natürliche** *(Text)* приро́дное [натура́льное] волокно́ *n*
~/**neutrale** *(Wkst)* нейтра́льная ось *f*
~/**optische** *(Opt)* опти́ческое волокно́ *n*
~/**pflanzliche** *(Text)* расти́тельное волокно́ *n*
~/**synthetische** *(Text)* синтети́ческое волокно́ *n*
Faser... волокни́стый; волоко́нный
faserartig волокни́стый
Faserbrei *m (Pap)* пу́льпа *f*
Fasergefüge *n (Wkst)* волокни́стая структу́ра *f*
faserig волокни́стый
Faserkohle *f* 1. волокни́стый у́голь *m*; 2. *(Geol)* фюзе́н *m*
Fasermaterial *n (Text)* волокни́стый материа́л *m*
Fasernebel *m (Astr)* волокни́стая тума́нность *f*
Faseroptik *f* волоко́нная о́птика *f*
faseroptisch волоко́нно-опти́ческий
Faserpflanze *f* волокни́стое [пряди́льное] расте́ние *n*
Faserreinigungsmaschine *f (Text)* волокноочисти́тель *m*
Faserstoff *m (Text)* волокни́стый материа́л *m*
Faserwellenleiter *m* волоко́нный светово́д *m*
Fass *n* бо́чка *f*; *(Led)* бараба́н *m*
Fassade *f (Bw)* фаса́д *m*, лицева́я сторона́ *f*
Fassen *n* захва́т *m*
Fasson *f* про́филь *m*
Fassung *f* 1. обо́йма *f*; 2. *(Opt)* опра́ва *f (z. B. von Linsen)*; 3. *(El)* патро́н *m*; гнездо́ *n*; 4. *(Text)* пли́тка *f*; 5. *(Hydrol)* капта́ж *m*
Fassungsvermögen *n* ёмкость *f*; вмести́мость *f*
fastkritisch *(Kern)* почти́ крити́ческий, околокрити́ческий *(Kernreaktor)*
fastprompt *(Kern)* почти́ мгнове́нный *(Neutronen)*
Fata Morgana *f* мира́ж *m*
Faulbecken *n* се́птик *m (Abwasserreinigung)*
Fäule *f* 1. гниль *f*; 2. гние́ние *n*
faulen гнить
Faulen *n* гние́ние *n*
Faulgas *n* биохими́ческий газ *m*, биога́з *m*
Faulkammer *f* се́птик *m (Abwasserreinigung)*
Fäulnis *f* гниль *f*
Faulraum *m*/**geschlossener** метанте́нк *m (Abwasserklärung)*
Fäustel *m (Bgb)* балда́ *f*
Faustformel *f* эмпири́ческая фо́рмула *f*
Faustregel *f* эмпири́ческое пра́вило *n*
Fax *n* 1. телефа́ксная связь *f*; 2. *s.* Faxgerät
Faxgerät *n (Nrt)* (теле)фа́кс *m*
Faxverbindung *f* телефа́ксная связь *f*
Fayence *f (Ker)* фая́нс *m*
Fayence... фая́нсовый
Fazies *f (Geol)* фа́ция *f*
FCKW *m s.* Fluorchlorkohlenwasserstoff
Fe *s.* Eisen 1.
Feder *f* 1. *(Masch)* пружи́на *f*; 2. рессо́ра *f*; 3. шпо́нка *f*; 4. перо́ *n*
~/**gewundene** вита́я пружи́на *f*
Feder... пружи́нный; рессо́рный
Federauge *n* ушко́ *n* рессо́ры
Federbarometer *n (Meteo)* анеро́ид *m*
Federblatt *n* рессо́рный лист *m*
Federbolzen *m (Masch)* рессо́рный па́лец *m*
Federbremse *f (Masch)* пружи́нный то́рмоз *m*
Federhalter *m* ру́чка *f*
Federkraft *f* пружи́нистость *f*
Federmanometer *n* прижи́нный [деформацио́нный] мано́метр *m*
federn пружи́нить

Federn *n* пружи́нение *n*
Federnagel *m (Eb)* пружи́нный косты́ль *m*
federnd пружи́нистый
Federscheibe *f* упру́гая ша́йба *f*
Federstahl *m* рессо́рная сталь *f*; пружи́нная сталь *f*
Federteller *m* 1. *(Masch)* подпя́тник *m*; *(Eb)* бу́ферная таре́лка *f*
Federung *f* пружи́нение *n*
Federverbindung *f (Masch)* шпо́ночное соедине́ние *n*
Federwaage *f* пружи́нные весы́ *pl*
Federwickelmaschine *f* пружинонави́вочный стано́к *m*
Federzungenweiche *f (Eb)* отжимна́я стре́лка *f*
Feeder *m* пита́тель *m*
Fehl... 1. брако́ванный; 2. ло́жный; оши́бочный
fehlangepasst *(Rf)* рассогласо́ванный
Fehlanpassung *f (Rf)* 1. Рассогласова́ние *n*; 2. рассогласо́ванность *f*
Fehlanzeige *f* ло́жное показа́ние *n*
Fehlbetrag *m* дефици́т *m*, недоста́тка *f*, нехва́тка *f*
Fehler *m* 1. оши́бка *f*; погре́шность *f*; 2. поро́к *m*; 3. дефе́кт *m*; 4. сбой *m*; неипра́вность *f*; поврежде́ние *n*; 5. изъя́н *m (Materialfehler)*
~/**absoluter** абсолю́тная погре́шность *f*; абсолю́тная оши́бка *f*
~/**akkumulierter** сумма́рная оши́бка *f*
~/**grober** гру́бая погре́шность *f*
~/**mittlerer** сре́дняя оши́бка *f*; сре́дняя погре́шность *f*
~/**mittlerer quadratischer** среднеквадрати́ческая оши́бка *f*; среднеквадрати́ческая погре́шность *f*
~/**regelmäßiger** системати́ческая оши́бка *f*
~/**relativer** относи́тельная погре́шность *f*; относи́тельная оши́бка *f*
~/**systembedingter** системати́ческая оши́бка *f*
~/**verdeckter** скры́тый дефе́кт *m*
~/**wahrscheinlicher** вероя́тная погре́шность *f*; вероя́тная оши́бка *f*
~/**zufälliger** случа́йная оши́бка *f*; случа́йная погре́шность *f*
~/**zulässiger** допусти́мая оши́бка *f*; допусти́мая погре́шность *f*
fehlerbehaftet неиспра́вный, повреждённый
Fehlerbeseitigung *f* 1. устране́ние *n* неиспра́вностей; 2. *(El)* нала́дка *f*; 3. *(Inf)* отла́дка *f*
Fehlerbeseitigungsprogramm *n (Inf)* отла́дочная програ́мма *f*, отла́дчик *m*
Fehlerdiagnostik *f* диагно́стика *f* оши́бок
Fehlererkennung *f (Inf)* распознава́ние *n* оши́бок
Fehlererkennungsprogramm *n (Inf)* програ́мма *f* обнаруже́ния оши́бок
fehlerfrei бездефе́ктный; *(Wkst)* здоро́вый
fehlerhaft дефе́ктный; неиспра́вный; повреждённый; оши́бочный
Fehlerkorrektur *f* исправле́ние *n* оши́бок
Fehlerkorrekturprogramm *n (Inf)* програ́мма *f* исправле́ния оши́бок
fehlerlos бездефе́ктный
Fehlerprotokoll *n (Inf)* протоко́л [спи́сок] *m* оши́бок
Fehlersuchpaket *n (Inf)* отла́дочный паке́т *m*
Fehlersuchprogramm *n (Inf)* отла́дочная програ́мма *f*, отла́дчик *m*
Fehlertheorie *f* тео́рия *f* оши́бок
Fehlerwahrscheinlichkeit *f* вероя́тность *f* оши́бки
fehlgeordnet *(Krist)* разупоря́доченный
Fehlordnung *f (Krist)* дефе́кт *m* решётки; неупоря́доченность *f*; дислока́ция *f*
Fehlstelle *f* 1. недоста́ток *m*; 2. *(Krist)* дефе́кт решётки
Feile *f (Wkz)* напи́льник *m*
feilen пили́ть
Feilen *n (Fert)* опи́ливание *n*, опило́вка *f*
Feilkloben *m* ручны́е тиски́ *pl*
Feilmaschine *f* опило́вочный стано́к *m*
Feilspäne *mpl* опи́лки *pl*
Feim *m (Lw)* стог *m*
Feime *f (Lw)* стог *m*
fein то́нкий
Fein... 1. то́чный; прецизио́нный; отде́лочный *(Bearbeitung)*; 2. *(Met)* кри́чный

Feinabstimmung *f (Rf)* то́чная настро́йка *f*, то́чная подстро́йка *f*
feinbearbeiten *(Fert)* доводи́ть
Feinbearbeitung *f (Fert)* дово́дка *f*
~/abrasive *(Fert)* дово́дка *f*
Feinbearbeitungsmaschine *f (Wkzm)* дово́дочный стано́к *m*
Feinbearbeitungswerkzeug *n (Wkz)* дово́дочный инструме́нт *m*
Feinblech *n (Wlz)* то́нкий лист *m*; тонколистова́я сталь *f*
Feinblech... тонколистово́й
Feinblech(walz)straße *f* тонколистово́й (прока́тный) стан *m*
Feinblechwalzwerk *n* тонколистово́й (прока́тный) стан *m*
Feinbrechen *n* ме́лкое дробле́ние *n*
feindispers мелкодиспе́рсный, высокодиспе́рсный, тонкодиспе́рсный
Feindrahtziehen *n (Umf)* то́нкое волоче́ние *n*
Feineinstellschraube *f* микрометри́ческий винт *m*
Feineinstellung *f* то́чная устано́вка *f*; то́чная вы́верка *f*; *(Rf)* то́чная настро́йка *f*
Feineinstellvorrichtung *f (Mess)* верньéрное устро́йство *n*
Feineisen *n (Wlz)* ме́лкий сорт *m*
feinen *(Met)* фришева́ть; очища́ть
Feinen *n (Met)* фришева́ние *n*; очистка *f*; рафини́рование *n (von Stahl)*
Feinerz *n* ме́лкая руда́ *f*
feinfaserig *(Text)* тонковолокни́стый
Feinfilter *n* то́нкий фильтр *m*, фильтр *m* то́нкой очи́стки
Feingarn *n (Text)* то́нкая пря́жа *f*
Feingefüge *n* микрострукту́ра *f*
Feingehalt *m (Mess)* про́ба *f (von Edelmetallen)*
Feingerätebau *m* то́чное приборострое́ние *n*
Feingerätetechnik *f* то́чная меха́ника *f*
Feingewinde *n* ме́лкая резьба́ *f*
Feinguss *m* то́чное литьё *n*
Feingut *n* ме́лочь *f*
Feinheit *f* то́нкость *f*; тонина́ *f*
Feinkies *m* ме́лкий гра́вий *m*
Feinkorn *n* ме́лкая фра́кция *f (Aufbereitung)*
Feinkornentwickler *m* мелкозерни́стый прояви́тель *m*
feinkörnig мелкозерни́стый; тонкозерни́стый; микрозерни́стый; мелкокристалли́ческий
Feinkörnigkeit *f* мелкозерни́стость *f*; *(Photo)* то́нкая зерни́стость *f*; микрозерни́стость *f*
Feinkornpapier *n* мелкозерни́стая фотобума́га *f*
feinkristallin мелкокристалли́ческий
Feinmechanik *f* то́чная меха́ника *f*
Feinmessinstrument *n* прецизио́нный измери́тельный прибо́р [инструме́нт] *m*, микроме́р *m*
Feinmessung *f* прецизио́нное [то́чное] измере́ние *n*
Feinmesszeug *n s.* Feinmessinstrument
feinporig мелкопо́ристый
Feinprofil... *(Wlz)* мелкосо́ртный
Feinputzen *n (Gieß)* то́нкая очи́стка *f*
Feinregelung *f* то́чное регули́рование *n*
Feinreinigung *f* то́нкая очи́стка *f*
Feinsand *m* тонкозерни́стый [мелкозерни́стый] песо́к *m*
Feinschleifen *n* 1. *(Fert)* то́нкое шлифова́ние *n*; 2. огра́нка *f (Edelsteinbearbeitung)*; 3. *(Eln)* выгла́живание *n (Scheibenherstellung)*
Feinschmieden *n s.* Genauschmieden
Feinschneiden *n (Fert)* чистова́я вы́рубка *f (von Blechen)*
Feinst... сверхто́нкий
Feinstahl *m (Wlz)* ме́лкий сорт *m*
Feinstahl... *(Wlz)* мелкосо́ртный
Feinstahl(walz)straße *f* мелкосо́ртный (прока́тный) стан *m*
Feinstahlwalzwerk *n* мелкосо́ртный (прока́тный) стан *m*
feinstkörnig микрозерни́стый
Feinstkörnigkeit *f (Photo)* микрозерни́стость *f*
Feinstruktur *f (Wkst)* то́нкая структу́ра *f*
Feinstrukturanalyse *f (Wkst)* микроструктýрный ана́лиз *m*
Feinstschleifen *n (Fert)* то́нкое шлифова́ние *n*
Feinvakuum *n* сре́дний ва́куум *m*
Feinwaage *f (Ch)* аналити́ческие весы́ *pl*
Feinzeiger *m* микроме́р *m*
Feinzerstäuber *m* атомиза́тор *m (für Flüssigkeiten)*

Feinzink *n (Met)* чи́стый цинк *m*
Feld *n* 1. по́ле *n*; 2. *(El)* пане́ль *f (einer Schalttafel)*; 3. *(Bgb)* уча́сток *m*; 4. *(Bgb)* захо́дка *f (Tiefbau)*
~/äußeres *(Ph)* вне́шнее по́ле *n*
~/beschleunigendes *(El)* ускоря́ющее по́ле *n*
~/elektrisches электри́ческое по́ле *n*
~/elektromagnetisches *(Ph)* электромагни́тное по́ле *n*
~/elektrostatisches *(Ph)* электростати́ческое по́ле *n*
~/erdmagnetisches *(Geoph)* магни́тное по́ле *n* Земли́
~/magnetostatisches *(Ph)* магнитостати́ческое по́ле *n*
~/stationäres *(Ph)* стациона́рное по́ле *n*
~/wirbelfreies *(Ph)* безвихрево́е по́ле *n*
~/zeitlich konstantes *(Ph)* стациона́рное по́ле *n*
Feld... полево́й
Feldarbeit *f (Lw)* полевы́е рабо́ты *fpl*
Feldbeschreibung *f (Inf)* описа́ние *n* по́ля
Feldeffekttransistor *m (Eln)* полево́й [униполя́рный] транзи́стор *m*
Feld(elektronen)emission *f (Ph)* автоэлектро́нная эми́ссия *f*
Feldenergie *f (Ph)* эне́ргия *f* по́ля
Feldgleichung *f (El)* уравне́ние *n* по́ля
Feldhäcksler *m (Lw)* силосоубо́рочный комба́йн *m*
Feldlinie *f (El)* силова́я ли́ния *f*
Feldmoment *n (Bw)* пролётный моме́нт *m*
Feldprozessor *m (Eln)* ма́тричный проце́ссор *m*
Feldquant *n (Ph)* квант *m* по́ля
Feldspat *m (Min)* полево́й шпат *m*
Feldstärke *f (Ph, El)* напряжённость *f* по́ля
~/magnetische *(El)* напряжённость *f* магни́тного по́ля
Feldstärkelinie *f (El)* силова́я ли́ния *f*
Feldstecher *m (Opt)* полево́й бино́кль *m*
Feldstrecke *f (Bgb)* полево́й штрек *m*
Feldtheorie *f (Ph, El)* тео́рия *f* по́ля
Feldtransistor *m s.* Feldeffekttransistor
Felge *f* обод *m*
Fell *n* 1. мех *m*; 2. *(Led)* шку́ра *f*
Fels *m s.* Felsen
Felsboden *m* ска́льный грунт *m*
Felsen *m (Geol)* 1. скала́ *f*; 2. го́рная поро́да *f*
Felssturz *m (Geol)* обва́л *m*
Femto... фе́мто..., f *(=* 10^{-15} *Einheiten)*
Fender *m (Schiff)* кра́нец *m*
Fenster *n* 1. *(Bw)* окно́ *n*; 2. *(Inf)* окно́ *n*; 3. *(Schiff)* иллюмина́тор *m*
Fensterband *n (Bw)* наве́ска *f*
Fensterbrett *n (Bw)* подоко́нник *m*
Fensterglas *n* око́нное стекло́ *n*
Fensterladen *m (Bw)* ста́вень *m*
Fensteröffnung *f (Bw)* око́нный проём *m*
Fensterpfosten *m (Bw)* око́нный턴 ко́сяк *m*
Fensterrahmen *m (Bw)* переплёт *m*
Fenstersturz *m (Bw)* око́нная перемы́чка *f*
Fensterzarge *f (Bw)* око́нная коро́бка [ра́ма] *f*
Ferment *n (Ch)* ферме́нт *m*
Fermentation *f (Ch)* фермента́ция *f*, броже́ние *n*
fermentativ *(Ch)* броди́льный
fermentieren *(Ch)* ферменти́ровать, броди́ть
Fermentierung *f s.* Fermentation
Fermi-Alter *n (Kern)* во́зраст *m* нейтро́нов
Fermi-Dirac-Flüssigkeit *f (Ph)* фе́рми-жи́дкость *f*
Fermi-Dirac-Gas *n (Ph)* фе́рми-газ *m*
Fermi-Dirac-Statistik *f (Ph)* стати́стика *f* Фе́рми(-Дира́ка)
Fermi-Energie *f (Fest)* фе́рми-эне́ргия *f*
Fermi-Flüssigkeit *f (Ph)* фе́рми-жи́дкость *f*
Fermi-Gas *n (Ph)* фе́рми-газ *m*
Fermi-Kante *f (Fest)* фе́рми-у́ровень *m*, фе́рми-грани́ца *f*
Fermi-Niveau *n (Fest)* фе́рми-у́ровень *m*, фе́рми-грани́ца *f*
Fermion *n (Kern)* фермио́н *m*, фе́рми-части́ца *f*
Fermi-Statistik *f (Ph)* стати́стика Фе́рми(-Дира́ка)
Fermi-Teilchen *n (Kern)* фермио́н *m*, фе́рми-части́ца *f*

Fermium *n (Ch)* фéрмий *m*, Fm
fern удалённый
~/unendlich бесконéчно удалённый
Fern... удалённый; дистанциóнный; *(Nrt)* междугорóдный
Fernabstimmung *f (Rf)* дистанциóнная настрóйка *f*
Fernamt *n (Nrt)* междугорóдная телефóнная стáнция *f*
Fernanzeige *f* телеуказáние *n*; телесигнализáция *f*
Fernanzeigegerät *n* телеиндикáтор *m*
Fernanzeiger *m* дистанциóнный указáтель *m*, телеуказáтель *m*
Fernausgabe *f (Inf)* дистанциóнный вы́вод *m*
Fernausschalter *m (El)* телевыключáтель *m*
Fernausschaltung *f (El)* дистанциóнное выключéние *n*
Fernbebenuntersuchung *f (Geoph)* телесéйсмика *f*
fernbedient *s.* ferngelenkt
Fernbedienung *f* 1. дистанциóнное управлéние *n*; телеуправлéние *n*; 2. дистанциóнное обслу́живание *n*
Fernbetätigung *f (Reg)* телеуправлéние *n*
Ferneingabe *f (Inf)* дистанциóнный ввод *m*
Ferneinstellung *f (Rf)* дистанциóнная настрóйка *f*
Fernflug *m* дáльний рейс *m*
Ferngasleitung *f* магистрáльный газопровóд *m*
Ferngeber *m* дистанциóнный дáтчик *m*
ferngelenkt телеуправля́емый, с дистанциóнным управлéнием
Ferngespräch *n* междугорóдный разговóр *m*
ferngesteuert *s.* ferngelenkt
Fernglas *n (Opt)* бинóкль *m*
Fernkabel *n* кáбель *m* дáльней свя́зи
Fernkontrolle *f* дистанциóнный контрóль *m*, телеконтрóль *m*
Fernkopieren *n* телекопи́рование *n*
Fernkopierer *m* телекопир *m*
Fernleitung *f* 1. *(El)* ли́ния *f* электропередáчи, ЛЭП *f*; *(Nrt)* междугорóдная ли́ния *f*; 2. магистрáльный трубопровóд *m*
Fernlenkung *f (Flg, Rak)* телеуправлéние *n*, дистанциóнное управлéние *n*
Fernlicht *n (Kfz)* дáльний свет *m*
Fernlichtscheinwerfer *m (Kfz)* фáра *f* дáльнего свéта
Fernmeldedienst *m* слу́жба *f* свя́зи
Fernmeldeleitung *f (El)* ли́ния *f* свя́зи
Fernmeldenetz *n* сеть *f* свя́зи
Fernmelder *m* телеуказáтель *m*
Fernmeldeweitverkehr *m (Nrt)* дáльняя связь *f (über größere Entfernungen)*
Fernmeldewesen *n* связь *f*
~/leitungsloses радиосвя́зь *f*
Fernmess... телеизмери́тельный, телеметри́ческий
Fernmesseinrichtung *f* телеизмери́тельное [телеметри́ческое] устрóйство *n*
Fernmessgeber *m* телеметри́ческий дáтчик *m*
Fernmessinstrument *n* телеизмери́тель *m*
Fernmessung *f* дистанциóнное измерéние *n*, телеизмерéние *n*, телеметри́я *f*
Fernregelung *f* дистанциóнное регули́рование *n*, телерегули́рование *n*
Fernrohr *n* телескóп *m*; зри́тельная трубá *f*
~/binokulares бинокуля́рная трубá *f*
Fernrohrleitung *f* магистрáльный трубопровóд *m*
Fernschalter *m* дистанциóнный выключáтель *m*
Fernschreib... телетайпный
Fernschreibdienst *m* телеграфи́рование *n*
Fernschreiber *m* телетáйп *m*
Fernschreibmaschine *f* телетáйп *m*
Fernschreibtechnik *f* телеграфи́я *f*
Fernschreibzentrale *f* телегрáфный у́зел *m*
Fernseh... телевизиóнный, видео...
Fernsehanlage *f* телевизиóнная устанóвка *f*, телевизиóнное устрóйство *n*
Fernsehantenne *f* телевизиóнная антéнна *f*
Fernsehaufnahmekamera *f* телевизиóнная кáмера *f*, телекáмера *f*

Fernsehaufnahmeröhre *f* передаю́щая телевизио́нная тру́бка *f*
Fernsehaufzeichnung *f* за́пись *f* телевизио́нных програ́мм
Fernsehbildröhre *f* кинеско́п *m*, приёмная телевизио́нная тру́бка *f*
Fernsehbildschirm *m* телевизио́нный экра́н *m*
Fernsehbildwiedergaberöhre *f s.* Fernsehbildröhre
Fernsehempfänger *m* телеви́зор *m*, телевизио́нный приёмник *m*
Fernsehempfangsgerät *n* телеви́зор *m*, телевизио́нный приёмник *m*
Fernsehen *n* телеви́дение *n*, ТВ *n*
~/hochzeiliges телеви́дение *n* высо́кой чёткости, ТВЧ *n*
~/industrielles промы́шленное телеви́дение *n*
~/dreidimensionales объёмное телеви́дение *n*
3-D-Fernsehen *n* объёмное телеви́дение *n*
Fernseher *m s.* Fernsehgerät
Fernsehfilm *m* телевизио́нный кинофи́льм *m*
Fernsehgerät *n* телеви́зор *m*, телевизио́нный приёмник *m*
~/tragbares [transportables] переносно́й телеви́зор *m*
Fernsehkamera *f* телевизио́нная ка́мера *f*, телека́мера *f*
Fernsehkanal *m* телевизио́нный кана́л *m*
Fernsehleitung *f* телевизио́нная ли́ния *f*
Fernsehmikroskop *n* телевизио́нный микроско́п *m*
Fernsehnorm *f* телевизио́нный станда́рт *m*
Fernsehraster *m* телевизио́нный растр *m*
Fernsehrelaisstrecke *f* телевизио́нная радиореле́йная ли́ния *f*
Fernsehröhre *f s.* Fernsehbildröhre
Fernsehsatellit *m* телевизио́нный спу́тник-ретрансля́тор *m*
Fernsehschirm *m* телевизио́нный экра́н *m*
Fernsehsender *m* телеце́нтр *m*, радиовеща́тельная ста́нция *f* телеви́дения
Fernsehsendung *f* 1. телевизио́нная переда́ча *f*; 2. телевизио́нное веща́ние *n*
Fernsehstation *f s.* Fernsehsender
Fernsehstudio *n* телесту́дия *f*, телевизио́нная сту́дия *f*
Fernsehsystem *n* телевизио́нная систе́ма *f*
Fernsehtechnik *f* телевизио́нная те́хника *f*
Fernsehtelephon *n* видеотелефо́н *m*
Fernsehtestbild *n* телевизио́нная испыта́тельная табли́ца *f*
Fernsehtext *m (Nrt)* телете́кст *m*
Fernsehturm *m* телевизио́нная ба́шня *f*
Fernsehübertragung *f* телевизио́нная переда́ча *f*, телепереда́ча *f*
Fernsehübertragungsstrecke *f* телевизио́нная радиореле́йная ли́ния *f*
Fernsehumsetzer *m* телевизио́нный ретрансля́тор *m*
Fernsehverbindung *f* телевизио́нная связь *f*
Fernsehzentrum *n* телеце́нтр *m*, телевизио́нный центр *m*
Fernsignalisierung *f (Nrt)* телесигнализа́ция *f*
Fernsprech... телефо́нный
Fernsprechamt *n* телефо́нная ста́нция *f*
Fernsprechapparat *m* телефо́нный аппара́т *m*
Fernsprechen *n* телефони́рование *n*, телефони́я *f*
Fernsprecher *m s.* Fernsprechapparat
Fernsprechkabel *n* телефо́нный ка́бель *m*
Fernsprechkanal *m* телефо́нный кана́л *m*
Fernsprechknotenamt *n* узлова́я телефо́нная ста́нция *f*
Fernsprechleitung *f* телефо́нная ли́ния *f*
Fernsprechnetz *n* телефо́нная сеть *f*
Fernsprechortsverbindung *f* ме́стная телефо́нная связь *f*
Fernsprechtechnik *f* телефо́нная те́хника *f*
Fernsprechtechnik *f* телефони́я *f*
Fernsprechübertrager *m* телефо́нный трансформа́тор *m*

Fernsprechverbindung *f* телефóнная связь *f*
Fernsprechverkehr *m* телефóнная связь *f*
Fernsprechvermittlungsschrank *m* телефóнный коммутáтор *m*
Fernsprechvermittlungsstelle *f* телефóнная стáнция *f*
Fernsprechwesen *n* телефóнная связь *f*
Fernsprechzelle *f* телефóнная бýдка [кабúна] *f*
Fernsprechzentrale *f* телефóнный ýзел *m*
Fernsteuereinrichtung *f* устрóйство *n* дистанциóнного управлéния, устрóйство *n* телеуправлéния
Fernsteuerstrecke *f (Eb)* диспéтчерская централизáция *f*
Fernsteuersystem *n* систéма *f* телеуправлéния
Fernsteuerung *f* 1. *(Flg, Rak)* телеуправлéние *n*, дистанциóнное управлéние *n*; 2. *(Eb)* централизáция *f*
~/automatische автотелеуправлéние *n*
~/leitungslose радиотелеуправлéние *n*
Fernsteuerungssystem *n* систéма *f* телеуправлéния
Ferntastung *f (Nrt)* телеуправлéние *n*
Fernthermometer *n* дистанциóнный термóметр *m*
Fernübertragung *f (Nrt)* дáльняя передáча *f*
Fernüberwachung *f* дистанциóнный контрóль *m*, телеконтрóль *m*
Fernverbindung *f (Nrt)* междугорóдная связь *f*
Fernverkehr *m (Nrt)* междугорóдная связь *f*; дáльняя связь *f (über größere Entfernungen)*
Fernverkehrsautobus *m* междугорóдный автóбус *m*
Fernverkehrsbereich *m (Nrt)* междунарóдная зóна *f*
Fernverkehrsbus *m* междугорóдный автóбус *m*
Fernverkehrsstraße *f* автомагистрáль *f*, магистрáльная дорóга *f*; автострáда *f*
Fernwahl *f (Nrt)* дáльнее искáние *n*, дáльний набóр *m*
Fernwärmeversorgung *f* теплофикáция *f*
Fernwirk... телемеханúческий
Fernwirkanlage *f* телемеханúческая установка *f*
Fernwirkeinrichtung *f* телемеханúческое устрóйство *n*
Fernwirkgerät *n* телемеханúческое устрóйство *n*
Fernwirksystem *n* телемеханúческая систéма *f*
Fernwirktechnik *f* телемехáника *f*
Fernwirkung *f* дальнодéйствие *n*
Fernzähler *m* телесчётчик *m*
Fernzählgerät *n* телесчётчик *m*
Fernzug *m (Eb)* пóезд *m* дáльнего слéдования
Fernzugriff *m (Inf)* дистанциóнный дóступ *m*
Ferrimagnetikum *n (Ph)* ферримагнéтик *m*
Ferrimagnetismus *m (Ph)* ферримагнетúзм *m*
Ferrit *m* 1. *(Min, Wkst)* феррúт *m*; 2. *s.* Ferritgefüge
Ferrit... феррúтовый, феррúтный
Ferritantenne *f* феррúтовая антéнна *f*
Ferritgefüge *n (Wkst)* феррúтная структýра *f*
ferritisch феррúтовый, феррúтный
Ferritkern *m (El)* феррúтовый сердéчник *m*
Ferritkernspeicher *m (Inf)* пáмять *f* на феррúтовых сердéчниках
Ferrodielektrikum *n s.* Ferroelektrikum
ferrodynamisch ферродинамúческий
Ferroelektrikum *n* сегнетоэлéктрик *m*, ферроэлéктрик *m*
Ferroelektrizität *f* сегнетоэлектрúчество *n*
Ferrolegierung *f (Met)* ферросплáв *m*
Ferromagnetikum *n (Wkst)* ферромагнéтик *m*
ferromagnetisch ферромагнúтный
Ferromagnetismus *m (Ph)* ферромагнетúзм *m*
Ferrometer *n (El)* феррóметр *m*
Fertigbauteil *n (Bw)* сбóрный элемéнт *m*
Fertigbearbeitung *f (Fert)* окончáтельная обрабóтка *f*; чистовáя обрабóтка *f*; довóдка *f*; отдéлка *f*

Fertigdrehen *n (Fert)* точе́ние *n (nach dem Vordrehen)*; чистово́е точе́ние *n*
fertigen изготовля́ть
Fertigerzeugnis *n* гото́вое изде́лие *n*, гото́вый проду́кт *m*
Fertigfräser *m (Wkz)* чистова́я фреза́ *f*
Fertiggerüst *n (Wlz)* чистова́я клеть *f*
Fertiggesenk *n (Schm)* отде́лочный штамп *m*
Fertigkaliber *n (Wlz)* чистово́й кали́бр *m*
Fertigmaß *n (Fert)* чистово́й [оконча́тельный] разме́р *m*
Fertigpressen *n (Fert)* оконча́тельное прессова́ние *n*
Fertigreibahle *f (Wkz)* чистова́я развёртка *f*
Fertigschleifen *n (Fert)* чистово́е шлифова́ние *n*
Fertigschmieden *n (Schm)* чистова́я ко́вка *f*
Fertigschneider *m (Wkz)* чистово́й метчи́к *m*
Fertigteil *n (Bw)* сбо́рный элеме́нт *m*
Fertigteilhaus *n* сбо́рный дом *m*
Fertigteilplatte *f (Bw)* сбо́рная пане́ль *f*
Fertigung *f* произво́дство *n*, изготовле́ние *n*
~/**automatische** пото́чное произво́дство *n*
~/**automatisierte** автоматизи́рованное произво́дство *n*
~/**bedienarme** малолю́дное произво́дство *n*
~/**flexible** ги́бкое (автоматизи́рованное) произво́дство *n*, ГАП *n*
~/**mannlose** безлю́дное произво́дство *n*
Fertigungsablauf *m (Fert)* технологи́ческий проце́сс [маршру́т] *m*
Fertigungsabschnitt *m (Fert)* (произво́дственный) уча́сток *m*
~/**flexibler** ги́бкий автоматизи́рованный уча́сток *m*
Fertigungsfolge *f s.* Fertigungsablauf
fertigungsgerecht технологи́чный
Fertigungsgüte *f* ка́чество *n* изготовле́ния
Fertigungsinsel *f (Fert)* автоно́мный произво́дственный уча́сток *m*
Fertigungskomplex *m*/**flexibler** *(Fert)* ги́бкий произво́дственный ко́мплекс
Fertigungskosten *pl* произво́дственные расхо́ды *mpl*
Fertigungslos *n* па́ртия *f*
Fertigungsprozess *m* произво́дственный проце́сс *m*
Fertigungsqualität *f* ка́чество *n* изготовле́ния
Fertigungssteuerung *f* управле́ние *n* произво́дством
Fertigungssystem *n*/**flexibles** ги́бкая произво́дственная [технологи́ческая] систе́ма *f*, ГПС *f*
Fertigungstechnik *f* техноло́гия *f*
Fertigungstoleranz *f* до́пуск *m* на изготовле́ние
Fertigungsverfahren *n* технологи́ческий проце́сс [ме́тод] *m*
Fertigungsvorbereitung *f*/**rechnergestützte** *(Fert)* систе́ма *f* проекти́рования технологи́ческих проце́ссов, САПТП *f*
Fertigungsvorlauf *m* (произво́дственный) заде́л *m*
Fertigungszeichnung *f* рабо́чий чертёж *m*
Fertigungszelle *f (Fert)* ги́бкий произво́дственный мо́дуль *m*, технологи́ческий мо́дуль *m*
Fertigwalze *f (Wlz)* чистово́й вало́к *m*; отде́лочный вало́к *m*
Fertigwalzen *n (Wlz)* чистова́я прока́тка *f*; отде́лка *f*
Fesselballon *m* привязно́й аэроста́т *m*
fest 1. про́чный; 2. твёрдый; 3. *(Inf)* жёсткий *(z. B. die Programmierung)*
Festbacken *n* припека́ние *n*
Festbrennen *n (Gieß)* прига́р *m*
Feste *f (Bgb)* це́лик *m*
Festeis *n (Hydrol)* припа́й *m*
festfressen *(Masch)* заеда́ть *(Kolben, Lager)*
Festfressen *n (Masch)* заеда́ние *n (Kolben, Lager)*
festgesetzt устано́вленный
Festigkeit *f* 1. про́чность *f*, сопротивле́ние *n*; 2. усто́йчивость *f*; 3. твёрдость *f*; кре́пость *f*
~/**dielektrische** *(El)* диэлектри́ческая про́чность *f*
~/**dynamische** *(Fest)* динами́ческое сопротивле́ние *n*

~/elektrische *(El)* диэлектри́ческая про́чность *f*
~/mechanische механи́ческая про́чность *f*
Festigkeitsgrenze *f (Wkst)* преде́л *m* про́чности
Festigkeitslehre *f* сопротивле́ние *n* материа́лов; тео́рия *f* про́чности
Festigkeitsprüfung *f* испыта́ние *n* на про́чность
Festigkeitsuntersuchung *f* испыта́ние *n* на про́чность
Festigkeitswerte *mpl (Mech)* про́чностные сво́йства *npl*
Festkleben *n* прилипа́ние *n*
festklemmen закли́нивать
Festklemmen *n* закли́нивание *n*; защемле́ние *n*
Festkomma *n (Inf)* фикси́рованная то́чка [запята́я] *f*
Festkommarechnung *f (Inf)* вычисле́ние *n* с фикси́рованной то́чкой [запято́й]
Festkondensator *m (El)* конденса́тор *m* постоя́нной ёмкости
Festkörper *m (Mech)* твёрдое те́ло *n*
Festkörper... твердоте́льный
Festkörperelektronik *f* твердоте́льная электро́ника *f*
Festkörperlaser *m* твердоте́льный ла́зер *m*
Festkörperphysik *f* фи́зика *f* твёрдого те́ла *f*
Festkörperreibung *f (Trib)* сухо́е тре́ние *n*
Festkörperschaltkreis *m (Eln)* твердоте́льная интегра́льная схе́ма *f*
Festlager *n (Bw)* неподви́жная опо́ра *f*
Festland *n (Geol)* су́ша *f*; матери́к *m*
Festlanddüne *f* материковоя́ дю́на *f*
Festlandsockel *m (Geol)* (континента́льный) шельф *m*
festlegen устана́вливать *(Termine, Preise)*
Festlegung *f* установле́ние *n (Termin, Preis)*
festmachen 1. закрепля́ть; 2. *(Schiff)* швартова́ть
Festmachen *n* 1. закрепле́ние *n*; 2. швартовка *f*
Festmacher *m s.* Festmacherleine
Festmacherleine *f (Schiff)* шварто́в *m*, шварто́вный коне́ц *m*
Festmachertrosse *f s.* Festmacherleine
Festmeter *n (Forst)* пло́тный кубоме́тр *m*
Festpassung *f (Masch)* глуха́я поса́дка *f*
Festphasenepitaxie *f (Krist)* твердофа́зная эпитакси́я [рекристаллиза́ция] *f*
Festphasenrekristallisation *f s.* Festphasenepitaxie
fest-plastisch твердопласти́ческий
Festplatte *f (Inf)* жёсткий (магни́тный) диск *m*, ЖМД *m*
Festplattenspeicher *m* па́мять *f* на жёстких магни́тных ди́сках
Festpunkt *m* 1. *(Geod)* репе́р *m*, опо́рная то́чка *f*; 2. *s.* Festkomma
festrosten приржаве́ть
festschrauben зави́нчивать, завёртывать *(Schrauben)*
Festschrauben *n* зави́нчивание *n*, завёртка *f (von Schrauben)*
festsetzen *(Fert)* устана́вливать *(Termine, Preise)*
Festsetzung *f* установле́ние *n (Termine, Preise)*
festspannen прижима́ть
Festspeicher *m s.* Festwertspeicher
feststampfen трамбова́ть
Feststampfen *n* трамбо́вка *f*
Feststellbremse *f (Kfz)* ручно́й то́рмоз *m*
feststellen устана́вливать; фикси́ровать; сто́порить
Feststeller *m* фикса́тор *m*, сто́пор *m*
Feststoff *m* твёрдое вещество́ *n*
Feststoffrakete *f* раке́та *f* на твёрдом то́пливе, твердото́пливная раке́та *f*
Feststoffraketentriebwerk *n* твердото́пливный раке́тный дви́гатель *m*
Festtreibstoff *m* твёрдое (раке́тное) то́пливо *n*
Festwerden *n* затвердева́ние *n*
Festwertspeicher *m (Inf)* постоя́нное запомина́ющее устро́йство *n*, постоя́нное ЗУ *n*, ПЗУ *n*, постоя́нная па́мять *f*, ПП *f*
~/elektrisch programmierbarer *(Inf)* электри́чески программи́руемое постоя́нное запомина́ющее устро́йство *n*
Festziehen *n* затя́гивание *n*, затя́жка *f (Schrauben)*

FET *m s.* Feldeffekttransistor
fett жи́рный
Fett *n* жир *m*; (консисте́нтная) сма́зка *f*
~/**konsistentes** консисте́нтная [пласти́чная] сма́зка *f*
~/**tierisches** живо́тный жир *m*
Fett... жи́рный; ма́сляный
Fettabscheider *m* жироотдели́тель *m*, жироло́вка *f*
Fettchemie *f* хи́мия *f* жиро́в
Fetten *n* жирова́ние *n*; зама́сливание *n*
Fettfang *m* жироло́вка *f*; жироотдели́тель *m*
fetthaltig жиросодержа́щий
fettig жи́рный; ма́сляный
Fettigkeit *f* жи́рность *f*
Fettkohle *f* жи́рный у́голь *m*
fettlöslich жирораствори́мый
Fettlöslichkeit *f* жирораствори́мость *f*
Fettmesser *m (Lw, Lebm)* бутиро́метр *m*
Fettpresse *f* солидолонагнета́тель *m*
Fettreihe *f (Ch)* алифати́ческий [жи́рный] ряд *m*
Fettsäure *f* жи́рная кислота́ *f*
Fettschweiß *m (Text)* жиропо́т *m*
fettspaltend жирорасщепля́ющий
Fettspritze *f* солидолонагнета́тель *m*
fettundurchlässig жиронепроница́емый
fettverarbeitend жирообраба́тывающий
feucht вла́жный; мо́крый
feuchtadiabatisch *(Meteo)* вла́жноадиабати́ческий
Feuchte *f s.* Feuchtigkeit
Feuchtegehalt *m s.* Feuchtigkeitsgehalt
feuchtegeschützt влагозащищённый
Feuchtemesser *m s.* Feuchtigkeitsmessinstrument
Feuchtigkeit *f* вла́жность *f*; влага́ *f*
~/**absolute** абсолю́тная вла́жность *f*
~/**relative** относи́тельная вла́жность *f*
~/**spezifische** уде́льная вла́жность *f*
Feuchtigkeitsabgabe *f* влагоотда́ча *f*
Feuchtigkeitsabscheider *m* влагоотдели́тель *m*
Feuchtigkeitsaufnahme *f* влагопоглоще́ние *n*, поглоще́ние *n* вла́ги
Feuchtigkeitsaufnahmevermögen *n* влагопоглоща́емость *f*
Feuchtigkeitsaustausch *m* влагообме́н *m*
feuchtigkeitsbeständig влагосто́йкий; влагонепроница́емый
Feuchtigkeitsbeständigkeit *f* влагосто́йкость *f*; влагонепроница́емость *f*
feuchtigkeitsdurchlässig влагопроница́емый
Feuchtigkeitsdurchlässigkeit *f* влагопроница́емость *f*
Feuchtigkeitsgehalt *m* влагосодержа́ние *n*, вла́жность *f*, влагоёмкость *f*
Feuchtigkeitsgrad *m* сте́пень *f* вла́жности
Feuchtigkeitsmessinstrument *n* влагоме́р *m*; *(Meteo)* психро́метр *m*
feuchtigkeitsundurchlässig влагонепроница́емый
Feuchtigkeitsundurchlässigkeit *f* влагонепроница́емость *f*
Feuer *n* ого́нь *m*
Feuer... пожа́рный
Feueralarm *m* пожа́рная трево́га *f*
feuerbeständig огнеупо́рный, огнесто́йкий; жаросто́йкий *(keramische Werkstoffe)*
~/**hoch** высокоогнеупо́рный
Feuerbeständigkeit *f* огнеупо́рность *f*, огнесто́йкость *f*; жаросто́йкость *f* *(keramischer Werkstoffe)*
feuerfest огнесто́йкий; жаросто́йкий *(keramische Werkstoffe)*
~/**hoch** высокоогнеупо́рный
Feuerfestbeton *m* огнеупо́рный бето́н *m*
Feuerfestigkeit *f* огнесто́йкость *f*; жаросто́йкость *f (keramischer Werkstoffe)*
Feuerfestmaterial *n s.* Feuerfeststoff
Feuerfeststein *m* огнеупо́рный кирпи́ч *m*
Feuerfeststoff *m* огнеупо́рный материа́л *m*, огнеупо́р *m*
feuergefährlich огнеопа́сный
Feuerhemmschott *n (Schiff)* противопожа́рная перебо́рка *f*
Feuerkammer *f* то́почная ка́мера *f (einer Ofenanlage)*
Feuerkugel *f (Astr)* боли́д *m*
Feuerleiter *f* пожа́рная ле́стница *f*

Feuerlösch... противопожа́рный
Feuerlöschboot *n* пожа́рный бот [ка́тер] *m*
Feuerlöscheinrichtung *f* противопожа́рное устро́йство *n*
Feuerlöscher *m* огнетуши́тель *m*
Feuerlöschhydrant *m* пожа́рный гидра́нт *m*
Feuerlöschschiff *n* пожа́рное су́дно *n*
Feuerlöschschlauch *m* пожа́рный рука́в [шланг] *m*
Feuermeldeanlage *f* пожа́рная сигнализа́ция *f*
Feuermelder *m* пожа́рная сигнализа́ция *f*, пожа́рный извеща́тель *m*
Feuermeldung *f* пожа́рная сигнализа́ция *f*
feuern *(Fert)* искри́ть
Feuern *n (Fert)* искре́ние *n*
Feuerraum *m* то́пка *f*, то́почная ка́мера *f (einer Ofenanlage)*
Feuerschott *n (Schiff)* противопожа́рная перебо́рка *f*
Feuerschutz... огнезащи́тный
Feuerstätte *f* оча́г *m*
Feuertür *f s.* Feuerungstür
Feuerung *f* то́пка *f*
Feuerungsrost *m* колоснико́вая решётка *f*
Feuerungstür *f* то́почная две́рца *f*, две́рца *f* то́пки
Feuerverzinken *n* горя́чее цинкова́ние *n*
Feuerverzinnen *n* горя́чее луже́ние *n*
Feuerwehrleiter *f* пожа́рная ле́стница *f*
Feuerwehrschlauch *m* пожа́рный шланг *m*
Feuerzug *m* газохо́д *m*
FF *m s.* Freiflug
FFP *m s.* Flat-File-Prozessor
Fieberthermometer *n* медици́нский термо́метр *m*
FIFO-Speicher *m* па́мять *f* [запомина́ющее устро́йство *n*] обра́тного магази́нного ти́па
Figur *f* 1. рису́нок *m*; 2. фигу́ра *f*; 3. эпю́ра *f*
~/**geometrische** геометри́ческая фигу́ра *f*
Figuren *fpl*/**lissajoussche** *(Krist)* фигу́ры *fpl* Лиссажу́
File *m (Inf)* файл *m*, масси́в *m* да́нных
~ **mit sequentiellem Zugriff** после́довательный файл *m*
File-Manager *m (Inf)* систе́ма *f* управле́ния фа́йлами
fileorientiert *(Inf)* ориенти́рованный на файл
Film *m* 1. (фотографи́ческая) плёнка *f*, фотоплёнка *f*; 2. *(Kine)* (кино)фи́льм *m*
~/**grobkörniger** *(Photo)* грубозерни́стая плёнка *f*
~/**photographischer** *s.* Film 1.
Filmaufnahme *f (Kine)* киносъёмка *f*
Filmaufnahmekamera *f* кинока́мера *f*, киносъёмочная ка́мера *f*, киносъёмочный аппара́т *m*
Filmbildung *f* плёнкообразова́ние *n*
Filmbildwand *f* киноэкра́н *m*
Filmdosimeter *n (Kern)* плёночный дозиме́тр *m*
Filmdosimetrie *f (Kern)* плёночная дозиме́трия *f*
Filmelektronik *f* плёночная электро́ника *f*
Filmflotation *f* плёночная флота́ция *f*
Filmkamera *f s.* Filmaufnahmekamera
Filmkopiermaschine *f* кинокопирова́льный аппара́т *m*
Filmprojektion *f* кинопрое́кция *f*
Filmprojektor *m* кинопрое́ктор *m*, кинопроекцио́нный аппара́т *m*
Filmschichtträger *m (Photo)* фотоподло́жка *f*
Filmsieden *n (Kält)* плёночное кипе́ние *n*
Filmspeicher *m (Inf)* плёночная па́мять *f*
Filmspule *f (Photo, Kine)* боби́на *f*
Filmspulenkern *m (Photo)* бобы́шка *f*
Filmstudio *n* киносту́дия *f*
Filmtechnik *f* киноте́хника *f*
Filmtransportmechanismus *m* лентопротя́жный механи́зм *m*
Filmunterlage *f (Photo)* фотоподло́жка *f*
Filmverdampfung *f (Kält)* плёночное кипе́ние *n*
Filmzunge *f (Photo)* заря́дный коне́ц *m*
Filter *n* фи́льтр *m*
~/**akustisches** акусти́ческий фи́льтр *m*
~/**biologisches** биологи́ческий фи́льтр *m*, биофи́льтр *m (zur Abwasserreinigung)*

~/optisches *(Opt, Photo)* светофи́льтр *m*, светово́й фи́льтр *m*
~/selektives *(El)* избира́тельный фи́льтр *m*
Filter... фильтрацио́нный, фильтрова́льный
Filtergewebe *n* фильтрова́льная ткань *f*
Filterkuchen *m* кек *m*
filtern фильтрова́ть, отфильтро́вывать
Filtern *n* фильтра́ция *f*, фильтрова́ние *n*
Filterpapier *n* фильтрова́льная бума́га *f*
Filterpresse *f (Ch)* фильтр-пре́сс *m*
Filtersieb *n (Ch)* се́тчатый фильтр *m*
Filtertuch *n* фильтрова́льная ткань *f*
Filterung *f* фильтра́ция *f*, фильтрова́ние *n*
Filtrat *n (Ch)* фильтра́т *m*
Filtration *f* фильтра́ция *f*
Filtrations... фильтрацио́нный
Filtrier... фильтрова́льный
Filtrierbarkeit *f (Ch)* фильтру́емость *f*
filtrieren фильтрова́ть
Filz *m* во́йлок *m*; фетр *m*; *(Pap)* сукно́ *n*
Filzdichtung *f* во́йлочное [фе́тровое] уплотне́ние *n*
Filzen *n (Pap)* свойла́чивание *n*
Finger *m (Masch)* па́лец *m*
Finite-Elemente-Methode *f (Math)* ме́тод *m* коне́чных элеме́нтов, МКЭ *m*
Finne *f (Wkz)* боёк *m (Hammer)*
Finsternis *f (Astr)* затме́ние *n*
~/partielle ча́стное затме́ние *n (der Sonne, des Mondes)*
~/totale по́лное затме́ние *n (der Sonne, des Mondes)*
Firmware *f (Inf)* микропрогра́ммное обеспе́чение *n*
Firnis *m* оли́фа *f*
First *m (Bw)* конёк *m* (кры́ши)
Firste *f (Bgb)* кро́вля *f*, потоло́чина *f*
Firstreiter *m (Bw)* конько́вая черепи́ца *f*
Firstziegel *m (Bw)* конько́вая черепи́ца *f*
Fischaufzug *m (Hydt)* рыбоподъёмник *m*
Fischen *n* лов *m*
fischen тра́лить *(mit Schleppnetzen)*
Fischerei *f* рыболо́вство *n*
Fischerei... рыбопромысло́вый
Fischereiflotte *f* рыбопромысло́вый флот *m*
Fischereigerät *n* рыболо́вная снасть *f*
Fischereischiff *n* рыболо́вное [(рыбо-) промысло́вое] су́дно *n*
Fischereiwesen *n* рыболо́вство *n*
Fischfang... рыбопромысло́вый
Fischfangflotte *f* рыбопромысло́вый [рыболо́вный] флот *m*
Fischfanggerät *n* рыболо́вная снасть *f*
Fischfangschiff *n s.* Fischereischiff
Fischgasse *f (Hydt)* рыбохо́д *m*
Fischkutter *m* тралбо́т *m*
Fischlupe *f* рыболока́тор *m*
Fischnetz *n* рыболо́вная сеть *f*
Fischortungsgerät *n* рыболока́тор *m*, рыбопоиско́вая аппарату́ра *f*
Fischpass *m (Hydt)* рыбохо́д *m*
Fischpumpe *f* рыбонасо́с *m*
Fischtrawler *m* рыболо́вный тра́улер *m*
Fischverarbeitungs... рыборазде́лочный
Fischverarbeitungsmutterschiff *n* плаву́чая (рыбоперераба́тывающая) ба́за *f*
Fischverarbeitungsschiff *n* плаву́чий рыбозаво́д *m*
Fitting *n* фи́тинг *m*
Fixierbad *n (Photo)* фикса́ж *m*, закрепи́тель *m*, фикса́жный раство́р *m*
~/härtendes дубя́щий фикса́ж *m*
~/saures ки́слый фикса́ж *m*
fixieren 1. *(Masch)* фикси́ровать, сто́порить; 2. *(Photo)* закрепля́ть; 3. *(Text)* закрепля́ть, стабилизи́ровать, форми́ровать
Fixieren *n* 1. *(Masch)* фикси́рование *n*, фикса́ция *f*, сто́порение *n*; 2. *(Photo)* закрепле́ние *n*; 3. *(Text)* закрепле́ние *n*, формирова́ние *n (Veredlung)*
Fixierlösung *f (Photo)* фикса́ж *m*
Fixiermittel *n (Photo)* закрепи́тель *m*; фикса́тор *m*
Fixiersalz *n (Photo)* закрепи́тель *m*, фикса́жная соль *f*
fixiert *(Text)* стабилизи́рованный
Fixierung *f s.* Fixieren
Fixpunkt *m* 1. *(Math)* неподви́жная то́чка *f*; 2. *s.* Festpunkt 1.

Fixstern *m* неподви́жная звезда́ *f*
Fk *n s.* Fernkabel
flach 1. пло́ский; 2. ме́лкий, неглубо́кий
Flachband *n* 1. *(Förd)* пло́ская конве́йерная ле́нта *f*; 2. *(Ph)* пло́ская зо́на *f*
Flachbettfelge *f (Kfz)* пло́ский о́бод *m*
Flachbettplotter *m* планше́тный графопострои́тель *m*
Flachdach *n (Bw)* пло́ская кро́вля [кры́ша] *f*
Flachdruck *m (Typ)* пло́ская печа́ть *f*
Flachdruckform *f (Typ)* фо́рма *f* пло́ской печа́ти
Fläche *f* 1. пло́скость *f*; пове́рхность *f*; 2. пло́щадь *f*; 3. *(Krist, Math, Wkz)* грань *f*
~/**äußere** нару́жная пове́рхность *f*
~/**ebene** пло́ская пове́рхность *f*
~/**gekrümmte** криволине́йная пове́рхность *f*
~/**katakaustische** *(Opt)* катака́устика *f*
~/**konkave** во́гнутая пове́рхность *f*
~/**konvexe** вы́пуклая пове́рхность *f*
~/**sphärische** *(Math)* сфери́ческая пове́рхность *f*
~/**spiegelnde** отража́ющая пове́рхность *f*
Flächen... плоскостно́й; пове́рхностный
Flächenabtragung *f (Geol)* денуда́ция *f*
Flächenblitz *m* пло́ская мо́лния *f*
Flächendiode *f (Eln)* плоскостно́й дио́д *m*
Flächendruck *m (Mech)* уде́льное давле́ние *n*
Flächenelektrode *f (El)* пло́ский электро́д *m*
Flächengebilde *n (Text)* полотно́ *n*
flächengleich *(Math)* равновели́кий
Flächenheizung *f* пане́льно-лучи́стое отопле́ние *n*
Flächeninhalt *m* пло́щадь *f*
Flächenkraft *f (Mech)* пове́рхностная си́ла *f*
Flächenmaß *n* ме́ра *f* пло́щади
Flächenmesser *m* планиме́тр *m*
Flächenpressung *f* **(/spezifische)** *(Mech)* уде́льное давле́ние *n*
Flächenstrahlungsheizung *f* пане́льно-лучи́стое отопле́ние *n*
Flächentheorie *f (Math)* тео́рия *f* пове́рхностей
Flächentragwerk *n (Bw)* пло́скостная констру́кция *f*
Flächentransistor *m* плоскостно́й [пове́рхностный] транзи́стор *m*
flächentreu *(Kart)* равновели́кий
Flächenwinkel *m (Math)* двугра́нный у́гол *m*
flächenzentriert *(Krist)* гранецентри́рованный
~/**allseitig** всесторо́нне гранецентри́рованный
~/**einseitig** базоцентри́рованный
Flaches *n (Bgb)* накло́н *m*
Flachfeder *f (Masch)* призмати́ческая шпо́нка *f*
Flachfeile *f* пло́ский напи́льник *m*
Flachform(buch)druckmaschine *f (Typ)* плоскопеча́тная маши́на *f*
Flachgewinde *n (Masch)* прямоуго́льная резьба́ *f*
Flachglas *n* листово́е стекло́ *n*
Flachgurt *n (Förd)* пло́ская конве́йерная ле́нта *f*
Flachkaliber *n (Wlz)* пло́ский кали́бр *m*
Flachkeil *m (Masch)* шпо́нка *f* на лы́ске
Flachknüppel *m (Wlz)* пло́ская загото́вка *f*; суту́нка *f*
Flachkupfer *n* полосова́я медь *f*
Flachland *n (Geol)* равни́на *f*
Flachlehre *f (Mess)* пло́ский кали́бр *m*
Flachmagnet *m* пло́ский магни́т *m*
Flachort *n (Bgb)* накло́н *m*
Flachpalette *f* пло́ский поддо́н *m*
Flachraspel *f (Wkz)* пло́ский ра́шпиль *m*
Flachs *m* лён *m (Pflanze)*
Flachschaber *m (Wkz)* пло́ский ша́бер *m*
Flachschlagen *n (Schm)* сплю́щивание *n*
Flachschleifen *n (Fert)* пло́ское шлифова́ние *n*
Flachschleifmaschine *f (Wkzm)* плоскошлифова́льный стано́к *m*
Flachschütze *f (Hydt)* пло́ский затво́р *m*
Flachsdarre *f* льносуши́лка *f*
Flachsfaser *f* льняно́е волокно́ *n*
Flachsgarnspinnerei *f (Text)* льнопряде́ние *n*
Flachsknickmaschine *f (Text)* льномя́лка *f*

Flachstahl *m (Wlz)* полосова́я сталь *f*, полоса́ *f*
Flachstahl(walz)straße *f* полосово́й (прока́тный) стан *m*
Flachstahlwalzwerk *n* полосово́й (прока́тный) стан *m*
Flachstrickmaschine *f (Text)* плосковяза́льная маши́на *f*
Flachstromvergaser *m* карбюра́тор *m* с горизонта́льным пото́ком
Flachsvollerntemaschine *f (Lw)* льнокомба́йн *m*
Flachwagen *m (Eb)* ваго́н-платфо́рма *m*, платфо́рма *f*
Flachwasser *m (Hydrol)* мелково́дье *n*
Flachzange *f (Wkz)* плоскогу́бцы *pl*
Flachziegel *m (Bw)* пло́ская черепи́ца *f*
flackern мига́ть; мерца́ть
Flackern *n* мига́ние *n*; мерца́ние *n*
Flag *n (Inf)* флаг *m*
Flagbit *n (Inf)* фла́говый разря́д *m*
Flagge *f (Inf)* флаг *m*, флажо́к *m*
Flagwort *n (Inf)* фла́говое сло́во *n*
Flamm... пла́менный
Flamme *f* пла́мя *n*; фа́кел *m*
~/oxidierende окисли́тельное пла́мя *n*
~/reduzierende восстанови́тельное пла́мя *n*
Flammenhärten *n (Härt)* пла́менная зака́лка *f*
Flammenlöten *n* газопла́менная па́йка *f*
Flammenrückschlag *m* проско́к *m* пла́мени
Flammhärten *n (Härt)* пла́менная зака́лка *f*
Flammlöten *n* газопла́менная па́йка *f*
Flammofen *m (Met)* пла́менная печь *f*
Flammofenschmelzen *n (Met)* отража́тельная пла́вка *f*
Flammpunkt *m* температу́ра [то́чка] *f* воспламене́ния [вспы́шки]
Flammrohrkessel *m* жаротру́бный котёл *m*
Flammschutz... огнезащи́тный
Flanke *f* 1. бок *m*; 2. *(Masch)* про́филь *m*; 3. *(Masch)* бокова́я пове́рхность *f (Zahnrad, Gewinde)*; 4. фронт *m (z. B. eines Impulses)*; 5. *(Geol)* крыло́ *n*
Flankenfläche *f (Masch)* бокова́я пове́рхность *f (Zahnrad, Gewinde)*
Flansch *m* 1. борт *m*; ребо́рда *f*; 2. *(Masch)* фла́нец *m*; 3. *(Wlz)* по́лка *f (T- und I-Stahl)*
Flansch... фла́нцевый
flanschen/blind заглуша́ть *(Rohrleitungen)*
Flanschkupplung *f* 1. *(Masch)* фла́нцевое соедине́ние *n*; 2. попере́чно-свёртная му́фта *f*; фла́нцевая му́фта *f*
Flanschrohr *n* фла́нцевая труба́ *f*
Flanschverbindung *f (Masch)* фла́нцевое соедине́ние *n*
Flare *m(n) (Astr)* со́лнечная вспы́шка *f*
Flasche *f* буты́лка *f*; балло́н *m*; *(Ch)* скля́нка *f (Laborgerät)*
Flaschen... буты́лочный
Flaschenabfüllautomat *m* разли́вочный автома́т *m*
Flaschenglas *n* буты́лочное стекло́ *n*
Flaschenzug *m (Förd)* полиспа́ст *m*, таль *f*
Flash-Speicher *m (Inf)* флэш-па́мять *f*
Flat-File-Prozessor *m* табли́чный проце́ссор *m*
Flattererscheinung *f (Aero, Flg)* фла́ттер *m*
Flattern *n* 1. *(Aero, Flg)* фла́ттер *m*; 2. *(Kfz)* виля́ние *n (der Räder)*
flau неконтра́стный
flauschig *(Text)* пуши́стый
Flaute *f* безве́трие *n*
flechten плести́
Flechten *n* плете́ние *n*
Fleck *m* пятно́ *n*
Fleckenentferner *m* пятновыводи́тель *m*
Fleischwolf *m* мясору́бка *f*
flexibel ги́бкий; эласти́чный; упру́гий
Flexibilität *f* ги́бкость *f*; эласти́чность *f*; упру́гость *f*
Flexur *f (Geol)* флексу́ра *f*
fliegen лете́ть
~/nach Sicht лете́ть визуа́льно
Fliegerkosmonaut *m* лётчик-космона́вт *m*
Fliehkraft *f (Mech)* центробе́жная си́ла *f*
Fliehkraft... центробе́жный
Fliehkraftabscheider *m* центробе́жный сепара́тор *m*
Fliehkraftbremse *f* центробе́жный то́рмоз *m*

Fliehkraftkupplung *f (Kfz)* центробе́жное сцепле́ние *n*, центробе́жная му́фта *f*
Fliehkraftmühle *f* центробе́жная ме́льница *f*
Fliehkraftregler *m* центробе́жный регуля́тор *m*
Fliehkraftschalter *m* центробе́жный выключа́тель *m*
Fliehkrafttachometer *n* центробе́жный тахо́метр *m*
Fliese *f (Bw)* пли́тка *f*
Fliesenfußboden *m* пли́точный пол *m*
Fließ... пото́чный
Fließband *n* конве́йер *m*
Fließbandtrockner *m* конве́йерная суши́лка *f*
Fließbearbeitung *f (Fert)* пото́чная обрабо́тка *f*
Fließbett *n (Ch)* кипя́щий слой *m*
Fließbettverfahren *n (Ch)* псевдоожиже́ние *n (Krackverfahren)*
Fließebene *f s.* Scherebene
fließen течь
Fließen *n* 1. тече́ние *n*; 2. теку́честь *f (von Werkstoffen)*
~/**plastisches** теку́честь *f (von Werkstoffen)*
Fließfertigung *f* пото́чное произво́дство *n*
Fließfiguren *fpl (Mech)* фигу́ры *fpl* тече́ния
Fließförderung *f* пото́чный тра́нспорт *m*
Fließgrenze *f (Wkst)* преде́л *m* теку́чести
Fließgrenzspannung *f (Wkst)* преде́л *m* теку́чести
Fließmontage *f* пото́чная сбо́рка *f*
Fließpressen *n (Umf)* выда́вливание *n*, штампо́вка *f* выда́вливанием
Fließpunkt *m (Mech)* то́чка *f* теку́чести
Fließreihe *f (Fert)* пото́чная ли́ния *f*
Fließstraße *f (Fert)* пото́чная ли́ния *f*
Fließtemperatur *f (Mech)* то́чка *f* теку́чести
Fließverfahren *n* 1. непреры́вный проце́сс *m*; 2. пото́чное произво́дство *n*
Fließverhalten *n* теку́честь *f (von Werkstoffen)*
Fließvermögen *n (Hydrom)* теку́честь *f*
flimmern мига́ть; мерца́ть
Flimmern *n* мига́ние *n*; мерца́ние *n*
flink *(El)* быстроде́йствующий, безынерцио́нный *(Sicherungen)*
Flint *m* флинт *m*
Flinte *f* (гладкостві́льное) ружьё *n (mit glattem Lauf)*
Flintglas *n* флинт *m*
Flipchip *m (Inf)* перевёрнутый чип [криста́лл] *m*
Flipflop *n (Eln)* три́ггер *m*
~/**dynamisches** динами́ческий три́ггер *m*
~/**statisches** стати́ческий три́ггер *m*
Flipflop... *(Eln)* три́ггерный
Flip-Flop-Schaltung *f (Eln)* бистаби́льная схе́ма *f*
Floatinggate *n (Eln)* пла́вающий затво́р *m*
Flocke *f (Text)* клочо́к *m*
flocken флокули́ровать
Flocken *fpl* 1. хло́пья *pl*; 2. *(Wkst)* фло́кены *mpl (Fehler im Stahl)*
flockenartig хлопьеви́дный
Flockenbildung *f* хлопьеобразова́ние *n*
flockig хлопьеви́дный
Flockung *f s.* Ausflockung
Floppy-Disc *f*, **Floppy-Disk** *f s.* Floppydisk
Floppydisk *f (Inf)* ги́бкий (магни́тный) диск *m*, ГМД *m*
Flor... *(Text)* во́рсовый
Floß *n* плот *m*
Flosse *f (Flg, Rak)* стабилиза́тор *m*
flößen *(Forst)* сплавля́ть
Flößen *n (Forst)* сплавле́ние *n*
Flößerei *f* лесоспла́в *m*
Flotation *f* флота́ция *f*, флотацио́нное обогаще́ние *n (Aufbereitung)*
~/**selektive** селекти́вная флота́ция *f*
Flotations... флотацио́нный
Flotationsanlage *f* флотацио́нная устано́вка *f*
Flotationsaufbereitung *f s.* Flotation
Flotationschemikalie *f* флотореаге́нт *m (zur Aufbereitung)*
Flotationsgerät *n s.* Flotationsmaschine
Flotationskonzentrat *n* флотацио́нный концентра́т *m*, флотоконцентра́т *m (Aufbereitung)*
Flotationsmaschine *f* флотацио́нная маши́на *f*, флотомаши́на *f (Aufbereitung)*

Flotationsmittel *n* флотацио́нный аге́нт [реаге́нт] *m*, флотореаге́нт *m* *(zur Aufbereitung)*

Flotiermittel *n s.* Flotationsmittel

Flotte *f* 1. флот *m*; 2. *(Text)* ва́нна *f*, жи́дкость *f*, раство́р *m*

Flottenverhältnis *n (Text)* во́дный мо́дуль *m* (ва́нны)

Flöz *n (Geol, Bgb)* пласт *m*

~/**horizontal lagerndes** *(Bgb)* горизонта́льный пласт *m*

~/**seiger einfallendes** *(Bgb)* вертика́льный пласт *m*

~/**steil einfallendes** *(Bgb)* круто́й [крутопа́дающий] пласт *m*

Flözmächtigkeit *f (Geol, Bgb)* мо́щность *f* пласта́

flüchtig 1. лету́чий; 2. *(Inf)* энергозави́симый *(Speicher)*

~/**nicht** 1. *(Ch)* нелету́чий; 2. *(Inf)* энергонезави́симый *(Speicher)*

Flüchtigkeit *f (Ch)* фугати́вность *f*, лету́честь *f*

Fluchtkammer *f (Bgb)* ка́мера-убе́жище *f*

Fluchtpunkt *m* 1. *(Geod)* то́чка *f* схо́да; 2. *(Astr)* ве́ртекс *m*

Fluchtweg *m* запасно́й вы́ход *m*

Fluenz *f (Kern)* флю́енс *m*, интегра́льный пото́к *m*

Flug *m* полёт *m*

~/**aktiver** акти́вный полёт *m*

~/**antriebsloser** пасси́вный полёт *m*

~ **auf einer Umlaufbahn** орбита́льный полёт *m*

~/**hypersonischer** гиперзвуково́й полёт *m*

~/**interplanetarer** межплане́тный полёт *m*

~/**passiver** пасси́вный полёт *m*

~/**schallnaher** околозвуково́й полёт *m*

Flugasche *f* лету́чая зо́ла *f*

Flugbahn *f (Astr, Raumf)* траекто́рия *f* (полёта); *(Mech)* траекто́рия *f (Ballistik)*

~/**absteigende** нисходя́щая траекто́рия *f*

~/**ansteigende** восходя́щая траекто́рия *f*

~/**aufsteigende** восходя́щая траекто́рия *f*

~/**ballistische** баллисти́ческая траекто́рия *f*

~/**gekrümmte** криволине́йная траекто́рия *f*

~/**geradlinige** прямолине́йная траекто́рия *f*

~/**kreisförmige** кругова́я траекто́рия *f*

Flugbahnabschnitt *m (Rak, Flg)* уча́сток *m* траекто́рии

Flugbenzin *n* авиацио́нный бензи́н *m*

Flugdatenschreiber *m s.* Flugschreiber

Flugdienst *m* /**aviochemischer** *(Lw, Forst)* сельскохозя́йственная авиа́ция *f*

Flugdynamik *f* дина́мика *f* полёта

Flügel *m* 1. крыло́ *n*, ло́пасть *f (eines Lüfters)*; 2. *(Flg)* крыло́ *n*; 3. *(Bw)* крыло́ *n (eines Gebäudes)*; 4. ство́рка *f*, полотно́ *n (einer Tür, eines Fensters)*; 5. лопа́тка *f*, ло́пасть *f (eines Flügelrades)*; 6. *(Text)* рогу́лька *f*; 7. *(Geol)* крыло́ *n*

Flügelklappe *(Flg)* закры́лок *m*

Flügelkolbenpumpe *f* кры́льчатый насо́с *m*

flügellos *(Rak)* бескры́лый

Flügelmischer *m* ло́пастная меша́лка *f*, ло́пастный смеси́тель *m*

Flügelmutter *f* га́йка-бара́шек *f*, бара́шек *m*, бара́шковая [кры́льчатая] га́йка *f*

Flügelpumpe *f* кры́льчатый [пласти́нчатый] насо́с *m*

Flügelrad *n* 1. крыльча́тка *f*; ло́пастное колесо́ *n*; 2. верту́шка *f*

Flügelradanemometer *n (Meteo)* крыльча́тый анемо́метр *m*

Flügelrakete *f* крыла́тая раке́та *f*

Flügelschraube *f* винт-бара́шек *m*

Flügelsehne *f (Flg)* хо́рда *f* крыла́ *f*

Flügelsignal *n (Eb)* семафо́р *m*

Flügeltiefe *f (Flg)* хо́рда крыла́ *f*

Flügelzellenpumpe *f* пласти́нчатый насо́с *m*

Flugerprobung *f* лётное испыта́ние *n*

Flugfeld *n (Flg)* лётное по́ле *n*

Flugfunknavigation *f* аэрорадионавига́ция *f*

Flugfunkstelle *f* авиацио́нная радиоста́нция *f*

Fluggeschwindigkeit *f (Flg)* ско́рость *f* полёта

Flughafen *m* аэропо́рт *m*
~/internationaler междунаро́дный аэропо́рт *m*
Flughöhe *f* высота́ *f* полёта
Flugkörper *m* лета́тельный аппара́т *m*, ЛА *m*
~/interplanetarer межплане́тный косми́ческий аппара́т *m*
Flugkraftstoff *m* авиацио́нное то́пливо *n*
Fluglärm *m (Ökol)* авиацио́нный [полётный] шум *m*
Fluglehrer *m* лётчик-инстру́ктор *m*
Flugleitzentrum *n* центр *m* управле́ния полётом
Fluglinie *f (Flg)* возду́шная ли́ния *f*, авиали́ния *f*
Flugmechanik *f* меха́ника *f* полёта
Flugmotor *m* авиацио́нный дви́гатель *m*
Flugmotorenkraftstoff *m* авиацио́нное то́пливо *n*
Flugmotorenöl *n* авиацио́нное ма́сло *n*
Flugnavigation *f* аэронавига́ция *f*
Flugplatz *m* аэродро́м *m*
Flugprüfung *f* лётное испыта́ние *n*
Flugregler *m (Flg)* автопило́т *m*
Flugroute *f (Flg)* маршру́т *m*
Flugsand *m* нано́сный песо́к *m*
Flugschreiber *m (Flg)* бортово́й самопи́сец *m*, «чёрный я́щик» *m*
Flugsimulator *m* лётный тренажёр *m*
Flugstaub *m* уно́с *m*
Flugstrecke *f (Flg)* маршру́т *m*
Flugtauglichkeit *f* лётная го́дность *f*
flugtechnisch лётно-техни́ческий
Flugtrainer *m* лётный тренажёр *m*
Flugtriebwerk *n* авиацио́нный дви́гатель *m*
Flugverkehr *m* возду́шное движе́ние *n*
Flugwesen *n* авиа́ция *f*
Flugzeug *n* самолёт *m*
~/bemanntes пилоти́руемый самолёт *m*
~/senkrecht startendes вертика́льновзлета́ющий самолёт *m*
~/unbemanntes беспило́тный самолёт *m*
Flugzeugbau *m* самолётострое́ние *n*
Flugzeugbesatzung *f* экипа́ж *m* самолёта
Flugzeugführung *f* пилоти́рование *n*, самолётовожде́ние *n*
Flugzeughalle *f* анга́р *m*
Flugzeugindustrie *f* авиацио́нная промы́шленность *f*
Flugzeugmodellbau *m* авиамодели́зм *m*
Flugzeugmotor *m* авиацио́нный дви́гатель *m*
Flugzeugpark *m* возду́шный флот *m*
Flugzeugscheinwerfer *m* авиацио́нная фа́ра *f*
Flugzeugschlepper *m* аэродро́мный тяга́ч *m*
Flugzeugsprühgerät *n* аэроопры́скиватель *m*, авиаопры́скиватель *m (zur Schädlingsbekämpfung)*
Flugzeugstäubegerät *n* аэроопылива́тель *m (zur Schädlingsbekämpfung)*
Flugzeugsteuerung *f* управле́ние *n* самолётом
Flugzeugträger *m (Mil)* авиано́сец *m*
Flugzeugtriebwerk *n* авиацио́нный дви́гатель *m*
Fluidik *f* стру́йная те́хника *f*
Fluidität *f (Hydrom)* теку́честь *f*
Fluidtechnik *f* стру́йная те́хника *f*
Fluktuation *f* флуктуа́ция *f*
Fluktuations... флуктуацио́нный
Fluor *n* фтор *m*, F
Fluor... фто́ристый
Fluorchlorkohlenwasserstoff *m (Ch)* фторхлоруглеводоро́д *m*
Fluoreszenz *f* флуоресце́нция *f*
Fluoreszenz... флуоресце́нтный, флуоресци́рующий
Fluoreszenzmesser *m s.* Fluorimeter
Fluoreszenzmessung *f s.* Fluorimetrie
Fluoreszenzmikroskop *n* люминесце́нтный [флюоресце́нтный] микроско́п *m*
Fluoreszenzschirm *m* флуоресци́рующий экра́н *m*
fluoreszieren флуоресци́ровать
fluoreszierend флуоресци́рующий
fluorhaltig фторосодержа́щий
fluorieren *(Ch)* фтори́ровать
Fluorieren *n (Ch)* фтори́рование *n*
fluoriert *(Ch)* фтори́рованный
Fluorierung *f (Ch)* фтори́рование *n*
Fluorimeter *n* флуоро́метр *m*, флуори́метр *m*
Fluorimetrie *f* флуороме́трия *f*, флуориме́трия *f*

Fluorit *m (Min)* флюори́т *m*
Fluorometer *n s.* Fluorimeter
Fluorometrie *f s.* Fluorimetrie
fluorometrisch флуорометри́ческий
Fluorosilikat *n (Ch)* фторосилика́т *m*
Fluorwasserstoff... фтористоводоро́дный
Fluorwasserstoffsäure *f* пла́виковая кислота́ *f*
Flurförderer *m* напо́льный конве́йер *m*
Flurförderung *f* напо́льный тра́нспорт *m*
Flurförderzeuge *npl* напо́льный тра́нспорт *m*
Fluss *m* 1. тече́ние *n*; 2. пото́к *m (z. B. Magnetfluss)*; 3. ток *m*; 4. флюс *m*; 5. река́ *f*
~/schiffbarer судохо́дная река́ *f*
Flussbahnhof *m* речно́й вокза́л *m*
Flussbett *n (Hydrol)* ло́же *n* (ре́ки); ру́сло *n*
Flussdichte *f (Kern)* нейтро́нный пото́к *m (Neutronen)*
Flusseinheit *f s.* Jansky
Flussgabelung *f (Hydrol)* бифурка́ция *f*
Flusshafen *m* речно́й порт *m*
flüssig 1. жи́дкий; 2. пла́вный *(z. B. Bewegungen)*
Flüssigchromatographie *f* жи́дкостная хроматогра́фия *f*
flüssig-fest жидкокристалли́ческий
Flüssig-flüssig-Chromatographie *f* жи́дкостно-жи́дкостная хроматогра́фия *f*
Flüssiggastanker *m (Schiff)* газово́з *m*, та́нкер-газово́з *m*
Flüssigkeit *f* 1. жи́дкость *f*; 2. *(Ch)* раство́р *m*; 3. пла́вность *f (z. B. einer Bewegung)*
~/ideale [reibungslose] *(Hydrom)* идеа́льная жи́дкость *f*
~/viskose [zähe] *(Hydrom)* вя́зкая жи́дкость *f*
Flüssigkeits... жи́дкостный
flüssigkeitsähnlich псевдоожи́женный
Flüssigkeitschromatograph *m (Ch)* жи́дкостный хромато́граф *m*
Flüssigkeitschromatographie *f (Ch)* жи́дкостная хроматогра́фия *f*
Flüssigkeitsdämpfer *m* жи́дкостный де́мпфер [успоко́итель] *m*
Flüssigkeits-Feststoff-Triebwerk *n* гибри́дный раке́тный дви́гатель *m*
Flüssigkeitsgetriebe *n (Masch)* гидравли́ческая переда́ча *f*, гидропереда́ча *f*
~/dynamisches *(Masch)* турбопереда́ча *f*
Flüssigkeitskalorimeter *n* жи́дкостный калори́метр *m*
Flüssigkeitskühlung *f* жи́дкостное охлажде́ние *n*
Flüssigkeitskupplung *f* гидравли́ческая му́фта *f*, гидрому́фта *f*
Flüssigkeitslaser *m* жи́дкостный ла́зер *m*
Flüssigkeitsmanometer *n* жи́дкостный мано́метр *m*
Flüssigkeitsrakete *f* раке́та *f* на жи́дком то́пливе, жи́дкостная раке́та *f*
Flüssigkeitsraketentriebwerk *n* жи́дкостный раке́тный дви́гатель *m*, ЖРД *m*
Flüssigkeitsreibung *f* жи́дкостное тре́ние *n*
Flüssigkeitstachometer *n* гидро́метр *m*
Flüssigkeitsthermometer *n* жи́дкостный термо́метр *m*
Flüssigkeitsvakuummeter *n* жи́дкостный вакуумме́тр *m*
Flüssigkristallanzeigegerät *n* жидкокристалли́ческий индика́тор *m*
Flüssigkristallanzeiger *m* жидкокристалли́ческий индика́тор *m*
Flüssigluft *f* жи́дкий во́здух *m*
Flüssigphasenepitaxie *f (Krist)* жидкофа́зная рекристаллиза́ция *f*, жидкофа́зная эпитакси́я *f*
Flüssigphasenrekristallisation *f s.* Flüssigphasenepitaxie
Flüssigtreibstoff *m* жи́дкое то́пливо *n*
Flusskahn *m* речна́я ба́ржа *f*
Flussmesser *m (El)* флюксме́тр *m*
Flussmittel *n (Met)* флюс *m*; пла́вень *m*
~/basisches осно́вный флюс *m*
~/oxidierendes окисли́тельный флюс *m*
~/saures ки́слый флюс *m*
Flusssäure *f (Ch)* пла́виковая кислота́ *f*
Flussschiff *n* речно́е су́дно *n*
Flussschifffahrtsflotte *f* речно́й флот *m*
Flussschlepper *m* речно́й букси́р *m*

Flussspat *m (Min)* флюори́т *m*, пла́виковый шпат *m*
Flussstrom *m (El, Halbl)* прямо́й ток *m*
Flussverkettung *f (El)* потокосцепле́ние *n*
fluten 1. *(Erdöl)* заводня́ть; 2. *(Schiff)* затопля́ть
Fluten *n* 1. *(Erdöl)* заводне́ние *n*; 2. *(Schiff)* затопле́ние *n*
Flutgraben *m (Hydt)* водоотво́дный кана́л *m*
Flutlicht *n* залива́ющий свет *m*
Flutmesser *m* **/selbstregistrierender** мареогра́ф *m*
Flutventil *n (Schiff)* забо́ртный кла́пан *m*, кингсто́н *m*
Fluxmeter *n (El)* флюксме́тр *m*
Flyby *n (Flg, Raumf)* пролёт *m*
Flyer *m (Text)* ро́вничная маши́на *f*
Flyer... *(Text)* ро́вничный
Fm *s.* Fermium
FM *f s.* Frequenzmodulation
FM-... *s.* frequenzmoduliert
FMS *n s.* Fertigungssystem/flexibles
FM-Signal *n (El)* часто́тно-модули́рованный сигна́л *m*
Föhn *m* 1. *(Meteo)* фён *m*; 2. фен *m* *(Haartrochner)*
fokal *(Opt)* фока́льный
Fokal... *(Opt)* фока́льный
Fokaldistanz *f (Opt, Photo)* фо́кусное расстоя́ние *n*
Fokalebene *f (Opt)* фока́льная пло́скость *f*
Fokallinie *f (Opt)* фока́льная ли́ния *f*
Fokalweite *f (Opt, Photo)* фо́кусное расстоя́ние *n*
Fokus *m (Opt)* фо́кус *m*
Fokussier... *s.* Fokussierungs...
Fokussiereinheit *f (Eln)* блок *m* фокусиро́вки
fokussieren *(Opt)* фокуси́ровать
Fokussierung *f (Opt)* фокусиро́вка *f*, фокуси́рование *n*
~**/magnetische** *(Kern)* магни́тная фокусиро́вка *f*
Fokussierungseinrichtung *f (Opt)* фокуси́рующее устро́йство *n*
Fokussierungselektrode *f* фокуси́рующий электро́д *m*
Fokussierungslinse *f (Opt)* собира́ющая [фокуси́рующая] ли́нза *f*
Folge *f* 1. после́довательность *f*; чередова́ние *n*; *(Math)* после́довательность *f*
~**/absteigende** *(Math)* убыва́ющая после́довательность *f*
~**/aufsteigende** *(Math)* возраста́ющая после́довательность *f*
Folge... следя́щий
Folgeantrieb *m* следя́щий при́вод *m*
Folgebetrieb *m (El)* следя́щий режи́м *m*
Folgeeinrichtung *f (Reg)* следя́щее устро́йство *n*
Folgemotor *m (El, Reg)* следя́щий дви́гатель *m*
folgen сле́довать
~**/aufeinander** чередова́ться
Folgen *n* слеже́ние *n*
folgend/aufeinander после́довательный
Folgeregelung *f (Reg)* слеже́ние *n*, следя́щее регули́рование *n*
Folgeregler *m (Reg)* серворегуля́тор *m*, следя́щий регуля́тор *m*
Folgesatz *m (Math)* вы́вод *m*
Folgeschaltung *f (Rf)* повтори́тель *m*; *(Reg)* следя́щая схе́ма *f*
Folgesteuerung *f (Reg)* после́довательное [следя́щее] управле́ние *n*
Folgesystem *n (Reg)* следя́щая систе́ма *f*
Folgezeiger *m* следя́щая стре́лка *f*
Folie *f* фольга́ *f*, плёнка *f*
Folien... фо́льговый, плёночный
Folienkondensator *m (El)* плёночный конденса́тор *m*
Fon *n* фон *m (Einheit der Lautstärke)*
Fön *m s.* Föhn 2.
Fontäne *f* фонта́н *m*
Forcierung *f* форсиро́вка *f*
Förderanlage *f* **/pneumatische** пневмотра́нспорт *m*
Förderband *n* ле́нточный конве́йер *m*
Förderbandofen *m* конве́йерная печь *f*
Förderbetrieb *m (Bgb)* тра́нспорт *m*
Förderbohrung *f (Bgb)* эксплуатацио́нная сква́жина *f*
Förderbrücke *f (Bgb)* тра́нспортно-отва́льный мост *m*
Fördereinrichtung *f* транспортёр *m*
Förderer *m* транспортёр *m*, конве́йер *m*

~/**hydraulischer** гидравли́ческий транспортёр *m*
~/**pneumatischer** пневмати́ческий транспортёр *m*
Fördererz *n* рядова́я [сыра́я] руда́ *f*
Fördergefäß *n (Bgb)* скип *m*; подъёмный сосу́д *m (Schachtförderung)*
Fördergeräte *npl* тра́нспортные сре́дства *npl*
Fördergerüst *n (Bgb)* (надша́хтный) копёр *m*
Fördergestell *n (Bgb)* (подъёмная) клеть *f*
Fördergestellaufzug *m (Bgb)* ша́хтный клетево́й подъёмник *m*
Fördergurt *m* конве́йерная ле́нта *f*
Förderhaspel *f (Bgb)* подъёмная лебёдка *f*
Förderhöhe *f* напо́р *m (einer Pumpe)*; высота́ *f* подъёма [нагнета́ния] *(einer Pumpe)*
~/**manometrische** манометри́ческий напо́р *m (einer Pumpe)*
Förderkette *f (Bgb)* скребко́вая [тя́говая] цепь *f*
Förderkohle *f* рядово́й у́голь *m*
Förderkorb *m (Bgb)* (подъёмная) клеть *f*
Förderleistung *f* 1. *(Förd)* производи́тельность *f*; 2. *(Bgb)* произво́дственная мо́щность *f*
Fördermaschine *f (Bgb)* подъёмная маши́на *f*; конве́йер *m*
Fördermittel *npl* тра́нспортные сре́дства *npl*
~/**innerbetriebliche** внутризаводско́й тра́нспорт *m*
fördern 1. транспорти́ровать, перемеща́ть; 2. доставля́ть; *(Bgb)* добыва́ть; *(Bgb)* эксплуати́ровать; *(Bgb)* поднима́ть *(im senkrechten Schacht)*; 3. нагнета́ть *(Flüssigkeiten)*
Förderrinne *f* тра́нспортный жёлоб [лото́к] *m*
Förderschacht *m (Bgb)* подъёмный ствол *m*
Förderschale *f (Förd)* лю́лька *f*
Förderschnecke *f (Förd)* винтово́й конве́йер *m*, тра́нспортный шнек *m*
Förderseil *n (Bgb)* грузоподъёмный кана́т *m*
Fördersohle *f (Bgb)* отка́точный горизо́нт *m*
Fördersonde *f (Bgb)* эксплуатацио́нная сква́жина *f*
Förderstollen *m (Bgb)* отка́точная што́льня *f*
Förderstrecke *f (Bgb)* отка́точный штрек *m*
Förderstrom *m (Förd)* производи́тельность *f (z. B. einer Pumpe)*
Fördertechnik *f* подъёмно-тра́нспортное обору́дование *n*
Förderturm *m (Bgb)* копёр *m*
Forderung *f* тре́бование *n*
Förderung *f* 1. тра́нспорт *m*, транспорти́рование *n*, транспортиро́вка *f*, перемеще́ние *n*; 2. *(Bgb)* добы́ча *f*; эксплуата́ция *f*; 3. доста́вка *f*; пода́ча *f (z. B. von Flüssigkeiten)*; 4. *(Bgb)* добы́ча *f*, объём *m* добы́чи; *(Erdöl)* деби́т *m*; 5. *(Bgb)* отка́тка *f*; подъём *m*; рудни́чный тра́нспорт *m*
~/**hydraulische** гидравли́ческий тра́нспорт *m*, гидротра́нспорт *m*
~/**pneumatische** пневмати́ческий тра́нспорт *m*, пневмотра́нспорт *m*
~/**schienenlose** безре́льсовый тра́нспорт *m*
Forke *f (Lw)* ви́лы *pl*
Form *f* 1. фо́рма *f*; вид *m*; 2. конфигура́ция *f*; о́браз *m*; про́филь *m*; 3. *(Wkz, Typ, Gieß, Math)* фо́рма *f*; 4. *(Schm)* руче́й *m (eines Gesenks)*; 5. *(Met)* (возду́шная) фу́рма *f (am Konverter)*
~/**binäre** *(Math)* бина́рная фо́рма *f*
~/**verlorene** *(Gieß)* ра́зовая [песча́ная] фо́рма *f*
Formaldehyd *m (Ch)* формальдеги́д *m*
Formänderung *f* формоизмене́ние *n*; *(Mech)* деформа́ция *f*
~/**bleibende** *s.* ~/plastische
~/**elastische** упру́гая деформа́ция *f*
~/**plastische** оста́точная [пласти́ческая] деформа́ция *f*
Formänderungsarbeit *f (Mech)* рабо́та *f* деформа́ции
Formänderungsgrad *m (Wlz, Umf)* вы́тяжка *f*
Formänderungsvermögen *n (Mech)* пласти́чность *f*
Formarbeit *f (Gieß)* формо́вка *f*
Format *n* форма́т *m*; разме́р *m*

Formatgestaltung *f (Inf)* форматиро́вание *n*
Formatieren *n (Inf)* формати́рование *n*
Formation *f (Geol)* форма́ция *f*; пери́од *m*
Formatsteuerung *f (Inf)* управле́ние *n* форма́том
formbar пласти́чный; форму́ющийся
Formbarkeit *f* пласти́чность *f*; форму́емость *f*
formbeständig *(Text)* формоусто́йчивый
Formbeständigkeit *f (Text)* формоусто́йчивость *f*
Formbett *n (Gieß)* посте́ль *f*
Formdrehmaschine *f* фасо́нно-тока́рный стано́к *m*
Formel *f* фо́рмула *f*; *(Math)* выраже́ние *n*
~/chemische хими́ческая фо́рмула *f*
~/empirische эмпири́ческая фо́рмула *f*
formen *(Gieß)* формова́ть
Formen *n* формо́вка *f*, формова́ние *n*
~/kastenloses *(Gieß)* безопо́чная формо́вка *f*
Formerei *f (Gieß)* формо́вка *f*
Formerei... *(Gieß)* формо́вочный
Formerstift *m (Gieß)* шпи́лька *f*
Formfaktor *m (El)* формфа́ктор *m*
formfestmachen *(Text)* форми́ровать
Formfestmachen *n (Text)* формирова́ние *n*
Formfräser *m (Wkz)* фасо́нная фреза́ *f*
Formfüllungsvermögen *n (Gieß)* жидкотеку́честь *f*
Formgebung *f* 1. оформле́ние *n*; 2. формо́вка *f*, формова́ние *n*; формообразова́ние *n*
Formgesenk *n (Schm)* фасо́нный штамп *m*
formgewalzt *(Wlz)* калибро́ванный
Formguss *m* фасо́нное литьё *n*
formieren *(El)* форми́ровать *(Akkus)*
Formieren *n (El)* формо́вка *f (Akkus)*
formieren форми́ровать
Formierung *f* 1. формирова́ние *n*; 2. *(El)* формо́вка *f (Akkus)*
Formkasten *m (Gieß)* опо́ка *f*
Formkern *m* 1. *(Gieß)* (лите́йный) сте́ржень *m*; 2. *(Bw)* вкла́дыш *m*
Formmaschine *f (Gieß)* формо́вочная маши́на *f*
Formmaske *f (Gieß)* оболо́чковая фо́рма *f*
Formmasse *f (Gieß)* формо́вочная ма́сса [смесь] *f*
Formmeißel *m (Wkz)* фасо́нный резе́ц *m*
Formpressen *n (Kst)* горя́чее прессова́ние *n*
Formprofil *n (Wlz)* фасо́нный про́филь *m*
Formpuder *m (Gieß)* припы́л *m*
Formsand *m (Gieß)* формо́вочный песо́к *m (s. a.* Formmasse*)*
Formschleifen *n (Fert)* фасо́нное шлифова́ние *n*
Formschlichte *f s.* Formschwärze
formschlüssig *(Masch)* жёсткий, с геометри́ческим замыка́нием
Formschwärze *f (Gieß)* формо́вочные черни́ла *pl*, формо́вочная кра́ска *f*
Formsignal *n (Eb)* семафо́р *m*
Formstahl *m* сортова́я [фасо́нная] сталь *f*; про́фильная сталь *f*; сортово́й (стально́й) прока́т *m*
Formstahlwalzwerk *n* сортово́й (прока́тный) стан *m (für Halbzeug)*
Formstein *m* фасо́нный кирпи́ч *m*
Formstoff *m (Gieß)* формо́вочная смесь *f*
Formstück *n* фасо́нная дета́ль *f*
Formteildrehmaschine *f* фасо́нно-тока́рный стано́к *m*
Formular *n* бланк *m*
Formung *f s.* Formgebung 2.
Formwalze *f (Wlz)* фасо́нный вало́к *m*
Formwalzen *n (Wlz)* калибро́вка *f*
Formziegel *m* фасо́нный кирпи́ч *m*
Forschung *f* иссле́дование *n*
~/angewandte прикладно́е иссле́дование *n*
Forschungs... (нау́чно-)иссле́довательский
Forschungsarbeiten *f* нау́чно-иссле́довательские рабо́ты *fpl*
Forschungsinstitut *n* нау́чно-иссле́довательский институ́т *m*
Forschungslabor(atorium) *n* (нау́чно-) иссле́довательская лаборато́рия *f*
Forschungsrakete *f* иссле́довательская раке́та *f*
Forschungsreaktor *m (Kern)* иссле́довательский реа́ктор *m*

Forschungssatellit *m* нау́чно-иссле́довательский спу́тник *m*
Forschungstätigkeit *f* нау́чно-иссле́довательские рабо́ты *fpl*
Forschungszentrum *n* нау́чно-иссле́довательский центр *m*
Forst *m* лес *m*
Forstchemie *f* лесохи́мия *f*
Forstwesen *n* лесово́дство *n*; ле́сное де́ло *n*
Forstwirtschaft *f* лесово́дство *n*; ле́сное хозя́йство *n*
Forstwissenschaft *f* лесово́дство *n*
fortlaufend непреры́вный
Fortleitung *f (El)* переда́ча *f (Energie)*
fortnehmen отбира́ть
Fortpflanzung *f* распростране́ние *n (z. B. von Wellen)*
Fortpflanzungsgeschwindigkeit *f (Ph)* ско́рость *f* распростране́ния *(z. B. von Wellen)*
Fortpumpen *n* перека́чка *f*
fortrollen ука́тывать
fortschreitend поступа́тельный
Fortschritt *m (Bgb)* подвига́ние *n*
fortschwemmen смыва́ть
fossil *(Geol)* ископа́емый
Fossil *n (Geol)* ископа́емое *n*
foto... *s.* photo...
Foto... *s.* Photo...
Foulard *m (Text)* плюсо́вка *f*
Fourier-Reihe *f (Math)* ряд *m* Фурье́
Fourier-Transformation *f (Math)* преобразова́ние *n* Фурье́
FPS *m s.* Festplattenspeicher
Fr *s.* Froude-Zahl
Fr *s.* Francium
Fracht *f* 1. груз *m*; 2. фрахт *m*
Fracht... грузово́й
Frachtbrief *m* накладна́я *f*
Frachter *m* грузово́е су́дно *n*
Frachtflugzeug *n* грузово́й самолёт *m*
Frachtkahn *m* речна́я ба́ржа *f*
~ **mit Eigenantrieb** самохо́дная ба́ржа *f*
Frachtleichter *m* грузова́я ба́ржа *f*
Frachtraum *m (Schiff)* тонна́ж *m*
Frachtschiff *n* грузово́е су́дно *n*
Frachttonnage *f (Schiff)* грузово́й тонна́ж *m*
Fracht- und Fahrgastschiff *n* гру́зо-пассажи́рское су́дно *n*

Fraktale *pl (Inf)* фракта́лы *pl*; фракта́льная структу́ра *f*
Fraktion *f (Ch)* фра́кция *f*
~/hoch siedende тяжёлая фра́кция *f*
~/leichte лёгкая фра́кция *f*
~/schwere тяжёлая фра́кция *f*
Fraktionier... *(Ch)* фракциони́руюший
fraktionieren *(Ch)* фракциони́ровать
Fraktionieren *n (Ch)* фракциони́рование *n*
fraktionierend *(Ch)* фракциони́рующий
Fraktionierer *m (Lw)* картофелесортиро́вка *f*
Fraktionierung *f (Ch)* фракциони́рование *n*
Fraktionsbestand *m (Erdöl)* фракцио́нный соста́в *m*
Fraktographie *f (Wkst)* фрактогра́фия *f*
Frame *n (Inf)* кадр *m*
Francis-Turbine *f* радиа́льно-осева́я турби́на *f*
Francium *n (Ch)* фра́нций *m*, Fr
Franse *f (Text)* бахрома́ *f*
fransig *(Text)* бахро́мчатый
Fräs... фре́зерный
Fräsautomat *m (Wkzm)* фре́зерный автома́т *m*
Fräse *f (Bw, Lw)* фреза́ *f*
Fräsen *n (Bw, Lw, Fert)* фрезерова́ние *n*
Fräser *m (Wkz)* фреза́ *f*
~/drallgenuteter фреза́ *f* с винтовы́ми зу́бьями
~/geradverzahnter [gerade verzahnter] фреза́ *f* с прямы́ми зу́бьями
~/kreuzverzahnter фреза́ *f* с разнонапра́вленными зу́бьями
~/spiralgenuteter фреза́ *f* с винтовы́ми зу́бьями
~/zusammengebauter составна́я фреза́ *f*
~/zusammengesetzter составна́я фреза́ *f*
Fräser... фре́зерный
Fräskopf *m (Wkz)* фре́зерная голо́вка *f*
Fräsmaschine *f* фре́зерный стано́к *m*
Fräsung *f (Bw, Lw)* фрезерова́ние *n*
Freiballon *m* свобо́дный аэроста́т *m*
Freibordmarke *f (Schiff)* грузова́я ма́рка *f*
Freideck *n* откры́тая па́луба *f*

Freifahrt *f (Schiff)* свобо́дный ход *m*
Freifall... свободнопа́дающий
Freifallhöhe *f (Ph)* высота́ *f* свобо́дного паде́ния
Freifläche *f (Wkz)* за́дняя грань [пове́рхность] *f (am Werkzeug)*
Freiflug *m* свобо́дный полёт *m*
Freiformschmieden *n* (свобо́дная) ко́вка *f*
Freiformschmiedepresse *f* ко́вочный пресс *m*
Freigabe *f* 1. *(El)* о́тпуск *m*; 2. *(Eb)* деблокиро́вка *f*, освобожде́ние *n (der Strecke)*
Freigabesignal *n* разреша́ющий сигна́л *m*
freigeben освобожда́ть; деблоки́ровать; разъединя́ть
freihängend свободновися́щий
Freiheitsgrad *m* сте́пень *f* свобо́ды
freilassen отпуска́ть
Freilauf *m (Masch)* 1. свобо́дный ход *m*; 2. механи́зм *m* свобо́дного хо́да
Freilaufkupplung *f (Masch)* обго́нная му́фта *f*, му́фта *f* свобо́дного хо́да
Freilegen *n* обнаже́ние *n*
Freilegung *f* обнаже́ние *n*
Freileitung *f (En)* возду́шная ли́ния *f*
Freileitungsdraht *m (En)* возду́шный про́вод *m*
Freileitungsnetz *n (En)* возду́шная сеть *f*
freiliegend свободнолежа́щий
Freiluftanlage *f* откры́тая электроуста- но́вка *f*
~/elektrische откры́тая электроуста- но́вка *f*
Freiluftschaltanlage *f (El)* откры́тое распредели́тельное устро́йство *n*, откры́тое распредустро́йство *n*
freisetzen освобожда́ть; *(Ch)* выделя́ть
Freisetzen *n* освобожде́ние *n*; *(Ch)* выделе́ние *n*; высвобожде́ние *n (von Gasen)*
Freistrahlturbine *f* ковшо́вая (гидравли́ческая) турби́на *f*; свободностру́йная турби́на *f*
freitragend свободнонесу́щий; консо́льный
freiwerden *(Ch)* выделя́ть *(Gase)*
Freiwerden *n (Ch)* выделе́ние *n (von Gasen)*
Freiwinkel *m (Wkz)* за́дний у́гол *m*
Freizeichen *n (Nrt)* сигна́л *m* посы́лки вы́зова
fremd посторо́нний
Fremd... посторо́нний
fremdartig чужеро́дный
Fremdatom *n (Halbl)* при́месный а́том *m*
Fremdbeeinflussung *f* посторо́ннее влия́ние *n*
Fremdbestandteil *m s.* Fremdstoff
Fremdeinfluss *m* посторо́ннее влия́ние *n*
Fremdeinschluss *m (Gieß)* посторо́ннее включе́ние *n*
fremderregt *(El)* с незави́симым возбужде́нием
Fremderregung *f (El)* незави́симое возбужде́ние *n*
Fremdfeld *n (El)* посторо́ннее по́ле *n*; *(Ph)* вне́шнее по́ле *n*
fremdgestaltig *(Krist)* аллотриомо́рфный, ксеномо́рфный
Fremdspeicher *m s.* Externspeicher
Fremdstoff *m* посторо́ннее вещество́ *n*; при́месь *f*
Fremdstörstelle *f (Halbl)* при́месь *f* внедре́ния
Fremdstrom *m (El)* парази́тный ток *m*
Freon *n* фрео́н *m (Kältemittel)*
Frequenz *f (Ph, El)* частота́ *f*
~/gyromagnetische *(Kern)* гиромагни́тная частота́ *f*
~/kritische *(El)* крити́ческая частота́ *f*
~/mittlere *(El)* сре́дняя частота́ *f*
~/relative *(El)* относи́тельная частота́ *f*
Frequenz... часто́тный
frequenzabhängig *(El)* часто́тно-зави́симый
Frequenzabhängigkeit *f* часто́тная зави́симость *f*
Frequenzabstimmung *f (El)* подстро́йка *f* частоты́
Frequenzabwanderung *f (El)* ухо́д *m* частоты́
Frequenzabweichung *f (El)* девиа́ция *f* частоты́
Frequenzband *n (El)* полоса́ *f* часто́т
Frequenzbandbreite *f (Rf)* ширина́ *f* полосы́ (часто́т)
Frequenzbereich *m (El)* диапазо́н *m* часто́т

Frequenzdemodulation *f (El)* часто́тное детекти́рование *n*
Frequenzdrift *f (El)* ухо́д *m* частоты́
Frequenzfilter *n (Rf)* часто́тный фильтр *m*
Frequenzgang *m (El)* часто́тная характери́стика *f*
frequenzgleich *(El)* ра́вный по частоте́
Frequenzgleichrichter *m (Rf)* часто́тный дете́ктор *m*
Frequenzhub *m (El)* сдвиг *m* частоты́
Frequenzintervall *n* часто́тный интерва́л *m*
Frequenzkennlinie *f (El)* часто́тная характери́стика *f*
Frequenzlücke *f (El)* часто́тный интерва́л *m*
Frequenzmess... *(El)* часто́тно-измери́тельный
Frequenzmesser *m (El)* частотоме́р *m*, измери́тель *m* частоты́
Frequenzmessung *f (El)* измере́ние *n* частоты́
Frequenzmitziehen *n (Rf)* затя́гивание *n* частоты́
Frequenzmodulation *f (El)* часто́тная модуля́ция *f*
Frequenzmodulator *m (El)* часто́тный модуля́тор *m*
frequenzmoduliert *(El)* часто́тно-модули́рованный
Frequenzmultiplex *n (Nrt)* часто́тное разделе́ние *n*
Frequenzmultiplexen *n (Nrt)* часто́тное мультиплекси́рование *n*
Frequenznachstimmung *f (El)* подстро́йка *f* частоты́
Frequenzselektion *f (El)* часто́тная селе́кция *f*
frequenzselektiv *(El)* часто́тно-избира́тельный
Frequenzsieb *n (Rf)* часто́тный фильтр *m*
Frequenzspektrum *n (El)* спектр *m* часто́т
Frequenzstabilisator *m (El)* стабилиза́тор *m* частоты́
Frequenzstabilisierung *f (El)* стабилиза́ция *f* частоты́
Frequenzteiler *m (El)* дели́тель *m* частоты́
Frequenzumformer *m (El)* преобразова́тель *m* частоты́
Frequenzumsetzer *m (TV)* преобразова́тель *m* частоты́
frequenzunabhängig *(El)* часто́тно-незави́симый
Frequenzverdopplung *f (El)* удвое́ние *n* частоты́
Frequenzverschiebung *f (El)* сдвиг *m* частоты́
Frequenzvervielfacher *m (Kern)* умножи́тель *m* частоты́
Frequenzverzerrung *f (El)* часто́тное искаже́ние *n*
Frequenzwandler *m (El)* преобразова́тель *m* частоты́
Frequenzweiche *f (Rf)* (часто́тный) раздели́тельный фильтр *m*
Frequenzwobbelung *f (El)* кача́ние *n* часто́ты
Fresnel-Linse *f (Opt)* ли́нза *f* Френе́ля
fressen *(Masch)* заеда́ть *(Kolben, Lager)*
Fressen *n (Masch)* заеда́ние *n (Kolben, Lager)*
Fressstelle *f* зади́р *m*
Friemeln *(Wlz)* обка́тка *f*; отде́лка *f*; сгла́живание *n*
Friktion *f (Trib)* тре́ние *n*
Friktions... фрикцио́нный
Friktionspresse *f* фрикцио́нный пресс *m*
Frisch... 1. све́жий; 2. *(Met)* кри́чный
Frischbeton *m (Bw)* бето́нная смесь *f*
Frischdampf *m* неотрабо́тавший [све́жий] пар *m*
Frischeisen *n (Met)* кри́чное желе́зо *n*
Frischen *n* 1. *(Met)* фришева́ние *n*, (второ́й) переде́л *m*; 2. *(Met)* рафини́рование *n (von Stahl)*; окисле́ние *n*; восстановле́ние *n (Blei)*
Frischerz *n* рядова́я [сыра́я] руда́ *f*
Frischluft *f (Wmt)* первичный во́здух *m*
Frischprozess *m (Met)* окисли́тельный проце́сс *m*
Frischreaktion *f (Met)* кипе́ние *n*
Frischwasser *n* 1. све́жая вода́ *f*; 2. *(Schiff)* пре́сная вода́ *f*
Frischwassererzeuger *m* опресни́тель *m*
Frist *f* срок *m*
Fritte *f* фри́тта *f*
fritten *(Met)* фриттова́ть

Front *f* 1. *(Bw)* фасáд *m*; 2. *(Bgb)* фронт *m*; 3. *(Meteo)* фронт *m*; 4. фронт *m (z. B. eines Impulses)*
Front... фронтáльный
frontal фронтáльный
Frontal... фронтáльный
Frontalzusammenstoß *m (Kfz)* лобовóе столкновéние *n*
Frontantrieb *m (Kfz)* прúвод *m* на перéдние колёса
Frontlader *m* фронтáльный погрýзчик *m*
Frontscheibe *f (Kfz)* ветровóе стеклó *n*
Frontsitz *m (Kfz)* перéднее сидéнье *n*
Frontspoiler *m* перéдний спóйлер *m*
Frostaufbruch *m (Bw)* морозобóина *f (Straßenschaden)*
frostbeständig морозостóйкий
Frostbeständigkeit *f* морозостóйкость *f*
frosten *(Lebm)* заморáживать, консервúровать заморáживанием
Frosten *n (Lebm)* заморáживание *n*
Frostriss *m* морозобóина *f*; морозобóйная трéщина *f*
Frostschutzmittel *n* антифрúз *m*
Frostspalte *f s.* Frostriss
Frosttrawler *m* морозúльный трáулер *m*
Froude-Zahl *f (Aero)* числó *n* Фрýда, *Fr*
Fruchtbarkeit *f (Lw)* плодорóдие *n (des Bodens)*
Fruchtfolge *f (Lw)* плодосмéн *m*, севооборóт *m*
Frühbeet *n* парнúк *m*
Frühbeet... парникóвый
Frühwarnsystem *n (Rad)* систéма *f* рáннего [дáльнего] обнаружéния [оповещéния]
Frühzündung *f (Kfz)* рáннее зажигáние *n*; опережéние *n* зажигáния *(eines Verbrennungsmotors)*
Fuchs *m* газохóд *m*; бóров *m (Feuerungstechnik)*
Fugazität *f (Ch)* фугатúвность *f*
Fuge *f* шов *m*; зазóр *m*; стык *m (Mauerwerk)*
fügen соединя́ть; стыковáть; *(Holz)* фуговáть
~/aneinander стыковáть
Fügen *n (Fert)* соединéние *n*; стыкóвка *f*; *(Holz)* фуговáние *n*
Fugenkelle *f (Bw)* расшúвка *f*
fugenlos *(Masch)* бесшóвный *(Futter)*
Fügezange *f (Wkz)* натя́г *m*
Fühler *m* щуп *m*; зонд *m*; *(Text)* щуплó *n*
Fühlglied *n (Reg)* чувствúтельный элемéнт *m*
Fühllehre *f* щуп *m*
Führen *n* ведéние *n (von Prozessen)*
Führer *m* водúтель *m (eines Fahrzeugs)*
Führerstandssignal *n (Eb)* локомотúвная сигнализáция *f*
Führerstandssignalisation *f (Eb)* локомотúвная сигнализáция *f*
Führung *f* 1. направлéние *n*; 2. ведéние *n (von Prozessen)*; 3. *(Masch)* направля́ющая *f*
Führungsbuchse *f (Masch)* направля́ющая втýлка *f*
Führungsgetriebe *n (Masch)* исполнúтельный механúзм *m (eines Industrieroboters)*
Führungsgröße *f (Reg)* управля́ющее возéйствие *n*; задаю́щий парáметр *m*; задаю́щая величинá *f*
Führungshülse *f (Masch)* направля́ющая втýлка *f*
Führungsrolle *f* направля́ющий блок *m (eines Hebezeuges)*
Führungsschablone *f (Fert)* кондýктор *m*
Führungsschiene *f* 1. *(Eb)* контррéльс *m*, направля́ющий рельс *m*; 2. *(Masch)* направля́ющая *f*
Führungsstift *m* направля́ющий штифт *m*
füllen 1. наполня́ть; 2. заполня́ть; 3. набивáть
Füllen *n* 1. наполнéние *n*; 2. заполнéние *n*; 3. *(Text)* заря́дка *f*; 4. набúвка *f*
Füllhöhe *f (Met)* высотá *f* загрýзки *(eines Schachtofens)*
Füllkörper *m* 1. *(Ch)* насáдка *f*, элемéнт *m* насáдки; 2. *(Bw)* накáт *m*; набúвка *f*
Füllkörperabsorber *m* насáдочный абсóрбер *m*
Füllmaschine *f* разлúвочная машúна *f*
Füllmasse *f* наполнúтель *m*; заполнúтель *m*; залúвочный компáунд *m*; набúвка *f*

Füllöffnung *f (Met)* загру́зочный люк *m*, загру́зочное отве́рстие *n*
Fullscreen-Editor *m (Inf)* экра́нный реда́ктор *m*
Füllstandsanzeiger *m* уровнеме́р *m*
Füllstandsmesser *m* уровнеме́р *m*
Füllstandsschreiber *m* уровнегра́ф *m*
Füllstoff *m s.* Füllmasse
Fülltrichter *m* загру́зочная воро́нка *f*
Füllung *f* 1. наполне́ние *n*; 2. заполне́ние *n*; 3. наби́вка *f*; 4. *(Bw)* филёнка *f (z. B. in Holztüren)*
Füllvolumen *n* вмести́мость *f*
Fundament *n (Bw)* фунда́мент *m*, основа́ние *n*
~/**elastisches** ги́бкий фунда́мент *m*
~/**massives** масси́вный фунда́мент *m*
~/**starres** жёсткий фунда́мент *m*
Fundamentbolzen *m* фунда́ментный болт *m*
fünfatomig *(Ch)* пятиа́томный
Fünfeck *n (Math)* пятиуго́льник *m*
Fünfelektrodenröhre *f (Eln)* пенто́д *m*
fünffach пятикра́тный
Fünfflach *n (Math)* пента́эдр *m*
Fünfflächner *m s.* Fünfflach
Fünfgang(schalt)getriebe *n (Kfz)* пятиступе́нчатая коро́бка *f* переда́ч
Fünfgitterröhre *f (Rf)* пентагри́д *m*
fünfstellig пятизна́чный
fünfwertig *(Ch)* пятивале́нтный
Funk *m s.* Funkverbindung
Funkamateur *m* радиолюби́тель *m*
Funkamateur... радиолюби́тельский
Funkanlage *f* радиоаппарату́ра *f*; радиоустано́вка *f*
Funkausrüstung *f* радиооборудо́вание *n*
Funkbake *f* радиома́як *m*
Funkbeobachtung *f* радионаблюде́ние *n*
Funkbeschickung *f* радиодевиа́ция *f*
Funkbild *n* фоторадиогра́мма *f*
Funkboje *f (Schiff)* радиобу́й *m*
Funkdienst *m* радиослу́жба *f*
Funke *m (El)* и́скра *f*
Funkecho *n* радиоэ́хо *n*
Funkelektronik *f* радиоэлектро́ника *f*
funkeln блесте́ть
Funkempfang *m* радиоприём *m*
Funkempfänger *m s.* Funkempfangsgerät
Funkempfangsgerät *n* приёмник *m*, радиоприёмник *m*
Funkempfangsstation *f* приёмная радиоста́нция *f*
Funkempfangszentrale *f* приёмный радиоце́нтр *m*
funken 1. ради́ровать; 2. искри́ть
Funken *m* и́скра *f*
Funken *n* ради́рование *n*, переда́ча *f* по ра́дио
Funkenabtragen *n (Fert)* электроискрова́я обрабо́тка *f*
Funkenbildung *f (El)* искре́ние *n*
Funkenentladung *f (El)* искрово́й разря́д *m*
Funkenerodieren *n (Fert)* электроискрова́я обрабо́тка *f*
Funkenflug *m (Fert)* искре́ние *n*
funkenfrei *(El)* безыскрово́й
funkenlos *(El)* безыскрово́й
Funkenlöscher *m (El)* искрогаси́тель *m*
Funkenlöschung *f* искрогаше́ние *n*
funkensicher искробезопа́сный
Funkenspektrum *n (Kern)* искрово́й спектр *m*
Funkensprühen *n (Fert)* искре́ние *n*
Funkenstrecke *f (El)* искрово́й промежу́ток [разря́дник] *m*
Funkerraum *m* радиору́бка *f*
funkferngesteuert управля́емый по ра́дио
Funkfernlenkung *f* радиотелеуправле́ние *n*
Funkfernmess... радиотелеметри́ческий
Funkfernmessung *f* радиотелеметри́я *f*
Funkfernsprech... радиотелефо́нный
Funkfernsprecher *m* радиотелефо́н *m*
Funkfernsteuerung *f* радиотелеуправле́ние *n*
Funkfeuer *n* радиома́як *m*
~/**rundstrahlendes [ungerichtetes]** ненапра́вленный радиома́як *m*
Funkfeuer... радиома́ячный
Funkfrequenz *f* радиочастота́ *f*
Funkfrequenzkabel *n* радиочасто́тный ка́бель *m*
Funkgeräte *npl* радиоаппарату́ра *f*
funkgesteuert радиоуправля́емый, управля́емый по ра́дио

Funkhaus *n* радиоце́нтр *m*
Funkkompass *m* радиоко́мпас *m*
Funkleitstelle *f* радиотрансляцио́нный у́зел *m*, радиоу́зель *m*
Funklenkung *f* радиоуправле́ние *n*
Funklinie *f* ли́ния *f* радиосвя́зи
Funkmast *m* радиома́чта *f*
Funknavigation *f* радионавига́ция *f*
Funknavigationshilfe *f* радионавигацио́нное сре́дство *n*
Funknavigationssystem *n* радионавигацио́нная систе́ма *f*
Funknetz *n* радиосе́ть *f*
Funkpeiler *m* (радио)пеленга́тор *m*
Funkpeilgerät *n* радиопеленга́тор *m*
Funkpeilstelle *f* радиопеленга́тор *m*
Funkpeilung *f* радиопеленга́ция *f*; радиопе́ленг *m*
Funkraum *m* радиору́бка *f*
Funkrelaisverbindung *f* радиореле́йная связь *f*
Funkrichtung *f* радионаправле́ние *n*
Funkrufzeichen *npl* радиопозывны́е *pl*
Funkschatten *m* радиоте́нь *f*
Funksendestation *f* передаю́щая (радио)ста́нция *f*
Funksendezentrale *f* передаю́щий радиоце́нтр *m*
Funksendung *f* радиопереда́ча *f*
Funksignal *n* радиосигна́л *m*
Funksprech... радиотелефо́нный
Funksprechgerät *n* радиотелефо́н *m*
Funksprechstelle *f* радиотелефо́нная ста́нция *f*
Funksprechverbindung *f* радиотелефо́нная связь *f*
Funksprechverkehr *m* радиотелефо́нная связь *f*
Funkspruch *m* радиогра́мма *f*
~/**verschlüsselter** коди́рованная радиогра́мма *f*
Funkstation *f* радиоста́нция *f*, ра́ция *f*
Funkstelle *f* радиоста́нция *f*, ра́ция *f*
Funksteuerung *f* радиоуправле́ние *n*
Funkstille *f* радиомолча́ние *n*
Funkstörungen *fpl* радиопоме́хи *fpl*
Funkstrahl *m* радиолу́ч *m*
Funkstrecke *f* радиоли́ния *f*
Funktaxi *n* такси́ *n* с радиотелефо́ном
Funktechnik *f* радиоте́хника *f*
funktechnisch радиотехни́ческий
Funktelegraph *m* радиотелегра́ф *m*, беспро́волочный телегра́ф *m*
Funktelegraphie *f* радиотелеграфи́я *f*
Funktelegraphie... радиотелегра́фный
Funktelegraphieverbindung *f* радиотелегра́фная связь *f*
Funktelegraphieverkehr *m* радиотелегра́фная связь *f*
funktelegraphisch радиотелегра́фный
Funktelemetrie *f* радиотелеметри́я *f*
Funktelephon *n* радиотелефо́н *m*
Funktelephonie *f* радиотелефони́я *f*
Funktion *f* *(Math, Inf)* фу́нкция *f*
~/**abgeleitete** произво́дная фу́нкция *f*
~/**algebraische** алгебраи́ческая фу́нкция *f*
~/**analytische** аналити́ческая фу́нкция *f*
~/**beschränkte** ограни́ченная фу́нкция *f*
~/**binäre** двои́чная фу́нкция *f*
~/**boolesche** бу́лева фу́нкция *f*
~/**eindeutige** однозна́чная фу́нкция *f*
~/**explizite** я́вная фу́нкция *f*
~/**fast periodische** почти́-периоди́ческая фу́нкция *f*
~/**ganze** це́лая фу́нкция *f*
~/**gebrochene** дро́бная фу́нкция *f*
~/**gerade** чётная фу́нкция *f*
~/**harmonische** гармони́ческая фу́нкция *f*, гармо́ника *f*
~/**homogene** одноро́дная фу́нкция *f*
~/**hyperbolische** гиперболи́ческая фу́нкция *f*
~/**implizite** нея́вная фу́нкция *f*
~/**inverse** обра́тная фу́нкция *f*
~/**irrationale** иррациона́льная фу́нкция *f*
~/**lineare** лине́йная фу́нкция *f*
~/**logarithmische** логарифми́ческая фу́нкция *f*
~/**logische** бу́лева [логи́ческая] фу́нкция *f*
~/**mehrdeutige** многозна́чная фу́нкция *f*
~/**mittelbare** сло́жная фу́нкция *f*
~/**monotone** моното́нная фу́нкция *f*
~/**nicht umkehrbare** необрати́мая фу́нкция *f*
~ **ODER/logische** (логи́ческая) фу́нкция *f* ИЛИ
~/**periodische** периоди́ческая фу́нкция *f*

~/**rationale** рациона́льная фу́нкция *f*
~/**reelle** веще́ственная фу́нкция *f*
~/**rekursive** рекурси́вная фу́нкция *f*
~/**stetige** непреры́вная фу́нкция *f*
~/**stochastische** случа́йная фу́нкция *f*
~/**transzendente** трансценде́нтная фу́нкция *f*
~/**trigonometrische** тригонометри́ческая фу́нкция *f*
~/**umkehrbare** обрати́мая фу́нкция *f*
~ **UND/logische** (логи́ческая) фу́нкция *f* И
~/**ungerade** нечётная фу́нкция *f*
~/**unstetige** разрывна́я фу́нкция *f*
~/**verallgemeinerte** обобщённая фу́нкция *f*
Funktional *n (Math)* функциона́л *m*
funktional функциона́льный
Funktionalanalysis *f (Math)* функциона́льный ана́лиз *m*
Funktionalgleichung *f* функциона́льное уравне́ние *n*
funktionell функциона́льный
Funktionenreihe *f (Math)* функциона́льный ряд *m*
funktionieren рабо́тать
Funktions... функциона́льный
Funktionsaufruf *m (Inf)* вы́зов *m* фу́нкции
Funktionseinheit *f (Eln)* функциона́льный блок *m*
Funktionselement *n (Math)* функциона́льный элеме́нт *m*
funktionsfähig работоспосо́бный *(Geräte)*
Funktionsfähigkeit *f* работоспосо́бность *f (von Geräten)*
Funktionsglied *n (Math, Reg)* функциона́льный элеме́нт *m*
Funktionsmuster *n* о́пытный образе́ц *m*
Funktionsprinzip *n* при́нцип *m* де́йствия
Funktionsschaltbild *n (El)* функциона́льная схе́ма *f*
Funkturm *m* радиоба́шня *f*
Funkübertragung *f* радиопереда́ча *f*
Funküberwachung *f* радиопослу́шивание *n*
Funkverbindung *f (Nrt)* беспроводна́я связь *f*, радиосвя́зь *f*
Funkverkehr *m* радиообме́н *m*; радиосвя́зь *f*
Funkverkehrslinie *f* ли́ния *f* радиосвя́зи
Funkweg *m* радиоли́ния *f*
Funkzentrale *f* радиоце́нтр *m*
Furche *f (Lw)* борозда́ *f*
Furchenpflug *m (Lw)* бороздodela ́тель *m*
Furchentiefenmesser *m (Lw)* бороздоме́р *m*
Furchenzieher *m (Lw)* борозди́льник *m*, бороздоре́з *m*
Furnier *n* фане́ра *f*
Furnier... фане́рный
Furnierschälmaschine *f (Holz)* лущи́льный стано́к *m*
Fusion *f* слия́ние *n*
Fusionsenergie *f s.* Kernfusionsenergie 1.;2.
Fusionskraftwerk *n* термоя́дерная электроста́нция *f*
Fusionsladung *f (Kern)* термоя́дерный заря́д *m*
Fusionsreaktion *f (Kern)* реа́кция *f* си́нтеза (я́дер)
Fusionsreaktor *m (Kern)* термоя́дерный реа́ктор *m*
Fusionstriebwerk *n* термоя́дерный раке́тный дви́гатель *m*
Fusit *m (Geol)* фюзе́н *m*
Fuß *m* 1. нога́ *f*; 2. но́жка *f*; 3. *(Masch)* ла́па *f*; *(Bw)* ба́за *f*; 4. основа́ние *n* *(eines Mastes)*; 5. *(Masch)* хвост *m* лопа́тки *(einer Turbine)*
Fußboden *m (Bw)* пол *m*
Fußbodenheizung *f* подпо́льное отопле́ние *n*
Fußbremse *f (Kfz)* ножно́й то́рмоз *m*
Fußgängerbrücke *f* пешехо́дный мост *m*
Fußgängerschutzinsel *f* пешехо́дный острово́к *m*
Fußgängertunnel *m* пешехо́дный тунне́ль *m*, подзе́мный перехо́д *m*
Fußgängerzone *f* пешехо́дная зо́на *f*
Fußhebel *m* педа́ль *f*
Fußleiste *f (Bw)* пли́нтус *m*
Fußschalter *m* педа́льный выключа́тель *m*
Futter *n* 1. футеро́вка *f*; облицо́вка *f*; обкла́дка *f*; 2. *(Wkzm)* патро́н *m*; 3. *(Bw)* коро́бка *f (z. B. der Tür)*; 4. *(Met)* футеро́вка *f (z. B. von Schmelzöfen)*;

5. *(Masch)* втýлка *f*; 6. *(Lw)* корм *m*; 7. *s.* Futterstoff
~/**basisches** *(Met)* оснóвная футерóвка *f*
~/**saures** *(Met)* кúслая футерóвка *f*
Futter... сúлосный
Futteraufbereitungs... кормоприготовúтельный
Futterautomat *m (Lw)* автокормýшка *f*, автоматúческая кормýшка *f*
Futterbacke *f (Wkzm)* кулачóк *m*
Futterdämpfer *m (Lw)* кормозапáрник *m*
Futtergrundlage *f (Lw)* кормовáя бáза *f*
Futterhefe *f* кормовые дрóжжи *pl*
Futterkiste *f (Lw)* кормýшка *f*
Futterlader *m (Lw)* кормозагрýзчик *m*
Futtermehl *n (Lw)* мýчка *f*
Futtermischer *m (Lw)* кормосмесúтель *m*
Futtermittel *n (Lw)* корм *m*
Futtermitteldämpfer *m (Lw)* кормозапáрник *m*
Futterstoff *m (Text)* подклáдка *f*
Futtertrog *m (Lw)* кормýшка *f*
Futterverteiler *m (Lw)* кормораздáтчик *m*

G

G *s.* 1. Gauß; 2. Giga...
g *s.* Gramm
Ga *s.* Gallium
Gabel *f* 1. вúлка *f*; 2. *(Lw)* вúлы *pl*
Gabel... вúльчатый
gabelförmig вúльчатый
Gabelrohr *n (Masch)* развúлка *f*, вилкообрáзная трубá *f*
Gabelstapler *m* вúлочный (авто)погрýзчик *m*
Gabelstück *n (Masch)* развúлка *f*
Gabelung *f* 1. раздвоéние *n*; разветвлéние *n*; 2. вúлка *f*
Gadolinium *n (Ch)* гадолúний *m*, Gd
galaktisch галактúческий
Galaktometer *n (Lebm)* (га)лактóметр *m (Milchprüfung)*
Galaxie *f (Astr)* галáктика *f*
~/**quasistellare** *s.* Quasag
Galaxienhaufen *m (Astr)* скоплéние *n* галáктик
Galaxis *f (Astr)* Галáктика *f*
Galenit *m (Min)* галенúт *m*
Galerie *f (Bw)* галерéя *f*
Galette *f (Text)* кóкон *m*
Gallert *n* стýдень *m*
gallertartig студенúстый
gallertig студенúстый
Gallium *n (Ch)* гáллий *m*, Ga
Galvanisation *f* гальванизáция *f*
galvanisch гальванúческий
Galvanisierbad *n* гальванúческая вáнна *f*
galvanisieren гальванизúровать
Galvanisieren *f* 1. гальванизáция *f*; 2. нанесéние *n* гальванúческих покрытий; гальванопокрытие *n*
Galvanometer *n (El)* гальванóметр *m*
~/**ballistisches** баллистúческий гальванóметр *m*
Galvanometer... гальванометрúческий
galvanometrisch гальванометрúческий
Galvanoplastik *f* гальванoплáстика *f*; электротúпия *f*
Galvanostegie *f* гальваностéгия *f*
Galvanotechnik *f* гальванотéхника *f*
Gamma *n* 1. *(Kern)* гáмма *f*; 2. *s.* Gammawert; 3. *(Ph)* гáмма *f (SI-fremde Einheit der magnetischen Flussdichte)*
Gammaaktivität *f (Kern)* гáмма-(радио)актúвность *f*
Gammaastronomie *f* гáмма-астронóмия *f*
Gammabestrahlung *f (Kern)* гáмма-облучéние *n*
Gammabohrlochmessung *f (Bgb, Geol)* гáмма-каротáж *m*
Gammadefektoskop *n (Wkst)* гáмма-дефектоскóп *m*
Gammadefektoskopie *f (Wkst)* гáмма-дефектоскопúя *f*, радиодефектоскопúя *f (zerstörungsfreie Werkstoffprüfung mittels radioaktiver Strahlung)*
Gammadetektor *m (Kern)* детéктор *m* гáмма-излучéния
Gammaeisen *n* гáмма-желéзо *n*
Gammafunktion *f* (**/eulersche**) *(Math)* гáмма-фýнкция *f*
Gammagraphie *f (Kern)* гаммагрáфия *f*
Gammamessung *f (Bgb, Geol)* гáмма-каротáж *m*
Gammaphoton *n (Kern)* гáмма *f*

Gammaquant *n (Kern)* гáмма *f*, гáмма-квант *m*
Gammaquelle *f (Kern)* истóчник *m* гáмма-излучéния
Gammaradiographie *f (Kern)* гаммагрáфия *f*
Gammaspektrometer *n (Kern)* гáмма-спектрóметр *m*
Gammaspektroskopie *f (Kern)* гáмма-спектроскопúя *f*
Gammaspektrum *n (Kern)* гáмма-спектр *m*
Gammastrahlen *mpl (Kern)* гáмма-лучú *mpl*
Gammastrahlendetektor *m (Kern)* детéктор *m* гáмма-излучéния
Gammastrahlenmaser *m (Ph)* гáзер *m*
Gammastrahler *m (Kern)* гáмма-излучáтель *m*
Gammastrahlung *f (Kern)* гáмма-излучéние *n*; гáмма-лучú *mpl*
Gammastrahlungsquelle *f (Kern)* истóчник *m* гáмма-излучéния
Gammatron *n* кóбальтовая пýшка *f*
Gammawert *m (Photo)* коэффициéнт *m* контрáстности, гáмма *f (Schwärzungskurve)*
Gammazählrohr *n (Kern)* счётчик *m* гáмма-квáнтов
Gammazerfall *m (Kern)* гáмма-распáд *m*
Gang *m* 1. ход *m*; движéние *n*; 2. *(Kfz)* передáча *f*, стýпень *f (des Wechselgetriebes)*; 3. *(Masch)* захóд *m*, витóк *m*; нúтка *f (des Gewindes)*; шаг *m (der Schraube)*; 4. *(Gieß, Met)* ход *m (eines Schmelzofens)*; 5. *(Geol)* жúла *f*; 6. *(Schiff)* пóяс *m*; 7. *(Bw)* коридóр *m*; 8. режúм *m (eines Ofens)*; 9. постáв *m (Müllerei)*
~/gleichmäßiger *(Masch)* равномéрный ход *m*
~/leichter [stoßfreier] *(Masch)* плáвный ход *m*
~/tauber *(Bgb)* безрýдная жúла *f*
~/toter *(Masch)* мёртвый ход *m*
Gangerz *n (Geol)* жúльная рудá *f*
Ganggold *n (Min)* жúльное зóлото *n*
Ganghöhe *f (Masch)* шаг *m* резьбы́, ход *m (des Gewindes)*
Gangschaltung *f* 1. *(Kfz)* механúзм *m* переключéния передáч; 2. переключáтель *m* скóростей [передáч] *(am Fahrrad)*
Gangway *f (Flg)* трап *m*; *(Schiff)* схóдни *fpl*
ganz цéльный, цéлый; сплошнóй
Ganz... цéльный
ganzgepresst цельнопрессóванный
ganzgeschmiedet цельнокóваный
ganzgeschweißt цельносварнóй
ganzgewalzt цельнокáтаный *(Rohre)*
ganzgezogen цельнотя́нутый *(Rohre)*
Ganzmetall... цельнометаллúческий
Ganzstahl... цельностальнóй
Ganzstoff *m (Pap)* бумáжная мáсса *f*
ganzzahlig *(Math)* целочúсленный
Ganzzeugholländer *m (Pap)* мáссный ролл *m*
Garage *f* гарáж *m*
Garantiezeit *f* срок *m* гарáнтии
Garbe *f (Lw)* сноп *m*
Garbenbindemaschine *f (Lw)* сноповязáлка *f*
Gärbottich *m (Lw)* бродúльный чан *m*
gären *(Ch)* бродúть
Gärfutterbehälter *m* силосохранúлище *n*
Gärfutterbereitung *f (Lw)* дрожжевáние *n* кормóв, силосовáние *n*
Gärfuttersilo *n(m) (Lw)* силосохранúлище *n*
Garn *n (Text)* пря́жа *f*; нúть *f*
~/feines тóнкая пря́жа *f*
~/gekämmtes гребенная пря́жа *f*
~/gezwirntes кручёная пря́жа *f*
~/kardiertes чёсаная [кáрдная] пря́жа *f*
Garnitur *f* гарнитýра *f*; комплéкт *m*; набóр *m*
Garnkörper *m (Text)* пакóвка *f* (пря́жи), почáток *m (Spinnerei)*
Garnrolle *f (Text)* катýшка *f*
Garnwinde *f (Text)* мотовúло *n*
garschmelzen *(Met)* доводúть
Garschmelzen *n (Met)* довóдка *f*
Garten *m* сад *m*
Gartenbau *m* садовóдство *n*
Gartenschere *f* садóвые нóжницы *pl*, секáтор *m*
Gartentraktor *m* садóвый трáктор *m*
Gärung *f (Ch)* брожéние *n*; *(Ch)* сбрáживание *n*
Gärungs... *(Ch)* бродúльный

Gas *n* газ *m*
~/**elektronegatives** *(El)* элегáз *m*
~/**geringwertiges** бéдный [низкокалорийный] газ *m*
~/**inertes** инéртный газ *m*
~/**interstellares** межзвёздный газ *m*
Gas... гáзовый
Gasableitung *f* газоотвóд *m*
Gasabsaugung *f (Bgb)* дегазáция *f*
Gasabscheider *m* газоуловитель *m*
Gasabscheidung *f* газоулáвливание *n*
Gasabzug *m* газоотвóд *m*
Gasanalysator *m* газоанализáтор *m*
Gasanalyse *f (Ch)* гáзовый анáлиз *m*, анáлиз *m* [исслéдование *n*] гáзов
Gasanreicherung *f (Bgb)* газообильность *f*
Gasatmosphäre *f (Met)* гáзовая средá [атмосфéра] *f*
Gasaufkohlen *n (Härt)* гáзовая цементáция *f*
Gasausbruch *m* гáзовый фонтáн *m* *(bei der Erdölförderung)*
Gasausscheidung *f (Ch)* газовыделéние *n*
Gasaustausch *m* газообмéн *m*
Gasaustritt *m (Bgb)* газовыделéние *n*; газирование *n (Erdölförderung)*
Gasbehälter *m* 1. газгóльдер *m*; 2. газомéтр *m*
Gasbeton *m (Bw)* газобетóн *m*
gasbildend газотвóрный
Gasbildungs... газотвóрный
Gasblase *f (Gieß)* гáзовая рáковина *f*
Gasbohrung *f* гáзовая сквáжина *f*
Gasbrenner *m* гáзовая горéлка *f*
Gaschromatograph *m* гáзовый хроматóграф *m*
Gaschromatographie *f* гáзовая хроматогрáфия *f*
gasdicht газонепроницáемый, газоплóтный
Gasdichtigkeit *f* газонепроницáемость *f*, газоплóтность *f*
Gasdiode *f (El)* газотрóн *m*
Gasdruckkabel *n (El)* газонапóлненный кáбель *m*
gasdurchlässig газопроницáемый
Gasdurchlässigkeit *f* газопроницáемость *f*
Gasdynamik *f* гáзовая динáмика *f*, газодинáмика *f*
gasdynamisch газодинамический
Gaseinschluss *m (Gieß)* гáзовое включéние *n*
gasen кипéть *(Akkumulator)*
Gasen *n* кипéние *n (eines Akkumulators)*
Gasentladung *f (El)* гáзовый разря́д *m*
Gasentladungs... газоразря́дный
Gasentladungslampe *f* газоразря́дная лáмпа *f*
Gasentladungslaser *m* газоразря́дный лáзер *m*
Gasentladungsplasma *n* газоразря́дная плáзма *f*
Gasentladungsröhre *f* газоразря́дная трýбка *f*, газоразря́дный прибóр *m*
Gasentwickler *m* газогенерáтор *m*
Gasentwicklung *f (Ch)* газовыделéние *n*; газообразовáние *n*
Gaser *m (Ph)* гáзер *m*
Gaserhitzer *m* газоподогревáтель *m*
Gaserzeuger *m* газогенерáтор *m*
Gaserzeugung *f* газообразовáние *n*
gasfest газоустóйчивый
Gasfestigkeit *f* газоустóйчивость *f*
Gas-Feststoff-Chromatographie *f* газоадсорбциóнная хроматогрáфия *f*
Gasfeuerung *f* гáзовая тóпка *f*
Gas-Flüssig-Chromatographie *f* газожи́дкостная хроматогрáфия *f*
gasförmig гáзовый; газообрáзный
Gasfraktion *f (Ch)* гáзовая фрáкция *f*
Gasfreisetzung *f (Bgb)* газовыделéние *n*
gasführend *(Bgb)* газонóсный
Gasführung *f (Bgb)* газонóсность *f*
Gasfüllungslampe *f* газонапóлненная [газопóлная] лáмпа *f*
Gasfußhebel *m s.* Gaspedal
Gasgebläse *n* газодýвка *f*
gasgefüllt газонапóлненный
gasgekühlt газоохлаждáемый
Gasgemisch *n* гáзовая смесь *f*
Gasgenerator *m* газогенерáтор *m*
Gasgenerator... газогенерáторный
Gasgeneratoranlage *f* газогенерáторная установка *f*
gasgesättigt газонасы́щенный
Gasgips *m (Bw)* газоги́пс *m*
Gas-Graphit-Reaktor *m (Kern)* графито-гáзовый реáктор *m*
gashaltig *(Bgb)* газонóсный

Gashaltigkeit *f (Bgb)* газоно́сность *f*
Gasheizung *f* га́зовое отопле́ние *n*
Gashülle *f* га́зовая атмосфе́ра *f*; атмосфе́ра *f (eines Himmelskörpers)*
Gaskohle *f* га́зовый у́голь *m*
Gaskonstante *f* га́зовая постоя́нная *f*
Gaskühler *m* газоохлади́тель *m*
Gaslagerstätte *f (Geol)* га́зовое месторожде́ние *n*
Gaslaser *m* га́зовый [газоразря́дный] ла́зер *m*
Gasleitung *f* газопрово́д *m*
Gasleitungs... газопрово́дный
Gasleitungsnetz *n* газопрово́дная сеть *f*
Gasleitungsrohr *n* га́зовая труба́ *f*
Gasliften *n (Erdöl)* газли́фтная эксплуата́ция *f*
Gasliftförderung *f (Erdöl)* газли́фтная эксплуата́ция *f*
Gasliftsonde *f (Erdöl)* компрессио́нная скважи́на *f*
Gasliftverfahren *n* газли́фтный спо́соб *m (Erdölförderung)*
Gas-Liquidus-Chromatographie *f* газожи́дкостная хроматогра́фия *f*
Gas-Luft-Gemisch *n* газовозду́шная смесь *f*
Gasmaser *m* га́зовый ма́зер *m*
Gasmedium *n* га́зовая атмосфе́ра *f*
Gasmesser *m* га́зовый счётчик *m*
Gasmotor *m* га́зовый дви́гатель *m*
Gasöl *n* га́зовое ма́сло *n*; газо́йль *m*
Gas-Öl-Abscheider *m (Erdöl)* трап *m*
Gas-Öl-Separator *m (Erdöl)* трап *m*
Gaspedal *n (Kfz)* акселера́тор *m*, педа́ль *f* акселера́тора
Gasphase *f* газообра́зная фа́за *f*
Gasphasenepitaxie *f (Krist)* газофа́зная эпитакси́я *f*
Gasprüfer *m* газоанализа́тор *m*
Gasreiniger *m* газоочисти́тель *m*
Gasreinigung *f* газоочи́стка *f*
Gasreinigungs... газоочисти́тельный
Gasrohr *n* га́зовая труба́ *f*
Gasrohrkessel *m* газотру́бный котёл *m*
Gassammelleitung *f* газосбо́рник *m*
Gasschmelzschweißen *n* га́зовая сва́рка *f*
Gasschneidbrenner *m* га́зовый реза́к *m*
Gasschweißen *n* га́зовая сва́рка *f*
Gasse *f (Bgb)* захо́дка *f (Tiefbau)*
gassicher газобезопа́сный
Gassilikatbeton *m (Bw)* пеносилика́т *m*
Gas-Solidus-Chromatographie *f* газоадсорбцио́нная хроматогра́фия *f*
Gassonde *f* га́зовая скважи́на *f*
Gasspeicher *m* газго́льдер *m*; *(Bgb, Geol)* газохрани́лище *n*
Gasspeicherung *f (Bgb, Geol)* газохране́ние *n*
~/**unterirdische** подзе́мное газохране́ние *n*
Gastanker *m (Schiff)* газово́з *m*
Gastheorie *f*/**kinetische** кинети́ческая тео́рия *f* га́зов
Gasthermometer *n* га́зовый термо́метр *m*
Gasturbine *f* га́зовая турби́на *f*
Gasturbinen... газотурби́нный
Gasturbinenanlage *f* газотурби́нная устано́вка *f*, ГТУ *f*
Gasturbinenantrieb *m* газотурби́нный при́вод *m*, ГТП *m*
Gasturbinenkraftwerk *n* газотурби́нная электроста́нция *f*
Gasturbinenlokomotive *f* газотурбово́з *m*
Gasturbinenschiff *n* газотурби́нное су́дно *n*, газотурбохо́д *m*
Gasturbinentriebwerk *n* газотурби́нный дви́гатель *m*, ГТД *m*
Gasturbinentriebzug *m (Eb)* газотурби́нный по́езд *m*
gasundurchlässig газонепроница́емый
Gasundurchlässigkeit *f* газонепроница́емость *f*
Gasverflüssigung *f* сжиже́ние *n* га́за [га́зов]
Gasversorgung *f* газоснабже́ние *n*
Gasverteilungsnetz *n* га́зовая сеть *f*
Gasvorwärmer *m* газоподогрева́тель *m*
Gaswäscher *m* газопромыва́тель *m*; газоочисти́тель *m*
Gaswaschflasche *f (Ch)* барботёр *m*, газопромыва́тель *m (Laborgerät)*
Gaszähler *m* га́зовый счётчик *m*
Gaszementieren *n (Härt)* га́зовая цемента́ция *f*

Gaszug *m* газоход *m*
Gate *n* 1. *(Eln)* затвор *m*; 2. *(Inf)* вентиль *m*; логический элемент *m*
Gate-Array *n (Eln)* вентильная матрица *f*
Gate-Spannung *f (Eln)* напряжение *n* затвора
Gatter *n* 1. *s.* Gate 1.;2.; 2. *(Eln)* вентильная схема *f*; 3. *s.* Gattersäge
Gatter... *(Inf)* вентильный
Gatteranordnung *f (Eln)* вентильная матрица *f*
Gattermatrix *f (Eln)* вентильная матрица *f*
Gattersäge *f* рамная пила *f*; лесопильная рама *f*
gattieren *(Met)* шихтовать
Gattieren *n (Met)* шихтование *n*
Gattierung *f (Met)* шихтование *n*
Gattierungswagen *m (Met)* загрузочная вагонетка *f*
Gattierungszusammensetzung *f (Met)* состав *m* шихты *(Kupolofen)*
Gattung *f* 1. род *m*; вид *m*; тип *m*; категория *f*; 2. *(Geol)* порода *f*
GAU *m s.* Unfall/größter anzunehmender
Gaufrage *f (Typ)* гофрирование *n*
gaufrieren *(Typ)* гофрировать
Gaufrieren *n (Typ)* гофрирование *n*
gaufriert *(Typ)* гофрированный
Gauß *n* гаусс *m*, Гс *(SI-fremde Einheit der magnetischen Induktion)*
gautschen *(Pap)* отжимать
Gautschwalze *f (Pap)* гауч-вал *m*
Gay-Lussac-Gesetz *n (Therm)* закон *m* Гей-Люссака
Gaze *f (Text)* газ *m*
Gaze... *(Text)* газовый
GB *s.* Gigabyte
Gb *s.* Gilbert
Gd *s.* Gadolinium
Ge *s.* Germanium
gebändert полосатый
Gebäude *n* здание *n*; постройка *f*; строение *n*
Gebäudeblock *m (Bw)* корпус *m*
Gebäudeentwässerung *f* внутренняя канализация *f*
Gebäudeflügel *m (Bw)* крыло *n*
gebaut составной *(z. B. Träger)*
~/selbst самодельный
gebeizt декапированный
Geber *m (El, Mess, Reg)* датчик *m*; задающий элемент *m*
~/induktiver индуктивный датчик *m*
~/kontaktloser бесконтактный датчик *m*
~/optischer оптический датчик *m*
~/optoelektronischer оптоэлектронный датчик *m*
~/photoelektrischer фотоэлектрический датчик *m*, фотодатчик *m*
~/piezoelektrischer пьезоэлектрический датчик *m*, пьезодатчик *m*
Geberdrehmelder *m (Reg)* сельсин-датчик *m*
Gebermagnesyn *n (Reg)* магнесин-датчик *m*
Geberselsyn *n (Reg)* сельсин-датчик *m*
Gebiet *n* 1. область *f*; зона *f*; 2. диапазон *m*; 3. район *m*; 4. участок *m*
~/vergrabenes *(Halbl)* скрытый слой *m*
Gebirge *n (Geol)* горы *pl*; горный массив *m*
gebirgig горный, гористый
Gebirgs... горный, гористый
Gebirgsbildung *f (Geol)* горообразование *n*
Gebirgsdruck *m (Geol, Bgb)* горное давление *n*
Gebirgsfluss *m* горная река *f*
Gebirgskette *f (Geol)* кряж *m*
Gebirgsland *n* горная страна *f*
Gebirgsmassiv *n (Geol)* горный массив *m*
Gebirgsmechanik *f (Geol, Geoph, Bgb)* механика *f* горных пород
Gebirgspass *m (Geol)* перевал *m*
Gebirgsschlag *m (Bgb)* горный удар *m*
Gebirgstunnel *m* горный туннель *m*
Gebirgszug *m (Geol)* кряж *m*
Gebläse *n* вентилятор *m*; воздуходувка *f*; нагнетатель *m*
Gebläseluft *m* дутьё *n*
geblättert слоистый
gebogen загнутый; искривлённый
~/gerade выпрямленный
gebondet *(Eln)* сварной
gebräch *(Bgb)* хрупкий; рыхлый *(Gestein)*
gebrannt 1. обожжённый; 2. *(Ch)* дистиллированный *(Alkohol)*

Gebrauch *m* испо́льзование *n*
Gebrauchsanweisung *f* инстру́кция *f* по эксплуата́ции [ухо́ду]; инстру́кция *f* по примене́нию
Gebrauchslage *f* рабо́чее положе́ние *n*
gebremst заме́дленный
gebrochen 1. дроблёный; 2. *(Math)* дро́бный
Gebühr *f* пла́та *f*
Gebührenerfassung *f* тарифика́ция *f*
gebührenpflichtig пла́тный
Gebührenzone *f (Nrt)* тари́фная зо́на *f*
gebündelt свя́занный
~/scharf остронапра́вленный *(Strahl)*
gebunden *(Ch)* свя́занный
~/chemisch хими́чески свя́занный
Gedankenstrich *m* тире́ *n*
gedehnt удлинённый
gediegen *(Min)* саморо́дный
gedopt *(Halbl)* леги́рованный
gedörrt сушёный
gedreht *(Text)* кручёный
gedruckt печа́тный
Gedrungenheit *f (Ph)* пло́тность *f (einer Konstruktion)*
geeicht этало́нный
geeignet приго́дный
geerdet *(El)* заземлённый
Gefahr *f* опа́сность *f*
Gefährlichkeit *f* опа́сность *f*
gefahrlos безопа́сный
Gefahrlosigkeit *f* безопа́сность *f*
Gefahrzeichen *n* предупрежда́ющий знак *m (Straßenverkehr)*
Gefälle *n* 1. укло́н *m*, накло́н *m*; скат *m*; 2. перепа́д *m*; 3. *(Eb)* спуск *m (einer Strecke)*; 4. *(Hydt)* напо́р *m (in Rohrleitungen)*
~/kritisches крити́ческий накло́н *m*
Gefällemesser *m (Geod)* эклиметр *m*
Gefällestrecke *f (Bgb)* го́рка *f*
Gefäß *n* 1. сосу́д *m*; бак *m*; чан *m*; резервуа́р *m*; 2. бадья́ *f*; 3. *(Met, Bgb)* скип *m*
gefedert подрессо́ренный, подпружи́ненный
Geflügelfarm *f* птицево́дческая фе́рма *f*
gefräst фрезеро́ванный
Gefrier... рефрижера́торный
Gefrieranlage *f* рефрижера́тор *m*
Gefrierapparat *m (Kält)* фри́зер *m*
Gefrierbohrloch *n* замора́живающая сква́жина *f*
gefrieren 1. замерза́ть; 2. замора́живать
Gefrieren *n* 1. замерза́ние *n*; 2. замора́живание *n*
gefrierkonservieren *(Lebm)* консерви́ровать замора́живанием
Gefrierkonservieren *n (Lebm)* замора́живание *n*
Gefrierpunkt *m* температу́ра [то́чка] *f* замерза́ния
Gefrierpunktmesser *m* криоско́п *m*
Gefrierpunktserniedrigung *f* пониже́ние *n* температу́ры замерза́ния
Gefrierraum *m* морози́льная ка́мера *f*; *(Schiff)* морози́льное отделе́ние *n (eines Fischereifahrzeugs)*
Gefrierschrank *m* морози́льник *m*
Gefrierschutzmittel *n* антифри́з *m*
Gefriertemperatur *f* температу́ра [то́чка] *f* замерза́ния
Gefriertrawler *m* морози́льный тра́улер *m*
Gefriertrockner *m* сублимацио́нная суши́лка *f*
Gefriertrocknung *f (Lebm)* лиофилиза́ция *f*, су́шка *f* вымора́живанием, сублимацио́нная су́шка *f*
Gefriertrocknungsanlage *f* сублимацио́нная суши́лка *f*
Gefrierverfahren *n (Bw, Bgb)* замора́живание *n*
Gefüge *n* структу́ра *f*; сложе́ние *n*
~/austenitisches *(Wkst)* аустени́тная структу́ра *f*
~/dendritisches *(Wkst)* дендри́тная структу́ра *f*
~/faseriges *(Wkst)* волокни́стая структу́ра *f*
~/feinkörniges *(Wkst)* мелкосерни́стая структу́ра *f*
~/ferritisches *(Wkst)* ферри́тная структу́ра *f*
~/globulares *(Wkst)* глобуля́рная структу́ра *f*
~/grobkörniges *(Wkst)* крупносерни́стая структу́ра *f*
~/kristallines кристалли́ческая структу́ра *f*
~/lamellares *(Wkst)* пластинча́тая структу́ра *f*

~/perlitisches *(Wkst)* перли́тная структу́ра *f*
Gefüge... структу́рный
Gefügeaufnahme *f (Wkst)* структу́рная микрофотогра́фия *f*
Gefügeausbildung *f (Krist)* структурообразова́ние *n*
gefügelos бесструкту́рный
Gefügeumwandlung *f (Krist)* структу́рное превраще́ние *n*
gefügig пода́тливый
gefüllt запо́лненный
Gegen... встре́чный; противолежа́щий; противополо́жный
Gegend *f* о́бласть *f*; ме́стность *f*
Gegendrehmoment *n (Mech)* противоде́йствующий моме́нт *m*
Gegendrehung *f* встре́чное враще́ние *n*
Gegendruck *m (Mech)* реа́кция *f*; противодавле́ние *n*
Gegendruckturbine *f* турби́на *f* с противодавле́нием
Gegen-EMK *f (El)* проти́воэдс *f*, обра́тная электродви́жущая си́ла *f*
Gegenfeder *f (Masch)* контрпружи́на *f*
Gegenflansch *m* контрфла́нец *m*
Gegenfließpressen *n (Fert)* обра́тное прессова́ние *n*
Gegenflugstrecke *f (Flg)* обра́тный маршру́т *m*
Gegeninduktion *f (El)* взаи́мная инду́кция *f*, взаимоинду́кция *f*
Gegeninduktivität *f (El)* взаи́мная индукти́вность *f*, взаимоиндукти́вность *f*
Gegenkathete *f* противолежа́щий ка́тет *m*
Gegenkeil *m (Masch)* контркли́н *m*
Gegenkolben *m (Masch)* контрпо́ршень *m*
Gegenkopplung *f (Rf)* отрица́тельная обра́тная связь *f*
Gegenkraft *f (Mech)* противоде́йствующая си́ла *f*; си́ла *f* реа́кции
Gegenlauf *m* встре́чное враще́ние *n*
Gegenlauffräsen *n* встре́чное [попу́тное] фрезерова́ние *n*, фрезерова́ние *n* про́тив пода́чи
Gegenlaufpropeller *m (Schiff)* контрви́нт *m*
Gegenlichtblende *f (Photo)* светозащи́тная [со́лнечная] бле́нда *f*
Gegenmassestück *n (Masch)* противове́с *m*
Gegenmutter *f (Masch)* контрга́йка *f*, сто́порная га́йка *f*
Gegenpfeiler *m (Bw)* контрфо́рс *m*
Gegenphase *f (El)* противофа́за *f*
Gegenprobe *f* контро́льное испыта́ние *n*
Gegenreaktion *f (Ph, Ch)* противореа́кция *f*
Gegenrechnung *f (Inf)* прове́рочное вычисле́ние *n*
Gegenrichtung *f* обра́тное направле́ние *n*
Gegenruder *n (Schiff)* контрру́ль *m*
Gegenschein *m (Astr)* противосия́ние *n*
Gegenschlaghammer *m* бесшабо́тный мо́лот *m*
gegenseitig взаи́мный
gegensinnig *(Fert)* разноимённый
Gegensprecheinrichtung *f (Nrt)* ду́плекс *m*
Gegensprechleitung *f (Nrt)* ду́плексная ли́ния *f*
Gegenstand *m* предме́т *m*
Gegenstellung/in противолежа́щий
Gegenstrom *m* противото́к *m*
Gegenstromabsorber *m (Kält)* противото́чный поглоти́тель *m*
Gegenstromklassierung *f* противото́чное обогаще́ние *n*
Gegenstromkühler *m* противото́чный холоди́льник *m*
Gegenstromprinzip *n (Wmt)* при́нцип *m* противото́ка
Gegenstromtrockner *m* противото́чная суши́лка *f*
Gegenstromwärmeübertrager *m* противото́чный теплообме́нник *m*
Gegentakt... *(El)* двухта́ктный
Gegentaktschaltung *f (El)* двухта́ктная схе́ма *f*
gegenüberliegend противолежа́щий
Gegenversuch *m* контро́льное испыта́ние *n*
gegenwärtig совреме́нный
Gegenwinkel *mpl (Math)* соотве́тственные углы́ *mpl*
Gegenwirkung *f (Mech)* противоде́йствие *n*
Gegenwirkungskraft *f (Mech)* противоде́йствующая си́ла *f*

gegerbt дублёный
gegossen литóй
Gehalt *m* содержáние *n*
Gehänge *n* подвéска *f*
Gehänge... подвеснóй
gehärtet закалённый; *(Photo)* дублёный; *(Ch)* гидри́рованный *(Fette)*
Gehäuse *n* 1. кожýх *m*; кóрпус *m*; 2. *(Masch, Kfz)* кáртер *m*; 3. корóбка *f*; я́щик *m*; 4. обóйма *f*
gehäuselos бескорпуснóй
gehechelt *(Text)* чёсаный *(Flachs)*
Geheimtinte *f* симпати́ческие черни́ла *pl*
gehen/an Bord *(Schiff)* сади́ться
~/auseinander расходи́ться
~/vor Anker *(Schiff)* отдавáть я́корь
Gehrung *f (Bw)* скос *m*
Gehweg *m (Bw)* тротуáр *m*
Geiger-Müller-Zählrohr *n (Kern)* счётчик *m* Гéйгера-Мю́ллера
Geisterbild *n* повтóрное [двойнóе] изображéние *n*, повтóр *m*
gekapselt закры́тый *(Elektromotor)*
geklärt очи́щенный *(Abwässer)*
gekohlt/hoch высокоуглерóдистый *(Stahl)*
~/niedrig низкоуглерóдистый, малоуглерóдистый *(Stahl)*
gekoppelt *(Inf, Rf)* свя́занный; сочленённый; *(El, Reg, Kyb)* сопряжённый
~/kapazitiv *(Rf)* ёмкостно свя́занный, с ёмкостной свя́зью
~/miteinander взаимосвя́занный
~/starr *(Rf)* жёстко свя́занный
gekörnt гранули́рованный; зерни́стый
Gekrätz *n (Met)* и́згарь *f*; нáкипь *f (NE-Metallurgie)*
gekräuselt *(Text)* волни́стый *(Stoffe)*; изви́тый *(Wolle)*
gekrempelt *(Text)* чёсаный *(Streichgarn)*
gekreuzt перекрёстный
gekröpft колéнчатый *(Kurbelwelle)*; изóгнутый
~/mehrfach многоколéнный *(z. B. Kurbelwellen)*
gekrümmt искривлённый; изóгнутый
gekürzt сокращённый
Gel *n* гель *m*
geladen *(El)* заря́женный
~/negativ отрицáтельно заря́женный
~/positiv положи́тельно заря́женный
gelagert/mehrfach *(Masch)* многоопóрный *(z. B. Kurbelwellen)*
~/schwimmend *(Masch)* плáвающий
~/zweifach *(Masch)* двухопóрный
Gelände *n* мéстность *f*
~/unwegsames [wegloses] бездорóжье *n*
Geländefahrzeug *n* вездехóд *m*
geländegängig вездехóдный
Geländegängigkeit *f (Kfz)* проходи́мость *f*
Geländekarte *f* топографи́ческая кáрта *f*
Geländer *n (Bw)* пери́ла *pl*, порýчни *pl*; ограждéние *n*
Geländerpfosten *m (Bw)* балю́сина *f*
Geländeskizze *f (Geod)* крокú *n*
gelartig студени́стый
Gelatine *f* желати́на *f*
gelatinieren застуднев́ать
Gelatinieren *n* желатини́рование *n*, застуднев́ание *n*; гелеобразовáние *n*
Gelatinierung *f s.* Gelatinieren
geläutert *(Met)* очи́щенный *(Erze)*
Gelbbrüchigkeit *f (Wkst)* желтолóмкость *f (von Stahl)*
Gelberde *f (Geol)* желтозём *m*
Gelbfilter *n (Opt, Photo)* жёлтый светофи́льтр *m*
Gelbgrünfilter *n (Opt, Photo)* жёлто-зелёный светофи́льтр *m*
Gelbildung *f* застуднев́ание *n*, гелеобразовáние *n*
Gelchromatographie *f (Ch)* гель-хроматогрáфия *f*
Geldautomat *m* банкомáт *m*
Geldwechselautomat *m* размéнный автомáт *m*
geleimt клеёный
Gelenk *n (Masch)* шарни́р *m*; сочленéние *n*
~/kinematisches *(Mech)* (кинемати́ческая) пáра *f*
Gelenk... *(Masch)* шарни́рный; сочленённый
Gelenkachse *f (Masch)* шарни́рная ось *f*
Gelenkausbau *m (Bgb)* шарни́рная крепь *f*
Gelenkbaugruppe *f* шарни́рный ýзел *m*

Gelenkbogen *m (Bw)* шарни́рная а́рка *f*
Gelenkbus *m* сочленённый авто́бус *m*
Gelenkgetriebe *n* шарни́рный механи́зм *m*
Gelenkkette *f* шарни́рная цепь *f*
Gelenkkupplung *f (Masch)* шарни́рная му́фта *f*
gelenklos бесшарни́рный
Gelenkomnibus *m* сочленённый авто́бус *m*
Gelenkrahmen *m (Bw)* шарни́рная ра́ма *f*
Gelenkspanneisen *n (Wkz)* шарни́рный прихва́т *m*
Gelenkstück *n (Masch)* сочлене́ние *n*
gelenkt управля́емый
Gelenkwelle *f* шарни́рный вал *m*; *(Masch, Kfz)* карда́нный вал *m*
Gelenkwellenantrieb *m (Masch, Kfz)* карда́нная переда́ча *f*
Gelenkzug *m* сочленённый трамва́й *m*
Geleucht *n (Bgb)* рудни́чный свети́льник *m*
gelichtet *(Forst)* разрежённый *(Baumbestand)*
gelieren *s.* gelatinieren
Gelieren *n s.* Gelatinieren
Gelierung *f s.* Gelatinieren
gelocht перфори́рованный; ды́рчатый
gelockt *(Fert)* закру́ченный *(Span)*
gelötet па́яный
gelüftet вы́ветренный
gemacht/selbst самоде́льный
gemahlen мо́лотый
~/fein мелкоразмо́лотый, тонкомо́лотый; мелкораздро́бленный
~/grob грубомо́лотый
Gemeinschaftsantenne *f* коллекти́вная анте́нна *f*
Gemenge *n* соста́в *m*; смесь *f*; ши́хта *f*
Gemengezusammensetzung *f (Glas)* соста́в *m* ши́хты
Gemisch *n* смесь *f*
~/azeotropes *(Ch)* азеотро́пная смесь *f*
~/binäres *(Ch)* бина́рная смесь *f*
~/brennbares *(Ch)* горю́чая смесь *f*
~/eutektisches *(Wkst)* эвтекти́ческая смесь *f*
~/explosives взры́вчатая смесь *f*
~/fettes *(Kfz)* бога́тая [жи́рная] смесь *f*
~/heterogenes гетероге́нная смесь *f*
~/homogenes гомоге́нная [одноро́дная] смесь *f*
~/hydraulisches гидросме́сь *f*
~/luftarmes *(Kfz)* бога́тая смесь *f*
~/mageres то́щая смесь *f*
~/reiches *(Kfz)* бога́тая смесь *f*
~/ternäres *(Ch)* тройна́я смесь *f*
Gemischbildung *f* смесеобразова́ние *n (in Verbrennungsmotoren)*
~/äußere вне́шнее смесеобразова́ние *n (Ottomotor)*
~/innere вну́треннее смесеобразова́ние *n (Dieselmotor)*
gemischt сме́шанный
gemittelt усреднённый
gemodelt *(El)* модули́рованный
GEMS *n s.* Umweltüberwachungssystem/globales
Gemüse... овоще...
genau то́чный
Genauigkeit *f* то́чность *f*
Genauigkeitsgrenze *f (Mess)* преде́л *m* то́чности
Genauigkeitsklasse *f* класс *m* то́чности
Genauigkeitsmaß *n* ме́ра *f* то́чности
Genauschmieden *n* то́чная [прецизио́нная] ко́вка *f*
geneigt накло́нный
Generalreparatur *f* капита́льный ремо́нт *m*, капремо́нт *m*
Generalüberholung *f s.* Generalreparatur
Generation *f* поколе́ние *n*
Generator *m* 1. генера́тор *m*; 2. *s.* Generatorprogramm
~/elektrischer электри́ческий генера́тор *m*
~/magnetohydrodynamischer *(Rf)* магнитогидродинами́ческий генера́тор *m*
~/selbsterregter *(El)* генера́тор *m* с самовозбужде́нием, автогенера́тор *m*
~/thermoelektrischer термоэлектрогенера́тор *m*
Generator... генера́торный
Generatoranlage *f (El)* генера́торная устано́вка *f*
Generatorgas *n* генера́торный газ *m*
Generatorprogramm *m (Inf)* програ́мма-генера́тор *f*, генери́рующая програ́мма *f*

Generatorröhre *f* генера́торная ла́мпа *f*
Generatorsatz *m (El)* генера́торный агрега́т *m*
Generierung *f* генера́ция *f*
Genetik *f* гене́тика *f*
genietet клёпаный
genormt станда́ртный, стандартизи́рованный
Geoakustik *f* геоаку́стика *f*
Geoantiklinale *f (Geol)* геоантиклина́ль *f*
Geochemie *f* геохи́мия *f*
geochemisch геохими́ческий
Geodäsie *f* геоде́зия *f*
geodätisch геодези́ческий
Geodimeter *n (Mess)* электроопти́ческий дальноме́р *m*, геоди́метр *m* *(optoelektronisches Entfernungsmessinstrument)*
Geoelektrik *f* 1. геоэлектри́чество *n*; 2. *(Geol, Bgb)* электроразве́дка *f*
geoelektrisch геоэлектри́ческий
geöffnet откры́тый; *(El)* разо́мкнутый
Geoid *n (Geod)* гео́ид *m*
Geologie геоло́гия *f*
geologisch геологи́ческий
geölt прома́сленный
Geomagnetik *f (Geol, Bgb)* магниторазве́дка *f*
geomagnetisch геомагни́тный
Geomagnetismus *m* геомагнети́зм *m*
Geomechanik *f* геомеха́ника *f*
Geometrie *f* геоме́трия *f*
~/**darstellende** начерта́тельная геоме́трия *f*
~ **des Raumes** стереоме́трия *f*
~/**ebene** планиме́трия *f*
~/**euklidische** евкли́дова геоме́трия *f*
~/**hypereuklidische** ри́манова геоме́трия *f*
~/**nichteuklidische [nicht euklidische]** неевкли́дова геоме́трия *f*
~/**projektive** проекти́вная геоме́трия *f*
~/**riemannsche** ри́манова геоме́трия *f*
~/**sphärische** сфери́ческая геоме́трия *f*
geometrisch геометри́ческий
Geometrisierung *f (Bgb)* геометриза́ция *f (von Lagerstätten)*
Geomorphologie *f* геоморфоло́гия *f*
Geophon *n (Geoph)* гео́фо́н *m*
Geophysik *f* геофи́зика *f*
geophysikalisch геофизи́ческий
Geopotential *n (Geoph)* геопотенциа́л *m*
geordnet упоря́доченный; *(Fert)* ориенти́рованный
Geordnetheit *f* упоря́доченность *f*
Geosphäre *f (Geol)* геосфе́ра *f*
geostationär геостациона́рный
Geosynklinale *f (Geol)* геосинклина́ль *f*
Geotechnologie *f* геотехноло́гия *f*
Geotektonik *f (Geol)* (гео)текто́ника *f*
Geothermie *f* геоте́рмика *f*, геотерми́я *f*
Geothermik *f* геоте́рмика *f*, геотерми́я *f*
geothermisch геотерми́ческий
geozentrisch геоцентри́ческий
gepaart спа́ренный; *(Masch)* сопряжённый *(Zahnräder)*
Gepäckablage *f* бага́жная се́тка *f*
Gepäckhalter *m* бага́жник *m*
Gepäcknetz *n* бага́жная се́тка *f*
gepackt упако́ванный
Gepäckträger *m* бага́жник *m (eines Fahrrades)*
Gepäckwagen *m* бага́жная теле́жка *f*
gepanzert забронирова́нный
gepfeilt *(Flg)* стрелови́дный *(Tragflügel)*
geprägt гофриро́ванный
gepresst прессо́ванный
~/**aus einem Stück** цельнопрессо́ванный
geprüft испы́танный; прове́ренный
geputzt *(Met)* очи́щенный *(Guss)*
gequantelt кванто́ванный
gequetscht смя́тый
gerade прямо́й; *(Math)* чётный
Gerade *f (Math)* пряма́я *f*, пряма́я ли́ния *f*
Geradebiegen *n* выпрямле́ние *n*
gerade-gerade *(Math)* чётно-чётный
Gerade-gerade-Kern *m (Kern)* чётно-чётное ядро́ *n*
Geraderichten *n* выпрямле́ние *n*; распрямле́ние *n*
gerade-ungerade *(Math)* чётно-нечётный
Gerade-ungerade-Kern *m (Kern)* чётно-нечётное ядро́ *n*
geradflankig *(Masch)* прямобо́чный *(Zahnrad)*

geradlinig прямолинейный, прямой
~/nicht непрямолинейный
Geradlinigkeit *f* прямолинейность *f*
Geradrad *n (Masch)* прямозубое (зубчатое) колесо *n*
geradverzahnt *(Masch)* прямозубый *(Zahnrad)*
geradzahlig *(Math)* чётный
Geradzahn *m (Masch)* прямой зуб *m*
Geradzahnrad *n (Masch)* прямозубое (зубчатое) колесо *n*
Gerät *n* 1. аппарат *m*; аппаратура *f*; прибор *m*; 2. механизм *m*; устройство *n*; 3. *(Lw, Forst)* орудие *n*
~/analog arbeitendes аналоговое устройство *n*
~/anzeigendes индикаторное устройство *n*
~/astatisches *(Mess)* астатический прибор *m*
~/aufzeichnendes самописец *m*
~/digitales цифровой прибор *m*
~/externes внешнее устройство *n*, ВУ *n*
~/integrierendes интегрирующее устройство *n*, интегрирующий прибор *m*
~/peripheres внешнее устройство *n*, ВУ *n*
~/schreibendes самописец *m*
Geräte *npl*/**funktechnische [radiotechnische]** радиоаппаратура *f*
Gerätebau *m* приборостроение *n*
Gerätekonfiguration *f (Inf)* конфигурация *f* оборудования
Geräteraum *m* аппаратная *f (einer Funkanlage)*
Gerätesektion *f (Raumf)* приборный отсек *m*
Gerätesicherung *f (El)* сетевой предохранитель *m*
Gerätestecker *m (El)* приборная вилка *f*
Gerätesteuereinheit *f (Inf)* блок *m* управления устройствами, устройство *n* управления
Gerätetechnik *f (Inf)* аппаратные средства *npl*
gerätetechnisch аппаратурный; приборный
Geräteträger *m (Lw)* самоходное шасси *n*
geräteunabhängig *(Inf)* аппаратно-независимый
Gerätezelle *f (Raumf)* приборный отсек *m*
Geräusch *n* шум *m*
Geräusch... шумовой
geräuscharm малошумящий
geräuschfrei бесшумный
Geräuschfreiheit *f* бесшумность *f*
geräuschlos бесшумный
Geräuschlosigkeit *f* бесшумность *f*
Geräuschmesser *m (Ak)* акустиметр *m*; шумомер *m*
Geräuschpeiler *m* шумопеленгатор *m*
Geräuschpeilung *f* шумопеленгация *f*
Geräuschspannungsmesser *m (Nrt)* псофометр *m*
Geräuschunterdrücker *m (El)* шумоглушитель *m*
Gerb... дубильный
Gerbbrühe *f (Led)* (дубильный) сок *m*
gerben дубить
Gerben *n* дубление *n*
Gerbextrakt *m (Led)* дубильный экстракт *m*
Gerbgrube *f (Led)* дубильный чан *m*
Gerbrinde *f* дубильное корьё *n*
Gerbsäure *f* дубильная кислота *f*
Gerbstoff *m (Led)* дубильное [дубящее] вещество *n*, дубитель *m*
Gerbstoffextrakt *m (Led)* дубильный экстракт *m*
gereinigt очищенный
gerichtet направленный; *(Krist)* ориентированный
~/einseitig однонаправленный
~/gerade выпрямленный
geriffelt гофрированный; рифлёный
gerillt желобчатый; рифлёный
geringmächtig *(Bgb)* маломощный
Gerinnbarkeit *f (Ch)* свёртываемость *f*
Gerinne *n* шлюз *m (Aufbereitung)*
Gerinnehydraulik *f (Hydt)* русловая гидравлика *f*
Gerinnen *n* свёртывание *n*; коагуляция *f*
Gerippe *n* каркас *m*
gerippt ребристый
Germanium *n (Ch)* германий *m*, Ge
Germanium... германиевый
Germaniumdetektor *m (Rf)* германиевый детектор *m*

Germaniumdiode *f (Eln)* герма́ниевый дио́д *m*
Germaniumgleichrichter *m (Rf)* герма́ниевый выпрями́тель *m*
Germaniumtransistor *m (Eln)* герма́ниевый транзи́стор *m*
Geröll *n (Geol)* га́лька *f*; *(Geol)* валуны́ *mpl*
Geruch *m* за́пах *m* • **ohne** ~ без за́паха
geruchlos без за́паха
Geruchsverschluss *m (Bw)* трап *m*; водяно́й затво́р *m*; сифо́н *m (von Abwasserleitungen)*
Gerüst *n* 1. *(Bw)* леса́ *pl*; по́дмости *pl*; 2. карка́с *m (eines Ofens)*; скеле́т *m*; 3. *(Wlz)* клеть *f*; 4. *(Geod)* пирами́да *f*; 5. о́стов *m*; стелла́ж *m*
Gerüstanordnung *f (Wlz)* расположе́ние *n* клете́й
Gerüstbrücke *f (Bw)* эстака́да *f*
Gerüstfolge *f (Wlz)* расположе́ние *n* клете́й
Gerüstloch *n (Bw)* гнездо́ *n*
Gesamtanschlusswert *m* сумма́рная мо́щность *f (einer Maschine)*
Gesamtenergie *f* о́бщая эне́ргия *f*
Gesamtfehler *m* сумма́рная оши́бка [погре́шность] *f*
Gesamtgehalt *m* о́бщее содержа́ние *n*
Gesamtheit *f* совоку́пность *f*; ко́мплекс *m*; полнота́ *f*
Gesamtleistung *f* по́лная [сумма́рная] мо́щность *f*; о́бщая мо́щность *f*
Gesamtmächtigkeit *f (Geol, Bgb)* сумма́рная мо́щность *f (Schichten)*
Gesamtstrahlungspyrometer *n* пиро́метр *m* по́лного излуче́ния
Gesamtstrom *m (El)* по́лный ток *m*
Gesamtverstärkung *f (El)* о́бщее усиле́ние *n*
Gesamtwiderstand *m (El)* о́бщее [по́лное] сопротивле́ние *n*
Gesamtwirkungsquerschnitt *m (Kern)* по́лное сече́ние *n*
gesättigt насы́щенный
gescannt скани́рованный
geschaltet *(El)* включённый, соединённый
~/**hintereinander** после́довательно включённый
~/**in Reihe [Serie]** после́довательно включённый
~/**nebeneinander [parallel]** паралле́льно включённый
geschichtet слои́стый; посло́йный
Geschiebe *n (Geol)* валуны́ *mpl*
Geschirr *n* 1. посу́да *f*; 2. *(Text)* реми́з *m*
Geschirrspülmaschine *f* посудомо́ечная маши́на *f*
geschliffen шлифо́ванный; полиро́ванный
geschlitzt щелево́й
geschlossen закры́тый; за́мкнутый
geschmiedet ко́ваный
Geschoss *n* 1. *(Bw)* эта́ж *m*; 2. *(Mil)* снаря́д *m*
Geschosszahl *f* эта́жность *f*
geschützt защищённый
geschweißt сва́ренный, сварно́й
Geschwindigkeit *f (Mech)* ско́рость *f*
~/**angezeigte** *(Flg)* ско́рость *f* по прибо́рам, прибо́рная ско́рость *f*
~/**dritte kosmische** *s.* ~/hyperbolische
~/**elliptische** *(Raumf)* пе́рвая косми́ческая ско́рость *f*
~/**erste kosmische** *(Raumf)* пе́рвая косми́ческая ско́рость *f*
~/**gleichbleibende** постоя́нная ско́рость *f*
~/**gleichförmige** равноме́рная ско́рость *f*
~/**hyperbolische** *(Raumf)* гиперболи́ческая [тре́тья косми́ческая] ско́рость *f (Entweichungsgeschwindigkeit aus dem Sonnensystem)*
~/**lichtnahe** околосветова́я ско́рость *f*
~/**lineare** *(Mech)* лине́йная ско́рость *f*
~/**parabolische** *(Raumf)* параболи́ческая [втора́я косми́ческая] ско́рость *f*, ско́рость *f* ускольза́ния
~/**relative** относи́тельная ско́рость *f*
~/**schallnahe** *(Flg, Rak)* околозвукова́я ско́рость *f*
~/**supersonische** *(Flg)* сверхзвукова́я ско́рость *f*
~/**transsonische** *(Flg, Rak)* околозвукова́я ско́рость *f*
~ **über Boden [Grund]** *(Flg)* путева́я ско́рость *f*
~/**ungleichförmige** неравноме́рная ско́рость *f*
~/**veränderliche** переме́нная ско́рость *f*

~/**zulässige** допусти́мая ско́рость *f*
~/**zweite kosmische** *s.* ~/parabolische
Geschwindigkeits... скоростно́й
Geschwindigkeitsanzeiger *m* указа́тель *m* ско́рости
Geschwindigkeitsgeber *m* да́тчик *m* ско́рости
Geschwindigkeitsgefälle *n (Mech)* градие́нт *m* ско́рости
Geschwindigkeitsgradient *m (Mech)* градие́нт *m* ско́рости
Geschwindigkeitsmesser *m* 1. тахо́метр *m*; 2. *(Kfz)* спидо́метр *m*; 3. *(Eb)* скоростеме́р *m*
Geschwindigkeitsparallelogramm *n (Mech)* параллелогра́мм *m* скоросте́й
Geschwindigkeitssensor *m* да́тчик *m* ско́рости
Geschwindigkeitssteuerung *f* управле́ние *n* ско́ростью
Geschwindigkeitsverhalten *n (Masch)* моби́льность *f (des Getriebes)*
Gesenk *n* 1. *(Schm, Umf)* (ко́вочный [кузне́чный]) штамп *m*; 2. гезе́нк *m*
Gesenkbiegepresse *f (Umf)* листоги́бочный пресс *m*
Gesenkhalter *m (Schm)* штамподержа́тель *m*
Gesenkoberteil *n (Schm)* пуансо́н *m*
Gesenkschmiedehammer *m* штампо́вочный мо́лот *m*
Gesenkschmieden *n* объёмная штампо́вка *f*; ко́вка *f* в шта́мпах
Gesenkschmiedepresse *f* (горяче-) штампо́вочный пресс *m*, ко́вочно-штампо́вочный пресс *m*
Gesenkschmiedestück *n (Schm, Umf)* штампо́вка *f*; штампо́ванная дета́ль *f*
Gesenkschmiedeteil *n s.* Gesenkschmiedestück
Gesenkschmiedewerkzeug *n* ко́вочно-штампо́вочный инструме́нт *m*
Gesetz *n* зако́н *m*; пра́вило *n*
~/**avogadrosches** *(Ph)* зако́н *m* Авога́дро
~/**biotsches** *(Opt)* зако́н *m* Био́
~/**boyle-mariottesches** *(Therm)* зако́н *m* Марио́тта
~/**boylesches** *(Therm)* зако́н *m* Марио́тта
~ **der großen Zahlen** зако́н *m* больши́х чи́сел *(Wahrscheinlichkeitsrechnung)*
~/**faradaysches** *(El)* зако́н *m* Фараде́я
~/**gay-lussacsches** *(Therm)* зако́н *m* Гей-Люсса́ка
~/**hookesches** *(Mech)* зако́н *m* Гу́ка
~/**joulesches** 1. *(El)* зако́н *m* Джо́уля-Ле́нца; 2. *(Therm)* зако́н *m* Джо́уля
~/**kirchhoffsches** *(El)* зако́н *m* Кирхго́фа
~/**lambertsches** *(Opt)* зако́н *m* Ла́мберта
~/**ohmsches** *(El)* зако́н *m* О́ма
~/**pascalsches** *(Mech)* зако́н *m* Паска́ля
~/**rayleighsches** зако́н *m* Рэле́я
Gesetze *npl* /**kirchhoffsche** *(El)* пра́вила *npl* Ки́рхгофа
Gesetzmäßigkeit *f* закономе́рность *f*
geshuntet *(El)* шунти́рованный
Gesichtsfeld *n (Opt)* по́ле *n* зре́ния
gesickt *(Schiff)* гофриро́ванный
gesiebt грохочёный
Gesims *n (Bw)* карни́з *m*
gesintert спечённый, спёкшийся
Gespann *n (Met)* поддо́н *m*
Gespannfischerei *f* близнецо́вый лов *m*
Gespannguss *m (Gieß)* группова́я разли́вка *f*
Gespannplatte *f (Met)* поддо́н *m*
gespannt напряжённый; натя́нутый
gespeist *(El)* пита́емый
Gesperre *n (Masch)* 1. остано́в *m*, ограничи́тель *m* (движе́ния); 2. храпови́к *m*, храпово́й механи́зм *m*
Gespinst *n (Text)* пря́жа *f*
Gespräch *n (Nrt)* разгово́р *m*
~/**dringendes** сро́чный разгово́р *m*
~/**gebührenfreies** беспла́тный разгово́р *m*
Gesprächsanmeldung *f (Nrt)* зая́вка *f*
Gesprächsschluss *m (Nrt)* отбо́й *m*
Gestalt *f* 1. вид *m*; фо́рма *f*; 2. о́браз *m*
Gestaltänderung *f* формоизмене́ние *n*; деформа́ция *f*
gestaltlos амо́рфный
Gestaltlosigkeit *f* амо́рфность *f*
Gestaltsänderung *f s.* Gestaltänderung
Gestaltung *f* оформле́ние *n*; выполне́ние *n*; конфигура́ция *f*

~/**fertigungsgerechte** технологи́чность *f*
Gestänge *n* 1. *(Mech)* рыча́жный механи́зм *m*; 2. *(Nrt, El)* столб *m*, опо́ра *f*
Gestängebohren *n (Bgb)* шта́нговое буре́ние *n*
gestängelos безрыча́жный
Gestehungskosten *pl* себесто́имость *f*
Gestein *n (Geol)* поро́да *f*
~/**taubes** *(Bgb)* пуста́я поро́да *f*
Gesteins... *(Bgb)* поро́дный
gesteinsbildend *(Geol)* породообразу́ющий
Gesteinsbohrer *m* поро́дный бур *m*
Gesteinsgang *m (Geol)* да́йка *f*
Gesteinskluft *f s.* Lithoklase
Gesteinskunde *f (Geol)* петрогра́фия *f*
Gesteinsschutt *m (Geol)* щё́бень *m*
Gesteinsstrecke *f (Bgb)* полево́й штрек *m*
Gestell *n* 1. *(Masch)* стани́на *f*; основа́ние *n*; ра́ма *f*; о́стов *m*; *(Met)* горн *m (eines Hochofens)*; карка́с *m (z. B. eines Ofens)*; 2. стелла́ж *m*; сто́йка *f*; подста́вка *f*; ко́злы *pl*; 3. *(Bgb)* клеть *f*
~/**offenes** *(Masch)* откры́тая ра́ма *f*
Gestellboden *m (Met)* ле́щадь *f (eines Hochofens)*
Gestellpalette *f (Förd)* сто́ечный подо́н *m*
gesteuert управля́емый
~/**digital** с цифровы́м управле́нием
~/**drahtlos** управля́емый по ра́дио
~/**hydraulisch** с гидроуправле́нием
~/**leitungslos** радиоуправля́емый
~/**manuell** управля́емый вручну́ю
~/**numerisch** с чи́словым управле́нием
~/**pneumatisch** с пневмоуправле́нием
Gestirn *n (Astr)* (небе́сное) свети́ло *n*
Gestirnshöhe *f (Astr)* альтиту́да *f*
gestört возмущё́нный; *(Nrt)* повреждё́нный
~/**nicht** невозмущё́нный
gestreckt удлинё́нный
gestreift полоса́тый
gestreut рассе́янный
gestuft ступе́нчатый
gesund *(Wkst)* здоро́вый
geteert смолё́ный
getestet испы́танный
Ge-Transistor *m (Eln)* герма́ниевый транзи́стор *m*
Getreide *n (Lebm)* зерно́ *n*
Getreide... зерново́й
Getreidelader *m (Lw)* зернопогру́зчик *m*
Getreidereinigungs... зерноочисти́тельный
Getreidesämaschine *f* зернова́я се́ялка *f*
Getreideschiff *m (Schiff)* зерново́з *m*
Getreidespeicher *m* зернохрани́лище *n*
Getreidetransporter *m (Schiff)* зерново́з *m*
Getreidetrockner *m* зерносуши́лка *f*
Getreidevollerntemaschine *f* зерноубо́рочный комба́йн *m*
getrennt *(El)* разо́мкнутый *(Stromkreis)*
Getriebe *n (Masch)* переда́ча *f*; *(Kfz)* коро́бка *f* переда́ч; реду́ктор *m*; механи́зм *m*
~/**ebenes** *(Masch)* пло́ский механи́зм *m*
~/**hydraulisches** *(Masch)* гидравли́ческая переда́ча *f*, гидропереда́ча *f*
~/**hydrodynamisches** *(Masch)* гидродинами́ческая переда́ча *f*
~/**hydrostatisches** *(Masch)* гидростати́ческая переда́ча *f*
~/**mechanisches** *(Masch)* механи́ческая переда́ча *f*
~/**stufenlos regelbares** *(Masch)* бесступе́нчатая переда́ча *f*, вариа́тор *m*
~/**stufenloses** *s.* ~/stufenlos regelbares
Getriebe... приводно́й
Getriebebremse *f (Kfz)* трансмиссио́нный то́рмоз *m*
Getriebelehre *f* тео́рия *f* механи́змов
Getriebemotor *m* мото́р-реду́ктор *m*
getrieben *(Masch)* ведо́мый
Getriebeöl *n* трансмиссио́нное ма́сло *n*
Getriebestufe *f (Masch)* ско́рость *f*
Getriebewelle *f (Masch, Kfz)* переда́точный вал *m*
getrocknet вы́сушенный; сушё́ный
Getter *m(n) (Eln)* ге́ттер, газопоглоти́тель *m*
Gettern *n (Eln)* геттери́рование *n*
Getterstoff *m (Eln)* ге́ттер *m*, газопоглоти́тель *m*

Getterung *f (Eln)* геттери́рование *n*
Geviert *n (Bgb)* вене́ц *m*
Geviertausbau *m (Bgb)* станко́вая крепь *f*
Geviertzimmerung *f (Bgb)* венцо́вая крепь *f*
Gewächshaus *n* тепли́ца *f*
gewährleisten обеспе́чивать
Gewährleistung *f* обеспе́чение *n*
gewalzt ка́таный
~/**nahtlos** цельнока́таный *(Rohre)*
~/**warm** горячека́таный
Gewände *n (Bw)* кося́к *m*
gewartet обслу́живаемый *(z. B. Anlagen)*
Gewässerkunde *f* гидроло́гия *f*; гидрогра́фия *f*
Gewässerschutz *m* охра́на *f* водоёмов
Gewässerschutzgebiet *n (Ökol)* водоохра́нная зо́на *f*
Gewebe *n* 1. *(Text)* ткань *f*; 2. *(Wkz)* шку́рка *f*
~/**bedrucktes** набивна́я ткань *f*
~/**gummiertes** прорези́ненная ткань *f*
Gewebeausrüstungsmaschine *f (Text)* отде́лочная маши́на *f*
Gewehr *n* ружьё *n*; винто́вка *f (mit gezogenem Lauf)*
gewellt волни́стый; гофриро́ванный
Gewerbe *n* про́мысел *m*; ремесло́ *n*
Gewicht *n s.* Gewichtskraft
Gewichtskraft *f* вес *m (Newton)*
Gewichtssatz *m* разнове́с *m*
Gewichtsstaumauer *f* гравитацио́нная плоти́на *f*
Gewinde *n (Masch)* резьба́ *f*; наре́зка *f*
~/**eingängiges** однозахо́дная резьба́ *f*
~/**kegliges** кони́ческая резьба́ *f*
~/**linksgängiges** ле́вая резьба́ *f*
~/**mehrgängiges** многозахо́дная резьба́ *f*
~/**metrisches** метри́ческая резьба́ *f*
~/**rechtsgängiges** пра́вая резьба́ *f*
~/**steiles** крута́я резьба́ *f*
~/**zweigängiges** двухзахо́дная резьба́ *f*
Gewinde... *(Masch)* резьбово́й
Gewindebearbeitung *f*/**spanende** *(Fert)* резьбонареза́ние *n*
Gewindebearbeitungsmaschine *f (Wkzm)* резьбообраба́тывающий стано́к *m*
~/**spanende** *(Wkzm)* резьбонарезно́й стано́к *m*
Gewindebohren *n (Fert)* резьбонареза́ние *n* ме́тчиком
Gewindebohrer *m (Wkz)* метчи́к *m*
Gewindedrehen *n (Fert)* резьбонареза́ние *n* ре́зцом, резьботоче́ние *n*
Gewindedrehmeißel *m (Wkz)* резьбово́й резе́ц *m*
Gewindefräsen *n (Fert)* резьбофрезерова́ние *n*, резьбонареза́ние *n* фре́зой
Gewindefräser *m (Wkz)* резьбова́я [резьбонарезна́я] фреза́ *f*
Gewindefräsmaschine *f (Wkzm)* резьбофре́зерный стано́к *m*
Gewindegang *m (Masch)* ни́тка *f* резьбы́
Gewindekluppe *f (Wkz)* клупп *m*
Gewindelehre *f (Mess)* резьбово́й кали́бр *m*, резьбоме́р *m*
Gewindemuffe *f (Masch)* резьбова́я му́фта *f*
Gewindeschablone *f (Masch)* резьбоме́р *m*, резьбово́й шабло́н *m*
Gewindeschleifen *n (Fert)* резьбошлифова́ние *n*, шлифова́ние *n* резьбы́
Gewindeschleifmaschine *f (Wkzm)* резьбошлифова́льный стано́к *m*
Gewindeschneidautomat *m (Wkzm)* резьбонарезно́й автома́т *m*
Gewindeschneidbohrer *m (Wkz)* метчи́к *m*
Gewindeschneideisen *n (Wkz)* ле́рка *f*; пла́шка *f*
Gewindeschneiden *n (Fert)* резьбонареза́ние *n*
Gewindeschneidkopf *m (Wkz)* винторе́зная [резьбонарезна́я] голо́вка *f*
Gewindeschneidmaschine *f (Wkzm)* резьбонарезно́й стано́к *m*
Gewindeschneidwerkzeug *n (Wkz)* резьбонарезно́й инструме́нт *m*
Gewindesockel *m (El)* винтово́й [резьбово́й] цо́коль *m*
Gewindesteigung *f (Masch)* шаг *m* резьбы́
Gewindesteigungslehre *f s.* Gewindelehre
Gewindestift *m (Masch)* шпи́лька *f*
Gewindestopfen *m* резьбова́я про́бка *f*
Gewindestrehlen *n* резьбонареза́ние *n* гребёнкой

Gewindestrehler *m (Wkz)* резьбова́я [резьбонарезна́я] гребёнка *f*
Gewindeteilung *f (Masch)* шаг *m* резьбы́
Gewindeverbindung *f (Masch)* резьбово́е соедине́ние *n*
Gewindewalzautomat *m (Wkzm)* резьбонака́тный автома́т *m*
Gewindewalzbacke *f (Wkz)* пла́шка *f*
Gewindewalzeisen *n (Wkz)* пла́шка *f*
Gewindewalzen *n (Fert)* резьбонака́тывание *n*
Gewindewalzmaschine *f (Wkzm)* резьбонака́тный стано́к *m*
Gewindewalzwerkzeug *n (Wkz)* резьбонака́тный инструме́нт *m*
Gewinn *m* 1. вы́игрыш *m*; при́быль *f*; дохо́д *m*; 2. *(Eln)* уси́лие *n*; коэффицие́нт *m* усиле́ния
gewinnen 1. выи́грывать; 2. *(Bgb)* добыва́ть; *(Bgb)* вынима́ть; *(Bgb)* извлека́ть *(Gestänge, Rohre)*; 3. *(Met)* выплавля́ть *(durch Schmelzen)*
~/**(an) Höhe** *(Flg)* набира́ть высоту́
Gewinnen *n s.* Gewinnung
Gewinnung *f* 1. получе́ние *n*; 2. *(Bgb)* добы́ча *f*, добыва́ние *n*; вы́емка *f*; отбо́йка *f*; извлече́ние *n (Gestänge, Rohre)*; 3. *(Met)* вы́плавка *f (durch Schmelzen)*
~/**hydraulische** *(Bgb)* гидравли́ческая добы́ча *f*, гидродобы́ча *f*
Gewinnungsarbeiten *fpl (Bgb)* очистны́е рабо́ты *fpl*; добы́чные рабо́ты *fpl*
Gewinnungsbau *m (Bgb)* очистна́я вы́работка *f*
Gewinnungsbohrung *f (Bgb)* эксплуатацио́нная сква́жина *f*
Gewitter *n (Meteo)* гроза́ *f*
Gewitterfront *f (Meteo)* грозово́й фронт *m*
gewöhnlich рядово́й
Gewölbe *n (Bw)* свод *m*
~/**geschlossenes** со́мкнутый свод *m*
gewölbt сво́дчатый; вы́пуклый *(Straße)*
gewunden 1. вито́й; *(Fert)* завито́й *(Späne)*; 2. изви́тый *(Baumwolle)*
gezackt зазу́бренный
gezahnt зубча́тый
Gezeiten *pl* прили́вы *mpl*
~ **der Atmosphäre** атмосфе́рные прили́вы *mpl*
~ **des Meeres** морски́е прили́вы *mpl*
Gezeitenkraftwerk *n* прили́вная (гидро)электроста́нция *f*, ПЭС *f*
Gezeitenschleuse *f* прили́вный шлюз *m*
gezogen 1. *(Fert)* растя́нутый; расстя́гиваемый; 2. тя́нутый; 3. прицепно́й
~/**blank** чистотя́нутый, гладкотя́нутый *(Draht)*
~/**nahtlos** цельнотя́нутый *(Rohre)*
~/**warm** *(Umf)* горячетя́нутый
gezwirnt *(Text)* кручёный
gg-Kern *m (Kern)* чётно-чётное ядро́ *n*
Gibbs-Funktion *f (Therm)* изоба́рно-изотерми́ческий потенциа́л *m*, эне́ргия *f* [потенциа́л *m*] Ги́ббса
Gicht *f (Met)* 1. колошни́к *m (Schachtofen) (s. a.* Gichtbühne*)*; 2. коло́ша *f*; са́дка *f*; 3. ши́хта *f (für Schachtöfen)*
Gichtboden *m s.* Gichtbühne
Gichtbühne *f (Met)* колошни́к *m*, колошнико́вая площа́дка *f*
Gichtgas *n* до́менный газ *m*
Gichtgasverschluss *m (Met)* колошнико́вый затво́р *m (eines Hochofens)*
Gichtglocke *f (Met)* ко́нус *m (eines Hochofens)*
Gichthöhe *f (Met)* высота́ *f* засы́пки *(eines Schachtofens)*
Gichtkübel *m (Met)* загру́зочная бадья́ *f*
Gichtöffnung *f (Met)* загру́зочное отве́рстие *n (Schachtofen)*
Gichtverschluss *m (Met)* колошнико́вый затво́р *m (eines Hochofens)*
Gichtwagen *m (Met)* загру́зочная ваго́нетка *f*; скип *m (Hochofen)*
Gichtzusammensetzung *f (Met)* соста́в *m* ши́хты *(Kupolofen)*
Giebel *m (Bw)* щипе́ц *m*
Giebelfront *f* торцо́вый фаса́д *m*
Gieren *n (Schiff, Flg)* ры́скание *n*
Gierschwingungen *fpl (Schiff, Flg)* ры́скание *n*
Gieß... разли́вочный; лите́йный
Gießbett *n (Met)* лите́йный двор *m (des Hochofens)*
gießen лить; отлива́ть; залива́ть; разлива́ть
Gießen *n* литьё *n*; отли́вка *f*; зали́вка *f*; разли́вка *f*
~/**fallendes** разли́вка *f* сверху́

~ **im Gespann** группова́я разли́вка *f*
~/**stehendes** вертика́льная разли́вка *f*
~/**steigendes** сифо́нная разли́вка *f*
Gießerei *f* лите́йная *f*, лите́йный цех *m*
Gießerei... лите́йный
Gießereieisen *n* лите́йный чугу́н *m*
Gießereimaschine *f* лите́йная маши́на *f*
Gießereiroheisen *n* лите́йный чугу́н *m*
Gießereiwesen *n* лите́йное де́ло *n*
Gießform *f (Gieß)* лите́йная фо́рма *f*
Gießgespann *n (Met)* поддо́н *m*
Gießgrube *f* лите́йная я́ма *f*
Gießlöffel *m (Gieß)* ло́жка *f*
Gießmaschine *f (Gieß)* разли́вочная маши́на *f*
Gießpfanne *f (Gieß)* разли́вочный [лите́йный] ковш *m*
Gießstrang *m (Gieß)* загото́вка *f (Stranggießen)*
Gießtrichter *m* 1. *(Gieß)* литнико́вая воро́нка *f*, ли́тник *m*; 2. *(Kst)* филье́ра *f*
Gießtümpel *m (Gieß)* литнико́вая ча́ша *f*
Gießverfahren *n* спо́соб *m* литья́
Gießwagen *m (Gieß)* разли́вочная ваго́нетка *f*
Gießwalzen *n* бесcли́тковая прока́тка *f*
Gießwalzwerk *n* бесcли́тковый стан *m (zum Walzen aus dem Schmelzfluss)*
Gift *n* яд *m*
giftig ядови́тый; токси́ческий
Giftigkeit *f* ядови́тость *f*
Giga... *(Mess)* гига..., Г *(10^9 Einheiten)*
Gigabyte *n (Inf)* гигаба́йт *m*, Гба́йт *m (= 10^9 Bytes)*
Gilben *n (Pap)* желте́ние *n*
Gilbert *n* ги́льберт *m*, Гб *(SI-fremde Einheit der magnetischen Spannung)*
Gipfelhöhe *f (Flg)* потоло́к *m*
Gips *m* гипс *m*
Gips... ги́псовый
Gips(schlacken)beton *m* гипсобето́н *m*
Gipsstuck *m (Bw)* ги́псовая штукату́рка *f*
Gischt *m* пе́на *f*
Gitter *n (Opt, Krist)* решётка *f*; *(Eln)* се́тка *f*
~/**basisflächenzentriertes** *(Krist)* базоцентри́рованная решётка *f*
~/**ebenes** 1. *(Opt)* пло́ская решётка *f*; 2. *(Masch)* пло́ская решётка *f (einer Strömungsmaschine)*
~/**einfaches** *(Krist)* примити́вная решётка *f*
~/**flächenzentriertes** *(Krist)* гранецентри́рованная решётка *f*
~/**gerades** *(Masch)* пло́ская решётка *f (einer Strömungsmaschine)*
~/**hexagonales** *(Krist)* гексагона́льная решётка *f*
~/**innenzentriertes** *(Krist)* объёмноцентри́рованная решётка *f*
~/**kubisches** *(Krist)* кубі́ческая решётка *f*
~/**monoklines** *(Krist)* монокли́нная решётка *f*
~/**primitives** *(Krist)* примити́вная решётка *f*
~/**raumzentriertes** *(Krist)* объёмноцентри́рованная решётка *f*
~/**reziprokes** *(Krist)* обра́тная решётка *f*
~/**rhombisches** *(Krist)* ромби́ческая решётка *f*
~/**rhomboedrisches** *(Krist)* ромбоэдри́ческая решётка *f*
~/**tetragonales** *(Krist)* тетрагона́льная решётка *f*
***C*-Gitter** *n (Krist)* базоцентри́рованная решётка *f*
***F*-Gitter** *n (Krist)* гранецентри́рованная решётка *f*
***I*-Gitter** *n* объёмноцентри́рованная решётка *f*
***P*-Gitter** *n (Krist)* примити́вная решётка *f*
Gitter... 1. решётчатый; 2. *(Eln)* се́точный; 3. *(Bw)* сквозно́й *(bei Trägerkonstruktionen)*
gitterartig решётчатый
Gitteraufbau *m (Wkst)* решётчатая структу́ра *f*
Gitterdefekt *m (Krist)* дефе́кт *m* (кристалли́ческой) решётки
Gitterfehlordnung *f (Krist)* дефе́кт *m* (кристалли́ческой) решётки
Gitterfehlstelle *f (Krist)* дефе́кт *m* [ва́канция *f*] (кристалли́ческой) решётки
Gittergleichrichter *m (Rf)* се́точный дете́ктор *m*

Gitterkonstante *f (Krist)* постоя́нная *f* (кристалли́ческой) решётки
Gitterlücke *f s.* Gitterfehlstelle
Gittermast *m* решётчатая ма́чта *f*
Gittermodulation *f (Eln)* сето́чная моду́ляция *f*
Gitterplatz *m (Krist)* у́зел *m* (кристалли́ческой решётки)
Gitterpunkt *m s.* Gitterplatz
Gitterrost *m* колоснико́вая решётка *f*
Gitterrührer *m* ра́мная меша́лка *f*
Gitterspannung *f (Eln)* се́точное напряже́ние *n*
Gitterspannungsmodulation *f (Eln)* сето́чная модуля́ция *f*
Gitterstrich *m (Opt)* штрих *m (des Beugungsgitters)*
Gitterstruktur *f (Wkst)* решётчатая структу́ра *f*
Gitterträger *m (Bw)* решётчатая ба́лка *f*
Gittervorspannung *f (Rf)* се́точное смеще́ние *n*
Gitterwerk *n* 1. решётка *f*; 2. *(Met)* наса́дка *f*
GKW *m* грузови́к *m*
Glacé(leder) *n* ла́йка *f*, ла́йковая ко́жа *f*
Glanz *m* блеск *m*; гля́нец *m*
Glanz... блестя́щий
Glanzappretur *f (Text)* гля́нцевая отде́лка *f*
glänzen блесте́ть
glänzend блестя́щий
Glanzkohle *f* блестя́щий у́голь *m*
Glanzlichter *npl (Photo)* бли́ки *mpl*
glanzlos ту́склый
Glanzpapier *n* гля́нцевая фотобума́га *f*
Glanzstoßen *n (Led)* лоще́ние *n*
Glas *n* 1. стекло́ *n*; 2. стака́н *m*; 3. *(Schiff)* скля́нка *f*
~/**hitzebeständiges** жаросто́йкое стекло́ *n*
~/**optisches** опти́ческое стекло́ *n*
~/**organisches** органи́ческое стекло́ *n*, оргстекло́ *n*
~/**splittersicheres** безоско́лочное стекло́ *n*
~/**vorgespanntes** закалённое стекло́ *n*
Glas... стекля́нный
glasartig стеклови́дный
Glasbaustein *m* стеклобло́к *m*, стекля́нный бло́к *m*
Glasbeton *m* стеклобето́н *m*
Glasbruch *m* стеклобо́й *m*
Glaserkitt *m* око́нная зама́зка *f*
gläsern стекля́нный
Glasfaser *f* стекловолокно́ *n*, стекля́нное волокно́ *n*
Glasfaser... стекловолокни́стый
glasfaserbewehrt стеклопла́стиковый
Glasfasergewebe *n* стеклотка́нь *f*, стекля́нная ткань *f*
Glasfaserkunststoff *m* стеклопла́стик *m*
Glasfasernachrichtenübertragung *f* стекловолоко́нная связь *f*
glasfaserverstärkt стеклопла́стиковый
Glasfluss *m* стеклома́сса *f*
glasförmig стеклови́дный
Glasgewebe *n* стеклотка́нь *f*, стекля́нная ткань *f*
glasieren *(Lebm)* глазурова́ть, глазирова́ть
Glasieren *n (Lebm)* глазирова́ние *n*, глазиро́вка *f*
Glasierung *f s.* Glasieren
Glasindustrie *f* стеко́льная промы́шленность *f*
Glaskeramik *f* стеклокера́мика *f*; сита́лл *m*
Glasofen *m* стеклова́ренная печь *f*
Glasplatte *f* стеклопане́ль *f*
Glasscheibe *f* стекло́ *n*
Glasscherben *fpl* стеклобо́й *m*
Glasschmelze *f* стеклома́сса *f*, распла́в *m* стекла́
Glasschmelzen *n* стеклоreal варе́ние *n*
Glasschmelzofen *m* стеклова́ренная печь *f*
Glasschneider *m (Wkz)* стеклоре́з *m*
Glastafel *f* стеклопане́ль *f*
Glasur *f* 1. глазу́рь *f*; *(Ker)* поли́ва *f*; 2. *(Lebm)* глазиро́вка *f*
Glaswatte *f (Bw)* стекля́нная ва́та *f*, стеклова́та *f*
Glaswolle *f (Bw)* стекля́нный во́йлок *m*, стеклово́йлок *m*
Glasziegel *m* стеклобло́к *m*; стекля́нная черепи́ца *f*
glatt 1. гла́дкий; ро́вный; 2. споко́йный *(Wasseroberfläche)*; 3. гла́дкий *(Papier)*; 4. ско́льский
Glätte *f* 1. гла́дкость *f*; 2. гла́дкость *f* *(Papier)*; 3. ско́льскость *f*; 4. *(Min)* глёт *m*

Glätteisen *n (Wkz)* гладилка *f*; *(Bw)* утюг *m*
Glätten *n* 1. выравнивание *n*; 2. выглаживание *n*; 3. *(Text)* лощение *n*; 4. *(Pap)* сатинирование *n*, глазирование *n*, сглаживание *n*; 5. *(Led)* бланширование *n*; 6. *(Wlz)* отделка *f*; 7. *(Wlz)* сглаживание *n*
Glättkalander *m* листовальный каландр *m*
Glattputz *m (Bw)* затирка *f*
Glattstrich *m (Bw)* затирка *f*
Glättung *f s.* Glätten
Glättungsfilter *n (Rf)* сглаживающий фильтр *m*
Glattwalze *f (Wlz)* гладкий валок *m*
glattwalzen укатывать
Glattwalzen *n (Wlz)* сглаживание *n*; обкатка *f*
Glattwalzenbrecher *m* гладкие валки *mpl*
Glättwerk *n (Pap)* машинный каландр *m*
Glaubersalz *n (Ch)* глауберова соль *f*
Glazialzeit *f s.* Eiszeit
Glaziologie *f* гляциология *f*
GLC *f s.* Gas-Flüssig-Chromatographie
gleich равный
Gleich... *(El)* постоянный *(z. B. Gleichstrom)*
gleichachsig соосный
Gleichachsigkeit *f* соосность *f*
gleicharmig равноплечий *(Hebel)*
gleichartig однородный; гомогенный
Gleichartigkeit *f* однородность *f*; гомогенность *f*
gleichatomig *(Kern)* равноатомный
gleichbedeutend равнозначный; тождественный
gleichbleibend постоянный
Gleichdruckpumpe *f* активный насос *m*
Gleichdruckturbine *f* активная турбина *f*, турбина *f* постоянного давления
Gleichdruckvergaser *m* карбюратор *m* постоянного разрежения
gleichförmig равномерный; однородный
Gleichförmigkeit *f* равномерность *f*; однородность *f*
gleichfrequent *(El)* равный по частоте
gleichgerichtet 1. *(El)* выпрямленный; *(Rf)* демодулированный; 2. одноимённый *(Bewegungen)*
Gleichgewicht *n* равновесие *n*
~/chemisches химическое равновесие *n*
~/dynamisches *(Ph)* динамическое равновесие *n*
~/instabiles [labiles] *(Mech)* неустойчивое равновесие *n*
~/stabiles *(Mech)* устойчивое равновесие *n*
~/thermodynamisches термодинамическое равновесие *n*
Gleichgewichts... равновесный
Gleichgewichtsgleichung *f (Mech)* уравнение *n* равновесия
Gleichgewichtslage *f (Mech)* равновесие *n* системы
Gleichgewichtszustand *m (Therm)* равновесное состояние *n*
Gleichheit *f* равенство *n*
Gleichheitszeichen *n (Math)* знак *m* равенства
Gleichlauf *m (Masch)* синхронный ход *m*; синхронность *f*; синхронизм *m*
Gleichlauffräsen *n* фрезерование *n* по подаче
Gleichlaufgeschwindigkeit *f (Mech)* синхронная скорость *f*
Gleichlaufimpuls *m (El)* синхроимпульс *m*
gleichmäßig равномерный; плавный
Gleichmäßigkeit *f* равномерность *f*; плавность *f*
gleichnamig *(Math)* одноимённый
gleichphasig *(El)* синфазный
Gleichphasigkeit *f (El)* синфазность *f*
gleichrichten *(El)* выпрямлять; демодулировать; детектировать
Gleichrichter *m (El)* выпрямитель *m*
Gleichrichter... *(El)* выпрямительный
Gleichrichteranlage *f (El)* выпрямительня установка *f*
Gleichrichterdiode *f (Eln)* выпрямительный диод *m*
Gleichrichterkontakt *m (El)* выпрямляющий контакт *m*
Gleichrichterröhre *f (Rf)* выпрямительная лампа *f*
Gleichrichtung *f (El)* выпрямление *n*; *(Rf)* детектирование *n*

gleichschenklig *(Math)* равнобе́дренный *(Dreieck)*; равнобо́чный *(Trapez)*
gleichseitig равносторо́нний
gleichsetzen сра́внивать
gleichsinnig *(El)* согла́сный *(Schaltungen)*
Gleichspannung *f (El)* постоя́нное напряже́ние *n*
gleichstellen сра́внивать
Gleichstrom *m* 1. *(El)* постоя́нный ток *m*; 2. *(Wmt)* прямото́к *m*
Gleichstromantrieb *m (El)* электропри́вод *m* постоя́нного то́ка
Gleichstromdestillation *f (Ch)* прямото́чная дистилля́ция *f*
Gleichstromkühler *m* прямото́чный холоди́льник *m*
Gleichstrommaschine *f (El)* маши́на *f* постоя́нного то́ка
Gleichstrommotor *m (El)* дви́гатель *m* постоя́нного то́ка
Gleichstromprinzip *n (Wmt)* при́нцип *m* прямото́ка
Gleichstromverstärker *m (El)* усили́тель *m* постоя́нного то́ка
Gleichstromwärmeübertrager *m* прямото́чный теплообме́нник *m*
Gleichstromzähler *m (El)* счётчик *m* постоя́нного то́ка
Gleichung *f* уравне́ние *n*
~/**algebraische** *(Math)* алгебраи́ческое уравне́ние *n*
~/**angenäherte** *(Math)* приближённое уравне́ние *n*
~/**äquivalente** *(Math)* равноси́льное уравне́ние *n*
~/**bernoullische** *(Hydrod)* уравне́ние *n* Берну́лли
~/**besselsche** *(Math)* уравне́ние *n* Бе́сселя
~/**binomische** *(Math)* двучле́нное уравне́ние *n*
~/**charakteristische** *(Math)* характеристи́ческое уравне́ние *n*
~/**chemische** хими́ческое уравне́ние *n*
~ **dritten Grades** *s.* ~/kubische
~ **ersten Grades** *s.* ~/lineare
~/**gleichwertige** *(Math)* равноси́льное уравне́ние *n*
~/**homogene** *(Math)* одноро́дное уравне́ние *n*
~/**identische** *(Math)* тожде́ственное уравне́ние *n*
~/**irrationale** *(Math)* иррациона́льное уравне́ние *n*
~/**irreduzible** *(Math)* неприводи́мое уравне́ние *n*
~/**kinetische** *(Ph)* кинети́ческое уравне́ние *n*
~/**kubische** *(Math)* куби́ческое уравне́ние *n*, уравне́ние *n* тре́тьей сте́пени
~/**lineare** *(Math)* лине́йное уравне́ние *n*, уравне́ние *n* пе́рвой сте́пени
~/**maxwellsche** *(Mech)* уравне́ние *n* Ма́ксвелла
~/**quadratische** *(Math)* квадра́тное уравне́ние *n*, уравне́ние *n* второ́й сте́пени
~/**säkulare** *(Math)* характеристи́ческое уравне́ние *n*
~/**transzendente** *(Math)* трансценде́нтное уравне́ние *n*
~/**trigonometrische** *(Math)* тригонометри́ческое уравне́ние *n*
~/**unbestimmte** *(Math)* неопределённое уравне́ние *n*
~ **vierten Grades** *(Math)* уравне́ние *n* четвёртой сте́пени
~ **zweiten Grades** *s.* ~/quadratische
Gleichungssystem *n (Math)* систе́ма уравне́ний
gleichwertig эквивале́нтный; *(Math)* равнозна́чный
Gleichwertigkeit *f* эквивале́нтность *f*; *(Math)* равнозна́чность *f*
gleichwinklig равноуго́льный; изогона́льный
gleichzeitig одновре́менный; синхро́нный
Gleis *n (Eb)* путь *m*
~/**lückenloses [stoßfreies]** бесстыково́й путь *m*
Gleisanschluss *m (Eb)* примыка́ние *n* пути́
Gleisbandschlepper *m* гу́сеничный тра́ктор *m*
Gleisbaumaschine *f (Eb)* путева́я маши́на *f*
Gleisbild *n (Eb)* табло́ *n*, (цвето)схе́ма *f* путей
Gleisbogen *m (Eb)* кри́вая *f* (пути́), закругле́ние *n* пути́

Gleisbremse *f (Eb)* вагóнный замедлитель *m (Ablaufberg)*
Gleisbündel *n (Eb)* пучóк *m* путéй
Gleisfahrzeugwaage *f (Eb)* вагóнные весы́ *pl*
Gleisförderung *f (Bgb)* рéльсовый трáнспорт *m*
gleisgebunden рéльсовый
Gleisgrube *f (Eb)* смотровáя канáва *f*
Gleisheber *m (Eb)* путеподъёмник *m*
Gleishebewinde *f (Eb)* путеподъёмник *m*
Gleisjoch *n (Eb)* путевóе [рéльсовое] звенó *n*
Gleiskette *f (Kfz)* гýсеница *f*
Gleisketten... гýсеничный
Gleiskettenfahrwerk *n* гýсеничный дви́житель *m*
Gleisklemme *f (Eb)* (клиновóй) противоугóн *m*
gleislos безрéльсовый
Gleisrücken *n (Eb)* передви́жка *f* пути́
Gleisrücker *m (Eb)* путепередви́гатель *m*
Gleisrückmaschine *f (Eb)* путепередви́гатель *m*
Gleisschleife *f (Eb)* поворóтная пéтля *f*
Gleisstopfen *n (Eb)* подби́вка *f* шпал
Gleisstopfer *m s.* Gleisstopfmaschine
Gleisstopfmaschine *f (Eb)* шпалоподби́вочная маши́на *f*
Gleisstromkreis *m (Eb)* рéльсовая цепь *f*
Gleisstumpf *m (Eb)* тупи́к *m*
Gleisverlegekran *m (Eb)* путеуклáдчик *m*
Gleisverlegemaschine *f (Eb)* путеуклáдчик *m*
Gleisverschiebung *f (Eb)* передви́жка *f* пути́
Gleisverwerfung *f (Eb)* сдвиг *m* пути́
Gleiswaage *f (Eb)* вагóнные весы́ *pl*
Gleitbahn *f (Masch)* салáзки *pl*
Gleitboot *n* гли́ссер *m*, глисси́рующий кáтер *m*
Gleitbügel *m* бýгель *m (Elektrofahrzeuge)*
Gleitebene *f (Krist)* плóскость *f* скольжéния
Gleiteigenschaften *fpl (Trib)* антифрикциóнные свóйства *npl (von Gleitlagerwerkstoffen)*
gleiten 1. скользи́ть; 2. *(Masch)* буксовáть; 3. *(Flg)* пари́ть; плани́ровать
Gleiten *n* 1. скольжéние *n*; 2. *(Masch)* буксовáние *n*; 3. *(Flg)* плани́рование *n*; 4. глисси́рование *n (Gleitboot)*; 5. *(Eb)* юз *m (der Räder)*
gleitend скользя́щий; трýщийся
Gleiter *m* планёр *m*
Gleitfertiger *m (Bw)* скользя́щий бетоноуклáдчик *m*
Gleitfläche *f (Geol)* плóскость *f* скольжéния
Gleitflug *m (Flg)* плани́рование *n*; парéние *n*
Gleitflugzeug *n* планёр *m*
Gleitgerüst *n (Bw)* подъёмные пóдмости *pl*
Gleitkomma *f (Inf)* плáвающая тóчка [запятáя] *f*
Gleitkommarechnung *f (Inf)* вычислéние *n* с плáвающей запятóй [тóчкой]
Gleitkontakt *m (El)* скользя́щий контáкт *m*
Gleitlager *n* 1. *(Bw)* подви́жная опóра *f*; 2. *(Masch)* подши́пник *m* скольжéния
Gleitlagermetall *n* антифрикциóнный сплав *m*
Gleitmodul *m (Mech)* мóдуль *m* сдви́га [скольжéния], мóдуль *m* упрýгости вторóго рóда
Gleitplatte *f (Masch)* нали́чник *m*
Gleitreibung *f (Trib)* трéние *n* скольжéния
Gleitschalung *f (Bw)* скользя́щая опáлубка *f*
Gleitschienen *fpl (Masch)* салáзки *pl*
Gleitschiff *n* глисси́рующее сýдно *n*
Gleitschlupf *m (Masch)* проскáльзывание *n*
Gleitschuh *m (Masch)* ползýн *m (Maschinenelement)*
Gleitschutzkette *f (Kfz)* цепь *f* противоскольжéния
Gleitstein *m (Masch)* кули́сный кáмень *m*, сухáрь *m*
Gleitstück *n* 1. *(Eb)* башмáк *m*; 2. *(Masch)* нали́чник *m*; ползýн *m (Maschinenelement)*
Gleitung *f (Krist)* скольжéние *n*
Gleitweg *m (Flg)* глиссáда *f (beim Landeanflug)*

Gleitwiderstand *m (Fest)* сопротивле́ние *n* скольже́нию
Gleitwinkel *m* 1. *(Mech)* у́гол *m* тре́ния; 2. *(Aero)* у́гол *m* скольже́ния
Gletscher *m (Geol)* ледни́к *m*
Gletscher... *(Geol)* леднико́вый
Gletscherkunde *f* гляциоло́гия *f*
Gletscherspalte *f (Geol)* леднико́вая тре́щина *f*
Glied *n* 1. *(Math)* член *m*; 2. *(Reg)* звено́ *n*; элеме́нт *m*; 3. *(Masch)* звено́ *n* *(einer Kette)*
~/astatisches *(Reg)* астати́ческий элеме́нт *m*, астати́ческое звено́ *n*
~/differenzierendes *(Reg)* дифференци́рующее звено́ *n*
~/instabiles *(Reg)* неусто́йчивое звено́ *n*
~/integral wirkendes *(Reg)* астати́ческий элеме́нт *m*
~/integrierendes *(Reg)* интегри́рующее звено́ *n*
~/proportional wirkendes *(Reg)* стати́ческий элеме́нт *m*
~/proportionales *(Reg)* пропорциона́льное звено́ *n*
~/proportional-integral wirkendes *(Reg)* изодро́мный элеме́нт *m*
~/stabiles *(Reg)* усто́йчивое звено́ *n*
~/statisches *(Reg)* стати́ческое звено́ *n*
Gliederbandförderer *m (Förd)* пласти́нчатый конве́йер *m*
Gliederkette *f (Masch)* зве́нная [звеньева́я] цепь *f*
Gliederkettenförderer *m (Förd)* ле́нточно-цепно́й конве́йер *m*
Gliedermaßstab *m* складно́й метр *m*
Gliederung *f* члене́ние *n*
Glimm... тле́ющий
Glimmen *n (Ph)* свече́ние *n*
Glimmen *n* тле́ние *n*
glimmen тлеть
Glimmentladung *f (El)* тле́ющий разря́д *m*
Glimmentladungslampe *f* ла́мпа *f* тле́ющего разря́да
Glimmer *m (Min)* слюда́ *f*
Glimmerkondensator *m (El)* слюдяно́й конденса́тор *m*
Glimmerschiefer *m* слюдяно́й сла́нец *m*
Glimmlampe *f* ла́мпа *f* тле́ющего разря́да
Glimmlicht *n (Ph)* свече́ние *n*
~/anodisches ано́дное свече́ние *n*
~/positives ано́дное свече́ние *n*
Globalökologie *f* глоба́льная эколо́гия *f*
Globalrakete *f* глоба́льная раке́та *f*
Globalverschmutzung *f (Ökol)* глоба́льное загрязне́ние *n*
Globoidschnecke *f (Masch)* глобо́идный червя́к *m*
Globulargefüge *n (Wkst)* глобуля́рная структу́ра *f (Gefüge)*
Globus *m* гло́бус *m*
Glocke *f* 1. ко́локол *m*; колпачо́к *m*; 2. *(Met)* (загру́зочный) ко́нус *m (eines Hochofens)*
glockenförmig колоколообра́зный
Glückshaken *m (Bgb)* лови́льный крюк *m*
Glühelektron *n (El)* термио́н *m*
Glühelektronenemission *f* термоэлектро́нная эми́ссия *f*
Glühemission *f* термоэлектро́нная эми́ссия *f*
Glühen *n* 1. *(Härt)* прока́ливание *n*; нака́ливание *n*; 2. *(Met)* о́тжиг *m*, томле́ние *n*
glühend раскалённый
Glühfaden *m (El)* нить *f* нака́ла
Glühfarbe *f (Härt)* цвет *m* кале́ния
Glühfarbentemperatur *f (Met)* температу́ра *f* нака́ла *(von Stahl)*
Glühfrischen *n (Met)* томле́ние *n (von Stahl)*
Glühhitze *f* кали́льный жар *m*
Glühkathode *f (El)* нака́ливаемый [подогре́вный] като́д *m*; термокато́д *m*
Glühkauter *m (Med)* электрока́утер *m*, электроно́ж *m*
Glühkerze *f* свеча́ *f* нака́ливания *(des Dieselmotors)*
Glühkopf *m (Kfz)* калориза́тор *m*
Glühlampe *f* ла́мпа *f* нака́ливания
~/gasgefüllte газонапо́лненная [газопо́лная] ла́мпа *f*
Glühofen *m (Härt)* обжига́тельная печь *f*
Glühtemperatur *f (Härt)* температу́ра *f* о́тжига
Glukose *f (Ch)* глюко́за *f*

Glut *f* накáл *m*; жар *m*; калéние *n*
Glycerin *n (Ch)* глицери́н *m*
Glycerin... *(Ch)* глицери́новый
GM-Zählrohr *n (Kern)* счётчик *m* Гéйгера-Мю́ллера
Gneis *m (Geol)* гнейс *m*
Gold *n* 1. *(Ch)* зóлото *n*, Au; 2. *(Met)* зóлото *n*
~/gediegenes *(Min)* саморóдное зóлото *n*
Gold... золотóй
Goldauflage *f* позолóта *f*
golden золотóй
Goldfolie *f* золотáя фольгá *f*
goldführend *(Bgb)* золотонóсный
goldhaltig *(Bgb)* золотонóсный
goldplattiert золочёный
Goldrubin *n* золотóй руби́н *m (Glas)*
Goldschnitt *m (Typ)* позолóченный обрéз *m*
Golf *m (Hydrol)* зали́в *m*
Gon *n (Mess)* гон *m (Einheit des ebenen Winkels)*
Gondel *f* 1. *(Flg)* гондóла *f*; 2. *(Schiff)* гондóла *f (Stützkörper eines Tragflügelbootes)*
Goniometer *n* гониóметр *m*
Goniometer... гониометри́ческий
Goniometrie *f* гониомéтрия *f*
goniometrisch гониометри́ческий
Gosse *f (Bw)* лотóк *m*
GOST *m* государственный стандáрт *m (Normenwerk in Russland)*
Goudron *m (Bw)* гудрóн *m*
graben *(Bw)* копáть
Graben *m* 1. траншéя *f*; канáва *f*; ров *m*; кювéт *m*; 2. *(Hydt)* водоотвóд *m*; 3. *(Geol)* грáбен *m*; *(Geol)* впáдина *f*
Graben *n (Bw)* рытьё *n*; копáние *n*
Graben... траншéйный
Grabenbagger *m* канавокопáтель *m*, каналокопáтель *m*; траншéйный экскавáтор *m*, траншеекопáтель *m*
Grabenbruch *m (Geol)* грáбен *m*
Grabenentwässerung *f* откры́тый [траншéйный] дренáж *m*
Grabenfräse *f* фрéзерный канавокопáтель
Grabenpflug *m* плýжный канавокопáтель *m*
Grabenräumer *m (Hydt)* каналоочисти́тель *m*, траншéйный экскавáтор *m*; траншéйный выгружáтель *m*
Grabenräummaschine *f (Hydt)* каналоочисти́тель *m*
Grad *m* 1. грáдус *m*; 2. стéпень *f*; *(Math)* поря́док *m (von Gleichungen)*; 3. процéнт *m*; 4. балл *m*
~ Celsius грáдус *m* Цéльсия
~ Fahrenheit грáдус *m* Фаренгéйта
Gradation *f (Typ, Photo, TV)* градáция *f*
Gradationskurve *f (Photo)* характеристи́ческая кри́вая *f*
Gradeinteilung *f s.* Graduierung
Gradient *m (Ph, Math)* градиéнт *m*; *(Photo)* градиéнт *m (Schwärzungskurve)*
~/geothermischer *(Geoph)* геотерми́ческий градиéнт *m*
Gradientenoperator *m (Math)* наблаоперáтор *m*
Gradieren *n* гради́рование *n (von Lösungen durch Abdunsten)*
Gradierwerk *n* гради́рня *f*
Grädigkeit *f* крéпость *f (von Alkohol)*
Gradiometer *n (Ph)* градиентомéтр *m*
Gradstärke *f* крéпость *f (von Alkohol)*
graduieren градуи́ровать
Graduieren *n* градуирóвка *f*, градуи́рование *n*
Graduierung *f s.* Graduieren
Gramm *n* грамм *m*, г
Grammmol(ekül) *n (Ch)* моль *m*
Granalien *fpl* грáнулы *fpl*, зёрна *npl*; дробь *f*
Granat *m (Min)* гранáт *m*
Granate *f (Mil)* снаря́д *m*
Granit *m (Geol)* грани́т *m*
Granit... грани́тный
graniten грани́тный
Granitisation *f (Geol)* гранитизáция *f*
Granulation *f* грануля́ция *f*
Granulator *m* грануля́тор *m*
granulieren грануди́ровать
Granulieren *n* грануля́ция *f*
granuliert гранули́рованный
Granulierung *f* грануля́ция *f*
Granulometer *n (Photo)* гранулóметр *m*
Granulum *n* грáнула *f*
Graph граф *m*
~/gerichteter [orientierter] напрáвленный [ориенти́рованный] граф *m*

Graphentheorie *f (Math)* теория *f* графов
Graphik *f (Inf)* графика *f*
Graphikbildschirm *m (Inf)* графический экран *m*
Graphikdaten *pl (Inf)* графические данные *pl*
Graphikeditierer *m (Inf)* графический редактор *m*
Graphikeditor *m (Inf)* графический редактор *m*
Graphikinterface *n (Inf)* графический интерфейс *m*
Graphikkarte *f (TV)* видеоплата *f*
Graphikprozessor *m (Inf)* процессор *m* графической информации
Graphikschnittstelle *f (Inf)* графический интерфейс *m*
Graphikspeicher *m (Inf)* память *f* голографических данных
Graphikterminal *n (Inf)* графический терминал *m*
Graphikverarbeitung *f (Inf)* обработка *f* графических данных
graphisch графический
Graphit *m* графит *m*
~/**primärer** *(Wkst)* первичный графит *m*
~/**sekundärer** *(Wkst)* вторичный графит *m*
Graphitausscheidung *f (Met)* графитизация *f*
Graphitelektrode *f* графитовый электрод *m*
Graphit-Gas-Reaktor *m (Kern)* графито-газовый реактор *m*
Graphitisierung *f (Met)* графитизация *f*
Graphitisierungsglühen *n (Met)* графитизация *f*
Graphitreaktor *m (Kern)* графитовый реактор *m*
Graphitschmiermittel *n (Trib)* графитовая смазка *f*
Graphitschmierung *f (Trib)* графитовая смазка *f*
Graphitschwärze *f (Gieß)* графитовая чернила *f*
Graphit-Uranium-Reaktor *m (Kern)* уран-графитовый реактор *m*
Grasmäher *m* сенокосилка *f*
Grat *m* 1. заусенец *m*, облой *m*, грат *m*; 2. выступ *m (einer Rippe)*; 3. *(Schw, Schm)* наплыв *m (Fehler)*; 4. *(Geol)* хребет *m*; гребень *m*
Gräting *f (Schiff)* решётка *f*
Graufilter *n (Photo)* нейтральный светофильтр *m*
Grauguss *m* серый чугун *m*
Grauguss... чугунный
Graukeil *m (Opt)* серый клин *m*
Graustrahler *m (Opt)* серое тело *n*
Grauton *m (Typ)* серый тон *m*
Grauwacke *f (Geol)* граувакка *f*
Gravier... гравировальный
Gravieren *n* гравирование *n*
Graviermaschine *f* гравировальный станок *m*
Gravierung *f* гравирование *n*
Gravimeter *n* гравиметр *m*
Gravimetrie *f* гравиметрия *f*
gravimetrisch гравиметрический
Gravitation *f (Mech, Geoph)* тяготение *n*
~/**allgemeine [universelle]** *f s.* Massenanziehung
Gravitations... гравитационный
Gravitationserkundung *f (Geol, Bgb)* гравиметрическая [гравитационная] разведка *f*
Gravitationsfeld *n (Mech)* гравитационное поле *n*
Gravitationsgesetz *n (Mech)* закон *m* всемирного тяготения
~/**allgemeines [newtonsches]** закон *m* всемирного тяготения
Gravitationskollaps *m (Astr)* гравитационный коллапс *m (eines Sterns)*
Gravitationskonstante *f* **(/newtonsche)** *(Mech)* постоянная *f* тяготения, гравитационная постоянная *f*
Gravitationskontraktion *f (Astr)* гравитационное сжатие *n*
Gravitationskraft *f* **(/newtonsche)** *(Mech)* сила *f* тяготения
Gravitationsprospektierung *f (Bgb, Geol)* гравиметрическая [гравитационная] разведка *f*
Gravitationsquant *n (Ph)* гравитон *m*
Gravitationszentrum *n (Mech)* центр *m* тяготения
Graviton *n (Ph)* гравитон *m*
Gravur *f* 1. *(Typ)* гравюра *f*; 2. *(Schm)* ручей *m (eines Gesenks)*
Gray *n (Kern)* грэй *m*, гр *(Einheit der Energiedosis)*

Greenwicher Zeit *f* грúнвичское врéмя *n*
greifen захвáтывать
Greifen *n* 1. захвáт *m*; 2. *(Masch)* зацеплéние *n (der Walzen)*
Greifer *m* 1. захвáт *m*; 2. грéйфер *m*; 3. *(Förd)* схвáтка *f*; 4. схват *m*; 5. *s.* Greiferstollen
Greifer... грéйферный
Greiferarm *m (Masch)* захвáт *m (eines Industrieroboters)*
Greiferhand *f (Masch)* кисть *f (des Manipulators)*
Greiferhandgelenk *n (Masch)* запя́стье *n (eines Industrieroboters)*
Greiferkatze *f (Förd)* грéйферная телéжка *f*
Greiferstollen *m* грунтозацéп *m (des Reifens)*
Greiforgan *n (Masch)* захвáт *m (eines Industrieroboters)*
Greisen *m (Geol)* грéйзен *m*
grell рéзкий *(Licht, Farben)*
Grenz... предéльный
Grenzbeanspruchung *f (Fest)* предéльное напряжéние *n*
Grenzbedingung *f* гранúчное услóвие *n*
Grenze *f* 1. *(Math)* грань *f*; 2. граница *f*; 3. предéл *m*; 4. порóг *m*
Grenzempfindlichkeit *f* порóговая чувствúтельность *f*
Grenzenergie *f (Kern)* порóговая энéргия *f*
~/fermische *(Fest)* фéрми-ýровень *m*
Grenzfehler *m* предéльная ошúбка *f*
Grenzfläche *f* гранúчная повéрхность *f*
grenzflächenaktiv повéрхностно-актúвный
Grenzflächenaktivität *f (Ph, Ch)* повéрхностная актúвность *f*
Grenzflächenpotential *n (Ch)* повéрхностный потенциáл *m*
Grenzfrequenz *f (El)* предéльная частотá *f*
Grenzkohlenwasserstoff *m (Ch)* насы́щенный [предéльный] углеводорóд *m*
Grenzlast *f (Fest)* критúческая [предéльная] нагрýзка *f*
Grenzlehrdorn *m (Mess)* предéльная (калúберная) прóбка *f*, предéльная калúбр-прóбка *f*
Grenzlehre *f (Mess)* предéльный калúбр *m*
Grenzleitwert *m* предéльная проводúмость *f*
Grenz-Machzahl *f* критúческое числó *n* Мáха
Grenzmaß *n* предéльный размéр *m*
Grenznutzungsdauer *f* долговéчность *f*
Grenzpunkt *m* гранúчная тóчка *f*
Grenzrachenlehre *f (Mess)* предéльная скобá *f*, предéльная калúбр-скобá *f*
Grenzschalter *m* ограничúтельный выключáтель *m*; ограничúтель *m* хóда
Grenzschicht *f (Aero)* погранúчный слой *m*
Grenzspannung *f (El)* предéльное напряжéние *n*
Grenzstabilität *f (Mech)* предéльная устóйчивость *f*
Grenzstrom *m (El)* предéльный ток *m*
Grenzwelle *f (Rf)* предéльная волнá *f*
Grenzwert *m (Math)* предéл *m*; предéльная величинá *f*, предéльное значéние *n*
Grenzwertkonzentration *f*/**zulässige** *(Ökol)* предéльно допустúмая концентрáция *f*
Grenzwertprüfung *f* гранúчное испытáние *n*
Grenzwiderstand *m (Mech)* критúческое сопротивлéние *n*
Grenzwinkel *m* гранúчный [критúческий, предéльный] ýгол *m*
Grenzzustand *m* предéльное состоя́ние *n*
Grieß *m* крýпка *f*
Griff *m* 1. рукоя́тка *f*, рýчка *f*; 2. *(Text, Pap)* гриф *m*
griffig шероховáтый
Griffigkeit *f (Text, Pap)* гриф *m*
Grillgerät *n*/**elektrisches** электрогрúль *m*
Grobabstimmung *f (Rf)* грýбая настрóйка *f*
Grobbeton *m* крупнопóристый бетóн *m*
Grobblech *n (Wlz)* тóлстый лист *m*
Grobblech(walz)straße *f* толстолистовóй (прокáтный) стан *m*

Grobblechwalzwerk *n* толстолистово́й (прока́тный) стан *m*
Grobeinstellung *f* гру́бое регули́рование *n*
Groberz *n* кру́пная руда́ *f*
grobfaserig грубоволокни́стый
Grobfilter *n* фильтр *m* гру́бой очи́стки *(für technisch reines Wasser)*
Grobfraktion *f* кру́пная фра́кция *f (Aufbereitung)*
Grobfutter *n (Lw)* гру́бый корм *m*
Grobgefüge *n (Wkst)* гру́бая структу́ра *f*, макрострукту́ра *f*
Grobgefügeuntersuchung *f (Wkst)* макроскопи́я *f*
Grobgewinde *n (Masch)* кру́пная резьба́ *f*
Grobkies *m* кру́пный гра́вий *m*
Grobkohle *f* кру́пный у́голь *m*
Grobkorn *n* кру́пная фра́кция *f (Aufbereitung)*
Grobkorn... крупнозерни́стый
grobkörnig крупнозерни́стый
Grobkörnigkeit *f (Wkst)* крупнозерни́стость *f*; *(Photo)* макрозерни́стость *f*, кру́пная зерни́стость *f*
Grobkornpapier *n* крупнозерни́стая фотобума́га *f*
grobkristallin крупнокристалли́ческий; макрокристалли́ческий *(Gefüge)*
Grobmessung *f* гру́бое измере́ние *n*
grobporig крупнопо́ристый; макропо́ристый
Grobregelung *f* гру́бое регули́рование *n*
Grobreiniger *m (Lw)* зерноаспира́тор *m*
Grobreinigung *f* гру́бая очи́стка *f*
Grobsand *m* крупнозерни́стый песо́к *m*
Grobschliff *m (Wkst)* макрошли́ф *m (für Grobstrukturuntersuchungen)*
Grobstahl *m (Wlz)* кру́пный сорт *m*
Grobstahl... *(Wlz)* крупносо́ртный
Grobstahl(walz)straße *f* крупносо́ртный стан *m*
Grobstahlwalzwerk *n* крупносо́ртный стан *m*
Grobstruktur *f (Wkst)* гру́бая структу́ра *f*
Grobstrukturuntersuchung *f (Wkst)* макроскопи́я *f*
grobstückig крупнокусково́й
Grobvakuum *n* гру́бый [ни́зкий] ва́куум *m*
Grobzerkleinerung *f* кру́пное дробле́ние *n*
groß большо́й; крупногабари́тный
~/gleich равновели́кий
~/hinreichend доста́точно большо́й
~/unendlich бесконе́чно большой
Groß... большо́й; мо́щный; крупногабари́тный
Großbildkamera *f* крупнофорна́тный фотоаппара́т *m*
Großbildschirm *m* проекцио́нный экра́н *m*
Großblock *m (Bw)* кру́пный блок *m*
Großblock... крупнобло́чный
Großblockbau *m* крупнобло́чный дом *m*
Großblockbauweise *f (Bw)* крупнобло́чная констру́кция *f*
Großblockgebäude *n* крупнобло́чный дом *m*
Größe *f* 1. *(Math)* величина́ *f*; 2. кру́пность *f*; 3. разме́р *m*; 4. рост *m*; 5. физи́ческая величина́; 6. *(Astr)* звёздная величина́ *f (Maßeinheit für die Helligkeit eines Gestirns)*
~/abgeleitete произво́дная величина́ *f*
~/dimensionslose безразме́рная величина́ *f*
~/diskrete дискре́тная величина́ *f*
~/imaginäre мни́мая величина́ *f*
~/komplexe ко́мплексная величина́ *f*
~/konstante постоя́нная величина́ *f*
~/kritische крити́ческая величина́ *f*
~/physikalische физи́ческая величина́ *f*
~/rechnerische расчётная величина́ *f*
~/regelnde регули́рующая величина́ *f*
~/reziproke обра́тная величина́ *f*
~/steuernde управля́ющая величина́ *f*
~/unbekannte неизве́стная величина́ *f*
~/unendlich große бесконе́чно больша́я величина́ *f*
~/unendlich kleine бесконе́чно ма́лая величина́ *f*
~/variable переме́нная величина́ *f*
~/vektorielle ве́кторная величина́ *f*
~/veränderliche изменя́ющаяся [переме́нная] величина́ *f*
~/zu messende измеря́емая величина́ *f*

~/zu regelnde регули́руемая величина́ *f*
~/zu steuernde управля́емая величина́ *f*
Größenklasse *f (Astr)* звёздная величина́ *f (Maßeinheit für die Helligkeit eines Gestirns)*
Großhandel *m* опто́вая торго́вля *f*
Großintegration *f s.* Large-Scale-Integration
großkalibrig крупнокали́берный
Großplatten... крупнопане́льный
Großplattenbau *m* крупнопане́льный дом *m*
Großplattenbauweise *f (Bw)* крупнопане́льная констру́кция *f*
Großplattengebäude *n* крупнопане́льный дом *m*
großporig макропо́ристый
Großraumgüterwagen *m* большегру́зный ваго́н *m*
Großrechner *m* больша́я ЭВМ *f*, су́пер-ЭВМ *f*
Großrelief *n (Geol)* макрорелье́ф *m*
Großserienfertigung *f* крупносери́йное произво́дство *n*
großstückig крупнокусково́й
Großtanker *m* суперта́нкер *m*
Größtmaß *n* наибо́льший разме́р *m*
Großtrawler *m* супертра́улер *m*
Großverbundsystem *n (En)* кру́пная энергосисте́ма *f*
Grubber *m (Lw)* культива́тор *m*
grubbern *(Lw)* культиви́ровать *(Boden)*
Grübchenkorrosion *f (Wkst)* то́чечная [я́звенная] корро́зия *f*
Grube *f* 1. *(Bgb)* ша́хта *f*, рудни́к *m*; 2. *(Bw)* прия́мок *m*; 3. *(El)* (потенциа́льная) я́ма *f*
Grubenbau *m (Bgb)* (го́рная) вы́работка *f*
~/seigerer вертика́льная вы́работка *f*
~/söhliger горизонта́льная вы́работка *f*
~/tonnlägiger накло́нная вы́работка *f*
~/untertägiger подзе́мная вы́работка *f*
Grubenbewetterung *f (Bgb)* рудни́чная вентиля́ция *f*
Grubenbrand *m (Bgb)* рудни́чный пожа́р *m*
Grubenförderung *f (Bgb)* рудни́чный тра́нспорт *m*
Grubengas *n (Bgb)* рудни́чный газ *m*
Grubenhunt *m (Bgb)* рудни́чная [ша́хтная] ваго́нетка *f*
Grubenkaue *f (Bgb)* наве́с *m*
Grubenleuchte *f (Bgb)* рудни́чный свети́льник *m*
Grubenrettungs... горноспаса́тельный
Grubenrettungsdienst *m (Bgb)* горноспаса́тельная слу́жба *f*
Grubenrettungswesen *n (Bgb)* горноспаса́тельное де́ло *n*
Grubenstempel *m (Bgb)* рудни́чная [ша́хтная] сто́йка *f*
Grubenwagen *m (Bgb)* рудни́чная [ша́хтная] ваго́нетка *f*
Grubenwetter *pl (Bgb)* рудни́чная атмосфе́ра *f*, рудни́чный во́здух *m*
Grund *m* дно *n*; грунт *m* • **über ~** над у́ровнем земли́
Grund... 1. основно́й; ба́зисный; 2. грунтово́й; 3. *(Masch)* глухо́й *(z. B. Grundbohrung)*
Grundanstrich *m* грунто́вка *f*
Grundanstrichfarbe *f* грунто́вка *f*
Grundbalken *m (Bw)* ле́жень *m*
Grundbelastung *f (El)* ба́зисная [ба́зовая] нагру́зка *f*
Grundbohrung *f (Masch)* глухо́е отве́рстие *n*
Grundfarbe *f* 1. основно́й цвет *m*; 2. грунто́вка *f*; грунтова́я кра́ска *f*; 3. фон *m*
Grundfläche *f* 1. *(Math)* основа́ние *n (eines Körpers)*; 2. ба́зовая пове́рхность *f*
Grundfrequenz *f (El)* основна́я частота́ *f*
Grundgerät *n* основно́е устро́йство *n*
Grundgeräusch *n (Nrt)* фо́новый шум *m*
Grundgleichung *f (Math)* основно́е уравне́ние *n*
Grundhelligkeit *f (TV)* я́ркость *f* фо́на
Grundieranstrich *m* грунт *m*, грунто́вка *f*
grundieren грунтова́ть
Grundieren *n* грунтова́ние *n*, грунто́вка *f*
Grundkreis *m (Masch)* основна́я окру́жность *f (Zahnrad)*
Grundkristall *m* основно́й криста́лл *m*
Grundlage *f* ба́за *f*; осно́ва *f*; основа́ние *n*

Grundlagenforschung *f* фундаментáльное исслéдование *n*
Grundlagerzapfen *m (Masch)* коренная шéйка *f*
Grundlast *f (El)* бáзисная [бáзовая] нагрýзка *f*
Grundlastturbine *f* главная турбина *f*
grundlegend основнóй
Grundlinie *f* 1. *(Math)* основáние *n* *(einer geradlinigen Figur)*; 2. *(Geol)* бáзис *m*
Grundlog *n (Schiff)* дóнный лаг *m*
Grundmagnetisierung *f (Eln, Rf)* смещéние *n (Magnettonband)*
Grundmauer *f (Bw)* фундáментная стенá *f*
Grundmetall *n* основнóй метáлл *m*
Grundmodul *m (Bw)* основнóй мóдуль *m*
Grundmoräne *f* дóнная морéна *f (in Bewegung)*; основнáя морéна *f (abgelagert)*
Grundnetz *n (Schiff)* дóнный трал *m*
Grundoperation *f (Fert)* основнáя оперáция *f*
Grundparameter *m* основнóй парáметр *m*
Grundplatte *f* 1. *(Masch)* основáние *n*; бáзовая плитá *f*; 2. *(Met)* поддóн *m*; 3. *(Rf)* шасси́ *n*
Grundprogramm *n (Inf)* глáвная [основнáя] прогрáмма *f*
Grundrauschen *n (Nrt)* фóновый шум *m*
Grundriss *m* 1. *(Bw)* план *m*; 2. *(Math)* горизонтáльная проéкция *f*
Grundrissraster *m (Bw)* горизонтáльный мóдуль *m*
Grundsatz *m* 1. *(Math)* аксиóма *f*; 2. при́нцип *m*; постулáт *m*
Grundschleppnetz *n (Schiff)* дóнный трал *m*
Grundschwingung *f* основнóе колебáние *n*
Grundstoff *m* **(/chemischer)** (хими́ческий) элемéнт *m*
Grundstoffindustrie *f* промы́шленность *f* основны́х материáлов
Grundstück *n (Bw)* учáсток *m*
Grundton *m (Ak)* основнóй тон *m*
Gründung *f (Bw)* 1. фундáмент *m*, основáние *n*; 2. заклáдка *f* (фундáмента)
~/elastische ги́бкий фундáмент *m*
~/starre жёсткий фундáмент *m*
Gründüngung *f (Lw)* 1. зелёное удобрéние *n*; 2. сидерáция *f*
Grundverknüpfung *f (Kyb, Inf)* основнáя связь *f*
Grundwasserfassung *f* каптáж *m* грунтовы́х вод
Grundwasserhaushalt *m (Hydrol)* балáнс *m* подзéмных вод
Grundwasserleiter *m (Hydrol)* водонóсный горизóнт *m*
Grundwasserspiegel *m* ýровень *m* грунтовы́х вод
Grundwasserstand *m* ýровень *m* грунтовы́х вод
Grundwelle *f (Rf)* основнáя волнá *f*
Grundzahl *f (Math)* 1. кардинáльное числó *n*; 2. основáние *n*
Grundzapfen *m (Masch)* коренная шéйка *f*
Grundzeit *f (Fert)* основнóе врéмя *n*
Grünfilter *n (Photo)* зелёный светофи́льтр *m*
Grünfutter *n (Lw)* зелёный корм *m*
Grünsandkern *m (Gieß)* сырóй стéржень *m*
Grünspan *m* ярь-медя́нка *f*
Gruppe *f* 1. грýппа *f*; 2. ýзел *m*; 3. сéкция *f*
~/kraftführende *(Masch)* силовóй ýзел *m*
Gruppen... группово́й
Gruppenantrieb *m (Wkzm)* группово́й при́вод *m*
Gruppenbearbeitung *f (Fert)* группова́я обрабóтка *f*
Gruppenfließstraße *f (Fert)* группова́я потóчная ли́ния *f*
Gruppengeschwindigkeit *f (Mech)* группова́я скóрость *f (einer Wellengruppe)*
Gruppennormal *n (Mess)* группово́й эталóн *m*
Gruppenwahl *f (Nrt)* группово́е искáние *n*
Gruppenwähler *m (Nrt)* группово́й искáтель *m*
gruppieren группировáть
Gruppierung *f* группирóвка *f*
Grus *m* мéлочь *f*
Gruskohle *f* мéлкий ýголь *m*

Gs *s.* Gauß
GSC *f s.* Gas-Feststoff-Chromatographie
GSE *f s.* Gerätesteuereinheit
gu-Kern *m (Kern)* чётно-нечётное ядро́ *n*
Gültigkeit *f* зна́чимость *f*; де́йствие *n* *(Gesetze)*
Gültigkeitsprüfung *f (Inf)* прове́рка *f* на достове́рность [значи́мость]
Gummi *m* рези́на *f*
Gummi... рези́новый
Gummidichtung *f* рези́новая прокла́дка *f*, рези́новое уплотне́ние *n*
gummieren 1. гумми́ровать; 2. прорези́нивать
Gummieren *n* 1. гумми́рование *n*; 2. прорези́нивание *n*
gummiert прорези́ненный
Gummierung *f s.* Gummieren
Gummiindustrie *f* рези́новая промы́шленность *f*
Gummikneter *m* резиносмеси́тель *m*
Gummilösung *f* рези́новый клей *m*
Gummimischer *m* резиносмеси́тель *m*
Gummipuffer *m* рези́новый бу́фер *m*
Gummiradwalze *f* пневмокато́к *m*
Gummischlauch *m* рези́новый шланг *m*
Gunn-Diode *f* дио́д *m* Га́нна
Gurt *m* 1. реме́нь *m*; 2. ле́нта *f*; 3. *(Bw)* по́яс *m*
Gurtbandförderer *m (Förd)* ле́нточный конве́йер *m*
Gürtel *m* по́яс *m*
Gurtförderer *m (Förd)* ле́нточный конве́йер *m*
Gurtstraffer *m (Kfz)* автомати́ческий реме́нь *m* безопа́сности
Gurtung *f (Bw)* по́яс *m*
Guss *m (Gieß)* 1. разли́вка *f*, отли́вка *f*, литьё *n*; 2. *s.* Gussstück
Guss... лито́й
Gussasphalt *m* лито́й асфа́льт *m*
Gussbeton *m* лито́й бето́н *m*
Gussblock *m (Gieß)* сли́ток *m*
Gussbronze *f* лите́йная бро́нза *f*
Gussbruch *m* лите́йный скрап *m*
Gusseisen *n* чугу́н *m*
~/weißes бе́лый чугу́н *m*
Gusseisen... чугу́нный
gusseisern чугу́нный
Gussfehler *m (Gieß)* дефект *m* литья́, (лите́йный) поро́к *m*
Gussgefüge *n* лита́я структу́ра *f*
Gussgrat *m (Gieß)* зали́в *m*; заусе́нец *m*; облóй *m*
Gusslegierung *f* лите́йный сплав *m*
Gusspfeife *f (Gieß)* отду́шина *f (einer Form)*
Gussrohling *m* лита́я загото́вка *f*
Gussrohr *n* лита́я труба́ *f*
Gussstahl *m* лита́я сталь *f*
Gussstück *n* отли́вка *f*, литьё *n (Erzeugnis)*
Gut *n* груз *m*; материа́л *m*
~/stückiges шту́чный материа́л *m*
Gutachten *n* эксперти́за *f*
Güte *f* 1. ка́чество *n*; 2. добро́тность *f*, доброка́чественность *f*
Güte... ка́чественный
Gütefaktor *m* 1. добро́тность *f*; 2. коэффицие́нт *m* добро́тности; 3. фа́ктор *m* ка́чества
Gütefaktormesser *m* измери́тель *m* добро́тности, куме́тр *m*, Q-метр *m*
Gütekennziffer *f s.* Gütezahl
Gütekontrolle *f* контро́ль *m* ка́чества
Gütemesser *m s.* Gütefaktormesser
Güter *npl* проду́кция *f*
Güterbahnhof *m (Eb)* грузова́я ста́нция *f*
Güterbeförderung *f* перево́зки *fpl* гру́зов
Güterboden *m (Eb)* пакга́уз *m*
Güterkraftwagen *m* грузови́к *m*
Güterschuppen *m (Eb)* пакга́уз *m*
Güterstrom *m* грузопото́к *m*
Gütertarif *m* грузово́й тари́ф *m*
Gütertaxi *n* грузово́е такси́ *n*
Gütertransport *m* грузово́й тра́нспорт *m*
Gütertransportmenge *f* грузооборо́т *m*
Güterumschlag *m* грузооборо́т *m*, товарооборо́т *m*; перева́лка *f* гру́зов
Güterverkehr *m* грузово́й тра́нспорт *m*
Güterwagen *m (Eb)* грузово́й ваго́н *m*
~/flacher ваго́н-платфо́рма *m*
~/gedeckter кры́тый ваго́н *m*
~/offener откры́тый ваго́н *m*, полуваго́н *m*
Güterzug *m (Eb)* грузово́й по́езд *m*
Güterzuglokomotive *f* грузово́й локомоти́в *m*
Gütezahl *f* показа́тель *m* ка́чества *(s. a.* Gütefaktor*)*

Gütezeichen *n* знак *m* ка́чества
Gutlehrdorn *m (Mess)* прохо́дная (кали́берная) про́бка *f*
Gutlehre *f (Mess)* проходно́й кали́бр *m*
GW *m s.* Gruppenwähler
Gy *s.* Gray
Gyrator *m (El)* гира́тор *m*
Gyre *f (Krist)* ось *f* симметри́и
Gyrobus *m* гиробу́с *m*
Gyroide *f (Krist)* гиро́ида *f*
Gyrolok(omotive) *f* гирово́з *m*
gyromagnetisch гиромагни́тный
Gyroskop *n (Ph)* гироско́п *m*
gyroskopisch гироскопи́ческий

H

H *s.* 1. Wasserstoff; 2. Henry
h *s.* 1. Stunde; 2. Hekto...
ha *s.* Hektar
Haar *n* 1. во́лос *m*; 2. *(Text)* шерсть *f*
Haar... волосно́й
Haarkristall *m* нитеви́дный криста́лл *m*
Haarlinie *f (Opt)* нить *f*
Haarriss *m (Wkst)* волосна́я тре́щина *f*, микротре́щина *f*; волосови́на *f*
Haarröhrchen *n* капилля́рная тру́бка *f*
Habitus *m (Krist)* га́битус *m*
Hacke *f* кирка́ *f*; моты́га *f*
hacken руби́ть
Hacken *n* ру́бка *f*
Hackgerät *n (Lw)* моты́га *f*
Hackgrubber *m (Lw)* пропашно́й культива́тор *m*
Hackmaschine *f (Lw)* пропашна́я маши́на *f*
Häckselmaschine *f (Lw)* соломоре́зка *f*; измельчи́тель *m*
häckseln *(Lw)* измельча́ть
Häckseln *n (Lw)* измельче́ние *n*
Häcksler *m s.* Häckselmaschine
Hackspäne *mpl (Pap)* щепа́ *f*
Hafen *m* 1. *(Schiff)* га́вань *f*; порт *m*; 2. *(Glas)* горшо́к *m*
~/eisfreier незамерза́ющий порт *m*
Hafenbecken *n* порто́вый бассе́йн *m*
Hafenofen *m (Glas)* горшко́вая печь *f*
Hafenschlepper *m* порто́вый букси́р *m*
Hafnium *n (Ch)* га́фний *m*, Hf
haften/aneinander сцепля́ться
Haften *n* прилипа́ние *n*; сцепле́ние *n*
Haftfähigkeit *f* прилипа́емость *f*; сцепля́емость *f*
Haftkraft *f* си́ла *f* сцепле́ния; сцепля́емость *f*
Haftreibung *f* 1. тре́ние сцепле́ния [поко́я]; 2. *(Eb)* сцепле́ние *n (Rad/Schiene)*
Haftschale *f* конта́ктная ли́нза *f*
Haftstelle *f (Halbl)* лову́шка *f* (захва́та)
Haftung *f* сцепле́ние *n*; *(Ph)* адге́зия *f*
Haftungsquerschnitt *m (Halbl)* сече́ние *n* захва́та
Haftvermögen *n* 1. *(Ph)* адгезио́нная спосо́бность *f*; 2. *s.* Haftfähigkeit
Haftwirkungsquerschnitt *m (Halbl)* сече́ние *n* захва́та
Hagel *m (Meteo)* град *m*
Hahn *m* кран *m*
Hahnküken *n* про́бка *f (Armaturen)*
Häkeln *n (Text)* вя́зка *f*, вя́зание *n* крючко́м
Haken *m* 1. крюк *m*; 2. крючо́к *m*; 3. гак *m*
hakenförmig крюкообра́зный
Hakennagel *m (Eb)* (ре́льсовый) косты́ль *m*
Hakenspanneisen *n* Г-обра́зный прихва́т *m*
Hakenstift *m s.* Hakennagel
halb... полу...
Halb... полу...
Halbachse *f* 1. *(Math, Opt)* полуо́сь *f*; 2. *(Kfz)* полуо́сь *f*
Halbadder *m (Inf)* полусумма́тор *m*
Halbaddierer *m (Inf)* полусумма́тор *m*
Halbautomat *m* полуавтома́т *m*, полуавтомати́ческий стано́к *m*
halbautomatisch полуавтомати́ческий
Halbbild *n (TV)* полука́др *m*
Halbbyte *n (Inf)* полуба́йт *m*
Halbduplexbetrieb *m (Nrt)* полуду́плексная связь *f*
Halbduplexverkehr *m (Nrt)* полуду́плексная связь *f*
halbdurchlässig полупроница́емый
Halbdurchlässigkeit *f (Ph)* полупроница́емость *f*
halbdurchsichtig полупрозра́чный
Halbebene *f (Math, Opt)* полупло́скость *f*
Halbedelstein *m (Min)* полудрагоце́нный ка́мень *m*

Halbfabrikat *n* полуфабрика́т *m*, полупроду́кт *m*
halbflächig *(Krist)* гемиэдри́ческий
Halbflächner *m (Krist)* гемиэ́др *m*
halbflüssig полужи́дкий
Halbgerade *f (Math)* полупряма́я *f*
halbgeschlossen полузакры́тый
Halbglied *n (Math, El)* полузвено́ *n*
Halbierende *f (Math)* биссектри́са *f*
Halbierung *f* 1. деле́ние *n* попола́м; 2. раздвое́ние *n*
Halbketten... полугу́сеничный
Halbkettenschlepper *m* полугу́сеничный тра́ктор *m*
Halbkoks *m* полуко́кс *m*
halbkontinuierlich полунепреры́вный
Halbkreis *m* полукру́г *m*
halbkristallin полукристалли́ческий
Halbkugel *f* полуша́рие *n*; полусфе́ра *f*; гемисфе́ра *f*
Halbkunden-IC *m (Eln)* полузаказна́я интегра́льная схе́ма *f*
Halbkunden-IS *m (Eln)* полузаказна́я интегра́льная схе́ма *f*
halbleitend *(Eln)* полупроводя́щий
Halbleiter *m (Eln)* полупроводни́к *m*
~/entarteter вы́рожденный полупроводни́к *m*
~/nicht entarteter невы́рожденный полупроводни́к *m*
Halbleiter... *(Eln)* полупроводнико́вый
Halbleiterbauelement *n (Eln)* полупроводнико́вый компоне́нт [элеме́нт] *m*
Halbleiterchip *m (Eln)* полупроводнико́вый чип *m*
Halbleiterdetektor *m (Rf)* полупроводнико́вый дете́ктор *m*
Halbleiterdiode *f (Eln)* кристалли́ческий [полупроводнико́вый] дио́д *m*
Halbleitereinkristall *m (Eln)* полупроводнико́вый монокриста́лл *m*
Halbleiterelektronik *f* полупроводнико́вая электро́ника *f*
Halbleitergerät *n* полупроводнико́вый прибо́р *m*
Halbleitergleichrichter *m (Rf)* полупроводнико́вый выпрями́тель [ве́нтиль] *m*
Halbleiterkristall *m (Eln)* полупроводнико́вый криста́лл *m*
Halbleiterlaser *m* полупроводнико́вый ла́зер *m*
Halbleiterphotoelement *n* полупроводнико́вый фотоэлеме́нт *m*
Halbleiterphotowiderstand *m* полупроводнико́вый фотоэлеме́нт *m*
Halbleiterphysik *f* фи́зика *f* полупроводнико́в
Halbleiterschaltkreis *m* **/integrierter** полупроводнико́вая интегра́льная схе́ма *f*, полупроводнико́вая ИС *f*
Halbleiterscheibe *f* полупроводнико́вая пласти́на *f*
Halbleiterschicht *f* полупроводнико́вый слой *m*
Halbleiterspeicher *m (Inf)* полупроводнико́вая па́мять *f*, полупроводнико́вое запомина́ющее устро́йство *n*
Halbleitertechnik *f* полупроводнико́вая те́хника *f*
Halbleitertriode *f* полупроводнико́вый трио́д *m*
Halbleiterverstärker *m* полупроводнико́вый усили́тель *m*
Halbleiterwerkstoff *m* полупроводнико́вый материа́л *m*
Halbleitfähigkeit *f* полупроводи́мость *f*
Halbleitung *f* полупроводи́мость *f* *(Vorgang)*
Halbmesser *m (Math)* ра́диус *m*
Halbmetall *n* полумета́лл *m*
halboffen полузакры́тый
Halbperiode *f (Kern)* полупери́од *m*
Halbraster *m (TV)* полука́др *m*
Halbraum *m (Math)* полупростра́нство *n*
Halbraupe *f* полугу́сеничный тра́ктор *m*
halbrund полукру́глый
Halbrundprofil *n (Wlz)* полукру́глый про́филь *m*
Halbschatten *m (Opt)* полуте́нь *f*
Halbschranke *f (Eb)* полушлагба́ум *m*
Halbschrankenanlage *f (Eb)* полушлагба́ум *m*
Halbschweberuder *n (Schiff)* полуподвесно́й руль *m*
halbstarr полужёсткий
halbsteif полужёсткий
Halbstoff *m (Pap)* полума́сса *f*, полуфабрика́т *m*

Halbton *m (Photo, Ak)* полутóн *m*
Halbtonbild *n (Photo)* полутóновое изображéние *n*
Halbtonpapier *n* полутóновая фотобумáга *f*
Halbverkokung *f* полукоксовáние *n*, швелевáние *n*
halbversenkt полупотайнóй *(Schrauben, Niete)*
Halbwelle *f* полуволнá *f*
Halbwellenantenne *f* полувóлновая антéнна *f*
Halbwert(s)breite *f (Kern)* полуширинá *f (Spektroskopie)*
Halbwert(s)zeit *f (Kern)* перúод *m* полураспáда
Halbzeug *n* полупродýкт *m*, полуфабрикáт *m*; *(Wlz)* заготóвка *f*
Halde *f (Bgb)* отвáл *m*; *(Bgb)* террикóн *m*
Hälfte *f* половúна *f*
Halle *f (Bw)* пролёт *m*; цех *m*; зал *m*
Hall-Effekt *m (Ph)* эффéкт *m* Хóлла
Halley-Komet *m* комéта *f* Галлéя
Hallraum *m (Ak)* реверберациóнная кáмера *f*
Halo *m (Astr, Meteo)* галó *n*
Halogen *n (Ch)* галогéн *m*
Halogen... галогéнный
halogenhaltig галогенсодержáщий
Halogenieren *n (Ch)* галогенúрование *n*
Halogenierung *f (Ch)* галогенúрование *n*
Halogenlampe *f* галогéнная лáмпа *f*
Hals *m* 1. горловúна *f*; 2. шéйка *f*
Halt *m* останóвка *f*; остан*ó*в *m*
haltbar прóчный
Haltbarkeit *f* 1. стóйкость *f*; долговéчность *f*; 2. прóчность *f*; 3. *(Lebm)* сохраня́емость *f*
Haltbarkeitsdauer *f (Lebm)* срок *m* гóдности
Haltbarmachung *f (Lebm)* консервúрование *n*
Haltbefehl *m* комáнда *f* останóва
Haltekontakt *m (El)* блокирóвочный контáкт *m*
Haltekreis *m (El)* блокирóвочная цепь *f*
Halten *n* 1. *(Eb)* останóвка *f*; 2. *(Met)* вы́держка *f*; поддержáние *n (einer Schmelze bei einer bestimmten Temperatur)*
Haltepunkt *m* 1. *(Eb)* останóвка *f*; 2. *(Eb, Kfz)* останóвочный пункт *m*; 3. *(Met)* тóчка *f* превращéния
Halter *m* держáтель *m*; держáвка *f*; *(Wkz)* держáвка *f*; зажúм *m*; фиксáтор *m*
Halterelais *n* удéрживающее релé *n*
Halterung *f* опрáва *f*; фиксáтор *m*
Haltestelle *f s.* Haltepunkt 1.; 2.
Haltestromkreis *m (El)* блокирóвочная цепь *f*
Haltevorrichtung *f s.* Halter
Haltezeit *f* 1. *(Met)* вы́держка *f*, врéмя *n* вы́держки *(der Schmelze)*; 2. врéмя *n* простóя, простóй *m*
Haltung *f (Hydt)* бьеф *m*
~/obere вéрхний бьеф *m*
~/untere нúжний бьеф *m*
Hämatit *m (Min)* гематúт *m*, крáсный железня́к *m*
Hammer *m* 1. *(Masch)* мóлот *m (Maschinenhammer)*; 2. *(Wkz)* молотóк *m (Handhammer)*
~/hydraulischer гидравлúческий мóлот *m*
Hammerbahn *f (Wkz)* бой *m*
Hammerbrecher *m* молоткóвая дробúлка *f*
Hammergesenk *n (Umf)* молотовóй штамп *m*
Hammermühle *f* молоткóвая дробúлка *f*; молоткóвая мéльница *f*
Hand *f (Wkz)* кисть *f (des Manipulators)* • **von** ~ вручнýю
Hand... ручнóй
Handantrieb *m* ручнóй прúвод *m*
Handarbeit *f* ручнáя рабóта *f*
Handatlas *m* áтлас *m* небольшóго формáта
handbedient ручнóй; неавтоматизúрованный
Handbohrer *m* бурáв *m (für Holz)*
Handbohrmaschine *f* (электро)дрéль *f*
Handbremse *f (Kfz)* ручнóй тóрмоз *m*
Handbuch *n* спрáвочник *m*
Handel *m* торгóвля *f*
Handelsdünger *m* минерáльное [химúческое, искýсственное] удобрéние *n*
Handelsflotte *f* торгóвый флот *m*
Handelsschiff *n* торгóвое сýдно *n*
Handels(schiffs)tonnage *f* торгóвый тоннáж *m*

Handformen *n (Gieß)* ручна́я формо́вка *f*

Handformerei *f (Gieß)* ручна́я формо́вка *f*

Handgelenk *n (Masch)* запя́стье *n (eines Industrieroboters)*

handgesteuert ручно́й; неавтоматизи́рованный

Handgriff *m* рукоя́тка *f*

handhaben манипули́ровать

Handhaberoboter *m* манипуляцио́нный ро́бот *m*, ро́бот-манипуля́тор *m*

Handhabung *f* манипуля́ция *f*; обраще́ние *n (eines Geräts)*

Handhabungsgerät *n* манипуля́тор *m (handgesteuert)*

Handhabungstechnik *f* робототе́хника *f*

Handhebel *m* рукоя́тка *f*

Handheld-Computer *m* карма́нная ПЭВМ *f*

Handkreuz *n (Masch)* штурва́л *m*

Handkurbel *f* рукоя́тка *f*

Handlauf *m* 1. *(Bw)* по́ручень *m*; *(Schiff)* ле́ер *m*

Handleiste *f (Schiff)* ле́ер *m*

Handlöffel *m (Gieß)* ло́жка *f*

Handlung *f* де́йствие *n*

Handpresse *f* ручно́й пресс *m*

Handrad *n (Masch)* штурва́л *m*; *(Wkzm)* махови́к *m*

Handregelung *f* ручно́е регули́рование *n*

Handschöpfen *n (Pap)* ручно́е че́рпание *n*

Handschweißen *n* ручна́я сва́рка *f*

Handshake *n (Inf)* квити́рование *n*, подтвержде́ние *n*

Handshake-Betrieb *m (Inf)* режи́м *m* рабо́ты с квити́рованием

Handshaking *n (Inf)* квити́рование *n*, подтвержде́ние *n*

Handstaubsauger *m* ручно́й пылесо́с *m*

Handstern *m (Masch)* штурва́л *m*

Handsteuerung *f* ручно́е управле́ние *n*

Handwerk *n* ремесло́ *n*

handwerklich реме́сленный

Handwerks... реме́сленный

Handwerkzeug *n* ручно́й инструме́нт *m*

Hanf *m (Text)* пенька́ *f*

Hanf... *(Text)* пенько́вый

Hanffaser *f (Text)* пенька́ *f*, пенько́вое волокно́ *n*

Hanfkombine *f* коноплеубо́рочный комба́йн *m*

Hanfvollerntemaschine *f* коноплеубо́рочный комба́йн *m*

Hang *m* склон *m*; скат *m*

Hangar *m* анга́р *m*

Hänge... вися́чий; подвесно́й

Hängebahn *f* подвесна́я доро́га *f*

Hängebrücke *f* вися́чий мост *m*

Hängebühne *f* подве́ска *f*

Hängedraht *m (Nrt)* струна́ *f (einer Fahrleitung)*

Hängeförderer *m* подвесно́й конве́йер *m*

Hängegerüst *n* вися́чие леса́ *pl*; подвесны́е по́дмости *pl*

Hängeisolator *m* подвесно́й изоля́тор *m*

Hängeleuchte *f* подвесно́й свети́льник *m*

hängend вися́чий

Hangende(s) *n (Bgb)* кро́вля *f*, вися́чий бок *m*

~/gebräches сла́бая кро́вля *f*

~/gesundes кре́пкая кро́вля *f*

Hangendflöz *n (Bgb)* вися́чий пласт *m*

Hängerüstung *f* подвесны́е по́дмости *pl*

Hängeträger *m*/**verankerter** *(Bw)* ва́нтовая фе́рма *f*

Hänge(trag)werk *n* вися́чая констру́кция *f*

Hanggleiter *m* планёр-пари́тель *m*

Hangneigung *f* у́гол *m* отко́са

Hardcopy *f* твёрдая ко́пия *f*

Harddisk *f (Inf)* жёсткий (магни́тный) диск *m*, ЖМД *m*

Hardware *f (Inf)* аппара́тные сре́дства *npl*, аппара́тное [техни́ческое] обеспе́чение *n*

Hardwarefehler *m (Inf)* аппара́тная оши́бка *f*

hardwaregesteuert *(Inf)* аппара́тно-управля́емый

hardwarekompatibel *(Inf)* аппара́тно-совмести́мый

Hardwarekompatibilität *f (Inf)* аппара́тная совмести́мость *f*

Hardwarekonfiguration *f (Inf)* соста́в *m* аппара́тных средств

Hardwarekontext *m* контéкст *m* аппарáтного обеспечéния
Hardwarekontrolle *f (Inf)* аппарáтный контрóль *m*
hardwareorientiert *(Inf)* аппарáтно-ориенти́рованный
Hardwareprüfung *f (Inf)* аппарáтный контрóль *m*
Harke *f (Lw)* грáбли *pl*
harmonisch гармони́ческий
Harmonische *f (Ak, Ph)* гармóника *f*
Harnstoff *m (Ch)* мочеви́на *f*
Harnstoffharz *n* карбами́дная смолá *f*
Hart *s.* Hartley
hart 1. твёрдый; 2. жёсткий *(Wasser, Strahlung)*
Hart... твёрдый
härtbar 1. закáливаемый; 2. *(Kst)* термореакти́вный
Härtbarkeit *f* закáливаемость *f*
Hartblei *n* твёрдый свинéц *m*
Härte *f* 1. *(Wkst)* твёрдость *f*; 2. жёсткость *f (des Wassers, einer Strahlung)*; 3. *(Photo)* контрáстность *f*
~/bleibende постоя́нная жёсткость *f*
~/temporäre *s.* ~/vorübergehende
~/vorübergehende врéменная жёсткость *f*
Härtebeschleuniger *m (Kst)* отверди́тель *m*
Härtebestimmung *f (Wkst)* определéние *n* твёрдости
Härteflüssigkeit *f (Härt)* закáлочная жи́дкость *f*
Härtegrad *m* жёсткость *f (des Wassers)*; грáдус *m* жёсткости *(Maß für die Wasserhärte)*
Härtemesser *m* твердомéр *m*; *(Wkst)* склерóметр *m*; пенетрóметр *m (Röntgenstrahlen)*
Härtemessinstrument *n s.* Härtemesser
Härtemessung *f* измерéние *n* твёрдости
Härtemittel *n* 1. *(Härt)* закáлочное срéдство *n*; 2. *(Kst)* отверди́тель *m*; 3. *(Photo)* дуби́тель *m*
härten 1. закáливать; 2. твердéть, затвердевáть; 3. *(Kst)* отвердевáть; 4. *(Photo)* дуби́ть, задýбливать; 5. *(Ch)* отверждáть, гидри́ровать *(Öle, Fette)*
Härten *n* 1. *(Härt)* закáлка *f*, закáливание *n*; 2. твердéние *n*, затвердевáние *n*; 3. *(Kst)* отверждéние *n*; 4. *(Eln)* жёстчéние; 5. *(Photo)* дублéние *n*, задýбливание *n*; 6. *(Ch)* отверждéние *n*, гидри́рование *n*, гидрогенизáция *f (Öle, Fette)*
~/gebrochenes преры́вистая закáлка *f*
~/gestuftes ступéнчатая закáлка *f*
~/induktives индукциóнная закáлка *f*
~/isothermisches изотерми́ческая закáлка *f*
~/örtliches мéстная закáлка *f*
härtend/selbst *(Met)* самозакáливающийся
Härteofen *m (Härt)* закáлочная печь *f*
Härteprüfung *f* 1. *(Wkst)* определéние *n* твёрдости; 2. испытáние *n* на твёрдость
Härter *m (Kst)* отверди́тель *m*
Härteriss *m (Wkst)* закáлочная трéщина *f*
Härteskala *f* шкалá *f* твёрдости
Härtespannung *f* закáлочное напряжéние *n (von Metallen)*
Härtetemperatur *f (Härt)* температýра *f* закáлки
Härtezahl *f (Wkst)* числó *n* твёрдости
Hartfutter *n (Lw)* грýбый корм *m*
Hartgummi *m* эбони́т *m*
Hartgummi... эбони́товый
Hartharz *n* твёрдая смолá *f*
Hartkautschuk *m* эбони́т *m*
Hartkautschuk... эбони́товый
Hartkopie *f (Inf)* твёрдая кóпия *f*
Hartley *n (Inf)* хáртли *m (Maßeinheit für den Informationsgehalt)*
Hartlot *n* высокопрóчный [высокотемператýрный] припóй *m*
hartlöten паять твёрдым припóем
Hartlöten *n* пáйка *f* твёрдыми припóями, высокотемператýрная пáйка *f*
hartmagnetisch магнитожёсткий, магнитотвёрдый
Hartmetall *n* твёрдый сплав *m*
Hartmetall... твердосплáвный
Hartmetallbohrer *m* твердосплáвное сверлó *n*
Hartspiritus *m* твёрдый спирт *m*
Hartstahl *m* твёрдая сталь *f*
Härtung *f s.* Härten

Härtungs... зака́лочный
Härtungsautoklav *m (Ch)* гидрогениза́тор *m (bei Ölen und Fetten)*
Härtungsbeschleuniger *m (Ch)* ускори́тель *m* отвержде́ния
Hartverchromung *f* твёрдое хроми́рование *n*
Harz *n* смола́ *f*
~/flüssiges жи́дкая смола́ *f*
Harz... смоляно́й
Harzbildung *f* смолообразова́ние *n*
Harzgehalt *m* смоли́стость *f*
harzhaltig смоляно́й
Hashing *n (Inf)* хэши́рование *n*, хеши́рование *n*, переме́шивание *n*
Hash-Verfahren *n (Inf)* переме́шивание *n*
Haspel *f* 1. лебёдка *f*; во́рот *m*; 2. *(Wlz)* мота́лка *f*, намо́точная [свёртывающая] маши́на *f (an der Drahtstraße)*; 3. *(Text)* мотови́ло *n*; 4. *(Led)* барка́с *m*; 5. *(Lw)* би́тер *m*; 6. *(Schiff)* вьюшка *f*
Haspelberg *m (Bgb)* укло́н *m*
Haspelgeschirr *n (Led)* барка́с *m*
Haspelmaschine *f (Text)* мота́льная маши́на *f*
haspeln мота́ть, нама́тывать, сма́тывать
Haspeln *n* 1. мо́тка *f*, мота́ние *n*; навива́ние *n*; 2. *(Text)* кокономота́ние *n (des Kokons)*
Haube *f* 1. колпа́к *m*; кожу́х *m*; чехо́л *m*; 2. *(Kfz)* капо́т *m*; 3. *(Gieß)* надста́вка *f*
hauen 1. руби́ть; 2. насека́ть *(Feilen)*
Hauen *n* насека́ние *n (einer Feile)*
Haufen *m s.* Cluster
Häufigkeit *f* 1. ча́стость *f*, частота́ *f (Statistik)*; 2. распространённость *f*
~/relative относи́тельная частота́ *f*
Haufwerk *n (Bgb)* нава́л *m*
Haupt *n* 1. голова́ *f*; 2. *(Umf)* попере́чина *f (einer Presse)*
Haupt... основно́й
Hauptachse *f* 1. гла́вная ось *f*; 2. *(Math)* действи́тельная ось *f (einer Hyperbel)*; *(Math)* больша́я ось *f (einer Ellipse)*
Hauptamt *n (Nrt)* центра́льная (телефо́нная) ста́нция *f*
Hauptbahnhof *m* гла́вный вокза́л *m*
Hauptbewehrung *f (Bw)* рабо́чая армату́ра *f*
Hauptbus *m (Inf)* о́бщая ши́на *f*
Hauptdüse *f* гла́вный (то́пливный) жиклёр *m*
Hauptebene *f (Opt)* гла́вная пло́скость *f*
Hauptförderschacht *m (Bgb)* гла́вный (ша́хтный) ствол *m*
Hauptgang *m (Bgb)* гла́вная жи́ла *f*
Hauptgerüst *n (Wlz)* гла́вная клеть *f*
Hauptgetriebe *n (Masch)* коро́бка *f* скоросте́й
Hauptgetriebezug *m (Masch)* гла́вная цепь *f*
Hauptgleis *n (Eb)* гла́вный путь *m*
Hauptinstandsetzungen *fpl* капита́льные рабо́ты *fpl*
Hauptkabel *n (El)* магистра́ль *f*
Hauptkette *f (Ch)* гла́вная цепь *f*
Hauptkeule *f* гла́вный лепесто́к *m (eines Richtdiagramms)*
Hauptkraftstoffdüse *f* гла́вный (то́пливный) жиклёр *m*
Hauptkreis *m (El)* гла́вная цепь *f*
Hauptlager *n (Masch)* коренно́й подши́пник *m*
Hauptleitung *f* 1. *(El)* магистра́ль *f*, магистра́льная ли́ния *f*; 2. *(Wmt)* магистра́ль *f*, магистра́льный трубопрово́д *m*
Hauptmaschine *f (Schiff)* гла́вная маши́на *f*; гла́вный [винтово́й] дви́гатель *m*
Hauptmenü *n (Inf)* гла́вное меню́ *n*
Hauptnenner *m (Math)* о́бщий знамена́тель *m*
Hauptparameter *m* основно́й пара́метр *m*
Hauptphase *f (El)* гла́вная фа́за *f*
Hauptprogramm *n (Inf)* гла́вная [основна́я] програ́мма *f*
Hauptrohrleitung *f* магистра́льный трубопрово́д *m*
hauptsächlich основно́й
Hauptsatz *m* **der Thermodynamik** нача́ло *n* термодина́мики
Hauptschalldämpfer *m (Kfz)* основно́й глуши́тель *m*
Hauptschalter *m* гла́вный выключа́тель *m*

Hauptschlussmotor *m (El)* (электро-) двигатель *m* после́довательного возбужде́ния, се́риесный двигатель *m*
Hauptschneide *f (Wkz)* гла́вная (ре́жущая) кро́мка *f*, гла́вное ле́звие *n*
Hauptspant *n (Schiff)* ми́дель(-шпангоут) *m*
Hauptspantquerschnitt *m (Schiff)* ми́делевое сече́ние *n*
Hauptspeicher *m* основна́я (операти́вная) па́мять *f*, основно́е запомина́ющее устро́йство *n*, основно́е ЗУ *n*
Hauptstrang *m* 1. *(Wmt)* магистра́ль *f*; 2. *(El)* гла́вная фа́за *f*
Hauptstraße *f (Kfz)* магистра́ль *f*
Hauptstrecke *f (Eb)* магистра́ль *f*
Hauptstromkreis *m (El)* гла́вная цепь *f*
Hauptträger *m (Bw)* гла́вная фе́рма *f*, гла́вная ба́лка *f*
Hauptuhr *f* гла́вные электрочасы́ *pl*
Hauptvalenz *f (Ch)* гла́вная вале́нтность *f*
Hauptverbindung *f (Nrt)* основна́я связь *f*
Hauptverkehrsader *f (Kfz)* магистра́ль *f*
Hauptverkehrsstunde *f (Nrt)* час *m* наибо́льшей нагру́зки
Hauptwelle *f (Masch)* коренно́й вал *m*
Haus *n (Bw)* дом *m*, зда́ние *n*
Häuschen *n* бу́дка *f*
Häuserblock *m (Bw)* блок *m*
Haushalt *m* бала́нс *m*
Haushaltsgerät *n* **/elektrisches** электробытово́й прибо́р *m*
Haushaltskühlschrank *m* бытово́й [дома́шний] холоди́льник *m*
Haushaltwaage *f* бытовы́е весы́ *pl*
Haushaltwaschmaschine *f* бытова́я стира́льная маши́на *f*
Hausinstallation *f* дома́шняя [кварти́рная] электропрово́дка *f*
Hausmüll *m* бытово́й му́сор *m*
Haut *f* 1. ко́жа *f*; 2. плёнка *f*; 3. оболо́чка *f*; 4. *(Ph)* пове́рхностный слой *m*
Hautbildung *f* плёнкообразова́ние *n*
Hauteffekt *m (El)* пове́рхностный эффе́кт *m*, скин-эффе́рт *m*
Havarie *f (Schiff)* ава́рия *f*
Havarie... авари́йный
Havariesicherheit *f* живу́честь *f* (судна́)
Havariestillsetzung *f s.* Havariestopp
Havariestopp *m* авари́йный остано́в *m*, аво́ст *m (z. B. eines Kernreaktors)*
HB *f s.* Brinellhärte
HDTV *n s.* Hochzeilenfernsehen
He *s.* Helium
Heaviside-(Kennelly-)Schicht *f (Geoph)* слой *m* Хе́висайда(-Кенне́лли) *(der Ionosphäre)*
Hebdrehwähler *m (Nrt)* подъёмно-враща́тельный иска́тель *m*
Hebe- und Fördermaschine *f* подъёмно-тра́нспортная маши́на *f*
Hebe... подъёмный
Hebebock *m (Förd)* домкра́т *m*
Hebekraft *f s.* Hubkraft
Hebel *m (Mech)* рыча́г *m*
~/einarmiger [einseitiger] рыча́г *m* второ́го ро́да, одноплечий рыча́г *m*
~/gleicharmiger равнопле́чий рыча́г *m*
~/ungleicharmiger неравнопле́чий рыча́г *m*
~/zweiarmiger [zweiseitiger] рыча́г *m* пе́рвого ро́да, двупле́чий рыча́г *m*
Hebel... рыча́жный
Hebelarm *m (Mech)* плечо́ *n* (рычага́)
Hebelgesetz *n (Mech)* пра́вило *n* рычага́
Hebelgestänge *n* рыча́жный механи́зм *m*
Hebelpresse *f* рыча́жный пресс *m*
Hebelschalter *m (El)* руби́льник *m*
Hebelsteuerung *f (Masch)* рыча́жное управле́ние *n*
Hebelwaage *f* рыча́жные весы́ *pl*
Hebemagnet *m s.* Hubmagnet
Hebemaschine *f (Förd)* грузоподъёмная маши́на *f*
heben поднима́ть
Heben *n* подъём *m*
Heber *m* сифо́н *m*
Heber... сифо́нный
Hebevorrichtung *f* подъёмный механи́зм *m*, подъёмное приспособле́ние *n*
Hebewinde *f (Förd)* во́рот *m*; подъёмная лебёдка *f*
Hebezeug *n (Förd)* грузоподъёмное устро́йство *n*; подъёмный механи́зм

m, подъёмная маши́на *f*, подъёмник *m*
Hebezeuge *npl* **und Fördereinrichtungen** *fpl* подъёмно-тра́нспортное обору́дование *n*
Hebezeugemotor *m s.* Hubmotor
Hebezeugkette *f (Förd)* грузова́я цепь *f*
Hechelmaschine *f (Text)* чеса́льная маши́на *f (für Flachs)*
hecheln *(Text)* чеса́ть *(Flachs)*
Hecheln *n (Text)* чеса́ние *n (Flachs)*
Heck *n (Schiff)* корма́ *f*
Heck... *(Flg)* хвостово́й
Heckanker *m (Schiff)* кормово́й я́корь *m*
Heckaußenbordmotor *m* кормово́й подвесно́й мото́р *m (Bootsmotor)*
Heckflosse *f (Flg)* хвостово́й стабилиза́тор *m*
Heckklappe *f* 1. *(Kfz)* за́дняя дверь *f*; 2. *(Schiff)* кормовы́е воро́та *pl*, подъёмная кормова́я оконе́чность *f*
Heckleitwerk *n (Flg)* хвостово́е опере́ние *n*
Heckspant *n (Schiff)* кормово́й шпанго́ут *m*
Heckspoiler *m (Kfz)* за́дний спо́йлер *m*
Hecktrawler *m (Schiff)* кормово́й тра́улер *m*
Hecktür *f (Kfz)* за́дняя дверь *f*
Hede *f (Text)* очёс *m*; па́кля *f*
Hefe *f* дро́жжи *pl*
Heft *n (Wkz)* рукоя́тка *f*
heften *(Typ)* шить
Heften *n* 1. *(Typ)* шитьё *n*, сшива́ние *n*; 2. *(Schw)* прихва́тка *f*
Heftmaschine *f (Typ)* шве́йная маши́на *f*
Heimatbahnhof *m* ста́нция *f* припи́ски
Heimcomputer *m* бытова́я [дома́шняя] ЭВМ *f*
Heimelektronik *f* бытова́я электро́ника *f*
heiß горя́чий
Heiß... горя́чий
Heißdampf *m* перегре́тый пар *m*
Heißleiter *m (Eln)* терморези́стор *m*
Heißleiterwiderstand *m (Eln)* терморези́стор *m*, терми́стор *m*
Heißleitfähigkeit *f* пиропроводи́мость *f*
Heißluftdusche *f* (электро)фе́н *m*
Heißschleifen *n (Pap)* горя́чее дефибри́рование *n*
Heißschliff *m s.* Heißschleifen
heißsiegelnd *(Typ)* термоскле́ивающийся
Heißverstreckung *f (Text)* горя́чая вы́тяжка *f*
Heißwasserbereiter *m (Wmt)* бо́йлер *m*
~/elektrischer электробо́йлер *m*
Heißwasserspeicher *m (Wmt)* аккумуля́тор *m* горя́чей воды́
Heiz... нагрева́тельный; отопи́тельный
Heizanlage *f* отопи́тельная устано́вка *f*
Heizdampfentnahmeturbine *f* теплофикацио́нная (парова́я) турби́на *f*
Heizeffekt *m* теплово́й эффе́кт *m*
Heizelement *n* 1. *(El)* (электро)нагрева́тельный элеме́нт *m*; электронагрева́тель *m*; 2. *(Wmt)* батаре́я *f*
heizen 1. нагрева́ть; обогрева́ть; подогрева́ть; 2. *(Eln)* нака́ливать *(Elektronenröhren)*; 3. топи́ть, ота́пливать *(Ofen)*
Heizfaden *m (Eln)* нить *f* нака́ла
Heizfläche *f* пове́рхность *f* нагре́ва
Heizgas *n* горю́чий газ *m*
Heizgerät *n (El)* нагрева́тель *m*, нагрева́тельный прибо́р *m*; отопи́тельный прибо́р *m*
~/elektrisches электронагрева́тель *m*
Heizkissen *n* электри́ческая гре́лка *f*
Heizkörper *m* 1. калори́фер *m*; 2. *(El)* нагрева́тель *m*, электронагрева́тель *m*; 3. *(Wmt)* радиа́тор *m*
heizkräftig высококалори́йный; бога́тый *(Erdgas)*
Heizkraftwerk *n* теплоэлектроцентра́ль *f*, ТЭЦ *f*, теплофикацио́нная электроста́нция *f*
Heizleiter *m (El)* нагрева́тель *m*, нагрева́тельный элеме́нт *m*
Heizleitung *f* теплопрово́д *m*
Heizleitungsstrang *m* теплотра́сса *f*
Heizmaterial *n* то́пливо *n*
heizschwach низкокалори́йный; бе́дный *(Erdgas)*
Heizspirale *f (El)* (электро)нагрева́тельная спира́ль *f*
Heizspule *f (El)* кату́шка *f* индукцио́нного нагре́ва; инду́ктор *m*

Heizstoff *m* то́пливо *n*; горю́чий материа́л *m*
Heizstrom *m (El)* ток *m* нака́ла
Heizung *f* 1. отопле́ние *n*; 2. нагрева́ние *n*, нагре́в *m*; подогре́в *m*, подогрева́ние *n*; 3. *(Eln)* нака́л *m (von Elektronenröhren)*
Heizungs... отопи́тельный
Heizungsaggregat *n* отопи́тельный агрега́т *m*
Heizwendel *f (El)* (электро)нагрева́тельная спира́ль *f*
Heizwert *m* 1. теплотво́рная спосо́бность *f*; 2. *(Therm)* теплопроизводи́тельность *f*; 3. калори́йность *f (eines Brennstoffes)* • **mit hohem** ~ высококалори́йный
~/**spezifischer** теплотво́рная спосо́бность *f*
heizwertreich калори́йный
Heizwiderstand *m (El)* нагрева́тельное сопротивле́ние *n*
Heizwirkung *f* теплово́й эффе́кт *m*
Hektar *n(m)* декта́р *m*, га *(SI-fremde Einheit der Fläche)*
Hekto... *(Mess)* гекто..., Г *(10^2 Einheiten)*
Helikoid *n (Math)* гелико́ид *m*, винтова́я пове́рхность *f*
helikoidal *(Math)* геликоида́льный
Helikopter *m* вертолёт *m*
Heliograph *m (Astr)* гелио́граф *m*
Heliometer *n (Astr)* гелио́метр *m*
Helion *n (Kern)* гелио́н *m*, ядро́ *n* а́тома ге́лия
Helioskop *n (Astr)* гелиоско́п *m*
Heliostat *m (Astr)* гелиоста́т *m*
Heliotrop *m* 1. *(Min)* гелиотро́п *m (Abart des Chalzedons)*; 2. *(Geod)* гелиотро́п *m (Triangulation)*
heliozentrisch гелиоцентри́ческий
Helium *n (Ch)* ге́лий *m*, He
Helium... *(Ch)* ге́лиевый
Heliumkern *m s.* Helion
hell я́ркий
hell... бле́дно... *(Farben, z. B.* бледноголубой hellblau*)*
Helladaptation *f (Opt)* светова́я адапта́ция *f*
Helligkeit *f* 1. я́ркость *f*; 2. *(Astr)* блеск *m*
~/**scheinbare** ка́жущаяся я́ркость *f*
Helligkeitskontrast *m (Photo)* я́ркостный контра́ст *m*
Helligkeitsmodulation *f (TV)* я́ркостная модуля́ция *f*
Helligkeitsregler *m (TV)* регуля́тор *m* я́ркости
Helligkeitssignal *n (TV)* я́ркостный сигна́л *m*
Helling *f (Schiff)* э́ллинг *m*; ста́пель *m*
Hellingkran *m* ста́пельный кран *m*
Hellingmontage *f (Schiff)* ста́пельная сбо́рка *f*
Helm *m* шлем *m*, (предохрани́тельная) ка́ска *f*
Helmholz-Resonator *m* резона́тор *m* Гельмго́льца
Hemieder *m (Krist)* гемиэ́др *m*
Hemiedrie *f (Krist)* гемиэ́дрия *f*
hemiedrisch *(Krist)* гемиэдри́ческий
hemimorph гемимо́рфный
Hemisphäre *f* полусфе́ра *f*, полуша́рие *n*
hemmen заде́рживать
Hemmschuh *m (El)* башма́к *m*
Hemmstoff *m (Ch)* ингиби́тор *m*
Hemmung *f* 1. торможе́ние *n*, замедле́ние *n*; 2. (а́нкерный) ход *m*, спуск *m (einer mechanischen Uhr)*
Henry *n (El)* ге́нри *m*, Гн *(Einheit der Induktivität)*
Henrymeter *n (El)* генриме́тр *m*
Heptaeder *n (Krist)* гепта́эдр *m*, семигра́нник *m*
Heptagon *n (Math)* семиуго́льник *m*
heptagonal семиуго́льный
heptavalent *(Ch)* семивале́нтный
Heptode *f (Eln)* гепто́д *m*
herabhängend募 вися́чий
herabsetzen 1. уменьша́ть; понижа́ть; 2. *(El)* снижа́ть
Herabsetzen *n* 1. уменьше́ние *n*; пониже́ние *n*; 2. *(El)* сниже́ние *n (z. B. der Spannung)*
heranschleppen подтя́гивать
heranziehen подтя́гивать
Heranziehen *n* подтя́гивание *n*
Herauftransformierung *f (El)* повыша́ющая трансформа́ция *f*
herausblasen выдува́ть
herausbrennen *(Met)* выжига́ть
Herausbrennen *n (Met)* выжига́ние *n*
Herausfallen *n* выпаде́ние *n*

herausführen выводи́ть
Herausführen *n* выведе́ние *n*
Herausführung *f (El)* вы́вод *m*
Herausgabe *f (Typ)* вы́пуск *m*
herausgeben *(Typ)* выпуска́ть
herausheben *(Gieß)* извлека́ть *(Modelle aus der Form)*
herausnehmen вынима́ть
herausreißen вырыва́ть
Herausreißen *n* вырыва́ние *n*
herausschlagen выбива́ть
Herausschlagen *n* выбива́ние *n*
herausschleudern выбра́сывать
herausschneiden *(Fert)* выреза́ть
herausschrauben выви́нчивать
Herausschrauben *n* выви́нчивание *n*
heraustreten выходи́ть
Herbarium *n* герба́рий *m*
herbeirufen вызыва́ть
Herbizid *n* гербици́д *m*
Herd *m (Met)* поди́на *f*, под *m*, горн *m (eines Schmelzofens)*; 2. оча́г *m (eines Erdbebens, Vulkans)*; 3. концентрацио́нный стол *m (Aufbereitung)*
~/basischer *(Met)* осно́вный под *m*
~/saurer *(Met)* ки́слый под *m*
Herdboden *m (Met)* ле́щадь *f (eines Schachtofens)*
Herdformen *n (Gieß)* формо́вка *f* в по́чве
Herdformerei *f (Gieß)* формо́вка *f* в по́чве
Herdfrischen *n (Met)* кри́чный переде́л *m*
Herd(schmelz)ofen *m (Met)* по́довая печь *f*
Herdsohle *f (Met)* ле́щадь *f (eines Schachtofens)*
hereingewinnen *(Bgb)* отбива́ть
Hereingewinnen *n (Bgb)* отбо́йка *f*
hereinziehen втя́гивать
Heringslogger *m (Schiff)* ло́ггер *m*
Herleitung *f* вы́вод *m (einer Formel)*
Hermetikhelm *m* гермошле́м *m*
hermetisch гермети́ческий, гермети́чный
hermetisieren герметизи́ровать
Hermetisierung *f* герметиза́ция *f*
hermitesch *(Math)* эрми́тов
hermitisch *(Math)* эрми́тов
herrichten приспоса́бливать
Herrichtung *f* разде́лка *f*
herstellen производи́ть; изготовля́ть; выраба́тывать; выпуска́ть *(Waren)*
~/wieder восстана́вливать
Hersteller *m* изготови́тель *m*
Herstellerbetrieb *m* заво́д-изготови́тель *m*
Herstellerwerk *n* (заво́д-)изготови́тель *m*
Herstellung *f* произво́дство *n*; изготовле́ние *n*; вы́работка *f*; вы́пуск *m (von Waren)*; получе́ние *n*
Herstellungsgüte *f* ка́чество *n* изготовле́ния
Herstellungskosten *pl* произво́дственные расхо́ды *mpl*
Herstellungsprozess *m* спо́соб *m* произво́дства
Herstellungsqualität *f* ка́чество *n* изготовле́ния
Hertz *n* герц *m*, Гц *(Einheit der Frequenz)*
herunterlassen спуска́ть
Herunterrieseln *n* ссыпа́ние *n (Schüttgut)*
Herunterstauchen *n (Schm)* обжа́тие *n*
Heruntertransformierung *f (El)* понижа́ющая трансформа́ция *f*
Herunterwalzen *n (Wlz)* обжа́тие *n*
hervorquellen фонтани́ровать *(Wasser)*
hervorrufen 1. вызыва́ть; 2. генери́ровать
Herzkurve *f (Math)* кардио́ида *f*
Herz-Lungen-Maschine *f (Med)* аппара́т *m* иску́сственного кровообраще́ния
Herzschrittmacher *m (Med)* (электро-)кардиостимуля́тор *m*, ритмоводи́тель *m*
Herzstück *n (Eb)* крестови́на *f (der Weiche)*
heterochrom гетерохро́мный, разноцве́тный
heterocyclisch *(Ch)* гетероцикли́ческий
Heterocyclus *m (Ch)* гетероци́кл *m*
heterogen гетероге́нный, неодноро́дный
Heterogenität *f* гетероге́нность *f*
Heterolaser *m* гетерола́зер *m*
Heterolyse *f (Ch)* гетероли́з *m*

heteromorph *(Geol, Min)* гетероморфный
Heteromorphismus *m (Geol, Min)* гетероморфизм *m*
heteropolar гетерополярный, разнополярный
Heterostruktur *f (Halbl)* гетероструктура *f*
Heteroübergang *m (Halbl)* гетеропереход *m*
Heudarre *f* сеносушилка *f*
Heulboje *f (Schiff)* буй-ревун *m*
Heultonne *f (Schiff)* буй-ревун *m*
Heupresse *f* сенопресс *m*
Heuristik *f (Kyb)* эвристика *f*
heuristisch эвристический
Heutrocknungsanlage *f* сеносушилка *f*
Heuwendemaschine *f* сеноворошилка *f*
Heuwender *m* сеноворошилка *f*
hexadezimal *(Inf)* шестнадцатеричный
Hexaeder *n (Math)* гексаэдр *m*, шестигранник *m*; *(Krist)* куб *m*
hexaedrisch *(Math)* шестигранный
Hexagon *n (Math)* гексагон *m*, шестиугольник *m*
hexagonal гексагональный
hexavalent *(Ch)* шестивалентный
Hexode *f (Eln)* гексод *m*
Hf *c.* Hafnium
HF-... *s. unter* Hochfrequenz...
Hg *s.* Quecksilber
Hieb *m (Wkz)* насечка *f (einer Feile)*
Hierarchie *f (Inf)* иерархия *f*
hierarchisch *(Inf)* иерархический
hieven *(Schiff)* поднимать, выбирать *(Trosse, Ankerkette)*
Hieven *n (Schiff)* выборка *f (Ankerketten, Netze)*
Hilbert-Raum *m (Math)* гильбертово пространство *n*
Hilfs... вспомогательный
Hilfsantrieb *m* вспомогательный привод *m*
Hilfsarbeiter *m* подсобный рабочий *m*
Hilfsbohrung *f* вспомогательная скважина *f*
Hilfsdatei *f (Inf)* вспомогательный файл *m*
Hilfseinrichtung *f* вспомогательное устройство [оборудование] *n*
Hilfsgetriebezug *m (Masch)* вспомогательная цепь *f*
Hilfskathode *f* вспомогательный катод *m*
Hilfskontakt *m (El)* блок-контакт *m*
Hilfskreis *m (El)* вспомогательная цепь *f*
Hilfsmechanismus *m* вспомогательный механизм *m*
Hilfsprogramm *n (Inf)* вспомогательная программа *f*
Hilfssatz *m (Math)* лемма *f*, вспомогательная теорема *f*
Hilfsspeicher *m (Inf)* вспомогательная память *f*
Hilfsstromkreis *m (El)* вспомогательная цепь *f*
Hilfsträger *m (El)* поднесущая *f*
Hilfsvorrichtung *f s.* Hilfseinrichtung
Hilfswerk *n* вспомогательный механизм *m*
Hilfszeit *f* вспомогательное время *n*
Himmel *m* небо *n*
Himmelsäquator *m (Astr)* небесный экватор *m*
Himmelsatlas *m (Astr)* звёздный атлас *m*
Himmelskarte *f (Astr)* звёздная карта *f*
Himmelskörper *m (Astr)* небесное тело *n*
Himmelskugel *f (Astr)* небесная сфера *f*
Himmelsmechanik *f* небесная механика *f*
Himmelsmeridian *m (Astr)* небесный меридиан *m*
Himmelspol *m (Astr)* полюс *m* мира, небесный полюс *m*
Himmelssphäre *f (Astr)* небесная сфера *f*
hinaufschieben надвигать
Hinausführen *n* выведение *n*
hineingehen входить
hineinpumpen закачивать
Hineinpumpen *n* закачка *f*
Hinterachsantrieb *m (Kfz)* привод *m* заднего моста
Hinterachsbrücke *f (Kfz)* задний ведущий мост *m*
Hinterachse *f (Masch)* задняя ось *f*; *(Kfz)* задний мост *m*
Hinteransicht *f* задний фасад *m*
Hinterarbeitungsmaschine *f (Wkzm)* затыловочный станок *m*

hinterdrehen *(Fert)* затыловáть
Hinterdrehen *n (Fert)* затыловáние *n*, затылочное точéние *n*
Hintereinanderschaltung *f (El)* послéдовательное включéние [соединéние] *n*
Hinterfront *f* зáдний фасáд *m*
hinterfüllen *(Bgb)* забýчивать
Hinterfüllung *f (Bgb)* забутóвка *f*
Hintergrund *m* фон *m*
Hintergrund... фóновый
Hintergrundhelligkeit *f (TV)* я́ркость *f* фóна
Hintergrundverarbeitung *f (Inf)* фóновая обрабóтка *f*
hinterkleben *(Typ)* заклéивать
hintermauern *(Bw)* забýчивать
Hintermauerung *f (Bw)* забутóвка *f*
Hinterpiek *f (Schiff)* ахтерпи́к *m*
Hinterrad *n (Kfz)* зáднее колесó *n*
Hinterradantrieb *m (Kfz)* при́вод *m* на зáдние колёса
Hinterradaufhängung *f (Kfz)* зáдняя подвéска *f*
Hinterschleifen *n (Fert)* затылочное шлифовáние *n*
Hintersteven *m (Schiff)* ахтерштéвень *m*
Hin- und Herbewegung *f* возврáтно-поступáтельное движéние *n*
hin- und hergehend возврáтно-поступáтельный
Hinunterlassen *n* спуск *m*
hinzufügen добавля́ть
hinzufügend добáвочный
hissen *(Schiff)* поднимáть
Histogramm *n (Math)* гистогрáмма *f*
Hitzdrahtanemometer *n (El)* термоанемóметр *m*, тепловóй анемóметр *m*
Hitze *f* нагрéв *m*; жар *m*
hitzebeständig жаростóйкий, жаропрóчный, жароупóрный; огнестóйкий; теплостóйкий, температуростóйкий
Hitzebeständigkeit *f* жаростóйкость *f*, жаропрóчность *f*, жароупóрность *f*; огнестóйкость *f*; теплостóйкость *f*; температуростóйкость *f*
hitzefest *s.* hitzebeständig
Hitzefestigkeit *s.* Hitzebeständigkeit
hitzehärtbar *(Kst)* термореакти́вный
Hitzemauer *f (Flg)* тепловóй барьéр *m*
Hitzeschild *m* тепловóй [теплозащи́тный] экрáн *m*
HKW *n s.* Heizkraftwerk
HM-Bohrer *m* твердосплáвное сверлó *n*
Ho *s.* Holmium
Hobel *m* 1. *(Wkz)* рубáнок *m*; 2. *(Bgb)* струг *m*
Hobel... строгáльный
Hobelbank *f* столя́рный верстáк *m*
Hobelmaschine *f* строгáльный станóк *m*
Hobelmeißel *m* стрóгальный резéц *m*
hobeln *(Fert)* строгáть
Hobeln *n (Fert)* строгáние *n*
Hoch *n s.* Hochdruckgebiet
Hoch... высóтный
Hochbahn *f (Eb)* эстакáда *f*
Hochbau *m* домостроéние *n*
Hochbauschfaden *m (Text)* высокообъёмная нить *f*
Hochbehälter *m* напóрный бак *m*, напóрная ёмкость *f*
hochbordig высокобóртный *(Schiffe)*
Hochbordwagen *m (Eb)* полуваróн *m*
Hochchlorung *f (Ch)* гиперхлори́рование *n*
Hochdecker *m (Flg)* высокоплáн *m*
hochdicht высокоплóтный
hochdispers *(Ch)* высокодиспéрсный
Hochdruck *m* 1. высóкое давлéние *n*; 2. *(Typ)* высóкая печáть *f*
Hochdruckautoklav *m* автоклáв *m* высóкого давлéния
Hochdruckdampf *m* пар *m* высóкого давлéния
Hochdruckform *f (Typ)* фóрма *f* высóкой печáти, типографи́ческая фóрма *f*
Hochdruckgebiet *n (Meteo)* óбласть *f* высóкого [повы́шенного] давлéния, антициклóн *m*
Hochdruckkeil *m (Meteo)* грéбень *m*, клин *m* высóкого давлéния
Hochdrucklampe *f* лáмпа *f* высóкого давлéния
Hochdruckmaschine *f (Typ)* маши́на *f* высóкой печáти
Hochdruckpumpe *f* насóс *m* высóкого давлéния
Hochdruckreifen *m* ши́на *f* высóкого давлéния

Hochdruckrücken *m s.* Hochdruckkeil
Hochdruckstaudamm *m (Hydt)* высоконапóрная плотúна *f*
Hochdruckturbine *f* турбúна *f* высóкого давлéния
Hochdruckverdichter *m* компрéссор *m* высóкого давлéния
Hochebene *f (Geol)* платó *n*
Hochenergiephysik *f* фúзика *f* высóких энéргий
hochexplosiv бризáнтный *(Sprengstoff)*
hochfahren *(Schm)* разгонять *(eine Maschine)*
hochfest высокопрóчный
hochfrequent *(El)* высокочастóтный
Hochfrequenz *f (El)* высóкая частотá *f*, ВЧ *f*
Hochfrequenz... *(El)* высокочастóтный, ВЧ-...
Hochfrequenzblock *m (El)* высокочастóтный блок *m*
Hochfrequenzdiode *f (Eln)* высокочастóтный диóд *m*
Hochfrequenzdrossel *f (El)* высокочастóтный дрóссель *m*
Hochfrequenzentladung *f (El)* высокочастóтный разряд *m*
Hochfrequenzgleichrichter *m (El)* высокочастóтный выпрямúтель *m*, детéктор *m*
Hochfrequenzhärten *n* высокочастóтная закáлка *f*
Hochfrequenzimpuls *m* радиоимпульс *m*
Hochfrequenzkabel *n* высокочастóтный кáбель *m*
Hochfrequenzkauter *m (Med)* электронóж *m*
Hochfrequenzleitung *f (El)* высокочастóтная лúния *f*
Hochfrequenzphysik *f* радиофúзика *f*
Hochfrequenzplasma *n (Ph)* высокочастóтная плáзма *f*
Hochfrequenzporzellan *n* радиофарфóр *m*
Hochfrequenzschaltung *f* высокочастóтная схéма *f*
Hochfrequenzschweißen *n* высокочастóтная свáрка *f*
Hochfrequenzspektroskopie *f* радиоспектроскопúя *f*
Hochfrequenzstrom *m* высокочастóтный ток *m*
Hochfrequenztechnik *f* высокочастóтная тéхника *f*, электротéхника *f* высóкой частотú, радиотéхника *f*
hochfrequenztechnisch радиотехнúческий
Hochfrequenztelegraphie *f* высокочастóтное телеграфúрование *n*
Hochfrequenztitration *f (Ch)* высокочастóтное титровáние *n*
Hochfrequenztransformator *m* высокочастóтный трансформáтор *m*
Hochfrequenztransistor *m* высокочастóтный транзúстор *m*
Hochfrequenztrockner *m* высокочастóтная сушúлка *f*
Hochfrequenztrocknung *f* высокочастóтная сýшка *f*
Hochfrequenzübertrager *m* высокочастóтный трансформáтор *m*
Hochfrequenzverstärker *m* усилúтель *m* высóкой частотú
Hochfrequenzwellenleiter *m (El)* радиоволновóд *m*
Hochgarage *f* многоярусный гарáж *m*
Hochgebirge *n* высóкие гóры *fpl*, высокогóрье *n*
Hochgebirgsrelief *n (Geol)* высокогóрный рельéф *m*
Hochgeschwindigkeits... скоростнóй, высокоскоростнóй, сверхскоростнóй
Hochgeschwindigkeitsflugzeug *n* скоростнóй самолёт *m*
Hochgeschwindigkeitsschaltkreis *m (Eln)* сверхскóростная интегрáльная схéма *f*
Hochgeschwindigkeitsschleifen *n (Fert)* скоростнóе шлифовáние *n*
Hochglanz *m* зеркáльный блеск *m*
Hochglanzpolieren *n* зеркáльное полировáние *n*
Hochglanzpresse *f (Photo)* глянцевáтель *m*
Hochgleis *n (Eb)* эстакáда *f*
Hochhaus *n* высóтное здáние *n*
hochheben поднимáть
Hochlauf *m* разгóн *m (einer Maschine)*
Hochlaufen *n* разбéг *m (Motoren)*
Hochlaufzeit *f* врéмя *n* разгóна
Hochleistungs... высокопроизводúтельный

hochleistungsfähig высокопроизводи́тельный
Hochleistungsmaschine *f* высокопроизводи́тельная маши́на *f*
Hochleistungsmotor *m* 1. мо́щный дви́гатель *m*; 2. форси́рованный дви́гатель *m*
Hochleistungsröhre *f (Eln)* сверхмо́щная ла́мпа *f*
hochmolekular *(Ch)* высокомолекуля́рный
Hochmoortorf *m* верхово́й торф *m*
Hochofen *m (Met)* до́менная печь *f*
Hochofen... до́менный
Hochofeneisen *n* до́менный чугу́н *m*
Hochofenerz *n* до́менная руда́ *f*
Hochofengas *n* до́менный газ *m*
Hochofengraphit *m* до́менный графи́т *m*
Hochofenkoks *m* до́менный кокс *m*
Hochofenprozess *m* до́менный проце́сс *m*
Hochofenrast *f* заплёчики *pl*
Hochofenroheisen *n* до́менный чугу́н *m*
Hochofenschlacke *f* до́менный шлак *m*
Hochofenschlackenzement *m (Bw)* шлакопортландцеме́нт *m*
Hochofenschmelze *f* до́менная пла́вка *f*
Hochofenschmelzverfahren *n* до́менная пла́вка *f*
Hochofenzement *m (Bw)* шлакопортландцеме́нт *m*
Hochohm... *(El)* высокоо́мный
hochohmig *(El)* высокоо́мный
Hochoktankraftstoff *m* высокоокта́новое то́пливо *n*
Hochpass *m (Rf)* фильтр *m* ве́рхних часто́т
Hochpassfilter *n (Rf)* фильтр *m* ве́рхних часто́т
hochpolymer *(Ch)* высокополиме́рный
Hochpolymer *n (Ch)* высокополиме́р *m*
hochproduktiv высокопроизводи́тельный
hochrein сверхчи́стый, ультрачи́стый
Hochreißen *n (Flg)* кабри́рование *n*
Hochreservoir *n* 1. *(Hydt)* водонапо́рный бак *m*; 2. *s.* Hochbehälter
Hochschnitt *m (Bgb)* ве́рхнее че́рпание [копа́ние] *n*
Hochschule *f* институ́т *m*; акаде́мия *f*
Hochseebergungsschiff *n* морско́й спаса́тель *m*
Hochseefähre *f* морско́й паро́м *m*
Hochseefischerei *f* морско́е [океа́нское] рыболо́вство *n*
Hochseemotorschiff *n* морско́й теплохо́д *m*
Hochseeschiff *n* морско́е су́дно *n*
Hochseeschlepper *m (Schiff)* морско́й букси́р *m*
Hochsilo *m(n) (Lw)* си́лосная ба́шня *f*
Hochspannung *f (El)* высо́кое напряже́ние *n*
Hochspannungs... *(El)* высоково́льтный
Hochspannungsanlage *f (El)* высоково́льтная устано́вка *f*
Hochspannungsbeschleuniger *m (Kern)* высоково́льтный ускори́тель *m*
Hochspannungseinheit *f (El)* высоково́льтный блок *m*
Hochspannungsgleichrichter *m (El)* высоково́льтный выпрями́тель *m*
Hochspannungsisolator *m* высоково́льтный изоля́тор *m*
Hochspannungskabel *n* высоково́льтный ка́бель *m*
Hochspannungskondensator *m (El)* высоково́льтный конденса́тор *m*
Hochspannungsleitung *f (El)* ли́ния *f* высо́кого напряже́ния
Hochspannungsnetz *n (El)* высоково́льтная сеть *f*
Hochspannungsstrom *m (El)* высоково́льтный ток *m*
Hochspannungstechnik *f* высоково́льтная (электро)те́хника *f*, те́хника *f* высо́ких напряже́ний
Hochspannungstransformator *m* высоково́льтный трансформа́тор *m*
Höchst... преде́льный; максима́льный
Höchstbeanspruchung *f (Fest)* максима́льное напряже́ние
Höchstbelastung *f (Fest)* преде́льная нагру́зка *f*
Höchstdrucklampe *f* ла́мпа *f* сверхвысо́кого давле́ния
hochsteigend восходя́щий
höchstfrequent *(El)* сверхвысокочасто́тный, СВЧ-...

Höchstfrequenz *f (El)* сверхвысо́кая частота́ *f*, СВЧ *f*
Höchstfrequenz... *(El)* сверхвысокочасто́тный, СВЧ-...
Höchstfrequenzbereich *m* диапазо́н *m* сверхвысо́ких часто́т
Höchstfrequenzgenerator *m (El)* СВЧ-генера́тор *m*
Höchstfrequenztransistor *m (Eln)* СВЧ-транзи́стор *m*
Höchstfrequenzverstärker *m (El)* СВЧ-усили́тель *m*
Höchstgeschwindigkeit *f (Mech)* максима́льная ско́рость *f*
Höchstintegrationsgrad *m (Eln)* сверхвысо́кая сте́пень *f* интегра́ции
Höchstlast *f (Fest)* преде́льная нагру́зка *f*
Höchstleistung *f* максима́льная мо́щность *f*; максима́льная производи́тельность *f*
Höchstleistungs... сверхмо́щный
Höchstleistungslampe *f* сверхмо́щная ла́мпа *f*
Hochstraße *f* эстака́дная доро́га *f*
Höchstspannung *f (El)* максима́льное напряже́ние *n*
Höchstvakuum *n* сверхвысо́кий ва́куум *m*
Höchstwert *m* максима́льное [наибо́льшее] значе́ние *n*, ма́ксимум *m*
Hochtank *m (Schiff)* дипта́нк *m*
Hochtechnologie *f* передова́я техноло́гия *f*
Hochtemperatur... высокотемперату́рный
Hochtemperaturmesser *m* пиро́метр *m*
Hochtemperaturmessung *f* пироме́трия *f*
Hochtemperaturplasma *n (Ph)* высокотемперату́рная пла́зма *f*
Hochtemperaturreaktor *m (Kern)* высокотемперату́рный реа́ктор *m*
Hochtemperaturteer *m* высокотемперату́рный дёготь *m*
Hochtemperaturthermostat *m* пироста́т *m*
Hochtonlautsprecher *m* высокочасто́тный громкоговори́тель *m*
hochtourig высокооборо́тный; быстрохо́дный *(Maschine)*
Hochvakuum *m* высо́кий [глубо́кий] ва́куум *m*
Hochvakuum... высокова́куумный
Hochvakuumröhre *f (Eln)* высокова́куумная ла́мпа *f*
Hochvakuumtechnik *f* высокова́куумная те́хника *f*
Hochvolt... *(El)* высоково́льтный
hochwarmfest высокожаропро́чный *(Werkstoffe)*
Hochwasser *n* па́водок *m*
Hochwasserschutzbauwerk *n (Hydt)* противопа́водковое сооруже́ние *n*
hochwertig доброка́чественный, высокока́чественный
Hochzeilenfernsehen *n* телеви́дение *n* высо́кой чёткости, ТВЧ *n*
Hochziehen *n (Flg)* кабри́рование *n*
Höcker *m* горб *m (einer Kurve)*
Höckerstrom *m* пи́ковый ток *m (der Elektronenröhre)*
Hodograph *m* годо́граф *m*
Hof *m* 1. двор *m*; 2. *(Astr, Meteo)* гало́ *n*
Höhe *f* 1. высота́ *f*; 2. *(Geol)* возвы́шенность *f*
~ **über Meeresspiegel** высота́ *f* над у́ровнем мо́ря
~ **über Normalnull [NN]** *(Geod)* абсолю́тная высота́ *f*
Höhen... высо́тный
Höhenaufnahme *f (Geod)* высо́тная съёмка *f*
Höhenbetriebsverhalten *n* высо́тность *f (Flugmotoren)*
Höhenflosse *f (Flg, Rak)* стабилиза́тор *m*; *(Flg)* горизонта́льный стабилиза́тор *m*
Höhenflug *m* высо́тный полёт *m*
Höhenflugdruckanzug *m* высо́тный скафа́ндр *m*
Höhenflugzeug *n* высо́тный самолёт *m*, стратопла́н *m*
Höhenförderer *m (Förd)* штабелеукла́дчик *m*
Höhengewinn *m (Flg)* набо́р *m* высоты́
Höhenkammer *f (Flg)* бaрока́мера *f*
Höhenkarte *f (Geod)* гипсометри́ческая ка́рта *f*
Höhenkote *f (Geod)* отме́тка *f* высоты́
Höhenkrankheit *f* высо́тная боле́знь *f*
Höhenkreis *m (Astr)* вертика́л *m*

Höhenleistung *f (Flg)* высо́тная мо́щность *f (des Triebswerks)*
Höhenleistungsfähigkeit *f* высо́тность *f (Flugmotoren)*
Höhenleitwerk *n (Flg)* горизонта́льное опере́ние *n*
Höhenlinie *f* 1. *(Geod)* изоги́пса *f*; 2. *(Geol)* горизонта́ль *f*
Höhenlinienkarte *f (Kart)* гипсометри́ческая ка́рта *f*
Höhenmarke *f (Geod)* отме́тка *f* высо-ты́
Höhenmesser *m* высотоме́р *m*; альтиме́тр *m*; гипсо́метр *m*
Höhenmessung *f* измере́ние *n* высо́т; альтиме́трия *f*; гипсометри́я *f*
Höhenpunkt *m (Geod)* ре́пер *m*
Höhenrakete *f* высо́тная раке́та *f*
Höhenruder *n (Flg)* руль *m* высоты́
Höhenschicht(en)karte *f (Kart)* гипсометри́ческая ка́рта *f*
Höhenschnittpunkt *m (Math)* ортоце́нтр *m*
Höhenschreiber *m* альтигра́ф *m*, баро́граф *m*, самопи́сец *m* высоты́, самопи́шущий высотоме́р *m*
Höhenschritt *m (Nrt)* дека́да *f (eines Wählers)*
Höhenstrahlung *f* косми́ческие лучи́ *mpl*, косми́ческое излуче́ние *n*
Höhenthermometer *n* гипсотермо́метр *m*
Höhenverhalten *n* высо́тная характери́стика *f (eines Flugmotors)*
hohl по́лый; пустоте́лый
Hohl... по́лый; пустоте́лый
Hohlblock *m* 1. *(Bw)* пустоте́лый блок *m*; 2. *(Wlz)* ги́льза *f (Rohrwalzen)*
Hohlblockstein *m (Bw)* пустоте́лый блок *m*
Höhle *f (Geol)* пеще́ра *f*
Hohlglas *n* по́лое [пустоте́лое] стекло́ *n*
Hohlkehle *f (Wkz)* лу́нка *f*
Hohlkörper *m (Math)* по́лое те́ло *n*
Hohlleiter *m (Eln)* волново́д *m*
Hohlleiterspeiseleitung *f (Rf)* волново́дный фи́дер *m*
Hohlleitung *f (El)* волново́дная ли́ния *f*
Hohlprofil *n (Wlz)* во́гнутый про́филь *m*
Hohlraum *m* 1. по́лость *f*; 2. *(Met)* ра́ковина *f*
Hohlraum... объёмный
Hohlraumanteil *m* пусто́тность *f*
Hohlraumresonator *m* объёмный резона́тор *m*, эндовибра́тор *m*
Hohlrohrleitung *f (El)* волново́дная ли́ния *f*, волново́д *m*
Hohlschaber *m (Wkz)* желобча́тый ша́бер *m*
Hohlschliff *m* во́гнутая зато́чка *f*
Hohlspiegel *m (Opt)* во́гнутое зе́ркало *n*
Höhlung *f (Geol)* впа́дина *f*
Hohlwalzen *(Wlz)* проши́вка *f*
Hohlwelle *f (Masch)* по́лый вал *m*
Hohlziegel *m (Bw)* пустоте́лый кирпи́ч *m*
Holländer *m (Pap)* ролл *m*
Höllenstein *m (Ch)* ля́пис *m*
Holm *m* 1. *(Bw)* деревя́нный прого́н *m*; бимс *m*; 2. *(Flg)* лонжеро́н *m*; 3. *(Umf)* попере́чина *f (einer Presse)*
Holmium *n (Ch)* го́льмий *m*, Ho
Holoeder *n (Krist)* голоэ́др *m*, полногра́нник *m*
Holoedrie *f (Krist)* голоэ́дрия *f*
holoedrisch *(Krist)* голоэдри́ческий
Hologramm *n* голагра́мма *f*
Hologramm... голографи́ческий
Holographie *f* гологра́фия *f*
holographisch голографи́ческий
Holz *n* древеси́на *f*; де́рево *n*; лесоматериа́л *m*; лес *m*; *(Pap)* бала́нс *m*
~/kurzfaseriges коротководокни́стая древеси́на *f*
~/langfaseriges длинноволокни́стая древеси́на *f*
Holz... древе́сный
Holzbalken *m (Bw)* деревя́нная ба́лка *f*
Holzbearbeitung *f* деревообрабо́тка *f*
Holzbearbeitungs... деревообраба́тывающий
Holzbearbeitungsmaschine *f* деревообраба́тывающий стано́к *m*
Holzbeton *m (Bw)* деревобето́н *m*
Holzbiegemaschine *f* гнута́рный стано́к *m*
Holzcellulose *f* древе́сная целлюло́за *f*
Holzchemie *f* лесохи́мия *f*
Holzessig *m* древе́сный у́ксус *m*
Holzfaser *f* древе́сное волокно́ *n*
Holzfaser... древесноволокни́стый
Holzfaserplatte *f* древесностру́жечная плита́ *f*

Holzfrachter *m (Schiff)* лесово́з *m*
Holzgeist *m (Ch)* древе́сный спирт *m*
Holzgewinnung *f* лесозаготóвки *fpl*
Holzhaus *n* деревя́нный дом *m*
Holzkohle *f* древе́сный у́голь *m*
Holzmasse *f s.* Holzschliff
Holzmesskunde *f (Forst)* дендроме́трия *f*
Holzschleifer *m (Pap)* дефибре́р *m*
Holzschliff *m (Pap)* древе́сная ма́сса *f*
Holzschliffherstellung *f (Pap)* дефибри́рование *n*
Holzschraube *f* шуру́п *m*
Holzspan *m* 1. древе́сная стру́жка *f*; 2. щепа́ *f*
Holzspan... древесностру́жечный
Holzspäne *mpl* щепа́ *f*
Holzspanplatte *f* древесностру́жечная плита́ *f*
Holzspiritus *m* древе́сный спирт *m*
Holzstamm *m* бревно́ *n*
Holzstoff *m (Pap)* древе́сная ма́сса *f*
Holzteer *m* древе́сная смола́ *f*
Holzzellstoff *m* древе́сная целлюло́за *f*
homogen гомоге́нный, одноро́дный
homogenisieren *(Ch)* гомогенизи́ровать
Homogenisieren *n (Ch)* гомогениза́ция *f*
Homogenisierung *f (Ch)* гомогениза́ция *f*
Homogenisierungsglühen *n (Härt)* гомогениза́ция *f*
Homogenität *f* гомоге́нность *f*, одноро́дность *f*
Homolog(e) *n (Ch)* гомо́лог *m*
Homologie *f* гомоло́гия *f*
homomorph *(Math)* гомомо́рфный
homöopolar *(Krist)* гомеополя́рный
homozentrisch *(Opt)* гомоцентри́ческий
hörbar слы́шимый
Hörbarkeit *f* слы́шимость *f*
Hörbarkeitsfaktor *m (Nrt)* коэффицие́нт *m* слы́шимости
Hörbarkeitsschwelle *f* поро́г *m* слы́шимости
Hörbarkeitszone *f* зо́на *f* слыши́мости
Horden *fpl (Lw)* гребёнка *f (des Mähdreschers)*
Hörer *m (Nrt)* (телефо́нная) тру́бка *f (eines Telephons)*
hörfrequent звукочасто́тный
Hörfrequenz *f (El, Ak)* звукова́я частота́ *f*
Hörfunk *m* звуково́е радиовеща́ние *n*
Hörhilfe *f* слухово́й аппара́т *m*
Horizont *m* горизо́нт *m*
~/künstlicher *(Flg)* авиагоризо́нт *m*
horizontal горизонта́льный
Horizontal... *(Wkzm)* горизонта́льный
Horizontalbiegepresse *f (Umf)* бульдо́зер *m*
Horizontale *f* горизонта́ль *f*
Horizontalförderer *m* горизонта́льный транспортёр *m*
Horizontalschnitt *m* горизонта́льное сече́ние *n*
Horizontalsynchronisierung *f (TV)* стро́чная синхрониза́ция *f*
Horizontalteleskop *n* горизонтальный телеско́п *m*
Horizontalvergaser *m* карбюра́тор *m* с горизонта́льным пото́ком
Horn *n s.* Hornstrahler
Hornantenne *f s.* Hornstrahler
Hornstrahler *m (El)* ру́порная анте́нна *f*, ру́пор *m*, ру́порный излуча́тель *m*
Hörrundfunk *m* звуково́е радиовеща́ние *n*
Hörschärfemesser *m (Ak)* фоно́метр *m*
Hörschwelle *f (Ak)* поро́г *m* слы́шимости
~/obere поро́г *m* болево́го ощуще́ния
~/untere поро́г *m* слы́шимости
Horst *m (Geol)* горст *m*
Hörverlustkurve *f (Ak, Med)* аудиогра́мма *f*
Hosenrohr *n* вилкообра́зная труба́ *f*
Hostcomputer *m s.* Hostrechner
Hostprozessor *m* гла́вный [основно́й] проце́ссор *m*
Hostrechner *m* веду́щая [гла́вная] ЭВМ *f*; центра́льная ЭВМ *f*
Hovercraft *n* су́дно *n* на возду́шной поду́шке, СВП *n*
HP *n s.* Hochpassfilter
HR *f s.* Rockwellhärte
HS *f s.* Shorehärte
HS *m s.* Hauptspeicher
HSIC *m s.* Hochgeschwindigkeitsschaltkreis
HSM *m s.* Herzschrittmacher
Hub *m* 1. *(Masch)* ход *m (eines Kolbens)*; 2. *(Kfz)* такт *m (des Verbren-*

nungsmotors); 3. подъём *m*, высота́ *f* подъёма; 4. разма́х *m (z. B. der Frequenz)*
Hub... подъёмный
Hubbegrenzungsschalter *m* ограничи́тель *m* подъёма
Hubbewegung *f* подъём *m*, движе́ние *n* подъёма
Hubendschalter *m* ограничи́тель *m* подъёма
Hubgerüst *n* подъёмные по́дмости *pl*
Hubgeschwindigkeit *f (Masch)* ско́рость *f* хо́да
Hubhöhe *f (Masch)* высота́ *f* подъёма
Hubkraft *f (Förd)* подъёмная си́ла *f*; грузоподъёмность *f*
Hubmagnet *m* грузово́й [грузоподъёмный] магни́т *m*, (грузо)подъёмный (электро)магни́т *m*
Hubmechanismus *m* подъёмный механи́зм *m*
Hubmotor *m* подъёмный (электро)дви́гатель *m*
Hubraum *m* рабо́чий объём *m (eines Verbrennungsmotors oder Hubkolbenverdichters)*; литра́ж *m (eines Verbrennungsmotors)* • **mit mittelgroßem** ~ *(Kfz)* среднелитра́жный
Hubraumleistung *f (Kfz)* литро́вая мо́щность *f*
Hubschrauber *m* вертолёт *m*
Hubschrauberlandeplatz *m* вертодро́м *m*
Hubschrauberträger *m (Mil)* вертолётоно́сец *m*
Hubseil *n* грузоподъёмный кана́т *m*
Hubstapler *m (Förd)* автопогру́зчик *m*
Hubtisch *m (Masch)* подъёмный стол *m*
Hubtriebwerk *n (Flg)* подъёмный дви́гатель *m*
Hubtrommel *f* грузово́й [грузоподъёмный] бараба́н *m (eines Krans)*
Hubvermögen *n (Förd)* подъёмная си́ла *f*
Hubvolumen *n s.* Hubraum
Hubwerk *n* подъёмный механи́зм *m*
Hubwinde *f* подъёмная лебёдка *f*
Hubwindentrommel *f* грузово́й [грузоподъёмный] бараба́н *m (eines Krans)*
Hubzeug *n (Schiff)* та́ли *pl*
Huckepacksatellit *m (Raumf)* составно́й спу́тник *m*
Huckepackschiff *n* баржево́з *m*, лихтерово́з *m*
Hufeisenmagnet *m* подковообра́зный магни́т *m*
Hügel *m* холм *m*
Hülle *f* 1. оболо́чка *f*; 2. *(Geol)* ма́нтия *f* (Земли́) *(der Erde)*
~/äußere нару́жная оболо́чка *f*
Hüllpapier *n* обёрточная бума́га *f*
Hülse *f* 1. *(Masch)* вту́лка *f*; ги́льза *f*; му́фта *f*; 2. *(Bw)* стака́н *m (eines Stützenfundaments)*; 3. *(Text)* патро́н *m*
Humidität *f* гуми́дность *f (Klima)*
Humus *m (Lw)* гу́мус *m*, перегно́й *m*
Humusboden *m* гу́мусовая [перегно́йная] по́чва *f*
hundertfach стокра́тный
Hunt *m (Bgb)* вагоне́тка *f*
~/kippbarer *(Bgb)* опроки́дывающаяся вагоне́тка *f*
Hupe *f (Kfz)* звуково́й сигна́л *m*
Hutmutter *f* глуха́я [колпачко́вая] га́йка *f*
Hütten... металлурги́ческий
Hüttenaluminium *n (Met)* перви́чный алюми́ний *m*
Hüttenbims *m (Bw)* термози́т *m*
Hüttenkoks *m* до́менный кокс *m*
Hüttenkunde *f* металлу́ргия *f*
Hüttenmetall *n* перви́чный мета́лл *m*
Hüttenwesen *n* металлу́ргия *f*
Hüttenzement *m (Bw)* шлакопортландцеме́нт *m*, шла́ковый цеме́нт *m*
HV *f s.* Vickershärte
hybrid гибри́дный
Hybrid... гибри́дный
Hybridantrieb *m* комбини́рованный при́вод *m*
Hybridgroßintegrationsschaltung *f (Eln)* больша́я гибри́дная интегра́льная схе́ма *f*
Hybrid-IC *m (Eln)* гибри́дная (интегра́льная) схе́ма *f*, ГИС *f*
Hybrid-IS *m (Eln)* гибри́дная (интегра́льная) схе́ма *f*, ГИС *f*
Hybridisierung *f* гибридиза́ция *f*
Hybrid-LSI-Schaltkreis *m (Eln)* больша́я гибри́дная интегра́льная схе́ма *f*, БГИС *f*

Hybrid-Raketentriebwerk *n* гибри́дный раке́тный дви́гатель *m*
Hybridrechner *m* гибри́дная вычисли́тельная маши́на *f*, ана́лого-цифрова́я вычисли́тельная маши́на *f*
Hybridschaltkreis *m (Eln)* гибри́дная (интегра́льная) схе́ма *f*, ГИС *f*
Hybridschaltung *f (Eln)* гибри́дная (интегра́льная) схе́ма *f*, ГИС *f*
Hydrant *m* водоразбо́рная коло́нка *f*; (пожа́рный) гидра́нт *m*
Hydrat... *(Ch)* гидра́тный
Hydratation *f (Ch)* гидрата́ция *f*
hydratisieren *(Ch)* гидрати́ровать
hydratisiert *(Ch)* гидрати́рованный
Hydratisierung *f (Ch)* гидрата́ция *f*
Hydraulik *f* 1. *(Masch)* гидра́влика *f*, гидравли́ческая систе́ма *f*, гидросисте́ма *f*; 2. *(Ph)* гидра́влика *f (Strömung inkompressibler Medien)*
Hydraulikaggregat *n* гидроагрега́т *m*
Hydraulikanlage *f s.* Hydraulik 1.
Hydraulikantrieb *m* гидропри́вод *m*, гидравли́ческий при́вод *m*
Hydraulikdämpfer *m (Masch)* гидравли́ческий де́мпфер *m*
Hydraulikelement *n* гидравли́ческий элеме́нт *m*
Hydraulikflüssigkeit *f* гидравли́ческая [рабо́чая] жи́дкость *f (für Hydraulikanlagen)*
Hydraulikmotor *m* гидравли́ческий дви́гатель *m*, гидродви́гатель *m*, гидромото́р *m*
Hydraulikpumpe *f* гидронасо́с *m*
Hydraulikspeicher *m (Masch)* гидроаккумуля́тор *m*
Hydraulikstellmotor *m* гидравли́ческий сервомото́р *m*
Hydrauliksystem *n s.* Hydraulik 1.
Hydraulikventil *n* гидрокла́пан *m*
Hydraulikverstärker *m* гидравли́ческий усили́тель *m*
hydraulisch гидравли́ческий
Hydrid... *(Ch)* гидри́дный
Hydrierautoklav *m (Ch)* гидрогениза́тор *m*
hydrieren *(Ch)* гидри́ровать
Hydrieren *n (Ch)* гидрогениза́ция *f*, гидри́рование *n*
Hydrierer *m (Ch)* гидрогениза́тор *m*
hydriert *(Ch)* гидри́рованный
Hydrierung *f s.* Hydrieren
Hydroabbauverfahren *n (Bgb)* гидромеханиза́ция *f*
Hydroakustik *f* гидроаку́стика *f*
hydroakustisch гидроакусти́ческий, гидролокацио́нный
Hydroaufbereitung *f* гидрообогаще́ние *n (Erze)*
Hydrodynamik *f* гидродина́мика *f*
hydrodynamisch гидродинами́ческий
hydroelektrisch гидроэлектри́ческий
Hydroenergetik *f* гидроэнерге́тика *f*
Hydroenergie *f* гидроэне́ргия *f*, во́дная эне́ргия *f*
Hydrofining *n (Ch)* гидроочи́стка *f*
Hydroform(ier)en *n* гидрофо́рминг *m (Erdöl)*
Hydroforming *n* гидрофо́рминг *m (Erdöl)*
Hydrogenerator *m* гидрогенера́тор *m*
Hydrogeochemie *f* гидрогеохи́мия *f*
Hydrogeologie *f* гидрогеоло́гия *f*
Hydrogewinnung *f (Bgb)* гидродобы́ча *f*
Hydrograph *m* гидро́граф *m*
Hydrographie *f* гидрогра́фия *f*
hydrographisch гидрографи́ческий
Hydroisolation *f (Bw)* гидроизоля́ция *f*
Hydrojet *m (Schiff)* водомётный дви́житель *m*
Hydrojetschiff *n* водомётное су́дно *n*
Hydrokultur *f* гидропо́ника *f*
Hydrokupplung *f (Masch)* гидравли́ческая му́фта *f*, гидрому́фта *f*
Hydrologie *f* гидроло́гия *f*
hydrologisch гидрологи́ческий
Hydrolyse *f (Ch)* гидро́лиз *m*
hydrolysieren *(Ch)* гидролизова́ть
Hydromagnetik *f* магни́тная гидродина́мика *f*, магнитогидродина́мика *f*
hydromagnetisch гидромагни́тный
Hydromechanik *f* гидромеха́ника *f*
hydromechanisch гидромехани́ческий
Hydrometallurgie *f* гидрометаллу́ргия *f*
hydrometallurgisch гидрометаллурги́ческий
Hydrometeorologie *f* гидрометеороло́гия *f*
Hydrometer *n* гидро́метр *m*
Hydrometrie *f* гидроме́трия *f*
hydrometrisch гидрометри́ческий

Hydromodul *m (Bw)* гидромо́дуль *m (des Zements)*
Hydromonitor *m (Hydt, Bgb)* гидромони́тор *m*
Hydromotor *m* (объёмный) гидродви́гатель *m*, гидромото́р *m*, гидравли́ческий дви́гатель *m*
hydrophil гидрофи́льный
Hydrophilie *f* гидрофи́льность *f*
hydrophob гидрофо́бный, водоотта́лкивающий; несма́чиваемый
Hydrophobie *f* гидрофо́бность *f*
Hydrophon *n* гидрофо́н *m*
Hydrophysik *f* гидрофи́зика *f*
Hydroponik *f* гидропо́ника *f*
Hydroraffination *f (Ch)* гидроочи́стка *f*
Hydrosphäre *f* гидросфе́ра *f (der Erde)*
Hydrostat *m* гидроста́т *m*
Hydrostatik *f* гидроста́тика *f*
hydrostatisch гидростати́ческий
Hydrotechnik *f* гидроте́хника *f*
hydrotechnisch гидротехни́ческий
hydrothermal гидротерма́льный
Hydrotypie *f (Photo)* гидроти́пия *f*
Hydroxid *n (Ch)* гидроо́кись *f*
Hydrozyklon *m* гидроцикло́н *m (Aufbereitung)*
Hyetometer *n s.* Niederschlagsmesser
Hyetometrie *f (Meteo)* плювиоме́трия *f*
Hygrograph *m (Meteo)* гигро́граф *m*
Hygrometer *n (Meteo)* гигро́метр *m*
hygrophil гигрофи́льный
hygroskopisch гигроскопи́ческий
Hygroskopizität *f* гигроскопи́чность *f*, влагопоглоща́емость *f*
hyper... сверх...
Hyper... сверх...
Hyperbel *f (Math)* гипе́рбола *f*
Hyperbel... гиперболи́ческий
Hyperbelfunktion *f (Math)* гиперболи́ческая фу́нкция *f*
Hyperbelsinus *m (Math)* гиперболи́ческий си́нус *m*, sinh
Hyperbeltangens *m (Math)* гиперболи́ческий та́нгенс *m*
hyperbolisch гиперболи́ческий
Hyperboloid *n (Math)* гиперболо́ид *m*
Hyperboloid... *(Math)* гиперболо́идный
hyperboloidisch *(Math)* гиперболо́идный
Hyperebene *f (Math)* гиперпло́скость *f*
hyperfein сверхто́нкий
Hyperfein... сверхто́нкий
Hyperfeinstruktur *f (Wkst)* сверхто́нкая структу́ра *f*
Hyperfläche *f (Math)* гиперпове́рхность *f*
Hyperfragment *n (Kern)* гиперядро́ *n*
hypergeometrisch гипергеометри́ческий
hyperkomplex гиперко́мплексный
Hyperon *n (Kern)* гиперо́н *m*
Hyperquantelung *f (Ph)* втори́чное квантова́ние *n*
Hyperraum *m (Math)* гиперпростра́нство *n*
Hyperschall *m (Ak)* гиперзву́к *m*
Hyperschall... гиперзвуково́й
Hyperschallflug *m* гиперзвуково́й полёт *m*
Hyperschallflugzeug *n* гиперзвуково́й самолёт *m*
Hyperschallgeschwindigkeit *f (Rak, Flg)* гиперзвукова́я ско́рость *f*
Hyperschallrakete *f* гиперзвукова́я раке́та *f*
Hyperschallströmung *f (Aero)* гиперзвуково́й пото́к *m*
Hypersonik... гиперзвуково́й
hypersonisch гиперзвуково́й
Hypoidgetriebe *n (Masch)* гипо́идная переда́ча *f*
hyposalpetrig *(Ch)* азотнова́тистый
Hypotenuse *f (Math)* гипотену́за *f*
Hypothese *f* гипо́теза *f*
hypothetisch гипотети́ческий
Hypozentrum *n (Geoph)* гипоце́нтр *m (Erdbeben)*
Hypozykloide *f (Math)* гипоцикло́ида *f*
Hypsometer *n s.* Höhenmesser
Hypsometrie *f s.* Höhenmessung
Hypsothermometer *n* гипсотермо́метр *m*
Hysterese *f (Ph, El, Gum)* гистере́зис *m*
hysteresefrei безгистере́зисный
hystereselos безгистере́зисный
Hystereseschleife *f (El)* пе́тля *f* гистере́зиса
Hystereseverluste *mpl (El)* поте́ри *fpl* на гистере́зис
Hysteresis *f (Ph, El, Gum)* гистере́зис *m*
Hz *s.* Hertz

I

I *s.* Iod
I-... *s.* Integral...
IC *m s. unter* Schaltkreis
ideal идеáльный
Ideal... идеáльный
Idealkristall *m* идеáльный кристáлл *m*
Identifier *m (Inf)* идентификáтор *m*
Identifikation *f (Rad, Inf)* опознавáние *n*
Identifizierer *m (Inf)* определи́тель *m*
Identifizierung *f* определéние *n*; *(Inf)* идентификáция *f*; *(Rad, Inf)* опознавáние *n*
Identifizierungsgerät *n* идентификáтор *m*
identisch 1. иденти́чный; 2. тóждественный
Identität *f* 1. иденти́чность *f*; 2. тóждество *n*
idiochromatisch *(Krist)* идиохромати́ческий
idiomorph *(Min)* идиомóрфный
Idiomorphismus *m (Min)* идиоморфи́зм *m*
Igelwalze *f (Text)* игóльчатый вáлик *m*
I-Glied *n (Reg)* интегри́рующее звенó *n*, интегри́рующий элемéнт *m*; астати́ческий элемéнт *m*
Ignitron *n (Eln)* игнитрóн *m*
Ignitronröhre *f (Eln)* игнитрóн *m*
IK *s.* Kerze/Internationale
Ikonoskop *n (TV)* иконоскóп *m*
Ikosaeder *n (Math, Krist)* икосáэдр *m*, двадцатигрáнник *m*
Ikositetraeder *n (Krist)* икоситетрáэдр *m*
I^2L *f s.* Injektionslogik/integrierte
I-leitend *(Halbl)* сóбственно-проводя́щий
I-Leitfähigkeit *f (Halbl)* сóбственная проводи́мость *f*
Ilmenit *m (Min)* ильмени́т *m*
ILS *n s.* Instrumentenlandesystem
Image-Ikonoskop *n (TV)* супериконоскóп *m*
Image-Orthikon *n (TV)* супортикóн *m*
imaginär мни́мый
Imaginärteil *m (Math)* мни́мая часть *f*
Immersion *f (Opt)* иммéрсия *f*
Immersions... *(Opt)* иммерсиóнный
Immittanz *f (El)* immи́танс *m (Scheinwiderstand + Scheinleitwert)*
Impedanz *f (El)* пóлное сопротивлéние *n*, кáжущееся сопротивлéние *n*, импедáнс *m*
~/akustische акусти́ческий импедáнс *m*
Impedanz... *(El)* импедáнсный
impermeabel непроницáемый
Impermeabilität *f* непроницáемость *f*
impfen *(Krist)* затрáвливать
Impfen *n* 1. *(Krist)* затрáвливание *n*; 2. *(Gieß)* модифици́рование *n (der Schmelze)*
Impfkristall *m (Krist)* затрáвочный кристáлл *m*, затрáвка *f*
Impfmittel *n (Gieß)* модификáтор *m*
Impfung *f* 1. *s.* Impfen; 2. заражéние *n (des Bodens)*
Implantation *f (Halbl)* имплантáция *f*
Implementierung *f (Inf)* реализáция *f*
Implikator *m* импликáтор *m*
implizit *(Math)* неявный
implosionsgeschützt *(Eln)* взрывозащищённый *(Bildröhren)*
implosionssicher *(Eln)* взрывобезопáсный *(Bildröhren)*
Implosionssicherheit *f (Eln)* взрывобезопáсность *f (Bildröhren)*
Import *m* ввоз *m*
importieren ввози́ть
imprägnieren пропи́тывать
~/mit Öl промáсливать
Imprägnieren *n* пропи́тывание *n*, пропи́тка *f*
imprägniert пропи́танный
Imprägnierung *f s.* Imprägnieren
Impressum *n (Typ)* выходны́е дáнные *pl*
Impuls *m* 1. *(Mech, El)* и́мпульс *m*; 2. *(Flg, Rak)* (реакти́вная) тя́га *f*, тя́га *f* ракéты *f*
~/spezifischer *(Rak)* удéльная тя́га *f*
~/strobierender *(El)* строб-и́мпульс *m*
Impuls... и́мпульсный
Impulsbeschleuniger *m (Kern)* и́мпульсный ускори́тель *m*
Impulsbreiten... *(El)* ширóтно-и́мпульсный
Impulsdach *n (El)* верши́на *f*
Impulsdehnung *f (El)* растяжéние *n* и́мпульса

Impulsentladung *f (El)* и́мпульсный разря́д *m*
Impulsflanke *f (El)* фронт *m* и́мпульса
Impulsformer *m* формирова́тель *m* и́мпульсов
Impulsformierung *f (El)* формирова́ние *n* и́мпульсов
impulsförmig и́мпульсный
Impulsfront *f (El)* фронт *m* и́мпульса
Impulsgeber *m* и́мпульсный да́тчик *m*
Impulsgenerator *m (El)* и́мпульсный генера́тор *m*
Impulshöhe *f (El)* высота́ *f* и́мпульса
Impulslaser *m* и́мпульсный ла́зер *m*
Impulslöten *n* и́мпульсная па́йка *f*
impulsmoduliert и́мпульсно-модули́рованный
Impulsmoment *n (Ph)* моме́нт *m* коли́чества движе́ния
Impuls-Pause-Verhältnis *n (El)* скважность *f* и́мпульсов
Impulspumpen *n* и́мпульсная нака́чка *f* *(Laser)*
Impulsradar(verfahren) *n* и́мпульсная радиолока́ция *f*
Impulsschweißen *n* и́мпульсная сва́рка *f*
Impulssteuerung *f* и́мпульсное управле́ние *n*
Impulsstrom *m (El)* и́мпульсный ток *m*
Impulssystem *n (El)* и́мпульсная систе́ма *f*
Impulstechnik *f* и́мпульсная те́хника *f*
Impulstransformator *m (El)* и́мпульсный трансформа́тор *m*
Impulstreiber *m* формирова́тель *m* и́мпульсов
Impulsverdichtung *f* сжа́тие *n* и́мпульсов
Impulsverhältnis *n (El)* скважность *f* и́мпульсов
Impulszähler *m (Kern)* счётчик *m* и́мпульсов
In *s.* Indium
inaktiv *(Ch)* неакти́вный; ине́ртный
Inaktivierung *f* инактива́ция *f*
Inbetriebnahme *f* пуск *m*; пуск *m* в ход [эксплуата́цию]; ввод *m* в де́йствие [эксплуата́цию]
Inbetriebsetzung *f s.* Inbetriebnahme
Inchromieren *n* диффузио́нное хроми́рование *n*
In-Circuit-Prüfung *f s.* In-Circuit-Test
In-Circuit-Test *m (Eln)* внутрисхе́мный контро́ль *m*, внутрисхе́мный тест *m*
In-Circuit-Tester *m (Eln)* внутрисхе́мный те́стер *m*
Indeterminiertheit *f (Ph)* неопределённость *f*
Index *m (Math)* знак *m*; и́ндекс *m*; показа́тель *m*
~/**oberer** ве́рхний [надстро́чный] и́ндекс *m*
~/**tiefgestellter [unterer]** ни́жний [подстро́чный] и́ндекс *m*
Indexloch *n (Inf)* и́ндексное отве́рстие *n*, и́ндексный марке́р *m (einer Diskette)*
indexsequentiell *(Inf)* и́ндексно-после́довательный
indifferent безразли́чный, индиффере́нтный
Indigo *m(n)* инди́го *n*
Indikator *m* индика́тор *m*, указа́тель *m*
~/**radioaktiver** *(Kern)* радиоакти́вный индика́тор *m*
Indikator... индика́торный, указа́тельный
Indikatordiagramm *n* индика́торная диагра́мма *f*
Indikatorisotop *n (Kern)* изото́пный индика́тор *m*
Indikatrix *f (Math, Krist, Opt)* индика́триса *f*
indirekt ко́свенный; посре́дственный
Indium *n (Ch)* и́ндий *m*, In
Induktion *f (El, Math)* инду́кция *f*; *(El)* наведе́ние *n*
~/**elektromagnetische** *(El)* электромагни́тная инду́кция *f*
~/**magnetische** *(El)* магни́тная инду́кция *f*
Induktions... индукцио́нный
Induktionsbeschleuniger *m (Kern)* индукцио́нный ускори́тель *m*
Induktionserwärmung *f* индукцио́нный нагре́в *m*
induktionsfrei *(El)* безындукцио́нный
Induktionsgerät *n* индукцио́нный прибо́р *m*
Induktionsheizung *f* индукцио́нный нагре́в *m*
induktionslos *(El)* безындукцио́нный

Induktionslöten *n* индукцио́нная па́йка *f*
Induktionsmotor *m (El)* индукцио́нный двигатель *m*
Induktionsofen *m* индукцио́нная (электро)пе́чь *f*
Induktionsregler *m* индукцио́нный регуля́тор *m*
Induktionsschweißen *n* индукцио́нная сва́рка *f*
Induktionsspule *f (El)* индукцио́нная кату́шка *f*
Induktionsstrom *m* индукцио́нный ток *m*
induktiv индукти́вный
Induktiv... индукти́вный
Induktivität *f s.* Induktivitätsspule
Induktivitätsmesser *m (El)* генриме́тр *m*
Induktivitätsspule *f (El)* кату́шка *f* индукти́вности, индукти́вность *f*
induktiv-kapazitiv индукти́вно-ёмкостный
Induktor *m (El)* кату́шка *f* индукцио́нного нагре́ва; инду́ктор *m*
Induktor... инду́кторный
Industrie *f* промы́шленность *f*
~/chemische хими́ческая промы́шленность *f*
~/erdölverarbeitende нефтеперераба́тывающая промы́шленность *f*
~/petrolchemische нефтехими́ческая промы́шленность *f*
Industrie... промы́шленный
Industrieabfälle *mpl* промы́шленные отхо́ды *mpl*
Industrieabgase *npl (Ökol)* промы́шленные вы́бросы *mpl*
Industrieabwasser *n (Ökol)* промы́шленные сто́чные во́ды *fpl*
Industrieanlage *f* промы́шленная устано́вка *f*
Industriebau *m* промы́шленное строи́тельство *n*
Industriebezirk *m* промы́шленный райо́н *m*
Industriediamant *m* промы́шленный [техни́ческий] алма́з *m*
Industrieerprobung *f* промы́шленное испыта́ние *n*
Industriefernsehen *n* промы́шленное телеви́дение *n*
Industriegebäude *n* промы́шленное зда́ние *n*
Industriegebiet *n* промы́шленный райо́н *m*
Industriekomplex *m* промы́шленный у́зел *m*
Industrielärm *m (Ökol)* промы́шленный шум *m*
industriell промы́шленный
Industrieroboter *m* промы́шленный ро́бот *m*, манипуля́тор *m (automatisch gesteuert)*
~/maschinenintegrierter интегри́рованный промы́шленный ро́бот *m*
Industrieviertel *n* промы́шленный райо́н *m*
Industriewaren *fpl* промы́шленные това́ры *mpl*
Industriewasserversorgung *f* промы́шленное водоснабже́ние *n*
Industriezentrum *n* промы́шленный центр *m*
induzieren индуци́ровать; *(El)* наводи́ть
inelastisch неупру́гий
inert *(Ch)* ине́ртный, неакти́вный
~/chemisch хими́чески ине́ртный
Inertgas *n* ине́ртный газ *m*
Inertial... инерциа́льный
inertialgelenkt *(Rak)* с инерциа́льным наведе́нием
Inertialsteuerung *f (Rak)* инерциа́льное управле́ние *n*
Infiltration *f* инфильтра́ция *f*
Infinitesimalrechnung *f* исчисле́ние *n* бесконе́чно ма́лых
Informatik *f* информа́тика *f*
~/neuronale нейроинформа́тика *f*
Information *f (Inf)* информа́ция *f*
~/alphanumerische бу́квенно-цифрова́я информа́ция *f*
~/binäre двои́чная информа́ция *f*
~/digitale цифрова́я информа́ция *f*
Informationsaufzeichnung *f* за́пись *f* информа́ции
Informationsauswahl *f (Inf)* вы́борка *f* информа́ции
Informationsbit *n (Inf)* информацио́нный бит *m*
Informationsdarstellung *f (Inf)* представле́ние *n* информа́ции
Informationsdichte *f (Inf)* пло́тность *f* информа́ции

Informationseingabe *f (Inf)* ввод *m* информáции
Informationseinheit *f (Inf)* единúца *f* информáции
~/binäre *(Inf)* двоичная единúца *f*, бит *m*
Informationselektronik *f* информациóнная электрóника *f*
Informationserfassung *f (Inf)* сбор *m* информáции
Informationsfluss *m (Inf)* потóк *m* информáции
Informationsgehalt *m (Inf)* колúчество *n* информáции
Informationsgewinnung *f (Inf)* получéние *n* информáции
Informationskanal *m* информациóнный канáл *m*
Informationsmenge *f (Inf)* колúчество *n* информáции
Informationsmesssystem *n* информациóнно-измерúтельная систéма *f*
Informationsrecherchesystem *n* информациóнно-поискóвая систéма *f*, ИПС *f*
Informationsspeicherung *f (Inf)* хранéние *n* информáция
Informationssprache *f (Inf)* информациóнный язык *m*
Informationssuche *f (Inf)* пóиск *m* информáции
Informationssucheinrichtung *f (Inf)* информациóнно-поискóвое устрóйство *n*
Informationssystem *n* информациóнная систéма *f*
~/automatisiertes автоматизúрованная информациóнная система *f*, АИС *f*
Informationstheorie *f* теóрия *f* информáции
Informationsträger *m (Inf)* носúтель *m* информáции
Informationsübertragung *f* передáча *f* информáции
Informations- und Suchsystem *n* информациóнно-поискóвая систéма *f*
informationsverarbeitend информациóнно-перерабáтывающий
Informationsverarbeitung *f* обрабóтка *f* информáции
Informationsverarbeitungs... информациóнно-перерабáтывающий
Informationsverarbeitungssystem *n* систéма *f* обрабóтки информáции
Informationsverdichtung *f* сжáтие *n* информáции
Informationsverluste *mpl* информациóнные потéри *fpl*
infrarot инфракрáсный, ИК-...
Infrarot... инфракрáсный, ИК-...
Infrarotbeheizung *f* инфракрáсный нагрéв *m*
Infrarotbereich *m (Opt)* инфракрáсный диапазóн *m*
Infrarotentfernungsmessung *f* инфракрáсная дальнометрúя *f*
Infraroterwärmung *f* инфракрáсный нагрéв *m*
Infrarotfilter *n* инфракрáсный светофúльтр *m*
Infrarotgrill *m* лучевóй электрогрúль *m*
Infrarotlaser *m* лáзер *m* инфракрáсного диапазóна
Infrarotlenkung *f (Rak)* инфракрáсное наведéние *n*
Infrarotmaser *m* ирáзер *m*
Infrarotmikroskop *n* инфракрáсный микроскóп *m*
Infrarotnachtsichtgerät *n* инфракрáсный прибóр *m* ночнóго видéния
Infrarotortung *f* инфракрáсное обнаружéние *n*, инфракрáсная локáция *f*
Infrarotortungsgerät *n* инфракрáсный локáтор *m*
Infrarotpeiler *m* инфракрáсный пеленгáтор *m*, теплопеленгáтор *m*
Infrarotpeilung *f* теплопеленгáция *f*
Infrarotphotographie *f* инфракрáсная фотогрáфия *f*
Infrarotquelle *f* истóчник *m* инфракрáсного излучéния
Infrarotsensor *m* инфракрáсный дáтчик *m*
Infrarotsichtgerät *n* инфракрáсный прибóр *m* ночнóго видéния
Infrarotspektrometer *n* инфракрáсный спектрóметр *m*
Infrarotspektroskopie *f* инфракрáсная спектроскопúя *f*
Infrarotspektrum *n* инфракрáсный спектр *m*
Infrarotstrahler *m* инфракрáсный излучáтель *m*

Infrarotstrahlung *f* инфракра́сное излуче́ние *n*, инфракра́сные лучи́ *mpl*
Infrarottechnik *f* инфракра́сная те́хника *f*
Infrarotteleskop *n* инфракра́сный телеско́п *m*
Infrarotthermographie *f* ИК-термогра́фия *f*
Infrarottrocknung *f* инфракра́сная су́шка *f*
Infrarot-Zielsuchlenkung *f (Rak)* инфракра́сное [теплово́е] самонаве́дение *n*
Infraschall *m (Ak)* инфразву́к *m*
Infraschall... инфразвуково́й
Infusion *f* влива́ние *n*
Infusorienerde *f (Geol)* кизельгу́р *m*
Ingangsetzen *n s.* Inbetriebnahme
Ingangsetzung *f s.* Inbetriebnahme
Ingenieur... инжене́рный
Ingenieurgeologie *f* инжене́рная геоло́гия *f*
ingenieurmäßig инжене́рный
ingenieurtechnisch инжене́рный
Ingredienz *f* ингредие́нт *m*
Ingression *f (Geol)* ингре́ссия *f*
Inhalt *m* 1. содержа́ние *n*; *(Inf)* содержи́мое *n*; 2. ёмкость *f*; 3. *(Math)* ме́ра *f*; 4. *(Math)* пло́щадь *f*, объём *m*
inhaltsadressierbar *(Inf)* ассоциати́вный *(Speicher)*
inhaltsgleich *(Math)* равнове́ликий
Inhaltsverzeichnis *n* содержа́ние *n*
Inhibition *f (Ch)* торможе́ние *n*, отрица́тельный катали́з *m*
Inhibitor *m (Ch)* ингиби́тор *m*, замедли́тель *m*; антикатализа́тор *m*; отрица́тельный катализа́тор *m*
inhomogen неодноро́дный
Inhomogenität *f* неодноро́дность *f*
Initialisierung *f (Inf)* инициализа́ция *f*
Initiierung *f (Ch)* иниции́рование *n* *(einer Reaktion)*
Injektion *f* инже́кция *f*; инъе́кция *f*
Injektionslaser *m* инжекцио́нный ла́зер *m*
Injektionslogik *f*/**integrierte** *(Inf)* интегра́льная инжекцио́нная ло́гика *f*
Injektor *m* инже́ктор *m*
injizieren инжекти́ровать; инъекти́ровать

Ink-Jet-Plotter *m* стру́йный графопострои́тель *m*
Ink-Jet-Technik *f* разбры́згивание *n* черни́л *(Drucker)*
Inklination *f (Astr)* наклоне́ние *n*
~/**magnetische** *(Astr)* магни́тное наклоне́ние *n*
Inklinometer *n (Bgb)* инклино́метр *m* *(für Bohrungen)*
Inklusion *f (Geol)* инклю́зия *f*
inklusiv *(Inf)* включа́ющий
Inkohlung *f (Geol)* углефика́ция *f*
inkommensurabel *(Math)* несоизмери́мый
Inkommensurabilität *f (Math)* несоизмери́мость *f*
inkompatibel несовмести́мый
inkompressibel несжима́емый
Inkrement *n (Math, Inf)* прираще́ние *n*, инкреме́нт *m*
Inkrement... *(Inf)* инкреме́нтный, по прираще́ниям
inkremental *s.* Inkrement...
Inkremental... *s.* Inkrement...
Inkubation *f* инкуба́ция *f*
Inkubator *m* инкуба́тор *m*
Innen... вну́тренний
Innendrehmeißel *m (Wkz)* расто́чный резе́ц *m*
Innendurchmesser *m* вну́тренний диа́метр *m*
Innenelektron *n (Kern)* вну́тренний электро́н *m*
Innenformsenken *n (Fert)* зенкова́ние *n*
Innengewinde *n (Masch)* вну́тренняя резьба́ *f*
Innenmessinstrument *n* нутроме́р *m*
Innenraum *m (Bw)* интерье́р *m*
Innenreede *f* вну́тренний рейд *m*
Innenrückspiegel *m (Kfz)* вну́треннее зе́ркало *n* за́днего ви́да
Innenrundschleifen *n (Fert)* вну́треннее (кру́глое) шлифова́ние *n*
Innenrundschleifmaschine *f (Wkzm)* внутришлифова́льный стано́к *m*
Innenrundsenken *n (Fert)* зенкерова́ние *n*
Innenrüttler *m (Bw)* вну́тренний [глуби́нный] вибра́тор *m*
Innentaster *m* нутроме́р *m*
Innenverzahnung *f (Fert)* вну́треннее зацепле́ние *n*

Innenwinkel *m (Math)* вну́тренний у́гол *m*
inneratomar внутриа́томный
innerbetrieblich внутризаводско́й
Innigkeit *f* пло́тность *f (z. B. von Kontakten)*
Input *m (Inf)* ввод *m (von Daten)*
Input-Output-Port *m (Inf)* порт *m* вво́да-вы́вода
Input-Output-Prozessor *m* проце́ссор *m* вво́да-вы́вода
Input-Station *f (Inf)* устро́йство *n* вво́да (да́нных)
Insektenvertilgungsmittel *n* инсектици́д *m*
Insektizid *n* инсектици́д *m*
Insel *f* о́стров *m*
Insolation *f (Meteo)* инсоля́ция *f*
Inspektion *f (Kfz)* осмо́тр *m*; надзо́р *m*
instabil неусто́йчивый, нестаби́льный
Instabilität *f* неусто́йчивость *f*, нестаби́льность *f*
in statu nascendi *(Ch)* в моме́нт образова́ния
Installation *f* устано́вка *f*; *(Inf)* инсталля́ция *f*
Installationskeramik *f* устано́вочная кера́мика *f*
Installationsleitung *f* устано́вочный про́вод *m*
Installationsprogramm *n (Inf)* програ́мма *f* инсталля́ции
installieren устана́вливать *(Anlagen)*; обору́довать *(Geräte)*; прокла́дывать *(Kabel, Rohrleitungen)*
Instandhaltung *f* обслу́живание *n*; (техни́ческое) содержа́ние *n (z. B. von Maschinen, Anlagen, Fahrzeugen)*
~/**laufende** теку́щее обслу́живание *n*
Instandhaltungsreparatur *f* теку́щий ремо́нт *m*
instandsetzen ремонти́ровать
Instandsetzung *f* ремо́нт *m*
~/**planmäßig vorbeugende** пла́ново-предупреди́тельный ремо́нт *m*
Instandsetzungs... ремо́нтный
Instandsetzungsarbeiten *fpl* ремо́нтные рабо́ты *fpl*
Institut *n* институ́т *m*
Instruktion *f* инстру́кция *f*
Instrument *n* инструме́нт *m*; прибо́р *m*
Instrumentenaufnahme *f (Geod)* инструмента́льная съёмка *f*
Instrumentenbrett *n* прибо́рная доска́ *f*, щито́к *m* набо́ров, прибо́рный щит *m*
Instrumentenflug *m* полёт *m* по прибо́рам
Instrumentengeschwindigkeit *f (Flg)* ско́рость *f* по прибо́рам, прибо́рная ско́рость *f*
Instrumentenlandesystem *n (Flg)* систе́ма *f* поса́дки по прибо́рам
Instrumentenlandung *f (Flg)* поса́дка *f* по прибо́рам
Instrumententafel *f s.* Instrumentenbrett
intakt испра́вный
integral интегра́льный; астати́ческий
Integral *n (Math)* интегра́л *m*
~/**bestimmtes** определённый интегра́л *m*
~/**dreifaches** тройно́й интегра́л *m*
~/**unbestimmtes** неопределённый интегра́л *m*
~/**uneigentliches** несо́бственный интегра́л *m*
Integral... интегра́льный; астати́ческий
Integralgleichung *f (Math)* интегра́льное уравне́ние *n*
Integralphotometer *n* интегри́рующий фото́метр *m*
Integralrechnung *f (Math)* интегра́льное исчисле́ние *n*
Integralregelung *f (Reg)* интегра́льное регули́рование *n*
Integralregler *m (Reg)* интегра́льный регуля́тор *m*
Integralsteuerung *f (Reg)* интегра́льное управле́ние *n*
Integralzeichen *n (Math)* знак *m* интегра́ла
Integrand *m (Math)* подынтегра́льная фу́нкция *f*, подынтегра́льное выраже́ние *n*
Integration *n (Math)* интегри́рование *n*
~/**numerische** чи́сленное интегри́рование *n*
~/**partielle** интегри́рование *n* по частя́м
Integrations... интегри́рующий
Integrationsglied *n (Reg)* интегри́рующий элеме́нт *m*

Integrationsgrad *m (Eln)* сте́пень *f* интегра́ции
~/**höchster** сверхвысо́кая сте́пень *f* интегра́ции
~/**hoher** высо́кая сте́пень *f* интегра́ции
~/**kleiner** ма́лая сте́пень *f* интегра́ции
~/**mittlerer** сре́дняя сте́пень *f* интегра́ции
Integrationsstufe *f (Eln)* сте́пень *f* интегра́ции
Integrator *m (Inf)* интегра́тор *m*, интегри́рующее устро́йство *n*, интегри́рующий прибо́р *m*
Integrier... интегри́рующий
Integrieranlage *f* интегри́рующее устро́йство *n*
integrierbar *(Math)* интегри́руемый
Integrierbarkeit *f (Math)* интегри́руемость *f*
integrieren *(Math)* интегри́ровать
Integrieren *n (Math)* интегри́рование *n*
integrierend интегри́рующий
Integrierer *m (Inf)* интегра́тор *m*
Integriergerät *n (Inf)* интегра́тор *m*
Integrierglied *n (Eln, Reg)* интегри́рующее звено́ *n*, интегра́тор *m*
Integrierschaltung *f (Eln)* интегри́рующая схе́ма *f*
integriert интегра́льный; интегри́рованный
Intelligenz *f (Kyb)* интелле́кт *m*
~/**künstliche** иску́сственный интелле́кт *m*
Intensität *f* 1. интенси́вность *f*; 2. *(Ph)* напряжённость *f*; 3. *(El, Fest)* напряже́ние *n*
~ **des Magnetfeldes** *(Ph)* напряжённость *f* магни́тного по́ля
Intensitätsskala *f* шкала́ *f* интенси́вности землетрясе́ний
interaktiv интеракти́вный
interatomar межа́томный
interelektronisch межэлектро́нный
Interface *n (Inf)* интерфе́йс *m*, сопряже́ние *n*
~/**benutzerfreundliches** дру́жественный интерфе́йс *m*
Interfaceadapter *m (Inf)* ада́птер *m* интерфе́йса
Interfaceeinheit *f (Inf)* устро́йство *n* сопряже́ния
Interfacekarte *f (Inf)* интерфе́йсная пла́та *f*
Interfacelogik *f* интерфе́йсная ло́гика *f*
Interferenz *f (Ph, Opt, El)* интерфере́нция *f*
Interferenz... интерференцио́нный
Interferenzbild *n (Opt)* интерференцио́нная карти́на *f*
Interferenzfiguren *fpl (Krist, Opt)* интерференцио́нные фигу́ры *fpl*
Interferenz(licht)filter *n* интерференцио́нный светофи́льтр *m*
Interferenzmikroskop *n* интерференцио́нный микроско́п *m*
Interferogramm *n (Opt)* интерферогра́мма *f*
Interferometer *n (Opt, Astr, Rad)* интерферо́метр *m*; *(Astr)* радиоинтерферо́метр *m*
Interferometrie *f (Opt)* интерферометри́я *f*
intergalaktisch межгалакти́ческий
interkontinental межконтинента́льный
Interkontinentalrakete *f* межконтинента́льная [трансокеа́нская] раке́та *f*
interkristallin внутрикристалли́ческий, интеркристалли́ческий, межкристалли́ческий
intermetallisch внутриметалли́ческий
intermittierend преры́вистый
intermolekular межмолекуля́рный
intern *(Inf)* вну́тренний
Internbus *m (Inf)* вну́тренняя ши́на *f*
Internspeicher *m* вну́тренняя па́мять *f*, вну́треннее запомина́ющее устро́йство *n*, вну́треннее ЗУ *n*
interplanetar межплане́тный
Interpolation *f (Math)* интерполя́ция *f*
Interpolator *m* интерполя́тор *m*
interpolieren *(Math)* интерполи́ровать
Interpolieren *n (Math)* интерполя́ция *f*
Interpreter *m (Inf)* интерпрета́тор *m*, интерпрети́рующая програ́мма *f*
Interpretierprogramm *n s.* Interpreter
Interrupt *m (Inf)* прерыва́ние *n*
Interruptanforderung *f (Inf)* запро́с *m* на прерыва́ние
Interruptbefehl *m (Inf)* кома́нда *f* прерыва́ния

Interruptbehandlung *f (Inf)* обрабо́тка *f* прерыва́ния, обслу́живание *n* прерыва́ния
Interruptbetrieb *m (Inf)* режи́м *m* прерыва́ний
Interruptflag *n (Inf)* флаг *m* разреше́ния прерыва́ния
Interruptmaske *f (Inf)* ма́ска *f* прерыва́ний
Interruptmodus *m (Inf)* режи́м *m* прерыва́ний
Interruptpriorität *f (Inf)* приорите́т *m* прерыва́ния
Interruptprogramm *n (Inf)* прерыва́ющая програ́мма *f*
Interruptrequest *m (Inf)* запро́с *m* на прерыва́ние
Interruptsignal *n (Inf)* сигна́л *m* (запро́са) прерыва́ния
Interruptsteuerung *f (Inf)* управле́ние *n* прерыва́нием
interstellar межзвёздный
Intervall *n* интерва́л *m*
Intervision *f* интерви́дение *f*
intramolekular внутримолекуля́рный, интрамолекуля́рный
Intrinsic-Halbleiter *m* со́бственный [беспри́месный] полупроводни́к *m*
Intrinsic-Leitfähigkeit *f (Halbl)* со́бственная проводи́мость *f*, со́бственная электропрово́дность *f*
Intrinsic-Leitung *f s.* Intrinsic-Leitfähigkeit
Intrittfallen *n* вхожде́ние *n* в синхрони́зм
Introskop *n* интроско́п *m*
Introskopie *f* интроскопи́я *f*
Intrusion *f (Geol)* интру́зия *f*, внедре́ние *n*
intrusiv *(Geol)* интрузи́вный
Intrusiv... *(Geol)* интрузи́вный
Intrusivkörper *m (Geol)* интрузи́в *m*, интрузи́вное те́ло *n*
Invar *n* инва́р *m (Nickel-Eisen-Legierung)*
invariant инвариа́нтный
Invariante *f (Math)* инвариа́нт *m*
Invarianz *f* инвариа́нтность *f*
invers инве́рсный, обра́тный
Inversion *f* инве́рсия *f*; *(Meteo)* инве́рсия *f* температу́ры
Inversions... инве́рсный
Inverter *m (Inf)* инве́ртор *m*
invertieren инверти́ровать
invertiert инверти́рованный
Invertierung *f* инверти́рование *n*, обраще́ние *n*
Investitionen *fpl* капита́льные вложе́ния *npl*, капиталовложе́ния *npl*
Investitionsarbeiten *fpl* капита́льные рабо́ты *fpl*
Investitionsbau *m* капита́льное строи́тельство *n*, капита́льные рабо́ты *fpl*
investitionsintensiv капиталоёмкий
Involute *f (Math)* инволю́та *f*
Involution *f (Math)* инволю́ция *f*
inzident *(Math)* инциде́нтный
Inzidenz *f (Math)* инциде́нтность *f*
Io *s.* Ionium
Iod *n (Ch)* ио́д *m*, I
Iod... ио́дный
iodhaltig *(Ch)* ио́дистый
Iodieren *n (Ch)* иоди́рование *n*
Iodierung *f (Ch)* иоди́рование *n*
Iodometrie *f (Ch)* иодоме́трия *f*
iodsauer *(Ch)* иодноватоки́слый
Iodzahl *f (Ch)* ио́дное число́ *n*
Ion *n (Ph, Ch)* ио́н *m*
~/negatives отрица́тельный ио́н *m*
~/positives положи́тельный ио́н *m*
Ionen... ио́нный
Ionenassoziation *f (Ch)* ио́нная ассоциа́ция *f*
Ionenaustausch *m* ионообме́н *m*, ио́нный обме́н *m*
Ionenaustauschadsorption *f* ионообме́нная адсо́рбция *f*
Ionenaustauschchromatographie *f (Ch)* ионообме́нная хроматогра́фия *f*
Ionenaustauscher *m* иони́т *m*, ионообме́нник *m*
Ionenaustausch(er)harz *n (Kst)* ионообме́нная смола́ *f*
Ionenaustauschsäule *f (Ch)* ионообме́нная коло́нна *f*
Ionenbeschuss *m* ио́нная бомбардиро́вка *f*
Ionenbindung *f (Ch)* ио́нная [поля́рная] связь *f*
Ionenbrennfleck *m (Eln)* ио́нное пятно́ *n*
Ionenemission *f* ио́нная эми́ссия *f*
Ionenfalle *f (Ph)* ио́нная лову́шка *f*
Ionenfleck *m (Eln)* ио́нное пятно́ *n*

Ionengerät *n* газоразря́дный прибо́р *m*
Ionengetterpumpe *f* сорбцио́нно-ио́нный насо́с *m*, ге́ттерно-ио́нный насо́с *m (Hochvakuumpumpe)*
Ionengleichrichter *m (El)* ио́нный выпрями́тель *m*, ио́нный ве́нтиль *m*
Ionenimplantation *f (Halbl)* ио́нная импланта́ция *f*
ionenimplantiert *(Halbl)* ио́нно-имплантацио́нный
Ionenkonzentration *f (Ph, Ch)* ио́нная концентра́ция *f*
Ionenlawine *f (Ph)* ио́нная лави́на *f*
Ionenleitfähigkeit *f* ио́нная электропрово́дность *f*
Ionenmikroskop *n* ио́нный микроско́п *m*
ionenoptisch ио́нно-опти́ческий
Ionenpumpe *f* ио́нный насо́с *m*
Ionenquelle *f (Kern)* ио́нный исто́чник *m*
Ionenrakete *f* ио́нная раке́та *f*
Ionenstrahl *m (Kern)* ио́нный пучо́к *m*
Ionenstrahl... ио́нно-лучево́й
Ionenstrahlätzen *n (Eln)* ио́нно-лучево́е травле́ние *n*
Ionenstrahllithographie *f* ио́нно-лучева́я литогра́фия *f*
Ionenstrahltriebwerk *n (Rak)* ио́нный дви́гатель *m*
Ionenstrom *m* ио́нный ток *m*
Ionentriebwerk *n (Rak)* ио́нный дви́гатель *m*
Ionenvalenz *f (Ch)* ио́нная вале́нтность *f*
Ionenventil *n (El)* ио́нный ве́нтиль *m*
Ionenwertigkeit *f (Ch, Ph)* ио́нная вале́нтность *f*, электровале́нтность *f*
Ionisation *f* иониза́ция *f*
~/thermische *f* терми́ческая иониза́ция *f*, термоиониза́ция *f*
Ionisations... ионизацио́нный
Ionisationsfähigkeit *f (Ph)* ионизацио́нная спосо́бность *f*
Ionisations(mess)kammer *f (Kern)* ионизацио́нная ка́мера *f*
Ionisationspotential *n (Kern)* ионизацио́нный потенциа́л *m*
Ionisationsvakuummeter *n* ионизацио́нный вакуумме́тр *m*
Ionisationsvermögen *n (Ph)* ионизацио́нная спосо́бность *f*
ionisieren ионизи́ровать
ionisiert ионизи́рованный
Ionisierung *f s.* Ionisation
Ionisierungs... ионизацио́нный
Ionium *n (Ch)* ио́ний *m*, Io
ionogen ионоге́нный
Ionogramm *n (Ph)* ионогра́мма *f*
Ionophon *n* ионофо́н *m*
Ionosphäre *f* ионосфе́ра *f*
Ionosphärensturm *m* ионосфе́рная бу́ря *f*
Ionosphärenwind *m* ионосфе́рный ве́тер *m*
I/O-Port *m (Inf)* порт *m* вво́да-вы́вода
I/O-Prozessor *m (Inf)* проце́ссор *m* вво́да-вы́вода
I-Profil *n* двутавро́вый про́филь *m*, двута́вр *m*
IR *m s.* Industrieroboter
IR-... *s.* Infrarot...
Ir *s.* Iridium
Iraser *m* ира́зер *m*, ла́зер *m* инфракра́сного диапазо́на
I-Regelung *f* интегра́льное регули́рование *n*
I-Regler *m* интегра́льный регуля́тор *m*
Iridium *n (Ch)* ири́дий *m*, Ir
Iris *f (Opt)* и́рисовая диафра́гма *f*
Irisblende *f (Opt)* и́рисовая диафра́гма *f*
irisieren ирizи́ровать
Irisieren *n* ириза́ция *f*
Irradiation *f (Opt)* иррадиа́ция *f*
irrational *(Math)* иррациона́льный
Irrationalität *f (Math)* иррациона́льность *f*
irrelevant нерелева́нтный
irreversibel необрати́мый
Irreversibilität *f* необрати́мость *f*
IS *m s. unter* Schaltkreis
Isallobare *f (Meteo)* изаллоба́ра *f*
Isallotherme *f (Meteo)* изаллоте́рма *f*
Isametrale *f (Meteo)* изаметра́ла *f*
Isanemone *f (Meteo)* изанемо́на *f*
Isanomale *f (Meteo)* изанома́ла *f*
ISDN(-Netz) *n* цифрова́я сеть *f* с интегра́цией служб, ЦСИС *f*
Isenerge *f (Therm)* изоэне́рга *f (Linie gleicher innerer Energie)*
Isenthalpe *f (Therm)* изоэнта́льпа *f*
isobar изоба́рный
Isobar *n (Kern)* (я́дерный) изоба́р *m*

Isobare *f* изобáра *f*
Isobarenspin *m (Ph)* изотопи́ческий [изобари́ческий] спин *m*, изоспин *m*
isobarisch изобари́ческий
Isobathe *f* изобáта *f (Linie gleicher Wassertiefen)*
Isobathenkarte *f* батиметри́ческая кáрта *f*
Isobutyl... *(Ch)* изобути́ловый
Isochore *f (Therm)* изохóра *f (Linie konstanten Volumens)*
isochrom изохромати́ческий
isochromatisch изохромати́ческий
isochron изохрóнный
Isochrone *f (Astr, Geoph)* изохрóна *f (Linie gleicher Zeiten)*
Isochronismus *m* изохрони́зм *m*
Isodose *f (Kern)* изодóза *f*
isodrom *(Reg)* изодрóмный
Isodrom... *(Reg)* изодрóмный
Isodromglied *n (Reg)* изодрóмный элемéнт *m*, изодрóм *m*
Isodromregelung *f* изодрóмное регули́рование *n*
Isodromregler *m* изодрóмный регуля́тор *m*
isoedrisch изоэдри́ческий
isoelektrisch изоэлектри́ческий
Isofläche *f* изоповéрхность *f*
isogonal изогонáльный
Isogradient *m* изоградиéнт *m*
Isohaline *f* изогали́на *f (Linie gleichen Salzgehalts)*
Isohyete *f* изогиéта *f (Linie gleicher Niederschlagshöhe)*
Isohypse *f (Geod)* изоги́пса *f*
Isoklinalfalte *f (Geol)* изоклинáльная склáдка *f*
Isolation *f* изоли́рование *n*, изоля́ция *f*
~/elektrische электроизоля́ция *f*
Isolations... изоляциóнный
Isolationsdurchschlag *m (El)* пробóй *m* изоля́ции
Isolationsschicht *f* изоляциóнный слой *m*
Isolator *m (El)* изоля́тор *m*
Isolator(en)kette *f (El)* цепóчка [гирля́нда] *f* изоля́торов
Isolier... изоляциóнный
Isolierband *n (El)* изоляциóнная лéнта *f*, изолéнта *f*
Isolierbuchse *f* изоляциóнная втýлка *f*
Isoliercontainer *m* изотерми́ческий контéйнер *m*
isolieren изоли́ровать
Isolieren *n* изоли́рование *n*, изоля́ция *f*
Isolierhülse *f* изоляциóнная втýлка *f*
Isoliermasse *f (El)* изоляциóнная мáсса *f*
Isoliermaterial *n (El)* изоляциóнный материáл *m*
Isolierschicht *f* изоляциóнный слой *m*
Isolierstoff *m (El)* изоляциóнный материáл *m*
isoliert изоли́рованный
Isolierung *f* изоли́рование *n*, изоля́ция *f*
Isolinie *f* изоли́ния *f*
isomer изомéрный
Isomer *n (Ch)* изомéр *m*
Isomerie *f (Ch)* изомери́я *f*
~ des Atomkerns я́дерная изомери́я *f*
~/optische опти́ческая изомери́я *f*
Isomerisation *f (Ch)* изомеризáция *f*
Isomerisierung *f (Ch)* изомеризáция *f*
Isometrie *f (Math)* изометри́я *f*
isometrisch изометри́ческий
isomorph *(Krist)* изомóрфный
Isomorphie *f (Krist)* изоморфи́зм *m*
Isomorphismus *m (Krist)* изоморфи́зм *m*
Isophote *f* изофóта *f (Linie gleicher Helligkeit)*
isoplanar изопланáрный
Isoplethe *f* изоплéта *f (Linie gleicher Werte)*
Isoprenkautschuk *m* изопрéновый каучýк *m*
Isopykne *f* изопи́кна *f (Linie konstanten Volumens)*
Isorithme *f* изоли́ния *f*
Isospin *m s.* Isobarenspin
Isotache *f (Meteo, Hydt)* изотáха *f*
isotherm изотерми́ческий
Isotherme *f* изотéрма *f (Linie gleicher Temperaturwerte)*
isotop изотóпный
Isotop *n (Kern)* изотóп *m*
~/instabiles нестаби́льный изотóп *m*
~/radioaktives *(Kern)* радиоакти́вный изотóп *m*, радиоизотóп *m*
~/stabiles стаби́льный изотóп *m*
Isotopen... изотóпный

Isotopenbatterie *f* я́дерная батаре́я *f*
Isotopentrennung *f (Kern)* разделе́ние *n* изото́пов
Isotopie *f (Kern, Math)* изотопи́я *f*
isotrop изотро́пный
Isotropstrahler *m (Ak)* изотро́пный [сфери́ческий] излуча́тель *m*
Isotropie *f (Ph)* изотропи́я *f*
I-Stahl *m s.* I-Träger
Istgröße *f* действи́тельная величина́ *f*
Istleistung *f* действи́тельная [факти́ческая] мо́щность [производи́тельность] *f*
Istmaß *n* действи́тельный [факти́ческий] разме́р *m*
Istwert *m* действи́тельное значе́ние *n*, действи́тельная величина́ *f*
Iteration *f (Math, Inf)* итера́ция *f*
Iterations... итерацио́нный
Iterationsprozess *m (Inf)* итерацио́нный проце́сс *m*
Iterationsschritt *m (Inf)* шаг *m* итера́ции
iterativ итерати́вный
Iterativ... итерати́вный
I-Träger *m* двута́вр *m*, двутавро́вая ба́лка *f*

J

J *s.* Joule
Jacquardmaschine *f (Text)* жакка́рдовая маши́на *f*
Jade *m (Min)* жад *m*, нефри́т *m*
Jagdflugzeug *n* истреби́тель *m*
Jagdgewehr *n* охо́тничья винто́вка *f*, охо́тничье ружьё *n*
Jahr *n* год *m*
~/galaktisches галакти́ческий год *m* *(Umlaufzeit der Sonne um den Mittelpunkt der Galaxis, entspricht etwa 230 Millionen Jahren)*
Jahresdurchschnitt/im среднегодово́й
Jahresdurchschnitts... среднегодово́й
jährlich годи́чный
Jalousie *f* жалюзи́ *n*
Jansky *(Astr)* я́нский *m (SI-fremde, jedoch gültige Einheit der spektralen Energieflussdichte)*
Jaspis *m (Geol)* я́шма *f*
Jigger *m (Text)* джи́ггер *m (Färbemaschine)*
Job *m (Inf)* зада́ние *n*
Job-Bibliothek *f (Inf)* библиоте́ка *f* зада́ний
Jobeingabe *f (Inf)* ввод *m* зада́ний
jobintern *(Inf)* внутризада́чный
Jobnachweis *m (Inf)* журна́л *m* зада́ний
Job-Organisation *f (Inf)* организа́ция *f* зада́ний
joborientiert *(Inf)* пробле́мно-ориенти́рованный *(Programm)*
Jobpriorität *f (Inf)* приорите́т *m* зада́ния
Job-Scheduler *m (Inf)* планиро́вщик *m* зада́ний [зада́ч]
Jobschritt *m (Inf)* шаг *m* зада́ния
Jobsteuerung *f (Inf)* управле́ние *n* зада́ниями
Jobverarbeitung *f (Inf)* обрабо́тка *f* зада́ния
Jobverwaltung *f (Inf)* управле́ние *n* зада́ниями
Jobwarteschlange *f* о́чередь *f* зада́ний
Joch *n* 1. *(El)* ярмо́ *n*; 2. *(Bgb)* брус *m*
Joule *n* джо́уль *m*, Дж *(Einheit für Arbeit, Energie und Wärmemenge)*
Joystick *m (Inf)* джо́йстик *m*, координа́тная ру́чка *f*
Jungsteinzeit *f (Geol)* неоли́т *m*
Jura *n (Geol)* ю́ра *f*
Justieren *n* юстиро́вка *f*; вы́верка *f*; регули́рование *n*; регулиро́вка *f*; установка *f (z. B. von Messgeräten)*
Justierschraube *f* устано́вочный винт *m*
justiert *(Mess)* калибро́ванный
Justierung *f s.* Justieren
Jute *f* джут *m*
Jute... джу́товый
Jy *s.* Jansky

K

K *s.* Kalium
k *s.* 1. Karat; 2. Kilo...; 3. Kerma
°K *s.* Kelvin
kA *s.* Kiloampere
Kabel *n (El, Nrt)* ка́бель *m*
~/abgeschirmtes экрани́рованный ка́бель *m*

~/**armiertes** брониро́ванный ка́бель *m*
~/**bespultes** пупинизи́рованный ка́бель *m*
~/**bewehrtes** брониро́ванный ка́бель *m*
~/**biegsames** ги́бкий ка́бель *m*
~/**blankes** го́лый ка́бель *m*
~/**einadriges** одножи́льный ка́бель *m*
~/**faseroptisches** волоко́нно-опти́ческий ка́бель *m*
~/**flexibles** ги́бкий ка́бель *m*
~/**koaxiales** коаксиа́льный ка́бель *m*
~/**mehradriges** многожи́льный ка́бель *m*
~/**optisches** опти́ческий ка́бель *m*
~/**pupinisiertes** пупинизи́рованный ка́бель *m*
Kabel... ка́бельный
Kabelader *f (El)* жи́ла *f* ка́беля
Kabelanlage *f (Nrt)* канализа́ция *f*
Kabelfernsehen *n* ка́бельное телеви́дение *n*, КТ *n*, КТВ *n*
Kabelführung *f* кабелепрово́д *m*
Kabelgraben *m (El)* ка́бельная транше́я *f*
Kabelkanal *m (El, Nrt)* ка́бельный кана́л *m*, кабелепрово́д *m*
Kabelkran *m* ка́бельный кран *m*, ка́бель-кран *m*
Kabellänge *f (Schiff)* ка́бельтов *m* *(= 0,1 Seemeile oder 185,2 m)*
Kabellegemaschine *f* кабелеукла́дчик *m*
Kabelleger *m s.* Kabellegerschiff
Kabellegerschiff *n* ка́бельное су́дно *n*
Kabelmast *m (Rak)* ка́бельная ма́чта *f*
Kabelmuffe *f* ка́бельная му́фта *f*
Kabelnetz *n (El)* ка́бельная сеть *f*
Kabelöl *n* ка́бельное ма́сло *n*
Kabelschacht *m* (ка́бельный) коло́дец *m*
Kabelschelle *f (El)* хому́т *m*
Kabelschiff *n s.* Kabellegerschiff
Kabelschleife *f (El)* ка́бельный шлейф *m*
Kabelschuh *m (El)* (ка́бельный) башма́к *m*, ка́бельный наконе́чник *m*
Kabelseele *f (El)* ка́бельный серде́чник *m*
Kabelstrecker *m (El)* ка́бельный разъём *m*
Kabelsuchgerät *n* кабелеиска́тель *m*
Kabeltrommel *f (El)* ка́бельный бараба́н *m*
Kabelturm *m (Rak)* ка́бельная ма́чта *f*
Kabelverbindung *f* ка́бельное соедине́ние *n*
Kabelverseilmaschine *f (El)* крути́льная маши́на *f*
Kabelziehstrumpf *m (El)* ка́бельный чуло́к *m*
Kabine *f* 1. каби́на *f*; 2. *(Schiff)* каю́та *f*; 3. ваго́н *m (der Seilbahn)*
Kachel *f* изразе́ц *m*, ка́фель *m*
kadmieren *(Met)* кадми́ровать
Kadmieren *n (Met)* кадми́рование *n*
kadmiert кадми́рованный
Käfig *m* 1. *(Masch)* сепара́тор *m (des Wälzlagers)*; 2. *(Kfz)* ка́ртер *m*; 3. *(El)* бе́личья [короткоза́мкнутая] кле́тка *f*
~/**faradayscher** *(El)* кле́тка *f* Фараде́я
Kahn *m* чело́к *m*; ба́ржа *f*; бот *m*
Kai *m* на́бережная *f*
Kainit *m (Min)* каини́т *m (Kalisalz)*
Kajüte *f (Schiff)* каю́та *f*
Kalander *m* кала́ндр *m*
Kalandern *n s.* Kalandrieren
Kalanderwalze *f* кала́ндровый вал *m*
Kalandrieren *n* каландри́рование *n*, каландрова́ние *n*, троще́ние *n*
Kalbsleder *n* теля́чья ко́жа *f*
kalfatern конопа́тить
Kalfaterung *f* конопа́чение *n*
Kali... ка́лиевый; кали́йный
Kaliber *n* 1. *(Wlz)* кали́бр *m*; 2. *(Mil)* кали́бр *m (von Schusswaffen)*
Kaliberanordnung *f (Wlz)* калибро́вка *f*
Kalibereinschnitt *m (Wlz)* руче́й *m (einer Walze)*
Kaliberfolge *f (Wlz)* калибро́вка *f*
Kalibermesser *m s.* Kalibermessinstrument
Kalibermessinstrument *n (Bgb)* каверноме́р *m*, профило́граф *m*
Kalibermessung *f (Bgb)* каверноме́трия *f*
Kalibrator *m (Mess)* калибра́тор *m*
kalibrieren 1. калибровать; 2. *(Schm)* чека́нить
Kalibrieren *n* 1. *(Mess, Wlz)* калиброва́ние *n*, калибро́вка *f*; 2. *(Schm)* чека́нка *f*
Kalibriergenerator *m (El)* калибра́тор *m*

Kalibrierinstrument *n (Mess)* калибра́тор *m*
Kalibrierpresse *f (Schm)* чека́ночный пресс *m*
kalibriert *(Mess, Wlz)* калибро́ванный
Kalibrierung *f (Mess)* калибро́вка *f*
Kalibrierwalzwerk *n* калибро́вочный (прока́тный) стан *m*
Kalidünger *m* кали́йное удобре́ние *n*
Kalium *n (Ch)* ка́лий *m*, K
Kalium... ка́лиевый; кали́йный
Kalk *m (Min)* и́звесть *f*
~/**gelöschter** гашёная и́звесть *f*
~/**ungelöschter** жжёная и́звесть *f*
Kalk... *(Geol)* известко́вый
Kalkbeton *m* известко́вый бето́н *m*
Kalkbrei *m (Bw)* известко́вое те́сто *n*
Kalkbrennofen *m* известеобжига́тельная печь *f*
Kalkdünger *m (Lw)* известко́вое удобре́ние *n*
Kalkdüngung *f (Lw)* известкова́ние *n*
Kalken *n* 1. *(Bw)* известкова́ние *n*; 2. *s.* Kalkdüngung
kalkhaltig *(Geol)* известко́вый
Kalklöschanlage *f (Bw)* известегаси́лка *f*
Kalklöschen *n (Bw)* гаше́ние *n* и́звести
Kalklöscher *m (Bw)* известегаси́лка *f*
Kalkmilch *f (Bw)* известко́вое молоко́ *n*
Kalkmischanlage *f (Bw)* известемеша́лка *f*
Kalkmischer *m (Bw)* известемеша́лка *f*
Kalkofen *m* известеобжига́тельная печь *f*
Kalkputz *m (Bw)* известко́вая штукату́рка *f*
Kalksandstein *m* силика́тный кирпи́ч *m*
Kalksandziegel *m* силика́тный кирпи́ч *m*
Kalkspat *m (Min)* известко́вый шпат *m*
Kalkstaub *m* и́звесть-пушо́нка *f*
Kalkstein *m (Geol)* известня́к *m*
Kalktuff *m (Geol)* известко́вый туф *m*
Kalkulation *f* расчёт *m*
Kallait *m (Min)* бирюза́ *f*
Kalorie *f* кало́рия *f*, кал *(SI-fremde Einheit der Wärmemenge und Energie)*
Kalorimeter *n (Mess)* калори́метр *m*
~/**adiabatisches** адиабати́ческий калори́метр *m*
~/**isothermes** изотерми́ческий калори́метр *m*
Kalorimetrie *f (Mess)* калориме́трия *f*
kalorimetrisch калориметри́ческий
Kalotte *f (Wkst)* лу́нка *f (Brinellhärteprüfung)*
kalt холо́дный
Kalt... холо́дный
Kaltaushärtung *f (Härt)* есте́ственное старе́ние *n*
kaltbrüchig *(Met)* хладноло́мкий *(Stahl)*
Kaltbrüchigkeit *f (Met)* хладноло́мкость *f (von Stahl)*
Kälte... холоди́льный
Kälteaggregat *n* холоди́льный агрега́т *m*
Kälteanlage *f* холоди́льная устано́вка *f*
kältebeständig холодосто́йкий, холодоусто́йчивый, хладосто́йкий; морозосто́йкий
Kältebeständigkeit *f* холодосто́йкость *f*, холодоусто́йчивость *f*, хладосто́йкость *f*, морозосто́йкость *f*
kältefest *s.* kältebeständig
Kältefestigkeit *f s.* Kältebeständigkeit
Kälteleistung *f* холодопроизводи́тельность *f*
Kältemaschine *f* холоди́льная маши́на *f*
Kältemaschinensatz *m* холоди́льный агрега́т *m*
Kältemedium *n s.* Kältemittel
Kältemischung *f* охлажда́ющая [холоди́льная] смесь *f*
Kältemittel *n* холоди́льный аге́нт *m*, хладаге́нт *m*
Kältemittelverdichter *m* холоди́льный компре́ссор *m*
Kältepol *m (Meteo)* по́люс *m* хо́лода *(der Erde)*
kälteresistent хладосто́йкий
Kälteresistenz *f* хладосто́йкость *f*
Kältetechnik *f* холоди́льная те́хника *f*
Kälteträger *m* хладоноси́тель *m*, холодоноси́тель *m*
Kaltfront *f (Meteo)* холо́дный фронт *m*
kaltgewalzt холоднока́таный
kaltgezogen холоднотя́нутый
kalthärtend холоднотверде́ющий
Kalthärtung *f s.* Kaltverfestigung
Kaltkathode *f* холо́дный като́д *m*

Kaltkracken *n* каталити́ческий кре́кинг *m*
Kaltleim *m* клей *m* холо́дного отвержде́ния
Kaltleiter *m (El)* баре́ттер *m*
Kaltnieten *n* холо́дная клёпка *f*
Kaltpressschweißen *n* холо́дная сва́рка *f*
Kaltrecken *n (Umf)* холо́дная вы́тяжка *f*
Kaltriss *m (Wkst)* холо́дная тре́щина *f*
Kaltschleifen *n (Pap)* холо́дное дефибри́рование *n*
Kaltschmieden *n* холо́дная ко́вка *f*
Kaltschweißen *n* холо́дная сва́рка *f*
kaltspröde *(Wkst)* хладноло́мкий
Kaltsprödigkeit *f (Wkst)* хладноло́мкость *f (von Stahl)*
Kaltstart *m (Kfz)* холо́дный за́пуск *m*, пуск *m* в холо́дном состоя́нии
Kaltstauchautomat *m (Umf)* холодновы́садочный автома́т *m*
Kaltstauchen *n (Umf)* холо́дная вы́садка *f*
Kaltstrecken *n (Umf)* холо́дная вы́тяжка *f*
Kaltumformung *f* холо́дная деформа́ция *f*
Kaltverfestigung *f (Härt)* наклёп *m*, нагарто́вка *f (von Stahl)*
Kaltverformung *f* холо́дная деформа́ция *f*
Kaltverstreckung *f (Text)* холо́дная вы́тяжка *f*
Kaltwalzen *n* холо́дная прока́тка *f*
Kaltwalzstraße *f* стан *m* холо́дной прока́тки
Kaltwalzwerk *n* стан *m* холо́дной прока́тки
Kaltzeit *f s.* Eiszeit
Kaltziehen *n (Umf)* холо́дное волоче́ние *n*
Kalzination *f (Ch)* кальцина́ция *f*
Kalzinieren *n (Ch)* кальцина́ция *f*
kalziniert кальцини́рованный
Kambrium *n (Geol)* ке́мбрий *m*
Kamera *f (Photo)* ка́мера *f*, фотографи́ческий аппара́т *m*, фотоаппара́т *m*, фотока́мера *f*
~/dreiäugige трёхобъекти́вный фотоаппара́т *m*
~/einäugige однообъекти́вный фотоаппара́т *m*
~/zweiäugige двухобъекти́вный фотоаппара́т *m*
Kamerawagen *m (TV, Kine)* опера́торский кран-теле́жка *m*
Kamerlingh-Onnes-Pendel *n (Mech)* ма́ятник *m* Фуко́
Kamin *m* ками́н *m*
Kamm *m* 1. гре́бень *m*; 2. *(Geol)* го́рный хребе́т *m*
Kamm... гребе́нчатый
kammartig гребе́нчатый
Kämmen *n* 1. зубча́тое зацепле́ние *n (der Zahnräder)*; 2. *(Text)* (гребне-)чеса́ние *n*
Kammer *f* 1. ка́мера *f*; 2. *(Bgb)* отделе́ние *n*
~/schallisolierte *(Raumf)* сурдока́мера *f*
Kammerfeuerung *f* ка́мерная то́пка *f*
Kammerofen *m* ка́мерная печь *f*
Kammerschleuse *f* ка́мерный шлюз *m*
Kammerton *m (Ak)* камерто́н *m*
Kammertrockner *m* ка́мерная суши́лка *f*
Kammgarn *n* гребенна́я [камво́льная] пря́жа *f*
Kammgarn... *(Text)* гребенно́й, камво́льный
Kammgarnspinnerei *f* гребенно́е [камво́льное] пряде́ние *n*
Kammhobelmeißel *m (Wkz)* зубо(на)ре́зная гребёнка *f*
Kämmling *m (Text)* очёс *m*
Kämmmaschine *f* гребнечеса́льная маши́на *f (Spinnerei)*
Kammzapfen *m* гребе́нчатая ца́пфа *f*
Kampf *m* борьба́ *f*
Kampfer *m (Ch)* камфара́ *f*, ка́мфора *f*
Kämpfer *m (Bw)* 1. пята́ *f*; 2. импо́ст *m*
Kanal *m* 1. *(Bw, Hydt)* кана́л *m*; 2. *(TV, Inf)* кана́л *m*; 3. *(El, Rf, Nrt)* тракт *m*; 4. *(Hydt)* галере́я *f*; 5. *(Ph)* стри́мер *m (einer Gasentladung)*
Kanalisation *f (Hydt)* канализа́ция *f*
Kanalisationsnetz *n* канализацио́нная сеть *f*
Kanalkapazität *f (Nrt)* ёмкость *f* кана́ла
Kanal-Scheduler *m (Inf)* плани́ровщик *m* кана́лов
Kanalstein *m (Gieß)* стака́н *m (beim Gespannguss)*
Kanalstrahlen *mpl (Kern)* кана́ловые лучи́ *mpl*

Kanalstufe *f (Hydt)* бьеф *m*
Kanaltrockner *m* туннéльная сушúлка *f*
Kanalverwalter *m (Inf)* планирóвщик *m* канáлов
Kanalwähler *m (TV)* селéктор *m* (телевизиóнных) канáлов
kandieren *(Lebm)* засáхаривать
Kanne *f* бидóн *m*
Kanone *f* пýшка *f*
Kante *f* крóмка *f*; край *m*; кант *m*; ребрó *n*
~/abgefaste срéзанная крóмка *f*
Kanten *n* кантóвка *f*
Kanter *m (Wlz)* кантовáтель *m*
kantig угóльный
Kantkaliber *n (Wlz)* осáживающий калúбр *m*
Kantvorrichtung *f (Wlz)* кантовáтель *m*
Kaolin *m (Min)* каолúн *m*
Kaon *n (Kern)* каóн *m*
Kapazität *f* ёмкость *f*
~/spezifische *(El)* удéльная ёмкость *f*
Kapazitäts... *(El)* ёмкостный
Kapazitätsdiode *f (El)* варикáп *m*
kapazitätsfrei *(El)* безъёмкостный
kapazitätslos *(El)* безъёмкостный
Kapazitätsmesser *m (El)* фарадмéтр *m*
kapazitiv *(El)* ёмкостный
kapazitiv-induktiv *(El)* ёмкостно-индуктúвный
Kapellenofen *m* купеляциóнная печь *f* *(NE-Metallurgie)*
kapillar капиллярный
Kapillar... капиллярный
kapillaraktiv повéрхностно-актúвный
Kapillardruck *m (Hydr)* капиллярное давлéние *n*
Kapillare *f s.* Kapillarröhrchen
Kapillarflächenaktivität *f (Ph, Ch)* повéрхностная актúвность *f*
Kapillarität *f* капиллярность *f*
Kapillarkondensation *f (Ch)* капиллярная конденсáция *f*
Kapillarmikroskop *n* капилляроскóп *m*
Kapillarröhrchen *n* капилляр *m*, капиллярная трýбка *f*
Kapillarwasser *n* капиллярная водá *f*
Kapillarwirkung *f* капиллярное дéйствие *n*
Kapitälchen *n (Typ)* капитéль *f*
Kapitell *n (Bw)* капитéль *f*
Kaplan-Turbine *f (Masch)* турбúна *f* Капланá
Kappe *f* 1. колпáк *m*, колпачóк *m*; крышка *f*; 2. *(Bgb)* верхняк *m*; *(Bgb)* перекрытие *n*, переклáд *m (Ausbau)*; 3. шáпка *f (des Isolators)*; 4. *(Bw)* бочáрный [сегмéнтный] свод *m*
kappen торцевáть *(Bretter, Rundholz)*
Kappenisolator *m (El)* колпачкóвый изолятор *m*
Kapplage *f (Schw)* подвáрочный шов *m*
Kappnaht *f (Schw)* подвáрочный шов *m*
Kappsäge *f* торцóвка *f*, торцóвочная пилá *f (zur Holzbearbeitung)*
Kapsel *f* 1. кáпсюль *m*; 2. *(Raumf)* кáпсула *f*
kapseln герметизúровать
Kapseln *n s.* Kapselung
Kapselung *f* 1. капсуляция *f*; 2. *(Eln)* корпусúрование *n*
Kaptal *n (Typ)* каптáл *m*
Kaptalband *n (Typ)* каптáл *m*
Karabinerhaken *m* карабúн *m*, крюк-карабúн *m*
Karabinerhaken *m* карабúнный крюк *m*
Karat *n* **(/metrisches)** *(Mess)* карáт *m* *(Einheit für die Masse von Edelsteinen)*
Karbon *n (Geol)* каменноýгольная систéма *f*
Karbonathärte *f* врéменная [карбонáтная] жёсткость *f*
Karbonisation *f s.* Karbonisierung
karbonisieren газúровать *(Getränke)*
Karbonisieren *n* газúрование *n (von Getränken)*
Karbonisierung *f (Ch)* карбонизáция *f* (углекúслым гáзом)
karburieren карбюрúровать *(Gase)*
Kardan... кардáнный
Kardanantrieb *m (Kfz)* кардáнный прúвод *m*; *(Masch, Kfz)* кардáнная передáча *f*
Kardangelenk *n* кардáнный шарнúр *m*, кардáн *m*
Kardanwelle *f (Masch, Kfz)* кардáнный [шарнúрный] вал *m*
Kardanwellenantrieb *m (Kfz)* кардáнный прúвод *m*
Karde *f (Text)* (кардо)чесáльная машúна *f*

kardieren *(Text)* чеса́ть, прочёсывать *(Baumwolle)*
Kardieren *n (Text)* (кардо)чеса́ние *n (Baumwolle)*
kardiert *(Text)* чёсаный *(Baumwolle)*
Kardinalzahl *f (Math)* кардина́льное число́ *n*, мо́щность *f*
Kardioide *f (Math)* кардио́ида *f*
Kardiostimulator *m (Med)* электрокардиостимуля́тор *m*
kariert *(Text)* кле́тчатый
Karkasse *f* карка́с *m (eines Reifens)*
Karnallit *m (Min)* карналли́т *m (Kalisalz)*
Karneol *m (Min)* карнео́л *m (Chalzedon)*
Karnies *n (Bw)* карни́з *m*
Karosserie *f (Kfz)* ку́зов *m*
~/selbsttragende несу́щий ку́зов *m*
Karotage *f (Bgb, Geol)* карота́ж *m*
~/seitliche боково́й карота́ж *m*
Karottage *f s.* Karotage
Karre *f* та́чка *f*
Karren *m* теле́жка *f*; та́чка *f*
~ **mit Eigenantrieb** *m* самохо́дная теле́жка *f*
Karst *m (Geol)* карст *m*
Karte *f* ка́рта *f*; географи́ческая ка́рта *f*
~/topographische топографи́ческая ка́рта *f*
Kartei *f* картоте́ка *f*
Kartendruck *m (Typ)* картопеча́тание *n*
Kartenmischer *m (Inf)* картоподбо́рочная маши́на *f*
Kartenwerk *n* а́тлас *m*
kartesisch *(Math)* дека́ртовский
Kartierung *f* картографи́рование *n*, карти́рование *n*
Kartoffeldämpfer *m (Lw)* картофелезапа́рник *m*
Kartoffelerntemaschine *f* картофелеубо́рочная маши́на *f*
Kartoffellager *n (Lw)* картофелехрани́лище *n*
Kartoffellegemaschine *f (Lw)* картофелепоса́дочная маши́на *f*, картофелесажа́лка *f*
Kartoffelquetsche *f (Lw)* картофелемя́лка *f*
Kartoffelroder *m (Lw)* картофелекопа́тель *m*
Kartoffelsammelroder *m (Lw)* картофелеубо́рочный комба́йн *m*
Kartoffelsortierer *m (Lw)* картофелесортиро́вка *f*
Kartoffelsortiermaschine *f (Lw)* картофелесортиро́вка *f*
Kartoffelwaschmaschine *f (Lw)* картофелемо́йка *f*
Kartogramm *n (Krist)* картогра́мма *f*
Kartographie *f* картогра́фия *f*
kartographisch картографи́ческий
Karton *m* карто́н *m (150...500 g/m²)*
Karusselldrehmaschine *f (Wkzm)* карусе́льно-тока́рный стано́к *m*
Karussellfräsmaschine *f (Wkzm)* карусе́льно-фре́зерный стано́к *m*
Karusselmaschine *f (Wkzm)* карусе́льный стано́к *m*
Karusselwerkzeugmaschine *f* карусе́льный стано́к *m*
Karzinotron *n* карцинотро́н *m*, ла́мпа *f* обра́тной волны́, ЛОВ *f*
kaschiert фольгиро́ванный
Kaskade *f* каска́д *m*
Kaskadenbeschleuniger *m (Kern)* каска́дный ускори́тель *m*
Kaskadenmesswandler *m* каска́дный трансформа́тор *m*
Kaskadenregelung *f* каска́дное регули́рование *n*
Kaskadenschaltung *f (El)* каска́дная схе́ма *f*; каска́д *m*
Kaskadenwandler *m* каска́дный трансформа́тор *m*
Kaskode *f (Eln)* каско́д *m*
Kaskodenschaltung *f (El)* каско́дная схе́ма *f*
Kassette *f* кассе́та *f*
Kassettenlaufwerk *n* лентопротя́жный механи́зм *m*
Kassettenrecorder *m* кассе́тный магнитофо́н *m*
Kassieren *n* сбор *m (von Gebühren)*
Kasten *m* 1. я́щик *m*; 2. *(Eb)* ку́зов *m*
Kastenbandförderer *m* теле́жечный конве́йер *m*
Kastenform *f (Gieß)* опо́ка *f*
Kastenformen *n (Gieß)* опо́чная формо́вка *f*
Kastenguss *m* литьё *n* в опо́ках
Kastengussform *f (Gieß)* опо́ка *f*
Kastenschloss *n* накладно́й замо́к *m*

Kastenständer *m (Wkzm)* коло́нна *f*
Kastenträger *m* коро́бчатая ба́лка *f*
katabatisch *(Meteo)* катабати́ческий *(Wind)*
Katadioptrik *f (Opt)* катадио́птрика *f*
Katakaustik *f (Opt)* катака́устика *f*
Katakustik *f (Ak)* катаку́стика *f*
Katalog *m (Astr)* катало́г *m*
katalogisiert каталогизи́рованный
Katalogverwaltung *f (Inf)* управле́ние *n* катало́гом
Katalysator *m (Ch)* катализа́тор *m*
~/**negativer** отрица́тельный катализа́тор *m*
~/**positiver** положи́тельный катализа́тор *m*
Katalyse *f (Ch)* ката́лиз *m*
~/**enzymatische** биоката́лиз *m*
~/**negative** отрица́тельный ката́лиз *m*
~/**positive** положи́тельный ката́лиз *m*
katalytisch каталити́ческий
Katamaran *m (Schiff)* катамара́н *m*
Kataphorese *f (Ch)* катафоре́з *m*
Katapult *m(n) (Flg)* катапу́льта *f*
Katapultieren *n (Flg)* катапульти́рование *n*
Katapultsitz *m s.* Schleudersitz
Katarometer *n* катаро́метр *m*
Katarometrie *f* катароме́трия *f*
Katenoid *n (Math)* катено́ид *m*
Katharometer *n* катаро́метр *m*
Katharometrie *f* катароме́трия *f*
Kathete *f (Math)* ка́тет *m*
Kathetometer *n (Mess)* катето́метр *m*
Kathode *f (El)* като́д *m*
Kathoden... като́дный
Kathoden(brenn)fleck *m (Eln)* като́дное пятно́ *n*
Kathodenfolgeschaltung *f (Eln)* като́дный повтори́тель *m*
Kathodenglimmlicht *n* като́дное свече́ние *n*
Kathodenleuchten *n* като́дное свече́ние *n*
Kathodenlicht *n* като́дное свече́ние *n*
Kathodenlumineszenz *f* катодолюминесце́нция *f*
Kathodenstrahlen *mpl (Kern)* като́дные лучи́ *mpl*
Kathodenstrahlröhre *f* электро́нно-лучева́я тру́бка *f*
Kathodenstrom *m (El)* като́дный ток *m*
Kathodenzerstäubung *f* като́дное распыле́ние *n*
kathodisch като́дный
Kathodolumineszenz *f* катодолюминесце́нция *f*
Kathodophosphoreszenz *f* катодофосфоресце́нция *f*
Kation *n (Ch, Ph)* катио́н *m*, положи́тельный ио́н *m*
Kationen... катио́нный
Kationenaustauscher *m* катиони́т *m*
Kationenaustausch(er)harz *n* катионообме́нная смола́ *f*
Katolyt *m* католи́т *m*
katoptrisch *(Opt)* катоптри́ческий
Katze *f s.* Laufkatze
Kaue *f (Bgb)* наря́дная *f*
Kausch(e) *f (Schiff)* ко́уш *m*
Kaustifizierung *f (Pap)* каустифика́ция *f*
Kaustik *f (Opt)* ка́устика *f*
kaustisch *(Ch)* е́дкий, каусти́ческий
Kaustizierung *f (Pap)* каустифика́ция *f*
Kautschuk *m(n)* каучу́к *m*
Kautschuk... каучу́ковый
kautschukartig каучукоподо́бный
kautschukhaltig каучуконо́сный
Kaverne *f* пустота́ *f*
Kavernometrie *f (Bgb)* каверноме́трия *f*
kavernös *(Geol)* каверно́зный *(Gesteine)*
Kavitation *f* кавита́ция *f*
Kavitationsbeständigkeit *f (Wkst)* кавитацио́нная сто́йкость *f*
kbit *s.* Kilobit
kbyte *s.* Kilobyte
KBZ *m s.* Kernbrennstoffzyklus
kcal *s.* Kilokalorie
Keep *n (Schiff)* кип *m*
Kegel *m* ко́нус *m*
~/**machscher** *(Aero)* ко́нус *m* Ма́ха
~/**oberer** *(Met)* колошни́к *m (Hochofen)*
Kegel... ко́нусный, кони́ческий
Kegelbrecher *m* ко́нусная дроби́лка *f*
Kegeleinbruch *m (Bgb)* воронкообра́зный вруб *m*
Kegelentwurf *m (Kart)* кони́ческая прое́кция *f*
Kegelfeder *f* кони́ческая пружи́на *f*

Kegelfläche *f (Math)* кони́ческая пове́рхность *f*
Kegelform *f* ко́нусность *f*
kegelförmig ко́нусный, кони́ческий
Kegelgewinde *n (Masch)* кони́ческая резьба́ *f*
Kegelkupplung *f (Masch)* ко́нусная му́фта *f*
Kegellehre *f (Mess)* ко́нусный кали́бр *m*
Kegelrad *n (Masch)* кони́ческое (зубча́тое) колесо́ *n*; кони́ческая шестерня́ *f*
Kegelritzel *n (Masch)* кони́ческое (зубча́тое) колесо́ *n*
Kegelschnitt *m (Math)* кони́ческое сече́ние *n*
Kegelstumpf *m (Math)* усечённый ко́нус *m*
Kegelverhältnis *n (Fert)* ко́нусность *f (beim Drehen)*
Kegelwinkel *m (Masch)* у́гол *m* ко́нуса [ко́нусности]
Kegelzahnrad *n s.* Kegelrad
Kehle *f (Bw)* вы́кружка *f*
Kehleisen *n (Schm)* раска́тка *f*
Kehlhobel *m (Wkz)* калёвка *f*
Kehlkopfmikrophon *n* ларингофо́н *m*
Kehlnaht *f (Schw)* углово́й шов *m*
Kehlung *f* калёвка *f*, вы́кружка *f*
Kehre *f* 1. *(Flg)* разворо́т *m*; 2. *(Kfz)* (круто́й) поворо́т *m*; 3. серпанти́н *m (Straßenbau)*; 4. *(Eb)* пе́тля *f*
Kehrschleife *f* серпанти́н *m (Straßenbau)*
Kehrseite *f* изна́нка *f*
Kehrwert *m* обра́тная величина́ *f*, обра́тное значе́ние *n*
Keil *m* 1. клин *m*; 2. *(Masch)* (клинова́я) шпо́нка *f*
~/optischer опти́ческий клин *m*
Keil... клиново́й
Keilfeder *f (Masch)* клинова́я шпо́нка *f*
Keilhaue *f (Bgb)* кайла́ *f*
Keilriemen *m* клиново́й реме́нь *m*
Keilriemenantrieb *m (Masch)* клиноремённая переда́ча *f*
Keilspanner *m (Masch)* клиново́й зажи́м *m*
Keilspannung *f (Masch)* клиново́й зажи́м *m*
Keilverbindung *f* клиново́е соедине́ние *n*
Keilwelle *f (Masch)* шли́цевый вал *m*
Keilwellenfräsmaschine *f (Wkzm)* шлицефре́зерный стано́к *m*
Keilwellenverbindung *f (Masch)* шлицево́е соедине́ние *n*
Keim *m (Krist)* 1. заро́дыш *m*; затра́вка *f*; 2. центр *m* [ядро́ *n*, зерно́ *n*] кристаллиза́ции
Keimbildner *m (Krist)* зародышеобразова́тель *m*, затра́вка *f*
Keimbildung *f (Krist)* зародышеобразова́ние *n*
keimfrei стери́льный
Keimfreiheit *f* стери́льность *f*
K-Einfang *m (Kern)* K-захва́т *m*
K-Elektroneneinfang *m (Kern)* K-захва́т *m*
Keller *m* 1. подва́л *m*, по́греб *m*; 2. *(Inf)* стек *m*
Keller... 1. подва́льный; 2. *(Inf)* стеко́вый
Kelleroperation *f (Inf)* опера́ция *f* над сте́ком
Kellerregister *n (Inf)* реги́стр *m* сте́ка
Kellerspeicher *m (Inf)* стек *m*, сте́ковая па́мять *f*, магази́нная па́мять *f*, па́мять *f* магази́нного ти́па
Kellerspeichertiefe *f (Inf)* глубина́ *f* сте́ка
Kellerspitze *f (Inf)* верши́на *f* сте́ка
Kellertiefe *f (Inf)* глубина́ *f* сте́ка
Kellerung *f (Inf)* занесе́ние *n* в стек
Kellerzeiger *m (Inf)* указа́тель *m* сте́ка
Kelvin *n* ке́львин *m*, K, гра́дус *m* Ке́львина *(Basiseinheit der Temperatur)*
Kelvingrad *m s.* Kelvin
Kelvin-Skale *f* абсолю́тная шкала́ *f* температу́р
Kelvin-Temperatur *f* абсолю́тная температу́ра *f*
Kenngröße *f (Math)* пара́метр *m*
Kennkarte *f* па́спорт *m*
Kennlinie *f* характери́стика *f*
~/fallende па́дающая характери́стика *f*
~/lineare лине́йная характери́стика *f*
~/nicht lineare нелине́йная характери́стика *f*
Kennsatz *m (Inf)* ме́тка *f*
~/externer *(Inf)* вне́шняя ме́тка *f*
~/interner *(Inf)* вну́тренняя ме́тка *f*
Kennung *f (Rad, Inf)* опознава́ние *n*

Kennungsabfrage *f (Rad)* запрóс *m*
Kennungsabfragegerät *n (Rad)* запрóсчик *m*
Kennwort *n* ключевóе слóво *n*
Kennzahl *f* коэффициéнт *m*, показáтель *m*
~/**prandtlsche** *(Therm)* числó *n* Прáндтля, *Pr*
~/**reynoldssche** *(Aero)* числó *n* Рéйнольдса, *Re*
Kennzeichen *n* 1. характерúстика *f*; отмéтка *f*; прúзнак *m*; знак *m*; 2. *(Inf)* идентификáтор *m*; 3. *(Inf)* флаг *m*, флажóк *m*; 4. *(Kfz)* номернóй знак *m*; 5. *(Flg)* опознавáтельный знак *m*
kennzeichnen отмечáть
Kennzeichnung *f* 1. обозначéние *n*; 2. маркирóвка *f*, маркировáние *n*
Kennzeichnungs... маркёрный
Kennziffer *f* коэффициéнт *m*, показáтель *m*, характерúстика *f*
Kenotron *n (Eln)* кенотрóн *m*
kentern опрокúдываться *(Schiffe)*
Kentern *n* опрокúдывание *n (eines Schiffes)*
Keramik *f* керáмика *f*
~/**ferroelektrische** сегнетокерáмика *f*
~/**funktechnische [radiotechnische]** радиокерáмика *f*
~/**seignetteelektrische** сегнетокерáмика *f*
Keramik... керамúческий
Keramikisolator *m* керамúческий изолятор *m*
Keramikmotor *m* керамúческий двúгатель *m*
keramisch керамúческий
Keramsit *m* керамзúт *m*
Keramsitbeton *m (Bw)* керамзитобетóн *m*
Kerbe *f* надрéз *m*; запúл *m*; насéчка *f*; насéчка *f*; прóрезь *f*; зарýбка *f*; зазýбрина *f*; вырубка *f*; врýбка *f*
Kerbeisen *n (Schm)* засéчка *f*, подсéчка *f*
kerben надрезáть; запúливать; засекáть; зарубáть
Kerben *n* зарýбка *f*
Kerbschlagbiegeversuch *m (Wkst)* испытáние *n* на удáрную вязкость
Kerbung *f* вырез *m*
Kerbzahnverbindung *f (Masch)* зубчáтое соединéние *n*
Kerma *f (Kern)* кермá *f (in Gy oder J/kg; Einheit der Energiedosis)*
Kern *m* 1. ядрó *n*; зернó *n*; центр *m*; 2. *(Gieß)* (литéйный) стéржень *m*; 3. *(El)* сердéчник *m (einer Spule)*; 4. *(Wkz)* сердцевúна *f (z. B. des Bohrers)*; 5. *(Bgb)* керн *m*; 6. *(Bgb)* колóнка *f*; 7. *(Bw)* вклáдыш *m*
~/**grüner** *(Gieß)* сырóй стéржень *m*
~/**instabiler** *(Kern)* радиоактúвное ядрó *n*
~/**leichter** *(Kern)* лёгкое ядрó *n*
~/**radioaktiver** радиоактúвное ядрó *n*
~/**schwerer** *(Kern)* тяжёлое ядрó *n*
~/**stabiler** *(Kern)* стабúльное [устóйчивое] ядрó *n*
~/**überschwerer** *(Kern)* сверхтяжёлое ядрó *n*
Kern... 1. ядерный; 2. *(Gieß)* стержневóй
kernaktiv *(Kern)* ядерно-актúвный
Kernantrieb *m* ядерная энергетúческая установка *f*
Kernbatterie *f* ядерная батарéя *f*
Kernböckchen *n (Gieß)* жеребéйка *f*
Kernbohren *n (Bgb)* колóнковое бурéние *n*
Kernbohrer *m (Bgb)* колóнковый бур *m*
Kernbohrgerät *n (Bgb)* станóк *m* колóнкового бурéния
Kernbrennelement *n (Kern)* тепловыделяющий элемéнт *m*
Kernbrennstoff *m* ядерное тóпливо *n*
Kernbrennstoffelement *n (Kern)* тепловыделяющий элемéнт *m*
Kernbrennstoffzyklus *m (Kern)* топлúвный цикл *m*
Kernbruch *m (Gieß)* провáл *m*
Kernchemie *f* ядерная хúмия *f*
Kerndraht *m (Bgb)* керн *m*
Kernemulsion *f* ядерная эмýльсия *f*
Kernenergetik *f* ядерная энергéтика *f*
kernenergetisch ядерно-энергетúческий
Kernenergie *f* ядерная энéргия *f*
Kernenergie... ядерно-энергетúческий
Kernenergieanlage *f* ядерная энергетúческая установка *f*
Kernenergieantrieb *m* ядерный двúгатель *m*

kernenergiegetrieben я́дерный
Kernenergietechnik *f* я́дерная энерге́тика *f*
Kernenergietriebwerk *n* я́дерный дви-гатель *m*
Kernenergiewirtschaft *f* я́дерная энерге́тика *f*
Kernexplosion *f* я́дерный взрыв *m*
Kernfangeinrichtung *f (Bgb)* кернорва́тель *m*
Kernfänger *m (Bgb)* кернорва́тель *m*
Kernformmaschine *f (Gieß)* стержнева́я маши́на *f*
Kernfusion *f (Kern)* я́дерный си́нтез *m*
~/gesteuerte thermonukleare *(Kern)* управля́емый термоя́дерный си́нтез *m*
Kernfusionsenergie *f* 1. термоя́дерная эне́ргия *f*; 2. эне́ргия *f* си́нтеза (я́дер)
Kernfusionskraftwerk *n* термоя́дерная электроста́нция *f*
Kernfusionsreaktion *f (Kern)* реа́кция *f* си́нтеза (я́дер)
Kernfusionsreaktor *m (Kern)* термоя́дерный реа́ктор *m*
Kernheizkraftwerk *n* а́томная теплоэлектроцентра́ль *f*, АТЭЦ *f*
kerninaktiv *(Kern)* я́дерно-неакти́вный
Kernisobar *n (Kern)* (я́дерный) изоба́р *m*
Kernisomer(e) *n (Kern)* я́дерный изоме́р *m*
Kernisomerie *f* я́дерная изомери́я *f*
Kernkettenreaktion *f (Kern)* я́дерная цепна́я реа́кция *f*
Kernkonstante *f (Ph)* постоя́нная *f* я́дра
Kernkraftwerk *n* а́томная [я́дерная] электроста́нция *f*, АЭС *f*
Kernladungszahl *f (Kern)* а́томный но́мер *m*, заря́д *m* а́томного ядра́
kernlos *(Gieß)* бесстержнево́й
Kernmagneton *n* я́дерный магнето́н *m*
Kernmodell *n* я́дерная моде́ль *f*
Kernmoment *n (Kern)* моме́нт *m* ядра́
~/magnetisches *(Kern)* магни́тный моме́нт *m* ядра́
Kernphotoeffekt *m* я́дерный фотоэффе́кт *m*
Kernphysik *f* я́дерная фи́зика *f*
~/hochenergetische фи́зика *f* высо́ких эне́ргий
kernphysikalisch я́дерно-физи́ческий
Kernprozess *m* я́дерный проце́сс *m*
Kernreaktion *f (Kern)* я́дерная реа́кция *f*
~/direkte *(Kern)* пряма́я (я́дерная) реа́кция *f*
Kernreaktor *m (Kern)* я́дерный реа́ктор *m*
Kernresonanz *f (Ph)* я́дерный резона́нс *m*
Kernresonanz... *(Ph)* я́дерно-резона́нсный
Kernsand *m (Gieß)* стержнево́й песо́к *m*
Kernschrott *m* высокока́чественный скрап *m*
Kernspektroskopie *f* я́дерная спектроскопи́я *f*
Kernspektrum *n (Kern)* я́дерный спектр *m*
Kernspin *m (Kern)* спин *m* ядра́
Kernspin... *(Ph)* я́дерно-спи́новый
Kernspinfunktion *f (Kern)* я́дерно-спи́новая фу́нкция *f*
Kernspurdetektor *m (Kern)* тре́ковый дете́ктор *m*
Kernspuremulsion *f* я́дерная эму́льсия *f*
Kernstrahlung *f* я́дерное излуче́ние *n*
Kernstrahlungsdetektor *m* дете́ктор *m* я́дерных излуче́ний
Kernstrahlungskontrolle *f (Kern)* дозиметри́ческий контро́ль *m*
Kernstrahlungsmessinstrument *n (Kern)* дозиметри́ческий прибо́р *m*
Kernstütze *f (Gieß)* жеребе́йка *f*
Kernsynthese *f (Kern)* я́дерный си́нтез *m*
Kerntechnik *f* я́дерная те́хника *f*
Kerntriebwerk *n* я́дерная энергети́ческая устано́вка *f*
Kernumwandlungsprozess *m* я́дерный проце́сс *m*
Kernverschmelzung *f (Kern)* я́дерный си́нтез *m*
~/gesteuerte thermonukleare *(Kern)* управля́емый термоя́дерный си́нтез *m*
Kernverschmelzungsreaktion *f (Kern)* реа́кция *f* си́нтеза (я́дер)
Kernwaffentest *m* испыта́ние *n* я́дерного ору́жия

Kernzertrümmerung *f (Kern)* фрагмента́ция *f* [расщепле́ние *n*] я́дра
Kernzieheinrichtung *f (Bgb)* кернорва́тель *m*
Kerosin *n* кероси́н *m (Flüssigtreibstoff)*
Kerosin... кероси́новый
Kerr-Effekt *m* **(/elektrooptischer)** *(Opt)* эффе́кт *m* Ке́рра
Kerze *f* свеча́ *f*
~/Internationale канде́ла *f*, кд *(SI-fremde Einheit der Lichtstärke)*
Kerzenstecker *m s.* Zündkerzenstecker
Kessel *m* 1. котёл *m*; 2. *(Wmt)* коте́льный агрега́т *m*; 3. *(Geol)* котлови́на *f*
Kesselaggregat *n* котлоагрега́т *m*
Kesselanlage *f* коте́льная устано́вка *f*
Kesselarmatur *f* коте́льная армату́ра *f*
Kesselbau *m* котлострое́ние *n*
Kesselblock *m (Wmt)* коте́льный блок *m*
Kesseleinheit *f (Wmt)* коте́льный агрега́т *m*, котлоагрега́т *m*
Kesselfeuerung *f* коте́льная то́пка *f*
Kesselhaus *n* коте́льная *f*
Kesselrohr *n* коте́льная труба́ *f*
Kesselspeisepumpe *f* пита́тельный насо́с *m*
Kesselspeisewasser *n* пита́тельная вода́ *f*
Kesselstein *m* на́кипь *f*
Kesselsteinbildner *m* накипеобразова́тель *m*
Kesselsteinbildung *n* накипеобразова́ние *n*
Kesselüberwachung *f* котлонадзо́р *m*
Kesselwagen *m (Eb)* цисте́рна *f*, ваго́н-цисте́рна *m*
Kesselzug *m* дымохо́д *m*
Kett... *(Text)* осно́вный
Kettbaum *m (Text)* наво́й *m (des Webstuhls)*
Kette *f* 1. цепь *f*; цепо́чка *f*; 2. *(Masch)* цепь *f (Getriebe)*; 3. *(Masch)* ко́нтур *m*; 4. *(Text)* осно́ва *f*; 5. *(Inf)* строка́ *f*
~/cyclische [geschlossene] *(Ch)* за́мкнутая цепь *f*
~/kinematische *(Mech)* кинемати́ческая цепь *f*
~/verzweigte *(Ch)* разветвлённая цепь *f*
Ketteln *n (Text)* кеттлёвка *f*
Ketten... 1. цепно́й; 2. *(Text)* осно́вный
Kettenbruch *m (Math)* цепна́я дробь *f*
Kettendatei *f* цепно́й [цепо́чечный, свя́занный] файл *m*
Kettendrucker *m (Inf)* цеп(оч)но́е печа́тающее устро́йство *n*
Kettenfläche *f (Math)* катено́ид *m*
Kettenförderer *m* цепно́й конве́йер *m*
Kettengetriebe *n (Masch)* цепна́я переда́ча *f*
Kettenglied *n* 1. звено́ *n* це́пи; 2. трак *m (der Gleiskette)*
Kettenisolator *m* гирля́ндный изоля́тор *m*
Kettenlinie *f (Math)* цепна́я ли́ния *f*
Kettenmolekül *n* цепна́я моле́кула *f*
Kettennuss *f (Masch)* звёздочка *f*
Kettenrad *n (Masch)* цепна́я шестерня́ *f*
Kettenreaktion *f (Kern, Ch)* цепна́я реа́кция *f*
~/nukleare *(Kern)* цепна́я я́дерная реа́кция *f*
Kettenregel *f (Math)* цепно́е пра́вило *n*
Kettensäge *f* цепна́я пи́ла *f*
Kettenschaltung *f (El)* схе́ма *f* це́пи
Kettenschlepper *m* 1. гу́сеничный тра́ктор *m*; 2. цепно́й конве́йер *m*
Kettensteg *m (Schiff)* контрфо́рс *m*
Kettenstern *m (Masch)* звёздочка *f*
Kettentriebwerk *n* гу́сеничный движи́тель *m*
Kettenwirkmaschine *f (Text)* основовяза́льная маши́на *f*
Kettfaden *m (Text)* осно́ва *f*
Kettgarn *n* осно́вная пря́жа *f*
Keule *f* лепесто́к *m (eines Richtdiagramms)*
keV *s.* Kiloelektronenvolt
Kfz *n s.* Kraftfahrzeug
Kfz-... автомоби́льный
Kfz-Reparaturwerkstatt *f* авторемо́нтная мастерска́я *f*
Kfz-Versuchsgelände *n (Kfz)* автодро́м *m*
Kfz-Versuchsstrecke *f (Kfz)* автодро́м *m*
KHKW *n s.* Kernheizkraftwerk
kHz *s.* Kilohertz
KI *f s.* Intelligenz/künstliche
Kickstarter *m (Kfz)* кикста́ртер *m*, пускова́я педа́ль *f (Motorrad)*

Kiel *n (Schiff)* киль *m*
Kiel... *(Schiff)* килево́й
Kielpallung *f (Schiff)* кильбло́к *m*
Kielschwein *n (Schiff)* ки́льсон *m*
Kielstapel *m (Schiff)* кильбло́к *m*
Kielwasser *n (Schiff)* кильва́тер *m*
Kies *m* 1. *(Bw)* гра́вий *m*; 2. *(Min)* колчеда́н *m*
Kies... грави́йный
Kiesablagerung *f (Geol)* га́лечник *m*
Kiesbeton *m* грави́йный бето́н *m*
Kiesel... кремнёвый
Kieselerde *f (Geol)* кремнезём *m*
kieselerdehaltig кремнезёмистый
Kieselgel *n (Ch)* силикаге́ль *m*
Kieselgur *f (Geol)* кизельгу́р *m*
kieselsauer *(Ch)* кремнеки́слый
Kieselsäure *f* кремнёвая кислота́ *f*
Kieselsäure... кремнёвый
Kieselsäuregel *n (Ch)* силикаге́ль *m*
Kiesfilter *n* грави́йный фильтр *m*
Kiesgrube *f* грави́йный карье́р *m*
kieshaltig *(Min)* колчедани́стый
kiesig *(Min)* колчедани́стый
Kieswaschmaschine *f (Bw)* гравиемо́йка *f*, пескомо́йка *f*
Kilo... *(Mess)* кило..., к *(10^3 Einheiten)*
Kiloampere *n (El)* килоампе́р *m*
Kiloamperemeter *n (El)* килоамперме́тр *m*
Kilobit *n (Inf)* килоби́т *m*, кбит
Kilobyte *n (Inf)* килоба́йт *m*, кбайт
Kiloelektronenvolt *n* килоэлектронво́льт *m*
Kilogramm *n* килогра́мм *m*, кг
Kilogrammkalorie *f s.* Kilokalorie
Kilohertz *n (El)* килоге́рц *m*, кГц
Kilokalorie *f* килокало́рия *f*, ккал *(SI-fremde Einheit der Wärmemenge)*
Kilometer *m* киломе́тр *m*, км
Kilometermarke *f (Eb)* путево́й киломе́тровый знак *m*
Kilometerstein *m (Eb)* путево́й киломе́тровый знак *m*
Kilometrierung *f (Eb, Geod)* километра́ж *m*
Kilopond *n* килогра́мм-си́ла *f*, кгс *(SI-fremde Einheit der Kraft)*
Kilopondmeter *n* килогра́мм-си́ла-метр *m*, кгс·м *(SI-fremde Einheit des Drehmoments)*
Kilovar *n (El)* килова́р *m*
Kilovolt *n (El)* килово́льт *m*, кВ
Kilowatt *n (El)* килова́тт *m*, кВт
Kilowattstunde *f (El)* килова́тт-час *m*, кВт·ч
Kilowattstundenzähler *m (El)* счётчик *m* килова́тт-часо́в
Kimm *f (Schiff)* скула́ *f*
Kimme *f* це́лик *m (an Handfeuerwaffen)*
Kinefilm *m* киноплёнка *f*
Kinematik *f* кинема́тика *f*
kinematisch кинемати́ческий
Kinematographie *f* кинематогра́фия *f*
Kinetechnik *f* киноте́хника *f*
Kinetik *f* кине́тика *f*
~/chemische кине́тика *f* реа́кции
kinetisch кинети́ческий
Kippanhänger *m* прице́п-самосва́л *m*
Kippbetrieb *m (Bgb)* отвалообразова́ние *n*
Kippe *f* сва́лка *f*
kippen опроки́дываться
Kippen *n* опроки́дывание *n*
Kipper *m* 1. опроки́дыватель *m*; 2. автомоби́ль-самосва́л *m*, (авто)самосва́л *m*; ду́мпер *m*
Kippfahrzeug *n s.* Kipper 2.
Kippgefäß *n (Met)* скип *m (Hochofen)*
Kippgefäßaufzug *m* скипово́й подъёмник *m (beim Hochofen)*
Kippgenerator *m (El)* релаксацио́нный генера́тор *m*
Kippgestell *n (Bgb)* опрокидна́я клеть *f*
Kippkübel *m* опроки́дывающийся ковш *m*
Kipplore *f* опроки́дывающаяся вагоне́тка *f*
Kippmoment *n* 1. *(Mech)* опроки́дывающий моме́нт *m*; 2. *s.* Längsmoment
Kippofen *m (Met)* кача́ющаяся печь *f*
Kipppfanne *f (Gieß)* опроки́дывающийся ковш *m*
Kipprelais *n (Reg)* кипп-реле́ *n*
Kippschalter *m* перекидно́й выключа́тель *m*
Kippschaltung *f (TV)* схе́ма *f* развёртки
Kippschwinger *m (El)* релакса́тор *m*
Kippschwingungsgenerator *m (El)* релаксацио́нный генера́тор *m*
Kippvorrichtung *f* опроки́дыватель *m*
Kippwagen *m (Bgb)* опроки́дывающаяся вагоне́тка *f*

Kippwinkel *m (Mech)* ýгол *m* поворóта
Kissen *n* подýшка *f*
Kissenverzeichnung *f (TV)* подушкообрáзное искажéние *n*
Kiste *f* ящик *m*
Kitt *m* замáзка *f*
kitten замáзывать; клéить *(Porzellan)*
Kitten *n* клéйка *f (Porzellan)*
KK-... *s.* Kleinkaliber...
KKW *n s.* Kernkraftwerk
Klammer *f* 1. скобá *f*; 2. *(Math)* скóбка *f*; 3. *(Bw)* затя́жка *f*
klammern скоби́ть
Klampe *f (Schiff)* кип *m*
Klang *m* звук *m*, звучáние *n*
3-D-Klang *m* стереофони́ческий звук *m*, стереофони́ческое звучáние *n*, стереозвýк *m*
Klanganalysator *m (Ak)* анализáтор *m* звýка
Klanganalyse *f (Ak)* гармони́ческий анáлиз *m*
Klangfarbe *f (Ak)* тембр *m* (звýка)
Klangfarben... тéмбровый
Klangfarberegler *m (Rf, TV)* регуля́тор *m* тéмбра
Klangqualität *f (Ak)* кáчество *n* звучáния
Klapp... складнóй
klappbar складнóй; откиднóй; створчатый
Klappboden *m* откиднóе дни́ще *n*
Klappe *f* 1. *(Masch)* заслóнка *f*, клáпан *m*; 2. ствóрка *f*; 3. двéрца *f*; 4. *(Flg)* щитóк *m*; закры́лок *m*; 5. *(Schiff)* ворóта *pl*
Klappen... ствóрчатый
Klappenverschluss *m (Hydt)* клáпанный затвóр *m*
Klappfahrrad *n* складнóй велосипéд *m*
Klappfenster *n (Schiff)* ствóрчатый иллюминáтор *m*
Klär... отстóйный
Klärabteilung *f* отстóйное отделéние *n*
Kläranlage *f* 1. очистнóе сооружéние *n*; 2. стáнция *f* очи́стки (стóчных) вод, очи́стная стáнция *f*; 3. водоочисти́тельная [водоочи́стная] установка *f*
Klärbecken *n (Bw, Hydt)* отстóйник *m*, осветли́тельный [отстóйный] бассéйн *m*, осветли́тель *m*
Klärbehälter *m* отстóйный чан [бак] *m*; осветли́тель *m*
Klärbottich *m* осветли́тельный чан *m*
klären осветля́ть *(Abwasser)*
Klären *n* осветлéние *n (von Abwasser)*
Klärfilter *n (Ch)* осветля́ющий фильтр *m*
Klärmittel *n* осветля́ющий агéнт *m*, осветли́тель *m*
Klarschriftleser *m (Inf)* опти́ческое счи́тывающее устрóйство *n*
Klärseparator *m* осветли́тельный сепарáтор *m*
Klärteich *m* пруд-отстóйник *m*
Klartext *m* откры́тый текст *m*
Klärung *f* осветлéние *n (von Abwasser)*
Klärwerk *n s.* Kläranlage
Klasse *f* класс *m*; *(Krist)* вид *m*; *(Math)* грýппа *f*; сорт *m*
Klassier... *(Bgb)* сортирóвочный
Klassierapparat *m* классификáтор *m*
klassieren грохоти́ть; классифици́ровать *(nach Korngrößen)*; разделя́ть *(Aufbereitung)*; *(Bgb)* сортировáть *(Kohle)*
Klassieren *n s.* Klassierung
Klassierer *m* классификáтор *m*; грóхот *m (Aufbereitung)*; *(Bgb)* сортирóвка *f (Kohle)*
Klassierrost *m* (колосникóвый) грóхот *m*
Klassierung *f (Bgb)* сепарáция *f*; классификáция *f (Aufbereitung)*; *(Bgb)* сортирóвка *f (Kohle)*; грохочéние *n*
Klassifikation *f* классификáция *f*
klassifizieren классифици́ровать
Klassifizieren *n* классификáция *f*
klastisch *(Geol)* класти́ческий
Klaubarbeit *f s.* Klauben
klauben *(Bgb)* выбирáть; *(Bgb)* сортировáть *(Erze)*
Klauben *n (Bgb)* вы́борка *f*; *(Bgb)* сортирóвка *f (Erze)*; *(Met, Bgb)* разбóрка *f*; рудоразбóрка *f*
Klaue *f (Masch)* кулачóк *m (der Kupplung)*; *(Masch)* лáпа *f*
Klauenkupplung *f (Masch)* кулачкóвая мýфта *f*
Klauenverbindung *f (Bw)* замкóвое соединéние *n*
Klaviatur *f* клавиатýра *f (Klavier, Schreibmaschine, Computer)*

Klebeband *n* ли́пкая ле́нта *f*
kleben кле́ить
Kleben *n* 1. скле́ивание *n*, скле́йка *f*; 2. *(El)* застрева́ние *n (des Motors beim Hochlaufen)*
Klebergehalt *m* клейкови́нность *f*
Klebestelle *f* скле́йка *f*
Klebestreifen *m* ли́пкая ле́нта *f*
klebrig кле́йкий; ли́пкий
Klebrigkeit *f* кле́йкость *f*; ли́пкость *f*
Klebstoff *m* клей *m*
Klebverbindung *f* клеево́е соедине́ние *n*
Kleeblatt *n (Wlz)* треф *m*
Kleeblattzapfen *m (Wlz)* треф *m*
Kleidung *f (Text)* оде́жда *f*
klein ма́лый, небольшо́й, малогабари́тный; маломо́щный
~/hinreichend доста́точный ма́лый
~/unendlich бесконе́чно ма́лый
~/verschwindend ничто́жно ма́лый
Kleinauto *n* малолитра́жный автомоби́ль *m*
Kleinbahn *f (Eb)* узкоколе́йная желе́зная доро́га *f*
Kleinbauweise/in малогабари́тный
Kleinbild... малоформа́тный
Kleinbildkamera *f* малоформа́тный фотоаппара́т *m*
Kleincomputer *m* миникомпью́тер *m*
Kleineisenzeug *n* мети́зы *pl*
Kleinerz *n* ме́лкая руда́ *f*
kleinformatig малоформа́тный
Kleinhandel *m* ро́зничная торго́вля *f*
Kleinintegration *f s.* Small-Scale-Integration
Kleinintegrationsschaltkreis *m (Eln)* ИС [интегра́льная схе́ма] *f* ма́лой сте́пени интегра́ции
Kleinkaliber... мелкокали́берный
Kleinkalibergewehr *n* малокали́берная винто́вка *f*
kleinkalibrig мелкокали́берный
Kleinkohle *f* ме́лкий у́голь *m*
Kleinkoks *m* ко́ксик *m*
Kleinlastkraftwagen *m* автомоби́ль *m* ма́лой грузоподъёмности
Kleinlastwagen *m* пика́п *m*
Kleinlok(omotive) *f* мотово́з *m*
Kleinmotor *m* малолитра́жный двигатель *m (Motor mit geringem Hubraum)*; маломо́щный двигатель *m (Motor mit geringer Leistung)*; мото́рчик *m*
Kleinrechner *m* ма́лая ЭВМ *f*, миникомпью́тер *m*
Kleinschlepper *m* маломо́щный тра́ктор *m*
Kleinserien... мелкосери́йный, малосери́йный
Kleinserienfertigung *f* мелкосери́йное произво́дство *n*
Kleinst... *(Eln)* миниатю́рный
Kleinstauto *n* микролитра́жный автомоби́ль *m*
Kleinstmaß *n* наиме́ньший разме́р *m*
Kleinstmotor *m* микродви́гатель *m*, миниатю́рный дви́гатель *m*
Kleinstwagen *m* микролитра́жный автомоби́ль *m*
Kleintransporter *m* автомоби́ль *m* ма́лой грузоподъёмности
Kleinwagen *m* малолитра́жный автомоби́ль *m*
Klemm... зажи́мный
Klemmbacken *mpl (Wkz)* зажи́мные гу́бки *fpl*
Klemme *f (El, Nrt)* кле́мма *f*, зажи́м *m*
klemmen зажима́ть
Klemmenleistung *f (El)* мо́щность *f* на зажи́мах
Klemmenpaar *n (El)* па́ра *f* зажи́мов
Klemmschaltung *f (El)* фикси́рующая схе́ма *f*
Klemmvorrichtung *f* фикса́тор *m*
Klempnerarbeiten *fpl* жестяны́е рабо́ты *fpl*
Klettereisen *n* монтёрские ко́гти *pl*
Kletterschalung *f (Bw)* скользя́щая опа́лубка *f*
Klettverschluss *m* липу́чка *f*
Kliff *n (Geol)* клифф *m*
Klima *n (Meteo)* кли́мат *m*
~/arides ари́дный кли́мат *m*
~/gemäßigtes уме́ренный кли́мат *m*
~/großräumiges макрокли́мат *m*
~/humides гуми́дный кли́мат *m*
Klimaanlage *f* устано́вка *f* кондициони́рования во́здуха, кондиционе́р *m*
Klimagerät *n* кондиционе́р *m*
Klimakunde *f* климатоло́гия *f*
Klimatisierung *f* кондициони́рование *n* во́здуха, климатиза́ция *f*
Klimatologie *f* климатоло́гия *f*

Klingel *f* звонóк *m*
Klingeltransformator *m* звонкóвый трансформáтор *m*
Klinke *f (Masch)* защёлка *f*; собáчка *f*
Klinken... храповóй
Klinkenfeld *n (Nrt)* гнездовáя панéль *f*
Klinkenrad *n (Masch)* храповóе колесó *n*, храповик *m*
Klinkensperre *f (Masch)* храповóй механи́зм *m*
Klinkensperrkupplung *f* храповáя мýфта *f*
Klinker(stein) *m s.* Klinkerziegel
Klinkerziegel *m* кли́нкерный кирпи́ч *m*, кли́нкер *m*
Klirrfaktor *m (El, Ak)* коэффициéнт *m* гармóник
Klirrverzerrung *f (Nrt)* нелинéйное искажéние *n*
Klopf... *(Kfz)* детонациóнный
Klopfeigenschaften *fpl (Kfz)* антидетонациóнные кáчества *npl (eines Verbrennungsmotors)*
Klopfen *n* 1. стук *m*; 2. детонáция *f (Verbrennungsmotor)*
klopffest антидетонациóнный *(Kraftstoffe)*
~/hoch высокооктáновый
klopffrei бездетонациóнный *(Kraftstoff)*
Klopfmesser *m* детономéтр *m (für Verbrennungsmotoren)*
Klosettbecken *n (Bw)* унитáз *m*
Klotz *m* 1. кряж *m*; 2. *(Masch)* колóдка *f*
Klotzbremse *f (Eb)* колóдочный тóрмоз *m*
Klotzmaschine *f (Text)* плюсóвка *f*
Kluft *f (Geol)* трéщина *f*
Klüftung *f (Geol)* трещиновáтость *f*
Klumpen *m* комóк *m*
Klumpen *n* комковáние *n*
Klumpenbildung *f* (о)комковáние *n*
Kluppe *f (Wkz)* клупп *m*
Klüse *f (Schiff)* клюз *m*; кип *m*
Klydonograph *m (El)* клидонóграф *m*
Klystron *n (Eln)* клистрóн *m*
km *s.* Kilometer
kn *s.* Knoten
Knacken *n s.* Knackgeräusch
Knackgeräusch *n (Nrt)* треск *m*
Knagge *f* бобы́шка *f*
Knall *m* треск *m*
Knall... *(Ch)* гремýчий
Knallgas *n (Ch)* гремýчий газ *m*
Knallquecksilber *n (Ch)* гремýчая ртуть *f*
Kneifzange *f (Wkz)* кусáчки *pl*, острогýбцы *pl*; клéщи *pl*
Knetarm *m* (колéнчатая) лóпасть *f*, меси́льная лóпасть *f*; меси́льный рычáг *m*
kneten мять, меси́ть; перемéшивать *(Teig)*
Kneten *n (Lebm)* перемéшивание *n (von Teig)*
Kneter *m* смеси́тель *m*, меси́льная маши́на *f*, мешáлка *f*
Knetlegierung *f* деформи́руемый сплав *m*
Knetmaschine *f s.* Kneter
Knetwerk *n s.* Kneter
Knick *m* 1. переги́б *m (einer Kurve)*; сгиб *m*; перелóм *m*; 2. *(Mech)* продóльный изги́б *m*
knicken мять *(Flachs)*
Knicklast *f (Fest)* крити́ческая нагрýзка *f* при продóльном изги́бе
Knickmaschine *f (Text)* мя́лка *f (für Flachs)*
Knickmodul *m* **(nach Kármán)** *(Mech)* приведённый мóдуль *m* упрýгости
Knickspannung *f (Fest)* крити́ческое напряжéние *n* при продóльном изги́бе
Knickung *f (Fest)* продóльный изги́б *m*
Knickversuch *m (Fest)* испытáние *n* на продóльный изги́б
Knie *n* колéно *n*
Knieblech *n (Schiff)* кни́ца *f*
Kniehebelantrieb *m* колéнно-рычáжный при́вод *m (einer Presse)*
Kniehebelpresse *f* рычáжный пресс *m*, кривоши́пно-колéнный пресс *m*
knitterarm малосминáемый *(textile Gewebe)*
knitterecht несминáемый *(textile Gewebe)*
Knitterechtappretur *f (Text)* несминáемая отдéлка *f*
Knitterechtausrüstung *f (Text)* несминáемая отдéлка *f*
knitterfrei несминáемый *(textile Gewebe)*

Knitterfreiausrüstung *f (Text)* несминáемая отдéлка *f*
Knitterneigung *f (Text)* сминáемость *f*
Knopf *m (Nrt)* рýчка *f*
Knopfschalter *m (El)* кнóпка *f*
Knorren *m (Forst)* сук *m*
Knoten *m* 1. ýзел *m*; 2. *(Ph)* ýзел *m*; *(Mech)* узловáя тóчка *f*; 3. *(Schiff)* штык *m*, ýзел *m*; 4. *(Schiff)* ýзел *m* *(SI-fremde Einheit der Geschwindigkeit in der Seefahrt)*
~/**seemännischer** морскóй ýзел *m*
Knoten... узловóй
Knotenamt *n (Nrt)* узловáя телефóнная стáнция *f*, ýзел *m*
Knotenfänger *m (Text)* узлоловитель *m*
Knotenfläche *f (Ph)* узловáя повéрхность *f*
Knotenlinie *f* 1. *(Math)* двóйная крúвая *f*; 2. *(Astr, Mech)* лúния *f* узлóв
Knotenpunkt *m* 1. *(Math, Opt, El)* узловáя тóчка *f*; 2. *(El)* ýзел *m* *(Leitungstechnik)*
Knotenpunktbahnhof *m* узловáя стáнция *f*
Knoter *m (Lw, Text)* узловязáтель *m*
Knüpfer *m (Lw)* узловязáтель *m*
Knüppel *m (Wlz)* (прокáтная) заготóвка *f*
Knüppelenden *npl (Wlz)* концы́ *mpl*
Knüppel(walz)straße *f* заготóвочный блю́минг *m*; заготóвочный стан *m*
Koagulant *m s.* Koagulierungsmittel
Koagulat *n (Ch)* коагуля́т *m*
Koagulation *f (Ch)* коагуля́ция *f*, свёртывание *n*
Koagulator *m s.* Koagulierungsmittel
koagulieren *(Ch)* коагулúровать, свёртываться
Koagulieren *n (Ch)* коагуля́ция *f*, коагулúрование *n*
Koagulierungsmittel *n (Ch)* коагулúрующий агéнт *m*, коагуля́тор *m*, коагуля́нт *m*
Koaleszenz *f (Ch)* коалесцéнция *f*
koaxial коаксиáльный, соóсный
Koaxial... коаксиáльный, соóсный
Koaxialantenne *f* коаксиáльная антéнна *f*
Koaxialfilter *n (El)* коаксиáльный фильтр *m*
Koaxialität *f* соóсность *f*
Koaxialkabel *n* коаксиáльный кáбель *m*
Koaxialleitung *f (Nrt)* коаксиáльная лúния *f*
Koazervation *f (Ch)* коацервáция *f*
Kobalt *n s.* Cobalt
Kobaltblau *n* кóбальтовая синь *f*
Kobalteinheit *f s.* Kobaltkanone
Kobaltglanz *m s.* Kobaltin
Kobaltin *m (Min)* кóбальтовый блеск *m*, кобальтúн *m*
Kobaltkanone *f* кóбальтовая пýшка *f*
kochen *n* 1. варúть; 2. *(Pap)* бучúть
Kochen *n* 1. вáрка *f*; 2. *(Pap)* бучéние *n*
Kochherd *m* плитá *f*
Kochperiode *f (Met)* кип *m* *(der Schmelze)*
Kochplatte *f*/**elektrische** плúтка *f*
Kochsalz *n* повáренная соль *f*
Kochverfahren *n* спóсоб *m* вáрки
Kode *m s.* Code
Kode... *s.* Code...
Kodier... *s.* Codier...
kodier... *s.* codier...
Koeffizient *m* коэффициéнт *m*
koerzitiv коэрцитúвный
Koerzitivfeldstärke *f (Ph)* коэрцитúвная сúла *f*
Koerzitivkraft *f (Ph)* коэрцитúвная сúла *f*
Kofferbettung *f (Eb)* баллáстная подýшка *f*
Kofferdamm *m (Schiff)* коффердáм *m*
Kofferfernsehgerät *n* переноснóй телевúзор *m*
Kofferraum *m (Kfz)* багáжник *m*
Koffertonbandgerät *n* переноснóй магнитофóн *m*
kohärent когерéнтный
Kohärenz *f (Ph, Opt)* когерéнтность *f*
Kohärenz... когерéнтный
Kohäsion *f (Ph)* когéзия *f*, сцеплéние *n*
Kohle *f* ýголь *m*
~/**aschereiche** зóльный ýголь *m*
~/**aufbereitete** обогащённый ýголь *m*
~/**backende** спекáющийся ýголь *m*
~/**kurzflammige** коротколпáменный ýголь *m*
~/**langflammige** длиннопля́менный ýголь *m*

~/**nicht backende** неспека́ющийся у́голь *m*
~/**schwach backende** слабоспека́ющийся у́голь *m*
~/**stark backende** сильноспека́ющийся у́голь *m*
Kohle... у́гольный
Kohleaufbereitung *f* углеобогаще́ние *n*, обогаще́ние *n* у́гля
Kohleaufbereitungs... углеобогати́тельный
Kohlebürste *f (El)* у́гольная щётка *f*
Kohleelektrode *f (El)* у́гольный электро́д *m*
Kohle-Erz-Frachter *m (Schiff)* углерудово́з *m*
Kohle-Erz-Frachtschiff *n (Schiff)* углерудово́з *m*
Kohleförderung *f (Bgb)* угледобы́ча *f*
kohleführend *(Bgb)* углено́сный
Kohleführung *f (Bgb)* углено́сность *f*
Kohlegehalt *m (Bgb)* углено́сность *f*
Kohlehafen *m* у́гольный порт *m*
Kohlekraftwerk *n* у́гольная электроста́нция *f*
Kohlemikrophon *n* у́гольный микрофо́н *m*
Kohlen... у́гольный *(s. a.* Kohle...*)*
Kohlenbecken *n (Geol)* у́гольный бассе́йн *m*
Kohlenbrecher *m (Bgb)* угледроби́лка *f*
Kohlenbunker *m* у́гольный бу́нкер *m*
Kohlendioxid(gas) *n (Ch)* углеки́слый газ *m*
Kohlenfeuerung *f* у́гольная то́пка *f*
Kohlenflöz *n (Bgb)* у́гольный пласт *m*
Kohlenfrachter *m (Schiff)* углево́з *m*
Kohlenfrachtschiff *n (Schiff)* углево́з *m*
Kohlengrube *f (Bgb)* у́гольная ша́хта *f*
Kohlenhydrat *n (Ch)* углево́д *m*
Kohlenhydrat... *(Ch)* углево́дный
Kohlenkombine *f (Bgb)* у́гольный комба́йн *m*
Kohlenlagerstätte *f (Geol)* у́гольное месторожде́ние *n*
Kohlenleichter *m (Schiff)* у́гольная ба́ржа *f*
Kohlenmonoxid *n (Ch)* уга́рный газ *m*
Kohlenmonoxidgas *n (Ch)* уга́рный газ *m*
Kohlenrevier *n (Geol)* у́гольный бассе́йн *m*
Kohlensack *m* распа́р *m (eines Hochofens)*
kohlensauer *(Ch)* углеки́слый
Kohlensäure *f (Ch)* у́гольная кислота́ *f*
Kohlenschiefer *m (Geol)* у́глистый сла́нец *m*
Kohlenschiff *n (Schiff)* углево́з *m*
Kohlenschrämlader *m (Bgb)* у́гольный комба́йн *m*
Kohlenschute *f (Schiff)* у́гольная ба́ржа *f*
Kohlenstaub *m* у́гольная пыль *f*
Kohlenstaubfeuerung *f* пылеу́гольная то́пка *f*
Kohlenstoff *m (Ch)* углеро́д *m*, C
Kohlenstoff... *(Ch)* углеро́дный
kohlenstoffarm малоуглеро́дистый, низкоуглеро́дистый, бе́дный углеро́дом *(Stahl)*
Kohlenstoffentzug *m* декарбониза́ция *f*
Kohlenstoffgehalt *m (Met)* содержа́ние *n* углеро́да *(des Stahls)*
kohlenstoffhaltig *(Ch)* углеро́дистый
~/**hoch** *s.* kohlenstoffreich
kohlenstoffreich высокоуглеро́дистый, бога́тый углеро́дом *(Stahl)*
Kohlenstoffstahl *m* углеро́дистая [нелеги́рованная] сталь *f*
Kohlenstoffverbindung *f (Ch)* углеро́дистое соедине́ние *n*
Kohlenvorkommen *n (Geol)* у́гольное месторожде́ние *n*
Kohlenwäsche *f* углемо́йка *f (Aufbereitung)*
Kohlenwasserstoff *m (Ch)* углеворо́д *m*
~/**aromatischer** аромати́ческий [бензо́льный] углеворо́д *m*
~/**gesättigter** насы́щенный [преде́льный] углеворо́д *m*
~/**ungesättigter** ненасы́щенный [непреде́льный] углеворо́д *m*
Kohlenwasserstoff... *(Ch)* углеводоро́дный
Kohlenzerkleinerung *f (Bgb)* угледробле́ние *n*
Kohleveredlung *f* обогаще́ние *n* у́гля
Kohleverflüssigung *f* ожиже́ние *n* у́гля
Koinzidenz *f* совпаде́ние *n*

Koinzidenzschaltung *f* схéма *f* совпадéний
Koje *f (Schiff)* кóйка *f*
Kokain *n (Ch)* кокáин *m*
Kokereigas *n* кóксовый газ *m*
Kokereiofen *m* кóксовая печь *f*
Kokereiteer *m* кóксовая смолá *f*
Kokille *f (Gieß)* кокиль *m*, металличéская фóрма *f*; излóжница *f*
~/einteilige неразъёмный кокиль *m*
~/geteilte разъёмный кокиль *m*
~/mehrteilige разъёмный кокиль *m*
~/ungeteilte неразъёмный кокиль *m*
~/zweiteilige разъёмный кокиль *m*
Kokillenguss *m* литьё *n* в кокиль, литьё *n* в постоя́нные фóрмы, кокильное литьё *n*
Kokon *m (Text)* кóкон *m*
Koks *m* кокс *m*
Koks... кóксовый
Koksausstoßvorrichtung *f* коксовытáлкиватель *m*
Koksbatterie *f (Met)* кóксовая батарéя *f*
Kokschemie *f* коксохи́мия *f*
Koksdrückmaschine *f* коксовытáлкиватель *m*
Koksfilter *n (Ch)* кóксовый фильтр *m*
Koksgas *n* кóксовый газ *m*
Koksklein *n* кóксик *m*
Koksofenbatterie *f (Met)* кóксовая батарéя *f*
Koksofengas *n* кóксовый газ *m*
Kolben *m* 1. кóлба *f*; баллóн *m*; 2. *(Masch)* пóршень *m*
Kolben *n (Erdöl)* поршневáние *n*, сваби́рование *n*
Kolben... *(Masch)* поршневóй
Kolbenansatz *m* выступ *m* пóршня *(eines Verbrennungsmotors)*
Kolbenauge *n (Kfz)* бобы́шка *f*
Kolbenbolzen *m (Kfz)* поршневóй пáлец *m*
kolbenlos *(Masch)* беспоршневóй
Kolbenmanometer *n* поршневóй манóметр *m*
Kolbenmaschine *f* поршневáя маши́на *f*
Kolbennase *f* выступ *m* пóршня *(eines Verbrennungsmotors)*
Kolbenpumpe *f* поршневóй насóс *m*
Kolbenring *m (Kfz)* поршневóе кольцó *n*
Kolbenstange *f (Masch)* насóсная штáнга *f (der Kolbenpumpe)*
Kolbensteuerung *f (Kfz)* поршневóе распределéние *n*
Kolbenverdichter *m* поршневóй компрéссор *m*
Kolk *m (Wkz)* лу́нка *f (Verschleißerscheinung)*
Kolkmulde *f (Wkz)* лу́нка *f (Verschleißerscheinung)*
Kollektor *m* 1. *(El)* коммутáтор *m*, коллéктор *m*; 2. *(Bw)* коллéктор *m (Kanalisation)*
~/vergrabener *(Halbl)* скры́тый коллéктор *m*
Kollektoranschluss *m (Halbl)* вы́вод *m* коллéктора
Kollektorelektrode *f (El)* коллéкторный [собирáющий] электрóд *m*
Kollektorstrom *m (El)* ток *m* коллéктора
Kollektorübergang *m (Halbl)* коллéкторный перехóд *m*
Kollektorzone *f (Halbl)* коллéкторная óбласть *f*
Kollergang *m* бегуны́ *mpl*
Kollimation *f (Opt, Kern)* коллимáция *f (von Strahlen)*
Kollimator *m (Kern)* коллимáтор *m*
kollinear *(Math)* коллинеáрный
Kollision *f* столкновéние *n*
Kolloid... *(Ch)* коллоидáльный, коллóидный
kolloidal *(Ch)* коллоидáльный, коллóидный
Kolloidchemie *f* коллóидная хи́мия *f*
Kolonne *f* 1. *(Ch)* колóнна *f*; 2. *(Typ)* столбéц *m (einer Tabelle)*
Kolonnenboden *m (Ch)* тарéлка *f (Destillation)*
Kolophonium *n* канифóль *f*
Kolorierung *f* раскрáшивание *n*
Kolorimeter *n (Ch)* колори́метр *m*
~/lichtelektrisches фотоколори́метр *m*
Kolorimetrie *f (Ch)* колоримéтрия *f*
kolorimetrisch колориметри́ческий
Koma *f (Opt)* кóма *f*
Kombikarosserie *f (Kfz)* гру́зо-пассажи́рский ку́зов *m*
Kombikopf *m (Inf)* голóвка *f* чтéния-зáписи, голóвка *f* зáписи-воспроизведéния

Kombination *f* 1. комбина́ция *f*; 2. *(Math)* комбина́ция *f*, сочета́ние *n*; 3. комбинезо́н *m (Schutzanzug)*
Kombinationsflugschrauber *m* самолёт-вертолёт *m*
Kombinationslehre *f s.* Kombinatorik
Kombinatorik *f (Math)* комбинато́рика *f*, комбинато́рный ана́лиз *m*
kombinatorisch *(Math)* комбина́торный
Kombine *f (Bgb, Lw)* комба́йн *m*
kombiniert составно́й
Kombiwagen *m* автомоби́ль-универса́л *m*
Kombizange *f (Wkz)* пассати́жи *pl*
Kombüse *f (Schiff)* ка́мбуз *m*
Komet *m (Astr)* коме́та *f*
~/Halleysche *m* коме́та *f* Галле́я
~/langperiodischer долгопериоди́ческая коме́та *f*
Kometensucher *m (Astr, Opt)* кометоиска́тель *m (Fernrohr)*
Komma *n* запята́я *f*, *(Inf auch:)* то́чка *f*
Kommando *n s.* Befehl
Kommandobrücke *f (Schiff)* мо́стик *m*
Kommandokapsel *f (Raumf)* кома́ндный отсе́к *m*
Kommandoprozessor *m (Inf)* кома́ндный проце́ссор *m*
kommen/in Eingriff *(Masch)* входи́ть в зацепле́ние
kommensurabel соизмери́мый
Kommensurabilität *f (Astr)* соизмери́мость *f*
Kommunikation *(Inf)* связь *f*
Kommutation *f (El)* коммута́ция *f*
kommutativ *(Math)* коммутати́вный
Kommutator *m* 1. *(El)* колле́ктор *m*; 2. *(El)* коммута́тор *m*; 3. *(Math)* коммута́тор *m*
Kommutatorbürste *f (El)* колле́кторная щётка *f*
Kommutatormaschine *f (El)* колле́кторная маши́на *f*
Kommutatormotor *m (El)* колле́кторный дви́гатель *m*
kommutierend *(El)* коммути́рующий
Kommutierung *f (El)* коммута́ция *f*
Kommutierungs... *(El)* коммутацио́нный, коммути́рующий
kompakt компа́ктный; сплошно́й; пло́тный *(Konstruktion)*
Kompaktbaustein *m (Eln)* (микро)мо́дуль *m*
Kompaktbauweise компа́ктное исполне́ние *n*
Kompaktdiskette *f (Inf)* компа́кт-диск *m*
Kompaktheit *f* 1. *(Math)* компа́ктность *f*; 2. пло́тность *f (einer Konstruktion)*
Kompaktkassette *f (Inf)* компа́кт-кассе́та *f*
Komparator *m (Opt)* компара́тор *m*
Kompass *m* ко́мпас *m*
Kompasskurs *m* ко́мпасный курс *m*
Kompasspeilung *f* ко́мпасный пе́ленг *m*
Kompassrose *f* карту́шка *f*
Kompassstrich *m (Schiff)* румб *m (eines Kompasses)*
kompatibel *(Inf)* совмести́мый
~/nicht несовмести́мый
Kompatibilität *f (Inf)* совмести́мость *f*
~/durchgängige *(Inf)* по́лная совмести́мость *f*
Kompensation *f* компенса́ция *f*, компенси́рование *n*, ура́внивание *n*
Kompensations... компенсацио́нный, уравни́тельный
Kompensationsapparat *m* компенса́тор *m*
Kompensationsstab *m (Kern)* компенси́рующий сте́ржень *m (Reaktorsicherheit)*
Kompensator *m* компенса́тор *m*, уравни́тель *m*
kompensieren компенси́ровать, ура́внивать; *(El)* корректи́ровать; *(El)* баланси́ровать
Kompilation *f s.* Kompilieren
kompilieren *(Inf)* компили́ровать, составля́ть *(Programme)*; трансли́ровать *(mit Hilfe eines Compilers)*
Kompilieren *n (Inf)* компиля́ция *f*, компили́рование *n*
Kompilierer *n s.* Compiler
komplanar *(Math)* компланa̍рный
Komplement *n (Inf)* дополне́ние *n*
Komplement... дополни́тельный; *(Math)* дополни́тельный *(Winkel)*
komplementär дополни́тельный
Komplementärfarbe *f* дополни́тельный цвет *m*
Komplementwinkel *m (Math)* дополни́тельный у́гол *m*

komplett компле́ктный
komplettieren комплектова́ть
komplettiert укомплекто́ванный
Komplettierung *f* комплекта́ция *f*, комплектова́ние *n*, укомплектова́ние *n*
komplex ко́мплексный
Komplex *m* ко́мплекс *m*
Komplex... ко́мплексный
Komplexbildner *m (Ch)* комплексообразова́тель *m*
Komplexbildung *f (Ch)* комплексообразова́ние *n*
Komplexerz *n* ко́мплексная руда́ *f*
Komplexometrie *f (Ch)* комплексонометри́я *f*
Komplexverbindung *f (Ch)* ко́мплексное соедине́ние *n*
Komplikation *f* усложне́ние *n*
komplizieren усложня́ть
kompliziert сло́жный
Komponente *f* 1. компоне́нт *m*; 2. *(Math)* компоне́нта *f*, составля́ющая *f*
Komposition *f* компози́ция *f*
Kompost *m (Lw)* компо́ст *m*
Compound... *s.* Compound...
kompressibel сжима́емый
Kompressibilität *f* сжима́емость *f*
Kompression *f* компре́ссия *f*, сжа́тие *n*
~/eigenmagnetische *s.* Pinch-Effekt
Kompressionseffekt *m s.* Pinch-Effekt
Kompressionsgrad *m* сте́пень *f* сжа́тия
Kompressionskältemaschine *f* компрессио́нная холоди́льная маши́на *f*
Kompressionskühlschrank *m* компрессио́нный холоди́льник *m*
Kompressionsraum *m* ка́мера *f* сжа́тия *(eines Verbrennungsmotors)*
Kompressionsvakuummeter *n* компрессио́нный вакуумме́тр *m*
Kompressoranlage *f* компре́ссорная устано́вка *f*
Kompressormotor *m* дви́гатель *m* с надду́вом
komprimierbar сжима́емый
komprimieren сжима́ть
Komprimieren *n* сжа́тие *n*, сжима́ние *n*
komprimiert сжа́тый
Konche *f (Lebm)* конш *m*, коншмаши́на *f*
Konchieren *n (Lebm)* конширова́ние *n*
konchoidal *(Math)* конхоида́льный
Konchoide *f (Math)* конхо́ида *f (Kurve 4. Grades)*
Kondensat *n* конденса́т *m*
Kondensation *f* конденса́ция *f*
~/fraktionierte *(Ch)* фракцио́нная конденса́ция *f*
Kondensations... конденсацио́нный
Kondensationskraftwerk *n* конденсацио́нная электроста́нция *f*
Kondensationspunkt *m* то́чка *f* конденса́ции
Kondensationsturbine *f* конденсацио́нная (парова́я) турби́на *f*
Kondensator *m (El, Wmt)* конденса́тор *m*
~/luftgekühlter *(Wmt)* возду́шный конденса́тор *m*
Kondensatpumpe *f* конденса́тный насо́с *m*
kondensieren конденси́ровать; сгуща́ть *(Gase)*
kondensiert конденси́рованный; сгущённый *(Gase)*
Kondensierung *f* конденса́ция *f*
Kondensor *m (Opt)* конде́нсор *m*
Kondensorlinse *f (Opt)* конде́нсор *m*, конде́нсорная ли́нза *f*
Kondensstreifen *m (Flg)* конденсацио́нный след *m*
Kondenstopf *m (Wmt)* конденсацио́нный горшо́к *m*
Kondenswasser *n* конденсацио́нная вода́ *f*
Kondenswasserableiter *m* конденсатотво́дчик *m*
Konditionieren *n (Ch, Text)* кондициони́рование *n*
Konduktanz *f (El)* кондукта́нц *m*, акти́вная проводи́мость *f*
Konduktometrie *f (Ch)* кондуктоме́трия *f*
konduktometrisch *(Ch)* кондуктометри́ческий
Konduktor *m* конду́ктор *m*
Konfektionieren *n* 1. *(Photo)* отде́лка *f*; 2. *(Gum)* сбо́рка *f (Kfz-Reifen)*
Konfektions... шве́йный
Konfiguration *f* конфигура́ция *f*
Konfigurations... конфигурацио́нный
konfokal *(Opt)* конфока́льный, софо́кусный
konform *(Math)* конфо́рмный

Konformität *f (Math)* конфóрмность *f*
Konglomerat *n* конгломерáт *m*
kongruent *(Math)* конгруэ́нтный
Kongruenz *f (Math)* конгруэ́нтность *f*; сравнéние *n*
Königswasser *n (Ch)* цáрская вóдка *f*
Königszapfen *m (Kfz)* поворóтная цáпфа *f (eines Drehkrans)*
Konimeter *n* кониméтр *m*
konisch кóнусный; конúческий
Konizität *f* кóнусность *f*
Konjugation *f (Math)* сопряжéние *n*
konjugiert *(Math)* сопряжённый
~ **komplex** кóмплексно-сопряжённый
Konjunktion *f (Inf)* (логúческая) фýнкция *f* И; *(Math)* конъю́нкция *f*
Konjunktionsschaltung *f* схéма *f* И
konkav вóгнутый *(z. B. Linsen)*
Konkavität *f* вóгнутость *f (z. B. von Linsen)*
konkav-konvex вóгнуто-вы́пуклый *(Linsen)*
Konkavkonvexlinse *f (Opt)* вóгнуто-вы́пуклая лúнза *f*
Konkavlinse *f (Opt)* вóгнутая лúнза *f*
Konkavspiegel *m (Opt)* вóгнутое зéркало *n*
konkordant *(Geol)* соглáсный *(Schichten)*
Konkordanz *f (Geol)* соглáсное залегáние *n*
Konkretion *f (Geol, Min)* конкрéция *f*
Konoskop *n (Opt)* коноскóп *m*
konservieren *(Lebm)* консервúровать
Konservierung *f (Lebm)* консервúрование *n*
Konservierungsmittel *n (Lebm)* консервáнт *m*
konsistent консистéнтный
Konsistentfett *n* консистéнтная [пластúчная] смáзка *f*, солидóл *m*, мазь *f*
Konsistenz *f* консистéнция *f*
Konsistometer *n* консистóметр *m*
Konsole *f (Masch, Bw)* консóль *f*; *(Bw)* кронштéйн *m*
Konsolfräsmaschine *f* консóльный фрéзерный станóк *m*
Konsolkran *m* консóльный кран *m*
konstant постоя́нный
Konstante *f (Math)* парáметр *m*; *(Math, Ph)* постоя́нная *f*, констáнта *f*, постоя́нная величинá *f*
~**/avogadrosche** *(Ph)* постоя́нная *f* Авогáдро
~**/bolzmannsche** *(Therm)* постоя́нная *f* Бóльцмана
~**/plancksche** *(Ph)* постоя́нная *f* Плáнка, квант *m* дéйствия
Konstanthalter *m (El)* стабилизáтор *m*
Konstanthaltung *f* стабилизáция *f*
Konstantspeicher *m (Inf)* постоя́нная пáмять *f*, ПП *f*
Konstanz *f* постоя́нство *n*, стабúльность *f (z. B. der Temperatur)*
Konstellation *f (Astr)* конфигурáция *f* планéт
Konstitution *f (Ch)* химúческое строéние *n*
konstruieren конструúровать
Konstruieren *n* конструúрование *n*
Konstruktion *f* констрýкция *f*; *(Math)* построéние *n*
~**/tragende** *(Bw)* несýщая констрýкция *f*
Konstruktionsbüro *n* констрýкторское бюрó *n*
Konstruktionselement *n* конструктúвный элемéнт *m*; компонéнт *m*
Konstruktionsfehler *m* конструктúвный порóк *m*
Konstruktionsstahl *m* конструкциóнная сталь *f*
Konstruktionsteil *n s.* Konstruktionselement
Kontakt *m* контáкт *m*
Kontakt... контáктный
Kontaktabstand *m* контáктный зазóр *m*
Kontaktbereich *m s.* Kontaktzone
Kontaktbonden *n (Eln)* контáктная свáрка *f*
Kontaktbürste *f (El)* контáктная щётка *f*
Kontaktelektrizität *f* контáктное электрúчество *n*
Kontaktfahne *f s.* Kontaktstreifen
Kontaktfläche *f (El)* контáктная плóщадка *f*
Kontaktgeber *m (El)* замыкáтель *m*, контáктор *m*; контáктный дáтчик *m*
Kontaktgift *n (Lw)* контáктный яд *m*
kontaktlos бесконтáктный
Kontaktring *m (El)* контáктное кольцó *n*

Kontaktschicht *f (El)* конта́кный слой *m*
Kontaktschuh *m (El)* конта́ктный башма́к *m (z. B. der E-Lok)*
Kontaktspannung *f (El)* конта́ктное напряже́ние *n*
Kontaktstreifen *m (El)* конта́ктная поло́ска *f*, конта́ктный лепесто́к *m*
Kontaktstück *n (El)* конта́кт *m*
Kontakttrockner *m* конта́ктная суши́лка *f*
Kontaktwiderstand *m (El)* конта́ктное сопротивле́ние *n*
Kontaktzone *f (Geol)* зо́на *f* конта́кта, конта́ктная зо́на *f*
Kontamination *f* (радиоакти́вное) зараже́ние *n*, (радиоакти́вное) загрязне́ние *n*
Kontermutter *f* сто́порная га́йка *f*
Kontext *m (Inf)* конте́кст *m*
Kontinent *m (Geol)* матери́к *m*
Kontinentalböschung *f* континента́льный [материко́вый] склон *m*
Kontinentaldrift *f (Geoph)* континента́льный дрейф *m*
Kontinentaldüne *f* материко́вая дю́на *f*
kontinuierlich 1. непреры́вный, нераэры́вный; 2. сплошно́й *(Spektren)*
Kontinuität *f* непреры́вность *f*, неразры́вность *f*
Kontinuitätsgleichung *f (Mech)* уравне́ние *n* неразры́вности [непреры́вности]
Kontinuum *n* 1. *(Math)* конти́нуум *m*; 2. *(Ph)* сплошно́й спектр *m*; *(Mech)* сплошна́я среда́ *f*
Kontinuumsmechanik *f* меха́ника *f* сплошны́х сред
Konto *n* счёт *m*
Kontraktion *f* 1. сжа́тие *n*, стя́гивание *n*; 2. *(Math)* свёртывание *n (Tensoren)*
Kontraktionstheorie *f (Geol)* контракцио́нная гипо́теза *f*
Kontrast *m (Opt, Photo, TV)* контра́ст *m*
kontrastarm малоконтра́стный, неконтра́стный
Kontrastfaktor *m (Photo)* коэффицие́нт *m* контра́стности
Kontrastgrad *m (Photo)* контра́стность *f*
kontrastreich (высоко)контра́стный
Kontrastumfang *m (Opt, Photo, TV)* контра́ст *m*
Kontrastwirkung *f* контра́стность *f*
Kontrollbit *n (Inf)* контро́льный бит *m*
Kontrollbyte *n (Inf)* контро́льный байт *m*
Kontrolle *f* контро́ль *m*; наблюде́ние *n*; прове́рка *f*
~/betriebstechnische техни́ческий контро́ль *m*
~/vorbeugende профилакти́ческий контро́ль *m*
Kontrolleinrichtung *f* контро́льное устро́йство *n*
Kontroller *m s.* Steuerschaltkreis
Kontrollgerät *n* контро́льный прибо́р *m*
kontrollieren проверя́ть
kontrolliert прове́ренный
Kontrollmess... контро́льно-измери́тельный
Kontrollprogramm *n (Inf)* суперви́зор *m*, програ́мма *f* контро́ля, програ́мма-монито́р *f*
Kontrollpunkt *m* контро́льная то́чка *f*
Kontrolltafel *f (Reg)* контро́льный щит *m*
Kontroll- und Überwachungsgerät *n* монито́р *m*, контро́льно-измери́тельная аппарату́ра *f*, контро́льно-измери́тельный прибо́р *m*
Kontur *f* ко́нтур *m*
~/scharfe чёткий ко́нтур *m*
Kontur... ко́нтурный
Konturen *fpl (Schiff)* обво́ды *mpl*
Kontursprengen *f (Bgb)* ко́нтурное взрыва́ние *n*
Konus *m* 1. ко́нус *m*; 2. *(El)* диффу́зор *m (eines Lautsprechers)*
Konusmembran *f (El)* диффу́зор *m (eines Lautsprechers)*
Konvektion *f* конве́кция *f (Strömungslehre)*
~/erzwungene вы́нужденная конве́кция *f*
~/freie [natürliche] есте́ственная [свобо́дная] конве́кция *f*
Konvektions... конвекти́вный
Konvektionsstrom *m* конвекцио́нный ток *m*
Konvektionstrockner *m* конвекти́вная суши́лка *f*

konvektiv конвекти́вный
Konvektorheizkörper *m* конве́ктор *m*
konvergent *(Math)* сходя́щийся, конверге́нтный
Konvergenz *f (Math)* сходи́мость *f*, конверге́нция *f*
Konvergenz... конверге́нтный
Konvergenzkreis *m (Math)* круг сходи́мости
Konvergenzkriterium *n (Math)* при́знак *m* сходи́мости
Konvergenzpunkt *m (Mech, Meteo)* то́чка *f* сходи́мости
Konversion *f* конве́рсия *f*
~/innere *(Kern)* вну́тренняя конве́рсия *f*
Konverter *m* 1. *(Met)* конве́ртер *m*; 2. *(Kern)* реа́ктор-конве́ртер *m*, конве́ртер *m*; 3. *(El)* преобразова́тель *m*
~/basischer *(Met)* тома́совский конве́ртер *m*
~/saurer *(Met)* бессеме́ровский конве́ртер *m*
Konverterfrischverfahren *n s.* Bessemerverfahren
konvertern *(Met)* бессемерова́ть
Konvertern *n (Met)* бессемерова́ние *n*
Konverterprozess *m s.* Bessemerverfahren
Konverterreaktor *m (Kern)* (реа́ктор-)конве́ртер *m*
Konverterstahl *m* конве́ртерная сталь *f*
Konverterverfahren *n s.* Bessemerverfahren
konvertieren преобразо́вывать; конверти́ровать; обраща́ть
Konvertieren *n s.* Konvertierung
Konvertierung *f* 1. *(Math, Inf)* обраще́ние *n*, перево́д *m*; 2. преобразова́ние *n*, конве́рсия *f*
konvex вы́пуклый *(z. B. Linsen)*
Konvexität *f* вы́пуклость *f (z. B. von Linsen)*
konvex-konkav вы́пукло-во́гнутый *(Linsen)*
Konvexkonkavlinse *f (Opt)* вы́пукло-во́гнутая ли́нза *f*
Konvexlinse *f (Opt)* вы́пуклая ли́нза *f*
Konvexspiegel *m (Opt)* вы́пуклое зе́ркало *n*
Konzentrat *n* концентра́т *m*
Konzentration *f* концентра́ция *f*
~/höchstzulässige [maximal zulässige] *(Ökol)* преде́льно допусти́мая концентра́ция *f*, ПДК *f*
~/verträgliche [zulässige] *(Ökol)* допусти́мая концентра́ция *f*
Konzentrator *m* концентра́тор *m (Aufbereitung)*
konzentrieren 1. концентри́ровать; 2. сгуща́ть *(Lösungen)*; 3. обогаща́ть *(Erze)*
Konzentrieren *n* 1. концентри́рование *n*; 2. *(Bgb, Met)* обогаще́ние *n (Erze)*; 3. сгуще́ние *n*, гради́рование *n (von Lösungen durch Abdunsten)*
konzentriert/hoch высококонцентри́рованный
konzentrisch концентри́ческий, концентри́чный
Konzentrizität *f* концентри́чность *f*
Koordinate *f (Math)* координа́та *f*
Koordinaten *fpl (Math)* координа́ты *fpl*
~/dimensionslose безразме́рные координа́ты *fpl*
~/ebene пло́ские координа́ты *fpl*
~ **im Raum** простра́нственные координа́ты *fpl*
~/kartesische дека́ртовы координа́ты *fpl*
~/räumliche простра́нственные координа́ты *fpl*
~/rechtwinklige прямоуго́льные координа́ты *fpl*
~/schiefwinklige косоуго́льные координа́ты *fpl*
Koordinatenachse *f (Math)* ось *f* координа́т
Koordinatenausdrehmaschine *f (Wkzm)* координа́тно-расто́чный стано́к *m*
Koordinatenbohrmaschine *f (Wkzm)* координа́тно-сверли́льный стано́к *m*
Koordinatennetz *n* координа́тная се́тка *f*
Koordinatenschreiber *m* координато́граф *m*, графопострои́тель *m*
Koordinatensystem *n (Math)* систе́ма *f* координа́т
Koordinatentisch *m (Opt)* координа́тный стол *m*
Koordinationsbindung *f (Ch)* координацио́нная связь *f*

Koordinationsverbindung *f (Ch)* координацио́нное соедине́ние *n*
Koordinationszahl *f (Krist)* координацио́нное число́ *n*
Koordinatograph *m s.* Koordinatenschreiber
Koordinierung *f* согласова́ние *n*
Köper *m (Text)* са́ржа *f (Weberei)*
Köperbindung *f (Text)* са́ржевое переплете́ние *n*
Kopf *m* 1. голо́вка *f*; 2. заголо́вок *m* *(einer Tabelle)*
~/verlorener *(Gieß)* при́быль *f (Gussblock)*
Kopfbahnhof *m (Eb)* тупико́вая ста́нция *f*
Kopfbügel *m* оголо́вье *n (von Kopfhörern)*
Kopfdüngung *f (Lw)* подко́рмка *f*
Köpfer *m (Lw)* ботвосреза́тель *m (zur Rübenernte)*
Köpfgerät *n (Lw)* ботвосреза́тель *m* *(zur Rübenernte)*
Kopfgleis *n (Eb)* тупи́к *m*
Kopfguss *m (Gieß)* разли́вка *f* сверху́
Kopfhörer *m* головно́й телефо́н *m*; нау́шники *mpl*; *(Flg)* шлемофо́н *m* *(mit Kopfhörer und Kehlkopfmikrophon)*
Köpflader *m (Lw)* ботвосреза́тель-погру́зчик *m (zur Rübenernte)*
Kopfstück *n* голо́вка *f*, ве́рхная часть *f*
Kopfstütze *f (Kfz)* подголо́вник *m*
~/verstellbare регули́руемый подголо́вник *m*
Kopie *f* ко́пия *f*; *(Photo)* отпеча́ток *m*
Kopier... *(Wkzm)* копирова́льный
Kopierapparat *m* копирова́льный аппара́т *m*
Kopiereffekt *m (Ak)* копирэффе́кт *m*
Kopieren *n* копи́рование *n*
Kopiergerät *n* копирова́льный аппара́т *m*
Kopiermaschine *f (Kine)* копирова́льный стано́к *m*
Kopierstift *m* хими́ческий каранда́ш *m*
Kopiertaster *m (Wkz)* копирова́льный щуп *m*
koplanar *(Math)* компланáрный
Koppelgerät *n (Lw)* сце́пка *f*
koppeln 1. *(Rf)* свя́зывать, соединя́ть; 2. *(Raumf)* производи́ть стыко́вку
Koppeln *n (Raumf)* стыко́вка *f*
Koppelschleife *f (Masch)* кули́сный механи́зм *m*
Koppelschleuse *f* многока́мерный [многоступе́нчатый] шлюз *m*
Koppler *m (El, Eln)* 1. ответви́тель *m*; 2. элеме́нт *m* свя́зи
~/optischer *(Eln)* оптро́н *m*
Kopplung *f* 1. *(Nrt, Rf, TV)* связь *f*; 2. *(Inf)* объедине́ние *n (von Rechnern)*; 3. сопряже́ние *n*; 4. *(Raumf)* стыко́вка *f*
~/feste си́льная [жёсткая] связь *f*
~/gegenseitige взаи́мная связь *f*, взаимосвя́зь *f*
~/induktive *(Rf)* индукти́вная связь *f*
~/kapazitive *(Rf)* ёмкостная связь *f*
~/optische опти́ческая связь *f*
~/starre *s.* ~/feste
Kopplungselement *n (El, Eln)* элеме́нт *m* свя́зи
Kopplungsglied *n (El, Eln)* элеме́нт *m* свя́зи
Koprozessor *m (Inf)* сопроце́ссор *m*
Kops *m (Text)* поча́ток *m (Spinnerei)*
Korallenriff *n* кора́лловый риф *m*
Korb *m* 1. ко́роб *m*; 2. *(Bgb)* клеть *f*; 3. *(Flg)* гондо́ла *f (eines Ballons)*
Korbflasche *f* оплетённая буты́ль *f*
Kord *m* корд *m*
kordeln *(Fert)* нака́тывать
Kordeln *n (Fert)* нака́тка *f*
kordieren *(Fert)* нака́тывать
Kordieren *n (Fert)* нака́тка *f*
Kordierung *f (Fert)* нака́тка *f (Zustand)*
Kordreifen *m (Kfz)* ко́рдная ши́на *f*
Kork *m* про́бка *f*
Korken *m* про́бка *f*
Korkenzieher *m* што́пор *m*
Korkenzieherregel *f (El)* пра́вило *n* бура́вчика
Korkrinde *f* про́бка *f*
Korn *n* 1. *(Lw)* зерно́ *n*; 2. гра́нула *f*; части́ца *f*; 3. му́шка *f (einer Visiereinrichtung)*
körnen *s.* ankörnen
Körnen *n s.* Ankörnen
Körner *m* 1. *(Wkz)* ке́рнер *m (Anreißwerkzeug)*; 2. *s.* Körnungspunkt
Körnerspitze *f (Wkzm)* (упо́рный) центр *m*
Kornfeinheit *f* мелкозерни́стость *f*

Kornfraktion *f (Ch)* фрáкция *f (Aufbereitung)*
Korngrenzenkorrosion *f* межкристаллúтная коррóзия *f*
Korngrenzenseigerung *f (Wkst)* дендрúтная ликвáция *f*
Korngröße *f* зернúстость *f*; крýпность *f*
Korngrößen... гранулометрúческий
Korngrößenklasse *f s.* Kornklasse
Korngrößenverteilung *f* гранулометрúческий состáв *m*, гранулометрия *f*
Korngrößenverteilungskurve *f* гранулогрáмма *f*
Korngrößenzusammensetzung *f* гранулометрия *f*, гранулометрúческий состáв *m*
körnig зернúстый
Körnigkeit *f* зернúстость *f*
Körnigkeitsmesser *m (Photo)* гранулóметр *m*
Körnigmachen *n* грануля́ция *f*
Kornklasse *f (Wkst)* класс *m* крýпности
Kornseigerung *f* дендрúтная ликвáция *f*
Kornstufe *f* фрáкция *f* зерновóго состáва *(Aufbereitung)*
Körnung *f* 1. крýпность *f* частúц [зёрен], зернúстость *f*; 2. *s.* Korngrößenverteilung; 3. зернúстость *f* (абразúвного материáла); 4. *(Photo)* грануля́рность *f*
Körnungspunkt *m (Fert)* керн *m*
Kornverteilung *f s.* Korngrößenverteilung
Kornverteilungs... гранулометрúческий
Kornzusammenballung *f (Photo)* клáстер *m*
Kornzusammensetzung *f s.* Korngrößenverteilung
Korona *f (Astr, El)* корóна *f*
~/galaktische *(Astr)* галактúческая корóна *f*
Korona... корóнный
Koronaentladung *f (El)* кóронный разря́д *m*
Koronaerscheinung *f (El)* коронúрование *n*
Koronograph *m (Astr)* коронóграф *m*
Körper *m* 1. тéло *n*; 2. *(Wkz)* кóрпус *m*; 3. *(Math)* пóле *n*
~/absolut schwarzer *(Therm)* абсолю́тно чёрное тéло *n*
~/absolut starrer *(Mech)* абсолю́тно твёрдое тéло *n*
~/elastischer *(Mech)* упрýгое тéло *n*
~/euklidischer *(Mech)* жёсткое тéло *n*
~/fester *(Mech)* твёрдое тéло *n*
~/grauer *(Opt)* сéрое тéло *n*
~/heterogener *(Ph)* неоднорóдное тéло *n*
~/homogener *(Ph)* однорóдное тéло *n*
~/ideal schwarzer *(Therm)* абсолю́тно чёрное тéло *n*
~/ideal starrer *(Mech)* абсолю́тно твёрдое тéло *n*
~/rotationssymmetrischer *(Mech)* тéло *n* вращéния
~/starrer *(Mech)* жёсткое тéло *n*
~/vollkommen starrer *(Mech)* абсолю́тно твёрдое тéло *n*
Korpuskel *n (Kern)* корпýскула *f*
korpuskular *(Kern)* корпускуля́рный
Korpuskularstrahlung *f* корпускуля́рное излучéние *n*
Korpuskulartheorie *f* корпускуля́рная теóрия *f (des Lichtes)*
Korrasion *f (Geol)* коррáзия *f*
Korrektur *f* 1. попрáвка *f*, коррéкция *f*; 2. *(Typ)* корректýра *f*; 3. исправлéние *n*, корригúрование *n*; 4. *(Masch)* коррéкция *f (Zahnrad)*
Korrekturcode *m* корректúрующий код *m*
Korrektureinrichtung *f (Nrt)* коррéктор *m*
Korrekturfahne *f (Typ)* грáнка *f*
Korrekturglied *n (Nrt)* коррéктор *m*
Korrelation *f* корреля́ция *f*
Korrelations... корреляциóнный
Korrelationsanalyse *f (Math)* корреляциóнный анáлиз *m*
Korrelationsmesser *m* коррелóметр *m*
korrelativ корреляти́вный, соотнoсúтельный
Korrelator *m (El)* корреля́тор *m*
korrelieren коррелúровать
Korridor *m* коридóр *m*
korrigieren исправля́ть, корректúровать
korrodieren корродúровать
Korrosion *f* коррóзия *f*

~/**atmosphärische** атмосфéрная коррóзия *f*
~/**chemische** химúческая коррóзия *f*
~/**elektrochemische** электрохимúческая коррóзия *f*, электрокоррóзия *f*
~/**interkristalline** межкристаллúтная коррóзия *f*, микрокоррóзия *f*
~/**lokale [örtliche]** мéстная коррóзия *f*
~/**punktförmige** тóчечная коррóзия *f*
~/**selektive** избирáтельная коррóзия *f*
Korrosions... коррозúйный, коррозиóнный
Korrosionsanfälligkeit *f* склóнность *f* к коррóзии
Korrosionsangriff *m* коррозиóнное разрушéние *n*
korrosionsbeständig коррозиеустóйчивый, коррозионностóйкий, коррозионноустóйчивый
Korrosionsbeständigkeit *f* коррозиеустóйчивость *f*, коррозиóнная стóйкость [устóйчивость] *f*
Korrosionsermüdung *f* коррозиóнная устáлость *f*
korrosionsfest *s.* korrosionsbeständig
Korrosionsfestigkeit *f s.* Korrosionsbeständigkeit
korrosionshemmend антикоррозиóнный
Korrosionsinhibitor *m* антикоррозúйная присáдка *f*, ингибúтор *m* коррóзии
Korrosionsmedium *n* коррозиóнная средá *f*
Korrosionsneigung *f* склóнность *f* к коррóзии
Korrosionsprüfung *f* коррозиóнное испытáние *n*
Korrosionsschutz *m* защúта *f* от коррóзии
Korrosionsschutz... противокоррозиóнный
korrosionsschützend противокоррозиóнный
Korrosionsschutzschicht *f* антикоррозиóнное покрытие *n*
Korrosionsversuch *m* коррозиóнное испытáние *n*
Korrosionsverzögerer *m s.* Korrosionsinihibitor
korrosiv коррозúйный, коррозиóнный
Korrosivität *f* коррозúйность *f*, коррозиóнная актúвность *f*
Korund *m (Min, Fert)* корýнд *m*
Kosekans *m (Math)* косéканс *m*, cosec
Kosinus *m (Math)* кóсинус *m*, cos
kosinusförmig *(Math)* косинусоидáльный
Kosinusgesetz *n* /**lambertsches** *(Math)* закóн *m* Лáмберта
Kosinuslinie *f (Math)* косинусóида *f*
kosmisch космúческий
Kosmochemie *f* космохúмия *f*
Kosmodrom *n* космодрóм *m*
Kosmogonie *f (Astr)* космогóния *f*
Kosmologie *f* космолóгия *f*
~/**einsteinsche [relativistische]** релятивúстская космолóгия *f*
Kosmonaut *m* космонáвт *m*
Kosmonautik *f* космонáвтика *f*
Kosmos *m* кóсмос *m*
Kosmos... космúческий
Kosten *pl* расхóды *pl*, издéржки *mpl*; стóимость *f*
Kostenanschlag *m* смéта *f* (расхóдов)
Kostensenkung *f* снижéние *n* стóимости
Kostenüberschlag *m* предварúтельная смéта *f*
Kostenvoranschlag *m* предварúтельная смéта *f*
Kotangens *m (Math)* котáнгенс *m*, ctg
Kote *f (Geod)* отмéтка *f* высотÿ
Kotflügel *m (Kfz)* крылó *n*
kotieren отмечáть
kovalent *(Ch)* ковалéнтный
Kovalenz *f (Ch)* ковалéнтность *f*
kovariant *(Math)* ковариáнтный
Kovariante *f (Math)* ковариáнт *m*
kp *s.* Kilopond
kpm *s.* Kilopondmeter
Kr *s.* Krypton
Krachtöter *m (El)* шумоглушúтель *m*
Krack... крéкинговый
Krackanlage *f (Erdöl)* крéкинг-установка *f*
Krackbarkeit *f (Erdöl)* крекúруемость *f*
Krackbenzin *n* крéкинг-бензúн *m*
kracken *(Erdöl)* крекúровать
Kracken *n (Erdöl)* крéкинг *m*, крекúрование *n*
~/**katalytisches** каталитúческий крéкинг *m*

~/thermisches терми́ческий кре́кинг *m*
Krackgas *n* кре́кинг-газ *m*
Krackrückstand *m (Erdöl)* кре́кинг-оста́ток *m*
Krackverfahren *n (Erdöl)* кре́кинг-проце́сс *m*
Kraft *f (Mech)* си́ла *f (Newton)*; уси́лие *n*
~/abstoßende *(Mech)* си́ла *f* отта́лкивания
~/äußere *(Mech)* вне́шняя си́ла *f*
~/effektive эффекти́вная си́ла *f*
~/elektromagnetische электромагни́тная си́ла *f*
~/elektromotorische электродви́жущая си́ла *f*, эдс *m*
~/elektrostatische электростати́ческая си́ла *f*
~/gegenelektromotorische обра́тная электродви́жущая си́ла *f*, проти́воэдс *f*
~/innere *(Mech)* вну́тренняя си́ла *f*
~/konservative *(Mech)* потенциа́льная си́ла *f*
~/magnetomotorische *(El)* магнитодви́жущая си́ла *f*
~/momentan wirkende *(Mech)* мгнове́нная си́ла *f*
~/photoelektromotorische *(El)* фотоэлектродви́жущая си́ла *f*, фотоэдс *m*
~/resultierende *(Mech)* равноде́йствующая си́ла *f*
~/thermoelektr(omotor)ische термоэлектродви́жущая си́ла *f*, те́рмоэдс *f*
~/treibende дви́жущая си́ла *f*
~/veränderliche *(Mech)* переме́нная си́ла *f*
~/zusammengesetzte *(Mech)* корио́лисова си́ла *f*
Kraft... силово́й
Kraftanlage *f* силова́я устано́вка *f*
Kraftarm *m (Mech)* плечо́ *n* си́лы
Krafteck *n (Mech)* силова́я диагра́мма *f*
Kräftedreieck *n (Mech)* силово́й треуго́льник *m*
Kräftegleichgewicht *n (Mech)* равнове́сие *n* сил
Kräftepaar *n (Mech)* па́ра *f* сил
Kräfteparallelogramm *n (Mech)* параллелогра́мм *m* сил
Kräfteplan *m (Mech)* многоуго́льник *m* сил
~/cremonascher [reziproker] диагра́мма *f* Ма́ксвелла-Кремо́ны
Kräftepolygon *n (Mech)* многоуго́льник *m* сил
Kräftezerlegung *f (Mech)* разложе́ние *n* си́лы
Kraftfahrzeug *n* автомоби́ль *m*
~/allradgetriebenes полноприводно́й автомоби́ль *m*
~/geländegängiges автомоби́ль *m* повы́шенной проходи́мости
~ mit Allradantrieb полноприводно́й автомоби́ль *m*
~ mit selbsttragender Karosserie безра́мный автомоби́ль *m*
Kraftfahrzeug... автомоби́льный, автотра́кторный
Kraftfahrzeugelektronik *f* автомоби́льная электро́ника *f*
Kraftfahrzeugindustrie *f* автомоби́льная промы́шленность *f*
Kraftfahrzeugmotor *m* автомоби́льный дви́гатель *m*
Kraftfahrzeugpark *m* автоба́за *f*
Kraftfahrzeugrahmen *m* ра́ма *f* автомоби́ля
Kraftfahrzeugreifen *m* автомоби́льная ши́на *f*, автоши́на *f*
Kraftfahrzeugvergaser *m* автомоби́льный карбюра́тор *m*
Kraftfeld *n (Ph)* силово́е по́ле *n*
Kraftfutter *n (Lw)* концентра́т *m*, концентри́рованный корм *m*
kräftig мо́щный
Kraftlinie *f (El)* силова́я ли́ния *f*
Kraftmaschine *f* энергети́ческая маши́на *f*, маши́на-дви́гатель *f*; силова́я устано́вка *f*
Kraftmessdose *f* мессдо́за *f*
Kraftmessinstrument *n* динамо́метр *m*
Kraftmoment *n (Mech)* моме́нт *m* си́лы
Kraftresultierende *f (Mech)* равноде́йствующая *f* сил
Kraftschalter *m* силово́й элеме́нт *m*
kraftschlüssig *(Masch)* с силовы́м замыка́нием
Kraftstoff *m* то́пливо *n (zum Antrieb von Verbrennungsmotoren)*
~/alternativer биото́пливо *n (Biogas, Rapsöl)*

~/hochklopffester [hochoktaniger] высокооктáновое тóпливо *n*
~/schwerer тяжёлое тóпливо *n*
~/unverbleiter неэтили́рованное тóпливо *n*
~/verbleiter этили́рованное тóпливо *n*
Kraftstoff... тóпливный
Kraftstoffanzeige *f (Kfz)* указáтель *m* ýровня тóплива, бензоуказáтель *m*
Kraftstoffanzeiger *m s.* Kraftstoffanzeige
Kraftstoffbehälter *m* тóпливный бак *m*, бензобáк *m*
Kraftstoffdüse *f* тóпливный жиклёр *m*
Kraftstoffeinspritzdüse *f* тóпливная форсýнка *f*
Kraftstofffilter *n (Kfz)* тóпливный фильтр *m*, бензофи́льтр *m*
Kraftstoffförderung *f (Kfz)* подáча *f* тóплива
Kraftstoffgemisch *n* 1. *(Kfz)* горю́чая смесь *f*; 2. тóпливная смесь *f*
Kraftstofflager *n* бензохрани́лище *n*
Kraftstoffleitung *f (Kfz)* топливопровóд *m*, бензопровóд *m*
Kraftstoff-Luft-Gemisch *n* топливовоздýшная смесь *f*
Kraftstoff-Momentanverbrauchsanzeige *f (Kfz)* указáтель *m* мгновéнного расхóда тóплива
Kraftstoffpumpe *f (Kfz)* бензи́новый [тóпливный] насóс *m*, бензонасóс *m*
Kraftstofftank *m* тóпливный бак *m*
Kraftstofftankwagen *m* (автомоби́ль-) топливозапрáвщик *m*
Kraftstoffübernahme *f* заправка *f* горю́чим
Kraftstoffverbrauch *m* расхóд *m* тóплива
Kraftstoffverbrauchsmesser *m* тóпливный расходомéр *m*
Kraftstoffzerstäubung *f (Kfz)* карбюрáция *f*
Kraftstoffzufuhr *f (Kfz)* подáча *f* тóплива
Kraftübertragung *f (Eb)* силовáя передáча *(der Lok)*
Kraftverkehr *m* автомоби́льный трáнспорт *m*, автотрáнспорт *m*
Kraftverkehrsbetrieb *m* автохозя́йство *n*
Kraftverstärker *m* силовóй усили́тель *m*; *(Flg)* бýстер *m*
~/hydraulischer *(Flg)* бýстер *m*
Kraftwagen *m s.* Kraftfahrzeug
Kraftwagen... *s.* Kraftfahrzeug...
Kraftwerk *n* электростáнция *f*
~/fahrbares передвижнáя электростáнция *f*
~/geothermisches геотермáльная электростáнция *f*
~/mobiles передвижнáя электростáнция *f*
~/ortsveränderliches передвижнáя электростáнция *f*
~/regionales райóнная электростáнция *f*
~/thermonukleares термоя́дерная электростáнция *f*
Kraftwerksblock *m (En)* блок *m*, энергоблóк *m*
Kraftwerksturbine *f* энергети́ческая турби́на *f*
Kraftwerksturbosatz *m* энергети́ческий турбоагрегáт *m*
Kraftzylinder *m* силовóй цили́ндр *m*; *(Hydr)* рабóчий цили́ндр *m*
Krag... консóльный
Kragarm *m (Bw)* консóль *f*
Kragbrücke *f* консóльный мост *m*
Kragen *m* 1. *(Fert)* отбортóвка *f (von Werkstücken)*; 2. *(Meteo)* вóрот *m*
Kragstein *m (Bw)* кронштéйн *m*
Kragträger *m (Bw)* консóльная бáлка *f*
krählen *(Met)* перемéшивать *(Erze beim Rösten)*
Krählen *n (Met)* перемéшивание *n (Erze beim Rösten)*
Kralle *f (Wlz)* захвáтка *f*
Kran *m* кран *m*
~/fliegender вертолёт-кран *m*
Kranausleger *m* стрелá *f* крáна
Kranbahnschiene *f* подкрáновый рельс *m*
Kranbahnträger *m* подкрáновая бáлка *f*
krängen *(Schiff)* крени́ться, наклоня́ться
Krängung *f (Schiff)* крен *m*
Krängungs... *(Schiff)* крéновый
Krängungsdeviation *f (Schiff)* крéновая девиáция *f*

Krängungsmesser *m (Schiff)* кренóметр *m*, креномéр *m*; *(Schiff)* клинóметр *m*
Krängungswinkel *m (Schiff)* ýгол *m* крéна
Kranhubschrauber *m* вертолёт-кран *m*
Krankatze *f (Förd)* крáновая [грузовáя] телéжка *f*
Kranwagen *m* вагóн-кран *m*
Kranz *m* 1. венéц *m*; 2. *(Astr)* венéц *m*; ореóл *m*; 3. *(Masch)* венéц *m*; óбод *m (von Zahnrädern)*
Krater *m* 1. *(Geol)* крáтер *m*; кальдéра *f*; ворóнка *f*; 2. *(El)* крáтер *m*; 3. *(Astr)* лýнка *f (Mond)*
Kratzbandförderer *m* скребкóвый конвéйер [транспортёр] *m*
Krätze *f (Met)* съёмы *pl*, дрóссы *pl*; нáкипь *f (NE-Metallurgie)*
Kratzeisen *n* скребóк *m*
Kratzenband *n (Text)* кардолéнта *f*, игóльчатая лéнта *f*
Kratzenbeschlag *m (Text)* игóльчатая гарнитýра *f*
Kratzer *m* скребóк *m*; царáпина *f*, задúр *m*
Kratzerförderer *m s.* Kratzbandförderer
Kratzerkette *f (Bgb)* скребкóвая цепь *f*
Kratz(erketten)förderer *m s.* Kratzbandförderer
Kratzgeräusch *n (Nrt)* потрéскивание *n (Tonbänder)*
Kräuseln *n (Text)* гофрировáние *n*; *(Text)* извивáние *n (Wolle)*
Kräuselung *f (Text)* извúтость *f (Wolle)*
Kreditkarte *f (Inf)* кредúтная кáрта *f*
Kreide *f* мел *m*
Kreidezeit *f* мел *m (Erdzeitalter)*
Kreis *m* 1. круг *m*; 2. *(Math)* круг *m*; *(Math)* окрýжность *f*; 3. *(El, Reg)* кóнтур *m*
~/**elektrischer** *(Reg)* электрúческий кóнтур *m*
~/**geschlossener** *(Reg)* зáмкнутый кóнтур *m*
~/**kleiner** кружóк *m*
~/**mohrscher** *(Fest)* круг *m* Мóра, круг *m* напряжéний (Мóра)
~/**um(be)schriebener** *(Math)* опúсанная окрýжность *f*
Kreis... 1. круговóй; 2. *(Reg)* кóнтурный
Kreisabschnitt *m (Math)* сегмéнт *m* крýга
Kreisausschnitt *m (Math)* кругóвой сéктор *m*
Kreisbahn *f* кругoвáя траектóрия *f*
Kreisbahngeschwindigkeit *f (Raumf)* пéрвая космúческая скóрость *f*
Kreisbewegung *f* кругoвóе движéние *n*
Kreisbogen *m* дугá *f* окрýжности
Kreisbogen... дуговóй
Kreisbogenfunktion *f (Math)* кругoвáя фýнкция *f*
Kreisbogenzahn *m (Masch)* кругoвóй зуб *m*
Kreisdiagramm *n* кругoвáя диагрáмма *f*
Kreisel *m* гироскóп *m*
Kreisel... гироскопúческий
Kreiselazimut *m* гироáзимут *m (Navigation)*
Kreiselbrecher *m* рóторная дробúлка *f*
Kreiselgebläse *n* центробéжная воздуходýвка *f*
Kreiselhalbkompass *m* гирополукóмпас *m*
Kreiselkompass *m* гироскопúческий кóмпас *m*, гирокóмпас *m*
Kreisellot *n (Flg)* гировертикáль *f*
Kreiselmoment *n (Mech)* гироскопúческий момéнт *m*
Kreiselpendel *n (Mech)* гиромáятник *m*, гироскопúческий мáятник *m*
Kreiselpumpe *f* центробéжный насóс *m*, лóпастный насóс *m*
Kreiselradverdichter *m* центробéжный компрéссор *m*
Kreiselsextant *m* гиросекстáнт *m*
Kreiselstabilisator *m* гиростабилизáтор *m*
Kreiselstabilisierung *f* гиростабилизáция *f*
Kreiselsteuerung *f* гироскопúческое управлéние *n*
Kreiseltheodolit *m* гироскопúческий теодолúт *m*
Kreiseltheorie *f (Mech)* гиродинáмика *f*
Kreiselverdichter *m* центробéжный компрéссор *m*
Kreiselvertikale *f (Flg)* гировертикáль *f*
Kreisfläche *f (Math)* плóщадь *f* крýга

Kreisform *f* кру́глость *f*
kreisförmig кругово́й
Kreisformmessinstrument *n* кругломе́р *m*
Kreisfunktion *f (Math)* кругова́я фу́нкция *f*
Kreiskolbenmotor *m s.* Wankelmotor
Kreiskolbenpumpe *f* коловра́тный насо́с *m*
Kreislauf *m* 1. круговоро́т *m*; 2. цикл *m*; 3. циркуля́ция *f*; 4. *Zusammensetzungen s. unter* Kreisprozess
Kreisläufigkeit *f* цикли́чность *f*
Kreislinie *f (Math)* окру́жность *f*
Kreismesserschere *f* ди́сковые но́жницы *pl*
Kreisprozess *m (Therm)* кругово́й проце́сс *m*, цикл *m*
~/carnotscher цикл *m* Карно́
~/geschlossener за́мкнутый цикл *m*
~/offener разо́мкнутый цикл *m*
~/reversibler обрати́мый цикл *m*
~/thermodynamischer теплово́й [термодинами́ческий] цикл *m*
Kreissäge *f* ди́сковая пи́ла *f*
Kreissägeblatt *n (Wkz)* пи́льный диск *m*
Kreissägemaschine *f* круглопи́льный (отрезно́й) стано́к *m*
Kreissegment *n (Math)* сегме́нт *m* кру́га
Kreissektor *m (Math)* кругово́й се́ктор *m*
Kreisstrom *m (El)* кругово́й [кольцево́й] ток *m*
Kreisumfang *m (Math)* окру́жность *f*
Kreisverkehr *m (Kfz)* кругово́е движе́ние *n*
Krempel *f (Text)* (кардо)чеса́льная маши́на *f*
krempeln *(Text)* чеса́ть, прочёсывать *(Baumwolle)*
Krempeln *n (Text)* (кардо)чеса́ние *n (Baumwolle)*
Kreuz *n* крест *m*
Kreuz... перекрёстный
Kreuzbruchfalz *m (Typ)* перпендикуля́рный фальц *m*
Kreuzbruchfalzung *f (Typ)* взаи́мно перпендикуля́рная фальцо́вка *f*
Kreuzdipol *m (El)* крестообра́зный дипо́ль *m*
kreuzen пересека́ть
Kreuzen *n* скреще́ние *n (Züge, Leitungen)*
Kreuzfahrgastschiff *n* круи́зное су́дно *n*
kreuzförmig крестообра́зный
Kreuzgelenk *n* карда́нный шарни́р *m*
Kreuzgelenkkupplung *f (Masch)* шарни́рная му́фта *f*
Kreuzgewölbe *n (Bw)* кресто́вый свод *m*
Kreuzkopf *m (Masch)* крейцко́пф *m*, ползу́н *m*
Kreuzkopfmotor *m* крейцко́пфный дви́гатель *m*
Kreuzmeißel *m (Wkz)* крейцме́йсель *m*
Kreuzmodulation *f (El)* перекрёстная модуля́ция *f*
Kreuzstück *n (Masch)* крестови́на *f*
Kreuzung *f* 1. пересече́ние *n*; 2. пересече́ние доро́г *(Verkehr)*; 3. перекрёсток *m (Verkehr)*; 4. скреще́ние *n (Züge, Leitungen)*, 5. *(El)* транспози́ция *f (von Leitungen)*
~ auf einer Ebene *s.* ~/niveaugleiche
~/niveaugleiche пересече́ние *n* доро́г в одно́м у́ровне *(Verkehr)*
Kreuzungsbauwerk *n (Bw)* путепрово́д *m*
Kreuzungspunkt *m* то́чка *f* пересече́ния
Kreuzungsweiche *f (Eb)* перекрёстный стре́лочный перево́д *m*
Kreuzverband *m (Bw)* кресто́вая связь *f*
Kreuzzapfen *m (Wlz)* треф *m*
Kriech... ползу́чий
kriechbeständig крипоусто́йчивый *(Werkstoffe)*
Kriechbeständigkeit *f* крипоусто́йчивость *f (Werkstoffe)*
Kriechdehnung *f (Wkst)* ползу́честь *f*, крип *m*
Kriechen *n (Wkst)* ползу́честь *f*, крип *m*
kriechend ползу́чий
Kriechgrenze *f (Wkst)* преде́л *m* ползу́чести
Kriechstrom *m (El)* ток *m* уте́чки
Kriechstromableitung *f (El)* пове́рхностная уте́чка *f*
Kriegsschiff *n* вое́нный кора́бль *m*
krispeln *(Led)* нака́тывать

Kristall *m* 1. криста́лл *m*; 2. *(Min)* (го́рный) хруста́ль *m*
~/**doppelbrechender** двоякопреломля́ющий криста́лл *m*
~/**einachsiger** одноо́сный криста́лл *m*
~/**flüssiger** жи́дкий криста́лл *m*
~/**nadelförmiger** иго́льчатый криста́лл *m*
~/**piezoelektrischer** пьезокриста́лл *m*
~/**zweiachsiger** двуо́сный криста́лл *m*
Kristall... 1. кристалли́ческий; 2. хруста́льный
kristallähnlich кристаллообра́зный
Kristallchemie *f* кристаллохи́мия *f*
Kristalldiode *f* кристалли́ческий дио́д *m*
kristallen хруста́льный
Kristallerholung *f* возвра́т *m*
kristallförmig кристаллообра́зный
Kristallgefüge *n* кристалли́ческая структу́ра *f*
Kristallgitter *n* кристалли́ческая решётка *f*
Kristallgitterkonstante *f (Krist)* постоя́нная *f* решётки
Kristallgitterspektrograph *m* кристаллоспектро́граф *m*
Kristallglas *n* хруста́ль *m*
Kristallhalter *m* кристаллодержа́тель *m*
Kristallhalterung *f* кристаллодержа́тель *m*
kristallin кристалли́ческий
~/**nicht** некристалли́ческий
kristallin-flüssig жидкокристалли́ческий
Kristallisation *f* кристаллиза́ция *f*
Kristallisationsfähigkeit *f* кристаллизу́емость *f*
Kristallisationskeim *m (Krist)* центр *m* кристаллиза́ции
Kristallisationsvermögen *n* кристаллизацио́нная спосо́бность *f*
Kristallisationszentrum *n* центр *m* кристаллиза́ции
Kristallisator *m (Ch)* кристаллиза́тор *m*
Kristallisierapparat *m (Ch)* кристаллиза́тор *m*
Kristallisierbarkeit *f* кристаллизацио́нная спосо́бность *f*
kristallisieren кристаллизова́ться
Kristallisierschale *f (Ch)* кристаллиза́тор *m*
Kristallit *m* кристалли́т *m*
Kristallkeim *m* центр *m* кристаллиза́ции
Kristallklasse *f (Krist)* вид *m* симме́трии
Kristallkorn *n* кристалли́т *m*
Kristallmikrophon *n* пьезоэлектри́ческий микрофо́н *m*
Kristallographie *f* кристаллогра́фия *f*
kristallographisch кристаллографи́ческий
Kristalloid *n* кристалло́ид *m*
Kristalloptik *f* кристаллоо́птика *f*
Kristallphase *f (Ph)* кристалли́ческая фа́за *f*
Kristallphysik *f* кристаллофи́зика *f*
Kristallsoda *f* кристалли́ческая со́да *f*
Kristallspektrometer *n* кристалли́ческий (дифракцио́нный) спектро́метр *m*
Kristallstruktur *f* кристалли́ческая структу́ра *f*
Kristallsystem *n (Krist)* (кристалли́ческая) сингони́я *f*, сингони́я *f* криста́ллов, кристалли́ческая [кристаллографи́ческая] систе́ма *f*
~/**hexagonales** гексагона́льная сингони́я *f*
~/**kubisches** куби́ческая сингони́я *f*
~/**monoklines** монокли́нная сингони́я *f*
~/**reguläres** куби́ческая сингони́я *f*
~/**rhombisches** ромби́ческая сингони́я *f*
~/**tetragonales** тетрагона́льная сингони́я *f*
~/**trigonales** тригона́льная сингони́я *f*
~/**triklines** трикли́нная сингони́я *f*
Kristalltonabnehmer *m* пьезоэлектри́ческий звукоснима́тель *m*
Kristallziehen *n* выра́щивание *n* криста́ллов
Kristallzüchten *n* выра́щивание *n* криста́ллов
Kristallzüchtung *f* выра́щивание *n* криста́ллов
Kriterium *n* крите́рий *m*; *(Math)* при́знак *m*
kritisch крити́ческий
Kroki *n (Geod)* кроки́ *n*, набро́сок *m*
Krone *f* 1. *(Hydt)* гре́бень *m (eines Dammes)*; 2. *s.* Bohrkrone

Kröneleisen *n (Bw)* зубча́тка *f*
Kronenmutter *f* коро́нчатая га́йка *f*
Kronglas *n (Opt)* крогла́с *m*, крон *m*
kröpfen изгиба́ть, сгиба́ть
Kröpfen *n s.* Kröpfung 1.
Kröpfung *f* 1. изгиба́ние *n*, сгиба́ние *n*, сгиб *m*; 2. *(Masch, Kfz)* коле́но *n* *(einer Kurbelwelle)*
Krümel *m(n)* кро́шка *f*
Krümelpflug *m (Lw)* плуг-рыхли́тель *m*
krümmen изгиба́ть, сгиба́ть
Krümmer *m (Bw)* отво́д *m*, коле́но *n* *(eines Rohres)*
Krümmung *f* 1. *(Math)* кривизна́ *f*; 2. изги́б *m*, вы́гиб *m*; искривле́ние *n*; закругле́ние *n*; 3. *(Masch, Kfz)* коле́но *n (eines Flusses)*
Krümmungshalbmesser *n (Masch)* ра́диус *m* кривизны́ *(Zahnflanke)*
Krümmungsmittelpunkt *m (Math)* центр *m* кривизны́
Krümmungsradius *m (Math)* ра́диус *m* кривизны́
krumpfarm *(Text)* малоуса́дочный *(Gewebe)*
krumpfecht *(Text)* безуса́дочный *(Gewebe)*
krumpfen *(Text)* уса́живаться *(Gewebe)*
Krumpfen *n (Text)* уса́дка *f (Gewebe)*
krumpffrei *(Text)* безуса́дочный *(Gewebe)*
Krumpffreiausrüstung *f (Text)* бесуса́дочная отде́лка *f (Gewebe)*
Krumpfneigung *f (Text)* уса́дочность *f (Gewebe)*
Kruste *f* 1. ко́рка *f*; 2. кора́ *f (z. B. der Erde)*; 3. на́стыль *f*; 4. на́кипь *f*; 5. наро́ст *m*
Krustenbildung *f* инкруста́ция *f*
Kryochemie *f* криохи́мия *f*
Kryoelektronik *f* криоге́нная электро́ника *f*, криоэлектро́ника *f*
Kryoelement *n (Inf)* криоге́нный элеме́нт *m (Tieftemperatur-Speicherelement)*
kryogen криоге́нный
Kryogen... криоге́нный
Kryogenik *f* криоге́ния *f*
kryogenisch криоге́нный
Kryogenrechner *m* криоге́нная ЭВМ *f*
Kryogenspeicher *m (Inf)* криоге́нная па́мять *f*, криоге́нное запомина́ющее устро́йство *n*
Kryokabel *n* криоге́нный ка́бель *m*, криока́бель *m*
Kryometrie *f* криометри́я *f*
Kryophysik *f* криофи́зика *f*
Kryopumpe *f* криоге́нный насо́с *m*, крионасо́с *m*
Kryorechner *m* криоге́нная ЭВМ *f*, ЭВМ *f* на криоге́нных элеме́нтах
Kryosar *n* криоса́р *m (Tieftemperaturbauteil)*
Kryoskop *n* криоско́п *m*
Kryoskopie *f* криоскопи́я *f*
kryoskopisch криоскопи́ческий
Kryospeicher *m s.* Kryogenspeicher
Kryosphäre *f (Geol)* криосфе́ра *f*
Kryostat *m* криоста́т *m*
Kryotechnik *f* криоге́нная те́хника *f*
Kryotemperatur *f* криоге́нная температу́ра *f*
Kryotron *n* криотро́н *m (Tieftemperaturbauteil)*
Kryotronik *f* криоге́нная электро́ника *f*, криоэлектро́ника *f*
Krypton *n (Ch)* крипто́н *m*, Kr
kt *s.* Karat
Kt *s.* Karat
Ku *s.* Kurtschatovium
Kubatur *f (Math)* кубату́ра *f*
Kübel *m* чан *m*, бадья́ *f*; ковш *m*
Kübel... *(Förd)* ковшо́вый
Kübelaufzug *m* ковшо́вый подъёмник *m*
kubieren *(Math)* возводи́ть в куб
Kubieren *n (Math)* возведе́ние *n* в куб
Kubierung *f (Math)* возведе́ние *n* в куб
Kubikinhalt *m (Math)* кубату́ра *f*
Kubikmeter *m(n) (Forst)* кубоме́тр *m*, куби́ческий метр *m*
Kubikwurzel *f (Math)* куби́ческий ко́рень *m*
Kubikzahl *f (Math)* куб *m*
kubisch *(Krist)* куби́ческий
Kubus *m (Krist)* куб *m*
Küche-Bad-Zelle *f (Bw)* ку́хонно-санита́рный блок *m*
Kuchen *m* 1. оса́док *m*, кек *m*; 2. *(Text)* кули́ч *m*
Küchen-Raumzelle *f (Bw)* блок-ку́хня *f*
Kufe *f* 1. *(Flg)* лы́жа *f*; 2. по́лоз *m*

Kufenfahrwerk *n (Flg)* лыжное шасси́ *n*
Kugel *f* 1. сфе́ра *f*; шар *m*; 2. ша́рик *m*; 3. пу́ля *f*
Kugel... 1. сфери́ческий; 2. шарообра́зный; 3. ша́риковый
Kugelabschnitt *m (Math)* шарово́й сегме́нт *m*
kugelähnlich сферо́идный, сфероида́льный
Kugelausschnitt *m (Math)* шарово́й се́ктор *m*
Kugelblitz *m* шарова́я мо́лния *f*
Kügelchen *n* ша́рик *m*
Kugeldruckhärte *f (Wkst)* тдёрдость *f* по Брине́ллю
Kugeldruckhärteprüfung *f* **nach Shore** *(Wkst)* определе́ние *n* твёрдости по Шо́ру
Kugelfläche *f (Math)* сфе́ра *f*, сфери́ческая пове́рхность *f*, шарова́я пове́рхность *f*
Kugelform *f* сфери́чность *f*
kugelförmig 1. сфери́ческий; шарови́дный, шарообра́зный; 2. *(Wkst)* глобуля́рный *(Gefüge)*
Kugelfunktion *f (Math)* сфери́ческая фу́нкция *f*, шарова́я фу́нкция *f*
Kugelgelenk *n* шарово́й шарни́р *m*
Kugelgestalt *f* сфери́чность *f*
kugelig *(Wkst)* глобуля́рный *(Gefüge)*
Kugelkalotte *f (Wkst)* лу́нка *f (Brinellhärteprüfung)*
Kugelkoordinaten *fpl (Math)* сфери́ческие координа́ты *fpl*
Kugellager *n (Masch)* шарикоподши́пник *m*
Kugelmühle *f* шарова́я ме́льница *f*
Kugelresonator *m (El)* сфери́ческий резона́тор *m*
Kugelschicht *f (Math)* сфери́ческий слой *m*
Kugelschreiber *m* ша́риковая авторучка *f*
Kugelsegment *n (Math)* шарово́й сегме́нт *m*
Kugelsektor *m (Math)* шарово́й се́ктор *m*
kugelsicher пулесто́йкий
Kugelstrahlen *n (Fert)* дробестру́йная обрабо́тка *f*
Kugelstrahler *m s.* Isotropstrahler
Kugelwalzwerk *n* шаропрока́тный стан *m*

Kühl... холоди́льный
Kühlanlage *f* холоди́льник *m*, холоди́льная устано́вка *f*
Kühlapparat *m* холоди́льный аппара́т *m*
Kühlbatterie *f (Kält)* охлажда́ющая батаре́я *f*
Kühlcontainer *m* рефрижера́торный конте́йнер *m*
kühlen 1. охлажда́ть; 2. отжига́ть *(Glas)*
Kühlen *n* 1. охлажде́ние *n*; 2. о́тжиг *m* *(Glas)*
Kühler *m* 1. *(Wmt)* радиа́тор *m (von Verbrennungsmotoren)*; 2. *s.* Kühlanlage
Kühlerjalousie *f (Kfz)* жалюзи́ *n* радиа́тора
Kühlfahrzeug *n* автомоби́ль-рефрижера́тор *m*
Kühlflüssigkeit *f* охлажда́ющая жи́дкость *f*
Kühlkammer *f* холоди́льная ка́мера *f*
Kühlkreislauf *m* охлада́ющий ко́нтур *m*
Kühlluft *f* охлажда́ющий во́здух *m*
Kühlmedium *n* охлажда́ющая среда́ *f*
Kühlmischung *f* охлажда́ющая [холоди́льная] смесь *f*
Kühlmittel *n* охлажда́ющая среда́ *f*, охлажда́ющий аге́нт *m*, холодоноси́тель *m*
Kühlmutterschiff *n* плаву́чая рефрижера́торная ба́за *f*
Kühlofen *m (Glas)* обжига́тельная печь *f*
Kühlraum *m* холоди́льная ка́мера *f*
Kühlregister *n (Kält)* охлажда́ющая батаре́я *f*
Kühlrippe *f* охлажда́ющее ребро́ *n*
Kühlschiff *n* рефрижера́торное су́дно *n*, рефрижера́тор *m*
Kühlschrank *m* холоди́льник *m*; холоди́льный шкаф *m*
Kühlstoff *m (Kern)* теплоноси́тель *m (Reaktortechnik)*
Kühltemperatur *f (Glas)* температу́ра *f* о́тжига
Kühltrawler *m (Schiff)* рефрижера́торный тра́улер *m*
Kühltrommel *f* холоди́льный бараба́н *m*
Kühlturm *m* гради́рня *f*

Kühlvorrichtung *f* охлажда́ющее устро́йство *n*
Kühlwagen *m (Eb)* ваго́н-рефрижера́тор *m*, изотерми́ческий ваго́н *m*
Kühlwasser *n* охлажда́ющая вода́ *f*
Kühlzelle *f* морози́лка *f*
Küken *n (El)* про́бка *f (Armaturen)*
Kübel *m (Glas)* ба́ночка *f*
Kulisse *f (Masch)* кули́са *f*
Kulissenstein *m (Masch)* кули́сный ка́мень *m*
kulminieren *(Astr)* кульмини́ровать
Kultivator *m (Lw)* культива́тор *m*
Kultur *f* культу́ра *f*
Kümpeln *n (Umf)* разго́нная (листова́я) штампо́вка *f*
kumulativ кумуляти́вный
Kunde *f* де́ло *n (in Zusammensetzungen)*
Kunden-IC *m (Inf)* заказна́я (интегра́льная) схе́ма *f*, заказна́я ИС *f*
Kunden-IS *m s.* Kunden-IC
kundenorientiert *(Inf)* ориенти́рованный на зака́зчика
Kundenschaltkreis *m s.* Kunden-IC
kundenspezifisch *(Inf)* заказно́й
Kundenwunschschaltkreis *m s.* Kunden-IC
Kunst... иску́сственный
Kunstflug *m* пилота́ж *m*
Kunstharz *n* синтети́ческая смола́ *f*
~/duroplastisches [härtbares] термореакти́вная смола́ *f*
~/thermisches термопласти́ческая смола́ *f*
Kunstleder *n* иску́сственная ко́жа *f*
künstlich иску́сственный
Kunststoff *m* пластма́сса *f*; пла́стик *m*
~/duroplastischer термореакти́вная пластма́сса *f*
~/fluorhaltiger фторопла́ст *m (z. B. Polytetrafluoridethylen)*
~/glasfaserbewehrter [glasfaserverstärkter] стеклопла́стик *m*
~/härtbarer [härtender] термореакти́вная пластма́сса *f*
~/nicht härtbarer [härtender] *s.* ~/thermoplastischer
~/siliciumorganischer кремнийоргани́ческий пла́стик *m*
~/thermoplastischer термопласти́чная пластма́сса *f*, термопла́ст *m*
Kunststoff... пластма́ссовый
Kunststoffgehäuse *n* пластма́ссовый я́щик *m*
Küpe *f (Ch)* куб *m (Lösung oder Bottich)*
Kupellation *f (Met)* купеля́ция *f (NE-Metallurgie)*
Küpenfärberei *f (Text)* ку́бовое краше́ние *n*
Küpenfarbstoff *m (Text)* ку́бовый краси́тель *m*
Kupfer *n* 1. *(Ch)* медь *f*, Cu; 2. *(Met)* медь *f*
~/gediegenes саморо́дная медь *f*
Kupfer... ме́дный
Kupferband *n (El)* ме́дная ши́нка *f*
Kupferblech *n* листова́я медь *f*
Kupferelektrode *f* ме́дный электро́д *m*
kupferführend медено́сный
Kupferglanz *m (Min)* ме́дный блеск *m*
kupferhaltig медьсодержа́щий
kupferkaschiert *(Eln)* фольгиро́ванный ме́дью *(Leiterplatten)*
Kupferkies *m (Min)* халькопири́т *m*
Kupferlasur *f (Min)* ме́дная лазу́рь *f*, азури́т *m*
kupfern ме́дный
kupferreich высокоме́дистый
Kupferschicht *f* ме́дное покры́тие *n*
Kupferschmelz... медеплави́льный
Kupferstein *m* ме́дный штейн *m*
Kupferüberzug *m* ме́дное покры́тие *n*
Kuppe *f* ку́пол *m*
Kuppel *f* ку́пол *m*
Kuppel... сцепно́й
kuppelförmig сво́дчатый
Kuppelgewölbe *n* ку́польный свод *m*
kuppeln сцепля́ть
Kuppeln *n (Kfz)* сцепле́ние *n*
Kuppelschleuse *f* многока́мерный [многоступе́нчатый] шлюз *m*
Kuppelstange *f* 1. *(Eb)* сцепно́е ды́шло *n*, шату́н *m (der Lok)*; 2. *(Kfz)* соедини́тельная тя́га *f*
Kuppelunterbau *m (Bw)* бараба́н *m*
Kuppler *m (Photo)* компоне́нта *f*
Kupplung *f* 1. сцепле́ние *n*; 2. *(Masch)* му́фта *f*; 3. *(Kfz)* сцепле́ние *n*; 4. *(Eb)* сце́пка *f*; 5. *(Schiff)* счал *m (eines Schubschleppers)*; 6. сочлене́ние *n*; сопряже́ние *n*
~/ausrückbare *(Masch)* сцепна́я му́фта *f*

~/**automatische** 1. *(Masch)* автомати́ческая сце́пная му́фта *f*; 2. *(Kfz)* автомати́ческое сцепле́ние *n*; 3. *(Eb)* автосце́пка *f*
~/**bewegliche** *(Masch)* подви́жное соедине́ние *n*; подви́жная му́фта *f*
~/**elastische** *(Masch)* ги́бкая [упру́гая] му́фта *f*
~/**lösbare** *(Masch)* сцепна́я му́фта *f*
~/**reibschlüssige** *(Masch)* фрикцио́нная му́фта *f*
~/**schaltbare** *(Masch)* сцепна́я му́фта *f*
~/**selbsttätige** автосце́пка *f*
~/**starre** *(Masch)* жёсткая му́фта *f*, глуха́я му́фта *f*
Kupplungs... сцепно́й
Kupplungsautomat *m (Kfz)* автомати́ческое сцепле́ние *n*
Kupplungsbolzen *m (Masch)* шкво́рень *m*
Kupplungsfußhebel *m (Kfz)* педа́ль *f* сцепле́ния
Kupplungshälfte *f (Masch)* полуму́фта *f*
Kupplungslamelle *f (Kfz)* диск *m* сцепле́ния
Kupplungspedal *n (Kfz)* педа́ль *f* сцепле́ния
Kupplungsscheibe *f (Kfz)* диск *m* сцепле́ния
Kurbel *f* 1. ру́чка *f*; рукоя́тка *f*; 2. *(Masch)* кривоши́п *m*
Kurbelgehäuse *n (Kfz)* ка́ртер *m* (дви́гателя)
Kurbelgetriebe *f (Masch)* кривоши́пно-шату́нный механи́зм *m*, кривоши́пная переда́ча *f*
Kurbellager *n (Masch)* коренно́й подши́пник *m*
Kurbelpresse *f* кривоши́пный [рыча́жный] пресс *m*; эксце́нтриковый пресс *m*
Kurbelschleife *f (Masch)* кули́сный механи́зм *m*
Kurbeltrieb *m s.* Kurbelgetriebe
Kurbelwange *f (Masch)* щека́ *f* коле́нчатого ва́ла
Kurbelwelle *f (Masch)* коле́нчатый вал *m*; *(Masch)* коренно́й вал *m (bei Kolbenmaschinen)*
~/**gebaute** составно́й коле́нчатый вал *m (eines Verbrennungsmotors)*
Kurbelwellenlager *n (Masch)* коренно́й подши́пник *m*
Kurrleine *f* ва́ер *m (Schleppnetzfischerei)*
Kurs *m* курс *m (Navigation)*
~/**missweisender** магни́тный курс *m*
~/**rechtweisender** и́стинный курс *m*
Kursabsetzer *m (Schiff)* автопрокла́дчик *m*
Kursanzeiger *m (Flg)* указа́тель *m* ку́рса, курсоуказа́тель *m*
Kursfunkbake *f* курсово́й радиомая́к *m*
Kursfunkfeuer *n* курсово́й радиомая́к *m*
Kursgeber *m* курсопрокла́дчик *m*, курсозада́тчик *m (Navigation)*
Kursivschrift *f* курси́вный шрифт *m*
Kurskreisel *m* гироа́зимут *m (Navigation)*
Kursrechner *m* вычисли́тель *m* ку́рса *(Navigation)*
Kursschreiber *m* курсо́граф *m (Navigation)*
Kurswagen *m (Eb)* ваго́н *m* прямо́го сообще́ния
Kursweiser *m s.* Kursanzeiger
Kurtschatovium *n (Ch)* курчато́вий *m*, Ku *(Element 104)*
Kurve *f* кри́вая *f*; гра́фик *m*
~/**ballistische** *(Mech)* баллисти́ческая кри́вая *f*
~/**charakteristische** характеристи́ческая кри́вая *f*
~/**ebene [flache]** *(Math)* пло́ская кри́вая *f*
kurvenbetätigt *(Masch)* кулачко́вый
Kurvengetriebe *n (Masch)* кулачко́вая переда́ча *f*; кулачко́вый механи́зм *m*
Kurvenkörper *m (Wkzm)* кулачо́к *m*
Kurvenlineal *n* лека́ло *n*
Kurvenmechanismus *m (Masch)* кулачко́вый механи́зм *m*
Kurvenmesser *m* курвиме́тр *m*
Kurvenprofil *n* криволине́йный про́филь *m*
Kurvenschablone *f (Wkzm)* копи́р *m*
Kurvenschar *f (Math)* семе́йство *n* кривы́х
Kurvenscheibe *f (Masch)* ди́сковый кулачо́к *m*
Kurvenschreiber *m* графопострои́тель *m*

Kurvensteuerung *f (Masch)* кулачко́вое управле́ние
Kurvenstück *n (Masch)* ди́сковый кулачо́к *m*
Kurventräger *m (Wkzm)* кулачо́к *m*
Kurventrieb *m (Masch)* кулачко́вый механи́зм *m*
Kurvenverhalten *n (Kfz)* усто́йчивость *f* на поворо́тах, повора́чиваемость *f*, поворо́тливость *f*
Kurvenverlauf *m* ход *m* криво́й
Kurvenwelle *f (Masch)* распредели́тельный вал *m*
Kurvimeter *n* курвиме́тр *m*
Kurz... коро́ткий; сокращённый
kurzbrennweitig *(Opt)* короткофо́кусный *(Objektive)*
kürzen 1. укора́чивать; 2. *(Math)* сокраща́ть *(Brüche)*
Kürzen *n (Math)* сокраще́ние *n (von Brüchen)*
kurzfaserig коротковолокни́стый
Kurzfilm *m* короткометра́жный кинофи́льм *m*
kurzflammig короткопла́менный *(Kohle)*
kurzgeschlossen *(El)* за́мкнутый на́коротко, короткоза́мкнутый, закоро́ченный
Kurzhals... короткого́рлый
kurzhalsig короткого́рлый
Kurzhuber *m* короткохо́дный дви́гатель *m*
Kurzhubhonen *n (Fert)* суперфиниши́рование *n*
Kurzhubmotor *m* короткохо́дный дви́гатель *m*
Kurzhubziehschleifen *n (Fert)* суперфиниши́рование *n*
Kurzprüfung *f* уско́ренное испыта́ние *n*
kurzschließen *(El)* замыка́ть на́коротко, закора́чивать
Kurzschließen *n (El)* закора́чивание *n*
Kurzschluss *m (El)* коро́ткое замыка́ние *n*
Kurzschluss... *(El)* короткоза́мкнутый
Kurzschlussanker(motor) *m (El)* короткоза́мкнутый дви́гатель *m*
Kurzschlussbrücke *f (El)* закора́чивающая перемы́чка *f*
Kurzschlussbügel *m (El)* закора́чивающая перемы́чка *f*
Kurzschlusskäfig *m (El)* бе́личья [короткоза́мкнутая] кле́тка *f*
Kurzschlusskennlinie *f (El)* характери́стика *f* коро́ткого замыка́ния
Kurzschlussläufer *m (El)* короткоза́мкнутый ро́тор *m*
Kurzschlussläufermotor *m (El)* короткоза́мкнутый дви́гатель *m*
Kurzschlussschieber *m (El)* замыка́тель *m*
Kurzschlussstrom *m (El)* ток *m* коро́ткого замыка́ния
kurzstapelig *(Text)* коротковолокни́стый
Kurzstart *m (Flg)* взлёт *m* с коро́тким разбе́гом, укоро́ченный взлёт *m*
Kurzstartflugzeug *n* самолёт *m* укоро́ченного взлёта
Kurzstreckenfunknavigation *f* бли́жняя радионавига́ция *f*
Kurzstreckennavigation *f* бли́жняя навига́ция *f*
Kurzstreckenrakete *f* ракéта *f* бли́жнего де́йствия, ракéта *f* ма́лой да́льности
Kurzstreckentrawler *m* тра́улер *m* бли́жнего ло́ва
Kurzverzögerungssprengen *n (Bgb)* короткозаме́дленное взрыва́ние *n*
Kurzwellen *fpl (Rf)* коро́ткие во́лны *fpl*
Kurzwellen... *(Rf)* коротково́лновый
Kurzwellenband *n (Rf)* коротково́лновый диапазо́н *m*
Kurzwellenbereich *m (Rf)* коротково́лновый диапазо́н *m*
Kurzwellenempfänger *m (Rf)* коротково́лновый приёмник *m*
Kurzwellensender *m* коротково́лновый переда́тчик *m*
kurzwellig *(Rf)* коротково́лновый
Kurzzeichen *n* си́мвол *m*, усло́вное обозначе́ние *n*
Kurzzeit... кратковре́менный
Kurzzeitbetrieb *m* кратковре́менный режи́м *m*
kurzzeitig кратковре́менный
Kurzzeitparken *n (Kfz)* кратковре́менная стоя́нка *f*
Kurzzeitparkplatz *m (Kfz)* кратковре́менная стоя́нка *f*
Kurzzeitprüfung *f* кратковре́менное [уско́ренное] испыта́ние *n*

Kurzzeitspeicher *m (Inf)* кратковре́менная па́мять *f*, кратковре́менное запомина́ющее устро́йство *n*
Küste *f* бе́рег *m (Meer)*
Küsten... берегово́й
Küstenfahrer *m* кабота́жное су́дно *n*
Küstenfahrt *f (Schiff)* кабота́ж *m*
Küstenfesteis *n (Hydrol)* припа́й *m*
Küstenfischerei *f* прибре́жное рыболо́вство *n*, прибре́жный лов *m*
Küstenfunkstelle *f* берегова́я радиоста́нция *f*
Küstenmotorschiff *n* кабота́жный теплохо́д *m*
Küstenschiff *n* кабота́жное су́дно *n*
Küstenzone *f (Hydrol)* берегова́я [прибре́жная] зо́на *f*
Kutter *m* шлю́пка *f*; ка́тер *m*
Küvette *f* кюве́та *f*
kV *s.* Kilovolt
kvar *s.* Kilovar
kW *s.* Kilowatt
K-Wagen *m* карт *m (kleiner Rennwagen)*
KW-Band *n (Rf)* коротково́лновый диапазо́н *m*
KW-Bereich *m (Rf)* коротково́лновый диапазо́н *m*
KW-Empfänger *m (Rf)* коротково́лновый приёмник *m*
kWh *s.* Kilowattstunde
KW-Sender *m* коротково́лновый переда́тчик *m*
Kybernetik *f* киберне́тика *f*
~/technische техни́ческая киберне́тика *f*
kybernetisch кибернети́ческий

L

L *s.* Lambert
l *s.* Liter
La *s.* Lanthan
la *s.* Lambert
La *s.* Lambert
labil неусто́йчивый, нестаби́льный, лаби́льный
Labor *n* лаборато́рия *f*
Labor... лаборато́рный
Laboratorium *n* лаборато́рия *f*
Laboratoriums... лаборато́рный
Laborgeräte *npl* хими́ческая посу́да *f*
Laborversuch *m* лаборато́рное испыта́ние *n*
Labyrinth *n* лабири́нт *m*
Labyrinthdichtung *f (Masch)* лабири́нтное уплотне́ние *n*, лабири́нт *m*
Lack *m* 1. лак *m*; 2. *(Eln)* (фото)рези́ст *m*; 3. *(Gieß)* кра́ска *f*
~/kalthärtender [lufttrocknender] лак *m* возду́шной [холодно́й] су́шки
Lack... ла́ковый
Lackgewebe *n* лакотка́нь *f*
Lackieren *n* лакирова́ние *n*
Lackierroboter *m* окра́сочный промы́шленный ро́бот *m*
Lackierung *f* лакирова́ние *n*
Lackmaske *f (Eln)* фоторези́стная ма́ска *f*
Lackmuspapier *n (Ch)* ла́кмусовая бума́га *f*, ла́кмус *m*
Lack- und Farben... лакокра́сочный
Lack- und Farbenindustrie *f* лакокра́сочная промы́шленность *f*
Lade *f (Text)* бата́н *m*
Lade... 1. грузово́й, погру́зочный; 2. *(El)* заря́дный
Ladebaum *m (Schiff)* грузова́я стрела́ *f*
Ladebefehl *m (Inf)* кома́нда *f* загру́зки
Ladebrücke *f (Eb)* эстака́да *f*
Ladeeinrichtung *f* заря́дное устро́йство *n (für Akkumulatoren)*
Ladefähigkeit *f (Förd)* грузоподъёмность *f*
Ladegerät *n* 1. *(El)* заря́дный агрега́т *m*, заря́дное устро́йство *n (für Akkumulatoren)*; 2. *(Förd)* погру́зчик *m*
Ladegut *n* груз *m*
Ladeinhalt *m* грузовмести́мость *f*
Ladekapazität *f (El)* заря́дная ёмкость *f*
Ladekette *f (Förd)* грузова́я цепь *f*
Ladekreis *m (El)* заря́дная цепь *f*
Ladeluke *f (Schiff)* грузово́й люк *m*
Lademarke *f (Schiff)* грузова́я ма́рка *f*
Lademaschine *f (Förd)* погру́зчик *m*, погру́зочная маши́на *f*
Lademodul *m (Inf)* загру́зочный мо́дуль *m*
laden 1. *(Förd)* грузи́ть, погружа́ть; 2. *(El)* заряжа́ть; 3. *(Inf)* загружа́ть
Laden *n* 1. *(Förd)* погру́зка *f*, загру́зка *f*; 2. *(El)* заря́дка *f*, заряжа́ние *n*;

заря́д *m (Akkumulatoren)*; 3. *(Inf)* загру́зка *f (Programme)*; 4. *(Photo)* запра́вка *f (Film)*; 5. *(Text)* заря́дка *f*
Ladenanschlag *m (Text)* прибо́й *m* бата́на
Ladenbalken *m (Text)* брус *m* бата́на
Ladenbaum *m (Text)* брус *m* бата́на
Ladeprogramm *n (Inf)* загру́зчик *m*
Ladeprogramm *n (Inf)* програ́мма-загру́зчик *f*, загру́зочная програ́мма *f*
Lader *m* 1. *s.* Lademaschine; 2. *s.* Ladeprogramm; 3. *(Förd)* тра́ктор-погру́зчик *m*; 4. *(Masch)* компре́ссор *m*; 5. нагнета́тель *m (Verbrennungsmotoren)*
Laderampe *f* погру́зочная платфо́рма *f*
Laderaum *m* 1. грузовмести́мость *f*; 2. *(Schiff)* (грузово́й) трюм *m*
Ladermotor *m* дви́гатель *m* с надду́вом
Ladeschalter *m (Kfz)* реле́ *n* обра́тного то́ка
Ladeschlepper *m (Förd)* тра́ктор-погру́зчик *m*
Ladestation *f (El)* заря́дная ста́нция *f*
Ladestrom *m (El)* заря́дный ток *m*
Ladestromkreis *m (El)* заря́дная цепь *f*
Ladetonnage *f (Schiff)* грузово́й тонна́ж *m*
Lade- und Löscharbeiten *fpl (Schiff)* погру́зочно-разгру́зочные рабо́ты *fpl*
Lade- und Löschbetrieb *m (Schiff)* грузообрабо́тка *f*
Lade- und Löschliegeplatz *m (Schiff)* грузово́й прича́л *m*
Ladewinde *f* грузова́я лебёдка *f*
Ladezustand *m (El)* заряжённость *f*
Ladung *f* 1. *(Förd)* груз *m*; 2. *(El, Ph)* заря́д *m*; 3. наполне́ние *n (eines Verbrennungsmotors)*
~/elektrische электри́ческий заря́д *m*
~/negative *(El)* отрица́тельный заря́д *m*
~/positive *(El)* положи́тельный заря́д *m*
~/ungleichnamige *(El)* разноимённый заря́д *m*
Ladungs... *(El)* заря́дный
Ladungsdichte *f (El)* пло́тность *f* заря́да
Ladungserhaltungssatz *m (El)* зако́н *m* сохране́ния заря́да
Ladungsgleichgewicht *n (Ch)* заря́дное равнове́сие *n*
Ladungskonjugation *f (Ph, Eln)* заря́довое сопряже́ние *n*
Ladungskopplung *f (Eln)* заря́довая связь *f*
ladungslos *(Ph)* незаряжённый
Ladungsparität *f* заря́довая чётность *f*
Ladungsschute *f* грузова́я ба́ржа *f*
Ladungsträger *m (Ph)* носи́тель *m* заря́да
Ladungsträgerdurchbruch *m (Eln)* пробо́й *m* носи́телей (заря́да)
Ladungsträgerlawine *f (Eln)* лави́на *f* носи́телей (заря́да)
Ladungsträgerrekombination *f (Eln)* рекомбина́ция *f* носи́телей заря́да
Ladungsträgertransport *m (Eln)* перено́с *m* носи́телей (заря́да)
Ladungswechsel *m (Kfz)* газообме́н *m (Verbrennungsmotor)*
Ladungswechselsteuerung *f (Kfz)* газораспределе́ние *n (Verbrennungsmotor)*
Lage *f* 1. положе́ние *n*; расположе́ние *n*; 2. слой *m*; пласт *m*
~/vorgesehene за́данное положе́ние *n*
lagebestimmt *(Fert)* ориенти́рованный
Lageenergie *f (Mech)* потенциа́льная эне́ргия *f*
lagenförmig слои́стый
Lageplan *m* генера́льный план *m*
Lageplanaufnahme *f (Geod)* горизонта́льная съёмка *f*
Lager *n* 1. склад *m*; депо́ *n*; 2. *(Bw, Masch)* опо́ра *f*; 3. *(Masch)* подши́пник *m*; 4. *(Bgb, Geol)* за́лежь *f*
~/einreihiges *(Masch)* одноря́дный подши́пник *m*
Lagerauge *n (Masch)* гнездо́ *n*
Lagerbuchse *f (Masch)* опо́рная вту́лка *f*
Lageregelung *f* позицио́нное регули́рование *n*
Lagerfähigkeit *f* сохраня́емость *f*
Lagerkäfig *m (Masch)* сепара́тор *m* подши́пника
Lagerkonsole *f (Masch)* кронште́йн *m*
Lagerlegierung *f (Wkst)* подши́пниковый сплав *m*
Lagerluft *f (Masch)* зазо́р *m* в подши́пнике

Lagermetall *n* антифрикционный [подшипниковый] сплав *m*
lagern 1. хранить; укладывать; складировать; 2. опирать; 3. *(Geol)* залегать
~ **lassen** выдерживать *(Bier)*
Lagerschale *f (Masch)* вкладыш *m* (подшипника)
Lagerspiel *n (Masch)* зазор *m* в подшипнике
Lagerstätte *f (Geol, Bgb)* месторождение *n*; залежь *f*
~/**abbauwürdige** промышленное месторождение *n*
~/**erschöpfte** истощённое месторождение *n*
~/**hydrothermale** гидротермальное месторождение *n*
~/**sedimentäre** осадочное месторождение *n*
Lagerung *f* 1. *(Förd)* складирование *n*; хранение *n*; 2. *(Geol)* залегание *n*; наслоение *n*; 3. опирание *n (z. B. eines Trägers)*; опора *f*
~/**diskordante** *(Geol)* несогласное залегание *n*
~/**gleichsinnige** *(Geol)* согласное залегание *n*
~/**konkordante** *(Geol)* согласное залегание *n*
~/**kurzfristige** краткосрочное хранение *n*
~/**langfristige** долгосрочное хранение *n*
~/**mittelfristige** среднесрочное хранение *n*
~/**ungleichsinnige** *(Geol)* несогласное залегание *n*
Lagerungsfrist *f* срок *m* хранения
Lagerweißmetall *n (Wkst)* баббит *m*
Lagerwerkstoff *m (Wkst)* антифрикционный [подшипниковый] материал *m*
Lagerzapfen *m (Masch)* цапфа *f*; шейка *f* вала; *(Kfz)* коренная шейка *f (der Kurbelwelle)*
Lagerzeit *f (Brau)* выдержка *f (von Bier)*
Laktodensimeter *n (Lebm)* лактоденсиметр *m (Milchprüfung)*
Laktometer *n (Lebm)* лактометр *m*, галактометр *m (Milchprüfung)*
Laktoskop *n (Lebm)* лактоскоп *m (Milchprüfung)*
Lambert *n (Opt)* ламберт *m*, Лб *(SI-fremde Einheit der Leuchtdichte)*
lamellar пластинчатый, полосчатый
Lamellargefüge *n (Wkst)* пластинчатая структура *f*
Lamelle *f* пластин(к)а *f*, ламель *f*
Lamellen... пластинчатый
Lamellenfeder *f* пластинчатая пружина *f*
Lamellenkühler *m (Kfz)* пластинчатый радиатор *m*
Lamellenkupplung *f* многодисковая муфта *f*
Lamellenverschluss *m (Photo)* лепестковый затвор *m*
Lamellierung *f* расслоение *n*
laminar 1. ламинарный; безвихревой *(Strömung)*; 2. слоистый
Laminarbewegung *f s.* Laminarströmung
Laminarströmung *f* ламинарное течение *n*, ламинарный поток *m*
Lämpchen *n (El)* лампочка *f*
Lampe *f (El)* лампа *f*
~/**gasgefüllte** газонаполненная [газополная] лампа *f*
Lampen... *(El)* ламповый
Lampenfassung *f (El)* ламповый патрон *m*
Lampenstation *f (Bgb)* ламповая *f*
LAN *n s.* Netz/lokales
Land *n* 1. страна *f*; 2. земля *f*
Landeanflug *m (Flg)* заход *m* на посадку
Landebahn *f (Flg)* посадочная полоса *f*
Landeerlaubnis *f (Flg)* разрешение *n* на посадку
landefähig/senkrecht *(Flg)* вертикальносадящийся
Landefähre *f (Raumf)* посадочный аппарат *m*
Landefreigabe *f (Flg)* разрешение *n* на посадку
Landefunkbake *f* посадочный радиомаяк *m*
Landefunkfeuer *n* посадочный радиомаяк *m*
Landegeschwindigkeit *f (Flg)* посадочная скорость *f*
Landekapsel *f (Raumf)* посадочная капсула *f*, посадочный аппарат *m*

Landeklappe *f (Flg)* поса́дочный щито́к *m*, (поса́дочный) закры́лок *m*
Landekufen *fpl (Flg)* лы́жное шасси́ *n*
Landekurs *m* поса́дочный курс *m*
Landemodul *n (Raumf)* поса́дочный мо́дуль *m*
landen *(Flg)* сади́ться, приземля́ться
landend/senkrecht *(Flg)* вертикаль-носадя́щийся
Landen *n (Flg)* поса́дка *f*, приземле́ние *n*
Landescheinwerfer *m (Flg)* поса́дочная фа́ра *f*
Landestufe *f (Rak)* поса́дочная ступе́нь *f*
Landkarte *f* географи́ческая ка́рта *f*
Landkartendruck *m (Typ)* картопеча́тание *n*
Landklima *n (Meteo)* континента́льный кли́мат *m*
Landmaschine *f* сельскохозя́йственная маши́на *f*
Landmaschinenbau *m* сельскохозя́йственное машинострое́ние *n*
Landpfeiler *m (Bw)* берегово́й усто́й *m* *(einer Brücke)*
Landschaftsökologie *f* ландша́фтная эколо́гия *f*
Landschaftsschutz *m* охра́на *f* приро́дных ландша́фтов
Landschaftsschutzgebiet *n (Ökol)* ландша́фто-охра́нная зо́на *f*; ландша́фтный зака́зник *m*
Landstraße *f* шоссе́ *n*
Landtechnik *f* сельскохозя́йственная те́хника *f*
Landung *f (Flg, Raumf)* приземле́ние *n*, *(Flg)* поса́дка *f*
~/harte гру́бая [жёсткая] поса́дка *f*
~/weiche мя́гкая поса́дка *f*
Landungsbrücke *f (Schiff)* дебарка́дер *m*
Landungsschiff *n* деса́нтный кора́бль *m*
Landungssteg *m (Schiff)* схо́дни *fpl*
Landwirtschaft *f* се́льское хозя́йство *n*
landwirtschaftlich агра́рный, сельскохозя́йственный
Landwirtschafts... сельскохозя́йственный
Landzunge *f (Geol)* ко́са *f*
Langdrehen *n (Fert)* продо́льное точе́ние *n*
Länge *f* 1. длина́ *f*; протяжённость *f*; 2. (географи́ческая) долгота́ *f*
~/geographische географи́ческая долгота́ *f*
~/östliche восто́чная долгота́ *f*
~ über Alles габари́тная длина́ *f*
~/westliche за́падная долгота́ *f*
Längenanzeiger *m* указа́тель *m* длины́
Längenausdehnung *f (Ph)* лине́йное расшире́ние *n*
Längeneinheit *f* едини́ца *f* длины́
Längenmaß *n* ме́ра *f* длины́
Längenmaßstab *m* лине́йный масшта́б *m*
Längenmesser *m* длиноме́р *m*
Längenmessinstrument *n* длиноме́р *m*
Längenmessung *f* 1. измере́ние *n* длины́; 2. лине́йное измере́ние *n*, измере́ние *n* лине́йных разме́ров
Längenzunahme *f* удлине́ние *n*
langfaserig длинноволокни́стый
langflammig длиннопла́менный *(Kohle)*
Langfräsmaschine *f (Wkzm)* продо́льно-фре́зерный стано́к *m*
langfristig долгосро́чный
Langgut... *(Förd)* длинноме́рный
Langhobel *m (Wkz)* фуга́нок *m*
Langhobeln *n (Fert)* продо́льное строга́ние *n*
Langholz *n* 1. бревно́ *n*; 2. долготьё *n*; 3. *(Forst)* хлыст *m*
Langhubhohnwerkzeug *n (Wkz)* хон *m*
Langhubhonen *n (Fert)* хонингова́ние *n*
Langhubhonmaschine *f (Wkzm)* хонинго́вальный стано́к *m*
Langhubziehschleifen *n (Fert)* хонингова́ние *n*
Langhub-Ziehschleifmaschine *f (Wkzm)* хонинго́вальный стано́к *m*
Langhubziehschleifwerkzeug *n (Wkz)* хон *m*
Langlochbohrmaschine *f (Holz)* пазова́льный стано́к *m*
Langrahmenfahrgestell *n (Kfz)* длиннoба́зное шасси́ *n*
Längs... продо́льный
Längsablaufhelling *f (Schiff)* продо́льный ста́пель *m*
Langsamläufer *m (El)* тихохо́дный дви́гатель *m*; тихохо́дная маши́на *f*
Langsamläufermotor *m (El)* тихохо́дный дви́гатель *m*

Längsbewehrung *f (Bw)* продóльная арматýра *f*
Längsbiegung *f (Fest)* продóльный изгиб *m*
Längsfestigkeit *f (Schiff)* продóльная прóчность *f*
Längsförderer *m* горизонтáльный транспортёр *m*
Längsfräsmaschine *f (Wkzm)* продóльно-фрéзерный станóк *m*
Längskraft *f (Mech)* осевáя сила *f*, оседóе усилие *n*
Längsmaßstab *m* продóльный масштáб *m*
Längsmoment *n (Aero)* продóльный момéнт *m*, момéнт *m* тангáжа
Längsnaht *f (Schw)* продóльный шов *m*
Längsneigungsmoment *n s.* Längsmoment
Langspielplatte *f* долгоигрáющая (грам)пластинка *f*
Längsschnitt *m* 1. продóльное сечéние *n*; 2. продóльная распилóвка *f*; рóспуск *m (von Baumstämmen)*
Längsschott *n (Schiff)* продóльная переборка *f*
Längsschwindung *f (Gieß)* линéйная усáдка *f*
Längsschwingung *f (Mech)* продóльное колебáние *n*
Längsspiel *n* осевóй зазóр *m*
Längsstabilität *f (Mech)* продóльная устóйчивость *f*; *(Schiff)* продóльная остóйчивость *f*
Längsstreckung *f (Wlz)* осевáя вытяжка *f*
langstapelig *(Text)* длинноволокнистый
Längsträger *m (Bw)* продóльная связь *f*; продóльная бáлка *f*
Langstreckenflug *m* дáльний рейс *m*
Langstreckenflugzeug *n* магистрáльный самолёт *m*
Langstreckennavigation *f* дáльняя навигáция *f*
Langstreckenrakete *f* ракéта *f* дáльнего дéйствия
Längstwelle *f (Ph)* сверхдлинная волнá *f*
Längsverband *m* 1. *(Bw)* продóльная связь *f*; 2. *(Schiff)* продóльный набóр *m*
Längsvorschub *m (Wkzm)* продóльная подáча *f*
Längswalzen *n* продóльная прокáтка *f*
Längswalzverfahren *n* продóльная прокáтка *f*
Längswelle *f (Ph)* продóльная волнá *f*
Langwellen *fpl (Rf)* длинные вóлны *fpl*
Langwellen... *(Rf)* длинновóлновый
Langwellenband *n (Rf)* длинновóлновый диапазóн *m*
Langwellenbereich *m (Rf)* длинновóлновый диапазóн *m*
Langwellenempfänger *m (Rf)* длинновóлновый приёмник *m*
Langwellensender *m* длинновóлновый передáтчик *m*
langwellig *(Rf)* длинновóлновый
Langzeitflug *m (Raumf)* длительный космический полёт *m*
Langzeitprognose *f* долгосрóчный прогнóз *m*
Langzeitraumflug *m (Raumf)* длительный космический полёт *m*
Langzeitspeicher *m (Inf)* долговрéменная пáмять *f*, долговрéменное запоминáющее устрóйство *n*
Lanthan *n (Ch)* лантáн *m*, La
Laplace-Operator *m (Math)* оперáтор *m* Лапласа, лапласиáн *m*
Läppdorn *m (Wkz)* притир *m*
Lappen *m (Wkz)* лáпка *f (am Schaft eines Spiralbohrers)*
Läpppaste *f (Wkz)* довóдочная пáста *f*
Läppwerkzeug *n (Wkz)* притир *m*
Laptop *m (Inf)* портативная ПЭВМ *f*
Large-Scale-Integration *f (Eln)* высóкая стéпень *f* интегрáции
Lärm *m* шум *m*
Lärmbekämpfung *f* борьбá *f* с шýмом
Lärmbelastung *f (Ökol)* шумовóе загрязнéние *n*
Larmor-Frequenz *f (Kern)* гиромагнитная частотá *f*
Larmor-Kreisfrequenz *f (Kern)* гиромагнитная частотá *f*
Lärmpegel *m (Ak)* ýровень *m* шýма
Lärmschutz *m (Ökol)* защита *f* от шýма
Lärmschutzwand *f (Kfz, Eb)* шумозащитная стенá *f*; шумозащитный экрáн *(Verkehr)*
Laschauge *n* **/klappbares** рым-кольцó *m (Containerzurrung)*

~/**versenktes** рым-ча́ша *m (Containerzerrung)*
Lasche *f* 1. серьга́ *f*; 2. (стыкова́я) накла́дка *f*; 3. пла́нка *f*, пласти́на *f (Kette)*
Laschenbolzen *m* стыково́й болт *m*
Laschenkette *f (Masch)* пласти́нчатая цепь *f*
Laschenstoß *m (Masch)* соедине́ние *n* накла́дками
Laschenverbindung *f s.* Laschenstoß
Laser *m* ла́зер *m*, опти́ческий ма́зер *m*, опти́ческий ква́нтовый генера́тор *m*
~ **mit Heteroübergang** гетерола́зер *m*
~/**optisch gepumpter** ла́зер *m* с опти́ческой нака́чкой
Laser... ла́зерный
Laserabtaster *m* ла́зерный звукоснима́тель *m*
Laseranregung *f* ла́зерная нака́чка *f*
Laserapparatur *f* ла́зерная аппарату́ра *f*, ла́зерное устро́йство *n*
Laserbearbeitung *f (Fert)* ла́зерная [ла́зерно-механи́ческая] обрабо́тка *f*
Laserblitz *m* ла́зерная вспы́шка *f*
Laserbonden *n (Eln)* ла́зерная микросва́рка *f*
Laserbündel *n* ла́зерный пучо́к *m*
Laserdiode *f* ла́зерный дио́д *m*
Laserdrucker *m (Inf)* ла́зерное печа́тающее устро́йство *n*
Lasereinrichtung *f* ла́зерное устро́йство *n*
Laserentfernungsmesser *m* ла́зерный дальноме́р *m*
Laserentfernungsmessinstrument *n* ла́зерный дальноме́р *m*
Laserfunke *m* ла́зерная и́скра *f*
laserinduziert фотостимули́рованный
Laserkopf *m* ла́зерная голо́вка *f*
Laserlenkung *f (Rak)* наведе́ние *n* по ла́зерному лучу́
Lasermikroskop *n* ла́зерный микроско́п *m*
Lasernachrichtenübertragung *f* ла́зерная связь *f*
Laserortung *f* ла́зерная лока́ция *f*
Laserplasma *n* ла́зерная пла́зма *f*
Laserpumpen *n* ла́зерная нака́чка *f*
Laserradar *n(m)* ла́зерный лока́тор *m*
Laserreflektor *m* ла́зерный отража́тель *m*
Laserresonator *m* ла́зерный резона́тор *m*
Laserscanner *m* ла́зерный ска́нер *m*, ла́зерное скани́рующее устро́йство *n*
Laserschneidemaschine *f* ла́зерная ре́зальная маши́на *f*
Laserschuss *m* ла́зерный вы́стрел *m*
Laserschweißen *n* ла́зерная сва́рка *f*
Laserskalpell *n (Med)* ла́зерный ска́льпель *m*
Laserspeicher *m (Inf)* ла́зерная па́мять *f*, ла́зерное запомина́ющее устро́йство *n*
Laserspektroskopie *f* ла́зерная спектроскопи́я *f*
Laserstrahl *m* ла́зерный луч *m*; ла́зерный пучо́к *m*
Laserstrahlbearbeitung *f (Fert)* ла́зерная [ла́зерно-механи́ческая] обрабо́тка *f*
Laserstrahllenkung *f (Rak)* наведе́ние *n* по ла́зерному лучу́
Laserstrahllöten *n* ла́зерная па́йка *f*
Laserstrahl(schmelz)schneiden *n* ла́зерная ре́зка *f*
Laserstrahlschweißen *n* ла́зерная сва́рка *f*
Laserstrahltechnik *f* ла́зерная те́хника *f*
Laserstrahltechnologie *f* ла́зерная техноло́гия *f*
Laserstrahlung *f* ла́зерное излуче́ние *n*
Lasertechnik *f* ла́зерная те́хника *f*
Lasertechnologie *f* ла́зерная техноло́гия *f*
Lasertonabnehmer *m* ла́зерный звукоснима́тель *m*
Laserverbindung *f* ла́зерная связь *f*
LASH-Schiff *n* баржево́з *m*, лихтерово́з *m*
Last 1. *(Mech, El)* нагру́зка *f*; 2. груз *m*; 3. *(Schiff)* по́греб *m*; кладова́я *f* • **ohne** ~ вхолосту́ю
~/**bewegliche** *(Mech)* подви́жная нагру́зка *f*
~/**induktive** *(El)* индукти́вная нагру́зка *f*
~/**kapazitive** *(El)* ёмкостная нагру́зка *f*

~/**ruhende [statische]** *(Mech)* неподви́жная нагру́зка *f*
~/**zulässige** *(Mech)* допуска́емая нагру́зка *f*
~/**verteilte** *(Mech)* распределённая нагру́зка *f*
Lastarm *m (Mech)* плечо́ *n* нагру́зки
Lastaufnahmemittel *n* грузозахва́тное приспособле́ние *n*
Lastaufnahmevorrichtung *f* грузозахва́тное приспособле́ние *n*
Lastcharakteristik *f* диагра́мма *f* нагру́зки; гра́фик *m* нагру́зки
Lastenaufzug *m* грузово́й лифт [подъёмник] *m*
Lastensegler *m* тра́нспортный [грузово́й] планёр *m*
Lasthaken *m* грузово́й [грузоподъёмный] крюк *m*
Lasthebemagnet *m* (грузо)подъёмный электромагни́т *m*
Lastkahn *m* **mit Eigenantrieb** самохо́дная ба́ржа *f*
Lastkarren *m* грузова́я теле́жка *f*
Lastkraftwagen *m* грузови́к *m*, грузово́й автомоби́ль *m*
Lastprahm *m* грузова́я шала́нда *f*
Lastrolle *f* грузоподъёмный блок *m* *(eines Hebezeuges)*
Lastschalter *m* выключа́тель *m* нагру́зки
Lastscheibe *f* рабо́чий шкив *m*
Lastseil *n* грузоподъёмный кана́т *m*
Lastspiel *n (Wkst)* цикл *m* нагруже́ния [нагру́зки]; цикл *m* напряже́ния
Laststrom *m (El)* нагру́зочный ток *m*
Lasttrommel *f* грузово́й [грузоподъёмный] бараба́н *m (eines Krans)*
Lastverteiler *m (El)* диспе́тчер *m*
Lastverteilung *f (Mech)* распределе́ние *n* нагру́зки
Lastwagenanhänger *m* автомоби́льный прице́п *m*
Lastzug *m (Kfz)* автомоби́льный по́езд *m*, автопо́езд *m*
Lasur *f* лазу́рь *f*
Lasurfarbe *f* лазу́рь *f*
Lasurit *m (Min)* лазури́т *m*, ля́пис-лазу́рь *m*
Lasurstein *m s.* Lasurit
Latch *m (Inf)* защёлка *f*
latent лате́нтный, скры́тый *(Wärme)*
lateral боково́й
Laterne *f* 1. фона́рь *m*; 2. *(Schiff, Eb)* ого́нь *m*
Latex *m (Gum)* млечный сок *m*, ла́текс *m*
Latte *f* брусо́к *m*; ре́йка *f*; пла́нка *f*
Laubholz *n* древеси́на *f* ли́ственных поро́д
Laubsäge *f* ло́бзик *m*
Laue-Aufnahme *f (Krist)* лауэгра́мма *f*
Laue-Diagramm *n (Krist)* лауэгра́мма *f*
Lauf *m* 1. ход *m*; движе́ние *n*; рабо́та *f*; 2. *(Masch)* де́йствие *n (einer Maschine)*; 3. *(Mil)* ствол *m (von Handfeuerwaffen)*; 4. *s.* Laufweg
~/**geräuschloser** *(Masch)* бесшу́мный ход *m*
~/**gezogener** нарезно́й ствол *m (eines Gewehrs)*
Laufbahn *f (Masch)* бегова́я доро́жка *f*
Laufbohle *f (Bw)* мо́стик *m*
Laufbuchse *f (Masch)* стака́н *m*
Laufeigenschaften *fpl (Eb)* ходовы́е ка́чества *npl (von Fahrzeugen)*
laufen 1. враща́ться; дви́гаться; 2. рабо́тать; 3. течь *(Gefäße)*; 4. *(Schiff)* идти́
laufend 1. враща́ющийся; 2. теку́щий
~/**langsam** тихохо́дный
~/**schnell** быстрохо́дный, быстровраща́ющийся
Läufer *m* 1. бегуно́к *m*; 2. *(Masch)* ро́тор *m (von Strömungsmaschinen)*; 3. *(El)* ро́тор *m*; 4. *(Bgb)* прого́н *m (Ausbau)*; 5. *(Eb)* бегу́н *m (am Ablaufberg)*
Lauffeld *n (El)* бегу́щее по́ле *n*
Lauffläche *f* 1. *(Masch)* рабо́чая пове́рхность *f (eines Kolbens)*; 2. *(Masch)* кана́вка *f (eines Kugellagers)*; 3. бегова́я доро́жка *f*; проте́ктор *m (Bereifung)*
Laufgeschwindigkeit *f* ско́рость *f* хо́да
Laufkatze *f (Förd)* теле́жка *f (eines Krans)*, грузова́я (кра́новая) теле́жка *f*, ко́шка *f (eines Krans)*
Laufkran *m* мостово́й кран *m*
Laufkreis *m (Eb)* круг *m* ката́ния *(eines Rades)*
Laufleistung *f* 1. *(Eb)* пробе́г *m*; 2. *(Kfz)* ходи́мость *f (Bereifung)*
Laufrad *n* 1. рабо́чее колесо́ *n (einer Turbine, Pumpe u.a.)*; 2. ходово́е колесо́ *n*

Laufrichtung *f* направле́ние *n* движе́ния
Laufrolle *f* като́к *m*
Laufruhe *f (Masch)* пла́вность *f*
Laufschaufel *f* рабо́чая лопа́тка *f (einer Turbine)*
Laufschiene *f* моноре́льс *m (der Einschienenhängebahn)*
Laufsohle *f (Led)* подо́шва *f*
Laufsteg *m (Schiff)* схо́дни *fpl*
Laufteil *n* враща́ющаяся дета́ль *f*
Laufunruhe *f (Masch)* бие́ние *n (einer Welle)*
Laufweg *m (Eb)* длина́ *f* пробе́га
Laufwerk *n* 1. ходово́й механи́зм *m*; 2. ходова́я часть *f*; 3. *(Inf)* дисково́д *m*; 4. лентопротя́жный механи́зм *m*
Laufzeit *f* 1. вре́мя *n* заде́ржки [запа́здывания], заде́ржка *f*; 2. вре́мя *n* прохожде́ния *(eines Signals)*; 3. *(Eln)* вре́мя *n* пролёта; 4. *(Kfz)* срок *m* слу́жбы, ходи́мость *f (Bereifung)*
Lauge *f (Ch)* щёлок *m*
laugen *(Ch)* выщела́чивать
Laugenabscheider *m (Ch)* щёлокоотдели́тель *m*
laugenbeständig щёлочесто́йкий, щёлочеупо́рный, щёлочеусто́йчивый
laugenfest *s.* laugenbeständig
laugenlöslich щёлочераствори́мый
Laugenlöslichkeit *f (Ch)* щёлочераствори́мость *f*
Laugenraffination *f (Ch)* щелочна́я очи́стка *f*
Läuteranlage *f* мо́йка *f (Aufbereitung)*
läutern *(Met)* очища́ть *(Erze)*
Läutern *n (Met)* очи́стка *f*, рафини́рование *n*, мо́йка *f (Aufbereitung)*
Läuterung *f s.* Läutern
Läuterungsmittel *n* осветли́тель *m*
Lautsprecher *m* громкоговори́тель *m*
Lautstärke *f (Ak)* гро́мкость *f*
Lautstärkebereich *m* диапазо́н *m* гро́мкости
Lautstärkepegel *m (Ak)* у́ровень *m* гро́мкости
Lautstärkeregler *m* регуля́тор *m* гро́мкости
Lava *f (Geol)* ла́ва *f*
Laval-Düse *f* сопло́ *n* Лава́ля
Lawine *f* лави́на *f*
Lawinen... лави́нный; лавинообра́зный
lawinenartig лавинообра́зный
Lawinendurchbruch *m (Halbl)* лави́нный пробо́й *m*
Lawrencium *n (Ch)* лоуре́нсий *m*, Lr
L-Band *n (Halbl)* зо́на *f* проводи́мости
LCD *m s.* Flüssigkristallanzeiger
LC-Display *n s.* Flüssigkristallanzeiger
LD *s.* Letaldosis
Leaderentladung *f (El)* ли́дер *m (Blitzentladung)*
Lebensdauer *f* долгове́чность *f*; ресу́рс *m* маши́н, срок *m* слу́жбы *(von Maschinen)* • **von hoher** ~ долгове́чный
~ **des Motors** ресу́рс *m* дви́гателя, моторесу́рс *m (bis zur Generalüberholung)*
~**/mittlere** сре́дний ресу́рс *m*
Lebenserhaltung *f (Raumf)* жизнеобеспе́чение *n*
Lebenserhaltungssystem *n (Raumf)* систе́ма *f* жизнеобеспе́чения
Leck *n* течь *f*; *(Schiff)* пробо́ина *f*
Leckage *f* уте́чка *f*
lecken протека́ть
Lecken *n* протека́ние *n*
Leckprüfung *f* испыта́ние *n* на гермети́чность [уте́чку]
Leckschwimmlage *f (Schiff)* авари́йная поса́дка *f*
Lecksicherheit *f (Schiff)* непотопля́емость *f*
Leckstelle *f* течь *f*
Leckstrom *m* ток *m* уте́чки
Lecksuche *f* течеиска́ние *n*
Lecksucher *m* течеиска́тель *m*
Lecksuchgerät *n* течеиска́тель *m*
Leckwerden *n* разгерметиза́ция *f*
LED *f s.* Lichtemissionsdiode
LED-Anzeige *f* светодио́дная индика́ция *f*
Ledeburit *m (Wkst)* ледебури́т *m (Gefüge)*
Leder *n* ко́жа *f*
~**/genarbtes** лицева́я ко́жа *f*
~**/kerniges** пло́тная ко́жа *f*
Leder... ко́жаный
Lederdichtung *f* ко́жаное уплотне́ние *n*
Lee *f (Schiff)* подве́тренная сторона́ *f*
leer пусто́й; поро́жний
Leeranweisung *f (Inf)* пусто́й опера́тор *m*

Leercontainer *m* порóжний контéйнер *m*
Leere *f* пустотá *f*
Leerfahrt *f* 1. *(Eb, Schiff)* порóжний рейс *m*; 2. *(Bgb)* холостóй ход *m*
Leergang *m* холостóй ход *m*
Leergewicht *n* тáра *f*
Leergut *n* порóжняя тáра *f*
Leerhub *m (Masch)* мёртвый ход *m*
Leerlauf *m* 1. холостóй ход *m*; 2. *(Wkzm)* самохóд *m (eines Zählwerks)*
• **im** ~ вхолостýю
Leerlaufdüse *f (Kfz)* жиклёр *m* холостóго хóда
Leerlaufgeschwindigkeit *f (Masch)* холостáя скóрость *f*
Leerlaufkennlinie *f (Masch)* характерúстика *f* холостóго хóда
Leerlaufprüfung *f* испытáние *n* на холостóм ходý
Leerlaufprüfung *f* холостóе испытáние *n*
Leerlaufstrom *m (El)* ток *m* холостóго хóда
Leerlaufzeit *f* врéмя *n* простóя
Leerstelle *f* 1. пробéл *m*; 2. *(Krist)* вакáнсия *f*; *(Krist)* дырка *f*
Leerstellencluster *m (Krist)* клáстер *m*
Leertakt *m (Kfz)* холостóй такт *m*
Leerverpackung *f* порóжняя тáра *f*
Leerzeichen *n (Inf)* сúмвол *m* пробéла
Leeseite *f (Schiff)* подвéтренная сторонá *f*
Legemaschine *f (Lw)* сажáлка *f*
legen 1. проводúть *(Wasserleitung, elektrische Leitung)*; 2. *(Lw)* сажáть
~/**den Grundstein** *(Bw)* заклáдывать
Legen *n* клáдка *f (von Rohren)*
Legeschiene *f (Text)* гребёнка *f*
legieren легúровать
Legieren *n* легúрование *n*
legiert легúрованный
~/**hoch** высоколегúрованный
~/**leicht** слаболегúрованный
~/**niedrig** малолегúрованный, низколегúрованный, слаболегúрованный
Legierung *f* 1. *(Met)* сплав *m*; 2. легúрование *n*
~/**binäre** двойнóй [двухкомпонéнтный] сплав *m*
~/**eutektische** эвтектúческий сплав *m*
~/**hitzebeständige** жаростóйкий [жароупóрный] сплав *m*
~/**leicht [niedrig] schmelzende** легкоплáвкий [низкоплáвкий] сплав *m*
~/**säurebeständige [säurefeste]** кислотоупóрный сплав *m*
Legierungs... сплавнóй
Legierungselement *n (Met)* легúрующая прúмесь *m*
Legierungsmetall *n* легúрующий метáлл *m*
Legierungstransistor *m* сплавнóй транзúстор *m*
Legierungszusatz *m (Met)* легúрующая прúмесь *f*
Lehm *m* глúна *f*; суглúнок *m*
Lehm... глúняный; глúнистый
Lehmboden *m (Geol)* суглúнок *m*
lehmig глúнистый; *(Geol)* суглúнистый
Lehmkneter *m* глиномя́лка *f*
Lehmknetmaschine *f* глиномя́лка *f*
Lehmmischer *m* глиномешáлка *f*
Lehr... обучáющий
Lehre *f* 1. учéние *n*; теóрия *f*; 2. *(Mess)* калúбр *m*; шаблóн *m*
lehren обучáть
Lehren *n* обучéние *n*
lehrend обучáющий
Lehrfilm *m* учéбный кинофúльм *m*
Lehrgerüst *n (Bw)* кружáла *npl*
Lehrmaschine *f (Inf)* обучáющая машúна *f*
Lehrring *m (Mess)* калúбр-кольцó *m*
Lehrsatz *m (Math, Ph)* теорéма *f*
~/**pythagoreischer** теорéма *f* Пифагóра
Leichtbauweise *f (Bw)* тонкостéнная констрýкция *f*
Leichtbenzin *n* лёгкий бензúн *m*
Leichtbeton *m* лёгкий бетóн *m*
Leichtbetonblock *m* легкобетóнный блок *m*
Leichter *m (Schiff)* лúхтер *m*
Leichterträgerschiff *n* баржевóз *m*, лихтеровóз *m*
leichtflüchtig легколетýчий
Leichtindustrie *f* лёгкая промы́шленность *f*
Leichtmetall *n* лёгкий метáлл *m*
Leichtmetalllegierung *f* лёгкий сплав *m*
Leichtöl *n* лёгкая нефть *f*
Leichtschmelzbarkeit *f* легкоплáвкость *f*

Leichtstein *m* лёгкий кирпи́ч *m*
Leichtstoff *m* пеноматериа́л *m*
Leichtwasser-Graphit-Reaktor *m* *(Kern)* графи́то-во́дный реа́ктор *m*
Leichtwasserreaktor *m (Kern)* легково́дный реа́ктор *m*
Leichtziegel *m* лёгкий кирпи́ч *m*
Leim *m* клей *m*
~/kalthärtender клей *m* холо́дного отвержде́ния
~/tierischer живо́тный клей *m*
Leim... клеёный
leimartig клееобра́зный
leimen кле́ить
Leimen *n* кле́йка *f*, прокле́йка *f*, прокле́ирование *n*
Leimfarbe *f* клеева́я кра́ска *f*
Lein *m* лён *m (Frucht)*
Leine *f* верёвка *f*; *(Schiff)* строп *m*, коне́ц *m*, линь *m*
Leinen *n* 1. *(Text)* холст *m*; 2. *(Wkz)* шку́рка *f*
L-Einfang *m (Kern)* L-захва́т *m*
Leinwand *f (Text)* холст *m*
Leiste *f* 1. пла́нка *f*; ре́йка *f*; бруco ́к *m*; 2. *(Text)* кро́мка *f*
leisten производи́ть
Leistung *f* мо́щность *f*, производи́тельность *f* • **von geringer [kleiner]** ~ маломо́щный, малопроизводи́тельный
~/abgegebene *(El)* отдава́емая мо́щность *f*
~/aufgenommene *(El)* потребля́емая мо́щность *f*
~/durchschnittliche сре́дняя мо́щность *f*
~/erforderliche потребля́емая мо́щность *f*
~/indizierte *(Masch)* индика́торная мо́щность *f*
~/installierte *(El)* устано́вленная мо́щность *f*
~/tatsächliche действи́тельная мо́щность *f*
~/verfügbare располага́емая мо́щность *f*
~/volle по́лная мо́щность *f (z. B. von Triebwerken)*
Leistungsabgabe *f* отда́ча *f* мо́щности
Leistungsaufnahme *f (El)* потребля́емая мо́щность *f*
Leistungsbedarf *m* потребля́емая мо́щность *f*
Leistungsbeiwert *m (Masch)* коэффицие́нт *m* мо́щности *f (einer Strömungsmaschine)*
Leistungselektronik *f* силова́я электро́ника *f*
Leistungsentnahme *f (El)* отбо́р *m* мо́щности
Leistungserhöhung *f (Kfz)* форсиро́вка *f (der Motoren)*
leistungsfähig производи́тельный, мо́щный
Leistungsfähigkeit *f* производи́тельность *f*, *f* мо́щность *f*
Leistungsfaktor *m (El)* коэффицие́нт *m* мо́щности, ко́синус *m* фи
Leistungsgleichrichter *m* силово́й выпрями́тель *m*
Leistungsgruppe *f (Masch)* силово́й у́зел *m*
Leistungskabel *n* **(/elektrisches)** силово́й ка́бель *m*
Leistungsmessinstrument *n* измери́тель *m* мо́щности; *(El)* ваттме́тр *m*; *(El)* фазо́метр *m*
Leistungsreaktor *m (Kern)* энергети́ческий (я́дерный) реа́ктор *m*
Leistungsreserve *f* запа́с [резе́рв] *m* мо́щности
Leistungsschalter *m (El)* силово́й выключа́тель *m*
Leistungsschild *n* па́спортная табли́чка *f*
leistungsschwach маломо́щный
Leistungsthyristor *m (El)* мо́щный тири́стор *m*
Leistungstransformator *m (El)* силово́й трансформа́тор *m*
Leistungstransistor *m* мо́щный [силово́й] транзи́стор *m*
Leistungstriode *f (El)* [мо́щный] трио́д *m*
Leistungsüberschuss *m* избы́точная мо́щность *f*
Leistungsübertragung *f (Eb)* силова́я переда́ча *f (der Lok)*
Leistungsverstärker *m* усили́тель *m* мо́щности
Leitapparat *m* направля́ющий аппара́т *m (an Strömungsmaschinen)*

Leitbahn *f* **(/elektrische)** токоведу́щая [токопроводя́щая] доро́жка *f* *(s. a.* Leiterbahn*)*
Leitblech *n* дефле́ктор *m (Gasturbine)*
leiten 1. направля́ть; 2. *(El)* проводи́ть
leitend *(El)* проводя́щий
~/elektrisch электропроводя́щий, электропрово́дный
~/nicht непроводя́щий
Leitentladung *(El)* ли́дер *m (Blitzentladung)*
Leiter *f* 1. ле́стница *f*; *(Schiff)* трап *m*; 2. *(El)* жи́ла *f*; 3. *(El)* проводни́к *m*
Leiterbahn *f (Eln)* проводя́щая поло́ска *f*; *(Eln)* (печа́тный] проводни́к *m*
~/gedruckte (печа́тный) проводни́к *m*
Leiterpaar *n (Nrt)* па́ра *f*
Leiterplatte *f* **(/gedruckte)** *(Eln)* печа́тная пла́та *f*
Leiterplattentechnologie *f (Eln)* техноло́гия *f* печа́тных плат
Leiterschicht *f (Eln)* проводя́щий слой *m*
Leiterschleife *f (El)* пе́тля *f*; *(El)* шлейф *m*
Leiterwerkstoff *m* проводнико́вый материа́л *m*
Leiterzug *m s.* Leiterbahn
Leiterzugebene *f (Eln)* проводя́щий слой *m*
leitfähig *(El)* проводя́щий
Leitfähigkeit *f (El)* проводи́мость *f*, электропрово́дность *f*
~/elektrische электри́ческая проводи́мость *f*, электропрово́дность *f*
~/elektrolytische ио́нная электропрово́дность *f*
~/photoelektrische *(Ph)* фотопроводи́мость *f*
~/spezifische уде́льная проводи́мость *f*
Leitfähigkeitsband *n (Halbl)* зо́на *f* проводи́мости
Leitisotop *n***/radioaktives** *(Kern)* радиоакти́вный индика́тор *m*
Leitkurve *f (Math)* направля́ющая *f*
Leitpunkt *m (Math)* нача́ло *n* координа́т
Leitrohr *n (Astr)* гид *m (Teleskop)*
Leitrohrtour *f (Bgb)* конду́ктор *m*
Leitsatz *m* положе́ние *n*
Leitschicht *f (Eln)* проводя́щий слой *m*
Leitschiene *f (Eb)* направля́ющий рельс *m*, контррельс *m*
Leitspindel *f* ходово́й винт *m (einer Drehmaschine)*
Leitstation *f (Rad)* ста́нция *f* наведе́ния
Leitstrahl *m* 1. *(Rad)* веду́щий луч *m*, радиолу́ч; 2. *(Math)* ра́диус-ве́ктор *m*
Leitstrahllenkung *f (Rak)* наведе́ние *n* по лучу́
Leitstrahlnavigation *f* навига́ция *f* по (веду́щему) лучу́
Leitsystem *n (Rak)* систе́ма *f* наведе́ния
Leitung *f* 1. *(El, Nrt)* ли́ния *f*; 2. *(El)* прово́дка *f*; 3. *(El, Nrt)* про́вод *m (als Übertragungsweg)*; 4. трубопро́вод *m*, магистра́ль *f*
~/abgeschirmte *(El, Nrt)* экрани́рованный про́вод *m*
~/beeinflussende *(El, Nrt)* ли́ния *f* влия́ния, меша́ющая ли́ния *f*
~/künstliche *(Nrt)* иску́сственная ли́ния *f*
~/oberirdische *(El, Nrt)* назе́мная ли́ния *f*
~/offen verlegte elektrische откры́тая электропрово́дка *f*
~/pneumatische пневмоли́ния *f*
~/störende *(El, Nrt)* ли́ния *f* влия́ния, меша́ющая ли́ния *f*
~/über Putz verlegte elektrische *(El)* откры́тая электропрово́дка *f*
~/unter Putz verlegte elektrische *(El)* скры́тая электропрово́дка *f*
~/unterirdische *(El, Nrt)* подзе́мная ли́ния *f*
~/verdeckt verlegte elektrische *(El)* скры́тая электропрово́дка *f*
Leitungs... 1. *(El)* лине́йный, проводно́й; 2. трубопрово́дный
Leitungsadapter *m (El)* ада́птер *m* ли́нии
Leitungsanlage *f***/elektrische** (электро)прово́дка *f*
Leitungsband *n (Halbl)* зо́на *f* проводи́мости
Leitungsbündel *n (Nrt)* пучо́к [жгут] *m* про́водов, ствол *m*
Leitungsdraht *m* лине́йный про́вод *m*

Leitungselektron *n* свобóдный электрóн *m*
Leitungsführung *f (El)* трáсса *f*
leitungsgebunden *(El)* проводнóй
Leitungsinduktivität *f (El)* индуктúвность *f* лúнии
Leitungskanal *m s.* Kabelkanal
leitungslos *(El)* беспроводнóй
Leitungsnachbildung *f (Nrt)* эквивалéнт *m* лúнии; искýсственная лúния *f*
Leitungsprüfer *m (El)* устрóйство *n* для провéрки лúнии
Leitungsrohr *n* водопровóдная трубá *f*
Leitungstransformator *m* линéйный трансформáтор *m*
Leitungstunnel *m* **(/begehbarer)** *(El)* (кáбельный) коллéктор *m*
Leitungsübertrager *m s.* Leitungstransformator
Leitungsverlegung *f (El)* проклáдка *f* [монтáж] *m* провóдов
Leitungsverstärker *m (El)* линéйный усилúтель *m*
Leitungswähler *m (Nrt)* линéйный соединúтель *m*, линéйный искáтель *m*
Leitungswasser *n* водопровóдная водá *f*
Leitungsweg *m (El, Rf, Nrt)* тракт *m*
Leitvermögen *n (El)* проводúмость *f*, электропровóдность *f*
~/elektrisches электропровóдность *f*
Leitvorrichtung *f* направля́ющий аппарáт *m (an Strömungsmaschinen)*
Leitwerk *n (Flg)* оперéние *n*
Leitwert *m (El)* (электрúческая) проводúмость *f*
~/elektrischer электрúческая проводúмость *f*
~/magnetischer магнúтная проводúмость *f*
~/spezifischer удéльная проводúмость *f*
L-Elektroneneinfang *m (Kern)* L-захвáт *m*
Lemma *n (Math)* лéмма *f*
Lemniskate *f (Math, Krist)* лемнискáта *f*
Lenkantrieb *m (Kfz)* рулевóй прúвод *m*
lenkbar управля́емый
Lenkbarkeit *f* 1. управля́емость *f*; 2. поворáчиваемость *f*
Lenkeinrichtung *f s.* Lenksystem
Lenkeinschlagwinkel *m (Kfz)* ýгол *m* поворóта (управля́емых колёс)
lenken 1. управля́ть; 2. направля́ть
Lenken *n* управлéние *n*
Lenker *m* 1. (привóдное) коромы́сло *n*; 2. *(Kfz)* рычáг *m* независúмой подвéски *(der Räder)*
Lenkgestänge *n (Kfz)* рулевáя тя́га *f*
Lenkgetriebe *n (Kfz)* рулевáя передáча *f*, рулевóй механúзм *m*
Lenkrad *n (Kfz)* рулевóе колесó *n*
Lenkradsperre *f (Kfz)* замóк *m* вáла рулевóго колесá
Lenkrakete *f* управля́емая ракéта *f*
Lenksäule *f (Kfz)* рулевáя колóнка *f*
Lenksystem *n (Rak)* систéма *f* наведéния [управлéния]
Lenktrapez *n (Kfz)* рулевáя трапéция *f*
Lenkung *f* 1. *(Rak)* наведéние *n*, управлéние *n*; 2. *(Kfz)* рулевóе управлéние *n*
Lenzanlage *f (Schiff)* осушúтельная установка *f*
lenzen *(Schiff)* осушáть
Lenzen *n (Schiff)* осушéние *n*
Lenzpumpe *f (Schiff)* водоотливнóй [трю́мный] насóс *m*
Lepton *n (Ph)* лептóн *m*
Lern... обучáющийся
Lernautomat *m (Kyb)* обучáющийся автомáт *m*
lernen обучáться
Lernen *n* обучéние *n*
lernend обучáющийся
Lernmaschine *f (Kyb)* обучáющаяся машúна *f*
Lernprogrammierung *f (Inf)* программúрование *n* в режúме обучéния
LES *n s.* Lebenserhaltungssystem
Lesbarkeit *f* читáемость *f*; разбóрчивость *f (Zeichen)*
Leseautomat *m (Inf)* читáющий автомáт *m*
Lesebetrieb *m (Inf)* режúм *m* считывания
Leseeinrichtung *f (Inf)* читáющее устрóйство *n*, устрóйство *n* считывания
Lesefehler *m* ошúбка *f* считывания
Lesegerät *n (Inf)* устрóйство *n* считывания

Lesegeschwindigkeit *f (Inf)* ско́рость *f* счи́тывания
Lesekopf *m (Inf)* голо́вка *f* счи́тывания
Lesemodus *m (Inf)* режи́м *m* счи́тывания
Lesen *n* счи́тывание *n*
~/löschendes *(Inf)* счи́тывание *n* со стира́нием
~/nicht löschendes *(Inf)* неразруша́ющее счи́тывание *n*
~/zerstörendes *(Inf)* счи́тывание *n* со стира́нием
~/zerstörungsfreies *(Inf)* неразруша́ющее счи́тывание *n*
Leser *m (Inf)* чита́ющее устро́йство *n*
Lesestrahl *m* счи́тывающий луч *m*
Lesezyklus *m (Inf)* цикл *m* счи́тывания
Letaldosis *f (Kern)* лета́льная до́за *f*
Letalität *f (Kern)* сме́ртельность *f*
Leucht... светя́щийся; светово́й; флуоресце́нтный
Leuchtbild *n* светово́е табло́ *n*, светова́я мнемосхе́ма *f*, светосхе́ма *f*
Leuchtboje *f* светя́щийся буй *m*
Leuchtdichte *f (Licht)* я́ркость *f (Einheit)*
Leuchtdichtekontrast *m (Licht)* я́ркостный контра́ст *m*
Leuchtdichtemessinstrument *n (Licht)* яркоме́р *m*
Leuchtdiodenanzeige *f* светодио́дный индика́тор *m*
Leuchte *f* 1. *(El)* свети́льник *m*; 2. фона́рь *m*
Leuchten *n* свече́ние *n*
leuchtend светя́щийся
Leuchtfeuer *n (Flg, Schiff)* светово́й мая́к *m*, светомая́к *m*
Leuchtfleck *m* светя́щееся пятно́ *n*, светя́щаяся то́чка
Leuchtkörper *m* светя́щееся те́ло *n*
Leuchtkraft *f (Astr)* свети́мость *f (der Sterne)*
Leuchtkraftfunktion *f (Astr)* фу́нкция *f* свети́мости
Leuchtpistole *f* раке́тница *f*
Leuchtpunkt *m* светя́щееся пятно́ *n*, светя́щаяся то́чка *f*
Leuchtröhre *f (Licht)* люминесце́нтная тру́бка *f*
Leuchtschirm *m* люминесце́нтный экра́н *m*
Leuchtskale *f* светя́щаяся шкала́ *f*
Leuchtspur *f* трасси́рующий след *m*
Leuchtstoff *m* люминофо́р *m*
Leuchtstoff... люминесце́нтный
Leuchtstofflampe *f (Licht)* люминесце́нтная ла́мпа *f*
Leuchtstoffröhre *f (Licht)* люминесце́нтная тру́бка *f*
Leuchtstoffschirm *m* люминесце́нтный экра́н *m*
Leuchttableau *n* светово́е табло́ *n*
Leuchtturm *m (Flg, Schiff)* мая́к *m*
Li *s.* Lithium
Libelle *f (Wkz)* у́ровень *m*
Libration *f* либра́ция *f (des Mondes)*
Librationspunkt *m (Astr)* то́чка *f* либра́ции
licht *(Forst)* разрежённый *(Baumbestand)*
Licht *n* 1. *(Opt)* свет *m*; 2. *(Schiff, Eb)* ого́нь *m*
~/auffallendes па́дающий свет *m*
~/direktes прямо́й свет *m*
~/einfallendes па́дающий свет *m*
~/einfarbiges монохромати́ческий свет *m*
~/gerichtetes напра́вленный свет *m*
~/gestreutes рассе́янный свет *m*
~/indirektes отражённый свет *m*
~/künstliches иску́сственный свет *m*
~/monochromatisches монохромати́ческий свет *m*
~/natürliches есте́ственный [неполяризо́ванный] свет *m*
~/polarisiertes поляризо́ванный свет *m*
~/reflektiertes отражённый свет *m*
~/sichtbares ви́димый свет *m*
~/unpolarisiertes *s.* ~/natürliches
Licht... светово́й
Lichtabsorption *f* поглоще́ние *n* све́та, светопоглоще́ние *n*
Lichtalterung *f* светово́е старе́ние *n*
Lichtanzeiger *m* светово́й указа́тель *m*
Lichtausbeute *f* светоотда́ча *f*
Lichtausstrahlung *f* **/spezifische** *(Opt)* свети́мость *f*
lichtbeständig светопро́чный
Lichtbeständigkeit *f* светопро́чность *f*
Lichtbild *n* фотосни́мок *m*
Lichtbildentzerrungsgerät *n (Geod)* фототрансформа́тор *m*

Lichtbogen *m (El)* дуга́ *f*
Lichtbogen... (электро)дугово́й
Lichtbogenbildung *f (El)* дугообразова́ние *n*
Lichtbogenentladung *f (El)* дугово́й разря́д *m*
lichtbogenfest дугосто́йкий
Lichtbogenlampe *f* дугова́я ла́мпа *f*
Lichtbogenlöscher *m (El)* дугогаси́тель *m*
Lichtbogenlöschkammer *f (El)* дугогаси́тельная ка́мера *f*
Lichtbogenlöschspule *f (El)* дугогаси́тельная кату́шка *f*
Lichtbogenofen *m (Met)* дугова́я (электро)пе́чь *f*, электродугова́я печь *f*
Lichtbogenschmelzen *n (Met)* электродугова́я пла́вка *f*
Lichtbogenschmelzschweißen *n* дугова́я сва́рка *f*
Lichtbogenschneiden *n* дугова́я ре́зка *f*
Lichtbogenschweißen *n* (электро)дугова́я сва́рка *f*
~/atomares а́томно-водоро́дная сва́рка *f*
Lichtbogenzündung *f (El)* дугова́я вспы́шка *f*
Lichtbrechung *f (Opt)* рефра́кция *f* [преломле́ние *n*] све́та
Lichtbündel *n (Opt)* светово́й пучо́к *m*
Lichtdruck *m* 1. *(Typ)* фототи́пия *f*; фототи́пная печа́ть *f*; 2. *(Opt)* давле́ние све́та *f (ein spezieller Strahlungsdruck)*
lichtdurchlässig просве́чивающий, светопроница́емый
Lichtdurchlässigkeit *f* прозра́чность *f*, светопроница́емость *f*
Lichtdurchlässigkeitsprüfer *m* диафано́метр *m*
lichtecht светопро́чный
Lichtechtheit *f* светопро́чность *f*
Lichteffekt *m (Opt)* светово́й эффе́кт *m*
lichtelektrisch фотоэлектри́ческий
Lichtelektrizität *f* фотоэлектри́чество *n*
lichtelektronisch *(Ph)* фотоэлектро́нный
Lichtemission *f* светово́е излуче́ние *n*
Lichtemissionsdiode *f* светоизлуча́ющий дио́д *m*, светодио́д *m*
lichtempfindlich светочувстви́тельный
Lichtempfindlichkeit *f* светочувстви́тельность *f*
lichten *(Forst)* разрежа́ть *(Baumbestand)*
Lichten *n (Forst)* расчи́стка *f (der Bestände)*
Lichtenergie *f (Opt)* светова́я эне́ргия *f*
Lichtfilter *n (Opt, Photo)* светофи́льтр *m*, светово́й фи́льтр *m*
Lichtfleck *m* светово́е пятно́ *n*
Lichtgeschwindigkeit *f (Ph)* ско́рость *f* све́та
lichtgesteuert управля́емый све́том
Lichtgriffel *m (Inf)* светово́е перо́ *n*
Lichthof *m* 1. *(Bw)* вну́тренний дво́рик *m*; 2. *(Photo)* орео́л *m*
Lichthupe *f (Kfz)* светово́й сигна́л *m*
lichtinduziert фотостимули́рованный
Lichtintensität *f* си́ла *f* све́та
Lichtjahr *n* светово́й год *m*
Lichtleit(er)... воло́конно-опти́ческий
Lichtleiter *m* светово́д *m*
Lichtleitfaser *f* воло́конный светово́д *m*
Lichtleitfaserkabel *n* воло́конно-опти́ческий ка́бель *m*
Lichtleitkabel *n* опти́ческий ка́бель *m*
Lichtmarke *f (Inf)* светово́й указа́тель *m*, светово́й за́йчик *m*
Lichtmaschine *f (Kfz)* генера́тор *m*
Lichtmenge *f (Opt)* светова́я эне́ргия *f*
Lichtmikroskop *n* светово́й микроско́п *m*
lichtoptisch светоопти́ческий
Lichtpausapparat *m* светокопирова́льный аппара́т *m*
Lichtpause *f* светоко́пия *f*
Lichtpolymerisation *f (Ch)* фотополимериза́ция *f*
Lichtpunkt *m* светово́е пятно́ *n*
Lichtquant *n (Ph)* фото́н *m*, квант *m* све́та
Lichtquelle *f* исто́чник *m* све́та
lichtreflektierend светоотража́ющий
Lichtreflexion *f* отраже́ние *n* све́та
Lichtrelais *n s.* Relais/lichtgesteuertes
Lichtschacht *m (Bw)* приямок *m (eines Kellerfensters)*

Lichtschranke *f* фотоэлектри́ческий барье́р *m*
Lichtsignal *n* светово́й сигна́л *m*; *(Eb)* светофо́р *m*
Lichtsignalanlage *f* светосигна́льная аппарату́ра *f*
Lichtspektrum *n (Opt)* опти́ческий [ви́димый] спектр *m*
Lichtstabilisator *m* светостабилиза́тор *m*
lichtstark *(Opt)* светоси́льный
Lichtstärke *f* 1. *(Opt)* светоси́ла *f (des Objektivs)*; 2. си́ла *f* све́та *(photometrische Größe)*
Lichtstift *m (Inf)* светово́е перо́ *n*
Lichtstrahl *m* светово́й луч *m*
Lichtstrahlung *f* светово́е излуче́ние *n*
lichtstreuend светорассе́ивающий
Lichtstreukörper *m (Licht)* рассе́иватель *m* све́та
Lichtstreuung *f (Opt)* рассе́яние *n* све́та
Lichtstrom *m* светово́й пото́к *m*
Lichtstrommessinstrument *n* люмено́метр *m*
Lichttechnik *f* светоте́хника *f*
lichttechnisch светотехни́ческий
Lichttonverfahren *n* опти́ческая за́пись *f* зву́ка
lichtundurchlässig светонепроница́емый
Lichtundurchlässigkeit *f* светонепроница́емость *f*
Lichtverteilungsphotometer *n* распредели́тельный фото́метр *m*
Lichtwelle *f (Opt)* светова́я волна́ *f*
Lichtwellenleiter *m* светово́д *m*
~/flexibler ги́бкий светово́д *m*
Lichtwellenleiter... волоко́нно-опти́ческий
Lichtwellenleiterfaser *f (Opt)* опти́ческое волокно́ *n*
Lichtwellenleiterkabel *n* опти́ческий ка́бель *m*
Lichtwellenleitermodus *m* светово́дная мо́да *f*
Lichtwellenleiternachrichtenübertragung *f* стекловолоко́нная связь *f*
Lichtwellenleiteroptik *f* волоко́нная о́птика *f*
Lichtwiderstand *m (El)* фотосопротивле́ние *n (Erscheinung)*
Lichtwirkung *f (Opt)* светово́й эффе́кт *m*
Lichtzeichen *n* светово́й сигна́л *m*
Lichtzeichenanlage *f (Kfz)* светофо́р *m*
Lichtzeiger *m s.* Lichtmarke
Liderung *f (Masch)* наби́вка *f*
Lieferant *m* поставщи́к *m*
Lieferbedingungen *fpl* усло́вия *npl* поста́вки
Lieferbeton *m* заводско́й [това́рный] бето́н *m*
Lieferbetrieb *m* поставщи́к *m*
Lieferfrist *f* срок *m* доста́вки
Lieferkraftwagen *m s.* Lieferwagen
liefern поставля́ть; доставля́ть
Lieferschein *m* накладна́я *f*
Liefertermin *m* срок *m* доста́вки
Lieferung *f* поста́вка *f*; доста́вка *f*
Lieferwagen *m (Kfz)* фурго́н *m*, автомоби́ль-фурго́н *m*; пика́п *m*
Lieferwerk *n* заво́д-поставщи́к *m*
Liegen *n (Schiff)* стоя́нка *f*
Liegende(s) *n (Bgb)* лежа́чий бок *m*, по́чва *f*
Liegeplatz *m (Schiff)* стоя́нка *f*; *(Schiff)* прича́л *m*
LIFO-Speicher *m s.* Kellerspeicher
Lift *m (Förd)* лифт *m*, подъёмник *m*
Liften *n (Erdöl)* компре́ссорная эксплуата́ция *f*
Liftförderung *f (Erdöl)* компре́ссорная эксплуата́ция *f*
Lignit *m (Geol)* лигни́т *m (Weichbraunkohle)*
Lilienthal-Polare *f (Aero, Flg)* поля́ра *f* крыла́
Limbus *m* лимб *m*
Limes *m (Math)* преде́л *m*
Limes... *(Math)* преде́льный
Limnologie *f (Hydrol)* лимноло́гия *f*
Limonit *m (Min)* лимони́т *m*
Lineal *n* лине́йка *f*
linear лине́йный
~/nicht нелине́йный
Linear... лине́йный
Linearantrieb *m (El)* лине́йный электропри́вод *m*
Lineararm *m* выдвижна́я рука́ *f (eines Roboters)*
Linearbeschleuniger *m (Kern)* лине́йный ускори́тель *m*
Lineargeschwindigkeit *f (Mech)* лине́йная ско́рость *f*

Linearisierung *f* линеаризáция *f*
Linearität *f* линéйность *f*
Linearmotor *m (El)* линéйный (электро)двигатель *m*
Linearprogrammierung *f* линéйное программи́рование *n*
Liner *m* лáйнер *m*
Linguistik *f*/**mathematische** математи́ческая лингви́стика *f*
Linie *f* ли́ния *f*; эпю́ра *f*
~/**ausgezogene** сплошнáя ли́ния *f* *(einer technischen Zeichnung)*
~/**elastische** *(Fest)* упру́гая ли́ния *f*
~/**gebrochene** *(Math)* лóманая ли́ния *f*
~/**gerade** *(Math)* прямáя *f*
~/**katakaustische** *(Opt)* катакáустика *f*
~/**neutrale** *(Wkst)* нейтрáльная ось *f*
~/**punktierte** пункти́рная ли́ния *f*
Linien... *(Schiff)* линéйный
Linienblitz *m* линéйная мóлния *f*
Linienfahrgastschiff *n* пассажи́рский лáйнер *m*
Linienflug *m* рейс *m*
Linienführung *f (Bw)* 1. трассирóвка *f*; 2. трáсса *f (z. B. beim Straßenbau)*
Linienschiff *n* лáйнер *m*
Linienspektrum *n (Ph)* линéйчатый [линéйный] спектр *m*
Linkehandregel *f (El)* прáвило *n* лéвой руки́
Linker *m (Inf)* редáктор *m* свя́зей, компонóвщик *m*
Linksbetrieb *m (Eb)* левопу́тное движéние *n*
linksdrehend левовращáющийся, прóтив часовóй стрéлки
Linksdrehung *f* лéвое вращéние *n*
Linksfahrbetrieb *m (Eb)* левопу́тное движéние *n*
Linksfahrt *m (Eb)* левопу́тное движéние *n*
linksgängig левозахóдный *(Gewinde)*
Linksgewinde *n* лéвая резьбá *f*
Linkslauf *m* лéвое вращéние *n*
Linksquarz *m* лéвый кварц *m*
Linksschlag *m (Text)* лéвая кру́тка *f* *(eines Seils)*
linksschneidend *(Wkz)* леворéжущий
linkssteigend левозахóдный *(Gewinde)*
Linksverkehr *m (Kfz)* левосторóннее движéние *n*
Linse *f (Opt)* ли́нза *f*
~/**achromatische** ахромати́ческая ли́нза *f*, ахромáт *m*
~/**akustische** акусти́ческая ли́нза *f*
~/**bikonkave** двояковóгнутая ли́нза *f*
~/**bikonvexe** двояковы́пуклая ли́нза *f*
~/**konkavkonvexe** вóгнуто-вы́пуклая ли́нза *f*
~/**konvexkonkave** вы́пукло-вóгнутая ли́нза *f*
~/**kurzbrennweitige** короткофóкусная ли́нза *f*
~/**langbrennweitige** длиннофóкусная ли́нза *f*
~/**magnetische** магни́тная ли́нза *f*
~/**plankonkave** плóско-вóгнутая ли́нза *f*
~/**plankonvexe** плóско-вы́пуклая ли́нза *f*
Linsenantenne *f* антéнна-ли́нза *f*
Linsenfernrohr *n* ли́нзовый телескóп *m*, (телескóп-)рефрáктор *m*
linsenförmig линзообрáзный
Linsenteleskop *n s.* Linsenfernrohr
Lippe *f (Wkz)* скос *m*
Liquat *n (Met)* ликвáт *m*
liquidmagnetisch жидкомагни́тный
Liquiduslinie *f (Met)* ли́квидус *m (Zustandsdiagramm)*
Liquidus-Liquidus-Chromatographie *f* жидкостно-жидкостная хроматогрáфия *f*
Lissajous-Figuren *fpl (Krist)* фигу́ры *fpl* Лиссажу́
Liste *f* спи́сок *m*; спецификáция *f*
listenorientiert *(Inf)* ориенти́рованный на спи́сок
Listing *n (Inf)* ли́стинг *m*
Liter *n* литр *m*, л *(SI-fremde Einheit des Volumens)*
Literal *n (Inf)* литерáл *m*
Literleistung *f (Kfz)* литрóвая мóщность *f*
Liter-Molarität *f (Ch)* моля́рность *f*
Lithium *n (Ch)* ли́тий *m*, Li
Lithium... *(Ch)* ли́тиевый
Lithographie *f* литогрáфия *f*
Lithoklase *f (Geol)* литоклáза *f*
Lithologie *f (Geol)* литолóгия *f*
Lithosphäre *f (Geol)* литосфéра *f*
Litoral *n (Geol)* литорáль *f (Küstenzone des Meeres)*
Litze *f* 1. *(El)* (ги́бкая) многопрóволочная жи́ла *f*; *(El)* канáтик *m*; 2. жгут

m; 3. прядь *f (eines Seils)*; 4. *(Text)* гáлево *n*; 5. шнур *m*
Livesendung *f (Rf, TV)* прямáя [непосрéдственная] передáча *f*
LKW *m*, **Lkw** *m s.* Lastkraftwagen
LKW-Anhänger *m* автомоби́льный прицéп *m*
L-Lampe *f* люминесцéнтная лáмпа *f*
LLC *f s.* Liquidus-Liquidus-Chromatographie
lm *s.* Lumen
ln *s.* Logarithmus/natürlicher
LN-Band *n* малошýмная лéнта *f*
Load-Modus *m (Inf)* режи́м *m* загрýзки
Loch *n* 1. отвéрстие *n*; дырá *f*; 2. *(Ph, Eln)* ды́рка *f*
~/schwarzes *(Astr)* чёрная дырá *f*
Lochband *n (Inf)* перфолéнта *f*
Lochdorn *m (Schm)* 1. пробóйник *m*, бородóк *m*; 2. прóшивень *m*; прóбка *f*; опрáвка *f*
Locheisen *n s.* Lochdorn
lochen 1. перфори́ровать; 2. *(Schm)* прошивáть
Locher *m* 1. перфорáтор *m*; 2. *(Eb)* компóстер *m (für Fahrscheine)*
Löcherhalbleiter *m* ды́рочный полупроводни́к *m*
Löcherleitung *f (Halbl)* ды́рочная электропровóдность *f*
Löcherstrom *m (Halbl)* ды́рочный ток *m*
Lochfraßkorrosion *f (Wkst)* тóчечная коррóзия *f*
Lochgesenk *n (Umf)* прошивнóй штамп *m*
Lochkarte *f (Inf)* перфокáрта *f*
Lochmasken(bild)röhre *f* масóчный кинескóп *m*
Lochpresse *f (Umf)* прошивнóй пресс *m*
Lochstanze *f (Umf)* пробивнóй штамп *m*
Lochstein *m (Bw)* ды́рчатый [пустотéлый] кирпи́ч *m*
Lochstreifen *m (Inf)* перфолéнта *f*
Lochung *f* перфорáция *f*
Lochwerkzeug *n (Wkz)* пробивнóй инструмéнт *m*
Lochzange *f (Wkz)* (дыро)пробивны́е клéщи *pl*
locker ры́хлый
Lockerheit *f* ры́хлость *f*
lockern 1. рыхли́ть, разрыхля́ть *(Böden)*; 2. разви́нчивать *(Schrauben)*
Lockern *n* 1. (раз)рыхлéние *n (Böden)*; 2. (само)разви́нчивание *n*; ослаблéние *n (von Schrauben)*
Lockerungsgerät *n* разрыхли́тель *m*
Löffel *m* 1. *(Met)* лóжка *f (zur Probenahme)*; 2. *(Förd)* черпáк *m (des Löffelschwimmbaggers)*; ковш *m (eines Löffelbaggers)*
Löffelbagger *m* одноковшóвый экскавáтор *m*
Löffelbohrer *m (Bgb)* лóжечный бур *m*
Log *n (Schiff)* лаг *m*
~/hydrodynamisches гидродинами́ческий лаг *m*
Logarithmieren *n (Math)* логарифми́рование *n*
logarithmisch *(Math)* логарифми́ческий
Logarithmus *m (Math)* логари́фм *m*
~/natürlicher натурáльный логари́фм *m*
Logatom *n* слог *m*
Logbuch *n* судовóй журнáл *m*
Logger *m* 1. *(Schiff)* лóггер *m*; 2. *(Inf)* лóггер *m*; регистрáтор *m* дáнных
Logik *f (Math, Inf)* лóгика *f*
~/emitter(strom)gekoppelte эми́ттерно-свя́занная лóгика *f*
~/formale формáльная лóгика *f*
~/mehrwertige многознáчная лóгика *f*
~/modale модáльная лóгика *f*
Logik... логи́ческий
Logikanordnung *f (Eln)* логи́ческая мáтрица *f*
Logik-Array *n (Eln)* логи́ческая мáтрица *f*
Logikbaustein *m (Inf)* логи́ческий мóдуль *m*
Logikbefehl *m* логи́ческая комáнда *f*
Logikeinrichtung *f (Kyb)* логи́ческое устрóйство *n*
Logikelement *n (Reg)* логи́ческий элемéнт *m*
Logikglied *n (Reg)* логи́ческий элемéнт *m*
Logik-IC *m* логи́ческая схéма *f*
Logik-IS *m* логи́ческая схéма *f*
Logikmodul *m (Inf)* логи́ческий мóдуль *m*

Logikschaltkreis *m* логи́ческая схе́ма *f*
Logikschaltung *f* логи́ческая схе́ма *f*
Logis *n (Schiff)* ку́брик *m*
logisch логи́ческий
Logistik *f* логи́стика *f*
Lohe *f (Led)* дуби́льное корьё *n*
Lohngruppe *f* расце́нка *f*
Lok *f* локомоти́в *m*
lokal лока́льный, ме́стный
Lokal... лока́льный
Lokalisierbarkeit *f* локализу́емость *f*
Lokalisierung *f* локализа́ция *f (einer Störung)*
Lokalkorrosion *f (Wkst)* ме́стная корро́зия *f*
Lokalnetzkontroller *m (El)* контро́ллер *m* лока́льной се́ти
Lokomotive *f* локомоти́в *m*
longitudinal продо́льный
Longitudinalmaßstab *m* продо́льный масшта́б *m*
Longitudinalschwingung *f* продо́льное колеба́ние *n*
Longitudinalwelle *f (Ph)* продо́льная волна́ *f*
Lore *f* вагоне́тка *f*
Lorentz-Transformation *f (Math)* преобразова́ние *n* Ло́ренца
Los *n* па́ртия *f*
lösbar 1. *(Masch)* разъёмный; 2. *(Math)* разреши́мый; 3. раствори́мый
Lösbarkeit *f* 1. *(Math)* расреши́мость *f*; 2. раствори́мость *f*
Lösch... 1. стира́ющий *(z. B. Magnetbänder)*; 2. *(Schiff)* разгру́зочный; 3. гася́щий
löschen 1. стира́ть *(Magnetbänder)*; 2. разгружа́ть; выгружа́ть *(Schiffe)*; 3. гаси́ть *(z. B. Funken)*
Löschen *n* 1. стира́ние *n (magnetischer Aufzeichnungen)*; 2. *(Schiff)* разгру́зка *f*; 3. гаше́ние *n (von Funken, Signalen)*
Löschfahrzeug *n* пожа́рный автомоби́ль *(der Feuerwehr)*
Löschimpuls *m (El)* гася́щий [стира́ющий] и́мпульс *m*
Löschkalk *m* гашёная и́звесть *f*
Löschkopf *m* стира́ющая голо́вка *f (Magnettonbandgerät)*
Löschstrom *m (El)* ток *m* стира́ния
Löschtaste *f (Inf)* кла́виша *f* гаше́ния [стира́ния]
Löschung *f* 1. стира́ние *n (magnetischer Aufzeichnungen)*; 2. погаше́ние *n*
lose осла́бленный; непло́тный *(Gestein)*; беста́рный *(Güter, Material)*; ры́хлый; нава́лом
lösen 1. растворя́ть; 2. *(Ch)* разводи́ть; 3. разъединя́ть; расцепля́ть; 4. отпуска́ть *(Bremsen)*; ослабля́ть, отви́нчивать *(Schrauben)*; 5. разобща́ть *(Kupplung)*; 6. *(Math)* (раз)реша́ть; 7. отделя́ть, отсла́ивать, рассла́ивать
loskuppeln расцепля́ть, разъединя́ть
Loskuppeln *n* расцепле́ние *n (von Waggons)*
loslassen спуска́ть
löslich раствори́мый
~/**leicht** легкораствори́мый
~/**nicht** нераствори́мый
~/**schwer** труднораствори́мый
Löslichkeit *f* раствори́мость *f*
Löslichkeitsdiagramm *n* диагра́мма *f* раствори́мости
Löslichkeitskurve *f* кри́вая *f* раствори́мости
Losreißen *n* отры́в *m*
Löß *m (Geol)* лёсс *m*
Losscheibe *f* холосто́й шкив *m*
losschrauben отви́нчивать
Lösung *f* 1. *(Ch)* раство́р *m*; 2. *(Math)* реше́ние *n*; 3. *(Masch)* разъедине́ние *n*, расцепле́ние *n*
~/**alkalische** *(Ch)* щелочно́й раство́р *m*
~/**allgemeine** *(Math)* о́бщее реше́ние *n*
~/**echte** *(Ch)* и́стинный раство́р *m*
~/**feste** *(Krist)* твёрдый раство́р *m*
~/**gesättigte** *(Ch)* насы́щенный раство́р *m*
~/**ideale** *(Ch)* идеа́льный раство́р *m*
~/**kolloid(al)e** *(Ch)* колло́идный раство́р *m*
~/**molare** *(Ch)* моля́рный раство́р *m*
~/**partikuläre** *(Math)* ча́стное реше́ние *n*
~/**spezielle** *(Math)* ча́стное реше́ние *n*
~/**ungesättigte** *(Ch)* ненасы́щенный раство́р *m*

~/**wässrige** *(Ch)* во́дный раство́р *m*
Lösungsbenzin *n* бензи́н-раствори́тель *m*
Lösungsmittel *n* раствори́тель *m*
Lösungsspinnen *n (Text)* формова́ние *n* из раство́ра
Lösungstemperatur *f (Ph, Ch)* температу́ра *f* растворе́ния
Lot *n* 1. *(Schw)* припо́й *m*; 2. *(Wkz)* отве́с *m*; 3. перпендикуля́р *m*; 4. *(Schiff)* лот *m*
Löt... па́яный, пая́льный
löten пая́ть
Löten *n* па́йка *f*, пая́ние *n*
~/**elektrisches** электропа́йка *f*
Lötfahne *f* конта́ктный лепесто́к *m*
Lötkolben *m* пая́льник *m*
Lötlampe *f* пая́льная ла́мпа *f*
Lötnaht *f* па́яный шов *m*
Lötpaste *f* пая́льная па́ста *f*
lotrecht вертика́льный; перпендикуля́рный; отве́сный
Lotrechte *f* перпендикуля́р *m*; отве́с *m*
Lotsenboot *n* ло́цманский бот *m*
Lötstelle *f* спай *m*, ме́сто *n* па́йки
~/**heiße** горя́чий спай *m*
~/**kalte** холо́дный спай *m*
~/**warme** горя́чий спай *m*
Lötung *f* спа́йка *f*
Lötverbindung *f* па́яное соедине́ние *n*
Lötzinn *n* оловя́нный припо́й *m*, третни́к *m*
Low-noise-Band *n* малошу́мная ле́нта *f*
Loxodrome *f (Math)* локсодро́мия *f*
LP *f s.* Langspielplatte
Lr *s.* Lawrencium
LR *f s.* Lenkrakete
LSB *n s.* Bit/niederwertigstes
LSG *n s.* Landschaftsschutzgebiet
LSI *f s.* Large-Scale-Integration
LSI-Schaltkreis *m (Eln)* ИС [интегра́льная схе́ма] *f* с высоко́й сте́пенью интегра́ции
LSI-Speicher *m* па́мять *f* на БИС
Lu *s.* Lutetium
Luch *n (Geol)* торфя́ник *m*
Lücke *f* 1. пробе́л *m*, про́пуск *m*; 2. *(Masch)* впа́дина *f (eines Zahnrades)*; 3. вы́емка *f*; промежу́ток *m*; просве́т *m* • **auf** ~ *(Bw)* вразбе́жку
Lückengitter *n (Krist)* вака́нтная решётка *f*
Luft *f* 1. во́здух *m*; 2. *(Masch)* зазо́р *m*, люфт *m*
~/**flüssige** жи́дкий во́здух *m*
Luft... возду́шный
Luftaufbereitung *f* воздухоподгото́вка *f*
Luftaufnahme *f (Geod)* 1. возду́шная съёмка *f*; 2. аэрофотосни́мок *m*
Luftaufnahmestutzen *m* воздухоза́борник *m*
Luftballon *m* возду́шный шар *m*
Luftbetankung *f (Flg)* дозапра́вка *f* в во́здухе, запра́вка *f* то́пливом в полёте
Luftbild *n* аэро(фото)сни́мок *m*
Luftbildaufnahme *f* аэро(фото)сни́мок *m*
Luftbildmesskammer *f* аэрофотоаппара́т *m*
Luftbildmessung *f (Geod)* (аэро)фотограмме́трия *f*
Luftbildtopographie *f (Geod)* аэрофототопогра́фия *f*
Luftbildvermessung *f (Geod)* аэрофотограмме́трия *f*
Luftblase *f (Gieß)* возду́шная ра́ковина *f*
Luftdämpfer *m* возду́шный де́мпфер *m*
luftdicht воздухонепроница́емый
Luftdichtemesser *m* аэро́метр *m*
Luftdichtigkeit *f* воздухонепроница́емость *f*
Luftdruck *m* атмосфе́рное давле́ние *n*
Luftdruckmesser *m (Meteo)* баро́метр *m*
Luftdruckschreiber *m (Meteo)* баро́граф *m*
luftdurchlässig воздухопроница́емый
Luftdurchlässigkeit *f* воздухопроница́емость *f*
Luftdusche *f* возду́шный душ *m*
Luftdüse *f* возду́шный жиклёр *m*
Lufteintritt *m* воздухозабо́рник *m*
Luftelektrizität *f* атмосфе́рное электри́чество *n*
lüften вентили́ровать
Luftentaschung *f* пневмозолоудале́ние *n*
Lüfter *m* вентиля́тор *m*
Lufterhitzer *m* калори́фер *m*
Lufterwärmung *f (Met)* рекупера́ция *f*
Luftfahrt *f* авиа́ция *f*, воздухопла́вание *n*

Luftfahrt... авиацио́нный
Luftfahrzeug *n* лета́тельный аппара́т *m*, ЛА *m*
Luftfeuchtemesser *m* гигро́метр *m*
Luftfeuchteschreiber *m (Meteo)* гигро́граф *m*
Luftfeuchtigkeit *f* вла́жность *f* во́здуха
Luftfilter *n* возду́шный фильтр *m*; воздухоочисти́тель *m*
Luftflotte *f* возду́шный флот *m*
Luftführungskanal *m* воздухово́д *m*
luftgefedert пневмати́ческой подве́ской
luftgetragen воздухонесо́мый; воздухоопо́рный
luftgetrocknet возду́шно-сухо́й
Luftgewehr *n* пневмати́ческое ружьё *n*
Lufthärten *n (Härt)* возду́шная зака́лка *f*, зака́лка *f* в во́здухе
Luftheizung *f* возду́шное отопле́ние *n*
Luftkabel *n* возду́шный ка́бель *m*
Luftkammer *f* 1. возду́шная ка́мера *f* *(eines Ofens)*; 2. *(Schiff)* возду́шная ка́мера *f (eines Luftkissenfahrzeugs)*
Luftkanal *m* 1. воздухово́д *m*; 2. *(Gieß)* душни́к *m (in einer Form)*
Luftkissen *n* возду́шная поду́шка *f*
Luftkissenfahrzeug *n* аппара́т *m* на возду́шной поду́шке
Luftkissenschiff *n* су́дно *n* на возду́шной поду́шке, СВП *n*
Luftklappe *f* дро́ссельная засло́нка *f*
Luftkondensator *m (El)* возду́шный конденса́тор *m*
Luftkorrekturdüse *f* возду́шный жиклёр *m*
Luftkorridor *m (Flg)* возду́шный коридо́р *m*
Luftkühler *m* воздухоохлади́тель *m*
Luftkühlung *f (Kfz)* возду́шное охлажде́ние *n*
luftleer ва́куумный
Luftleere *f* пустота́ *f*
Luftleitung *f* воздухо(про)во́д *m*
Luftlinie *f (El)* возду́шная ли́ния *f*; возду́шная тра́сса *f*
Luftloch *n* отду́шина *f*, вентиляцио́нное отве́рстие *n*; 2. *(Gieß)* выпор *m*
Luftmengenmesser *m* воздухоме́р *m*
Luftmessbild *n (Geod)* 1. аэрофотогра́мма *f*; 2. аэрофотосни́мок *m*
Luftporenbeton *m* газобето́н *m*
Luftpumpe *f* возду́шный насо́с *m*
Luftraum *m* возду́шное простра́нство *n*
Luftreifen *m (Kfz)* пневмати́ческая ши́на *f*
Luftreiniger *m* воздухоочисти́тель *m*
Luftsauerstoff *m* атмосфе́рный кислоро́д *m*
Luftschacht *m* возду́шная ша́хта *f*
Luftschalter *m* возду́шный выключа́тель *m*
Luftschiff *n* дирижа́бль *m*
Luftschlauch *m* возду́шный шланг *m*
Luftschleier *m* возду́шная заве́са *f*
Luftschraube *f (Flg)* (возду́шный) винт *m*, пропе́ллер *m*
Luftschraubensteigung *f (Flg)* шаг *m* возду́шного винта́
Luftschraubenzug *m (Flg)* тя́га *f* винта́
Luftspalt *m* возду́шный зазо́р *m*
Luftspiegelung *f* мира́ж *m*
Luftspieß *m (Gieß)* душни́к *m*
Luftstickstoff *m* атмосфе́рный азо́т *m*
Luftstrahltriebwerk *n* возду́шно-реакти́вный дви́гатель *m*, ВРД *m*
Luftstrom *m* пото́к *m* во́здуха
~/aufsteigender восходя́щий пото́к *m*
Luftströmung *f* 1. *s.* Luftstrom; 2. возду́шное тече́ние *n*
Luftthermometer *n* возду́шный термо́метр *m*
Lufttransport *m* возду́шный тра́нспорт *m*
Lufttransportmittel *n* возду́шный тра́нспорт *m*
lufttrocken возду́шно-сухо́й
Lufttrockner *m* возду́шная суши́лка *f*
Lufttrocknung *f* возду́шная су́шка *f*
luftundurchlässig воздухонепроница́емый
Luftundurchlässigkeit *f* воздухонепроница́емость *f*
Lüftung *f* вентиля́ция *f*
~ mit Zwangsführung принуди́тельная вентиля́ция *f*
Lüftungskanal *m (Bw)* вентиляцио́нный кана́л *m*
Luftverdichter *m* возду́шный компре́ссор *m*
Luftverkehr *m* возду́шный тра́нспорт *m*; возду́шное сообще́ние *n*
Luftverkehrsgesellschaft *f* авиали́ния *f*

Luftverschmutzung *f* атмосфéрное загрязнéние *n*
Luftverunreinigung *f* атмосфéрное загрязнéние *n*
Luftvorwärmer *m* воздухоподогревáтель *m*
Luftvorwärmung *f (Met)* рекуперáция *f*
Luftwechsel *m* воздухообмéн *m*
Luftwiderstand *m (Aerod)* сопротивлéние *n* вóздуха, аэродинамúческое сопротивлéние *n*
Luftwirbelbremse *f (Flg)* мулинéтка *f*
Luftzug *m* возду́шная тя́га *f*
Luftzutritt *m* дóступ *m* вóздуха
Luke *f* люк *m*; лаз *m*
Lumen *n* лю́мен *m*, лм *(SI-fremde Einheit des Lichtstroms)*
Luminanzsignal *n (TV)* я́ркостный сигнáл *m*
Lumineszenz *f* люминесцéнция *f*
Lumineszenz... люминесцéнтный
Lumineszenzanalyse *f (Ch)* люминесцéнтный анáлиз *m*
Lumineszenzdiode *f* светоизлучáющий диóд *m*, светодиóд *m*
Lumineszenzdiodenanzeige *f* светодиóдная индикáция *f*
Lumineszenzmikroskop *n* люминесцéнтный [флюоресцéнтный] микроскóп *m*
Lumineszenzschirm *m* люминесцéнтный экрáн *m*
Luminophor *m* люминофóр *m*
Lumpen *pl (Text)* рвань *f*
Lünette *f (Wkzm)* люнéт *m*
Lunker *m (Gieß)* (усáдочная) рáковина *f (in Gussstücken)*
lunkerig *(Met)* пóристый, рáковистый *(Gussstücke)*; ноздревáтый *(Blöcke)*
Lupe *f (Opt)* лу́па *f*, увеличúтельное стеклó *n*
~**/binokulare** бинокуля́рная лу́па *f*
Luppe *f (Met)* крúца *f*
Lutetium *n (Ch)* лютéций *m*, Lu
Lutte *f (Bgb)* вентиляциóнная трубá *f (Bewetterung)*
Luv *f (Schiff)* навéтренная сторонá *f*
Luv... навéтренный
Luvo *m* воздухоподогревáтель *m*
Luvseite *f (Schiff)* навéтренная сторонá *f*
luvseitig навéтренный
Lux *n* люкс *m*, лк *(Einheit der Beleuchtungsstärke)*
Luxmeter *n* люксмéтр *m*
LW *f s.* Langwelle
LW *m s.* Leitungswähler
LWGR *m s.* Leichtwasser-Graphit-Reaktor
LWL *m s.* Lichtwellenleiter
LWR *m s.* Leichtwasserreaktor
LW-Sender *m* длинноволнóвый передáтчик *m*
lx *s.* Lux
lyophil лиофúльный
Lyophilisierung *f (Lebm)* лиофилизáция *f*
lyophob лиофóбный

M

M *s.* 1. Maxwell; 2. Machzahl; 3. Mega...
m *s.* 1. Meter; 2. Milli...
µm *s.* Mikrometer
M./ü. (d.) *s.* Meeresspiegel/über dem
Ma *s.* Machzahl
mA *s.* Milliampere
Mach *n s.* Machzahl
Machmeter *n (Flg)* махмéтр *m*, указáтель *m* числá Мáха [M]
mächtig *(Geol)* мóщный *(Schichten)*
Mächtigkeit *f* 1. *(Geol)* мóщность *f (einer Schicht)*; 2. *(Math)* мóщность *f (Mengenlehre)* • **von geringer** ~ маломóщный
~**/bauwürdige** *(Bgb)* рабóчая мóщность *f*
~ **des Flözes** *(Geol, Bgb)* мóщность *f* пластá
Mach-Zahl *f s.* Machzahl
Machzahl *f (Aero)* числó *n* Мáха, M
~**/kritische** критúческое числó *n* Мáха
Machzahlmesser *m s.* Machmeter
Magazin *n* магазúн *m*
mager тóщий
Magerbeton *m* тóщий бетóн *m*
Magergemisch *n (Kfz)* бéдная смесь *f*
Magerkohle *f* тóщий у́голь *m*
Magerungsmittel *n* отощúтель *m*
Magma *n (Geol)* мáгма *f*
Magma... *(Geol)* магматúческий
magmatisch *(Geol)* магматúческий
Magmatismus *m (Geol)* магматúзм *m*

Magnesia *f (Ch)* магнéзия *f*
~/gebrannte жжёная магнéзия *f*
Magnesit *m (Min)* магнези́т *m*
Magnesium *n (Ch)* мáгний *m*, Mg
Magnesium... мáгниевый
Magnesyn *n (El)* магнеси́н *m*
Magnesyngeber *m (El)* магнеси́н-дáтчик *m*
Magnet *m* магни́т *m*
~/permanenter постоя́нный магни́т *m*
~/supraleitender сверхпроводя́щий магни́т *m*
Magnet... магни́тный
Magnetanlasser *m (El)* магни́тный пускáтель *m*
Magnetaufzeichnung *f* магни́тная зáпись *f*
Magnetband *n* магни́тная лéнта *f*
Magnetbandgerät *n* магнитофóн *m*
magnetbandgesteuert управля́емый магни́тной лéнтой
Magnetbandspeicher *m (Inf)* пáмять *f* [запоминáющее устрóйство *n*] на магни́тной лéнте
Magnetblasenspeicher *m (Inf)* пáмять *f* [запоминáющее устрóйство *n*] на цилиндри́ческих магни́тных домéнах
Magnetbremse *f (Eb)* магни́тный тóрмоз *m*
Magnetdefektoskopie *f (Wkst)* магни́тная дефектоскопи́я *f*
Magnetdomänenspeicher *m (Inf)* пáмять *f* [запоминáющее устрóйство *n*] на магни́тных домéнах
Magneteisenstein *m (Min)* магнети́т *m*
magnetelektrisch магнитоэлектри́ческий
Magnetfalle *f (Ph)* магни́тная ловýшка *f*
Magnetfänger *m (Bgb)* магни́тный лови́тель *m*
Magnetfeld *n* магни́тное пóле *n*
~ **der Erde** *(Geoph)* магни́тное пóле *n* Земли́
~/statisches *(Ph)* магнитостати́ческое пóле *n*
magnetfeldempfindlich магниточувстви́тельный
Magnetfilm *m* магни́тная плёнка *f*
Magnetfilmspeicher *m (Inf)* пáмять *f* [запоминáющее устрóйство *n*] на магни́тных плёнках
Magnetgasdynamik *f* магнитогазодинáмика *f*
magnetgesteuert магнитоуправля́емый
Magnetik *f (Bgb, Geol)* магниторазвéдка *f*
Magnetikum *n (Ph)* магнéтик *m*
magnetisch магни́тный
magnetisierbar магнетизи́рующийся
magnetisieren намагни́чивать
magnetisiert намагни́ченный
Magnetisierung *f* 1. намагни́ченность *f (Zustand)*; 2. намагни́чивание *n (Vorgang)*
Magnetisierungskurve *f (El)* кри́вая *f* намагни́чивания
Magnetisierungsstrom *m* намагни́чивающий ток *m*
Magnetismus *m* магнети́зм *m*
~/remanenter остáточный магнети́зм *m*
Magnetit *m (Min)* магнети́т *m*
Magnetjoch *n (El)* магни́тное ярмó *n*
Magnetkarte *f (Inf)* магни́тная кáрт(оч)ка *f*
Magnetkartenspeicher *m (Inf)* пáмять *f* [запоминáющее устрóйство *n*] на магни́тных кáртах
Magnetkern *m (El)* магни́тный сердéчник *m*; *(El)* магнитопровóд *m (Transformatoren)*
Magnetkernlogik *f* магни́тная лóгика *f*
Magnetkies *m (Min)* пирроти́н *m*
Magnetkompass *m (Opt)* магни́тный кóмпас *m*
Magnetkopf *m* магни́тная головка *f*
Magnetkreiselkompass *f* гиромагни́тный кóмпас *m*
Magnetlinse *f* магни́тная ли́нза *f*
Magnetnadel *f* магни́тная стрéлка *f*
Magnetochemie *f* магнетохи́мия *f*
magnetochemisch магнетохими́ческий
Magnetodielektrikum *n* магнитодиэлéктрик *m*
magnetoelastisch магнитоупрýгий
magnetoelektrisch магнитоэлектри́ческий
Magnetograph *m* магнитóграф *m*
Magnetohydrodynamik *f* магни́тная гидродинáмика *f*, магнитогидродинáмика *f*, МГД *f*

magnetohydrodynamisch магнитогидродинамический, МГД-...
Magnetometer *n (El)* магнитометр *m*
Magneton *n (Kern)* магнетон *m (Maßeinheit für atomare magnetische Momente)*
~/bohrsches магнетон *m* Бора
Magnetooptik *f* магнитооптика *f*
magnetorientiert магнитоупорядоченный
Magnet(o)rotation *f s.* Faraday-Effekt
Magnetoskop *n* магнитоскоп *m*
magnetostatisch магнитостатический
Magnetostriktion *f* магнитострикция *f*
Magnetostriktions... магнитострикционный
magnetostriktiv магнитострикционный
Magnetpeilung *f* магнитный пеленг *m*
Magnetplatte *f (Inf)* (жёсткий) магнитный диск *m*
Magnetplattendatei *f (Inf)* файл *m* на диске, дисковый файл *m*
Magnetplattenkassette *f (Inf)* кассета *f* дисков
Magnetplattenspeicher *m (Inf)* память *f* (запоминающее устройство *n*] на жёстких магнитных дисках
Magnetpulver *n (Wkst)* магнитный порошок *m*
Magnetpulverdefektoskop *n* магнитный дефектоскоп *m*
Magnetrelais *n* магнитное реле *n*
Magnetron *n (Eln)* магнетрон *m*
Magnetrongenerator *m (Rf)* магнетронный генератор *m*
Magnetronröhre *f s.* Magnetron
Magnetscheider *m* магнитный сепаратор *m (Aufbereitung)*
Magnetscheidung *f* магнитная сепарация *f (Aufbereitung)*
Magnetschicht *f* магнитный слой *m*
Magnetschichtspeicher *m s.* Magnetfilmspeicher
Magnetschienenbremse *f* рельсовый электромагнитный тормоз *m*
Magnetschwebebahn *f* дорога *f* на магнитной подвеске
Magnetspeicher *m (Inf)* магнитная память *f*
Magnetspektrometer *n* магнитный спектрометр *m*
Magnetspur *f (Inf)* (магнитная) дорожка *f*
Magnetstahl *m* магнитная сталь *f*
Magnettonbandgerät *n* магнитофон *m*
Magnettonkopf *m* магнитная головка *f*
Magnettrommel *f (Inf)* магнитный барабан *m*
Magnettrommelspeicher *m (Inf)* память *f* [запоминающее устройство *n*] на магнитном барабане
Magnetverstärker *m* магнитный усилитель *m*
Magnetwerkstoff *m* магнитный материал *m*
Magnetzünder *m (Kfz)* магнето *n*
Magnetzündung *f (Kfz)* зажигание *n* от магнето
Mähbinder *m (Lw)* сноповязалка *f*
Mähdrescher *m (Lw)* зерноуборочный комбайн *m*
Mäher *m (Lw)* косилка *f*, жатка *f*
Mählader *m (Lw)* косилка-погрузчик *f*
mahlen молоть
Mahlen *n* размол *m*, помол *m*, размельчение *n*, размалывание *n*
Mahlgut *n* размол *m*, помол *m*
Mahlprodukt *n* размол *m*, помол *m*
Mahlstein *m* жёрнов *m*
Mahlwerk *n* мельница *f*
Mähmaschine *f (Lw)* жатка *f*, косилка *f*
Mähwerk *n (Lw)* жатка *f*
Mainframe *n (Inf)* 1. центральный процессор *m*, ЦП *m*; 2. большая [универсальная] ЭВМ *f*
Maische *f* 1. бражка *f*; сусло *n*; 2. затор *m*
maischen затирать *(Malz)*
Maiskolbenköpfmaschine *f (Lw)* початкоотделитель *m*
Maiskombine *f (Lw)* кукурузоуборочный комбайн *m*
Maisvollerntemaschine *f (Lw)* кукурузоуборочный комбайн *m*
Makette *f (Typ)* макет *m*
Makroanweisung *f (Inf)* макрокоманда *f*
Makroassembler *m (Inf)* макроассемблер *m*
Makroaufruf *m (Inf)* макровызов *m*
Makrobefehl *m (Inf)* макрокоманда *f*
Makrogefüge *n (Wkst)* макроструктура *f*

Makrogenerierung *f (Inf)* макрогене-рáция *f*
Makroklima *n* макроклúмат *m*
Makrokorrosion *f (Wkst)* макрокорро́зия *f*
makrokristallin макрокристаллúческий *(Gefüge)*
Makromolekül *n (Ch)* макромолéкула *f*
makromolekular *(Ch)* макромолекуля́рный, высокомолекуля́рный
Makroprogrammsteuerung *f (Inf)* макропрогрáммное управлéние *n*
Makrorelief *n (Geol)* макрорельéф *m*
Makroseigerung *f (Wkst)* зонáльная ликвáция *f*
makroskopisch *(Wkst)* макроскопúческий
Makulatur *f* макулатýра *f*
Malachit *m (Min)* малахúт *m*
Malteserkreuz *n (Masch)* мальтúйский крест *m*
Malz *n* со́лод *m*
mälzen солодовáть
Mälzen *n* солодовращéние *n*
Mälzerei *f* 1. соложéние *n*, солодоращéние *n*; 2. соладо́вня *f*
Mälzung *f s.* Mälzerei 1.
Mammutpumpe *f* эрлúфт *m*, воздухоподъёмник *m*
Mangan *n (Ch)* мáрганец *m*, Mn
Mangan... *(Ch)* марганцо́вый, мáрганцевый
manganhaltig *(Ch)* марганцо́вый
mangansauer *(Ch)* марганцовистокúслый
Mangel *m* недостáток *m*, дефéкт *m*; нехвáтка *f*
Mangel... дефицúтный
Mangeln *n (Text)* выглáживание *n*
Mangelschmierung *f (Trib)* недосмáзка *f*
Manipulation *f* манипуля́ция *f*
Manipulator *m* манипуля́тор *m (automatisch gesteuert)*
~/**einarmiger** одноря́кий манипуля́тор *m*
~/**mehrarmiger** многорýкий манипуля́тор *m*
~/**zweiarmiger** двурýкий манипуля́тор *m*
manipulieren манипулúровать
Mannigfaltigkeit *f (Math)* многообрáзие *n*
Mannloch *n* люк *m*; лаз *m*
mannlos *(Fert)* безлю́дный *(z. B. technologische Prozesse)*
Mannschaft *f* бригáда *f*
Mannschaftsfahrung *f (Bgb)* людскáя откáтка *f*
Mannschaftsraum *m (Schiff)* кýбрик *m*
Manometer *n* мано́метр *m*
~/**registrierendes [schreibendes]** самопúшущий мано́метр *m*
Manometer... манометрúческий
manometrisch манометрúческий
Manöver *n* манёвр *m*
Manövriereigenschaften *fpl* манёвренность *f (eines Schiffes)*
Manövrierfähigkeit *f* манёвренность *f (eines Fahrzeuges)*
Manschette *f* манжéта *f*
Mantel *m* 1. рубáшка *f*, обмáзка *f (einer Elektrode)*; 2. кожýх *m*; 3. ко́рпус *m*, оболо́чка *f*; 4. ю́бка *f (eines Kolbens)*; 5. *(Geol)* мáнтия *f* (Земли) *(der Erde)*; 6. *(Math)* боковáя повéрхность *f (Geometrie)*
~/**äußerer** нарýжная оболо́чка *f*
Mantelelektrode *n* покры́тый [обмáзанный] электро́д *m*
Mantelfläche *f (Math)* боковáя повéрхность *f (Geometrie)*
Mantelisolator *m* ю́бочный изоля́тор *m*
Mantelschuss *m* обечáйка *f (Behälterfertigung)*
Manteltransformator *m* бронево́й трансформáтор *m*
manuell вручнýю, ручно́й
marbeln *(Glas)* раскáтывать
Marbeln *n (Glas)* раскáтывание *n*, закáтка *f*
Mare *n (Astr)* лýнное мо́ре *n*
Mareograph *m* марео́граф *m*
Margoulis-Zahl *f (Aero)* числó *n* Стэ́нтона, *St*, *Mg*
Marinemessing *n* морскáя латýнь *f*
maritim морско́й
Markasit *m (Min)* марказúт *m*
Marke *f* 1. мéтка *f*; 2. (фúрменная) мáрка *f*; 3. клеймо́ *n (Gütekontrolle)*; 4. мáрка *f (Begrenzungszeichen)*
markieren 1. отмечáть; маркúровать; 2. размечáть; 3. клеймúть
Markierer *m* маркёр *m*
markiert *(Kern)* мéченый

Markierung *f* 1. маркирова́ние *n*, маркиро́вка *f*; 2. маркиро́вка *f (als Ergebnis)*; 3. (раз)ме́тка *f*; 4. клейме́ние *n*; 5. маркёр *m*; 6. *(Kern)* мече́ние *n*; 7. *(Ph)* след *m*
Markierungs... маркёрный
Markierungsbake *f s.* Markierungsfunkfeuer
Markierungsfeuer *n (Flg)* радиомаркёр *m*, маркёрный мая́к *m*
Markierungsfunkfeuer *n (Flg)* радиомаркёр *m*, маркёрный радиомая́к *m*
Markierungszeichen *n* маркёр *m*
Markscheiderzeichen *n (Bgb)* ре́пер *m*
Markscheidewesen *n (Bgb)* маркшейдери́я *f*
Marktwirtschaft *f* ры́ночная эконо́мика *f*
Markzeichen *n (Geod)* неподви́жная то́чка *f*
Marmor *m* мра́мор *m*
Marsch *m (Bgb)* рейс *m (eines Bohrwerkzeugs)*
Marschflugkörper *m* крыла́тая раке́та *f*
Marschleistung *f* кре́йсерская мо́щность *f*
Marschtriebwerk *n (Flg)* ма́ршевый дви́гатель *m*
Martensit *m (Wkst)* мартенси́т *m*
Martensit... мартенси́тный
martensitisch мартенси́тный
Martensitumwandlung *f (Wkst)* мартенси́тное превраще́ние *n*
Martinshorn *n (Kfz)* сире́на *f* с преры́вистым сигна́лом
Masche *f* 1. *(Text)* пе́тля *f*; 2. яче́йка *f*; 3. меш *m (Maßeinheit für Drahtsiebe)*; 4. *(El)* пе́тля *f*, за́мкнутый ко́нтур *m*
Maschen... 1. *(Text)* пе́тельный; 2. *(El)* ко́нтурный
Maschenbildung *f (Text)* петлеобразова́ние *n*
Maschenregel *f (El)* пра́вило *n* конту́ров
Maschenweite *f* 1. но́мер *m* си́та; 2. меш *m (Maßeinheit für Drahtsiebe)*
Maschine *f* маши́на *f*; стано́к *m*
~/**explosionsgeschützt** взрывозащищённая маши́на *f*
~/**hochtourige** быстрохо́дная маши́на *f*
~/**langsam laufende** тихохо́дная маши́на *f*
~/**lernende** обуча́ющаяся маши́на *f*
~/**schlagwettergeschützte** *(Bgb)* взрывозащищённая маши́на *f*
~/**selbst lernende** обуча́ющаяся маши́на *f*
~/**tropfwassergeschützte** *(El)* капелезащищённая маши́на *f*
maschinell маши́нный
Maschinen... маши́нный
Maschinenaggregat *n* агрега́т *m*
Maschinenbau *m* машинострое́ние *n*
Maschinenbau... машинострои́тельный
Maschinenbefehl *m (Inf)* маши́нная кома́нда *f*
Maschinenbütte *f (Pap)* маши́нный бассе́йн *m*
Maschinenformen *n (Gieß)* маши́нная формо́вка *f*
Maschinenformguss *m* маши́нное литьё *n*
Maschinengewehr *n* пулемёт *m*
Maschinenhalle *f* маши́нный зал *m*
Maschinenhaus *n* маши́нное зда́ние *n*
Maschinenkarte *f* па́спорт *m*
Maschinenkaskade *f (El)* электромаши́нный каска́д *m*
Maschinenkunde *f* машинове́дение *n*
Maschinennieten *n* маши́нная клёпка *f*
Maschinenöl *n* маши́нное ма́сло
Maschinenpark *m* маши́нный парк *m*
Maschinenpistole *f (Mil)* автома́т *m*
Maschinenprogramm *n (Inf)* маши́нная програ́мма *f*
Maschinenraum *m (Schiff)* маши́нное отделе́ние *n*
Maschinensatz *m* маши́нный агрега́т *m*
Maschinenschraubstock *m* маши́нные тиски́ *pl*
Maschinenschweißen *n* механизи́рованная сва́рка *f*
Maschinensprache *f (Inf)* маши́нный язы́к *m*
Maschinenstraße *f (Masch)* стано́чная ли́ния *f*
Maschinenteil *n* дета́ль *f* маши́ны
Maschinentelegraph *m* маши́нный телегра́ф *m*
Maschinenträger *m* самохо́дное шасси́ *n*

Maschinenübersetzung *f* маши́нный перево́д *m*
Maschinenumformer *m (El)* электромаши́нный преобразова́тель *m* то́ка
Maschinenwerkzeug *n (Wkz)* стано́чный инструме́нт *m*
Maschinenwort *n (Inf)* (маши́нное) сло́во *n*
Maschinenzeit *f* маши́нное вре́мя *f*
Maser *f (Holz)* свиль *f*
Maser *m* ма́зер *m*, ква́нтовый усили́тель *m*, молекуля́рный генера́тор *m*
~/optischer ма́зер *m* опти́ческого диапазо́на, ла́зер *m*, опти́ческий ква́нтовый генера́тор *m*
Maserung *f (Holz)* тексту́ра *f*
Maserverstärker *m* ма́зер-усили́тель *m*
Maske *f* ма́ска *f*
Maskenfarbbildröhre *f (TV)* ма́сочная тру́бка *f*
Maskenform *f (Gieß)* оболо́чковая фо́рма *f*
Maskenformverfahren *n* литьё *n* в оболо́чковые фо́рмы
maskenprogrammierbar программи́руемый ма́сками
Maskenprogrammierung *f (Inf)* ма́сочное программи́рование *n*
Maskenröhre *f (TV)* ма́сочная тру́бка *f*
Maß *n* 1. ме́ра *f*; 2. разме́р *m*
~/metrisches метри́ческая ме́ра *f*
~/tatsächliches действи́тельный разме́р *m*
~/vorgegebenes за́данный разме́р *m*
Maßabweichung *f (Fert)* отклоне́ние *n* разме́ра
Maßanalyse *f (Ch)* объёмный [титриметри́ческий] ана́лиз *m*
Masse *f* 1. ма́сса *f (kg)*; 2. *(El)* ма́сса *f*, земля́ *f*; 3. *(Gieß)* формо́вочная ма́сса *f*; 4. *(Lebm)* па́ста *f*; 5. соста́в *m*
~/kritische *(Kern)* крити́ческая ма́сса *f* *(des Reaktors)*
~/reduzierte приведённая ма́сса *f*
~/spezifische *(Ph)* уде́льная ма́сса *f*
~/träge *(Mech)* ине́ртная ма́сса *f*
~/volumenbezogene *(Mech)* (уде́льная) пло́тность *f*
Maße *npl* да́нные *pl*
Masseanalyse *f (Ch)* весово́й ана́лиз *m*
Masseform *f (Gieß)* песча́ная фо́рма *f*
Maßeinheit *f (Mess)* едини́ца *f* (измере́ния)
Massel *f (Met)* чу́шка *f*, штык *m*, болва́нка *f*
Masselbrecher *m (Met)* чушколома́тель *m*
Masseleisen *n* чу́шковый чугу́н *m*
Masselgießmaschine *f (Met)* разли́вочная маши́на *f*
masselos *(Mech)* безынерцио́нный
Masselroheisen *n* чу́шковый чугу́н *m*
Massenanteil *m* **in Prozent** весово́й проце́нт
Massenanziehung *f* **(/allgemeine)** *(Mech, Geoph)* (всеми́рное [всео́бщее]) тяготе́ние *n*, гравита́ция *f*, си́ла *f* тяготе́ния
Massenanziehungskraft *f s.* Massenanziehung
Massenaustausch *m (Ph, Ch)* массообме́н *m*
Massenbeton *m* ма́ссовый бето́н *m*
Massendichte *f (Mech)* (уде́льная) пло́тность *f*, уде́льная ма́сса *f*
Massendurchfluss *m (Hydrom)* ма́ссовый расхо́д *m*
Massendurchflussmesser *m (Hydrom)* ма́ссовый расходоме́р *m*
Masseneinheit *f (Mess)* едини́ца *f* ма́ссы
~/atomare [atomphysikalische, kernphysikalische] *(Kern)* а́томная едини́ца *f* ма́ссы, а.е.м.
Massenerhaltung *f (Ph)* сохране́ние *f* ма́ссы
Massenerhaltungssatz *m (Ph)* зако́н *m* сохране́ния ма́ссы
Massenfertigung *f* ма́ссовое произво́дство *n*
Massengut *n* сыпу́чий груз *m*
Massengutfrachter *m s.* Bulker
Massengutfrachtschiff *n s.* Bulker
Massenkraft *f (Mech)* ма́ссовая [объёмная] си́ла *f*
Massenmedien *pl* сре́дства *npl* ма́ссовой информа́ции
Massenmittelpunkt *m (Mech)* центр *m* масс [ине́рции]
Massenpunkt *m* 1. *(Mech)* материа́льная то́чка *f*; 2. *(Krist)* у́зел *m*
Massenspeicher *m (Inf)* па́мять *f* [запомина́ющее устро́йство *n*] большо́й ёмкости, ма́ссовая па́мять *f*

Massenspektrogramm *n (Kern)* масс-спектрогра́мма *f*
Massenspektrographie *f (Kern)* масс-спектрогра́фия *f*
Massenspektrometer *n (Kern)* масс-спектро́метр *m*
Massenspektrometrie *f (Kern)* масс-спектроме́трия *f*
massenspektrometrisch *(Kern)* масс-спектрометри́ческий
Massenspektroskop *n (Kern)* масс-спектроско́п *m*
Massenspektroskopie *f (Kern)* масс-спектроскопи́я *f*
massenspektroskopisch *(Kern)* масс-спектра́льный
massenspektroskopisch *(Kern)* масс-спектроскопи́ческий
Massenspektrum *n (Kern)* масс-спектр *m*, спектр *m* масс
Massenstrom *m (Hydrom)* ма́ссовый расхо́д *m*
Massenstromstärke *f (Hydrom)* ма́ссовый расхо́д *m*
Massenträgheit *f (Mech)* ине́рция *f* масс
Massenträgheitsmoment *n (Mech)* моме́нт *n* ине́рции
Massenverkehrsmittel *n* обще́ственный тра́нспорт *m*
Massenverteilung *f (Ph)* распределе́ние *n* ма́сс(ы)
Massenwirkungsgesetz *n* зако́н *m* де́йствующих масс
Massenzahl *f (Kern)* ма́ссовое число́ *n*
Massepunkt *m (Mech)* материа́льная то́чка *f*
Masseschluss *m (El)* замыка́ние *n* на ко́рпус
Masseteilchen *n (Kern)* корпу́скула *f*
Masseverlust *m* усу́шка *f (durch Trocknung)*
Masseverminderung *f* облегче́ние *n*
Masseverschleiß *m* весово́й изно́с *m*
maßgeprägt *(Mess)* калибро́ванный
Massiv *n (Bgb, Geol)* масси́в *m*
massiv сплошно́й; це́льный
Massivumformung *f (Fert)* обрабо́тка *f* нелистово́го материа́ла давле́нием
Maßkette *f* разме́рная цепь *f*
maßläppen *(Fert)* доводи́ть
Maßläppen *n (Fert)* householdдово́дка *f*
Maßläppmaschine *f (Wkzm)* дово́дочный стано́к *m*
Maßläppwerkzeug *n (Wkz)* дово́дочный инструме́нт *m*
Maßlehre *f (Mess)* кали́бр *m*
Maßlinie *f* разме́рная ли́ния *f (einer technischen Zeichnung)*
Maßnahme *f* мероприя́тие *n*
Maßprägen *n (Umf)* калибро́вка *f*
Maßstab *m* 1. масшта́б *m*; 2. масшта́бная лине́йка *f* • **in kleinem ~** мелкомасшта́бный
Maßstabs... масшта́бный
Maßsystem *n* систе́ма *f* едини́ц, систе́ма *f* мер
~/Giorgisches *n* систе́ма *f* едини́ц МКСА
~/metrisches метри́ческая систе́ма *f* мер
Maßverkörperungssatz *m (Mess)* набо́р *m* мер
Mast *m* ма́чта *f*; столб *m*; *(El)* опо́ра *f (von Freileitungen)*
Mastabstand *m (El)* пролёт *m*
Mastanker *m (El)* оття́жка *f*
Mastantenne *f* анте́нна-ма́чта *f*
Mastenkran *m* ма́чтовый кран *m*, кран-де́ррик *m*
Master *m* 1. *(Eln)* ба́зовый ма́тричный криста́лл *m*; 2. *(Inf)* задаю́щий мо́дуль *m*, зада́тчик *m*; 3. *(Inf)* основно́й файл *m*
Master-Slave-Prinzip *n (Inf)* при́нцип *m* «веду́щий-ведо́мый»
Master-Slice *n (Eln)* ба́зовый ма́тричный криста́лл *m*
Mastikation *f (Gum)* пластика́ция *f*
Mastikator *m (Gum)* пластика́тор *m*
Mastix *m* масти́ка *f*
mastizieren *(Gum)* пластици́ровать
Mastizieren *n (Gum)* пластика́ция *f*
Mastiziermaschine *f (Gum)* пластика́тор *m*
Mastwerk *n (Schiff)* ранго́ут *m*
Masut *n* мазу́т *m*
Mater *f (Typ)* ма́трица *f*
Material *n* материа́л *m*
~/feuerfestes огнеупо́р *m*
~/rollendes *(Eb)* подвижно́й соста́в *m*
~/schalldämmendes *(Bw)* звукоизоляцио́нный материа́л *m*

~/spaltbares *(Kern)* деля́щийся материа́л *m*
~/stückiges кусково́й материа́л *m*
Materialaufwand *m* расхо́д *m* материа́ла
materialaufwendig материалоёмкий
Materialbilanz *f* материа́льный бала́нс *m*
Materialfehler *m* изъя́н *m*
materialintensiv материалоёмкий
Materialökonomie *f* эконо́мия *f* материа́ла
Materialprüfung *f* испыта́ние *n* материа́лов
Materialverbrauch *m* расхо́д *m* материа́ла
Materie *f* мате́рия *f*; вещество́ *n*
~/interstellare *(Astr)* межзвёздное вещество́ *n*
~/stellare *(Astr)* звёздное вещество́ *n*
Mathematik *f* матема́тика *f*
~/höhere вы́сшая матема́тика *f*
mathematisch математи́ческий
Matrix *f (Math)* ма́трица *f*
~/inverse *(Inf)* обра́тная ма́трица *f*
Matrixdrucker *m (Inf)* ма́тричное печа́тающее устро́йство *n*
Matrixprozessor *m* ма́тричный проце́ссор *m*
Matrixschaltkreis *m (El)* ма́тричная схе́ма *f*
Matrixschaltung *f (El)* ма́тричная схе́ма *f*
Matrize *f* ма́трица *f*
Matrizenrechnung *f* ма́тричное исчисле́ние *n*
matt ма́товый; ту́склый
Mattätzen *n* ма́товое травле́ние *n*, *(Glas auch:)* мати́рование *n*
Mattbeizen *n* ма́товое травле́ние *n*
Matte *f* мат *m*
Mattglas *n* ма́товое стекло́ *n*
Mattieren *n* мати́рование *n*
Mattierung *f* мати́рование *n*
Mattkohle *f* ма́товый у́голь *m*
Mattpapier *n* ма́товая фотобума́га *f*
Mauer *f* стена́ *f*
Mauern *n (Bw)* кла́дка *f*
Mauerstein *m (Bw)* строи́тельный кирпи́ч *m*
Mauervorsprung *m* вы́ступ *m* стены́
Mauerwerk *n (Bw)* кла́дка *f*
Mauerziegel *m (Bw)* строи́тельный кирпи́ч *m*
mauken *(Ker)* вылёживать
Maul *n (Wkz)* зев *m (eines Schraubenschlüssels)*
Maulschlüssel *m (Wkz)* га́ечный ключ *m*
Maulwurf(drän)pflug *m* кротова́тель *m*
Maurerarbeiten *fpl* ка́менные рабо́ты *fpl*
Maurerhammer *m* молото́к-ки́рочка *m*
Maurerkelle *f* ке́льма *f*, мастеро́к *m*
Maus *f (Inf)* мышь *f*
Maximalbeanspruchung *f (Fest)* максима́льное напряже́ние *m*
Maximalgeschwindigkeit *f (Mech)* максима́льная ско́рость *f*
Maximalleistung *f* максима́льная мо́щность *f*
Maximalstrom *m (El)* пи́ковый ток *m*
Maximalwert *m* максима́льное [наибо́льшее] значе́ние *n*, ма́ксимум *m*
Maximum *n s.* Maximalwert
Maximum-Minimum-Thermometer *n* максима́льно-минима́льный термо́метр *m*
Maximumthermometer *n* максима́льный термо́метр *m*
Maxwell *n* ма́ксвелл *m*, Мкс *(SI-fremde Einheit des magnetischen Flusses)*
Mazeration *f* мацера́ция *f*
Mazerisieren *n* мацера́ция *f*
mbar *s.* Millibar
Mbit *n s.* Megabit
Mbyte *n s.* Megabyte
McLeod-Vakuummeter *n* компресcио́нный вакуумме́тр *m*, вакуумме́тр *m* Мак-Лео́да
Md *s.* Mendelevium
Mechanik *f* меха́ника *f*
~/angewandte прикладна́я меха́ника *f*
~/relativistische релятиви́стская меха́ника *f*
mechanisch механи́ческий
mechanisch-elektronisch механо-электро́нный
mechanisieren механизи́ровать
mechanisiert механизи́рованный
Mechanisierung *f* механиза́ция *f*
Mechanismus *m* механи́зм *m*
~/ebener *(Masch)* пло́ский механи́зм *m*

Mechanochemie *f* механохи́мия *f*
mechanochemisch механохими́ческий
Mechanostriktion *f (Ph)* механостри́кция *f*
„Mechanotronik" *f* механотро́ника *f* *(Fachgebiet mit Elementen der Mechanik, Elektronik und Programmierung)*
Mediane *f (Math)* медиа́на *f*; сре́дняя ли́ния *f (Geometrie)*
Medium *n* среда́ *f*
~/**aggressives** агресси́вная среда́ *f*
~/**aktives** акти́вная среда́ *f*
~/**homogenes** однoро́дная среда́ *f*
~/**inhomogenes** неоднoро́дная среда́ *f*
~/**korrodierendes [korrosives]** коррозио́нная среда *f*
~/**leitendes** *(El)* проводя́щая среда́ *f*
~/**neutral reagierendes** *(Ch)* нейтра́льная среда́ *f*
~/**neutrales** *(Ch)* нейтра́льная среда́ *f*; *(Met)* нейтра́льная атмосфе́ра *f*
~/**oxidierendes** *(Ch)* окисли́тельная среда́ *f*; *(Met)* окисли́тельная атмосфе́ра *f*
~/**reduzierendes** *(Ch)* восстанови́тельная среда́ *f*; *(Met)* восстанови́тельная атмосфе́ра *f*
~/**umgebendes** окружа́ющая среда́ *f*
Medium-Scale-Integration *f (Eln)* сре́дняя сте́пень *f* интегра́ции
Meer *n* мо́ре *n*
~/**offenes** откры́тое мо́ре *n*
Meer... морско́й
Meerbusen *m (Hydrol)* зали́в *m*
Meerenge *f* у́зкость *f*
Meeres... морско́й
Meeresbohrung *f (Erdöl)* морска́я сква́жина *f*
Meeresforschung *f* океаноло́гия *f*
Meereshöhe *f* высота́ *f* над у́ровнем мо́ря
Meereskraftwerk *n* прили́вная (гидро)электроста́нция *f*, ПЭС *f*
Meeresspiegel *m* у́ровень *f* мо́ря
~/**über dem** над у́ровнем мо́ря
Meersalz *n* морска́я соль *f*
Meerwasser *n* морска́я вода́ *f*
Mega... *(Mess)* мега..., М *(10^6 Einheiten)*
Megabit *n (Inf)* мегаби́т *m*, Мбит *m*
Megabyte *n (Inf)* мегаба́йт *m*, Мбаит *m*
Mehl *n* мука́ *f*
mehlig мучни́стый
Mehrachsanhänger *m* многоо́сный прице́п *m*
Mehrachsantrieb *m (Wkzm)* группово́й при́вод *m*
mehrachsig многоо́сный
Mehrachskraftwagen *m* многоо́сный автомоби́ль *m*
Mehradress... *(Inf)* многоа́дресный
Mehradressbefehl *m (Inf)* многоа́дресная кома́нда *f*
Mehradressen... *(Inf)* многоа́дресный
mehradrig *(El)* многожи́льный, многопроводно́й *(Kabel)*
mehratomig *(Ch)* многоа́томный
Mehratomigkeit *f (Ch)* многоа́томность *f*
mehrbasig *(Ch)* многооснóвный
mehrbegriffig *(Eb)* многозна́чный *(Signal)*
Mehrbereich... многопреде́льный *(bei Messgeräten)*
Mehrbereichs(motoren)öl *n (Kfz)* всесезо́нное ма́сло *n*
Mehrbitfehler *m (Inf)* многоби́тная оши́бка *f*
Mehrchip... *(Eln)* многокриста́льный
mehrdeutig *(Math)* многозна́чный, неоднозна́чный
Mehrdeutigkeit *f* многозна́чность *f*, неоднозна́чность *f*
mehrdimensional многоме́рный
Mehrdraht... *(El)* многожи́льный, многопроводно́й *(Kabel)*
Mehrdruck *m* сверхдавле́ние *n*
Mehrelektrodenschweißen *n* многоэлектро́дная сва́рка *f*
mehrfach кра́тный, многокра́тный
Mehrfach... кра́тный, многокра́тный; *(Wkzm)* многопозицио́нный
Mehrfachausnutzung *f (Nrt)* многокра́тное испо́льзование *n*; разделе́ние *n* кана́лов; уплотне́ние *n* (кана́лов)
Mehrfachbearbeitung *f (Fert)* паралле́льная обрабо́тка *f*
Mehrfachbelichtung *f (Photo)* многокра́тное экспони́рование *n*
Mehrfachbeschleuniger *m (Kern)* цикли́ческий ускори́тель *m*
Mehrfachecho *n* многокра́тное э́хо *n*

Mehrfachentladung *f (El)* многокра́тный разря́д *m*
Mehrfachionisierung *f* многокра́тная ионизáция *f*
Mehrfachkoppler *m (Inf)* мультиплéксор *m*
Mehrfachprogrammierung *f (Inf)* мультипрограмми́рование *n*
Mehrfachreflexion *f (Ak)* реверберáция *f*
Mehrfachregelung *f* многосвя́зное регули́рование *n*
Mehrfachtelegraphie *f* многокрáтное телеграфи́рование *n*
Mehrfachtelephonie *f* многокрáтное телефони́рование *n*
Mehrfachzugriff *m (Inf)* 1. коллекти́вный дóступ *m*; 2. многокрáтное обращéние *n*, многокрáтная вы́борка *f*
Mehrfamilienhaus *n* многокварти́рный дом *m*
Mehrfarbendruck *m* многокрáсочная печáть *f*
Mehrfeldbrücke *f (Bw)* многопролётный мост *m*
mehrfeldrig *(Bw)* многопролётный *(Brücke)*
Mehrfeldträger *m (Bw)* многопролётная бáлка *f*
Mehrflammenbrenner *m* многоплáменная горéлка *f*
Mehrganggewinde *n* многозахóдная резьбá *f*
mehrgängig многозахóдный *(Gewinde)*; многоходовóй *(Schraube)*
mehrgleisig *(Eb)* многопу́тный
mehrgliedrig многочлéнный
Mehrgrößenregelung *f* многосвя́зное регули́рование *n*
Mehrkammer... многокáмерный
Mehrkammerofen *m* секциóнная печь *f*
Mehrkanal... многокáнальный
Mehrkanalnachrichtenverkehr *m (Ntr)* многокáнальная связь *f*
Mehrkanalregler *m* многокáнальный регуля́тор *m*
Mehrkant *m (Wkz)* многогрáнник
Mehrkomponentensystem *n (Ph, Ch)* многокомпонéнтная систéма *f*
Mehrkristall... *(Eln)* многокристáльный
Mehrlagen... многослóйный
Mehrlagenleiterplatte *f (Eln)* многослóйная печáтная плáта *f*
mehrlagig многослóйный
Mehrleiter... *(El)* многожи́льный *(Kabel)*
Mehrleiterkabel *n* многожи́льный кáбель *m*
Mehrmaschinenbedienung *f (Fert)* многостанóчное обслу́живание *n*
mehrmehrdeutig взаи́мно-многознáчный
Mehrmeißel... *(Wkzm)* многорезцóвый
Mehrmeißelmaschine *f (Wkzm)* многорезцóвый станóк *m*
Mehrmeißelsupport *m (Wkzm)* многорезцóвый су́ппорт *m*
Mehrnährstoffdünger *m* пóлное (минерáльное) удобрéние *n*
Mehrnutzersystem *n (Inf)* многопóльзовательская систéма *f*
Mehrphasen... *(El)* многофáзный
Mehrphasenstrom *m (El)* многофáзный ток *m*
Mehrphasentransformator *m (El)* многофáзный трансформáтор *m*
mehrphasig *(El)* многофáзный
Mehrpol *m (El)* многопóлюсник *m*
Mehrpol... *(El)* многопóлюсный
mehrpolig *(El)* многопóлюсный
Mehrprozessorsystem *n* многопроцéссорная систéма *f*
Mehrpunkt... многотóчечный; многопозициóнный
Mehrpunktregelung *f* многопозициóнное регули́рование *n*
Mehrpunktregler *m* многопозициóнный регуля́тор *m*
Mehrrechnersystem *n* многомаши́нная (вычисли́тельная) систéма *f*
Mehrreihen... многоря́дный
mehrreihig многоря́дный
Mehrschicht... многослóйный
Mehrschichtenglas *n* многослóйное стеклó *n*
mehrschichtig многослóйный
mehrschiffig *(Bw)* многопролётный *(Halle)*
mehrschneidig *(Wkz)* многолезви́йный
mehrsitzig многомéстный *(Fahrzeuge)*
Mehrsohlenbohren *n (Bgb)* многозабóйное бурéние *n*

Mehrspindel... *(Wkzm)* многошпи́ндельный
Mehrspindelausdrehmaschine *f* *(Wkzm)* многошпи́ндельный сверли́льный стано́к *m*
Mehrspindelautomat *m* *(Wkzm)* многошпи́ндельный автома́т *m*
Mehrspindel(werkzeug)maschine *f* *(Wkzm)* многошпи́ндельный стано́к *m*
Mehrspur... многодоро́жечный
Mehrspuraufzeichnung *f* многодоро́жечная за́пись *f*
mehrspurig многодоро́жечный
Mehrstationen... *(Wkzm)* многопозицио́нный
Mehrstationenbearbeitung *f* *(Fert)* многопозицио́нная обрабо́тка *f*
Mehrstationenmaschine *f* *(Wkzm)* многопозицио́нный стано́к *m*
mehrstellig *(Math)* многозна́чный; *(Inf)* многоразря́дный
Mehrstoffsystem *n* *(Ph, Ch)* многокомпоне́нтная систе́ма *f*
Mehrstrahl... многолучево́й
mehrstrahlig многолучево́й
Mehrstromwärmeübertrager *m* многоходово́й теплообме́нник *m*
Mehrstufen... многоступе́нчатый; многокаска́дный
Mehrstufenrakete *f* многоступе́нчатая [состовна́я] раке́та *f*
Mehrstufenturbine *f* многоступе́нчатая турби́на *f*
Mehrstufenverstärker *m* многокаска́дный усили́тель *m*
mehrstufig многоступе́нчатый; многокаска́дный
mehrteilig разъёмный; разбо́рный; составно́й; многосекцио́нный
Mehrverbrauch *m* перерасхо́д *m*
Mehrwegehahn *m* многоходово́й кран *m*
Mehrwegeverpackung *f* многооборо́тная та́ра *f*
Mehrwegflasche *f* возвра́тная буты́лка *f*
mehrwertig 1. *(Math)* многозна́чный; 2. *(Ch)* многовале́нтный, поливале́нтный
Mehrwertigkeit *f* 1. *(Math)* многозна́чность *f*; 2. *(Ch)* многовале́нтность *f*
Mehrzweck... универса́льный
Mehrzweckcontainer *m* универса́льный конте́йнер *m*
Mehrzweck-Industrieroboter *m* многоцелево́й промы́шленный ро́бот *m*
Mehrzweckwerkzeugmaschine *f* многоцелево́й стано́к *m*
Meile *f* 1. ми́ля *f* *(SI-fremde Einheit der Länge, vergl.* Seemeile*)*; 2. *s.* Meile/englische
~/englische англи́йская ми́ля *f* *(= 1609,34 m)*
Meißel *m* *(Wkz)* 1. резе́ц *m*; 2. долото́ *n*; зуби́ло *n*
~/gebogener отóгнутый резе́ц *m*
~/gekröpfter изо́гнутый резе́ц *m*
~/gerader прямо́й резе́ц *m*
~/linker ле́вый резе́ц *m*
~/rechter пра́вый резе́ц *m*
~/zusammengesetzter составно́й резе́ц *m*
Meißelhalter *m* *(Wkzm)* резцедержа́тель *m*
meißeln долби́ть
Meißeln *n* долбле́ние *n*
Meistergesenk *n* *(Umf)* ма́стер-штамп *m*
meistern осва́ивать *(neue Technik)*
Meisterung *f* освое́ние *n* *(der neuen Technik)*
mel *s.* Mel *n*
Mel *n* *(Ak)* мел *m* *(Einheit der Tonhöhe)*
Melasse *f* мела́сса *f*
Melder *m* *(El)* извеща́тель *m*; сигнализа́тор *m*
Meldung *f* 1. сигнализа́ция *f*; 2. сообще́ние *n*
meliert *(Wkst)* полови́нчатый *(Roheisen)*
Melinit *m* *(Min)* мелини́т *m*
Melinit *n* *(Ch)* мелини́т *m* *(Sprengstoff)*
Melioration *f* *(Lw)* мелиора́ция *f*
Meliorations... мелиорати́вный
meliorativ мелиорати́вный
Melkanlage *f* *(Lw)* до́йльная устано́вка *f*
Melkmaschine *f* *(Lw)* до́йльная маши́на *f*
Melkzeug *n* *(Lw)* до́йльный аппара́т *m*
Membran *f* мембра́на *f*; *(Opt)* диафра́гма *f* *(des Lautsprechers)*
Membran... мембра́нный
Membrane *f s.* Membran

Membranfilter *n (Ch)* мембра́нный фильтр *m*
Membranpumpe *f* диафра́гменный [мембра́нный] насо́с *m*
Memory-Legierung *f* сплав *m* с па́мятью [эффе́ктом па́мяти]
Mendelevium *n (Ch)* менделе́вий *m*, Md
Menge *f* 1. *(Math)* мно́жество *n*; 2. коли́чество *n*
~/unzureichende недоста́ток *m*
Mengen... коли́чественный
mengenmäßig коли́чественный
Mengentheorie *f (Math)* тео́рия *f* мно́жеств
Meniskus *m (Opt)* мени́ск *m*
~/negativer отрица́тельный мени́ск *m*
~/positiver положи́тельный мени́ск *m*
Meniskuslinse *f (Opt)* мени́ск *m*
Mennige *f (Min)* су́рик *m*
Mensch-Maschine-Dialog *m (Kyb)* человекомаши́нный диало́г *m*
Mensch-Maschine-Kommunikation *f (Kyb)* человекомаши́нный диало́г *m*
Mensch-Maschine-System *n (Kyb)* систе́ма *f* «челове́к-маши́на»
Menü *n (Inf)* меню́ *n*
menügesteuert с управле́нием (от) меню́
Mergel *m (Geol)* ме́ргель *m*
Meridian *m* меридиа́н *m*
~/geographischer географи́ческий меридиа́н *m*
~/magnetischer магни́тный меридиа́н *m*
~/rechtweisender и́стинный меридиа́н *m*
~ von Greenwich гри́нвичский меридиа́н *m*
Meridianlinie *f s.* Meridian
meridional меридиа́нный; полу́денный
Merkmal *n* 1. при́знак *m*; 2. осо́бенность *f*; 3. *(Inf)* ме́тка *f*
Merzerisation *f (Text)* мерсериза́ция *f*
Mesastruktur *f (Halbl)* мезастру́ктура *f*
Mesatechnologie *f (Halbl)* мезатехноло́гия *f*
Mesatransistor *m (Eln)* мезатранзи́стор *m*
Mesoatom *n (Kern)* мезоа́том *m*
Mesomerie *f (Ch)* мезомери́я *f*
Mesomolekül *n* мезомоле́кула *f*
Meson *n (Kern)* мезо́н *m*
***K*-Meson** *n (Kern)* као́н *m*
μ-Meson *n (Kern)* мю-мезо́н *m*
Mesonenatom *n (Kern)* мезоа́том *m*
Mesonenmolekül *n* мезомоле́кула *f*
Mesopause *f (Meteo)* мезопа́уза *f*
Mesosphäre *f (Meteo)* мезосфе́ра *f*
Mesozoikum *n (Geol)* мезозо́йская э́ра *f*
Mess... измери́тельный; измеря́емый
Messabschnitt *m* измери́тельный уча́сток *m*
Messapparatur *f* измери́тельная аппарату́ра *f*
Messband *n* ме́рная ле́нта *f*; руле́тка *f*
messbar измери́мый
Messbarkeit *f* измери́мость *f*
Messbereich *m* диапазо́н *m* измере́ний
Messbereichsgrenze *f* преде́л *m* измере́ния
Messbild *n (Geod)* фотогра́мма *f*
Messbrücke *f (El)* измери́тельный мост *m*
~/abgeglichene *(El)* уравнове́шенный (измери́тельный) мост *m*
Messbügel *m* измери́тельная скоба́ *f*
Messbürette *f* ме́рная бюре́тка *f*
Messdose *f* мессдо́за *f*
Messdraht *m (El)* реохо́рд *m*
Messelektrode *f* измери́тельный электро́д *m*
Messelement *n (Reg)* измери́тельный элеме́нт *m*
messen измеря́ть
Messen *n* измере́ние *n*; заме́р *m*
Messer *n* 1. нож *m*; 2. *(Wkz)* нож *m*, зуб *m (an Fräsern)*
Messerfurnier *m (Holz)* ножева́я фане́ра *f*, стро́гальный шпон *m*
Messerhalter *m* ножедержа́тель *m*
Messerschalter *m (El)* руби́льник *m*
Messerschnittfurnier *n s.* Messerfurnier
Messerträger *m* ножедержа́тель *m*
Messertrommel *f (Pap)* ножево́й бараба́н *m*
Messerwalze *f (Pap)* ножево́й бараба́н *m*
Messfehler *m* погре́шность *f* измере́ния
Messfrequenz *f* измери́тельная частота́ *f*

Messfühler *m* 1. чувстви́тельный элеме́нт *m*
Messfunkenstrecke *f (El)* измери́тельный разря́дник *m*
Messgefäß *n* ме́рный сосу́д *m*, ме́рник *m*
Messgenauigkeit *f* то́чность *f* измере́ния
Messgenerator *m* измери́тельный генера́тор *m*
Messgerät *n s.* Messinstrument
Messglas *n* мензу́рка *f*
Messglied *n (Reg)* измери́тельный элеме́нт *m*
Messgröße *f* измеря́емая величина́ *f*
Messing *n* лату́нь *f*
~/**seewasserbeständiges** морска́я лату́нь *f*
Messing... лату́нный
Messingblech *n* листова́я лату́нь *f*
Messinstrument *n* измери́тельный прибо́р [инструме́нт], измери́тель *m*, метр *m*
~/**elektrisches** электроизмери́тельный прибо́р *m*
pH-Messinstrument *n* pH-метр *m*
Messkette *f (El)* измери́тельная цепь *f*
Messkolben *m* ме́рная ко́лба *f*, ме́рник *m*
Messkopf *m* измери́тельная голо́вка *f*, зонд *m*
Messkreis *m (El)* измери́тельная цепь *f*
Messleitung *f (El)* измери́тельная ли́ния *f*
Messmethode *f* ме́тод *m* измере́ния
~/**berührungsfreie** безконта́ктный ме́тод *m* измере́ния
~/**direkte** прямо́й ме́тод *m* измере́ния
~/**indirekte** ко́свенный ме́тод *m* измере́ния
Messmikroskop *n* измери́тельный микроско́п *m*
Messmittel *n* сре́дство *n* измере́ний
Messpunkt *m* то́чка *f* заме́ра [измере́ния]
Messraum *m* измери́тельная ко́мната *f*
Messreihe *f* се́рия *f* измере́ний
Messschaltung *f (El)* измери́тельная схе́ма *f*
Messschieber *m* штангенци́ркуль *m*
Messschleife *f (El)* (измери́тельный) шлейф *m*
Messschraube *f* микро́метр *m*
Messsonde *f* измери́тельный зонд *m*
Messstand *m* измери́тельный стенд *m*
Messstation *f* измери́тельная ста́нция *f*; то́чка *f* заме́ра [измере́ния]
Messstelle *f s.* Messstation
Messstrecke *f* измери́тельный уча́сток *m*
Messstrom *m* измери́тельный ток *m*
Messstufe *f* измери́тельный каска́д *m*
Messsystem *n* измери́тельная систе́ма *f*, систе́ма *f* измере́ния
Messtaster *m* измери́тельный щуп *m*
Messtechnik *f* измери́тельная те́хника *f*
~/**elektrische** электроизмери́тельная те́хника *f*
Messtisch *m (Geod)* ме́нзула *f*
Messtischaufnahme *f (Geod)* ме́нзульная съёмка *f*
Messtransformator *m* измери́тельный трансформа́тор *m*
Messumformer *m s.* Messwandler
Messung *f* измере́ние *n*; заме́р *m*
~/**direkte** прямо́е измере́ние *n*
~/**eudiometrische** *(Ch)* эвдиоме́трия *f*
~/**indirekte [mittelbare]** ко́свенное измере́ние *n*
~/**unmittelbare** прямо́е измере́ние *n*
Messverfahren *n s.* Messmethode
Messverstärker *m* измери́тельный усили́тель *m*
Messvorrichtung *f* измери́тельное устро́йство *n*
Messwandler *m* измери́тельный преобразова́тель *m*; измери́тельный трансформа́тор *m*
Messwarte *f* контро́льно-измери́тельный пункт *m*
Messwerk *n* измери́тельный механи́зм *m*
Messwert *m* изме́ренная величина́ *f*
Messwertaufnehmer *m* измери́тельный да́тчик *m*
Messwerterfassungssystem *n* информацио́нно-измери́тельная систе́ма *f*
Messwertgeber *m* измери́тельный да́тчик *m*
Messwertverstärker *m* измери́тельный усили́тель *m*

Messwesen *n* метроло́гия *f*
Messzeug *n* измери́тельный инстру-мéнт *m*
Messzirkel *m* кронци́ркуль *m*
Messzylinder *m (Ch)* мéрный цили́ндр *m*; мéрный сосу́д *m*
Metagalaxis *f (Astr)* метагала́ктика *f*
Metall *n* мета́лл *m*
~/hoch schmelzendes тугопла́вкий мета́лл *m*
Metall... металли́ческий
Metallanteil *m (Bw)* металлоёмкость *f*
metallartig металлови́дный
metallbearbeitend металлообраба́тывающий
Metallbearbeitung *f* металлообрабо́тка *f*
~/elektroerosive *(Fert)* электроэрозио́нная обрабо́тка *f*, электрообрабо́тка *f* (мета́ллов)
Metallbearbeitungs... металлообраба́тывающий
Metallbearbeitungsmaschine *f (Wkzm)* металлообраба́тывающий стано́к *m*
Metallbearbeitungswerkzeug *n* **/spanendes** металлорéжущий инструмéнт *m*
Metalleinsatz *m* металлоёмкость *f*
Metallelektrode *f* металли́ческий электро́д *m*
Metallfolienwalzwerk *n* фо́льговый (прока́тный) стан *m*
Metallform *f (Gieß)* металли́ческая фо́рма *m*
metallhaltig металлоно́сный
Metallhüttenkunde *f* металлу́ргия цветны́х мета́ллов, цветна́я металлу́ргия *f*
Metallisator *m* металлизацио́нный пистолéт *m*
metallisch металли́ческий
metallisieren металлизи́ровать
Metallisieren *n* металлиза́ция *f*
Metallisierung *f* металлиза́ция *f*
Metall-Isolator-Metall-... *(Halbl)* МДМ-...
Metallkalorimeter *n* масси́вный калори́метр *m*
metallkaschiert *(Eln)* фольгиро́ванный *(Leiterplatten)*
metallkeramisch металлокерами́ческий
Metallkreissäge *f* отрезно́й стано́к *m*
Metallkunde *f* металловéдение *n*
metallkundlich металловéдческий
Metallmikroskop *n* металлографи́ческий микроско́п *m*
Metallographie *f* металлогра́фия *f*
metallographisch металлографи́ческий
Metalloid *n* металло́ид *m*
Metalloptik *f* металлоо́птика *f*
metallorganisch металлооргани́ческий
Metalloxid-... *s.* MOS-...
Metall-Oxid-Halbleiter *m s.* MOS
Metallpapierkondensator *m (El)* металлобума́жный конденса́тор *m*
Metallphysik *f* металлофи́зика *f*
Metallspritzen *n* металлиза́ция *f* распылéнием
Metallspritzgerät *n* металлиза́тор *m*
Metallspritzpistole *f* металлиза́тор *m*
Metallspritzverfahren *n* металлиза́ция *f* распылéнием
Metallüberzug *m* металли́ческое покры́тие *n*, металлопокры́тие *n*
Metallurgie *f* металлу́ргия *f*
metallurgisch металлурги́ческий
Metallwaren *fpl* мети́зы *pl*
Metasprache *f (Inf)* метаязы́к *m*
metastabil *(Ph)* метастаби́льный
Metazentrum *n (Schiff)* метацéнтр *m*
Meteor *m (Astr)* метео́р *m*
Meteorit *m (Astr)* метеори́т *m*
Meteorograph *m* метеоро́граф *m*
Meteorologie *f* метеороло́гия *f*
Meteorschwarm *m (Astr)* метео́рный рой *m*
Meteorschweif *m (Astr)* метео́рный след *m*
Meteorstaub *m (Astr)* метео́рная пыль *f*
Meteorstrom *m (Astr)* метео́рный пото́к *m*
Meter *m(n)* метр *m*, м *(Basiseinheit der Länge)*
~/laufendes пого́нный метр *m*
pH-Meter *n* pH-метр *m*
Meter-Kilogramm-Sekunde-Ampere-System *n* систéма *f* едини́ц МКСА
Meter-Kilogramm-Sekunde-Grad Kelvin-System *n* систéма *f* едини́ц МКСГ

Meter-Kilogramm-Sekunde-System *n* систéма *f* единиц МКС
Meter-Kilopond-Sekunde-System *n* систéма *f* единиц МКГСС
Meter-Tonne-Sekunde-System *n* систéма *f* единиц МТС
Meterwellen *fpl (Rf)* метрóвые вóлны *fpl*
Methan *n (Ch)* метáн *m*
Methanal *n (Ch)* формальдегид *m*
methanführend *(Bgb)* метанонóсный
Methangehalt *m (Bgb)* метаноёмкость *f (der Wetter)*
Methanmessinstrument *n (Bgb)* метанoмéр *m*
Methanol *n (Ch)* метанóл *m*, метиловый спирт *m*
Methode *f* мéтод *m*, спóсоб *m (s. a. unter* Verfahren*)*
~/**direkte** непосрéдственный [прямóй] мéтод *m*
~/**indirekte** кóсвенный мéтод *m*
~/**zerstörungsfreie** *(Wkst)* неразрушáющий мéтод *m*
Methodik *f* метóдика *f*
Methylalkohol *m (Ch)* метиловый спирт *m*, метанóл *m*
Methylcellulose *f* метилцеллюлóза *f*
Methylenblau *n (Ch)* метилéновый сúний *m*, метилéновый голубóй *m*
Methylieren *n (Ch)* метилирование *n*
Metrik *f* мéтрика *f*
metrisch метрический
Metro *f* метрополитéн *m*, метрó *n*
Metrologie *f* метролóгия *f*
Metronom *n (Ak)* метронóм *m*
MEZ *f s.* Zeit/mitteleuropäische
MFE *f s.* Methode der finiten Elemente
MG *n s.* Maschinengewehr
Mg *s.* Magnesium
Mg *s.* Margoulis-Zahl
mg *s.* Miligramm
MGD *f s.* Magnetgasdynamik
MHD *f s.* Magnetohydrodynamik
MHD-... магнитогидродинамический *f*, МГД-...
MHD-Generator *m (Rf)* магнитогидродинамический генерáтор *m*, МГД-генерáтор *m*
Michelson-Gitter *n (Opt)* эшелóн *m* (Мáйкельсона)
Miete *f (Lw)* бурт *m*; кагáт *m (für Rüben)*
Mietenabdeckgerät *n (Lw)* буртоукрывщик *m*
Mietenlader *m (Lw)* буртоуклáдчик *m*
Migration *f (Eln, Geol)* миграция *f*
Mikro... 1. *(Mess)* микро..., м *(10^{-6} Einheiten)*; 2. *(Eln)* микроминиатюрный
Mikroampere *n (El)* микроампéр *m*
Mikroamperemeter *n (El)* микроампермéтр *m*
Mikroanalysator *m* микроанализáтор *m*
Mikroanalyse *f* микроанáлиз *m*
Mikroanalysengerät *n* микроанализáтор *m*
Mikroantrieb *m* микропривод *m*
Mikroanweisung *f s.* Mikrobefehl
Mikrobauelement *n (Eln)* микроэлемéнт *m*, сверхминиатюрная детáль *f*
Mikrobaugruppe *f (Eln)* микроýзел *m*
Mikrobauteil *n s.* Mikrobauelement
Mikrobefehl *m (Inf)* микрокомáнда *f*, МК *f*, микроинстрýкция *f*
Mikrobefehlscode *m (Inf)* микрокóд *m*
Mikrochemie *f* микрохимия *f*
Mikrocode *m (Inf)* микрокóд *m*
Mikrocomputer *m* мúкро-ЭВМ *f*, микрокомпьютер *m*, МК *m*
Mikrocomputer-Baugruppensystem *n (Inf)* мóдульная микропроцéссорная систéма *f*
Mikrodiode *f (Eln)* микродиóд *m*
Mikroelektronensonde *f* микрозóнд *m*
Mikroelektronik *f* микроэлектрóника *f*
~/**integrierte** интегрáльная микроэлектрóника *f*
Mikroelektronikschaltkreis *m* микроэлектрóнная схéма *f*
Mikroelektronikschaltung *f* микроэлектрóнная схéма *f*
mikroelektronisch микроэлектрóнный
Mikroelement *n (Eln)* микроэлемéнт *m*
Mikrofiche *n* микрофиша *f*
Mikrofilm *m* микрофильм *m*
Mikrofilmtechnik *f* микрофильмирование *n*
Mikrogefüge *n (Wkst)* микрострукт‍ýра *f*
Mikrohärte *f (Wkst)* микротвёрдость *f*
Mikroklima *n* микроклимат *m*
Mikrokontaktierung *f (Eln)* микросвáрка *f*
Mikrokorrosion *f* микрокоррóзия *f*

Mikrokristall *m* микрокриста́лл *m*
mikrokristallin микрокристалли́ческий
mikrolegiert *(Halbl)* микросплавно́й
Mikrolegierungs... *(Halbl)* микросплавно́й
Mikrometeorit *m (Astr)* микрометеори́т *m*
Mikrometer *n* микроме́тр *m*, микро́н *m* *(Teileinheit der Länge)*
Mikrometer... микрометри́ческий
Mikrometerschraube *f* микро́метр *m*
Mikrominiatur... *(Eln)* микроминиатю́рный
Mikrominiatur... *(Eln)* сверхминиатю́рный
Mikrominiaturisierung *f (Eln)* микроминиатюриза́ция *f*
Mikromodul *m s.* Mikromodulbaustein
Mikromodulbaustein *m (Eln)* (микро-)мо́дуль *m*, (микро)мо́дульный у́зел *m*
Mikromoduleinheit *f (Eln)* микроэлеме́нт *m*
Mikromodulplatte *f (Eln)* микропла́та *f*
Mikromodulschaltung *f* микромо́дульная схе́ма *f*
Mikromodultechnik *f* микромо́дульная те́хника *f*
Mikromotor *m* микродви́гатель *m*
Mikroohm *n (El)* микроо́м *m*
Mikroohmmeter *n (El)* микроомме́тр *m*
Mikrophon *n* микрофо́н *m*
Mikrophonieeffekt *m* микрофо́нный эффе́кт *m*
Mikrophotographie *f* микрофотогра́фия *f*
Mikrophotometer *n* микрофото́метр *m*
mikroporös микропо́ристый
Mikroprogramm *n (Inf)* микропрогра́мма *f*
Mikroprogrammierung *f (Inf)* микропрограмми́рование *n*
Mikroprogrammsteuereinheit *f (Inf)* блок *m* микропрогра́ммного управле́ния
Mikroprogrammsteuerung *f (Inf)* микропрогра́ммное управле́ние *n*
Mikroprozessor *m (Eln)* микропроце́ссор *m*, МП *m*
~/32-Bit- 32-разря́дный микропроце́ссор *m*
Mikroprozessor... микропроце́ссорный
Mikroprozessoreinheit *f (Eln)* микропроце́ссорный блок *m*, микропроце́ссорное устро́йство *n*
Mikroprozessorkarte *f (Eln)* микропроце́ссорная пла́та *f*
Mikroprozessorplatine *f (Eln)* микропроце́ссорная пла́та *f*
Mikroprozessorsystem *n* микропроце́ссорная систе́ма *f*
Mikroprozessortechnik *f* микропроце́ссорная те́хника *f*
Mikrorechner *m* ми́кро-ЭВМ *f*, микрокомпью́тер *m*
~/anwendungsspezifischer специализи́рованная ми́кро-ЭВМ *f*
Mikroriss *m (Wkst)* внутрикристалли́ческая тре́щина *f*, микротре́щина *f*
Mikroschall *m s.* Hyperschall
Mikroschaltkreis *m (Eln)* микроэлектро́нная схе́ма *f*, микросхе́ма *f*
Mikroschaltungstechnik *f (Eln)* микросхемоте́хника *f*
Mikroschliff *m (Wkst)* микрошли́ф *m*
Mikroschweißen *n* микросва́рка *f*
Mikroskop *n* микроско́п *m*
Mikroskopie *f* микроскопи́я *f*
mikroskopisch микроскопи́ческий
Mikrosonde *f* микрозо́нд *m*
Mikrostruktur *f (Wkst)* микрострукту́ра *f*
Mikroteilchen *n (Kern)* микрочасти́ца *f*
Mikrotron *n (Kern)* электро́нный циклотро́н *m*, микротро́н *m (Beschleuniger)*
Mikroverfilmung *f* микрофильми́рование *n*
Mikroverschmutzer *m (Ökol)* микрозагрязни́тель *m*
Mikrovolt *n (El)* микрово́льт *m*, мкВ
Mikrovoltmeter *n (El)* микровольтме́тр *m*
Mikrowatt *n (El)* микрова́тт *m*
Mikrowattmeter *n (El)* микроваттме́тр *m*
Mikrowelle *f* микроволна́ *f*
Mikrowellen... микроволно́вый
Mikrowellenfrequenz *f (El)* сверхвысо́кая частота́ *f*
Mikrowellenofen *m* микроволно́вая печь *f*
Mikrowellenschall *m s.* Hyperschall
Mikrowellentechnik *f* микроволно́вая те́хника *f*

Milch *f* молокó *n*
Milcherhitzer *m (Lebm)* пастеризáтор *m*
Milchfarm *f* молóчная фéрма *f*
Milchglas *n* молóчное стеклó *n*
Milchglasscheibe *f* молóчное стеклó *n*
Milchkühler *m* молокоохладúтель *m*
Milchrohrleitung *f* молокопровóд *m*
Milchsaft *m (Gum)* млéчный сок *m*
milchsauer *(Ch)* молочнокúслый
Milchsäure *f (Ch)* молóчная кислотá *f*
Milchseparator *m s.* Milchzentrifuge
Milchspindel *f (Lebm)* лактоденсимéтр *m (Milchprüfung)*
Milchstraße *f s.* Milchstraßensystem
Milchstraßensystem *n (Astr)* Млéчный Путь *m*, Галáктика *f*
Milchzentrifuge *f (Lebm)* (молóчный) сепарáтор *m*, молóчная центрифýга *f*
Milieu *n* атмосфéра *f*
~/neutrales *(Met)* нейтрáльная атмосфéра *f*
Militärflugzeug *n* воéнный самолёт *m*
Milli... *(Mess)* милли..., м *(10^{-3} Einheiten)*
Milliampere *n (El)* миллиампéр *m*, мА
Milliamperemeter *n (El)* миллиамперметр *m*
Milliarde *f* биллиóн *m*
Millibar *n (Meteo)* миллибáр *m*, мбар
Milligramm *n* миллигрáмм *m*, мг
Millimeter *n* миллимéтр *m*, мм
Millimeterpapier *n* миллиметрóвка *f*
Millimeterwellen *fpl (Rf)* миллиметрóвые вóлны *fpl*
Millivolt *n (El)* милливóльт *m*, мВ
Millivoltmeter *n (El)* милливольтмéтр *m*
Milliwatt *n (El)* милливáт *m*, мВт
Milliwattmeter *n (El)* милливаттмéтр *m*
Mindergewicht *n* недовéс *m*
Minderung *f* уменьшéние *n*
minderwertig недоброкáчественный
Mindest... минимáльный
Mindestgeschwindigkeit *f* минимáльная скóрость *f*
Mindestleistung *f* минимáльная мóщность *f*
Mindestwert *m s.* Minimalwert
Mine *f* 1. рудúк *m*; шáхта *f*; 2. грúфель *m*
Minen... рудúчный
Minenräumfahrzeug *n* трáльщик *m*
Minensuchschiff *n* трáльщик-искáтель *m*
Mineral *n* минерáл *m*
Mineral... минерáльный
Mineralbildung *f* минерализáция *f*
Mineraldünger *m (Ch, Lw)* минерáльное [искýсственное] удобрéние *n*, тук *m*
Mineraldüngermischer *m (Lw)* тукосмесúтель *m*
Mineraldüngermühle *f* тукодробúлка *f*
Mineraldüngerstreuer *m (Lw)* тукоразбрáсыватель *m*
Minerale/nutzbare *npl* ископáемые *npl*
Mineralfaser *f* минерáльное волокнó *n*
Mineralien/nutzbare *npl* ископáемые *npl*
Mineralisation *f* минерализáция *f*
mineralisch минерáльный
Mineralkohle *f* ископáемый ýголь *m*
Mineralogie *f* минералóгия *f*
mineralogisch минералогúческий
Mineralöl *n* минерáльное мáсло *n*
Mineralsalz *n* минерáльная соль *f*
Mineralwatte *f (Bw)* минерáльная вáта *f*
Miniatur... *(Eln)* миниатю́рный
Miniaturisierung *f (Eln)* миниатюризáция *f*
Miniaturkamera *f* миниатю́рный фотоаппарáт *m*
Miniaturlampe *f* миниатю́рная лáмпа *f*
Miniaturröhre *f* миниатю́рная лáмпа *f*
Minibus *m* микроавтóбус *m*
Minicomputer *m* миникомпью́тер *m*, мúни-ЭВМ *f*
Minidiskette *f* мúни-диск *m*
Minifloppy *n* гúбкий магнúтный мúнидиск *m*
Minifloppy-Disc *f* гúбкий магнúтный мúни-диск *m*
minimal минимáльный
Minimalleistung *f* минимáльная мóщность *f*
Minimalwasser *n (Hydrol)* мелковóдье *n*
Minimalwert *m* минимáльное [наимéньшее] значéние *n*, мúнимум *m*
Minimeter *n (Mess)* минимéтр *m*

minimieren минимизи́ровать
Minimierung *f* минимиза́ция *f*
Minimum *n s.* Minimalwert
Minimumthermometer *n* минима́льный термо́метр *m*
Minor *m (Math)* мино́р *m*
Minorante *f (Math)* минора́нта *f*
Minuend *m (Math)* уменьша́емое *n*
Minus *n (Math)* ми́нус *m*
Minusleiter *m (El)* отрица́тельный прово́дни́к *m*
Minuspol *m (El)* отрица́тельный по́люс *m*
Minuszeichen *n (Math)* знак *m* ми́нус, ми́нус *m*
Minute *f* мину́та *f*, мин
Mire *f* ми́ра *f*
Misch... сме́шанный
mischbar сме́шиваемый
Mischbarkeit *f* сме́шиваемость *f*
Mischbatterie *f (Bw)* смеси́тель *m* *(Sanitärtechnik)*
Mischbehälter *m* смеси́тельный чан *m*
Mischbottich *m* смеси́тельный чан *m*
Mischdiode *f (Eln)* смеси́тельный дио́д *m*
Mischdünger *m (Lw)* сме́шанное удобре́ние *n*
Mischen *n* 1. смеше́ние *n*, сме́шивание *n*, переме́шивание *n*; 2. микши́рование *n (z. B. Ton, Bild)*
Mischer *m* смеси́тель *m*, меша́лка *f*; *(Met, Lebm)* ми́ксер *m*; *(TV, Ak)* ми́кшер *m*
Mischerz *n* ко́мплексная руда́ *f*
Mischfutter *n (Lw)* комбико́рм *m*
Mischgefäß *n* смеси́тель *m*
Mischgehäuse *n* смеси́тельная ка́мера *f (des Vergasermotors)*
Mischgut *n (Bw)* заме́с *m*
Mischhahn *m* смеси́тельный кран *m*, кран-смеси́тель *m*
Mischheptode *f (Eln)* гепто́д-смеси́тель *m*
Mischhexode *f (Eln)* гексо́д-смеси́тель *m*
Mischkalorimeter *n* жи́дкостный калори́метр *m*
Mischkammer *f* смеси́тельная ка́мера *f*
Mischkristall *m* твёрдый раство́р *m*
Mischpfanne *f (Met)* ми́ксер *m*
Mischpolykondensation *f (Ch)* сополиконденса́ция *f*
Mischpolymer *n (Ch)* сополиме́р *m*
Mischpolymerisation *f (Ch)* сополимериза́ция *f*, совме́стная полимериза́ция *f*
Mischpult *n (Rf, TV)* ми́кшерный [смеси́тельный] пульт *m*
Mischreibung *f (Trib)* полужи́дкостное [полусухо́е] тре́ние *n*
Mischrohr *n (Kfz)* распыли́тель *m (des Vergasers)*
Mischröhre *f* смеси́тельная ла́мпа *f*
Mischstufe *f (Eln)* смеси́тель *m*
Mischtriode *f (Eln)* трио́д-смеси́тель *m*
Mischtrommel *f* смеси́тельный бараба́н *m*
Mischung *f* 1. смесь *f*; соста́в *m*; 2. *s.* Mischen 1.
~/fette жи́рная смесь *f*
~/magere бе́дная смесь *f*
Mischwald *m* сме́шанный лес *m*
Mischwerk *n* меша́лка *f*
MIS-Feldeffekttransistor *m (Eln)* МДП-транзи́стор *m*
MISFET *m (Eln)* МДП-транзи́стор *m*
Missweisung *f*/**magnetische** магни́тное склоне́ние *n*
MIS-Transistor *m (Eln)* МДП-транзи́стор *m*
Mitführung *f* конве́кция *f (Strömungslehre)*
Mithören *n (Nrt)* подслу́шивание *n*
Mitkopplung *f (Rf)* положи́тельная обра́тная связь *f*
Mitnehmer *m* 1. *(Masch)* поводо́к *m*; 2. *(Wlz)* захва́т *m*; 3. *(Reg)* захва́тывающий о́рган *m*
Mitnehmernase *f* захва́тывающий высту́п *m*
Mitnehmerorgan *n (Reg)* захва́тывающий о́рган *m*
mitreißen выноси́ть
Mitreißen *n* увлече́ние *n*; уно́с *m*
Mittag *m (Astr)* по́лден *m (Tageszeit)*
Mittags... полу́денный
Mittagshöhe *f (Astr)* полу́денная высота́ *f*
Mitte *f* середи́на *f*
Mitteilung *f* сообще́ние *n*

Mittel *n* 1. *s.* Medium; 2. сре́дство *n*; 3. *(Math)* сре́днее *n*; сре́днее значе́ние *n*
~/anregendes возбужда́ющее сре́дство *n*
~/arithmetisches *(Math)* арифмети́ческое сре́днее *n*, сре́днее *n* арифмети́ческое
~/geometrisches *(Math)* геометри́ческое сре́днее *n*, сре́днее *n* геометри́ческое
~/gerätetechnische *(Inf)* аппара́тное обеспече́ние *n*
~/gerinnungshemmendes *(Ch)* антикоагуля́нт *m*
~/harmonisches *(Math)* гармони́ческое сре́днее *n*, сре́днее *n* гармони́ческое
~/quadratisches *(Math)* квадрати́чное сре́днее *n*, сре́днее *n* квадрати́чное
~/stimulierendes стимуля́тор *m*
Mittel... сре́дний
mittelbar ко́свенный, посре́дственный
Mitteldeck *n (Schiff)* сре́дняя па́луба *f*
Mitteldecker *m (Flg)* среднепла́н *m*
Mitteldruckstaudamm *m* средненапо́рная плоти́на *f*
Mittelebene *f (Math)* среди́нная пло́скость *f*
Mittelformatkamera *f* среднеформа́тный фотоаппара́т *m*
mittelfrequent *(El)* среднечасто́тный
Mittelfrequenz... *(El)* среднечасто́тный
Mittelgebirge *n (Geol)* среднего́рье *n*, средневысо́тные го́ры *fpl*
Mittellauf *m* сре́днее тече́ние *n (eines Flusses)*
mittellegiert *(Met)* среднелеги́рованный
Mittellinie *f* 1. осева́я ли́ния *f*; ось *f*; 2. сре́дняя ли́ния *f (Geometrie)*; 3. *(Krist)* биссектри́са *f*
Mitteln *n* усредне́ние *n*
Mittelpunkt *m* центр *m*
Mittelstahl(walz)straße *f* среднесо́ртный (прока́тный) стан *m*
Mittelstahlwalzwerk *n* среднесо́ртный (прока́тный) стан *m*
Mittelstreckenflugzeug *n* среднемагистра́льный самолёт *m*
Mittelstreckenrakete *f* раке́та *f* сре́дней да́льности
Mittelung *f* усредне́ние *n*
Mittelwellen *fpl (Rf)* сре́дние во́лны *fpl*
Mittelwellen... *(Rf)* среднево́лновый
Mittelwellenband *n (Rf)* среднево́лновый диапазо́н *m*
Mittelwellenbereich *m (Rf)* среднево́лновый диапазо́н *m*
Mittelwellenempfänger *m (Rf)* среднево́лновый приёмник *m*
Mittelwellensender *m* среднево́лновый переда́тчик *m*
Mittelwert *m s.* Mittel 3.
Mittelwertbildung *f* усредне́ние *n*
Mittelwertsatz *m (Math)* теоре́ма *f* о сре́днем (значе́нии)
Mitternacht *f (Astr)* по́лночь *f*
mittlerer сре́дний
m-kg-s-IK-System *n* систе́ма *f* едини́ц МКСГ
m-kp-s-System *n* систе́ма *f* едини́ц МКГСС
MKSA-System *n* систе́ма *f* едини́ц МКСА
MKS-System *n* систе́ма *f* едини́ц МКС
m-Lösung *f (Ch)* моля́рный раство́р *m*
mm *s.* Millimeter
MMK *f s.* Kraft/magnetomotorische
Mn *s.* Mangan
Mnemonik *f (Inf)* мнемо́ника *f*
mnemonisch *(Inf)* мнемони́ческий
Mo *s.* Molybdän
Modalitätenlogik *f (Kyb)* мода́льная ло́гика *f*
Mode *f (Eln, Opt)* мо́да *f*
Modell *n* моде́ль *f*
~/ausschmelzbares *(Gieß)* выплавля́емая моде́ль *f*
Modellausschmelzverfahren *n* литьё *n* по выплавля́емым моде́лям
Modellieren *n (Math, Kyb)* моделиро́вание *n*
Modellierung *f (Math, Kyb)* моделиро́вание *n*
Modellschleppkanal *m* гидрокана́л *m*
Modellversuch *m* моде́льное испыта́ние *n*
Modellversuchskanal *m (Schiff)* опы́товый бассе́йн *m (für Schiffsmodellversuche)*
modeln *(El)* модули́ровать
Modeln *n* модуля́ция *f*
Modem *m(n) (Inf)* мо́дем *m*

Modenmischer *m (Nrt)* смеси́тель *m* мод
Modenscrambler *m (Nrt)* смеси́тель *m* мод
Moderation *f (Kern)* замедле́ние *n (Neutronen)*
Moderator *m (Kern)* замедли́тель *m*
moderieren *(Kern)* замедля́ть *(Neutronen)*
modern совреме́нный
Modifikation *f* модифика́ция *f*; разнови́дность *f*
Modifikator *m* модифика́тор *m*
Modifizierung *f* модифика́ция *f*; видоизмене́ние *n*
Modifizierungsmittel *n* модифика́тор *m*
Modifizierungssymbol *n (Inf)* модифика́тор *m*
Modler *m s.* Modulator
Modul *m* мо́дуль *m*
~/hydraulischer *(Bw)* гидромо́дуль *m (des Zements)*
~/youngscher *s.* Elastizitätsmodul
Modul... мо́дульный
modular мо́дульный
Modulation *f* модуля́ция *f*
Modulationsfrequenz *f (Rf)* модули́рующая частота́ *f*
Modulationsgradmesser *m* модуло́метр *m*
Modulationsmesser *m* модуло́метр *m*
Modulationsstrom *m* модули́рующий ток *m*
Modulationsverstärker *m (El)* подмодуля́тор *m*, усили́тель *m* модули́рующего напряже́ния
Modulator *m (El)* модуля́тор *m*
Modulator-Demodulator *m (Inf)* мо́дем *m*
Modulbank *f (Inf)* банк *m* мо́дулей
Modulbaustein *m s.* Mikromodulbaustein
Modulbauweise *f* агрега́тный [бло́чный, мо́дульный] при́нцип *m* построе́ния, мо́дульная констру́кция *f* • **in Modulbauweise** мо́дульный
Modulfunktion *f (Math)* модуля́рная фу́нкция *f*
modulieren *(El)* модули́ровать
Modulieren *n (El)* модуля́ция *f*
moduliert *(El)* модули́рованный
Modulrecherchesystem *n* систе́ма *f* по́иска мо́дулей
Modus *m (Math, Eln, Opt)* мо́да *f*
Moiré *m(n)* муа́р *m*
Moirébild *n* муа́ровая карти́на *f*
Mol *n (Ch)* моль *m (Einheit der Stoff- oder Objektmenge)*
~ Ionen *(Ph)* грамм-ио́н *m*
~ Moleküle *(Ph)* грамм-моле́кула *f*
Mol... *(Ch)* моля́рный
Molalität *f (Ch)* моля́льность *f*
molar *(Ch)* моля́рный
Molarität *f (Ch)* моля́рность *f*, моля́рная концентра́ция *f*
Mole *f (Hydt)* мол *m*
Molektronik *f s.* Molekularelektronik
Molekül *n* моле́кула *f*
molekular молекуля́рный
Molekular... молекуля́рный
Molekularakustik *f* молекуля́рная аку́стика *f*
Molekularbewegung *f* **/brownsche** *(Ph)* бро́уновское (молекуля́рное) движе́ние *n*
Molekularelektronik *f* молекуля́рная электро́ника *f*, молектро́ника *f*
Molekulargenerator *m (Ph)* молекуля́рный генера́тор *m*
Molekularoptik *f* молекуля́рная о́птика *f*
Molekularphysik *f* молекуля́рная фи́зика *f*
Molekularpumpe *f* молекуля́рный насо́с *m*
Molekularsieb *n (Ch)* молекуля́рное си́то *n*
Molekularströmung *f* молекукя́рное тече́ние *n*
Molekularverbindung *f (Ch)* молекуля́рное соедине́ние *n*
Molekularverstärker *m* ма́зер *m*
Molekülbildung *f (Ch)* моляриза́ция *f*
Molekülbindung *f (Ch)* молекуля́рная связь *f*
Molekülcluster *m (Ph, Kern)* кла́стер *m*
Molekülion *n (Ph)* молекуля́рный ио́н *m*
Molekülrotation *f (Kern)* молекуля́рное враще́ние *n*
Molekülschwarm *m (Ph, Kern)* кла́стер *m*
Molekülspektroskopie *f (Kern)* молекуля́рная спектроскопи́я *f*

Molekülspektrum *n (Kern)* молекуля́рный спектр *m*
Möller *m (Met)* ши́хта *f (für Schachtöfen)*
möllern *(Met)* шихтова́ть
Möllern *n (Met)* шихтова́ние *n*
Möllerung *f (Met)* шихтова́ние *n*
Möllerwagen *m (Met)* загру́зочная ваго-не́тка *f*
Möllerzusammensetzung *f (Met)* соста́в *m* ши́хты *(Hochofen)*
Molmasse *f (Ph)* мол(екул)я́рная ма́сса *f*
Molprozent *n (Ch)* мо́льный [моля́рный] проце́нт *m*
Molwärme *f (Ph)* моля́рная теплоёмкость *f*
Molybdän *n (Ch)* молибде́н *m*, Mo
Molybdän... молибде́новый
molybdänsauer *(Ch)* молибденовоки́слый
Moment *n* моме́нт *m* • **im ~ des Entstehens** *(Ch)* в моме́нт образова́ния
~/aufrichtendes *(Aero)* восстана́вливающий моме́нт *m*
~/axial wirkendes *(Mech)* осево́й моме́нт *m*
~/axiales *(Mech)* осево́й моме́нт *m*
~/elektrisches электри́ческий моме́нт *m*
~/elektromagnetisches электромагни́тный моме́нт *m*
~/kritisches *(Mech)* крити́ческий моме́нт *m*
~/magnetisches *(El, Ph)* магни́тный моме́нт *m*
~/rückdrehendes *(Aero)* восстана́вливающий моме́нт *m*
momentan мгнове́нный
Momentan... мгнове́нный
Momentangeschwindigkeit *f (Mech)* мгнове́нная ско́рость *f*
Momentanleistung *f* мгнове́нная мо́щность *f*
Momentanwert *m* мгнове́нное значе́ние *n*
Momentendiagramm *n s.* Momentenkurve
Momentengleichung *f (Mech)* уравне́ние *n* моме́нтов
Momentenkurve *f (Fest)* эпю́ра *f* изгиба́ющего моме́нта
Momentenlinie *f s.* Momentenkurve
Momentensatz *m (Math)* теоре́ма *f* моме́нтов
Momentverschluss *m (Photo)* момента́льный затво́р *m*
Mond *m (Astr)* 1. луна́ *f*; 2. Луна́ *f (Erdmond)*
Mondbasis *f (Raumf)* лу́нная ба́за *f*
Mondbeben *n (Astr)* лунотрясе́ние *n*
Mondfähre *f (Raumf)* лу́нный мо́дуль *m*, лу́нный (поса́дочный) отсе́к *m*, лу́нная каби́на *f*
Mondfahrzeug *n* лунохо́д *m*
Mondferne *f (Astr)* апоселе́ний *m*
Mondfinsternis *f* лу́нное затме́ние *n*
Mondgezeiten *pl* лу́нные прили́вы *pl*
Mondglobus *m* лу́нный гло́бус *m*
Mondjahr *n* лу́нный год *m*
Mondkrater *m* лу́нный кра́тер *m*
Mondlandefähre *f s.* Mondfähre
Mondlandung *f (Raumf)* поса́дка *f* на Луну́
Mondmobil *n* лунохо́д *m*
mondnah *(Astr)* окололу́нный
Mondnähe *f (Astr)* периселе́ний *m*
Mondphase *f (Astr)* фа́за *f* Луны́
Mondrakete *f* лу́нная раке́та *f*
Mondsonde *f* лу́нник *m*
Mondumlaufbahn *f* орби́та вокру́г *f* Луны́
Mondumrundung *f* облёт *m* Луны́
Monitor *m* монито́р *m*
Monitoring *n (Ökol)* монито́ринг *m*
Monitorprogramm *n (Inf)* монито́р *m*
monoatomar *(Ch)* одноа́томный
monochromatisch *(Opt)* монохромати́ческий
Monochromator *m (Opt)* монохрома́тор *m*
Monofil *n* монони́ть *f*
Monofilfaden *m* монони́ть *f*
Monofilseide *f* монони́ть *f*
monoklin *(Krist)* монокли́нный
Monokline *f (Geol)* моноклина́ль *f*
monokular *(Opt)* монокуля́рный
Monokular *n (Opt)* монокуля́р *m*
Monolith *m* моноли́т *m*
monolithisch моноли́тный
Monom *n (Math)* моно́м *m*, одночле́н *m*
monomer *(Ch)* мономе́рный
Monomer *n (Ch)* мономе́р *m*

monomolekular *(Ch)* мономолекуля́рный
Monoskop *n (TV)* монос́коп *m*
monostabil моностаби́льный
monoton моното́нный
Monotonie *f* моното́нность *f*
monovalent *(Ch)* одновале́нтный
Monovibrator *m (Eln)* одновибра́тор *m*
Monoxid *n (Ch)* моно́окись *f*
Monsun *m (Meteo)* муссо́н *m*
Montage *f* монта́ж *m*; устано́вка *f (von Maschinen)*; сбо́рка *f*
Montage... монта́жный, сбо́рочный
Montageanweisung *f* инстру́кция *f* по монтажу́
Montagearbeiten *fpl* монта́жные рабо́ты *fpl*
Montageautomat *m* сбо́рочный автома́т *m*
Montagebauweise *f* сбо́рное строи́тельство *n*
Montagebereich *m* сбо́рочный цех *m*
Montagebock *m* сбо́рочный стенд *m*
montagefähig сбо́рно-разбо́рный
Montagelasche *f (Bw)* закладна́я дета́ль *f*
Montagelehre *f (Bw)* конду́ктор *m*
Montageplan *m* монта́жная схе́ма *f*
Montageplatte *f (Eln)* монта́жная пла́та *f*
Montageroboter *m* сбо́рочный ро́бот *m*, ро́бот-сбо́рщик *m*
Montageschema *n* монта́жная схе́ма *f*
Montagestoß *m* монта́жный стык *m*
Montagetisch *m* монта́жный стол *m*
Montagezeichnung *f* монта́жный [сбо́рочный] чертёж *m*
Montanindustrie *f* го́рная промы́шленность *f*
Monte-Carlo-Methode *f (Math)* ме́тод *m* Мо́нте-Ка́рло
Monte-Carlo-Verfahren *n (Math)* ме́тод *m* Мо́нте-Ка́рло
Montejus *n (Ch)* монтежю́ *n*
montierbar сбо́рный
montieren монти́ровать, устана́вливать *(z. B. Maschinen)*; собира́ть *(Maschinen)*
Montieren *n s.* Montage
Montierung *f (Astr, Opt)* монтиро́вка *f (eines Teleskops)*
Moor *n (Geol)* торфя́ник *m*
Moorschlepper *m* болотохо́дный тра́ктор *m*
Moped *n* мопе́д *m*
Moräne *f (Geol)* море́на *f*
Mörser *m (Ch)* сту́пка *f*, сту́пка *f*
Mörtel *m (Bw)* (строи́тельный) раство́р *m*
~/**dünnflüssiger** *(Bw)* жи́дкий раство́р *m*
~/**schnell bindender** *(Bw)* быстросхва́тывающийся раство́р *m*
Mörtelfuge *f (Bw)* раство́рный шов *m*
Mörtelmischer *m (Bw)* растворосмеси́тель *m*
Mörtelpumpe *f (Bw)* растворонасо́с *m*
Mörtelspritzanlage *f (Bw)* растворомёт *m*
Mörtelspritzgerät *n (Bw)* растворомёт *m*
Mörteltransporter *m (Bw)* растворово́з *m*
Mörteltransportfahrzeug *n (Bw)* растворово́з *m*
MOS *m* МОП *m (**м**еталл-**о**ксид-**п**олупроводник)*
Mosaik *n* моза́ика *f*
Mosaik... моза́йчный
Mosaikschirm *m (TV)* моза́йчный экра́н *m*
MOSFET *m (Eln)* МОП-транзи́стор *m*
MOS-Logik *f (Inf)* МОП-ло́гика *f*
MOS-Struktur *f (Eln)* МОП-структу́ра *f*
Most *m* су́сло *n*
MOS-Technologie *f (Eln)* МОП-техноло́гия *f*
MOS-Transistor *m (Eln)* МОП-транзи́стор *m*
Motel *n* моте́ль *m*
Motor *m* дви́гатель *m*
~/**explosionsgeschützter** *m (Bgb)* взрывозащищённый дви́гатель *m*
~/**flüssigkeitsgekühlter** *(Kfz)* дви́гатель *m* жидкостного охлажде́ния
~/**frisierter** *(Kfz)* форси́рованный дви́гатель *m*
~/**hochtouriger** *(El)* быстрохо́дный дви́гатель *m*
~/**kompressorloser** *(Kfz)* бескомпре́ссорный дви́гатель *m*
~/**luftgekühlter** *(Kfz)* дви́гатель *m* возду́шного охлажде́ния
~ **mit hängenden Ventilen** *(Kfz)* нижнекла́панный дви́гатель *m*

~ **mit stehenden Ventilen** *(Kfz)* верхнекла́панный дви́гатель *m*
~/**obengesteuerter** *(Kfz)* верхнекла́панный дви́гатель *m*
~/**schlagwettergeschützter** *(Bgb)* взрывозащищённый дви́гатель *m*
~/**schlitzgesteuerter** *(Kfz)* бескла́панный дви́гатель *m*
~/**schnell laufender** *(El)* быстрохо́дный дви́гатель *m*
~/**untengesteuerter** *(Kfz)* нижнекла́панный дви́гатель *m*
~/**ventilloser** *(Kfz)* бескла́панный дви́гатель *m*
~/**wassergekühlter** *(Kfz)* дви́гатель *m* водяно́го охлажде́ния
V-Motor *m (Kfz)* V-обра́зный дви́гатель *m*
W-Motor *m (Kfz)* W-обра́зный дви́гатель *m*
X-Motor *m (Kfz)* X-обра́зный дви́гатель *m*
Motor... мото́рный
Motorblock *m (Kfz)* блок *m* дви́гателя
Motorboot *n* мото́рный ка́тер *m*
Motordraisine *f* мотодрези́на *f*, мото́рная дрези́на *f*
Motoren... мото́рный
Motorenöl *n* мото́рное ма́сло *n*
Motorfräse *f (Lw)* автофре́за *f*
Motorgenerator *m (El)* дви́гатель-генера́тор *m*
Motorgleiter *m (Flg)* мотоплане́р *m*
Motorgleitflugzeug *n (Flg)* мотоплане́р *m*
Motorhaube *f (Kfz)* капо́т *m* дви́гателя
motorisiert моторизо́ванный
Motorkahn *m* самохо́дная ба́ржа *f*
Motorkarren *m* автока́р *m*
Motorlaufzeit *f* ресу́рс *m* дви́гателя
Motormäher *m* самохо́дная коси́лка *f*
Motorrad *n* мотоци́кл *m*
~ **mit Beiwagen** мотоци́кл *m* с коля́ской
Motorroller *m* моторо́ллер *m*; ску́тер *m*
Motorschiff *n* теплохо́д *m*
Motorschlitten *m* аэроса́ни *pl*, автоса́ни *pl*
Motorsegler *m (Flg)* мотоплане́р *m*
Motorsteuerung *f (Kfz)* газораспределе́ние *n*
Motorstraßenhobel *m (Bw)* автогре́йдер *m*, самохо́дный гре́йдер *m*
MP *m s.* Mikroprozessor
MP *f s.* 1. Magnetplatte *f*; 2. Maschinenpistole
MPi *f s.* Maschinenpistole
MPko *m s.* Metallpapierkondensator
MPX *m s.* Multiplexer
MR *m s.* Mikrorechner
MSB *n s.* Bit/höchstwertiges
MSI *f s.* Medium-Scale-Integration
MSI-Schaltkreis *m (Eln)* ИС [интегра́льная схе́ма] *f* сре́дней сте́пени интегра́ции; сре́дняя интегра́льная схе́ма *f*
MTBF *f s.* Ausfallzeit/mittlere
MTS-System *n* систе́ма *f* едини́ц МТС
Muffe *f (Masch)* вту́лка *f*; му́фта *f*; растру́б *m*
Muffelofen *m (Met)* му́фельная печь *f*
Muffenkupplung *f (Masch)* вту́лочная му́фта *f*
Muffenrohrverbindung *f (Masch)* растру́бное соедине́ние *n*
Muffenverbindung *f (Masch)* му́фтовое соедине́ние *n*
Mühle *f* ме́льница *f*
Mulchen *n (Lw)* мульчи́рование *n*
Mulde *f* 1. *(Geol)* синклина́ль *f*; му́льда *f*; 2. *(Met)* му́льда *f (zur Beschickung von Schmelzöfen)*; 3. коры́то *n*; 4. лото́к *m*
muldenförmig жело́бчатый; лоткообра́зный
Müll *m* 1. му́сор *m*; 2. отбро́сы *mpl*
Müllauto *n* автомоби́ль-мусорово́з *m*
Müllbunker *m* мусоросбо́рник *m*
Müllschlucker *m* мусоропрово́д *m*
Mülltonne *f* мусоросбо́рник *m*
Müllverbrennung *f* мусоросжига́ние *n*
Müllverbrennungsanlage *f* мусоросжига́тельная устано́вка *f*, мусоросжига́тель *m*
Müllwagen *m* мусорово́з *m*
Multibus... *(Inf)* многоши́нный
Multichip... *(Eln)* многокриста́льный
Multichip-Mikroprozessor *m (Eln)* многокриста́льный микропроце́ссор *m*
Multichipmodul *m (Inf)* многокриста́льный мо́дуль *m*
multipel многокра́тный

Multiplett *n (Kern)* мультипле́т *m* *(eines Atoms oder Energieniveaus)*
Multiplex *n (Inf, Nrt)* мультипле́кс *m*; уплотне́ние *n*
multiplexen *(Nrt)* уплотня́ть
Multiplexen *n (Inf, Nrt)* мультиплекси́рование *n*, разделе́ние *n* кана́лов
Multiplexer *m (Inf, Nrt)* мультипле́ксор *m*
Multiplexsteuergerät *n (Inf, Nrt)* мультипле́ксор *m*
Multiplikand *m (Math)* мно́жимое *n*
Multiplikation *f* 1. *(Math)* умноже́ние *n*; 2. мультиплика́ция *f*
~/binäre *(Inf)* двои́чное умноже́ние *n*
Multiplikations... *(Math)* умножа́ющий
Multiplikationszeichen *n (Math)* знак *m* умноже́ния
Multiplikator *m* 1. *(Math)* мно́житель *m*; 2. *s.* Multipliziergerät
Multiplizier... *(Math)* умножа́ющий
Multipliziereinrichtung *f s.* Multipliziergerät
multiplizieren *(Math)* умножа́ть
Multiplizierer *m s.* Multipliziergerät
Multipliziergerät *n* мультиплика́тор *m*, перемножи́тель *m*, множи́тельное устро́йство *n*, умножи́тель *m*
Multiplizität *f* 1. *(Math)* кра́тность *f*; 2. *(Ph)* мультипле́тность *f (Spektroskopie)*
Multipol *m (Kern)* мультипо́ль *m*
Multipolarität *f (Kern)* мультипо́льность *f*
Multipolordnung *f (Kern)* мультипо́льность *f*
Multiprogrammbetrieb *m (Inf)* мультипрогра́ммный режи́м *m*
Multiprogrammierung *f (Inf)* мультипрограмми́рование *n*
Multiprozessor *m (Eln)* мультипроце́ссор *m*
Multischaltkreis... *(Eln)* многокриста́льный
Multispektralkamera *f (Geod)* многозона́льная ка́мера *f*, многозона́льный (косми́ческий) фотоаппара́т *f*
Multitask... *(Inf)* многозада́чный
Multitasking *n (Inf)* многозада́чная [мультизада́чная] обрабо́тка *f*
Multitasking... *(Inf)* многозада́чный
multitaskingfähig *(Inf)* многозада́чный
multiuserfähig *(Inf)* многопо́льзовательский
Multivibrator *m (El)* мультивибра́тор *m*
~/bistabiler бистаби́льный мультивибра́тор *m*
~/monostabiler моностаби́льный мультивибра́тор *m*, одновибра́тор *m*
Multizyklon *m (Ch)* батаре́йный цикло́н *m*
Mü-Meson *n (Kern)* мю-мезо́н *m*
Mundloch *n* у́стье *n*
Mundstück *n* 1. мундшту́к *m*; наса́дка *f*; 2. наконе́чник *m*; 3. амбушю́р *m* *(eines Mikrophons)*
Mündung *f* у́стье *n (eines Flusses)*
Münzfernsprecher *m* таксофо́н *m*, телефо́н-автома́т *m*
Münzwechselautomat *m* разме́нный автома́т *m*
Mure *f (Hydrol)* сель *m*
Murgang *m (Hydrol)* сель *m*
Muschelkalk *m (Geol)* раку́шечник *m*
„Muskelfahrzeug" *n* мускулохо́д *m* *(durch Muskelkraft angetriebenes zwei- oder mehrrädriges Fahrzeug)*
„Muskelflugzeug" *n* мускуло́лёт *m* *(durch Muskelkraft angetriebenes Flugzeug)*
Muster *n* 1. образе́ц *m*; *(Typ)* маке́т *m*; 2. *(Text)* рису́нок *m*, узо́р *m*
Musterband *n (Typ)* маке́т *m*
Mustererkennung *f (Inf)* распознава́ние *n* о́бразов
Mutter *f* га́йка *f*
Muttergestein *n (Geol)* матери́нская поро́да *f*
Muttergewindebohrer *m (Wkz)* га́ечный метчи́к *m*
Muttergewindeschneidmaschine *f* гайконарезно́й стано́к *m*
Mutterngewindebohrer *m (Wkz)* га́ечный метчи́к *m*
Mutterschiff *n* плавба́за *f*
MUX *m s.* Multiplexer
mV *s.* Millivolt
mW *s.* Milliwatt
MW-Band *n (Rf)* среднево́лновый диапазо́н *m*
MW-Bereich *m (Rf)* среднево́лновый диапазо́н *m*
MW-Empfänger *m (Rf)* среднево́лновый приёмник *m*

MWG *n s.* Massenwirkungsgesetz
MW-Sender *m* среднево́лновый переда́тчик *m*
Mx *s.* Maxwell
Myriameterwelle *f (Ph)* сверхдли́нная волна́ *f*
MZD *f s.* Strahlungsdosis/höchstzulässige
MZK *f s.* Konzentration/höchstzulässige

N

N *s.* 1. Stickstoff *m*; 2. Newton
n *s.* Nano...
Na *s.* Natrium
Nabe *f (Masch)* 1. вту́лка *f*; 2. ступи́ца *f*
Nabla *n s.* Nablaoperator
Nablaoperator *m (Math)* на́бла *f*, на́бла-опера́тор *m*, опера́тор *m* Га́мильтона
Nablavektor *m s.* Nablaoperator
Nachbar... сосе́дний
Nachbearbeitung *f* после́дующая обрабо́тка *f*
Nachbehandlung *f* отде́лка *f*
Nachbeschleunigung *f* послеускоре́ние *n*
Nachbild *n (Photo)* оста́точное изображе́ние *n*
nachbilden 1. модели́равать; имити́ровать; 2. воспроизводи́ть
Nachbildung *f* 1. модели́рование *n*; имита́ция *f*; 2. воспроизведе́ние *n*
nachbohren *(Bgb)* расширя́ть
Nachbohren *n (Bgb)* расшире́ние *n*
Nachbrennen *n* дожига́ние *n (Feuerungstechnik)*
Nachbrenner *m (Masch)* форса́жная ка́мера *f (z. B. von Gasturbinen)*
Nachbrennerstufe *f (Rak)* форса́ж *m*
Nachbrennkammer *f s.* Nachbrenner
Nachdunkeln *n* потемне́ние *n*
nacheilen отстава́ть; запа́здывать *(Phase)*
Nacheilen *n* отстава́ние *n*; запа́здывание *n (Phasen)*
Nacheilung *f s.* Nacheilen
Nachentzerrung *f (Nrt)* деэмфа́зис *m*
Nachfall *m (Bgb)* разва́л *m*
Nachform... *(Wkzm)* копирова́льный
Nachformautomat *m (Wkzm)* копирова́льный автома́т *m*
Nachformdrehen *n (Fert)* копирова́льное точе́ние *n*, точе́ние *n* по копи́ру
Nachformdrehmaschine *f (Wkzm)* тока́рно-копирова́льный стано́к *m*
Nachformen *n (Fert)* копи́рование *n*
Nachformfräsautomat *m (Wkzm)* копирова́льно-фре́зерный автома́т *m*
Nachformfräsen *n (Fert)* фрезерова́ние *n* по копи́ру
Nachformfräsmaschine *f (Wkzm)* копирова́льно-фре́зерный стано́к *m*
Nachformhobelmaschine *f (Wkzm)* копирова́льно-строга́льный стано́к *m*
Nachformhobeln *n (Fert)* строга́ние *n* по копи́ру
Nachformmaschine *f (Wkzm)* копирова́льный стано́к *m*
Nachformschablone *f (Fert)* копи́р *m*
Nachformschleifmaschine *f (Wkzm)* копирова́льно-шлифова́льный стано́к *m*
Nachformstück *n (Fert)* копи́р *m*
Nachformwerkzeugmaschine *f (Wkzm)* копирова́льный стано́к *m*
Nachführen *n s.* Nachführung
Nachführsystem *n (Reg)* следя́щая систе́ма *f*, систе́ма *f* наведе́ния
Nachführung *f* 1. слеже́ние *n*; 2. сопровожде́ние *n (eines Ziels)*; 3. *(Astr)* гиди́рование *n (Teleskop)*; 4. *(Reg)* наведе́ние *n*
Nachfüllen *n* доли́вка *f*
nachgiebig пода́тливый; упру́гий; пружи́нистый
Nachgiebigkeit *f* пода́тливость *f*; упру́гость *f*
Nachgießen *n* доли́вка *f*
Nachhall *m (Ak)* реверберáция *f*
Nachhallgerät *n (Ak)* ревербера́тор *m*
Nachhallmesser *m (Ak)* ревербеpо́метр *m*
Nachhallraum *m (Ak)* реверберацио́нная ка́мера *f*
Nachjustierung *f* подго́нка *f*
Nachkühlung *f* переохлажде́ние *n*
nachladen подзаряжа́ть *(Akkumulatoren)*
Nachladung *f* подзаря́д *m (eines Akkumulators)*
Nachlauf... 1. следя́щий; 2. *(Ch)* хвостово́й *(Destillation)*

Nachlaufachse *f (Kfz)* поддéрживающий мост *m*, рóспуск *m (für den Langmaterialtransport)*
Nachlaufeinrichtung *f (Reg)* следя́щее устрóйство *n*
Nachläufer *m s.* Nachlaufachse
Nachlaufregelung *f (Reg)* следя́щее регули́рование *n*, слежéние *n*; серворегули́рование *n*
Nachlaufregler *m (Reg)* следя́щий регуля́тор *m*, серворегуля́тор *m*
Nachlaufsteuerung *f (Reg)* следя́щее управлéние *n*
Nachlaufsystem *n (Reg)* следя́щая систéма *f*
Nachlaufverstärker *m* следя́щий усили́тель *m*
Nachleuchten *n (Ph)* послесвечéние *n*
Nachnahmebohrer *m (Bgb)* расшири́тель *m*
nachpflanzen *(Lw)* подсáживать
Nachpflanzen *n (Lw)* подсáдка *f*
Nachpolieren *n (Fert)* послéдующее полировáние *n*
nachregeln подналáживать; подстрáивать
Nachregeln *n* подстрóйка *f*, подрегулирóвка *f*; повтóрное регули́рование *n*
Nachregulierung *f* перенала́дка *f*
Nachricht *f* сообщéние *n*
Nachrichteneinheit *f (Inf)* едини́ца *f* информáции
Nachrichtenende *n (Inf)* конéц *m* сообщéния
Nachrichtenkabel *n (Nrt)* кáбель *m* свя́зи
Nachrichtenkanal *m (Nrt)* канáл *m* свя́зи
~/leitungsgebundener проводнóй канáл *m* свя́зи
Nachrichtenmenge *f* коли́чество *n* информáции
Nachrichtenmittel *n* срéдство *n* свя́зи; коммуникáция *f*
Nachrichtennetz *n* сеть *f* свя́зи
~/diensteintegrierendes цифровáя сеть *f* с интегрáцией служб, ЦСИС *f*
~/digitales цифровáя сеть *f* свя́зи
Nachrichtensatellit *m* спýтник *m* свя́зи
Nachrichtensystem *n* систéма *f* свя́зи
Nachrichtentechnik *f* тéхника *f* свя́зи, телекоммуникáция *f*
Nachrichtentechnik *f*/**drahtgebundene [leitungsgebundene]** *(Nrt)* проводнáя связь *f*
Nachrichtentheorie *f* теóрия *f* свя́зи
Nachrichtenübertragungskabel *n (Nrt)* кáбель *m* свя́зи
Nachrichtenübertragungskanal *m (Nrt)* канáл *m* свя́зи
Nachrichtenverbindung *f (Nrt)* ли́ния *f* свя́зи; *(Nrt)* дáльняя связь *f (über größere Entfernungen)*
Nachrichtenverbindungsleitung *f (Nrt)* ли́ния *f* свя́зи
Nachrichtenverkehr *m* связь *f*
~/interkontinentaler трансокеáнская связь *f*
Nachrichtenverkehrsdienst *m* слýжба *f* свя́зи
Nachrichtenwesen *n* связь *f*; телекоммуникáция *f*
Nachrichtenwesen *n*/**drahtloses [leitungsloses]** *(Nrt)* беспроводнáя связь *f*
Nachrichtenzentrale *f* ýзел *m* свя́зи
Nachrutschen *n (Met)* осáдка *f (der Gicht)*
Nachsaugen *n* подсáсывание *n*, подсóс *m*
Nachschalldämpfer *m (Kfz)* дополни́тельный глуши́тель *m*
nachschärfen *(Wkz)* перетáчивать
Nachschlagewerk *n* спрáвочник *m*
nachschleifen *(Wkz)* перетáчивать
Nachschweißen *n* подвáрка *f*
Nachsetzen *n (Bgb)* нарáщивание *n (Bohrgestänge)*
nachspannen подтя́гивать *(Riemen)*
Nachspannen *n* подтя́гивание *n (Riemen)*
Nachstell... регулирóвочный
nachstellbar регули́руемый
Nachstellbarkeit *f* регули́руемость *f*
nachstellen регули́ровать; подналáживать
Nachstellen *n* 1. подрегулирóвка *f*; 2. *(Wlz)* пригóнка *f (der Walzen)*
Nachstellschraube *f* регулирóвочный винт *m*
nachstemmen *(Fert)* подчекáнивать

Nachstimm... подстро́ечный
Nachstimmeinrichtung *f (Rf)* автоподстро́йка *f*
nachstimmen подстра́ивать
Nachstimmen *n* подстро́йка *f*
Nachtanken *n* дозапра́вка *f*, повто́рная запра́вка *f*
Nachtgebühr *f* ночно́й тари́ф *m*
Nachtglas *n* ночно́й бино́кль *m*
Nachtsehen *n* ночно́е виде́ние *n*
Nachtsichtgerät *n* прибо́р *m* ночно́го ви́дения
Nachtsichtweite *f* ночна́я ви́димость *f*
Nachttarif *m* ночно́й тари́ф *m*
Nachverbrennen *n (Rak)* форса́ж *m*
Nachverbrennung *f (Rak)* форса́ж *m*
Nachweis *m (Ch)* определе́ние *n*
Nachweismittel *n* **(/chemisches)** *(Ch)* реаге́нт *m*, реакти́в *m*
Nachwirkung *f* последе́йствие *n*
~/elastische упру́гое последе́йствие *n*
~/magnetische *(Ph)* магни́тное последе́йствие *n*
nachziehen подтя́гивать *(Schrauben)*
Nachziehen *n* подтя́гивание *n (Schrauben)*
Nadel *f* 1. игла́ *f*; 2. стре́лка *f (eines Kompasses)*
Nadel... 1. иго́льчатый; 2. *(Forst)* хво́йный
nadelartig иго́льчатый
Nadelbarre *f (Text)* иго́льница *f*
Nadelbett *n (Text)* иго́льница *f*
Nadeldrucker *m (Inf)* иго́льчатое печа́тающее устро́йство *n*
Nadelfeile *f* на́дфиль *m*
Nadelfilter *n* иглофи́льтр *m*
nadelförmig иго́льчатый
Nadelholz *n* древеси́на *f* хво́йных поро́д
Nadelholz... хво́йный
Nadelkristall *m* нитеви́дный криста́лл *m*
Nadellager *n (Masch)* иго́льчатый (роликово)подши́пник *m*
Nadelöler *m* иго́льчатая маслёнка *f*
Nadelrolle *f* иго́лчатый ро́лик *m*
Nadelrollenlager *n s.*Nadellager
Nadelventil *n* иго́льчатый кла́пан *m*
Nadelwalze *f (Text)* иго́льчатый ва́лик *m*
Nadir *m (Geod)* нади́р *m*
Nagel *m* гвоздь *m*
nagelbar гвозди́мый
Nagelzange *f* гвоздодёр *m*
Näh... шве́йный
Nahecho *n* бли́жнее э́хо *n*
nähen *(Text)* шить
Nähen *n (Text)* шитьё *n*
Näherung *f (Math)* аппроксима́ция *f*, приближе́ние *n*
Näherungs... приближённый
Näherungsformel *f (Math)* приближённая фо́рмула *f*
Näherungsintegration *f (Math)* приближённое интегри́рование *n*
Näherungslösung *f (Math)* приближённое реше́ние *n*
Näherungsmethode *f (Math)* приближённый ме́тод *m*
Näherungsrechnung *f (Math)* приближённое вычисле́ние *n*
Näherungsverfahren *n (Math)* приближённый ме́тод *m*
Näherungswert *m (Math)* приближённая величина *f*, приближённое значе́ние *n*
Nahfeld *n (El)* бли́жнее по́ле *n*
Nähmaschine *f (Text)* шве́йная маши́на *f*
Nähnadel *f* шве́йная игла́ *f*
Nährstoffanreicherung *f (Ökol)* эвтрофирова́ние *n (der Gewässer)*
Nährung *f (Geol)* пита́ние *n (eines Gletschers)*
Nahrungsmittel... пищево́й
Nahrungsmittelindustrie *f* пищева́я промы́шленность *f*
Nahstreckennavigation *f* бли́жняя навига́ция *f*
Naht *f* шов *m (adjektivische Zusammensetzungen s. unter* Schweißnaht*)*
Nahtkathete *f (Schw)* ка́тет *m* (шва)
nahtlos 1. *(Schw)* бесшо́вный; 2. *(Wlz, Umf)* цельнока́таный, цельнотя́нутый *(Rohre)*
Nahtschenkel *m (Schw)* ка́тет *m* (шва)
Nahtschweißen *n* шо́вная [ро́ликовая, лине́йная] сва́рка *f*
Nahtwurzel *f (Schw)* ко́рень *m* шва
Nahverkehr *m* 1. при́городное сообще́ние *n*; 2. *(Nrt)* бли́жняя связь *f*
Nahverkehrstarif *m* ме́стный тари́ф *m*
Nähwirk... *(Text)* вяза́льно-прошивно́й

nahwirkend короткоде́йствующий
Nahwirkung *f* близкоде́йствие *n*
Nahwirkungs... короткоде́йствующий
Name *m (Inf)* и́мя *n*; назва́ние *n*
~/einfacher просто́е и́мя *f*
NAND-Gatter *n (Inf)* ве́нтиль И-НЕ
NAND-Glied *n (Reg)* элеме́нт И-НЕ
Nano... *(Mess)* нано..., н *(10^{-9} Einheiten)*
Nanometer *n* наноме́тр *m*, нм
Nanometerlithographie *f (Eln)* нанолитогра́фия *f*
Nanosekunde *f* наносеку́нда *f*, нс
Nanosekundenbereich *m (Mess)* наносеку́ндная о́бласть *f*
Näpfchen *n* ча́шка *f*
Narben *m (Led)* лицо́ *n*
narbig ра́ковистый *(Blech)*
Narbigkeit *f (Schm)* коря́вина *f (Schmiedefehler)*
Nase *f* вы́ступ *m*; прили́в *m (an Maschinenteilen)*; запле́чик *m*
nass мо́крый; вла́жный
Nassabscheider *m* мо́крый пылеулови́тель *m*
Nassappretur *f (Text)* мо́края отде́лка *f*
Nassaufbereitung *f* мо́крое обогаще́ние *n*
Nassbagger *m* дра́га *f*, землечерпа́лка *f*, землечерпа́тельный снаря́д *m*, земснаря́д *m*
Nassbaggerung *f (Bw)* гидромеханиза́ция *f*; землечерпа́ние *n*
Nassbohren *n (Bgb)* мо́крое буре́ние *n*
Nassdampf *m* вла́жный пар *m*
Nasselement *n (El)* мо́крый элеме́нт *m*
Nassentaschung *f* гидрозолоудале́ние *n*
Nassentstauber *m* мо́крый пылеулови́тель *m*
Nassfeuerlöscher *m* жи́дкостный огнетуши́тель *m*
Nassklassieren *n* гидравли́ческая классифика́ция *f (Aufbereitung)*
Nassklassierer *m* гидравли́ческий классифика́тор *m (Aufbereitung)*
Nasslöschen *n (Bw)* мо́крое гаше́ние *n (Kalk)*
nassmetallurgisch гидрометаллурги́ческий
Nassputzen *n (Gieß)* гидравли́ческая очи́стка *f*
Nassreinigung *f* мо́края очи́стка *f*
Nassschleifen *n* мо́крое шлифова́ние *n*
Nassschroten *n (Brau)* мо́крое дробле́ние *n*
Nassschrotung *f (Brau)* мо́крое дробле́ние *n*
Nassspinnen *n (Text)* мо́крое пряде́ние *n*
Nassstrecke *f (Bw)* санита́рно-техни́ческий блок *m*
Nassveredlung *f (Text)* мо́края отде́лка *f*
Nasszerkleinerung *f* мо́крое дробле́ние *n*
Nasszyklon *m* гидроцикло́н *m (Aufbereitung)*
Natrium *n (Ch)* на́трий *m*, Na
Natrium... на́триевый
Natriumcarbonat *n (Ch)* карбона́т *m* на́трия, кальцини́рованная со́да *f*
Natrium(dampf)lampe *f* на́триевая ла́мпа *f*
Natron... на́триевый
Natronlauge *f (Ch)* на́тровый щёлок *m*
Natur... 1. приро́дный, натура́льный; 2. есте́ственный
Naturfaser *f* приро́дное [натура́льное] волокно́ *n*
Naturgas *n* приро́дный газ *m*
Naturharz *n* приро́дная смола́ *f*
Naturkatastrophe *f* стихи́йное бе́дствие *n*
Naturkautschuk *m* натура́льный каучу́к *m*
natürlich 1. приро́дный, натура́льный; 2. есте́ственный
Natursalz *n* приро́дная соль *f*
Naturschätze *mpl* приро́дные ресу́рсы *mpl*
Naturschutz *m* охра́на *f* приро́ды
Naturschutzgebiet *n (Ökol)* запове́дник *m*
Naturwissenschaften *fpl* естествозна́ние *n*
nautisch навигацио́нный
Navigation *f* навига́ция *f*
Navigations... навигацио́нный
Navigationsperiode *f* навига́ция *f*, навигацио́нный пери́од *m*
navigatorisch навигацио́нный
Nb *s.* Niobium
NC-... *(Wkzm)* с чи́словым управле́нием

NC-Steuerung *f (Wkzm)* числовóе прогрáммное управлéние *n*, ЧПУ *n*
NC-Werkzeugmaschine *f* станóк *n* с числовы́м прогрáммным управлéнием, станóк *m* с ЧПУ
Nd *s.* Neodym
N-dotiert *(Halbl)* леги́рованный дóнорной при́месью
Ne *s.* Neon
Ne *s.* Newton-Zahl
NE-... *s.* Nichteisen...
Nebel *m* 1. тумáн *m*; 2. *(Astr)* тумáнность *f*
~/außergalaktischer [extragalaktischer] *(Astr)* галáктика *f*, внегалакти́ческая тумáнность *f*
~/galaktischer *(Astr)* галакти́ческая тумáнность *f*
~/planetarischer *(Astr)* планетáрная тумáнность *f*
Nebelboje *f* тумáнный буй *m*
Nebelfrostablagerung *f (Meteo)* и́зморозь *f*
Nebelgerät *n (Med)* аэрозóльный аппарáт *m*; аэрозóльный генерáтор *m*
Nebelhaufen *m (Astr)* скоплéние *n* галáктик
Nebelkammer *f (Kern)* кáмера *f* Ви́льсона
Nebelscheinwerfer *m (Kfz)* противотумáнная фáра *f*
Nebelschlussleuchte *f (Kfz)* зáдняя противотумáнная фáра *f*
Neben... 1. побóчный; 2. вспомогáтельный
Nebenachse *f (Math)* мáлая ось *f (einer Ellipse)*; *(Math)* мни́мая ось *f (einer Hyperbel)*
Nebenbestandteil *m* побóчная при́месь *f*
Nebenfluss *m (Hydrol)* притóк *m*
Nebenkeule *f (El)* боковóй лепестóк *m (eines Richtdiagramms)*
Nebenkosten *pl* добáвочные расхóды *mpl*
Nebenmond *m (Meteo)* параселéна *f*
Nebenprodukt *n* побóчный продýкт *m*
Nebenprozessor *m (Eln)* подчинённый процéссор *m*
Nebenreaktion *f (Ch)* побóчная реáкция *f*
Nebenschluss *m* 1. *(El)* шунт *m*; 2. ответвлéние *n*
Nebenschluss... *(El)* шунтовóй
Nebenschlusscharakteristik *f (El)* шунтовáя характери́стика *f*
Nebenschlussführung *f* байпаси́рование *n*
Nebenschlussmaschine *f (El)* маши́на *f* параллéльного возбуждéния
Nebenschlussmotor *m (El)* (электро-)дви́гатель *m* параллельного возбуждéния, шунтовóй (электро)дви́гатель *m*
Nebenschlussschaltung *f (El)* параллéльное включéние [соединéние] *n*; параллéльная схéма *f*
Nebenschlussventil *n* байпáсный [перепускнóй] клáпан *m*
Nebenschlusszweig *m (El)* шунтовáя ветвь *f*
Nebenschneide *f (Wkz)* вспомогáтельное лéзвие *n*
Nebensprechverluste *mpl (Nrt)* перехóдные потéри *fpl*
Nebenstraße *f* проéзд *m*
Nebenuhr *f* втори́чные (электро)часы́ *pl*
Nebenwiderstand *m (El)* параллéльное [шунти́рующее] сопротивлéние *n*
Nebenwinkel *mpl* смéжные углы́ *mpl*
Nebenzipfel *m* боковóй лепестóк *m (eines Richtdiagramms)*
Negation *f (Inf)* отрицáние *n*
Negationsschaltung *f (Inf)* (логи́ческая) схéма *f* НЕ, инвéртор *m*
negativ отрицáтельный
Negativ *n (Photo)* негати́в *m*
~/überbelichtetes передéржанный негати́в *m*
~/unterbelichtetes недодéржанный негати́в *m*
Negativ... 1. отрицáтельный; 2. негати́вный
Negativbild *n (Photo)* негати́вное изображéние *n*
Negativentwickler *m (Photo)* негати́вный проя́витель *m*
Negativfilm *m (Photo)* негати́вная плёнка *f*
Negativpapier *n* негати́вная фотобумáга *f*
Negativphotolack *m (Eln)* негати́вный фоторези́ст *m*

Negator *m s.* Negationsschaltung
Negatron *n (Kern)* негатро́н *m*
nehmbar/auseinander разбо́рный, разъёмный
Neigung *f* 1. накло́н *m*; 2. укло́н *m*; 3. *(Astr)* наклоне́ние *n*; 4. скло́нность *f*
Neigungsmesser *m* 1. уклономе́р *m*; 2. *(Bgb)* инклино́метр *m (für Bohrungen)*; 3. указа́тель *m* кре́на, крено́метр *m*, креноме́р *m*; 4. клино́метр *m*; наклономе́р *m*
Neigungswaage *f* цифербла́тные весы́ *pl*
Neigungswinkel *m* 1. у́гол *m* накло́на; 2. у́гол *m* кре́на
Nenn... номина́льный
Nenndruck *m* номина́льное давле́ние *n*
Nenner *m (Math)* знамена́тель *m*
~/gemeinsamer о́бщий знамена́тель *m*
Nennförderstrom *m (Förd)* номина́льная производи́тельность *f (von Pumpen, Verdichtern)*
Nennlast *f* номина́льная нагру́зка *f*
Nennleistung *f* 1. номина́льная мо́щность *f*; 2. *s.* Nennförderstrom
Nennmaß *n* номина́льный разме́р *m*
Nennstrom *m* номина́льный ток *m*
Nennwert *m* номина́л *m*, номина́льная величина́ *f*
Neodym *n (Ch)* неоди́м *m*, Nd
Neolithikum *n (Geol)* неоли́т *m*
Neon *n (Ch)* нео́н *m*, Ne
Neon... нео́новый
Neonleuchtröhre *f (Licht)* нео́новая тру́бка *f*
Neonröhre *f (Licht)* нео́новая тру́бка *f*, нео́новая ла́мпа *f*
Neper *n (El)* не́пер *m*
Nephelometer *n (Ch)* нефело́метр *m*
Nephelometrie *f (Ch)* нефеломе́трия *f*
Nephograph *m (Meteo)* нефогра́ф *m*
Nephometer *n (Meteo)* нефо́метр *m*
Nephoskop *n (Meteo)* нефоско́п *m*
Nephrit *m (Min)* нефри́т *m*
Neptunium *n (Ch)* непту́ний *m*, Np
Nest *n* гнездо́ *n*; скопле́ние *n*
Nettoregistertonnage *f* чи́стая реги́стровая внести́мость *f*, не́тто-реги́стровая вмести́мость *f*
Nettoregistertonne *f* не́тто-реги́стровая то́нна *f*
Netto-tkm *m (Eb)* то́нно-киломе́тр *m* не́тто
Nettotonnage *f s.* Nettoregistertonnage
Netto-Tonnenkilometer *m (Eb)* то́нно-киломе́тр *m* не́тто
Netz *n* 1. сеть *f*; 2. се́тка *f*
~/diensteintegrierendes *(Nrt)* сеть *f* с интегра́цией служб
~/digitales *(Inf)* цифрова́я сеть *f*
~/lokales *(Inf)* лока́льная сеть *f*
Netz... 1. сетево́й; 2. се́тчатый; се́точный
Netzanschluss... *(El)* сетево́й
Netzbrummen *n (El)* фон *m* се́ти (переме́нного то́ка)
Netzersatzanlage *f (El)* авари́йный агрега́т *m*
netzförmig се́тчатый
Netzfrequenz *f (El)* сетева́я частота́ *f*
Netzgefüge *n (Wkst)* се́тчатая структу́ра *f*
Netzmittel *n* сма́чиватель *m*
Netzschalter *m (El)* сетево́й выключа́тель *m*
Netzschnur *f (El)* сетево́й шнур *m*
Netzsoftware *f (Inf)* сетево́е програ́ммное обеспе́чение *n*
Netzsoftwarepaket *n (Inf)* сетево́й паке́т *m* програ́мм
Netzspannung *f (El)* напряже́ние *n* се́ти, сетево́е напряже́ние *n*
Netzspeisung *f (El)* сетево́е пита́ние *n*
Netzstore *m (Schiff)* сетева́я кладова́я *f*
Netzstruktur *f (Wkst)* се́тчатая структу́ра *f*
Netztransformator *m* сетево́й трансформа́тор *m*
Netztrenner *m (El)* лине́йный разъедини́тель *m*
Netztrennschalter *m (El)* лине́йный разъедини́тель *m*
Netzwerk *n* 1. *(El)* цепь *f*; сеть *f*; 2. *(El)* схе́ма *f*; 3. *(Reg)* ко́нтур *m*; 4. *(El, Eln)* ма́трица *f*
~/elektrisches *(Reg)* электри́ческий ко́нтур *m*
~/lokales *(Inf)* лока́льная сеть *f*
Netzwerkdiagramm *n* сетево́й гра́фик *m*
Netzwerkprozessor *m* сетево́й проце́ссор *m*

Netzwerktechnik *f (El)* схемотéхника *f*
Netzwerktheorie *f (El)* теóрия *f* сетéй
Neuabstimmung *f (Eln)* перестрóйка *f*
Neuausrüstung *f* перевооружéние *n*
Neuausstattung *f* перевооружéние *n*
Neueinstellung *f (Reg)* перенастрóйка *f*
Neugrad *m (Mess)* гон *m (Einheit des ebenen Winkels)*
Neuland *n (Lw)* целинá *f*
Neumond *m (Astr)* новолýние *n*
neunstellig девятиразря́дный
Neuprogrammierung *f (Inf)* репрограмми́рование *n*
Neuristor *m (Eln)* нейри́стор *m*
Neurochip *m (Eln)* нейрочи́п *m*
Neurocomputer *m* нейрокомпью́тер *m*
Neustart *m (Inf)* повтóрный пуск *m (z. B. des Programms)*
neutral 1. нейтрáльный; 2. *(Ph)* незаряжённый
~/elektrisch *(Ph)* незаряжённый
Neutralisation *f (Ch)* нейтрализáция *f*
Neutralisieren *n (Ch)* нейтрализáция *f*
Neutralleiter *m (El)* нейтрáль *f*
Neutrino *n (Kern)* нейтри́но *m*
Neutrinoastronomie *f* нейтри́нная астронóмия *f*
Neutron *n (Kern)* нейтрóн *m*
~/energiereiches бы́стрый нейтрóн *m*
~/langsames мéдленный нейтрóн *m*
~/schnelles бы́стрый нейтрóн *m*
~/thermisches теплово́й нейтрóн *m*
Neutronen... *(Kern)* нейтрóнный
Neutronenabsorber *m (Kern)* поглоти́тель *m* нейтрóнов
Neutronenabsorberstab *m (Kern)* поглощáющий стéржень *m*
Neutronenalter *n (Kern)* вóзраст *m* нейтрóнов
Neutronenbeschuss *m* бомбардирóвка *f* нейтрóнами
Neutronenfänger *m (Kern)* поглоти́тель *m* нейтрóнов
Neutronenflussdichte *f (Kern)* нейтрóнный потóк *m (Neutronen)*
Neutronenmoderator *m (Kern)* замедли́тель *m* нейтрóнов
Neutronenquelle *f (Kern)* нейтрóнный истóчник *m*
Neutronenspektrometer *n* нейтрóнный спектрóметр *m*
Neutronenspektroskopie *f* нейтрóнная спектроскопи́я *f*
Neutronenstern *m (Astr)* нейтрóнная звездá *f*
Neutronenstrom *m (Kern)* нейтрóнный потóк *m*
Neutron-Neutron-Bohrlochmessung *f (Bgb)* нейтрóн-нейтрóнный каротáж *m*
Neuverteilung *f* перераспределéние *n*
Neuzuordnung *f (Inf)* перераспределéние *n (Speicherplatz)*
Newton *n* ньютон *m*, N *(Einheit der Kraft)*
Newton-Zahl *f* числó *n* Нью́тона, *Ne*
NF... *s.* Niederfrequenz...
Ni *s.* Nickel
Nibble *n (Inf)* полубáйт *m*
NICHT *n (Inf)* НЕ *(logische Funktion oder Operation)*
Nichtbenetzung *f* несмáчивание *n*
Nichteisen... *(Met)* цветнóй
Nichteisenlegierung *f* цветнóй сплав *m*
Nichteisenmetall *n* цветнóй метáлл *m*
Nichteisenmetallurgie *f* металлýргия цветны́х метáллов, цветнáя металлýргия *f*
Nichtelektrolyt *m (El)* неэлектроли́т *m*
nichtflüchtig 1. *(Ch)* нелетýчий; 2. *(Inf)* энергонезави́синый *(Speicher)*
NICHT-Gatter *n (Inf)* вéнтиль *m* НЕ
Nichtgleichgewicht *n* неравновéсие *n*
Nichtgleichgewichtszustand *m* неравновéсное состоя́ние *n*
NICHT-Glied *n (Reg)* элемéнт *m* НЕ
Nichtleiter *m (El)* изоля́тор *m*
Nichtlinearität *f* нелинéйность *f*
Nichtlöslichkeit *f* нераствори́мость *f*
nichtmagnetisch антимагни́тный
Nichtmetall *n* металлóид *m*
Nichtmetalle *npl (Ch)* немéталли *mpl*
NICHT-ODER *n (Inf)* НЕ-ИЛИ *(logische Funktion oder Operation)*
NICHT-ODER-Gatter *n (Inf)* вéнтиль *m* НЕ-ИЛИ
NICHT-ODER-Glied *n (Reg)* элемéнт *m* НЕ-ИЛИ
Nichtoxidierbarkeit *f* неокисля́емость *f*
nichtperiodisch апериоди́ческий
NICHT-Schaltung *f (Eln)* схéма *f* НЕ

Nichtumkehrbarkeit *f* необрати́мость *f*
NICHT-UND *n (Inf)* НЕ-И *(logische Funktion oder Operation)*
NICHT-UND-Gatter *n (Inf)* ве́нтиль *m* НЕ-И
NICHT-UND-Glied *n (Reg)* элеме́нт *m* НЕ-И
Nickel *n (Ch)* ни́кель *m*, Ni
Nicken *n* 1. *(Flg)* танга́ж *m*; 2. продо́льная ка́чка *f (z. B. der Lok)*
Nickmoment *n (Flg)* продо́льный моме́нт *m*, моме́нт *m* танга́жа
Nicol *n (Opt)* при́зма *f* Нико́ля
niederblasen *(Met)* выдува́ть *(z. B. einen Hochofen)*
niederbrechen *(Bgb)* добыва́ть
niederbringen *(Bgb)* проходи́ть *(Bohrungen)*
Niederbringen *n (Bgb)* прохо́дка *f (von Bohrungen)*
niederdrücken прижима́ть
Niederdrucklampe *f* ла́мпа *f* ни́зкого давле́ния
Niederdruckpumpe *f* насо́с *m* ни́зкого давле́ния
Niederdruckreifen *m (Kfz)* ши́на *f* ни́зкого давле́ния
Niederdruckstaudamm *m* низконапо́рная плоти́на *f*
Niederdruckturbine *f* турби́на *f* ни́зкого давле́ния
Niederdruckverdichter *m* компре́ссор *m* ни́зкого давле́ния
Niederdruckzylinder *m* цили́ндр *m* ни́зкого давле́ния *(eines Hubkolbenverdichters)*
niederfrequent *(El)* низкочасто́тный, НЧ-...
Niederfrequenz *f (El)* ни́зкая частота́ *f*
Niederfrequenz... *(El)* низкочасто́тный, НЧ-...
Niederfrequenzblock *m (El)* низкочасто́тный блок *m*
Niederfrequenzgleichrichter *m (El)* низкочасто́тный выпрями́тель *f*
Niederfrequenzkabel *n* низкочасто́тный ка́бель *m*
Niederfrequenzofen *m* низкочасто́тная электропе́чь *f*
Niederfrequenzschaltung *f (El)* низкочасто́тная схе́ма *f*
Niederfrequenzstrom *m (El)* ток *m* ни́зкой частоты́
Niederfrequenztechnik *f* низкочасто́тная те́хника *f*, электроте́хника *f* ни́зкой частоты́
Niederfrequenztransformator *m* низкочато́тный трансформа́тор *m*
Niederfrequenztransistor *m* низкочасто́тный транзи́стор *m*
Niederfrequenzübertrager *m* низкочато́тный трансформа́тор *m*
Niederfrequenzverstärker *m (El)* усили́тель *m* ни́зкой частоты́
Niedergehen *n (Met)* оседа́ние *n*, оса́дка *f (der Gicht)*
niederhalten прижима́ть
Niederhalter *m* прижи́м *m*
Niedermoortorf *m* низи́нный торф *m*
Niederohm... *(El)* низко́омный
niederohmig *(El)* низко́омный
Niederschachtofen *m (Met)* низкоша́хтная печь *f*
Niederschlag *m* 1. *(Met)* оседа́ние *n*; 2. оса́док *m*; отложе́ние *n*; 3. *(Ch)* преципита́т *m*; 4. *(Meteo)* оса́дки *mpl*
~/**galvanischer** гальвани́ческое покры́тие *n*, гальванопокры́тие *n*
niederschlagen осажда́ть; конденси́ровать
Niederschlagen *n* осажде́ние *n*; конденса́ция *f*
Niederschlags... оса́дочный
Niederschlagsdiagramm *n (Meteo)* плювиогра́мма *f*
Niederschlagsmengenmesser *m s.* Niederschlagsmesser
Niederschlagsmengenmessung *f (Meteo)* плювиоме́трия *f*
Niederschlagsmesser *m (Meteo)* плюви́ометр *m*, осадкоме́р *m*, дождеме́р *m*
~/**registrierender** *(Meteo)* плювио́граф *m*
Niederschlagsmessung *f (Meteo)* плювиоме́трия *f*
Niederschlagsschmelzen *n (Met)* осади́тельная пла́вка *f*
Niederschlagsschreiber *m (Meteo)* плювио́граф *m*
Niederschmelzen *n (Met)* расплавле́ние *n*, выплавле́ние *n*

Niederspannungs... *(El)* низково́льтный

Niederspannungsanlage *f (El)* низково́льтная устано́вка *f*

Niederspannungsgleichrichter *m* низково́льтный выпрями́тель *m*

Niederspannungskabel *n* низково́льтный ка́бель *m*

Niederspannungsleitung *f (El)* низково́льтная ли́ния *f*

Niederspannungsnetz *n (El)* низково́льтная сеть *f*

Niederspannungsstrom *m (El)* ток *m* ни́зкого напряже́ния

Niederspannungstechnik *f* низково́льтная (электро)те́хника *f*

Niederspannungstransformator *m* низково́льтный трансформа́тор *m*

Niedertemperaturplasma *n* низкотемперату́рная пла́зма *f*

Niedervolt... *(El)* низково́льтный

Niere *f*/**künstliche** *(Med)* иску́сственная по́чка *f*, гемидиализа́тор *m*

Niet *m* заклёпка *f*

Niet... заклёпочный, клёпаный, клепа́льный

nieten клепа́ть, заклёпывать

Nieten *n* клёпка *f*, заклёпывание *n*

Nietmaschine *f* клепа́льная маши́на *f*

Nietverbindung *f* заклёпочное соедине́ние *n*

Niobium *n (Ch)* нио́бий *m*; Nb

Nippel *m* ни́ппель *m*

nit *s.* Nit

Nit *n (Inf)* нит *m*

nitrieren 1. *(Ch)* нитрова́ть; 2. *s.* nitrierhärten

Nitrieren *n* 1. *(Ch)* нитрова́ние *n*; 2. *s.* Nitrierhärten

nitrierhärten *(Härt)* нитри́ровать, азоти́ровать

Nitrierhärten *n (Härt)* нитри́рование *n*, азоти́рование *n*

Nitrierstahl *m* азоти́руемая сталь *f*

nitriert *(Härt)* азоти́рованный

Nitrierung *f s.* Nitrierhärten

Nitro(cellulose)lack *m (Ch)* нитрола́к *m*, нитроцеллюло́зный лак *m*

Nitrometer *n (Ch)* азотоме́тр *m*

Nitroverbindung *f (Ch)* нитросоедине́ние *n*

nitscheln *(Text)* сучи́ть

Nitscheln *n (Text)* суче́ние *n*

Niveau *n* 1. у́ровень *m*; 2. *(Hydt, Geol)* горизо́нт *m*

~/**leeres [unbesetztes]** *(Halbl)* свобо́дный у́ровень *m*

Niveauhöhe *f* высота́ *f* у́ровня

Niveaulinie *f (Hydt)* горизонта́ль *f*

Niveaustand *m (Hydt)* у́ровень *m*

Nivellement *n (Geod)* нивели́рование *n*

Nivellementszeichen *n (Geod)* ре́пер *m*

nivellieren *(Geod)* нивели́ровать

Nivellierinstrument *n (Geod)* нивели́р *m*

Nivellierlinie *f (Geod)* нивели́рная ли́ния *f*

Nivellierung *f (Geod)* нивели́рование *n*

NKW *m s.* Nutzkraftwagen

N-leitend *(Halbl)* с электро́нной проводи́мостью

N-Leitfähigkeit *f (Halbl)* электро́нная проводи́мость *f*

N-Leitung *f (Halbl)* электро́нная проводи́мость [электропрово́дность]

nm *s.* Nanometer

No *s.* Nobelium

Nobelium *n (Ch)* нобе́лий *m*, No

Nocken *m (Masch)* кулачо́к *m*

Nocken... *(Masch)* кулачко́вый

Nockenantrieb *m (Masch)* кулачко́вый при́вод *m*

nockenbetätigt *(Masch)* кулачко́вый

Nockenbremse *f (Eb)* кулачко́вый то́рмоз *m*

Nockengetriebe *n (Masch)* кулачко́вая переда́ча *f*

Nockenschalter *m(El)* кулачко́вый переключа́тель *m*; *(El, Eb)* кулачко́вый контро́ллер

Nockenscheibe *f (Masch)* кулачко́вый диск *m*

Nockensteuerschalter *m (Eb)* кулачко́вый командоконтро́ллер *m*

Nockensteuerung *f (Kfz)* кулачко́вое распределе́ние *n*; *(Masch)* кулачко́вое управле́ние *n*

Nockentrieb *m (Masch)* кулачко́вый при́вод *m*

Nockenwelle *f (Kfz)* распредели́тельный вал *m (eines Verbrennungsmotors)*; *(Masch)* кулачко́вый вал *m*

nominell номинáльный
Nomogramm *n (Math)* номогрáмма *f*
Nomographie *f (Math)* номогрáфия *f*
Nonius *m* нóниус *m*, верньéр *m*
Non-Stop-Flug *m* беспосáдочный полёт [перелёт] *m*
Nonstopflug *m* беспосáдочный полёт [перелёт] *m*
NOR *n (Inf)* НЕ-ЍЛИ *(logische Funktion oder Operation)*
Nord *m* сéвер *m*
Nord... сéверный
nördlich сéверный
Nordlicht *n* сéверное сия́ние *n*
Nordpol *m* сéверный пóлюс *m*
Nordpunkt *m (Astr)* тóчка *f* сéвера
NOR-Gatter *n (Inf)* вéнтиль *m* НЕ-ЍЛИ
NOR-Glied *n (Reg)* элемéнт *m* НЕ-ЍЛИ
Norm *f* стандáрт *m*; нóрма *f*
Norm... стандáртный
Normal *n* 1. стандáрт *m*; нормáль *f*; 2. эталóн *n*, эталóнная мéра *f*
~/absolutes абсолю́тный эталóн *m*
Normalanker *m (Schiff)* адмиралтéйский я́корь *m*
Normalantenne *f* эталóнная антéнна *f*
Normalatmosphäre *f (Mech)* стандáртная атмосфéра *f*
Normalbeschleunigung *f* нормáльное ускорéние *n*
Normale *f (Math)* нормáль *f*
Normalelement *n (El)* нормáльный элемéнт *m*
Normalentwickler *m (Photo)* нормáльный проя́витель *m*
Normalfrequenz *f (El)* эталóнная частотá *f*
Normalgenerator *m (El)* эталóнный генерáтор *m*
Normalgerät *n* эталóнный прибóр *m*
normalglühen *(Härt)* нормализовáть *(Stahl)*
Normalglühen *n (Härt)* нормализáция *f (Stahl)*
normalisieren 1. *s.* normalglühen; 2. *(Gum)* нормализовáть
Normalisieren *n* 1. *s.* Normalglühen; 2. *(Gum)* нормализáция *f*
Normalisierungsglühen *n s.* Normalglühen
Normalleistung *f* срéдняя мóщность *f*
Normalmaßverkörperung *f* образцóвая мéра *f*
Normalspur *f (Eb)* нормáльная колея́ *f*
Normaltemperatur *f* нормáльная [эталóнная] температу́ра *f*
Normalwert *m* эталóнная величинá *f*
Normalzeit *f* декрéтное врéмя *n*
normen стандартизи́ровать; нормировáть
Normenblatt *n (Math)* нормáль *f*
Normteil *n* стандáртная детáль *m*
Normung *f* стандартизáция *f*; нормировáние *n*
NOR-Schaltung *f* схéма *f* НЕ-ЍЛИ
Notablass *m (Hydt)* авари́йный спуск *m*
Notabschaltung *f (Kern)* авари́йный останóв *m (eines Kernreaktors)*
Notation *f* **/polnische** *(Inf)* бесскóбочная зáпись *f*
Notausgang *m* запаснóй вы́ход *m*
Notausschalter *m (El)* аварийный выключáтель *m*
Notausschaltung *f (El)* авари́йное выключéние *n*
Notbeleuchtung *f* авари́йное освещéние *n*
Notbetrieb *m* авари́йный режи́м *m*
Notbremse *f (Eb)* авари́йный [э́кстренный] тóрмоз *m*
Notbremshahn *m (Eb)* стоп-кран *m*
Notbremsung *f (Eb)* э́кстренное торможéние *n*
Notbremsventil *n (Eb)* кран *m* э́кстренного торможéния
Notebook-Computer *m (Inf)* ПЭВМ *f* блокнóтного ти́па
notieren отмечáть
Notiz *f* отмéтка *f*
Notizblockspeicher *m (Inf)* сверхоперати́вное запоминáющее устрóйство *n*, СОЗУ *n*, сверхоперати́вная пáмять *f*
Notizbuchcomputer *m (Inf)* ПЭВМ *f* блокнóтного ти́па
Notlandung *f (Flg)* вы́нужденная посáдка *f*
Notpeilsender *m* авари́йный [спасáтельный] радиомая́к *m*
Notruf *m* авари́йный сигнáл *m*, сигнáл *m* бéдствия
Notschalter *m* аварийный выключáтель *m*

Notsignal *n* авари́йный сигна́л *m*, сигна́л *m* бе́дствия
Notstillsetzung *f* авари́йный остано́в *m*, аво́ст *m*
Notstromspeisung *f (El)* авари́йное пита́ние *n*
Nova *f (Astr)* но́вая звезда́ *f*
Np *s.* 1. Neptunium; 2. Neper
NPK-Dünger *m (Lw)* тройно́е удобре́ние *n*
NP-Übergang *m (Eln)* *n-p*-перехо́д *m*
NRT *n s.* Nuklearraketentriebwerk
ns *s.* Nanosekunde
Nu *s.* Nußelt-Zahl
nuklear я́дерный
Nuklearchemie *f* я́дерная хи́мия *f*
Nuklearrakete *f* я́дерная раке́та *f*
Nuklearraketentriebwerk *n* я́дерный раке́тный дви́гатель *m*
nuklearrein *(Kern)* я́дерно-чи́стый
Nukleon *n (Kern)* нукло́н *m*
Nukleonenzahl *f (Kern)* ма́ссовое число́ *n*
Nukleonik *f (Kern)* нуклео́ника *f*
Nuklid *n (Kern)* нукли́д *m*
Nuklidmasse *f (Kern)* а́томная ма́сса *f*
Null *f (Math)* нуль *m*
Null... нулево́й
Nullachse *f (Wkst)* нейтра́льная ось *f*
Nulladressbefehl *m (Inf)* беза́дресная кома́нда *f*
Nulladresse *f (Inf)* нулево́й а́дрес *m*
Nullanzeiger *m (Mess)* нуль-индика́тор *m*
Nullebene *f* нулево́й у́ровень *m*
Nulleinstellung *f (Mess)* устано́вка *f* на нуль, обнуле́ние *n*
Nullen *n* 1. *(El)* зануле́ние *n*; 2. *s.* Nulleinstellung
Nullenzirkel *m* кронци́ркуль *m*
Nullfrequenz *f (El)* нулева́я частота *f*
Nullindikator *m (Mess)* нуль-индика́тор *m*
Nulllage *f* нулево́е положе́ние *n*
Nullleiter *m (El)* нейтра́ль *f*, нулево́й про́вод *m*
Nulllinie *f (Wkst)* нейтра́льная ось *f*
Nullmeridian *m* нача́льный меридиа́н *m*
Nullniveau *n (El)* нулево́й у́ровень *m*
Nullpegel *m (El)* нулево́й у́ровень *m*
Nullpunkt *m (Math)* нуль *m*; нулева́я то́чка *f*
~/absoluter *(Ph)* абсолю́тный нуль *m*
Nullpunktdrift *f (El)* ухо́д [дрейф] *m* нуля́
Nullpunktunterdrückung *f (Mess)* подавле́ние *n* нуле́й
Nullpunktverschiebung *f (Inf)* смеще́ние *n* нуля́
Nullpunktwanderung *f s.* Nullpunktdrift
Nullserie *f* о́пытная се́рия *f*
Nullstelle *f (Math)* нуль *m*
Nullstellenunterdrückung *f (Inf)* бланки́рование *n*
Nullstellung *f* нулево́е положе́ние *n*; устано́вка *f* на нуль
Nullung *f* 1. *(El)* зануле́ние *n*; 2. *s.* Nulleinstellung
Nullverschiebung *f (Inf)* смеще́ние *n* нуля́
Nullverschleiß *m (Trib)* безызно́сность *f*
Nullwanderung *f s.* Nullpunktdrift
Nullzwei-Dehngrenze *f (Wkst)* усло́вный преде́л *m* теку́чести 0,2
Numeriksteuerung *f*/**direkte** прямо́е числово́е управле́ние *n*
numerisch 1. чи́сленный; 2. цифрово́й
Nummer *f* но́мер *m*
~/laufende поря́дковый но́мер *m*
nummerieren нумерова́ть
Nummernschalter *m (Nrt)* номеронабира́тель *m*
Nummernschild *n (Kfz)* номерно́й знак *m*
Nummernwahl *f (Nrt)* набо́р *m* номера́
Nummernwähler *m (Nrt)* номеронабира́тель *m*
Nurflügelflugzeug *n* лета́ющее крыло́ *n*
Nur-Lese-Speicher *m (Inf)* постоя́нное запомина́ющее устро́йство *n*, ПЗУ *n*, постоя́нная па́мять *f*, ПП *f*
Nuss *f (Masch)* звёздочка *f*
Nußelt-Zahl *f (Aero)* число́ *n* Ну́ссельта, крите́рий Ну́ссельта, *Nu*
Nut *f* кана́вка *f*; паз *m*
Nutation *f (Astr)* нута́ция *f*
nuten пазова́ть
Nutenfräsen *n (Fert)* фрезерова́ние *n* пазо́в
Nutenfräser *m (Wkz)* па́зовая фреза́ *f*
Nutenmeißel *m (Wkz)* кана́вочный резе́ц *m*

Nutmutter *f* шли́цевая га́йка *f*
Nutwellenverbindung *f (Masch)* шлицево́е соедине́ние *n*
Nutzarbeit *f* поле́зная рабо́та *f*
Nutzbarmachung *f* 1. освое́ние *n*; 2. утилиза́ция *f*
Nutzbremse *f (Eb)* рекуперати́вный то́рмоз *m*
Nutzbremsung *f (Eb)* рекуперати́вное торможе́ние *n*
Nutzeffekt *m* коэффицие́нт *m* поле́зного де́йствия, кпд
Nutzen *m* при́быль *f*
nutzen эксплуати́ровать; утилизи́ровать *(Abfälle, Altstoffe)*
Nutzenergie *f* поле́зная эне́ргия *f*
Nutzer *m (Inf)* по́льзователь *m*
Nutzerdatei *f (Inf)* файл *m* по́льзователя
nutzerfreundlich удо́бный для по́льзователя
Nutzerinterface *n (Inf)* по́льзовательский интерфе́йс *m*
Nutzerprogramm *n (Inf)* по́льзовательская програ́мма *f*
Nutzerschnittstelle *f (Inf)* по́льзовательский интерфе́йс *m*
Nutzersoftware *f (Inf)* прикла́дное програ́ммное обеспе́чение *n*
Nutzfaktor *m* коэффицие́нт *m* испо́льзования
Nutzfläche *f* поле́зная пло́щадь *f*
Nutzholz *n* делова́я древеси́на *f*
Nutzinhalt *m* поле́зная ёмкость *f*
Nutzkapazität *f* поле́зная ёмкость *f*
Nutzkraft *f* поле́зная [эффекти́вная] си́ла *f*
Nutzkraftwagen *m* грузово́й автомоби́ль *m*
Nutzlast *f* 1. поле́зная нагру́зка *f*; 2. поле́зный груз *m*
Nutzleistung *f* поле́зная мо́щность *f*
Nutzquerschnitt *m* поле́зное сече́ние *n*
Nutzung *f* испо́льзование *n*; эксплуата́ция *f*
Nutzungsdauer *f* срок *m* слу́жбы *(von Maschinen)*
Nutzungsfaktor *m* коэффицие́нт *m* испо́льзования
Nutzwiderstand *m (El)* поле́зное сопротивле́ние *n*
NWP *m s.* Netzwerkprozessor

O

O *s.* Sauerstoff
obengesteuert *(Kfz)* верхнекла́панный *(Ventil)*
Ober... ве́рхний
Oberarm *m (Mech)* плечо́ *n (des Roboters)*
Oberbau *m (Eb)* ве́рхнее строе́ние *n (Strecke)*
Oberdeck *n (Schiff)* ве́рхняя па́луба *f*
oberer ве́рхний
Oberfläche *f* пове́рхность *f*
~/plankonkave пло́ско-во́гнутая пове́рхность *f*
~/plankonvexe пло́ско-вы́пуклая пове́рхность *f*
~/spezifische уде́льная пове́рхность *f*
Oberflächen... 1. пове́рхностный; 2. *s.* oberflächennah
oberflächenaktiv пове́рхностно-акти́вный
Oberflächenaktivität *f (Ph, Ch)* пове́рхностная акти́вность *f*
Oberflächenbearbeitung *f (Fert)* пове́рхностная обрабо́тка *f*
Oberflächenbehandlung *f (Fert)* пове́рхностная обрабо́тка *f*
Oberflächendiffusion *f (Krist)* пове́рхностная диффу́зия *f*
Oberflächendotierung *f (Halbl)* пове́рхностное леги́рование *n*
Oberflächendruck *m* пове́рхностное давле́ние *n*
Oberflächeneffekt *m (El)* пове́рхностный эффе́кт *m*
Oberflächenenergie *f* пове́рхностная эне́ргия *f*
Oberflächenentladung *f (El)* пове́рхностный разря́д *m*
Oberflächengüte *f (Fert)* ка́чество *n* пове́рхности
Oberflächenhärten *n* пове́рхностная зака́лка *f*
Oberflächenkorrosion *f* пове́рхностная корро́зия *f*
Oberflächenkraft *f (Mech)* пове́рхностная си́ла *f*
Oberflächenkühlung *f* пове́рхностное охлажде́ние *n*
Oberflächenmontage *f (Eln)* пове́рхностный монта́ж *m*

Oberflächenmoräne *f (Geol)* повéрхностная морéна *f*
oberflächennah приповéрхностный
Oberflächenpotential *n* повéрхностный потенциáл *m*
Oberflächenschicht *f* повéрхностный слой *m*
Oberflächenschreiber *m* профилóметр *m*
Oberflächenspannung *f* повéрхностное натяжéние *n*
Oberflächentemperatur *f* повéрхностная температýра *f*
Oberflächenverfestigung *f* повéрхностное упрочнéние *n*
Oberflächenvergütung *f (Opt)* просветлéние *n (z. B. von Linsen)*
Oberflächenwelle *f (Rf)* повéрхностная волнá *f*
Oberflächenwiderstand *m (Trib)* сопротивлéние *n* трéния
Oberflurhydrant *m* надзéмный гидрáнт *m*
obergärig вéрхнего брожéния *(Bier)*
Obergeschoss *n* **/erstes** вторóй этáж *m*
Obergesenk *n (Schm)* вéрхняя мáтрица *f (einer Presse)*
Obergesenk *n (Schm)* вéрхний штамп *m*
Obergraben *m (Hydt)* верховóй канáл *m*
Oberhaupt *n (Masch)* трáверса *f*
oberirdisch надзéмный
Oberkanal *m (Hydt)* верховóй канáл *m*
Oberlauf *m* вéрхнее течéние *n (eines Flusses)*
Oberleder *n (Led)* заготóвка *f*
Oberleitung *f (El)* контáктный прóвод *m*, троллéй *m*
Oberleitungsbus *m* троллéйбус *m*
Oberleitungs-Elektrolokomotive *f* контáктный электровóз *m*
Oberleitungs-E-Lok *f* контáктный электровóз *m*
Oberlicht *n (Bw)* (световóй) фонáрь *m*; *(Schiff)* световóй люк *m*
Oberlichtbeleuchtung *f (Licht)* вéрхнее освещéние *n*
Oberluft *f (Met)* вéрхнее дутьё *n (Feuerung)*
Obermoräne *f (Geol)* повéрхностная морéна *f*
Oberschwingungsgehalt *m (El, Ak)* коэффициéнт *m* гармóник
Oberstau *m (Hydrol)* подпóр *m*
Oberteil *n* верхня́к *m*; верх *m*
Oberwasser *n (Hydrol)* подпóр *m*, вéрхний бьеф *m*
Oberwind *m (Met)* вéрхнее дутьё *n*
Objekt *n* 1. объéкт *m*; 2. предмéт *m (Mikroskopie)*
~/**blaues stellares** *(Astr)* квазáг *m*
~/**quasistellares** *(Astr)* квазáр *m*
~/**unbekanntes fliegendes** неопóзнанный летáющий объéкт *m*; НЛО *m*
Objektbrennweite *f (Opt, Photo)* перéднее фóкусное расстоя́ние *n*
Objektglas *n* предмéтное стеклó *n (eines Mikroskops)*
Objektiv *n (Opt, Photo)* объекти́в *m*, фотообъекти́в *m*
~/**achromatisches** ахромáт *m*
~/**astigmatisches** астигмáт *m*
~/**dreilinsiges** триплéт *m*
~/**kurzbrennweitiges** короткофóкусный объекти́в *m*
~/**langbrennweitiges** длиннофóкусный объекти́в *m*
~/**vergütetes** просветлённый объекти́в *m*
Objektträger *m* предмéтное стеклó *n (eines Mikroskops)*
OBO-Carrier *m* балктáнкер *m*
OBO-Schiff *n* балктáнкер *m*
Observatorium *n* обсерватóрия *f*
Obus *m* троллéйбус *m*
Ocker *m (Min)* óхра *f*
Octanzahl *f* октáновое числó *n (von Kraftstoff)*
ODER *n (Inf)* И́ЛИ *(logische Funktion oder Operation)*
ODER *n* **/ausschließendes [exklusives]** исключáющее И́ЛИ *n*
ODER *n* **/inklusives** включáющее И́ЛИ *n*
ODER *n* **/verdrahtetes** монтáжное [проводнóе] И́ЛИ *n*
ODER-Element *n (Reg)* элемéнт *m* И́ЛИ
ODER-Funktion *f (Inf)* (логи́ческая) фýнкция *m* И́ЛИ
ODER-Gatter *n (Inf)* вéнтиль *m* И́ЛИ
ODER-Glied *n (Reg)* элемéнт *m* И́ЛИ

ODER-NICHT-Schaltung *f* схе́ма *f* И́ЛИ-НЕ
ODER-Operation *f* (логи́ческая) опера́ция *f* И́ЛИ
ODER-Schaltung *f* схе́ма́ *f* И́ЛИ
ODER-Verknüpfung *f* (логи́ческая) опера́ция *f* И́ЛИ
Oe *s.* Oersted
Oersted *n* эрсте́д *m*, Э *(SI-fremde Einheit der Feldstärke)*
OE-Spinnen *n* безверетённое пряде́ние *n*
Ofen *m* печь *f*
~/kippbarer *(Met)* кача́ющаяся печь *f*
~/widerstandsbeheizter электропе́чь *f* сопротивле́ния
Ofen... печно́й
Ofenatmosphäre *f (Met)* печна́я атмосфе́ра *f*
Ofenboden *m* под *m*
Ofenbühne *f (Met)* платфо́рма *f*
Ofengicht *f (Met)* коло́ша *f*
Ofenherd *m (Met)* под *f* пе́чи
Ofensau *f (Met)* козёл *m*
Ofensohle *f (Met)* под *f* пе́чи
Ofentrocknung *f* печна́я су́шка *f*
Ofenzug *m* дымохо́д *m*
offen 1. откры́тый; 2. разо́мкнутый
Offen-End-Spinnen *n* безверетённое пряде́ние *n*
off-line *(Inf)* автоно́мный
Off-line-... *(Inf)* автоно́мный
Off-line-Betrieb *m (Inf)* автоно́мный режи́м *m*, режи́м *m* «оф-лайн»
Off-line-Datenverarbeitung *f* автоно́мная обрабо́тка *f* да́нных
Off-line-Modus *m (Inf)* автоно́мный режи́м *m*, режи́м *m* «оф-лайн»
Off-line-Speicher *m* автоно́мная па́мять *f*
öffnen 1. открыва́ть; раскрыва́ть; 2. *(Text)* разрыхля́ть *(Rohwolle)*
Öffnen *n* 1. откры́тие *n*; раскры́тие *n*; 2. *(El)* размыка́ние *n (eines Stromkreises)*; 3. *(Text)* разрыхле́ние *n (von Rohwolle)*
Öffner *m (Text)* разрыхли́тель *m (für Rohwolle)*
Öffnung *f* 1. отве́рстие *n*; 2. *(Bw)* проём *m*; пролёт *m (einer Brücke)*; 3. раство́р *m (z. B. eines Strahlers)*; 4. *(Photo, Opt)* аперту́ра *f*; 5. зев *m*; 6. раскры́в *m (von Antennen, Spiegeln)*; 7. люк *m*; окно́ *n*
Öffnungsblende *f (Opt)* аперту́рная диафра́гма *f*
Öffnungsfehler *m (Opt)* сфери́ческая аберра́ция *f*
Öffnungsfunke *m* и́скра *f* размыка́ния
Öffnungskontakt *m (El)* норма́льнозамкнутый конта́кт *m*, размыка́ющий конта́кт *m*
Öffnungsverhältnis *n (Opt)* относи́тельное отве́рстие *n (des Objektivs, der Blende)*
Öffnungswinkel *m (Ph)* углова́я аперту́ра *f*
Öffnungszahl *f (Opt, Photo)* относи́тельное фо́кусное расстоя́ние *n*
Offset *m* 1. *(Eln, Inf)* смеще́ние *n*; 2. *(Typ)* офсе́т *m*
Offsetdruck *m (Typ)* офсе́т *m*, офсе́тная печа́ть *f*
Offsetdruckform *f (Typ)* офсе́тная печа́тная фо́рма *f*
Offsetdruckmaschine *f (Typ)* офсе́тная (печа́тная) маши́на *f*
Offsetdruckplatte *f (Typ)* офсе́тная печа́тная фо́рма *f*
Offsetmaschine *f (Typ)* офсе́тная (печа́тная) маши́на *f*
Offsetpapier *n (Typ)* офсе́тная бума́га *f*
Offshore-Technik *f (Erdöl)* те́хника *f* освое́ния ше́льфа
Ohm *n (El)* ом *m*, Ом
Ohmmeter *n (El)* омме́тр *m*
Öhr *n s.* Öse
Ohrpassstück *n* у́шная вту́лка *f (von Hörgeräten)*
Ok *n s.* Ortskabel
Okklusion *f (Meteo)* окклю́зия *f*
Ökohaushalt *m* экологи́ческий бала́нс *m*
Ökologie *f* эколо́гия *f*
~/allgemeine о́бщая эколо́гия *f*
Ökologiehaushalt *m* экологи́ческий бала́нс *m*
ökologisch экологи́ческий
Ökonomie *f* эконо́мия *f*
~ der Zeit эконо́мия *f* вре́мени
Ökonomik *f* эконо́мика *f*
ökonomisch экономи́ческий; хозя́йственный

Ökosystem *n* экологи́ческая систе́ма *f*, экосисте́ма *f*
Oktaeder *n (Krist)* окта́эдр *m*, восьмигра́нник *m*
oktaedrisch *(Krist)* восьмигра́нный
oktal восьмери́чный
Oktalziffer *f* восьмери́чная ци́фра *f*
Oktan... окта́новый
oktanig/hoch высокоокта́новый
oktavalent *(Ch)* восьмивале́нтный
Oktode *f (Eln)* окто́д *m*
Oktogon *n (Math)* восьмиуго́льник *m*
oktogonal восьмиуго́льный
Okular *n (Opt)* окуля́р *m*
Okulartubus *m (Opt)* окуля́рный ту́бус *m*
Öl *n* 1. ма́сло *n*; 2. *s.* Erdöl
~/etherisches *n* эфи́рное ма́сло *n*
~/pflanzliches расти́тельное ма́сло *n*
~/polymerisiertes полимеризо́ванное ма́сло *n*
Öl... ма́сляный
Ölabscheider *m* 1. нефтелову́шка *f*; 2. маслоотдели́тель *m*; маслоло́вка *f*
Ölabsetzbehälter *m* маслоотсто́йник *m*
Ölabstreifer *m* маслоотража́тель *m*
Ölabstreifring *m* маслоотража́тель *m*
Ölaufbereitung *f* маслоочи́стка *f*
Ölauffangbehälter *m* маслосбо́рник *m*
Ölbehälter *m* ма́сляный бак *m*; маслосбо́рник *m*
ölbeständig маслосто́йкий
Ölbeständigkeit *f* маслосто́йкость *f*
Ölbrenner *m* мазу́тная форсу́нка *f (der Ölfeuerung)*
Ölbunker *m (Schiff)* нефтяна́я цисте́рна *f*
öldicht маслонепроница́емый
Öldiffusionspumpe *f* паромáсляный насо́с *m (Hochvakuumpumpe)*
Öldruckbremse *f (Kfz)* гидравли́ческий то́рмоз *m*
Oleinsäure *f* оле́йновая кислота́ *f*
ölen зама́сливать
Ölen *n* зама́сливание *n*
Öler *m* маслёнка *f*
Ölerhitzer *m* маслоподогрева́тель *m*
Ölfang *m* маслоулови́тель *m*
Ölfänger *m* маслоулови́тель *m*
Ölfarbe *f* ма́сляная кра́ска *f*
Ölfeld *n* нефтепро́мысел *m*
ölfest маслосто́йкий
Ölfestigkeit *f* маслосто́йкость *f*
Ölfilter *n (Kfz)* ма́сляный фильтр *m*; маслоочисти́тель *m*
Ölflotation *f* ма́сляная флота́ция *f*
ölgetränkt прома́сленный
Ölhafen *m* нефтяно́й порт *m*
ölhaltig маслосодержа́щий
Ölhärten *n (Härt)* зака́лка *f* в ма́сле
Ölheizelement *n* маслоподогрева́тель *m*
Ölheizung *f* мазу́тное отопле́ние *n*
ölig ма́сляный
Ölimmersion *f* ма́сляная имме́рсия *f*
Ölkanne *f* маслёнка *f*
Ölkohle *f* ма́сляный нага́р *m (z. B. an Kolben von Verbrennungsmotoren)*
Ölkohlebildung *n* нагарообразова́ние *n (z. B. an Kolben von Verbrennungsmotoren)*
Ölkuchen *m* жмых *m*
Ölkühler *m* 1. *(Kfz)* ма́сляный радиа́тор *m*; 2. маслоохлади́тель *m*
Ölkühlung *f* ма́сляное охлажде́ние *n*
Ölleitung *f* маслопрово́д *m*
öllöslich маслораствори́мый
Ölmanometer *n* ма́сляный мано́метр *m*
Ölprahm *m (Schiff)* нефтеналивна́я ба́ржа *f*
Ölpumpe *f* ма́сляный насо́с *m*
Ölreiniger *m* маслоочисти́тель *m*
Ölreinigung *f* маслоочи́стка *f*
Ölrohrleitung *f* маслопрово́д *m*
Ölsammelbehälter *m* маслосбо́рник *m*
Ölsäure *f* оле́йновая кислота́ *f*
Ölschalter *m* ма́сляный выключа́тель *m*
Ölschiefer *m* горю́чий сла́нец *m*
Ölschute *f (Schiff)* нефтеналивна́я ба́ржа *f*
Ölsperre *f* **/mechanische** *(Ökol)* бо́новое огражде́ние *n*
Ölsperrenleger *m (Ökol)* бо́новый загради́тель *m (Schiff)*
Ölstand(san)zeiger *m* маслоуказа́тель *m*
Öltank *m* ма́сляный бак *m*
Öltanker *m* нефтяно́й та́нкер *m*
Öltanklager *n* нефтеба́за *f*
Öltankschiff *n* нефтяно́й та́нкер *m*
Öltransformator *m* ма́сляный трансформа́тор *m*

Ölvorwärmer *m* маслоподогреватель *m*
Ombrogramm *n (Meteo)* омброгра́мма *f*, плювиогра́мма *f*
Ombrograph *m (Meteo)* омбро́граф *m*, плювио́граф *m*
Omnibus *m* авто́бус *m*
Omnibusbahnhof *m* автоста́нция *f*
On-Chip-Prozessor *m (Eln)* встро́енный микропроце́ссор *m*
On-Chip-Speicher *m (Inf)* встро́енное запомина́ющее устро́йство *n*
Ondograph *m (El)* ондо́граф *m*, волногра́ф *m*
on-line *(Inf)* свя́занный
On-line... *(Inf)* свя́занный
On-line-Betrieb *m (Inf)* операти́вный режи́м *m*, режи́м *m* «он-лайн»
On-line-Datenverarbeitung *f* обрабо́тка *f* да́нных в режи́ме «он-лайн»
On-line-Modus *m (Inf)* операти́вный режи́м *m*, режи́м *m* «он-лайн»
Onyx *m (Min)* о́никс *m*
Oolith *m (Geol)* ооли́т *m*
oolithisch *(Geol)* ооли́товый
opak непрозра́чный
Opal *m (Min)* опа́л *m*
~/edler благоро́дный опа́л *m*
Opaleszenz *f (Opt)* опалесце́нция *f*
Open-End-Spinnen *n* безверетённое пряде́ние *n*
Operand *m (Math)* опера́нд *m*
Operation *f* опера́ция *f*; *(Inf, Math)* де́йствие *n*
~/boolesche [logische] *(Inf)* логи́ческая опера́ция *f*
Operationsablauf *m (Inf)* выполне́ние *n* опера́ций
Operationscode *m* код *m* опера́ции
Operationsforschung *f* иссле́дование *n* опера́ций
Operationsgeschwindigkeit *f* рабо́чая ско́рость *f*; *(Inf)* ско́рость *f* выполне́ния опера́ции
Operationsleuchte *f* операцио́нный свети́льник *m*
Operationsverstärker *m* операцио́нный усили́тель *m*, ОУ *m*
Operationszeichen *n (Inf)* си́мвол [знак] *m* опера́ции
Operationszyklus *m (Inf)* рабо́чий цикл *m (des Rechners)*
Operativspeicher *m* операти́вная па́мять *f*, операти́вное запомина́ющее устро́йство *n*
Operator *m (Math)* опера́тор *m*
~/boolescher логи́ческий опера́тор *m*
~/laplacescher опера́тор *m* Лапла́са, лапласиа́н *m*
Operatorenrechnung *f (Math)* опера́торное исчисле́ние *n*
Opposition *f (Astr)* противостоя́ние *n* (плане́т)
OPS *m s.* Operativspeicher
Optik *f* о́птика *f*
~/geometrische геометри́ческая о́птика *f*
~/lineare лине́йная о́птика *f*
~/nicht lineare нелине́йная о́птика *f*
optimal оптима́льный
Optimal... оптима́льный
Optimalregelung *f* оптима́льное регули́рование *n*
Optimalwertsteuerung *f* оптима́льное управле́ние *n*
Optimeter *n (Mess)* опти́метр *m*
Optimierung *f* оптимиза́ция *f*
Optimierungsgerät *n* оптимиза́тор *m*
Optimierungstheorie *f (Kyb)* тео́рия *f* оптимиза́ции
Optimum *n* оптима́льная величина́ *f*
optisch опти́ческий
Optoakustik *f* оптоаку́стика *f*
Optoelektronik *f* оптоэлектро́ника *f*
optoentkoppelt с оптоэлектро́нной развя́зкой
Optokoppler *m (Eln)* оптоэлектро́нный элеме́нт *m* свя́зи, оптро́н *m*
Optothyristor *m* оптотири́стор *m*
Optron *n (Eln)* оптоэлектро́нный элеме́нт *m* свя́зи, оптро́н *m*
Optronik *f* оптоэлектро́ника *f*
Orangefilter *n (Photo)* ора́нжевый светофи́льтр *m*
Orbit *m s.* Bahn 1.
Orbital *n* орбита́ль *f (von Atomen, Molekülen)*
Orbitalflug *m* орбита́льный полёт *m*
Orbitalgeschwindigkeit *f (Astr)* орбита́льная ско́рость *f*
Orbitalsektion *f (Raumf)* орбита́льный блок *m*
Orbitalsektion *f (Raumf)* орбита́льный отсе́к *m*

Orbitalstation *f (Raumf)* орбита́льная ста́нция *f*
Orbiter *m (Raumf)* орбита́льный кора́бль *m*, орбита́льный (лета́тельный) аппара́т *m*
Ordinate *f (Math)* ордина́та *f*
Ordinatenachse *f (Math)* вертика́льная ось *f*, ось *f* ордина́т
Ordnung *f* 1. поря́док *m*; 2. упоря́дочение *n*
Ordnungszahl *f* 1. *(Ch)* а́томный но́мер *m (der chemischen Elemente)*; 2. *(Math)* поря́дковое число́ *n*
Organ *n* о́рган *m*
Organisation *f* организа́ция *f*
Organisationstechnik *f* оргте́хника *f*
organisch органи́ческий
Organometall... металлооргани́ческий
Organometallverbindung *f (Ch)* металлооргани́ческое соедине́ние *n*
Organosilicium... кремнийоргани́ческий
Organosiliciumverbindung *f (Ch)* кремнийоргани́ческое соедине́ние *n*
Orientierung *f* ориенти́рование *n*, ориента́ция *f*
Orientierungspunkt *m* ориенти́р *m*
Orientierungszeichen *n* ориенти́р *m*
Orkan *m (Meteo)* урага́н *m*
Ornament *n* узо́р *m*
Orographie *f (Meteo)* орогра́фия *f*
Ort *m* ме́сто *n*; пункт *m*
Ort *n* 1. *(Bgb)* забо́й *m*; 2. *(Bgb)* орт *m* • **vor** ~ в забо́е
~/blindes глухо́й забо́й *m*
Ort... *(Bgb)* забо́йный
Ortbeton *m* моноли́тный бето́н *m*
Ortbetonfundament *n* масси́вный фунда́мент *m*
Orthikon *n (TV)* ортико́н *m*
Orthit *m (Min)* аллани́т *m*
orthogonal ортогона́льный
Orthoklas *m (Min)* ортокла́з *m (Kalifeldspat)*
Orthozentrum *n (Math)* ортоце́нтр *m*
örtlich лока́льный, ме́стный
Örtlichkeit *f* ме́стность *f*
Orts... ме́стный
Ortsamt *n (Nrt)* городска́я [ме́стная] телефо́нная ста́нция *f*
Ortsausbau *m (Bgb)* призабо́йная крепь *f*
Ortsentwässerung *f (Bw)* нару́жная канализа́ция *f*
Ortsfernsprechamt *n s.* Ortsamt
ortsfest стациона́рный; неподви́жный
ortsgebunden *s.* ortsfest
Ortsgespräch *n (Nrt)* ме́стный разгово́р *m*
Ortskabel *n (Nrt)* городско́й ка́бель *m*
Ortskurve *f* годо́граф *m*
Ortsleitung *f (Nrt)* ме́стная ли́ния *f*
Ortsvektor *m (Math)* ра́диус-ве́ктор *m*
ortsveränderlich передвижно́й; подвижно́й; моби́льный
Ortsverbindung *f (Nrt)* городска́я связь *f*
Ortsverbindungsleitung *f (Nrt)* ме́стная ли́ния *f*
Ortsverkehr *m (Nrt)* городска́я связь *f*
Ortsverkehrsbereich *m (Nrt)* городска́я зо́на *f*
Ortszeit *f* ме́стное вре́мя *n*
Ortung *f* 1. лока́ция *f*; 2. локализа́ция *f (einer Störung)*; 3. *(Rad)* обнаруже́ние *n (von Zielen)*
Ortungsgerät *n* лока́тор *m*
~/hydroakustisches гидролока́тор *m*
Os *s.* Osmium
Öse *f* 1. проу́шина *f*; 2. ушко́ *n*; 3. *(Text)* пе́тля *f*; 4. *(Masch)* рым *m*
Osmium *n (Ch)* о́смий *m*, Os
Osmose *f* о́смос *m*
osmotisch осмоти́ческий
Ost восто́к *m*
Ost... восто́чный
Osten *m* восто́к *m*
östlich восто́чный
Ostpunkt *m (Astr)* то́чка *f* восто́ка
Oszillation *f (El, Ph)* осцилля́ция *f*, осцилли́рочание *n*; колеба́ние *n*
Oszillations... колеба́тельный
Oszillationsbewegung *f* колеба́тельное движе́ние *n*
Oszillator *m* 1. *(El, Ph)* осцилля́тор *m*; генера́тор *m*; 2. вибра́тор *m*
~/selbsterregter *(El)* автогенера́тор *m*
Oszillatorröhre *f* генера́торная ла́мпа *m*
Oszillatortriode *f* генера́торный трио́д *m*
oszillieren колеба́ться
oszillierend колеба́тельный
Oszillogramm *n* осциллогра́мма *f*

Oszillograph *m* осциллóграф *m*
Oszillographie *f* осциллогрáфия *f*
Oszilloskop *n* осциллоскóп *m*
Ottomotor *m* бензи́новый [карбюрáторный] дви́гатель *m*
Output *m (Inf)* вы́вод *m (von Daten)*
OV *m s.* Operationsverstärker
Oval *n* овáл *m*
Ovaldrehmaschine *f (Wkzm)* овальнотокáрный станóк *m*
Ovalform *f (Fert)* овáльность *f*
Ovalität *f (Fert)* овáльность *f*
Ovalkaliber *n (Wlz)* овáл *m*
OVL *f s.* Ortsverbindungsleitung
Oxalat *n (Ch)* оксалáт *m*
oxalsauer *(Ch)* щавелевоки́слый
Oxid *n (Ch)* зáкись *f (der niedrigeren Wertigkeitsstufe)*; óкись *f (der höheren Wertigkeitsstufe)*
~/**gemischtes** *(Ch)* зáкись-óкись *f*
~/**höherwertiges** *(Ch)* óкись *f*
~/**niederwertiges** *(Ch)* зáкись *f*
~/**niedrigeres** *(Ch)* зáкись *f*
Oxid... *(Ch)* óкисный
Oxidation *f (Ch)* окислéние *n*, оксиди́рование *n*
~/**anodische [elektrochemische]** *(Ch, Met)* аноди́рование *n*
~/**photochemische** *(Ch)* фотоокислéние *n*
Oxidations... *(Ch)* окисли́тельный
oxidationsbeständig неокисля́емый
Oxidationsbeständigkeit *f* неокисля́емость *f*
Oxidationsfähigkeit *f* окисли́тельная способность *f*
Oxidationsflamme *f* окисли́тельное плáмя *n*
Oxidationsinhibitor *m* ингиби́тор *m* окислéния
Oxidationsmittel *n (Ch)* окисли́тель *m*
Oxidationsreaktion *f (Ch)* окисли́тельная реáкция *f*
Oxidationsschmelzen *n (Met)* окисли́тельная плáвка *f*
Oxidationsstufe *f* стéпень *f* окислéния
Oxidationsvermögen *n (Ch)* окисля́емость *f*
Oxidationsverzögerer *m* ингиби́тор *m* окислéния
Oxidationsvorgang *m (Ch)* окисли́тельный процéсс *m*
Oxidationswirkung *f* окисли́тельное дéйствие *n*
Oxidationszahl *f* окисли́тельное числó *n*
Oxidator *m (Rak)* окисли́тель *m*
Oxidhaut *f* окси́дная плёнка *f*
oxidierbar/nicht неокисля́емый
Oxidierbarkeit *f (Ch)* окисля́емость *f*
oxidieren *(Ch)* окисля́ть; оксиди́ровать
Oxidieren *n s.* Oxidation
oxidierend *(Ch)* окисли́тельный
oxidisch *(Ch)* óкисный
Oxidkeramik *f (Wkz)* минералокерáмика *f*
Oxidschicht *f* окси́дная плёнка *f*
Oz *s.* Octanzahl
Ozokerit *m (Min)* озокери́т *m*
Ozon *n (Ch)* озóн *m*
Ozonapparat *m (Ch)* озонáтор *m*
ozonbeständig озоностóйкий
ozonfest озоностóйкий
Ozongenerator *m (Ch)* озонáтор *m*
Ozonloch *n (Geoph, Ökol)* дырá *f* в озóновом слóе, озóновая дырá *f*
Ozonmesser *m* озонóметр *m*
Ozonosphäre *f s.* Ozonschicht
Ozonschicht *f (Meteo)* озóновый слой *m*, озоносфéра *f (der Atmosphäre)*

P

P *s.* 1. Phosphor; 2. Poise; 3. Peta...
p *s.* 1. Pond; 2. Pico...
P-... *s.* Proportional...
Pa *s.* 1. Protactinium; 2. Pascal
Paar *n* пáра *f*
Paar... спáренный
Paarbildung *f* спáривание *n*
Paaren *n* спáривание *n*
Paarung *f (Masch)* сопряжéние *n (Zahnräder)*
Paarungsläppmaschine *f (Wkzm)* при́тирочный станóк *m*
paarweise пáрный; попáрно
Pacemaker *m (Med)* электрокардиостимуля́тор *m*
Packeis *n* пак *m*
packen 1. уклáдывать; 2. *(Masch)* набивáть *(Stopfbuchsen)*
Packmasse *f (Masch)* наби́вка *f*
Packpapier *n* упакóвочная бумáга *f*

Packung *f* 1. *(Krist)* упако́вка *f*; 2. *(Masch)* наби́вка *f*; уплотни́тельная прокла́дка *f*
~/**dichte** *(Krist)* пло́тная упако́вка *f*
~/**dichteste** *(Krist)* плотне́йшая упако́вка *f*
Packungs... *(Masch)* наби́вочный, набивно́й
Packungsdichte *f* 1. *(Math)* компа́ктность *f*; 2. *(Krist)* пло́тность *f* упако́вки; 3. *(Eln)* пло́тность *f* монтажа́ [упако́вки элеме́нтов]
Packungsring *m (Masch)* уплотни́тельное кольцо́ *n (der Stopfbuchse)*
Packungsschnur *f (Masch)* наби́вочный шнур *m*
Packungswerkstoff *m* наби́вочный материа́л *m*
Paddelboot *n* байда́рка *f*
Page-Modus *m (Inf)* страни́чный режим *m*
paging-orientiert *(Inf)* страни́чно-ориенти́рованный *(Speicher)*
Paginiermaschine *f (Typ)* нумерова́льный аппара́т *m*
Paket *n* паке́т *m*
Paketieren *n* пакети́рование *n*
Paketierpresse *f* пакетиро́вочный пресс *m (für Schrott)*
Paketierung *f* пакети́рование *n*
Paket(um)schalter *m (El)* паке́тный переключа́тель *m*
Paläolithikum *n (Geol)* палеоли́т *m*
Paläontologie *f (Geol)* палеонтоло́гия *f*
Paläozoikum *n (Geol)* палезо́й *m*, палеозо́йская э́ра *f*
Palette *f (Förd)* поддо́н *m*
Palettenentlader *m (Förd)* штабелеразбо́рщик *m*
Palettenverkehr *m (Förd)* перево́зки *mpl* на поддо́нах
Palettierer *m (Förd)* штабелеукла́дчик *m*
Palladium *n (Ch)* палла́дий *m*, Pd
PAM *f s.* Pulsamplitudenmodulation
Panchromasie *f (Opt)* панхромати́чность *f*
panchromatisch *(Opt)* панхромати́ческий
Panne *f (Kfz)* ава́рия *f*
Panorama... панора́мный
Panoramaaufnahme *f (Photo)* панора́мный сни́мок *m*
Panoramakamera *f* панора́мный фотоаппара́т *m*
Panorama(rück)spiegel *m (Kfz)* панора́мное зе́ркало за́днего ви́да
Pantograph *m* панто́граф *m (Zeichengerät)*
Panzer *m* 1. броня́ *f*; 2. *(Mil)* танк *m*
Panzer... па́нцирный
Panzerglas *n* бронестекло́ *n*
Panzerung *f* 1. брони́рование *n*; 2. броня́ *f*
PAP *m s.* Programmablaufplan
Papier *n* бума́га *f*
~/**gestrichenes** мело́ванная бума́га *f*
~/**handgeschöpftes** бума́га *f* ручно́го черпа́ния
~/**lichtempfindliches** светочувстви́тельная бума́га *f*
Papier... бума́жный
Papierabfälle *mpl* макулату́ра *f*
Papierbahn *f* бума́жное полотно́ *n*
Papierchromatographie *f* бума́жная хроматогра́фия *f*
Papierholz *n (Pap)* бала́нс *m*
Papierindustrie *f* бума́жная промы́шленность *f*
Papierkondensator *m (El)* бума́жный конденса́тор *m*
Papiermaschine *f* бумагоде́лательная маши́на *f*
Papierschneidemaschine *f* бумагоре́зательная маши́на *f*
Pappe *f* карто́н *m*
Pappnagel *m* то́левый гвоздь *m*
Pappschere *f (Typ)* руби́лка *f*
Parabel *f (Math)* пара́бола *f*
~/**kubische** куби́ческая пара́бола *f*
~/**semikubische** полукуби́ческая пара́бола *f*
Parabelbahn *f (Astr)* параболи́ческая орби́та *f*
Parabol... параболи́ческий
Parabolantenne *f* параболи́ческая анте́нна *f*
parabolisch параболи́ческий
Paraboloid *n (Math)* параболо́ид *m*
~/**elliptisches** эллипти́ческий параболо́ид *m*
~/**hyperbolisches** гиперболи́ческий параболо́ид *m*
Parabolspiegel *m (Opt)* параболи́ческое зе́ркало *n*

Paradoxon *n (Math, Ph)* парадóкс *m*
Paraelektrikum *n (Ph)* параэлéктрик *m*
Paraffin *n (Ch)* парафи́н *m*
Paraffinierung *f (Ch)* парафини́рование *n*
Paraffinkohlenwasserstoff *m (Ch)* насы́щенный [предéльный] углеводорóд *m*
Paragleiter *m (Flg)* парапланёр *m*
parallaktisch параллакти́ческий
Parallaxe *f (Opt, Astr)* паралла́кс *m*
~/jährliche *(Astr)* годи́чный паралла́кс *m*
~/tägliche *(Astr)* су́точный паралла́кс *m*
parallaxefrei *(Opt)* антипараллакти́ческий
Parallaxenbewegung *f (Astr)* параллакти́ческое смещéние *n*
Parallaxensekunde *f* парсéк *m*, пк *(Längeneinheit der Astronomie)*
Parallaxenverschiebung *f (Astr)* параллакти́ческое смещéние *n*
parallel параллéльный
Parallel... 1. параллéльный; 2. *(El)* шунтовóй
Paralleladdierer *m* параллéльный сумма́тор *m*
Parallelbearbeitung *f (Fert)* параллéльная обрабóтка *f*
Parallelbetrieb *m* 1. параллéльная рабóта *f*; 2. *(Inf)* параллéльный режи́м *m* рабóты
Parallelbruch *m (Typ)* параллéльный фальц *m*
Paralleldrucker *m* параллéльное печа́тающее устрóйство *m*
Parallele *f (Math)* параллéль *f*
Parallelendmaß *n* плоскопараллéльная концевáя мéра *f* длины́
Parallelepiped *n (Math)* параллелепи́пед *m*
Parallelfalz *m (Typ)* параллéльный фальц *m*
Parallelfalzung *f (Typ)* параллéльная фальцóвка *f*
Parallelinterface *n* параллéльный интерфéйс *m*
Parallelität *f* параллéльность *f*
Parallelkreis *m (Math)* параллéль *f*
Parallelogramm *n (Math)* параллелогра́мм *m*
~ **der Geschwindigkeiten** *(Mech)* параллелогра́мм скоростéй
Parallelprojektion *f (Math)* параллéльная прóекция *f*
~/orthogonale ортогона́льная [прямоугóльная] прóекция *f*
Parallelschaltung *f (El)* 1. параллéльное соединéние [включéние] *n*; шунти́рование *n* • **in** ~ *(El)* соединённый параллéльно; 2. параллéльная схéма *f*
Parallelspeicher *m* параллéльная па́мять *f*
Parallelstoß *m (Schw)* торцóвое соединéние *n*
Parallelstromkühler *m* прямотóчный холоди́льник *m*
Parallelverarbeitung *f (Inf)* параллéльная обрабóтка *f*
Parallelverschiebung *f (Math)* параллéльный перенóс *m*
Parallelwiderstand *m (El)* параллéльное [шунти́рующее] сопротивлéние *n*; шунт *m*
Parallelzirkel *m* параллéльный ци́ркуль *m*
Paramagnetikum *n (El)* парамагнéтик *m*, парамагни́тный материа́л *m*
paramagnetisch парамагни́тный
Paramagnetismus *m (Ph)* парамагнети́зм *m*
Parameter *m (Math)* пара́метр *m*
~/konzentrierter сосредотóченный пара́метр *m*
~/verallgemeinerter обобщённый пара́метр *m*
~/verteilter распределённый пара́метр *m*
Parameter... параметри́ческий
Parameterverstärker *m* параметри́ческий усили́тель *m*
parametrisch параметри́ческий
Parametron *n (Eln)* параметрóн *m*
paraxial параксиа́льный
Paraxial... параксиа́льный
Parität *f* 1. ра́венство *n*; паритéт *m*; 2. *(Ph)* чётность *f*
~/gerade положи́тельная чётность *f*
~/kombinierte комбини́рованная чётность *f*
~/negative отрица́тельная чётность *f*
~/positive положи́тельная чётность *f*

~/**räumliche** простра́нственная чётность *f*
~/**ungerade** отрица́тельная чётность *f*
Paritätsbit *n (Inf)* бит *m* чётности
Paritätserhaltung *f (Ph)* сохране́ние *n* чётности
Paritätsfehler *m (Inf)* оши́бка *f* чётности
Paritätskontrolle *f s.* Paritätsprüfung
Paritätsprüfung *f (Inf)* контро́ль *f* чётности, прове́рка *f* на чётность
Park *m* парк *m*
Parkanlage *f* парк *m*
Parkbahn *f (Flg)* орби́та *f* ожида́ния
Parken *n (Kfz)* стоя́нка *f*
Parkett *n (Bw)* парке́т *m*
Park(hoch)haus *n* многоя́русный гара́ж *m*
Parkleuchte *f (Kfz)* стоя́ночный фона́рь *m*
Parklicht *n (Kfz)* стоя́ночный свет *m*
Parkplatz *m (Kfz)* (автомоби́льная) стоя́нка *f*, автостоя́нка *f*
Parkscheibe *f (Kfz)* указа́тель *m* вре́мени стоя́нки
Parkuhr *f (Kfz)* счётчик *m* вре́мени
Parsec *n* парсе́к *m*, пк *(Längeneinheit der Astronomie)*
partial парциа́льный
Partial... парциа́льный
Partialdruck *m* парциа́льное давле́ние *n*
partiell парциа́льный, части́чный
Partikel *f (Kern)* части́ца *f*
Pascal *n* паска́ль *m*, Па *(Einheit des Druckes)*
Passage *f* прохо́д *m*
Passageinstrument *n (Astr)* масса́жный инструме́нт *m*
Passagierflugzeug *n* пассажи́рский самолёт *m*
Passagierschiff *n* пассажи́рское су́дно *n*
Passat *m (Meteo)* пасса́т *m*
Passer *m (Typ)* приво́дка *f*
Passfeder *f (Masch)* призмати́ческая шпо́нка *f*
Passierbarkeit *f* проходи́мость *f*
passieren проходи́ть
Passieren *n* прохожде́ние *n*
Passivieren *n* пассиви́рование *n*
Passivierung *f* пассиви́рование *n*
Passivierungsmittel *n* пассива́тор *m*
Passivität *f* пасси́вность *f (von Metallen)*
passläppen *(Fert)* притира́ть
Passläppen *n (Fert)* прити́рка *f*
Passläppmaschine *f (Wkzm)* прити́рочный стано́к *m*
Passmarke *f (Typ)* приво́дочная ме́тка *f*
Passstück *n (Fert)* суха́рь *m*
Passsystem *n (Fert)* систе́ма *f* поса́док
Passteil *n (Fert)* суха́рь *m*
Passung *f (Masch)* поса́дка *f*
~/**bewegliche** подви́жная поса́дка *f*
~/**lose** свобо́дная поса́дка *f*
~/**satte** пло́тная поса́дка *f*
Passungssystem *n (Fert)* систе́ма *f* поса́док
Passzeichen *n (Typ)* приво́дочная ме́тка *f*
Paste *f (Wkz)* па́ста *f*
Pasteurisierapparat *m (Lebm)* пастериза́тор *m*
Pasteurisierung *f (Lebm)* пастериза́ция *f*
Patent *n* пате́нт *m*
patentieren 1. патентова́ть; 2. пате́нти́ровать *(Stahldraht)*
Patentieren *n* 1. патентова́ние *n*; 2. патенти́рование *n (Wärmebehandlung von Stahldraht)*
patentiert 1. патенто́ванный; 2. патенти́рованный *(Stahldraht)*
patentrechtlich geschützt запатенто́ванный
Paternosteraufzug *m* многокаби́нный (пассажи́рский) подъёмник *m*
Patina *f (Met)* пати́на *f*
Patinieren *n (Met)* патини́рование *n*
Patinierung *f (Met)* патини́рование *n*
Patrize *f (Wkz)* ве́рхний штамп *m*
Patrone *f* патро́н *m*
Patronen(schmelz)sicherung *f (El)* про́бковый (пла́вкий) предохрани́тель *m*
Pauli-Prinzip *n (Ph)* при́нцип *m* Па́ули
Pause *f* ка́лька *f (einer Zeichnung)*
Pausenlosigkeit *f* непреры́вность *f*
Pauspapier *n* ка́лька *f*
Pb *s.* Blei 1.
PBS *n s.* Plattenbetriebssystem
PC *m s.* Personalcomputer

pc *s.* Parsec
PCM *f s.* Pulscodemodulation
PD *m s.* Paralleldrucker
Pd *s.* Palladium
PDM *f s.* Pulsdauermodulation
P-dotiert *(Halbl)* леги́рованный акце́пторной при́месью
PD-Regler *m* ПД-регуля́тор *m*
PE-Beschichtung *f* полиэтиле́нное покры́тие *n*
Pech *n* пек *m*; вар *m*; смола́ *f*
Pechblende *f (Min)* ура́новая смо́лка *f*, настура́н *m*
Pedal *n* педа́ль *f*
Pedologie *f* грунтове́дение *n*
Pegel *m (El, Nrt)* у́ровень *m*
Pegellinie *f (Geod)* гипсогра́мма *f*
Pegelschreiber *m (Geod)* гипсо́граф *m*
Pegelstand *m (Hydt)* у́ровень *m*
Pegelstandsschreiber *m (Hydt)* уровнегра́ф *m*
Peilbetrieb *m* пеленгова́ние *n*
Peildeck *n (Schiff)* пеленга́торный мо́стик *m*
peilen пеленгова́ть
Peilen *n s.* Peilung 2.
Peiler *m* пеленга́тор *m*
Peilfunkstelle *f* радиопеленга́тор *m*
Peilgerät *n* пеленга́тор *m*
Peilsender *m* радиомая́к *m*
Peilstab *m* футшто́к *m*
Peilstange *f* футшто́к *m*
Peilung *f* 1. *(Rad)* пе́ленг *m*, засе́чка *f*; 2. пеленгова́ние *n*, пеленга́ция *f*
~/**akustische** звукопеленга́ция *f*
~/**missweisende** магни́тный пе́ленг *m*
~/**rechtweisende** и́стинный пе́ленг *m*
Peilverfahren *n s.* Peilung 2.
Pellet *n* 1. *(Met)* ока́тыш *m*; 2. *(Lw)* брике́т *m*
Pelletieranlage *f (Lw)* грануля́тор *m*
pelletieren *(Lw)* брикети́ровать
Pelletieren *n (Lw)* грануля́ция *f*
Pelletierpresse *f (Lw)* пресс-грануля́тор *m*
Pelton-Turbine *f* ковшо́вая [свободностру́йная] турби́на *f*; турби́на *f* Пе́льтона
Pelz *m* мех *m*
Pelztierfarm *f* зверово́дческая фе́рма *f*
Pendel *n (Mech)* ма́ятник *m*
~/**foucaultsches** ма́ятник *m* Фуко́
~/**gyroskopisches** *(Mech)* гирома́ятник *m*, гироскопи́ческий ма́ятник *m*
~/**mathematisches** математи́ческий ма́ятник *m*
~/**physikalisches** физи́ческий ма́ятник *m*
Pendel... ма́ятниковый
Pendelbewegung *f* ма́ятниковое движе́ние *n*
Pendeln *n* 1. кача́ние *n*; 2. ры́скание *n*
Pendelrinne *f* кача́ющийся жёлоб *m*
Pendelrückkopplung *f (Rf)* суперрегенера́ция *f*
Pendelsäge *f (Wlz)* ма́ятниковая пи́ла *f*
Pendelschlagwerk *n (Wkst)* ма́ятниковый копёр *m*
Pendelschwingung *f* ма́ятниковое движе́ние [колеба́ние] *n*
Pendeluhr *f* ма́ятниковые часы́ *pl*
Pendelumformer *m (El)* вибропреобразова́тель *m*
Pendelung *f* 1. кача́ние *n*; 2. ры́скание *n*
Pendelzähler *m (El)* ма́ятниковый счётчик *m*
Penetration *f* пенетра́ция *f*
Penetrometer *n (Bw)* пенетро́метр *m*
Pentaeder *n (Math)* пента́эдр *m*, пятигра́нник *m*
Pentagon *n (Math)* пятиуго́льник *m*
Pentagridröhre *f (Rf)* пентагри́д *m*
pentavalent *(Ch)* пятивале́нтный
Pentode *f (Eln)* пенто́д *m*
Peptisation *f (Ch)* пептиза́ция *f*
Perchlorsäure *f (Ch)* хло́рная кислота́ *f*
Perforation *f* перфора́ция *f*
Perforationsloch *n* проби́вка *f (des Films)*
perforieren перфори́ровать
Perforiermaschine *f* перфорацио́нная маши́на *f*
Perforierpresse *f (Umf)* прошивно́й пресс *m*
Pergament *n* перга́мент *m*
Pergamentpapier *n* перга́мент *m*
Perigäum *n (Astr)* периге́й *m*
Perihel(ium) *n (Astr)* периге́лий *m*
Perimeter *n (Opt)* пери́метр *m*
Periode *f* пери́од *m*
Periodensystem *n* **der Elemente nach Mendeleev** *(Ch)* периоди́ческая систе́ма *f* элеме́нтов (Менделе́ева)

~/**mendeleevsches** *(Ch)* периоди́ческая систе́ма *f* элеме́нтов (Менделе́ева)
Periodenzahl *f* периоди́чность *f (Größe)*
Periodenzähler *m* цикломе́р *m*
periodisch периоди́ческий
Periodizität *f* периоди́чность *f*; цикли́чность *f*
Peripherie *f (Math)* перифери́я *f*; *(Inf)* перифери́я *f*, перифери́йное обору́дование *n*
Peripheriebaustein *m (Inf)* перифери́йный мо́дуль *m*
Peripherieeinrichtung *f s.* Peripheriegerät *n*
Peripheriegerät *n (Inf)* перифери́йное [вне́шнее] устро́йство *n*, ВУ *n*
Peripheriemodul *m (Inf)* перифери́йный мо́дуль *m*
Periselen *n (Astr)* периселе́ний *m*
Periskop *n* периско́п *m*
Perizentrum *n (Astr)* перице́нтр *m (der Umlaufbahn)*
Perkolation *f (Ch)* перколя́ция *f*
Perkolator *m (Ch)* перколя́тор *m*
Perkussionsschweißen *n* уда́рная сва́рка *f*
Perle *f (Met)* королёк *m*
Perlenbildung *f* бисерообразова́ние *n (an der Zündkerze)*
Perlit *m (Wkst)* перли́тная структу́ра *f*, перли́т *m (Stahlgefüge)*
~/**globularer [körniger]** глобуля́рный перли́т *m*
~/**lamellarer** пласти́нчатый перли́т *m*
Perlitbeton *m* перлитобето́н *m*
perlitisch *(Wkst)* перли́тный *(Stahlgefüge)*
Perlitumwandlung *f (Wkst)* перли́тное превраще́ние *n*
Permafrost *m* ве́чная мерзлота́ *f*
Permanentmagnet *m* постоя́нный магни́т *m*
Permanenz *f* неизме́нность *f*
permangansauer *(Ch)* марганцовоки́слый
permeabel проница́емый
Permeabilität *f* (магни́тная) проница́емость *f*
~/**magnetische** магни́тная проница́емость *f*
Permeabilitätskonstante *f* магни́тная проница́емость *f*
Permeabilitätsmesser *m (El)* пермеа́метр *m*
Permeameter *n (El)* пермеа́метр *m*
Permittivität *f (El)* диэлектри́ческая проница́емость *f*
Permutation *f (Math)* перестано́вка *f*; подстано́вка *f*
Peroxid *n (Ch)* пе́рекись *f*
Peroxosäure *f (Ch)* перкислота́ *f*
perpendikular перпендикуля́рный
Perpetuum mobile *n* перпе́туум-мо́биле *n(m)*, ве́чный дви́гатель *m*
Persäure *f (Ch)* перкислота́ *f*
Persenning *f (Schiff)* брезе́нт *m*
Personalcomputer *m (Inf)* персона́льная электро́нная вычисли́тельная маши́на *f*, персона́льный компью́тер *m*, ПК *m*, персона́льная ЭВМ *f*, ПЭВМ *f*
~/**32-Bit-** 32-разря́дная персона́льная ЭВМ *f*, 32-разря́дная ПЭВМ *m*
Personality-Board *n (Inf)* индивидуа́льный мо́дуль *m*
Personality-Karte *f (Inf)* индивидуа́льный мо́дуль *m*
Personality-Modul *m (Inf)* индивидуа́льный мо́дуль *m*
Personenaufzug *m* пассажи́рский лифт [подъёмник] *m*
Personenbahnhof *m (Eb)* пассажи́рская ста́нция *f*
Personenbahnsteig *m (Eb)* пассажи́рская платфо́рма *f*
Personenbeförderung *f* пассажи́рские перево́зки *fpl*, пассажи́роперевозки *fpl*
Personendosimeter *n* индивидуа́льный дозиме́тр *m*
Personenkraftwagen *m* легково́й автомоби́ль *m*
Personenverkehr *m (Eb)* пассажи́рский тра́нспорт *m*
Personenwaage *f* медици́нские весы́ *pl*
Personenzug *m (Eb)* пассажи́рский по́езд *m*
Perspektive *f (Math)* перспекти́ва *f*
Perturbation *f (Astr)* пертурба́ция *f*
PES *f s.* Photoelektronenspektroskopie *f*
Pe-Schweißen *n* уда́рная сва́рка *f*

Pestizid *n* пестици́д *m*
Peta... *(Mess)* пета..., П *(10^{15} Einheiten)*
Petersen-Spule *f (El)* дугогаси́тельная кату́шка *f*
Petri-Netz *n (Inf)* сеть *f* Пе́три
Petrochemie *f* петрохи́мия *f*
petrogenetisch *(Geol)* породообразу́ющий
Petrographie *f (Geol)* петрогра́фия *f*
petrographisch *(Geol)* петрографи́ческий
Petrolchemie *f* нефтехи́мия *f*, нефтяна́я хи́мия *f*, хи́мия *f* не́фти
Petroleum *n* кероси́н *m*
Petroleum... кероси́новый
Petrologie *f* пероло́гия *f*
PE-Überzug *m* полиэтиле́нное покры́тие *n*
Pfahl *m* 1. *(Bw)* сва́я *f*; столб *m*; 2. кол *m*
Pfahl... *(Bw)* сва́йный
Pfahlbündel *n (Bw)* куст *m*
Pfahlhammer *m (Bw)* сва́йный мо́лот *m*
Pfahlrost *m (Bw)* сва́йный ро́стверк *m (Gründung)*
Pfahlrostfundament *n (Bw)* сва́йный фунда́мент *m*
Pfahlschuh *m (Bw)* сва́йный башма́к *m*
Pfanne *f (Gieß)* 1. (разли́вочный) ковш *m*; 2. про́тивень *m*; 3. ча́ша *f*
Pfannen... *(Gieß)* ковшо́вый
Pfannenprobe *f (Gieß)* ковшо́вая про́ба *f*
Pfeife *f (Gieß)* вы́пор *m*
Pfeifen *n* 1. *(Rf)* свист *m*; 2. *(Nrt)* зумми́рование *n (des Verstärkers)*
Pfeifsicherheit *f (Nrt)* усто́йчивость *f* от самовозбужде́ния
Pfeil *m* стрела́ *f*
Pfeil... 1. *(Masch)* шевро́нный *(Zahnräder)*; 2. *(Flg)* стрелови́дный *(Tragflügel)*
Pfeiler *m* 1. столб *m*; опора *f*; пило́н *m*; 2. *(Bw)* бык *m (einer Brücke)*; усто́й *m*; 3. *(Bgb)* це́лик *m*; *(Bgb)* столб *m*
Pfeilermoment *n (Mech, Bw)* опо́рный моме́нт *m*
Pfeilerschutz *m (Hydt)* ледоре́з *m (an Brücken)*
Pfeilerstaumauer *f (Hydt)* контрфо́рсная плоти́на *f*
Pfeilflügel *m (Flg)* стрелови́дное крыло́ *n*
pfeilförmig стрелови́дный
Pfeilhöhe *f (Bw)* стрела́ *f* подъёма
Pfeilung *f (Flg)* стрелови́дность *f (von Tragflügeln)*
pfeilverzahnt *(Masch)* шевро́нный *(Zahnräder)*
Pfeilzahn *n (Masch)* шевро́нный зуб *m*
Pfeilzahnrad *n* шевро́нное (зубча́тое) колесо́ *n*
Pferdestärke *f* лошади́ная си́ла *f (SI-fremde Einheit der Leistung; 1 PS = 735,498 Watt)*
Pfette *f (Bw)* прого́н *m*
Pflanze *f* расте́ние *n*
Pflanzen *n (Forst, Lw)* поса́дка *f*
pflanzen сажа́ть
Pflanzen... расти́тельный
Pflanzenfarbstoff *m* расти́тельный краси́тель *m*
Pflanzenfaser *f* расти́тельное волокно́ *n*
Pflanzenleim *m* расти́тельный клей *m*
Pflanzenöl *n* расти́тельное ма́сло *n*
Pflanzenschutzmittel *n* сре́дство *n* защи́ты расте́ний
pflanzlich расти́тельный
Pflanzling *m* са́женец *m*
Pflanzloch *n (Lw)* лу́нка *f*
Pflanzlochmaschine *f (Lw)* лункокопа́тель *m*, ямокопа́тель *m*
Pflanzlochstern *m (Lw)* лункокопа́тель *m*
Pflanzmaschine *f (Lw, Forst)* поса́дочная маши́на *f*, сажа́лка *f*
Pflaster *n (Bw)* мостова́я *f*
pflastern *(Bw)* мости́ть
Pflastern *n (Bw)* моще́ние *n*
Pflasterstein *m (Bw)* брусча́тка *f*
Pflege *f* ухо́д *m*
Pflegeschlepper *m (Lw)* пропашно́й тра́ктор *m*
Pflock *m* кол *m*, ко́лышек *m (Vermessungswesen)*
Pflug *m (Lw)* плуг *m*
~/mehrfurchiger [mehrschariger] многоко́рпусный плуг *m*
Pflügen *n (Lw)* вспа́шка *f*, па́хота *f*
Pflugschar *n* ле́мех *m*
PFM *f s.* Pulsfrequenzmodulation
Pforte *f (Schiff)* порт *m*

Pfosten *m (Bw)* косяк *m*; *(Bw)* стойка *f (eines Geländers)*
Pfropfen *m* пробка *f*; затычка *f*
Pfropfenbildung *f* пробкообразование *n*
P-Glied *n (Reg)* пропорциональное звено *n*, статический элемент *m*
P-Halbleiter *m* дырочный полупроводник *m*
Phantastron *n (Eln)* фантастрон *m*
Phantombild *n s.* Echobild
Phantomstromkreis *m (Nrt)* фантомная цепь *f*
Phase *f* 1. *(El)* фаза *f*; 2. *(Mech)* фаза *f (eines Schwingungssystems)* • **in ~ bringen** *(El)* синфазировать • **die ~ einstellen** *(El)* фазировать • **in ~** *(El)* в фазе
~/**dampfförmige** паровая фаза *f*
~/**feste** *(Ph)* твёрдая фаза *f*
~/**flüssige** жидкая фаза *f*
~/**gasförmige** газообразная фаза *f*
~/**kristalline** *(Ph)* кристаллическая фаза *f*
~/**labile** *(Ph)* неустойчивая фаза *f*
~/**nacheilende** *(El)* отстающая фаза *f*
~/**stabile** *(Ph)* устойчивая фаза *f*
~/**wässrige** *(Ch)* водная фаза *f*
Phasen... фазовый
Phasenabstimmung *f (El)* фазировка *f*
Phasenanalyse *f (Ph)* фазовый анализ *m*
Phasenanzeiger *m (El)* фазоуказатель *m*
Phasenausgleichsglied *n (El)* фазокомпенсатор *m*
Phasendemodulation *f (El)* фазовое детектирование *n*
Phasendiagramm *n* фазовая диаграмма *f*
Phasendrehung *f (El)* поворот *m* фазы
Phaseneinstellung *f (El* фазировка *f*
phasenempfindlich *(El)* фазочувствительный
Phasenempfindlichkeit *f (El)* фазочувствительность *f*
Phasenentzerrer *m (El)* фазокомпенсатор *m*
Phasengang *m (El)* фазовая характеристика *f*
phasengleich *(El)* в фазе, синфазный
Phasengleichgewicht *n (Therm)* фазовое равновесие *n*
Phasengleichheit *f (El)* синфазность *f*, совпадение *n* фаз
Phasenhub *m (El)* фазовый сдвиг *m*
Phasenkennlinie *f (El)* фазовая характеристика *f*
Phasenkontrast *m (TV)* фазовый контраст *m*
Phasenkontrastmikroskop *n* фазоконтрастный микроскоп *m*
Phasenmaß *n (Nrt)* фазовая постоянная *f*
Phasenmesser *m (El)* фазометр *m*
Phasenmodulation *f (El)* фазовая модуляция *f*
Phasenmodulator *m (El)* фазовый модулятор *m*
phasenmoduliert *(El)* фазово-модулированный
Phasennacheilung *f (El)* отставание *n* по фазе
Phasenraum *m (Mech)* фазовое пространство *n*
Phasenregelung *f* фазовое регулирование *n*
Phasenregler *m (El)* фазорегулятор *m*
Phasenschieber *m (El)* фазовращатель *m*
Phasenselektion *f (El)* фазовая селекция *f*
Phasenstrom *m* фазный [фазовый] ток *m*
Phasensynchronisierung *f (El)* фазовая синхронизация *f*, фазировка *f*
Phasenteiler *m (El)* фазорасщепитель *m*, расщепитель *m* фаз
Phasenteilung *f (El)* фазорасщепление *n*, расщепление *n* фазы
Phasenübereinstimmung *f (El)* совпадение *n* фаз
Phasenübergang *m (Krist)* фазовый переход *m*
Phasenumformer *m (El)* фазопреобразователь *m*, фазовый преобразователь *m*
Phasenumkehr *f (El)* инверсия *f* фазы, фазоинверсия *f*, поворот *m* фазы
Phasenumkehrstufe *f (El)* фазоинвертор *m*
Phasenumwandlung *f (Krist)* фазовое превращение *n*
Phasenverschiebung *f (El)* фазовый сдвиг *m*, фазовое смещение *n*

Phasenverschiebungsanalyse *f (Ph)* фáзовый анáлиз *m*
Phasenverzerrung *f (El)* фáзовое искажéние *n*
Phasenvoreilung *f (El)* опережéние *n* по фáзе
Phasenwinkel *m (El)* фáзовый ýгол *m*
Phasenzeiger *m (El)* фазоуказáтель *m*
Phasotron *n (Kern)* фазотрóн *m (zyklischer Beschleuniger)*
Phenol *n (Ch)* фенóл *m*
Phenol... *(Ch)* фенóловый
Phenolharz *n* фенóльная смолá *f*, фенопláст *m*
~ **im A-Zustand** *(Kst)* резóл *m*
~ **im C-Zustand** *(Kst)* рези́т *m*
Phenoplast *m* феноплáст *m*
Phenylen... *(Ch)* фениле́новый
Phlegma *n (Ch)* флéгма *f (Destillation)*
phon *s.* Phon
Phon *n (El)* фон *m (Einheit der Lautstärke)*
Phonogramm *n (Kine)* фоногрáмма *f (eines Films)*
Phonometer *n (Ak)* фонóметр *m*
Phonometrie *f* фономéтрия *f*
Phonon *n (Ph)* фонóн *m*
Phonothek *f* фонотéка *f*
Phosphatieren *n (Met)* фосфати́рование *n*
Phosphor *m (Ch)* фóсфор *m*, P
Phosphor... фóсфорный
Phosphordünger *m* фóсфорное удобрéние *n*
Phosphoreszenz *f* фосфоресцéнция *f*
phosphorhaltig *(Ch)* фóсфористый
phosphorhaltig фосфорсодержáщий
phosphorigsauer *(Ch)* фосфористоки́слый
phosphorsauer *(Ch)* фосфорноки́слый
Phosphorsäure *f* фóсфорная кислотá *f*
Photo *n* сни́мок *m*
Photo... фотографи́ческий
Photoapparat *m* фотографи́ческий аппарáт *m*, фотоаппарáт *m*, фотокáмера *f*
Photoausrüstung *f* фотоаппаратýра *f*
Photochemie *f* фотохи́мия *f*
photochemisch фотохими́ческий
Photodiode *f (Eln)* фотодиóд *m*
Photodissoziation *f* фотодиссоциáция *f*, фотохими́ческая диссоциáция *f*
Photoeffekt *m (El)* фотоэлектри́ческий эффéкт *m*, фотоэффéкт *m*
~/**äußerer** внéшний фотоэффéкт *m*
~/**innerer** внýтренний фотоэффéкт *m*
~/**selektiver** избирáтельный [селекти́вный] фотоэффéкт *m*
Photoelastizität *f (Opt)* фотоупрýгость *f*
photoelektrisch фотоэлектри́ческий
Photoelektrizität *f* фотоэлектри́чество *n*
Photoelektron *n (Ph)* фотоэлектрóн *m*
Photoelektronenemission *f (El)* фотоэми́ссия *f*, фотоэлектрóнная эми́ссия *f*
Photoelektronenspektroskopie *f* спектроскопи́я *f* фотоэлектрóнов
Photoelektronenstrom *m (Ph)* фототóк *m*, фотоэлектрóнный ток *m*
Photoelektronenvervielfacher *m (Kern)* фотоэлектрóнный умножи́тель *m*, фотоумножи́тель *m*, ФЭУ *m*
photoelektronisch *(Ph)* фотоэлектрóнный
Photoelement *n* фотоэлемéнт *m*
Photoemission *f s.* Photoelektronenemission
Photo-EMK *f (El)* фотоэлектродви́жущая си́ла *f*, фотоэдс *m*
Photoempfänger *m* фотоприёмник *m (Bauelement)*
photoempfindlich фоточувстви́тельный
Photoempfindlichkeit *f* фоточувстви́тельность *f*
Photoemulsion *f* фотографи́ческая эмýльсия *f*, фотоэмýльсия *f*
Photofilm *m* фотоплёнка *f*
Photogramm *n (Geod)* фотогрáмма *f*
Photogrammetrie *f (Geod)* фотограммéтрия *f*
~/**terrestische** назéмная фотограммéтрия *f*
Photographie *f* фотогрáфия *f*
Photographieren *n* фотографи́рование *n*
photographieren фотографи́ровать
photographisch фотографи́ческий
Photokamera *f s.* Photoapparat
Photokathode *f* фотоэлектрóнный катóд *m*, фотокатóд *m*
Photokernreaktion *f (Kern)* фотоя́дерная реáкция *f*

Photokopie *f* фотоко́пия *f*
Photokopiereinrichtung *f* фотокопи́р *m*
Photokopieren *n* фотокопи́рование *n*
Photokopiergerät *n* фотокопи́р *m*
Photolabor *n* фотолаборато́рия *f*
Photolack *m (Eln)* фоторези́ст *m*
~/**negativer** негати́вный фоторези́ст *m*
~/**positiver** позити́вный фоторези́ст *m*
Photolackmaske *f (Eln)* фоторези́стная ма́ска *f*
Photolackschicht *f (Eln)* фоторезисти́вный слой *m*
photoleitend фотопроводя́щий
Photoleiter *m* фотопроводни́к *m*
Photoleitfähigkeit *f (Ph)* фотопроводи́мость *f*
Photoleitung *f (Ph)* фотопроводи́мость *f*
Photoleitungseffekt *m (Ph)* фотопроводи́мость *f*
Photolithographie *f* фотолитогра́фия *f*
Photolumineszenz *f* фотолюминесце́нция *f*
Photolyse *f (Ch)* фото́лиз *m*, фотохими́ческая диссоциа́ция *f*
Photomaske *f (Halbl)* фотошабло́н *m*, фотома́ска *f*
Photomaterial *n* фотоматериа́л *m*
photomechanisch фотомехани́ческий
Photometer *n (Opt)* фото́метр *m*
~/**integrierendes** интегри́рующий фото́метр *m*
~/**subjektives [visuelles]** визуа́льный фото́метр *m*
Photometer... фотометри́ческий
Photometerbank *f* фотометри́ческая скамья́ *f*
Photometrie *f (Opt)* фотоме́трия *f*
~/**astronomische** астрофотоме́трия *f*
photometrisch фотометри́ческий
Photomontage *f* фотомонта́ж *m*
Photomultiplier *m s.* Photoelektronenvervielfacher
Photon *n (Ph)* фото́н *m*, квант *m* све́та
Photonen... *(Ph)* фото́нный
Photonenrakete *f* фото́нная раке́та *f*
Photonen(strahl)triebwerk *n (Rak)* фото́нный (раке́тный) дви́гатель *m*
Photoobjektiv *n* фотообъекти́в *m*
Photooxidation *f (Ch)* фотоокисле́ние *n*
Photopapier *n (Photo)* фотобума́га *f*, фотографи́ческая бума́га *f*
Photoplatte *f* фотопласти́нка *f*
Photoplotter *m* фото(графо)построи́тель *m*
Photopolymerisation *f (Ch)* фотополимериза́ция *f*
photopositiv фотопроводя́щий
Photorelais *n* фотореле́ *n*
Photorepeater *m* фотоповтори́тель *m*
Photoresist *m (Halbl)* (фото)рези́ст *m*
Photoresistmaske *f (Halbl)* фоторези́стная ма́ска *f*
Photoresistor *m* фоторези́стор *m*
Photoresistschicht *f (Halbl)* фоторезисти́вный слой *m*
Photosatz *m (Typ)* фотонабо́р *m*
Photoschablone *f (Halbl)* фотошабло́н *m*, фотома́ска *f*
Photoschicht *f (Eln)* фотосло́й *m*
Photosensibilisierung *f* фотосенсибилиза́ция *f*
Photosensor *m* фотода́тчик *m*
Photosphäre *f (Astr)* фотосфе́ра *f (der Sonne)*
Photostrom *m (Ph)* фотото́к *m*, фотоэлектро́нный ток *m*
Photosynthese *f* фотоси́нтез *m*
Phototechnik *f* фототе́хника *f*
Phototheodolit *m* фототеодоли́т *m*
Photothyristor *m* фототири́стор *m*, оптотири́стор *m*
Phototransistor *m* фототранзи́стор *m*
Photovervielfacher *m s.* Photoelektronenvervielfacher
Photowiderstand *m (El)* фотосопротивле́ние *n (Bauelement und Erscheinung)*; фоторези́стор *m*
Photozelle *f* фотоэлеме́нт *m*
Photozelle *f*/**gasgefüllte** га́зовый [газонапо́лненный] фотоэлеме́нт *m*
***p*H-Wert** *m* водоро́дный показа́тель *m*, pH
Physik *f* фи́зика *f*
~/**angewandte** прикладна́я фи́зика *f*
~ **der Elementarteilchen** фи́зика *f* элемента́рных части́ц
~/**statistische** статисти́ческая фи́зика *f*
physikalisch физи́ческий
physikalisch rein физи́чески чи́стый
physikalisch-chemisch фи́зико-хими́ческий

physikalisch-mathematisch фи́зико-математи́ческий
physikochemisch фи́зико-хими́ческий
PI-... *(Reg)* пропорциона́льно-интегра́льный, изодро́мный
Pickeln *n (Led)* пикелева́ние *n*
Pick-up-Presse *f (Lw)* пресс-подбо́рщик *m*
Pico... *(Mess)* пико..., п *(10^-12^ Einheiten)*
Picrinsäure *f (Ch)* мелини́т *m (Sprengstoff)*
PID-... *(Reg)* пропорциона́льно-интегра́льно-дифференциа́льный
PID-Regler *m (Reg)* пропорциона́льно-интегра́льно-дифференциа́льный регуля́тор *m*, ПИД-регуля́тор *m*
Pier *m (Schiff)* пирс *m(f)*
pièze *m (franz.) (Mech)* пье́за *f*, п *(SI-fremde Einheit des Druckes)*
Piezoeffekt *m* пьезоэлектри́ческий эффе́кт *m*
piezoelektrisch пьезоэлектри́ческий
Piezoelektrizität *f* пьезоэлектри́чество *n*
Piezoelement *n (El)* пьезоэлектри́ческий элеме́нт *m*
Piezogeber *m (Reg)* пьезода́тчик *m*, пьезоэлектри́ческий да́тчик *m*
Piezokristall *m* пьезокриста́лл *m*
Piezomagnetismus *m* пьезомагнети́зм *m*
Piezometer *n* пьезо́метр *m*
piezometrisch пьезометри́ческий
Piezosensor *m* пьезоэлектри́ческий да́тчик *m*
PI-Glied *n (Reg)* изодро́мный элеме́нт *m*, изодро́м *m*
Pigment *n* пигме́нт *m*
Pigmentfarbstoff *m* пигме́нтный краси́тель *m*
Pik *m (Geol)* пик *m*
Pikieren *n (Lw)* пики́рование *n*
Pilger(schritt)walzwerk *n* пилигри́мовый стан *m*
Pilotballon *m (Meteo)* шар-пило́т *m*
Pilz... грибови́дный
Pilzanker *m (Schiff)* грибови́дный я́корь *m*
pilzförmig грибови́дный
Pilz(knopf)schalter *m (El)* грибо́к *m*
Pi-Meson *n* пи-мезо́н *m*
Pinanordnung *f (Eln)* расположе́ние *n* вы́водов
Pinbelegung *f (Eln)* расположе́ние *n* вы́водов
Pinch-Effekt *m* пинч-эффе́кт *m (Plasmaphysik)*
pinkompatibel совмести́мый по вы́водам [разъёмам]
Pinkompatibilität *f (Inf)* совмести́мость по вы́водам [разъёмам]
Pinne *f (Schiff)* ру́мпель *m*
Pinole *f (Wkzm)* пино́ль *f*
pinprogrammierbar *(Inf)* задава́емый [программи́руемый] вы́водами
Pinsel *m (Wkz)* кисть *f*
Pion *n* пи-мезо́н *m*
Pipeline *f* нефтепрово́д *m*
Pipeline-Betrieb *m (Inf)* конве́йерный режи́м *m*
Pipette *f* пипе́тка *f*
PI-Regelung *f* пропорциона́льно-интегра́льное регули́рование *n*, ПИ-регули́рование *n*
PI-Regler *m* пропорциона́льно-интегра́льный регуля́тор *m*, ПИ-регуля́тор *m*
Pistole *f* пистоле́т *m*
Pistonieren *m (Erdöl)* поршнева́ние *n*, свабирование *n*
PI-System *n (Reg)* изодро́мная систе́ма *f*
Pitch *m (Masch)* питч *m*, диаметра́льный шаг *m (Zahnteilung)*
Pitch-Teilung *f s.* Pitch
Pitting *n (Met)* пи́ттинг *m*
Pittingkorrosion *f (Met)* пи́ттинг *m*
Pixel *n (Eln)* пи́ксел *m*, элеме́нт *m* изображе́ния
PKM *f s.* Pulscodemodulation
Pko *m s.* Papierkondensator
PKW *m* легково́й автомоби́ль *m*
plan пло́ский
Plan *m* 1. план *m*; 2. расписа́ние *n*, гра́фик *m*
Planansicht *f* изображе́ние *n* в пла́не
planar плана́рный
Planardiode *f (Eln)* плана́рный дио́д *m*
Planartechnologie *f (Eln)* плана́рная техноло́гия *f*
Planartransistor *m (Eln)* плана́рный транзи́стор *m*
plandrehen *(Fert)* торцева́ть
Plandrehen *n (Fert)* торцева́ние *n*
Plane *f* брезе́нт *m*

planen 1. плани́ровать; 2. проекти́ровать; 3. *s.* plandrehen
Planen *n* 1. плани́рование *n*; 2. *s.* Plandrehen
Planet *m* плане́та *f*
planetar плане́тный
Planetarium *n* планета́рий *m*
Planeten... плане́тный
Planetengetriebe *n (Masch)* планета́рная (зубча́тая) переда́ча *f*, планета́рный (зубча́тый) механи́зм *m*
Planetenkunde *f* планетоло́гия *f*
Planetenrad *n (Masch)* планета́рное колесо́ *n*, планета́рная шестерня́ *f*, сателли́т *m*
Planetenrädergetriebe *n s.* Planetengetriebe
Planetenwalzwerk *n* планета́рный (прока́тный) стан *m*
Planetenzahnrad *n s.* Planetenrad
Planetoid *m (Astr)* плането́ид *m*, астеро́ид *m*
Planfilmkassette *f (Photo)* ада́птер *m*
Planfläche *f* лобова́я пове́рхность *f*
Planieren *n (Bw)* плани́рование *n*; выра́внивание *n*; разра́внивание *n*
Planierer *m s.* Planiergerät
Planiergerät *n (Bw)* планиро́вщик *m*; бульдо́зер *m*; *(Lw)* выра́вниватель *m*
Planierraupe *f (Bw)* землеро́йный бульдо́зер *m*
Planierschrapper *m (Bw)* струг *m*
Planimeter *n* планиме́тр *m*
Planimetrie *f* планиме́трия *f*
Planke *f (Schiff)* пла́нка *f*
plankonkav пло́ско-во́гнутый *(Linsen)*
Plankonkavlinse *f* пло́ско-во́гнутая ли́нза *f*
plankonvex пло́ско-вы́пуклый *(Linsen)*
Plankonvexlinse *f* пло́ско-вы́пуклая ли́нза *f*
planparallel плоскопаралле́льный
Planrad *n (Masch)* пло́ское (зубча́тое) колесо́ *n*
Planscheibe *f* планша́йба *f (einer Drehmaschine)*
Planschleifen *n* пло́ское шлифова́ние *n*
Plansichter *m (Lw)* рассе́в *m (einer Mühle)*
Plansieb *n* пло́ское си́то *n*
Planspiegel *m (Opt)* пло́ское зе́ркало *n*
Planum *n* земляно́е полотно́ *n*
Planung *f* плани́рование *n*; проекти́рование *n*
Planzahnrad *n (Masch)* пло́ское (зубча́тое) колесо́ *n*
Plasma *n (Ph)* пла́зма *f*
~/heißes горя́чая пла́зма *f*
~/isothermisches изотерми́ческая пла́зма *f*
~/kaltes холо́дная пла́зма *f*
~/nicht isothermes неизотерми́ческая пла́зма *f*
~/thermisches терми́ческая пла́зма *f*
Plasma... пла́зменный
Plasmaätzen *n* пла́зменное травле́ние *n*
Plasmaaufdampfen *n* пла́зменное напыле́ние *n*
Plasmaaufstäuben *n* пла́зменное напыле́ние *n*
Plasmabeschleuniger *m (Kern)* пла́зменный ускори́тель *m*
Plasmabrenner *m (Schw)* пла́зменная горе́лка *f*
Plasmabrennschneiden *n* пла́зменная ре́зка *f*
Plasmachemie *f* плазмохи́мия *f*, пла́зменная хи́мия *f*
plasmachemisch плазмохими́ческий
Plasma(fugen)hobeln *n (Fert)* пла́зменная стро́жка *f*
Plasmalichtbogenschneiden *n* пла́зменная ре́зка *f*
Plasmaofen *m* пла́зменная печь *f*
Plasmaphysik *f* фи́зика *f* пла́змы
Plasmaschlauch *m (Ph)* стри́мер *m (einer Gasentladung)*
Plasmaschmelzen *n* пла́зменная [пла́зменно-дугова́я] пла́вка *f*
Plasmaschmelzofen *m* пла́зменно-дугова́я печь *f*
Plasmaschmelzverfahren *n* пла́зменная [пла́зменно-дугова́я] пла́вка *f*
Plasmaschneiden *n* пла́зменная ре́зка *f*
Plasmaschweißen *n* пла́зменная сва́рка *f*
Plasmaspritzen *n* пла́зменная металлиза́ция *f*
Plasmastrahlbearbeitung *f (Fert)* пла́зменная обрабо́тка *f*
Plasmastrahlbohren *n (Fert)* пла́зменное буре́ние *n*

Plasmastrahlerzeuger *m s.* Plasmatron
Plasmatron *n* плáзменный генерáтор *m*, плазматрóн *m*
Plast *m* пластмáсса *f*
Plast... пластмáссовый
Plastbeton *m*/**bewehrter** армопластбетóн *m*
Plastifikator *m (Ch)* пластификáтор *m*
plastifizieren *(Ch)* пластифицúровать
Plastifizieren *n (Ch)* пластификáция *f*
Plastikat *n (Gum)* пластикáт *m*
Plastikation *f s.* Plastizierung
Plastikator *m (Gum)* 1. пластикáтор *m*; 2. пластикáтор *m (Substanz)*
Plastikfolie *f* полимéрная [пластмáссобая] плёнка *f*
plastisch пластúчный
plastizieren *(Gum)* пластицúровать
Plastizieren *n (Gum)* пластикáция *f*
Plastizierung *f*/**thermische** *(Gum)* термопластикáция *f*
Plastizität *f* пластúчность *f*
Plastizitätstheorie *f (Mech)* теóрия *f* пластúчности
Plastometer *n (Gum)* пластомéтр *m*
Plateau *n* 1. *(Geol)* платó *n*; 2. *(El)* вершúна *f (eines Impulses)*
Platin *n (Ch)* плáтина *f*; Pt
Platin... плáтиновый
Platine *f* 1. *(Wlz)* сляб *m*, сутýнка *f*, плóская [листовáя] заготóвка *f*; 2. *(Text)* плáтина *f*; 3. *(Eln)* плáта *f*
Platinelektrode *f* плáтиновый электрóд *m*
Platinieren *n* платинúрование *n*
platiniert платинúрованный
Platinotron *n (Eln)* платинотрóн *m*
Platinschale *f (Ch)* плáтиновая чáшка *f*
Plättchen *n* пластúнка *f*, плúтка *f*
Plattdrücken *n* расплю́щивание *n*
Platte *f* 1. пластúна *f*, пластúнка *f*; 2. плитá *f*, плúтка *f*; 3. доскá *f*; 4. *(Geol)* плитá *f*; 5. *(Bw)* панéль *f*; 6. *(Eln)* плáта *f*; 7. *(Geol)* (геологúческая) платфóрма *f*; 8. *(Typ)* тáлер *m*; 9. *(Inf)* диск *m*; 10. фотопластúнка *f*
~/eingespannte *(Bw)* защемлённая плитá *f*
~/freitragende *(Bw)* консóльная плитá *f*
~/photographische фотопластúнка *f*
~/tragende *(Bw)* несýщая панéль [плитá] *f*
plätten *(Text)* разглáживать
Platten... пластúнчатый
Plattenbandförderer *m* пластúнчатый конвéйер *m*
Plattenbelader *m (Förd)* штабелеуклáдчик *m*
Plattenbetriebssystem *n (Inf)* дúсковая операциóнная систéма *f*
Plattendatei *f (Inf)* (жёсткий) файл *m* на дúске, дúсковый файл *m*
Plattenelektrode *f* пластúнчатый электрóд *m*
Plattenfeld *n (Schiff)* полóтнище *n*
Plattenfilter *n (Ch)* пластúнчатый фильтр *m*
plattenförmig пластúнчатый
Plattenfundament *n (Bw)* плúтный фундáмент *m*
Plattengang *m (Schiff)* пóяс *m*
Plattengründung *f (Bw)* плúтный фундáмент *m*
Plattenkalander *m* листовáльный калáндр *m*
plattenorientiert *(Inf)* ориентúрованный на дúски, дúсковый
Plattenreihe *f (Schiff)* полóтнище *n*
Plattenrichtmaschine *f* листоправúльная машúна *f*
Plattenrüttler *m* виброплощáдка *f*
Plattenspeicher *m (Inf)* дúсковое запоминáющее устрóйство *n*, накопúтель *m* на жёстком (магнúтном) дúске
Plattenspieler *m* (электро)проúгрыватель *m*
Plattenstapel *m (Inf)* пакéт *m* дúсков
Plattenteller *m* диск *m* проúгрывателя
Plattentransportfahrzeug *n* панелевóз *m*
Plattenwagen *m (Eb)* вагóн-платфóрма *f*
Plattform *f* платфóрма *f*
Plattformdeck *n (Schiff)* платфóрма *f*
Plattformwagen *m (Eb)* вагóн-платфóрма *m*
Plattieren *n* 1. плакировáние *n (von Blechen)*; 2. *(Text)* платирóвка *f*
Plattierung *f s.* Plattieren

Platz *m* 1. ме́сто *n*; 2. пло́щадь *f*, площа́дка *f*; 3. *(Nrt)* рабо́чее ме́сто *n*; 4. двор *m*
Platzeinflugzeichen *n (Flg)* аэродро́мный (радио)мая́к *m*; пограни́чный ма́ркерный мая́к *m*
platzen тре́скаться
Platzfeuer *n s.* Platzeinflugzeichen
Pleistozän *n (Geol)* пейстоце́н *m*
P-leitend *(Halbl)* с ды́рочной проводи́мостью
P-Leitfähigkeit *f (Halbl)* ды́рочная проводи́мость *f*
P-Leitung *f (Halbl)* ды́рочная проводи́мость [электропрово́дность] *f*
Pleochroismus *m (Krist, Opt)* плеохрои́зм *m*
Pleuel *m (Masch)* шату́н *m*
Pleuel... *(Masch)* шату́нный
Pleuellager *n* подши́пник *m* шату́на
Pleuelstange *f (Masch)* шату́н *m*
Plicht *f (Schiff)* ко́кпит *m*
PLM *f s.* Pulsbreitenmodulation
Plotter *m* 1. графопострои́тель *m*; 2. *(Schiff)* автопрокла́дчик *m*
Pl-Schweißen *n* пла́зменная сва́рка *f*
Plunger *m* плу́нжер *m*; ныря́ло *n*
Plungerkolben *m s.* Plunger
Plungerpumpe *f* плу́нжерный насо́с *m*
Plus... положи́тельный
Plusleiter *m (El)* положи́тельный проводни́к *m*
Pluspol *m (El)* положи́тельный по́люс *m*
Pluszeichen *n* знак *m* плюс, плюс *m*
Plutonium *n (Ch)* плуто́ний *m*, Pu
Plutoniumreaktor *m (Kern)* плуто́ниевый реа́ктор *m*
Pluviogramm *n (Meteo)* плювиогра́мма *f*
Pluviograph *m (Meteo)* плювио́граф *m*
Pluviometer *n (Meteo)* плювио́метр *m*
Pluviometrie *f (Meteo)* плювиоме́трия *f*
PM *f s.* Pulsmodulation; 2. Phasenmodulation
Pm *s.* Prometium
PN-... *(Halbl)* электро́нно-ды́рочный
Pneumatik *f* пневма́тика *f*
Pneumatikantrieb *m* пневмати́ческий при́вод *m*, пневмопри́вод *m*
Pneumatikmotor *m* пневмодви́гатель *m*
pneumatisch пневмати́ческий
pneumatisch-hydraulisch пневмогидравли́ческий
pneumatisch-mechanisch пневмомехани́ческий
Pneumoautomatik *f* пневмоавтома́тика *f*
pneumohydraulisch пневмогидравли́ческий
Pneumonik *f* пневмо́ника *f*, стру́йная пневмоавтома́тика *f*
PN-Übergang *m (Eln) p-n*-перехо́д *m*
Po *s.* Polonium
Pochen *n* толче́ние *n*
pochen толо́чь
Podest *n(m)* площа́дка *f*, платфо́рма *f*
Pointer *m (Inf)* указа́тель *m*
Poise *n* пуа́з *m*, П *(SI-fremde Einheit der dynamischen Viskosität)*
Pökeln *n (Lebm)* посо́л *m (Fleisch)*
Pol *m* по́люс *m*
~/**galaktischer** *(Astr)* по́люс *m* Гала́ктики
~/**geomagnetischer** *(Geoph)* геомагни́тный по́люс *m*
~/**magnetischer** *(Geoph)* магни́тный по́люс *m (der Erde)*
~/**negativer** *(El)* отрица́тельный по́люс *m*
~/**positiver** *(El)* положи́тельный по́люс *m*
Pol... по́люсный
polar поля́рный
Polardiagramm *n (Aero, Flg)* поля́ра *f* крыла́
Polardreieck *n (Astr)* поля́рный треуго́льник *m*
Polare *f* 1. *(Math)* поля́ра *f*; 2. *(Aero, Flg)* поля́ра *f* крыла́
Polarimeter *n (Opt)* поляри́метр *m*
Polarimetrie *f (Opt)* поляриметри́я *f*
Polarisation *f (Ph, Opt, El)* поляриза́ция *f*
~ **des Lichtes** *(Opt)* поляриза́ция *f* све́та
~/**elliptische** *(Opt)* эллипти́ческая поляриза́ция *f*
~/**lineare** *(Opt)* лине́йная поляриза́ция *f*
~/**zirkulare** *(Opt)* кругова́я поляриза́ция *f*
Polarisationsebene *f (Opt)* пло́скость *f* поляриза́ции

Polarisationsfilter *n (Opt)* поляризацио́нный светофи́льтр *m*, поляро́ид *m*
Polarisationsmikroskop *n* поляризацио́нный микроско́п *m*
Polarisationsprisma *n (Opt)* поляризацио́нная при́зма *f*
Polarisator *m (Opt)* поляриза́тор *m*
Polarisierbarkeit *f* поляризу́емость *f*
polarisieren поляризова́ть
polarisiert поляризо́ванный
~/linear *(Opt)* плоскополяризо́ванный *(Licht)*
Polarität *f (El)* поля́рность *f*
Polarkoordinaten *fpl (Math)* поля́рные координа́ты *fpl*
Polarkreis *m* поля́рный круг *m*
Polarlicht *n* поля́рное сия́ние *n*
Polarogramm *n* полярогра́мма *f*
Polarograph *m* поляро́граф *m*
Polarographie *f* полярогра́фия *f*
Polaroid *n (Opt)* поляро́ид *m*
Polarstern *m* поля́рная звезда́ *f*
Polbahn *f (Mech)* поло́дия *f*
Poldreieck *n (Astr)* поля́рный треуго́льник *m*
Polen *n (Met)* дразне́ние *n (Kupfer)*
Polflug *m* перелёт *m* че́рез по́люс
Polhalbmesser *m (Astr)* поля́рный ра́диус *m*
Polhodie *f (Mech)* поло́дия *f*
Polhodiekurve *f (Mech)* поло́дия *f*
Polier... полиро́вочный
Polier... полирова́льный
Poliereisen *n (Wkz)* глади́лка *f*
polieren *(Fert)* полирова́ть
Polieren *n* 1. *(Fert)* полирова́ние *n*, полиро́вка *f*; 2. люще́ние *n*; 3. *(Eln)* выгла́живание *n (Scheibenherstellung)*
Poliergerüst *n (Wlz)* чистова́я клеть *f*
Poliergesenk *n (Wkz)* отде́лочный штамп *m*
Poliermaschine *f* полирова́льный стано́к *m*
Polierpaste *f (Wkz)* полирова́льная па́ста *f*
poliert полиро́ванный
Politur *f* 1. политу́ра *f*; 2. *(Fert)* полиро́вка *f*
Polkurve *f (Mech)* поло́дия *f*
Poller *m (Schiff)* пал *m*, кнехт *m*, би́тенг *m*, ту́мба *f*
pollos *(El)* бесполю́сный
Pollucit *m (Min)* поллуци́т *m*
Pollux *m (Min)* поллуци́т *m*
Polonium *n (Ch)* поло́ний *m*, Po
Polrad *n (El)* явнопо́люсный ро́тор *m*
Polradius *m (Astr)* поля́рный ра́диус *m*
Polschuh *m (El)* по́люсный башма́к [наконе́чник] *m*
Polster *n* поду́шка *f*
polstern набива́ть
Polstern *n* наби́вка *f*
Polung *f (El)* поля́рность *f*
Polwechsler *m (Nrt)* токовраща́тель *m*
Polyamidfaser *f* полиами́дное волокно́ *n*
Polyeder *n (Math)* полиэ́др *m*, многогра́нник *m*
~/konvexes вы́пуклый многогра́нник *m*
polyedrisch многогра́нный
Polyester *m (Ch)* полиэфи́р *m*
Polyester... *(Ch)* полиэфи́рный
Polyethylen *n (Ch)* полиэтиле́н *m*
Polyethylen... *(Ch)* полиэтиле́новый
Polygon *n (Math)* полиго́н *m*, многоуго́льник *m*
~/reguläres пра́вильный многоуго́льник *m*
polygonal *(Math)* полигона́льный, многоуго́льный
Polygonometrie *f (Math)* полигономе́трия *f*
Polygonpunkt *m (Geod)* полигономе́три́ческий пункт *m*
Polygonverfahren *n (Geod)* полигономе́трия *f*
Polygonzug *m (Geod)* полиго́нный ход *m*
Polygraphie *f* полиграфи́я *f*
Polygraphie... полиграфи́ческий
polygraphisch полиграфи́ческий
Polykondensation *f (Ch)* поликонденса́ция *f*
Polykristall *m* поликриста́лл *m*
polykristallin поликристалли́ческий
polymer *(Ch)* полиме́рный
Polymer *n (Ch)* полиме́р *m*, высокомолекуля́рное соедине́ние *n*
Polymer... *(Ch)* полиме́рный
Polymerisat *n (Ch)* полимериза́т *m*
Polymerisation *f (Ch)* полимериза́ция *f*
Polymerisations... *(Ch)* полиме́рный

Polymerisationsanlage *f (Ch)* полимеризáтор *m*
Polymerisator *m (Ch)* полимеризáтор *m*
polymolekular полимолекулярный
polymorph полимóрфный
Polymorphie *f (Min, Krist)* полиморфи́зм *m*
Polynom *n (Math)* многочлéн *m*, полинóм *m*
Polynomfunktion *f (Math)* многочлéнная фýнкция *f*
Polystyren *n (Ch)* полистирóл *m*
polyvalent *(Ch)* многовалéнтный, поливалéнтный
Polyvinyl... *(Ch)* поливини́ловый
Polyvinylacetat *n (Ch)* поливинилацетáт *m*
Polyvinylchlorid *n (Ch)* поливинилхлори́д *m*, ПВХ *m*
Polyvinylchloridlack *m* поливинилхлори́дный лак *m*
Pond *n* грамм-си́ла *f*, гс *(SI-fremde Einheit der Kraft)*
Ponton *m* понтóн *m*
Pontonbrücke *f* понтóнный мост *m*
Pool-Reaktor *m s.* Swimmingpool-Reaktor
Poop *f (Schiff)* ют *m*
populärwissenschaftlich нáучно-популя́рный
Population *f* 1. популя́ция *f*; 2. *(Astr)* населéние *n (Sterne)*; 3. *(Ph)* заселённость *f (Statistik)*
Pore *f* пóра *f*
Porenbeton *m* пóристый [ячéистый] бетóн *m*
Porenbildner *m* порообразовáтель *m*
Porenbildung *f* порообразовáние *n*
Porengips *m (Bw)* газоги́пс *m*
Porengummi *m* пóристая рези́на *f*
Porenmessung *f* порометрия *f*
porig пóристый, ноздревáтый
Porigkeit *f* пóристость *f*
porös пóристый, ноздревáтый; ры́хлый
Porosität *f* пóристость *f*; ры́хлость *f*
Porositätsmesser *m* порозимéтр *m*
Porphyr *m (Geol)* порфи́р *m*
Porphyr... *(Geol)* порфи́ровый
porphyrisch *(Geol)* порфи́ровый
Port *m (Inf)* порт *m*
Portable *m(n) (Eln)* переноснóй аппарáт *m*; переноснóй магнитофóн *m*; переноснóй телеви́зор *m*
Portal *n (Masch, Bw)* портáл *m*
Portal... *(Masch, Bw)* портáльный
Portalkran *m* портáльный кран *m*
Portikus *m (Bw)* пóртик *m*
Portlandzement *m (Bw)* портландцемéнт *m*
Porzellan *n* фарфóр *m*
~/elektrotechnisches электрофарфóр *m*
Porzellan... фарфóровый
Porzellanisolator *m* фарфóровый изоля́тор *m*
Porzellanschale *f (Ch)* фарфóровая чáшка *f*
Position *f* 1. положéние *n*; пози́ция *f*; 2. *(Schiff)* мéсто *n*; 3. *(Flg)* местоположéние *n*
Positioner *m (Reg)* позиционéр *m*
Positionierantrieb *m (Reg)* при́вод *m* позициони́рования
Positionierer *m (Reg)* позиционéр *m*
Positions... позициóнный
Positionsboje *f* тумáнный буй *m*
Positionssystem *n* позициóнная систéма *f* счислéния
positiv положи́тельный
Positiv *n (Kine, Photo)* позити́в *m*
Positivbild *n (Photo)* позити́вное изображéние *n*
Positiventwickler *m (Photo)* позити́вный проя́витель *m*
Positivfilm *m (Photo)* позити́вная плёнка *f*
Positivpapier *n* позити́вная фотобумáга *f*
Positivphotolack *m (Eln)* позити́вный фоторези́ст *m*
Positron *n (Kern)* позитрóн *m*
Positronium *n (Kern)* позитрóний *m*
Post *f* пóчта *f*
~/elektronische электрóнная пóчта *f*, систéма *f* электрóнной пóчты
Posten *m (Glas)* бáночка *f*, набóр *m*
Postmortem-Programm *n (Inf)* построгрáмма *f*
Postprozessor *m (Inf)* постпроцéссор *m*
Postulat *n* постулáт *m*
Post- und Fernmeldewesen *n* связь *f*

Postwagen *m (Eb)* почтóвый вагóн *m*
Potential(...) *s.* Potenzial(...)
potentiell *s.* potenziell
Potentio... *s.* Potenzio...
Potenz *f (Math)* стéпень *f*
Potenzfunktion *f (Math)* степеннáя фýнкция *f*
Potenzial *n (Ph)* потенциáл *m*
~/bioelektrisches биоэлектрúческий потенциáл *m*, биопотенциáл *m*
~/chemisches химúческий потенциáл *m*
~/elektrisches электрúческий потенциáл *m*
~/gibbsches (thermodynamisches) *s.* Gibbs-Funktion
~/thermodynamisches термодинамúческий потенциáл *m*
Potenzial... потенциáльный
Potenzialberg *m (Ph)* потенциáльный барьéр *m*
Potenzialbewegung *f (Hydrod)* потенциáльное течéние *n*
Potenzialfunktion *f (Math)* потенциáльная фýнкция *f*
Potenzialkraft *f (Mech)* потенциáльная сúла *f*
Potenzialschwelle *f (Ph)* потенциáльный барьéр *m*
Potenzialströmung *f (Hydrod)* потенциáльное течéние *n*
Potenzialwall *m (Ph)* потенциáльный барьéр *m*
potenziell потенциáльный
potenzieren *(Math)* возводúть в стéпень, потенцúровать
Potenzieren *n (Math)* возведéние *n* в стéпень, потенцúрование *n*
Potenzierung *f s.* Potenzieren
Potenziometer *n (Rf)* потенциóметр *m*
Potenziometer... потенциометрúческий
Potenziometrie *f (Ch)* потенциомéтрия *f*
potenziometrisch потенциометрúческий
Potenzreihe *f (Math)* степеннóй ряд *m*
Potenzrest *m* степеннóй вы́чет *m* *(Zahlentheorie)*
Pottasche *f* потáш *m*
PPM *f s.* Pulsphasenmodulation
Pr *s.* Praseodym
Pr *s.* Prandtl-Zahl
Prädikatenkalkül *n* лóгика *f* предикáтов
Prädikatenlogik *f* лóгика *f* предикáтов
Prägedruck *m (Typ)* тиснéние *n*
Prägeform *f (Math)* мáтрица *f*
Prägen *n* 1. *(Umf)* калибрóвка *f*; чекáнка *f*; 2. тиснéние *n*, гофрировáние *n*
Prägepresse *f* чекáночный пресс *m*
Prägestempel *m* чекáночный пуансóн *m*
Prägewalzen *n (Wlz)* калибрóвка *f*
Prahm *m (Schiff)* бáржа *f*; шалáнда *f*
Präkambrium *n (Geol)* докéмбрий *m*
Prallfläche *f* отражáющая повéрхность *f*
Prallmühle *f* удáрно-отражáтельная мéльница *f*
Prandtl-Zahl *f (Therm)* числó *n* Прáндтля
Präparat *n* препарáт *m*
Präparateträger *m* препаратодержáтель *m*
Praseodym *n (Ch)* празеодúм *m*, Pr
Prasseln *n (Nrt)* потрéскивание *n*
Pratze *f (Wlz)* захвáтка *f*
Präzession *f (Mech)* прецéссия *f (des Kreisels)*
~/reguläre регулярная прецéссия *f*
Präzision *f* тóчность *f*
Präzisions... прецизиóнный, тóчный
Präzisionsguss *m* тóчное литьё *n*
Präzisionsinstrument *n* тóчный [прецизиóнный] прибóр [инструмéнт] *m*
Präzisionsmessinstrument *n* прецизиóнный измерúтельный прибóр *m*
Präzisionsmessung *f* прецизиóнное измерéние *n*
Präzisionsschmieden *n s.* Genauschmieden
Präzisionswerkzeug *n (Wkz)* тóчный инструмéнт *m*
Präzisionswerkzeugmaschine *f* прецизиóнный станóк *m*
Preemphasis *f (Rf)* предыскажéние *n*
Preis *m* ценá *f*
Prellen *n* дрéбезг *m (z. B. von Kontakten)*
prellfrei бездрéбесковый *(Kontakte)*
Prellklappe *f* отражáтельная заслóнка *f*

Prellstein *m (Bw)* ту́мба *f*
Pressautomat *m* пресс-автома́т *m*
Presse *f* пресс *m*
~/automatische пресс-автома́т *m*
~/hydraulische гидравли́ческий пресс *m*
~/liegende горизонта́льный пресс *m*
~/stehende вертика́льный пресс *m*
pressen 1. прессова́ть; 2. обжима́ть; выда́вливать; 3. штампова́ть; 4. нагнета́ть; 5. тисни́ть
Pressenstempel *m (Schm)* пуансо́н *m*
Pressform *f* пре́ссовая фо́рма *f*, пресс-фо́рма *f*
Pressgesenk *n* обжимно́й штамп *m*
Pressglas *n* прессо́ванное стекло́ *n*
Pressgrat *m* заусе́нец
Presskuchen *m* жмых *m*
Pressling *m* брике́т *m*
Pressluft... *s. unter* Druckluft...
Presspassung *f (Masch)* пре́ссовая поса́дка *f*
Presspulver *n* пресс-порошо́к *m*
Pressrest *m (Umf)* пресс-оста́ток *m*
Pressrohteil *n (Umf)* штампо́ванная загото́вка *f*
Pressschweißen *n* сва́рка *f* давле́нием
Pressspan *m* прессшпа́н *m*
Presswerkzeug *n* пресс-фо́рма *f*
Preventer *m (Erdöl)* превéнтер *m*
primär перви́чный; основно́й
Primär... перви́чный; основно́й
Primäraustenit *m* перви́чный аустени́т *m*
Primärdaten *pl (Inf)* перви́чные да́нные *pl*
Primärelement *n (El)* перви́чный элеме́нт *m*
Primärgefüge *n (Wkst)* перви́чная структу́ра *f*
Primärgraphit *m (Wkst)* перви́чный графи́т *m*
Primärinformation *f* перви́чная информа́ция *f*
Primärkreis *m (El)* перви́чный ко́нтур *m*
Primär(kühl)kreislauf *m (Kern)* перви́чный ко́нтур *m (eines Reaktors)*
Primärluft *f (Wmt)* перви́чный во́здух *m*
Primärmetall *n* перви́чный мета́лл *m*
Primärnormal *n* перви́чный этало́н *m*
Primärreaktion *f (Ch)* перви́чная реа́кция *f*
Primärspeicher *m (Inf)* перви́чная па́мять *f*
Primärstrahlung *f (Kern)* перви́чное излуче́ние *n*
Primärstrom *m (El)* перви́чный ток *m*
Primärstromkreis *m (El)* перви́чная цепь *f*, перви́чный ко́нтур *m*
Primärteilchen *n (Kern)* перви́чная части́ца *f*
Primärwicklung *f (El)* перви́чная обмо́тка *f (eines Transformators)*
Primasprit *m (Ch)* спирт-ректифика́т *m*
Primzahl *f (Math)* просто́е число́ *n*
Prinzip *n* при́нцип *m*; зако́н *m*; нача́ло *n*
~ von der Erhaltung der Masse *(Ph)* зако́н *m* сохране́ния ма́ссы
priorisiert *(Inf)* с (определённым) приорите́том
Priorität *f* приорите́т *m*
Prioritätensteuerung *f (Inf)* приорите́тное управле́ние *n*
Prioritätsinterrupt *m (Inf)* приорите́тное прерыва́ние *n*
Prioritätssteuerung *f (Inf)* управле́ние *n* по приорите́ту
Prioritätsunterbrechung *f (Inf)* приорите́тное прерыва́ние *n*
Prisma *n (Math, Opt, Krist)* при́зма *f*
~/dreiflächiges *(Opt)* трёхгра́нная при́зма *f*
~/nicolsches *(Opt)* при́зма *f* Нико́ля
prismatisch призмати́ческий
Prismatoid *n (Math)* призмато́ид *m*
Prismen... при́зменный
Prismendruckfestigkeit *f (Bw)* при́зменная про́чность *f (Beton)*
Prismenfeldstecher *m* при́зменный бино́кль *m*
Prismenfernglas *n* при́зменный бино́кль *m*
Prismenfestigkeit *f (Bw)* при́зменная про́чность *f (Beton)*
Prismenglas *n* при́зменный бино́кль *m*
Prismenspektrum *n (Ph)* при́зменный спектр *m*
Probe *f* 1. *(Wkst)* образе́ц *m* (для испыта́ний), про́ба *f*; 2. *s.* Prüfung
Probe... про́бный

Probefahrt *f* обкáтка *f (von Maschinen oder Fahrzeugen)*; *(Schiff)* ходовóе испытáние *n*
Probekörper *m s.* Probe 1.
Probelauf *m* обкáтка *f (von Maschinen oder Fahrzeugen)*
Probenahme *f* отбóр *m* проб
Probenehmer *m* пробоотбóрник *m (für Proben)*
Probenlöffel *n (Met)* лóжка *f*
Probestück *n s.* Probe 1.
Probeziehen *n* взя́тие *n* прóбы
Problem *n* проблéма *f*; задáча *f*
Problembeschreibung *f* описáние *n* задáчи
problemorientiert *(Inf)* проблéмно-ориенти́рованный *(Programm)*
Problemstellung *f* постанóвка *f* задáчи
Produkt *n* 1. продýкт *m*, фабрикáт *m*; 2. *(Math)* произведéние *n*
~/äußeres *(Math)* вéкторное произведéние *n*
~/inneres *(Math)* скаля́рное произведéние *n*
~/logisches *(Math)* конъю́нкция *f*
~/skalares *(Math)* скаля́рное произведéние *n*
~/vektorielles *(Math)* вéкторное произведéние *n*
Produktentanker *m* тáнкер-продуктовóз *m*
Produktion *f* 1. произвóдство *n*; 2. добы́ча *f*; 3. вы́пуск *m (von Waren)*
~/abproduktarme малоотхóдное произвóдство *n*
~/abproduktfreie безотхóдное произвóдство *n*
~/flexible ги́бкое (автоматизи́рованное) произвóдство *n*, ГАП *n*
Produktions... произвóдственный
Produktionsablauf *m* технологи́ческий процéсс *m*
Produktionsabschnitt *m (Fert)* произвóдственный учáсток *m*
Produktionsabteilung *f* цех *m*
Produktionsbohrung *f (Bgb)* эксплуатациóнная сквáжина *f*
Produktionskosten *pl* произвóдственные расхóды *mpl*
Produktionsleistung *f* произвóдственная мóщность *f*
Produktionsmenge *f* вы́работка *f*
Produktionsprozess *m* произвóдство *n*, произвóдственный процéсс *m*
Produktionssonde *f (Bgb)* эксплуатациóнная сквáжина *f*
Produktionssteuerung *f* управлéние *n* произвóдством
Produktionsüberwachung(skontrolle) *f* диспетчеризáция *f*
produktiv производи́тельный
~/wenig малопроизводи́тельный
Produktivität *f* производи́тельность *f*
Produktronik *f* продуктрóника *f*
produzieren 1. производи́ть; вырабáтывать; 2. выпускáть *(Waren)*
Profil *n* 1. прóфиль *m*; 2. *(Gum)* (протéкторный) рисýнок *m (eines Reifens)*
~/gekrümmtes криволинéйный прóфиль *m*
~/konkaves вóгнутый прóфиль *m*
Profil... прóфильный, фасóнный
Profildiagramm *n* профилогрáмма *f*
Profilfräser *m (Wkz)* фасóнная фрезá *f*
Profilhobel *m (Wkz)* калёвка *f*
profilieren *(Wlz)* фасони́ровать
profilieren профили́ровать
Profilieren *n* профили́рование *n*
profiliert профили́рованный
Profilkurve *f* профилогрáмма *f*
Profilmeißel *m (Wkz)* фасóнный резéц *m*
Profilmessinstrument *n* профилóметр *m*
Profilogramm *n* профилогрáмма *f*
Profilograph *m* профилóграф *m*
Profilschleifen *n (Fert)* прóфильное [фасóнное] шлифовáние *n*
Profilschleifmaschine *f* профилешлифовáльный станóк *m*
Profilschnittgerät *n* профилóметр *m*
Profilschreiber *m* профилóграф *m*
Profilstahl *m* прóфильная [сортовáя, фасóнная] сталь *f*, сортовóй (стальнóй) прокáт *m*
Profilstein *m (Bw)* фасóнный кáмень *m*
Profilstollen *m* грунтозацéп *m (des Radschleppers)*
Profilträger *m* фасóнная бáлка *f*
Profilwalze *f (Wlz)* фасóнный валóк *m*
Prognose *f* прогнóз *m*
Prognostizieren *n* прогнози́рование *n*

Programm *n (Inf)* прогрáмма *f*
~/**aufrufendes** вызывáющая прогрáмма *f*
~/**ausführendes** исполни́тельная прогрáмма *f*
~/**autonomes** автонóмная прогрáмма *f*
~/**generierendes** прогрáмма-генерáтор *f*, генери́рующая прогрáмма *f*
~/**heuristisches** эвристи́ческая прогрáмма *f*
~/**interpretierendes** интерпретáтор *m*, интерпрети́рующая прогрáмма *f*
~/**kompilierendes** компили́рующая прогрáмма *f*, компиля́тор *m*, прогрáмма-компиля́тор *f*
~/**programmerzeugendes** *s.* ~/generierendes
~/**residentes** резидéнтная прогрáмма *f*
~/**unabhängiges** автонóмная прогрáмма *f*
~/**zyklisches** цикли́ческая прогрáмма *f*
Programm... *(Inf)* прогрáммный; программи́рующий
Programmablaufplan *m (Inf)* блок-схéма *f* прогрáммы
Programmablaufsteuerung *f* управлéние *n* выполнéнием прогрáмм
Programmabschnitt *m (Inf)* (прогрáммная) сéкция *f*
Programmaufruf *m (Inf)* вы́зов *m* прогрáммы
Programmausführung *f (Inf)* выполнéние *n* прогрáммы
Programmbank *f (Inf)* банк *m* прогрáмм
Programmbaustein *m (Inf)* прогрáммный мóдуль *m*
Programmbereich *m (Inf)* раздéл *m*
Programmbibliothek *f (Inf)* библиотéка *f* прогрáмм
Programmdurchlauf *m (Inf)* прогóн *m* прогрáммы
Programmeingabe *f (Inf)* ввод *m* прогрáммы
Programmentwicklung *f (Inf)* разрабóтка *f* прогрáмм
Programmer *m (Inf)* программи́рующее устрóйство *n*, программáтор *m*
Programmerzeugung *f (Inf)* генерáция *f* прогрáммы
Programmgenerierung *f (Inf)* генерáция *f* прогрáммы
programmgesteuert *(Inf)* прогрáммно-управля́емый, с прогрáммным управлéнием
Programmier... *(Inf)* программи́рующий
programmierbar *(Inf)* программи́руемый
~/**fest** жёстко программи́руемый
~/**flexibel** перепрограмми́руемый, ги́бко программи́руемый
~/**frei** ги́бко [свобóдно] программи́руемый, свобóднопрограмми́руемый
~/**wiederholt** *(Inf)* репрограмми́руемый
Programmierbarkeit *f (Inf)* программи́руемость *f*
Programmiereinrichtung *f (Inf)* программи́рующее устрóйство *n*
programmieren *(Inf)* программи́ровать
Programmieren *n (Inf)* программи́рование *n*
Programmiergerät *n* программáтор *m*
Programmierkomfort *m (Inf)* удóбство *n* в программи́ровании
Programmiersprache *f (Inf)* язы́к *m* программи́рования
~/**höhere** язы́к *m* программи́рования высóкого у́ровня
~/**problemorientierte** проблéмно-ориенти́рованный язы́к *m*
Programmiersystem *n* систéма *f* программи́рования
Programmierung *f (Inf)* программи́рование *n*
~/**adressenfreie** безáдресное программи́рование *n*
~/**assoziative** ассоциати́вное программи́рование *n*
~/**automatische** автомати́ческое программи́рование *n*
~/**dynamische** динами́ческое программи́рование *n*
~/**konvexe** вы́пуклое программи́рование *n*
~/**lineare** линéйное программи́рование *n*
~/**manuelle** ручнóе программи́рование *n*
~/**nicht lineare** нелинéйное программи́рование *n*

~/**strukturierte** структу́рное программи́рование *n*
Programmierungsunterlagen *fpl (Inf)* сре́дства *npl* программи́рования
programmkompatibel *(Inf)* програ́ммно-совмести́мый
Programmkompatibilität *f (Inf)* програ́ммная совмести́мость *f*
Programmladen *n (Inf)* загру́зка *f* програ́ммы
Programmlisting *n (Inf)* ли́стинг *m* програ́ммы
Programmmodul *m (Inf)* програ́ммный мо́дуль *m*
Programmpaket *n (Inf)* паке́т *m* програ́мм
Programmprotokoll *n (Inf)* ли́стинг *m* програ́ммы
Programmregelung *f* програ́ммное регули́рование *n*
Programmregister *n (Inf)* програ́ммный реги́стр *m*
Programmregler *m* програ́ммный регуля́тор *m*
Programmspeicher *m (Inf)* програ́ммное запомина́ющее устро́йство *n*, па́мять *f* програ́мм
Programmstart *m (Inf)* за́пуск *m* програ́ммы
Programmsteuerbefehl *m* кома́нда *f* управле́ния програ́ммой
Programmsteuerung *f* програ́ммное управле́ние *n*
Programmtest *m (Inf)* прове́рка *f* програ́ммы
Programmtestung *f (Inf)* отла́дка *f* програ́ммы
Programmunterbrechung *f (Inf)* програ́ммное прерыва́ние *n*
Programmverwaltung *f* управле́ние *n* выполне́нием програ́мм
Programmverzweigung *f (Inf)* ветвле́ние *n* програ́ммы
Programmzähler *m (Inf)* програ́ммный счётчик *m*
Programmzweig *m (Inf)* ветвь *f* програ́ммы
progressiv прогресси́вный
Projekt *n* прое́кт *m*
Projekt... прое́ктный
projektieren проекти́ровать
Projektierung *f* проекти́рование *n*
Projektierungsunterlagen *fpl* прое́ктная документа́ция *f*
Projektion *f* прое́кция *f*
~/**gebrochene** *(Kart)* коса́я прое́кция *f*
~/**kartographische** *(Kart)* картографи́ческая прое́кция *f*
~/**konforme** *(Kart)* равноуго́льная прое́кция *f*
~/**schiefe** *(Kart)* коса́я прое́кция *f*
~/**orthogonale** *f (Math)* ортогона́льная [прямоуго́льная] прое́кция *f*
~/**schräge** *f (Kart)* коса́я прое́кция *f*
~/**senkrechte** *f s.* ~/orthogonale
~/**stereographische** *(Kart)* стереографи́ческая прое́кция *f*
~/**winkeltreue** *(Kart)* равноуго́льная прое́кция *f*
~/**zylindrische** *(Kart)* цилиндри́ческая прое́кция *f*
Projektions... проекцио́нный
Projektionsapparat *m (Opt)* проекцио́нный аппара́т *m*, прое́ктор *m*
Projektionsebene *f (Opt)* пло́скость *f* прое́кции
Projektionseinrichtung *f* проекцио́нное устро́йство *n*
Projektionsgerät *n s.* Projektionsapparat
Projektionsmikroskop *n* проекцио́нный микроско́п *m*
Projektionsschirm *m* (проекцио́нный) экра́н *m*
projektiv *(Math)* проекти́вный
Projektor *m (Opt)* проекцио́нный аппара́т *m*, прое́ктор *m*
projizieren 1. *(Math)* проекти́ровать *(darstellende Geometrie)*; 2. *(Opt)* проекти́ровать *(mit dem Bildwerfer)*
Projizieren *n* 1. *(Math)* проекти́рование *n (darstellende Geometrie)*; 2. *(Opt)* проекти́рование *n (mit dem Bildwerfer)*
Promenadendeck *n (Schiff)* прогу́лочная па́луба *f*
Promethium *n (Ch)* проме́тий *m*, Pm
prompt *(Kern)* мгнове́нный
Propan *n (Ch)* пропа́н *m*
Propeller *m* 1. (возду́шный) винт *m*, пропе́ллер *m*; *(Schiff)* гребно́й винт *m*
Propellerflugzeug *n* винтово́й самолёт *m*

Propellersteigung *f* шаг *m* гребнóго винтá
Propellertriebwerk *n (Flg)* винтовóй двúгатель *m*
Propellerturbine *f* винтовáя [пропéллерная] турбúна *f*
Propellerturbinen... *(Flg)* турбовинтовóй
Propellerturbinenflugzeug *n* турбовинтовóй самолёт *m*
Propellerturbinen(luftstrahl)triebwerk *n* турбовинтовóй двúгатель *m*
Propellerwelle *f (Schiff)* гребнóй вал *m*
Proportion *f (Math)* пропóрция *f*
proportional *(Math)* пропорционáльный
~/direkt прямо пропорционáльный
~/indirekt [umgekehrt] обрáтно пропорционáльный
Proportional... *(Math)* пропорционáльный
Proportionalglied *n (Reg)* пропорционáльное звено *n*
proportional-integral *(Reg)* пропорционáльно-интегрáльный, ПИ-..., изодрóмный
proportional-integral-differenzial *(Reg)* пропорционáльно-интегрáльно-дифференциáльный, ПИД-...
Proportional-Integral-Glied *n (Reg)* изодрóм *m*
Proportionalität *f (Math)* пропорционáльность *f*
Proportionalitätswägung *f* прямóе взвéшивание *n*
Proportionalregelung *f* пропорционáльное регулúрование *n*
Proportionalregler *m* пропорционáльный регуля́тор *m*
Proportionalsteuerung *f* пропорционáльное управлéние *n*
Proportionalzähler *m (Kern)* пропорционáльный счётчик *m*
Propulsionsorgan *n (Schiff)* движúтель *m*
Prospektieren *n (Geol, Bgb, Geoph)* развéдка *f*
~/geomagnetisches магниторазвéдка *f*
~/gravimetrisches гравиметрúческая [гравитациóнная] развéдка *f*
~/seism(ometr)isches *(Geoph)* сейсморазвéдка *f*, сейсмúческая развéдка *f*
Prospektierung *f s.* Prospektieren
Protactinium *n (Ch)* протактúний *m*, Pa
Protektor *m (Kfz)* протéктор *m (Bereifung)*
Protium *n (Kern)* прóтий *m*
Protogalaxie *f (Astr)* протогалáктика *f*
Protokoll *n* протокóл *m*; акт *m*; *(Inf)* лúстинг *m*
Proton *n (Kern)* протóн *m*
Protonenbeschuss *m (Kern)* бомбардирóвка *f* протóнами
Protonensynchrotron *n (Kern)* синхрофазотрóн *m*
Protoplanet *m (Astr)* протопланéта *f*
Protostern *m (Astr)* протозвездá *f*
Protuberanz *f (Astr)* протуберáнец *m*
Protuberanzfaden *m (Astr)* стрúмер *m*
provisorisch врéменный
Prozedur *f (Inf)* процедýра *f*
Prozent *n* процéнт *m*
~ **Massenanteil** мáссовый процéнт *m*
~ **Volumenanteil** объёмный процéнт *m*
Prozent... процéнтный
Prozentsatz *m* процéнт *m*
prozentual процéнтный
Prozess *m* процéсс *m*
~/adaptiver *(Kyb)* адаптúвный процéсс *m*
~/adiabatischer *(Therm)* адиабáтный процéсс *m*
~/eingeschwungener *(El)* установúвшийся процéсс *m*
~/kontinuierlicher непреры́вный процéсс *m*
~/nicht stationärer *(El)* нестационáрный процéсс
~/quasistatischer [reversibler] *(Therm)* квазистатúческий процéсс *m*
~/selbst anpassender *(Kyb)* адаптúвный процéсс *m*
~/stationärer стационáрный процéсс *m*
~/stetiger непреры́вный процéсс *m*
~/stochastischer *(Math, Kyb)* стохастúческий [случáйный] процéсс *m*
~/umkehrbarer *(Therm)* квазистатúческий процéсс *m*
~/zufälliger *s.* ~/stochastischer
Prozessautomatisierung *f* автоматизáция *f* (произвóдственных) процéссов

Prozessor *m (Inf)* процéссор *m*
Prozessor... процéссорный
prozessororientiert *(Inf)* процéссорно-ориентированный
Prozessorspeicher *m* процéссорная пáмять *f*
Prozessrechner *m* управляющая ЭВМ *f*
Prozesssteuerung *f* управлéние *n* процéссом
Prüf... испытáтельный; контрóльный; провéрочный
Prüfanlage *f* испытáтельная устанóвка *f*
Prüfbit *n (Inf)* контрóльный бит *m*
Prüfbyte *n (Inf)* контрóльный байт *m*
Prüfeinrichtung *f* испытáтельная устанóвка *f*, испытáтельное устрóйство *n*
prüfen испы́тывать; контроли́ровать; проверя́ть
Prüfer *m s.* Prüfgerät
Prüffeld *n* полигóн *m*
Prüfgerät *n* испытáтельный [контрóльнай] прибóр *m*, тéстер *m*
Prüfklemme *f (El)* контрóльный [повéрочный, испытáтельный] зажи́м *m*
Prüfkörper *m s.* Probe 1.
Prüfkreis *m (El)* испытáтельная цепь *f*
Prüflehre *f (Mess)* контрóльный кали́бр *m*
Prüfling *m s.* Probe 1.
Prüfmaschine *f* испытáтельная маши́на *m*
Prüfmethode *f* мéтод *m* испытáний
Prüfprogramm *n (Inf)* тест-прогрáмма *f*, тéстовая прогрáмма *f*, прогрáмма *f* контрóля
Prüfpult *n* испытáтельный пульт *m*
Prüfpunkt *m* контрóльная тóчка *f*
Prüfschaltung *f* испытáтельная схéма *f*
Prüfsignal *n (TV)* тест-сигнáл *m*; испытáтельный сигнáл *m*
Prüfsonde *f* испытáтельный зонд *m*
Prüfstand *m* (испытáтельный) стенд *m*
Prüfstand(s)erprobung *f* стéндовое испытáние *n*
Prüfstrom *m (El)* испытáтельный ток *m*
Prüftaster *m* испытáтельный зонд *m*
Prüftransformator *m* испытáтельный трансформáтор *m*
Prüfung *f* испытáние *n*; прóба *f*; тест *m*; контрóль *m*; провéрка *f*
~ **unter Betriebsbedingungen** произвóдственное испытáние *n*
~/zerstörungsfreie *(Wkst)* неразрушáющий контрóль *m* (материáлов)
Prüfungs... испытáтельный
Prüfverfahren *n* мéтод [спóсоб] *m* испытáний
Prüfvorrichtung *f* испытáтельный прибóр *m*
Prüfwinkel *m (Wkz)* повéрочный угóльник
Prüfziffer *f (Inf)* контрóльная ци́фра *f*
PS *n s.* Pferdestärke
pseudo... псевдо...
Pseudo... псевдо...
Pseudoadresse *f (Inf)* псевдоáдрес *m*
Pseudobefehl *m (Inf)* псевдокомáнда *f*
Pseudobild *n (Opt)* псевдоизображéние *n*
Pseudocode *m (Inf)* псевдокóд *m*
pseudoflüssig псевдоожи́женный
Pseudoprogramm *n (Inf)* псевдопрогрáмма *f*
Pseudospeicher *m* виртуáльная пáмять *f*
Pseudozwilling *m (Krist)* псевдодвойни́к *m*
Psophometer *n (Nrt)* псофóметр *m*
Psychrometer *n (Meteo)* психрóметр *m*
P-System *n s.* System/proportional wirkendes
Pt *s.* Platin
PTL-... *(Flg)* турбовинтовóй
PTL-Flugzeug *n* турбовинтовóй самолёт *m*
PTL-Triebwerk *n* турбовинтовóй дви́гатель *m*
Pu *s.* Plutonium
Puder *m* 1. пýдра *f*; 2. *(Gieß)* припы́л *m*
Puffer *m* 1. *(Masch)* амортизáтор *m*; бýфер *m*; 2. *(Inf)* бýфер *m*; 3. *(Ch)* бýфер *m*, бýферный раствóр *m*
~/dynamisch zugeordneter *(Inf)* динами́ческий бýфер *m*
Pufferbereich *m (Inf)* бýферная зóна *f*
Puffergemisch *n (Ch)* бýфер *m*, бýферный раствóр *m*
Pufferhülse *f (Eb)* бýферный стакáн *m*

Pufferlösung *f (Ch)* бу́ферный раство́р *m*, бу́фер *m*
Pufferregister *n (Inf)* бу́ферный реги́стр *m*
Pufferspeicher *m (Inf)* бу́ферная па́мять *f*, бу́ферное запомина́ющее устро́йство *n*, БЗУ *n*, бу́фер *m*
Pufferstufe *f (Rf)* бу́ферная ступе́нь *f*
Pufferung *f (Inf)* буфериза́ция *f*
Puffervorrichtung *f (Kfz)* амортиза́тор *m*
Pulpe *f* пу́льпа *f*, гидросме́сь *f*
Pulsamplitudenmodulation *f (El)* амплиту́дно-и́мпульсная модуля́ция *f*, АИМ *f*
Pulsar *m (Astr)* пульса́р *m (pulsierende Radioquelle)*
Pulsation *f* пульса́ция *f*
Pulsator *m (Ph, El)* вибра́тор *m*
Pulsbreiten... *(El)* широ́тно-и́мпульсный
Pulsbreitenmodulation *f (El)* широ́тно-и́мпульсная модуля́ция *f*, ШИМ *f*
Pulscodemodulation *f (El)* и́мпульсно-ко́довая модуля́ция *f*, ИКМ *f*
Pulsdauermodulation *f (El)* широ́тно-и́мпульсная модуля́ция *f*, ШИМ *f*
Pulsfrequenzmodulation *f (El)* часто́тно-и́мпульсная модуля́ция *f*, ЧИМ *f*
Pulsgeber *m* и́мпульсный да́тчик *m*
Pulsgenerator *m (El)* и́мпульсный генера́тор *m*
pulsieren пульси́ровать
Pulsieren *n* пульса́ция *f*
pulsierend пульси́рующий
Pulslängenmodulation *f (El)* широ́тно-и́мпульсная модуля́ция *f*, ШИМ *f*
Pulsmodulation *f (El)* и́мпульсная модуля́ция *f*, ИМ *f*
Pulsometer *n* пульсо́метр *m (Gasdruckpumpe)*
Pulsphasenmodulation *f (El)* фа́зово-и́мпульсная модуля́ция *f*
Pulsstrahltriebwerk *n (Flg)* пульси́рующий возду́шно-реакти́вный двига́тель *m*
Pulssystem *n (El)* и́мпульсная систе́ма *f*
Pult *n* пульт *m*
Pultdach *n (Bw)* односка́тная кры́ша *f*
Pulver *n* 1. по́рох *m*; 2. порошо́к *m*
~/rauchloses безды́мный по́рох
Pulver... 1. порохово́й; 2. порошко́вый
pulverförmig порошко́вый; порошкова́тый
Pulverisieren *n* пульвериза́ция *f*
Pulvermetallurgie *f* порошко́вая металлу́ргия *f*
Pumpbeton *m* насо́сный бето́н *m*
Pumpe *f* насо́с *m*
~/elektrische электронасо́с *m*
~/elektromagnetische электромагни́тный насо́с *m*
~/hydraulische гидронасо́с *m*
~/mehrstufige многока́мерный насо́с *m*
pumpen нака́чивать *(Laser)*
Pumpen *n* нака́чка *f (Laser)*
~/gepulstes и́мпульсная нака́чка *f (Laser)*
~/optisches опти́ческая нака́чка *f (Laser)*
Pumpenaggregat *n* насо́сный агрега́т *m*
Pumpenanlage *f* насо́сная устано́вка *f*
Pumpenantrieb *m (Erdöl)* кача́лка *f*
Pumpenbock *m (Erdöl)* кача́лка *f*
Pumpendüse *f* насо́с-форсу́нка *m (Dieselmotor)*
Pumpeneinheit *f* насо́сный агрега́т *m*
Pumpspeicher *m (Hydt)* гидроаккумуля́тор *m*
Pumpspeicherkraftwerk *n* гидроаккумули́рующая электроста́нция *f*, ГАЭС *f*, насо́сно-аккумули́рующая (гидро)электроста́нция *f*
Pumpspeicherung *f* гидроаккумули́рование *n*
Pumpspeicherwerk *n s.* 1. Pumpspeicherkraftwerk; 2. Pumpspeicher
Pumpstation *f* насо́сная ста́нция *f*
Pumpwerk *n* насо́сная ста́нция *f*
Punkt *m* 1. то́чка *f*; 2. пункт *m*
~/eutektischer *(Ph, Ch)* эвтекти́ческая то́чка *f*
~/geodätischer *(Geod)* геодези́ческий пункт *m*
~/imaginärer *(Math)* мни́мая то́чка *f*
~/isolierter *(Math)* изоли́рованная то́чка *f*
~/materieller *(Mech)* материа́льная то́чка *f*
~/mehrfacher *(Math)* кра́тная то́чка *f*
~/regulärer *(Math)* пра́вильная то́чка *f*

~/singulärer *(Math)* осóбая тóчка *f*
~/trigonometrischer *(Geod)* тригонометри́ческий пункт *m*
Punkt... тóчечный
Punktdiode *f* тóчечный диóд *m*
Punktelektrode *f* тóчечный электрóд *m*
punktförmig тóчечный
Punkthaus *n* дом *m* тóчечного ти́па
Punkthelle *f (Licht)* блеск *m (einer Lichtquelle)*
punktiert пункти́рный
Punktkontakt *m* тóчечный контáкт *m*
Punktkontakttransistor *m* тóчечный транзи́стор *m*
Punktkörperpendel *n* математи́ческий мáятник *m*
Punktkorrosion *f* тóчечная коррóзия *f*
Punktlast *f (Fest)* сосредотóченная нагрýзка *f*
Punktraster *m (TV)* тóчечный растр *m*
Punktschweißen *n* тóчечная свáрка *f*
Punktspektrum *n* тóчечный спектр *m*
punktsymmetrisch *(Krist)* центрáльносимметри́чный
Punkttransistor *m* тóчечный транзи́стор *m*
Punktverbindung *f (Schw)* тóчечное соединéние *n*
Pupille *f (Opt)* зрачóк *m*
pupinisieren *(El, Nrt)* пупинизи́ровать
pupinisiert *(El, Nrt)* пупинизи́рованный
Pupinisierung *f (El, Nrt)* пупинизáция *f*
Pupinkabel *n* пупинизи́рованный кáбель *m*
PUR-Beschichtung *f* полиуретáнное покры́тие *n*
PUR-Überzug *m* полиуретáнное покры́тие *n*
Push-back-Fahrzeug *n* аэродрóмный тягáч *m*
Push-Pull-Schaltung *f (El)* двухтáктная схéма *f*
Putz *m (Bw)* штукатýрка *f*
~/schallschluckender звукопоглощáюшая штукатýрка *f*
Putzarbeiten *fpl (Bw)* отдéлочные рабóты *fpl*
Putzeisen *n (Gieß)* глади́лка *f*
putzen 1. *(Gieß)* зачищáть, очищáть *(Guss)*; 2. *(Bw)* штукатýрить; 3. шлихтовáть *(Holz)*
Putzen *n (Gieß)* зачи́стка *f*, очи́стка *f (von Guss)*; 2. *(Bw)* штукатýрка *f*, оштукатýривание *n*; 3. шлихтовáние *n (Holzbearbeitung)*
Putzstrahlen *n* струйная очи́стка *f*
Putztrommel *f (Gieß)* очистнóй барабáн *m*
Putzwolle *f* концы́ *mpl*
Puzzolan *n (Bw)* пуццолáн *m*
Puzzolanzement *m* пуццолáновый цемéнт *m*
PVAC *n s.* Polyvinylacetat
PVC *n s.* Polyvinylchlorid
Pyknometer *n (Mech)* пикнóметр *m*
Pyramide *f (Math, Geod, Krist)* пирами́да *f*
~/dreiseitige *(Math)* треугóльная пирами́да *f*
~/vierseitige *(Math)* четырёхугóльная пирами́да *f*
Pyramidenstumpf *m (Math)* усечённая пирами́да *f*
Pyranometer *n (Meteo)* пиранóметр *m*
Pyrgeometer *n (Meteo)* пиргеóметр *m*
Pyrheliometer *n (Meteo)* пиргелиóметр *m*
Pyrit *m (Min)* пири́т *m*, сéрный [желéзный] колчедáн *m*
Pyritkohle *f* пири́товый ýголь *m*
Pyroelektrikum *n* пироэлéктрик *m*
pyroelektrisch пироэлектри́ческий
Pyroelektrizität *f* пироэлектри́чество *n*
Pyrolyse *f (Ch)* пирóлиз *m*
Pyrometallurgie *f* пирометаллýргия *f*
Pyrometer *n* пирóметр *m*
~/thermoelektrisches термоэлектри́ческий пирóметр *m*
Pyrometrie *f* пиромéтрия *f*
pyrometrisch пирометри́ческий
pyrophosphorsauer *(Ch)* пирофосфорноки́слый
Pyrostat *m* пиростáт *m*
Pyrotechnik *f* пиротéхника *f*
Pyrrhotin *m (Min)* пирроти́н *m*, магни́тный колчедáн *m*
Pythagoras *m (Math)* теорéма *f* Пифагóра
pz *s.* pièze

Q

Q-Faktor *m* добро́тность *f*
Q-Meter *n* куме́тр *m*, Q-метр *m*; измери́тель *m* добро́тности
QSG *f s.* Quasag
QSO *n s.* Quasar
Quadrant *m (Math)* квадра́нт *m*
Quadrant(en)elektrometer *n* квадра́нтный электро́метр *m*
Quadrat *n (Math)* квадра́т *m (Fläche und 2. Potenz)*
Quadrat... квадра́тный
quadratisch квадра́тный
Quadratkaliber *n (Wlz)* квадра́тный кали́бр *m*
Quadratmeter *m(n)* квадра́тный метр *m*, $м^2$
Quadratur *f (Math, Astr)* квадрату́ра *f*
~ **des Kreises** квадрату́ра *f* кру́га
Quadratwurzel *f (Math)* квадра́тный ко́рень *m*
Quadrophonie *f* четырёхкана́льная стереофони́я *f*
Quadrupol *m (Ph)* квадрупо́ль *m*
Quadrupol... квадрупо́льный
Qualimeter *n (Mess)* квалиме́тр *m (für Röntgenstrahlung)*
Qualimetrie *f (Mess)* квалиме́трия *f*
Qualität *f* ка́чество *n*; доброка́чественность *f* • **von schlechter Qualität** недоброка́чественный
~/handelsübliche торго́вое ка́чество *n*
qualitativ ка́чественный
Qualitäts... (добро)ка́чественный; высокока́чественный; высокосо́ртный
Qualitätskontrolle *f* контро́ль *m* ка́чества
~/rechnergestützte автоматизи́рованная систе́ма *f* управле́ния ка́чеством, АСУК *f*
~/statistische статисти́ческий контро́ль *m* ка́чества
Qualitätsmesser *m (Mess)* квалиме́тр *m (für Röntgenstrahlung)*
Qualitätssicherung *f* обеспе́чение *n* ка́чества
Qualitätsstahl *m* (высоко)ка́чественная сталь *f*
Qualitätssteuerung *f* управле́ние *n* ка́чеством
Qualm *m* густо́й дым *m*
Quant *n (Ph)* квант *m*
quanteln *(Ph)* квантова́ть
Quantelung *f (Ph)* квантова́ние *n*
~/zweite втори́чное квантова́ние *n*
~/zeitliche *(Reg)* дискретиза́ция *f*
Quanten... *(Ph)* ква́нтовый
Quantenchemie *f* ква́нтовая хи́мия *f*
Quantenelektrodynamik *f* ква́нтовая электродина́мика *f*
Quantenelektronik *f* ква́нтовая электро́ника *f*
Quantengenerator *m (Ph)* ква́нтовый генера́тор *m*
Quantenmechanik *f* ква́нтовая меха́ника *f*
quantenmechanisch *(Ph)* квантовомехани́ческий
Quantenoptik *f* ква́нтовая о́птика *f*
Quantenoszillator *m (Ph)* ква́нтовый генера́тор *m*
Quantensprung *m (Eln)* ква́нтовый перехо́д *m*
Quantenstatistik *f* ква́нтовая стати́стика *f*
Quantentheorie *f (Ph)* ква́нтовая тео́рия *f*
Quantenübergang *m (Eln)* ква́нтовый перехо́д *m*
Quantenverstärker *m* ква́нтовый усили́тель *m*
Quantil *n (Math)* кванти́ль *m (Statistik)*
quantisieren *(Ph)* квантова́ть
Quantisierung *f (Ph)* квантова́ние *n*
Quantität *f* коли́чество *n*
quantitativ коли́чественный
Quantometer *n (Ph)* кванто́метр *m*
Quantor *m (Math)* ква́нтор *m (logischer Operator)*
Quark *n (Kern)* кварк *m (Grundbestandteil der Elementarteilchen)*
quartär *(Geol)* четверти́чный
Quartär... *(Geol)* четверти́чный
Quarto *n s.* 1. Quartowalzgerüst; 2. Quartowalzwerk
Quarto(walz)gerüst *n (Wlz)* клеть *f* ква́рто
Quartowalzwerk *n* стан *m* ква́рто, четырёхвалко́вый (прока́тный) стан *m*
Quarz *m (Min)* кварц *m*
Quarz... ква́рцевый
Quarzfaden *m* ква́рцевая нить *f*

Quarzglas *n* ква́рцевое стекло́ *n*
Quarzit *m (Geol)* кварци́т *m*
Quarzresonator *m (El)* ква́рцевый резона́тор *m*
Quarzuhr *f* ква́рцевые часы́ *pl*
Quasag *m (Astr)* кваза́г *m*, квазизвёздная гала́ктика *f*
Quasage *f s.* Quasag
Quasar *m (Astr)* кваза́р *m*, квазизвёздный исто́чник *m*
quasi... псевдо...
Quasi... псевдо...
quasiflüssig псевдоожи́женный
quasikonstant квазипостоя́нный
quasilinear квазилине́йный
Quasioptik *f* квазио́птика *f*
quasioptisch квазиопти́ческий
quasistationär квазистациона́рный
quasistatisch квазистати́ческий
Quasiteilchen *n (Kern)* квазичасти́ца *f*
quaternär четвери́чный
Quecksilber... рту́тный
Quecksilber *n (Ch)* ртуть *f*, Hg
~/gediegenes *(Min)* саморо́дная ртуть *f*
Quecksilberbarometer *n* рту́тный баро́метр *m*
Quecksilberdampf... рту́тный
Quecksilberdampfgleichrichter *m (El)* рту́тный выпрями́тель *m*
Quecksilberdampflampe *f* рту́тная ла́мпа *f*
Quecksilbergleichrichter *m (El)* рту́тный выпрями́тель *m*
Quecksilbermanometer *n* рту́тный мано́метр *m*
Quecksilbersäule *f* рту́тный столб *m*
Quecksilberthermometer *n* рту́тный термо́метр *m*
Quelladresse *f (Inf)* исхо́дный а́дрес *m*
Quellbarkeit *f* набуха́емость *f*
Quelldatei *f (Inf)* исхо́дный масси́в [файл] *m*, файл-исто́чник *m*
Quelldiskette *f (Inf)* исхо́дный диск *m*
Quelle *f* исто́чник *m*; *(Halbl)* исто́к *m*
quellen набуха́ть, разбуха́ть
Quellen *n* набуха́ние *n*, разбуха́ние *n*
Quellfähigkeit *f* набуха́емость *f*
Quellgebiet *n (Hydrol)* водосбо́р *m*
Quellprogramm *n (Inf)* исхо́дняя програ́мма *f*
Quellregister *n (Inf)* исхо́дный реги́стр *m*, реги́стр-исто́чник *m*
Quellsprache *f (Inf)* исхо́дный язы́к *m*
Quellvermögen *n* набуха́емость *f*
Quellwasser *n* роднико́вая вода́ *f*
Quellzement *m* расширя́ющийся цеме́нт *m*
quer попере́чный; попере́к; трансверса́льный
Quer... попере́чный; трансверса́льный
Querablaufhelling *f (Schiff)* попере́чный ста́пель *m*
Querbalken *m* 1. *(Bw)* перекла́дина *f*; 2. *(Wkzm)* попере́чина *f (einer Drehmaschine)*
Querbeschleunigung *f (Mech)* трансверса́льное [попере́чное] ускоре́ние *n*
Querbewehrung *f (Bw)* попере́чная армату́ра *f*
Querbiegung *f (Fest)* попере́чный изги́б *m*
Querdehnungsmesser *m* тензо́метр *m*
Querfestigkeit *f (Schiff)* попере́чная про́чность *f*
Querhaupt *n* 1. *(Masch)* крестови́на *f*; 2. *(Wlz)* попере́чина *f (des Walzgerüsts)*
Querkontraktion *f (Umf)* попере́чное сжа́тие *m*
Querkontraktionszahl *f (Mech)* коэффицие́нт *m* Пуассо́на, коэффицие́нт *m* попере́чного суже́ния
Querkraft *f (Mech)* попере́чная си́ла *f*
Querkraftbiegung *f (Fest)* попере́чный изги́б *m*
Querkürzung *f (Umf)* попере́чное сжа́тие *n*
Querlage *f* **/starke** *(Flg)* большо́й крен *m*
Quermaßstab *m* попере́чный масшта́б *m*
Quernaht *f (Schw)* попере́чный шов *m*
Querneigungswinkel *m (Flg)* у́гол *m* кре́на
Querort *n (Bgb)* сбо́йка *f*, попере́чный штрек *f*
Querreferenz *f (Inf)* перекрёстная ссы́лка *f*
Querruder *n (Flg)* элеро́н *m*
Querschlag *m (Bgb)* кве́ршлаг *m*
Querschneide *f (Wkz)* перемы́чка *f (eines Spiralbohrers)*

Querschneiden *n* попере́чная распило́вка *f*
Querschnitt *m* 1. (попере́чное) сече́ние *n*, 2. попере́чная распило́вка *f*
~/aktiver *(El)* акти́вное сече́ние *n*
~/effektiver *(Kern)* эффекти́вное сече́ние *n*
~/freier живо́е сече́ние *n*
~/wirksamer *(El)* акти́вное сече́ние *n*
Querschníttsabnahme *f* утоне́ние *n*
Querschnittsfläche *f* пло́щадь *f* сече́ния
Querschott *n (Schiff)* попере́чная перебо́рка *f*
Querschwingung *f (Mech)* попере́чное колеба́ние *n*
Querstabilität *f* 1. попере́чная усто́йчивость *f*; 2. *(Schiff)* попере́чная осто́йчивость *f*
Querstrebe *f* тра́верса *f*
Querstrecke *f* попере́чный штрек *m*
Querstück *n* попере́чина *f*
Querträger *m (Bw)* попере́чная ба́лка *f*; попере́чная связь *f*, тра́верса *f*
Querverband *m* 1. *(Bw)* попере́чная связь *f*; 2. *(Schiff)* попере́чный набо́р *m*
Querverbindung *f* 1. попере́чное соедине́ние *n*; 2. *(Nrt)* пряма́я связь *f*
Querverweis *m* перекрёстная ссы́лка *f*
Quervorschub *m (Wkzm)* попере́чная пода́ча *f*
Querwalzen *n* попере́чная прока́тка *f*
Querwalzverfahren *n* попере́чная прока́тка *f*
Querwelle *f (Ph)* попере́чная волна́ *f*
Querzahl *f s.* Querkontraktionszahl
Quetschen *n* смя́тие *n*
Quetschung *f* смя́тие *n*
Queue-Prozessor *m (Inf)* проце́ссор *m* о́череди
quibinär *(Inf)* пятери́чно-двои́чный
quinär *(Inf)* пятери́чный
Quintil *n (Math)* квинти́ль *m (Statistik)*
Quittierung *f (Inf)* квити́рование *n*, подтвержде́ние *n*
Quote *f* проце́нт *m*
Quotient *m (Math)* ча́стное *n*
Quotientenmessinstrument *n (El)* лого́метр *m*

R

R *s.* Röntgen
Ra *s.* Radium
Ra *s.* Rayleigh-Zahl
racemisch *(Ch)* рацеми́ческий
Rachen *m (Wkz)* зев *m (einer Lehre)*
Rachenlehre *f (Mess)* кали́берная скоба́ *f*, кали́бр-скоба́ *m*
rad *s.* 1. Rad 2.; 2. Radiant
Rad *n* 1. колесо́ *n*; 2. рад *m (SI-fremde Einheit der Energiedosis)*
~/geradverzahntes прямозу́бое (зубча́тое) колесо́ *n*
~/geteiltes разъёмное колесо́ *n*
~/getriebenes ведо́мое колесо́ *n*; ведо́мая шестерня́ *f*
~/pfeilverzahntes шевро́нное (зубча́тое) колесо́ *n*
~/schrägverzahntes косозу́бое (зубча́тое) колесо́ *n*
Radar *n(m)* радиолока́тор *m*
Radar... радиолокацио́нный
Radarabtastung *f* радиолокацио́нный обзо́р *m*
Radarabwehr... противорадиолокацио́нный
Radaranlage *f s.* Radarstation
Radarastronomie *f* радиолокацио́нная астроно́мия *f*
Radaraufnahme *f (Geod)* радиолокацио́нная съёмка *f*
Radarbake *f* радиолокацио́нный буй *m*; радиолокацио́нный мая́к *m*, радиомая́к *m*
Radarbild *n* радиолокацио́нное изображе́ние *n*
Radarboje *f* радиолокацио́нный буй *m*
Radarempfänger *m* радиолокацио́нный приёмник *m*
Radarentfernungsmessinstrument *n* радиодальноме́р *m*
Radarentfernungsmessung *f* радиолокацио́нная дальнометри́я *f*, радиодальнометри́я *f*
Radarerfassung *f* радиолокацио́нное обнаруже́ние *n*
Radarfernmess... радиотелеметри́ческий
Radarfernmessung *f* радиотелеметри́я *f*
Radargerät *n* радиолокацио́нный прибо́р *m*, радиолокацио́нная аппа-

ратýра *f*, радиолокáтор *m*, радáр *m*
Radarhöhenmesser *m* радиовысотомéр *m*
Radarmesstechnik *f* радиоизмерéние *n*
Radarmesswesen *n* радиоизмерéние *n*
Radarmeteorologie *f* радиолокациóнная метеоролóгия *f*
Radarschirmbild *n* радиолокациóнное изображéние *n*
Radarstation *f* радиолокациóнная стáнция [установка] *f*, радиолокáтор *m*
Radartarnfarbe *f* противорадиолокациóнная крáска *f*
Radartechnik *f* радиолокациóнная тéхника *f*, радиолокáция *f*
Radarüberwachung *f* радиолокациóнный обзóр *m*, радиоконтрóль *m*
Radaufhängung *f (Kfz)* подвéска *f* колёс
~ **an durchgehender Achse** зави́симая подвéска *f* колёс
~ **an Schwingachse** независимая подвéска *f* колёс
~ **an Starrachse** зави́симая подвéска *f* колёс
Radbagger *m* рóторный [колёсный] экскавáтор *m*
Radbremse *f* колёсный тóрмоз *m*
Räderschere *f (Wkzm)* гитáра *f (einer Drehmaschine)*
Räderturbine *f* ди́сковая турби́на *f*
radial радиáльный
Radial... радиáльный
Radial-Axial-Turbine *f* радиáльно-осевáя турби́на *f*
Radialbeschleunigung *f (Mech)* радиáльное ускорéние *n*
Radialbohrmaschine *f (Wkzm)* радиáльно-сверли́льный станóк *m*
Radialgebläse *n* центробéжная воздуходýвка *f*
Radialgeschwindigkeit *f (Astr)* лучевáя скóрость *f*
Radialkolbenpumpe *f* радиáльно-поршневóй насóс *m*
Radialkraft *f* радиáльное уси́лие *n*
Radiallager *n (Masch)* радиáльный подши́пник *m*
Radial-Nadellager *n (Masch)* игóльчатый роликоподши́пник *m*
Radialrad *n* радиáльное колесó *n*
Radialreifen *m (Kfz)* радиáльная ши́на *f*
Radial-Rillenkugellager *n (Masch)* радиáльный шарикоподши́пник *m*
Radial-Rollenlager *n (Masch)* радиáльный роликоподши́пник *m*
Radial-Schrägkugellager *n (Masch)* радиáльно-упóрный шарикоподши́пник *m*
Radialspiel *n (Masch)* радиáльный зазóр *m*
Radialturbine *f* радиáльная турби́на *f*
Radialventilator *m* центробéжный вентилятор *m*
Radiant *m (Math)* радиáн *m (Einheit des ebenen Winkels)*
Radiator *m (Wmt)* радиáтор *m*, (отопи́тельная) батарéя *f*
Radienschablone *f (Fert)* рáдиусный шаблóн *m*
Radikal *n* радикáл *m*
~/freies *(Ch)* свобóдный радикáл *m*
Radikand *m (Math)* подкореннóе выражéние *n*
Radio *n s.* Rundfunkempfangsgerät
Radioaktinium *n (Ch)* радиоакти́ний *m*
radioaktiv *(Kern)* радиоакти́вный
~/hoch высокорадиоакти́вный
Radioaktivität *f (Kern)* радиоакти́вность *f*
~/natürliche естéственная радиоакти́вность *f*
Radioamateur *m* радиолюби́тель *m*
Radioamateur... радиолюби́тельский
Radioastronomie *f* радиоастронóмия *f*
Radiobiologie *f* радиобиолóгия *f*
Radiochemie *f* радиохи́мия *f*
radiochemisch радиохими́ческий
Radioelektronik *f* радиоэлектрóника *f*
Radioelement *n (Kern)* радиоэлемéнт *m*
Radiofrequenz *f* радиочастотá *f*
Radiofrequenzspektroskopie *f* радиоспектроскопи́я *f*
Radiofrequenzstrahlung *f (Astr)* радиоизлучéние *n*
Radiogalaxie *f (Astr)* радиогалáктика *f*
Radiogeochemie *f* радиогеохи́мия *f*
Radiogerät *n s.* Rundfunkempfangsgerät

Radiogoniometer *n* радиогонио́метр *m*
Radiogoniometrie *f* радиогониоме́трия *f*
Radiogramm *n* радиогра́фия *f*
Radiographie *f* радиогра́фия *f*
Radiointerferometer *n (Astr)* радиоинтерферо́метр *m*
Radioisotop *n (Kern)* радиоизото́п *m*, радиоакти́вный изото́п *m*
Radiokompass *m (Flg)* радиоко́мпас *m*
Radiologie *f* радиоло́гия *f*
Radiolumineszenz *f* радиолюминесце́нция *f*
Radiolyse *f (Ch)* радио́лиз *m*
Radiometeor *m (Astr)* радиометео́р *m*
Radiometeorologie *f* радиометеороло́гия *f*
Radiometer *n* радио́метр *m*
Radiometer... радиометри́ческий
Radiometrie *f* радиоме́трия *f*
radiometrisch радиометри́ческий
Radionuklid *n* радионукли́д *m*
Radionuklidbatterie *f* я́дерная батаре́я *f*
Radioquelle *f (Astr)* радиисто́чник *m*, исто́чник *m* радиоизлуче́ния
Radiosextant *m (Schiff)* радиосекста́н *m*
Radioskopie *f* рентгеноскопи́я *f*
Radiosonde *f (Meteo)* радиозо́нд *m*
Radiospektrometer *n (Astr)* радиоспектро́метр *m*
Radiospektroskop *n (Astr)* радиоспектро́метр *m*
Radiostrahlung *f (Astr)* радиоизлуче́ние *n*
~/kosmische косми́ческое радиоизлуче́ние *n*
~/solare радиоизлуче́ние *n* Со́лнца
Radiostrahlungsausbruch *m (Astr)* всплеск *m* радиоизлуче́ния *(der Sonne)*
Radiostrahlungsmesser *m (Astr)* радио́метр *m*
Radiostrahlungsquelle *f (Astr)* исто́чник *m* радиоизлуче́ния
Radioteleskop *n (Astr)* радиотелеско́п *m*
Radiowecker *m* радиоприёмник-часы́-буди́льник *m*
Radiowelle *f* радиоволна́ *f*
Radiowellenspektrometer *n (Astr)* радиоспектро́метр *m*
Radiowellenspektroskop *n (Astr)* радиоспектро́метр *m*
Radium *n (Ch)* ра́дий *m*, Ra
Radius *m (Math)* ра́диус *m*
Radiusvektor *m (Math)* ра́диус-ве́ктор *m*
Radizieren *n (Math)* извлече́ние *n* ко́рня
Radkappe *f (Kfz)* колпа́к *m* колеса́
Radnabe *f* вту́лка [ступи́ца] *f* колеса́
Radnabenkappe *f (Kfz)* колпа́к *m* колеса́
Radon *n* 1. *(Ch)* радо́н *m*, Rn; 2. *(Kern)* радо́н *m*, эмана́ция *f* ра́дия *(Nuklid)*
Radreifen *m (Eb)* банда́ж *m*
Radreifenwalzwerk *n* бандаж(епрока́т)ный стан *m*
Radsatz *m (Eb)* колёсная па́ра *f*
Radsatzdrehmaschine *f* колёсотока́рный стано́к *m*
Radschaufel *f (Wkz)* лопа́тка *f*
Radscheibenwalzwerk *n* колёсопрока́тный стан *m*
Radschlepper *m* колёсный тра́ктор *m*
Radschrapper *m (Bw)* колёсный скре́пер *m*
Radstand *m (Kfz)* ба́за *f*
Radtrommel *f* бараба́н *m*
Radwalzwerk *n* колёсопрока́тный стан *m*
Raffinat *n (Ch)* рафина́т *m*
Raffination *f (Met)* рафини́рование *n (NE-Metallurgie)*
Raffinatzink *n (Met)* рафини́рованный цинк *m*
Raffinerie *f* нефтеперераба́тывающий заво́д *m*
Raffineur *m (Pap)* рафинёр *m*
Raffinieren *n (Met)* рафини́рование *n (NE-Metallurgie)*
Rahmabscheider *m* сливкоотдели́тель *m*
Rahmen *m* 1. ра́ма *f*; ра́мка *f*; 2. *(Masch)* стани́на *f*
~/statisch bestimmter *(Bw)* стати́чески определи́мая ра́ма *f*
Rahmenantenne *f (Rf)* ра́мочная анте́нна *f*
Rahmenbrücke *f* ра́мный мост *m*
Rahmenfundament *n (Bw)* ра́мный фунда́мент *m*
Rahmengeviertzimmerung *f (Bgb)* станко́вая крепь *f*

rahmenlos безра́мный *(Fahrwerk)*
Rahmenrührwerk *n* ра́мная меша́лка *f*
Rahmensäge *f* лесопи́льная ра́ма *f*
Rahmenwerk *n (Bw)* обвя́зка *f*
Rakel *f (Typ)* ра́кля *f*
Rakete *f* ракéта *f*
~/**ballistische** баллисти́ческая ракéта *f*
~/**dreistufige** трёхступéнчатая ракéта *f*
~/**einstufige** одноступéнчатая ракéта *f*
~/**gelenkte** управля́емая ракéта *f*
~/**interkontinentale** межконтинентáльная ракéта *f*
~/**mehrstufige** многоступéнчатая [составнáя] ракéта *f*
~/**meterologische** метеорологи́ческая ракéта *f*
~ **mit globaler Reichweite** глобáльная ракéта *f*
~ **mit Ionenantrieb** ио́нная ракéта *f*
~ **mit Photonenantrieb** фото́нная ракéта *f*
~/**ungelenkte** неуправля́емая ракéта *f*
Raketen... ракéтный
Raketenabwehrrakete *f* противоракéта *f*, антиракéта *f*
Raketendynamik *f* ракетодинáмика *f*
Raketenfesttreibstoff *m* твёрдое ракéтное то́пливо *n*
Raketenflüssigtreibstoff *m* жи́дкое ракéтное то́пливо *n*
raketenförmig ракетообрáзный
Raketengleiter *m* ракетоплáн *m*
Raketenstartplatz *m* ракéтный полиго́н *m*, ракетодро́м *m*; космодро́м *m*
Raketentechnik *f* ракéтная тéхника *f*
Raketenträger *m* ракетоно́сец *m*
Raketentreibstoff *m* ракéтное то́пливо *n*
~/**fester** твёрдое ракéтное то́пливо *n*
~/**flüssiger** жи́дкое ракéтное то́пливо *n*
Raketentriebwerk *n* ракéтный дви́гатель *n*
~/**nukleares** я́дерный ракéтный дви́гатель *m*
RAM *m s.* Speicher mit wahlfreiem Zugriff
Raman-Streuung *f (Opt)* комбинацио́нное рассéяние *n* (свéта)
Ramme *f (Bw)* копёр *m*; трамбо́вка *f*
Rammen *n* трамбо́вка *f*, трамбовáние *n*
rammen трамбовáть
Rammgerät *n (Bw)* копёр *m*
Rammklotz *m (Bw)* трамбо́вка *f*
Rampe *f* 1. *(Eb)* накло́нный въезд *m*, аппарéль *f*, рáмпа *f*; 2. пáндус *m*; 3. (вагóн-)платфо́рма *f*, 4. накло́н *m (einer Kurve)*
rampenartig накло́нный *(z. B. Impuls)*
RAM-Speicher *m s.* Speicher mit wahlfreiem Zugriff
Rand *m* 1. край *m*; 2. кро́мка *f*; закрáина *f*; 3. ребо́рда *f*; бу́ртик *m*; 4. борт *m (Flansch)*
Randbedingung *f (Math)* краево́е усло́вие *n*
Randbereich *m (Wkst)* нару́жный слой *m (von Proben)*
rändeln *(Fert)* накáтывать
Rändeln *n (Fert)* накáтка *f*
Rändelung *f (Fert)* 1. накáтка *f (Zustand)*; 2. борт *m (Flansch)*
Randpunkt *m (Math)* грани́чная то́чка *f*
Randschicht *f* пограни́чный слой *m*; *(Met)* ко́рка *f*
Randsenke *f (Geol)* передово́й [краево́й] проги́б *m*
Randspannung *f*/**magnetische** *(El)* магнитодви́жущая си́ла *f*
Randstreifen *m* обрéз *m (der Straße)*
Randtief *n (Meteo)* чáстный цикло́н *m*
Randwertbedingung *f (Math)* краево́е усло́вие *n*
Randwertproblem *n (Math)* краевáя проблéма [задáча] *f*
Randwinkel *m (Ph, Ch)* краево́й у́гол *m*
Rang *m (Bw)* я́рус *m (im Theater)*
Rangierbahnhof *m* сортиро́вочная стáнция *f*
rangieren *(Eb)* сортировáть
Rangierfahrstraße *f (Eb)* маневро́вый маршру́т *m*
Rangierlokomotive *f* маневро́вый локомоти́в *m*
~/**elektrische** маневро́вый электрово́з *m*
rank *(Schiff)* вáлкий
Rankheit *f* вáлкость *f (eines Schiffes)*
Rapidentwickler *m (Photo)* бы́стрый прояви́тель *m*
Rapidentwicklung *f (Photo)* бы́строе [скоростно́е] проявлéние *n*

Rapport *m (Text)* раппо́рт *m*
Rasenmäher *m* газонокоси́лка *f*
Rasenmesser *n* дерноре́з *m*
Rasenstecher *m* дерноре́з *m*
Raser *m* ра́зер *m*
Rasierapparat *m* **/elektrischer** электри́ческая бри́тва *f*
Raspel *f (Wkz)* ра́шпиль *m*
Rasse *f (Lw)* поро́да *f*
Rast *f* 1. *(Masch)* сто́пор *m*; остано́в *m*; 2. *(Met)* запле́чики *pl (des Hochofens)*
Raster *m (Opt, TV)* растр *m*
Rasterelektronenmikroskop *n* ра́стровый (электро́нный) микроско́п *m*
Rastermaß *n (Eln)* шаг *m* координа́тной се́ти *(Scheibenherstellung)*
Rastermikroskop *n* ра́стровый (электро́нный) микроско́п *m*
Rasterplotter *m* ра́стровый графопострои́тель *m*
Rasterscanning *n* ра́стровое скани́рование *m*
Rasterscheibe *f (Fert)* дели́тельный диск *m*
Raststätte *f* доро́жный рестора́н *m*
Rate *f* до́ля *f*
rational *(Math)* рациона́льный
rationell рациона́льный
Rätter *m (Bgb)* гро́хот *m*
rättern *(Bgb)* грохоти́ть
Rättern *n (Bgb)* грохоче́ние *n*
rau шерохова́тый
rauben *(Bgb)* выбива́ть, извлека́ть *(Ausbau)*
Rauben *n (Bgb)* выбива́ние *n*, извлече́ние *n (des Ausbaus)*
Rauch *m* дым *m*
Rauchabzug *m* дымоотво́д *m*
Rauchabzugskanal *m* дымоотво́д *m*
Rauchbildung *f* дымле́ние *n*
rauchen дыми́ть
rauchend дымя́щий
Rauchentwicklung *f* дымле́ние *n*
räuchern *(Lebm)* копти́ть
Räuchern *n (Lebm)* копче́ние *n*
rauchfrei безды́мный
Rauchgas *n* дымово́й газ *m*
Rauchgasdichtemesser *m* дымоме́р *m*
Rauchgasfuchs *m* бо́ров *m*
Rauchgas(speisewasser)vorwärmer *m* водяно́й экономайзер *m*
Rauchglas *n* дымча́тое стекло́ *n*
Rauchkanal *m* дымохо́д *m*
Rauchklappe *f* дымова́я засло́нка *f*
rauchlos безды́мный
Rauchschieber *m* дымова́я засло́нка *f*
Rauchtopas *m (Min)* ды́мчатый топа́з *m*
Rauchzug *m* дымохо́д *m*
Rauen *n* 1. *(Text)* ворсова́ние *n*; 2. *(Gum)* шерохова́ние *n*
Raufe *f (Lw)* корму́шка *f*
Raufutter *n* гру́бый корм *m*
Rauheit *f* шерохова́тость *f*
Rauigkeit *f* шерохова́тость *f*
Raum *m* 1. простра́нство *n*; 2. помеще́ние *n*; ко́мната *f*; 3. *(Schiff)* (грузово́й) трюм *m*; 4. *(Bgb)* отделе́ние *n*; 5. по́лость *f*
~**/abbaustoßnaher** *(Bgb)* призабо́йное простра́нство *n*
~**/dreidimensionaler** *(Math)* трёхме́рное простра́нство *n*
~**/erdnaher** *(Raumf)* околозе́мное возду́шное простра́нство *n*
~**/euklidischer** *(Math)* евкли́дово простра́нство *n*
~**/interplanetarer** *(Astr)* межплане́тное простра́нство *n*
~**/interstellarer** *(Astr)* межзвёздное простра́нство *n*
~**/lichter** габари́т *m*
~**/linearer** *(Math)* лине́йное простра́нство *n*
~**/mehrdimensionaler** *(Math)* многоме́рное простра́нство *n*
~**/nicht euklidischer** *(Math)* неевкли́дово простра́нство *n*
~**/nichteuklidischer** *(Math)* неевкли́дово простра́нство *n*
~**/planetennaher** *(Astr)* околоплане́тное простра́нство *n*
~**/schallisolierter** *(Raumf)* сурдока́мера *f*
~**/schalltoter** *(Ph)* заглушённая ка́мера *f*
~**/umbauter** *(Bw)* кубату́ра *f* зда́ния
Räum... *(Wkzm)* прошивно́й
Raumakustik *f* архитекту́рная аку́стика *f*, аку́стика *f* помеще́ний
Raumanzug *m* косми́ческий скафа́ндр *m*
raumbeständig несжима́емый

Raumbild... *s.* Stereo...
Räumdorn *m (Wkz)* прошивка *f*
räumen 1. убирáть; 2. *(Fert)* прошивáть
Raumfähre *f (Raumf)* спейс шаттл *m*, (грузовóй) космúческий аппарáт [корáбль] *m* многорáзового испóльзования
~/wieder verwendbare *s.* Raumfähre
Raumfahrer *m* астронáвт *m*, космонáвт *m*
Raumfahrt *f* астронáвтика *f*, космонáвтика *f*
Raumfahrtelektronik *f* космúческая электрóника *f*, астрóника *f*
Raumfahrtprogramm *n* космúческая прогрáмма *f*
Raumfahrzeug *n s.* Raumschiff
~/wieder verwendbares *s.* Raumfähre
Raumflug *m* космúческий полёт *m*
Raumflugbahn *f (Astr, Raumf)* траектóрия *f*
Raumflugkörper *m s.* Raumschiff
~/orbitaler орбитáльный (летáтельный) аппарáт *m*
Raumformel *f (Ch)* стереофóрмула *f*
Raumforschung *f* исслéдование *n* космúческого пространства
Raumgewicht *n* объёмный вес *m*
Raumgitter *n (Krist)* прострáнственная решётка *f*
~/triklines триклúнная прострáнственная решётка *f*
Raumgleiter *m* ракетоплáн *m*
Rauminhalt *m* ёмкость *f*; вместúмость *f*; объём *m*; кубатýра *f*
Raumisomer *n (Ch)* прострáнственный изомéр *m*
Raumisomerie *f (Ch)* прострáнственная изомерúя *f*, стереоизомерúя *f*
Raumklang *m s.* Klang/3-D-
Raumkoordinaten *fpl (Geod)* прострáнственные координáты *fpl*
Raumkurve *f (Math)* прострáнственная крúвая *f*
Raumladung *f (El)* объёмный [прострáнственный] зарńд *m*
räumlich объёмный, прострáнственный
Raummultiplex *n (Nrt)* прострáнственное разделéние *n*
Raumparität *f (Ph)* прострáнственная чётность *f*
Raumrakete *f* космúческая ракéта *f*
Raumschiff *n* космúческий корáбль *m*, КК *m*, космúческий летáтельный аппарáт *m*, КЛА *m*
~/bemanntes пилотúруемый космúческий корáбль *m*
~/unbemanntes непилотúруемый космúческий корáбль *m*
Raumschutzanzug *m* космúческий скафáндр *m*
Raumsonde *f (Astr)* космúческий зонд *m*; (автоматúческая) межпланéтная [космúческая] стáнция *f*
Raumstation *f (Astr)* космúческая [орбитáльная] стáнция *f*
~/extraterrestrische орбитáльная стáнция *f*
~/interplanetare автоматúческая межпланéтная стáнция *f*
Raumsystem *n (Bw)* прострáнственная систéма *(bei Tragwerkkonstruktionen)*
Raumtemperatur *f* кóмнатная температýра *f*
Raumtonklang *m s.* Klang/3-D-
Raumtransporter *m* трáнспортный (космúческий) корáбль *m (s. a. Raumfähre)*
Räumwerkzeug *n (Wkz)* прóбка *f*
Raumwinkel *m (Math)* телéсный ýгол *m*
Raumzelle *f (Bw)* объёмный блок *m*, блок-корóбка *f*
~ mit Küche und Sanitärteil *(Bw)* кýхонно-санитáрный блок *m*
raumzentriert *(Krist)* объёмно-центрúрованный
Raupe *f (Schw)* (наплáвленный) вáлик *m*
Raupen... гýсеничный
Raupenbagger *m* гýсеничный экскавáтор *m*
Raupendrehkran *m* гýсеничный поворóтный кран *m*
Raupenkette *f (Kfz)* гýсеница *f*
Raupenketten... гýсеничный
Raupenkran *m* гýсеничный кран *m*
Raupenschlepper *m* гýсеничный трáктор *m*
Rauputz *m (Bw)* набрóска *f*; обмáзка *f*
Rausch... шумовóй
Rauschabstand *m* отношéние *n* сигнáл-шум

rauscharm *(El)* малошумя́щий
rauschbehaftet с шу́мами
Rauschdiode *f* шумово́й дио́д *m*
Rauschen *n* шум *m*
~/kosmisches косми́ческий шум *m*
~/weißes бе́лый шум *m*
rauschen шуме́ть
Rauschfaktor *m (El)* коэффицие́нт *m* шу́ма, шум-фа́ктор *m*
rauschfrei *(El)* бесшу́мный, без шу́мов, нешумя́щий
Rauschfreiheit *f (El)* бесшу́мность *f*
Rauschgenerator *m (Rf)* генера́тор *m* шу́ма
Rauschquelle *f (Rf)* исто́чник *m* поме́х
Rauschtemperatur *f (Astr)* шумова́я температу́ра *f*
Raute *f s.* Rautenkaliber
Rautenkaliber *n (Wlz)* ромб *m*, ромби́ческий кали́бр *m*
Rauwalze *f (Text)* ворсова́льный ва́лик *m*
Rayleigh-Zahl *f (Aero)* число́ *n* Рэле́я, *Ra*
Rb *s.* Rubidium
Rd, rd *s.* Rutherford
Re *s.* Rhenium
Re *s.* Reynolds-Zahl
Reagens *n (Ch)* реаге́нт *m*, реакти́в *m*
Reagenzglas *n (Ch)* проби́рка *f*
Reagenzpapier *n (Ch)* реакти́вная бума́га *f*
Reagieren *n (Ch)* реаги́рование *n*
Reaktant *m (Ch)* реаге́нт *m*, реакти́в *m*
Reaktanz *f (El)* реакти́вное сопротивле́ние *n*, реакти́вность *f*, реакта́нс *m*
Reaktimeter *n (Kern)* реакти́метр *m*
Reaktion *f* 1. *(Ch, Kern)* реа́кция *f*; 2. *(Mech)* реа́кция *f*, противоде́йствие *n*
~/alkalische [basische] *(Ch)* щелочна́я реа́кция *f*
~/bimolekulare *(Ch)* бимолекуля́рная реа́кция *f*
~/chemische хими́ческая реа́кция *f*
~/direkte *(Kern)* пряма́я (я́дерная) реа́кция *f*
~/gekoppelte *(Ch)* сопряжённая реа́кция *f*
~/gesteuerte thermonukleare *(Kern)* управля́емый термоя́дерный си́нтез *m*, управля́емая термоя́дерная реа́кция *f*
~/irreversible *(Ch)* необрати́мая реа́кция *f*
~/katalytische *(Ch)* каталити́ческая реа́кция *f*
~/photonukleare *(Kern)* фотоя́дерная реа́кция *f*
~/reversible *(Ch)* обрати́мая реа́кция *f*
~/thermonukleare *(Kern)* термоя́дерная реа́кция *f*
~/topochemische *(Ch)* топохими́ческая реа́кция *f*
Reaktions... реакти́вный; реакцио́нный
reaktionsfähig *(Ch)* реакционноспосо́бный, реакти́вный
Reaktionsfähigkeit *f (Ch)* реакцио́нная спосо́бность *f*
Reaktionsformel *f (Ch)* реакцио́нная фо́рмула *f*
Reaktionsgefäß *n (Ch)* реа́ктор *m*
Reaktionsgleichung *f***/chemische** хими́ческое уравне́ние *n*
Reaktionskinetik *f* кине́тика *f* реа́кции
Reaktionsmoment *n (Mech)* 1. реакти́вный моме́нт *m*; 2. опроки́дывающий моме́нт *m*
Reaktionsstrahl *m (Flg, Rak)* реакти́вная стру́я *f*
reaktionsträge *(Ch)* неакти́вный
Reaktionsturbine *f* реакти́вная турби́на *f*
Reaktionswirkung *f* обра́тное де́йствие *n*
reaktiv реакти́вный
Reaktivität *f* реакти́вность *f*
Reaktivitätsmesser *m (Kern)* реакти́метр *m*
Reaktor *m* 1. *(Ch)* реа́ктор *m*; 2. *(Kern)* реа́ктор *m*, я́дерный реа́ктор *m*
~/abgeschalteter *(Kern)* остано́вленный реа́ктор *m*
~/gasgekühlter graphitmoderierter *(Kern)* графи́то-га́зовый реа́ктор *m*
~/graphitmoderierter *(Kern)* графи́товый реа́ктор *m*
~/heterogener *(Kern)* гетероге́нный реа́ктор *m*
~/homogener *(Kern)* гомоге́нный реа́ктор *m*
~/langsamer *s.* ~/thermischer
~/leichtwassergekühlter graphitmoderierter *(Kern)* графи́то-во́дный реа́ктор *m*

~/**leichtwassermoderierter** *(Kern)* легково́дный реа́ктор *m*
~/**schneller** *(Kern)* бы́стрый реа́ктор *m*, реа́ктор *m* на бы́стрых нейтро́нах
~/**schwerwassermoderierter** *(Kern)* тяжелово́дный реа́ктор *m*
~/**stillgelegter** *(Kern)* остано́вленный реа́ктор *m*
~/**thermischer** *(Kern)* реа́ктор *m* на тепловы́х нейтро́нах, теплово́й реа́ктор *m*
~ **vom WWR-Typ** *(Kern)* во́до-водяно́й реа́ктор *m*
~/**wassergekühlter und wassermoderierter** *(Kern)* во́до-водяно́й реа́ктор *m*
~/**wassermoderierter** *(Kern)* легково́дный реа́ктор *m*
Reaktorbau *m* реакторострое́ние *n*
Reaktorbeschickung *f (Kern)* загру́зка *f* реа́ктора
Reaktorbetriebsverhalten *n (Kern)* режи́м *m* реа́ктора
reaktorrein *(Kern)* я́дерно-чи́стый
Reaktorverhalten *n (Kern)* режи́м *m* реа́ктора
Realisierung *f* реализа́ция *f*
Realzeit *f (Inf)* реа́льное вре́мя *n*, реа́льный масшта́б *f* вре́мени
Réaumur-Skale *f* шкала́ *f* Реомю́ра
Rechen *m (Lw)* гра́бли *pl*
Rechenanlage *f* вычисли́тельное устро́йство *n*
Rechenautomat *m* вычисли́тельный автома́т *m*
Recheneinheit *f* реша́ющий блок *m*
Rechengröße *f* расчётная величина́ *f*
Rechenmaschine *f s.* Rechner
Rechenoperation *f (Inf)* вычисли́тельная опера́ция *f*
Rechentechnik *f* вычисли́тельная те́хника *f*, ВТ *f*
Rechenwerk *n* арифмети́ческое устро́йство *n*
Rechenzeit *f* вре́мя *n* вычисле́ния
Rechenzentrum *n* вычисли́тельный центр *m*, ВЦ *m*
Recherchesystem *n (Inf)* систе́ма *f* по́иска
rechnen вычисля́ть
Rechnen *n* вычисле́ние *n*
Rechner *m* вычисли́тельная маши́на *f*, ВМ *f*, электро́нная вычисли́тельная маши́на *f*, ЭВМ *f*, компью́тер *m*
~/**analoger** ана́логовая ЭВМ *f*
~/**digitaler** цифрова́я ЭВМ *f*
Rechnerarchitektur *f* архитекту́ра *f* ЭВМ
Rechnerausdruck *m (Inf)* распеча́тка *f*
Rechnercode *m* маши́нный код *m*
Rechnerfernkopplung *f* удалённая связь *f* ЭВМ
rechnergestützt автоматизи́рованный, с примене́нием ЭВМ
Rechnerkopplung *f* многомаши́нный вычисли́тельный ко́мплекс *m*
Rechnernahkopplung *f* лока́льная связь *f* ЭВМ
Rechnernetz *n* вычисли́тельная сеть *f*, сеть *f* ЭВМ
~/**lokales** лока́льная вычисли́тельная сеть *f*, ЛВС *f*
Rechneroperation *f (Inf)* маши́нная опера́ция *f*
Rechnerverbund *m* многомаши́нный вычисли́тельный ко́мплекс *m*
Rechnerverbundnetz *n s.* Rechnernetz
Rechnerzeit *f* маши́нное вре́мя *n*
Rechnung *f* счёт *m*
Recht *n* пра́во *n*
Rechteck *n (Math)* прямоуго́льник *m*
Rechteck... *(Math)* прямоуго́льный
Rechteckdübel *m (Holz)* призмати́ческая шпо́нка *f*
Rechteckgewinde *n* прямоуго́льная резьба́ *f*
rechteckig *(Math)* прямоуго́льный
Rechteckimpuls *m (El)* прямоуго́льный и́мпульс *m*
Rechteckkaliber *n (Wlz)* прямоуго́льный кали́бр *m*
Rechteckprofil *n (Wlz)* прямоуго́льный про́филь *m*
Rechtecktragflügel *m (Flg)* прямоуго́льное крыло́ *n*
Rechtehandregel *f (El)* пра́вило *n* пра́вой руки́
Rechtsbetrieb *m (Eb)* правопу́тное движе́ние *n*
rechtsdrehend правовраща́ющийся, по часово́й стре́лке
Rechtsdrehung *f* пра́вое враще́ние *n*

Rechtsfahrbetrieb *m (Eb)* правопу́тное движе́ние *n*
Rechtsfahrt *m (Eb)* правопу́тное движе́ние *n*
rechtsgängig правозахо́дный *(Gewinde)*
Rechtsgewinde *n* пра́вая резьба́ *f*
Rechtslauf *m* пра́вое враще́ние *n*
Rechtsquarz *m* пра́вый кварц *m*
Rechtsschlag *m* пра́вая кру́тка *f (eines Seils)*
Rechtsschraubenregel *f s.* Korkenzieherregel
rechtssteigend правозахо́дный *(Gewinde)*
Rechtsverkehr *m (Kfz)* правосторо́ннее движе́ние *n*
rechtwinklig *(Math)* прямоуго́льный, ортогона́льный
Reck... *(Umf)* вытяжно́й
reckbar *(Umf)* вытяжно́й
Reckbiegen *n (Umf)* обтя́жка *f*
recken *(Umf)* вытя́гивать, растя́гивать
Recken *n (Umf)* вы́тяжка *f*, вытя́гивание *n*; растяже́ние *n*; протя́гивание *n*
Reck(schmiede)hammer *m* плющи́льный мо́лот *m*
Reckschmieden *n s.* Recken
Reckversuch *m (Wkst)* испыта́ние *n* на растяже́ние
Reckziehen *n (Umf)* обтя́жка *f*
Recorder *m (Eln)* реко́рдер *m*
Recycling *n (Ökol)* втори́чная перерабо́тка *f*; рециркуля́ция *f* отхо́дов
Redigieren *n (Inf)* редакти́рование *n*
Redoxreaktion *f (Ch)* окисли́тельно-восстанови́тельная реа́кция *f*
Reduktion *f* 1. реду́кция *f*; редуци́рование *n*; уменьше́ние *n*; сокраще́ние *n*; 2. *(Ch)* восстановле́ние *n*; 3. *(Math)* приведе́ние *n*
Reduktions... *(Ch)* восстанови́тельный
Reduktionsfähigkeit *f (Ch)* восстанови́тельная спосо́бность *f*
Reduktionsflamme *f* восстанови́тельное пла́мя *n*
Reduktionskessel *m (Ch)* реду́ктор *m*
Reduktionsmittel *n (Ch)* восстанови́тель *m*; восстанови́тельная среда́ *f*
Reduktionsofen *m (Met)* восстанови́тельная печь *f*
Reduktionsprozess *m (Ch)* восстанови́тельный проце́сс *m*
Reduktionsröstung *f (Met)* восстанови́тельный о́бжиг *m*
Reduktionsschmelzen *n* восстанови́тельная пла́вка *f*
Reduktionsvermögen *n (Ch)* восстанови́тельная спосо́бность *f*
redundant *(Inf)* избы́точный
Redundanz *f* 1. резерви́рование *n*; 2. *(Inf)* избы́точность *f*
~/**aktive** постоя́нное резерви́рование *n*
~/**zeitliche** вре́менное резерви́рование *n*
Redundanzprüfung *f (Inf)* контро́ль *m* по избы́точности
Reduzier... редукцио́нный
Reduzierbuchse *f (Masch)* перехо́дная вту́лка *f*
reduzieren 1. *(Ch)* восстана́вливать; 2. редуци́ровать, сокраща́ть; 3. *(Math)* приводи́ть
Reduzieren *n s.* Reduktion 1.
reduzierend *(Ch)* восстанови́тельный
Reduzierflansch *m (Masch)* перехо́дный фла́нец *m*
Reduzierhülse *f (Masch)* перехо́дная вту́лка *f*
Reduziermuffe *f (Masch)* перехо́дная му́фта *f*
reduziert приведённый
Reduzierung *f s.* Reduktion
Reduzierventil *n (Masch)* реду́ктор *m*, редукцио́нный кла́пан *m*
Reduzierwalzwerk *n* редукцио́нный стан *m*
Reede *f (Schiff)* рейд *m*
~/**offene** откры́тый рейд *m*
Reederei *f (Schiff)* парохо́дство *n*
Reeling *f (Schiff)* ле́ер *m*
Referat *n* отде́л *m (einer Verwaltung)*
Referenz *f (Inf)* ссы́лка *f*
Referenzgröße *f* опо́рная величина́ *f*
Referenznormal *n* образе́ц *m*
reflektieren отража́ть
reflektiert отражённый
Reflektometer *n (Opt)* рефлекто́метр *m*
Reflektor *m* 1. отража́тель *m*; рефле́ктор *m*; 2. зерка́льный телеско́п *m*, рефле́ктор *m*

Reflex *m (Opt)* блик *m*
Reflexion *f (Opt)* отражéние *n*
~/gerichtete [regelmäßige, reguläre] зеркáльное отражéние *n*
Reflexionsebene *f (Opt)* плóскость *f* отражéния
Reflexionsfläche *f (Opt)* отражáющая повéрхность *f*
reflexionsfrei без отражéния
Reflexionsgrad *m (Opt)* коэффициéнт *m* отражéния
Reflexionsgradmessung *f (Opt)* рефлектомéтрия *f*
Reflexionskoeffizient *m (El)* коэффициéнт *m* отражéния
Reflexionsmesser *m (Opt)* рефлектóметр *m*
Reflexionsprisma *n (Opt)* отражáтельная прúзма *f*
Reflexionsstrahlung *f* отражённое излучéние *n*
Reflexionsvermögen *n (Astr, Opt)* отражáтельная спосóбность *f*, альбéдо *n*
Reflexionswinkel *m (Ph)* ýгол *m* отражéния
Reflexreflektor *m* световозвращáтель *m*
Reformieren *n (Ch)* рифóрминг *m*
Reforming *n (Ch)* рифóрминг *m*
Refraktion *f (Opt)* преломлéние *n*, рефрáкция *f*; лучепреломлéние *n*
~ des Lichtes *(Opt, Astr)* рефрáкция *f* свéта
~ des Schalls рефрáкция *f* звýка
~/terrestrische *(Geod)* земнáя рефрáкция *f*
Refraktionsvermögen *n (Opt)* преломля́емость *f*, преломля́ющая спосóбность *f*; лучепреломля́емость *f*
Refraktometer *n (Opt)* рефрактóметр *m*
Refraktometrie *f (Opt)* рефрактомéтрия *f*
refraktometrisch *(Opt)* рефрактометрúческий
Refraktor *m (Opt)* рефрáктор *m*; телескóп-рефрáктор *m*
Refresh *m(n) (Inf)* регенерáция *f*
Refrigerator *m* рефрижерáтор *m*
reg ton *s.* Registertonne
Regal *n* стеллáж *m*; пóлка *f*
Regalförderzeug *n* стеллáжный штабелеуклáдчик *m*
Regel *f* прáвило *n*
Regel... регулúруемый, регулирóвочный
Regelabweichung *f (Reg)* рассогласовáние *n*
~/zulässige допустúмая ошúбка *f*
Regelanlage *f (Reg)* исполнúтельное устрóйство *n*
Regelautomatik *f* автомáтика *f* регулúрования
regelbar регулúруемый
~/nicht нерегулúруемый
~/stufenlos *(Masch)* бесступéнчато-регулúруемый
Regelbarkeit *f* регулúруемость *f*; управля́емость *f*
Regelbereich *m* диапазóн *m* регулúрования
Regelcharakteristik *f* регулирóвочная характерúстика *f*
Regeldiode *f* регулирóвочный диóд *m*
Regeleinrichtung *f (Reg)* исполнúтельное [регулúрующее] устрóйство *n*
Regeleinwirkung *f (Reg)* регулúрующее воздéйствие *n*
Regelelement *n (Reg)* исполнúтельный элемéнт *m*
Regelgerät *n* регулúрующий прибóр *m*
Regelglied *n (Reg)* исполнúтельный элемéнт *m*; регулúрующее устрóйство *n*
Regelgröße *f (Reg)* регулúруемая величинá *f*, регулúруемый парáметр *m*
Regelkennlinie *f* регулирóвочная характерúстика *f*
Regelkreis *m (Reg)* цепь *f* управлéния; цепь *f* [кóнтур *m*] регулúрования
Regelleistung *f* номинáльная производúтельность *f*
regelmäßig 1. периодúческий; 2. беспоря́дочный
regeln регулúровать
Regeln *n s.* Regelung
Regeln *fpl* прáвила *npl*
~/kirchhoffsche *(El)* прáвила *npl* Кúрхгофа
Regelschaltung *f* схéма *f* управлéния
Regelschraube *f* регулирóвочный винт *m*

Regelstab *m* регули́рующий сте́ржень *m (zur Leistungsregelung eines Kernreaktors)*
Regelstrecke *f* объе́кт *m* (регули́рования)
Regelstufe *f* регули́рующая ступе́нь *f (einer Turbine)*
Regelsystem *n* систе́ма *f* регули́рования; систе́ма *f* управле́ния
Regeltechnik *f* те́хника *f* регули́рования
Regelung *f* регули́рование *n*, регулиро́вка *f*
~/**adaptive** адапти́вное регули́рование *n*
~/**astatische** астати́ческое регули́рование *n*
~/**automatische** автомати́ческое регули́рование *n*, авторегули́рование *n*, авторегулиро́вка *f*
~/**digitale** цифрово́е регули́рование *n*
~/**direkte** прямо́е регули́рование *n*
~/**gekoppelte** свя́занное регули́рование *n*
~/**harte** жёсткое регули́рование *n*
~/**indirekte** ко́свенное [непрямо́е] регули́рование *n*
~/**isodrome** изодро́мное регули́рование *n*
~/**lineare** лине́йное регули́рование *n*
~/**manuelle** ручно́е регули́рование *n*
~/**mehrkreisige** многоко́нтурное регули́рование *n*
~/**proportional-integrale** пропорциона́льно-интегра́льное регули́рование *n*
~/**sanfte** пла́вное регули́рование *n*
~/**selbsttätige** *s.* ~/automatische
~/**statische** стати́ческое регули́рование *n*
~/**steife** жёсткое регули́рование *n*
~/**stufenweise** ступе́нчатое регули́рование *n*
~/**unabhängige** незави́симое регули́рование *n*
~/**weiche** пла́вное регули́рование *n*
Regelungsautomatik *f* автома́тика *f* регули́рования
Regelungsbereich *m* диапазо́н *m* регули́рования
Regelungseinwirkung *f (Reg)* регули́рующее возде́йствие *n*
Regelungstechnik *f* те́хника *f* регули́рования
Regelventil *n* регули́рующий кла́пан *m*, кла́пан-регуля́тор *m*
Regelverstärker *m* усили́тель-регуля́тор *m*
Regelwerk *n* регулиро́вочный механи́зм *m*
Regen *m* дождь *m*
Regenbogen *m* ра́дуга *f*
Regenerat *n (Gum)* регенера́т *m*
Regeneration *f* регенера́ция *f*, регене́рирование *n*; восстановле́ние *n*
regenerativ регенерати́вный
Regenerativ... регенерати́вный
Regenerativfeuerung *f* регенерати́вная то́пка *f*
Regenerativgummi *m (Gum)* регенера́т *m*
Regenerativofen *m* регенерати́вная печь *f*
Regenerator *m (Wmt)* регенера́тор *m*
regenerieren регенери́ровать; восстана́вливать
Regenerierung *f s.* Regeneration
Regenfallrohr *n (Bw)* водосто́чная труба́ *f*
Regenflutrinne *f (Hydt)* ливнеспу́ск *m*
Regenmesser *m (Meteo)* плювио́метр *m*, осадкоме́р *m*, дождеме́р *m*
~/**registrierender** *(Meteo)* омброгра́ф *m*
Regenmessung *f (Meteo)* плювиоме́трия *f*
Regieraum *m (Rf)* аппара́тная *f*
Regime *n*/**hydrologisches** гидрологи́ческий режи́м *m*
Region *f* о́бласть *f*
Regionalmonitoring *n (Ökol)* региона́льный монито́ринг *m*
Register *n* 1. *(Inf, Nrt)* реги́стр *m*; 2. *(Typ)* приво́дка *f*
~/**binäres** *(Inf)* двои́чный реги́стр *m*
~/**dezimales** *(Inf)* десяти́чный реги́стр *m*
~/**dynamisches** *(Inf)* динами́ческий реги́стр *m*
Registeradressierung *f (Inf)* реги́стровая адреса́ция *f*
Registertonne *f (Schiff)* реги́стровая то́нна *f*, рег. т
Registrier... регистри́рующий; самозапи́сывающий, самопи́шущий

Registrierdynamometer *n* динамо́граф *m*
registrieren регистри́ровать; запи́сывать
registrierend регистри́рующий; запи́сывающий
Registriergerät *n* запи́сывающий прибо́р *m*, регистра́тор *m*; самопи́сец *m*
Registrierung *f* регистра́ция *f*, за́пись *f*
Regler *m* регуля́тор *m*
~/**astatischer** астати́ческий регуля́тор *m*
~/**automatischer** автомати́ческий регуля́тор *m*, авторегуля́тор *m*
~/**direkt wirkender** регуля́тор *m* прямо́го де́йствия
~/**diskreter** дискре́тный регуля́тор *m*
~/**indirekter [indirekt wirkender]** регуля́тор *m* непрямо́го де́йствия
~/**isodromer** изодро́мный регуля́тор *m*
~ **mit Selbsteinstellung** самонастра́ивающийся регуля́тор *f*
~/**programmierbarer** программи́руемый регуля́тор *m*
~/**proportional wirkender** пропорциона́льный регуля́тор *m*
~/**proportional-integral wirkender** пропорциона́льно-интегра́льный регуля́тор *m*
~/**proportional-integral-differenzierend wirkender** пропорциона́льно-интегра́льно-дифференциа́льный регуля́тор *m*
~/**selbsttätiger** автомати́ческий регуля́тор *m*, авторегуля́тор *m*
Reglerschalter *m (Kfz)* реле́-регуля́тор *m*
Regner *m (Lw)* дождева́льная маши́на *f*, дождева́льный аппара́т *m*, ороси́тель *m*
Regression *f* регре́ссия *f*
Regulator *m* регуля́тор *m*
Regulier... регулиро́вочный
regulieren регули́ровать
Regulus *m* королёк *m*
Reib... фрикцио́нный
Reibahle *f (Wkz)* развёртка *f*
Reibantrieb *m (Masch)* фрикцио́нный при́вод *m*
reiben *(Fert)* развёртывать *(Bohrungen)*
Reiben *n (Fert)* развёртывание *n (Bohrungsflächen)*
reibend тру́щийся
Reibgetriebe *n (Masch)* фрикцио́нная переда́ча *f*
Reibkorrosion *f* фре́ттинг-корро́зия *f*
Reibkupplung *f (Masch)* фрикцио́нная му́фта *f*, фрикцио́н *m*
Reiblöten *n* па́йка *f* тре́нием, фрикцио́нная па́йка *f*
Reibmoment *n (Mech)* моме́нт *m* тре́ния
Reibpaarung *f (Masch)* фрикцио́нное сопряже́ние *n*
Reibrad *n* фрикцио́нное колесо́ *n*
Reibradgetriebe *n (Masch)* фрикцио́нная переда́ча *f*
Reibradpresse *f* фрикцио́нный пресс *m*
Reibrollenpresse *f* фрикцио́нный пресс *m*
Reibsäge *f (Wlz)* пи́ла *f* тре́ния
Reibscheibe *f* фрикцио́нный шкив *m*
Reibscheibenkupplung *f* ди́сковая (фрикцио́нная) му́фта *f*
Reibschweißen *n* сва́рка *f* тре́нием
Reibung *f (Trib)* тре́ние *n*
~/**äußere** вне́шнее тре́ние *n*
~/**gemischte** полужи́дкостное тре́ние *n*
~/**gleitende** тре́ние *n* скольже́ния
~/**halbflüssige** полужи́дкостное тре́ние *n*
~/**halbtrockene** полусухо́е тре́ние *n*
~/**innere** вну́треннее тре́ние *n*
Reibungs... фрикцио́нный
Reibungsbremse *f (Masch)* фрикцио́нный то́рмоз *m*
Reibungselektrizität *f* трибоэлектри́чество *n*, электри́чество *n* тре́ния
Reibungskoeffizient *m (Trib)* коэффицие́нт *n* тре́ния
Reibungskraft *f* си́ла *f* тре́ния
Reibungskupplung *f (Kfz)* фрикцио́нное сцепле́ние *n*, фрикцио́нная му́фта *f*
Reibungslumineszenz *f* триболюминесце́нция *f*
Reibungsmesser *m* трибоме́тр *m*
Reibungsmoment *n (Mech)* моме́нт *m* тре́ния
Reibungsphysik *f* трибофи́зика *f*

Reibungsschicht *f (Aero)* пограни́чный слой *m*
Reibungsvakuummeter *n* вя́зкостный вакуумме́тр *m*
Reibungsverluste *mpl (Trib)* поте́ри *fpl* на тре́ние
Reibungswärme *f* теплота́ *f* тре́ния
Reibungswiderstand *m* сопротивле́ние *n* тре́ния
Reibungswinkel *m (Mech)* у́гол *m* тре́ния
Reibungszahl *f (Trib)* коэффицие́нт *m* тре́ния
reich бога́тый *(Erze)*
Reicherz *n* бога́тая руда́ *f*
Reichgas *n* бога́тый газ *f*
reichhaltig бога́тый *(Erze)*
Reichweite *f* 1. да́льность *f*; да́льность *f* де́йствия, ра́диус *m* де́йствия; 2. *(Rf, TV)* да́льность *f* де́йствия; 3. дальнобо́йность *f*; 4. *(Flg)* да́льность *f* полёта • **von geringer** ~ короткоде́йствующий
reif спе́лый
Reif *m (Meteo)* и́ней *m*
Reife *f (Lw)* спе́лость *f*
reifen созрева́ть • ~ **lassen** *(Gieß)* выде́рживать *(Formstoff)*
Reifen *m* 1. ши́на *f (eines Fahrzeugs)*; 2. *(Kfz)* автопокры́шка *f (Bereifung)*; 3. банда́ж *m*; 4. о́бруч *m*
~/**geräuscharmer** *(Kfz)* бесшу́мная ши́на *f*
~/**schlauchloser** *(Kfz)* беска́мерная ши́на *f*
Reifen *n* созрева́ние *n*
Reifendecke *f (Kfz)* покры́шка *f*
Reifenwechsel *m (Kfz)* сме́на *f* ши́ны
Reihe *f* 1. ряд *m*; 2. *(Math)* ряд *m*; 3. *(Math)* прогре́ссия *f*; 4. *(Ch)* ряд *m* • **in** ~ *(El)* после́довательный
~/**aliphatische** *(Ch)* алифати́ческий [жи́рный] ряд *m*
~/**alternierende** *(Math)* знакопереме́нный ряд *m*
~/**arithmetische** *(Math)* арифмети́ческая прогре́ссия *f*
~/**binomische** *(Math)* биномина́льный ряд *m*
~/**divergente** *(Math)* расходя́щийся ряд *m*
~/**endliche** *(Math)* коне́чный ряд *m*
~/**fouriersche** *(Math)* ряд *m* Фурье́
~/**geometrische** *(Math)* геометри́ческий ряд *m*; геометри́ческая прогре́ссия *f*
~/**harmonische** *(Math)* гармони́ческий ряд *m*
~/**homologe** *(Ch)* гомологи́ческий ряд *m*
~/**konvergente** *(Math)* сходя́щийся ряд *m*
~/**numerische** *(Math)* числово́й ряд *m*
~/**trigonometrische** *(Math)* тригонометри́ческий ряд *m*
~/**unendliche** *(Math)* бесконе́чный ряд *m*
Reihen... 1. *(El)* после́довательный; 2. сери́йный *(s. a. unter* Serien...*)*
Reihenentwicklung *f (Math)* разложе́ние *n* в ряд
Reihenfolge *f* после́довательность *f*; чередова́ние *n*; поря́док *m*; о́чередь *f*
~/**absteigende** *(Math)* убыва́ющая после́довательность *f*
~/**aufsteigende** *(Math)* возраста́ющая после́довательность *f*
Reihenmotor *m* ря́дный дви́гатель *m*
Reihensämaschine *f* рядова́я се́ялка *f*
Reihenschlussmotor *m s.* Hauptschlussmotor
Reihensteuerung *f* после́довательное управле́ние *n*
Reihentransformator *m* после́довательный трансформа́тор *m*
rein чи́стый
~/**chemisch** хими́чески чи́стый
Rein... высо́кой чистоты́
Reinaluminium *n (Met)* чи́стый алюми́ний *m*
Reinheit *f* чистота́ *f*
reinigen чи́стить, зачища́ть
Reinigen *n s.* Reinigung
Reiniger *m* 1. очисти́тель *m*; 2. *(Lw)* ве́ялка *f (Getreide)*
Reinigung *f* 1. о́чистка *f*; 2. чи́стка *f*; 3. зачи́стка *f*
~/**biologische** биологи́ческая о́чистка *f (der Abwässer)*
Reinigungsanlage *f* очистно́е сооруже́ние *n*
Reinkohle *f* чи́стый у́голь *m*
Reinmetall *n* чи́стый мета́лл *m*

Reinraum *m (Eln)* чи́стое помеще́ние *n*
Reinst... сверхчи́стый, ультрачи́стый, вы́сшей чистоты́
Reinstaluminium *n (Met)* сверхчи́стый алюми́ний *m*
Reinstraum *m (Eln)* чи́стое помеще́ние *n*, чиста́я ко́мната *f*
Reinststoff *m* сверхчи́стое вещество́ *n*, сверхчи́стый материа́л *m*
Reise *f (Schiff)* 1. рейс *m*, пла́вание *n*; 2. *(Met)* кампа́ния *f (eines Schmelzofens)*
Reise(auto)bus *m* туристи́ческий авто́бус *m*
Reiseflughöhe *f (Flg)* кре́йсерская высота́ *f*
Reisegeschwindigkeit *f* 1. *(Eb)* маршру́тная ско́рость *f*; *(Eb)* уча́стковая ско́рость *f (für Güterzüge)*; 2. *(Flg)* кре́йсерская ско́рость *f*; 3. *(Schiff)* эксплуатацио́нная ско́рость *f*
Reiseleistung *f* кре́йсерская мо́щность *f*
Reiseroute *f (Schiff)* маршру́т *m*
Reiseverkehr *m (Eb)* пассажи́рский тра́нспорт *m*
Reiseweg *m (Schiff)* маршру́т *m*
Reisezug *m (Eb)* пассажи́рский по́езд *m*
Reisezuglokomotive *f* пассажи́рский локомоти́в *m*
Reisezugwagen *m* пассажи́рский ваго́н *m*
Reißen *n* разры́в *m*
reißen тре́скаться
Reißfeder *f* рейсфе́дер *m*
Reißfestigkeit *f (Text)* преде́л *m* про́чности при разры́ве *(Garne)*
Reißnadel *f (Wkz)* черти́лка *f*
Reißschiene *f* рейсши́на *f*
Reißverschluss *m* застёжка-мо́лния *f*
Reißwolf *m* 1. *(Text)* волчо́к *m*; 2. *(Pap)* волк-маши́на *f*
Reißzeug *n* готова́льня *f*
Reiter *m* 1. *(Mech)* бегуно́к *m*; 2. *(Mess)* гуса́рик *m (der Analysenwaage)*
Reiterwägestück *n (Mess)* гуса́рик *m (der Analysenwaage)*
Reitstock *m (Wkzm)* за́дняя ба́бка *f*
Reizschwelle *f* поро́г *m* слы́шимости
Rekaleszenz *f (Ph)* рекалесце́нция *f*
Rekombination *f* 1. *(Ph)* рекомбина́ция *f*; 2. *(Ch)* моляриза́ция *f*
Rekombinations... рекомбинацио́нный
rekonstruieren реконструи́ровать
Rekonstruktion *f* реконстру́кция *f*; перестро́йка *f*
Rekristallisation *f (Krist)* рекристаллиза́ция *f*
Rekristallisationsglühen *n (Härt)* рекристаллизацио́нный о́тжиг *m*
Rektifikat *n (Ch)* ректифика́т *m*
Rektifikation *f* 1. *(Ch)* ректифика́ция *f*; 2. *(Math)* спрямле́ние *n*
Rektifikationsapparat *m (Ch)* ректифика́тор *m*
Rektifikator *m (Ch)* ректифика́тор *m*
rektifizieren 1. *(Ch)* ректифици́ровать; 2. *(Math)* спрямля́ть
Rektifizierkolonne *f (Ch)* ректификацио́нная коло́нна *f*
Rektifiziersäule *f (Ch)* ректификацио́нная коло́нна *f*
Rektifizierung *f (Ch)* ректифика́ция *f*
Rekultivierung *f (Ökol)* рекультива́ция *f*
Rekuperation *f* рекупера́ция *f*
Rekuperationsbremse *f (Eb)* рекуперати́вный то́рмоз *m*
Rekuperationsbremsung *f* рекуперати́вное торможе́ние *n*
Rekuperativfeuerung *f* рекуперати́вная то́пка *f*
Rekuperativofen *(Met)* рекуперати́вная печь *f*
Rekuperator *m* рекупера́тор *m*
Relais *n (El)* реле́ *n*
~/kontaktloses бесконта́ктное реле́ *n*
~/lichtelektrisches [lichtgesteuertes] опти́ческое [фотоэлектри́ческое] реле́ *n*, фотореле́ *n*
~/magnetisches магни́тное реле́ *n*
~/photoelektrisches *s.* ~/lichtelektrisches
Relais... реле́йный
Relaisregler *m* реле́-регуля́тор *m*
Relaissatellit *m* спу́тник-ретрансля́тор *m*
Relaisschaltung *f* реле́йная схе́ма *f*
Relaisschutz *m (El)* реле́йная защи́та *f*
Relaissender *m* радиореле́йная ста́нция *f*, ретрансля́тор *m*
Relaisstation *f s.* Relaissender

Relaissteuerung *f* релéйное управлéние *n*
Relaissystem *n (Nrt)* релéйная систéма *f*
Relaiswähler *m (Nrt)* релéйный искáтель *m*
relativ относи́тельный
Relativadresse *f* относи́тельный áдрес *m*
Relativgeschwindigkeit *f* относи́тельная скóрость *f*
Relativgröße *f* относи́тельная величинá *f*
Relativität *f* относи́тельность *f*
Relativitätsmechanik *f* релятиви́стская механика *f*
Relativitätsprinzip *n (Ph)* при́нцип *m* относи́тельности
Relativitätstheorie *f (Ph)* теóрия *f* относи́тельности
Relativwert *m* относи́тельная величинá *f*
Relaxation *f (El, Ph)* релаксáция *f*
Relaxationsgenerator *m (El)* релаксациóнный генерáтор *m*
Relaxationsprozess *m (Ph)* релаксáция *f*
Relief *n* рельéф *m*
Reluktanz *f (El)* магни́тное сопротивлéние *n*, магнитосопротивлéние *n*
REM *n s.* Rasterelektronenmikroskop
Rem *n* биологи́ческий эквивалéнт *m* рентгéна *(SI-fremde Einheit der Äquivalentdosis)*
rem *s.* Rem
Remanenz *f (El)* остáточная намагни́ченность *f*
Rendezvous *n (Raumf)* встрéча *f*
Rendezvousbahn *f (Raumf)* орби́та *f* встрéчи
Rendezvousmanöver *n (Raumf)* манёвр *m* встрéчи
Rennboot *n* гóночный кáтер *m*
Rennmotor *m (Kfz)* гóночный двигáтель *m*
Rennreifen *m (Kfz)* гóночная ши́на *f*
Rennwagen *m* гóночный автомоби́ль *m*
rentabel рентáбельный
Rentabilität *f* рентáбельность *f*
Rep *n* физи́ческий эквивалéнт *m* рентгéна *(SI-fremde Einheit der Energiedosis)*
rep *s.* Rep
Reparatur *f* ремóнт *m*
~/laufende тéкущий ремóнт *m*
Reparatur... ремóнтный
Reparaturabteilung *f* ремóнтный цех *m*
Reparaturarbeiten *fpl* ремóнтные рабóты *fpl*
Reparaturdock *n* ремóнтный док *m*
Reparatureignung *f* ремонтопригóдность *f*
Reparaturwerkstatt *f* ремóнтная мастерскáя *f*
Reparierbarkeit *f* ремонтопригóдность *f*
reparieren ремонти́ровать
Repeater *m (Nrt)* повтори́тель *m*
Reportageübertragung *f (Rf)* внестуди́йная передáча *f*
Reproduktion *f* воспроизведéние *n*
Reproduktion *f* репродýкция *f*
Reproduktions... репродукциóнный
reproduzierbar воспроизводи́мый
Reproduzierbarkeit *f* воспроизводи́мость *f*
reproduzieren воспроизводи́ть
Reprokamera *f* репродукциóнный фотоаппарáт *m*
Repulsion *f (Mech)* оттáлкивание *n*
Repulsivkraft *f (Mech)* си́ла *f* оттáлкивания
Reservat *n (Ökol)* резервáт *m*
Reserve *f* запáс *m*; резéрв *m*
Reserve... запаснóй; резéрвный
Reserveauftrieb *m (Schiff)* запáс *m* плавýчести
Reservebaugruppe *f (Eln)* запаснóй ýзел *m*
Reservebehälter *m* запаснóй резервуáр *m*
Reserveleistung *f* резéрвная мóщность *f*
Reserven *fpl* ресýрсы *mpl*
Reserverad *n (Kfz)* запаснóе колесó *n*
Reservetank *m* запаснáя цистéрна *f*; запаснóй бак *m*
reservieren *(Text)* резерви́ровать
Reservieren *n (Text)* резерви́рование *n (Färberei)*
Reservierung *f s.* Reservieren
Reset *n* сброс *m* (в начáльное состоя́ние), начáльный сброс *m*

Reset-Taste *f (Inf)* кнóпка *f* сбрóса
resident *(Inf)* резидéнтный
Residenzprogramm *n* резидéнтная прогрáмма *f*
Residuum *n (Math)* вы́чет *m*
Resinat *n (Ch)* резинáт *m*
Resist *n (Eln)* рези́ст *m*, фоторези́ст *m*
resistent стóйкий, устóйчивый; резисти́вный
Resistenz *f* стóйкость *f*, устóйчивость *f*; сопротивлéние *n*
~/akustische акусти́ческое сопротивлéние *n*
Resistivität *f (El)* удéльное сопротивлéние *n*
Resistmaske *f (Eln)* фоторези́стная мáска *f*
Resit *n (Kst)* рези́т *m*
Resol *n (Kst)* резóл *m*
Resolution *f (Ch)* разрешáющая спосóбность *f (in der Chromatographie)*
Resolvometer *n (Photo)* резольвóметр *m*
Resonanz *f* резонáнс *m*
~/ferromagnetische ферромагни́тный резонáнс *m*
~/parasitäre *(El)* паразúтный резонáнс *m*
Resonanz... резонáнсный
Resonanzerscheinung *f (El)* явлéние *n* резонáнса
Resonanzfrequenzmesser *m (El)* резонáнсный частотомéр *m*
Resonanzkreis *m (El)* колебáтельный кóнтур *m*
Resonanzschwingung *f* резонáнсное колебáние *n*
Resonanzstrahlung *f* резонáнсное излучéние *n*
Resonanzverstärker *m (Ph)* резонáнсный усили́тель *m*
Resonanzverstärkung *f (Ph)* резонáнсное усилéние *n*
Resonator *m (Ph, El)* резонáтор *m*
~/optischer опти́ческий резонáтор *m (Laser)*
Resorption *f (Ph)* ресóрбция *f*
Ressort *n* отдéл *m (einer Verwaltung)*
Ressource *f* ресýрс *m*
Ressourcen *fpl* ресýрсы *mpl*
~/natürliche прирóдные ресýрсы *mpl*
~/regenerierbare [sich erneuernde, sich regenerierende] возобновля́емые [восполни́мые] ресýрсы *mpl*
Rest *m* 1. остáток *m*; 2. *(Ch)* грýппа *f*; *(Ch)* радикáл *m*; 3. *(Math)* вы́чет *m*
Rest... остáточный
Restaktivität *f (Kern)* остáточная акти́вность *f*
Restaustenit *m (Wkst)* остáточный аустени́т *m*
Restenergie *f (Ph)* остáточная энéргия *f*
Restglied *n (Math)* остáточный член *m*
Restkapazität *f (El)* остáточная ёмкость *f*
Restkernstrahlung *f* остáточная радиáция *f (bei der Kernexplosion)*
Restladung *f (El)* остáточный заря́д *m*
restlich остáточный
Restmagnetisierung *f (El)* остáточная намагни́ченность *f*
Restmagnetismus *m s.* Remanenz
Restspannung *f (El, Fest)* остáточное напряжéние *n*
Reststickstoff *m* остáточный азóт *m*
Reststrahlung *f (Kern)* остáточное излучéние *n*
Reststrom *m (El)* остáточный ток *m*
Restwiderstand *m (Fest)* остáточное сопротивлéние *n*
Resultante *f (Math)* результáнт *m*
Resultat *n* результáт *m*
Resultierende *f (Math)* равнодéйствующая *f*; *(Mech)* равнодéйствующая си́ла *f*
Retention *f* удержáние *n*, удéрживание *n*
Retorte *f (Ch)* ретóрта *f*
Retortenofen *m* ретóртная печь *f*
Rettung *f* спасáние *n*
Rettungs... спасáтельный
Rettungsboje *f* спасáтельный буй *m*
Rettungsboot *n* спасáтельная шлю́пка *f*
Rettungscaisson *m* спасáтельный кессóн *m*
Rettungsfloß *n* спасáтельный плот *f*
Rettungsgerät *n* спасáтельный аппарáт *m*
Rettungshubschrauber *m* вертолёт *m* авари́йно-спасáтельной слýжбы
Rettungsstation *f* спасáтельная стáнция *f*

Rettungs- und Bergungsschiff *n* аварийно-спасательное судно *n*
Rettungsweste *f* спасательный жилет *m*
Retusche *f* ретушь *f*
Reverberation *f (Ak)* реверберация *f*
reversibel реверсивный
Reversibilität *f* обратимость *f*
Reversierblockwalzwerk *n* реверсивный блюминг *m*
Reversierduo *n* двухвалковый реверсивный блюминг *m*
Reversieren *n (Masch)* реверсирование *n*
Reversiergetriebe *n (Masch)* реверсивная передача *f*
Reversierkupplung *f* реверсивная муфта *f*
Reversiermotor *m (El)* реверсивный двигатель *m*
Reversierstraße *f* реверсивный (прокатный) стан *m*
Reversiervorrichtung *f (Masch)* реверсивное устройство *n*
Reversierwalzstraße *f* реверсивный (прокатный) стан *m*
Reversierwalzwerk *n* реверсивный (прокатный) стан *m*
Reversionspendel *n (Mech)* оборотный маятник *m*
Revision *f* 1. освидетельствование *n*, осмотр *m*; 2. контроль *m*, проверка *f*
Revolver... *(Masch)* револьверный
Revolver(dreh)automat *m (Wkzm)* револьверный автомат *m*
Revolverdrehmaschine *f* (токарно-)револьверный станок *m*
Revolverkopf *m* револьверная головка *f (an Werkzeugmaschinen oder optischen Geräten)*
Reynolds-Zahl *f (Aero)* число *n* Рейнольдса, *Re*
Rezipient *m* приёмник *m*
reziprok обратный; взаимный
Reziprozitätsprinzip *n (Math)* принцип *m* взаимности
Reziprozitätstheorem *n (Math)* теорема *f* взаимности
Rh *s.* Rhodium
Rhenium *n (Ch)* рений *m*, Re
Rheologie *f (Ph)* реология *f*
Rheometer *n (Mess)* реометр *m*
Rheostat *m (El)* реостат *m*
Rhodium *n* родий *m*, Rh
Rhodium... родиевый
rhombisch *(Krist)* ромбический
Rhomboeder *n (Krist)* ромбоэдр *m*
rhomboedrisch *(Krist)* ромбоэдрический
Rhomboid *n (Krist)* дельтоид *m*
Rhombus *m (Math)* ромб *m*
Rhombusantenne *f* ромбическая антенна *f*
Ribonucleinsäure *f* рибонуклеиновая кислота *f*, РНК *f*
Richt... направленный
Richtantenne *f* направленная антенна *f*
Richtbohren *n (Bgb)* направленное бурение *n*
Richtcharakteristik *f* диаграмма *f* направленности
Richtdiagramm *n* диаграмма *f* направленности
richten рихтовать; править *(Bleche, Gleise)*
~/gerade выпрямлять; распрямлять
Richten *n* рихтовка *f*; правка *f (Bleche, Gleise)*
Richtfunkanlage *f* радиорелейная аппаратура *f*
Richtfunkbake *f* направленный радиомаяк *m*
Richtfunkfeuer *n* направленный радиомаяк *m*
Richtfunkgerät *n* радиорелейная аппаратура *f*
Richtfunksystem *n* радиорелейная система *f*
Richtfunkverbindung *f* радиорелейная связь *f*
Richtkoppler *m (Eln)* направленный ответвитель *m*
Richtmaschine *f (Wlz)* правильная машина *f*, правильный станок *m*
Richtmoment *n (Mess)* противодействующий момент *m*
Richtplatte *f (Fert)* правильная плита *f*
Richtpresse *f* правильный пресс *m*
Richtpunkt *m (Geod)* маяк *m*
Richtscheit *n (Bw)* правило *n*
Richtstrahl *m* направленный луч *m*
Richtstrahlantenne *f* направленная антенна *f*

Richtstrahler *m* напра́вленный излуча́тель *m*
Richtstrahlung *f* напра́вленное излуче́ние *n*
Richtstrom *m (El)* вы́прямленный ток *m*
Richtung *f* направле́ние *n*
~**/umgekehrte** обра́тное направле́ние *n*
Richtungsabgängigkeit *f (Rad)* зави́симость *f* от направле́ния
Richtungsanzeiger *m (Kfz)* указа́тель *m* направле́ния
Richtungsfokussierung *f (Opt)* фокусиро́вка *f* по направле́нию
Richtungskoppler *m (Eln)* напра́вленный ответви́тель *m*
Richtungsverkehr *m (Nrt)* односторо́нняя связь *f*
Richtungswinkel *m (Astr)* а́зимут *m*
Richtvermögen *n* напра́вленность *f*
Richtwalze *f (Wlz)* прави́льный вало́к *m*
Richtwirkung *f* напра́вленность *f (von Antennen)*
Richtzeichen *n* предпи́сывающий знак *m*; указа́тельный знак *m (Straßenverkehr)*
Ried *n (Text)* бёрдо *n*
Riefe *f* 1. боро́здка *f*; 2. *(Wlz)* ри́ска *f (Fehler)*; 3. *(Masch)* желобо́к *m*
Riegel *m* 1. *(Masch)* сто́пор *m*; фикса́тор *m*; 2. *(Bw)* ри́гель *m*; 3. задви́жка *f (einer Tür)*
Riemchen *n (Text)* ремешо́к *m*
Riemen *m* реме́нь *m*; *(Schiff)* весло́ *n*
~**/endloser** бесконе́чный реме́нь *m*
Riemen... ремённый
Riemengetriebe *n (Masch)* ремённая переда́ча *f*
Riemenscheibe *f (Masch)* ремённый шкив *m*
Riementrieb *m (Masch)* ремённая переда́ча *f*
Riesbahn *f (Forst)* лесоспу́ск *m*
Riese *m (Astr)* гига́нт *m*, звезда́-гига́нт *f*
Riese *f (Forst)* лесоспу́ск *m*
Rieselkondensator *m (Wmt)* ороси́тельный конденса́тор *m*
Rieselwäscher *m (Ch)* скру́ббер *m*
Riesengalaxie *f (Astr)* гига́нтская гала́ктика *f*
Riesenstern *m (Astr)* гига́нт *m*, звезда́-гига́нт *f*
Riff *n (Geol)* риф *m*
Riffel... рифлёный
riffeln рифлева́ть
Riffeln *n* рифле́ние *n*
Riffelung *f* 1. рифле́ние *n*; 2. *(Wkz)* насе́чка *f (von Walzen)*; 3. *(Fert)* нака́тка *f (Zustand)*
Rille *f* 1. *(Masch)* жёлоб *m*, желобо́к *m*, руче́й *m*; 2. *(Fert)* кана́вка *f*; *(Fert)* вы́точка *f*; 3. *(Lw)* борозда́ *f*
Rillenkugellager *n (Masch)* радиа́льный шарикоподши́пник *m*
Rinde *f* 1. кора́ *f*; 2. корьё *n (geschält)*
Rindenschälmaschine *f (Holz)* корообди́рочный стано́к *m*
Rinderstall *m* коро́вник *m*
Ring *m* 1. кольцо́ *n*; 2. о́бруч *m*; 3. *(Masch)* рым *m*; 4. *(Ch)* цикл *m*; 5. *(Astr, Meteo)* гало́ *n*
Ring... 1. кольцево́й; 2. *(Ch)* цикли́ческий
Ringanode *f* кольцево́й ано́д *m*
Ringansatz *m (Masch)* бурт *m*
Ringantenne *f* анте́нна-кольцо́ *f*
Ringausbau *m (Bgb)* кольцева́я крепь *f*
Ringbrenner *m* кольцева́я горе́лка *f (Feuerung)*
Ringbus *m (Inf)* кольцева́я ши́на *f*
Ringdipol *m* анте́нна-кольцо́ *f*
Ringe *mpl* **/newtonsche** *(Opt)* ко́льца *npl* Нью́тона
ringförmig 1. кольцево́й, кольцеобра́зный; 2. *(Ch)* цикли́ческий
Ringkern *m* 1. *(Math)* тор *m*; 2. *(El)* кольцево́й серде́чник *m*
Ringlehre *f (Mess)* кольцево́й кали́бр *m*
Ringlochschraube *f (Masch)* рым-бо́лт *m*
Ringmagnet *m* кольцево́й магни́т *m*
Ringnut *f* кольцева́я кана́вка *f*
Ringofen *m* кольцева́я печь *f*
Ringschmierung *f* кольцева́я сма́зка *f (Gleitlager)*
Ringschraube *f (Masch)* рым-бо́лт *m*
Ringspalt *m (El)* кольцево́й зазо́р *m*
Ringspant *n (Flg)* кольцево́й шпанго́ут *m*
Ringspule *f (El)* торо́ид *m*
Ringstrom *m (El)* кругово́й ток *m*

Ring- und Radreifenwalzwerk *n* ко́льце- и бандажепрока́тный стан *m*
Ringwade *f* кошелько́вый не́вод *m* *(Fischerei)*
Rinne *f* 1. лото́к *m*; жёлоб *m*; 2. кана́ва *f*; 3. кана́вка *f*; 4. кана́л *m*; 5. *(Lw)* борозда́ *f*
Rinnenofen *m* *(Met)* кана́льная печь *f*
Rippe *f* ребро́ *n*; *(Flg)* нервю́ра *f*
Rippen... ребри́стый
Rippenrohr *n* ребри́стая труба́ *f*
Risiko *n* риск *m*
Riss *m* тре́щина *f*, надры́в *m*, разры́в *m*; *(Met)* рвани́на *f*
Rissbeständigkeit *f* трещиносто́йкость *f*
Rissfestigkeit *f* трещиносто́йкость *f*
rissig трещинова́тый
Rissigkeit *f* трещинова́тость *f*
Rissigwerden *n* растре́скивание *n*
Risslinie *f* разме́точная ри́ска *f*
Ritzel *n* *(Masch)* шестерня́ *f*, зубча́тка *f*
Ritzel... *(Masch)* шестерённый
Ritzelwelle *f* *(Masch)* вал-шестерня́ *m*
ritzen цара́пать
Ritzhärteprüfung *f* *(Wkst)* склерометри́ческое испыта́ние *n*
R-Meter *n* *s.* Röntgenmeter
Rn *s.* Radon 1.
RNS *f* *s.* Ribonucleinsäure
Roboter *m* ро́бот *m*
~/**einarmiger** однору́кий ро́бот *m*
~/**intelligenter** интеллектуа́льный ро́бот *m*
~/**mehrarmiger [vielarmiger]** многору́кий ро́бот *m*
~/**zweiarmiger** двуру́кий ро́бот *m*
Roboteranwendung *f* роботиза́ция *f*
Roboterbau *m* робототрое́ние *n*
Robotereinsatz *m* роботиза́ция *f*
robotergestützt роботизи́рованный
Robotersteuerung *f* управле́ние *n* ро́ботом
Robotertechnik *f* робототе́хника *f*
robust долгове́чный
Robustheit *f* безотка́зность *f*
Rockwellhärte *f* *(Wkst)* тдёрдость *f* по Ро́квеллу
Rockwell-Härteprüfung *f* *(Wkst)* определе́ние *n* твёрдости по Ро́квеллу
Rodegerät *n* *(Lw)* корчева́тель *m*
Rodelader *m* *(Lw)* копа́тель-погру́зчик *m* *(für Rüben)*; картофелекопа́тель-погру́зчик *m*
roden *(Lw)* 1. копа́ть; 2. корчева́ть
Roden *n* корчева́ние *n*
Rodung *f* корчева́ние *n*
roh 1. сыро́й, невари́ённый; 2. сыро́й, нерафини́рованный, неочи́щенный, гру́бый, чернова́й
Roh... *s.* 1. roh; 2. рядово́й *(Erz, Kohle)*; 3. валово́й
Rohbarren *m* *(Wlz)* сли́ток *m* *(NE-Metallurgie)*
Rohbaumwolle *f* хло́пок-сыре́ц *m*
Rohblei *n* чернова́й свине́ц *m*
Rohblock *m* *(Wlz)* сли́ток *m*
Rohdichte *f* 1. объёмная [ка́жущаяся] пло́тность *f*; 2. объёмный вес *m*
Roheisen *n* *(Met)* чугу́н *m*
~/**graues** се́рый чугу́н *m*
~/**weißes** бе́лый чугу́н *m*
Roheisen-Erz-Verfahren *n* *(Met)* ру́дный проце́сс *m*
Roheisenfrischverfahren *n* *(Met)* переде́л *m* чугуна́
Roheisenmischer *m* *(Met)* ми́ксер *m*; *(Met)* копи́льник *m*
Roheisenstichloch *n* чугу́нная лётка *f* *(am Hochofen)*
Roheisen(umschmelz)verfahren *n* *(Met)* переде́л *m* чугуна́
Roheisenverhüttung *f* вы́плавка *f* чугуна́
Roherz *n* рядова́я [сыра́я] руда́ *f*
Rohgarn *n* суро́вая пря́жа *f*
Rohhaut *f* *(Led)* шку́ра *f*
Rohling *m* *(Wlz)* загото́вка *f*; болва́нка *f*
Rohmaß *n* *(Fert)* чернова́й разме́р *m*
Rohmaterial *n* сырьё *n*
Rohöl *n* сыра́я нефть *f*
Rohölmotor *m* нефтяно́й дви́гатель *m*
Rohöltanker *m* нефтево́з *m*
Rohprofil *n* *(Wlz)* раска́т *m*
Rohr *n* 1. труба́ *f*; 2. тру́бка *f*; 3. ствол *m* *(von Geschützen)*
~/**dickwandiges** толстосте́нная труба́ *f*
~/**dünnwandiges** тонкосте́нная труба́ *f*
~/**geschweißtes** сварна́я труба́ *f*
~/**gewalztes** ка́таная труба́ *f*
~/**gezogenes** цельнотя́нутая труба́ *f*

~/**kalt gezogenes** холоднотя́нутая труба́ *f*
~/**nahtlos gewalztes** цельнока́таная труба́ *f*
~/**nahtlos gezogenes** цельнотя́нутая труба́ *f*
~/**nahtloses** бесшо́вная труба́ *f*
~/**warm gezogenes** горячетя́нутая труба́ *f*
Rohrabschneider *m (Wkz)* труборе́з *m*
Rohransatz *m* па́трубок *m*
Rohrblock *m (Wlz)* тру́бная загото́вка *f*
Rohrbrunnen *n* тру́бчатый коло́дец *m*
Rohrbündel *n* пучо́к *m* труб
Röhrchenkondensator *m (El)* тру́бчатый конденса́тор *m*, тру́бка *f*
Röhre *f* 1. *(Eln)* тру́бка *f*, (электронная) ла́мпа *f*; 2. *s.* Rohr
Röhren... 1. тру́бчатый; 2. *(Eln)* ла́мповый
röhrenbestückt *(Eln)* ла́мповый
Röhrendemodulator *m (Rf)* ла́мповый дете́ктор *m*
Röhrenfassung *f (Eln)* ла́мповый патро́н *m*
Röhrentrockner *m* тру́бчатая суши́лка *f*
Röhrenverdampfer *m (Kält)* тру́бчатый испари́тель *m*
Rohrgewebe *n (Bw)* дрань *f (als Putzträger)*
Rohrgewinde *n* тру́бная резьба́ *f*
Rohrgewindeschneidmaschine *f* трубонарезно́й стано́к *m*
Rohrknüppel *m (Wlz)* тру́бная загото́вка *f*
Rohrkrümmer *m (Bw)* отво́д *m*; коле́но *n*
Rohrlegekran *m* трубоукла́дчик *m*
Rohrleger *m (Schiff)* трубоукла́дчик *m*
Rohrleitung *f (Förd)* трубопрово́д *m*; грунтопрово́д *m (zur Baggergutförderung)*
Rohrleitungs... трубопрово́дный
Rohrleitungsarmatur *f* трубопрово́дная армату́ра *f*
Rohrleitungstransport *m* трубопрово́дный тра́нспорт *m*
Rohrleitungsventil *n* трубопрово́дный ве́нтиль *m*
Rohrmuffe *f* тру́бная му́фта *f*, растру́б *m*
Rohrpost *f* пневмати́ческая по́чта *f*, пневмопо́чта *f*
Rohrschlange *f* змееви́к *m*
Rohrschneider *m (Wkz)* труборе́з *m*
Rohrschweißmaschine *f* трубосва́рочный стан *m*
Rohrschweißwalzwerk *n* трубосва́рочный стан *m*
Rohrstrang *m* 1. трубопрово́д *m*; 2. коло́нна *f* (труб)
Rohrstraße *f* трубопрока́тный стан *m*
Rohrtour *f (Bgb)* обса́дная коло́нна *f*
Rohrverbindung *f* соедине́ние *n* труб
Rohrverbindungsstück *n* фи́тинг *m*
Rohrverdampfer *m s.* Röhrenverdampfer
Rohrwalzen *n* прока́тка *f* труб
Rohrwalzstraße *f* трубопрока́тный стан *m*
Rohrwalzverfahren *n* прока́тка *f* труб
Rohrwalzwerk *n* трубопрока́тный стан *m*
Rohrziehpresse *f* трубоволочи́льный пресс *m*
Rohrzwischenstück *n* перехо́дный па́трубок *m*
Rohsalz *n* неочи́щенная [сыра́я] соль *f*
Rohseide *f* шёлк-сыре́ц *m*
Rohspiritus *m* спирт-сыре́ц *m*
Rohsprit *m* спирт-сыре́ц *m*
Rohstoff *m* сырьё *n*
~/**mineralischer** минера́льное сырьё *n*
Rohstoff... сырьево́й
Rohstoffquellen *fpl* ресу́рсы *mpl*
Rohware *f* 1. сырьё *n*; 2. *(Text)* суровьё *n (Gewebe)*
Rohziegel *m* кирпи́ч-сыре́ц *m*
Rollbahn *f* 1. *(Förd)* ро́ликовый транспортёр *m*; ро́льганг *m (für Transportzwecke)*; 2. *(Flg)* рулёжная доро́жка *f*
Rolle *f* 1. ро́лик *m*; 2. *(Förd)* блок *m (von Hebezeugen)*; *(Masch)* шкив *m*; 3. ва́лик *m*; вало́к *m*; 4. като́к *m*; 5. руло́н *m*; мото́к *m*, бунт *m (Draht)*; бу́хта *f (für Seile)*; 6. *(Text)* кату́шка *f*, шпу́ля *f*; 7. *(Flg)* бо́чка *f (Kunstflugfigur)*
~/**angetriebene** ведо́мый ро́лик *m*
~/**feste** ве́рхний блок *m (eines Rollenzuges)*
~/**lose** подви́жный блок *m (eines Rollenzuges)*

~/**lose** холосто́й блок *m (eines Rollenzuges)*
~/**obere** ве́рхний блок *m (eines Rollenzuges)*
Rollen *n* 1. каче́ние *n*; 2. *(Flg)* руле́ние *n (auf den Rollbahnen)*; 3. *(Kfz, Eb)* обка́тка *f*; 4. *(Fert)* нака́тка *f*, нака́тывание *n (Gewinde)*; 5.*(Text)* ката́ние *n*; 6. *(Flg)* крен *m (Drehbewegung um die Längsachse)*; 7. *(Inf)* прокру́тка *f (nach oben oder unten)*
Rollenbahn *f s.* Rollenförderer
Rollenförderer *m* ро́ликовый конве́йер [транспортёр] *m*
Rollengang *m s.* Rollenförderer
Rollenkette *f (Masch)* ро́ликовая цепь *f*
Rollenlager *n (Masch)* ро́ликовый подши́пник *m*, (радиа́льный) роликоподши́пник *m*
Rollennaht *f (Schw)* ро́ликовый шов *m*
Rollenpapier *n* руло́нная бума́га *f*
Rollenstromabnehmer *m (El)* тролле́й *m*
Rollfilmkamera *f* плёночный фотоаппара́т *m*
Rollgang *m* ро́ликовый транспортёр *m*; ро́льганг *m (für Transportzwecke)*
Rollladen *m* жалюзи́ *n*
Rollloch *n (Bgb)* скат *m*; восстаю́щий *m*; печь *f*; люк *m*
Rollmaschine *f (Fert)* зиг-маши́на *f*
Roll-on/roll-off-Verkehr *m (Schiff)* погру́зка *f* нака́том
Rolloverschluss *m (Photo)* што́рный затво́р *m*
Rollreibung *f* тре́ние *n* каче́ния
Rolltreppe *f* эскала́тор *m*
Rollwerkzeug *n (Wkz)* нака́тка *f (zum Gewinderollen)*
Rollwinkel *m (Flg)* у́гол *m* кре́на
ROM *m s.* Festwertspeicher
Ronde *f (Met)* кружо́к *m*
Rondell *n (Wkst)* лу́нка *f (Ziehprobe)*
Röntgen *n* рентге́н *m*, Р *(SI-fremde Einheit der Exposition)*
Röntgen... рентге́новский; рентгенографи́ческий
Röntgenanalyse *f (Ph)* рентге́новский ана́лиз *m*
Röntgenapparat *m* рентге́новский аппара́т *m*
Röntgenäquivalent *n (Kern)* эквивале́нт *m* рентге́на, рентге́н-эквивале́нт *m*
~/**biologisches** биологи́ческий эквивале́нт *m* рентге́на, бэр, БЭР *m (SI-fremde Einheit der Äquivalentdosis)*
~/**physikalisches** физи́ческий эквивале́нт *m* рентге́на, фэр, ФЭР *m (SI-fremde Einheit der Energiedosis)*
Röntgenastronomie *f* рентге́новская астроно́мия *f*
Röntgenaufnahme *f* рентге́новский сни́мок *m*, рентгеногра́мма *f*, рентгеногра́фия *f*
Röntgenbehandlung *f* рентгенотерапи́я *f*
Röntgenbeugungsbild *n* рентгеногра́мма *f*
Röntgenbild *n s.* Röntgenaufnahme
Röntgendefektoskopie *f (Wkst)* рентгенодефектоскопи́я *f*
Röntgendiagnostik *f* рентгенодиагно́стика *f*
Röntgendiagramm *n* рентгеногра́мма *f*
Röntgendurchleuchtung *f s.* Röntgenoskopie
Röntgendurchstrahlung *f s.* Röntgendurchleuchtung
Röntgenfeinstrukturanalyse *f (Wkst)* микрострукту́рный рентге́новский ана́лиз *m*, (микро)рентгенострукту́рный ана́лиз *m*
Röntgenfilm *m* рентге́новская (фото-) плёнка *f*
Röntgengerät *n* рентге́новский аппара́т *m*
Röntgengoniometer *n* рентге́новский гонио́метр *m*
Röntgenlumineszenz *f* рентгенолюминесце́нция *f*
Röntgenmetallographie *f* рентгеногра́фия *f* мета́ллов, рентгенометаллогра́фия *f*
Röntgenmeter *n (Kern)* рентгенме́тр *m*
Röntgenmikroskop *n* рентге́новский микроско́п *m*
Röntgenmikroskopie *f* рентгеномикроскопи́я *f*
Röntgenogramm *n s.* Röntgenaufnahme
Röntgenographie *f* рентгеногра́фия *f*

röntgenographisch рентгенографи́ческий
Röntgenologie *f* рентгеноло́гия *f*
Röntgenometrie *f* рентгеноме́трия *f*
Röntgenoskopie *f* рентгеноскопи́я *f*, просве́чивание *n* рентге́новскими луча́ми; флуороско́пия *f*
Röntgenphotometer *n* рентгенофото́метр *m*
Röntgenröhre *f* рентге́новская тру́бка *f*
Röntgenspektralanalyse *f (Ph)* рентгеноспектра́льный ана́лиз *m*
Röntgenspektralaufnahme *f s.* Röntgenaufnahme
Röntgenspektrograph *m* рентгеноспектро́граф *m*
Röntgenspektroskopie *f* рентге́новская спектроскопи́я *f*
Röntgenspektrum *n (Ph)* рентге́новский спектр *m*
Röntgenstrahlen *mpl* рентге́новские лучи́ *mpl (s. a. unter* Röntgenstrahlung*)*
Röntgenstrahlenkunde *f* рентгеноло́гия *f*
Röntgenstrahlenmikroskop *n* рентге́новский микроско́п *m*
Röntgenstrahlung *f* рентге́новские лучи́ *mpl*; рентге́новское излуче́ние *n*
~/**harte** жёсткие рентге́новские лучи́ *mpl*
~/**kurzwellige** жёсткие рентге́новские лучи́ *mpl*
~/**langwellige** мя́гкие рентге́новские лучи́ *mpl*
~/**weiche** мя́гкие рентге́новские лучи́ *mpl*
Röntgenstruktur... рентгенострукту́рный
Röntgenstrukturanalyse *f (Wkst)* рентгенострукту́рный ана́лиз *m*
Röntgentechnik *f* рентгеноте́хника *f*
Röntgenteleskop *n* рентге́новский телеско́п *m*
Röntgentherapie *f* рентгенотерапи́я *f*
Röntgenuntersuchung *f* рентгенодиагно́стика *f*
Röntgenwerkstoffprüfung *f (Wkst)* рентгенодефектоскопи́я *f*
Ro-Ro-Schiff *n* ро́лкер *m*, нака́тное су́дно *n*, су́дно *n* с горизонта́льной грузообрабо́ткой
rösch то́щий, са́дкий *(Papier)*
Rösche *f (Bgb)* кана́ва *f*, ров *m*
Rost *m* 1. ржа́вчина *f*; 2. (колоснико́вая) решётка *f*; колосни́к *m*; 3. *(Bw)* ро́стверк *m*
Rost... 1. решётчатый; 2. колоснико́вый *(in Verbindung mit Feuerung)*
rostbeständig коррозиеусто́йчивый, коррозионносто́йкий, коррозионноусто́йчивый
Rostbeständigkeit *f* коррозио́нная усто́йчивость *f*, коррозиеусто́йчивость *f*, коррозио́нная сто́йкость *f*
Rostbildner *m* коррозио́нная среда́ *f*
rosten ржаве́ть
rösten 1. *(Met)* обжига́ть *(Erz)*; 2. мо́кнуть *(Flachs)*
Rosten *n* ржавле́ние *n*, корро́зия *f*
Rösten *n* 1. *(Met)* о́бжиг *m (Erze)*; 2. мо́чка *f (Flachs)*
~/**oxidierendes** *(Met)* окисли́тельный о́бжиг *m*
~/**reduzierendes** *(Met)* восстанови́тельный о́бжиг *m*
rostend/nicht нержаве́ющий
Rostfeuerung *f* колоснико́вая то́пка *f*
rostfrei нержаве́ющий
rostig ржа́вый
Röstofen *m* обжига́тельная [о́бжиговая] печь *f (NE-Metallurgie)*
Rostschutz *m* защи́та *f* от корро́зии
Rostschutz... антикоррозио́нный, противокоррозио́нный
Rostschutzbehandlung *f* антикоррозио́нная обрабо́тка *f*
rostschützend антикоррозио́нный, противокоррозио́нный
Rostschutzfarbe *f* антикоррозио́нная кра́ска *f*
Rostschutzlack *m* антикоррозио́нный лак *m*
Rostschutzüberzug *m* антикоррозио́нное покры́тие *n*
Roststelle *f* ржа́вчина *f*
Röstung *f s.* Rösten
Rostwerk *n (Bw)* ро́стверк *m*
Rotameter *n (Mess)* рота́метр *m*
Rotarybohren *n (Bgb)* враща́тельное [ро́торное] буре́ние *n*
Rotation *f* 1. враще́ние *n*, враща́тельное движе́ние *n*; 2. *(Mech)* рота́ция *f*; 3. *(Lw)* севооборо́т *m*, плодосме́н *m*

Rotations... вращáтельный; ротациóнный
Rotationsachse *f (Math, Mech)* ось *f* вращéния
Rotationsdruckmaschine *f s.* Rotationsmaschine
Rotationsellipsoid *n (Mech)* эллипсóид *m* вращéния, сферóид *m* (вращéния)
Rotationsfläche *f* повéрхность *f* вращéния
Rotationsfrequenz *f* частотá *f* вращéния
Rotationsgeschwindigkeit *f (Mech)* скóрость *f* вращéния
Rotationsisomerie *f* поворóтная изомерúя *f*
Rotationskörper *m (Mech)* тéло *n* вращéния
Rotationsmaschine *f (Typ)* ротáция *f*, ротациóнная (печáтная) машúна *f*
Rotationsparaboloid *n (Math)* параболóид *m* вращéния
Rotationspol *m (Mech)* центр *n* вращéния
Rotationsrichtung *f* направлéние *n* вращéния
Rotationssphäroid *n s.* Rotationsellipsoid
rotationssymmetrisch осесимметрúчный
Rotationszwilling *m (Krist)* двойнúк *m* вращéния
rotbrüchig *(Wkst)* горячелóмкий, краснолóмкий *(Stahl)*
Rotbrüchigkeit *f (Wkst)* горячелóмкость *f*, краснолóмкость *f (von Stahl)*
Roteisenstein *m (Min)* крáсный железня́к *m*, гематúт *m*
Rotfilter *n (Photo)* крáсный светофúльтр *m*
rotieren вращáться
rotierend вращáющийся
Rotor *m* 1. рóтор *m*; 2. *(Flg)* несýщий винт *m*
Rotor... рóторный
Rotorbagger *m* рóторный экскавáтор *m*
Rotorflugzeug *n* летáтельный аппарáт с несýщим вúнтом
Rotte *f* мóчка *f (Flachs)*
rotten мóкнуть *(Flachs)*
Rotverschiebung *f (Astr)* крáсное смещéние *n*
Rotzinkerz *n (Min)* цинкúт *m*
Route *f (Flg, Schiff)* маршрýт *m*
Routenwahl *f s.* 1. Routing; 2. Fahrwegauswahl *f*
Routinearbeit *f* рутúнная рабóта *f*
Routing *n (Eln)* трассирóвка *f*
R-Schweißen *n* свáрка *f* трéнием
RTL *f s.* Widerstands-Transistor-Logik
Ru *s.* Ruthenium
Rübenhackmaschine *f* свекловúчный культивáтор *m*
Rübenkombine *f* свеклокомбáйн *m*, свеклоубóрочный комбáйн *m*
Rübenschneidemaschine *f* свеклорéзка *f*
Rübenschneider *m* свеклорéзка *f*
Rübenschwadlader *m* свеклопогрýзчик *m*
Rübenvollerntemaschine *f* свеклокомбáйн *m*, свеклоубóрочный комбáйн
Rubidium *n (Ch)* рубúдий *m*, Rb
Rubin *m (Min)* рубúн *m*
Rubinglas *n* рубúн *m*
Rubinlaser *m* рубúновый лáзер *m*
Rubinmaser *m* рубúновый мáзер *m*
Rückassembler *m (Inf)* обрáтный ассéмблер *m*
Rücken *m* 1. корешóк *m (eines Buches)*; 2. *(Geol)* хребéт *m*
Rückenwind *m* попýтный вéтер *m*
Rückfahrscheinwerfer *m (Kfz)* фонáрь *m* зáднего хóда
Rückfläche *f* зáдняя повéрхность *f*
Rückflugroute *f (Flg)* обрáтный маршрýт *m*
Rückführ... возвращáющий
Rückführkoeffizient *m (Reg)* коэффициéнт *m* обрáтной свя́зи
Rückführung *f* 1. возврáт *m*; 2. *(Reg)* обрáтная связь *f*
~/**negative** *(Reg)* отрицáтельная обрáтная связь *f*
~/**positive** *(Reg)* положúтельная обрáтная связь *f*
Rückführungskoeffizient *m (Reg)* коэффициéнт *m* обрáтной свя́зи
Rückführungssignal *n (Reg)* сигнáл *m* обрáтной свя́зи
Rückgabebecher *m* монéтница *f (z. B. eines Münzfernsprechers)*

Rückgang *m* 1. обра́тный ход *m*; 2. возвра́т *m*; 3. спад *m*, паде́ние *n*; пониже́ние *n*
rückgekoppelt *(Rf)* с обра́тной свя́зью
rückgewinnen регенери́ровать
Rückgewinnung *f* регенера́ция *f*; рекупера́ция *f*
Rückhaltefilter *n (Hydt)* обра́тный фильтр *m*
Rückhalteventil *n* запо́рный кла́пан *m*
Rückholfeder *f* возвра́тная пружи́на *f*
Rückkehr *f* возвраще́ние *n*, возвра́т *m* *(in die Ausgangsstellung)*
~ **zur Erde** *(Raumf)* возвраще́ние *n* на Зе́млю
Rückkehr... *(Raumf)* возвраща́емый
Rückkehrbefehl *m (Inf)* кома́нда *f* возвра́та
Rückkehrcode *m* код *m* возвра́та
Rückkehrpunkt *m (Math)* то́чка *f* возвра́та
Rückkehr-Trägerrakete *f* возвраща́емая раке́та-носи́тель *f*
Rückkohlung *f (Met)* рекарбюриза́ция *f*
Rückkopplung *f (Rf)* обра́тная связь *f*
~/**negative** *(Rf)* отрица́тельная обра́тная связь *f*
~/**positive** *(Rf)* положи́тельная обра́тная связь *f*
Rückkopplungs... *(Rf)* регенерати́вный
Rückkopplungsfaktor *m (El)* коэффицие́нт *m* обра́тной свя́зи
Rückkopplungsschaltung *f* регенерати́вная схе́ма *f*
Rückkopplungssignal *n (Reg)* сигна́л *m* обра́тной свя́зи
Rückkopplungsstrom *m (El)* ток *m* обра́тной свя́зи
Rücklauf *m* 1. обра́тный ход *m*, возвра́т *m*, возвра́тное движе́ние *n*; холосто́й ход; 2. *(Ch)* флёгма *f (Destillation)*
Rückläufigkeit *f (Astr)* попя́тное движе́ние *n*
Rücklicht *n (Kfz)* 1. за́дний свет *m*; 2. за́дний фона́рь *m*
Rückprallhärteprüfer *m (Wkst)* склероско́п *m*
Rückschicht *f (Photo)* контрсло́й *m*
Rückschlag *m (Ph)* отда́ча *f*
Rückschlagventil *n* обра́тный кла́пан *m*
Rückseite *f* изна́нка *f*
Rücksetzen *n* возвраще́ние *n (in die Ausgangsstellung)*
Rücksetztaste *f (Inf)* кно́пка *f* сбро́са
Rückspeichern *n (Inf)* восстановле́ние *n*
Rückspeiseleitung *f (El)* обра́тный фи́дер *m*
Rückspiegel *m (Kfz)* зе́ркало *n* за́днего ви́да
Rücksprung *m* 1.*(Bw)* усту́п *m*; 2. *(Inf)* обра́тный перехо́д *m*; возвра́т *m*
Rücksprungadresse *f (Inf)* а́дрес *m* возвра́та
Rücksprungbefehl *m (Inf)* кома́нда *f* возвра́та
Rücksprunghärte *f (Wkst)* тдёрдость *f* по Шо́ру
Rücksprunghärteprüfer *m (Wkst)* склероско́п *m*
Rücksprungstelle *f (Inf)* то́чка *f* возвра́та
Rückspulgerät *n* мота́лка *f (für Filme u. a.)*
Rückstand *m* оста́ток *m*; оса́док *m*
~/**unlöslicher** *(Ch)* нераствори́мый оста́ток *m*
Rückstände *mpl* хвосты́ *mpl (Aufbereitung)*
rückstandsfrei безоста́точный
rückstandslos безоста́точный
Rückstell... возвраща́ющий
Rückstellrelais *n* возвра́тное реле́ *n*
Rückstellung *f* возвра́т *m*
Rückstichheftung *f (Typ)* шитьё *n* внаки́дку
Rückstoß *m (Ph)* отда́ча *f*
Rückstoß... *(Ph)* реакти́вный
Rückstoßatom *n (Halbl)* а́том *m* отда́чи
Rückstoßenergie *f (Mech)* эне́ргия *f* отда́чи
rückstoßfrei безотка́тный
Rückstrahler *m* рефле́ктор *m*, отража́тель *m*; *(Kfz)* световозвраща́тель *m*
Rückstrahlimpuls *m (Rad)* отражённый и́мпульс *m*
Rückstrahlquerschnitt *m (Rad)* отража́ющая пове́рхность *f*
Rückstrahlung *f* отраже́ние *n*
Rückstrahlvermögen *n (Astr, Opt)* альбе́до *n*

Rückstreuung *f (Opt)* обра́тное рассе́яние *n*
Rückstrom *m (El)* обра́тный ток *m*
Rückstromrelais *n* реле́ *n* обра́тного то́ка
Rückumlauf *m* рециркуля́ция *f (von Gasen, Flüssigkeiten)*
Rückwärtsfahrt *f (Schiff)* за́дний ход *m*
Rückwärtsgang *m (Kfz)* за́дний ход *m*
Rückwärtslesen *n (Inf)* обра́тное счи́тывание *n*
Rückwärtsstreuung *f (Opt)* обра́тное рассе́яние *n*
Rückwärtswellenröhre *f* карцинотро́н *m*, ла́мпа *f* обра́тной волны́, ЛОВ *f*
rückwirken противоде́йствовать
Rückwirkung *f (Mech)* реа́кция *f*, противоде́йствие *n*, обра́тное де́йствие *n*
Rückwirkungskraft *f (Mech)* реакти́вная си́ла *f*
Rückzugfeder *f* возвра́тная пружи́на *f*
Rückzündung *f (Kfz)* обра́тная вспы́шка *f*
Ruder *n (Schiff, Flg, Rak)* руль *m*; *(Schiff)* весло́ *n*
Ruder... *(Schiff)* рулево́й
Ruderanlage *f (Schiff)* рулево́е устро́йство *n*
Ruderantrieb *m (Schiff)* рулево́й при́вод *m*
Ruderboot *n* гребна́я шлю́пка *f*, гребно́й ка́тер *m*
Ruderflattern *n (Flg)* рулево́й фла́ттер *m*
Rudergestänge *n (Schiff)* рулева́я тя́га *f*
Ruderlagenanzeiger *m (Schiff)* аксио́метр *m*
Rudermaschine *f (Schiff)* рулева́я маши́на *f*
Ruderpinne *f (Schiff)* ру́мпель *m*
Ruderreep *n (Schiff)* штуртро́с *m*
Rudersteven *m (Schiff)* ру́дерпост *m*
Ruf *m* вы́зов *m*
Rufeinrichtung *f (Nrt)* вызывно́е устро́йство *n*
rufen *(Nrt)* вызыва́ть
Rufnummernwahl *f (Nrt)* набо́р *m* номера́
Rufschalter *m (Nrt)* вызывно́й ключ *m*
Rufstrom *m (Nrt)* вызывно́й ток *m*
Rufstromkreis *m (Nrt)* вызывна́я цепь *f*
Ruftaste *f (Nrt)* вызывно́й ключ *m*
Rufzeichen *n (Nrt)* вызывно́й [позывно́й] сигна́л *m*
Ruhe *f (Ak)* тишина́ *f*
Ruheenergie *f (Ph)* эне́ргия *f* поко́я
Ruhekontakt *m (El)* норма́льно-за́мкнутый [размыка́ющий] конта́кт *m*
Ruhelage *f (Mech)* равнове́сие *n* систе́мы
Ruhelage *f* исхо́дное положе́ние *n*
Ruhemasse *f (Ph)* ма́сса *f* поко́я
ruhend *(Met)* споко́йный *(Lasten)*
Ruhepassung *f (Masch)* неподви́жная поса́дка *f*
Ruhereibung *f* тре́ние *n* поко́я
Ruhestellung *f* исхо́дное положе́ние *n*
Ruhestrom *m (El)* ток *m* поко́я
Ruhestromkontakt *m (El)* норма́льно-за́мкнутый [размыка́ющий] конта́кт *m*
Ruhezustand *m* состоя́ние *n* поко́я, нерабо́чее состоя́ние *n*
ruhig споко́йный
Ruhmasse *f (Ph)* ма́сса *f* поко́я
Rührapparat *m* переме́шивающий аппара́т *m*
rühren разме́шивать, меша́ть
Rühren *n* разме́шивание *n*
Rührer *m* меша́лка *f*
Rührorgan *n (Ch)* ро́тор *m*
Rührwerk *n* меша́лка *f*
Rumpf *m* 1. *(Ph)* о́стов *m (des Atomkerns)*; 2. *(Flg)* фюзеля́ж *m*
Rund... кругово́й; кру́глый
Rundblick... панора́мный
Rundblock *m (Wlz)* кру́глый сли́ток *m*
runden закругля́ть
Rundfeile *f* кру́глый напи́льник *m*
Rundfunk *m* радиовеща́ние *n*
Rundfunk... радиовеща́тельный
Rundfunkausrüstung *f* радиообору́дование *n*
Rundfunkband *n* радиовеща́тельный диапазо́н *m*
Rundfunkbauelement *n* радиодета́ль *f*
Rundfunkempfang *m (Rf)* приём *m*, радиоприём *m*
Rundfunkempfänger *m s.* Rundfundempfangsgerät
Rundfunkempfängerschaltung *f* радиосхе́ма *f*

Rundfunkempfangsgerät *n (Rf)* приёмник *m*; радиовеща́тельный приёмник *m*, радиоприёмник *m*, ра́дио *n*
Rundfunkgerät *n s.* Rundfunkempfangsgerät
Rundfunksender *m* радиовеща́тельный переда́тчик *m*, радиопереда́тчик *m*
Rundfunk(sende)station *f* радиовеща́тельная ста́нция *f*
Rundfunkstörungen *fpl* радиопоме́хи *fpl*
Rundfunktechnik *f* радиоте́хника *f*; те́хника *f* радиовеща́ния
Rundfunkübertragung *f* радиотрансля́ция *f*; радиовеща́ние *n*
Rundfunkwelle *f* радиоволна́ *f*
Rundgesenk *n (Schm)* обжи́мка *f*
Rundgewinde *n* кру́глая резьба́ *f*
Rundgliederkette *f (Masch)* круглозве́нная цепь *f*
Rundheit *f* кру́глость *f*
Rundholz *n* бревно́ *n*, кру́глый лесоматериа́л *m*
Rundholzförderer *m* бревнота́ска *f*
Rundholzstapler *m* бревноукла́дчик *m*
Rundkaliber *n (Wlz)* кру́глый кали́бр *m*
Rundknüppelstraße *f* трубозаготó вочный (прока́тный) стан *m*
Rundknüppelwalzwerk *n* трубозагото́вочный (прока́тный) стан *m*
Rundlaufabweichung *f (Masch)* радиа́льное бие́ние *n*
Rundlaufen *n* кругово́е движе́ние *n*
Rundprofil *n (Wlz)* кру́глый про́филь *m*
Rundschieberverschluss *m* се́кторный затво́р *m*
Rundschleifen *n* кру́глое шлифова́ние *n*
Rundschmieden *n (Schm)* обка́тка *f*; подка́тка *f*
Rundsicht... панора́мный
Rundsichtradar(gerät) *n* радиолока́тор *m* кругово́го обзо́ра
Rundsichtradarstation *f* радиолока́тор *m* кругово́го обзо́ра
Rundstrahl... всенапра́вленный, ненапра́вленный
Rundstrahlantenne *f* всенапра́вленная [ненапра́вленная] анте́нна *f*
rundstrahlend всенапра́вленный, ненапра́вленный
Rundstrahler *m* всенапра́вленный [ненапра́вленный] излуча́тель *m*
Rundstrahlung *f* всенапра́вленное [ненапра́вленное] излуче́ние *n*
Rundstrickautomat *m (Text)* кругловяза́льный автома́т *m*
Rundstrickmaschine *f (Text)* кругловяза́льная маши́на *f*
Rundstrick-Strumpfautomat *m (Text)* круглочулó чный автома́т *m*
Rundteil... *(Masch)* кругово́й
Rundung *f* 1. закругле́ние *n*; 2. *(Math)* округле́ние *n*; 3. *(Bw)* выкружка *f*
~ **nach oben** *(Math)* округле́ние *n* с избытком
~ **nach unten** *(Math)* округле́ние *n* с недоста́тком
Rundwirkmaschine *f (Text)* круглотрикота́жная маши́на *f*
Rundzange *f* круглогу́бцы *pl*
Runge *f (Eb)* сто́йка *f (eines Wagens)*
Runzel *f (Glas)* скла́дка *f (Fehler)*
Ruß *m* 1. са́жа *f*; 2. ко́поть *f*
Ruß... са́жевый
Rußansatz *m* нага́р *m*
Rüssel *m* хо́бот *m*
rußen копти́ть
Rüstzeit *f (Wkzm)* вре́мя *n* нала́дки
Ruthenium *n (Ch)* руте́ний *m*, Ru
Rutherford *n* резерфо́рд *m*, Рд *(SI-fremde Einheit der Aktivität)*
Rutherfordium *n (Ch)* резерфо́рдий *m*, Rf *(Element 106)*
Rutsche *f* 1. *(Förd)* спуск *m*; скат *m*; 2. спускно́й лото́к *m*; спускно́й [накло́нный] жёлоб *m*; 3. *(Bgb)* решта́к *m*
rutschen скользи́ть; буксова́ть; проска́льзывать *(Riemen, Bremse, Kupplung)*
Rutschen *n* скольже́ние *n*; буксова́ние *n*; пробуксо́вка *f*, проска́льзывание *n (Riemen, Bremse, Kupplung)*
Rüttelbeton *m* вибри́рованный бето́н *m*, вибробето́н *m*
Rüttelbühne *f* виброплоща́дка *f*
rüttelfest тряскосто́йкий
Rüttelfestigkeit *f* тряскосто́йкость *f*
Rüttelförderer *m* вибрацио́нный конве́йер *m*
Rüttelmaschine *f* вибрацио́нная маши́на *f*
rütteln 1. трясти́; 2. встря́хивать; 3. вибри́ровать

Rütteln *n* 1. тря́ска *f*; 2. встря́хивание *n*; 3. вибри́рование *n*
Rüttelplatte *f* виброплита́ *f*
Rüttelsieb *n* вибрацио́нное си́то *n*
Rüttelstampfen *n (Bw)* виброштампова́ние *n*
Rütteltisch *m* виброплоща́дка *f*; вибрацио́нный стол *m*
Rüttelvorrichtung *f* встря́хиватель *m*
Rüttelwalze *f (Bw)* виброкато́к *m*
Rüttelwalzen *n (Bw)* вибропрока́т *m*
Rüttler *m* встря́хиватель *m*; *(Bw)* вибра́тор *m (zur Verdichtung)*
RW *n s.* Rechenwerk
Ry *s.* Rydberg
Rydberg *n* ри́дберг *m (SI-fremde Einheit der Energie in der Kernphysik)*

S

S *s.* 1. Schwefel; 2. Siemens
s *s.* Sekunde
Saal *m* зал *m*
Saat *f (Lw)* сев *m*, посе́в *m*
Saatgut *n (Lw)* семена́ *pl*
Saatgutbeizung *f* протра́вливание *n* семя́н
Saatgutbereiter *m* семеочисти́тель *m*
Saatleitung *f (Lw)* семяпрово́д *m (der Sämaschine)*
Saatleitungsrohr *n (Lw)* семяпрово́д *m (der Sämaschine)*
Saatpflug *m (Lw)* запа́шник *m*
Sabin *n (Ak)* сэ́бин *m (SI-fremde Einheit der Schallabsorption)*
Saccharimeter *n* сахари́метр *m*
Saccharimetrie *f* сахариме́трия *f*
Saccharometer *n* сахаро́метр *m*
Sack *m* мешо́к *m*
Sacken *n* оседа́ние *n*
Sackgasse *f* тупи́к *m*
Sackkokille *f (Met)* глуходо́нная изло́жница *f*
säen *(Lw)* се́ять
Saft *m* сок *m*
Saftpresse *f* соковыжима́лка *f*
Säge *f (Wkz)* пи́ла *f*
Sägeblatt *n (Wkz)* (пи́льное) полотно́ *n*; диск *m (der Kreissäge)*; ло́бзик *m (z. B. für Laubsägen)*; пи́ла *f (für Holzsägemaschinen)*
Sägefurnier *n* пилёная фане́ра *f*
Sägegatter *n* лесопи́льная ра́ма *f*, пилора́ма *f*, лесопи́лка *f*
Sägekette *f* цепна́я пи́ла *f*
Sägemaschine *f* пи́льный стано́к *m*, лесопи́лка *f*
sägen пили́ть, распи́ливать
Sägen *n* пиле́ние *n*
Sägespäne *mpl* опи́лки *pl*
Sägewerk *n s.* Sägemaschine
Sägezahn... пилообра́зный
sägezahnartig пилообра́зный
sägezahnförmig пилообра́зный
Sägezahnimpuls *m (El)* пилообра́зный и́мпульс *m*
Sägezahnstrom *m (El)* пилообра́зный ток *m*
Saite *f* струна́ *f*
Saitenelektrometer *n* стру́нный электро́метр *m*
Säkularparallaxe *f (Astr)* вековóй паралла́кс *m*
Saline *f* солева́рня *f*
Salmiak *m (Ch)* нашаты́рь *m*
Salmiakgeist *m (Ch)* нашаты́рный спирт *m*
Salpeter *m (Ch)* сели́тра *f*
salpetersauer *(Ch)* азотноки́слый
Salpetersäure *f* азо́тная кислота́ *f*
salpetrigsauer *(Ch)* азотистоки́слый
Salz *n (Ch)* соль *f*
~/natürliches приро́дная соль *f*
Salz... солевóй
Salzablagerung *f* солеотложе́ние *n*
Salzausscheidung *f* солеотложе́ние *n*
Salzbadaufkohlen *n (Härt)* жи́дкостная цемента́ция *f*
salzbeständig солесто́йкий *(Beton)*
Salzbeständigkeit *f (Bw)* солесто́йкость *f (des Betons)*
Salzdom *m (Geol)* соляно́й ку́пол *m*
Salzen *n (Lebm)* соле́ние *n*, посо́л *m*, посо́лка *f*, засо́л *m*
Salzflöz *n (Bgb)* соляно́й пласт *m*
Salzgehalt *m* 1. солесодержа́ние *n*; 2. засолённость *f (des Bodens)*
Salzgehaltmesser *m* солеме́р *m*
Salzlagerstätte *f* соляно́е месторожде́ние *n*
Salzlake *f (Led)* тузлу́к *m*
Salzlakenbehandlung *f (Led)* тузлу́кование *n*

Salzlöser *m* солерастворитель *m*
Salzsäure *f* соляная кислота *f*, хлористоводородная кислота *f*
Salzschicht *f (Bgb)* соляной пласт *m*
Salzsiederei *f* солеварня *f*
Salzsole *f* рассол *m*
Salzstock *m (Geol)* соляной шток *m*
Samarium *n (Ch)* самарий *m*, Sm
Sämaschine *f (Lw)* сеялка *f*
~/breitspurige широкорядная сеялка *f*
Samen *m (Lw)* семя *n*
Samenkorn *n (Lw)* зерно *n*
Sämereien *pl (Lw)* семена *pl*
Sämischgerbung *f (Led)* замшевание *n*
Sämischleder *n* замша *f*
sämischledern замшевый
Sammel... сборный
Sammelbehälter *m* сборник *m*; сборный бак *m*; коллектор *m*
Sammelbus *m (El)* общая шина *f*
Sammelelektrode *f* собирающий электрод *m*
Sammelgefäß *n s.* Sammelbehälter
Sammelkanal *m* 1.*(Hydt)* сборный канал *m*; 2. *(Bw)* коллектор *m (Kanalisation)*; 3. *(El)* коллектор *m*
Sammelleitung *f* 1. коллектор *m*; сборный трубопровод *m*; 2. *(El)* общая шина *f*
Sammellinse *f (Opt)* собирающая линза *f*
sammeln собирать
Sammelpresse *f (Lw)* пресс-подборщик *m*
Sammelrohr *n* сборная труба *f*
Sammelschiene *f (El)* (сборная) шина *f*; *(El)* общая шина *f*
Sammelwerk *n (Typ)* сборник *m*
Sammler *m* 1. *(El)* аккумулятор *m*; 2. *s.* Sammelbehälter; 3. копнитель *m*; собиратель *m*
Sample-and-Hold-Schaltkreis *m (Eln)* схема *f* выборки и хранения
Sample-and-Hold-Schaltung *f (Eln)* схема *f* выборки и хранения
Sand *m* 1. песок *m*; 2. *(Gieß)* земля *f*
~/feinkörniger мелкозернистый песок *m*
~/grobkörniger крупнозернистый песок *m*
Sand... песчаный
Sandauflockerungsmaschine *f (Gieß)* аэратор *m*
Sandbank *f* банка *f*
Sandbeton *m* песчаный бетон *m*
Sandboden *m* песчаная почва *f*; песчаный грунт *m*
Sandeinschluss *m (Gieß)* песчаная раковина *f*; *(Wlz)* песочница *f (in Metallen)*
Sandfang *m* пескоуловитель *m*, песколовка *f*
Sandfilter *n (Ch)* песочный фильтр *m*
Sandform *f (Gieß)* песчаная форма *f*
Sandgrube *f* песчаный карьер *m*
sandig песчаный
Sandpapier *n (Wkz)* наждачная [шлифовальная] бумага *f*
Sandslinger *m (Gieß)* пескомёт *m*
Sandstein *m (Geol)* песчаник *m*
Sandstrahl... пескоструйный
Sandstrahlanlage *f* пескоструйная установка *f*
Sandstrahlen *n* пескоструйная очистка [обработка] *f*
Sandstrahler *m* пескоструйный аппарат *m*
Sandstrahlgebläse *n* пескоструйная установка *f*, пескоструйный аппарат *m*
Sandsturm *m (Meteo)* песчаная буря *f*
Sand-Ton-Gemisch *n (Bw)* песчано-глинистая смесь *f*
Sandtrombe *f (Meteo)* песчаный тромб *m*
Sandwaschmaschine *f* пескомойка *f*
sanft плавный
Sanftheit *f* плавность *f*
sanieren *(Bw)* оздоровлять *(Gebäude, die Umwelt)*
Sanierung *f (Bw)* оздоровление *n (von Gebäuden, der Umwelt)*
sanitär санитарный
Sanitär... санитарный
Sanitärkeramik *f* сантехническая керамика *f*
Sanitärtechnik *f* санитарная техника *f*, сантехника *f*
Sanitärzelle *f (Bw)* санитарно-технический блок *m*, санитарный узел *m*, санузел *m*
Saphir *m (Min)* сапфир *m*
Sardonyx *m (Min)* сардоникс *m*
Säschar *n (Lw)* сошник *m (der Sämaschine)*

SAS-Stab *m (Kern)* сте́ржень *m* авари́йной защи́ты *(Reaktorsicherheit)*
Satellit *m (Astr)* 1. сателли́т *m*; 2. спу́тник *m*
~/**bemannter** обита́емый спу́тник *m*
~/**geostationärer** геостациона́рный спу́тник *m*
~/**unbemannter** необита́емый спу́тник *m*
Satellitenfernsehen *n* спу́тниковая систе́ма *f* телеви́дения, спу́тниковое телеви́дение *n*
Satellitenfernsehsystem *n* спу́тниковая систе́ма *f* телеви́дения
Satellitenflugkörper *m* орбита́льный (лета́тельный) аппара́т *m*
Satellitengeodäsie *f* спу́тниковая геоде́зия *m*
Satellitenmeteorologie *f* спу́тниковая метеороло́гия *f*
Satellitennachrichtenverkehr *m (Nrt)* спу́тниковая связь *f*
Satellitenrechner *m* перифери́йная вычисли́тельная маши́на *f*
Satellitenstadt *f (Bw)* го́род-спу́тник *m*
Satellitenverbindung *f (Nrt)* спу́тниковая связь *f*
Satellitenverkehr *m (Nrt)* спу́тниковая связь *f*
Satinage *f (Pap)* гла́дкость *f*
Satinbindung *f (Text)* сати́новое переплете́ние *n*
Satinieren *n (Pap)* сатини́рование *n*, лоще́ние *n*; сгла́живание *n*
Sattdampf *m* насы́щенный пар *m*
Sattel *m* 1. *(Geol)* антиклина́ль *f*; седло́ *n*; 2. *(Wkz)* боёк *m (Hammer)*
Sattelauflieger *m (Kfz)* полуприце́п *m*
Satteldach *n* двуска́тная кры́ша *f*
Sattelpunkt *m (Math)* седло́ *n*
Sattelschlepper *m* седе́льный тяга́ч *m*
Sattelwagen *m (Eb)* гондо́ла *f*
sättigen *(Ch)* насыща́ть
Sättigen *n (Ch)* насыще́ние *n*
Sättiger *m* сатура́тор *m (Zuckergewinnung)*
Sättigung *f (Ch)* 1. *s.* Sättigen; 2. Sättigungsgrad
Sättigungsdruck *m* упру́гость *f* насыще́ния *(Dampf)*
Sättigungsgrad *m (Ch)* насы́щенность *f*; сте́пень *f* насыще́ния
Sättigungspunkt *m (Ch)* то́чка *f* насыще́ния
Sättigungsstrom *m (El)* ток *m* насыще́ния
Sättigungstemperatur *f* температу́ра *f* насыще́ния
Saturation *f* сатура́ция *f (Zuckergewinnung)*
Saturationsapparat *m* сатура́тор *m (Zuckergewinnung)*
Saturator *m* сатура́тор *m (Zuckergewinnung)*
Saturieren *n* сатура́ция *f (Zuckergewinnung)*
Satz *m* 1. *(Math, Ph)* теоре́ма *f*; зако́н *m*; 2. *(Inf)* за́пись *f*; 3. компле́кт *m*; набо́р *m*; 4. оса́док *m*, отсто́й *m*; 5. *(Met)* коло́ша *f*; *(Met)* по́рция *f (Hochofenbegichtung)*; 6. агрега́т *m*; гарниту́ра *f*; 7. па́ра *f*
~ **fester Länge** *(Inf)* за́пись *f* фикси́рованной длины́
~ **von der Erhaltung der Masse** *(Ph)* зако́н *m* сохране́ния ма́ссы
~ **von Pythagoras** теоре́ма *f* Пифаго́ра
Satzadresse *f (Inf)* идентифика́тор *m*
Satzende *n (Inf)* коне́ц *m* за́писи
Satzformat *n (Inf)* форма́т *m* за́писи
Sau *f (Met)* на́стыль *f*
sauber чи́стый
Sauberkeit *f* чистота́ *f*
Säuberung *f* чи́стка *f*; очи́стка *f*
sauer ки́слый
~/**schwach** *(Ch)* слабоки́слый
Sauer... ки́слый
säuerlich кислова́тый
säuern *(Lebm)* сква́шивать
Säuern *n* 1. *(Lebm)* сква́шивание *n*,ква́шение *n*; 2. *(Ch)* подкисле́ние *n*
Sauerstoff *m (Ch)* кислоро́д *m*, O
~/**aktiver** акти́вный кислоро́д *m*
~/**atomarer** атома́рный кислоро́д *m*
~/**flüssiger** жи́дкий кислоро́д *m*
~/**freier** свобо́дный кислоро́д *m*
~/**gebundener** свя́занный кислоро́д *m*
Sauerstoff... кислоро́дный
Sauerstoffaffinität *f (Ch)* сродство́ *n* к кислоро́ду
Sauerstoffatmungsgerät *n (Flg, Raumf)* кислоро́дный (дыха́тельный) прибо́р *m*
Sauerstoffbilanz *f (Ökol)* кислоро́дный бала́нс *m*
Sauerstoffblasen *n (Met)* кислоро́дное дутьё *n*

Sauerstoffbrenner *m* кислоро́дный резáк *m*
Sauerstoffbrennschneiden *n* кислоро́дная ре́зка *f*
Sauerstoffbrücke *f (Ch)* кислоро́дный мо́стик *m*
Sauerstoffentzug *m* дезоксидáция *f*
Sauerstoffflasche *f* кислоро́дный баллóн *m*
sauerstofffrei бескислоро́дный
Sauerstofffugenhobeln *n* кислоро́дная стро́жка *f*
Sauerstoffgerät *n s.* Sauerstoffatmungsgerät
sauerstoffhaltig кислородосодержáщий
Sauerstoffhaushalt *m (Ökol)* кислоро́дный балáнс *m*
Sauerstoffhobeln *n* кислоро́дная стро́жка *f*
Sauerstoffschneidbrenner *m* кислоро́дный резáк *m*
Sauerstoffschneiden *n* кислоро́дная ре́зка *f*
Sauerstoffverbindung *f (Ch)* кислоро́дное соединéние *n*
Säuerung *f s.* Säuern
Saugbagger *m* землесо́сный снаря́д *m*, землесо́с *m*
Saugdüse *f* присо́с *m*
saugen *n* всáсывать; засáсывать; подсáсывать
Saugen *n* всáсывание *n*; засáсывание *n*; подсáсывание *n*, подсо́с *m*
Sauger *m s.* Saugbagger
Saugfähigkeit *f* всáсывающая спосо́бность *f*
Sauggefälle *n* высотá *f* всáсывания
Saugheber *m* сифо́н *m*
Saughöhe *f* высотá *f* всáсывания
Saugkrümmer *m* всáсывающий пáтрубок *m*
Saugluftbremse *f (Eb)* вáкуум-тóрмоз *m*
Sauglüfter *m* вытяжно́й вентиля́тор *m*
Saugpumpe *f* всáсывающий насо́с *m*
Saugrohr *n (Hydt)* сосу́н *m*, всáсывающая [отсáсывающая] трубá *f (eines Saugbaggers)*
Saugrüssel *m s.* Saugrohr
Saugschlauch *m* всáсывающий шланг *m*
Saugschwimmbagger *m s.* Saugbagger
Saugseite *f* сторонá *f* всáсывания *(einer Pumpe)*
Saugvermögen *n* всáсывающая спосо́бность *f (z. B. von Pumpen)*
Saugwirkung *f* подсо́с *m*
Saugzuglüfter *m* дымосо́с *m*
Saugzugventilator *m* всáсывающий вентиля́тор *m*
Säule *f* 1. коло́нна *f*; коло́нка *f*; мáчта *f*; 2. сто́йка *f*; 3. столб *m (z. B. Flüssigkeiten)*
Säulendiagramm *n (Math)* гистогрáмма *f*
Säulenfundament *n (Bw)* сто́лбчатый фундáмент *m*
Säulengang *m (Bw)* пóртик *m*
Säulenhalle *f (Bw)* галерéя *f*
säumen *(Text)* подрубáть, обшивáть
Säumen *n (Text)* подрубáние *n*, подши́вка *f*
Saumtiefe *f (Geol)* краево́й [передово́й] проги́б *m*
Säure *f (Ch)* кислотá *f*
~/**chlorige** хлóристая кислотá *f*
~/**dreibasige** трёхоснóвная кислотá *f*
~/**einbasige** одноосно́вная кислотá *f*
~/**gesättigte** предéльная кислотá *f*
~/**mehrbasige** многоосно́вная кислотá *f*
~/**organische** органи́ческая кислотá *f*
~/**phosphorige** фóсфористая кислотá *f*
~/**salpetrige** азо́тистая кислотá *f*
~/**schweflige** серни́стая кислотá *f*
~/**verbrauchte** отрабо́танная кислотá *f*
~/**zweibasige** двухосно́вная кислотá *f*
Säure... кисло́тный
Säureakkumulator *m (El)* кисло́тный аккумуля́тор *m*
Säureaufschluss *m (Ch)* разложéние *n* кислото́й
säurebeständig кислотосто́йкий, кислотоупо́рный
Säurebeständigkeit *f* кислотосто́йкость *f*, кислотоупо́рность *f*
säurebildend кислотообразу́ющий
Säurefarbstoff *m* кисло́тный краси́тель *m*
säurefest кислотосто́йкий, кислотоупо́рный
Säurefestigkeit *f* кислотосто́йкость *f*, кислотоупо́рность *f*
säurefrei бескисло́тный

Säuregehalt *m (Ch)* кисло́тность *f*
säurelöslich кислоторастворимый
Säureraffination *f (Ch)* кисло́тная очистка *f*
Säurerest *m (Ch)* кисло́тный радика́л [оста́ток] *m*
Säurestation *f (Text)* кисло́тная ста́нция *f*
Säureturm *m (Ch)* кисло́тная ба́шня *f*
Säurezahl *f (Ch)* кисло́тное число́ *n*
Sb *s.* Antimon
sb *s.* Stilb
SBR *m s.* Brutreaktor/schneller
Sc *s.* Scandium
Scandium *n (Ch)* ска́ндий *m*, Sc
Scangeschwindigkeit *f (El)* ско́рость *f* развёртки
scannen скани́ровать
Scannen *n* скани́рование *n*
Scanner *m* ска́нер *m*, скани́рующее устро́йство *n*
Scanning *n* скани́рование *n*
Scanningmikroskop *n* ра́стровый (электро́нный) микроско́п *m*
Schabeisen *n (Wkz)* ша́бер *m*, ше́вер *m*, скребо́к *m*; ско́бель *m (Lederverarbeitung)*
schaben *(Fert)* 1. шабри́ть, 2. Шевинговать *(Zahnräder)*
Schaben *n (Fert)* 1. шабре́ние *n*; 2. шевингова́ние *n (Zahnräder)*
Schaber *m s.* Schabeisen
Schablone *f* 1. *(Fert)* шабло́н *m*; 2. *(Fert)* копи́р *m*; 3. *(Text)* лека́ло *n*, моде́ль *f*, трафаре́т *m*; 4. те́мплет *m (zur Walzenherstellung)*
Schablonenformen *n (Gieß)* формо́вка *f* по шабло́ну
Schablonenformerei *f (Gieß)* формо́вка *f* по шабло́ну
Schabotte *f (Schm)* шабо́т *m*
Schabwerkzeug *n s.* Schabeisen
schachbrettartig ша́хматный
Schacht *m* 1. ша́хта *f*; 2. коло́дец *m*; 3. *(Bgb)* ша́хта *f*, (ша́хтный) ствол *m*
~/tonnlägiger *(Bgb)* накло́нный (ша́хтный) ствол *m*
Schacht... *(Bgb, Bw)* ша́хтный
Schachtabteufen *n* прохо́дка *f* ствола́ (ша́хты)
Schachtanlage *f (Bgb)* ша́хта *f*
Schachtbrunnen *m* ша́хтный коло́дец *m*
Schachtdurchlauftrockner *m* ша́хтная суши́лка *f*
Schachtel *f* коро́бка *f*
Schachtelung *f (Math)* вложе́ние *n*
schachten *(Bw)* копа́ть
Schachtfeuerung *f* ша́хтная то́пка *f*
Schachtförderung *f (Bgb)* подъём *m*, ша́хтный тра́нспорт *m*; рудни́чный подъём *m*
Schachtgerät *n (Bw)* копа́тель *m*
Schachtkragen *m (Bgb)* ше́йка *f* ствола́
Schachtofen *m* ша́хтная печь *f*
Schachtschuh *m (Bgb)* башма́к *m*
Schachtsumpf *m (Bgb)* зумпф *m* (ша́хтного ствола́)
Schachttrockner *m* ша́хтная суши́лка *f*
Schachuhr *f* ша́хматные часы́ *pl*
Schaden *m* 1. дефе́кт *m*, неиспра́вность *f*, ава́рия *f*; 2. поврежде́ние *n*; 3. уще́рб *m*
Schadenbehebung *f* устране́ние *n* поврежде́ний
Schadens... авари́йный
schadhaft дефе́ктный, неиспра́вный; повреждённый
Schädigung *f* пораже́ние *n*
schädlich вре́дный
Schädlichkeit *f* вре́дность *f*
Schädling *m (Lw, Forst)* вреди́тель *m*
Schädlingsbekämpfung *f (Lw, Forst)* борьба́ *f* с вреди́телями
Schädlingsbekämpfungsmittel *n* пестици́д *m*, ядохимика́т *m*
Schadstoffemission *f (Ökol)* вы́брос *m* вре́дных веще́ств
Schaft *m* 1. *(Masch)* шток *m*; те́ло *n (z. B. einer Welle)*; сте́ржень *m*; 2. *(Wkz)* хвостови́к *m (eines Bohrers)*; *(Wkz)* держа́вка *f*; 3. *(Text)* реми́зка *f (des Webstuhls)*; 4. ло́жа *f (einer Handfeuerwaffe)*; 5. *(Led)* загото́вка *f*
Schaftfräser *m* концева́я фреза́ *f*
Schäkel *m* серьга́ *f*
Schale *f* 1. ча́ша *f*, ча́шка *f*; 2. *(Bw)* оболо́чка *f*; *(Bw)* свод-оболо́чка *m*; 3. *(Kern)* оболо́чка *f*; 4. *(Flg)* оболо́чка *f*; 5. ко́рка *f*
schälen 1. *(Fert)* обдира́ть; 2. окоря́ть *(Baumstämme)*; 3. *(Lw)* лущи́ть *(Stoppelfelder)*
Schälen *n* 1. *(Fert)* обди́рка *f*; 2. око́рка *f (von Baumstämmen)*; 3. *(Lw)* луще́ние *n (Stoppelfelder)*

Schalen... ча́шечный
schalenartig чашеобра́зный
Schalenbauweise *f (Bw)* оболо́чечная констру́кция *f*, оболо́чка *f*
Schalenform *f (Gieß)* оболо́чковая фо́рма *f*
Schalengewölbe *n (Bw)* свод-оболо́чка *m*
Schalenkonstruktion *f (Bw)* оболо́чечная констру́кция *f*, оболо́чка *f*
Schalenkupplung *f (Masch)* продо́льно-свёртная му́фта *f*
Schalentheorie *f (Ph)* тео́рия *f* оболо́чек
Schälfurnier *n (Holz)* шпон *m*
Schall *m* звук *m*
~/hörbarer слы́шимый звук *m*
Schall... звуково́й
schallabsorbierend звукопоглоща́ющий
Schallabsorption *f* звукопоглоще́ние *n*, поглоще́ние *n* зву́ка
Schallabsorptionskoeffizient *m* коэффицие́нт *m* звукопоглоще́ния
Schallabstrahlung *f* звукоизлуче́ние *n*
Schallaufnahme *f s.* Schallaufzeichnung
Schallaufzeichnung *f* за́пись *f* зву́ка, звукоза́пись *f*
Schallaufzeichnungs... звукозаписы́вающий
Schallaufzeichnungsgerät *n* звукозапи́сывающий аппара́т *m*
Schallaufzeichnungsverfahren *n* ме́тод *m* звукоза́писи
~/photooptisches опти́ческая за́пись *f* зву́ка
Schallausstrahlung *f* звукоизлуче́ние *n*
Schallbrechung *f* преломле́ние *n* зву́ка
schalldämmend звукоизоляцио́нный
Schalldämmstoff *m (Bw)* звукоизоляцио́нный [звукопоглоща́ющий] материа́л *m*
Schalldämmung *f (Bw)* звукоизоля́ция *f*
Schalldämpfer *m* 1. *(Kfz)* глуши́тель *m*; 2. глуши́тель *m* (звука) *(einer Waffe)*
schalldicht звуконепроница́емый
Schalldichtheit *f* звуконепроница́емость *f*
Schalldruck *m (Ak)* звуково́е давле́ние *n*
schalldurchlässig звукопроница́емый
Schalldurchlässigkeit *f* звукопроница́емость *f*
Schallemission *f* акусти́ческая эми́ссия *f*
Schallempfänger *m* звукоприё́мник *m*
Schallen *n* звуча́ние *n*
Schallenergie *f (Ak)* звукова́я эне́ргия *f*
Schallfeld *n (Ak)* звуково́е по́ле *n*
Schallgeschwindigkeit *f (Ak)* звукова́я ско́рость *f*, ско́рость *f* зву́ка
Schallimpedanz *f* акусти́ческий импеда́нс *m*
Schallimpuls *m (Ak)* звуково́й и́мпульс *m*
Schallintensität *f (Ak)* си́ла *f* зву́ка
Schallisolation *f* звукоизоля́ция *f*
Schallleistung *f* звукова́я мо́щность *f*
schallleitend звукопроводя́щий
Schallleitfähigkeit *f* звукопрово́дность *f*
Schallleitung *f* звукопрово́дность *f*
Schallmauer *f (Flg)* звуково́й барье́р *m*
Schallmess... звукометри́ческий
Schallmessung *f* звукоме́трия *f*
schallnah *(Flg)* околозвуково́й, трансзвуково́й
Schallortung *f* звуколока́ция *f*, шумопеленга́ция *f*
Schallplatte *f* грампласти́нка *f*, граммофо́нная пласти́нка *f*
Schallplattenaufnahme *f* грамза́пись *f*, граммофо́нная за́пись *f*
Schallquant *n (Ph)* фоно́н *m*
Schallradar *n* звуколока́тор *m*
Schallreflektor *m* звукоотража́тель *m*
Schallreflexion *f* отраже́ние *n* зву́ка
Schallrefraktion *f* рефра́кция *f* зву́ка
schallschluckend звукопоглоща́ющий
Schallschluckgrad *m (Ak)* коэффицие́нт *m* звукопоглоще́ния
Schallschluckstoff *m s.* Schalldämmstoff
Schallschluckung *f* поглоще́ние *n* зву́ка
Schallschutz *m* 1. звукозащи́та *f*; борьба́ *f* с шу́мом; 2. звукоизоля́ция *f*
Schallschutz... звукоизоляцио́нный
Schallsender *m* звукопереда́тчик *m*
Schallspektrum *n (Ak)* акусти́ческий спектр *m*, спектр *m* зву́ка
Schallstärke *f (Ak)* си́ла *f* зву́ка
Schallstrahler *m* звуково́й излуча́тель *m*, звукоизлуча́тель *m*
Schallstrahlung *f* звукоизлуче́ние *n*

Schallstrahlungsdruck *m (Ak)* давле́ние *n* звуково́го излуче́ния
schalltot звуконепроница́емый
Schalltrichter *m (Ak)* ру́пор *m*
Schallübertragung *f* звукопереда́ча *f*
schallundurchlässig звуконепроница́емый
Schallundurchlässigkeit *f* звуконепроница́емость *f*
Schallwandler *m (Ak)* акусти́ческий преобразова́тель *m*
Schallwelle *f (Ak)* звукова́я волна́ *f*
Schallwiderstand *m* акусти́ческое сопротивле́ние *n*
Schallwiedergabe *f* звуковоспроизведе́ние *n*
Schälmaschine *f (Holz, Pap)* корообди́рка *f*
Schälmeißel *m (Wkz)* обди́рочный резе́ц *m*
Schälmesser *n* ско́бель *m*
Schälpflug *m (Lw)* (плуг-)лущи́льник *m*
Schälreibahle *f (Wkz)* обди́рочная развёртка *f*
Schälschleifmaschine *f* обди́рочно-шлифова́льный стано́к *m*
Schalt... *(El)* коммутацио́нный, коммути́рующий, переключа́ющий, переключа́тельный, включа́ющий
Schaltalgebra *f (El)* а́лгебра *f* схем; а́лгебра *f* ло́гики, бу́лева а́лгебра *f*
Schaltanlage *f (El)* коммутацио́нное устро́йство *n*, распредели́тельное устро́йство *n*, распредустро́йство *n*
Schaltautomatik *f (El)* переключа́ющая автома́тика *f*
Schaltbild *n (El)* схе́ма *f*
Schaltdiode *f* переключа́ющий дио́д *m*
Schalteinrichtung *f (El)* коммутацио́нное устро́йство *n*
Schaltelement *n (El)* коммути́рующий элеме́нт *m*
schalten *(El)* переключа́ть, включа́ть, соединя́ть
~/**gegensinnig** *(El)* включа́ть встре́чно
~/**gleichsinnig** *(El)* включа́ть согла́сно
~/**hintereinander** *(El)* включа́ть [соединя́ть] после́довательно
~/**in Reihe** *(El)* включа́ть [соединя́ть] после́довательно
~/**nebeneinander [parallel]** *(El)* включа́ть [соединя́ть] паралле́льно, шунти́ровать
Schalten *n (El)* включе́ние *n*, коммута́ция *f*
Schalter *m (El)* выключа́тель *m*, переключа́тель *m*; *(Nrt)* ключ *m*
Schaltgabel *f (Masch)* отво́дка *f*
Schaltgerät *n (El)* коммутацио́нный аппара́т *m*
Schaltgeschwindigkeit *f (El)* быстроде́йствие *n*
Schaltgetriebe *n (Kfz)* коро́бка *f* переда́ч; *(Masch)* коро́бка *f* скоросте́й
Schaltglied *n (El)* коммути́рующий элеме́нт *m*
Schalthebel *m (Kfz)* рыча́г *m* переключе́ния переда́ч
Schaltklinke *f (Masch)* соба́чка *f*
Schaltkreis *m (Eln)* 1. схе́ма *f*; 2. интегра́льная (микро)схе́ма *f*, ИС *f*, ИМС *f*
~/**analoger** ана́логовая интегра́льная схе́ма *f*
~/**anwendungsspezifischer** специализи́рованная интегра́льная схе́ма *f*
~/**bipolarer** биполя́рная (интегра́льная) схе́ма *f*
~/**digitaler** цифрова́я интегра́льная схе́ма *f*
~/**elektronischer** электро́нная схе́ма *f*
~/**halbkundenspezifischer** полузаказна́я (интегра́льная) схе́ма *f*
~/**hochintegrierter** больша́я интегра́льная схе́ма *f*, интегра́льная схе́ма *f* с высо́кой сте́пенью интегра́ции, БИС *f*
~/**integrierter** интегра́льная схе́ма *f*, ИС *f*, интегра́льная микросхе́ма *f*, ИМС *f*
~/**kundenspezifischer** заказна́я (интегра́льная) схе́ма *f*
~/**mittelintegrierter** интегра́льная схе́ма *f* со сре́дней сте́пенью интегра́ции, СИС *f*
~/**programmierbarer** программи́руемая интегра́льная схе́ма *f*
~/**vollkundenspezifischer** по́лностью заказна́я (интегра́льная) схе́ма *f*
Schaltkreisanalyse *f (El)* схе́мный [схемотехни́ческий] ана́лиз *m*
Schaltkreisentwicklung *f (El)* разрабо́тка *f* схем
Schaltkreisentwurf *m (El)* схемотехни́ческое проекти́рование *n*

Schaltkreisfamilie *f (El)* се́рия *f* интегра́льных схем
Schaltkreispackungsdichte *f (Eln)* пло́тность *f* упако́вки интегра́льных схем
Schaltkreistechnik *f (El)* схемоте́хника *f*
Schaltkupplung *f (Masch)* му́фта *f* переключе́ния переда́ч; *(Masch)* сцепна́я му́фта *f*
Schaltlogik *f* ло́гика *f* переключе́ния
Schaltmechanismus *m (Masch)* включа́ющий механи́зм *m*
Schaltorgan *n (El)* коммутацио́нный о́рган *m*
Schaltprinzip *n (El)* при́нцип *m* переключе́ния
Schaltpult *n (El)* коммутацио́нный пульт *m*
Schaltrelais *n* коммутацио́нное реле́ *n*
Schaltschema *n* схе́ма *f* включе́ния [соедине́ний]
Schaltschütz *n (El)* конта́ктор *m*
Schaltstation *f (El)* распредели́тельная подста́нция *f*; коммутацио́нный пункт *m*
Schaltstelle *f s.* Schaltstation
Schaltstück *n (El)* конта́кт *m*
Schaltstufe *f (El)* ступе́нь *f* переключе́ния
Schalttafel *f (El)* распредели́тельный [коммутацио́нный] щит *m*, коммутацио́нная доска́ *f*, щит *m*, пульт *m*
Schaltteil *n (El)* схе́мный элеме́нт *m*
Schalttransistor *m* переключа́ющий транзи́стор *m*
Schaltuhr *f* та́ймер *m*
Schalt- und Belegungsplan *m* электромонта́жная схе́ма *f*
Schaltung *f (El)* 1. схе́ма *f (s. a. unter* Schaltkreis*)*; 2. соедине́ние *n*
~/**angepasste** согласо́ванная схе́ма *f*
~/**äquivalente** эквивале́нтная схе́ма *f*, схе́ма *f* замеще́ния
~/**bistabile** бистаби́льная схе́ма *f*
~/**elektronische** электро́нная схе́ма *f*
~/**gedruckte** печа́тная схе́ма *f*
~/**gleichsinnige** согла́сное включе́ние *n*
Schaltungs... *(El)* схемотехни́ческий, схе́мный
Schaltungsanalyse *f (El)* схе́мный [схемотехни́ческий] ана́лиз *m*
Schaltungsbaugruppe *f (El)* у́зел *m* схе́мы
Schaltungsentwurf *m (Eln)* схемотехни́ческое проекти́рование *n*
Schaltungsgruppe *f (El)* у́зел *m* схе́мы
Schaltungsprinzip *n (El)* при́нцип *m* переключе́ния
Schaltungsschema *n* схе́ма *f* соедине́ний
Schaltungstechnik *f (El)* схемоте́хника *f*
schaltungstechnisch *(El)* схемотехни́ческий, схе́мный
Schaltvermögen *n (El)* коммутацио́нная спосо́бность *f*
Schaltwarte *f (El)* операти́вный пункт *m* управле́ния, ОПУ *m*
Schaltwerk *n (Kine)* скачко́вый механи́зм *m*
Schalung *f (Bw)* опа́лубка *f* • **ohne** ~ *(Bw)* безопа́лубочный
~/**wiederverwendbare** инвента́рная опа́лубка *f*
schalungslos *(Bw)* безопа́лубочный
Schamotte *f* шамо́т *m*
Schamotte... шамо́тный
Schamottestein *m* шамо́тный кирпи́ч *m*
Schamotteziegel *m* шамо́тный кирпи́ч *m*
Schanzkleid *n (Schiff)* фальшбо́рт *m*
Schar *n* 1. *(Lw)* ле́мех *m*; 2. *(Math)* семе́йство *n*
schären *(Text)*снова́ть
Schären *n (Text)* снова́ние *n*
scharf 1. о́стрый; 2. ре́зкий *(Bilder)*; 3. то́нкий *(Gehör)*
Scharfabstimmung *f (Rf)* о́страя настро́йка *f*
~/**automatische** *(Rf)* автоподстро́йка *f*
Schärfe *f* 1. острота́ *f*; заострённость *f*; 2. *(Opt, Photo)* ре́зкость *f*
Scharfeinstellung *f (Opt, Photo)* наво́дка *f* на ре́зкость, фокусиро́вка *f*
schärfen *(Fert)* зата́чивать, точи́ть *(Werkzeuge)*
Schärfentiefe *f (Photo)* глубина́ *f* ре́зкости
scharfkantig *(Wkz)* острокро́мочный
Scharfschleifen *n (Fert)* зата́чивание *n*, зато́чка *f*
Scharfschleifmaschine *f* зато́чный стано́к *m*

Scharfschleifscheibe *f (Wkz)* заточный круг *m*
Scharnier *n (Masch)* шарни́р *m* • **ohne** ~ бесшарни́рный
Scharpflug *m (Lw)* леме́шный плуг *m*
Scharte *f* зазу́брина *f*
schartig зазу́бренный
Schatten *m* тень *f*
Schatten... тенево́й
Schattenmaskenröhre *f (Eln)* масо́чный кинеско́п *m*
Schattierung *f* отте́нок *m*
Schätze *mpl* ресу́рсы *mpl*
Schätzung *f* оце́нка *f*
Schauer *m* 1. *(Meteo)* ли́вень *m*; 2. *(Kern)* ли́вень *m (kosmische Strahlung)*
Schaufel *f* 1. *(Wkz)* лопа́тка *f*; 2. ло́пасть *f (z. B. eines Mischers)*; 3. лопа́та *f*
Schaufel... ло́пастный; лопа́точный
Schaufelblatt *n* ло́пасть *f (z. B. eines Mischers)*
Schaufelfuß *m (Masch)* ко́рень [хвост] *m* лопа́тки *(einer Turbine)*
Schaufellader *m* (одно)ковшо́вый погру́зчик *m*
Schaufelmischer *m* ло́пастная мешáлка *f*
Schaufelrad *n* ло́пастное колесо́ *n*
Schaufelradbagger *m* колёсный экскава́тор *m*
Schaufelwurzel *f s.* Schaufelfuß
Schaukel *f (Masch)* кача́лка *f*
Schaukelförderer *m* лю́лечный конве́йер *m*
Schaukeln *n* ка́чка *f*
Schauloch *n* глазо́к *m*
Schauluke *f* смотрово́й люк *m*
Schaum *m* 1. пе́на *f*; 2. *(Met)* дро́ссы *pl*, на́кипь *f*, шли́кер *m (NE-Metallurgie)*
Schaum... пе́нистый
schaumartig пе́нистый
schaumartig пенообра́зный
Schaumbeton *m (Bw)* пенобето́н *m*
~/bewehrter *(Bw)* армопенобето́н *m*
Schaumbetonmischer *m (Bw)* пенобетономеша́лка *f*
schaumbildend пенообразу́ющий *(Flüssigkeiten)*
Schaumbildner *m* вспе́ниватель *m*; пенообразова́тель *n (Flotation)*
Schaumbildung *f* вспе́нивание *n*; пенообразова́ние *n*
Schaumdämpfer *m* пеногаси́тель *m*
Schaumdämpfungsmittel *n* пеногаси́тель *m*
schäumen пе́ниться, вспе́ниваться
Schäumen *n* вспе́нивание *n*
schäumend пе́нистый; пенообразу́ющий *(Flüssigkeiten)*
Schaumerzeuger *m* вспе́ниватель *m*
Schaumflotation *f* пе́нная флота́ция *f*
schaumförmig пе́нистый; пенообра́зный
Schaumgenerator *m* пеногенера́тор *m*
Schaumglas *n (Bw)* пеностекло́ *n*
Schaumgummi *m* гу́бчатая [пе́нистая] рези́на *f*
schaumig пе́нистый
Schaumkunststoff *m* пенопла́ст *m*
~/geschlossenporiger пенопла́ст *m*
~/offenporiger поропла́ст *m*
Schaumlöscher *m* пе́нный огнетуши́тель *m*
Schaumlöschverfahren *n* пенотуше́ние *n (bei der Brandbekämpfung)*
Schaummittel *n* пенообразова́тель *n (Flotation)*
Schaumschwimmverfahren *n* пе́нная флота́ция *f*
Schaumsilikat *n (Bw)* пеносилика́т *m*
Schaumstoff *m s.* Schaumkunststoff
Schauöffnung *f* глазо́к *m*
Schautafel *f* табло́ *n*
Schauzeichen *n (Nrt)* опти́ческий сигна́л *m*
Scheduler *m (Inf)* планиро́вщик *m (Steuerprogramm)*
Scheibe *f* 1. диск *m*; 2. *(Math)* круг *m*; 3. *(Wkz)* (шлифова́льный) круг *m*; 4. стекло́ *n*; 5. *(Masch)* ша́йба *f*; *(Masch)* шкив *m*; 6. *(Eln)* пласти́на *f*
~/getriebene *(Masch)* ведо́мый шкив *m*
Scheibenanode *f (Eln)* ди́сковый ано́д *m*
Scheibenbrecher *m* ди́сковая дроби́лка *f*
Scheibenbremse *f (Kfz, Eb)* ди́сковый то́рмоз *m*
Scheibenegge *f (Lw)* ди́сковая борона́ *f*, ди́сковый культива́тор *m*
Scheibenfeder *f (Masch)* сегме́нтная шпо́нка *f*
Scheibenfräser *m (Wkz)* ди́сковая фреза́ *f*

Scheibenkondensator *m (El)* ди́сковый конденса́тор *m*
Scheibenkonstruktion *f (Bw)* пластинча́тая констру́кция *f*
Scheibenkupplung *f (Kfz)* ди́сковое сцепле́ние *n*
Scheibenmühle *f (Pap)* ди́сковая ме́льница *f*
Scheibenpflug *m (Lw)* ди́сковый плуг *m*
Scheibenrad *n (Kfz)* ди́сковое колесо́ *n*
Scheibenturbine *f* ди́сковая турби́на *f*
Scheibenwalze *f (Wlz)* ди́сковый вало́к *m*
Scheibenwischer *m (Kfz)* стеклоочисти́тель *m*
Scheidebad *n* осади́тельная ва́нна *f* *(Aufbereitung)*
Scheidemittel *n* раздели́тель *m*
scheiden *(Ch)* разделя́ть; осажда́ть
Scheiden *n (Ch)* разделе́ние *n*; осажде́ние *n*; *(Lebm)* дефека́ция *f (Zuckergewinnung)*
Scheidepfanne *f* дефека́тор *m (Zuckergewinnung)*
Scheider *m* раздели́тель *m*; сепара́тор *m (Aufbereitung)*
Scheidewand *f* перебо́рка *f*; перегоро́дка *f*; диафра́гма *f*
Scheidung *f s.* Scheiden
Scheinadresse *f (Inf)* фикти́вный а́дрес *m*
scheinbar мни́мый, виртуа́льный
scheinflüssig псевдоожи́женный
Scheingewölbe *n (Bw)* ло́жный свод *m*
Scheinleistung *f (El)* по́лная мо́щность *f*; *(El)* ка́жущаяся мо́щность *f (Wechselstrom)*
~/**elektrische** по́лная мо́щность *f*
Scheinleitwert *m (El)* по́лная проводи́мость *f*
Scheintür *f* глуха́я дверь *f*
Scheinwerfer *m* 1. проже́ктор *m*; 2. *(Kfz)* фа́ра *f*
~/**versenkbarer** *(Kfz)* убира́ющаяся фа́ра *f*
Scheinwiderstand *m (El)* по́лное сопротивле́ние *n*, ка́жущееся сопротивле́ние *n*, импеда́нс *m*
Scheitel *m* 1. пик *m*; амплиту́да *f*; 2. *(Math)* верши́на *f (einer Kurve)*; 3. *(Bw)* ключ *m (eines Bogens)*
Scheitelhaltung *f (Hydt)* водоразде́льный бьеф *m*
Scheitelhöhe *f (Flg)* потоло́к *m*
Scheitelpunkt *m (Math)* верши́на *f* *(einer Kurve)*
Scheitelwert *m* пик *m*
Scheitelwinkel *mpl* вертика́льные углы́ *mpl*
Schelf *m(n) (Geol)* (континента́льный) шельф *m*
Schellack *m* шелла́к *m*
Schelle *f* хому́т *m*; скоба́ *f*; обо́йма *f*
Schema *n* схе́ма *f*
~/**mnemonisches** мнемони́ческая схе́ма *f*
Schenkel *m* 1. *(Wlz)* по́лка *f (L- und U-Stahl)*; 2. *(Schw)* ка́тет *m (der Schweißnaht)*; 3. *(Mess)* гу́бка *f (am Messschieber)*; 4. *(El)* язычо́к *m (eines Transformators)*; 5. *(Geol)* крыло́ *n*
Schenkelpolläufer *m (El)* явнопо́люсный ро́тор *m*
Scherbe *f* оско́лок *m*
Scherbeanspruchung *f (Fest)* среза́ющее [сдви́говое] уси́лие *n*
Scherben *fpl (Glas, Ker)* бой *m*
Schere *f* 1. но́жницы *pl*; 2. *(Wkzm)* гита́ра *f (einer Drehmaschine)*
~/**fliegende** лету́чие но́жницы *pl*
~/**rotierende** ди́сковые но́жницы *pl*
~/**umlaufende** ди́сковые но́жницы *pl*
Scherebene *f (Fert)* пло́скость *f* сдви́га
Scheren *n* стри́жка *f*
Scherenfernrohr *n* стереотруба́ *f*
Scherenstromabnehmer *m (Eb)* пантогра́фный токоприёмник *m*, панто́граф *m (einer Elektrolokomotive)*
Scherfestigkeit *f (Fest)* (вре́менное) сопротивле́ние *n* ска́лыванию [сдви́гу, сре́зу]; про́чность *f* при сдви́ге; преде́л *m* про́чности при сдви́ге [сре́зе]
Scherfestigkeitsprüfung *f (Wkst)* испыта́ние *n* на сдвиг
Scherkluft *f (Geol)* тре́щина *f* ска́лывания
Scherkraft *f (Fest)* среза́ющее уси́лие *n*
Scherungsebene *f (Krist)* пло́скость *f* сдви́га
Scherungskraft *f s.* Scherkraft

Scherversuch *m (Wkst)* испытáние *n* на срез
Scheuerleiste *f (Bw)* плинтус *m*
Scheune *f (Lw)* сарáй *m*
Schicht *f* 1. слой *m*; плёнка *f*; 2. *(Geol, Bgb)* пласт *m*; 3. *(Bw)* ряд *m (Mauerwerk)*; 4. *(Meteo)* ярус *m*; 5. смéна *f*
~/**angereicherte** *(Halbl)* обогащённый слой *m*
~/**leitende** *(Eln)* проводя́щий слой *m*
~/**lichtempfindliche** светочувстви́тельный слой *m*
~/**periphere** пограни́чный слой *m*
~/**supraleitende** *(Eln)* сверхпроводя́щий слой *m*
~/**verarmte** *(Halbl)* обеднённый слой *m*
~/**vergrabene** *(Halbl)* скры́тый слой *m*
~/**wasserführende** *(Geol)* водонóсный слой *m*
Schichtablösung *f (Photo)* расслоéние *n*
Schichtarbeit *f* смéнная рабóта *f*
Schichtaufnahme *f* томогрáмма *f*
Schichtaufnahmegerät *n* томóграф *m*
Schichtaufnahmeverfahren *n* томогрáфия *f*
Schichtelektronik *f* плёночная электрóника *f*
Schichtenbildung *f (Geol)* напластовáние *n*
Schichtenfilter *n (Ch)* пласти́нчатый фильтр *m*
Schichtenfolge *f (Geol)* сви́та *f*, тóлща *f* (порóды)
Schichtengruppe *f s.* Schichtenfolge
Schichtenpflug *m (Lw)* я́русный плуг *m*
Schichtentest *m (Bgb)* тéстер *m (Tiefbohrtechnik)*
Schichtfolge *f s.* Schichtenfolge
Schichtlinie *f (Geol)* горизонтáль *f*
Schichtpressholz *n* (древесно)слои́стый плáстик *m*
Schichtspeicher *m (Inf)* плёночная пáмять *f*, плёночное запоминáющее устрóйство *n*
Schichtstoff *m* слои́стый плáстик *m*
Schichtströmung *f* ламинáрный потóк *m*
Schichtträger *m* подлóжка *f*; оснóва *f*; *(Photo)* субстрáт *m*
Schichtung *f* 1. *(Geol)* слои́стость *f*; слоевáтость *f*; наслоéние *n*; напластовáние *n*; расслоéние *n*; 2. *(Meteo, Hydrol)* стратификáция *f*
schichtweise послóйный
Schiebebefehl *m (Inf)* комáнда *f* сдви́га
Schiebedach *n (Kfz)* сдвижнáя панéль *f* кры́ши, сдвижнáя кры́ша *f*
schieben сдвигáть; толкáть
Schieber *m* 1. заслóнка *f*; задви́жка *f (von Rohrleitungen)*; ши́бер *m*; 2. золотни́к *m*; 3. *(Hydt)* клинкéт *m*; 4. движóк *m*
Schieberegister *n (Inf)* реги́стр *m* сдви́га
Schiebersteuerung *f (Kfz)* управлéние *n* золотникáми, золотникóвое газораспределéние *n*
Schiebetür *f* раздвижнáя дверь *f*
Schiebewinkel *m (Mech)* ýгол *m* скольжéния
schief наклóнный
Schiefer *m* 1. *(Geol)* слáнец *m*; 2. *(Bw)* ши́фер *m*, ши́ферный слáнец *m*
Schiefer... 1. *(Geol)* слáнцевый; 2. *(Bw)* ши́ферный
schieferhaltig слáнцевый
Schieferung *f (Geol)* кливáж *m*
Schiefstellung *f* перекóс *m*
schiefwinklig косоугóльный
Schiene *f* 1. *(Eb)* рельс *m*; 2. *(El)* ши́на *f*; 3. *(Masch)* плáнка *f*
Schienen... рéльсовый
Schienenbremse *f (Eb)* рéльсовый тóрмоз *m*
Schienenfahrzeuge *npl (Eb)* (железнодорóжный) подвижнóй состáв *m*
Schienenfuß *m (Eb)* подóшва *f* рéльса
schienengebunden рéльсовый
Schienenkante *f (Eb)* подóшва *f* рéльса
Schienenkontakt *m (Eb)* рéльсовая педáль *f*
Schienenkontakteinrichtung *f (Eb)* рéльсовая педáль *f*
Schienenkopfmesser *m (Eb)* профилóметр *m*
Schienennagel *m (Eb)* косты́ль *m*
Schienenräumer *m (Eb)* рельсоочисти́тель *m*
Schienenstahl *m* рéльсовая сталь *f*
Schienensteg *m (Eb)* шéйка *f* рéльса
Schienenstoß *m (Inf)* стык *m*
Schienenstrang *m (Eb)* 1. рéльсовая ни́тка *f*; 2. рéльсовый путь *m*
Schienenstraße *f (Wlz)* рéльсовый (прокáтный) стан *m*

Schienenstromschließer *m (Eb)* ре́льсовая педа́ль *f*
Schienentransport *m* ре́льсовый тра́нспорт *m*
Schienen- und Trägerwalzstraße *f* рельсоба́лочный (прока́тный) стан *m*
Schienen- und Trägerwalzwerk *n* рельсоба́лочный (прока́тный) стан *m*
Schienenverleger *m (Eb)* рельсоукла́дчик *m*
Schienenwalzstraße *f* ре́льсовый (прока́тный) стан *m*
Schienenwalzwerk *n* ре́льсовый (прока́тный) стан *m*
Schienenwandern *n (Eb)* уго́н *m* ре́льсов
Schienenweg *m* ре́льсовый путь *m*
Schießplatz *m* полиго́н *m*
Schiff *n* 1. су́дно *n*; кора́бль *m (überwiegend Kriegsschiff)*; 2. *(Bw)* пролёт *m*
~/kernenergiegetriebenes атомохо́д *m*
schiffbar судохо́дный *(Wasserwege)*
Schiffbarkeit *f* судохо́дность *f (von Wasserwegen)*
Schiffbau *m* судострое́ние *n*; кораблестрое́ние *n*
Schiffbau... судострои́тельный; кораблестрои́тельный
Schiffchen *n (Text)* челно́к *m (der Nähmaschine)*
Schifferknoten *m* морско́й у́зел *m*
Schifffahrt *f* судохо́дство *n*
Schifffahrtskanal *m* судохо́дный кана́л *m*
Schifffahrtsperiode *f* навига́ция *f*
Schifffahrtsschleuse *f* судохо́дный шлюз *m*
Schifffahrtsstraße *f* морско́й путь *m*
Schiffs... судово́й
Schiffsbesatzung *f* экипа́ж *m* корабля́
Schiffs(diesel)motor *m* судово́й ди́зель *m*; корабе́льный ди́зель *m*
Schiffsfenster *n (Schiff)* иллюмина́тор *m*
Schiffsführung *f* судовожде́ние *n*
Schiffshebewerk *n* судово́й подъёмник *m*, судоподъёмник *m*
Schiffshebung *f* судоподъём *m*
Schiffskompass *m* судово́й ко́мпас *m*
Schiffsmaschine *f* судова́я маши́на *f*
Schiffsraum *m s.* Tonnage
Schiffsreparatur *f* судоремо́нт *m*
Schiffsreparatur... судоремо́нтный
Schiffsschraube *f* гребно́й винт *m*
Schiffssender *m* судово́й переда́тчик *f*
Schiffstagebuch *n* судово́й журна́л *m*
Schiffsturbine *f* судова́я турби́на *f*
Schiffswerft *f* верфь *f*, судове́рфь *f*
Schild *m* 1. щит *m*; 2. отва́л *m (z. B. einer Planierraupe)*
~/thermischer теплово́й [теплозащи́тный] экра́н *m*
Schild *n* (фи́рменная) табли́чка *f*
Schildausbau *m (Bgb)* щитова́я крепь *f*
Schildvortrieb *m (Bgb)* щитова́я прохо́дка *f*
schillern отлива́ть *(Minerale)*
schimmern отлива́ть *(Minerale)*
Schirm *m* 1. экра́н *m*; 2. козырёк *m*; 3. *(El)* ю́бка *f*, таре́лка *f (des Isolators)*; 4. зонт *m*
~/biologischer *(Kern)* биологи́ческий экра́н *m*
~/metallhinterlegter металлизи́рованный экра́н *m*
Schirmanker *m (Schiff)* грибови́дный я́корь *m*
Schirmbildphotographie *f* флюорогра́фия *f*
Schirmbildverfahren *n* флюорогра́фия *f*
Schirmgitter *n (Eln)* экрани́рующая се́тка *f*
Schlachthaus *n* бо́йня *f*
Schlachthof *m* бо́йня *f*
Schlachtschiff *n* лине́йный кора́бль *m*
Schlacke *f (Met)* шлак *m*
~/geblähte вспу́ченный шлак *m*
~/granulierte гранули́рованный шлак *m*
~/zähflüssige вя́зкий шлак *m*
schlackebildend шлакообразу́ющий
Schlacken... шла́ковый
schlackenartig шлакови́дный
schlackenbeständig шлакоусто́йчивый
Schlackenbeton *m (Bw)* шлакобето́н *m*, шла́ковый бето́н *m*
Schlackenbildung *f* шлакообразова́ние *n*
Schlackenbrecher *m* шлакодроби́лка *f*; шлаколома́тель *m*

Schlackeneinschluss *m (Gieß)* шлакови́на *f (im Metall)*
Schlackenfang *m (Gieß)* шлакоулови́тель *m*
Schlackenfänger *m (Gieß)* шлакоулови́тель *m*
schlackenfrei бесшла́ковый
Schlackengasbeton *m (Bw)* газошлакобето́н *m*
Schlackengranulat *n* гранули́рованный шлак *m*
Schlackenschaumbeton *m (Bw)* пеношлакобето́н *m*
Schlackenstein *m (Bw)* шла́ковый кирпи́ч *m*
Schlackenstichloch *n* шла́ковая лётка *f (am Hochofen)*
Schlacken(transport)wagen *m* шлаково́з *m*
Schlackenwagen *m* шлаково́з *m*
Schlackenwolle *f (Bw)* шла́ковая ва́та *f*
Schlackenzement *m (Bw)* шлакоце-ме́нт *m*, шла́ковый цеме́нт *m*
Schlackeziegel *m (Bw)* шла́ковый кирпи́ч *m*
Schlafbetrieb *m (Eln)* режи́м *m* хране́ния
schlaff нежёсткий
schlaffbewehrt ги́бко арми́рованный *(Stahlbeton)*
Schlafwagen *m* спа́льный ваго́н *m*
Schlag *m (Lw)* уча́сток *m*
Schlag *m* 1. *(Mech)* уда́р *m*; 2. *(Masch)* бие́ние *n (einer Welle)*; 3. *(Text)* кру́тка *f (eines Seils)*
Schlag... уда́рный
Schlagbeanspruchung *f (Mech)* уда́рная нагру́зка *f*
Schlagbiegeversuch *m (Wkst)* испыта́ние *n* на уда́рный изги́б
Schlagbiegezähigkeit *f (Wkst)* уда́рная вя́зкость *f*
Schlagbohren *n (Bgb)* уда́рное буре́ние *n*
~**/hydraulisches** гидроуда́рное буре́ние *n*
Schlagbohrer *m* уда́рный бур *m*
Schlagbolzen *m* боёк *m*; уда́рник *m (an Feuerwaffen)*
Schlagbrecher *m* уда́рная дроби́лка *f*
Schlägel *m (Bgb)* балда́ *f*
schlagen 1. ударя́ть; 2. свива́ть *(Seile)*
Schlagen *n (Masch)* бие́ние *n (einer Welle)*
schlagfest ударопро́чный, ударосто́йкий
Schlagfestigkeit *f (Fest)* уда́рная про́чность *f*
Schlagfigur *f (Krist)* фигу́ра *f* уда́ра
Schlagflügelflugzeug *n* орнитопте́р *m*
schlagfrei безуда́рный
Schlaggesenk *n* молотово́й штамп *m*
Schlagkolben *m (Bgb)* уда́рник *m (am Abbauhammer)*
Schlagloch *n (Bw)* вы́боина *f (einer Straße)*
Schlagmaschine *f (Text)* трепа́льная маши́на *f (Spinnerei)*
Schlagmühle *f* уда́рная ме́льница *f*
Schlagschweißen *n* уда́рная сва́рка *f*
Schlagseite *f***/starke** *(Schiff)* большо́й крен *f*
Schlagstempel *m (Wkz)* клеймо́ *n*; боёк *m*
Schlagstift *m* боёк *m*
Schlagstück *n* боёк *m*
Schlagversuch *m (Wkst)* испыта́ние *n* на уда́р, уда́рное испыта́ние *n*
Schlagwerk *n (Wkst)* копёр *m*
schlagwettergeschützt *(Bgb)* взрывозащищённый *(Grubenausrüstungen)*
schlagwettersicher *(Bgb)* газобезопа́сный, взрывобезопа́сный *(Grubenausrüstungen)*
Schlagwettersicherheit *f (Bgb)* взрывобезопа́сность *f (für Grubenausrüstungen)*
Schlagzähigkeit *f (Wkst)* уда́рная вя́зкость *f*
Schlamm *m* 1. шлам *m*; 2. ил *m*; 3. отсто́й *m*
~**/aktivierter [belebter]** акти́вный ил *m (Abwasserreinigung)*
Schlammablagerung *f (Geol)* оса́док *m*, отложе́ние *n* и́ла
Schlammabscheider *m* шламоотдели́тель *m*, грязеотдели́тель *m*
schlämmen отму́чивать
Schlämmen *n* отму́чивание *n*
Schlammfang *m s.* Schlammfänger
Schlammfänger *m* грязеви́к *m*; илоулови́тель *m*; грязеулови́тель *m*
Schlammleitung *f* шламопрово́д *m*; пульпово́д *(eines Saugbaggers)*

Schlammpumpe *f* шла́мовый [и́ловый, грязево́й] насо́с *m*
Schlammsammler *m s.* Schlammfänger
Schlammscheider *m s.* Schlammabscheider
Schlange *f* змееви́к *m*
Schlangenkühler *m* змеевико́вый холоди́льник *m*
Schlangenrohr *n* змееви́к *m*
Schlangenrohrkühler *m* змеевико́вый холоди́льник *m*
schlank то́нкий
Schlankheitsgrad *m (Mech)* ги́бкость *f* сте́ржня
Schlauch *m* 1. рука́в *m*, шланг *m*; 2. *(Kfz)* ка́мера *f (Bereifung)*
~/biegsamer ги́бкий рука́в [шланг] *m*
Schlauchboot *n* надувна́я ло́дка *f*
Schlauchfilter *n (Ch)* рука́вный фильтр *m*
Schlauchleitung *f* шлангопро́вод *m*
schlauchlos *(Kfz)* беска́мерный *(Reifen)*
Schlaufe *f* пе́тля *f*
Schlechten *fpl (Bgb)* клива́ж *m*
Schleichen *n* 1. *(El)* застрева́ние *n* *(des Motors beim Hochlaufen)*; 2. *(Kfz)* ме́дленное движе́ние *n*
Schleier *m* 1. заве́са *f*; 2. *(Photo)* вуа́ль *f*
Schleierbildung *f (Photo)* вуали́рование *n*
schleierverhindernd *(Photo)* антивуали́рующий
schleierverhütend *(Photo)* антивуали́рующий
Schleif... *(Fert)* шлифова́льный
Schleifbürste *f (El)* конта́ктный башма́к *m (der E-Lok)*
Schleifdraht *m (El)* реохо́рд *m*
Schleife *f* 1. *(El)* пе́тля *f*; *(El)* шлейф *m*; 2. *(Masch)* кули́са *f*
schleifen 1. *(Fert)* шлифова́ть; 2. *(Pap)* дефибри́ровать
Schleifen *n* 1.*(Fert)* шлифова́ние *n*, шлифо́вка *f*; 2. *(Pap)* дефибри́рование *n*
~/spitzenloses бесце́нтровое шлифова́ние *n*
Schleifen... петлево́й
Schleifenbildung *f* петлеобразова́ние *n*
Schleifendipol *m (El)* петлево́й (симметри́чный) вибра́тор *m*, бивибра́тор *m*
Schleifengalvanometer *n (El)* петлево́й гальвано́метр *m*
Schleifenoszillograph *m* шле́йфовый осцилло́граф *m*
Schleifholz *n* бала́нсовая древеси́на *f* *(Celluloseherstellung)*
Schleifkontakt *m (El)* скользя́щий конта́кт *m*
Schleifkörper *m (Wkz)* абрази́вный [шлифова́льный] круг *m*
Schleifleinen *n (Wkz)* абрази́вная шку́рка *f*
Schleifmaschine *f (Wkzm)* 1. шлифова́льный стано́к *m*; 2. зато́чный стано́к *m*
~/spitzenlose бесце́нтрово-шлифова́льный стано́к *m*
Schleifmittel *n* абрази́вный материа́л *m*
Schleifpapier *n (Wkz)* нажда́чная [шлифова́льная] бума́га *f*
Schleifpulver *n* абрази́вный порошо́к *m*
Schleifriefe *f (Fert)* шлифо́вочная ри́ска *f*
Schleifring *m (El)* конта́ктное кольцо́ *n*
Schleifscheibe *f (Wkz)* абрази́вный [шлифова́льный] круг *m*
Schleifspindelstock *m (Wkzm)* шлифова́льная ба́бка *f*
Schleifstein *m (Wkz)* шлифова́льный брусо́к [ка́мень] *m*
Schleifwerkzeug *n (Wkz)* шлифова́льный инструме́нт *m*
Schleifwirkung *f (Fert)* абрази́вность *f*
Schlempe *f* 1. *(Lebm)* барда́ *f*; 2. *(Bw)* те́сто *n*
Schlepp... букси́рный
Schleppbecken *n (Schiff)* о́пытовый бассе́йн *m (für Schiffsmodellversuche)*
Schleppboot *n (Schiff)* букси́р *m*, букси́рное су́дно *n*
Schleppe *f (Lw)* волоку́ша *f*
schleppen букси́ровать
Schleppen *n* буксиро́вка *f*
Schlepper *m* 1. тра́ктор *m*; (тра́ктор-) тяга́ч *m*; 2. *s.* Schleppboot; 3. *(Wlz)* шле́ппер *m*
~/landwirtschaftlicher сельскохозя́йственный тра́ктор *m*
Schlepper... тра́кторный
Schlepperbau *m* тракторострое́ние *n*

Schleppgas *n (Ch)* газ-носи́тель *m*
Schlepphaken *m* букси́рный крюк *m*
Schleppkanal *m (Schiff)* опытовый бассе́йн *m (für Schiffsmodellversuche)*
Schleppkette *f (Schiff)* букси́рная цепь *f*
Schleppkettenförderer *m* скребко́вый конве́йер *m*
Schleppkurve *f (Math)* трактри́са *f*
Schlepplog *n (Schiff)* механи́ческий лаг *m*
Schleppnetz *n* (рыболо́вный) трал *m*, тра́ловая сеть *f (Fischfang)*
Schleppnetzfischerei *f* тра́ление *n*, тра́ловый лов *m*
Schleppschaufelbagger *m* (экскава́тор-)дра́глайн *m*
Schleppschiff *n (Schiff)* букси́р *m*, букси́рное су́дно *n*
Schleppseil *n (Schiff)* букси́р *m*, букси́рный кана́т *n*
Schlepptau *n (Schiff)* букси́р *m*, букси́рный кана́т *m*
Schleppvorrichtung *f (Wlz)* шле́ппер *m*
Schleppwalze *f (Wlz)* холосто́й вало́к *m*
Schleppzange *f (Wlz, Umf)* волочи́льные клещи *pl*
Schleuder *f (Lw)* швыря́лка *f*
Schleuderförderer *m (Lw)* швыря́лка *f*
Schleuderformguss *m* центробе́жное литьё *n*
Schleuderformmaschine *f (Gieß)* пескомёт *m*
schleudern 1. *(Eb)* боксова́ть *(Räder)*; 2. *(Kfz)* заноси́ть; 3. центрифуги́ровать
Schleudern *n* 1. *(Eb)* боксова́ние *n (der Räder)*; 2. зано́с *m (eines Kfz)*; 3. центрифуги́рование *n*; фугова́ние *n*
Schleudersichter *m* центробе́жный сепара́тор *m*
Schleudersitz *m (Raumf, Flg)* катапульти́руемое кре́сло *n*
Schleuderstrahlgussputzanlage *f (Gieß)* дробемётная устано́вка *f*
Schleuderstrahlputzanlage *f (Gieß)* дробемётная устано́вка *f*
Schleuderstrahlreinigung *f (Gieß)* дробемётная очи́стка *f*
schleusen *(Hydt)* шлюзова́ть
Schleuse *f (Hydt)* шлюз *m*
Schleusenhaupt *n (Hydt)* голова́ *f* шлю́за
Schleusentor *n (Hydt)* шлюзовы́е воро́та *pl*
Schleusung *f* шлюзова́ние *n*
Schlich *m* шлих *m (Aufbereitung)*
Schlicht... *(Fest)* чистово́й
Schlichtausdrehen *n (Fert)* чистово́е расста́чивание *n*
Schlichtbearbeitung *f (Fert)* чистова́я обрабо́тка *f*
Schlichtdrehen *n (Fert)* чистово́е точе́ние *n*
Schlichte *f* 1. *(Gieß)* кра́ска *f*, формо́вочные черни́ла *pl*; 2. *(Text)* шли́хта *f*
schlichten 1. глади́ть; 2. *(Text)* шлихтова́ть
Schlichten *n* 1. *(Gieß)* покра́ска *f (der Formen)*; 2. *(Fert)* чистова́я обрабо́тка *f*; *(Wlz)* отде́лка *f*; 3. *(Text)* шлихтова́ние *n*
Schlichtfräser *m (Wkz)* чистова́я фреза́ *f*
Schlichtgerüst *n (Wlz)* чистова́я клеть *f*
Schlichtgesenk *n (Umf)* отде́лочный штамп *m*
Schlichtgewindebohrer *m (Wkz)* чистово́й метчи́к *m*
Schlichthammer *m (Schm)* глади́лка *f*, глади́льный молото́к *m*
Schlichthobel *m (Wkz)* руба́нок *m*
Schlichtkaliber *n (Wlz)* чистово́й кали́бр *m*
Schlichtmeißel *m (Wkz)* чистово́й резе́ц *m*
Schlichtschleifen *n (Fert)* чистово́е шлифова́ние *n*
Schlichtwerkzeug *n (Wkz)* чистово́й инструме́нт *m*
Schlicker *m (Ker)* шли́кер *m*; *(Met)* шли́кер *m (NE-Metallurgie)*
Schliere *f* 1. шлир *m*; 2. *(Glas)* свиль *f (Fehler)*
Schlierenblende *f (Opt, Photo)* шли́рен-диафра́гма *f*
Schlierenmethode *f (Opt)* шли́рен-ме́тод *m*
Schlierenmikroskop *n (Opt)* шли́рен-микроско́п *m*
Schlierenverfahren *n (Opt)* шли́рен-ме́тод *m*
schließen запира́ть; замыка́ть

Schließer *m s.* Schließkontakt
Schließkontakt *m (El)* нормально-разомкнутый контакт *m*, замыкающий [рабочий] контакт *m*, замыкатель *m*
Schliff *m* 1. *(Wkst)* шлиф *m*; 2. огранка *f (von Edelsteinen)*
Schliffbild *n (Wkst)* шлиф *m*; темплет *m*
Schliffprobe *f (Wkst)* шлиф *m*
Schlinge *f* петля *f*
Schlingen... петлевой
Schlingenbildung *f (Wlz)* петлевание *n (an der Drahtstraße)*
Schlingenführung *f (Wlz)* обводка *f (an Feinwalzstraßen)*
Schlingerdämpfung *f (Schiff)* успокоение *n* качки
Schlingerdämpfungsanlage *f (Schiff)* успокоитель *m* качки
Schlingern *n* 1. *(Eb)* виляние *n (Fahrzeuge)*; 2. *(Schiff)* боковая качка *f*
Schlitten *m* 1. *(Masch)* каретка *f*; салазки *pl (an Werkzeugmaschinen)*; 2. *(Schiff)* салазки *pl (Stapellauf)*; 3. сани *pl*
Schlitz *m* 1. паз *m*, канавка *f*; шлиц *m*; 2. прорезь *f*; надрез *m*; 3. щель *f*; 4. зазор *m*
Schlitz... щелевой
Schlitzanode *f* разрезной анод *m*
Schlitzantenne *f* щелевая антенна *f*
Schlitzblende *f (Opt)* щелевая диафрагма *f*
Schlitzbuchse *f* разрезная втулка *f*
Schlitzdüse *f* разрезная форсунка *f*
Schlitzeinbruch *m (Bgb)* щелевой вруб *m*
schlitzen *(Bgb)* подрубать
Schlitzhülse *f* разрезная втулка *f*
Schlitzmutter *f* шлицевая гайка *f*
Schlitzsteuerung *f* щелевое газораспределение *n (Zweitaktmotor)*
Schlitzstrahler *m* щелевая антенна *f*
Schlitzverschluss *m (Photo)* шторный затвор *m*
Schloss *n* 1. замок *m*; 2. затвор *m (einer Handfeuerwaffe)*; 3. *(Eb)* замыкатель *m*
Schlosser... слесарный
Schlosserbank *f* слесарный верстак *m*
Schlossermeißel *m* слесарное зубило *n*
Schlossmutter *f* маточная гайка *f*; ходовая гайка *f*
Schlossplatte *f* фартук *m (einer Drehmaschine)*
Schlossschraube *f* крепёжный болт *m*
Schlot *m* 1. дымовая труба *f*, дымоход *m*; 2. *(Geol)* трубка *f* взрыва
Schlotgang *m (Geol)* трубка *f* взрыва
schlucken поглощать
Schlupf *m (Masch)* проскальзывание *n*, скольжение *n (von Rotoren, Rädern)*; буксование *n* • ~ **haben** буксовать
Schlupfmoment *n (Mech)* момент *m* скольжения
schlüpfrig скольский
Schlüpfrigkeit *f* скольскость *f*
Schluss *m* 1. конец *m*; 2. замыкание *n*; 3. *(Text)* опушка *f*
Schlüssel *m* 1. ключ *m*; 2. (гаечный) ключ *m (Werkzeug)*
Schlüsselbart *m* бородка *f*
schlüsselfertig *(Bw)* сдаваемый «под ключ»
Schlüsseltechnologie *f* ключевая технология *f*
Schlüsselwort *n* ключевое слово *n*
Schlusskaliber *n (Wlz)* чистовой калибр *m*
Schlussleuchte *f (Kfz)* задний фонарь *m*
Schlusslicht *n* 1. *s.* Schlussleuchte; 2. *(Eb)* хвостовой сигнальный огонь *m*
Schlusssignal *n s.* Schlusszeichen
Schlussstein *m (Bw)* замок *m*
Schlusszeichen *n (Nrt)* сигнал *m* отбоя, отбой *m*
schmal узкий; тонкий
Schmalband... *(Eln)* узкодиапазонный
Schmalbandfilter *n (Rf)* узкополосный фильтр *m*
Schmalfilm *m* узкая (кино)плёнка *f*
Schmalfilm... узкоплёночный
Schmalfilmprojektor *m* узкоплёночный кинопроектор *m*
Schmalspur *f (Eb)* узкая колея *f*
Schmalspur... *(Eb)* узкоколейный
Schmalspurbahn *f (Eb)* узкоколейная железная дорога *f*
schmalspurig *(Eb)* узкоколейный
Schmalz *n* жир *m*
Schmälze *f (Text)* замасливатель *m*
schmälzen *(Text)* замасливать

Schmälzen *n (Text)* замáсливание *n*
Schmälzmittel *n (Text)* замáсливатель *m*
Schmelz *m (Ker)* глазýрь *f*, стеклоэмáль *f*; полúва *f*
Schmelz... плáвкий, плавúльный; *(Glas)* вáрочный
schmelzbar плáвкий
Schmelzbarkeit *f* плáвкость *f*
Schmelze *f* 1. *(Met)* плáвка *f*; 2. *(Met)* расплáв *m*, плав *m*, вáнна *f*; 3. *(Glas)* вáрка *f*
Schmelzeinsatz *m (El)* плáвкая встáвка *f (Sicherung)*
schmelzen 1. плáвить; расплавля́ть; выплавля́ть; 2. растáпливать *(Wachs)*; 3. варúть *(Glas)*; 4. оттáивать *(Eis)*
Schmelzen *n* 1. плавлéние *n*; расплавлéние *n*; 2. растáпливание *n* *(Wachs)*; 3. плáвка *f*, вы́плавка *f*; 4. *(Glas)* вáрка *f*; 5. оттáивание *n*
~/oxidierendes *(Met)* окислúтельная плáвка *f*
~/reduzierendes *(Met)* восстановúтельная плáвка *f*
schmelzend/hoch высокоплáвкий, тугоплáвкий
~/leicht [niedrig] низкоплáвкий, легкоплáвкий
~/schwer *s.* ~/hoch
Schmelzertrag *m (Met)* вы́плавка *f*
Schmelzfluss *m* расплáв *m*
Schmelzflusselektrolyse *f* электрóлиз *m* расплáвов
schmelzflüssig жúдкий, расплáвленный
Schmelzherd *m* плавúльный под *m*
Schmelzhitze *f* плавúльный жар *m*
Schmelzlösungsepitaxie *f (Krist)* жидкофáзная эпитаксúя *f*
Schmelzofen *m* плавúльная печь *f*
Schmelzpunkt *m (Ph)* температýра [тóчка] *f* плавлéния
Schmelzraum *m* плавúльная кáмера *f* *(eines Herdofens)*
Schmelzschweißen *n* свáрка *f* плавлéнием
Schmelzsicherung *f (El)* плáвкий предохранúтель *m*
Schmelzspinnen *n (Text)* формовáние *n* из расплáва
Schmelztemperatur *f s.* Schmelzpunkt
Schmelztiegel *m* (плавúльный) тúгель *m*
Schmelzverfahren *n (Met)* спóсоб *m* плáвки
Schmelzwärme *f* теплотá *f* плавлéния
Schmelzzuschlag *m (Met)* плáвень *m*
Schmerzschwelle *f (Ak)* порóг *m* болевóго ощущéния
schmiedbar кóвкий
Schmiedbarkeit *f* кóвкость *f*
Schmiede *f* кýзница *f*
Schmiede... 1. кóваный, кóвочный; 2. кузнéчный
Schmiedegesenk *n (Schm, Umf)* штамп *m*, кóвочный [кузнéчный] штамп *m*
Schmiedegrat *m* облóй *m*
Schmiedehammer *m* кóвочный [кузнéчный] мóлот *m*
Schmiedekohle *f* кузнéчный ýголь *m*
Schmiedemaschine *f* кóвочная машúна *f*
Schmiedemessing *n* кóвкая латýнь *f*
schmieden ковáть
~/im Gesenk штамповáть
Schmieden *n* кóвка *f*
Schmiedeofen *m* кузнéчная печь *f*
Schmiedepresse *f* кóвочный пресс *m*
Schmiederohling *m* заготóвка *f*, покóвка *f*
Schmiedestahl *m* кóваная сталь *f*
Schmiedewerkzeug *n* кузнéчный инструмéнт *m*
Schmiedezange *f* кузнéчные клéщи *pl*
Schmiege... *s.* Schmiegungs...
Schmiegung *f (Math)* кручéние *n (einer Raumkurve)*
Schmiegungsebene *f (Math)* соприкасáющаяся плóскость *f*
Schmiegungswinkel *m (Math)* ýгол *m* кручéния
Schmier- und Kühlflüssigkeit *f (Trib)* смáзочно-охлаждáющая жúдкость *f*
Schmier... смáзочный
Schmierbohrung *f (Masch)* смáзочное отвéрстие *n*
schmieren *(Trib)* смáзывать
Schmieren *n (Trib)* смáзка *f*, смáзывание *n*
Schmierfett *n (Trib)* консистéнтная [пластúчная] смáзка *f*, мазь *f*, солидóл *m*
~ hoher Konsistenz густáя смáзка *f*
~/steifes густáя смáзка *f*

Schmierflüssigkeit *f* сма́зочная жи́дкость *f*
Schmiergefäß *n* маслёнка *f*
schmierig *(Pap)* жи́рный
Schmierigkeit *f (Pap)* жи́рность *f*
Schmierkeil *m (Trib)* ма́сляный [сма́зочный] клин *m*
Schmierleitung *f* маслопрово́д *m*
Schmierloch *n (Masch)* сма́зочное отве́рстие *n*
Schmiermittel *n* сма́зочный материа́л *m*, сма́зка *f*
Schmiernut *f* сма́зочная кана́вка *f*
Schmieröl *n* сма́зочное ма́сло *n*
Schmierölverbrauch *m (Masch, Kfz)* расхо́д *m* ма́сла
Schmierpresse *f* лубрика́тор *m*
Schmierstoff *m s.* Schmiermittel
~/**konsistenter** *s.* Schmierfett
Schmierstoffbohrung *f (Masch)* сма́зочное отве́рстие *n*
Schmierung *f s.* Schmieren
Schmiervorrichtung *f* сма́зочное устро́йство *n*; лубрика́тор *m*
Schmirgel *m (Wkz)* нажда́к *m*
Schmirgel... нажда́чный
Schmirgelleinen *n (Wkz)* нажда́чная шку́рка *f*
Schmirgelpapier *n (Wkz)* нажда́чная [шлифова́льная] бума́га *f*
Schmirgelpaste *f (Wkz)* нажда́чная па́ста *f*
Schmirgelscheibe *f (Wkz)* нажда́чный круг *m*
Schmirgelwirkung *f (Fert)* абрази́вность *f*
schmoren *(El)* оплавля́ться *(Kontakte)*
Schmoren *n (El)* оплавле́ние *n (Kontakte)*
Schmutz *m* грязь *f*; *(Text)* сор *m*
Schmutzabstreifer *m* грязеснима́тель *m*
Schmutzfänger *m (Kfz)* брызгови́к *m*
Schmutzstoffanhäufung *f (Ökol)* кумуля́ция *f* загрязня́ющих веще́ств
Schmutzstoffkonzentration *f (Ökol)* концентра́ция *f* загрязня́ющих веще́ств
Schmutzwasser *n* (бытовы́е [произво́дственные]) сто́чные во́ды *fpl*
Schmutzwasserpumpe *f* грязево́й насо́с *m*
Schnapper *m* защёлка *f*
Schnappverschluss *m* защёлка *f*
Schnauze *f* горлови́на *f*
Schnecke *f* 1. *(Masch, Förd)* шнек *m*, червя́к *m*, винт *m (in Fördermitteln oder Mischern)*
~/**eingängige** однозахо́дный червя́к *m*
~/**mehrgängige** многозахо́дный червя́к *m*
~/**selbsthemmende** самотормозя́щий червя́к *m*
~/**zweigängige** двухзахо́дный червя́к *m*
Schnecken... *(Masch)* шне́ковый, червя́чный
Schneckenantrieb *m (Masch)* червя́чная переда́ча *f*
Schneckenaufgeber *m (Förd)* пита́ющий шнек *m*, шне́ковый пита́тель *m*
Schneckenbohren *n (Bgb)* шне́ковое буре́ние *n*
Schneckenextruder *m (Kst)* червя́чный экстру́дер *m*
Schneckenförderer *m* шне́ковый транспортёр *m*, винтово́й конве́йер *m*
Schneckenfräser *m (Wkz)* червя́чная фреза́ *f*
Schneckengetriebe *n (Masch)* червя́чная переда́ча *f*
Schneckenrad *n* червя́чное колесо́ *n*
Schneckenspeiser *m* пита́ющий шнек *m*
Schneckentrieur *m* зме́йка *f (zur Getreidereinigung)*
Schneckenwelle *f (Masch)* червя́чный вал *m*
Schnee *m* снег *m*
Schneebruch *m (Forst)* снеголо́м *m*
Schneefräse *f* (шнеко-)ро́торный снегоочисти́тель *m*
Schneekette *f (Kfz)* цепь *f* противоскольже́ния
Schneelader *m* снегопогру́зчик *m*
Schneepflug *m* (плу́жный) снегоочисти́тель *m*
Schneeräumer *m s.* Schneeräumgerät
Schneeräumgerät *n* снегоочисти́тель *m*, снегоубо́рщик *m*
Schneeräummaschine *f s.* Schneeräumgerät
Schneeräumung *f* снегоочи́стка *f*
Schneeschleuder *f* (шнеко-)ро́торный снегоочисти́тель *m*
Schneeverwehung *f* сне́жный зано́с *m*

Schneid... *(Fert)* ре́жущий
Schneidapparat *m (Lw)* ре́жущий аппара́т *m (bei Mähmaschinen)*
Schneidbrenner *m (Schw)* реза́к *m*
Schneide *f* 1. нож *m*; резе́ц *n*; 2. ле́звие *n*; остриё *n*; 3. (ре́жущая) кро́мка *f*; 4. при́зма *f (der Waage)*
Schneideisen *n (Wkz)* пла́шка *f*
Schneideisenhalter *m (Wkz)* плашкодержа́тель *m*
Schneidemaschine *f (Typ)* ре́зальная маши́на *f*
Schneidemühle *f* лесопи́лка *f*
Schneiden *n* 1. ре́зание *n*, ре́зка *f*; 2. наре́зка *f*, нареза́ние *n (Gewinde)*; 3. *(Holz)* распило́вка *f*
schneidend/schnell быстроре́жущий
Schneidenzahn *m (Wkz)* зуб *m*
Schneidfläche *f (Wkz)* ре́жущая грань *f (Drehmeißel, Hobelmeißel)*
Schneidkante *f (Wkz)* ре́жущая кро́мка *f* • **mit scharfer ~** *(Wkz)* острокро́мочный
Schneidplättchen *n (Wkz)* ре́жущая пласти́нка *f*
Schneidrad *n (Wkz)* долбя́к *m (einer Verzahnungsstoßmaschine)*
Schneidwerk *n (Lw)* ре́жущий аппара́т *(beim Mähdrescher)*
Schneise *f (Flg)* коридо́р *m*
schnell/extrem сверхскоростно́й
Schnell... быстроде́йствующий, скоростно́й, уско́ренный
Schnellabschaltstab *m (Kern)* сте́ржень *m* авари́йной защи́ты *(Reaktorsicherheit)*
Schnellabschaltung *f* авари́йный остано́в *m*
Schnellanalyse *f (Ch)* экспре́сс-ана́лиз *m*
Schnellarbeitsstahl *m (Wkz)* быстроре́жущая сталь *f*
Schnellarbeitsstahlfräser *m (Wkz)* быстроре́жущая фреза́ *f*
Schnellarbeitsstahlwerkzeug *n (Wkz)* быстроре́жущий инструме́нт *m*
Schnellaufzug *m* скоростно́й лифт [подъёмник] *m*
Schnellbinder *m* быстросхва́тывающееся вя́жущее *n*; быстросхва́тывающийся цеме́нт *m*
Schnellbremse *f (Eb)* быстроде́йствующий то́рмоз *m*
Schnellbremsung *f (Eb)* э́кстренное торможе́ние *n*
Schnelldrucker *m* быстроде́йствующее печа́тающее устро́йство *n*, быстропеча́тающее устро́йство *n*
Schnellentwickler *m (Photo)* бы́стрый прояви́тель *n*
Schnellentwicklung *f (Photo)* бы́строе [скоростно́е] проявле́ние *n*
Schnellfeuergewehr *n* скоростре́льная винто́вка *f*
Schnellfutter *m (Wkzm)* быстроде́йствующий патро́н *m*
Schnellgang *m (Masch)* бы́стрый ход *m*
Schnellhub *m (Masch)* бы́стрый ход *m (z. B. bei Pumpen)*
Schnelligkeit *f* быстрота́ *f*
Schnellladesystem *n (Photo)* систе́ма *f* бы́строй заря́дки
Schnelllauf... быстрохо́дный *(Maschine)*
Schnellläufer *m (El)* быстрохо́дный дви́гатель *m*; быстрохо́дная маши́на *f*; быстрохо́дный стано́к *m*
Schnellläufer... быстрохо́дный *(Maschine)*
Schnellläufermotor *m (El)* быстрохо́дный дви́гатель *m*
Schnellläufermühle *f* быстрохо́дная ме́льница *f*
Schnellläuferpresse *f* быстрохо́дный пресс *m*
Schnellläuferturbine *f* быстрохо́дная турби́на *f*
Schnellläufigkeit *f (Masch)* быстрохо́дность *f*
Schnellpresse *f* быстрохо́дный пресс *m*
Schnellschlagbohren *n (Bgb)* быстроуда́рное буре́ние *n*
Schnellschlussbremse *f (Eb)* быстроде́йствующий то́рмоз *m*
Schnellschlussstab *m (Kern)* сте́ржень *m* авари́йной защи́ты *(Reaktorsicherheit)*
Schnellschlussventil *n* авари́йный кла́пан *m*, быстроде́йствующий запо́рный кла́пан *m*, быстроде́йствующий кла́пан-отсека́тель *m*
Schnellschnitt... быстроре́жущий

Schnellselbstschalter *m (El)* быстродействующий автомат *m*
Schnellstahl *m (Wkz)* быстрорежущая сталь *f*
Schnellstraße *f* скоростная дорога *f*
Schnellstraßenbahn *f* скоростной трамвай *m*
Schnellverkehrs... высокоскоростной
Schnellverschluss *m* быстродействующий затвор *m*
Schnellwechselmagazin *n (Wkzm)* быстросменный магазин *m*
Schnellwechselmeißelhalter *m (Wkzm)* быстросменный резцедержатель *m*
Schnellwechselwerkzeug *n (Wkz)* быстросменный инструмент *m*
Schnellwirkung *f* быстродействие *n*
Schnellzug *m (Eb)* скорый поезд *n*
Schnellzugriffsspeicher *m* память *f* с быстрым доступом
Schnitt *m* 1. сечение *n*; разрез *m*; 2. резание *n*; 3. срез *m*; надрез *m*; 4. *(Bgb)* заходка *f (Tagebau)*; 5. *(Bgb)* черпание *n*; 6. *(Umf)* обрезной [вырубной] штамп *m*; 7. *(Typ)* обрез *m*; 8. *(Kine)* монтаж *m*; 9. *(Holz)* распиловка *f*
~/goldener *(Math)* золотое сечение *n*
~/horizontaler горизонтальное сечение *n*
~/senkrechter [vertikaler] вертикальное сечение *n*
Schnittebene *f* 1. *(Math)* плоскость *f* сечения, секущая плоскость *f*; 2. *(Fert)* плоскость *f* резания
Schnittfläche *f s.* Schnittebene
Schnittgeschwindigkeit *f (Fert)* скорость *f* резания
Schnittgesenk *n (Umf)* обрезной штамп *m*
schnitthaltig стойкий *(Schneidwerkzeuge)*
Schnittholz *n* пилёный лесоматериал *m*, пиломатериал *m*
Schnittkraft *f (Wkzm)* сила *f* резания
Schnittkraftmessinstrument *n* инструментальный динамометр *m*
Schnittmusterbogen *m (Text)* лекало *n*
Schnittpunkt *m* точка *f* пересечения
Schnittstelle *f (Inf)* интерфейс *m*, стык *m*
~/benutzerfreundliche дружественный интерфейс *m*
~/parallele параллельный интерфейс *m*
~/serielle последовательный интерфейс *m*
Schnittstellenadapter *m (Inf, Eln)* адаптер *m* интерфейса
Schnittstellenbaustein *m (Inf)* интерфейсный модуль *m*
Schnittstellenmodul *m (Inf)* интерфейсный модуль *m*
Schnittweite *f (Opt)* отрезок *m*
Schnittwerkzeug *n (Wkz)* вырубной [обрезной] штамп *m*, матрица *f*
Schnittwinkel *m (Wkz)* угол *m* резания
Schnitzel *pl* 1. *(Kst)* (размельчённая) крошка *f*; 2. *(Lw)* стружка *f*
Schnitzelmaschine *f* корнерезка *f (für Hackfrüchte)*
schnitzen резать *(Holz)*
Schnitzmesser *n (Wkz)* струг *m (für Holz)*
Schnur *f* шнур *m*; бечёвка *f*; верёвка *f*
schnurlos *(Nrt)* бесшнуровой
Schober *m (Lw)* стог *m*
schönen *(Lebm)* осветлять
Schönen *n (Lebm)* осветление *n*
Schoner *m (Schiff)* шхуна *f*
Schönseite *f (Pap)* лицевая сторона *f*
Schönungsmittel *n (Lebm)* осветлитель *m*
Schoopieren *n* шоопирование *n*
schöpfen *(Pap)* черпать
Schöpfen *n (Pap)* черпание *n*
Schopfen *n (Wlz)* обрезка *f (Gussblöcke)*
Schöpfkelle *f (Gieß)* черпак *m*
Schöpflöffel *m (Gieß)* черпак *m*
Schornstein *m* дымовая труба *f*
Schott *n (Schiff)* переборка *f*
Schotter *m (Bw, Eb)* щебень *m*
Schotter... щебёночный
Schotterbettung *f (Eb)* щебёночный балласт *m*
Schotterung *f (Eb)* балластировка *f*
Schottky-Defekt *m (Krist)* дефект *m* по Шоттки
Schottky-Diode *f (Eln)* диод *m* Шотки
Schottky-Fehlordnung *f (Krist)* дефект *m* по Шоттки
Schottky-Leerstelle *f (Krist)* вакансия *f* по Шоттки

schraffieren штриховáть, заштрихóвывать
schraffiert штриховóй, заштрихóванный
Schraffierung *f* штрихóвка *f*
Schraffur *f* штрихóвка *f*
schräg наклóнный, скóшенный
Schrägaufzug *m* наклóнный подъёмник *m*
Schrägbandförderer *m* наклóнный конвéйер *m*
Schrägbild *n (Math)* косáя проéкция *f*
Schrägbohren *n (Bgb)* наклóнное бурéние *n*
Schrägbohrung *f (Bgb)* наклóнная сквáжина *f*
Schräge *f* 1. наклóн *m*; 2. наклóнная повéрхность *f*; 3. скос *m*; 4. уклóн *m*; 5. развáл *m (von Rädern)*
Schrägförderer *m* наклóнный элевáтор *m*
Schrägkugellager *n (Masch)* радиáльно-упóрный шарикоподши́пник *m*
Schräglage *f* наклóнное положéние *n*; наклон *m*; *(Schiff)* крен *m*
~/steile крутóй наклóн *m*
Schrägrost *m* наклóнная (колосникóвая) решётка *f (einer Feuerung)*
Schrägschnitt *m* косóе сечéние *n*
Schrägstellung *f* перекóс *m*
Schrägstrahler *m (Licht)* кососвéт *m*
Schrägstrich *m* косáя чертá *f*
Schrägungswinkel *m (Wkz)* ýгол *m* наклóна
schrägverzahnt *(Masch)* косозýбый
Schrägwalz... прошивнóй
Schrägwalze *f (Wlz)* косóй валóк *m*
Schrägwalzen *n (Wlz)* косáя [винтовáя] прокáтка *f*
Schrägwalzverfahren *n s.* Schrägwalzen
Schrägzahn *m (Masch)* косóй зуб *m*
Schrägzahnrad *n (Masch)* косозýбая шестерня́ *f*, косозýбое (зубчáтое) колесó *n*
Schram *m (Bgb)* вруб *m (Schrämarbeit)*
Schräm... *(Bgb)* врýбовый
Schrämarbeit *f (Bgb)* зарýбка *f*, подрýбка *f*
Schrämarm *m (Bgb)* врýбовый бар *m*
Schrämausleger *m (Bgb)* врýбовый бар *m*
Schrämbreite *f (Bgb)* врýбовая ширинá *f*, ширинá *f* захвáта
schrämen *(Bgb)* зарубáть, подрубáть
Schrämen *n (Bgb)* зарýбка *f*, подрýбка *f*
Schrämhobel *m (Bgb)* зарубнóй струг *m*
Schrämklein *n (Bgb)* (зарубнóй) штыб *m*
Schrämkleinlader *m (Bgb)* расштыбóвщик *m*
Schrämkleinräumer *m (Bgb)* расштыбóвщик *m*
Schrämlademaschine *f (Bgb)* врýбо(во)-навáлочная маши́на *f*
Schrämlader *m (Bgb)* врýбо(во)-навáлочная маши́на *f*
Schrämmaschine *f (Bgb)* врýбовая маши́на *f*
Schramme *f* нади́р *m (Fehler an Werkstücken)*
Schramme *f* цáрапина *f*
Schrämtiefe *f (Bgb)* захвáт *m*
Schrank *m* шкаф *m*
Schranke *f (Eb)* барьéр *m*, шлагбáум *m*
Schränkeisen *n (Wkz)* развóдка *f (für Sägen)*
schränken разводи́ть *(Sägen)*
Schränken *n* развóдка *f (von Sägen)*
Schrapper *m (Förd)* скрéпер *m*
Schrapper... скрéперный
Schrapperförderung *f (Bgb)* скреперовáние *n*
Schrapp(er)lader *m* скрéперный погрýзчик *m*
Schraubantrieb *m* винтовóй привод *m*
Schraube *f* 1. болт *m*; винт *m*; *(Schiff)* винт *m*; 2. *(Math)* динáма *f*
~/gewindeformende самонарезáющий винт *m*
Schrauben... винтовóй
Schraubenbewegung *f (Mech)* винтовóе движéние *n*
Schraubenbolzen *m* резьбовóй болт *m*
Schraubendreher *m (Wkz)* отвёртка *f*, винтовёрт *m*
Schraubenfeder *f* винтовáя рессóра [пружи́на] *f*
Schraubenfläche *f (Math)* геликóид *m*, винтовáя повéрхность *f*
schraubenförmig *(Math)* геликоидáльный, винтовóй, винтообрáзный
Schraubengewinde *n* винтовáя резьбá *f*

Schraubengewindeschneiden *n* винтонареза́ние *n*
Schraubenlinie *f (Math)* винтова́я ли́ния *f*
Schraubenmotor *m (Schiff)* винтово́й дви́гатель *m*
Schraubenpresse *f* винтово́й пресс *m*
Schraubenpumpe *f* винтово́й насо́с *m*
Schraubenrad *n* винтово́е (зубча́тое) колесо́ *n*
Schraubenradgetriebe *n (Masch)* винтова́я переда́ча *f*
Schraubenrührwerk *n* винтова́я меша́лка *f*
Schraubenschlüssel *m* га́ечный ключ *m*
Schraubensicherung *f (Masch)* га́ечный замо́к *m*
Schraubenspindel *f* ходово́й винт *m*
Schraubensteigung *f (Flg)* шаг *m* возду́шного винта́
Schraubenverbindung *f* винтово́е [болтово́е] соедине́ние *n*
Schraubenwinde *f* винтово́й домкра́т *m*
Schrauber *m (Wkz)* гайковёрт *m*
Schraubklemme *f (Ch)* винтово́й зажи́м *m (an Laborgeräten)*
Schraubsockel *m (El)* винтово́й [резьбово́й] цо́коль *m*
Schraubstock *m* тиски́ *pl*
Schraubtrieb *m (Masch)* винтова́я переда́ча *f*
Schraubung *f (Math, Krist)* винтово́е движе́ние *n*
Schraubverbindung *f (Masch)* резьбово́е [болтово́е] соедине́ние *n*
Schraubzwinge *f* струбци́на *f*
Schreibdichte *f* пло́тность *f* за́писи
schreibend самозапи́сывающий, самопи́шущий
Schreiber *m s.* Schreibgerät
Schreibgerät *n* самопи́сец *m*
Schreibgeschwindigkeit *f (Inf)* ско́рость *f* за́писи
Schreibkopf *m* голо́вка *f* за́писи
Schreib-Lese-Kopf *m (Inf)* голо́вка *f* чте́ния-за́писи, голо́вка *f* за́писи-воспроизведе́ния
Schreib-Lese-Speicher *m (Inf)* запомина́ющее устро́йство *n* с произво́льной вы́боркой, ЗУПВ *n*
Schreibmaschine *f* пи́шущая маши́на [маши́нка] *f*
Schreibschutz *m (Inf)* защи́та *f* от за́писи *(einer Diskette)*
Schreibsperre *f (Inf)* блокиро́вка *f* за́писи
Schreibstrahl *m* запи́сывающий луч *m*
Schreibvorrichtung *f* устро́йство *n* за́писи
Schreibweise *f* за́пись *f*
~/binäre *(Inf)* за́пись *f* в двои́чном ко́де
Schreibwerk *n* устро́йство *n* за́писи
Schreibzyklus *m (Inf)* цикл *m* за́писи
Schreit... шага́ющий
Schreitbagger *m* шага́ющий экскава́тор *m*
Schreitroboter *m* шага́ющий ро́бот *m*
Schrift *f (Typ)* шрифт *m*
~/fette жи́рный шрифт *m*
~/geradstehende прямо́й шрифт *m*
~/halbfette полужи́рный шрифт *m*
~/magere све́тлый шрифт *m*
Schriftschablone *f* трафаре́т *m*
Schrifttype *f* ли́тера *f*
schrill ре́зкий *(Ton)*
Schritt *m* 1. шаг *m*; 2. *(El)* (то́ковая) посы́лка *f*
Schritt... ша́говый
Schrittbetrieb *m (Inf)* поша́говый режи́м *m*
Schrittgetriebe *n (Masch)* ша́говый механи́зм *m*
Schrittkamera *f* фотоповтори́тель *m*
Schrittmechanismus *m (Masch)* ша́говый механи́зм *m*
Schrittmotor *m (El)* ша́говый дви́гатель *m*
Schrittregelung *f* ша́говое регули́рование *n*
Schrittregler *m* ша́говый регуля́тор *m*
Schrittsteuerung *f* ша́говое управле́ние *n*
Schrittwahl *f (Nrt)* ша́говое иска́ние *n*
Schrittwähler *m (Nrt)* ша́говый иска́тель *m*
schrittweise поша́говый, шаг за ша́гом
Schrittzähler *m* шагоме́р *m*
Schrot *m* дробь *f*
Schrotaxt *f* колу́н *m*
Schrotbohren *n (Bgb)* дробово́е буре́ние *n*
Schroteffekt *m (Eln)* дробово́й эффе́кт *m*

schroten 1. *(Brau, Lw)* дроби́ть; 2. *(Bgb)* измельча́ть *(z. B. Erze)*
Schroten *n* 1. *(Brau, Lw)* дробле́ние *n*; 2. *(Bgb)* измельче́ние *n (z. B. Erze)*
Schroter *m* 1. *(Lebm)* дроби́лка *f*; 2. измельчи́тель *m*
Schrotflinte *f* дробово́е ружьё *n*
Schrotmeißel *m (Wkz)* кузне́чное зуби́ло *n*
Schrotmühle *f (Lebm, Lw)* (зерно)дроби́лка *f*
Schrotrauschen *n (Eln)* дробово́й шум *m*
Schrotsäge *f* двуру́чная пи́ла *f*
Schrotstrahlen *n (Fert)* дробестру́йная обрабо́тка *f*
Schrott *m* скрап *m*, (металло)ло́м *m*
Schrottpresse *f* пакетиро́вочный пресс *m*
Schrottverfahren *n (Met)* скрап-проце́сс *m*
Schrotung *f (Brau, Lw)* дробле́ние *n*
schrumpfarm *(Text)* малоуса́дочный *(Gewebe)*
schrumpfen 1. стя́гиваться; 2. *(Gieß, Ker, Text)* уса́живаться
Schrumpfen *n (Gieß, Ker, Text)* уса́дка *f*
schrumpffrei *(Text)* безуса́дочный *(Gewebe)*
Schrumpffreiausrüstung *f (Text)* бесуса́дочная отде́лка *f*
Schrumpfneigung *f (Text)* уса́дочность *f*
Schrumpfpassung *f (Masch)* горя́чая поса́дка *f*
Schrumpfspannung *f (Gieß)* уса́дочное напряже́ние *n*
Schrumpfungstheorie *f (Geol)* контракцио́нная гипо́теза *f*
Schruppausdrehen *n (Fert)* чернково́е расста́чивание *n*
Schruppbearbeitung *f (Fert)* чернова́я обрабо́тка *f*
Schruppdrehen *n (Fert)* чернково́е точе́ние *n*
Schruppen *n (Fert)* чернова́я обрабо́тка *f*
Schruppfräser *m (Wkz)* чернова́я фреза́ *f*
Schruppgewindebohrer *m (Wkz)* черново́й метчи́к *m*
Schruppmeißel *m (Wkz)* черново́й [обди́рочный] резе́ц *m*
Schruppreibahle *f (Wkz)* чернова́я развёртка *f*
Schruppschleifen *n* чернково́е шлифова́ние *n*
Schruppwerkzeug *n (Wkz)* черново́й инструме́нт *m*
Schub *m* 1. *(Flg, Rak)* тя́га *f*; реакти́вная тя́га *f*; 2. си́ла *f* тя́ги *(eines Triebwerks)*; 3. *(Mech)* сдвиг *m*; 4. *(Mech)* скольже́ние *n*; 5. *(Mech)* распо́р *m*; 6. *(Schiff)* упо́р *m*
~/**spezifischer** *(Flg, Rak)* уде́льная тя́га *f*
Schubbeanspruchung *f s.* Scherbenanspruchung
Schubbetrieb *m* толка́ние *n (Schubschifffahrt)*
Schubboot *n (Schiff)* (букси́р-)толка́ч *m*, су́дно-толка́ч *n*
Schubdüse *f* реакти́вное сопло́ *n (eines Strahltriebwerks)*
Schubeinheit *f (Schiff)* толка́емый соста́в *m*
Schubelastizitätsmodul *m s.* Schubmodul
Schubfestigkeit *f s.* Scherfestigkeit
Schubkraft *f* 1. *s.* Schub; 2. *(Fest)* среза́ющее уси́лие *n*
Schubkupplung *f (Schiff)* счал *m*
Schubkurbel *f (Masch)* кривоши́пно-шату́нный механи́зм *m*
Schubkurbeltrieb *m s.* Schubkurbel
Schubleistung *f (Flg, Rak)* тя́говая мо́щность *f*
Schub-Masse-Verhältnis *n (Flg, Rak)* тяговооружённость *f*, энерговооружённость *f*
Schubmodul *m (Mech)* мо́дуль сдви́га [скольже́ния], мо́дуль *m* упру́гости второ́го ро́да
Schubschiff *n s.* Schubboot
Schubspannung *f (Fest)* каса́тельное напряже́ние *n*
Schubstange *f (Masch)* шату́н *m*
Schubverband *m (Schiff)* толка́емый соста́в *m*
Schubverkehr *m* толка́ние *n (Schubschifffahrt)*
Schubvermögen *n s.* Schub-Masse-Verhältnis

Schubverstärkung *f (Flg)* форсирóвка *f (der Triebwerke)*
Schubversuch *m (Wkst)* испытáние *n* на сдвиг
Schubwiderstand *m (Fest)* сопротивлéние *n* трéния
Schuh *m* башмáк *m*
Schulatlas *m* шкóльный áтлас *m*
Schulflugzeug *n* учéбно-тренирóвочный [учéбный] самолёт *m*
Schulterdecker *m (Flg)* высокоплáн *m*
Schulung *f* вы́держка *f (von Wein)*
Schuppen *m* сарáй *m*
Schuppen *pl* чешу́йки *fpl*
Schuppengraphit *m* чешу́йчатый графи́т *m*
schuppig чешу́йчатый
Schur *f* стри́жка *f*
schüren шуровáть
Schüren *n* шурóвка *f*
Schurf *m (Bgb)* шурф *m*
Schürf... землерóйный; *(Geol, Bgb)* развéдочный
Schürfbohren *n (Bgb)* развéдочное бурéние *n*
Schürfbohrung *f (Bgb)* развéдочная сквáжина *f*
Schürfen *n (Bgb)* шурфовáние *n*
Schürfkübelbagger *m* экскавáтор-дрáглайн *m*
Schürfkübelwagen *m (Förd)* скрéпер *m*
Schürflader *m* грéйдер-элевáтор *m*
Schürfschacht *m (Bgb)* шурф *m*
Schürfschneide *f* рéжущая крóмка *f (Bagger)*
Schürfstollen *m (Bgb)* развéдочная штóльня *f*
Schürfstrecke *f (Bgb)* развéдочный штрек *m*
Schurre *f* (спускнóй) лотóк *m*; (спускнóй) жёлоб *m*; спуск *m*
Schürze *f* фáртук *m*; *(Kfz)* брызгови́к *m*
Schuss *m* 1. *(Text)* утóк *m*, утóчина *f (Weberei)*; 2. *(Wkz)* обечáйка *f (Behälterfertigung)*; 3. *(Kst)* впрыск *m (beim Spritzgießen)*; 4. *(Bgb)* заря́д *m*; 5. вы́стрел *m*
Schussatlasbindung *f (Text)* сатинóвое переплетéние *n*
Schussboden *m (Hydt)* водобóй *m*
Schüssel *f* чáша *f*
Schussfaden *m (Text)* утóчная нить *f*, утóчина *f*
Schussgarn *n (Text)* утóчная пря́жа *f*
Schussrinne *f (Hydt)* быстротóк *m*
Schussspulautomat *m (Text)* утóчномотáльный автомáт *m*
Schusswehr *n (Hydt)* водосли́вная плоти́на *f*
Schute *f (Schiff)* шалáнда *f*; бáржа *f*
Schutenträgerschiff *n* баржевóз *m*
Schutt *m* щéбень *m*
Schütt... сыпу́чий
schüttbar сыпу́чий
Schüttbarkeit *f* сыпу́честь *f*
Schüttdichte *f s.* Rohdichte 1.
Schüttelaufgeber *m* вибрациóнный питáтель *m*
schüttelfest тряскостóйкий
Schüttelfestigkeit *f* тряскостóйкость *f*
schütteln 1. взбáлтывать; 2. трясти́; сотрясáть
Schütteln *n* 1. взбáлтывание *n*; 2. сотрясéние *n*; тря́ска *f*; 3. *(Aero, Flg)* бáфтинг *m*
Schüttelrinne *f* качáющийся лотóк [жёлоб] *m*, виброжёлоб *m*
schütten засыпáть, отсыпáть
Schütten *n* засы́пка *f*, отсы́пка *f*
Schüttfähigkeit *f* сыпу́честь *f*
Schüttgut *n* сыпу́чий груз [материáл] *m* • **als** ~ навáлом
Schüttgutfrachter *m s.* Bulker
Schüttgutfrachtschiff *n s.* Bulker
Schütthöhe *f (Met)* высотá *f* засы́пки *(eines Schachtofens)*
Schüttmasse *f s.* Rohdichte 1.
Schüttung *f* 1. *s.* Schütten; 2. *(Schiff)* разгру́зка *f*; 3. *(Hydt)* набрóска *f*
Schutz *m* 1. защи́та *f*; предохранéние *n*; 2. охрáна *f*; 3. предохрани́тель *m*
Schütz *n* 1. *(Hydt)* щит *m*, (плóский) затвóр *m (eines Wehrs)*; 2. *(El)* контáктор *m*
Schutz... защи́тный, предохрани́тельный
Schutzanstrich *m* защи́тное покры́тие *n*
Schutzanzug *m* защи́тный костю́м *m*, скафáндр *m*
Schutzbekleidung *f* защи́тная одéжда *f*
Schutzbit *n (Inf)* бит *m* защи́ты
Schutzblech *n* 1. *(Kfz)* брызгови́к *m*; 2. предохрани́тельный щитóк *m*

Schutzdach *n (Bw)* зонт *m*; навéс *m*
Schutzdamm *m* защи́тная дáмба *f*
Schutzdecker *m* шельтердéчное сýдно *n*
Schutzdeckschiff *n* шельтердéчное сýдно *n*
Schutzdeich *m* защи́тная дáмба *f*
Schütze *f s.* Schütz 1.
Schutzeinrichtung *f* защи́тное [предохрани́тельное] устрóйство *n*, протéктор *m*
Schutzelektrode *f* защи́тный электрóд *m*
schützen защищáть
Schützen *m (Text)* челнóк *m*
Schützensteuerung *f (El)* контáкторное управлéние *n*
Schutzerdung *f* защи́тное заземлéние *n*
Schutzfilter *n (Photo)* защи́тный светофи́льтр *m*
Schutzgas *n* защи́тный газ *f*; *(Schw)* защи́тная атмосфéра *f*
Schutzgasatmosphäre *f (Schw)* защи́тная атмосфéра *f*, защи́тная гáзовая средá *f*
Schutzgas[CO_2]-Schweißen *n* свáрка *f* в углеки́слом гáзе
Schutzgasschweißen *n* свáрка *f* в защи́тном гáзе
Schutzgebiet *n (Ökol)* закáзник *m*; заповéдник *m*; резервáт *m*
Schutzgehäuse *n* защи́тный кожýх *m*
Schutzgitter *n* предохрани́тельная решётка *f*
Schutzglas *n* защи́тное стеклó *n*
Schutzgrad *m (El)* стéпень *m* защи́ты
Schutzhaube *f* защи́тный колпáк *m*
Schutzhelm *m* защи́тный шлем *m*; (предохрани́тельная) кáска *f*
Schutzkappe *f* защи́тный колпáк *m*
Schutzkondensator *m (El)* защи́тный конденсáтор *m*
Schutzkontakt *m (El)* защи́тный контáкт *m*
Schutzmantel *m* защи́тный кожýх *m*
Schutzmaske *f* 1. защи́тная мáска *f*; 2. противогáз *m*
Schutznetz *n* защи́тная сéтка *f*
Schutzpflanzung *f (Lw, Forst)* защи́тная посáдка *f*, защи́тное насаждéние *n*
Schutzpotential *n (El)* защи́тный потенциáл *m*
Schutzrelais *n (El)* защи́тное релé *n*
Schutzschalter *m (El)* защи́тный выключáтель *m*
Schutzschaltung *f (El)* схéма *f* защи́ты
Schutzschicht *f* защи́тное покры́тие *n*; защи́тный слой *n*
~/metallische металлопокры́тие *n*
Schutzschichtfilter *n (Hydt)* обрáтный фильтр *m*
Schutzschirm *m* защи́тный экрáн *m*
Schutzstern *m (Inf)* звёздочка *f*
Schützsteuerung *f (Reg)* контáкторное управлéние *n*
Schutzüberzug *m* защи́тное покры́тие *n*
Schutzumschlag *m (Typ)* суперoблóжка *f*
Schutzvorrichtung *f* защи́тное приспособлéние *n*, предохрани́тель *m*
Schutzweiche *f (Eb)* охрáнная стрéлка *f*
Schutzwiderstand *m (El)* защи́тное сопротивлéние *n*
Schutzwirkung *f (Kern)* защи́тное дéйствие *n*
Schwächer *m (Opt)* ослаби́тель *m*
Schwachgas *n* бéдный [низкокалори́йный] газ *m*
Schwachlauge *f (Pap)* слáбый щёлок *m*
Schwachstrom *m (El)* слáбый ток *m*
Schwachstrom... *(El)* слаботóчный
Schwachstromtechnik *f (El)* слаботóчная (электро)тéхника *f*
Schwächung *f* ослаблéние *n*
Schwächungskoeffizient *m (Kern, Licht)* коэффициéнт *m* затухáния; *(Kern)* коэффициéнт *m* ослаблéния *(Strahlung)*
Schwad *m (Lw)* валóк *m*
Schwadenrohr *n*ками́н *m*
Schwalbenschwanz *m* лáсточкин хвост *m*
Schwamm... гýбчатый
schwammig гýбчатый; ноздревáтый
schwanken колебáться
Schwanken *n* качáние *n*
Schwankung *f* 1. колебáние *n*, флуктуáция *f*; 2. отклонéние *n*; 3. качáние *n*; 4. *(Math)* вариáция *f (der Funktion)*

Schwanz *m* хвост *m*
Schwanz... хвостовой
Schwanzflosse *f (Flg)* хвостовой стабилизатор *m*
Schwarm *m (Ph, Kern)* кластер *m*; рой *m*
Schwarte *f (Holz)* горбыль *m*
Schwarz *n* чернь *f*
Schwarzdeckenfertiger *m* асфальтобетоноукладчик *m*
Schwärze *f* чернь *f*; *(Gieß)* краска *f*
schwärzen чернить
Schwarzerde *f* чернозём *m*
Schwarzmetall *n* чёрный металл *m*
Schwarzmetallurgie *f* металлургия *f* чёрных металлов, чёрная металлургия *f*
Schwarzpegel *m (TV)* уровень *f* чёрного
Schwarzpulver *n* дымный порох *m*
Schwärzung *f* 1. почернение *n*; потемнение *n*; 2. *(Opt, Photo)* оптическая плотность *f*
~/photographische *(Photo)* оптическая плотность *f*
Schwärzungskurve *f (Photo)* характеристическая кривая *f*
Schwärzungsmesser *m (Photo)* денситометр *m*
Schwärzungsmessung *f (Photo)* денситометрия *f*
Schwarzweißbild *n* чёрно-белое изображение *n*
Schwarzweißfernsehempfänger *m* чёрно-белый телевизор *m*
Schwarzweißfernsehen *n* чёрно-белое телевидение *n*
Schwarzweißfilm *m* чёрно-белая (фото)плёнка *f*
Schwarzweißphotographie *f* чёрно-белая фотография *f*
Schwarzwert *m (TV)* уровень *m* чёрного
Schwebe *f* 1. висение *n (des Hubschraubers)*; 2. *(Bgb)* потолочина *f*
Schwebebahn *f* подвесная дорога *f*
Schwebefeuerung *f* факельная топка *f*
Schwebeflug *m (Flg)* висение *n (des Hubschraubers)*
schweben *(Flg)* парить
Schweben *n (Flg)* парение *n*
schwebend *(Bgb)* 1. восстающий; 2. наклонный; 3. восходящий *(Abbauführung)*
Schweberuder *n (Schiff)* подвесной руль *m*
Schwebezustand *m* взвешенное состояние *n*
Schwebung *f (Ph)* биение *n*
Schwefel *m (Ch)* сера *f*, S
~/gediegener *(Min)* самородная сера *f*
Schwefel... *(Ch)* серный
Schwefeldioxidemission *f (Ökol)* эмиссия *f* двуокиси серы
schwefelfrei *(Ch)* бессерный
Schwefelgehalt *m* сернистость *f*
schwefelhaltig *(Ch)* серный; сернистый
Schwefelkies *m (Min)* пирит *m*
Schwefelkohle *f* пиритовый уголь *m*
Schwefelkohlenstoff *m (Ch)* сероуглерод *m*
Schwefeln *n (Lebm)* сульфитация *f*
schwefelsauer *(Ch)* сернокислый
Schwefelsäure *f* серная кислота *f*
Schwefelsäure... *(Ch)* сернокислотный
Schwefelwasserstoff *m (Ch)* сероводород *m*
schwefligsauer *(Ch)* сернистокислый
Schweif *m (Astr)* хвост *m*
Schweifansatz *m (Astr)* хвост *m*
Schweifsäge *f (Holz)* выкружная пила *f*
Schweinsleder *n* свиная кожа *f*
Schweiß... сварочный, сварной
Schweißaggregat *n* сварочный агрегат *m*
Schweißanlage *f* сварочная установка *f*
Schweißautomat *m* сварочный автомат *m*
schweißbar свариваемый
Schweißbarkeit *f* свариваемость *f*
Schweißbrenner *m* сварочная горелка *f*
Schweißelektrode *f* сварочный электрод *m*
schweißen/überlappt сваривать внахлёстку
Schweißen *n* сварка *f*
~/automatisches автоматическая сварка *f*, автосварка *f*
~/beidseitiges двусторонняя сварка *f*
~/einseitiges односторонняя сварка *f*
~/elektrisches электрическая сварка *f*, электросварка *f*
schweißen сваривать
Schweißfuge *f* сварной стык *m*

Schweißgenerator *m* сва́рочный генера́тор *m*
Schweißgerät *n* сва́рочный аппара́т *m*
Schweißkopf *m* сва́рочная голо́вка *f*
Schweißmaschine *f* сва́рочная маши́на *f*
Schweißnaht *f (Schw)* сварно́й шов *m*
~/beanspruchte рабо́чий шов *m*
~/durchgehende [durchlaufende] непреры́вный шов *m*
~/konvexe вы́пуклый шов *m*
~/schräge косо́й шов *m*
~/tragende рабо́чий шов *m*
~/überwölbte вы́пуклый шов *m*
~/volle вы́пуклый шов *m*
Schweißofen *m* сва́рочная печь *f*
Schweißpistole *f* сва́рочный пистоле́т *m*
Schweißpulver *n* сва́рочный флюс *m*
Schweißraupe *f (Schw)* ва́лик *m*
Schweißroboter *m* сва́рочный ро́бот *m*
Schweißstoß *m* сварно́й стык *m*
Schweisstechnik *f* сва́ровная те́хника *f*
Schweißtemperatur *f* сва́рочная температу́ра *f*
Schweißtraktor *m* сва́рочный тра́ктор *m*
Schweißtransformator *m* сва́рочный трансформа́тор *m*
Schweißverbindung *f* сварно́е соедине́ние *n*
Schweißzange *f* сва́рочные кле́щи *pl*
schwelen 1. швелева́ть; 2. тлеть
Schwelen *n* 1. швелева́ние *n*; 2. тле́ние *n*
Schwelkoks *m* полуко́кс *m*
Schwelle *f* 1. поро́г *m*; 2. *(Bgb)* ле́жень *m (Ausbau)*; 3. *(Ph)* барье́р *m*; 4. *(Eb)* шпа́ла *f*
schwellen набуха́ть
Schwellen *n* набуха́ние *n*; разбуха́ние *n*
Schwellen... поро́говый
Schwellenenergie *f (Kern)* поро́говая эне́ргия *f*
Schwellenstopfer *m (Eb)* шпалоподбо́йка *f*
Schwellenwert *m (Ph)* поро́г *m*, поро́говое значе́ние *n*
Schwellung *f s.* Schwellen
Schwellwertelement *n (Reg)* поро́говый элеме́нт *m*
Schwellwertglied *n (Reg)* поро́говый элеме́нт *m*
Schwellwertschalter *m* поро́говый выключа́тель *m*
Schwelung *f* полукоксова́ние *n*
Schwemmland *n* нано́с *m*
Schwemmsand *m* нано́сный песо́к *m*
Schwengel *m* коромы́сло *n (einer Pumpe)*
Schwenk... поворо́тный
Schwenkbagger *m* поворо́тный экскава́тор *m*
schwenkbar враща́ющийся; поворо́тный
schwenken враща́ться; повора́чивать
Schwenkflügel *m (Flg)* повора́чивающееся крыло́ *n*
Schwenklader *m* погру́зчик *m* с поворо́тным ковшо́м
Schwenkradius *m* ра́диус *m* поворо́та *(des Kranauslegers)*
Schwenkschaufler *m* погру́зчик *m* с поворо́тным ковшо́м
Schwenktisch *m (Masch)* поворо́тный стол *m*
Schwenkung *f* поворо́т *m*
Schwenk(ungs)winkel *m* у́гол *m* поворо́та *(z. B. eines Krans)*
Schwenkzapfen *m* поворо́тная ца́пфа *f*
Schwerbenzin *n* тяжёлый бензи́н *m*
Schwerbeton *m* тяжёлый бето́н *m*
Schwere *f (Mech)* си́ла *f* тя́жести
Schwerebeschleunigung *f (Mech)* ускоре́ние *n* свобо́дного паде́ния
Schwerefeld *n (Mech)* гравитацио́нное по́ле *n*
Schweregut *n (Ch)* тяжёлая фра́кция *f (Aufbereitung)*
Schwerekarte *f (Geoph)* гравиметри́ческая ка́рта *f*
schwerelos невесо́мый
Schwerelosigkeit *f* невесо́мость *f*
Schwerezentrum *n (Mech)* центр *m* тяготе́ния
Schwergut... тяжелове́сный
Schwerindustrie *f* тяжёлая промы́шленность *f*
Schwerkraft *f (Mech)* си́ла *f* тя́жести
Schwerkraft... гравитацио́нный
Schwerkraftaufbereitung *f* гравитацио́нное обогаще́ние *n*

Schwerkraftförderer *m* гравитационный конвейер *m*
Schwerkraftförderung *f (Förd)* гравитационный транспорт *m*, подача *f* самотёком
Schwerkraftklassierung *f* гравитационная классификация [сепарация] *f (Aufbereitung)*
Schwerkraftscheider *m* гравитационный сепаратор *(Aufbereitung)*
Schwerkraftscheidung *f s.* Schwerkraftklassierung
Schwerkraftsichter *m* гравитационный классификатор *m (Aufbereitung)*
Schwerkrafttrennung *f* гравитационное разделение *n (Aufbereitung)*
Schwerkraftzentrum *n (Mech)* центр *m* тяготения
Schwerlast... большегрузный
Schwerlastanhänger *m (Kfz)* прицеп-тяжеловоз *m*
Schwerlastkraftwagen *m* автомобиль *m* большой грузоподъёмности
Schwerlastkran *m* большегрузный кран *m*
Schwerlastsattelauflieger *m (Kfz)* полуприцеп-тяжеловоз *m*
Schwerlastwagen *m* большегрузный вагон *m*
Schwerlastzug *m (Eb)* тяжеловесный состав *m*
Schwermaschinenbau *m* тяжёлое машиностроение *n*
Schwermetall *n* тяжёлый металл *m*
Schwermetallkontamination *f (Ökol)* загрязнение *n* тяжёлыми металлами
Schweröl *n* 1. тяжёлые фракции *fpl* нефти; мазут *m*; 2. тяжёлое топливо *n*
Schwerölmotor *m* нефтяной двигатель *m*, двигатель *m* тяжёлото топлива
Schwerpunkt *m (Mech)* центр *m* масс
Schwerpunkt... *(Mech)* барицентрический
Schwerpunktlage *f* центровка *f*, положение *n* центра тяжести
Schwerschmelzbarkeit *f* тугоплавкость *f*
Schwerspat *m (Min)* барит *m*, тяжёлый шпат *m*
Schwerwasserreaktor *m (Kern)* тяжеловодный реактор *m*
schwierig сложный
Schwimmaufbereitung *f* флотация *f*, флотационное обогащение *n*
Schwimmaufbereitungs... флотационный
Schwimmaufbereitungsanlage *f* флотационная установка *f*
Schwimmbadreaktor *m (Kern)* бассейновый [погружённый] реактор *m*
Schwimmbagger *m* землечерпательный снаряд *m*, земчерпалка *f*, земснаряд *m*; землесос *m*; драга *f*
Schwimmbecken *n* плавательный бассейн *m*
Schwimmbeckenreaktor *m s.* Schwimmbadreaktor
Schwimmbrücke *f* наплавной мост *m*
Schwimmdock *n* плавучий док *m*
Schwimmen *n* плавание *n*
schwimmend *(Masch)* плавающий
Schwimmer *m* поплавок *m*
Schwimmer... поплавковый
Schwimmergehäuse *n (Kfz)* поплавковая камера *f (des Vergasers)*
Schwimmerregelung *f* поплавковое регулирование *n*
Schwimmerventil *n* поплавковый клапан *m*
Schwimmervergaser *m (Kfz)* поплавковый карбюратор *m*
Schwimmfähigkeit *f (Schiff)* плавучесть *f*
Schwimmfahrwerk *n (Flg)* поплавковое шасси *n*
Schwimmkonzentrat *n* флотоконцентрат *m (Aufbereitung)*
Schwimmkraftfahrzeug *n* автомобиль-амфибия *m*
Schwimmkran *m* плавучий кран *m*
Schwimmkufenfahrwerk *n (Flg)* поплавковое шасси *n*
Schwimmlage *f (Schiff)* посадка *f*
Schwimmmittel *n s.* Flotationsmittel
Schwimmpier *m(f) (Schiff)* бон *m*
Schwimmsand *m (Geol)* плывун *m*
Schwimmschütze *f* плавучий затвор *m (einer Schleuse)*
Schwimmsperre *f (Schiff)* бон *m*
Schwimmtor *n* плавучий затвор *m (einer Schleuse)*
Schwimmweste *f* спасательный жилет *m*

schwinden сжимáться; *(Gieß, Ker)* усáживаться; усыхáть *(Holz)*
Schwinden *n* усýшка *f*; *(Gieß, Ker)* усáдка *f*; усыхáние *n (von Holz)*
schwindfrei *(Bw)* безусáдочный
Schwindfuge *f (Bw)* усáдочный шов *m*
Schwindlunker *m (Gieß)* усáдочная рáковина *f*
Schwindmaß *n (Gieß)* усáдочный метр *m*
Schwindmaßstab *m (Gieß)* усáдочный метр *m*
Schwindmaßzugabe *f (Gieß)* дóпуск *m* на усáдку
Schwindspannung *f (Gieß)* усáдочное напряжéние *n*
Schwindung *f s.* Schwinden
~/lineare линéйная усáдка *f*
~/räumliche объёмная усáдка *f*
Schwindungskoeffizient *m (Mech)* коэффициéнт *m* усáдки
Schwindungslunker *m (Gieß)* усáдочная рáковина *f*
Schwindungsriss *m (Wkst)* усáдочная трéщина *f*
Schwindungszahl *f (Mech)* коэффициéнт *m* усáдки
Schwing... вибрациóнный, вибро...
Schwingachse *f (Kfz)* разрезнáя ось *f*
Schwingbewegung *f* колебáтельное движéние *n*
Schwinge *f* 1. *(Eb)* коромы́сло *n (einer Lok)*; 2. *(Text)* трепáло *n (für Hanf oder Flachs)*
schwingen *n* 1. вибри́ровать; колебáться, качáться; 2. трепáть *(Hanf oder Flachs)*
Schwingen *n* 1. вибрация *f*, вибри́рование *n*, качáние *n*, колебáние *n*; 2. трепáние *n (von Hanf oder Flachs)*
~ in Fahrtrichtung *(Schiff)* продóльная кáчка *f*
~ in Querrichtung *(Schiff)* поперéчная кáчка *f*
Schwingenflugzeug *n* орнитоптéр *m*
Schwingfähigkeit *f* колебáтельность *f*
Schwingfestigkeit *f (Fest)* вибрациóнная прóчность *f*, вибропрóчность *f*
Schwingförderer *m* вибрациóнный конвéйер *m*, виброконвéйер *m*, качáющийся инерциóнный конвéйер *m*
Schwingförderrinne *f s.* Schwingrinne
Schwinghebel *m (Masch)* баланси́р *m*, коромы́сло *n*
Schwingkreis *m (El)* колебáтельный кóнтур *m*
Schwingmaschine *f (Text)* трепáльная маши́на *f (Flachsaufbereitung)*
Schwingmode *f* мóда *f* колебáний
Schwingmühle *f* вибрациóнная мéльница *f*
Schwingneigung *f* колебáтельность *f*
Schwingquarz *m* квáрцевый резонáтор *m*; пьезоквáрц *m*
Schwingrinne *f* вибрациóнный [качáющийся] жёлоб *m*, качáющийся инерциóнный конвéйер *m*
Schwingsieb *n* виброгрóхот *m*, качáющийся грóхот *m*, вибросúто *n*
Schwingsiebklassierung *f* виброгрохочéние *n (Aufbereitung)*
Schwingtisch *m* вибрациóнный стол *m*
Schwingung *f* 1. колебáние *n*, колебáтельное движéние *n*; вибрáция *f*; 2. *(El, Ph)* осцилля́ция *f*
~/abklingende затухáющее колебáние *n*
~/angefachte возбуждённое колебáние *n*
~/ansteigende нарастáющее колебáние *n*
~/erzwungene вы́нужденное колебáние *n*
~/gedämpfte затухáющее колебáние *n*
~/harmonische гармони́ческое колебáние *n*
~/subharmonische субгармóника *f*
~/ungedämpfte незатухáющее колебáние *n*
Schwingungs... колебáтельный; вибрациóнный
Schwingungsamplitude *f* амплитýда *f* колебáния
Schwingungsbauch *m (Ph)* пýчность *f* колебáния
Schwingungsbeanspruchung *f (Mech)* цикл *m* напряжéния
Schwingungsbewegung *f* колебáтельное движéние *n*
Schwingungsdämpfer *m* виброгаси́тель *m*; дéмпфер *m*; гаси́тель [успокои́тель] *m* колебáний
Schwingungsdämpfung *f* затухáние *n* колебáний

Schwingungsdauer *f (Ph, El)* перио́д *m* колеба́ний
Schwingungsdiagramm *n* виброгра́мма *f*
Schwingungsebene *f (Ph)* пло́скость *f* колеба́ния
schwingungsempfindlich виброчувстви́тельный
Schwingungserzeuger *m* генера́тор *m* колеба́ний, осцилля́тор *m*
Schwingungserzeugung *f* генера́ция *f* колеба́ний
schwingungsfest виброусто́йчивый
Schwingungsfestigkeit *f (Mech)* вибрацио́нная усто́йчивость *f*, виброусто́йчивость *f*
Schwingungsfrequenz *f (Mech)* частота́ *f* колеба́ний
Schwingungsgeber *m (Ph, El)* виброда́тчик *m*
Schwingungsknoten *m (Ph)* у́зел *m* колеба́ний; узлова́я то́чка *f*
Schwingungsmesser *m* вибро́метр *m*, измери́тель *m* вибра́ций
Schwingungsmode *f* мо́да *f* колеба́ний
Schwingungsperiode *f (Ph, El)* пери́од *m* колеба́ний; *(Wkst)* цикл *m* напряже́ния
Schwingungsschreiber *m* вибро́граф *m*
Schwingungssystem *n* колеба́тельная систе́ма *f*
Schwingungszahl *f (Mech)* частота́ *f* колеба́ний
Schwitzen *n* отпотева́ние *n*
Schwitzwasserbildung *f* запотева́ние *n*
Schwund *m* 1. *(Rf, Nrt)* замира́ние *n*; *(Rf)* фе́динг *m*; 2. у́быль *f*; 3. усу́шка *f*, усыха́ние *n (von Holz)*
Schwunderscheinung *f (Rf, Nrt)* замира́ние *n*
schwundfrei 1. безуса́дочный; 2. *(El)* бесфе́динговый
schwundmindernd *(Rf)* антифе́динговый
Schwung *m* разма́х *m*
Schwung... махово́й
Schwungkreisellok(omotive) *f* гирово́з *m*
Schwungrad *n (Masch)* махови́к *m*, махово́е колесо́ *n*
Schwungscheibe *f (Masch)* шкив-махови́к *m*
Scorch *n (Gum)* ско́рчинг *m*
Scorching *n (Gum)* ско́рчинг *m*
Scrambler *m (Eln)* скре́мблер *m*
Scratchpad-Speicher *m (Inf)* сверхоперати́вное запомина́ющее устро́йство *n*, СОЗУ *n*, сверхоперати́вная па́мять *f*
Scratch-Register *n (Inf)* операти́вный [блокно́тный] реги́стр *m*
Scrolling *n (Inf)* прокру́тка *f (nach oben oder unten)*
S-Draht *m (Text)* ле́вая кру́тка *f*
Se *s.* Selen
sec *s.* Sekans
Sech *m (Lw)* нож *m*
sechsatomig *(Ch)* шестиа́томный
Sechseck *n (Math)* шестиуго́льник *m*, гексаго́н *m*
sechseckig шестиуго́льный, гексагона́льный
Sechselektrodenröhre *f (Eln)* гексо́д *m*
Sechskant... *(Math)* шестигра́нный
sechskantig *(Math)* шестигра́нный
Sechspol *m (El)* шестипо́люсник *m*
sechswertig *(Ch)* шестивале́нтный
Sediment *n (Geol)* оса́док *m*
Sediment... оса́дочный
sedimentär оса́дочный
Sedimentation *f (Ph, Ch)* седимента́ция *f*; *(Geol)* седимента́ция *f*, отложе́ние *n*
Sedimentationsanalyse *f (Ch)* седиментацио́нный ана́лиз *m*
sedimentieren осажда́ться
Sedimentieren *n (Ph, Ch)* седимента́ция *f*
See *f* мо́ре *n*
~/hohe откры́тое мо́ре *n*
See *m* о́зеро *n*
See... морско́й; *(Schiff)* забо́ртный
Seebahnhof *m* морско́й вокза́л *m*
Seebeben *n (Geol)* моретрясе́ние *n*
Seeeigenschaften *fpl (Schiff)* морехо́дные ка́чества *npl*
Seefahrt *f* судохо́дство *n*; морепла́вание *n*
Seeflughafen *m* гидроаэродро́м *m*
Seefunk *m* морска́я радиосвя́зь *f*
Seefunkdienst *m* морска́я радиослу́жба *f*
Seefunkstelle *f* морска́я радиоста́нция *f*

Seefunkverbindung *f* морска́я радиосвя́зь *f*
Seefunkverkehr *m* морска́я радиосвя́зь *f*
Seegang *m (Schiff)* волне́ние *n* (мо́ря)
Seegangschreiber *m (Schiff)* волногра́ф *m*
seegehend морехо́дный
Seehafen *m* морско́й порт *m*
Seehandbuch *n* ло́ция *f*
Seehandelsflotte *f* морско́й торго́вый флот *m*
Seekabel *n* морско́й ка́бель *m*
Seeklima *n* морско́й кли́мат *m*
Seele *f* 1. серде́чник *m (eines Stahlseils)*; 2. *(Wkz)* сердеви́на *f (z. B. des Bohrers)*
Seeleichter *m* морехо́дная ба́ржа *f*
Seemannsknoten *m (Schiff)* штык *m*, морско́й у́зел *m*
Seemeile *f* **(/internationale)** морска́я ми́ля *f (= 1852 m)*
Seenkunde *f (Hydrol)* лимноло́гия *f*
Seenot *f (Schiff)* бе́дствие *n* на мо́ре
Seenotrettungsschiff *n* спаса́тельное су́дно *n*
Seenotrettungsstation *f* спаса́тельная ста́нция *f*
Seenotsignal *n (Schiff)* сигна́л *m* бе́дствия
Seenotzeichen *n (Schiff)* сигна́л *m* бе́дствия
Seenschutzgebiet *n* озёрный зака́зник *m*
Seesalz *n* морска́я соль *f*
Seeschiff *n* морско́е су́дно *n*
Seeschlepper *m (Schiff)* морско́й букси́р *m*
Seeschute *f* морехо́дная ба́ржа *f*
seetüchtig морехо́дный
Seeventil *n (Schiff)* забо́ртный кла́пан *m*
Seeverhalten *n (Schiff)* морехо́дные ка́чества *npl*
Seevermessungsschiff *n* гидрографи́ческое су́дно *n*
Seewasser *n* озёрная [морска́я] вода́ *f*
Seeweg *m* морско́й путь *m*
Seewetterdienst *m* морска́я метеорологи́ческая слу́жба *f*, морска́я метеослу́жба *f*
Seewetterwarte *f* морска́я метеоста́нция *f*
Seezeichen *n* навигацио́нный знак *m*
Segel *n* па́рус *m*
Segelboot *n s.* Segelschiff
Segelflug *m (Flg)* паре́ние *n*, паря́щий полёт *m*
Segelflugzeug *n* планёр *m*
Segeljacht *f* я́хта *f*
segeln *(Flg)* пари́ть
Segeln *n (Flg)* паре́ние *n*
Segelschiff *n* па́русник *m*, па́русное су́дно *n*
Segeltuch *n* паруси́на *f*
SE-Gerät *n s.* Sende-Empfangs-Gerät *n*
Segerkegel *m (Ker)* ко́нус *m* Зе́гера, пирометри́ческий ко́нус *m*
Segler *m s.* Segelschiff
Segment *n* 1. сегме́нт *m*; 2. *(Masch)* се́ктор *m*
Segmentschütze *f (Hydt)* сегме́нтный затво́р *m*
Segmentspeicher *m* сегментиро́ванная па́мять *f*
Segmentverschluss *m (Hydt)* сегме́нтный затво́р *m*
Segregation *f (Met)* сегрега́ция *f*
Sehen *n* зре́ние *n*
~/räumliches стереозре́ние *n*
~/stereoskopisches стереозре́ние *n*
Sehfeld *n (Opt)* по́ле *n* зре́ния
Sehlinie *f (Geod)* ли́ния *f* визи́рования
Sehne *f* 1. *(Math)* хо́рда *f*; 2. *(Flg)* хо́рда *f*
Sehnen... хо́рдовый
Sehprobentafel *f (Opt)* ми́ра *f*
Sehrohr *n* periско́п *m*
Sehwinkel *m (Opt)* у́гол *m* зре́ния
Seide *f (Text)* шёлк *m*
Seide... шёлковый
Seidenbau *m* шелково́дство *n*
Seidenhaspelei *f (Text)* кокономота́ние *n (des Kokons)*
Seidenspinnerei *f* шёлкопряде́ние *n*
Seidenzwirnerei *f* шёлкокруче́ние *n*
Seife *f* 1. мы́ло *n*; 2. *(Geol)* ро́ссыпь *f*, россыпно́е месторожде́ние *n*
Seifengold *n (Min)* ро́ссыпное зо́лото *n*
Seifenlagerstätte *f (Geol)* россыпно́е месторожде́ние *n*
Seifensieden *n* мыловаре́ние *n*
Seifensiederei *f* мыловаре́ние *n*
seiger *(Bgb)* вертика́льный
seigern *(Met)* зейгерова́ть

Seigern *n s.* Seigerung
Seigerschacht *m (Bgb)* вертика́льный ствол *m*
Seigerschnitt *m (Bgb)* вертика́льное сече́ние *n*
Seigerung *f (Met)* 1. зейгерова́ние *n*; 2. ликва́ция *f*, сегрега́ция *f*
~/interdendritische дендри́тная ликва́ция *f*
Seignettedielektrikum *n* сегнетоэле́ктрик *m*
Seignetteelektrizität *f* сегнетоэлектри́чество *n*
seihen цеди́ть, проце́живать
Seihen *n* цеже́ние *n*
Seil *n* кана́т *m*; трос *m*; *(Schiff)* коне́ц *m*
~/linksgängiges кана́т *m* ле́вой сви́вки
~/rechtsgängiges кана́т *m* пра́вой сви́вки
Seilantrieb *m (Masch)* кана́тная переда́ча *f*
Seilaufzug *m* кана́тный подъёмник *m*, фуникулёр *m*
Seilbahn *f* кана́тная доро́га *f*
Seilbohren *n (Bgb)* кана́тное буре́ние *n*
Seilfahrt *f (Bgb)* людско́й подъём *m*
Seilfahrtgestell *n (Bgb)* клеть *f* людско́го подъёма
Seilfassungsvermögen *n* канатоёмкость *f (einer Windentrommel)*
Seilförderer *m* кана́тный транспортёр *m*
Seilförderung *f* кана́тная отка́тка *f*
Seilgehänge *n (Bw)* строп *m*
Seillitze *f* прядь *f* кана́та
Seilrolle *f (Förd)* (кана́тный) блок *m (von Hebezeugen)*
Seilscheibe *f (Förd)* кана́тный шкив *m*, кана́тный блок *(eines Hebezeuges)*
Seilschlag *m* сви́вка *f* (кана́тов)
Seilschlagbohren *n (Förd)* уда́рно-кана́тное буре́ние *n*
Seilschrämgerät *n (Bgb)* кана́тная пи́ла *f*
Seilschwebebahn *f* подвесна́я кана́тная доро́га *f*
Seilspanner *m* натяжно́й ро́лик *m*
Seiltrieb *m (Masch)* кана́тная переда́ча *f*
Seiltrommel *f* кана́тный бараба́н *m*
Seilwerkbrücke *f* ва́нтовый мост *m*
Seiner *m (Schiff)* се́йнер *m*
Seismik *f (Geoph)* 1. сейсморазве́дка *f*, сейсми́ческая разве́дка *f*; 2. сейсмоло́гия *f*
seismisch сейсми́ческий
Seismizität *f* сейсми́чность *f*
Seismogramm *n* сейсмогра́мма *f*
Seismograph *m* сейсмо́граф *m*
Seismographie *f* сейсмогра́фия *f*
Seismologie *f* сейсмоло́гия *f*
Seismometer *n* сейсмо́метр *m*
Seismometrie *f* сейсмоме́трия *f*
Seite *f* 1. сторона́ *f*; 2. бок *m*
~/linke *(Text)* изна́нка *f (des Gewebes)*
~/rechte *(Text)* лицева́я сторона́ *f (des Gewebes)*
Seiten... боково́й
Seitenansicht *f* вид *m* сбо́ку *(einer Zeichnung)*
Seitenarm *m (Hydrol)* прото́к *m (eines Flusses)*
Seitenentlader *m* боково́й разгру́зчик *m*
Seitenentladung *f* бокова́я разгру́зка *f*
Seitenentleerung *f* бокова́я разгру́зка *f*
Seitenfläche *f* бокова́я пове́рхность *f*, грань *f*
Seitenfläche *f* бокови́на *f*
Seitenflosse *f (Flg)* вертика́льный стабилиза́тор *m*
Seitenfront *f (Bw)* боково́й фаса́д *m*
Seitengang *m (Bgb)* бокова́я жи́ла *f*
Seitenhalbierende *f (Math)* медиа́на *f*
Seitenkanalpumpe *f* вихрево́й насо́с *m*
Seitenleitflosse *f (Flg)* вертика́льный стабилиза́тор *m*
Seitenleitwerk *n* вертика́льное опере́ние *n*
Seitenmodus *m (Inf)* страни́чный режи́м *m*
Seitenmoräne *f (Geol)* бокова́я море́на *f*
seitenrichtig *(Typ)* прямо́й
Seitenriss *m* вид *m* сбо́ку *(einer Zeichnung)*
Seitenruder *n (Flg)* руль *m* направле́ния
Seitenschwingung *f* боково́е колеба́ние *n*
Seitenspeicher *m* па́мять *f* со страни́чной организа́цией
Seitenstabilität *f (Flg)* бокова́я усто́йчивость *f*

Seitenteil *n* боковúна *f*
seitenverkehrt зеркáльно-перевёрнутый
Seitenwagen *m* коля́ска *f* (мотоцúкла) *(eines Motorrades)*
Seitenwand *f (Kfz)* борт *m*
Seitenwand... *(Kfz)* бортовóй
Seitenwinkel *m* 1. *(Astr)* áзимут *m*; 2. *(Wkz)* поперéчный ýгол *m*
Seitenzugriff *m (Inf)* обращéние *n* к странúце, странúчная вы́борка *f*
seitlich боковóй
Sekans *m (Math)* сéканс *m*, sec
Sekante *f (Math)* секýщая *f*
Sekretion *f (Min)* секрéция *f*; отделéние *n*
Sektion *f* сéкция *f*; отсéк *m (eines Schiffes)*
Sektionsmontage *f (Schiff)* секциóнная сбóрка *f*
Sektor *m* сéктор *m*
Sektor... сéкторный
sektoral сéкторный
Sektoren... сéкторный
Sektorieren *n (Inf)* размéтка *f*, форматúрование *n*
Sektorverschluss *m (Hydt)* сéкторный затвóр *m (eines Sektorwehrs)*
sekundär вторúчный
Sekundär... вторúчный
Sekundärelektron *n (Kern)* вторúчный электрóн *m*, электрóн *m* вторúчной эмúссии
Sekundärelektronenemission *f (Kern)* вторúчная электрóнная эмúссия *f*
Sekundärelektronenvervielfacher *m (Kern)* вторúчно-электрóнный умножúтель *m*, ВЭУ *m*
Sekundärelement *n (El)* вторúчный элемéнт *m*
Sekundäremissionskathode *f* вторúчно-эмиссиóнный [вторúчно-электрóнный] катóд *m*
Sekundärgefüge *n (Wkst)* вторúчная структýра *f*
Sekundärgraphit *m (Wkst)* вторúчный графúт *m*
Sekundärkreis *m s.* Sekundärstromkreis
Sekundär(kühl)kreislauf *m (Kern)* вторúчный кóнтур *m (eines Reaktors)*
Sekundärnormal *n (Mess)* вторúчный эталóн *m*
Sekundärspeicher *m (Inf)* вторúчная пáмять *f*
Sekundärstrahlung *f (Kern)* вторúчная радиáция *f*, вторúчное излучéние *n*; вторúчные космúческие лучú *mpl*
~/kosmische вторúчные космúческие лучú *mpl*
Sekundärstrom *m (El)* вторúвный ток *m*
Sekundärstromkreis *m (El)* вторúчная цепь *f*, вторúчный кóнтур *m*
Sekundärteilchen *n (Kern)* вторúчная частúца *f*
Sekundärwicklung *f (El)* вторúчная обмóтка *f (eines Transformators)*
Sekunde *f* 1. секýнда *f (Basiseinheit für die Zeit)*; 2. *(Math)* секýнда *f (Einheit des ebenen Winkels)*
Selbst... авто..., само...
selbstabgleichend автобалáнсный
selbstabschalten/sich самовыключáться
Selbstabschaltung *f* автоматúческий останóв *m*; самовыключéние *n*
selbstabstimmend *(Rf)* самонастрáивающийся
Selbstabstimmung *f (Rf)* самонастрóйка *f*
Selbstanlassen *n* автопýск *m*
selbstanpassend самоустанáвливающийся, самоприспосáбливающийся
Selbstanpassung *f (Reg)* самонастрóйка *f*; самоустановлéние *n*
Selbstausflockung *f (Ch)* автокоагуля́ция *f*
Selbstausgleich *m (El)* самовырáвнивание *n*, автоматúческое вырáвнивание *n*
Selbstausheilung *f (Halbl)* самоотжúг *m*
Selbstauslöser *m (Photo)* автоспýск *m*, автоматúческий спуск *m*
Selbstauslösung *f (Photo)* автоспýск *m*
Selbstausschalter *m (El)* автомáт *m*, автоматúческий выключáтель *m*
Selbstbinder *m (Lw)* сноповязáлка *f*
Selbstblock *m (Eb)* автоблокирóвка *f*
Selbstblockanlage *f (Eb)* автоматúческая блокирóвка *f*
Selbstblockierung *f* самоблокирóвка *f*
Selbstdiffusion *f (Ph)* самодиффýзия *f*
Selbsteinstellen *n s.* Selbsteinstellung
selbsteinstellend *s.* selbstanpassend

Selbsteinstellsystem *n (Reg)* самонастра́ивающаяся систе́ма *f*
Selbsteinstellung *f (Reg)* самонастро́йка *f*; самоустановле́ние *n*
Selbstentflammbarkeit *f* самовоспламеня́емость *f*
selbstentflammen/sich самовозгора́ться, самовоспламеня́ться
Selbstentflammung *f* самовоспламене́ние *n*
Selbstentlade... 1. саморазгружа́ющийся; 2. *(El)* саморазря́дный
selbstentladend *s.* Selbstentlade... 1.
Selbstentlader *m* саморазгру́зчик *m*
Selbstentladewagen *m* саморазгру́зчик *m*
Selbstentladung *f* 1. саморазгру́зка *f*; 2. *(El)* саморазря́д *m*
selbstentzünden/sich самовозгора́ться, самовоспламеня́ться
Selbstentzündung *f* самовозгора́ние *n*
Selbstentzündungstemperatur *f* температу́ра *f* самовоспламене́ния
Selbsterhitzung *f* саморазогре́в *m*
selbsterregen/sich *(El)* самовозбужда́ться
selbsterregt *(El)* самовозбуждённый
Selbsterregung *f (El)* самовозбужде́ние *n*
Selbsterwärmung *f* саморазогре́в *m*
Selbstfahr... самохо́дный
selbstfahrend самохо́дный
Selbstfahrer *m (Lw)* самохо́дная маши́на *f*
Selbstfahrmaschine *f (Lw)* самохо́дная маши́на *f*
Selbstfokussierung *f (Opt)* самофокусиро́вка *f*
Selbstgang *m (Wkzm)* самохо́д *m*
Selbstgenerierung *f (Halbl)* самовосстановле́ние *n*
selbsthärtend *(Met)* самозака́ливающийся
Selbstheilung *f (Halbl)* самовосстановле́ние *n*
Selbsthemmung *f (Mech)* самоторможе́ние *n*
Selbstinduktion *f (El)* самоинду́кция *f*
Selbstkipp... самоопроки́дывающийся
Selbstkipper *m* автомоби́ль-самосва́л *m*
Selbstklemm... самозажи́мный
selbstklemmend самозажи́мный
Selbstkontrolle *f* самоконтро́ль *m*, самопове́рка *f*
Selbstkorrektion *f* самокорре́кция *f*
selbstkorrigierend самокорректи́рующийся
Selbstkühlung *f* есте́ственное охлажде́ние *n*
Selbstlenkung *f (Rak)* автоно́мное управле́ние *n*; автоно́мное наведе́ние *n*
Selbstleuchten *n* самосвече́ние *n*
selbstleuchtend самосветя́щийся
selbstlöschend самогасящийся
Selbstprogrammierung *f (Inf)* автопрограмми́рование *n*, автомати́ческое программи́рование *n*
Selbstprüfung *f* самопове́рка *f*, самоконтро́ль *m*
selbstregelnd саморегули́рующийся, самоконтроли́рующийся
Selbstregelung *f* саморегули́рование *n*, автомати́ческое регули́рование *n*
Selbstregelungs... саморегули́рующийся
Selbstreinigung *f* самоочище́ние *n*, самоо́чистка *f*
~/biologische биологи́ческая о́чистка *f (der Abwässer)*
Selbstschärfung *f (Fert)* самозата́чивание *n*
selbstschmierend *(Trib)* самосма́зывающийся
Selbstschmierung *f (Trib)* автосма́зка *f*, самосма́зывание *n* • **mit** ~ *(Trib)* самосма́зывающийся
Selbstschwingungen *fpl (Ph)* автоколеба́ния *npl*
Selbstschwingungs... автоколеба́тельный
selbstsichernd самоконтря́щийся *(Muttern)*
Selbstspann... *(Wkzm)* самозажи́мный
selbstspannend *(Wkzm)* самозажи́мный
Selbstsperrung *f* самоблокиро́вка *f*; самоторможе́ние *n*
selbstständig автоно́мный
Selbstständigkeit *f* автоно́мность *f*
Selbststeueranlage *f (Schiff)* авторулево́й *m*, гирорулево́й *m*

selbsttätig автомати́ческий, самоде́йствующий
Selbsttränke *f (Lw)* автопо́илка *f*
Selbstüberwachung *f* самоконтро́ль *m*
selbstsynchronisierend *(El)* самосинхронизи́рующийся
selbstverbessernd самокорректи́рующийся
Selbstverschmutzung *f (Ökol)* самозагрязне́ние *n*
Selbstwählfernverkehr *m* автомати́ческая междугоро́дная (телефо́нная) связь *f*
Selbstwähltelephonie *f* автомати́ческая телефони́я *f*
Selbstzug *m* есте́ственная тя́га *f (Feuerung)*
Selektion *f* вы́бор *m*; селе́кция *f*; *(Kyb)* избира́ние *n*
selektiv селекти́вный; избира́тельный
Selektiv... селекти́вный; избира́тельный
Selektivabsorption *f* избира́тельная абсо́рбция *f*
Selektivfilter *n (El)* избира́тельный фи́льтр *m*
Selektivflotation *f* селекти́вная флота́ция *f (Aufbereitung)*
Selektivität *f* селекти́вность *f*; избира́тельность *f*; избира́тельная спосо́бность *f*
Selektivruf *m (Nrt)* избира́тельный вы́зов *m*
Selektivstrahlung *f (Kern)* избира́тельное излуче́ние *n*
Selektivverstärker *m* избира́тельный усили́тель *m*
Selen *n (Ch)* селе́н *m*, Se
Selen... селе́новый
Selendiode *f* селе́новый дио́д *m*
selenhaltig селеносодержа́щий
Selenographie *f (Astr)* селеногра́фия *f*
Selenologie *f (Astr)* селеноло́гия *f*
Selfaktor *m (Text)* пряди́льная маши́на *f* периоди́ческого де́йствия
Selsyn *n (El, Reg)* сельси́н *m*
Selsyn... сельси́нный
Seltenerden *fpl (Ch)* ре́дкие земли́ *fpl*
Semaphor *n(m) (Schiff)* семафо́р *m*
semi... полу...
Semi... полу...
Semiotik *f* семио́тика *f*
semipermeabel полупроница́емый
Semipermeabilität *f (Ph)* полупроница́емость *f*
Sende... передаю́щий
Sendeanlage *f (Rf)* передаю́щая устано́вка *f*, переда́тчик *m*
Sendeantenne *f* передаю́щая анте́нна *f*
Sende-Empfangs-Gerät *n* приёмопереда́тчик *m*
Sende-Empfangs-Station *f* приёмнопередаю́щая радиоста́нция *f*
Sendefunkstelle *f* передаю́щая ста́нция *f*
Sendegeschwindigkeit *f* ско́рость *f* переда́чи
senden *(Rf)* передава́ть, веща́ть; ради́ровать
Sender *m* 1. *(Rf)* переда́тчик *m*, радиопереда́тчик *m*; 2. (передаю́щая) радиоста́нция *f*; 3. трансми́ттер *m*
Senderaum *m* аппара́тная *f (einer Funkanlage)*
Sendereichweite *f (Rf)* да́льность *f* переда́чи
Sendetriode *f* генера́торный трио́д *m*
Sendeturm *m* радиоба́шня *f*
Sendung *f (Rf)* переда́ча *f*, радиопереда́ча *f*; веща́ние *n*
Senk... потайно́й *(Schrauben, Niete)*
Senke *f* 1. *(Eln)* сток *m*; 2. *(Geol)* впа́дина *f*, низи́на *f*, ложби́на *f*
Senker *m (Wkz)* зе́нкер *m*; зенко́вка *f*
Senkkasten *m (Bw, Hydt)* кессо́н *m*
Senkkopfschraube *f* винт *m* с потайно́й голо́вкой
Senklot *n* отве́с *m*, лот *m*
Senkmutter *f* пота́йная га́йка *f*
senkrecht вертика́льный; перпендикуля́рный; отве́сный
Senkrechtanordnung *f* вертика́льное расположе́ние *n*
Senkrechtaufzug *m* вертика́льный подъёмник *m*
Senkrechtbohrmaschine *f* вертика́льно-сверли́льный стано́к *m*
Senkrechte *f* 1. вертика́ль *f*; перпендикуля́р *m*; 2. *(Wkz)* отве́с *m*
Senkrechtförderer *m* вертика́льный транспортёр *m*
Senkrechtfräsmaschine *f* вертика́льно-фре́зерный стано́к *m*

Senkrechthobelmaschine *f* вертика́льно-строга́льный стано́к *m*
Senkrechthub *m (Masch)* вертика́льный ход *m*
Senkrechtlandung *f (Flg)* вертика́льная поса́дка *f*
Senkrechtmaschine *f* вертика́льный стано́к *m (Werkzeugmaschine mit senkrechter Arbeitsweise)*
Senkrechtstart *m (Flg)* вертика́льный взлёт *m*
Senkrechtstarter *m* вертика́льно-взлета́ющий самолёт *n*
Senkrechtwerkzeugmaschine *f* вертика́льный стано́к *m (Werkzeugmaschine mit senkrechter Arbeitsweise)*
Senkschraube *f* винт *m* с потайно́й голо́вкой
Senkspindel *f* арео́метр *m*
Senkung *f* 1. *(Geol)* оса́дка *f*, оседа́ние *n*; 2. *(Bw)* оса́дка *f (eines Gebäudes)*; 3. *(Geol)* впа́дина *f*; 4. сниже́ние *n (z. B. der Spannung)*
Sense *f (Lw)* ко́са *f*
Sensibilisator *m* сенсибилиза́тор *m*
sensibilisiert 1. сенсибилизи́рованный; 2. очувстлённый
Sensibilisierung *f* 1. *(Photo)* сенсибилиза́ция *f*; 2. очувствле́ние *n*
~/**chemische** хими́ческая сенсибилиза́ция *f*
~/**optische** опти́ческая сенсибилиза́ция *f*
~/**photochemische** фотосенсибилиза́ция *f*
Sensibilisierungsmittel *n* сенсибилиза́тор *m*
Sensibilität *f* чувстви́тельность *f*
Sensitogramm *n (Photo)* сенситогра́мма *f*
Sensitometer *n (Photo)* сенсито́метр *m*
Sensitometerstreifen *m (Photo)* сенситогра́мма *f*
Sensitometrie *f (Photo)* сенситоме́трия *f*
Sensor *m (El, Mess, Reg)* да́тчик *m*
~/**intelligenter** да́тчик *m* с интелле́ктом
~/**kontaktloser** бесконта́ктный да́тчик *m*
~/**magnetoresistiver** магниторезисти́вный да́тчик *m*
~/**optischer** опти́ческий да́тчик *m*
~/**optoelektronischer** оптоэлектро́нный да́тчик *m*
~/**piezoelektrischer** пьезоэлектри́ческий да́тчик *m*
~/**pneumatischer** пневмати́ческий да́тчик *m*
~/**seismischer** *(Geoph)* геофо́н *m*
~/**taktiler** такти́льный да́тчик *m*
Sensor... сенсо́рный
sensoriell сенсо́рный
sensorisch сенсо́рный
sensorisiert очувстлённый
Sensortechnik *f* сенсо́рная те́хника *f*
Separation *f* сепара́ция *f*; отделе́ние *n*
Separator *m* сепара́тор *m*
separieren отделя́ть
Separieren *n s.* Separation
sequentiell *(Inf)* после́довательный
Sequenz *f (Math)* после́довательность *f*
Sequenzspeicher *m (Inf)* после́довательная па́мять *f*, после́довательное запомина́ющее устро́йство *n*
Serge *f (Text)* са́ржа *f (Stoff)*
Serie *f* се́рия *f*; ряд *m*; семе́йство *n*
seriell *(Inf)* после́довательный
Serien... сери́йный
Serienfertigung *f* сери́йное произво́дство *n*
Seriengröße *f* сери́йность *f*
Serien-Parallel-Schaltung *f (El)* после́довательно-паралле́льное соедине́ние *n*
Serienschaltung *f (El)* после́довательное включе́ние [соедине́ние] *n* • **in** ~ *(El)* после́довательно соединённый
Serienspeicher *m (Inf)* после́довательное запомина́ющее устро́йство *n*, после́довательная па́мять *f*
serienweise сери́йный
Serienwiderstand *m (El)* после́довательное сопротивле́ние *n*
Serpentine *f* серпанти́н *m (Straßenbau)*
Server *m (Inf)* се́рвер *m*; ста́нция *f* обслу́живания *(im LAN)*
Serviceprogramm *n s.* Serviceroutine
Serviceroutine *f (Inf)* ути́лита *f*, (автоно́мная) се́рвисная програ́мма *f*
Service-Station *f* автосе́рвис *m (für Kfz)*

Servoantrieb *m (Reg)* сервопри́вод *m*
Servomechanismus *m (Reg)* сервомехани́зм *m*
Servomotor *m (Reg)* сервомото́р *m*
Servoregelung *f (Reg)* серворегули́рование *n*
Servosteuerung *f (Reg)* сервоуправле́ние *n*
Servosystem *n (Reg)* сервосисте́ма *f*
Servoverstärker *m (Reg)* сервоусили́тель *m*
Sessellift *m* (кана́тно-)кре́сельный подъёмник *m*
Setzdruck *m (Bgb)* оса́дка *f*
Setzeisen *n (Schm)* раска́тка *f*
setzen 1. сажа́ть; 2. *(Typ)* набира́ть
~/außer Betrieb выводи́ть из стро́я
Setzen *n* 1. *(Forst, Lw)* поса́дка *f*; 2. *(Met)* са́дка *f*; 3. *(Bw)* оса́дка *f (eines Gebäudes)*; 4. отса́дка *f (Aufbereitung)*
Setzhammer *m (Schm)* глади́лка *f*
Setzkeil *m (Bgb)* распо́рный клин *m*
Setzling *m* са́женец *m*
Setzmaschine *f* 1. *(Lw, Forst)* сажа́лка *f*; 2. отса́дочная маши́на *f (Aufbereitung)*
Setzstock *m (Wkzm)* люне́т *m*
SEV *m s.* Sekundärelektronenvervielfacher
SE-Vervielfacher *m s.* Sekundärelektronenvervielfacher
Sextant *m (Flg, Schiff, Astr)* секста́н(т) *m*
SF *m s.* Stapelfehler
SF_6-Gas *n (El)* элега́з *m*
SG-Schweißen *n s.* Schutzgasschweißen
Shannon *n (Inf)* шеннон *m (SI-fremde Einheit der Informationsmenge)*
Shelterdecker *m (Schiff)* шельтерде́чное су́дно *n*
Sherardisieren *n (Fert)* шерардиза́ция *f*
SHF *f s.* Höchstfrequenz
SHF-... *s.* Höchstfrequenz...
Shorehärte *f (Wkst)* тдёрдость *f* по Шо́ру
Shore-Härteprüfung *f (Wkst)* определе́ние *n* твёрдости по Шо́ру
Shunt *m s.* Parallelwiderstand
Shunt... *(El)* шунтово́й
shunten *(El)* шунти́ровать
Shunten *n (El)* шунти́рование *n*
SI *n s.* 1. Einheitensystem/Internationales; 2. Standardinterface
Si *s.* Silicium
sichelförmig серпови́дный
sicher безопа́сный
Sicherheit *f* безопа́сность *f*; надёжность *f*; запа́с *m* про́чности
~/aktive *(Kfz)* акти́вная безопа́сность *f*
~/passive *(Kfz)* пасси́вная безопа́сность *f*
Sicherheits... предохрани́тельный; защи́тный
Sicherheitsabschaltung *f (Kern)* авари́йный остано́в *m (eines Kernreaktors)*
Sicherheitsabstand *m (Kfz)* интерва́л *m* безопа́сности
Sicherheitseinrichtung *f* предохрани́тельное устро́йство *n*
Sicherheitsfaktor *m* 1. запа́с *m* про́чности, коэффицие́нт *m* запа́са про́чности; 2. коэффицие́нт *m* безопа́сности; коэффицие́нт *m* надёжности
Sicherheitsfilm *m* безопа́сная фотоплёнка *f*
Sicherheitsglas *n* безоско́лочное стекло́ *n*
Sicherheitsgrad *m s.* Sicherheitsfaktor
Sicherheitsgurt *m (Kfz)* реме́нь *m* безопа́сности
Sicherheitskopie *f (Inf)* резе́рвная ко́пия *f*
Sicherheitskupplung *f (Masch)* предохрани́тельная му́фта *f*
Sicherheitsschalter *m* предохрани́тельный выключа́тель *m*
Sicherheitsventil *n* предохрани́тельный кла́пан *m*
Sicherheitsvorschriften *fpl* пра́вила *npl* (те́хники) безопа́сности
Sicherheitsweiche *f (Eb)* охра́нная стре́лка *f*
sichern 1. предохраня́ть; защища́ть; обеспе́чивать; 2. сто́порить, фикси́ровать
Sicherung *f* 1. предохране́ние *n*; защи́та *f*; обеспе́чение *n*; 2. *(El)* предохрани́тель *m*
~/flinke *(El)* безынерцио́нный [быстроде́йствующий] предохрани́тель *m*
~/träge *(El)* инерцио́нный предохрани́тель *m*
~/unverzögerte *s.* ~/flinke
~/verzögerte *s.* ~/träge

Sicherungs... *(El)* предохранительный
Sicherungsfeder *f* предохранительная пружина *f*
Sicherungsmutter *f* контргайка *f*, стопорная гайка *f*
Sicherungsstift *m* стопорный штифт *m*
Sicht *f* видимость *f*
Sicht... визуальный
Sichtanzeige *f* визуальная индикация *f*
Sichtanzeiger *m* визуальный индикатор *m*
sichtbar видимый
Sichtbarkeit *f* видимость *f*
Sichtbarmachung *f* визуализация *f*
Sichtbeton *m* декоративный бетон *m*
sichten 1. увидеть, обнаружить; 2. просеивать; сепарировать; сортировать
Sichter *m* 1. (воздушный) сепаратор *m* *(Aufbereitung)*; 2. *(Lw)* рассев *m* *(einer Mühle)*; 3. (воздушный) классификатор *m*; отделитель *m*; 4. бурат *m*; 5. сито *n*
Sichtgerät *n (Rad)* отметчик *m*, индикатор *m*, индикаторный прибор *m*; дисплей *m*
Sichtkontrolle *f* визуальный контроль *m*
Sichtprüfung *f s.* Sichtkontrolle
Sichtputz *m* фасадная штукатурка *f*
Sichtweite *f* дальность *f* видимости, видимость *f*
Sichtzeichen *n* оптический сигнал *m*
Sicke *f (Schiff)* гофр *m*
sicken *(Schiff)* гофрировать
Sicken *n (Fert)* зиговка *f* *(ein Fügeverfahren)*
Sickenmaschine *f (Fert)* зиг-машина *f*
Sickergraben *m* дрена *f*
sickern *s.* versickern
Sickern *n s.* Versickern
Sickerung *f s.* Versickern
siderisch *(Astr)* сидерический
Siderit *m (Min)* сидерит *m*
Siderostat *m (Astr)* сидеростат *m*
Sieb *n* 1. сито *n*, решето *n*; грохот *m*; сетка *f*; 2. *(Nrt, Rf)* фильтр *m*
Sieb... сеточный, решётчатый, грохочёный
Siebdruck *m* трафаретная печать *f*
Siebdurchfall *m* подрешётный продукт *m*, просев *m*
sieben 1. просеивать, грохотить, отсеивать; 2. *(Rf, Nrt)* фильтровать, отфильтровывать
siebenatomig *(Ch)* семиатомный
Siebeneck *n (Math)* семиугольник *m*
siebeneckig семиугольный
siebenflächig *(Krist)* семигранный
Siebenflächner *m (Krist)* семигранник *m*
siebenwertig *(Ch)* семивалентный
Siebfeines *n* подрешётный продукт *m*, просев *m*
Siebfilter *n (Ch)* сетчатый фильтр *m*
Siebgrobes *n* надрешётный продукт *m*, сход *m*
Siebgröße *f s.* Siebmaschenweite
Siebkette *f* грохот *m* *(landwirtschaftlicher Maschinen)*
Siebklassierung *f* ситовая классификация *f*
Siebkohle *f* грохочёный уголь *m*
Siebkoks *m* грохочёный кокс *m*
Siebmaschenweite *f* номер *m* сита
Sieböffnungsweite *f* меш *m* *(Maßeinheit für Drahtsiebe)*
Siebrost *m* колосниковый грохот *m*
Siebrückstand *m s.* Siebüberlauf
Siebtrommel *f* барабанное сито *n*, бурат *m*
Siebüberlauf *m* надрешётный продукт *m*, отсев *m*, сход *m* (сита)
Siebung *f* 1. рассев *m*; 2. *(El, Nrt)* фильтрация *f*
Siebunterlauf *m* подрешётный продукт *m*, просев *m*
Siede... варочный
Siedebeginn *m* закипание *n*
Siedekessel *m* варочный котёл *m*, кипятильник *m*
sieden варить; кипеть
Sieden *n* варка *f*; кипение *n*
siedend/hoch высококипящий
~/niedrig низкокипящий
Siedepunkt *m (Ph)* температура *f* кипения, точка *f* кипения
Sieder *m* кипятильник *m*
Siederohrkessel *m* водотрубный котёл *m*
Siedetemperatur *f s.* Siedepunkt
Siedewasserreaktor *m (Kern)* кипящий реактор *m*
Siedlung *f (Bw)* посёлок *m*
SI-Einheit *f* единица *f* СИ
Siemens *n* сименс *m*, См *(Einheit des elektrischen Leitwerts)*
Siemens-Martin-... *(Met)* мартеновский

Siemens-Martin-Ofen *m (Met)* марте́новская печь *f*
Siemens-Martin-Stahl *m* марте́новская сталь *f*
Sievert *n* зи́верт *m*, Зв *(Einheit der Äquivalentdosis)*
Signal *n* сигна́л *m*
~/**akustisches** звуково́й [акусти́ческий] сигна́л *m*
~/**frequenzmoduliertes** *(El)* часто́тно-модули́рованный сигна́л *m*
~/**optisches** опти́ческий сигна́л *m*
~/**reflektiertes** *(Rad)* отражённый сигна́л *m*
Signal... сигна́льный
Signalausfall *m (Reg)* пропада́ние *n* сигна́ла, дропа́ут *m*
Signalbrücke *f (Schiff)* сигна́льный мо́стик *m*
Signalgebung *f* сигнализа́ция *f*
Signalgerät *n* сигна́льный прибо́р *m*
Signalisation *f* сигнализа́ция *f*
signalisieren сигнализи́ровать
Signalisierung *f* сигнализа́ция *f*
Signallämpchen *n* сигна́льная ла́мпочка *f*
Signallampe *f* сигна́льная ла́мпа *f*
Signal-Rausch-Verhältnis *n* отноше́ние *n* сигна́л-шум
Signalsystem *n* сигнализа́ция *f*
Signaltrennung *f (El)* выделе́ние *n* сигна́ла
Signalübermittlung *f* сигнализа́ция *f*
Signalwesen *n* сигнализа́ция *f*
Signalzeichengeber *m (Schiff)* семафо́р *m*
signieren клейми́ть
Signierung *f* клейме́ние *n*
Signifikanz *f (Math)* зна́чимость *f*
Sikkativ *n (Ch)* сиккати́в *m*
Silage *f (Lw)* си́лос *m*, силосо́ванный корм *m*
Silbe *f* слог *m*
Silbentrennung *f (Inf)* перено́с *m*
Silbenverständlichkeit *f (Nrt)* слогова́я артикуля́ция *f*
Silber *n* 1. *(Ch)* серебро́ *n*, Ag; 2. *(Met)* серебро́ *n*
~/**gediegenes** *(Min)* саморо́дное серебро́ *n*
Silber... сере́бряный
Silberfolie *f* сере́бряная фольга́ *f*
Silberglanz *m (Min)* серебряный блеск *m*, аргенти́т *m*
silbern серебряный
Silberstahl *m (Met)* серебря́нка *f*, сталь-серебря́нка *f*
Silicium *n (Ch)* кремний *m*, Si
Silicium... кре́мниевый
Silicium-auf-Isolator-Technologie *f (Eln)* техноло́гия *f* «кре́мний на изоля́торе», КНИ-техноло́гия *f*
Silicium-auf-Quarz-Technologie *f (Eln)* техноло́гия *f* «кре́мний на ква́рце», КНК-техноло́гия *f*
Silicium-auf-Saphir-Technologie *f (Eln)* техноло́гия *f* «кре́мний на сапфи́ре», КНС-техноло́гия *f*
Siliciumcarbid *n* 1. *(Ch)* карби́д *m* кре́мния; 2. *(Wkz)* карбору́нд *m*
Siliciumchip *m (Eln)* кре́мниевый чип *m*
Siliciumdetektor *m (Rf)* кре́мниевый дете́ктор *m*
Siliciumdiode *f (Eln)* кре́мниевый дио́д *m*
Siliciumgleichrichter *m (El)* кре́мниевый выпрями́тель *m*
siliciumhaltig *(Ch)* кремни́стый; кремнийсодержа́щий
siliciumorganisch *(Ch)* кремнийоргани́ческий
Siliciumtransistor *m (Ch)* кре́мниевый транзи́стор *m*
Silicon *n (Ch)* силико́н *m*
Silicon... силико́новый
Siliconlack *m* кремнийоргани́ческий лак *m*
Silicothermie *f* силикотерми́я *f*
silieren *(Lw)* силосова́ть
Silierung *f (Lw)* силосова́ние *n*
Silika... дина́совый
Silikagel *n (Ch)* силикаге́ль *m*
Silikastein *m* дина́с *m*
Silikat *n (Ch)* силика́т *m*
Silikat... *(Ch)* силика́тный
Silikatblock *m (Bw)* силика́тный блок *m*
Silikatglas *n* силика́тное стекло́ *n*
silikathaltig *(Ch)* силика́тный
Silikonkautschuk *m* кремнийоргани́ческий каучу́к *m*
Silo *n(m)* 1. си́лос *m*, храни́лище *n*; 2. бу́нкер *m*; 3. *(Lw)* силосохрани́лище *n*
Silo... си́лосный

Silofutter *n (Lw)* си́лос *m*, силосо́ванный корм *m*
Silohäcksler *m (Lw)* силосоре́зка *f*
Silur *n (Geol)* силу́р *m*
Simplexbetrieb *m (Nrt)* си́мплексное телеграфи́рование *n*
Simplexschaltung *f (El)* си́мплексная схе́ма *f*
Simplextelegraphie *f (Nrt)* си́мплексное телеграфи́рование *n*
Simplexverkehr *m (Nrt)* си́мплексная связь *f*
Simulation *f (Ph, Kyb)* моделирование *n*
~/**analoge** ана́логовое моделирование *n*
~/**digitale** цифрово́е модели́рование *n*
~/**digitale** дискре́тное модели́рование *n*
Simulator *m* тренажёр *m*
Simultanbetrieb *m (Inf)* паралле́льная рабо́та *f*
Simultanverarbeitung *f (Inf)* паралле́льная обрабо́тка *f*
sin *s.* Sinus
Single-Board-Computer *m* одноплáтная ми́кро-ЭВМ *f*
Single-Chip-Mikrocomputer *m* однокристáльная ми́кро-ЭВМ *f*
singulär едини́чный; *(Kyb)* сингуля́рный
Singularität *f (Kyb)* сингуля́рность *f*
sinh *s.* Sinus hyperbolicus
sinken 1. пáдать; уменьша́ться; понижа́ться; 2. *(Flg)* снижа́ться
Sinken *n* 1. *(El, Mech)* паде́ние *n*; уменьше́ние *n*; пониже́ние *n*; 2. *(Flg)* сниже́ние *n*
Sinkflug *m (Flg)* полёт *m* со сниже́нием
Sinkflugfähigkeit *f (Flg)* скоросниже́емость *f*
Sinkflugleistung *f (Flg)* скоросниже́емость *f*
Sinkgeschwindigkeit *f (Flg)* ско́рость сниже́ния
Sinter *m (Met)* агломера́т *m*; ока́лина *f*
Sinter... *(Met)* агломерацио́нный
Sinteranlage *f (Met)* агломерацио́нная устано́вка *f (für Erze)*
Sinterbeständigkeit *f (Met)* окалино-сто́йкость *f*
Sinterbildung *f (Met)* окалинообразова́ние *n*
Sinterfähigkeit *f* спека́емость *f (von Erz)*
Sinterlegierung *f* металлокерами́ческий сплав *m*
Sintermagnet *m* металлокерами́ческий магни́т *m*
Sintern *n* 1. *(Met)* спека́ние *n (von Erz)*; 2. окалинообразова́ние *n*; 3. *(Geol)* агломера́ция *f*
Sinterofen *m (Met)* агломерацио́нная печь *f*
Sinterpressen *n* горя́чее прессова́ние *(Pulvermetallurgie)*
Sinterung *f s.* Sintern
Sinus *m (Math)* си́нус *m*, sin
~ **hyperbolicus** гиперболи́ческий си́нус *m*, sinh
Sinus... *(Math)* синусоида́льный
sinusförmig *(Math)* синусоида́льный
Sinuskurve *f (Math)* синусо́ида *f*
Sinusschwingung *f* синусоида́льное колеба́ние *n*
Sinuswelle *f (Math)* синусо́ида *f*
SIO *f s.* Ein-/Ausgabe /serielle
Siphon *m* сифо́н *m*
Siphon... сифо́нный
Sirene *f* сире́на *f*
Siriometer *n s.* Astron
Sitall *n* сита́лл *m*
Si-Transistor *m s.* Siliciumtransistor
Sitz *n* 1. сиде́нье *n (in Fahrzeugen)*; 2. *(Masch)* седло́ *n (des Ventils)*; гнездо́ *n*
Skala *f* шкала́ *f (Stufenfolge)*
skalar *(Math)* скаля́рный
Skalar *m (Math)* скаля́р *m*
Skalarprodukt *n (Math)* скаля́рное произведе́ние *n*
Skale *f* 1. шкала́ *f (Gradeinteilung an Messgeräten)*; 2. *(Mess)* диапазо́н *m*
~/**graduierte** градуи́рованная шкала́ *f*
~/**logarithmische** логарифми́ческая шкала́ *f*
~ **mit logarithmischer Teilung** логарифми́ческая шкала́ *f*
~/**spiegelunterlegte** зерка́льная шкала́ *f*
Skalennullpunkt *m (Mess)* нулева́я то́чка *f*
Skalenoeder *n (Krist)* скалено́эдр *m*
Skalenscheibe *f* цифербла́т *m*; лимб *m*

Skalenteilungsfehler *m* ошибка *f* градуиро́вки
skalieren градуи́ровать
Skalieren *n* градуиро́вка *f*, градуи́рование *n*
Skalierung *f s.* Skalieren
Skaphander *m* скафа́ндр *m*
Skelett *n* карка́с *m*
Skelettbau *m* карка́сная констру́кция *f*
Skiatron *n (TV)* скиатро́н *m*
Skilift *m* лы́жный подъёмник *m*
Skineffekt *m (El)* пове́рхностный эффе́кт *m*, скин-эффе́кт *m*
Skinschicht *f (Ph)* пове́рхностный слой *m*
Skip *m (Bgb)* скип *m (Schachtförderung)*; *(Met)* скип *m (Hochofen)*
Skizze *f* кроки́ *n*; эски́з *m*; набро́сок *m*; чертёж *m*; *(Geod)* а́брис *m*
Sklerometer *n (Wkst)* склеро́метр *m*
Skleroskop *n (Wkst)* склероско́п *m*
Skleroskophärte *f (Wkst)* тдёрдость *f* по Шо́ру, склероскопи́ческая твёрдость *f*
Skrubber *m (Ch)* скру́ббер *m*, газопромыва́тель *m*
Slabbing *m (Wlz)* сля́бинг *m*
Slave *m (Inf)* исполни́тель *m*, исполни́тельный мо́дуль *m*, ведо́мое устро́йство *n*; подчинённый блок *m*; подчинённый компоне́нт *m*
Slave... *(Inf)* ведо́мый
Slaveeinheit *f s.* Slave
Slavegerät *m s.* Slave
Slave-Prozessor *m (Inf)* подчинённый проце́ссор *m*
Slave-Rechner *m (Inf)* подчинённая ЭВМ *f*
Slice *n (Inf)* микропроце́ссорная се́кция *f*
Slice-Prozessor *m (Inf)* разря́дно-мо́дульный проце́ссор *m*
Slip *m (Schiff)* слип *m (Werft)*
Slipanlage *f (Schiff)* слип *m (Werft)*
Slippen *n (Flg)* скольже́ние *n*
SL-Kamera *f* быстроразряжа́емый фотоаппара́т *m*
SL-System *n (Photo)* систе́ма *f* бы́строй заря́дки
Sm *s.* Samarium
sm *s.* Seemeile
SM-... *s.* Siemens-Martin-...
Small-Scale-Integration *f (Eln)* ма́лая сте́пень *f* интегра́ции
Smaragd *m (Min)* изумру́д *m*
Smart-Modem *m(n) (Inf)* интеллектуа́льный мо́дем *m*
SMD-Montage *f (Eln)* пове́рхностный монта́ж *m*
SMD-Technik *f (Eln)* техноло́гия *f* пове́рхностного монта́жа
Smog *m (Ökol)* смог *m*
Sn *s.* Zinn 1.
S/N-Verhältnis *n* отноше́ние *n* сигна́л-шум
SO_2-Emission *f (Ökol)* эми́ссия *f* двуо́киси се́ры
Sockel *m* 1. *(Bw)* цо́коль *m*; цо́кольная плита́ *f*; 2. *(El)* цо́коль *m (einer Lampe)*
Sockelgeschoss *n (Bw)* цо́кольный эта́ж *m*
Sockeln *n (El)* цоколёвка *f (Lampen)*
Soda *f (Ch)* со́да *f*
~/kalzinierte кальцини́рованная со́да *f*
~/kaustische *(Ch)* ка́устик *m*, каусти́ческая со́да *f*
Soda... со́довый
Softkopie *f (Inf)* недокумента́льная ко́пия *f*
Software *f (Inf)* програ́ммное обеспе́чение *n*, ПО *n*
~/geometrische геометри́ческое програ́ммное обеспе́чение *n*
~/graphische графи́ческое програ́ммное обеспе́чение *n*
Softwareentwicklung *f (Inf)* разрабо́тка *f* програ́ммного обеспече́ния
Softwareinterrupt *m (Inf)* програ́ммное прерыва́ние *n*
Softwarekompatibilität *f (Inf)* програ́ммная совмести́мость *f*
Softwarekonfiguration *f (Inf)* соста́в *m* програ́ммного обеспече́ния
Softwarekontext *m* конте́кст *m* програ́ммного обеспече́ния
softwareorientiert *(Inf)* програ́ммно-ориенти́рованный
Softwarepaket *n (Inf)* паке́т *m* програ́мм
Softwaresupport *m (Inf)* програ́ммная подде́ржка *f*
Softwaresystem *n (Inf)* систе́ма *f* програ́ммного обеспече́ния

Softwaretechnologie *f (Inf)* техноло́гия *f* програ́ммного обеспече́ния
Softwaretools *pl (Inf)* инструмента́льные сре́дства *npl*
Softwareunterstützung *f (Inf)* програ́ммная подде́ржка *f*
Softwarewartung *f (Inf)* сопровожде́ние *n* програ́мм [програ́ммного обеспече́ния]
Softwarewerkzeuge *npl (Inf)* инструмента́льные сре́дства *npl*
Sog *m* подсо́с *m*
Sohle *f* 1. *(Geol)* подо́шва *f*; 2. *(Bgb)* подо́шва *f (Boden eines Grubenraums)*; горизо́нт *m*; дно *n*; забо́й *m*; по́чва *f*; эта́ж *m*; 3. *(Led)* подо́шва *f*; 4. *(Met)* под *m (des Ofens)*; ле́щадь *f (z. B. des Hochofens)*
Sohlendeckwerk *n (Hydt)* дноукрепи́тельное сооруже́ние *n*
Sohlenkohle *f (Bgb)* зе́мник *m*
söhlig *(Bgb)* горизонта́льный
SOI-Technologie *f (Eln)* техноло́гия *f* «кре́мний на изоля́торе»
Sol *n (Ch)* золь *m*
solar *(Astr)* со́лнечный
Solarbatterie *f* со́лнечная батаре́я *f*
Solarisation *f (Photo)* соляриза́ция *f*
Solarium *n* соля́рий *m*
Solarkollektor *m* гелиоколле́ктор *m*
Solarkonstante *f (Astr)* со́лнечная постоя́нная *f*
Solarkraftwerk *n* гелиоэлектри́ческая ста́нция *f*, гелиоэлектроста́нция *f*, со́лнечная электроста́нция *f*, СЭС *f*
Solartechnik *f* гелиоте́хника *f*
Solarzelle *f* со́лнечная батаре́я *f*, со́лнечный элеме́нт *m*
Sole *f* рассо́л *m*
Solekühlung *f* рассо́льное охлажде́ние *n*
Solenoid *n (El)* солено́ид *m*
Solenoidspule *f (El)* солено́ид *m*
Soliduskurve *f (Ph)* со́лидус *m*
Soliduslinie *f (Ph)* со́лидус *m*
Solifluktion *f (Geol)* солифлю́кция *f*
Soll *n* зада́ние *n*
Soll... за́данный, задава́емый
Sollbetriebszeit *f (Masch)* ресу́рс *m*
Sollgröße *f* за́данная величина́ *f*
Sollmaß *n* за́данный разме́р *m*
Sollstellung *f* за́данное положе́ние *n*
Sollwert *m* за́данное значе́ние *n*; *(Reg)* уста́вка *f*
Sollwerteinsteller *m (Reg)* задаю́щий элеме́нт *m*
Sollwertgeber *m (Reg)* задаю́щее устро́йство *n*, задаю́щий элеме́нт [прибо́р] *m*, зада́тчик *m*
Sollwertsteller *m (Reg)* задаю́щий прибо́р *m*
Solstitium *n (Astr)* солнцестоя́ние *n*
Solvatation *f (Ch)* сольвата́ция *f*
Solvolyse *f (Ch)* сольво́лиз *m*
Sommer(motoren)öl *n* ле́тнее ма́сло *n*
Sommerzeit *f* ле́тнее вре́мя *n*
Sonde *f* 1. *(Bgb)* (бурова́я) сква́жина *f*; 2. щуп *m*; зонд *m*; 3. *s.* ~/interplanetare
~/**eruptierende** *(Bgb)* фонтани́рующая [фонта́нная] сква́жина *f*
~/**interplanetare** *(Astr)* (автомати́ческая) межплане́тная ста́нция *f*
~/**radiometrische** *(Geoph)* радио́метр *m*
Sondenförderung *f (Erdöl)* эксплуата́ция *f* сква́жин
Sonderprofil *n (Wlz)* фасо́нный про́филь *m*
Sonderstahl *m* специа́льная сталь *f*
Sonderzeichen *n* специа́льный знак *m*
sondieren зонди́ровать
Sondieren *n* зонди́рование *n*
Sondierung *f* зонди́рование *n*
Sone *n (Ak)* сон *m (Pseudoeinheit für die Lautheit)*
sone *s.* Sone
Sonne *f (Astr)* Со́лнце *n*
Sonnen... *(Astr)* со́лнечный
Sonnenaktivität *f (Astr)* со́лнечная акти́вность *f*
Sonnenbatterie *f* со́лнечная батаре́я *f*
Sonnenblende *f* 1. светозащи́тная [со́лнечная] бле́нда *f*; 2. *(Kfz)* солнцезащи́тный козырёк *m*
Sonnendeck *n* со́лнечная па́луба *f*
Sonneneinstrahlung *f (Meteo)* инсоля́ция *f*
Sonnenenergieanlage *f* со́лнечная энергети́ческая устано́вка *f*, гелиоустано́вка *f*
Sonneneruption *f (Astr)* со́лнечная вспы́шка *f*
Sonnenferne *f (Astr)* афе́лий *m*

Sonnenfinsternis *f* сóлнечное затмéние *n*, затмéние *n* Сóлнца
Sonnenflecken *mpl (Astr)* сóлнечные пя́тна *npl*
Sonnenfleckenaktivität *f (Astr)* пятнообразовáтельная дéятельность *f* Сóлнца
Sonnenkollektor *m* гелиоколлéктор *m*
Sonnenkorona *f (Astr)* корóна *f* Сóлнца, сóлнечная корóна *f*
Sonnenkraftwerk *n s.* Solarkraftwerk
Sonnenlicht *n* сóлнечный свет *m*
sonnennah *(Astr)* околосолнéчный
Sonnennähe *f (Astr)* перигéлий *m*
Sonnenphysik *f* гелиофи́зика *f*
Sonnenrad *n (Masch)* центрáльное (зубчáтое) колесó *n*
Sonnenschutz... солнцезащи́тный
Sonnenschutzblende *f* солнцезащи́тный экрáн *m*
Sonnensegel *n (Schiff)* тент *m*
Sonnenspektrum *n (Astr)* сóлнечный спектр *m*
Sonnenstrahlung *f* радиáция *f* Сóлнца, сóлнечная радиáция, излучéние *n* Сóлнца
Sonnentag *m* сóлнечные сýтки *pl*
Sonnenteleskop *n* сóлнечный телескóп *m*
Sonnenuhr *f* сóлнечные часы́ *pl*
Sonnenwende *f (Astr)* солнцестоя́ние *n*
Sonnenwind *m (Astr)* сóлнечный вéтер *m*
Sorbens *n (Ch)* сорбéнт *m*
Sorbieren *n (Ch)* сóрбция *f*
Sorbit *m* 1. *(Ch)* сорби́т *m*; 2. *(Wkst)* сорби́т *m (Gefüge)*
Sorbitisieren *n (Härt)* сорбитизáция *f*
Sorption *f (Ch)* сóрбция *f*
Sorptionsmittel *n (Ch)* сорбéнт *m*, поглоти́тель *m*
Sorte *f* 1. сорт *m*; 2. мáрка *f*
Sorten... сортовóй
Sortier... сортирóвочный
Sortieranlage *f s.* Sortiermaschine
sortieren сортировáть
Sortieren *n* сортирóвка *f*, сортировáние *n*
Sortierer *m s.* Sortiermaschine
Sortiermaschine *f* сортировáльная маши́на *f*, сортирóвка *f*
Sortierprogramm *n (Inf)* прогрáмма *f* сортирóвки
Sortierung *f* сортирóвка *f*, сортировáние *n*
Sortiment *n* 1. сортимент *m*; сортáмент *m*; ассортимéнт *m*
SOS-Technologie *f (Eln)* технолóгия *f* «крéмний на сапфи́ре»
Soundkarte *f (Inf)* звуковáя плáта *f*
Source *f (Halbl)* истóк *m*
Souterrain *n* цóкольный этáж *m*
Spacelab *n (Raumf)* спéйслэб *m (von ESA und NASA entwickeltes Raumlabor)*
Spaceshuttle *n (Raumf)* спейс шаттл *m (vergl. auch* Raumfähre*)*
Spachtel *m (Wkz)* шпáтель *m*
Spachtelmasse *f* шпаклёвка *f*, шпатлёвка *f*
spachteln шпаклевáть, шпатлевáть
Spachteln *n* шпаклевáние *n*, шпатлевáние *n*, шпаклёвка *f*
Spachtelung *f s.* Spachteln
Spalt *m* 1. щель *f*, зазóр *m*; 2. просвéт *m*; отвéрстие *n*; 3. *(Led)* спи́лок *m*
spaltbar *(Kern)* дéлящийся
Spaltbarkeit *f* 1. *(Krist, Min)* спáйность *f*; 2. *(Geol)* кливáж *m*; 3. *(Kern)* дели́мость *f*
Spaltbenzin *n* крéкинг-бензи́н *m*
Spaltblende *f (Opt)* щелевáя диафрáгма *f*
Spaltbrüchigkeit *f (Min)* спáйность *f*
Spalte *f* 1. *(Geol)* трéщина *f*; 2. щель *f*; 3. *(Typ)* колóнка *f*, столбéц *m (einer Druckseite)*
spalten 1. разрубáть; 2. *(Kern)* дели́ть; 3. *(Ch)* диссоции́ровать; 4. расщепля́ть; 5. *(Led)* двои́ть
Spaltfilter *n (Ch)* щелевóй фильтр *m*
Spaltgas *n* крéкинг-газ *m*
Spaltleder *n (Led)* спи́лок *m*
Spaltmaterial *n (Kern)* деля́щийся материáл *m*
Spaltprodukt *n (Kern)* продýкт *m* делéния
Spaltrückstand *m (Erdöl)* крéкинг-остáток *m*
Spaltstoff *m (Kern)* деля́щийся материáл *m*
Spaltung *f* 1. расщеплéние *n*, раскáлывание *n*; 2. *(Kern)* делéние *n*, расщеплéние *n*; 3. *(Ch)* расщеплéние *n*; разложéние *n*; 4. *(Geol)* кливáж *m*

Spaltungsenergie *f (Kern)* энéргия *f* делéния
Spaltzone *f (Kern)* акти́вная зóна *f (des Reaktors)*
Span *m (Fert)* стрýжка *f*
spanabhhebend *(Fert)* рéжущий
Spanabnahme *f (Fert)* снятие *n* стрýжки
Spanbildung *f (Fert)* стружкообразовáние *n*
Spanbrechen *n (Fert)* стружколомáние *n*
Spanbrecher *m (Wkz)* стружколомáтель *m*
Späne *mpl (Fert)* стрýжка *f*
spanen *(Fert)* рéзать
Spanen *n (Fert)* рéзание *n*, обрабóтка *f* рéзанием
spanend *(Fert)* рéжущий
Spanfänger *m (Fert)* стружкоприёмник *m*
Spanfläche *f (Wkz)* перéдняя грань *f (am Drehmeißel, Hobelmeißel)*
Spankraft *f (Wkzm)* си́ла *f* рéзания
Spanleitrille *f (Wkz)* лýнка *f (z. B. am Bohrer)*
spanlos *(Fert)* бесстрýжковый
Spann... зажи́мный; натяжнóй; стяжнóй
Spannbacke *f (Wkzm)* (зажи́мный) кулачóк *m*
Spannbacken *m (Wkz)* гýбка *f (am Schraubstock)*; *(Wkz)* зажи́мные гýбки *fpl*
Spannband *n (Bw, Wlz)* затя́жка *f*, натяжнáя лéнта *f*
Spannbeton *m (Bw)* предвари́тельно напряжённый (железо)бетóн *m*
Spannbewehrung *f (Bw)* натя́гиваемая арматýра *f*
Spannbolzen *m* зажи́мный [затяжнóй] болт *m*
Spannbuchse *f (Wkzm)* разрезнáя [зажи́мная] втýлка *f*
Spanndorn *m (Wlz)* (зажи́мная) опрáвка *f*
Spanndraht *m* (прóволочная) растя́жка *f*
Spanneinrichtung *f (Wkzm)* зажи́м *m*, зажи́мное [натяжнóе] устрóйство *n*
Spanneisen *n (Wkz)* прихвáт *m*; скобá *f*
~/**flaches** плóский прихвáт *m*
spannen 1. *(Fert)* зажимáть; крепи́ть, закреплять; натя́гивать; напрягáть; 2. *(Text)* ши́рить
Spannen *n* 1. зажи́м *m*; (за)креплéние *n*; натяжéние *n (Seile, Federn)*; затя́жка *f*, затя́гивание *n (Riemen)*; зажáтие *n*; 2. *(Text)* ширéние *n*
spannend/selbst *(Wkzm)* самозажи́мный; самонатя́гивающийся
Spannfeld *n* **einer Freileitung** *(En)* пролёт *m* воздýшнóй ли́нии
Spannfutter *m (Wkzm)* зажимнóй [зажи́мный] патрóн *m*
Spannhaken *m* Г-обрáзный прихвáт *m*
Spannkopf *m (Wkzm)* зажи́м *m*, зажи́мная голóвка *f*
Spannkraft *f* 1. *(El, Fest)* напряжéние *n*; 2. пружи́нистость *f*
Spannmechanismus *m* механи́зм *m* зажи́ма
Spannmuffe *f* стяжнáя мýфта *f*
Spannmutter *f* стяжнáя гáйка *f*
Spannprisma *n (Wkzm)* установóчная при́зма *f (zum Einspannen runder Werkstücke)*
Spannrolle *f* натяжнóй рóлик *m*
Spannsäge *f* лучкóвая пилá *f*
Spannscheibe *f* натяжнóй шкив *m*
Spannschloss *n* стя́жка *f*, стяжнáя мýфта *f*
Spannschlossmutter *f* стяжнáя гáйка *f*
Spannschlüssel *m (Wkz)* зажи́м *m*
Spannschraube *f* натяжнóй винт *m*
Spannseil *n* 1. натяжнóй канáт *m*; 2. растя́жка *f*, оття́жка *f*
Spannung *f* 1. *(El)* напряжéние *n*; 2. *(Fest)* напряжéние *n*; 3. натяжéние *n (Seile, Federn)*; 4. упрýгость *f (von Gasen)*
~/**angelegte** *(El)* прилóженное напряжéние *n*
~/**bleibende** *(Fest)* остáточное напряжéние *n*
~/**kritische** *(El)* крити́ческое напряжéние *n*
~/**remanente** *(Fest)* остáточное напряжéние *n*
~/**thermische** *(Wmt)* теловóе [терми́ческое] напряжéние *n*
Spannungsabfall *m (El, Mech)* падéние *n* напряжéния
Spannungsausgleich *m (Mech)* вырáвнивание *n* напряжéний
spannungselastisch *(Opt)* фотоупрýгий

Spannungsellipsoid *n (Mech)* эллипсо́ид *m* напряже́ний
Spannungserhöher *m (El)* повыси́тель *m* напряже́ния
Spannungserhöhung *f (El)* повыше́ние *n* напряже́ния
Spannungsfreimachen *n (El)* сня́тие *n* напряже́ния
Spannungsfreischaltung *f (El)* сня́тие *n* напряже́ния
spannungsgesteuert *(El)* управля́емый напряже́нием
Spannungsknoten *m (El)* у́зел напряже́ния
Spannungskomponente *f (El)* составля́ющая *f* напряже́ния
Spannungskonstanthalter *m (El)* стабилиза́тор *m* напряже́ния
Spannungskonstanthaltung *f (El)* стабилиза́ция *f* напряже́ния
Spannungskopplung *f (El)* связь *f* по напряже́нию
Spannungskreis *m* **/mohrscher** *(Fest)* круг *m* Мо́ра, круг *m* напряже́ний (Мо́ра)
Spannungsmesser *m (El)* вольтме́тр *m*
Spannungsoptik *f (Opt)* фотоупру́гость *f*, ме́тод *m* фотоупру́гости
spannungsoptisch *(Opt)* фотоупру́гий
Spannungsquelle *f (El)* исто́чник *m* напряже́ния
Spannungsregler *m (Kfz)* реле́-регуля́тор *m*, регуля́тор *m* напряже́ния
Spannungsreihe *f (Ch)* ряд *m* напряже́ний
Spannungsspiel *n (Wkst)* цикл *m* напряже́ния
Spannungsstabilisator *m (El)* стабилиза́тор *m* напряже́ния
Spannungsstabilisierung *f (El)* стабилиза́ция *f* напряже́ния
Spannungsteiler *m (El)* дели́тель *m* напряже́ния
Spannungstransformator *m (El)* трансформа́тор *m* напряже́ния
Spannungsverstärker *m (El)* усили́тель *m* напряже́ния
Spannungswandler *m (Mess)* трансформа́тор *m* напряже́ния
Spannvorrichtung *f* натяжно́е устро́йство *n*; зажи́мное приспособле́ние *n*
Spannweite *f (Bw)* пролёт *m (eines Balkens, einer Brücke)*; разма́х *m (eines Tragflügels)*; раство́р *m (z. B. eines Strahlers)* • **mit großer** ~ *(Bw)* большепролётный
~ **einer Freileitung** *(En)* пролёт *m* возду́шно́й ли́нии
~**/freie [lichte]** *(Bw)* пролёт *m* в свету́
Spannwerk *n (El)* компенса́тор *m (für Fahrdrähte)*
Spannwinde *f* натяжно́й домкра́т *m*
Spannzange *f (Wkz)* зажи́мная ца́нга *f*
Spannzeug *n (Wkzm)* зажи́м *m*
Spannzwinge *f* струбци́на *f*
Spanplatte *f (Bw)* стру́жечная плита́ *f*
Spant *n(m) (Flg)* шпанго́ут *m*
Spant *n (Schiff)* шпанго́ут *m*
Spanungs... металлоре́жущий
Spanungskraft *f (Fert)* си́ла *f* ре́зания
Spanungswerkzeug *n (Wkz)* ре́жущий инструме́нт *m*
Spanwinkel *m (Wkz)* пере́дний у́гол *m*
Sparbrenner *m* дежу́рная горе́лка *f*
Spardüse *f (Kfz)* экономáйзер *m*
sparsam экономи́чный
Sparsamkeit *f* экономи́чность *f*
Spartrafo *m (El)* автотрансформа́тор *m*
Spartransformator *m (El)* автотрансформа́тор *m*
Spat *m (Min)* шпат *m*
Spateisenstein *m (Min)* сидери́т *m*
Spaten *m (Wkz)* лопа́тка *f*
Spätzündung *f (Kfz)* по́зднее зажига́ние *n*
Speerkies *m (Min)* маркази́т *m*
Speiche *f* спи́ца *f*
Speichenrad *n (Kfz)* колесо́ *n* со спи́цами
Speicher *m* 1. *(Hydt)* водохрани́лище *n*; 2. *(Wmt)* аккумуля́тор *m*; 3. депо́ *n*; склад *m*; 4. резервуа́р *m*; 5. *(Inf)* накопи́тель *m*; 6. *(Inf)* па́мять *f*, запомина́ющее устро́йство *n*, ЗУ *n*; 7. *(Wkzm)* накопи́тель *m (für Werkstücke)*
~**/analoger** *(Inf)* ана́логовое запомина́ющее устро́йство *n*
~**/assoziativer** *(Inf)* ассоциати́вная па́мять *f*, ассоциати́вное запомина́ющее устро́йство *n*, АЗУ *n*
~**/autonomer** *(Inf)* автоно́мная па́мять *f*
~**/dynamischer** *(Inf)* динами́ческая па́мять *f*, динами́ческое запомина́ющее устро́йство *n*

~/**energieabhängiger** *(Inf)* энергозави́сивая па́мять *f*, энергозави́симое запомина́ющее устро́йство *n*
~/**energieunabhängiger** *(Inf)* энергонезави́сивая па́мять *f*, энергонезави́симое запомина́ющее устро́йство *n*
~/**externer** *(Inf)* вне́шняя па́мять *f*, вне́шнее запомина́ющее устро́йство *n*, вне́шнее ЗУ *n*, ВЗУ *n*
~/**flüchtiger** *s.* ~/energieabhängiger
~/**graphischer** *(Inf)* па́мять *f* графи́ческих да́нных
~/**inhaltsadressierter** *s.* ~/assoziativer
~/**interner** *(Inf)* вну́тренняя па́мять *f*, вну́треннее запомина́ющее устро́йство *n*
~/**kapazitiver** *(Inf)* ёмкостная па́мять *f*
~/**kryogenischer** *(Inf)* криоге́нная па́мять *f*
~ **mit parallelem Zugriff** *(Inf)* паралле́льная па́мять *f*
~ **mit schnellem Zugriff** *(Inf)* па́мять *f* [запомина́ющее устро́йство *n*] с бы́стрым до́ступом
~ **mit wahlfreiem Zugriff** *(Inf)* па́мять *f* [запомина́ющее устро́йство *n*] с произво́льным [прямы́м] до́ступом
~/**monolithischer** *(Inf)* моноли́тная па́мять *f*
~/**nicht flüchtiger** *s.* ~/energieunabhängiger
~/**operativer** *(Inf)* операти́вная па́мять *f*, операти́вное запомина́ющее устройство *n*
~/**peripherer** *s.* ~/externer
~/**schneller** *(Inf)* быстроде́йствующая па́мять *f*
~/**seitenorganisierter** *(Inf)* па́мять *f* со страни́чной организа́цией
~/**sequentieller [serieller]** *(Inf)* после́довательная па́мять *f*, после́довательное запомина́ющее устро́йство *n*
~/**supraleitender** *(Inf)* криоге́нная па́мять *f*
~/**verschachtelter** *(Inf)* па́мять *f* с расслое́нием, расслоённая па́мять *f*
~/**virtueller** *(Inf)* виртуа́льная па́мять *f*
Speicher... накопи́тельный
Speicherabzug *m (Inf)* дамп *m*, разгру́зка *f* па́мяти
Speicheraddierwerk *n* нака́пливающий сумма́тор *m*
Speicherausdruck *m (Inf)* распеча́тка *f* па́мяти
Speicherauszug *m (Inf)* дамп *m*, разгру́зка *f* па́мяти
Speicherbaustein *m (Inf)* мо́дуль *m* па́мяти
Speicherbedarf *m (Inf)* потре́бность *f* в па́мяти
Speicherbelegung *f (Inf)* загру́зка *f* па́мяти
Speicherbereich *m (Inf)* о́бласть *f* па́мяти
Speicherbereichszuweisung *f (Inf)* распределе́ние *n* па́мяти
Speicherbetrieb *m (Inf)* режи́м *m* хране́ния
Speicherblock *m s.* Speichereinheit
Speicherdichte *f (Inf)* пло́тность *f* за́писи
Speicherdirektzugriff *m (Inf)* прямо́й до́ступ *m* к па́мяти, ПДП *m*
Speichereinheit *f (Inf)* блок *m* па́мяти [запомина́ющего устро́йства]
Speicherelektrode *f (Eln)* мише́нь *f*
Speicherelement *n (Inf)* запомина́ющий элеме́нт *m*
Speichererweiterung *f (Inf)* расшире́ние *n* па́мяти
Speichergestein *n (Geol)* колле́ктор *m* *(für Erdöl oder Erdgas)*
Speicherglied *n (Inf)* запомина́ющий элеме́нт *m*
Speicherhierarchie *f (Inf)* иера́рхия *f* па́мяти
Speicherinhalt *m (Inf)* содержи́мое *n* па́мяти
Speicherkapazität *f (Inf)* объём *m* [ёмкость *f*] па́мяти [запомина́ющего устро́йства]
Speicherkarte *f (Inf)* пла́та *f* па́мяти [запомина́ющего устро́йства]
Speicherkaskade *f (Eln)* запомина́ющий каска́д *m*
Speicherkonzept *n*/**virtuelles** *(Inf)* конце́пция *f* виртуа́льной па́мяти
Speichermatrix *f (Inf)* ма́трица *f* па́мяти
Speichermedium *n (Inf)* запомина́ющая среда́ *f*

Speichermodul *m (Inf)* мóдуль *m* пáмяти [запоминáющего устрóйства]
Speichermodus *m (Inf)* режи́м *m* хранéния
speichern 1. склади́ровать *(im Lager)*; 2. запасáть; 3. *(Inf)* храни́ть, накáпливать; запоминáть *(Daten, Programme)*; 4. *(TV)* консерви́ровать *(TV-Programme)*
Speichern *n s.* Speicherung
Speicherorganisation *f (Inf)* организáция *f* пáмяти
Speicherplatte *f (Eln)* мишéнь *f*
Speicherplatz *m (Inf)* ячéйка *f* пáмяти
Speicherplatzverwaltung *f (Inf)* управлéние *n* пáмятью
Speicherplatzzuordnung *f (Inf)* распределéние *n* пáмяти
Speicherregister *n (Inf)* запоминáющий реги́стр *m*
Speicherröhre *f (Eln)* запоминáющая (электрóнно-лучевáя) трýбка *f*
Speicherschaltkreis *m (Eln)* интегрáльная схéма *f* пáмяти
Speicherschaltung *f (Eln)* запоминáющая схéма *f*
Speicherschreibsperre *f (Inf)* блокирóвка *f* записи
Speicherschutz *m (Inf)* защи́та *f* пáмяти
Speichersperre *f (Inf)* блокирóвка *f* пáмяти
Speichersteckkarte *f (Inf)* смéнная плáта *f* пáмяти
Speichersteuerung *f (Inf)* управлéние *n* пáмятью
Speicherstruktur *f (Inf)* структýра *f* пáмяти
Speicherstufe *f (Eln)* запоминáющий каскáд *m*
Speicherumfang *m (Inf)* объём *m* пáмяти
Speicherung *f* 1. склади́рование *n (im Lager)*; 2. запасéние *n*; 3. *(Inf)* хранéние *n*, накоплéние *n*; запоминáние *n* (дáнных); 4. *(TV)* консервáция *f (TV-Programme)*; 5. аккумули́рование *n*
Speicherverwaltung *f (Inf)* управлéние *n* пáмятью
Speicherzelle *f (Inf)* ячéйка *f* пáмяти
Speicherzugriff *m (Inf)* дóступ *m* к пáмяти, обращéние *n* к пáмяти
~/direkter прямóй дóступ *m* к пáмяти, ПДП *m*
Speicherzuordnung *f (Inf)* распределéние *n* пáмяти
Speicherzuweisung *f (Inf)* распределéние *n* пáмяти
Speise *f (Met)* шпéйза *f*
Speiseessig *m* пищевóй ýксус *m*
Speisefett *n* пищевóй жир *m*
Speiseleitung *f (El)* питáющая ли́ния *f*, фи́дер *m*
~/abgeschirmte *(Rf)* экрани́рованный фи́дер *m*
speisen питáть; загружáть; наполнять *(Kessel)*
Speiseöl *n* пищевóе мáсло *n*
Speisepumpe *f* питáтельный насóс *m (für Kessel)*
Speisequelle *f (El)* истóчник *m* питáния
Speiser *m s.* 1. Speiseleitung; 2. *(Gieß)* при́быль *f*; 3. *(Glas)* фи́дер *m*
Speisestrom *m (El)* ток *m* питáния
Speisetransformator *m* питáющий трансформáтор *m*
Speisewagen *m (Eb)* вагóн-рестoрáн *m*
Speisewasserpumpe *f* питáтельный насóс *m (für Kessel)*
Speisung *f* 1. питáние *n*; загрýзка *f*; 2. (электро)питáние *n*
Speisungsquelle *f (El)* истóчник *m* питáния
spektral спектрáльный
Spektral... спектрáльный
Spektralanalyse *f (Ph)* спектрáльный анáлиз *m*
Spektralapparat *m* спектрáльный прибóр *m*
Spektralaufnahme *f (Opt)* спектрогрáмма *f*
Spektralfunktion *f (Math)* спектрáльная фýнкция *f*
Spektralklasse *f (Astr)* спектрáльный класс *m*
Spektrallinie *f* спектрáльная ли́ния *f*
Spektralphotometer *n (Opt)* спектрофотóметр *m*
Spektralphotometrie *f (Opt)* спектрофотомéтрия *f*
Spektralpolarimeter *n (Opt)* спектрополяри́метр *m*

Spektralsensitometer *n (Opt)* спектросенсито́метр *m*
Spektrogramm *n (Opt)* спектрогра́мма *f*
Spektrograph *m (Opt)* спектро́граф *m*
Spektrographie *f (Opt)* спектрогра́фия *f*
Spektroheliograph *m (Astr)* спектрогелио́граф *m*
Spektrokomparator *m (Opt)* спектрокомпара́тор *m*
Spektrometer *n (El, Ph)* спектро́метр *m*
~/braggsches кристалли́ческий (дифракцио́нный) спектро́метр *m*
Spektrometrie *f* спектроме́трия *f*
Spektropolarimeter *n (Opt)* спектрополяри́метр *m*
Spektrosensitometer *n (Opt)* спектросенсито́метр *m*
Spektroskop *n* спектроско́п *m*
Spektroskopie *f* спектроскопи́я *f*
~/astronomische астроспектроскопи́я *f*
~/magnetische магни́тная спектроскопи́я *f*
spektroskopisch спектроскопи́ческий
Spektrum *n* спектр *n*
~/diskretes [diskontinuierliches] *(Ph)* дискре́тный спектр *m*
~/elektromagnetisches электромагни́тный спектр *m*
~/kontinuierliches *(Ph)* непреры́вный [сплошно́й] спектр *m*
~/optisches *(Opt)* опти́ческий [ви́димый] спектр *m*
~/sekundäres *(Photo)* втори́чный спектр *m*
~/sichtbares *(Opt)* опти́ческий [ви́димый] спектр *m*
Sperr... запо́рный; храпово́й
Sperranlage *f (Hydt)* запру́да *f*
Sperrdamm *m (Hydt, Bw)* перемы́чка *f*
Sperre *f* 1. загражде́ние *n*; 2. *(Hydt)* запру́да *f*; 3. *(Masch)* сто́пор *m*; фикса́тор *m*; *(Mess)* аррети́р *m*; 4. блоки́рующее устро́йство *n*; блокиро́вка *f*; защёлка *f*; 5. *(El, Nrt)* загради́тель *m*; 6. *(Eb)* заня́тность *f*; 7. *(Eb)* замы́чка *f (Sicherungstechnik)*
Sperreinrichtung *f* блоки́рующее устро́йство *n*
sperren 1. сто́порить; блоки́ровать; 2. запира́ть, запреща́ть
sperrend/selbst самозапира́ющийся
Sperrfilter *n* 1. *(Nrt)* загражда́ющий фильтр *m*; 2. *(Photo)* запира́ющий светофи́льтр *m*
Sperrflüssigkeit *f* запо́рная жи́дкость *f*
Sperrhaken *m* защёлка *f*
Sperrholz *n* фане́ра *f*
Sperrholz... фане́рный
Sperrklinke *f (Masch)* соба́чка *f*; защёлка *f*
Sperrkondensator *m (El)* блокиро́вочный конденса́тор *m*
Sperrkontakt *m (El)* блокиро́вочный конта́кт *m*, блок-конта́кт *m*
Sperrkreis *m (El, Nrt)* загради́тель *m*
Sperrkreisfilter *n (Nrt)* загражда́ющий фильтр *m*
Sperrmauerkrone *f (Hydt)* гре́бень *m* плоти́ны
Sperrrad *n (Masch)* храпови́к *m*, храпово́е колесо *n*
Sperrrichtung *f (Halbl)* обра́тное направле́ние *n*
Sperrschicht *f (Halbl)* запира́ющий слой *m*
Sperrschichtkapazität *f (Halbl)* барье́рная ёмкость *f*
Sperrschichtphotoeffekt *m* ве́нтильный фотоэффе́кт *m*
Sperrschichttemperatur *f (Eln)* температу́ра *f* перехо́да
Sperrschwinger *m (TV)* бло́кинг-генера́тор *m*
Sperrsieb *n (Nrt)* загражда́ющий фильтр *m*
Sperrstoff *m (Bw)* изоляцио́нный материа́л *m*
Sperrstrom *m (El)* обра́тный ток *m*
Sperrung *f* 1. *(Masch)* сто́поренние *n*; фика́ция *f*; 2. *(Bw)* гидроизоля́ция *f*; 3. *s.* Sperre
Sperrwerk *n (Masch)* храпово́й механи́зм *m*
Spezial... ча́стный; специа́льный
Spezialprofil *n (Wlz)* фасо́нный про́филь
speziell ча́стный; специа́льный
Spezies *f* вид *m*
Spezifikationssymbol *n (Inf)* специфика́ция *f*
spezifisch уде́льный
Spezifizierung *f* специфика́ция *f*

Sphalerit *m (Min)* сфалери́т *m*
Sphäre *f* сфе́ра *f*
Sphärik *f* сфери́ческая геоме́трия *f*
sphärisch сфери́ческий
~/**nicht** асфери́ческий
Sphäroid *n (Ph)* сферо́ид *m* (враще́ния)
sphäroidal сфероида́льный
sphäroidisch сферо́идный, сфероида́льный
Sphärolith *m (Min)* сфероли́т *m*
sphärolithisch сфероли́товый
Sphärometer *n* сферо́метр *m*
Sphärometrie *f* сферометри́я *f*
Sphenoid *n (Krist)* сфено́ид *m*
Spiegel *m* 1. зе́ркало *n*; 2. у́ровень *m (von Flüssigkeiten)*; 3. *(Hydt)* горизо́нт *m*
~/**erhabener** *(Opt)* вы́пуклое зе́ркало *n*
Spiegel... зерка́льный
Spiegelantenne *f* зерка́льная анте́нна *f*
Spiegelbild *n (Opt)* зерка́льное изображе́ние *n*
spiegelbildlich зерка́льный
spiegelblank зерка́льный, зерка́льно поли́рованный
Spiegelfernrohr *n s.* Spiegelteleskop
Spiegelgalvanometer *n* зерка́льный гальвано́метр *m*
Spiegelgewölbe *n* зерка́льный свод *m*
Spiegelglanz *m* зерка́льный блеск *m*
Spiegelglas *n* зерка́льное стекло́ *n*
spiegelglatt зерка́льный
Spiegelhöhe *f (Hydt)* высота́ *f* у́ровня
Spiegelkondensor *m* зерка́льный конде́нсор *m*
Spiegellinsenteleskop *n* зерка́льно-ли́нзовый телеско́п *m*
spiegeln блесте́ть
Spiegelobjektiv *n* зерка́льный объекти́в *m*
Spiegelprisma *n (Opt)* отража́тельная при́зма *f*
Spiegelreflexion *f (Opt)* зерка́льное отраже́ние *n*
Spiegelreflexkamera *f* зерка́льный фотоаппара́т *m*
Spiegelsucher *m* зерка́льный видоиска́тель *m*
Spiegelteleskop *n (Astr)* зерка́льный телеско́п *m*, (телеско́п-)рефле́ктор *m*
Spiegelung *f* 1. отраже́ние *n*; 2. *(Krist)* инве́рсия *f*

Spiel *n* 1. *(Masch)* зазо́р *m*; люфт *m*; 2. *(Kyb)* игра́ *f*
~/**endliches** *(Kyb)* коне́чная игра́ *f*
~/**kooperatives** *(Kyb)* коалицио́нная [кооперати́вная] игра́ *f*
~/**strategisches** *(Kyb)* стратеги́ческая игра́ *f*
~/**totes** *(Masch)* мёртвый ход *m (Gewinde)*
~/**unendliches** *(Kyb)* бесконе́чная игра́ *f*
Spielfilm *m* худо́жественный кинофи́льм *m*
spielfrei *(Masch)* без зазо́ра
Spielpassung *f (Masch)* подви́жная поса́дка *f*, поса́дка *f* с зазо́ром
Spieltheorie *f (Kyb)* тео́рия *f* игр
Spiere *f (Schiff)* вы́стрел *m*
Spin *m (Kern)* спин *m*
~/**isobarer** *s.* Isobarenspin
Spindel *f* 1. *(Masch)* шпи́ндель *m*; винт *m*; 2. *(Text)* веретено́ *n*
Spindel... шпи́ндельный; винтово́й
Spindelantrieb *m* винтово́й при́вод *m*
spindelförmig веретенообра́зный
Spindelpresse *f* винтово́й пресс *m*
Spindelpumpe *f* винтово́й насо́с *m*
Spindelstock *m (Wkzm)* ба́бка *f*, шпи́ндельная ба́бка *f*, пере́дняя ба́бка *f (einer Drehmaschine)*
Spinell *m (Min)* шпине́ль *f*
Spinmoment *n (Kern)* спин *m*
Spinmultiplett *n (Kern)* мультипле́т *m*
Spinn... *(Text)* пряди́льный
Spinnbad *n (Text)* осади́тельная ва́нна *f*
Spinnbadstation *f (Text)* кисло́тная ста́нция *f*
spinnbar *(Text)* прядо́мый
Spinnbarkeit *f (Text)* прядо́мость *f*
Spinndüse *f (Text)* филье́ра *f*
spinnen *(Text)* прясть; формова́ть *(Chemiefaserstoffe)*
Spinnen *n (Text)* пряде́ние *n*; формова́ние *n (Chemiefaserstoffe)*
Spinnerei *f (Text)* 1. пряде́ние *n*; 2. пряди́льная фа́брика *f*
Spinnkuchen *m (Text)* пряди́льный кули́ч *m*
Spinnmaschine *f (Text)* пряди́льная маши́на *f*
~/**periodische** *(Text)* пряди́льная маши́на *f* периоди́ческого де́йствия

Spinnverfahren *n (Text)* спо́соб *m* пряде́ния; спо́соб *m* формова́ния *(Chemiefasern)*
Spinor *m (Math)* спино́р *m*
Spinthariskop *n (Ph)* спинтарискóп *m*
Spinwechselwirkung *f (Kern)* спи́новое взаимоде́йствие *n*
Spiral... спира́льный
Spiralarm *m (Astr)* спира́льная ветвь *f (einer Galaxie)*
Spiralbohrer *m* 1. *(Wkz)* спира́льное сверло́ *n*; 2. *(Bgb)* змееви́к *m*; спира́льный бур *m*
Spirale *f* 1. спира́ль *f*; 2. винт *m (in Fördermitteln oder Mischern)*
~/**archimedische** *(Math)* архиме́дова спира́ль *f*
~/**hyperbolische** *(Math)* гипербoли́ческая спира́ль *f*
~/**logarithmische** *(Math)* логарифми́ческая спира́ль *f*
spiralförmig спира́льный
Spiralgalaxie *f (Astr)* спира́льная гала́ктика *f*
Spiralgehäuse *n* ули́тка *f*
Spiralnebel *m* спира́льная гала́ктика *f*, спира́льная тума́нность *f*, спира́ль *f*
Spiralsystem *n s.* Spiralnebel
Spiritus *m (Ch)* спирт *m*
~/**denaturierter** денатура́т *m*, денатури́рованный спирт *m*
~/**rektifizierter** ректифици́рованный спирт *m*, спирт-ректифика́т *m*
~/**vergällter** *s.* ~/denaturierter
Spiritus... спиртно́й, спи́ртовый, спиртово́й
Spiritusbrenner *m* спиртова́я горе́лка *f*, спирто́вка *f (Laborgerät)*
Spirometer *n (Med)* спиро́метр *m*
spitz о́стрый; остроконе́чный
spitzbogig стре́льчатый
Spitzbohrer *m (Wkz)* перово́е сверло́ *n*
Spitze *f* 1. остриё *n*; коне́ц *m*; 2. *(Wkzm)* центр *m*; 3. *(Math)* то́чка *f* возвра́та; верши́на *f*; 4. *s.* Spitzenwert; 5. *(Text)* кру́жево *n*
spitzen чини́ть
Spitzen... преде́льный; то́чечный
Spitzenbelastung *f (El)* пи́ковая нагру́зка *f*
Spitzenbelastungszeit *f* часы́ *pl* пик [пи́ковой нагру́зки]
Spitzendiode *f (Eln)* то́чечный дио́д *m*
Spitzenentladung *f (El)* то́чечный разря́д *m*
Spitzenhöhe *f* высота́ *f* це́нтров *(einer Drehmaschine)*
Spitzenkontakt *m (Halbl)* то́чечный конта́кт *m*
Spitzenkraftwerk *n* пикова́я электроста́нция *f*
Spitzenlast *f (El)* пи́ковая нагру́зка *f*
Spitzenleistung *f* максима́льная мо́щность *f*
spitzenlos бесце́нтровый *(Drehen, Schleifen)*
Spitzenlos-Außenrundschleifen *n (Fert)* бесце́нтровое шлифова́ние *n*
Spitzenstrom *m (El)* пи́ковый ток *m*
Spitzentransformator *m (El)* пик-трансформа́тор *m*
Spitzentransistor *m* то́чечный транзи́стор *m*
Spitzenwert *m* максима́льное [пи́ковое, наибо́льшее] значе́ние *n*, ма́ксимум *m*
Spitzenzeit *f* часы́ *pl* пик
Spitzgewinde *n* треуго́льная резьба́ *f*
Spitzkuppelgewölbe *n (Bw)* шатро́вый свод *m*
Spitzlichter *npl (Photo)* бли́ки *mpl*
spitzwinklig остроуго́льный
Spleiß *m* спле́сень *m (eines Seils)*
Spleißen *n* сра́щивание *n (von Kabeln, Seilen)*; спа́йка *f (Kabel)*; сплете́ние *n (Seile)*
Spleißstelle *f* спа́йка *f (eines Kabels)*
Splint *m* 1. шплинт *m*; 2. за́болонь *f*
Splitt *m* (ме́лкий) ще́бень *m*; *(Bw)* ка́менные высевки *pl*
Splitter *m* оско́лок *m*
splitterfrei небью́щийся; безоско́лочный *(Glas)*
Splitterung *f* расщепле́ние *n*
Splittung *f (Inf)* разделе́ние *n (der Speicher)*
Spoiler *m (Kfz)* спо́йлер *m*
S-Pol *m (Halbl)* исто́к *m*
spontan спонта́нный, самопроизво́льный
Sportflugzeug *n* спорти́вный самолёт *m*
Sportrad *n* спорти́вный велосипе́д *m*
Sprache *f (Inf)* язы́к *m*
~/**algorithmische** алгоритми́ческий язы́к *m*
~/**höhere** язы́к *m* высо́кого у́ровня

~/**künstliche** искýсственный язы́к *m*
~/**maschinenorientierte** маши́нно-ориенти́рованный язы́к *m*
~/**maschinenunabhängige** маши́нно-незави́симый язы́к *m*
~/**natürliche** есте́ственный язы́к *m*
Spracherkennung *f (Inf)* распознава́ние *n* ре́чи
Sprachprozessor *m (Inf)* проце́ссор *m* ре́чи, языково́й проце́ссор *m*
Sprachsynthesator *m (Inf)* синтеза́тор *m* ре́чи
Sprachsynthese *f (Inf)* си́нтез *m* ре́чи
Sprachsynthesizer *m (Inf)* синтеза́тор *m* ре́чи
Sprachsynthetisator *m (Inf)* синтеза́тор *m* ре́чи
Sprachverschlüssler *m (Nrt)* скре́мблер *m*
Sprachverständlichkeit *f (Nrt)* артикуля́ция *f*
Sprachverzerrer *m (Nrt)* скре́мблер *m*
Spraydose *f* аэрозо́льный балло́нчик *m*
Sprechfunk *m (Nrt)* 1. *s.* Sprechfunkanlage; 2. радиотелеро́нная связь *f*; радиотелефони́я *f*
Sprechfunk... радиотелефо́нный
Sprechfunkanlage *f (Nrt)* радиопереговóрное устро́йство *n*, радиотелефо́нная аппарату́ра *f*
Sprechfunkgerät *n* приёмопереда́тчик *m*
Sprechfunkverkehr *m* радиотелефони́я *f*
Sprechschalter *m (Nrt)* разговóрный ключ *m*
Sprechtaste *f (Nrt)* разговóрный ключ *m*
Spreiz... распóрный
Spreize *f* распóрка *f*; *(Bw)* раскóс *m*, укóсина *f*
Spreizkeil *m* распóрный клин *m*
Spreizstempel *m (Bgb)* распóрка *f*
Spreizung *f* распóр *m*; разжи́м *m*
Spreng... взры́вчатый; взрывнóй; *(Ch)* гремýчий
Sprengarbeiten *fpl (Bgb)* взрывны́е рабóты *fpl*
Sprengbarkeit *f* взрыва́емость *f*
Sprengbohren *n (Bgb)* взрывнóе буре́ние *m*
Sprengel *m (Bw)* шпре́нгель *m*
sprengen взрыва́ть
Sprengen *n (Bgb)* взрыва́ние *f*
~/**flammenloses** беспла́менное взрыва́ние *n*
Sprenger *m (Lw)* ороси́тель *m*
Sprengkapsel *f* (ка́псюль-)детона́тор *m*
Sprengladung *f* фуга́с *m*
Sprengloch *n* взрывна́я сква́жина *f*
Sprengniet *m* взрывна́я заклёпка *f*
Sprengschnur *f* детони́рующий шнур *m*
Sprengstoff *m* взры́вчатое веществó *n*, ВВ *n*
Sprengstoff *m* взрывча́тка *f*
Sprengung *f* 1. взрыв *m*, поры́в *m*; 2. *s.* Sprengarbeiten
Sprengwerkstütze *f (Bw)* шпре́нгель *m*
Sprengwerkträger *m* шпре́нгельная ба́лка *f*
Sprengzünder *m* **(/elektrischer)** электродетона́тор *m*
Spreu *f (Lw)* вы́севки *pl*
Springblende *f (Opt)* пры́гающая диафра́гма *f*
Springer *m s.* Springerbohrung
Springerbohrung *f (Erdöl)* фонтани́рующая [фонта́нная] сква́жина *f*
Sprinkler *m* спри́нклер *m*
Sprit *m s.* Spiritus
Sprit... спиртнóй
Spritessig *m* спиртовóй ýксус *m*
Spritzbeton *m (Bw)* торкретбетóн *m*
Spritze *f* 1. пожа́рный насóс *m*, бры́згалка *f*; 2. шприц *m*
Spritzen *n* 1. разбры́згивание *n*; опры́скивание *n*; 2. *(Kst, Gum)* шприцева́ние *n*; 3. *s.* Spritzgießen
Spritzer *mpl* бры́зги *pl*
Spritzflasche *f (Ch)* промыва́лка *f*
Spritzform *f* пресс-фóрма *f*
Spritzgerät *n* распыли́тель *m*; опры́скиватель *m*
Spritzgießen *n (Kst)* литьё *n* под давле́нием
Spritzgießmaschine *f (Kst)* литьева́я маши́на *f*
Spritzmaschine *f* шприц-маши́на *f*
Spritzmetallisieren *n* металлиза́ция *f* распыле́нием
Spritzmetall(schutz)schicht *f* металлизациóнное покры́тие *n*
Spritzpistole *f* (пистоле́т-)распыли́тель *m*; металлизациóнный пистоле́т *m*; разбры́згиватель *m (in der Anstrichtechnik)*

Spritzpressen *n (Kst)* литьево́е прессова́ние *n*
Spritzputz *m (Bw)* штукату́рка *f* набры́згом
Spritzverzinken *n* металлизацио́нное цинкова́ние *n*
Spritzwasser *n* бры́зги *pl*
spritzwasserfest брызгонепроница́емый
spritzwassergeschützt брызгозащищённый
spritzwassersicher брызгонепроница́емый
Sprödbruch *m (Fest)* хру́пкое разруше́ние *n*; хру́пкий изло́м *m*
spröde ло́мкий; хру́пкий *(Werkstoff)*
Sprödigkeit *f* хру́пкость *f (von Werkstoffen)*
Sprödigkeitstemperatur *f (Fest)* температу́ра *f* хру́пкости
Sprosse *f* ступе́нька *f (einer Leiter)*
Sprüheinrichtung *f* разбры́згиватель *m*
sprühen 1. разбры́згивать; опры́скивать; 2. *(El)* корони́ровать
Sprühen *n* 1. разбры́згивание *n*; опры́скивание *n*; 2. *(El)* корони́рование *n*
Sprühgerät *n* распыли́тель *m*; опры́скиватель *m*
Sprung *m* 1. скачо́к *m*; 2. *(Hydt)* гидравли́ческий прыжо́к *m*; 3. *(Geol)* сброс *m*; 4. *(Inf)* перехо́д *m*; 5. переско́к *m (von Frequenzen)*; 6. тре́щина *f*
~/bedingter *(Inf)* усло́вный перехо́д *m*
~/unbedingter *(Inf)* безусло́вный перехо́д *m*
Sprunganweisung *f (Inf)* опера́тор *m* перехо́да
sprungartig скачкообра́зный
Sprungbefehl *m (Inf)* кома́нда *f* перехо́да
sprunghaft скачкообра́зный
Sprungtemperatur *f* крити́ческая температу́ра *f (eines Supraleiters)*
Sprungwelle *f (Hydt)* бор *m*
SPU *n s.* System der Programmunterstützung
Spucken *n* выбра́сывание *n (Dampfkessel)*
Spül... промывно́й
Spülbaggerung *f (Bw)* гидромеханиза́ция *f*
Spülbecken *n* мо́йка *f*
Spüldamm *m* намывна́я плоти́на *f*
Spule *f* 1. *(El)* кату́шка *f*; се́кция *f*; 2. *(Text)* шпу́ля *f*, це́вка *f*; кату́шка *f*; боби́на *f (Garn)*
spulen *(Text)* нама́тывать *(Garn)*
spülen 1. промыва́ть; 2. *(Erdöl)* промыва́ть *(Bohrloch)*; 3. продува́ть *(Verbrennungsmotor)*
Spulen *n (Text)* намо́тка *f*; нама́тывание *n*; обмо́тка *f*
Spülen *n* 1. смыв *m*, промы́вка *f*; 2. *s.* Spülung
Spulengestell *n (Text)* шпуля́рник *m*
Spulenhalter *m (Text)* 1. бобинодержа́тель *m*; 2. *s.* Spulengestell
Spulenkern *m (El)* боби́на *f*; серде́чник *m (Magnetband)*; 2. *(Photo)* бобы́шка *f*
Spulenkörper *m (El)* карка́с *m* кату́шки
Spulenrahmen *m (El)* карка́с *m* кату́шки
Spülentaschung *f* гидрозолоудале́ние *n*
Spulenträger *m* 1. *(El)* карка́с *m* кату́шки; 2. *s.* Spulenhalter 1.
Spuler *m (Text)* мота́лка *f*
Spülförderer *m (Bgb)* гидравли́ческий транспортёр *m*
Spülförderung *f (Bgb)* гидравли́ческий тра́нспорт *m*, гидротра́нспорт *m*
Spülhalde *f (Bgb)* гидроотва́л *m*
Spülkasten *m* смывно́й бачо́к *m*
Spülkippe *f (Bgb)* гидроотва́л *m*
Spülleitung *f s.* Spülrohrleitung
Spulmaschine *f (Text)* мота́льная маши́на *f*
Spülrohrleitung *f (Förd)* грунтопрово́д *m*; пульпово́д *(eines Saugbaggers)*
Spülstrahlrohr *n (Hydt, Bgb)* гидромонито́р *m*
Spülung *f* 1. *(Kfz)* проду́вка *f*, газораспределе́ние *n (Zweitaktmotor)*; 2. *(Erdöl)* промы́вка *f (von Bohrlöchern)*
Spülversatz *m (Bgb)* гидрозакла́дка *f*
Spulvorrichtung *f (Text)* мота́лка *f*
Spund *m (Bw)* шпунт *m*
Spundbohle *f (Bw)* шпунти́на *f*
spunden шпунтова́ть
Spundpfahl *m (Bw)* шпунт *m*
Spundung *f (Bw)* шпунт *m*, шпунто́вка *f*
Spur *f* 1. *(Ph)* след *m*, трек *m*; 2. *(Kfz, Eb)* колея́ *f*; 3. *(Inf)* доро́жка *f*; 4. *(Wlz)* доро́жка *f*; полоса́ *f*

Spurdetektor *m (Kern)* тре́ковый детéктор *m* (части́ц)
Spurenchemie *f* микрохи́мия *f*
Spurkugellager *n (Masch)* упо́рный шарикоподши́пник *m*
Spurlager *n (Masch)* подпя́тник *m*
Spurlockerer *m (Lw)* следорыхли́тель *m*
Spurmessgerät *n (Eb)* путево́й шабло́н *m*
Spurreißer *m (Lw)* маркёр *m*
Spurtreue *f (Kfz)* бокова́я усто́йчивость *f*
Spurweite *f* 1. *(Eb)* ширина́ *f* колей; 2. *(Kfz)* колея́ *f*, ширина́ *f* колéи
Spurzapfen *m (Masch)* пята́ *f*
Sputnik *m (Astr)* спу́тник *m*
Sputterschicht *f (Halbl)* напылённый слой *m*
Sr *s.* Strontium
sr *s.* Steradiant
SSI *f s.* Small-Scale-Integration
SSI-Schaltkreis *m (Eln)* ИС [интегра́льная схéма] *f* ма́лой стéпени интегра́ции
St *s.* 1. Stat; 2. Stokes
St *s.* Stanton-Zahl
Stab *m* 1. стéржень *m*; 2. *(Wlz)* пруто́к *m*; 3. штырь *m*; 4. брус *m*; 5. *(Wkst)* образéц *m*
Stab... стержнево́й; прутко́вый
Stabantenne *f* стержнева́я [штырева́я] антéнна *f*
Stabbewehrung *f (Bw)* стержнева́я армату́ра *f*
Stabdipol *m (Eln)* стержнево́й вибра́тор *m*
Stabhobel *m (Wkz)* калёвка *f*
stabil усто́йчивый; стаби́льный; *(Schiff)* осто́йчивый
Stabilisator *m* стабилиза́тор *m*
Stabilisatorröhre *f (Eln)* стабилитро́н *m*
stabilisieren стабилизи́ровать
stabilisiert стабилизи́рованный
Stabilisierung *f* стабилиза́ция *f*
Stabilisierungsfläche *f (Flg, Rak)* стабилиза́тор *m*; оперéние *n*
Stabilisierungsmittel *n (Ch)* стабилиза́тор *m*
Stabilität *f* 1. усто́йчивость *f*; стаби́льность *f*; 2. *(Schiff)* осто́йчивость *f*
~/chemische хими́ческая сто́йкость *f*
~/dynamische *(Mech)* динами́ческая усто́йчивость *f*
~/statische *(Mech)* стати́ческая усто́йчивость *f*
~/thermische терми́ческая усто́йчивость *f*
Stabilitätsgrenze *f (Mech, Fest)* предéл *m* усто́йчивости
Stabilitätskriterium *n (Mech)* критéрий *m* усто́йчивости
Stabilitätsreserve *f* запа́с *m* усто́йчивости
Stabilitron *n (Eln)* стабилитро́н *m*
Stabisolator *m* стержнево́й изоля́тор *m*
Stabkathode *f* стержнево́й като́д *m*
Stabkonstruktion *f (Bw)* стержнева́я констру́кция *f*
Stabmagnet *m* стержнево́й магни́т *m*
Stabrüttler *m (Bw)* стержнево́й вибра́тор *m*
Stabstahl *m (Wlz)* прутко́вая сталь *f*
Stabtragwerk *f (Bw)* стержнева́я констру́кция *f*
Stack *m s.* Stapelspeicher
Stack... *(Inf)* стеко́вый
stackorientiert *(Inf)* ориенти́рованный на стек, стеко́вый
Stackpointer *m (Inf)* указа́тель *m* стéка
Stackregister *n (Inf)* реги́стр *m* стéка
Stackspitze *f (Inf)* верши́на *f* стéка
Stadium *n* ста́дия *f*
Stadt *f*/**historische** го́род-па́мятник *m* *(unter Denkmalschutz stehend)*
Städtebau *m* градострои́тельство *n*
städtebaulich градострои́тельный
Stadtentwässerung *f* городска́я канализа́ция *f*
Stadtgas *n* городско́й газ *m*
Stadtklima *n* городско́й кли́мат *m*
Stadtrandregion *f* при́городная зо́на *f*
Stadtrandsiedlung *f* при́городный посёлок *m*
Stadtrandzone *f* при́городная зо́на *f*
Staffelofen *m (Met)* многопо́довая печь *f*
Staffelstraße *f* ступéнчатый (прока́тный) стан *m*
Staffelung *f* 1. ступéнчатость *f*, ступéнчатое расположéние *n*; 2. *(Flg)* эшелони́рование *n*
Staffelwalzstraße *f* ступéнчатый (прока́тный) стан *m*

stagnierend засто́йный
Stahl *m (Met, Wlz)* сталь *f*
~/**angelassener** отпу́щенная сталь *f*
~/**austenitischer** аустени́тная сталь *f*
~/**beruhigt vergossener** споко́йная [успоко́енная] сталь *f*
~/**beruhigter** *s.* ~/beruhigt vergossener
~/**brüchiger** хру́пкая сталь *f*
~/**einsatzgehärteter** цементо́ванная сталь *f*
~/**eutektoider** эвтекто́идная сталь *f*
~/**gehärteter** закалённая сталь *f*
~/**geschmiedeter** ко́ваная сталь *f*
~/**gewalzter** ка́таная сталь *f*
~/**gezogener** калибро́ванная сталь *f*; тя́нутая сталь *f*
~/**halbberuhigt vergossener** полуспоко́йная сталь *f*
~/**halbberuhigter** полуспоко́йная сталь *f*
~/**hitzebeständiger** жаросто́йкая [жароупо́рная] сталь *f*
~/**hoch gekohlter** высокоуглеро́дистая сталь *f*
~/**hoch legierter** высоколеги́рованная сталь *f*
~/**hochfester** высокопро́чная сталь *f*
~/**kalibriert gewalzter** калибро́ванная сталь *f*
~/**kaltgewalzter** холоднока́таная сталь *f*
~/**kaltgezogener** холоднотя́нутая сталь *f*
~/**kohlenstoffarmer** низкоуглеро́дистая сталь *f*
~/**kohlenstoffreicher** высокоуглеро́дистая сталь *f*
~/**legierter** леги́рованная сталь *f*
~/**martensitischer** мартенси́тная сталь *f*
~/**nicht rostender** нержаве́ющая сталь *f*
~/**niedrig gekohlter** малоуглеро́дистая [низкоуглеро́дистая] сталь *f*
~/**niedrig legierter** низколеги́рованная сталь *f*
~/**perlitischer** перли́тная сталь *f*
~/**rostfreier** нержаве́ющая сталь *f*
~/**schmiedbarer** ко́вкая сталь *f*
~/**sorbitischer** сорби́тная сталь *f*
~/**spröder** хру́пкая сталь *f*
~/**unberuhigt vergossener** неуспоко́енная [кипя́щая] сталь *f*
~/**unberuhigter** *s.* unberuhigt vergossener
~/**unlegierter** нелеги́рованная [углеро́дистая] сталь *f*
~/**unmagnetischer** немагни́тная сталь *f*
~/**vergüteter** улу́чшенная сталь *f*
~/**verschleißfester** износосто́йкая сталь *f*
~/**warm gewalzter** горячека́таная сталь *f*
~/**warmfester** жаросто́йкая [жароупо́рная] сталь *f*
~/**zäher** вя́зкая сталь *f*
~/**zunderbeständiger** окалиносто́йкая сталь *f*
~/**zunderfester** окалиносто́йкая сталь *f*
Stahl... стально́й
Stahlband *n (Wlz)* стальна́я полоса́ *f*
Stahlbeton *m (Bw)* железобето́н *m* *(s. a. unter* Beton*)*
~/**monolithischer** моноли́тный железобето́н *m*
~/**vorgespannter** предвари́тельно напряжённый железобето́н *m*
Stahlbeton... железобето́нный
Stahlbetonbrücke *f* железобето́нный мост *m*
Stahlbetonfertigteile *npl* сбо́рный железобето́н *m*
Stahlbetonkonstruktion *f* железобето́нная констру́кция *f*
Stahlbetonstaumauer *f* железобето́нная плоти́на *f*
Stahlbetonträger *m* железобето́нная ба́лка *f*
Stahlblech *n (Wlz)* стально́й лист *m*; листова́я сталь *f*
~/**dünnes** тонколистова́я сталь *f*
Stahlbrücke *f* стально́й мост *m*
stählern стально́й
Stahlflasche *f* стально́й балло́н *m*
Stahlformguss *m* стально́е литьё *n*
Stahlgefäß *n (Masch)* реси́вер *m (für Speicherzwecke)*
Stahlgürtelreifen *m (Kfz)* металлоко́рдная ши́на *f*
Stahlguss... сталелите́йный
Stahlsaitenbeton *m* струнобето́н *m*
Stahlschmelz... сталеплави́льный
Stahlschmelzen *n* вы́плавка *f* ста́ли, сталеваре́ние *n*

Stahlschmelzofen *m* сталеплави́льная печь *f*
Stahlseil *n* стально́й трос *m*
Stahlstreifen *m* стальна́я полоса́ *f*
Stahlträger *m* стальна́я ба́лка *f*
Stahltrosse *f* стально́й трос *m*
Stahlwerkskokille *f (Met)* изло́жница *f*
Stalagmit *m (Geol)* сталагми́т *m*
Stalagmometer *n (Mess)* сталагмо́метр *m*
Stalaktit *m (Geol)* сталакти́т *m*
Stalldung *m (Lw)* наво́з *m*, есте́ственное удобре́ние *n*
Stalldunglader *m (Lw)* навозопогру́зчик *m*
Stalldungstreuer *m (Lw)* навозоразбра́сыватель *m*
Stalling *n (Flg)* сва́ливание *n*
Stamm *m* 1. *(Forst)* ствол *m*; 2. *(Lw)* поро́да *f*
Stammdatei *f (Inf)* основно́й масси́в [файл] *m*; файл-исто́чник *m*
Stammfunktion *f (Math)* первообра́зная фу́нкция *f*
Stammholz *n* бревно́ *n*
Stammleitung *f (El)* магистра́льная ли́ния *f*
Stampf... *(Met)* набивно́й
Stampfbeton *m* трамбо́ванный бето́н *m*
Stampfbewegung *f (Hydrom)* танга́ж *m*, килева́я ка́чка *f*
stampfen 1. трамбова́ть; 2. *(Met)* набива́ть *(Ofenfutter)*
Stampfen *n* 1. трамбо́вка *f*, трамбова́ние *n*; 2. *(Hydrom)* килева́я ка́чка *f*, танга́ж *m*
Stand *m* стенд *m*
Standard *m* станда́рт *m*
~/staatlicher госуда́рственный станда́рт *m*, ГОСТ *m (Normenwerk in Russland)*
Standardabweichung *f* среднеквадрати́ческая погре́шность *f*
Standardatmosphäre *f (Mech)* станда́ртная атмосфе́ра *f*
Standardinterface *n (Inf)* станда́ртный интерфе́йс *m*
Standardprogramm *n (Inf)* станда́ртная програ́мма *f*
Standbild *n* стоп-кадр *m*
Ständer *m* 1. *(Masch)* стани́на *f*; 2. коло́нка *f*, сто́йка *f*; 3. штати́в *m*
standfest усто́йчивый; стаби́льный
Standfestigkeit *f* 1. усто́йчивость *f*; стаби́льность *f*; 2. *(Fest)* дли́тельная про́чность *f*
Standleitung *f (Nrt)* некоммути́руемый кана́л *m* свя́зи
Standlicht *n (Kfz)* стоя́ночный свет *m*
Standlinie *f (Math, Geod)* ба́за *f*, ба́зис *m*
Standort *m* местоположе́ние *n*
Standortverteilung *f* размеще́ние *n*
Standrohr *n* сте́ндер *m (Hydrant)*; стоя́к *m*
Standschwebe *f* висе́ние *n (des Hubschraubers)*
Standzeit *f* 1. просто́й *m*; 2. *(Eb)* просто́й *m* ваго́нов; 3. сто́йкость *f (von Schneidwerkzeugen)*; 4. срок *m* слу́жбы *(von Bauwerken, Öfen)*
Stange *f* 1. *(Bgb)* шта́нга *f*; 2. *(Masch)* ре́йка *f*; шток *m*; 3. *(Nrt, El)* столб *m*; 4. *s.* Stab
Stangenautomat *m (Wkzm)* прутко́вый автома́т *m*
Stangenbohren *n (Bgb)* шта́нговое буре́ние *n*
Stangenkupfer *n* прутко́вая медь *f*
Stanton-Zahl *f (Aero)* число́ *n* Стэ́нтона, St, Mg
Stanze *f (Schm, Umf)* (листово́й) штамп *m*
stanzen *(Schm, Umf)* штампова́ть
Stanzen *n (Schm, Umf)* (листова́я) штампо́вка *f*
Stanzer *m (Inf)* перфора́тор *m*
Stanzform *f (Umf)* ма́трица *f* (шта́мпа)
Stanzmatrize *f (Umf)* ма́трица *f* (шта́мпа)
Stanzpresse *f* (листо)штампо́вочный пресс *m (für dicke Bleche)*
Stanzstempel *m (Schm)* пуансо́н *m*
Stanzwerkzeug *n (Schm, Umf)* (листово́й) штамп *m*
Stapel *m* 1. ста́пель *m*; 2. *(Text)* шта́пель *m*; 3. шта́бель *m*; стопа́ *f*; 4. *(Inf)* паке́т *m*
Stapelfaser *f* шта́пельное волокно́ *n*
Stapelfehler *m (Krist)* дефе́кт *m* упако́вки
Stapelfernverarbeitung *f (Inf)* дистанцио́нная паке́тная обрабо́тка *f*

Stapelförderer *m (Förd)* штабелеукла́дчик *m*
Stapelgerät *n (Förd)* штабелёр *m*
Stapeljob *m (Inf)* паке́тное зада́ние *n*
Stapelkran *m* кран-штабелёр *m*
Stapellagerung *f (Förd)* штабели́рование *n*
Stapellauf *m (Schiff)* спуск *m* на во́ду, спуск *m* со ста́пеля
Stapelmaschine *f (Förd)* штабелёр *m*
stapeln *(Förd)* штабели́ровать
Stapelpalette *f (Förd)* сто́ечный подо́н *m*
Stapelspeicher *m (Inf)* стек *m*, сте́ковая па́мять *f*, магази́нная па́мять *f*, па́мять *f* магази́нного ти́па
Stapelung *f (Förd)* штабели́рование *n*
Stapelverarbeitung *f (Inf)* паке́тная обрабо́тка *f*
Stapelverarbeitungsbetrieb *m (Inf)* режи́м *m* паке́тной обрабо́тки, паке́тный режи́м *m*
Stapelverarbeitungsmodus *m s.* Stapelverarbeitungsbetrieb
Stapelvorrichtung *f (Wlz)* па́йлер *m (für Bleche)*
Stapelzeiger *m (Inf)* указа́тель *m* сте́ка
Stapler *m (Förd)* штабелёр *m*
stark мо́щный
Stärke *f* 1. *(Mech)* си́ла *f*; 2. *(Ph)* напряжённость *f*; 3. кре́пость *f (Alkohol)*; 4. интенси́вность *f*; 5. *(zahlenmäßige)* чи́сленность *f*; 6. *(Ch, Lebm)* крахма́л *m*
stärkehaltig крахма́листый
stärken *(Text)* крахма́лить
Stärken *n (Text)* крахма́ление *n*
stärkereich крахма́листый
Starkgas *n* бога́тый [высококалори́йный] газ *m*
Starkregen *m (Meteo)* ли́вень *m*
Starkstrom *m (El)* си́льный ток *m*
Starkstrom... *(El)* сильното́чный
Starkstromanlage *f (El)* сильното́чная устано́вка *f*
Starkstromtechnik *f* сильното́чная (электро)те́хника *f*
starr жёсткий
Starrachsaufhängung *f (Kfz)* зави́симая подве́ска *f* колёс
Starrachse *f (Kfz)* жёсткий мост *m*, неразрезна́я ось *f*
Starrheit *f (Mech)* жёсткость *f*
Starrkörperpendel *n* физи́ческий ма́ятник *m*
Start *m* старт *m*; пуск *m*; *(Flg)* взлёт *m*; *(Rak)* за́пуск *m*
~/automatischer автопу́ск *m*
Startadresse *f (Inf)* нача́льный а́дрес *m*
Startanlage *f (Rak)* пускова́я устано́вка *f*; ста́ртовая площа́дка *f*
Startbeschleuniger *m (Rak)* ста́ртовый ускори́тель *m*
Startdüse *f* пусково́й жиклёр *m*
Starteigenschaften *fpl (Flg)* взлётные ка́чества *npl*
starten 1. пуска́ть; 2. запуска́ть *(Motor)*; 3. *(Flg)* взлета́ть
startend/senkrecht *(Flg)* вертика́льновзлета́ющий
Starter *m* 1. *(Kfz)* ста́ртер *m*; 2. *(El)* ста́ртер *m (für Leuchtstoffröhren)*
Starterbatterie *f (Kfz)* ста́ртерная (аккумуля́торная) батаре́я *f*
Starterklappe *f (Kfz)* возду́шная засло́нка *f (des Vergasers)*
Startermotor *m* пусково́й дви́гатель *m*
startfähig/senkrecht *(Flg)* вертика́льновзлета́ющий
Startfreigabe *f (Flg)* разреше́ние *n* на взлёт [полёт]
Startgeschwindigkeit *f (Flg)* взлётная [ста́ртовая] ско́рость *f*, ско́рость *f* отры́ва
Starthilfe *f (Rak)* ста́ртовый ускори́тель *m*
Starthilfstriebwerk *n (Rak)* ста́ртовый ускори́тель *m*
Startleistung *f (Flg)* взлётная мо́щность *f*
Startmasse *f (Rak)* ста́ртовая ма́сса *f*; *(Flg)* ста́ртовая [взлётная] ма́сса *f*
Startplattform *f s.* Starttisch
Startprogramm *n* програ́мма *f* нача́льного пу́ска
Startrakete *f (El)* бу́стер *m*
Startrampe *f (Rak)* пускова́я устано́вка *f*, ста́ртовая площа́дка *f*
Startroutine *f (Inf)* програ́мма *f* нача́льного пу́ска
Startschacht *m (Rak)* пускова́я [ста́ртовая] ша́хта *f*
Startschub *m (Flg, Rak)* взлётная [ста́ртовая] тя́га *f*

Startsilo *n (Rak)* пусковáя [стáртовая] шáхта *f*
Startstufe *f (Rak)* стáртовая ступéнь *f*
Starttisch *m (Rak)* стáртовый [пусковóй] стол *m*
Starttriebwerk *n (Rak)* стáртовый ускорúтель *m*; стáртовый двúгатель *m*
Startturm *m (Raumf)* пусковáя бáшня *f*
Start- und Landebahn *f (Flg)* взлётно-посáдочная полосá *f*
Start- und Landeplatz *m (Flg)* взлётно-посáдочная площáдка *f (für Hubschrauber und Kleinflugzeuge)*
Startvergaser *m (Kfz)* пусковóй карбюрáтор *m*
Startvorrichtung *f (Rak)* пусковáя установка *f*
Stat *n (Kern)* стат *m (SI-fremde Einheit der Aktivität von Quellwässern usw.)*
Statik *f* стáтика *f*
Station *f* 1. стáнция *f*; 2. *(Masch)* бáза *f*; *(Fert)* позúция *f*; 3. *(Eb)* стáнция *f*
~/**extraterrestrische** *(Astr)* орбитáльная стáнция *f*
~/**meteorologische** метеорологúческая стáнция *f*
~/**seismische** сейсмúческая стáнция *f*
~/**interplanetare** *(Raumf)* автоматúческая межпланéтная стáнция *f*
stationär стационáрный; установúвшийся; неподвúжный
statisch статúческий
Statistik *f* статúстика *f*
~/**mathematische** математúческая статúстика *f*
statistisch статистúческий
Stativ *n* штатúв *m*
Stator *m (El)* стáтор *m*
Statusänderung *f (Inf)* изменéние *n* состоя́ния
Statusbit *n (Inf)* бит *m* состоя́ния
Statusbyte *n (Inf)* байт *m* состоя́ния
Statusflag *n (Inf)* флаг *m* состоя́ния
Statusregister *n (Inf)* регúстр *m* состоя́ния
Statuswert *m (Inf)* парáметр *m* состоя́ния
Stau *m* 1. *(Hydrol)* подпóр *m*; 2. *(Kfz)* трáнспортная прóбка *f*
Stau... напóрный
Stauanlage *f (Hydt)* подпóрное сооружéние *n*
Staub *m* пыль *f*; *(Text)* сор *m*
~/**interstellarer** *(Astr)* межзвёздная пыль *f*
~/**kosmischer** *(Astr)* космúческий пыль *f*
~/**radioaktiver** радиоактúвная пыль *f*
Staubabscheider *m* пылеуловúтель *m*, пылеотделúтель *m*, пылеосадúтель *m*
Staubabscheidung *f* пылеотделéние *n*, пылеулáвливание *n*; пылеосаждéние *n*; обеспы́ливание *n*
Staubbekämpfung *f* борьбá *f* с запылéнием [пы́лью]
Staubbildung *f* пылеобразовáние *n*
staubdicht пыленепроницáемый
Staubecken *n (Hydt)* напóрный бассéйн *m*, водохранúлище *n*; водоём *m*
Stäubegerät *n (Lw)* опы́ливатель *m*
Staubemission *f (Ökol)* вы́брос *m* пы́ли
stauben пылúть
Stauben *n* пылéние *n*
Staubentwicklung *f* пылеобразовáние *n*
Staubexplosion *f* взрыв *m* пы́ли
Staubfänger *m s.* Staubabscheider
staubfein пылевúдный
staubförmig пылевúдный
Staubgehalt *m* запылённость *f*
staubgeschützt пылезащищённый
Staubkalk *m* úзвесть-пушóнка *f*
Staubkammer *f (Met)* пылеотделúтельная [пылеуловúтельная] кáмера *f*
Staubnebel *m (Astr)* пылевáя тумáнность *f*
Staubsauger *m* (электро)пылесóс *m*
Staubschutz *m* пылезащúта *f*
Staubsichter *m* сепарáтор *m* пы́ли
Staubtasche *f (Met)* пылеотделúтельная [пылеуловúтельная] кáмера *f*
staubundurchlässig пыленепроницáемый
Staubwolke *f* пылевáя тумáнность *f*
stauchen *(Schm)* обжимáть; высáживать; осáживать; расплю́щивать, плю́щить *(Sägeblätter)*
Stauchen *n (Schm)* обжáтие *n*, обжúм *m*; осáдка *f*; вы́садка *f*; расплю́щивание *n*, плющéние *n (von Sägeblättern)*
Stauchgesenk *n (Masch)* обжимнóй штамп *m*
Stauchhammer *m (Wkz)* гладúлка *f*

Stauchkaliber *n (Wlz)* осáживающий калибр *m*
Stauchpresse *f* высáдочный [обжимнóй] пресс *m*
stauchschmieden *(Schm)* высáживать
Stauchschmieden *n (Schm)* обжáтие *n*
Stauchstempel *m (Umf)* вы́садочный ползýн *m*
Stauchung *f s.* Stauchen
Stauchversuch *m (Wkst)* испытáние *n* на осáдку
Stauchwalze *f (Wlz)* э́джер *m*
Stauchwalzengerüst *n (Wlz)* э́джер *m*
Staudamm *m (Hydt)* плоти́на *f*
Staudammabdichtung *f (Hydt)* экрáн *m* плоти́ны
Staudruck *m* 1. *(Aero, Flg)* скоростнóй напóр *m*; 2. *s.* Stauhöhe
Staudrucklog *n (Schiff)* гидродинами́ческий лаг *m*
stauen 1. запрýживать; 2. *(Schiff)* склади́ровать
Stauen *n (Schiff)* склади́рование *n*
Stauhaltung *f (Hydrol)* подпёртый бьеф *m*
Stauhöhe *f (Hydrol)* подпóр *m*
Staumauer *f (Hydt)* плоти́на *f*
Staurohr *n* напóрная трубá *f*
Stausee *m (Hydt)* водохрани́лище *n*
Staustelle *f (Hydt)* створ *m* плоти́ны
Staustrahltriebwerk *n* прямотóчный воздýшно-реакти́вный дви́гатель *m*, ПВРД *m*
Staustufe *f (Hydt)* подпóрное сооружéние *n*
Stauturbine *f* турби́на *f* постоя́нного давлéния
Stauwasser *n* подпёртый бьеф *m*
Stauwerk *n (Hydt)* подпóрное сооружéние *n*
Stearin *n (Ch)* стеари́н *m*
Steatit *m (Min)* стеати́т *m*
Stechbeitel *m (Wkz)* долотó *n*; стамéска *f (Holzbearbeitung)*
Stechzirkel *m* измери́тельный ци́ркуль *m*
Steck *m (Schiff)* штык *m*
Steck... вставнóй
Steckachse *f (Kfz)* полуóсь *f*
Steckbuchse *f (El)* гнездó *n*
Steckdose *f (El)* (штéпсельная) розéтка *f*
Steckeinheit *f (Eln)* типовóй элемéнт *m* замéны; вставнóй блок *m*
stecken *(Lw, Forst)* сажáть
Stecker *m (El)* (штéпсельная) ви́лка *f*; штéкер *m*; фи́шка *f*
Stecker... *(El)* штéкерный
Steckerverbindung *f s.* Steckverbindung
Steckfilter *n (Hydt)* забивнóй фильтр *m*
Steckkarte *f (Inf)* смéнная плáта *f*
Steckling *m (Forst, Lw)* сáженец *m*
Steckplatine *f (Inf)* смéнная плáта *f*
Steckschlüssel *m (Wkz)* торцóвый (гáечный) ключ *m*
Steckverbindung *f (El)* штéпсельное соединéние *n*, разъём *m*
Steelometer *n (Met)* стилóметр *m (Schnellanalysegerät)*
Steg *m* 1. *(Bw)* мóстик *m*; 2. перемы́чка *f*, перегорóдка *f*; 3. распóрка *f (Kettenglied)*; *(Eb)* шéйка *f (eines Gleises)*, шéйка *f* рéльса; 4. *(Wkz)* перó *n*, зуб *m (z. B. eines Bohrers)*; 5. стéнка *f (eines Stahlträgers)*
stehen/im Eingriff *(Masch)* зацепля́ться, находи́ться в зацеплéние *(Zahnräder)*
Stehfalz *m (Fert)* стоя́чий фальц *m*
Stehfeld *n (Ph)* стационáрное пóле *n*
Stehleuchte *f* торшéр *m*
Stehwelle *f (Ph)* стоя́чая волнá *f*
steif жёсткий
steifbewehrt жёстко арми́рованный *(Stahlbeton)*
Steifheit *f (Fest)* жёсткость *f*
Steifigkeit *f (Fest)* жёсткость *f*
~/bleibende постоя́нная жёсткость *f*
Steifigkeitskoeffizient *m (Mech)* коэффициéнт *m* жёсткости
Steig... *(Gieß)* сифóнный
Steigeisen *n* монтёрские кóгти *pl*
steigen *(Flg)* набирáть высотý
steigend восходя́щий
Steiger *m (Gieß)* при́быль *f*; вы́пор *m*
steigern увели́чивать
Steigern *n* нарастáние *n*
Steigerung *f* повышéние *n*, нарастáние *n*; увеличéние *n*; усилéние *n*
Steigfähigkeit *f* 1. *(Flg)* скороподъёмность *f*; 2. *(Kfz)* предéльный ýгол *m* подъёма
Steigflug *m (Flg)* набóр *m* высоты

Steiggeschwindigkeit *f (Flg)* скороподъёмность *f*
Steighöhe *f (Flg)* высота́ *f* подъёма
Steigleistung *f (Flg)* скороподъёмность *f*
Steigleitung *f* 1. *(El)* стоя́к *m*; 2. *s.* Steigrohr
Steigrohr *n* подъёмная [нагнета́тельная] труба́ *f*; стоя́к *m*
Steigstromvergaser *m (Kfz)* карбюра́тор *m* с восходя́щим пото́ком
Steigung *f* 1. подъём *m*; накло́н *m*; укло́н *m (z. B. einer Straße)*; 2. шаг за ша́гом *(eines Gewindes, Schiffspropellers, einer Luftschraube)*
Steigungsprüfer *m (Masch)* шагоме́р *m (für Gewinde)*
Steigungsprüfgerät *n (Masch)* шагоме́р *m (für Gewinde)*
steil круто́й
Steilflanke *f (El)* круто́й фронт *m (eines Impulses)*
Steilhang *m (Geol)* обры́в *m*
Steilheit *f* 1. *(El)* крутизна́ *f (z. B. einer Kennlinie)*; 2. *(Photo)* градие́нт *m (Schwärzungskurve)*
Steilufer *n (Geol)* круто́й бе́рег *m*
Stein *m* 1. ка́мень *m*; кирпи́ч *m*; 2. *(Met)* штейн *m*
~/behauener *(Bw)* тёсаный ка́мень *m*
~/feuerfester *(Bwm Met)* огнеупо́рный кирпи́ч *m*
Steinbrecher *m* камнедроби́лка *f*
Steinbruch *m* камено́мня *f*
Steindamm *m (Hydt)* ка́менная плоти́на *f*
Steinfänger *m (Lw)* камнеулови́тель *m*
Steingut *n (Ker)* фая́нс *m*
Steingut... фая́нсовый
Steingutrohr *n* керами́ческая труба́ *f*
Steinkasten *m (Hydt)* ряж *m*
Steinkohle *f* ка́менный у́голь *m*
Steinkohlen... каменноу́гольный
Steinkohlenbrikett *n* каменноу́гольный брике́т *m*
Steinkohlenkoks *m* каменноу́гольный кокс *m*
Steinkohlenlagerstätte *f* каменноу́гольное месторожде́ние *n*
Steinkohlentagebau *m* у́гольный карье́р *m*
Steinkohlenteer *m* каменноу́гольный дёготь *m*
Steinmeteorit *m* ка́менный метеори́т *m*
Steinsalz *n (Min)* ка́менная соль *f*
Steinschlag *m (Geol)* щё́бень *m*
Steinschüttungsstaudamm *m (Hydt)* набро́сная плоти́на *f*
Steintrenneinrichtung *f (Lw)* камнеотдели́тель *m*
Steintrenner *m (Lw)* камнеотдели́тель *m*
Stek *m (Schiff)* у́зел *m*
Stellantrieb *m (Reg)* сервопри́вод *m*
stellar звёздный
Stellar... звёздный
Stellarastronomie *f* звёздная астроно́мия *f*
Stellarator *m (Kern)* стелляра́тор *m (Fusionsreaktor)*
Stellardynamik *f* звёздная дина́мика *f*
Stellarstatistik *f* звёздная стати́стика *f*
Stellbefehl *m (Reg)* кома́нда *f* исполне́ния
Stelle *f* 1. ме́сто *n*; пункт *m*; 2. то́чка *f*; 3. *(Inf)* разря́д *m*
Stelleinrichtung *f (Reg)* исполни́тельное устро́йство *n*, исполни́тельный механи́зм *m*
stellen устана́вливать *(Messgerät)*
Stellenbereich *m (Inf)* разря́дная се́тка *f*
Stellenwertsystem *n* позицио́нная систе́ма *f* счисле́ния
Stellenzahl *f (Inf)* разря́дность *f*
Stellglied *n (Reg)* исполни́тельный о́рган [элеме́нт] *m*
Stellgröße *f (Reg)* регули́рующее [управля́ющее] возде́йствие *n*
Stellmechanismus *m (Reg)* исполни́тельный механи́зм *m*
Stellmotor *m (Reg)* исполни́тельный дви́гатель *m*, сервомото́р *m*
Stellmutter *f* регулиро́вочная [устано́вочная] га́йка *f*
Stellorgan *n (Reg)* исполни́тельный о́рган *m*
Stellrelais *n* исполни́тельное реле́ *n*
Stellring *m* устано́вочное кольцо́ *n*
Stellschraube *f* регули́рующий [устано́вочный] винт *m*
Stellstab *m (Kern)* управля́ющий сте́ржень *m (zur Leistungsregelung eines Kernreaktors)*

Stellung *f* 1. положéние *n*; позúция *f*; 2. *(Ch)* местоположéние *n*
~/vorgesehene зáданное положéние *n*
Stellungs... позициóнный
Stellungsisomerie *f (Ch)* изомерúя *f* положéния
Stellungsregler *m (Reg)* позиционéр *m*
Stellwerk *n (Eb)* централизáция *f*
Stellwerksanlage *f (Eb)* централизáция *f*
Stellzylinder *m (Reg)* рабóчий цилúндр *m*, сервоцилúндр *m*
stemmen чекáнить
Stemmhammer *m* чекáночный молотóк *m*
Stemmmaschine *f* долбёжный станóк *m (für Holz)*
Stempel *m* 1. *(Bgb, Bw)* стóйка *f*; 2. *(Umf)* ползýн *m (einer Presse)*; 3. клеймó *n (Gütekontrolle)*
stempeln клеймúть
Stempelung *f* клеймéние *n*
Steppe *f* степь *f*
steppen *(Text)* стегáть
Steppenbildung *f (Ökol)* остепнéние *n*
Steradiant *m* стерадиáн *m*, ср *(Maßeinheit für den Raumwinkel)*
Stereo... стерео..., прострáнственный
stereoakustisch стереоакустúческий
Stereoanlage *f (Rf)* стереокóмплекс *m*; стереосистéма *f*
Stereoaufnahme *f* 1. стереосъёмка *f*, стереофотогрáфия *f*, стереоскопúческая фотосъёмка *f*; 2. стереофонúческая зáпись *f*
Stereoaufzeichnung *f* стереофонúческая зáпись *f*
Stereobild *n* стереоскопúческое изображéние *n*, стереоизображéние *n*; *(Photo)* стереопáра *f*; *(Kine)* стереокáдр *m*
Stereochemie *f* стереохúмия *f*
stereochemisch стереохимúческий
Stereoeffekt *m* стереоэффéкт *m*
Stereoentfernungsmesser *m* стереоскопúческий дальномéр *m*
Stereofarbfernsehen *n* стереоцветнóе телевúдение *n*
Stereofernsehen *n* стереотелевúдение *n*
Stereoformel *f (Ch)* стереофóрмула *f*
stereographisch стереографúческий
Stereoisomer *n (Ch)* прострáнственный изомéр *m*
Stereoisomerie *f (Ch)* прострáнственная изомерúя *f*, стереоизомерúя *f*
Stereokamera *f* стереоскопúческий фотоаппарáт *m*, стереофотоаппарáт *m*
Stereo(mess)kammer *f (Photo)* (фотограмметрúческая) стереокáмера *f*
Stereometer *n (Opt)* стереóметр *m*
Stereometrie *f (Math)* стереомéтрия *f*
stereometrisch *(Math)* стереометрúческий
stereophon стереофонúческий
Stereophonie *f* стереофонúя *f*
4-Kanal-Stereophonie *f* четырехканáльная стереофонúя *f*
stereophonisch стереофонúческий
Stereophotogrammetrie *f* стереофотограммéтрия *f*
Stereophotographie *f s.* Stereoaufnahme 1.
Stereoprojektor *m* стереопроéктор *m*
Stereoröntgenographie *f* стереорентгеногрáфия *f*
Stereoskop *n (Opt)* стереоскóп *m*
Stereoskopie *f* стереоскопúя *f*
stereoskopisch стереоскопúческий
Stereotonabnehmer *m* стереоголóвка *f*
steril стерúльный
Sterilisation *f* стерилизáция *f*
Sterilisator *m* стерилизáтор *m*
sterilisiert стерилизóванный
Sterilisierung *f* стерилизáция *f*
Sterilität *f* стерúльность *f*
Stern *m* 1. *(Astr)* звездá *f*; 2. *(Math)* звёздочка *f (Symbol)*
~/junger *(Astr)* молодáя звездá *f*
~/massereicher *(Astr)* массúвная звездá *f*, звездá *f* большóй мáссы
Stern... звёздный
Sternanordnung *f* звездообрáзное расположéние *n*
Sternassoziation *f (Astr)* звёздная ассоциáция *f*
Sternatmosphäre *f (Geoph)* атмосфéра *f* звёзд
Sternbeben *n (Astr)* звездотрясéние *n*
Sternbild *n (Astr)* созвéздие *n*
Sternbildung *f (Astr)* звездообразовáние *n*

Sternchen *n (Math)* звёздочка *f (Symbol)*
Sternen... звёздный
Sternentwicklung *f (Astr)* звёздная эволю́ция *f*
Sternenweite *f s.* Astron
Sternenwind *m (Astr)* звёздный ве́тер *m*
Sternexplosion *f (Astr)* звёздный взрыв *m*
Sternferne *f s.* Apastron
sternförmig звездообра́зный
Sterngröße *f s.* Sternhelligkeit
Sternhaufen *m (Astr)* звёздное скопле́ние *n*
Sternhelligkeit *f (Astr)* блеск *m* (звезды́); звёздная величина́ *f*
Sterninterferometer *n (Astr)* звёздный интерферо́метр *m*
Sternkarte *f (Astr)* звёздная ка́рта *f*
Sternkatalog *m* звёздный катало́г *m*
Sternkurve *f (Math)* астро́ида *f*
Sternmotor *m* звездообра́зный двигатель *m*
Sternnavigation *f* астронавига́ция *f*
Sternnavigations... астронавигацио́нный
Sternpeilung *f* астропеленга́ция *f*
Sternphotographie *f* астрофотогра́фия *f*
Sternradpumpe *f* вихрево́й насо́с *m*
Sternschaltung *f (El)* соедине́ние *n* звездо́й
Sternspektrograph *m* астроспектро́граф *m*
Sternspektrum *n (Astr)* звёздный спектр *m*
Sterntag *m* звёздные су́тки *pl*
Sternweite *f s.* Astron
Sternwind *m (Astr)* звёздный ве́тер *m*
Sternzeichen *n (Inf)* звёздочка *f*
Sternzeit *f (Astr)* звёздное вре́мя *n*
Stethoskop *n (Med)* стетоско́п *m*
stetig непреры́вный; постоя́нный
Stetigförderer *m* конве́йер *m*
Stetigförderung *f* пото́чный тра́нспорт *m*
Stetigkeit *f* непреры́вность *f*; постоя́нность *f*
Steueralgorithmus *m (Reg)* алгори́тм *m* управле́ния
steuerbar управля́емый
Steuerbarkeit *f* управля́емость *f*
Steuerbaustein *m (Reg)* устро́йство *n* управле́ния
Steuerbefehl *m (Inf)* кома́нда *f* управле́ния
Steuerbit *n (Inf)* управля́ющий бит *m*
Steuerblock *m (Inf)* блок *m* управле́ния
Steuerbord *m (Schiff)* пра́вый борт *m*
Steuerbus *m (Inf)* ши́на *f* управле́ния
Steuerbyte *n (Inf)* управля́ющий байт *m*
Steuerdiode *f* регулиро́вочный дио́д *m*
Steuereigenschaften *fpl (Flg, Schiff)* управля́емость *f*
Steuereinheit *f (Inf)* блок *m* управле́ния; *(Reg)* контро́ллер *m*
~/**frei programmierbare** *(Reg)* программи́руемый контро́ллер *m*
~/**speicherprogrammierbare** *(Reg)* программи́руемый контро́ллер *m*
Steuereinrichtung *f (Reg)* устро́йство *n* управле́ния
Steuerelektrode *f* управля́ющий электро́д *m*
Steuerfähigkeit *f (Flg, Schiff)* управля́емость *f*
Steuerfahne *f* хвост *m (eines Windmotors)*
Steuergenerator *m (Rf)* задаю́щий генера́тор *m*
Steuergerät *n s.* Steuereinheit
Steuergitter *n (Eln)* управля́ющая се́тка *f*
Steuergröße *f (Reg)* управля́емая величина́ *f*
Steuerimpuls *m (Reg)* управля́ющий и́мпульс *m*
Steuer-IS *m (Eln)* управля́ющая интегра́льная схе́ма *f*
Steuerkette *f (Reg)* цепь *f* управле́ния
Steuerknopf *m* кно́пка *f* управле́ния
Steuerkreis *m (Reg)* цепь *f* управле́ния
Steuerkurve *f s.* Steuernocken
Steuerlochkarte *f* управля́ющая перфока́рта *f*
Steuerlochstreifen *m* управля́ющая перфоле́нта *f*
Steuermechanismus *m* распредели́тельный механи́зм *m*
Steuermenü *n (Inf)* управля́ющее меню́ *n*
steuern управля́ть
Steuern *n* управле́ние *n*

Steuernocken *m (Masch)* распредели́тельный кулачо́к *m*
Steuerprogramm *n* управля́ющая програ́мма *f*
Steuerprozessor *m* управля́ющий проце́ссор *m*
Steuerpult *n (Reg)* пульт *m* управле́ния
Steuerrad *n (Schiff)* штурва́л *m*
Steuerrechner *m* управля́ющая электро́нная вычисли́тельная маши́на *f*, управля́ющая ЭВМ *f*
Steuerreep *n (Schiff)* штуртро́с *m*
Steuerregister *n (Inf)* управля́ющий реги́стр *m*
Steuerrelais *n (Reg)* управля́ющее реле́ *n*
Steuersäule *f (Schiff)* рулева́я коло́нка *f*
Steuerschalter *m (Reg)* командоконтро́ллер *m*, ключ *m* управле́ния; *(Eb)* контро́ллер *m*
Steuerschaltkreis *m (Reg)* управля́ющая интегра́льная схе́ма *f*
Steuerschaltung *f (Reg)* схе́ма *f* управле́ния
Steuerspeicher *m (Inf)* управля́ющая па́мять *f*
Steuerstab *m (Kern)* управля́ющий сте́ржень *m (zur Leistungsregelung eines Kernreaktors)*
Steuerstand *m s.* Steuersäule
Steuerstange *f (Masch)* тя́га *f* ре́верса
Steuerstrom *m (El)* управля́ющий ток *m*
Steuerstromkreis *m (Reg)* цепь *f* управле́ния
Steuersystem *n* систе́ма *f* управле́ния
Steuerung *f* 1. управле́ние *n*; 2. *(Masch)* распределе́ние *n*; парораспределе́ние *n (einer Dampfturbine)*; 3. *(Rak, Flg)* наведе́ние *n*
~/**adaptive** *f* адапти́вное управле́ние *n*
~/**automatische** автомати́ческое управле́ние *n*
~/**autonome** автоно́мное управле́ние *n*
~/**digitale** цифрово́е управле́ние *n*
~/**direkt wirkende** прямо́е управле́ние *n*
~/**direkte** прямо́е управле́ние *n*
~/**direkte numerische** прямо́е числово́е управле́ние *n*
~/**diskrete** дискре́тное управле́ние *n*
~/**duale** дуа́льное управле́ние *n*
~/**exklusive** монопо́льное управле́ние *n*
~/**hydraulische** гидравли́ческое управле́ние *n*, гидроуправле́ние *n*
~/**kontinuierliche** непреры́вное управле́ние *n*
~/**manuelle** ручно́е управле́ние *n*
~/**numerische** числово́е програ́ммное управле́ние *n*, ЧПУ *n*
~/**optimale** оптима́льное управле́ние *n*
~/**pneumatische** пневмоуправле́ние *n*
~/**selbst anpassende** *f* адапти́вное управле́ние *n*
~/**stetige** непреры́вное управле́ние *n*
Steuerungs- und Regelungstechnik *f* те́хника *f* автомати́ческого управле́ния *n* и регули́рования
Steuerungsalgorithmus *m (Reg)* алгори́тм *m* управле́ния
Steuerungsautomatik *f* автома́тика *f* управле́ния
Steuerungsebene *f* у́ровень *m* управле́ния
Steuerungseinwirkung *f (Reg)* управля́ющее возде́йствие *n*
Steuerungsprozess *m* проце́сс *m* управле́ния
Steuerungssystem *n* систе́ма *f* управле́ния
~/**digitales** цифрова́я систе́ма *f* управле́ния
~/**numerisches** числова́я систе́ма *f* управле́ния
Steuerungswirkung *f (Reg)* управля́ющее возде́йствие *n*
Steuerventil *n* распредели́тельный кла́пан *m*; газораспредели́тельный кла́пан *m (eines Verbrennungsmotors)*
Steuerwalze *f (El, Eb)* бараба́нный контро́ллер *m*
Steuerwarte *f* пост *m* управле́ния
Steuerwelle *f (Kfz)* распредели́тельный вал *m (eines Verbrennungsmotors)*
Steuerwerk *n (Reg)* устро́йство *n* управле́ния
Steuerwort *n (Inf)* управля́ющее сло́во *n*
Steuerwörterbuch *n (Inf)* управля́ющий слова́рь *m*
Steuerzeichen *n (Inf)* управля́ющий знак [си́мвол] *m*
Steuerzentrale *f* пост *m* управле́ния
Steven *m (Schiff)* ште́вень *m*

Stich *m* 1. *(Wlz)* про́пуск *m*, прохо́д *m*; 2. *(Met)* спуск *m*; лётка *f* *(des Schmelzofens)*; 3. *(Text)* стежо́к *m*; 4. *(Typ)* гравю́ра *f*; 5. *(Schiff)* у́зел *m*
Stichel *m* *(Wkz)* шти́хель *m*
Stichleitung *f* *(Bw, El)* шлейф *m*
Stichloch *n* *s.* Stich 2.
Stichmaß *n* *(Mess)* шти́хмас *m*
Stichprobe *f* вы́борка *f*
Stichprobenkontrolle *f* *s.* Stichprobenprüfung
Stichprobenprüfung *f* вы́борочное испыта́ние *n*, вы́борочный контро́ль *m*
Stichrinne *f* *(Met)* выпускно́й жёлоб *m*
Stichseite *f* *(Met)* сторона́ *f* выпуска *(des Ofens)*
Sticken *n* *(Text)* вышива́ние *n*
Stickerei *f* выши́вка *f* *(Erzeugnis)*
Stickstoff *m* *(Ch)* азо́т *m*, N
Stickstoff... *(Ch)* азо́тистый; *(Ch)* азо́тный
Stickstoffbindung *f* *(Lw)* азотфикса́ция *f*
Stickstoffdünger *m* азо́тное удобре́ние *n*
Stickstofffixierung *f* *(Lw)* азотфикса́ция *f*
stickstoffhaltig *(Ch)* азо́тистый; азотсодержа́щий
Stift *m* 1. штифт *m*, шпи́лька *f*, 2. штырь *m*; 3. *(Masch)* па́лец *m*; 4. гвоздь *m*
Stiftschraube *f* *(Masch)* шпи́лька *f*
Stilb *n* стильб *m*, сб *(SI-fremde Einheit der Leuchtdichte)*
Stille *f* 1. *(Ak)* тишина́ *f*; 2. *(Meteo)* зати́шье *n*
Stillsetzen *n* *s.* Stellsetzung
Stillsetzung *f* остано́вка *f*, остано́в *m*
Stillstand *m* остано́вка *f*; просто́й *m*
Stillstandszeit *f* вре́мя *n* просто́я, нерабо́чее вре́мя *n*
Stimmgabel *f* *(Ak)* камерто́н
Stimulans *n* *(Ch)* 1. возбуди́тель *m*, возбужда́ющее сре́дство *n*; 2. стимуля́тор *m*
Stirn *f* лоб *m*; торе́ц *m*
Stirn... торцо́вый
Stirndrehen *n* *(Fert)* торцо́вка *f*, торцева́ние *n*
Stirnfläche *f* торцева́я [торцо́вая, лобова́я], пове́рхность *f*, торе́ц *m*
Stirnfräser *m* торцо́вая [торцева́я, лобова́я] фреза́ *f*
Stirnnaht *f* *(Schw)* лобово́й шов *m*; торцево́й шов *m*
Stirnrad *n* *(Masch)* цилиндри́ческая шестерня́ *f*, цилиндри́ческое (зубча́тое) колесо́ *n*
Stirnseite *f* торе́ц *m*; лобова́я сторона́ *f*; торцо́вый фаса́д *m*
stirnseitig торцо́вый
Stirnstoß *m* *(Schw)* торцо́вое соедине́ние *n*
Stirnwand *f* торе́ц *m*
Stirnwiderstand *m* *(Mech, Aero)* лобово́е сопротивле́ние *n*
Stirnzapfen *m* *(Masch)* шип *m* *(einer Welle)*
stochastisch случа́йный; стохасти́ческий
Stochastizität *f* случа́йность *f*
Stöchiometrie *f* *(Ch)* стехиоме́трия *f*
stöchiometrisch *(Ch)* стехиометри́ческий
Stock *m* 1. *(Bw)* эта́ж *m*; 2. *(Masch)* шток *m*; 3. *(Geol)* шток *m*
Stockanker *m* *(Schiff)* штоково́й я́корь *m*
Stockpunkt *m* *(Ch)* температу́ра *f* застыва́ния *(von Ölen)*
Stockpunkterniedriger *m* *(Ch)* депре́ссорная приса́дка *f*, депресса́тор *m* *(von Öl)*
Stockung *f* зато́р *m*, про́бка *f* *(Verkehr)*
Stockwerk *n* *(Bw)* эта́ж *m*
Stoff *m* 1. вещество́ *n*; 2. материа́л *m*; 3. *(Pap)* ма́сса *f*
~/**anorganischer** неоргани́ческое вещество́ *n*
~/**antiferromagnetischer** *(Ph)* антиферромагне́тик *m*
~/**diamagnetischer** *(Ph)* диамагне́тик *m*
~/**ferromagnetischer** *(Ph)* ферромагне́тик *m*
~/**grenzflächenaktiver [oberflächenaktiver]** *(Ch)* пове́рхностно-акти́вное вещество́ *n*, ПАВ *n*
~/**organischer** органи́ческое вещество́ *n*
~/**paraelektrischer** *(Ph)* параэле́ктрик *m*
~/**paramagnetischer** *(El)* парамагне́тик *m*, парамагни́тный материа́л *m*
~/**radioaktiver** радиоакти́вное вещество́ *n*

~/**reagierender** *(Ch)* реаге́нт *m*, реакти́в *m*
~/**schallabsorbierender [schallschluckender]** звукопоглоти́тель *m*
Stoffaufschläger *m (Pap)* рафинёр *m*
Stoffausgleich *m (Ch)* материа́льный бала́нс *m*
Stoffaustausch *m (Ph, Ch)* массообме́н *m*
Stoffbilanz *f (Ch)* материа́льный бала́нс *m*
Stoffbütte *f (Pap)* ма́ссный бассе́йн *m*
Stoffmengenkonzentration *f (Ch)* моля́рная концентра́ция *f*
Stoffmühle *f (Pap)* ме́льница *f*
Stoffreiniger *m (Pap)* очисти́тель *m*
Stofftransport *m (Ph, Ch)* массообме́н *m*
Stokes *n* стокс *m*, Ст *(SI-fremde Einheit der Viskosität)*
Stollen *m* 1. *(Bgb)* што́льня *f*; 2. *(Hydt)* тунне́ль *m*, то́ннель *m*; 3. грунтозаце́п *m (des Reifens)*; 4. *(Wkz)* перо́ *n*
~/**druckloser** *(Hydt)* безнапо́рный тунне́ль *m*
~/**tonnlägiger** *(Bgb)* накло́нная што́льня *f*
Stopfbuchse *f (Masch)* са́льник *m*
Stopfen *m* 1. про́бка *f*; 2. *(Wlz)* про́бка *f (Rohrwalzen)*; 3. *(Gieß)* про́бка *f*, сто́пор *m (der Gießpfanne)*; 4. *(Eb)* подби́вка *f (Schwellen)*
Stopfenausguss *m (Gieß)* стака́н *m (der Stopfenpfanne)*
Stopfenöffnung *f (Gieß)* выпускно́е отве́рстие *n (Stopfenpfanne)*
Stopfenstange *f (Gieß)* сто́пор *m (der Gießpfanne)*
Stopp *m* остано́в *m*
~/**automatischer** автомати́ческий остано́в *m*
Stoppanweisung *f (Inf)* инстру́кция *f* остано́ва
Stoppbefehl *m (Inf)* кома́нда *f* остано́ва
Stoppen *n* остано́в *m*
stoppen сто́порить
Stopper *m (Masch)* сто́пор *m*
Stoppuhr *f* секундоме́р *m*
Stöpsel *m* про́бка *f*
Stöpselverbindung *f (Nrt)* ште́псельное соедине́ние *n*
Stör... авари́йный
störanfällig 1. чувстви́тельный к поме́хам; 2. ненадёжный
Störanfälligkeit *f* 1. восприи́мчивость *f* к поме́хам; 2. ненадёжность *f*; 3. поврежда́емость *f*
Store *m (Schiff)* кладова́я *f*
Störeinwirkung *f (Reg)* возмуща́ющее возде́йствие *n*
störempfindlich чувстви́тельный к поме́хам
Störempfindlichkeit *f* чувстви́тельность *f* к поме́хам
stören меша́ть
Storeraum *m (Schiff)* кладова́я *f*
Störfall *m (Kern)* ава́рия *f*
Störfeld *n (El)* возмуща́ющее по́ле *n*
störfest помехоусто́йчивый
Störfestigkeit *f* помехоусто́йчивость *f*
störfrei бесперебо́йный
Störfrequenz *f (El)* меша́ющая частота́ *f*
Störgröße *f (Reg)* возмуща́ющая величина́ *f*; возмуща́ющее возде́йствие *n*
Störimpuls *m (El)* меша́ющий и́мпульс *m*
Störmodulation *f (El)* парази́тная модуля́ция *f*
Störniveau *n s.* Störstellenniveau *n*
Störpegel *m (Nrt)* у́ровень *m* поме́х
Störquelle *f* исто́чник *m* поме́х
Störresonanz *f (El)* парази́тный резона́нс *m*
Störschutz *m* защи́та *f* от поме́х
Störschutzkondensator *m (Kfz)* помехоподавля́ющий конденса́тор *m*
Störsender *m (Rf)* переда́тчик *m* поме́х
störsicher помехозащищённый
Störsicherheit *f* помехозащищённость *f*
Störsignal *n* 1. *(Nrt)* парази́тный [меша́ющий] сигна́л *m*; 2. авари́йный сигна́л *m*; 3. дропи́н *m*
Störstelle *f* 1. *(Halbl)* при́месь *f*; 2. *(Krist)* при́месный центр *m*; 3. *(Krist)* дефе́кт *m* (решётки)
~/**interstitielle** *(Halbl)* при́месь *f* внедре́ния
~/**substitutionelle** *(Halbl)* при́месь *f* замеще́ния
Störstellenatom *n (Halbl)* при́месный а́том *m*

Störstellendiffusion *f (Halbl)* диффу́зия *f* при́месей
Störstellenhalbleiter *m* при́месный полупроводни́к *m*
Störstellenimplantation *f (Halbl)* имплантáция *f* при́месей
Störstellenleitung *f (Halbl)* при́месная проводи́мость *f*; при́месная электропрово́дность *f*
Störstellenniveau *n (Halbl)* при́месный у́ровень *m*
Störstellenterm *m (Halbl)* при́месный у́ровень *m*
Störstellenzentrum *n (Krist)* при́месный центр *m*
Störstrahlung *f* паразúтное излучéние *n*
Störstrom *m (El)* мешáющий ток *m*
Störterm *m s.* Storstellenterm
Störunempfindlichkeit *f* помехозащищённость *f*; помехоусто́йчивость *f*
Störung *f* 1. помéха *f*; 2. нарушéние *n*, неисправность *f*, повреждéние *n*; авáрия *f*; 3. сбой *m*; перебо́й *m*; 4. *(Meteo, Astr, Reg)* возмущéние *n*; 5. *(Geol)* дислокáция *f*; нарушéние *n*; 6. *(Astr)* пертурбáция *f*; 7. дефéкт *m*
~/**atmosphärische** *(Meteo)* атмосфéрное возмущéние *n*, атмосфéрная помéха *f*
~/**äußere** внéшняя помéха *f*
~/**innere** вну́тренняя [со́бственная] помéха *f*
Störungen *fpl*/**atmosphärische** *(Rf)* атмосфéрики *mpl*
Störungs... аварийный
Störungsbeseitigung *f* устранéние *n* повреждéний; *(El)* налáдка *f*
störungsfrei безаварийный; безотказный; бесперебо́йный
Störungsmeldeanlage *f* аварийная сигнализáция *f*, сигнализáтор *m* неисправностей
Störungsmeldung *f* аварийная сигнализáция *f*
störungssicher помехозащищённый
Störungssicherheit *f* помехозащищённость *f*
Störungstheorie *f (Kern)* теóрия *f* возмущéний
Stoß *m* 1. *(Mech)* удáр *m*; толчо́к *m*; соударéние *n*; столкновéние *n*; 2. и́мпульс *m*; вы́брос *m*; 3. *(Eb)* стык *m (der Schiene)*; 4. соединéние *n (beim Schweißen)*; 5. *(Bgb)* забо́й *m*; 6. *(Bgb)* стенá *f*; 7. *(Bgb)* бок *m* (вы́работки); 8. *(Wkz)* обечáйка *f (Behälterfertigung)*; 9. стопá *f*, штáбель *m*
• **auf** ~ *(Bw)* впритык; *(Schw)* встык
~/**elastischer** *(Mech)* упру́гий удáр *m*; упру́гое столкновéние *n*
~/**gerader** *(Mech)* центрáльный [прямо́й] удáр *m*
~/**hydraulischer** *(Hydrom)* гидравли́ческий удáр *m*
~/**schiefer** *(Mech)* косо́й удáр *m*
~/**schräger** *(Schw)* косо́й стык *m*
~/**überlappter** *(Schw)* соединéние *n* внахлёстку
~/**unelastischer** *(Mech)* неупру́гое столкновéние *n*
~/**zentraler** *(Mech)* центрáльный удáр *m*
Stoß... 1. удáрный; 2. *(El)* и́мпульсный; 3. стыково́й; 4. *(Bw)* впритык; 5. *(Bgb)* забо́йный
Stoßanregung *f (Ph)* удáрное возбуждéние *n*
Stoßbeanspruchung *f (Mech)* удáрная нагру́зка *f*
Stoßbelastung *f (Mech)* удáрная нагру́зка *f*
Stoßdämpfer *m (Kfz)* амортизáтор *m*
Stoßeisen *n (Eb)* стыковáя наклáдка *f*
Stößel *m (Masch)* 1. толкáтель *m (des Ventils)*; 2. ползу́н *m*; 3. долбя́к *m*
Stößelschlitten *m (Masch)* ползу́н *m*
stoßen 1. толкáть; ударя́ть; 2. *(Fert)* долби́ть
Stoßen *n (Fert)* долблéние *n*
Stoßerregung *f (El)* удáрное возбуждéние *n*
Stoßfänger *m* 1. *(Kfz)* бу́фер *m*; 2. амортизáтор *m (einer Waage)*
~/**hinterer** *(Kfz)* зáдний бу́фер *m*
~/**vorderer** *(Kfz)* перéдний бу́фер *m*
stoßfest ударопро́чный, ударосто́йкий
stoßfrei 1. безудáрный; 2. бесстыково́й *(Schiene)*
Stoßfuge *f* стык *m*; стыково́й шов *m*; *(El)* разъём *m*
Stoßgalvanometer *n (El)* баллисти́ческий гальвано́метр *m*
Stoßgenerator *m (El)* удáрный генерáтор *m*
Stoßimpuls *m (Mech)* удáрный и́мпульс *m*

Stoßionisation *f (Kern)* уда́рная иониза́ция *f*
Stoßkraft *f (Mech)* мгнове́нная си́ла *f*
Stoßlasche *f (Eb)* стыкова́я накла́дка *f*
Stoßlücke *f (Eb)* стык *m (der Schiene)*
Stoßmaschine *f* долбёжный стано́к *m (für Metall)*
Stoßmeißel *m* долбёжный резе́ц *m*
Stoßrad *n (Wkz)* долбя́к *m (einer Verzahnungsstoßmaschine)*
Stoßräumnadel *f (Wkz)* проши́вка *f*
Stoßräumpresse *f (Masch)* прошивно́й пресс *m*
Stoßräumwerkzeug *n (Wkz)* проши́вка *f*
Stoßstange *f s.* Stoßfänger 1.
Stoßstelle *f* стык *m*
Stoßvorrichtung *f* толка́тель *m*
Stoßwelle *f (Mech)* уда́рная волна *f*
straff туго́й
Strahl *m* 1. луч *m*; 2. струя́ *f*; 3. *(Kern)* пучо́к *m*
~/einfallender па́дающий луч *m*
Strahl... *(Flg)* реакти́вный
Strahlablenker *m* дефле́ктор *m (Wasserturbine)*
Strahlabweiser *m* дефле́ктор *m (Wasserturbine)*
Strahlauslenkung *f (Kern)* эже́кция *f*
Strahldichte *f (Ph)* лучи́стость *f*
strahlen излуча́ть
Strahlen *n* 1. *s.* Strahlung *f*; 2. *(Fert)* стру́йная обработка *f*
Strahlen *mpl* лучи́ *mpl*
Strahlen... лучево́й
Strahlenabsorption *f (Ph)* лучепоглоще́ние *n*
Strahlenbehandlung *f* радиацио́нная обрабо́тка *f*
Strahlenbiologie *f* радиобиоло́гия *f*
strahlenbrechend *(Opt)* лучепреломля́ющий
Strahlenbrechung *f (Opt)* лучепреломле́ние *n*
~/doppelte двойно́е лучепреломле́ние *n*
Strahlenbrechungsvermögen *n (Opt)* лучепреломля́емость *f*
Strahlenbündel *n (Opt)* пучо́к *m* луче́й
~/monochromatisches монохромати́ческий пучо́к *m*
Strahlenbüschel *n (Math)* пучо́к *m* (луче́й)
Strahlenchemie *f* радиацио́нная хи́мия *f*
Strahlendetektor *m (Kern)* дете́ктор *m* излуче́ния
Strahlendichte *f (Ph)* лучи́стость *f*
Strahlendosis *f (Kern)* до́за *f* излуче́ния
~/zulässige допусти́мая до́за *f*
strahlendotiert *(Halbl)* я́дерно-леги́рованный
Strahlenemission *f* лучеиспуска́ние *n*
strahlenfest стойкий к облуче́нию
strahlenförmig радиа́льный
Strahlengeschwindigkeit *f (Opt)* лучева́я ско́рость *f*
Strahlenhärte *f (Kern)* жёсткость *f* излуче́ния
Strahlenkrankheit *f* лучева́я боле́знь *f*
Strahlenkunde *f* радиоло́гия *f*
Strahlenoptik *f s.* Optik/geometrische
Strahlenpyrometer *n* опти́ческий пиро́метр *m* (излуче́ния)
Strahlenquelle *f* исто́чник *m* излуче́ния
Strahlenschaden *m (Krist)* радиацио́нный дефе́кт *m*, радиацио́нное пораже́ние *n*
Strahlenschädigung *f* радиацио́нное пораже́ние *n*
Strahlenschutz *m (Kern)* защи́та *f* от излуче́ния, радиацио́нная *f* защи́та *f*
Strahlenschutzüberwachung *f (Kern)* дозиметри́ческий контро́ль *m*
Strahlenschutzüberwachungsdienst *m* дозиметри́ческая слу́жба *f*
Strahlensicherheit *f (Kern)* радиацио́нная безопа́сность *f*
Strahlenüberwachungsdienst *m* дозиметри́ческая слу́жба *f*
strahlenundurchlässig лученепроница́емый
Strahlenwirkung *f (Kern)* де́йствие *n* излуче́ний
Strahler *m* 1. излуча́тель *m*; 2. облуча́тель *m*, исто́чник *m* излуче́ния; 3. *s.* Antenne
~/gerichteter напра́вленный излуча́тель *m*
~/grauer *(Opt)* се́рое те́ло *n*
~/ungerichteter ненапра́вленный излуча́тель *m*
Strähler *m (Wkz)* гребёнка *f*

Strahlflugzeug *n* реакти́вный самолёт *m*
Strahlgeschwindigkeit *f (Opt)* лучева́я ско́рость *f*
strahlgetrieben *(Flg)* реакти́вный
strahlig 1. радиа́льный; 2. лучи́стый *(Gefüge)*
Strahlkies *m (Min)* марказит *m*
Strahlpumpe *f* стру́йный насо́с *m*; инже́ктор *m*
Strahlputzen *n* стру́йная очи́стка *f*
Strahlrohr *n* 1. ствол *m (der Feuerlöschspritze)*; 2. *(Hydt)* мони́тор *m*
Strahlruder *n (Rak)* га́зовый руль *m*
Strahlsaugpumpe *f* эже́ктор *m*
Strahlströmung *f (Aero)* стру́йное тече́ние *n*
Strahltriebwerk *n* реакти́вный дви́гатель *m*, дви́гатель *m* прямо́й реа́кции
Strahlung *f* 1. излуче́ние *n*, радиа́ция *f*; 2. лучеиспуска́ние *n*
~/**durchdringende [energiereiche]** проника́ющее излуче́ние *n*
~/**erzwungene** вы́нужденное излуче́ние *n*
~/**gerichtete** напра́вленное излуче́ние *n*
~/**harte** жёсткое излуче́ние *n*
~/**hochenergetische** проника́ющее излуче́ние *n*
~/**induzierte** вы́нужденное излуче́ние *n*
~/**ionisierende** ионизи́рующее излуче́ние *n*
~/**kohärente** когере́нтное излуче́ние *n (Laser)*
~/**kosmische** косми́ческое излуче́ние *n*, косми́ческая радиа́ция *f*; косми́ческие лучи́ *mpl*
~/**radioaktive** радиоакти́вное излуче́ние *n*
~/**reflektierte** отражённое излуче́ние *n*
~/**selektive** избира́тельное излуче́ние *n*
~/**sichtbare** ви́димое излуче́ние *n*
~/**spontane** спонта́нное излуче́ние *n*
~/**terrestrische** земно́е излуче́ние *n*
~/**thermische** теплово́е излуче́ние *n*, теплоизлуче́ние *n*
~/**ultraviolette** ультрафиоле́товое излуче́ние *n*
~/**ungerichtete** ненапра́вленное излуче́ние *n*
~/**weiche** мя́гкое излуче́ние *n*
Strahlungs... радиацио́нный; лучеиспуска́тельный; лучи́стый
Strahlungsbeständigkeit *f (Kern)* радиацио́нная сто́йкость *f*
Strahlungsdefekt *m (Krist)* радиацио́нный дефе́кт *m*
Strahlungsdetektor *m (Kern)* дете́ктор *m* излуче́ния
Strahlungsdiagramm *n* диагра́мма *f* излуче́ния
Strahlungsdichte *f (Ph)* пло́тность *f* излуче́ния, лучи́стость *f*
Strahlungsdosis *f (Kern)* до́за *f* излуче́ния
Strahlungsdosis *f*/**höchstzulässige [maximal zulässige]** *(Kern)* преде́льно допусти́мая до́за *f*, ПДД *f*
Strahlungsdruck *m (Ph)* давле́ние *n* излуче́ния
Strahlungseinfang *m (Kern)* радиацио́нный захва́т *m*
Strahlungsempfänger *m* приёмник *m* излуче́ния
Strahlungsenergie *f (El)* эне́ргия *f* излуче́ния
Strahlungsfähigkeit *f* излуча́тельная спосо́бность *f*
Strahlungsfaktor *m (Wmt)* коэффицие́нт *m* излуче́ния
Strahlungsfestigkeit *f (Kern)* радиацио́нная сто́йкость *f*
Strahlungsformel *f (Ph)* зако́н *m* излуче́ния
strahlungsfrei безызлуча́тельный
Strahlungsgefährdung *f* риск *m* лучево́го пораже́ния
Strahlungsgesetz *n (Ph)* зако́н *m* излуче́ния
Strahlungsgleichgewicht *n (Ph, Astr)* лучи́стое равнове́сие *n*
Strahlungsgürtel *m (Astr, Geoph)* радиацио́нный по́яс *m*
Strahlungshärte *f* проница́емость *f (Röntgenstrahlen)*
Strahlungsheizung *f* лучи́стое отопле́ние *n*
Strahlungsintensität *f* 1. *(Kern)* интенси́вность *f* излуче́ния; 2. *(Opt)* си́ла *f* излуче́ния *(LWL-Technik)*

Strahlungskochplatte *f* **/elektrische** излучающая электроплитка *f*
Strahlungskonstante *f* **(/plancksche)** *(Therm)* постоянная *f* излучения
strahlungslos безызлучательный
Strahlungsmenge *f (El)* энергия *f* излучения
Strahlungsmesstechnik *f* дозиметрическая техника *f*
Strahlungsmessung *f (Kern)* дозиметрия *f*; актинометрия *f*; радиометрия *f*
Strahlungspyrometer *n* оптический пирометр *m* (излучения)
Strahlungsquant *n (Kern)* квант *m* излучения
Strahlungsquelle *f (Kern)* источник *m* излучения
Strahlungsrekombination *f (Kern)* излучательная рекомбинация *f*
Strahlungsresistenz *f (Kern)* радиационная стойкость *f*
Strahlungsrisiko *n (Kern)* риск *m* лучевого поражения
Strahlungsschwächer *m (Kern)* аттенюатор *m*
Strahlungssicherheit *f (Kern)* радиационная безопасность *f*
Strahlungsstärke *f* сила *f* света *(radiometrische Größe)*
Strahlungstemperatur *f (Opt, Astr)* температура *f* излучения
Strahlungsverluste *mpl (Kern)* радиационные потери *fpl*, потери *fpl* на излучение
Strahlungsvermögen *n* излучательная способность *f*
Strahlungswirkung *f* действие *n* излучений
Strahlungszahl *f (Wmt)* коэффициент *m* излучения
Strähn *m (Text)* моток *m*
Straightrun-Benzin *n* бензин *m* прямой (пере)гонки
strakend *(Schiff)* лекальный
Strand *m* берег *m (Meer)*
Strang *m* 1. *(Text)* моток *m*; прядь *f*; жгут *m*; 2. ветвь *f*; звено *n (einer Rohrleitung)*; 3. *(El)* фаза *f*; 4. *(Masch)* цепь *f (Getriebe)*
Stranggießen *n s.* Strangguss
Strangguss *m* непрерывная разливка *f*, непрерывное литьё *n*
Strangpresse *f* плунжерный [поршневой] экструдер *m*
strangpressen *(Kst)* экструдировать
Strangpressen *n* 1. горячее прессование *n*; 2. *(Kst)* экструзия *f*
~/direktes прямое прессование *n*
~/hydrostatisches гидроэкструзия *f*
~/indirektes обратное прессование *f*
Strangwalzen *n* бесслитковая прокатка *f*
Strangwalzwerk *n* бесслитковый стан *m (zum Walzen aus dem Schmelzfluss)*
Straße *f* 1. дорога *f*; путь *m*; 2. *(Masch, Wlz)* линия f, стан *m*
~/automatisch arbeitende *(Fert)* автоматическая линия *f*
~/einachsige линейный (прокатный) стан *m*
~/flexible *(Fert)* гибкая линия *f*
~/offene линейный (прокатный) стан *m*
~/unbefestigte грунтовая дорога *f*
Straßen... дорожный
Straßenabschnitt *m* дорожный участок *m*
Straßenbahn *f* трамвай *m*
Straßenbau *m* дорожное строительство *n*
Straßenbauarbeiten *fpl* дорожно-строительные работы *fpl*
Straßenbaubeton *m* дорожный бетон *m*
Straßenbaumaschine *f* дорожно-строительная машина *f*
Straßenbeleuchtung *f* уличное освещение *n*
Straßenbett *n (Text)* полотно *n*
Straßenbrücke *f* автодорожный мост *m*
Straßendecke *f* дорожное покрытие *n*
Straßeneinlauf *m* дождеприёмник *m*
Straßenerprobung *f (Kfz)* дорожное испытание *n*
Straßenfräse *f (Bw)* (дорожная) фреза *f*
Straßengraben *m* кювет *m*
Straßenhobel *m (Bw)* грейдер *m*
Straßenkörper *m* дорожное полотно *n*
Straßenkreuzung *f* пересечение *n* дорог *(Verkehr)*
Straßenlärm *m (Ökol)* шум *m* дорожного движения, уличный шум *m*
Straßennetz *n* дорожная сеть *f*
Straßenrinne *f (Bw)* лоток *m*

Straßenverkehr *m* ýличное движéние *n*
Straßenverkehrsordnung *f* прáвила *npl* дорóжного движéния
Straßenwalze *f (Bw)* дорóжный катóк *m*
Strategie *f (Kyb, Reg)* стратéгия *f*
Stratifizierung *f (Geol)* стратификáция *f*
Stratigraphie *f (Geol)* стратигрáфия *f*
Stratopause *f (Meteo)* стратопáуза *f*
Stratosphäre *f (Geoph)* стратосфéра *f*
Stratosphärenballon *m* стратостáт *m*
Stratosphärenflugzeug *n* стратоплáн *m*
Stratostat *m* стратостáт *m*
Streamer *m* 1. *(Inf)* стрúмер *m*; 2. *(Ph)* стрúмер *m (einer Gasentladung)*
Streb *m (Bgb)* лáва *f*
Strebausbau *m* крепь *f* очистнóго забóя, призабóйная крепь *f*
Strebe *f* 1. *(Bw)* подкóс *m*; раскóс *m*; контрфóрс *m*; укóсина *f*; 2. *(Flg)* стóйка *f*
Strebstempel *m (Bgb)* забóйная стóйка *f*
streckbar растяжúмый; тягýчий; *(Met)* кóвкий
Strecke *f* 1. дистáнция *f*; расстоя́ние *n*; учáсток *m*; отрéзок *m*; 2. *(Bgb)* штрек *m*; 3. *(Math)* отрéзок *m*; 4. *(Reg)* объéкт *m* (управлéния); 5. *(Eb)* лúния *f*; (железнодорóжный) учáсток *m*
~/fallende *(Bgb)* наклóнный штрек *m*
~/söhlige *(Bgb)* горизонтáльный штрек *m*
strecken 1. растя́гивать; 2. *(Umf)* вытя́гивать, расплющивать; разгоня́ть; 3. *(Text)* вытя́гивать
Strecken *n* 1. растя́жка *f*; 2. *(Umf)* вы́тяжка *f*; разгóнка *f*; 3. *(Text)* вы́тяжка *f*
Streckenabschnitt *m (Eb)* учáсток *m* (путú [желéзной дорóги])
Streckenblock *m (Eb)* путевáя блокирóвка *f*
~/automatischer [selbsttätiger] путевáя автоблокирóвка *f*
Streckenblockung *f s.* Streckenblock
Streckenförderung *f (Bgb)* откáтка *f* (по штрéку)
Streckenkarte *f (Flg)* маршрýтная кáрта *f*
Streckenleuchtbild *n (Eb)* светосхéма *f*
Streckenlokomotive *f* магистрáльный локомотúв *m*
Streckenmessung *f (Geod)* измерéние *n* длин(ы́)
Streckenzentralstellwerk *n (Eb)* диспéтчерская централизáция *f*
Streckgrenze *f (Wkst)* предéл *m* текýчести
Streckkaliber *n (Wlz)* черновóй калúбр *m*
Streckmittel *n* разбавúтель *m*
Strecktau *n (Schiff)* лéер *m*
Streckung *f s.* Strecken
Streckwalzen *n (Umf)* раскáтывание *n*
Streckziehen *n (Umf)* обтя́жка *f*
Strehler *m (Wkz)* гребёнка *f*
Streich... *(Text)* аппарáтный *(Wolle)*
Streichbaum *m (Text)* скáло *n (eines Webstuhls)*
Streichblech *n (Lw)* отвáл *m (am Pflug)*
Streichbrett *n (Gieß)* скребóк *m (Formerei)*
Streicheisen *n (Gieß)* скребóк *m (Formerei)*
streichen *(Bw)* крáсить
~/glatt *(Pap)* разглáживать
Streichen *n* 1. *(Bw)* крáшение *n*; 2. *(Geol)* простирáние *n (einer Schicht)*; 3. *(Pap)* меловáние *n*
Streichgarn *n* аппарáтная пря́жа *f*
Streichgarnspinnerei *f* аппарáтное прядéние *n*
Streichkalander *m (Pap)* промáзочный калáндр *m*
Streifen *m* 1. полосá *f*; 2. лéнта *f*; 3. *(Wlz)* полосá *f*, штрипс *m (zur Herstellung geschweißter Rohre)*; 4. *(Ph)* полосá *f*
Streifenfundament *n* лéнточный фундáмент *m*
streifig полóсчатый
Streifigkeit *f* 1. *(Pap)* полосáтость *f*; 2. *(Krist)* полóсчатость *f*
Streifung *f s.* Streifigkeit
Streubreite *f* разбрóс *m (von Messwerten)*
streuen 1. разбрáсывать; 2. диспергúровать *(Werte)*; 3. рассéивать *(Licht, Strahlen)*
Streuer *m (Lw)* разбрáсыватель *m (von Dünger etc.)*
Streukörper *m (Licht)* рассéиватель *m*
Streulicht *n* рассéянный свет *m*
Streuquerschnitt *m (Kern)* сечéние *n* рассéяния

Streustrahlung *f (Ph)* рассе́янное излуче́ние *n*
Streustrom *m (El)* блужда́ющий ток *m*
Streustromableitung *f* электродрена́ж *m*
Streuung *f* 1. разбро́с *m*, разбрасывание *n*; 2. *(Mess)* вариа́ция *f*; 3. рассе́яние *n (von Licht, Strahlen)*; 4. *s.* Varianz
Streuungswinkel *m* у́гол *m* рассе́яния
Streuvermögen *n (Ph)* рассе́ивающая спосо́бность *f*
Streuwinkel *m* у́гол *m* рассе́яния
Strich *m* 1. черта́ *f*; штрих *m*; 2. тире́ *n*; 3. румб *m (eines Kompasses)*
Strich... штрихово́й
Strichcode *m s.* Barcode
Strichcodeleser *m s.* Barcodeleser
Strichpunktlinie *f* штрихпункти́рная ли́ния *f*
Strichraster *m (Opt)* штрихово́й растр *m*
Strichsymbol *n (Inf)* штрих *m*
Strick... *(Text)* вяза́льный
stricken *(Text)* вяза́ть
Stricken *n (Text)* вяза́ние *n*
Strickmaschine *f (Text)* вяза́льная маши́на *f*
Stricknadel *f* вяза́льная спи́ца *f*
String *m (Inf)* строка́ *f*
strippen *(Gieß)* раздева́ть *(Gussblöcke)*
Stripperkran *m (Gieß)* стри́ппер(-кран) *m*
Strob *m s.* Strobimpuls
Strobimpuls *m (El)* строб-и́мпульс *m*, строби́рующий и́мпульс *m*
Stroboskop *n (Opt)* стробоско́п *m*
Strohbergungsgerät *n (Lw)* соломокопни́тель *m*
Strohbergungsmaschine *f (Lw)* подбо́рщик-копни́тель *m*
Strohbinder *m (Lw)* соломовя́з *m*
Strohfänger *m (Lw)* соломоулови́тель *m*
Strohhäcksler *m (Lw)* соломоре́зка *f*
Strohsammler *m (Lw)* соломокопни́тель *m*
Strohschüttler *m (Lw)* соломотря́с *m*
Strom *m* 1. ток *m*; пото́к *m*; 2. *(El)* ток *m*; 3. тече́ние *n*; 4. река́ *f*
~/**bioelektrischer** биоэлектри́ческий ток *m*, биото́к *m*
~/**getasteter** и́мпульсный ток *m*
~/**gleichgerichteter** вы́прямленный ток *m*
~/**intermittierender** преры́вистый ток *m*
~/**kapazitiver** ёмкостный ток *m*
~/**niederfrequenter** ток *m* ни́зкой частоты
~/**photoelektrischer** фотоэлектро́нный ток *m*, фотото́к *m*
~/**pulsierender** пульси́рующий ток *m*
~/**reaktiver** реакти́вный ток *m*
~/**resultierender** по́лный ток *m*
~/**stationärer** дли́тельный ток *m*, устано́вившийся ток *m*
~/**vagabundierender** блужда́ющий ток *m*
Stromabführung *f (El)* токоотво́д *m*
Stromableitung *f (El)* токоотво́д *m*
Stromabnahme *f (El)* токосъём *m*
Stromabnehmer *m (El, Eb)* токоприёмник *m*
Stromabnehmergleitschuh *m (El, Eb)* башма́к *m* токоприёмника
Stromanker *m (Schiff)* кормово́й я́корь *m*
Stromausbeute *f (El)* вы́ход *m* по то́ку
Stromauslöser *m* реле́ *n* то́ка
Strombegrenzer *m (El)* ограничи́тель *m* то́ка, токоограничи́тель *m*
Strombelag *m (El)* ампе́р-витки́ *mpl* на сантиме́тр
Strombett *n (Hydrol)* ру́сло *n*
Strombrecher *m (Hydt)* волноло́м *m (Brückenbau)*
Stromdichte *f (Ph)* пло́тность *f* то́ка
stromdurchflossen *(El)* токонесу́щий, токоведу́щий
strömen течь
Strömen *n* тече́ние *m*; протека́ние *n*
Stromerzeuger *m* электри́ческий генера́тор *m*
stromführend *(El)* токопроводя́щий, токоведу́щий
Stromimpuls *m (El)* то́ковый и́мпульс *m*
Stromkennlinie *f (El)* то́ковая характери́стика *f*
Stromklassierer *m* гидравли́ческий классифика́тор *m (Aufbereitung)*
Stromkopplung *f (El)* связь *f* по то́ку
Stromkreis *m (El)* цепь *f* (то́ка); ко́нтур *m*
~/**geerdeter** заземлённая цепь *f*
~/**geschlossener** за́мкнутая цепь *f*
~/**induktionsfreier** безындукти́вная цепь *f*

~/**induktiver** индукти́вная цепь *f*
~/**offener** разо́мкнутая цепь *f*
~/**unverzweigter** неразветвлённая цепь *f*
~/**verzweigter** разветвлённая цепь *f*
Stromlaufplan *m* принципиа́льная (электри́ческая) схе́ма *f*
Stromleitbahn *f* токоведу́щая [токопроводя́щая] доро́жка *f*
stromleitend *(El)* токопроводя́щий, токоведу́щий
Stromleiter *m (El)* токопро́вод *m*
Stromlinie *f (Hydrod)* ли́ния *f* то́ка
Stromlinienform *f (Aerod)* обтека́емая фо́рма *f*
stromlinienförmig обтека́емый
stromlos *(El)* без то́ка, бесто́ковый
Stromlosmachen *n (El)* обесточе́ние *n*
Strommasche *f (El)* (за́мкнутый) ко́нтур *m*
Strommesser *m (El)* ампермéтр *m*
Strommesser... ампермéтровый
Strompfad *m (El)* токопроводящая [токоведу́щая] ветвь *f*
Stromquelle *f (El)* исто́чник *m* то́ка [(электро)пита́ния]
Stromrelais *n (El)* реле́ *n* то́ка
Stromrichter *m (El)* преобразова́тель *m* то́ка
Stromschiene *f (El)* 1. конта́ктный рельс *m*; 2. токоведу́щая ши́на *f*
Stromschnellen *fpl* поро́ги *mpl*
Stromschritt *m (El)* то́ковая посы́лка *f*
Stromschutz *m (El)* то́ковая защи́та *f*
Strom-Spannungs-Kennlinie *f (El)* вольт-ампе́рная характери́стика *f*
Strom-Spannungs-Widerstandsmesser *m (El)* авомéтр *m*
Stromstabilisator *m (El)* стабилиза́тор *m* то́ка
Stromstabilisierung *f (El)* стабилиза́ция *f* то́ка
Stromstärke *f (El)* си́ла *f* то́ка
Stromtransformator *m (El)* трансформа́тор *m* то́ка
Stromumformer *m (El)* преобразова́тель *m* то́ка
Strömung *f (Aero, Hydrod)* пото́к *m*, тече́ние *n*
~/**abgerissene** *(Aero)* отрывно́е тече́ние *n*
~/**drehungsbehaftete** *(Hydrod)* вихрево́е тече́ние *n*
~/**drehungsfreie** *(Hydrod)* потенциа́льное тече́ние *n*
~/**laminare** *(Hydrod)* ламина́рное тече́ние *n*, ламина́рный пото́к *m*
~/**molekulare** *(Aero)* молекуля́рное тече́ние *n*
~/**reißende** *(Hydrol)* бу́рное тече́ние *n*
~/**stationäre** *(Hydrod)* установи́вшееся тече́ние *n*
~/**subsonische** *(Aero)* дозвуково́е тече́ние *n*
~/**supersonische** *(Aero)* сверхзвуково́е тече́ние *n*
~/**turbulente** *(Hydrod)* турбуле́нтное тече́ние *n*, турбуле́нтный пото́к *m*, турбуле́нтность *f*
~/**wirbelfreie** *(Hydrod)* потенциа́льное тече́ние *n*
Strömungsdynamik *f* аэрогидродина́мика *f*
Strömungsgetriebe *n (Masch)* гидродинами́ческая переда́ча *f*, гидропереда́ча *f*, турбопереда́ча *f*
Strömungskalorimeter *n* прото́чный калори́метр *m*
Strömungskupplung *f (Masch)* гидрому́фта *f*, гидравли́ческая му́фта *f*
Strömungslehre *f* аэрогидромеха́ника *f*
Strömungslinie *f (Hydrod)* ли́ния *f* то́ка
Strömungsmaschine *f* лопа́точная маши́на *f*; турбомаши́на *f*
Strömungsmechanik *f* гидроаэромеха́ника *f*, аэрогидромеха́ника *f*, меха́ника *f* жи́дкости
Strömungsmesser *m* потокомéр *m*
Strömungsverdichter *m* турби́нный компре́ссор *m*
Strömungswandler *m* гидротрансформа́тор *m*
Stromunterbrecher *m (El)* токопрерыва́тель *m*
Stromunterbrechung *f (El)* прерыва́ние *f* то́ка
Stromverbraucher *m (El)* токоприёмник *m*
Stromverdrängungseffekt *m (El)* пове́рхностный эффе́кт *m*
Stromverlust *m (El)* уте́чка *f* то́ка *(durch Ableitung)*
Stromverteilung *f (El)* токораспределе́ние *n*
Stromwaage *f (El)* ампе́р-весы́ *pl*, то́ковые весы́ *pl*

Stromwächter *m* реле́ *n* то́ка
Stromwandler *m (El)* трансформа́тор *m* то́ка
Stromwärme *f (El)* джо́улево тепло́ *n*
stromwendend *(El)* коммути́рующий
Stromwender *m (El)* колле́ктор *m*, коммута́тор *m*
Stromwendermotor *m (El)* колле́кторный дви́гатель *m*
Stromwendung *f (El)* коммута́ция *f*
Stromzuführung *f (El)* то́ковый ввод *m*, токоподво́д *m*
Stromzuleitung *f s.* Stromzuführung
Strontium *n (Ch)* стро́нций *m*, Sr
Strontium... *(Ch)* стро́нциевый
Stropp *m (Schiff)* строп *m*
Strosse *f (Bgb)* фронт *m*; усту́п *m* *(Tagebau)*
strossenförmig *(Bgb)* усту́пами
strossenweise *(Bgb)* усту́пами
Strudel *m (Hydrol)* водоворо́т *m*
Struktur *f* 1. структу́ра *f*; 2. *(Geol)* сложе́ние *n*; строе́ние *n*
~/faserige *(Geol)* волокни́стая структу́ра *f*
~/geordnete *(Wkst)* упоря́доченная структу́ра *f*
~/hierarchische *(Inf)* иерархи́ческая структу́ра *f*
~/körnige *(Geol)* зерни́стая структу́ра *f*
~/ungeordnete *(Wkst)* неупоря́доченная структу́ра *f*
Struktur... структу́рный
Strukturbildung *f* структурообразова́ние *n*
Strukturbrücke *f (Ch)* мо́стик *m*
strukturell структу́рный
Strukturformel *f (Ch)* структу́рная фо́рмула *f*
Strukturierung *f* структури́рование *n*
Strukturisomerie *f (Ch)* структу́рная изомери́я *f*
Stuck *m (Bw)* ги́псовая штукату́рка *f*
Stückerz *n* кру́пная руда́ *f*
Stuckgips *m (Bw)* алеба́стр *m*
Stückgut *n* генера́льный [шту́чный] груз *m*; шту́чный материа́л *m*
stückig кускова́тый, кусково́й
Stückigkeit *f* кускова́тость *f*
Stückigmachen *n* окускова́ние *n (Aufbereitung)*
Stückkohle *f* кусково́й у́голь *m*
Stückliste *f* специфика́ция *f*
stückweise шту́чный; *(Math)* кусо́чный
Studio *n (Rf)* сту́дия *f*
Studio... студи́йный
Studium *n* уче́ние *n*
Stufe *f* 1. ступе́нь *f*; 2. *(El)* каска́д *m*; 3. *(El, Nrt)* у́ровень *m*; 4. *(Geol)* я́рус *m*; 5. *(Min)* штуф *m*; 6. реда́н *m (am Rumpf eines Gleitbootes)*; 7. сте́пень *f*; 8. ступе́нь *f*, усту́п *m*
Stufenbohrer *m* ступе́нчатое сверло́ *n*
Stufengetriebe *n (Masch)* ступе́нчатая переда́ча *f*
Stufengitter *n (Opt)* эшело́н *m*
~/michelsonsches *(Opt)* эшело́н *m* (Ма́йкельсона)
stufenlos 1. бесступе́нчатый *(Getriebe)*; 2. пла́вный *(Regelungen)*
Stufenlosgetriebe *n (Masch)* бесступе́нчатая переда́ча *f*
Stufenregelung *f* ступе́нчатое регули́рование *n*
Stufensteuerung *f* ступе́нчатое управле́ние *n*
Stufenversetzung *f (Krist)* краева́я дислока́ция *f*
Stufenwinkel *mpl* соотве́тственные углы́ *mpl*
Stuffing *n (Nrt)* согласова́ние *n* ско́рости переда́чи, ста́ффинг *(digitale Übertragungstechnik)*
Stufung *f* 1. града́ция *f*; 2. секциони́рование *n*; 3. *(Flg)* эшелони́рование *n*
Stülpziehen *n (Umf)* реверси́вная [обра́тная] вы́тяжка *f*
Stummfilm *m* немо́й кинофи́льм *m*
stumpf 1. тупо́й; 2. *(Wkz)* затупи́вшийся; 3. стыково́й; 4. ма́товый
Stumpf... *(Schw)* стыково́й
Stumpfgleis *n (Eb)* тупи́к *m*
Stumpfnaht *f (Schw)* стыково́й шов *m*
Stumpfschweißen *n* сва́рка *f* встык
stumpfschweißen сва́ривать встык
Stumpfstoß *m (Schw)* стыково́е соедине́ние *n*
Stumpfstoßverbindung *f (Schw)* соедине́ние *n* встык
stumpfwinklig тупоуго́льный
Stunde *f* час *m*
Stundenwinkel *m (Astr)* часово́й у́гол *m*
Sturm *m (Meteo)* шторм *m*; бу́ря *m*

Sturz *m* 1. паде́ние *n (z. B. der Temperatur)*; 2. *(Bw)* перемы́чка *f (Fenster, Tür)*; 3. разва́л *m (Räder)*
Sturzbett *n (Hydt)* водобо́й *m (einer Staumauer)*
Sturzboden *m (Hydt)* водобо́й *m (einer Staumauer)*
Sturzflug *m (Flg)* пики́рование *n*
Sturzhelm *m* защи́тный шлем *m*
Sturzrinne *f (Hydt)* сброс *m*
Sturzrolle *f (Bgb)* скат *m*
Stütz... опо́рный
Stützblech *n (Schiff)* бракéта *f*
Stütze *f* 1. опо́ра *f*; подпо́рка *f*; сто́йка *f*; 2. подста́вка *f*; кронште́йн *m*; 3. штырь *m*
stützen подде́рживать; опира́ть
Stutzen *m* па́трубок *m*; шту́цер *m (von Rohrleitungen)*; наконе́чник *m*
Stützenisolator *m* штыревóй изоля́тор *m*
Stützgelenk *n (Masch)* опо́рный шарни́р *m*
Stützisolator *m* опо́рный изоля́тор *m*
Stützlager *n (Masch)* подпя́тник *m*; упо́рный подши́пник *m*
Stützmauer *f (Bw)* подпо́рная сте́нка *f*
Stützmutter *f* опо́рная га́йка *f*
Stützpunkt *m (Mech)* опо́рная то́чка *f*
Stützring *m (Förd)* опо́рное кольцо́ *n (des Drehkrans)*
Stützwalze *f (Wlz)* опо́рный вало́к *m*; опо́рный ва́лик *m*
Stützwand *f (Bw)* подпо́рная сте́нка *f*
Stützweite *f (Bw)* пролёт *m (eines Trägers)*
Subdeterminante *f (Math)* мино́р *m*
Subgitter *n (Krist)* подрешётка *f*
subharmonisch субгармони́ческий
Subharmonische *f (Math)* субгармо́ника *f*
Sublimat *n (Ch)* возго́н *m*, сублима́т *m*
Sublimation *f (Ch)* возго́нка *f*, сублима́ция *f*
Sublimationstrocknung *f (Lebm)* лиофилиза́ция *f*
Sublimieranlage *f* сублима́тор *m*
sublimierbar *(Ch)* возгоня́емый
sublimieren *(Ch)* возгоня́ть
sublinear сублине́йный
Sublitoral *n (Geol)* сублитора́ль *f*
Sublitoralzone *f (Geol)* сублитора́ль *f*
Submenü *n (Inf)* субменю́ *n*
Submikrometertechnik *f (Eln)* субмикро́нная техноло́гия *f*
Submikron-IC *m (Eln)* субмикро́нная интегра́льная схе́ма *f*
Submikron-IS *m (Eln)* субмикро́нная интегра́льная схе́ма *f*
Submikronschaltkreis *m (Eln)* субмикро́нная интегра́льная схе́ма *f*
Submikrontechnik *f (Eln)* субмикро́нная техноло́гия *f*
Subminiatur... *(Eln)* микроминиатю́рный, сверхминиатю́рный
Subminiaturbauelement *n (Eln)* сверхминиатю́рный элеме́нт *m*
Subminiaturdiode *f (Eln)* микродио́д *m*
Subminiaturelement *n (Eln)* сверхминиатю́рный элеме́нт *m*
Subminiaturisierung *f (Eln)* микроминиатюриза́ция *f*
Subnanosekundenrechner *m* сверхбыстроде́йствующая ЭВМ *f*
Subroutine *f (Inf)* подпрогра́мма *f*
Subsonik... *(Aero)* дозвуково́й
Subsonikgebiet *n (Aero)* дозву́ковая о́бласть *f*
substantiv прямо́й *(Farbstoffe)*
Substanz *f* вещество́ *n*
~/**optisch aktive** опти́чески акти́вное вещество́ *n*
~/**radioaktive** радиоакти́вное вещество́ *n*
Substituent *m* 1. замени́тель *m*; 2. *(Ch)* замести́тель *m*
substituierbar *(Ch)* замеща́емый
Substituierbarkeit *f (Ch)* замеща́емость *f*
substituieren *(Ch)* замеща́ть
Substituieren *n (Ch)* замеще́ние *n*
substituiert *(Ch)* замещённый
~/**einfach** однозамещённый
~/**zweifach** двузамещённый
Substitution *f* 1. заме́на *f*; 2. *(Ch)* замеще́ние *n*; 3. *(Math, Inf)* заме́на *f*; 4. *(Math)* подстано́вка *f*
Substitutionsmetall *n* мета́лл-замени́тель *m*
Substitutionsprodukt *n (Ch)* проду́кт *m* замеще́ния
Substitutionsreaktion *f (Ch)* реа́кция *f* замеще́ния
Substitutionsstörstelle *f (Halbl)* при́месь *f* замеще́ния

Substrat *n (Halbl)* подло́жка *f*, субстра́т *m*
~/beschichtetes *(Halbl)* слоистая подло́жка *f*
Substrathalter *m (Eln)* подложкодержа́тель *m*
Substratoberfläche *f (Eln)* пове́рхность *f* подло́жки
Substratplatte *f (Eln)* пласти́на-подло́жка *f*
Substratschicht *f* 1. *(Halbl)* грунт *m*; 2. *(Photo)* субстра́т *m*; 3. подсло́й *m* *(bei Filmen)*
Substratträger *m (Eln)* подложкодержа́тель *m*
Substruktur *f* субструкту́ра *f*
Subsystem *n (Inf)* подсисте́ма *f*
Subtangente *f (Math)* подкаса́тельная *f*
Subtrahend *m (Math)* вычита́емое *n*
subtrahieren *(Math)* вычита́ть
Subtrahieren *n (Math)* вычита́ние *n*
Subtraktion *f (Math)* вычита́ние *n*
Subtraktions... *(Math)* вычита́ющий
Subtraktionszeichen *n (Math)* знак *m* вычита́ния
subtropisch субтропи́ческий
Suchalgorithmus *m (Inf)* алгори́тм *m* по́иска
Suchbegriff *m (Inf)* поиско́вый при́знак *m*
Suchdatei *f* файл *m* по́иска
Suche *f* по́иск *m*
Suchen *n* по́иск *m*
Sucher *m* 1. *(Nrt)* иска́тель *m*; 2. *s.* Suchscheinwerfer; 3. *(Photo, Kine)* видоиска́тель *m*; 4. *(Opt, Astr)* коллима́тор *m*; иска́тель *m*
~/optischer опти́ческий видоиска́тель *m*
Such(er)fernrohr *n s.* Sucher 4.
Suchflug *m* поиско́вый полёт *m*
Suchimpuls *m (Rad)* поиско́вый и́мпульс *m*
Suchlaufempfänger *m (Rf)* поиско́вый приёмник *m*
Suchprogramm *n (Inf)* програ́мма *f* по́иска
Suchroutine *f (Inf)* програ́мма *f* по́иска
Suchscheinwerfer *m (Kfz)* проже́ктор-иска́тель *m*; поворо́тная [поиско́вая] фа́ра *f*
Suchschlüssel *m (Inf)* ключ *m* по́иска
Suchstrategie *f (Inf)* страте́гия *f* по́иска
Suchsystem *n (Inf)* систе́ма *f* по́иска
Suchzeit *f (Inf)* вре́мя *n* по́иска
Sud *m (Pap)* ва́рка *f*
Sud... ва́рочный
Süd юг *m*
Süd... ю́жный
Süden *m (Astr)* по́лден *m*; юг *m*
südlich ю́жный
Südlicht *n* ю́жное сия́ние *n*
Südpol *m* ю́жный по́люс *m*
Südpunkt *m (Astr)* то́чка *f* ю́га
Sulfatcellulose *f* сульфа́тная целлю-ло́за *f*
Sulfatierung *f (Ch)* сульфати́рование *n*
Sulfatzellstoff *m* сульфа́тная целлю-ло́за *f*
Sulfid... сульфи́дный
Sulfidierung *f (Ch)* сульфиди́рование *n*
Sulfidierung *f* ксантогени́рование *n* *(Chemiefaserherstellung)*
sulfidisch сульфи́дный
Sulfit... сульфи́тный
Süll *n (Schiff)* ко́мингс *m*
Summand *m (Math)* слага́емое *n*
summarisch сумма́рный
Summation *f* сумми́рование *n*
Summator *m* сумма́тор *m*
Summe *f* су́мма *f*
Summen... сумма́рный
Summenfehler *m* сумма́рная оши́бка *f*
Summenformel *f (Ch)* сумма́рная фо́рмула *f*
Summenregel *f (Opt, Reg)* пра́вило *n* сумм
Summer *m (Nrt)* зу́ммер *m*
Summerton *m (Nrt)* зу́ммерный тон *m*
Summierung *f* сумми́рование *n*
Summton *m (Nrt)* зумми́рование *n*
Sumpf *m* зумпф *m (z. B. eines Schmelzofens)*; *(Bgb)* зумпф *m*
Sumpfgas *n* боло́тный газ *m*
Super *m s.* 1. Superheterodynempfänger; 2. Superbenzin
super... сверх...
Super... сверх...
Superbenzin *n* бензи́н *m* вы́сшего кла́сса, бензи́н *m* кла́сса «су́пер»
Superchip *m (Eln)* суперкриста́лл *m*
superfluid сверхтеку́чий
Superhartstoff *m* сверхтвёрдый материа́л *m*

Superhet *m s.* Superheterodynempfänger
Superhet... *s.* Superheterodyn...
Superheterodyn... *(Rf)* супергетероди́нный
Superheterodynempfänger *m (Rf)* супергетероди́нный радиоприёмник *m*, супергетероди́н *m*
superhochfrequent *(El)* сверхвысокочасто́тный
Superhochfrequenz *f (El)* сверхвысо́кая частота́ *f (s. a. unter* SHF-...*)*
Superhochfrequenz... *(El)* сверхвысокочасто́тный
Superikonoskop *n (TV)* супериконоско́п *m*
Superkalander *m (Pap)* суперкала́ндр *m*
Superkraftstoff *m* высокосо́ртное то́пливо *n*
Superliner *m (Schiff)* суперла́йнер *m*
Superlinienschiff *n* суперла́йнер *m*
Superminicomputer *m* супермини-ЭВМ *f*
Supernova *f (Astr)* сверхно́вая *f*, сверхно́вая звезда́ *f*
Superorthikon *n (TV)* суперортико́н *m*
Superposition *f* 1. *(Ph)* суперпози́ция *f*; 2. *(Geol)* наложе́ние *n*
Supersensibilisierung *f (Photo)* гиперсенсибилиза́ция *f*
Supertanker *m* суперта́нкер *m*
Supertrawler *m* суперátráулер *m*
Supervisor *m (Inf)* суперви́зор *m*, програ́мма-суперви́зор *f*
Supplementwinkel *mpl* сме́жные углы́ *mpl*
Support *m (Wkzm)* су́ппорт *m*
Supportschlitten *m (Wkzm)* сала́зки *pl* су́ппорта
suprafluid сверхтеку́чий
Suprafluidität *f (Ph)* сверхтеку́честь *f*
supraflüssig сверхтеку́чий
supraleitend сверхпроводя́щий
Supraleiter *m* сверхпроводни́к *m*
Supraleitfähigkeit *f* сверхпроводи́мость *f*
Supraleitung *f* сверхпроводи́мость *f*
Surrogat *n* суррога́т *m*
suspendiert *(Ch)* взве́шенный, суспензио́нный
Suspension *f* взвесь *f*, суспе́нзия *f*
Suspensions... *(Ch)* взве́шенный, суспензио́нный
Süßwarenindustrie *f* конди́терская промы́шленность *f*
Süßwasser *n* пре́сная вода́ *f*
Suszeptanz *f (El)* сусцепта́нц *m*
Suszeptibilität *f (El)* восприи́мчивость *f*
~/dielektrische диэлектри́ческая восприи́мчивость *f*
~/magnetische магни́тная восприи́мчивость *f*
SV *m s.* Supervisor
Sv *s.* Sievert
Swabben *n (Erdöl)* поршнева́ние *n*, свабúрование *n*
Swap-Datei *f (Inf)* файл *m* подка́чки
Swappen *n s.* Swapping
Swapping *n (Inf)* перека́чка *f (Daten)*, сво́пинг *m*
SWF-Verkehr *m* автомати́ческая междугоро́дная (телефо́нная) связь *f*
Swimmingpool *m* пла́вательный бассе́йн *m*
Swimmingpool-Reaktor *m (Kern)* бассе́йновый [погру́женный] реа́ктор *m*
Swingby(manöver) *n (Raumf)* пертурбацио́нный манёвр *m*
SWR *m s.* Siedewasserreaktor
Syenit *m (Geol)* сиени́т *m*
Symbol *n* си́мвол *m*; знак *m*
Symbol... символи́ческий
Symbolik *f* симво́лика *f*
symbolisch символи́ческий
Symistor *m (El)* симметри́чный трио́дный тири́стор *m*, сими́стор *m*, триа́к *m*
Symmetrie *f* симметри́я *f*, симметри́чность *f*
~/axiale *(Math)* осева́я симметри́я *f*
Symmetrieachse *f (Krist)* ось *f* симметри́и
Symmetrieebene *f (Krist)* пло́скость *f* симметри́и
Symmetrieklasse *f (Krist)* вид *m* симметри́и
Symmetriekoordinaten *fpl (Math)* координа́ты *fpl* симметри́и
Symmetrierung *f (Nrt)* симметри́рование *n*
Symmetriezentrum *n (Krist)* центр *m* симметри́и
symmetrisch симметри́чный
synchron синхро́нный
Synchrongenerator *m (El)* синхро́нный генера́тор *m*

Synchrongeschwindigkeit *f* синхро́нная ско́рость *f*

Synchronimpuls *m (El)* синхронизи́рующий и́мпульс *m*, синхрои́мпульс *m*

Synchronisation *f* 1. *(El)* синхрониза́ция *f*; 2. *(Kine)* дубли́рование *n*

Synchronisator *m* 1. *(El)* синхрониза́тор *m*; 2. *(Kfz)* синхрониза́тор *m (in Synchrongetrieben)*

Synchronisiereinrichtung *f s.* Synchronisator 2.

synchronisieren 1. *(El)* синхронизи́ровать; 2. дубли́ровать *(Filme)*

Synchronisieren *n s.* Synchronisation

Synchronisiergenerator *m (TV)* синхрогенера́тор *m*

Synchronisiergerät *n (El)* синхрониза́тор *m*

Synchronisierimpuls *m (El)* синхронизи́рующий и́мпульс *m*, синхрои́мпульс *m*

Synchronisierung *f s.* Synchronisation

Synchronismus *m* синхрони́зм *m*

Synchronmaschine *f (El)* синхро́нная (электри́ческая) маши́на *f*

Synchronmotor *m (El)* синхро́нный дви́гатель *m*

Synchronoskop *n (El)* синхроноско́п *m*

Synchrophasotron *n (Kern)* синхрофазотро́н *m*

Synchrotron *n (Kern)* синхротро́н *m*

Synchrozyklotron *n (Kern)* синхроциклотро́н *m*, фазотро́н *m*

Syngonie *f (Krist)* (кристалли́ческая) сингони́я *f*, сингони́я *f* криста́ллов, кристалли́ческая [кристаллографи́ческая] систе́ма *f (Zusammensetzungen s. unter* Kristallsystem*)*

Synklinale *f (Geol)* синклина́ль *f*, му́льда *f*

Synkline *f s.* Synklinale

synodisch *(Astr)* синоди́ческий

synoptisch *(Meteo)* синопти́ческий

Synthesator *m (Rf)* синтеза́тор *m*

Synthese *f* си́нтез *m*

Synthesefaser *f* синтети́ческое волокно́ *n*

Synthesekautschuk *m* синтети́ческий каучу́к *m*

Synthesizer *m (Rf)* синтеза́тор *m*, электро́нный (музыка́льный) синтеза́тор *m*

Synthetisator *m s.* Synthesizer

synthetisch синтети́ческий, иску́сственный

System *n* систе́ма *f*

~/**adaptives** *(Reg)* адапти́вная систе́ма *f*

~/**astatisches** астати́ческая систе́ма *f*

~/**binäres** *(Ph, Ch, Wkst)* бина́рная [двойна́я, двухкомпоне́нтная] систе́ма *f*; *(Inf)* двои́чная систе́ма *f*

~/**dekadisches** десяти́чная систе́ма *f*

~ **der automatisierten Produktion** *(Fert)* систе́ма *f* автоматизи́рованного управле́ния произво́дством

~ **der automatisierten Projektierung** *(Fert)* систе́ма *f* автоматизи́рованного проекти́рования, САП *f*

~ **der Elemente (nach Mendeleev)/periodisches** *(Ch)* периоди́ческая систе́ма *f* элеме́нтов (Менделе́ева)

~ **der Programmunterstützung** *(Inf)* систе́ма *f* програ́ммного обеспече́ния

~/**dezimales** десяти́чная систе́ма *f*

~/**digitales** *(Reg)* цифрова́я систе́ма *f*

~/**disperses** *(Ph, Ch)* диспе́рсная систе́ма *f*

~/**duales** *(Inf)* двои́чная систе́ма *f*

~/**dynamisches** динами́ческая систе́ма *f*

~/**ebenes** *(Mech)* пло́ская систе́ма *f*

~ **Einheitsbohrung** *(Masch)* систе́ма *f* отве́рстия *(Toleranzen und Passungen)*

~ **Einheitswelle** *(Masch)* систе́ма *f* ва́ла *(Toleranzen und Passungen)*

~/**einphasiges** *(Ph)* однофа́зная [гомоге́нная] систе́ма *f*

~/**geschlossenes** *(Reg)* за́мкнутая систе́ма *f*

~/**homogenes** *(Ph)* однофа́зная [гомоге́нная] систе́ма *f*

~/**hydraulisches** *(Masch)* гидравли́ческая систе́ма *f*, гидросисте́ма *f (einer Anlage)*

~/**integral wirkendes** *(Reg)* астати́ческая систе́ма *f*

~/**integrales** *(Reg)* астати́ческая систе́ма *f*

~/**isodromes** *(Reg)* изодро́мная систе́ма *f*

~/**lernendes** *(Kyb)* самообуча́ющаяся систе́ма *f*

~/**lineares** *(Ph)* линéйная систéма *f*
~ **„Mensch-Maschine"** *(Kyb)* систéма *f* «человéк-машúна»
~/**metrisches** метрúческая систéма *f* мер
~/**modulares** агрегáтная систéма *f*
~/**nicht lineares** нелинéйная систéма *f*
~/**numerisches** *(Inf)* числовáя систéма *f*
~/**offenes (thermodynamisches)** *(Therm)* открытая систéма *f*
~/**optisches** оптúческая систéма *f*
~/**prismatisches** *(Krist)* ромбúческая сингонúя *f*
~/**proportional-integrales** *(Reg)* изодрóмная систéма *f*
~/**proportional-wirkendes** *(Reg)* статúческая систéма *f*
~/**räumliches** *(Bw)* пространственная систéма *f (bei Tragwerkkonstruktionen)*
~/**rhombisches** *(Krist)* ромбúческая сингонúя *f*
~/**selbstanpassendes** *(Reg)* самоприспосáбливающаяся систéма *f*
~/**selbsteinstellendes** *(Reg)* самонастрáивающаяся систéма *f*
~/**selbstlernendes** *(Kyb)* самообучáющаяся систéма *f*
~/**selbstorganisierendes** *(Reg)* самоорганизýющаяся систéма *f*
~/**statisch bestimmtes** *(Fest)* статúчески определúмая систéма *f*
~/**statisch unbestimmtes** *(Fest)* статúчески неопределúмая систéма *f*
~/**statisches** *(Fest)* статúческая систéма *f*
systemabhängig *(Inf)* систéмно-свя́занный
Systemanalyse *f (Kyb)* систéмный анáлиз *m*
Systematik *f* систематúка *f*
systematisch систематúческий
Systematisierung *f* систематизáция *f*
Systemaufruf *m (Inf)* вызов *m* систéмы
Systembedienfeld *n (Inf)* пульт *m* управлéния систéмой
systemkompatibel *(Inf)* систéмно-совместúмый
Systemkompatibilität *f (Inf)* систéмная совместúмость *f*
systemorientiert *(Inf)* систéмно-ориентúрованный
Systemprotokoll *n (Inf)* систéмный журнáл *m*
Systemraum *m (Inf)* систéмное прострáнство *n (Teil des virtuellen Adressraums)*
Systemtechnik *f (Inf)* системотéхника *f*
Systemtest *m (Inf)* систéмный тест *m*
Systemtheorie *f (Kyb)* теóрия *f* систéм
systemunabhängig *(Inf)* систéмно-независúмый
Systemunterlagen *fpl (Inf)* матобеспечéние *n*; систéмные срéдства *npl*; систéма *f* прогрáммного обеспечéния
Systemverträglichkeit *f s.* Systemkompatibilität
Szintillation *f* сцинтилля́ция *f*; *(Astr)* мерцáние *n*
Szintillations... сцинтилляциóнный
Szintillationsspektrometer *n* сцинтилляциóнный спектрóметр *m*
Szintillationszähler *m (Kern)* сцинтилляциóнный счётчик *m*
Szintillator *m* сцинтилля́тор *m*
Szintillieren *n* сцинтилля́ция *f*

T

T *s.* 1. Tesla; 2. Tera...
t *s.* Tonne 1.
T-... таврóвый *(T-Stahl)*
Ta *s.* Tantal
Tabelle *f* таблúца *f*
Tabellier... табулúрующий
Tabellieren *n* табулúрование *n*
Tabelliermaschine *f* табуля́тор *m*
~/**alphanumerische** алфавúтно-цифровóй табуля́тор *m*
Tableau *n* таблó *n*
Tablettieren *n* таблетúрование *n*
Tacheometer *n s.* Tachymeter
Tachogenerator *m (El)* тахогенерáтор *m*
Tachograph *m* тахóграф *m*
Tachomaschine *f (El)* тахогенерáтор *m*
Tachometer *n* тахóметр *m*; *(Kfz)* спидóметр *m*
Tachometergenerator *m (El)* тахогенерáтор *m*
Tachometermaschine *f (El)* тахогенерáтор *m*

Tachymeter *n (Geod)* тахеóметр *m*
Tachymeteraufnahme *f (Geod)* тахеометрúческая съёмка *f*
Tachymetrie *f (Geod)* тахеомéтрия *f*
Tafel *f* 1. *(Bw)* панéль *f*, плитá *f*; 2. *(Bw)* дoскá *f*; 3. щит *m*; 4. *(Geol)* (геологúческая) платфóрма *f*
Tafelglas *n* листовóе стеклó *n*
Tafelschere *f* листовы́е нóжницы *pl*
Tag *m* сýтки *pl (24 Stunden)*
Tage/über *(Bgb)* надзéмный
~/unter *(Bgb)* под землёй
Tagebau *m (Bgb)* 1. карьéр *m*; 2. откры́тая разрабóтка *f*, разрабóтка *f* откры́тым спóсобом
Tagebaufeld *n (Bgb)* карьéрное пóле *n*
Tagesdurchschnitt/im среднесýточный
Tagesdurchschnitts... среднесýточный
Tagesförderung *f (Bgb)* сýточная добы́ча *f*
Tageslicht *n* дневнóй [сóлнечный] свет *m*
Tageslichtbeleuchtung *f* днéвное освещéние *n*
Tageslichtlampe *f* лáмпа *f* дневнóго свéта
Tagesoberfläche *f (Bgb)* дневнáя повéрхность *f*
Tagessatz *m* сýточная нóрма *f*
Tagundnachtgleiche *f (Astr)* равнодéнствие *n*
Takelage *f (Schiff)* такелáж *m*, оснáстка *f*, вооружéние *n*
Takelung *f s.* Takelage
Takt *m (Ak, Kfz, Mech)* такт *m*
Taktgeber *m* дáтчик *m* тáктовых úмпульсов
Taktgenerator *m (El)* тáктовый генерáтор *m*
taktil тактúльный *(Sensoren)*
Taktimpuls *m (El)* тáктовый úмпульс *m*
Taktimpulsgeber *m* дáтчик *m* тáктовых úмпульсов
Taktstraße *f (Fert)* автоматúческая лúния *f*
Taktzahl *f (Kfz)* тáктность *f (Verbrennungsmotor)*
Tal *n (Geol)* долúна *f*
Talbrücke *f (Bw)* виадýк *m*
Talg *m* жир *m*
Talje *f (Schiff)* тáли *pl*
Talk *m (Min)* тáльк *m*
Talkessel *m (Geol)* котловúна *f*
Talsperre *f (Hydt)* водохранúлище *n*, (водохранúлищная) плотúна *f*
Talsperre *f*
Tamponieren *n (Bgb)* тампонáж *m (Bohrlöcher)*
tan *s.* Tangens
tanh *s.* Tagens hyperbolicus
Tandem *n* тáндем *m*
Tandemgenerator *m (Kern)* перезаря́дный ускорúтель *m*
Tandemstraße *f* (прокáтный) стан *m* тáндем
Tandemwalzwerk *n* (прокáтный) стан *m* тáндем, сдвóенный (прокáтный) стан *m*
Tangens *m (Math)* тáнгенс *m*, tg
~ **hyperbolicus** гиперболúческий тáнгенс *m*, tanh
Tangente *f (Math)* касáтельная *f*
Tangentenkurve *f (Math)* тангенсóида *f*
tangential тангенциáльный
Tangential... тангенциáльный
Tangentialbeanspruchung *f (Mech)* касáтельное усúлие *n*
Tangentialbeschleunigung *f (Mech)* тангенциáльное [касáтельное] ускорéние *n*
Tangentialebene *f (Math)* касáтельная плóскость *f*
Tangentialkraft *f (Mech)* касáтельная [тангенциáльная] сúла *f*
Tangentialspannung *f (Fest)* касáтельное напряжéние *n*
Tank *m* ёмкость *f*; цистéрна *f*; бак *m*
tanken заправля́ть
Tanken *n* заправка *f* (горю́чим)
Tanker *m* тáнкер *m*, наливнóе сýдно *n*
Tankfahrzeug *n s.* Tankwagen
Tankflugzeug *n* самолёт-заправщик *m*
Tankleichter *m* наливнáя бáржа *f*
Tankprahm *m* наливнáя бáржа *f*
Tanksäule *f* бензораздáточная [топливораздáточная] колóнка *f*
Tankschiff *n* тáнкер *m*, наливнóе сýдно *n*, наливнáя бáржа *f*
Tankstelle *f* автозапрáвочная [запрáвочная] стáнция *f*
Tankverschluss *m (Kfz)* запрáвочная прóбка *f*

Tankwagen *m (Kfz)* топливозапра́вщик *m*, бензозапра́вщик *m*, автозапра́вщик *m*; автомоби́ль-цисте́рна *m*, автоцисте́рна *f*; *(Eb)* (железнодоро́жная) цисте́рна *f*
Tannenbaumkristall *m (Wkst)* денди́тный криста́лл *m*, дендри́т *m* *(Gefüge)*
Tantal *n (Ch)* танта́л *m*, Ta
Tantal... танта́ловый
Tanzen *n* дрожа́ние *n (des Bildes, des Reglers)*
Tapete *f* обо́и *pl*
~/abwaschbare мо́ющиеся обо́и *pl*
~/bedruckte печа́тные обо́и *pl*
~/schallschluckende звукопоглоща́ющие обо́и *pl*
Tara *f* та́ра *f*
Target *n (Eln, Kern)* мише́нь *f*
Targetkern *m (Kern)* ядро́-мише́нь *n*
Tarieren *n* тари́рование *n (von Waagen)*
Tarif *m* тари́ф *m*
~/ermäßigter льго́тный тари́ф *m*
Tarifzone *f (Nrt)* тари́фная зо́на *f*
Tasche *f* карма́н *m*
Taschenleuchte *f* карма́нный фона́рь *m*
Taschenleuchtenbatterie *f* батаре́йка *f*
Taschenrechner *m* (программи́руемый) микрокалькуля́тор *m*
Taschenuhr *f* карма́нные часы́ *pl*
Task *m (Inf)* зада́ча *f*
Task-Scheduler *m (Inf)* планиро́вщик *m* зада́ний [зада́ч]
Tastatur *f* клавиату́ра *f (Klavier, Schreibmaschine, Computer)*
Tastatur... кла́вишный
Taste *f* 1. кла́виша *f*; 2. *(Nrt)* ключ *m*; манипуля́тор *m*; кно́пка *f*
tasten *(Nrt)* манипули́ровать
Tasten... кла́вишный
Tastenbrett *n (Typ)* клавиату́ра *f*
Tastenfeld *n* клавиату́ра *f*
Tastenschalter *m* кла́вишный выключа́тель *m*
Taster *m* 1. щуп *m*; 2. *(Nrt)* манипуля́тор *m*, ключ *m*; 3. *(Text)* щупло́ *n*, щуп *m*
Tastgerät *n (Nrt)* манипуля́тор *m*
Tastkopf *m (El)* про́бник *m*
Tastorgan *n (El)* про́бник *m*
Tastspitze *f* щуп *m*
Tastung *f (Nrt)* манипуля́ция *f*
Tastverhältnis *n (Eln)* скважность *f*
Tätigkeit *f* де́ятельность *f*; рабо́та *f*
~/manuelle ручна́я рабо́та *f*
Tau *n* кана́т *m*; трос *m*; *(Schiff)* коне́ц *m*
taub 1. глухо́й; 2. *(Bgb)* пусто́й *(Gestein)*; 3. *(Bgb)* безру́дный
Taubucht *f (Schiff)* бу́хта *f*
Tauchbewegung *f (Eb)* ныря́ние *n* *(Fahrzeuge)*
Tauchelektrode *f* погружа́емый электро́д *m*
Tauchen *n* 1. погруже́ние *n*; 2. *(Eb)* ныря́ние *n (Fahrzeuge)*
Taucher *m* водола́з *m*
Taucheranzug *m* водола́зный скафа́ндр *m*
Taucherboot *n* водола́зный бот *m*
Taucherglocke *f* водола́зный ко́локол *m*
Taucherhelm *m* водола́зный шлем *m*
Tauchglocke *f* водола́зный ко́локол *m*
Tauchkolben *m (Masch)* плу́нжер *m*; ныря́ло *n*
Tauchkolbenmotor *m* тро́нковый дви́гатель *m*
Tauchkolbenpumpe *f* плу́нжерный насо́с *m*
Tauchlackieren *n* лакирова́ние *n* окуна́нием
Tauchlackierung *f* лакирова́ние *n* окуна́нием
Tauchlöten *n* па́йка *f* погруже́нием
Tauchpumpe *f* погружно́й насо́с *m*
Tauchschwingung *f (Eb)* ныря́ние *n* *(Fahrzeuge)*
Tauchsieder *m* электрокипяти́льник *m*
tauglich приго́дный
Tauglichkeit *f* приго́дность *f*
Taumesser *m (Meteo)* росоме́р *m*
Taupunkt *m (Ph, Ch)* то́чка *f* росы́
Taupunkt(s)temperatur *f (Ph, Ch)* то́чка *f* росы́
tauschen заменя́ть
tautomer *(Ch)* таутоме́рный
Tautomer(e) *n (Ch)* таутоме́р *m*
Tautomerie *f (Ch)* таутомери́я *f*
Tauwerk *n (Schiff)* сна́сть *f*
Taxe *f (Kfz)* такси́ *n*
Taxi *n (Kfz)* такси́ *n*
Taxierung *f* такса́ция *f*
Tb *s.* Terbium
Tc *s.* Technetium

Te *s.* Tellur
Teach-in-Programmierung *f* программи́рование *n* в режи́ме обуче́ния
Technetium *n (Ch)* техне́ций *m*, Tc
Technik *f* те́хника *f*
technisch техни́ческий
Technologie *f* 1. техноло́гия *f*; 2. мето́дика *f (als Herstellungsvorschrift)*
~/**abproduktarme** *(Ökol)* малоотхо́дная техноло́гия *f*
~/**abproduktfreie** *(Ökol)* бесотхо́дная техноло́гия *f*
~/**abwasserfreie** *(Ökol)* бессто́чная техноло́гия *f*
~/**chemische** хими́ческая техноло́гия *f*
technologiegerecht технологи́чный
Technologietransfer *m* переда́ча *f* техноло́гии
technologisch технологи́ческий
Teer *m* дёготь *m*; смола́ *f*
Teer... дёгтевый, дегтево́й, дегтя́рный; смоляно́й
Teerabscheider *m* дёгтеотдели́тель *m*
Teerabscheidung *f* дёгтевыделе́ние *n*
Teerbeton *m* дёгтебето́н *m*
Teeren *n* смоле́ние *n*
teeren смоли́ть
teerig дегтя́рный
Teerpappe *f (Bw)* толь *m*
Teerpech *n* пек *m*
Teerschwelen *n* смолокуре́ние *n*
Teich *m* пруд *m*
Teig *m (Lebm)* па́ста *f*, те́сто *n*
teigartig тестообра́зный
teigig тестообра́зный
Teil *m* часть *f*
~ **einer Einheit** до́льная едини́ца *f*
Teil *n* дета́ль *f*
~/**austauschbares** *(Masch)* заменя́емая часть *f*
Teilamt *n (Nrt)* (телефо́нная) подста́нция *f*
Teilautomatisierung *f* части́чная автоматиза́ция *f*
teilbar разъёмный; *(Math)* дели́мый
Teilbarkeit *f (Math)* дели́мость *f*
Teilblock *m (Inf)* суббло́к *m*
Teilchen *n (Kern)* части́ца *f*
~/**elektrisch geladenes** заря́женная части́ца *f*
~/**energiereiches** части́ца *f* большо́й эне́ргии
~/**geladenes** заря́женная части́ца *f*
~ **hoher Energie** части́ца *f* большо́й эне́ргии
~/**neutrales** нейтра́льная части́ца *f*
~/**radioaktives** радиоакти́вная части́ца *f*
~/**schnelles** бы́страя части́ца *f*
~/**schweres** тяжёлая части́ца *f*
~/**ungeladenes** незаря́женная части́ца *f*
~/**virtuelles** виртуа́льная части́ца *f*
Teilchenausschleusung *f (Kern)* эже́кция *f*
Teilchenbahn *f (Kern)* траекто́рия *f* части́цы
Teilchenbeschleuniger *m (Kern)* ускори́тель *m* заря́женных части́ц
~/**zyklischer** *(Kern)* цикли́ческий ускори́тель *m*
Teilchenspur *f (Kern)* трек *m* (части́цы)
Teilchenstrahl *m (Kern)* пучо́к *m* части́ц
Teilchenstrahlung *f (Kern)* корпускуля́рное излуче́ние *n*
Teilchenzähler *m (Kern)* счётчик m части́ц
Teile *npl* ча́сти *fpl*
teilen дели́ть
Teilen *n* деле́ние *n*
Teiler *m* дели́тель *m*
Teilergebnis *n* части́чный результа́т *m*
Teilfläche *f (Masch)* пове́рхность *f* разъёма
Teilfolge *f (Math)* подпосле́довательность *f*
Teilgitter *n (Krist)* подрешётка *f*
Teilgruppe *f* подгру́ппа *f*
Teilkopf *m (Wkz)* дели́тельная голо́вка *f*
~/**mechanischer** механи́ческая дели́тельная голо́вка *f*
~/**optischer** опти́ческая дели́тельная голо́вка *f*
Teilkreis *m* 1. лимб *m*; 2. *(Masch)* дели́тельная окру́жность *f (Zahnrad)*
Teilmenge *f (Math)* подмно́жество *n*
Teilnehmer *m (Nrt)* абоне́нт *m*
~/**angerufener** вызыва́емый абоне́нт *m*
~/**anrufender** вызыва́ющий абоне́нт *m*
~/**gerufener** вызыва́емый абоне́нт *m*
~/**rufender** вызыва́ющий абоне́нт *m*
Teilnehmer... *(Nrt)* абоне́нтский
Teilnehmeranschluss *m (Nrt)* абоне́нтский ввод *m*

Teilnehmeranschlussleitung *f (Nrt)* абоне́нтская ли́ния *f*
Teilnehmerfernschreibverkehr *m* абоне́нтское телеграфи́рование *n*
Teilnehmerkabel *n* абоне́нтский ка́бель *m*
Teilnehmerrelais *n* абоне́нтское реле́ *n*
Teilnehmerruf *m (Nrt)* вы́зов *m* абоне́нта
Teilnehmersystem *n (Inf)* систе́ма *f* коллекти́вного по́льзования, систе́ма *f* с разделе́нием вре́мени
Teilraum *m (Math)* подпростра́нство *n*
Teilreihe *f (Math)* подря́д *m*
Teilscheibe *f (Wkz)* дели́тельный диск *m*
Teilschwingung *f (Ph)* гармо́ника *f*
Teilstock *m (Wkzm)* пере́дняя ба́бка *f (einer Nutenfräsmaschine)*
Teilstrich *m (Math)* деле́ние *n (auf Skalen)*
Teilstromabscheider *m* раздели́тельный цикло́н *m (zur Entstaubung der Luft)*
Teilsystem *n* подсисте́ма *f*
Teilton *m (Ak)* гармо́ника *f*
Teilübertrag *m (Inf)* части́чный перено́с *m*
Teilung *f* 1. деле́ние *n*; 2. разде́л *m*; 3. деле́ние *n (auf Skalen)*; 4. *s.* Eingriffsteilung
~/lineare лине́йный масшта́б *m*
Teilungsmessinstrument *n (Masch)* шагоме́р *m (für Zahnräder)*
Teilungsscheibe *f (Wkz)* дели́тельный диск *m*
teilweise части́чно
Teilzirkel *m* дели́тельный ци́ркуль *m*
Tektonik *f (Geol)* текто́ника *f*
tektonisch *(Geol)* тектони́ческий
Telefax *n (Nrt)* телефа́ксная связь *f*
Telefaxanschluss *m (Nrt)* телефа́ксная связь *f*
Telefaxverbindung *f (Nrt)* телефа́ксная связь *f*
Telefaxverkehr *m (Nrt)* телефа́ксная связь *f*
Telegramm *n* телегра́мма *f*
Telegraph *m (Nrt)* телегра́фный аппара́т *m*, телегра́ф *m*
Telegraphen... телегра́фный
Telegraphenamt *n (Nrt)* телегра́ф *m*
Telegraphenapparat *m* телегра́фный аппара́т *m*
Telegraphenbetrieb *m* телеграфи́я *f*
Telegraphendienst *m (Nrt)* телегра́ф *m*
Telegraphie *f* телеграфи́рование *n*, телеграфи́я *f*
~/leitungslose радиотелеграфи́я *f*
Telegraphiekanal *m (Nrt)* телегра́фный кана́л *m*
Telegraphieren *n* телеграфи́рование *n*
Telegraphieübertragungskanal *m (Nrt)* телегра́фный кана́л *m*
telegraphisch телегра́фный
Telekommunikation *f* телекоммуника́ция *f*
Telemetrie *f* телеметри́я *f*, телеизмере́ние *n*
Teleobjektiv *n (Photo)* телеобъекти́в *m*
Telephon *n* телефо́н *m*
Telephon... телефо́нный
Telephonanschluss *m* абоне́нтский пункт *m*
Telephonie *f* телефони́я *f*
~/leitungslose радиотелефони́я *f*
Telephonieren *n* телефони́рование *n*
telephonisch телефо́нный
Telephotometer *n* телефото́метр *m*
Telephotometrie *f* телефотоме́трия *f*
Teleseismik *f (Geoph)* телесе́йсмика *f*
Teleskop *n* телеско́п *m*
~/katadioptrisches зерка́льно-ли́нзовый телеско́п *m*
Teleskop... выдвижно́й, раздвижно́й, телескопи́ческий
Teleskopantenne *f* телескопи́ческая анте́нна *f*
teleskopisch телескопи́ческий
Teleskopstoßdämpfer *m (Kfz)* телескопи́ческий амортиза́тор *m*
Teleskopwelle *f* телескопи́ческий вал *m*
Telespiel *n (TV)* видеоигра́ *f*
Teletex *m (Nrt)* телете́кс *m*
Television *f s.* Fernsehen
Telex *n (Nrt)* те́лекс *m (s. a.* Telexgerät, Telexnetz, Telexverkehr*)*
Telexgerät *n (Nrt)* те́лекс *m*
Telexnetz *n (Nrt)* те́лекс *m*, сеть *f* те́лекса
Telexverkehr *m (Nrt)* те́лекс *m*, те́лексная связь *f*
Teller *m* таре́лка *f*; диск *m*

Teller... tаре́льчатый
Telleraufgeber *m* таре́льчатый пита́тель *m*
Tellerbrecher *m* ди́сковая дроби́лка *f*
Tellerfeder *f* таре́льчатая пружи́на *f*
Tellerrad *n (Kfz)* ведо́мая шестерня́ *f (im Getriebe)*
Tellerscheibe *f (Wkz)* круг-таре́лка *m*
Tellerspeiser *m* таре́льчатый пита́тель *m*
Tellerventil *n* таре́льчатый кла́пан *m*
Tellur *n (Ch)* теллу́р *m*, Te
tellurhaltig *(Ch)* теллу́ристый
Temperatur *f* температу́ра *f* • **von hoher** ~ высокотемперату́рный
~/**absolute** абсолю́тная температу́ра *f*
~/**kinetische** кинети́ческая температу́ра *f*
~/**kritische** крити́ческая температу́ра *f*
~/**kryogene** криоге́нная температу́ра *f*
~/**mittlere** сре́дняя температу́ра *f*
~/**thermodynamische** термодинами́ческая температу́ра *f (Kelvin)*
~/**ultratiefe** сверхни́зкая температу́ра *f*
Temperatur... температу́рный
Temperaturabfall *m* температу́рный перепа́д *m*
Temperaturabhängigkeit *f* температу́рная зави́симость *f*
Temperaturbereich *m* о́бласть *f* температу́ры; температу́рный интерва́л *m*
temperaturbeständig температуросто́йкий, термосто́йкий
Temperaturbeständigkeit *f* температуросто́йкость *f*, термосто́йкость *f*
Temperaturdifferenz *f* температу́рный перепа́д *m*
Temperatureinfluss *m* температу́рное влия́ние *n*
Temperatureinwirkung *f* температу́рное влия́ние *n*
temperaturempfindlich температурочувстви́тельный
Temperaturempfindlichkeit *f* температурочувстви́тельность *f*
Temperatur-Entropie-Diagramm *n (Therm)* энтропи́йная диагра́мма *f*
temperaturfest температуросто́йкий
Temperaturfestigkeit *f* температуросто́йкость *f*
Temperaturfühler *m* 1. температу́рный да́тчик *m*; температу́рный дете́ктор *m*; 2. температу́рный щуп *m*, термощу́п *m*
Temperaturgeber *m* температу́рный да́тчик *m*, термода́тчик *m*
Temperaturgefälle *n* температу́рный градие́нт *m*; температу́рный перепа́д *m*
Temperaturgleichgewicht *n* теплово́е [терми́ческое] равнове́сие *n*
Temperaturgradient *m s.* Temperaturgefälle
Temperaturintervall *n* температу́рный интерва́л *m*
Temperaturinversion *f (Meteo)* инве́рсия *f* температу́ры
Temperaturionisation *f s.* Ionisation/thermische
Temperaturkoeffizient *m* температу́рный коэффицие́нт *m*
Temperaturleitfähigkeit *f* температуропрово́дность *f*
Temperaturleitfähigkeitskoeffizient *m (Wmt)* коэффицие́нт *m* температуропрово́дности
Temperaturleitzahl *f (Wmt)* коэффицие́нт *m* температуропрово́дности
Temperaturmessfarbe *f* термочувстви́тельная кра́ска *f*
Temperaturmessfühler *m* температу́рный да́тчик *m*
Temperaturmesswandler *m (El)* термопреобразова́тель *m*
Temperaturmittel *n* сре́дняя температу́ра *f*
Temperaturregelung *f* терморегули́рование *n*
Temperaturregime *n* температу́рный режи́м *m*
Temperaturregler *m* терморегуля́тор *m*
Temperaturschreiber *m* термо́граф *m*, самопи́шущий термо́метр *m*
Temperaturskale *f* температу́рная шкала́ *f*, шкала́ *f* температу́р
Temperaturstrahler *m (Therm)* теплово́й излуча́тель *m*
~/**idealer** абсолю́тно чёрное те́ло *n*
Temperaturwandler *m (El)* термопреобразова́тель *m*
Temperguss *m (Met)* ко́вкий чугу́н *m*

Tempern *n (Met)* óтжиг *m*, томлéние *n (von Stahl)*
Tempo *n* темп *m*
Tender *m (Eb, Schiff)* тéндер *m*
Tenne *f (Lw)* ток *m*
Tensid *n (Ch)*повéрхностно-актúвное веществó *n*, ПАВ *n*
Tensogeber *m* тензодáтчик *m*
Tensometer *n* тензóметр *m*
Tensometrie *f* тензометрúя *f*
Tensor *m (Math, Ph)* тéнзор *m*
Tensor... *(Math, Ph)* тéнзорный
Tensorarm *m* изгибáющая [многошарнúрная] рукá *f (eines Roboters)*
tensoriell *(Math, Ph)* тéнзорный
Tensorrechnung *f* тéнзорное исчислéние *n*
Tera... тера..., Т *(10^{12} Einheiten)*
Terbium *n (Ch)* тéрбий *m*, Tb
Term *m (Kern, Opt, Inf)* терм *m*; *(Math)* член *m*; *(Ph)* ýровень *m*
Termin *m* срок *m*
~/vertraglich vereinbarter срок *m* гарáнтии
Terminal *n (Inf)* терминáл *m*
~/graphisches графúческий терминáл *m*
~/intelligentes интеллектуáльный терминáл *m*
ternär 1. *(Math)* тернáрный; 2. *(Wkst)* тройнóй
Terpentin *n* живúца *f*
Terpentinöl *n (Ch)* скипидáр *m*
Terrakotta *f (Ker)* терракóта *f*
Terrasse *f (Geol, Bw)* террáса *f*
terrassenförmig устýпами
terristrisch назéмный
tertiär третúчный
Tertiär... третúчный
Tesla *n (El)* тéсла *f*, Тл *(Einheit der magnetischen Induktion)*
Test *m* 1. испытáние *n*, прóба *f*; 2. провéрка *f*; 3. тест *m*
testen 1. испы́тывать; 2. проверя́ть
Tester *m* 1. испытáтельное устрóйство *n*; тéстер *m*; 2. *s.* Testprogramm
Testfahrzeug *n* óпытный автомобúль *m*
Testmarke *f* мúра *f*
Testprogramm *n s.* Prüfprogramm
Testsignal *n (TV)* тест-сигнáл *m*
Testwagen *m* óпытный автомобúль *m*
Tetartoeder *n (Krist)* тетартóэдр *m*
Tetrade *f (Inf)* тетрáда *f*
Tetraeder *n (Math, Krist)* четырёхгрáнник *m*, тетрáэдр *m*
tetraedrisch тетраэдрúческий
Tetragon *n (Math, Krist)* четырёхугóльник *m*, тетрагóн *m*
tetragonal тетрагонáльный
tetravalent *(Ch)* четырёхвалéнтный
Tetrode *f (Eln)* тетрóд *m*
Teufe *f (Bgb)* глубинá *f (des Schachtes)*
Teufenanzeiger *m (Bgb)* укáзатель *m* глубины́
Text *m* текст *m*
Textil... текстúльный
Textilfaser *f* текстúльное волокнó *n*
Textilindustrie *f* текстúльная промы́шленность *f*
Textilmaschinenbau *m* текстúльное машиностроéние *n*
Textprozessor *m (Inf)* процéссор *m* обрабóтки тéкста, тéкстовый процéссор *m*; прогрáмма *f* обрабóтки (дáнных)
Textspeicherung *f (Inf)* хранéние *n* тéкстов
Textur *f (Krist, Geol, Min)* текстýра *f*
texturbehaftet текстурóванный
texturiert текстурóванный
Textverarbeitungsprogramm *n (Inf)* прогрáмма *f* обрабóтки (дáнных)
Textverarbeitungsprozessor *m s.* Textprozessor
Textverarbeitungssystem *n (Inf)* систéма *f* обрабóтки тéкста, СОТ *f*
TF... *s.* Trägerfrequenz...
T-förmig таврóвый *(T-Stahl)*
TFT *m s.* Dünnfilmtransistor
Th *s.* Thorium
th *s.* Thermie
Thallium *n (Ch)* тáллий *m*, Tl
Thallium... тáллиевый
Theaterglas *n* театрáльный бинóкль *n*
Theodolit *m* теодолúт *m*
Theorem *n (Math, Ph)* теорéма *f*
~/bernoullisches *(Hydrod)* уравнéние *n* Бернýлли
theoretisch теоретúческий
Theorie *f* теóрия *f*
Thermie *f* термúя *f (SI-fremde Einheit der Wärmemenge)*
Thermik *f (Meteo)* тéрмик *m*
Thermion *n (El)* термиóн *m*
thermisch термúческий; техловóй

Thermistor *m (Eln)* терморезистор *m*, термистор *m*
Thermit... *(Schw)* термитный
Thermo... термоэлектрический
Thermoanalyse *f (Ch)* термоанализ *m*
Thermobarograph *m* термобарограф *m*
Thermobatterie *f* термобатарея *f*
Thermobehandlung *f (Eln)* термообработка *f*
Thermochemie *f* термохимия *f*
thermochemisch термохимический
Thermocontainer *m* изотермический контейнер *m*
Thermodetektor *m* термодетектор *m*
thermodielektrisch термодиэлектрический
Thermodiffusion *f (Ph)* термодиффузия *f*
Thermodynamik *f* термодинамика *f*
~/statistische статистическая термодинамика *f*
thermodynamisch термодинамический
Thermoelastizität *f (Mech)* термоупругость *f*
thermoelektrisch термоэлектрический
Thermoelektrizität *f* термоэлектричество *n*
Thermoelektrogenerator *m* термоэлектрогенератор *m*
Thermoelektron *n (El)* термион *m*
Thermoelement *n* термоэлемент *m*; термопара *f*
Thermo-EMK *f* термоэдс *m*, термоэлектродвижущая сила *f*
Thermogalvanometer *n (El)* термогальванометр *m*
Thermograph *m* термограф *m*, самопишущий термометр *m*
Thermographie *f* термография *f*
Thermokaustik *f (Med)* электрокаустика *f*
Thermokauter *m (Med)* электрокаутер *m*
Thermoleistungsmesser *m (El)* термоваттметр *m*
thermomagnetisch термомагнитный
Thermometer *n* термометр *m*
Thermometrie *f* термометрия *f*
thermonuklear термоядерный
Thermoplast *m* термопласт *m*, термопластичная пластмасса *f*
thermoplastisch термопластичный
Thermopolymerisat *n (Ch)* термополимер *m*
thermoreaktiv *(Kst)* термореактивный
Thermoregelung *f* терморегулирование *n*
Thermoregler *m* терморегулятор *m*
Thermorelais *n (El)* термореле *n*, тепловое реле *n*
Thermoschild *m* тепловой [теплозащитный] экран *m*
Thermoschock *m* тепловой [термический] удар *m*, теплоудар *m*
Thermosit *m (Bw)* термозит *m*
Thermospannung *f* термонапряжение *n*; термоэдс *f*
Thermospannungsmesser *m (El)* термовольтметр *m*
Thermosphäre *f (Ph)* термосфера *f*, ионосфера *f*
Thermostat *m* термостат *m*
Thermoübergang *m (Halbl)* термопереход *m*
Thermoumformer *m (El)* термопреобразователь *m*
Thermovoltmeter *n (El)* термовольтметр *m*
Thermowattmeter *n (El)* термоваттметр *m*
These *f* положение *n*
Thomann-Turbine *f* лопастно-регулируемая турбина *f*, турбина *f* Томана
Thomaskonverter *m (Met)* томасовский конвертер *m*
Thomasroheisen *n (Met)* томасовский чугун *m*
Thomasschlacke *f (Met)* томасшлак *m*, томасовский шлак *m*
Thomasstahl *m* томасовская сталь *f*
Thomasverfahren *n (Met)* томасовский процесс *m*
thorieren торировать
thoriert торированный
Thorium *n (Ch)* торий *m*, Th
Thorium... ториевый
Thulium *n (Ch)* тулий *m*, Tm
Thyratron *n (Eln)* тиратрон *m*
Thyratronröhre *f (Eln)* тиратрон *m*
Thyristor *m (Eln)* тиристор *m*
~/bidirektionaler *(El)* триак *m*, симистор *m*, симметричный триодный тиристор *m*
~/steuerbarer управляемый тиристор *m*, тринистор *m*
~/symmetrischer *s.* ~/bidirektionaler

Thyristorregler *m* тири́сторный регуля́тор *m*
Ti *s.* Titan
Tide *f (Hydrol)* отли́в *m*
Tiden *fpl* (морски́е) прили́вы *pl* и отли́вы *pl*
Tief *n s.* Tiefdruckgebiet
Tiefätzen *n* глубо́кое травле́ние *n*
Tiefbau *m* 1. строи́тельство *n* подзе́мных сооруже́ний; 2. *s.* Tiefbauarbeiten; 3. *(Bgb)* подзе́мная разрабо́тка *f*
Tiefbau... *(Bgb)* подзе́мный
Tiefbauarbeiten *fpl (Bw)* подзе́мные рабо́ты *fpl*
Tiefbettfelge *f (Kfz)* глубо́кий о́бод *m*
Tiefbohren *n (Erdöl)* глубо́кое буре́ние *n*
Tiefbrunnenpumpe *f (Erdöl)* глуби́нный насо́с *m*
Tiefdecker *m (Flg)* низкопла́н *m*
~/freitragender свободнонесу́щий низкопла́н *m*
Tiefdruck *m* 1. ни́зкое давле́ние *n*; 2. *(Typ)* глубо́кая печа́ть *f*
Tiefdruckgebiet *n (Meteo)* о́бласть *f* пони́женного давле́ния, цикло́н *m*, депре́ссия *f*
Tiefdruckmaschine *f (Typ)* маши́на *f* глубо́кой печа́ти
Tiefe *f* 1. глубина́ *f*; 2. *(Flg)* хо́рда *f* *(des Flügels)*
Tiefebene *f (Geol)* ни́зменность *f*
Tiefen *n s.* Tiefziehen
Tiefen... глуби́нный
Tiefenanzeigegerät *n (Schiff)* указа́тель *m* глубины́
Tiefenbruch *m (Geol)* глуби́нный разло́м *m*
Tiefenkarte *f (Kart)* батиметри́ческая ка́рта *f*
Tiefenmaß *n* глубиноме́р *m*
Tiefenmesser *m* глубиноме́р *m*
Tiefenmessschieber *m* штангенглубиноме́р *m*
Tiefenschärfe *f (Photo)* глубина́ *f* ре́зкости
Tiefflug *m* бре́ющий полёт *m*
Tiefgang *m (Schiff)* оса́дка *f*
Tiefgangmarke *f (Schiff)* ма́рка *f* оса́дки
Tiefgangmesser *m (Schiff)* осадкоме́р *m*
Tiefgarage *f* подзе́мный гара́ж *m*
tiefgekühlt низкотемперату́рный
Tiefgrubber *m (Lw)* почвоуглуби́тель *m* *(Pflug)*
Tiefkühlfach *n* морози́льное отделе́ние *n (des Kühlschranks)*
Tiefkühltruhe *f* низкотемперату́рный ларь *m*
Tiefladeanhänger *m s.* Tieflader
Tieflader *m* прице́п-тяжелово́з *m*, (большегру́зный) низкора́мный прице́п *m*, тре́йлер *m*
Tiefladerfahrgestell *n (Kfz)* низкора́мное шасси́ *n*
Tiefladewagen *m (Eb)* транспортёр *m*
Tiefland *n (Geol)* ни́зменность *f*
Tieflockerer *m (Lw)* глубокорыхли́тель *m*, почвоуглуби́тель *m (Pflug)*
Tiefofen *m (Met)* нагрева́тельный коло́дец *m*
Tiefpass *m (Rf)* фильтр *m* ни́жних часто́т
Tiefpassfilter *n (Rf)* фильтр *m* ни́жних часто́т
Tiefpumpe *f (Erdöl)* глуби́нный насо́с *m*
Tiefschnitt *m (Bgb)* ни́жнее че́рпание *n*
Tiefseegraben *m (Geol)* (глубоково́дная) впа́дина *f*
Tiefsee-Hydrokopter *m* батиска́ф *m* *(Tiefseetauchgerät)*
Tiefstrahler *m* глубокоизлуча́тель *m*
Tieftemperatur... низкотемперату́рный, криоге́нный
Tieftemperaturforschung *f* криоге́ния *f*
Tieftemperaturkoks *m* полуко́кс *m*
Tieftemperaturmessung *f* криометри́я *f*
Tieftemperaturtechnik *f* криоге́ния *f*, криоге́нная те́хника *f*
Tieftemperaturverkokung *f* полукоксова́ние *n*, швелева́ние *n*
Tieftonlautsprecher *m* низкочасто́тный громкоговори́тель *m*
Tiefung *f s.* Tiefziehen
Tiefungs... *s.* Tiefzieh...
Tiefzieh... *(Umf)* вытяжно́й
Tiefziehen *n (Umf)* вы́тяжка *f*, пряма́я [глубо́кая] вы́тяжка *f*
Tiefziehversuch *m (Wkst)* испыта́ние *n* на (глубо́кую) вы́тяжку
Tiegel *m* ти́гель *m*
Tiegelofen *m (Met)* ти́гельная печь *f*

Tiegel(ofen)schmelzen *n* ти́гельная пла́вка *f*
Tierzuchtfarm *f* животново́дческая фе́рма *f*
Timeout *n (Inf)* тайм-а́ут *m*
Timer *m* та́ймер *m*
Time-Sharing *n (Inf)* режи́м *m* разделе́ния вре́мени, разделе́ние *n* вре́мени
Time-Sharing-Betrieb *m (Inf)* режи́м *m* разделе́ния *n* вре́мени
Time-Sharing-System *n s.* Teilnehmersystem
Timing *n (Inf)* синхрониза́ция *f*
Tinte *f* черни́ла *pl*
~/magnetische магни́тные черни́ла *pl*
Tintenstrahldrucker *m (Inf)* стру́йное печа́тающее устро́йство *n*
Tintometer *n (Ch)* колори́метр *m*
Tisch *m* стол *m*
Tisch... насто́льный
Tischausführung/in *(Masch)* насто́льный
Tischchen *n* сто́лик *m*
Tischdrehmaschine *f* насто́льно-тока́рный стано́к *m*
Tischlerarbeiten *fpl* столя́рные рабо́ты *fpl*
Tischlerleim *m* столя́рный клей *m*
Tischrechner *m* насто́льная ЭВМ *f*
Tischwerkzeugmaschine *f* насто́льный стано́к *m*
Titan *n (Ch)* тита́н *m*, Ti
Titan... *(Ch)* тита́новый
titansauer *(Ch)* титановоки́слый
Titer *m* титр *m*
Titration *f (Ch)* титрова́ние *n*
~/amperometrische амперометри́ческое титрова́ние *n*
~/potentiometrische потенциометри́ческое титрова́ние *n*
titrieren *(Ch)* титрова́ть
Titrieren *n s.* Titration
titrimetrisch *(Ch)* титрометри́ческий, объёмный *(Analyse)*
tkm *s.* Tonnenkilometer
Tl *s.* Thallium
TL-... *s.* Turbinen-Luftstrahl...
TLC *f s.* Dünnschichtchromatographie
TL-Flugzeug *n* турбореакти́вный самолёт
Tm *s.* Thulium
T-Muffe *f (Masch)* тройни́к *m*
Tochtergerät *n (Schiff)* репи́тер *m (Kreiselkompass)*
Tochterkompass *m (Schiff)* ко́мпас-репи́тер *m*
Tochtersichtgerät *n (Rad)* выносно́й индика́тор *m*
Tokamak-Reaktor *m (Kern)* реа́ктор-тока́ма́к *m (Fusionsreaktor)*
Token *n (Inf)* ма́рка *f*, эстафе́тный сигна́л *m*
Token-Netz *n (Inf)* эстафе́тная сеть *f*
Toleranz *f* допусти́мое отклоне́ние *n*; *(Fert)* до́пуск *m*
Toleranzkonzentration *f (Ökol)* допусти́мая концентра́ция *f*
Toleranzlehre *f (Mess)* преде́льный кали́бр *m*
Toleranzmessinstrument *n* допускоме́р *m*
Toleranzsystem *n (Masch)* систе́ма *f* до́пусков
Toleranz- und Passungssystem *n (Masch)* систе́ма *f* до́пусков и поса́док
Tomogramm *n* томогра́мма *f*
Tomograph *m* томо́граф *m*
Tomographie *f* томогра́фия *f*
Ton *m* 1. звук *m*; *(Ak)* тон *m*; 2. гли́на *f*
~/feuerfester огнеупо́рная гли́на *f*
Ton... 1. звуково́й; *(Ak)* тона́льный; 2. гли́няный, гли́нистый
Tonabnehmer *m* звукоснима́тель *m*, ада́птер *m (eines Plattenspielers)*
tonartig гли́нистый
Tonaufnahme *f (Kine)* за́пись *f* зву́ка
Tonaufnahmegerät *n (Ak, El)* звукоза-пи́сывающий аппара́т *m*, звукоза-пи́сывающая аппарату́ра *f*
Tonaufzeichnung *f* звукоза́пись *f*
Tonaufzeichnungs... звукозапи́сывающий
Tonaufzeichnungsverfahren *n (Eln)* ме́тод *m* звукоза́писи
Tonband... магнитофо́нный
Tonbandgerät *n* магнитофо́н *m*
Tonbandkassette *f* магнитофо́нная кассе́та *f*
Tonbeton *m* глинобето́н *m*
Tonerde *f* глинозём *m (Aluminiumoxid)*
Tonerde... глинозёмистый
tonerdehaltig глинозёмистый

Tonerde(schmelz)zement *m* глинозёмистый цеме́нт *m*
Tonfilm *m* звуково́й кинофи́льм *m*
Tonfilmstudio *n* звукова́я киносту́дия *f*
tonfrequent *(El)* тона́льный; звукочасто́тный
Tonfrequenz *f (El)* звукова́я частота́ *f*
Tonfrequenz... *(El)* тона́льный; звукочасто́тный
Tonfrequenzschwingung *f* звуково́е колеба́ние *n*
Tonfrequenztelegraphie *f* тона́льное телеграфи́рование *n*
Tonfrequenztelephonie *f* тона́льное телефони́рование *n*
Tongemisch *n* сло́жный звук *m*
Tongrube *f* гли́няный карье́р *m*
tonig *(Geol)* сугли́нистый; гли́нистый
Toninjektion *f (Bw)* глиниза́ция *f*
Tonkneter *m* глиномя́лка *f*
Tonknetmaschine *f* глиномя́лка *f*
Tonmischer *m* глиномеша́лка *f*
Tonnage *f (Schiff)* тонна́ж *m*
Tonne *f* 1. то́нна *f (SI-fremde Einheit der Masse)*; 2. бо́чка *f*; 3. *(Schiff)* буй *m*; ба́кен *m*
Tonnen... бочкообра́зный
Tonnenform *f* бочкообра́зность *f*
tonnenförmig бочкообра́зный
Tonnengewölbe *n (Bw)* цилиндри́ческий свод *m*
Tonnenkilometer *m* то́нно-киломе́тр *m*, ткм
Tonnenverzeichnung *f (TV)* бочкообра́зное искаже́ние *n*
Tonnlage *f (Bgb)* накло́н *m*
tonnlägig *(Bgb)* накло́нный
Tonqualität *f (Ak)* ка́чество *n* звуча́ния
Tonrille *f* звукова́я кана́вка *f (der Schallplatte)*
Tonrohr *n* керами́ческая труба́ *f*
Tonsäule *f* звукова́я коло́нка *f*
Tonschiefer *m* гли́нистый сла́нец *m*
Tonschlicker *m* гли́няный шли́кер *m*
Tonspur *f (Kine)* звукова́я доро́жка *f*, фоногра́мма *f (eines Films)*
Tonträger *m* звуконоси́тель *m*
Tonung *f (Photo)* вири́рование *n*, тони́рование *n*
Tonungsverfahren *n s.* Tonung
Tonverstärker *m* звукоусили́тель *m*
Tonverstärkung *f* звукоусиле́ние *n*
Tonwertwiedergabe *f (Photo)* цветопереда́ча *f*
Tonwiedergabe *f (Ak)* звуковоспроизведе́ние *n*
Tool *n (Inf)* вспомога́тельная програ́мма *f*
Topas *m (Min)* топа́з *m*
Töpfer... гонча́рный
Töpferofen *m* гонча́рная печь *f*
Töpferscheibe *f* гонча́рный круг *m*
Topfscheibe *f (Masch)* ча́шка *f*
Topochemie *f* топохи́мия *f*
Topogramm *n (Krist)* топогра́мма *f*
Topographie *f* топогра́фия *f*
topographisch топографи́ческий
Topologie *f* тополо́гия *f*
Topp *m (Schiff)* топ *m*
toppen *(Schiff)* топи́ть
Toppen *n* отбензи́нивание *n (Roherdöl)*
Tor *n* 1. *(Eln)* затво́р *m*; *(Inf)* ве́нтиль *m*; 2. *(Inf)* порт *m*; 3. *(Bw, Hydt)* воро́та *pl*
Torf *m (Geol)* торф *m*
Torf... торфяно́й
Torfbruch *m (Geol)* торфя́ник *m*
Torfgewinnung *f* торфодобы́ча *f*, торфодобыва́ние *n*
Torflager *n (Geol)* торфя́ник *m*
Torfstechmaschine *f* торфоре́з *m*
Torkretbeton *m* торкретбето́н *m*
Torkretieren *n (Bw)* торкрети́рование *n (Beton)*
Torkretierverfahren *n (Bw)* торкрети́рование *n (Beton)*
Torkretkanone *f (Bw)* цеме́нт-пу́шка *f*
Toroid *n (Math)* торо́ид *m*
Toroid... тороида́льный
toroidal тороида́льный
Toroidspule *f (El)* торо́ид *m*
Torpedo *m* торпе́да *f*
Torpedo... торпе́дный
torr *s.* Torr
Torr *n (Mech)* торр *m (SI-fremde Einheit des Druckes)*
Torschaltung *f (Eln)* венти́льная схе́ма *f*
Torsiometer *n* торсио́метр *m*
Torsion *f* круче́ние *n*, скру́чивание *n*, закру́тка *f*; *(Math)* круче́ние *n (einer Raumkurve)*
Torsionsbeanspruchung *f (Fest)* напряже́ние *n* при круче́нии

Torsionsfestigkeit *f (Fest)* прóчность *f* при кручéнии; предéл *m* прóчности при кручéнии; (врéменное) сопротивлéние скрýчиванию
Torsionsflattern *n (Aero, Flg)* крутúльный флáттер *m*
Torsionsmesser *m* торсиóметр *m*
Torsionsmoment *n (Mech)* крутя́щий момéнт *m (Torsion)*
Torsionsschwingung *f (Mech)* крутúльное колебáние *n*
Torsionsspannung *f (Fest)* напряжéние *n* при кручéнии
Torsionsstabfederung *f (Kfz)* торсиóнная подвéска *f*
Torsionssteifigkeit *f (Fest)* жёсткость *f* при кручéнии
Torsionsversuch *m (Wkst)* испытáние *n* на кручéние
Torsionswaage *f* крутúльные весы́ *pl*
Torsionswinkel *m (Math, Mech)* ýгол *m* кручéния
Torspannung *f (Eln)* напряжéние *n* затвóра
Torus *m (Math)* тор *m*
Toster *m* тóстер *m*
Totalausfall *m* пóлный откáз *m*
Totalreflexion *f (Opt)* пóлное отражéние *n*
Totpunkt *m (Masch)* мёртвая тóчка *f*
Totpunktlage *f (Masch)* положéние *n* мёртвой тóчки
Totpunktstellung *f (Masch)* положéние *n* мёртвой тóчки
Totzeit *f (Reg)* запáздывание *n*, врéмя *n* запáздывания
Totzeit... *(Reg)* запáздывающий
totzeitfrei *(Reg)* без запáздывания
Tourenrad *n* дорóжный велосипéд *m*
Toxikologie *f* токсиколóгия *f*
toxisch токсúческий, ядовúтый
Toxizität *f* токсúчность *f*, ядовúтость *f*
TP *m s.* Tiefpass
T-Profil *n (Wlz)* таврóвая бáлка *f*
Trabant *m (Astr)* спýтник *m*
Tracer *m (Kern)* индикáтор *m*, мéченый áтом *m*
~/radioaktiver радиоактúвный индикáтор *m*
Tracerisotop *n (Kern)* изотóпный индикáтор *m*
Trachyt *m (Min)* трахúт *m*
Trafo *m s.* Transformator
Trafoblech *n* трансформáторная листовáя сталь *f*
Trag... несýщий; портатúвный; опóрный
Tragarm *m (Masch, Bw)* консóль *f*
Tragbalken *m (Bw)* опóрная бáлка *f*
tragbar перенóсный; портатúвный
träge инéртный
Tragelement *n (Bw)* несýщий элемéнт *m*
tragen поддéрживать
Träger *m* 1. *(Bw)* бáлка *f*; фéрма *f*; прогóн *m*; 2. *(El)* несýщая *f*; 3. *(Halbl)* подлóжка *f*; оснóва *f*; основáние *n*; 4. носúтель *m*
~ auf drei Stützen двухпролётная бáлка *f*
~ auf mehreren Stützen многоопóрная бáлка *f*
~/durchgehender неразрезнáя бáлка *f*
~/durchlaufender неразрезнáя бáлка *f*
~/eingespannter задéланная бáлка *f*
~/frei aufliegender свободноопёртная бáлка *f*
~/gebauter составнáя бáлка *f*
~/geschweißter сварнáя бáлка *f*
~/kontinuierlicher неразрезнáя бáлка *f*
~/statisch bestimmter статúчески определúмая бáлка *f*
~/statisch unbestimmter статúчески неопределúмая бáлка *f*
~ über zwei Felder двухпролётная бáлка *f*
~/unterspannter шпрéнгельная фéрма [бáлка] *f*
~/zusammengesetzter составнáя бáлка *f*
Trägerdichte *f (Eln)* концентрáция *f* носúтельей заря́да
Trägerflugzeug *n* самолёт-носúтель *m*
Trägerfrequenz *f (El, Nrt)* несýщая частотá *f*, несýщая *f*
Trägerfrequenzfernsprechverbindung *f* высокочастóтная телефóнная связь *f*
Trägerfrequenzkabel *n (El)* высокочастóтный кáбель *m*
Trägerfrequenzleitung *f (El)* высокочастóтная лúния *f*

Trägerfrequenztechnik *f (Nrt)* тéхника *f* высокочастóтной свя́зи, высокочастóтная связь *f*
Trägerfrequenztelegraphie *f* высокочастóтное телеграфи́рование *n*
Trägerfrequenztelephonie *f* высокочастóтная *f* [радиочастóтная] телефóния *f*
Trägerfrequenzübertragung *f (Nrt)* передáча *f* на несýщей частотé
Trägergas *n (Halbl)* газ-носи́тель *m*
Trägerlawine *f (Eln)* лави́на *f* носи́телей (заря́да)
Trägerplatine *f (Eln)* несýщая плáта *f* *(einer gedruckten Schaltung)*
Trägerrakete *f* ракéта-носи́тель *f*, РН *f*
~/wieder verwendbare ракéта-носи́тель *f* многорáзового испóльзования
Trägerschicht *f (Text)* каркáс *m*
Trägerstrom *m (El)* ток *m* несýщей частоты́
Trägertransport *m (Eln)* перенóс *m* носи́телей (заря́да)
Trägerwelle *f (Rf, Nrt)* несýщая волнá *f*
Tragfähigkeit *f* 1. *(Bw)* несýщая спосóбность *f*; 2. *(Förd)* грузоподъёмность *f*; 3. *(Schiff)* дéдвейт • **von hoher** ~ большегрýзный
Tragfläche *f (Flg)* крылó *n*; несýщая повéрхность *f (tragende Fläche des Tragflügels)*
Tragflächenschiff *n* сýдно *n* на подвóдных кры́льях, СПК *n*
Tragflügel *m (Flg)* крылó *n*
~/gepfeilter стрелови́дное крылó *n*
~/gerader прямóе крылó *n*
Tragflügelprofil *n (Flg)* прóфиль *m* крылá
Tragflügelschiff *n* сýдно *n* на подвóдных кры́льях, СПК *n*
Traggerüst *n (Bw)* несýщий каркáс *m*
Trägheit *f (Mech)* инéрция *f*; инерциóнность *f*; инéртность *f*
trägheitsarm малоинерциóнный
Trägheitsellipse *f (Mech)* э́ллипс *m* инéрции
Trägheitsellipsoid *n (Mech)* эллипсóид *m* инéрции
Trägheitsfeld *n (Mech)* пóле *n* инéрции
Trägheitsflug *m* пасси́вный полёт *m*
trägheitsgelenkt *(Rak)* с инерциáльным наведéнием
Trägheitskonstante *f* **(/relative)** *(Mech)* постоя́нная *f* инéрции
Trägheitskraft *f (Mech)* си́ла *f* инéрции
Trägheitslenkung *f (Rak)* инерциáльное наведéние *n*
trägheitslos *(Mech)* безынерциóнный
Trägheitsmoment *n (Mech)* момéнт *m* инéрции
Trägheitsprodukt *n (Mech)* центробéжный момéнт *m*
Trägheitsradius *m (Mech)* рáдиус *m* инéрции
Trägheitssteuerung *f (Rak)* инерциáльное управлéние *n*
Trägheitsverhalten *n (Mech)* инерциóнность *f*
Trägheitswiderstand *m (Mech)* инерциóнное сопротивлéние *n*
Tragkörper *m (Bw)* основáние *n*
Tragkraft *f* 1. *(Bw)* несýщая спосóбность *f*; 2. *(Förd)* грузоподъёмность *f*; 3. *(Aero)* подъёмная си́ла *f*
Tragluft... 1. воздухоопóрный; 2. воздухонесóмый
Tragring *m* опóрное кольцó *n*
Tragrolle *f* роликоопóра *f (am Gurtförderer)*
Tragschiene *f* монорéльс *m (der Einschienenhängebahn)*
Tragschraube *f (Flg)* несýщий винт *m*
Tragseil *n* несýщий трос *m*; *(Bw)* кáбель *m (von Hängebrücken)*
Tragseilbrücke *f* вáнтовый мост *m*
Tragsystem *n (Flg)* несýщая констрýкция *f*
Tragwerk *n (Bw)* несýщая констрýкция *f*; рáма *f*
~/ebenes *(Bw)* плóская фéрма *f*
Tragzapfen *m (Masch)* цáпфа *f (z. B. von Wellen)*
Trailer *m s.* Tieflader
Trainer *m* тренажёр *m*
Trainieren *n* тренирóвка *f (von Werkstoffen)*
Training *n* тренирóвка *f*
Trajektorie *f (Ph)* траектóрия *f*
Traktion *f (Eb)* тя́га *f*
Traktionsleistung *f (Eb)* тя́говая мóщность *f*
Traktionsmotor *m (El, Eb)* тя́говый дви́гатель *m*

Traktionsunterwerk *n (El, Eb)* тя́говая подста́нция *f (zur Bahnstromversorgung)*
Traktor *m* тра́ктор *m*
Traktor(en)... тра́кторный
Traktorenbau *m* тракторострое́ние *n*
Traktrix *f (Math)* трактри́са *f*
Trampschiff *n* трамп *m*
Tran *m* жир *m*
Tränke *f (Lw)* пои́лка *f*
tränken пропи́тывать
~/mit Öl прома́сливать
Tränken *n* пропи́тка *f*
Transceiver *m (Eln)* приёмопереда́тчик *m*
Transfer *m (Inf)* переда́ча *f*, перено́с *m*, пересы́лка *f (von Daten)*
Transfereinrichtung *f (Fert)* транспорти́рующее устро́йство *n (z. B. an Pressen)*
Transferflug *m (Flg)* перелёт *m*
Transferpressen *n (Kst)* литьево́е прессова́ние *n*
Transferverkappung *f (Eln)* трансфе́рное прессова́ние *n*
Transfluxor *m (Inf)* трансфлю́ксор *m*
Transformation *f* 1. *(Math)* трансформа́ция *f*; преобразова́ние *n*; 2. *(El)* трансформа́ция *f*
~/affine аффи́нное преобразова́ние *n*
~/lineare лине́йное преобразова́ние *n*
Transformationsfaktor *m s.* Transformationskoeffizient
Transformationskoeffizient *m (El)* коэффицие́нт *n* преобразова́ния [трансформа́ции]
Transformationspunkt *m (Glas)* то́чка *f* превраще́ния
Transformator *m (El)* трансформа́тор *m*
~/ölgefüllter [ölgekühlter] ма́сляный трансформа́тор *m*
Transformator(en)... трансформа́торный
Transformatorenbank *f* группово́й трансформа́тор *m*
Transformatorenblech *n* трансформа́торная листова́я сталь *f*, листова́я электротехни́ческая сталь *f*
Transformatorenöl *n* трансформа́торное ма́сло *n*
Transformatorenstation *f s.* Transformatorstation
Transformatorhäuschen *n* трансформа́торная бу́дка *f*
Transformatorstation *f* трансформа́торная подста́нция *f*
transformieren 1. *(Math)* преобразо́вывать; 2. *(El)* трансформи́ровать
Transformierte *f (Math)* трансформа́нта *f*, изображе́ние *n*
transient перехо́дный
Transistor *m (Eln)* транзи́стор *m*, полупроводнико́вый трио́д *m*
~/bipolarer биполя́рный транзи́стор *m*
Transistor... *(Eln)* транзи́сторный; на транзи́сторах
Transistorarray *n (Eln)* транзи́сторная ма́трица [сбо́рка] *f*
transistorbestückt *(Eln)* транзисторизо́ванный, транзи́сторный, на транзи́сторах
Transistorbestückung *f (Eln)* транзисториза́ция *f*
Transistorempfänger *m (Rf)* приёмник *m* на транзи́сторах, транзи́сторный радиоприёмник *m*
transistorisiert *s.* transistorbestückt
Transistorisierung *f (Eln)* транзисториза́ция *f*
Transistortetrode *f (Eln)* бини́стор *m*
Transistor-Transistor-Logik *f* транзи́сторно-транзи́сторная ло́гика *f*, ТТЛ *f*
Transistorverstärker *m* транзи́сторный усили́тель *m*
Transitamt *n (Nrt)* транзи́тная ста́нция *f*
transitiv *(Math)* транзити́вный
Transitron *n (Eln)* транзитро́н *m*
Transkristallisation *f (Krist)* транскристаллиза́ция *f*
Translation *f* 1. *(Krist)* трансля́ция *f*; 2. *(Math)* (паралле́льный) перено́с *m*, трансля́ция *f*, сдвиг *m*
Translations... поступа́тельный
Translationsebene *f (Krist)* пло́скость *f* скольже́ния
Translationsgitter *n (Ph)* решётка *f* Браве́
Translator *m s.* Compiler
translatorisch поступа́тельный
Translatorprogramm *n s.* Compiler
Transmission *f* 1. пропуска́ние *n*; 2. *(Masch)* трансми́ссия *f*

Transmissionskoeffizient *m (Opt)* коэффицие́нт *m* пропуска́ния
Transmissionsscheibe *f (Masch)* трансмиссио́нный шкив *m*
Transmissionswelle *f (Masch)* трансмиссио́нный вал *m*
Transmitter *m* трансми́ттер *m*
transparent прозра́чный; просвечи-ва́ющий; светопроница́емый
Transparentpapier *n* ка́лька *f*
Transparenz *f* прозра́чность *f*; пропуска́ние *n*; светопроница́емость *f*
Transponieren *n* транспони́рование *n* *(von Frequenzen)*
Transport *m* 1. транспортиро́вка *f*, транспорти́рование *n*, тра́нспорт *m*, перево́зки *fpl*; 2. *(Ph)* перено́с *m*; 3. протя́жка *f (eines Bandes)*; 4. *(Photo)* перемо́тка *f (Filme)*
~/innerbetrieblicher внутризаводско́й тра́нспорт *m*
~/schienengebundener ре́льсовый тра́нспорт *m*
transportabel перено́сный, транспорта́бельный
Transportbeton *m* това́рный [заводско́й] бето́н *m*
Transportbetonmischer *m* автобетоносмеси́тель *m*
Transporteinrichtung *f* транспортёр *m*
Transporter *m* 1. *(Schiff)* тра́нспорт *m*; 2. *s.* Raumtransporter
Transporteur *m* 1. транспорти́р *m*; 2. *(Text)* ре́йка *f (an der Nähmaschine)*
transportfähig транспорта́бельный
Transportflugzeug *n* тра́нспортный самолёт *m*
Transportgleichung *f (Kern)* уравне́ние *n* перено́са
transportieren перевози́ть
Transportieren *n* транспортиро́вка *f*
transportieren транспорти́ровать
Transportmittel *npl* тра́нспорт *m*, тра́нспортные сре́дства *npl*
~/innerbetriebliche внутризаводско́й тра́нспорт *m*
Transportraumschiff *n s.* Raumtransporter
Transportroboter *m* тра́нспортный ро́бот *m*
Transportschiff *n (Schiff)* тра́нспорт *m*
Transsonikflug *m* околозвуково́й полёт *m*
Transsonikflugzeug *n* околозвуково́й самолёт *m*
transsonisch *(Flg)* околозвуково́й, трансзвуково́й
Transuran... трансура́новый
Transurane *npl (Ch)* трансура́ны *mpl*
transuranisch трансура́новый
transversal попере́чный, трансверса́льный
Transversal... попере́чный, трансверса́льный
Transversalbeschleunigung *f* трансверса́льное [попере́чное] ускоре́ние *n*
Transversale *f (Math)* трансверса́ль *f*
Transversalmaßstab *m* попере́чный масшта́б *m*
Transversalschwingung *f* попере́чное колеба́ние *n*
Transversalwelle *f (Ph)* попере́чная волна́ *f*
Trap *m (Halbl)* трап *m*, лову́шка *f*
Trapez *n (Math)* трапе́ция *f*
Trapez... трапецеида́льный, трапецеви́дный
trapezförmig трапецеида́льный, трапецеви́дный
Trapezgewinde *n* трапецеида́льная [трапецеви́дная] резьба́ *f*
Trapezoeder *n (Krist)* трапецо́едр *m*
Trapezoid *n (Math)* трапецо́ид *m*
Traps *m (Bw)* трап *m*, водяно́й затво́р *m*
Trass *m (Geol)* трасс *m*
Trasse *f* тра́сса *f (z. B. beim Straßenbau)*
Trassierung *f* трассиро́вка *f*
Traubenzucker *m (Ch)* глюко́за *f*
Traverse *f* 1. тра́верса *f*; 2. попере́чина *f*, попере́чная ба́лка *f*
Travertin *m* известко́вый туф *m*, траверти́н *m*
Trawl *n* трал *m*, тра́ловая сеть *f (Fischfang)*
Trawler *m (Schiff)* тра́улер *m*
Treber *m (Brau)* дроби́на *f*
Treffen *n* попада́ние *n*; встре́ча *f*
Treibanker *m (Schiff)* плаву́чий я́корь *m*
Treibarkeit *f* 1. чека́нка *f*; 2. *(Met)* купеля́ция *f*
Treibeis *n* дрейфу́ющий лёд *m*
treiben 1. чека́нить *(Treibarbeit)*; *(Schm)* разгоня́ть *(Bleche)*; 2. *(Met)* выделя́ть; 3. дре́йфовать

Treiben *n* 1. чека́нка *f*; *(Schm)* разго́нка *f (Bleche)*; 2. *(Met)* купеля́ция *f*
treibend *(Masch)* веду́щий
Treibeofen *m* купеляцио́нная печь *f (NE-Metallurgie)*
Treiber *m* 1. *(Eln, Inf)* формирова́тель *m*, дра́йвер *m*; 2. *(Rf)* задаю́щий [возбужда́ющий] каска́д *m*; 3. *(Glas)* плу́нжер *m*
Treiberschaltung *f s.* Treiber 1.
Treiberstufe *f s.* Treiber 2.
Treibhammer *m* разго́нный молото́к *m*
Treibhaus *n* тепли́ца *f*
Treibhauseffekt *m (Ökol)* парнико́вый эффе́кт *m*
Treibnetzfänger *m (Schiff)* дри́фтер *m*
Treibnetzfischerei *f* дри́фтерный лов *m*
Treibofen *m* купеляцио́нная печь *f (NE-Metallurgie)*
Treibrad *n (Masch)* веду́щая шестерня́ *f*
Treibradachse *f (Kfz)* полуо́сь *f*
Treibriemen *m* приводно́й реме́нь *m*
Treibrolle *f (Masch)* веду́щий ро́лик *m*
Treibsand *m (Geol)* плыву́н *m*
Treibsatz *m (Rak)* заря́д *m*
Treibscheibe *f (Masch)* веду́щий шкив *m*
Treibstoff *m* то́пливо *n*; горю́чее *n*
~/fester твёрдое то́пливо *n*
~/flüssiger жи́дкое то́пливо *n*
Treibstoff... то́пливный
Treibstoffbehälter *m* бак *m* горю́чего
Treibstoffbunkerschiff *n* бункеро́вочное су́дно *n*
Treibstoffdurchsatz *m (Rak)* расхо́д *m* то́плива
Treibstoffverbrauch *m* затра́та *f* то́плива
Treibstoffversorgungsschiff *n* бункеро́вочное су́дно *n*
trennbar 1. раздели́мый; разъёмный
~/nicht неразъёмный
Trennbarkeit *f (Ch)* отдели́мость *f*
trennen 1. разделя́ть; отделя́ть; 2. разъединя́ть; разобща́ть; 3. отреза́ть, разреза́ть; 4. расстыкова́ть; 5. *(Nrt)* разъединя́ть; 6. *(El)* отсоединя́ть; 7. *(El)* выделя́ть *(Signale)*
Trennen *n* 1. разделе́ние *n*; отделе́ние *n*; 2. *(El)* разъедине́ние *n*; *(El)* размыка́ние *n*; разобще́ние *n*; 3. ре́зка *f*, отре́зка *f*, разре́зка *f*; 4. расстыко́вка *f*; 5. *(El)* отсоедине́ние *n*; 6. *(El)* выделе́ние *n (Signale)*
~/schichtenweises расслое́ние *n*
Trenner *m (El)* разъедини́тель *m*
Trennfilter *n (Rf)* раздели́тельный фильтр *m*
Trennfräser *m (Wkz)* отрезна́я фреза́ *f*
Trennfuge *f (Fert)* разъём *m*
Trenngüte *f (Ch)* разреша́ющая спосо́бность *f (in der Chromatographie)*
Trennkolonne *f (Ch)* раздели́тельная коло́нна *f*
Trennmaschine *f*/**spanende** отрезно́й стано́к *m*
Trennsäule *f (Ch)* раздели́тельная коло́нна *f*
Trennschalter *m (El)* разъедини́тель *m*
trennscharf *(Rf)* селекти́вный
Trennschärfe *f* 1. селекти́вность *f*; 2. *(Rf)* избира́тельность *f*; 3. *(Opt)* разреша́ющая си́ла *f*; 4. *(Ch)* разреша́ющая спосо́бность *f (in der Chromatographie)*
Trennscheibe *f (Wkz)* ре́жущий диск *m*; *(Wkz)* отрезно́й круг *m*
Trennschicht *f* раздели́тельный слой *m*; просло́йка *f*
Trennschleifen *n* отреза́ние *n* шлифова́льным круго́м, абрази́вное отреза́ние *n*
Trennschleifmaschine *f* отрезно́й стано́к *m*
Trennung *f s.* Trennen
Trennwand *f* перегоро́дка *f*; *(Schiff)* перебо́рка *f*
Treppe *f* ле́стница *f*; *(Schiff)* трап *m*
Treppenhaus-Raumzelle *f (Bw)* блок-ле́стница *f*
Treppenlauf *m (Bw)* ле́стничный марш *m*
Treppenlichtautomat *m (El)* ле́стничный автома́т *m*
Treppenwange *f (Bw)* косоу́р *m*
treten/in Eingriff *(Masch)* входи́ть в зацепле́ние
Triac *m (El)* триа́к *m*, сими́стор *m*
triangular треуго́льный
Triangulation *f (Geod)* триангуля́ция *f*
~/photogrammetrische фототриангуля́ция *f*
Trias *f (Geol)* триа́с *m*

Triboelektrizität *f* трибоэлектри́чество *n*, электри́чество *n* тре́ния
Tribokorrosion *f* фре́ттинг-корро́зия *f*
Tribologie *f* трайболо́гия *f*
~/angewandte прикла́дная трайболо́гия *f*
Tribolumineszenz *f* триболюминесце́нция *f*
Tribomechanik *f* трибомеха́ника *f*
Tribometer *n* трибоме́тр *m*
Tribometrie *f* трибоме́трия *f*
Tribophysik *f* трибофи́зика *f*
Tribotechnik *f* триботе́хника *f*
Trichter *m* 1. воро́нка *f*; 2. *(Met)* ли́тник *m*; 3. *(Ak)* ру́пор *m*
Trichter... 1. воронкообра́зный; 2. ру́порный
Trichterantenne *f* ру́порная анте́нна *f*
Trichtereinbruch *m (Bgb)* воронкообра́зный вруб *m*
trichterförmig воронкообра́зный
Trichterwagen *m (Förd)* хо́ппер *m*
Trickaufnahme *f (Photo)* мультиплика́ция *f*
Trickfilm *m* мультипликацио́нный кинофи́льм *m*, мультфи́льм *m*
Trickfilm... мультипликацио́нный
Trickmaschine *f (Kine)* трюк-маши́на *f*
Tricktisch *m (Kine)* мультипликацио́нный стол *m*
Trieb *m (Masch)* переда́ча *f*
Triebachse *f (Kfz)* веду́щий мост *m*
Triebkraft *f* дви́жущая си́ла *f*
Triebstock *m (Masch)* це́вка *f*
Triebstock(zahn)rad *n (Masch)* це́вочное колесо́ *n*
Triebwagen *m (Eb)* мото́рный ваго́н *m*, автомотри́са *f (mit Verbrennungsmotor)*
Triebwagen(zug)einheit *f (Eb)* моторваго́нная се́кция *f*
Triebwerk *n* 1. *(Flg)* дви́гатель *m*; 2. силова́я устано́вка *f*; 3. *(Kfz)* силово́й агрега́т *m*
Triebwerkshaube *f (Flg)* капо́т *m* дви́гателя
Triebwerksschub *m (Flg)* тя́га *f* дви́гателя
Triebzug *m* **/elektrischer** электропо́езд *m*
Trieder *n (Krist)* триэ́др *m*, трёхгра́нник *m*
Trieur *m (Lw)* три́ер *m*
Triftröhre *f (Eln)* клистро́н *m*
Trigatron *n (Eln)* тригатро́н *m*
Trigger *m (El)* три́ггер *m*
~/dynamischer динами́ческий три́ггер *m*
~/statischer стати́ческий три́ггер *m*
Trigger... *(Eln)* три́ггерный
Triggerdiode *f* **(/bidirektionale)** *(Eln)* диа́к *m*, двусторо́нний переключа́тельный дио́д *m*
Triggerimpuls *m (El)* запуска́ющий и́мпульс *m*
triggern *(Reg)* запуска́ть
Triggerschaltung *f (El)* три́ггер *m*, спускова́я [три́ггерная] схе́ма *f*
Triggerung *f (Reg)* за́пуск *m*
trigonal *(Krist)* тригона́льный
Trigonometrie *f (Math)* тригономе́трия *f*
~/sphärische сфери́ческая тригономе́трия *f*
trigonometrisch *(Math)* тригономе-три́ческий
triklin *(Krist)* трикли́нный
Trimaran *m* трimара́н *m*
trimer *(Ch)* триме́рный
Trimetrie *f (Math)* триме́трия *f*
Trimm *m (Schiff)* диффере́нт *m*
Trimmanlage *f (Flg)* уравнове́шенная систе́ма *f*
trimmen 1. *(Flg)* баланси́ровать, уравнове́шивать; 2. *(Schiff)* дифференгова́ть
Trimmer *m s.* Trimmkondensator
Trimmer... подстро́ечный
Trimmerkondensator *m s.* Trimmkondensator
Trimmklappe *f (Flg)* три́ммер *m*
Trimmkondensator *m (Rf)* подстро́ечный конденса́тор *m*, три́ммер *m*
Trimmlage *f (Schiff)* диффере́нт *m*
Trimm(lage)messer *m (Schiff)* диффере́нто́метр *m*
Trimmruder *n (Flg)* три́ммер *m*
Trimmstab *m (Kern)* компенси́рующий сте́ржень *m (Reaktorsicherheit)*
Trimmtank *m (Schiff)* диффере́нтная цисте́рна *f*
trimorph *(Krist)* триmо́рфный
Trimorphie *f (Krist)* триморфи́зм *m*
Trinistor *m (Eln)* трини́стор *m*

Trinkwasser *n* питьева́я вода́ *f*
Trinkwasserleitung *f* (хозя́йственно-) питьево́й водопрово́д *m*
Trinkwasserversorgung *f* снабже́ние *n* питьево́й водо́й
Trinom *n (Math)* трино́м *m*, трёхчле́н *m*
trinomisch *(Math)* трёхчле́нный
Trio *n s.* 1. Triowalzgerüst; 2. Triowalzstraße
Triode *f (Eln)* трио́д *m*
Trio(walz)gerüst *n (Wlz)* клеть *f* три́о
Triowalzstraße *f* стан *m* три́о, трёхвалко́вый (прока́дный) стан *m*
Triowalzwerk *n s.* Triowalzstraße
Tripelpunkt *m (Therm)* тройна́я то́чка *f (im Zustandsdiagramm)*
Triplett *n (Opt)* трипле́т *m*
Triplexschicht *f* трёхсло́йное покры́тие n
Tristate... *(Eln)* тристаби́льный
Tritium *n (Kern)* три́тий *m*, T, t
Tritiumkern *m (Kern)* трито́н *m*, t
Triton *n (Kern)* трито́н *m*, t
Trittbrett *n* ступе́нька *f*; просту́пь *f*
Trittstufe *f* просту́пь *f*
trivalent *(Ch)* трёхвале́нтный
Trivialname *m (Ch)* тривиа́льное назва́ние *n*
Trochoidale *f (Math)* трохо́ида *f*
Trochoide *f (Math)* трохо́ида *f*
trocken сухо́й; безво́дный; засу́шливый *(Klima)*
Trockenabscheider *m* сухо́й пылеулови́тель *m*
Trockenanlage *f s.* Trocknungsanlage
Trockenbatterie *f (El)* суха́я батаре́я *f*
Trockenbohren *n (Bgb)* сухо́е буре́ние *n*
Trockendampf *m* сухо́й пар *m*
Trockendestillation *f (Ch)* суха́я перего́нка *f*
Trockendock *n* сухо́й док *m*
Trockeneis *n* сухо́й лёд *m*
Trockenelement *n (El)* сухо́й элеме́нт *m*
Trockenentstauber *m* сухо́й пылеулови́тель *m*
Trockenfrachter *m* сухогру́зное су́дно *n*
Trockenfrachtschiff *n* сухогру́зное су́дно *n*
Trockenheit *f (Meteo)* ари́дность *f*; за́суха *f*
Trockenkammer *f* суши́льная ка́мера *f*
Trockenklassierung *f* суха́я классифика́ция *f*
Trockenklima *n* сухо́й кли́мат *m*
Trockenkupplung *f (Kfz)* сухо́е сцепле́ние *n*; суха́я му́фта *f*
trockenlegen *(Lw, Bgb)* осуша́ть
Trockenlegung *f (Lw, Bgb)* осуше́ние *n*
Trockenlöschen *n (Bw)* сухо́е гаше́ние *n (Kalk)*
Trockenmaschine *f* суши́льная маши́на *f*
Trockenmittel *n* суши́льный аге́нт *m*, осуши́тель *m*
Trockenofen *m* суши́льная печь *f*
Trockenperiode *f (Meteo)* за́суха *f*
Trockenrasierer *m* электри́ческая бри́тва *f*, электробри́тва *f*
Trockenraum *m* суши́льное помеще́ние *n*, суши́льная камера *f*, суши́лка *f*
Trockenreibung *f (Trib)* сухо́е тре́ние *n*
Trockenreinigung *f* суха́я очи́стка *f*
Trockenschleifen *n* сухо́е шлифова́ние *n*
Trockenschrank *m* суши́льный шкаф *m*
Trockenschroten *n (Brau)* сухо́е дробле́ние *n*
Trockenschrotung *f (Brau)* сухо́е дробле́ние *n*
Trockenschwindung *f* возду́шная уса́дка *f*; *(Ker)* усу́шка *f*
Trockenspinnen *n (Text)* сухо́е пряде́ние *n*
Trockensubstanz *f (Ch)* сухо́й оста́ток *m*
Trockentrommel *f* суши́льный бараба́н *m*
Trockenzentrifuge *f* суши́льная центрифу́га *f*
Trockenzerkleinerung *f* сухо́е дробле́ние *n*
trocknen суши́ть, высу́шивать; осуша́ть; просу́шивать
Trocknen *n* су́шка *f*; высу́шивание *n*; осуше́ние *n*; высыха́ние *n*
~/schnell быстросо́хнущий, быстровысыха́ющий
Trockner *m* суши́лка *f*, осуши́тель *m*
Trocknung *f s.* Trocknen
Trocknungs... осуши́тельный
Trocknungsanlage *f* суши́лка *f*, суши́льная устано́вка *f*

Trocknungsmittel *n* суши́льный аге́нт *m*
Trog *m* 1. лото́к *m*; коры́то *n*; 2. ковш *m*; 3. *(Geol)* ложби́на *f*; трог *m*; 4. *(Meteo)* трог *m*
trogförmig жело́бчатый
Trogtal *n (Geol)* трог *m*, тро́говая доли́на *f*
Trolleybus *m* тролле́йбус *m*
Trombe *f (Meteo)* тромб *m*, смерч *m*
Trommel *f* 1. бараба́н *m*; цили́ндр *m*; 2. *(Lw)* би́тер *m*; 3. ро́тор *m (der Zentrifuge)*
Trommel... бараба́нный
Trommelaufgeber *m* бараба́нный пита́тель *m*
Trommelaufnehmer *m* бараба́нный подбо́рщик *m*
Trommelbremse *f* бараба́нный то́рмоз *m*
Trommelkessel *m* бараба́нный котёл *m*
Trommelmagazin *n* бараба́нный мага-зи́н *m*
Trommelmischer *m* бараба́нный сме-си́тель *m*, смеси́тельный бараба́н *m*
Trommelofen *m (Met)* бараба́нная печь *f*
Trommelsieb *n* бараба́нное си́то *n*, бараба́нный гро́хот *m*
Trommeltrockner *m* бараба́нная суши́лка *f*
Trommelwinde *f* бараба́нная лебёдка *f*
Troostit *m (Wkst, Min)* трости́т *m*
Tropenausführung *f* тропи́ческое исполне́ние *n*
tropenbeständig тропикосто́йкий
Tropenbeständigkeit *f* тропикосто́й-кость *f*
tropenfest тропикосто́йкий
Tropenfestigkeit *f* тропикосто́йкость *f*
Tropfen *m* ка́пля *f*
Tropfenabscheider *m* каплеотдели́-тель *m*
Tropfenkondensation *f (Ch)* ка́пельная конденса́ция *f*
Tropföler *m* ка́пельная маслёнка *f*, ка́пельница *f*
Tropfölschmierung *f* ка́пельная сма́зка *f*
Tropfpunkt *m (Ch)* температу́ра *f* кап-лепаде́ния *(von Ölen)*
Tropfsteinhöhle *f* сталакти́товая пеще́ра *f*
Tropfwasser *n* капёж *m*
tropfwasserfest капленепроница́емый
tropfwassergeschützt каплезащищён-ный
tropfwassersicher капленепроница́е-мый
tropisch тропи́ческий
Tropopause *f (Geoph, Meteo)* тропо-па́уза *f*
Troposphäre *f (Geoph, Meteo)* тропо-сфе́ра *f*
Trosse *f* трос *m*; кана́т *m*
Trossenwinde *f (Schiff)* вью́шка *f*
Trub *m (Brau)* оса́док *m*
Trübe *f* пу́льпа *f*; муть *f (Aufbereitung)*
trübe му́тный; ту́склый
trüben 1. мути́ть; 2. глуши́ть *(Glas)*
Trübung *f* 1. му́тность *f*, помутне́ние *n*; 2. муть *f*; оса́док *m*; 3. глуше́ние *n (Glas)*; 4. *(TV)* размы́тость *f*
Trübungsgrad *m* му́тность *f*
Trübungsmesser *m (Ch)* нефело́метр *m*, турбидиме́тр *m*
Trübungsmessung *f (Ch)* турбиди-ме́трия *f*
Trübungsmittel *n* глуши́тель *m (für Glas)*
Trübungspunkt *m (Ch)* то́чка *f* помут-не́ния
trudeln *(Flg)* што́порить
Trudeln *n (Flg)* што́пор *m*
Trum *n (Bgb)* отделе́ние *n*
Trümmer *pl* обло́мки *mpl*
Trümmerlagerstätte *f (Geol)* ро́ссыпь *f*
T-Stahl *m (Wlz)* тавро́вая ба́лка *f*, тавр *m*, тавро́вая сталь *f*
T-Stoß *m (Schw)* тавро́вое соедине́ние *n*
T-Stück *n (Masch)* тройни́к *m*
***TS*-Diagramm** *n (Therm)* энтропи́йная [теплова́я] диагра́мма *f*, диагра́мма *f* энтропи́и
TTL *f s.* Transistor-Transistor-Logik
TTL-Mikroschaltkreis *m (Eln)* ТТЛ-микросхе́ма *f*
TTL-Mikroschaltung *f (Eln)* ТТЛ-мик-росхе́ма *f*
TTL-Schaltkreis *m (Eln)* ТТЛ-схе́ма *f*
~/integrierter *(Eln)* ТТЛ ИС *f*
TTL-Schaltung *f (Eln)* ТТЛ-схе́ма *f*
T-Träger *m* тавро́вая ба́лка *f*, тавр *m*
Tübbing *m (Bgb, Bw)* тю́бинг *m*

Tubus *m* ту́бус *m*
Tuch *n (Text)* сукно́ *n*
Tuch... суко́нный
Tuck... па́рный *(Schleppnetzfischerei)*
Tucken *n* близнецо́вый лов *m*
Tuckfischerei *f* близнецо́вый лов *m*
Tucktrawler *m* близнецо́вый тра́улер *m*
Tuff *m (Geol)* туф *m*
Tuffkalk *m* известко́вый туф *m*, траверти́н *m*
tünchen обма́зывать; бели́ть
Tuner *m (Rf)* тю́нер *m*; *(TV)* селе́ктор *m* (телевизио́нных) кана́лов
Tunnel *m* тунне́ль *m*
Tunneldiode *f (Eln)* тунне́льный дио́д *m*
Tunneleffekt *m (Eln)* тунне́льный эффе́кт *m*
Tunneltrockner *m* тунне́льная суши́лка *f*
Tunnelung *f (Eln)* туннели́рование *n*
Tunnelvortrieb *m* прохо́дка *f* тунне́ля
Tüpfelanalyse *f (Ch)* ка́пельный ана́лиз *m*
Tüpfelprobe *f (Ch)* ка́пельная про́ба *f*
Tür *f* дверь *f*
~/**blinde** глуха́я дверь *f*
Türband *n (Bw)* наве́ска *f*
Turbidimeter *n* турбидиме́тр *m*
Turbidimetrie *f* турбидиме́трия *f*
Turbine *f* турби́на *f*
~/**eingehäusige** однокóрпусная турби́на *f*
~/**liegende** горизонта́льная турби́на *f*
~/**mehrgehäusige** многокóрпусная турби́на *f*
~/**mehrstufige** многоступе́нчатая турби́на *f*
~ **mit liegender Welle** горизонта́льная турби́на *f*
~ **mit stehender Welle** вертика́льная турби́на *f*
~/**stehende** вертика́льная турби́на *f*
~/**voll beaufschlagte** по́лная турби́на *f*
Turbinen... турби́нный *(s. a. unter* Turbo...*)*
Turbinenantrieb *m* турбопри́вод *m*
Turbinenbau *m* турбинострое́ние *n*
Turbinenbohren *n (Bgb)* турби́нное буре́ние *n*, турбобуре́ние *n*
Turbinenbohrer *m* турбобу́р *m*
Turbinenlaufrad *n (Masch)* турби́нное колесо́ *n*
Turbinenlokomotive *f* (газо)турбово́з *m*
Turbinen-Luftstrahl... *(Flg)* турбореакти́вный
Turbinenluftstrahlflugzeug *n* турбореакти́вный самолёт *m*
Turbinenluftstrahltriebwerk *n* турбореакти́вный дви́гатель *m*
Turbinenrührer *m* турбомеша́лка *f*
Turbinensaal *m* турби́нный зал *m*
Turbinensatz *m* турбоагрега́т *m*, турби́нный агрега́т *m*
Turbinenschiff *n* турбохо́д *m*
Turbo... турби́нный *(s. a. unter* Turbinen...*)*
Turbobohren *n s.* Turbinenbohren
Turbobohrer *m s.* Turbinenbohrer
turboelektrisch турбоэлектри́ческий
Turboelektroschiff *n* турбоэлектрохо́д *m*
Turbogebläse *n* осева́я воздуходу́вка *f*, турбовоздуходу́вка *f*
Turbogenerator *m (El)* турбогенера́тор *m*
Turbokompressor *m* турбокомпре́ссор *m*
Turbokompressortriebwerk *n* турбокомпре́ссорный дви́гатель *m*
Turbokupplung *f (Masch)* гидрому́фта *f*
Turbolader *m (Flg, Kfz)* турбокомпре́ссор *m*, газотурбонагнета́тель *m*
Turbomaschine *f* турбомаши́на *f*; лопа́точная маши́на *f*
Turbomischer *m* турби́нная меша́лка *f*, турбомеша́лка *f*
Turborührer *m* турби́нная меша́лка *f*, турбомеша́лка *f*
Turbosatz *m s.* Turbinensatz
Turbosegel *n (Schiff)* ветродви́житель *m*
Turbotriebwerk *n* газотурби́нный дви́гатель *m*, ГТД *m*
Turboverdichter *m* турби́нный компре́ссор *m*
turbulent вихрево́й; турбуле́нтный
Turbulenz *f (Hydrod)* турбуле́нтное тече́ние *n*; завихре́ние *n*; турбуле́нтность *f*
Turbulenzbewegung *f* вихрево́е движе́ние *n*
Türflügel *m (Bw)* дверно́е полотно́ *n*
Türkis *m (Min)* бирюза́ *f*

Turm *m* 1. ба́шня *f*; 2. вы́шка *f*; 3. *(Ch)* коло́нна *f*
Turm... ба́шенный
Turmalin *m (Min)* турмали́н *m*
Turmdrehkran *m* ба́шенный (поворо́тный) кран *m*
Turmsilo *m(n) (Lw)* си́лосная ба́шня *f*
Turmwäscher *m (Ch)* скру́ббер *m*
Türpfosten *m (Bw)* дверно́й кося́к *m*
Türstock *m (Bgb)* крепёжная ра́ма *f*
Türsturz *m (Bw)* дверна́я перемы́чка *f*
Türzarge *f (Bw)* дверна́я ра́ма *f*
Tusche *f* тушь *f*
TV-Satellit *m* телевизио́нный спу́тник-ретрансля́тор *m*
TV-Studio *n* телевизио́нная сту́дия *f*
Tweeter *m (Rf)* высокочасто́тный громкоговори́тель *m*
Type *f* ли́тера *f*
Typen... типово́й
Typendrucker *m* буквопеча́тающее устро́йство *n*
Typenprojektierung *f (Bw)* типово́е проекти́рование *n*
Typenraddrucker *m (Inf)* лепестко́вое печа́тающее устро́йство *n*
Typenreihe *f* се́рия *f*; *(Masch)* га́мма *f (z. B. von Werkzeugmaschinen)*
typisiert типово́й
Typisierung *f* типиза́ция *f*
typographisch типогра́фский
Typung *f* типиза́ция *f*

U

U *s.* Uranium
U-Bahn *f* метрополите́н *m*, метро́ *n*
U-Bahnbau *m* метростроéние *n*
über... сверх...
Über... сверх...
Überbau *m (Bw)* надстро́йка *f*; пролётное строе́ние *n (Brücke)*
Überbauen *n (Bgb)* надрабо́тка *f*
Überbeanspruchung *f* перегру́зка *f*; перенапряже́ние *n*
überbelichtet *(Photo)* передéржанный
Überbelichtung *f (Photo)* передéржка *f*
Überbevölkerung *f* перенаселе́ние *n*, перенаселённость *f*
Überblenden *n (TV, Kine)* наплы́в *m*; *(TV)* микши́рование *n* наплы́вом
Überbrennen *n* пережо́г *m (Keramik)*
überbrücken 1. *(El)* перемыка́ть; 2. перекрыва́ть; 3. перекрыва́ть мосто́м
Überbrückung *f* 1. *(El)* перемыка́ние *n*; 2. *(El)* перекры́тие *n*; 3. *(El)* перемы́чка *f*; 4. перекры́тие *n* мосто́м
Überbrückungskabel *n (El)* перемы́чка *f*
Überchlorung *f (Ch)* гиперхлори́рование *n*
Überdachung *f (Bw)* покры́тие *n*, наве́с *m*
überdecken перекрыва́ть
Überdecken *n (Rf)* перекры́тие *n (eines Bereichs)*
Überdeckung *f* 1. перекры́тие *n*; 2. *(Eln)* совмеще́ние *n*
überdimensional негабари́тный
Überdruck *m (Ph)* избы́точное давле́ние *n*, сверхдавле́ние *n*
Überdruckanzug *n (Flg, Raumf)* противоперегру́зочный костю́м *m*
Überdruckkabine *f (Flg, Raumf)* гермокаби́на *f*
Überdruckturbine *f* реакти́вная турби́на *f*
übereinstimmend согла́сный
Übereinstimmung *f* согласова́ние *n*, совпаде́ние *n*
überempfindlich сверхчувстви́тельный
Überempfindlichkeit *f* сверхчувстви́тельность *f*
Überentwickeln *n (Photo)* перепрояв-ле́ние *n*
Überentwicklung *f (Photo)* перепрояв-ле́ние *n*
Übererregung *f (El)* перевозбужде́ние *n (eines Generators)*
übereutektisch *(Wkst)* заэвтекти́ческий *(Gefüge)*
übereutektoid *(Wkst)* заэвтекто́идный *(Gefüge)*
Überfahren *n (Bgb)* надрабо́тка *f*
Überfall *m (Hydt)* водосли́в *m*, сброс *m*
Überfallrohr *n (Hydt)* сливна́я труба́ *f*
Überfallwehr *n (Hydt)* водосли́вная плоти́на *f*
Überfaltungsdecke *f (Geol)* скла́дчатый покро́в *m*
überfliegen *(Flg)* перелета́ть
Überfliegen *n (Flg)* перелёт *m*
Überfließen *n* перетека́ние *n*

Überflug *m (Flg)* перелёт *m*
Überfluss *m* избы́точность *f*
überfluten залива́ть
Überfluten *n* затопле́ние *n*
überführen переводи́ть
Überführung *f* 1. перево́д *m*; переда́ча *f*; 2. перехо́д *m*; *(El, Nrt)* пересече́ние *n (von Leitungen über Verkehrswege)*; 3. приведе́ние *n (in einen anderen Zustand)*; 4. *(Bw)* путепрово́д *m* над автомагистра́лью [желе́зной доро́рой]
Überführungszahl *f (Ph, Ch)* число́ *n* перено́са
Übergabe *f* сда́ча *f*
Übergabeförderer *m* промежу́точный конве́йер *m*
Übergabeprotokoll *n* приёмо-сда́точный акт *m*
Übergabetermin *m (Bw)* срок *m* сда́чи
Übergang *m* 1. перехо́д *m*; 2. *(Inf)* перехо́д *m (s. a. unter* Sprung*)*
Übergangs... перехо́дный
Übergangsbogen *m* перехо́дное коле́но *n (einer Rohrleitung)*
Übergangscharakteristik *f* перехо́дная характери́стика *f*
Übergangsflansch *m* перехо́дный фла́нец *m*
Übergangsfunktion *f (Reg)* перехо́дная фу́нкция *f*
Übergangskennlinie *f* перехо́дная характери́стика *f*
Übergangskurve *f* перехо́дная кри́вая *f*
Übergangsmuffe *f* перехо́дная му́фта *f*
Übergangspassung *f (Masch)* перехо́дная поса́дка *f*
Übergangsprozess *m (Reg)* перехо́дный проце́сс *m*
Übergangsstück *n* перехо́дный па́трубок *m*, перехо́д *m (einer Rohrleitung)*
Übergangsverluste *mpl (Halbl)* перехо́дные поте́ри *fpl*
Übergangsvorgang *m (Ph)* перехо́дный проце́сс *m*
Übergangszustand *m* перехо́дное состоя́ние *n*
übergar *(Met)* переде́ржанный *(Schmelze)*
Übergewicht *n* переве́с *m*
übergießen залива́ть
Übergröße *f* негабари́т *m*
Überhang *m* 1. заве́са *f*; 2. *(Bw)* свес *m*; 3. вылет *m*
Überhauen *n (Bgb)* восстающий *m*
Überheizung *f (El)* перегре́в *m*
überhitzen перегрева́ть
Überhitzer *m* перегрева́тель *m (Dampf)*
überhitzt перегре́тый
Überhitzung *f* перегре́в *m*
Überhöhung *f (Eb)* возвыше́ние *n (der Gleise)*
überholen 1. обгоня́ть; 2. ремонти́ровать; *(Kfz)* перебира́ть *(Motoren)*; 3. *(Schiff)* крени́ться, наклоня́ться
Überholgleis *n (Eb)* обго́нный путь *m*
Überholkupplung *f (Masch)* обго́нная му́фта *f*, му́фта *f* свобо́дного хо́да
Überholspur *f* полоса́ *f* обго́на *(Straßenmarkierung)*
Überholung *f* 1. обго́н *m*; 2. (теку́щий) ремо́нт *m*; *(Kfz)* перебо́рка *f (Motoren)*
Überholungsbahnhof *m (Eb)* разъе́зд *m*
Überholungsstation *f (Eb)* разъе́зд *m*
überiodsauer *(Ch)* иоднoки́слый
Überkompensierung *f* перекомпенса́ция *f*
Überkopflader *m (Förd)* погру́зчик *m* с за́дней разгру́зкой (ковша́)
Überkopfschweißen *n* потоло́чная сва́рка *f*
Überkreuz... перекрёстный
überkritisch *(Kern)* надкрити́ческий, закрити́ческий, сверхкрити́ческий
Überladegerät *n* перегружа́тель *m*
Überladevorrichtung *f* перегружа́тель *m*
Überlagerer *m (Rf)* гетероди́н *m*
Überlagerer... *(Rf)* гетероди́нный
überlagern перекрыва́ть
Überlagerung *f* 1. наложе́ние *n*; *(Ph)* суперпози́ция *f*; 2. *(Rf)* гетероди́нирование *n*; 3. *(Geol)* напластова́ние *n*; 4. *(El)* наложе́ние *n*; 5. *(Inf)* перекры́тие *n*
Überlagerungsempfänger *m* супергетероди́н(ный радиоприёмник) *m*
Überlagerungsfrequenzmesser *m* гетероди́нный частотоме́р *m*
Überlagerungsmodul *m (Inf)* оверле́йный мо́дуль *m*
Überlagerungsoszillator *m (Rf)* гетероди́н *m*

Überlagerungstelegraphie *f* надтона́льное телеграфи́рование *n*
Überlandkraftwerk *n* райо́нная электроста́нция *f*
Überlappnieten *n* клёпка *f* внахлёстку
Überlappschweißen *n* сва́рка *f* внахлёстку
Überlappstoß *m (Fert, Schw)* соедине́ние *n* внахлёстку
überlappt внахлёстку
Überlapptstoß *m (Fert, Schw)* соедине́ние *n* внахлёстку
Überlappung *f* 1. *(Fert, Schw)* соедине́ние *n* внахлёстку; 2. перекры́тие *n*, совмеще́ние *n*
Überlast *f* перегру́зка *f*
überlasten перегружа́ть
Überlastkupplung *f* предохрани́тельная му́фта *f*
Überlastrelais *n* реле́ *n* перегру́зки
Überlastschalter *m* реле́ *n* перегру́зки
Überlastung *f* 1. перегру́зка *f*; 2. перенапряже́ние *n*
Überlastungsanzeiger *m (El)* указа́тель *m* перегру́зки
Überlastungsrelais *n* реле́ *n* перегру́зки
Überlastungsschutz *m (El)* защи́та *f* от перегру́зки
Überlauf *m* 1. *(Hydt)* водосли́в *m*; перепу́ск *m*; водосбро́с *m (einer Talsperre)*; 2. *(Inf)* переполне́ние *n*; 3. *(Wkzm)* перебе́г *m (eines Schneidwerkzeugs)*; 4. надрешётный проду́кт *m*
Überlaufbecken *n (Hydt)* водосли́вный бассе́йн *m*
Überlaufflag *n (Inf)* при́знак [флаг] *m* переполне́ния
Überlaufrohr *n* сливна́я труба́ *f*
Überlebensfähigkeit *f* выжива́емость *f*
Überlebensrate *f* выжива́емость *f*
Überlichtgeschwindigkeit *f (Ph)* сверхсветова́я ско́рость *f*
Übermaß *n (Fert)* натя́г *m (Passungen)*
übermitteln передава́ть
Übermittlung *f* переда́ча *f*
Übermodulation *f (Rf)* перемодуля́ция *f*
Übernahme *f* приёмка *f*
überprüfen проверя́ть
Überprüfung *f* прове́рка *f*
überqueren пересека́ть
Überqueren *n* пересече́ние *n*
Überquerung *f* пересече́ние *n*
Überreichweitenempfang *m* сверхда́льний радиоприём *m*
Überriese *m (Astr)* сверхгига́нт *m*
Überrollbügel *m (Kfz)* дуга́ *f* безопа́сности
Übersättigung *f* перенасыще́ние *n*; *(Ch)* пересыще́ние *n*
Überschalldüse *f (Flg)* сверхзвуково́е сопло́ *n*
Überschallflattern *n (Flg)* сверхзвуково́й фла́ттер *m*
Überschallflug *m* сверхзвуково́й полёт *m*
Überschallflugzeug *n* сверхзвуково́й самолёт *m*
Überschallgeschwindigkeit *f (Flg)* сверхзвукова́я ско́рость *f*
Überschallströmung *f (Aero)* сверхзвуково́е тече́ние *n*; сверхзвуково́й пото́к *m*
Überschätzung *f* переоце́нка *f*
überschieben *(Geol)* надвига́ть
Überschiebung *f (Geol)* шарья́ж *m*, надви́г *m*
Überschiebungsdecke *f (Geol)* тектони́ческий покро́в *m*
Überschlag *m (El)* про́бой *m*
überschlorsauer *(Ch)* хлорноки́слый
überschnell сверхскоростно́й
Überschreiben *n (Inf)* переза́пись *f*
überschreiten превыша́ть
Überschreiten *n* превыше́ние *n*
Überschrift *f* загло́вок *m*
Überschuss *m* избы́ток *m*
Überschusselektron *n (Ph)* избы́точный электро́н *m*
Überschusselektronenleitung *f (Halbl)* электро́нная электропрово́дность *f*
Überschussenergie *f (Ph)* избы́точная эне́ргия *f*
überschüssig избы́точный
Überschussladung *f (Halbl)* избы́точный заря́д *m*
überschwemmen залива́ть
Überschwemmen *n* затопле́ние *n*, наводне́ние *n*
Überschwemmungsboden *m (Ökol)* зата́пливаемая земля́ *f*
Überseehafen *m* океа́нский порт *m*

Übersensibilisierung *f (Photo)* гиперсенсибилиза́ция *f*
übersetzen 1. переводи́ть *(Sprache)*; 2. *(Inf)* трансли́ровать *(mit Hilfe eines Compilers)*
Übersetzen *n s.* Übersetzung 1.; 2.
Übersetzer *m (Nrt)* дешифра́тор *m*
Übersetzung *f* 1. перево́д *m (Sprache)*; 2. *(Inf)* трансля́ция; 3. *s.* Übersetzungsverhältnis 2.
~/maschinelle маши́нный перево́д *m*
Übersetzungsfaktor *m (El)* коэффицие́нт *m* трансформа́ции
Übersetzungsprogramm *n s.* Compiler
Übersetzungsrolle *f* подви́жный блок *m (eines Rollenzuges)*
Übersetzungsverhältnis *n* 1. *(El)* коэффицие́нт *m* трансформа́ции; 2. *(Masch)* переда́точное отноше́ние *n*, переда́точное число́ *n (Getriebe)*
Übersetzungszahl *f s.* Übersetzungsverhältnis 2.
Übersichtskarte *f* генера́льная [обзо́рная] ка́рта *f*
Übersichtsplan *m* генера́льный план *m*
Übersichtsschaltbild *n* мнемони́ческая схе́ма *f*
Übersichtsschaltplan *m* структу́рная схе́ма *f*; блок-схе́ма *f*
Überspannung *f (El)* перенапряже́ние *n*
Überspannungsableiter *m (El)* (грозозащи́тный) разря́дник *m*
Überspannungsschutz *m (El)* защи́та *f* от перенапряже́ния
Überspielen *n (Ak)* переза́пись *f*
Überspringen *n* перебро́с *m*; переско́к *m (z. B. von Funken)*
übersteigen превыша́ть
Übersteigen *n* превыше́ние *n*
übersteuern *(Reg)* перегружа́ть
Übersteuerung *f (Reg)* перегру́зка *f*; перемодуля́ция *f*
Überstrahlung *f (Opt)* иррадиа́ция *f*
überstreichen 1. *(Bw)* закра́сить; 2. *(Rf)* перекрыва́ть *(einen Bereich)*
Überstreichen *n* 1. *(Bw)* закра́ска *f*; 2. *(Rf)* перекры́тие *n (eines Bereichs)*
Überstrom *m (El)* сверхток *m*
Überströmleitung *f (Hydt)* перепу́ск *m*
Überströmrohr *n* перепускна́я труба́ *f*
Überströmventil *n* байпа́сный [перепускно́й] кла́пан *m*
Überstruktur *f (Krist)* сверхструкту́ра *f*
übersynchron гиперсинхро́нный
Übertage... *s.* übertägig
übertätig *(Bgb)* надзе́мный, пове́рхностный
Übertemperatur *f* перегре́в *m*
Übertrag *m (Inf)* перено́с *m*
~/vollständiger по́лный перено́с *m*
übertragen передава́ть; *(Nrt, Rf)* трансли́ровать
Übertragen *n* **/ blockweises** *(Inf)* переда́ча *f* бло́ками *(von Daten)*
Übertrager *m* 1. *(El)* трансформа́тор *m (Schwachstrom)*; 2. *(Nrt)* трансля́тор *m*
Übertragung *f* 1. *(Rf, TV)* переда́ча *f*; 2. *(Inf)* переда́ча *f*, пересы́лка *f (von Daten)*; 3. *(Nrt, Rf)* трансля́ция *f*, трансли́рование *n*; 4. перено́с *m*
Übertragungsanlage *f (Nrt, Rf)* передаю́щая устано́вка *f*
Übertragungsentfernung *f (El)* да́льность *f* переда́чи
Übertragungsfunktion *f (Reg)* переда́точная фу́нкция *f*
Übertragungsgeschwindigkeit *f* ско́рость *f* переда́чи *(z. B. von Daten)*
Übertragungsglied *n (Reg)* передаю́щее звено́ *n*
Übertragungskanal *m (El)* ли́ния *f* свя́зи; *(Nrt, Inf)* кана́л *m* переда́чи
Übertragungsleitung *f (El)* ли́ния *f* свя́зи; ли́ния *f* переда́чи
Übertragungsmechanismus *m (Masch)* переда́точный механи́зм *m*
Übertragungssystem *n* систе́ма *f* переда́чи
Übertragungstechnik *f* те́хника *f* свя́зи
~/ digitale те́хника *f* цифрово́й переда́чи
Übertragungsweg *m (El, Rf, Nrt, Inf)* тракт *m* переда́чи, кана́л *m* переда́чи; *(El)* лине́йный тракт *m*
Übertragungsweite *f* да́льность *f* переда́чи
Übertragungswelle *f (Masch, Kfz)* переда́точный вал *m*
übertreffen превыша́ть
Übertreffen *n* превыше́ние *n*
übertünchen *(Bw)* закра́сить
Übertünchen *n (Bw)* закра́ска *f*
Überverbrauch *m* перерасхо́д *m*

überwachend/selbst самоконтролируемый
Überwachsung *f (Krist)* нарóст *m*
Überwachung *f* контрóль *m*; надзóр *m*; наблюдéние *n*
Überwachungseinrichtung *f* (видео-) контрóльное устрóйство *n*
Überwachungsgerät *n* (видео)контрóльное устрóйство *n*
Überwachungsmessinstrument *n* контрóльно-измери́тельный прибóр *m*
Überwachungsprogramm *n (Inf)* суперви́зор *m*; контроли́рующая прогрáмма *f*, прогрáмма-мони́тор *f*
Überwachungsschalter *m (Nrt)* контрóльный ключ *m*
Überwachungstafel *f (Reg)* контрóльный щит *m*
überwalzen *(Wlz)* закáтывать
Überwasserschiff *n* надвóдное сýдно *n*
überweisen переводи́ть *(Geld)*
Überweisung *f* перевóд *m (von Geld)*
Überwurfmutter *f* наки́дная гáйка *f*
überzählig изби́точный
Überziehen *n* 1. покры́тие *n*; 2. *(Flg)* свáливание *n*
~/galvanisches *n* гальвани́ческое покры́тие *n*, гальванопокры́тие *n*
überzogen/mit Folie фольгирóванный
Überzug *m* 1. покры́тие *n*; 2. слой *m*; оби́вка *f*; 3. чехóл *m*; 4. *(Typ)* дéкель *m (eines Druckzylinders)*
~/galvanischer гальвани́ческое покры́тие *n*, гальванопокры́тие *n*
U-Boot *n* подвóдная лóдка *f*
Übungsgelände *n* полигóн *m*
Ufer *n* бéрег *m (Fluss, See)*
Ufer... береговóй
Uferpfeiler *m (Bw)* устóй *m (einer Brücke)*
Uferstraße *f* нáбережная *f*
Uferzone *f (Hydrol)* береговáя [прибрéжная] зóна *f*
UFO *n* неопóзнанный летáющий объéкт *m*, НЛО *m*
ug-Kern *m (Kern)* нечётно-чётное ядрó *n*
UHF *f s.* Ultrahochfrequenz
UHF-... *s.* ultrahochfrequent
Uhr *f* часы́ *pl*
~/elektrische электрочасы́ *pl*
~/elektronische электрóнные часы́ *pl*
~/mechanische механи́ческие часы́ *pl*
Uhrenparadoxon *n (Ph)* парадóкс *m* врéмени [часóв]
Uhrwerk *n* часовóй механи́зм *m*
Uhrzeiger *m* часовáя стрéлка *f*
Uhrzeigersinn/entgegen dem прóтив часовóй стрéлки • **im ~** по часовóй стрéлке
U-I-Kennlinie *f (El)* вольт-ампéрная характери́стика *f*
UKW *f s.* Ultrakurzwellen
UKW-... *s.* Ultrakurzwellen...
Ultradünnschnitt *m* ультратóнкий срез *m (Mikroskopie)*
ultrafein сверхтóнкий, ультратóнкий
Ultra(fein)filter *n* ультрафи́льтр *m*, фи́льтр *m* сверхтóнкой óчистки
Ultrafiltration *f* ультрафильтрáция *f*
ultrahoch ультравысóкий
Ultrahoch... ультравысóкий
ultrahochfrequent *(El)* ультравысокочастóтный, УВЧ-...
Ultrahochfrequenz *f (El)* ультравысóкая [сверхвысóкая] частотá *f*
Ultrahochfrequenz... *(El)* ультравысокочастóтный, УВЧ-...
Ultrahochvakuum *n* сверхвысóкий вáкуум *m*
ultrakurz сверхкорóткий, ультракорóткий
Ultrakurz... сверхкорóткий, ультракорóткий
Ultrakurzwellen *fpl (Rf)* ультракорóткие вóлны *fpl*, УКВ *fpl*
Ultrakurzwellen... ультракоротковóлновый, УКВ-...
Ultrakurzwellenantenne *f* ультракоротковóлновая антéнна *f*, УКВ-антéнна *f*
Ultrakurzwellenband *n (Rf)* ультракоротковóлновый диапазóн *m*, УКВ-диапазóн *m*
Ultrakurzwellenbereich *m (Rf)* ультракоротковóлновый диапазóн *m*, УКВ-диапазóн *m*
Ultrakurzwellenempfänger *m (Rf)* ультракоротковóлновый приёмник *m*, УКВ-приёмник *m*
Ultrakurzwellensender *m* ультракоротковóлновый передáтчик *m*, УКВ-передáтчик *m*

Ultraleichtflugzeug *n* сверхлёгкий самолёт *m*
Ultramikroanalyse *f* ультрамикроана́лиз *m*
Ultramikroskop *n* ультрамикроско́п *m*
Ultramikroskopie *f* ультрамикроскопи́я *f*
Ultramikrowaage *f* ультрамикровесы́ *pl*
ultrarein сверхчи́стый, ультрачи́стый
Ultrarotspektroskopie *f* инфракра́сная спектроскопи́я *f*
Ultrarotspektrum *n (Kern)* инфракра́сный спектр *m*
Ultraschall *m* ультразву́к *m*
Ultraschall... сверхзвуково́й, ультразвуково́й
Ultraschallaufzeichnung *f* ультразвукогра́фия *f*
Ultraschallbearbeitung *f (Fert)* ультразвукова́я обрабо́тка *f*
Ultraschallbonden *n (Eln)* ультразвукова́я (микро)сва́рка *f*
Ultraschalldefektoskop *n (Wkst)* ультразвуково́й дефектоско́п *m*
Ultraschalldefektoskopie *f (Wkst)* ультразвукова́я дефектоскопи́я *f*
Ultraschalldiagnostik *f* ультразвукова́я диагно́стика *f*
Ultraschallgeber *m* ультразвуково́й да́тчик *m*
Ultraschallgenerator *m (El)* ультразвуково́й генера́тор *m*
Ultraschallgerät *n* ультразвуково́й прибо́р *m*
Ultraschalllehre *f* ультраакý́стика *f*
Ultraschallmaterialprüfgerät *n* ультразвуково́й дефектоско́п *m*
Ultraschallschweißen *n* ультразвукова́я сва́рка *f*
Ultraschallsensor *m* ультразвуково́й да́тчик *m*
Ultraschallstrahler *m* ультразвуково́й излуча́тель *m*
Ultraschallwelle *f (Ak)* ультразвукова́я волна́ *f*
ultraschnell сверхскоростно́й
Ultrasonoskopie *f* звукови́дение *n*, ультразвуково́е ви́дение *n*
Ultratieftemperatur *f* сверхни́зкая температу́ра *f*
Ultravakuum *n* сверхвысо́кий ва́куум *m*, ультрава́куум *m*
Ultraviolett *n (Ph)* ультрафиоле́т *m*, ультрафиоле́товая о́бласть *f* спе́ктра
~/fernes да́льний ультрафиоле́т *m*
~/kurzwelliges да́льний ультрафиоле́т *m*
~/langwelliges бли́жний ультрафиоле́т *m*
~/nahes бли́жний ультрафиоле́т *m*
ultraviolett ультрафиоле́товый, УФ-...
Ultraviolett... ультрафиоле́товый, УФ-...
Ultraviolettfilter *n (Photo)* ультрафиоле́товый светофи́льтр *m*, УФ-светофи́льтр *m*
Ultraviolettlaser *m* ла́зер *m* ультрафиоле́тового диапазо́на, УФ-ла́зер *m*
Ultraviolettmikroskop *n* ультрафиоле́товый микроско́п *m*, УФ-микроско́п *m*
Ultraviolettspektroskopie *f* ультрафиоле́товая спектроскопи́я *f*, УФ-спектроскопи́я *f*
Ultraviolettstrahlung *f* ультрафиоле́товое излуче́ние *n*, УФ-излуче́ние *n*, ультрафиоле́товые лучи́ *mpl*, УФ-лучи́ *mpl*
ultraweich ультрамя́гкий
Ultrazentrifuge *f (Ch)* ультрацентрифу́га *f*
Umadressierung *f (Inf)* переадреса́ция *f*
Umarbeitung *f* переде́лка *f*; перерабо́тка *f*
Umbau *m* перестро́йка *f*
Umbenennung *f* переименова́ние *n*
Umbewertung *f* переоце́нка *f*
umbiegen загиба́ть, сгиба́ть
Umbiegen *n* ги́бка *f*, сгиба́ние *n*
Umbördeln *n (Fert)* отборто́вка *f*
Umbra *f (Astr)* тень *f*, ядро́ *n*; 2. у́мбра *f (Farbe)*
umcodieren перекоди́ровать
Umcodierung *f* перкоди́рование *n*, преобразова́ние *n* ко́да
umdämmen *(Hydt)* обвалова́ть
Umdrehung *f* 1. враще́ние *n*; 2. *(Masch)* оборо́т *m*
Umdrehungsperiode *f* пери́од *m* обраще́ния
Umdrehungszahl *f (Masch)* число́ *n* оборо́тов

Umdrehungszähler *m* счётчик *m* оборо́тов
Umdrehungszeit *f* пери́од *m* обраще́ния
Umfang *m* 1. *(Math)* пери́метр *m*; 2. объём *m*; разме́р *m*
Umfangsgeschwindigkeit *f (Mech)* окружна́я ско́рость *f*
Umfangslinie *f (Math)* перифери́я *f*
Umfangswinkel *m (Math)* впи́санный у́гол *m*
Umfassen *n* обхва́т *m*
Umfassung *f* обхва́т *m*
Umfassungskonstruktion *f (Bw)* огражда́ющая констру́кция *f*
Umfeldbeleuchtung *f* освеще́ние *n* отражённым све́том
Umflechten *n* оплётка *f*
Umflechtung *f* 1. оплётка *f*; 2. оби́вка *f*
umfliegen облета́ть *(auf einer geschlossenen Umlaufbahn)*
Umfliegen *n* облёт *m*
Umfließen *n* обтека́ние *n*
umflochten в оплётке
Umformautomat *m (Wkzm)* листоштампо́вочный автома́т *m*
Umformbarkeit *f* деформи́руемость *f*
Umformelement *n (Reg)* преобразова́тельный элеме́нт *m*
umformen 1. *(El)* преобразо́вывать; 2. *(El)* трансформи́ровать; 3. пласти́ческий деформи́ровать
Umformen *n s.* Umformung
Umformer *m (El)* преобразова́тель *m*
~/thermoelektrischer термопреобразова́тель *m*
Umformer(unter)station *f (El)* преобразова́тельная подста́нция *f*
Umformer(unter)werk *n (El)* преобразова́тельная подста́нция *f*
Umformung *f* 1. преобразова́ние *n*; 2. трансформа́ция *f*; 3. *(Fert)* обрабо́тка *f* давле́нием, пласти́ческое формообразова́ние *n*
Umfriedung *f* огражде́ние *n*
Umführung *f (Met)* обво́дка *f (an Feinwalzstraßen)*
Umführungsrolle *f* поворо́тный блок *m (eines Rollenzuges)*
Umgebung *f* окружа́ющая среда́ *f*
Umgebungs... вне́шний
Umgebungsstrahlung *f* фо́новое излуче́ние *n*
Umgebungstemperatur *f* температу́ра *f* окружа́ющей среды́
umgehen обводи́ть
Umgehungsleitung *f* байпа́с *m*, байпа́сная ли́ния *f*, обво́д *m*, обво́дная ли́ния *f*
Umgehungsventil *n* обводно́й кла́пан *m*
umgekehrt обра́тный
Umgrenzungs... габари́тный
Umgrenzungslinie *f* габари́т *m*
Umgrenzungsprofil *n* габари́т *m*
Umgruppierung *f* перегруппиро́вка *f*
umhaspeln перема́тывать
umhüllen обма́тывать *(z. B. Elektroden)*
Umhüllen *n* обмо́тка *f (z. B. von Elektroden)*
umhüllt в оплётке
Umhüllung *f s.* Ummantelung
Umhüllungskonstruktion *f (Bw)* огражда́ющая констру́кция *f*
Umkehr *f* 1. инверти́рование *n*; 2. инве́рсия *f*; 3. обраще́ние *n*
umkehrbar реверси́вный; обрати́мый
~/nicht необрати́мый
Umkehrbarkeit *f* обрати́мость *f*
Umkehrblockwalzwerk *n* реверси́вный блю́минг *m*
Umkehrduo *n (Wlz)* двухвалко́вый реверси́вный блю́минг *m*
umkehren 1. инверти́ровать; 2. повора́чивать
Umkehrentwicklung *f (Photo)* проявле́ние *n* с обраще́нием
Umkehrfilm *m (Photo)* реверси́вная (фото)плёнка *f*
Umkehrformel *f (Math)* фо́рмула *f* обраще́ния
Umkehrfunktion *f (Math)* обра́тная фу́нкция *f*
Umkehrmotor *m (El)* реверси́вный дви́гатель *m*
Umkehrpapier *n* реверси́вная фотобума́га *f*
Umkehrpendel *n* оборо́тный ма́ятник *m*
Umkehrpunkt *m* то́чка *f* возвра́та
Umkehrschalter *m* реве́рсор *m*
Umkehrung *f* 1. обраще́ние *n*; 2. инве́рсия *f*
Umkehrwalzwerk *n* реверси́вный (прока́тный) стан *m*
umkippen опроки́дываться
Umkippen *n* опроки́дывание *n*
Umkleidekabine *f* раздева́лка *f*

Umkleidung *f* облицóвка *f*
Umkopieren *n (Ak)* перезáпись *f*
Umkreis *m (Math)* опи́санная окрýжность *f*
Umkreisen *n* облёт *m*
Umkristallisation *f* перекристаллизáция *f*
umladen перегружáть *(Güter)*
Umladung *f* 1. перегрýзка *f (von Gütern)*; 2. *(El)* перезаря́дка *f*
Umlagerung *f* 1. перераспределéние *n*; 2. *(Ch)* перегруппирóвка *f*
Umlauf *m* 1. циркуля́ция *f*; циркули́рование *n*; 2. обращéние *n*; 3. водовóд *m (einer Schleuse)*; 4. *(Eb)* оборóт *m (Fahrzeuge)*; 5. оборóт *m (von Geld)*; 6. *s.* Umlaufbahn
Umlaufbahn *f (Astr, Kosm)* орби́та *f*; витóк *m (eines Planeten)*
~/erdnahe околозéмная орби́та *f*
~/gestörte возмущённая орби́та *f*
~/interplanetare межпланéтная орби́та *f*
umlaufen вращáться
umlaufend вращáющийся
Umlaufförderer *m* подвеснóй конвéйер *m*
Umlauffrequenz *f* частотá *f* вращéния
Umlaufgeschwindigkeit *f* 1. *(Masch)* скóрость [частотá] *f* вращéния; 2. *(Astr)* орбитáльная скóрость *f*; круговáя скóрость *f*, пéрвая косми́ческая скóрость *f*
Umlaufgetriebe *n (Masch)* планетáрная (зубчáтая) передáча *f*
Umlaufkolben *m (Masch)* рóтор *m (der Kreiskolbenpumpe)*
Umlaufkolbengebläse *n (Masch)* ротациóнная воздуходýвка *f*
Umlaufkolbenpumpe *f* рóторный насóс *m*; вращáтельный насóс *m*
Umlaufkolbenverdichter *m* ротациóнный компрéссор *m*
Umlaufpumpe *f* циркуляциóнный насóс *m*
Umlaufrad *n (Masch)* сателли́т *m*, планетáрная шестерня́ *f*, планетáрное колесó *n*
Umlaufrädergetriebe *n (Masch)* планетáрная (зубчáтая) передáча *f*, планетáрный (зубчáтый) механи́зм *m*
Umlaufspeicher *m (Inf)* динами́ческое запоминáющее устрóйство *n*
Umlaufwasser *n* оборóтная водá *f*
Umlaufzeit *f* 1. *(Astr)* пери́од *m* обращéния; 2. *(Eb)* врéмя *n* оборóта *(der Wagen)*
Umleitung *f* обвóд *m*, байпáс *m*; *(Hydt)* деривáция *f*
Umleitungs(wasser)kraftwerk *n* деривациóнная гидроэлектростáнция *f*
Umlenkrolle *f* поворóтный [отвóдный] блок *m (eines Rollenzuges)*
ummagnetisieren *(El)* перемагни́чивать
Ummagnetisierung *f (El)* перемагни́чивание *n*
Ummantelung *f* 1. покры́тие *n*; рубáшка *f*; 2. *(Bw)* обдéлка *f*; 3. обмáзка *f (einer Elektrode)*; 4. облицóвка *f*
Ummauerung *f (Bw)* обмурóвка *f*
Umordnung *f* перераспределéние *n*
Umpacken *n* переупакóвка *f (Waren)*
Umpflügen *n (Lw)* перепáшка *f*
umprogrammierbar *(Inf)* перепрограмми́руемый
Umprogrammieren *n (Inf)* перепрограмми́рование *n*
Umprogrammierung *f (Inf)* перепрограмми́рование *n*
Umpumpen *n* перекáчка *f*
Umrandung *f* рáма *f*
Umrechnungsfaktor *m* переводнóй мнóжитель *m*
Umrechnungsformel *f (Math)* фóрмула *f* пересчёта
Umrechnungstafel *f* перевóдная табли́ца *f*
umreißen обводи́ть *(Zeichnungen)*
Umreißen *n* обвóдка *f (Zeichnungen)*
Umrichten *n* перенала́дка *f*
Umriss *m* очертáние *n*; кóнтур *m*; áбрис *m*; обвóдка *f (Zeichnungen)*
Umrisse *mpl (Schiff)* обвóды *mpl*
Umrisslinie *f s.* Umriss
Umrisslinien *fpl (Schiff)* обвóды *mpl*
Umroller *m* мотáлка *f (für Filme u. a.)*
umrühren взбáлтывать
umrunden облетáть *(auf einer geschlossenen Umlaufbahn)*
Umrunden *n* облёт *m (auf einer geschlossenen Umlaufbahn)*
Umrüsten *n* переоборýдование *n*
Umrüstung *f* переоборýдование *n*
Umsatz *m* оборóт *m (von Waren)*

Umschalt... *(El)* коммутацио́нный, коммути́рующий, переключа́ющий
Umschaltautomatik *f (El)* переключа́ющая автома́тика *f*
umschalten *(El)* переключа́ть
Umschalten *n (El)* переключе́ние *n*, коммута́ция *f*
Umschalter *m (El)* переключа́тель *m*, коммута́тор *m*
Umschaltung *f s.* Umschalten
Umschärferelation *f* **(/heisenbergsche)** *(Ph)* соотноше́ние *n* неопределённостей (Ге́йзенберга)
Umschaufeln *n (Masch)* перелопа́чивание *n (Turbinen)*
Umschlag *m* перева́лка *f*, перегру́зка *f (von Gütern)*; оборо́т *m (von Waren)*; *(Schiff)* грузообрабо́тка *f*
Umschlagbetrieb *m* погру́зочно-разгру́зочные рабо́ты *fpl*
umschlagen перегружа́ть *(Güter)*
Umschlagplatz *m (Förd)* перева́лочная ба́за *f*
Umschlingen *n* обхва́т *m*
Umschlingung *f* обхва́т *m*
Umschmelzen *n (Met)* перепла́вка *f*, перепла́в *m (von Metallen)*
Umschmelzgut *n (Met)* перепла́в *m*
Umschneiden *n (Ak)* переза́пись *f*
umschnüren обма́тывать *(Betonfertigteile)*
Umschnüren *n (Bw)* обмо́тка *f (von Betonfertigteilen)*
Umschütten *n* пересы́пка *f*
umschwenken повора́чивать
Umsetzer *m (Nrt)* преобразова́тель *m*; дешифра́тор *m*
Umsetzung *f (Nrt)* преобразова́ние *n*
umspannen *(El)* трансформи́ровать
Umspanner *m s.* Transformator
Umspannstation *f s.* Transformatorstation
Umspannung *f (El)* трансформа́ция *f*
umspinnen обма́тывать *(Kabel)*
Umspinnen *n* оплётка *f*, обмо́тка *f (Kabel)*
Umspinnung *f s.* Umspinnen
umspulen перема́тывать *(z. B. Filme)*
Umspulen *n* перемо́тка *f (z. B. Filme)*
Umstapeln *n* переукла́дка *f (Paletten)*
Umsteigebahnhof *m* переса́дочная ста́нция *f*
Umsteigen *n (Eb)* переса́дка *f*
Umstellen *n s.* Umstellung
Umstellung *f* перемеще́ние *n*; перена́ладка *f*; подстано́вка *f*
Umsteuer... реверси́вный
umsteuerbar реверси́вный
Umsteuergetriebe *n (Masch)* реверси́вная переда́ча *f*
Umsteuerkupplung *f (Masch)* реверси́вная му́фта *f*
Umsteuermechanismus *m (Masch)* реверси́вный механи́зм *m*, ре́верс *m*
Umsteuern *n (Masch)* реверси́рование *n*
Umsteuervorrichtung *f s.* Umsteuermechanismus
Umströmen *n* обтека́ние *n*
Umverteilung *f* перераспределе́ние *n*
Umwälzpumpe *f* циркуляцио́нный насо́с *m*
Umwälzwasser *n* оборо́тная вода́ *f*
umwandelbar взаимообрати́мый
Umwandelbarkeit *f* превраща́емость *f*
Umwandlung *f* 1. преобразова́ние *n*; 2. превраще́ние *n*; 3. *(Ph, Ch)* конве́рсия *f*
~/**eutektoide** *(Wkst)* эвтекто́идное превраще́ние *n*
~/**innere** *(Kern)* вну́тренняя конве́рсия *f*
Umwandlungspunkt *m (Therm)* то́чка *f* превраще́ния; то́чка *f* перехо́да
Umwandlungstemperatur *f (Therm)* температу́ра *f* перехо́да
Umwandlungswärme *f (Therm)* теплота́ *f* фа́зового превраще́ния
Umwelt *f* окружа́ющая среда́ *f*
~/**natürliche** приро́дная среда́ *f*
Umwelt... вне́шний
Umweltbedingungen *fpl* усло́вия *npl* окружа́ющей среды́
Umweltbelastung *f* загрязнённость *f* [загрязне́ние *n*] окружа́ющей среды́
umweltfreundlich экологи́ческий (чи́стый)
Umweltkontrolle *f s.* Umweltmonitoring
Umweltlärm *m* окружа́ющий шум *m*
Umweltmonitoring *n (Ökol)* монито́ринг *m* (окружа́ющей среды́)
~/**globales** глоба́льный монито́ринг *m*
umweltschonend экологи́ческий (чи́стый)

Umweltschutz *m* защи́та [охра́на] *f* окружа́ющей среды́
Umweltüberwachung *f s.* Umweltmonitoring
Umweltüberwachungssystem *n* **/globales** *(Ökol)* глоба́льная систе́ма *f* монито́ринга (окружа́ющей среды́), ГСМОС *f*
Umweltverschmutzung *f (Ökol)* загрязнённость *f* [загрязне́ние *n*] окружа́ющей среды́
~**/globale** глоба́льное загрязне́ние *n* (окружа́ющей среды́)
umwenden повора́чивать
Umwickeln *n* 1. обмо́тка *f*; 2. перемо́тка *f*
Umzäunung *f* забо́р *m*
unabhängig незави́симый
Unabhängigkeit *f* незави́симость *f*
unausgeglichen неуравнове́шенный
Unausgeglichenheit *f* неуравнове́шенность *f*
unausgewuchtet *(Masch)* неуравнове́шенный
Unbalance *f* неуравнове́шенность *f*
unbearbeitet черново́й; сыро́й
Unbekannte *f (Math)* неизве́стная *f*
unbeladen поро́жний
unbelastet холосто́й; *(Fest)* ненагру́женный
unbelichtet неэкспони́рованный *(Film)*
unbemannt 1. необслу́живаемый; безлю́дный; 2. без экипа́жа; 3. *(Flg, Raumf)* непилоти́руемый, беспило́тный
unbenetzbar несма́чиваемый, несма́чивающийся
unbeschädigt испра́вный
unbesetzt необслу́живаемый
unbeständig несто́йкий, неусто́йчивый
~**/chemisch** хими́чески несто́йкий
Unbeständigkeit *f* несто́йкость *f*, неусто́йчивость *f*
unbestimmbar неопредели́мый
unbestimmt неопределённый
~**/statisch** стати́чески неопредели́мый
Unbestimmtheit *f (Math)* неопределённость *f*
Unbestimmtheitsprinzip *n* **(/heisenbergsches)** *(Ph)* при́нцип *m* неопределённости (Ге́йзенберга)
Unbestimmtheitsrelation *f* **(/heisenbergsche)** *(Ph)* соотноше́ние *n* неопределённостей (Ге́йзенберга)
unbeweglich неподви́жный
unbewehrt неброниро́ванный *(Kabel)*
unbiegsam неги́бкий
unbrennbar негорю́чий, несгора́емый
UND *n* И *n (logische Funktion oder Operation)*
~**/verdrahtetes** монта́жное [проводно́е] И *n*
undefinierbar неопредели́мый
UND-Funktion *f (Inf)* (логи́ческая) фу́нкция *f* И
UND-Gatter *n (Inf)* ве́нтиль *m* И
UND-Glied *n (Reg)* элеме́нт *m* И
undicht неплóтный
Undichtwerden *n* разгерметиза́ция *f*
UND-NICHT-Element *n (Eln)* элеме́нт И-НЕ
UND-NICHT-Schaltung *f (Eln)* схе́ма *f* И-НЕ
UND-ODER-Schaltung *f (Eln)* схе́ма *f* И-ИЛИ
UND-Operation *f (Eln)* (логи́ческая) опера́ция *f* И
UND-Schaltung *f (Eln)* схе́ма *f* И
Undulator *m (Nrt)* ондуля́тор *m*
undurchlässig непроница́емый; непромока́емый *(für Flüssigkeiten)*
Undurchlässigkeit *f* непроница́емость *f*
undurchsichtig *(Opt)* непрозра́чный
UND-Zeichen *n* **/kommerzielles** *(Inf)* амперса́нд *m*
uneben неро́вный
Unebenheit *f* неро́вность *f*
unelastisch неупру́гий
unempfindlich нечувстви́тельный
unendlich *(Math)* бесконе́чный
unentflammbar невоспламеня́ющийся
unentzündbar невоспламеня́ющийся
Unfall *m* несча́стный слу́чай *m*; ава́рия *f*
~**/größter anzunehmender** *(Kern)* максима́льно опа́сная возмо́жная ава́рия *f*
unfallfrei безавари́йный
unfallsicher безопа́сный
ungeerdet *(El)* незаземлённый
ungefährlich безопа́сный
Ungefährlichkeit *f* безопа́сность *f*
ungefedert неподрессо́ренный

ungekapselt *(Eln)* бескорпусно́й
ungelenkt неуправля́емый
Ungenauigkeit *f* нето́чность *f*
ungeordnet беспоря́дочный, неупоря́доченный, хаоти́ческий
ungerade 1. непрямо́й; непрямолине́йный; 2. нечётный *(Zahl)*
Ungerade-gerade-Kern *m (Kern)* нечётно-чётное ядро́ *n*
Ungerade-ungerade-Kern *m (Kern)* нечётно-нечётное ядро́ *n*
ungeradlinig криволине́йный
Ungeradzahligkeit *f* нечётность *f*
ungereinigt неочи́щенный
ungerichtet ненапра́вленный
ungesättigt *(Ch)* ненасы́щенный
ungeschützt незащищённый
ungesteuert неуправля́емый
ungeteilt це́льный; сплошно́й
ungleicharmig неравнопле́чий *(Hebel)*
ungleichartig неоднoро́дный
Ungleichartigkeit *f* неоднoро́дность *f*
Ungleiche *f (Masch)* небала́нс *m*
ungleichförmig неравноме́рный
Ungleichförmigkeit *f* неравноме́рность *f*
Ungleichgewicht *n (Masch)* небала́нс *m*
Ungleichheit *f* 1. нера́венство *n*; 2. *(Masch)* небала́нс *m*
Ungleichheitszeichen *n (Math)* знак *m* нера́венства
ungleichmäßig неравноме́рный
Ungleichmäßigkeit *f* неравноме́рность *f*
ungleichnamig разноимённый
ungleichschenklig *(Math)* неравнобо́кий *(Dreieck)*
ungleichseitig *(Math)* разносторо́нний *(Dreieck)*
Ungleichung *f (Math)* нера́венство *n*
Ungleichzeitigkeit *f* разновреме́нность *f*
ungradlinig непрямо́й
unharmonisch ангармони́ческий
unipolar *(El)* униполя́рный
Unipolargenerator *m (El)* униполя́рный генера́тор *m*
Unipolarmaschine *f (El)* униполя́рная маши́на *f*
Unipolartransistor *m* полево́й [униполя́рный] транзи́стор *m*
unitär унита́рный
universal универса́льный
Universal... универса́льный
Universalmaschine *f* универса́льный стано́к *m*
Universalschlepper *m* универса́льный тра́ктор *m*
Universum *n* вселе́нная *f*
Univibrator *m (El)* одновибра́тор *m*
Unkrautbekämpfung *f*/**chemische** хими́ческая прополка *f*
Unkrautbekämpfungsmittel *n* гербици́д *m*
unlösbar 1. неразъёмный; 2. *(Math)* неразреши́мый
unlöslich нераствори́мый
Unlöslichkeit *f* нераствори́мость *f*
unmagnetisch немагни́тный, антимагни́тный
unmittelbar прямо́й
Unruh *f* бала́нс *m (einer mechanischen Uhr)*
unschädlich безвре́дный
unscharf размы́тый; *(Photo)* нечёткий, нере́зкий
Unschärfe *f* 1. размы́тость *f (von Abbildungen)*; 2. *(Opt)* неопределённость *f*; *(Photo)* нечёткость *f*, нере́зкость *f*
unschmelzbar *(Met)* непла́вкий
Unsicherheit *f (Ph)* неопределённость *f*
Unsinkbarkeit *f (Schiff)* непотопля́емость *f*
unstarr нежёсткий
unstetig преры́вистый; непла́вный
Unstetigkeit *f* 1. преры́вность *f*; разры́вность *f*; 2. *(Math)* разры́в *m (einer Funktion)*
Unstetigkeitspunkt *m (Ph)* то́чка *f* разры́ва
Unstetigkeitsstelle *f (Ph)* то́чка *f* разры́ва
Unsymmetrie *f s.* Asymmetrie
unsymmetrisch *s.* asymmetrisch
unteilbar недели́мый
Unteramt *n (Nrt)* (телефо́нная) подста́нция *f*
Unterarm *m* предпле́чье *n (eines Roboters)*
Unterätzen *n* подтра́вливание *n (Leiterplatten)*
Unterätzung *f* подтра́вливание *n (Leiterplatten)*

Unterbau *m (Bw)* основáние *n*, фундáмент *m*; 2. *(Eb)* нúжнее строéние *n (Strecke)*
Unterbauen *n (Bgb)* подрабóтка *f*
unterbelichtet *(Photo)* недодéржанный
Unterbelichtung *f (Photo)* недодéржка *f*
Unterblock *m (Inf)* субблóк *m*
unterbrechen прерывáть; *(El)* разрывáть
Unterbrechen *n s.* Unterbrechung
Unterbrecher *m (El)* прерывáтель *m*
Unterbrechung *f* 1. прерывáние *n*; 2. размыкáние *n (des Stromes)*; *(Inf)* прерывáние *n*; 3. *(El)* разрыв *m*, разъединéние *n (eines Stromkreises)*; *(Nrt)* разъединéние *n*; перерыв *m*; перебóй *m*
~/**externe** *(Inf)* внéшнее прерывáние *n*
~/**interne** *(Inf)* внýтреннее прерывáние *n*
Unterbrechungs... *s. a.* Interrupt...
Unterbrechungsfunke *m (El)* искра *f* размыкáния
unterbrechungslos без перерыва
unterbringen размещáть
Unterbringung *f* размещéние *n*; помещéние *n*
unterbrochen прерывистый
unterchlorigsauer *(Ch)* хлорноватистокúслый
Unterdeck *n (Schiff)* нúжняя пáлуба *f*
Unterdruck *m* разрежéние *n*
unterdrücken подавлять; заглушáть
Unterdrücker *m (Rf)* подавúтель *m*
Unterdruckfarbe *f (Typ)* грунтовáя крáска *f*
Unterdruckkältekammer *f* термобарокáмера *f*
Unterdruckkammer *f (Flg, Raumf)* барокáмера *f*
~/**schallisolierte** сурдобарокáмера *f*
Unterdruckschlauch *m* всáсывающий шланг *m*
Unterdrückung *f* 1. подавлéние *n*; 2. *(TV)* бланкúрование *n*; 3. *(Inf)* запрéт *m*; 4. *(TV, Nrt)* гашéние *n*
Unterentwicklung *f (Photo)* недопроявлéние *n*
untereutektisch *(Wkst)* доэвтектúческий *(Gefüge)*
untereutektoid *(Wkst)* доэвтектóидный *(Gefüge)*
unterfahren *(Bw)* подпирáть
Unterfahren *n (Bw)* подпирáние *n*
Unterfahrung *f (Bgb)* подрабóтка *f*
Unterflurbewässerung *f* подпóчвенное орошéние *n*
Untergang *m (Astr)* закáт *m*, захóд *m (der Sonne, des Mondes)*
untergärig нúзового брожéния *(Bier)*
Untergesenk *n (Schm)* нúжняя мáтрица *f (einer Presse)*; нúжний штамп *m*; обжúмка *f*
Untergestell *n* рáма *f (der Waggons)*; шассú *n*
Untergewicht *n* недовéс *m*
Untergitter *n (Krist)* подрешётка *f*
Untergliedern *n* разбúвка *f*
Untergrund *m* основáние *n*, фундáмент *m*; грунт *m*
Untergrundbahn *f* метрополитéн *m*, метрó *n*
Untergrundbewässerung *f* подпóчвенное орошéние *n*
Untergrundfarbe *f (Typ)* грунтовáя крáска *f*
Untergrundgasspeicher *m* подзéмное газохранúлище *n*
Untergrundgasspeicherung *f* подзéмное газохранéние *n*
Untergrundstrahlung *f (Kern)* фон *m*, фóновое излучéние *n*
Untergruppe *f* подгрýппа *f*
unterhalten содержáть
Unterhaltung *f* (техническое) содержáние *n (z. B. von Maschinen, Anlagen, Fahrzeugen)*
~/**laufende** текýщее содержáние *n (z. B. von Anlagen)*
unteriodig *(Ch)* иодноватистый
unteriodigsauer *(Ch)* иодноватистокúслый
unterirdisch подзéмный
unterkritisch *(Kern)* подкритúческий; докритúческий *(Reaktor)*
Unterkühlung *f* переохлаждéние *n*
Unterlage *f* 1. подстáвка *f*; подклáдка *f*; 2. *(Halbl, Photo)* подлóжка *f*
Unterlagen *fpl* документáция *f*
~/**technische** технúческая документáция *f*
Unterlagerungstelegraphie *f (Nrt)* подтонáльное телеграфúрование *n*
Unterlast *f (Mech)* недогрýзка *f*

Unterlauf *m* ни́жнее тече́ние *n (eines Flusses)*
Unterleggesenk *n (Masch)* подкладно́й штамп *m*
Unterlegscheibe *f (Masch)* ша́йба *f*, подкла́дка *f*
~/federnde упру́гая ша́йба *f*
Unterluft *f (Met)* ни́жнее дутьё *n (Feuerung)*
Untermaß *n* недоме́р *m*
Untermenge *f (Math)* подмно́жество *n*
Untermenü *n (Inf)* субменю́ *n*
Unternehmen *n* предприя́тие *n*
Unternehmensforschung *f* иссле́дование *n* опера́ций
unterpflügen *(Lw)* запа́хивать
unterphosphorigsauer *(Ch)* фосфорноватистоки́слый
unterphosphorsauer *(Ch)* фосфорноватоки́слый
Unterprogramm *n (Inf)* подпрогра́мма *f*
Unterprogrammbibliothek *f (Inf)* библиоте́ка *f* подпрогра́мм
Unterpulver... *(Schw)* под флю́сом
Unterpulverschweißen *n* сва́рка *f* под флю́сом
Unterputz *m (Bw)* грунт *m*
Unterputzinstallation *f (El)* скры́тая прово́дка *f*
Unterputzleitung *f (El)* скры́тая прово́дка *f*
Unterraum *m (Math)* подпростра́нство *n*
Unterreihe *f (Math)* минора́нта *f*
Unterricht *m* уче́ние *n*
untersalpetrig *(Ch)* азотнова́тистый
untersalpetrigsauer *(Ch)* азотноватистоки́слый
Untersatz *m (Förd)* поддо́н *m*, подста́вка *f*
Unterschall... *(Aero)* дозвуково́й
Unterschallbereich *m (Aero)* дозву́ковая о́бласть *f*
Unterschallflugzeug *n* дозвуково́й самолёт *m*
Unterschallgeschwindigkeit *f (Flg)* дозвукова́я ско́рость *f*
Unterschallströmung *f (Aero)* дозвуково́е тече́ние *n*, дозвуково́й пото́к *m*
unterscheidbar различи́мый
~/nicht неразличи́мый
Unterscheidung *f* разли́чие *n*
Unterscheidungsgrad *m (El)* дискримина́ция *f*
Unterschicht *f* подсло́й *m*
Unterschied *m* ра́зница *f*; ра́зность *f*; разли́чие *n*
Unterschneiden *n* 1. *(Fert)* подреза́ние *n*; 2. *(Bgb)* подсе́чка *f*
Unterschneidung *f s.* Unterschneiden
Unterschnitt *m s.* Unterschneiden 2.
unterschrämen *(Bgb)* подруба́ть
Untersee... подво́дный
Unterseeboot *n* подво́дная ло́дка *f*
Unterseeschiff *n* подво́дное су́дно *n*
Untersetzungsgetriebe *n (Masch)* реду́ктор *m*, понижа́ющая переда́ча *f*
Unterspülung *f* по́дмыв *m*; *(Hydrol)* размы́в *m*
Unterstation *f (El)* (электри́ческая) подста́нция *f*
Unterstruktur *f* субструкту́ра *f*
unterstützt опёртый
Unterstützung *f* поддержа́ние *n*
untersuchen анализи́ровать
Untersuchung *f* 1. иссле́дование *n*; ана́лиз *m*; изыска́ние *n*; про́ба *f*; 2. осмо́тр *m*
Untersuchungs... иссле́довательский
untersynchron *(Masch)* подсинхро́нный
Untersystem *n* подсисте́ма *f*
Untertage... *(Bgb)* подзе́мный
Untertagearbeiten *fpl (Bgb)* подзе́мные рабо́ты *fpl*
Untertagegewinnung *f (Bgb)* подзе́мная добы́ча *f*
Untertagespeicherung *f* подзе́мное хране́ние *n (Erdöl, Gas)*
Untertagevergasung *f (Bgb)* подзе́мная газифика́ция *f*
untertägig *(Bgb)* подзе́мный
Untertauchen *n* ныря́ние *n*
Unterteil *n* низ *m*
unterteilt 1. подразделённый; 2. *(El)* секциони́рованный
Unterteilung *f* 1. подразделе́ние *n*; 2. *(El)* секциони́рование *n (einer Wicklung)*
unterthermisch подтеплово́й
Unterwaschung *f* по́дмыв *m*
Unterwasser *n (Hydt)* ни́жний бьеф *m*
Unterwasser... подво́дный

Unterwasserakustik *f* гидроаку́стика *f*
Unterwasserbeton *m* подво́дный бето́н *m*
Unterwasserfernsehen *n* подво́дное телеви́дение *n*
Unterwasserkabel *n* подво́дный ка́бель *m*
Unterwasserkamera *f* подво́дный фотоаппара́т *m*
Unterwasserortung *f* гидролока́ция *f*
Unterwasserortungs... гидролокацио́нный
Unterwasserortungsgerät *n* гидролока́тор *m*
Unterwasserphotographie *f* подво́дная фотогра́фия *f*
Unterwasserschallortung *f* гидролока́ция *f*
Unterwasser-Schallortungsgerät *n* гидролокацио́нная аппарату́ра *f*
Unterwasserschiff *n* подво́дное су́дно *n*
Unterwasserschneidbrenner *m* подво́дный реза́к *m*
Unterwasserschneiden *n* подво́дная ре́зка *f*
Unterwasserschweißen *n* подво́дная сва́рка *f*
Unterwassertrennen *n* подво́дная ре́зка *f*
Unterwassertunnel *m (Bw)* подво́дный тунне́ль *m*
Unterweisung *f* инстру́кция *f*
unterwerfen подверга́ть
Unterwerk *n (El)* (электри́ческая) подста́нция *f*
Unterwind *m (Met)* ни́жнее дутьё *n*
Unterzentrale *f (El)* (электри́ческая) подста́нция *f*
unterziehen подверга́ть
Unterzug *m (Bw)* прого́н *m*
Unterzwerg *m (Astr)* субка́рлик *m*
Untiefe *f (Geol, Hydrol)* о́тмель *f*, мель *f*, мелково́дье *n*
ununterbrochen непреры́вный; неразры́вный; сплошно́й
ununterscheidbar неразличи́мый
unveränderlich постоя́нный
Unveränderliche *f (Math)* неизме́нная *f*
Unveränderlichkeit *f* неизме́нность *f*
unverbrennbar негорю́чий, несгора́емый
unvereinbar несовмести́мый
unverhüttbar *(Met)* непла́вкий
unverpackt беста́рный *(Güter, Material)*
unverrückbar неподви́жный
unverschlüsselt некоди́рованный
unverträglich несовмести́мый
unverzerrt *(Opt)* неискажённый
unverzögert без запа́здывания; без заде́ржки; *(El)* безынерцио́нный, быстроде́йствующий *(Sicherungen)*
unvollständig непо́лный
unwägbar невесо́мый
Unwägbarkeit *f* невесо́мость *f*
unwirtschaftlich неэкономи́чный
Unwucht *f (Masch)* дебала́нс *m*, дисбала́нс *m*, небала́нс *m*, неуравнове́шенность *f*
~/statische *(Masch)* стати́ческий небала́нс *m*
Unwuchtmasse *f (Masch)* дебала́нсная ма́сса *f*
unzerbrechlich небью́щийся
unzerlegbar неразложи́мый
unzersetzbar *(Ch)* неразложи́мый
Unzulänglichkeit *f* недосту́пность *f*
unzuverlässig ненадёжный
Unzuverlässigkeit *f* ненадёжность *f*
UP *n s.* Unterprogramm
UP-... *s.* Unterpulver...
U-Profil *n (Wlz)* шве́ллерный про́филь *m*; шве́ллерная ба́лка *f*
Uran *n s.* Uranium
Uran... ура́новый
Uranglimmer *m (Min)* урани́т *m*
Uraninit *m (Min)* уранини́т *m*
Uranit *m (Min)* урани́т *m*
Uranium *n (Ch)* ура́н *m*, U
Uranium-Graphit-Reaktor *m (Kern)* ура́н-графи́товый реа́ктор *m*
uraniumhaltig ураносодержа́щий
Uraniumreaktor *m (Kern)* ура́новый реа́ктор *m*
uraniumsauer *(Ch)* урановоки́слый
Uranpecherz *n (Min)* уранини́т *m*
Urknall *m (Astr)* Большо́й взрыв *m*
Urkunde *f* акт *m*
Urlader *m (Inf)* нача́льный загру́зчик *m*, загру́зчик *m* програ́ммы раскру́тки; програ́мма *f* саморазгру́зки
Urnebel *m (Astr)* прототума́нность *f*
Urplanet *m (Astr)* протоплане́та *f*

Urspannung *f* **/magnetische** *(El)* магнитодви́жущая си́ла *f*
Ursprung *m* нача́ло *n*
Ursprungsprogramm *n (Inf)* исхо́дняя програ́мма *f*
Ursprungsregister *n (Inf)* реги́стр-исто́чник *m*, исхо́дный реги́стр *m*
Ursprungssprache *f (Inf)* исхо́дный язы́к *m*
Urstart *m (Inf)* нача́льный пуск *m*
US-Bonden *n (Eln)* ультразвукова́я сва́рка *f*
US-Schweißen *n* ультразвукова́я сва́рка *f*
U-Stahl *m (Wlz)* шве́ллерная ба́лка *f*, шве́ллерная сталь *f*, шве́ллер *m*
UT *f s.* Weltzeit
U-Träger *m s.* U-Stahl
uu-Kern *m s.* Ungerade-Ungerade-Kern
UV *n s.* Ultraviolett
UV-... *s.* Ultraviolett...

V

V *s.* 1. Vanadium; 2. Volt
VA *s.* Voltampere
vagabundierend блужда́ющий *(elektrischer Strom)*
Vakanz *f (Krist)* вака́нсия *f*
Vakuum *n* ва́куум *m*; разреже́ние *n*
Vakuum... ва́куумный
Vakuumanlage *f* ва́куумная устано́вка *f*
Vakuumbehandlung *f (Bw, Met)* ваку-уми́рование *n*
Vakuumbeton *m* вакууми́рованный бето́н *m*
Vakuumbremse *f (Eb)* ваку́умный то́рмоз *m*, ва́куум-то́рмоз *m*
Vakuumdestillation *f* перего́нка *f* в ва́кууме
vakuumdicht ва́куум-пло́тный, вакуум-пло́тный
Vakuumelektroofen *m (Met)* ва́куумная электропе́чь *f*
Vakuumfalle *f (Ph)* ва́куумная лову́шка *f*
Vakuumfilter *n* ва́куум-фи́льтр *m*
Vakuumformung *f (Kst)* ва́куумное формова́ние *n*, ва́куум-формова́ние *n*
Vakuumguss *m* ва́куумное литьё *n*
vakuumieren *(Bw)* вакууми́ровать *(Beton)*
Vakuumieren *n (Bw)* вакууми́рование *n (Beton)*
Vakuumkammer *f (Kern)* ва́куумная ка́мера *f*, ва́куум-ка́мера *f*
Vakuumkondensation *f (Ch)* ва́куумная конденса́ция *f*
Vakuumkristallisation *f* ва́куум-кристаллиза́ция *f*
Vakuummetallurgie *f* ва́куумная металлу́ргия *f*
Vakuummeter *n* вакуумме́тр *m*
~/Mcleodsches *n* компрессио́нный вакуумме́тр *m*
Vakuummischer *m (Text)* ва́куум-меша́лка *f*
Vakuumofen *m* ва́куумная печь *f*
Vakuumpumpe *f* ва́куум-насо́с *m*, ва́куумный насо́с *m*
Vakuumschalter *m* ва́куумный выключа́тель *m*
Vakuumschleuse *f* ва́куумный шлюз *m*
Vakuumtechnik *f* ва́куумная те́хника *f*
Vakuumtrockner *m* ва́куумная суши́лка *f*, ва́куум-суши́лка *f*
Vakuumtrocknung *f* ва́куумная су́шка *f*
Vakuumverformung *f s.* Vakuumformung
Vakuumverpackung *f* ва́куум-упако́вка *f*
Vakuumvorschaltpumpe *f* бу́стерный насо́с *m*
Valenz *f (Ch)* вале́нтность *f*
~/elektrochemische электровале́нтность *f*
~/freie свобо́дная вале́нтность *f*
~/heteropolare электровале́нтность *f*
Valenz... *(Ch)* вале́нтный
Valenzband *n (Krist)* вале́нтная зо́на *f*
Valenzbandelektron *n* вале́нтный электро́н *m*
Valenzbindung *f (Ch)* вале́нтная связь *f*
Valenzelektron *n (Ph)* вале́нтный электро́н *m*
Valenzzustand *m (Ch)* вале́нтное состоя́ние *n*
Vanadium *n (Ch)* вана́дий *m*, V
Vanadium... вана́диевый
vanadiumsauer *(Ch)* ванадиевоки́слый
var *s.* Var
Var *n (El)* реакти́вный вольт-ампе́р *m*, вар *(Einheit der Blindleistung)*
variabel 1. переме́нный; 2. изменя́ющийся, изменя́емый

Variabilität *f* 1. переме́нность *f*; 2. изме́нчивость *f*
Variable *f (Math)* (переме́нная) величина́ *f*
Variante *f* 1. вариа́нт *m*; 2. *(Math)* вариа́нта *f*
Varianz *f (Math)* диспе́рсия *f (von Werten)*
Variation *f* вариа́ция *f*
Variationsgleichung *f (Math)* вариацио́нное уравне́ние *n*
Variationsrechnung *f (Math)* вариацио́нное исчисле́ние *n*
Variator *m (El, Masch)* вариа́тор *m*
variieren изменя́ть
Varikap *f (El)* варика́п *m*
Varikond *m (El)* варико́нд *m*
Variometer *n (El)* варио́метр *m*
Varioobjektiv *n (Photo)* вариообъекти́в *m*, панкрати́ческий объекти́в *m*, объекти́в с переме́нным фо́кусным расстоя́нием
Varistor *m (El)* вари́стор *m*
Varmeter *n (El)* варме́тр *m*
VCR *m s.* Vidiokassettenrecorder
VCR-Kassette *f (TV)* видеокассе́та *f*
VCR-Technik *f (TV)* видеокассе́тная те́хника *f*
Vektograph *m* вектóграф *m*
Vektor *m (Math, Ph)* ве́ктор *m*, ве́кторная величина́ *f*
~/gleitender скользя́щий ве́ктор *m*
~/räumlicher простра́нственный ве́ктор *m*
Vektoranalysis *f (Math)* ве́кторный ана́лиз *m*
Vektordiagramm *n* ве́кторная диагра́мма *f*
Vektorfeld *n* ве́кторное по́ле *n*
~/wirbelfreies *(Ph)* безвихрево́е по́ле *n*
Vektorgleichung *f (Math)* ве́кторное уравне́ние *n*
Vektorpolygon *n (Math)* многоуго́льник *m* ве́кторов
Vektorprodukt *n (Math)* ве́кторное произведе́ние *n*
Vektorraum *m (Math)* ве́кторное простра́нство *n*
Vektorrechnung *f (Math)* ве́кторное исчисле́ние *n*
Ventil *n* 1. *(Eln, El)* ве́нтиль *m*; 2. *(Masch)* ве́нтиль *m*, кран *m*, кла́пан *m*
~/hydraulisches гидрокла́пан *m*
Ventilation *f* вентиля́ция *f*; прове́тривание *n*
Ventilations... вентиляцио́нный
Ventilator *m* вентиля́тор *m*
ventilieren вентили́ровать
ventillos бескла́панный
Ventilsteuerung *f (Kfz)* кла́панное (газо)распределе́ние *n*
Ventilteller *m* таре́лка *f* кла́пана *(von Verbrennungsmotoren)*
Venturi-Düse *f (Aero, Hydr)* труба́ *f* [тру́бка *f*, сопло́ *n*] Венту́ри
Venturi-Rohr *n s.* Venturi-Düse
verallgemeinert обобщённый
Verallgemeinerung *f* обобще́ние *n*
veränderbar/nicht *(Inf)* жёсткий *(z. B. die Programmierung)*
veränderlich переме́нный; изменя́ющийся; изменя́емый
~/gleichförmig равнопеременный
Veränderliche *f (Math)* переме́нная *f*
Veränderlicher *m (Astr)* переме́нная звезда́ *f*, переме́нная *f (Stern)*
Veränderlichkeit *f* переме́нность *f*, изме́нчивость *f*
verändern изменя́ть
Veränderung *f* измене́ние *n*
~/sprunghafte скачкообра́зное измене́ние *n*
verankern 1. *(Flg)* швартова́ть; 2. *(Met)* арми́ровать *(Schmelzöfen)*
Verankern *n s.* Verankerung
Verankerung *f* 1. *(Bw)* анкеро́вка *f*, а́нкерное укрепле́ние *n*; 2. *(Met)* арми́рование *n (der Schmelzöfen)*
Verankerungs... а́нкерный
Verankerungsseil *n* оття́жка *f*
Verankerungsträger *m (Bw)* а́нкерная ба́лка *f*
Veranschlagung *f* оце́нка *f (Kosten)*
Verarbeitbarkeit *f* обраба́тываемость *f (von Rohstoffen)*
verarbeiten обраба́тывать
Verarbeitung *f* перерабо́тка *f*, обрабо́тка *f*
~ nach Prioritäten *(Inf)* приорите́тная обрабо́тка *f*
~/sequentielle *(Inf)* после́довательная обрабо́тка *f (von Daten)*
Verarbeitungsbreite *f (Inf)* разря́дность *f (eines MP)*
Verarbeitungseinheit *f (Inf)* проце́ссор *m*

Verarbeitungsgeschwindigkeit *f (Inf)* скóрость *f* выполнéния оперáции
Verarbeitungsprogramm *n (Inf)* прогрáмма *f* обрабóтки (дáнных)
verarmen *(Bgb)* обеднять *(Erzgänge)*
verarmt *(Eln, Bgb, Met)* обеднённый
Verarmung *f* 1. *(Eln, Bgb, Met)* обеднéние *n (z. B. eines Gemisches)*; 2. *(Bgb)* разубóживание *n (Erze)*
Verarmungs(rand)schicht *f (Halbl)* обеднённый слой *m*
veraschen озолять
Veraschen *n* озолéние *n*
Veraschung *f* озолéние *n*
Verästelung *f* ветвлéние *n*
Verband *m* 1. *(Bw)* связь *f*; 2. *(Bw)* перевязка *f*; 2. *s.* Verbände
Verbände *mpl (Schiff)* набóр *m*
verbessern 1. исправлять; 2. улучшáть; усовершéнствовать
Verbesserung *f* 1. исправлéние *n*; 2. улучшéние *n*; усовершéнствование *n*
verbiegen избигáть
verbieten запрещáть
Verbinden *n s.* Verbindung
verbinden соединять; скреплять
verbindend связýющий
Verbinder *m* соединúтель *m*
Verbindung *f* 1. соединéние *n*; скреплéние *n*; стыкóвка *f*; сочленéние *n*; сочетáние *n*; сопряжéние *n*; 2. *(Ch, El)* соединéние *n*; 3. *(Nrt)* сообщéние *n*; 4. *(Nrt, Rf, TV)* связь *f*; 5. срáщивание *n (Kabel)*; 6. коммуникáция *f*
~/acyclische *(Ch)* алифатúческое соединéние *n*
~/alicyclische *(Ch)* алицúкл *m*, алициклúческое соединéние *n*
~/aliphatische *(Ch)* алифатúческое соединéние *n*
~/aromatische *(Ch)* ароматúческое соединéние *n*
~/bewegliche *(Masch)* подвúжное соединéние *n*
~/binäre *(Ch)* бинáрное соединéние *n*
~/chemische химúческое соединéние *n*
~/cyclische *(Ch)* циклúческое соединéние *n*
~/dichte *(Masch)* плóтное соединéние *n*
~/drahtlose *(Nrt)* беспроводнáя связь *f*
~/elastische *(Masch)* упрýгое соединéние *n*
~/feste *(Masch)* жёсткое соединéние *n*
~/flexible *(Masch)* гúбкое соединéние *n*
~/gebührenpflichtige *(Nrt)* плáтное соединéние *n*
~/gesättigte *(Ch)* насы́щенное соединéние *n*
~/heterocyclische *(Ch)* гетероцúкл *m*, гетероциклúческое соединéние *n*
~/hochmolekulare *(Ch)* высокомолекулярное соединéние *n*
~/isocyclische *(Ch)* изоциклúческое соединéние *n*
~/leitungslose *(Nrt)* беспроводнáя связь *f*, радиосвязь *f*
~/lösbare *(Masch)* разъёмное соединéние *n*
~/markierte *(Kern)* мéченое соединéние *n*
~/metallorganische *(Ch)* металлоргáническое соединéние *n*
~/nachgiebige *(Masch)* гúбкое соединéние *n*
~/optische оптúческая связь *f*
~/radioaktiv markierte *(Kern)* мéченое соединéние *n*
~/ringförmige *s.* ~/cyclische
~/siliciumorganische *(Ch)* кремнийоргáническое соединéние *n*
~/spielfreie *(Masch)* плóтное соединéние *n*
~/starre *(Masch)* жёсткое соединéние *n*
~/ungesättigte *(Ch)* ненасы́щенное соединéние *n*
~/unlösbare *(Masch)* неразъёмное соединéние *n*
Verbindungsflansch *m* соединúтельный флáнец *m*
Verbindungsflusslauf *m (Hydrol)* протóк *m (zwischen zwei Seen)*
Verbindungsgleis *n (Eb)* съезд *m*
Verbindungsleitung *f (Nrt)* соединúтельная лúния *f*
Verbindungsmuffe *f* соединúтельная мýфта *f (z. B. für Kabel)*
Verbindungsschlauch *m* соединúтельный рукáв *m*
verblasen *(Met)* продувáть
Verblasen *n (Met)* продýвка *f (im Konverter)*

verblassen выцвета́ть *(Farbe)*
verblasst бле́клый, блёклый
Verbleien *n* 1. освинцева́ние *n*; 2. эти-
лиро́вание *n (Kraftstoffe)*
verbleit 1. освинцо́ванный; 2. этили́-
рованный *(Kraftstoffe)*
Verbleiung *f s.* Verbleien
Verblender *m s.* Verblendstein
Verblendmaterial *n (Bw)* облицо́воч-
ный материа́л *m*
Verblendstein *m (Bw)* облицо́вочный
ка́мень [курпи́ч] *m*
verblocken блоки́ровать
verblockt блоки́рованный
Verblockung *f* блокиро́вка *f*
verbolzen скрепля́ть болта́ми
verborgen скры́тый
Verbot *n* запре́т *m*
Verbotssignal *n* запреща́ющий сигна́л
m
Verbrauch *m* расхо́д *m*, потребле́ние *n*
verbrauchen расхо́довать
Verbraucher *m* потреби́тель *m*
Verbrauchsgerät *n (El, Wmt)* потреби́-
тель *m*
verbreitern расширя́ть, уширя́ть
Verbreiterung *f* расшире́ние *n*, ушир-
е́ние *n*
Verbreitung *f* 1. распростране́ние *n*;
2. распространённость *f*
verbrennbar горю́чий
~/nicht негорю́чий
verbrennen 1. сгора́ть; 2. горе́ть; 3.
сжига́ть
Verbrennen *n* 1. сгора́ние *n*; 2. горе́-
ние *n*; 3. сжига́ние *n*; 4. *(Met)* пере-
жо́г *m*
Verbrennung *f s.* Verbrennen
Verbrennungskammer *f* ка́мера *f* сго-
ра́ния
Verbrennungsmotor *m* дви́гатель *m*
вну́треннего сгора́ния, ДВС *m*
Verbrennungsprodukt *n* проду́кт *m*
горе́ния [сгора́ния]
Verbrennungswärme *f* теплота́ *f* сго-
ра́ния
Verbruch *m (Bgb)* зава́л *m*
verbunden соединённый; свя́занный;
сочленённый; сопряжённый
~/starr жёстко свя́занный
~/untereinander взаимосвя́занный
Verbundglas *n* двухсло́йное стекло́ *n*
Verbundglasscheibe *f* стеклопаке́т *m*
Verbundhubschrauber *m* винтокры́л *m*
Verbundkonstruktion *f (Bw)* составна́я
констру́кция *f*
Verbundkonstruktion *f (Bw)* сбо́рно-
моноли́тная констру́кция *f*
Verbundmotor *m s.* Compoundmotor
Verbundstoff *m* композицио́нный
материа́л *m*
Verbundturbine *f (Masch)* двухря́дная
турби́на *f*
Verbundverdichter *m (Masch)*
многоступе́нчатый компре́ссор *m*
Verbundverfahren *n (Met)* ду́плекс-
проце́сс *m (Stahlerzeugung)*
Verbundwerkstoff *m* композицио́нный
материа́л *m*
verchromen хроми́ровать
Verchromen *n* хроми́рование *n (von
Stahl)*
verchromt хроми́рованный
Verchromung *f* хроми́рование *n (von
Stahl)*
Verdämmung *f (Bgb)* забо́йка *f*
verdampfbar испаря́емый
Verdampfbarkeit *f* испаря́емость *f*
verdampfen испаря́ть, выпа́ривать;
испаря́ться
Verdampfen *n* испаре́ние *n*; выпа́ри-
вание *n*
Verdampfer *m (Kält)* испари́тель *m*;
выпарно́й аппара́т *m*
Verdampferteil *m (Kält)* испари́тель *m
(eines Dampferzeugers)*
Verdampfung *f* испаре́ние *n*; выпа́-
ривание *n*
Verdampfungsgeschwindigkeit *f* ско́-
рость *f* испаре́ния
Verdampfungspunkt *m (Ph)* темпера-
ту́ра *f* испаре́ния
Verdampfungstemperatur *f (Ph)* тем-
перату́ра *f* испаре́ния
Verdampfungswärme *f* теплота́ *f* паро-
образова́ния
Verdeck *n* тент *m (des Rettungsfloßes,
des Kfz)*; (складно́й) верх *m (eines
Kfz)*
verderblich *(Lebm)* по́ртящийся
~/leicht скоропо́ртящийся
verdichtbar сжима́емый
Verdichtbarkeit *f* сжима́емость *f*

verdichten 1. сжима́ть; 2. уплотня́ть; 3. конденси́ровать
Verdichten *n s.* Verdichtung
Verdichter *m (Masch)* компре́ссор *m*; нагнета́тель *m*
~/mehrstufiger многоступе́нчатый компре́ссор *m*
verdichterlos бескомпре́ссорный
Verdichterstation *f* компре́ссорная ста́нция *f*
verdichtet 1. сжа́тый; 2. уплотнённый *(z. B. Informationen, Daten)*
Verdichtung *f* 1. сжа́тие *n*; 2. уплотне́ние *n*; 3. компре́ссия *f*; 4. *(Ch)* конденса́ция *f*; 5. *(Mech)* конденса́ция *f (Dichteerhöhung)*; 6. *(Met)* формо́вка *f (Pulvermetallurgie)*
Verdichtungsarbeit *f (Masch)* рабо́та *f* сжа́тия
Verdichtungsdruck *m* уплотня́ющее давле́ние *n*
Verdichtungsgrad *m* сте́пень *f* сжа́тия
Verdichtungshub *m (Kfz)* такт [ход] *m* сжа́тия
Verdichtungsraum *m* ка́мера *f* сжа́тия *(eines Verbrennungsmotors)*
Verdichtungstakt *m (Kfz)* такт [ход] *m* сжа́тия
Verdicken *n* загустева́ние *n (Flüssigkeiten)*
verdickt утолщённый
Verdickung *f* утолще́ние *n*
verdoppeln удва́ивать
Verdoppelung *f* удвое́ние *n*
Verdoppler *m (El)* удвои́тель *m*
Verdopplerstufe *f (El)* удвои́тель *m*
Verdopplung *f* удвое́ние *n*
verdrahten *(El)* монти́ровать
Verdrahtung *f (El)* 1. (проводно́й) монта́ж *m*; 2. монта́жная схе́ма *f*; 3. разво́дка *f*
~/feste *(El)* жёсткая разво́дка *f*
~/flexible *(El)* ги́бкий монта́ж *m*
~/gedruckte *(Eln)* печа́тный монта́ж *m*
~/starre *(El)* жёсткий монта́ж *m*
~/vergrabene *(Eln)* скры́тый монта́ж *m*
Verdrahtungsbild *n (El)* рису́нок *m* разво́дки
Verdrahtungsmuster *n (El)* рису́нок *m* разво́дки
Verdrahtungsplan *m (El)* (электро-) монта́жная схе́ма *f*; *(El)* монта́жный план
Verdrahtungsplatte *f (Eln)* монта́жная пла́та *f*
verdrängen вытесня́ть
Verdrängen *n* вытесне́ние *n*
Verdränger *m* вытесни́тель *m*
Verdrängergebläse *n (Masch)* объёмный нагнета́тель *m*
Verdrängerlader *m (Masch)* объёмный нагнета́тель *m*
Verdrängerpumpe *f* объёмный насо́с *m*
Verdrängung *f* вытесне́ние *n*
Verdrängungsschiff *n* водоизмеща́ющее су́дно *n*
Verdrehbeanspruchung *f s.* Torsionsbeanspruchung
verdrehen крути́ть, скру́чивать, закру́чивать; сучи́ть *(Drähte)*
Verdrehen *n s.* Verdrehung
Verdrehfestigkeit *f s.* Torsionsfestigkeit
Verdrehspannung *f s.* Torsionsbeanspruchung
Verdrehsteifigkeit *f s.* Torsionssteifigkeit
verdreht скру́ченный
Verdrehung *f* круче́ние *n*, скру́чивание *n*
Verdrehungssteifigkeit *f s.* Torsionssteifigkeit
Verdrehungswinkel *m s.* Torsionswinkel
Verdrehversuch *m s.* Torsionsversuch
Verdrehwinkel *m s.* Torsionswinkel
Verdreifachung *f* утрое́ние *n*
verdrillen крути́ть, скру́чивать, закру́чивать
Verdrillung *f* 1. скру́чивание *n*, скру́тка *f*; 2. *(El, Nrt)* транспози́ция *f (von Leitungen)*
Verdrückung *f* 1. выда́вливание *n*; 2. *(Geol, Bgb)* пережи́м *m*
Verdübelung *f (Bw)* шпо́ночное соедине́ние *n*
verdunkeln затемня́ть
Verdunkeln *n* затемне́ние *n*
Verdunkelung *f* затемне́ние *n*
verdünnen 1. разбавля́ть, разводи́ть *(z. B. Lösungen)*; 2. разрежа́ть *(Luft, Gase)*; 3. разжижа́ть
Verdünnen *n* 1. разбавле́ние *n*, разведе́ние *n (z. B. Lösungen)*; 2. разреже́ние *n (von Luft, Gasen)*; 3. разжиже́ние *n*
Verdünner *m s.* Verdünnungsmittel 1.

verdünnt 1. разба́вленный; 2. разрежённый *(Luft, Gase)*
Verdünnung *f s.* Verdünnen; 2. Verdünnungsmittel 2.
Verdünnungsmittel *n* 1. разбави́тель *m*; разжижи́тель *m*; 2. раствори́тель *m (für Farben und Lacke)*
verdunstbar испаря́емый
Verdunstbarkeit *f* испаря́емость *f*
verdunsten испаря́ться, улету́чиваться
Verdunsten *n s.* Verdunstung
Verdunstung *f* испаре́ние *n*, улету́чивание *n*
Verdunstungskühler *m* испари́тельный охлади́тель *m*
Verdunstungsmesser *m s.* Evaporimeter
Veredeln *n s.* Veredlung
veredeln 1. улучша́ть; облагора́живать; *(Text)* отде́лывать; 2. *(Bgb, Met)* обогаща́ть
Veredlung *f* 1. улучше́ние *n*; облагора́живание *n*; *(Text)* отде́лка *f*; 2. *(Bgb, Met)* обогаще́ние *n*
vereinbart усло́вный
Vereinbarung *f* 1. усло́вие *n*; соглаше́ние *n*; 2. *(Inf)* описа́ние *n*
~/explizite *(Inf)* я́вное описа́ние *n*
~/externe *(Inf)* вне́шнее описа́ние *n*
Vereinbarungssymbol *n (Inf)* описа́тель *m*
vereinfachen упроща́ть
vereinfacht упрощённый
Vereinfachung *f* упроще́ние *n*
vereinheitlichen унифици́ровать
vereinheitlicht унифици́рованный
Vereinheitlichung *f* унифика́ция *f*
Vereinigen *n* соедине́ние *n*
vereinigen соединя́ть
Vereinigung *f* 1. объедине́ние *n (Organisation)*; 2. *(Ch)* ассоциа́ция *f*
Vereinzeln *n (Fert)* разделе́ние *n (von Werkstücken)*
vereisen промерза́ть
Vereisen *n s.* Vereisung
Vereisung *f* 1. обледене́ние *n*; 2. *(Geol)* оледене́ние *n*
Verengung *f* суже́ние *n*
Veresterung *f (Ch)* этерифика́ция *f*
verfahrbar *(Masch)* моби́льный; подвижно́й
Verfahrbarkeit *f (Masch)* моби́льность *f*; подви́жность *f*
Verfahreinheit *f (Fert)* каре́тка *f (eines Roboters)*
Verfahren *n* 1. ме́тод *m (s. a. unter Methode)*; спо́соб *m*; 2. проце́сс *m*; 3. режи́м *m*; 4. *(Inf)* процеду́ра *f*
~/basisches *(Met)* осно́вный проце́сс *m*
~/direktes прямо́й [непосре́дственный] ме́тод *m*
~/indirektes ко́свенный ме́тод *m*
~/kontinuerliches непреры́вный ме́тод [проце́сс] *m*
~/numerisches чи́сленный ме́тод *m*
~/saures *(Met)* ки́слый проце́сс *m*
~/spannungsoptisches *(Opt)* фотоупру́гость *f*, ме́тод *m* фотоупру́гости
Verfallsdatum *n* да́та *f* истече́ния сро́ка хране́ния
verfälschen *(Mess)* искажа́ть *(Messergebnisse)*
verfaulen гнить
verfestigen 1. затвердева́ть; 2. *(Härt)* упрочня́ть; 3. уплотня́ть; 4. *(Bw)* стабилизи́ровать *(Boden)*
verfestigt 1. *(Bw)* стабилизи́рованный *(Boden)*; 2. *(Härt)* нагарто́ванный *(Stahl)*
~/kalt *(Härt)* нагарто́ванный *(Stahl)*
Verfestigung *f* 1. затвердева́ние *n*; 2. *(Härt)* упрочне́ние *n*, наклёп *m*; 3. *(Met)* нагарто́вка *f (von Stahl)*; 4. *(Bw)* стабилиза́ция *f (Boden)*
Verfeuern *n* сжига́ние *n (zur Wärmegewinnung)*
verfeuern сжига́ть
Verfilzung *f (Pap)* свойла́чивание *n*
Verfinsterung *f (Astr)* затме́ние *n*
Verflechtung *f* переплёт *m*
verflüchtigen/sich улету́чиваться
Verflüchtigen *n* улету́чивание *n*
Verflüchtigung *f* улету́чивание *n*
verflüssigen 1. сжижа́ть; ожижа́ть; 2. разжижа́ть
~/sich сжижа́ться
Verflüssigen *n* 1. сжиже́ние *n*, ожиже́ние *n*; 2. разжиже́ние *n*
Verflüssiger *m (Kält)* конденса́тор *m*
verflüssigt сжи́женный
Verflüssigung *f s.* Verflüssigen
Verflüssigungsfähigkeit *f* сжижа́емость *f*
Verflüssigungspunkt *m (Ph)* то́чка *f* ожиже́ния

Verflüssigungstemperatur *f (Ph)* то́чка *f* ожиже́ния
verfolgen сле́довать; соблюда́ть *(Objekte)*
Verfolgen *n s.* Verfolgung
Verfolgung *f* слеже́ние *n*; сопровожде́ние *n (eines Ziels)*; соблюде́ние *n (von Objekten)*
Verfolgungsprozess *m (Kyb)* проце́сс *m* сопровожде́ния
verformbar деформиру́емый; вя́зкий *(Metalle)*
~/nicht непласти́чный
Verformbarkeit *f* деформи́руемость *f*; вя́зкость *f (von Metallen)*; формуе́мость *f*
verformen деформи́ровать
Verformung *f* деформа́ция *f*
~/bleibende *s.* ~/plastische
~/elastische упру́гая [обрати́мая] деформа́ция *f*
~/plastische оста́точная [пласти́ческая, необрати́мая] деформа́ция *f*
Verformungsarbeit *f (Mech)* рабо́та *f* деформа́ции
Verformungsbruch *m (Fest)* пласти́ческое [вя́зкое] разруше́ние *n*, пласти́ческий изло́м *m*
Verformungsellipsoid *n (Mech)* эллипсо́ид *m* деформа́ции
Verfügbarkeit *f* гото́вность *f*
Verfugen *n (Bw)* расши́вка *f*
Verfüllung *f (Bgb)* забуто́вка *f*
vergällen *(Ch)* денатури́ровать
vergällt *(Ch)* денатури́рованный
Vergällung *f (Ch)* денатура́ция *f*
vergären *(Ch)* сбра́живать, выбра́живать
Vergären *n s.* Vergärung
Vergärung *f (Ch)* сбра́живание *n*, выбра́живание *n*
vergasen 1. газифици́ровать *(Brennstoffe)*; 2. карбюри́ровать *(Kraftstoff im Vergaser)*
Vergaser *m (Kfz)* карбюра́тор *m (eines Vergasermotors)*
~/schwimmerloser беспоплавко́вый карбюра́тор *m*
Vergaserdüse *f (Kfz)* жиклёр *m*
Vergaserkraftstoff *m* карбюра́торное то́пливо *n*
Vergasermotor *m* карбюра́торный дви́гатель *m*
Vergaserpatschen *n (Kfz)* вы́стрелы *mpl* в карбюра́торе
Vergasung *f* 1. газифика́ция *f (Brennstoffe)*; 2. *(Kfz)* карбюра́ция *f*
Vergesellschaftung *f* 1. *(Min)* ассоциа́ция *f*; 2. *(Geol)* абразова́ние *n* соо́бщества
vergießen 1. *(Met)* разлива́ть; 2. *(El, Kst)* герметизи́ровать
Vergießen *n* 1. *(Met)* разли́вка *f*; отли́вка *f*; 2. *(El, Kst)* герметиза́ция *f*
vergiften отравля́ть
Vergiftung *f* отравле́ние *n*
vergilben *(Pap)* пожелте́ть
Vergilben *n (Pap)* пожелте́ние *n*
verglasen 1. *(Bw)* стекли́ть; остекля́ть; 2. остекло́вываться
Verglasen *n s.* Verglasung
Verglasung *f* 1. *(Bw)* остекле́ние *n*; 2. остекло́вывание *n*
Vergleich *m* сравне́ние *n*
vergleichbar соизмери́мый; сравни́мый
Vergleichen *n* сравне́ние *n*
vergleichen сра́внивать
Vergleichs... 1. сравни́тельный; 2. этало́нный
Vergleichsmaß *n* образцо́вая ме́ра *f*
Vergleichsmessung *f* измере́ние *n* ме́тодом сравне́ния
Vergleichsmodell *n* этало́нная моде́ль *f*
Vergleichsnormal *n* этало́н *m* сравне́ния
Vergleichsschaltung *f (El)* схе́ма *f* сравне́ния
Vergletscherung *f (Geol)* оледене́ние *n*
verglühen *(Raumf)* сгора́ть
vergolden золоти́ть
Vergolden *n* золоче́ние *n*
vergoldet золочёный, позоло́ченный
Vergoldung *f* золоче́ние *n*, позоло́та *f*
vergossen *(El, Kst)* гермети́ческий
vergraben *(Eln)* скры́тый
vergrößern увели́чивать
vergrößert увели́ченный
Vergrößerung *f* увеличе́ние *n*
Vergrößerungsapparat *m (Photo)* (фото)увеличи́тель *m*
Vergrößerungsgerät *n (Photo)* (фото-) увеличи́тель *m*
Vergrößerungsglas *n* увеличи́тельное стекло́ *n*

Vergussmasse *f (El)* зали́вочная ма́сса *f*, зали́вка *f*, зали́вочный компа́унд *m* *(z. B. für Kabel)*
vergüten улучша́ть *(Stahl)*
Vergüten *n s.* Vergütung
Vergütung *f* 1. улучше́ние *n (von Stahl)*; *(Härt)* терми́ческая обрабо́тка *f (von Stahl)*; 2. *(Bgb, Met)* обогаще́ние *n*; 3. *(Opt)* просветле́ние *n (z. B. von Linsen)*
Vergütungsofen *m (Met)* терми́ческая печь *f*
Vergütungsstahl *m* улучша́емая сталь *f*
Verhalten *n* поведе́ние *n*
Verhältnis *n* 1. отноше́ние *n*; соотноше́ние *n*; 2. *(Math)* пропо́рция *f*
Verhältnisse *npl* **/hydrologische** гидрологи́ческий режи́м *m*
Verharzen *n* осмоле́ние *n*
Verhau *m (Bgb)* вы́емка *f*
verheizen сжига́ть
Verheizen *n* сжига́ние *n (zur Wärmegewinnung)*
Verhieb *m (Bgb)* вы́емка *f*
verhindern запреща́ть
Verholkette *f (Schiff)* тя́говая цепь *f*
Verholschlepper *m (Schiff)* порто́вый букси́р *m*
Verholtrosse *f (Schiff)* шварто́вный коне́ц *m*
verhütten *(Met)* пла́вить, выплавля́ть; переплавля́ть
Verhütten *n s.* Verhüttung
Verhüttung *f (Met)* пла́вка *f*, вы́плавка *f*; перепла́вка *f*; (металлурги́ческий) переде́л *m*
verjüngen заостря́ть
verjüngt заострённый
Verjüngung *f* 1. суже́ние *n*; 2. ко́нусность *f*; 3. *(Math)* свёртывание *n* *(Tensoren)*
~/kegelige ко́нусность *f*
Verkabeln *n (El)* каблирова́ние *n*
Verkabelung *f (El)* каблирова́ние *n*
verkadmen кадми́ровать
Verkadmen *n* кадми́рование *n*
verkadmet кадми́рованный
Verkantung *f* переко́с *m*
verkappen *(Eln, Kst)* герметизи́ровать
Verkappen *n (Eln, Kst)* герметиза́ция *f*
verkappt *(Eln, Kst)* гермети́ческий
Verkappung *f (Eln, Kst)* герметиза́ция *f*
Verkapseln *n* корпуси́рование *n*
Verkapselung *f* корпуси́рование *n*
Verkaufsautomat *m* торго́вый автома́т *m*
Verkehr *m* 1. *(Eb, Kfz)* сообще́ние *n*, движе́ние *n* (тра́нспорта); 2. перево́зки *fpl*, тра́нспорт *m*; 3. *(Nrt)* обме́н *m*; сообще́ние *n*; тра́фик *m*; 4. *(Nrt, Rf, TV)* связь *f*
~/doppelseitiger *(Nrt)* двусторо́нняя связь *f*
~/doppelt gerichteter *(Nrt)* двусторо́нняя связь *f*
Verkehrs... тра́нспортный
Verkehrsbelastung *f (Eb)* интенси́вность *f* перево́зок, грузонапряжённость *f*
Verkehrsberuhigung *f* успоко́ение *n* тра́нспорта
Verkehrsdichte *f* пло́тность [интенси́вность] *f* движе́ния, грузонапряжённость *f*
Verkehrsinsel *f* острово́к *m* (безопа́сности)
Verkehrskarte *f* доро́жная ка́рта *f*
Verkehrsknotenpunkt *m* тра́нспортный у́зел *m*
Verkehrskontrolle *f* управле́ние *n* движе́нием, диспетчериза́ция *f*
Verkehrslärm *m (Ökol)* шум *m* доро́жного движе́ния, у́личный шум *m*
Verkehrslast *f* подви́жная нагру́зка *f*
Verkehrsleitinsel *f* направля́ющий острово́к *m*
Verkehrsmenge *f (Eb)* объём *m* перево́зок, грузонапряжённость *f*
Verkehrsmittel *npl* тра́нспорт *m*, тра́нспортные сре́дства *npl*
~/öffentliche тра́нспортные сре́дства *npl* обще́ственного по́льзования
Verkehrsnetz *n* тра́нспортная сеть *f*; *(Eb)* сеть *f* путе́й сообще́ния
Verkehrsregeln *fpl* пра́вила *npl* движе́ния
Verkehrsregelung *f* регули́рование *n* (доро́жного) движе́ния
Verkehrssicherheit *f* безопа́сность *f* движе́ния
Verkehrsspitze *f* 1. *(Eb)* пик *m* движе́ния; пик *m* перево́зок; 2. *(Nrt)* пик *m* нагру́зки
Verkehrsspitzenzeit *f (Nrt)* час *m* наибо́льшей нагру́зки

Verkehrsstau *m (Kfz)* тра́нспортная про́бка *f*
Verkehrssteuerung *f* управле́ние *n* движе́нием
Verkehrsstrom *m* тра́нспортный пото́к *m*; пассажиропото́к *m (Personenverkehr)*
Verkehrsüberwachung *f* диспетчериза́ция *f*
Verkehrsunfall *m* доро́жно-тра́нспортное происше́ствие *n*, ДТП *n*
Verkehrswesen *n* тра́нспорт *m*, тра́нспортное де́ло *n*
Verkehrszeichen *n* доро́жный знак *m*
verkeilen закли́нивать
Verkeilen *n* закли́нивание *n*
verkeilt заклинённый
verkettet *(El, Reg, Kyb)* сопряжённый
Verkettung *f (El, Reg, Kyb)* сопряже́ние *n*; соедине́ние *n*; *(Inf)* присоедине́ние *n*; *(Inf)* сцепле́ние *n*
~/flexible [nachgiebige] *(Masch)* ги́бкое соедине́ние *n*
~ **von Dateien** *(Inf)* сцепле́ние *n* масси́вов
verkippen *(Bgb)* разгружа́ть
Verkippen *n (Bgb)* 1. разгру́зка *f*; 2. отвалообразова́ние *n*
Verkippung *f s.* Verkippen
verkitten зама́зывать; прома́зывать *(Fenster)*
verklammern скоби́ть; соединя́ть ско́бами
Verklammerung *f* стя́жка *f*; соедине́ние *n* ско́бами
verkleben 1. зама́зывать; 2. скле́ивать *n*; 3. *(Ch)* агглютини́ровать
Verkleben *n* 1. зама́зка *f*; 2. скле́ивание *n*; 3. *(Ch)* агглютина́ция *f*
verkleiden обшива́ть
Verkleidung *f* 1. обши́вка *f*, облицо́вка *f*; 2. *(Bw)* отде́лка *f*; 3. *(Bw)* подши́вка *f*; 4. *(Aero)* обтека́тель *m*
~/strömungsgünstige *(Aero)* обтека́тель *m*
Verkleidungsmaterial *n* облицо́вочный материа́л *m*
Verkleidungsplatte *f (Bw)* облицо́вочная плита́ [пли́тка] *f*
Verkleinerung *f* уменьше́ние *n*
Verkleinerungsapparat *m (Photo)* уменьши́тель *m*
Verkleinerungsgerät *n (Photo)* уменьши́тель *m*
Verklemmen *n* защемле́ние *n*; заклинивание *n*
Verklumpen *n* комкова́ние *n*
verknüpfen свя́зывать
verknüpft *(El, Reg, Kyb)* сопряжённый
Verknüpfung *f (Reg, Kyb)* сопряже́ние *n*; соедине́ние *n*; *(Inf)* присоедине́ние *n*; *(Kyb, Inf)* связь *f*
~/logische *(Kyb)* логи́ческая связь *f*
Verknüpfungselement *n (Kyb)* функциона́льный элеме́нт *m*
Verkochen *n* ува́ривание *n*
verkokbar коксу́ющийся
verkoken коксова́ть
Verkoken *n s.* Verkokung
Verkokung *f* коксова́ние *n*; *(Ch)* карбониза́ция *f (von Kohle)*
verkokungsfähig коксу́ющийся
Verkokungsfähigkeit *f* коксу́емость *f*
verkorken заку́поривать
Verkorken *n* заку́порка *f*
verkrümmt искривлённый
Verkrustung *f* инкруста́ция *f*
verkupfern медни́ть, омедня́ть
Verkupfern *n* медне́ние *n*, омедне́ние *n*
verkürzen сокраща́ть; укора́чивать
Verkürzen *n s.* Verkürzung
Verkürzung *f* сокраще́ние *n*; укоро́чение *n*
Verlade... погру́зочный
Verladebrücke *f* мостово́й перегружа́тель *m*; *(Eb)* (погру́зочная) эстака́да *f*
verladen грузи́ть, нагружа́ть, загружа́ть; отгружа́ть
Verladeplattform *f (Eb)* (погру́зочная) эстака́да *f*
Verladerampe *f* погру́зочная платфо́рма *f*
Verladerinne *f* загру́зочный жёлоб *m*
Verladung *f* погру́зка *f*; отгру́зка *f*
verlagern смеща́ть
Verlagerung *f* смеще́ние *n*
Verlanden *n s.* Verlandung
Verlandung *f (Hydrol)* заиле́ние *n*, занесе́ние *n* нано́сами
verlängert удлинённый
Verlängerung *f* удлине́ние *n*
Verlängerungsleitung *f (El)* удлини́тель *m*

Verlängerungsschnur *f (El)* удлинительный шнур *m*, удлинитель *m*
Verlängerungsstück *n* удлинитель *m*, надставка *f*
verlangsamen замедлять
verlangsamt замедленный
Verlangsamung *f* замедление *n*; торможение *n*
Verlaschung *f (Masch)* соединение *n* накладками
Verlauf *m* 1. протекание *n*, ход *m*; 2. вид *m*, форма *f*
Verlaufen *n* 1. *(Wkzm)* отклонение *n* *(des Werkzeugs)*; увод *m (des Bohrers)*; 2. розлив *m (Anstrichstoffe)*
verlaufend/schnell быстропротекающий *(Prozess)*
verlegen укладывать, прокладывать *(Kabel, Rohrleitungen, Gleise)*; проводить *(Kabel)*
Verlegen *n* укладка *f*; прокладка *f (von Kabeln, Rohrleitungen, Gleisen)*; проводка *f (von Kabeln)*
Verlegung *f s.* Verlegen
verleimen склеивать; замазывать
Verleimen *n* склеивание *n*; замазка *f*
Verletzung *f* поражение *n*
verlöten запаивать
Verlöten *n* запайка *f*
verlötet запаянный
Verlust *m* потеря *f (s. a. unter Verluste)*; потери *fpl*; убыток *m*; убыль *f*; утечка *f*
verlustarm с малыми потерями
verlustbringend убыточный
Verluste *mpl* потери *fpl* • **mit (großen) Verlusten** с (большими) потерями
~/dielektrische *(El)* диэлектрические потери *fpl*
Verlustfaktor *m* коэффициент *m* потерь
verlustfrei без потерь
Verlustleistung *f (El)* рассеиваемая мощность *f*, мощность *f* потерь
verlustlos без потерь
verlustreich с (большими) потерями
Verluststrom *m (El)* ток *m* утечки
Verlustwinkel *m (El)* угол *m* потерь
Vermahlen *n* размол *m*, размалывание *n*; дезинтеграция *f (Aufbereitung)*
vermauern *(Bw)* замуровывать
Vermauerung *f (Bw)* обмуровка *f*
Vermauerungsstein *m (Bw)* облицовочный камень *m*
Vermeidung *f* предупреждение *n*; устранение *n*
vermengen перемешивать
Vermengen *n* перемешивание *n*
vermessen измерять, обмерять; замерять
Vermessen *n* измерение *n*, обмер *m*; замер *m*
Vermessung *f* 1. *s.* Vermessen 1.; 2. *(Geod)* геодезическая съёмка *f*
Vermessungskunde *f* геодезия *f*
vermindern сокращать; уменьшать; снижать
Verminderung *f* 1. сокращение *n*; уменьшение *n (z. B. der Geschwindigkeit)*; снижение *n*; понижение *n*
vermischbar перемешиваемый, смешиваемый
vermischen перемешивать, смешивать
Vermischen *n* перемешивание *n*, смешение *n*
vermischt перемешанный, смешанный
Vermittlung *f (Nrt)* 1. коммутация *f*; 2. *s.* Vermittlungsstelle
Vermittlungs... *(Nrt)* коммутационный
Vermittlungseinrichtung *f (Nrt)* коммутационное устройство *n*, коммутатор *m*
Vermittlungsgerät *n (Nrt)* коммутационный аппарат *m*
Vermittlungsklinke *f (Nrt)* коммутационное гнездо *n*
Vermittlungsplatz *m (Nrt)* рабочее место *n*
Vermittlungsschrank *m (Nrt)* коммутатор *m*
Vermittlungsstelle *f (Nrt)* коммутационная установка *f*, коммутационный пункт *m*; коммутационная станция *f*; коммутатор *m*
Vermögen *n* способность *f*
Vermörteln *n (Bw)* замоноличивание *n*
vernachlässigbar пренебрежимый *(z. B. Messfehler)*
Verneinung *f* отрицание *n*
Vernetzen *n s.* Vernetzung
Vernetzung *f (Gum)* сшивание *n*; *(Gum, Kst)* структурирование *n*

Vernichtung *f* рассéяние *n* *(von Energie)*
vernickeln *(Met)* никелировáть
vernieten склёпывать
Vernieten *n* склёпывание *n*
Verpacken *n* упакóвка *f*
Verpackung *f* 1. упакóвка *f*; 2. тáра *f*
~/wieder verwendbare возврáтная тáра *f*
Verpackungsautomat *m* упакóвочный автомáт *m*
Verpackungsmittel *n* тáра *f*
Verpuffung *f* 1. дефлагрáция *f*; 2. вспы́шка *f* *(von Staubgemischen)*
Verputz *m* *(Bw)* штукату́рка *f*
verputzen *(Bw)* штукату́рить
Verputzen *n* *(Bw)* оштукату́ривание *n*
Verrechnung *f* расчёт *m*
Verrechnungs... расчётный
verreiben растирáть *(Anstrichstoffe)*
verriegeln 1. стóпорить, блоки́ровать, запирáть; 2. *(Schiff)* задрáивать *(z. B. Türen, Klappen)*; 3. *(Text)* закреплять *(Veredlung)*
verriegelt блоки́рованный
Verriegelung *f* 1. стопорéние *n*, фиксáция *f*, блоки́рование *n*, блокирóвка *f*; закли́нивание *n*; 2. *(Eb)* замыкáние *n*; запирáние *n*; 3. *(Inf)* взаимоблокирóвка *f*; 4. *(Text)* закреплéние *n* *(Veredlung)*; 5. *(Eb)* запóр *m* *(Sicherungstechnik)*
Verriegelungseinrichtung *f* блоки́рующее устрóйство *n*
Verriegelungskontakt *m* *(El)* блокирóвочный контáкт *m*, блок-контáкт *m*
Verriegelungsmechanismus *m* блокирóвочный механи́зм *m*
verringern сокращáть; уменьшáть; снижáть; понижáть
Verringerung *f* сокращéние *n*; уменьшéние *n* *(z. B. der Geschwindigkeit)*; снижéние *n*
verrippt ребри́стый, оребрённый
verrosten ржавéть, корроди́ровать
Verrosten *n* ржавлéние *n*; коррóзия *f*
verrostet ржáвый
Verrückung *f* перемещéние *n*
Verrundung *f* *(Eln)* закруглéние *n* *(Scheibenherstellung)*
versagen откáзывать *(z. B. Maschinenteile)*
Versagen *n* сбой *m*; откáз *m* *(z. B. von Maschinenteilen)*
versalzen засоляться *(Böden)*
Versalzen *n* засолéние *n* *(des Bodens)*
Versand *m* отпрáвка *f*, отгру́зка *f*
Versandbahnhof *m* стáнция *f* отправлéния
Versandhandel *m* посы́лочная торгóвля *f*
Versatz *m* *(Bgb)* 1. заклáдка *f*; 2. заклáдочный материáл *m*
Versatz... *(Bgb)* закладнóй
Versatzmaschine *f* *(Bgb)* заклáдочная маши́на *f*
Versatzpfeiler *m* *(Bgb)* заклáдочный столб *m*
verschachteln *(Nrt)* уплотнять
Verschachtelung *f* 1. *(Nrt)* уплотнéние *n*; 2. *(Inf)* чередовáние *n*; 3. *(Math, Inf)* вложéние *n*, влóженность *f*
~/zeitliche *(Inf)* разделéние *n* врéмени
Verschalung *f* 1. *s.* Schalung; 2. *(Bw)* обши́вка *f* (доскáми); 3. обдéлка *f*
verschäumt вспéненный
verschiebbar передвижнóй
Verschiebbarkeit *f* подви́жность *f*
Verschiebebahnhof *m* сортирóвочная стáнция *f*
Verschiebelokomotive *f* маневрóвый локомоти́в *m*
verschieben перемещáть; сдвигáть, смещáть
Verschieben *n* 1. *s.* Verschiebung 1. und 3.; 2. *(Eb)* передвижéние *n* *(Wagen)*; *(Eb)* маневри́рование *n*
Verschiebung *f* 1. перемещéние *n*; передви́жка *f*, передвижéнние *n*, смещéние *n*; сдвиг *m*; 2. *(Geol)* сдвиг *m*; 3. *(Inf)* сдвиг *m*; 4. *(Krist)* трансляция *f*, сдвиг *m*; дислокáция *f*; 5. *s.* Verschieben 2.
~/elektrische электри́ческое смещéние *n*
~/parallaktische *(Astr)* параллакти́ческое смещéние *n*
~/zeitliche сдвиг *m* во врéмени
verschiedenartig гетерогéнный
Verschiedenartigkeit *f* гетерогéнность *f*
verschiedenfarbig разноцвéтный, гетерохрóмный

verschießen выцветать *(Farben)*
Verschießen *n* выцветание *n (Farben)*
verschlacken шлаковать, зашлаковывать; спекаться
Verschlacken *n (Met)* шлакование *n*, ошлакование *n*, зашлаковывание *n*; шлакообразование *n*; спекание *n*
verschlackungsbeständig шлакоустойчивый
Verschlackungsbeständigkeit *f* шлакоустойчивость *f*
verschlammt заиленный *(z. B. Seen, Kanäle)*
Verschlammung *f (Hydrol)* заиление *n*; загрязнение *n*
Verschlechterung *f* ухудшение *n*
Verschleiß *m (Fest, Trib)* 1. изнашивание *n*, износ *m*; истирание *n*; 2. износ *m (Ergebnis)*
~/reibender износ *m* истиранием
Verschleißbarkeit *f* изнашиваемость *f*; срабатываемость *f*
verschleißbeansprucht изнашивающийся
Verschleißbeständigkeit *f (Fest)* прочность *f* на износ
verschleißen *(Fest, Trib)* изнашиваться; истираться; срабатывать
verschleißfest износостойкий, износоустойчивый; абразивостойкий
Verschleißfestigkeit *f (Fest)* прочность *f* на износ, сопротивление *n* истиранию; износостойкость *f*, износоустойчивость *f*
Verschleißgrad *m* степень *f* износа
Verschleißprüfung *f* испытание *n* на износ
Verschleißteil *n* изнашивающаяся деталь *f*
Verschleißteile *npl* (быстро)изнашиваемые части *fpl*
Verschleißwiderstand *m s.* Verschleißfestigkeit
verschließen 1. закрывать, запирать; 2. закупоривать; 3. упаковывать; 4. *(Schiff)* задраивать *(z. B. Türen, Klappen)*
verschlossen закрытый
Verschluss *m* 1. *(Photo)* затвор *m*; 2. *(Hydt)* затвор *m (eines Wehrs)*; 3. *(Eb)* замычка *f*; запор *m (Sicherungstechnik)*; 4. *(Eb)* замыкатель *m*; 5. *(Mil)* замок *m*; 6. затвор *m (eines Geschützes)*; 7. *(Schiff)* задрайка *f*; запор *m*; 8. закрытие *n*
Verschlussblende *f (Opt)* обтюратор *m*
verschlüsseln *s.* codieren
Verschlüsseln *n s.* Codieren
verschlüsselt *s.* codiert
~/binär *(Inf)* двоично-кодированный
Verschlüsselung *f s.* Codieren
Verschlussflansch *m* заглушка *f*
Verschlusskappenmutter *f* глухая [колпачковая] гайка *f*
Verschlussklappe *f* запорный клапан *m*
Verschlussmaschine *f***/vollautomatische** укупорочный автомат *m*
Verschlussmutter *f* запорная гайка *f*
Verschlussschraube *f* резьбовая пробка *f*
Verschlusssegment *n (Opt)* лепесток *m*
Verschlussstopfen *m* глухая пробка *f*, заглушка *f*
Verschlussstück *n* 1. затвор *m*; 2. *(Eb)* замыкатель *m*
verschmelzen сплавлять
Verschmelzen *n* 1. сплавление *n*; 2. *(Ph)* слияние *n*
Verschmelzung *f s.* Verschmelzen
verschmieren замазывать
Verschmieren *n* замазка *f*
verschmoren *(El)* обгорать *(Kontakte)*
Verschmoren *n (El)* обгорание *n (von Kontakten)*
verschmutzen засорять
Verschmutzen *n s.* Verschmutzung
Verschmutzer *m (Ökol)* загрязнитель *m*
verschmutzt загрязнённый; засорённый
Verschmutzung *f* загрязнение *n*; засорение *n*
~/globale *(Ökol)* глобальное загрязнение *n*
Verschmutzungsgrad *m* загрязнённость *f*
Verschnittmittel *n* разбавитель *m*
verschoben смещённый
verschossen блёклый, блёклый *(Farben)*
verschränkt *(Bw)* враз[illegible]
verschrauben скрепля[illegible] [винтами], привинчив[illegible]

Verschraubung *f* 1. резьбово́е [винтово́е] соедине́ние *n*; 2. резьбова́я про́бка *f*
verschütten зава́ливать
Verschüttung *f* зава́л *m*
verschweißen сва́ривать; зава́ривать
Verschweißen *n* сва́ривание *n*, сва́рка *f*; зава́ривание *n*, зава́рка *f*
verschweißt сва́ренный
verschwelen швелева́ть
Verschwommenheit *f* размы́тость *f* *(von Abbildungen)*
verseifen *(Ch)* омыля́ть
Verseifung *f (Ch)* омыле́ние *n*
verseilen скру́чивать; свива́ть *(Seile, Kabel)*
Verseilung *f* скру́тка *f*; сви́вка *f (von Seilen, Kabeln)*
versenden отгружа́ть
versenken 1. погружа́ть; 2. затопля́ть, топи́ть *(Schiffe)*
Versenken *n* 1. погруже́ние *n*; 2. *(Schiff)* затопле́ние *n*
Versenkhydrant *m* погружно́й гидра́нт *m*
versenkt потайно́й *(Schrauben, Niete)*
versetzen 1. приводи́ть *(in einen anderen Zustand)*; 2. смеща́ть; 3. *(Bgb)* закла́дывать
Versetzen *n s.* Versetzung 1., 2.
versetzt *(Bw)* вразбе́жку; ша́хматный
Versetzung *f* смеще́ние *n*; перемеще́ние *n*; перестано́вка *f*; сдвиг *m*; 2. *(Krist)* дислока́ция *f*; 3. *s.* Versatz 1.
Versetzungsmultiplikation *f (Krist)* размноже́ние *n* дислока́ции
Versetzungsvervielfachung *f (Krist)* размноже́ние *n* дислока́ции
Verseuchung *f (Kern)* загрязне́ние *n*, зараже́ние *n*
~/radioaktive радиоакти́вное загрязне́ние [зараже́ние] *n*
versickern проса́чиваться, инфильтрова́ть
Versickern *n* проса́чивание *n*, фильтра́ция *f*
Versickerung *f s.* Versickern
versilbern серебри́ть
Versilbern *n* серебре́ние *n*
versilbert серебрёный
ersilberung *f* серебре́ние *n*
versorgen пита́ть; обеспе́чивать *(mit etwas)*; снабжа́ть *(mit Wasser, Energie)*
~/mit Gas газифици́ровать
Versorgung *f* пита́ние *n*; обеспе́чение *n*; снабже́ние *n*
Versorgungsfahrzeug *n (Schiff)* те́ндер *m*
Versorgungsleitungen *fpl (Bw)* инжене́рные коммуника́ции *fpl*
Versorgungsschiff *n (Schiff)* те́ндер *m*
Verspannen *n s.* Verspannung 1.; 2.; 3.
Verspannung *f* 1. натя́г *m*; 2. затя́жка *f*; 3. закли́нивание *n*; 4. растя́жка *f*, расча́лки *pl*; оття́жки *fpl*
verspäten/sich запа́здывать
Verspätung *f* запа́здывание *n*; *(Eb)* опозда́ние *n*
versperren прегражда́ть
verspinnbar *(Text)* прядо́мый
Verspinnbarkeit *f (Text)* прядо́мость *f*
Verspleißen *n* сра́щивание *n (von Kabeln, Seilen)*
versplinten шплинтова́ть, зашплинто́вывать
Versplintung *f* (за)шплинто́вка *f*
verspritzen разбры́згивать; распыля́ть *(Flüssigkeiten)*
Verspritzen *n* разбры́згивание *n*; распыле́ние *n (von Flüssigkeiten)*
Versprödung *f (Wkst)* охру́пчивание *n*
versprühen разбры́згивать; распыля́ть *(Flüssigkeiten)*
Versprühen *n* разбры́згивание *n*; распыле́ние *n (von Flüssigkeiten)*
Verständlichkeit *f (Nrt)* артикуля́ция *f*, разбо́рчивость *f (Sprache)*
verstärken 1. уси́ливать; 2. укрепля́ть
Verstärker *m (El)* усили́тель *m*
~/elektromagnetischer электромагни́тный усили́тель *m*
~/hydraulischer гидравли́ческий усили́тель *m*, гидроусили́тель *m*
~/linearer лине́йный усили́тель *m*
~/parametrischer параметри́ческий усили́тель *m*
~/quantenmechanischer ква́нтовый усили́тель *m*
~/widerstandsgekoppelter резисти́вный усили́тель *m*
Verstärker... усили́тельный
Verstärkeramt *n (Nrt)* усили́тельная ста́нция *f*

Verstärkerklystron *n (Eln)* клистрóн-усилúтель *m*
Verstärkerröhre *f (Eln)* усилúтельная лáмпа *f*
Verstärkerschaltung *f* усилúтельная схéма *f*
Verstärkerstation *f (El)* усилúтельная стáнция *f*
Verstärkerstufe *f (Rf)* каскáд *m* усилé-ния
Verstärkerteil *m (El)* усилúтельный блок *m*
Verstärker-Treiber *m (Inf)* усилúтель-формúрователь *m*
verstärkt 1. усúленный; 2. укреплён-ный
Verstärkung *f* 1. усилéние *n*; 2. укре-плéние *n*; 3. утолщéние *n*; 4. фор-сирóвка *f*
Verstärkungsfaktor *m* коэффициéнт *m* усилéния
verstäuben распылять *(Pulver)*
verstäubt распылённый *(Pulver)*
Verstaubung *f* запылённость *f*
Verstäubung *f* распылéние *n (von Pulvern)*
versteckt скрытый
versteifen крепúть, укреплять
Versteifung *f* креплéние *n*, укреплéние *n*
Versteifungsblech *n (Bw)* диафрáгма *f*
Versteifungsrippe *f* ребрó *n* жёсткости
Versteifungsträger *m (Bw)* бáлка *f* жёсткости
Versteifungswand *f (Bw)* диафрáгма *f*
Verstellen *n* перестанóвка *f*
Verstellung *f (Reg)* 1. регулирóвка *f*; 2. перенастрóйка *f*
Verstemmen *n* чекáнка *f*
Versteppung *n (Ökol)* остепнéние *n*
verstimmen *(Rf)* расстрáивать; рассо-глacóвывать
verstimmt *(Rf)* расстрóенный; рассо-глacóванный; *(El)* разбалансúрованный *(Messbrücke)*
Verstimmung *f (Rf)* расстрóйка *f*; рас-соглácование *n*
verstopfen 1. засорять, забивáть; 2. за-кýпоривать; 3. задéлывать, затыкáть
Verstopfen *n* 1. засорéние *n*, забивá-ние *n*; 2. закýпоривание *n*, закýпор-ка *f (Rohre)*; 3. задéлка *f*
verstopft 1. засорённый; 2. закýпо-ренный
Verstopfung *f s.* Verstopfen
Verstrecken *n* вытяжка *f*, вытягивание *n*
Verstreckung *f* 1. *s.* Verstrecken; 2. *(Opt)* анаморфóза *f*
Verstreckungsgrad *m (Text)* стéпень *f* вытяжки
Versuch *m* 1. испытáние *n*; 2. óпыт *m*; эксперимéнт *m*
Versuchs... 1. испытáтельный; 2. óпытный
Versuchsabteilung *f* óпытный цех *m*
Versuchsanlage *f* óпытная установка *f*
Versuchsbecken *n (Schiff)* óпытовый бассéйн *m (für Schiffsmodellversuche)*
Versuchsbetrieb *m* óпытная эксплуа-тáция *f*
Versuchsfeld *n s.* Versuchsabteilung
Versuchsgelände *n* испытáтельный полигóн *m*
Versuchsmuster *n* óпытный образéц *m*
Versuchsreihe *f* сéрия *f* испытáний
Versuchsstation *f* испытáтельная стáнция *f*; óпытная стáнция *f*
vertauben *(Bgb)* обеднять *(Erzgänge)*
Vertauben *n (Bgb)* обеднéние *n (der Erzgänge)*
vertaubt *(Bgb)* обеднённый
vertäuen *(Schiff)* швартовáть
Vertäuen *n (Schiff)* швартóвка *f*
Vertauschen *n s.* Vertauschung
Vertauschung *f* 1. замéна *f*, обмéн *m*; 2. *(Math)* перестанóвка *f*; 3. пере-распределéние *n*
verteilen разделять; распределять; размещáть
Verteiler *m* 1. распределúтель *m*; 2. развóдка *f*; 3. *(Nrt)* кросс *m*; 4. *(Lw)* разбрáсыватель *m (von Dünger etc.)*
Verteilerdose *f (El)* распределúтель-ная корóбка *f*
Verteilereinrichtung *f* распределú-тельный механúзм *m*
Verteilerkasten *m (El)* распределú-тельная корóбка *f*, распределúтель-ный ящик *m*
Verteilernetz *n* распределúтельная сеть *f (für Versorgungsleitungen)*
Verteilerschiene *f (El)* распределú-тельная шúна *f*

Verteilerschnecke *f* распредели́тельный шнек *m*
verteilt распределённый
Verteilung *f* 1. распределе́ние *n*; 2. *(Math)* распределе́ние *n (in der Wahrscheinlichkeitsrechnung)*
~/gleichmäßige *(Math)* равноме́рное распределе́ние *n*
Verteilungs... распредели́тельный
Verteilungsanlage *f (El)* распредели́тельное устро́йство *n*, распредустро́йство *n*
Verteilungschromatographie *f* распредели́тельная хроматогра́фия *f*
Verteilungsfunktion *f (Math)* фу́нкция *f* распределе́ния
Verteilungsgesetz *n (Math)* зако́н *m* распределе́ния
Verteilungsgraben *m (Hydt)* распредели́тель *m*
Vertex *m (Astr)* ве́ртекс *m*
Vertiefung *f* 1. углубле́ние *n*; вы́емка *f*; 2. *(Bw)* вы́боина *f*; *(Bw)* приямо́к *m*; 3. *(Geol)* впа́дина *f*
vertikal вертика́льный
Vertikale *f* вертика́ль *f*
Vertikalkreis *m (Astr)* вертика́л *m*
Vertikalschnitt *m* вертика́льное сече́ние *n*
Vertikalteleskop *n* вертика́льный телеско́п *m*
Vertikalvergaser *m (Kfz)* карбюра́тор *m* с восходя́щим пото́ком
vertilgen *(Lw)* вытравля́ть *(Schädlinge)*
Vertonung *f (Kine)* озву́чивание *n (Tonfilm)*
Verträglichkeit *f (El)* совмести́мость *f*
vertrimmt *(Flg)* разбаланси́рованный
verunreinigen засоря́ть
Verunreinigen *n s.* Verunreinigung 1.
Verunreiniger *m (Ökol)* загрязни́тель *m*
verunreinigt загрязнённый, засорённый
Verunreinigung *f* 1. загрязне́ние *n*, засоре́ние *n*; 2. при́месь *f*; 3. посторо́ннее включе́ние *n*
Verunreinigungsgrad *m* 1. загрязнённость *f*; 2. *(Halbl)* сте́пень *f* леги́рования
vervielfachen умножа́ть
Vervielfacher *m (El, Kern)* умножи́тель *m*
Vervielfacher... умножа́ющий
Vervielfachung *f* 1. умноже́ние *n*; 2. *(Krist)* мультиплика́ция *f*
Vervielfältigungsgerät *n* множи́тельный аппара́т *m*
Vervierfachung *f* учетвере́ние *n*
vervollkommnen усоверше́нствовать
Vervollkommnung *f* усоверше́нствование *n*
vervollständigen пополня́ть; комплектова́ть
vervollständigt укомплекто́ванный
Vervollständigung *f* укомплектова́ние *n*; комплекта́ция *f*, комплектова́ние *n*
Verwachsung *f* 1. аста́ние *n (von Kristallen)*; 2. *(Geol, Min)* вкра́пленность *f*
verwalten управля́ть
Verwaltung *f* управле́ние *n*
Verwaltungskosten *pl* администрати́вные расхо́ды *mpl*
Verwaltungsprogramm *n (Inf)* администра́тор *m*
Verwalzung *f (Wlz)* скла́дка *f (Fehler)*
verwandeln превраща́ть
Verwandlung *f* превраще́ние *n*
Verwandtschaft *f* сродство́ *n*
verwaschen размы́тый
Verwaschung *f (TV)* размы́тость *f*
Verwässerung *f (Bgb)* обводне́ние *n*
Verwehen *n* занесе́ние *n*, зано́с *m*
Verweilen *n* пребыва́ние *n*; нахожде́ние *n*
Verweilzeit *f* 1. вре́мя *n* пребыва́ния; 2. дли́тельность *f* обрабо́тки; 3. *(Met)* вы́держка *f*, вре́мя *n* вы́держки
Verweis *m* ссылка *f*
verwendbar/mehrfach [wieder] *(Raumf)* возвраща́емый; многокра́тного [повто́рного] испо́льзования
verwenden применя́ть
Verwendung *f* примене́ние *n*
Verwendungszweck *m* назначе́ние *n*
verwerfen 1. (за)бракова́ть; 2. *(Geol)* сбра́сывать
Verwerfung *f* 1. искривле́ние *n*; коробле́ние *n (z. B. Bleche)*; 2. *(Geol)* сброс *m*
Verwerfungsfläche *f (Geol)* сбра́сыватель *m*, пло́скость *f* сбро́са
Verwerfungsflügel *m (Geol)* крыло́ *n* сбро́са

Verwerfungskluft *f (Geol)* тре́щина *f* сбро́са
Verwerfungsspalte *f (Geol)* сбра́сыватель *m*; тре́щина *f* сбро́са
verwerten утилизи́ровать *(Abfälle, Altstoffe)*
Verwertung *f* 1. утилиза́ция *f*; 2. реализа́ция *f (von Erfindungen)*
Verwinden *n* суче́ние *n (Drähte)*
verwinden сучи́ть *(Drähte)*
Verwindung *f* 1. круче́ние *n*, скру́чивание *n*; 2. закру́тка *f (z. B. der Turbinenschaufel)*; 3. *(Eb)* переко́с *m (der Gleise)*
Verwirbelung *f* завихре́ние *n*
Verwirklichung *f* реализа́ция *f*
verwittern *(Geol)* выве́триваться
verwittert *(Geol)* вы́ветренный
Verwitterung *f (Geol)* выве́тривание *n*
Verwitterungskruste *f (Geol)* кора́ *f* выве́тривания
Verwitterungsprozess *m (Geol)* проце́сс *m* выве́тривания
Verwölbung *f (Mech)* дисто́рсия *f*
verworfen 1. искривлённый; 2. забрако́ванный
verwunden 1. искривлённый; 2. *(Flg)* закру́ченный *(Tragflügel)*
Very-Large-Scale-Integration *f s.* VLSI
verzahnen *(Fert)* нареза́ть зу́бья
Verzahnen *n (Fert)* нареза́ние *n* зу́бьев, зубонареза́ние *n*
verzahnt зубча́тый
Verzahnung *f* 1. *s.* Verzahnen; 2. *(Masch)* (зубча́тое) зацепле́ние *n*
Verzahnungsfräser *m (Wkz)* зубоpе́зная фреза́ *f*
Verzahnungsstoßen *n (Fert)* зубодолбле́ние *n*
Verzeichnis *n* реги́стр *m*; расписа́ние *n*; оглавле́ние *n*; слова́рь *m*; спи́сок *m*
Verzeichnisdatei *f* спра́вочный файл *m*
Verzeichnung *f* 1. *(TV)* искаже́ние (изображе́ния); 2. *(Opt)* дисто́рсия *f*
~/kissenförmige *(Opt)* подушкообра́зная дисто́рсия *f*; *(TV)* подушкообра́зное искаже́ние *n*
~/tonnenförmige *(Opt)* бочкообра́зная дисто́рсия *f*; *(TV)* бочкообра́зное искаже́ние *n*
verzerren искажа́ть
verzerrt искажённый
Verzerrung *f* 1. искаже́ние *n*; 2. *(El, Ak, Krist)* дисто́рсия *f*; 3. *(Opt)* анаморфо́за *f*
~/lineare *(Nrt)* лине́йное искаже́ние *n*
~/nicht lineare *(Nrt)* нелине́йное искаже́ние *n*
Verzerrungsfläche *f* пове́рхность *f* деформа́ции
verzerrungsfrei *(Opt)* неискажённый, безыскажённый
Verzicht *m* отка́з *m*
verziehen/sich коро́биться *(Bleche)*
Verziehen *n* 1. искривле́ние *n*; короблéние *n (z. B. Bleche)*; 2. *(Text)* вы́тяжка *f*; 3. *(Härt)* пово́дка *f*
Verzierung *f* узо́р *m*
verzinken оцинко́вывать
Verzinken *n* цинкова́ние *n*
verzinkt оцинко́ванный
verzinnen луди́ть, облу́живать
Verzinnen *n* луже́ние *n*
verzinnt лужёный
Verzögerer *m (Ch)* замедли́тель *m*
verzögern замедля́ть; заде́рживать
verzögert заме́дленный; заде́ржанный; запа́здывающий; запозда́вший
~/gleichförmig [gleichmäßig] равноме́рно заме́дленный
Verzögerung *f* замедле́ние *n*; запа́здывание *n*; заде́ржка *f*
Verzögerungsfeld *n (Kern)* тормозя́щее по́ле *n*
verzögerungsfrei без запа́здывания
Verzögerungsleitung *f (El)* ли́ния *f* заде́ржки
Verzögerungsmesser *m* децелеро́метр *m*
Verzögerungsmittel *n (Ch)* замедли́тель *m*
Verzögerungssprengen *n (Bgb)* заме́дленное взрыва́ние *n*
Verzögerungssystem *n* замедля́ющая систе́ма *f*
Verzögerungszeit *f* вре́мя *n* заде́ржки [запа́здывания]
Verzögerungszünder *m* детона́тор *m* заме́дленного де́йствия
Verzug *m* 1. *s.* Verzögerung; 2. *(Text)* вы́тяжка *f*; 3. *(Bgb)* огражде́ние *n*; затя́жка *f (Ausbau)*; 4. *(Härt)* пово́дка *f*; 5. *(Mech)* дисто́рсия *f*

Verzugszeit *f* врéмя *n* задéржки [запáздывания]
Verzundern *n (Met)* окалинообразовáние *n*
Verzweiger *m* 1. *(El)* разветвúтель *m*, развúлка *f*; 2. ответвúтель *m (von Rohrleitungen)*
verzweigt разветвлённый
Verzweigung *f* разветвлéние *n*; *(Inf)* ветвлéние *n*
Verzweigungspunkt *m (Math, El)* тóчка *f* разветвлéния; *(El)* ýзел *m (Leitungstechnik)*
VHS... сверхскоростнóй, сверхбыстродéйствующий
Viadukt *m (Bw)* виадýк *m*
Vibration *f* вибрáция *f*; дрожáние *n*
Vibrations... вибрациóнный
Vibrationsaufgeber *m* вибродáтчик *m*
Vibrationsbohren *n (Bgb)* вибробурéние *n*, вибрациóнное бурéние *n*
Vibrationsdämpfer *m (Mech)* аттенюáтор *m*
vibrationsfest вибростóйкий, виброустóйчивый
Vibrationsfestigkeit *f (Fest)* вибрациóнная прóчность [устóйчивость] *f*, виброустóйчивость *f*
Vibrationsfestigkeitsprüfung *f (Wkst)* испытáние *n* на вибропрóчность
Vibrationsfrequenzmesser *m* вибрациóнный частотомéр *m*
Vibrationsmesser *m* вибрóметр *m*
Vibrationsmühle *f* вибрациóнная мéльница *f*
Vibrationsplatte *f* виброплитá *f*
Vibrationssieb *n* вибрациóнное сúто *n*, вибрациóнный грóхот *m*, виброгрóхот *m*, вибросúто *n*
Vibrationssieben *n (Bw)* виброгрохочéние *n*
Vibrator *m* вибрáтор *m*
vibrieren *n* вибрúровать
Vibrieren *n* вибрúрование *n*
Vibro... вибро...
Vibrobohren *n s.* Vibrationsbohren
Vibrogramm *n* виброгрáмма *f*
Vibrograph *m* вибрóграф *m*
Vibrometer *n* измерúтель *m* вибрáций
Vibrosieb *n s.* Vibrationssieb
Vibrospeiser *m* вибрациóнный питáтель *m*
Vickershärte *f (Wkst)* тдёрдость *f* по Вúккерсу
Vickers-Härteprüfung *f (Wkst)* определéние *n* твёрдости по Вúккерсу
Video... видео...
Videoaufzeichnung *f* видеозáпись *f*
Videoband *n* видеолéнта *f*
Videodisc *f* видеозвуковóй компáктдиск *m*
Videofrequenz *f (TV)* видеочастотá *f*
Videogerät *n (TV)* видеоустрóйство *n*
Videographie *f (Nrt)* видеогрáфúя *f*
Videoimpuls *m (TV)* видеоúмпульс *m*
Videokamera *f* видеокáмера *f*, бытовáя телекáмера *f*, телекáмера *f* (бытовóго применéния)
Videokanal *m (TV)* видеоканáл *m*
Videokarte *f (TV)* видеоплáта *f*
Videokassette *f (TV)* видеокассéта *f*
Videokassettenrecorder *m (TV)* кассéтный видеомагнитофóн *m*
Videokontrollgerät *n* видеоконтрóльное устрóйство *n*
Videokopierer *m* видеокопúр *m*
Videomagnetband *n* видеолéнта *f*
Videomagnetkopf *m (Eln)* магнúтная видеоголóвка *f*
Videoplatte *f* 1. видеодúск *m*; 2. видеозвуковóй компáкт-диск *m*
Videoplayer *m* (кассéтный) видеопрóигрыватель *m*, видеоплéйер *m*
Video-RAM *m (Inf)* видеопáмять *f*
Videorecorder *m (TV)* видеомагнитофóн *m*
Videosignal *n (TV)* видеосигнáл *m*, сигнáл *m* изображéния
Videospeicher *m (Inf)* видеопáмять *f*
Videospiel *n (TV)* видеоигрá *f*
Videospur *f (TV)* видеодорóжка *f*
Videotechnik *f* видеотéхника *f*
Videotelephon *n* видеотелефóн *m*
Videotelephonie *f* видеотелефóнная связь *f*, видеотелефонúя *f*
Videoterminal *n* видеотерминáл *m*
Videotext *m* видеотéкст *m*, телетéкст *m*
Videoverstärker *m (TV)* видеоусилúтель *m*
Videoverstärkerstufe *f (TV)* видеоусилúтельный каскáд *m*
Videoverstärkung *f (TV)* видеоусилéние *n*

Vidikon *n (TV)* видико́н *m (Bildaufnahmeröhre)*
Viehzucht *f* скотово́дство *n*
vieladrig *(El)* многожи́льный, многопроводно́й *(Kabel)*
vielatomig *(Ch)* многоа́томный
Vielatomigkeit *f (Ch)* многоа́томность *f*
Vielbereich... многопреде́льный *(bei Messinstrumenten)*
vieldeutig *(Math)* многозна́чный
vieldimensional многоме́рный
Vieleck *n (Math)* многоуго́льник *m*, полиго́н *m*
~/regelmäßiges пра́вильный многоуго́льник *m*
vieleckig многоуго́льный
Vieleckzug *m (Geod)* полиго́нный ход *m*
vielfach многокра́тный
Vielfach... многокра́тный
Vielfache *n (Math)* кра́тное *n*
~/kleinste gemeinsame [gemeinschaftliche] наиме́ньшее о́бщее кра́тное *n*
Vielfachheit *f* 1. *(Math)* кра́тность *f*; 2. *(Kern)* мультипле́тность *f*
Vielfachschaltung *f (El)* многокра́ткое включе́ние *n*
Vielfachzugriff *m (Inf)* коллекти́вный до́ступ *m*, многокра́тная вы́борка *f*
Vielfachzugriffssystem *n (Inf)* систе́ма *f* коллекти́вного по́льзования
Vielfältigkeit *f* многообра́зие *n*
vielflächig многогра́нный
Vielflächner *m* 1. *(Math)* полиэ́др *m*, многогра́нник *m*; 2. *(Krist)* тетартоэ́др *m*
vielgestaltig многообра́зный
Vielgestaltigkeit *f* 1. многообра́зие *n*; 2. *(Min, Krist)* полиморфи́зм *m*
Vielkammer... многока́мерный
Vielkanal... многокана́льный
Vielkant *m* многогра́нник *m*
Vielkristall *m* поликриста́лл *m*
Vielmeißel... *(Wkzm)* многорезцо́вый
Vielpol *m (El)* многопо́люсник *m*
Vielpol... *(El)* многопо́люсный
vielpolig *(El)* многопо́люсный
Vielschichtfilter *n (Ch)* многосло́йный фильтр *m*
vielseitig многосторо́нний
Vielspur... многодоро́жечный
vielspurig многодоро́жечный
vielstellig *(Inf)* многоразря́дный
vielvieldeutig взаи́мно-многозна́чный
Vielwalzenwalzwerk *n* многовалко́вый стан *m*
Vierachs... четырёхо́сный
vierachsig четырёхо́сный
vieradrig *(El)* четырёхжи́льный *(Kabel)*
vieratomig *(Ch)* четырёха́томный
vierdimensional *(Math)* четырёхме́рный
Viereck *n (Math)* четырёхуго́льник *m*, тетраго́н *m*
viereckig *(Math)* четырёхуго́льный
Vierer *m* четвёрка *f (Kabel)*
Viererlage *f (Wlz)* четвёрка *f (Bleche)*
Viererseil *n* четвёрка *f*
vierfach четырёхкра́тный
vierflächig четырёхгра́нный
Vierflächner *m (Krist)* тетра́эдр *m*
~/regelmäßiger четырёхгра́нник *m*
Viergang... *(Kfz)* четырёхступе́нчатый *(Getriebe)*
Viergelenkkette *f (Masch)* четырёхзве́нный механи́зм *m*
viergliedrig четырёхзве́нный
Vierkant *m (Math, Krist)* четырёхгра́нник *m*
Vierkant... четырёхгра́нный
Vierkantblock *m (Wlz)* квадра́тный сли́ток *m*
Vierkantfeile *f* квадра́тный напи́льник *m*
vierkantig четырёхгра́нный
Vierkantkaliber *n (Wlz)* прямоуго́льный кали́бр *m*
Vierkantmutter *f* квадра́тная га́йка *f*
Vierkantprofil *n (Wlz)* квадра́тный про́филь *m*
Vierleiter... *(El)* четырёхжи́льный *(Kabel)*
Vierpack *m (Wlz)* четвёрка *f (Bleche)*
Vierpol *m (El)* четырёхпо́люсник *m*
Vierpol... *(El)* четырёхпо́люсный
vierpolig *(El)* четырёхпо́люсный
Vierschicht... четырёхсло́йный
vierschichtig четырёхсло́йный
vierseitig четырёхсторо́нний; четырёхгра́нный
viersitzig четырёхме́стный
vierstellig четырёхзна́чный
Viertaktmotor *m* четырёхта́ктный дви́гатель *m*

Viertel *n* че́тверть *f*
Viertelkaliber *n (Wlz)* квадра́т *m*
Viertelkreis *m (Math)* квадра́нт *m*
Viertelwellenantenne *f* четвертьво́лновая анте́нна *f*
Vierwalzengerüst *n (Wlz)* клеть *f* ква́рто
Vierwalzenwalzwerk *n* стан *m* ква́рто
Vierwegestück *n (Masch)* крестови́на *f* *(einer Rohrverbindung)*
vierwertig *(Ch)* четырёхвале́нтный
Vinyl... *(Ch)* вини́ловый
virtuell виртуа́льный; *(Photo)* мни́мый
Virus *n (Inf)* компью́терный ви́рус *m*
Visier *n* 1. прице́л *m*; 2. визи́р *m (Zieleinrichtung)*
Visierlinie *f (Geod)* ли́ния *f* визи́рования
viskoelastisch *(Ph)* вязкоупру́гий
Viskoelastizität *f (Ph)* вязкоупру́гость *f*
viskos вязкотеку́чий
viskos *f* вя́зкий
~/hoch *(Ph)* высоковя́зкий
Viskose *f (Text)* виско́за *f*
Viskose... виско́зный
Viskosefaser *f* виско́зное волокно́ *n*
Viskosimeter *n* вискозиме́тр *m*
Viskosimeter... вискозиметри́ческий
Viskosimetrie *f* вискозиме́трия *f*
viskosimetrisch вискозиметри́ческий
Viskosität *f (Mech)* вя́зкость *f*
~/dynamische динами́ческая вя́зкость *f*
~/kinematische кинемати́ческая вя́зкость *f*
~/relative относи́тельная вя́зкость *f*
~/spezifische уде́льная вя́зкость *f*
~/zweite объёмная вя́зкость *f*
Viskositätsmessung *f* вискозиме́трия *f*
visuell визуа́льный
Vitrifizierung *f* стеклова́ние *n*
Vitriol *m (Ch)* купоро́с *m*
Vitriol... *(Ch)* купоро́сный
VK *m s.* Vergaserkraftstoff
VLSI *f (Eln)* сверхвысо́кая сте́пень *f* интегра́ции
VLSI-Chip *m (Eln)* СБИС-криста́лл *m*
VLSI-Schaltkreis *m (Eln)* сверхбольша́я интегра́льная схе́ма *f*, сверхбольша́я ИС *f*, СБИС *f*
V-Motor *m* V-обра́зный дви́гатель *m*
Vogelschutzgebiet *n (Ökol)* орнитологи́ческий резерва́т *m*
volatil лету́чий
voll 1. сплошно́й; 2. запо́лненный
Volladdierer *m* по́лный сумма́тор *m*
vollautomatisiert по́лностью автоматизи́рованный
Vollautomatisierung *f* по́лная автоматиза́ция *f*
Vollbahnelektrolokomotive *f* магистра́льный электрово́з *m*
Vollbelastung *f (Fest)* по́лная нагру́зка *f*
Vollbohrer *m (Bgb)* сплошно́й бур *m*
Vollbremsung *f (Kfz, Eb)* по́лное торможе́ние *n*
Volldeckschiff *n* полнонабо́рное су́дно *n*
Volldünger *m* по́лное (минера́льное) удобре́ние *n*
Vollduplex *m (Nrt)* по́лный ду́плекс *m*
Vollerntemaschine *f (Lw)* комба́йн *m*
~/selbstfahrende самохо́дный комба́йн *m*
vollflächig *(Krist)* голоэдри́ческий
Vollflächigkeit *f (Krist)* голоэ́дрия *f*
vollgeschweißt цельносварно́й
Vollkunden-IC *m (Eln)* по́лностью заказна́я интегра́льная схе́ма *f*
Vollkunden-IS *m (Eln)* по́лностью заказна́я интегра́льная схе́ма *f*
Vollkurve *f (Flg)* вира́ж *m*
Volllast *f (Fest)* по́лная нагру́зка *f*
Volllastleistung *f* по́лная мо́щность *f* *(z. B. von Triebwerken)*
Volllinie *f* сплошна́я ли́ния *f (einer technischen Zeichnung)*
Vollmeißel *m* це́льный резе́ц *m*
Vollmond *m (Astr)* полнолу́ние *n*
Vollmontagebauweise *f* полносбо́рное строи́тельство *n*
Vollniet *m* сплошна́я заклёпка *f*
Vollpolläufer *m (El)* неявнопо́люсный ро́тор *m*
Vollrahmen *m* сплошна́я ра́ма *f*
Vollscheibe *f (Masch)* сплошно́й диск *m*
vollständig 1. по́лностью; 2. компле́ктный
Vollständigkeit *f* полнота́ *f*
Vollstein *m (Bw)* полноте́лый кирпи́ч *m*
vollstopfen набива́ть
Vollwandrumpf *m* ба́лочный фюзеля́ж *m*

Vollwandträger *m* сплошна́я ба́лка *f*
Vollwinkel *m (Math)* по́лный у́гол *m*
vollzählig компле́ктный
Vollziegel *m (Bw)* полноте́лый кирпи́ч *m*
Volt *n (El)* вольт *m*, В *(Einheit der elektrischen Spannung)*
Volta-Element *n (El)* элеме́нт *m* Во́льта
Voltameter *n (El)* вольта́метр *m*
Voltampere *n (El)* вольт-ампе́р *m* В·А *(Einheit der Scheinleistung)*
Voltmeter *n (El)* вольтме́тр *m*
Volt-Ohm-Meter *n (El)* вольтомме́тр *m*
Voltsekunde *f s.* Weber
Volumeinheit *f* едини́ца *f* объёма
Volumen *n* объём *m*
Volumen... объёмный
Volumenausdehnung *f s.* Volumendehnung
volumenbeständig несжима́емый
Volumendehnung *f* объёмное расшире́ние *n (von Gasen, Flüssigkeiten)*
Volumendilatation *f s.* Volumendehnung
Volumendurchfluss *m (Hydrom)* объёмный расхо́д *m*
Volumendurchflussmesser *m* объёмный расходоме́р *m*
Volumeneinheit *f* едини́ца *f* объёма
Volumenkontraktion *f (Ph)* объёмная уса́дка *f*
Volumenrekombination *f (Ph)* объёмная рекомбина́ция *f*
Volumenschwindung *f (Ph)* объёмная уса́дка *f*
Volumenstrom *m (Hydrom)* объёмный расхо́д *m*
Volumenviskosität *f (Mech)* объёмная вя́зкость *f*
volumetrisch волюметри́ческий; *(Ch)* объёмный *(Analyse)*
Voluminosität *f* 1. *(Text)* объёмность *f*; 2. *(Pap)* пу́хлость *f*
Volumometer *n* волюмо́метр *m*
Vor... предвари́тельный; *(Fert)* чернов*о́*й
vor... предвари́тельный
Vorantreiben *n (Bgb)* подвига́ние *n*
vorauseilen *(El)* опережа́ть *(Phasen)*
Vorauseilen *n s.* Vorauseilung
Vorauseilung *f (El)* опереже́ние *n (Phasen)*
vorausgerüstet *(Schiff)* насы́щенный *(z. B. Sektionen)*
vorausrüsten *(Schiff)* насыща́ть *(z. B. Sektionen)*
Vorausrüsten *n s.* Vorausrüstung
Vorausrüstung *f (Schiff)* насыще́ние *n (z. B. von Sektionen)*
Vorausrüstungsgrad *m (Schiff)* насы́щенность *f*
voraussetzen *(Math)* принима́ть
Voraussetzung *f* усло́вие *n*
Vorbecken *n (Hydt)* аванка́мера *f*
Vorbehandlung *f* подгото́вка *f*
vorbeifließen протека́ть
Vorbeifließen *n* протека́ние *n*
Vorbeiflug *m (Flg, Raumf)* пролёт *m*
vorbeiströmen протека́ть
Vorbeiströmen *n* протека́ние *n*
vorbereiten приготовля́ть
Vorbereitung *f* приготовле́ние *n*
Vorbereitungszeit *f* подготови́тельное вре́мя *n*
Vorbeugung *f* профила́ктика *f*, предупрежде́ние *n*
Vorbeugungs... профилакти́ческий
Vorblock *m (Wlz)* блюм *m*, обжа́тый сли́ток *m*
vorblocken 1. *(Wlz)* обжима́ть; 2. *(Eb)* заблоки́ровать
Vorboden *m (Hydt)* пону́р *m*
vorbohren *(Fert)* просве́рливать
Vorbohrer *m (Wkz)* чернов*о́*е сверло́ *n*
Vorböschung *f (Bgb)* подусту́п *m*
Vorbramme *f (Wlz)* раска́т *m*
Vorbrennkammer *f* форка́мера *f*, предка́мера *f (eines Strahltriebwerks)*
Vordach *n (Bw)* козырёк *m*
Vorderachsbrücke *f (Kfz)* пере́дний веду́щий мост *m*
Vorderachse *f (Kfz)* пере́дний мост *m*, пере́дняя ось *f*
Vorderansicht *f (Bw)* фаса́д *m*
Vorderfläche *f* лобова́я пове́рхность *f*
Vorderfront *f (Bw)* гла́вный фаса́д *m*
Vordergrundverarbeitung *f (Inf)* приорите́тная обрабо́тка *f*
Vorderrad *n (Kfz)* пере́днее колесо́ *n*
Vorderradantrieb *m (Kfz)* при́вод *m* на пере́дние колёса
Vorderradaufhängung *f (Kfz)* пере́дняя подве́ска *f*
Vorderseite *f (Bw)* лицева́я сторона́ *f*
Vordruck *m* бланк *m*, формуля́р *m*
Vordruckwalze *f (Pap)* эгутёр *m*

voreilen *(El)* опережа́ть *(Phasen)*
Voreilen *n s.* Voreilung
Voreilung *f (El)* опереже́ние *n (Phasen)*
Voreil(ungs)winkel *m (El, Reg)* у́гол *m* опереже́ния
Vorentwurf *m* эски́зный прое́кт *m*
Vorfahrt *f s.* Vorfahrtsrecht
Vorfahrtsrecht *n* преиму́щественное пра́во *n* на движе́ние *(Straßenverkehr)*
Vorflügel *m (Flg)* предкры́лок *m*
Vorfluter *m (Hydt)* водоприёмник *m*
Vorform *f (Glas)* пре́ссовая фо́рма *f*
Vorfräser *m (Wkz)* чернова́я фреза́ *f*
Vorgabe... за́данный; задава́емый
Vorgabegröße *f* за́данная величина́ *f*
Vorgabewert *m* за́данное значе́ние *n*
Vorgang *m* проце́сс *m*; акт *m*
~/irreversibler [nicht umkehrbarer] *(Therm)* необрати́мый проце́сс *m*
~/reversibler [umkehrbarer] *(Therm)* обрати́мый проце́сс *m*
Vorgarn *n (Text)* ро́вница *f*
Vorgarn... *(Text)* ро́вничный
Vorgebirge *n (Geol)* предго́рье *n*
vorgefertigt/voll полносбо́рный
vorgegeben за́данный; задава́емый
Vorgelege *n (Masch)* 1. контрприво́д *m*; 2. перебо́р *m (im Getriebe)*
Vorgelegerad *n (Masch)* шестерня́ *f* перебо́ра
vorgereinigt грубоочи́щенный
Vorgerüst *n (Wlz)* чернова́я клеть *f*
vorgeschaltet *(El)* предвключённый
Vorgesenk *n (Umf)* заготови́тельный штамп *m*
vorgespannt 1. *(Bw)* предвари́тельно напряжённый *(Beton)*; 2. *(Eln, Rf)* смещённый
Vorhafen *m (Schiff)* аванпо́рт *m*
Vorhalle *f (Bw)* по́ртик *m*
Vorhalt *m (Reg)* 1. опереже́ние *n*, предваре́ние *n*; 2. упрежде́ние *n*
Vorhaltewinkel *m* у́гол *m* сно́са
Vorhang *m* за́навес *m*; заве́са *f*
Vorherd *m (Met)* приёмник *m*; *(Met)* копи́льник *m (eines Kupolofens)*
Vorhersage *f* прогно́з *m*
~/langfristige долгосро́чный прогно́з *m*
Vorhersagen *n* прогнози́рование *n*
Vorhobeln *n (Fert)* предвари́тельное строга́ние *n*
Vorkaliber *n (Wlz)* чернoво́й кали́бр *m*
Vorkammer *f* 1. *(Kfz)* форка́мера *f*, предка́мера *f (eines Dieselmotors)*; 2. *(Hydt)* аванка́мера *f*
Vorkammerdiesel(motor) *m* предка́мерный ди́зель *m*
Vorkommen *n* 1. нахожде́ние *n*; проявле́ние *n*; распространённость *f*; 2. *(Geol, Bgb)* месторожде́ние *n*; за́лежь *f*
Vorlage *f* 1. фототрафаре́т *m*; оригина́л *m*; 2. *(Ch)* сбо́рник *m*
Vorlauf *m* 1. *s.* Vorhalt; 2. *(Ch)* пе́рвый пого́н *m*; 3. ход *m* вперёд; 4. подво́д *m*; 5. заде́л *m*
vorläufig вре́менный; предвари́тельный
Vorlegierung *f (Met)* лигату́ра *f*
vormagnetisieren *(El)* подмагни́чивать
Vormagnetisierung *f (El)* подмагни́чивание *n*
Vormodulator *m (El)* подмодуля́тор *m*
Vormontage *f* предвари́тельная сбо́рка *f*, предвари́тельный монта́ж *m*
Vorortverkehrsbereich *m (Nrt)* при́городная зо́на *f*
Vorortzug *m (Eb)* при́городный по́езд *m*
Vorprofil *n (Umf)* загото́вка *f*
Vorprojekt *n* эски́зный прое́кт *m*
Vorprojektierung *f* эски́зное проекти́рование *n*
Vorprozessor *m (Eln)* предпроце́ссор *m*
Vorputzen *n (Gieß)* гру́бая очи́стка *f*
Vorrang *m* приорите́т *m*
Vorrangverarbeitung *f (Inf)* приорите́тная обрабо́тка *f*
Vorrat *m* запа́с *m*, резе́рв *m*; заде́л *m (z. B. an Werkstücken)*
Vorräte *mpl* ресу́рсы *mpl*; *(Geol, Bgb)* запа́сы *mpl*
~/aufgeschlossene вскры́тые запа́сы *mpl*
~/bauwürdige промы́шленные запа́сы *mpl*
~/erkundete разве́данные запа́сы *mpl*
~/erschlossene вскры́тые запа́сы *mpl*
~/freigelegte вскры́тые запа́сы *mpl*
Vorratsbehälter *m* запасно́й резервуа́р *m*, храни́лище *n*
Vorratsbunker *m* бу́нкер-храни́лище *m*, запасно́й бу́нкер *m*
Vorratstank *m* запасно́й бак *m*

Vorraum *m (Schiff)* тáмбур *m*
Vorreiniger *m (Lw)* зерноаспирáтор *m*
vorrichten заправля́ть, приспосáбливать, подготáвливать
Vorrichtung *f* 1. устрóйство *n*, устанóвка *f*, приспособлéние *n*; 2. подготóвка *f*; 3. заправка *f*; 4. прибóр *m*, механи́зм *m*, аппарáт *m*
Vorsatz *n (Typ)* фóрзац *m*
Vorsatzgerät *n* приставка *f*
Vorsatzlinse *f (Opt)* насáдочная ли́нза *f*
Vorschacht *m (Bgb)* котловáн *m*
Vorschäler *m (Lw)* предплу́жник *m (am Pflug)*
Vorschaltpumpe *f* бу́стер-насóс *m*
Vorschlaghammer *m* кувáлда *f*
Vorschleifen *n (Fert)* черновóе шлифовáние *n*
Vorschmieden *n (Fert)* чернова́я кóвка *f*
Vorschneider *m* 1. *(Wkz)* черновóй метчи́к *m*; 2. *(Lw)* предплу́жник *m (am Pflug)*
Vorschrift *f* положéние *n*; инстру́кция *f*
Vorschriften *fpl* прáвила *npl*
Vorschriftzeichen *n* запрещáющий знак *m (Straßenverkehr)*
Vorschub *m* 1. продвижéние *n*; 2. *(Wkzm)* подáча *f (Drehmeißel)*; 3. *(Inf)* прогóн *m (Drucker)*
~/automatischer *(Wkzm)* автомати́ческая подáча *f*
Vorschub... подаю́щий
Vorschubgeschwindigkeit *f (Wkzm)* скóрость *f* подáчи
Vorschubgetriebe *n (Masch)* корóбка *f* подáч; *(Wkzm)* механи́зм *m* подáчи
Vorselektion *f (El)* предвари́тельная селéкция *f*
Vorspann *m (El)* ли́дер *m (z. B. von Filmen)*
Vorspannung *f* 1. *(Eln, Rf)* смещéние *n*; 2. натя́г *m (eines Seiles)*
Vorspinnmaschine *f (Text)* рóвничная маши́на *f*
vorspringen выступáть
Vorspur *f (Kfz)* схождéние *n* (колёс)
Vorstauchen *n (Schm)* чёрная высадка *f*
Vorstecker *m* чекá *f*
Vorsteven *m (Schiff)* форштéвень *m*
Vorstraße *f* черновóй (прокáтный) стан *m*
Vorstreckkaliber *n (Wlz)* черновóй кали́бр *m*
Vorstufenwahl *f (Nrt)* предыскáние *n*
Vorteilhaftigkeit *f* вы́годность *f*
vortreiben *(Bgb)* проводи́ть
Vortreiben *n s.* Vortrieb
Vortrieb *m (Bgb)* проведéние *n*, прохóдка *f (von Strecken)*
Vortriebs... *(Bgb)* прохóдческий
Vortriebsgeschwindigkeit *f (Bgb)* скóрость *f* прохóдки
Vortriebskombine *f (Bgb)* прохóдческий комбáйн *m*
Vortriebskraft *f* си́ла *f* тя́ги *(eines Triebwerks)*
Vortriebsorgan *n* дви́житель *m*
Vortriebsort *n (Bgb)* прохóдческий забóй *m*
Vortriebsschild *m (Bgb)* прохóдческий щит *m*
Vortrocknen *n* подсу́шка *f*
vorübergehend врéменный
vor- und rücklaufend возврáтно-поступáтельный
Vorvakuum *n* предвари́тельный вáкуум *m*, форвáкуум *m*
Vorvakuum... форвáкуумный
Vorvakuumpumpe *f* форвáкуумный насóс *m*
Vorverarbeitungsprozessor *m (Eln)* предпроцéссор *m*
vorverdichten нагнетáть; поджимáть
Vorverdichter *m* нагнетáтель *m (in Verbrennungsmotoren)*
Vorverdichtung *f* предвари́тельное сжáтие *n*, поджáтие *n*
Vorverstärker *m (Rf)* предвари́тельный усили́тель *m*, предусили́тель *m*
Vorverstärkung *f (Rf)* предвари́тельное усилéние *n*, предусилéние *n*
Vorverzerrung *f (Rf)* предыскажéние *n*
Vorwahl *f (Nrt)* предыскáние *n*
Vorwähler *m (Nrt)* предыскáтель *m*
vorwalzen *(Wlz)* обжимáть
Vorwalzen *n (Wlz)* обжáтие *n*, чернова́я прокáтка *f*
Vorwalzgerüst *n (Wlz)* чернова́я клеть *f*
Vorwalzwerk *n* черновóй (прокáтный) стан *m*
vorwärmen подогревáть

Vorwärmen *n* подогре́в *m*, подогрева́ние *n*
Vorwärmer *m* подогрева́тель *m*
Vorwärmung *f* подогре́в *m*, подогрева́ние *n*
Vorwärts... поступа́тельный
Vorwärtsbewegung *f* продвиже́ние *n*
Vorwärtsfahrt *f (Schiff)* пере́дний ход *m*
Vorwärtsgang *m (Kfz)* пере́дний ход *m*
Vorwärtsstrom *m* прямо́й ток *m*
Vorzeichen *n* знак *m*; си́мвол *m*
Vorzeichenbit *n (Inf)* зна́ковый разря́д *m*, при́знак [флаг] *m* зна́ка, зна́ковый бит *m*
Vorzeichenflag *n (Inf)* при́знак [флаг] *m* зна́ка
vorzeichenlos беззна́ковый
Vorzeichenregel *f (Math)* пра́вило *n* зна́ков
Vorzeichenstelle *f (Inf)* зна́ковый разря́д *m*, разря́д *m* зна́ка
Vorzeichenumkehr *f (Inf)* 1. инве́рсия *f* зна́ка; 2. *s.* Vorzeichenwechsel
Vorzeichenwechsel *m (Inf)* переме́на *f* зна́ка, измене́ние *n* зна́ка
Vorzerkleinerung *f* кру́пное дробле́ние *n*
Vs *s.* Weber
VTO-... *(Flg)* вертикальновзлета́ющий
VTO-Flugzeug *n* вертика́льновзлета́ющий самолёт *m*
Vulkan *m (Geol)* вулка́н *m*
~/**erloschener** поту́хший вулка́н *m*
~/**tätiger** де́йствующий вулка́н *m*
Vulkan... вулкани́ческий
Vulkanisat *n (Gum)* вулканиза́т *m*
Vulkanisation *f (Gum)* вулканиза́ция *f*
Vulkanisationsagens *n (Gum)* вулканиза́тор *m*
Vulkanisationsapparat *m (Gum)* вулканиза́тор *m*
Vulkanisationsmittel *n (Gum)* вулканиза́тор *m*, вулканизи́рующий аге́нт *m*
Vulkanisator *m (Gum)* вулканиза́тор *m*
vulkanisch вулкани́ческий
vulkanisieren *(Gum)* вулканизи́ровать
Vulkanisieren *n (Gum)* вулканиза́ция *f*
Vulkanisiermittel *n* вулканизи́рующий аге́нт *m*
Vulkanismus *m* вулкани́зм *m*
Vulkanologie *f* вулканоло́гия *f*
VW *m s.* Vorwähler

W

W *s.* 1. Wolfram; 2. Watt
Waage *f* весы́ *pl*
waagerecht горизонта́льный
Waagerechtanordnung *f* горизонта́льное расположе́ние *n*
Waagerechtbohrmaschine *f (Wkzm)* горизонта́льно-сверли́льный стано́к *m*
Waagerechte *f* горизонта́ль *f*
Waagerechtfräsmaschine *f* горизонта́льно-фре́зерный стано́к *m*
Waagerecht(werkzeug)maschine *f* горизонта́льный стано́к *m (Werkzeugmaschine mit waagerechter Arbeitsweise)*
Waagschale *f* ча́шка *f* весо́в
Waben... со́товый
Wabenkühler *m (Kfz)* со́товый радиа́тор *m*
Wabenstruktur *f (Geol)* со́товая структу́ра *f*
Wachs *n* воск *m*
Wachsausschmelzverfahren *n* литьё *n* по выплавля́емым моде́лям
Wachsen *n* рост *m*
wachsend возраста́ющий
Wachstum *n* рост *m*
Wächter *m* реле́ *n* контро́ля
Wackelkontakt *m (El)* плохо́й [непло́тный] конта́кт *m*; прерыва́ющийся конта́кт *m*
Wade *f* не́вод *m (Fischfang)*
Wadennetz *n* не́вод *m (Fischfang)*
Wafer *m (Eln)* (полупроводнико́вая) пласти́на *f*
wägbar весо́мый
Wägbarkeit *f* весо́мость *f*
wägen взве́шивать
Wagen *m* 1. *(Eb)* ваго́н *m*; 2. ваго́нетка *f*; 3. теле́жка *f*; 4. каре́тка *f (einer Schreibmaschine)*; 5. *(Masch)* ба́бка *f*; 6. автомоби́ль *m*
~/**gedeckter** *(Eb)* кры́тый ваго́н *m*
~ **mit Eigenantrieb** самохо́дная теле́жка *f*
~/**offener** *(Eb)* полуваго́н *m*
Wägen *n s.* Wägung
Wagenachskilometer *m (Eb)* ваго́н-о́се-киломе́тр *m*
Wagendeck *n* ваго́нная па́луба *f (Eisenbahnfähre)*

Wagendrücker *m (Bgb)* толкáтель *m*
Wagenheber *m (Kfz)* (автомобильный) домкрáт *m*
Wagenkasten *m (Eb)* кýзов *m*
Wagenkipper *m s.* Waggonkipper
Wagenrücklauftaste *f* клáвиша *f* возврáта карéтки
Wagenspinner *m s.* Wagenspinnmaschine
Wagenspinnmaschine *f (Text)* прядильная машина *f* периодического дéйствия
Wagenumlauf *m (Eb)* вагонооборóт *m*
Wägestück *n* гиря *f*; гусáрик *m (der Analysenwaage)*
Waggon *m (Eb)* вагóн *m*
Waggonbau *m* вагоностроéние *n*
Waggonkipper *m (Eb)* вагоноопрокидыватель *m*
Waggonkippvorrichtung *f (Eb)* вагоноопрокидыватель *m*
Wagnis *n* риск *m*
Wägung *f* взвéшивание *n*
~/einfache прямóе взвéшивание *n*
~/hydrostatische гидростатическое взвéшивание *n*
Wahl *f* 1. вы́бор *m*; 2. *(Nrt)* искáние *n*
Wählbetrieb *m (Nrt)* автоматическая (телефóнная) связь *f*
wählen 1. выбирáть; 2. *(Nrt)* набирáть
Wählen *n (Nrt)* набóр *m*
Wähler *m* 1. селéктор *m*; 2. *(Nrt)* искáтель *m*
Wählerrelais *m (Nrt)* релé-искáтель *m*
Wählersaal *m (Nrt)* автомáтный зал *m*
Wählervermittlungsstelle *f* автоматическая телефóнная стáнция *f*, АТС *f*
Wählleitung *f (Nrt)* коммутируемый канáл *m* связи
Wahlschalter *m* избирáтельный переключáтель *m*
Wählverkehr *m (Nrt)* автоматическая связь *f*
wahrnehmen воспринимáть
Wahrnehmung *f* восприятие *n*
wahrscheinlich вероятный
Wahrscheinlichkeit *f (Math)* вероятность *f*
Wahrscheinlichkeitsdichte *f* плóтность *f* вероятности
Wahrscheinlichkeitslogik *f (Kyb)* вероятностная лóгика *f*
Wahrscheinlichkeitsmaß *n* вероятностная мéра *f*
Wahrscheinlichkeitsrechnung *f* исчислéние *n* вероятностей
wahrscheinlichkeitstheoretisch теорéтико-вероятностный
Wahrscheinlichkeitstheorie *f (Math)* теóрия *f* вероятностей
Wald *m* лес *m*
Waldkunde *f* лесовéдение *n*
Waldschutz *m (Ökol)* лесоохрáна *f*
Waldstreifen *m* леснáя полосá *f (Schutzstreifen)*
Walfangmutterschiff *n* китобáза *f*, китобóйная бáза *f*
Walke *f* 1. *(Led)* мялка *f*; 2. *s.* Walkmaschine
walken 1. *(Text)* валять; 2. *(Led)* мять
Walken *n* 1. *(Text)* валяние *n*; вáлка *f*; 2. *(Led)* мятьё *n*
Walkfass *n (Led)* барабáн *m*
Walkmaschine *f (Text)* сукновáльная машина *f*
Wall *m* 1. *(Ph)* барьéр *m*; 2. вал *m*
Wallstein *m (Met)* перевáл *m (des Ofens)*
Walmdach *n* вáльмовая [четырёхскáтная] крыша *f*
Walz... 1. вальцóвый; 2. кáтаный; прокáтный
Wälzbahn *f (Mech)* центрóида *f*
Walzband *n (Wlz)* полосá *f*
Walzblock *m (Wlz)* обжáтый слиток *m*, блюм *m*
Walzdorn *m (Wlz)* дорн *m*; прóбка *f*; опрáвка *f*, сердéчник *m (Rohrwalzen)*
Walzdraht *m* кáтанка *f*
Walze *f* 1. валóк *m*; 2. *(Wlz)* прокáтный валóк *m*; 3. вáлец *m*; 4. вáлик *m*; вал *m*; 5. *(Bw)* катóк *m*; 6. *(Bgb)* шнек *m*; (рéжущий) барабáн *m*; 7. цилиндр *m*
~/fliegende [fliegend gelagerte] вынóсной [консóльный] валóк *m*
Wälzebene *f (Fert)* касáтельная плóскость *f*
walzen 1. прокáтывать; вальцевáть; 2. накáтывать *(Gewinde)*
Walzen *n* 1. *(Wlz)* прокáтка *f*; вальцевáние *n*, вальцóвка *f*; 2. *(Fert)* накáтывание *n (Gewinde)*
Walzen *fpl* валки́ *mpl*

wälzen *(Glas)* раскáтывать
Wälzen *n* 1. качéние *n*; обкáтка *f*; 2. *(Glas)* закáтка *f*, раскáтывание *n*
Walzen... вальцóвый
Walzenbrecher *m* валкóвая дроби́лка *f*; (дроби́льные) валки́ *mpl*; *(Gieß)* вальцóвка *f (Formstoffaufbereitung)*
Walzenbrechwerk *n s.* Walzenbrecher
Walzenfräser *m (Wkz)* цилиндри́ческая фрезá *f*
~/schneckenförmiger червя́чная фрезá *f*
Walzenkaliber *n (Wlz)* (прокáтный) кали́бр *m*
Walzenmühle *f* валкóвая мéльница *f*
Walzenpressung *f (Wlz)* контáктное напряжéние *n*
Walzenspeiser *m* барабáнный [валкóвый] питáтель *m*
Walzenständer *m (Wlz)* стани́на *f* (прокáтной клéти)
Walzensteuerschalter *m (El, Eb)* барабáнный контрóллер *m*
Walzenumbau *m (Wlz)* перевáлка *f*
Walzenverschluss *m (Hydt)* вальцóвый затвóр *m (eines Walzenwehrs)*
Walzenwechsel *m (Wlz)* перевáлка *f*
Walzerzeugnisse *npl* прокáт *m*, прокáтное издéлие *n*
Walzfehler *m (Wlz)* порóк *m*
Walzgerüst *n (Wlz)* клеть *f* (прокáтного стáна)
Walzgrat *m (Wlz)* закáт *m*, зади́р *m*, заусéнец *m*, облóй *m*
Walzgut *n s.* Walzerzeugnisse
Walzhaut *f (Wlz)* (прокáтная) плёнка *f*
Walzknüppel *m (Wlz)* прокáтная заготóвка *f*
Walzkupfer *n* листовáя медь *f*
Wälzlager *n (Masch)* подши́пник *m* качéния
Walzmaterial *n s.* Walzerzeugnisse
Walznaht *f (Wlz)* закáт *m*
Walzprofil *n* прокáтный [сортовóй] прóфиль *m*
Wälzreibung *f (Trib)* трéние *n* качéния
Wälzschälen *n (Fert)* зуботочéние *n* (долбя́ком [чáшечным резцóм])
Walzstahl *m* кáтаная сталь *f*, стальнóй прокáт *m*
Walzstich *m (Wlz)* прохóд *m*
Walzstraße *f* прокáтный стан *m*, ли́ния *f* (прокáтного стáна)
~/einachsige линéйный (прокáтный) стан *m*
~/eingerüstige одноклетьевóй (прокáтный) стан *m*
~/halbkontinuierliche полунепреры́вный (прокáтный) стан *m*
~/kontinuierliche непреры́вный (прокáтный) стан *m*
~/mehrgerüstige многоклетевóй (прокáтный) стан *m*
~/offene линéйный (прокáтный) стан *m*
~/zweigerüstige сдвóенный (прокáтный) стан *m*
Walzwerk *n* 1. (прокáтный) стан *m (als Walzgerüst oder Betrieb oder Teil eines Betriebes)*; 2. прокáтный цех *m*
Walzwerkswalze *f (Wlz)* прокáтный валóк *m*
Walzwerkwesen *n* прокáтное дéло *n*
Wand *f* стенá *f*; стéнка *f*
~/freitragende *(Bw)* свободнонесу́щая стенá *f*
~/massive *s.* ~/tragende
~/selbsttragende *(Bw)* самонесу́щая стенá *f*
~/tragende *(Bw)* капитáльная [несу́щая] стенá *f*
Wand... настéнный
Wandanordnung/in *(Masch)* настéнный
Wandelflugzeug *n (Flg)* конвертоплáн *m*
Wanderfeld *n (El)* бегу́щее пóле *n*
Wanderfeldröhre *f (Eln)* лáмпа *f* бегу́щей волны́
Wandern *n s.* Wanderung
Wanderschutz *m (Eb)* противоугóн *m*
Wanderschutzklemme *f (Eb)* противоугóн *m*
Wanderung *f* 1. *(Eln, Geol)* миграция *f*, перемещéние *n*; 2. ухóд *m*; 3. дрейф *m*; 4. *(Eb)* угóн *m (Gleise)*
Wanderwelle *f (Eln)* бегу́щая [блуждáющая] волнá *f*
Wanderwellenantenne *f* антéнна *f* бегу́щей волны́
Wandler *m* 1. преобразовáтель *m*; 2. *(El)* трансформáтор *m*; 3. *(Masch)* гидротрансформáтор *m*
~/elektroakustischer электроакусти́ческий преобразовáтель *m*

~/**elektronenoptischer** электро́нно-опти́ческий преобразова́тель *m*, ЭОП *m*
Wandlerelement *n (Reg)* преобразова́тельный элеме́нт *m*
Wandplatte *f* облицо́вочная пли́тка *f*
Wandschalter *m* стенно́й выключа́тель *m*
Wandung *f* сте́нка *f*
Wange *f (Masch)* щека́ *f*
Wankbewegung *f s.* Wanken
Wankelmotor *m* дви́гатель *m* Ва́нкеля, ро́торно-поршнево́й дви́гатель *m*
Wanken *n (Eb)* бокова́я ка́чка *(Lok)*; подбра́сывание *n (Querschwingungen von Fahrzeugen)*
Wanne *f* ва́нна *f*
Wannenofen *m (Glas)* ва́нная печь *f*
Want *f (Schiff)* ва́нта *f*
Ware *f* фабрика́т *m*
Warenautomat *m* торго́вый автома́т *m*
Warenbegleitschein *m* накладна́я *f*
Warenbestand *m* това́рный запа́с *m*
Warenbewegung *f* грузопото́к *m*
Warenkunde *f* товарове́дение *n*
Warenumsatz *m* товарооборо́т *m*
Warenumschlag *m* перева́лка *f*
Warenzeichen *n* това́рный знак *m*
warm горя́чий
Warm... горя́чий
Wärm... нагрева́тельный
Warmaushärtung *f (Härt)* иску́сственное старе́ние *n*
Warmbadhärten *n (Härt)* изотерми́ческая зака́лка *f*
Warmbearbeitung *f s.* Wärmebearbeitung
Warmbehandlung *f s.* Wärmebearbeitung
Warmbiegeversuch *m (Wkst)* испыта́ние *n* на горя́чий изги́б
warmbildsam термопласти́чный
warmbrüchig *(Wkst)* горячело́мкий, краснoло́мкий
Warmbrüchigkeit *f (Wkst)* горячело́мкость *f*, красноло́мкость *f*; теплова́я хру́пкость *f*
Wärme *f* тепло́ *n*, теплота́ *f*
~/**joulesche** *(El)* джо́улево тепло́ *n*
~/**spezifische** уде́льная теплота́ *f*
Wärme... терми́ческий, теплово́й
Wärmeabfluss *m* теплоотда́ча *f*
Wärmeabfuhr *f* теплоотво́д *m*
Wärmeabgabe *f* 1. теплоотда́ча *f*; 2. *s.* Wärmeausstrahlung
~/**konvektive** конвекти́вный теплообме́н *m*
wärmeabgebend экзотерми́ческий
Wärmeableitung *f* теплоотво́д *m*
wärmeabsorbierend теплопоглоща́ющий
Wärmeabsorption *f* теплопоглоще́ние *n*
Wärmeäquator *m (Meteo)* терми́ческий эква́тор *m*
Wärmeäquivalent *n (Therm)* эквивале́нт *m* тепла́
Wärmeaufnahme *f* теплопоглоще́ние *n*
wärmeaufnehmend теплопоглоща́ющий, эндотерми́ческий
Wärmeaufwand *m* расхо́д *m* тепла́ [теплоты́]
Wärmeausdehnung *f (Therm)* теплово́е расшире́ние *n*, дилата́ция *f*
Wärmeausstrahlung *f (Therm)* тепловыделе́ние *n*, выделе́ние *n* тепла́, теплово́е излуче́ние *n*
Wärmeaustausch *m (Therm)* теплообме́н *m*
~ **durch Konvektion** конвекти́вный теплообме́н *m*
~ **durch Strahlung** радиацио́нный теплообме́н *m*
Wärmebeanspruchung *f s.* Wärmebelastung
Wärmebearbeitung *f (Fert, Met, Härt)* горя́чая обрабо́тка *f*, термообрабо́тка *f*, терми́ческая обрабо́тка *f*
Wärmebedarf *m* расхо́д *m* тепла́ [теплоты́]; теплопотребле́ние *n*
Wärmebehandlung *f s.* Wärmebearbeitung
Wärmebehandlungsofen *m (Härt)* терми́ческая печь *f*
Wärmebeharrungsvermögen *f (Kern)* теплова́я ине́рция *f*
Wärmebelastung *f (Therm)* теплова́я нагру́зка *f*; теплонапряжённость *f*
wärmebeständig 1. теплосто́йкий; термосто́йкий; 2. нагревосто́йкий; 3. температуросто́йкий
Wärmebeständigkeit *f* 1. теплосто́йкость *f*; термосто́йкость *f*; 2. нагревосто́йкость *f*; 3. температуросто́йкость *f*

Wärmebewegung *f (Therm)* теплово́е движе́ние *n*
Wärmebilanz *f* теплово́й бала́нс *m*
Wärmebild *n s.* Temperatur-Entropie-Diagramm
wärmebildsam термопласти́чный
Wärmedämm... теплоизоли́рующий
wärmedämmend теплоизоли́рующий; теплонепроница́емый
Wärmedämmstoff *m* теплоизоля́тор *m*, теплоизоляцио́нный материа́л *m*, утепли́тель *m*
Wärmedämmung *f* теплоизоля́ция *f*
Wärmedurchgang *f* теплопереда́ча *f*
Wärmedurchgangskoeffizient *m (Wmt)* коэффицие́нт *m* теплопереда́чи
wärmedurchlässig теплопроница́емый, теплопрозра́чный, диатерми́чный
Wärmedurchlässigkeit *f (Therm)* теплопроница́емость *f*, теплова́я проница́емость *f*; теплопрозра́чность *f*
Wärmeelektrizität *f* термоэлектри́чество *n*
wärmeempfindlich термочувстви́тельный, теплочувстви́тельный
Wärmeempfindlichkeit *f* термочувстви́тельность *f*, теплочувстви́тельность *f*
Wärmeenergetik *f* теплоэнерге́тика *f*
Wärmeenergie *f* теплова́я эне́ргия *f*
Wärmeentwicklung *f (Therm)* тепловыделе́ние *n*, выделе́ние *n* тепла́
wärmeerzeugend теплотво́рный; теплообразу́ющий
Wärmeerzeugung *f (Wmt)* произво́дство *n* тепла́
wärmefest *s.* wärmebeständig
Wärmefestigkeit *f s.* Wärmebeständigkeit
Wärmefilter *n (Opt)* теплофи́льтр *m*
Wärmefluss *m* теплово́й пото́к *m*; теплово́е движе́ние *n*
Wärmefreisetzung *f (Therm)* тепловыделе́ние *n*
Wärmefühler *m* термода́тчик *m*
Wärmefunktion *f*/**gibbssche** *(Therm)* энтальпи́я *f*
Wärmegefälle *n (Wmt)* теплопере́па́д *m*, ра́зность *f* теплосодержа́ний
Wärmegleichgewicht *n* теплово́е [терми́ческое] равнове́сие *n*
Wärmehaushalt *m* теплово́й режи́м *m*; теплово́й бала́нс *m*
Wärmeinhalt *m s.* Enthalpie
Wärmeisolation *f* теплова́я изоля́ция *f*, теплоизоля́ция *f*
wärmeisolierend теплоизоли́рующий, теплоизоляцио́нный
Wärmeisolierung *f s.* Wärmeisolation
Wärmekapazität *f (Therm)* теплоёмкость *f*
~/**molare** моля́рная теплоёмкость *f*
~/**spezifische** уде́льная теплоёмкость *f*
~/**stoffmengenbezogene** моля́рная теплоёмкость *f*
Wärmekraftmaschine *f* теплово́й дви́гатель *m*
Wärmekraftwerk *n* теплова́я электроста́нция *f*
Wärmelehre *f* термодина́мика *f*
Wärmeleistung *f (Therm)* 1. теплова́я мо́щность *f*; 2. теплопроизводи́тельность *f*
wärmeleitend теплопрово́дный, теплопроводя́щий
~/**stark** высокотеплопрово́дный
Wärmeleiter *m* теплопроводни́к *m*
Wärmeleitfähigkeit *f* теплова́я проводи́мость *f*, теплопрово́дность *f*, коэффицие́нт *m* теплопрово́дности
Wärmeleitfähigkeitsmesser *m* катаро́метр *m*
Wärmeleitfähigkeitsmessung *f* катароме́трия *f*
Wärmeleitung *f (Wmt)* теплопрово́дность *f*
Wärmeleitungsgleichung *f (Therm)* уравне́ние *n* теплопрово́дности
Wärmeleitungsvakuummeter *n* теплово́й вакуумме́тр *m*
Wärmeleitvermögen *n s.* Wärmeleitfähigkeit
Wärmeleitzahl *f s.* Wärmeleitfähigkeit
Wärme(mengen)messung *f (Mess)* калориме́трия *f*, теплово́е измере́ние *n*
Wärmeofen *m* нагрева́тельная печь *f*
Wärmepeilgerät *n* теплопеленга́торный прибо́р *m*
Wärmepumpe *f* теплово́й насо́с *m*, теплонасо́с *m*

wärmereaktiv *(Kst)* термореакти́вный
Wärmeregime *n* теплово́й режи́м *m*
Wärmerückgewinnung *f* рекупера́ция *f* (тепла́)
Wärmeschild *m* теплово́й [теплозащи́тный] экра́н *m*
Wärmeschock *m* теплово́й [терми́ческий] уда́р *m*, термоуда́р *m*
Wärmeschrank *m* термошка́ф *m*
Wärmeschutz *m* 1. теплова́я защи́та *f*, теплозащи́та *f*; 2. теплова́я изоля́ция *f*
Wärmeschutzschild *m* теплово́й [теплозащи́тный] экра́н *m*
Wärmesensor *m* термода́тчик *m*
Wärmespannung *f (Wmt)* теплово́е [терми́ческое] напряже́ние *n*, термонапряже́ние *n*
Wärmespeicher *m (Wmt)* регенера́тор *m*; теплово́й аккумуля́тор *m*
Wärmespeicherofen *m* конвекцио́нная [регенерати́вная] электропе́чь *f*
Wärmespeicherung *f* накопле́ние *n* тепла́
Wärmestrahler *m (Therm)* температу́рный излуча́тель *m*
Wärmestrahlung *f (Therm)* теплова́я радиа́ция *f*, теплово́е излуче́ние *n*, теплоизлуче́ние *n*
Wärmestrom *m (Wmt)* теплово́й пото́к *m*
Wärmetauscher *m (Wmt)* теплообме́нный аппара́т *m*, теплообме́нник *m*
Wärmetechnik *f* теплоте́хника *f*
wärmetechnisch теплотехни́ческий
Wärmetheorem *n*/**nernstsches** *(Therm)* (теплова́я) теоре́ма *f* Не́рнста
Wärmetod *m (Therm, Astr)* теплова́я смерть *f (des Weltalls)*
Wärmeträger *m (Wmt)* теплоноси́тель *m*
Wärmeträgernetz *n (Wmt)* теплова́я сеть *f*
Wärmetransport *m (Therm)* теплообме́н *m*
Wärmeübergang *m (Wmt)* теплопере-хо́д *m*
wärmeübertragend теплопередаю́щий
Wärmeübertrager *m* теплообме́нник *m*
Wärmeübertragung *f (Therm)* теплообме́н *m*
Wärmeübertragungs... теплопередаю́щий
Wärmeübertragungsmittel *n (Wmt)* теплоноси́тель *m*
wärmeundurchlässig теплонепроница́емый
Wärmeverbrauch *m (Wmt)* расхо́д *m* тепла́ [теплоты́], потребле́ние *n* тепла́
Wärmeverbrauchszähler *m* тепломе́р *m*
Wärmeverluste *mpl* тепловы́е поте́ри *fpl*, теплопоте́ри *fpl*
Wärmeversorgung *f* теплоснабже́ние *n*, теплофика́ция *f*
Wärmeversorgungsbetrieb *m* теплоцентра́ль *f*
Wärmeversorgungsnetz *n* теплова́я сеть *f*
Wärmewiderstand *m (Therm)* теплово́е сопротивле́ние *n*
Wärmezufuhr *f* подво́д *m* тепла́
Wärmezustand *m* теплово́й режи́м *m*
warmfest *(Wkst)* жаропро́чный; горячеусто́йчивый; теплосто́йкий *(Stahl)*
Warmfestigkeit *f (Wkst)* жаропро́чность *f*; теплосто́йкость *f (Stahl)*
Warmfließpressen *n* горя́чее прессова́ние *n*
Warmfront *f (Meteo)* тёплый фронт *m*
Warmlaufen *n (Kfz)* прогре́в *m (des Motors)*
Warmnieten *n* горя́чая клёпка *f*
Warmpresse *f* горя́чий пресс *m*
Warmpressen *n* горя́чее прессова́ние *n*; горя́чая штампо́вка *f*
Warmprofil *n (Wlz)* горя́чий про́филь *m*
Warmrecken *n (Umf)* горя́чее растяже́ние *n*, горя́чая вы́тяжка *f*
Warmriss *m (Wkst)* горя́чая тре́щина *f*
Warmschmieden *n* горя́чая ко́вка *f*
Warmsprödigkeit *f s.* Warmbrüchigkeit
Warmstauchautomat *m (Umf)* горячевы́садочный автома́т *m*
Warmstauchen *n (Schm)* горя́чая вы́садка *f*; горя́чая оса́дка *f*; горя́чее обжа́тие *n*
Warmstauchversuch *m (Wkst)* испыта́ние *n* на горя́чую оса́дку
Warmstrecken *n s.* Warmrecken
Warmumformung *f* горя́чая деформа́ция *f*
Warmverformung *f* горя́чая деформа́ция *f*
Warmwalzen *n (Wlz)* горя́чая прока́тка *f*

Warmwalzstraße *f* стан *m* горячей прокатки
Warmwalzwerk *n* стан *m* горячей прокатки
Warmwasserbereiter *m (Wmt)* бойлер *m*, водоподогреватель *m*
Warmwasserheizung *f* водяное отопление *n*
Warmwasserkessel *m* водогрейный котёл *m*
Warmwasserversorgung *f* горячее водоснабжение *n*
Warmzeit *f (Geol)* межледниковье *n*
Warmziehen *n (Umf)* горячее волочение *n*
Warn... предупредительный
Warnblinkanlage *f (Kfz)* система *f* аварийной (световой) сигнализации
Warnblinklicht *n (Kfz)* аварийный световой сигнал *m*
Warnung *f* предупреждение *n*; оповещение *n*
Warnzeichen *n (Eb)* предупредительный знак *m*
Warte *f* обсерватория *f*; дежурный пост *m*
Warten *n* 1. ожидание *n*; 2. *s.* Wartung
Warteschlange *f (Inf)* очередь *f*
Warteschlangenpriorität *f (Inf)* приоритет *m* очереди
Warteschlangentheorie *f (Inf)* теория *f* очередей, теория *f* массового обслуживания
Warteschleife *f (Inf)* цикл *m* ожидания
Wartezeit *f* время *n* ожидания
Wartezyklus *m (Inf)* цикл *m* ожидания
Wartung *f* 1. (техническое) обслуживание *n*, техобслуживание *n*; уход *m*; техническое содержание *n (z. B. von Maschinen, Anlagen, Fahrzeugen)*; 2. *(Inf)* сопровождение *n*, ведение *n (z. B. von Datenbanken)*
~/**laufende** текущее обслуживание *n*
~/**vorbeugende** профилактическое обслуживание *n*, профилактический уход *m*
Wartungsbetrieb *m* станция *f* обслуживания
wartungsfreundlich удобный для обслуживания
Wartungsstation *f* станция *f* обслуживания
Wartungsturm *m* башня *f* обслуживания *(für Raketen)*
Wartungszeit *f* время *n* обслуживания
Warze *f* бобышка *f*; выступ *m*
Wasch... промывной
Waschanlage *f* промывочная установка *f*; мойка *f (Aufbereitung)*; промыватель *m*
Waschautomat *m* стиральный автомат *m*
Wäsche *f s.* Waschen
Wäschemangel *f (Text)* гладильный каток *m*
Waschen *n.* 1. мойка *f*; 2. промывка *f*; 3. *(Bgb)* мокрое обогащение *n (Aufbereitung)*; 4. *(Text)* стирка *f*
Wäscher *m* 1. скруббер *m*; 2 промыватель *m*
Waschflasche *f (Ch)* промывная склянка *f*
Waschgold *n (Min)* россыпное золото *n*
Waschmaschine *f* 1. мойка *f*, моечная машина *f*; 2. стиральная машина *f*
Waschmittel *n* моющее средство *n*
Waschtrommel *f* промывочный барабан *m*
Wasser *n* вода *f*
~/**destilliertes** *(Ch)* дистиллят *m*, дистиллированная вода *f*
~/**enthärtetes** умягчённая вода *f*
~/**hartes** жёсткая вода *f*
~/**schweres** тяжёлая вода *f*
~/**unterirdisches** подземная вода *f (Boden- und Grundwasser)*
~/**weiches** мягкая вода *f*
Wasser... водный, водяной
Wasserabdichtung *f (Bw)* гидроизоляция *f*
Wasserablass *m (Hydt)* водоспуск *m*
Wasserableitung *f (Hydt)* водоотвод *m*
Wasserabscheider *m* водоотделитель *m*
wasserabstoßend *s.* wasserabweisend
Wasserabstoßungsfähigkeit *f* гидрофобность *f*
wasserabweisend гидрофобный, водоотталкивающий; несмачиваемый; влагозащищённый
Wasserabzugsgraben *m (Hydt)* водоотводный канал *m*
Wasseranteil *m* водосодержание *n*

wasseranziehend гидрофи́льный; гигроскопи́ческий
Wasseraufbereitung *f* водоподгото́вка *f*
Wasseraufbereitungsanlage *f* водоподготови́тельная устано́вка *f*
Wasseraufnahme *f* водопоглоще́ние *n*, влагопоглоще́ние *n*
Wasseraufnahmevermögen *n* влагоёмкость *f*, водопоглоща́ющая спосо́бность *f*
Wasserbad *n* водяна́я ба́ня *f*
Wasserbau *m* гидротехни́ческое строи́тельство *n*
Wasserbau... гидротехни́ческий
Wasserbaubeton *m* гидротехни́ческий бето́н *m*
Wasserbaukomplex *m* гидроу́зел *m*
Wasserbautechnik *f* гидроте́хника *f*
Wasserbauwerk *n* гидротехни́ческое сооруже́ние *n*
Wasserbecken *n (Hydt)* водоём *m*; аквато́рия *f (künstlich angelegt)*
Wasserbehälter *m* водохрани́лище *n*
Wasserbesatz *m (Bgb)* гидрозабо́йка *f*
wasserbeständig водоупо́рный
Wasserdampf *m* водяно́й пар *m*
Wasserdampfdruck *m* упру́гость *f* водяно́го па́ра
Wasserdampfspannung *f* упру́гость *f* водяно́го па́ра
wasserdicht водонепроница́емый, непромока́емый
wasserdurchlässig водопроница́емый, влагопроница́емый
Wasserdurchlässigkeit *f* водопроница́емость *f*, влагопроница́емость *f*
Wasserenergie *f* гидроэне́ргия *f*, во́дная эне́ргия *f*
Wasserenthärtung *f* умягче́ние *n* воды́, водоумягче́ние *n*
Wasserentnahme *f (Hydt)* водозабо́р *m*
Wasserentnahme... водозабо́рный
Wasserentnahmestelle *f (Hydt)* водоприёмник *m*
Wasserentziehung *f (Hydt)* водоотво́д *m (Talsperren)*
Wasserentzug *m* обезво́живание *n*
Wassererosion *f* во́дная эро́зия *f*
Wasserfall *m* водопа́д *m*
Wasserfang *m* водоулови́тель *m*
Wasserfassung *f (Hydt)* водозабо́р *m*; капта́ж *m*
wasserfest водоупо́рный
Wasserfilter *n* водопрово́дный фильтр *m*; водоочисти́тель *m*
Wasserflughafen *m* гидроаэродро́м *m*
Wasserflugzeug *n* гидросамолёт *m*
Wasserförderung *f* водоподъём *m*
wasserfrei *(Ch)* безво́дный
wasserführend водоно́сный
Wasserführung *f (Hydrol)* водоно́сность *f*
Wassergehalt *m* водосодержа́ние *n*
wassergekühlt водоохлажда́емый
wassergeschützt водозащищённый
Wassergewinnungs... водозабо́рный
Wasserglas *n (Ch)* раствори́мое стекло́ *n*
Wasserglasfarbe *f* силика́тная кра́ска *f*
wasserhaltig водоно́сный; водосодержа́щий
Wasserhaltigkeit *f* влагоёмкость *f*
Wasserhaltung *f (Bgb, Bw)* водоотли́в *m*
Wasserhaltungsanlage *f (Hydt, Bgb)* водоотли́вная устано́вка *f*
Wasserhaltungsbohrung *f* водоотли́вная скважи́на *f*
Wasserhaltungspumpe *f (Bgb)* водоотливно́й насо́с *m*
Wasserhaltungsschacht *m (Bgb)* водоотливно́й ствол *m*
Wasserhärte *f* жёсткость *f* воды́
Wasserhärten *n* зака́лка *f* в воде́
Wasserhaushalt *m* 1. во́дный бала́нс *m*; 2. водно́е хозя́йство *n*
Wasserheber *m (Hydt)* водоподъёмник *m*
Wasserhebung *f* водоподъём *m*
Wasserhöhe *f (Hydt)* высота́ *f* у́ровня воды́
Wasserinhalt *m* водосодержа́ние *n*
Wasserkapazität *f (Hydt)* водоёмкость *f*
Wasserkraft *f* гидроэне́ргия *f*
Wasserkraft... гидроэнергети́ческий
Wasserkraftanlage *f* гидроси́ловая устано́вка *f*
Wasserkraftelektroenergie *f* гидроэлектри́ческая эне́ргия *f*, гидроэлектроэне́ргия *f*
Wasserkraftgenerator *m* гидрогенера́тор *m*

Wasserkraftgenerator... гидрогенера́торный
Wasserkraftreserven *fpl* гидроресу́рсы *mpl*
Wasserkraftwerk *n* гидроэлектри́ческая ста́нция *f*, гидроэлектроста́нция *f*, ГЭС *f*, гидроста́нция *f*
Wasserkreislauf *m (Meteo)* влагооборо́т *m*; круговоро́т *m* воды́
Wasserkühlmantel *m* водяна́я руба́шка *f*
Wasserkühlung *f (Kfz)* водяно́е охлажде́ние *n*
Wasser-Land-Flugzeug *n* самолёт-амфи́бия *m*
Wasserlandung *f s.* Wasserung
Wasserlauf *m (Hydrol)* водото́к *m*
Wasserleitung *f* 1. водопрово́д *m*; 2. водово́д *m*
Wasserleitungs... водопрово́дный
Wasserleitungsarmatur *f* водопрово́дная армату́ра *f*
Wasserleitungshahn *m* водопрово́дный кран *m*
Wasserleitungskanal *m (Hydt)* водопрово́дный кана́л *m*
Wasserleitungsnetz *n* водопрово́дная сеть *f*
Wasserleitungsrohr *n* водопрово́дная труба́ *f*
Wasserleitungstunnel *m (Hydt)* гидротехни́ческий тунне́ль *m*
Wasserlinie *f* ватерли́ния *f (eines Schiffes)*
wasserlöslich водораствори́мый
Wasserlöslichkeit *f* водораствори́мость *f*
Wasserlösungsstollen *m (Bgb)* водоотливна́я што́льня *f*
Wasserlösungsstrecke *f (Bgb)* водоотливно́й штрек *m*
Wassermanometer *n* водяно́й мано́метр *m*
Wassermantel *m* водяна́я руба́шка *f*; ватержаке́т *m (eines Schmelzofens)*
Wassermantelofen *m (Met)* ватержаке́тная печь *f*
Wassermengenzähler *m* водоме́р *m*
Wassermesser *m* водоме́р *m*
wassern *(Flg)* приводня́ться
wässern 1. зама́чивать; 2. промыва́ть, нама́чивать
Wässern *n* 1. зама́чивание *n*; 2. промы́вка *f*
Wasserpegel *m (Hydt)* водоме́р *m*, водоме́рная ре́йка *f*
Wasserpumpwerk *n (Hydt)* водоподъёмное сооруже́ние *n*
Wasserrad *n* водяно́е колесо́ *n*
Wasserreaktor *m (Kern)* во́дный реа́ктор *m*
Wasserregime *n (Hydrol)* во́дный режи́м *m*
Wasserreiniger *m* водоочисти́тель *m*
Wasserreinigung *f* водоочи́стка *f*
Wasserreservoir *n (Hydt)* водоём *m*; водохрани́лище *n*
Wasserrohr *n* водопрово́дная труба́ *f*
Wasserrohrkessel *m* водотру́бный котёл *m*
Wasserrösche *f (Bgb)* водоотво́дная кана́ва *f*
Wassersammel... водосбо́рный
Wassersammelbehälter *m (Bw)* водосбо́рник *m*
wassersammelnd водосбо́рный
Wassersammler *m (Bgb)* водосбо́рник *m*
Wassersäule *f* водяно́й столб *m*
Wasserscheide *f (Hydrol)* водоразде́л *m*
Wasserschenkel *m (Bw)* водоотли́в *m (am Fenster)*
Wasserschlag *m (Hydr)* гидравли́ческий уда́р *m*
Wasserschlauch *m* водяно́й шланг *m*
Wasserschleier *m (Bgb)* водяна́я заве́са *f*
Wasserschöpfwerk *n (Hydt)* водоподъёмник *m*
Wasserschräge *f (Bw)* водоотли́в *m*
Wasserschutzzone *f (Ökol)* водоохра́нная зо́на *f*
Wasserspeicher *m (Hydt)* водохрани́лище *n*
Wasserspiegel *m (Hydt)* у́ровень *m* воды́
Wassersprung *m (Hydrod)* гидравли́ческий прыжо́к *m*
Wasserstand *m (Hydt)* у́ровень *m* воды́
~/niedriger *(Hydrol)* мелково́дье *n*
Wasserstandsanzeiger *m* водоуказа́тель *m*
Wasserstandsglas *n* водоме́рное стекло́ *n*

Wasserstandsmesser *m (Hydrol)* водомéр *m*
Wasserstandsrohr *n* водомéрная трýбка *f*
Wasserstau *m (Hydrol)* подпóр *m*
Wasserstoff *m (Ch)* водорóд *m*, H
~/leichter *(Kern)* прóтий *m*
~/schwerer *(Kern)* дейтéрий *m*, D, d
~/überschwerer *(Kern)* трúтий *m*, T, t
Wasserstoff... водорóдный
Wasserstoffatmosphäre *f (Geoph)* водорóдная атмосфéра *f*
Wasserstoffbindung *f (Ch)* водорóдная связь *f*
Wasserstoffbrüchigkeit *f (Wkst)* водорóдная хрýпкость *f*
Wasserstoffbrückenbindung *f (Ch)* водорóдная связь *f*
Wasserstoffelektrode *f* водорóдный электрóд *m*
wasserstoffhaltig *(Ch)* водорóдистый; водородосодержáщий
Wasserstoffionenexponent *m (Ch)* водорóдный показáтель *m*
Wasserstoffionenkonzentration *f (Ch)* концентрáция *f* водорóдных иóнов
Wasserstoffkrankheit *(Wkst)* водорóдная болéзнь *f (Kupfer)*
Wasserstoffspektrum *n (Kern)* спектр *m* водорóда
Wasserstoffsprödigkeit *f (Wkst)* водорóдная хрýпкость *f*
Wasserstollen *m (Hydt)* гидротехнúческий туннéль *m*
Wasserstrahlantrieb *m (Schiff)* водомётный двúжитель *m*
Wasserstrahlheber *m* гидроэлевáтор *m*
Wasserstrahlpumpe *f* водострýйный насóс *m*, гидроэлевáтор *m*
Wasserstrahlputzen *n (Gieß)* гидравлúческая очúстка *f*
Wasserstrahltriebwerk *n (Schiff)* водомётный двúжитель *m*
Wasserstraße *f* вóдный путь *m*
Wasserstrom *m (Hydrol)* водотóк *m*
Wasserstrudel *m (Hydrol)* водоворóт *m*
Wasserturbine *f* гидравлúческая [водянáя] турбúна *f*, гидротурбúна *f*
Wasserturbinen... гидротурбúнный
Wasserturm *m* водонапóрная бáшня *f*
Wasserüberdruckturbine *f* напорноструйная турбúна *f*
Wasserüberlauf *m (Hydt)* водослúв *m*
wasserundurchlässig водонепроницáемый, влагонепроницáемый
Wasserundurchlässigkeit *f* водонепроницáемость *f*, влагонепроницáемость *f*
Wasserung *f (Flg)* приводнéние *n*, посáдка *f* на вóду
Wässerung *f s.* Wässern
Wasserverbrauch *m* водопотреблéние *n*
Wasserverdrängung *f* водоизмещéние *n (eines Schiffes)*
Wasserverhältnisse *npl (Hydrol)* вóдный режúм *m*
Wasserversorgung *f* водоснабжéние *n*
Wasserversorgungskanal *m (Hydt)* водопровóдный канáл *m*
Wasservorlage *f (Hydt)* водянóй затвóр *m*
Wasservorwärmer *m* водоподогревáтель *m (z. B. für Dampfkessel)*
Wasserwaage *f (Wkz)* ватерпáс *m*
Wasser-Wasser-Reaktor *m (Kern)* вóдо-водянóй реáктор *m*
Wasserweg *m* вóдный путь *m*
Wasserwerk *n* водопровóдная стáнция *f*
Wasserwirbel *m (Hydrol)* водоворóт *m*
Wasserwirtschaft *f* вóдное хозяйство *n*
Wasserzähler *m* водомéр *m*
Wasserzeichen *n (Pap)* водянóй знак *m*
Wasserzeichenwalze *f (Pap)* эгутёр *m*
wäßrig вóдный
Watt *n (El)* ватт *m*, В *(Einheit der Leistung)*
~ **Blindleistung** *(El)* реактúвный вольт-ампéр *m (Einheit der Blindleistung)*
Watte *f* вáта *f*
Wattmeter *n (El)* ваттмéтр *m*
Wattsekunde *f s.* Joule
Wattstunde *f (El)* ватт-час *m*, Вт·ч
Wattstundenzähler *m (El)* счётчик *m* ватт-часóв
Wb *s.* Weber
WB-Schweißen *n* рельéфная свáрка *f*
Web... ткáцкий
Webautomat *m* ткáцкий автомáт *m*
Webblatt *n (Text)* бёрдо *n*
weben ткать

Weber *n (El)* вéбер *m*, Вб *(Einheit des magnetischen Flusses)*
Weber... ткáцкий
Weberei *f* ткáчество *n*
Webfach *n (Text)* зев *m (Weberei)*
Webkante *f (Text)* крóмка *f*
Webmaschine *f (Text)* ткáцкий станóк *m*
~/schützenlose бесчелнóчный ткáцкий станóк *m*
Webschützen *m (Text)* челнóк *m*
Wechsel *m*1. перемéна *f*, смéна *f*; 2. замéна *f*
Wechselbeanspruchung *f (Fest)* знакопеременное напряжéние *n*
Wechselbelastung *f (Fest)* знакопеременная нагрýзка *f*
Wechselbeziehung *f* корреля́ция *f*
Wechselblende *f (Opt)* смéнная диафрáгма *f*
Wechselform *f* смéнная фóрма *f*
Wechselgetriebe *n (Kfz)* корóбка *f* передáч
Wechsellast *f (Fest)* знакопеременная нагрýзка *f*
Wechselmagazin *n (Wkzm)* смéнный магази́н *m*
wechseln сменя́ть, меня́ть, заменя́ть
Wechselpflug *m (Lw)* оборóтный плуг *m*
Wechselplatte *f (Inf)* смéнный диск *m*
Wechselplattenspeicher *m (Inf)* пáмять *f* на смéнных магни́тных ди́сках
Wechselplattenstapel *m (Inf)* смéнный пакéт *m* ди́сков
Wechselrad *n (Masch)* смéнная шестерня́ *f*
wechselrichten *(El)* инверти́ровать
Wechselrichter *m (El)* инвéртор *m*
Wechselrichtung *f (El)* инверти́рование *n*
wechselseitig взаи́мный
Wechselspannung *f (Fest)* знакопеременное напряжéние *n*
Wechselsprechanlage *(Nrt)* переговóрное устрóйство *n*
Wechselstrom *m (El)* перемéнный ток *m*
~/dreiphasiger трёхфáзный (перемéнный) ток *m*
Wechselstrommaschine *f (El)* маши́на *f* перемéнного тóка
Wechselstrommotor *m (El)* двигатель *m* перемéнного тóка
Wechselstromtechnik *f* тéхника *f* перемéнных тóков
Wechselstromtelegraphie *f* телеграфи́рование *n* перменным тóком
Wechselstromverstärker *m (El)* усили́тель *m* перемéнного тóка
Wechselstromzähler *m (El)* счётчик *m* перемéнного тóка
Wechselwinkel *mpl (Math)* нáкрест лежáщие углы́ *mpl*
Wechselwirkung *f* взаимодéйствие *n*
~/kollektive *(Kern)* коллекти́вное взаимодéйствие *n*
~/schwache *(Kern)* слáбое взаимодéйствие *n*
Wechselwirkungspotential *n (Ph)* потенциáл *m* взаимодéйствия
Wecker *m (Nrt)* звонóк *m*
Weg *m* 1. путь *m*, дорóга *f*; 2. траектóрия *f*; 3. *(El, Rf, Nrt)* тракт *m*; 4. ход *m*
Wegekarte *f* дорóжная кáрта *f*
Wegerung *f (Schiff)* (вну́тренняя) обши́вка *f*
Wegfahrsperre *f (Kfz)* электрóнная противоугóнная систéма *f*
wegfüllen *(Bgb)* убирáть, навáливать, грузи́ть
Wegfüllen *n (Bgb)* убóрка *f*, навáлка *f*, погрýзка *f*
Weggang *m* ухóд *m*
Weggeschwindigkeit *f (Flg)* путевáя скóрость *f*
Weglänge *f (Kern)* пробéг *m (eines Teilchens)*
~/freie свобóдный пробéг *m*
Weglaufen *n* ухóд *m*
~ der Frequenz *(El)* ухóд *m* частоты́
wegnehmen *(Kfz)* убирáть *(Gas)*
wegräumen 1. убирáть; 2. *s.* wegfüllen
Wegräumen *n* 1. убóрка *f*; 2. *s.* Wegfüllen
wegrollen укáтывать
Wegschlagen *n (Typ)* впи́тывание *n (Farbe)*
Wegschreiber *m (Flg)* прибóр-самопи́сец *m* пути́
wegschwemmen смывáть
Wegschwemmen *n* смыв *m*
wegspülen смывáть
Wegspülen *n* смыв *m*
Wegweiser *m* дорóжный указáтель *m (Verkehr)*

Wehr *n (Hydt)* плоти́на *f*
~/dichtes глуха́я плоти́на *f*
~/festes глуха́я плоти́на *f*
Wehrboden *m (Hydt)* флютбет *m*
Wehrkrone *f (Hydt)* гре́бень *m* плоти́ны
Wehrsohle *f (Hydt)* флютбет *m*
Wehrstelle *f (Hydt)* створ *m* плоти́ны
weich 1. мя́гкий; 2. пла́вный; 3. нежёсткий *(Wasser)*
~/magnetisch магнитомя́гкий
~ machen мягчи́ть, размягча́ть; *(Gum)* пластифици́ровать; смягча́ть
Weichblei *n* мя́гкий свине́ц *m*
Weiche *f (Eb)* (стре́лочный) перево́д *m*, стре́лка *f*
~/selbststellende автомати́ческая стре́лка *f*
weichen зама́чивать
Weichen... *(Eb)* стре́лочный
Weichenzunge *f (Eb)* остря́к *m*
Weichharz *n* мя́гкая смола́ *f*
Weichheit *f* 1. мя́гкость *f*; 2. пла́вность *f*
Weichlot *n* легкопла́вкий [низкотемперату́рный] припо́й *m*, третни́к *m*
weichlöten пая́ть мя́гким припо́ем
Weichlöten *n* па́йка *f* мя́гкими припо́ями, низкотемперату́рная па́йка *f*
Weichmachen *n* мягче́ние *n*, размягче́ние *n*, смягче́ние *n*, умягче́ние *n*; *(Gum)* пластифика́ция *f*
Weichmacher *m* мягчи́тель *m*, смягчи́тель *m*; *(Gum)* пластифика́тор *m*
Weichmachung *f s.* Weichmachen
Weichmachungsmittel *n s.* Weichmacher
weichmagnetisch магнитомя́гкий
Weichwerden *n* мягче́ние *n*
Weichzeichnervorsatz *m (Photo)* диффу́зор *m*
Weide *f (Lw)* па́стбище *n*
Weidefläche *f (Lw)* па́стбище *n*
Weidezaun *m* **/elektrischer** *(Lw)* (па́стбищая) электроизгородь *f*
Weife *f (Text)* мотови́ло *n*
weifen разма́тывать *(Garne)*
weinsauer *(Ch)* виннoки́слый
Weinsäure *f* ви́нная кислота́ *f*
Weißblech *n* бе́лая жесть *f*
Weiße *f (Pap)* белизна́ *f*
Weißeinstrahlen *n (Gieß)* отбе́ливание *n*
Weißeinstrahlung *f (Gieß)* отбе́ливание *n*
weißen *(Bw)* бели́ть
Weißen *n (Bw)* побе́лка *f*
Weißfarbe *f* бели́ла *pl*
Weißgehalt *m (Pap)* белизна́ *f*
Weißleder *n* сыромя́тная ко́жа *f*
Weißmetall *n* бе́лый мета́лл *m*
Weißpegel *m (TV)* у́ровень *m* бе́лого
Weißwert *m (TV)* у́ровень *m* бе́лого
Weite *f* 1. ширина́ *f*; 2. да́льность *f*, расстоя́ние *n*; 3. широта́ *f*
~/lichte ширина́ *f* (пролёт *m*] в свету́; просве́т *m*
weitgespannt *(Bw)* большепролётный
Weithalsflasche *f (Ch)* широкого́рлая скля́нка *f*
Weitschweifigkeit *f (Inf)* избы́точность *f*
Weitstreckenfunknavigation *f* да́льняя радионавига́ция *f*
Weitstreckennavigation *f* да́льняя навига́ция *f*
Weitverkehr *m (Nrt)* да́льняя переда́ча *f*
Weitverkehrskabel *n (Nrt)* ка́бель *m* да́льней свя́зи
Weitverkehrsleitung *f (Nrt)* междугоро́дная ли́ния *f*
Weitwinkel... *(Opt, Photo)* широкоуго́льный
Weitwinkelobjektiv *n (Opt)* широкоуго́льный объекти́в *m*
Welksilage *f (Lw)* сена́ж *m*
Wellblech *n* волни́стый [гофриро́ванный] лист *m*
Welle *f* 1. волна́ *f*; 2. *(Masch)* вал *m*
~/biegsame *(Masch)* ги́бкий вал *m*
~/einfallende *(Rf)* па́дающая волна́ *f*
~/elastische 1. *(Ph)* упру́гая волна́ *f*; 2. *(Masch)* ги́бкий вал *m*
~/getriebene *(Masch)* ведо́мый вал *m* *(Getriebe)*
~/grüne «зелённая волна́» *f (Straßenverkehr)*
~/mehrfach gelagerte *(Masch)* многоопо́рный вал *m*
~/reflektierte *(Rf)* отражённая волна́ *f*
~/seismische *(Geoph)* сейсми́ческая волна́ *f*
~/sinusförmige *(Math)* синусо́ида *f*
~/stehende *(Ph)* стоя́чая волна́ *f*
~/treibende *(Masch)* веду́щий вал *m* *(Getriebe)*

~/ungedämpfte незатуха́ющая волна́ *f*
~/zweifach gelagerte *(Masch)* двухопо́рный вал *m*
Wellen *n (Text)* гофриро́вание *n (Bleche)*
Wellen... волново́й
Wellenband *n s.* Wellenbereich
Wellenbereich *m (Rf)* диапазо́н *m* волн
~/gespreizter *(Rf)* растя́нутый диапазо́н *m*
Wellenberg *m (Hydrom)* гре́бень *m* волны́
Wellenbrecher *m* 1. *(Hydt)* волноло́м *m (Küste)*; 2. *(Schiff)* волноотво́д *m*
Wellenbrechung *f* преломле́ние *n* волн
Wellenbündel *n (Ph)* пучо́к *m* волн
Wellendynamik *f* дина́мика *f* волн
Wellenfeld *n (Ph)* волново́е по́ле *n*
Wellenfilter *n (Rf)* волново́й фильтр *m*
Wellenfläche *f (Ph)* волнова́я пове́рхность *f*
wellenförmig волни́стый; волнообра́зный
Wellenfront *f* 1. *(Meteo)* фронт *m* волны́; 2. *(Ph)* волнова́я пове́рхность *f*
Wellenfunktion *f (Ph)* волнова́я фу́нкция *f*
Wellengelenk *n* карда́нный шарни́р *m*
Wellengeschwindigkeit *f (Mech)* волнова́я ско́рость *f*
Wellengleichung *f (Ph)* волново́е уравне́ние *n*
Wellenkamm *m (Hydrom)* гре́бень *m* волны́
Wellenknoten *m (Ph)* у́зел *m* волны́
Wellenkröpfung *f (Masch)* коле́но *n* ва́ла
Wellenlaufzapfen *m s.* Wellenzapfen
Wellenleistung *f (Masch)* мо́щность *f* на валу́
Wellenleiter *m (Eln)* волново́д *m*
Wellenleiterkanal *m (Eln)* волново́дный кана́л *m*
Wellenleitung *f (Schiff)* валопрово́д *m*
Wellenlinienschreiber *m s.* Wellenschreiber
Wellenmechanik *f* волнова́я меха́ника *f*
Wellenmesser *m* волноме́р *m*
Wellenoptik *f* волнова́я о́птика *f*
Wellenpaket *n (Ph)* волново́й паке́т *n*
Wellenschreiber *m* волногра́ф *m*; *(El)* клидоно́граф *m*; *(El)* ондо́граф *m*
Wellensieb *n (Rf)* волново́й фильтр *m*
Wellenstrahlung *f (Ph)* волнова́я радиа́ция *f*
Wellentheorie *f* волнова́я тео́рия *f (des Lichtes)*
~ **des Lichtes** волнова́я тео́рия *f* све́та
Wellentyp *m (Eln, Opt)* мо́да *f*
Wellenvektor *m (Ph)* волново́й ве́ктор *m*
Wellenwiderstand *m (Hydrod)* волново́е сопротивле́ние *n*
Wellenzahl *f (Ph)* волново́е число́ *n*
Wellenzapfen *m (Masch)* ше́йка *f* ва́ла; *(Kfz)* коренна́я ше́йка *f (der Kurbelwelle)*
Wellenzug *m* цуг *m* волн
wellig волни́стый
Welligkeit *f* волни́стость *f*; *(Fert)* неро́вность *f*
Wellpappe *f* гофриро́ванный карто́н *m*
Weltall *n* вселе́нная *f*; ко́смос *m*
Weltatlas *m* а́тлас *m* ми́ра
Weltbild *n (Ph, Astr)* систе́ма *f* ми́ра
Welthandel *m* мирова́я торго́вля *f*
Weltkraft *f (Mech)* си́ла *f* тяготе́ния
Weltpunkt *m (Ph)* мирова́я то́чка *f (Relativitätstheorie)*
Weltraum *m* ко́смос *m*, косми́ческое простра́нство *n*
Weltraum... косми́ческий
Weltraumfahrt *f* космона́втика *f*
Weltraumforschung *f* иссле́дование *n* косми́ческого простра́нства
weltraumgestützt косми́ческий
Weltraumlabor *n* косми́ческая лаборато́рия *f*, косми́ческая нау́чная ста́нция *f*
Weltraumrakete *f* косми́ческая раке́та *f*
Weltsystem *n (Ph, Astr)* систе́ма *f* ми́ра
Welttonnage *f* миров́ой тонна́ж *m*
Weltzeit *f* всеми́рное вре́мя *n*
Welt-Zeit-Punkt *m (Ph)* мирова́я то́чка *f (Relativitätstheorie)*
Wende *f (Schiff)* поворо́т *m*
Wende... поворо́тный
Wendefähigkeit *f (Schiff)* поворо́тливость *f*
Wendegetriebe *n (Masch)* реверси́вный механи́зм *m*
Wendeherz *n (Wkzm)* реверси́вный механи́зм *m*
Wendekreis *m (Astr)* тро́пик *m*
Wendel *f* 1. спира́ль *f (Leuchtfaden, Bohrer)*; 2. *(El)* нить *f*

Wendelantenne *f* спира́льная анте́нна *f*
Wendelbohrer *m* спира́льное сверло́ *n*
wendelförmig спира́льный
Wendelleitung *f (Nrt)* спира́льная ли́ния *f*
Wendeltreppe *f* винтова́я ле́стница *f*
wenden 1. повора́чивать; 2. *(Lw)* вороши́ть *(Heu)*; 3. кантова́ть *(Werkstücke)*; 4. *(Kfz)* развора́чиваться
Wendepflug *m (Lw)* оборо́тный плуг *m*
Wendepol *m (El)* доба́вочный по́люс *m*
Wendepunkt *m (Math)* то́чка *f* переги́ба *(einer Kurve)*
Wender *m* 1. *(Schm)* кантова́тель *m*; 2. *(Lw)* вороши́тель *m (für die Heuwerbung)*
Wenderadius *m* ра́диус *m* поворо́та *(von Fahrzeugen)*
Wendeschalter *m (El)* реве́рсор *m*, реверси́вный переключа́тель *m*
Wendevermögen *n (Schiff)* поворо́тливость *f*
Wendevorrichtung *f s.* Wender
Wendigkeit *f* 1. повора́чиваемость *f*, поворо́тливость *f*; 2. манёвренность *f (eines Fahrzeuges)*
Wendung *f* поворо́т
werden/feucht сыре́ть
~/flüssig сжижа́ться
~/hart тверде́ть
~/matt тускне́ть
~/trübe тускне́ть
werfen/Anker *(Schiff)* отдава́ть я́корь
~/sich коро́биться *(Bleche)*
Werft *f* верфь *f*
Werg *n* па́кля *f*; *(Text)* куде́ль *f*
Werk *n* 1. заво́д *m*, фа́брика *f*; 2. механи́зм *m*; 3. заво́д *m (Mechanismus)*; *(El)* ста́нция *f*
Werkbank *f* стано́к *m*, верста́к *m*
Werkblei *n* чернов́ой свине́ц *m*
Werkhalle *f* цех *m*
werkmäßig заводско́й
Werks... заводско́й
Werksmontage *f* сбо́рка *f*
Werkstatt *f* цех *m*; мастерска́я *f*
Werkstattwagen *m* ваго́н-мастерска́я *m*; автомоби́ль-мастерска́я *m*
Werkstattzeichnung *f* рабо́чий чертёж *m*
Werkstein *m (Bw)* тёсаный ка́мень *m*
Werkstoff *m* материа́л *m*
~/feuerfester огнеупо́рный материа́л *m*, огнеупо́р *m*
~/hartmagnetischer магнитотвёрдый материа́л *m*
~/magnetischer магни́тный материа́л *m*, магне́тик *m*
~/superharter сверхтвёрдый материа́л *m*
~/supraleitender сверхпроводя́щий материа́л *m*
~ von höchstem Reinheitsgrad сверхчи́стый материа́л *m*
~/weichmagnetischer магнитомя́гкий материа́л *m*
Werkstoffermüdung *f* уста́лость *f* материа́ла
Werkstofffestigkeit *f* сопротивле́ние *n* материа́лов
Werkstoffkunde *f* материалове́дение *n*
Werkstoffprüfung *f* испыта́ние *n* материа́лов
~/zerstörungsfreie неразруша́ющее испыта́ние *n* материа́лов, неразруша́ющий контро́ль *m* материа́лов
Werkstück *n (Fert)* (обраба́тываемая) дета́ль *f*, (обраба́тываемое) изде́лие *n*; загото́вка *f*
Werkzeug *n* 1. инструме́нт *m*; 2. ору́дие *n*; 3. фо́рма *f*
~/abrasives абрази́вный инструме́нт *m*
~/spanendes ре́жущий инструме́нт *m*
Werkzeuggeometrie *f (Wkz)* геоме́трия *f* инструме́нта
Werkzeugindustrie *f* инструмента́льная промы́шленность *f*
Werkzeugmaschine *f* стано́к *m*
~/automatische автомати́ческий стано́к *m*, стано́к-автома́т *m*
~/halbautomatische полуавтомати́ческий стано́к *m*, стано́к-полуавтома́т *m*
~/hochtourige быстрохо́дный стано́к *m*
~/mehrspindelige многошпи́ндельный стано́к *m*
~/numerisch gesteuerte стано́к *m* с числовы́м програ́ммным управле́нием, стано́к *m* с ЧПУ
~/schnell laufende быстрохо́дный стано́к *m*
~/spanende металлоре́жущий стано́к *m*

Werkzeugmaschinenbau *m* станкостроéние *n*
Werkzeugmaschinenindustrie *f* станкостроúтельная промы́шленность *f*
Werkzeugsatz *m* набóр *m* инструмéнтов
Werkzeugschleifmaschine *f* затóчный станóк *m*
Werkzeugschlitten *m* сýппорт *m*
Werkzeugstahl *m* инструментáльная сталь *f*
Wert *m* 1. *(Math)* значéние *n*, величинá *f*; 2. цéнность *f*; 3. ценá *f (z. B. Skalenwert)*; 4. стóимость *f*
~/**absoluter** абсолю́тное значéние *n*
~/**bezogener** относúтельная величинá *f*
~/**empirischer** эмпирúческое значéние *n*
~/**numerischer** чúсленное значéние *n*
~/**reziproker** обрáтное значéние *n*
~/**richtiger** действúтельное значéние *n*
~/**zulässiger** допустúмое значéние *n*
~ pH-**Wert** *m* водорóдний показáтель *m*, pH
Werte *mpl* дáнные *pl*
Wertigkeit *f (Ch)* валéнтность *f*; áтомность *f*
~/**elektrochemische** электровалéнтность *f*
Wesen *n* дéло *n (in Zusammensetzungen)*
West зáпад *m*
West... зáпадный
Westen *m* зáпад *m*
westlich зáпадный
Westpunkt *m (Astr)* тóчка *f* зáпада
Wetter *pl (Bgb)* вóздух *m*
~/**frische** свéжий вóздух *m*
~/**verbrauchte** отрабóтанный вóздух *m*
Wetterbericht *m* метеосвóдка *f*
wetterbeständig погодостóйкий, атмосферостóйкий
Wetterbeständigkeit *f* атмосферостóйкость *f*
Wetterdach *n* навéс *m*
Wetterdeck *n (Schiff)* откры́тая пáлуба *f*
Wetterdienst *m* метеорологúческая слýжба *f*, метеослýжба *f*
wetterfest *s.* wetterbeständig
Wetterfestigkeit *f* погодостóйкость *f*, атмосферостóйкость *f*
Wetterfront *f (Meteo)* (атмосфéрный) фронт *m*
Wetterführung *f (Bgb)* провéтривание *n*
Wetterfunkstelle *f* метеорологúческая радиостáнция *f*
Wetterkanal *m (Bgb)* вентиляциóнный канáл *m*
Wetterkarte *f* кáрта *f* погóды
Wetterkreuz *n (Bgb)* крóссинг *m*
Wetterkunde *f* метеоролóгия *f*
Wetterloch *n (Bgb)* вентиляциóнная сквáжина *f*
Wetterprognose *f* предсказáние *n* погóды
Wetterradar(gerät) *n* метеорадиолокáтор *m*
Wetterrakete *f* метеорологúческая ракéта *f*
Wettersatellit *m* метеорологúческий спýтник *m*
Wetterschacht *m (Bgb)* вентиляциóнная шáхта *f*, вентиляциóнный ствол *m*
Wettersohle *f (Bgb)* вентиляциóнный горизóнт *m*
Wetterstation *f s.* Wetterwarte
Wetterstollen *m (Bgb)* вентиляциóнная штóльня *f*
Wetterstrecke *f (Bgb)* вентиляциóнный штрек *m*
Wetterstrom *m (Bgb)* вентиляциóнная струя́ *f*
Wettervorhersage *f* предсказáние *n* погóды, прогнóз *m* погóды
~/**kurzfristige** краткосрóчный прогнóз *m* погóды
~/**langfristige** долгосрóчный прогнóз *m* погóды
Wetterwarte *f* метеорологúческая стáнция *f*, метеостáнция *f*
wetzen *(Fert)* доводúть
Wetzen *n (Fert)* довóдка *f*
Wetzmaschine *f* довóдочный станóк *m*
Wetzstein *m (Wkz)* точúльный кáмень *m*
Wh *s.* Wattstunde
Whisker *m* нитевúдный кристáлл *m*
Wichte *f* удéльный вес *m*
~/**relative** относúтельный вес *m*
Wichtezahl *f* относúтельный вес *m*
Wickel *m* 1. рулóн *m (eines Bandes)*; 2. *(El)* сéкция *f* (конденсáторов); 3. *(Text)* намóтка *f*; 4. *(Text)* холст *m (Spinnerei)*

Wickelkern *m* (намо́танный) серде́чник *m* *(Magnetband)*
Wickelmaschine *f* 1. *(Wlz)* намо́точная маши́на *f* *(Drahtstraße)*; 2. *(Text)* мота́льная маши́на *f*
wickeln 1. мота́ть; свёртывать; 2. нама́тывать
Wickeln *n* 1. мо́тка *f*, мота́ние *n*; свёртывание *n*; 2. мама́тчвание *n*, намо́тка *f*
Wicklung *f* 1. *(El)* обмо́тка *f* *(z. B. bei elektrischen Maschinen)*; 2. *(Text)* намо́тка *f*
~/**induktionsfreie** *(El)* безындукцио́нная обмо́тка *f*
Wicklungsschritt *m (El)* шаг обмо́тки
Widerhall *m (Ak)* о́тзвук *m*
Widerlager *n* пята́ *f*; опо́ра *f*; *(Bw)* упо́р *m*; контрфо́рс *m*; усто́й *m* *(einer Brücke)*
widersprüchlich противоречи́вый
Widerstand *m* 1. сопротивле́ние *n*; 2. *(El)* сопротивле́ние *n* *(als physikalische Größe)*; 3. *(El)* рези́стор *m*, сопротивле́ние *n* *(als Bauelement)*
~/**aerodynamischer** аэродинами́ческое сопротивле́ние *n*
~/**akustischer** акусти́ческое сопротивле́ние *n*
~/**dynamischer** *(Fest)* динами́ческое сопротивле́ние *n*
~/**elektrischer** электри́ческое сопротивле́ние *n*, электросопротивле́ние *n*
~/**hydrodynamischer** гидродинами́ческое сопротивле́ние *n*
~/**induktiver** *(El)* индукти́вное сопротивле́ние *n*
~/**kapazitiver** *(El)* ёмкостное сопротивле́ние *n*
~/**kritischer** крити́ческое сопротивле́ние *n*
~/**magnetischer** *(El)* магни́тное сопротивле́ние *n*, магнитосопротивле́ние *n*
~/**ohmscher** *(El)* оми́ческое сопротивле́ние *n*
~/**spezifischer** *(El)* уде́льное сопротивле́ние *n*
~/**thermischer** *(Halbl)* теплово́е сопротивле́ние *n*
~/**veränderlicher** *(El)* переме́нное сопротивле́ние *n*, реоста́т *m*
~/**vorgeschalteter** *(El)* доба́вочное сопротивле́ние *n*
~/**zusätzlicher** *(El)* доба́вочное сопротивле́ние *n*
Widerstandsbremsung *f (Eb)* реоста́тное торможе́ние *n*
Widerstandsbuckelschweißen *n* релье́фная сва́рка *f*
widerstandsfähig стойкий, про́чный, выно́сливый; усто́йчивый
Widerstandsfähigkeit *f* 1. сопротивля́емость *f*; 2. сто́йкость *f*, про́чность *f*; усто́йчивость *f*
Widerstandslöten *n*/**elektrisches** конта́ктная па́йка *f*
Widerstandsmoment *n (Mech)* моме́нт *m* сопротивле́ния
Widerstandsofen *m* (электро)пе́чь *f* сопротивле́ния
Widerstandspunktschweißen *n* то́чечная сва́рка *f*
Widerstandsschweißen *n* конта́ктная сва́рка *f*, сва́рка *f* сопротивле́нием
Widerstandsstumpfschweißen *n* стыкова́я сва́рка *f*
Widerstandsthermometer *n* термо́метр *m* сопротивле́ния
Widerstands-Transistor-Logik *f* рези́сторно-транзи́сторная ло́гика *f*, РТЛ *f*
Widerstands- und Spannungsmesser *m (El)* вольтомме́тр *m*
Widerstandsverstärker *m (El)* рези́сти́вный усили́тель *m*
Widerstandswert *m* величина́ *f* сопротивле́ния
Wiederanlauf *m (Inf)* реста́рт *m*, переза́пуск *m*
~/**verzögerter** отсро́ченный реста́рт *m*
Wiederaufbau *m (Bw)* восстановле́ние *n*
Wiederaufladen *n (El)* перезаря́дка *f*
Wiedereintritt *m* **in die Atmosphäre** *(Raumf)* возвраще́ние *n* в атмосфе́ру
Wiedergabe *f* 1. воспроизведе́ние *n*; 2. репроду́кция *f*
Wiedergabegerät *n* воспроизводя́щее устро́йство *n*
Wiedergabekopf *m (El)* голо́вка *f* воспроизведе́ния
Wiedergabetreue *f* ве́рность *f* воспроизведе́ния
wiedergeben воспроизводи́ть
wiedergewinnen 1. регенери́ровать; 2. *(Bgb)* извлека́ть *(Gestänge, Rohre)*
Wiederherstellung *f* восстановле́ние *n*

Wiederherstellungszeit *f* вре́мя *n* восстановле́ния
Wiederholbarkeit *f* повторя́емость *f*
wiederholen воспроизводи́ть
Wiederholung *f* повторе́ние *n*; *(Math, Inf)* итера́ция *f*
Wiedernutzbarmachung *f (Bgb)* регенера́ция *f*
wiederprogrammierbar *(Inf)* репрограмми́руемый *(Festwertspeicher)*
Wiederprogrammierung *f (Inf)* репрограмми́рование *n (Festwertspeicher)*
Wiederurbarmachung *f (Ökol)* рекульти́вация *f*
Wiederverwendung *f* рециркуля́ция *f* отхо́дов
Wiederverwertung *f* рециркуля́ция *f* отхо́дов
Wiege *f (Eb)* лю́лька *f (Drehgestell eines Fahrzeugs)*
wiegen взве́шивать
willkürlich произво́льный
Wilson-Kammer *f (Kern)* ка́мера *f* Ви́льсона
Winch *f s.* Winsch
Wind *m* 1. ве́тер *m*; 2. *(Met)* дутьё *n*
~/absteigender катабати́ческий ве́тер *m*
~/anabatischer анабати́ческий ве́тер *m*
~/aufsteigender анабати́ческий ве́тер *m*
~/katabatischer катабати́ческий ве́тер *m*
~/steifer кре́пкий ве́тер *(Stärke 7)*
~/stürmischer о́чень кре́пкий ве́тер *m*, штормово́й ве́тер *m (Stärke 8)*
Windabtrag *m* ветрова́я эро́зия *f*
Windbelastung *f (Mech)* ветрова́я нагру́зка *f*
Windbö *f (Meteo)* шквал *m*; по́рыв *m* (ве́тра)
Windbruch *m (Forst)* ветрова́л *m*, бурело́м *m*
Winddüse *f (Met)* (возду́шная) фу́рма *f (am Konverter)*
Winde *f* 1. лебёдка *f*; 2. во́рот *m*; 3. домкра́т *m*; 4. *(Glas)* свиль *f (Fehler)*
Windeisen *n (Wkz)* ворото́к *m*
Winden *n (Text)* извива́ние *n (Baumwolle)*
Windenergetik *f* ветрова́я энерге́тика *f*
Windenergie *f* ветрова́я эне́ргия *f*
Windenergietechnik *f* ветрова́я энерге́тика *f*
Windenergiewirtschaft *f* ветрова́я энерге́тика *f*
Winderhitzer *m (Met)* до́менный воздухонагрева́тель *m*, рекупера́тор *m*
Winderosion *f (Geol)* ветрова́я эро́зия *f*
Windfahne *f (Meteo)* флю́гер *m*
Windfang *m (Bw)* та́мбур *m*
Windfege *f (Lw)* ве́ялка *f (Getreide)*
Windfestigkeit *f (Bw)* ветропро́чность *f*
Windform *f (Met)* (возду́шная) фу́рма *f (Hochofen)*
Windfrischen *n (Met)* фришева́ние *n*, проду́вка *f (Konverter)*, конве́ртерный проце́сс *m*, конверти́рование *n*
~/basisches *(Met)* тома́совский проце́сс *m*
windgeschützt ветрозащи́тный
Windgeschwindigkeitsmessung *f (Meteo)* анемометри́я *f*
Windhose *f (Meteo)* тромб *m*, смерч *m*
Windkammer *f (Schiff)* возду́шная ка́мера *f (eines Luftkissenfahrzeugs)*
Windkanal *m* 1. *(Aero)* аэродинами́ческая труба́ *f*; 2. поддува́ло *n (eines Ofens)*
Windkraft *f (Mech)* си́ла *f* ве́тра
Windkraft... ветросилово́й
Windkraftanlage *f* ветросилова́я устано́вка *f*; ветродви́гатель *m*
Windkraftmaschine *f* ветряно́й дви́гатель *m*, ветродви́гатель *m*
Windkraftwerk *n* ветроэлектри́ческая ста́нция *f*, ветроэлектроста́нция *f*
Windlast *f (Mech)* ветрова́я нагру́зка *f*
Windleitung *f* воздухопрово́д *m*
Windmesser *m (Meteo)* анемо́метр *m*
Windmessinstrument *n (Meteo)* анемо́метр *m*
Windmoment *n (Bw)* ветрово́й моме́нт *m*
Windmotor *m s.* Windkraftmaschine
Window *n (Inf)* окно́ *n*
Windowing *n (Inf)* управле́ние *n* о́кнами
Windpfeife *f (Gieß)* отду́шина *f (einer Form)*
Windrad *n* ветрово́е колесо́ *n*, ветроколесо́ *n*
Windradanemometer *n* крыльча́тый анемо́метр *m*

Windrose *f (Meteo)* ро́за *f* ве́тров
Windschlüpfrigkeit *f* обтека́емость *f*
windschnittig обтека́емый
Windschutz *m (Bw)* ветрозадержа́ние *n*
Windschutz... ветрозащи́тный
Windschutzscheibe *f (Kfz)* ветрово́е стекло́ *n*
Windsichter *m* возду́шный классифика́тор *m*
Windsichtung *f* возду́шная сепара́ция *f*; *(Lw)* ве́яние *n*
Windstärke *f (Meteo)* си́ла *f* ве́тра, балл *m*
Windstille *f (Meteo)* зати́шье *n*, безве́трие *n*
Windturbine *f* турби́нный ветроагрега́т *m*
Windung *f* вито́к *m*
Windungswinkel *m (Math)* у́гол *m* круче́ния
Windungszahl *f (El)* число́ *n* витко́в *(einer Spule)*
Winkel *m* 1. у́гол *m*; 2. уго́льник *m (als Konstruktionselement und Werkzeug)*; 3. уголо́к *m (Konstruktionselement)*
~/anliegender *(Math)* прилежа́щий у́гол *m*
~/ebener *(Math)* пло́ский у́гол *m*
~/gestreckter *(Math)* развёрнутый у́гол *m*
~/körperlicher *(Math)* теле́сный у́гол *m*
~/kritischer крити́ческий у́гол *m*
~/rechter *(Math)* прямо́й у́гол *m*
~/sphärischer *(Math)* сфери́ческий у́гол *m*
~/spitzer *(Math)* о́стрый у́гол *m*
~/stumpfer *(Math)* тупо́й у́гол *m*
~/zweiflächiger *(Math)* двугра́нный у́гол *m*
Winkel... угловой
Winkelarm *m* углова́я рука́ *f (eines Roboters)*
Winkelbeschleunigung *f (Mech)* углово́е ускоре́ние *n*
Winkeleisen *n* уголо́к *m (Konstruktionselement)*
Winkelfräser *m (Wkz)* углова́я фреза́ *f*
~/zweiseitiger двухуглова́я фреза́ *f*
Winkelfrequenz *f (El)* углова́я частота́ *f (einer Schwingung)*
Winkelgelenk *n* углово́й шарни́р *m*
Winkelgeschwindigkeit *f (Mech)* углова́я ско́рость *f*
Winkelgrad *m* гра́дус *m*
Winkelhalbierende *f (Math)* биссектри́са *f*
Winkelmaß *n* 1. углова́я ме́ра *f*; 2. науго́льник *m*
Winkelmaßverkörperung *f* углова́я ме́ра *f*
Winkelmesser *m* 1. угломе́р *m*; 2. транспорти́р *m*
Winkelmessinstrument *n* угломе́рный прибо́р *m*, угломе́р *m*
Winkelmessteilung *f* угломе́рная шкала́ *f*
Winkelmessung *f* измере́ние *n* угло́в, гониоме́трия *f*
Winkelprofil *n (Wlz)* углово́й про́филь *m*
Winkelsekunde *f (Math)* секу́нда *f (Einheit des ebenen Winkels)*
Winkelstahl *m* углова́я сталь *f*; уголо́к *m*
Winkelstoß *m (Schw)* углово́е соедине́ние *n*
winkeltreu равноуго́льный; конфо́рмный
Winkelvergrößerung *f (Opt)* углово́е увеличе́ние *n*
Winkelverschiebung *f (Mech)* углово́е смеще́ние *n*
Winsch *f (Schiff)* лебёдка *f*
winterfest зимосто́йкий
Winterfestigkeit *f* зимосто́йкость *f*
winterhart зимосто́йкий
Winter(motoren)öl *n (Kfz)* зи́мнее ма́сло *n*
Wippe *f (Masch)* 1. кача́лка *f*; 2. коромы́сло *n*, баланси́р *m*
Wirbel *m* 1. вихрь *m (in Flüssigkeiten und Gasen)*; 2. *(Masch)* вертлю́г *m (einer Kette)*; 3. *(Hydrol)* водоворот *m*
Wirbel... вихрево́й; турбуле́нтный
wirbelartig вихрево́й
Wirbelbett *n (Ch)* кипя́щий слой *m*
Wirbelbildung *f* вихреобразова́ние *n*
Wirbelfeld *n (Ph)* вихрево́е по́ле *n*
Wirbelfeuerung *f* вихрева́я то́пка *f*
Wirbelfluss *m (Hydrod)* вихрево́й пото́к *m*
Wirbelflussturbine *f* вихрева́я турби́на *f*
wirbelfrei безвихрево́й
Wirbeligkeit *f* завихрённость *f*
Wirbelkammer *f* вихрева́я ка́мера *f (des Dieselmotors)*

Wirbelkammerdiesel(motor) *m* вихрека́мерный ди́зель *m*
Wirbelkern *m (Aero)* ядро́ *n* ви́хря
Wirbellinie *f (Hydrod)* вихрева́я ли́ния *f*
wirbellos безвихрево́й
Wirbelrohr *n* вихрева́я труба́ *f*
Wirbelschicht *f (Ch)* кипя́щий слой *m*
Wirbelströme *mpl* вихревы́е то́ки *mpl*
Wirbelstromeffekt *m (El)* эффе́кт *m* Фараде́я
Wirbelströmung *f (Hydrod)* вихрево́е тече́ние *n*, вихрево́й пото́к *m*
Wirbelsturm *m (Meteo)* цикло́н *m*
Wirbelung *f* завихре́ние *n*
Wirbelwiderstand *m (Hydrod)* вихрево́е сопротивле́ние *n*
Wirbelwind *m (Meteo)* вихрево́й ве́тер *m*
Wirbelzentrum *n (Aero)* ядро́ *n* ви́хря
Wired-AND *n* монта́жное [проводно́е] И *n*
Wired-OR *n* монта́жное [проводно́е] ИЛИ *n*
Wire-Wrap-Verdrahtung *f (Eln)* монта́ж *m* накру́ткой, накру́тка *f*
Wirk... *(Text)* вяза́льный
wirken 1. де́йствовать; 2. *(Text)* вяза́ть; 3. *(Leb)* меси́ть *(Teig)*
Wirken *n* 1. де́йствие *n*; 2. *(Text)* вяза́ние *n*; 3. *(Leb)* разде́лывание *n* *(Teig)*
wirkend/integral астати́ческий
~/schnell быстроде́йствующий
Wirkfaktor *m (El)* коэффицие́нт *m* мо́щности
Wirkkomponente *f (El)* акти́вная составля́ющая *f*
Wirklast *f (El)* акти́вная нагру́зка *f*
Wirkleistung *f (El)* акти́вная мо́щность *f*
Wirkleitwert *m (El)* акти́вная проводи́мость *f*, кондукта́нц *m*
Wirkmaschine *f (Text)* трикота́жная маши́на *f*
Wirkorgan *n (Masch, Reg)* рабо́чий о́рган *m*
wirksam эффекти́вный; акти́вный
Wirksamkeit *f* эффекти́вность *f*; акти́вность *f*
Wirkspannung *f (El)* акти́вное напряже́ние *n*
Wirkstrom *m (El)* акти́вный ток *m*
Wirk- und Blindleistungsmesser *m (El)* ватт-варме́тр *m*
Wirkung *f* 1. де́йствие *n*; 2. влия́ние *n*, возде́йствие *n*; 3. эффе́кт *m*
~/selektive избира́тельное де́йствие *n*
Wirkungsbereich *m* ра́диус *m* де́йствия
Wirkungsgrad *m* 1. эффекти́вность *f*; 2. коэффицие́нт *m* поле́зного де́йствия, кпд
Wirkungsprinzip *n (Mech)* при́нцип *m* де́йствия
Wirkungsquantum *n* **(/plancksches)** *(Ph)* постоя́нная *f* Пла́нка, квант *m* де́йствия
Wirkungsquerschnitt *m (Kern)* эффекти́вное сече́ние *n*
Wirkungsradius *m* ра́диус *m* де́йствия
Wirkungsweise *f* при́нцип *m* де́йствия
Wirkwiderstand *m (El)* акти́вное сопротивле́ние *m*
Wirtkristall *m* основно́й криста́лл *m*
Wirtschaft *f* хозя́йство *n*
wirtschaftlich 1. экономи́чный, рента́бельный; 2. экономи́ческий, хозя́йственный
Wirtschaftlichkeit *f* экономи́чность *f*, рента́бельность *f*
Wirtschafts... экономи́ческий; хозя́йственный
Wirtschaftsdünger *m* органи́ческое удобре́ние *n*
Wirtskristall *m* основно́й криста́лл *m*
Wirtsrechner *m (Inf)* веду́щая [гла́вная] ЭВМ *f*; центра́льная ЭВМ *f*
Wismut *n s.* Bismut
Wismut... ви́смутовый
Wismutglanz *m (Min)* висмути́н *m*
Wismutspat *m (Min)* висмути́т *m*
Wissensbank *f (Inf)* ба́за *f* зна́ний
Wissensbasis *f (Inf)* ба́за *f* зна́ний
Wissenschaft *f* нау́ка *f*
~/angewandte прикладна́я нау́ка *f*
wissenschaftlich нау́чный
Wissenschaftlichkeit *f* нау́чность *f*
wissenschaftlich-technisch нау́чно-техни́ческий
Wissenserwerb *m (Kyb)* приобрете́ние *n* зна́ний
Wissenspräsentation *f (Kyb)* представле́ние *n* зна́ний
Witterungsverhältnisse *npl* метеорологи́ческие усло́вия *npl*
Wobbel(frequenz)generator *m (Rf)* свип-генера́тор *m*

Wobbeln *n (El)* вобуля́ция *f*; кача́ние *n*
Wobbelung *f (El)* вобуля́ция *f*, кача́ние *n*
Wobbler *m (El)* вобуля́тор *m*
Wogen *n (Eb)* подбра́сывание *n (Querschwingungen von Fahrzeugen)*
Wohndichte *f (Bw)* пло́тность *f* населённости
Wohngebäude *n* жило́й дом *m*
Wohnhaus *n* жило́й дом *m*
Wohnküche *f (Bw)* ку́хня-столо́вая *f*
Wohnungsbau *m* жили́щное строи́тельство *n*
Wohnwagen *m* жило́й ваго́н *m*
Wölbnaht *f (Schw)* вы́пуклый шов *m*
Wölbung *f (Bw)* 1. свод *m*; 2. вы́пуклость *f (der Straße)*
Wolf *m* 1. *(Text)* волчо́к *m*; 2. *(Met)* на́стыль *f*
Wolfram *n (Ch)* вольфра́м *m*, W
Wolfram... вольфра́мовый
wolframsauer *(Ch)* вольфрамовоки́слый
Wolke *f* о́блако *n*
Wolkendecke *f (Meteo)* о́блачный покро́в *m*
Wolkenkunde *f (Meteo)* нефоло́гия *f*
Woll... шерстяно́й
Wolle *f (Text)* шерсть *f*
wollen шерстяно́й
Wollgarn *n (Text)* шерсть *f*
Wollschweiß *m (Text)* жиропо́т *m*
Wollspinnerei *f* шерстопряде́ние *n*
Wollstoff *m (Text)* шерсть *f*
Wollwäsche *f (Text)* шерстомо́йка *f (Maschine)*
Wollwäscherei *f (Text)* шерстомо́йка *f (Vorgang)*
Wollwaschmaschine *f (Text)* шерстомо́йка *f*
Woofer *m (Rf)* низкочасто́тный громкоговори́тель *m*
Workstation *f (Inf)* рабо́чая ста́нция *f*, автоматизи́рованное рабо́чее ме́сто *n*, АРМ *n*
WORM-Platte *f (Inf)* диск *m* однокра́тной за́писи, неперезапи́сываемый диск *m*
WORM-Speicher *m* па́мять *f* (запомина́ющее устро́йство *n*] с однокра́тной за́писью
Wort *n (Inf)* сло́во *n*
Wörterbuch *n* слова́рь *m*
Wortlänge *f (Inf)* разря́дность *f* сло́ва
Wortverständlichkeit *f* артикуля́ция *f* слов
WPS *m s.* Wechselplattenspeicher
WP-Schweißen *n* то́чечная сва́рка *f*
Wrasen *m* вы́пар *m*
WR-Schweißen *n* шо́вная [ро́ликовая лине́йная] сва́рка *f*
WS *f s.* Wassersäule
Wuchs *m* рост *m*
Wuchtförderer *m* вибрацио́нный [инерцио́нный] конве́йер *m*
Wühler *m (Lw)* почвоуглуби́тель *m (Pflug)*
Wühlpflug *m (Lw)* плуг-рыхли́тель *m*
wulchern *(Glas)* раска́тывать
Wulchern *n (Glas)* зака́тка *f*, раска́тывание *n*
Wulst *m(f)* 1. вы́ступ *m*, утолще́ние *n*; 2. фла́нец *m*; ребо́рда *f*; 3. *(Wlz)* бульб *m*; 4. борт *m (Bereifung)*; *(Schiff)* бульб *m*
Würfel *m* куб *m*; ку́бик *m*
Wurfförderer *m (Lw)* швыря́лка *f*
Würgestelle *f* скру́тка *f (im Kabel)*
Würze *f* су́сло *n*
Wurzel *f* 1. ко́рень *m*; 2. *(Bw)* основа́ние *n (eines Mastes)*
~/komplexe *(Math)* ко́мплексный ко́рень *m*
Wurzelexponent *m (Math)* показа́тель *m* ко́рня
Wurzelindex *m (Math)* показа́тель *m* ко́рня
Wurzelzeichen *n (Math)* знак *m* ко́рня
Wurzelzeichen *n (Math)* радика́л *m*
Wurzelziehen *n (Math)* извлече́ние *n* ко́рня
Wüste *f* пусты́ня *f*
Wüstenbildung *f (Ökol)* опусты́нивание *n*
WZ *f s.* Weltzeit

X

x-Achse *f (Math)* ось *f* абсци́сс
Xanthogenierung *f* ксантогени́рование *n (Chemiefaserherstellung)*
Xe *s.* Xenon
xenomorph *(Min)* аллотриомо́рфный, ксеномо́рфный
Xenomorphie *f (Min)* аллотриомо́рфи́зм *m*

Xenon *n (Ch)* ксено́н *m*, Xe
Xenonlampe *f* ксено́новая ла́мпа *f*
Xerographie *f* ксерогра́фия *f*
X-Y-Plotter *m* двухкоордина́тный графопострои́тель *m*, координато́граф *m*
X-Y-Schreiber *m s.* X-Y-Plotter

Y

Y *s.* Yttrium
y-Achse *f (Math)* ось *f* орди́нат
Yagi-Antenne *f* дире́кторная анте́нна *f*
Yagi-Uda-Antenne *f* анте́нна *f* У́да-Я́ги
Yb *s.* Ytterbium
Ytterbium *n (Ch)* итте́рбий *m*, Yb
Yttrium *n (Ch)* и́ттрий *m*, Y

Z

Z *s.* Zetta...
z *s.* Zepto...
Zacke *f* 1. зазу́брина *f*; 2. отме́тка *f*; 3. *(Rad)* вы́брос *m*
Zacken *m s.* Zacke
zäh вя́зкий
zähelastisch *(Ph)* вязкоупру́гий
zähflüssig вя́зкий; вязкотеку́чий
Zähflüssigkeit *f* вя́зкость *f*; вязкотеку́честь *f*
Zähigkeit *f* вя́зкость *f*
~/spezifische *(Mech)* уде́льная вя́зкость *f*
Zahl *f* 1. число́ *n*; 2. ци́фра *f*
~/angenäherte *(Math)* приближённое число́ *n*
~/benannte *(Inf)* имено́ванное число́ *n*
~/binär codierte *(Inf)* двоично-коди́рованное число́ *n*
~/binär dezimale *(Inf)* двоично-десяти́чное число́ *n*
~/froudesche *(Aero)* число́ *n* Фру́да, *Fr*
~/ganze *(Math)* це́лое число́ *n*
~/ganze rationale *(Math)* це́лое рациона́льное число́ *n*
~/gebrochene *(Math)* дро́бное число́ *n*
~/gemischte *(Inf)* сме́шанное число́ *n*
~/gerade *(Math)* чётное число́ *n*
~/imaginäre *(Math)* мни́мое число́ *n*
~/irrationale *(Math)* иррациона́льное число́ *n*
~/komplexe *(Math)* ко́мплексное число́ *n*
~/konjugierte *(Math)* сопряжённое число́ *n*
~/loschmidtsche *(Ph, Ch)* число́ Ло́шмидта *n*, постоя́нная *f* Ло́шмидта
~/mehrstellige многоразря́дное число́ *n*
~/natürliche *(Math)* натура́льное число́ *n*
~/negative *(Math)* отрица́тельное число́ *n*
~/newtonsche *(Mech)* число́ *n* Ньюто́на, *Ne*
~/poissonsche *(Mech)* коэффицие́нт *m* Пуассо́на
~/positive *(Math)* положи́тельное число́ *n*
~/rationale *(Math)* рациона́льное число́ *n*
~/reelle *(Math)* действи́тельное [веще́ственное] число́ *n*
~/relative *(Math)* относи́тельное число́ *n*
~/teilbare *(Math)* составно́е число́ *n*
~/transzendente *(Math)* трансценде́нтное число́ *n*
~/unbenannte *(Math)* неимено́ванное число́ *n*
~/ungerade *(Math)* нечётное число́ *n*
~/verschlüsselte *(Inf)* коди́рованное число́ *n*
Zahl... числово́й
Zähl... счётный
Zähldekade *f* счётная дека́да *f*
Zähleinrichtung *f* счётное устро́йство *n*
Zählen *n* счёт *m*
zählen счита́ть
Zahlen... числово́й
Zahlendarstellung *f (Inf)* представле́ние *n* чи́сел
~/binäre двоичная систе́ма *f* счисле́ния
~/dezimale десяти́чная систе́ма *f* счисле́ния
Zahlencode *m* цифрово́й код *m*
zahlenmäßig чи́сленный
Zahlenreihe *f (Math)* числово́й ряд *m*
Zahlenstelle *f (Inf)* разря́д числа́
Zahlensystem *n (Inf)* 1. систе́ма *f* счисле́ния, систе́ма *f* представле́ния чи́сел; 2. числова́я систе́ма *f*

Zahlentheorie *f (Math)* теория *f* чисел
Zahlenwert *m* численное значе́ние *n*
Zähler *m* 1. счётчик *m*; 2. *(Math)* числи́тель *m*
~/binärer двои́чный счётчик *m*
~/elektrischer электросчётчик *m*
Zähligkeit *f (Krist)* кра́тность *f*
Zählrohr *n (Kern)* счётчик *m*
Zählung *f* (под)счёт *m*
Zählwerk *n* счётчик *m*, счётное устро́йство *n*, счётный механи́зм *m*
Zahn *m (Wkz)* зуб *m*; зубе́ц *m*
Zahndickenmessschieber *m* штангензубоме́р *m*
Zahneingriff *m* зубча́тое зацепле́ние *n*, зацепле́ние *n* зу́бьев
Zahnentgraten *n (Fert)* зубозачи́стка *f*
Zähnezahlverhältnis *n s.* Übersetzungsverhältnis 2.
Zahnflanke *f (Masch)* про́филь *m* зу́ба
Zahnflankenprüfgerät *n (Mess)* эвольвенто́метр *m*
Zahnform *f (Masch)* про́филь *m* зу́ба
Zahnfräsmaschine *f* зубофре́зерный стано́к *m*
Zahngrund *m (Masch)* ко́рень *m* зу́ба
Zahnhobelmaschine *f* зубострога́льный стано́к *m*
Zahnkranz *m (Masch)* зубча́тый вене́ц *m*
Zahnkupplung *f (Masch)* зубча́тая му́фта *f*
Zahnmessinstrument *n* зубоме́р *m*
Zahnneigung *f (Masch)* накло́н *m* зу́ба
Zahnprofil *n (Masch)* про́филь *m* зу́ба
Zahnrad *n (Masch)* зубча́тое колесо́ *n*, шестерня́ *f*; зубча́тка *f*
~/getriebenes ведо́мая шестерня́ *f*
Zahnrad... *(Masch)* шестерённый
Zahnradfräsautomat *m* зубофре́зерный автома́т *m*
Zahnradfräser *m (Wkz)* зуборе́зная фреза́ *f*
Zahnradfräsmaschine *f* зубофре́зерный стано́к *m*
Zahnradgetriebe *n (Masch)* зубча́тая переда́ча *f*; зубча́тый механи́зм *m*
Zahnradhobelmaschine *f* зубострога́льный стано́к *m*
Zahnradmessinstrument *n* зубоме́р *m*
Zahnradpumpe *f* зубча́тый [шестерённый] насо́с *m*
Zahnradschabmaschine *f (Wkzm)* шевингова́льный стано́к *m*
Zahnradschleifmaschine *f (Wkzm)* зубошлифова́льный стано́к *m*
Zahnradstoßautomat *m (Wkzm)* зубодолбёжный автома́т *m*
Zahnradstoßen *n (Fert)* зубодолбле́ние *n*
Zahnradstoßmaschine *f* зубодолбёжный стано́к *m*
Zahnradtrieb *m (Masch)* зубча́тая переда́ча *f*
Zahnradwendegetriebe *n (Masch)* тре́нзель *m*
Zahnriemen *m* зубча́тый реме́нь *m*
Zahnschaben *n (Fert)* шевингова́ние *n*
Zahnschleifmaschine *f* зубошлифова́льный стано́к *m*
Zahnschräge *f (Masch)* накло́н *m* зу́ба
Zahnsegment *n (Masch)* зубча́тый се́ктор *m*
Zahnstange *f* 1. *(Masch)* зубча́тая ре́йка *f*; 2. кремалье́ра *f (Feinmechanik)*
Zahnstangenantrieb *m* ре́ечный при́вод *m*
Zahnstangeneingriff *m* ре́ечное зацепле́ние *f*
Zahnstangengetriebe *n* ре́ечная переда́ча *f*
Zahnstangenschneidmaschine *f* рейконарезно́й стано́к *m*
Zahnstangentrieb *m* 1. *(Masch)* ре́ечная переда́ча *f*; 2. кремалье́ра *f (Feinmechanik)*
Zahnstangenverzahnung *f* ре́ечное зацепле́ние *n*
Zahnstangenwinde *f* ре́ечный домкра́т *m*
Zahnteilung *f (Masch)* шаг *m* зу́бьев *(eines Zahnrads)*
Zahntrieb *m (Masch)* зубча́тый механи́зм *m*
zähplastisch вязкопласти́чный
Zange *f* 1. кле́щи *pl*; щипцы́ *pl*; куса́чки *pl*; 2. ца́нга *f*; 3. *(Förd)* схва́тка *f*
Zangengreifer *m* клещево́й захва́т *m*
Zapfen *m (Masch)* 1. ца́пфа *f*, ше́йка *f (z. B. von Wellen)*; 2. па́лец *m (einer Kurbel)*; 3. пята́ *f*; 4. хвостови́к *m (einer Welle)*; 5. шип *m (einer Holzverbindung)*
Zapfsäule *f* бензоколо́нка *f*
Zapfwelle *f* вал *m* отбо́ра мо́щности *(am Schlepper)*
Zarge *f (Wkz)* обеча́йка *f*

Zaum *m* **/pronyscher** то́рмоз *m* Про́ни
Zaun *m* и́згородь *f*; *(Bw)* забо́р *m*
Z-Draht *m (Text)* пра́вая кру́тка *f*
ZE *f s.* Zentraleinheit
Zeche *f* цех *m*
Zehneck *n (Math)* декаго́н *m*, десятиуго́льник *m*
Zehnercode *m (Inf)* десяти́чный код *m*
Zehnflach *n (Math)* дека́эдр *m*, десятигра́нник *m*
zehnstellig десятиразря́дный
Zeichen *n* 1. знак *m*; 2. сигна́л *m*; 3. отме́тка *f*; 4. *(Inf)* си́мвол *m*; 5. обозначе́ние *n*
~/**alphanumerisches** *(Inf)* алфави́тно-цифрово́й знак *m*, алфави́тный си́мвол *m*
~/**binär codiertes** двои́чно-коди́рованный знак *m*
~/**chemisches** хими́ческий си́мвол *m*
~/**logisches** *(Inf)* логи́ческий си́мвол *m*
Zeichenbrett *n* чертёжная доска́ *f*
Zeichendrucker *m* посимво́льное печа́тающее устро́йство *n*
Zeichenebene *f* эпю́ра *f*
Zeichenerkennung *f (Inf)* распознава́ние *n* зна́ков [си́мволов]
Zeichenerzeugung *f (Inf)* генера́ция *f* зна́ка
Zeichengeber *m* сигнализа́тор *m*
Zeichengebung *f* сигнализа́ция *f*
Zeichengenerator *m (Inf)* генера́тор *m* си́мволов, знакогенера́тор *m*
Zeichengenerierung *f (Inf)* генера́ция *f* зна́ка
Zeichenkarton *m* рисова́льный карто́н *m*
Zeichenkette *f (Inf)* строка́ *f* зна́ков [си́мволов]
Zeichenkombination *f (Inf, Nrt)* ко́довая комбина́ция *f*
Zeichenleser *m* **/optischer** *(Inf)* опти́ческое счи́тывающее устро́йство *n*
zeichenorientiert *(Inf)* знакоориенти́рованный, си́мвольно-ориенти́рованный
Zeichenpapier *n* чертёжная бума́га *f*
Zeichensatz *m (Inf)* набо́р *m* си́мволов
Zeichentisch *m* чертёжный стол *m*
Zeichenvariable *f* си́мвольная переме́нная *f*
Zeichenvorrat *m (Inf)* набо́р *m* си́мволов
zeichnen черти́ть; выче́рчивать *(z. B. Diagramme)*
Zeichnen *n* черче́ние *n*
Zeichnung *f* рису́нок *m*; чертёж *m*
Zeiger *m* 1. указа́тель *m*; 2. стре́лка *f (eines Messinstruments)*
Zeiger... стре́лочный
Zeigerinstrument *n* стре́лочный прибо́р *m*
Zeigerwaage *f* цифербла́тные весы́ *pl*
Zeile *f (TV, Typ)* строка́ *f*
Zeilenablenkgenerator *m (TV)* генера́тор *m* стро́чной развёртки
Zeilenablenktransformator *m (TV)* трансформа́тор *m* стро́чной развёртки
Zeilenablenkung *f (TV)* стро́чная развёртка *f*
Zeilenabtastung *f (TV)* стро́чная развёртка *f*
Zeilendrucker *m (Inf)* постро́чно-печа́тающее устро́йство *n*
Zeilensprungabtastung *f (TV)* чересстро́чная развёртка *f*
Zeilensynchronisierung *f (TV)* стро́чная синхрониза́ция *f*
Zeilentransformator *m (TV)* стро́чный трансформа́тор *m*
zeilenweise постро́чный
Zeit *f* 1. вре́мя *n*; 2. дли́тельность *f*; 3. *s.* Zeitabschnitt
~/**mitteleuropäische** среднеевропе́йское вре́мя *n*
~/**osteuropäische** восточноевропе́йское вре́мя *n*
~/**siderische** *(Astr)* звёздное вре́мя *n*
~/**verkehrsstarke** *(Nrt)* часы́ *pl* пик
~ **zwischen zwei Ausfällen/mittlere** *(Fert)* сре́дняя нарабо́тка *f* на отка́з
Zeit... временно́й
Zeitabschnitt *m (Geol)* пери́од *m*; эпо́ха *f*; век *m*
Zeitalter *n s.* Zeitabschnitt
Zeitaufwand *m* затра́та *f* вре́мени
Zeitdehneraufnahme *f s.* Zeitlupenaufnahme
Zeitdehnung *f* **(/einsteinsche)** *(Ph)* замедле́ние *n* вре́мени
Zeitdiagramm *n* временна́я диагра́мма *f*

Zeitdilatation *f s.* Zeitdehnung
Zeitgeber *m* 1. да́тчик *m* вре́мени, та́ймер *m*; 2. *s.* Zeitimpulsgeber
Zeitgeberfrequenz *f* та́ктовая частота́ *f*
Zeitgleichung *f (Astr)* уравне́ние *n* вре́мени
Zeitimpulsgeber *m* да́тчик *m* та́ктовых и́мпульсов
Zeitintervall *n* временно́й интерва́л *m*
Zeitkennlinie *f (Reg)* временна́я характери́стика *f*
Zeitkonstante *f (Ph)* постоя́нная *f* вре́мени
Zeitkontraktion *f (Ph)* сокраще́ние *n* вре́мени
zeitlich временно́й
Zeitlupenaufnahme *f (Kine)* заме́дленная съёмка *f*, скоростна́я [ускоре́нная] киносъёмка *f*
Zeitmaß *n (Ak)* такт *m*
Zeitmessinstrument *n* та́ймер *m*, хроно́метр *m*
Zeitmessung *f* измере́ние *n* вре́мени
Zeitmultiplex *n (Nrt)* временно́е уплотне́ние *n*, временно́е разделе́ние *n*, разделе́ние *n* вре́мени, временно́й мультипле́кс *n*
Zeitmultiplexen *n (Nrt)* временно́е мультиплекси́рование *n*
Zeitnahme *f* измере́ние *n* вре́мени
Zeitnorm *f* но́рма *f* вре́мени
Zeitnormal *n* этало́н *m* вре́мени
Zeitplan *m* гра́фик *m*
Zeitpunkt *m* моме́нт *m*
Zeitquantelung *f (Reg)* дискретиза́ция *f*, квантова́ние *n* по вре́мени
Zeitrafferaufnahme *f* заме́дленная киносъёмка *f*
Zeitraum *m* 1. пери́од *m*; 2. срок *m*; 3. протяже́ние *n*
Zeitrechnung *f* летоисчисле́ние *n*
~/geologische геохроноло́гия *f*
Zeitrelais *n* реле́ *n* вре́мени
Zeitreserve *f* резе́рв *m* вре́мени
Zeitschreiber *m* хроно́граф *m*
Zeitspanne *f* временно́й интерва́л *m*; протяже́ние *n*
Zeitsperre *f (Inf)* тайм-а́ут *m*
Zeitstandfestigkeit *f (Fest)* 1. дли́тельная про́чность *f*; 2. преде́л *m* дли́тельной про́чности
Zeitstandversuch *m* испыта́ние *n* на ползу́честь
Zeitteilung *f (Inf)* разделе́ние *n* вре́мени
Zeitumkehr *f* обраще́ние *n* вре́мени
Zeitungs(druck)papier *n* газе́тная бума́га *f*
Zeitungsrotationsmaschine *f* газе́тная ротацио́нная маши́на *f*
Zeitverhalten *n (Reg)* временна́я характери́стика *f*
Zeitverkürzung *f (Ph)* сокраще́ние *n* вре́мени
Zeitverzögerung *f (Reg)* временна́я заде́ржка *f*, вы́держка *f* вре́мени
Zeitverzug *m s.* Zeitverzögerung
Zeitvielfach *n s.* Zeitmultiplex
Zeit-Weg-Diagramm *n (Mech)* гра́фик *m* движе́ния
zeitweilig вре́менный
Zeitzähler *m (Nrt)* счётчик *m* вре́мени
Zeitzünder *m* детона́тор *m* заме́дленного де́йствия; дистанцио́нный взрыва́тель *m*
Zelle *f* 1. *(Krist)* ячё́йка *f*; 2. *(El)* элеме́нт *m*; 3. каби́на *f*; ка́мера *f*; бу́дка; 4. отсе́к *m (eines Schiffes)*; 5. *(Bgb)* отделе́ние *n*
~/galvanische *(El)* гальвани́ческий элеме́нт *m*
Zellenbeton *m* ячё́истый бето́н *m*
Zellenpumpe *f* пласти́нчатый насо́с *m*
Zellstoff *m* целлюло́за *f*
Zellstoff... целлюло́зный
Zellstoffkocher *m (Pap)* ва́рочный котё́л *m*
Zellstoff- und Papierindustrie *f* целлюло́зно-бума́жная промы́шленность *f*
Zeltdach *n* шатро́вая кры́ша *f*
Zeltstoff *m* брезе́нт *m*
Zelttuch *n* брезе́нт *m*
Zement *m (Bw)* цеме́нт *m*
~/hochfester высокопро́чный цеме́нт *m*
~/schnell abbindender быстросхва́тывающийся цеме́нт *m*
~/schwindfreier безуса́дочный цеме́нт *m*
~/lagerfähiger гидрофо́бный цеме́нт *m*
Zement... цеме́нтный
Zementation *f s.* Zementieren 1.
Zementationsmittel *n (Härt)* карбюриза́тор *m*

Zementbehälterfahrzeug *n* автоцементово́з *m*
Zementbehälterwagen *m (Eb)* цементово́з *m*
Zementbeton *m (Bw)* цементобето́н *m*
Zementbrühe *f (Bw)* цеме́нтное молоко́ *n*
Zementeinspritzung *f (Bw)* цемента́ция *f*
Zementfrachter *m (Schiff)* цементово́з *m*
zementieren *(Bw, Geol, Härt)* цементи́ровать; *(Bgb)* тампони́ровать *(Bohrlöcher)*
Zementieren *n* 1. *(Bw, Geol, Härt)* цемента́ция *f*; 2. *(Härt)* карбюра́ция *f*; 4. *(Bgb)* тампона́ж *m (Bohrlöcher)*
Zementindustrie *f* цеме́нтная промы́шленность *f*
Zementinjektion *f (Bw)* цемента́ция *f*
Zementit *m (Wkst)* цементи́т *m*, карби́д *m* желе́за
~/eutektischer эвтекти́ческий цементи́т *m*
~/körniger [kugeliger, sphärolithischer] глобуля́рный [зерни́стый] цементи́т *m*
~/ledeburitischer эвтекти́ческий цементи́т *m*
Zementsilofahrzeug *n* цементово́з *m*
Zementtransporter *m* цементово́з *m*
Zementtransportfahrzeug *n* автоцементово́з *m*
Zenit *m (Astr)* зени́т *m*
Zenitteleskop *n (Astr)* зени́тный телеско́п *m*, зени́т-телеско́п *m*
Zenti... *(Mess)* санти..., с *(10^{-2} Einheiten)*
Zentimeter *m(n)* сантиме́тр *m*, см
Zentimeter-Gramm-Sekunde-System *n* систе́ма *f* едини́ц СГС
Zentimeterwellen *fpl (Rf)* сантиметро́вые во́лны
Zentipoise *n* сантипуа́з *m*, сП *(SI-fremde Einheit der dynamischen Viskosität)*
Zentistokes *n* сантисто́кс *m (SI-fremde Einheit der kinematischen Viskosität)*
Zentner *m* це́нтнер *m (50 kg; in Russland, Österreich und der Schweiz 100 kg)*
Zentralamt *n s.* Zentrale 2.
Zentrale *f* 1. центр *m*; 2. *(Nrt)* центра́льная ста́нция *f*, у́зел *m*
Zentraleinheit *f (Inf)* центра́льный проце́ссор *m*
Zentralheizung *f* центра́льное отопле́ние *n*
Zentralisierung *f* централиза́ция *f*
Zentralprojektion *f (Math)* центра́льная прое́кция *f*
Zentralrad *n (Masch)* центра́льное (зубча́тое) колесо́ *n*
Zentralschmierung *f* централизо́ванная сма́зка *f (z. B. des Fahrwerks)*
Zentralstoß *m (Mech)* центра́льный уда́р *m*
zentralsymmetrisch *(Krist)* центра́льно-симметри́чный
Zentralverriegelung *f (Kfz)* централизо́ванная систе́ма *f* блокиро́вки двере́й
Zentralverriegelungssystem *n s.* Zentralverriegelung
Zentralverschluss *m (Photo)* центра́льный [междули́нзовый] затво́р *m*
Zentralzahnrad *n (Masch)* центра́льное (зубча́тое) колесо́ *n*
Zentrierbohrer *m (Wkz)* центро́вочное сверло́ *n*
Zentrieren *n* центро́вка *f*, центри́рование *n (z. B. Werkstücke, Werkzeuge)*
Zentriermaschine *f* центрова́льный стано́к *m*
zentriert центри́рованный
Zentrierung *f s.* Zentrieren
zentrifugal центробе́жный
Zentrifugal... центробе́жный
Zentrifugalkraft *f (Mech)* центробе́жная си́ла *f*
Zentrifugallüfter *m* центробе́жный вентиля́тор *m*
Zentrifugalmoment *n (Mech)* центробе́жный моме́нт *m*
Zentrifugalpumpe *f* центробе́жный насо́с *m*
Zentrifuge *f* центрифу́га *f*
~/schnell laufende быстрохо́дная центрифу́га *f*
zentrifugieren центрифуги́ровать
Zentrifugieren *n* центрифуги́рование *n*
zentripetal *(Mech)* центростреми́тельный
Zentripetalbeschleunigung *f* центростреми́тельное [норма́льное] ускоре́ние *n*

Zentripetalkraft *f (Mech)* центростреми́тельная си́ла *f*
Zentriwinkel *m (Math)* центра́льный у́гол *m*
Zentrode *f (Mech)* центро́ида *f*
Zentrosphäre *f* ядро́ *n* Земли́
Zentrum *n* 1. центр *m*; 2. ядро́ *n*
Zepto... *(Mess)* цепто... *(10^{-21} Einheiten)*
Zerfall *m* 1. распа́д *m*; разложе́ние *n*; 2. *(Ch)* деструкция *f*; 3. *(Kern)* (радиоакти́вный) распа́д *m*; 4. *s.* Zerfallen; 5. *s.* Zerfallsvorgang
~/**chemischer** *(Ch)* дестру́кция *f*
~/**natürlicher radioaktiver** *(Kern)* самопроизво́льный [спонта́нный] распа́д *m*
~/**radioaktiver** *(Kern)* радиоакти́вный распа́д *m*
~/**spontaner** *(Kern)* самопроизво́льный [спонта́нный] распа́д *m*
Zerfallen распаде́ние *n*; разруше́ние *n*
zerfallen распада́ться; разлага́ться
Zerfallsenergie *f (Kern)* эне́ргия *f* распа́да
Zerfallsfamilie *f (Kern)* радиоакти́вное семе́йство *n*
Zerfallskette *f s.* Zerfallsreihe
Zerfallsprodukt *n (Kern)* проду́кт *m* распа́да
Zerfallsreihe *f (Kern)* цепо́чка *f* [ряд *m*, цепь *f*] распа́да *f*
~/**radioaktive** *(Kern)* радиоакти́вное семе́йство *n*, радиоакти́вный ряд *m*
Zerfallsteilchen *n (Kern)* части́ца *f* распа́да
Zerfallsvorgang *m (Kern)* акт *m* распа́да
Zerfallszweig *m (Kern)* ветвь *f* распа́да
Zerfließen *n* растека́ние *n*
zerhacken разруба́ть
Zerhacker *m* 1. прерыва́тель *m*; 2. *s.* Zerhackerumformer
Zerhackerumformer *m (El)* вибраци́онный преобразова́тель *m*, вибропреобразова́тель *m*
zerhauen разруба́ть
zerkleinern измельча́ть; размельча́ть; дроби́ть
~/**fein** размельча́ть
Zerkleinern *n s.* Zerkleinerung
zerkleinert измельчённый; дроблённый
~/**fein** тонкоизмельчённый; мелкораздро́бленный
~/**grob** грубоизмельчённый
Zerkleinerung *f* измельче́ние *n*; размельче́ние *n*; дробле́ние *n*
Zerkleinerungsmaschine *f* дроби́лка *f*, измельча́ющая маши́на *f*, измельчи́тель *m*
zerklüftet *(Geol)* трещинова́тый
zerknittern *(Text)* смина́ть, мять *(Gewebe)*
Zerknittern *n (Text)* смина́ние *n*
zerkochen разва́ривать
zerlegbar разложи́мый; разбо́рный; сбо́рно-разбо́рный; разъёмный
~/**nicht** неразъёмный
Zerlegen *n* 1. разложе́ние *n*; 2. разбо́рка *f*; разби́вка *f*; 3. диспе́рсия *f* *(Licht)*
zerlegt разобра́нный
Zerlegung *f s.* Zerlegen
zermahlen разма́лывать, измельча́ть
Zermahlen *n* разма́лывание *n*, измельче́ние *n*
zerreiben растира́ть
Zerreiben *n* растира́ние *n*
Zerreiß... разрывно́й
zerreißen разрыва́ть
Zerreißen *n* разры́в *m*
Zerreißfestigkeit *f s.* Zugfestigkeit
Zerreißlast *f (Fest)* разрывно́е уси́лие *n*
Zerreißmaschine *f (Wkst)* разрывна́я маши́на *f*
Zerreißprüfung *f (Wkst)* испыта́ние *n* на растяже́ние
Zerreißspannung *f (Fest)* разруша́ющее напряже́ние *n*
Zerreißversuch *m (Wkst)* испыта́ние *n* на растяже́ние
zersägen распи́ливать
Zersägen *n* распи́ливание *n*
Zerschlagen *n* разби́вка *f*
Zerschneiden *n* разре́з *m*
zerschrammen цара́пать
zersetzen *(Ch)* разлага́ть
~/**sich** разлага́ться
Zersetzung *f (Ch)* разложе́ние *n*; дестру́кция *f*
~/**photochemische** фотодиссоциа́ция *f*
Zersplittern *n* раздробле́ние *n*; расщепле́ние *n*
zerspringen растре́скиваться
Zerspringen *n* растре́скивание *n*
zerstäuben разбры́згивать; распыля́ть *(Flüssigkeiten)*

Zerstäuben *n* разбры́згивание *n*; распыле́ние *n (von Flüssigkeiten)*; пульвериза́ция *f*
Zerstäuber *m* разбры́згиватель *m*; распыли́тель *m (für Flüssigkeiten)*; пульвериза́тор *m*
Zerstäuberdüse *f* форсу́нка *f*
Zerstäuberpistole *f* пистоле́т-распыли́тель *m*
zerstäubt распылённый *(Flüssigkeiten)*
Zerstäubung *f s.* Zerstäuben
Zerstäubungstrockner *m* распыли́тельная суши́лка *f*
zerstören разруша́ть
Zerstörung *f* разруше́ние *n*
~ **durch Korrosion** коррозио́нное разруше́ние *n*
zerstörungsfrei неразруша́ющий *(Prüfungen)*
zerstoßen растира́ть
Zerstoßen *n* растира́ние *n*
Zerstrahlung *f (Kern)* аннигиля́ция *f*
zerstreuen рассе́ивать *(Licht, Strahlen)*
zerstreut рассе́янный
Zerstreuung *f* рассе́яние *n (von Licht, Strahlen)*
Zerstreuungslinse *f* рассе́ивающая ли́нза *f*
Zerstückeln *n* раздробле́ние *n*
zerteilen разделя́ть
Zertrümmern *n* разби́вка *f*
Zetta... *(Mess)* цетта... *(10^{21} Einheiten)*
zetteln *(Text)* снова́ть
Zetteln *n (Text)* снова́ние *n*
Zeug *n (Pap)* бума́жная ма́сса *f*
Zeugreiniger *m (Pap)* очисти́тель *m*
ZG *m s.* Zeichengenerator
Zickzacknaht *f (Schw)* ша́хматный шов *m*
Zickzacknieten *n* ша́хматная клёпка *f*
Ziegel *m* кирпи́ч *m*
~/**feuerfester** огнеупо́рный кирпи́ч *m*
Ziegel... кирпи́чный
Ziegelsplitt *m* кирпи́чный ще́бень *m*
Ziegelstein *m s.* Ziegel
Ziehbarkeit *f* дукти́льность *f*
Ziehdorn *m (Umf)* опра́вка *f*
Ziehdüse *f* 1. *(Wkz)* воло́ка *f*; 2. волочи́льное очко́ *n*, очко́ *n* (воло́ки); ма́трица *f*; 3. *(Umf)* филье́ра *f*
ziehen 1. тяну́ть; 2. извлека́ть; подтя́гивать; 3. *(Umf)* волочи́ть *(Draht)*; 4. *(Umf)* протя́гивать; 5. выгреба́ть *(Asche, Schlacke)*; 6. дуть *(Luft)*; 7. *(Krist)* выра́щивать *(Kristalle)*; 8. *(Lw, Forst)* выра́щивать *(Pflanzen)*; 9. *(Math)* извлека́ть *(Wurzeln)*
~/**auseinander** растя́гивать
Ziehen *n* 1. растяже́ние *n*; 2. *(Bw)* извлече́ние *n*; подтя́гивание *n*; 3. *(Umf)* волоче́ние *n (Draht)*; *(Umf)* протя́гивание *n*; калибро́вка *f*; 4. вытя́гивание *n (von Kristallen, Glas)*; 5. *(Rf)* затя́гивание *n (Frequenz)*; 6. *(Krist)* выра́щивание *n (von Kristallen)*; 7. *(Gieß)* вы́емка *f*, извлече́ние *n (des Modells aus der Form)*
Ziehkaliber *n (Umf)* вытяжно́й кали́бр *m*
Ziehklinge *f (Wkz)* ци́кля *f*
Ziehmaschine *f* волочи́льный стан *m*
Ziehmesser *n (Holz)* струг *m*
Ziehpresse *f* вытяжно́й пресс *m*; протяжно́й пресс *m*
ziehräumen *(Fert)* протя́гивать
Ziehräumen *n (Fert)* протя́гивание *n*
Ziehräummaschine *f* протяжно́й стано́к *m*
Ziehräumnadel *f (Wkz)* протя́жка *f*
Ziehräumwerkzeug *n (Wkz)* протя́жка *f*
Ziehring *m s.* Ziehdüse
Ziehstempel *m (Umf)* вытяжно́й ползу́н [пуансо́н] *m*
Ziehtrommel *f (Umf)* волочи́льный бараба́н *m*
Ziehverfahren *n (Krist)* ме́тод *m* выра́щивания
Ziehwerk *n* волочи́льный стан *m*
Ziehwerkzeug *n (Schm, Wkz)* 1. воло́ка *f*; 2. (вытяжно́й) штамп *m*
Ziehzange *f (Wlz, Umf)* волочи́льные клещи *pl*
Ziel *n* цель *f*
Zielbahnhof *m* ста́нция *f* назначе́ния
Zielen *n* прице́ливание *n*
Zielerfassung *f (Rad)* захва́т *m* це́ли
Zielfernrohr *n* визи́рная труба́ *f*
Zielfunktion *f (Kyb)* целева́я фу́нкция *f*
Zielphotographie *f* фи́нишная фотосъёмка *f*
Zielscheibe *f (Eln)* мише́нь *f*
Zielstrahl *m* визи́рный луч *m*
Zielsuch... *(Rak)* самонаводя́щийся
zielsuchend *(Rak)* самонаводя́щийся
Zielsuchlenkung *f (Rak)* самонаведе́ние *n*
Zielzuweisung *f (Rad)* целеуказа́ние *n*

Zierleiste *f (Bw)* багéт *m*
Ziffer *f* цúфра *f*
~/**gültige** знáчащая цúфра *f*
Ziffern... цифровóй
Ziffernanzeige *f* цифровóе отображéние *n*
Ziffernanzeigeröhre *f (Eln)* цифровáя (индикáторная) лáмпа *f*
ziffernmäßig цифровóй
Ziffernstelle *f (Inf)* цифровóй разрýд *m*
Zigarrenanzünder *m (Kfz)* электроприкýриватель *m*
Zimmer *n* кóмната *f*
Zimmerdecke *f (Bw)* потолóк *m*
Zimmermannsarbeiten *fpl* плóтничные рабóты *fpl*
Zimmertemperatur *f* кóмнатная температурá *f*
Zink *n* 1. *(Ch)* цинк *m*, Zn; 2. *(Met)* цинк *m*
Zink... цúнковый
Zinkblech *n (Met)* листовóй цинк *m*
Zinkblende *f (Min)* сфалерúт *m*
Zinken *m* 1. зубéц *m*; 2. *(Lw)* зуб *m* *(der Egge)*; *(Lw)* лáпа *f*
Zinkenegge *f (Lw)* зубовáя боронá *f*
zinkhaltig цинкосодержáщий
Zinkit *m (Min)* цинкúт *m*
Zinn *n* 1. *(Ch)* óлово *n*, Sn; 2. *(Met)* óлово *n*
Zinn... оловя́нный
Zinnbronze *f* оловя́нная брóнза *f*
Zinnlot *n* оловя́нный припóй *m*
Zinnober *m (Min)* кúноварь *f*
zinnsauer *(Ch)* оловяннокúслый
Zinseszinsrechnung *f* исчислéние *n* слóжных процéнтов
Zinsrechnung *f* исчислéние *n* процéнтов
Zipfel *m* лепестóк *m (eines Richtdiagramms)*
Zirconium *n (Ch)* циркóний *m*, Zr
Zirkel *m* цúркуль *m (Reißzeug, Werkzeug)*
Zirkon *m (Min)* циркóн *m*
Zirkulation *f* циркуля́ция *f*
~/**natürliche** естéственная циркуля́ция *f*
Zirkulations... циркуляциóнный
Zirkulationspumpe *f* циркуляциóнный насóс *m*
Zirkulieren *n* циркулúрование *n*
zirkumplanetar *(Astr)* околопланéтный
zirkumpolar *(Astr)* околополя́рный
zirkumstellar *(Astr)* околозвёздный
ziselieren чекáнить
Ziselieren *n* чекáнка *f*
Zissoide *f (Math)* циссóида *f*
Zisterne *f* цистéрна *f*; танк *m*
Zisternenfahrzeug *n* автомобúль-цистéрна *m*
zitronensauer *(Ch)* лимоннокúслый
Zittern *n* дрожáние *n (z. B. des Bildes)*
Zivilflugzeug *n* граждáнский самолёт *m*
Zivilluftfahrt *f* граждáнская авиáция *f*
Zivilluftflotte *f* граждáнский воздýшный флот *m*
Zn *s.* Zink 1.
Zone *f* 1. зóна *f*; пóяс *m*; 2. сфéра *f*; 3. *(Halbl)* полосá *f*
~/**aktive** *(Kern)* актúвная зóна *f (des Reaktors)*
~/**empfangstote** *(Rf)* зóна *f* молчáния, мёртвая зóна *f*
~/**litorale** *(Geol)* litoрáль *f (Küstenzone des Meeres)*
~/**tote** *s.* ~/empfangstote
Zonenfloating(verfahren) *n (Krist)* мéтод *m* бестúгельной зóнной плáвки, бестúгельная зóнная плáвка *f*
Zonenmodell *n (Halbl)* зóнная модéль *f*
Zonenschmelz(verfahr)en *n s.* Zonenfloating
Zonenseigerung *f (Wkst)* зонáльная ликвáция *f*
Zoomen *n (Photo)* масштабúрование *n*
Zoomobjektiv *n (Photo)* вариообъектúв *m*, панкратúческий объектúв *m*, объектúв *m* с перемéнным фóкусным расстоя́нием
zottig шероховáтый
Zr *s.* Zirconium
ZTL-Triebwerk *n* двухконтýрный двигатель *m*
Zubehör *n* принадлéжность *f*
zubereiten приготовля́ть
Zubereitung *f* приготовлéние *n*
Zubrand *m (Met)* пригáр *m*
Zubringerstraße *f* подъезднáя дорóга *f*
Zubringerwagen *m (Met)* трансферкáр *m*
zubruchgehen *(Bgb)* завáливать
Zubruchgehen *n (Bgb)* обрушéние *n*
züchten 1. *(Krist)* вырáщивать; 2. *(Lw)* вырáщивать *(Pflanzen)*; 3. *(Lw)* разводúть *(Tiere)*

Züchtungsverfahren *n (Krist)* ме́тод *m* выра́щивания
Zucker *m* са́хар *m*
Zuckerindustrie *f* са́харная промы́шленность *f*
zuckern *(Lebm)* заса́харивать
Zuckerpolarimeter *n* сахари́метр *m*
Zuckerwaage *f* сахаро́метр *m*
zudämmen запру́живать
zudrehen закру́чивать *(Hähne)*
Zufahrtsstraße *f* подъездна́я доро́га *f*
Zufall *m* слу́чай *m*
zufällig случа́йный, неупоря́доченный; хаоти́ческий
Zufälligkeit *f* случа́йность *f*; *(Ph)* хаоти́чность *f*
Zufälligkeitstest *m* крите́рий *m* случа́йности *(Statistik)*
Zufalls... случа́йный; произво́льный
Zufallscharakter *f (Ph)* хаоти́чность *f*
Zufallseinwirkung *f (Reg)* случа́йное возде́йствие *n*
Zufallsfehler *m* случа́йная оши́бка *f*
Zufallsfunktion *f (Math)* случа́йная фу́нкция *f*
Zufallsgenerator *m (Kyb)* вероя́тностный автома́т *m*, генера́тор *m* (псевдо)случа́йных чи́сел
Zufallsgröße *f* случа́йная величина́ *f (Wahrscheinlichkeitstheorie)*
Zufallsvariable *f* случа́йная переме́нная *f*
Zufallszahl *f (Inf)* случа́йное число́ *n*
Zufallszahlengenerator *m s.* Zufallsgenerator
Zufluss *m* прито́к *m (von Wasser)*
Zuflussgebiet *n (Hydrol)* водосбо́рный бассе́йн *m*
Zuflusskanal *m (Hydt)* подводя́щий кана́л *m*
zufrieren промерза́ть
Zufuhr *f* 1. пода́ча *f*; подво́д *m*; 2. прито́к *m (von Luft, Wärme)*
zuführen подводи́ть; подава́ть *(Material)*
Zuführen *n s.* Zufuhr
Zuführungs... подаю́щий
Zuführungskanal *m (Hydt)* подводя́щий кана́л *m*
Zug *m* 1. *(Mech)* тя́га *f*; 2. растяже́ние *n*; 3. натяже́ние *n (eines Magnetbandes)*; 4. дымохо́д *m*, ход *m*, газохо́д *m*, ша́хта *f*, кана́л *m (einer Ofenanlage)*; 5. тя́га *f (Feuerungstechnik)*; 6. *(Eb)* по́езд *m*, соста́в *m*; 7. *(Masch)* цепь *f (Getriebe)*; 8. *(Geod)* ход *m*
~/**direkter** *(Eb)* по́езд *m* прямо́го сообще́ния
~/**leiser** о́чень лёгкий [сла́бый] ве́тер *m (Stärke 1)*
Zug... тя́говый
Zugabe *f* 1. доба́вка *f*; 2. *(Fert)* при́пуск *m*
Zugang *m* до́ступ *m*
zugänglich досту́пный
Zugänglichkeit *f* досту́пность *f*
Zuganker *m (Bw)* затя́жка *f*; а́нкерная связь *f*
Zugauflösung *f (Eb)* расформи́рование *n* поездо́в
Zugbalken *m (Bw)* затя́жка *f*
Zugband *n (Bw)* затя́жка *f*
Zugbeanspruchung *f (Fest)* напряже́ние *n* при растяже́нии
Zugbeeinflussung *f (Eb)* автосто́п *m*
Zugbelastung *f (Fest)* растя́гивающая нагру́зка *f*
Zugbetrieb *m*/**elektrischer** *(Eb)* электротя́га *f*
Zugbildung *f (Eb)* формирова́ние *n* поездо́в
Zugbolzen *m* натяжно́й болт *m*
Zugbrücke *f* подъёмный мост *m*
Zugdeckung *f (Eb)* железнодоро́жная блокиро́вка *f*
Zugeben *n* добавле́ние *n*; приса́дка *f*
Zugehörigkeit *f* принадле́жность *f*
Zugeinheit *f (Eb)* се́кция *f*
Zugelastizität *f (Mech)* упру́гость *f* при растяже́нии
zugelötet запа́янный
zugeordnet упоря́доченный
Zugeordnetheit *f* упоря́доченность *f*
zugeschmolzen *(Glas)* запа́янный
zugespitzt заострённый
Zugfeder *f* пружи́на *f* растяже́ния
Zugfestigkeit *f (Fest)* (вре́менное) сопротивле́ние *n* разры́ву; про́чность *f* при растяже́нии; преде́л *m* про́чности при растяже́нии
~/**statische** (вре́менное) сопротивле́ние *n* растяже́нию
Zugfolge *f (Eb)* сле́дование *n* поездо́в
Zugförderleistung *f (Eb)* тя́говая мо́щность *f*

Zugförderung *f (Eb)* поездна́я тя́га *f*, тя́га *f* (поездо́в)
~/elektrische *(Eb)* электри́ческая тя́га *f*, электротя́га *f*
Zughaken *m (Eb)* тя́говый [упряжно́й] крюк *m*
Zugießen *n* доли́вка *f*
Zugkette *f* тя́говая цепь *f*
Zugkilometer *m (Eb)* по́ездо-киломе́тр *m*
Zugkraft *f* 1. си́ла *f* тя́ги, тя́га *f*, тя́говое уси́лие *n*; 2. *(Mech)* растя́гивающая си́ла *f*, растя́гивающее уси́лие *n*
Zugkraftcharakteristik *f (Eb)* тя́говая характери́стика *f*
Zugkraftmesser *m s.* Zukraftmessinstrument
Zugkraftmessinstrument *n* тя́говый динамо́метр *m*, тягоме́р *m*
Zuglaufschreiber *m (Eb)* поездогра́ф *m*
Zugleitung *f*/**zentrale** *(Eb)* централиза́ция *f*
Zugloch *n* поддува́ло *n (eines Ofens)*
Zugmaschine *f* тра́ктор *m*; тяга́ч *m*
Zugmesser *m* 1. тягоме́р *m (Feuerungstechnik)*; 2. ско́бель *m (Holzbearbeitung)*
Zugmutter *f* га́йка *f* растяже́ния
Zugprüfung *f (Wkst)* испыта́ние *n* на растяже́ние
Zugriff *m (Inf)* вы́борка *f*; до́ступ *m*; обраще́ние *n*
~/direkter прямо́е обраще́ние *n*, прямо́й до́ступ *m*
~/schneller бы́стрый до́ступ *m*
~/sequentieller после́довательная вы́борка *f*, после́довательный до́ступ *m*
~/wahlfreier произво́льная вы́борка *f*, произво́льный до́ступ *m*
Zugriffsgeschwindigkeit *f (Inf)* ско́рость *f* обраще́ния
Zugriffsmethode *f (Inf)* ме́тод *m* до́ступа
Zugriffsrecht *n (Inf)* пра́во *n* до́ступа
Zugriffssteuerung *f (Inf)* управле́ние *n* до́ступом [вы́боркой]
Zugriffszeit *f (Inf)* вре́мя *n* до́ступа [вы́борки, обраще́ния]
Zugriffszyklus *m (Inf)* цикл *m* обраще́ния
Zugschalter *m* вытяжно́й выключа́тель *m*; подвесно́й выключа́тель *m*
Zugschluss *m (Eb)* за́дний фона́рь *m*
Zugschlusslicht *n (Eb)* за́дний фона́рь *m*
Zugseil *n* тя́говый кана́т *m*
Zugseilbagger *m* дра́глайн *m*
Zugspannung *f (Fest)* напряже́ние *n* при растяже́нии
Zugstange *f (Mech)* тя́га *f*
Zugüberwachungsdienst *m (Eb)* диспе́тчерская слу́жба *f*
Zugversuch *m (Wkst)* испыта́ние *n* на растяже́ние
zuhauen теса́ть
Zuladung *f* поле́зная нагру́зка *f*; по́лная грузоподъёмность *f* (су́дна)
zulässig допусти́мый
Zulassungsbedingungen *fpl* техни́ческие усло́вия *npl*
Zulauf *m (Förd)* пода́ча *f* самотёком
zulegieren *(Met)* леги́ровать
Zulegieren *n (Met)* леги́рование *n*
zulöten запа́ивать
Zulöten *n* запа́йка *f*
Zunahme *f* увеличе́ние *n*; рост *m*; повыше́ние *n*
Zünd... запа́льный
Zündanlage *f* систе́ма *f* зажига́ния *(von Verbrennungsmotoren)*
Zündanode *f* поджига́ющий ано́д *m*
Zündbrenner *m* дежу́рная горе́лка *f*
Zündelektrode *f* поджига́ющий электро́д *m*
zünden зажига́ть, воспламеня́ть
Zunder *m (Met)* ока́лина *f*; уга́р *m*
Zünder *m* детона́тор *m*; ка́псюль-детона́тор *m*; взрыва́тель *m (für Sprengladungen)*; запа́льник *m*
~/elektrischer электродетона́тор *m*
Zunderbeständigkeit *f (Met)* окалино́стойкость *f*
Zunderbildung *f (Met)* окалинообразова́ние *n*
Zunderbrecher *m (Met)* окалинолома́тель *m*
zunderfest жаросто́йкий *(metallische Werkstoffe)*
Zunderfestigkeit *f* жаросто́йкость *f (metallischer Werkstoffe)*
zündfreudig легковоспламеня́ющийся
Zündfunke *m* и́скра *f* зажига́ния

Zündhütchen *n* ка́псюль *m*
Zündkerze *f (Kfz)* запа́льная свеча́ *f*, свеча́ *f* зажига́ния
Zündkerzenstecker *m (Kfz)* (защи́тный) наконе́чник *m*
Zündmagnet *m (Kfz)* магне́то *n*
Zündmaschine *f* взрывна́я маши́нка *f*
Zündschloss *n (Kfz)* замо́к *m* зажига́ния
Zündschlüssel *m* ключ *m* зажига́ния
Zündschnur *f* огнепрово́дный шнур *m*
Zündspannung *f (El)* напряже́ние *n* зажига́ния
Zündspule *f* кату́шка *f* зажига́ния *(eines Verbrennungsmotors)*
Zündstift *m (El)* поджига́тель *m*
Zündstrom *m (El)* ток *m* зажига́ния
Zündstromkreis *m (Kfz)* цепь *f* зажига́ния
Zündsystem *n* систе́ма *f* зажига́ния
Zündtemperatur *f* 1. температу́ра *f* воспламене́ния; 2. крити́ческая температу́ра *f (Plasmaphysik)*
Zündung *f* 1. воспламене́ние *n*; 2. *(Kfz)* зажига́ние *n*
~/elektrische электровзрыва́ние *n*
Zündverteiler *m* распредели́тель *m* зажига́ния *(für Verbrennungsmotoren)*
Zündverzögerung *f* запа́здывание *n* зажига́ния
Zündverzug *m* запа́здывание *n* зажига́ния
zunehmen увели́чивать; возраста́ть
Zunehmen *n s.* Zunahme
zunehmend возраста́ющий
Zunge *f* 1. язы́к *m*; 2. язычо́к *m*; 3. *(Eb)* остря́к *m (Weiche)*
zuordnen присоединя́ть
Zuordnung *f* 1. *(Math)* соотве́тствие *n*; 2. *(Inf)* распределе́ние *n*, присва́ивание *n*; 3. упоря́дочение *n*, согласова́ние *n*
zurichten заправля́ть; *(Typ)* приправля́ть
Zurichten *n* запра́вка *f*; разде́лка *f*; *(Typ)* припра́вка *f*
Zurichtung *f s.* Zurichten
Zurückbleiben *n* отстава́ние *n*
Zurückfahren *n* 1. *(Fert)* обра́тное движе́ние *n*; 2. возвра́т *m (in die Ausgangsstellung)*
Zurückfluten *n* отли́в *m*
Zurückführung *f* приведе́ние *n*
zurückgehen спада́ть
zurückgewinnen регенери́ровать
Zurückhalten *n* удержа́ние *n*
Zurückhaltung *f* удержа́ние *n*
zurücklegen проходи́ть *(einen Weg)*
Zurücklegen *n* прохожде́ние *n (einer Wegstrecke)*
Zurücksetzen *n (Geol)* сброс *m*
zurückstoßen отта́лкивать
zurückstrahlen отража́ть
zurückwerfen отража́ть
zusammenbacken спека́ться *(Kohle)*
Zusammenbacken *n (Met)* спека́ние *n (von Kohle)*
Zusammenbau *m* монта́ж *m*; сбо́рка *f*
zusammenbauen монти́ровать, собира́ть
zusammenbinden свя́зывать
Zusammenbruch *m* разва́л *m*; прова́л *m*
zusammendrehen закру́чивать
zusammendrückbar сжима́емый
~/nicht несжима́емый
zusammendrücken сжима́ть
Zusammenfallen *n* совпаде́ние *n*
Zusammenfassung *f* сосредото́чение *n*
Zusammenflechten *n* сплете́ние *n*
Zusammenfließen *n* слия́ние *n*
zusammenfügen соединя́ть
Zusammenfügen *n* 1. соедине́ние *n*; 2. стыко́вка *f*
zusammengedrückt сжа́тый, сда́вленный
zusammengefasst сосредото́ченный
zusammengepresst сда́вленный
zusammengesetzt сбо́рный; составно́й
zusammenhaften сцепля́ться
Zusammenhang *m* 1. *(Math)* свя́зность *f*; 2. (взаимо)свя́зь *f*
zusammenheften *(Text)* ста́чивать
zusammenklappbar складно́й
zusammenkleben скле́ивать
zusammenlaufend сходя́щийся
Zusammenlegen *n* скла́дывание *n*
zusammenlöten спа́ивать
zusammennähen *(Text)* сшива́ть, ста́чивать
zusammennieten склёпывать
zusammenpressen спрессо́вывать
Zusammenrollen *n* свёртывание *n*

Zusammenschaltung *f (El)* объедине́ние *n*
Zusammenschmelzen *n* сплавле́ние *n*
zusammenschmelzen сплавля́ть
zusammenschweißen сва́ривать
zusammensetzen составля́ть
Zusammensetzen *n s.* Zusammensetzung
Zusammensetzung *f* 1. соста́в *m*; 2. составле́ние *n*; 3. компози́ция *f*; 4. *(Ph)* сложе́ние *n (z. B. von Kräften)*
~/**chemische** хими́ческий соста́в *m*
zusammenstellen составля́ть; комплектова́ть
Zusammenstellung *f* составле́ние *n*
Zusammenstoß *m* столкнове́ние *n*; соударе́ние *n*
Zusammentragen *n (Typ)* подбо́рка *f (der Bögen in der Buchbinderei)*
Zusammentreffen *n* встре́ча *f*
Zusammenwirken *n* взаимоде́йствие *n*
zusammenziehen стя́гивать
Zusammenziehen *n* стя́гивание *n*, стя́жка *f*
Zusatz *m* 1. приста́вка *f*; 2. при́месь *f*; приса́дка *f*; 3. доба́вка *f*, дополне́ние *n*
Zusatz... доба́вочный; дополни́тельный
Zusatzaggregat *n (El)* доба́вочный агрега́т *m*
Zusatzbeschleunigung *f (Mech)* кори́олисово ускоре́ние *n*
Zusatzeinrichtung *f* дополни́тельное устро́йство *n*, приста́вка *f*
Zusatzgenerator *m (El)* вольтодоба́вочный генера́тор *m*
Zusatzgerät *n s.* Zusatzeinrichtung
zusätzlich доба́вочный; дополни́тельный
Zusatzlinse *f* наса́дочная ли́нза *f*
Zusatzmaschine *f (El)* вольтодоба́вочный генера́тор *m*
Zusatzmetall *n* приса́дочный мета́лл *m*
Zusatzscheinwerfer *m (Kfz)* дополни́тельная фа́ра *f*
Zusatzspeicher *m* дополни́тельная [вспомога́тельная] па́мять *f*
Zusatzstation *f (Wkzm)* дополни́тельная пози́ция *f*
Zusatzstoff *m* приса́дка *f*
Zusatzstrom *m (El)* доба́вочный ток *m*
Zusatztransformator *m* **(/spannungserhöhender)** вольтодоба́вочный трансформа́тор *m*
Zusatzwiderstand *m (El)* доба́вочное сопротивле́ние *n*
Zuschlag *m* 1. доба́вка *f*; приса́дка *f*; 2. *(Met)* пла́вень *m*; флюс *m*; 3. *s.* Zuschlagstoff
zuschlagen *(Met)* добавля́ть *(Schrott)*
Zuschlagmittel *n s.* Zuschlagstoff
Zuschlagstoff *m (Bw)* заполни́тель *m*, наполни́тель *m*; доба́вка *f*
zuschmelzen запа́ивать *(Glaskolben)*
Zuschmelzen *n* запа́йка *f (eines Glaskolbens)*
zuschütten зава́ливать
zuschweißen *(Schw)* зава́ривать
Zuschweißen *n (Schw)* зава́рка *f*, зава́ривание *n*
zusetzen *n s.* zuschlagen
zuspitzen заостря́ть
Zustand *m* состоя́ние *n*
~/**amorpher** *(Ph)* амо́рфное состоя́ние *n*
~/**angeregter** *(Kern)* возбуждённое состоя́ние *n*
~/**bildsamer** *(Ph)* пласти́ческое состоя́ние *n*
~ **der Schwerelosigkeit** *(Ph)* состоя́ние *n* невесо́мости
~/**eingeschwungener** *(El)* установи́вшееся состоя́ние *n*
~/**fester** твёрдое состоя́ние *n*
~/**flüssiger** жи́дкое состоя́ние *n*
~/**gasförmiger** газообра́зное состоя́ние *n*
~/**kristalliner** кристалли́ческое состоя́ние *n*
~/**kritischer** *(Kern)* крити́ческое состоя́ние *n (des Reaktors)*
~/**latenter** скры́тое состоя́ние *n*
~/**liquokristalliner [mesomorpher]** *(Krist)* мезомо́рфное состоя́ние *n*
~/**metastabiler** *(Kern)* метастаби́льное состоя́ние *n*
~/**plastischer** *(Ph)* пласти́ческое состоя́ние *n*
~/**stabiler** стаби́льное состоя́ние *n*
~/**stationärer** 1. *(El)* установи́вшееся состоя́ние *n*; 2. *(Ph)* стациона́рное состоя́ние *n (eines Systems)*
~/**suprafluider** *(Ph)* сверхтеку́честь *f*

~/**suspendierter** взвéшенное состоя́ние *n*
~/**überkritischer** *(Kern)* надкрити́ческое состоя́ние *n (des Reaktors)*
~/**unterkritischer** *(Kern)* подкрити́ческое состоя́ние *n (des Reaktors)*
Zustandsänderung *f (Therm)* изменéние *n* состоя́ния
~/**irreversible** необрати́мый процéсс *m*
~/**isentropische** изоэнтропи́йный процéсс *m*
~/**isobare** изобáрный процéсс *m*
~/**isochore** изохóрный процéсс *m*
~/**isoenthalpische** изоэнтальпи́йный процéсс *m*
~/**isotherme** изотерми́ческий процéсс *m*
~/**nicht umkehrbare** необрати́мый процéсс *m*
~/**polytrope** политрóпный процéсс *m*
~/**reversible [umkehrbare]** обрати́мый процéсс *m*
Zustandsbit *n (Inf)* бит *m* состоя́ния
Zustandsbyte *n (Inf)* байт *m* состоя́ния
Zustandsdiagramm *n* диагрáмма *f* состоя́ния
Zustandsflag *n (Inf)* флаг *f* состоя́ния
Zustandsgleichung *f* уравнéние *f* состоя́ния
~/**van-der-waalssche** *(Ph)* уравнéние *n* Ван-дер-Ваáльса
Zustandsgröße *f (Ph)* парáметр *m* состоя́ния
Zustandskurve *f (Ph)* траектóрия *f*
Zustandsvektor *m* вéктор *m* состоя́ния
zustellen 1. доставля́ть; 2. *(Wkzm)* подводи́ть, подавáть *(Drehmeißel)*; 3. *(Met)* футеровáть
Zustellung *f* 1. достáвка *f*; 2. *(Wkzm)* подáча *f (Drehmeißel)*; 3. *(Wkzm)* установка *f (z. B. der Schnitttiefe)*; 4. *(Met)* футерóвка *f*, клáдка *f*, обклáдывание *n (Schmelzöfen)*
~/**basische** *(Met)* оснóвная футерóвка *f*
~/**feuerfeste** *(Met)* огнеупóрная футерóвка *f*
~/**saure** *(Met)* ки́слая футерóвка *f*
zustopfen забивáть; закýпоривать
Zuteileinrichtung *f s.* Zuteiler 1.
zuteilen дози́ровать
Zuteiler *m* 1. дозáтор *m*, питáтель *m*; 2. *(Wkzm)* отдели́тель *m*
Zuteilung *f* дози́рование *n*, дозирóвка *f*
Zutritt *m* дóступ *m*
zuverlässig надёжный; безоткáзный
~/**sehr** высоконадёжный
Zuverlässigkeit *f* 1. надёжность *f*; 2. достовéрность *f* • **von hoher** ~ высоконадёжный
Zuverlässigkeitsfaktor *m* коэффициéнт *m* надёжности
Zuverlässigkeitsgrad *m* стéпень *m* надёжности
Zuverlässigkeitskennzahl *f* коэффициéнт *m* надёжности
Zuverlässigkeitsprüfung *f* испытáние *n* на надёжность
Zuverlässigkeitstheorie *f* теóрия *f* надёжности
Zuverlässigkeitsvorhersage *f* прогнози́рование *n* надёжности
Zuwachs *m* приращéние *n*
Zuwehen *n* занесéние *n*
Zuweisung *f (Inf)* присвáивание *n*; распределéние *n*; размещéние *n*
Zwangs... принуди́тельный
Zwangsbremsung *f (Eb)* принуди́тельное торможéние *n*
Zwangskühlung *f* принуди́тельное охлаждéние *n*
zwangsläufig принуди́тельный; вы́нужденный
Zwangslüftung *f* принуди́тельная вентиля́ция *f*
Zwangsschwingung *f* вы́нужденное колебáние *n*
Zwangsumlauf *m* принуди́тельная циркуля́ция *f*
Zwanzigflach *n (Math, Krist)* двадцатигрáнник *m*
Zwanzigflächner *m* **(/regelmäßiger)** *(Math, Krist)* икосáэдр *m*
Zweck *m* назначéние *n*; цель *f*
zweiachsig 1. двухóсный; 2. *(Math)* плоскостнóй
Zweiadress(en)... *(Inf)* двухáдресный
Zweiadress(rechen)maschine *f* двухáдресная (вычисли́тельная) маши́на *f*
zweiadrig *(El)* двухжи́льный
zweiarmig двуплéчий *(Roboter)*
zweiatomig *(Ch)* двухáтомный

zweibasig *(Ch)* двухоснóвный *(Säuren)*
Zweibyte... *(Inf)* двухбáйтовый
Zweidecker *m (Flg)* биплáн *m*
Zweideckschiff *n* двухпáлубное сýдно *n*
zweideutig двузнáчный
Zweideutigkeit *f* двузнáчность *f*
zweidimensional дву(х)мéрный
zweifach двойнóй; удвóенный; двукрáтный
zweiflügelig двухлóпастный *(Turbinen)*
zweifonturig *(Text)* двухфонтýрный
Zweig *m* 1. óтрасль *f*; 2. ветвь *f*; 3. куст *m (eines Netzwerks)*
zweigängig двухзахóдный *(Gewinde)*
Zweiggleis *n (Eb)* ответвлéние *n*
zweigleisig *(Eb)* двухколéйный, двухпýтный
zweigliedrig *(Math)* бинáрный
Zweigstrecke *f (Eb)* ответвлéние *n*
Zweikammerschleuse *f* двухкáмерный шлюз *m*
Zweikanal... двухканáльный
Zweikant... двугрáнный
zweikantig двугрáнный
Zweikomponenten... бикомпонéнтный
Zweikomponentensystem *n (Ph, Ch, Wkst)* бинáрная систéма *f*
Zweikörperproblem *n (Mech)* задáча *f* двух тел
Zweileiter... *(El)* двухжúльный
Zweileiterkabel *n* двухжúльный кáбель *m*
Zweiphasen... *(El)* двухфáзный
Zweiphasenstrom *m (El)* двухфáзный ток *m*
Zweiphasensystem *n (El)* двухфáзная систéма *f*
zweiphasig *(El)* двухфáзный
Zweipol *m (El)* двухпóлюсник *m*
Zweipol... *(El)* двухпóлюсный
zweipolig *(El)* двухпóлюсный
Zweipunktregelung *f* двухпозициóнное регулúрование *n*
Zweipunktregler *m* двухпозициóнный регулятор *m*
Zweireihen... двухрядный
zweireihig двухрядный
Zweischarpflug *m* двухкóрпусный плуг *m*
zweischaufelig двухлóпастный *(Turbinen)*
Zweischicht... двухслóйный
Zweischichtenglas *n* двухслóйное стеклó *n*
zweischneidig *(Wkz)* двухлезвúйный
Zweiseitenbandtelephonie *f* двухполóсная телефонúя *f*
zweiseitig двусторóнний
Zweisitzer... двухмéстный
zweisitzig двухмéстный
zweistellig *(Math)* двузнáчный
Zweistelligkeit *f (Math)* двузнáчность *f*
Zweistoff... *(Ch)* бинáрный
Zweistoffgemisch *n (Ch)* бинáрная смесь *f*
Zweistofflegierung *f* двойнóй [двухкомпонéнтный] сплав *m*
Zweistoffsystem *n (Ph, Ch, Wkst)* бинáрная [двойнáя, двухкомпонéнтная] систéма *f*
Zweistromtriebwerk *n* двухкóнтурный двúгатель *m*
Zweistufen... двухкаскáдный; двухступéнчатый
zweistufig двухкаскáдный; двухступéнчатый
Zweistützträger *m* двухопóрная бáлка *f*
Zweitakt двухтáктный... *(Verbrennungsmotor)*
Zweitaktmotor *m* двухтáктный двúгатель *m*
Zweiteilung *f* раздвоéние *n*
Zweitluft *f* вторúчный вóздух *m*
Zweiwegeventil *n* двухходовóй клáпан *m*
zweiwertig 1. *(Ch)* двухвалéнтный, бивалéнтный; 2. *(Math)* двузнáчный
Zweiwertigkeit *f* 1. *(Ch)* двухвалéнтность *f*; 2. *(Math)* двузнáчность *f*
Zwerg *m (Astr)* кáрлик *m*, звездá-кáрлик *f*
~/roter крáсный кáрлик *m*
~/weißer бéлый кáрлик *m*
Zwerggalaxie *f (Astr)* кáрликовая галáктика *f*
Zwergstern *m s.* Zwerg
Zwilling *m* 1. *(Krist)* двойнúк *m*, двойникóвый кристáлл *m*; 2. двуствóлка *f (Jagdwaffe)*
Zwillingsbildung *f (Krist)* двойникование *n*
Zwillingsgang *m (Geol)* двойнáя жúла *f*

Zwillingsgesetz *n (Krist)* закóн *m* двойникования
Zwillingskristall *m (Krist)* двойни́к *m*, двойникóвый кристáлл *m*
Zwillingslinse *f (Opt)* били́нза *f*
Zwillingsparadoxon *n (Ph)* парадóкс *m* врéмени [часóв]
Zwillingsteleskop *n* двойнóй телескóп *m*
Zwillingsturbine *f* сдвóенная [спáренная] турби́на *f*
Zwillingsverwachsung *f* двóйниковое срастáние *n*
Zwinge *f* зажи́м *m*
Zwirn *m* 1. кручёная нить *f*; 2. кручёная пря́жа *f*
Zwirn... *(Text)* крути́льный
Zwirnen *n (Text)* кручéние *n*
Zwirnmaschine *f (Text)* крути́льная маши́на *f*
Zwischen... промежýточный
Zwischenbahnhof *m* промежýточная стáнция *f*
Zwischenbehälter *m (Masch)* реси́вер *m*
Zwischenboden *m* диафрáгма *f (einer Dampfturbine)*
Zwischendatei *f (Inf)* метафáйл *m*, бýферный файл *m*
Zwischendeck *n (Schiff)* твиндéк *m*
Zwischenergebnis *n* промежýточный результáт *m*
Zwischenerzeugnis *n* промежýточный продýкт *m*
Zwischenförderer *m* промежýточный конвéйер *m*
Zwischenfrequenz *f (El)* промежýточная частотá *f*
Zwischengetriebe *n* гитáра *f (eines Panzers)*
Zwischengitteratom *n (Krist)* áтом *m* внедрéния
Zwischengitterplatz *m (Krist)* междоýзлие *n*
Zwischenhandel *m* посрéдническая торгóвля *f*
Zwischenlage *f* проклáдка *f*
Zwischenlandung *f (Flg)* промежýточная посáдка *f*
Zwischenlegierung *f (Met)* лигатýра *f*
Zwischenmauer *f* простéнок *m*
Zwischenprodukt *n* промежýточный продýкт *m*, полупродýкт *m*, полуфабрикáт *m*
Zwischenrad *n (Masch)* промежýточная шестерня́ *f*
Zwischenraum *m* разгóн *m (z. B. zwischen Leitungsmasten)*
Zwischenraum *m* 1. промежýток *m*; 2. просвéт *m*; 3. пробéл *m*; 4. *(Masch)* зазóр *m*
Zwischenreaktion *f (Ch)* промежýточная реáкция *f*
Zwischenregister *n (Inf)* бýферный реги́стр *m*
Zwischenschicht *f* промежýточный слой *m*, прослóйка *f*, подслóй *m*
Zwischenschichtung *f* прослáивание *n*
Zwischensender *m* ретрансля́тор *m*
Zwischenspeicher *m* 1. *(Inf)* бýферная [промежýточная] пáмять *f*, промежýточное [бýферное] запоминáющее устрóйство *n*; 2. *(Fert)* накопи́тель *m (für Werkstücke)*
Zwischenspeicherung *f (Inf)* буферизáция *f*
Zwischensprache *f (Inf)* метаязы́к *m*
Zwischenstück *n* промежýток *m*
Zwischenstufe *f (Masch)* промежýточная ступéнь *f (einer Turbine)*
Zwischental... *(Halbl)* междоли́нный
Zwischenverstärker *m* промежýточный усили́тель *m*
Zwischenverteiler *m (Nrt)* промежýточный кросс *m*
Zwischenwand *f* промежýточная стéнка *f*, перегорóдка *f*; перебóрка *f*
Zwischenzahnrad *n (Masch)* промежýточная шестерня́ *f*
Zwischenzeilenabtastung *f (TV)* чересстрóчная развёртка *f*
Zwitterion *n (Ph)* амфотéрный иóн *m*
Zwölfeck *n (Math)* двенадцатиугóльник *m*
Zwölfflach *n (Math, Krist)* двенадцатигрáнник *m*, додекáэдр *m*
Zwölfflächner *m s.* Zwölfflach
Zwölfkanal... *(Eln)* двенадцатиканáльный
Zyanometer *n* цианóметр *m*
Zyklizität *f* цикли́чность *f*
Zyklogramm *n* циклогрáмма *f*
zykloid *(Math)* циклоидáльный
Zykloide *f (Math)* циклóида *f*

Zykloiden... *(Math)* циклоида́льный
Zyklon *m (Ch)* цикло́н *m*
Zyklonabscheider *m (Ch)* цикло́н *m*
Zyklone *f (Meteo)* цикло́н *m*
Zyklonfeuerung *f* цикло́нная то́пка *f*
Zyklonscheider *m (Ch)* цикло́н *m*
Zyklotron *n (Kern)* циклотро́н *m (zyklischer Beschleuniger)*
~/**frequenzmoduliertes** синхроциклотро́н *m*, фазотро́н *m*
Zyklus *m* цикл *m*; пери́од *m*
~/**geschlossener** за́мкнутый цикл *m*
~/**offener** разо́мкнутый цикл *m*
~/**reversibler** обрати́мый цикл *m*
Zylinder *m* цили́ндр *m*
Zylinderblock *m (Kfz)* блок *m* цили́ндров
Zylinderdruckmaschine *f (Typ)* плоскопеча́тная маши́на *f*
Zylinderentwurf *m (Kart)* цилиндри́ческая прое́кция *f*
Zylinderfläche *f (Math)* цилиндри́ческая пове́рхность *f*
Zylinderfunktion *f (Math)* цилиндри́ческая фу́нкция *f*
Zylinderresonator *m* цилиндри́ческий резона́тор *m*
zylindrisch цилиндри́ческий